EUROPA-FACHBUCHREIHE
für elektrotechnische
und elektronische Berufe

Fachkunde Industrieelektronik und Informationstechnik

Geräte- und Systemtechnik

12. überarbeitete und erweiterte Auflage

Bearbeitet von Lehrern und Ingenieuren an beruflichen Schulen,
Hochschulen und Produktionsstätten (siehe Rückseite)

Ihre Meinung interessiert uns!
Teilen Sie uns Ihre Verbesserungsvorschläge, Ihre Kritik aber auch Ihre Zustimmung zum Buch mit.

Schreiben Sie uns an die E-Mail-Adresse: **lektorat@europa-lehrmittel.de**

Die Autoren und der Verlag Europa-Lehrmittel — Herbst 2017

VERLAG EUROPA-LEHRMITTEL · Nourney, Vollmer GmbH & Co. KG
Düsselberger Straße 23 · 42781 Haan-Gruiten

Europa-Nr.: 32319

Autoren der Fachkunde Industrieelektronik und Informationstechnik

Günther Buchholz	Dipl.-Ing. (FH), Oberstudienrat	Stuttgart
Oliver Gomber	Dipl.-Ing., Studiendirektor	Freiburg
Bernhard Grimm	Oberstudienrat	Sindelfingen, Leonberg
Gregor Häberle	Dr.-Ing., Abteilungsleiter	Tettnang
Jörg A. Oestreich	Dipl.-Ing., StR	Schwäbisch Hall
Werner Philipp	Dipl.-Ing.	Heilbronn
Bernd Schiemann	Dipl.-Ing.	Durbach
Albrecht Schilling	Dipl.-Ing. (FH), Oberstudienrat	Sindelfingen
Dietmar Schmid	Dr.-Ing., Professor	Essingen

Bildentwürfe: Die Autoren

Fotos: Autoren und Firmen (Verzeichnis der Firmen und Dienststellen Seite 680)

Bildbearbeitung: Zeichenbüro des Verlags Europa-Lehrmittel GmbH & Co. KG, Ostfildern

Lektorat und Leitung des Arbeitskreises: Bernd Schiemann

Warenzeichen:

- Windows ist ein eingetragenes Warenzeichen der Microsoft Corporation (Nachdruck der Box Shots von Microsoft-Produkten mit freundlicher Erlaubnis der Microsoft-Corporation)
- INTEL ist ein eingetragenes Warenzeichen der INTEL-Corporation
- Alle anderen Produkte, Warenzeichen, Schriftarten, Firmennamen und Logos sind Eigentum oder eingetragene Warenzeichen ihrer jeweiligen Eigentümer

Diesem Buch wurden die neuesten Ausgaben der DIN-Blätter und der VDE-Bestimmungen zugrunde gelegt. Verbindlich sind jedoch nur die DIN-Blätter und VDE-Bestimmungen selbst.

Die DIN-Blätter können von der Beuth-Verlag GmbH, Burggrafenstraße 6, 10787 Berlin, und Kamekestraße 2–8, 50672 Köln, bezogen werden. Die VDE-Bestimmungen sind bei der VDE-Verlag GmbH, Bismarckstraße 33, 10625 Berlin, erhältlich.

12. Auflage 2017

Druck 5 4 3 2 1

Alle Drucke derselben Auflage sind parallel einsetzbar, da sie bis auf die Behebung von Druckfehlern untereinander unverändert sind.

ISBN 978-3-8085-3260-7

Satz: Grafische Produktionen Neumann, 97222 Rimpar

Umschlag Idee: Bernd Schiemann, Umsetzung: Atelier PmbH, 35088 Battenberg

Umschlagfotos: Dr. Fritz Faulhaber GmbH.

Druck: Konrad Triltsch Print und digitale Medien GmbH, 97199 Ochsenfurt

Vorwort zur 12. Auflage

Das Buch „Fachkunde Industrieelektronik- und Informationstechnik" ist ein Lehrbuch für die Erstausbildung in den Berufen Elektroniker/in für Geräte- und Systeme, Elektroniker/in für Automatisierungstechnik sowie für die Systemelektroniker/in und Systeminformatiker.

Auch für den Unterricht an Informationstechnischen Gymnasien, Fachgymnasien, Fachoberschulen und Berufsoberschulen wird das Buch empfohlen. Als grundlegende Einführung in das gesamte Fachgebiet ist dieses Buch gleichzeitig nützlich für Schüler an Berufskollegs und Studierende an Fachschulen, Berufsakademien und Fachhochschulen.

Besonderer Wert wurde darauf gelegt, Funktionszusammenhänge und Funktionsabläufe durch zahlreiche mehrfarbige Bilder, Diagramme und Tabellen zu veranschaulichen.

Neu: 1-Bit-AD-Umsetzer, Sigma-Delta-Umsetzer, PCIe-Schnittstelle, Mikrocontroller mit 8051-Architektur, ARDUINO, 3D-Drucker, Asi-Interface, safety at work, IO-Link, Gateways für Feldbusse, Vectoring und GFast, IoT, Logo!-Produktfamilie, Mensch-Maschine-Schnittstellen, Elektrizitätszähler, Universalschaltregler-IC, Piezo-Antriebe, elektronisch kommutierte Motoren BLDC auch mit Vektorregelung, geschalteter Reluktanzmotor SRM, Hybridantriebe, Elektromobilität.

Völlig neu gestaltet wurde das Kapitel *Sensoren*.

Eine Vielzahl von Seiten wurde neu gestaltet oder überarbeitet.

Liebe Leserin und lieber Leser,

Sie haben die neue Fachkunde Industrieelektronik und Informationstechnik vor sich liegen. In diesem Lehrbuch finden Sie alles, was zur Ausbildung und Weiterbildung in entsprechenden Lernfeldberufen verwendet wird.

Welche Ziele kann ich mithilfe dieses Buchs erreichen?

Das Buch

- vermittelt Wissen, Fähigkeiten und Fertigkeiten,
- soll neugierig auf Neues machen, damit zum Lernen anregen und so eigene Kompetenzen wie Handlungskompetenz, Fachkompetenz sowie Methodenkompetenz stärken.

Sie besuchen einen Lernfeldunterricht und bearbeiten eine Lernsituation. Wie kann Ihnen dieses Buch dabei helfen?

- Ein ausführliches Sachwortverzeichnis erleichtert das Finden technischer Begriffe, auch auf Englisch.
- physikalische und technische Sachverhalte werden durch viele anschauliche Bilder und Tabellen ergänzt und erklärt.
- passend eingefügte Schaltpläne fördern die Fähigkeit zur Analyse, auch komplexer Systeme.
- wichtige Formeln mit Formelzeichenerklärungen und vielen Beispielrechnungen fördern und festigen das Verständnis.
- Merksätze fassen wichtige Sachverhalte kurz zusammen.
- Eine kleine Übersicht auf der folgenden Seite ordnet Beispiele aus ausgewählten Kapiteln Lernsituationen zu.

Lernfelder des ersten Ausbildungsjahres für alle Berufe[1]					
LF/ Jahr	Zeitvorgabe in h			Lernfeldinhalte	Beispiele, Kapitel
1/1	80		Elektrotechnische Systeme analysieren und Funktionen prüfen	El. Grundgrößen Grundschaltungen Wirtschaftliche Vorgänge	1.2 1.3 8.1-2
2/1	80		Elektrotechnische Installationen planen und ausführen	Installationsschaltungen Sicherheitsbestimmungen	1.10 2.12
3/1	80		Steuerungen analysieren und anpassen	Steuerungsarten Digitaltechnik	5.2 3.3, 3.4
4/1	80		Informationstechnische Systeme bereitstellen	Systemanalyse Betriebssysteme von PC Hardware	4.1.1 4.5 4.3, 4.6, 4.7
Lernfelder der Fachstufen GS mit Systemelektroniker und AT					
5/2	GS	60	Elektroenergieversorgung für Geräte und Systeme realisieren und deren Sicherheit gewährleisten	Gefahren des el. Stromes Schutzmaßnahmen	1.2.9 2.12
5/2	AT	60	Elektroenergieversorgung und Sicherheit von Betriebsmitteln gewährleisten	Gefahren des el. Stromes Schutzmaßnahmen	1.2.9 2.12
6/2	GS	80	Elektronische Baugruppen von Geräten konzipieren, herstellen und prüfen	Widerstandsarten Halbleiter Messtechnik	1.2.8 1.9 2.11
6/2	AT	80	Anlagen analysieren und deren Sicherheit prüfen	MSR-Technik Schnittstellen	5 4.7.3
7/2	GS	80	Baugruppen hard- und softwareseitig konfigurieren	Mikrocontroller PLD SPS	4.3.7 3.3 5.2.4
7/2	AT	80	Steuerungen für automatisierte Anlagen programmieren und realisieren	Feldbusse Programmierung Gebäudeleittechnik und Gebäudesystemtechnik	4.8.4.6-9 4.9 4.8.7
8/2	GS	60	Geräte herstellen und prüfen	AD-DA-Umsetzer Kleinmotoren	3.4 6.3.1-4
8/2	AT	60	Antriebssysteme auswählen und integrieren	Stromrichter Handhabungsautomaten	6.4.5.1-5 6.5
9/3	GS	100	Geräte und Systeme in Stand halten	Schaltungsanalyse Entsorgung	2.8.7 7.1-4
9/3	AT	100	Steuerungssysteme und Kommunikationssysteme integrieren	Datennetze, Topologien Echtzeitfähigkeit	4.8 4.2.1-4
10/3	GS	80	Fertigungsanlagen einrichten	Steuerungsarten Steuerungen	5.2.1 5.2.2, 5.2.3, 5.2.4.16
10/3	AT	100	Automatisierungssysteme in Betrieb nehmen und übergeben	Parametrierung von FU	6.4.7.3
11/3	GS	100	Prüfsysteme einrichten und anwenden	Diagnosewerkzeuge, Debugger Bussysteme	4.4.4.1-2 4.8.4
11/3	AT	80	Automatisierungssysteme in Stand halten und optimieren	Reglereinstellungen LabView	5.4.6.3 2.11.4
12/4	GS	80	Geräte und Systeme planen und realisieren	Schutzleiter Kosten-Nutzenbetrachtung	1.11.8 4.4.1
12/4	AT	60	Automatisierungssysteme planen	Pflichtenheft Recycling	4.4.1 7.4
13/4	GS	60	Fertigungs- und Prüfsysteme in Stand halten	Soll-Ist-Vergleich	5.4.1
13/4	AT	80	Automatisierungssysteme realisieren	Programmimplementierung	4.4.3

[1] Elektronikerberufe mit Lernfeldern: Automatisierungstechnik AT; Energie- und Gebäudetechnik BT; Betriebstechnik BT; Gebäude- und Infrastruktursysteme GI; Maschinen- und Antriebstechnik MA; Geräte und Systeme GS und Systemelektroniker im Handwerk.

Die neue Fachkunde auf einen Blick:

Grundlagen
- Physikalische Größen
- Elektrotechnische Größen
- Grundschaltungen
- Leistung, Arbeit, Wärme
- Spannungserzeuger
- Wechselspannung und Wechselstrom
- Spannung und elektrisches Feld
- Strom und Magnetfeld
- Halbleiter
- Schaltungstechnik und Funktionsanalyse
- Werkstoffe und Leitungen

Wirtschaftliche Vorgänge
- Betrieb und Umfeld
- Geschäftsprozesse
- Verkaufsprozesse
- Beschaffungsprozesse
- Kundenberatung und Service

Anwendungen der Grundlagen
- Blindwiderstände an Wechselspannung
- RC-Schaltungen und RL-Schaltungen
- Schwingkreise
- Leistungen bei Wechselstrom
- Transformatoren
- Weitere elektrische Bauelemente
- Laser
- Elektronische Schaltungen mit Strom versorgen
- Verstärker
- Generatoren und Kippschaltungen
- Messgeräte
- Schutzmaßnahmen
- Unterzweig

Umwelttechnik
- Umweltrecht
- Umwelthaftung
- Belastung durch elektrotechnische Produkte
- Umgang mit Abfall
- Elektromagnetische Verträglichkeit
- Alternative Energieversorgung

Leistungselektronik
- Stromversorgung
- Bemessung von Leitungen
- Elektrische Antriebssysteme auswählen und integrieren
- Steuerung und Regelung elektrischer Antriebe
- Handhabungssysteme
- Digitale Bildverarbeitung

Digitaltechnik
- Einführung in die Digitaltechnik
- Sequenzielle Digitaltechnik
- Anwendungen der Digitaltechnik
- DA-Umsetzter und AD-Umsetzer

Messen, Steuern, Regeln
- Elektronisches Messen
- Steuerungstechnik
- Fernwirktechnik
- Regelungstechnik

Datentechnik
- Aufbau und Betrieb eines PC-Systems
- Merkmale und Arten von Computeranlagen
- Mikrocomputer
- Systementwicklung
- Betriebssysteme von Computern
- Speicher
- Dateneingabe und Datenausgabe
- Datenübertragung
- Programmieren mit Programmiersprachen
- Datenbank, Tabellenkalkulation
- Datensicherung und Datenschutz

Inhaltsverzeichnis

3 Digitaltechnik

1 Grundlagen

1.1 Physikalische Größen

Zur Beschreibung der elektrotechnischen Vorgänge sind physikalische Begriffe unentbehrlich.

1.1.1 Kraftfelder

Auf einen Körper kann durch *unmittelbare Berührung* eine Wirkung ausgeübt werden, z. B. eine Kraft. Die Wirkung kann aber oft auch *aus der Ferne* erfolgen, z. B. durch die Anziehungskraft der Erde auf eine Weltraumstation **(Bild 1)**. Ohne diese Anziehungskraft würde die Weltraumstation mit gleich bleibender Geschwindigkeit in den Weltraum fliegen.

Massen von Körpern üben aufeinander eine Anziehungskraft aus, die auch aus der Ferne wirkt. Diese Anziehungskraft ist umso größer, je größer die Massen sind und je kleiner ihr Abstand voneinander ist. Bei kleinen Massen ist diese Anziehungskraft sehr klein, bei großen Massen, z. B. Himmelskörpern, aber recht groß.

Tritt eine Wirkung aus der Ferne ein, so sagt man, dass ein *Feld* zwischen der Ursache der Wirkung und dem Körper ist. Ist mit der Wirkung eine Kraft verbunden, so spricht man von einem *Kraftfeld.*

Jeder Raum ist von Feldern erfüllt.

Bekannt ist das *Schwerefeld* der Erde. Es bewirkt, dass es sehr schwierig ist, die Erde und ihre Umgebung zu verlassen.

In der Nähe von elektrischen Leitungen tritt ein *elektrisches Feld* auf (Abschnitt 1.7). In der Nähe von Magneten ist ein *magnetisches Feld* wirksam (Abschnitt 1.8). Sich rasch ändernde elektrische bzw. magnetische Felder sind immer miteinander verknüpft. Man nennt sie deshalb *elektromagnetische Felder.* Bei der Weltraumstation in Bild 1 sind gleichzeitig mehrere *elektromagnetische Felder* wirksam. Die verschiedenen Antennen empfangen Felder oder strahlen sie ab. Die Flächen mit Solarzellen[1] nehmen die elektromagnetischen Felder der Lichtstrahlung auf und versorgen den Satelliten mit elektrischem Strom. Außerdem sind Schwerefelder wirksam, vor allem das Schwerefeld der Erde wirksam.

[1] lat. sol = Sonne

[2] Sir Isaac Newton, engl. Physiker, 1643 bis 1727

Bild 1: Weltraumstation *Mir* im All, im Schwerefeld der Erde

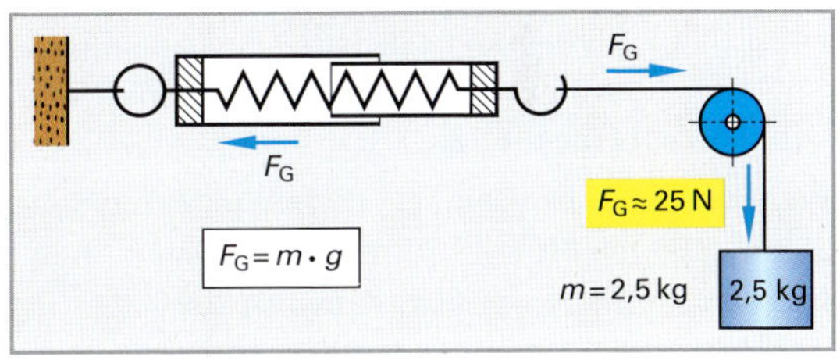

Bild 2: Kraftmessung

1.1.2 Masse und Kraft

Die Angabe der Masse eines Körpers gibt Auskunft darüber, ob es leicht oder schwer ist, den Körper in Bewegung zu versetzen oder die Bewegung des Körpers hinsichtlich des Betrags oder hinsichtlich der Richtung zu ändern. Die Masse ist unabhängig von Ort und Umgebung. Die Einheit der Masse ist das Kilogramm mit dem Einheitenzeichen kg.

Die Masse eines Körpers ist an jedem Punkt der Erde und außerhalb der Erde gleich groß.

Ihre Messung erfolgt auf einer Balkenwaage durch Vergleich mit geeichten Massen.

Infolge des Schwerefeldes der Erde wirkt auf jede Masse auf der Erde oder nahe der Erde eine Kraft. Diese Gewichtskraft kann mit einem Kraftmesser gemessen werden. Beim Kraftmesser tritt unter der Wirkung der Kraft eine Verformung ein, deren Größe ein Maß für die Kraft ist **(Bild 2)**. Die Einheit der Kraft ist das Newton[2] mit dem Einheitenzeichen N.

Ein Körper mit der Masse 1 kg wiegt auf der Erde etwa 10 N.

1.1.3 Basisgrößen, Einheiten und abgeleitete Einheiten

Physikalische Größen sind messbare Eigenschaften von Körpern, physikalischen Zuständen oder physikalischen Vorgängen, z.B. Masse, Länge, Zeit, Kraft, Geschwindigkeit, Stromstärke, Spannung und Widerstand. Jeder spezielle Wert einer Größe kann durch das Produkt von Zahlenwert und Einheit angegeben werden, z.B. zu 10 kg. Der spezielle Wert einer Größe wird *Größenwert* und in der Messtechnik *Messwert* genannt.

Formelzeichen dienen zur Abkürzung von Größen, insbesondere bei Berechnungen. Man verwendet als Formelzeichen Buchstaben des lateinischen oder des griechischen Alphabets. Formelzeichen werden in diesem Buch *kursiv* (schräg) gedruckt.

Physikalische Größen, aus denen die anderen Größen abgeleitet werden können, nennt man *Basisgrößen* **(Tabelle 1)**.

Vektoren sind Größen, zu denen eine Richtung gehört, z.B. ist die Kraft ein Vektor.

Formeln sind kurzgefasste Anweisungen, wie ein Größenwert zu berechnen ist. Wegen ihres Gleichheitszeichens spricht man auch von *Größengleichungen*. Mithilfe der Berechnungsformel kann man meist auch die Einheit des berechneten Ergebnisses erhalten.

Beispiel 1: Geschwindigkeit berechnen

Für eine gleichbleibende Geschwindigkeit gilt obenstehende Formel. Wie groß ist die Geschwindigkeit eines Autos, das in 10 s eine Strecke von 180 m zurücklegt?

Lösung:

$$v = \frac{s}{t} = \frac{180\ \text{m}}{10\ \text{s}} = 18 \cdot 3{,}6\ \text{km/h} = \mathbf{64{,}8\ km/h}$$

Einheiten

Die meisten physikalischen Größen haben Einheiten. Die Einheit ist oft aus einem Fremdwort entstanden, z.B. Meter vom griechischen Wort für Messen. Oft sind aber Einheiten auch zu Ehren von Wissenschaftlern benannt, z.B. das Ampere (nach [1]André Marie Ampère, franz. Physiker, 1775 bis 1836). Einheiten der Basisgrößen sind die Basiseinheiten (Tabelle 1). *Einheitenzeichen* sind die Abkürzungen für die Einheiten. Einheitenzeichen werden im Gegensatz zu den Formelzeichen aufrecht gedruckt.

[1] André Marie Ampère, franz. Physiker, 1755 bis 1836; [2] Charles A. de Coulomb, franz. Physiker (1736 bis 1806); [3] Heinrich R. Hertz, deutscher Physiker, 1857 bis 1894; [4] Alessandro G. Volta, ital. Physiker, 1745 bis 1827; [5] Georg Simon Ohm, dt. Physiker, 1789 bis 1854; [6] James Watt, schottischer Erfinder, 1736 bis 1819; [7] Michael Faraday, engl. Physiker, 1791 bis 1867; [8] Joseph Henry, amerik. Physiker, 1797 bis 1878.

$$F_G = m \cdot g \qquad v = \frac{s}{t}$$

F_G	Gewichtskraft;	m	Masse;
g	Fallbeschleunigung, Ortsfaktor; An der Erdoberfläche ist $g = 9{,}81$ N/kg ≈ 10 N/kg.	v	Geschwindigkeit
		s	zurückgelegte Strecke
		t	Zeit für das Zurücklegen der Strecke

Tabelle 1: Basisgrößen

Größe	Formelzeichen	Basiseinheit	Einheitenzeichen
Länge	l	Meter	m
Masse	m	Kilogramm	kg
Zeit	t	Sekunde	s
Stromstärke	I	Ampere	A
Temperatur	T	Kelvin	K
Lichtstärke	I_V	Candela	cd

Tabelle 2: Abgeleitete Einheiten (Beispiele)

Einheiten und Einheitenzeichen der Basisgröße		besond. Einheitenname	Einheitenzeichen
Amperesekunde	A · s	Coulomb[2]	C
Je Sekunde	1/s	Hertz[3]	Hz
Meterquadrat	m · m	–	m^2

Abgeleitete Einheiten sind aus Basiseinheiten zusammengesetzt oder auch aus anderen, abgeleiteten Einheiten. Oft haben derartige abgeleitete Einheiten einen besonderen *Einheitennamen* **(Tabelle 2)**. Auch die besonderen Einheitennamen haben genormte Einheitenzeichen. Einheitennamen erinnern an Wissenschaftler und ermöglichen eine kurze Schreibweise der Größe.

Es ist zulässig, die besonderen Einheitennamen als Einheiten zu bezeichnen. Einheiten mit besonderem Einheitennamen sind z.B. die in der Elektrotechnik häufigen Volt[4] (V), Ohm[5] (Ω), Watt[6] (W), Farad[7] (F) und Henry[8] (H).

Die abgeleitete Einheit einer Größe erhält man, durch Einsetzen der Einheiten in die Berechnungsformel. Dafür gibt es die Schreibweise mit eckigen Klammern.

Namensgeber wichtiger Einheiten:
[1] André Marie Ampère, franz. Physiker (1775 bis 1836)
[2] Charles A. de Coulomb, franz. Physiker (1736 bis 1806)

Beispiel 1: Geschwindigkeitsberechnung

Die Geschwindigkeit v berechnet man aus der Strecke s und der Zeit t mit der Formel $v = s/t$. Zu berechnen ist $[v]$ (sprich: Einheit von v).

Lösung:

$v = \frac{s}{t}$ (sprich: daraus folgt) $[v] = \frac{[s]}{[t]} = \frac{m}{s}$

Vorsätze geben bei sehr kleinen oder sehr großen Zahlenwerten die Zehnerpotenz an, mit welcher der Zahlenwert einer Größe malzunehmen ist **(Tabelle 1)**.

Die Zehnerpotenzen der Zahlenwerte von Größen schreibt man als Vorsatzzeichen der Einheitenzeichen.

1.1.4 Kraft als Beispiel eines Vektors

Ein beweglicher Körper kann durch eine Kraft beschleunigt werden, also seine Geschwindigkeit ändern. Als *Beschleunigung* bezeichnet man den Quotienten aus Geschwindigkeitsänderung durch den Zeitabschnitt, in dem diese Änderung erfolgt.

Je größer bei einer Masse die Beschleunigung ist, desto größer ist die auf die Masse wirkende Kraft. Man bezeichnet diesen Zusammenhang als *Grundgesetz der Mechanik*.

Darstellung von Kräften. Die Kraft ist ein Vektor, der durch den Pfeil $\vec{F}$ (sprich: Vektor F) dargestellt wird **(Bild 1)**. Die Länge des Pfeils gibt $|\vec{F}| = F$ (sprich: Betrag des Vektors F) an, die Pfeilrichtung gibt die Wirkungsrichtung. Bei der Addition hängt man die Kraftvektoren unter Berücksichtigung ihrer Richtung aneinander (siehe Mathematik für Elektroniker, Ausgabe I).

Vektoren werden geometrisch addiert oder geometrisch subtrahiert.

1.1.5 Arbeit

Eine Arbeit wird aufgewendet, wenn infolge einer Kraft ein Wegstück zurückgelegt wird, z. B. von einem Hubstapler gegen die Gewichtskraft der Last. Der Größenwert der mechanischen Arbeit ist also das Produkt aus Kraft und Weg.

Die Einheit der Arbeit ist das Newtonmeter (Nm) mit dem besonderen Einheitennamen Joule[1] (J). Liegen Kraft und Weg nicht auf derselben Geraden, so wird zur Berechnung der Arbeit nur die Teilkraft in Wegrichtung berücksichtigt (Bild 1).

[1] James P. Joule, engl. Physiker, 1818 bis 1889

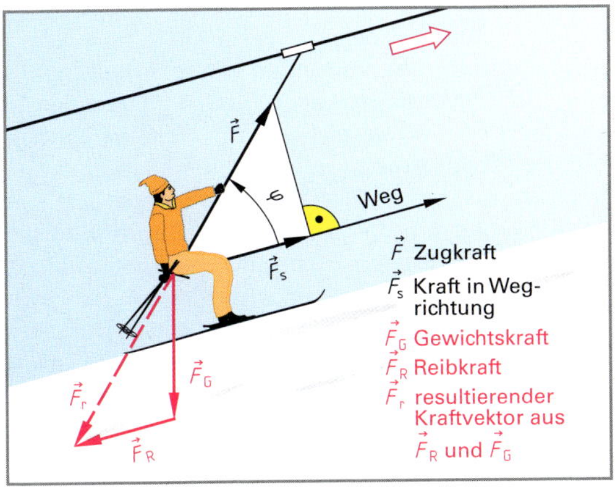

Bild 1: Kräfte bei einem Schlepplift

$$a = \frac{\Delta v}{\Delta t}$$

$[a] = (m/s)/s = m/s^2$

$$F = m \cdot a$$

$[F] = kg \cdot m/s^2 = N$

$$W = F_s \cdot s$$

$$W = F \cdot s \cdot \cos\varphi$$

$[W] = N \cdot m = Nm = J$

a Beschleunigung;
Δv Geschwindigkeitsänderung (Δ griech. Großbuchstabe Delta);
Δt Zeitabschnitt
F Kraft;
m Masse
W Arbeit
F_s Kraft in Wegrichtung
s Weg
φ Winkel zwischen $\vec{F}$ und $\vec{F}_s$

Tabelle 1: Vorsätze und Vorsatzzeichen

Faktor	Vorsatz	Vorsatzzeichen	Faktor	Vorsatz	Vorsatzzeichen
10^{24}	Yotta	Y	10^{-1}	Dezi	d
10^{21}	Zetta	Z	10^{-2}	Zenti	c
10^{18}	Exa	E	10^{-3}	Milli	m
10^{15}	Peta	P	10^{-6}	Mikro	µ
10^{12}	Tera	T	10^{-9}	Nano	n
10^{9}	Giga	G	10^{-12}	Piko	p
10^{6}	Mega	M	10^{-15}	Femto	f
10^{3}	Kilo	k	10^{-18}	Atto	a
10^{2}	Hekto	h	10^{-21}	Zepto	z
10^{1}	Deka	da	10^{-24}	Yokto	y

1.1.6 Energie

Die Fähigkeit zum Verrichten einer Arbeit nennt man *Arbeitsvermögen* oder *Energie*. Die Energie hat dasselbe Formelzeichen und dieselbe Einheit wie die Arbeit. Arbeit und Energie stellen also dieselbe physikalische Größe dar. Jedoch drückt der Begriff Arbeit den Vorgang aus, der Begriff Energie dagegen den *Zustand* eines Körpers oder eines Systems aus mehreren Körpern. Meist ändert sich die Energie durch Arbeitsaufwand **(Bild1)**. Die beim Heben einer Last aufgewendete Arbeit steckt nach dem Heben in der Last. Diese Arbeit kann wieder freigesetzt werden, wenn die Last gesenkt wird, z. B. bei einem Baukran. Dann kann elektrische Energie ans Netz zurückgeliefert werden.

Energie ist Arbeitsvermögen. Arbeit bewirkt Energieänderung.

Außer der mechanischen Energie gibt es weitere Energiearten. In brennbaren Stoffen ist *chemische Energie* gespeichert. Diese lässt sich durch Verbrennung in *Wärmeenergie* umwandeln. Die in Atomkernen gespeicherte Energie nennt man *Kernenergie* oder auch *Atomenergie*. Die von der Sonne als Wärmestrahlung oder als Lichtstrahlung ausgesandte Energie nennt man *Sonnenenergie*.

Energie lässt sich nicht erzeugen, sondern nur umwandeln.

Potenzielle Energie oder Energie der Lage (Bild 1) ist die in einem System gespeicherte Energie, z. B. in einer Masse, die sich im Schwerefeld der Erde befindet. Potenzielle Energie[1] bedeutet hier das in Lage 1 gespeicherte Arbeitsvermögen gegenüber einer Lage 0 (Bezugslage). Für die Größe der potenziellen Energie ist also vor allem die *Bezugslage* (Ausgangslage) maßgebend.

Beispiel 1: Berechnen der potenziellen Energie

In einem Stausee, 600 m über dem Turbinenhaus befinden sich 10^6 m³ Wasser (Dichte 10^3 kg/m³). Wie groß ist die potenzielle Energie gegenüber der Lage des Turbinenhauses?

Lösung:

$$W_p = m \cdot g \cdot \Delta h \approx 10^6\,\text{m}^3 \cdot \frac{10^3\,\text{kg}}{\text{m}^3} \cdot \frac{10\,\text{N}}{\text{kg}} \cdot 600\,\text{m}$$

$$= 10^9 \cdot 10 \cdot 600\,\text{Nm} = 6 \cdot 10^{12}\,\text{Nm} = \mathbf{6\,TJ}$$

[1] lat. potentia = Vermögen, Macht

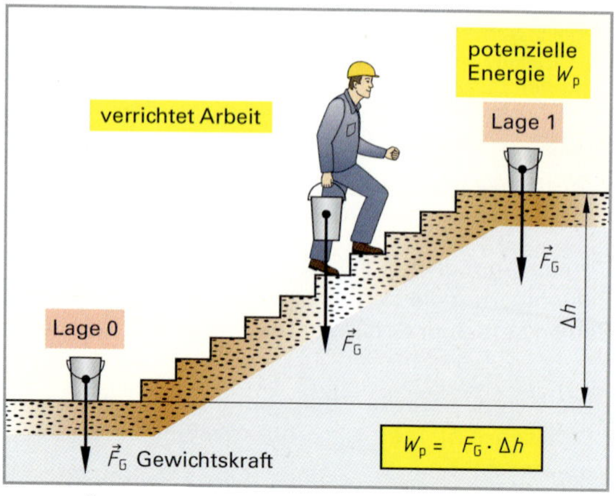

Bild 1: Änderung der Energie durch Arbeit

$$W_p = m \cdot g \cdot \Delta h \qquad W_k = \frac{1}{2} m \cdot v^2$$

$[W_p]$ = Nm = J $[W_k]$ = Nm = J

W_p	potenzielle Energie	Δh	Höhendifferenz
m	Masse	W_k	kinetische Energie
g	Fallbeschleunigung ($g \approx$ 10 N/kg)	v	Geschwindigkeit

Die potenzielle Energie gegenüber der Bezugslage ist so groß wie die erforderliche Arbeit zur Bewegung der Masse aus der Bezugslage in die neue Lage. Potenzielle Energie kann auch anders gespeichert werden, z. B. in einer gespannten Feder.

Kinetische Energie ist in einer bewegten Masse gespeichert. Die kinetische Energie ist unabhängig von einer Bezugslage. Sie hängt nur von der Masse und von deren Geschwindigkeit ab.

Wenn einem Körper oder einem System keine Arbeit zugeführt wird, so kann die kinetische Energie des Körpers oder des Systems höchstens so groß werden wie seine potenzielle Energie ist, z. B. beim Fall aus einer bestimmten Höhe.

Wiederholung und Vertiefung

1. **Welche physikalischen Größen können in einem Raum ohne Materie vorhanden sein?**
2. **Nennen Sie drei Kraftfelder.**
3. **Auf eine Masse von 2 000 kg wirkt eine Beschleunigungskraft von 1 000 N. Wie groß ist die Beschleunigung?**
4. **Erklären Sie den Begriff Vektor.**
5. **Worin liegt der Unterschied zwischen Arbeit und Energie?**
6. **Wie heißen die beiden Arten der mechanischen Energie?**

1.2 Elektrotechnische Grundgrößen

1.2.1 Ladung

Jeder Körper ist im normalen Zustand elektrisch neutral. Durch Reiben des Körpers kann dieser Zustand geändert werden. Der Ladungszustand ist aus dem Aufbau der Stoffe erklärbar.

Reibt man einen Polystyrolstab mit einem Wolltuch und bringt ihn in die Nähe von Papierschnitzeln **(Bild 1)**, so werden diese angezogen. Für diese Kräfte sind *elektrische Ladungen* verantwortlich.

Stäbe aus Isolierstoffen, wie z. B. Acrylglas, Polystyrol, die man mit einem Wolltuch reibt, üben wegen der Ladungen aufeinander Abstoßungskräfte **(Bild 2)** oder Anziehungskräfte **(Bild 3)** aus.

> Gleichartige Ladungen stoßen sich ab, ungleichartige Ladungen ziehen sich an.

Die Ladung des Acrylglasstabes bezeichnet man als *positive Ladung* (Plusladung), die Ladung des Polystyrolstabes als *negative Ladung* (Minusladung). Ladungen üben Kräfte aufeinander aus **(Bild 4)**.

Enthält der Kern eines Atoms so viele Protonen, wie Elektronen um den Kern kreisen, so ist das Atom elektrisch neutral **(Bild 5)**. Nach außen tritt keine elektrische Ladung in Erscheinung. Kreisen dagegen um den Atomkern mehr oder weniger Elektronen als Protonen im Kern vorhanden sind, so ist das Atom im ersten Fall negativ, im zweiten Fall positiv geladen. Man nennt es Ion[1].

Die elektrische Ladung Q ist von der Stromstärke und von der Zeit abhängig. Sie hat die Einheit Amperesekunde (As) mit dem besonderen Einheitennamen Coulomb[2] (C).

Jedes Elektron ist negativ geladen, jedes Proton ist positiv geladen. Beide tragen die kleinste Ladung, die *Elementarladung*. Die Elementarladung eines Elektrons beträgt $-0{,}1602 \cdot 10^{-18}$C, die Elementarladung eines Protons beträgt $-0{,}1602 \cdot 10^{-18}$ C.

Beispiel 1: Ladungsmenge berechnen

In einem elektrischen Leiter fließt ein Strom I mit 150 mA. Welche Ladungsmenge ΔQ wird je Minute im Leiter transportiert?

Lösung:

$\Delta Q = I \cdot \Delta t = 150\text{ mA} \cdot 1\text{ min} = 150\text{ mA} \cdot 60\text{ s}$
$= 9000\text{ mAs} = 9\text{ As}$

Bei I = const. und mit Anfangsladung:

$$\Delta Q = I \cdot \Delta t$$

Bei I = const. und ohne Anfangsladung:

$$Q = I \cdot t$$

ΔQ Ladungsänderung; Q Ladung
I konstante Stromstärke; t Zeit
Δt Zeitabschnitt;
Δ (griech. Großbuchstabe Delta) Zeichen für Differenz

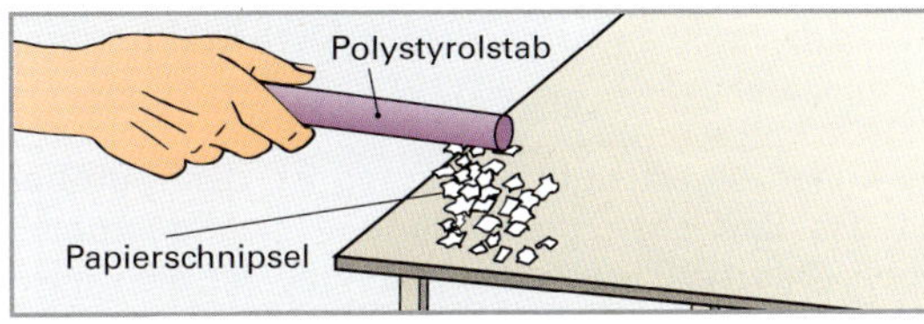

Bild 1: Anziehung von Teilchen durch Ladungen

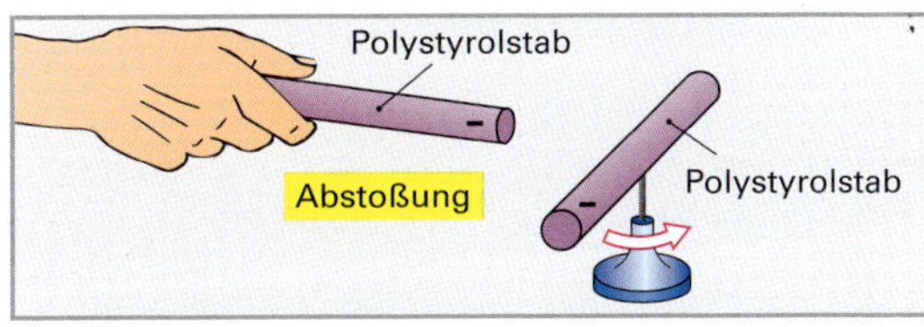

Bild 2: Abstoßung gleichartiger Ladungen

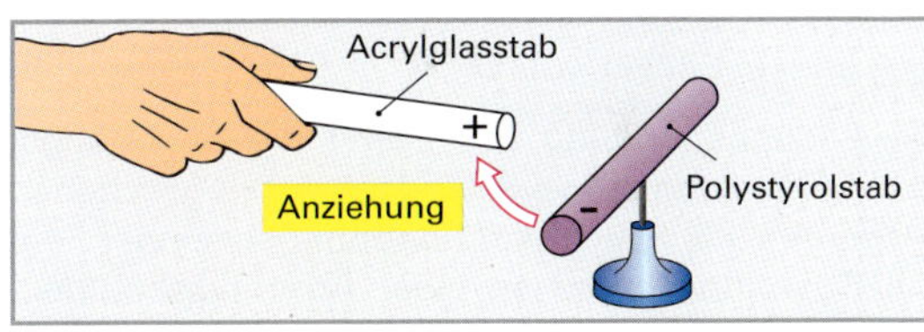

Bild 3: Anziehung ungleichartiger Ladungen

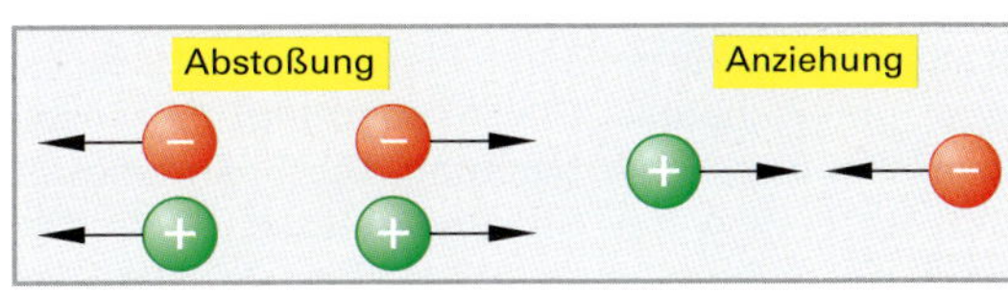

Bild 4: Ladungswirkungen

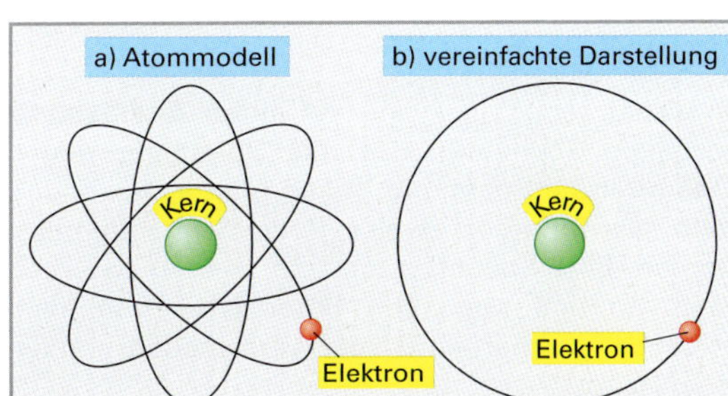

Bild 5: Aufbau eines Wasserstoffatoms

[1] griech. ion = wandernd; [2] Coulomb, franz. Physiker, 1736 bis 1806

1.2.2 Spannung

Zwischen verschiedenartigen Ladungen wirkt eine Anziehungskraft. Werden verschiedenartige Ladungen voneinander entfernt, so muss gegen die Anziehungskraft eine Arbeit verrichtet werden. Diese Arbeit ist nun als Energie zwischen den Ladungen gespeichert. Dadurch besteht zwischen den Ladungen eine *Spannung*.

Die elektrische Spannung ist die zur Ladungstrennung aufgewendete Arbeit je Ladung.

> Elektrische Spannung entsteht durch Trennung von Ladungen.

Je höher die erzeugte Spannung ist, desto größer ist das Bestreben der Ladungen sich auszugleichen **(Bild 1)**. Elektrische Spannung ist also auch das Ausgleichsbestreben von Ladungen. Die elektrische Spannung (Formelzeichen U) misst man mit dem *Spannungsmesser* **(Bild 2)**.

> Zur Messung der Spannung wird der Spannungsmesser parallel zu den Anschlüssen des Erzeugers oder Verbrauchers geschaltet.

Einheit der elektrischen Spannung U ist das Volt[1] (V). Im Schaltzeichen des Spannungsmessers steht V.

$[U] = \text{V}$

($[U]$ sprich: Einheit von U).

Die Ladungstrennung und damit die Spannungserzeugung kann auf verschiedene Arten geschehen (Abschnitt 1.5). Bei einem Spannungserzeuger liegt die Spannung zwischen zwei Anschlüssen, dem Pluspol und dem Minuspol **(Bild 3)**.

Der Pluspol ist gekennzeichnet durch Elektronenmangel, der Minuspol durch Elektronenüberschuss. Man unterscheidet Gleichspannung, Wechselspannung und Mischspannung. Die Spannungsart und die Polung der Spannung lassen sich d. h. mit einer Glimmlampe feststellen. In einer an Gleichspannung liegenden Glimmlampe leuchtet der negative Pol. Bei Wechselspannung zeigen beide Pole ein Flimmern.

Potenzial nennt man eine auf einen *Bezugspunkt* bezogene Spannung, d. h. die Spannung gegen Erde oder die Spannung gegen Masse. Spannung kann als Differenz zweier Potenziale aufgefasst werden. Eine Spannung besteht sowohl zwischen positiven und negativen Potenzialen wie auch zwischen gleichartigen, aber verschieden starken Potenzialen.

[1] Volta, ital. Physiker, 1745 bis 1827

$$[U] = \frac{\text{Nm}}{\text{C}} = \frac{\text{Ws}}{\text{As}} = \text{V} \qquad U = \frac{W}{Q}$$

U Spannung
W Arbeit
Q Ladung

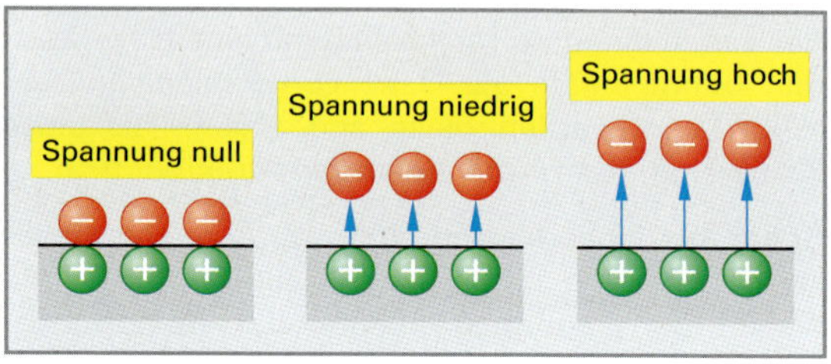

Bild 1: Spannung durch Ladungstrennung

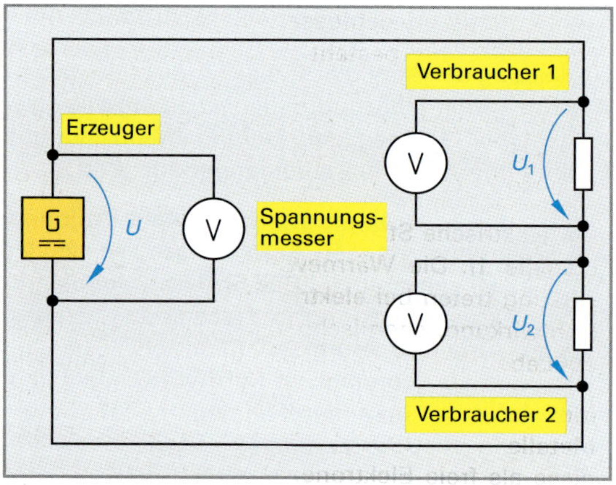

Bild 2: Spannungsmessung

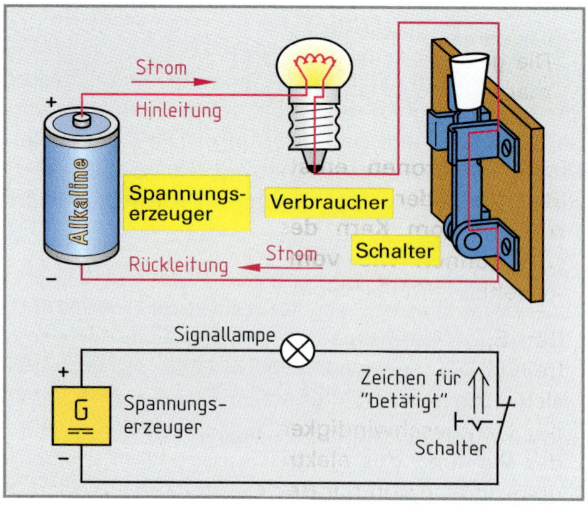

Bild 3: Elektrischer Stromkreis

Tabelle 1: Stromwirkungen

Wärmewirkung	Magnetwirkung	Lichtwirkung	Chemische Wirkung	Wirkung auf Lebewesen
immer vorhanden	immer vorhanden	in Gasen, in manchen Halbleitern	in leitenden Flüssigkeiten	bei Menschen und Tieren
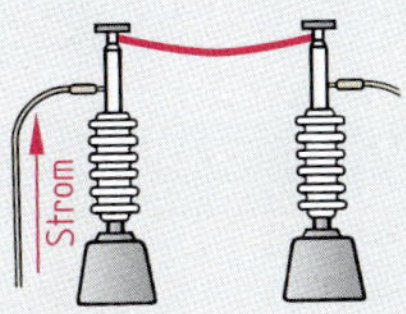			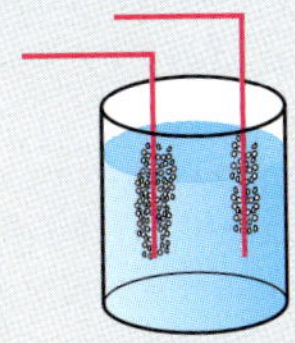	
Heizung, Lötkolben, Schmelzsicherung	Relaisspule, Türöffner	Glimmlampe, LED, Leuchtstofflampe	Ladevorgang bei Akkumulatoren, belastete Elemente	Unfälle, Herzschrittmacher

1.2.3 Elektrischer Strom

Die Spannung bewirkt den *elektrischen Strom*, der nur im geschlossenen Stromkreis fließt. Der *Stromkreis* besteht aus dem Erzeuger, dem Verbraucher und der Hin- und Rückleitung zwischen Erzeuger und Verbraucher (Bild 3, vorhergehende Seite). Mit dem Schalter kann man den Stromkreis öffnen und schließen.

Der elektrische Strom hat verschiedene Wirkungen **(Tabelle 1)**. Die Wärmewirkung und die Magnetwirkung treten bei elektrischem Strom immer auf. Lichtwirkung, chemische Wirkung und Wirkungen auf Lebewesen treten nur in bestimmten Fällen auf.

Metalle besitzen Elektronen, die im Inneren des Metalls frei beweglich sind. Man bezeichnet diese als freie Elektronen. Sie bewegen sich vom Minuspol zum Pluspol des Spannungserzeugers (**Bild 1**)

> Die gerichtete Bewegung von Elektronen nennt man Elektronenstrom.

Freie Elektronen entstehen dadurch, dass die Elektronen der Außenschale eines Atoms genauso weit vom Kern des Nachbaratoms entfernt sein können wie vom eigenen Atomkern. Die Anziehungskräfte beider Kerne heben sich auf.

Der Spannungserzeuger übt eine Kraft auf die freien Elektronen aus. Diese Krafteinwirkung breitet sich nach dem Schließen eines Stromkreises fast mit Lichtgeschwindigkeit aus. Bei der Festlegung der Richtung des elektrischen Stromes ging man ursprünglich von der Bewegungsrichtung positiver Ionen in Flüssigkeiten aus **(Bild 1)**.

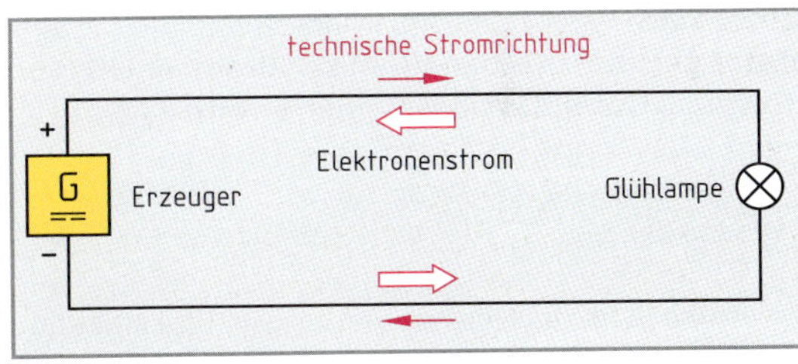

Bild 1: Stromrichtung

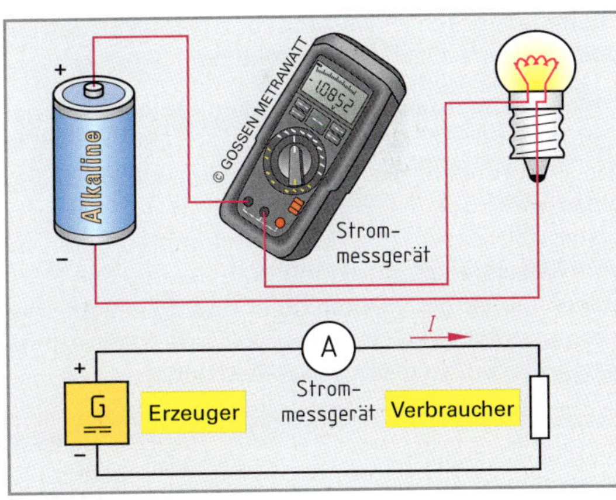

Bild 2: Strommessung

> Die Elektronen bewegen sich entgegengesetzt zur technischen Stromrichtung.

Die elektrische Stromstärke (Formelzeichen I) misst man mit dem Strommessgerät **(Bild 2)**. Die Einheit der elektrischen Stromstärke I ist das Ampere (A). Im Schaltzeichen des Strommessgerätes steht A.

> Zur Messung der Stromstärke wird das Strommessgerät in Reihe in den Stromkreis geschaltet.

Bei *Gleichstrom* bleibt der Strom bei gleicher Spannung konstant **(Tabelle 1)**. Die Elektronen fließen vom Minuspol durch den Verbraucher zum Pluspol. Das Kurzzeichen für Gleichstrom ist DC (von Direct Current = Einrichtungsstrom).

Gleichstrom ist elektrischer Strom, der dauernd in gleicher Richtung und gleicher Stärke fließt.

Bei *Wechselstrom* ändern die Elektronen ständig ihre Richtung. Das Kurzzeichen für Wechselstrom ist AC (von Alternating Current = abwechselnder Strom).

Wechselstrom ist elektrischer Strom, der ständig seine Richtung und Stärke ändert.

Ein gleichgerichteter Wechselstrom enthält Gleichstrom und Wechselstrom. Man nennt ihn *Mischstrom*. Das Kurzzeichen für Mischstrom ist UC (von Universal Current = allgemeiner Strom).

Mischstrom ist Gleichstrom mit überlagertem Wechselstrom.

Ionenstrom ist die Ionenbewegung in Flüssigkeiten oder Gasen. Ein positives Ion ist ein Atom oder Molekül, dem ein oder mehrere Elektronen fehlen. Ein negatives Ion ist ein Atom oder Molekül, das ein oder mehrere Elektronen zu viel hat.

Ladungsträgerbeweglichkeit. Die Bewegung der Ladungsträger (Driftgeschwindigkeit, von to drift = abtreiben) im Stromkreis unter Einwirkung eines elektrischen Feldes (Abschnitt 1.7) in oder gegen die Richtung der elektrischen Feldlinien ist vom Leiterwerkstoff und von der elektrischen Feldstärke abhängig. Unter der Beweglichkeit der Ladungsträger versteht man das Verhältnis Driftgeschwindigkeit zu elektrischer Feldstärke.

Beispiel 1: Driftgeschwindigkeit berechnen

Bei einer Halbleiterstrecke beträgt die elektrische Feldstärke 50 V/mm, die Ladungsträgerbeweglichkeit 0,39 m²/(Vs). Wie groß ist die Driftgeschwindigkeit?

Lösung:

$$b = \frac{v}{E} \Rightarrow v = b \cdot E = \frac{0{,}39\ \text{m}^2}{\text{Vs}} \cdot 50\ \frac{\text{kV}}{\text{m}} = \mathbf{19{,}5\ \frac{km}{s}}$$

Bei Elektronen ist der Betrag der Beweglichkeit in Metallen 0,0044 m²/(Vs), in Halbleitern 0,01 m²/(Vs) bis 1 m²/(Vs). Die Beweglichkeit der Ladungsträger in Metallen ist infolge der großen Zahl freier Elektronen wesentlich kleiner als bei Halbleitern, weil die vielen Ladungsträger einander mehr hemmen, als wenn es nur wenige Ladungsträger wären.

$$[b] = \frac{\frac{\text{m}}{\text{s}}}{\frac{\text{V}}{\text{m}}} = \frac{\text{m}^2}{\text{V} \cdot \text{s}}$$

$$b = \frac{v}{E}$$

b Ladungsträgerbeweglichkeit
v Driftgeschwindigkeit
E elektrische Feldstärke

Tabelle 1: Stromarten

Bezeichnung	Kennlinie
Gleichstrom DC Zeichen — oder ═	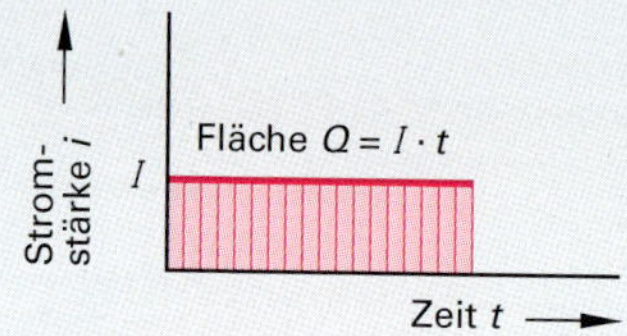
Wechselstrom AC Zeichen ~	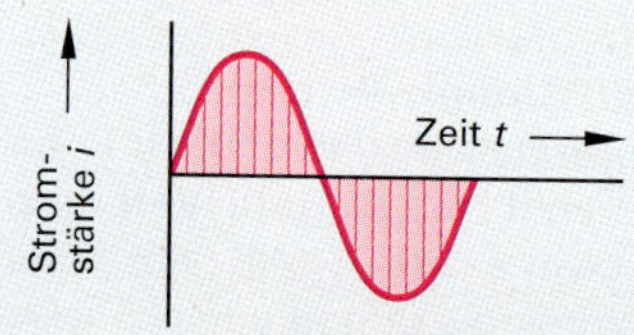
Mischstrom UC Zeichen ≂	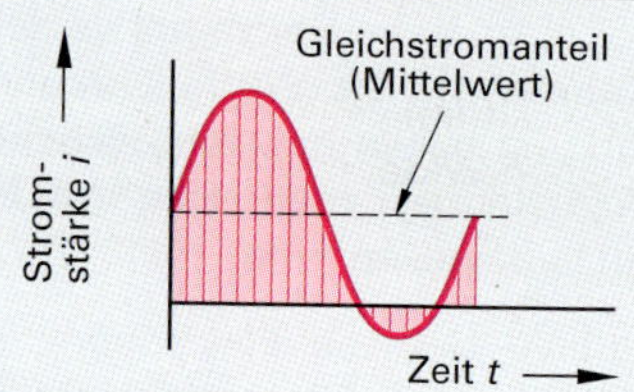

1.2.4 Elektrischer Widerstand

Die Werkstoffe setzen dem elektrischen Strom einen verschieden großen Widerstand entgegen.

Der Widerstand, auch *Resistanz* (von lat. resistere = stehenbleiben) genannt (Formelzeichen R), hat die Einheit Ohm[1] (Ω), $[R] = \Omega$. Den Kehrwert des Widerstandes nennt man Leitwert. Der Leitwert (Formelzeichen G) hat die Einheit Siemens[2] (S), $[G] = \text{S}$.

Beispiel 2: Leitwert berechnen

Ein Widerstand beträgt 2 Ω. Wie groß ist der Leitwert?

Lösung:

$$R = \frac{1}{G} \Rightarrow G = \frac{1}{R} = \frac{1}{2\,\Omega} = \mathbf{0{,}5\ S}$$

[1] Georg Simon Ohm, deutscher Physiker, 1789 bis 1854
[2] Werner von Siemens, deutscher Erfinder, 1816 bis 1892

Leiterwiderstand

Der Widerstand eines Leiters hängt von der Länge, vom Querschnitt und vom Leiterwerkstoff ab. Ein Kupferdraht von 1 m Länge und 1 mm² Querschnitt hat z. B. mehr freie Elektronen als ein Eisendraht gleicher Abmessung.

Der spezifische[1] Widerstand von Drähten hat die Einheit $\Omega \cdot \text{mm}^2/\text{m}$. Bei Isolierstoffen und Halbleiterwerkstoffen wird die Einheit $\Omega \cdot \text{cm}^2/\text{cm} = \Omega \cdot \text{cm}$ verwendet. Dann gibt der spezifische Widerstand an, wie groß der Widerstand eines Würfels von 1 cm Kantenlänge ist.

$$[R] = \frac{1}{[G]} = \frac{1}{\text{S}} = \Omega$$

$$R = \frac{1}{G}$$

$$\gamma = \frac{1}{\varrho} \qquad R = \frac{\varrho \cdot l}{A} \qquad R = \frac{l}{\gamma \cdot A}$$

R	Widerstand (Resistanz)
G	Leitwert
γ	Leitfähigkeit, spezifischer Leitwert (γ griech. Kleinbuchstabe Gamma)
ϱ	spezifischer Widerstand (ϱ griech. Kleinbuchstabe Rho)
l	Länge des Leiters
A	Querschnitt des Leiters

Der spezifische Widerstand ϱ gibt den Widerstand eines Leiters von 1 m Länge und 1 mm² Querschnitt an.

Der *spezifische Widerstand* ϱ wird meist für 20 °C angegeben. Oft wird mit der *Leitfähigkeit* γ statt mit dem spezifischen Widerstand gerechnet. Die Leitfähigkeit γ ist der Kehrwert des spezifischen Widerstandes ϱ.

Die Namensgeber für die Einheiten Ohm und Siemens sind deutsche Wissenschaftler **(Tabelle 1)**.

Tabelle 1: Wissenschaftler

 © ullstein bild – Granger Collection	**Ohm**, Georg Simon, 1789 – 1854, geb. in Erlangen, Realschullehrer und Gymnasiallehrer für Mathematik, später Professor für Physik in Nürnberg und München. Er fand 1826 heraus, dass Stromstärke und Spannung im elektrischen Leiter proportional sind $I \sim U$.
 © ullstein bild – Granger Collection	**Siemens**, Werner von, 1816 – 1892, geb. in Lenthe, militärische Ingenieurschule, Unternehmer. Begründer des Galvanisierens, Entwickler der elektronischen Lokomotive, Erbauer der ersten Dynamomaschine. Engagierte sich politisch und sozial für das Wohl der Arbeiterklasse.

Die Leitfähigkeit γ ist der Kehrwert des spezifischen Widerstandes ϱ.

Beispiel 1: Drahtwiderstand berechnen

Ein Drahtwiderstand besteht aus 1,806 m Manganindraht mit einem Querschnitt von 0,007 85 mm². Berechnen Sie den Widerstand.
Leitfähigkeit von Mangan (Mn): $\gamma = 2{,}3 \, \frac{\text{m}}{\Omega \cdot \text{mm}^2}$

Lösung:

$$R = \frac{l}{\gamma \cdot A} = \frac{1{,}806 \text{ m}}{2{,}3 \, \frac{\text{m}}{\Omega \cdot \text{mm}^2} \cdot 0{,}00785 \text{ mm}^2} = \mathbf{100 \, \Omega}$$

1.2.5 Ohm'sches Gesetz

Stellt man an einem Schiebewiderstand einen festen Widerstandswert ein, schließt ihn an einen Spannungserzeuger mit veränderbarer Spannung an und erhöht die Spannung von 0 V ausgehend, so nehmen die Spannung und die Stromstärke im gleichen Verhältnis zu. Bei konstantem Widerstand nimmt die Stromstärke linear mit der Spannung zu. Zeichnet man I in Abhängigkeit von U auf, so erhält man eine Gerade **(Bild 1)**. Wenn $I \sim U$ (sprich: I ist proportional U) ist, so spricht man von einem *linearen* Widerstand. Die Gerade verläuft umso steiler, je kleiner der Widerstand ist. Mit zunehmendem Widerstand nimmt also die Stromstärke ab.

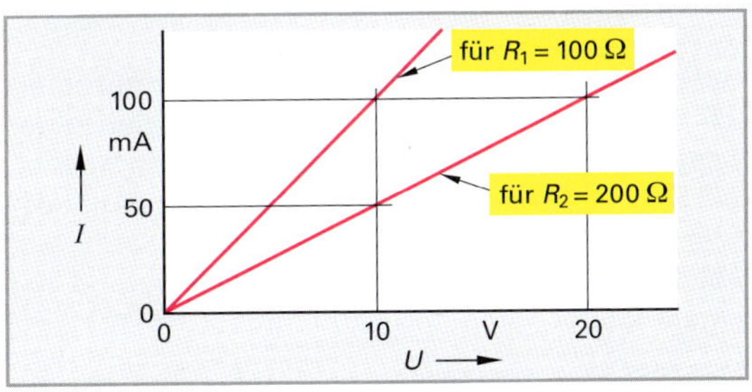

Bild 1: I als Funktion von U beim linearen Widerstand

[1] lat. specificus = arteigen

Bei konstanter Spannung nimmt die Stromstärke im umgekehrten Verhältnis zum Widerstand ab. Zeichnet man I in Abhängigkeit von R auf, so erhält man eine *Hyperbel* **(Bild 1)**. $I \sim 1/R$ (sprich: I ist umgekehrt proportional zu R).

Das Ohm'sche Gesetz drückt den Zusammenhang von Stromstärke, Spannung und Widerstand aus.

Beispiel 1: Stromstärke berechnen

Welche Stromstärke hat eine Glühlampe mit einem Widerstand von 12 Ω, die an 6 V angeschlossen ist?

Lösung:

$I = \frac{U}{R} = \frac{6\,\text{V}}{12\,\Omega} = \mathbf{0{,}5\,A}$

1.2.6 Widerstand und Temperatur

Der Widerstand der Leiterwerkstoffe ist von der Temperatur abhängig. Kohle und die meisten Halbleiter leiten in heißem Zustand besser als in kaltem Zustand. Diese Stoffe nennt man deshalb auch *Heißleiter*. Wenige Halbleiterstoffe, z. B. Bariumtitanat, leiten dagegen in kaltem Zustand besser. Man nennt sie *Kaltleiter*. Ihr Widerstand nimmt bei Temperaturerhöhung zu. Auch der Widerstand von Metallen nimmt mit Temperaturerhöhung zu. Der Widerstand von Heißleitern, z. B. Kohle, nimmt bei Temperaturerhöhung ab. Der *Temperaturkoeffizient* α gibt die relative Widerstandsänderung je Grad an **(Tabelle 1)**. Man nennt ihn auch Temperaturbeiwert.

Der Temperaturkoeffizient gibt an, um wie viel Ohm der Widerstand 1 Ω bei 1 K Temperaturerhöhung größer oder kleiner wird.

Kelvin[1] (K) ist die Einheit des Temperaturunterschieds, gemessen in der Celsiusskala oder in der Kelvinskala. Der Temperaturkoeffizient von Heißleitern ist *negativ*, da ihr Widerstand mit zunehmender Temperatur abnimmt. Der Temperaturkoeffizient von Kaltleitern ist *positiv*, da ihr Widerstand mit zunehmender Temperatur zunimmt.

Die Widerstandsänderung bei Erwärmung ist vom Kaltwiderstand, dem Temperaturkoeffizienten und der Übertemperatur abhängig.

Bei Abkühlung von Leitern nimmt ihr Widerstand ab. Bei sehr tiefen Temperaturen haben einige Stoffe keinen Widerstand mehr. Sie sind *supraleitend* geworden.

$$[I] = \frac{[U]}{[R]} = \frac{\text{V}}{\Omega} = \text{A}$$

$$I = \frac{U}{R}$$

$$\Delta\vartheta = \vartheta_2 - \vartheta_1$$

$$\Delta R = \alpha \cdot R_1 \cdot \Delta\vartheta$$

$$R_2 = R_1 + \Delta R$$

$$R_2 = R_1 \cdot (1 + \alpha \cdot \Delta\vartheta)$$

I Stromstärke
U Spannung
R Widerstand
$\Delta\vartheta$ Temperaturunterschied (ϑ griech. Kleinbuchstabe Theta)
ϑ_1 Anfangstemperatur
ϑ_2 Endtemperatur
ΔR Widerstandsänderung (Δ griech. Großbuchstabe Delta; Zeichen für Differenz)
α Temperaturkoeffizient (α griech. Kleinbuchstabe Alpha)
R_1 Widerstand bei Temperatur ϑ_1
R_2 Widerstand bei Temperatur ϑ_2

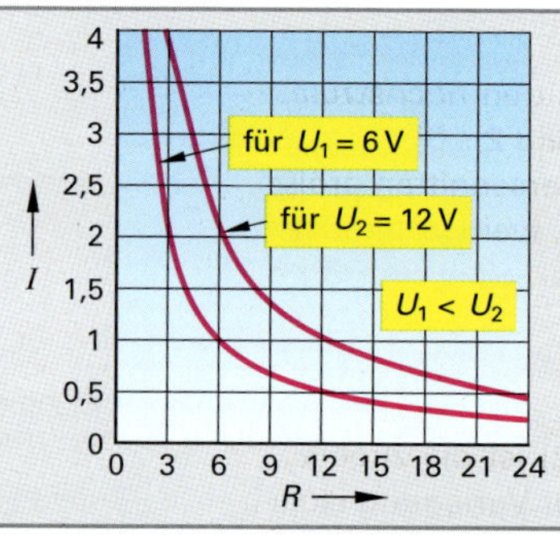

Bild 1: I als Funktion von R beim linearen Widerstand

Tabelle 1: Temperaturkoeffizient α in 1/K

Kupfer	$3{,}9 \cdot 10^{-3}$	Nickelin	$0{,}15 \cdot 10^{-3}$
Aluminium	$3{,}8 \cdot 10^{-3}$	Manganin	$0{,}02 \cdot 10^{-3}$
Die Werte gelten für eine Temperaturerhöhung ab 20 °C.			

Beispiel 2: Widerstandsänderung berechnen

Welche Widerstandsänderung erfährt ein Kupferdraht mit $R_1 = 100\,\Omega$, wenn die Temperatur sich um $\Delta\vartheta = 100$ K ändert?

Lösung

$\Delta R = \alpha \cdot R_1 \cdot \Delta\vartheta = 3{,}9 \cdot 10^{-3}\,\text{K}^{-1} \cdot 100\,\Omega \cdot 100\,\text{K} = \mathbf{39\,\Omega}$

[1] Lord Kelvin, engl. Physiker, vor Erhebung in den Adelsstand William Thomson, 1824 bis 1907

1.2.7 Stromdichte

In einem Stromkreis fließt die gleiche Stromstärke durch jeden Leiterquerschnitt und also auch die gleiche Zahl von Elektronen in der Sekunde. Bei verschieden großen Querschnitten, z.B. in der Leitung zu einer Glühlampe und im Glühfaden in der Halogenglühlampe **(Bild 1)**, bewegen sich die Elektronen im kleinen Querschnitt schneller als im großen Querschnitt. Deshalb ist auch die Erwärmung im kleinen Querschnitt größer.

$$[J] = \frac{\text{A}}{\text{mm}^2} \qquad J = \frac{I}{A}$$

J Stromdichte; *I* Stromstärke
A Leiterquerschnitt

Beispiel 1: Stromdichten berechnen

Durch die Glühlampe Bild 1 fließt ein Strom von 0,2 A. Wie groß ist die Stromdichte a) in der Zuleitung mit 0,2 mm² Querschnitt, b) im Glühfaden mit 0,000 4 mm² Querschnitt?

Lösung:

a) $J = \frac{I}{A_1} = \frac{0{,}2\ \text{A}}{0{,}2\ \text{mm}^2} = \mathbf{1\ A/mm^2}$

b) $J = \frac{I}{A_2} = \frac{0{,}2\ \text{A}}{0{,}000\,4\ \text{mm}} = \mathbf{500\ A/mm^2}$

Ein Leiter erwärmt sich umso stärker, je höher die Stromdichte in ihm ist.

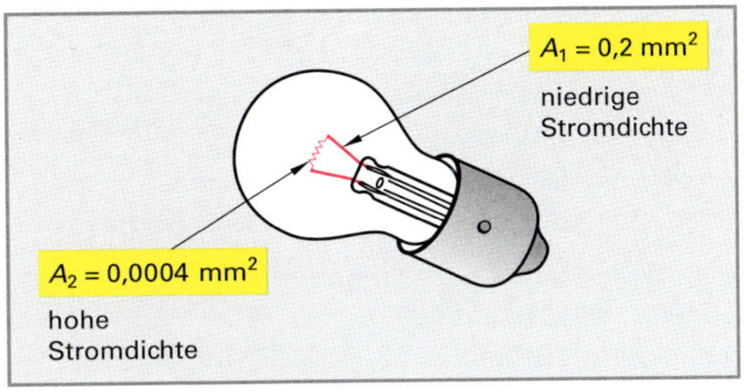

Bild 1: Halogenglühlampe

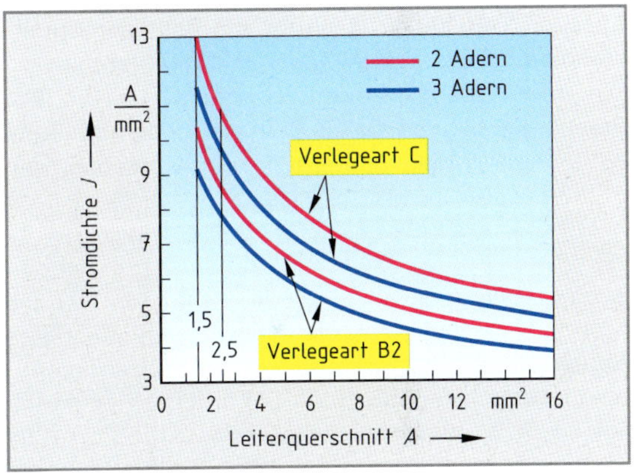

Bild 2: Belastbarkeit isolierter Leitungen

Bei Installationsleitungen sind den genormten Querschnitten höchstzulässige Stromstärken zugeordnet **(Bild 2)**. Die Stromdichte ist dabei bei kleineren Querschnitten größer als bei größeren Querschnitten, weil dünne Drähte eine größere Oberfläche im Vergleich zum Querschnitt haben und daher schneller abkühlen. Bei der Verlegung der Leitungen in Installationsrohren oder Installationskanälen auf Wänden, Decken oder Fußböden (Verlegeart B2, Bild 2) ist die zugelassene Stromdichte kleiner als bei der Verlegung isolierter Leitungen direkt auf oder in der Wand oder Putz (Verlegeart C, siehe Kapitel 6.2.4).

1.2.8 Bauformen der Widerstände

1.2.8.1 Festwiderstände

Schichtwiderstände

Ein zylindrischer, keramischer Körper, z.B. Porzellan, dient als Träger der Widerstandsschicht. Je nach Werkstoff der Widerstandsschicht unterscheidet man Kohleschichtwiderstände, Metallschichtwiderstände und Metalloxidschichtwiderstände. Die Widerstandsschicht wird durch Aufdampfen unter Vakuum aufgebracht. Der Abgleich des Widerstandes erfolgt z.B. durch Brennen einer Wendel in die Widerstandsschicht mit einem Laserstrahl.

Widerstand und Toleranz werden durch Zahlen oder durch eine Farbkennzeichnung in Form von Ringen, Strichen oder Punkten angegeben **(Tabelle 1, folgende Seite)**. Die Farbkennzeichnung ist so angebracht, dass der erste Ring näher bei dem einen Ende des Schichtwiderstandes liegt als der letzte Ring bei dem anderen Ende.

Beim 4-Ring-Code bedeuten:

1. Ring: 1. Ziffer des Widerstandswertes
2. Ring: 2. Ziffer des Widerstandswertes
3. Ring: Multiplikator, mit dem die Zahl aus Ziffer 1 und Ziffer 2 malgenommen wird
4. Ring: Widerstandstoleranz in Prozent

Werden Widerstände mit 5 Farbringen gekennzeichnet, bilden die ersten 3 Ringe die Ziffern des Widerstandswertes, der 4. Ring gibt den Multiplikator und der 5. Ring die Widerstandstoleranz an.

Manche Metallschichtwiderstände, z. B. *Präzisions-Metallfilmwiderstände,* haben 6 Farbringe. Der 6. Ring gibt den Temperaturkoeffizienten α an.

Beispiel 1: Farbschlüssel

Ein Widerstand hat, von links nach rechts betrachtet, die Farbringe Rot–Violett–Braun–Schwarz–Grün. Wie groß sind Widerstandswert und Toleranz?

Lösung:

Rot	Violett	Braun	Schwarz	Grün
2	7	1	10^0	±0,5%

$\Rightarrow$ 271 · 10^0 Ω ±0,5% = **271 Ω ±0,5 %**

Die *Widerstands-Reihen* geben die zu bevorzugenden Widerstandswerte an. Für Widerstände gelten die IEC-Reihen E6, E12, E24, E48, E96 und E192 (IEC von International Electrotechnical Commission = Internationale Elektrotechnische Kommission, **Tabelle 2**). Je höher die Zahl der Widerstandsreihe ist, desto enger ist der Toleranzwert. Die Tolerenzbereiche grenzen aneinander. Die IEC-Reihen gelten auch für die Bemessungswerte (Seite 36) anderer Bauelemente, z. B. von Kondensatoren und Z-Dioden.

SMD-Metallschichtwiderstände

SMD-Metallschichtwiderstände (SMD von Surface Mounted Device = auf der Oberfläche befestigtes Bauelement) sind besonders zur Oberflächenbestückung von gedruckten Schaltungen geeignet. Als Bauform wird meist die rechteckige Form als Chipwiderstand verwendet **(Bild 1)**. Ihre Abmessungen sind so, dass sie zum Rastermaß der gedruckten Schaltungen passen.

Drahtwiderstände

Drahtwiderstände haben bei gleicher Belastbarkeit kleinere Abmessungen als Schichtwiderstände. Ein Nachteil ist die Frequenzabhängigkeit des Widerstandes wegen der Induktivität. Widerstände aus Konstantandraht haben einen von der Temperatur nahezu unabhängigen Widerstandswert.

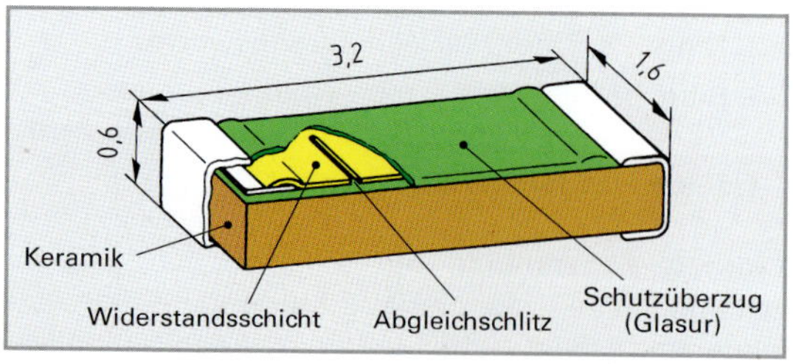

Bild 1: SMD-Widerstand als Chipwiderstand

Tabelle 1: Farbschlüssel für Widerstände

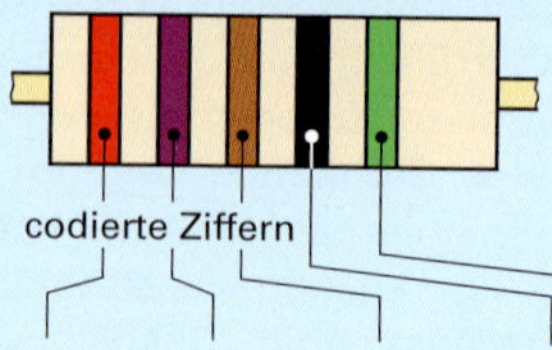

Kennfarbe	Widerstandswert in Ω 1.	2.	3.	Multiplikator	Toleranz des Widerstandswertes in Prozent
Silber	—	—	—	10^{-2}	±10%
Gold	—	—	—	10^{-1}	±5%
Schwarz	0	0	0	10^0	—
Braun	1	1	1	10^1	±1%
Rot	2	2	2	10^2	±2%
Orange	3	3	3	10^3	—
Gelb	4	4	4	10^4	—
Grün	5	5	5	10^5	±0,5%
Blau	6	6	6	10^6	±0,25%
Violett	7	7	7	10^7	±0,1%
Grau	8	8	8	10^8	±0,05%
Weiß	9	9	9	10^9	—

Widerstände mit Toleranzen von ±10% und ±5% haben nur 4 Farbringe. Bei ihnen entfällt die 3. codierte Ziffer.

Tabelle 2: IEC-Reihen (Auszug)

Reihe	Toleranz	Werte ohne Multiplikator
E12	±10%	10, 12, 15, 18, 22, 27, 33, 39, 47, 56, 68, 82
E24	±5%	10, 11, 12, 13, 15, 16, 18, 20, 22, 24, 27, 30, 33, 36, 39, 43, 47, 51, 56, 62, 68, 75, 82, 91
E48	±2%	100, 105, 110, 115, 121, 127, 133, 140, 147, 154, 162, 169, 178, 187, 196, 205, 215, 226, 237, 249, 261, 274, 287, 301, 316, 332, 348, 365, 383, 402, 422, 442, 464, 487, 511, 536, 562, 590, 619, 649, 681, 715, 750, 787, 825, 866, 909, 953
E96	±1%	100, 102, 105, 107, 110, 113, 115, 118, 121, 124, ... 887, 909, 931, 953, 976
E192	±0,5% ±0,25% ±0,1% oder ±0,05%	100, 101, 102, 104, 105, 106, 107, 109, 110, 111, 113, 114, 115, 117, 118, 120, 121, 123, 124, 126, 127, 129, 130, 132, ... 750, 759, 768, 777, 787, 796, 806, 816, 825, 835, 845, 856, 866, 876, 887, 898, 909, 920, 931, 942, 953, 965, 976, 988

Vollständige Tabelle siehe CD

1.2.8.2 Veränderbare Widerstände

Als veränderbare (einstellbare) Widerstände werden Drehwiderstände und Schiebewiderstände (Potenziometer, Trimmer) verwendet.

Cermet-Trimmpotenziometer

Durch Drehen eines Mehrfingerschleifers mit einem Schraubendreher auf einer Widerstandsschicht ist eine stetige Änderung des Widerstandes möglich **(Bild 1)**. Cermet-Spindeltrimmer haben eine sehr genaue Einstellbarkeit (±0,01 %). Mit Trimmern werden Spannungen abgeglichen. Dreh- und Schiebepotenziometer dienen z. B. zum Verstellen der Ausgangsspannung bei einem Verstärker. Dabei wird der Widerstand, z. B. eine Schicht aus Kohle oder Leitplastik oder eine Drahtwicklung, von einem Schleifer abgegriffen. Der Widerstandswert kann sich dabei linear oder logarithmisch ändern.

Cermet, Kunstwort aus cer von ceramic und met von metal

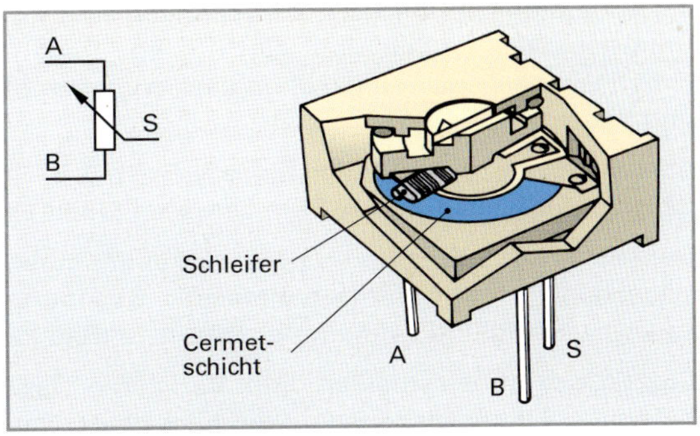

Bild 1: Cermet-Trimmer

1.2.8.3 Heißleiterwiderstände NTC

Heißleiterwiderstände haben einen großen negativen Temperaturkoeffizienten (TK). Ihr Widerstand nimmt mit zunehmender Temperatur stark ab **(Bild 2)**. Man nennt Heißleiterwiderstände auch NTC-Widerstände (NTC von Negative Temperature Coefficient = negativer Temperaturkoeffizient).

Der Temperaturkoeffizient ist temperaturabhängig. Als Kaltwiderstand gibt man den Widerstand bei 25 °C oder 20 °C an. Ist die Erwärmung des Heißleiters durch den Strom gering, so erfolgt die Widerstandsänderung durch eine fremde Wärmequelle. Steigt der Strom über einen bestimmten Wert, erwärmt sich der NTC selbst und senkt seinen Widerstandswert weiter. Dies führt zur Selbstzerstörung des NTC.

Fremderwärmte Heißleiter benützt man als *Messheißleiter*, z. B. zur Temperaturmessung und Temperaturregelung. *Anlassheißleiter* benützt man zur Anzugsverzögerung von Relais und zur Unterdrückung von Einschaltstromspitzen.

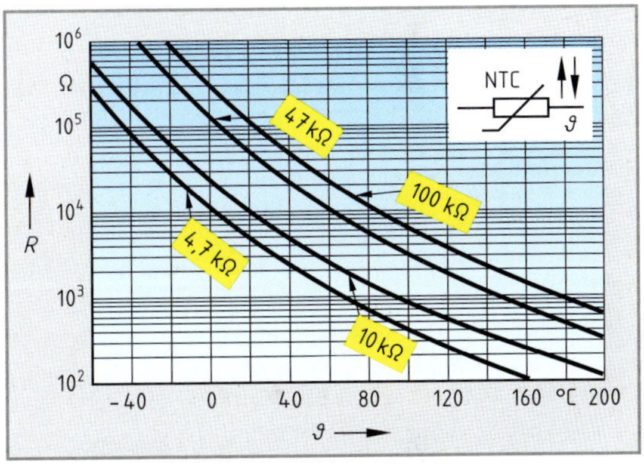

Bild 2: Widerstands-Temperaturkennlinien von Heißleiterwiderständen

1.2.8.4 Kaltleiterwiderstände PTC

Kaltleiterwiderstände haben in einem bestimmten Temperaturbereich einen sehr großen positiven Temperaturkoeffizienten. Ihr Widerstand nimmt in diesem Bereich bei Erwärmung stark zu **(Bild 3)**. Man nennt sie auch PTC-Widerstände (PTC von Positive Temperature Coefficient = positiver Temperaturkoeffizient).

Fremderwärmte Kaltleiter werden z. B. zur Temperaturmessung in kleinen Temperaturbereichen oder als thermischer Überlastungsschutz verwendet. Eigenerwärmte Kaltleiter eignen sich als Flüssigkeitsstandfühler und Zeitschalter.

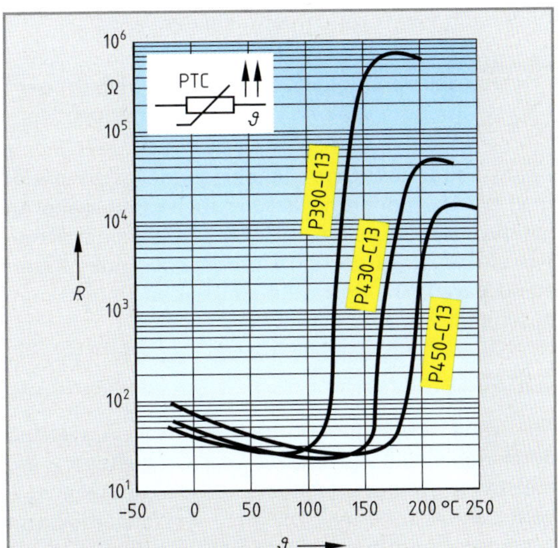

Bild 3: Widerstands-Temperaturkennlinien von Kaltleiterwiderständen

1.2.8.5 Spannungsabhängige Widerstände VDR

Bei spannungsabhängigen Widerständen nimmt der Widerstand bei wachsender Spannung stark ab. Handelsbezeichnungen sind VDR (Voltage Dependent Resistor = spannungsabhängiger Widerstand) und Varistor.

Spannungsabhängige Widerstände werden z. B. in Scheibenform oder in Blockform hergestellt **(Bild 1)**.

Der Strom durch einen spannungsabhängigen Widerstand nimmt mit zunehmender Spannung zunächst wenig und dann immer stärker zu **(Bild 2)**.

Die Stoßstrombelastbarkeit von Varistoren liegt zwischen 0,1 kA bis 6,5 kA, die höchstzulässige Betriebsspannung zwischen U_{eff} = 11 V und U_{eff} = 1000 V. Varistoren in Blockform nach Bild 1 vertragen Stoßstromstärken bis 100 kA.

Aus der aufgedruckten Bezeichnung kann man die Kennwerte ablesen, z. B.

SIOV-S20K680

- 680 – höchstzulässige Betriebswechselspannung U_{eff}
- K – Standardtoleranz: K ≙ ±10 % bei 1 mA, M ≙ ±20 %, L ≙ ±15 %
- 20 – Nenndurchmesser in mm
- S – Bauform: S Scheibenform, B Blockform
- SIOV – Herstellerbezeichnung

Bei höherer Spannung nimmt die Stromstärke im Verhältnis zur Spannung stärker zu, d. h. der Widerstand wird zunehmend kleiner.

Spannungsabhängige Widerstände haben bei hoher Spannung einen kleinen Widerstand.

Spannungsabhängige Widerstände verwendet man zur Verhinderung hoher Überspannungen an gefährdeten Bauteilen, z.B. an Spulen und Schaltern. Dazu muss der spannungsabhängige Widerstand parallel zu dem zu schützenden Bauelement geschaltet werden.

1.2.9 Gefahren des elektrischen Stromes

Die Muskelbewegungen des Menschen werden durch schwache *elektrische Impulse* gesteuert, die meist vom Gehirn ausgehen. Die Herztätigkeit wird vom Schrittmacher an der Herzscheidewand gesteuert. Fremdspannungen stören diese Steuerspannungen. Es kommt je nach Stromstärke zu Schreckempfindung, Muskelverkrampfung, Herzkammerflimmern **(Tabelle 1)**. Das *Herzkammerflimmern* führt zum Tode, weil dadurch die Körperzellen nicht mehr mit Sauerstoff versorgt werden. Bei stärkeren Strömen entstehen Verbrennungen, deren Zersetzungsprodukte den Körper vergiften. Die Muskelverkrampfung verhindert oft das Loslassen spannungsführender Teile.

Für die Folgen eines elektrischen Unfalls sind die Stromstärke, die Dauer der Stromeinwirkung, der Stromweg und die Stromart entscheidend. Besonders gefährlich sind Netzwechselströme über 50 mA, wenn sie länger als 1/10 Sekunde einwirken, und wenn der Stromweg über das Herz führt.

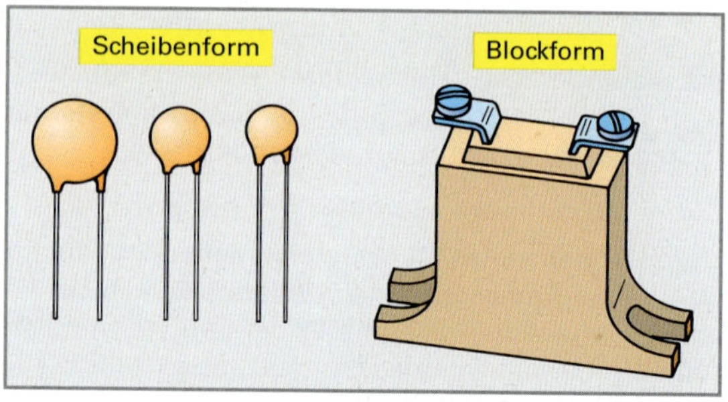

Bild 1: Bauformen spannungsabhängiger Widerstände

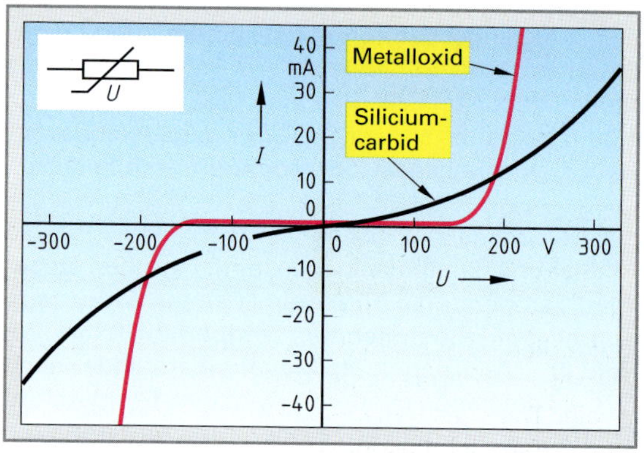

Bild 2: Kennlinien von spannungsabhängigen Widerständen

Tabelle 1: Stromwirkung auf Menschen

Stromstärke in mA	Folge
0,3	Empfindungsgrenze
1	Schreck
10	Muskelkrampf
30	Betäubung
50	Herzkammerflimmern, Tod

Ströme über 50 mA sind lebensgefährlich.

Der durch den Körper fließende Strom wird durch die anliegende Spannung und den *Körperwiderstand* bestimmt. Dieser setzt sich aus dem *Körperinnenwiderstand* und den *Übergangswiderständen* der Haut an den Stromeintrittsstellen und Stromaustrittsstellen zusammen. Je größer die Berührungsfläche ist, desto kleiner ist der Übergangswiderstand. Bei Feuchtigkeit, z. B. Schweiß oder nassem Fußboden, sinkt der Körperwiderstand auf etwa 1 kΩ. Die gefährliche Spannung beginnt somit etwa bei $U = I \cdot R = 50\ \text{mA} \cdot 1\ \text{k}\Omega = 50\ \text{V}$. Nach VDE 0100 gelten Wechselspannungen (AC) bis 50 V und Gleichspannungen (DC) bis 120 V als ungefährlich. Bei motorisch angetriebenem Kinderspielzeug sind höchstens 25 V zulässig.

Spannungen über AC 50 V oder DC 120 V sind lebensgefährlich.

Gefährlich ist deshalb das zufällige Berühren eines Leiters, der Spannung gegen Erde führt oder zweier Teile, die gegeneinander Spannung führen. Die Gefahr ist besonders groß bei Arbeiten an Anlagen, die unter Spannung stehen.

Das Arbeiten an Anlagen, die unter Spannung gegen Erde stehen, ist verboten.

Eine Ausnahme ist nur zulässig, wenn die Anlage aus wichtigen Gründen nicht spannungsfrei gemacht werden kann und nur fachkundige Personen daran arbeiten. Für Auszubildende ist das Arbeiten unter Spannung in Starkstromanlagen verboten. Auch an normalerweise spannungslosen Teilen, z. B. Gehäusen, können durch Fehler Spannungen auftreten. Durch *Körperschluss* wird das Gehäuse eines Gerätes unter Spannung gesetzt **(Bild 1)**.

Durch Spannungsverschleppung kann die eigene Anlage von einer benachbarten Anlage mit Körperschluss über den PEN-Leiter unter Spannung gesetzt werden. Ein Gehäuse führt auch Spannung, wenn Außenleiter und Schutzleiter vertauscht wurden.

Zur Verhütung von Unfällen sind die Unfallverhütungsvorschriften der Berufsgenossenschaften und die VDE-Bestimmungen zu beachten.

Vor Arbeiten in Starkstromanlagen unter 1000 V sind 5 Sicherheitsregeln zu befolgen **(Bild 2)**.

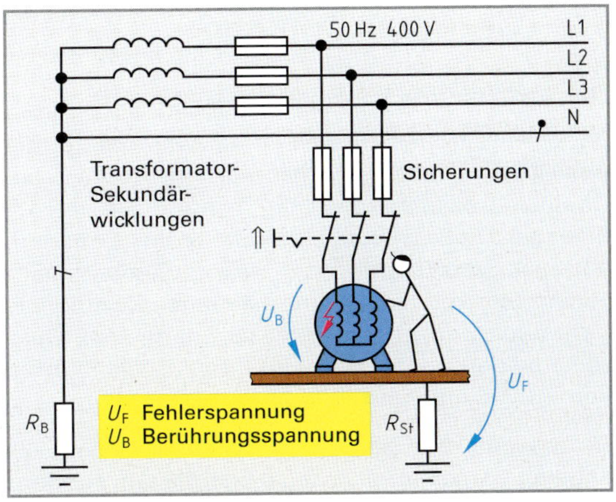

Bild 1: Spannungen beim Körperschluss

<u>Vor Beginn der Arbeiten:</u>

1. Allpolig abschalten, z. B. an der Verteilung.
2. Gegen Wiedereinschalten sichern, z. B. Sicherung mitnehmen, Warnschild aufstellen.
3. Auf Spannungsfreiheit prüfen, z. B. mit Spannungsmesser oder Spannungsprüfer.
4. Bei Arbeiten an Freileitungen und Erdkabeln erden und kurzschließen.
5. Benachbarte, unter Spannung stehende Teile spannungslos schalten, notfalls abdecken oder abschranken.

Bild 2: Die fünf Sicherheitsregeln

Die regelmäßige Wiederholungsprüfung an elektrischen Geräten (Abschnitt 2.12.7) sowie die Prüfung elektrischer Anlagen (Abschnitt 2.12.6) ist eine weitere Voraussetzung zur Verhütung von Unfällen. So weit möglich, sollen nur Geräte und Bauteile mit dem GS-Zeichen (geprüfte Sicherheit) bzw. mit dem VDE-Zeichen sowie dem CE-Zeichen (von franz. Communauté Européenne = Europäische Gemeinschaft) verwendet werden.

Erste Hilfe ist nur wirksam, wenn sie sofort erfolgt. Es geht dabei um Sekunden. Der Verunglückte ist schnellstens von der gefährlichen Spannung zu befreien, z. B. durch Abschalten, Herausnehmen von Sicherungen oder Verursachen eines Kurzschlusses. Der Verunglückte darf nicht unter Spannung berührt werden. Falls die Atmung aussetzt, sind sofort Wiederbelebungsversuche aufzunehmen, bis der Arzt eintrifft (Mund-zu-Mund-Beatmung). In jedem Falle ist eine ärztliche Untersuchung zu veranlassen. Innere Verbrennungen sind für den Laien nicht erkennbar und können noch nach Tagen zum Tode führen.

1.3 Grundschaltungen

1.3.1 Bezugspfeile

Bei physikalischen Größen ist es zweckmäßig, die Vorzeichen + und − zu gebrauchen. Dies ist bei Zweipolen besonders wichtig, wenn diese sowohl Erzeuger, z. B. Akkumulatoren beim Entladen, als auch Verbraucher, z. B. Akkumulatoren beim Laden, sein können. Nimmt man einen Zweipol als *Verbraucher* an, so nimmt dieser Energie auf. Über seine beiden Anschlüsse wird ihm z. B. die Energie von +1 Ws zugeführt **(Bild 1)**.

Ist dagegen die Energie des Zweipols mit −1 Ws angegeben, so nimmt er keine Energie auf, sondern er gibt Energie ab. Die Energierichtung ist umgekehrt. Nimmt man einen Zweipol als *Erzeuger* an (Bild 1), so gibt dieser bei der Angabe $W = 1$ Ws Energie ab. Bei der Angabe $W = -1$ Ws dagegen nimmt der Zweipol Energie auf. Die Energieangabe allein lässt nicht erkennen, ob der Zweipol Erzeuger oder Verbraucher ist. Deshalb hat man vereinbart, durch einen Bezugspfeil anzugeben, welche Energierichtung positiv ist (Bild 1).

Ein Energiebezugspfeil gibt die positive Energierichtung an.

Strombezugspfeile (Bild 2) geben die Richtung an, in der Ströme positiv gezählt werden. Sind Stromrichtung und Bezugspfeil *gleich* gerichtet, so liegt ein *positiver* Strom vor. Bei *verschiedener* Richtung ist der Strom *negativ*.

Positive Spannungsangabe bedeutet eine Spannungsrichtung von + nach −.

Spannungsbezugspfeile (Bild 3) werden gebogen oder gerade zwischen die Punkte gesetzt, deren Spannung angegeben werden soll.

Die Zählrichtung der Spannung kann anstelle eines Bezugspfeils auch durch Indizes hinter dem Formelzeichen angegeben werden. Die positive Spannungsrichtung geht dabei immer vom Anschluss des ersten Indexbuchstabens aus. So bedeutet die Angabe $U_{BE} = 0{,}6$ V, dass die Spannung U zwischen den Anschlüssen B (Basis) und E (Emitter) +0,6 V beträgt, wobei B gegen E positiv ist.

Die Angabe von Stromstärke und Spannung ist nur vollständig, wenn für sie ein Bezugspfeil gesetzt wird.

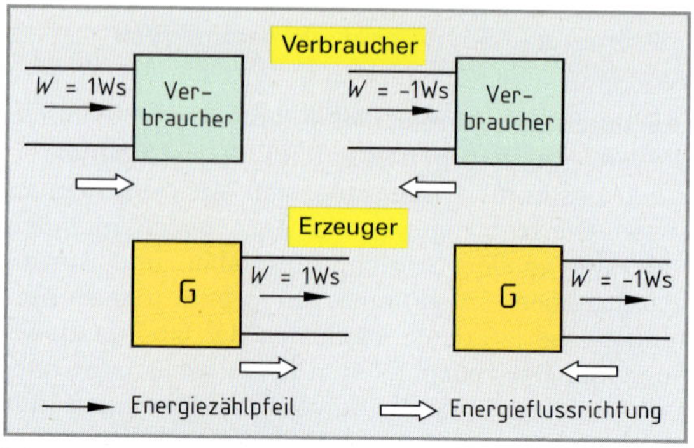

Bild 1: **Energiebezugspfeile**

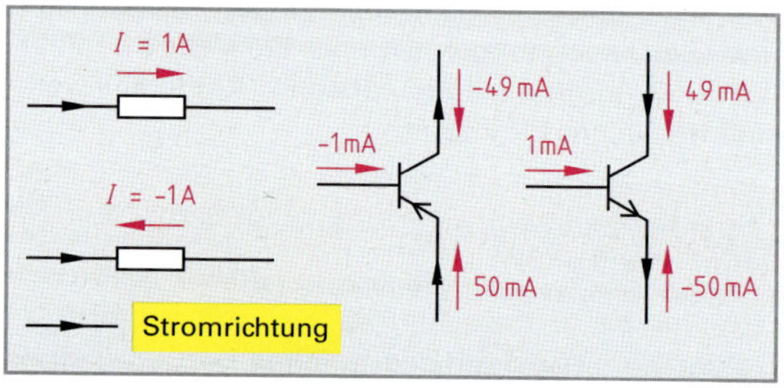

Bild 2: **Strombezugspfeile**

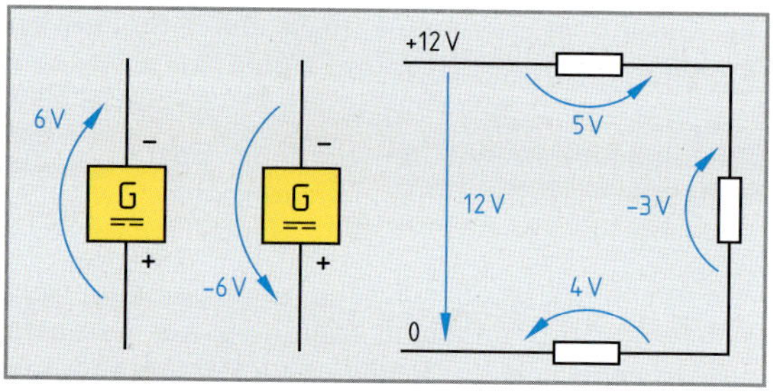

Bild 3: **Spannungsbezugspfeile**

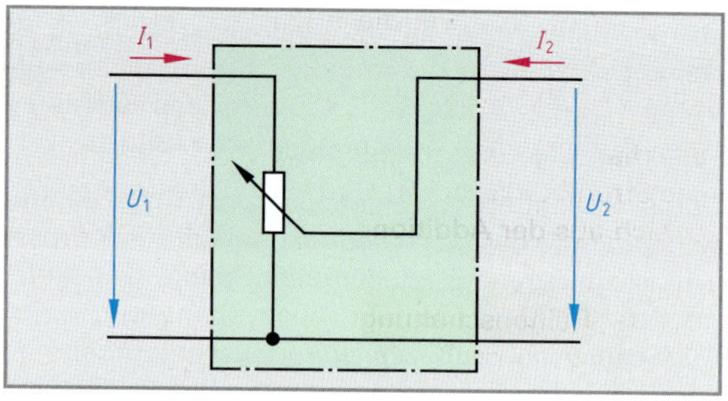

Bild 4: **Vierpol mit Bezugspfeilen**

Vierpole haben zwei Anschlüsse auf der Eingangsseite und zwei Anschlüsse auf der Ausgangsseite **(Bild 4)**. Man setzt die Strombezugspfeile meist so, dass sie in den Vierpol hinein zeigen (Verbraucher-Bezugspfeilsystem).

1.3.2 Reihenschaltung

Bei der Reihenschaltung sind aktive Zweipole, z. B. Erzeuger, oder passive Zweipole, z. B. Widerstände, hintereinander geschaltet **(Bild 1)**.

Gesetze der Reihenschaltung

Schließt man zwei Widerstände in Reihe an einen Spannungserzeuger an und misst die Stromstärke vor, zwischen und nach den Widerständen, so stellt man fest, dass der Strommesser überall die gleiche Stromstärke anzeigt.

In einem geschlossenen Stromkreis werden alle Widerstände vom gleichen Strom durchflossen, da keine Verzweigungen vorhanden sind.

In der Reihenschaltung ist die Stromstärke überall gleich groß.

Misst man die Spannungen am Spannungserzeuger und an den in Reihe geschalteten Widerständen und vergleicht diese, so zeigt es sich, dass die Spannungen an den Widerständen kleiner sind als am Spannungserzeuger.

Bei der Reihenschaltung liegt an jedem Widerstand nur eine Teilspannung. Die Gesamtspannung teilt sich auf die einzelnen Widerstände auf.

Bei der Reihenschaltung ist die Summe der Teilspannungen gleich der angelegten Gesamtspannung.

In einer Masche eines Netzwerkes ist die Summe aller Spannungen null (Maschenregel, 2. Kirchhoff'sches[1] Gesetz). Für die Masche Bild 1 gilt $U_1 + U_2 - U = 0$, d. h. die Summe aller erzeugten Spannungen ist gleich der Summe aller Spannungen an den Verbrauchern.

Teilt man die Gesamtspannung durch die gemessene Stromstärke, erhält man den Widerstandswert, der sich aus der Addition von R_1 und R_2 ergibt.

Bei der Reihenschaltung ist der Widerstand der Schaltung so groß wie die Summe der Einzelwiderstände.

Dieser Widerstand der Schaltung heißt *Ersatzwiderstand.* Er nimmt die gleiche Stromstärke auf wie die in Reihe geschalteten Widerstände. Sind die Teilwiderstände gleich groß, so ist bei n gleichen Widerständen der Ersatzwiderstand $R = n \cdot R_1$.

$$U = U_1 + U_2 + \dots$$

$$R = R_1 + R_2 + \dots$$

$$I = \frac{U_1}{R_1} = \frac{U_2}{R_2}$$

$$\frac{U_1}{U_2} = \frac{R_1}{R_2}$$

U	Gesamtspannung;	I	Stromstärke
U_1, U_2	Teilspannungen		
R	Ersatzwiderstand		
R_1, R_2	Einzelwiderstände		

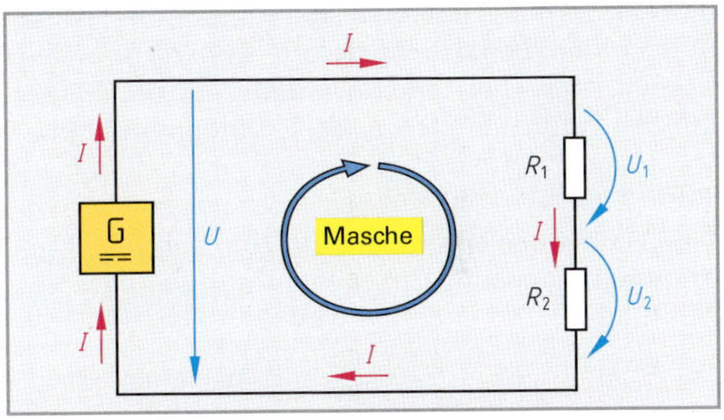

Bild 1: Reihenschaltung zweier Widerstände

Beispiel 1: Spannungsteilung berechnen

Zwei Widerstände $R_1 = 50\ \Omega$, $R_2 = 70\ \Omega$ sind in Reihe an eine Spannung von 12 V gelegt.

a) Berechnen Sie den Ersatzwiderstand, die Stromstärke, die Teilspannungen, das Verhältnis der Teilspannungen und das Verhältnis der einzelnen Widerstände.

b) Vergleichen Sie die Verhältniszahlen.

Lösung:

a) $R = R_1 + R_2 = 50\ \Omega + 70\ \Omega = \mathbf{120\ \Omega}$

$$I = \frac{U}{R} = \frac{12\ \text{V}}{120\ \Omega} = \mathbf{0{,}1\ A}$$

$$U_1 = I \cdot R_1 = 0{,}1\ \text{A} \cdot 50\ \Omega = \mathbf{5\ V}$$

$$U_2 = I \cdot R_2 = 0{,}1\ \text{A} \cdot 70\ \Omega = \mathbf{7\ V}$$

b) $\frac{U_1}{U_2} = \frac{5\ \text{V}}{7\ \text{V}} = \mathbf{\frac{5}{7}}$; $\frac{R_1}{R_2} = \frac{50\ \Omega}{70\ \Omega} = \mathbf{\frac{5}{7}}$

Am größeren Widerstandswert (Resistanz) liegt die größere Teilspannung.

Bei der Reihenschaltung verhalten sich die Teilspannungen wie die zugehörigen Widerstände.

Bauelemente werden in Reihe geschaltet, wenn die zulässige Betriebsspannung eines einzelnen Bauelementes kleiner ist als die Gesamtspannung.

[1] Kirchhoff, deutscher Physiker, 1824 bis 1887

Vorwiderstände

Eine Glühlampe 6 V/0,3 A in Reihe mit einem Stellwiderstand von 100 Ω wird an eine Spannung von 24 V angeschlossen **(Bild 1)**. Der Widerstand wird so eingestellt, dass die Lampe ihre Bemessungsspannung (Nennspannung) erhält.

Am Vorwiderstand liegt eine Spannung von 18 V.

Ein Verbraucher kann an einer höheren Spannung als seiner Bemessungsspannung betrieben werden, wenn ein Widerstand in Reihe vorgeschaltet wird. Dieser *Vorwiderstand* muss so bemessen sein, dass an ihm die überschüssige Spannung anliegt und er den Bemessungsstrom des Verbrauchers aushält. Vorwiderstände werden z. B. bei Glimmlampen verwendet, ferner bei Z-Dioden und LED.

$$U_{Ltg} = U_1 - U_2$$

$$U_{Ltg} = I \cdot R_{Ltg}$$

$$R_v = \frac{U_n - U_m}{I_m}$$

U_{Ltg}	an der Leitung anliegende Spannung
U_1	Spannung am Leitungsanfang
U_2	Spannung am Leitungsende
I	Stromstärke
R_{Ltg}	Leitungswiderstand
R_v	Vorwiderstand
U_n	Messbereichsspannung
U_m	Messwerkspannung
I_m	Messwerkstromstärke

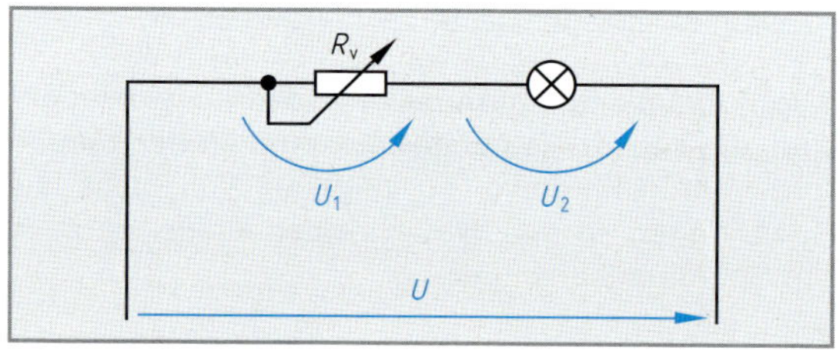

Bild 1: Vorwiderstand

Spannung an Leitungen

Eine Glühlampe wird über eine 20 m lange Klingeldrahtleitung an eine Stromversorgung angeschlossen **(Bild 2)**.

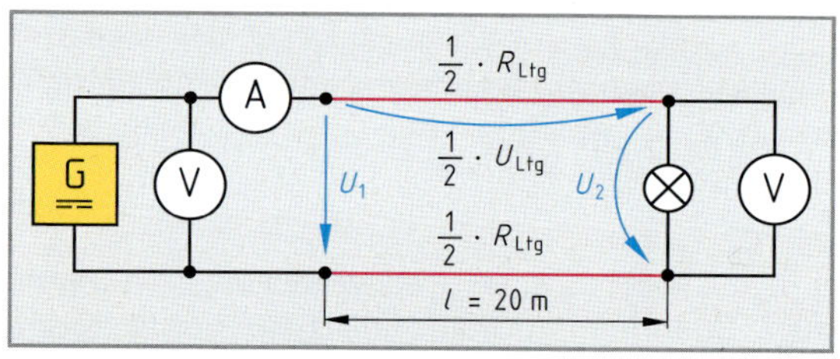

Bild 2: Spannung an einer Leitung

Die Spannung am Verbraucher ist kleiner als die Spannung an der Stromversorgung.

In jedem Stromkreis sind Hinleitung, Verbraucher und Rückleitung in Reihe geschaltet. Da die Klingeldrahtleitung einen Widerstand R_{Ltg} besitzt, stellt jeder Verbraucheranschluss eine Reihenschaltung dar. Die Spannung an der Klingeldrahtleitung geht dem Verbraucher verloren.

An jedem stromdurchflossenen Leiter entsteht eine Spannung (Spannungsabfall, Potenzialdifferenz).

Schaltet man zu der Glühlampe in Bild 2 eine zweite parallel, so wird die Verbraucherspannung kleiner. Eine größere Stromstärke ruft an den Leitungen eine größere Spannung hervor.

Die Spannung an der Leitung wird umso größer, je größer Stromstärke und Leiterwiderstand sind.

Die Spannung an der Leitung verursacht Energieverluste, die in Wärme umgewandelt werden. Deswegen muss die Spannung möglichst klein gehalten werden.

Messbereichserweiterung bei Spannungsmessern

Das Messwerk eines Spannungsmessers ist so empfindlich, dass der Zeiger schon bei Spannungen unter 1 V voll ausschlägt. Zum Messen höherer Spannungen wird ein Vorwiderstand vorgeschaltet, an dem die überschüssige Spannung anliegt **(Bild 3)**. Sind die Messwerkstromstärke und die Messwerkspannung bekannt, so lässt sich der Vorwiderstand für jede Messbereichserweiterung berechnen.

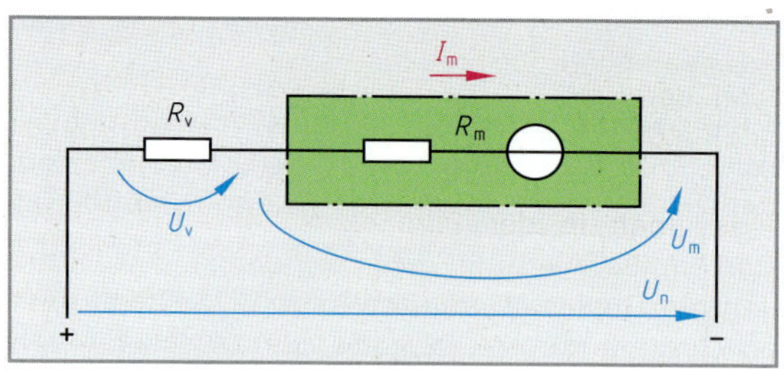

Bild 3: Messbereichserweiterung

Beispiel 1: Vorwiderstand berechnen

Berechnen Sie für ein Messwerk, dessen Zeiger bei 0,05 mA Stromaufnahme und 0,1 V Spannung voll ausschlägt, den Vorwiderstand für den Messbereich 2,5 V.

Lösung:

$$R_v = \frac{U_n - U_m}{I_m} = \frac{2{,}5\text{ V} - 0{,}1\text{ V}}{0{,}05\text{ mA}} = \frac{2{,}4\text{ V}}{0{,}05\text{ mA}} = \mathbf{48\ k\Omega}$$

Bei Vielfach-Spannungsmessern werden Vorwiderstände umgeschaltet, um passende Messbereiche zu bekommen **(Bild 1)**.

Wiederholung und Vertiefung

1. **Die Widerstände R_1 = 1 kΩ, R_2 = 1,6 kΩ und R_3 = 400 kΩ sind in Reihe geschaltet. Wie groß ist der Gesamtwiderstand? Lösung: 402,6 kΩ**
2. **Wie verhalten sich die Spannungen und Widerstände bei der Reihenschaltung?**
3. **Welche Aufgabe hat ein Vorwiderstand?**
4. **Von welchen Größen hängt die Spannung an einer Leitung ab?**

1.3.3 Parallelschaltung

Bei der Parallelschaltung sind die gleichartigen Anschlüsse von Verbrauchern oder Erzeugern miteinander verbunden **(Bild 2)**. Alle parallel geschalteten Zweipole sind also an dieselbe Spannung angeschlossen. Jeder Zweipol kann unabhängig von jedem anderen Zweipol eingeschaltet oder ausgeschaltet werden.

Gesetze der Parallelschaltung

Zwei verschieden große Widerstände, z. B. 10 Ω und 20 Ω, sind parallel an einen Akkumulator angeschlossen. Die Spannungen an R_1 und R_2 unterscheiden sich nicht.

> Bei der Parallelschaltung liegt an allen Zweipolen dieselbe Spannung.

Misst man in der Parallelschaltung die Stromstärken, die durch die beiden Widerstände fließen, und die Gesamtstromstärke, stellt man fest, dass die Gesamtstromstärke größer als der Strom durch einen einzelnen Widerstand ist.

> Bei der Parallelschaltung ist die Gesamtstromstärke gleich der Summe der Teilstromstärken.

In einem Knoten innerhalb einer Schaltung ist die Summe der zufließenden Ströme gleich der Summe der abfließenden Ströme (Knotenregel, 1. Kirchhoff'sches Gesetz). Für den Knoten 1 in Bild 2 gilt also $I = I_1 + I_2$. I ist der zufließende Strom, I_1 und I_2 sind die abfließenden Ströme. Sind n gleiche Widerstände vorhanden, so wird die Gesamtstromstärke $I = n \cdot I_1$.

Durch den Widerstand mit dem kleineren Wert fließt der stärkere Strom, durch den mit dem größeren Widerstandswert der schwächere Strom.

> Bei der Parallelschaltung verhalten sich die Teilstromstärken umgekehrt wie die zugehörigen Widerstände.

Beim Parallelschalten weiterer Widerstände nimmt die Gesamtstromstärke zu und der Widerstand der Schaltung ab.

Bei Parallelschaltung:

$$I = I_1 + I_2 + \ldots$$

$$\frac{I_1}{I_2} = \frac{R_2}{R_1}$$

$$U = R_1 \cdot I_1 = R_2 \cdot I_2$$

I_1, I_2 Teilstromstärken; I Gesamtstromstärke
R_1, R_2 Einzelwiderstände

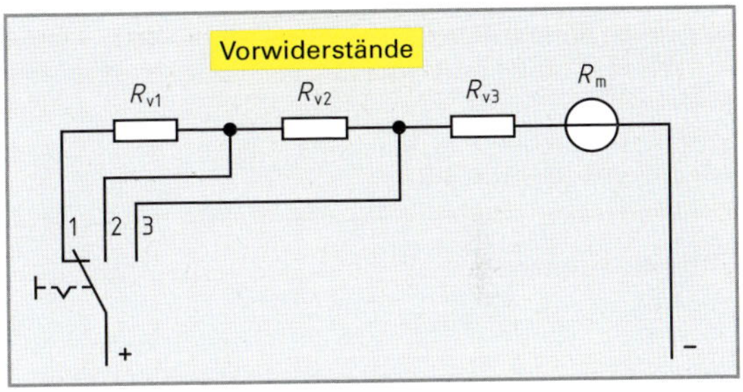

Bild 1: Vielfach-Spannungsmesser

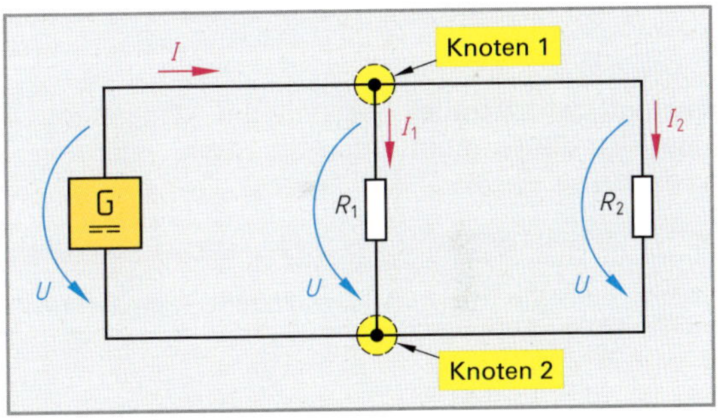

Bild 2: Parallelschaltung

Bei der Parallelschaltung ist der Ersatzwiderstand kleiner als der kleinste Einzelwiderstand.

Der Leitwert G wird also bei der Parallelschaltung größer.

Bei der Parallelschaltung ist der Ersatzleitwert gleich der Summe der Einzelleitwerte.

Beispiel 1: Parallelschaltung berechnen

Berechnen Sie den Ersatzwiderstand der Parallelschaltung von $R_1 = 10\ \Omega$, $R_2 = 20\ \Omega$, $R_3 = 50\ \Omega$.

Lösung:

$$G_1 = \frac{1}{R_1} = \frac{1}{10\ \Omega} = 0{,}1\ \mathrm{S}$$

$$G_2 = \frac{1}{R_2} = \frac{1}{20\ \Omega} = 0{,}05\ \mathrm{S}$$

$$G_3 = \frac{1}{R_3} = \frac{1}{50\ \Omega} = 0{,}02\ \mathrm{S}$$

$$G = G_1 + G_2 + G_3 = 0{,}1\ \mathrm{S} + 0{,}05\ \mathrm{S} + 0{,}02\ \mathrm{S} = 0{,}17\ \mathrm{S}$$

$$R = \frac{1}{G} = \frac{1}{0{,}17\ \mathrm{S}} = \mathbf{5{,}88\ \Omega}$$

Bei nur zwei parallel geschalteten Widerständen lässt sich die Formel für den Ersatzwiderstand vereinfachen.

Beispiel 2: Ersatzwiderstand berechnen

Berechnen Sie den Ersatzwiderstand der parallel geschalteten Widerstände $R_1 = 20\ \Omega$ und $R_2 = 30\ \Omega$.

Lösung:

$$R = \frac{R_1 \cdot R_2}{R_1 + R_2} = \frac{20\Omega \cdot 30\Omega}{20\Omega + 30\Omega} = \frac{600\Omega^2}{50\Omega} = \mathbf{12\ \Omega}$$

Bei n gleichen, parallel geschalteten Widerständen R_1 ist der Ersatzwiderstand besonders einfach zu berechnen. Der Ersatzwiderstand kann auch *zeichnerisch* bestimmt werden **(Bild 1)**.

Anwendung der Parallelschaltung

Verbraucher, z.B. Glühlampen, elektrische Haushaltsgeräte, Elektromotoren, werden meist parallel an das Netz geschaltet, da sie alle die gleiche Spannung erhalten müssen. Auch Spannungserzeuger mit gleicher Spannung schaltet man parallel, wenn der geforderte Strom von einem Erzeuger allein nicht geliefert werden kann. Durch Parallelschaltung eines Nebenwiderstandes zum Messwerk eines Strommessers kann sein Messbereich erweitert werden.

$$\frac{1}{R} = \frac{1}{R_1} + \frac{1}{R_2} + \ldots \qquad G = G_1 + G_2 + \ldots$$

Bei n gleichen Widerständen:

$$R = \frac{R_1}{n}$$

Bei 2 Widerständen:

$$R = \frac{R_1 \cdot R_2}{R_1 + R_2}$$

R	Ersatzwiderstand
$R_1, R_2, \ldots$	Einzelwiderstände
G	Ersatzleitwert
$G_1, G_2, \ldots$	Einzelleitwerte
n	Anzahl der gleichen Widerstände

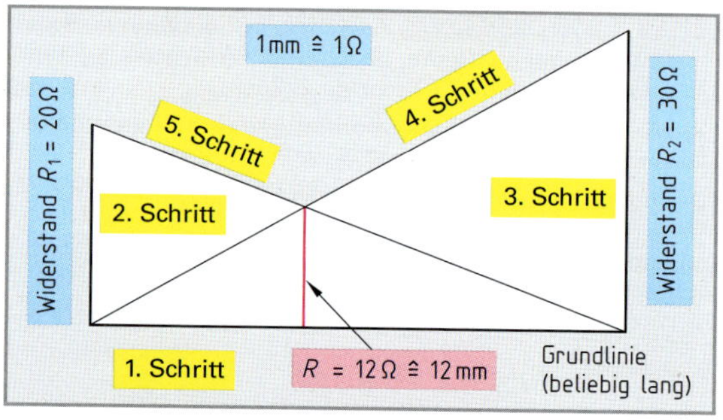

Bild 1: Zeichnerische Bestimmung des Ersatzwiderstandes

Wiederholung und Vertiefung

1. **Wie schaltet man Verbraucher parallel?**
2. **Welche Spannung liegt an parallel geschalteten Widerständen?**
3. **Wie berechnet man die Gesamtstromstärke aus den Teilstromstärken?**
4. **Wie verhalten sich Teilströme und Teilwiderstände zueinander?**
5. **Wie groß ist der Ersatzwiderstand der Parallelschaltung im Vergleich zu den Einzelwiderständen?**
6. **Die Widerstände $R_1 = 50\ \Omega$ und $R_2 = 100\ \Omega$ sind parallel geschaltet. Wie groß ist der Ersatzwiderstand?** ***Lösung:*** **$33{,}\overline{3}\ \Omega$**

1.3.4 Gemischte Schaltungen

Eine Schaltung, in der die Verbraucher zum Teil in Reihe und zum Teil parallel geschaltet sind, bezeichnet man als gemischte Schaltung (Gruppenschaltung). Im einfachsten Fall besteht die gemischte Schaltung aus drei Widerständen. Diese kann man auf zwei Arten schalten **(Bild 1 und Bild 2, folgende Seite)**.

Den Ersatzwiderstand einer gemischten Schaltung bestimmt man, indem man die Reihen- bzw. Parallelschaltungen durch entsprechende Ersatzwiderstände ersetzt. Diese Vereinfachung führt man so lange durch, bis die gemischte Schaltung aus einer einfachen Reihenschaltung bzw. Parallelschaltung besteht.

1.3.4.1 Spannungsteiler

Ein *Spannungsteiler* besteht aus zwei in Reihe geschalteten Widerständen R_1 und R_2 **(Bild 3)**. Diese sind an die Gesamtspannung U angeschlossen. Am Widerstand R_2 wird im unbelasteten Zustand die Teilspannung U_{20} (sprich: U zwei null) abgegriffen.

Unbelasteter Spannungsteiler. Ein Spannungsteiler ist *unbelastet*, wenn ihm kein Strom entnommen wird (Bild 3). Beim unbelasteten Spannungsteiler teilt sich die Gesamtspannung U in die Teilspannungen U_1 und U_{20} auf. Die Spannungen verhalten sich wie die zugehörigen Widerstände.

Beispiel 1: Teilspannungen berechnen

Ein unbelasteter Spannungsteiler mit den Teilwiderständen $R_1 = 50\ \Omega$ und $R_2 = 250\ \Omega$ liegt an einer Gesamtspannung $U = 9$ V. Wie groß ist die Teilspannung an R2?

Lösung:

$$\frac{U_{20}}{U} = \frac{R_2}{R_1 + R_2}$$

$$\Rightarrow U_{20} = \frac{R_2}{R_1 + R_2} \cdot U$$

$$= \frac{250\ \Omega}{50\ \Omega\ +\ 250\ \Omega} \cdot 9\ \text{V} = \frac{250\ \Omega}{300\ \Omega} \cdot 9\ \text{V} = \mathbf{7{,}5\ V}$$

Mit einem einstellbaren Spannungsteiler lässt sich die Teilspannung U_{20} stufenlos von null bis zur Gesamtspannung U einstellen **(Bild 1, folgende Seite)**. Durch den Schleifer ist der Gesamtwiderstand in die Teilwiderstände R_1 und R_2 geteilt. Vielfach werden für die Spannungsteilerschaltung Drehwiderstände (Potenziometer) verwendet.

Belasteter Spannungsteiler. Ein Spannungsteiler ist *belastet*, wenn ihm ein Strom entnommen wird (Bild 1, folgende Seite).

An den Schleifer des Spannungsteilers (Bild 1, folgende Seite) ist über einen Schalter ein Lastwiderstand R_L angeschlossen. Bei geschlossenem Schalter liegt R_L parallel zu R_2 und belastet den Spannungsteiler. Dadurch ist die Teilspannung an R_2 kleiner und der Gesamtstrom größer als bei offenem Schalter.

Bei Belastung eines Spannungsteilers mit einem Lastwiderstand R_L fließt der Laststrom I_L durch den Lastwiderstand R_L und der *Querstrom* I_q durch den Spannungsteilerwiderstand R_2. Durch den Spannungsteilerwiderstand R_1 fließt der Gesamtstrom $I = I_L + I_q$. Der Querstrom I_q erzeugt im Spannungsteilerwiderstand R_2 Verlustwärme.

Beim unbelasteten Spannungsteiler:

$$\frac{U_{20}}{U} = \frac{R_2}{R_1 + R_2} \qquad \frac{U_{20}}{U_1} = \frac{R_2}{R_1}$$

U	Gesamtspannung
U_1, U_{20}	Teilspannungen
R_1, R_2	Spannungsteilerwiderstände

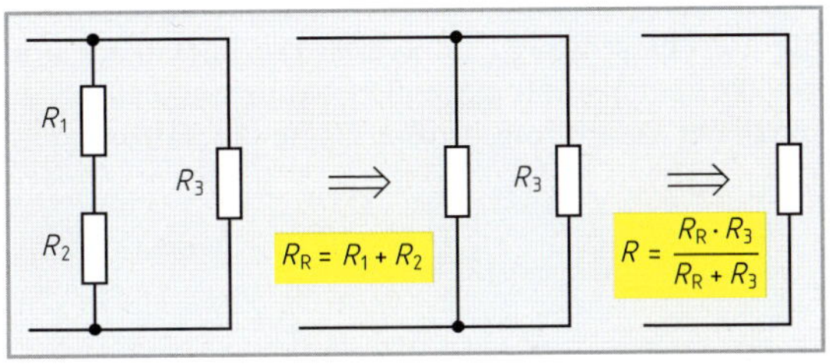

Bild 1: Gemischte Schaltung 1 mit drei Widerständen

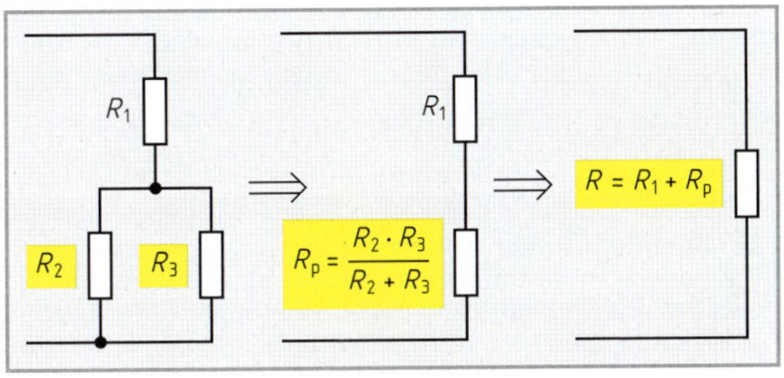

Bild 2: Gemischte Schaltung 2 mit drei Widerständen

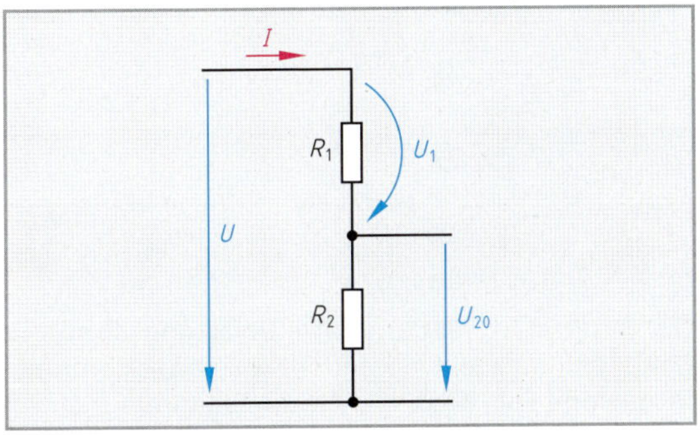

Bild 3: Unbelasteter Spannungsteiler

Die Stromaufnahme des Spannungsteilers wird bei Belastung größer, weil der Ersatzwiderstand R_p der Parallelschaltung von R_2 und R_L kleiner wird als R_2. Damit wird aber auch der Ersatzwiderstand des Spannungsteilers kleiner als im unbelasteten Zustand.

Die Spannungen verhalten sich wie die zugehörigen Widerstände R_1 und R_p.

Schließt man an einen Spannungsteiler zuerst einen kleinen Lastwiderstand und dann einen großen an und misst jeweils die anliegenden Spannungen, so ist die Teilspannung am kleinen Lastwiderstand kleiner als am großen Lastwiderstand.

Beim belasteten Spannungsteiler wirkt R_1 als Vorwiderstand. Die Lastspannung weicht umso weniger von der Leerlaufspannung ab, je größer der Lastwiderstand R_L gegenüber dem Teilwiderstand R_2 ist. Dann ist der Querstrom I_q wesentlich stärker als der Laststrom I_L. Schwankt der Laststrom und soll die Lastspannung möglichst konstant bleiben, so muss der Querstrom größer als der Laststrom sein.

Der Querstrom soll wenigstens das Doppelte vom Laststrom betragen.

Die Berechnung eines Spannungsteilers kann auch mit dem *Querstromverhältnis* erfolgen. Darunter versteht man das Verhältnis Querstrom zu Laststrom. Das Querstromverhältnis beträgt je nach Anforderung an die Lastunabhängigkeit der Ausgangsspannung 2 bis 10.

Beispiel 1: Belasteten Spannungsteiler berechnen

Ein Spannungsteiler mit der Gesamtspannung $U = 20$ V hat bei einem Laststrom von 20 mA eine Lastspannung von 6 V. Das Querstromverhältnis beträgt $q = 6$. a) Wie groß ist der Querstrom? b) Wie groß sind der Lastwiderstand und die Spannungsteilerwiderstände?

Lösung:

a) $I_q = q \cdot I_L = 6 \cdot 20\ \text{mA} = \mathbf{120\ mA}$

b) $R_L = \dfrac{U_L}{I_L} = \dfrac{6\ \text{V}}{20\ \text{mA}} = \mathbf{300\ \Omega}$

$R_2 = \dfrac{U_L}{I_q} = \dfrac{6\ \text{V}}{120\ \text{mA}} = \mathbf{50\ \Omega}$

$R_1 = \dfrac{U - U_L}{I_L + I_q} = \dfrac{20\ \text{V} - 6\ \text{V}}{20\ \text{mA} + 120\ \text{mA}} = \dfrac{14\ \text{V}}{140\ \text{mA}} = \mathbf{100\ \Omega}$

Der Strom I_{Lmax} ist der größte Belastungsstrom. Er fließt bei kurzgeschlossenen Ausgangsklemmen. In diesem Fall liegt die Gesamtspannung U am Widerstand R_1.

Die Spannung U_{20} ist die größte Verbraucherspannung. Man erhält sie, wenn der Spannungsteiler unbelastet ist.

1.3.4.2 Messbereichserweiterung bei Strommessern

Bei Drehspulmesswerken **(Bild 1, folgende Seite)** muss die Widerstandsänderung der Drehspule, die durch Temperaturänderung entsteht, kompensiert werden. Dies kann durch einen in Reihe geschalteten Heißleiterwiderstand oder durch einen Vorwiderstand aus Konstantandraht erreicht werden, dessen Widerstand wenigstens dreimal so groß ist wie der Messwerkwiderstand.

Beim belasteten Spannungsteiler:

$$R_p = \frac{R_2 \cdot R_L}{R_2 + R_L}$$

$$\frac{U_L}{U} = \frac{R_p}{R_1 + R_p}$$

$U_2 = U_L$ (wenn S geschlossen)

$U_2 = U_{20}$ (wenn S offen)

$$q = \frac{I_q}{I_L} = \frac{R_L}{R_2}$$

$$R_1 = \frac{U - U_L}{I_L + I_q}$$

$$R_2 = \frac{U_L}{I_q}$$

R_p	Ersatzwiderstand von R_2 und R_L
R_L	Lastwiderstand
R_1, R_2	Spannungsteilerwiderstände
U_L	Lastspannung
U	Gesamtspannung
U_2	Spannung an R_2
U_{20}	Spannung an R_2 im Leerlauf
q	Querstromverhältnis
I_q	Querstrom
I_L	Laststrom

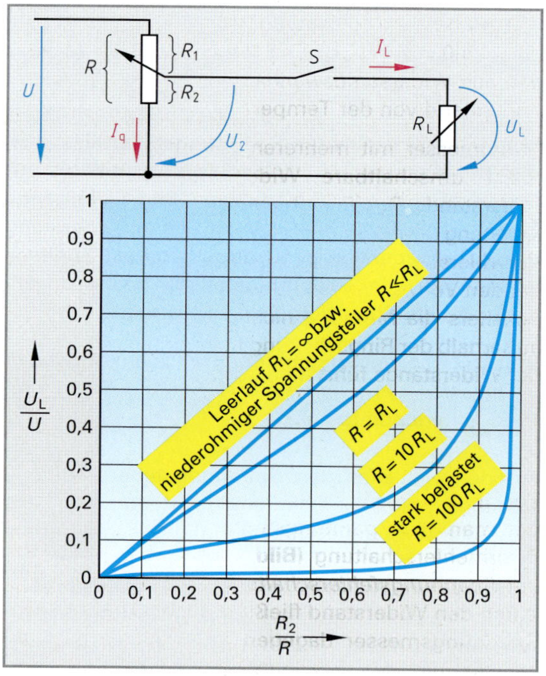

Bild 1: Kennlinien des belasteten Spannungsteilers

Zur Messbereichserweiterung wird zu dieser Reihenschaltung mit dem Ersatzwiderstand R_m ein Widerstand R_p (Shunt[1]) parallel geschaltet (Bild 1).

Von dem größten Strom des Messbereichs I_n darf durch den Strommesser höchstens der zum Vollausschlag nötige Messwerkstrom I_m fließen. Der restliche Strom $I_p = I_n - I_m$ muss über den Nebenwiderstand geleitet werden.

Beispiel 1: Messwerknebenwiderstand berechnen

Ein Messwerk hat einen Widerstand $R_m = 100\ \Omega$ und einen Messwerkstrom bei Vollausschlag von 0,5 mA. Wie groß muss der Nebenwiderstand für einen Messstrom von 5 mA sein?

Lösung:

$$R_p = \frac{R_m \cdot I_m}{I_n - I_m} = \frac{100\ \Omega \cdot 0{,}5\ \text{mA}}{5\ \text{mA} - 0{,}5\ \text{mA}} = \frac{50\ \Omega}{4{,}5} = \mathbf{11{,}1\ \Omega}$$

$$R_p = \frac{U_m}{I_n - I_m} \qquad R_p = \frac{R_m \cdot I_m}{I_n - I_m}$$

R_p Nebenwiderstand
U_m Spannung für Vollausschlag des Messwerks
I_n Messbereich der zu messenden Stromstärke
I_m Messwerkstromstärke bei Vollausschlag
R_m Messwerkwiderstand

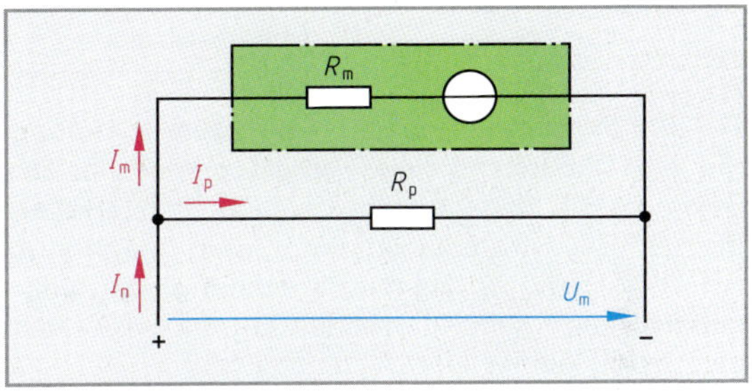

Bild 1: Drehspulmesswerk mit Vorwiderstand und Nebenwiderstand

Als Messgerätezubehör werden für starke Ströme (6 A bis 1000 A) getrennte Nebenwiderstände hergestellt. Diese werden so abgeglichen, dass an ihnen bei Nennstrom (Vollausschlag) der Spannungsfall 45 mV bei Feinmessgeräten, 60 mV bzw. 150 mV bei Betriebsmessgeräten und in Ausnahmefällen 300 mV beträgt. Die Nebenwiderstände werden aus Widerstandswerkstoffen hergestellt, deren Widerstand von der Temperatur unabhängig ist.

Strommesser mit mehreren Messbereichen haben meist umschaltbare Widerstände **(Bild 2)**. Die Widerstände R_{p1}, R_{p2}, R_{p3} sind dabei in einer Ringschaltung miteinander verbunden. Sie wirken teils als Vorwiderstand und teils als Nebenwiderstand. Dies hat den Vorteil, dass die Übergangswiderstände des Schalters die Messung nicht beeinflussen, weil sie außerhalb der Ringschaltung liegen. Die Berechnung der Widerstände führt man schrittweise durch.

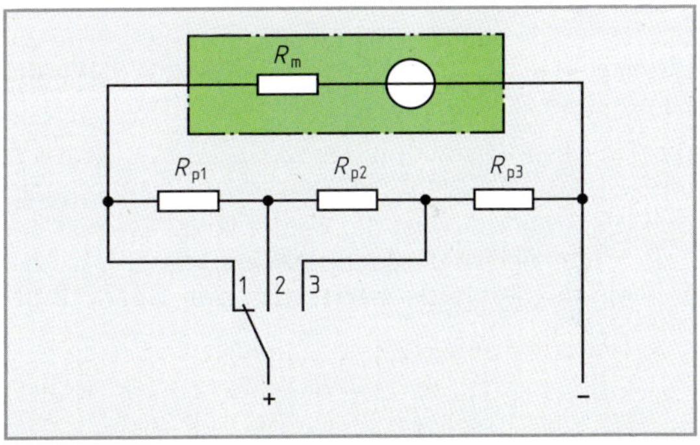

Bild 2: Strommesser mit Ringschaltung

1.3.4.3 Widerstandsbestimmung durch Strom- und Spannungsmessung

Zur indirekten Widerstandsbestimmung verwendet man die Spannungsfehlerschaltung oder die Stromfehlerschaltung **(Bild 1, folgende Seite)**. Bei der *Spannungsfehlerschaltung* wird der Strom, der durch den Widerstand fließt, genau gemessen. Der Spannungsmesser dagegen zeigt eine Spannung an, die um die Spannung am Widerstand des Strommessers größer ist als die Spannung am zu messenden Widerstand. Bei der Berechnung des Widerstandes nach dem Ohm'schen Gesetz erhält man also einen zu großen Wert. Ist der zu bestimmende Widerstand wesentlich größer als der Innenwiderstand des Strommessers, so wird das Ergebnis fast nicht verfälscht.

- Die Spannungsfehlerschaltung misst den Strom richtig.
- Die Stromfehlerschaltung misst die Spannung richtig.

Bei bekanntem Innenwiderstand des Strommessers lässt sich das Ergebnis korrigieren. Der tatsächliche Wert des zu messenden Widerstandes ist um den Innenwiderstand des Strommessers kleiner als der berechnete Wert.

Die Spannungsfehlerschaltung kann man zur Bestimmung großer Widerstände verwenden.

[1] engl. shunt = Weiche, Nebengleis, Nebenschluss

Beispiel 1: Spannungsfehlerschaltung

Zur Bestimmung eines unbekannten Widerstandes wird in Spannungsfehlerschaltung bei $U = 100$ V ein Strom von 50 mA gemessen. Am Strommesser liegt im 200-mA-Bereich bei vollem Zeigerausschlag eine Spannung von 0,4 V. Welchen Wert hat der zu bestimmende Widerstand?

Lösung:

$$R_{iA} = \frac{U_A}{I_A} = \frac{0{,}4\ \text{V}}{200\ \text{mA}} = 2\ \Omega$$

$$R = \frac{U}{I} - R_{iA} = \frac{1000\ \text{V}}{50\ \text{mA}} - 2\ \Omega = \mathbf{1998\ \Omega}$$

Bei der *Stromfehlerschaltung* wird die Spannung, die am Widerstand liegt, genau gemessen. Der Strommesser dagegen zeigt eine Stromstärke an, die um die Stromstärke durch den Spannungsmesser zu groß ist. Bei der Berechnung des Widerstandes nach dem Ohm'schen Gesetz ergibt sich also ein zu kleiner Wert.

Ist der Innenwiderstand des Spannungsmessers bekannt, so kann man das Ergebnis korrigieren. Die Stromstärke im Spannungsmesser muss von der gemessenen Stromstärke abgezogen werden, um die tatsächliche Stromstärke durch den Widerstand zu erhalten.

Ist die Stromstärke durch den Spannungsmesser wesentlich schwächer als die Stromstärke durch den Widerstand, so ist der Fehler klein. Dies ist der Fall, wenn der zu messende Widerstand sehr viel kleiner als der Innenwiderstand des Spannungsmessers ist.

Die Stromfehlerschaltung kann man zur Bestimmung kleiner Widerstände verwenden.

Bei der Verwendung elektronischer Spannungsmesser können alle Widerstände mit der Stromfehlerschaltung bestimmt werden, da durch den sehr großen Innenwiderstand R_{iV} der Geräte der Fehlerstrom vernachlässigbar ist.

Beispiel 2: Stromfehlerschaltung

Bei einer indirekten Widerstandsmessung in Stromfehlerschaltung zeigt der Strommesser $I = 0{,}24$ A an, der Spannungsmesser $U = 80$ V. Der Innenwiderstand des Spannungsmessers beträgt 1 MΩ. Welchen Widerstandswert hat der Widerstand?

Lösung:

$$I_V = \frac{U}{R_{iV}} = \frac{80\ \text{V}}{1\ \text{M}\Omega} = 80\ \mu\text{A} = 0{,}08\ \text{mA}$$

$$R = \frac{U}{I - I_V} = \frac{80\ \text{V}}{240\ \text{mA} - 0{,}08\ \text{mA}} = \frac{80\ \text{V}}{239{,}92\ \text{mA}} = \mathbf{333\ \Omega}$$

Spannungsfehlerschaltung:	Stromfehlerschaltung:
$U = R_{iV} \cdot I_V$	$U_A = R_{iA} \cdot I$
$R = \frac{U}{I} - R_{iA}$	$R = \frac{U}{I - I_V}$

R zu bestimmender Widerstand
U gemessene Spannung
I gemessene Stromstärke
R_{iA} Innenwiderstand des Strommessers
I_V Stromstärke im Spannungsmesser
R_{iV} Innenwiderstand des Spannungsmessers
U_A Spannung am Strommesser

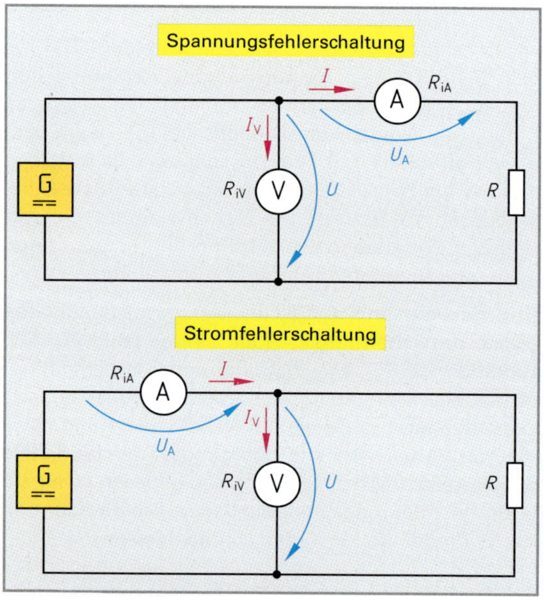

Bild 1: Schaltungen zur indirekten Widerstandsmessung

Wiederholung und Vertiefung

1. **Wie berechnet man die Ausgangsspannung an einem unbelasteten Spannungsteiler?**
2. **Wie beeinflusst der Lastwiderstand die abgegriffene Lastspannung beim belasteten Spannungsteiler?**
3. **Wie kann man den Messbereich eines Strommessers erweitern?**
4. **Das Messwerk eines Strommessers hat bei Vollausschlag eine Messwerkspannung von 400 mV bei einem Messwerkstrom von 200 mA. Welcher Parallelwiderstand ist für eine Messbereichserweiterung auf 320 mA erforderlich?**
   Lösung: $\mathbf{R_p = 3{,}\overline{3}\ \Omega}$
5. **Wozu verwendet man die Spannungsfehlerschaltung?**

1.4 Leistung, Arbeit, Wärme

1.4.1 Elektrische Leistung

Die Turbine in einem Wasserkraftwerk leistet umso mehr, je größer die Fallhöhe ist und je mehr Wasser in der Sekunde durch die Turbine fließt. Die Turbine treibt einen Generator an, der die mechanische Energie der Turbine in elektrische Energie umwandelt. Dem Wasserstrom entspricht der elektrische Strom. Entsprechend ist die elektrische Leistung umso größer, je höher die Spannung und je größer die Stromstärke ist. Die Einheit der Leistung ist das Watt[1] (W).

1 W ist die Leistung eines Gleichstromes von 1 A bei einer Gleichspannung von 1 V.

Beispiel 1: Leistungsaufnahme einer Diode

Eine Diode leitet einen Gleichstrom von 10 A. Dabei liegt an ihr eine Spannung von 0,8 V. Welche Leistung nimmt die Diode auf?

Lösung:

$P = U \cdot I = 0{,}8\ \text{V} \cdot 10\ \text{A} = \mathbf{8\ W}$

Bei der *indirekten Leistungsmessung* sind Strommessgerät und Spannungsmessgerät so anzuschließen, dass der Eigenverbrauch der Messinstrumente das Messergebnis möglichst wenig beeinflusst. Ist die Leistungsaufnahme eines großen Widerstandes zu messen, z. B. bei einer Diode in Sperrrichtung, so wendet man die Spannungsfehlerschaltung an. Dagegen ist für die Messung der Leistungsaufnahme eines kleinen Widerstandes, z. B. bei einer Diode in Durchlassrichtung, die Stromfehlerschaltung zweckmäßig **(Bild 1)**. Bei großen Widerständen kann die Stromfehlerschaltung angewendet werden, wenn zur Spannungsmessung ein elektronisches Messgerät mit sehr großem Eingangswiderstand ($R_e \approx \infty$) verwendet wird.

Versuch 1: Schließen Sie eine Lampe zusammen mit Strommessgerät und mit Spannungsmessgerät an Gleichspannung an **(Bild 2)**. Lesen Sie die Messwerte von Strom und Spannung ab. Berechnen Sie aus den Messwerten die Leistung und vergleichen Sie diese mit der Leistungsangabe auf der Lampe.

Ergebnis:
Die berechnete Leistung weicht von der Leistungsangabe ab.

Bei Lampen und bei anderen elektrischen Betriebsmitteln, z. B. Lötkolben, Rundfunkgeräten, Motoren, stimmt die tatsächliche Leistung meist nicht mit der angegebenen Leistung (Bemessungsleistung, Nennleistung) überein, weil bei der Herstellung Maßschwankungen (Toleranzen) zugelassen werden müssen.

Bei Gleichstrom:

$[P] = \text{V} \cdot \text{A} = \text{VA} = \text{W}$

$$P = U \cdot I$$

P Leistung; *U* Spannung; *I* Stromstärke

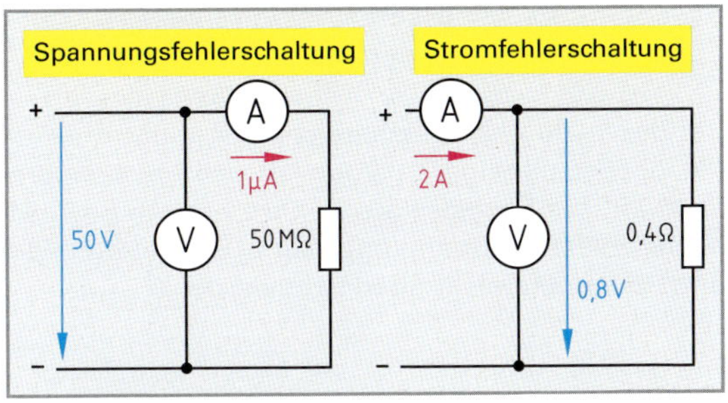

Bild 1: Indirekte Leistungsmessung bei großen und bei kleinen Widerständen

Messen
- <u>direkt</u>: Messwert ist am Messgerät ablesbar,
- <u>indirekt</u>: Messwert muss durch Berechnen ermittelt werden.

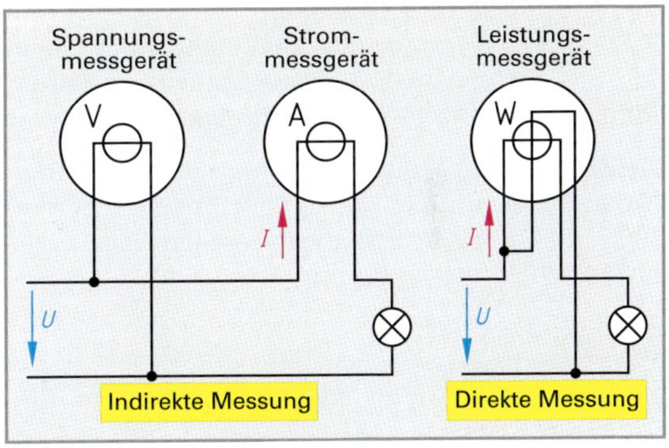

Bild 2: Leistungsmessung an einer Lampe

Die Bemessungsleistung gibt an, für welche Leistung ein Bauteil bei den angegebenen Betriebsbedingungen bemessen ist.

Die Begriffe Bemessungswert und Nennwert bedeuten meist das Gleiche.

Mit einem *Leistungsmessgerät* (Bild 2) kann man die Leistung *direkt* messen. Die Anzeige des Leistungsmessgerät hängt von der Spannung und der Stromstärke ab. Deshalb hat das Messinstrument je zwei Anschlüsse

[1] James Watt, engl. Ingenieur, 1736 bis 1819

für Spannungsmessung und Strommessung, zusammen also vier. Der Teil des Leistungsmessgeräts, an dem die zu messende Spannung liegt, wird *Spannungspfad* genannt. Der Teil, durch den der zu messende Strom fließt, wird *Strompfad* genannt.

Beim Leistungsmessgerät wird der Strompfad wie ein Strommessgerät angeschlossen, der Spannungspfad wie ein Spannungsmessgerät.

Bei der Wahl des Messbereiches ist nicht nur auf die höchstzulässige Leistung zu achten, sondern auch auf die höchstzulässige Stromstärke und die höchstzulässige Spannung, damit Spannungspfad und Strompfad nicht überlastet werden.

Versuch 1: Schließen Sie die Lampe vom letzten Versuch mit einem Leistungsmessgerät an Gleichspannung an. Vergleichen Sie den Messwert mit dem Rechenergebnis aus dem letzten Versuch.

Ergebnis:
Direkte und indirekte Leistungsmessung führen zum gleichen Ergebnis.

Bei Gleichstrom kann man die elektrische Leistung immer mit $P = U \cdot I$ berechnen, bei Wechselstrom aber nur bei Wärmegeräten und Lampen. Dagegen zeigt das Leistungsmessgerät auch bei Wechselstrom immer die elektrische Leistung in W an.

Die elektrische Leistung kann man auch über den Widerstandswert (Resistanz) berechnen. Setzt man in $P = U \cdot I$ für U nach dem Ohm'schen Gesetz $R \cdot I$ ein, so erhält man:

$$P = R \cdot I \cdot I = R \cdot I^2$$

Setzt man U/R für I, so bekommt man:

$$P = U \cdot \frac{U}{R} = \frac{U^2}{R}$$

Es ist also möglich, die Leistung zu berechnen, wenn nur Stromstärke und Widerstand oder nur Spannung und Widerstand bekannt sind.

Beispiel 1: Höchstzulässige Spannung berechnen

Auf einem Widerstand ist angegeben: 1 kΩ, 10 W. Welche Spannung darf höchstens an den Widerstand gelegt werden?

Lösung:

$$P = \frac{U^2}{R} \Rightarrow U = \sqrt{P \cdot R} = \sqrt{10\ \text{W} \cdot 1000\ \Omega} = \mathbf{100\ V}$$

Die Leistung nimmt bei einem Verbraucher mit gleich bleibendem Widerstand mit dem Quadrat der Stromstärke oder mit dem Quadrat der Spannung zu. Bei doppelter Stromstärke ist demnach die Leistung des Verbrauchers viermal so groß, ebenso bei doppelter Spannung **(Bild 1)**. Andererseits vermindert sich bei halber Spannung oder bei halber Stromstärke die Leistung auf ein Viertel der Leistung bei voller Spannung oder voller Stromstärke.

$P = I^2 \cdot R$	$P = \dfrac{U^2}{R}$
$[P] = \text{A}^2 \cdot \Omega = \text{W}$	$[P] = \dfrac{\text{V}^2}{\Omega} = \text{W}$

P Leistung; R Widerstand
I Stromstärke; U Spannung

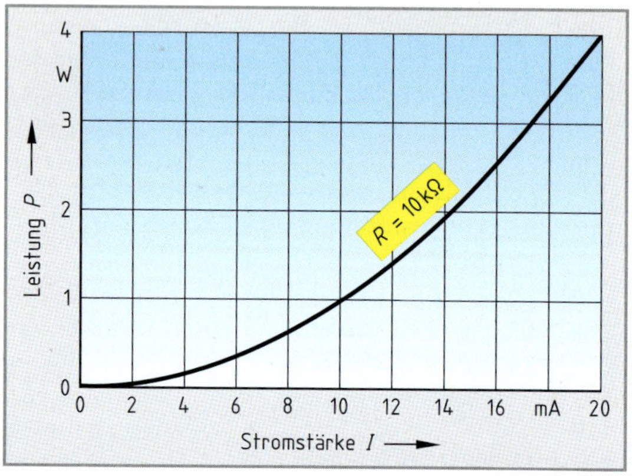

Bild 1: Abhängigkeit der Leistung von der Stromstärke

Beispiel 2: Höchstzulässigen Strom berechnen

Auf einem Schichtwiderstand ist angegeben: 125 kΩ, 2 W. Welcher Strom darf höchstens durch den Widerstand fließen?

Lösung:

$$P = I^2 \cdot R \Rightarrow I = \sqrt{\frac{P}{R}} = \sqrt{\frac{2\ \text{W}}{125\,000\ \Omega}} = 0{,}004\ \text{A} = \mathbf{4\ mA}$$

Bei gleichbleibendem Widerstand ändert sich die Leistung mit dem Quadrat der Stromstärke oder der Spannung.

Wiederholung und Vertiefung

1. **Von welchen Größen hängt die elektrische Leistung ab?**
2. **Wie kann man die elektrische Leistung indirekt bestimmen?**
3. **Wie viele Anschlüsse hat ein Leistungsmesser?**
4. **Wie werden Strompfad und Spannungspfad eines Leistungsmessers angeschlossen?**
5. **Worauf muss man bei der Wahl des Messbereichs eines Leistungsmessers achten?**
6. **Leiten Sie die Formel $P = I^2 \cdot R$ her.**

1.4.2 Elektrische Arbeit

Elektrische Arbeit entsteht, wenn ein Verbraucher über eine bestimmte Zeitdauer Leistung aufnimmt.

Die elektrische Arbeit ist also umso größer, je größer die Leistung und je länger die Zeitdauer dieser Leistung sind. Die Einheit Wattsekunde (Ws) hat den besonderen Einheitennamen Joule (J).

Arbeitskosten sind das Produkt aus Tarifkosten und Arbeit. Die *Verbrauchskosten* sind um die Mehrwertsteuer und weitere Abgaben, z. B. Ökosteuer, höher als die Arbeitskosten.

1 Kilowattstunde (kWh) = 1000 Wattstunden (Wh[1]) = 3 600000 Wattsekunden (Ws).

Beispiel 1: Kosten elektrischer Arbeit

Ein Fernsehgerät nimmt 100 W auf und ist an 300 Tagen im Jahr täglich 4 Stunden eingeschaltet. Nach dem Tarif des VNB (Verteilungsnetzbetreiber) kostet 1 kWh 0,256 €. Wie viel kostet die elektrische Arbeit für 1 Jahr?

Lösung:

$W = P \cdot t = 100\ \text{W} \cdot 300 \cdot 4\ \text{h} = 120\,000\ \text{Wh} = 120\ \text{kWh}$

$K = k \cdot W = 120\ \text{kWh} \cdot 0{,}256\ \dfrac{€}{\text{kWh}} = \mathbf{30{,}72\ €}$

Die elektrische Arbeit kann man *indirekt* bestimmen, wenn Leistung und Zeit gemessen werden. Meist wird aber die Arbeit mit einem *direkt* anzeigenden Messgerät, dem kWh-Zähler, gemessen.

Die elektrische Arbeit wird vom kWh-Zähler gemessen.

Die kWh-Zähler sind wie Leistungsmessgeräte geschaltet, sie besitzen *Strompfade* und *Spannungspfade* **(Bild 1)**. Durch die magnetischen Wirkungen der Spannungsspule und der Stromspule wird eine Zählerscheibe in Drehung versetzt. Die Umdrehungen werden von einem Zählwerk gezählt, welches die elektrische Arbeit meist direkt in kWh anzeigt. In Niederspannungsanlagen ist der Strompfad mit dem Spannungspfad durch eine Brücke verbunden, um den Anschluss zu vereinfachen (Bild 1). Zähler besitzen Leistungsschilder mit ihren Kenngrößen **(Bild 2)**.

kWh-Zähler haben Spannungspfade und Strompfade. Der Anschluss des Zählers entspricht dem Anschluss eines Leistungsmessgeräte.

[1] h von lat. hora = Stunde

Strompreisbestandteile
de.wikipedia.org/wiki/strompreise

$$W = U \cdot I \cdot t \qquad W = P \cdot t \qquad K = k \cdot W$$

$[W] = \text{W} \cdot \text{s} = \text{Ws} = \text{J}$ oder $[W] = \text{kW} \cdot \text{h} = \text{kWh}$

W	Arbeit;	P	Leistung;	t	Zeit
K	Arbeitskosten;	k	Tarifpreis;	I	Strom;
U	Spannung				

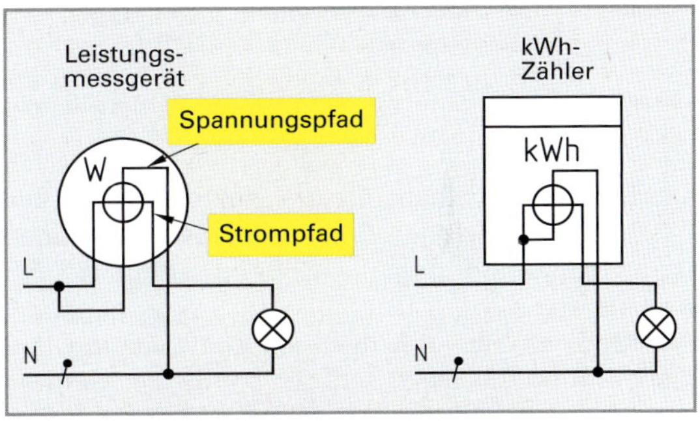

Bild 1: Entstehung des Zähleranschlusses

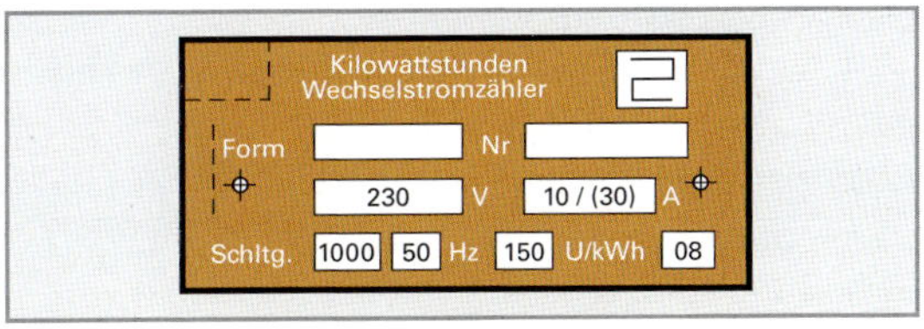

Bild 2: Leistungsschild eines Zählers

$$[P] = \text{Nm} \cdot \frac{1}{\text{s}} = \frac{\text{Nm}}{\text{s}} = \text{W}$$

$$P = \frac{n_z}{C_z} \qquad P = \frac{W}{t}$$

P	Leistung in kW
n_z	Zählerumdrehungen je Stunde
C_z	Zählerkonstante in Umdrehungen/kWh

Leistungsmessung mit Zähler und Uhr

Die Leistung des Verbrauchers lässt sich aus $P = W/t$ oder schneller mit $P = n_z/C_z$ berechnen. Die Zählerkonstante gibt an, wie oft sich die Zählerscheibe dreht, bis 1 kWh verbraucht ist (Umdrehungen je kWh). Misst man z. B. in 1 Minute 10 Umdrehungen der Zählerscheibe, das entspricht 600 Umdrehungen je Stunde, berechnet man für den Zähler mit der Zählerkonstanten aus Bild 2 die Leistung P = (60 · 10 (1/h) / 150 (1/kWh)) = **4 kW.**

1.4.3 Mechanische Leistung

Der Quotient aus Arbeit durch Zeit ist als Leistung definiert. Die Leistung in Watt gibt also an, welche Arbeit in Joule in einer Sekunde vollbracht wird. Die Einheit der mechanischen Leistung ist das Watt.

Beispiel 1: Leistung berechnen

Mit einer Motorwinde soll eine Masse von 300 kg in 5 Sekunden 10 m hoch gehoben werden. Welche Leistung ist dazu erforderlich?

Lösung:

Kraft $F = m \cdot g = 300\ \text{kg} \cdot 9{,}81\ \frac{\text{m}}{\text{s}^2} = 2943\ \text{N}$

Arbeit $W = F \cdot s = 2943\ \text{N} \cdot 10\ \text{m} = 29\,430\ \text{Nm} = 29\,430\ \text{Ws}$

Leistung $P = \frac{W}{t} = \frac{29\,430\ \text{Ws}}{5\ \text{s}} = 5886\ \text{W} = \mathbf{5{,}886\ kW}$

Die Einheit Watt steht für die elektrische und die mechanische Leistung. Bei elektrischen Maschinen ist auf dem Leistungsschild als Bemessungsleistung die *Abgabeleistung* in W bzw. in kW angegeben, bei Motoren also die mechanische Leistung, bei Generatoren die elektrische Leistung. Bei Geräten dagegen, z. B. bei Fernsehgeräten oder bei Handbohrmaschinen, ist die angegebene Leistung die elektrische *Leistungsaufnahme*.

Bei Elektromotoren ist auf dem Leistungsschild die mechanische Leistung in Watt angegeben.

Bei drehender Bewegung, z. B. bei Motoren, steigt die mechanische Leistung mit dem *Kraftmoment M* und der *Winkelgeschwindigkeit ω*.

Kraftmoment

Dreht eine Kraft einen Körper, so wirkt auf den Körper ein *Kraftmoment* (Moment, auch Drehmoment). Das Kraftmoment ist umso größer, je größer die Kraft und je länger der zur Kraftrichtung senkrechte Hebelarm sind **(Bild 1)**. Das Kraftmoment hat wie die Arbeit die Einheit Nm. Es stellt aber keine Arbeit dar, weil bei ihm die Kraft senkrecht zum Hebelarm wirkt und nicht entlang eines Weges.

Beispiel 2: Kraftmoment berechnen

Bei einer Gleichrichterdiode ist für das Festschrauben auf den Kühlkörper ein Kraftmoment von 60 Nm vorgeschrieben. Welche Kraft ist bei einem Hebelarm von 0,3 m erforderlich?

Lösung

$M = F \cdot r \Rightarrow F = \frac{M}{r} = \frac{60\ \text{Nm}}{0{,}3\ \text{m}} = \mathbf{200\ N}$

ⓘ W = Arbeit (Work),
Einheit W = Watt, die Einheit der Leistung.
1 Nm = 1 J = 1 Ws

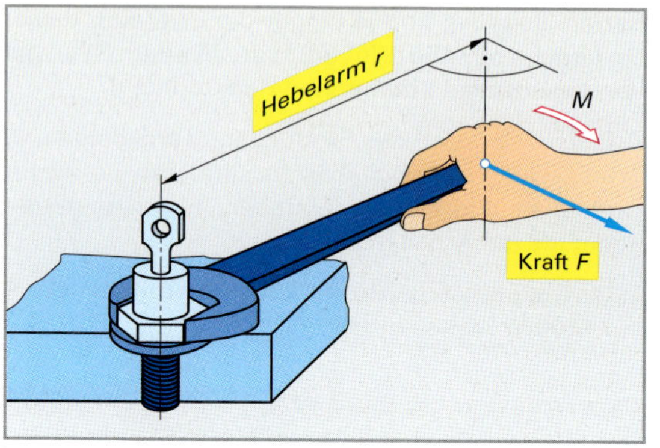

Bild 1: Kraftmoment beim Festschrauben einer Gleichrichterdiode

$[P] = \text{Nm} \cdot \frac{1}{\text{s}} = \frac{\text{Nm}}{\text{s}} = \text{W}$

$$P = \frac{W}{t}$$

$$\omega = 2\pi \cdot n$$

$$M = F \cdot r$$

$[n] = \frac{1}{\text{s}}$

$[M] = \text{N} \cdot \text{m} = \text{Nm}$

$$P = M \cdot \omega$$

P	Leistung
W	Arbeit
t	Zeit
ω	Winkelgeschwindigkeit (griech. Kleinbuchstabe Omega)
n	Drehzahl, Umdrehungsfrequenz
M	Kraftmoment (Drehmoment)
F	Kraft
r	Hebelarm

1.4.4 Wirkungsgrad

Energie lässt sich weder erzeugen noch vernichten, sondern nur umwandeln. Einrichtungen, welche andere Energiearten in elektrische Energie umwandeln, nennt man *Erzeuger*. Erzeuger sind z. B. Generatoren, Akkumulatoren beim Entladen, Fotoelemente, dynamische Mikrofone. Einrichtungen, welche elektrische Energie in andere Energiearten umwandeln, nennt man *Verbraucher*. Verbraucher sind z. B. Glühlampen, Akkumulatoren beim Laden und Lautsprecher.

In jedem Energiewandler treten Nebenwirkungen auf, die nicht beabsichtigt, aber unvermeidlich sind. Der Strom erwärmt die Drähte der Wicklungen. Die Eisenkerne von Transformatoren und Spulen werden durch die Ummagnetisierung erwärmt. Bei sich drehenden Läufern, z. B. in Motoren, treten zusätzlich Lagerreibung und Luftreibung auf. Diese Nebenwirkungen verursachen die *Verlustleistung*, die man auch kurz *Verluste* nennt.

Erzeuger und Verbraucher sind Energiewandler mit Verlusten.

Versuch 1: Schließen Sie ein Netzgerät an das 230-V-Netz an. Belasten Sie das Netzgerät mit einem Stellwiderstand und messen Sie die Leistungsaufnahme und die Leistungsabgabe.

Ergebnis:
Die Leistungsabgabe des Netzgerätes ist kleiner als die Leistungsaufnahme.

Die zugeführte Energie wird nur zum Teil in die *gewünschte* Energieform umgewandelt, zum anderen Teil in *unerwünschte* Energieformen, meist in Wärme. Die zeichnerische Darstellung der auftretenden Nutzleistungen und Verlustleistungen bezeichnet man als *Leistungsfluss-Schaubild* **(Bild 1)**.

Allgemein bezeichnet man das Verhältnis von Leistungsabgabe (nutzbare Leistung) zu Leistungsaufnahme (aufgewendete Leistung) als *Wirkungsgrad* η **(Tabelle 1)**. Der Wirkungsgrad kann als Dezimalzahl oder als Prozentzahl angegeben werden. Weil die Aufnahme immer größer ist als die Abgabe, ist der Wirkungsgrad immer kleiner als 1 bzw. unter 100 %.

Beispiel 1: Wirkungsgrad berechnen

Ein Kleinmotor nimmt 30 W elektrische Leistung aus dem 230-V-Netz auf und gibt eine mechanische Leistung von 10 W ab. Wie groß ist der Wirkungsgrad?

Lösung:

$$\eta = \frac{P_{ab}}{P_{auf}} = \frac{10\ W}{30\ W} = 0{,}333 = \mathbf{33{,}3\ \%}$$

Versuch 2: Schließen Sie ein Netzgerät an das 230-V-Netz an. Ändern Sie die Belastung stufenweise und messen Sie jeweils die Leistungsaufnahme und die Leistungsabgabe. Berechnen Sie für jede Belastung den Wirkungsgrad.

Ergebnis:
Bei verschiedener Belastung ist der Wirkungsgrad verschieden.

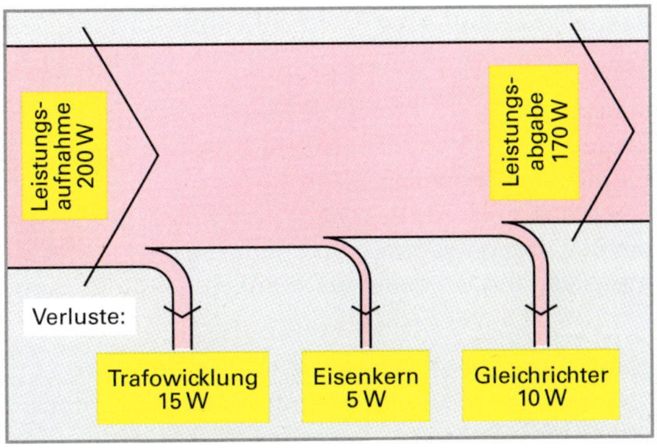

Bild 1: Leistungsfluss-Schaubild eines Netzgerätes

$$\eta = \frac{P_{ab}}{P_{auf}} \qquad \eta = \eta_1 \cdot \eta_2 \cdot \ldots \cdot \eta_n$$

η Wirkungsgrad (η griech. Kleinbuchstabe Eta)
P_{ab} Leistungsabgabe
P_{auf} Leistungsaufnahme
η_1, η_2 ... Einzelwirkungsgrade

Tabelle 1: Wirkungsgrade

Energiewandler	Wirkungsgrad
Wechselstrommotoren 1 kW; 100 W; 1 W	0,9; 0,5; 0,1
Transformatoren 1000 VA; 10 VA	0,9; 0,7
Verstärker mit P_{ab} = 30 W Ausgangsleistung	0,3
Glühlampe 40 W	0,016
LED-Leuchtmittel 9 W	0,8

Der Wirkungsgrad wird von der Belastung beeinflusst, z. B. bei Transformatoren, Gleichrichtern und elektrischen Maschinen.

Arbeiten mehrere Energiewandler hintereinander, z. B. bei einem Netzanschlussgerät mit Transformator und Gleichrichter, so ist der Gesamtwirkungsgrad η so groß wie das Produkt aus den einzelnen Wirkungsgraden ($\eta_1 \cdot \eta_2 \cdot \ldots \cdot \eta_n$).

Man kann auch das Verhältnis anderer Größen von Nutzen zu Aufwand bilden, um den Nutzen einer Anlage zu erkennen. Wird die nutzbare Energie ins Verhältnis zur aufgewendeten Energie gesetzt, so erhält man den *Arbeitsgrad* (Energiewirkungsgrad) ζ (griech. Kleinbuchstabe Zeta). Verwendet man die Ladungen, so ergibt sich der *Ladungsnutzungsgrad* (Ladungswirkungsgrad).

1.4.5 Temperatur und Wärme

Temperatur

Führt man einem Stoff, z. B. durch Hämmern oder Biegen, mechanische Energie zu, erwärmt er sich. Die Atome nehmen mechanische Energie auf und schwingen stärker als vorher. Diese Schwingungen nennt man Wärmebewegung. Je energiereicher die Wärmebewegung ist, desto wärmer erscheint der Stoff.

> Die Temperatur ist ein Maß für die Wärmebewegung der Teilchen, aus denen die Stoffe bestehen.

Temperaturen werden mit Thermometern meist in Celsiusgraden[1] (°C) gemessen. In Ländern mit englischem Maßsystem benutzt man daneben die Fahrenheit-Teilung[2] **(Bild 1)**.

Die tiefstmögliche Temperatur beträgt −273 °C *(absoluter Nullpunkt)*. Bei dieser Temperatur gibt es keine Wärmebewegung mehr. Die Temperatur über diesem Punkt heißt *absolute Temperatur*. Man misst sie in Kelvin[3] (K). 0 °C = 273 K.

Elektrische Thermometer beruhen auf der Änderung von Widerstandswerten oder auf der Erzeugung einer Thermospannung. Beim *Widerstandsthermometer* wird die Widerstandsänderung meist mit einem Widerstandsmesser gemessen. Die Messinstrumente können direkt in °C kalibriert werden.

> Die Einheit der Temperatur ist das Kelvin (K) und bei Angabe von Celsius-Temperaturen der Grad Celsius (°C).

Temperaturen werden meist in Grad Celsius (°C) angegeben (Formelzeichen ϑ), Temperaturunterschiede immer in Kelvin (K, Formelzeichen $\Delta\vartheta$).

Wärmemenge Q und Wärmekapazität C

Die Wärmemenge (Wärme) ist die beim Erwärmen zugeführte oder die beim Abkühlen entzogene Wärmeenergie. Ihre Einheiten sind das Joule (J), die Wattsekunde (Ws) und die Kilowattstunde (kWh).

Die zur Temperaturerhöhung eines Körpers um 1 K erforderliche Wärme nennt man *Wärmekapazität*. Die Wärmekapazität hängt von der Masse des Körpers ab und von seinem Werkstoff. Elektronische Bauelemente mit kleiner Masse haben eine kleine Wärmekapazität. Sie können deshalb bei einer Überlastung nur wenige Millijoule aufnehmen, sonst werden sie zerstört.

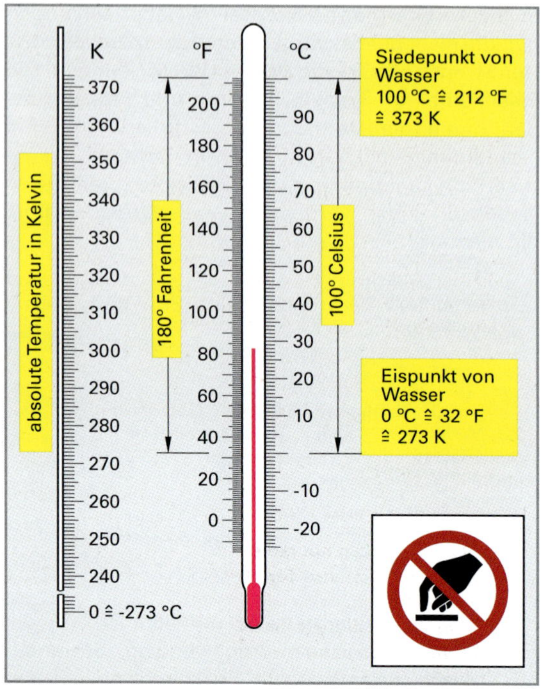

Bild 1: Temperaturskalen

$$[C] = \frac{\text{Ws}}{\text{K}} = \frac{\text{J}}{\text{K}} \qquad C = \frac{Q}{\Delta\vartheta}$$

C Wärmekapazität; Q Wärmemenge
$\Delta\vartheta$ Temperaturunterschied

Tabelle 1: Spezifische Wärmekapazitäten

Werkstoff	c in $\frac{\text{kJ}}{(\text{kg} \cdot \text{K})}$
Kupfer	0,39
Stahl	0,46
Polyvinylchlorid	0,88
Wasser	4,19

Spezifische Wärmekapazität

Wird 1 kg Kupfer um 1 K erwärmt, so braucht man eine kleinere Wärmemenge als zum Erwärmen von 1 kg Wasser um 1 K **(Tabelle 1)**.

> Die spezifische Wärmekapazität gibt die Wärmemenge an, welche die Masseeinheit 1 kg eines Stoffes um 1 K erwärmt.

[1] Anders Celsius, schwedischer Astronom, 1701 bis 1744; [2] Daniel G. Fahrenheit, deutscher Physiker, 1686 bis 1736; [3] William Lord Kelvin, engl. Physiker, 1824 bis 1907

Die zur Erwärmung erforderliche oder bei Abkühlung eines Stoffes frei werdende Wärmeenergie hängt vom Temperaturunterschied, von der spezifischen Wärmekapazität und von der Masse ab.

Beispiel 1: Zunahme der Wärmeenergie

Ein Kühlkörper für eine Gleichrichterdiode besteht aus Al mit $c = \frac{0{,}92\ \text{kJ}}{\text{kg} \cdot \text{K}}$. Er hat die Masse von 700 g und eine Temperatur von 40 °C. Nach einer kurzzeitigen Belastung der Gleichrichterdiode hat der Kühlkörper eine Temperatur von 90 °C. Um welchen Betrag in kJ hat die Wärmeenergie im Kühlkörper zugenommen?

Lösung:

$\Delta\vartheta = \vartheta_2 - \vartheta_1 = 90\,°\text{C} - 40\,°\text{C} = 50\ \text{K}$

$Q = \Delta\vartheta \cdot c \cdot m = 50\ \text{K} \cdot \frac{0{,}92\ \text{kJ}}{\text{kg} \cdot \text{K}} \cdot 0{,}7\ \text{kg} = \mathbf{32{,}2\ kJ}$

Wiederholung und Vertiefung

1. **Welche Einheiten hat die elektrische Arbeit?**
2. **Welche Einheit wird für die mechanische Leistung verwendet?**
3. **Geben Sie die Einheit für das Kraftmoment an.**
4. **Was versteht man unter dem Wirkungsgrad?**
5. **In welchen Einheiten gibt man Temperaturen und Temperaturunterschiede an?**
6. **Geben Sie drei Einheiten für die Wärme (Wärmemenge) an.**
7. **Erklären Sie den Begriff Wärmekapazität.**
8. **Wie ist die spezifische Wärmekapazität festgelegt?**

1.4.6 Wärmeübertragung

Wärmeübertragung erfolgt von Stellen höherer Temperatur zu Stellen niederer Temperatur entweder durch *Wärmeleitung* **(Bild 1)**, z. B. in Metallen, oder durch *Wärmeströmung (Konvektion)* bei der Fortbewegung erwärmter Gase und Flüssigkeiten **(Bild 2)** oder durch *Strahlung* **(Bild 3)**.

Der *Wärmewiderstand* R_{th} (th von griech. thermos = Wärme) gibt an, um wie viel K ein Bauelement sich gegenüber der Umgebung bei einer Verlustleistung von 1 W erwärmt.

Beispiel 2: Wärmewiderstand berechnen

Ein Transistor erreicht bei der Verlustleistug von 150 mW eine Temperatur 85°C, wenn die Kühllufttemperatur 25 °C beträgt. Wie groß ist der Wärmewiderstand des Tranistorengehäuses?

Lösung:

$\Delta\vartheta = \vartheta_2 - \vartheta_1 = 85\,°\text{C} - 25\,°\text{C} = 60\ \text{K}$

$R_{th} = \frac{\Delta\vartheta}{P_v} = \frac{60\ \text{K}}{150\ \text{mW}} = \frac{0{,}4\ \text{K}}{\text{mW}} = \mathbf{400\ \frac{K}{W}}$

ⓘ Die Berechnung des Wärmewiderstandes wird für die Bemessung von Kühlkörpern benötigt.

$$\Delta\vartheta = \vartheta_2 - \vartheta_1 \qquad Q = \Delta\vartheta \cdot c \cdot m$$

$$[R_{th}] = \frac{\text{K}}{\text{W}} \qquad R_{th} = \frac{\Delta\vartheta}{P_v}$$

$\Delta\vartheta$	Temperaturunterschied	Q	Wärme
ϑ_2	Endtemperatur in °C	c	spezifische Wärmekapazität
ϑ_1	Anfangstemperatur in °C	m	Masse
		R_{th}	Wärmewiderstand
		P_v	Verlustleistung

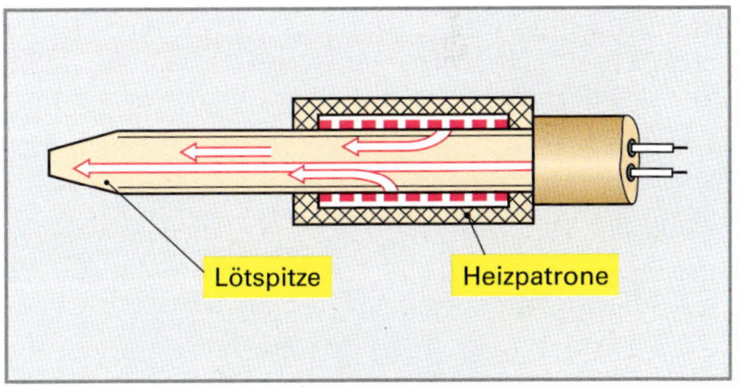

Bild 1: Wärmeleitung beim Lötkolben

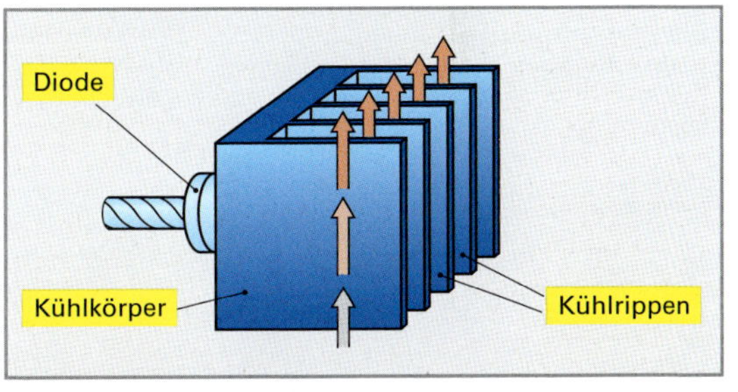

Bild 2: Wärmeströmung

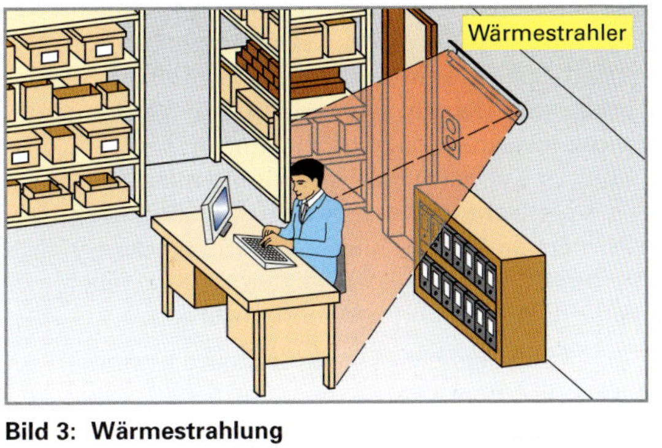

Bild 3: Wärmestrahlung

Bauelemente mit großer Leistung, z. B. Leistungstransistoren, entwickeln im Betrieb viel Wärme. Deshalb werden sie auf Kühlkörpern angeordnet **(Bild 1)**. An jeder Übergangsstelle der Wärmeenergie tritt ein Wärmewiderstand auf **(Bild 2)**. Der innere Wärmewiderstand tritt im Inneren beim Übergang der Wärmeenergie von der Sperrschicht zum Gehäuse auf, der Übergangs-wärmewiderstand zwischen Gehäuse und Kühlkörper, der Kühlkörperwiderstand zwischen dem Kühlkörper und der Luft.

In Datenblättern wird für *Bauelemente ohne Kühlkörper* der gesamte Wärmewiderstand als R_{thU} angegeben. Für Bauelemente zur Verwendung mit Kühlkörpern wird nur der innere Wärmewiderstand R_{thG} angegeben. Der gesamte Wärmewiderstand ist dann vor allem von dem verwendeten Kühlkörper abhängig.

Beispiel 1: Gesamtwärmewiderstand berechnen

Bei einem Thyristor ist der innere Wärmewiderstand $0{,}4\,\frac{K}{W}$, der Übergangs-Wärmewiderstand $0{,}08\,\frac{K}{W}$, der Kühlkörperwärmewiderstand $0{,}92\,\frac{K}{W}$. Wie groß ist der gesamte Wärmewiderstand?

Lösung:

$$R_{th} = R_{thG} + R_{thÜ} + R_{thK}$$
$$= 0{,}4\,\frac{K}{W} + 0{,}08\,\frac{K}{W} + 0{,}92\,\frac{K}{W} = \mathbf{1{,}4\,\frac{K}{W}}$$

Beispiel 2: Verlustleistung berechnen

Die höchstzulässige Innentemperatur (Sperrschichttemperatur) des Thyristors vom Beispiel 1 ist 120 °C, die Kühlmitteltemperatur 50 °C. Wie hoch darf die Verlustleistung höchstens sein?

Lösung:

$$\Delta\vartheta = \vartheta_2 - \vartheta_1 = 120\,°C - 50\,°C = 70\,K$$
$$P_v = \frac{\Delta\vartheta}{R_{th}} = \frac{70\,K}{1{,}4\,\frac{K}{W}} = \mathbf{50\,W}$$

Der innere Wärmewiderstand kann nicht beeinflusst werden, der Übergangs-Wärmewiderstand lässt sich durch sorgfältige Montage verkleinern. Ein Mittel dazu ist die Verwendung von *Wärmeleitpaste*. Das ist eine temperaturbeständige Silikonverbindung. Durch Wärmeleitpaste werden Hohlräume zwischen Bauelement und Kühlkörper ausgefüllt, die sonst zur Wärmeleitung nicht beitragen. Als elektrische Isolierung zum Kühlkörper können *Wärmeleitscheiben* aus Berylliumoxid, aus Aluminiumoxid oder aus hart *eloxiertem* (elektrisch oxidiertem) Aluminium verwendet werden.

Der Kühlkörper-Wärmewiderstand hängt von Größe, Form und Farbe des Kühlkörpers sowie von der Dichte und Geschwindigkeit der Kühlluft ab.

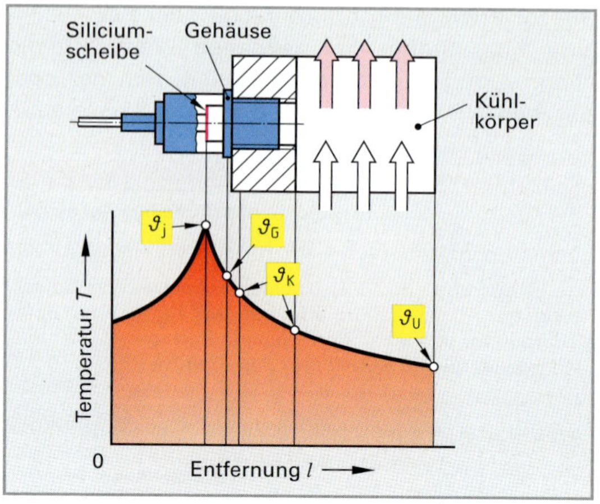

Bild 1: Temperaturgefälle an einem Thyristor mit Kühlkörper

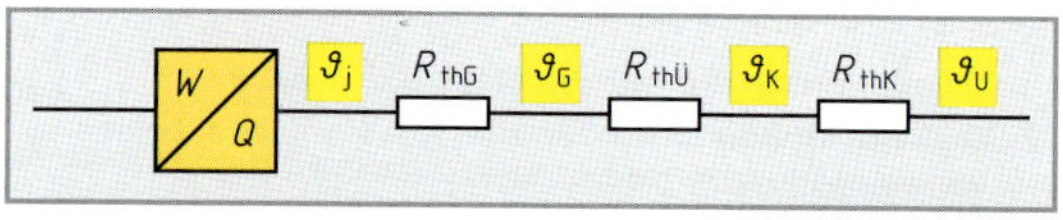

Bild 2: Ersatzschaltplan der Wärmewiderstände eines Thyristors mit Kühlkörper

$$R_{th} = R_{thG} + R_{thÜ} + R_{thK}$$

ϑ_j, ϑ_G, ϑ_K, ϑ_U	Temperaturen
R_{th}	Wärmewiderstand (gesamter Wärmewiderstand)
R_{thG}	innerer Wärmewiderstand
$R_{thÜ}$	Wärmewiderstand zwischen Gehäuse und Kühlkörper (Übergangs-Wärmewiderstand)
R_{thK}	Wärmewiderstand zwischen Kühlkörper und Kühlmittel (Kühlkörper-Wärmewiderstand)

In Datenblättern angegebene Kühlkörper-Wärmewiderstände gelten für Orte unter 1000 m Höhe über dem Meer und für Konvektionskühlung. Bei größerer Höhe ist die Luft dünner, der Wärmewiderstand ist dann größer.

Bei verstärkter Kühlung, z. B. mit einem Gebläse, wird der Kühlkörper-Wärmewiderstand kleiner.

Bei kleinen Verlustleistungen verwendet man als Kühlkörper quadratische Bleche, die bei senkrechter Anordnung am besten kühlen. Bei waagrechter Anordnung muss die Kühlfläche das 1,2-Fache einer senkrechten Kühlfläche betragen. Bei matt geschwärzter Kühlfläche muss diese mindestens das 0,9-Fache einer blanken Kühlfläche betragen, da durch Strahlung schwarze Körper am meisten Energie abgeben.

1.4.7 Leistungshyperbel

Die von einem Bauelement, z. B. einem Drahtwiderstand oder einem Transistor, aufgenommene Leistung darf nicht zu groß sein, damit die entstehende Wärme abgeführt werden kann. Bei gleichen Bauelementen und gleicher Kühlung richtet sich deshalb die höchstzulässige Leistung nach den Abmessungen **(Tabelle 1)**.

Bei einem einzelnen Bauelement darf das Produkt $P = U \cdot I$ einen bestimmten Höchstwert nicht übersteigen. Je höher also die Spannung U ist, desto kleiner muss die höchstzulässige Stromstärke I sein. Dieser Zusammenhang wird in der *Leistungshyperbel* sichtbar gemacht **(Bild 1)**.

Aus der Leistungshyperbel eines Bauelements lässt sich bei gegebener Spannung die höchstzulässige Stromstärke dieses Bauelements ablesen.

$$I = \frac{P}{U} \Rightarrow I_{max} = P_{max} \cdot \frac{1}{U}$$

$\Rightarrow$ der Graph $I_{max} = f(U)$ der höchstzulässigen Stromstärke ist eine Hyperbel.

Ein Bauelement darf nur mit Spannungen und zugehörigen Stromstärken unterhalb der zugehörigen Leistungshyperbel betrieben werden (Bild 1). Beim Betrieb oberhalb der Leistungshyperbel erfolgt unzulässig hohe Erwärmung.

Beispiel 1: Leistungshyperbel auswerten

Ein Widerstand 4700 Ω, 0,5 W soll an 42 V gelegt werden, dabei nimmt er 9 mA auf. Ist der Betrieb nach Bild 1 zulässig?

Lösung:

Der Betriebspunkt 42 V/9 mA liegt unterhalb der Leistungshyperbel 0,5 W. Der Betrieb ist also **zulässig.**

Beispiel 2: Leistungshyperbel anwenden

Ein Transistor hat eine höchstzulässige Leistungsaufnahme P_{tot} = 0,5 W. Er soll an 25 V betrieben werden. Wie groß darf die Stromstärke höchstens sein?

Lösung:

Nach Bild 1 sind bei 25 V und 500 mW höchstens **20 mA** zulässig.

Konstruktion der Leistungshyperbel: Man berechnet für die gegebene Leistung zunächst einen Punkt der Leistungshyperbel, z. B. für 500 mW und 50 V zu $I = \frac{P}{U} = \frac{500\ \text{mW}}{50\ \text{V}} = 10\ \text{mA}$.

Andere Punkte erhält man dann durch Verdoppeln der Stromstärke und Halbieren der Spannung oder durch Verdoppeln der Spannung und Halbieren der Stromstärke. Durch zusätzliche Kühlung von Bauelementen, z. B. durch Kühlkörper, wird die zulässige Leistungsaufnahme vergrößert und damit die Lage der Leistungshyperbel verschoben.

Tabelle 1: Abmessungen von handelsüblichen Widerständen

P_n in W	Art	Maße in mm	P_n in W	Art	Maße in mm
0,125	C, M	3,5 ∅ 1,7	4	D	20 × 7 × 8
0,25	C, M	6,4 ∅ 2,3	7	D	38 × 7 × 8
0,5	C, M	10 ∅ 2,3	11	D	50 × 9 × 10
1	C, M	13 ∅ 4,5	10	DK	17 × 17 × 9
0,25	M-Chip	3 × 1,6 × 0,6	50	DK	51 × 30 × 17
2,5	D	12,7 ∅ 5,6	100	DK	66 × 48 × 26
6	D	22 ∅ 8	200	DK	90 × 73 × 45

C Kohleschichtwiderstand, D Drahtwiderstand, DK Drahtwiderstand mit Kühlkörper, M Metallfilmwiderstand, M-Chip Metallfilmwiderstand für SMD (Oberflächenmontage), P_n Bemessungsleistung (Nennleistung, Nennbelastbarkeit)

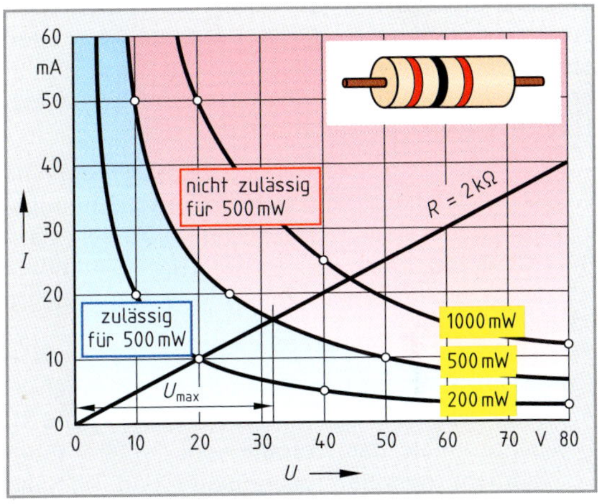

Bild 1: Leistungshyperbeln

Wiederholung und Vertiefung

1. **Auf welche drei Arten wird Wärme übertragen?**
2. **Welche Einheit hat der Wärmewiderstand?**
3. **Welche Wärmewiderstände unterscheidet man bei Gleichrichterdioden mit Kühlkörpern?**
4. **Wie verkleinert man den Übergangswärmewiderstand?**
5. **Wovon hängt die höchstzulässige Leistung eines Bauelements ab?**
6. **Wie groß darf die Spannung an einem Widerstand von 1 kΩ höchstens sein, damit die Leistungshyperbel von 500 mW nicht überschritten wird?**
   ***Lösung:* 22,36 V**

1.5 Spannungserzeuger

1.5.1 Arten der Spannungserzeugung

Spannungserzeugung durch Induktion

An eine Spule wird ein Spannungsmesser mit mV-Messbereich und Nullstellung des Zeigers in Skalenmitte angeschlossen **(Bild 1)**. Bewegt man einen Dauermagneten in einer Spule hin und her, so bewegt sich der Zeiger mit. Es entsteht in der Spule eine Wechselspannung. Die Spannungserzeugung mithilfe eines Magneten nennt man *Induktion* (lat. inducere = einführen). Man nützt diese Art der Spannungserzeugung in rotierenden Generatoren.

Die wichtigste Art der Spannungserzeugung ist die Spannungserzeugung durch Induktion.

Spannungserzeugung durch Wärme

Ein Kupferdraht wird mit einem Konstantandraht an einem Ende, z. B. durch Verdrillen, Hartlöten oder Schweißen verbunden. An die freien Drahtenden wird ein Spannungsmesser mit mV-Messbereich angeschlossen **(Bild 2)**.

An den freien Drahtenden tritt bei Erwärmung eine Gleichspannung auf. Einen derartigen Spannungserzeuger nennt man *Thermoelement* (griech. thermos = warm). Man verwendet Thermoelemente z. B. als Temperaturfühler zur Temperaturmessung.

Spannungserzeugung durch Licht

Ein Fotoelement wird an einen Spannungsmesser mit mV-Messbereich angeschlossen **(Bild 3)**. Beleuchtet man das Fotoelement, entsteht am Fotoelement zwischen Grundplatte und Kontaktring bei Lichteinfall eine kleine Spannung. Fotoelemente verwendet man z. B. als Spannungserzeuger von Taschenrechnern, Uhren oder Satelliten.

Spannungserzeugung durch chemische Wirkung

Zwischen unterschiedlichen Metallen in einer leitenden Flüssigkeit entsteht eine Gleichspannung. Platten und leitende Flüssigkeit bilden ein *elektrolytisches Element* (Abschnitt 1.11.5).

Spannungserzeugung durch Kristallverformung (Piezo-Elektrizität)

Schließt man einen Piezokristall[1] an einen hochohmigen Spannungsmesser an und drückt auf den Kristall, so stellt man fest, dass der Spannungsmesser eine Spannung anzeigt, **(Bild 4)**.

Wirkt auf einen Piezokristall, z. B. Quarz oder geeigneten Halbleiterwerkstoff, eine Kraft, so tritt im Inneren eine Ladungsverschiebung auf (piezoelektrischer Effekt). Dadurch entsteht an den leitenden Belägen am Kristall eine Spannung. Bei wechselndem Druck oder Zug entsteht eine Wechselspannung.

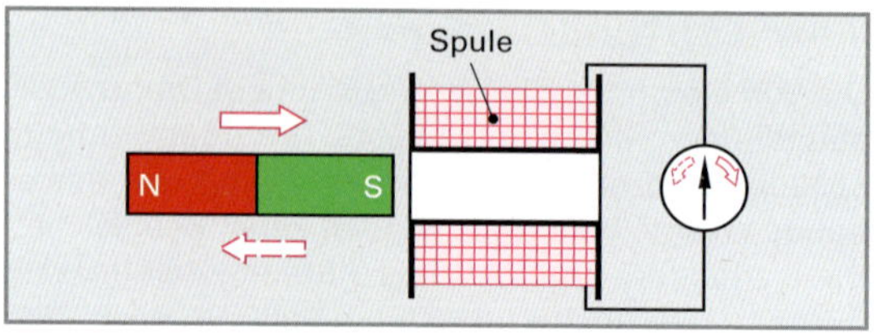

Bild 1: Spannungserzeugung durch Induktion

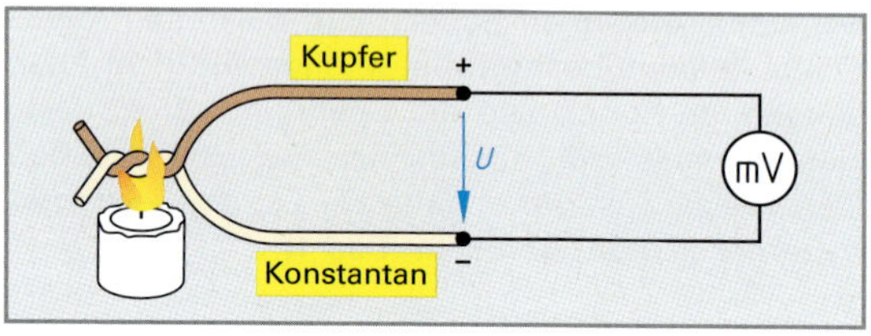

Bild 2: Spannungserzeugung durch Wärme

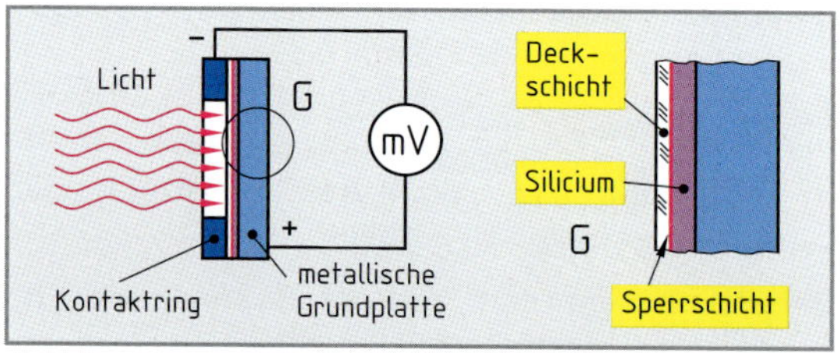

Bild 3: Spannungserzeugung durch Licht

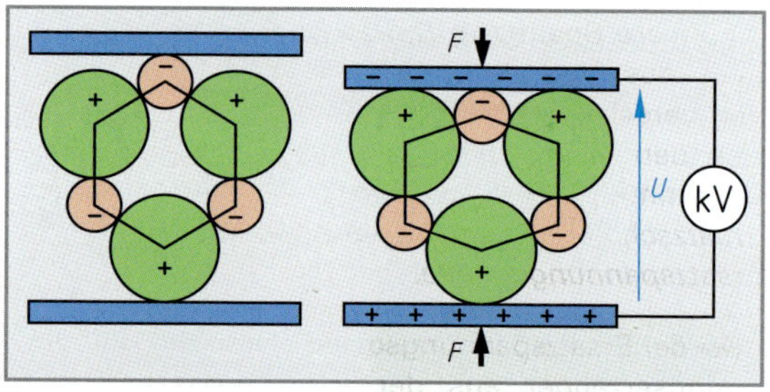

Bild 4: Spannungserzeugung durch Druck

Piezoelektrische Spannungserzeuger sind z. B. in Kristallmikrofonen oder piezoelektrischen Gasanzündern.

Spannungserzeugung durch Oxidation

Bei der Oxidation von Wasserstoff zu Wasser fließen Elektronen in einer Brennstoffzelle von der Anode über einen Verbraucher zur Kathode, eine Spannung entsteht (Abschnitt 7.6.3).

[1] Piezo, sprich pi-ezo, von griech. piedein = drücken und lat. effektus = Wirkung

Spannungserzeugung durch Reiben von Isolierstoffen

Beim Reiben von Isolierstoffen können unterschiedliche elektrische Ladungen erzeugt werden. Spannung durch Reibung entsteht ungewollt, z. B. bei *elektrostatischer Aufladung* von Fahrzeugen, Folien aus Kunststoffen, Geweben aus Chemiefasern und bei Kunststofftreibriemen. Man kann die elektrostatischen Aufladungen beseitigen, indem man z. B. das metallische Gerätegehäuse erdet.

1.5.2 Belasteter Spannungserzeuger

Urspannung und Spannung an den Anschlüssen

Im unbelasteten Zustand des Spannungserzeugers fließt kein Strom. An seinen Anschlüssen steht die vom Erzeuger gelieferte Spannung voll zur Verfügung. Diese im Inneren des Spannungserzeugers vorhandene Spannung nennt man *Urspannung* U_0. Sie wird meist im Leerlauf an den Anschlüssen gemessen und wird dann Leerlaufspannung genannt.

Wird der Spannungserzeuger mit einem Lastwiderstand belastet, so fließt ein Strom und die Spannung an den Anschlüssen wird kleiner **(Bild 1)**. Ein Teil der Urspannung wird also im Inneren des Erzeugers verbraucht. Jeder Spannungserzeuger besitzt einen *Innenwiderstand* R_i, der bei Belastung die innere Spannung $R_i \cdot I$ verursacht. Untersucht man das Verhalten eines Spannungserzeugers bei verschiedenen Belastungen, so denkt man sich den Innenwiderstand als Vorwiderstand zur Urspannung. Diese Darstellung **(Bild 2)** ist eine *Ersatzschaltung* des Spannungserzeugers, die *Ersatzspannungsquelle*.

Bei der Ersatzspannungsquelle besteht der Spannungserzeuger aus der Reihenschaltung von Urspannung und Innenwiderstand.

Beispiel 1: Ausgangsspannung berechnen

Ein Akkumulator hat im unbelasteten Zustand eine Spannung von 13 V und einen Innenwiderstand von 0,5 Ω. Berechnen Sie die Ausgangsspannung bei Belastung mit 10 A.

Lösung:

$U = U_0 - R_i \cdot I = 13\,V - 10\,A \cdot 0{,}5\,\Omega = 13\,V - 5\,V = \mathbf{8\,V}$

Bei Spannungserzeugern nimmt die Spannung an den Anschlüssen mit zunehmendem Laststrom ab.

Die Spannung am Innenwiderstand eines Spannungserzeugers ist meist unerwünscht, aber nicht vermeidbar. Ein idealer Spannungserzeuger müsste unabhängig von der Belastung stets eine konstante Spannung liefern. Dies erreicht man annähernd z. B. bei Netzgeräten mit elektronischer Regelung. Bei diesen Netzgeräten ist $R_i \approx 0$.

$$U = U_0 - R_i \cdot I \qquad R_i = \frac{\Delta U}{\Delta I} = \frac{U_0}{I_K}$$

U	Spannung an den Anschlüssen
U_0	Urspannung, Leerlaufspannung
$R_i \cdot I$	Spannung am Innenwiderstand R_i
I_K	Kurzschlussstrom
Δ	Zeichen für Differenz

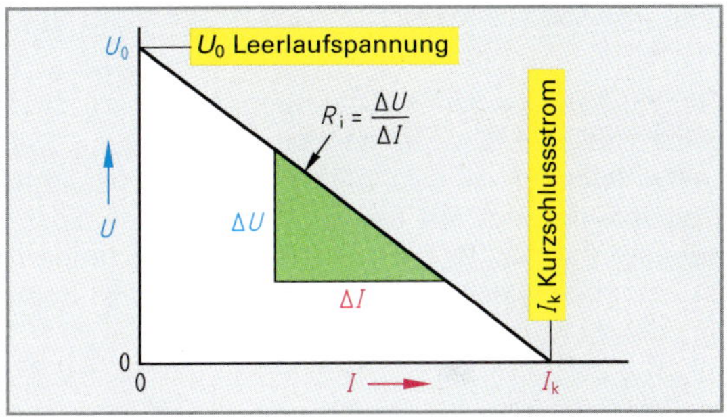

Bild 1: Kennlinie eines belasteten Spannungserzeugers

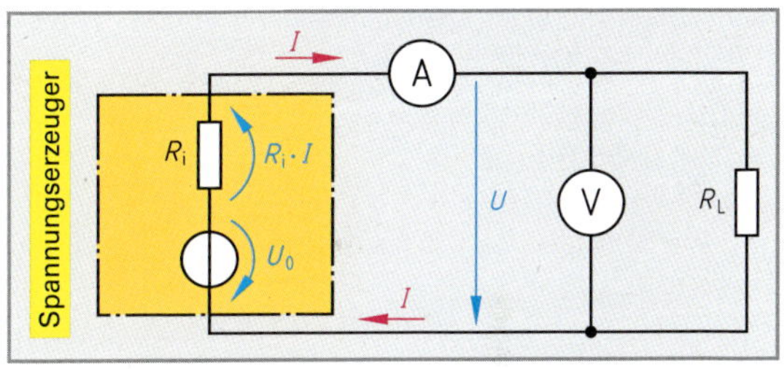

Bild 2: Ersatzschaltung eines Spannungserzeugers

Bei Spannungserzeugern wie Batterien oder Akkumulatoren nimmt mit zunehmender Nutzungsdauer der Innenwiderstand zu und die Urspannung ab. Die Spannung an den Anschlüssen des Spannungserzeugers ist um die Spannung am Innenwiderstand kleiner als die Urspannung.

Beispiel 2: Laststrom berechnen

Eine Taschenlampenbatterie mit der Urspannung $U_0 = 4{,}5\,V$ und einem Innenwiderstand von $R_i = 0{,}9\,\Omega$ hat eine Spannung an den Anschlüssen von $U = 4\,V$. Wie groß ist die Laststromstärke?

Lösung:

$U = U_0 - R_i \cdot I \Rightarrow I = \frac{U_0 - U}{R_i} = \frac{4{,}5\,V - 4\,V}{0{,}9\,\Omega} = \mathbf{0{,}55\,A}$

Leerlauf und Kurzschluss eines Spannungserzeugers

Bei Leerlauf eines Spannungserzeugers ist an seinen Anschlüssen kein Verbraucher angeschlossen. Es fließt also kein Strom, sodass am Innenwiderstand keine Spannung abfallen kann. Dadurch ist diese Leerlaufspannung gleich der Urspannung.

> Die Leerlaufspannung ist meist gleich der Urspannung.

Bei *Kurzschluss* eines Spannungserzeugers sind seine Anschlüsse widerstandslos verbunden. Der Lastwiderstand ist also gleich null. Die gesamte Urspannung liegt am Innenwiderstand des Spannungserzeugers. Bei vielen Spannungserzeugern ist der Innenwiderstand sehr klein. Es fließt dann ein starker Kurzschlussstrom.

Beispiel 1: Kurzschlussstrom berechnen

Berechnen Sie den Kurzschlussstrom einer Taschenlampenbatterie mit einer Leerlaufspannung von 4,5 V und einem Innenwiderstand von 0,9 Ω.

Lösung:

$$I_k = \frac{U_0}{R_i} = \frac{4{,}5\,\text{V}}{0{,}9\,\Omega} = \mathbf{5\,A}$$

1.5.3 Anpassung

Der Spannungserzeuger gibt an einen angeschlossenen Lastwiderstand eine Spannung, einen Strom und damit eine Leistung ab. Der Lastwiderstand kann so zum Innenwiderstand bemessen sein, dass die Spannung möglichst groß und unabhängig vom Laststrom ist. Dann spricht man von *Spannungsanpassung*. Der Lastwiderstand kann auch so zum Innenwiderstand bemessen sein, dass die Stromstärke unabhängig vom Lastwiderstand ist. Dann liegt *Stromanpassung* vor. Schließlich kann der Lastwiderstand auch so bemessen sein, dass die Leistung möglichst groß ist. Dann liegt *Leistungsanpassung* vor.

Spannungsanpassung (Überanpassung) eines Lastwiderstandes an einen Spannungserzeuger liegt für $U \approx U_0$ vor **(Bild 1)**. Alle Lastwiderstände erhalten dabei unabhängig vom Laststrom annähernd dieselbe Spannung. Die Spannung am Innenwiderstand muss bei der Spannungsanpassung fast null sein, damit die Lastspannung etwa so groß wie die Leerlaufspannung wird. Aus

$$I_k = \frac{U_0}{R_i}$$

I_k	Kurzschlussstrom
U_0	Urspannung, Leerlaufspannung
R_i	Innenwiderstand

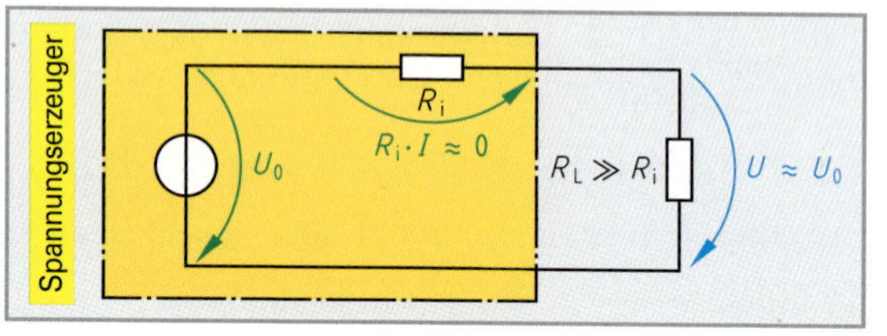

Bild 1: Spannungsanpassung

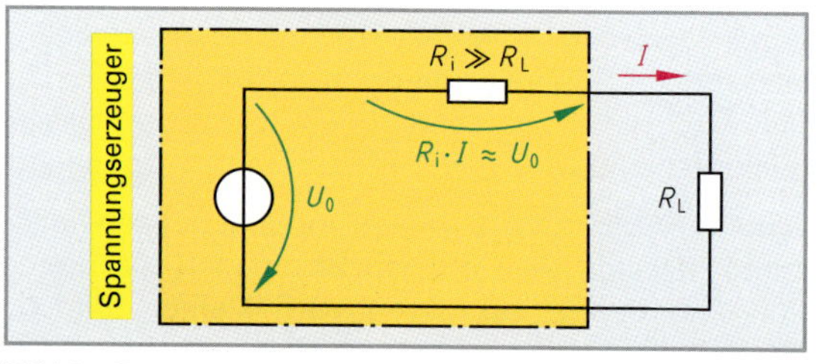

Bild 2: Stromanpassung

$U = U_0 - R_i \cdot I$ folgt $U = \dfrac{U_0}{1 + \dfrac{R_L}{R_i}}$, d. h. je kleiner $\dfrac{R_i}{R_L}$ ist, desto größer wird U.

> Bei der Spannungsanpassung ist der Lastwiderstand groß gegenüber dem Innenwiderstand.

Soll die Lastspannung unabhängig von der Last sein, z. B. bei den Steckdosen am Versorgungsnetz (230 V), so wendet man die Spannungsanpassung an.

Stromanpassung (Unteranpassung) eines Lastwiderstandes an einen Spannungserzeuger ergibt eine möglichst große Stromstärke **(Bild 2)**. Man muss dazu im Bereich des Kurzschlusses des Spannungserzeugers arbeiten. Die Stromstärke ist dann fast unabhängig vom Lastwiderstand. Deshalb muss der Spannungsfall am Innenwiderstand möglichst groß sein. Durch Umformung von $U = U_0 - R_i \cdot I$ erhält man $I = \dfrac{U_0}{(\dfrac{R_L}{R_i} + 1) \cdot R_i}$, d. h. je kleiner $\dfrac{R_i}{R_L}$ ist, desto mehr ist $I \approx \dfrac{U_0}{R_i}$ also unabhängig von R_L.

Bei der Stromanpassung ist der Lastwiderstand sehr viel kleiner als der Innenwiderstand.

Da bei der Stromanpassung der Strom stets annähernd gleich ist, nennt man ihn auch eingeprägten Strom. Dieser ist unabhängig vom Widerstand der Last, z. B. wie bei Ladegeräten von Akkus.

Leistungsanpassung eines Lastwiderstandes an den Innenwiderstand des Spannungserzeugers ermöglicht die größtmögliche Leistungsentnahme **(Bild 1)**.

Die Leistungsabgabe eines Spannungserzeugers ist am größten, wenn der Lastwiderstand gleich dem Innenwiderstand ist.

Beispiel 1: Leistung berechnen

Ein Spannungserzeuger hat eine Leerlaufspannung von $U_0 = 10\ \text{V}$ und einen Innenwiderstand $R_i = 100\ \Omega$. Berechnen Sie die Abgabeleistung P_{max} bei Leistungsanpassung.

Lösung:

$$P_{max} = \frac{U_0^2}{4 \cdot R_i} = \frac{10^2\ \text{V}^2}{4 \cdot 100\ \Omega} = \mathbf{0{,}25\ W}$$

Der Wirkungsgrad ist bei Leistungsanpassung nur 50 %. Die Leistungsanpassung wird daher nur bei kleinen Leistungen verwendet, z. B. zur Anpassung von Lautsprechern an Verstärker, Empfängereingängen an Antennen oder an Mikrofone.

Die Spannung an den Anschlüssen ist bei Leistungsanpassung nur noch halb so groß wie bei Leerlauf.

Ermittlung des Innenwiderstandes

Bei der Kennlinie $U = f(I)$ einer Ersatzspannungsquelle ist das Verhältnis einer beliebigen Spannungsdifferenz zur zugehörigen Stromdifferenz gleich groß wie das Verhältnis der Leerlaufspannung zum Kurzschlussstrom. Man kann also den Innenwiderstand durch Messung der Spannungen und Stromstärken für zwei beliebige Lastfälle bestimmen **(Bild 2)**.

Beispiel 2: Innenwiderstand bestimmen

An einem Spannungserzeuger wird bei Belastung mit $I_1 = 0{,}6\ \text{A}$ eine Spannung $U_1 = 4\ \text{V}$ gemessen. Bei Belastung mit $I_2 = 2{,}82\ \text{A}$ sinkt die Spannung auf $U_2 = 2\ \text{V}$ ab. Wie groß ist der Innenwiderstand der Spannungsquelle?

Lösung:

$$R_i = \frac{U_1 - U_2}{I_2 - I_1} = \frac{4\ \text{V} - 2\ \text{V}}{2{,}82\ \text{A} - 0{,}6\ \text{A}} = \frac{2\ \text{V}}{2{,}22\ \text{A}} = \mathbf{0{,}9\ \Omega}$$

Bei Spannungsanpassung:	Bei Stromanpassung:
$R_L \gg R_i$	$R_L \ll R_i$
Bei Leistungsanpassung:	
$R_L = R_i$	$P_{max} = \frac{U_0^2}{4 \cdot R_i}$
Bei allen Anpassungsarten:	
$R_i = \frac{U_1 - U_2}{I_2 - I_1}$	$R_i = \frac{\Delta U}{\Delta I}$

R_L	Lastwiderstand
R_i	Innenwiderstand
P_{max}	maximal abgegebene Leistung
U_0	Leerlaufspannung
U_1, I_1	Spannung, Stromstärke im Lastfall 1
U_2, I_2	Spannung, Stromstärke im Lastfall 2
ΔU	Spannungsdifferenz
ΔI	Differenz der Stromstärken

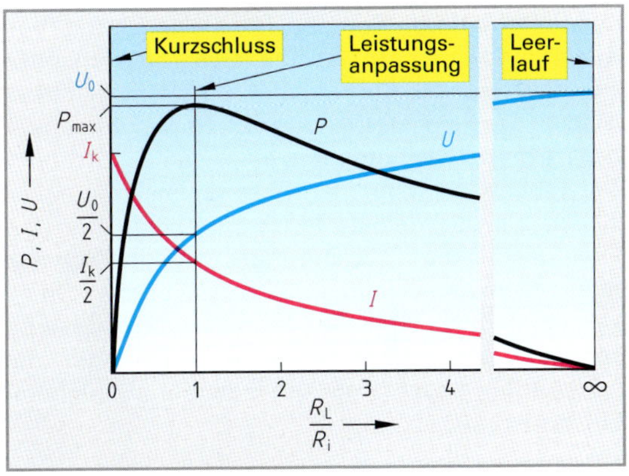

Bild 1: Leistungsanpassung

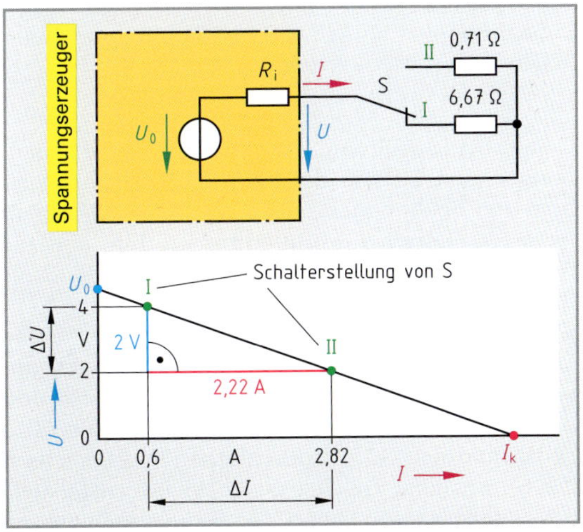

Bild 2: Ermittlung des Innenwiderstandes R_i

1.5.4 Schaltungen von Spannungserzeugern

Transformatoren haben oft zwei gleiche Ausgangswicklungen (Spannungsquellen), z. B. 12 V/1 A. Diese können je nach Bedarf in Reihe oder parallel geschaltet werden **(Bild 1)**.

Reihenschaltung. Bei der Reihenschaltung von Spannungserzeugern addieren sich die Urspannungen und die Innenwiderstände **(Bild 2)**.

Erzeuger werden in Reihe geschaltet, um eine höhere Bemessungsspannung zu erzielen.

Schaltet man Spannungserzeuger mit verschiedenen Bemessungsströmen in Reihe, so werden die Erzeuger mit dem kleineren Bemessungsstrom im Betrieb überlastet und eventuell zerstört.

Parallelschaltung. Bei der Parallelschaltung von Spannungserzeugern ist die Gesamtstromstärke so groß wie die Summe der Einzelstromstärken **(Bild 3)**. Die Parallelschaltung von Spannungserzeugern gestattet die Entnahme eines starken Stromes. Der Innenwiderstand der Gesamtschaltung R_i ist kleiner als der kleinste Innenwiderstand der parallel geschalteten Spannungserzeuger. Schaltet man Spannungserzeuger mit verschiedenen Spannungen parallel, so fließen im Inneren der Gesamtschaltung *Ausgleichsströme* vom Erzeuger mit höherer Einzelspannung zum Erzeuger mit niederer Einzelspannung.

Spannungserzeuger mit gleicher Leerlaufspannung werden parallel geschaltet, um einen höheren Strom zu erzielen.

Gemischte Schaltung. Die Ermittlung der Spannungen und Ströme bei einer gemischten Schaltung von Spannungserzeugern wird wie bei einem linearen Netzwerk vorgenommen. Ein lineares Netzwerk besteht aus Bauelementen mit linearer Strom-Spannungs-Kennlinie **(Bild 4)**. Man kann z. B. den Strom I_1 in Schaltung Bild 3 mithilfe des *Überlagerungssatzes* bestimmen. Dazu *denkt* man sich zunächst den Erzeuger G1 kurzgeschlossen und bestimmt die Stromstärke I_{21} **(Bild 5)**. Anschließend denkt man sich G2 kurzgeschlossen und berechnet die Stromstärke I_{11}. Die gesuchte Stromstärke I_1 erhält man entsprechend der Bezugspfeilrichtung zu $I_1 = I_{11} + (-I_{21})$.

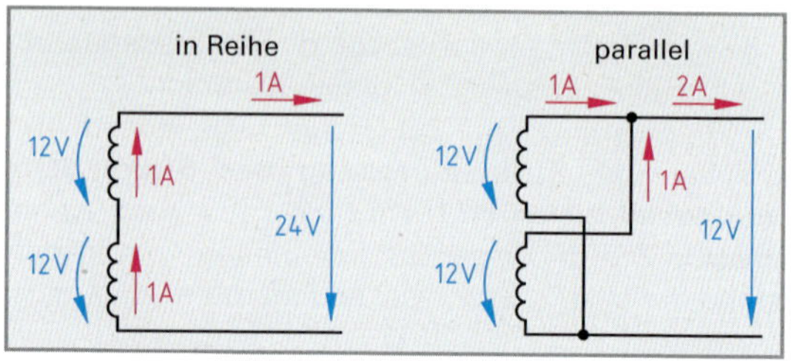

Bild 1: Schaltung von Transformatorausgangswicklungen

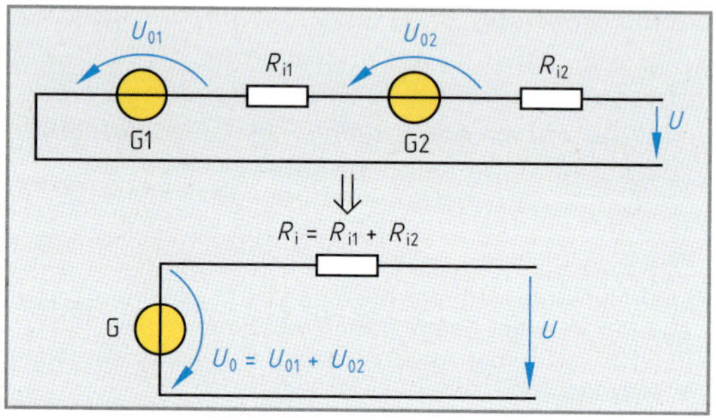

Bild 2: Reihenschaltung von Spannungserzeugern

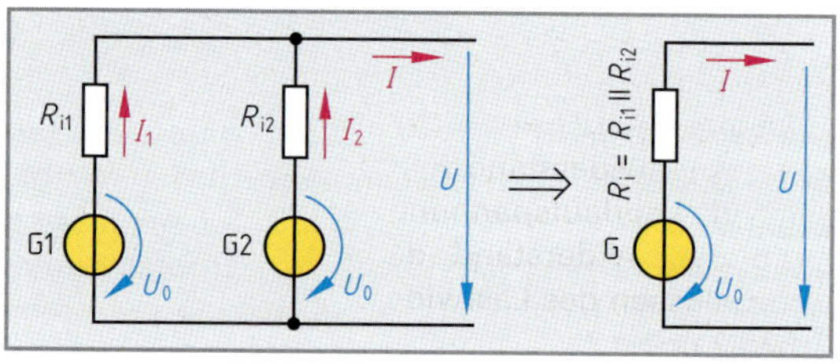

Bild 3: Parallelschaltung von Spannungserzeugern

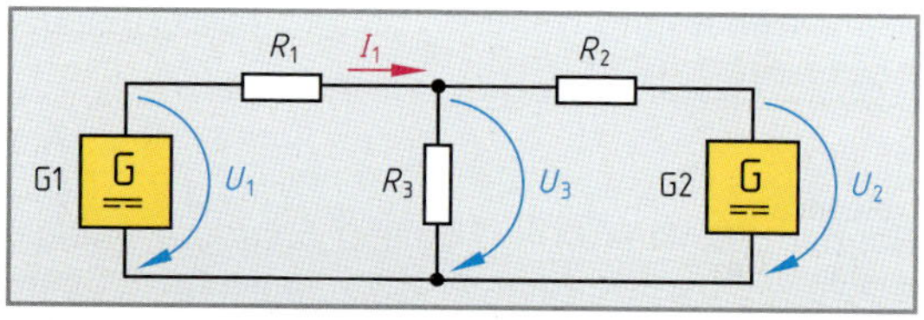

Bild 4: Lineares Netzwerk

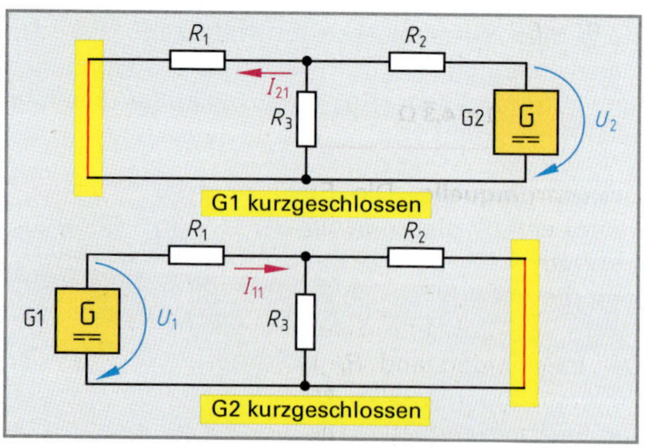

Bild 5: Ermittlung der Teilströme von Bild 3

1.5.5 Ersatzspannungsquelle und Ersatzstromquelle

Zur Berechnung von Schaltungen, welche Spannungserzeuger, feste Widerstände und einen Lastwiderstand enthalten, verwendet man die Ersatzspannungsquelle oder die Ersatzstromquelle.

Ersatzspannungsquelle. Enthält eine Schaltung z. B. einen Spannungserzeuger mit der Spannung U_0, die Festwiderstände R_1, R_2 und R_3 und einen veränderlichen Widerstand R_L, so kann man sie durch eine Ersatzspannung U_0' mit dem Innenwiderstand R_i' ersetzen **(Bild 1)**. An den Anschlüssen dieser *Ersatzspannungsquelle* liegt dann nur noch der veränderliche Lastwiderstand R_L.

Die Ersatzspannungsquelle hat am Lastwiderstand R_L dasselbe elektrische Verhalten wie die Schaltung, aus der sie entwickelt wurde.

Die Kenngrößen der Ersatzspannungsquelle werden wie folgt bestimmt:

- Die Leerlaufspannung U_L für $R_L \rightarrow \infty$ ist die Ersatzspannung U_0'. Sie erhält man durch Messung oder Berechnung der Spannung an den unbelasteten Anschlüssen **(Bild 2 oben)**.
- Den Innenwiderstand R_i' erhält man, indem man sich die Leerlaufspannung kurzgeschlossen denkt und den Widerstand der Schaltung von den Anschlüssen des Lastwiderstandes her berechnet **(Bild 2 unten)**.

Beispiel 1: Ersatzspannungsquelle berechnen

Von der Schaltung Bild 1 sollen die Ersatzspannung U_0' und der Innenwiderstand R_i' berechnet werden.

Lösung:

a) Leerlauf:

$$U_0' = U_{R3} = \frac{U_0 \cdot R_3}{R_1 + R_3} = \frac{4\,\text{V} \cdot 4\,\Omega}{2\,\Omega + 4\,\Omega} = \mathbf{2{,}\overline{6}\ V}$$

b) Kurzschluss:

$$R_i' = R_2 + \frac{R_1 \cdot R_3}{R_1 + R_3} = 3\,\Omega + \frac{2\,\Omega \cdot 4\,\Omega}{2\,\Omega + 4\,\Omega}$$

$$= \frac{26}{6}\,\Omega = \mathbf{4{,}\overline{3}\,\Omega}$$

Ersatzstromquelle. Die Ersatzstromquelle (Bild 1, unten) enthält einen Erzeuger, der den konstanten Ersatzstrom I' liefert. Er wird bestimmt, indem man die äußeren Anschlüsse kurzschließt und den Strom im Kurzschlusszweig misst oder berechnet. Der Innenwiderstand R_i' ist so groß wie bei der Ersatzspannungsquelle. Man schaltet ihn parallel zur Ersatzstromquelle. Die Ersatzstromquelle verwendet man selten, z. B. bei Transistorschaltungen.

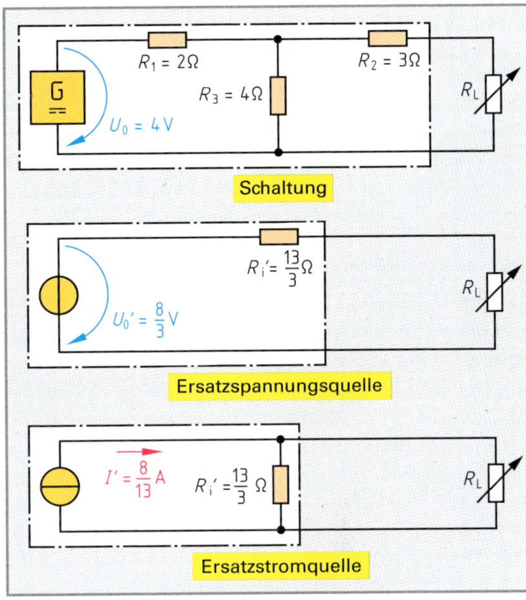

Bild 1: Ersatzspannungsquelle und Ersatzstromquelle

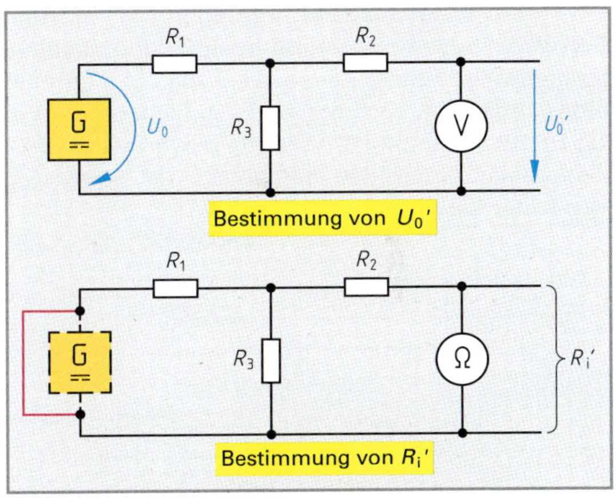

Bild 2: Kenngrößen der Ersatzspannungsquelle

Wiederholung und Vertiefung

1. Wie erzeugt man in einer Spule eine Wechselspannung?
2. Wozu verwendet man Fotoelemente?
3. Welche Wirkung hat der piezoelektrische Effekt?
4. Wie nennt man die Spannungen im Inneren eines Spannungserzeugers?
5. Wie erhält man die Leerlaufspannung eines Spannungserzeugers?
6. Wie kann man einem Spannungserzeuger die größtmögliche Leistung entnehmen?
7. Woraus besteht eine Ersatzspannungsquelle?
8. Eine Spannungsquelle hat eine Leerlaufspannung von 30 V. Ihr Innenwiderstand beträgt 0,25 Ω. Welche maximale Leistung kann entnommen werden? *Lösung:* 900 W

1.6 Wechselspannung und Wechselstrom

Einphasenwechselstrom fließt in *einem* Wechselstromkreis mit einem Wechselspannungserzeuger. Mehrphasenwechselstrom, z. B. *Dreiphasenwechselstrom* (Drehstrom), fließt in drei miteinander verbundenen Wechselstromkreisen **(Abschnitt 2.4.5.1)**.

Periode *T* und Frequenz *f*

Bei der Wechselspannung ändern sich die Richtung und die Höhe der Spannung *periodisch* (sich wiederholend). Eine vollständige Schwingung nennt man eine *Periode* (= Zeitabschnitt). Die Zeit dafür ist die Periodendauer T **(Bild 1)**. Eine halbe Schwingung ist eine Halbperiode. Die Anzahl der Perioden in einer Sekunde ist die *Frequenz* f (von lat. frequentia = Häufigkeit). Die Einheit der Frequenz ist das *Hertz*[1] (Hz). Auf Leistungsschildern ist manchmal die Frequenz in cs oder cps (von cycles per second = Perioden je Sekunde, 1 cps = 1 Hz) angegeben.

In einer Wechselspannungsschaltung werden Bezugspfeile gesetzt, es gibt positive und negative Halbperioden **(Bild 2)**. Jede Wechselgröße erreicht einen positiven Scheitelwert, z. B. $\hat{u}$ (sprich: u Dach) und einen negativen Scheitelwert $-\hat{u}$ (Bild 1). Der Abstand zwischen beiden ist der *Spitze-Tal-Wert* oder die Schwingungsbreite $\hat{\check{u}}$.

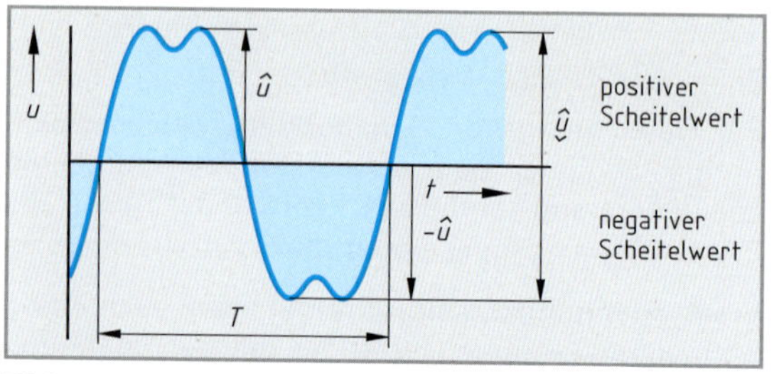

Bild 1: Bezeichnungen der Wechselspannung

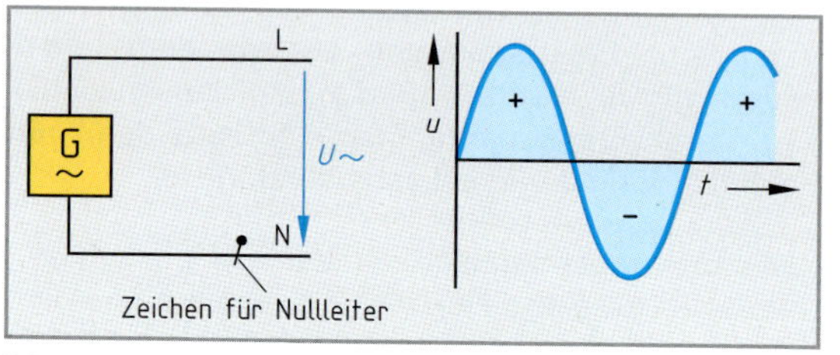

Bild 2: Spannungsbezugspfeil bei einem Wechselspannungserzeuger

$$[f] = \frac{1}{s} = s^{-1} = Hz \qquad f = \frac{1}{T}$$

f Frequenz; T Periodendauer

1 Kilohertz	=	1 kHz	=	1000 Hz
1 Megahertz	=	1 MHz	=	1000 kHz
1 Gigahertz	=	1000 MHz	=	1000000 kHz

[1] Heinrich R. Hertz, deutscher Physiker, 1857 bis 1894

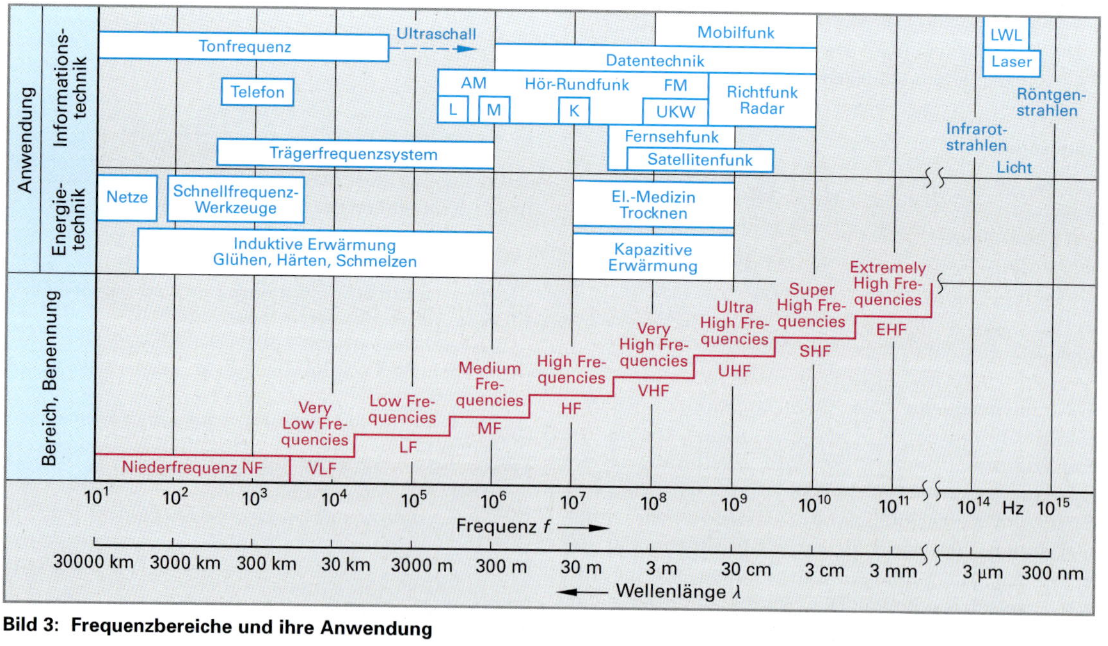

Bild 3: Frequenzbereiche und ihre Anwendung

Wellenlänge λ

Beim Schließen eines Stromkreises übt der Spannungserzeuger auf die Ladungsträger, z. B. die Elektronen, eine Kraft aus. Diese Kraft breitet sich mit sehr hoher Geschwindigkeit im Leiter aus. Bei Wechselspannung wirkt die Kraft je Periode zweimal in jeweils entgegengesetzter Richtung. Dadurch treten längs eines genügend langen Drahtes bei sehr hoher Frequenz messbare Stellen mit Elektronenüberschuss und Stellen mit Elektronenmangel auf **(Bild 1)**. Den Abstand zweier Verdichtungsstellen bezeichnet man als *Wellenlänge* **(Tabelle 1, vorhergehende Seite)**.

Während der Periodendauer T legt die Welle die Wellenlänge λ zurück, dabei ist ihre Ausbreitungsgeschwindigkeit

$$c = \frac{\lambda}{T} \Rightarrow \lambda = c \cdot T = \frac{c}{f}$$

Die Wellenlänge wird mit zunehmender Ausbreitungsgeschwindigkeit größer und mit zunehmender Frequenz kleiner. Die Ausbreitungsgeschwindigkeit in einer Leitung ist hauptsächlich vom Isolierstoff und der Leitungsart abhängig. Sie beträgt bei Koaxialleitungen 66 % und bei Zweidrahtleitungen 80 % der Lichtgeschwindigkeit c_0 = 300 000 km/s, also etwa 240 000 km/s. Das Verhältnis der Ausbreitungsgeschwindigkeit zur Lichtgeschwindigkeit nennt man *Verkürzungsfaktor*, weil die Wellenlänge in der Leitung kürzer als in Luft wird.

Beispiel 1: Wellenlänge berechnen

Wie groß ist die Wellenlänge eines Wechselstromes in einer zweiadrigen Leitung bei einer Frequenz von 12 MHz?

Lösung:

$$\lambda = \frac{c}{f} = \frac{240\,000\ \frac{\text{km}}{\text{s}}}{12\ \text{MHz}} = \frac{240 \cdot 10^6\ \frac{\text{m}}{\text{s}}}{12 \cdot 10^6\ \frac{1}{\text{s}}} = \mathbf{20\ m}$$

Kurvenform der Wechselspannung

Mit einem Oszilloskop kann man den *zeitlichen Verlauf* und damit die Form von Wechselspannungen untersuchen. Periodische Formen haben z. B. die Rechteckspannung, die Sägezahnspannung und die Sinusspannung[1] **(Bild 2)**. Häufig treten auch unregelmäßige Formen auf.

Kraftwerksgeneratoren sind so ausgeführt, dass die Spannung eine Sinusspannung ist. Der entsprechende Strom ist der Sinusstrom.

Die Wechselspannung des Versorgungsnetzes ist eine Sinusspannung.

[1] lat. sinus = Bucht, Busen

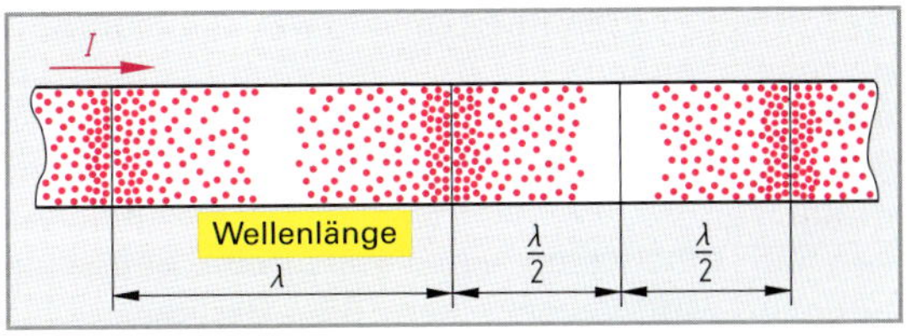

Bild 1: Elektronenverteilung in einem Leiter bei Wechselstrom

$$[\lambda] = \frac{\frac{\text{m}}{\text{s}}}{\frac{1}{\text{s}}} = \text{m} \qquad \lambda = \frac{c}{f}$$

λ Wellenlänge (griech. Kleinbuchstabe Lambda)
c Ausbreitungsgeschwindigkeit
f Frequenz

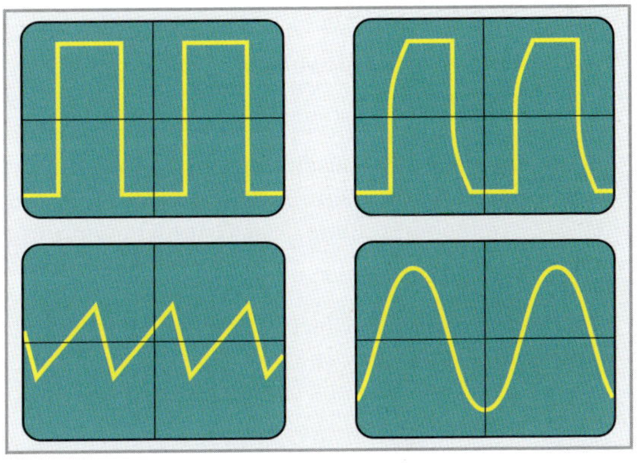

Bild 2: Kurvenformen der Wechselspannung

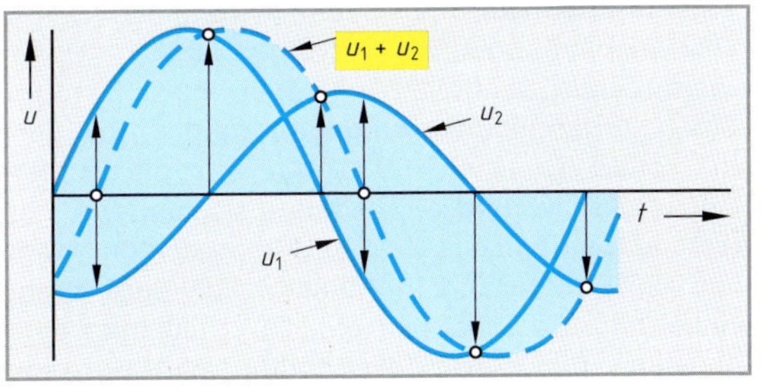

Bild 3: Addition zweier Sinusspannungen

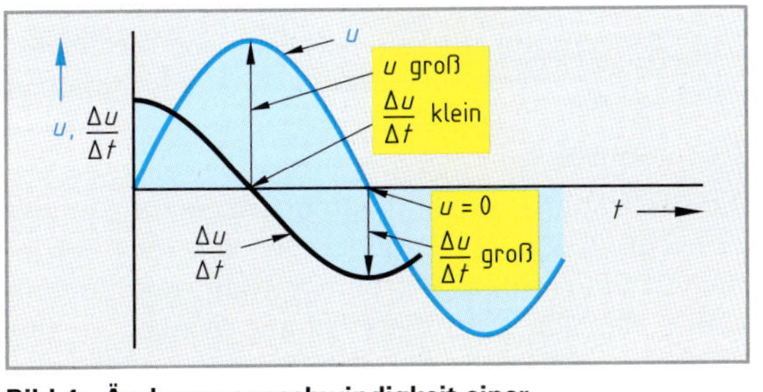

Bild 4: Änderungsgeschwindigkeit einer sinusförmigen Spannung

Addiert oder subtrahiert man zwei Sinusgrößen gleicher Frequenz, z. B. Sinusspannungen, so erhält man wieder eine Sinusgröße gleicher Frequenz **(Bild 3, vorhergehende Seite)**. Beim Multiplizieren zweier Sinusgrößen gleicher Frequenz erhält man eine Sinusgröße doppelter Frequenz. Untersucht man die Steilheit einer Sinuslinie, also die Änderungsgeschwindigkeit einer Sinusgröße, so erhält man wieder eine Sinuslinie **(Bild 4, vorhergehende Seite)**.

Addiert man die Sinuslinien von Spannungen mit verschiedenen Frequenzen, so entsteht eine nicht sinusförmige Linie. Umgekehrt kann man alle nicht sinusförmigen periodischen Wechselgrößen in Sinuswechselgrößen zerlegen **(Bild 1)**. So besteht z. B. eine Rechteckspannung aus zahlreichen Teilschwingungen, nämlich einer *Grundschwingung* mit der Frequenz der Rechteckspannung (1. Teilschwingung) und weiteren *Teilschwingungen* mit ungeradzahligen Vielfachen der Frequenz der Grundschwingung und abnehmender Amplitude. Diese weiteren Teilschwingungen nennt man *Oberschwingungen*. Die 3. Teilschwingung hat z. B. die dreifache Frequenz der Grundschwingung und ein Drittel deren Amplitude.

Nicht sinusförmige Wechselgrößen bestehen aus einer Summe von Sinuswechselgrößen unterschiedlicher Frequenz und Amplitude.

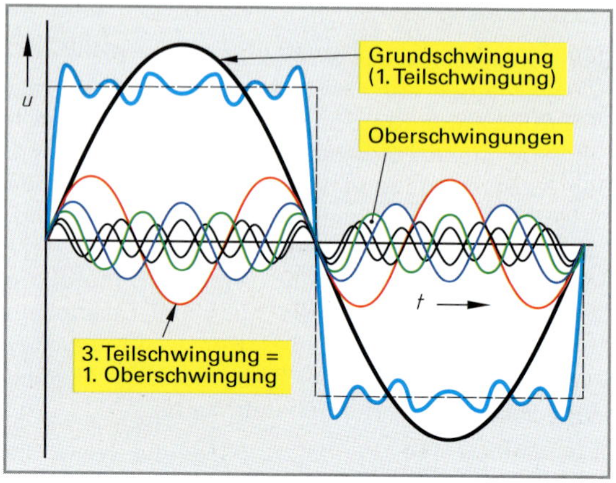

Bild 1: Entstehung einer Rechteckschwingung

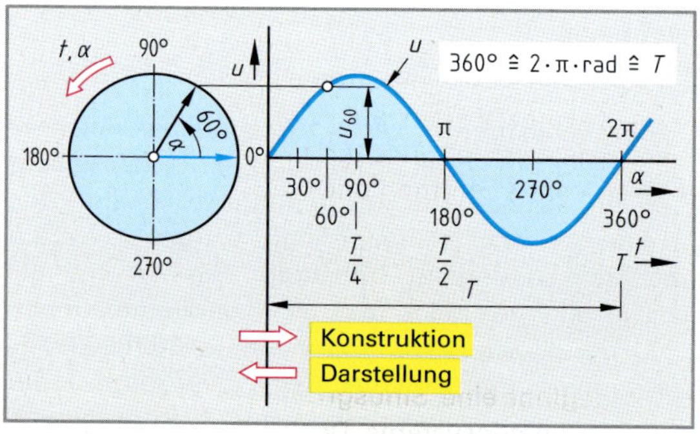

Bild 2: Zeigerbild und Linienbild einer Sinusspannung

Sinuslinie und Zeiger

Zeiger können wie Sinuslinien zur Darstellung von Wechselspannungen und Strömen dienen. Unter einem Zeiger verstehen wir einen Pfeil, der um seinen Anfangspunkt entgegen dem Uhrzeigersinn rotiert. Dreht sich der Zeiger mit gleich bleibender Geschwindigkeit, so ändert sich dauernd der Abstand der Pfeilspitze von der Waagrechten. Trägt man diesen Abstand in Abhängigkeit vom Drehwinkel α in ein Schaubild ein, so erhält man eine Sinuslinie **(Bild 2)**. Umgekehrt kann man also eine Sinuslinie einfacher durch einen Zeiger darstellen.

Ein Zeiger kann zur Darstellung einer Wechselspannung verwendet werden.

Kreisfrequenz

Die Drehzahl (Umdrehungsfrequenz) eines Zeigers ist so groß wie die Frequenz der von ihm dargestellten Sinusgröße. Bei der Drehung des Zeigers nimmt der von ihm überstrichene Winkel zu. Der Zeiger hat also je nach Umdrehungsfrequenz eine *Winkelgeschwindigkeit*. Der Winkel hat dabei denselben Zahlenwert wie die Länge des Kreisbogens, welche die Pfeilspitze eines Zeigers der Länge 1 (z. B. 1 m) bei Drehung des Zeigers zurücklegt. Die Einheit dieses Winkels wird als Bogenmaß bezeichnet. Die genormte Einheit ist *Radiant*[1] (rad). Die Winkelgeschwindigkeit des Zeigers bezeichnet man als *Kreisfrequenz*. Zur Unterscheidung von der Winkelgeschwindigkeit von rotierenden Körpern in rad/s verwendet man für die Kreisfrequenz die Einheit s^{-1}.

Für Sinusgrößen:

$$[\omega] = \frac{1}{s} = s^{-1}$$

$$\omega = 2 \cdot \pi \cdot f$$

$$\omega = \frac{2 \cdot \pi}{T}$$

ω Kreisfrequenz (griech. Kleinbuchstabe Omega), Winkelgeschwindigkeit
f Frequenz
T Periodendauer

ⓘ Beim Taschenrechner:

DEG	Kreisumfang 360°
RAD	Kreisumfang 2 · π
GRA	Kreisumfang 400°

[1] lat. radire = strahlen

Phasenverschiebung

Haben zwei Sinusgrößen zu jedem Zeitpunkt gleiches Vorzeichen, so sagt man, die beiden Größen sind *phasengleich* oder *in Phase* (von griech. phasis = Zustand) oder *ohne Phasenverschiebung* **(Bild1)**. Ersetzt man die Sinuslinien durch Zeiger, so liegt in diesem Zeigerbild zwischen den Zeigern der Winkel $\varphi = 0°$ (griech. Kleinbuchstabe Phi). Der Winkel φ zwischen Zeigern ist ein Maß für die Phasenverschiebung. Man nennt ihn *Phasenverschiebungswinkel*.

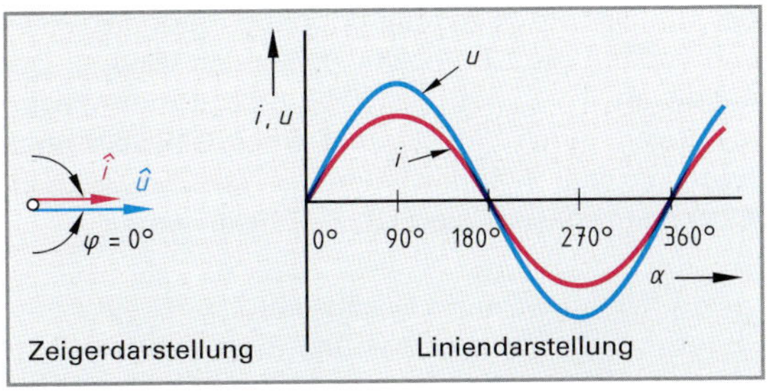

Bild 1: Sinusgrößen ohne Phasenverschiebung

Gehen zwei Sinusgrößen gleicher Frequenz im Liniendiagramm nicht an derselben Stelle durch null, so sagt man, die beiden Größen sind *phasenverschoben* oder haben eine *Phasenverschiebung* **(Bild 2)**. Im Zeigerbild ist der Phasenverschiebungswinkel direkt erkennbar.

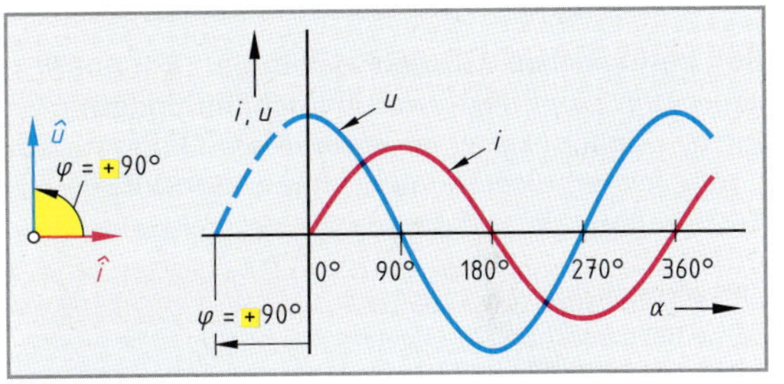

Bild 2: Sinusgrößen mit Phasenverschiebung

Phasenverschiebungen treten zwischen gleichartigen Wechselgrößen auf, z. B. beim Drehstrom, und zwischen ungleichartigen Wechselgrößen, z. B. zwischen Strömen und Spannungen.

> Der Phasenverschiebungswinkel ist der Winkel zwischen gleichen Nulldurchgängen zweier Sinusgrößen im Liniendiagramm.

Meist beginnt eine Sinusgröße nicht im Nullpunkt des Koordinatensystems. Der Winkel zwischen dem Nulldurchgang der Sinusgröße und dem Nullpunkt des Koordinatensystems ist der *Nullphasenwinkel* φ_0 **(Bild 3)**.

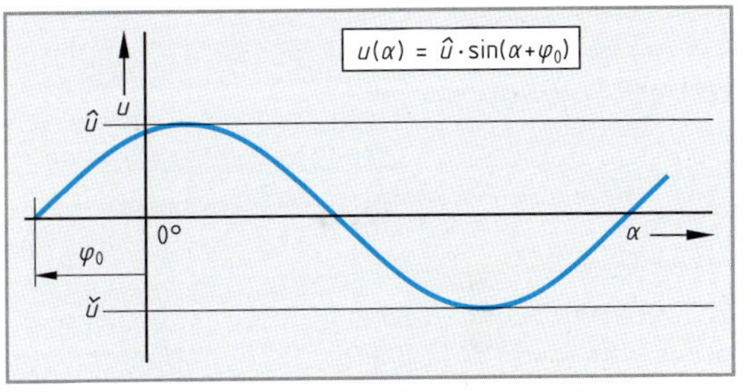

Bild 3: Sinusspannung mit Nullphasenwinkel

Nach dem Induktionsgesetz (Abschnitt 1.8.4) entsteht bei einem Generator dort die größte Spannung, wo der magnetische Fluss am stärksten abnimmt **(Bild 4)**. Deshalb besteht beim Innenpolgenerator zwischen Spannung und magnetischem Fluss eine Phasenverschiebung von 90°. Die Frequenz nimmt mit der Umdrehungsfrequenz und der Polzahl zu.

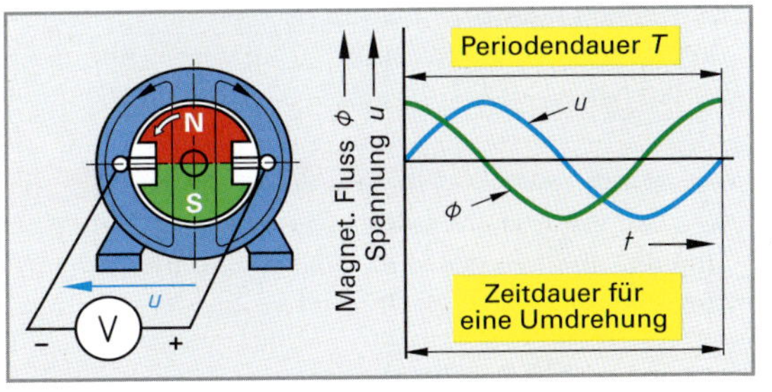

Bild 4: Innenpolmaschine mit einem Polpaar

Beispiel 1: Frequenz berechnen

Ein Generator mit der Polpaarzahl 4 wird mit 750 min^{-1} betrieben. Welche Frequenz wird erzeugt?

Lösung:

$$f = 4 \cdot \frac{750}{\text{min}} = \frac{3000}{60\ \text{s}} = 50\ \text{Hz}$$

f	Frequenz	$f = p \cdot n$
p	Polpaarzahl (halbe Polzahl)	
n	Umdrehungsfrequenz, Drehzahl (in 1/s)	

Effektivwert

Man drückt den wirksamen Wert des Wechselstromes durch den Wert eines Gleichstromes aus, der dieselbe Wärmewirkung hervorruft. Diesen Wert nennt man *Effektivwert* (von lat. effectivus = bewirkend).

Der Augenblickswert der Wärmeleistung eines Wechselstromes ist $p = u \cdot i = R \cdot i^2$.

Der Sinusstrom i^2 hat die doppelte Frequenz von i und verläuft ganz im positiven Bereich **(Bild 1)**. Der Mittelwert der Kurve i^2 ist $\hat{i}^2/2$. Ersetzt man diesen Mittelwert durch das Quadrat eines Gleichstromes I von gleicher Wärmewirkung, so ist $I^2 = \hat{i}^2/2$. Die Wurzel aus diesem Wert ist der Effektivwert.

Der Effektivwert eines Wechselstroms ist so groß wie ein Gleichstrom derselben Wärmewirkung.

Die Effektivwerte von Spannung, Strom und Leistung werden mit den Großbuchstaben U, I und P bezeichnet.

Bei periodischen Größen beliebiger Kurvenform kann man den Effektivwert berechnen, indem man für alle Zeitpunkte einer Periode die Quadrate der Größe bildet, diese addiert, durch die Summe der Einzelzeiten teilt und daraus die Wurzel zieht.

Beispiel 1: Effektivwert berechnen

Eine Rechteckspannung besteht aus positiven Impulsen von $\hat{u}$ = 20 V mit einer Impulsdauer von 10 ms und aus negativen Impulsen von $-\hat{u}$ = 40 V mit einer Impulsdauer von 5 ms. Wie groß ist der Effektivwert?

Lösung:

$$U = \sqrt{\frac{\hat{u}_1^2 \cdot t_1 + (-\hat{u}_2)^2 \cdot t_2}{T}}$$

$$= \sqrt{\frac{20^2\ \text{V}^2 \cdot 10\ \text{ms} + (-40)^2\ \text{V}^2 \cdot 5\ \text{ms}}{10\ \text{ms} + 5\ \text{ms}}} = \mathbf{2{,}89\ V}$$

Bei symmetrischen Wechselgrößen ist die Berechnung mit dem *Crestfaktor* (Scheitelfaktor, von crest = Gipfel) einfacher **(Tabelle 1)**.

Der Scheitelwert von Sinusgrößen ist um den Crestfaktor (Scheitelfaktor) $\sqrt{2}$ größer als der Effektivwert.

Beispiel 2: Wechselspannungswerte berechnen

Bei einer Sägezahn-Wechselspannung ist der Spitze-Tal-Wert 10 V ($\hat{\check{u}}$). Wie groß sind a) Maximalwert, b) Effektivwert?

Lösung:

a) $\hat{u} = \frac{\hat{\check{u}}}{2} = \frac{10\ \text{V}}{2} = \mathbf{5\ V}$

b) nach Tabelle 1 Crestfaktor

$F_c = \sqrt{3} = 1{,}73$

$F_c = \frac{\hat{u}}{U} \Rightarrow U = \frac{\hat{u}}{F_c} = \frac{5\ \text{V}}{\sqrt{3}} = \mathbf{2{,}89\ V}$

Der Crestfaktor ist bei periodischen Größen das Verhältnis vom Maximalwert zum Effektivwert.

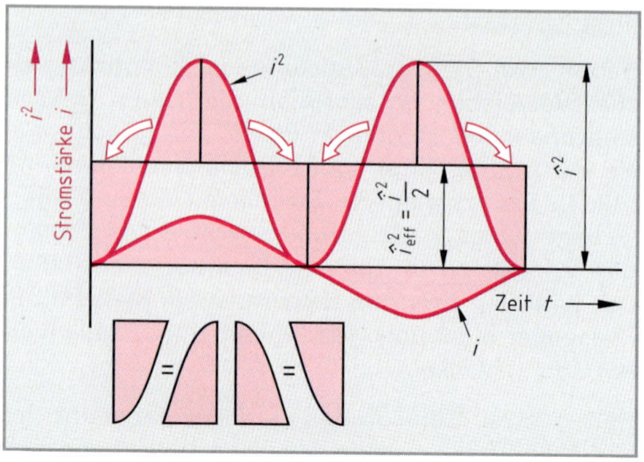

Bild 1: Effektivwert bei Sinusstrom

Effektivwert bei Sinusform:

$$I_{eff} = I = \frac{\hat{i}}{\sqrt{2}} \qquad U_{eff} = U = \frac{\hat{u}}{\sqrt{2}}$$

Effektivwert bei Nichtsinusform:

$$U = \sqrt{\frac{\hat{u}_1^2 \cdot t_1 + \hat{u}_2^2 \cdot t_2 + \ldots}{T}}$$

$$F_c = \frac{\hat{i}}{I} \qquad F_c = \frac{\hat{u}}{U}$$

I, I_{eff}, U, U_{eff}	Effektivwert der Stromstärke bzw. Spannung
$\hat{i}$, $\hat{u}$, ...	Scheitelwerte
t_1, t_2, ...	Zeitabschnitte
T	Periodendauer
F_c	Crestfaktor (Scheitelfaktor)

Tabelle 1: Crestfaktoren und Effektivwerte periodischer Signalformen

Signalform	Crestfaktor F_c	Effektivwert
Sinus 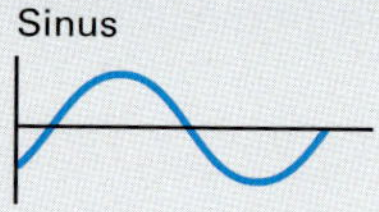	$\sqrt{2} = 1{,}41$	$U = \frac{\hat{u}}{\sqrt{2}}$
Dreieck, Sägezahn 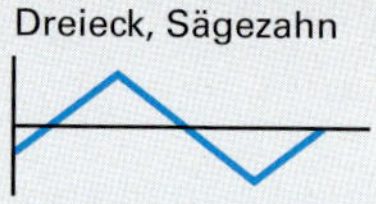	$\sqrt{3} = 1{,}73$	$U = \frac{\hat{u}}{\sqrt{3}}$
Rechteck 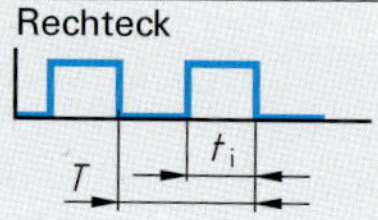	1 ... 10	$U = \hat{u}\sqrt{\frac{t_i}{T}}$

Weitere Werte im Tabellenbuch Informations-, System- und Automatisierungstechnik

Werte von Wechselgrößen

Bei Wechselgrößen bedeuten Großbuchstaben als Formelzeichen die Effektivwerte.

Falls erforderlich, kann bei den Formelzeichen durch den Index eff auf den Effektivwert hingewiesen werden, z. B. U_{eff}. Gebräuchlich ist auch die Angabe $U_\sim$, z. B. $U_\sim = 230$ V (in diesem Buch nur selten verwendet).

Den Wert einer Größe in einem Augenblick nennt man *Augenblickswert*. Ist es notwendig, die Abhängigkeit einer Größe von der Zeit hervorzuheben, so verwendet man für die Augenblickswerte Kleinbuchstaben als Formelzeichen, z. B. u für die zeitlich veränderte Spannung, oder auch den Zusatz (t) (sprich: als Funktion von t), z. B. $u(t)$. Soll auf die Eigenschaft der Wechselgröße besonders hingewiesen werden, wird eine Wellenlinie angehängt, z. B. bei $u_\sim$ für den Augenblickswert einer Wechelspannung. Auch davon machen wir nur selten Gebrauch. Bei *Sinusgrößen* nennt man den Maximalwert *Scheitelwert* oder *Amplitude*.

Sind der Scheitelwert, der Nullphasenwinkel so wie die Frequenz einer Sinusgröße bekannt, so kann der Augenblickswert zu jedem Zeitpunkt berechnet werden (**Bild 1**). Meist geht man dabei vom Zeitpunkt des Nulldurchganges von $\hat{u} \cdot \sin(\omega t)$ aus. Die Sinusspannung $\hat{u} \cdot \sin(\omega t + \varphi_0)$ eilt um den positiven Winkel φ_0 vor.

Beispiel 1: Augenblickswert berechnen

Eine Sinusspannung von 50 Hz hat den Scheitelwert 10 V. Wie groß ist der Augenblickswert der Spannung 1 ms nach dem Nulldurchgang?

Lösung:

$$u = \hat{u} \cdot \sin(2\pi \cdot f \cdot t) = 10\ \text{V} \cdot \sin(2\pi \cdot \frac{50}{\text{s}} \cdot 10^{-3}\ \text{s})$$
$$= \mathbf{3{,}09\ V}$$

Impulse

Ist eine Größe, insbesondere eine Spannung oder ein Strom, nur innerhalb einer beschränkten Zeit vorhanden und folgt danach eine Pause, so spricht man von einem Impuls (von lat. impulsus = Stoß). Folgen Impulse einander periodisch, also mit gleichen Abständen, so nennt man den Vorgang einen *Pulsvorgang* oder einen *Puls* **(Tabelle 1, folgende Seite)**.

Beim *einseitigen* Impuls tritt während der ganzen Dauer kein Wechsel der Richtung auf. Man nennt ihn auch kurz Impuls. Beim *zweiseitigen* Impuls (Wechselimpuls) tritt während der Impulsdauer mindestens ein Richtungswechsel auf.

ⓘ RAD auf dem Taschenrechner einstellen!

Wechselgrößen

$$u = \hat{u} \cdot \sin(\omega \cdot t + \varphi_0)$$

$$\sin(\omega \cdot t + \varphi_0) = \sin\left(\frac{\omega \cdot 360° \cdot t}{2 \cdot \pi} + \varphi_0 \frac{360°}{2 \cdot \pi}\right)$$

$$u = \hat{u} \cdot \sin(2\pi \cdot f \cdot t + \varphi_0)$$

Ab Zeitpunkt Nulldurchgang ($\varphi_0 = 0$):

$$u = \hat{u} \cdot \sin(2\pi \cdot f \cdot t)$$

Impulse

$$g = \frac{t_i}{T} \qquad T = t_i + t_p \qquad f = \frac{1}{T}$$

u Augenblickswert;
$\hat{u}$ Maximalwert, Amplitude;
φ_0 Nullphasenwinkel; (in rad)
ω Kreisfrequenz;
t Zeit;
f Frequenz
g Tastgrad
t_i Impulsdauer
T Pulsperiodendauer
t_p Pausendauer
f_p Pulsfrequenz

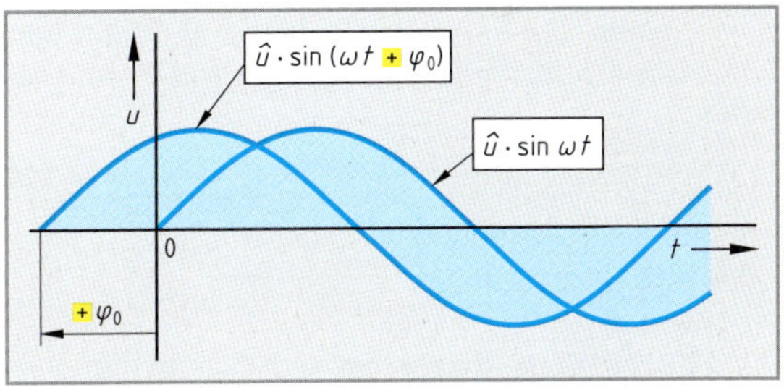

Bild 1: Sinusspannungen mit Nullphasenwinkel

Der *Tastgrad* (IEC 469) ist bei einem Pulsvorgang das Verhältnis von Impulsdauer zur Pulsperiodendauer.

Beispiel 2: Tastgrad berechnen

Wie groß ist bei einem Rechteckimpuls nach Tabelle 1, folgende Seite, der Tastgrad, wenn $T = 2$ ms und $t_i = 0{,}01$ ms sind?

Lösung:

$$g = \frac{t_i}{T} = 0{,}01 \frac{\text{ms}}{2\ \text{ms}} = \mathbf{0{,}005}$$

Leider wird dafür oder für den Kehrwert, der nicht genormte Begriff Tastverhältnis verwendet.

Für Impulse sind verschiedene Begriffe von Bedeutung **(Bild 1)**. Die Anstiegszeit t_r (r von to rise = steigen) wird nach IEC 469 auch *Erstübergangsdauer* genannt, die Abfallzeit t_f (f von to fall = fallen) auch *Letztübergangsdauer*. Eine wichtige Kenngröße des Impulses ist die *Flankensteilheit*. Diese gibt an, wie schnell der Anstieg erfolgt. Eine negative Flankensteilheit bedeutet das Abfallen der Größe.

Beispiel 1: Flankensteilheit eines Impulses

Bei einem Impuls ändert sich an der Vorderflanke innerhalb von 0,01 ms die Spannung von 3,00 V auf 3,02 V. Wie groß ist die Flankensteilheit?

Lösung:

$\Delta u = u_2 - u_1 = 3{,}02\ \text{V} - 3{,}00\ \text{V} = 0{,}02\ \text{V} = 20\ \text{mV}$

$S = \frac{\Delta u}{\Delta t} = \frac{20\ \text{mV}}{0{,}01\ \text{ms}} = \mathbf{2000\ \frac{V}{s}}$

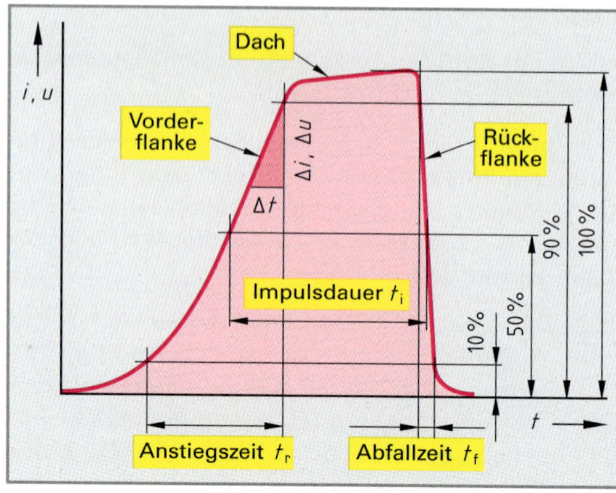

Bild 1: Benennungen beim Impuls

$$S = \frac{\Delta u}{\Delta t}$$

S Flankensteilheit, Spannungsanstiegsgeschwindigkeit
Δu Spannungsdifferenz; Δt Zeitdifferenz

Zweiseitige Impulse bestehen aus einer Vielzahl von Teilschwingungen mit Sinusform. Der einseitige Impuls hat einen Gleichanteil. *Einseitige Impulse* bestehen also aus einem Gleichwert und überlagerten Sinusschwingungen.

Für die Taktrückgewinnung in Informationssystemen ist eine große Flankensteilheit der Impulse erforderlich.

Je größer die Flankensteilheit sein soll, desto mehr Teilschwingungen sind zur Bildung des Impulses erforderlich. Zur Übertragung eines Impulses, z. B. durch einen Sender, ist also eine Vielzahl von Frequenzen erforderlich, bezeichnet mit *Frequenzband*.

Je steiler die Flanken der zu übertragenden Impulse sein sollen, desto breiter ist das erforderliche Frequenzband.

Impulse werden z. B. zur Übertragung von Signalen in der Computertechnik verwendet oder zum Zünden von Thyristoren. Impulse können vor allem durch Kippschaltungen und Schwellwertschalter erzeugt werden.

Tabelle 1: Pulsvorgänge

Art	Form
Einseitige Rechteckimpulse	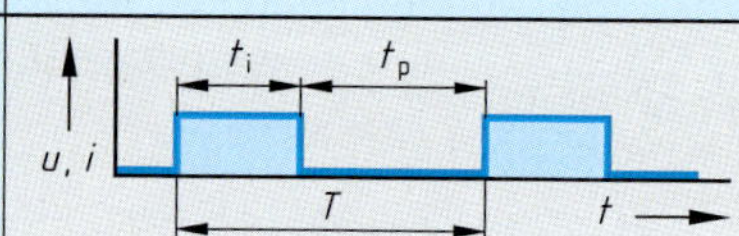
Zweiseitige Nadelimpulse	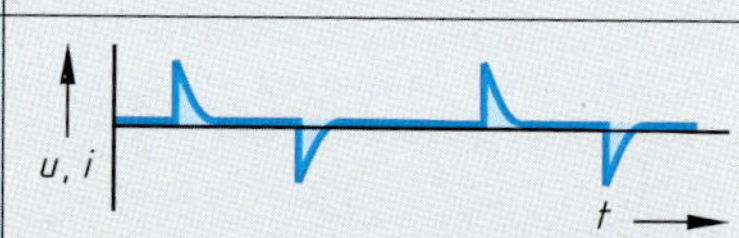
Einseitige Sinusimpulse	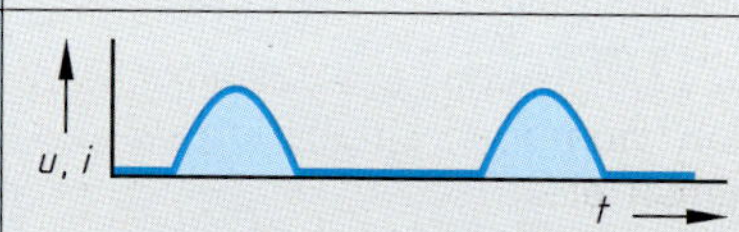
Vielperiodenimpulse, Schwingungspakete	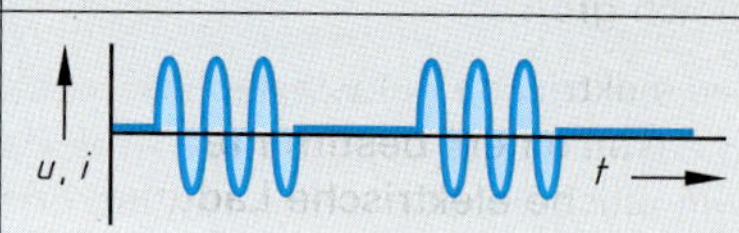

Wiederholung und Vertiefung

1. Welche Einheiten werden für die Frequenz verwendet?
2. Welches Formelzeichen verwendet man für den Maximalwert einer Wechselspannung?
3. Wie groß ist die Ausbreitungsgeschwindigkeit einer elektrischen Welle in einer zweiadrigen Leitung?
4. Aus welchen Schwingungen sind nicht sinusförmige Wechselgrößen zusammengesetzt?
5. Erklären Sie den Begriff Phasenverschiebung.
6. Was versteht man unter dem Crestfaktor?
7. Wie groß ist der Crestfaktor einer symmetrischen Rechteckwechselspannung beim Tastgrad $g = 0{,}5$?
8. Wie sind einseitige Impulse zusammengesetzt?
9. Welche Folge hat es für das erforderliche Frequenzband, wenn steile Impulsflanken zu übertragen sind?

1.7 Spannung und elektrisches Feld

1.7.1 Elektrisches Feld

Durch eine Versuchsanordnung mit zwei geladenen Platten und einem Styroporkügelchen kann man zeigen, dass elektrische Ladungen eine Kraft aufeinander ausüben **(Bild 1)**. Mit gleicher Polarität geladene Körper stoßen sich ab, mit ungleicher Polarität geladene Körper ziehen sich an. Zwischen den Körpern herrscht also ein Kraftfeld. Dieses Kraftfeld ist das *elektrische Feld*.

Jede elektrische Spannung erzeugt ein elektrisches Feld.

Wenn man zwei Metallplättchen nebeneinander legt, sie entgegengesetzt gepolt mit hoher Spannung auflädt und mit Kunststofffasern bestreut, so richten sich die Kunststofffasern entsprechend der Richtung der auf sie wirkenden Kraft aus. Sie ordnen sich so an, dass der Eindruck von elektrischen Feldlinien entsteht **(Bild 2)**. In Wirklichkeit stellen dagegen die Feldlinien nur eine nützliche Modellvorstellung des elektrischen Feldes dar. Auch zwischen den Feldlinien ist das elektrische Feld wirksam.

Die Richtung der elektrischen Feldlinien ist gleich der Richtung der Kraft, die auf eine positive Punktladung ausgeübt wird. Die elektrischen Feldlinien beginnen an dem positiv geladenen Körper und enden an dem negativ geladenen Körper. Sie treten senkrecht aus der Oberfläche des positiv geladenen Körpers aus und senkrecht in die Oberfläche des negativ geladenen Körpers ein.

Das elektrische Feld ist zwischen parallelen Elektroden *homogen* (gleichförmig, Bild 2). Im homogenen elektrischen Feld ist die *Feldstärke* überall gleich groß.

Die elektrische Feldstärke E ist ein Maß für die Kraft F, die an einem bestimmten Feldpunkt auf eine dort befindliche elektrische Ladung Q ausgeübt wird.

Die elektrische Feldstärke ist umso größer, je größer die Spannung zwischen den Ladungen und je kleiner der Abstand der Ladungen voneinander ist.

Die Kraftwirkung wird z. B. bei der Ablenkung des Elektronenstrahls in Oszilloskopröhren **(Bild 3)**, bei elektrostatischen Staubfiltern und bei Farbspritzanlagen angewendet.

Allgemein:	Bei homogenem Feld:
$E = \frac{F}{Q}$	$E = \frac{U}{l}$

$$[E] = \mathrm{N/C} = \mathrm{V/m}$$

E elektrische Feldstärke
F Kraft auf eine Ladung
Q Ladung
U Spannung zwischen den Ladungen
l Abstand der Ladungen voneinander

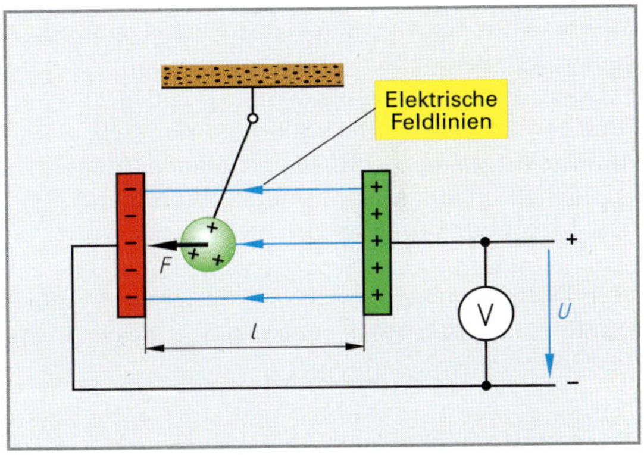

Bild 1: Kraftwirkung zwischen zwei parallelen Platten

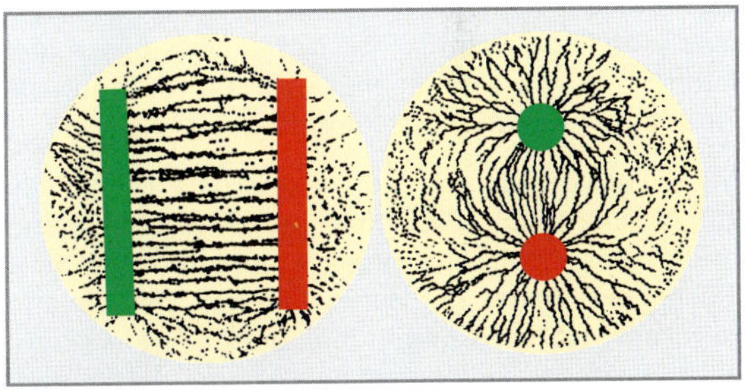
Bild 2: Elektrische Felder

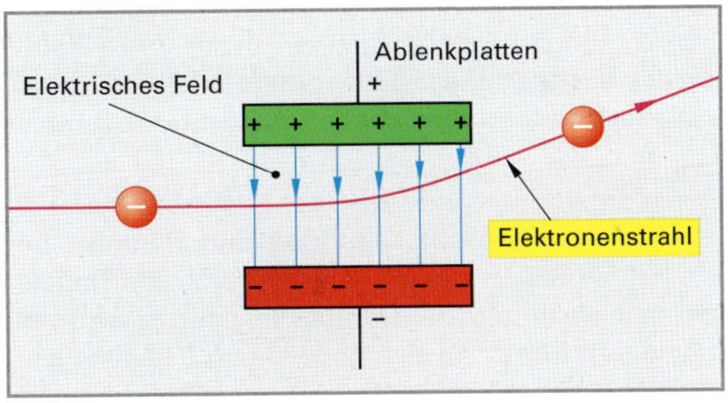

Bild 3: Prinzip der Ablenkung in einer Oszilloskopröhre

Die Gesamtzahl der Feldlinien, die von einer Elektrode ausgehen, bezeichnet man als *elektrischen Fluss* (Formelzeichen Ψ; griechisch psi).

Der elektrische Fluss je Fläche ist die *elektrische Flussdichte* (Formelzeichen D).

Elektrischer Fluss und elektrische Ladung haben die gleiche Einheit. Die Formelzeichen sind deshalb bei der Berechnung der elektrischen Flussdichte austauschbar.

$$D = \Psi / A$$

$$D = \frac{Q}{A} \qquad D_0 = \varepsilon_0 \cdot E$$

$$[D] = \frac{\text{As}}{\text{m}^2} = \frac{\text{C}}{\text{m}^2}$$

D elektrische Flussdichte
Ψ elektrischer Fluss (griech. Großbuchstabe Psi)
Q Ladung
A geladene Fläche
D_0 elektrische Flussdichte im Vakuum
ε_0 elektrische Feldkonstante; $\varepsilon_0 = 8{,}85$ pAs/(Vm)
E elektrische Feldstärke

Influenz

Bringt man einen elektrischen Leiter in ein elektrisches Feld, so werden die freien Elektronen des Leiters unter dem Einfluss des Feldes entgegengesetzt zur Feldrichtung bewegt. An den Rändern entsteht eine negative und eine positive Ladung, zwischen denen ebenfalls ein Feld herrscht. Beide Felder sind gleich groß, haben aber entgegengesetzte Richtungen. Im Innern des Leiters heben sich ihre Wirkungen auf **(Bild 1)**.

Die Ladungsverschiebung in einem Leiter unter Einfluss eines elektrischen Feldes bezeichnet man als Influenz.

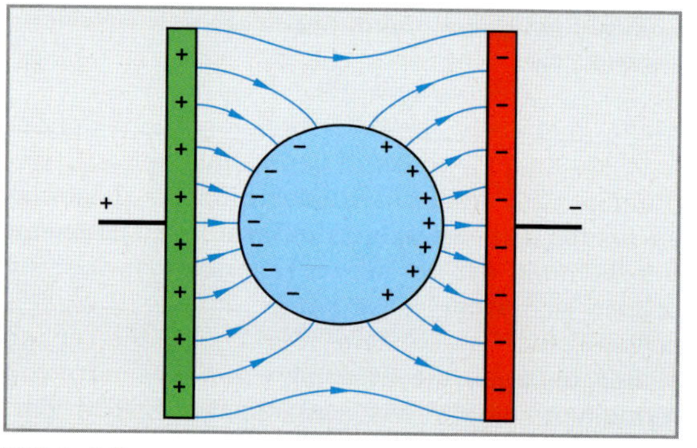

Bild 1: Influenz

Abschirmung elektrischer Felder

Die Wirkung der Influenz (von lat. influere = hineinfließen) kann man zur Abschirmung von elektrischen Feldern ausnutzen. Stellt der Leiter in Bild 1 eine Hohlkugel dar, so ist das Innere der Kugel feldfrei. Man bezeichnet eine solche Anordnung als Faraday'schen Käfig (nach Faraday[1]).

Meist verwendet man jedoch geerdete Metallteile zur Abschirmung **(Bild 2)**. In der geerdeten Platte erfolgt durch Influenz eine Ladungstrennung. Die Fläche der Platte, die der geladenen Metallplatte zugekehrt ist, wird gegenüber dieser entgegengesetzt elektrisch geladen. Die Ladung der gegenüberliegenden Fläche der Platte wird über die Erdungsleitung ausgeglichen.

Elektrische Felder werden durch geerdete Metallflächen, Drahtgitter oder Drahtgeflechte abgeschirmt.

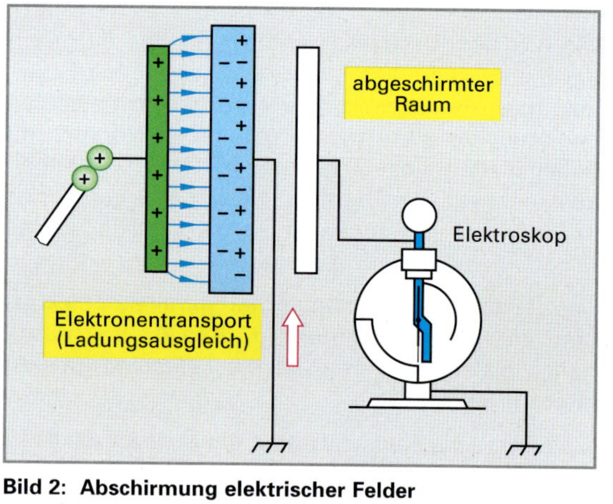

Bild 2: Abschirmung elektrischer Felder

Durch die Abschirmung wird der Einfluss von elektrischen Störfeldern auf Leitungen und Bauteile verhindert. Außerdem kann man dadurch die Bauelemente in elektronischen Geräten sehr eng zusammenbauen, ohne dass sie sich gegenseitig beeinflussen.

Wiederholung und Vertiefung

1. Welche Richtung haben die elektrischen Feldlinien?
2. Wodurch wird ein elektrisches Feld hervorgerufen?
3. In einem elektrischen Feld erfährt eine elektrische Ladung von 0,1 As eine Kraft von 100 N. Wie groß ist die Feldstärke in V/m? Lösung: $E = 1000$ V/m.
4. Was versteht man unter Influenz?
5. Wodurch können elektrische Felder abgeschirmt werden?
6. Warum werden elektrische Felder abgeschirmt?

[1] Michael Faraday, engl. Physiker 1791 bis 1867

1.7.2 Kondensator

Ein Kondensator (lat. condensus = dicht gedrängt) besteht grundsätzlich aus zwei leitenden Platten, zwischen denen sich ein Isolierstoff (Dielektrikum, sprich Di-elektrikum, von lat. di- = weg, ent-, d.h. ohne elektrische Leitfähigkeit) befindet. Wird er an Spannung gelegt, so fließt kurzzeitig ein Ladestrom. Dabei fließen Elektronen auf die eine Platte, während gleich viele Elektronen von der anderen Platte abfließen. Beide Platten sind nun entgegengesetzt elektrisch geladen **(Bild 1)**.

Wird eine Isolierstoffplatte zwischen die Platten geschoben, so ergibt sich eine stärkere Aufladung, als wenn Luft oder Vakuum als Isolator verwendet werden. Ursache dafür sind die im Isolierstoff gebundenen Ladungen. Sie erfahren unter dem Einfluss des elektrischen Feldes eine elastische Verschiebung und bilden elektrische Dipole, die das Feld verstärken **(Bild 2)**. Man bezeichnet dies als *elektrische Polarisation*. Bei den meisten Isolierstoffen verschwindet die Polarisation beim Entladen des Kondensators wieder.

Permittivität

Die Permittivität (lat. permittere = durchdringen) ist das Produkt aus elektrischer Feldkonstante und *Permittivitätszahl*. Die Permittivitätszahl eines Isolierstoffes gibt an, wievielmal größer die elektrische Flussdichte wird, wenn statt Vakuum (Luft) der Isolierstoff als Dielektrikum verwendet wird **(Tabelle 1)**. Die Permittivitätszahl ändert sich meist mit der elektrischen Feldstärke. Ist sie unabhängig von der Feldstärke, nennt man sie auch *Dielektrizitätszahl* (siehe Tabellenbuch Informations- und Systemtechnik).

$$\varepsilon = \varepsilon_0 \cdot \varepsilon_r$$

ε Permittivität des Dielektrikums
ε_0 elektrische Feldkonstante
ε_r Permittivitätszahl

Ferroelektrika sind z. B. keramische Werkstoffe mit sehr großer Polarisation. Die elektrischen Dipole richten sich im elektrischen Feld aus und behalten ihre Richtung auch nach dem Entfernen des Feldes bei **(Bild 3)**. Die Polarisation verschwindet erst bei einer bestimmten, entgegengesetzt gerichteten Feldstärke. Bei Vergrößerung der elektrischen Feldstärke in dieser Richtung erfolgt die Polarisation nun in umgekehrter Richtung als vorher.

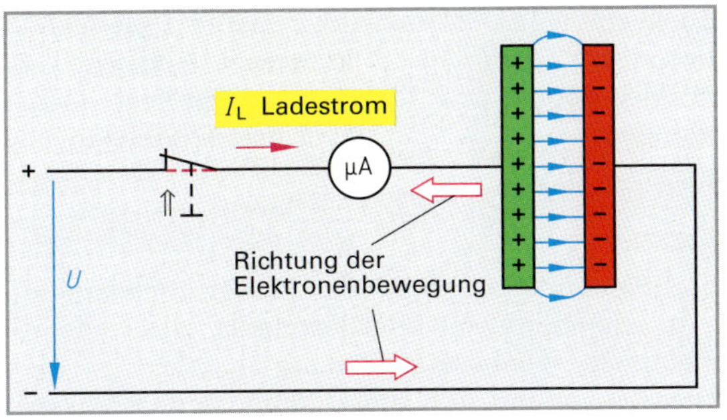

Bild 1: Laden eines Kondensators

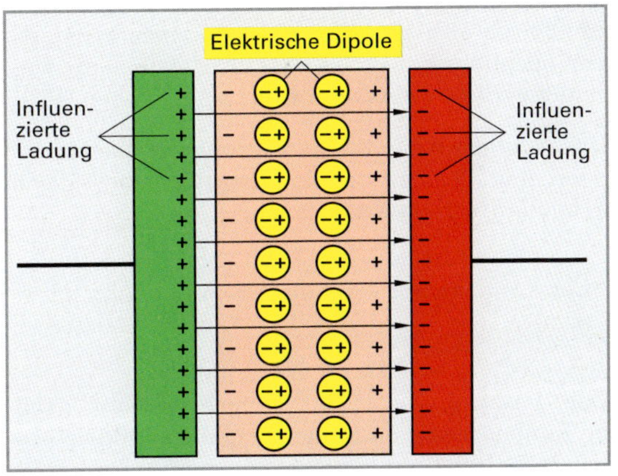

Bild 2: Polarisation im Dielektrikum

Tabelle 1: Permittivitätszahlen ε_r

Isolierstoff	ε_r
Aluminiumoxid	6 … 9
Glimmer	6 … 8
Hartpapier	4
Keramische Masse	10 … 50 000
Polystyrol	2,5
Quarz	2 … 4
Tantalpentoxid	26
Transformatorenöl	2,2 … 2,4
Zellulosepapier	4

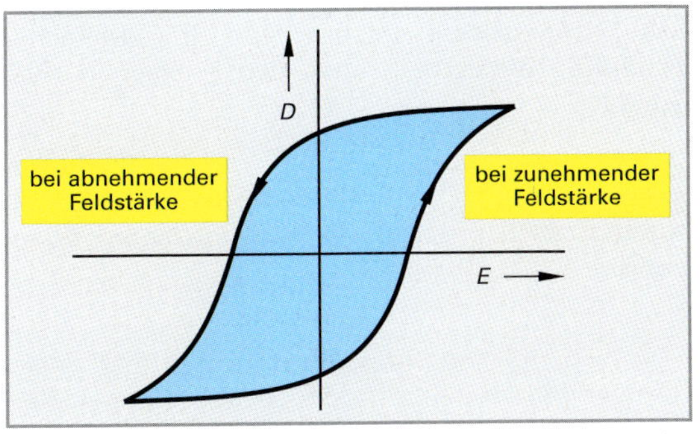

Bild 3: Dielektrische Hystereseschleife

Elektrete sind Ferroelektrika, deren Polarisation besonders beständig ist. Man verwendet sie z. B. in Mikrofonen und Kopfhörern. Die fest ausgerichteten Dipole wirken dabei wie eine elektrische Vorspannung.

> Kondensatoren, die an Spannungen angeschlossen waren, sind aus Sicherheitsgründen vor Arbeitsaufnahme oder nach einem Versuch über einen Widerstand zu entladen.

Kapazität

Ein Plattenkondensator mit einem Dielektrikum, z. B. aus Hartpapier oder Acrylglas, wird entsprechend der Versuchsanordnung in **Bild 1** an eine Gleichspannung von etwa 500 V angeschlossen. Ein kurzzeitiger Ausschlag des empfindlichen Strommessers zeigt, dass ein Ladestrom geflossen ist. Ein parallel zum Versuchskondensator liegender hochohmiger Spannungsmesser (Elektroskop) zeigt an, dass der Kondensator jetzt geladen ist.

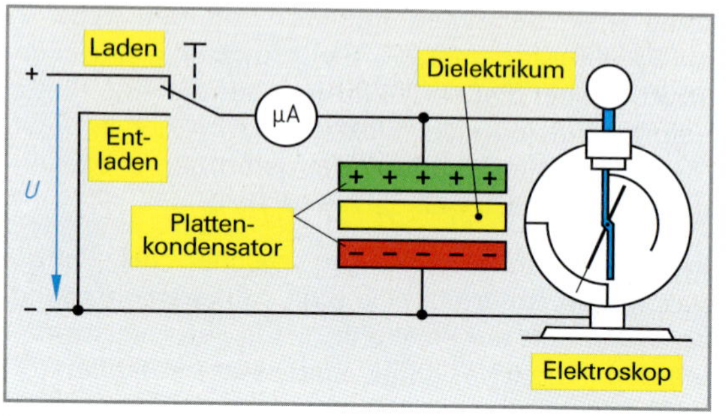

Bild 1: Speichervermögen des Kondensators

Die Ladung auf den Kondensatorplatten bleibt auch nach dem Trennen des Kondensators vom Gleichspannungserzeuger erhalten.

> Der Kondensator kann elektrische Ladung speichern.

Das Fassungsvermögen unterschiedlich großer Kondensatoren für elektrische Ladung ist bei gleich hoher Spannung verschieden. Man nennt die Ladung je Volt angelegter Spannung die *Kapazität* (Aufnahmevermögen) des Kondensators (Formelzeichen C). Die Einheit der Kapazität ist also die Amperesekunde je Volt (As/V). Diese Einheit hat den besonderen Einheitennamen Farad (Einheitenzeichen F, nach Faraday).

$$Q = C \cdot U \qquad C = \frac{Q}{U}$$

$$[C] = \frac{\text{As}}{\text{V}} = \text{F} \qquad i_C = C \cdot \frac{\Delta u}{\Delta t}$$

Q	Ladung
C	Kapazität
U	Spannung
i_C	Ladestromstärke, Entladestromstärke
Δu	Spannungsänderung
Δt	Zeit, in der die Spannungsänderung erfolgt

> Ein Kondensator hat die Kapazität 1 Farad, wenn der Ladestrom 1 Ampere in 1 Sekunde an ihm die Spannung um 1 Volt erhöht.

Beispiel 1: Ladung berechnen

Wie groß ist die Ladung eines Kondensators von 16 µF, wenn er an eine Gleichspannung von 300 V gelegt wird?

Lösung:

$Q = C \cdot U = 16 \cdot 10^{-6}\,\text{F} \cdot 300\,\text{V} = 48 \cdot 10^{-4}\,\text{C} = \mathbf{4{,}8\,mC}$

Erhöht man in der Versuchsanordnung nach **Bild 1** die Spannung, dann vergrößert sich der Ausschlag des Strommessers entsprechend. Bei dreifacher Spannung erhält man etwa den dreifachen Ausschlag.

Die vom Kondensator aufgenommene Ladungsmenge ist also nicht nur proportional zur Kapazität, sondern auch proportional zur angelegten Spannung.

> Die Ladung eines Kondensators ist umso größer, je größer seine Kapazität und je höher die angelegte Spannung ist.

Jede Spannungserhöhung hat einen Ladestrom, jede Spannungserniedrigung einen Entladestrom zur Folge. Die Stromstärke ist umso größer, je größer die Kapazität und die Spannungsänderung und je kleiner die dafür benötigte Zeit sind.

Beispiel 2: Ladestromstärke berechnen

An einem Kondensator von 1 µF erhöht sich die Spannung gleichmäßig in 5 ms um 100 V. Wie groß ist die mittlere Ladestromstärke?

Lösung:

$i_C = C \cdot \frac{\Delta u}{\Delta t} = 1\,\mu\text{F} \cdot 100\,\text{V}/5\,\text{ms} = \mathbf{20\,mA}$

Berechnung der Kapazität eines Plattenkondensators

Die Größe der Kapazität zwischen zwei Leitern hängt von der Ausdehnung und der Form des elektrischen Feldes und von der Feldstärke ab. Am einfachsten ist deshalb die Kapazität eines Plattenkondensators zu berechnen. Das elektrische Feld befindet sich fast vollständig zwischen den beiden Platten. Die auf den Platten gespeicherte Ladung ist abhängig von der Plattenfläche. Je größer die Plattenfläche ist, umso mehr Ladung kann der Kondensator bei gleicher Spannung aufnehmen und umso größer ist deshalb seine Kapazität. Die Kapazität ist also proportional zur Plattenfläche A.

Die auf den Kondensator fließende Ladung wird aber auch größer, wenn man den Plattenabstand verkleinert, weil dadurch die Feldstärke zunimmt. Die Kapazität ist also umgekehrt proportional zum Plattenabstand l.

Das Feld zwischen den Platten kann man außerdem durch ein entsprechendes Dielektrikum verstärken und damit ebenfalls die Kapazität des Kondensators vergrößern. Die Kapazität hängt also auch noch von der Permittivitätszahl ε_r des Dielektrikums ab. Diese gibt an, um welchen Faktor die Kapazität eines Kondensators durch das Dielektrikum zunimmt.

Die Kapazität eines Plattenkondensators ist umso größer, je größer die geladenen Plattenoberflächen sind, je kleiner der Plattenabstand und je größer die Permittivitätszahl ist.

Beispiel 1: Kapazität berechnen

Ein Plattenkondensator besteht aus zwei Platten mit je 200 cm² Fläche. Der Plattenabstand beträgt 2 mm. Welche Kapazität hat der Kondensator, wenn das Dielektrikum Hartpapier ($\varepsilon_r = 4$) ist?

Lösung:

$$C = \frac{\varepsilon_0 \cdot \varepsilon_r \cdot A}{l} = \frac{8{,}85\ \text{pAs/(Vm)} \cdot 4 \cdot 200\ \text{cm}^2}{2\ \text{mm}} = \mathbf{354\ pF}$$

Energie des elektrischen Feldes im Kondensator

Der Kondensator nimmt beim Laden elektrische Energie auf. Diese Energie ist beim verlustfreien Kondensator im elektrischen Feld gespeichert.

Beim Entladen wird das elektrische Feld abgebaut, die elektrische Energie wieder abgegeben. Die Energie kann als Fläche unter der Ladekurve des Kondensators dargestellt werden **(Bild 1)**.

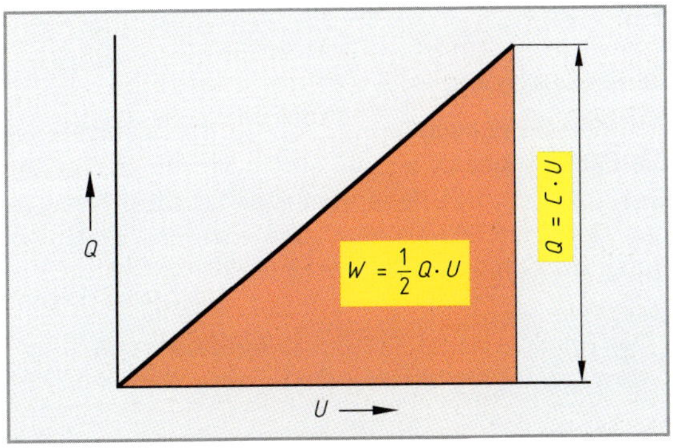

Bild 1: Ladung und Energieinhalt des Kondensators

$$W = \frac{1}{2} \cdot Q \cdot U; \quad Q = C \cdot U \qquad W = \frac{1}{2} \cdot C \cdot U^2$$

Beim Plattenkondensator:

$$C = \frac{\varepsilon_0 \cdot \varepsilon_r \cdot A}{l}$$

C	Kapazität
ε_0	elektrische Feldkonstante; $\varepsilon_0 = 8{,}85$ pAs/(Vm)
ε_r	Permittivitätszahl
A	gleichartig geladene Plattenoberfläche
l	Plattenabstand
W	elektrische Energie
Q	Ladung
U	Spannung

Ein Kondensator kann elektrische Energie speichern.

Beispiel 2: Energieinhalt berechnen

Ein Kondensator von 1 µF liegt an einer Gleichspannung von 1000 V. Wie groß ist die im elektrischen Feld gespeicherte Energie?

Lösung:

$$W = \frac{1}{2} \cdot C \cdot U^2 = \frac{1}{2} \cdot 1\ \frac{\mu\text{As}}{\text{V}} \cdot (1000\ \text{V})^2 = 0{,}5\ \text{VAs}$$
$$= 0{,}5\ \text{Ws} = \mathbf{0{,}5\ J}$$

Wiederholung und Vertiefung

1. **Wie verändert sich die Ladung auf den Kondensatorplatten durch das Dielektrikum?**
2. **Ein Plattenkondensator hat mit dem Dielektrikum von $\varepsilon_r = 4$ eine Kapazität von 270 pF. Wie groß wird seine Kapazität mit einem Dielektrikum von $\varepsilon_r = 2{,}5$?**
   ***Lösung:* c = 169 pF**
3. **Wovon hängt die Ladung eines Kondensators ab?**
4. **Wie ist die Einheit 1 Farad festgelegt?**
5. **Wo ist die elektrische Energie beim verlustfreien Kondensator gespeichert?**

1.7.3 Schaltungen von Kondensatoren

Reihenschaltung

Bei der Reihenschaltung von Kondensatoren ist die Ladung kleiner als bei einem einzelnen, an der Gesamtspannung liegenden Kondensator, weil in der Reihenschaltung nur eine kleinere Teilspannung am Kondensator liegt.

Die Ersatzkapazität ist bei der Reihenschaltung stets kleiner als die kleinste Einzelkapazität.

Die Ladungen der in Reihe geschalteten Kondensatoren sind gleich groß, also $Q = Q_1 = Q_2$. Die Summe der Spannungen an den Kondensatoren ist so groß wie die Gesamtspannung $U = U_1 + U_2$ **(Bild 1)**. Die Spannungen an den Kondensatoren sind den Kapazitäten umgekehrt proportional, damit die Kondensatoren die gleiche Ladung aufnehmen können.

Der Kehrwert der Ersatzkapazität ist bei der Reihenschaltung gleich der Summe der Kehrwerte der Einzelkapazitäten.

Beispiel 1: Ersatzkapazität berechnen

Zwei Kondensatoren von 270 pF und 470 pF sind in Reihe geschaltet. Wie groß ist die Ersatzkapazität?

Lösung:

$$C = \frac{C_1 \cdot C_2}{C_1 + C_2} = \frac{270\ \text{pF} \cdot 470\ \text{pF}}{270\ \text{pF} + 470\ \text{pF}} = \mathbf{171{,}5\ pF}$$

Beispiel 2: Kapazitive Reihenschaltung

Durch Reihenschaltung von zwei Kondensatoren soll eine Kapazität von 248 pF erreicht werden. Ein Kondensator hat die Kapazität $C_1 = 680$ pF. Wie groß muss die Kapazität des zweiten Kondensators sein?

Lösung:

$$\frac{1}{C} = \frac{1}{C_1} + \frac{1}{C_2} \Rightarrow \frac{1}{C_2} = \frac{1}{C} - \frac{1}{C_1}$$

$$\Rightarrow C_2 = \frac{C \cdot C_1}{C_1 - C} = \frac{248\ \text{pF} \cdot 680\ \text{pF}}{680\ \text{pF} - 248\ \text{pF}} = \mathbf{390\ pF}$$

Parallelschaltung

Bei der Parallelschaltung von Kondensatoren ist die Ladung und somit die Ersatzkapazität größer als bei einem einzelnen Kondensator der Schaltung.

An parallel geschalteten Kondensatoren liegt dieselbe Spannung **(Bild 2)**. Die Gesamtladung ist so groß wie die Summe der Ladungen der Kondensatoren, also $Q = Q_1 + Q_2$. Die Kapazitäten sind aber den Ladungen verhältnisgleich, also ist $C = C_1 + C_2$.

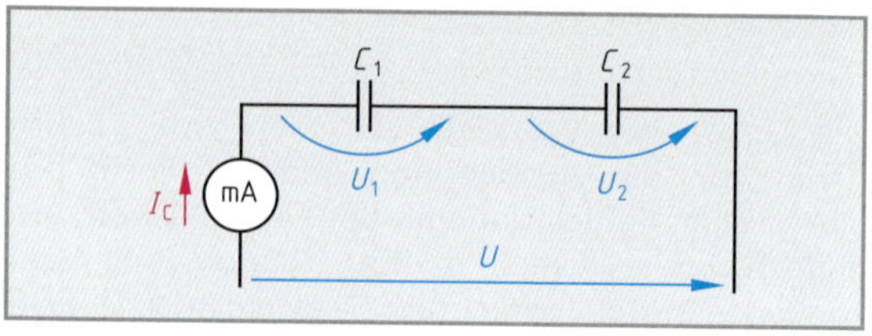

Bild 1: Reihenschaltung von Kondensatoren

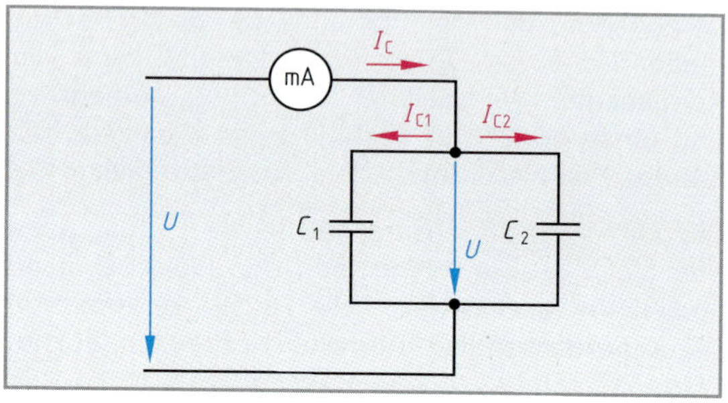

Bild 2: Parallelschaltung von Kondensatoren

Bei Reihenschaltung:

$$U = U_1 + U_2 \Rightarrow \frac{Q}{C} = \frac{Q}{C_1} + \frac{Q}{C_2}$$

Bei zwei Kondensatoren

$$\frac{1}{C} = \frac{1}{C_1} + \frac{1}{C_2} + \ldots \qquad C = \frac{C_1 \cdot C_2}{C_1 + C_2}$$

Bei Parallelschaltung:

$$Q = Q_1 + Q_2 + \ldots \Rightarrow C \cdot U = C_1 \cdot U + C_2 \cdot U + \ldots$$

$$C = C_1 + C_2 + \ldots$$

C	Ersatzkapazität;	C_1, C_2	Einzelkapazitäten
Q	Gesamtladung;	Q_1, Q_2	Einzelladungen
U	Gesamtspannung;	U_1, U_2	Einzelspannungen

Die Ersatzkapazität ist bei der Parallelschaltung gleich der Summe der Einzelkapazitäten.

Gemischte Schaltungen von Kondensatoren führt man durch Berechnung der Ersatzkapazitäten der einzelnen Schaltungszweige auf eine Reihenschaltung oder eine Parallelschaltung zurück.

Beispiel 3: Ersatzkapazität berechnen

Drei Kondensatoren von 470 pF, 270 pF und 68 pF sind parallel geschaltet. Wie groß ist die Ersatzkapazität?

Lösung:

$C = C_1 + C_2 + C_3 = 470\ \text{pF} + 270\ \text{pF} + 68\ \text{pF} = \mathbf{808\ pF}$

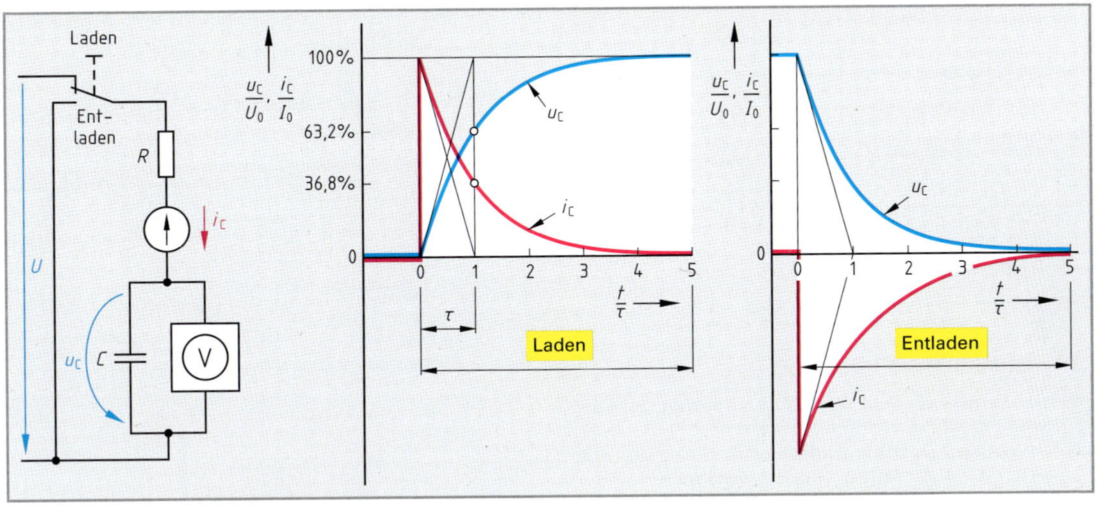

Bild 1: Ladekurven und Entladekurven beim Kondensator

1.7.4 Kondensator im Gleichstromkreis

Schließt man einen Kondensator an eine Gleichspannung an, so fließt kurzzeitig ein *Ladestrom*. Sobald der Kondensator geladen ist, fließt kein Strom mehr.

Der geladene Kondensator sperrt Gleichstrom.

Lädt man einen Kondensator über einen Widerstand auf, so wächst die Ladung und damit die Spannung am Kondensator erst schnell, dann immer langsamer auf den Endwert an **(Bild 1)**. Beim Entladen nimmt die Ladung und damit die Spannung entsprechend zunächst schnell, dann immer langsamer auf null ab. Der Ladestrom und der Entladestrom springen zunächst auf eine Anfangsstromstärke I_0 und fallen zunächst schnell, dann immer langsamer auf null zurück.

Aufladezeit und Entladezeit eines Kondensators sind umso länger, je größer der Vorwiderstand und die Kapazität sind.

Wegen der mathematischen Zusammenhänge (siehe nebenstehende Formeln) werden die Lade- und Entladekurven als *Exponentialkurven* bezeichnet.

Die Zeitkonstante τ gibt die Zeit an, in der die Kondensatorspannung beim Laden 63,2% der Endspannung, beim Entladen 36,8% der Anfangsspannung erreicht. Ladung oder Entladung sind nach 5 τ annähernd beendet (Bild 1).

$$I_0 = \frac{U_0}{R} \qquad \tau = R \cdot C$$

$$[\tau] = \Omega \cdot \mathrm{F} = \frac{\mathrm{V}}{\mathrm{A}} \cdot \frac{\mathrm{As}}{\mathrm{V}} = \mathrm{s}$$

Beim Laden eines Kondensators ohne Ladung:

$$u_C = U_0 \left(1 - e^{-t/\tau}\right) \qquad i_C = I_0 \cdot e^{-t/\tau}$$

Beim Entladen eines voll geladenen Kondensators:

$$u_C = U_0 \cdot e^{-t/\tau} \qquad i_C = -I_0 \cdot e^{-t/\tau}$$

I_0	Anfangsstromstärke
U_0	Spannung des Spannungserzeugers, Spannung des geladenen Kondensators
R	Widerstand im Stromkreis
τ	Zeitkonstante (griech. Kleinbuchstabe tau)
C	Kapazität
u_C	Spannung am Kondensator
t	Zeit
i_C	Ladestromstärke, Entladestromstärke

Das Produkt aus Widerstand und Kapazität nennt man *Zeitkonstante* τ.

Beispiel 1: Zeitkonstante berechnen

Ein Kondensator von 470 pF wird über einen Vorwiderstand von 100 kΩ an eine Gleichspannung angeschlossen. Wie groß ist die Zeitkonstante?

Lösung:

$\tau = R \cdot C = 100\ \mathrm{k\Omega} \cdot 470\ \mathrm{pF} = \mathbf{47\ \mu s}$

Die Anfangsstromstärke wird beim Laden und beim Entladen nur von den Widerständen im Stromkreis begrenzt.

Beispiel 1: Ladespannung berechnen

Ein Kondensator von 22 nF wird über einen Widerstand von 10 kΩ an eine Gleichspannung von 24 V gelegt. Wie groß ist die Spannung am Kondensator nach 300 µs?

Lösung:

$\tau = R \cdot C = 22\ \text{nF} \cdot 10\ \text{k}\Omega = 220\ \mu\text{s}$

$u_C = U_0 \cdot (1 - e^{-t/\tau})$

$= 24\ \text{V} \cdot (1 - e^{\frac{-300\ \mu s}{220\ \mu s}})$

$= 24\ \text{V} \cdot (1 - 0{,}256) = \mathbf{17{,}86\ V}$

Wiederholung und Vertiefung

1. **Wie berechnet man die Ersatzkapazität bei der Reihenschaltung von Kondensatoren?**
2. **Mit welcher Formel berechnet man die Ersatzkapazität bei der Parallelschaltung von Kondensatoren?**
3. **Ein geladener Kondensator von 22 µF wird über einen Widerstand von 10 kΩ entladen. Nach welcher Zeit ist seine Ladung annähernd null? *Lösung*: $t_E \approx 1{,}1$ s**

1.7.5 Bauformen der Kondensatoren

Festkondensatoren

Wickelkondensatoren. Die Metallbeläge werden bei den Wickelkondensatoren mit dem Dielektrikum als Band zu einem Wickel fest aufgewickelt **(Bild 1)**. Durch das Aufwickeln verdoppelt sich die Kapazität. Meist wird der Wickel in einen metallischen Becher gebracht und zum Schutz gegen Feuchtigkeit mit einer Vergussmasse abgedichtet.

Papierkondensatoren haben ein Dielektrikum aus zwei oder mehreren Lagen Zellulosepapier. Die Beläge werden von Aluminiumfolien gebildet. Die Anschlussdrähte sind an dünne Bleche angeschweißt, die mit eingewickelt sind.

Kunststofffolienkondensatoren haben als Dielektrikum Kunststofffolien aus Polypropylen, Polyester oder Polykarbonat. Bei den Film-Folien-Kondensatoren sind die Metallbeläge Aluminiumfolien.

Bei den *metallisierten Kunststofffolienkondensatoren* (MK-Kondensatoren) werden die Metallbeläge im Vakuum auf die Kunststofffolien aufgedampft. Dadurch erreicht man bei gleichen Kapazitätswerten kleinere Abmessungen. Kunststofffolienkondensatoren haben einen sehr kleinen Verlustfaktor, sehr hohe Kapazitätskonstanz und einen hohen Isolationswiderstand. Die MK-Kondensatoren sind selbstheilend. Schlägt das Dielektrikum durch, so entsteht an der Durchschlagstelle ein Lichtbogen. Dadurch verdampft an dieser Stelle die dünne Metallschicht. Es entsteht eine metallfreie Zone.

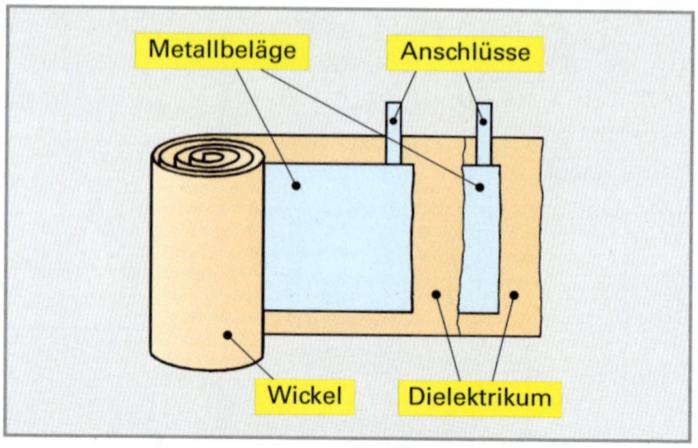

Bild 1: Aufbau eines Wickelkondensators

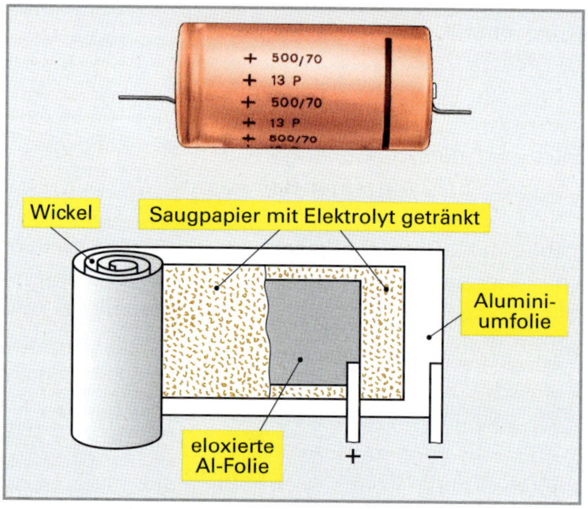

Bild 2: Aluminium-Elektrolytkondensator

Metallisierte Kunststofffolienkondensatoren eignen sich besonders zur Bestückung gedruckter Leiterplatten.

Elektrolytkondensatoren haben als Dielektrikum eine dünne Oxidschicht. Dadurch ist es möglich, kleine Kondensatoren mit großen Kapazitäten zu bauen.

Aluminium-Elektrolytkondensatoren bestehen aus einem Wickel von zwei Aluminiumbändern mit Papierzwischenlage **(Bild 2)**. Das Papier ist mit dem Elektrolyt getränkt.

Gold-Cap-Kondensatoren (Warenzeichen Panasonic) sind Doppelschichtkondensatoren und können bei kleiner Bauform Kapazitäten bis einige 1000 Farad besitzen. Ihre Eigenschaften liegen zwischen Akkumulator und Kondensator. Sie enthalten kein Gold, sondern Schichten mit Aktivkohle und Elektrolyt.

Bei den Aluminium-Elektrolytkondensatoren mit *festem* Elektrolyt besteht der Minuspol aus einer Glasfasergewebeschicht, die mit Mangandioxid als festem Halbleiterelektrolyt angefüllt ist.

Zur *Formierung* wird an die beiden Elektroden eine Gleichspannung gelegt. Dabei bildet sich an der Anode eine dünne Aluminiumoxidhaut, die als Dielektrikum dient. Bei den ungepolten Elektrolytkondensatoren sind beide Aluminiumbänder formiert. Dadurch wird der Platzbedarf größer.

Der gepolte Elektrolytkondensator darf nur mit der angegebenen Polung an eine Gleichspannung angeschlossen werden.

Der Gleichspannung kann auch eine Wechselspannung überlagert werden. Sie darf aber einen bestimmten Wert, der von der Nennspannung des Kondensators abhängt, nicht überschreiten. Wird der gepolte Kondensator mit verkehrter Polung an Gleichspannung angeschlossen, so wird die Oxidschicht an der Anode abgebaut, was schließlich zu einem Kurzschluss der Beläge führt. Dabei wird so viel Wärme entwickelt, dass der Kondensator zerstört wird. Dasselbe geschieht, wenn die überlagerte Wechselspannung zu groß ist.

Tantal-Folienkondensatoren bestehen aus einer meist aufgerauten Tantalfolie als Anode, die mit einer Katodenfolie und einem porösen Abstandshalter zu einem Wickel zusammengerollt ist **(Bild 1)**. Der Wickel wird mit einem Elektrolyt imprägniert. Durch Oxidation entsteht bei der Formierung an der Anode eine Tantalpentoxidschicht, die als Dielektrikum dient.

Tantal-Sinterkondensatoren haben eine Anode aus gesintertem Tantalpulver (Bild 1). Bei der Formierung entsteht durch Oxidation an der Oberfläche Tantalpentoxid Ta_2O_5, das als Dielektrikum dient. Die Katode der Tantal-Sinterkondensatoren mit flüssigem Elektrolyt besteht aus Schwefelsäure oder aus Lithiumchloridlösung. Bei den Bauformen mit festem Elektrolyt wird die Anode mit einer Mangannitratlösung getränkt, die sich beim Erhitzen unter Bildung von Mangandioxid MnO_2 zersetzt und als fester Halbleiterelektrolyt in den Poren und an der Oberfläche der Anode abscheidet.

Tantal-Elektrolytkondensatoren werden als Koppelkondensatoren und als Siebkondensatoren verwendet. Sie haben geringe induktive Verluste.

Keramik-Kondensatoren haben als Dielektrikum eine keramische Masse. Keramik-Kleinkondensatoren werden als Rohrkondensatoren und als Scheibenkondensatoren ausgeführt.

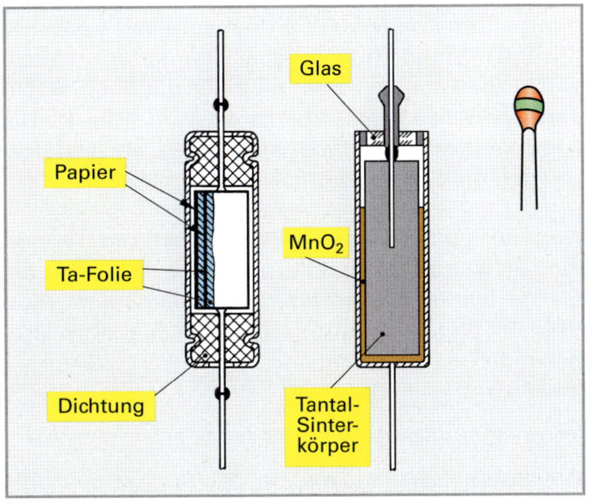

Bild 1: Tantal-Elektrolytkondensatoren

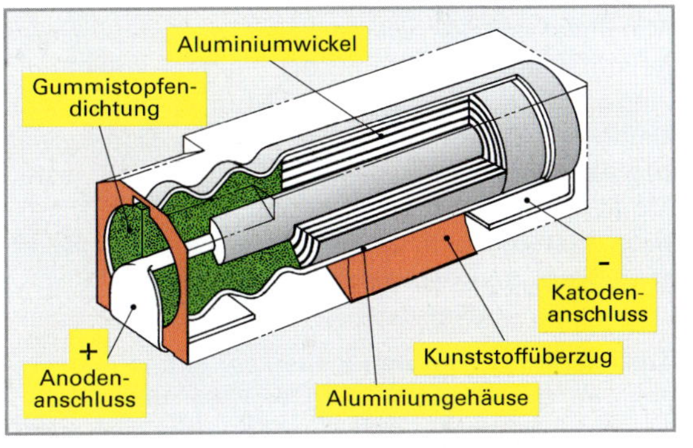

Bild 2: Aluminium-Chip-Elektrolytkondensator

Glimmerkondensatoren haben ein Dielektrikum aus Glimmer. Die Glimmerplatten sind mit fest haftenden leitenden Belägen beschichtet. Sie werden in der Sendetechnik und Messtechnik verwendet, da sie einen sehr kleinen Verlustfaktor haben.

Kondensatoren für SMD-Technik (SMD = Surface Mounted Device) sind Bauelemente mit sehr kleinen Abmessungen, die direkt auf die Oberfläche von Leiterplatten montiert werden. Sie sind für die Verarbeitung in Bestückungsautomaten geeignet. Die Kondensatoren eignen sich wegen der sehr kleinen Abmessungen und der fehlenden oder stummelartigen Anschlussbeine sehr gut für hohe Frequenzen. Sie werden auch als Chip-Kondensatoren (chip = Kärtchen) bezeichnet.

Aluminium-Chip-Elektrolytkondensatoren **(Bild 2)** sind Wickelkondensatoren mit flüssigem Elektrolyt. Die Elektroden bestehen aus stark aufgerauten Aluminiumfolien.

Tantal-Chip-Kondensatoren haben einen rechteckförmigen Anodenkörper aus gesintertem Tantal, wobei die Tantalteilchen mit einer dünnen Schicht Tantalpentoxid Ta_2O_5 überzogen sind **(Bild 1)**. Die Anode ist dadurch von einer elektrolytisch formierten dielektrischen Schicht umhüllt.

Keramik-Vielschicht-Chip-Kondensatoren haben ein Dielektrikum aus Keramikfolie, auf der die Elektroden in Siebdrucktechnik aufgebracht sind **(Bild 2)**. Durch Sintern erhält die Keramik ihre besonderen Eigenschaften.

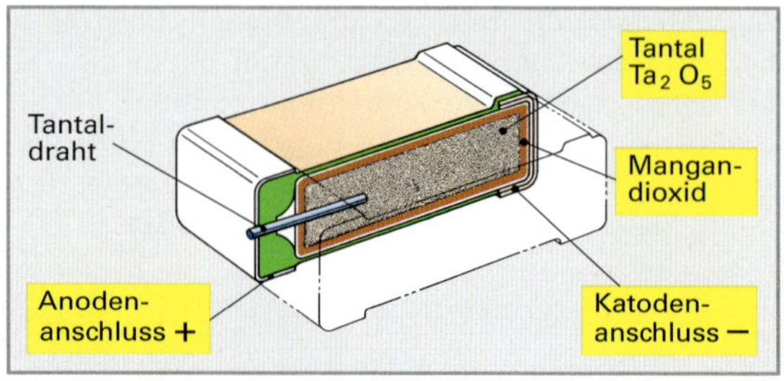

Bild 1: Tantal-Chip-Kondensator

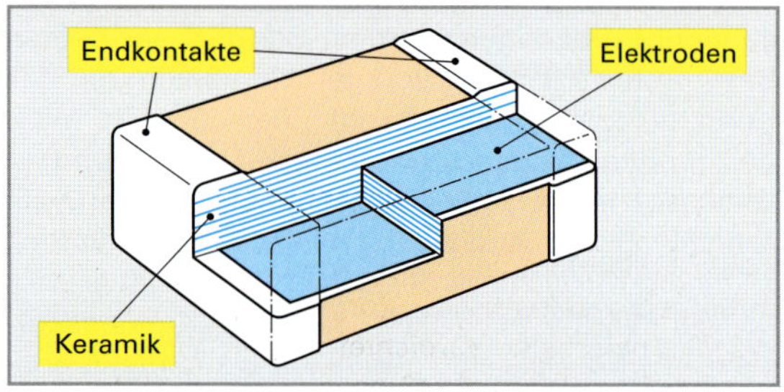

Bild 2: Keramik-Vielschicht-Chip-Kondensator

Verstellbare Kondensatoren

Drehkondensatoren wurden z. B. in der Rundfunk- und Fernsehtechnik zur Abstimmung von Schwingkreisen verwendet. Sie bestehen meist aus einem feststehenden und einem drehbaren Metallplattenpaket. Die Kapazität des Kondensators ist am größten, wenn die Platten vollständig eingedreht sind. Das Dielektrikum ist meist Luft. Der Verlustfaktor ist deshalb klein. *Differenzialdrehkondensatoren* bestehen aus zwei festen Metallplattensätzen, zwischen denen sich ein drehbarer Plattensatz befindet. Sie wirken wie ein verstellbarer kapazitiver Spannungsteiler.

Trimmerkondensatoren dienen zur einmaligen Einstellung der Kapazität und werden zum Feinabgleich in Rundfunk- und Fernsehgeräten sowie im Messgerätebau verwendet.

Scheibentrimmerkondensatoren bestehen aus zwei Keramikscheiben als Dielektrikum mit aufgedampften Silberbelägen. Die Einstellung der Kapazität erfolgt durch Verdrehen der Scheiben mittels einer Schraube. Die Beläge werden dabei mehr oder weniger zur Deckung gebracht.

Rohrtrimmerkondensatoren bestehen meist aus einem Keramikröhrchen mit aufgezogener Messinghülse, in dem sich eine Schraube bewegt. Bei *Quetschtrimmerkondensatoren* wird der Abstand zweier runder Metallplatten verändert.

Drehkondensatoren und Trimmerkondensatoren sind verstellbare Kondensatoren.

Für die automatische Bestückung von gedruckten Schaltungen werden Kondensatoren auch in Gurten verpackt geliefert **(Bild 3)**.

Bild 3: Kunststofffolienkondensatoren und damit bestückter Gurt

Doppelschichtkondensatoren (Speicherkondensatoren)

Doppelschichtkondensatoren sind sowohl mit Elektrolytkondensatoren als auch mit galvanischen Zellen verwandt. Ihre Kapazität in der Größenordnung von 0,1 F bis 1500 F liegt zwischen den Kapazitäten dieser beiden Bauelemente **(Bild1, folgende Seite)**. Sie werden deshalb auch als *Speicherkondensatoren* bezeichnet und können z. B. zur Spannungsversorgung von elektronischen Schaltungen bei vorübergehendem Netzausfall eingesetzt werden.

Die Elektroden des Doppelschichtkondensators bestehen aus Aktivkohle, die durch Verschwelung von Phenolfasern gewonnen wird. Diese Aktivkohleelektroden haben eine sehr große Oberfläche von etwa 2 000 cm^2 je Gramm Kohlemasse. Werden sie mit einem organischen Elektrolyten imprägniert, so treten an der Grenzfläche zwischen Elektrode und Elektrolyt positive und negative elektrische Ladungen auf. Es entsteht eine sehr dünne elektrische Doppelschicht, die als Dielektrikum wirkt **(Bild 2)**. Sie hat nur etwa die Stärke eines Moleküldurchmessers. Da auch für den Doppelschichtkondensator die Beziehung $C \sim A/l$ gilt, ist seine Kapazität größer als bei jedem anderen Kondensator.

Mit Doppelschichtkondensatoren lassen sich sehr große Kapazitäten verwirklichen.

Beim Laden des Doppelschichtkondensators wird durch elektrochemische Vorgänge im Elektrolyten die Doppelschicht verdichtet **(Bild 3)**. Dabei wirkt jedes Kohleteilchen als eigener kleiner Kondensator.

Die elektrochemischen Vorgänge verursachen einen Innenwiderstand. Er liegt in der Größenordnung 100 Ω bei kleinen Baugrößen, beträgt aber nur einige mΩ bei großen Kondensatoren. Die Spannungsfestigkeit eines Doppelschichtkondensators liegt bei 3 V. Bei längerfristiger Überspannung wird die Doppelschicht zerstört und der Elektrolyt zersetzt. Die Bemessungsspannung einer derartigen Kondensatorzelle beträgt deshalb nur etwa 2,5 V. Doppelschichtkondensatoren mit einer Bemessungsspannung von 5,5 V bestehen aus einer Reihenschaltung von zwei Kondensatoren.

Doppelschichtkondensatoren sind wie Elektrolytkondensatoren gepolt. Als Bauformen gibt es Massekondensatoren für kleinere Kapazitäten und Wickelkondensatoren für große Kapazitäten. Bei letzteren werden die Aktivkohlepartikel mit einem Bindemittel gemischt auf Aluminiumblech aufgetragen, das danach aufgerollt wird **(Bild 4)**.

Wiederholung und Vertiefung

1. **Beschreiben Sie den Aufbau eines MK-Kondensators.**
2. **Warum sind MK-Kondensatoren selbstheilend?**
3. **Warum darf ein gepolter Elektrolytkondensator nicht verkehrt gepolt werden?**
4. **Wie werden Kondensatoren in SMD-Technik montiert?**
5. **Warum eignen sich SMD-Kondensatoren für hohe Frequenzen?**
6. **Wozu dienen Trimmerkondensatoren?**
7. **Mit welcher Kondensatorbauform lassen sich die größten Kapazitäten erreichen?**

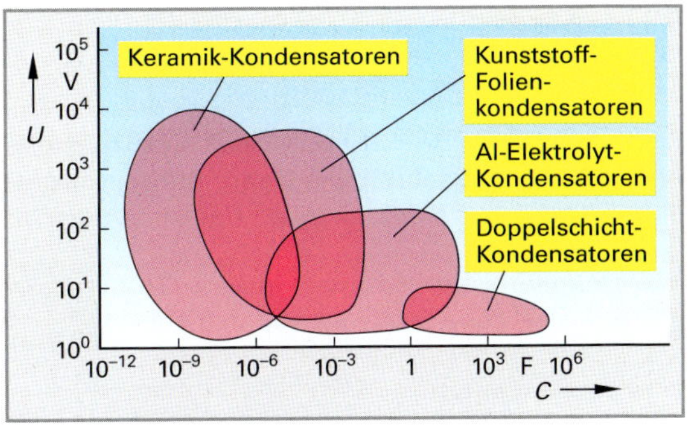

Bild 1: Kapazitätsbereiche verschiedener Kondensatorbauarten

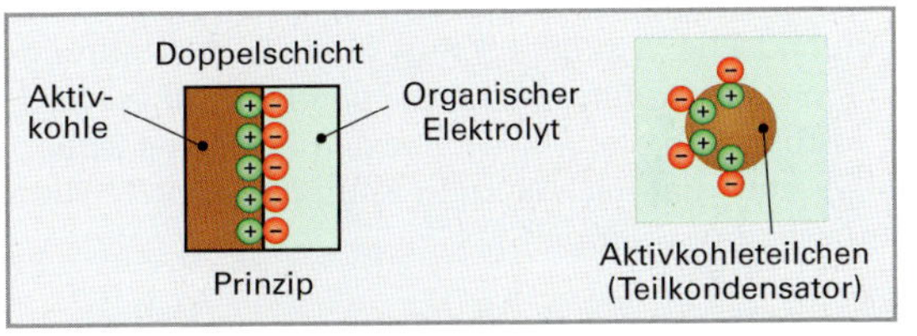

Bild 2: Bildung der Doppelschicht

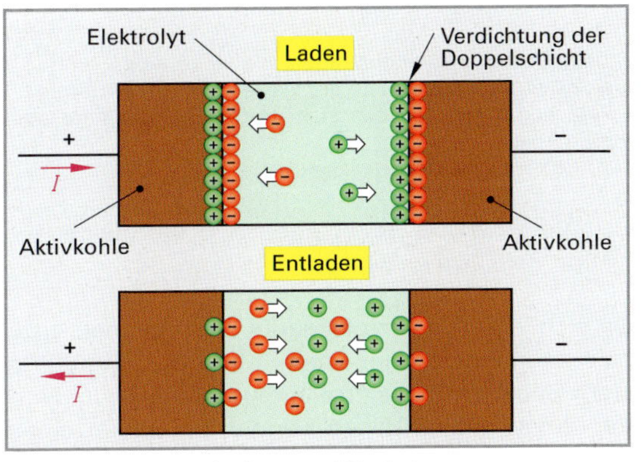

Bild 3: Prinzip der Ladung und Entladung

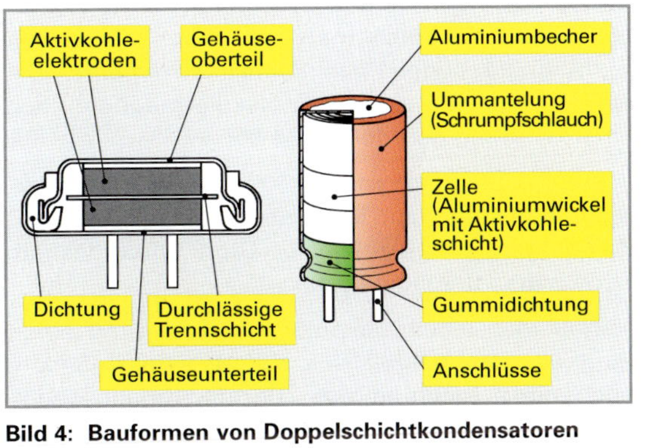

Bild 4: Bauformen von Doppelschichtkondensatoren

1.8 Strom und Magnetfeld

1.8.1 Magnetisches Feld

Stahl, Gusseisen, Nickel und Kobalt sind *ferromagnetische* (= magnetisch wie Eisen) Stoffe, Chromdioxid (CrO_2) verhält sich ähnlich *(ferrimagnetisch)*.

Ein Magnet zieht ferromagnetische Stoffe und ferrimagnetische Stoffe an und hält sie fest.

Pole des Magneten

Die Stellen des Magneten mit der größten Anziehungskraft nennt man *Pole*. Die magnetische Wirkung ist an den Polen am größten und nimmt nach der Mitte hin ab. In der Mitte hat der Magnet keine magnetische Wirkung. Hängt man einen Stabmagneten drehbar auf, stellt er sich annähernd in Nord-Süd-Richtung ein. Man nennt den Pol eines Dauermagneten, der nach Norden zeigt, *Nordpol* (N), den anderen Pol *Südpol* (S).

Versuch 1: Legen Sie einen Stabmagneten auf 2 Rollen, z. B. zwei runde Bleistifte. Nähern Sie dem Nordpol des Magneten zuerst den Südpol, dann den Nordpol eines anderen Stabmagneten.

Ergebnis:
Liegen sich ungleichnamige Pole gegenüber, ziehen sich die beiden Magnete an. Liegen sich gleichnamige Pole gegenüber, stoßen sich die beiden Magnete ab (**Bild 1**).

Ungleichnamige Pole ziehen sich an, gleichnamige Pole stoßen sich ab.

Da sich ein drehbar gelagerter Stabmagnet, z. B. eine Magnetnadel in einem Kompass, immer in Nord-Süd-Richtung einstellt, muss die Erde im Norden einen magnetischen Südpol, im Süden einen magnetischen Nordpol haben. Die Erde ist somit ein großer Magnet mit einem schwachen Magnetfeld.

Denkt man sich einen Magneten immer weiter geteilt, so erhält man schließlich als kleinste Magnete sogenannte *Molekularmagnete*. Bei einem Magneten sind die Molekularmagnete nach einer Richtung geordnet **(Bild 2)**.

Jeder ferromagnetische Stoff ist aus Molekularmagneten aufgebaut. Diese nehmen alle möglichen Richtungen ein (Bild 2). Der Stoff wirkt deshalb *nach außen* unmagnetisch.

Nähert man einem ferromagnetischen Stoff einen Magneten, so richten sich die Molekularmagnete nach einer Richtung aus. Der ferromagnetische Stoff ist magnetisch geworden.

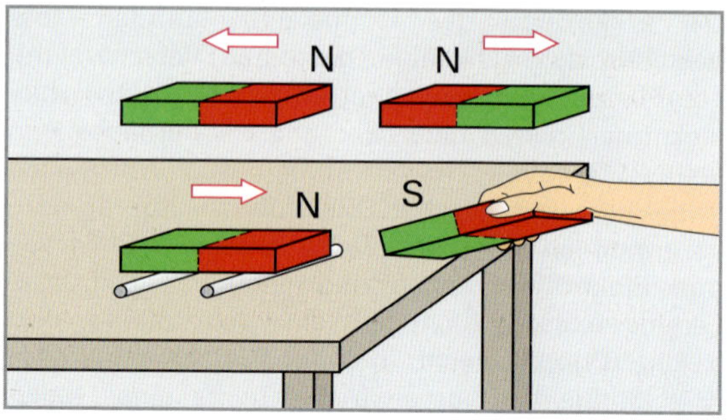

Bild 1: Kraftwirkungen magnetischer Pole aufeinander

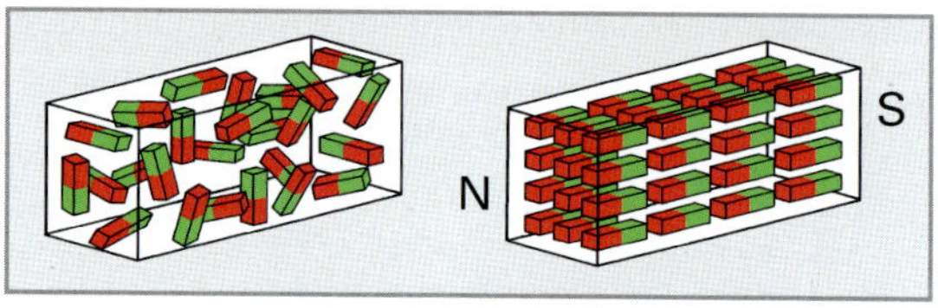

Bild 2: Molekularmagnete ungeordnet und geordnet

Tabelle 1: Curie-Temperaturen

Material	Temperaturen
Eisen	769 °C
Nickel	356 °C
Kobalt	1075 °C
Weichmagnetische Ferrite	50 °C bis 600 °C

Ein ferromagnetischer Werkstoff lässt sich durch ein Magnetfeld magnetisieren.

Wenn das Magnetfeld entfällt, bleiben bei den ferromagnetischen Stoffen die Molekularmagnete wenigstens teilweise ausgerichtet. Beim magnetisch weichen Material drehen sich die meisten Molekularmagnete infolge der Wärmebewegung der Atome wieder in den nicht ausgerichteten Zustand. Beim magnetisch harten Material bleiben viele Molekularmagnete ausgerichtet.

Bei der *Curie-Temperatur*[1] verlieren die Werkstoffe ihren Magnetismus **(Tabelle 1)**. Die wachsende Wärmebewegung der Atome lässt eine Ausrichtung der Molekularmagnete nicht mehr zu. Dies findet Anwendung z. B. bei der Heizungsregelung von Lötkolben. Ein magnetischer Stoff wird ebenfalls entmagnetisiert, indem man ihn z. B. in eine mit Wechselstrom durchflossene Spule bringt und den Strom langsam abnehmen lässt.

[1] Pierre Curie, französischer Physiker, 1859 bis 1906

Weiss'sche Bezirke

Die Elektronen bewegen sich im Kristall um die Atomkerne der Moleküle und drehen sich zusätzlich um ihre eigene Achse. Sie haben einen *Spin* (= Drehung) und stellen dadurch *Kreisströme* dar. Diese Kreisströme erzeugen *Molekularmagnete*. Die Spins und damit die Molekularmagnete sind in kleinen Bezirken gleichgerichtet **(Bild 1)**. Diese Bezirke umfassen einige Moleküle. Man nennt sie *Weiss'sche Bezirke*[1]. Ihre Grenzen verhalten sich wie Trennwände, man spricht von *Bloch-Wänden*[2]. Die Molekularmagnete benachbarter Weiss'scher Bezirke haben andere Richtungen. Die Wirkung der Molekularmagnete hebt sich insgesamt auf, nach außen erscheint der Stoff unmagnetisch.

Magnetisiert man nun den Stoff, so verschieben sich die Bloch-Wände und die Molekularmagnete richten sich aus. Je stärker die Magnetisierung ist, umso größer ist die Verschiebung der Bloch-Wände und umso mehr Molekularmagnete werden ausgerichtet.

Sind alle Bloch-Wände bis an den Rand des Kristalls verschoben, so besteht der Kristall aus einem einzigen Weiss'schen Bezirk. Wird die Magnetisierung nun noch weiter verstärkt, so drehen sich die Spins in die Magnetisierungsrichtung.

Nimmt die Kraftwirkung des Magneten auf den ferromagnetischen Stoff ab, z. B. indem man ihn entfernt, so verschieben sich die Bloch-Wände wieder zurück. Immer mehr Molekularmagnete nehmen wieder ihre ursprünglichen Richtungen ein.

Sind alle Molekularmagnete eines ferromagnetischen Stoffes in der Magnetisierungsrichtung ausgerichtet, so ist er magnetisch gesättigt.

Bei *magnetisch weichen* Werkstoffen, z. B. unlegiertem Eisen, kehren fast alle Molekularmagnete in die Ausgangsstellungen zurück, sodass der Stoff wieder unmagnetisch ist. Magnetisch weiche Werkstoffe werden z. B. als Spulenkerne verwendet.

Bei *magnetisch harten* Werkstoffen, z. B. AlNi-Legierungen und AlNiCo-Legierungen, bleiben viele Molekularmagnete nach dem Entfernen des Magneten ausgerichtet. Es bleibt eine *Remanenz* (Restmagnetismus, lat. remanere = zurückbleiben) zurück. Magnetisch harte Werkstoffe werden z. B. für Dauermagnete (Permanentmagnete, lat. permanere = sich erhalten) verwendet.

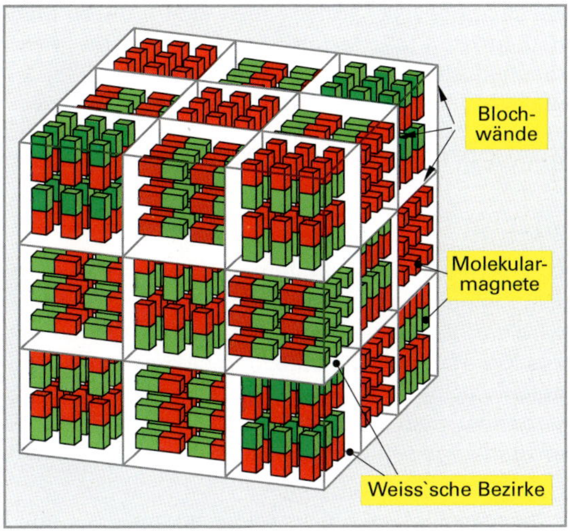

Bild 1: Weiss'sche Bezirke

Weitere magnetische Stoffe

Ferrimagnetische Stoffe, z. B. Ferrite, verhalten sich im Magnetfeld ähnlich wie ferromagnetische Stoffe. Die magnetische Sättigung wird jedoch schon bei kleineren magnetischen Kräften erreicht. Außerdem haben ferrimagnetische Stoffe einen großen spezifischen Widerstand.

Paramagnetische Stoffe[3] sind z. B. Aluminium, Chrom, Platin. Bei ihnen heben sich bei einer Magnetisierung die Wirkungen der Molekularmagnete in den Weiss'schen Bezirken nach außen fast vollständig auf. Dadurch erzeugt die magnetisierende Kraft nur eine kleine, zusätzliche Kraft in gleicher Richtung.

Diamagnetische Stoffe[4] sind z. B. Silicium, Kupfer, Zink, Gold. Bei ihnen erzeugt die Magnetisierung eine Kraft, die der erzeugenden magnetischen Kraft entgegengerichtet ist und diese schwächt.

Magnetostriktion

Ferromagnetische und ferrimagnetische Stoffe werden durch die Magnetisierung elastisch verformt. Diese Verformung nennt man *Magnetostriktion* (lat. stringere = ziehen). In Richtung der Magnetisierung und quer dazu erfolgt eine Längenänderung. Dabei ist die Längenänderung quer zur Magnetisierungsrichtung entgegengesetzt zur Längenänderung in Richtung zur Magnetisierung. Das Volumen des Stoffes bleibt etwa konstant.

[1] Pierre Ernest Weiss, franz. Physiker, 1865 bis 1940; [2] Felix Bloch, schweizer. Physiker, 1905 bis 1983; [3] griech. para- = beinahe; [4] griech. dia- = entgegen

Ferrimagnetische Stoffe haben eine größere Magnetostriktion als ferromagnetische Stoffe. Ferrimagnetische Stoffe, z. B. Nickel-Ferrite ($NiFe_2O_4$), werden z. B. für elektroakustische Wandler verwendet. Magnetostriktion ist die Ursache für das Brummen der Transformatoren.

Magnetische Feldlinien

Legt man über einen Stabmagneten eine Glasplatte mit kleinen, drehbar gelagerten Magnetnadeln, wird auf diese eine Kraft ausgeübt. Sie richten sich aus. Der Raum, in dem die Kraftwirkung eines Magneten nachweisbar ist, heißt *magnetisches Feld*. Verbindet man die Spitzen der Magnetnadeln, so entstehen gedachte magnetische Feldlinien **(Bild 1)**.

Um jeden Magneten befindet sich ein magnetisches Feld.

Versuch 1: Legen Sie eine durchsichtige Kunststoffplatte auf einen Stabmagneten und bestreuen Sie diese mit Eisenfeilspänen.

Ergebnis:
Die Eisenfeilspäne ordnen sich in bestimmten Linien an, die von Pol zu Pol verlaufen **(Bild 2)**.

Die Eisenfeilspäne werden im magnetischen Feld magnetisiert und richten sich entsprechend der Richtung der auf sie wirkenden Kraft aus. Dadurch entsteht der Eindruck, als bestehe das magnetische Feld aus *magnetischen Feldlinien*. Diese magnetischen Feldlinien sind leicht vorstellbar, sodass wir sie in den Erklärungen verwenden. Es sei aber betont, dass es sich um eine *Modellvorstellung* handelt. Auch zwischen den Feldlinien ist das magnetische Feld voll wirksam. Führt man eine Magnetnadel um einen Magneten herum, so stellt sie sich immer in Richtung der magnetischen Feldlinien ein. Dabei gibt der Nordpol der Magnetnadel die Richtung der Feldlinien an.

Die magnetischen Feldlinien verlaufen außerhalb des Magneten vom Nordpol zum Südpol, innerhalb vom Südpol zum Nordpol. Sie sind in sich geschlossene Linien.

Liegen die Pole genügend nahe beieinander, so verlaufen die Feldlinien zwischen ihnen parallel. Sie haben gleiche Abstände voneinander. Das magnetische Feld ist zwischen den Polen homogen. Liegen die Feldlinien dicht beieinander, so sind die magnetischen Kräfte groß.

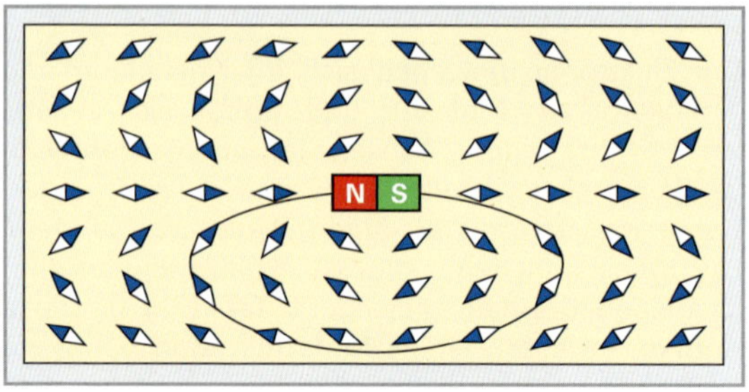

Bild 1: Nachweis des magnetischen Feldes

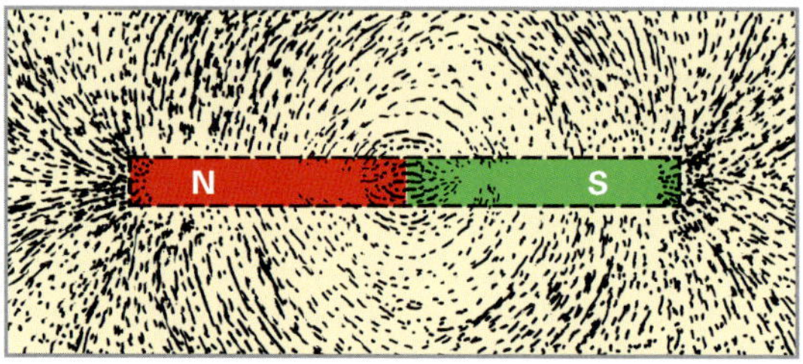

Bild 2: Magnetisches Feld eines Stabmagneten

Anwendung der Dauermagnete

Dauermagnete werden zur Erzeugung mechanischer Kräfte, zur Umwandlung mechanischer Energie in elektrische Energie und zur Umwandlung elektrischer Energie in mechanische Energie verwendet. Dauermagnete werden zur Erzeugung des Erregerfeldes in *Generatoren*, z. B. Fahrraddynamos, verwendet. Bei manchen *Elektromotoren*, z. B. bei elektronisch kommutierten Gleichstrommotoren, Drehstrommotoren für Hilfsantriebe (Servomotoren) bis etwa 20 kW und Schrittmotoren, ist der Ständer oder der Läufer ein Dauermagnet. Bewegt man eine Metallscheibe in einem Magnetfeld, so werden in dieser Wirbelströme induziert. Dadurch wird die Scheibe abgebremst. Dauermagnete dienen z. B. als *Bremsmagnete* bei kleinen Prüfständen für Motoren oder Getriebe.

Wiederholung und Vertiefung

1. **Welche Werkstoffe sind ferromagnetisch?**
2. **Welche Eigenschaften hat ein Magnet?**
3. **Welcher Pol des Magneten ist der Nordpol?**
4. **Wie wirken die Pole zweier Magnete aufeinander?**
5. **Was versteht man unter einem Molekularmagneten?**
6. **Wie sind die Molekularmagnete in einem Magneten geordnet?**
7. **Wie verhalten sich ferrimagnetische Stoffe im Magnetfeld?**
8. **Was versteht man unter Magnetostriktion?**
9. **Wie können Wirbelströme erzeugt werden?**

Magnetfeld um einen stromdurchflossenen Leiter

Versuch 1: Führen Sie einen Leiter durch eine Kunststoffplatte. Schließen Sie den Leiter über einen Stellwiderstand an einen Gleichspannungserzeuger, z. B. einen Akkumulator, an. Bestreuen Sie die Kunststoffplatte in der Umgebung des Leiters mit Eisenfeilspänen.

Ergebnis:
Die Eisenfeilspäne ordnen sich in konzentrischen Kreisen um den Leiter an **(Bild 1)**.

Jeder stromdurchflossene Leiter ist von einem Magnetfeld umgeben. Ein Magnetfeld entsteht auch, wenn der Strom ohne Leiter in Luft, Gasen oder Vakuum fließt, z. B. bei Fernsehbildröhren, Gasentladungsröhren, Elektronenstrahlröhren sowie beim Lichtbogen.

Jeder elektrische Strom erzeugt ein magnetisches Feld.

Das Magnetfeld ist umso stärker, je größer die Stromstärke ist.

Die Feldlinien um einen stromdurchflossenen Leiter sind konzentrische Kreise. Sie liegen in Ebenen senkrecht zum Leiter. Die Richtung der Feldlinien hängt von der Stromrichtung ab.

Blickt man in Richtung des wegfließenden Stromes auf den Leiter, dann umschließen die Feldlinien den Leiter im Drehsinn des Uhrzeigers.

In Bildern zeichnet man in den Leiterquerschnitt ein Kreuz **(Bild 2)**, wenn der Strom vom Betrachter wegfließt. Fließt der Strom auf den Betrachter zu, so zeichnet man einen Punkt **(Bild 3)**.

Befestigt man senkrecht zwei parallele Metallbänder aus Aluminiumfolie an isolierten Klemmen und lässt sie in gleicher Richtung von einem Gleichstrom durchfließen, so bewegen sie sich aufeinander zu (Bild2).

Die Feldlinien umschließen beide Leiter. Dadurch wirkt auf die beiden Leiter eine Kraft, die eine Anziehung der Leiter bewirkt.

Werden parallele Leiter gleichsinnig vom Strom durchflossen, so ziehen sie sich an.

Ändert man in einem der beiden Metallbänder die Stromrichtung, sodass sie gegensinnig vom Gleichstrom durchflossen werden, bewegen sich die Bänder voneinander weg (Bild 3).

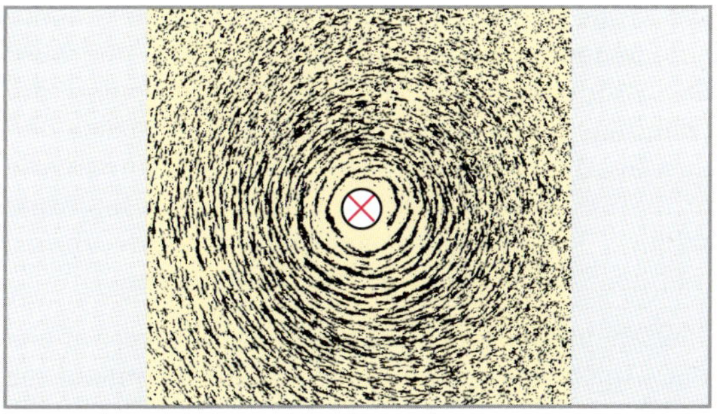

Bild 1: Magnetfeld um den stromdurchflossenen Leiter

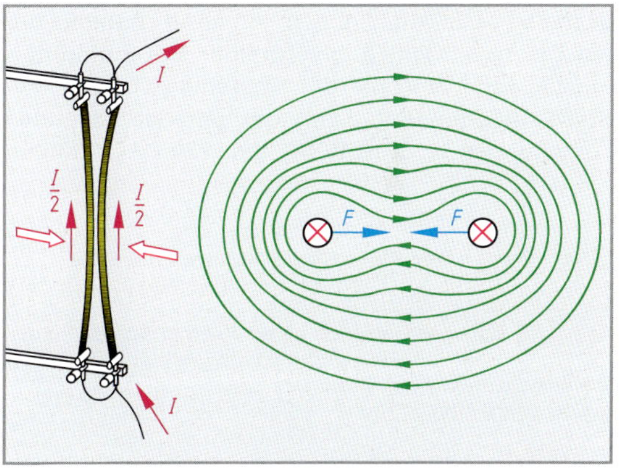

Bild 2: Kraftwirkung und Magnetfeld zweier paralleler Leiter bei gleicher Stromrichtung

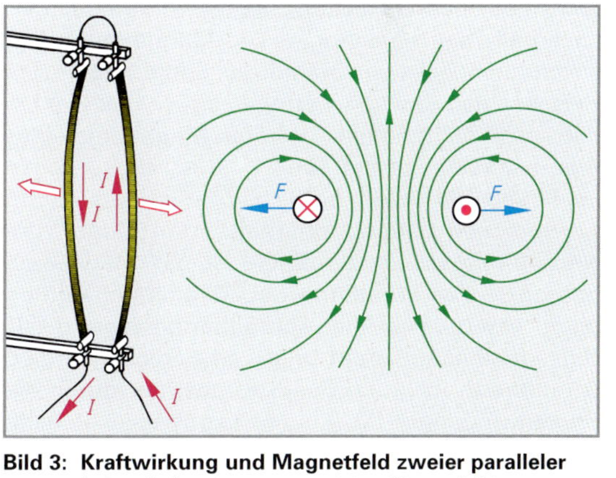

Bild 3: Kraftwirkung und Magnetfeld zweier paralleler Leiter bei entgegengesetzter Stromrichtung

Die Feldlinien gehen alle zwischen den Leitern hindurch.

Werden parallele Leiter gegensinnig vom Strom durchflossen, so stoßen sie sich ab.

Die Kräfte, die stromdurchflossene parallele Leiter aufeinander ausüben, sind umso größer, je größer die Stromstärke und je kleiner der Abstand der Leiter ist. Wicklungen von elektrischen Maschinen und Geräten sowie parallele Sammelschienen, die große Stromstärken führen können, z. B. bei Kurzschluss, müssen gut verankert sein, um Verformungen durch diese Kräfte zu verhindern.

Fließen in parallelen Leitern phasenverschobene Wechselströme, so werden ebenfalls Kräfte auf die Leiter ausgeübt. Dadurch können durchhängende, parallel laufende Freileitungen anfangen zu schwingen. Die unter Spannung stehenden Leiter müssen deshalb zueinander einen Abstand haben, der ein Zusammenschlagen vermeidet. Bei Stahlgittermasten für 110 kV ist der Abstand zwischen den Stützisolatoren und damit der parallel liegenden Freileitungen z. B. 3,10 m, bei 220-kV-Leitungen z. B. 4,50 m.

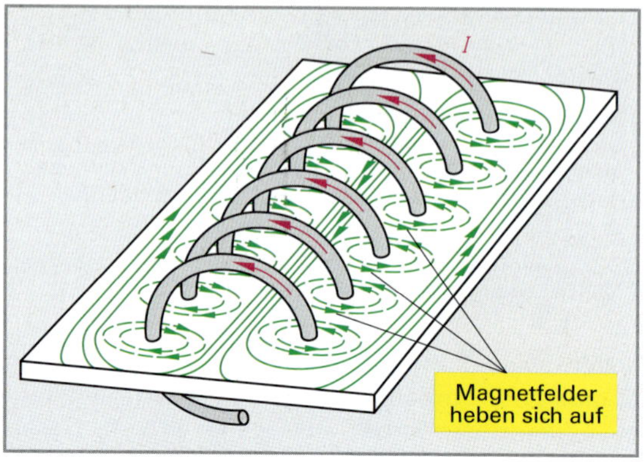

Bild 1: Entstehung des Magnetfeldes um die stromdurchflossene Spule

Magnetfeld einer stromdurchflossenen Spule

Versuch 1: Biegen Sie einen Leiter zu einer Schleife und schließen Sie ihn über einen Stellwiderstand an eine Gleichspannung an. Bewegen Sie eine drehbar gelagerte Magnetnadel um die Schleife herum.

Ergebnis:
Die stromdurchflossene Leiterschleife wirkt wie ein Stabmagnet. Sie hat einen Nord- und einen Südpol.

Legt man mehrere Leiterschleifen hintereinander, so erhält man eine Spule. Die Magnetfelder der stromdurchflossenen Drähte der Spule heben sich zwischen den Spulenwindungen auf. Insgesamt bildet sich ein Magnetfeld, das dem Magnetfeld eines Stabmagneten gleicht **(Bild 1)**. Die magnetischen Feldlinien verlaufen außerhalb der Spule vom Nordpol zum Südpol, innerhalb vom Südpol zum Nordpol. Im Innern der Spule ist das Magnetfeld homogen. Zur Ermittlung der Magnetfeldrichtung dient ersatzweise die Schraubenbewegung als Hilfsvorstellung. Dreht man eine rechtsgängige Schraube in Richtung des Stromes, der durch die Spulenwindungen fließt, so bewegt sie sich in Richtung auf den Nordpol der Spule fort **(Bild 2)**.

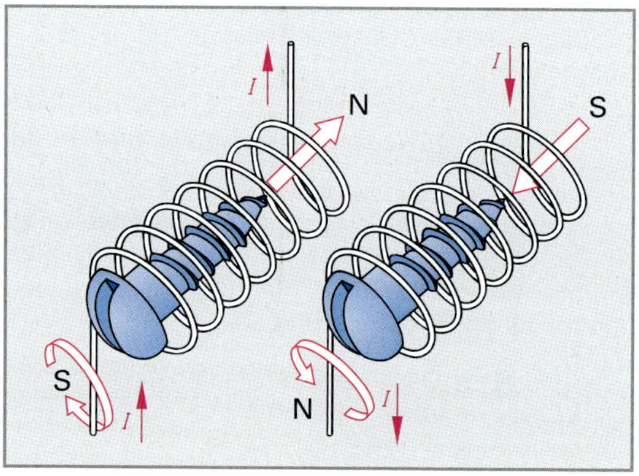

Bild 2: Polarität der stromdurchflossenen Spule

Die Polarität des Magnetfeldes der Spule hängt von der Stromrichtung ab.

Magnetische Größen

Durchflutung (Formelzeichen Θ) nennt man das Produkt Stromstärke mal Windungszahl.

$[\Theta] = \text{A}$

$$\Theta = I \cdot N$$

Θ Durchflutung (griech. Großbuchstabe Theta)
I Stromstärke
N Windungszahl

Die Windungszahl hat keine Einheit. Deshalb hat die Durchflutung die gleiche Einheit Ampere wie die Stromstärke. Manchmal wird die Durchflutung auch in Aw (Amperewindungen) angegeben.

Beispiel 1: Durchflutung berechnen

Eine Spule mit 5 000 Windungen wird von einem Strom von 10 mA durchflossen. Wie groß ist die Durchflutung der Spule?

Lösung:

$\Theta = I \cdot N = 0{,}01\ \text{A} \cdot 5\,000 = \mathbf{50\ A}$

Bei einer großen Spule ist die mittlere Feldlinienlänge größer als bei einer kleinen Spule **(Bild 1)**. Zum Aufbau des magnetischen Feldes einer großen Spule ist bei gleicher magnetischer Feldstärke daher mehr Energie erforderlich als zum Aufbau des magnetischen Feldes einer kleinen Spule.

Die **magnetische Feldstärke** ist bei gleicher Durchflutung umso größer, je kleiner die mittlere Feldlinienlänge ist. Sie hat die Einheit A/m.

Die Berechnung der magnetischen Feldstärke mit der Formel Durchflutung geteilt durch die mittlere Feldlinienlänge gilt bei Ringspulen und technischen Spulen mit Feldlinienverlauf im Eisen und in ähnlichen Werkstoffen. Bei anderen Spulen ohne Eisenweg ist die Durchflutung durch eine andere Größe zu teilen, z. B. bei einer sehr langen gestreckten Spule durch die Spulenlänge.

Beispiel 1: Feldstärke berechnen

Eine Spule mit 5 000 Windungen wird von einem Strom von 10 mA durchflossen und hat eine mittlere Feldlinienlänge von 20 cm. Wie groß ist die magnetische Feldstärke?

Lösung:

$$H = \frac{\Theta}{l} = \frac{0{,}01\ \text{A} \cdot 5000}{20\ \text{cm}} = 2{,}5\ \frac{\text{A}}{\text{cm}} = \mathbf{250\ \frac{A}{m}}$$

Magnetischen Fluss (Formelzeichen Φ) nennt man die Gesamtzahl der Feldlinien eines Magneten oder einer Spule. Die Einheit des magnetischen Flusses ist die Voltsekunde (Vs), welche auch den Einheitennamen Weber (Wb)[1] besitzt. 1 Wb = 1 Vs.

Die **magnetische Flussdichte** (magnetische Induktion) gibt den magnetischen Fluss eines Magneten oder einer Spule an, der eine Fläche von 1 m^2 senkrecht durchsetzt.

Die magnetische Flussdichte ist umso größer, je größer die magnetische Feldstärke ist.

Die Einheit der magnetischen Flussdichte ist die Voltsekunde je Meterquadrat (Vs/m^2) mit dem besonderen Einheitennamen Tesla (T)[2].

Beispiel 2: Flussdichte berechnen

Eine Luftspule hat eine magnetische Feldstärke von 250 A/m. Wie groß ist ihre magnetische Flussdichte?

Lösung:

$$B = \mu_0 \cdot H = 1{,}257\ \mu\text{Vs/(Am)} \cdot 250\ \text{A/m}$$
$$= 0{,}31425\ \text{mVs/m}^2 = \mathbf{0{,}314\ mT}$$

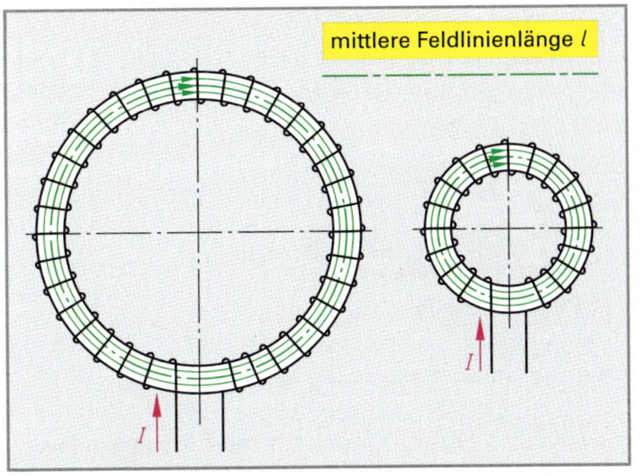

Bild 1: Mittlere Feldlinienlänge bei großen und kleinen Ringspulen

$$[H] = \frac{\text{A}}{\text{m}}$$

Bei Ringspulen und technischen Spulen:

$$H = \frac{\Theta}{l}$$

Bei Spule ohne Eisenkern (Luftspule):

$$B = \mu_0 \cdot H \qquad w = \frac{1}{2}\mu_0 \cdot H^2 \qquad w = \frac{1}{2}\frac{B^2}{\mu_0}$$

Bei allen Spulen:

$$B = \frac{\Phi}{A} \qquad w = \frac{1}{2} B \cdot H$$

$$[B] = \frac{\text{Vs}}{\text{m}^2} = \frac{\text{Wb}}{\text{m}^2} = \text{T} \qquad [w] = \frac{\text{Vs}}{\text{m}^2} \cdot \frac{\text{A}}{\text{m}} = \frac{\text{Ws}}{\text{m}^3}$$

H magnetische Feldstärke
Θ Durchflutung (griech. Großbuchstabe Theta)
l mittlere Feldlinienlänge
B magnetische Flussdichte
μ_0 magnetische Feldkonstante (magn. Induktionskonstante, μ griech. Kleinbuchstabe Müh)
$\mu_0 = \frac{4\pi}{10}\ \mu\text{Vs/(Am)} = 1{,}257\ \mu\text{Vs/(Am)}$
w Energiedichte des magnetischen Feldes
Φ magnetischer Fluss (griech. Großbuchstabe Phi)
A Fläche

Der Aufbau des magnetischen Feldes erfordert elektrische Energie.

Energiedichte des magnetischen Feldes ist die im magnetischen Feld gespeicherte Energie je Volumen des magnetischen Feldes.

[1] Wilhelm Eduard Weber, deutscher Physiker, 1804 bis 1891; [2] Nikola Tesla, kroatisch-amerikanischer Physiker, 1856 bis 1943

Beispiel 1: Energiedichte berechnen

Eine Luftspule hat eine magnetische Feldstärke von 250 A/m. Wie groß ist die Energiedichte des magnetischen Feldes?

Lösung:

$w = \frac{1}{2} \mu_0 \cdot H^2$

$= \frac{1}{2} \cdot 1{,}257\ \mu Vs/(Am) \cdot 250^2\ A^2/m^2$

$= \mathbf{39{,}28\ mWs/m^3}$

$$\mu = \frac{B}{H} \qquad \mu = \mu_0 \cdot \mu_r$$

μ Permeabilität
B magnetische Flussdichte
H magnetische Feldstärke
μ_0 magnetische Feldkonstante, $\mu_0 = 1{,}257\ \mu Vs/(Am)$
μ_r Permeabilitätszahl

Eisen im Magnetfeld einer Spule

Versuch 1: Schließen Sie eine Luftspule über einen Stellwiderstand und einen Strommesser an eine Gleichspannung an. Stellen Sie die für die Spule höchstzulässige Stromstärke ein. Nähern Sie die Spule kleinen Eisenteilen, z. B. Büroklammern. Führen Sie anschließend in die Spule einen Eisenkern ein und wiederholen Sie die Übung bei gleicher Stromstärke.

Ergebnis:
Die stromdurchflossene Spule zieht einige Eisenteile an. Mit Eisenkern zieht sie wesentlich mehr Eisenteile an.

Durch einen Eisenkern wird die magnetische Kraftwirkung einer stromdurchflossenen Spule wesentlich erhöht. Die magnetische Flussdichte einer stromdurchflossenen Spule mit Eisenkern ist viel größer als die magnetische Flussdichte einer Luftspule bei gleich großer Durchflutung.

Ein Eisenkern erhöht die magnetische Flussdichte einer stromdurchflossenen Spule.

Mit zunehmender Durchflutung, also mit zunehmender magnetischer Feldstärke der Spule, werden immer mehr Bloch-Wände verschoben, bis der Eisenkern schließlich bei einer bestimmten magnetischen Feldstärke aus einem einzigen Weiss'schen Bezirk besteht. Die Molekularmagnete (Spins) werden dabei in eine Vorzugsrichtung ausgerichtet, die von der Magnetisierungsrichtung abhängt. Wird nun die magnetische Feldstärke noch weiter erhöht, so drehen sich die Molekularmagnete in die Magnetisierungsrichtung. Sind alle Molekularmagnete gerichtet, so nimmt die magnetische Wirkung des Eisens auch bei zunehmender Durchflutung nicht mehr merklich zu. Das Eisen ist magnetisch gesättigt.

Der magnetische Zustand des Eisens ist bei gleich großer magnetischer Feldstärke bei den einzelnen Werkstoffen verschieden. Er wird durch *magnetische Zustandskurven* dargestellt, welche die magnetische Flussdichte des Eisenkerns der Spule in

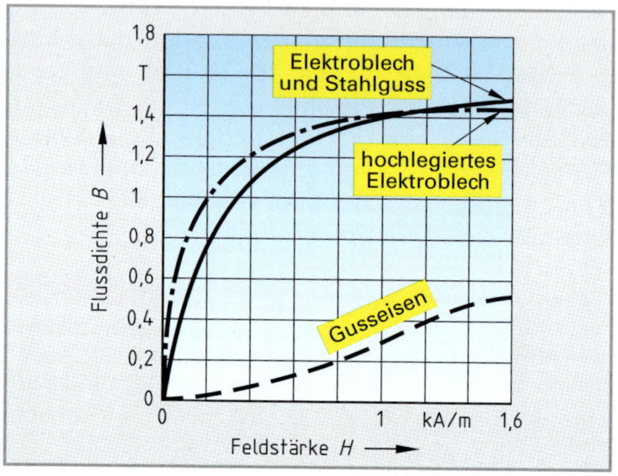

Bild 1: Magnetische Zustandskurven

Abhängigkeit von der magnetischen Feldstärke zeigen **(Bild 1)**.

Permeabilität (lat. permeare = hindurchgehen) nennt man das Verhältnis der magnetischen Flussdichte zur magnetischen Feldstärke.

Die Permeabilität ist das Produkt aus der magnetischen Feldkonstanten und der Permeabilitätszahl.

ⓘ μ als Vorsatz für physikalische Einheiten steht für 10^{-6}.

Die *Permeabilitätszahl* μ_r gibt den Faktor an, mit dem die magnetische Flussdichte der Spule ohne Kern zu multiplizieren ist, um die magnetische Flussdichte der Spule mit Kern zu erhalten.

Die Permeabilitätszahl der Luft ist 1. Die Permeabilitätszahlen der ferromagnetischen Stoffe liegen bei einigen Tausend.

Die Permeabilität eines Werkstoffes ist nicht konstant. Sie verändert sich mit der magnetischen Feldstärke **(Bild 1, folgende Seite)**. Die Steigung der magnetischen Zustandskurve im Anfangspunkt ist ein Maß für die *Anfangspermeabilität* μ_a.

Vergrößert man die Stromstärke in einer Luftspule, so nimmt die magnetische Flussdichte linear zu. Vergrößert man die Stromstärke in einer Spule mit Eisenkern, so richten sich die Molekularmagnete aus. Die magnetische Flussdichte nimmt entsprechend der magnetischen Zustandskurve zu. Geht man dabei vom nicht magnetisierten Eisen aus, so erhält man die *Neukurve* **(Bild 2)**. Wird die Stromstärke wieder verkleinert, so nimmt die magnetische Flussdichte weniger ab, weil nicht alle Molekularmagnete wieder ihre ursprünglichen Richtungen einnehmen. Bei der Feldstärke null bleibt im Eisenkern eine magnetische *Remanenz* (Restmagnetismus) zurück.

Kehrt man die Stromrichtung in der Spule um, so verschwindet die Remanenz schon bei einer kleinen Stromstärke. Alle Molekularmagnete haben nun ihre ursprünglichen Richtungen eingenommen. Die magnetische Feldstärke bei der magnetischen Flussdichte null wird *Koerzitiv-Feldstärke* (lat. coercere = zusammenhalten) genannt.

Bei weiterer Vergrößerung der Stromstärke nimmt die magnetische Flussdichte nun in umgekehrter Richtung wieder zu. Es entsteht eine Hystereseschleife (Hysteresekurve, griech. hysteresis = das Zurückbleiben, Bild 2).

Werkstoffe für Dauermagnete sollen eine große Remanenz haben und ihr Magnetismus darf durch den Einfluss fremder magnetischer Felder nicht verloren gehen. Bei diesen Werkstoffen strebt man daher eine hohe Remanenz B_r und eine große Koerzitiv-Feldstärke H_c an. Das Produkt $B_r H_c$ ist ein Maß für die Qualität eines Dauermagneten **(Bild 3)**.

Schließt man eine Spule mit Eisenkern an eine Wechselspannung an, so wird die Hystereseschleife bei jeder Periode einmal durchlaufen. Die Molekularmagnete ändern ständig ihre Richtung. Infolge der inneren Reibung erwärmt sich durch diese Hystereseverluste der Eisenkern.

Die Ummagnetisierung des Eisenkerns einer Spule erfordert elektrische Energie.

Beim *Entmagnetisieren* eines Gegenstandes mit einer Spule wird entweder die Wechselstromstärke durch die Spule verkleinert oder der Gegenstand aus dem Wechselfeld der Spule langsam entfernt. Die Hystereseschleife des Gegenstandes wird dadurch immer kleiner, bis schließlich der unmagnetische Zustand erreicht ist. Bei Gegenständen aus hartmagnetischem Werkstoff muss die Entmagnetisierung unter Umständen wiederholt werden.

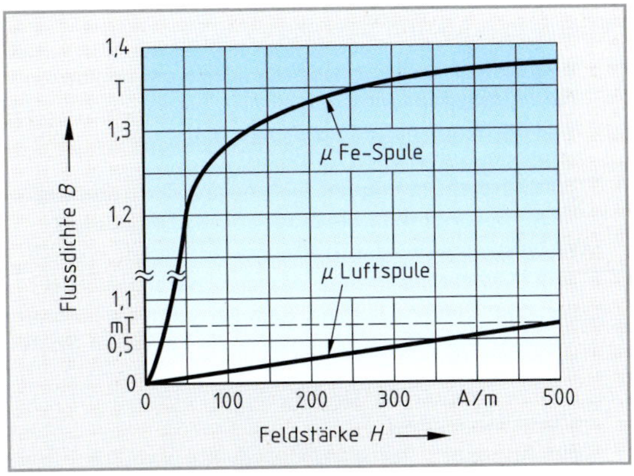

Bild 1: Magnetische Zustandskurven

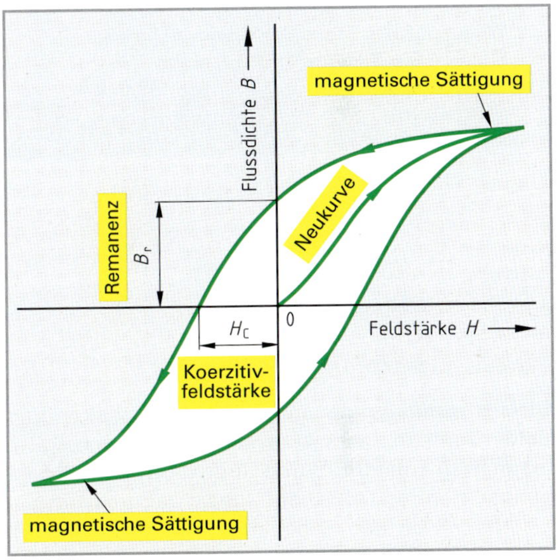

Bild 2: Hystereseschleife

ⓘ Dauermagnete haben eine hohe Remanenz und eine große Koerzitivfeldstärke.

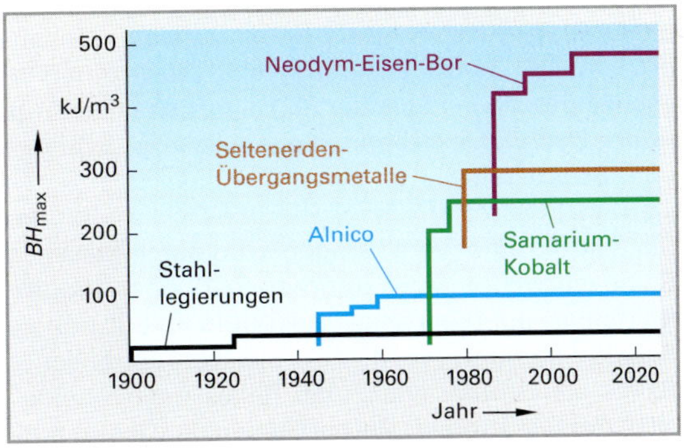

Bild 3: Entwicklung der Werkstoffe für Dauermagnete

Wiederholung und Vertiefung

1. Welche Richtung hat das Magnetfeld um den stromdurchflossenen Leiter?
2. Wovon hängt die Polarität des Magnetfeldes einer stromdurchflossenen Spule ab?
3. Was versteht man unter elektrischer Durchflutung?
4. Wie berechnet man die magnetische Feldstärke?
5. Welche magnetische Größe hat die Einheit Weber?
6. Was versteht man unter magnetischer Flussdichte?
7. Welchen Einfluss übt ein Eisenkern auf die magnetische Flussdichte einer stromdurchflossenen Spule aus?
8. Welches Verhältnis wird durch die Permeabilität des Eisens angegeben?
9. Ein Eisenkern hat eine Flussdichte von 0,5 T bei einer Feldstärke von 400 A/m. Wie groß ist seine Permeabilitätszahl μ_r?
   Lösung: $\mu_r = 994{,}43$
10. Wodurch entsteht die Remanenz im Eisenkern?
11. Erklären Sie die Koerzitiv-Feldstärke.
12. Wie kommen die Hystereseverluste zustande?
13. Wie erreicht man die Entmagnetisierung eines Gegenstandes?

1.8.2 Elektromagnetische Baugruppen

1.8.2.1 Elektromagnete

Gleichstrommagnete sind leicht einzuschalten und ziehen sanft an. Beim Abschalten von Gleichstrommagneten entsteht durch Induktion eine Spannungserhöhung (Abschnitt 1.8.4). Dadurch tritt ein *Lichtbogen* an den Schalterkontakten auf **(Bild 1)**. Diese Spannungserhöhung kann vermieden werden, wenn parallel zur Spule in Sperrichtung zur Betriebsspannung eine Diode, genannt *Freilaufdiode*, oder ein RC-Glied geschaltet wird **(Bild 2)**.

1.8.2.2 Relais

Elektromagnetische Relais (franz. relais = Schalteinrichtung, Zwischenstation) sind elektromagnetisch angetriebene Schalter für kleine Schaltleistung. In der Nachrichtentechnik dienen sie zum Schalten von Stromkreisen, in denen Signale übertragen werden. Beim elektromagnetischen Relais wirkt das Magnetfeld einer vom Erregerstrom durchflossenen Spule entweder direkt (unmittelbar) oder indirekt (mittelbar) auf die Kontakte ein **(Bild 3)**. Für höhere Schaltleistungen wird ein elektromagnetisches Relais als *Schütz* bezeichnet. Relais unterscheiden sich von Schützen im Aufbau und in der Größe ihrer Schaltleistung (Abschnitt 1.10.4).

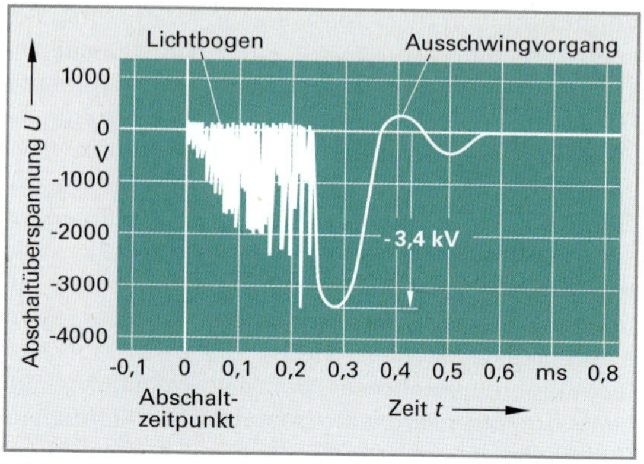

Bild 1: Abschaltüberspannung an einer Schützspule ohne Löschglied

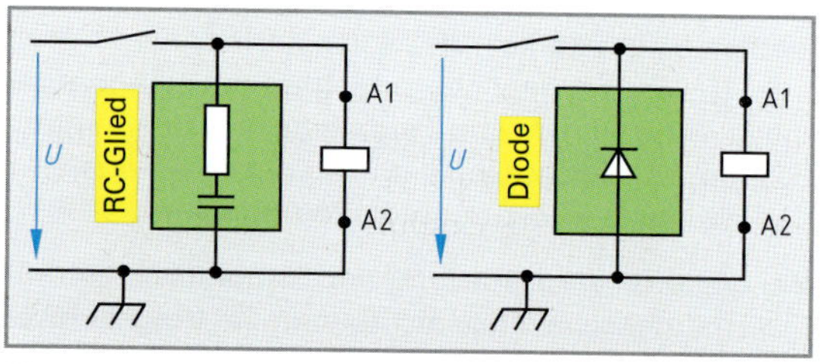

Bild 2: Funkenlöschung an Gleichstrommagneten

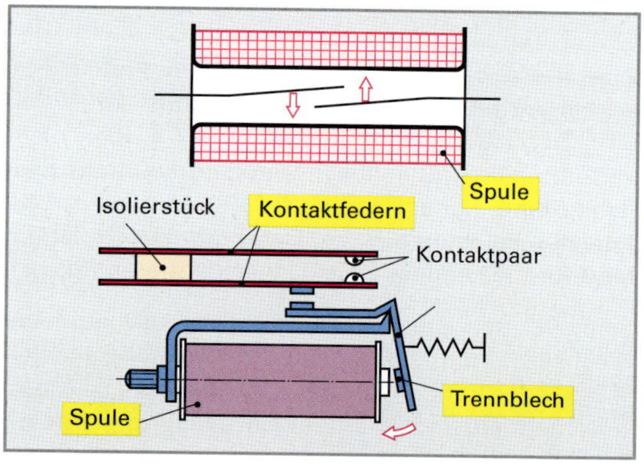

Bild 3: Einwirkung des Magnetfeldes auf die Relaiskontakte oben: direkt; unten: indirekt

Direkte Einwirkung: Fließt durch eine Spule Strom, so entsteht im Inneren ein magnetischer Fluss. Hintereinander liegende Eisenteile ziehen sich dabei an, da sie magnetisiert werden.

Indirekte Einwirkung: Ein Elektromagnet zieht einen Anker an. Durch eine geeignete Hebelanordnung lässt sich erreichen, dass Kontakte geschlossen werden.

Relais sind elektromagnetisch angetriebene Schalter für kleine Schaltleistungen.

Kontaktarten

Alle elektromagnetischen Relais können so gebaut werden, dass sie durch den Erregerstrom als *Schließer* oder *Öffner* arbeiten. Schließer schließen einen Stromkreis bei Erregung, Öffner unterbrechen ihn. Werden Schließer und Öffner kombiniert, so entsteht ein *Wechsler* **(Tabelle 1)**.

Schließer, Öffner und Wechsler sind die Grundarten der Relaiskontakte.

Die Kontaktarten werden mit Kennzahlen bezeichnet. Die Kennzahl 1 bedeutet einen Schließer, die Kennzahl 2 einen Öffner.

Tabelle 1: Grundarten von Kontakten

Bezeichnung, Kennzahl	Schaltzeichen	Kontaktbild
Schließer 1		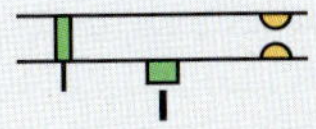
Öffner 2	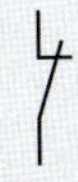	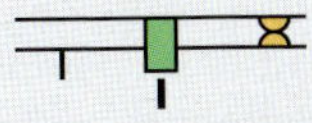
Wechsler 2 1		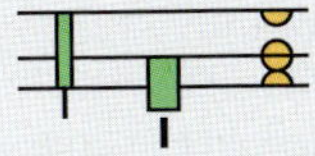
Folgewechsler 2-1	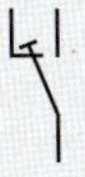	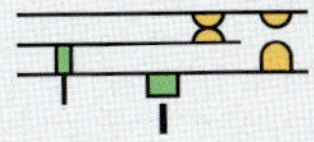

Bauarten von Relais

Relais mit Zungenkontakten (z. B. Herkon-Relais, *Reed-Relais*) bestehen aus einem Zungenkontakt, der in einer Erregerspule liegt **(Bild 1)**. Zungenkontakte können Ströme bis etwa 2 A schalten. Die Schaltspannung kann bis 230 V Wechselspannung betragen. Die Schaltleistung liegt bei 60 VA. Die minimale Anzugsspannung berechnet man aus dem Quotienten der Amperewindungszahl des Kontaktes durch die Amperewindungen je Volt der benutzten Spule. Die Lebensdauer beträgt 100 Millionen bis 200 Millionen Schaltspiele, ist aber sehr von der Schaltleistung abhängig.

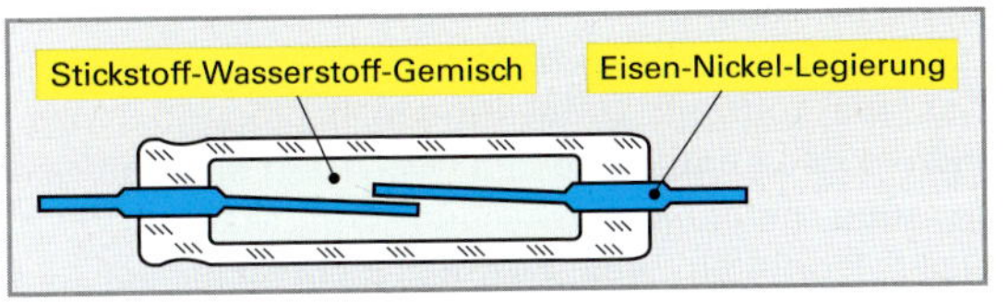

Bild 1: Zungenkontakt für ein Relais

Relais mit Federsätzen verwenden die Kraft eines Ankers zur Betätigung der Kontakte. Je nach mechanischer Ausführung unterscheidet man Rundrelais, Flachrelais und Kammrelais. Beim Kammrelais **Bild 2** sind alle Kontaktfedern durch einen isolierenden Betätigungskamm verbunden, sodass sie nur gemeinsam öffnen oder schließen.

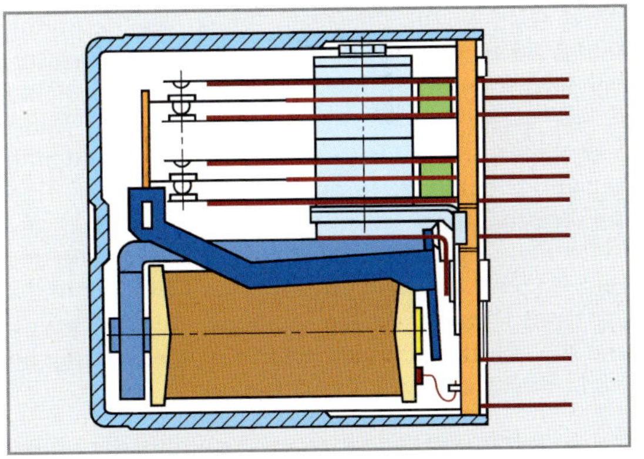

Bild 2: Kammrelais

Relais mit zwangsgeführten Kontakten, auch *Sicherheitsrelais* genannt, besitzen eine mechanische Vorrichtung, z. B. einen Kamm, die verhindert, dass Öffner und Schließer eines Kontaktes gleichzeitig geschlossen sein können. Ein geöffneter Schließer kann durch einen geschlossenen Öffner erkannt werden. Ein Öffnungsversagen von Schließer oder Öffner ist also erkennbar.

Das *Dual-in-line-Relais* (DIL) **Bild 3** hat z. B. zwei Wechsler und je eine Spule zum Ansprechen und Rückstellen. Dadurch ist zum Ansprechen und Rückstellen kein Polwechsel erforderlich. Das Relais eignet sich besonders zur Ansteuerung durch IC und für den Einbau in Leiterplatten.

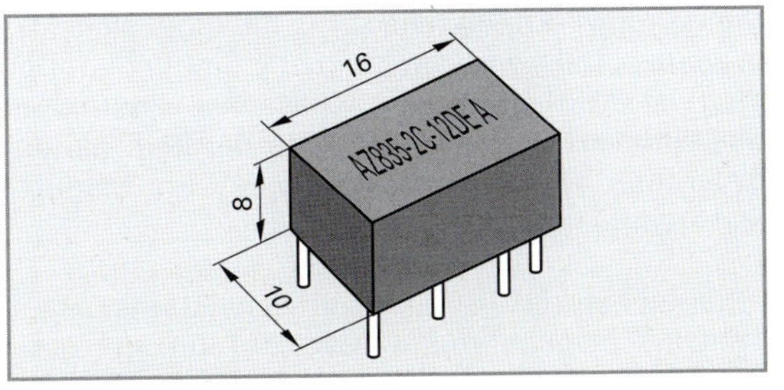

Bild 3: Dual-in-line-Relais

1.8.3 Strom im Magnetfeld

Auf einen stromdurchflossenen Leiter in einem Magnetfeld wirkt eine Kraft senkrecht zum Leiter und senkrecht zum Magnetfeld. Eine stromdurchflossene Leiterschaukel wird deshalb aus einem Magnetfeld herausbewegt **(Bild 1)**.

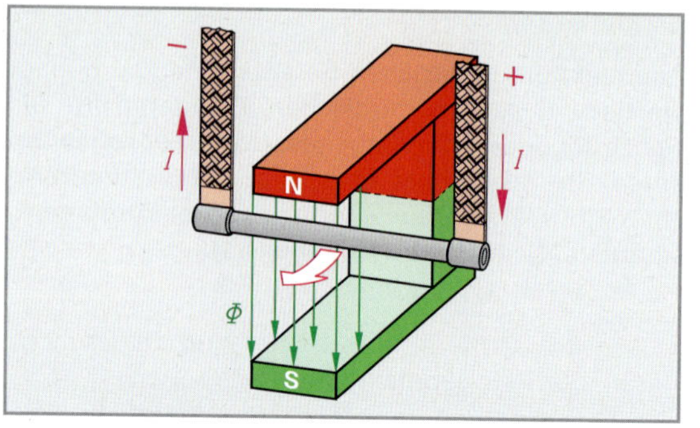

Bild 1: Ablenkung eines stromdurchflossenen Leiters im Magnetfeld

Lorentzkraft

Strom ist Bewegung von elektrischer Ladung. Die Kraft wirkt demnach auf die bewegte Ladung, z. B. Elektronen, und drängt diese auf diejenige Seite, nach welcher die Kraft wirkt. Diese *Lorentzkraft* (Lorentz, niederländischer Physiker, 1853 bis 1928) ist umso größer, je größer die magnetische Flussdichte, die Ladung und die Geschwindigkeit der Ladungsträger sind.

> Auf bewegte Ladungsträger wird im magnetischen Feld dann eine Kraft ausgeübt, wenn sich die Ladungsträger quer zum magnetischen Feld bewegen.

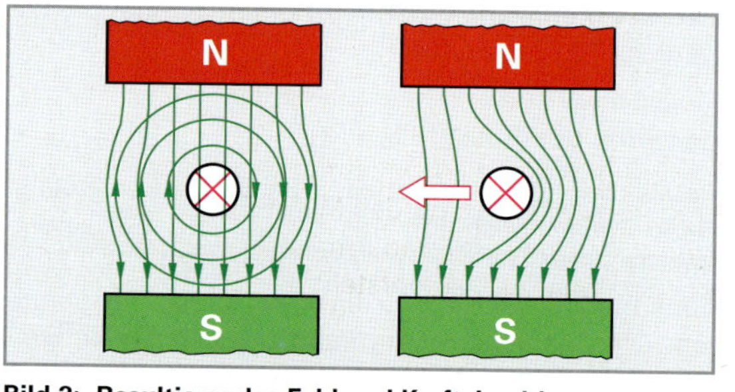

Bild 2: Resultierendes Feld und Krafteinwirkung auf einen Leiter

Das aus konzentrischen Ringen bestehende Magnetfeld des geraden Leiters überlagert sich mit den geraden Feldlinien zwischen den Magnetpolen. Das Magnetfeld des Stromes schwächt auf der einen Seite des Leiters das Feld des Magneten, während es auf der anderen Seite dieses Feld verstärkt **(Bild 2)**. Die Flussdichte des resultierenden Feldes ist also auf einer Seite des Leiters größer. Der Strom wird von der Stelle großer Flussdichte zu der Stelle kleiner Flussdichte verdrängt. Kehrt man die Stromrichtung um, so wird die Flussdichte auf der anderen Seite des Leiters vergrößert und die Kraftrichtung kehrt sich um. Lässt man die Stromrichtung bestehen und kehrt die Richtung des Feldes vom Magneten um, so ändert sich ebenfalls die Kraftrichtung. Ändert man die Stromrichtung und die Feldrichtung des Magneten gleichzeitig, so bleibt die Kraftrichtung unverändert.

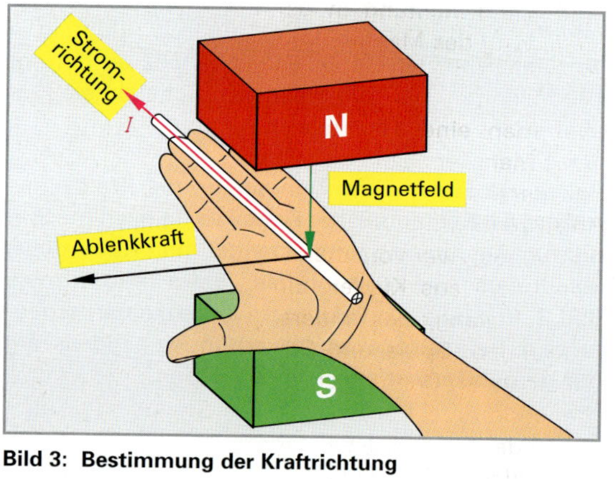

Bild 3: Bestimmung der Kraftrichtung

Die Kraftrichtung kann man auch mithilfe der *Linke-Hand-Regel* oder *Motor-Regel* bestimmen **(Bild 3)**.

Die Lorentzkraft ist wirksam, solange sich die bewegten Elektronen im Magnetfeld befinden. Der Weg ist also gleich der wirksamen Breite des Magnetfeldes und die Zeit gleich der Zeit, die die Elektronen benötigen, um das wirksame Magnetfeld zu durchlaufen.

> Die Lorentzkraft wächst mit der Stromstärke, mit der magnetischen Flussdichte und mit der wirksamen Breite des Magnetfeldes.

Lorentzkraft

$$F = Q \cdot v \cdot B$$

$Q = I \cdot t; \quad v = s/t$

$$[F] = \text{As} \cdot \frac{\text{m}}{\text{s}} \cdot \frac{\text{Vs}}{\text{m}^2} = \frac{\text{VAs}}{\text{m}} = \frac{\text{Nm}}{\text{m}} = \text{N}$$

- Q Ladung
- I Stromstärke
- s Weg
- t Zeit
- F Lorentzkraft
- v Geschwindigkeit der Ladungsträger senkrecht zu B
- B magnetische Flussdichte

Befinden sich gleichzeitig mehrere Leiter im Feld des Magneten, die alle von demselben Strom durchflossen werden, so ist die Kraft umso größer, je größer die Anzahl der Leiter ist.

Die Ablenkung des Stromes im Magnetfeld wird z. B. bei Elektromotoren ausgenutzt. Beim Elektromotor ist man bestrebt, dass sich viele Leiter im Feld des Magneten befinden. Dadurch wird ein großes Kraftmoment erzielt.

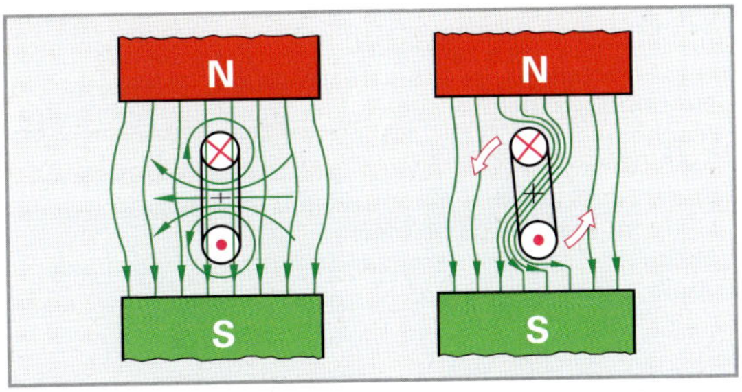

Bild 1: Entstehung des Kraftmomentes einer Spule im Magnetfeld

Stromdurchflossene Spule im Magnetfeld

Der Strom in den Leitern einer Spule verursacht ein Magnetfeld **(Bild 1)**. Zusammen mit dem Feld des Dauermagneten entsteht ein gemeinsames Feld. Die Leiter der Spule werden abgestoßen. Die Spule dreht sich, bis ihre Feldlinien dieselbe Richtung haben wie die Feldlinien des Magneten. Die Drehrichtung hängt von der Stromrichtung in der Spule und von der Richtung des Magnetfeldes ab. Durchdringt das Feld des Dauermagneten die Spule quer zur Spulenachse, so entsteht ein Kraftmoment.

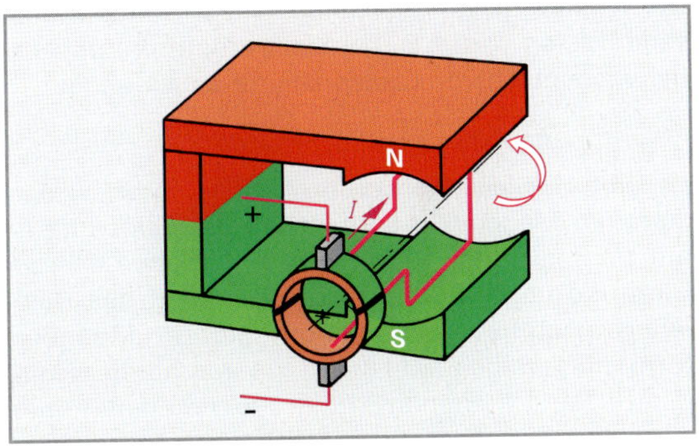

Bild 2: Motormodell mit Stromwender

Eine stromdurchflossene Spule dreht sich im Magnetfeld. Die Drehrichtung hängt von der Stromrichtung in der Spule und von der Richtung des Magnetfeldes ab.

Will man eine dauernde Drehung erreichen, so führt man der Spule den Strom über einen *Stromwender* (Kommutator, von lat. commutare = verändern) zu **(Bild 2)**. Der Stromwender besteht für eine Spule aus *zwei* voneinander isolierten Halbringen (Lamellen) aus Kupfer. Ein Halbring ist mit dem Spulenanfang, der andere mit dem Spulenende verbunden. Spule und Stromwender drehen sich miteinander. Der Spulenstrom wird über zwei feststehende Kohlebürsten zugeführt. Wenn die Spule durch den Schwung bei der Drehung ihren größten Ausschlag (90°) gerade ein wenig überschritten hat, dann ändert der Stromwender die Stromrichtung in der Spule und sie dreht sich weiter. Durch den Stromwender wird erreicht, dass die Stromrichtung in den Leitern im Bereich jeweils eines Poles immer gleich bleibt.

Beim Gleichstrommotor sind die Spulen meist in ein zylindrisches Blechpaket aus geschichteten Elektroblechen eingelegt. Jede Spule ist mit Anfang und Ende am Stromwender angeschlossen. Damit keine ruckartige Drehbewegung entsteht, macht man die Zahl der Spulen und der Lamellen des Stromwenders möglichst groß.

$F = Q \cdot v \cdot B \qquad Q = I \cdot t \qquad v = \frac{s}{t} = \frac{l}{t}$

$\Rightarrow F = I \cdot t \cdot \frac{l}{t} \cdot B$

Ablenkkraft

Bei einem Leiter:

$$F = I \cdot l \cdot B$$

Bei mehreren Leitern:

$$F = I \cdot l \cdot B \cdot z$$

Kraftmoment bei Spulen im Magnetfeld:

$M = 2 \cdot F \cdot r$

$$M = F \cdot d$$

F Lorentzkraft
Q Ladung
v Geschwindigkeit
B magnetische Flussdichte
I Stromstärke
t Zeit
s Weg
l wirksame Länge eines Leiters im Magnetfeld
z Anzahl der Leiter
M Kraftmoment, Moment, Drehmoment
r Halbmesser der Spule
d Durchmesser der Spule

Beispiel 1: Kraft, Kraftmoment berechnen

Die Stromstärke in der Läuferwicklung eines Gleichstrommotors beträgt 4,9 A, die wirksame Breite des Magnetfeldes 0,25 m und die Flussdichte 1,5 T. Wie groß ist

a) die Kraft auf den Strom, wenn sich gleichzeitig 30 Leiter im Magnetfeld befinden,

b) das Kraftmoment bei einem Durchmesser des Läufers von 0,1 m?

Lösung:

a) $F = I \cdot l \cdot B \cdot z = 4{,}9\ \text{A} \cdot 0{,}25\ \text{m} \cdot 1{,}5\ \text{T} \cdot 30$

$= 55{,}1\ \text{Nm/m} = \mathbf{55{,}1\ N}$

b) $M = F_s \cdot d = F \cdot d = 55{,}1\ \text{N} \cdot 0{,}1\ \text{m} = \mathbf{5{,}51\ Nm}$

Die Wirkung des Magnetfeldes auf stromdurchflossene Spulen wird z. B. bei Elektromotoren, und bei Schwingspulen von Lautsprechern angewendet.

Magnetfeldabhängige Widerstände

Es gibt Halbleiterwerkstoffe, welche ihren Widerstand im Magnetfeld ändern. Bei der *Feldplatte* ist auf einer isolierten Keramikplatte von etwa 0,5 mm Dicke die ungefähr 20 µm dicke Schicht des Halbleiterwerkstoffes (Indiumantimonid) in Mäanderform[1] aufgetragen **(Bild 1)**. Im Inneren hat der Halbleiter elektrisch leitende Bezirke aus Nickelantimonid.

Legt man an die Feldplatte eine Spannung, so fließt der Strom geradlinig, wenn kein Magnetfeld vorhanden ist (Bild 1). Die Einschlüsse haben keinen Einfluss auf die Strombahn. Ist dagegen senkrecht zur Strombahn ein Magnetfeld vorhanden, so ändert der Strom zwischen den leitenden Bezirken infolge der Lorentzkraft seine Richtung (Bild 1). An den leitenden Bezirken tritt kein Spannungsfall auf, die ungleichmäßige Stromdichte zwischen den leitenden Bezirken gleicht sich aus. Die Richtungsänderung des Stromes zwischen den leitenden Bezirken bedeutet aber eine beträchtliche Erhöhung des Widerstandes (Gaußeffekt oder magnetischer Widerstandseffekt).

Die Widerstandszunahme (R_B veränderter Widerstand, R_0 Grundwiderstand bei $B = 0$ T) ist vom Halbleiterwerkstoff und von der magnetischen Flussdichte abhängig, jedoch unabhängig von der Richtung des magnetischen Flusses **(Bild 2)**.

Ferner hängt der Widerstand von Feldplatten von der Temperatur ab. Der Temperaturkoeffizient ist über einen größeren Temperaturbereich nicht konstant. Zur Vermeidung von Überlastungen darf die Temperatur der Feldplatte 95 °C meist nicht überschreiten.

Feldplatten werden als Längsfeldsonden und als Querfeldsonden zur Messung von Magnetfeldern und als steuerbare Widerstände eingesetzt **(Bild 3)**.

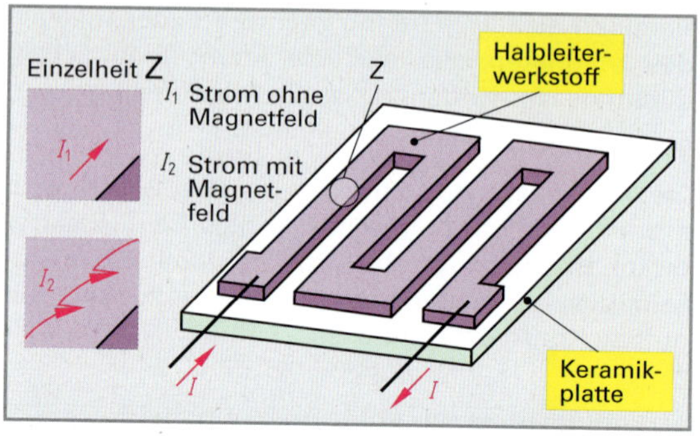

Bild 1: Aufbau und Wirkungsweise einer Feldplatte

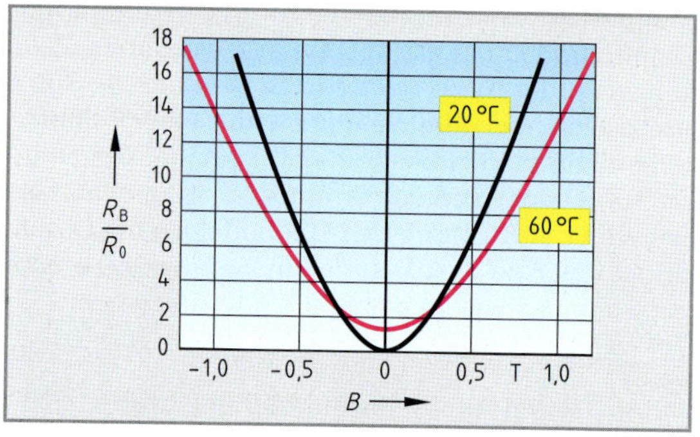

Bild 2: Kennlinie einer Feldplatte bei verschiedenen Temperaturen

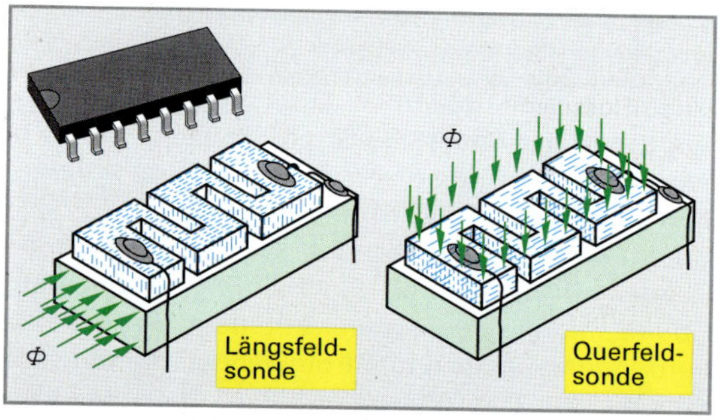

Bild 3: Längsfeldsonde und Querfeldsonde

Hallsonde (Hallgenerator)[2]

Bringt man ein rechteckiges, dünnes, leitendes Halbleiterplättchen, z. B. aus Indiumantimonid, welches in seiner Längsrichtung vom Strom durchflossen wird, in ein Magnetfeld, dessen Feld senkrecht auf der Fläche des Plättchens steht **(Bild1, folgende Seite)**, dann werden die Elektronen infolge der Lorentzkraft durch das Magnetfeld abgelenkt. Die eine Längsseite des Leiters verarmt an Elektronen, auf der anderen Seite reichern sich Elektronen an. Dadurch entsteht die *Hallspannung*.

[1] Mäander = kleinasiatischer, schleifenförmiger Fluss
[2] Edwin Herbert Hall, amerikanischer Physiker, 1855 bis 1938

In einer Hallsonde wird durch einen Strom und ein Magnetfeld eine Spannung erzeugt.

Die Hallspannung ist umso größer, je größer die Stromstärke, die magnetische Flussdichte und der Hallkoeffizient sind und je kleiner die Dicke des Plättchens ist.

Der Hallkoeffizient in m^3/C ist der Kehrwert der Raumladungsdichte in C/m^3 des verwendeten Leiters. Der Hallkoeffizient soll möglichst groß sein, damit eine entsprechend große Hallspannung erzielt wird. Dies ist bei den Halbleitern Indiumarsenid und Indiumantimonid der Fall.

Die Hallspannung ruft eine der Lorentzkraft entgegengerichtete Kraft auf die Elektronen hervor. Beide Kräfte bestimmen die Ablenkung der Elektronen. Die Richtung der Hallspannung ist von der Stromrichtung und von der Richtung des Magnetfeldes abhängig.

Hallsonden verwendet man z. B. zur Messung von Magnetfeldern und als kontaktlose Signalgeber.

Beispiel 1: Flussdichte berechnen

An einer Hallsonde aus Indiumantimonid wird bei einer Stromstärke von 60 mA eine Hallspannung von 200 mV gemessen. Die Leiterdicke beträgt 0,2 mm, der Hallkoeffizient $380 \cdot 10^{-6}\,m^3/C$. Wie groß ist die magnetische Flussdichte?

Lösung:

$$U_H = \frac{R_H \cdot I \cdot B}{s}$$

$$\Rightarrow B = \frac{s \cdot U_H}{R_H \cdot I} = \frac{0{,}2\,mm \cdot 200\,mV}{380 \cdot 10^{-6}\,m^3/C \cdot 60\,mA} = \mathbf{1{,}75\,T}$$

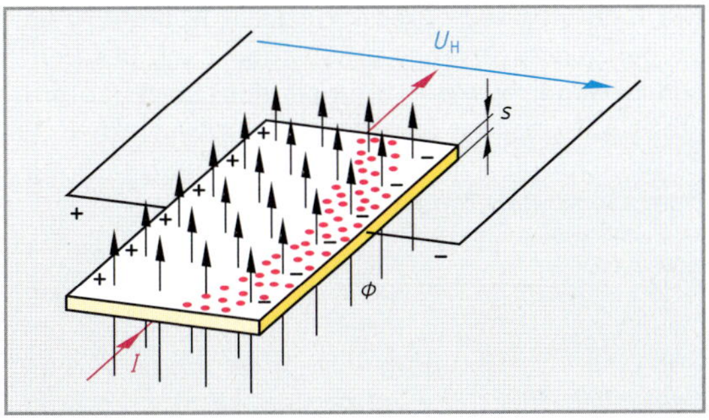

Bild 1: Halleffekt beim N-Leiter

$$[U_H] = \frac{m^3/C \cdot A \cdot T}{m} = V \qquad U_H = \frac{R_H \cdot I \cdot B}{s}$$

U_H	Hallspannung
R_H	Hallkoeffizient in m^3/C
I	Stromstärke
B	magnetische Flussdichte
s	Leiterdicke

Wiederholung und Vertiefung

1. **Welche Wirkung erfährt der Strom im Magnetfeld?**
2. **Wovon hängt die Größe der Lorentzkraft ab?**
3. **Wie groß ist die Stromstärke in einer Rechteck-Spule mit 20 Windungen bei einer wirksamen Breite des Magnetfeldes von 0,2 m und einer magnetischen Flussdichte von 0,8 T, wenn der Spulendurchmesser 0,15 m und das Moment 4 Nm betragen?**
   Lösung: **I = 8,33 A**
4. **Wodurch kommt bei der Feldplatte eine Widerstandserhöhung zustande?**
5. **Wie entsteht in einer Hallsonde eine Spannung?**

1.8.4 Induktion

Die Spannungserzeugung mithilfe des magnetischen Feldes nennt man *Induktion* (von lateinisch inducere = einführen). Sie erfolgt z. B. durch Einführen eines Magneten in eine Spule.

Lenz'sche[1] Regel

Durch Induktion wird eine Spannung erzeugt. Wird der Stromkreis geschlossen, so fließt ein Strom. Dieser durch Induktion hervorgerufene Strom bewirkt zusammen mit dem Magnetfeld eine Kraft.

Diese Kraft sucht den Induktionsvorgang zu beeinflussen. Die Kraft sucht die Induktion zu hemmen.

[1] Heinrich Friedrich Emil Lenz, russischer Physiker, 1804 bis 1865

Lenz´sche Regel:

Der durch Induktion hervorgerufene Strom ist stets so gerichtet, dass er seine Ursache zu hemmen sucht.

Beim Einschalten eines Fahrraddynamos tritt bekanntlich eine deutliche Bremswirkung ein. Das ist eine unmittelbare Folge der *Lenz'schen Regel*. Man verwendet die Lenz'sche Regel, um die Richtung der induzierten Spannung zu ermitteln **(Bild 1, folgende Seite)**. Dazu setzt man die bremsende Kraft F_L entgegen der Geschwindigkeit v bzw. der Antriebskraft, bestimmt die für das Bremsen notwendige Richtung der Feldlinien und daraus nach der Schraubenregel die Richtung des Stromes.

Die Richtung des durch induzierte Spannung hervorgerufenen Stromes erhält man nach der Lenz'schen Regel aus der bremsenden Kraft (Lorentzkraft) auf positive Ladungsträger. Man erhält die Stromrichtung auch durch die *Rechte-Hand-Regel* oder *Generator-Regel* **(Bild 2)**.

> Hält man die rechte Hand so, dass die Feldlinien auf die Innenfläche der Hand auftreffen und der abgespreizte Daumen in die Bewegungsrichtung zeigt, so fließt der durch Induktion hervorgerufene Strom in Richtung der ausgestreckten Finger.

Der durch die Induktionsspannung hervorgerufene Strom erzeugt um den Leiter ein Magnetfeld, das sich dem Feld des Elektromagneten überlagert (Bild 1). Dadurch wird auf den Leiter eine Kraft ausgeübt, die seiner Bewegungsrichtung entgegengerichtet ist.

Ein Aluminiumring bei dem Versuch nach **Bild 3** wird beim Einschalten des Stromes von der Spule abgestoßen, beim Ausschalten angezogen. Beim Einschalten ruft die Induktionsspannung im Aluminiumring einen Strom und damit ein Magnetfeld hervor, das dem *Aufbau* des Magnetfeldes der stromdurchflossenen Spule entgegenwirkt. Beim Ausschalten des Stromes wirkt das Magnetfeld des Aluminiumringes dem *Abbau* des Magnetfeldes der Spule entgegen.

Induktion durch Bewegung (Generatorprinzip)

Bewegt sich ein Leiter quer zu einem magnetischen Feld, so übt dieses auf die Ladungsträger des Leiters Kräfte aus. Es muss Arbeit gegen den Widerstand des Magnetfeldes geleistet werden. Dadurch wird die Trennung der positiven Ladung von der negativen Ladung bewirkt **(Bild 1, folgende Seite)**. Es entsteht also eine Spannung (Generatorprinzip).

> Wird ein Leiter in einem Magnetfeld quer zum Magnetfeld bewegt, so wird in ihm eine elektrische Spannung induziert.

Auf bewegte Ladungsträger im Magnetfeld wirkt die Lorentzkraft, wenn sie sich quer zum magnetischen Feld bewegen. Die freien Elektronen im Leiter werden dadurch nach einer Seite des Leiters abgelenkt (Bild 1, folgende Seite). Auf der einen Seite des Leiters entsteht ein Elektronenüberschuss, auf der anderen Seite ein Elektronenmangel. Zwischen den Leiterenden entsteht eine Spannung.

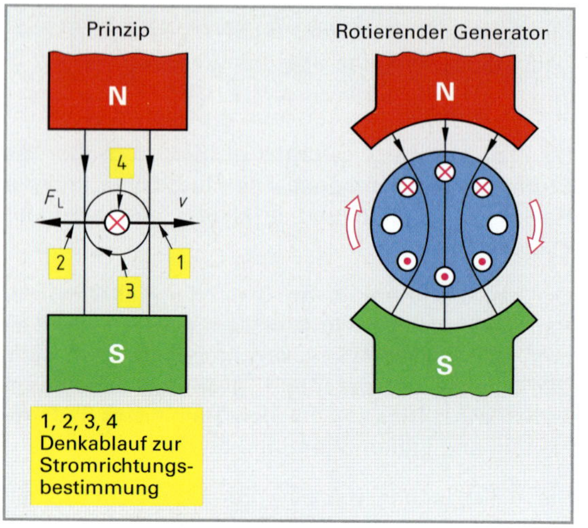

Bild 1: Induktion von Spannung durch Bewegung

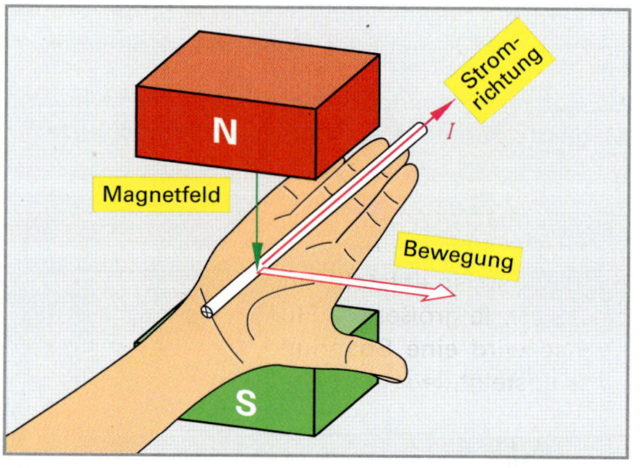

Bild 2: Rechte-Hand-Regel

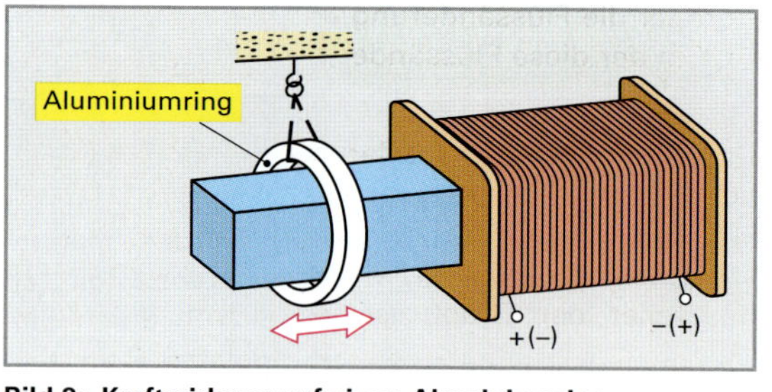

Bild 3: Kraftwirkung auf einen Aluminiumring

$$u_i = l \cdot v \cdot B$$

u_i	induzierte Spannung
l	wirksame Leiterlänge (Breite des Magnetfeldes)
v	Geschwindigkeit quer zu den Feldlinien
B	magnetische Flussdichte

Die Spannung ist umso größer, je länger die wirksame Länge des Leiters, je größer seine Geschwindigkeit und je größer die magnetische Flussdichte sind.

Durch Induktion der Bewegung quer zu den Feldlinien wird Spannung in elektrischen Maschinen induziert, z. B. in Generatoren, aber auch in Motoren. Bei ihnen drehen sich Leiter in einem magnetischen Feld.

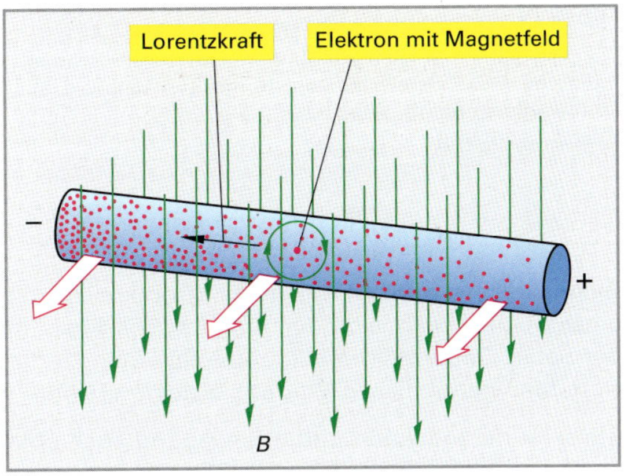

Bild 1: Ladungstrennung infolge Induktion durch Bewegung

Induktion durch Änderung des magnetischen Flusses

In einer Leiterschleife wird auch ohne Bewegung eine Spannung induziert, wenn sich in ihr der magnetische Fluss ändert (Transformatorprinzip). Meist werden mehrere Leiterschleifen zu einer Spule aneinander gereiht. Die induzierte Spannung ist umso höher, je mehr Windungen vorhanden sind, je stärker sich der magnetische Fluss *ändert* und je kürzer die Zeit ist in der die Flussänderung erfolgt.

$$u_i = -N \cdot \frac{\Delta\Phi}{\Delta t}$$

u_i induzierte Spannung
N Windungszahl
$\Delta\Phi$ Flussänderung (Δ griech. Großbuchstabe Delta; mathematisches Zeichen für Differenz)
Δt Zeit, in der die Flussänderung erfolgt

Wichtig ist der Zusammenhang zwischen dem magnetischen Fluss Φ und der Spannung **(Bild 2)**. Wenn keine *Änderung* des Flusses vorhanden ist, ist auch die Spannung null, und zwar unabhängig von der Stärke des magnetischen Flusses. Nimmt der Fluss ab, so entsteht eine Spannung, die umso größer ist, je größer die Flussänderung je Zeit ist. Ebenso wird eine Spannung induziert, wenn der Fluss ansteigt, jedoch mit umgekehrter Polung.

Die in einer Spule induzierte Spannung ist umso größer, je mehr Windungen vorhanden sind, je größer die Flussänderung und je kürzer die Zeit ist, in der diese Flussänderung erfolgt.

Die Stärke der Flussänderung ist aus dem zeitlichen Verlauf des Flusses $\Phi(t)$ zu erkennen. Dort, wo der Graph für den magnetischen Fluss Φ waagrecht verläuft, liegt keine Flussänderung vor. Je steiler der Graph ist, desto größer ist die Flussänderungsgeschwindigkeit $\frac{\Delta\Phi(t)}{\Delta t}$ (Bild 2).

Die induzierte Spannung ist proportional der zeitlichen Änderung (Steigung) der Funktion $\Phi(t)$.

Die Induktionsspannung ist so gerichtet, dass der Strom, den sie zur Folge hat, ihrer Ursache entgegenwirkt. Dies begründet auch das Minuszeichen in der Formel für die induzierte Spannung.

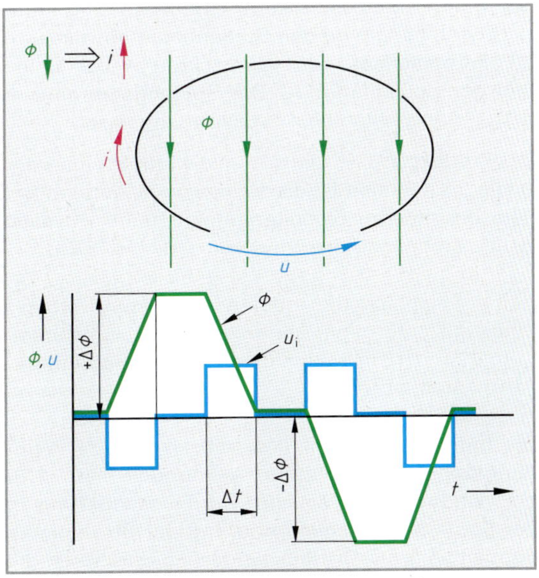

Bild 2: Induzierte Spannung durch zeitliche Änderung des magnetischen Flusses

Beispiel 1: Induktionsspannung berechnen

In einer Spule mit 1200 Windungen ändert sich der magnetische Fluss innerhalb von 10 ms von 2,5 mVs auf 0 mVs gleichmäßig. Wie groß ist die in der Spule induzierte Spannung?

Lösung:

$u_i = -N \cdot \Delta\phi/\Delta t = -1200 \cdot (-2{,}5\ \text{mVs})/10\ \text{ms} = \mathbf{300\ V}$

Beim Schließen und Öffnen eines Stromkreises mit einer Spule ändert sich der magnetische Fluss in der Spule. Dadurch wird in ihr eine Spannung induziert. Man nennt diesen Vorgang *Selbstinduktion*.

Meist ist die Induktion durch Bewegung auch eine Induktion durch Flussänderung **(Bild 1)**.

Die Flussänderungsgeschwindigkeit in einer bewegten Leiterschleife ist $\Delta\phi/\Delta t = B \cdot \Delta A/\Delta t$ (Bild 1). Mit $A = l \cdot s$ wird die Flussänderungsgeschwindigkeit $\Delta\phi/\Delta t = B \cdot l \cdot \Delta s/\Delta t$ und mit $\Delta s/\Delta t = v$ wird $\Delta\phi/\Delta t = B \cdot l \cdot v$.

Sind mehrere Leiterschleifen in Reihe geschaltet, so wird die induzierte Spannung mit der Zahl der Leiterschleifen multipliziert.

Die Induktion infolge einer Änderung des magnetischen Flusses wird in Transformatoren, Drosselspulen, Generatoren und Elektromotoren angewendet.

Induktivität

Die Größe der Flussänderung, durch die in einer Spule durch Selbstinduktion eine Spannung induziert wird, hängt von den Spulendaten ab, also von der Permeabilität, dem Querschnitt A der Spule und der Spulenlänge l_S. Die Spulendaten sind in der *Spulenkonstanten* A_L zusammengefasst.

Das Produkt $N^2 \cdot A_L$ nennt man die *Induktivität L* der Spule. Ihre Einheit ist die Voltsekunde/Ampere mit dem besonderen Einheitennamen Henry (H, nach Henry, amerikanischer Physiker, 1797 bis 1878).

Eine Spule hat die Induktivität 1 Henry, wenn eine gleichförmige Änderung der Stromstärke um 1 Ampere in 1 Sekunde in ihr eine Spannung von 1 Volt induziert.

Die Induktivität hängt quadratisch von der Windungszahl der Spule ab. Verdoppelt man z.B. die Windungszahl, so wird die Flussänderung in der Spule bei gleicher Änderung der Stromstärke doppelt so groß. Die Flussänderung durchsetzt die doppelte Windungszahl der Spule, was eine viermal so große Induktionsspannung zur Folge hat.

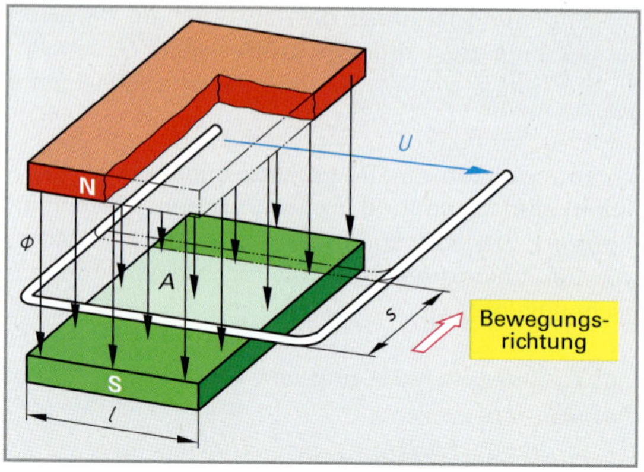

Bild 1: Induktion in einer Leiterschleife

$$u_i = z \cdot l \cdot v \cdot B \qquad A_L = \frac{\mu_0 \cdot \mu_r \cdot A}{l_s}$$

$$u_i = -N \cdot \frac{\mu_0 \cdot \mu_r \cdot A}{l_S} \cdot N \cdot \frac{\Delta i}{\Delta t} = -N^2 \cdot A_L \cdot \frac{\Delta i}{\Delta t}$$

$$u_i = -L \cdot \frac{\Delta i}{\Delta t} \qquad L = N^2 \cdot A_L$$

$$[L] = \text{Vs/A} = \text{H}$$

u_i	induzierte Spannung
z	Zahl der Leiterschleifen
l	wirksame Breite des Magnetfeldes auf Leiter
v	Umfangsgeschwindigkeit der Leiterschleifen
B	magnetische Flussdichte
N	Windungszahl
μ_0	magnetische Feldkonstante, $\mu_0 = 1{,}257\ \mu\text{Vs/(Am)}$
μ_r	Permeabilitätszahl
A	Spulenquerschnitt
l_S	Spulenlänge
Δi	Änderung der Stromstärke
Δt	Zeit, in der die Änderung der Stromstärke erfolgt
A_L	Spulenkonstante
L	Induktivität der Spule

Die in einer Spule durch Selbstinduktion induzierte Spannung wächst mit dem Quadrat der Windungszahl.

Beispiel 2: Induktivität berechnen

Wie groß ist die Induktivität einer Spule mit 1000 Windungen bei einer Spulenkonstanten $A_L = 1250$ nH?

Lösung:

$L = N^2 \cdot A_L = 1000^2 \cdot 1250\ \text{nVs/A} = 1250\ \text{mH} = \mathbf{1{,}25\ H}$

In manchen Fällen, z.B. bei Drahtwiderständen in Messgeräten, ist die Induktivität unerwünscht. Die

Wicklung wird dann so ausgeführt, dass der Strom in nebeneinander liegenden Windungen entgegengesetzte Richtung hat **(Bild 1)**. Diese Wicklungsart nennt man *bifilar* (von lat. bi- = zwei und filum = Faden) oder zweidrähtig. Die magnetischen Flüsse beider Windungen sind gleich groß, haben aber entgegengesetzte Richtungen. Ihre Wirkungen heben sich daher auf.

Bifilare Wicklungen haben keine Induktivität.

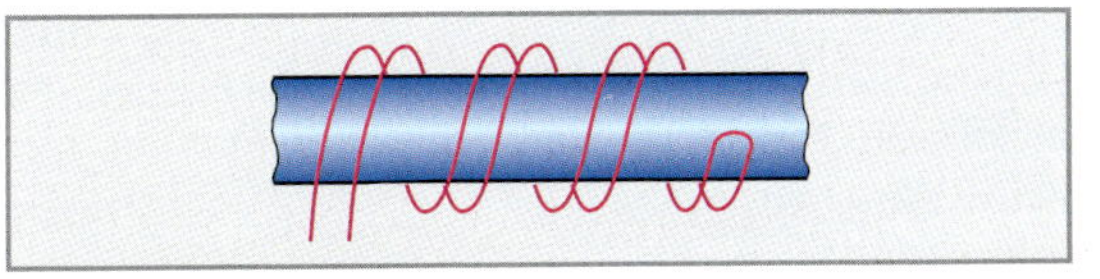

Bild 1: Bifilare Wicklung

Energie des Magnetfeldes einer Spule

Zum Aufbau des Magnetfeldes einer Spule ist elektrische Energie notwendig. Sie wird im Magnetfeld der Spule gespeichert. Beim Abbau des Magnetfeldes wird diese Energie wieder abgegeben.

Die Energie des Magnetfeldes einer Spule ist der Induktivität und dem Quadrat der Stromstärke proportional.

$$[W] = \frac{\text{Vs}}{\text{A}} \cdot \text{A}^2 = \text{Ws} = \text{J} \qquad W = \frac{1}{2} L \cdot I^2$$

W Energie; L Induktivität; I Stromstärke

Beispiel 1: Magnetfeldenergie berechnen

Wie groß ist die Energie des Magnetfeldes einer Spule mit einer Induktivität von 360 mH bei einer Stromstärke von 100 mA?

Lösung:

$W = \frac{1}{2} L \cdot I^2 = \frac{1}{2} \cdot 360 \, \frac{\text{mVs}}{\text{A}} \cdot (100 \text{ mA})^2 = \mathbf{1{,}8 \text{ mWs}}$

Wirbelströme

Lässt man Wechselstrom durch eine Spule fließen, in deren Innerem sich ein massiver Eisenkern befindet **(Bild 2)**, so erwärmt sich der Eisenkern innerhalb kurzer Zeit stark. Der massive Eisenkern leitet die magnetischen Feldlinien, stellt aber gleichzeitig einen ziemlich guten elektrischen Leiter dar.

Der massive Eisenkern wirkt wie eine kurzgeschlossene Spule, in welcher sich ein Eisenkern befindet (Bild 2). Infolge des magnetischen Wechselflusses und des nicht festgelegten Stromweges fließt in jedem Bereich des massiven Eisenkerns ein die Richtung wechselnder (wirbelnder) Strom. Da diese Überlegung für den ganzen Eisenkern gilt, treten überall durch Induktion hervorgerufene Ströme auf. Man bezeichnet diese als *Wirbelströme*.

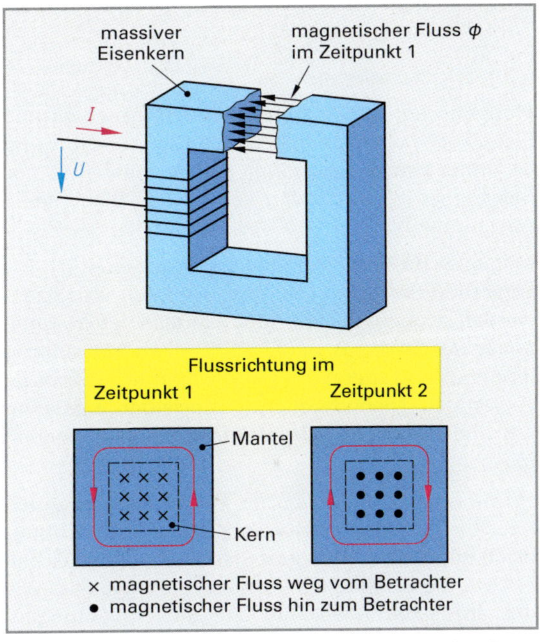

Bild 2: Entstehung der Wirbelströme in einem Eisenkern

Durchdringt ein magnetisches Wechselfeld Metall, so werden dort Wirbelströme erzeugt.

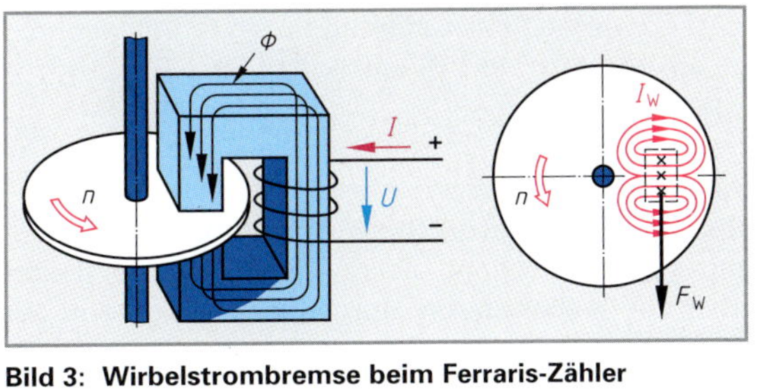

Bild 3: Wirbelstrombremse beim Ferraris-Zähler

Wirbelströme sind z. B. bei Spulen und Transformatoren unerwünscht, weil sie Energieverluste verursachen. Damit sich in Eisenkernen keine starken Wirbelströme ausbilden können, werden die Kerne aus dünnen Elektroblechen von 0,35 mm oder 0,5 mm Dicke geschichtet. Die Bleche werden gegeneinander isoliert, z. B. durch Oxidschichten oder Lack. Dadurch ist der Stromweg unterbrochen. Außerdem enthalten Elektrobleche einen Legierungszusatz von Silicium, wodurch ihr spezifischer Widerstand erhöht wird. Durch diese Maßnahmen bilden sich in den einzelnen, dünnen Blechen nur schwache Wirbelströme aus.

Bei hochfrequenten Strömen, z. B. in der Funktechnik, verwendet man Ferritkerne. Da Ferritkerne elektrische Nichtleiter sind, entstehen in ihnen fast keine Wirbelströme.

Durch Induktion der Bewegung entstehen Wirbelströme, wenn sich eine massive Leiterplatte in einem Magnetfeld bewegt **(Bild 3, vorhergehende Seite)**. Auch hier ändert sich im Inneren der massiven Leiterplatte der magnetische Fluss, wenn die Leiterplatte im Magnetfeld bewegt wird. Dadurch treten Wirbelströme auf, die nach der Lenz'schen Regel so gerichtet sind, dass die Bewegung gebremst wird, Anwendung z. B. bei Wirbelstrombremsen.

Magnetische Abschirmung

Magnetische Felder werden durch geschlossene Eisenbleche abgeschirmt **(Bild 1)**. Die Abschirmung ist umso besser, je größer die Permeabilität des Bleches ist. Bei Sättigung verliert das Blech seine Abschirmwirkung.

Magnetische Abschirmungen mit Mumetall (Ni-Fe-Legierung mit 75% Ni und weiteren Zusätzen) werden gegen den störenden Einfluss des *Magnetfeldes der Erde*, z. B. bei empfindlichen Messinstrumenten, und gegen *niederfrequente Störfelder* verwendet. Niederfrequente Störfelder entstehen z. B. bei Netztransformatoren und elektrischen Maschinen.

Hochfrequente magnetische Felder werden durch Abschirmbecher aus Aluminiumblech oder Kupferblech abgeschirmt. In dem Blech entstehen Wirbelströme, deren Magnetfeld nahezu so groß ist wie das abzuschirmende Feld und diesem entgegenwirkt. Dadurch wird das Störfeld aufgehoben.

Magnetische Felder können durch Metallbleche, z. B. in Form von Ringen oder Bechern, abgeschirmt werden.

Stromverdrängung

Bei Gleichstrom ist die Stromdichte über den gesamten Leiterquerschnitt gleich groß. Wird der Leiter aber von Wechselstrom durchflossen, so ändert der Strom laufend seine Stärke und Richtung. Denkt man sich den Strom in Stromfäden zerlegt, so erzeugt jeder Stromfaden ein wechselndes Magnetfeld. Durch die Flussänderung werden im Leiter Wirbelströme induziert, die so gerichtet sind, dass sie im Innern des Leiters dem Strom entgegenwirken, während sie an der Oberfläche die gleiche Richtung haben wie der Leiterstrom. Dadurch nimmt die Stromdichte nach der Mitte hin ab **(Bild 2)**.

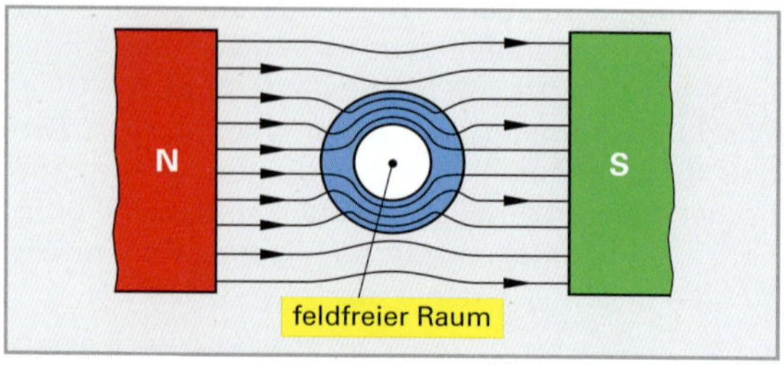

Bild 1: Magnetische Abschirmung

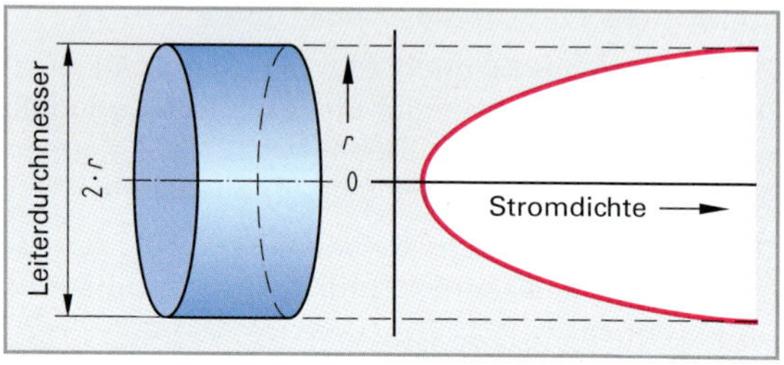

Bild 2: Stromdichte im Leiter bei hoher Frequenz

Die Stromverdrängung wächst mit der Frequenz des Wechselstromes und mit dem Durchmesser des Leiters. Bei hochfrequenten Strömen ist die Mitte des Leiters fast stromfrei. Der Strom fließt nur in einer dünnen Schicht an der Leiteroberfläche. Man nennt diese Wirkung *Skineffekt* (von skin = Haut). Der Widerstand des Leiters wird durch die Stromverdrängung stark vergrößert.

Wechselstrom wird in einem Leiter nach dessen Oberfläche hin verdrängt.

Um eine möglichst gute Ausnutzung des Drahtquerschnittes für die Stromleitung hochfrequenter Ströme zu erhalten, verwendet man *Hochfrequenzlitzen* aus vielen dünnen Drähten, die gegeneinander isoliert und verseilt (verdrillt) sind oder versilberte Drähte bzw. Rohre.

Wiederholung und Vertiefung

1. **Bei welchem Vorgang wird eine Spannung induziert?**
2. **Wovon hängt die Richtung der in einer Leiterschleife induzierten Spannung ab?**
3. **Wie lautet die Rechte-Hand-Regel?**
4. **Wie lautet die Lenz'sche Regel?**
5. **Wovon hängt die Induktivität einer Spule ab?**
6. **Eine Spulenkonstante beträgt A_L = 0,5 μH. Wie groß ist die Induktivität einer Spule mit 100 Windungen?**
   ***Lösung:* L = 5 mH**
7. **Wie können Wirbelströme vermindert werden?**
8. **Wodurch werden magnetische Felder abgeschirmt?**
9. **Was versteht man unter Stromverdrängung?**

1.8.5 Spule im Gleichstromkreis

Beim Schließen eines Stromkreises mit Spule steigt die Stromstärke in der Spule infolge der Selbstinduktion langsam auf ihren Endwert an. Der Endwert der Stromstärke ist durch den Gleichstromwiderstand des Stromkreises und die anliegende Spannung bestimmt **(Bild 1)**. Der Anstieg und der Abfall der Stromstärke erfolgen nach einer Exponentialfunktion.

Die *Zeitkonstante* τ gibt die Zeit an, nach der die Endstromstärke erreicht wäre, wenn die Stromstärke nach dem Einschalten linear ansteigen würde.

Die Stromstärke hat nach der Zeit $t = \tau$ nach dem Einschalten 63,2 % der Endstromstärke, nach dem Kurzschließen der Schaltung 36,8 % der Anfangsstromstärke erreicht. Die Endstromstärke ist jeweils nach $5\,\tau$ fast erreicht.

Die Spannung an der Spule entspricht beim Einschalten der an der Schaltung anliegenden Gleichspannung (Bild 1). Entsprechend der Zunahme der Stromstärke nimmt die Spannung ab. Beim Kurzschließen entsteht an der Spule nach der Lenz' schen Regel kurzfristig wieder eine Spannung.

Beispiel 1: Stromverlauf beim Einschalten

Die Reihenschaltung eines Widerstandes mit 5,6 kΩ und einer Spule mit einer Induktivität von 360 mH wird an eine Gleichspannung von 24 V angeschlossen. Berechnen Sie die Zeitkonstante und die Stromstärke 100 µs nach dem Schließen des Stromkreises.

Lösung:

$$\tau = \frac{L}{R} = \frac{360\ \text{mH}}{5{,}6\ \text{k}\Omega} = \mathbf{64{,}29\ \mu s}$$

$$i = \frac{U}{R} \cdot (1 - e^{-t/\tau})$$

$$= \frac{24\ \text{V}}{5{,}6\ \text{k}\Omega} \cdot \left(1 - e^{\left(-\frac{100\ \mu s}{64{,}29\ \mu s}\right)}\right) = \mathbf{3{,}38\ mA}$$

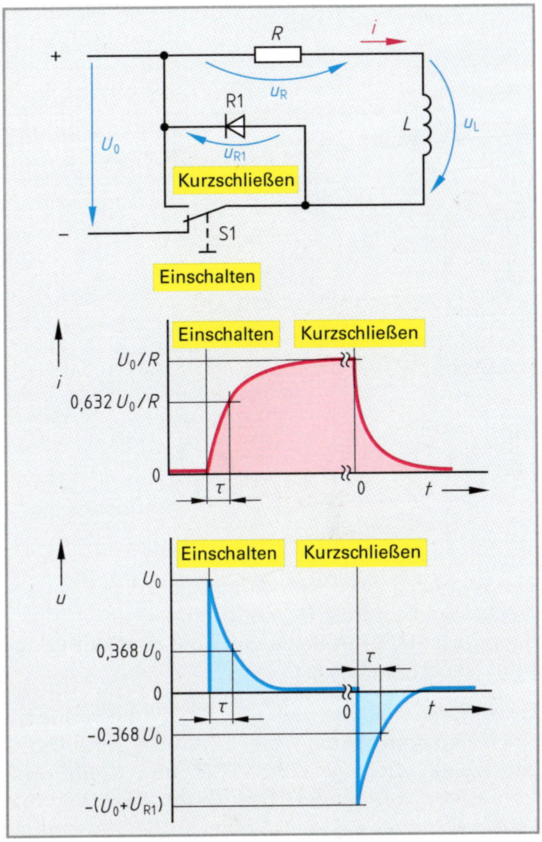

Bild 1: Stromverlauf und Spannungsverlauf bei einer Spule im Gleichstromkreis

$$[\tau] = \frac{\text{H}}{\Omega} = \frac{\text{Vs/A}}{\text{V/A}} = \text{s}$$

$$\tau = \frac{L}{R}$$

Beim Einschalten:

$$i = \frac{U_0}{R}(1 - e^{-t/\tau})$$

Beim Kurzschließen:

$$i = \frac{U_0}{R}\,e^{-t/\tau}$$

Die genormte Schreibweise von $e^{-t/\tau}$ ist exp $(-t/\tau)$.

τ	Zeitkonstante	i	Stromstärke
L	Induktivität	U_0	Gleichspannung
R	Widerstand des Stromkreises	t	Zeit

1.8.6 Bauformen der Spulen

Eine Spule besteht aus dem Spulenkörper und der Wicklung sowie einem Kern.

Die **Kerne** der Spulen bestehen in der Energietechnik aus Elektroblech und in der Nachrichtentechnik meist aus weichmagnetischen Ferriten. Je nach Verwendungszweck haben sie verschiedene Formen **(Tabelle 1, folgende Seite)**.

Ferritkerne werden auch über einen Leiter geschoben. Sie bewirken infolge des starken Anstiegs des Verlustfaktors mit der Frequenz eine Breitbanddämpfung im Bereich von etwa 10 MHz bis 300 MHz. Bei USB-, FireWire- und Monitorkabeln verwendet man nachträglich angebrachte Klappferritkerne (geteilte Ferritkerne).

Die **Spulenkörper** tragen die Wicklung und isolieren sie gegen den Kern. Sie bestehen meist aus Kunststoff. Die Formen der Spulenkörper sind den Kernformen angepasst. Oft sind sie in Kammern unterteilt, wodurch die Kapazität der Wicklung herabgesetzt wird.

Tabelle 1: Kernformen und Spulenkörper

Kernformen und Spulenkörper	Anwendung	Kernformen und Spulenkörper	Anwendung
Spulenkörper  E-Kern 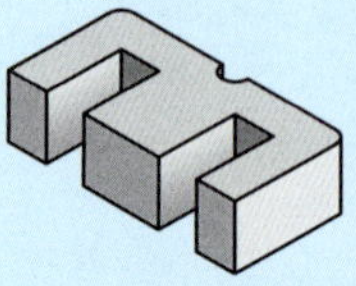	Als E-Kernsätze (Mantelkerne) z.B. für Drosselspulen und Übertrager	Schraub-kern  Abgleich-kern 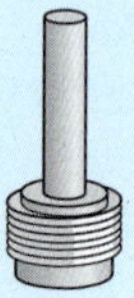	Induktivitätsabgleich von Spulen, Kerne für Variometer und HF-Spulen mit hohem Gütefaktor, kleinem Aufbau und großem Abgleich-bereich
Schalenkern 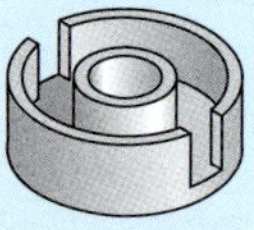 Spulenkörper 	Für Spulen mit hohem Gütefaktor in Schwingkreisen bis etwa 40 MHz, klirrarme Ton-frequenzspulen bis etwa 60 kHz, Transformatoren	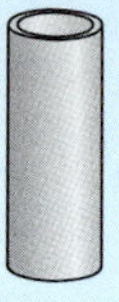 Rohrkern 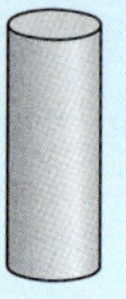 Stiftkern	

Die **Wicklung** wird auf die Spulenkörper aufgebracht. Sie besteht z. B. aus Kupferlackdraht (CuL), Kupferlackdraht mit Seide umsponnen (CuLS) oder einer Hochfrequenzlitze.

Lagenwicklungen werden z. B. für Niederfrequenz-Drosselspulen, Spulen für Vorkreise und Oszillatorkreise oder für Übertrager und Kleintransformatoren verwendet. Der Draht wird bei der Lagenwicklung auf den Spulenkörper so aufgewickelt, dass die Windungen nebeneinander liegen. Dadurch ergibt sich eine verhältnismäßig große Spulenkapazität. Hat die Spannung zwischen Anfang und Ende einer Lage einen größeren Scheitelwert als 25 V, so müssen die einzelnen Lagen der Wicklung z.B. durch Lackpapier gegeneinander isoliert werden. Bei Lackseidedraht oder Lackglasseidedraht ist die Isolierung zwischen zwei Lagen erst bei Lagenspannungen über 200 V Scheitelwert erforderlich.

Variometer sind Spulen oder Spulensätze mit veränderbarer Induktivität. Die Abstimmung erfolgt z. B. durch Stiftkerne, die über eine mechanische Übersetzung in dem Spulenkörper hin und her bewegt werden. Die Spulen sind meist einlagig gewickelt.

HF-Drosselspulen haben bei kleinen Abmessungen Induktivitäten von 0,1 µH bis 56 mH **(Bild 1)**. Der Ferritkern und die Wicklung sind mit Epoxidharz umpresst.

HF-Chip-Drosselspulen (Bild 2) sind Spulen für die Bestückung von Leiterplatten in SMD-Technik.

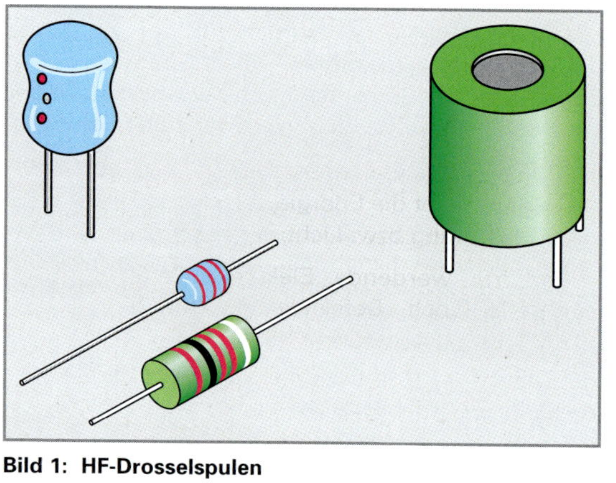

Bild 1: HF-Drosselspulen

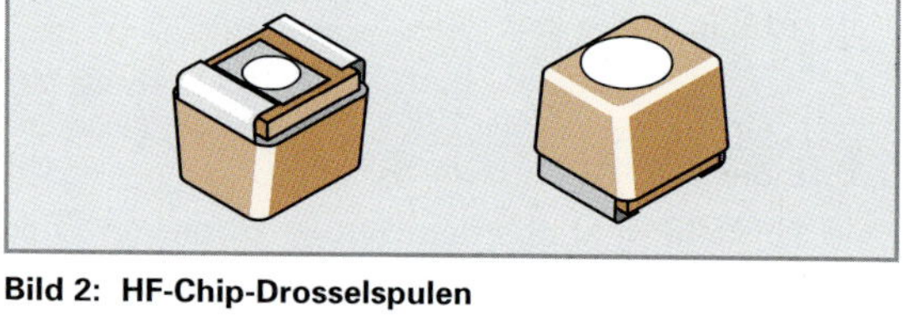

Bild 2: HF-Chip-Drosselspulen

Wiederholung und Vertiefung

1. **Aus welchen Teilen besteht eine Spule?**
2. **Aus welchem Werkstoff ist meist der Spulenkern?**
3. **Wofür werden Spulen mit Lagenwicklungen verwendet?**
4. **Wie wird die Induktivität eines Variometers verändert?**
5. **Wie viel Ohm muss der Vorwiderstand einer Spule mit vernachlässigbarem Widerstand von 50 mH haben, wenn die Zeitkonstante nur 0,01 ms betragen soll?**
   Lösung: **R = 5 kΩ**

1.9. Halbleiter

1.9.1 Kristallaufbau

Reine Halbleiterwerkstoffe sind bei sehr tiefen Temperaturen Nichtleiter. Ihre Atome bilden Kristallgitter. Die wichtigsten Halbleiterwerkstoffe sind Silicium, Germanium und Galliumarsenid. Silicium hat auf der äußersten Schale (M-Schale) vier Außenelektronen (Valenzelektronen) und ist vierwertig. Jedes davon umkreist den eigenen und je einen benachbarten Atomkern **(Bild 1)**. Je zwei Siliciumatome haben ein Elektronenpaar gemeinsam und werden dadurch zusammengehalten.

Oberhalb einer bestimmten Temperaturgrenze, z.B. 190 °C bei Silicium, wird das Kristallgitter eines Halbleiters zerstört.

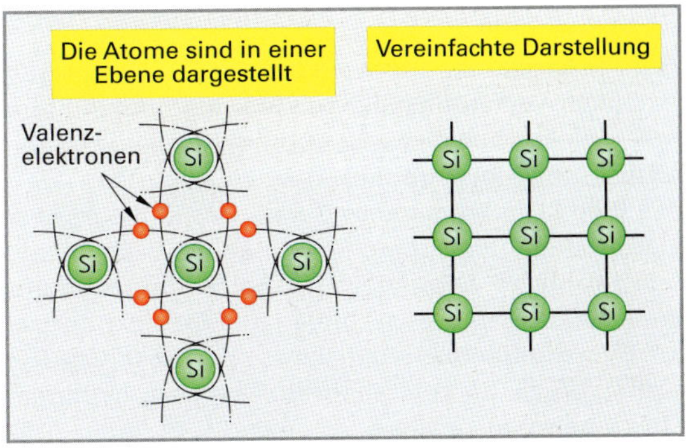

Bild 1: Chemische Bindung von Siliciumatomen

1.9.2 Eigenleitung

Durch Energiezufuhr, z.B. durch Wärme oder Licht, können Elektronen aus dem Gitterverbund gelöst und zu frei beweglichen Elektronen werden **(Bild 2)**. Man sagt auch, die Elektronen gelangen vom Valenzband (gebundene Elektronen) ins Leitungsband (freie Elektronen). Reicht die Energiezufuhr nicht aus, so fällt das Elektron in das Valenzband zurück (Bild 2) und gibt die Energie, z.B. als elektromagnetische Strahlung bzw. Licht, wieder frei.

Jedes frei werdende Elektron hinterlässt eine Fehlstelle (Loch, Defektelektron) im Kristallgitter (Bild 2). Es entstehen also stets *Ladungsträgerpaare* (Paarbildung, *Generation*, lat. generare = erzeugen). Durch die fehlende negative Ladung stellt ein Loch eine positive Ladung dar.

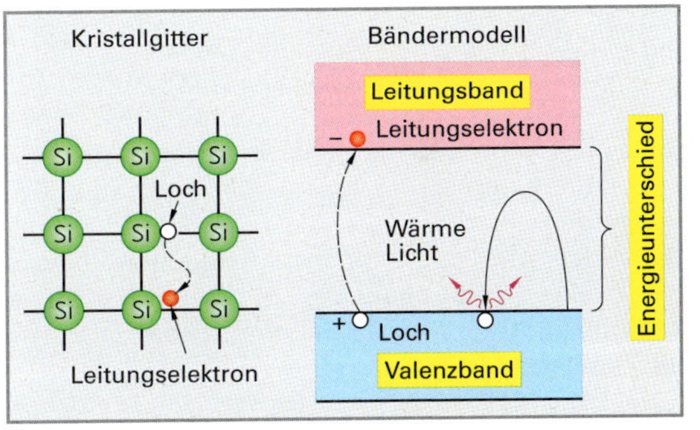

Bild 2: Paarbildung von Ladungsträgern

> Durch Paarbildung entstehen negative Leitungselektronen und gleich viele positive Löcher.

Fängt ein Loch ein Leitungselektron ein, so verschwinden beide Ladungen. Diese Zurückbildung der Kristallbindung bezeichnet man als *Rekombination* (lat. recombinare = rückvereinigen). Bein der Rekombination wird Energie freigesetzt, z.B. als Licht.

Die durch Paarbildung von Ladungsträgern entstehende Eigenleitfähigkeit der Halbleiter steigt mit der Temperatur.

Diese Temperaturabhängigkeit von Halbleitern wird bei Heißleitern ausgenutzt. Sonst erscheint diese Eigenschaft meist als Nachteil.

> Die Eigenleitfähigkeit von Halbleitern steigt mit der Temperatur.

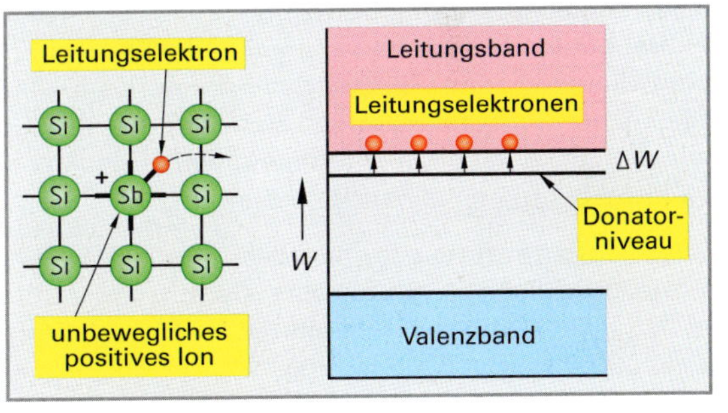

Bild 3: N-leitendes Silicium

1.9.3 Störstellenleitung

Die Zahl der beweglichen Ladungsträger im Kristall kann durch Einfügen von Fremdatomen wesentlich erhöht werden **(Bild 3)**. Diese „Verunreinigungen" sind Atome, die entweder ein Außenelektron mehr oder eines weniger aufweisen als die Atome des Halbleiterkristalls. Silicium ist vierwertig. Man wird also dreiwertige oder fünfwertige Atome als *Fremdatome* in das Siliciumkristallgitter einbauen. Das Hinzufügen von Fremdatomen nennt man *Dotieren* (lat. dotare = ausstatten, mitgeben).

N-Leiter

Fügt man in das Kristallgitter des vierwertigen Halbleiterwerkstoffes Silicium Fremdatome mit fünf Außenelektronen ein, z. B. Antimon (Sb), so können jeweils nur vier Außenelektronen gebunden werden **(Bild 3, vorhergehende Seite)**. Das fünfte Außenelektron des Antimonatoms ist nur schwach an seinen Atomkern gebunden. Deshalb genügt Raumtemperatur, damit es sich als Leitungselektron frei im Kristallgitter bewegen lässt. Ein positives Ion bleibt zurück. Es entstehen ebenso viele Leitungselektronen wie positive, *unbewegliche* Ionen. Der Kristall bleibt nach außen jedoch elektrisch neutral.

N-Leiter haben freie Elektronen als Ladungsträger.

P-Leiter

Baut man Fremdatome mit drei Außenelektronen, z. B. Indiumatome (In), in ein Siliciumkristall ein, so werden alle drei Außenelektronen des Indiums gebunden und es bleibt im Kristallgitter jeweils noch eine Bindungslücke, ein Loch (positive Ladung) **(Bild 1)**. Man bezeichnet diese Halbleiter als P-Leiter.

Während N-Leiter wie Metalle über frei bewegliche Elektronen verfügen, haben P-Leiter Löcher (Defektelektronen), über welche sich der Elektronenstrom einer angelegten Spannungsquelle bewegt **(Bild 2)**. Bei beiden Leitern bewegen sich die Elektronen vom Minuspol zum Pluspol der Spannungsquelle. Die Löcher dagegen bewegen sich umgekehrt, z.B. wie die Lücke bei einem Autostau, wenn die Autos (≙ Elektronen) nacheinander auffahren.

Stark dotierte Halbleiter werden durch N^+ bzw. P^+ gekennzeichnet, schwache Dotierung durch N^- bzw. P^-. Dotierte Halbleiter haben stets Störstellenleitung *und* Eigenleitung.

Die Dotierung eines Halbleiters ist aber immer so stark, dass die Leitfähigkeit auf der Störstellenleitung beruht und die Eigenleiterfähigkeit in einem begrenzten Temperaturbereich dafür keine Rolle mehr spielt.

Die Störstellenleitung steigt mit dem Grad der Dotierung, unabhängig von der Temperatur.

Halbleiterbauelemente bestehen aus solchen N-leitenden Schichten, P-leitenden Schichten und einige Halbleiterbauelemente auch aus I-leitenden, undotierten Schichten von Halbleiterwerkstoffen. Man unterscheidet *unipolare* und *bipolare Bauelemente*. Bei unipolaren Bauelementen fließt der Strom nur durch eine einzige Zone gleicher Leitungsart, bei bipolaren Bauelementen fließt der Strom durch mehrere Zonen zweier verschiedener Leitungsarten.

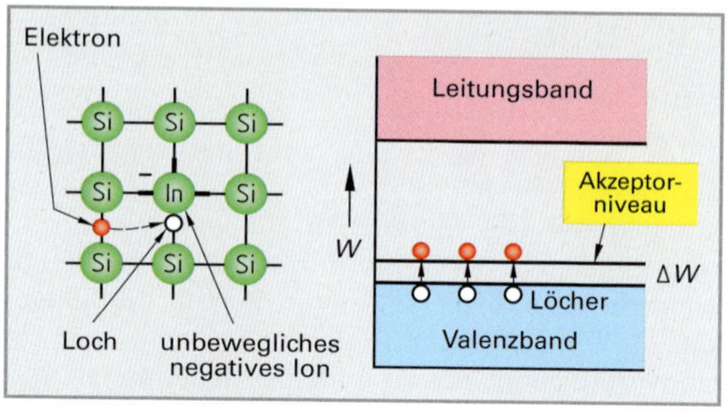

Bild 1: P-leitendes Silicium

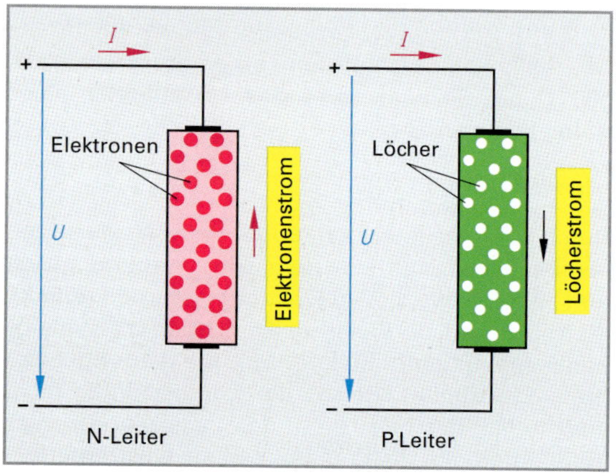

Bild 2: Störstellenleitung im Halbleiter

1.9.4 Halbleiterdioden

1.9.4.1 Sperrschicht

Grenzen zwei Halbleiterzonen verschiedener Leitungsart aneinander, so entsteht ein *PN-Übergang*.

Durch die Wärmebewegung der Teilchen treten Elektronen vom N-Leiter in den P-Leiter über. Diesen Vorgang nennt man *Diffusion* (lat. diffundere = zerstreuen, eindringen). Dabei finden Rekombinationen statt, d. h. die Elektronen besetzen Löcher des P-Leiters und die Löcher verschwinden **(Bild 1, folgende Seite)**. In der Grenzschicht zwischen P-Leiter und N-Leiter halten sich fast keine beweglichen Ladungsträger mehr auf.

Die Diffusion beeinflusst die Lage der Ionen nicht, welche im Halbleiter ortsfest sind. Deshalb verbleibt in der Grenzschicht des N-Leiters nach Abwandern der Elektronen eine positive Ladung.

Entsprechend erhält der P-Leiter in der Grenzschicht eine negative Ladung. Diese Ladungen innerhalb der Grenzschicht bewirken eine Spannung am PN-Übergang. Sie wird nach ihrer Ursache *Diffusionsspannung* genannt. Dabei hat gegenüber der Grenzfläche der P-Leiter eine negative Spannung und der N-Leiter eine positive Spannung (Bild 1). Diese Spannungen verhindern ein weiteres Eindringen von Ladungsträgern in die Grenzschicht. Der Ladungstransport wird dort gesperrt. Somit wird die Grenzschicht zu einer *Sperrschicht*.

Am PN-Übergang von Halbleitern entsteht eine Sperrschicht.

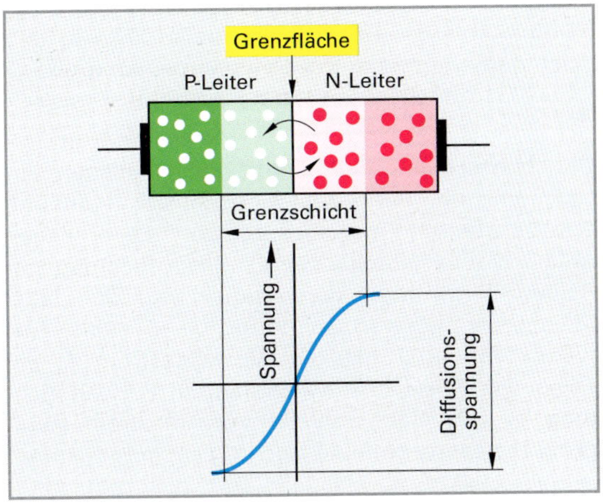

Bild 1: PN-Übergang ohne angelegte Spannung

1.9.4.2 Sperrschichtkapazität

Die fast ladungsträgerfreie Sperrschicht ist ein Isolator. Sie trennt zwei gut leitende Bereiche des Halbleiterelements (**Bild 2**). Dadurch entspricht der PN-Übergang einem Kondensator, dessen Kapazität *Sperrschichtkapazität* genannt wird.

Wird von außen keine Spannung angelegt, so stellt sich die Breite der Sperrschicht von selbst ein (Bild 2 oben). Legt man an den P-Leiter den Minuspol und an den N-Leiter den Pluspol einer Spannung, so werden die Elektronen vom Pluspol und die Löcher vom Minuspol „abgesaugt". Dadurch verarmt die Sperrschicht weiter an Ladungsträgern und wird breiter (Bild 2 unten). Ein Verbreitern der Sperrschicht bewirkt ein Verringern der Sperrschichtkapazität.

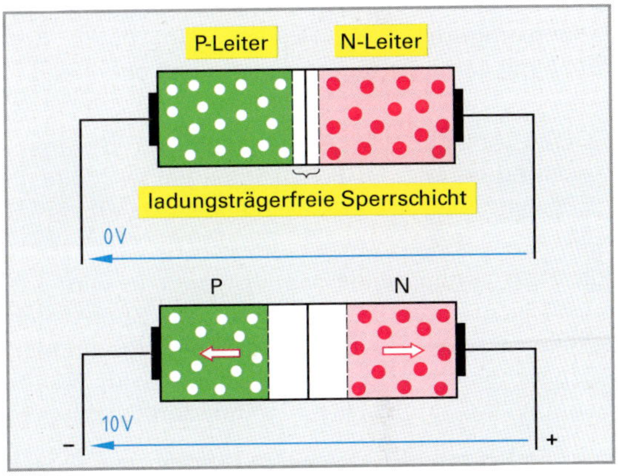

Bild 2: Sperrschichtbreite in Abhängigkeit von der Spannung

Die Breite der Sperrschicht und die Kapazität des PN-Überganges hängen von der angelegten Spannung ab. Die Sperrschichtkapazität steigt mit kleiner werdender Sperrspannung.

Diese Spannungsabhängigkeit der Sperrschichtkapazität findet bei der Kapazitätsdiode Anwendung.

1.9.4.3 Rückwärtsrichtung und Vorwärtsrichtung

Ein PN-Übergang wirkt als Halbleiterdiode (**Bild 3**). Entsprechend den Stromrichtungen unterscheidet man bei der Diode die *Vorwärtsrichtung* und die *Rückwärtsrichtung*.

Die Sperrschichtbreite nimmt beim Anlegen der Spannung zu, wenn der Pluspol der Spannung am N-Leiter und der Minuspol am P-Leiter liegen. Diese Richtung der Polung nennt man Rückwärtsrichtung. Die dabei anliegende Rückwärtsspannung U_R

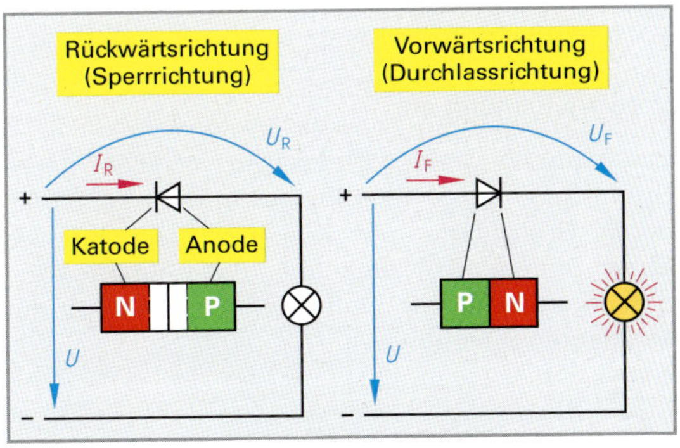

Bild 3: Spannung an PN-Übergang (Diode)

(R von Reverse = rückwärts) bewirkt den Rückwärtsstrom I_R. Eine Gleichrichterdiode hat im normalen Arbeitsbereich in Rückwärtsrichtung einen großen Gleichstromwiderstand, weshalb ihr Rückwärtsstrom sehr klein ist. Sie ist im *Sperrzustand*.

Durch Anlegen einer Spannung in Rückwärtsrichtung erlangt der PN-Übergang einen großen Gleichstromwiderstand (Sperrzustand).

Die Sperrschichtbreite nimmt beim Anlegen der Spannung ab, wenn der Minuspol der Spannung am N-Leiter und der Pluspol am P-Leiter liegen **(Bild 3, vorhergehende Seite)**. Diese Richtung der Polung nennt man Vorwärtsrichtung. Die dabei anliegende Vorwärtsspannung U_F (F von Forward = vorwärts) hat den Vorwärtsstrom I_F zur Folge. Der Gleichstromwiderstand in Vorwärtsrichtung ist sehr klein und der Vorwärtsstrom somit groß. Die Diode befindet sich im *Durchlasszustand.*

Die Spannung treibt die Leitungselektronen von der Seite des N-Leiters und die Löcher von der Seite des P-Leiters auf die Sperrschicht zu. Die bisher fast ladungsträgerfreie Sperrschicht wird durch Auffüllen mit Ladungsträgern zunehmend abgebaut.

Durch Anlegen einer Spannung in Vorwärtsrichtung erlangt der PN-Übergang einen kleinen Gleichstromwiderstand (Durchlasszustand).

Ein PN-Übergang wirkt wie ein Ventil. Er wird z.B. zur Gleichrichtung ausgenutzt. Die Sperrwiderstände betragen je nach Baugröße einige hundert kΩ bis mehrere MΩ, deren Durchlasswiderstände betragen einige mΩ bis einige hundert Ω.

Die Diodenanschlüsse werden *Anode* und *Katode* genannt (Bild 3, vorhergehende Seite). Die Anode ist die positive Elektrode (P-Schicht) und die Katode ist die negative Elektrode (N-Schicht) einer in Vorwärtsrichtung gepolten Diode. Die Pfeilspitze des Diodenschaltzeichens gibt die Stromrichtung in Vorwärtsrichtung an.

Zur Beurteilung einer Diode sind vor allem deren Strom-Spannungs-Kennlinie, d.h. I(U)-Kennlinie, deren Grenzwerte und Kennwerte wichtig. Die Strom-Spannungs-Kennlinie zeigt die Abhängigkeit des durch die Diode fließenden Stromes von der angelegten Spannung.

Strom-Spannungs-Kennlinie

Mit einer Schaltung **Bild 1** kann die I(U)-Kennlinie **Bild 2** aufgenommen werden. Der Vorwärtsstrom steigt mit zunehmender Vorwärtsspannung erst langsam und dann immer schneller an. Die Spannung, bei welcher der Vorwärtsstrom merklich anzusteigen beginnt, wird Schleusenspannung genannt. Man erhält diese Spannung als Abschnitt auf der

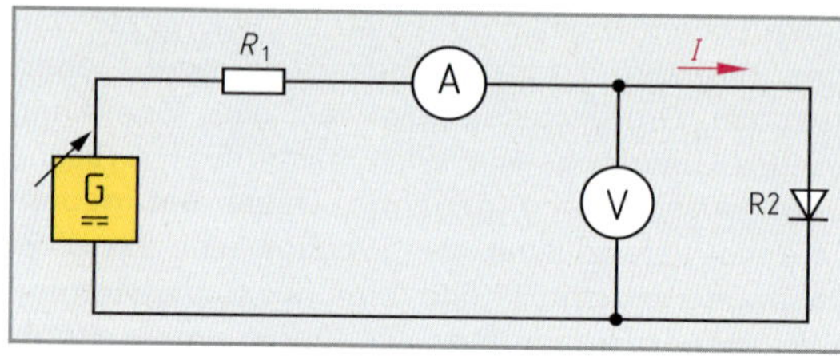

Bild 1: Messschaltung

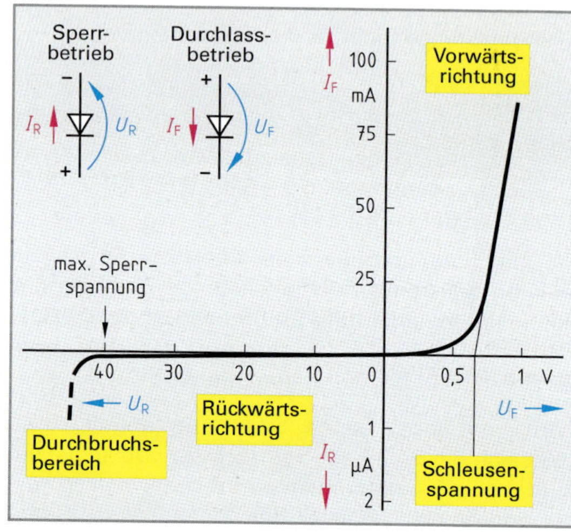

Bild 2: Kennlinie einer Si-Diode

Spannungsachse durch Anlegen einer Tangente an den fast geradlinigen Teil der Kennlinie in Vorwärtsrichtung (Bild 2). Die Schleusenspannung ist zur Überwindung der Diffusionsspannung notwendig. Sie hängt vom Halbleitermaterial ab und beträgt bei Silicium etwa 0,7 V. In Datenblättern wird die Kennlinie für Vorwärtsrichtung meist im halblogarithmischen Maßstab dargestellt **(Bild 1, folgende Seite)**. Dadurch wird erreicht, dass über einen größeren Strombereich die Werte genauer abgelesen werden können. Die Schleusenspannung kann daraus jedoch nicht entnommen werden.

Aus einer Kennlinie im logarithmischen Maßstab können über einen großen Darstellungsbereich genauere Werte entnommen werden.

Zu starke Ströme zerstören einen PN-Übergang. Deshalb ist eine Strombegrenzung notwendig.

Zu jeder Halbleiterdiode muss zur Strombegrenzung ein Widerstand in Reihe geschaltet werden.

In Rückwärtsrichtung fließt nur ein sehr schwacher *Rückwärtsstrom*, der Sperrstrom. Er kommt durch Eigenleitung zustande und ist temperaturabhängig.

Außerdem hängt er vom Querschnitt der Sperrschicht ab und ist somit bei Halbleiterbauelementen mit großer Bemessungsleistung stärker.

Grenzwerte

Grenzwerte sind höchstzulässige Werte, die gerade noch dauernd wirken dürfen, ohne dass das Bauelement zerstört wird. Sie gelten für eine bestimmte Gehäusetemperatur.

Die wichtigsten in Datenblättern angegebenen Grenzwerte sind die höchstzulässigen Werte für Rückwärtsspannung U_R (Breakdown Voltage), Vorwärtsstrom I_F (Forward Current), Verlustleistung P_{tot} (Power Dissipation) und Sperrschichttemperatur ϑ_j (Junction Temperature).

Arbeitspunkte, Kennwerte

Fließt durch eine Diode ein Gleichstrom in Vorwärtsrichtung, so liegt an ihr eine bestimmte Vorwärtsspannung. Der zugehörige Strom kann der Strom-Spannungs-Kennlinie entnommen werden. Beide Werte stellen einen Punkt der Kennlinie dar, den *Arbeitspunkt*. Er hängt vom im Stromkreis liegenden Vorwiderstand R_V ab.

Kennwerte sind Mittelwerte von vielen Exemplaren. Sie werden für einen bestimmten Arbeitspunkt angegeben. *Statische Kennwerte* kennzeichnen das Gleichstromverhalten, *Dynamische Kennwerte* das Verhalten bei Wechselstrom und Impulsbetrieb.

1.9.4.4 Elektrischer Durchbruch

In Rückwärtsrichtung erfolgt ab der Durchbruchspannung ein steiler Stromanstieg. In diesem Bereich verursacht eine kleine Spannungsänderung eine große Stromänderung. Die angelegte Rückwärtsspannung erzeugt ein elektrisches Feld, das auf die Elektronen eine Kraft ausübt. Schon bei einer kleinen Spannung werden Valenzelektronen aus ihrer Bindung herausgerissen und werden zu frei beweglichen Ladungsträgern (*Zenereffekt*, benannt nach Zener[1]).

Bei etwas höherer Rückwärtsspannung werden außerdem die freien Elektronen innerhalb des Kristalls so sehr beschleunigt, dass sie beim Auftreffen auf Atome Valenzelektronen aus deren Bindung herausschlagen und somit weitere freie Ladungsträger erzeugen (*Lawinen-Effekt, Avalanche-Effekt*, franz. avalanche = Lawine).

Durch hohe Rückwärtsspannung entstehen in einer Sperrschicht freie Ladungsträger, die im Durchbruchsbereich einen starken Strom herbeiführen.

[1] Clarence Melvin Zener, am. Physiker, 1905 bis 1993

$$R_{Vmin} = \frac{U_b - U_F}{I_{Fmax}}$$

I_{Fmax}	maximaler Vorwärtsstrom
R_{Vmin}	minimaler Vorwiderstand
U_b	Betriebsspannung
U_F	Durchlassspannung

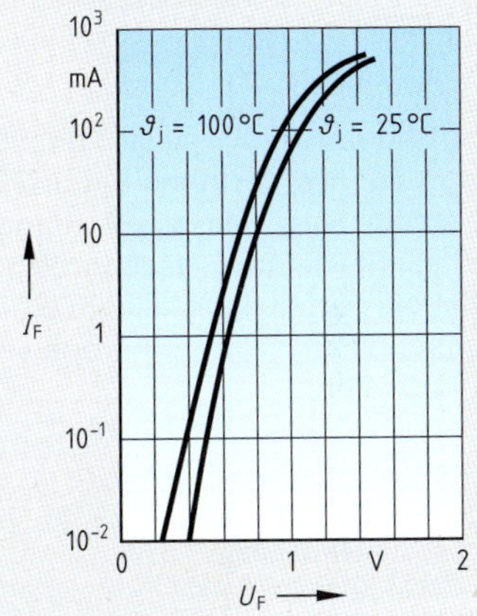

Bild 1: Durchlasskennlinien

Bei normalen Dioden ist der Durchbruchsbereich zu meiden, da sonst die Sperrschicht zerstört wird.

Bei Z-Dioden wird dieser *elektrische Durchbruch* technisch ausgenutzt. Unter Berücksichtigung der höchstzulässigen Belastung kann die Diode in diesem Bereich der Kennlinie betrieben werden.

Eine weitere Durchbruchserscheinung ist der *Wärmedurchbruch*, der bei zu kleiner Wärmeableitung erfolgt. Dieser Durchbruch muss vermieden werden. Zur guten Ableitung der Wärme werden deshalb Leistungs-Gleichrichterdioden auf ein Chassis, Kühlblech oder einen Kühlkörper geschraubt. Mit zunehmender Wärmeabgabe erhöht sich die zulässige Verlustleistung der Diode.

Wiederholung und Vertiefung

1. **Wovon hängt die Eigenleitung eines Halbleiters ab?**
2. **Wie entsteht an einem PN-Übergang eine Sperrschicht?**
3. **Wovon hängt die Sperrschichtkapazität ab?**
4. **Wie ist ein PN-Übergang (Diode) in Sperrrichtung gepolt?**
5. **Welche Grenzwerte sind für Halbleiterdioden wichtig?**
6. **Welche Ladungsträger sind die Majoritätsträger im N-Leiter?**
7. **Eine Diode hat bei I_{Fmax} = 100 mA eine Durchlassspannung von U_F = 0,72 V und soll an 5 V angeschlossen werden. Welcher Widerstand muss zur Strombegrenzung in Reihe geschaltet werden? *Lösung:* R_{min} = 42,8 Ω**

1.9.4.5 Bauformen von Halbleiterdioden

Die Eigenschaften der Halbleiterdioden sind abhängig vom Halbleiterwerkstoff, vom Kristallaufbau und von der Art und Stärke der Dotierung.

Die Kennwerte und Eigenschaften von Dioden **(Tabelle 1)** sowie ihre Kennlinien **(Bild 1)** hängen vom Halbleiterwerkstoff und vom Herstellungsverfahren ab **(Tabelle 2)**. Bei der Schottkydiode bildet sich am Übergang vom Metall auf den Halbleiter der Schottky-Kontakt.

Kleinleistungsdioden

Kleinleistungsdioden sind meist Epitaxial-Planar-Dioden. Aufgrund ihrer geringen Baugröße werden sie oft mit einem Farbcode aus 4 Ringen oder 3 Ringen und Gehäusefarbe gekennzeichnet. Man unterscheidet die Farbcodes nach JEDEC (amerikanische Norm) und Pro Electron (europäische Norm, **Tabelle 3**).

Beispiel 1: Diodenbezeichnungen ermitteln.

Ermitteln Sie mithilfe von Tabelle 3 die Bezeichnungen der wie folgt codierten Dioden:
a) gelb-braun-gelb-grau nach JEDEC
b) rot-grau-weiss-grün nach ProElectron

Lösung:

a) 1N4148
b) BAY95

Hochfrequenzdioden

Um HF-Ströme bis in den GHz-Bereich noch gleichrichten zu können, müssen Hochfrequenzdioden besonders kleine Sperrschichtkapazitäten, große Ladungsträgerbeweglichkeit und geringe Sperrträgheit haben. Dazu eignen sich besonders Schottkydioden und PIN-Dioden. Schottkydioden werden auch als schnelle Schaltdioden verwendet.

Tabelle 1: Si-Dioden und Schottkydioden

Größe	Eigenschaften	
	Siliciumdioden	Schottkydioden[1]
Sperrspannung	sehr hoch (bis 4000 V)	niedrig (etwa bis 70 V)
Höchstzulässige Sperrschichttemperatur	hoch (etwa +190°C	hoch (etwa+190 °C)
Höchstzulässige Verlustleistung	hoch	hoch
Empfindlichkeit gegen kurzzeitige Überlastung	sehr groß	sehr groß
Schleusenspannung	etwa 0,7 V	etwa 0,4 V
Sperrstrom	sehr klein	sehr klein

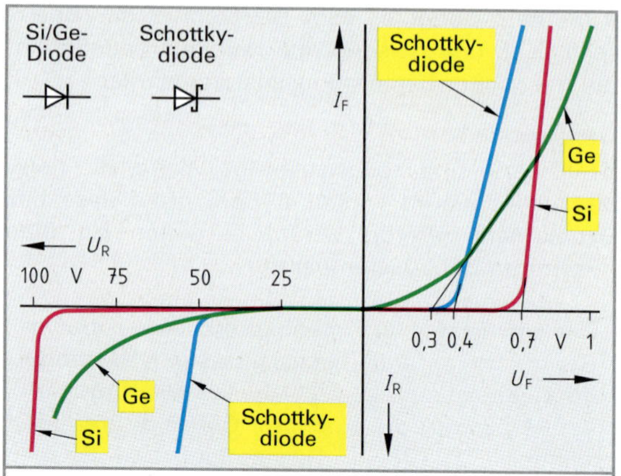

Walter Schottky, deutscher Physiker, 1886 bis 1976

Bild 1: Kennlinien von Dioden

Tabelle 2: Wichtige Bauformen von Dioden

Diodenart	Aufbau (Prinzip)	Eigenschaften
Epitaxial-Planar-diode	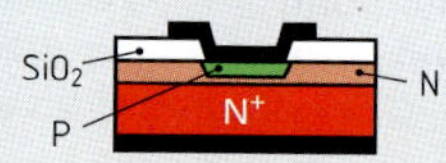	kleine Kapazitäten und Sperrströme, kleine Durchlasswiderstände, kurze Schaltzeiten
Schottky-diode	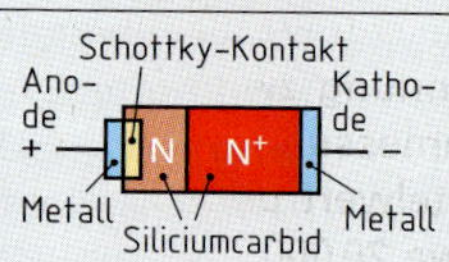	sehr kleine Kapazität, gute HF-Eigenschaften, auch für große Durchlassströme

Planardiodentyp k, lat. planus = eben; griech. epi = über; griech. taxis = Ordnung

Tabelle 3: Diodentypkennzeichnungen

Farbcode für Kleinsignaldioden										
Farben	schwarz	braun	rot	orange	gelb	grün	blau	violett	grau	weiß
Norm: JEDEC (amerikanische Norm)										
Ring 1 bis 4	0	1	2	3	4	5	6	7	8	9
Norm: Pro Electron (europäische Norm)										
Ring 1		AA	BA							
Ring 2	X			S	T	V	W		Y	Z
Ring 3, 4	0	1	2	3	4	5	6	7	8	9

Buchstabencode der Buchstabenpaare für Dioden				
1. Buchstabe	A	Germanium	B	Silicium
	C	Galliumarsenid	D	Mischkristall
2. Buchstabe	A	Kleinsignaldiode	Q	Leuchtdiode, Laser
	Y	Gleichrichter	Z	Z-Diode

Leistungs-Gleichrichterdioden

In der Leistungselektronik werden Dioden als ungesteuerte Ventile bezeichnet.

Siliciumdioden mit großer Sperrschichtfläche werden zur Gleichrichtung und zum Schalten von Spannungen über 100 V und bei großer Leistung verwendet **(Bild 1)**. Ihr Wirkungsgrad liegt über 90 %. Die aus einem N-Leiter und P-Leiter bestehende Siliciumscheibe befindet sich zur guten Wärmeableitung meist in einem Metallgehäuse, das zum Schutz gegen Verunreinigungen luftdicht abgeschlossen ist.

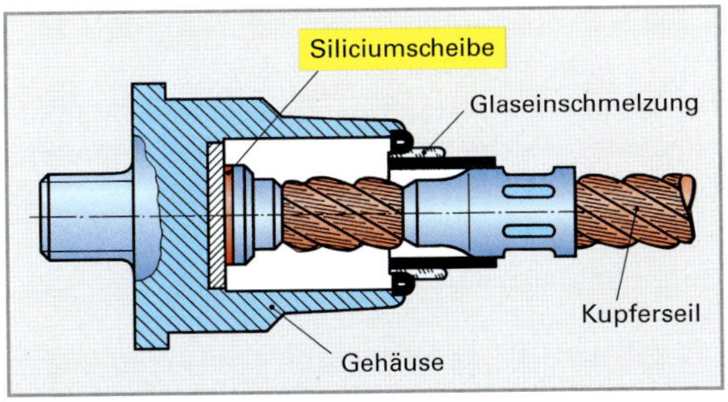

Bild 1: Siliciumleistungsdiode

Der zulässige Bemessungsstrom der Diode ist umso größer, je größer der Querschnitt der Siliciumscheibe und je besser die Wärmeableitung ist. Für kleinere Durchlassströme kann man die Dioden direkt auf das Chassis eines Gerätes schrauben. Bei Leistungsgleichrichterdioden ab einem Bemessungsstrom von etwa 6 A wird die Diode in einen besonderen *Kühlkörper mit Kühlrippen* eingebaut. Bei verstärkter Luftkühlung durch einen Ventilator kann die Strombelastung bis zum dreifachen Wert des Bemessungsstromes erhöht werden. Siliciumdioden haben zulässige Betriebstemperaturen von 140 °C bis 190 °C. Siliciumleistungsdioden besitzen eine Schleusenspannung zwischen 0,8 V und 1 V. Sie werden mit Bemessungssperrspannungen bis etwa 4 000 V Scheitelwert und Bemessungsdurchlassströmen bis etwa 20 000 A hergestellt.

Siliciumdioden haben eine hohe zulässige Sperrschichttemperatur und sind bis 4000 V Sperrspannung und 20 000 A Durchlassstrom erhältlich.

Für schnelle Schaltvorgänge müssen Dioden kleine Sperrschichtkapazitäten und sehr steile Durchlasskennlinien besitzen.

Siliciumcarbid-Dioden (SIC-Dioden) erfüllen diese Eigenschaften am besten. Auch bei höheren Strömen besitzen sie noch sehr kleine Sperrschichtkapazitäten, z.B. 19 nC bei 16 A. Typische Sperrspannungen sind 600 V und 1200 V. Der größte Vorteil dieser Dioden ist, dass sie praktisch keinen Sperrverzug aufweisen. Das ist die Zeit, in der die Diode nach dem Umschalten in den Sperrbetrieb noch einen gewissen Rückwärtsstrom aufweist.

Selendioden werden z. B. als *Suppressordioden* (lat. suppressor = Unterdrücker) zur Unterdrückung von Überspannungen verwendet.

Gehäuseformen und Anschlusskennzeichnungen sind bei den einzelnen Diodenarten verschieden **(Tabelle 1)**.

Tabelle 1: Ausführungsformen und Kennzeichnung von Halbleiterdioden (Auszug)

Ausführungsform (etwa natürliche Größe)	Kennzeichnung
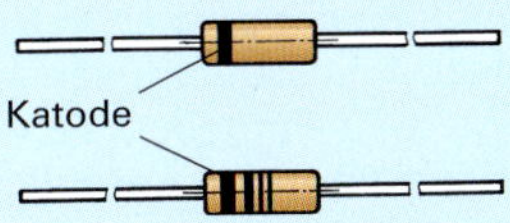	Seite mit Ring ist der Katodenanschluss. Die Farbringkennzeichnung beginnt beim Farbcode auf der Katodenseite.
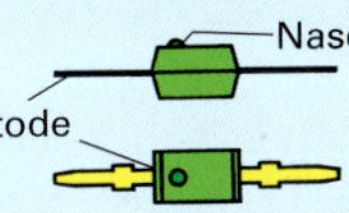	Die Nase am Gehäuse kennzeichnet den Katodenanschluss.
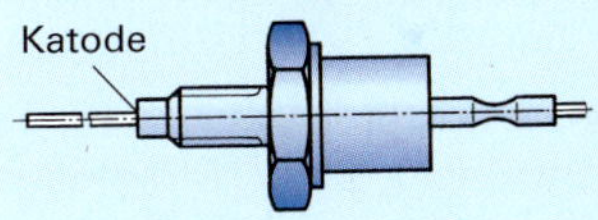	Metallgehäuse ist meist Katodenanschluss. Bei Dioden mit Anode am Gehäuse ist die Katode gekennzeichnet.
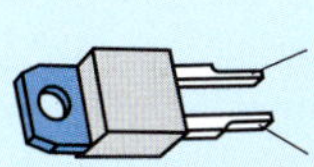	Katode und Anode sind von der Befestigungs- und Kühllasche galvanisch getrennt.
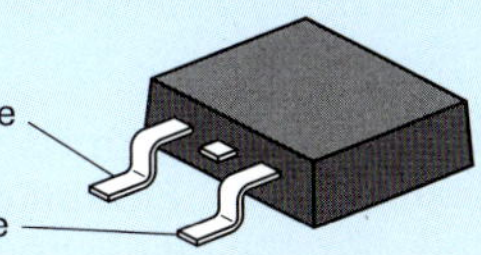	Siliciumcarbid-Diode im Plastikgehäuse zur Oberflächenmontage auf Leiterplatten.

Wiederholung und Vertiefung

1. **Wovon hängen die Eigenschaften der Dioden ab?**
2. **Welche Schleusenspannung haben Siliciumdioden?**
3. **Wie hoch ist die höchstzulässige Sperrschichttemperatur von Siliciumdioden?**
4. **Welche Eigenschaften haben Epitaxial-Planardioden?**
5. **Wofür sind Schottkydioden besonders geeignet?**
6. **Warum werden Leistungs-Gleichrichterdioden auf Kühlkörper befestigt?**
7. **Wofür werden Suppressordioden verwendet?**

1.9.4.6 Fotodioden, Fotowiderstände und Fotoelemente

Fotodioden und Fotoelemente sind Halbleiterbauelemente, welche elektromagnetische Strahlung, z. B. Licht, in elektrische Größen umwandeln.

Lichtelektrische Grundbegriffe

Das menschliche Auge kann elektromagnetische Strahlung mit den Wellenlängen von 380 nm bis 780 nm als *Licht* wahrnehmen. Die größte Augenempfindlichkeit liegt bei Grüngelb **(Bild 1)**. Ultraviolette Strahlung ($\lambda < 380$ nm) und infrarote Strahlung ($\lambda > 780$ nm) sind für uns unsichtbar. Infrarote Strahlen sind Wärmestrahlen.

Das menschliche Auge hat bei grüngelbem Licht seine größte Empfindlichkeit.

Die Größen der elektromagnetischen Strahlung werden in *objektiven Einheiten* angegeben, z. B. die Strahlungsleistung in Watt. Für Lichtstrahlen werden dagegen meist *subjektive Einheiten* verwendet, welche die Empfindlichkeit des menschlichen Auges berücksichtigen. Solche lichttechnische Größen sind *Lichtstrom* und *Beleuchtungsstärke*.

Lichtstrom ist die von einer Lichtquelle ausgehende Strahlungsleistung unter Berücksichtigung der relativen Augenempfindlichkeit und dem *Lichtgleichwert* als Umrechnungsfaktor. Seine Einheit ist das Lumen (lm, lat. lumen = Licht, Lichtquelle).

Ein vom menschlichen Auge empfundener Lichtstrom von 683 lm entspricht einer Strahlungsleistung von 1 Watt für Licht mit der Wellenlänge 555 nm.

Beleuchtungsstärke ist das Verhältnis von Lichtstrom zur senkrecht beleuchteten Fläche. Ihre Einheit ist das Lux (lx, lat. lux = Licht, Helligkeit). Eine Arbeitsplatzbeleuchtung hat 300 lx bis 1 000 lx, Tageslicht hat etwa 30 000 lx bis 70 000 lx.

Fotowiderstände

Fotowiderstände bestehen z. B. aus den Halbleiterwerkstoffen Cadmiumsulfid (CdS), Bleisulfid (PbS) oder Indiumantimonid (InSb). Bei Beleuchtung entstehen zusätzliche Ladungsträgerpaare, wodurch der Widerstand abnimmt. Der *Dunkelwiderstand* (bei Verdunkelung) beträgt meist mehrere MΩ und der *Hellwiderstand* bei einer angegebenen Beleuchtungsstärke meist weniger als 1 kΩ.

Fotodioden

Fotodioden enthalten PN-Übergänge, die bestrahlt werden können. Sie bestehen meist aus Silicium und werden als Planardioden aufgebaut **(Bild 2)**. Die Sperrschicht reicht infolge einer stark dotierten P-Schicht (P^+) fast nur in die N-Schicht hinein. Das

$$\Phi_v = P \cdot K \cdot s_v \qquad E_v = \frac{\Phi_v}{A}$$

$$[\Phi_v] = W \cdot \frac{lm}{W} = lm \qquad [E_v] = \frac{lm}{m^2} = lx$$

Φ_v Lichtstrom;
K Lichtgleichwert (683 lm/W);
E_v Beleuchtungsstärke;
P Strahlungsleistung
s_v relative Empfindlichkeit
A beleuchtete Fläche

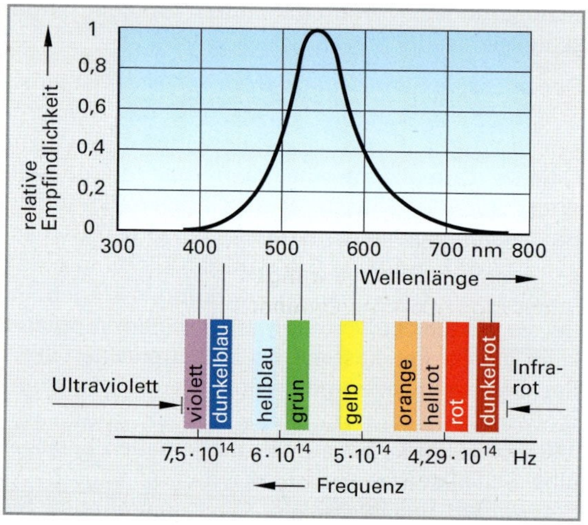

Bild 1: Empfindlichkeit des menschlichen Auges

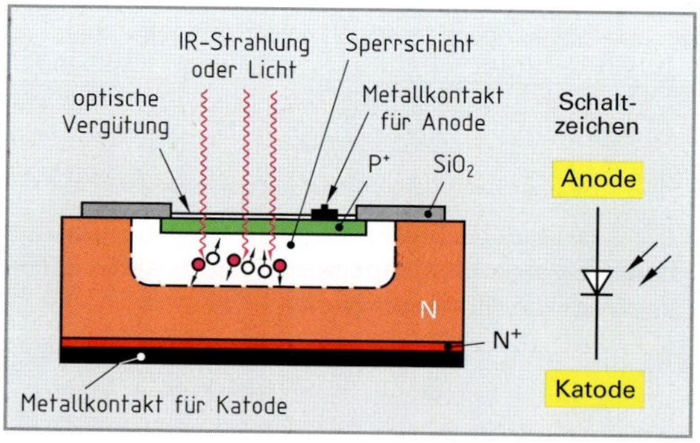

Bild 2: Aufbau einer Si-Planar-Fotodiode

Licht besteht aus kleinsten Teilchen, den Photonen. Dringt Licht oder IR-Strahlung (Infrarotstrahlung) in den PN-Übergang, so kann es seine Energie an Elektronen abgeben, welche sich bei genügender Energieaufnahme aus ihrem Atomverband lösen können. Dabei entstehen paarweise freie Elektronen und Löcher, die den Strom durch den PN-Übergang bilden. Diesen Vorgang nennt man *inneren fotoelektrischen Effekt*. Er hängt vom Halbleiterwerkstoff, von der Wellenlänge der Strahlung und von der Beleuchtungsstärke ab.

Die Fotodiode wird in Rückwärtsrichtung betrieben **(Bild 1)**. Ohne Beleuchtung fließt durch die Fotodiode nur ein sehr schwacher *Dunkelstrom* infolge Eigenleitung durch die Umgebungstemperatur. Bei Beleuchtung nimmt die Stromstärke (*Hellstrom*, Fotostrom I_p) im gleichen Verhältnis mit der Beleuchtungsstärke E_v zu (Bild 1).

Fotodioden werden in Rückwärtsrichtung betrieben.

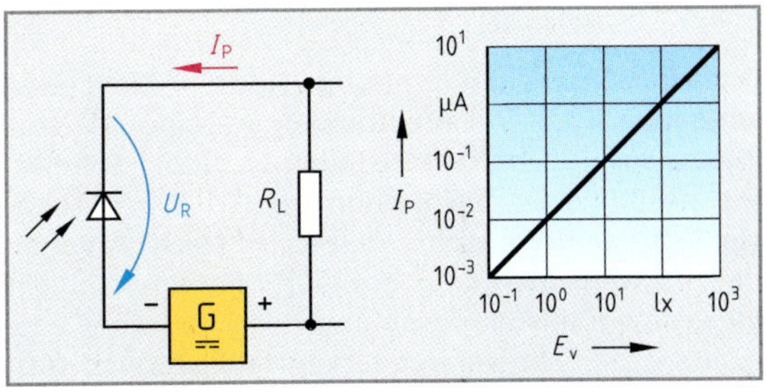

Bild 1: Grundschaltung und I_p (E_v)-Kennlinie einer Fotodiode

Die Empfindlichkeit von Silicium-Fotodioden erstreckt sich vom Ultraviolettbereich bis zum Infrarotbereich **(Bild 2)**. Der Höchstwert ihrer Empfindlichkeit liegt etwa bei dem der Strahlung einer IRED (Infrarot emittierende Diode), wodurch sie sich für Lichtschranken, Optokoppler, Infrarot-Fernbedienungen und als Empfänger bei der Übertragung mit LWL eignen. Wegen ihrer Linearität werden sie auch in Beleuchtungsstärkemessern und Belichtungsmessern verwendet.

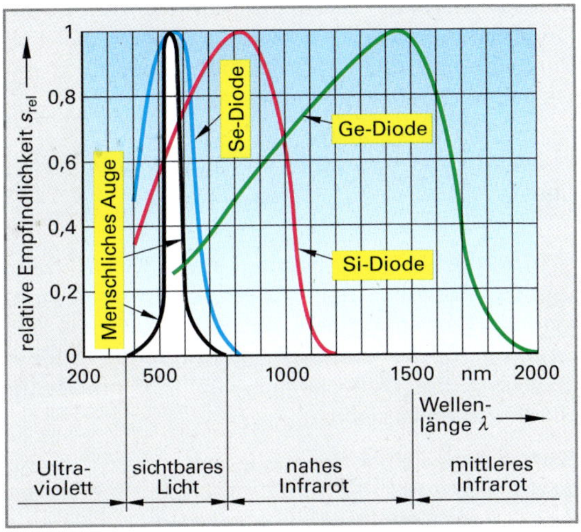

Bild 2: Empfindlichkeit von Fotodioden und Fotoelementen

Fotoelemente

Eine Fotodiode kann grundsätzlich auch als Fotoelement verwendet werden. In der Raumladungszone (Grenzschicht) eines PN-Überganges entsteht ohne eine von außen angelegte Spannung stets eine Ladung, die in der Raumladungszone des P-Leiters negativ und in der Raumladungszone des N-Leiters positiv ist. Entstehen nun durch Lichteinfall in dieser Raumladungszone Ladungsträgerpaare, so ziehen die freien Elektronen zur N-Schicht und die Löcher zur P-Schicht (Bild 2, vorhergehende Seite). Dadurch erfolgt eine Trennung der Ladungen und damit eine Spannung, die an den Anschlüssen abgegriffen werden kann.

Kenngrößen eines Fotoelements sind die Leerlaufspannung U_0 und der Kurzschlussstrom I_k **(Bild 3)**. Bei Si-Fotoelementen beträgt die Leerlaufspannung bei 1000 lx etwa 0,4 V, bei Selen etwa 0,3 V. Der Kurzschlussstrom steigt proportional zur bestrahlten Fläche. Die zulässige Sperrspannung von Fotoelementen liegt unterhalb von 1 V.

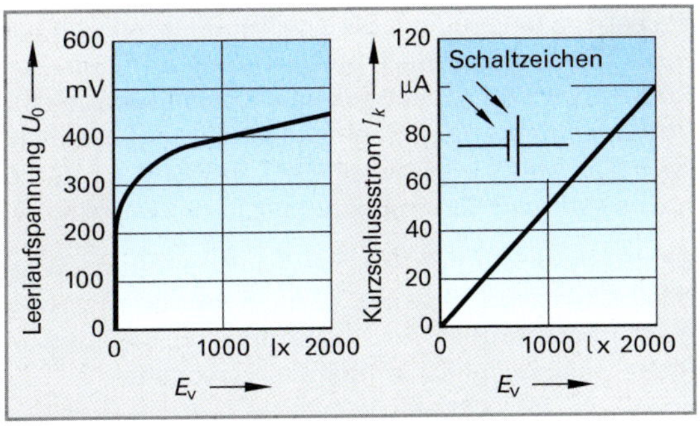

Bild 3: Kennlinien eines Fotoelements

Fotoelemente geben bei Beleuchtung eine Spannung ab, die vom Halbleiterwerkstoff und der Beleuchtungsstärke abhängt.

Fotoelemente werden z. B. in Uhren, Beleuchtungsstärkemessern und Taschenrechnern verwendet.

Großflächige Fotoelemente zur Nutzung der Sonnenenergie (*Solarzellen*, lat. solaris = Sonnen...) haben einen Wirkungsgrad von etwa 15 %. Sie arbeiten als Spannungserzeuger in Fotovoltaik-Anlagen (Voltaik von voltage = Spannung), insbesondere zur Stromversorgung von Parkautomaten, Berghütten, Sendern, Umsetzern und Satelliten sowie zur Einspeisung von Energie ins Netz, z. B. auf Dächern.

1.9.4.7 LED und Optokoppler

Die LED (von Light Emitting Diode = Licht aussendende Diode, Leuchtdiode) ist eine in Vorwärtsrichtung betriebe Halbleiterdiode **(Bild 1)**. Sie besteht z. B. aus Galliumarsenid (GaAs) oder Galliumarsenidphosphid (GaAsP). Nach Anlegen der Vorwärtsspannung emittiert die Sperrschicht elektromagnetische Strahlung (lat. emittere = aussenden). Je nach verwendetem Halbleiterwerkstoff und Dotierwerkstoff, z. B. Zn, ist die Strahlung im Infrarotbereich, z. B. bei GaAs, oder im sichtbaren Bereich, z. B. bei mit Stickstoff dotiertem GaAsP, Kurzschreibweise GaAsP(N) **(Bild 2)**. Die Strahlungsleistung dieser Dioden steigt fast im gleichen Verhältnis mit dem Durchlassstrom und sinkt mit steigender Sperrschichttemperatur.

Leuchtdioden werden in Vorwärtsrichtung betrieben.

LED werden für die Farben Weiß, Grün, Gelb, Orange, Rot und Blau hergestellt. Infrarot emittierende Dioden werden mit IRED (von Infra Red Emitting Diode = Infrarot aussendende Diode) abgekürzt. Bei Wellenlängen über 900 nm ist ihr Licht nicht mehr sichtbar.

Nach Anlegen einer Spannung in Vorwärtsrichtung wird Energie frei, die zum Teil in Licht umgewandelt wird. Diese Strahlung entsteht vorwiegend am Übergang zwischen Sperrschicht und P-Schicht und dringt durch die sehr dünne P-Schicht (etwa 1,5 µm) an die Oberfläche. Der Wirkungsgrad und die Lebensdauer einer LED bzw. IRED lassen sich bei Speisung mit einer Rechteckspannung erhöhen. Zur Strombegrenzung benötigt eine Leuchtdiode einen Vorwiderstand. Die Schleusenspannung liegt je nach Diodentyp etwa zwischen 1,35 V und 4,4 V, die höchstzulässige Sperrspannung z.B. nur 6 V **(Bild 3)**.

Damit beim Betrieb an Wechselspannung diese höchstzulässige Spannung in Rückwärtsrichtung nicht überschritten wird, werden eine Si-Diode in Reihe oder zwei LED antiparallel geschaltet.

IRED dienen z. B. für Überwachungskameras zur Beleuchtung in der Nacht, als Sender von Infrarotstrahlung in der Glasfaserleitertechnik, in Optokopplern und Lichtschranken. LED werden als Lichtquellen in Anzeigeeinheiten, Meldeleuchten, Taschenlampen und Spotlights verwendet.

Mehrfarben-LED. Es gibt LED, die wahlweise rotes, grünes und als Mischfarbe gelbes Licht ausstrahlen **(Bild 4)**. Diese LED bestehen aus zwei PN-Übergängen verschiedener Dotierung. Durch entsprechendes Anlegen der Betriebsspannungen leuchtet die Diode wahlweise in Rot, Gelb oder Grün.

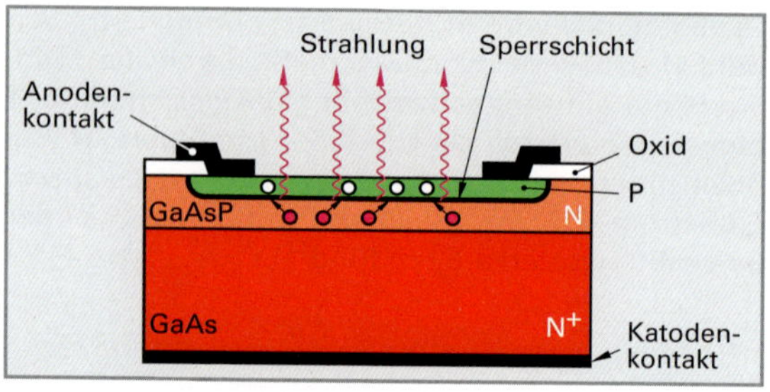

Bild 1: LED (Leuchtdiode)

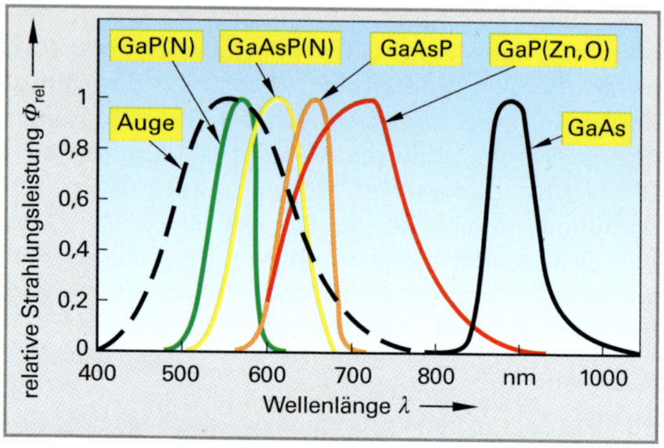

Bild 2: Abhängigkeit der Wellenlänge der Strahlung vom Werkstoff

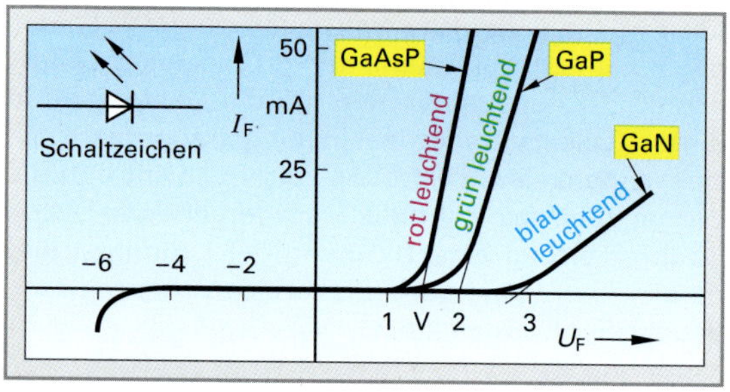

Bild 3: $I(U)$-Kennlinien von LED

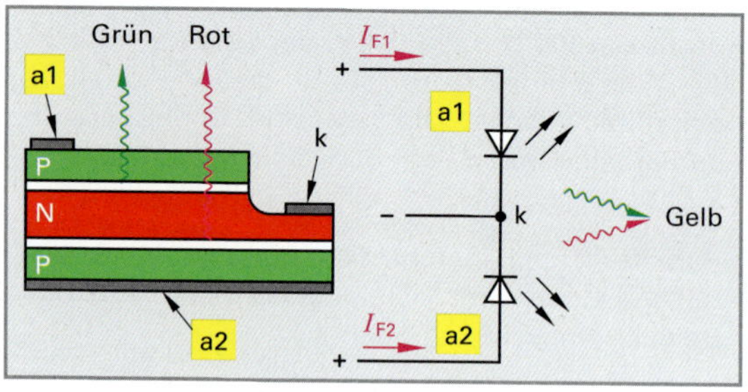

Bild 4: Mehrfarben-LED

RGB-LED (RGB von Rot Grün Blau). RGB-LED haben 4 oder 6 Anschlüsse, für die Farben Rot, Grün, Blau und für Masse. Durch Ansteuerung mit einer Fernbedienung, durch Signale von einem Gebäudeinstallationsbus oder einem Videosignal lässt sich die Farbe beliebig verändern. So kann in einer Lampe mit RGB-LEDs das Licht stufenlos das ganze Farbspektrum durchlaufen. RGB-Dioden werden auch bei Public-Viewing-Veranstaltungen in Großbildleinwänden verwendet. Jeder Bildpunkt der Leinwand besteht dabei aus einer RGB-LED. Große Leinwände besitzen ein paar Millionen RGB-LEDs.

Weiße LED. Weiße LEDs werden zur Beleuchtung in Lampen, an Werkzeugmaschinen, Kameras oder in Autoscheinwerfern verwendet. Im ausgeschalteten Zustand erscheint die LED gelblich. Die ist meist ein Leuchtstoff aus Cer-dotiertem Yttrium-Aluminium-Granat-Pulver. Dahinter befindet sich eine blaue LED-Lichtquelle. Ihr blaues Licht wird durch Farbmischung im gelben Leuchtstoff als weißes Licht abgestrahlt.

Anzeigeeinheiten. Werden mehrere LED nebeneinander angebracht, so entsteht ein Anzeigefeld **(Bild 1)**. Je nach Ansteuerung der einzelnen LED leuchten verschiedene Zeichen (Buchstaben, Ziffern, Sonderzeichen) auf. Für Anzeigefelder werden z.B. 5 × 7 LED verwendet. Müssen nur Ziffern angezeigt werden, so verwendet man z.B. 7-Segment-Anzeigen (lat. segmentum = Abschnitt).

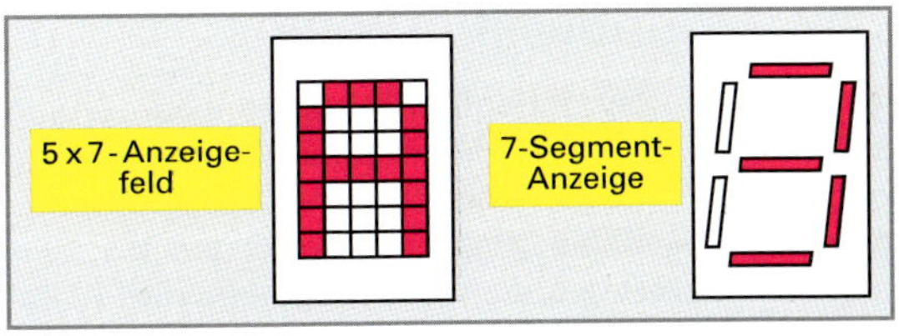

Bild 1: LED-Anzeigen

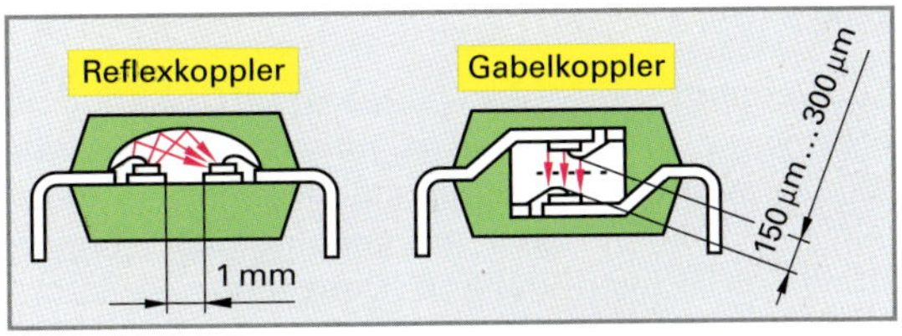

Bild 2: Typischer Aufbau von Oktokopplern

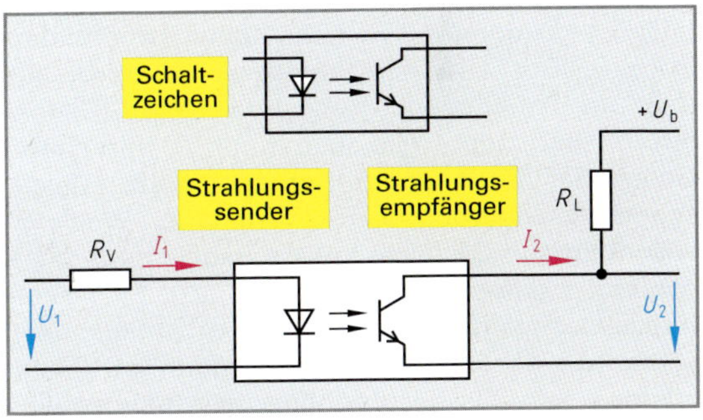

Bild 3: Optokoppler

Optokoppler

Optokoppler bestehen aus einem *Strahlungssender* und einem *Strahlungsempfänger*, die beide in ein gemeinsames, lichtdichtes Gehäuse eingebaut sind, sodass der Empfänger nur Strahlung vom Sender empfängt **(Bild 2)**. Als Strahlungssender werden bevorzugt IRED verwendet. Als Strahlungsempfänger dienen meist Fototransistoren.

Die vom Eingangsstrom I_1 in der Leuchtdiode erzeugte Strahlung wird z.B. auf die Fotodiode übertragen und erzeugt dort einen Fotostrom I_2, welcher der Beleuchtungsstärke proportional ist **(Bild 3)**. Der große Isolationswiderstand zwischen Eingangskreis und Ausgangskreis von $> 10^{11}\,\Omega$ bewirkt eine galvanische Trennung zwischen beiden Stromkreisen.

Optokoppler koppeln zwei Stromkreise meist durch Infrarotstrahlung und trennen sie galvanisch voneinander.

Ein wichtiger Kennwert eines Optokopplers ist sein *Gleichstrom-Übertragungsverhältnis* $CTR = I_2/I_1$ (CTR, von Current Transfer Ratio = Stromübertragungsverhältnis). Es beträgt bei Optokopplern mit Transistoren etwa 10 bis 500.

CTR	Gleichstrom-Übersetzungsverhältnis	$CTR = \dfrac{I_2}{I_1}$
I_2	Ausgangsstrom	
I_1	Eingangsstrom	

Optokoppler mit Fotodioden haben sehr kurze Schaltzeiten (etwa ns) und können Signale bis etwa 10 MHz übertragen, während bei Optokopplern mit Fototransistoren die Grenzfrequenz höchstens bis etwa 500 kHz reicht.

Optokoppler dienen zur Potenzialtrennung zwischen zwei Stromkreisen, zur Ansteuerung von Thyristoren, als Pegelumsetzer und als Ersatz für Relais. Optokoppler gibt es z.B. 8-fach in einem DIL-Gehäuse.

Beispiel 1: Gleichstrom-Übertragungsverhältnis

Bei einem Optokoppler beträgt der für die Ansteuerung erforderliche Eingangsstrom 10 mA, der Ausgangsstrom 500 mA. Wie groß ist das Gleichstrom-Übersetzungsverhältnis?

Lösung:

$$CTR = \frac{I_2}{I_1} = \frac{500\text{ mA}}{10\text{ mA}} = \mathbf{50}$$

1.9.5 Arbeitspunkt

Widerstände, bei denen eine Spannungserhöhung auch im gleichen Verhältnis eine Stromerhöhung hervorruft, haben eine lineare $U(I)$-Kennlinie oder $I(U)$-Kennlinie **(Bild 1)**. Sie werden als *lineare Widerstände* bezeichnet. Ihr Widerstand bleibt konstant. Dieses Verhalten erkennt man aus $U(I)$-Kennlinien oder $I(U)$-Kennlinien mit linearem Maßstab.

Bauelemente mit nicht linearer $I(U)$-Kennlinie bezeichnet man als *nicht lineare Widerstände* (Bild 1). Nicht lineare Widerstände sind z. B. Heißleiter, Kaltleiter, spannungsabhängige Widerstände (VDR von Voltage Dependent Resistor), Fotowiderstände, Dioden.

An einer konstanten Gleichspannung hat ein nicht linearer Widerstand einen Gleichstromwiderstand R. Der Gleichstromwiderstand wird aus dem im Arbeitspunkt AP abgelesenen Gleichstrom und der Gleichspannung berechnet. Gegenüber *Spannungsänderungen*, z. B. Gleichspannungsänderung oder überlagerter Wechselspannung, hat das nicht lineare Bauelement dagegen einen *differenziellen* Widerstand r. Er gilt nur für kleine Änderungsgrößen um den *Arbeitspunkt*, wenn kein linearer Bereich vorhanden ist. R und r lassen sich aus der Kennlinie des Bauelements ermitteln **(Bild 2)**.

> Nicht lineare Widerstände haben keinen konstanten Widerstandswert. Ihre Kennwerte gelten nur für den angegebenen Arbeitspunkt.

Den differenziellen Widerstand ermittelt man aus der Steigung der Kennlinie im Arbeitspunkt. Da diese nicht unmittelbar abzulesen ist, legt man im Arbeitspunkt eine Tangente an. Jetzt können aus dem Steigungsdreieck die zu einer Spannungsänderung gehörende Stromänderung abgelesen und der differenzielle Widerstand berechnet werden (Bild 2).

> Die Steigung der Kennlinie ist im $I(U)$-Diagramm ein Maß für den differenziellen Widerstand.

Bei linearen Widerständen sind Gleichstromwiderstand und differenzieller Widerstand gleich groß. Trägt man die Kennlinien zweier in Reihe geschalteter Bauelemente in ein gemeinsames Kennlinienfeld ein, so ergibt der Schnittpunkt den Arbeitspunkt A der Reihenschaltung **(Bild 1, folgende Seite)**. In ihm ist der Strom durch R_1 und R_2 gleich groß.

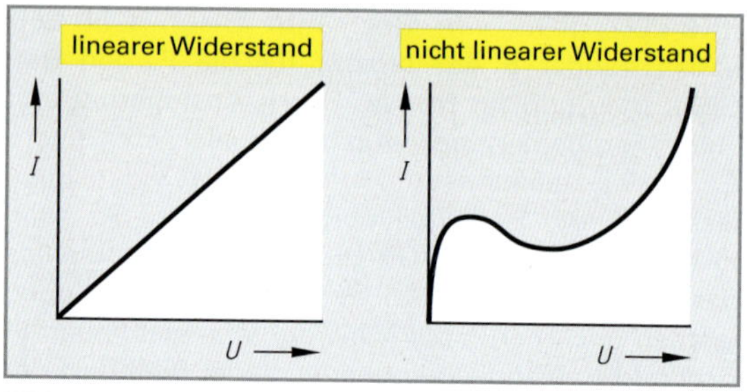

Bild 1: $I(U)$**-Kennlinien**

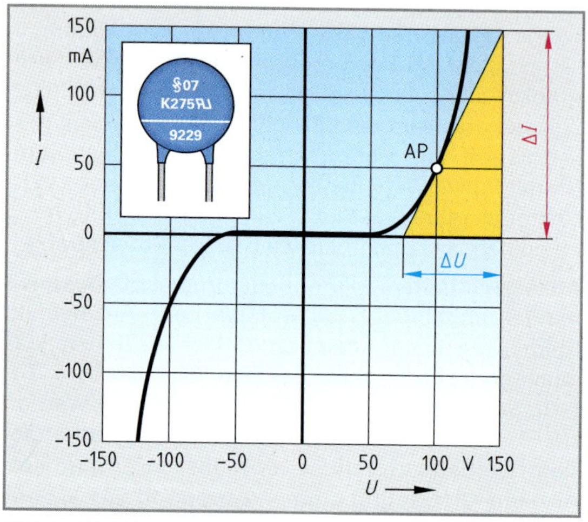

Bild 2: $I(U)$**-Kennlinie eines spannungsabhängigen Widerstands (VDR)**

$$R = \frac{U}{I} \qquad r = \frac{\Delta U}{\Delta I}$$

R	Widerstand für Gleichstrom
U	Gleichspannung
I	Gleichstrom
r	differenzieller Widerstand
ΔU	Spannungsänderung
ΔI	Stromänderung

Beispiel 1: Differenzielle Widerstände ermitteln

An einem VDR mit der Kennlinie Bild 2 liegt eine Gleichspannung von 100 V. Wie groß sind a) sein Gleichstromwiderstand, b) sein differenzieller Widerstand?

Lösung

a) Aus Bild 2 wird im Arbeitspunkt für U = 100 V entnommen: I = 50 mA ⇒ $R = U/I$ = 100 V/50 mA = **2 kΩ**

b) Im Arbeitspunkt wird eine Tangente angelegt und im Steigungsdreieck für ΔU = 75 V abgelesen: ΔI = 150 mA ⇒ $r = \Delta U/\Delta I$ = 75 V/150 mA = **500 Ω**

Arbeitspunkt graphisch ermitteln:

1. Man trägt die Kennlinie des Bauelements an der Klemmenspannung U in ein $I(U)$-Kennlinienfeld mit linearem Maßstab ein (Bild 1, unten).
2. In dasselbe Kennlinienfeld wird „spiegelbildlich" die $I(U)$-Kennlinie des anderen Bauelements eingetragen. Tatsächlich handelt sich es um kein Spiegelbild, da R_1 bezüglich der Klemmen als Innenwiderstand von U_b wirkt (vergl. Abschnitt 1.5.2).
3. Der Schnittpunkt der beiden Kennlinien ist der Arbeitspunkt der Reihenschaltung.

Im Arbeitspunkt können die Teilspannungen U_{R1} und U_{R2} und die Stromstärke abgelesen werden.

Die $I(U)$-Kennlinie eines Widerstands ist durch zwei Punkte festgelegt, z. B. $U = 0$ V bei $I = 0$ A und $U = U_b$ bei $I = U_b / R_2$. Die "spiegelbildlich" eingetragene $I(U)$-Kennlinie des Widerstands R_1 in Bild 1 wird *Arbeitsgerade* genannt. Sie lässt sich z. B. durch Verbinden der beiden Punkte $U = U_b$ bei $I = 0$ A und $U = 0$ V bei $I = U_b/R_1$ eintragen. Die beiden Kennlinien können auch mit den Geradengleichungen beschrieben werden (Bild 1).

$$R_1{:}\ I = -\frac{1}{R_1} \cdot U + \frac{U_b}{R_1} \quad \text{und} \quad R_2{:}\ I = \frac{1}{R_2} \cdot U$$

Beispiel 1: Arbeitspunkt der Reihenschaltung ermitteln

Die Reihenschaltung der Widerstände $R_1 = 7{,}5$ kΩ und $R_2 = 10$ kΩ ist an eine Spannung $U_b = 30$ V angeschlossen (Bild 1). Mithilfe der $I(U)$-Kennlinien soll der Arbeitspunkt A bestimmt, die Stromstärke I_A und die Teilspannungen U_{R1} und U_{R2} ermittelt werden.

Lösung:

1. $I(U)$-Kennlinie für R_2 eintragen.
   Punkt 1: $U = 0$ V; $I = 0$ A;
   Punkt 2: $U = 30$ V; $I = U_b/R_2 = 30$ V/10 kΩ $= 3$ mA.
2. Arbeitsgerade für R_1 eintragen.
   Punkt 1: $U = 30$ V; $I = 0$ A;
   Punkt 2: $U = 0$ V; $I = U_b/R_1 = 30$ V/7,5 kΩ $= 4$ mA.
3. Für den Arbeitspunkt A ablesen:
   $I_A =$ **1,7 mA**; $U_{R1} =$ **13 V**; $U_{R2} =$ **17 V**.

Beispiel 2: Arbeitspunkt LED ermitteln

Eine LED P1 mit der Kennlinie **Bild 2** soll über einen Vorwiderstand R_1 an 5 V angeschlossen und mit einem Bemessungsstrom $I_F = 22{,}5$ mA betrieben werden. Ermitteln Sie mithilfe der $I(U)$-Kennlinien U_F, U_{R1} und R_1.

Lösung:

1. Arbeitspunkt A bei 22,5 mA in die Diodenkennlinie eintragen.
2. Arbeitsgerade für R_1 durch den Arbeitspunkt und $U = 5$ V auf der Spannungsachse eintragen.
3. Ablesen: $U_F =$ **1,6 V** und $U_{R1} =$ **3,4 V**.
   Berechnen: $R_1 = \Delta U/\Delta I = 5$ V/33,3 mA $=$ **150 Ω**

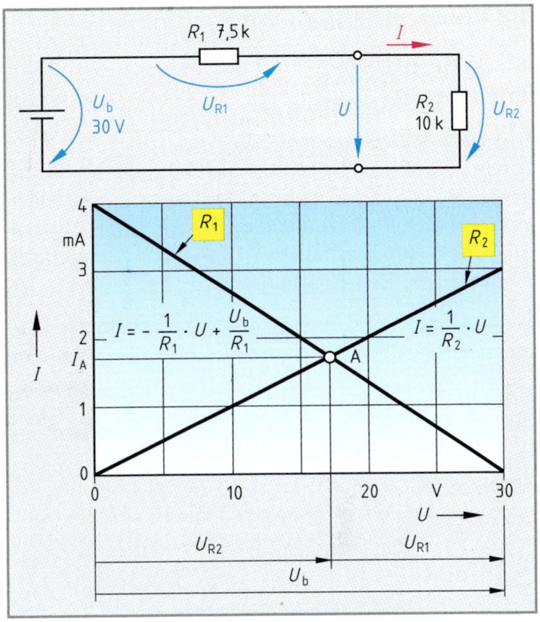

Bild 1: Reihenschaltung zweier Widerstände

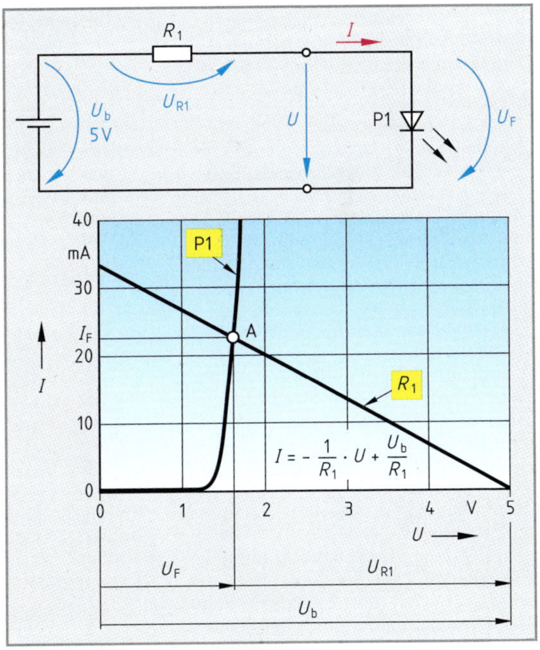

Bild 2: LED mit Vorwiderstand

Wiederholung und Vertiefung

1. **Welche Einheit hat die Beleuchtungsstärke?**
2. **Erklären Sie den inneren fotoelektrischen Effekt.**
3. **Wozu dienen Optokoppler?**
4. **Wie ermittelt man den differenziellen Widerstand *r*?**

1.10 Schaltungstechnik und Funktionsanalyse

1.10.1 Dokumente der Elektrotechnik

Elektrische Schaltungen erfordern zur Herstellung sowie zum Verständnis meist gezeichnete, geschriebene oder gedruckte Dokumente. Dazu gehören *Schaltpläne, Diagramme* (von griech. diagramma = Umriss, hier im Sinne von Schaubild), Tabellen und Beschreibungen.

Schaltpläne nennt man die zeichnerische Darstellung elektrischer Betriebsmittel durch Schaltzeichen. Die Betriebsmittel können gegebenenfalls auch durch Abbildungen oder durch vereinfachte Konstruktionszeichnungen dargestellt werden (**Tabelle 1**).

Diagramme sind die grafischen Darstellungen errechneter oder beobachteter Werte. Diagramme zeigen die Beziehungen zwischen verschiedenen Vorgängen, z. B. die Stromstärke in Abhängigkeit von der Zeit.

Tabellen können einen Schaltplan oder ein Diagramm ergänzen oder auch ersetzen.

Tabelle 1: Wichtige Dokumente der Elektrotechnik

Art, Erklärung	Anwendung	Beispiel
Schaltskizze Darstellung einer elektrischen Einrichtung zur Erklärung der Wirkungsweise oder der Anordnung. Meist allpolige Darstellung.	Anschlussschema von Elektrogeräten, z. B. Herden. Wird häufig bei Bausätzen angewendet, die für Nichtfachleute bestimmt sind.	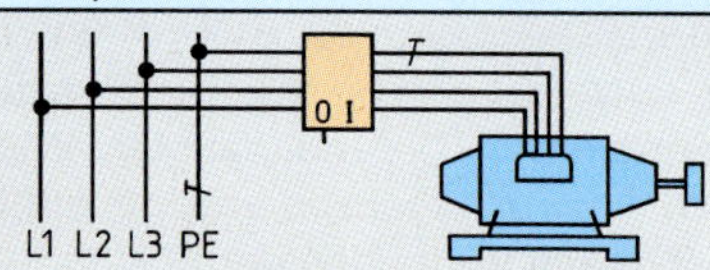
Übersichtsschaltplan Darstellung einer Schaltung ohne Hilfsleitungen. Die Aderzahl der Leitungen wird meist angegeben, jedoch nicht beim Blockschaltplan (Signalflussplan). Die räumliche Lage bleibt unberücksichtigt. Einpolige Darstellung.	Elektrische Antriebe, Steuerungen und Regelungen, elektronische Geräte, z. B. Messgeräte, Fernsehempfänger.	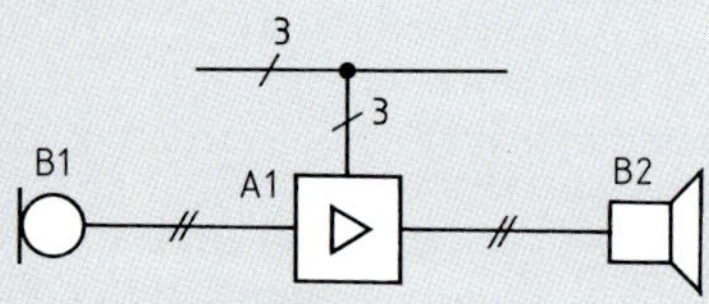
Installationsschaltplan Darstellung der Installation von energietechnischen und nachrichtentechnischen Anlagen, möglichst lagegerecht in einer Gebäudezeichnung. Ausführung ähnlich Übersichtsschaltplan. Beim *Installationsplan* werden dagegen die Leitungen nicht eingetragen.	Alle Arten von Elektroinstallationen, Beleuchtungsstromkreise, Kraftstromkreise, Rufstromkreise, Fernmeldeanlagen, Antennenanlagen.	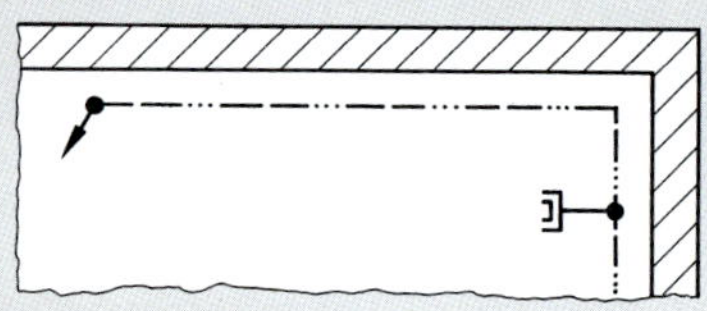
Stromlaufplan in aufgelöster Darstellung Darstellung einer Schaltung nach Stromwegen aufgelöst. Stromwege möglichst senkrecht oder waagrecht und kreuzungsarm. Die räumliche Lage bleibt unberücksichtigt. Allpolig.	Hauptstromkreise und Hilfsstromkreise von Schützschaltungen, z. B. im Schaltschrankbau. Punkte bei Leiterabzweig können gesetzt werden.	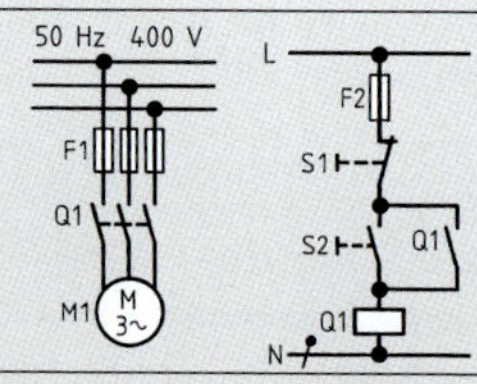
Stromlaufplan in zusammenhängender Darstellung Darstellung einer Schaltung mit allen Einzelteilen. Teile desselben Betriebsmittels werden räumlich zusammenhängend gezeichnet. Die räumliche Lage sonst bleibt unberücksichtigt.	Innenschaltung von Betriebsmitteln, Steuerschaltungen einfacher Art. Punkte bei Leiterabzweig können gesetzt werden.	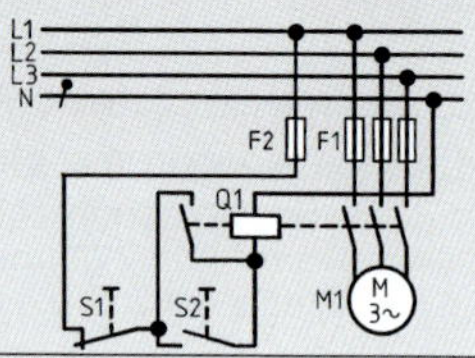
Zeitablaufdiagramm Das Zeitablaufdiagramm zeigt den Ablauf von Vorgängen im zeitgerechten Maßstab. Eine Zeitachse wird meist nicht angegeben.	Verdeutlichung des Ablaufes bei Steuerschaltungen, z. B. bei Zeitschaltern.	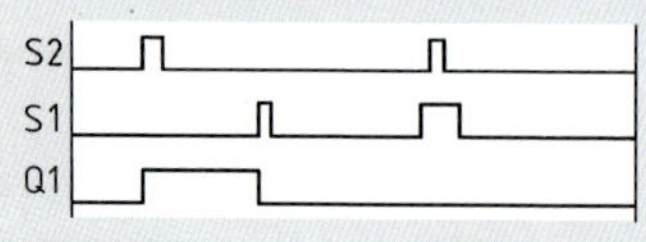

Weitere Dokumente der Elektrotechnik siehe Tabellenbuch Informations- und Systemtechnik.

1.10.2 Betriebsmittelkennzeichnung nach DIN EN 61346-2

Durch die zunehmende Automatisierung und die immer weiter steigende Komplexität der elektrischen Systeme gewinnt die technische Kommunikation in der Elektrotechnik immer mehr an Bedeutung. Dabei stehen die Darstellungsform, Handhabung und Lesbarkeit der zeichnerischen Unterlagen in direktem Zusammenhang mit den Produktionskosten und Wartungskosten.

Grundlage für die Gestaltung der Dokumente sind die Festlegungen für Schaltungsunterlagen und Schaltzeichen nach den EN- und IEC-Normen, die vom DIN (Deutsches Institut für Normung e.V.) übernommen werden. Die DIN EN 61346-2 gilt seit dem Jahr 2000 und ersetzt die DIN 40719 sowie teilweise die DIN 6779-1 und die DIN 6779-2.

In der DIN EN 61346-2 sind die Strukturierungsprinzipien und die Kennzeichnung von industriellen Systemen, Anlagen und Produkten genormt.

Die Schaltzeichen zur Darstellung von Betriebsmitteln, z. B. Leuchten, Schalter oder Transistoren, ändern sich durch diese Norm nicht.

Prinzip der Klassifizierung

Das Prinzip der Klassifizierung beruht darauf, dass jedes Betriebsmittel (Objekt) als Teil eines Prozesses mit einem Eingang und einem Ausgang gesehen wird (**Bild 1**). Die Betriebsmittel müssen unter dem Gesichtspunkt betrachtet werden, wie sie auf den Prozessfluss einwirken. Dabei bleibt unberücksichtigt, wie diese Wirkung realisiert wird. Abweichend von der bisher üblichen Kennzeichnung bestimmt jetzt an erster Stelle die Funktion und der Zweck des elektrischen Betriebsmittels in der jeweiligen Schaltung den Kennbuchstaben (**Tabelle 1**). Ein Transistor im Verstärkerbetrieb wird mit K1, ein Schalttransistor mit Q1 bezeichnet. Zusätzliche vorangestellte Vorzeichen beschreiben den Funktionsaspekt durch ein Gleichsymbol (=), den Produktaspekt durch ein Minuszeichen (–), und den Ortsaspekt mit einem Pluszeichen (+). Der Sensorbildschirm, z. B. eines Geldautomaten einer Bank, dient sowohl der Eingabe (=S) als auch der Ausgabe (=P) von Informationen. Da kein Hauptzweck erkennbar ist, kann hier Klasse A gewählt werden.

Bei Bedarf wird an den Kennbuchstaben ein zweiter Buchstabe für eine Unterklasse angefügt (siehe Tabellenbuch Informations- und Systemtechnik).

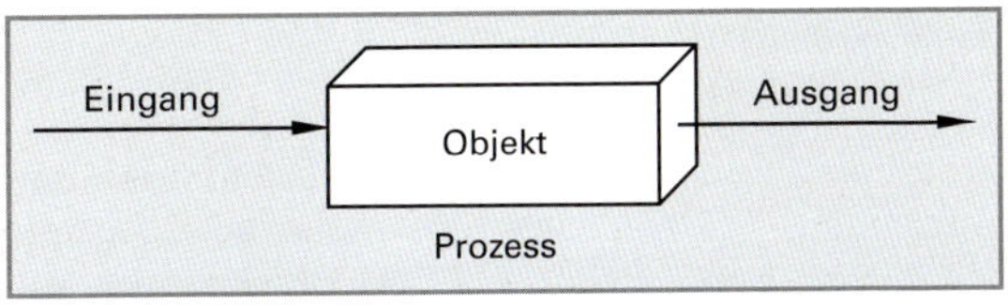

Bild 1: Prozessfluss

Tabelle 1: Betriebsmittelkennzeichnung in Schaltplänen der Elektrotechnik
(nach DIN EN 61346 Teil 2, Auszug)

Kennbuchstabe	Hauptaufgabe oder Objektzweck	Beispiele
A	Anwendung nur, wenn die Hauptaufgabe sich nicht eindeutig festlegen lässt	Schaltschrank, Verteilung, Touch-Screen, Sensorbildschirm
B	Umwandlung einer physikalischen Größe in ein Signal zur Weiterverarbeitung	Sensor, Fotozelle, Mikrofon, Grenztaster
C	Speichern von Energie oder Information	Kondensator, Speicher, RAM, ROM
E	Kühlen, Heizen, Beleuchten, Strahlen	Leuchte, Heizung, LED zur Beleuchtung
F	Direktes Schützen von Personen oder Einrichtungen	Leistungsschutzschalter, RCD, Sicherung, Abschirmung
G	Erzeugen von Energie oder Signalen, Materialfluss	Batterie, Generator, Solarzelle, Lüfter
K	Verarbeiten von Signalen oder Informationen	Binärbaustein, Transistor, Hilfsschütz, Schaltrelais, Operationsverstärker, Optokoppler, Regler
M	Bereitstellung von mechanischer Energie und für Antriebszwecke	Elektromotor, Verbrennungsmotor, Turbine, Hubmagnet, Stellantrieb
P	Darstellen von Informationen	Klingel, Strommessgerät LCD, LED, Bildschirmgerät
Q	Schalten oder Variieren eines Energie-, Signal- oder Materialflusses	Hauptschütz, IGBT, Leistungstransistor, Leistungsschalter, Thyristor
R	Begrenzen oder stabilisieren von Energie-, Informations- und Materialfluss	Diode, Widerstand, Drosselspule, Z-Diode
S	Beeinflussen, manuelles Steuern, Wählen	Taster, Schalter, Tastatur
T	Umwandlung von Energie oder Signalen unter Beibehaltung der Energieart oder Signalart	Transformator, Verstärker, ADC, DAC, Netzgerät, Frequenzumrichter
U	Halten von Objekten in definierter Lage	Isolator, Montagegestell
V	Verarbeiten von Materialien	Rauchgasfilter, Zentrifuge
W	Leiten von Energie oder Signalen	Leitung, Kabel, Bus
X	Verbinden	Klemme, Klemmleiste, Stecker

D, J, L, Z sind für spätere Normung vorgesehen. Wegen Verwechslungsgefahr mit Input und Output wird I und O nicht angewendet.

1.10.3 Schaltungen mit Installationsschaltern

Zum Verständnis einer Schaltung verfolgt man den Stromweg, bei Wechselstrom meist vom *Außenleiter zum Neutralleiter*, z. B. bei Schaltungen mit Installationsschaltern **(Tabelle 1)**.

Bei allen Schaltungen mit Installationsschaltern wird der Neutralleiter *direkt* an den Verbraucher angeschlossen, also nicht geschaltet. Der Schutzleiter PE wird an das Gehäuse geführt, bei Schutzisolierung wird er nicht angeschlossen.

Bei der **Ausschaltung** wird ein Verbraucher von nur einer Stelle aus eingeschaltet oder ausgeschaltet. Der Ausschalter enthält deshalb einen Schließer (Tabelle 1). Ein Schließer ist ein Kontakt, der bei Betätigung den Stromkreis schließt. Bei geschlossenem Schalter Q1 fließt der Strom von L über Q1 und E1 nach N.

Bei der **Wechselschaltung** wird ein Verbraucher wahlweise von zwei Stellen aus eingeschaltet oder ausgeschaltet. Dazu braucht man zwei Wechselschalter (Tabelle 1). Wechselschalter enthalten einen Wechsler (Umschaltkontakt). So nennt man einen Doppelkontakt, bei dessen Betätigung der eine Kontakt öffnet und der andere schließt. Wird z. B. der Wechselschalter Q2 betätigt, so fließt der Strom von L über Q2, Q3 und E2 nach N.

Bei der **Kreuzschaltung** wird ein Verbraucher von drei Stellen aus eingeschaltet oder ausgeschaltet. Dazu braucht man zwei Wechselschalter und einen Kreuzschalter. Der Kreuzschalter enthält zwei Wechsler (Tabelle 1). Wird z. B. der Kreuzschalter Q5 betätigt, so fließt der Strom von L über Q4, Q5, Q6 und E3 nach N. Die Schaltung ist durch weitere Kreuzschalter erweiterbar.

Bei der **Serienschaltung** (nicht dargestellt) liegen zwei Ausschaltungen vor, wobei die beiden Ausschalter zu einem Serienschalter zusammengebaut sind. Dadurch können zwei Verbraucher von einer Stelle aus wahlweise geschaltet werden.

Bei der Gruppenschaltung (nicht dargestellt) sind zwei Ausschalter so zu einem Gruppenschalter vereinigt, dass immer nur einer aktiv sein kann. Gruppenschalter kommen insbesondere bei Rolladen- und Jalousieantrieben vor.

Ausschalter, Serienschalter, Wechselschalter und Kreuzschalter sind Schaltelemente bei Installationsschaltungen.

1.10.4 Schaltfunktion

Schaltungen mit Worten zu beschreiben ist umständlich. Deshalb stellt man Schaltungen mit Schaltplänen dar. Der zeitliche Ablauf der Schaltung geht aber aus dem Schaltplan nur indirekt hervor. Man beschreibt das Verhalten der Schaltung durch eine Gleichung, die man Schaltungsgleichung oder *Schaltfunktion* nennt.

Tabelle 1: Schaltungen mit Installationsschaltern

Stromlaufplan in aufgelöster Darstellung, Benennung	Stromlaufplan in zusammenhängender Darstellung	Übersichtsschaltplan

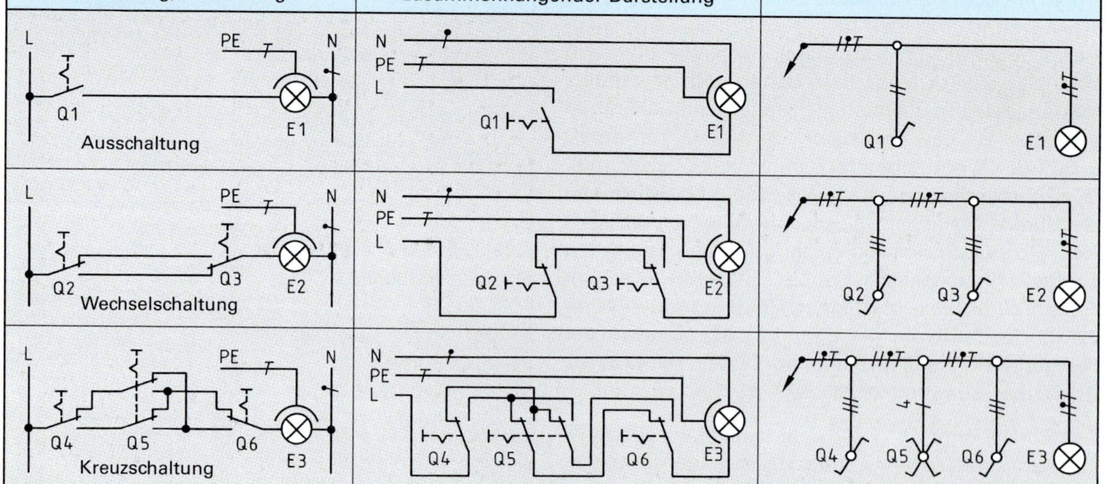

Die Schaltfunktion beschreibt das Verhalten einer Schaltung bei der Betätigung von Schaltern.

Wie bei einer mathematischen Funktion kommen bei einer Schaltfunktion *Variable* (lat. variare = abwechselnd machen) vor. Die bei Betätigung der Schalter entstehenden Signale sind *unabhängige Variable*. Man stellt sie durch *kursive* (schräggedruckte) Kleinbuchstaben dar. Bei Betätigung des Schalters Q1 entsteht das Signal q_1. Das am Lastwiderstand entstehende Signal ist die *abhängige Variable*. Man stellt sie durch einen kursiven Kleinbuchstaben dar, meist vom Ende des Alphabets, z. B. *y* oder *x*. Bei Bedarf kann ein Index angehängt werden. Der Zustand der Lampe E1 wird z. B. durch y_{E1} ausgedrückt **(Bild 1)**.

Bei der Schaltfunktion sind die Eingangssignale die unabhängigen Variablen und die Ausgangssignale die abhängigen Variablen.

Die Schaltfunktion der Ausschaltung (Bild 1) $y_{E1} = q_1$ lässt erkennen, dass bei vorhandenem Eingangssignal q_1 ebenfalls das Ausgangssignal y_{E1} vorhanden ist. Bei Betätigung von Q1 leuchtet also die Lampe E1.

Wie bei einer mathematischen Gleichung kommen bei einer Schaltfunktion meist „Rechenanweisungen" vor, allerdings nur sehr wenige. Die Lampe E2 in Tabelle 1, vorhergehende Seite, leuchtet z. B., wenn Q2 betätigt ist UND Q3 NICHT. Man braucht ein Zeichen für UND und eines für NICHT **(Tabelle 1)**.

Die Schaltfunktion zur Beschreibung einer Schaltung kann außer den Signalen (Variable) die Zeichen UND, ODER sowie NICHT enthalten.

Die unvollständige Schaltfunktion der Wechselschaltung (Tabelle 1, vorhergehende Seite) lautet also $y_{E2} = q_2 \wedge \overline{q}_3$. Diese Schaltfunktion ist unvollständig, da die Lampe E2 auch leuchtet, wenn Q2 nicht betätigt ist und Q3 betätigt ist. Die Lampe leuchtet also im Fall 1 ($q_2 \wedge \overline{q}_3$) ODER im Fall 2 ($\overline{q}_2 \wedge q_3$). Mit dem Zeichen für ODER lautet dann die Schaltfunktion der Wechselschaltung: $y_{E2} = (q_2 \wedge \overline{q}_3) \vee (\overline{q}_2 \wedge q_3)$.

Für Schaltfunktionen gelten die Rechenregeln der Schaltalgebra (Abschnitt 3.1.3).

Abhängige Variable (Ausgangssignal)		Unabhängige Variable (Eingangssignal)
y_{E1}	=	q_1

Bild 1: Schaltfunktion der Ausschaltung

Tabelle 1: Zeichen für Schaltfunktionen

Zeichen	Bedeutung
&, ∧, •	UND
I, ∨, +	ODER
!, ‾ (z. B. $\overline{q}_1$)	NICHT
¬, / (z. B. $/q_1$)	NICHT (nicht genormt)

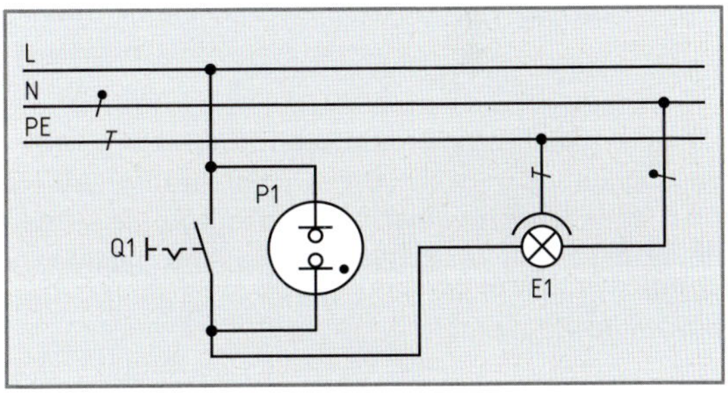

Bild 2: Ausschaltung mit beleuchtetem Schalter

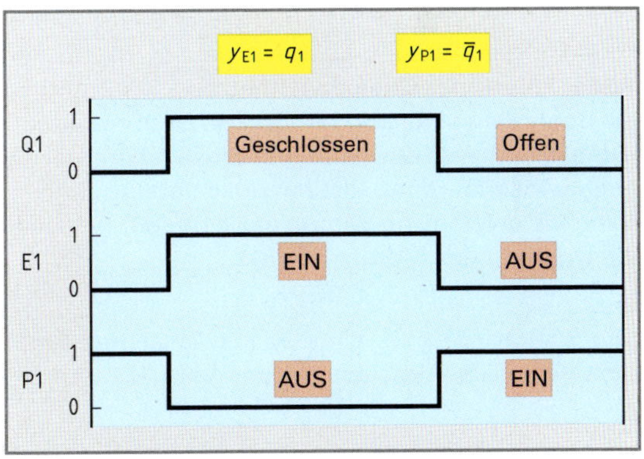

Bild 3: Schaltfunktion und Zeitablaufdiagramm für Ausschaltung nach Bild 2

Die Beschreibung der Schaltung mit beleuchtetem Schalter **(Bild 2)** erfolgt mit den Schaltfunktionen oder mit dem zugehörigen *Zeitablaufdiagramm* **(Bild 3)**. Bei der Ausschaltung ist erkennbar, dass die Glimmlampe P1 nicht mehr leuchtet, wenn der Schalter Q1 betätigt wurde. P1 verhält sich also entgegengesetzt zu E1.

1.10.5 Schützschaltungen

Das Schütz ist ein elektromagnetisch betätigter *Fernschalter* **(Bild 1)**. Im Prinzip entspricht das Schütz dem Relais (Abschnitt 1.8.2.2). Fließt Strom durch die Schützspule, so wird ein beweglicher Anker angezogen, sodass bewegliche Schaltstücke in eine andere Stellung bewegt werden. Dadurch werden Kontakte, die bei stromloser Schützspule offen sind, geschlossen. Diese Kontakte nennt man *Schließer*. Sie schließen einen Stromkreis, wenn sie bewegt werden. In Schützen sind meist auch Kontakte enthalten, die ohne Strom in der Schützspule geschlossen sind. Diese Kontakte können einen Stromkreis öffnen, wenn sie bewegt werden. Man nennt sie *Öffner*.

In Schützen sind Schließer und Öffner vorhanden.

Je nach Ausführung der Schützkontakte werden alle Schließer und alle Öffner *gleichzeitig* bewegt oder aber *zeitlich versetzt*. Meist öffnen die Öffner, bevor die Schließer schließen. Die Anschlusskennzeichnung der Schütze ist genormt (Tabellenbuch Informationstechnik).

Bei den Schützschaltungen unterscheidet man den *Hauptstromkreis* und den *Steuerstromkreis* (Hilfsstromkreis) **(Bild 2)**. Fließt Strom durch die Schützspule, so werden in Schaltung Bild 2 die Hauptkontakte geschlossen. Dadurch gelangen von den Außenleitern des Dreiphasennetzes L1, L2 und L3 die Spannungen an den Motor. Das Dreiphasennetz (Drehstromnetz) liefert nun drei Wechselströme, die gegeneinander eine Phasenverschiebung haben. Dadurch entsteht im Motor ein Drehfeld, welches die Drehung des Motors bewirkt.

Im Hauptstromkreis einer Schützschaltung liegt der eigentliche Verbraucher, der geschaltet wird.

Im Steuerstromkreis einer Schützschaltung liegen meist *Taster*. Das sind Schalter mit Öffnern oder Schließern, bei denen das Öffnen oder Schließen nur so lange erfolgt, wie die Betätigung dauert. Im Gegensatz zu Installationsschaltern rasten die Taster also nicht ein. Bei der üblichen Schaltung mit Haltekontakt ist ein Schließer des Schützes parallel zum Schließer des EIN-Tasters geschaltet (Bild 2). Dadurch arbeitet das Schütz in *Selbsthaltung* nach dem Einschalten auch weiter, wenn der EIN-Taster nicht mehr betätigt wird.

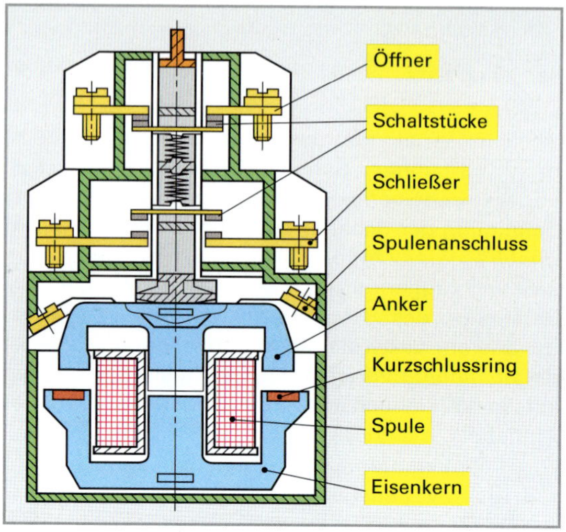

Bild 1: Elektromagnetisches Schütz

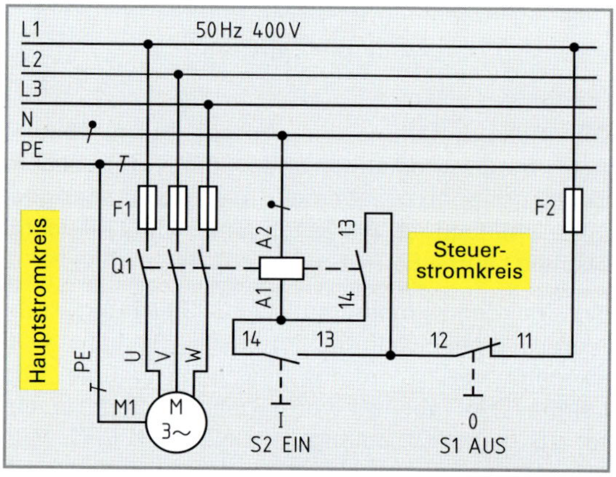

Bild 2: Schützschaltung mit Haltekontakt als Stromlaufplan in zusammenhängender Darstellung

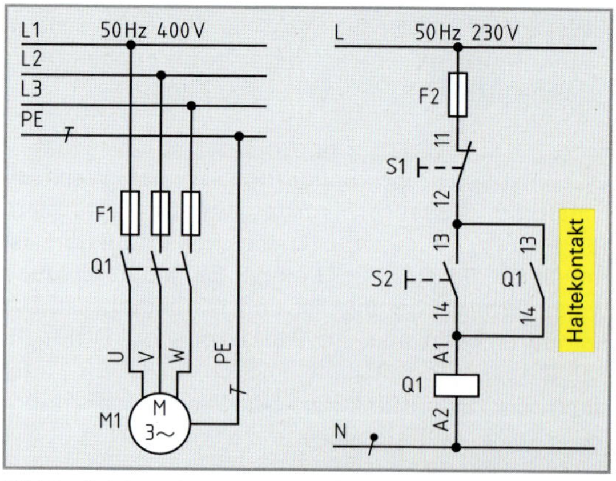

Bild 3: Schützschaltung mit Haltekontakt als Stromlaufplan in aufgelöster Darstellung

Schützschaltungen werden meist als *Stromlaufplan in aufgelöster Darstellung* gezeichnet **(Bild 3, vorhergehende Seite)**. In diesem Stromlaufplan sind Hauptstromkreis und Steuerstromkreis getrennt dargestellt. Man kann dadurch die Stromwege leichter verfolgen, insbesondere den Stromweg des Steuerstromkreises.

In der Schaltung fließt der Steuerstrom bei betätigtem S2 von L1 über F2, S1, S2 und Q1 (Schützspule) nach N. Dadurch zieht das Schütz Q1 an und schaltet den Motor M1 ein. Gleichzeitig wird im Steuerstromkreis der Schließer Q1 geschlossen. Nach Loslassen von S2 fließt nun der Steuerstrom von L1 über S1, Q1 (Schließer), Q1 (Schützspule) nach N. Der Schließer Q1 „hält" also das Schütz angezogen, man spricht deshalb von einem *Haltekontakt*.

Schützschaltungen sind meist mit einem Haltekontakt ausgeführt.

Wird bei einer Schützschaltung mit Haltekontakt der Steuerstromkreis unterbrochen, z. B. durch Betätigen des AUS-Tasters S1, so fällt das Schütz ab und schaltet den Verbraucher ab, bis der EIN-Taster erneut betätigt wird.

Die Beschreibung der Schützschaltung erfolgt übersichtlich durch eine Schaltfunktion. Für die Schaltfunktion des Motors M1 entnimmt man aus Bild 3, vorhergehende Seite:

$$y_{M1} = q_1$$

Für die Schaltfunktion der Schützspule entnimmt man aus Bild 3, vorhergehende Seite:

$$y_{Q1} = \overline{s}_1 \wedge (s_2 \vee q_1)$$

Das Verhalten einer Schützschaltung ist auch aus dem zugehörigen Zeitablaufdiagramm **(Bild 1)** erkennbar. Man kann aus ihm entnehmen, dass bei Betätigung von S2 sofort Q1 anzieht und den Motor M1 einschaltet. Werden S1 und S2 gleichzeitig betätigt, so bleibt dies wirkungslos, weil bei gleichzeitiger Betätigung der Taster der Steuerstromkreis auf jeden Fall unterbrochen ist.

Schützschaltungen sind meist so ausgeführt, dass bei gleichzeitiger Betätigung mehrerer Taster kein Schalten erfolgt.

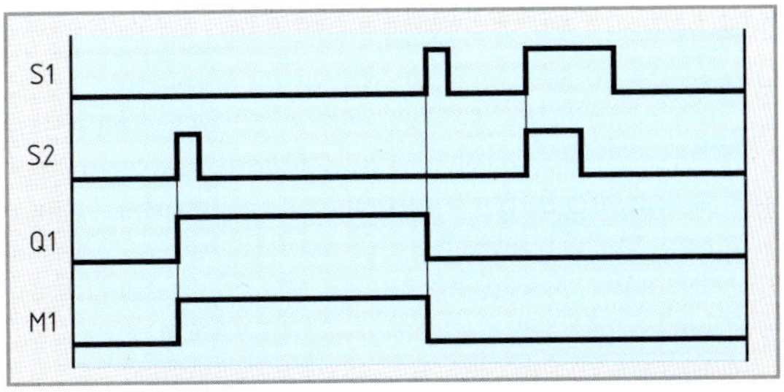

Bild 1: Zeitablaufdiagramm einer Schützschaltung mit Haltekontakt

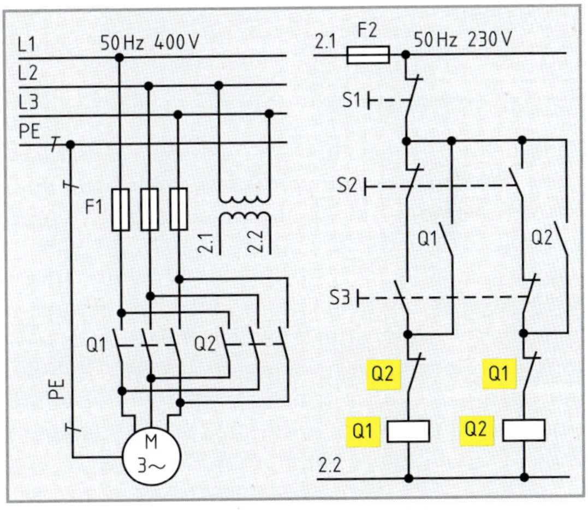

Bild 2: Verriegelung bei einer Schützschaltung zur Drehrichtungsumkehr

Verriegelung bei Schützschaltungen

Oft darf ein Schütz nur einschaltbar sein, wenn ein anderes Schütz nicht eingeschaltet ist, z. B. bei der Drehrichtungsumkehr von Drehstrommotoren **(Bild 2)**. Man sagt dann, dass beide Schütze gegeneinander *verriegelt* sind. Die gegenseitige Verriegelung erfolgt durch wechselseitigen Einbau von Öffnern in jeden Steuerstromkreis (Bild 2). Dadurch wird erreicht, dass der Steuerstrom zu einer Schützspule nur dann gelangen kann, wenn das andere Schütz nicht angezogen hat (elektrische Verriegelung).

Die Verriegelung von Schützschaltungen erfolgt durch Öffner des jeweils anderen Steuerstromkreises.

Die Stromversorgung des Steuerstromkreises (Hilfsstromkreises) muss bei Maschinen über die Anschlüsse 2.1 und 2.2 eines Steuertransformators erfolgen. Steuertransformatoren sind nur bei Maschinen nicht erforderlich, die höchstens einen Motorstarter enthalten und höchstens zwei Steuergeräte.

Entriegelung bei Schützschaltungen

Oft soll ein Schütz nur dann einschaltbar sein, wenn ein anderes Schütz schon eingeschaltet ist. Man spricht dann von einer *Folgeschaltung*. Bei der Schaltung **Bild 1** kann M1 unabhängig von M2 arbeiten, da Q1 unabhängig von Q2 eingeschaltet werden kann. Dagegen kann Q2 nur eingeschaltet werden, wenn der Schließer Q1 geschlossen ist.

Die Entriegelung von Schützschaltungen erfolgt durch Schließer des jeweils anderen Steuerstromkreises.

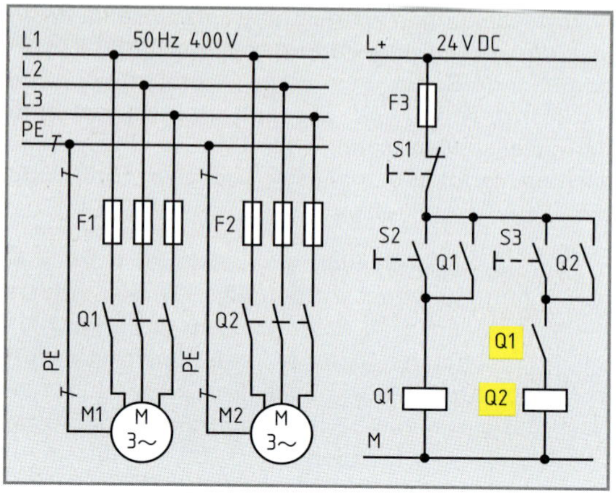

Bild 1: Entriegelung bei einer Folgeschaltung mit Stromversorgung des Steuerstromkreises aus Steuertransformator

1.10.6 Schaltungen mit Zeitschaltern

Zeitschalter wendet man an, wenn ein Schaltvorgang (Einschalten und/oder Ausschalten) erst einige Zeit nach der Signalgabe durchgeführt werden soll. Die Zeitspanne zwischen Signal und Schaltvorgang kann je nach Art des Zeitschalters einige Millisekunden bis zu mehreren Stunden betragen. Zeitschalter sind grundsätzlich Relais, die verzögert anziehen oder verzögert abfallen **(Bild 2)**. Von einem *Zeitrelais* spricht man, wenn von ihm ein Schütz gesteuert wird. *Zeitschalter* steuern dagegen unmittelbar den Verbraucher.

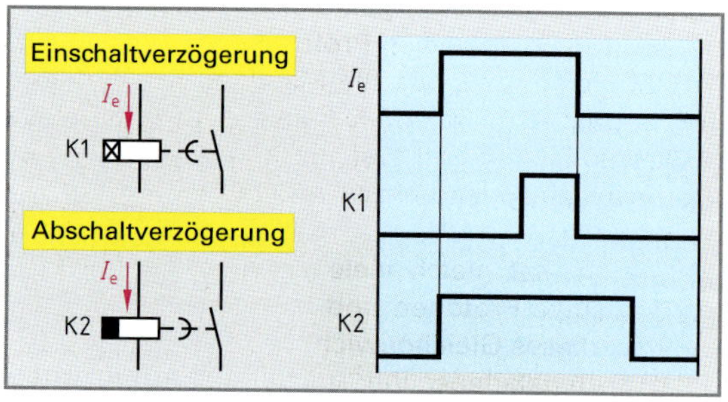

Bild 2: Verhalten von Schaltern mit Einschaltverzögerung und mit Abschaltverzögerung

Die Verzögerung kann auf verschiedene Arten erreicht werden, z. B. durch das Aufladen eines Kondensators über einen Widerstand oder durch eine elektrische Uhr, heute meist Mikroprozessorgesteuert.

Verbreitet sind Zeitschalter z. B. in den Treppenhäusern als Treppenlicht-Zeitschalter **(Bild 3)**.

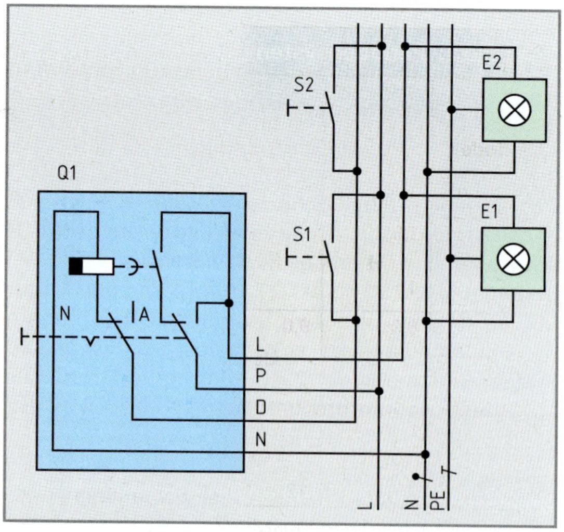

Bild 3: Treppenhausbeleuchtung mit nachschaltbarem Zeitschalter

Zeitschalter und Zeitrelais schließen oder öffnen einen Stromkreis verzögert.

Wiederholung und Vertiefung

1. **Nennen Sie die wichtigsten Dokumente der Elektrotechnik.**
2. **Wie heißen die wichtigsten Installationsschalter?**
3. **Auf welche drei Arten kann man eine Schaltung beschreiben?**
4. **Welche drei Zeichen kommen in Schaltfunktionen vor?**
5. **Nennen Sie die Kontaktarten von Schützen.**
6. **Welche beiden Stromkreise unterscheidet man bei Schützschaltungen?**
7. **Welche Aufgabe hat ein Haltekontakt?**
8. **Informieren Sie sich über den Unterschied zwischen Wendeschützschaltungen mit Umschaltung über Aus und mit direktem Umschalten.**

1.11 Werkstoffe und Leitungen

1.11.1 Atommodell

Atome sind außerordentlich klein. Ihr Radius beträgt z. B. 1/10000000 mm = 0,1 nm. Man kann sie deshalb nicht sehen und benötigt Modelle, wie diese Atome aussehen könnten. Ein einfaches und anschauliches Modell ist das Bohr'sche[1] Atommodell. Es erinnert an ein Sonne-Planeten-System **(Bild 1)**. Danach besteht ein Atom aus einem Atomkern, um den auf verschiedenen Bahnen Elektronen mit hoher Geschwindigkeit kreisen. Die Anziehungskraft zwischen den negativ geladenen Elektronen und dem positiv geladenen Atomkern verhindert, dass die Elektronen aus der Bahn herausgeschleudert werden.

Der Kerndurchmesser beträgt etwa 1/10000 vom Durchmesser des ganzen Atoms. Der Atomkern besteht vorwiegend aus positiv geladenen Protonen und elektrisch ungeladenen (neutralen) Neutronen. Die Masse eines Protons von $1{,}67 \cdot 10^{-24}$ g ist fast gleich groß wie die Masse eines Neutrons und beträgt etwa das 1800-Fache der Masse eines Elektrons. Deshalb ist fast die ganze Masse eines Atoms in seinem Atomkern vereinigt.

Ein Atom hat gleich viele negative Elektronen wie positive Protonen und ist nach außen neutral. Ist dieses Gleichgewicht gestört, so liegt ein elektrisch geladenes Ion[2] vor.

Die verschiedenen Grundstoffe unterscheiden sich durch ihren Atomaufbau. Dieser ist bei Wasserstoff mit einem Proton und einem Elektron am einfachsten. Den einfachsten Atomaufbau aller Metalle hat das Lithium (Bild 1). Die wechselnden Bahnen, auf denen die Elektronen um den Atomkern kreisen, bilden kugelförmige Schalen. Man unterscheidet bei Atomen sieben Schalen, die von innen nach außen mit Elektronen besetzt und mit den Buchstaben K bis Q bezeichnet werden. Die K-Schale kann höchstens 2 Elektronen, die L-Schale 8 Elektronen, die M-Schale 18 Elektronen und die N-Schale 32 Elektronen aufnehmen. Innerhalb dieser Hauptschalen gibt es auch noch Unterschalen. Je nach Energiegehalt befinden sich die Elektronen auf einer dieser Schalen. Zwischen den Schalen können sich keine Elektronen aufhalten.

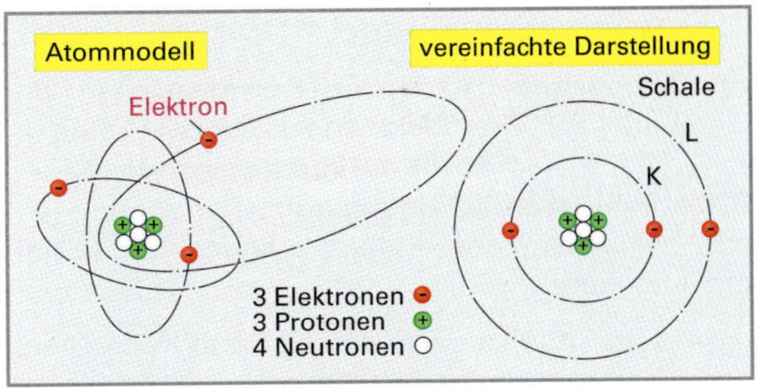

Bild 1: Aufbau des Lithiumatoms

Die Wertigkeit gibt an, wie viele Wasserstoffatome gebunden oder ersetzt werden können.

Die Elektronen auf der äußersten besetzten Schale bezeichnet man als *Valenzelektronen*. Sie bestimmen die elektrischen und chemischen Eigenschaften eines Stoffes. Jedes Valenzelektron kann ein Wasserstoffatom (einwertig) binden oder ersetzen. Es bildet eine *Wertigkeit*.

Tabelle 1: Periodensystem der Elemente (erste drei Perioden)

Periode	Gruppe I	II	III	IV	V	VI	VII	VIII	Schale
Wertigkeit zu Wasserstoff	1	2	3	4	3	2	1	0	
1	1,0 H 1							4,0 He 2	K
2	6,9 Li 3	9,0 Be 4	10,8 B 5	12,0 C 6	14,0 N 7	16,0 O 8	19,0 F 9	20,2 Ne 10	L
3	23,0 Na 11	24,3 Mg 12	27,0 Al 13	28,1 Si 14	31,0 P 15	32,1 S 16	35,5 Cl 17	39,9 Ar 18	M

schwarze Zahlen: Ordnungszahlen, rote Zahlen: Atommassen

[1] Nils Bohr, dänischer Physiker, 1885 bis 1962; [2] Ion von griech. das gehende

1.11.2 Periodensystem

Alle Grundstoffe werden im Periodensystem der Elemente nach ihrer Elektronenzahl bzw. Protonenzahl geordnet **(Tabelle 1, vorhergehende Seite)**. Diese Zahl ist die Ordnungszahl. Die Atommasse wird in der atomaren Einheit *u* angegeben (u von unit = Einheit).

$u = 1{,}66 \cdot 10^{-24}$ g (Bedeutung der Kurzzeichen der Elemente siehe Tabellenbuch Informations-, System- und Automatisierungstechnik).

Atommassenzahl ≈ Protonenzahl + Neutronenzahl

Beispiel 1: Elementeigenschaften bestimmen

Geben Sie für das Element Al aus Tabelle 1, vorhergehende Seite, an a) Name, b) Protonenzahl, c) Atommasse, d) Neutronenzahl.

Lösung:

a) Al ⇒ **Aluminium**

b) Ordnungszahl 13 ⇒ Protonenzahl **13**

c) Atommassenzahl 27
⇒ Atommasse $= 27 \cdot u = 27 \cdot 1{,}66 \cdot 10^{-24}$ g
$= \mathbf{44{,}82 \cdot 10^{-24}}$ **g**

d) Neutronenzahl ≈ Atommassenzahl – Protonenzahl
= 27 – 13 = **14**

Die Gruppenzahlen I bis VII geben die Zahlen der Außenelektronen (Valenzelektronen) an. Alle Elemente in einer solchen Gruppenspalte haben ähnliche chemische Eigenschaften.

Von fast allen Grundstoffen gibt es Isotope (griech. iso = gleich; griech. topos = Ort; hier: im Periodensystem). Diese haben die gleiche Zahl von Elektronen und Protonen sowie gleiches chemisches Verhalten, aber eine unterschiedliche Zahl von Neutronen und damit unterschiedliche Massen. In der Natur kommen die Grundstoffe als Mischungen solcher Isotope vor, sodass ihre durchschnittliche Atommassenzahl nicht ganzzahlig ist.

1.11.3 Chemische Bindungen

Formeln

Chemische Verbindungen werden in abgekürzter Schreibweise als Formeln dargestellt. Bei der Summenformel, z. B. H_2O, werden die chemischen Symbole der Grundstoffe nebeneinander geschrieben. Die als Indizes geschriebenen Zahlen hinter den Symbolen geben das Zahlenverhältnis der Teilchen in einer Elementargruppe, z. B. einem Molekül, an. Elementargruppen sind die kleinsten einander gleichen Teilchengruppen, in die ein Stoff zerlegt gedacht werden kann. Strukturformeln, z. B. H-O-H, deuten den räumlichen Aufbau an. Die Bindungen werden durch Striche dargestellt. Bei der Elektronenformel, z. B. H · + H · → H : H, werden die Außenelektronen durch Punkte angegeben. Der chemische Vorgang (Reaktion) bei der Entstehung der chemischen Verbindung wird durch die Reaktionsgleichung veranschaulicht. Die Zahl vor dem chemischen Symbol gibt die Zahl der Elementargruppen an, z. B. $2H_2 + O_2 \rightarrow 2H_2O$.

Bindungen

Die meisten Grundstoffe sind in der Lage, chemische Bindungen einzugehen **(Tabelle 1)**. Ihre Außenschale kann höchstens acht Elektronen aufnehmen, dann ist sie voll besetzt. Dies ist bei Edelgasen der Fall. Edelgase gehen deshalb keine chemischen Bindungen ein. Grundstoffe, deren Außenschale weniger als acht Elektronen hat, streben Vollbesetzung an. Sind in der Außenschale höchstens vier Elektronen, so versuchen diese

Tabelle 1: Chemische Bindungsarten

Bindungsart	Ionenbindung	Atombindung nicht polarisiert	Atombindung polarisiert	Metallbindung
Bindungselemente	Metallatome und Nichtmetallatome. Meist Elemente der Gruppe I mit Elementen der Gruppe VII.	Meist Nichtmetallatome. Elemente mit sich selbst. Elemente der Gruppen III, IV und V untereinander. Bei den meisten flüssigen und gasförmigen Verbindungen.		Metallatome, Metalle und Legierungen.
Ursache für die Bindung	Übergang von Außenelektronen.	Bildung gemeinsamer Elektronenpaare.		Dichte Anordnung, Abgabe von Valenzelektronen.
Entstehende Teilchen	Positive Ionen und negative Ionen.	Elektrisch neutrale Moleküle.	Meist Moleküle mit Dipolcharakter.	Positive Ionen und freie Elektronen.
Beispiele	$Na^+ + Cl^- \rightarrow NaCl$	H· + H· → H : H	H· + ·Ċ̤l: → H : Ċ̤l :	Cu

Grundstoffe die Außenelektronen abzugeben und werden dadurch zu positiven Ionen (= elektrisch geladene Teilchen). Sie haben metallische Eigenschaften. Grundstoffe mit 5, 6 oder 7 Elektronen in der Außenschale versuchen dagegen noch zusätzliche Elektronen aufzunehmen, um die Außenschale voll zu besetzen. Sie werden zu negativen Ionen und haben nichtmetallische Eigenschaften.

Bei der **Ionenbindung** zwischen Metallen und Nichtmetallen, z. B. zwischen Natrium und Chlor zu Kochsalz **(Bild 1)**, gibt das Metallatom Außenelektronen an das Nichtmetallatom ab. Die so entstehenden positiven Metallionen ziehen die negativen Nichtmetallionen an und binden sie.

Bei der Ionenbindung ziehen sich unterschiedlich geladene Ionen an.

Bei der Atombindung (Elektronenpaarbindung) gelangen zwei Atome so nahe zusammen, dass sich die Bahnen von je einem Valenzelektron der benachbarten Atome kreuzen. Diese Elektronen werden von beiden Atomkernen angezogen **(Bild 2)**.

Bei der Atombindung entsteht durch gemeinsame Elektronenpaare benachbarter Atome eine chemische Bindung zu einem elektrisch neutralen Molekül.

Die Bindung kann auch durch mehrere Elektronenpaare erfolgen, z. B. durch Doppelbindung beim Sauerstoffmolekül (O = O) oder Dreifachbindung beim Stickstoffmolekül (N ≡ N).

Liegt der Ladungsschwerpunkt einer Atombindung in der Mitte zwischen den Atomkernen, z. B. bei Bindung gleichartiger Atome (Bild 2), so spricht man von einer nicht polarisierten Atombindung. Ist das Bindungselektronenpaar bei der Bindung verschiedenartiger Atome, z. B. H und Cl (**Bild 2**), mehr zur Seite des größeren Kerns verschoben, so wird infolge der Ladungsverschiebung das Molekül polarisiert. Durch diese polarisierte Atombindung entstehen Molekulardipole.

Ordnen sich Atome, Ionen oder Moleküle regelmäßig zu räumlichen Gittern an, so bezeichnet man diese Anordnungen als Kristalle.

Bei der **Metallbindung** sind die Atome sehr dicht zu einem Metallgitter zusammengepackt **(Bild 3)**. Infolge der dichten Anordnung können sich Außenelektronen von den Atomen lösen und innerhalb des von den unbeweglichen positiven Metallionen gebildeten Metallgitters frei bewegen. Diese Elektronen sind die Ursache für die gute elektrische Leitfähigkeit und Wärmeleitfähigkeit.

Bei der Metallbindung sind im Metallgitter frei bewegliche Elektronen vorhanden.

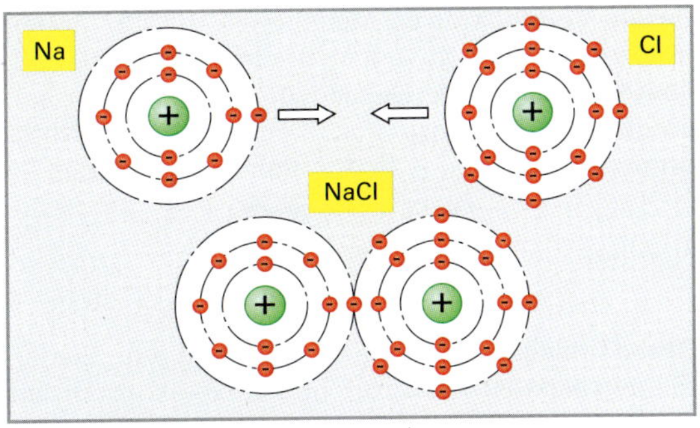

Bild 1: Ionenbindung

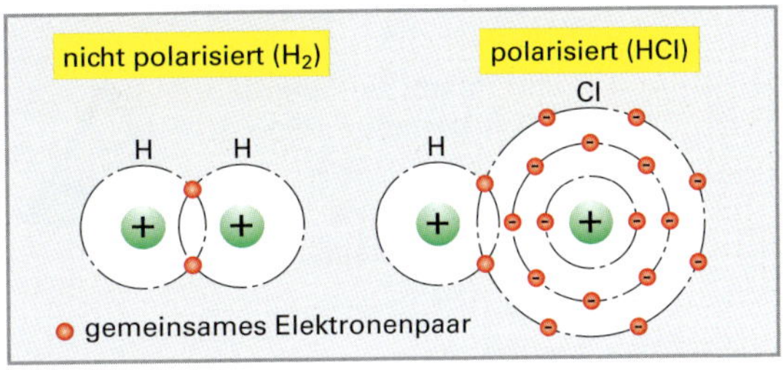

Bild 2: Atombindung

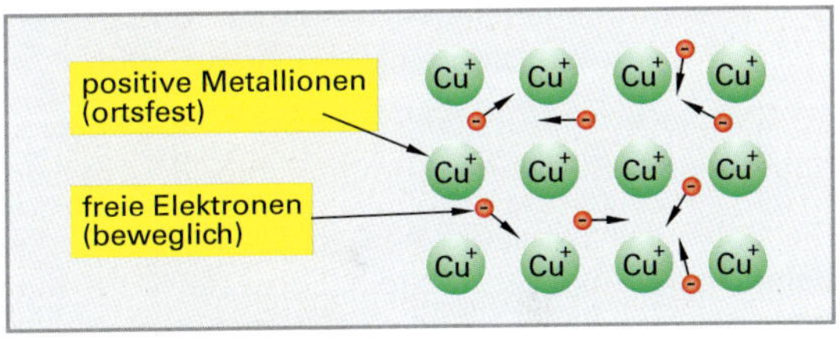

Bild 3: Metallbindung

1.11.4 Säuren, Basen und Salze

Säuren. Verbindet sich ein Nichtmetalloxid mit Wasser oder Wasserstoff mit Chlor, Jod oder Fluor, so entsteht eine Säure.

SO_3	+	H_2O	→	H_2SO_4
Schwefeltrioxid		Wasser		Schwefelsäure

Säuren schmecken sauer und wirken konzentriert stark ätzend. Ein *Indikator* (Anzeiger) für Säuren ist Lackmus.

Wichtige Säuren sind Schwefelsäure, Salzsäure, Salpetersäure, Essigsäure und Kohlensäure.

Beim Verdünnen von Säuren mit Wasser sind stets die Säuren unter Umrühren langsam in das Wasser zu gießen.

Basen. Verbinden sich Metallionen mit OH^--Ionen (Hydroxidionen), so entsteht ein Metallhydroxid. Löst sich ein solches Metallhydroxid in Wasser auf, so entsteht eine Base, auch Lauge genannt. Natriumhydroxid gibt in Wasser gelöst Natronlauge.

2 Na	+	$2\,H_2O$	→	2 NaOH	+	$H_2\uparrow$
Natrium		Wasser		Natriumhydroxid		Wasserstoff

Basen fühlen sich seifig an und lösen Fette. Sie leiten den elektrischen Strom und wirken konzentriert stark ätzend.

> • Augen und Hände sind beim Umgang mit Basen und Säuren besonders zu schützen.
> • Schutzbrille tragen und Augenspülmittel bereithalten.

Salze sind Verbindungen aus Metallionen und Säureresten. Sie entstehen, wenn der Wasserstoff eines Säuremoleküls durch Metall ersetzt wird.

CuO	+	2 HCl	⇒	$CuCl_2$	+	H_2O
Kupferoxid		Salzsäure		Kupfer(II)chlorid		Wasser

Die Salze der Salzsäure heißen Chloride, die der Salpetersäure Nitrate, die der Schwefelsäure Sulfate, die der Phosphorsäure Phosphate und die Salze der Kohlensäure Carbonate.

> Säuren, Basen und Salze sind in wässriger Lösung elektrisch leitend.

Der **pH-Wert** ist ein Maß für den sauren oder basischen Charakter einer wässrigen Lösung. Die pH-Werte-Skala reicht von sehr sauer pH < 1 über neu-tral pH = 7 bis stark basisch pH = 14 **(Bild 3)**. Die Färbung von pH-Indikatoren dient zur Anzeige:

Lackmus: pH < 4,5 rot, pH > 8,3 blau

Phenolphthalein: pH < 8,2 farblos, pH >10 rot-Violett.

1.11.5 Elektrochemie

Stromleitung in Flüssigkeiten

Chemisch reines Wasser ist ein Nichtleiter. Bei Auflösung des Salzes $CuSO_4$ (Kupfersulfat) in Wasser wird das Salz in positiv geladene Teilchen Cu++ und negativ geladene Teilchen SO_4-- gespalten (Bild 1).

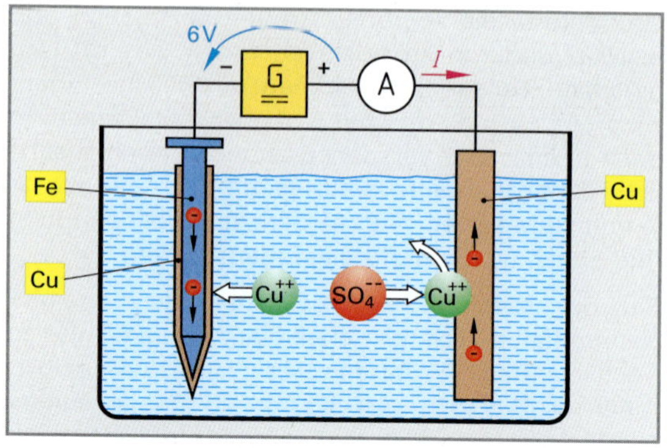

Bild 1: Stromdurchgang durch Kupfersulfatlösung

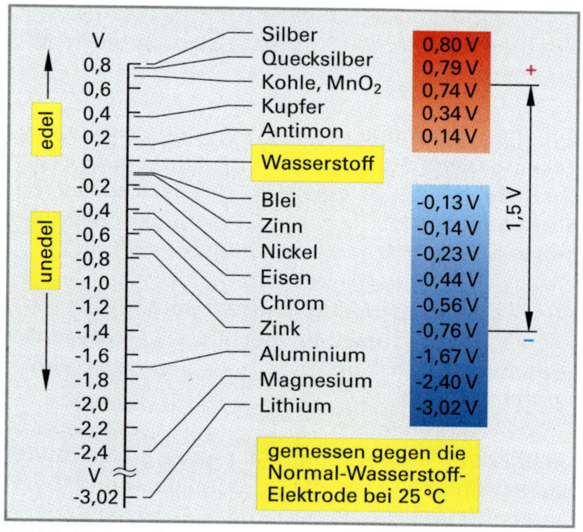

Bild 2: Elektrochemische Spannungsreihe

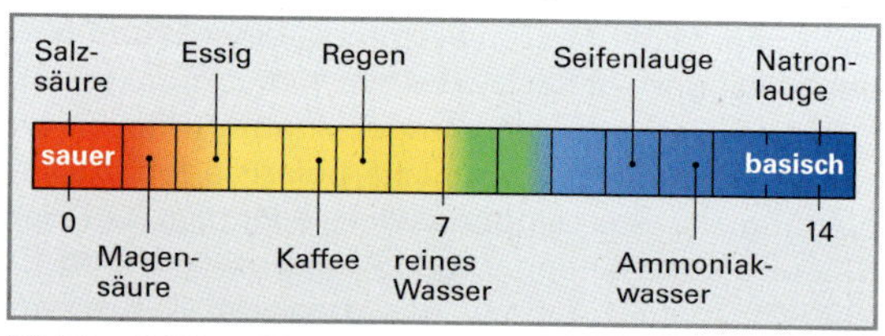

Bild 3: pH-Wert-Diagramm

Die geladenen Teilchen (Ionen) sind in der Lösung beweglich und können den Ladungstransport übernehmen. Die Lösung wird leitfähig. Gleiche Wirkung haben auch andere in Wasser gelöste Salze.

Elektrolytische Elemente

Durch die ladungstrennende Wirkung elektrolytischer Elemente entsteht eine elektrische Spannung, die vom Werkstoff der Elektroden sowie von der Art und von der Konzentration des Elektrolyten abhängt.

> Elektrisch leitende, nicht metallische Flüssigkeiten bezeichnet man als Elektrolyte.

Tabelle 1: Elektrochemische Systeme der Primärelemente				
Positive Elektrode	Mangandioxid (MnO_2)	Mangandioxid (MnO_2)	Silberoxid	Lithiumzelle
Negative Elektrode	Zink	Zink (Pulver)	Zink (Pulver)	Lithium
Elektrolyt	leicht sauer (Chloridlösung)	alkalisch (Kalilauge)	alkalisch	anorganisch oder organisch
Bemessungs-spannung je Zelle	1,5 V	1,5 V	1,5 V	3 V

Primärelemente

Die elektrochemische Spannungsreihe **(Bild 2, vorhergehende Seite)** gibt die Urspannungen an, die Werkstoffe gegen eine Wasserstoff-Elektrode haben. Der Werkstoff, der in der Spannungsreihe den mehr positiven Wert hat, ist der Pluspol. Der Minuspol ist „unedel", geht bei Stromfluss in Lösung und wird verbraucht.

Primärelemente (Zellen, Batterien) sind nicht wieder aufladbar. Primärelemente können verschiedene elektrochemische Systeme haben **(Tabelle 1)**.

Akkumulatoren

Akkumulatoren (lat. accumulare = anhäufen, sammeln), auch Sekundärelemente genannt, können wieder geladen werden. Bei der Ladung werden die chemischen Vorgänge gegenüber der Entladung umgekehrt **(Bild 1)**. Die Speicherfähigkeit von Akkumulatoren, die Kapazität, wird in Ah oder mAh angegeben **(Tabelle 1, folgende Seite)**.

Bleiakkumulator

Der Bleiakkumulator hat im geladenen Zustand Elektroden aus Blei und Bleioxid sowie verdünnte Schwefelsäure als Elektrolyt, die auch als Gel eingedickt sein kann (Bild 1).

Bleiakkumulatoren haben eine Zellenspannung von 2 V, eine hohe Strombelastbarkeit, hohe Wirtschaftlichkeit und gute Recycelbarkeit ihrer Elektroden. Sie werden z. B. als Starterbatterien in Kraftfahrzeugen und zur stationären Notstromversorgung eingesetzt.

Nickel-Cadmium-Akkumulator

Ein NiCd-Akkumulator besteht im geladenen Zustand aus der positiven Nickelhydroxid-Elektrode, der negativen Cadmium-Elektrode und verdünnter Kalilauge als Elektrolyt. Die Zellenspannung beträgt 1,2 V **(Tabelle 1, folgende Seite)**.

NiCd-Akkumulatoren sind robust, für große Entladeströme geeignet und auch in entladenem Zustand lange lagerfähig. Nachteilig sind die Umweltschädlichkeit des Schwermetalls Cadmium und der Memoryeffekt (memory = Erinnerung). Ab einem bestimmten Endladezustand geht die Ausgangsspannung um 0,2 V bis 0,3 V zurück **(Bild 2)**. Seit 2009 dürfen nur noch NiCd-Akkus mit weniger als 0,002 % Cadmium des Gewichtes der Zelle verkauft werden. Ausgenommen von dieser Regelung wurden Akkumulatoren von Elektrowerkzeugen, Alarmsystemen und medizinischen Geräten. Die Ausnahmeregelung hierfür endet 2016.

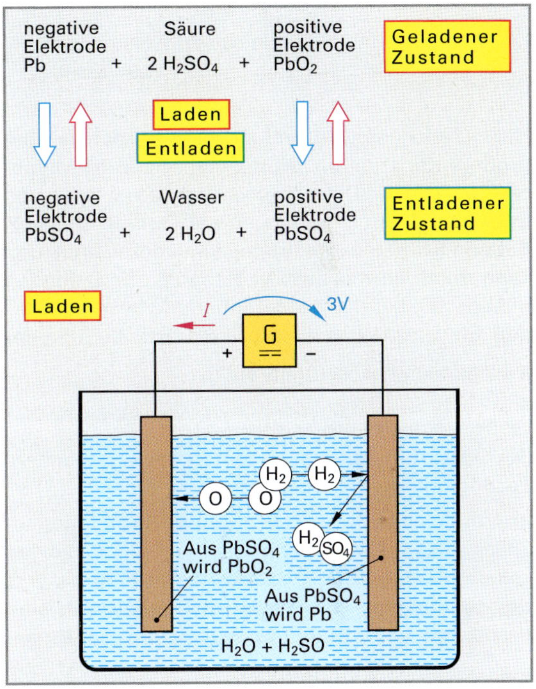

Bild 1: Laden und Entladen beim Bleiakkumulator

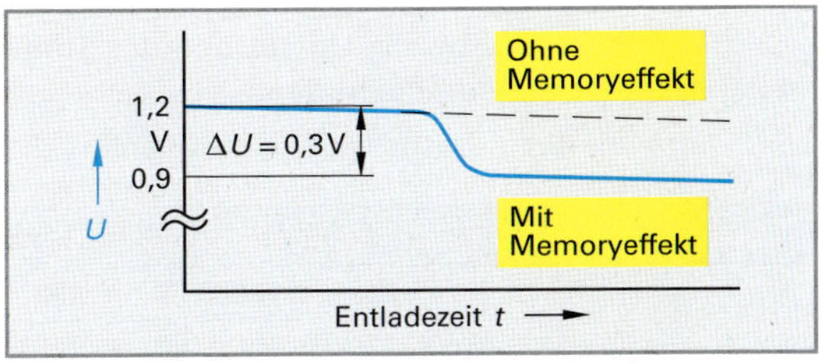

Bild 2: Entladekurve von NiCd-Akkumulatoren

Nickel-Metallhydrid-Akkumulator

Beim NiMH-Akku ist eine Metallhydrid-Elektrode vorhanden. Ein Metallhydrid (MH) entsteht bei einer Verbindung von Metallen mit Wasserstoff. Für die gesinterte MH-Elektrode verwendet man ein Gemisch aus Lantan und Nickel bzw. aus Titan und Zirkonium. Als Elektrolyt wird wie beim NiCd-Akku verdünnte Kalilauge verwendet. Die Bemessungsspannung beträgt je Zelle 1,2 V.

NiMH-Zellen haben die gleiche Bemessungsspannung wie NiCd-Zellen und können diese ersetzen.

NiMH-Zellen sind cadmiumfrei und haben eine größere Kapazität als NiCd-Zellen. Eine Art Memoryeffekt tritt erst nach einer größeren Zahl von unvollständigen Entladungen auf. Er wird als Lazy-Batterie-Effekt (lazy = träge, faul) bezeichnet und kann durch ein bis zwei vollständige Entladungen mit anschließender Wiederaufladung beseitigt werden. Ein Nachteil ist die große Selbstentladung der NiMH-Zellen bei Nichtgebrauch.

Alkali-Mangan-Zelle

Die Alkali-Mn-Zelle kann durch eine besondere Technologie wieder aufgeladen werden.

Im Vergleich zu NiCd-Zellen haben Alkali-Mangan-Zellen eine höhere Spannung von 1,5 V, zeigen keinen Memoryeffekt und haben eine sehr geringe Selbstentladung **(Tabelle 1)**. Zur Aufladung sind besondere Ladegeräte mit konstanter Ladespannung von 1,65 V erforderlich.

Lithium-Ionen-Akkumulator

Bei den bisher besprochenen Akkumulatoren erfolgt die elektrochemische Umsetzung der Stoffe an den Oberflächen der Elektroden.

Beim Li-Ionen-Akku werden Lithium-Ionen in die Struktur der Elektroden eingelagert und ausgelagert. Die positive Elektrode besteht aus einem Metalloxid mit Lithiumanteilen, z. B. Mangandioxid oder Vanadiumpentoxid, die negative Elektrode aus Kohlenstoff mit Lithium. Auch der feste organische Elektrolyt enthält Lithiumsalze.

Bei unsachgemäßer Aufladung können Li-Ionen-Akkumulatoren explodieren oder zu brennen anfangen.

Die Bemessungsspannung beträgt 3,4 V bis 3,7 V je Zelle (Tabelle 1).

Lithium-Polymer-Akkumulator

Es wird ein Elektrolyt auf der Basis von Polymeren (= gleiche Makromoleküle) verwendet, der aus fester oder gelartiger Folie besteht. Die Folien können weniger als 100 µm stark sein. Es können praktisch beliebige Bauformen hergestellt werden, z. B. Lithium-Polymer-Akkupacks **(Bild 1)**.

Bild 1: Lithium-Akkumulatoren

Lithium-Polymer-Akkumulatoren enthalten eine elektronische Schutzschaltung gegen Überlastung, sowie eine Ladeausgleichsregelung für jede Zelle. Es werden Ladegeräte benötigt, die entsprechend der Ladekennlinie aufladen.

Lithium-Akkumulatoren haben die größte Energiedichte aller Akkumulatorsysteme, d. h. bei gleicher Baugröße besitzen sie die größte Kapazität. Angewendet werden sie z. B. in tragbaren Computern, Kameras, Mobiltelefonen und als Energiespeicher in E-Bikes sowie Hybrid- und Elektromobilen.

Tabelle 1: Kennwerte von Akkumulatorsystemen

System	Blei	NiCd	NiMH	Alkali-Mangan	Alkali-Mangan	Li-Ionen	Li-Polymer
Bemessungsspannung in V je Zelle	2	1,2	1,2	1,5	1,5	3,7	3,6 V
Energiedichte in Wh/kg	25	35	60	70	70	125	300
Selbstentladung in % je Monat	6	15	25 bis 30	0,5	0,5	5	gering
Ladezyklen (Durchschnitt)	1000	1000	800	25	25	800	1200
Memoryeffekt	nein	ja	nein, aber Lazy-Battery-Effekt	nein	nein	nein	nein
Umweltproblematik	ja	ja	wenig	nein	nein	nein	nein

Ein Memoryeffekt ist nicht vorhanden. Die Selbstentladung ist gering. Es sind Ladegeräte erforderlich, die entsprechend der Ladekennlinie aufladen.

1.11.6 Korrosion

Bei der *chemischen Korrosion* (lat. corrodere = zernagen) entstehen durch einwirkende Stoffe, z. B. Sauerstoff, chemische Verbindungen der Metalle. Diese bilden an der Metalloberfläche eine Schicht. Ist diese Schicht porenfrei und wasserunlöslich, so wirkt sie als schützende Haut, z. B. Aluminiumoxid auf Aluminium. Die Korrosion kommt dann zum Stillstand. Ist die Schicht aber durchlässig, wasserlöslich oder gar wasseranziehend, wie z. B. Rost, so beschleunigt sie die Korrosion **(Bild 1)**.

Bei der *elektrochemischen Korrosion* bewirkt ein elektrischer Strom die Auflösung eines Metalls. Es entstehen ähnliche Vorgänge wie im Inneren eines galvanischen Elements. Man unterscheidet elektrochemische Korrosion durch Elementbildung und durch Streuströme.

Gelangt zwischen zwei verschiedene Metalle ein Elektrolyt, z. B. Salzwasser, so entsteht ein galvanisches Element. Sind die beiden Metalle auch elektrisch miteinander verbunden, z. B. durch Berührung (Berührungskorrosion, Kontaktkorrosion), so fließt ein Korrosionsstrom **(Bild 2)**.

Bei elektrochemischer Korrosion korrodiert stets das Metall an der Austrittsstelle des Stromes zum Elektrolyten.

Bei der Berührungskorrosion **(Bild 2)** lösen sich Ionen vom unedleren Metall und wandern durch den Elektrolyten zum edleren Metall. Das unedlere Metall wird zerstört. Die Korrosion ist umso stärker, je weiter die beiden Metalle in der elektrochemischen Spannungsreihe auseinander liegen und je wirksamer der Elektrolyt ist.

Auch innerhalb eines Metallgefüges können sich galvanische Elemente bilden, wenn das Metall keinen einheitlichen Kristallaufbau hat. So sind z. B. im Stahl Ferritkristalle (Fe) und Eisencarbidkristalle (Fe_3C) nebeneinander vorhanden **(Bild 3)**.

Die Streustromkorrosion tritt auf, wenn ein Gleichstrom den vorgesehenen Stromkreis verlässt oder über einen Elektrolyten einen Streustrom bildet. Sie zerstört jedes Metall an der Stromaustrittsstelle.

Korrosionsschutz. Korrosion wird dadurch verhindert, dass

- sich kein Elektrolyt ansammelt,
- sich die verschiedenen Metalle nicht berühren,

Bild 1: Rost auf blankem Stahl

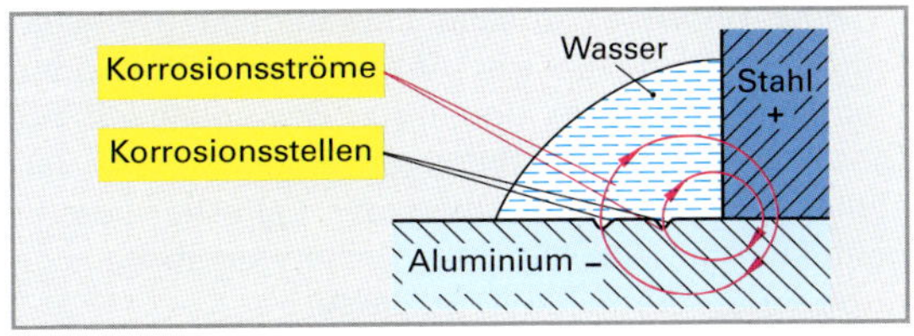

Bild 2: Berührungskorrosion

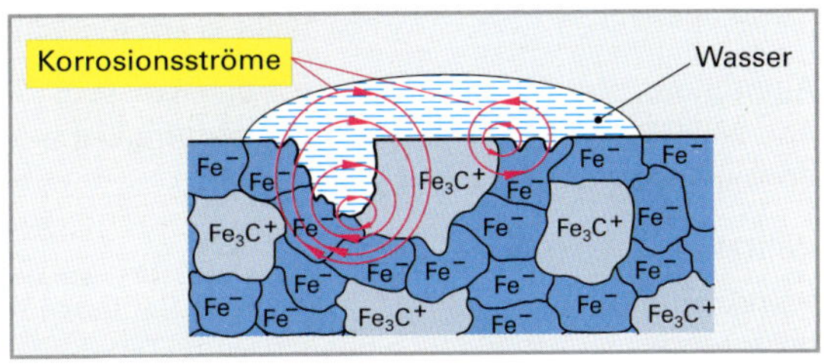

Bild 3: Korrosion im Kristallgefüge

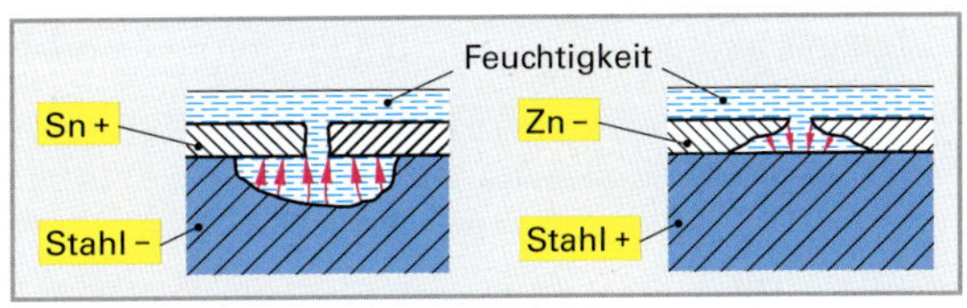

Bild 4: Metallüberzüge mit Riss

- die verschiedenen Metalle in der Spannungsreihe dicht beieinander liegen oder
- die Metalle gegen den Elektrolyten isoliert sind.

Auch Metallüberzüge schützen vor Korrosion **(Bild 4)**. Ist das Überzugsmetall edler als das Grundmetall, so wirkt der Schutz nur, solange der Überzug nicht verletzt ist. Sonst wird das Grundmetall aufgelöst. Ist dagegen das Überzugsmetall unedler als das Grundmetall, so besteht auch nach Verletzung des Überzugs ein Schutz. Im Laufe der Zeit löst sich jedoch der Überzug auf.

Wiederholung und Vertiefung

1. **Wie heißen die Ladungsträger in Elektrolyten?**
2. **Wovon hängt die Spannung eines Primärelements ab?**
3. **Was versteht man unter dem Memoryeffekt einer NiCd-Zelle?**
4. **Wie kann man den Memoryeffekt beseitigen?**
5. **Welches Akkumulatorsystem hat die größte Energiedichte?**
6. **Vergleichen Sie die Kennwerte einer NiCd-Zelle und einer wieder aufladbaren Alkali-Mangan-Zelle.**
7. **Welche Möglichkeiten für Korrosionsschutz gibt es?**

1.11.7 Leiterwerkstoffe

Leiterwerkstoffe

Für den verlustarmen Transport elektrischer Energie müssen Leiterwerkstoffe bestimmte Anforderungen erfüllen **(Tabelle 1)**. Wichtigste Eigenschaft ist eine große elektrische Leitfähigkeit. Die Leitfähigkeit hängt von der Anzahl freier Elektronen (Leitungselektronen) und ihrer Beweglichkeit ab. Diese sind von der Werkstoffreinheit, vom Herstellungsverfahren und von der Leitertemperatur beeinflusst. Die wichtigsten Leiterwerkstoffe sind Kupfer und Aluminium **(Tabelle 2)**.

Kupfer. Für die hohe elektrische Leitfähigkeit von Kupfer ist ein Reinheitsgrad von etwa 99,98 % erforderlich.

Aluminium. Bei Reinheitsgraden zwischen 99,5 % und 99,99 % beträgt die elektrische Leitfähigkeit nur etwa 60 % der Leitfähigkeit von Kupfer.

Kontaktwerkstoffe

Werkstoffe für Schalt- Steck-, Gleit- und Schleifkontakte werden unterschiedlich beansprucht **(Tabelle 3)**.

Silber und Gold. Beide werden in der HF-Technik und IC-Technik für Kontakte und Verbindungen verwendet.

Tabelle 1: Anforderungen an Leiterwerkstoffe

Art	Eigenschaften
Elektrisch	hohe elektrische Leitfähigkeit γ kleiner Temperaturkoeffizient α
Mechanisch	hohe Zugfestigkeit, gute Biegbarkeit, Formbeständigkeit unter Druck
Thermisch	hohe Temperaturbeständigkeit
Chemisch	Korrosionsfestigkeit

Tabelle 3: Anforderungen an Kontaktwerkstoffe

Art	Eigenschaften
Elektrisch	hohe elektrische Leitfähigkeit γ geringe Materialwanderung
Mechanisch	genügende Festigkeit und Härte
Thermisch	hohe Wärmeleitfähigkeit, geringe Neigung zum Verschweißen
Chemisch	geringe Oxidationsneigung

Kupfer-Zink/Zinn-Legierungen. Da Kupfer bei Feuchtigkeit eine Patinaschicht bildet, werden meist Legierungen verwendet. Dies sind z. B. Messing und Bronze.

Tabelle 2: Leiter- und Kontaktwerkstoffe

Werkstoff	Eigenschaften	Anwendung
Kupfer Cu	Dichte 8,9 kg/dm³, elektrische Leitfähigkeit 58 m/(Ωmm²), Schmelzpunkt 1085 °C, zweitbester elektrischer Leiter nach Gold und Wärmeleiter, weich, leicht verformbar, schlecht zerspanbar. Nach Kaltverformung spröde, nach Glühen wieder weich. In feuchter Luft bildet sich eine Patinaschicht, die vor weiterer Korrosion schützt. Bei Schwefeleinwirkung, z. B. durch Gummiisolierung, muss Kupfer durch Verzinnen geschützt sein. Kupferverbindungen sind giftig.	E-Kupfer als Leiter in Leitungen, Wicklungen, Mikroprozessoren und gedruckten Schaltungen. Als Schaltdraht und Stromschiene. Als Wärmeleiter, z. B. Kühlkörper für Halbleiter, Lötkolben, Kühlrohre. Für Kontakte, z. B. in Walzenschaltern. Zum Plattieren (Aufwalzen), z. B. auf Aluminium. In Kupferlegierungen, z.B. Messing.
Aluminium Al	Dichte 2,7 kg/dm³, elektrische Leitfähigkeit 36 m/(Ωmm²), Schmelzpunkt 658 °C, guter elektrischer Leiter und guter Wärmeleiter. Aluminium überzieht sich an der Luft mit dichter, elektrisch schlecht leitender Oxidschicht, die vor weiterer Korrosion schützt; dadurch korrosionsbeständig. Geringe Zugfestigkeit, kerbempfindlich, wird von schwachen Laugen angegriffen. Brennt bei 1600 °C.	Als Leiter für Stromschienen, Freileitungen und in integrierten Schaltkreisen. Als Kabelmantel, Kondensatorfolie, Bleche für Gehäuse, Antennen und Kühlkörper. Für elektrische Abschirmung und magnetische Wirbelstromabschirmung, sowie Wirbelstromdämpfung.
Silber Ag	Dichte 10,5 kg/dm³, elektrische Leitfähigkeit 60 m/(Ωmm²), Schmelzpunkt 960 °C, bester elektrischer Leiter und bester Wärmeleiter, korrosionsbeständig, weich, leitende Oxidschicht, nicht schwefelbeständig. Wichtige Legierungen sind Hartsilber (Ag, 3 % Cu): hart und lichtbogenfest. Silber-Palladium (Ag, 30 % Pd): hart und schwefelbeständig.	Als Leiter in der HF-Technik. Für Kontakte. Leiterbahnen mit Silberbeschichtung Silber-Lotlegierungen beim Löten Relaiskontakt, Schützkontakt, Kontaktbimetall.
Gold Au	Dichte 19,3 kg/dm³, elektrische Leitfähigkeit 46 m/(Ωmm²), Schmelzpunkt 1063 °C, chemisch beständig, weich.	Für Kontakte und Anschlussdrähte in integrierten Schaltungen.
Kupfer-Zink-Legierungen (Messing)	Dichte etwa 8,6 kg/dm³, elektrische Leitfähigkeit etwa 15 m/(Ωmm²), größere Zugfestigkeit als Kupfer, 56 % bis 95 % Cu, z. B. CuZn 37 (37 % Zn, Rest Cu), große Zähigkeit. Lässt sich weichlöten und hartlöten.	Für Ösen, Schrauben, Klemmen, Nieten, Fassungen, Schaltkontakte in Schaltern. Profile, Armaturen, Bleche.

1.11.8 Lote und Flussmittel

Mit Loten können elektrisch gut leitende Verbindungen hergestellt werden. Lote sollen meist einen niedrigen Schmelzpunkt, einen möglichst direkten Übergang vom festen in den flüssigen Zustand, mechanische Festigkeit und eine zuverlässige elektrische Verbindung aufweisen. Lote mit einem Schmelzpunkt unter 450 °C bezeichnet man als Weichlote.

Zinn-Bleilegierungen **(Tabelle 1)** haben gute mechanische und elektrische Eigenschaften. Sie führen langfristig jedoch zur Bleivergiftung.

Blei und Bleilegierungen sind giftig.

Eine häufig verwendete Lotlegierung ist das Sickerlot. Es besteht aus 63 % Sn und 37 % Pb. Beim Überschreiten seines Schmelzpunktes von 183 °C geht die Legierung direkt vom festen in den flüssigen Zustand über und bei Temperaturrückgang wieder direkt in den festen Zustand. Die Lote S-Sn 63 Pb 37 E (S von Solder = Lot, E für Elektronikqualität), S-Sn 60 Pb oder auch S-Sn 60 Pb Ag werden in der Elektrotechnik und Elektronik als Lötdraht mit Kolophonium als Flussmittel verwendet.

Flussmittel lösen die Oxidschicht und schützen während des Lötvorgangs vor Oxidation der Lotpartikel und der Oberfläche.

Die wichtigsten Lötverfahren sind manuelles Löten sowie in Lötanlagen Reflow-Löten (von to reflow = zurückfließen) und Wellenlöten.

Die Temperatur der Lötstelle über dem Schmelzpunkt (Löt-Spitzentemperatur) soll bei Verwendung eines Sickerlots in Lötanlagen etwa 30 s bis 60 s anhalten **(Bild 1)**.

Lote müssen den Bedingungen des RoHS entsprechen (RoHS von Restriction of Hazardous Substances = Beschränkung der Verwendung gefährlicher Stoffe).

Da Bleilegierungen giftig sind, sind diese nur noch für besondere Anwendungen zugelassen.

Bleifreie Weichlote enthalten zur Herabsetzung des Zinn-Schmelzpunktes von 232 °C ungiftige Stoffe wie Silber (Ag), Zink (Zn), Kupfer (Cu) und Bismut (Bi) als weitere Legierungsbestandteile **(Tabelle 2)**.

Lote mit einem Schmelzpunkt über 450 °C werden als Hartlote bezeichnet. Hartlote sind meist Kupfer-Zink-Legierungen oder Kupfer-Silber-Legierungen **(Tabelle 3)**, das Kurzzeichen beginnt mit B (von to braze = hartlöten).

Tabelle 1: Bleihaltige Weichlote (Auswahl)

Benennung	Sickerlot	Zinn-Bleilot
Kurzzeichen	S-Sn 63 Pb	S-Sn 60 PbAg
Zusammensetzung	63 % Sn; 37 % Pb	60 % Sn; 3 bis 4 % Ag; Rest Pb
Schmelzpunkt	183 °C	178 °C bis 180 °C
Verwendung	Verzinnen und Löten von Drähten und Bauelementen im Elektrogerätebau.	Verzinnen und Löten von Bauelementen in der Elektronik.

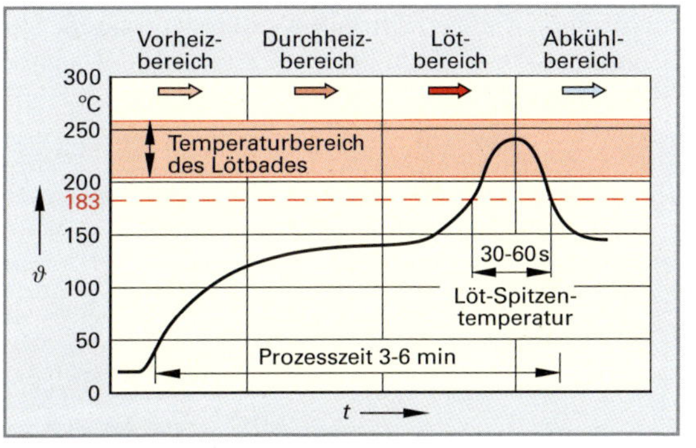

Bild 1: Temperatur beim Lötprozess

Tabelle 2: Bleifreie Weichlote (Auswahl)

Benennung	Zinn-Silberlot	Zinn-Silber-Kupferlot
Kurzzeichen	SnAg	SnAgCu
Zusammensetzung	96,5 % Sn; 3,5 % Ag	95,5 % Sn; 3,8 % Ag; 0,7 % Cu
Schmelzpunkt	221 °C	217 °C bis 219 °C
Verwendung	Für manuelles Löten.	Zum Löten von oberflächenmontierbaren Bauelementen in Lötanlagen.

Tabelle 3: Hartlote (Auswahl)

Benennung	Silberlot	Messinglot
Kurzzeichen	B-Ag 40 Cd	B-Cu 59 Zn
Zusammensetzung	40 % Ag; 20 % Cd; 19 % Cu; Rest Zn	59 % Cu; Rest Zn
Schmelzpunkt	610 °C	880 °C
Verwendung	Löten von Kupfer, Stahl, Nickel und deren Legierungen.	Löten von Kupfer und Stahl.

1.11.9 Isolierstoffe

Der *Isolationswiderstand* mit der Einheit $\Omega \cdot$ cm wird bestimmt durch den *spezifischen Durchgangswiderstand* ϱ_D, d. h. dem Widerstand des Isolierstoffes von 1 cm^2 Querschnitt und 1 cm Dicke, sowie vom *Oberflächenwiderstand.* Letzterer wird von Feuchtigkeit und Verunreinigungen beeinflusst. Die Durchschlagfestigkeit E_d gibt an, bei welcher Sinusspannung je mm Isolierstoffdicke ein Durchschlag erfolgt.

Man unterscheidet Naturstoffe und Kunststoffe **(Tabelle 1)**.

Kunststoffe bestehen aus Riesenmolekülen *(Makromolekülen)*, die viele Einzelmoleküle vereinigen. Sie können aus den Elementen Kohlenstoff, Wasserstoff, Sauerstoff, Stickstoff, Chlor, Fluor und Silicium gebildet werden. Ausgangsstoffe dafür sind Erdöl, Erdgas, Kohle, Kalk, Kochsalz, Wasser und Luft.

Kunststoffe können z. B. fadenförmig aufgebaute Makromoleküle haben. Sie werden *Plastomere* oder *Thermoplaste* genannt (Tabelle 1). *Duromere (Duroplaste)* haben engvermaschte Makromoleküle. Duromere sind hart und spröde. Sind die Makromoleküle weitmaschig vernetzt, so sind sie elastisch. Man nennt sie *Elastomere.*

Plastomere (Thermoplaste) lassen sich fast beliebig oft bei Erwärmung plastisch verformen. Duromere (Duroplaste) und Elastomere sind plastisch nicht verformbar.

Weitere Daten siehe Tabellenbuch Informations- und Systemtechnik.

Tabelle 1: Isolierstoffe (Auswahl)

		Benennung	Eigenschaften	Anwendung
Naturstoffe	rein	Glimmer	$E_d \approx$ 30 kV/mm bis 70 kV/mm; $\varrho_D \approx 10^{16}\ \Omega$ cm; $\varepsilon_r \approx$ 6 bis 8; tan $\delta \approx$ 0,2 bis 1,5; elastisch-biegsames Gestein, hitzebeständig, durchsichtig, nicht hygroskopisch.	Dielektrikum in Kondensatoren. Isolierscheiben für Leistungshalbleiter. Fenster für radioaktive Strahlung.Träger für Heizleiter.
		Quarz (SiO_2)	$\varrho_D \approx 10^{13}\ \Omega$ cm bis $10^{20}\ \Omega$ cm; gut wärmeleitend, kann auf Si durch Oxidation dünn aufgebracht werden.	In Schmelzsicherungen zur Funkenlöschung. Zur Isolation in integrierten Schaltungen.
	abgewandelt	Glas	$\varrho_D \approx 10^8\ \Omega$ cm bis $10^{15}\ \Omega$ cm; $\varepsilon_r \approx$ 5 bis 16; tan $\delta \approx$ 1 bis 4; besteht aus Quarzsand, ist hart, spröde, nicht hygroskopisch (nicht Wasser anziehend).	Für Lampen, Diodengehäuse und Isolatoren. Träger für Schichtschaltungen. Lichtwellenleitung. In Hartgewebe für gedruckte Schaltungen.
		Keramik (z.B. Porzellan, Steatit, Oxid-Keramik)	$E_d \approx$ 40 kV/mm, guter Isolator, lichtbogenfest, nicht hygroskopisch, wärmebeständig, chemisch beständig, alterungsbeständig.	Als Isolator, Gehäuse für Leistungshalbleiter, Träger für Schichtschaltungen, Einsätze von Schaltern, Steckdosen. Als Dielektrikum und Widerstandsträger.
Kunststoffe	Plastomere	Polyvinylchlorid (PVC)	$E_d \approx$ 20 kV/mm bis 50 kV/mm, $\varrho_D \approx 10^{16}\ \Omega$ cm; tan $\delta \approx$ 20 bis 50; beständig gegen Laugen, Salze, schwache Säuren, Öle und Benzin, schwer entflammbar. Ursprünglich hart; kann mit Weichmachern auch weich und elastisch gemacht werden.	Als Leitungsisolation, Isolierschläuche, Schrumpfschläuche, Rohre, Klebebänder. Entwickelt beim Verbrennen Salzsäure und giftige Dioxine.
		Polystyrol (PS)	$E_d \approx$ 50 kV/mm, $\varrho_D \approx 10^{16}\ \Omega$ cm; in reinem Zustand glasklar und spröde; leicht brennbar.	In der HF-Technik als Spulenkörper, Klemmleisten, Isolierfolien und Leitungsisolierung.
		Polyethylen (PE)	$E_d \approx$ 60 kV/mm bis 150 kV/mm; $\varrho_D \approx 10^{15}\ \Omega$ cm; tan $\delta \approx$ 0,4; elektrische Eigenschaften fast unabhängig von Frequenz und Temperatur, chemisch beständig, Wasser abweisend, leicht brennbar.	Isolation für Antennenleitungen, Isolierfolien, Verpackungsfolien, Leitungsrohre, Mantelisolation bei Kabeln.
	Duromere	Epoxidharz (EP)	Zähfest, chemisch beständig, hohe Durchschlagfestigkeit, großer spezifischer Widerstand, kleiner Verlustfaktor, wärmefest.	Als Harz: Gießharz, Klebeharz, Lackharz, Drahtisolierung. Zum Vergießen von Spulen und Transformatoren. Als Schichtpressstoff: Hartgewebe. Als Pressmasse: Schalterteile, Gehäuse.

E_d Durchschlagsfeldstärke, ϱ_D spezifischer elektrischer Widerstand, ε_r Permittivitätszahl, tan δ Verlustfaktor in 10^{-3} bei 50 Hz

2 Anwendungen der Grundlagen

2.1 Blindwiderstände an Sinuswechselspannung

2.1.1 Wechselstromwiderstand des Kondensators

Kapazitiver Blindwiderstand

Wechselspannungen laden die Beläge eines Kondensators positiv und negativ auf. In der Leitung fließt abwechselnd ein Ladestrom und ein Entladestrom **(Bild 1)**.

Wird ein Kondensator an Wechselspannung angeschlossen, so werden seine Platten abwechselnd positiv und negativ geladen.

Findet keine Spannungsänderung statt (Gleichspannung), so ist die Stromstärke nahezu null. Je mehr Spannungswechsel erfolgen, umso mehr nimmt die Stromstärke wegen der Umladungen zu. Wird ein Kondensator mit größerer Kapazität verwendet, so nimmt die Stromstärke ebenfalls zu.

Der Kondensator wirkt im Wechselstromkreis als Widerstand, der mit steigender Frequenz und größer werdender Kapazität abnimmt **(Bild 2)**.

Zum Aufbau des elektrischen Feldes benötigt der Kondensator Leistung. Beim Abbau des elektrischen Feldes wird die gleiche Leistung wieder an den Spannungserzeuger abgegeben. Im Mittel ist die Leistung null. Die zwischen Kondensator und Erzeuger hin- und herpendelnde Leistung nennt man *Blindleistung*. Der ideale Kondensator nimmt nur Blindleistung auf. Er ist deshalb ein *kapazitiver Blindwiderstand*.

Beispiel 1: Kapazität berechnen

Welche Kapazität hat ein Kondensator, dessen Blindwiderstand bei 1000 Hz 1591,5 Ω beträgt?

Lösung:

$$X_C = \frac{1}{\omega \cdot C} \Rightarrow$$

$$C = \frac{1}{\omega \cdot X_C} = \frac{1}{2\pi \cdot f \cdot X_C} = \frac{1}{2 \cdot \pi \cdot 1000\ 1/\text{s} \cdot 1591{,}5\ \Omega}$$

$$= \mathbf{0{,}1\ \mu F}$$

Der kapazitive Blindwiderstand ist umso größer, je niedriger die Frequenz und je kleiner die Kapazität sind.

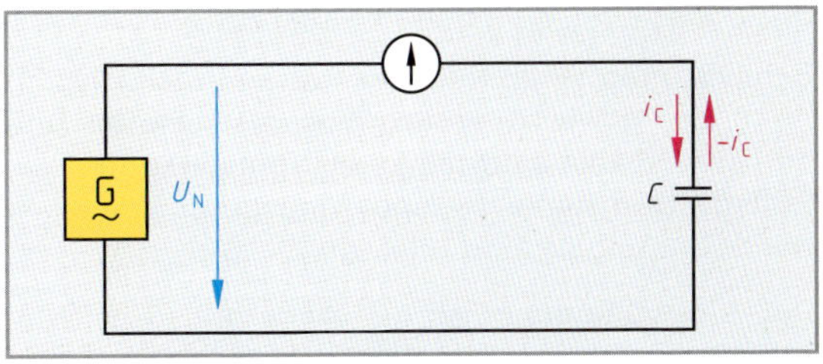

Bild 1: Kondensator an Wechselspannung

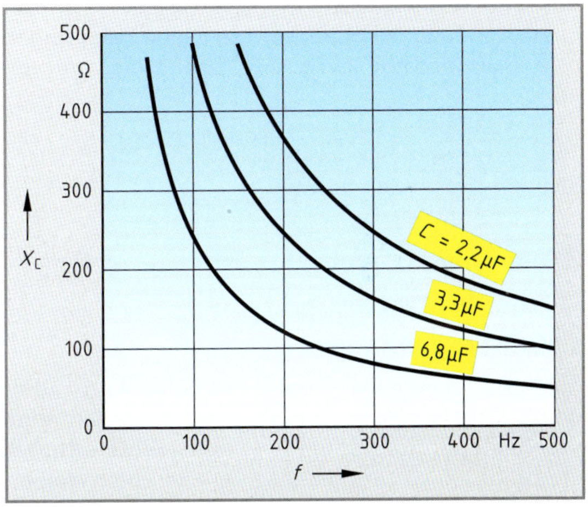

Bild 2: Abhängigkeit des kapazitativen Blindwiderstands von der Frequenz und der Kapazität

$$\omega = 2\pi \cdot f$$

$$[X_C] = \frac{\text{s}}{\text{F}} = \frac{\text{s} \cdot \text{V}}{\text{As}} = \frac{\text{V}}{\text{A}} = \Omega \qquad X_C = \frac{1}{\omega \cdot C}$$

X_C	kapazitiver Widerstand	f	Frequenz
C	Kapazität	ω	Kreisfrequenz

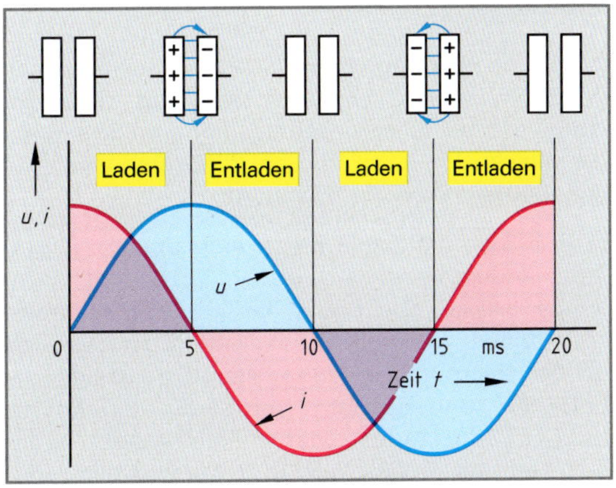

Bild 3: Phasenverschiebung beim Kondensator

Phasenverschiebung beim Kondensator

Schließt man einen Kondensator an Wechselspannung an, so wird er im Wechsel geladen und entladen. Dabei sind die Ladestromstärke und die Entladestromstärke der Änderungsgeschwindigkeit der Spannung proportional, $i = C \cdot (\Delta u)/(\Delta t)$.

Bei Sinusspannung ist die Änderungsgeschwindigkeit der Spannung am größten, wenn die Spannung durch null geht **(Bild 3, vorhergehende Seite)**, und null, wenn die Spannung am größten ist. Der Ladestrom und der Entladestrom in den Zuleitungen zum Kondensator eilen der Spannung um 90° voraus.

Beim idealen Kondensator eilt der Strom der Spannung um 90° voraus.

2.1.2 Wechselstromwiderstand der Spule

Induktiver Blindwiderstand

Schließt man eine Spule mit Eisenkern über einen Strommesser für Wechselstrom an eine Wechselspannungsquelle mit einstellbarer Frequenz an, so wird die Stromstärke umso kleiner, je größer die Frequenz eingestellt wird.

Infolge der Selbstinduktion steigt die Stromstärke durch die Spule langsam an und fällt langsam ab. Ist die Frequenz der Wechselspannungsquelle genügend hoch, so kann die Stromstärke ihren Endwert nicht erreichen. Die mittlere Stromstärke nimmt ab. Sie wird umso kleiner, je schneller die Umpolung erfolgt.

Wird eine Spule an Wechselspannung angeschlossen, so wirkt die Selbstinduktionsspannung der Änderung des Stromes entgegen.

Wird eine Glühlampe in Reihe zu einer Spule an Wechselspannung angeschlossen, hat die Glühlampe erst bei einer wesentlich höheren Spannung die gleiche Helligkeit wie bei direktem Anschluss der Glühlampe an die Spannung.

Ersetzt man die Spule durch eine Spule mit größerer Induktivität, wird die Helligkeit der Glühlampe kleiner. Die Spule hat im Wechselstromkreis einen wesentlich höheren Widerstand als im Gleichstromkreis. Dieser steigt mit steigender Frequenz und größer werdender Induktivität **(Bild 1)**. Zum Aufbau des magnetischen Feldes benötigt die Spule Leistung. Beim Abbau des Magnetfeldes wird die gleiche Leistung wieder an den Spannungserzeuger abgegeben. Im Mittel ist die Leistung null. Die zwischen Spule und Erzeuger hin- und herpendelnde Leistung nennt man Blindleistung. Die Spule hat deshalb einen *induktiven Blindwiderstand.*

ⓘ Ideale Spule = Induktivität ohne den Ohm'schen Widerstand.

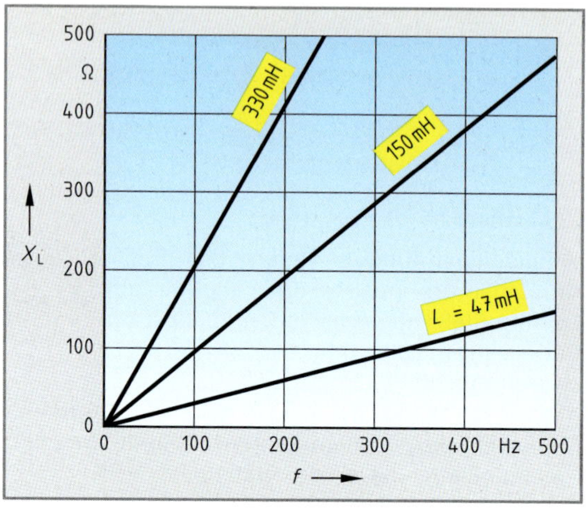

Bild 1: Abhängigkeit des induktiven Widerstands von der Frequenz und der Induktivität

$\omega = 2\pi \cdot f$

$[X_L] = \frac{1}{s} \cdot \frac{Vs}{A} = \frac{V}{A} = \Omega$

$$X_L = \omega \cdot L$$

X_L	induktiver Blindwiderstand	f	Frequenz
L	Induktivität	ω	Kreisfrequenz

Beispiel 1: Induktiver Blindwiderstand

Berechnen Sie den induktiven Blindwiderstand einer Spule mit einer Induktivität von 31,5 mH bei einer Frequenz von 1 000 Hz.

Lösung:

$X_L = \omega \cdot L = 2\pi \cdot f \cdot L$

$= 2 \cdot \pi \cdot 1000\ 1/s \cdot 0{,}0315\ H = \mathbf{197{,}9\ \Omega}$

Der induktive Blindwiderstand ist umso größer, je größer die Frequenz und die Induktivität sind.

Beispiel 2: Induktivität berechnen

Welche Induktivität hat eine Spule, die bei einer Frequenz von 1 000 Hz einen Blindwiderstand von 2,5 kΩ hat?

Lösung:

$X_L = \omega \cdot L$

$\Rightarrow L = \frac{X_L}{\omega} = \frac{X_L}{2\pi \cdot f} = \frac{2500\ \Omega}{2 \cdot \pi \cdot 1000\ 1/s} = 0{,}4\ H = \mathbf{400\ mH}$

Phasenverschiebung bei einer Spule

Schließt man eine ideale Spule an Wechselspannung an, so wird ein Magnetfeld aufgebaut und abgebaut. Dabei ist die Spannung an der Spule der Änderungsgeschwindigkeit des Stromes proportional. Bei Sinusstrom ist die Änderungsgeschwindigkeit im Nulldurchgang des Stromes am größten, und im Scheitelpunkt des Stromes gleich null **(Bild 1)**.

Betrachtet man die Spule als *Spannungserzeuger*, dann ist wegen $u_i = -L\,(\Delta i)/(\Delta t)$ die Spannung am negativen Höchstwert (Talwert), wenn die Stromstärke i_E am steilsten ansteigt (Bild 1). Im Erzeugersystem besteht also eine Phasenverschiebung von 90°, wobei die Spannung nacheilt.

Meist betrachtet man aber die Spule als *Verbraucher*. Hier ist die Stromrichtung entgegengesetzt zur Stromrichtung im Erzeugersystem. Dadurch eilt die Stromstärke nach, die Spannung also vor.

Bei der Induktivität eilt der Strom der Spannung um 90° nach.

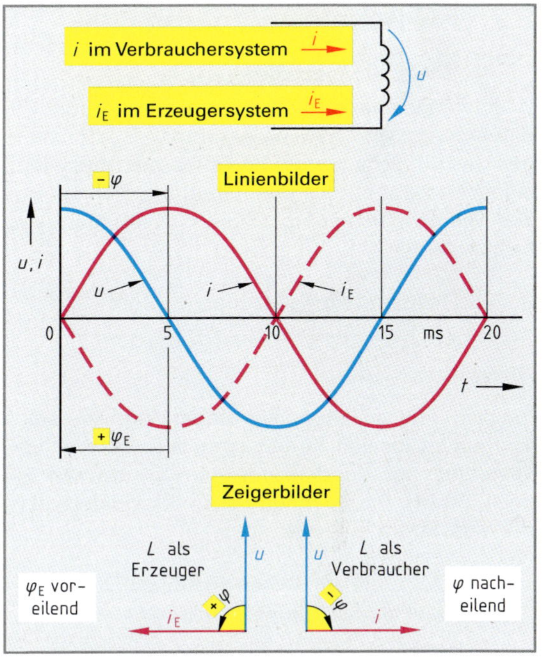

Bild 1: Phasenverschiebung bei der Spule

2.1.3 Schaltungen von nicht gekoppelten Spulen

Schaltungen mit Spulen, welche untereinander magnetisch nicht gekoppelt sind, lassen sich ähnlich wie Schaltungen mit Widerständen berechnen.

Bei der *Reihenschaltung* der nicht gekoppelten Spulen addieren sich die Blindwiderstände. Die Induktivität ist dem Blindwiderstand proportional. Die Ersatzinduktivität ist bei der Reihenschaltung gleich der Summe der Einzelinduktivitäten.

Bei der *Parallelschaltung* von nicht gekoppelten Spulen ist der Scheinwiderstand und damit der Blindwiderstand kleiner als bei einer Einzelspule. Der Gesamtstrom ist gleich der Summe der Ströme durch die Spulen **(Bild 2)**. Die Widerstände verhalten sich umgekehrt wie die Stromstärken. Der Kehrwert der Ersatzinduktivität ist also gleich der Summe der Kehrwerte der Einzelinduktivitäten.

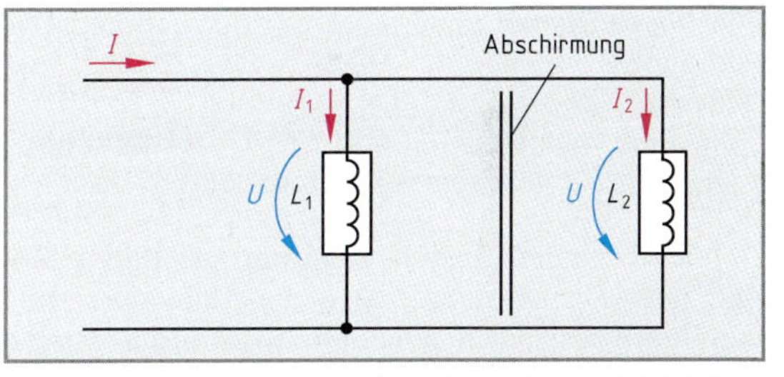

Bild 2: Parallelschaltung nicht gekoppelter Induktivitäten

Bei Reihenschaltung nicht gekoppelter Induktivitäten:

$$L = L_1 + L_2 + \ldots$$

Bei Parallelschaltung nicht gekoppelter Induktivitäten:

Allgemein:

$$\frac{1}{L} = \frac{1}{L_1} + \frac{1}{L_2} + \ldots$$

Für 2 Induktivitäten:

$$L = \frac{L_1 \cdot L_2}{L_1 + L_2}$$

L	Ersatzinduktivität
$L_1, L_2, \ldots$	Einzelinduktivitäten

Wiederholung und Vertiefung

1. **Wovon hängt der kapazitive Blindwiderstand ab?**
2. **Wie groß ist die Phasenverschiebung zwischen Strom und Spannung beim idealen Kondensator?**
3. **Wovon hängt der induktive Blindwiderstand ab?**
4. **Eine Spule mit 280 mH hat einen Blindwiderstand von 703,7 Ω. Welche Frequenz hat die anliegende Spannung?** ***Lösung:*** **f = 400 Hz**
5. **Wie groß ist die Ersatzinduktivität bei der Parallelschaltung von nicht gekoppelten Spulen im Vergleich zu den Einzelinduktivitäten?**

2.2 RC-Schaltungen und RL-Schaltungen

Widerstände, die nur Wirkleistung (Abschnitt 2.4.1) aufnehmen, sind Wirkwiderstände. RC-Schaltungen und RL-Schaltungen bestehen aus Wirkwiderständen (meist nur als Widerstand bezeichnet) und aus Blindwiderständen. Diese Schaltungen sind frequenzabhängig.

2.2.1 Reihenschaltung aus Wirkwiderstand und Blindwiderstand

RC-Reihenschaltung

Bei der Reihenschaltung aus einem Wirkwiderstand und einem idealen Kondensator eilt die Wechselspannung am Kondensator dem Strom um 90° nach **(Bild 1)**. Die Spannung am Wirkwiderstand ist mit dem Strom in Phase.

In den Zeigerbildern stehen die Zeiger der Wirkgrößen und der Blindgrößen senkrecht zueinander.

Zeiger dürfen parallel verschoben werden, d. h. der Zeiger U_{bC} darf an der Spitze von U_w angetragen werden. Im Zeigerbild der Spannungen entsteht ein rechtwinkliges Dreieck aus U, U_w und U_{bC}. Für dieses Spannungsdreieck gilt der Lehrsatz des Pythagoras[1].

Die *geometrische Addition* der Einzelspannungen ergibt die Gesamtspannung.

Da sich bei einer Reihenschaltung aus Widerständen die Teilspannungen wie die Teilwiderstände verhalten, lässt sich aus dem Strom-Spannungs-Zeigerbild das Widerstandsdreieck ableiten.

Die geometrische Addition der Einzelwiderstände ergibt den Gesamtwiderstand.

Der Gesamtwiderstand wird als Scheinwiderstand bezeichnet. Den Scheinwiderstand nennt man auch *Impedanz* (lat. impedire = hindern, hemmen).

Beispiel 1: Kondensatorspannung berechnen

Eine RC-Reihenschaltung liegt an einer Sinusspannung von 25 V. Am Widerstand liegen 12 V. Wie groß ist die Spannung am Kondensator?

Lösung:

$U^2 = U_w^2 + U_{bC}^2 \Rightarrow$

$U_{bC} = \sqrt{U^2 - U_w^2} = \sqrt{25^2 - 12^2}\,\text{V} = \mathbf{21{,}93\ V}$

[1] Pythagoras (griech. Philosoph, 580 v.Chr. bis 500 v.Chr.)

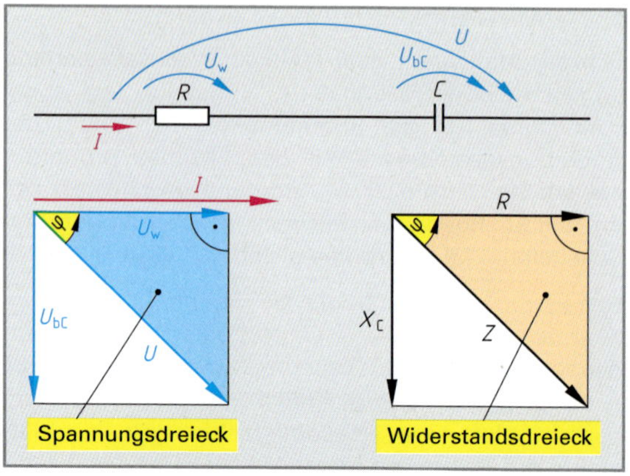

Bild 1: Reihenschaltung aus Wirkwiderstand und Kondensator mit Zeigerbildern

$$I = \frac{U}{Z}$$

Bei RC-Reihenschaltung:

$U = \sqrt{U_w^2 + U_{bC}^2}$	$Z = \sqrt{R^2 + X_C^2}$
$\tan\varphi = \frac{U_{bC}}{U_w}$	$\tan\varphi = \frac{X_C}{R}$
$R = Z \cdot \cos\varphi$	$X_C = Z \cdot \sin\varphi$

U Gesamtspannung
U_w Wirkspannung
U_{bC} Kapazitive Blindspannung
Z Scheinwiderstand
R Wirkwiderstand
X_C Kapazitiver Blindwiderstand
I Stromstärke
φ Phasenverschiebungswinkel

Die Stromaufnahme ist umso größer, je höher die angelegte Spannung und je kleiner der Scheinwiderstand ist.

Der Phasenverschiebungswinkel φ gibt die Phasenverschiebung zwischen U und I an. Er kann aus dem Spannungsdreieck oder dem Widerstandsdreieck berechnet werden.

Bei der RC-Schaltung eilt die Gesamtspannung U dem Strom I um den *Phasenverschiebungswinkel* φ nach. Der Phasenverschiebungswinkel ist umso größer, je kleiner Widerstand, Kapazität und Frequenz sind.

Bei der Reihenschaltung aus einem Wirkwiderstand und einem Kondensator eilt die Gesamtspannung dem Strom um weniger als 90° nach.

Beispiel 1: RC-Reihenschaltung auswerten

Ein Wirkwiderstand von 5,6 kΩ und ein Kondensator von 4,7 nF sind in Reihe an eine Sinusspannung von 10 V, 10 kHz angeschlossen (Bild 1, vorhergehende Seite). Wie groß sind Z, I, U_w und U_{bC}?

Lösung:

$$X_C = \frac{1}{\omega \cdot C} = \frac{1}{2\pi \cdot 10\,\text{kHz} \cdot 4{,}7\,\text{nF}} = \mathbf{3{,}39\,k\Omega}$$

$$Z = \sqrt{R^2 + X_C^2} = \sqrt{5{,}6^2 + 3{,}39^2}\,\text{k}\Omega = \mathbf{6{,}55\,k\Omega}$$

$$I = \frac{U}{Z} = \frac{10\,\text{V}}{6{,}55\,\text{k}\Omega} = \mathbf{1{,}53\,mA}$$

$$U_w = I \cdot R = 1{,}53\,\text{mA} \cdot 5{,}6\,\text{k}\Omega = \mathbf{8{,}57\,V}$$

$$U_{bC} = I \cdot X_C = 1{,}53\,\text{mA} \cdot 3{,}39\,\text{k}\Omega = \mathbf{5{,}19\,V}$$

Beispiel 2: Phasenverschiebungswinkel berechnen

Wie groß ist im Beispiel 1 der Phasenverschiebungswinkel φ?

Lösung:

$$\tan\varphi = \frac{X_C}{R} = \frac{3{,}39\,\text{k}\Omega}{5{,}6\,\text{k}\Omega} = 0{,}605 \Rightarrow \varphi = \mathbf{31{,}2°}$$

RL-Reihenschaltung

Bei der Reihenschaltung aus einem Wirkwiderstand und einer idealen Spule eilt die Wechselspannung an der Spule dem Strom und damit der Spannung am Wirkwiderstand um 90° voraus **(Bild 1)**. Das Widerstandsdreieck entspricht dem Spannungsdreieck.

Sowohl die Einzelspannungen als auch die Einzelwiderstände werden geometrisch addiert. Der Phasenverschiebungswinkel kann aus dem Spannungsdreieck oder aus dem Widerstandsdreieck ermittelt werden.

Bei der RL-Reihenschaltung eilt der Strom der Gesamtspannung um den Phasenverschiebungswinkel φ nach. Der Phasenverschiebungswinkel ist umso größer, je größer Frequenz und Induktivität sind und je kleiner der Wirkwiderstand ist.

Bei der Reihenschaltung aus einem Wirkwiderstand und einer Spule eilt der Strom der Gesamtspannung um weniger als 90° voraus.

$$I = \frac{U}{Z}$$

Bei RL-Reihenschaltung:

$$U = \sqrt{U_w^2 + U_{bL}^2} \qquad Z = \sqrt{R^2 + X_L^2}$$

$$\tan\varphi = \frac{U_{bL}}{U_w} \qquad \tan\varphi = \frac{X_L}{R}$$

$$R = Z \cdot \cos\varphi \qquad X_L = Z \cdot \sin\varphi$$

I Stromstärke
U Gesamtspannung
Z Scheinwiderstand
φ Phasenverschiebungswinkel
U_w Wirkspannung
R Wirkwiderstand
U_{bL} Induktive Blindspannung
X_L Induktiver Blindwiderstand

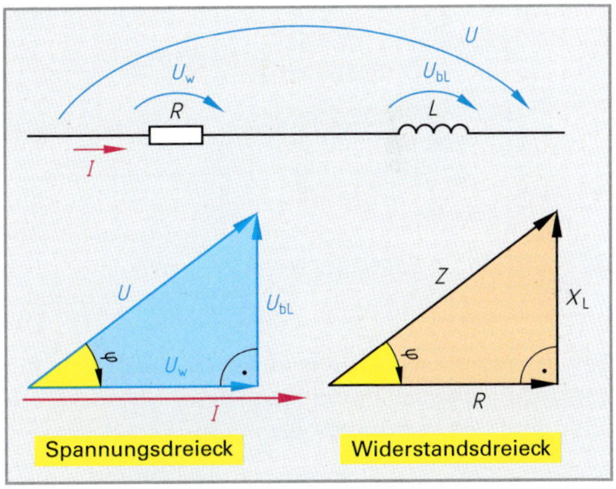

Bild 1: Reihenschaltung aus Spule und Wirkwiderstand mit Zeigerdreiecken

Beispiel 3: RL-Reihenschaltung berechnen

In einer RL-Reihenschaltung beträgt X_L = 6,24 kΩ. Der Strom eilt der Spannung um 82° nach. Wie groß ist der Wirkwiderstand?

Lösung:

$$\tan\varphi = \frac{X_L}{R} \Rightarrow R = \frac{X_L}{\tan\varphi} = \frac{6{,}24\,\text{k}\Omega}{\tan 82°} = \mathbf{877\,\Omega}$$

2.2.2 Parallelschaltung aus Wirkwiderstand und Blindwiderstand

RC-Parallelschaltung

Bei der Parallelschaltung aus einem Wirkwiderstand und einem idealen Kondensator eilt der Strom durch den Kondensator der Wechselspannung um 90° voraus **(Bild 1)**. Der Strom durch den Wirkwiderstand ist mit der Spannung in Phase. Den Gesamtstrom erhält man durch *geometrische Addition* der Einzelströme.

Da sich bei einer Parallelschaltung aus Widerständen die Teilströme wie die Leitwerte verhalten, lässt sich aus dem Strom-Spannungs-Zeigerbild das *Leitwertdreieck* ableiten (Bild 1).

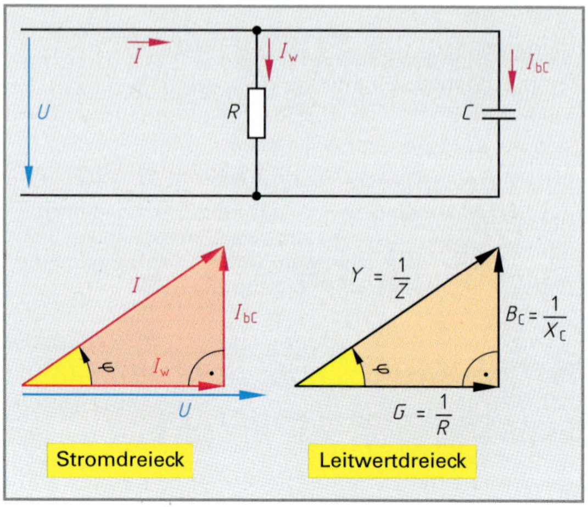

Bild 1: Parallelschaltung aus Wirkwiderstand und Kondensator mit Zeigerdreiecken

Der Scheinleitwert ergibt sich aus der geometrische Addition der Einzelleitwerte bei der Parallelschaltung.

Beispiel 1: RC-Parallelschaltung auswerten

Ein Widerstand von 5,6 kΩ und ein Kondensator von 4,7 nF sind parallel an eine Spannung von 10 V, 10 kHz angeschlossen. Wie groß sind I_w, I_{bC} und I?

Lösung:

$$X_C = \frac{1}{\omega \cdot C} = \frac{1}{2\pi \cdot 10\ \text{kHz} \cdot 4{,}7\ \text{nF}} = \mathbf{3{,}39\ k\Omega}$$

$$I_{bC} = \frac{U}{X_C} = \frac{10\ \text{V}}{3{,}39\ \text{k}\Omega} = \mathbf{2{,}95\ mA}$$

$$I_w = \frac{U}{R} = \frac{10\ \text{V}}{5{,}6\ \text{k}\Omega} = \mathbf{1{,}79\ mA}$$

$$I = \sqrt{I_w^2 + I_{bC}^2} = \sqrt{1{,}79^2 + 2{,}95^2}\ \text{mA} = \mathbf{3{,}45\ mA}$$

Bei RC-Parallelschaltung:

$$I^2 = I_w^2 + I_{bC}^2$$

$U = I \cdot Z = \frac{I}{Y}$	$I = \sqrt{I_w^2 + I_{bC}^2}$
$\frac{1}{Z} = Y = \sqrt{G^2 + B_C^2}$	$Z = \frac{R \cdot X_C}{\sqrt{R^2 + X_C^2}}$
$\tan\varphi = \frac{I_{bC}}{I_w}$	$\tan\varphi = \frac{R}{X_C}$
$G = Y \cdot \cos\varphi$	$B_C = Y \cdot \sin\varphi$

I	Stromstärke
U	Spannung
Z	Scheinwiderstand
Y	Scheinleitwert
I_w	Wirkstrom
I_{bC}	Kapazitiver Blindstrom
G	Wirkleitwert
B_C	Kapazitiver Blindleitwert
R	Wirkwiderstand
X_C	Kapazitiver Blindwiderstand
φ	Phasenverschiebungswinkel

Der Phasenverschiebungswinkel φ lässt sich bei der RC-Parallelschaltung aus dem Stromdreieck oder dem Leitwertdreieck ermitteln.

Bei der Parallelschaltung eines Wirkwiderstandes und eines Kondensators eilt der Gesamtstrom der Spannung um weniger als 90° voraus.

Beispiel 2: Phasenverschiebungswinkel berechnen

In einer RC-Parallelschaltung fließen durch den Kondensator 2,5 mA und durch den Wirkwiderstand 1,5 mA. Wie groß ist der Phasenverschiebungswinkel zwischen dem Gesamtstrom und der Spannung?

Lösung:

$$\tan\varphi = \frac{I_{bC}}{I_w} = \frac{2{,}5\ \text{mA}}{1{,}5\ \text{mA}} = 1{,}667 \Rightarrow \varphi = \mathbf{59°}$$

Der Phasenverschiebungswinkel ist bei der RC-Parallelschaltung umso größer, je größer Widerstand, Kapazität und Frequenz sind.

RL-Parallelschaltung

Die Parallelschaltung aus einem Wirkwiderstand und einer Induktivität bewirkt, dass **(Bild 1)** der Strom durch die Spule der Wechselspannung und damit dem Strom durch den Widerstand um 90° nacheilt.

Bei der Parallelschaltung eines Wirkwiderstandes mit einer Spule eilt der Gesamtstrom der Spannung um weniger als 90° nach.

Dem Stromdreieck entspricht das *Leitwertdreieck*. Der Phasenverschiebungswinkel φ ist umso größer, je kleiner Frequenz und Induktivität sind und je größer der Widerstand ist.

Der Phasenverschiebungswinkel φ kann mithilfe der Winkelfunktionen $\tan\varphi = I_{bL}/I_w$ oder aus $\tan\varphi = R/X_L$ ermittelt werden.

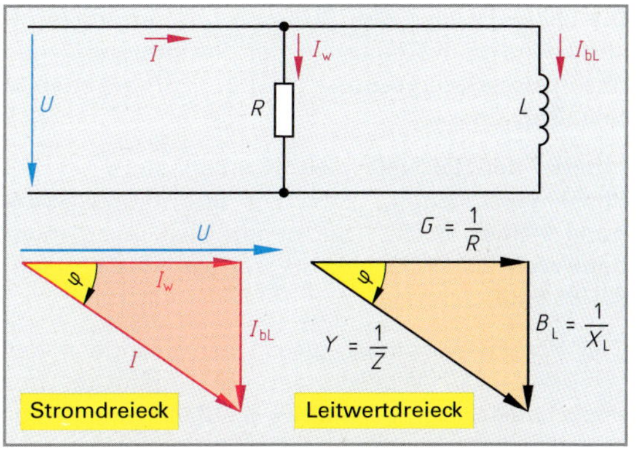

Bild 1: Parallelschaltung aus Wirkwiderstand und Induktivität mit Zeigerdreiecken

Bei RL-Parallelschaltung:

$$U = I \cdot Z = \frac{I}{Y}$$

$$I = \sqrt{I_w^2 + I_{bL}^2}$$

$$\frac{1}{Z} = Y = \sqrt{G^2 + B_L^2}$$

$$Z = \frac{R \cdot X_L}{\sqrt{R^2 + X_L^2}}$$

$$\tan\varphi = \frac{I_{bL}}{I_w} \qquad \tan\varphi = \frac{R}{X_L}$$

U	Spannung	Y	Scheinleitwert
I	Stromstärke	G	Wirkleitwert
I_w	Wirkstrom	B_L	Induktiver Blindleitwert
I_{bL}	Induktiver Blindstrom	R	Wirkwiderstand
Z	Scheinwiderstand	X_L	Induktiver Blindwiderstand

2.2.3 Verluste im Kondensator

Die Platten (Beläge) des Kondensators werden an Wechselspannung periodisch umgeladen. Da es keine idealen Nichtleiter gibt, fließt im Dielektrikum ein kleiner Strom. Außerdem ändern die elektrischen Dipole dauernd ihre Richtung. Beides bewirkt eine Erwärmung des Dielektrikums. Fließen der Ladestrom und der Entladestrom durch die Beläge und Zuleitungen des Kondensators, so werden auch diese erwärmt. Im Kondensator geht durch Wärme Nutzenergie verloren.

In einem Kondensator treten an Wechselspannung Verluste auf.

Die Verluste werden durch einen als Wirkwiderstand wirkenden *Verlustwiderstand* R_p parallel zum idealen Kondensator dargestellt **(Bild 2)**. Gute Kondensatoren haben kleine Verluste, folglich ist der Wert ihres Verlustwiderstandes groß.

Der Ersatzschaltplan eines realen Kondensators besteht aus der Parallelschaltung von idealem Kondensator und Verlustwiderstand. An der Schaltung liegt die Wechselspannung U (Bild 2). Durch den Widerstand fließt der *Wirkstrom* I_w, durch den Kondensator der *kapazitive Blindstrom* I_{bC}. Der Gesamtstrom I in der Leitung kann aus dem *Zeigerbild* der Ströme (Bild 2) ermittelt werden.

I_w ist mit U in Phase. I_{bC} eilt U und damit I_w um 90° vor. Die geometrische Addition von I_w und I_{bC} ergibt I. Den Gesamtstrom kann man zeichnerisch bestimmen oder mit dem Satz des Pythagoras berechnen.

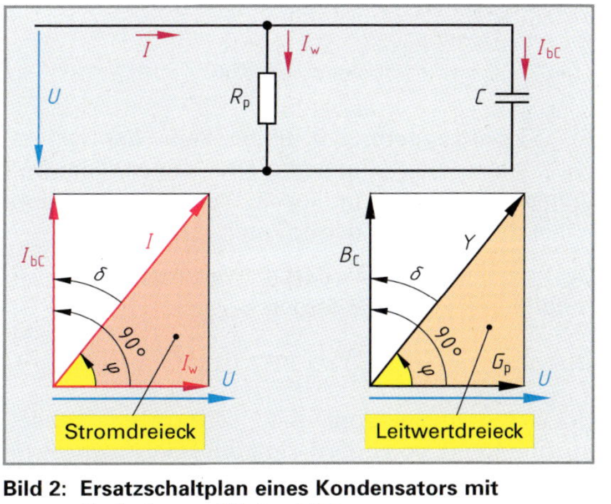

Bild 2: Ersatzschaltplan eines Kondensators mit Verlusten und Zeigerbilder

Die Leitwerte sind den Strömen proportional. Entsprechend dem Zeigerbild der Ströme kann man das Leitwertdiagramm (Bild 2, vorhergehende Seite) zeichnen.

Infolge der Verluste des Kondensators ist die Phasenverschiebung zwischen Strom und Spannung kleiner als 90°. Sie nähert sich umso mehr dem Wert 90°, je kleiner die Verluste des Kondensators sind.

Der *Verlustfaktor d* ist gleich dem Tangens des Winkels δ. Der Winkel δ ist die Ergänzung des Phasenverschiebungswinkels φ auf 90° (Bild 2, vorhergehende Seite).

Aus dem Zeigerbild der Ströme erhält man $d = \frac{I_w}{I_{bC}}$.

Da sich bei Parallelschaltung die Ströme umgekehrt wie die Widerstände verhalten, gilt auch

$$d = \frac{X_C}{R_p} = \frac{1}{\omega \cdot C \cdot R_p}.$$

Der *Gütefaktor Q* ist der Kehrwert des Verlustfaktors.

Der Gütefaktor des Kondensators ist umso größer, je kleiner die Verluste des Kondensators sind.

Beispiel 1: Verluste beim Kondensator

Wie groß sind der Verlustwiderstand und der Verlustwinkel eines Kondensators mit der Kapazität 10 µF und dem Verlustfaktor $1{,}5 \cdot 10^{-4}$ bei der Frequenz 50 Hz?

Lösung:

$$d = \tan\delta = \frac{X_C}{R_p} = \frac{1}{\omega \cdot C \cdot R_p}$$

$$\Rightarrow R_p = \frac{1}{\omega \cdot C \cdot d} = \frac{1}{2 \cdot \pi \cdot f \cdot C \cdot d}$$

$$= \frac{1}{2\pi \cdot 50\ \text{Hz} \cdot 10\ \mu\text{F} \cdot 1{,}5 \cdot 10^{-4}} = \mathbf{2{,}12\ M\Omega}$$

$$\tan\delta = d = 1{,}5 \cdot 10^{-4} \Rightarrow \delta = \mathbf{0{,}0086°}$$

Bei Niederfrequenz, z. B. 50 Hz, kann der Verlustwiderstand von Kondensatoren als unendlich groß angesehen werden. In diesem Fall treten nur Blindwiderstand und Blindstrom auf.

Bei hohen Frequenzen darf die Verlustleistung nicht mehr vernachlässigt werden.

2.2.4 Verluste in der Spule

Schließt man eine Spule mit Eisenkern an Wechselspannung an, so ändern die Molekularmagnete im Eisenkern im Rhythmus der Frequenz ihre Richtung. Durch den dauernden Aufbau und Abbau des Magnetfeldes werden außerdem im Kern Wirbelströme induziert. Beide Vorgänge haben eine Erwärmung des Eisenkerns zur Folge. Der Strom fließt durch die Wicklung der Spule und bewirkt ihre Erwärmung. In der Spule geht also Wirkleistung verloren.

$$d = \tan\delta \qquad Q = \frac{1}{d}$$

Beim Kondensator:	Bei der Spule:
$\tan\delta = \frac{X_C}{R_p}$	$\tan\delta = \frac{R_v}{X_L}$
$Q = \omega \cdot C \cdot R_p$	$Q = \frac{\omega \cdot L}{R_v}$

d	Verlustfaktor
δ	Verlustwinkel (griech. Kleinbuchstabe Delta)
Q	Gütefaktor
X_C	Kapazitiver Blindwiderstand
R_p	Paralleler Verlustwiderstand
R_v	Reihenverlustwiderstand
X_L	Induktiver Blindwiderstand
ω	Kreisfrequenz
C	Kapazität
L	Induktivität

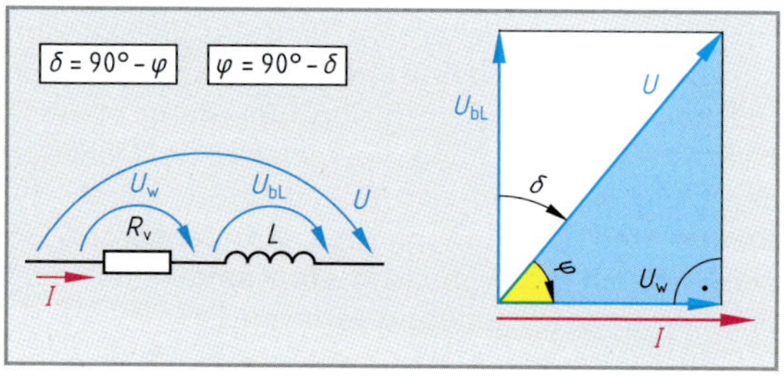

Bild 1: Ersatzschaltbild einer Spule mit Verlusten und Zeigerbild der Spannungen

In einer Spule an Wechselspannung entsteht durch den Wirkanteil Verlustleistung.

Eisenverluste nennt man die Summe von Hystereseverlustleistung und Wirbelstromverlustleistung. *Wicklungsverluste oder Kupferverluste* nennt man die Verlustleistung der Wicklung.

Die Verluste werden im Ersatzschaltbild durch einen *Verlustwiderstand*, der zur idealen Spule in Reihe geschaltet ist, dargestellt **(Bild 1)**. Die Verluste der Spule sind meist klein. Dann ist der Verlustwiderstand kleiner als der induktive Blindwiderstand.

Infolge der Verluste der Spule ist der Phasenverschiebungswinkel φ zwischen Spannung und Strom kleiner als –90°. Er nähert sich umso mehr dem Wert –90°, je kleiner die Verluste der Spule sind.

Der *Verlustfaktor d* ist gleich dem Tangens des Winkels δ. Der Winkel δ ist die Ergänzung des Phasenverschiebungswinkels φ auf –90° (Bild 1, vorhergehende Seite). Der Gütefaktor Q ist der Kehrwert des Verlustfaktors.

Der Gütefaktor der Spule ist umso größer, je kleiner die Verluste sind.

Beispiel 1: Widerstand berechnen

Berechnen Sie den Wirkwiderstand einer Spule mit einem Blindwiderstand von 2 kΩ und einem Gütefaktor von 250.

Lösung:

$$Q = \frac{X_L}{R_v} \Rightarrow R_v = \frac{X_L}{Q} = \frac{2\ \text{k}\Omega}{250} = \mathbf{8\ \Omega}$$

2.2.5 Impulsverformung

Integrierglied

Die Reihenschaltung eines Wirkwiderstandes *R* mit einem Kondensator *C* wird auch *RC-Glied* genannt. Bei niedrigen Frequenzen entsteht am Kondensator eine geringfügig verformte Rechteckspannung, bei höheren Frequenzen durch die Lade- und Entladevorgänge eine dreieckförmige Spannung, deren Flanken mit steigender Frequenz immer flacher werden **(Bild 1)**.

Bei niedrigen Frequenzen vergeht eine ziemlich lange Zeit, bis die Spannung des Rechteckgenerators ihre Richtung ändert. Aufladevorgang oder Entladevorgang sind bei sehr niedrigen Frequenzen schon beendet, wenn sich die Spannungsrichtung wieder ändert. Die Spannung am Kondensator hat dann einen fast rechteckigen Verlauf.

Bei höheren Frequenzen polt der Rechteckgenerator seine Ausgangsspannung in kürzeren Zeitabständen um. Aufladevorgang oder Entladevorgang des RC-Gliedes sind in dieser Zeit noch nicht abgeschlossen. Das Oszillogramm der Kondensatorspannung zeigt deshalb Abschnitte der Ladekurven oder Entladekurven. Diese werden umso geradliniger und flacher, je kleiner die Periodendauer der Rechteckspannung im Verhältnis zur Zeitkonstanten ist.

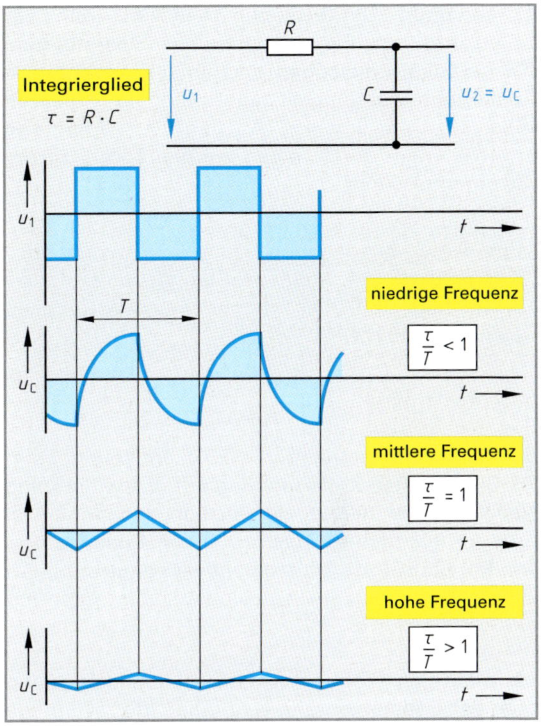

Bild 1: Spannungen am Kondensator bei Rechteck-Eingangsspannung

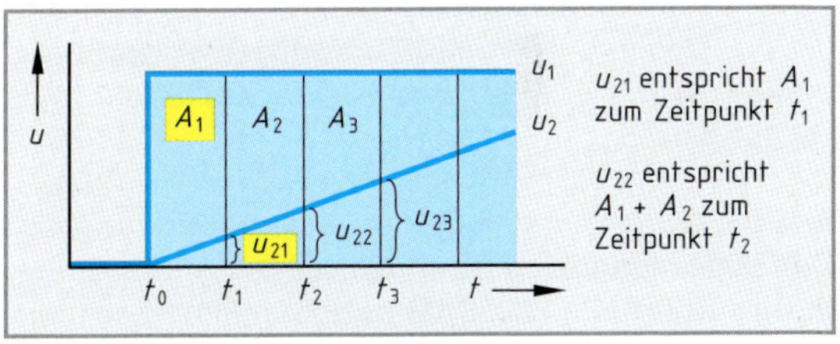

Bild 2: Integrierte Rechteckspannung

Das RC-Glied arbeitet als Integrierglied, wenn man die Ausgangsspannung am Kondensator abnimmt.

Beim *Integrierglied* (lat. integrare = zusammenfassen) entspricht der Wert der Ausgangsspannung zu einer bestimmten Zeit, z. B. t_3, dem Inhalt der Fläche zwischen der Kennlinie der Eingangsspannung und der Zeitachse z. B. von t_0 bis t_3 **(Bild 2)**.

Die Ausgangsspannung eines Integriergliedes ist umso höher, je niedriger die Frequenz der Eingangsspannung ist. Das Integrierglied wirkt also als Tiefpass (Abschnitt 2.2.6).

In analogen Oszilloskopen benötigt man zur Ablenkung des Elektronenstrahles Spannungen, die geradlinig ansteigen und abfallen, wobei die Anstiegzeit viel länger dauert als die Abfallzeit **(Bild 1)**. Den linearen Anstieg der Spannung erreicht man durch einen eingeprägten Strom (Stromanpassung).

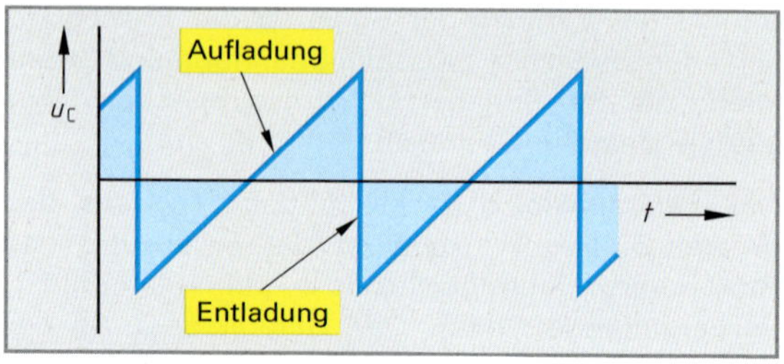

Bild 1: Sägezahnspannung

Eine Sägezahnspannung erzeugt man, indem der Kondensator über einen großen Wirkwiderstand aufgeladen und über einen kleinen Wirkwiderstand entladen wird.

Differenzierglied

Bei niedrigen Frequenzen ($\tau < T$) entstehen beim RC-Glied an Rechteckspannung am Wirkwiderstand Nadelimpulse **(Bild 2)**. Die Ausgangsspannung ist proportional dem Ladestrom oder Entladestrom des Kondensators. Mit steigender Frequenz nähert sich die Spannung am Wirkwiderstand immer mehr der Rechteckform.

Bei niedrigen Frequenzen ist der Aufladevorgang oder der Entladevorgang schon beendet, wenn die Rechteckspannung ihre Richtung wieder ändert. Da nach Beendigung des Ladevorgangs oder des Entladevorganges kein Strom im Stromkreis fließt, kann auch keine Spannung am Wirkwiderstand liegen. Deshalb ist nur während der Spannungsumkehr am Wirkwiderstand ein kurzer Nadelimpuls vorhanden.

Am Wirkwiderstand liegt die Gesamtspannung aus Generatorspannung und Kondensatorspannung, die im Zeitpunkt der Spannungsumkehr bei niedrigen Frequenzen doppelt so groß wie die Generatorspannung ist. Je kürzer die Periodendauer der Rechteckspannung im Verhältnis zur Zeitkonstanten des RC-Gliedes ist, umso mehr nähert sich die Spannung am Wirkwiderstand der Rechteckkurve. Bei der Übertragung von Rechteckspannungen treten Verzerrungen auf, wenn RC-Glieder eine zu kleine Zeitkonstante besitzen.

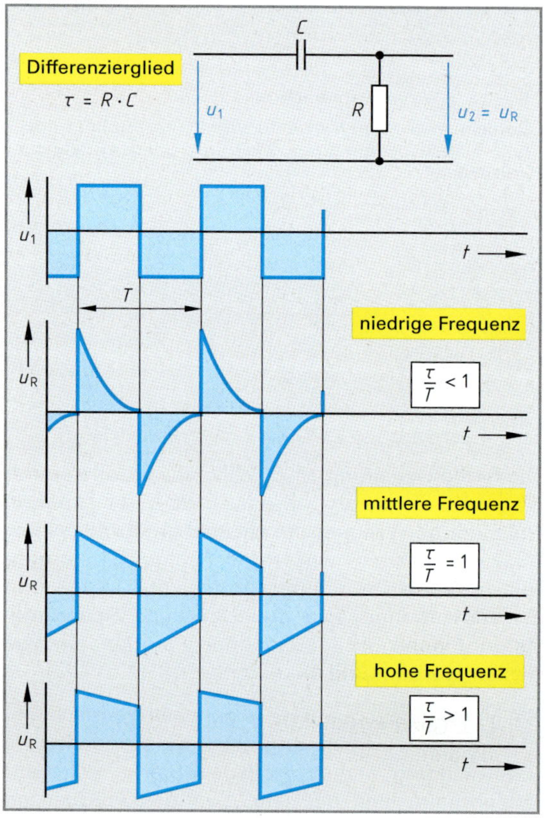

Bild 2: Spannungen am Wirkwiderstand der RC-Reihenschaltung

Nimmt man die Ausgangsspannung am Wirkwiderstand eines RC-Gliedes ab, so arbeitet das RC-Glied als Differenzierglied.

Beim *Differenzierglied* (lat. differre = unterscheiden) entspricht die Ausgangsspannung etwa der Änderung der Eingangsspannung in Abhängigkeit von der Zeit.

Die Ausgangsspannung eines Differenziergliedes ist umso höher, je größer die Frequenz der Eingangsspannung ist. Das Differenzierglied wirkt also als Hochpass (Abschnitt 2.2.6).

In digitalen Messgeräten und für Zählerschaltungen werden oft durch RC-Glieder aus Rechteckimpulsen nadelförmige Steuerimpulse erzeugt.

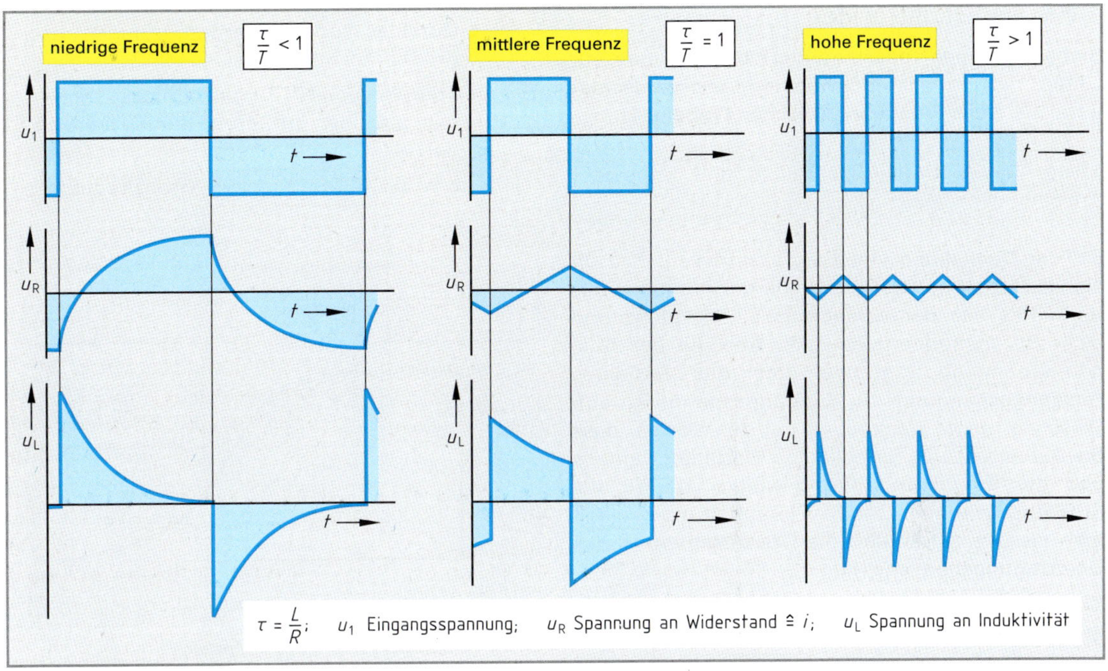

Bild 1: Spannungen bei RL-Reihenschaltung an rechteckförmiger Eingangsspannung

RL-Glied an Rechteckspannung

Die Reihenschaltung eines Wirkwiderstandes *R* mit einer Induktivität *L* wird *RL-Glied* genannt.

Ist die Periodendauer der Rechteckspannung groß gegenüber der Zeitkonstanten des RL-Gliedes, so liegt an der Spule keine Spannung mehr, wenn die Eingangsspannung umgepolt wird. Daher entstehen an der Spule Nadelimpulse. Bei hohen Frequenzen ist die Spannung an der Spule noch vorhanden, wenn die Umpolung eintritt. Deshalb ist die Spulenspannung annähernd rechteckig **(Bild 1)**.

Das RL-Glied arbeitet als Differenzierglied, wenn die Spannung an der Spule abgenommen wird (Bild 2, links).

Die Spannung am Wirkwiderstand erreicht bei sehr niedrigen Frequenzen schnell den Höchstwert und bleibt bis zur nächsten Umpolung der Eingangsspannung konstant. Bei höheren Frequenzen können der Strom und damit die Spannung am Wirkwiderstand der schnellen Änderung nicht mehr folgen. Die Spannung am Wirkwiderstand wird daher dreieckförmig.

Das RL-Glied arbeitet als Integrierglied, wenn die Spannung am Wirkwiderstand abgenommen wird (Bild 2, rechts).

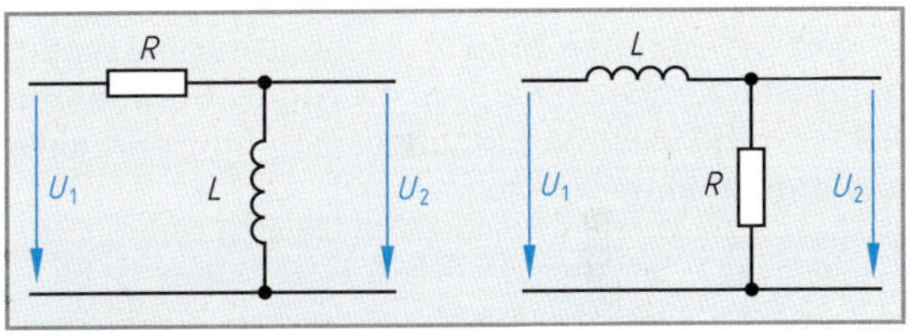

Bild 2: Differenzierglied und Integrierglied

Nadelimpulse entstehen z. B. an *RC*-Differenziergliedern in Schaltnetzteilen, Frequenzumrichtern und Wechselrichtern. Diese sind auszufiltern. Bei einfachen PC-Schaltnetzteilen wird z. B. eine Induktivität in den L-Leiter geschaltet, die zusammen mit dem Eingangswiderstand des Netzteils als Integrierglied die Nadelimpulse dämpft.

Wiederholung und Vertiefung

1. **Wie hängt der Phasenverschiebungswinkel einer RC-Reihenschaltung von *C*, *R* und *f* ab?**
2. **Wie hängt der Phasenverschiebungswinkel einer RL-Parallelschaltung von *R*, *L* und *f* ab?**
3. **Was bezeichnet man als Impedanz?**
4. **Wie müssen die Einzelspannungen einer RL-Reihenschaltung addiert werden, um die Gesamtspannung zu erhalten?**
5. **Wodurch entstehen in einer Spule an Wechselspannung Verluste?**

2.2.6 Siebschaltungen

Siebschaltungen (passive Filter) benutzt man zur Unterdrückung oder Schwächung unerwünschter Bereiche eines Frequenzgemisches **(Tabelle 1)**.

> Filter haben Durchlassbereiche und Sperrbereiche.

Bei der Darstellung von *Durchlasskurven* wird oft als veränderliche Größe anstelle der Frequenz das Verhältnis aus der veränderlichen Frequenz und einer Bezugsfrequenz gewählt. Anstelle der Ausgangsspannung trägt man dann das Verhältnis Ausgangsspannung zur Eingangsspannung auf. Diese *normierte Darstellung* hat den Vorteil, dass die Durchlasskurve für beliebige Werte der Bauteile und der Eingangsspannung gültig ist. Für die RC-Siebschaltungen und RL-Siebschaltungen wählt man als Bezugsfrequenz die Grenzfrequenz f_c des Übertragungsbereichs (**Bild 1**).

RC-Tiefpässe und RL-Tiefpässe

Tiefpässe lassen tiefe Frequenzen durch und unterdrücken hohe Frequenzen.

In den Schaltungen (Bild 1) ist die Ausgangsspannung am Kondensator bei niedrigen Frequenzen fast so groß wie die Eingangsspannung und sinkt mit zunehmender Frequenz.

> ⓘ
> - Durchlasskurven werden auf Bezugsgrößen normiert.
> - Frequenzachsen logarithmisch eingeteilt, um einen größeren Frequenzbereich darzustellen.
> - c von cutoff-frequency = Grenzfrequenz

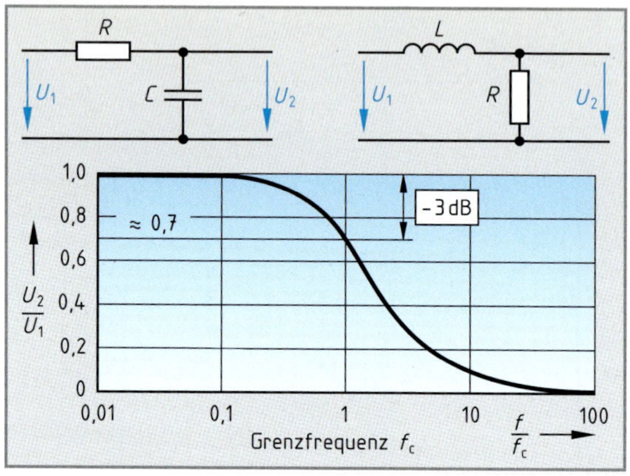

Bild 1: Durchlasskurve eines Tiefpasses

Mit steigender Frequenz sinkt der Blindwiderstand des Kondensators und schließt die Ausgangsspannung immer mehr kurz.

> Tiefpässe werden als RC-Schaltung oder RL-Schaltung ausgeführt.

Tabelle 1: Siebschaltungen

Bezeichnung, Symbol	Frequenzbereiche (idealisierte Darstellung)	Erklärungen und Anwendung
Tiefpass 	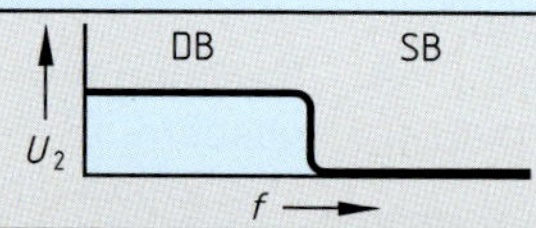	Der Tiefpass lässt tiefe Frequenzen durch. Hohe Frequenzen gelangen nur geschwächt zum Ausgang. • Glättung gleichgerichteter Spannungen.
Hochpass 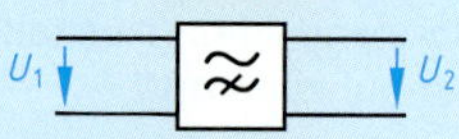	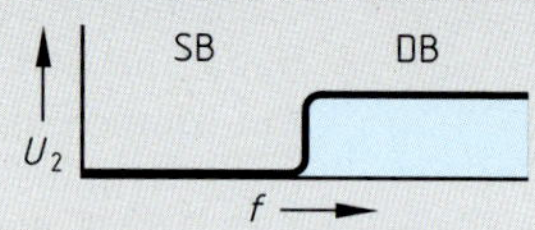	Der Hochpass unterdrückt alle tiefen Frequenzen. Hohe Frequenzen gelangen ungeschwächt zum Ausgang. • bei der Übertragung von Signalen über das 50-Hz-Netz.
Bandpass 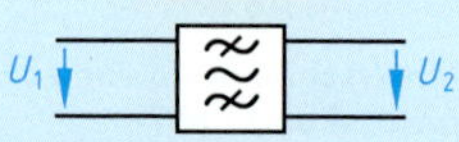	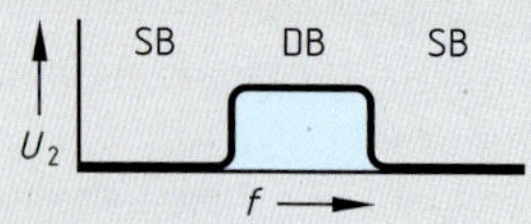	Der Bandpass lässt nur Frequenzen eines begrenzten Frequenzbereichs zum Ausgang durch. Alle übrigen Frequenzen werden unterdrückt. • bei Rundsteueranlagen.
Bandsperre 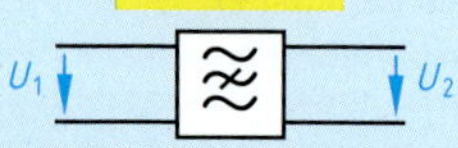	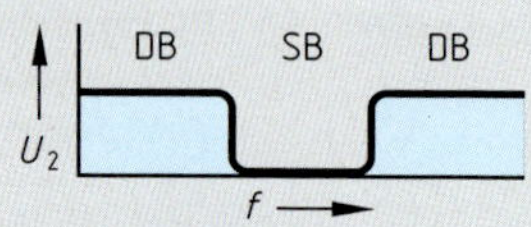	Die Bandsperre unterdrückt alle Frequenzen eines begrenzten Frequenzbereiches. Die übrigen Frequenzen gelangen zum Ausgang. • 150-Hz-/250-Hz-Sperrfilter für 230-V-Netze. Sperren von Oberschwingungen.
SB Sperrbereich; DB Durchlassbereich; U_1 enthält alle Frequenzen mit gleicher Amplitude.		

Nun wird an eine Reihenschaltung aus $R = 5{,}6\ \text{k}\Omega$ und $L = 25\ \text{mH}$ (Bild 1, vorhergehende Seite) ein Sinusgenerator angeschlossen. Misst man bei verschiedenen Frequenzen die Spannung am Widerstand, so hat die RL-Schaltung einen ähnlichen Spannungsverlauf wie die RC-Schaltung von Bild 1, vorhergehende Seite. Mit steigender Frequenz nimmt der Blindwiderstand der Spule zu und sperrt den Wechselstrom immer mehr. Dadurch wird die Ausgangsspannung kleiner.

RC-Tiefpässe und RL-Tiefpässe verwendet man zur Siebung in Netzteilen oder zur Unterdrückung hoher Frequenzen in Verstärkern.

Der Übertragungsbereich von Breitbandverstärkern wird im oberen Frequenzbereich durch Tiefpässe begrenzt, die sich aus Wirkwiderständen und Schaltkapazitäten bzw. aus Wirkwiderständen und Leitungsinduktivitäten bilden.

RC-Hochpässe und RL-Hochpässe

Hochpässe lassen die hohen Frequenzen durch und unterdrücken tiefe Frequenzen. In Schaltung **Bild 1** ist die Ausgangsspannung bei niedrigen Frequenzen fast null und nimmt mit zunehmender Frequenz bis zur Höhe der Eingangsspannung zu.

Der große Blindwiderstand des Kondensators bei niedrigen Frequenzen sperrt weitgehend den Strom, sodass am Wirkwiderstand fast keine Spannung auftritt.

Schließt man bei einer RL-Reihenschaltung ein Oszilloskop an der Induktivität an und misst bei verschiedenen Frequenzen die Spannung an der Induktivität, so erhält man einen ähnlichen Verlauf wie im Versuch 1 (Bild 1). Der kleine Wirkwiderstand der Spule schließt bei niedrigen Frequenzen die Ausgangsspannung kurz.

Versuch 1: Schließen Sie einen Tiefpass aus $R = 5{,}6\ \text{k}\Omega$ und $C = 4{,}7\ \text{nF}$ an eine Sinusspannung an und untersuchen Sie mit einem Oszilloskop gleichzeitig die Eingangsspannung und die Ausgangsspannung **(Bild 3)**. Verändern Sie die Frequenz des Generators zwischen 1 kHz und 100 kHz und ermitteln Sie den Phasenverschiebungswinkel zwischen U_1 und U_2.

Ergebnis: Bei niedrigen Frequenzen ist der Phasenverschiebungswinkel zwischen Ausgangsspannung und Eingangsspannung fast 0°. Er nimmt mit zunehmender Frequenz zu und beträgt bei hohen Frequenzen fast 90° **(Bild 1, folgende Seite)**.

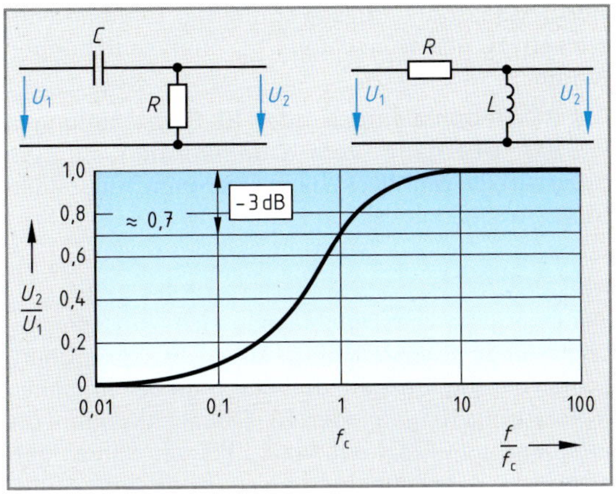

Bild 1: Durchlasskurve eines Hochpasses

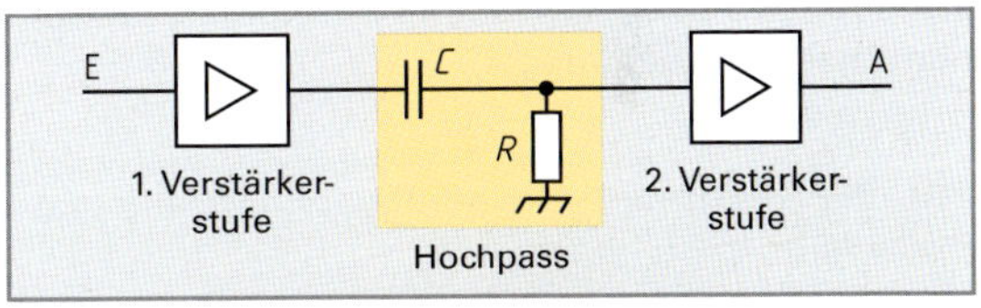

Bild 2: RC-Kopplung bei Verstärkerstufen

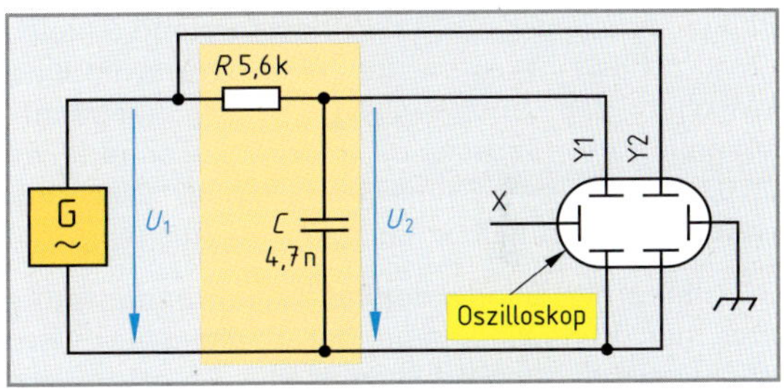

Bild 3: Messung des Phasenverschiebungswinkels

RC-Hochpässe treten z. B. bei der RC-Kopplung von Verstärkern auf **(Bild 2)**. RL-Hochpässe entstehen z. B. bei Übertragern aus dem Innenwiderstand des Spannungserzeugers und der Übertragerinduktivität.

Wiederholt man den Versuch, jedoch mit einem Hochpass, so ist bei tiefen Frequenzen der Phasenverschiebungswinkel zwischen Eingangsspannung und Ausgangsspannung annähernd 90°. Er nimmt mit steigender Frequenz ab und ist bei hohen Frequenzen annähernd 0° **(Bild 2, folgende Seite)**.

Entsprechend entsteht beim RL-Hochpass der gleiche Kurvenverlauf wie beim RC-Hochpass. Der Phasenverschiebungswinkel zwischen Eingangsspannung und Ausgangsspannung wächst beim Tiefpass mit zunehmender Frequenz und nimmt beim Hochpass mit steigender Frequenz ab.

Hochpässe und Tiefpässe können in Breitbandverstärkern zu unerwünschten Phasenverschiebungen führen.

Bei RC-Siebschaltungen oder RL-Siebschaltungen ist der Übergang vom Durchlassbereich zum Sperrbereich sehr flach, da nur der Blindwiderstand frequenzabhängig ist.

Grenzfrequenz

Der Übergang vom Durchlassbereich zum Sperrbereich einer Siebschaltung ist nicht sprunghaft, sondern stetig. Deshalb definiert man bei einfachen RC-Siebschaltungen oder RL-Siebschaltungen die Frequenz als Grenzfrequenz f_c, bei der Blindwiderstand und Wirkwiderstand gleich groß sind.

Bei der Grenzfrequenz f_c beträgt der Phasenverschiebungswinkel zwischen Eingangsspannung und Ausgangsspannung 45°.

> Bei der Grenzfrequenz sind Blindwiderstand und Wirkwiderstand gleich groß.

Bei der Grenzfrequenz sind die Spannungen am Blindwiderstand X und am Wirkwiderstand R gleich groß **(Bild 3)**. Wegen der Phasenverschiebung zwischen den Spannungen ist die Ausgangsspannung der Siebschaltung das $1/\sqrt{2}$-Fache (etwa 0,707 ≙ 3 dB) der Eingangsspannung. Dies entspricht auch der halben Leistung am Ausgang.

Setzt man den Blindwiderstand des Kondensators bzw. den Blindwiderstand der Spule gleich dem Wirkwiderstand, so erhält man die Grenzfrequenz der Schaltung.

Beispiel 1: Eingangsspannung berechnen

An einem Hochpass wird eine Ausgangsspannung $U_2 = 2$ V gemessen. Welche Spannung U_1 liegt am Eingang an, wenn die Schaltung bei der Grenzfrequenz f_c betrieben wird?

Lösung:

$U_2 = \frac{1}{\sqrt{2}} \cdot U_1 \Rightarrow U_1 = \sqrt{2} \cdot U_2 = 1{,}41 \cdot 2\ \text{V} = \mathbf{2{,}82\ V}$

Beispiel 2: Grenzfrequenz RC-Hochpass berechnen

Wie groß ist die Grenzfrequenz eines RC-Hochpasses aus $R = 4{,}7\ \text{k}\Omega$ und $C = 27$ nF?

Lösung:

$f_c = \frac{1}{2\pi R \cdot C} = \frac{1}{2\pi \cdot 4{,}7\ \text{k}\Omega \cdot 27\ \text{nF}} = \mathbf{1254\ Hz}$

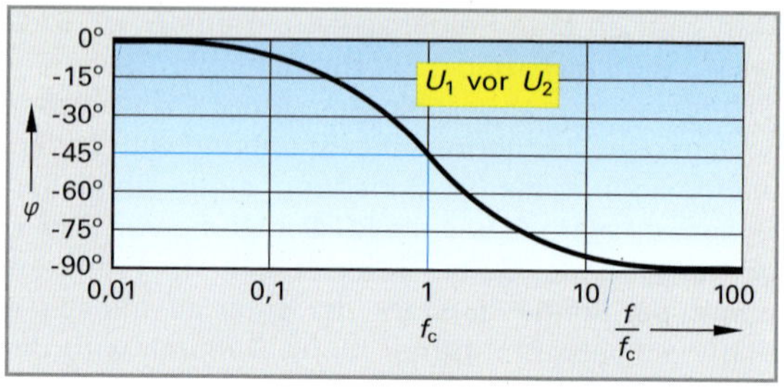

Bild 1: Phasenverschiebungswinkel zwischen U_2 und U_1 beim RC-Tiefpass und RL-Tiefpass

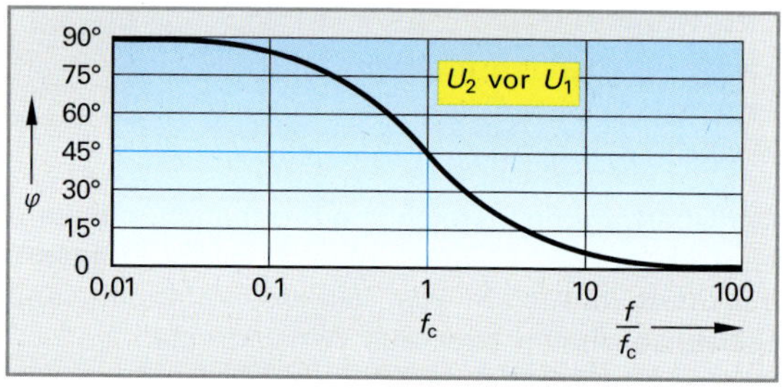

Bild 2: Phasenverschiebungswinkel zwischen U_2 und U_1 beim RC-Hochpass und RL-Hochpass

Bei Grenzfrequenz $f = f_c$:

$$X = R \qquad U_2 = \frac{1}{\sqrt{2}} \cdot U_1$$

$$\frac{1}{2 \cdot \pi \cdot f_c \cdot C} = R \quad \Rightarrow \quad f_c = \frac{1}{2 \cdot \pi \cdot R \cdot C}$$

$$2 \cdot \pi \cdot f_c \cdot L = R \quad \Rightarrow \quad f_c = \frac{R}{2 \cdot \pi \cdot L}$$

$$\varphi = \arctan \frac{X}{R} \qquad \varphi = \arctan \frac{U_2}{U_w}$$

X	Blindwiderstand;	f_c	Grenzfrequenz
R	Wirkwiderstand;	C	Kapazität
U_2	Ausgangsspannung;	L	Induktivität
U_1	Eingangsspannung;		
φ	Phasenverschiebungswinkel		

Index c von cut off = Abschneiden

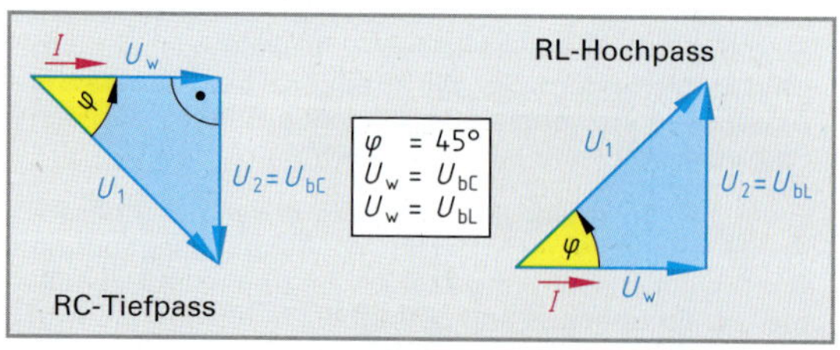

Bild 3: Zeigerbilder bei Grenzfrequenz

Versuch 1: Schließen Sie eine RC-Siebschaltung aus zwei RC-Gliedern mit $R_1 = 10\ k\Omega$, $C_1 = 100\ nF$, $R_2 = 1\ k\Omega$ und $C_2 = 10\ nF$ an einen Sinusgenerator an **(Bild 1)**. Messen Sie bei verschiedenen Frequenzen mit einem hochohmigen elektronischen Spannungsmesser die Ausgangsspannung.

Ergebnis: Die Ausgangsspannung ist bei niedrigen und bei hohen Frequenzen klein und erreicht im mittleren Frequenzbereich fast die Höhe der Eingangsspannung.

Da der Hochpass mit C_1 und R_1 die tiefen Frequenzen und der Tiefpass mit R_2 und C_2 die hohen Frequenzen unterdrückt, entsteht ein *Bandpass*.

Ein Bandpass lässt einen bestimmten Frequenzbereich durch.

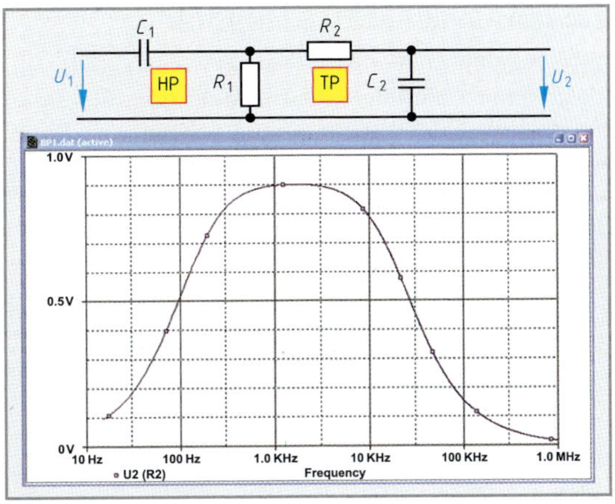

Bild 1: RC-Bandpass

RC-Bandsperre

Die Siebschaltung **Bild 2** besteht aus einer Parallelschaltung R_1C_1 und einer Reihenschaltung R_2C_2. Bei niedrigen Frequenzen ist der Widerstandswert von R_2 vernachlässigbar klein gegenüber dem Blindwiderstand X_{C2} von C_2. Der Blindwiderstand von C_1 ist dann vernachlässigbar, da er bei niedrigen Frequenzen groß gegenüber dem parallel geschalteten Widerstand R_1 ist. Deshalb wirkt bei tiefen Frequenzen ein Tiefpass aus R_1 und C_2. Bei hohen Frequenzen haben R_1 und C_2 keinen Einfluss mehr auf die Spannungsteilung. Deshalb wirkt bei hohen Frequenzen ein Hochpass aus C_1 und R_2. Im mittleren Frequenzbereich wird die Ausgangsspannung hauptsächlich durch das Verhältnis von R_1 zu R_2 bestimmt.

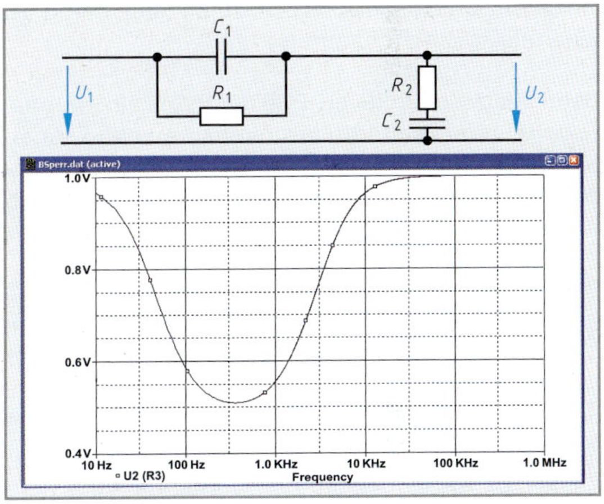

Bild 2: RC-Bandsperre

Kerbfilter

Ein Kerbfilter (Notch-Filter) sperrt nur einen kleinen Frequenzbereich in einem Frequenzband. Die Siebschaltung wird auch als Doppel-T-Filterschaltung bezeichnet (**Bild 3**). Kerbfilter werden zur Beseitigung von schmalbandigen Störungen, wie z. B. in Musik oder bei der Datenübertragung der Powerline-Technik zum Ausblenden von Störfrequenzen verwendet.

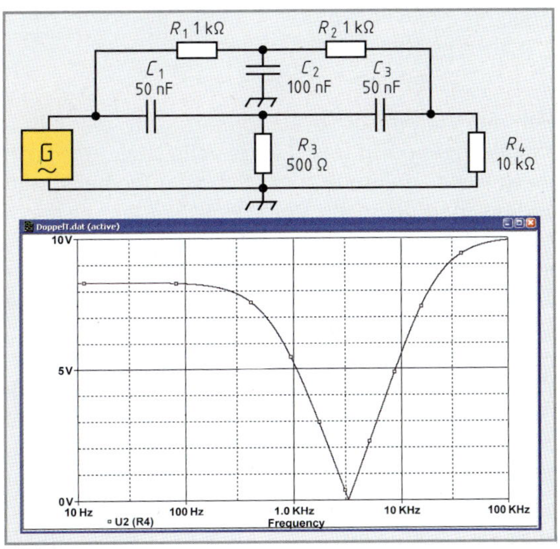

Bild 3: Kerbfilter

Wiederholung und Vertiefung

1. **Wozu werden Siebschaltungen benutzt?**
2. **Welche Arten von Siebschaltungen verwendet man?**
3. **Warum sinkt bei einem RC-Tiefpass die Ausgangsspannung mit steigender Frequenz?**
4. **Welche Frequenz bezeichnet man als Grenzfrequenz einer RC-Siebschaltung oder RL-Siebschaltung?**
5. **Woraus besteht ein RC-Bandpass?**
6. **Welche Spannungsverhältnisse U_2/U_1 erhält man beim RC-Bandpass für die Frequenzen f_{ct} und f_{ch}?**
7. **Woraus besteht eine RC-Bandsperre?**

2.2.7 Mechanische Bandfilter

Bei hohen Frequenzen verwendet man anstelle rein elektrischer Bandfilter oft Anordnungen, die einen mechanischen Schwingungsteil enthalten. Dabei wird das zu übertragende elektrische Signal in ein Ultraschallsignal umgesetzt, mechanisch gefiltert und wieder in ein elektrisches Signal umgesetzt **(Bild 1)**.

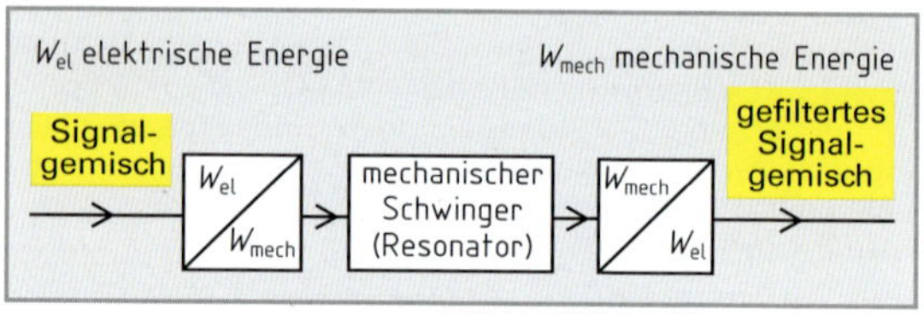

Bild 1: Prinzip der mechanischen Bandfilter

Für die Umsetzer werden der piezoelektrische oder der magnetostriktive Effekt ausgenützt.

Beim piezoelektrischen Effekt führen ein *elektrisches* Wechselfeld zu einer mechanischen Schwingung und eine mechanische Schwingung zu einem elektrischen Wechselfeld und damit zu einer elektrischen Spannung.

Beim magnetostriktiven Effekt führen ein *magnetisches* Wechselfeld zu einer mechanischen Schwingung und eine mechanische Schwingung zu einem magnetischen Wechselfeld und damit auch wieder zu einer elektrischen Spannung.

Beim mechanischen Schwingungsteil der Länge l erfolgt Resonanz bei der halben Wellenlänge $\lambda/2 = l$. Die Ausbreitungsgeschwindigkeit c der Ultraschallwelle beträgt in den für mechanische Filter geeigneten Materialien etwa 5 000 m/s. Bei der Frequenz $f = 5$ MHz beträgt dann wegen $c = f \cdot \lambda$ die Länge des Schwingungsteils nur 0,5 mm.

Mechanische Bandfilter haben für hohe Frequenzen kleine Abmessungen.

Bei den *keramischen Bandfiltern* tritt die Ultraschallschwingung als Längswelle (wie in Luft) im ganzen Volumen des Schwingungsteils auf, sodass man diese als *Volumenschwinger* bezeichnet. Bei den *Oberflächenwellenfiltern* (OFW-Filter) treten Querwellen (wie Wasserwellen) nur an der Oberfläche des Schwingungsteils auf **(Bild 2)**. Die Oberflächenwellen werden bei den OFW-Filtern meist durch streifenförmige Leiter auf einem piezoelektrischen Substrat[1] hervorgerufen **(Bild 3)**. Der Abstand benachbarter Leiterstreifen entspricht dabei der halben Wellenlänge der Ultraschallschwingung. Ein vollständiges OFW-Filter besteht aus zwei derartigen Umsetzern auf demselben Substrat. Der eingangsseitige Umsetzer eines OFW-Filter kann vom ausgangsseitigen verschieden sein.

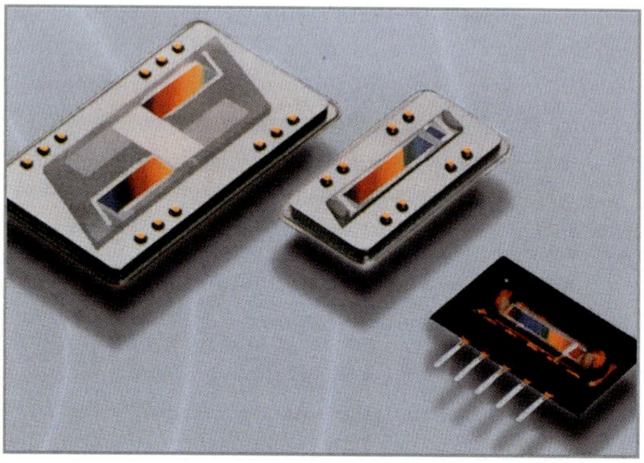

Bild 2: Taktgeneratoren mit OFW-Resonatoren

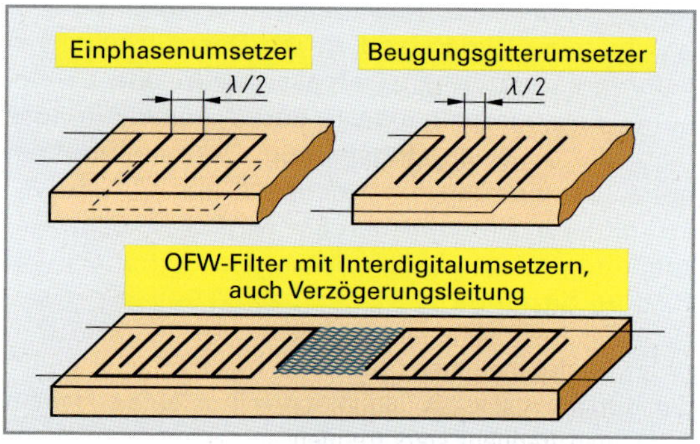

Bild 3: Arten von Umsetzern für OFW-Filter

Beim *Interdigitalumsetzer*[2] überlagern sich die Ultraschallschwingungen der Fingerpaare, sodass durch geeignete Abmessungen die Übertragungskurve des Bandfilters beeinflusst werden kann. Bei den OFW-Filtern können auch nicht angeschlossene Streifen auftreten, die ähnlich wie die Direktoren von Antennen als Resonatoren wirken (Bild 3).

Die Übertragungkurve von OFW-Filtern wird durch die Formgebung der Umsetzer bestimmt.

[1] lat. substratum = Unterlage
[2] lat. inter = zwischen, lat. digitus = Finger

2.3 Schwingkreise

2.3.1 Reihenschwingkreis

Der Reihenschwingkreis besteht aus der Reihenschaltung von Spule und Kondensator. Die Verluste von Spule und Kondensator werden als Reihenwiderstand R dargestellt **(Bild 1)**. Durch die Schaltelemente fließt derselbe Strom. Die Spannung am Verlustwiderstand ist mit dem Strom in Phase. Die Spannung am Kondensator eilt dem Strom um 90° nach, die Spannung an der Spule dem Strom um 90° vor. Beide Spannungen sind gegeneinander gerichtet (um 180° phasenverschoben). Man kann daher ihre Zahlenwerte voneinander abziehen. Die geometrische Addition der Teilspannungen ergibt die Gesamtspannung. Dem Zeigerbild der Spannungen entspricht das Diagramm der Widerstände (Bild 1).

Beispiel 1: Reihenschwingkreis

Bei einem Reihenschwingkreis wird an der Spule die Spannung $U_{bL} = 16$ V, an dem Wirkwiderstand die Spannung $U_w = 2$ V und an dem Kondensator die Spannung $U_{bC} = 12$ V gemessen. Wie groß ist die Gesamtspannung?

Lösung:

$$U = \sqrt{U_w^2 + (U_{bL} - U_{bC})^2}$$

$$= \sqrt{2^2 + (16 - 12)^2}\ \text{V} \quad = \sqrt{20}\ \text{V} = \mathbf{4{,}47\ V}$$

Versuch 1: Schalten Sie einen Reihenschwingkreis aus $L = 250$ mH, $C = 4{,}7$ nF und $R = 1$ kΩ an einen Sinusgenerator mit niedrigem Innenwiderstand. Messen Sie die Einzelspannungen bei verschiedenen Frequenzen.

Ergebnis: Die Spannungen sind in der Nähe der Resonanzfrequenz stark frequenzabhängig **(Bild 2)**.

- Resonanzfrequenz der Schaltung f_r
- Eigenfrequenz vom Generator f_0

Die Teilspannungen des Reihenschwingkreises können bei Resonanz erheblich größer als die Generatorspannung (Spannungsresonanz) sein.

Die Spannungen an der Spule und am Kondensator sind bei der Resonanzfrequenz gleich groß. Die Stromstärke hat bei der Resonanzfrequenz ihren Höchstwert.

Bei niedrigen Frequenzen liegt die gesamte Spannung am Kondensator. Bei sehr hohen Frequenzen ist die Spannung am Kondensator null, die gesamte Spannung liegt an der Spule. Der Höchstwert der Kondensatorspannung tritt etwas unterhalb, der Höchstwert der Spulenspannung etwas oberhalb der Resonanzfrequenz auf. Die Verschiebung des Höchstwertes nach niedrigeren bzw. höheren Frequenzen ist umso größer, je kleiner die Güte (Abschnitt 2.3.3) des Schwingkreises ist.

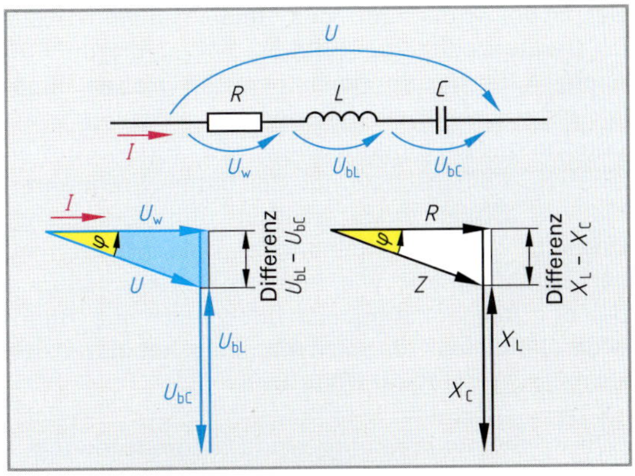

Bild 1: Reihenschwingkreis mit Zeigerbild und Widerstandsdiagramm

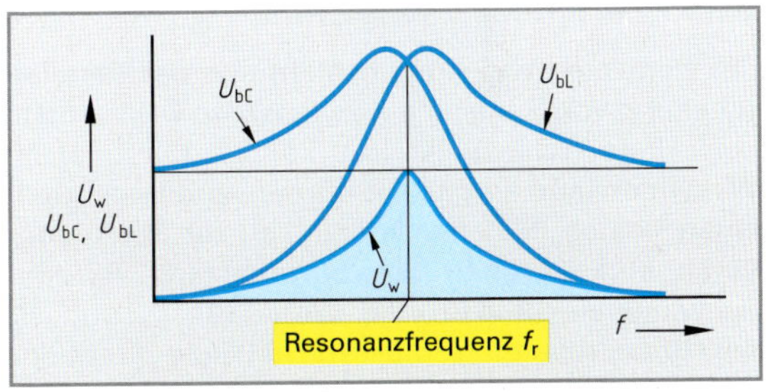

Bild 2: Spannungen am Reihenschwingkreis in Abhängigkeit von der Frequenz

$$U = \sqrt{U_w^2 + (U_{bL} - U_{bC})^2}$$

$$Z = \sqrt{R^2 + (X_L - X_C)^2}$$

$$\varphi = \arctan \frac{X_L - X_C}{R}$$

U	Gesamtspannung;	R	Wirkwiderstand, Verlustwiderstand;
U_w	Wirkspannung;		
U_{bL}, U_{bC}	Blindspannungen;	X_L, X_C	Blindwiderstände;
		φ	Phasenverschiebungswinkel
Z	Scheinwiderstand;		

Der Scheinwiderstand des Reihenschwingkreises ist frequenzabhängig **(Bild 1)**. Bei niedrigen Frequenzen hat der Kondensator einen großen Blindwiderstand. Deshalb hat der Reihenschwingkreis unterhalb der Eigenfrequenz die Eigenschaften einer RC-Reihenschaltung. Bei hohen Frequenzen hat die Spule einen großen Blindwiderstand. Deshalb wirkt der Reihenschwingkreis oberhalb der Eigenfrequenz wie eine RL-Reihenschaltung. Bei der Resonanzfrequenz heben sich die Blindwiderstände auf, der Schwingkreis hat dann den kleinsten Widerstand *(Saugkreis)*.

Der Scheinwiderstand eines Reihenschwingkreises ist im Resonanzfall nur so groß wie sein Verlustwiderstand R_v.

2.3.2 Parallelschwingkreis

Der Parallelschwingkreis besteht aus der Parallelschaltung von Spule und Kondensator. Die Verluste eines Parallelschwingkreises können durch einen Wirkwiderstand dargestellt werden, und zwar durch einen kleinen Reihenwiderstand R_v zur Spule oder durch einen großen Parallelwiderstand R_p zum Schwingkreis **(Bild 2)**. Die Werte für L_p und R_p der Ersatzschaltung müssen für jede Frequenz neu ermittelt werden. Bei niedrigen Frequenzen wird der Wert für L_p in der Ersatzschaltung sehr groß. Siehe auch Tabellenbuch Informations- und Systemtechnik, Netzwerkumwandlung. Verwendet man die Ersatzschaltung mit dem Parallelwiderstand R_p, so liegt an den Schaltelementen des Parallelschwingkreises die gleiche Spannung. Der Strom durch die Spule eilt dieser Spannung um 90° nach **(Bild 3)**, der Strom durch den Kondensator um 90° voraus. Beide Ströme sind also gegenphasig. Der Strom durch den Widerstand ist mit der angelegten Spannung in Phase.

Die Ströme durch den Parallelschwingkreis sind in der Nähe der Resonanzfrequenz stark frequenzabhängig.

Unterhalb der Resonanzfrequenz überwiegt der Strom durch die Spule, oberhalb der Resonanzfrequenz ist der Strom durch den Kondensator größer. Unterhalb der Resonanzfrequenz hat der Parallelschwingkreis die Eigenschaften einer Parallelschaltung aus einem Wirkwiderstand und einer Spule. Oberhalb der Resonanzfrequenz hat er die Eigenschaften einer Parallelschaltung aus einem Wirkwiderstand und einem Kondensator **(Bild 1, folgende Seite)**. Bei Resonanz sind die Ströme durch Spule und Kondensator gleich groß.

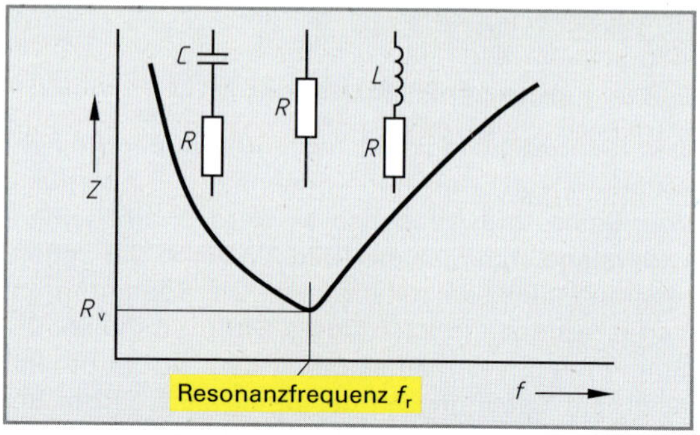

Bild 1: Scheinwiderstand *Z* des Reihenschwingkreises in Abhängigkeit von der Frequenz

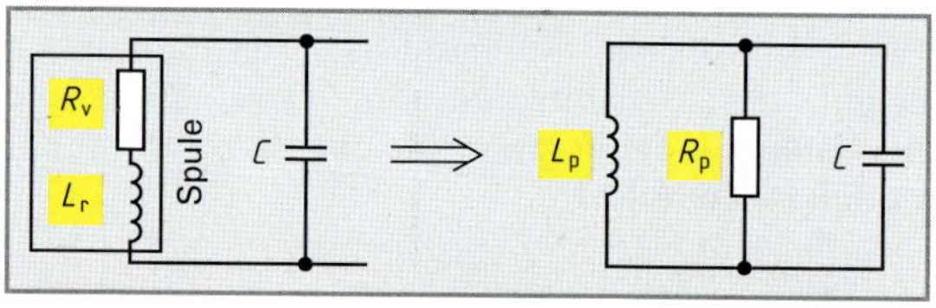

Bild 2: Ersatzschaltung des Parallelschwingkreises

$$I = \sqrt{I_w^2 + (I_{bC} - I_{bL})^2}$$

$$Y = \sqrt{G^2 + (B_C - B_L)^2}$$

$$\varphi = \arctan \frac{B_C - B_L}{G}$$

I	Gesamtstrom
I_w	Wirkstrom
I_{bC}, I_{bL}	Blindströme
Y	Scheinleitwert
G	Wirkleitwert, Verlustleitwert
B_L, B_C	Blindleitwerte
φ	Phasenverschiebungswinkel

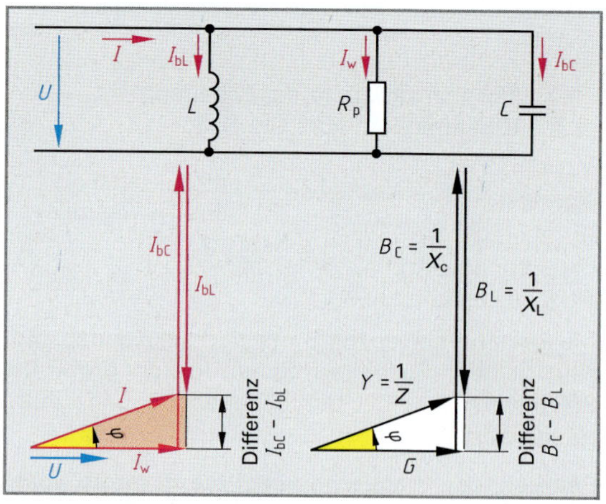

Bild 3: Zeigerbild der Ströme des Parallelschwingkreises und Leitwertdiagramm

Im Resonanzfall wird der Gesamtstrom nur durch den parallel liegenden Verlustwiderstand und die Spannung bestimmt. Der Scheinwiderstand des Parallelschwingkreises ist bei niedrigen und hohen Frequenzen klein. Bei Resonanz hat der Parallelschwingkreis den höchsten Widerstand *(Sperrkreis)*.

Der Widerstand des Parallelschwingkreises ist bei der Resonanzfrequenz gleich dem parallelen Verlustwiderstand R_p.

Beispiel 1: Parallelschwingkreisströme berechnen

Ein Parallelschwingkreis mit dem parallelen Wirkwiderstand R_p = 100 kΩ und den Blindwiderständen $X_L = X_C$ = 500 Ω liegt an einer Sinusspannung von 10 V. Wie groß sind der Gesamtstrom und die Teilströme bei Resonanz?

Lösung:

$$I = \frac{U}{R_p} = \frac{10\ \text{V}}{100\ \text{k}\Omega} = \mathbf{0{,}1\ mA}$$

$$I_{bC} = \frac{U}{X_C} = \frac{10\ \text{V}}{500\ \Omega} = \mathbf{20\ mA}\ ;\ I_{bL} = I_{bC} = \mathbf{20\ mA}$$

Die Blindströme im Parallelschwingkreis können bei Resonanz erheblich größer als der Gesamtstrom (Stromresonanz) sein.

2.3.3 Eigen- und Resonanzfrequenz

Beim Reihenschwingkreis und beim Parallelschwingkreis mit kleinen Verlusten ist bei Resonanz der induktive Widerstand gleich dem kapazitiven Widerstand.

Beispiel 2: Eigenfrequenz berechnen

Ein Kondensator von 15 nF ist mit einer Spule von 10 mH in Reihe geschaltet. Wie groß ist die Eigenfrequenz?

Lösung:

$$f_0 = \frac{1}{2\pi\sqrt{L \cdot C}} = \frac{1}{2\pi\sqrt{10\ \text{mH} \cdot 15\ \text{nF}}} = \mathbf{13\ kHz}$$

Beim Parallelschwingkreis mit größeren Verlusten der Spule ist bei Resonanz der Strom durch die Spule etwas größer als der Strom durch den Kondensator (**Bild 2**). Deshalb ist hier die Resonanzfrequenz etwas kleiner.

Schwingkreise wirken bei Resonanz als Wirkwiderstände.

Die Resonanzfrequenz von Parallelschwingkreisen ist also bei Verwendung von Spulen mit größeren Verlusten bei gleicher Induktivität etwas kleiner als die Resonanzfrequenz verlustarmer Schwingkreise.

ⓘ William Thomson (*1824 †1907)
1866 zu Lord Kelvin geadelt, formulierte die „Thomsonsche Schwingungsgleichung" [1], Erfinder der Thomson-Brücke.

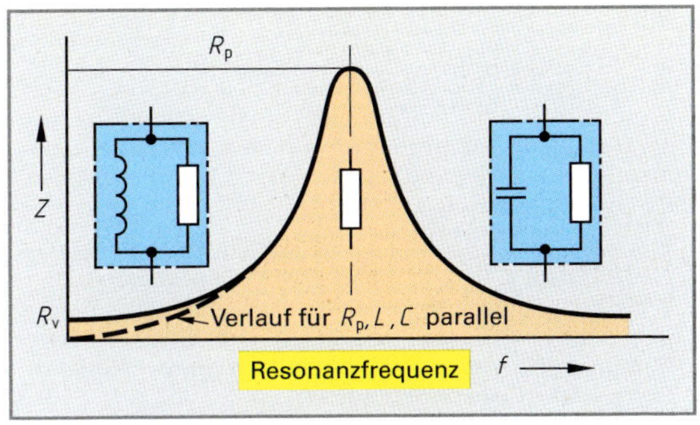

Bild 1: Scheinwiderstand *Z* des Parallelschwingkreises in Abhängigkeit von der Frequenz

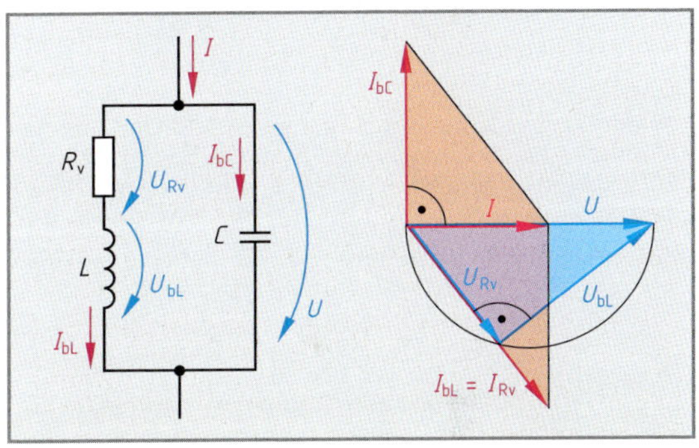

Bild 2: Parallelschwingkreis mit Verlusten bei Resonanz

Bei Resonanz:

$$Z_r = R_p \qquad R_p \approx \frac{L}{R_v \cdot C}$$

Bei $X_{Lr} = X_{Cr}$ und $R_v \ll X_{Cr}$:

$$\omega_r \cdot L = \frac{1}{\omega_R \cdot C} \qquad f_0 = \frac{1}{2 \cdot \pi \sqrt{L \cdot C}} \quad [1]$$

Beim Parallelschwingkreis mit Verlusten:

$$f_r = \frac{1}{2 \cdot \pi} \cdot \sqrt{\frac{1}{L \cdot C} - \frac{R_v^2}{L^2}}$$

Z_r	Resonanzwiderstand
R_p	paralleler Verlustwiderstand
L	Induktivität
R_v	Reihenverlustwiderstand der Spule
C	Kapazität
X_{Lr}, X_{Cr}	Blindwiderstände bei Resonanz
ω_r	Kreisfrequenz bei Resonanz
f_r	Resonanzfrequenz
f_0	Eigenfrequenz

2.3.4 Bandbreite und Güte

Unter der Bandbreite B versteht man die Differenz zwischen hoher und tiefer Grenzfrequenz $f_{ch} - f_{ct}$, wenn Spannung oder Stromstärke auf das 0,707-fache gesunken sind.

Versuch 1:

a) Schließen Sie einen Reihenschwingkreis aus $L = 250$ mH und $C = 4{,}7$ nF über einen Widerstand von 1000 Ω und einen Strommesser an einen Tonfrequenzgenerator an. Messen Sie den Strom in Abhängigkeit von der Frequenz.

b) Schließen Sie danach einen Parallelschwingkreis aus $L = 250$ mH, $C = 4{,}7$ nF und $R_p = 100$ kΩ über einen Widerstand von etwa 1 MΩ an einen Tonfrequenzgenerator an. Messen Sie mit einem elektronischen Spannungsmesser die Spannung am Schwingkreis in Abhängigkeit von der Frequenz.

***Ergebnis* a) und b):** Beide Versuche ergeben ähnliche Kurven **(Bild 1)**. Diese Kurven nennt man Resonanzkurven.

Versuch 2:

Wiederholen Sie Versuch 1. Vergrößern Sie jedoch die Verluste der Schwingkreise durch einen größeren Vorwiderstand zum Reihenschwingkreis und einen kleineren Parallelwiderstand zum Parallelschwingkreis.

Ergebnis: Die beiden Resonanzkurven haben einen flacheren Verlauf.

Bei großen Verlusten ist die Resonanzkurve eines Schwingkreises flacher als bei kleinen Verlusten.

Je größer die Bandbreite B eines Schwingkreises bei bestimmter Resonanzfrequenz ist, umso kleiner ist die *Güte* Q dieses Schwingkreises.

Beispiel 1: Güte beim Reihenschwingkreis

Die Resonanzkurve eines Reihenschwingkreises hat bei der Frequenz 470 kHz ihren Höchstwert. Bei den Frequenzen 467 kHz und 473 kHz ist die Resonanzkurve auf 70,7 % des Höchstwertes abgesunken. Wie groß ist die Güte des Kreises?

Lösung:

$$Q = \frac{f_r}{B} = \frac{470\ \text{kHz}}{473\ \text{kHz} - 467\ \text{kHz}} = \mathbf{78{,}3}$$

Die Güte hängt von den Verlustwiderständen ab. Die Güte eines Reihenschwingkreises ist umso größer, je größer der Blindwiderstand der Spule oder des Kondensators bei der Resonanzfrequenz im Verhältnis zu dem Verlustwiderstand der Spule ist.

Die Güte eines Parallelschwingkreises ist umso größer, je größer der Parallelwiderstand des Schwingkreises bei der Resonanzfrequenz ist.

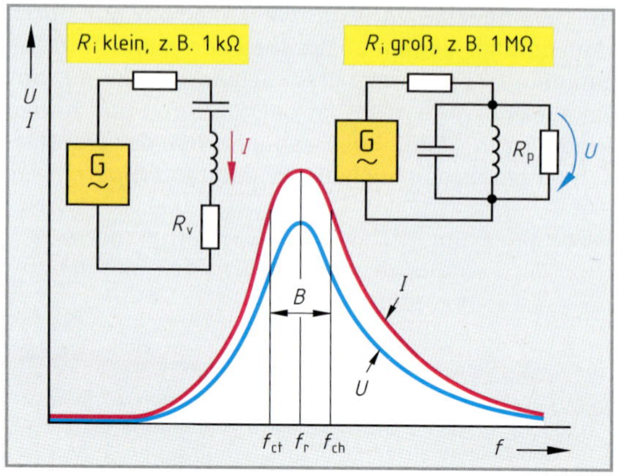

Bild 1: Resonanzkurven

Reihenschwingkreis	Parallelschwingkreis
$B = f_{ch} - f_{ct}$	$B = \frac{f_r}{Q}$
$Q = \frac{X_r}{R_v}$	$Q \approx \frac{R_p}{X_r}$

Q	Güte
f_{ch}	hohe Grenzfrequenz
f_{ct}	tiefe Grenzfrequenz
f_r	Resonanzfrequenz, Eigenfrequenz (bisher f_0)
B	Bandbreite (bisher Δf)
X_r	Blindwiderstand von Spule oder Kondensator bei Resonanz (bisher X_0)
R_v	Verlustwiderstand der Spule
R_p	Parallelwiderstand des Schwingkreises

Wiederholung und Vertiefung

1. **Beschreiben Sie den Schwingungsvorgang in einem Schwingkreis.**
2. **Welcher Zusammenhang besteht zwischen der Resonanzfrequenz, der Induktivität und der Kapazität eines Schwingkreises?**
3. **Wodurch werden die Verluste eines Reihenschwingkreises dargestellt?**
4. **Warum wirkt ein Schwingkreis bei Resonanz als Wirkwiderstand?**
5. **Wie groß ist der Resonanzwiderstand eines Reihenschwingkreises?**
6. **Wie können die Verluste eines Parallelschwingkreises dargestellt werden?**
7. **Warum wirkt ein Parallelschwingkreis oberhalb der Resonanzfrequenz wie die Parallelschaltung aus Widerstand und Kondensator?**
8. **Welcher Zusammenhang besteht zwischen der Güte eines Schwingkreises und dem parallelen Verlustwiderstand?**
9. **Welche Bandbreite hat ein Schwingkreis mit der Güte $Q = 100$ und der Resonanzfrequenz $f_r = 1$ MHz?**
   ***Lösung*: $B = 10$ kHz**

2.4 Leistungen bei Wechselstrom

2.4.1 Wirkleistung

Ein an Wechselspannung gelegter Wirkwiderstand, z. B. eine Halogenglühlampe, verursacht zwischen Strom und Spannung keine Phasenverschiebung.

Multipliziert man die zusammengehörigen Augenblickswerte von Wechselstrom *i* und Wechselspannung *u*, so erhält man die Augenblickswerte der Leistung *p* **(Bild 1)**. Da Spannung und Stromstärke in jedem Augenblick gleichzeitig positiv oder gleichzeitig negativ sind, sind die Augenblickswerte *p* nur positiv. Der Wirkwiderstand, z. B. eine Halogenglühlampe, nimmt Leistung vom Spannungserzeuger auf.

Die Leistung hat die zweifache Frequenz der Spannung. Ihr Maximalwert ist $\hat{p} = \hat{u} \cdot \hat{i}$. Die Fläche unter der Leistungskurve entspricht der verrichteten Arbeit. Verwandelt man diese Fläche in ein flächengleiches Rechteck, so entspricht der Höhe des Rechtecks die Leistung, die der Wirkwiderstand bei einem Gleichstrom aufnehmen würde, der dem Effektivwert des Wechselstromes entspricht. Man nennt diesen Mittelwert der Leistung *Wirkleistung*. Sie ist gleich der Hälfte des Maximalwertes der pulsierenden Leistung. Die Einheit der Wirkleistung ist das Watt (W).

Wirkwiderstände nehmen nur Wirkleistung auf.

Beispiel 1: Wirkleistung berechnen

Ein Lötkolben nimmt an einer Spannung von 230 V eine Stromstärke von 0,22 A auf. Wie groß ist die Wirkleistung?

Lösung:

$P = U \cdot I = 230 \text{ V} \cdot 0{,}22 \text{ A} = \mathbf{50{,}6 \text{ W}}$

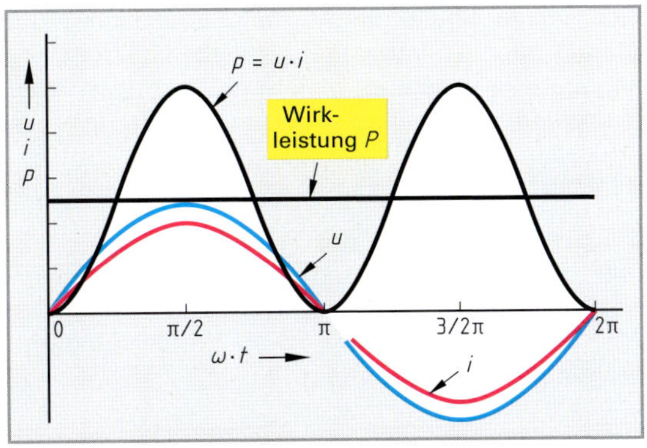

Bild 1: Leistungskurve bei Phasengleichheit von Strom und Spannung

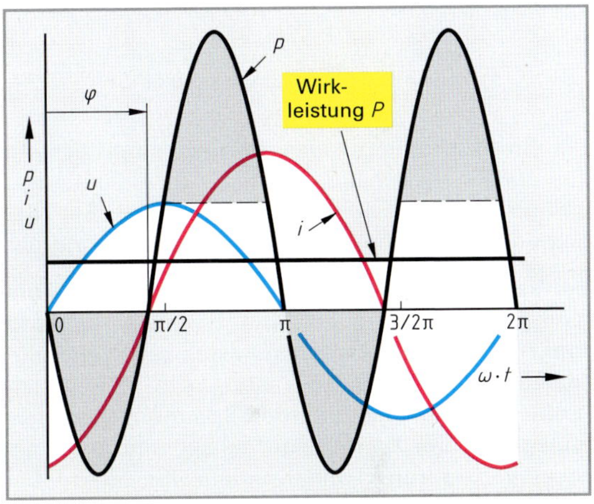

Bild 2: Wechselstromleistung bei einer Phasenverschiebung zwischen Strom und Spannung

$$P = \frac{\hat{u} \cdot \hat{i}}{2} = \frac{U \cdot \sqrt{2} \cdot I \cdot \sqrt{2}}{2} = U \cdot I$$

Für Wirkwiderstände:

$$[P] = \text{V} \cdot \text{A} = \text{W} \qquad P = U \cdot I$$

U	Spannung;	P	Wirkleistung
I	Stromstärke		
$\hat{u}$	Maximalwert der Spannung		
$\hat{i}$	Maximalwert des Stromes		

2.4.2 Blindleistung, Scheinleistung

Die Ersatzschaltung einer Spule besteht aus einem Wirkwiderstand und einem induktiven Blindwiderstand. Der Wirkwiderstand nimmt Wirkleistung auf, der induktive Blindwiderstand *Blindleistung*. Durch die Wirkleistung (Verlustleistung) wird die Spule erwärmt.

Die Verlustleistung ist eine Wirkleistung und führt zur Erwärmung der Spule.

Die Blindleistung wird zum Aufbau des magnetischen Feldes benötigt. Beim Abbau des magnetischen Feldes wird die gleich große Leistung wieder an den Spannungserzeuger abgegeben. Die Spule selbst wirkt dann als Spannungserzeuger. Die Blindleistung bewegt sich also zwischen Verbraucher und Erzeuger hin und her.

Blindwiderstände erzeugen Blindleistung.

Die vom Verbraucher aufgenommene Leistung wird positiv gezählt, die abgegebene Leistung negativ **(Bild 2)**.

Eine ideale Spule nimmt nur Blindleistung auf **(Bild 1)**. Hierbei sind aufgenommene Leistung und abgegebene Leistung gleich groß, folgen aber nacheinander. Eine reale Spule nimmt dagegen Wirkleistung und Blindleistung auf und gibt die Blindleistung wieder ab.

Die *Scheinleistung* ist das Produkt aus Spannung und Stromstärke. Sie ist bei einer Phasenverschiebung zwischen Strom und Spannung bei $0° < \varphi < 90°$ stets größer als die Wirkleistung und größer als die Blindleistung.

Beispiel 1: Scheinleistung berechnen

Ein Verbraucher nimmt an einer Wechselspannung von 230 V eine Stromstärke von 16 A auf. Wie groß ist die Scheinleistung?

Lösung:

$S = U \cdot I = 230\ \text{V} \cdot 16\ \text{A} = 3680\ \text{VA} = \mathbf{3{,}68\ kVA}$

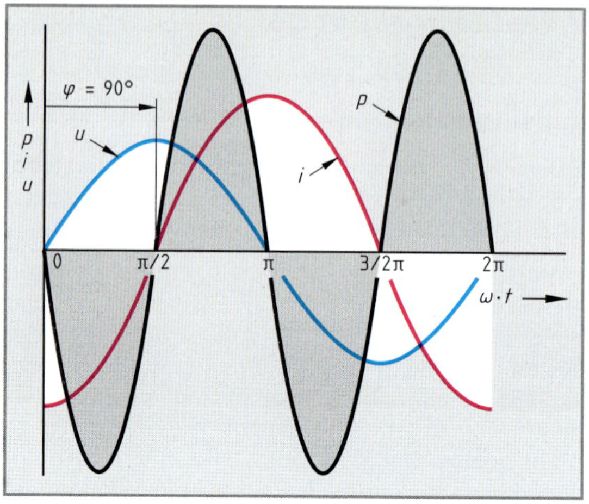

Bild 1: **Wechselstromleistung bei einer idealen Spule**

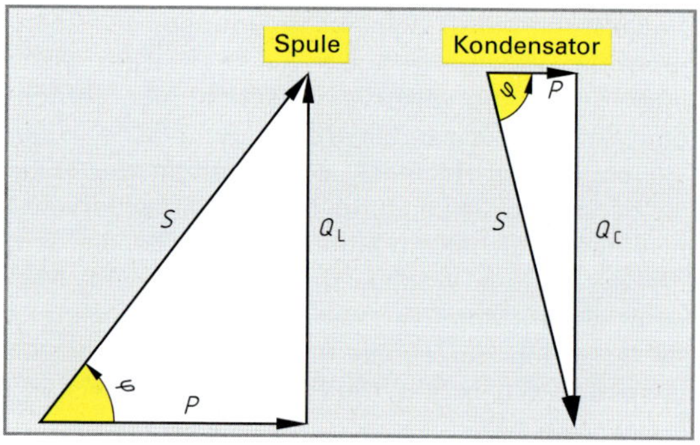

Bild 2: **Leistungsdreiecke bei Reihenschaltung von Wirkwiderstand und Blindwiderstand**

$[S] = \text{V} \cdot \text{A} = \text{VA}$

$$S = U \cdot I$$

S Scheinleistung; *U* Spannung; *I* Stromstärke

Die Ersatzschaltung eines Kondensators besteht aus der Parallelschaltung eines Wirkwiderstandes und eines kapazitiven Blindwiderstandes. Bei Niederfrequenz ist dabei der Wirkwiderstand sehr groß.

Der kapazitive Blindwiderstand des Kondensators nimmt Blindleistung auf. Die Blindleistung wird zum Aufbau des elektrischen Feldes benötigt. Beim Abbau des elektrischen Feldes wird die gleich große Leistung wieder an den Spannungserzeuger abgegeben. Der Kondensator selbst wirkt dann als Spannungserzeuger. Ein Kondensator nimmt bei Niederfrequenz fast nur Blindleistung auf.

Wird eine Reihenschaltung, bestehend aus einer Spule und einer Glühlampe, an einen Leistungsmesser angeschlossen und werden ferner mit einem Strommesser und einem Spannungsmesser die Stromstärke und die angelegte Spannung gemessen, dann ist die Anzeige des Leistungsmessers kleiner als das Produkt aus Spannung und Stromstärke. Der Leistungsmesser zeigt nur die Wirkleistung an.

Übliche Leistungsmesser zeigen nur Wirkleistung an.

2.4.3 Leistungsdreiecke

Bei den Leistungsdreiecken wird nachfolgend die Reihenschaltung von Wirkwiderstand und Blindwiderstand als Ersatzschaltung zugrunde gelegt **(Bild 2)**.

Die Leistungen sind den Quadraten der Spannungen proportional. Das Leistungsdreieck entspricht demnach den Zeigerbildern der Spannungen. Die Blindleistung *Q* eilt bei der Spule der Wirkleistung *P* um 90° vor, beim Kondensator um 90° nach. Die geometrische Addition von *P* und *Q* ergibt die Scheinleistung *S*.

Für die Scheinleistung wird meist die Einheit Voltampere (VA) und für die Blindleistung die Einheit Voltampere reaktiv[1] (var) benützt **(Tabelle 1, folgende Seite)**.

Die Scheinleistung ist beim Wirkwiderstand gleich der Wirkleistung, beim Blindwiderstand gleich der Blindleistung.

[1] lat. reactus = zurückgewirkt

Beispiel 1: Leistung, Phasenverschiebung

Ein Einphasenmotor nimmt an 230 V 14 A auf. Ein Leistungsmesser zeigt eine Leistung von 2,5 kW an. Berechnen Sie die Scheinleistung, den Phasenverschiebungswinkel und die Blindleistung.

Lösung:

$S = U \cdot I = 230\text{ V} \cdot 14\text{ A} = \mathbf{3{,}22\text{ kVA}}$

$P = S \cdot \cos\varphi$

$\Rightarrow \cos\varphi = \frac{P}{S} = \frac{2{,}5\text{ kW}}{3{,}22\text{ kVA}} = 0{,}77$

$\varphi = \mathbf{39°}$

$Q = S \cdot \sin\varphi = 3{,}22\text{ kVA} \cdot 0{,}63 = \mathbf{2{,}03\text{ kvar}}$

2.4.4 Leistungsfaktor

Der *Leistungsfaktor* λ (λ griech. Kleinbuchstabe Lambda) ist das Verhältnis von Wirkleistung zu Scheinleistung. Bei Strom mit Sinusform stimmt er mit dem $\cos\varphi$ überein. Der Leistungsfaktor wird auch als *Wirkfaktor* bezeichnet.

Beispiel 2: Leistungsfaktor berechnen

Ein Einphasen-Wechselstrommotor hat eine Wirkleistung von 1,5 kW und eine Scheinleistung von 1,7 kVA. Berechnen Sie den Leistungsfaktor.

Lösung:

$\cos\varphi = \frac{P}{S} = \frac{1{,}5\text{ kW}}{1{,}7\text{ kVA}} = \mathbf{0{,}88}$

Der Leistungsfaktor gibt an, wie viel von der Scheinleistung in Wirkleistung umgesetzt wird. Die Scheinleistung, und damit bei gleicher Spannung auch die Stromstärke, sind bei gleicher Wirkleistung umso kleiner, je größer der Leistungsfaktor ist. Generatoren, Transformatoren und Leitungen müssen für die erforderliche Stromstärke bemessen sein. Bei großen Stromstärken sind hohe Anlagekosten erforderlich. Deshalb strebt man eine möglichst kleine Stromstärke und damit einen möglichst großen Leistungsfaktor von fast $\cos\varphi = 1$ an.

Für Anlagen mit Oberschwingungen, also bei nicht sinusförmigen Strömen, weicht der Leistungsfaktor vom $\cos\varphi$ (Kosinus des Phasenverschiebungswinkels zwischen Strom und Spannung der Grundschwingung von z. B. 50 Hz) ab. Deshalb wird unterschieden zwischen dem Leistungsfaktor $\lambda = P/S$ und dem *Verschiebungsfaktor* $\cos\varphi$, praxisüblich Leistungsfaktor genannt.

Beispiel 3: Blindfaktor, Blindleistung

Der Einphasen-Wechselstrommotor einer Bohrmaschine nimmt eine Scheinleistung von 1,7 kVA bei einem Leistungsfaktor von 0,88 auf. Berechnen Sie a) den Blindfaktor, b) die aufgenommene Blindleistung.

Lösung:

a) $\sin\varphi = \sqrt{1 - \cos^2\varphi} = \sqrt{1 - 0{,}88^2} = \mathbf{0{,}475}$

b) $Q = S \cdot \sin\varphi = 1{,}7\text{ kVA} \cdot 0{,}475 = \mathbf{0{,}808\text{ kvar}}$

Tabelle 1: Leistungen bei Wechselstrom

Größe	Formelzeichen	Einheitenzeichen
Wirkleistung	P	W
Scheinleistung	S	VA
kapazitive Blindleistung	Q_C	var
induktive Blindleistung	Q_L	var

$$S = \sqrt{P^2 + Q^2} \qquad S = U \cdot I$$

$$P = S \cdot \cos\varphi \qquad P = U \cdot I \cdot \cos\varphi$$

$$Q = S \cdot \sin\varphi \qquad Q = U \cdot I \cdot \sin\varphi$$

$$\cos\varphi = \frac{P}{S} \qquad \sin\varphi = \frac{Q}{S} \qquad \lambda = \frac{P}{S}$$

$$\cos\varphi = \sqrt{1 - \sin^2\varphi} \qquad \sin\varphi = \sqrt{1 - \cos^2\varphi}$$

S Scheinleistung
P Wirkleistung
Q Blindleistung
U Spannung
I Stromstärke
φ Phasenverschiebungswinkel zwischen Strom und Spannung
$\cos\varphi$ praxisüblicher Leistungsfaktor (Wirkfaktor; ohne Oberschwingung)
$\sin\varphi$ Blindfaktor
λ Leistungsfaktor

Als *Blindfaktor* bezeichnet man das Verhältnis von Blindleistung zu Scheinleistung. Bei Sinusstrom stimmt der Blindfaktor mit dem $\sin\varphi$ überein.

Wiederholung und Vertiefung

1. **Wie berechnet man die Wirkleistung bei einem Wirkwiderstand?**
2. **Welche Leistung zeigen übliche Leistungsmesser an?**
3. **Wie wirken sich Verlustleistungen aus?**
4. **Wie wird die Scheinleistung berechnet?**
5. **Wie berechnet man die Wirkleistung aus der Scheinleistung?**
6. **Bei einem Einphasen-Wechselstrommotor ist der Leistungsfaktor 0,85 und die Scheinleistung 1,9 kVA. Wie groß sind Wirkleistung und Blindleistung?** ***Lösung:*** P **= 1,62 kW;** Q **= 1 kVA**
7. **Was versteht man unter dem Leistungsfaktor?**
8. **Warum strebt man einen Leistungsfaktor** $\cos\varphi = 0{,}9$ **bis** $\cos\varphi = 0{,}95$ **an?**
9. **Was versteht man unter dem Blindfaktor?**

2.4.5 Leistungen bei Dreiphasenwechselspannung

2.4.5.1 Entstehung des Drehstromes

Grundsätzlich besteht der Generator für Dreiphasenwechselspannung aus einem Ständer mit drei gleichen und gegeneinander um 120° versetzten Strängen (Wicklungssträngen, Spulen) und einem Läufer mit einem zweipoligen oder mehrpoligen Dauermagneten oder Elektromagneten **(Bild 1)**.

Infolge der Drehung des Läufers ändert sich in jedem Wicklungsstrang des Ständers periodisch der Magnetismus. Dadurch entsteht nach dem Induktionsgesetz in jedem Strang eine Wechselspannung (Einphasenwechselspannung). Da die drei Stränge des Generators räumlich um 120° gegeneinander versetzt sind, haben die Wechselspannungen gegeneinander eine Phasenverschiebung von je 120°.

Generatoren für Dreiphasenwechselspannung sind für hohe Umdrehungsfrequenz zweipolig (Bild 1) und für kleinere Umdrehungsfrequenz vielpolig, z. B. 16-polig **(Bild 2)**.

Man kann die Wechselspannungen der Dreiphasenwechselspannung einem Verbraucher mit drei Strängen zuführen, z. B. einer gleichartig gebauten zweiten Maschine **(Bild 3)**. Dazu sind eigentlich sechs Leiter erforderlich, nämlich für jeden Strang zwei Leiter. Verbindet man aber die Stränge so miteinander, dass die Rückleitung der Ströme von allen drei Strängen gemeinsam erfolgt, so sind nur vier Leiter erforderlich (Bild 3). Wir sagen, dass die drei Wechselspannungen miteinander „verkettet" sind.

Dreiphasenwechselspannung besteht aus drei Wechselspannungen, die miteinander verkettet sind und zwischen denen Phasenverschiebungen von je 120° bestehen.

Entsprechendes gilt für den Dreiphasenwechselstrom (Drehstrom).

Dreiphasenwechselspannung entsteht durch *Drehung* eines Magneten im Inneren eines Generators nach Bild 1. Dadurch ist in ihm ein magnetisches Drehfeld wirksam. Schließt man eine gleichartig gebaute Maschine an das Vierleiternetz an, so tritt wegen der Lenz'schen Regel eine Umkehrung des Effektes ein. Hier wird von den drei Wechselströmen ein magnetisches *Drehfeld* hervorgerufen.

ⓘ Erfindung des Dreiphasen-Drehstromsystems durch Friedrich August Haselwander (1859 bis 1932)

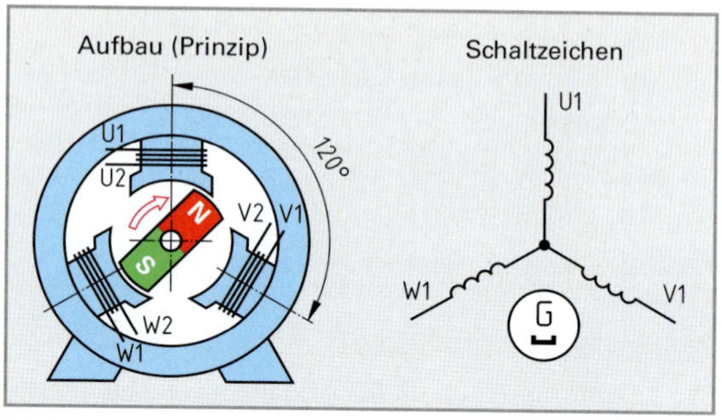

Bild 1: Generator für Dreiphasenwechselspannung

Bild 2: Generator für Dreiphasenwechselspannung mit 16 Polen

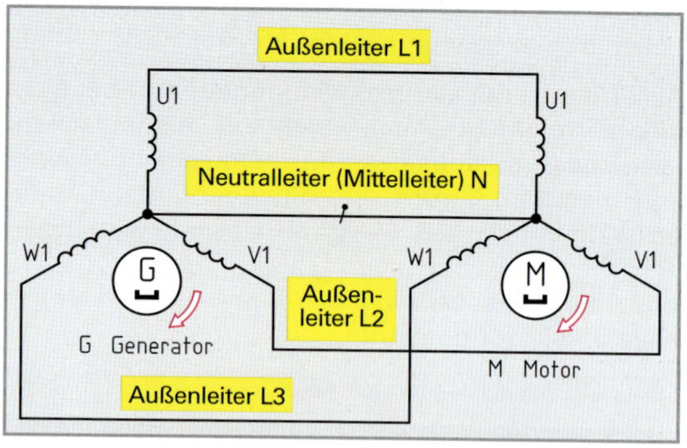

Bild 3: Vierleiternetz der Dreiphasenwechselspannung

Fließt Dreiphasenwechselstrom durch drei gegeneinander räumlich versetzte Stränge, so wird ein magnetisches Drehfeld erzeugt.

Deshalb wird der Dreiphasenwechselstrom meist *Drehstrom* genannt. Entsprechend spricht man von einem Drehstromnetz.

Bei Niederspannung (Spannungen bis AC 1000 V oder DC 1500 V) besteht ein Drehstromnetz aus den drei *Außenleitern* und dem *Neutralleiter*. Der Neutralleiter ist geerdet, sodass er in einer technisch einwandfreien Anlage gegen Erde keine oder nur eine kleine Spannung führt. Zwischen Außenleiter und Neutralleiter liegt die nach dem Zeigerbild benannte *Sternspannung*, zwischen den Außenleitern liegt die Dreieckspannung **(Bild 1)**.

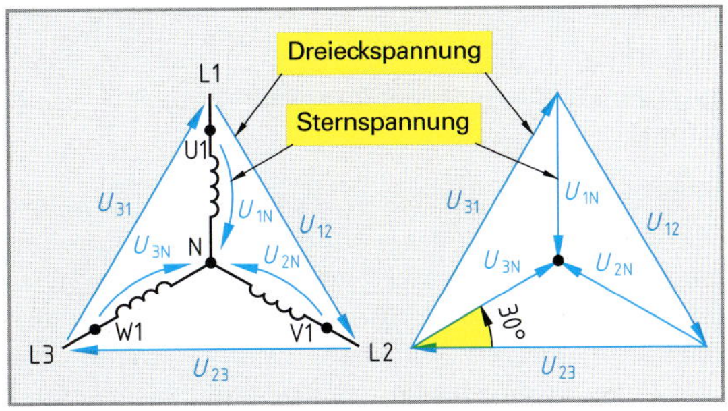

Bild 1: Spannungen am Vierleiternetz

Die drei Stränge von Drehstromerzeugern oder von Drehstromverbrauchern können auf zwei Arten miteinander verbunden werden. Werden die Enden miteinander verbunden, so liegt die nach einer symmetrischen Darstellung der Schaltung benannte *Sternschaltung* Y vor **(Bild 2)**. Verbindet man jeweils Strangende mit dem nächsten Stranganfang, so bekommt man die *Dreieckschaltung* Δ. Wir können erkennen, dass bei einem Generator in Dreieckschaltung kein Vierleiternetz angeschlossen werden kann.

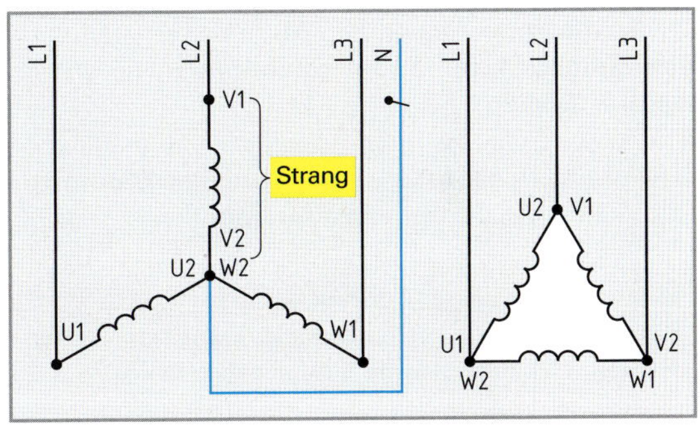

Bild 2: Sternschaltung und Dreieckschaltung

Bei Drehstrombetriebsmitteln, z. B. Drehstrommotoren, kann die erforderliche Schaltung (Y oder Δ) durch die Art der Verbindung mittels Brücken hergestellt werden **(Bild 3)**.

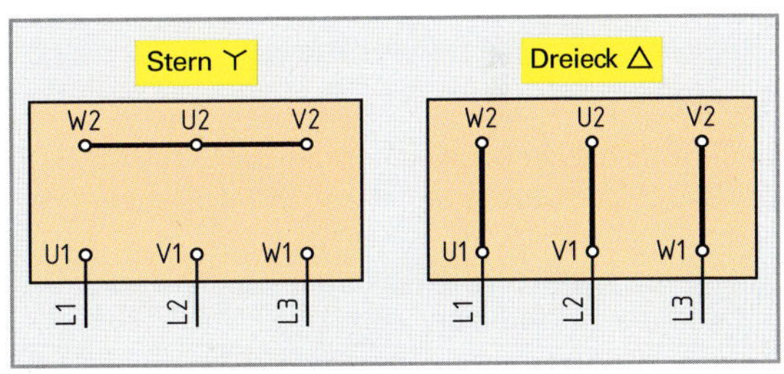

Bild 3: Klemmbrettanschlüsse

2.4.5.2 Sternschaltung

Ströme

An den Außenleiteranschlüssen der Sternschaltung tritt keine Stromverzweigung ein. Deshalb ist in den Strängen die Stromstärke so groß wie in der Leitung. Den im Strang fließenden Strom nennt man *Strangstrom*, und zwar unabhängig von der Schaltung.

Bei der Sternschaltung ist der Strangstrom so groß wie der Leiterstrom.

Liegt an einem Drehstromnetz eine symmetrische Last, also eine Last aus gleich großen Widerständen, z. B. in Sternschaltung, so fließen in den Leitern drei gleich große Ströme, jedoch mit Phasenverschiebung **(Bild 4)**. Dadurch ist bei Berücksichtigung des Vorzeichens die Summe der Stromstärken gleich null. Deshalb bleibt bei einer symmetrischen Belastung der Sternschaltung, z. B. mit Motoren, der Neutralleiter stromlos und kann entfallen.

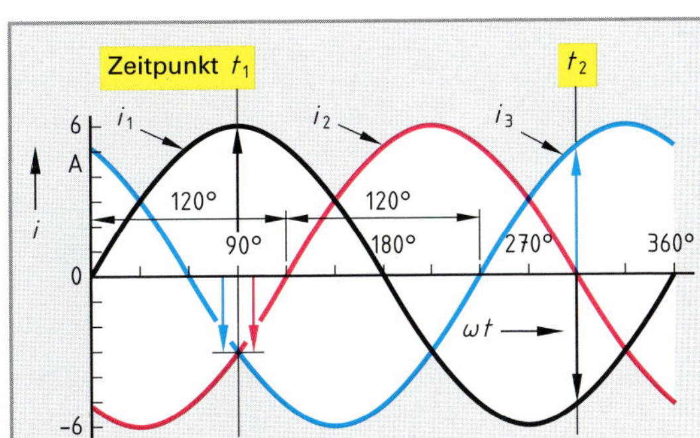

Bild 4: Linienbild der Wechselströme

Deutlicher als aus dem Linienbild ist aus dem Zeigerdiagramm **Bild 1** zu erkennen, dass bei einer symmetrischen Last die Stromsumme der Leiterströme null ist.

Spannungen

Die Sternschaltung kann ohne oder mit Neutralleiter vorkommen. Ist der Neutralleiter angeschlossen, so liegt an den Strängen des Verbrauchers unabhängig vom Widerstandswert immer die Sternspannung. Ist der Neutralleiter nicht angeschlossen, so liegt die Sternspannung nur bei einer symmetrischen Last an den Strängen, also dann, wenn alle Stränge gleich sind.

Die Spannung zwischen den Außenleitern kann aus dem Zeigerdiagramm der Spannungen berechnet werden **(Bild 2)**.

Bei der Sternschaltung ist die Leiterspannung das $\sqrt{3}$-Fache der Strangspannung.

Beispiel 1: Strangspannung berechnen

Ein Drehstrommotor ist an ein 400-V-Netz in Stern geschaltet. Wie groß ist seine Strangspannung U_{Str}?

Lösung:

$$U_{Str} = \frac{U}{\sqrt{3}} = \frac{400\ \text{V}}{\sqrt{3}} = \mathbf{230{,}9\ V}$$

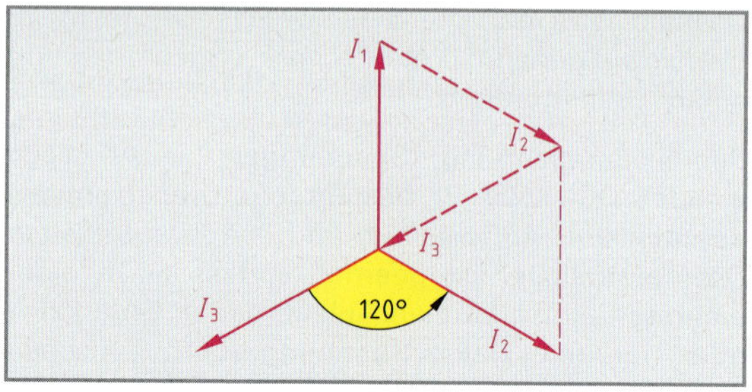

Bild 1: Sternschaltung, Zeigerbild der Ströme

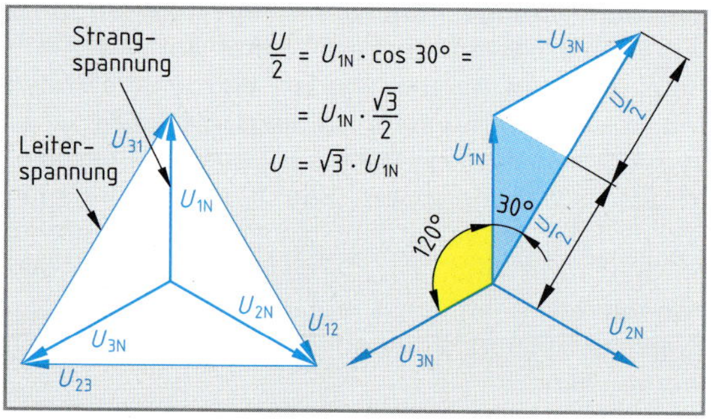

Bild 2: Spannungen bei der Sternschaltung

2.4.5.3 Dreieckschaltung

Spannungen

Anders als bei der Sternschaltung liegen die Stränge der Dreieckschaltung direkt an zwei Außenleitern.

Bei der Dreieckschaltung ist die Leiterspannung gleich der Strangspannung.

Ströme

Die Phasenverschiebungswinkel bei einer symmetrischen Schaltung sind auch in der Dreieckschaltung zwischen den drei Strömen in den drei Strängen jeweils 120°. Deshalb beträgt die Leiterstromstärke das $\sqrt{3}$-Fache der Strangstromstärke **(Bild 3)**.

Bei der Dreieckschaltung beträgt die Leiterstromstärke bei symmetrischer Belastung das $\sqrt{3}$-Fache der Strangstromstärke.

Sternschaltung und Dreieckschaltung verhalten sich bezüglich Spannungen und Strömen entgegengesetzt. Eine Leitergröße ist gleich der Stranggröße, die andere das $\sqrt{3}$-Fache der Stranggröße.

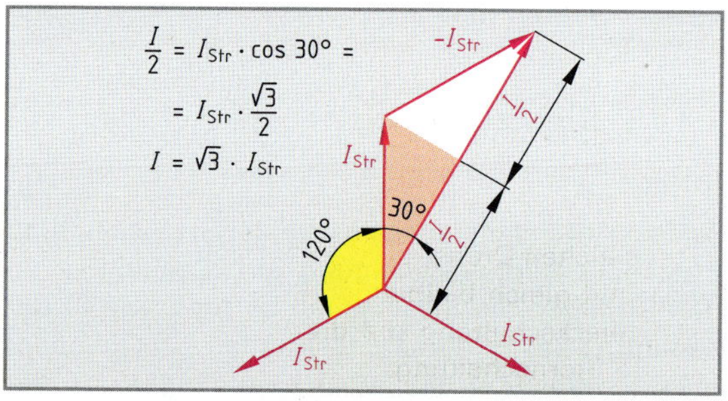

Bild 3: Leiterstromstärke und Strangstromstärke bei Dreieckschaltung

Bei Sternschaltung:

$$I = I_{Str} \qquad U = \sqrt{3} \cdot U_{Str}$$

Bei Dreieckschaltung:

$$U = U_{Str} \qquad I = \sqrt{3} \cdot I_{Str}$$

I Leiterstromstärke
I_{Str} Strangstromstärke
U Leiterspannung
U_{Str} Strangspannung

2.4.5.4 Ermittlung der Leistung

Die gesamte Scheinleistung ist die Summe der drei Strangleistungen **(Tabelle 1)**. In der Sternschaltung und in der Dreieckschaltung ist die Scheinleistung gleich zu berechnen. Für die Ermittlung der Scheinleistung genügt also in beiden Schaltungen die Messung der Leiterspannung und des Leiterstromes.

Beispiel 1: Leistungen berechnen

Drei Heizwiderstände mit je 40 Ω sind an ein Drehstromnetz von 400/230 V a) in Stern, b) in Dreieck geschaltet. Berechnen Sie die Leistungen und vergleichen Sie diese bei beiden Schaltungen.

Lösung:

a) Sternschaltung:

$$I = I_{Str} = \frac{U_{Str}}{R_{Str}} = \frac{230\text{ V}}{40\ \Omega} = 5{,}75\text{ A}$$

$$P_Y = \sqrt{3} \cdot U \cdot I \cdot \cos\varphi = \sqrt{3} \cdot 400\text{ V} \cdot 5{,}75\text{A} \cdot 1 \approx 4000\text{ W} = \mathbf{4\ kW}$$

b) Dreieckschaltung:

$$I_{Str} = \frac{U_{Str}}{R_{Str}} = \frac{400\text{V}}{40\ \Omega} = 10\text{ A}$$

$$I = I_{Str} \cdot \sqrt{3} = 10\text{ A} \cdot \sqrt{3} = 17{,}32\text{ A}$$

$$P_\Delta = \sqrt{3} \cdot U \cdot I \cdot \cos\varphi = \sqrt{3} \cdot 400\text{ V} \cdot 17{,}32\text{ A} \cdot 1 \approx 12000\text{ W} = \mathbf{12\ kW}$$

$$\frac{P_Y}{P_\Delta} = \frac{4\text{ kW}}{12\text{ kW}} = \frac{1}{3} = \mathbf{1:3}$$

Am gleichen Drehstromnetz nimmt ein Verbraucher mit gleich bleibenden Strangwiderständen in Dreieckschaltung die dreifache Leistung auf wie in Sternschaltung.

Dieser Satz gilt jedoch nicht für Motoren. Motoren nehmen aus dem Netz so viel Strom auf, dass sie die erforderliche Leistung abgeben können. Deshalb bleiben die Scheinwiderstände der Stränge nicht gleich. Sie können daher in der Sternschaltung überlastet werden, wenn sie für die Dreieckschaltung bemessen sind.

Bei unsymmetrischer Belastung ermittelt man die Strangleistung der drei Stränge getrennt und addiert dann gleichartige Leistungen zur Gesamtleistung. Beim Drehstrom-Vierleiternetz fließt bei unsymmetrischer Belastung im Neutralleiter Strom **(Bild 1)**. Die Stromstärke im Neutralleiter bestimmt man durch geometrische Addition der Leiterströme.

Tabelle 1: Scheinleistung bei Drehstrom

Lastart	Formel für Scheinleistung S
symmetrische Last	$S = 3 \cdot S_{Str} = 3 \cdot U_{Str} \cdot I_{Str}$
symmetrische Sternschaltung	$S = 3 \cdot I \cdot \frac{U}{\sqrt{3}} = \sqrt{3} \cdot U \cdot I$
symmetrische Dreieckschaltung	$S = 3 \cdot \frac{I}{\sqrt{3}} \cdot U = \sqrt{3} \cdot U \cdot I$

Im gleichen Netz:

$$S = \sqrt{3} \cdot U \cdot I \qquad P_\Delta = 3 \cdot P_Y$$

$$P = S \cdot \cos\varphi \qquad P = \sqrt{3} \cdot U \cdot I \cdot \cos\varphi$$

$$Q = S \cdot \sin\varphi \qquad Q = \sqrt{3} \cdot U \cdot I \cdot \sin\varphi$$

S Scheinleistung
U Leiterspannung
I Leiterstrom
P Wirkleistung
P_Δ Wirkleistung bei Dreieckschaltung
P_Y Wirkleistung bei Sternschaltung
φ Phasenverschiebungswinkel
Q Blindleistung

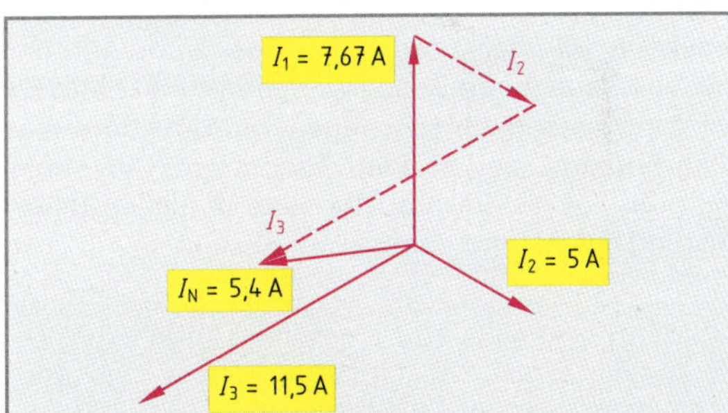

Bild 1: Ströme bei unsymmetrischer Belastung

Beispiel 2: Leiterströme berechnen

Ein Drehstrom-Vierleiternetz 400 V/230 V ist mit folgenden Verbrauchern belastet: Zwischen L1 und N liegt ein Heizwiderstand mit 30 Ω, zwischen L2 und N ein Heizgerät mit einer Stromaufnahme von 5 A und zwischen L3 und N ein Heizwiderstand von 20 Ω. Wie groß sind a) die Leiterströme, b) die Stromstärke I_N im Neutralleiter?

Lösung:

a) $I_1 = \frac{U}{R_1} = \frac{230\text{ V}}{30\ \Omega} = \mathbf{7{,}67\ A}$; $I_2 = \mathbf{5\ A}$

$I_3 = \frac{U}{R_3} = \frac{230\text{ V}}{20\ \Omega} = \mathbf{11{,}5\ A}$

b) $I_N = \mathbf{5{,}4\ A}$ (Bild 1)

2.4.6 Kompensation von Blindwiderständen

Induktivitäten und Kapazitäten sind Blindwiderstände, die sich elektrisch zueinander entgegengesetzt verhalten, z. B. in Bezug auf die Phasenverschiebung. Deshalb können oft unerwünschte Folgen eines dieser Blindwiderstände durch das Zuschalten des anderen Blindwiderstandes kompensiert (lat. compensare = ausgleichen) werden.

Induktivitäten werden durch Kapazitäten kompensiert, Kapazitäten durch Induktivitäten.

Die Blindleistung ist der Teil der Leistung, der im Gegensatz zur Wirkleistung zwischen Erzeuger und Last hin- und herschwingt und Verluste erzeugt **(Bild 1)**. Bei der induktiven Blindleistung nimmt der Verbraucher einen gegenüber der Spannung nacheilenden Strom auf. Die Aufnahme von Blindleistung erhöht die Scheinleistung und damit die Stromstärke in der Zuleitung. Für diese Beanspruchung der Leitung verlangen die EVU's Geld und schränken die Blindleistung je Teilnehmer ein. Durch Kompensation wird bei gleich bleibender Wirkleistung die Stromstärke in der Zuleitung herabgesetzt (Bild 1).

In der Energietechnik tritt auf der Verbraucherseite induktive Blindleistung auf. Diese kann auf der Erzeugerseite durch Synchrongeneratoren geliefert werden, wenn die Synchrongeneratoren übererregt sind. Entsprechend können übererregte Synchronmotoren auf der Verbraucherseite induktive Blindleistung liefern und damit kompensieren.

Durch Kompensation werden die Scheinleistung, der Phasenverschiebungswinkel und die Stromstärke in der Zuleitung verkleinert und der Leistungsfaktor vergrößert.

Bei kleineren Leistungen wird die induktive Blindleistung durch die kapazitive Blindleistung von Kondensatoren kompensiert. Die Kondensatoren werden bei der *Parallelkompensation* parallel zur Last, z. B. einer Gasentladungslampe mit Vorschaltgerät, angeschlossen **(Bild 2)**. Der Kondensator muss so bemessen sein, dass er die induktive Blindleistung zu einem großen Teil aufhebt **(Bild 3)**. Bei Leuchtstofflampen wird bei der *Reihenkompensation* ein Kondensator in Reihe zur Drosselspule geschaltet. Die Kapazität wird dabei so bemessen, dass die gesamte Schaltung kapazitive Blindleistung aufnimmt, sodass *Überkompensation* vorliegt. Die eigentliche Kompensation erfolgt dann durch das Zuschalten einer weiteren, nicht kompensierten Leuchtstofflampenschaltung.

Kompensiert werden Ströme
- **ohne** Oberschwingungen mit Kapazitäten,
- **mit** Oberschwingungen durch Leistungsfaktorkorrektur (PFC).

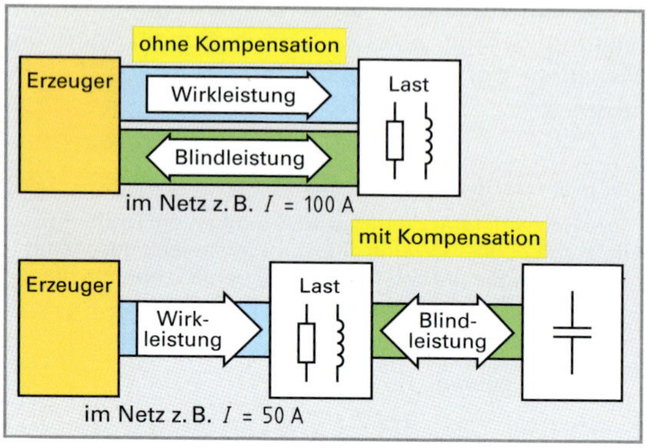

Bild 1: Kompensation der Blindleistung

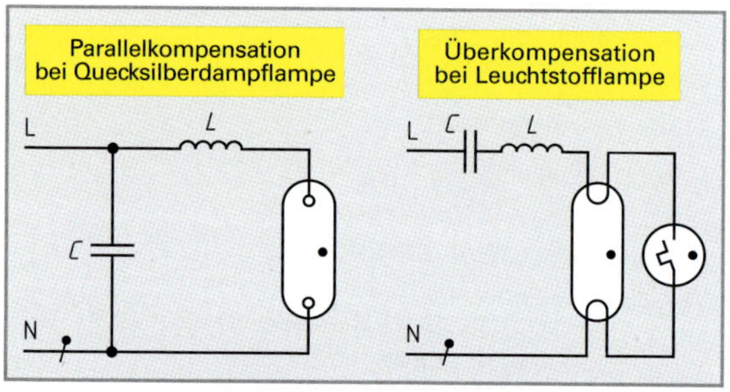

Bild 2: Kompensation der induktiven Blindleistung durch Parallelschaltung oder durch Reihenschaltung eines Kondensators

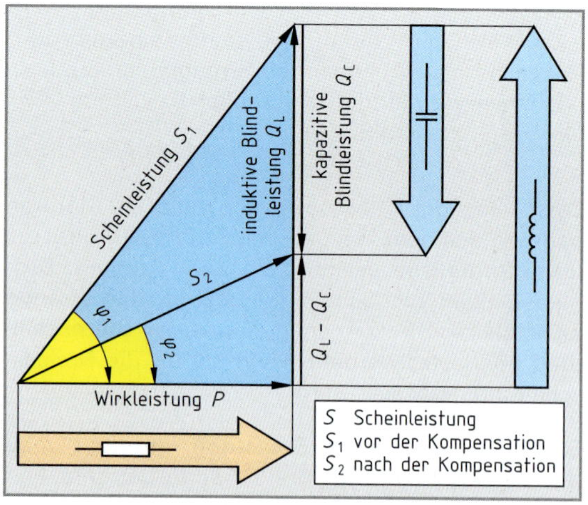

Bild 3: Leistungsdreieck bei Kompensation

In vielen Netzen sind Rundsteueranlagen mit Frequenzen von 175 Hz bis 2000 Hz in Betrieb, z. B. zum Steuern der Zweitarifzähler. Die Parallelkompensation zwischen Außenleiter und Neutralleiter ist in diesen Netzen wegen der Schwächung der tonfrequenten Signale durch die Kondensatoren bei Beleuchtungsanlagen mit einer Scheinleistung von 5 kVA oder mehr nur zulässig, wenn vor die Beleuchtungsanlage Bandsperren für die Signale der Rundsteuerung geschaltet werden.

Allgemeiner Gang der Berechnung:

1. Wirkleistung der Schaltung berechnen.
2. Aus der Blindleistung Q_c den Kompensationskondensator nach Bild 3, vorhergehende Seite, berechnen.
3. Bei Bedarf Kapazität des Kompensationskondensators berechnen.
4. Bei Dreiphasenwechselspannung drei Kondensatoren mit der Kapazität von je einem Drittel der berechneten Kapazitäten in Dreieck schalten.

Beispiel 1: Drehstrommotor kompensieren

Ein Drehstrommotor trägt die Angaben 50 Hz, 400 V, 22 A, $\cos\varphi = 0{,}7$. Er wird auf $\cos\varphi_2 = 0{,}9$ kompensiert. Wie groß sind a) die aus dem Netz entnommene Stromstärke nach der Kompensation, b) die gesamte Kapazität der drei in Dreieck zu schaltenden Kondensatoren, c) die Kapazität eines dieser Kondensatoren?

Lösung:

a) $P = \sqrt{3} \cdot U \cdot I \cdot \cos\varphi = \sqrt{3} \cdot 400\ \text{V} \cdot 22\ \text{A} \cdot 0{,}7 = 10{,}7\ \text{kW}$

$$S_2 = \frac{P}{\cos\varphi_2} = \frac{10{,}7\ \text{kW}}{0{,}9} = 11{,}89\ \text{kVA}$$

$$I = \frac{S_2}{\sqrt{3} \cdot U} = \frac{11{,}89\ \text{kVA}}{\sqrt{3} \cdot 400\ \text{V}} = \mathbf{17{,}2\ A}$$

b) $Q_C = P \cdot (\tan\varphi_1 - \tan\varphi_2)$

$$= 10{,}7\ \text{kW} \cdot (1{,}02 - 0{,}48) = 5{,}78\ \text{kvar}$$

$$C = \frac{Q_C}{\omega \cdot U_{bC}^2} = \frac{5{,}78\ \text{kvar}}{2 \cdot \pi \cdot 50\ \text{Hz} \cdot 400^2\ \text{V}^2} = \mathbf{115\ \mu F}$$

c) $C_1 = C_2 = C_3 = \frac{C}{3} = \frac{115\ \mu\text{F}}{3} = \mathbf{38\ \mu F}$

Kompensation von Schaltkapazitäten

In der Nachrichtentechnik setzen Schaltkapazitäten, z. B. eines Breitbandverstärkers, die Grenzfrequenz herunter, da sie zusammen mit den Wirkwiderständen Tiefpässe bilden **(Bild 1)**. Schaltet man in Reihe zum Widerstand eine Induktivität, so entsteht ein Reihenschwingkreis. Dadurch entsteht bei Resonanz eine Spannungserhöhung und die Grenzfrequenz wird erhöht. Allerdings werden die Spannungen mit darüber liegenden Frequenzen noch weniger übertragen.

Bei allen Frequenzen:

$$Q_1 = S_1 \cdot \sin\varphi_1 \qquad Q_2 = S_2 \cdot \sin\varphi_2$$

$$Q_C = Q_1 - Q_2 \qquad Q_C = P \cdot (\tan\varphi_1 - \tan\varphi_2)$$

$$C = \frac{Q_C}{\omega \cdot U_{bC}^2} \qquad C = \frac{I_{bC}^2}{\omega \cdot Q_C}$$

$$\omega = 2 \cdot \pi \cdot f \qquad \sin^2\varphi + \cos^2\varphi = 1$$

Bei 50 Hz:

$$C = 60\ \mu\text{F} \cdot \left(\frac{230\ \text{V}}{U_{bC}}\right)^2 \cdot \frac{Q_C}{\text{kvar}}$$

Q_1	Blindleistung vor der Kompensation
Q_2	Blindleistung nach der Kompensation
Q_C	Blindleistung des Kompensationskondensators
S_1	Scheinleistung vor der Kompensation
S_2	Scheinleistung nach der Kompensation
φ_1	Phasenverschiebung vor der Kompensation
φ_2	Phasenverschiebung nach der Kompensation
C	Kapazität des Kompensationskondensators
ω	Kreisfrequenz
f	Frequenz
U_{bC}	Kondensatorspannung
I_{bC}	Kondensatorstromstärke
P	Wirkleistung der Last

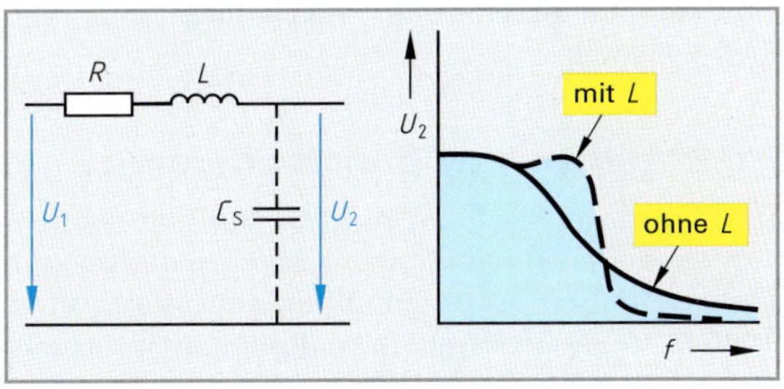

Bild 1: Kompensation von Schaltkapazitäten

Wiederholung und Vertiefung

1. **Was versteht man unter Dreiphasenwechselstrom?**
2. **Beschreiben Sie das Zustandekommen einer Sternschaltung.**
3. **Wie groß ist die Summe der Augenblickswerte der drei Ströme bei einer Sternschaltung mit gleich großen Widerständen?**
4. **Welche Spannungen treten in der Sternschaltung auf?**
5. **Drei gleich große Kompensationskondensatoren von je 10 kvar/400 V/50 Hz werden am 400-V-Netz in Sternschaltung angeschlossen. Wie groß ist jetzt die gesamte Blindleistung der Schaltung?**

2.5 Transformatoren

Transformatoren zum Übertragen von Signalen nennt man *Übertrager*. Transformatoren für Messzwecke nennt man Messwandler bzw. Stromwandler oder Spannungswandler.

2.5.1 Wirkungsweise und Begriffe

Zwei Spulen auf einem gemeinsamen Kern aus magnetischem Material (Eisenkern) bilden einen Transformator **(Bild 1)**. Von der *Eingangswicklung (Primärwicklung)* wird Wechselstrom und damit elektrische Energie aufgenommen. Diese Energie wird als magnetischer Wechselfluss an den Kern weitergegeben. Der Wechselfluss induziert in der *Ausgangswicklung (Sekundärwicklung)* die Spannung U_2. Wenn an der Ausgangswicklung ein Lastwiderstand angeschlossen ist, so fließt ein Ausgangsstrom, sodass die Energie an den Lastwiderstand R abgegeben wird (Bild 1).

Beim Transformator ist die Eingangswicklung mit der Ausgangswicklung über ein magnetisches Wechselfeld gekoppelt.

Unabhängig von den Begriffen Eingangswicklung und Ausgangswicklung nennt man die Wicklung mit der hohen Spannung auch Oberspannungswicklung und die mit der niedrigen Spannung Unterspannungswicklung, insbesondere in der Energietechnik.

2.5.2 Aufbau von Transformatoren

Die Bemessungsleistung von Transformatoren geht von etwa 1 mVA bei Miniaturtransformatoren zum Einbau in gedruckte Schaltungen bis zu etwa 1 000 MVA bei Großtransformatoren. Entsprechend verschiedenartig ist der Aufbau.

Der Kern von Transformatoren besteht aus isolierten Elektroblechen oder bei höheren Frequenzen aus Ferrit. Bei den Kernen aus Elektroblech unterscheidet man *Schichtkerne, Bandkerne* oder *Schnittbandkerne* **(Bild 2)**. Die Blechung des Kernes oder die Verwendung von Ferrit ist erforderlich, um die Wirbelströme und damit die Verluste möglichst klein zu halten.

Der Kern von Transformatoren soll magnetisch möglichst gut und elektrisch möglichst schlecht leiten.

ⓘ Selbst bei sorgfältigem Zusammenpressen der Kernbleche tritt wegen Magnetostriktion (Längenverkürzung im Magnetfeld) bei Betrieb mit 50 Hz ein Brummgeräusch von 100 Hz auf, weil der Kern im Wechselfeld vibriert.

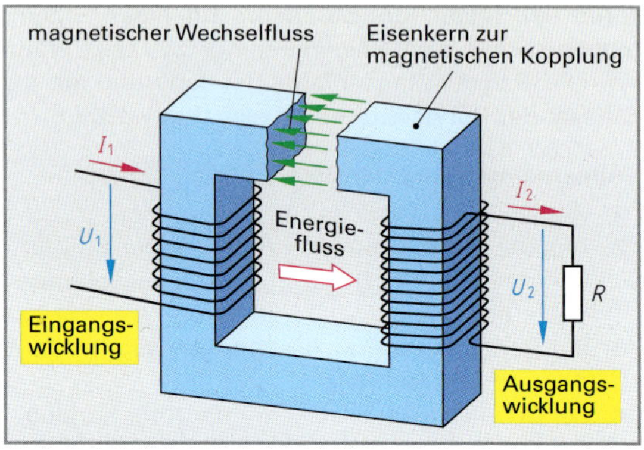

Bild 1: Energiefluss beim Transformator

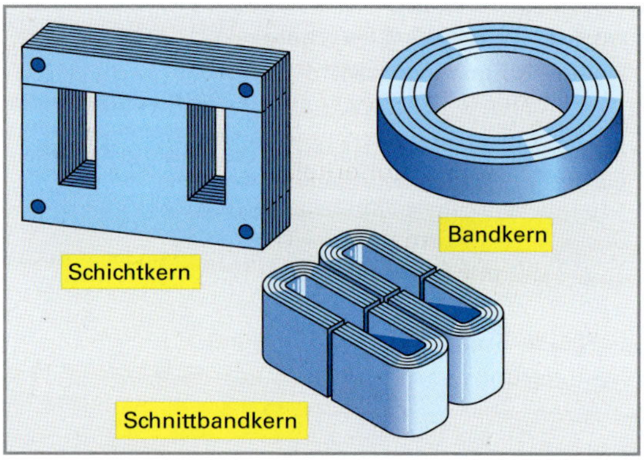

Bild 2: Kerne für Transformatoren bis etwa 1 kVA Bemessungsleistung

Die Bildung von Wirbelströmen ist auch bei den übrigen Konstruktionsteilen des Transformators zu vermeiden.

Die Wicklung der Transformatoren wird aus Kupfer oder aus Aluminium hergestellt. Bei beiden Materialien werden Leiter mit rundem oder rechteckigem Querschnitt verwendet sowie Bleche oder Folien **(Bild 1, folgende Seite)**. Bei Kleintransformatoren besteht die Wicklung aus mit Lack isoliertem Draht und wird von einem *Spulenkörper* gehalten, der meist aus einem Thermoplast besteht. Die Wicklung hat mehrere Lagen, die beim Wickeln übereinander liegen. Die Zahl der möglichen Lagen hängt von der Wickelhöhe (Höhe des Wickelraumes vom Spulenkörper) und vom Drahtdurchmesser bzw. der Foliendicke ab.

Die zulässige Stromdichte in Kleintransformatoren mit Kupferwicklung beträgt je nach Isolation, Baugröße und Kühlung 1 A/mm² bis 8 A/mm². Am größten ist die zulässige Stromdichte bei kleinen Baugrößen. Die Verlustwärme entsteht nämlich in der gesamten Wicklung, also im Rauminhalt. Die Kühlung erfolgt aber nur an der Oberfläche. Bei zunehmender Baugröße wächst der Rauminhalt mit der 3. Potenz der Bauhöhe, die Oberfläche aber nur mit der 2. Potenz.

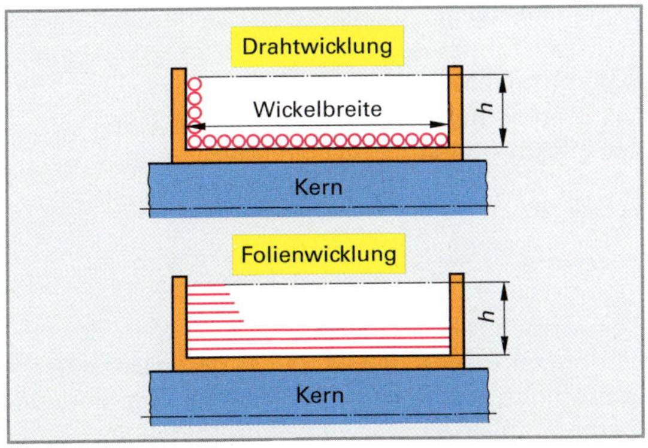

Bild 1: Wicklung von Kleintransformatoren

Wiederholung und Vertiefung

1. **Beschreiben Sie die Wirkungsweise eines Transformators.**
2. **Warum werden Kerne von Transformatoren aus Blechen oder aus Ferrit aufgebaut?**
3. **Was versteht man unter Magnetostriktion?**
4. **Warum darf die Stromdichte bei kleinen Transformatoren größer sein als bei großen?**

2.5.3 Idealer Transformator

Zur Beschreibung der Eigenschaften eines Transformators geht man von einem idealen Transformator aus. Manche realen Transformatoren, insbesondere die größeren, kommen im Verhalten dem idealen Transformator nahe. Die kleineren Transformatoren unterscheiden sich dagegen vom idealen Transformator erheblich.

Berechnungsformeln für Transformatoren gelten meist nur für den idealen Transformator.

Für reale Transformatoren gelten diese Formeln nur näherungsweise.

Definition des idealen Transformators

Beim idealen Transformator treten keinerlei Verluste auf, auch keine magnetischen. Dadurch ist der Wirkungsgrad $\eta = 1$ und die Ausgangsleistung ist so groß wie die Eingangsleistung. Alle magnetischen Feldlinien, welche die Eingangswicklung durchsetzen, gehen auch durch die Ausgangswicklung. Eingangswicklung und Ausgangswicklung sind also miteinander magnetisch fest gekoppelt. Außerhalb des Eisenkernes treten beim idealen Transformator keine magnetischen Feldlinien auf. Wegen der gleich großen Leistungen nimmt der ideale Transformator im Leerlauf keinen Strom auf.

Der ideale Transformator ist ein gedachter Transformator, bei dem keinerlei Verluste auftreten.

Leerlaufspannung

Die Leerlaufspannung u_0 der Ausgangswicklung ist so groß wie die dort induzierte Spannung u_i. Die

Transformatorenhauptgleichung

Bei Sinusform:

$$U_0 = 4{,}44 \cdot f \cdot \hat{B} \cdot A \cdot N$$

U_0	Leerlaufspannung
f	Frequenz
$\hat{B}$	magnetische Flussdichte (Scheitelwert)
A	Eisenquerschnitt
N	Windungszahl

Bei allen Wechselspannungen:

$$\ddot{u} = \frac{U_1}{U_2} \qquad \frac{U_1}{U_2} = \frac{N_1}{N_2}$$

$\ddot{u}$	Übersetzungsverhältnis
U_1	Eingangsspannung
U_2	Ausgangsspannung
N_1	Windungszahl der Eingangswicklung
N_2	Windungszahl der Ausgangswicklung

Beim idealen Transformator verhalten sich die Spannungen wie die Windungszahlen.

Leerlaufspannung ist die Spannung der Ausgangswicklung mit der Windungszahl N_2, wenn dort kein Lastwiderstand angeschlossen ist.

$$u_0 = u_i = N_2 \cdot \frac{\Delta\Phi}{\Delta t} = N_2 \cdot A \cdot \frac{\Delta B}{\Delta t}$$

Der Scheitelwert der Leerlaufspannung $\hat{u}_0$ hängt also vom Scheitelwert des magnetischen Flusses $\hat{\Phi}$ bzw. vom Scheitelwert der magnetischen Flussdichte $\hat{B}$ und vom Eisenquerschnitt A des Kernes ab sowie von der Kreisfrequenz ω des Eingangsstromes und der Windungszahl N_2 der Ausgangswicklung.

Wegen des nicht linearen magnetischen Verhaltens der Transformatorenbleche muss mit dem zulässigen Scheitelwert $\hat{B}$ der Flussdichte des verwendeten Bleches gerechnet werden. Es darf keinesfalls der Effektivwert eingesetzt werden.

$$\hat{u}_0 = \omega \cdot \hat{B} \cdot A \cdot N_2$$

$$\Rightarrow U_0 = \frac{2 \cdot \pi \cdot f \cdot \hat{B} \cdot A \cdot N_2}{\sqrt{2}} = 4{,}44 \cdot f \cdot \hat{B} \cdot A \cdot N_2$$

Der wirksame Eisenquerschnitt ist wegen der Isolierung der Bleche kleiner als der gemessene Kernquerschnitt. Je nach Art der Bleche beträgt der *Füllfaktor* 0,8 bis 0,95. Der Füllfaktor ist das Verhältnis der Leiterquerschnittsflächen zum vorhandenen Wicklungsplatz. Für Netztransformatoren beträgt der Scheitelwert der magnetischen Flussdichte 1,2 T bis 1,8 T. Für Übertrager wird die Flussdichte so gewählt, dass im geradlinigen Teil der Magnetisierungskurve gearbeitet wird, bei Elektroblech z. B. bei 0,6 T.

Welche Wicklung als Ausgangswicklung gebraucht wird, ist beim idealen Transformator gleichgültig. Die Transformatorenhauptgleichung gilt deshalb auch für die Eingangswicklung.

Beispiel 1: Leerlaufspannung berechnen

Ein Transformator hat einen Eisenkern von 20 × 20 mm². Der Füllfaktor ist 0,9. Die Eingangswicklung hat 1600 Windungen. An welche Spannung darf die Eingangswicklung bei 50 Hz gelegt werden, wenn die magnetische Flussdichte 1,8 T betragen darf?

Lösung:

$A = 20\ \text{mm} \cdot 20\ \text{mm} \cdot 0{,}9 = 360\ \text{mm}^2 = 0{,}000\,36\ \text{m}^2$

$U_0 = 4{,}44\, f \cdot \hat{B} \cdot A \cdot N$

$= 4{,}44 \cdot 50\ \text{Hz} \cdot 1{,}8\ \text{T} \cdot 0{,}000\,36\ \text{m}^2 \cdot 1600 = \mathbf{230\ V}$

Aus der Transformatorenhauptgleichung ist ersichtlich, dass die Leerlaufspannung linear mit der Windungszahl ansteigt.

Bei einem Transformator hat die Oberspannungswicklung mehr Windungen als die Unterspannungswicklung.

Übersetzungsformeln

Wegen der festen Kopplung beim idealen Transformator sind die Beträge der in der Eingangswicklung und der Ausgangswicklung wirksamen magnetischen Flüsse Φ_1 und Φ_2 gleich groß.

$$\Phi_1 = \Phi_2 \Rightarrow \Delta\Phi = \hat{B} \cdot A$$

$$\Rightarrow \frac{U_{01}}{f \cdot N_1} = \frac{U_{02}}{f \cdot N_2} \Rightarrow \frac{U_{01}}{U_{02}} = \frac{N_2}{N_1}$$

$$\Theta_1 = \Theta_2 \qquad \frac{I_1}{I_2} = \frac{N_2}{N_1}$$

$$I_1 \cdot N_1 = I_2 \cdot N_2$$

$$\frac{Z_1}{Z_2} = \ddot{u}^2 \qquad \frac{N_1}{N_2} = \sqrt{\frac{Z_1}{Z_2}}$$

$$\frac{C_2}{C_1} = \ddot{u}^2 \qquad \frac{L_1}{L_2} = \ddot{u}^2$$

$$\frac{N_1}{N_2} = \sqrt{\frac{C_2}{C_1}} \qquad \frac{N_1}{N_2} = \sqrt{\frac{L_1}{L_2}}$$

Θ_1, Θ_2	Durchflutungen
I_1, I_2	Stromstärken
N_1, N_2	Windungszahlen
Z_1, Z_2	Scheinwiderstände (Impedanzen)
$\ddot{u}$	Übersetzungsverhältnis
C_1, C_2	Kapazitäten
L_1, L_2	Induktivitäten

Index 1 für Eingangsseite, Index 2 für Ausgangsseite

Beim idealen Transformator ist die Eingangsleistung S_1 so groß wie die Ausgangsleistung S_2.

$$S_1 = S_2 \Rightarrow U_1 \cdot I_1 = U_2 \cdot I_2$$

$$\Rightarrow \frac{I_1}{I_2} = \frac{U_2}{U_1} \Rightarrow \frac{I_1}{I_2} = \frac{N_2}{N_1}$$

Beim idealen Transformator verhalten sich die Stromstärken umgekehrt wie die Windungszahlen.

Durch Umstellung der Formel erhält man $I_1 \cdot N_1 = I_2 \cdot N_2$. Das Produkt aus Stromstärke und Windungszahl ist die Durchflutung. Deshalb sind beim idealen Transformator die Beträge der eingangsseitigen und der ausgangsseitigen Durchflutungen gleich groß.

Durch Division der Übersetzungsformel für die Spannungen mit der Übersetzungsformel für die Stromstärken erhält man

$$\frac{U_1 \cdot I_2}{U_2 \cdot I_1} = \frac{N_1 \cdot N_1}{N_2 \cdot N_2} \Rightarrow \frac{Z_1}{Z_2} = \frac{N_1^2}{N_2^2} = \left(\frac{N_1}{N_2}\right)^2 = \ddot{u}^2$$

Ein idealer Transformator überträgt die angeschlossenen Widerstände im Quadrat des Übersetzungsverhältnisses.

Ähnlich wie bei der Spannungsübersetzung ist der große Widerstand auf der Seite mit der hohen Windungszahl.

In gleicher Weise wie die Scheinwiderstände werden durch einen Transformator Wirkwiderstände, kapazitive Blindwiderstände und induktive Blindwiderstände übertragen.

Beispiel 1: Transformator, kapazitive Last

Ein Transformator hat die Windungszahlen 1600 und 320, die Eingangswicklung ist an das 230-V-Netz angeschlossen. An die Ausgangswicklung ist ein Kondensator mit 6,8 µF angeschlossen. Berechnen Sie a) die Ausgangsspannung, b) die auf die Eingangsseite übertragene Kapazität.

Lösung:

a) $\frac{U_1}{U_2} = \frac{N_1}{N_2} \Rightarrow U_2 = U_1 \cdot \frac{N_2}{N_1} = 230\ \text{V} \cdot \frac{320}{1600} = \mathbf{46\ V}$

b) $\frac{C_2}{C_1} = ü^2 \Rightarrow C_1 = \frac{C_2}{ü^2} = \frac{6{,}8\ \mu\text{F}}{(1600/320)^2} = \mathbf{0{,}272\ \mu F}$

Die Übersetzungsformeln gelten eigentlich nur für den idealen Transformator. Sie können jedoch für viele reale Transformatoren angewendet werden, wenn die Gleichheitszeichen (=) durch Ungefährzeichen (≈) ersetzt werden.

Am ehesten gilt $\frac{U_1}{U_2} \approx \frac{N_1}{N_2}$ im Leerlauf, die Näherung $\frac{I_2}{I_1} \approx \frac{N_1}{N_2}$ gilt am besten bei kurzgeschlossener Ausgangswicklung.

2.5.4 Realer Transformator im Leerlauf

Kopplung und Kopplungsfaktor

Durchsetzt bei einem Transformator der magnetische Fluss eine Luftstrecke, so durchsetzt er nur noch teilweise die Ausgangswicklung **(Bild 1)**. Ein Teil des magnetischen Flusses verläuft außerhalb des Eisenkerns und kann durch eine Prüfspule nachgewiesen werden, in der er eine Spannung induziert. In der Ausgangswicklung wird dann eine kleinere Spannung erzeugt, als das Übersetzungsverhältnis der Windungszahlen erwarten lässt.

Der Kopplungsfaktor ist beim realen Transformator kleiner als 1.

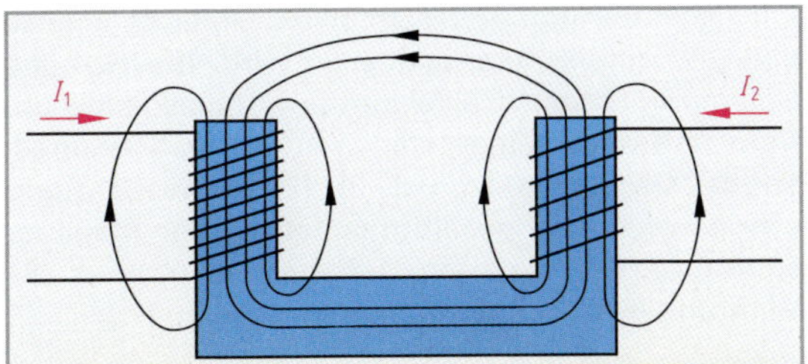

Bild 1: Lose Kopplung

$$K = \frac{U_2 \cdot N_1}{U_1 \cdot N_2} \qquad U_2 = K \cdot \frac{U_1 \cdot N_2}{N_1}$$

K Kopplungsfaktor
U_1 Eingangsspannung
U_2 Ausgangsspannung
N_1 Windungszahl der Eingangsseite
N_2 Windungszahl der Ausgangsseite

Bei Transformatoren der Energietechnik ist der Kopplungsfaktor fast 1 und damit der Wirkungsgrad sehr groß. Dasselbe gilt für Übertrager ohne Luftspalt.

Magnetisierungsstrom

Der Eingangsstrom, der das magnetische Wechselfeld erzeugt, heißt *Magnetisierungsstrom* I_m. Zwischen dem Magnetisierungsstrom und der Spannung an der Eingangswicklung U_1 besteht wie bei einer Induktivität eine Phasenverschiebung von nahezu 90°.

Der vom unbelasteten Transformator aufgenommene Leerlaufstrom I_0 hat gegenüber der Eingangsspannung eine etwas kleinere Phasenverschiebung als der Magnetisierungsstrom. Das Ummagnetisieren des Eisens erzeugt Wärme und stellt so die Belastung mit einem Wirkwiderstand dar. Der Leistungsfaktor im Leerlauf ist etwa 0,1.

Wird die Eingangswicklung an eine größere Spannung gelegt, so wird der Magnetisierungsstrom größer und die magnetische Flussdichte im Eisenkern nimmt zu. Wird die Sättigung des Eisens erreicht, steigt der Strom I_0 sehr stark an.

Beim Transformator stellen sich der Magnetisierungsstrom und die magnetische Flussdichte auf die für die angelegte Spannung erforderlichen Werte ein.

Ein Transformator wird zerstört, wenn er an eine zu hohe Spannung angeschlossen wird. Die zu hohe Spannung bewirkt eine größere Flussdichte im Kern und damit einen stärkeren Magnetisierungsstrom. Da der Kern bei Bemessungsspannung schon annähernd gesättigt ist, steigt der Magnetisierungsstrom stark an. Infolgedessen wird die Wicklung heiß und die Isolation verbrennt.

Einschaltstrom

Beim *Einschalten* von Transformatoren ist es besonders ungünstig, wenn die Netzspannung im Augenblick des Einschaltens gerade null ist und wenn im Eisenkern ein Restmagnetismus zurückblieb, der die gleiche Richtung haben kann wie der jetzt einsetzende magnetische Fluss. Nur sehr große Magnetisierungsströme können jetzt die erforderliche Spannung erzeugen.

Der Einschaltstromstoß von Transformatoren kann mehr als das Zehnfache des Bemessungsstromes betragen.

Übliche Leistungsschutzschalter mit Kurzschlussauslösung bei $I_K = 12 \cdot I_N$ sind für Transformatoren ungeeignet. Es werden Leistungsschalter mit $I_K = 18 \cdot I_N$, bzw. Leitungsschutzschalter Type D verwendet.

2.5.5 Realer Transformator unter Last

Magnetischer Streufluss

Beim Transformator im Leerlauf befindet sich fast der ganze magnetische Fluss im Eisenkern **(Bild 1)**. Bei Belastung erzeugt der Strom in der Ausgangswicklung einen magnetischen Fluss entgegengesetzter Richtung. Dadurch wird das Magnetfeld der Eingangswicklung geschwächt. Die Eingangswicklung nimmt nun mehr Strom auf, sodass der magnetische Fluss seinen ursprünglichen Wert wieder annimmt. Das Auftreten eines entgegengesetzt gerichteten magnetischen Flusses bewirkt aber, dass ein Teil des magnetischen Flusses der Eingangswicklung das Eisen verlässt und durch die Luft geht (Bild 1). Diesen magnetischen Fluss nennt man *Streufluss*.

Der Streufluss durchsetzt jeweils nur eine Wicklung des Transformators.

Bei Verwendung von Ringkerntransformatoren werden Streufelder fast ganz vermieden. Ein Maß für den Streufluss ist die auf die Bemessungsspannung bezogene *Kurzschlussspannung* u_k.

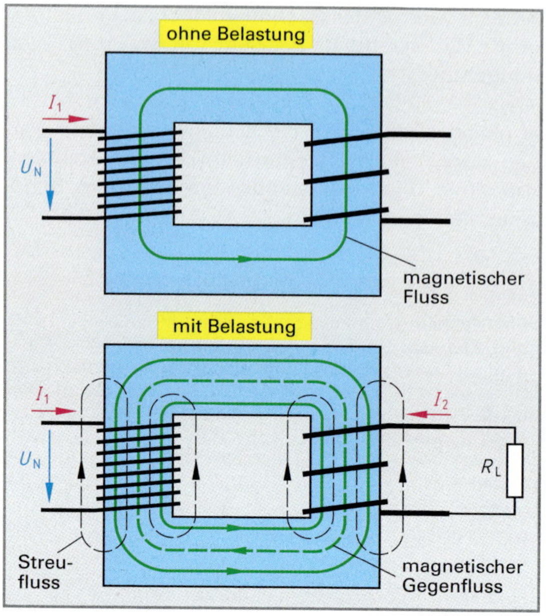

Bild 1: Magnetischer Fluss beim unbelasteten und belasteten Transformator

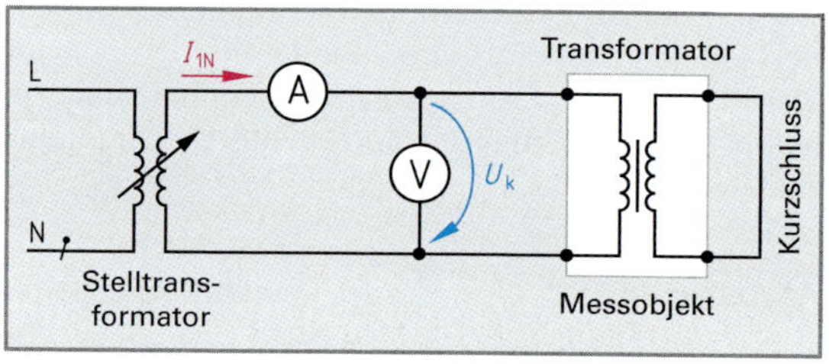

Bild 2: Messung der Kurzschlussspannung U_k

$$u_k = \frac{U_k \cdot 100\,\%}{U_N}$$

u_k bezogene Kurzschlussspannung
U_k gemessene Kurzschlussspannung
U_N Transformator-Bemessungsspannung (Transformator-Nennspannung)

Die gemessene Kurzschlussspannung U_k ist die Spannung, die bei Bemessungsfrequenz und kurzgeschlossener Ausgangswicklung an der Eingangswicklung liegen muss, damit der Bemessungsstrom fließt **(Bild 2)**. Die auf die Bemessungsspannung bezogene Kurzschlussspannung beträgt z. B. 0,04 = 4 % bei Steuertransformatoren und 0,95 = 95 % bei Schweißtransformatoren **(Bild 1, folgende Seite)**.

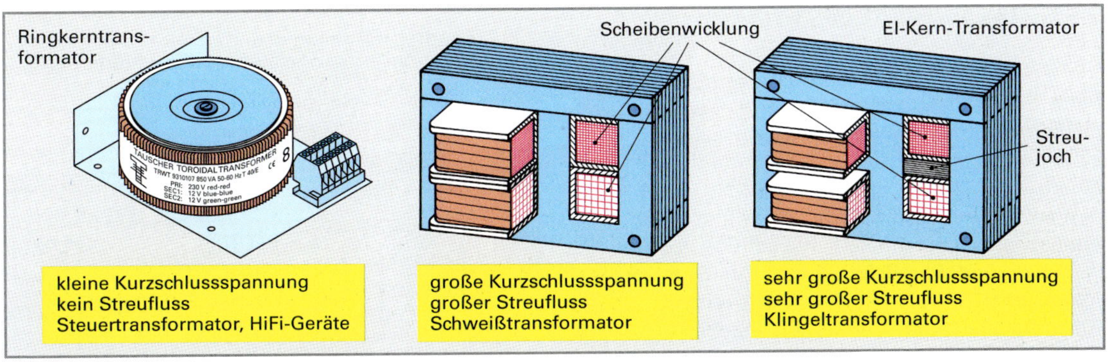

Bild 1: Wicklungsanordnungen für kleine, große und sehr große bezogene Kurzschlussspannung

Lastspannung

Die vom Streufluss durchsetzte Wicklung wirkt wie eine Drosselspule. Der Transformator verhält sich deshalb auf der Ausgangsseite wie ein Generator, dessen Innenwiderstand aus der Reihenschaltung vom Wirkwiderstand der Wicklung und aus der vom Streufluss hervorgerufenen *Streuinduktivität* besteht.

Bei Belastung mit einem Wirkwiderstand sinkt mit zunehmendem Belastungsstrom die Ausgangsspannung weniger als bei Belastung mit einer Induktivität, da die Spannung an der Spule dieselbe Phasenlage hat wie die Spannung am Streublindwiderstand. Der größte Spannungsfall tritt ein, wenn sich Wirkwiderstände und Blindwiderstände im Verbraucher zueinander verhalten wie die Wirkwiderstände und Blindwiderstände im Innenwiderstand des Transformators (**Bild 2**). Bei Belastung mit einem Kondensator steigt die Spannung an, da Streublindwiderstand und Kondensator einen Reihenschwingkreis bilden.

Die Ausgangsspannung eines Transformators ist vom Belastungsstrom und von der Belastungsart abhängig.

Bei Transformatoren mit Bemessungsleistungen unter 16 kVA wird auf dem Leistungsschild die Bemessungslastspannung angegeben. Das ist die Ausgangsspannung des Transformators bei Wirkbelastung mit der Bemessungsleistung.

Ersatzschaltung von Transformatoren

Die Ersatzschaltung eines Transformators gibt mithilfe einer Schaltung einfacher Bauelemente an, wie sich der Transformator im Betrieb verhält. So kann man aus der Ersatzschaltung Bild 2 erkennen, dass die Ausgangsspannung umso kleiner ist, je größer I_2, R und X_σ sind.

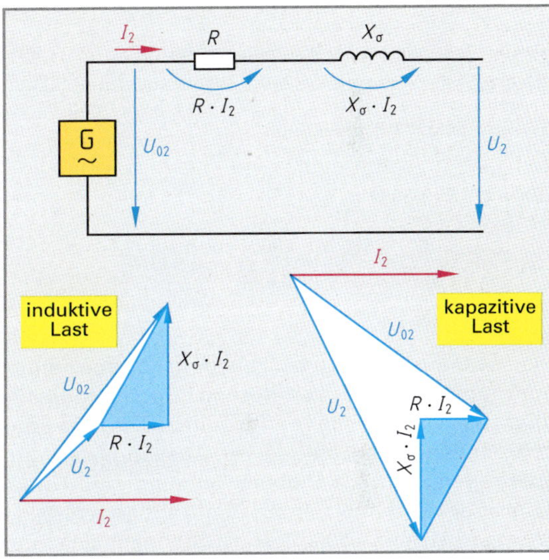

Bild 2: Vereinfachte Ersatzschaltung und Zeigerbilder des belasteten Transformators

Wiederholung und Vertiefung

1. **Welche Eigenschaften hat ein idealer Transformator?**
2. **Geben Sie die Transformatorenhauptgleichung an.**
3. **Wie lauten die Übersetzungsformeln des idealen Transformators?**
4. **Was versteht man beim Transformator unter einer festen Kopplung?**
5. **Welcher Strom wird als Magnetisierungsstrom bezeichnet?**
6. **Warum wird ein Transformator zerstört, wenn er an eine zu hohe Spannung angeschlossen wird?**
7. **Warum kann der Einschaltstrom von Transformatoren größer als ihr Nennstrom sein?**
8. **Auf welche Weise entsteht beim Transformator der magnetische Streufluss?**
9. **In welchem Belastungsfall tritt beim Transformator der größte Spannungsfall ein?**
10. **Welche Ausgangsspannung wird bei Transformatoren unter 16 kVA Nennleistung auf dem Leistungsschild angegeben?**

2.5.6 Besondere Transformatoren

Spartransformator

Beim Spartransformator sind zwei Wicklungsteile, die *Parallelwicklung* und die *Reihenwicklung*, hintereinander geschaltet **(Bild 2)**. Die Schaltung entspricht einem induktiven Spannungsteiler. Unterspannungswicklung ist die Parallelwicklung. Oberspannungswicklung ist die Reihenschaltung von Reihenwicklung und Parallelwicklung. Bei Spartransformatoren ist die Eingangswicklung leitend mit der Ausgangswicklung verbunden. Sicherheitstransformatoren, z. B. Spielzeugtransformatoren, dürfen keine Spartransformatoren sein.

Beispiel 1: Leistungen am Spartransformator

Einem Spartransformator 200 V/300 V sollen bei 300 V 5 A entnommen werden. Wie groß sind die Durchgangsleistung und die Bauleistung?

Lösung:

$S_D = U \cdot I = 300\ V \cdot 5\ A = 1500\ VA = \mathbf{1{,}5\ kVA}$

$$S_B = \frac{U_1 - U_2}{U_1 \cdot S_D} = \frac{300\ V - 200\ V}{300\ V \cdot 1{,}5\ kVA} = \mathbf{0{,}5\ kVA}$$

Die gesamte mögliche Leistungsabgabe eines Spartransformators nennt man *Durchgangsleistung*. Sie wird zu einem Teil durch Stromleitung von der Eingangswicklung zur Ausgangswicklung übertragen und zum anderen Teil durch Induktion. Je größer die durch Leitung übertragbare Leistung ist, desto kleiner ist bei fester Durchgangsleistung die durch Induktion zu übertragende Leistung, die so genannte *Bauleistung*, nach der sich die Baugröße des Transformators richtet.

Mit dem Spartransformator werden Wickeldrahtkupfer und Kerneisen gespart.

ⓘ Spartransformatoren dürfen nicht als Sicherheitstransformatoren verwendet werden.

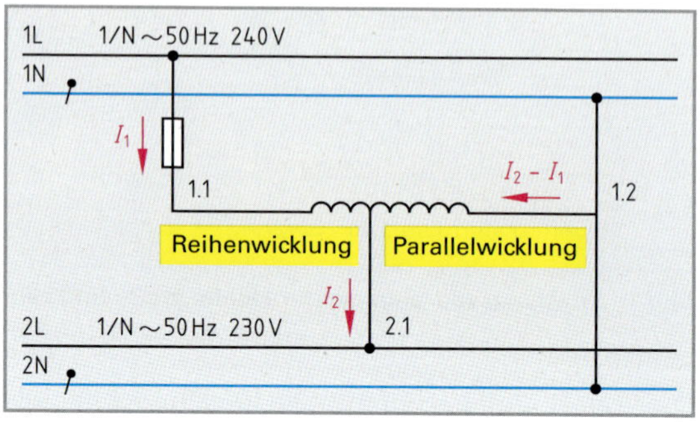

Bild 1: Schaltung des Spartransformators

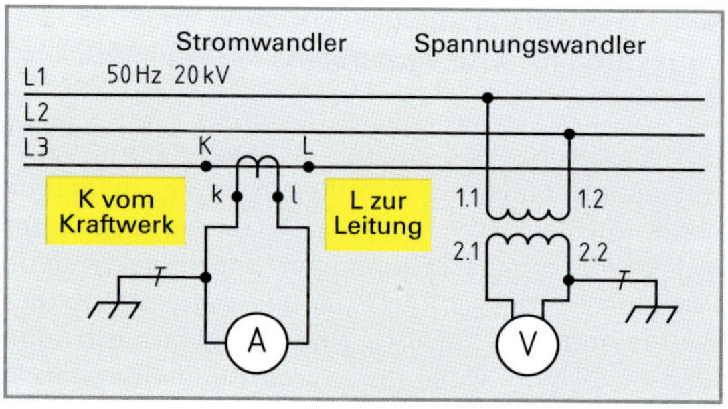

Bild 2: Messwandler an 20-kV-Netz

$$S_B = \frac{U_1 - U_2}{U_1} \cdot S_D$$

S_B	Bauleistung;	U_1	Oberspannung
S_D	Durchgangsleistung;	U_2	Unterspannung

Spannungswandler

An einem Spannungswandler schließt man Messgeräte zur Spannungsmessung an **(Bild 1)**. Bei Spannungswandlern müssen das Übersetzungsverhältnis sehr genau und die Kurzschlussspannung möglichst klein sein. Die Bemessungs-Ausgangsspannung ist meist 100 V.

Ähnlich wie Messgeräte sind Spannungswandler in die Klassen 0,5; 1; 3 eingeteilt. Spannungswandler werden meist in Hochspannungsanlagen verwendet, um die Hochspannung vom Messgerät fernzuhalten.

Spannungswandler werden im Leerlauf oder bei nur kleiner Belastung betrieben. Bei großer Belastung oder bei Kurzschluss würden Spannungswandler zerstört. Trotzdem werden Spannungswandler, an die Messgeräte zur Verrechnung der elektrischen Arbeit angeschlossen sind, nicht gesichert, weil sonst der Spannungsfall zu groß wäre.

Stromwandler

An einem Stromwandler schließt man ein Messgerät zur Strommessung an (Bild 1). Die Eingangswicklung ist so geschaltet, dass der zu messende

Strom hindurchfließt. Beim Stromwandler im Leerlauf würde dieser Laststrom in der Ausgangswicklung eine hohe Spannung induzieren, die zur Zerstörung des Stromwandlers führen könnte.

Eine Ausnahme bilden kleine Stromwandler, z.B. für den Laborgebrauch, wenn deren Kern aus leicht sättigbarem Material besteht und die Streuung groß ist. Auch durch Parallelschalten von gegeneinander geschalteten Z-Dioden kann der Betrieb im Leerlauf ungefährlich gemacht werden.

Stromwandler dürfen nur mit kurzgeschlossener oder mit niederohmig belasteter Ausgangswicklung betrieben werden.

Eine besondere Bauform des Stromwandlers ist der *Durchsteckstromwandler* **(Bild 1)**. Bei ihm wird der Leiter, dessen Stromstärke zu erfassen ist, durch den isolierten Ringkern gesteckt, um den die Ausgangswicklung gewickelt ist. Der durchgesteckte Leiter wirkt dann wie eine Windung. Das Übersetzungsverhältnis wird verkleinert, wenn der Leiter mehrfach hindurchgesteckt wird.

Zangenstromwandler (Strommesszange, Stromzange) Die Strommessung erfolgt indirekt, der Stromkreis muss nicht aufgetrennt werden. Die Messung erfolgt potenzialfrei.

Ein Zangenstromwandler misst die Stromstärke eines Leiters, wenn dieser einzeln zugänglich ist. Umschließt die Stromzange ein Zuleitungskabel mit Rückleiter, wird der Leckstrom gemessen.

Beim *Zangenstromwandler* ist der Eisenkern aufklappbar wie die Backen einer Zange, sodass der Leiter ohne Abklemmen umfasst werden kann **(Bild 2)**.

Rogowski-Spule[1]. Sie kann als Stromwandler aufgefasst werden. Diese Spule ist eine dünne eisenlose Spule mit einer Länge von bis zu 1 m **(Bild 3)**. Wird die Spule um einen Wechselstrom führenden Leiter gelegt, so durchsetzt das magnetische Wechselfeld des Leiters die einzelnen Windungen der Spule. Dadurch werden in den Windungen der Spule Spannungen induziert, die insgesamt integriert (aufsummiert) werden. Die induzierte Spannung ist dabei erheblich niedriger als bei einem Stromwandler mit Eisenkern. Diese Spannung ist ein Maß für die vom stromdurchflossenen Leiter her-

[1] Rogowski, 1881 bis 1947. Prinzip wurde von A. P. Chattock 1887 gefunden.

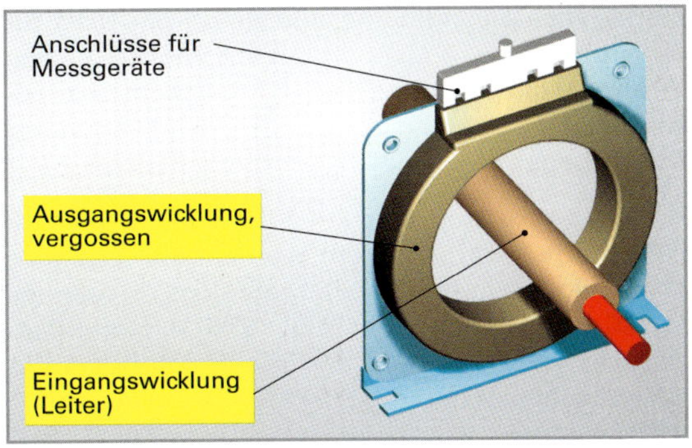

Bild 1: Durchsteckstromwandler

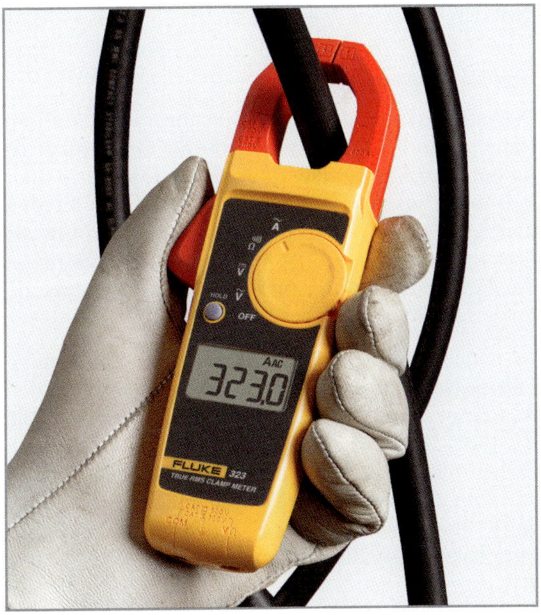

Bild 2: Strommesszange

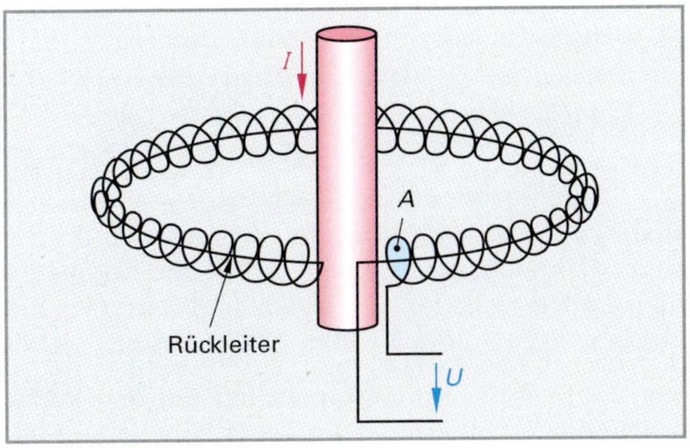

Bild 3: Rogowski-Spule

vorgerufene Durchflutung und damit ein Maß für die Stromstärke. Anders als bei der Wicklung eines Stromwandlers mit Eisenkern tritt auch im Leerlauf keine hohe Spannung auf, sodass kein besonderer Schutz gegen den Leerlauf erforderlich ist.

Die Rogowski-Spule wird um den Leiter gelegt, dessen Stromstärke gemessen werden soll. Sie wird an ein digitales Messgerät angeschlossen, welches direkt die Stromstärke anzeigt **(Bild 1)**. Vorteilhaft ist, dass auch bei beengten Platzverhältnissen der Leiter leicht von der Rogowski-Spule umschlungen werden kann.

Die Strommessung mithilfe der Rogowski-Spule ist bei sehr großen Leiterquerschnitten und auch bei wenig Platz zweckmäßig.

Drehstromtransformator

Drehstrom kann durch Einphasentransformatoren transformiert werden, wenn deren Eingangswicklungen und Ausgangswicklungen z. B. in Stern oder in Dreieck geschaltet werden. Meist verwendet man aber Drehstromtransformatoren, bei denen um die drei Schenkel eines Eisenkernes die drei Stränge der Eingangswicklung und der Ausgangswicklung gewickelt sind.

Je nach Schaltung der beiden Wicklungen bestehen zwischen den Eingangsspannungen und den Ausgangsspannungen Phasenverschiebungen, die 0°, 150°, 180° oder 330° betragen können **(Bild 2)**. Zusammen mit der Schaltungsart der Wicklungen wird die durch eine uhrzeitähnliche Zahl verschlüsselte Phasenverschiebung als *Schaltgruppe* auf dem Leistungsschild angegeben.

Beispiel 1: Schaltgruppen erklären

Erklären Sie die Schaltgruppenangabe Dyn5.

Lösung:

D Oberspannungswicklung **in Dreieck** geschaltet

y Unterspannungswicklung **in Stern** geschaltet,

n **Sternpunkt** (n Neutralleiteranschluss) **herausgeführt**,

5 Kennzahl: Phasenverschiebung 5 · 30° = **150°**

Die Schaltgruppe Dyn5 besagt, dass die Oberspannungswicklung in Dreieck und die Unterspannungswicklung in Stern mit herausgeführtem Neutralleiter geschaltet sind und dass die Phasenverschiebung 5 · 30° = 150° beträgt.

Nur die Drehstromtransformatoren mit den Kennzahlen der Schaltguppen 5 oder 11 können einphasig belastet werden, weil sonst auf der Eingangsseite der Strom über zwei Stränge auf verschiedenen Schenkeln des Kernes fließt, während auf der Ausgangsseite nur ein Schenkel belastet ist. Dadurch entsteht eine große Streuung. Deshalb gibt es eine nur bei Drehstromtransformatoren vorkommende Zickzackschaltung mit dem Kennbuchstaben z für die Unterspannungswicklung. Dabei ist ein Strang so geteilt, dass die Teilstränge auf verschiedenen Schenkeln des Eisenkerns liegen.

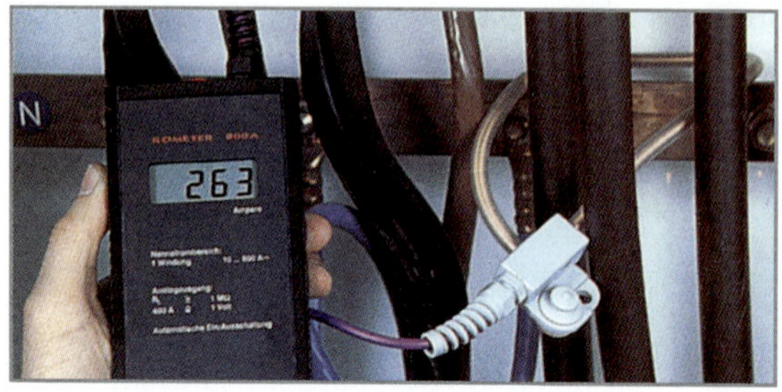

Bild 1: Strommessung mit Rogowski-Spule

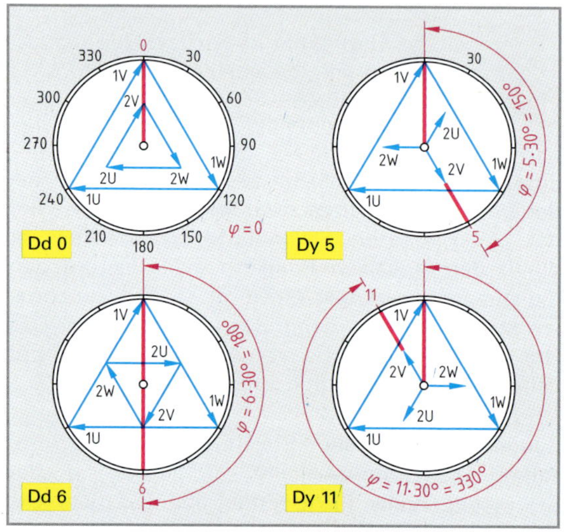

Bild 2: Phasenverschiebungen bei der Transformierung von Dreiphasenwechselspannung

Wiederholung und Vertiefung

1. **Warum darf ein Spartransformator nicht als Sicherheitstransformator verwendet werden?**
2. **Inwiefern wird beim Spartransformator gespart?**
3. **In welcher Betriebsart muss ein Spannungswandler betrieben werden?**
4. **In welcher Betriebsart wird ein Stromwandler grundsätzlich betrieben?**
5. **Welche Bedeutung hat die Angabe Dyn11?**
6. **Warum sollen nur Drehstromtransformatoren mit den Kennziffern 5 oder 11 einphasig belastet werden?**

2.6 Weitere elektronische Bauelemente

2.6.1 Besondere Halbleiterdioden

2.6.1.1 Z-Dioden

Z-Dioden (Z von Zener[1]) bestehen aus Silicium und sind durch starke Dotierung für den Betrieb im Durchbruchsbereich geeignet. In Vorwärtsrichtung verhalten sie sich wie gewöhnliche Siliciumdioden.

Z-Dioden werden in Rückwärtsrichtung betrieben.

Erreicht die Rückwärtsspannung den Betrag der Durchbruchsspannung, so bewirkt eine kleine Spannungserhöhung eine große Stromerhöhung **(Bild 1)**. Hier bleibt in einem großen Strombereich I_Z die Spannung U_Z fast konstant. Die Arbeitsspannung (Z-Spannung) und der Arbeitsstrom (Z-Strom) werden meist mit positiven Zahlenwerten angegeben.

Der Arbeitsbereich von Z-Dioden ist der Durchbruchsbereich.

Durch unterschiedliche Dotierung werden Z-Dioden mit verschiedenen Z-Spannungen von 2,7 V bis 200 V hergestellt. Bei niedrigen Spannungen (R_{Z2} bis R_{Z4} in Bild 1) ist die Dotierung stark und der Knick weniger scharf und die Steilheit der Durchbruchsflanke kleiner als bei Dioden mit höherer Z-Spannung (R_{Z5} bis R_{Z8} in Bild 1) und schwacher Dotierung.

Bei Z-Dioden mit hoher Dotierung (Z-Spannung kleiner 5,5 V) ist der *Zenerdurchbruch* vorherrschend. Mit steigender Temperatur wird bei diesen Z-Dioden die Z-Spannung kleiner, d.h. die Kennlinie wandert in Richtung Nullpunkt. Diese Temperaturabhängigkeit der Arbeitsspannung U_Z wird durch den Temperaturkoeffizienten α_Z mit der Einheit 1/K angegeben. Es gilt $\Delta U_Z = \alpha_Z \cdot \Delta\vartheta \cdot U_Z$.

Z-Dioden mit $U_Z < 5{,}5$ V haben einen negativen Temperaturkoeffizienten.

ⓘ Z-Diode mit
- $U_z < 5{,}5$ V haben negativen α_Z,
- $U_z > 5{,}5$ V haben positiven α_Z,
- $U_z \approx 5{,}5$ V sind temperaturabhängig.

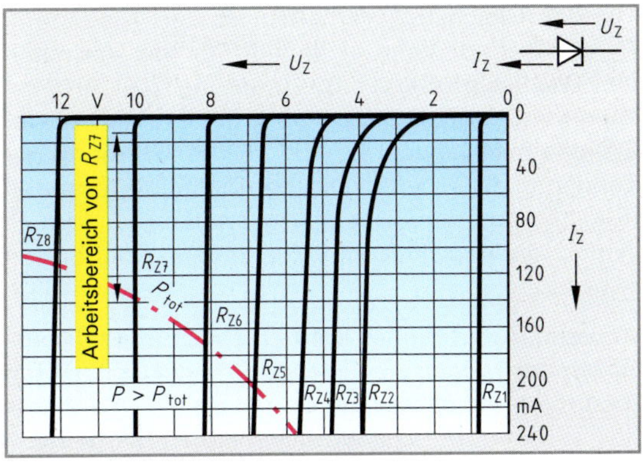

Bild 1: Arbeitskennlinien von Z-Dioden

Beispiel 1: Änderung der Arbeitsspannung

Eine Z-Diode mit $U_Z = 4{,}7$ V hat einen Temperatur-koeffizienten $\alpha_Z = -0{,}2 \cdot 10^{-3} \cdot 1/\text{K}$. Um welchen Betrag und in welche Richtung ändert sich die Arbeitsspannung bei einer Temperaturerhöhung um 40 K?

Lösung:

$$\Delta U_Z = \alpha_Z \cdot \Delta\vartheta \cdot U_Z = (-2 \cdot 10^{-4} \cdot 1/\text{K}) \cdot 40\ \text{K} \cdot 4{,}7\ \text{V}$$
$$= \mathbf{-37{,}6\ mV}$$

Die Arbeitsspannung wird um 37,6 mV kleiner.

Bei Z-Dioden mit niedriger Dotierung (Z-Spannung größer 5,5 V) ist der *Lawinendurchbruch* vorherrschend. Mit steigender Temperatur wird bei diesen Dioden die Z-Spannung größer.

Z-Dioden sind mit Bemessungs-Z-Spannungen entsprechend der IEC-Reihen E12 und E24 erhältlich. Die wichtigsten Grenzwerte einer Z-Diode sind die zulässige (totale) Verlustleistung P_{tot} und der höchstzulässige Z-Strom I_{Zmax}. Berechnet man bei gegebenem P_{tot} für verschiedene Arbeitsspannungen den zulässigen Arbeitsstrom und trägt diese Punkte in das $I(U)$-Kennlinienfeld ein, so erhält man die Verlustleistungshyperbel für P_{tot}, die den Arbeitsbereich einschränkt und nicht überschritten werden darf (Bild 1). I_Z muss durch einen Vorwiderstand begrenzt werden.

Z-Dioden benötigen zur Strombegrenzung einen Vorwiderstand.

Für eine Arbeitsspannung mit etwa 0,7 V wird eine normale in Vorwärtsrichtung geschaltete Si-Diode mit steiler Durchlassflanke (R_{Z1} in Bild 1) benutzt. Diese Diode wird also in Vorwärtsrichtung betrieben. Für eine Arbeitsspannung von etwa 1,4 V werden zwei in Reihe geschaltete Si-Dioden in Vorwärtsrichtung betrieben.

[1] Clarence Melvin Zener, amerikanischer Physiker, 1905 bis 1993

Für das Gleichstromverhalten ist der Widerstand R_Z der Z-Diode kennzeichnend. Für das Verhalten bei Wechselgrößen, z. B. Änderung der Arbeitsspannung, ist der differenzielle Widerstand r_Z der Z-Diode maßgebend. Er wird aus der Steigung der Tangente im Arbeitspunkt der Kennlinie ermittelt **(Bild 1)** oder dem Datenblatt entnommen. Beide Widerstände gelten nur für einen bestimmten Arbeitspunkt.

Anwendung. Z-Dioden werden meist in *Stabilisierungsschaltungen* zur Erzeugung einer konstanten Spannung verwendet. Je steiler die $I(U)$-Kennlinie der Z-Diode im Durchbruchsbereich (Arbeitsbereich) ist, umso konstanter ist die erzeugte Spannung. Z-Dioden dienen auch zur Unterdrückung von Spannungsspitzen als *Begrenzerdiode* in Begrenzungsschaltungen, als Koppelglied und als *Schutzdiode* in Messschaltungen.

Zur Erzeugung genauer Vergleichsspannungen werden temperaturkompensierte Z-Dioden verwendet, die fast temperaturunabhängig sind und einen kleinen differenziellen Widerstand im Durchbruchsbereich haben.

2.6.1.2 Schottkydioden

Schottkydioden[1] (Hot-Carrier-Dioden, von hot = heiß, hier energiereich; carrier = Träger, hier Ladungsträger) haben statt eines PN-Übergangs einen Metall-Halbleiterkontakt **(Bild 2)**. In der Grenzschicht des N-Leiters zum Metall bildet sich eine Sperrschicht aus. Die zweite Kontaktierung des N-Leiters muss jedoch so erfolgen, dass sich dort keine Sperrschicht bildet. Dies wird durch eine starke Dotierung der N-Schicht (N^+) an der Kontaktierungsstelle und ein geeignetes Kontaktmetall erreicht (Bild 2). Der Ladungstransport erfolgt nur durch Majoritätsträger (Elektronen im N-Typ). Deshalb speichert diese Diode keine Ladung und die Schaltzeit beim Übergang von Durchlassrichtung in Sperrrichtung (Sperrverzögerungszeit) ist sehr klein. Die Durchlasskennlinie ist sehr steil und die Schleusenspannung beträgt etwa 0,4 V.

Schottkydioden haben eine niedrige Vorwärtsspannung und kurze Schaltzeiten.

Schottkydioden haben jedoch größere Sperrströme und kleinere höchstzulässige Sperrspannungen (bis etwa 100 V) als normale Siliciumdioden. Sie werden für Vorwärtsströme bis etwa 3000 A hergestellt und z. B. zum Gleichrichten von niedrigen Spannungen verwendet.

$$R_Z = \frac{U_Z}{I_Z} \qquad r_Z = \frac{\Delta U_Z}{\Delta I_Z}$$

R_Z	Widerstand bei Gleichstrom
U_Z, I_Z	Arbeitsspannung bzw. Arbeitsstrom im Durchbruchsgebiet
r_Z	Differenzieller Widerstand im Durchbruchsgebiet
ΔU_Z, ΔI_Z	Spannungsänderung bzw. Stromänderung um den Arbeitspunkt

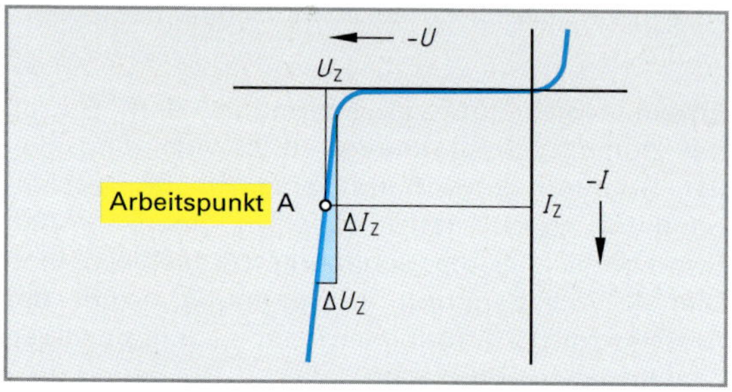

Bild 1: Ermittlung von R_Z und r_Z bei einer Z-Diode

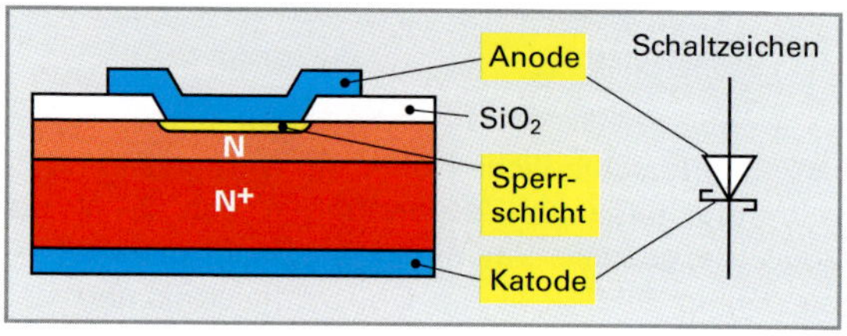

Bild 2: Schottkydiode

2.6.2 Bipolare Transistoren

Aufbau

Ein bipolarer Transistor besteht aus drei aufeinander folgenden Halbleiterschichten abwechselnder Leitungsart **(Bild 1, folgende Seite)**. Der Betriebsstrom fließt sowohl durch N-Schichten wie auch durch P-Schichten.

Es gibt *NPN-Transistoren* und *PNP-Transistoren*. Der Transistor besitzt zwei PN-Übergänge, an denen sich Sperrschichten bilden. Die erste Schicht muss Ladungsträger aussenden (emittieren), weshalb sie als *Emitter* bezeichnet wird. Die mittlere Schicht ist die *Basis*. Sie hat die Aufgabe, die Emission der Ladungsträger zu steuern. Die letzte Schicht nennt man *Kollektor* (lat. collectus = gesammelt). Der Kollektor sammelt die Ladungsträger wieder ein.

[1] Schottky, deutscher Physiker, 1886 bis 1976

Wirkungsweise

Schließt man einen NPN-Transistor so an zwei Gleichspannungen an, dass die Basis-Emitter-Strecke in Vorwärtsrichtung und die Kollektor-Basis-Strecke in Rückwärtsrichtung geschaltet sind, so kann ein Strom fließen **(Bild 2)**.

> Ein NPN-Transistor ist leitend, wenn Basis und Kollektor gegenüber dem Emitter positiv gepolt sind.

Beim PNP-Transistor müssen Basis und Kollektor gegenüber dem Emitter negativ gepolt sein.

Beim Transistor ist in die Emitterschicht und in die Kollektorschicht eine höhere Anzahl von Störstellen eingebaut als in die Basisschicht. Die Basisschicht ist sehr dünn, sie misst einige Nanometer. Sind z. B. beim NPN-Transistor die Basis-Emitter-Strecke in Durchlassrichtung und die Kollektor-Basis-Strecke in Sperrrichtung geschaltet, so fließt ein Elektronenstrom vom Emitter (N-Leiter) durch die erste Grenzschicht in die Basis. Da diese Schicht äußerst dünn ist, durchlaufen die Elektronen die Basis und gelangen in die zweite Grenzschicht. Dort werden sie von der positiven Kollektorspannung angezogen. Die Kollektor-Basis-Grenzschicht ist also für die Elektronen der Basisschicht keine Sperrschicht.

Da die Basis sehr dünn ist (wenige μm) und infolge kleiner Störstellendichte nur wenige Löcher besitzt, rekombinieren auch nur wenige der vom Emitter eindringenden Elektronen. Die restlichen Elektronen gelangen durch die dünne Basisschicht schnell zum Kollektor. Es fließt nur ein schwacher Basisstrom. Ist die Basis nicht angeschlossen, so fließt kein Kollektorstrom, weil die Kollektor-Basis-Strecke in Sperrrichtung geschaltet ist. Lässt man aber einen Strom über die Basis fließen, so wird die in Sperrrichtung geschaltete Kollektor-Basis-Strecke durchlässig.

> Der Transistor wirkt wie ein durch den Basisstrom gesteuerter Widerstand.

Beim Transistor verursacht eine kleine Änderung des Basisstromes eine weit größere Änderung des Kollektorstromes. In Bild 2 wird also eine *Stromverstärkung* erreicht. Das Verhältnis Kollektorstrom*änderung* zu Basisstrom*änderung* nennt man *Stromverstärkungsfaktor*. Dieser Faktor gilt jeweils für eine bestimmte Kollektor-Emitter-Spannung.

Der in einen NPN-Transistor hineinfließende Elektronenstrom teilt sich in den Basisstrom und den Kollektorstrom auf **(Bild 3)**. Da zur Steuerung eines bipolaren Transistors ein Basisstrom und eine Basis-Emitter-Spannung benötigt werden, ist eine Steuerleistung erforderlich.

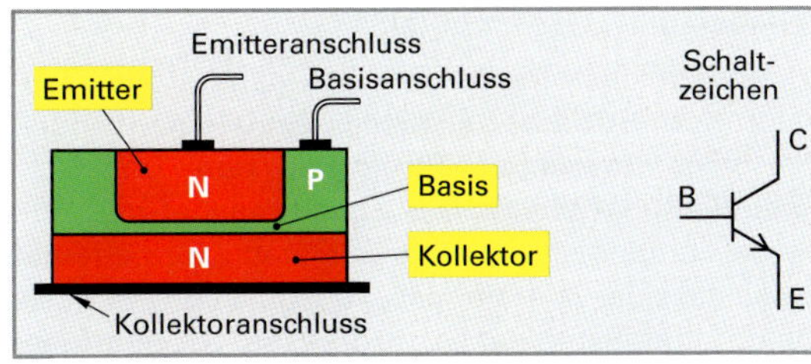

Bild 1: NPN-Transistor

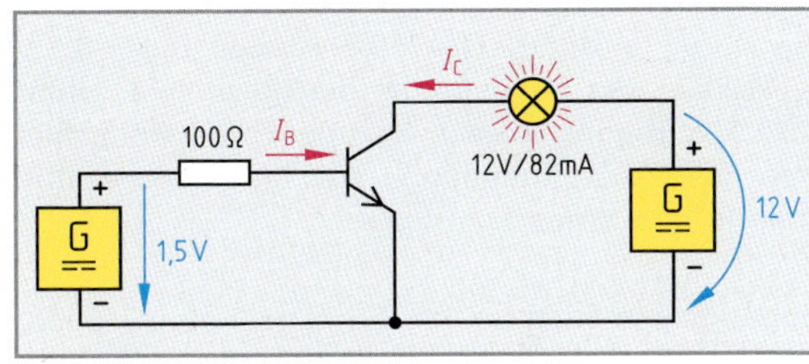

Bild 2: Polung des NPN-Transistors

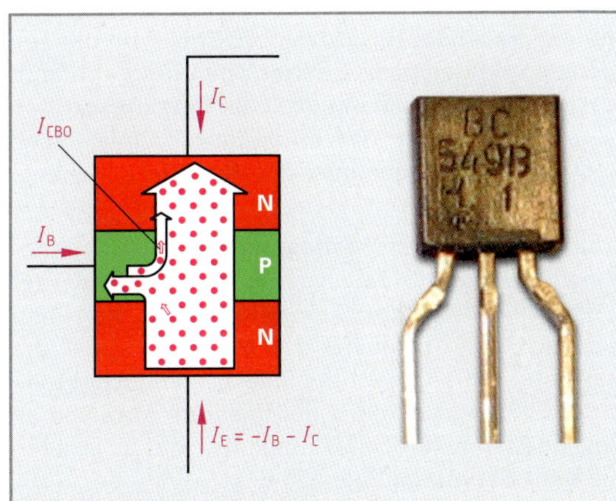

Bild 3: Ströme im NPN-Transistor

> Der Basisstrom steuert unter Leistungsaufnahme den Kollektorstrom eines bipolaren Transistors.

Außer den erwähnten Strömen fließt infolge Eigenleitung (Paarbildung) noch ein temperaturabhängiger Sperrstrom I_{CB0} (Strom zwischen Kollektor und Basis bei offenem Emitter). Diesen unerwünschten Rückwärtsstrom bezeichnet man als *Kollektorreststrom*. Er bildet mit dem vom Emitter kommenden Strom den Kollektorstrom I_C (Bild 3).

Kennlinien

Zur einheitlichen Darstellung hat man für alle Transistorarten Strombezugspfeile festgelegt, wonach alle positiv gezählten Ströme in den Transistor hineinfließen **(Bild 1)**. Die Spannungsbezugspfeile werden entsprechend eingezeichnet. U_{BE} bedeutet dabei, dass der Spannungsbezugspfeil von der Basis zum Emitter festgelegt ist. Ströme und Spannungen, die in Wirklichkeit die umgekehrte Richtung haben, erhalten dann ein negatives Vorzeichen.

$U_{BE} = -0{,}7$ V oder $-U_{BE} = 0{,}7$ V oder $U_{EB} = 0{,}7$ V heißt, dass der Minuspol an der Basis liegt. Unter Berücksichtigung dieser Bezugsrichtungen erhält man die Zusammenhänge für die Ströme und Spannungen eines Transistors.

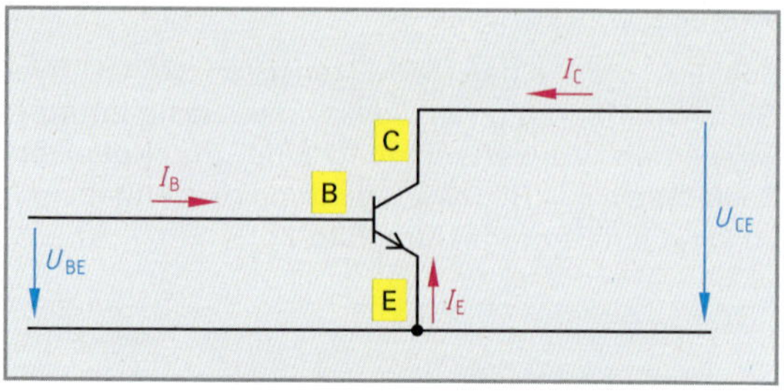

Bild 1: Bezugspfeile für Ströme und Spannungen an Transistoren

Eingangskennlinie. Bei der Emitterschaltung bildet der Basis-Emitter-Kreis den *Eingangskreis* (Steuerkreis) und der Kollektor-Emitter-Kreis den *Ausgangskreis* (gesteuerter Kreis). Für die Steuerung des Transistors ist der Basisstrom maßgebend, der seinerseits von der Basis-Emitter-Spannung abhängt. Die gegenseitige Abhängigkeit der Eingangsgrößen I_B und U_{BE} stellt die Eingangskennlinie, auch $I_B(U_{BE})$-Kennlinie genannt, dar **(Bild 2)**.

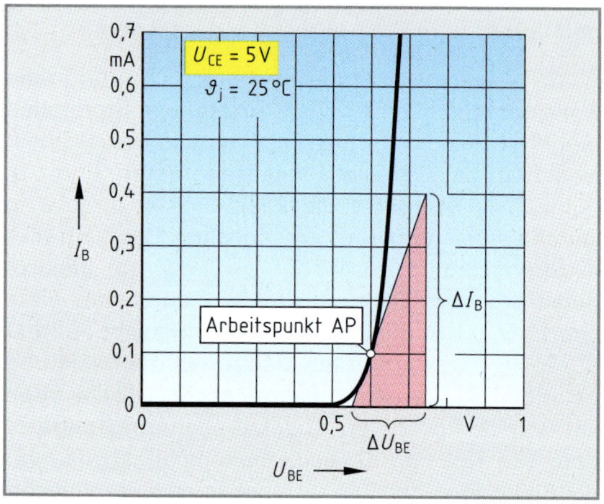

Bild 2: Eingangskennlinie

Arbeitspunkt. Durch Festlegung der Basis-Emitter-Gleichspannung *(Basisvorspannung)* liegt der Arbeitspunkt AP des Transistors fest. Von hier aus wird bei Ansteuerung durch ein Signal der Transistor entlang der Kennlinie arbeiten. Legt man in der Eingangskennlinie mit linearem Maßstab an den Arbeitspunkt AP eine Tangente (Bild 2), so kann aus dem Steigungsdreieck mit $\Delta U_{BE}/\Delta I_B$ der *differenzielle Eingangswiderstand* des Transistors ermittelt werden. Er ist an allen Punkten der Kennlinie verschieden (einige hundert Ω bis einige kΩ) und muss deshalb stets zusammen mit dem Arbeitspunkt angegeben werden.

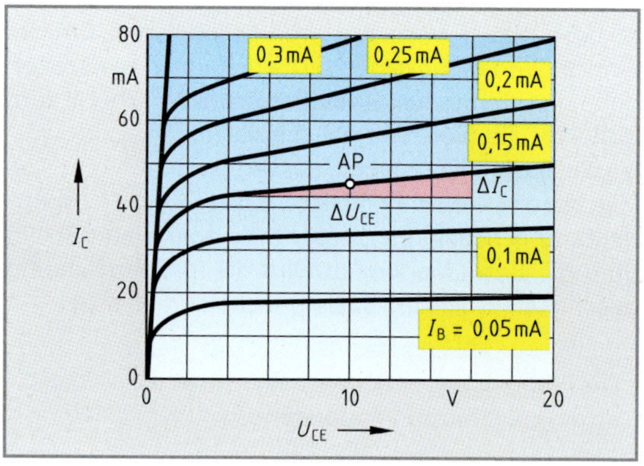

Bild 3: Ausgangskennlinien eines Transistors mit I_B als Parameter

Ausgangskennlinien. Die gegenseitige Abhängigkeit der Ausgangsgrößen I_C und U_{CE} zeigen die Ausgangskennlinien. Diese $I_C(U_{CE})$-Kennlinien sind vom Basisstrom und von der Basis-Emitterspannung abhängig. Deshalb wird jede Ausgangskennlinie mit dem entsprechenden I_B oder U_{BE} als Parameter angegeben (**Bild 3**).

Der Arbeitsbereich eines Transistors liegt im flachen Bereich der Kennlinie. Aus dem Steigungsdreieck wird mit $\Delta U_{CE}/\Delta I_C$ bei konstantem I_B (Bild 3) der *differenzielle Ausgangswiderstand* des Transistors im entsprechenden Arbeitspunkt AP ermittelt.

Stromsteuerkennlinie. Die Abhängigkeit des Kollektorstroms vom Basisstrom zeigt die Stromsteuerkennlinie, auch $I_C(I_B)$-Kennlinie genannt. Das Verhältnis I_C/I_B wird *Gleichstromverhältnis B* genannt und die Steigung $\Delta I_C/\Delta I_B$ der Kennlinie gibt den *Stromverstärkungsfaktor β* des Transistors (Kurzschluss-Stromverstärkungsfaktor) an.

Spannungssteuerkennlinie. Die Abhängigkeit des Kollektorstroms I_C von der Steuerspannung U_{BE} bei konstantem U_{CE} wird durch die $I_C(U_{BE})$-Kennlinie (Spannungssteuerkennlinie) dargestellt **(Bild 1)**. Infolge Eigenleitung ändern sich die Transistorströme auch mit der Temperatur. Deshalb werden für manche Kennlinien auch noch Parameter für kleinere und größere Temperaturen angegeben.

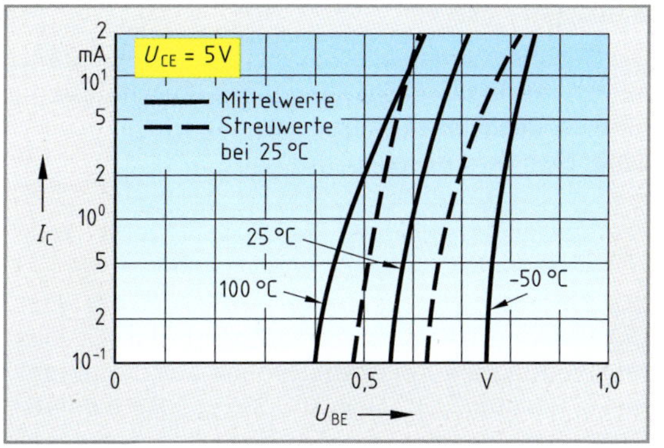

Bild 1: Spannungssteuerkennlinien $I_C(U_{BE})$

$$U_{CE} = U_{BE} + U_{CB}$$

$$I_B + I_C + I_E = 0$$

Bei U_{CE} = konstant:

$$r_{BE} \approx \frac{\Delta U_{BE}}{\Delta I_B}$$

Bei I_B = konstant:

$$r_{CE} \approx \frac{\Delta U_{CE}}{\Delta I_C}$$

Bei U_{CE} = konstant:

$$\beta = \frac{\Delta I_C}{\Delta I_B}$$

$$B = \frac{I_C}{I_B}$$

I_B	Basisgleichstrom
I_C	Kollektorgleichstrom
I_E	Emittergleichstrom
r_{BE}	Differenzieller Eingangswiderstand
ΔU_{BE}	Basis-Emitter-Spannungsänderung
ΔI_B	Basisstromänderung
r_{CE}	Differenzieller Ausgangswiderstand
ΔU_{CE}	Kollektor-Emitter-Spannungsänderung
ΔI_C	Kollektorstromänderung
B	Gleichstromverhältnis
β	Kurzschluss-Stromverstärkungsfaktor

Grenzwerte (Absolute Maximum Ratings)

Grenzwerte sind vom Hersteller angegebene Höchstwerte, die nicht überschritten werden dürfen, weil sich sonst die Kennwerte des Bauelements verändern, dessen Lebensdauer sich verringert oder gar das Bauelement zerstört wird.

Die Grenzwerte eines Transistors begrenzen seinen Arbeitsbereich **(Bild 2)**. Vom Hersteller werden Grenzwerte angegeben für die gesamte (totale) Verlustleistung P_{tot}, den Kollektorstrom I_C, die Kollektor-Emitter-Spannung U_{CE}, die Basis-Emitter-Spannung in Rückwärtsrichtung U_{EB} und die Sperrschichttemperatur ϑ_j. Die gesamte Verlustleistung setzt sich zusammen aus der meist vernachlässigbaren Verlustleistung der Basis-Emitter-Strecke und der Verlustleistung der Kollektor-Emitter-Strecke.

Die Grenzwerte sind Höchstwerte, die nicht überschritten werden dürfen, weil sonst das Bauelement zerstört werden kann.

Die höchstzulässige Verlustleistung (Power Dissipation) hängt von der Sperrschichttemperatur ab und kann durch Kühlung vergrößert werden.

Die Kennlinie für die höchstzulässige Verlustleistung ist die *Verlustleistungshyperbel* für P_{tot} (Bild 2). Zu ihrer Bestimmung werden in der Formel $I_C \approx P_{tot}/U_{CE}$ nacheinander verschiedene Werte für U_{CE} eingesetzt. Die erhaltenen Wertepaare I_C und U_{CE} werden in das Kennlinienfeld eingetragen und miteinander verbunden.

$$P_{tot} = I_B \cdot U_{BE} + I_C \cdot U_{CE}$$

$$P_{tot} \approx I_C \cdot U_{CE}$$

P_{tot}	Gesamtverlustleistung
I_B, I_C	Transistorströme (Grenzwerte)
U_{BE}, U_{CE}	Transistorspannungen (Grenzwerte)

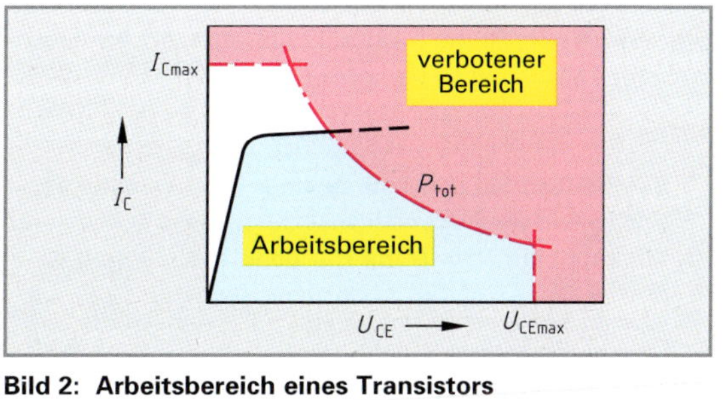

Bild 2: Arbeitsbereich eines Transistors

Gehäuseformen

Die Gehäuseformen von Transistoren sind genormt, jedoch nicht die Reihenfolge der Anschlüsse für Emitter, Basis und Kollektor (**Bild 1**). Diese muss im Datenblatt nachgesehen werden.

ⓘ Halbleitergehäuseformen werden nach DIN-Norm oder JEDEC-Norm bezeichnet.

Bei Leistungstransistoren sind zur besseren Wärmeableitung die Kollektoren meist auf den Metallgehäuseboden, z. B. eines TO-3-Gehäuses, gelötet. Diese Transistoren müssen deshalb auf ein eigenes, isoliert befestigtes Kühlblech oder isoliert auf ein gemeinsames Kühlblech geschraubt werden.

Bei Leistungstransistoren liegt der Kollektor meist am Gehäuse.

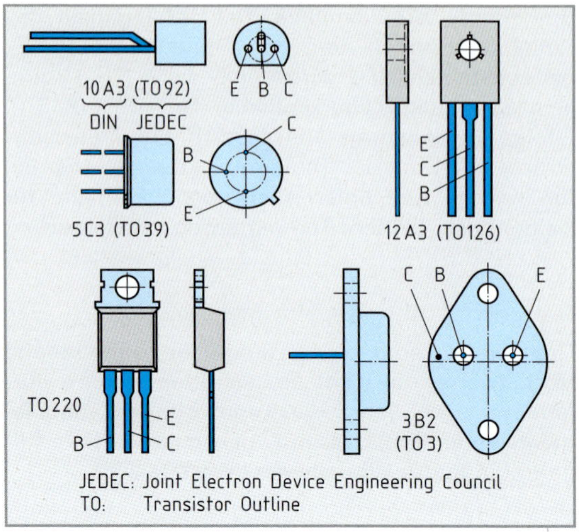

Bild 1: Gehäuseformen von Transistoren (Auswahl)

Fototransistoren

Beim Si-Fototransistor gelangt über ein Lichtfenster oder eine optische Linse Licht oder IR-Strahlung (Infrarotstrahlung) in die Kollektor-Basis-Sperrschicht und erzeugt dort einen Fotostrom I_p, der im gleichen Verhältnis mit der Beleuchtungsstärke E_v steigt (**Bild 2**). Er wirkt als Basisstrom.

Der Kollektorstrom eines Fototransistors steigt mit der Beleuchtungsstärke.

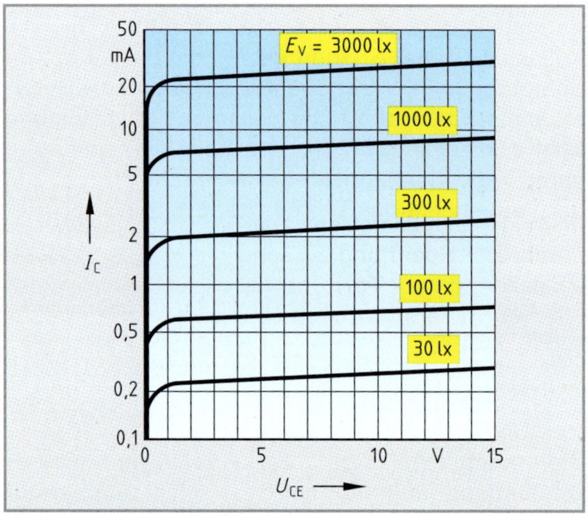

Bild 2: $I_p(U_{CE})$-Kennlinien eines Fototransistors

Infolge ihres Stromverstärkungsfaktors besitzen Fototransistoren einen größeren *Fotokoeffizienten* (Fotoempfindlichkeit) als Fotodioden.

Grundsätzlich benötigen Fototransistoren keinen Basisanschluss (**Bild 3**), da sie durch Licht oder IR-Strahlung gesteuert werden. Meist wird der Basisanschluss jedoch herausgeführt, damit der Arbeitspunkt getrennt eingestellt und stabilisiert werden kann. Wegen der verhältnismäßig großen Kollektor-Basiskapazität haben Fototransistoren längere Schaltzeiten als Fotodioden und sind für einen Frequenzbereich bis etwa 250 kHz geeignet. Sie werden z. B. in Lichtschranken und in Optokopplern eingesetzt (Abschnitt 1.9.4.7).

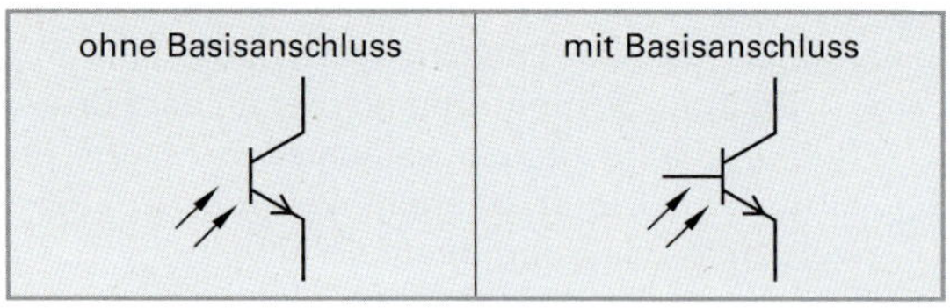

Bild 3: Schaltzeichen eines Fototransistors

Wiederholung und Vertiefung

1. **Beschreiben Sie den Aufbau eines NPN-Transistors.**
2. **Wie heißen die Elektrodenanschlüsse eines Transistors?**
3. **Wie muss ein NPN-Transistor gepolt sein, damit er leitend ist?**
4. **Welche Bezugsrichtungen gelten für die Ströme und Spannungen eines Transistors?**
5. **Wodurch unterscheidet sich das Gleichstromverhältnis vom Kurzschluss-Stromverstärkungsfaktor?**
6. **In einem Transistor ist bei konstantem I_B bei U_{CE} = 2 V der Strom I_C = 5,91 mA, bei U_{CE} = 10 V dagegen I_C = 5,99 mA. Welchen differenziellen Ausgangswiderstand hat der Transistor?**
   Lösung: **$r_{CE} \approx \Delta U_{CE} / \Delta I_C$ = 8V / 0,08 mA = 0,1 Ω**

2.6.3 Unipolare Transistoren (FET)

Unipolare Transistoren sind die Feldeffekttransistoren (FET).

Grundsätzliche Wirkungsweise

Bei unipolaren Transistoren fließt der Laststrom nur durch *eine* Halbleiterstrecke *desselben* Leitungstyps, also nicht über einen PN-Übergang.

Beim bipolaren Transistor steuert die Basis durch Zufuhr von Ladungsträgern den Widerstand der Halbleiterstrecke. Beim unipolaren Transistor wird der Widerstand der Halbleiterstrecke für den Laststrom am Anschluss G von U_{GS} durch ein elektrisches Feld gesteuert, das den Leiterquerschnitt beeinflusst. Bei den FET nennt man die Halbleiterstrecke für den Laststrom *Kanal* **(Bild 1)**. Man unterscheidet FET mit N-Kanal und FET mit P-Kanal. Die Anschlüsse des Kanals heißen *Source* (= Quelle) und *Drain* (= Senke, Abfluss).

Beim Feldeffekttransistor steuert ein quer zum Kanal liegendes elektrisches Feld den Widerstand zwischen Source und Drain.

Die Wirkung (Effekt) des elektrischen Feldes steuert beim FET den Laststrom. Das elektrische Feld wird durch eine Spannung zwischen dem Gate (Steuerelektrode, gate = Tor) und dem Kanal hervorgerufen. Ein Steuerstrom vom Gate zum Kanal ist nicht vorhanden.

Beim FET wird der Widerstand der Source-Drainstrecke und damit der Drainstrom von einer Spannung zwischen Gate und Source gesteuert.

Bei der Herstellung der FET geht man von P-leitendem oder von N-leitendem Silicium aus, in welches der Kanal eindiffundiert wird **(Bild 2)**. Den verbleibenden Teil des Ausgangsmaterials nennt man *Substrat* (lat. substratum = Unterlage). Das Substrat ist manchmal im Inneren des FET mit der Source verbunden. Wenn der Substratanschluss B (von bulk = Hauptteil) nach außen geführt ist, muss er mit dem Sourceanschluss verbunden werden, weil bei der Steuerung des FET Ladungsträger vom Substrat an den Kanal abgegeben werden.

Das Substrat der FET muss mit der Source verbunden sein, damit bei der Steuerung Ladungsträger zwischen Substrat und Kanal ausgetauscht werden können.

ⓘ Transistoranschlüsse

bipolar:	**B**asis	**E**mitter	**K**ollektor
unipolar:	**G**ate	**S**ource	**D**rain

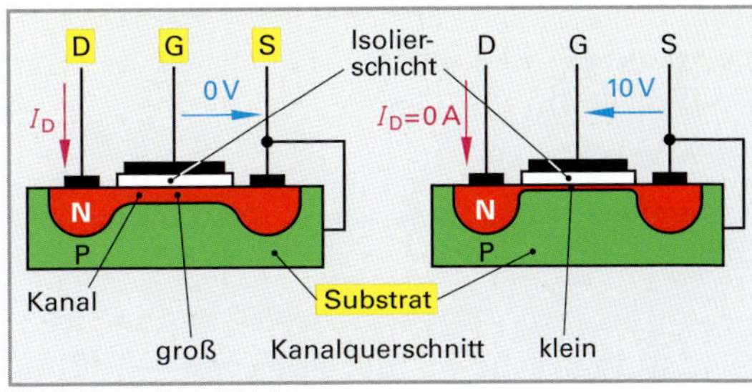

Bild 1: Kanalbreite und Drainstrom I_D beim IG-FET in Abhängigkeit von der Steuerspannung U_{GS}

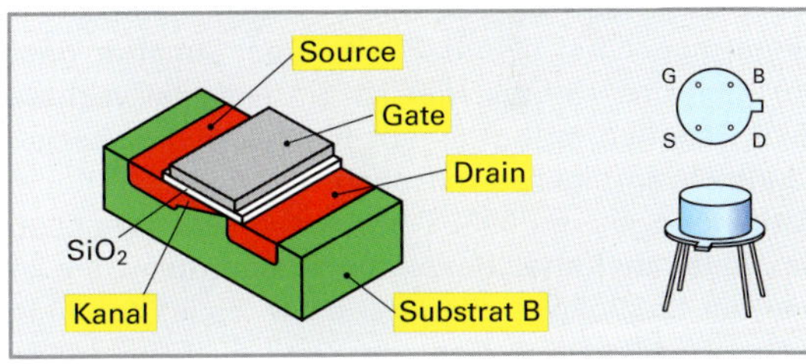

Bild 2: IG-FET mit N-Kanal

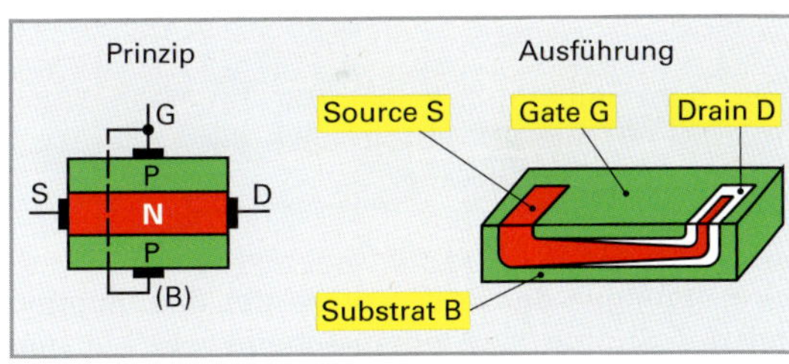

Bild 3: PN-FET (J-FET) mit N-Kanal

Das Gate muss gegenüber dem Kanal isoliert sein, damit bei angelegter Steuerspannung vom Gate nach der Source kein Strom fließt. Dazu gibt es zwei Möglichkeiten. Beim *Isolier-Gate-FET (IG-FET)* ist zwischen Kanal und Gate eine Isolierschicht aus Siliciumdioxid (SiO_2, Quarz) angeordnet und das Gate ist aufgedampftes Metall (Bild 2).

Beim PN-FET (**Bild 3**) dient als Gate ein Halbleiter–material mit anderem Leitungstyp als der Kanal, d.h. N-Kanal → P-Gate und P-Kanal → N-Gate.

Dadurch entsteht zwischen Gate und Kanal des FET eine Sperrschicht, welche bei richtiger Polung das Gate vom Kanal isoliert.

PN-FET werden auch als J-FET bezeichnet. J von junction = Sperrschicht.

Bei den IG-FET gibt es Typen, die ohne Steuerspannung einen Kanal haben. Sie werden als *selbstleitende FET* oder *Verarmungs-FET bezeichnet*. Feldeffekttransistoren, bei denen sich der Kanal erst durch Einwirkung der Steuerspannung bildet, nennt man *selbstsperrende FET* oder *Anreicherungs-FET*. Die Art des FET ist aus dem Schaltzeichen zu erkennen **(Tabelle 1)**.

Verarmungs-IG-FET sind selbstleitend, Anreicherungs-IG-FET selbstsperrend.

Beim IG-FET liegt im Schaltzeichen der Gate-Anschluss dem Source-Anschluss gegenüber. Der Leitungstyp ist hier beim Substrat in entsprechender Weise wie beim Emitter des bipolaren Transistors eingetragen. Bei einem P-leitenden Substrat geht der Pfeil nach innen. Hier ist ein N-Kanal vorhanden. Dagegen ist bei einem N-leitenden Substrat, kenntlich an einem Pfeil nach außen, ein P-Kanal vorhanden. Beim PN-FET berührt im Schaltzeichen das Gate den Kanal. Bei einem N-leitenden Gate ist hier der Pfeil nach außen gerichtet. Es ist dann ein P-Kanal vorhanden. Geht der Pfeil nach innen, so ist ein P-Gate vorhanden und ein N-Kanal.

Bei den Feldeffekttransistoren unterscheidet man IG-FET und PN-FET je nach der Isolierung zwischen Gate und Kanal.

Die Richtungen der Bezugspfeile der Spannungen und der Ströme sind entsprechend wie bei den bipolaren Transistoren festgelegt **(Bild 1)**.

Beide Arten haben dieselben Anschlussbezeichnungen und dieselben Bezugspfeile.

Feldeffekttransistoren verursachen eine kleinere Rauschspannung als bipolare Transistoren, da bei ihnen die Ladungsträgerkonzentration durch das Steuern nicht verändert wird. Dagegen ist die Kapazität zwischen Gate und dem Kanal von Nachteil, weil damit RC-Schaltungen gebildet werden. Dadurch arbeiten FET langsamer als bipolare Transistoren, sodass sie für schnelle Anwendungen nicht eingesetzt werden.

Der Temperaturkoeffizient der unipolaren Transistoren ist fast null. Dadurch können diese, insbesondere die IG-FET, anders als bipolare Transistoren, ohne zusätzliche Beschaltung parallel geschaltet werden.

Tabelle 1: Schaltzeichen der Feldeffekttransistoren (FET)

FET-Typen	FET mit P-Kanal	FET mit N-Kanal
IG-FET (selbstleitend = Verarmungstyp	Drain, Substrat, Gate, Source	Drain, Substrat, Gate, Source
IG-FET (selbstsperrend = Anreicherungstyp)	Drain, Substrat, Gate, Source	Drain, Substrat, Gate, Source
PN-FET (= J-FET)	Drain, Gate, Source	Drain, Gate, Source

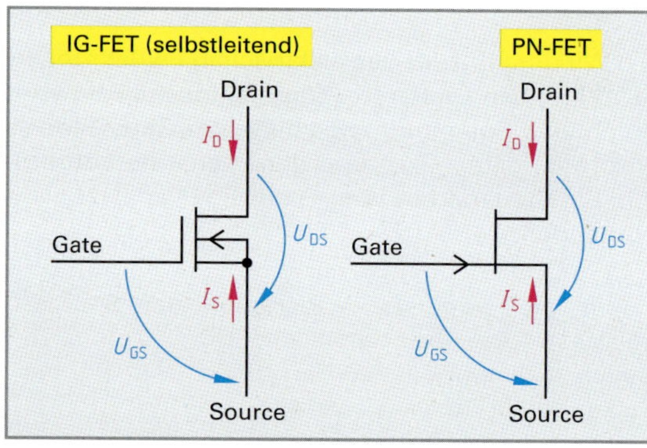

Bild 1: Bezugspfeile bei den FET

Wiederholung und Vertiefung

1. **Erklären Sie die grundsätzliche Wirkungsweise der Feldeffekttransistoren.**
2. **Wie heißen die drei Anschlüsse eines FET?**
3. **Warum wird bei den FET das Substrat mit der Source verbunden?**
4. **Welches Verhalten bezüglich der Stromleitung ohne Ansteuerung haben die Verarmungs-IG-FET und die Anreicherungs-IG-FET?**
5. **Woran erkennt man im Schaltzeichen eines FET den Source-Anschluss?**
6. **Warum arbeiten FET meist langsamer als bipolare Transistoren?**
7. **Warum können IG-FET ohne zusätzliche Beschaltung parallel geschaltet werden?**

Isolier-Gate-FET (IG-FET)

Beim IG-FET befindet sich zwischen Gate und Kanal eine isolierende Schicht. Je nach Substrat und Isolierschicht unterscheidet man z. B. MOSFET (Metal-Oxide-Semiconductor-FET = Metall-Oxid-Halbleiter-FET) und MISFET (Metal-Insulator-Semiconductor-FET = Metall-Isolator-Halbleiter-FET).

Beim MOSFET wird als Substrat Silicium verwendet, beim MISFET Galliumarsenid. Die Isolierschicht ist beim MOSFET und beim MISFET aus Siliciumdioxid SiO_2 (Quarz).

Die Isolierschicht trennt beim IG-FET den Laststromkreis vom Steuerstromkreis. Es ergeben sich winzige Restströme von einigen Femtoampere (1 fA = 10^{-15} A) und sehr hohe Eingangswiderstände bis 10^{18} Ω. Die Isolierschicht ist dicker als eine Sperrschicht. Dadurch ist die Durchbruchspannung höher, die Eingangskapazität kleiner und die Grenzfrequenz größer als beim PN-FET. Die Grenzfrequenz beträgt bis 400 MHz.

Beim IG-FET besteht im Bauelement zwischen Laststromkreis und Steuerstromkreis keine elektrische Verbindung.

Das Gate des IG-FET kann sich wegen der Isolierung elektrostatisch aufladen. Daher kann die Isolierschicht elektrisch durchschlagen werden, wodurch der FET zerstört wird. Deshalb ist für Transport und Lagerung der Gate-Anschluss mit den anderen Anschlüssen leitend verbunden. Beim Einbau darf diese Verbindung erst nach dem Einlöten geöffnet werden. Bei Reparaturen ist diese Verbindung vor dem Auslöten herzustellen.

Beim IG-FET müssen Gate und Kanal über einen Widerstand oder über eine leitende Brücke verbunden sein.

Auch beim Löten von IG-FET oder entsprechenden IC sind besondere Maßnahmen zu treffen, damit die Isolierschicht nicht durchschlagen wird **(Bild 1)**. Der Lötkolben darf nicht direkt am Netz angeschlossen sein (Trenntransformator oder Batteriebetrieb). Ein Potenzialausgleich durch eine schwach leitende und hochohmig geerdete Arbeitsunterlage, an welche auch die lötende Person angeschlossen ist, hat sich bewährt.

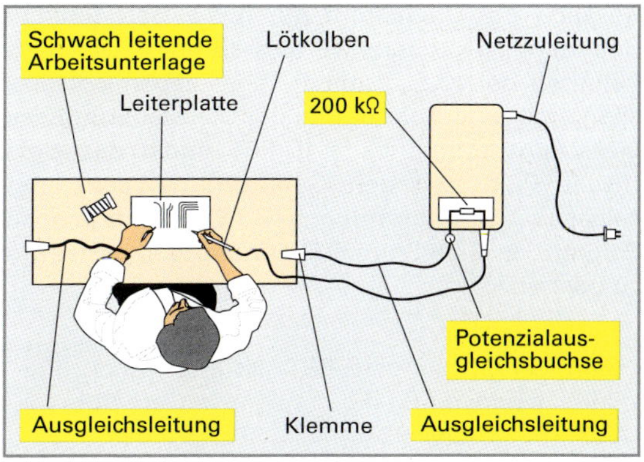

Bild 1: Arbeitsplatz für MOSFET

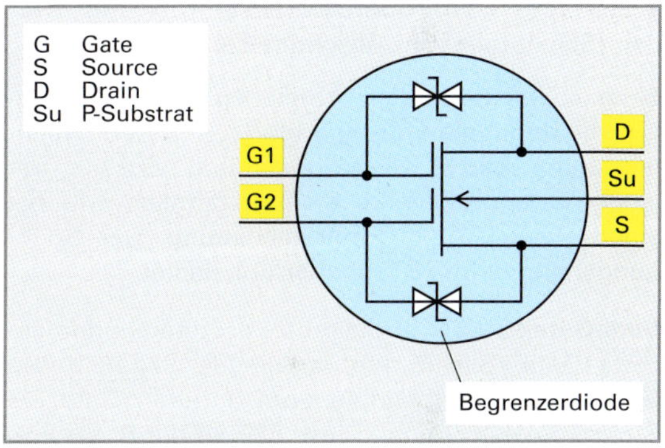

Bild 2: Dual-Gate-IG-FET mit Gate-Schutzschaltung

Zur Vermeidung von Spannungsdurchbrüchen zwischen Gate und Kanal werden bei vielen IG-FET beim Herstellungsprozess *Begrenzerdioden* integriert (**Bild 2**). Bei beliebig gepolter statischer Aufladung begrenzt jeweils die in Sperrrichtung geschaltete Z-Diode die Spannung auf etwa 10 V. Die Sperrschichtkapazität der Z-Dioden verkleinert allerdings die Grenzfrequenz. Außerdem ist der Eingangswiderstand des FET nur noch etwa so groß wie der Sperrwiderstand der Z-Diode.

Legt man an einen Verarmungs-IG-FET mit N-Kanal eine positive Gate-Source-Spannung, so werden Elektronen aus dem Substrat in den Kanal gesaugt, der Kanal wird mit Ladungsträgern angereichert. Ist die Gate-Source-Spannung negativ, so werden vorhandene Elektronen in das Substrat gedrückt. Es tritt eine Verarmung an Ladungsträgern auf. In beiden Fällen ändert sich der Widerstand des Kanals.

So kann der Drainstrom durch die Gate-Source-Spannung gesteuert werden **(Bild 1)**. Die Verhältnisse bei IG-FET mit P-Kanal liegen entsprechend mit umgekehrter Polung. Die Steuerung des Laststroms erfolgt beim IG-FET durch das elektrische Feld zwischen Gate und Substrat. Bei selbstleitenden Verarmungs-IG-FET nimmt je nach Polung der Gate-Source-Spannung der Laststrom zu oder ab.

Beim Verarmungs-IG-FET ist die Steuerung durch positive und durch negative Gate-Source-Spannung möglich.

Eine Vorspannung ist erforderlich, damit der Arbeitspunkt festliegt. Die Vorspannung kann beim selbstleitenden Verarmungs-IG-FET wie beim PN-FET mit einem Sourcewiderstand erzeugt werden (Schaltungen im Abschnitt 2.9.3)

Beim selbstsperrenden Anreicherungs-IG-FET liegen die Kennlinien für niedrige U_{GS} im Kennlinienfeld unten **(Bild 2)**. Die Vorspannung wird hier mit einem Spannungsteiler erzeugt, ähnlich wie bei einem Transistor in Emitterschaltung. Der Spannungsteiler beim FET ist aber unbelastet.

Dual-Gate-IG-FET[1] enthalten zwei voneinander isolierte Gate (Bild 2, vorhergehende Seite). Jedes Gate steuert unabhängig vom anderen Gate die Stromstärke im Kanal. Diese FET sind z. B. für Frequenzmischstufen und Modulatoren geeignet.

Komplementäre FET[2] bestehen aus wenigstens zwei FET mit jeweils entgegengesetztem Kanaltyp. Sie kommen vor allem in IC vor (CMOS-Technik).

Aus den Kennlinienfeldern der FET kann man die Steilheit S und den differenziellen Ausgangswiderstand r_{DS} entnehmen. Beide Größen sind für die Bemessung von Verstärkern von Bedeutung.

Die *Steilheit* ist ein Maß dafür, wie groß die Drainstromänderung ist, die sich mit einer gegebenen Gatespannungsänderung steuern lässt.

Beispiel 1: Steilheit berechnen

Wie groß ist die Steilheit eines FET mit den Kennlinien von Bild 2 für U_{DS} = 10 V im Bereich von 1,5 mA $\leq I_D \leq$ 3 mA?

Lösung:

$$S = \frac{\Delta I_D}{\Delta U_{GS}} = \frac{3\text{ mA} - 1{,}5\text{ mA}}{5\text{ V} - 4\text{ V}} = \mathbf{1{,}5\ \frac{mA}{V}}$$

Bei U_{DS} = konstant:

$$S = \frac{\Delta I_D}{\Delta U_{GS}}$$

Bei U_{GS} = konstant:

$$r_{DS} = \frac{\Delta U_{DS}}{\Delta I_D}$$

S	Steilheit
ΔI_D	Drainstromänderung
U_{GS}	Gate-Source-Spannung
ΔU_{GS}	Änderung der Gate-Source-Spannung
$r_{DS} \approx \frac{1}{y_{22s}}$	differenzieller Widerstand der Drain-Source-Strecke
U_{DS}	Drain-Source-Spannung
ΔU_{DS}	Änderung der Drain-Source-Spannung

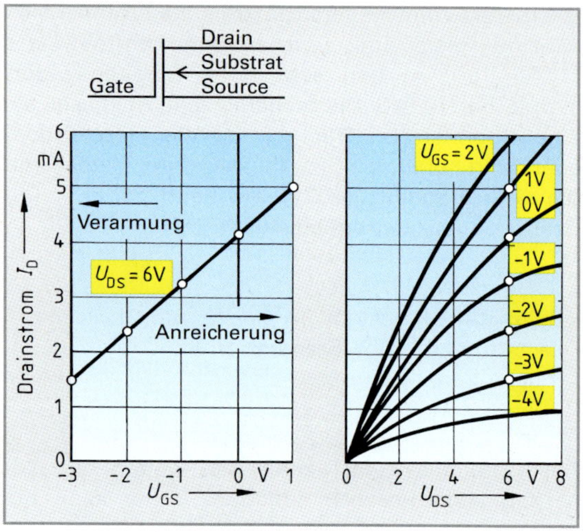

Bild 1: Schaltzeichen und Kennlinien eines Verarmungs-IG-FET mit N-Kanal

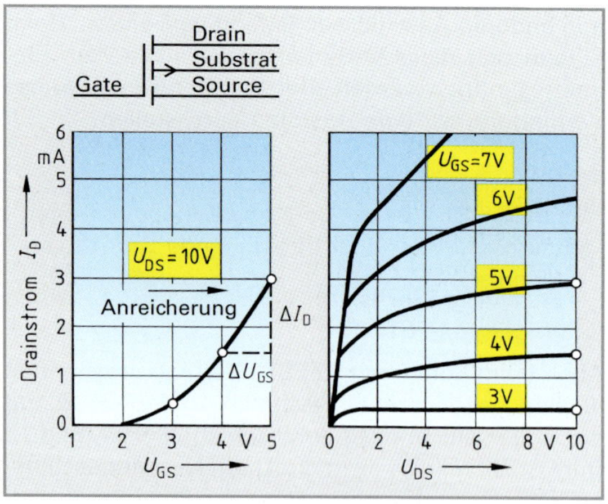

Bild 2: Schaltzeichen und Kennlinien eines Anreicherungs-IG-FET mit N-Kanal

[1] lat. duo = zwei
[2] lat. complementum = Ergänzung

Leistungs-IG-FET

Für große Leistungen erhalten die IG-FET eine besonders geformte Struktur. Beim *VMOS-FET* **(Bild 1)** fließt der Strom von oben nach unten (V von vertikal = senkrecht) durch den FET, beim *TMOS-FET* **(Bild 2)** hat der Stromverlauf eine T-Form. Beim VMOS-FET (Bild 1) ist der Sourceanschluss aus Metall, sodass zwischen ihm und dem P-Leiter eine Sperrschicht entsteht. Ohne Gate-Source-Spannung U_{GS} sperrt dieser FET, weil zwischen Source und Drain ein PN-Übergang in Rückwärtsrichtung geschaltet ist. Ist U_{GS} dagegen positiv, so werden durch das elektrische Feld Elektronen an den Rand der P-Bereiche gesaugt, sodass sich dort *kurze* Kanäle bilden. Dadurch ist eine große Steilheit möglich.

Entsprechend ist die Wirkungsweise beim TMOS-FET (Bild 2). Mehrere dieser selbstsperrenden IG-FET können auf einem Chip parallel geschaltet sein. Parallelschaltung der IG-FET ist möglich, da diese einen Temperaturkoeffizienten von fast null haben. Deshalb verteilt sich der Strom gleichmäßig auf die parallel geschalteten IG-FET. Bei Stromzunahme in einem IG-FET führt die erhöhte Temperatur, anders als bei bipolaren Transistoren, nicht zu einem kleineren Widerstand und damit nicht zu noch größerer Stromstärke. Die Strombelastbarkeit dieser Schaltungen mit parallelen Kanälen ist groß. Derartige MOSFET haben je nach Bauform und Gehäuse Drainströme bis 15 A und Sperrspannungen bis 1 kV **(Bild 3)**. Ihre Einschaltzeit beträgt etwa 0,1 µs. Sie sind bei großen Leistungen für Frequenzen bis 20 kHz geeignet.

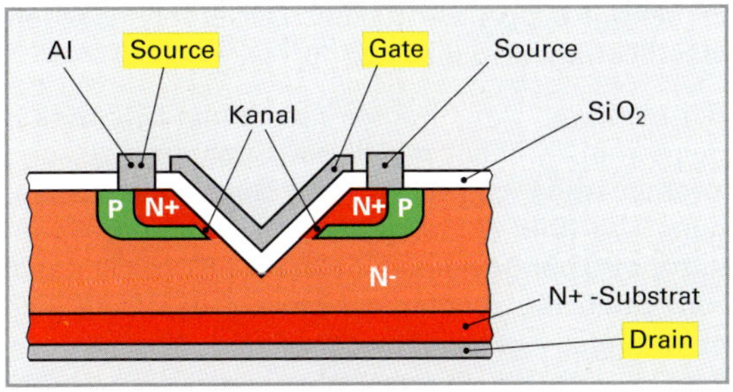

Bild 1: Aufbau eines VMOS-FET

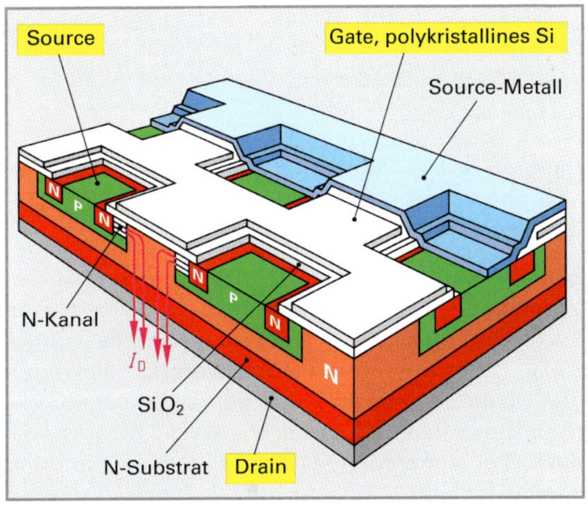

Bild 2: TMOS-FET

Bild 3: Gehäuse von MOSFETs

PN-FET

Beim PN-FET (Sperrschicht-FET, Junction-FET, J-FET, **Bild 1, folgende Seite**) befindet sich zwischen Gate und Kanal ein PN-Übergang (Junction = Verbindung). Je nach Dotierung unterscheidet man N-Kanal-PN-FET und P-Kanal-PN-FET. Häufiger sind die Typen mit N-Kanal, weil die Beweglichkeit der Elektronen größer ist als die der Löcher. Dadurch sind N-Kanal-FET für höhere Frequenzen besser geeignet als P-Kanal-FET. Die Gateschicht ist jeweils vom entgegengesetzten Leitungstyp wie der Kanal, damit ein PN-Übergang entsteht.

Zwischen der Gateschicht und dem Kanal bildet sich eine Sperrschicht. Wird das Gate so gepolt, dass diese in Sperrrichtung betrieben wird, so verbreitert sich die Sperrschicht. Der wirksame Kanalquerschnitt wird umso kleiner, je höher die Gate-Kanal-Spannung ist. Dadurch lässt sich der Kanalstrom steuern. Bei Ansteuerung mit Wechselspannung ist eine Gate-Vorspannung erforderlich, welche die Gate-Source-Strecke sperrt. Beim PN-FET wird diese Vorspannung durch einen Sourcewiderstand R_S erzeugt (Abschnitt 2.9.3).

Beim PN-FET darf die Vorspannung nicht umgepolt werden, weil sonst die Sperrschicht zwischen Gate und Kanal zerstört wird.

Der Reststrom der Gatekanalstrecke entspricht dem Sperrstrom einer Diode. Er ist wegen der Eigenleitung der Sperrschicht stark temperaturabhängig.

Er beträgt 0,1 pA bis 100 pA. Der Eingangswiderstand beträgt also bis etwa $10^{12}\ \Omega$.

Bei niedriger Drain-Source-Spannung U_{DS} nimmt der Strom I_D linear mit dieser Spannung zu, und zwar in Abhängigkeit von der Gate-Source-Spannung U_{GS} **(Bild 1)**. Bei höherer Drain-Source-Spannung wird der Strompfad beim PN-FET mit N-Kanal zum Drain hin zunehmend positiv, das Gate also mehr negativ gegenüber dem Drain. Dadurch verbreitert sich die Sperrschicht weiter, sodass der Strom im Kanal fast „abgeschnürt" ist.

PN-FET laden sich statisch nicht auf, weil das Gate nicht so hochohmig vom Kanal isoliert ist.

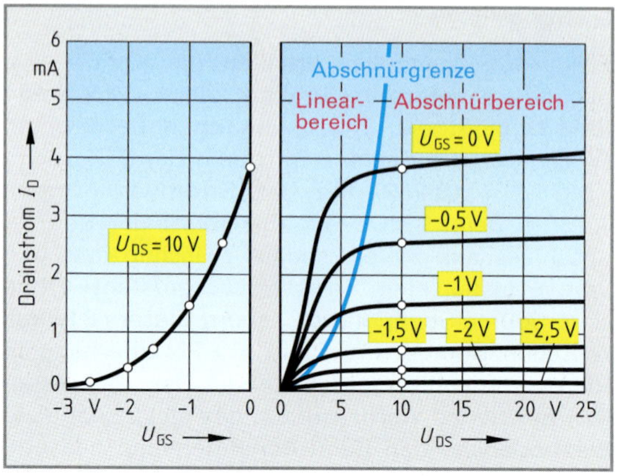

Bild 1: Kennlinienfeld eines PN-FET mit N-Kanal

Dadurch ist ihre Verarbeitung einfacher. Sie eignen sich aber weniger für IC, sodass dort IG-FET häufiger sind.

Eine Sonderform des PN-FET ist die *Strombegrenzungsdiode* **(Bild 2)**. Bei ihr ist im Inneren eine Verbindung zwischen Gate und Source hergestellt. Bei großer Stromstärke verengt die durch den Spannungsfall im Kanal hervorgerufene Gate-Drain-Spannung den Kanal, sodass die Stromstärke auch bei zunehmender Drain-Source-Spannung stabilisiert wird.

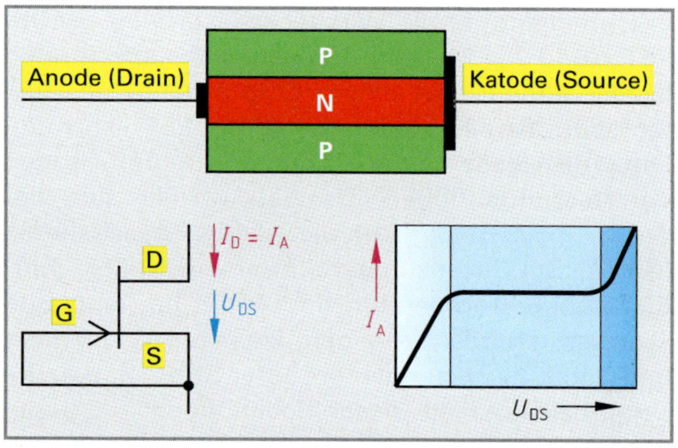

Bild 2: Strombegrenzungsdiode aus PN-FET

2.6.4 IGBT

IGBT steht für Insulated Gate Bipolar Transistor (= bipolarer Transistor mit isolierter Steuerelektrode). Es handelt sich hier um ein elektronisches Halbleiterbauelement, das vorwiegend als elektronischer Schalter in der Leistungselektronik eingesetzt wird.

Der IGBT kombiniert die Vorzüge des Feldeffekttransistors (leistungslose Ansteuerung) und des bipolaren Transistors (gutes Durchlassverhalten). Die Ersatzschaltung in **Bild 3** zeigt, dass beim IGBT ein Feldeffekttransistor einen bipolaren Transistor ansteuert.

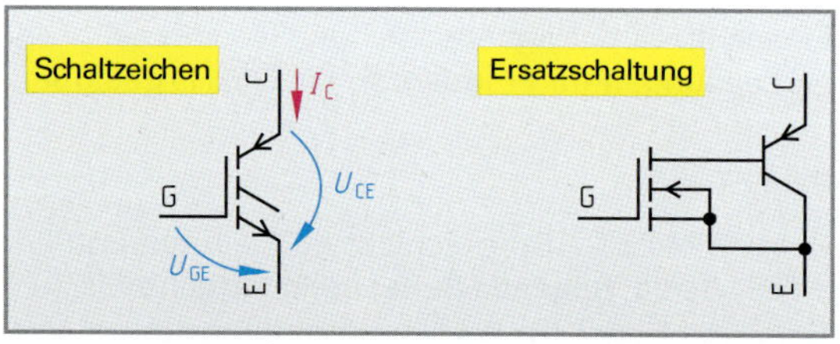

Bild 3: Ersatzschaltung selbstsperrender IGBT

Aufbau und Halbleiterstruktur

Der Aufbau des IGBT ähnelt dem eines IG-FET (**Bild 4**), jedoch ist zusätzlich eine P-Zone vorhanden. Diese bildet den Kollektoranschluss C. Es gibt insgesamt drei Anschlüsse (**C, G, E**). Die Steuerung des IGBT erfolgt über die Gate-Emitter-Stecke (**G-E**). Der Laststrom I_C fließt über die Kollektor-Emitter-Strecke (**C-E**).

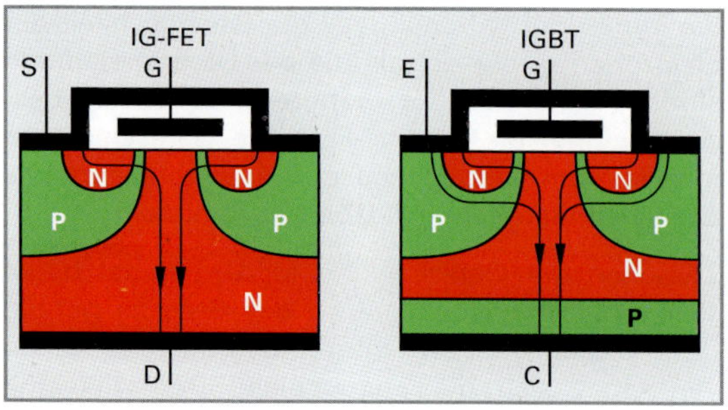

Bild 4: Aufbauprinzip von IG-FET und IGBT (selbstsperrend)

Kennlinie

Die $I_C(U_{CE})$-Kennlinie des IGBT entspricht im Wesentlichen der $I_C(U_{CE})$-Kennlinie des bipolaren Transistors (**Bild 1**).

Die Spanung U_{CE} muss zum Durchschalten jedoch mindestens 2 V betragen.

Schaltverhalten

Die Ansteuerung des IGBT erfolgt durch Anlegen einer positiven Spannung U_{GE} an das Gate. Die Kollektor-Emitter-Strecke schaltet erst ab einer Gate-Emitter-Schleusenspannung von 2 V bis 5 V durch. Im leitenden Zustand der CE-Strecke befindet sich der IGBT in der Sättigung mit U_{CEsat} von typischerweise 2 V bis 4 V (Bild1).

IGBT-Typen

Außer dem beschriebenen selbstsperrenden IGBT kommen auch selbstleitende zum Einsatz. Beide können mit einem P- oder N-Kanal realisiert werden (**Tabelle 1**).

Beschaltung

IGBT sind in Rückwärtsrichtung nur begrenzt sperrfähig. Zum Schutz werden Freilaufdioden zwischen Kollektor C und Emitter E geschaltet (**Bild 2**). So können IGBT z.B. bei der Steuerung von Antrieben auch Strom in Gegenrichtung aufnehmen.

Die Freilauf- oder Rückspeisedioden sind oft in IGBT-Gehäusen integriert (Bild 2).

Wegen der hohen Schaltfrequenz (bis 200 kHz) kann mit kleinen Glättungsinduktivitäten gearbeitet werden.

Typische Grenzwerte

Sperrspannung: über 6 kV
Laststrom: bis 3500 A
Leistung: bis 100 MW
Schaltfrequenz: bis 200 kHz
Schaltzeit: unter 0,3 µs

Einsatz

IGBTs haben die GTO-Thyristoren im Hochleistungsbereich fast vollständig ersetzt. Sie sind in Stromrichterschaltungen genauso anzutreffen wie in Dimmerschaltungen für Halogen-Niedervoltlampen.

Auch Frequenzumrichter für Induktionsöfen oder in der Antriebstechnik arbeiten meist mit IGBTs.

Beispiele für IGBT-Anwendungen:
- Wechselrichter, z. B. in Fotovoltaikanlagen
- Frequenzumrichter, z. B. für Antriebe
- Steuerung von AC- und DC-Motoren
- Schaltnetzteile
- Unterbrechungsfreie Stromversorgung (USV)

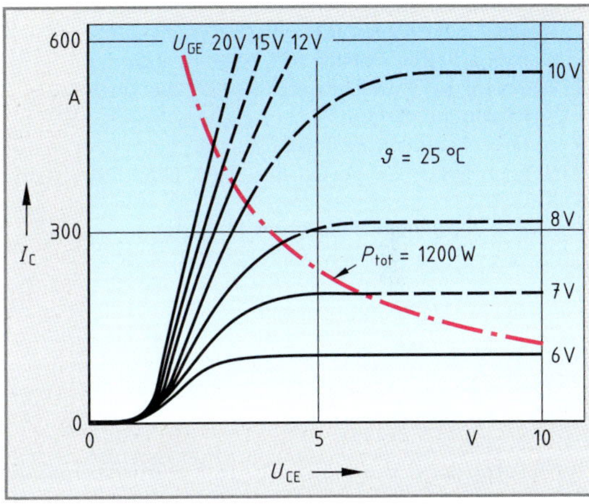

Bild 1: $I_C(U_{CE})$-Kennlinie eines selbstsperrenden IGBT

Tabelle 1: Schaltzeichen der IGBT-Typen

IGBT-Typ	N-Kanal	P-Kanal
selbstleitend	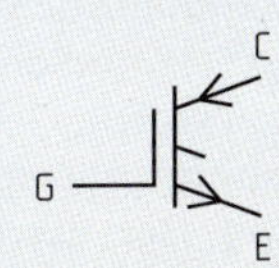	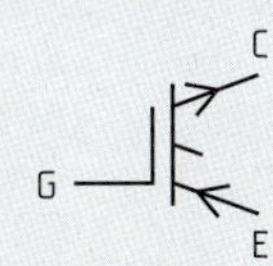
selbst-sperrend	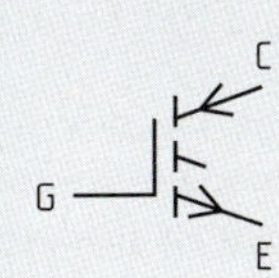	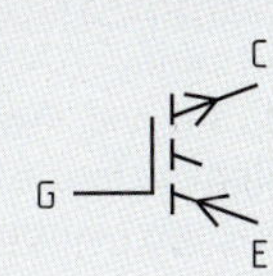

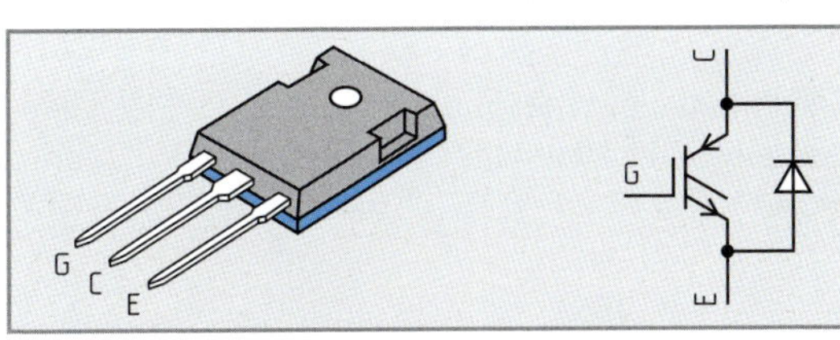

Bild 2: IGBT (selbstleitend) mit Schutzdiode

IGBTs werden als Einzelbauelemente, Module (**Bild 1**) oder Arrays hergestellt.

Solche IGBT-Module kommen z.B. als Schalter in Frequenzumrichtern zum Einsatz.

Mit diesen Frequenzumrichtern lassen sich, wie in **Bild 2** dargestellt, elektrische Antriebe steuern.

Wiederholung und Vertiefung

1. **Wodurch unterscheiden sich die Eigenschaften der IG-FETs von denen der PN-FET?**
2. **Warum erhalten viele IG-FET Begrenzerdioden?**
3. **Wie wird bei Anreicherungs-IG-FET die Gate-Sorce-Vorspannung erzeugt?**
4. **Erklären Sie das Kürzel IGBT.**
5. **Nennen Sie einen Vorteil des IGBT gegenüber dem IG-FET.**
6. **Welche Aufgabe hat die Diode in Bild 2, S. 169?**
7. **Bis zu welcher Frequenz sind IGBT einsetzbar?**

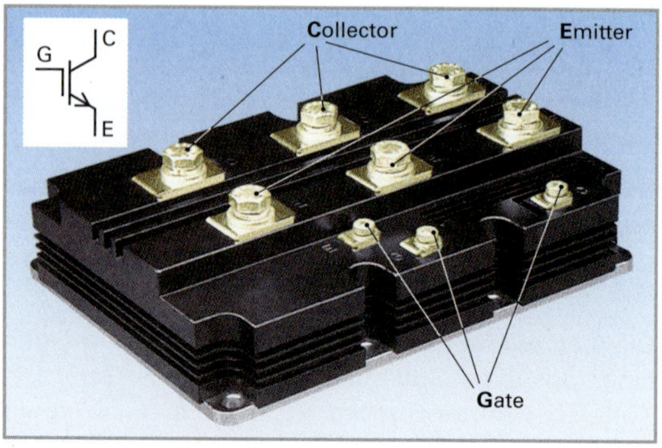

Bild 1: Modul mit drei IGBT und integrierten Freilaufdioden

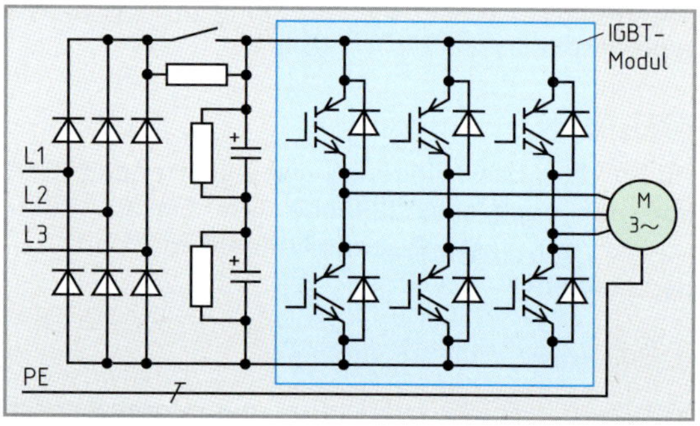

Bild 2: IGBT-Modul für Motorsteuerung

2.6.5 Thyristoren

Thyristoren sind Bauelemente mit wenigstens vier aufeinander folgenden Halbleiterschichten wechselnder Dotierung, z. B. PNPN.

Rückwärts sperrende Thyristortriode

Die rückwärts sperrende Thyristortriode, meist kurz Thyristor[1] oder genauer *Einrichtungs-Thyristor* genannt, enthält eine Siliciumscheibe mit vier abwechselnd P-leitenden oder N-leitenden Schichten **(Bild 3)**. Derartige Thyristoren werden mit Bemessungssperrspannungen von 50 V bis 8 000 V und Bemessungsströmen von 0,4 A bis etwa 4 500 A hergestellt **(Bild 4)**. Die Pulsstrombelastbarkeit beträgt bis zu 100 kA.

Die äußere P-Schicht ist die *Anode*, die äußere N-Schicht ist die *Katode*. Die innere P-Schicht ist meist das *Gate*. Außer diesem katodenseitig gesteuerten P-Gate-Thyristor kommt auch ein anodenseitig gesteuerter N-Gate-Thyristor vor. Bei ihm ist die innere N-Schicht das Gate.

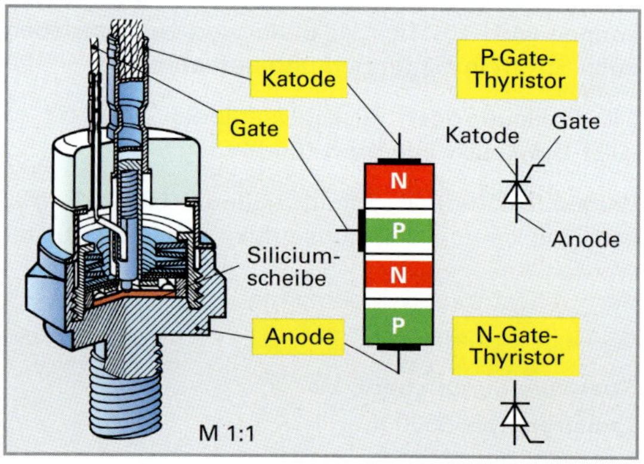

Bild 3: Einrichtungs-Thyristor mittlerer Größe (Bemessungsstrom 50 A, Bemessungssperrspannung 750 V)

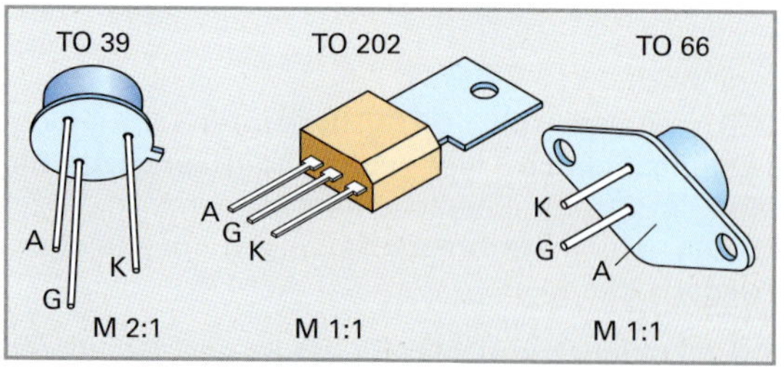

Bild 4: Verschiedene Gehäuseformen von Thyristoren

Der häufigste Thyristor mit einer Stromrichtung ist ein PNPN-Halbleiter-Bauelement mit einem P-Gate.

[1] Kunstwort aus **Thyr**atron (gasgefüllte Röhrentriode) und Resi**stor** (resistor = Widerstand)

Beim Durchschaltevorgang, der als Zünden bezeichnet wird, überflutet der Gatestrom I_G den inneren P-Leiter so stark mit Ladungsträgern, dass die in der Mitte liegende Sperrschicht abgebaut wird. Die verbleibenden PN-Übergänge sind je nach Richtung der Anschlussspannung zwischen Anode und Katode beide in Vorwärtsrichtung oder in Rückwärtsrichtung geschaltet und wirken dann wie der PN-Übergang einer Halbleiterdiode **(Bild 1)**.

Der Thyristor wirkt wie eine Diode, sobald ein Gatestrom fließt.

Thyristoren kann man deshalb als Gleichrichter und auch als kontaktlose Schalter verwenden. Ist durch den Steuerstrom die mittlere Sperrschicht abgebaut, so verhindern die Ladungsträger des Laststromes eine erneute Sperrung, auch wenn der Laststrom zurückgeht. Die Sperrschicht bildet sich erst wieder, wenn der Vorwärtsstrom (Durchlassstrom) schwächer wird als der *Haltestrom* (Bild 1). Der Haltestrom ist der kleinste Vorwärtsstrom, bei dem der Thyristor noch im leitenden Zustand bleibt. Bei Betrieb mit Wechselstrom wird am Ende jeder positiven Halbperiode der Haltestrom unterschritten, sodass sich die Sperrschicht erneut bildet. Dadurch ist eine feinstufige Steuerung möglich (Vielperiodensteuerung, Anschnittsteuerung).

Bei Unterschreiten des Haltestromes oder bei Richtungsumkehr des Laststromes sperrt der Thyristor. Danach ist eine erneute Zündung notwendig.

Der Aufbau der Sperrschicht nach Unterschreiten des Haltestromes benötigt einige Zeit. Während dieser Zeit muss der mittlere PN-Übergang von Ladungsträgern frei werden. Die *Freiwerdezeit* beträgt meist 100 µs bis 300 µs. Bei so genannten schnellen Thyristoren kann sie kleiner sein als 5 µs.

Legt man in Vorwärtsrichtung (zwischen Anode und Katode) vor dem Zünden eine Spannung an den Thyristor, so wird die Spannung vom mittleren PN-Übergang aufgenommen. Man bezeichnet diesen Zustand vor dem Zünden als *Blockieren*. Während des *Spannungsanstiegs* fließt außer dem Sperrstrom noch der Ladestrom für die Sperrschichtkapazität. Dieser ist umso stärker, je schneller die Spannung ansteigt. Bei sehr schnellem Spannungsanstieg kann durch ihn der mittlere PN-Übergang so stark mit Ladungsträgern überflutet werden, dass der Thyristor zündet.

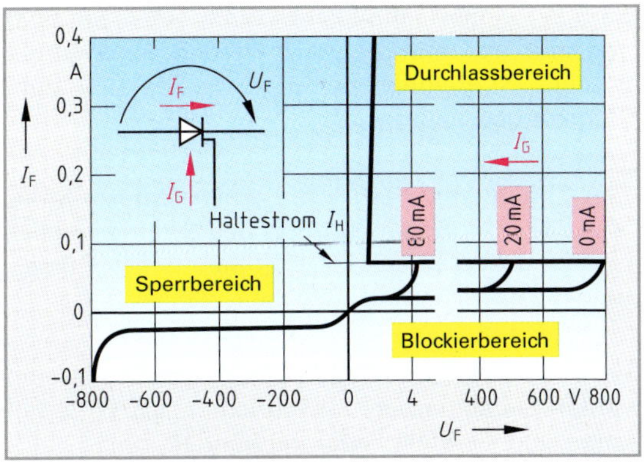

Bild 1: $I_F(U_F)$-Kennlinie eines Thyristors mit Nullkippspannung 800 V

Der Spannungsanstieg darf nur so schnell erfolgen, dass die *kritische Spannungssteilheit* du/dt des Thyristors nicht überschritten wird. Das ist der höchste Wert der Steilheit der Spannung in Vorwärtsrichtung, bei dem ein Thyristor ohne Gatestrom noch nicht vom gesperrten in den leitenden Zustand umschaltet. Die kritische Spannungssteilheit der Thyristoren liegt zwischen 50 V/µs und 1000 V/µs.

In Vorwärtsrichtung soll der Spannungsanstieg während des Blockierens nicht unzulässig schnell erfolgen.

Auch der Stromanstieg sollte bei Thyristoren nicht zu schnell erfolgen, z. B. beim Einschalten von Kondensatoren oder Wirkwiderständen. Dann würden nämlich die Siliciumscheiben stellenweise überhitzt, weil sie im ersten Augenblick der Zündung noch nicht im ganzen Querschnitt leiten. Die *kritische Stromsteilheit* di/dt eines Thyristors darf deshalb nicht überschritten werden. Sie liegt je nach Thyristortyp meist zwischen 100 A/µs und 1000 A/µs.

Die kritische Spannungssteilheit ist bei der Auswahl von Thyristoren für das Schalten von Gleichspannung sowie für Wechselspannung höherer Frequenz zu beachten, die kritische Stromsteilheit insbesondere für das Schalten von Kondensatoren und Wirkwiderständen mit großen Thyristoren. Wird eine Induktivität, z. B. eine Schutzdrossel, dem Thyristor vorgeschaltet oder nachgeschaltet, so wird der Stromanstieg verlangsamt, sodass die kritische Steilheit nicht überschritten wird.

Die Spannungssteilheit kann durch einen Snubber (von snub = stumpf) begrenzt werden. Ein Snubber ist eine *RC*-Reihenschaltung, die parallel zum Thyristor geschaltet wird.

Bei Thyristoren dürfen die Anstiegsgeschwindigkeiten der Spannung und des Stromes nicht größer sein als die kritische Spannungssteilheit und die kritische Stromsteilheit.

Die in Rückwärtsrichtung sperrenden Thyristoren werden als steuerbare Gleichrichter, als Wechselrichter und als Stellglieder verwendet.

Zu den in Rückwärtsrichtung sperrenden Thyristoren gehört auch die *Thyristortetrode*. Diese hat ein P-Gate und ein N-Gate. Der *Fotothyristor* ist eine Thyristortetrode, die durch Licht gezündet werden kann.

Abschaltthyristor (GTO-Thyristor)

Schickt man nach dem Zünden eines Thyristors einen gegenüber dem Zündimpuls umgekehrt gepolten Impuls über das Gate in den Thyristor, so wirkt der Gatestrom gegen den im Laststromkreis fließenden Strom. Dadurch könnte sich die Sperrschicht wieder bilden, wenn sich der Strom in der Siliciumtablette gleichmäßig über den ganzen Querschnitt verteilen würde. Das ist aber nicht der Fall. Es treten vielmehr beim Versuch einer derartigen Abschaltung in der Siliciumtablette in einigen Bereichen hohe Stromdichten auf, die zu einer Zerstörung des einfachen Einrichtungsthyristors führen.

Die Löschung durch einen geeignet gepolten Löschimpuls ist beim *Abschaltthyristor (GTO-Thyristor*, von Gate Turn Off = Gate-Abschalten) möglich.

GTO-Thyristoren werden durch einen positiven Gatestromimpuls gezündet und mit einem negativen Gatestromimpuls gelöscht.

Abschaltthyristoren werden mit Bemessungsspannungen bis 6 kV und Bemessungsströmen bis 4 kA hergestellt. Die Schaltfrequenz kann bis 10 kHz betragen. Das Abschalten von thyristorgesteuerten Gleichstromkreisen wird mit derartigen Thyristoren einfach. Deshalb werden neben IGBTs GTO-Thyristoren bei Umrichtern mit Gleichstromzwischenkreis bzw. Gleichspannungszwischenkreis im Leistungsbereich oberhalb 500 kW verwendet (Abschnitt 6.4.3).

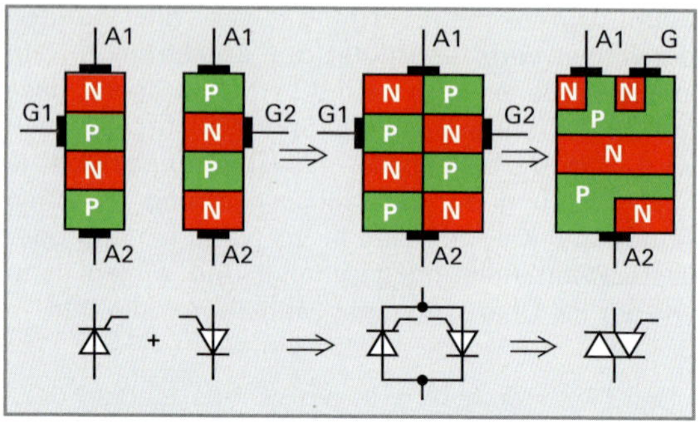

Bild 1: Entstehung des Aufbaus und des Schaltzeichens eines Triac

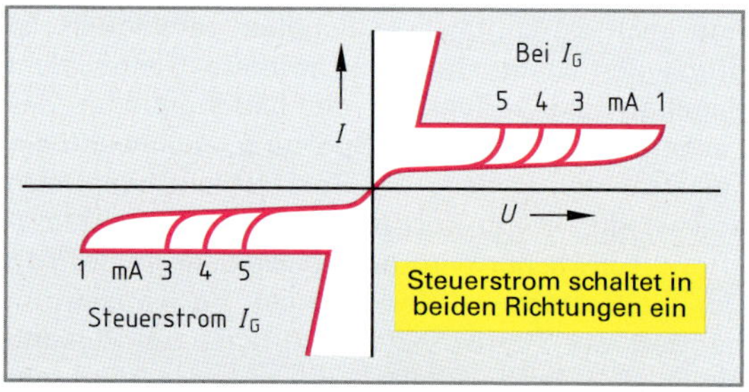

Bild 2: $I(U)$-Kennlinie eines Triac

Triac

Zum Steuern von Wechselstrom kann man rückwärts sperrende Thyristortrioden in Gegenparallelschaltung verwenden. Dazu könnte man z. B. einen P-Gate-Thyristor und einen N-Gate-Thyristor nehmen. Rückt man den Aufbau beider Thyristoren zusammen **(Bild 1)**, so erhält man den Aufbau eines Halbleiterbauelementes, welches das Verhalten der Gegenparallelschaltung hat, aber nur eine Steuerelektrode benötigt.

Ein beliebig gepolter Impuls zwischen Steuerelektrode und benachbarter Elektrode schaltet diesen Thyristor unabhängig von der Richtung der Spannung im Laststromkreis in den leitenden Zustand um **(Bild 2)**. Die in beide Richtungen schaltbare (bidirektionale) Thyristortriode nennt man Zweirichtungsthyristor oder Triac (Kunstwort aus Triode = Bauelement mit drei Anschlüssen und alternating current = Wechselstrom).

Die Zündung ist mit einer zwischen G und A1 (Bild 1) grundsätzlich beliebig gepolten Zündspannung in jeder Halbperiode möglich.

Ein Triac kann mit Wechselstrom oder mit Gleichstrom in beiden Richtungen gezündet werden.

Es gibt aber Triac-Typen, die das Zünden in allen vier Quadranten aushalten.

Der Triac wird für Spannungen bis 1200 V und Ströme bis 120 A hergestellt. Er lässt sich als elektronisches Schütz und als Stellglied für Wechselstromverbraucher z. B. als Dimmer verwenden.

Thyristortetrode

Die Thyristortetrode ist eine Kombination von N-Gate-Thyristor und P-Gate-Thyristor **(Bild 1)**. Zwischen Katode und Anode ist katodenseitig das P-Gate G_K vorhanden, anodenseitig das N-Gate G_A. Die Thyristortetrode wird entweder über das P-Gate G_K oder über das N-Gate G_A gezündet. Das nicht zum Zünden benötigte Gate wird zur Stabilisierung der Schaltung durch einen hochohmigen Abschlusswiderstand R_{GAA} bzw. R_{GKK} mit der zugehörigen Hauptelektrode verbunden. Manche Thyristortetroden können auch wie Vierschichtdioden durch Überschreiten der Spannung zwischen Anode und Katode gezündet werden, also ohne Zündstrom.

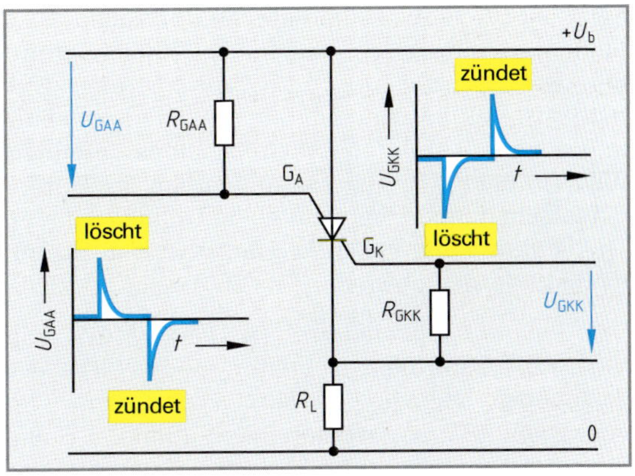

Bild 1: Löschen und Zünden bei der Thyristortetrode

> Bei der Thyristortetrode wird das nicht benötigte Gate über einen hochohmigen Widerstand mit der zugehörigen Hauptelektrode verbunden.

Der *Fotothyristor* ist eine Abart der Thyristortetrode. Bei ihm fällt Licht bzw. Infrarotstrahlung über eine Linse in eine Sperrschicht und setzt dort Ladungsträger frei. Zum Zünden des Fotothyristors genügt schon ein Lichtimpuls von 20 µs Dauer. Zusätzlich ist beim Fotothyristor Zündung über ein Gate wie bei den anderen Thyristortetroden möglich.

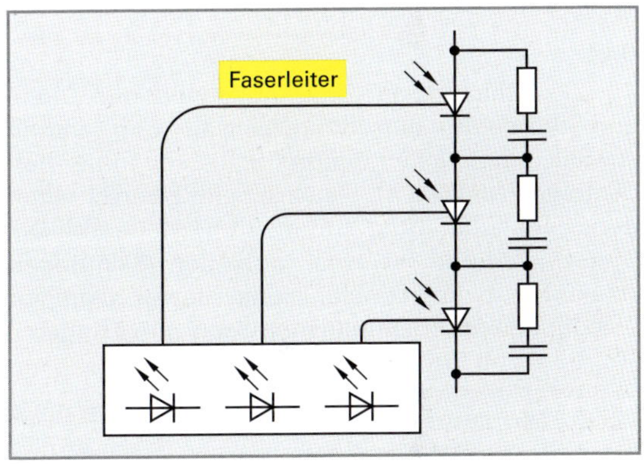

Bild 2: Ansteuerung von Leistungs-Fotothyristoren

Fotothyristoren großer Leistung werden bei Stromrichterschaltungen für sehr hohe Spannungen verwendet, bei denen die einzelnen Thyristoren in Reihe geschaltet sind **(Bild 2)**. Die Ansteuerung der Fotothyristoren erfolgt dabei über Glasfaserleiter. Dadurch ist die ganze Steuerelektronik potenzialfrei und von der Hochspannung getrennt.

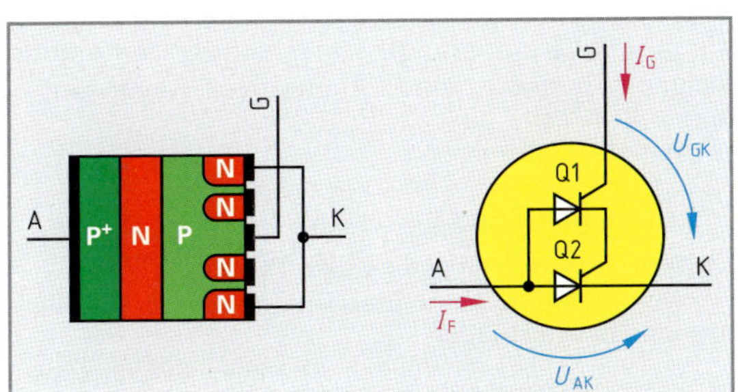

Bild 3: Aufbau und Schaltzeichen des Thyristors mit Zündthyristor

Thyristoren mit integrierten Bauelementen

Bei Thyristoren für große Leistungen muss die Zündung den hier großen Querschnitt des Siliciumchips erfassen. Dazu ist aber eine große Zündleistung erforderlich. Beim *Thyristor mit Zündthyristor* wird ein kleiner Zündthyristor in den großen Querschnitt integriert **(Bild 3)**. Über das Gate wird mit einer kleinen Zündleistung der Zündthyristor angesteuert, der seinerseits den Hauptthyristor mit einer großen Zündleistung zündet.

Beim *ASCR* (von Asymmetrical Controlled Rectifier = asymmetrisch gesteuerter Gleichrichter) mit dem Grenzfall des *rückwärts leitenden Thyristors* ist in Rückwärtsrichtung des Thyristors eine in Vorwärtsrichtung geschaltete Diode integriert **(Bild 1)**. Beide Thyristorarten werden in Stromrichterschaltungen verwendet, bei denen zu den Thyristoren sonst Freilaufdioden bzw. Blindstromdioden erforderlich sind.

Der *spannungsgesteuerte Thyristor MCT* (von MOS-FET Controlled Thyristor = von MOS-FET gesteuerter Thyristor) ist ein GTO-Thyristor, der von zwei FET angesteuert wird **(Bild 2)**. Seine Ausgangskennlinie entspricht der Kennlinie des üblichen Thyristors **(Bild 3)**. Bei Schaltungen mit MCT sind die Verluste besonders niedrig, da die Vorwärtsspannung beim Bemessungsstrom nur etwa 1,5 V beträgt.

Diac

Die *Dreischichtdiode* (Diac, Kunstwort aus Diode und alternating current = Wechselstrom) enthält ein Siliciumplättchen mit drei Schichten in der Reihenfolge PNP **(Bild 4)**. Sie wird beim Überschreiten der Schaltspannung (hier 25 V) leitend. Die Dreischichtdiode ist eine in beiden Richtungen schaltbare (bidirektionale) Diode, die vor allem zur Erzeugung von Spannungsimpulsen zum Triggern[1] (Zünden) von Thyristoren angewendet wird.

Vierschichtdiode

Die Vierschichtdiode enthält ein Siliciumplättchen mit vier Schichten in der Reihenfolge PNPN. Sie verhält sich wie ein Einrichtungs-Thyristor ohne Steuerstrom. Deshalb zündet sie, wenn die an ihr in Vorwärtsrichtung liegende Spannung größer wird als ihre Schaltspannung. Vierschichtdioden eignen sich zum Triggern von Einrichtungs-Thyristoren.

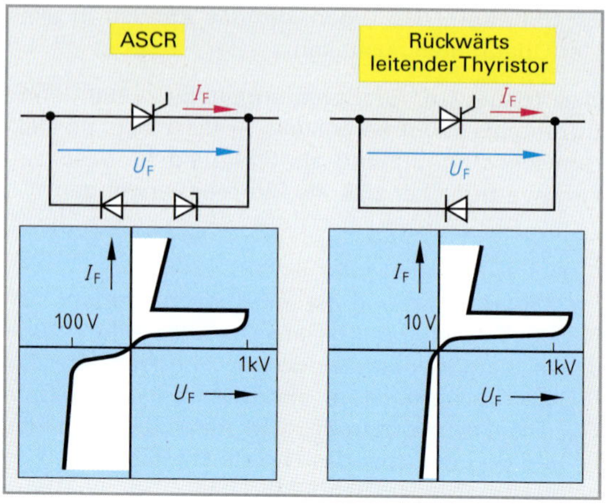

Bild 1: Ersatzschaltungen und Kennlinien von ASCR und rückwärts leitendem Thyristor

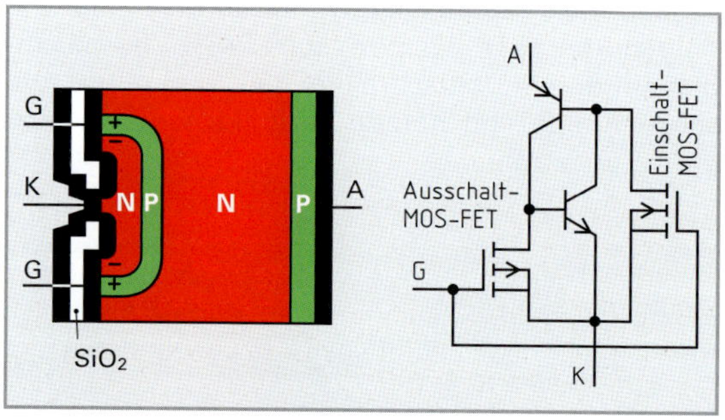

Bild 2: Vereinfachter Aufbau und Ersatzschaltung des MCT

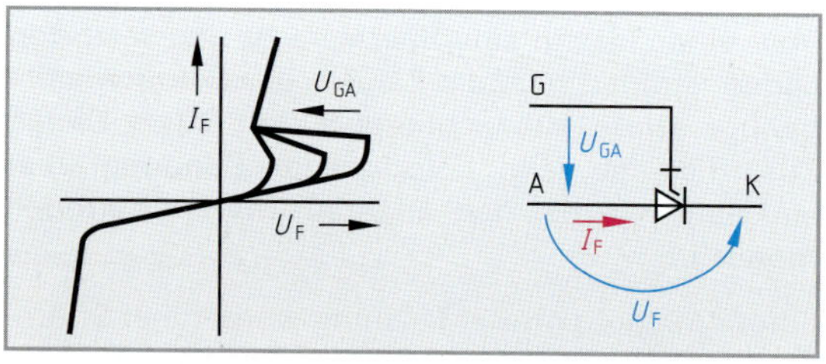

Bild 3: $I_F(U_F)$-Kennlinie und Schaltzeichen des MCT

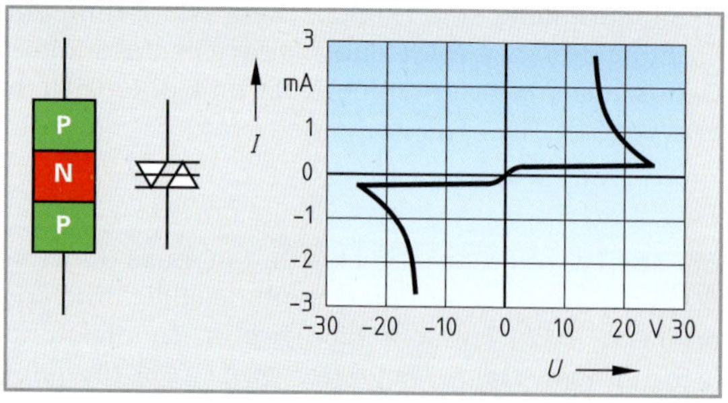

Bild 4: Aufbau, Schaltzeichen und $I(U)$-Kennlinie einer Dreischichtdiode (Diac)

Wiederholung und Vertiefung

1. **Was versteht man unter einem Thyristor?**
2. **Wie heißen die Anschlüsse einer rückwärts sperrenden Thyristortriode?**
3. **Welche beiden Richtungen sind beim Einrichtungs-Thyristor zu unterscheiden?**
4. **Warum kann ein Einrichtungs-Thyristor wie eine Diode wirken?**
5. **Was versteht man unter einem Triac?**
6. **Wie ist eine Thyristortetrode aufgebaut?**
7. **Wie hoch ist etwa die Schaltspannung eines Diac?**
8. **Welche Aufgabe hat ein Diac?**

[1] engl. trigger = Drücker, Auslöser

2.6.6 Integrierte Schaltungen (IC)

Monolithische Integrierte Schaltungen

Mithilfe der Planartechnik (*planar* = eben) können auf einem einzigen Halbleiterplättchen (*Chip* = Plättchen) viele IC (von Integrated Circuit = integrierter Schaltkreis) mit gleichzeitig aktiven Bauelementen, z. B. bipolaren Transistoren, und passiven Bauelementen, z. B. Widerständen, aufgebaut werden. Diese *Monolithtechnik* (griech. monolith = Gegenstand aus einem Stein) ermöglicht die Herstellung vollständiger Schaltungen mit z. B. mehreren tausend Bauelementen auf einem wenige mm^2 großen Siliciumplättchen.

Monolith-IC werden stufenweise mithilfe von Masken hergestellt **(Bild 1)**. Dabei sind bipolare und unipolare Transistoren in den IC ähnlich aufgebaut wie einzelne Transistoren. Als Diode wird ein PN-Übergang oder eine PN-Strecke eines Transistors verwendet, bei dem die andere PN-Strecke kurzgeschlossen oder nicht angeschlossen wird. Als Widerstände dienen P-leitende Bahnen. Kondensatoren werden mit einer Sperrschicht oder mit einer SiO_2-Schicht als Dielektrikum aufgebaut. Sperrschichtkondensatoren benötigen eine Vorspannung in Sperrrichtung und wirken wie gepolte Kondensatoren. Spulen werden in der Monolithtechnik durch Schaltungen ersetzt, welche ein induktives Verhalten haben (Reaktanzschaltungen).

In Monolithtechnik werden Dioden, Transistoren, Kondensatoren und Spulen sowie Schaltungen daraus aufgebaut.

Monolithische IC können Grenzfrequenzen bis zu 10 GHz haben. Es werden analoge Schaltungen (lineare Schaltungen), z. B. Verstärker, und digitale Schaltungen, z. B. binäre Elemente und Mikroprozessoren, hergestellt. Je nach den Schaltelementen spricht man bei bipolaren IC z. B. von TTL (**T**ransistor-**T**ransistor-**L**ogik), siehe Abschnitt 3.1.7).

Monolithische IC mit FET-Bauelementen, z. B. MOS-IC, haben eine größere Packungsdichte und eine kleinere Verlustleistung als bipolare IC, arbeiten aber langsamer. Umfangreiche IC mit Millionen von Schaltelementen gibt es z. B. als VLSI (Very Large Scale Integration = Sehr große Integrationsdichte oder ULSI (Ultra Large Scale Integration = Äußerst große Integrationsdichte).

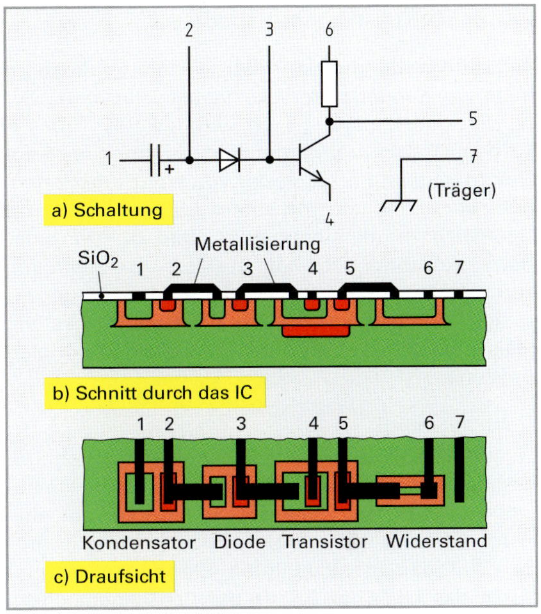

Bild 1: Beispiel einer integrierten Schaltung in bipolarer Monolithtechnik

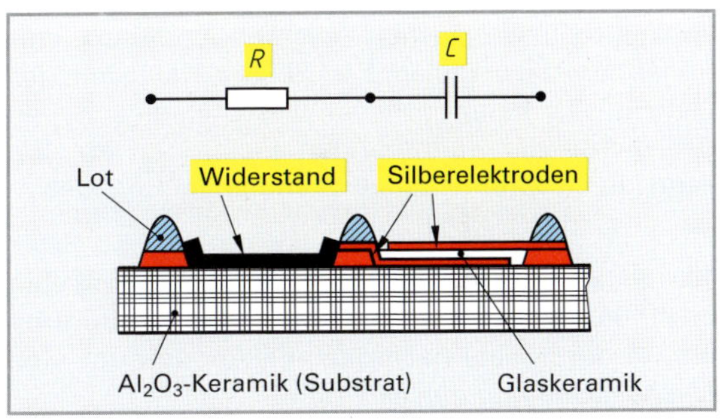

Bild 2: Dickschichtschaltung

Schichtschaltungen

Bei der *Dickschichttechnik* (Siebdrucktechnik) **(Bild 2)** werden auf ein Trägerplättchen (Substrat), Pasten aus Metalllegierungen, z. B. eine Mischung aus Silber-Palladium und Palladiumoxid, benutzt. Es lassen sich Widerstände zwischen 10 Ω und 5 MΩ herstellen, deren Toleranzen ohne Abgleich etwa ±20 %, mit Abgleich etwa ±1 % bis ±2 % betragen. Kondensatoren werden z. B. aus Aluminiumoxid-Keramik, durch Siebdruck Pasten aufgebracht, die durch einen Einbrennprozess ihre Festigkeit erlangen **(Bild 1, folgende Seite)**. Dickschichtschaltungen werden als Widerstandsnetzwerke und RC-Netzwerke verwendet, z. B. in der Datenverarbeitung als Abschlusswiderstände von Busleitungen und in Fernsprechanlagen als Dämpfungsglieder. Sie werden gegenüber monolithischen IC bei höheren Leistungen, höheren Frequenzen, geringeren Toleranzgrenzen, kleineren Stückzahlen und für kleinere Temperaturabhängigkeit verwendet.

2.6.7 Elektronenstrahlröhren

Zur Umwandlung elektrischer Signale in sichtbare Bilder verwendet man *Elektronenstrahlröhren.* Diese werden oft als CRT (von Cathode Ray Tubes = Katodenstrahlröhren) bezeichnet. In ihnen wird ein Elektronenstrahl erzeugt, der von einer *Elektronenoptik* gebündelt und von einem *Ablenksystem* zum Leuchtschirm abgelenkt wird **(Bild 2)**. Mit einer Oszilloskopröhre (von lat. oscillare = schwingen, von griech. scope = Gesichtsfeld) wird die gegenseitige Abhängigkeit zweier Größen dargestellt. Meist handelt es sich dabei um zeitabhängige Größen.

Elektronenoptik

Im luftleeren Röhrenkolben sendet eine geheizte Katode Elektronen aus, die zur Anode hin beschleunigt werden. Die zylinderförmige Anode hat eine kleine Öffnung und wirkt als Lochblende. Ein großer Teil der beschleunigten Elektronen gelangt durch das Loch der Anode auf den Leuchtschirm und regt die Schicht an dieser Stelle zum Leuchten an. Diesen Vorgang bezeichnet man als *Fluoreszenz* (Aufleuchten durch Bestrahlung). Eine so angeregte Leuchtstelle leuchtet noch nach, was *Phosphoreszenz* genannt wird. Die Helligkeit des Leuchtflecks hängt von der Geschwindigkeit und der Dichte der auftreffenden Elektronen ab. Sie kann durch eine negative Steuerspannung beeinflusst werden.

Die Elektronen werden zum Leuchtschirm hin beschleunigt. Eine weitere Beschleunigung erfolgt durch eine nachfolgende Anode oder eine *Nachbeschleunigungselektrode*.

Die Anode kann in zwei zylinderförmige Elektroden aufgeteilt sein und liegt an einer positiven Spannung von mehreren tausend Volt. Ein leitender Innenbelag (Graphit) des Röhrenkolbens ist mit der Anode verbunden, die meist an Masse gelegt wird **(Bild 1, folgende Seite)**. Die Nachbeschleunigungselektrode erhöht die Elektronengeschwindigkeit und damit die Helligkeit.

> Die Beschleunigung der Elektronen erfolgt in der Elektronenstrahlröhre in mehreren Stufen.

Infolge der hohen Geschwindigkeit fließen kaum Elektronen über den Anodenzylinder ab, sondern sie gelangen als Elektronenstrahl weiter zum Leuchtschirm. Die zur Leuchtschicht gelangenden Elektronen werden vom Graphitbelag der Röhre angezogen. Der Anodenstromkreis ist geschlossen.

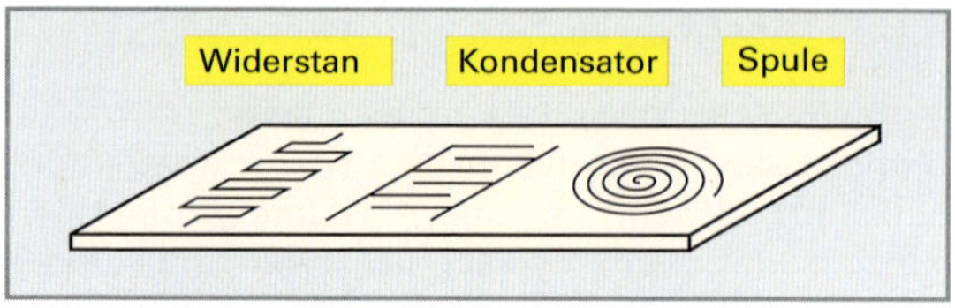

Bild 1: Strukturbeispiele von Bauelementen in Schichtschaltungen

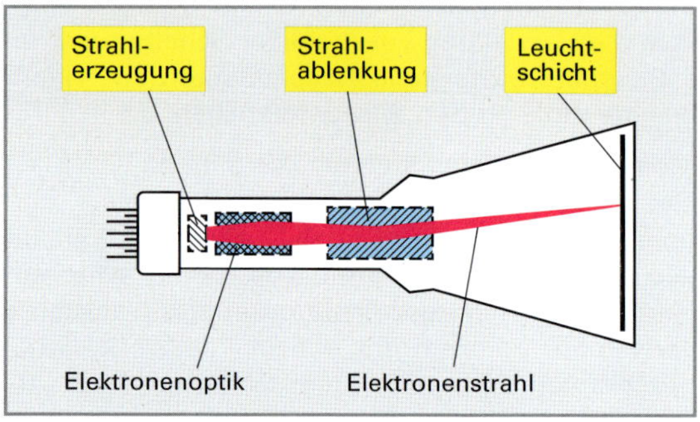

Bild 2: Aufbau einer Elektronenstrahlröhre

Innerhalb des Elektronenstrahls stoßen sich die negativen Elektronen gegenseitig ab, sodass der Strahl auseinander laufen würde. Das Zusammenführen des Strahlenbündels in einen Punkt auf dem Leuchtschirm bezeichnet man als *Fokussierung* (lat. focus = Brennpunkt). Elektronenstrahlen können mittels elektrischer oder magnetischer Felder, die man als elektrische Linsen bezeichnet, fokussiert werden. Die Bündelung durch elektrische Felder *(elektrostatische Fokussierung)* erfolgt zwischen Elektroden, die gegeneinander eine Spannung aufweisen und wird durch eine Spannungsänderung an der Fokussierelektrode eingestellt. Man bezeichnet diese Elektroden als Elektronenoptik.

Strahlablenkung

Damit auf dem Bildschirm nicht nur ein Leuchtfleck, sondern ein Bild entsteht, wird der Elektronenstrahl durch elektrische Felder oder durch magnetische Felder abgelenkt. In Oszilloskopröhren wird die *elektrostatische Strahlablenkung* angewendet **(Bild 2,** folgende Seite**)**. Dabei durchläuft der Elektronenstrahl das elektrische Feld zwischen zwei Metallplatten und wird von der negativen Platte abgestoßen und von der positiven Platte angezogen. Die Ablenkung hängt von der Höhe der an den Platten liegenden Spannung ab und erfolgt fast leistungslos und trägheitslos. Durch zwei hintereinander, senkrecht zueinander

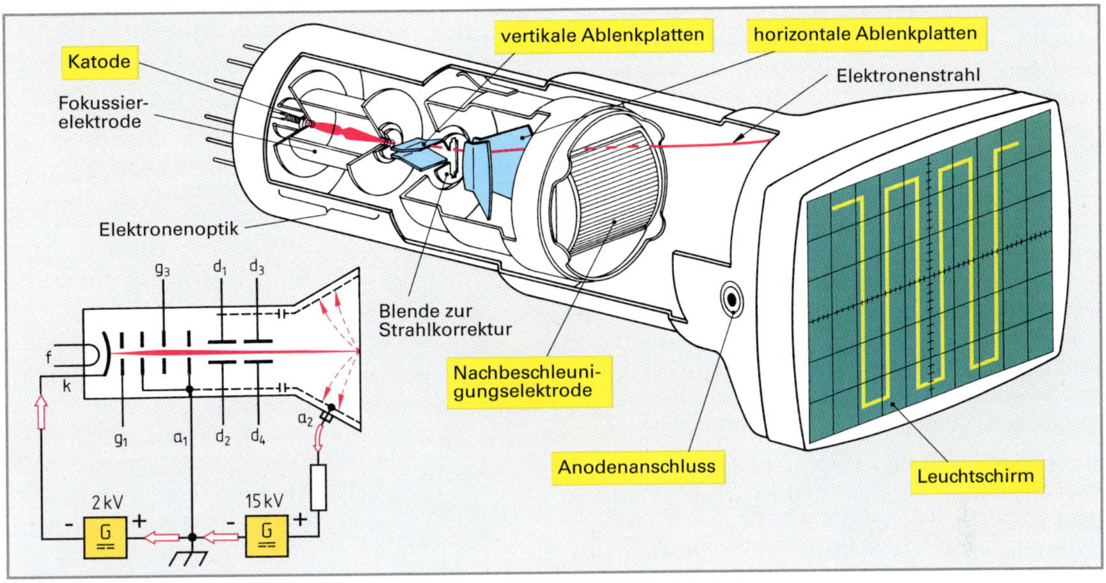

Bild 1: Oszilloskopröhre

stehende Plattenpaare kann der Strahl sowohl in horizontaler (waagerechter) als auch in vertikaler (senkrechter) Richtung und damit auf jeden beliebigen Punkt des Bildschirms abgelenkt werden. Der *Ablenkkoeffizient* ist umso kleiner, je höher die Anodenspannung ist. Er wird in V/cm oder V/div (div. von division = Teilung) angegeben.

Elektrische und magnetische Felder wirken auf einen Elektronenstrahl als elektrische Linsen und können den Strahl bündeln.

2.6.8 Gasentladungsröhren

Allgemeines

Gase sind bei Raumtemperatur und kleiner Feldstärke Nichtleiter. Durch Energie in Form von Wärme, kurzwelliger Strahlung, elektrischen Feldern oder Stoßenergie wird ein Gas ionisiert. Dabei entstehen Elektronen und positive Ionen. Ein ionisiertes Gas nennt man *Plasma* (griech. plasma = leuchtendes Gemisch).

Durch Zufuhr von Energie können Gase ionisiert werden.

Die bei der Stromleitung in Gasen auftretenden Erscheinungen bezeichnet man als *Gasentladung*.

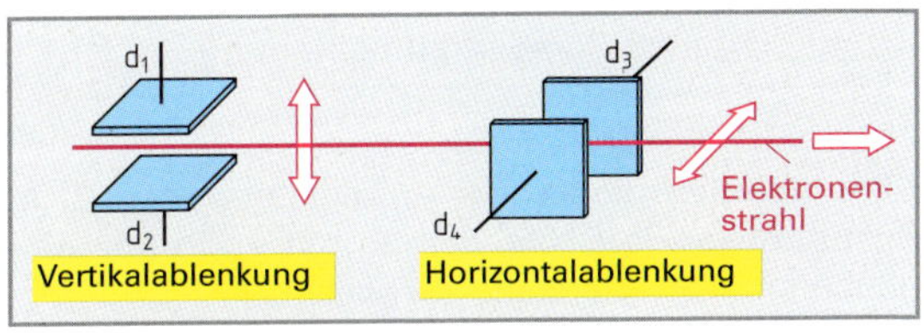

Bild 2: Elektrostatische Ablenkung

Bei *unselbständiger* Entladung wird ein Gas nur leitend, solange Energie zugeführt wird, z. B. durch eine kurzwellige Bestrahlung.

Bleibt ein Gas leitend, ohne dass von außen ständig Wärme oder Strahlungsenergie zugeführt wird, so liegt eine *selbstständige Gasentladung* vor. Eine solche Entladung tritt bei der Glimmlampe auf.

Legt man eine Spannung an die beiden Elektroden, so werden die positiven Ionen zur Katode und die Elektronen zur Anode hin beschleunigt. Wenn die Spannung hoch genug und der Gasdruck niedrig ist, dann wird die Geschwindigkeit und damit die Bewegungsenergie der Ladungsträger so groß, dass beim Zusammenstoß mit einem Gasatom ein Elektron oder mehrere Elektronen aus dem Atom herausgeschlagen werden. Diesen Vorgang nennt man *Stoßionisation* **(Bild 1, folgende Seite)**. Die neu entstandenen Ladungstäger werden beschleunigt und ionisieren ihrerseits wieder Gasatome, sodass in kurzer Zeit die Zahl der Ionen und Elektronen *lawinenartig* zunimmt.

Die Elektronen werden von der Anode aufgenommen. Die Ionen gelangen zur Katode und werden dort durch Aufnahme von Elektronen wieder zu neutralen Atomen. Die Zeit, die zur Erzeugung der Ladungsträger benötigt wird, nennt man *Ionisierungszeit*. Sie beträgt etwa 10 µs bis 100 µs.

Haben die aufprallenden Ladungsträger nicht genügend Energie, so können sie keine Elektronen aus den Atomen herausschlagen. Die Atome werden nur *angeregt*. Die Elektronen der äußersten Schale werden zwar ein Stück vom Atomkern entfernt, fallen aber dann wieder in ihre alte Bahn zurück. Dabei wird die aufgenommene Energie in Form eines kleinen Lichtblitzes frei. Dies geschieht bei einer großen Anzahl von Atomen. Es entsteht das *Glimmlicht*.

Nach dem Zünden der Glimmentladung geht die Spannung auf die Brennspannung zurück **(Bild 2)**. Erhöht man die Stromstärke, so nimmt die Spannung an der Gasentladungsröhre kaum zu. Sie wirkt spannungsstabilisierend.

Eine selbstständige Gasentladung kann durch Unterschreiten der Brennspannung wieder gelöscht werden.

Glimmlampen dienen als Anzeigelampen, z. B. in Spannungsprüfern. Sie werden mit und ohne eingebautem Vorwiderstand hergestellt.

Blitzröhren sind mit Xenongas gefüllte Trioden, die durch kurzzeitige Bogenentladung einen kurzen, sehr hellen Blitz erzeugen **(Bild 3)**. Sie werden in Fotoblitzgeräten und Stroboskopen verwendet. Xenon hat von allen Edelgasen die größte Lichtausbeute und gibt ein dem Tageslicht ähnliches Licht ab.

Geiger-Müller-Zählrohre zur Messung energiereicher Strahlung (α-Strahlen, ß-Strahlen und γ-Strahlen) besteht aus einem Metallrohr als Katode und einem in der Längsachse angebrachten Draht als Anode **(Bild 4)**. An der Vorderseite befindet sich meist ein Glimmerfenster. Als Gasfüllung wird Edelgas mit einem Zusatz von Chlor oder von Alkohol verwendet. Eine hohe Anodenspannung bewirkt im Zählrohr eine große elektrische Feldstärke, die noch keine selbständige Entladung auslöst. Erst durch radioaktive Strahlung eintreffende ionisierende Teilchen lösen durch Stoßionisation eine Entladung aus, die sich infolge der Gaszusätze selbst wieder löscht. Es sind über 100 Entladungen je Sekunde möglich. Die Zahl der Spannungsimpulse am Außenwiderstand je Sekunde ist ein Maß für die Stärke der Strahlung.

Bei jeder selbständigen Gasentladung ist im Stromkreis eine Strombegrenzung durch einen Widerstand erforderlich.

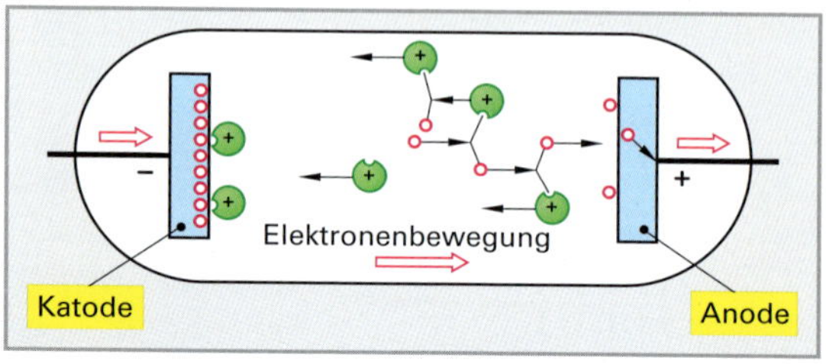

Bild 1: Stoßionisation

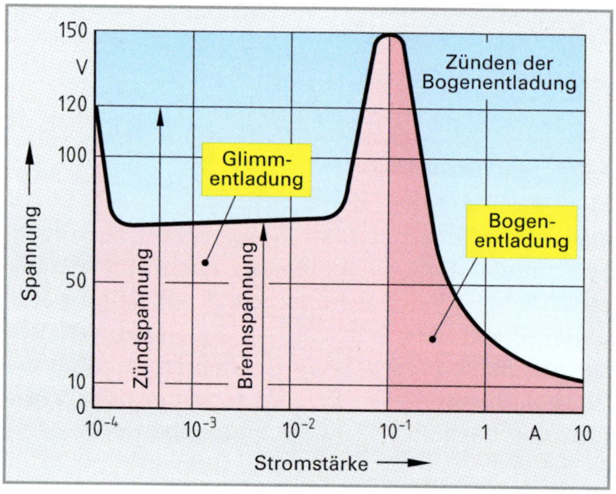

Bild 2: Spannungs-Strom-Kennlinie der Gasentladung

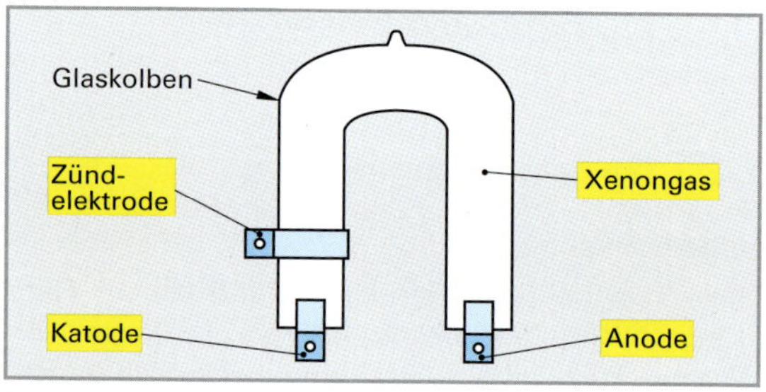

Bild 3: Blitzröhre

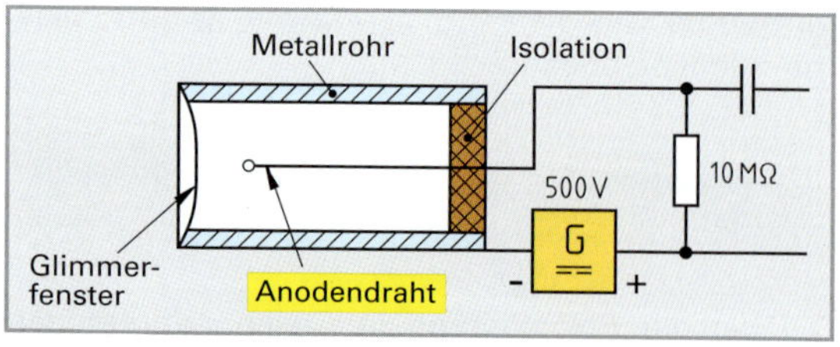

Bild 4: Geiger-Müller-Zählrohr

2.6.9 Strahlungsgesteuerte Röhren

Durch elektromagnetische Strahlung, z. B. Licht, nehmen Elektronen Energie auf. Diese kann so groß sein, dass einige Elektronen aus einem festen Körper austreten und als freie Elektronen der Stromleitung zur Verfügung stehen (äußerer Fotoeffekt).

Beim äußeren Fotoeffekt werden durch Beleuchtung Elektronen aus einem festen Körper emittiert.

Die Fotoemission hängt vom Lichtstrom, von der Wellenlänge der elektromagnetischen Strahlung und vom Werkstoff des beleuchteten Körpers ab.

Vakuum-Fotozellen bestehen aus einem luftleeren Glaskolben, in dem eine Katode, z. B. aus Cäsium-Antimon (blauempfindlich), ist. Die aus der Katode emittierten Elektronen gelangen zur positiven Anode. Ohne Beleuchtung fließt durch die Fotozelle **Bild 1** ein sehr kleiner Dunkelstrom. Bei Beleuchtung fließt der Hellstrom. Die Empfindlichkeit ist etwa 50 µA/lm.

Fotozellen sprechen im Gegensatz zu strahlungsempfindlichen Halbleiterbauelementen auch auf UV-Strahlung an. Fotozellen werden z. B. zur Überwachung von Ölfeuerungsanlagen verwendet.

Fotovervielfacher werden dort verwendet, wo die Empfindlichkeit von Fotozellen nicht ausreicht **(Bild 2)**. Sie enthalten in einem luftleeren Glaskolben zwischen einer Fotokatode und der Anode etwa 10 bis 17 Elektroden, die *Dynoden*. Jede Dynode hat gegenüber der davorliegenden Elektrode jeweils eine positive Spannung von etwa 100 V bis 500 V.

Bei Beleuchtung treten aus der Fotokatode Primärelektronen aus, die zur ersten Dynode beschleunigt werden. Dort schlagen sie Sekundärelektronen heraus. Diese werden zur zweiten Dynode beschleunigt und schlagen aus dieser weitere Sekundärelektronen heraus usw. Bei zehn Dynoden erreicht man einen Stromverstärkungsfaktor von etwa zwei Millionen.

Fotovervielfacher können noch sehr kleine Lichtströme erfassen.

Ihre Empfindlichkeit liegt zwischen 100 A/lm und 10 000 A/lm. Sie sind bis etwa 100 MHz verwendbar und werden z. B. für Restlicht-Nachtsichtgeräte und fotometrische Messungen bei schwachem Licht verwendet.

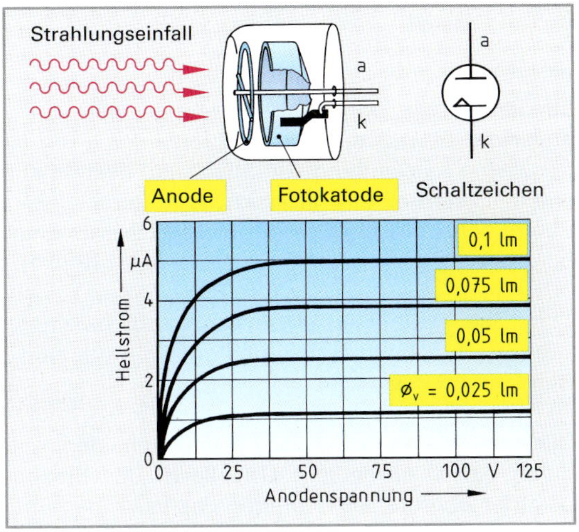

Bild 1: Vakuum-Fotozelle

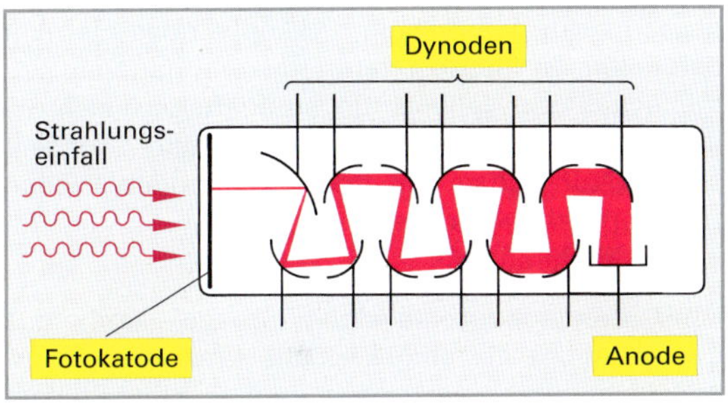

Bild 2: Fotovervielfacher

Bildwandlerröhren wandeln Infrarotstrahlung in Licht um. In einem luftleeren Glaskolben befindet sich auf der einen Stirnseite die durchscheinende Fotokatode und auf der anderen Stirnseite ein Leuchtschirm. Die Elektronen, die bei Bestrahlung aus der Katode austreten, werden in einer Elektronenoptik gebündelt und beschleunigt. Sie erzeugen beim Auftreffen auf den Leuchtschirm ein Abbild des Objektes.

Bildwandlerröhren werden z. B. bei biologischen Untersuchungen und in Infrarot-Nachtsichtgeräten verwendet.

Wiederholung und Vertiefung

1. **Warum müssen die Katoden von Elektronenröhren geheizt werden?**
2. **Wodurch wird der Elektronenstrahl einer Elektronenstrahlröhre gebündelt?**
3. **Wie kann eine selbstständige Gasentladung gelöscht werden?**
4. **Erklären Sie den äußeren Fotoeffekt.**
5. **Welchen Vorteil haben Fotovervielfacher gegenüber Fotozellen?**

2.7 Laser

Grundlagen

Ein Laser (von light amplification by stimulated emission of radiation = Lichtverstärkung durch angeregte Aussendung von Strahlung) besteht aus einem Lasermedium (laseraktives Material), einer Pumpquelle, welche Energie in das Lasermedium einkoppelt (pumpt), und einem Resonator **(Bild 1)**.

> Ein Laser besteht aus einem Lasermedium, einer Quelle zur Energieeinkopplung (Pumpquelle) und einem Resonator.

Die verschiedenen Laserarten unterscheiden sich durch das Lasermedium **(Tabelle 1)**. Das Einkoppeln der Energie zum Anregen des Lasermediums erfolgt über elektrische oder optische Pumpquellen.

Das Lasermedium liegt zwischen einem Resonator, dessen beide Spiegel ein rückkoppelndes Element darstellen. Ist die Resonatorlänge ein ganzzahliges Vielfaches der Wellenlänge, so überlagern sich die im optischen Resonator zwischen den Spiegeln parallel zur Achse hin- und herlaufenden Wellen zu einer stehenden Welle **(Bild 2)**. Deren Intensität wächst dadurch an.

Über den teildurchlässigen Spiegel kann das Lasermedium die eingekoppelte Energie in Form von Licht oder Infrarotstrahlung wieder verstärkt abgeben. Dieses Licht bzw. diese IR-Strahlung hat nur eine einzige durch das Lasermedium festgelegte Wellenlänge, d. h. sie ist monochromatisch.

Während normales Licht völlig regellos schwingt, ist der Laserstrahl polarisiert **(Bild 3)**. Dabei wird nur in einer bestimmten Richtung Strahlung mit gleicher Wellenlänge und gleicher Phasenlage abgestrahlt. Es entsteht kohärente Strahlung (lat. cohaerens = zusammenhängend). Durch besonders beschichtete Spiegel kann die Polarisation der Wellen geändert werden. Damit ändern sich die Eigenschaften des Lasers, z. B. bei der Materialbearbeitung.

Je besser die optische Fokussierbarkeit des Laserstrahls, umso besser ist seine Strahlqualität.

> Laser strahlen monochromatisches, kohärentes Licht oder monochromatische, kohärente Infrarotstrahlung ab.

Die Laserstrahlen haben eine geringe Divergenz, d. h. sie verlaufen fast parallel und lassen sich gut fokussieren. Die Leuchtdichte kann direkt mit der eingekoppelten Energie der Pumpquelle gesteuert werden. Nach Austritt des Laserstrahls wird dieser meist über optische Spiegel umgelenkt und geformt.

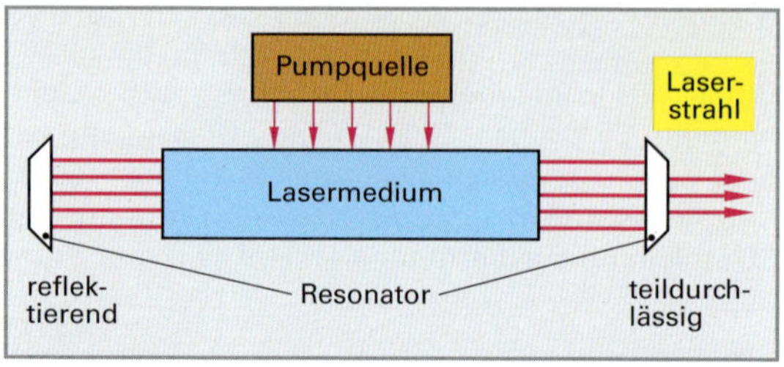

Bild 1: Prinzip eines Lasers

Tabelle 1: Wichtigste Laserarten

Arten	Lasermedium	Energieeinkopplung
Halbleiterlaser	Halbleiter	elektrisch über DC oder Pulser
Gaslaser	Gas oder Dampf	elektrisch über DC oder HP
Festkörperlaser	Kristalle oder Gläser	optisch über Anregungslampe oder Laserdiode
Farbstofflaser	organische Farbstoffe	optisch über Blitzlampen oder Laser

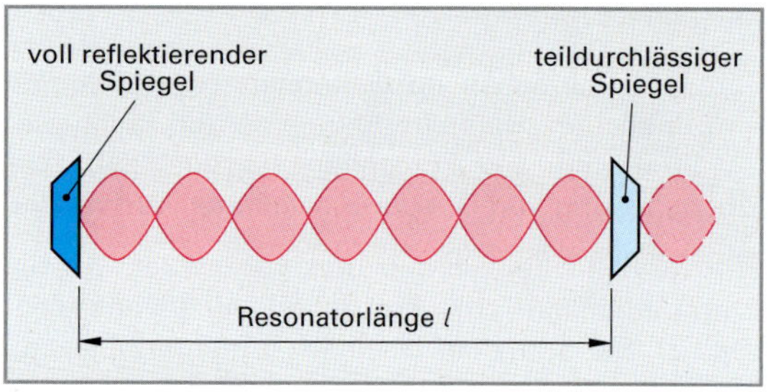

Bild 2: Resonator

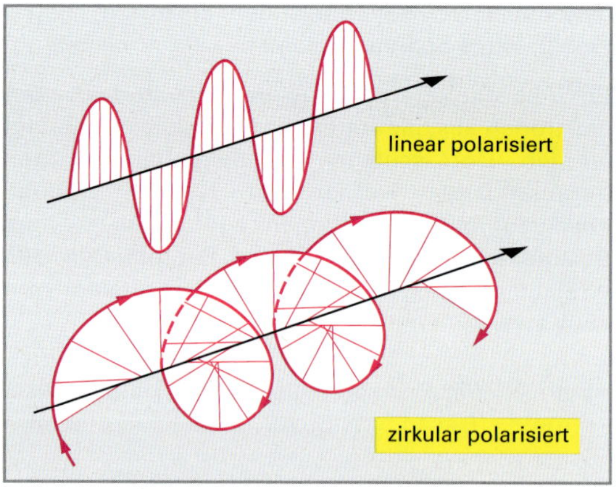

Bild 3: Polarisierte Laserstrahlung

Laserstrahlung kann die Augen und bei größerer Leistung auch die Haut schädigen. Es sind deshalb bei der Herstellung, der Errichtung und der Handhabung von Lasereinrichtungen mehrere EU-Richtlinien und nationale Normen einzuhalten, z. B. die Norm EN 60825 „Sicherheit von Lasereinrichtungen und von LWL-Kommunikationssystemen" und die EN 31553 „Lasermaschinen". Sie legen die höchstzulässige Bestrahlung fest. Die Strahlungsquellen werden entsprechend den Strahlungsgrenzwerten in die Klassen 1, 2, 3A, 3B und 4 eingeteilt. Sie müssen entsprechend gekennzeichnet sein durch das dreieckige gelbe Laser-Warnzeichen und die Angabe der Strahlungsklasse. Ferner muss die Sicherheitsinformation für den Anwender mitgeliefert werden **(Bild 1)**. Geräte und Maschinen mit Lasereinrichtungen der Klasse 1 sind ungefährlich.

Bild 1: Laser-Warnzeichen

Laserstrahlen können gefährlich sein. Es sind Normen und Sicherheitsrichtlinien einzuhalten.

Halbleiterlaser

Der Halbleiterlaser **LD** (von Laser Diode) ist im einfachsten Fall eine stark dotierte Lumineszenzdiode aus N-leitendem GaAs und einer z. B. mit Al dotierten P-Schicht **(Bild 2)**. Beim Anlegen einer Vorwärtsspannung (Pumpquelle) strahlt die Sperrschicht (Lasermedium) Licht oder Infrarotstrahlung aus. Dabei wird bei der Laserdiode (Bild 2) die Strahlung entlang der Sperrschicht ausgekoppelt. Die Wellenlänge der Strahlung hängt vom Halbleiterwerkstoff ab und liegt meist zwischen 600 nm und 950 nm **(Tabelle 1)**.

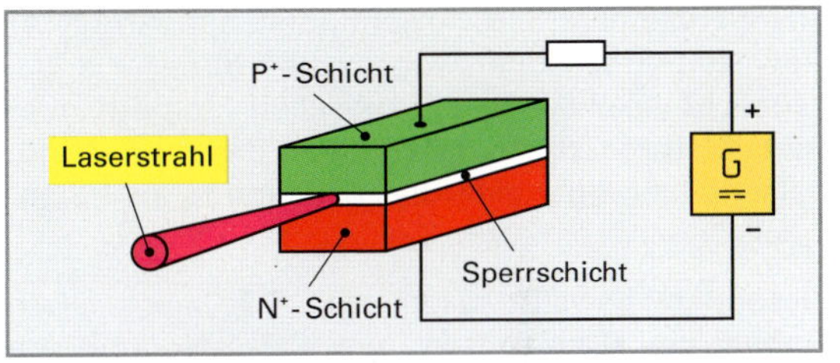

Bild 2: Halbleiterlaser

Tabelle 1: Halbleiter-Laserdioden (Auswahl)

Laserdiode	Standard-LD	Kleinleistungs-LD	Hochleistungs-LD
Wellenlänge	630 nm bis 670 nm	405 nm bis 840 nm	790 nm bis 840 nm
Max. Leistung	< 7 mW	< 200 mW	0,8 W bis 10 W
Anwendung	Barcode-Leser, Scanner, Laserdrucker, DVD-Laufwerke, Messgeräte	DVD-Bluray-Laufwerke, Drucker, Datenübertragung, Messtechnik, Medizintechnik, Materialbearbeitung	Medizintechnik, Materialbearbeitung (Schweißen, Schneiden), Pumpen von Festkörperlasern

Diese Strahlung wird an den polierten und verspiegelten Enden der Sperrschicht teilweise reflektiert. Zwischen diesem optischen Resonator wird die Strahlung verstärkt und verlässt an der teildurchlässigen, kleinen Stirnfläche als Laserstrahl die LD. Die Leuchtdichte steigt linear mit dem Durchlassstrom.

Der **VCSEL** (von Vertical Cavity Surface Emitting Laser = durch vertikale Lochoberfläche ausstrahlender Laser) hat über und unter der Strahlung aussendenden Sperrschicht Stapel von Spiegelflächen **(Bild 3)**. Der VCSEL ist besonders geeignet als Sender für die Datenübertragung mit >3 Gbit/s in Glasfaserleitungen.

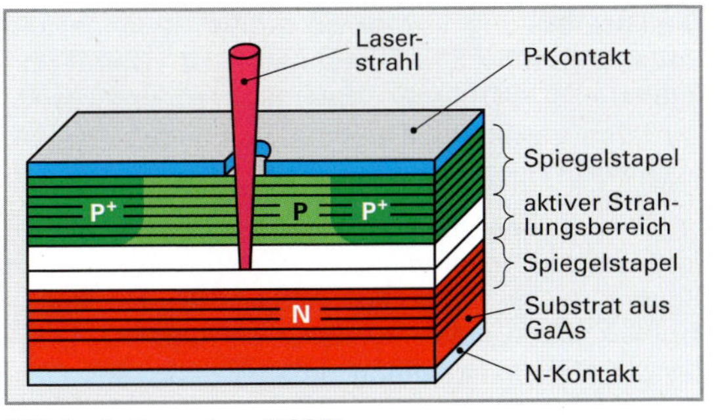

Bild 3: Aufbau eines VCSEL

Halbleiterlaser benötigen im Vergleich zu anderen Lasern kleine Ströme und geben hohe Impulsspitzenleistungen ab. Sie erreichen Wirkungsgrade bis 20 % und müssen gut gekühlt werden oder im Pulsbetrieb arbeiten. Die Strahlungsleistung erreicht im Dauerbetrieb einige W (Tabelle 1). Die Strahlung von LDs ist bis in den GHz-Bereich durch Amplitudenumtastung (Intensitätsumtastung) modulierbar und wird z. B. zur Nachrichtenübertragung, in CD-Spielern, in Sicherungs- und Alarmanlagen, in Entfernungsmesseinrichtungen und Nivelliergeräten, als Lichtzeiger, in Nachtsichtgeräten und in medizinischen Geräten verwendet.

Für Leistungen im kW-Bereich fertigt man Laserdioden in Bars (Stangen). Mehrere Bars werden dann zu Stacks (Stapeln) mit optischen Leistungen bis 1 kW übereinander gestapelt. Durch Kombination von z. B. 6 Stacks kann eine Strahlleistung von z. B. 3 kW zum Schweißen erzeugt werden.

Gaslaser

Gaslaser **(Tabelle 1)** haben als Lasermedium Gase, z. B. Helium He, Neon Ne, Argon Ag, Kohlendioxid CO_2 oder Gasgemische aus Edelgasatomen und Halogenatomen, z. B. Argonfluorid aus Argon Ar und Fluor F (Excimer, von excited dimer = angeregtes Molekül aus zwei identischen Atomen), oder Metalldampf. Zur Anregung dient meist HF-Wechselspannung oder eine Gleichspannung als Pumpquelle.

Besonders bewährt haben sich CO_2-Laser. Diese haben ein Gasgemisch aus CO_2, N_2 und He (Mischungsverhältnis 0,5 : 2 : 5). Das Gas CO_2 wirkt als Lasermedium, N_2 macht die Anregung des Lasermediums wirksamer und He dient zur Kühlung des Lasergases.

Das Gas im Entladungsrohr wird durch das elektrische Feld zwischen den Elektroden ionisiert **(Bild 1)**. Zwischen den zwei Spiegeln als Resonator entsteht im Lasermedium die Laserstrahlung, welche durch den teildurchlässigen Spiegel das Entladungsrohr verlässt.

Während der Gasentladung wird das Lasergas sehr heiß. Das Gas muss deshalb gekühlt werden. Dies kann z. B. durch Kühlung bei schneller Gasumwälzung erfolgen (Konvektionskühlung, Bild 1).

Die Laserleistung wird umso größer, je länger die Entladungsstrecke im Resonator ist. Damit ein industrieller CO_2-Laser aber nicht zu groß wird, wird dort der Strahl in einem „gefalteten" Resonator mehrfach umgelenkt.

Im *Dauerstrichbetrieb* CW (von Continuous Wave = fortlaufende Welle) wird mit einer hochfrequenten Spannung von z. B. 1 000 V/13,54 MHz ein Laserstrahl von konstanter Intensität erzeugt. CO_2-Laser für die Metallbearbeitung arbeiten meist im *Pulsbetrieb*. Dabei können, begrenzt auf die Pulsdauer, sehr hohe Laserleistungen erzeugt werden. Geregelt wird der Laser im Pulsbetrieb durch das Verhältnis von Pulsdauer zur Pausendauer.

CO_2-Laser ermöglichen meist eine große Ausgangsleistung bei hoher Strahlqualität.

Tabelle 1: Gaslaser (Auswahl)

Laserart	CO_2	HeNe	Excimer
Wellenlänge	10,6 µm	633 nm	175 nm bis 483 nm
Ausgangsleistung	< 100 kW	< 50 mW	< 600 W
Verwendung	Materialbearbeitung	Messtechnik, Justage, Pilotlaser zur Justage	Messtechnik, Fotochemie, Materialbearbeitung von Kunststoff, Glas, Keramik

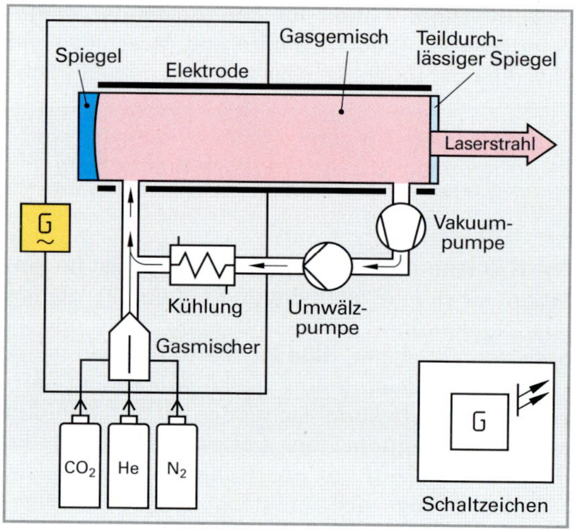

Bild 1: Prinzip eines CO_2-Lasers

Mit CO_2-Lasern können hohe Ausgangsleistungen erreicht werden (Tabelle 1). Sie haben eine gute Strahlqualität bei hoher Betriebssicherheit und die Ausgangsleistung ist einfach zu steuern. CO_2-Laser werden meist in der Metallbearbeitung zum Schweißen, Schneiden, Bohren und Härten verwendet.

Wiederholung und Vertiefung

1. **Wie ist ein Laser aufgebaut?**
2. **Wodurch entsteht die große Intensität der Laserstrahlung?**
3. **Welche Gefahren bestehen beim Umgang mit Laserstrahlen?**
4. **Was ist beim Umgang mit Laserstrahlen zu beachten?**
5. **Nennen Sie Anwendungsbeispiele für Kleinleistungs-Laserdioden.**
6. **Was versteht man unter einem VCSEL?**
7. **Mit welchen Lasern können hohe Ausgangsleistungen erreicht werden?**
8. **Welche Wellenlänge haben CO_2-Laser?**

2.8 Elektronische Schaltungen mit Strom versorgen

2.8.1 Netzanschlussgerät

Elektronische Geräte erfordern zum Betrieb meist Gleichspannung. Dagegen liefert der Netzanschluss nur Wechselspannung. Wenn man von den Geräten mit reinem Batteriebetrieb absieht, ist für jedes elektronische Gerät deshalb ein *Netzanschlussgerät* (Netzteil) erforderlich. Diese Netzanschlussgeräte enthalten zur Umwandlung der Wechselspannung in Gleichspannung *Gleichrichter* **(Bild 1)**. In den meisten Fällen ist auch noch eine Änderung der Spannung erforderlich, z.B. durch einen Transformator. Außerdem sind in den Netzanschlussgeräten *Überstrom-Schutzeinrichtungen* enthalten, z.B. Schmelzsicherungen oder Schutzschalter. *Glättungseinrichtungen* bewirken, dass die gleichgerichtete Spannung, die einen Wechselspannungsanteil enthält, einer idealen Gleichspannung angenähert ist. Die *Stabilisierungseinrichtungen* bewirken eine konstant bleibende Gleichspannung (Bild 1) oder einen konstant bleibenden Gleichstrom, auch wenn die Last verschieden groß ist und wenn die Netzspannung schwankt.

Die verschiedenen Aufgaben eines Netzanschlussgerätes werden von verschiedenen Baugruppen wahrgenommen. Diese Baugruppen können voneinander getrennt sein. Zwei oder mehr Baugruppen können aber auch zu einer gemeinsamen Baugruppe zusammengefasst sein. Die eine oder andere Baugruppe kann je nach Anforderung auch entfallen. So sind nicht bei allen elektronischen Geräten Stabilisierungseinrichtungen erforderlich. Dagegen kann die Baugruppe Spannungsanpasser im Umfang sehr verschieden sein. Sie besteht bei einfachen Geräten möglicherweise nur aus einem Vorwiderstand oder aus einem Transformator. Sie kann aber bei einem anderen Gerät, dem *Schaltnetzteil*, aus einem vorgeschalteten Gleichrichter bestehen, der die Netzspannung unmittelbar gleichrichtet. Diesem ist eine komplette Oszillatorschaltung nachgeschaltet, an die wieder ein Transformator mit einer Gleichrichterschaltung angeschlossen ist.

2.8.2 Gleichrichter

Als Gleichrichter wird die komplette Baugruppe zur Umwandlung von Wechselspannung in Gleichspannung bezeichnet. Der wesentliche Bestandteil des Gleichrichters ist die *Gleichrichterschaltung*. Diese enthält die Halbleiter-Bauelemente, den meist erforderlichen Transformator und manchmal Kondensatoren zur Glättung.

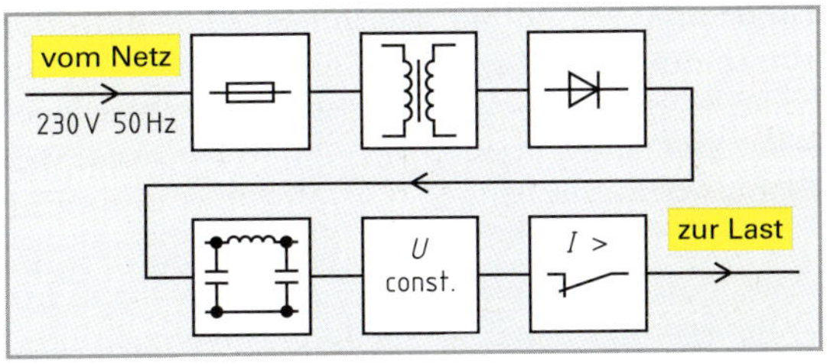

Bild 1: Übersichtsschaltplan eines Netzanschlussgerätes

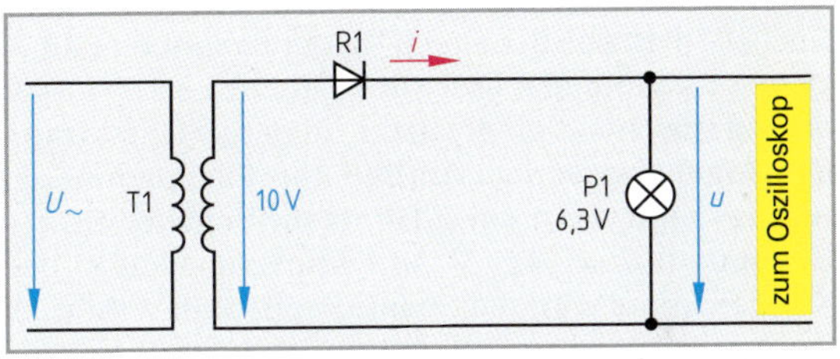

Bild 2: Einpuls-Einweggleichrichterschaltung E1

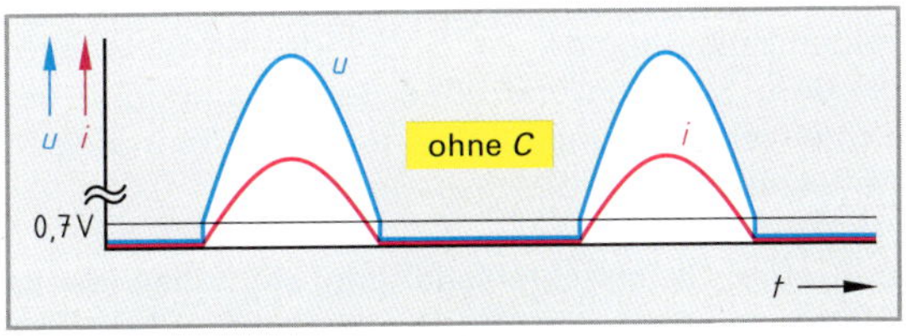

Bild 3: Spannung und Strom bei E1

Netzanschlussgeräte bestehen aus Überlastungsschutz, Spannungsumsetzer, Gleichrichter, Glättungseinrichtung und Stabilisierungsschaltung.

Wenn man nach Schaltung **Bild 2** die Spannung u an der Glühlampe P1 oszilloskopiert, so stellt man einen pulsförmigen Verlauf fest **(Bild 3)**. Auch der Verlauf des Stroms i ist pulsförmig.

Die Diode lässt den Vorwärtsstrom (Durchlassstrom) nur fließen, wenn die Wechselspannung so gepolt ist, dass die Diode in Vorwärtsrichtung geschaltet ist und die Spannung größer ist als die Schleusenspannung (Bild 3). Ist die Diode in Rückwärtsrichtung (Sperrrichtung) geschaltet, so fließt nur der schwache Rückwärtsstrom (Sperrstrom). Diesen lässt man bei Gleichrichterschaltungen meist unberücksichtigt. Außerdem berücksichtigt man die Schleusenspannung nicht, wenn die gleichzurichtende Wechselspannung größer ist als etwa 10 V. Man nimmt also an, dass in einer Gleichrichterdiode nur in Vorwärtsrichtung ein Strom fließt und dass dieser Strom sofort fließen kann, wenn die Diode in Vorwärtsrichtung geschaltet ist.

Verwendet man in der Gleichrichterschaltung nur eine einzelne Diode, so fließt der Vorwärtsstrom während jeder Periode der Anschlusswechselspannung einmal als Impuls. Man nennt die Schaltung *Einpuls-Einwegschaltung* (Kurzzeichen E1).

Die Schaltung E1 besteht nur aus einer Diode oder bei sehr hohen Spannungen aus mehreren in Reihe geschalteten Dioden.

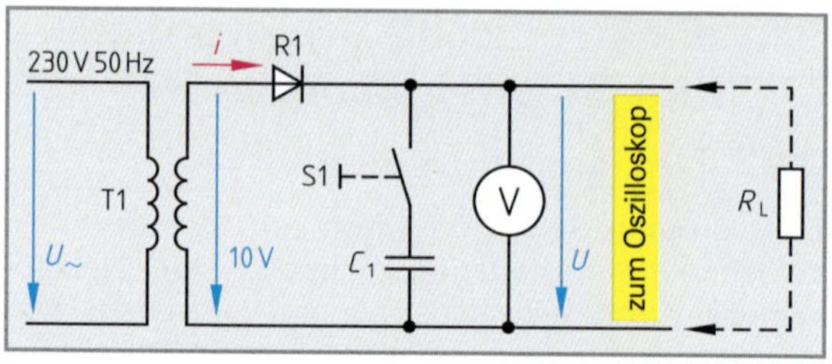

Bild 1: Versuchsschaltung zur Einpuls-Einwegschaltung E1

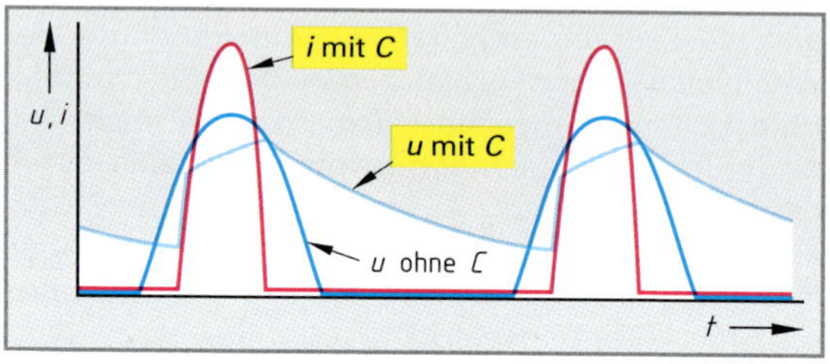

Bild 2: Spannungen und Ströme bei Schaltung E1

Schließt man den Schalter S1 in der Schaltung **Bild 1**, zeigen Spannungsmesser und Oszilloskop $u \approx 14$ V an. Bei Anschluss einer Last R_L zeigt das Oszilloskop den Spannungsverlauf von **Bild 2** an. Ein Spannungsmesser zeigt dann bei geöffnetem Schalter S1 die Spannung $u \approx 4{,}5$ V an. Beim Anschluss des Kondensators wird die Spannung geglättet (Bild 2).

Ein hinter dem Gleichrichter angeschlossener Spannungsmesser zeigt den Mittelwert der pulsförmigen Spannung an. Bei einem idealen Gleichrichter ohne Verluste und ohne Berücksichtigung der Schleusenspannung der Dioden nennt man diesen Mittelwert ideelle Gleichspannung U_{di}.

Bei jeder Gleichrichterschaltung steht die ideelle Gleichspannung U_{di} in einem festen Verhältnis zum Effektivwert der Anschlusswechselspannung **(Tabelle 1, folgende Seite)**. Je nach Art der verwendeten Dioden und nach Art der Belastung weicht die Ausgangsspannung des Gleichrichters von der ideellen Gleichspannung ab. Wird ein Kondensator an die Gleichrichterschaltung angeschlossen, so wird dieser periodisch und pulsförmig aufgeladen. Ein angeschlossener Verbraucher entlädt den Kondensator, der pulsförmig wieder aufgeladen wird.

An Gleichrichtern angeschlossene Kondensatoren erhöhen die gleichgerichtete Spannung und glätten diese.

In der Schaltung E1 fließt der gleichgerichtete Strom durch die Ausgangswicklung des Transformators. Dadurch wird der Eisenkern stark vormagnetisiert. Infolge der Vormagnetisierung braucht man einen Transformator mit einer größeren Leistung als die Leistungsangabe des Gleichrichters erwarten lässt. Diese Bauleistung des Gleichrichtertransformators liegt je nach Gleichrichterschaltung über der Gleichstromleistung (Tabelle 1, folgende Seite). Deshalb wird die Schaltung kaum noch verwendet.

Wiederholung und Vertiefung

1. **Aus welchen Teilen besteht grundsätzlich ein Netzanschlussgerät?**
2. **Was versteht man unter einem Gleichrichter?**
3. **Worauf beruht die Wirkungsweise einer Diode zur Gleichrichtung?**
4. **Welche Folgen haben Kondensatoren, die hinter Gleichrichterschaltungen angeschlossen werden?**

2.8.3 Gleichrichterschaltungen

Die Benennung der Gleichrichterschaltung enthält als Kennzahl die Anzahl *n* der Pulse je Periode der Anschlusswechselspannung. Die Pulsfrequenz der Schaltung ist umso größer, je größer die Kennzahl der Schaltung und die Frequenz der Anschlusswechselspannung sind.

f_p Pulsfrequenz n Kennzahl der Schaltung f Frequenz der Anschlusswechselspannung	$f_p = n \cdot f$

Die **Einpuls-Einwegschaltung E1** wurde zur Gleichrichtung schwacher Ströme verwendet. Speist die Gleichrichterschaltung einen Kondensator oder einen Akkumulator, so liegt Belastung mit Gegenspannung vor. Die in Sperrrichtung gepolte Gleichrichterdiode muss dann die Summe der Anschlusswechselspannung und der Kondensatorspannung bzw. Akkumulatorspannung als Sperrspannung aushalten.

Tabelle 1: Gleichrichterschaltungen

Benennung, Kurzzeichen	Schaltplan des Gleichrichtersatzes	Spannungsverlauf[1] (ohne C)	U_{di}/U_1 ohne C	U_{di}/U_1 mit C	P_T/P_d	I_Z
Einpuls-Einweg-schaltung **E1**	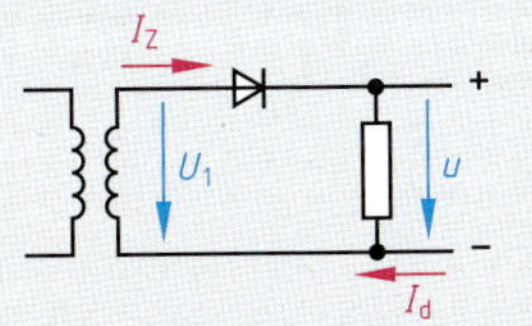	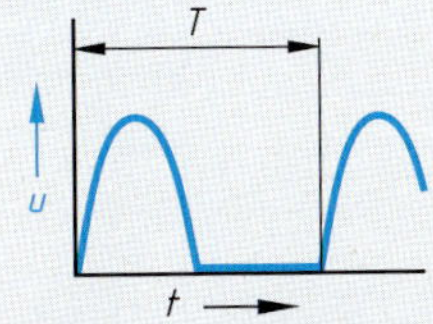	0,45	1,41	3,1	I_d
Zweipuls-Mittelpunkt-schaltung **M2**	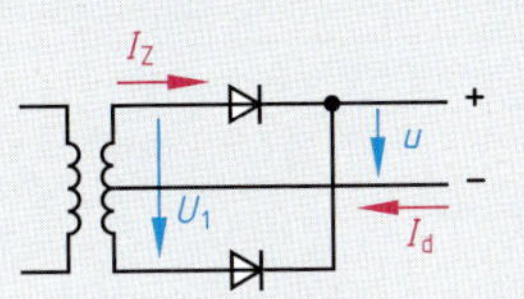	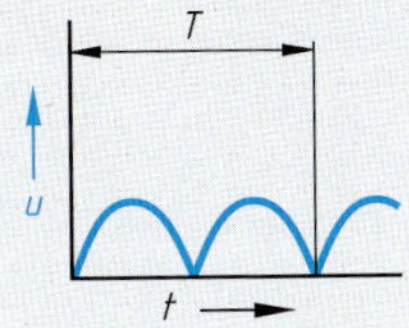	0,45	0,71	1,5	$\frac{I_d}{2}$
Zweipuls-Brücken-schaltung **B2**	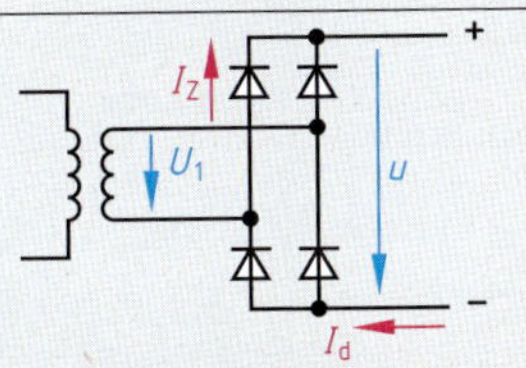	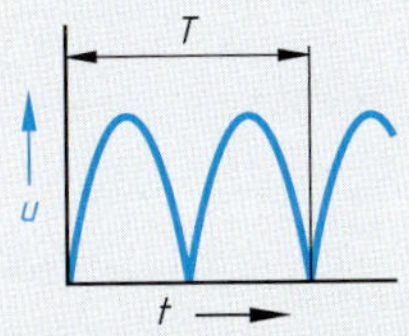	0,9	1,41	1,23	$\frac{I_d}{2}$
Sechspuls-Brücken-schaltung **B6**	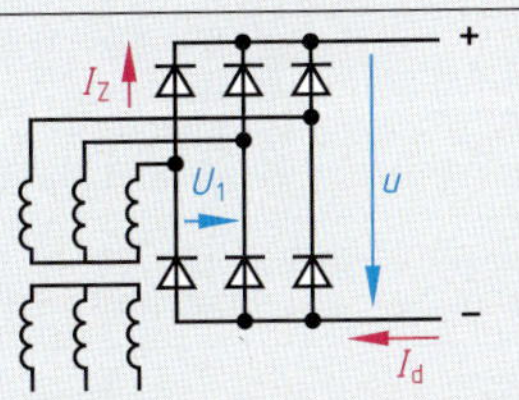	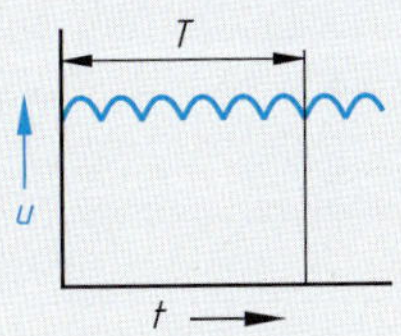	1,35	1,41	1,1	$\frac{I_d}{3}$

[1] Ohne Berücksichtigung der Schleusenspannung
C Kapazität, I_d Gleichstrom, I_Z Strom im Zweig, P_d Gleichstromleistung, P_T Transformator-Bauleistung, T Periodendauer der Netzfrequenz, U_1 Anschlusswechselspannung, U_{di} ideelle Leerlaufgleichspannung

Die **Zweipuls-Mittelpunktschaltung M2** besteht aus zwei Schaltungen E1 an den beiden Außenanschlüssen eines Transformators mit Mittelabgriff.

Die **Zweipuls-Brückenschaltung B2** wird für Leistungen bis etwa 2 kW am häufigsten verwendet. Gegenüber der Schaltung E1 braucht man zwar mehr Gleichrichterdioden, jedoch kann ein kleinerer Transformator als bei Schaltung E1 verwendet werden. Außerdem ist die Glättung leichter möglich. Auch wird das Netz weniger mit höheren Teilschwingungen belastet als bei Schaltung E1. Nachteilig ist bei den Brückenschaltungen, dass der Anschluss an Masse bzw. Erde nicht beliebig möglich ist und dass der Strom durch zwei Dioden fließt. Dadurch ist der Spannungsverlust doppelt so groß wie bei den Einwegschaltungen E1, M2.

Die **Sechspuls-Brückenschaltung B6** wird für Leistungen über 2 kW am häufigsten verwendet.

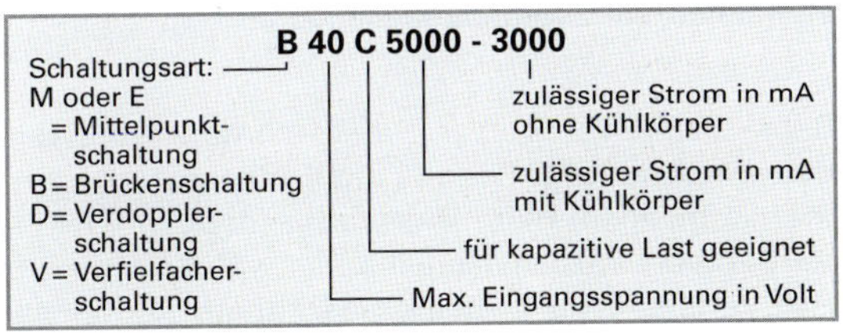

Bild 1: Kennwerte von Brückengleichrichtern

Es gibt noch weitere Gleichrichterschaltungen (Tabellenbuch Informations-, System- und Automatisierungstechnik).

Spannungsvervielfacherschaltungen nennt man Gleichrichter, bei denen die Ausgangsspannung größer ist als der Scheitelwert der Anschlusswechselspannung. Bei der Spannungsvervielfachung werden Kondensatoren über Gleichrichterzweige aufgeladen und in Reihe zu einer Spannung, z. B. aus einem anderen Kondensator, geschaltet.

Tabelle 1: Spannung erhöhende Gleichrichterschaltungen (charge pumps)

Benennung, Kurzzeichen	Schaltplan	Spannungsverlauf	Ströme, Spannungen, Leistungen, Anwendung
Einpuls-Verdoppler-schaltung **D1**	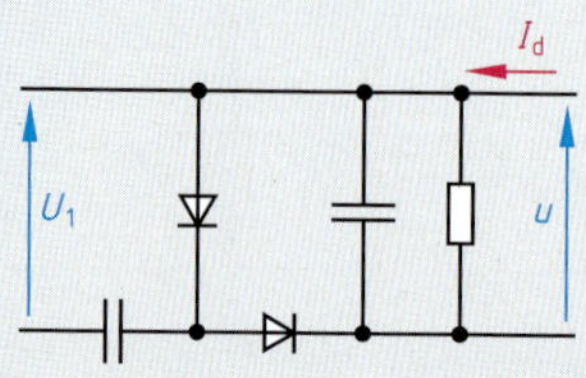	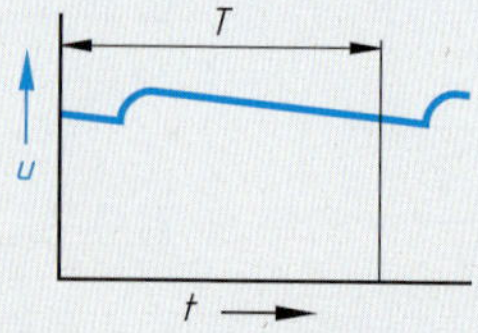	$I_Z = I_d$ $\frac{U_{di}}{U_1} = 2 \cdot \sqrt{2} = 2{,}83$ $\frac{P_T}{P_d} = 1{,}55$ Pegelwandler, z. B. RS 232-Schnittstellen
Einpuls-Vervielfacher-schaltung **V1**	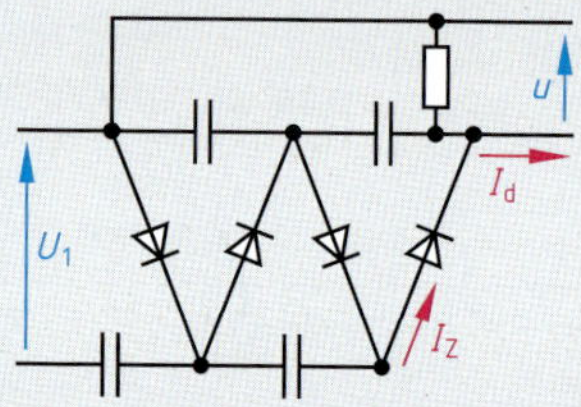	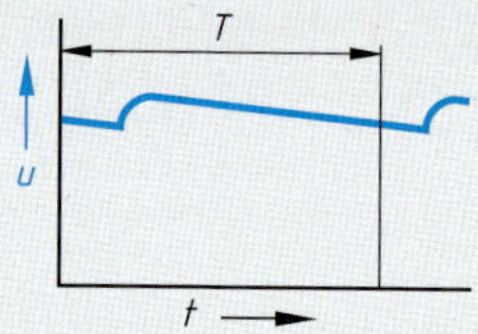	$I_Z = I_d$ $\frac{U_{di}}{U_1} = n \cdot \sqrt{2} = 4 \cdot \sqrt{2} = 5{,}66$ $\frac{P_T}{P_d} = 1{,}55$ Staubfilter
Zweipuls-Verdoppler-schaltung **D2**	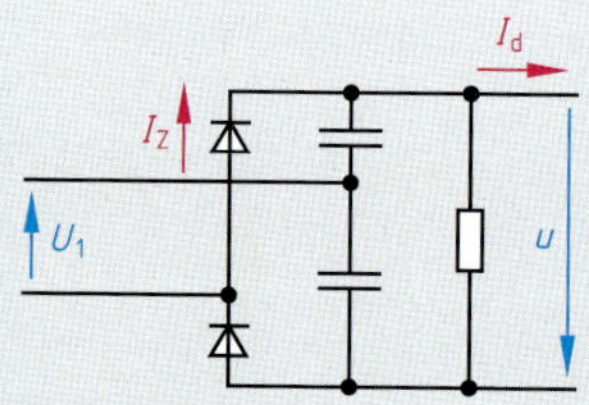	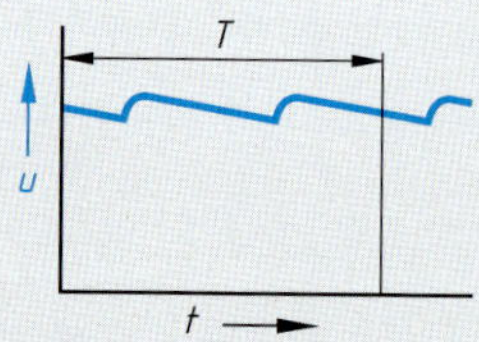	$I_Z = I_d$ $\frac{U_{di}}{U_1} = 2 \cdot \sqrt{2} = 2{,}83$ $\frac{P_T}{P_d} = 1{,}55$ Pegelwandler, z. B. RS 232-Schnittstellen

I_d Gleichstrom, I_Z Strom im Zweig, n Anzahl der Dioden, P_d Gleichstromleistung, P_T Transformator-Bauleistung, T Periodendauer der Netzfrequenz, U_{di} ideelle Leerlaufgleichspannung, U_1 Anschlusswechselspannung

Man unterscheidet bei den Verdopplern Einpulsverdoppler und Zweipulsverdoppler **(Tabelle 1)** und bei den Vervielfachern entsprechend Einpulsvervielfacher und Zweipulsvervielfacher.

Beim *Einpulsverdoppler* (Villard-Verdoppler[1]) werden während jeder Periode die Kondensatoren einmal aufgeladen. Beim *Zweipulsverdoppler* (Delon-Verdoppler) werden nacheinander während je einer Halbperiode zwei in Reihe geschaltete Kondensatoren bis zum Scheitelwert der Anschlusswechselspannung aufgeladen. Jeder Gleichrichterzweig muss den doppelten Scheitelwert als Sperrspannung aushalten.

Beim *Einpulsvervielfacher* wird eine Vervielfachung der Anschlusswechselspannung um dieselbe Zahl vorgenommen, wie Gleichrichterzweige vorhanden sind.

Vervielfacherschaltungen werden auch Ladungspumpen (charge pumps) genannt.

Spannungsverdopplern und Spannungsvervielfachern können nur kleine Stromstärken entnommen werden. Spannungsvervielfacher werden z. B. für elektrostatische Staubfilter angewendet.

Wiederholung und Vertiefung

1. **Nennen Sie vier Gleichrichterschaltungen mit ihren Kurzzeichen.**
2. **Eine Schaltung B2 wird an U_1 = 12 V angeschlossen. Wie groß ist die ideelle Leerlaufgleichspannung U_{di}?** ***Lösung:* U_{di} = 16,9 V**
3. **Wozu verwendet man Spannungsvervielfacher?**
4. **Welche Arten der Spannungsvervielfacher unterscheidet man?**

[1] Villard, franz. Physiker, 1860 bis 1934

2.8.4 Phasenanschnittsteuerung

Manchmal ist es erforderlich, dass die Höhe der gleichgerichteten Spannung *einstellbar* ist. Eine Spannungseinstellung kann mit wenig Verlustleistung erreicht werden, wenn man anstelle der Gleichrichterdiode Thyristoren (Einrichtungsthyristoren) verwendet.

Versuch:
Legen Sie eine 24-V-Glühlampe in Schaltung **Bild 1** über einen Thyristor Q1, der von einem Diac R3 angesteuert wird, an AC 50 V. Messen und oszilloskopieren Sie die Spannung bei verschiedener Einstellung von R_2.

Ergebnis: Je kleiner die Resistanz (Widerstandswert) von R_2 ist, desto vollständiger ist die Sinusform des Impulses der gleichgerichteten Spannung und desto größer ist die gleichgerichtete Spannung (Bild 1).

Der Kondensator C_1 wird in Schaltung Bild 1 während jeder positiven Halbperiode über die Diode R1 aufgeladen. Die Kondensatorspannung liegt über den DIAC R3 an der Gate-Katoden-Strecke von Thyristor Q1. Sobald die Zündspannung von R3 erreicht ist, wird R3 leitend und C_1 entlädt sich über R1 und Q1. Dadurch wird Q1 gezündet, sodass der Vorwärtsstrom fließen kann. Je nach Einstellung von R_2 ist die zum Zünden erforderliche Spannung von C_1 früher oder später erreicht **(Bild 2)**.

Durch die gegenüber dem Nulldurchgang verzögerte Zündspannung wird ein *Anschnitt* der Sinushalbwelle hervorgerufen (Phasenanschnittsteuerung). Angeschnitten werden sowohl die Spannung als auch der Strom.

Die Zeit zwischen Nulldurchgang der Spannung und Zündzeitpunkt kann im Liniendiagramm als Winkel dargestellt werden. Dieser Winkel heißt *Zündwinkel* oder *Steuerwinkel*. Der Mittelwert $\bar{i}_d$ des Laststromes ist bei einem kleinen Zündwinkel größer als bei einem großen Zündwinkel **(Bild 3)**.

Dimmer (von to dim = verdunkeln) für z. B. Hochvolt-Halogenlampen, verwenden statt eines Thyristors einen Triac **(Bild 4)**. Durch die Verwendung beider Halbwellen wird vermieden, dass die gedimmte Lampe flackert.

Nachteilig bei der Anschnittsteuerung ist die Abweichung des Stromes von der Sinusform. Dadurch wird die Stromkurve gegen die Spannungskurve verschoben, sodass das Netz Blindleistung liefern muss. Außerdem treten wegen der scharfen Knicke der Stromkurve hochfrequente Oberschwingungen und damit Funkstörungen auf.

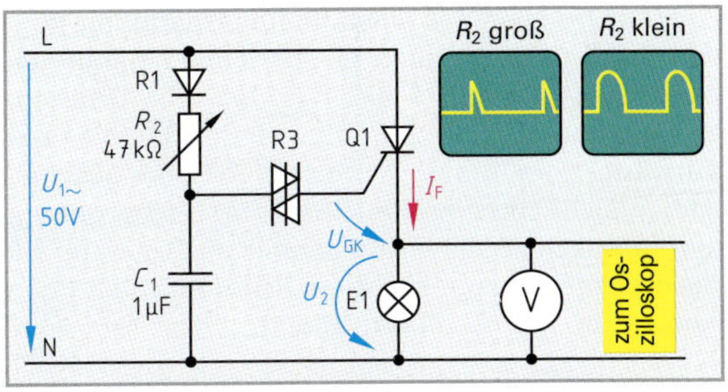

Bild 1: Einpuls-Einwegschaltung mit Thyristor

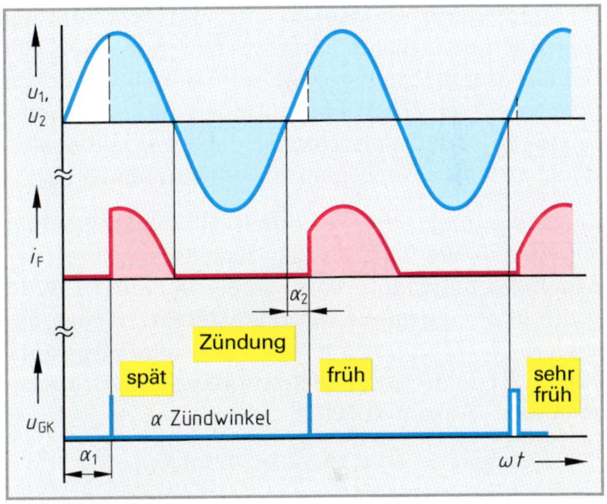

Bild 2: Anschnittsteuerung bei späterem und früherem Zündzeitpunkt

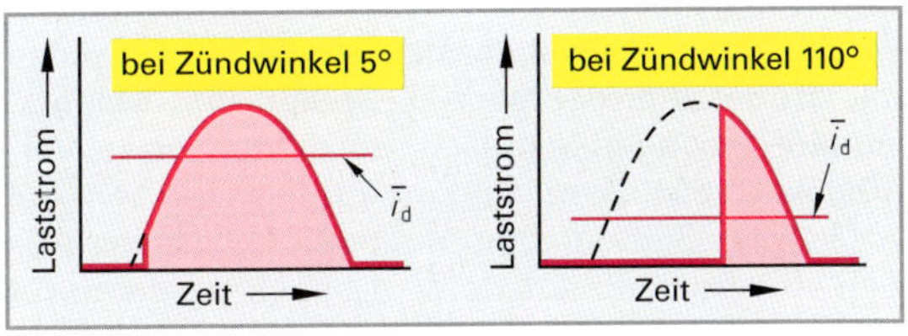

Bild 3: Laststrom bei verschiedenen Zündwinkeln

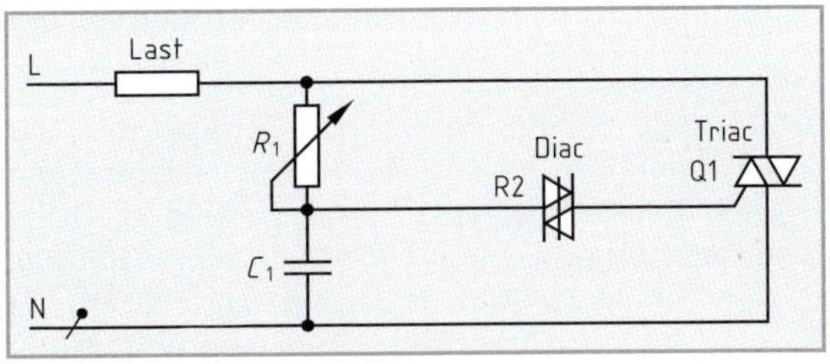

Bild 4: Triac-Dimmer-Prinzipschaltung

Für Gleichrichter mit einstellbarer Spannung können Thyristoren in allen Gleichrichterschaltungen verwendet werden. Meist werden die Brückenschaltungen B2 und B6 angewendet. Da hier der Vorwärtsstrom immer durch zwei in Reihe geschaltete, gleichrichtende Bauelemente fließt, genügt für die Anschnittsteuerung jeweils ein Thyristor im Gleichrichterzweig. Derartige Brückenschaltungen nennt man *halbgesteuert* **(Bild 1)**.

Bei den halbgesteuerten Brückenschaltungen braucht man je Brückenzweig eine Diode und einen Thyristor.

Halbgesteuerte Brückenschaltungen können als Gleichrichter arbeiten. Ersetzt man bei ihnen die Dioden durch Thyristoren, so können derartige *vollgesteuerte* Brückenschaltungen bei geeigneter Ansteuerung auch als Wechselrichter arbeiten, also Gleichstrom in Wechselstrom umwandeln.

Die *Steuerungsart* kann durch einen Buchstaben angegeben werden, der an das Kurzzeichen der Schaltung angehängt wird. Dabei bedeutet C (von controlled = gesteuert) vollgesteuert, H halbgesteuert und U ungesteuert. B2U ist eine ungesteuerte, B2H eine halbgesteuerte Zweipuls-Brückenschaltung (Abschnitt 6.1.3).

2.8.5 Glätten der gleichgerichteten Spannung

Die vom Gleichrichter gleichgerichtete Spannung wird grundsätzlich durch Siebglieder geglättet **(Bild 2)**. Bei schwachen Strömen glättet man bevorzugt mit Kondensatoren, bei starken Strömen mit Induktivitäten. Bestehen Verbraucher aus Spulen mit großer Induktivität, z.B. Spulen von Magnetkupplungen oder Schützen, so glätten diese Verbraucher selbst den aufgenommenen Strom. Auf zusätzliche Glättungsanordnungen kann dann verzichtet werden. Ebenfalls wird bei Ladegeräten für Akkumulatoren auf eine Glättung verzichtet, da Akkumulatoren wie große Kapazitäten wirken. Die Glättung ist umso leichter zu erzielen, je höher die Pulsfrequenz der gleichgerichteten Spannung ist. Davon macht man bei Schaltnetzteilen Gebrauch.

Die von der Gleichrichterschaltung gelieferte pulsförmige Spannung ist die Summe aus der Gleichspannung U_d und einer Wechselspannung U_p mit der Pulsfrequenz $f_p = 1/T_p$ **(Bild 3)**. Diese Wechselspannung nennt man *Brummspannung*. In der Schaltung Bild 2 beträgt sie 100 Hz, da T_p = 10 ms ist. Durch den *Glättungskondensator* werden U_d vergrößert und U_p verkleinert. Die hinter der Glättungseinrichtung verbleibende Wechselspannung mit der Pulsfrequenz (Brummspannung) hat etwa Dreieckform und ist umso kleiner, je größer die Kapazität und die Pulsfrequenz sind.

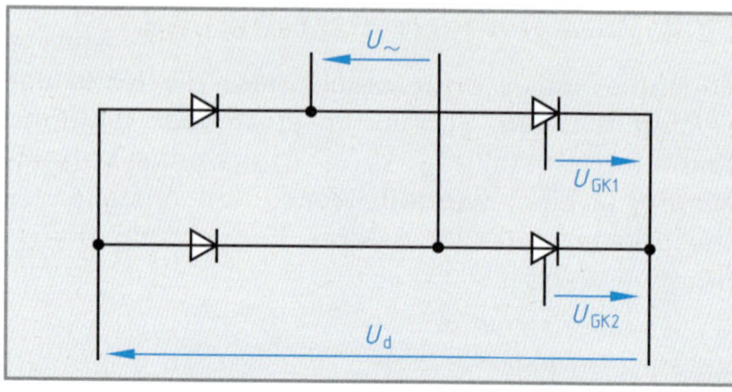

Bild 1: Halbgesteuerte Brückenschaltung B2H

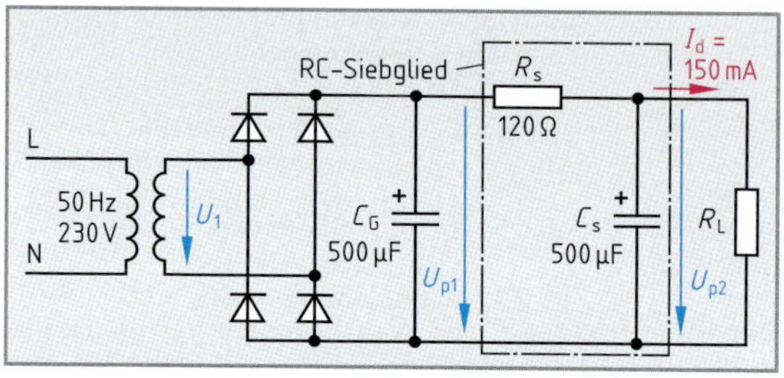

Bild 2: Gleichrichterschaltung mit RC-Siebung
C_G Glättungskondensator, C_s Siebkondensator

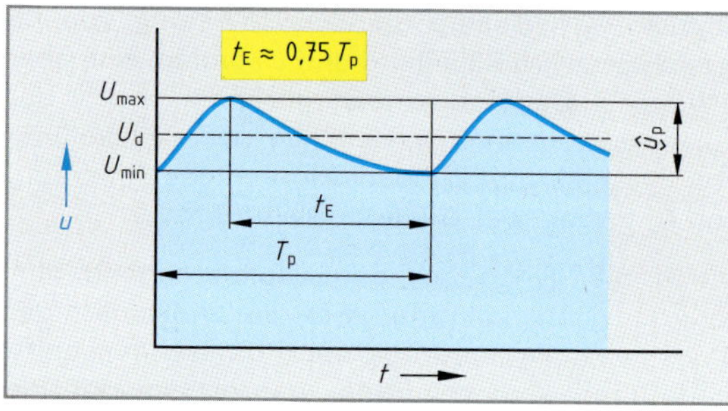

Bild 3: Glättung der gleichgerichteten Spannung

$$Q \approx \hat{u} \cdot C_G = I_d \cdot t_E \;\Rightarrow\; \hat{u} \approx \frac{I_d \cdot t_E}{C_G}$$

$$U_p \approx \frac{\hat{u}_p}{2 \cdot \sqrt{3}} \qquad \hat{u}_p \approx \frac{0{,}75 \cdot I_d}{f_p \cdot C_G}$$

$\hat{u}_p$	Brummspannung (Pulsspannung, Spitze-Tal-Wert)
I_d	Laststrom
t_E	Entladezeit
f_p	Pulsfrequenz (Brummfrequenz)
C_G	Kapazität des Glättungskondensators
U_p	Brummspannung (Effektivwert)
$\sqrt{3}$	Scheitelfaktor bei Dreieckform
Q	elektrische Ladung

Beispiel 1: Brummspannung berechnen

Eine Gleichrichterschaltung B2 liefert am Netz mit 50 Hz den Lastgleichstrom I_d = 150 mA. Der Glättungskondensator hat 500 µF. Wie groß ist die Brummspannung $\hat{u}_p$?

Lösung:

$$\hat{u}_p \approx \frac{0{,}75 \cdot I_d}{f_p \cdot C_G} = \frac{0{,}75 \cdot 150\ \text{mA}}{2 \cdot 50\ \text{Hz} \cdot 500\ \mu\text{F}} = \mathbf{2{,}25\ V}$$

Genügt die Glättung durch den Glättungskondensator allein nicht, so schaltet man zwischen ihn und der Last einen Tiefpass. Bei kleinen Stromstärken verwendet man einen RC-Tiefpass, bei großen einen LC-Tiefpass **(Bild 1)**. Man spricht von *Siebung*. Bei der LC-Siebung treten kleinere Verluste auf als bei der RC-Siebung.

Zur Berechnung der Siebglieder, also der Tiefpässe, geht man vom *Siebfaktor* aus. Er ist das Verhältnis der Brummspannungen vor und hinter dem Siebglied. Werden mehrere Siebglieder in Reihe geschaltet, dann ist der Siebfaktor das Produkt der einzelnen Siebfaktoren.

Beispiel 2: Siebfaktor bestimmen

Eine Brummspannung von 2,25 V soll verringert werden auf 0,2 V. Welcher Siebfaktor ist erforderlich?

Lösung:

$$s = \frac{U_{p1}}{U_{p2}} = \frac{2{,}25\ \text{V}}{0{,}2\ \text{V}} = \mathbf{11{,}25}$$

Beispiel 3: Siebkondensator ermitteln

Der Siebfaktor 11,25 (Beispiel 2) soll durch eine RC-Siebung realisiert werden, bei welcher ein Siebwiderstand von 22 Ω verwendet wird. Wie groß muss die Kapazität des Siebkondensators sein, wenn die Gleichrichterschaltung B2U am 50-Hz-Netz arbeitet?

Lösung:

$$s \approx \omega_p \cdot R_s \cdot C_s$$

$$\Rightarrow C_s \approx \frac{s}{\omega_p \cdot R_s} = \frac{11{,}25}{2 \cdot 2 \cdot \pi \cdot 50\ \text{Hz} \cdot 22\ \Omega} = 814\ \mu\text{F} \approx \mathbf{820\ \mu F}$$

Bei der LC-Siebung wird die Brummspannung durch die Siebdrosselspule und den Siebkondensator herabgesetzt (Bild 1). Weil die Wirkungen beider Bauelemente mit der Frequenz ansteigen, wächst der Siebfaktor mit dem Quadrat der Frequenz bzw. Kreisfrequenz.

Beispiel 4: Siebkondensator ermitteln

Der Siebfaktor 11,25 (Beispiel 2) soll durch eine LC-Siebung realisiert werden Die Siebdrosselspule soll die Induktivität von 100 mH haben. Wie groß muss die Kapazität des Siebkondensators sein, wenn die Gleichrichterschaltung B2 am 50-Hz-Netz arbeitet?

ⓘ RC-Siebglieder haben einen geringen Wirkungsgrad.
LC-Siebglieder benötigen Induktivitäten mit großem Gewicht.

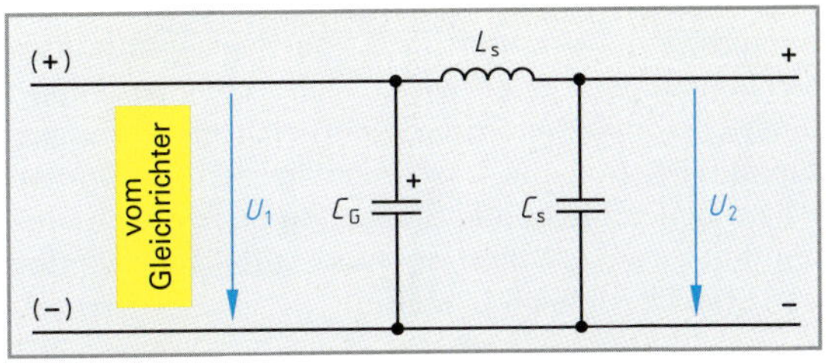

Bild 1: Glättungsschaltung mit LC-Siebung

$$s = s_1 \cdot s_2$$

$$s = \frac{U_{p1}}{U_{p2}}$$

$$s \approx \frac{\sqrt{X_{Cs}^2 + R_s^2}}{X_{Cs}} \Rightarrow$$

Für $R_s \gg X_{Cs}$:

$$s \approx \omega_p \cdot R_s \cdot C_s$$

$$s \approx \frac{X_{Ls} - X_{Cs}}{X_{Cs}} \Rightarrow$$

Für $X_{LS} \gg X_{Cs}$:

$$s \approx \omega_p^2 \cdot L_s \cdot C_s$$

s	Siebfaktor
U_{p1}, U_{p2}	Brummspannungen (Pulsspannungen)
s_1, s_2	einzelne Siebfaktoren
ω_p	Pulskreisfrequenz
R_s	Siebwiderstand
C_s	Kapazität des Siebkondensators
L_s	Induktivität der Siebdrosselspule
X_{Cs}	Blindwiderstand von C_s
X_{Ls}	Blindwiderstand von L_s

Wiederholung und Vertiefung

1. **Auf welche Weise erreicht man die Anschnittsteuerung mittels Thyristoren?**
2. **Was versteht man unter einer halbgesteuerten Brückenschaltung?**
3. **Wozu verwendet man vollgesteuerte Brückenschaltungen?**
4. **Welche Bauelemente verwendet man zum Glätten gleichgerichteter Spannungen?**
5. **Was versteht man unter Brummspannung?**
6. **Welche Arten der Siebung unterscheidet man?**

Lösung: $s \approx \omega_p^2 \cdot L_s \cdot C_s$

$$\Rightarrow C_s \approx \frac{s}{\omega_p^2 \cdot L_s} = \frac{11{,}25}{2^2 \cdot 2^2 \cdot \pi^2 \cdot 50^2\ \text{Hz}^2 \cdot 100\ \text{mH}}$$

$$= 285\ \mu\text{F} \approx \mathbf{270\ \mu F}$$

2.8.6 Stabilisieren

2.8.6.1 Stabilisierungsfaktor

Ausgangsspannung und Ausgangsstrom der Netzanschlussgeräte ändern sich, wenn sich die Eingangsspannung ändert, z. B. bei Netzspannungsschwankungen, oder wenn sich die Last ändert (Lastschwankungen) oder wenn sich die Temperatur ändert. Soll die Last auch in den genannten Fällen gleich bleibende Spannung oder gleich bleibenden Strom erhalten, so muss *stabilisiert* werden (lat. stabilis = gleich bleibend).

Beispiel 1: Spannung stabilisieren

Die Eingangsspannung einer Stabilisierung ist 60 V und schwankt um 9 V. Die Ausgangsspannung ist 27 V mit einer Schwankung von 0,5 V.
Berechnen Sie a) Glättungsfaktor, b) Stabilisierungsfaktor.

Lösung:

a) $G = \dfrac{\Delta U_1}{\Delta U_2} = \dfrac{9\,\text{V}}{0{,}5\,\text{V}} = \mathbf{18}$

b) $S = \dfrac{\Delta U_1 \cdot U_2}{\Delta U_1 \cdot U_2} = \dfrac{9\,\text{V} \cdot 27\,\text{V}}{60\,\text{V} \cdot 0{,}5\,\text{V}} = \mathbf{8{,}1}$

Der Stabilisierungsfaktor gibt an, welcher Teil der relativen Eingansspannungsänderung als relative Ausgangsspannungsänderung auftritt.

Spannung stabilisieren ohne Energiespeicher

Bei der *Stabilisierung ohne Energiespeicher* sind R_1 und R_Z in Reihe geschaltet **(Bild 1)**. Die Schaltung ist so bemessen, dass U_2 kleiner ist als U_1, sodass also an R_1 ein großer Spannungsfall U_{R1} eintritt. Steigt nun die Anschlussspannung auf $U_1 + \Delta U_1$, so liegt auch an R2 eine höhere Spannung. Dadurch wird die Stromstärke in R2 größer. Infolgedessen nimmt U_{R1} zu, und zwar im Idealfall um ΔU_1.

Bei der Stabilisierung ohne Energiespeicher fließt der Strom durch einen Wirkwiderstand, sodass erhebliche Verluste auftreten.

Bemessung des Vorwiderstandes. Der erforderliche Vorwiderstand R_1 liegt zwischen zwei Größen R_{min} und R_{max}, die ihrerseits von der höchsten und niedrigsten Eingangsspannung, dem schwächsten und stärksten Z-Strom (aus dem Datenblatt zu entnehmen) und dem schwächsten und stärksten Laststrom abhängen. R_{max} darf nicht überschritten werden, weil sonst der kleinste Z-Strom unterschritten wird. R_{min} darf nicht unterschritten werden, weil sonst der Z-Strom zu groß wird. Für $R_L = \infty$ (Leerlauf) fließt der gesamte Strom über R_Z. Deshalb wird $I_{Zmax} > I_L$ gewählt. Meist nimmt man einen Widerstand in der Nähe von R_{max}, weil dann die Verlustleistung in der Z-Diode kleiner ist.

- Stabilisieren (von lat. stabilis = gleich bleibend)
- Spannung stabilisieren ohne Energiespeicher, z. B. mit Z-Diode
- Spannung linear regeln, z. B. mit Transistoren oder Operationsverstärkern
- Spannung mit Schaltreglern regeln, z. B. mit Schaltnetzteilen (Abschnitt 6.1.6)

$$S = \frac{\Delta U_1}{U_1} : \frac{\Delta U_2}{U_2} = \frac{\Delta U_1}{U_1} \cdot \frac{U_2}{\Delta U_2}$$

$$S = \frac{\Delta U_1 \cdot U_2}{\Delta U_2 \cdot U_1}$$

$$G = \frac{\Delta U_1}{\Delta U_2} \Rightarrow S = G \cdot \frac{U_2}{U_1}$$

G	Glättungsfaktor
S	Stabilisierungsfaktor
U_1, U_2	Eingangsspannung und Ausgangsspannung
ΔU_1, ΔU_2	Spannungsschwankungen

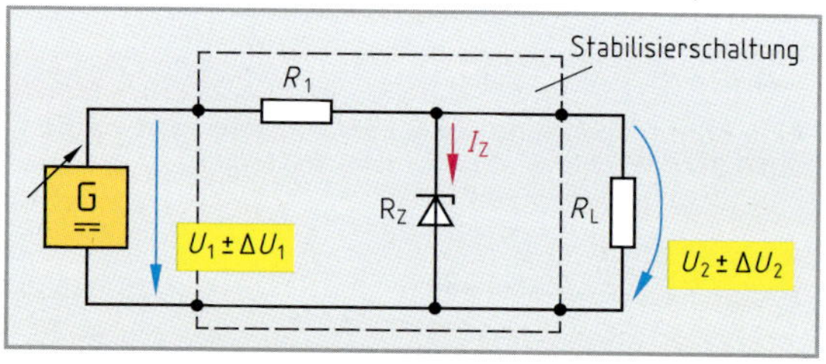

Bild 1: Stabilisierung mit Z-Diode

$$R_{min} = \frac{U_{1max} - U_Z}{I_{Zmax} + I_{Lmin}} \qquad R_{max} = \frac{U_{1min} - U_Z}{I_{Zmin} + I_{Lmax}}$$

Sofern nicht anders angegeben, ist $I_{Zmin} \approx 0{,}1\, I_{Zmax}$ und $I_{Lmin} = 0$.

$$P_{Rmax} = \frac{(U_{1max} - U_Z)^2}{R_1}$$

R_1	Vorwiderstand
U_1	Eingangsspannung ($U_1 \approx 2\,U_Z$)
U_Z	Z-Spannung
I_Z	Z-Strom ($I_{Zmax} > I_L$)
I_L	Laststrom
P_{Rmax}	Bemessungsleistung von R_1

Indizes max und min geben Größtwert und Kleinstwert an.

Ausgangsspannungsschwankung

Die stabilisierte Ausgangsspannung schwankt bei richtiger Bemessung der Stabilisierung nur noch sehr schwach.

Beispiel 1: Ausgangsspannungsschwankung berechnen

Wie hoch ist in Schaltung Bild 1, vorhergehende Seite, die Ausgangsspannungsschwankung, wenn die Eingangsspannung zwischen 34,5 V und 25,5 V schwankt, der Vorwiderstand 150 Ω beträgt und r_Z zu 4 Ω angegeben ist?

Lösung:

$$\Delta U_{2u} \approx \frac{\Delta U_1 \cdot r_Z}{R}$$

$$= \frac{(34{,}5\ \text{V} - 25{,}5\ \text{V}) \cdot 4\ \Omega}{150\ \Omega} = \mathbf{0{,}24\ V}$$

Für Speisespannungsschwankung:

$$\Delta U_{2u} \approx \frac{\Delta U_1 \cdot r_Z}{R_1}$$

Für Belastungsstromschwankung:

$$\Delta U_{2i} \approx -\Delta I_L \cdot r_Z$$

Für Temperaturschwankung:

$$\Delta U_{2\vartheta} \approx U_Z \cdot \alpha_Z \cdot \Delta\vartheta$$

R_1	Vorwiderstand
I_L	Laststrom
ΔU_{2u}, ΔU_{2i}, $\Delta U_{2\vartheta}$	Ausgangsspannungsschwankungen
ΔU_1	Eingangsspannungsschwankung
r_Z	differenzieller Widerstand der Z-Diode
ΔI_L	Laststromschwankung
α_Z	Temperaturkoeffizient
$\Delta\vartheta$	Temperaturänderung

Spannung stabilisieren mit Reihentransistor

In Schaltungen nach Bild 1, vorhergehende Seite, wird der Laststrom von der Z-Diode begrenzt. Einen großen Laststrom kann man durch Verwendung eines Reihentransistors erreichen **(Bild 1)**.

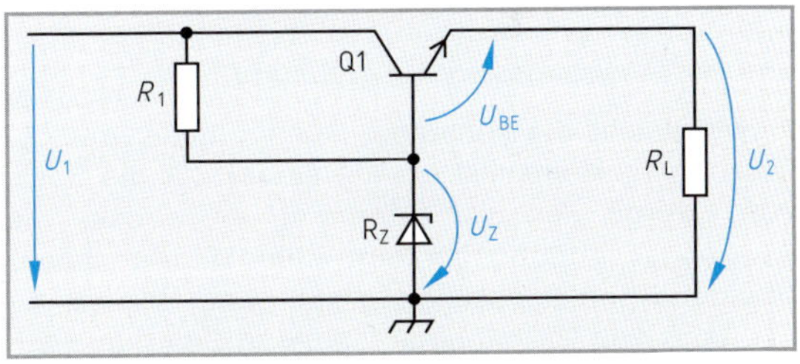

Bild 1: Spannungsstabilisierung mit Reihentransistor

2.8.6.2 Lineare Spannungsregler

Beim linearen Spannungsregler ändert sich die Stellgröße *linear* mit der Regeldifferenz (**Bild 2**).

Bei der Serienreglung liegt ein Transistor in Reihe zur Last (Längstransistor). Der Transistor stellt also einen Vorwiderstand dar. Bei steigender Ausgangsspannung, z.B. infolge kleineren Laststromes, wird dafür gesorgt, dass der Tranistor hochohmiger wird. Dadurch bleibt die Ausgangsspannung annähernd gleich.

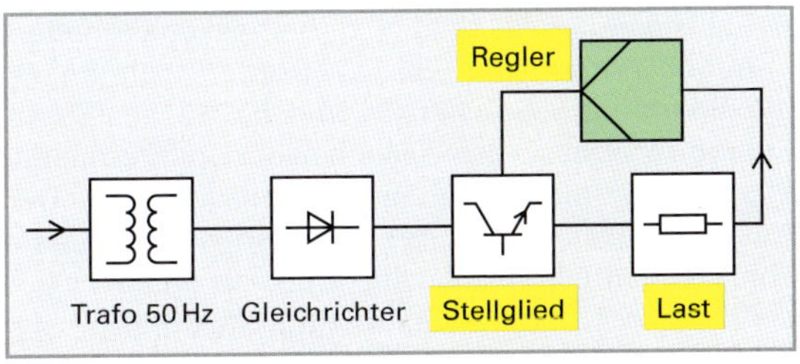

Bild 2: Netzteil mit linearem Spannungsregler

Spannung stabilisieren durch Spannungsregelung ermöglicht einen großen Stabilisierungsfaktor, große Lastströme und Einstellbarkeit der Ausgangsspannung **(Bild 3)**. Bei dieser Stabilisierung wird die Ist-Spannung U_3 am Ausgang in einer Vergleicherstufe mit der Soll-Spannung U_z verglichen. Weichen beide Spannungen voneinander ab, so beeinflusst die Vergleicherstufe K1 ein Stellglied so, dass die Abweichung vermindert oder ganz ausgeglichen wird.

Die Spannungsstabilisierungsschaltung **(Bild 3)** hat als Regelverstärker einen Operationsverstärker (siehe Abschnitt 2.9.5 Operationsverstärker). Der Operationsverstärker wirkt hier als Spannungsvergleicher mit hoher Proportionalverstärkung (P-Regler). Er vergleicht einen Teil

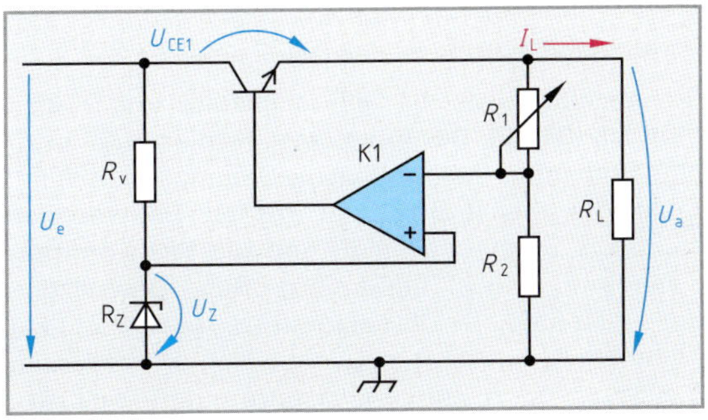

Bild 3: Linearer Spannungsregler mit Operationsverstärker

der Ausgangsspannung mit der Z-Spannung und steuert den Längstransistor entsprechend an.

Beispiel 1: Ausgangsspannung mit Linearregler berechnen

In der Schaltung Bild 3, vorhergehende Seite, betragen U_z = 6,8 V, R_1 = 82 kΩ und R_2 = 33 kΩ. Wie groß ist U_a?

Lösung:

$$U_a = U_z \cdot \left(1 + \frac{R_1}{R_2}\right) \Rightarrow U_a = 6{,}8\,\text{V} \cdot \left(1 + \frac{82\,\text{k}\Omega}{33\,\text{k}\Omega}\right) = \mathbf{23{,}7\,V}$$

Bei Spannungsreglern darf die Eingangsspannung nicht unter die Ausgangsspannung sinken. Der Spannungsunterschied wird als Low Drop Out Voltage = niedriger Spannungsabfall bezeichnet. Regler, bei denen diese Spannung klein ist, z.B. 0,1 V bis 0,5 V werden deshalb auch als LDO-Spannungsregler bezeichnet.

Spannungsregler für größeren Ausgangsstrom und mit Ausgangsstrombegrenzung

K1 vergleicht die konstante Spannung U_z mit U_4. Solange U_4 kleiner ist als U_Z, steuert K1 die Basis von Q1 mit positiver Spannung an, sodass die Ausgangsspannung ansteigt **(Bild 1)**. Mit zunehmender Höhe der Ausgangsspannung steuert K1 die Basis von Q1 mit einer kleineren Spannung an, sodass Q1 weniger leitet. Dadurch stellt sich am Ausgang eine konstant bleibende Spannung U_2 ein.

R_2 ist ein mit R_2 = 0,65 V/I_L bemessener niederohmiger Widerstand. Der Laststrom I_L ruft an R_2 die Spannung U_{BE3} hervor, welche K2 ansteuert. Solange I_L zulässig groß ist, reicht der Spannungsfall U_{BE3} an R_2 nicht aus, um K2 anzusteuern. Der Ausgangsstrom I_a von K1 fließt so nur zur Basis von Q1. Wird I_L unzulässig groß, so steuert U_{BE3} den Transistor K2 an, sodass ein Kollektorstrom I_{C3} fließt. Dadurch wird der Basisstrom $I_{B2} = I_a - I_{C3}$ kleiner und folglich auch I_{C2} und I_L. Damit wird der Laststrom begrenzt.

Stromstabilisierung

Stromstabilisierung ist mit Transistoren und Dioden möglich **(Bild 2)**. Der Ausgangsstrom erzeugt an R_1 eine Spannung. An R_1 bleibt die Spannung konstant. Sinkt der Laststrom unter seinen Sollwert, so steigt die Spannung an R_1 und die Basis-Emitter-Spannung. Folglich fließt ein größerer Basisstrom, der einen stärkeren Kollektorstrom (Laststrom) zur Folge hat. Umgekehrt steuert ein kleiner werdender Basisstom bei zu starkem Laststrom den Transistor zu. Mit R_1 kann der Sollwert der Stromstärke eingestellt werden.

Bei Spannungsregler mit Operationsverstärker:

$$U_a = U_z \cdot \left(1 + \frac{R_1}{R_2}\right)$$

U_a Ausgangsspannung
U_z Z-Spannung
R_1, R_2 Widerstände des Spannungsteilers

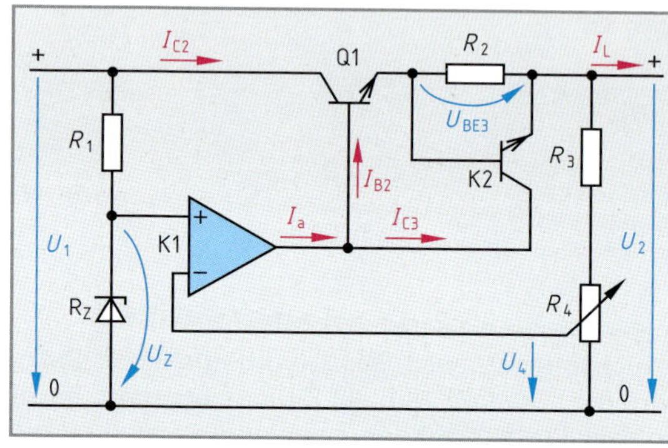

Bild 1: Prinzip der linearen Spannungsregelung mit IC

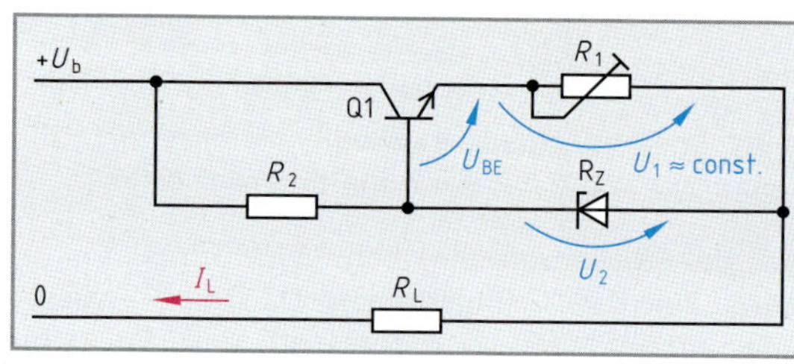

Bild 2: Prinzip der Stromstabilisierungsschaltung

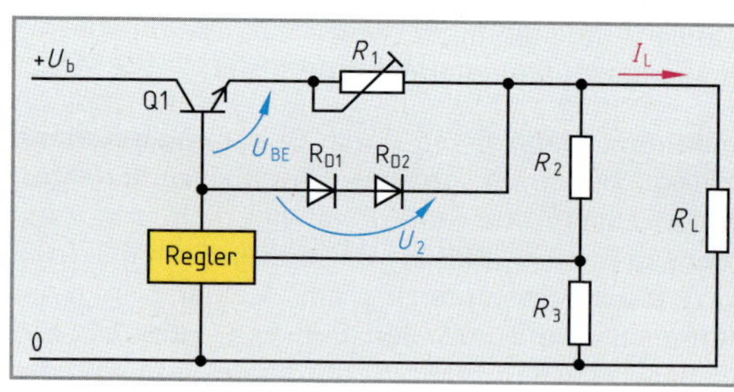

Bild 3: Strombegrenzungsschaltung beim linearen Spannungsregler

Strombegrenzung Bei der Strombegrenzung wird dafür gesorgt, dass der Höchstwert der Stromstärke nicht überschritten wird, z. B. auch nicht bei einem Kurzschluss. Bei der Strombegrenzung nach **Bild 3** wird U_{BE} kleiner, sobald I_L zu groß wird, weil die Durchlassspannung U_2 der Dioden etwa konstant ist. Dadurch wird Q1 zugesteuert.

Durch Zusammenschalten eines Positivspannungsreglers mit einem Negativspannungsregler kann eine Spannungsversorgung mit z. B. ±15 V verwirklicht werden **(Bild 1)**.

Mit dem Universalregler-IC kann je nach Anschluss und Beschaltung ein Positivspannungsregler, ein Negativspannungsregler, ein *erdfreier Spannungsregler* (keine Spannung gegen Masse) und sogar ein Schaltregler aufgebaut werden.

Der *Universalspannungsregler-IC* von **Bild 2** hat Anschlüsse für Betriebsspannungen $+U_b$ und $-U_b$, invertierenden Eingang – und nicht invertierenden Eingang +, Ausgang für Ausgangsspannung U_a, Stromfühler I_s, Strombegrenzung $I>$, Referenzspannung U_{ref} und Frequenzkompensation Komp.

Bei den IC-Reglern gibt es einstellbare Regler, Festspannungsregler und Universalregler.

Reicht die Leistung des im IC enthaltenen Längstransistors nicht aus, so steuert der IC eine Leistungsstufe an (Bild 2). Je nach Schaltung wird nur ein Teil der Anschlüsse verwendet. (Bemessung der Schaltungen siehe Mathematik für Elektroniker).

In den Netzteilen sind meist mehrere IC für die lineare Spannungsregelung enthalten. Im Netzteil mit Schaltung Bild 2 wird die Spannung von + 32 V ungeregelt durch Spannungsverdopplung von AC 15 V gewonnen. Die Spannungen von + 12 V und − 12 V werden über Positivspannungsregler stabilisiert. Beide Regler können dauernd 1 A führen.

Die Spannung − 5 V wird über einen *Negativspannungsregler* stabilisiert, und zwar aus der Spannung − 12 V abgeleitet. Für die Spannung von + 5 V ist eine größere Strombelastbarkeit erforderlich. Deshalb wird hier ein Universalregler mit nachgeschaltetem Transistor verwendet. Die Eingangsspannung wird für den Transistor möglichst niedrig auf DC 8 V gehalten, damit die Verlustleistung des Transistors niedrig bleibt. Die Eingangsspannung des IC muss aber nach Datenblatt über 9,5 V liegen. Deshalb wird die Eingangsspannung für den IC aus der stabilisierten Spannung von + 12 V entnommen. Die genaue Ausgangsspannung wird mit dem Potenziometer 1 kΩ eingestellt (Bild 2). Der Widerstand mit 0,12 Ω vom Anschluss 2 nach Anschluss 3 bewirkt eine Strombegrenzung auf etwa 4 A.

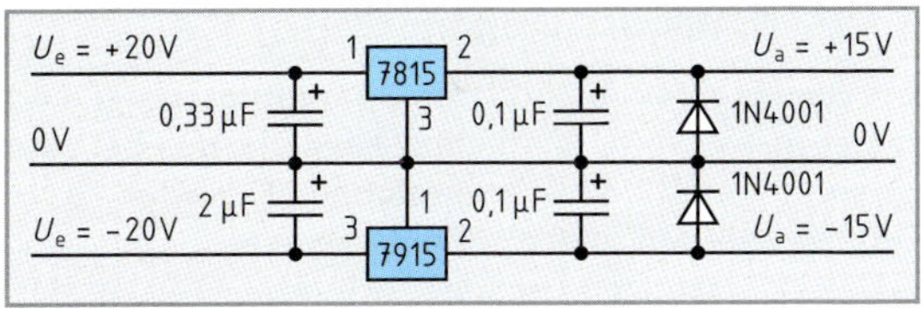

Bild 1: Spannungsversorgung ±15 V mit Festspannungsreglern

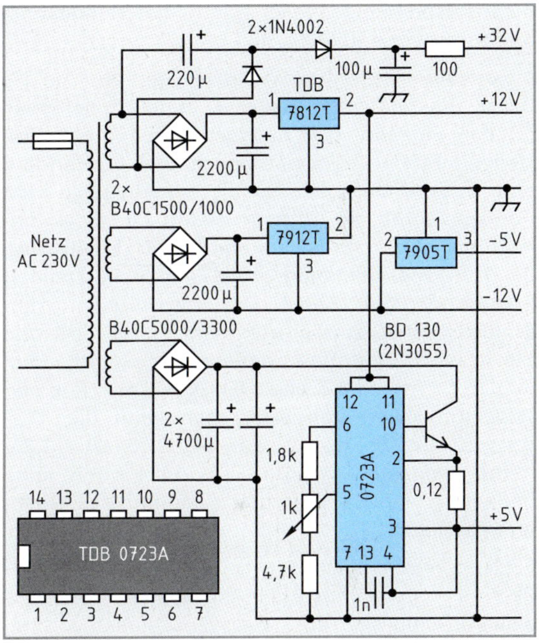

Bild 2: Netzteil mit Universalregler und mit linearen Spannungsreglern

Wiederholung und Vertiefung

1. **Welche Arten der Regelung unterscheidet man bei linearen Spannungsreglern?**
2. **Erklären Sie den Begriff Längstransistor.**
3. **Nennen Sie die günstigen Eigenschaften von linearen Spannungsreglern.**
4. **Warum kommen bei linearen Spannungsreglern großer Leistung Kollektorschaltungen vor?**
5. **Erklären Sie die Wirkungsweise der Stromstabilisierung.**
6. **Welche Baugruppen müssen in einem IC für die lineare Spannungsregelung mindestens enthalten sein?**
7. **Welche Anschlüsse sind beim IC des einstellbaren IC-Spannungsreglers vorhanden?**
8. **Welche Anschlüsse hat ein Festspannungsregler?**
9. **Erklären Sie die Unterschiede bei Positivspannungsregler und Negativspannungsregler.**

2.8.6.3 Lineare Spannungsregler-ICs

Die Baugruppen der linearen Spannungsregler sind meist in einem IC enthalten. Anstelle der bei den Spannungsreglern erforderlichen Z-Dioden bzw. Dioden werden meist *Referenzspannungsquellen* (von lat. referre = wieder bringen) verwendet, deren Durchbruchspannung durch die Beschaltung beeinflusst werden kann. Der IC enthält mindestens einen Längstransistor kleinerer Leistung, einen Operationsverstärker als Komparator und eine Referenzspannungsquelle. Der IC hat mindestens drei Anschlüsse **(Bild 1)**.

Einstellbare Regler-ICs

Beim *einstellbaren Regler-IC* sind Anschlüsse für den Eingang, den Ausgang und für den Einstellwiderstand *(Einstelleranschluss)* vorhanden. Eine äußere Beschaltung mit induktivitätsarmen Kondensatoren zur Unterdrückung der Schwingneigung und mit Widerständen zur Einstellung der Ausgangsspannung ergibt den vollständigen Spannungsregler **Bild 2**. Der vom Ausgangsanschluss über R_1 zum Einstelleranschluss fließende Strom wird *Vorstrom* I_v genannt. Er beträgt beim Regler-IC von Bild 2 etwa 5 mA. Wenn R_1 einen Widerstandswert von 240 Ω hat, kann die Ausgangsspannung U_a bis auf 240 Ω · 5 mA = 1,2 V herab eingestellt werden. R_D verhindert eine Entladung von C_2 über den Ausgang des Spannungsreglers.

Festspannungsregler

Beim *Festspannungsregler* ist anstelle des Einstelleranschlusses ein Masseanschluss vorhanden **(Bild 3)**. Festspannungsregler liefern eine feste Ausgangsspannung. Die Regler-IC gibt es mit Ausgangsspannungen von 2,6 V bis 24 V in ziemlich feiner Abstufung, und zwar als *Positivspannungsregler* und als *Negativspannungsregler* **(Bild 4)**. Beim Positivspannungsregler liegt der Pluspol der Ausgangsspannung am Ausgangsanschluss, beim Negativspannungsregler der Minuspol.

In der Typenbezeichnung der Festspannungsregler-IC geben die letzten beiden Ziffern die Ausgangsspannung in V an, der Kennbuchstabe z. B. L gibt den Ausgangsstrom an **(Tabelle 1)**.

Wiederholung und Vertiefung

1. **Welche Aufgabe hat die Stabilisierung?**
2. **Geben Sie die beiden grundsätzlichen Möglichkeiten zur Stabilisierung an.**
3. **Wie wird der Vorwiderstand bei der einfachen Stabilisierungsschaltung mit Z-Diode berechnet?**
4. **Welchen Vorteil bietet die Stabilisierungsschaltung mit einem IC?**

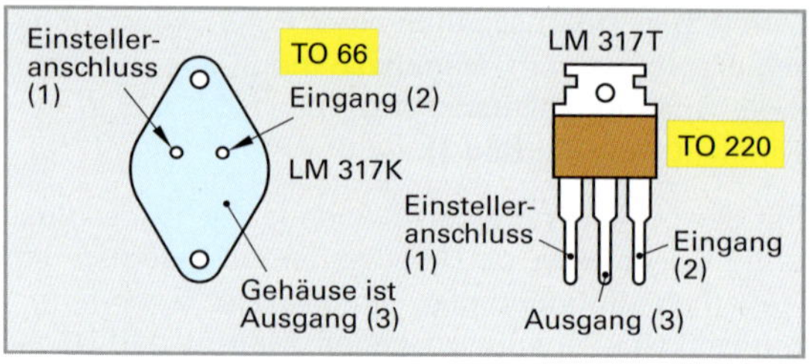

Bild 1: Einstellbarer Regler-IC

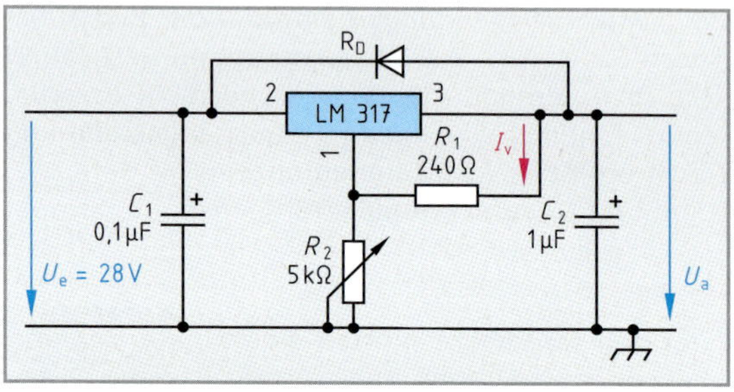

Bild 2: Einstellbarer Spannungsregler 1,2 V bis 37 V

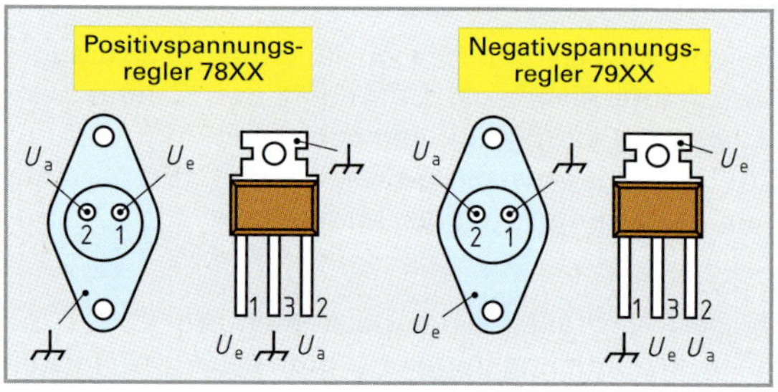

Bild 3: Festspannungsregler-IC

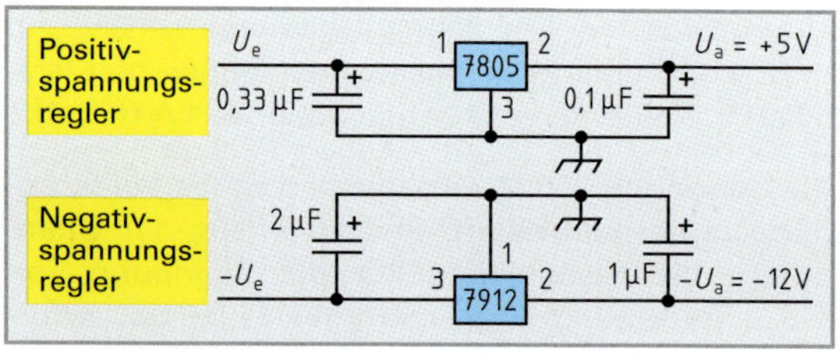

Bild 4: Beschaltete Festspannungsregler

Tabelle 1: Reglerbezeichnungen 78xx und 79xx

Typ	Gehäuse	I_{max}	Bezeichnung	U_a
L	TO 92	0,1 A	78L05	5 V
M	TO 92	0,5 A	79M12	–12 V
–	TO 220	1 A	7815	15 V
S	TO 220	2 A	78S05	5 V
T	TO 220	3 A	79T05	–5 V

2.8.7 Projektaufgabe Netzteil

Aufgabenstellung und Vorüberlegungen

Für einen Verstärker analoger Signale ist ein kostengünstiges Netzteil zu entwickeln. Das Netzteil soll eine stabile konstante Ausgangsspannung von 35 V besitzen und einen Maximalstrom von 3 A liefern.

Zur Verstärkung von Analogsignalen benötigt man ein Netzteil mit stabiler Spannung und kleiner Restwelligkeit, um die nicht linearen Signalverzerrungen zu vermeiden. Außerdem dürfen netzteilbedingte Störimpulse das Signal nicht beeinflussen. Diese Forderungen werden am besten von einem linear geregelten Netzteil **Bild 1** erfüllt **(Tabelle 1)**.

Die gleichgerichtete und mit dem Glättungskondensator C_G geglättete Spannung U_d wird einem Spannungsregler zugeführt. Der Spannungsregler wird über Widerstände so eingestellt, dass die Ausgangsspannung U_a der Schaltung 35 V beträgt, d. h. der Spannungsregler muss eine um U_{BE} größere Spannung als U_a am Ausgang besitzen. Die Spannung U_R am Regler ist abhängig von der Bauart des Reglers. Er beträgt meist mindestens 2 V bis 3 V, bei Low-Drop-Reglern 0,5 V bis 1 V (low drop = niedriger Fall). Lineare Spannungsregler haben einen Maximalstrom, z. B. 1,5 A. Wird der Ausgang eines Reglers zu stark belastet oder gar kurzgeschlossen, so wird der Ausgangsstrom durch eine interne Strombegrenzung auf den Maximalstrom begrenzt **(Bild 2)**.

Wird bei steigender Belastung eines linearen Spannungsreglers der Maximalstrom erreicht, sinkt die Ausgangsspannung des Reglers linear.

Um am Ausgang des Netzteils höhere Ströme als den Maximalstrom des Spannungsreglers zu erhalten, muss ein Leistungstransistor als Stromverstärker eingesetzt werden (Bild 1). Dieser wird über seinen Basisanschluss vom Ausgang des Spannungsreglers angesteuert. Je größer die Gleichstromverstärkung B des Transistors ist, desto weniger wird der Spannungsregler belastet.

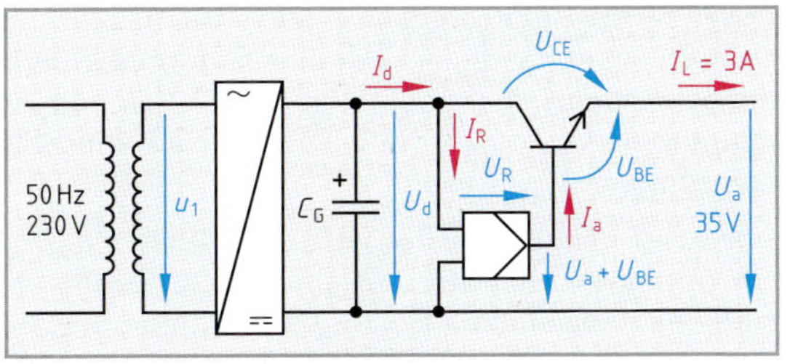

Bild 1: Linear geregeltes Netzteil

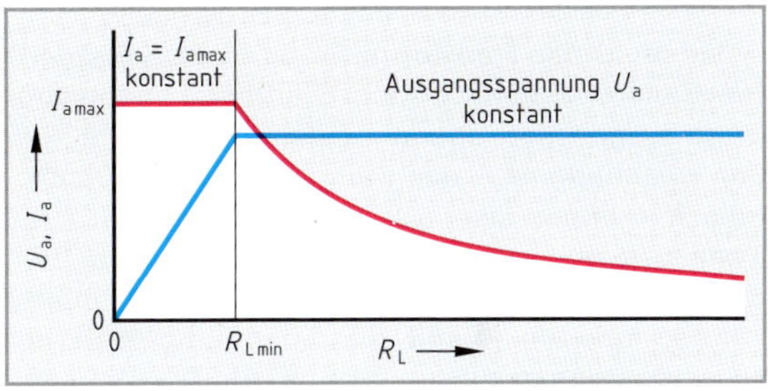

Bild 2: Ausgangsgrößen eines Spannungsreglers bei Belastung

Auswahl der Bauelemente

- **Welcher Transformator ist zu wählen?**

Ein Ringkerntransformator besitzt fast keine störenden Streufelder, hat eine fast lastunabhängige Ausgangsspannung und hat gegenüber anderen Bauformen ein kleineres Bauvolumen.

- **Welche Gleichrichtung ist zu wählen?**

Ein Brückengleichrichter nutzt fast die volle Transformatorleistung aus, da er beide Spannungshalbperioden überträgt.

Tabelle 1: Auswahlkriterien für Netzteile

Art	linear geregelt mit Längstransistor	getaktet			
		Abwärts-Drosselwandler	Eintakt-Sperrwandler	Eintakt-Durchflusswandler	Gegentaktwandler in Halbbrücke
Restwelligkeit	sehr klein	klein	groß	mittel	sehr klein
Bauteileaufwand	klein	klein	klein	mittel	sehr hoch
Entstörmaßnahmen	entfallen	klein	aufwändig	aufwändig	klein
Verlustleistung	hoch	sehr klein	mittel	mittel	sehr klein
Kosten	niedrig	niedrig	niedrig	mittel	hoch

- **Welche Spannungsregelung ist zu wählen?**

Da Festspannungsregler zwar eine sehr hohe Spannungskonstanz, aber auch eine große Spannungstoleranz bis zu ±0,2 V aufweisen, ist ein einstellbarer Regler vorzuziehen.

- **Welcher Längstransistor ist zu wählen?**

Ein Darlingtontransistor hat eine große Stromverstärkung und kann mit kleiner Leistung vom Regler gesteuert werden.

Bemessung der Schaltung

- **Wie muss der Transformator bemessen werden?**

Die Gleichspannung U_d am Glättungskondensator muss wegen des Spannungsfalls am Regler und der Spannung U_{BE} des Längstransistors mindestens 4 V höher sein als 35 V. Gewählt wird ein Transformator nach **Bild 1** mit U_2 = 30 V, bei dem die Sekundärwicklungen parallel geschaltet werden müssen, damit die Spannung nach der Gleichrichtung nicht zu groß wird. Die maximale gleichgerichtete Spannung beträgt U_{max} = 41 V und die Transformator-Bauleistung beträgt $P_T \approx 1{,}23 \cdot 41\ V \cdot 3\ A = 151{,}3\ VA$ **(Bild 2)**. Gewählt wurde P_T = 160 VA (Bild 1).

- **Wie muss der Gleichrichter bemessen werden?**

Bei Strömen unter 10 A ist es üblich, Brückengleichrichter zu verwenden. Der gewählte Gleichrichter B40C5000-3300 nach **Bild 3** ist zulässig für einen Dauerstrom von 3,3 A ohne Kühlung. Er kann mit einer Sperrspannung von 90 V belastet werden.

- **Wie muss der Glättungskondensator bemessen werden?**

Nach Bild 3, vorhergehende Seite, gilt $U_d + \hat{u}_p/2 \approx U_{max}$ = 41 V. U_d muss etwa 4 V bis 5 V höher sein als 35 V, d.h. U_d = 39,5 V. Die Brummspannung beträgt dann $\hat{u}_p \approx 2 \cdot (U_{max} - U_d)$ = 3 V und die Welligkeit w = 7,5%. Damit berechnet man eine Glättungskapazität

$$C_G = \frac{0{,}75 \cdot I_d}{f_p \cdot \hat{u}_p} = \frac{0{,}75 \cdot 3\ A}{100\ Hz \cdot 3\ V} = 7\,500\ \mu F$$

Wegen der Toleranzgrenze −10 % des Elektrolytkondensators (Elko) **(Bild 4)** muss C_{min} = 7 500 µF/0,9 = 8 333 µF betragen. Schaltet man zwei Kondensatoren mit jeweils 4 700 µF parallel, kann aufgrund der Toleranzwerte die tatsächliche Glättungskapazität Werte zwischen 0,9 · 9 400 µF = 8 460 µF und 1,5 · 9 400 µF = 14 100 µF annehmen.

Wird der Netztransformator nur wenig belastet, wird seine Ausgangsspannung höher als die Bemessungsspannung von 30 V. Die Spannungsfestigkeit des Elektrolytkondensators muss um den Sicherheitsfaktor 1,33 erhöht werden. Daraus berechnet man U_{min} = 1,33 · 41 V = 54,5 V. Gewählt wird 63 V für U_{CGN} (Bild 4).

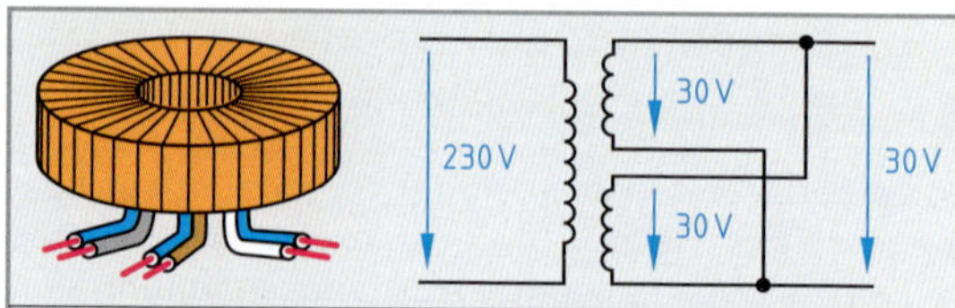

Ausgangsbemessungsspannung	Bauleistung	Masse
$U_2 = 2 \times 30\ V$	P_T = 160 VA	m = 1,34 kg

Bild 1: Netztransformator

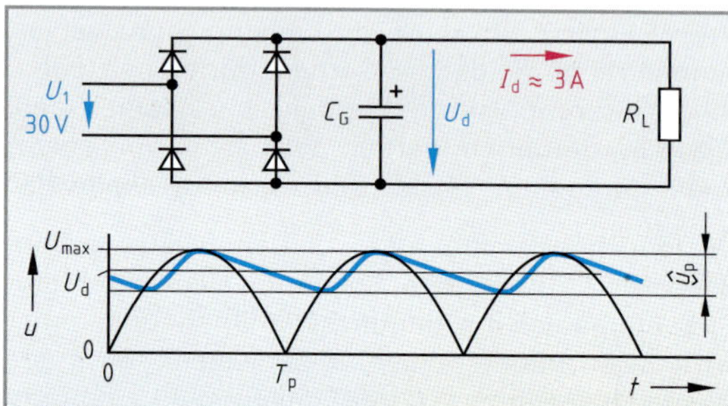

Maximale Gleichspannung	$U_{max} = \sqrt{2} \cdot U_1 - 1{,}4\ V = 41\ V$
Brummfrequenz	$f_p = \frac{1}{T_p} = 100\ Hz$
Glättungskapazität	$C_G \approx \frac{0{,}75 \cdot I_d}{f_p \cdot \hat{u}_p}$
Effektivwert der Brummspannung	$U_p \approx \frac{1}{6}\sqrt{3} \cdot \hat{u}_p$
Welligkeit	$w = \frac{\hat{u}_p}{U_d}$
Kondensatorbemessungsspannung (Spannungsfestigkeit)	$U_{CGN} > 1{,}33 \cdot U_{max}$
Transformatorbauleistung	$P_T = 1{,}23 \cdot U_d \cdot I_d$

Bild 2: Schaltung B2U mit Kondensator

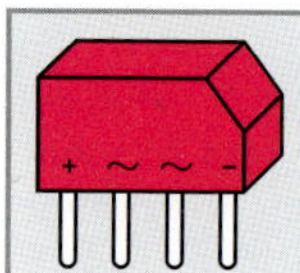

BC40C5000-330

B	Schaltung B2U
40	maximale Anschlussspannung in V
C	Kondensatorlast, zulässig 15 000 µF
5 000	maximaler Dauerstrom in mA bei Montage auf Metallchassis
3 300	I_{Dmax} = 3,3 A, freistehend

Bild 3: Brückengleichrichter

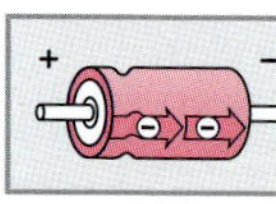

4 700 µF	Bemessungskapazität
−10 %; +50 %	Kapazitätstoleranzen
63 V	zulässige Gleichspannung

Bild 4: Glättungskondensator

- **Wie muss der Längstransistor bemessen werden?**

Der Transistor muss eine Verlustleistung von $P_v = U_{CE} \cdot I_C = (39{,}5 - 35)\,V \cdot 3\,A = 13{,}5\,W$ aufnehmen. Da für den Regler ein Spannungsfall von $U_R = 3\,V$ nötig ist, darf die Spannung U_{BE} des Darlingtontransistors maximal 1,5 V betragen. Der gewählte Darlingtontransistor MJ 4035 erfüllt diese Bedingung **(Bild 1)**. Da das Gleichstromverhältnis $B \geq 1000$ ist, benötigt der Transistor einen Basisstrom von höchstens $I_B = I_C/1000 = 3\,mA$. Das Basispotenzial des Transistors muss vom Spannungsregler auf $U_A + U_{BE} = 35\,V + 1{,}4\,V = 36{,}4\,V$ eingestellt werden.

- **Wie muss die Spannungsregelung bemessen werden?**

Der Spannungsregler LM 317 T **(Bild 2)** verfügt über einen Ausgangsspannungsbereich von 1,2 V bis 37 V, d.h. er kann das notwendige Basispotenzial von 36,4 V einstellen. Die dafür notwendige Beschaltung des Spannungsreglers aus R_1, R_2, C_1 und C_2 wird aus dem Reglerdatenblatt entnommen **(Bild 3)**. Da der Steuerstrom I_{ADJ} (ADJ von to adjust = einstellen) vernachlässigt werden kann, sind R_1 und R_2 als unbelasteter Spannungsteiler zu betrachten.

Bei der Ansteuerung des Längstransistors durch den Spannungsregler liegt am Regler die Spannung $U_R = 3{,}1\,V$ an, wodurch der Mindestspannungsfall von 3 V eingehalten wird **(Bild 4)**. Die Referenzspannung von 1,2 V des Reglers liegt an R_1 und erzeugt einen Strom von $1{,}2\,V/150\,\Omega = 8\,mA$. Um die Stromstärke genau zu erzielen, wird ein Metallschichtwiderstand mit der Toleranz von ±1% verwendet. Der Regler wird dadurch mit einem Strom von $8\,mA + I_B = 8\,mA + 3\,mA = 11\,mA$ belastet. Die Verlustleistung beträgt $P_v = 3{,}1\,V \cdot 11\,mA = 34{,}1\,mW$. Die erzielbare Einstellspannung soll 37 V betragen. Der Wert des Einstellwiderstandes wird so berechnet:

$$R_2 = \frac{37\,V - 1{,}2\,V}{8{,}05\,mA} = \frac{35{,}8\,V}{8{,}05\,mA} = 4{,}45\,k\Omega.$$

Präzisions-Einstellwiderstände haben Toleranzen von ±10%. Der Bemessungswert für R_2 muss deshalb mindestens $4{,}45\,k\Omega/0{,}9 = 4{,}94\,k\Omega$ betragen. Gewählt wird der Widerstand mit $R_2 = 5\,k\Omega$ **(Bild 5)**.

Die Verlustleistungen der Widerstände errechnet man mit $P_v = R \cdot I^2$. Für R_1 erhält man $P_v = 150\,\Omega \cdot (8\,mA)^2 = 9{,}6\,mW$ und für R_2 erhält man $P_v = 5\,k\Omega \cdot (8{,}05\,mA)^2 = 0{,}324\,W$. Die Belastbarkeit von 0,5 W des gewählten Einstellwiderstandes ist also ausreichend.

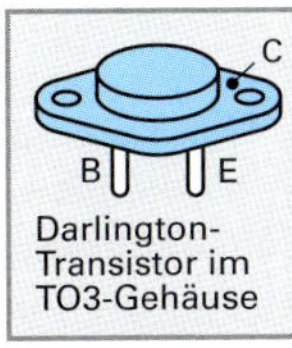

NPN	Transistortyp
$I_C = 16\,A$	max. Strom bei Kühlung
$U_{CE} = 100\,V$	Maximalspannung U_{CE}
$P_{tot} = 150\,W$	maximale Verlustleistung
$B \geq 1000$	Gleichstromverhältnis
$U_{BE} \approx 1{,}4\,V$	Basis-Emitter-Spannung

Bild 1: Längstransistor MJ 4035

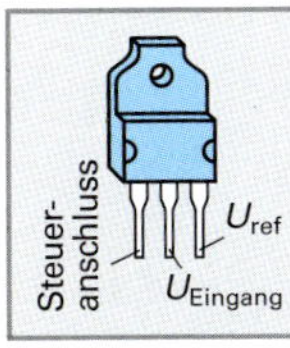

40 V	Gleichstromeingangsspannung
1,2 V – 37 V	Ausgangsspannungsbereich
1,5 A	maximaler Reglerstrom
20 W	maximale Verlustleistung
Kurzschlussfest durch interne Strombegrenzung auf 1,5 A	

Bild 2: Spannungsregler LM 317 T

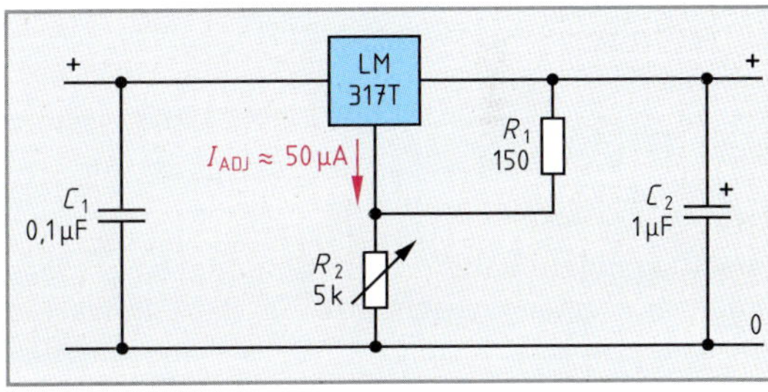

Bild 3: Datenblattauszug LM 317 T

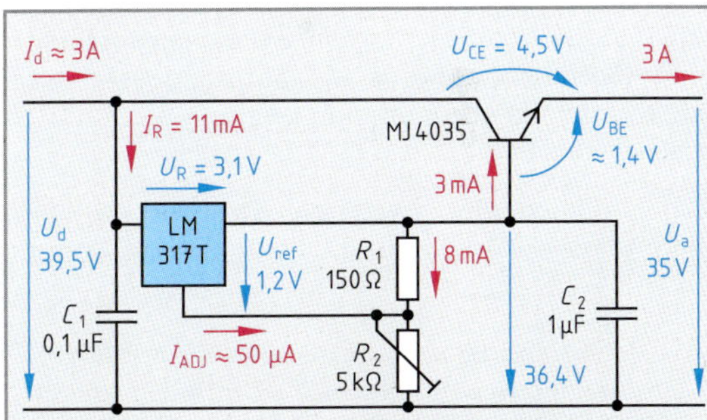

$C_1 = 0{,}1\,\mu F$; $C_2 = 1\,\mu F$	notwendige Anschlusskapazitäten laut Datenblatt
$U_{ref} = 1{,}2\,V$	Mindestreferenzspannung des Reglers
$I_{ADJ} = 50\,\mu A$	typische Einstellstromstärke des Reglers
$R_1 = 150\,\Omega \pm 1\%$	Metallschichtwiderstand
$R_2 = 5\,k\Omega$	Einstellwiderstand

Bild 4: Spannungsregelung

5 kΩ ± 10%	Widerstandsbemessungswert
0,5 W	max. Belastbarkeit
230° ± 5%	Drehwinkel

Bild 5: Präzisionseinstellwiderstand

2.9 Verstärker

Bei der Verstärkung von Signalen mit Transistoren verändert die Steuerspannung U_1 den Widerstand des Transistors **(Bild 1)**. Diese Widerstandsänderung ΔR hat eine Stromänderung ΔI_2 im Ausgangskreis zur Folge. Schaltet man in den Ausgangskreis einen Lastwiderstand Z_L, so ruft die Stromänderung an diesem eine Spannungsänderung ΔU_2 hervor.

Da die Änderungen von Strom und Spannung im Ausgangskreis größer sind als im Eingangskreis, spricht man von Verstärkung.

Verstärker haben die Aufgabe, schwache Signale so weit zu verstärken, dass diese einem Umsetzer (Wandler) zugeführt werden können, z. B. einem Lautsprecher oder einem Bildschirm **(Bild 2)**.

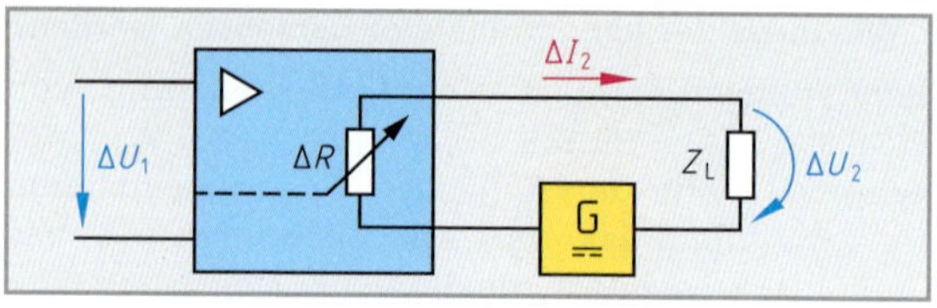

Bild 1: Prinzip des Verstärkungsvorgangs

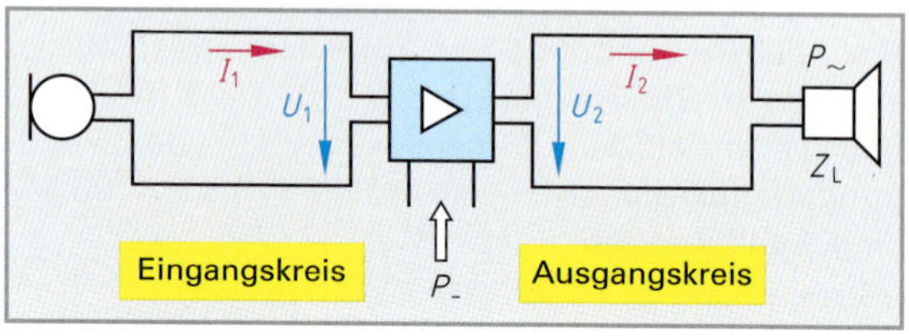

Bild 2: Verstärker

2.9.1 Grundbegriffe

Verstärkungsarten

Verstärkerstufen haben zwei Eingangsanschlüsse und zwei Ausgangsanschlüsse für das Signal. Sie sind also *Vierpole (Zweitore)*. Da sie an den Ausgangsklemmen als Signalleistung mehr Wirkleistung abgeben als sie an den Eingangsklemmen aufnehmen, bezeichnet man sie als *aktive Vierpole*. Aktive Vierpole müssen an eine Gleichstromversorgung (Betriebsspannung U_b) angeschlossen werden, aus der die abzugebende Leistung entnommen wird.

Man unterscheidet zwischen Stromverstärkung, Spannungsverstärkung und Leistungsverstärkung.

Als *Verstärkungsfaktor* bezeichnet man das Verhältnis einer Ausgangsgröße zu ihrer Eingangsgröße.

Bei Endstufen von Verstärkern, insbesondere bei NF-Verstärkern mit Lautsprecherbetrieb, sind nicht die Verstärkungsfaktoren maßgebend, sondern die abgegebene Wechselstromleistung. Als Kenngröße wird die *Bemessungsleistung (Nennleistung)* angegeben. Sie wird erreicht, wenn die Verstärkerstufe mit sinusförmigem Signal voll ausgesteuert wird und die Bemessungslast (Nennlast) angeschlossen ist. Die aus der Stromversorgung aufgenommene Gleichstromleistung ist größer als die abgegebene Wechselstromleistung, da ein Teil der zugeführten Leistung als Verlustleistung P_v in Wärme umgesetzt wird.

$$V_i = \frac{I_2}{I_1} \qquad V_u = \frac{U_2}{U_1}$$

$$V_p = V_u \cdot V_i \qquad V_p = \frac{P_2}{P_1}$$

$$P_- = P_\sim + P_v \qquad D = \frac{S_1}{S_2}$$

$$V = \frac{S_2}{S_1} \qquad D = \frac{1}{V}$$

V_i	Stromverstärkungsfaktor
I_1	Eingangsstrom
I_2	Ausgangsstrom
V_u	Spannungsverstärkungsfaktor
U_1	Eingangsspannung
U_2	Ausgangsspannung
V_p	Leistungsverstärkungsfaktor
P_1	Eingangsleistung
P_2	Ausgangsleistung
P_-	aufgenommene Gleichstromleistung
$P_\sim$	abgegebene Wechselstromleistung
P_v	Verlustleistung (auch P_{tot}, tot von total)
D	Dämpfungsfaktor
S_1	Eingangsgröße
S_2	Ausgangsgröße
V	Verstärkungsfaktor

Dämpfungsmaß und Verstärkungsmaß

Wird ein Signal durch einen Vierpol größer, so spricht man von *Verstärkung*. Wird ein Signal dagegen kleiner, so bezeichnet man dies als *Dämpfung*.

Der Dämpfungsfaktor ist der Kehrwert des Verstärkungsfaktors.

Tabelle 1: Dämpfungsmaß und Dämpfungsfaktoren

Dämpfungsmaß in dB	0	3	6	10	14	20	26	30	40	60	80	100	120
Spannungsdämpfungsfaktor	1	1,41	2	3,16	5	10	20	31,6	100	10^3	10^4	10^5	10^6
Leistungsdämpfungsfaktor	1	2	4	10	25	100	400	1000	10000	10^6	10^8	10^{10}	10^{12}

Oft verwendet man statt des Dämpfungsfaktors das Dämpfungsmaß in Bel[1] (B) bzw. in Dezibel (dB) **(Tabelle 1)**. Ein Dezibel ist $\frac{1}{10}$ Bel.

Aus dem Dämpfungsmaß für die Leistung wird das Dämpfungsmaß für die Spannung abgeleitet.

Wenn der Eingangswiderstand R_1 und der Ausgangswiderstand R_2 gleich groß sind, was in der Nachrichtentechnik wegen der Leistungsanpassung oft der Fall ist, kann man das Dämpfungsmaß aus den Spannungen berechnen.

$$A = 10 \cdot \lg \frac{P_1}{P_2} \text{ dB}$$

$$A = 10 \cdot \lg \frac{U_1^2 \cdot R_1}{U_2^2 \cdot R_2} \text{dB}$$

$$A = 2 \cdot 10 \lg \frac{U_1}{U_2} \text{ dB}$$

$$A = 20 \cdot \lg \frac{U_1}{U_2} \text{ dB}$$

$$A = A_1 + A_2 + \ldots$$

$$G = -A$$

A	Dämpfungsmaß in dB
P_1	Eingangsleistung
P_2	Ausgangsleistung
U_1	Eingangsspannung
U_2	Ausgangsspannung
R	Widerstand
$A_1, A_2, \ldots$	Einzeldämpfungsmaße
G	Verstärkungsmaß

Beispiel 1: Dämpfungsmaß berechnen

Die Eingangsspannung einer Antennenleitung beträgt 1 mV, die Ausgangsspannung 0,2 mV. Wie groß ist das Dämpfungsmaß?

Lösung:

$$A = 20 \cdot \lg \frac{U_1}{U_2} \text{ dB} = 20 \cdot \lg \frac{1 \text{ mV}}{0{,}2 \text{ mV}} \text{ dB} = \mathbf{14\ dB}$$

Das *Verstärkungsmaß* ist der Logarithmus aus dem Kehrwert des Dämpfungsfaktors. Man verwendet dafür das Formelzeichen G (von Gain = Gewinn) oder drückt das Verstärkungsmaß als negatives Dämpfungsmaß $-A$ aus (A von attenuation = Dämpfung).

Ein negatives Dämpfungsmaß gibt eine Verstärkung an.

Durch die logarithmische Angabe von Dämpfung und Verstärkung ist eine einfache Berechnung des gesamten Dämpfungsmaßes einer Übertragungsstrecke mittels Addition der Zahlenwerte möglich.

Das Gesamtdämpfungsmaß ist die Summe aller Einzeldämpfungsmaße.

Übertragungskurve

Ein idealer Verstärker sollte alle Frequenzen von 0 Hz bis ∞ Hz mit gleich großem Verstärkungsfaktor übertragen können. Durch die in den Schaltungen enthaltenen Kapazitäten und der verwendeten Halbleiterbauelemente ist dies jedoch nicht möglich.

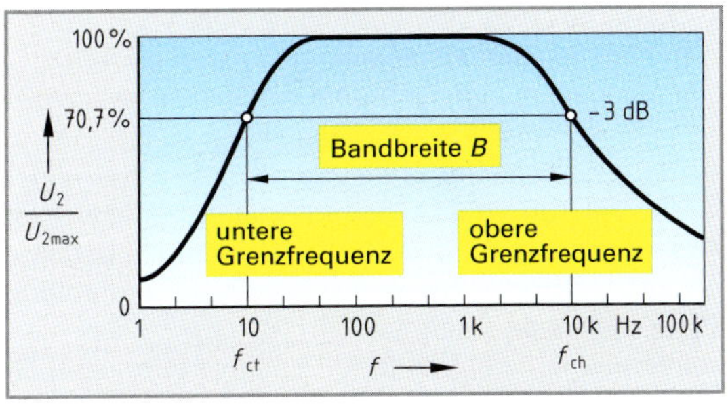

Bild 1: Übertragungskurve eines Verstärkers

Die Abhängigkeit der Ausgangsspannung bzw. des Verstärkungsfaktors von der Frequenz bezeichnet man als Übertragungskurve des Verstärkers **(Bild 1)**. Bei der grafischen Darstellung wird die Frequenz meist im logarithmischen Maßstab aufgetragen.

Als untere Grenzfrequenz f_{ct} bzw. obere Grenzfrequenz f_{ch} sind die Frequenzen festgelegt, bei denen die Ausgangsspannung auf 70,7 % des Höchstwertes gefallen ist. Dies entspricht einem Dämpfungsmaß von 3 dB und einem Verstärkungsmaß von -3 dB.

Die Differenz zwischen oberer und unterer Grenzfrequenz bezeichnet man als Bandbreite B des Verstärkers.

[1] Bel, abgeleitet von Bell, amerik. Wissenschaftler, 1847 bis 1922

Eingangswiderstand und Ausgangswiderstand

Der Eingangswiderstand Z_e einer Verstärkerstufe belastet den Spannungserzeuger, der die Stufe ansteuert **(Bild 1)**. Er muss vor allem bei Verstärkerstufen mit bipolaren Transistoren beachtet werden. Bei Verstärkern mit Feldeffekttransistoren und bei Operationsverstärkern kann Z_e so groß sein, dass fast kein Eingangsstrom fließt.

Der Ausgangskreis einer Verstärkerstufe enthält im Ersatzschaltplan neben dem Ausgangswiderstand Z_a einen Spannungserzeuger bzw. einen Stromerzeuger. In der Darstellung als Ersatzspannungsquelle liegt der Ausgangswiderstand mit dem außen zugeschalteten Lastwiderstand Z_L in Reihe **(Bild 2)**. Die Leerlaufspannung des Spannungserzeugers hat die Größe $U_{20} = V_u \cdot U_1$. Es ist die Eingangsspannung multipliziert mit dem Spannungsverstärkungsfaktor V_u.

Für Transistoren wird meist die Darstellung als Ersatzstromquelle verwendet, bei der die Widerstände Z_a und Z_L parallel liegen (Bild 2). Der Stromerzeuger gibt einen Strom von der Größe $I_\sim = S \cdot U_{1\sim}$ ab. Die Stromstärke ist die Steilheit S des Transistors multipliziert mit der Eingangsspannung $U_{1\sim}$.

> *Steilheit* ist das Verhältnis von Ausgangsstromänderung zu Eingangsspannungsänderung.

Beide Ersatzschaltungen zeigen, dass bei einer Verstärkerstufe die Ausgangsspannung bzw. der Ausgangsstrom und damit die Verstärkungsfaktoren vom angeschlossenen Belastungswiderstand Z_L und von den Kenngrößen V_u bzw. S des Verstärkerelements abhängen. Aus diesen Ersatzschaltungen werden die Verstärkungsfaktoren abgeleitet.

Verzerrungen

Bei *linearen Verzerrungen* besteht zwischen den Eingangsgrößen und den Ausgangsgrößen der einzelnen Teilschwingungen des Verstärkers ein linearer Zusammenhang. Die Sinusform einer *einzelnen* Schwingung wird nicht verändert, jedoch ihre Amplitude. Trotzdem können Verzerrungen auftreten, wenn mehrere Teilschwingungen gleichzeitig übertragen werden. Man kennt als lineare Verzerrungen die Dämpfungsverzerrungen und die Phasenverzerrungen.

Werden einzelne Signalspannungen mit unterschiedlicher Frequenz verschieden stark gedämpft oder verstärkt, so spricht man von *Dämpfungsverzerrungen* **(Bild 3)**.

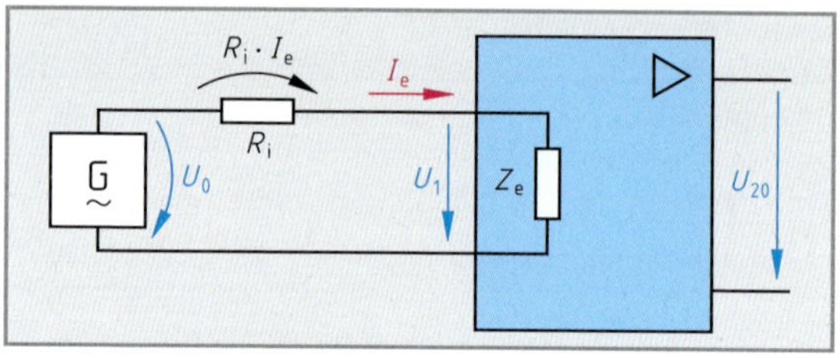

Bild 1: Ersatzschaltung für den Eingang einer Verstärkerstufe

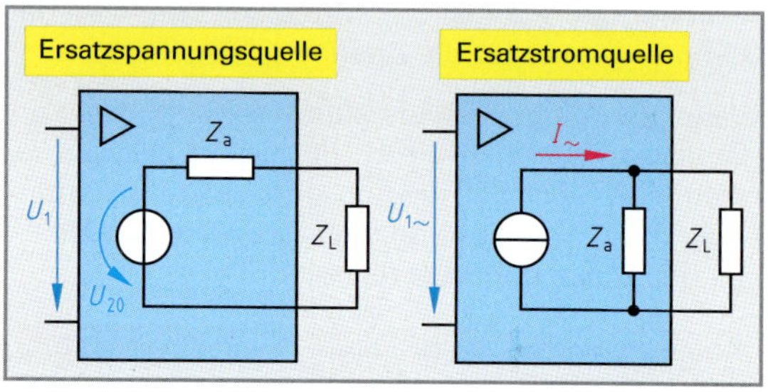

Bild 2: Ersatzschaltungen für den Verstärkerausgang

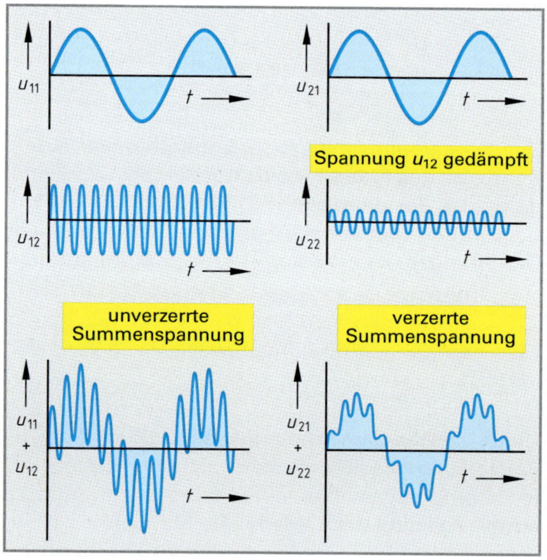

Bild 3: Dämpfungsverzerrungen

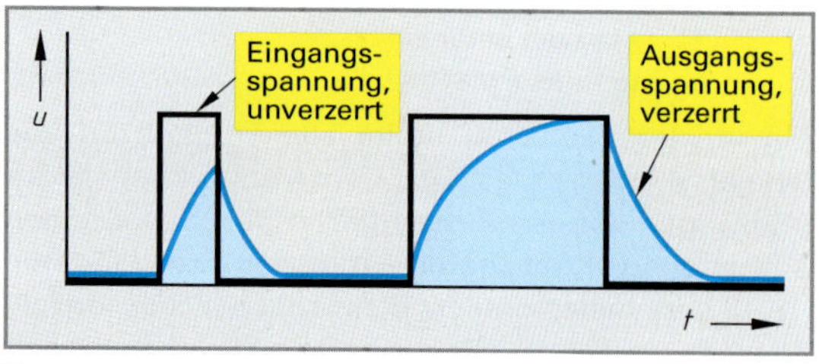

Bild 4: Dämpfungsverzerrung von Impulsen

Besonders störend wirken sich Dämpfungsverzerrungen bei der Übertragung von Impulsen aus. Impulse mit steilen Flanken stellen ein Frequenzgemisch mit großer Bandbreite dar. Ist die obere Grenzfrequenz eines Verstärkers nicht groß genug, so werden die hohen Frequenzen stark gedämpft. Damit ändert sich die Kurvenform der Impulse erheblich **(Bild 4, vorhergehende Seite)**. Die erforderliche Grenzfrequenz des Verstärkers kann man aus der Anstiegszeit der Impulse berechnen.

$$f_{ch} \geq \frac{1}{2 \cdot t_r}$$

f_{ch} erforderliche obere Grenzfrequenz
t_r Anstiegszeit

Beispiel 1: Grenzfrequenz berechnen

Als Anstiegszeit eines Impulses wird $t_r = 2\ \mu s$ gemessen. Wie groß ist die erforderliche obere Grenzfrequenz?

Lösung:

$f_{ch} \geq \frac{1}{2 \cdot t_r} = \frac{1}{4}\ \mu s = \mathbf{250\ kHz}$

Bei *nicht linearen Verzerrungen* besteht zwischen den Eingangsgrößen und den Ausgangsgrößen des Verstärkers ein nichtlinearer Zusammenhang, z. B. durch die *gekrümmte* Kennlinie eines Transistors **(Bild 1)**. Durch diese Kennlinie wird die Sinusform jeder Teilschwingung des Signals verändert. Durch die nicht lineare Kennlinie entstehen zusätzlich zur Frequenz der Grundschwingung weitere Teilschwingungen. Ihre Frequenzen sind ganzzahlige Vielfache der Frequenz der Grundschwingung. Infolge von Überlagerung der Grundschwingung mit den Teilschwingungen entsteht eine periodische nicht sinusförmige Summenkurve **(Bild 2)**. Da sich jede nicht sinusförmige Kurvenform umgekehrt in eine Grundschwingung mit Teilschwingungen zerlegen lässt *(Fourier-Analyse*[1]), kann man durch Bestimmen des prozentualen Anteils der Teilschwingungen den Grad der Verzerrung angeben. Das Maß dafür ist der *Klirrfaktor.*

$$d = \frac{\sqrt{U_{2f}^2 + U_{3f}^2 + \ldots}}{\sqrt{U_{1f}^2 + U_{2f}^2 + U_{3f}^2 + \ldots}}$$

d Klirrfaktor (d von distortion = Verzerrung)
U_{1f} Grundschwingung (Effektivwert)
U_{2f} 2. Teilschwingung (Effektivwert)
U_{3f} 3. Teilschwingung (Effektivwert)

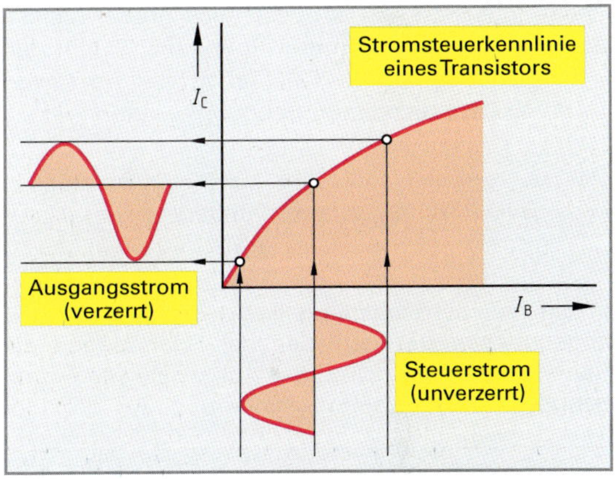

Bild 1: Verzerrung durch nicht lineare Kennlinie

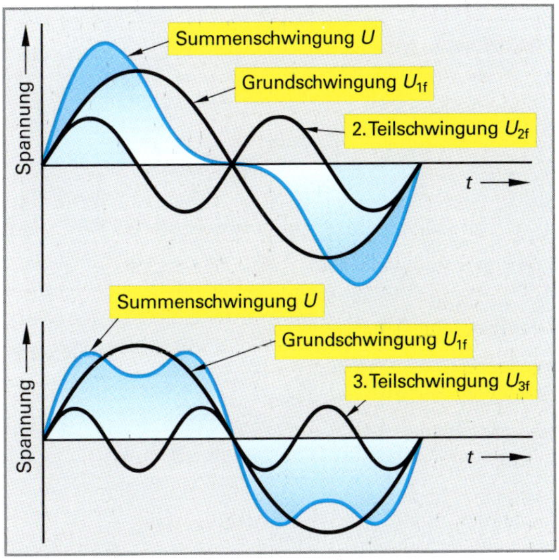

Bild 2: Addition von Grundschwingung und Teilschwingungen

Der Klirrfaktor als Maß für die Güte eines NF-Verstärkers wird für 1 kHz bei 1 W angegeben.

Für eine Tonübertragung mit Hi-Fi-Qualität ist ein Klirrfaktor von höchstens 1 % hörbar.

Wiederholung und Vertiefung

1. **Was versteht man unter einem aktiven Vierpol?**
2. **Wie gibt man eine Verstärkung im Dämpfungsmaß an?**
3. **Wie groß ist die Gesamtdämpfung, wenn zwei Dämpfungen $A_1 = 20$ dB und $A_2 = 14$ dB in Reihe geschaltet sind?**
4. **Auf welche zwei Arten kann man den Ausgangskreis einer Verstärkerstufe als Ersatzschaltung darstellen?**
5. **Warum können Impulse durch Dämpfungsverzerrungen verformt werden?**

[1] J.B.J. Fourier, franz. Mathematiker 1768 bis 1830

2.9.2 Verstärker mit bipolaren Transistoren

2.9.2.1 Verstärkergrundschaltungen

Erhöht man in der Transistorschaltung **Bild 1** die Basis-Emitter-Spannung von 0,8 V auf 1 V, so wird der Kollektorstrom um etwa 1 A größer und die Kollektor-Emitter-Spannung um etwa 4 V kleiner.

Durch eine Änderung der Basis-Emitter-Spannung kann man den Kollektor-Emitter-Widerstand des Transistors ändern. Es tritt dadurch eine Kollektorstromänderung auf, die wesentlich größer ist als die Basisstromänderung. Schaltet man in den Kollektorstromkreis einen Widerstand R_C, so ändert sich durch den Spannungsfall an diesem Widerstand auch die Kollektor-Emitter-Spannung. Diese Spannungsänderung ist wesentlich größer als die Änderung der Basis-Emitter-Spannung. Durch den Widerstand R_C erhält man neben der *Stromverstärkung* jetzt auch eine *Spannungsverstärkung*.

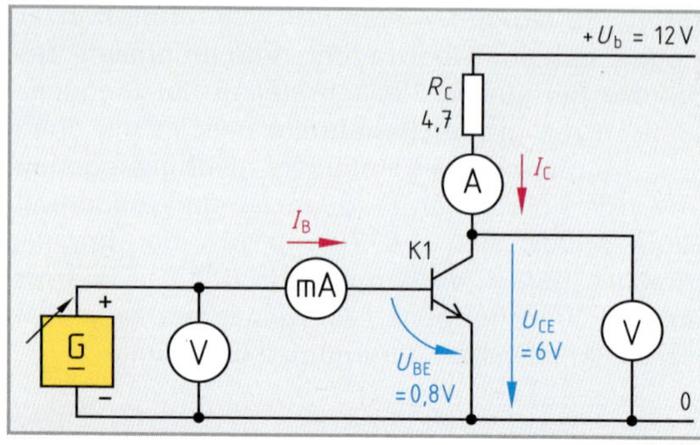

Bild 1: Transistor als Verstärker (Versuchsschaltung)

> Verstärker mit Transistoren benötigen zur Spannungsverstärkung einen Widerstand im Ausgangskreis.

In der Versuchsschaltung Bild 1 verläuft bei den angegebenen Bezugspfeilen der Spannungen die Spannungsänderung auf der Ausgangsseite entgegengesetzt zur Spannungsänderung auf der Eingangsseite. Steuert man den Transistor mit Wechselspannung an, so ist die Ausgangsspannung gegenphasig zur Eingangsspannung (Phasenverschiebungswinkel $\varphi = 180°$).

Ein Verstärkervierpol hat je zwei Anschlüsse auf der Eingangsseite und auf der Ausgangsseite, ein Transistor aber nur drei Anschlüsse. Deshalb muss einer der Transistoranschlüsse zumindest für den Wechselstrom sowohl im Eingangskreis als auch im Ausgangskreis verwendet werden. In der Versuchsschaltung Bild 1 ist dies der Emitteranschluss. Man bezeichnet deshalb diese Schaltung als *Emitterschaltung* **(Tabelle 1)**.

Gemäß den beiden anderen Anschlüssen unterscheidet man die *Kollektorschaltung* und die *Basisschaltung*.

Tabelle 1: Grundschaltungen des Transistors

Schaltungsart	Emitterschaltung	Kollektorschaltung	Basisschaltung
Schaltung	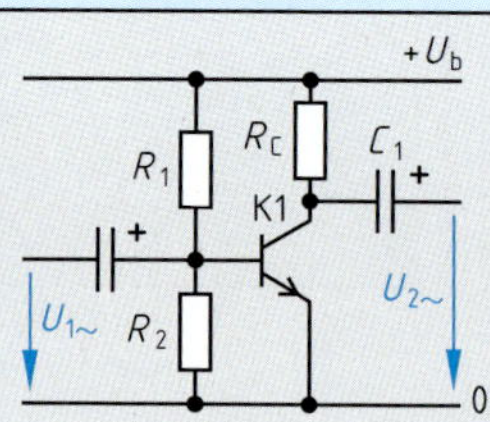	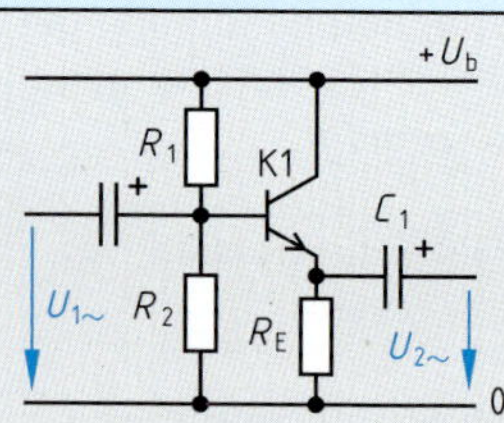	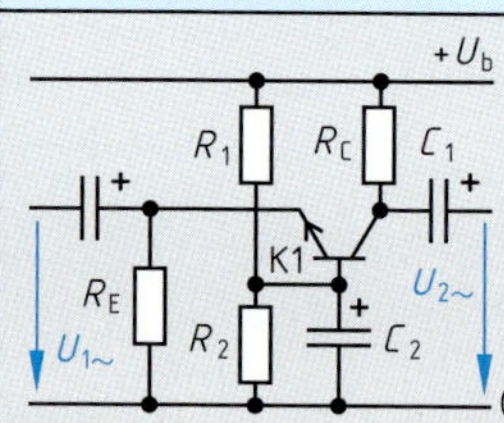
Stromverstärkungsfaktor	groß, z. B. 300	groß, z. B. 300	< 1
Spannungs-verstärkungsfaktor	groß, z. B. 300	< 1	groß, z. B. 100
Leistungs-verstärkungsfaktor	sehr groß, z. B. 30 000	groß, z. B. 300	groß, z. B. 100
Eingangswiderstand Ausgangswiderstand	mittel, z. B. 5 kΩ groß, z. B. 10 kΩ	groß, z. B. 50 kΩ klein, z. B. 100 Ω	klein, z. B. 50 Ω groß, z. B. 10 kΩ
Lage der Eingangs-spannung zur Ausgangsspannung	gegenphasig	gleichphasig	gleichphasig
Die angegebenen Werte gelten für NPN-Kleinleistungstransistoren bei niedrigen Frequenzen.			

2.9.2.2 Arbeitspunkt

Bei NPN-Transistoren muss die Basis stets positiv, bei PNP-Transistoren stets negativ gegenüber dem Emitter sein. Transistoren werden deshalb mit einer *Basis-Emitter-Vorspannung* betrieben, der die Steuerwechselspannung überlagert wird. Die Basis-Emitter-Vorspannung und die Kollektor-Emitter-Spannung bestimmen den *Arbeitspunkt* des Transistors. Die Basis-Emitter-Vorspannung wird oft über einen Spannungsteiler oder einen Vorwiderstand aus der Betriebsspannung entnommen **(Bild 1)**.

Die Basis-Emitter-Vorspannung und die Kollektor-Emitter-Spannung bestimmen den Arbeitspunkt des Transistors.

Bei Erwärmung eines bipolaren Transistors steigen die Ströme an und der Arbeitspunkt verlagert sich im Kennlinienfeld nach oben. Dadurch ändern sich die Kennwerte des Verstärkers, z.B. der Verstärkungsfaktor. Der Arbeitspunkt muss deshalb stabilisiert werden.

Bei bipolaren Transistoren muss der Arbeitspunkt durch geeignete Maßnahmen stabilisiert werden.

Der Arbeitspunkt kann z.B. durch einen zusätzlichen Widerstand R_E im Emitterzweig stabilisiert werden **(Bild 2)**. Diese Stabilisierungsart wird als *Gleichstromgegenkopplung* bezeichnet. Bei Zunahme des Kollektorstroms wird der Spannungsfall an R_E größer und U_{BE} kleiner. Wenn U_{BE} kleiner wird, dann wird I_B kleiner und somit auch I_C wieder kleiner.

Bei Leistungstransistoren muss zusätzlich die im Inneren entstehende Wärme abgeleitet werden. Die höchstzulässige Verlustleistung, die im Transistor auftreten darf, kann als Leistungshyperbel P_{tot} im Ausgangskennlinienfeld eingetragen werden.

Beispiel 1: Spannungsteiler berechnen

Ein Transistor benötigt einen Basisstrom $I_B = 0{,}25$ mA damit sich eine Basis-Emittervorspannung von $U_{BE} = 0{,}65$ V einstellt. Der Spannungsfall an R_E soll 2 V betragen. Wie groß ist R_2 des Spannungsteilers für das Querstromverhältnis $q = 10$?

Lösung:

$I_q = 10 \cdot I_B = 10 \cdot 0{,}25\text{ mA} = 2{,}5\text{ mA}$

$U_{R2} = U_{BE} + U_{RE} = 0{,}65\text{ V} + 2\text{ V} = 2{,}65\text{ V}$

$$R_2 = \frac{U_{R2}}{I_q} = \frac{2{,}65\text{ V}}{2{,}5\text{ mA}} = \mathbf{1{,}06\ k\Omega}$$

Arbeitspunkt:
Schnittpunkt der Arbeitsgeraden mit der Kennlinie $I_C = f(U_{CE})$

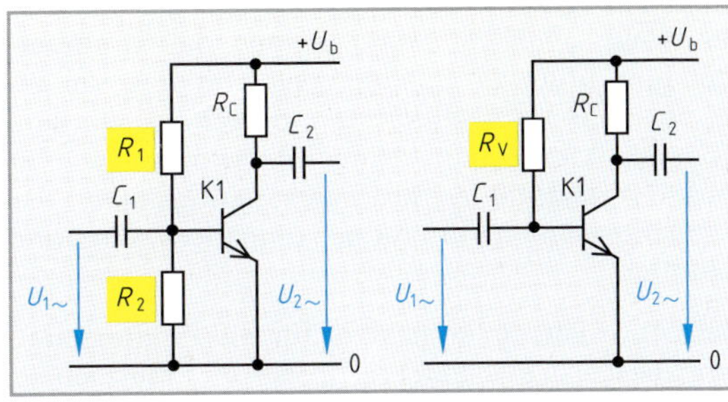

Bild 1: Erzeugung der Basis-Emitter-Vorspannung

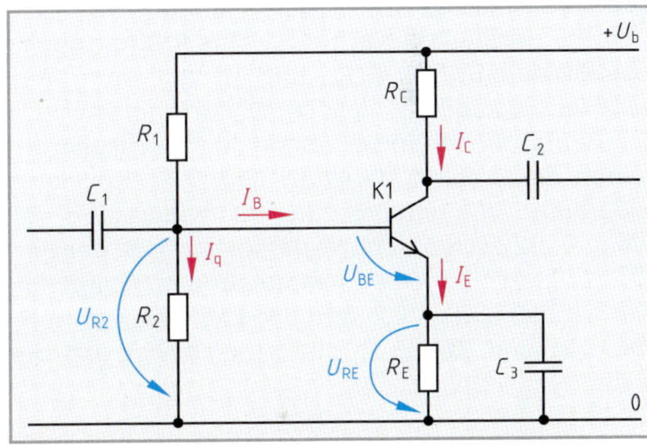

Bild 2: Stabilisierung durch Stromgegenkopplung

$$I_E = I_C + I_B$$

$$U_{R2} = U_{BE} + U_{RE}$$

$$R_1 = \frac{U_b - U_{R2}}{I_B + I_q}$$

$$R_2 = \frac{U_{R2}}{I_q}$$

$q = 5$ bis 10

$$I_q = q \cdot I_B$$

I_B Basisstrom
I_E Emitterstrom
I_C Kollektorstrom
I_q Querstrom
q Querstromverhältnis
U_b Betriebsspannung
U_{BE} Basis-Emitterspannung

Wiederholung und Vertiefung

1. Welche Verstärkergrundschaltungen lassen sich mit bipolaren Transistoren aufbauen?
2. Weshalb werden Transistoren mit einer Basis-Emitter-Vorspannung betrieben?
3. Weshalb muss der Arbeitspunkt eines bipolaren Transistors stabilisiert werden?

2.9.2.3 Emitterschaltung

Die Emitterschaltung hat den größten Leistungsverstärkungsfaktor und wird deshalb am häufigsten verwendet **(Bild 1)**.

Bei *Kleinsignalverstärkung* können die Stromverstärkung und die Spannungsverstärkung mithilfe der Transistorkenngrößen berechnet werden. Von den vier dynamischen Kenngrößen werden dazu der Kurzschluss-Stromverstärkungsfaktor, der Ausgangswiderstand und der Eingangswiderstand benötigt.

Der *Stromverstärkungsfaktor* für die Emitterschaltung lässt sich aus dem Wechselstrom-Ersatzschaltplan der Verstärkerstufe berechnen **(Bild 2)**.

Der Ausgangskreis der Verstärkerstufe wird als Ersatzstromquelle betrachtet. Die Ersatzstromquelle erzeugt den Strom $\beta \cdot I_{B\sim}$ und ist mit dem Ausgangswiderstand r_{CE} des Transistors belastet. Da der Betriebsspannungserzeuger für Wechselstrom keinen Widerstand darstellt, liegt der Kollektorwiderstand R_C parallel zum Lastwiderstand R_L. Weitere angeschlossene Widerstände, z. B. der Eingangswiderstand einer nachfolgenden Stufe, liegen parallel und verkleinern den Lastwiderstand R_L entsprechend. Durch Z_L fließt der Kollektorstrom $I_{C\sim}$.

Beispiel 1: Stromverstärkungsfaktor berechnen

Von einem Transistor sind als Kenngrößen bekannt: $\beta = 60$ und $r_{CE} = 10\ \text{k}\Omega$. Wie groß wird der Stromverstärkungsfaktor bei $Z_L = 2{,}2\ \text{k}\Omega$?

Lösung:

$$V_i = \beta \cdot \frac{r_{CE}}{r_{CE} + Z_L} = \frac{60 \cdot 10\ \text{k}\Omega}{10\ \text{k}\Omega + 2{,}2\ \text{k}\Omega} = \mathbf{49}$$

Der *Spannungsverstärkungsfaktor* des Transistors kann aus demselben Ersatzschaltplan berechnet werden. Der Strom $\beta \cdot I_{B\sim}$ erzeugt an der Parallelschaltung von r_{CE} und Z_L einen Spannungsfall, die Ausgangswechselspannung $U_{2\sim}$ des Transistors. Der Basisstrom erzeugt am Eingangswiderstand einen Spannungsfall, die Eingangsspannung $U_{1\sim}$. Das Verhältnis der Ausgangswechselspannung zur Eingangswechselspannung ist der Spannungsverstärkungsfaktor des Transistors.

Beispiel 2: Spannungsverstärkungsfaktor berechnen

Berechnen Sie für das Beispiel 1 den Spannungsverstärkungsfaktor wenn $r_{BE} = 1\ \text{k}\Omega$ ist.

Lösung:

$$V_u = V_i \cdot \frac{Z_L}{r_{BE}} = 49 \cdot \frac{2{,}2\ \text{k}\Omega}{1\ \text{k}\Omega} = \mathbf{107{,}8}$$

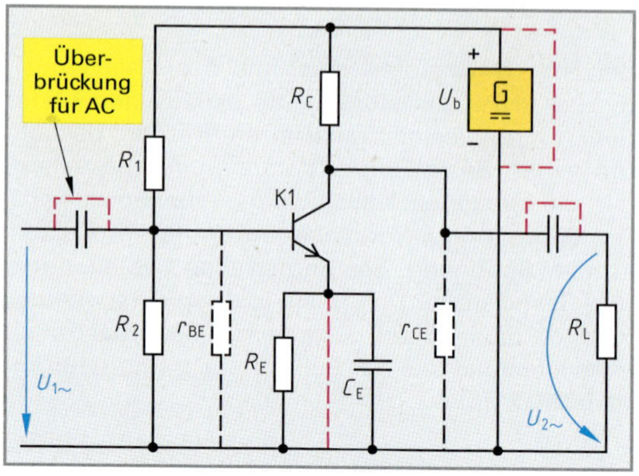

Bild 1: Verstärkerstufe in Emitterschaltung

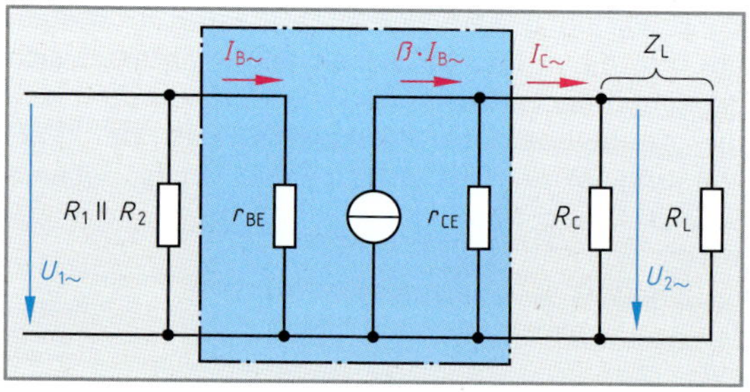

Bild 2: Wechselstrom-Ersatzschaltplan

$$Z_L = \frac{R_C \cdot R_L}{R_C + R_L} \qquad V_i = \beta \cdot \frac{r_{CE}}{r_{CE} + Z_L}$$

Bei $R_L \gg R_C \Rightarrow Z_L \approx R_C$

$$V_u = \frac{\beta}{r_{BE}} \cdot \frac{r_{CE} \cdot Z_L}{r_{CE} + Z_L} \qquad V_u = V_i \cdot \frac{Z_L}{r_{BE}}$$

V_i	Stromverstärkungsfaktor der Stufe
V_u	Spannungsverstärkungsfaktor der Stufe
β	Kurschluss-Stromverstärkungsfaktor des Transistors
r_{BE}	Eingangswiderstand des Transistors
r_{CE}	Ausgangswiderstand des Transistors
R_L	Lastwiderstand der Stufe
Z_L	Gesamtwiderstand des Transistors
R_C	Kollektorwiderstand

Die Verstärkungsfaktoren können bei Bedarf aus den Kennlinien ermittelt werden. Wichtiger ist bei Endverstärkerstufen jedoch die Bestimmung der abgegebenen Wechselstromleistung, der aufgenommenen Gleichstromleistung und der Verlustleistung. Dazu wird der wechselstrommäßig wirksame Lastwiderstand Z_L als *Arbeitsgerade* in das Kennlinienfeld eingezeichnet **(Bild 1)**.

Die Arbeitsgerade gibt den Zusammenhang zwischen Kollektorstrom und Kollektor-Emitter-Spannung bei einem bestimmten Lastwiderstand an.

Für die Konstruktion ihrer Steigung wählt man eine Spannung auf der waagrechten Achse, z.B. 10 V. Ein zweiter Punkt liegt auf der senkrechten Achse bei $I_C = U/Z_L$ z.B. bei I_C = 10 V/4 Ω = 2,5 A. Die Verbindung dieser Punkte ergibt die Steigung der Geraden. Die Arbeitsgerade selbst verläuft parallel dazu durch den Punkt der Betriebsspannung U_b auf der waagrechten Achse.

Alle denkbaren Arbeitspunkte eines Transistors liegen auf der Arbeitsgeraden.

Der Verstärkungsvorgang einer Sinusspannung ist in **Bild 2** dargestellt. Im Ausgangskennlinienfeld können der resultierende Kollektorwechselstrom und die Kollektorwechselspannung abgelesen werden. Multipliziert man ihrer beiden Effektivwerte, so erhält man die abgegebene Wechselstromleistung.

Fasst man diese Formel geometrisch auf, so ergibt sich die Fläche eines halben roten Rechtecks mit den Seiten $\hat{i}_C$ und $\hat{u}_{CE}$. Diese Fläche wird als *Leistungsdreieck* bezeichnet (Bild 2).

Das Leistungsdreieck stellt die abgegebene Wechselstromleistung eines Transistors bei sinusförmiger Aussteuerung dar.

Auch wenn der Transistor nicht ausgesteuert wird, fließt ständig der Kollektorruhestrom I_{C-} durch den Transistor. Aus dem Produkt I_{C-} mit der anliegenden Kollektor-Emitter-Gleichspannung U_{CE-} erhält man die vom Transistor aufgenommene Gleichstromleistung.

Diese Gleichstromleistung P_- ist als blaues Rechteck in das Ausgangskennlinienfeld eingetragen (Bild 2).

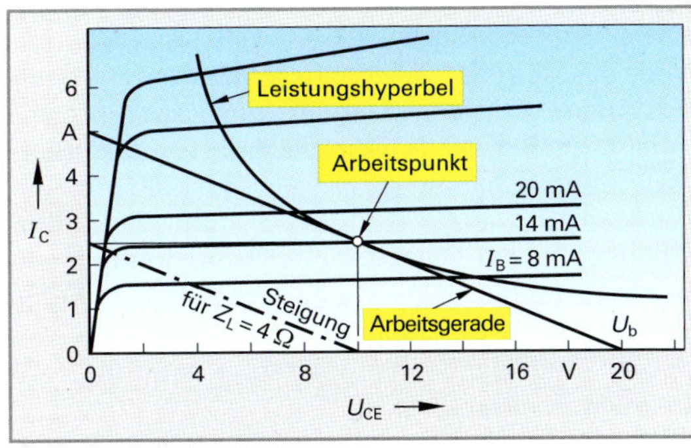

Bild 1: Konstruktion der Arbeitsgerade und des Arbeitspunktes

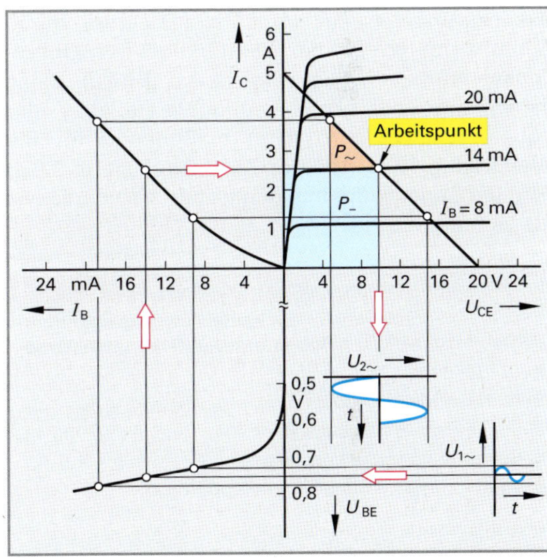

Bild 2: Verstärkungsvorgang einer Wechselspannung

$$P_\sim = \frac{\hat{i}_C \cdot \hat{u}_{CE}}{2}$$

$$P_- \approx I_{C-} \cdot U_{CE-}$$

$$P_v = P_- - P_\sim$$

$P_\sim$	Wechselstromleistung
$\hat{i}_C$	Kollektorwechselstrom (Maximalwert)
$\hat{u}_{CE}$	Kollektor-Emitter-Wechselspannung (Maximalwert)
P_-	Gleichstromleistung
I_C	Kollektorruhestrom
U_{CE-}	Kollektor-Emitter-Gleichspannung
P_v	gesamte Verlustleistung (auch P_{tot})

2.9.2.4 Gegenkopplung

Wird ein Teil der Ausgangsspannung U_2 eines Verstärkers auf den Eingang zurückgeführt, so spricht man von Rückkopplung. Ist die rückgekoppelte Spannung U_{Gk} in Phase mit der Eingangsspannung U_1, nennt man dies Mitkopplung. Ist die rückgekoppelte Spannung gegenphasig zur Eingangsspannung, liegt Gegenkopplung vor **(Bild 1)**. Der Kopplungsfaktor k gibt das Verhältnis der gegengekoppelten Spannung zur Ausgangsspannung an.

Durch die Gegenkopplung wird der Spannungsverstärkungsfaktor V_u kleiner, da die Steuerspannung U_1 um die Gegenkopplungsspannung kleiner ist als die Eingangsspannung $U_1 = U_e - U_{Gk}$. Das Herabsetzen des Verstärkungsfaktors durch Gegenkopplung ist bei Verstärkern mit Operationsverstärkern immer erforderlich **(Bild 2)**. Diese haben eine sehr große Leerlaufverstärkung, der Kopplungsfaktor wird dann maßgebend für die Verstärkung: $V_u \approx 1/k$. Der Klirrfaktor (siehe 2.9.1) wird bei Gegenkopplung im gleichen Verhältnis wie die Verstärkung kleiner.

Beispiel 1: Stromverstärkungsfaktor berechnen

Bei einem Verstärker wird die halbe Ausgangsspannung gegengekoppelt. Das Spannungsverstärkungsmaß beträgt im Leerlauf $G_0 = 120$ dB.

Berechnen Sie

a) Spannungsverstärkungsfaktor ohne Gegenkopplung V_0,

b) Spannungsverstärkungsfaktor mit Gegenkopplung V_u,

c) Verstärkungsmaß mit Gegenkopplung G.

Lösung:

a) $G_0 = 20\text{ dB} \cdot \lg\left(\frac{U_2}{U_1}\right)$, $V_0 = \frac{U_2}{U_1}$ (siehe 2.9.1)

$\Rightarrow V_0 = 10^{G_0/20\text{ dB}} = 10^{120\text{ dB}/20\text{ dB}} = 1\,000\,000$

b) $V_u = \frac{V_0}{1 + k \cdot V_0} = \frac{1\,000\,000}{1 + ½ \cdot 1\,000\,000} \approx 2$

c) $G = 20\text{ dB} \cdot \lg V_u = 20\text{ dB} \cdot \lg 2 = 6\text{ dB}$

Schwankungen der Betriebsspannung, Temperaturänderungen, Exemplarstreuungen und Alterung der Transistoren wirken sich bei hoher Gegenkopplung kaum aus.

Bei Gegenkopplung wird die Bandbreite des gegengekoppelten Verstärkers größer **(Bild 3)**. In Nähe der Grenzfrequenzen nimmt der Verstärkungsfaktor ab. Dadurch wird die gegengekoppelte Spannung niedriger, die Gegenkopplung also schwächer. Infolgedessen liegt die Grenzfrequenz weiter außen.

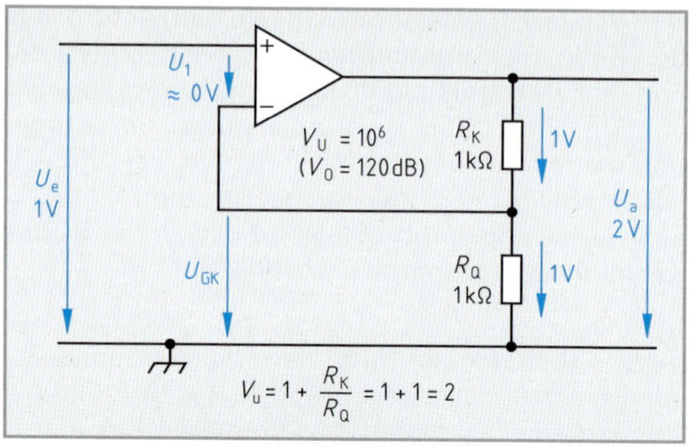

Bild 1: Prinzip der Gegenkopplung

$$k = \frac{U_{Gk}}{U_2} \qquad V_u = \frac{V_0}{1 + k \cdot V_0} \qquad V_u = \frac{U_2}{U_1}$$

k	Kopplungsfaktor
U_{Gk}	gegengekoppelte Spannung
U_2	Ausgangsspannung
U_1	Eingangsspannung
V_0	Spannungsverstärkungsfaktor ohne Gegenkopplung
V_u	Spannungsverstärkungsfaktor bei Gegenkopplung

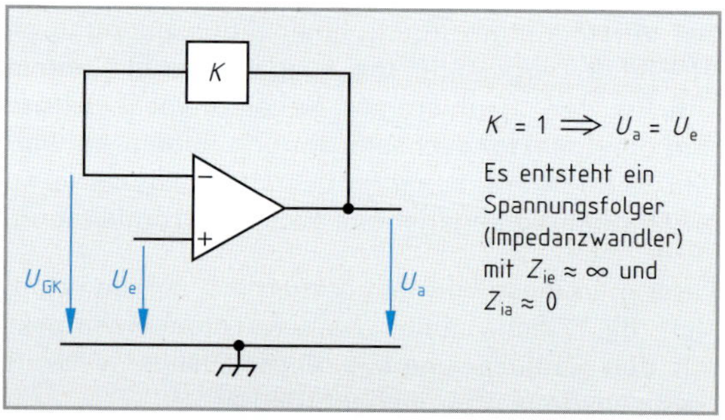

Bild 2: Spannungsgegenkopplung

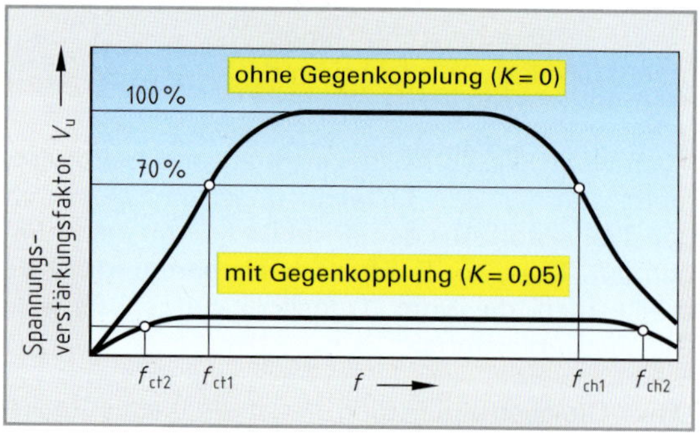

Bild 3: Übertragungskurve von Verstärkern ohne Gegenkopplung und mit Gegenkopplung

2.9.2.5 Gegentaktschaltungen

Gegentaktschaltungen werden bei Großsignalverstärkung verwendet, z.B. in Endstufen von NF-Verstärkern und von Sendern. Sie dienen zur Erhöhung der Leistung und haben einen größeren Wirkungsgrad und kleinere nichtlineare Verzerrungen als vergleichbare Eintaktschaltungen. Der *Wirkungsgrad* hängt von der Lage des Transistorarbeitspunkts AP auf der Arbeitsgeraden bzw. auf der Steuerkennlinie ab **(Tabelle 1)**. Man unterscheidet bei Endstufen zwischen A-Betrieb, B-Betrieb und AB-Betrieb.

Bei *A-Betrieb* liegt der Arbeitspunkt etwa in der Mitte des Aussteuerbereiches der Steuerkennlinie, die Aussteuerung erfolgt symmetrisch.

Bei *B-Betrieb* liegt der Arbeitspunkt des Transistors am unteren Ende der Steuerkennlinie. Der Transistor ist ohne Signal gesperrt, es fließt kein Kollektorruhestrom. Eine solche Verstärkerstufe kann nur in einer Richtung ausgesteuert werden. Man benötigt einen zweiten Transistor für die andere Stromrichtung, der im Wechsel mit dem ersten Transistor arbeitet. Diesen Gegentaktbetrieb erreicht man mit zwei *komplementären Transistoren*, die gemeinsam angesteuert werden **(Bild 1)**. Bei positiver Steuerspannung fließt nur im NPN-Transistor Strom, bei negativer Steuerspannung nur im PNP-Transistor. Im Lastwiderstand überlagern sich die beiden Halbströme wieder zur vollständigen Kurvenform des Stromes.

Gegentakt-B-Endstufen nehmen ohne Aussteuerung keine Gleichstromleistung auf. Ihr Wirkungsgrad bei Vollaussteuerung beträgt etwa 70 %.

Den Wirkungsgrad im B-Betrieb kann man bei sinusförmigem Signal berechnen. Der Gleichrichtwert des Kollektorstroms ist der arithmetische Mittelwert einer Halbschwingung. Die anliegende Gleichspannung U_b ist konstant.

Beim B-Betrieb entstehen Verzerrungen des Kollektorstroms, weil zunächst die Schleusenspannung der Basis-Emitter-Strecke überwunden werden muss, bevor Strom fließen kann. Man bezeichnet diese Verzerrung als *Übernahmeverzerrung*, weil sie beim Übergang von einem zum anderen Transistor auftreten. Deshalb verwendet man meist den AB-Betrieb, bei dem beide Transistoren eine kleine Vorspannung haben und dadurch schwach leitend sind.

Tabelle 1: Arbeitspunkte AP von Endstufen

AP	A	AB, B
Lage von AP	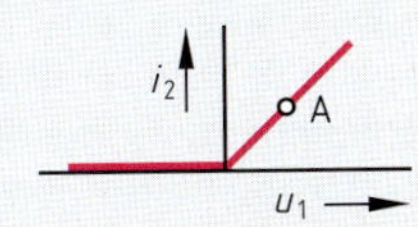	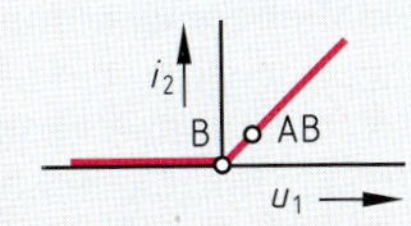
η	bis 50 %	bis 78 % (Gegentakt)
Wirkung	Bei linearer Steuerkennlinie unverzerrt. Für Verstärkerendstufen nur noch selten verwendet, kleinster Klirrfaktor, großer Ruhestrom.	Wenig verzerrt bei Gegentakt. Erfordert zweiten Transistor im Gegentaktbetrieb, häufigste Schaltung, geringer Ruhestrom (AB), bzw kein Ruhestrom (B).

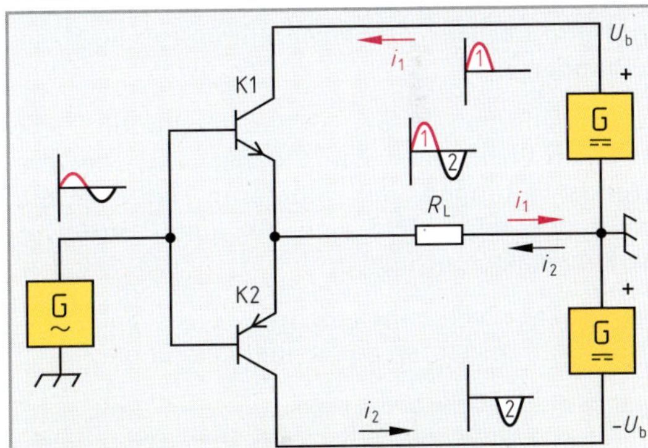

Bild 1: Gegentaktendstufe für B-Betrieb

$$\eta = \frac{P_\sim}{P_-} = \frac{\frac{1}{2} \cdot \hat{u}_{CE} \cdot \hat{i}_C}{2 \cdot U_b \cdot \bar{i}_C} = \frac{\hat{u}_{CE} \cdot \hat{i}_C \cdot \pi}{4 \cdot U_b \cdot \hat{i}_C} = \frac{\pi \cdot \hat{u}_{CE}}{4 \cdot U_b}$$

Bei Vollaussteuerung mit $\hat{u}_{CE} \approx U_b$:

$$\bar{i}_C = \frac{\hat{i}_C}{\pi} \qquad \eta_{max} \approx \frac{\pi}{4} = 0{,}78$$

$\bar{i}_C$ Gleichrichtwert des Kollektorstroms[1] (Halbschwingung)
$\hat{i}_C$ Scheitelwert des Kollektorstroms[1] (Halbschwingung)
η Wirkungsgrad
$\hat{u}_{CE}$ Scheitelwert der Kollektor-Emitter-Spannung
[1] je Halbschwingung

Wiederholung und Vertiefung

1. **Welche Wirkung hat ein Emitterwiderstand bei Temperaturerhöhung des Transistors?**
2. **Welche Betriebsarten unterscheidet man je nach Lage des Arbeitspunktes bei Verstärkerendstufen?**
3. **Welche Größe kann dem Leistungsdreieck entnommen werden?**

2.9.3 Verstärker mit Feldeffekttransistoren

Feldeffekttransistoren haben einen sehr großen Eingangswiderstand, eine kleine Temperaturabhängigkeit und eine kleine Rauschspannung. Sie sind deshalb für manche Verstärkerschaltungen besser geeignet als bipolare Transistoren. Nachteilig sind dagegen ihre gegenüber bipolaren Transistoren kleinere Steilheit, die hohe Gate-Source-Spannung sowie die größeren Kapazitäten.

Mit den drei Anschlüssen des Feldeffekttransistors lassen sich drei Verstärkergrundschaltungen verwirklichen **(Tabelle 1)**. Sie werden nach dem Anschluss benannt, der sowohl für den Eingang als auch für den Ausgang des Verstärkers verwendet wird und deshalb wechselstrommäßig mit Masse verbunden ist.

Die Eigenschaften der Grundschaltungen entsprechen weitgehend den Eigenschaften der drei Grundschaltungen mit bipolaren Transistoren. Es ist allerdings nicht sinnvoll, einen Stromverstärkungsfaktor anzugeben.

Die in Tabelle 1 angegebenen Werte gelten für Feldeffekttransistoren mit kleiner Leistung.

Bei Schaltungen mit FET gibt man den Spannungsverstärkungsfaktor an, weil FET nur mit der Spannung gesteuert werden.

Bei der Source-Schaltung fällt auf, dass im Vergleich zu bipolaren Transistoren die Spannungsverstärkung infolge der kleineren Steilheit wesentlich geringer ist als bei der entsprechenden Emitterschaltung. Der Eingangswiderstand ist zwar sehr groß, er wird aber durch die Größe des Gatewiderstandes begrenzt. Dieser darf nicht beliebig groß gemacht werden, da sonst die Ladungen nicht schnell genug vom Gate abfließen können.

Die Drainschaltung und die Gateschaltung hat in der Praxis nur eine untergeordnete Bedeutung.

Einstellung und Stabilisierung des Arbeitspunktes

Die Lage des Arbeitspunktes im Kennlinienfeld wird durch zwei Spannungen bestimmt, die Drain-Source-Spannung und die Gate-Vorspannung. Die Temperaturabhängigkeit des Arbeitspunktes ist wesentlich geringer als bei bipolaren Transistoren. Außerdem ist der Temperaturkoeffizient des Drain-Source-Widerstands positiv. Bei einer Temperaturerhöhung um 150 K nimmt der Drainstrom um etwa 10 % ab. Es besteht also nicht die Gefahr der Selbstzerstörung wie bei bipolaren Transistoren. Feldeffekttransistoren sind vielmehr *selbststabilisierend*. Trotzdem sind Stabilisierungsmaßnahmen sinnvoll, da mit dem Drainstrom auch der Verstärkungsfaktor abnimmt. Außerdem soll die Stabilisierung gegen Einflüsse von Exemplarstreuungen und Schwankungen der Betriebsspannung wirken.

Tabelle 1: Verstärkergrundschaltungen mit FET

Bezeichnung	Sourceschaltung	Drainschaltung	Gateschaltung
Schaltung	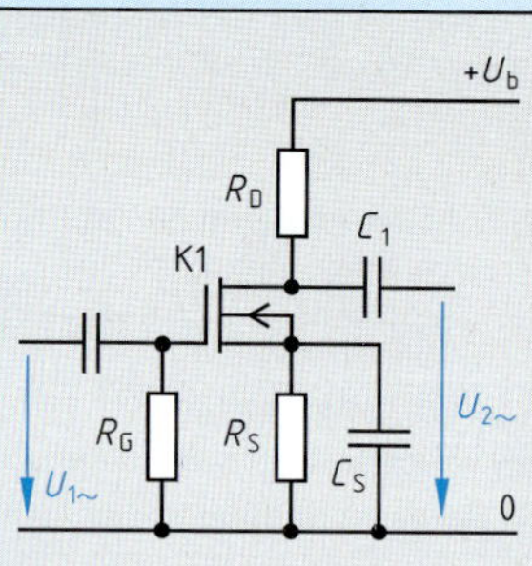	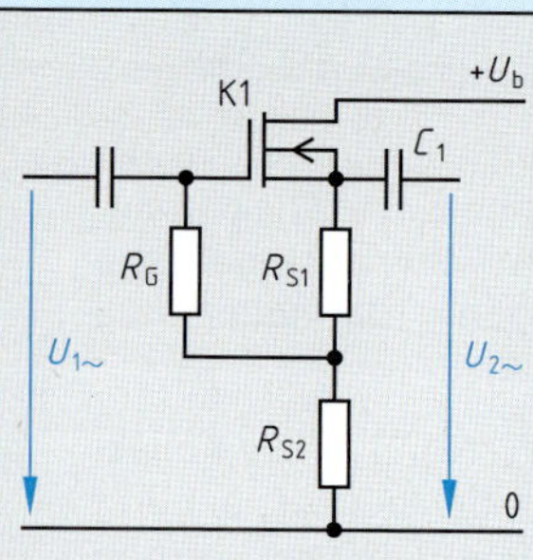	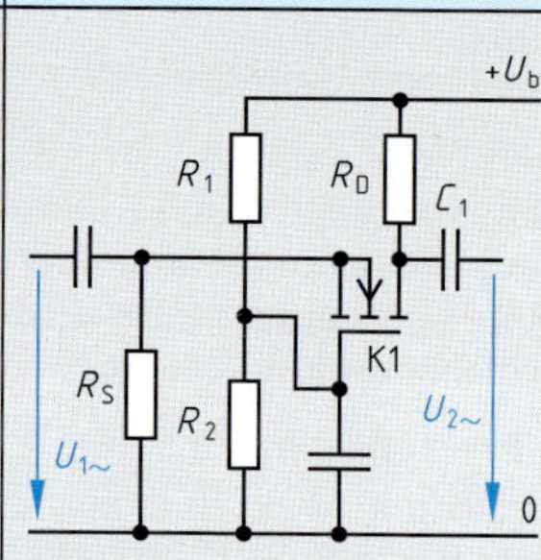
Verstärkungsfaktor V_u	mittel, z. B. 20	< 1	mittel, z. B. 20
Eingangswiderstand	R_G, z. B. 1 MΩ	sehr groß, z. B. 1 MΩ	klein, z. B. 500 Ω
Ausgangswiderstand	groß, z. B. 50 kΩ	klein, z. B. 500 Ω	groß, z. B. 50 kΩ
Lage von U_1 zu U_2	gegenphasig	gleichphasig	gleichphasig
Die angegebenen Werte sind Beispiele für Feldeffekttransistoren mit kleiner Leistung.			

Tabelle 1: Erzeugung der Gatevorspannung bei FET

Selbstleitender IG-FET (N-Kanal)	PN-FET (P-Kanal)	Selbstsperrender IG-FET (N-Kanal)
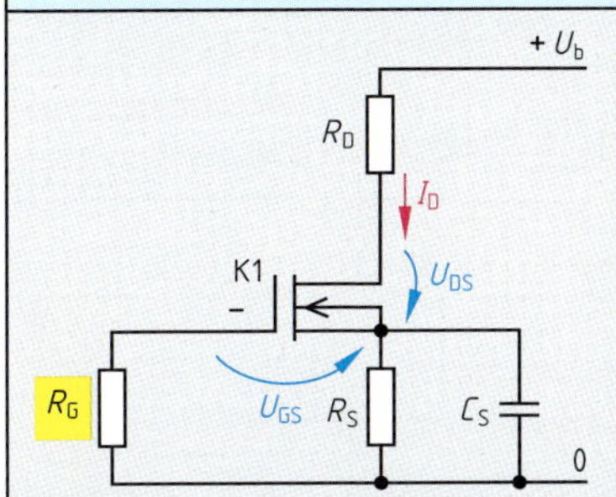	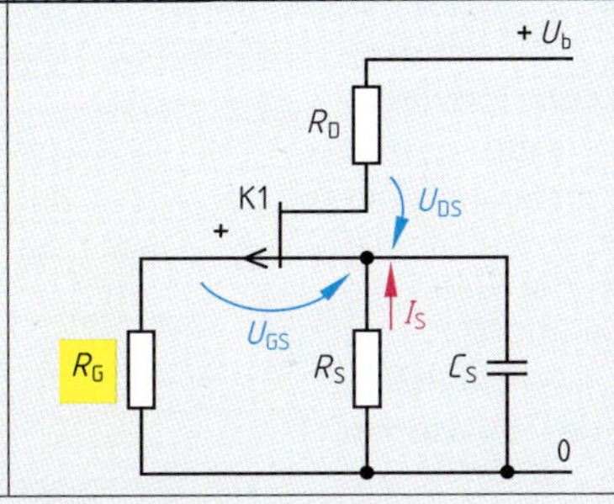	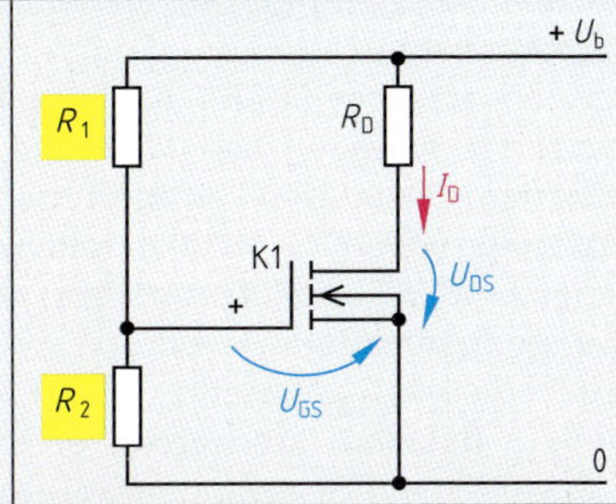
Wechselstromgegenkopplung wird durch C_S verhindert. R_G meist nicht über 5 MΩ, da sonst Ladungen nicht schnell genug abfließen können.		Vorspannungserzeugung durch Spannungsteiler bei IG-FET selbstsperrend.

Die Gatevorspannung wird am einfachsten mit einem Sourcewiderstand R_S erzeugt **(Tabelle 1)**.

Dieser Widerstand dient gleichzeitig zur Stabilisierung des Arbeitspunktes. Will der Drainstrom z. B. abnehmen, so wird auch der Spannungsfall an R_S kleiner. Die kleinere Vorspannung wirkt der Drainstromabnahme entgegen (Gleichstromgegenkopplung), sodass der Arbeitspunkt stabilisiert wird.

Bei selbstsperrenden IG-FET muss die Vorspannung mit einem Spannungsteiler erzeugt werden.

Man kann jedoch auch bei diesen Transistoren zusätzlich einen Sourcewiderstand zur Arbeitspunktstabilisierung verwenden, wenn man den Spannungsfall an R_S bei der Bemessung des Spannungsteilers berücksichtigt.

Erzeugt man die Gatevorspannung mit einem Sourcewiderstand, so muss dieser bei der Festlegung der Arbeitsgeraden für Gleichstrom zum Lastwiderstand addiert werden, da er in der gleichen Größenordnung wie dieser liegt. Die Arbeitsgerade für Gleichstrom verläuft deshalb im Ausgangskennlinienfeld flacher als die Arbeitsgerade für Wechselstrom **(Bild 1)**. Die Größe von R_D hängt also nicht nur von der Wahl des Arbeitspunktes und von U_b ab, sondern auch von R_S.

Sourceschaltung

Viele Feldeffekttransistoren eignen sich wegen ihrer nichtlinearen Steuerkennlinie nur für Kleinsignalverstärkung. Dabei wird für die Sourceschaltung meist nur der Spannungsverstärkungsfaktor angegeben, da fast kein Eingangsstrom fließt. Der Spannungsverstärkungsfaktor für die Sourceschaltung lässt sich aus dem Wechselstrom-Ersatzschaltplan der Verstärkerstufe ableiten **(Bild 2)**.

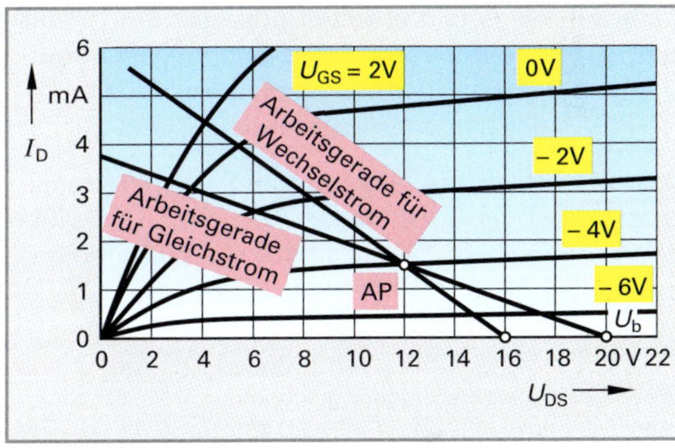

Bild 1: Arbeitsgeraden im Kennlinienfeld

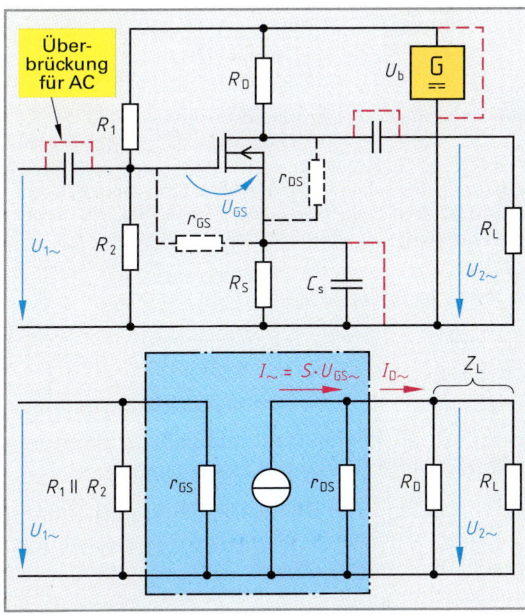

Bild 2: Verstärkerstufe in Sourceschaltung mit Ersatzschaltplan

Der Ersatzschaltplan entspricht weitgehend der Darstellung beim bipolaren Transistor. Die Ersatzstromquelle erzeugt einen Wechselstrom der Größe $I_{\sim} = S \cdot U_{GS\sim}$. Die *Steilheit S* ist dabei das Verhältnis von Drainstromänderung zur Änderung der Gate-Source-Spannung. Sie kann entweder aus dem Ausgangskennlinienfeld ermittelt oder aus dem Datenblatt entnommen werden. Der Drainwiderstand R_D liegt parallel zum Ausgangswiderstand r_{DS} des Transistors, da der Betriebsspannungserzeuger keinen Widerstand für den Wechselstrom darstellt. Die Parallelschaltung von R_D mit dem am Verstärker angeschlossenen Lastwiderstand R_L stellt den Gesamtlastwiderstand Z_L des Transistors dar.

Der Ausgangswiderstand r_{DS} kann aus dem Ausgangskennlinienfeld ermittelt oder aus dem Datenblatt entnommen werden. Die Ausgangsspannung $U_{2\sim}$ entsteht als Spannungsabfall an der Parallelschaltung der beiden Widerstände r_{DS} und Z_L.

Da der Ausgangswiderstand von Feldeffekttransistoren meist groß ist gegenüber dem Lastwiderstand, kann man oft r_{DS} in der Parallelschaltung vernachlässigen.

$$Z_L = \frac{R_D \cdot R_L}{R_D + R_L}$$

$$V_u = S \cdot \frac{r_{DS} \cdot Z_L}{r_{DS} + Z_L}$$

$$V_u = \frac{U_{2\sim}}{U_{1\sim}}$$

$$Z_a = \frac{R_D \cdot r_{DS}}{R_D + r_{DS}}$$

Bei $r_{DS} \gg Z_L$:

$$V_u \approx S \cdot Z_L$$

Bei $R_L \gg R_D \Rightarrow Z_L \approx R_D$

$$V_u \approx S \cdot R_D$$

V_u	Spannungsverstärkungsfaktor (Betrag)
S	Steilheit des FET in Sourceschaltung
r_{DS}	Ausgangswiderstand des FET
Z_L	Gesamtlastwiderstand des FET
R_D	Drainwiderstand
R_L	Lastwiderstand der Stufe
Z_a	Wechselstrom-Ausgangswiderstand der Stufe

Feldeffekttransistoren bewirken in der Sourceschaltung nur eine kleine Spannungsverstärkung.

Beispiel 1: Spannungsverstärkungsfaktor berechnen

Berechnen Sie den Spannungsverstärkungsfaktor für einen MOSFET mit $S = 1{,}7$ mA/V und $r_{DS} = 47$ kΩ. Der Lastwiderstand ist $Z_L = 10$ kΩ.

Lösung:

$$V_u = \frac{S \cdot r_{DS} \cdot Z_L}{r_{DS} + Z_L} = \frac{1{,}7\ \text{mA/V} \cdot 47\ \text{k}\Omega \cdot 10\ \text{k}\Omega}{47\ \text{k}\Omega + 10\ \text{k}\Omega} = \mathbf{14}$$

Beispiel 2: Spannungsverstärkungsfaktor im Leerlaufbetrieb berechnen

Ein FET mit der Steilheit von 4 mA/V wird in Sourceschaltung betrieben. Aus der Schaltung sind bekannt $R_D = 3$ kΩ und $r_{DS} = 50$ kΩ. Berechnen Sie die Spannungsverstärkung im Leerlaufbetrieb.

Lösung:

$$R_L = \infty \gg R_D = 3\ \text{k}\Omega \Rightarrow R_L = R_D$$

$$r_{DS} = 50\ \text{k}\Omega \gg R_D \Rightarrow V_U \approx S \cdot R_D = 4\ \text{mA/V} \cdot 3\ \text{k}\Omega = \mathbf{12}$$

Schaltungen mit FET und bipolaren Transistoren

Feldeffekttransistoren und bipolare Transistoren ergänzen sich z. T. in ihren Eigenschaften.

Die Verbindung von Sourceschaltung und Emitterschaltung ergibt eine besonders hohe Leistungsverstärkung **(Bild 1)**. Durch die Verbindung einer Drainschaltung mit einer Kollektorschaltung erhält man eine sehr hohe Stromverstärkung bei kleinem Ausgangswiderstand.

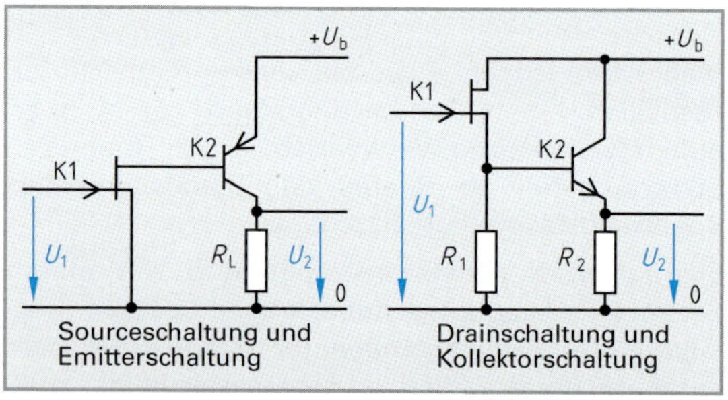

Bild 1: Schaltungen mit FET und bipolaren Transistoren

Wiederholung und Vertiefung

1. **Warum wird bei Feldeffekttransistoren meist nur der Spannungsverstärkungsfaktor angegeben?**
2. **Welche zwei Schaltungsarten zur Gate-Vorspannungserzeugung werden bei FET angewendet?**
3. **Warum sind bei FET keine besonderen Maßnahmen gegen Temperatureinflüsse erforderlich?**
4. **Welche Vorteile haben Feldeffekttransistoren gegenüber bipolaren Transistoren?**
5. **Vergleichen Sie die Eigenschaften der Sourceschaltung mit den Eigenschaften der Emitterschaltung bei bipolaren Transistoren.**
6. **Welche Nachteile haben FET gegenüber bipolaren Transistoren?**

2.9.4 Verstärker für den D-Betrieb

Beim D-Betrieb wird die sinusförmige Eingangsspannung in ein rechteckförmiges, getaktetes Ausgangssignal mit hoher Leistung umgewandelt. Verstärker für den D-Betrieb werden auch als Klasse-D-Verstärker bezeichnet.

Ein Klasse-D-Verstärker besteht aus den Baugruppen Eingangsverstärker, Pulsweitenmodulator, Oszillator zur Takterzeugung für den Pulsweitenmodulator und dem Leistungsverstärker **(Bild 1).**

Der Eingangsverstärker besteht aus einem Operationsverstärker, der mit den Eingangsspannungen U_{e+} und U_{e-} differentiell angesteuert wird. Der Pulsweitenmodulator PWM erzeugt aus den Eingangsspannungen zwei zueinander invertierte rechteckförmige Signale, deren Pulsweite sich entsprechend der Amplitude ändert **(Bild 2)**. Die Schaltfrequenz f_T für PWM wird mit einem Oszillator erzeugt. Es werden Schaltfrequenzen zwischen 100 kHz und 600 kHz verwendet.

Der Leistungsverstärker wird meist als Brückenverstärker (H-Bridge, siehe Abschnitt 6.4.3) ausgeführt. Dadurch kann der Lautsprecher ohne Kondensatoren im Brückenzweig angeschlossen werden. Diese Ankopplung wird auch als BTL (Bridge Tied Load = Brücken verbundene Last) bezeichnet.

Durch den Schaltbetrieb des Leistungsverstärkers haben Klasse-D-Verstärker höherer Wirkungsgrade wie Klasse-AB-Verstärker **(Bild 3).**

In tragbaren Geräten, z. B. in Handys, Smartphones, Tablets, MP-3-Playern und Notebooks werden sie verwendet, um möglichst lange Betriebszeiten zu erreichen. Bei NF-Leistungsverstärkern kann wegen des hohen Wirkungsgrads auf Kühlbleche zur Wärmeabfuhr verzichtet werden.

Bei Klasse-D-Verstärkersystemen für den Heimbereich müssen die Ausgänge jedes Kanals mit einem Tiefpass gefiltert werden, damit keine EMV-Störungen durch die Lautsprecherleitungen auftreten **(Bild 4).** Die Tiefpässe bestehen z.B. aus Ferritperlen und Kondensatoren. Eine weitere Verringerung erreicht man durch Verwendung der Spreiz-Spektrum-Technik. Dabei wird die Frequenz f_T z. B. im Bereich von 120 kHz bis 600 kHz verändert, sodass das Störspektrum eine kleinere Leistungsdichte aufweist.

Für D-Klasse-Verstärker werden meist Schaltnetzteile verwendet, da sie die Pulsbelastungen durch die Endstufen weit über den hörbaren Bereich hinaus ausregeln können.

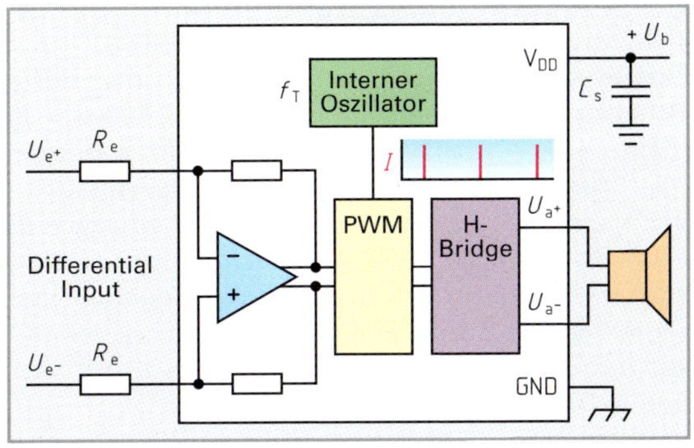

Bild 1: D-Verstärkerbaugruppen

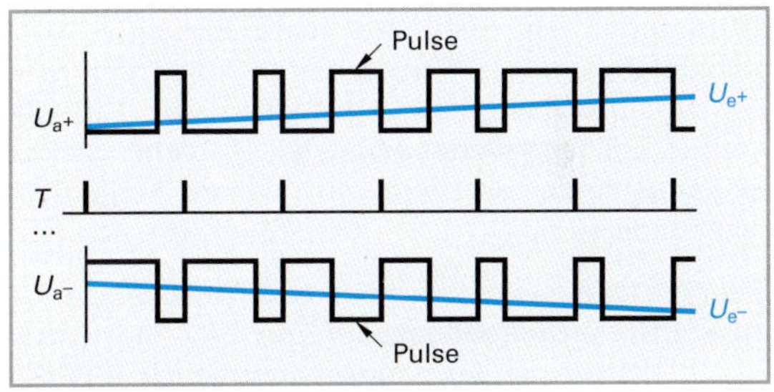

Bild 2: Ausgangsspannungen U_{a+}, U_{a-}

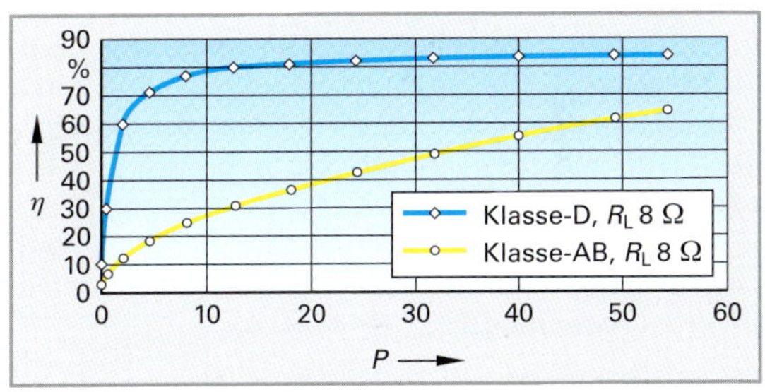

Bild 3: Wirkungsgrade von AB- und D-Verstärkern

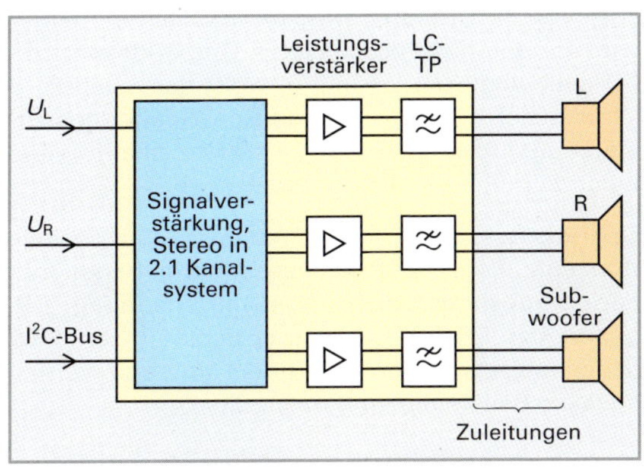

Bild 4: 2.1-Kanal-System

2.9.5 Operationsverstärker

Operationsverstärker[1] werden als integrierte Schaltkreise hergestellt **(Bild 1)**. Ein IC kann auch mehrere Operationsverstärker enthalten, z. B. zwei oder vier. Anwendung finden Operationsverstärker vor allem in der *analogen Signalverarbeitung*, z. B. als *Messverstärker* in der Messtechnik oder als Verstärkerelement in aktiven Filterschaltungen. In der *Digitaltechnik* verwendet man Operationsverstärker z. B. für Kippschaltungen, Schwellwertschalter und in Digital-Analog-Umsetzern.

2.9.5.1 Eigenschaften

Operationsverstärker können sowohl Gleichspannungen als auch Wechselspannungen verstärken. Besondere Eigenschaften sind sehr großer Spannungsverstärkungsfaktor, z. B. 150 000, großer Leistungsverstärkungsfaktor, sehr großer Eingangsinnenwiderstand und kleiner Ausgangsinnenwiderstand.

Der Operationsverstärker hat zwei Anschlüsse für eine *Differenzeingangsspannung* U_1 und einen Anschluss für die Ausgangsspannung U_2 **(Bild 2)**. Die Ausgangsspannung U_2 ist gegenüber der Differenzeingangsspannung im Vorzeichen umgekehrt. Beträgt die Differenzeingangsspannung 0,1 mV, dann ist die Ausgangsspannung z. B. -10 V **(Bild 3)**. Die Spannungsumkehr wird durch das Minuszeichen im Schaltzeichen gekennzeichnet. Der mit dem Minuszeichen gekennzeichnete Eingang heißt *invertierender* Eingang (lat. invertere = umkehren). Der andere Eingang, welcher mit einem Pluszeichen markiert ist, heißt *nicht invertierender* Eingang.

Meist wird in Schaltplänen der *nicht beschaltete* Operationsverstärker durch das Dreiecksymbol dargestellt, welches vom amerikanischen Schaltzeichen herrührt (Bild 2). Das Symbol DIN EN 60617 wird für den nicht beschalteten Operationsverstärker auch angewendet. In ihm weist das Zeichen ∞ (Unendlich) auf den sehr großen Spannungsverstärkungsfaktor hin. Wir wenden nachfolgend beide Symbole an.

Operationsverstärker benötigen meist eine positive *und* eine negative Betriebsspannung gegenüber dem Bezugspotenzial der Ausgangsspannung, z. B. gegenüber Masse. Die Betriebsspannungen $\pm U_b$ liegen meist zwischen ± 1 V und ± 36 V und werden auch als Rail (Schiene) bezeichnet.

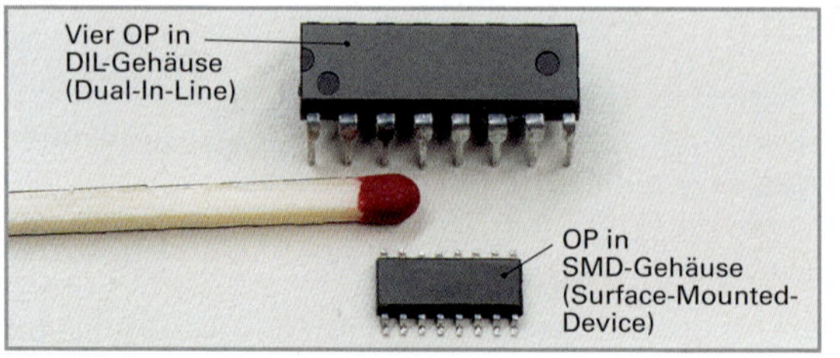

Bild 1: Operationsverstärker (Beispiele)

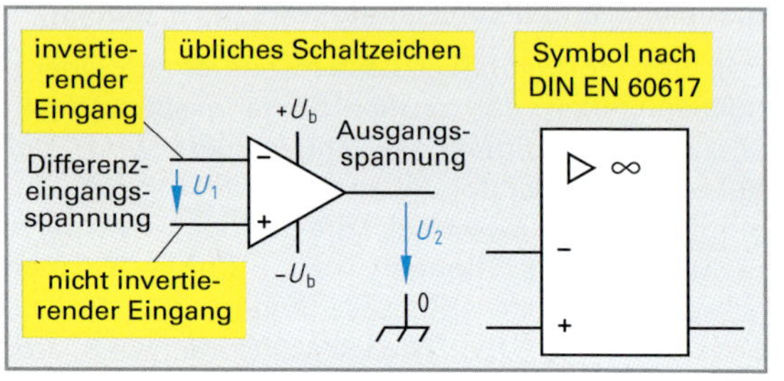

Bild 2: Schaltzeichen und Symbol für Operationsverstärker

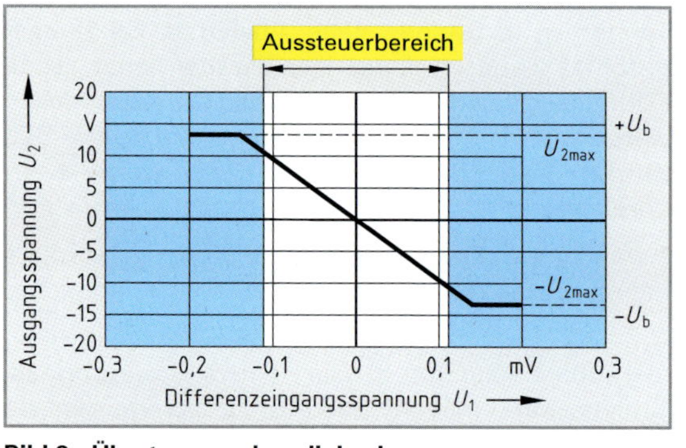

Bild 3: Übertragungskennlinie eines Operationsverstärkers

Ist $U_{2max} \approx U_b$ spricht man von Rail-to-Rail-Operationsverstärkern. Es gibt auch Operationsverstärker mit nur einer Betriebsspannung, z. B. $+10$ V. In Schaltplänen werden die Anschlüsse für die Betriebsspannung oft nicht dargestellt.

Operationsverstärker haben große Verstärkungsfaktoren, einen großen Eingangsinnenwiderstand und einen kleinen Ausgangsinnenwiderstand.

Bei Operationsverstärkern ist eine hohe Nullpunktstabilität (kleine Drift[2]) wichtig. Driftarme Operationsverstärker erzielt man mit Differenzverstärkerstufen. Diesen sind eine Treiberstufe und eine Endstufe nachgeschaltet.

[1] lat. operari = arbeiten, handeln;

[2] to drift = wegtreiben

Wiederholung und Vertiefung

1. **Nennen Sie Anwendungen des Operationsverstärkers.**
2. **Wie sind die Eingänge des Operationsverstärkers benannt?**
3. **Welche Betriebsspannungen sind für Operationsverstärker üblich?**

2.9.5.2 Schaltungsaufbau

Die Eingangsverstärkerstufe des Operationsverstärkers ist eine Differenzverstärkerstufe **(Bild 1)**. Bei der Differenzeingangsspannung $U_1 = 0$ V fließt durch beide Transistoren ein etwa gleich großer Emitterstrom. Erhöht man die Basisspannung U_{B1} und belässt U_{B2}, dann erhöht sich der Kollektorstrom I_{C1} und damit der Spannungsfall U_{R3} und U_{R5}. Der Kollektorstrom I_{C1} führt auch zu einem erhöhten Spannungsfall an R_5. Dadurch vermindert sich der Strom I_{C2}. Durch die Ansteuerung des Differenzverstärkereingangs mit U_1 werden die beiden Ausgangsspannungen U_{R3} und U_{R4} gegensinnig verändert. Es entsteht eine verstärkte Differenzausgangsspannung U_2. Verändert man die Eingangsspannungen U_{B1} und U_{B2} gegensinnig, so verändern sich die Kollektorströme und Emitterströme der beiden Transistoren auch gegensinnig.

Verändert man die Eingangsspannung U_{B1} und U_{B2} aber gleichsinnig, dann verändern sich die beiden Emitterströme und Kollektorströme ebenfalls gleichsinnig, jedoch nur wenig. Die Differenzausgangsspannung U_2 bleibt fast null, und zwar umso genauer, je weniger sich die beiden Transistoren voneinander unterscheiden und je hochohmiger der gemeinsame Emitterwiderstand R_5 ist. Deshalb wird anstelle eines gemeinsamen Emitterwiderstandes bei Operationsverstärkern eine *Konstantstromquelle* eingesetzt. Es stellt sich ein fast konstanter Kollektorstrom ein. Der Eingangsdifferenzverstärkerstufe folgen meist eine zweite Differenzverstärkerstufe und eine Endstufe.

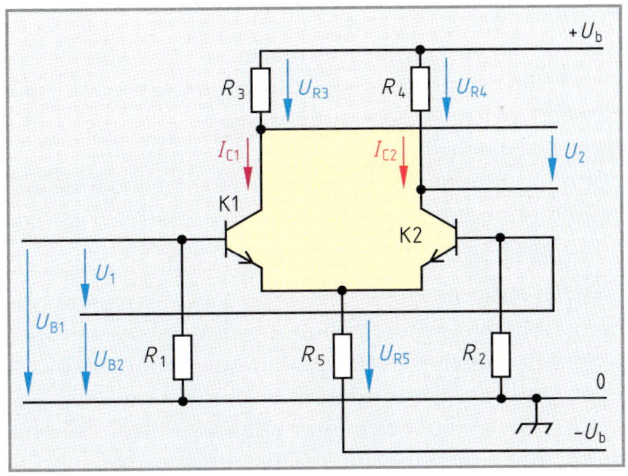

Bild 1: Differenzverstärkerstufe

2.9.5.3 Betriebsverhalten

Ersatzschaltung

Die wichtigsten Eigenschaften der Gesamtschaltung eines Operationsverstärkers und damit sein Betriebsverhalten können mit einem Ersatzschaltplan dargestellt werden **(Bild 2)**.

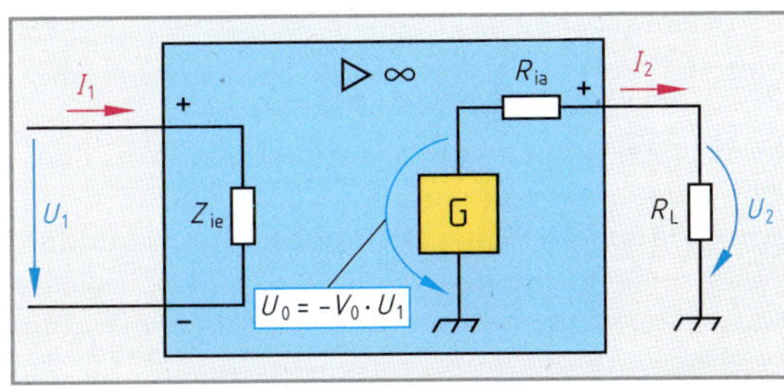

Bild 2: Ersatzschaltung für einen belasteten Operationsverstärker (Betriebsspannungen nicht dargestellt)

$I_1 = \frac{U_1}{Z_{ie}}$	$I_2 = \frac{U_0}{Z_{ia} + R_L}$	$U_2 = I_2 \cdot R_L$
für $Z_{ie} \gg Z_{ia}$	für $Z_{ia} \ll R_L$	
$I_1 \approx 0$	$I_2 \approx \frac{U_0}{R_L}$	$U_2 \approx U_0$

I_1 Eingangsstrom
I_2 Ausgangsstrom
U_1 Differenzeingangsspannung
U_2 Ausgangsspannung
V_0 Leerlauf-Spannungsverstärkungsfaktor
Z_{ie} Eingangswiderstand
Z_{ia} Ausgangswiderstand
R_L Lastwiderstand

Die Differenzeingangsspannung U_1 wird mit dem Eingangswiderstand Z_{ie} belastet. Dabei fließt ein sehr kleiner Strom I_1. Die Verstärkungseigenschaft des Operationsverstärkers wird durch die eingetragene Ersatzspannungsquelle mit der Ersatzspannung $U_0 = -V_0 \cdot U_1$ dargestellt. V_0 ist der Leerlauf-Spannungsverstärkungsfaktor. Diese Ersatzspannungsquelle speist den Verstärkerausgang mit einer von U_1 abhängigen Ausgangsspannung.

Beim unbelasteten Operationsverstärker ist die Ausgangsspannung U_2 gleich der Ersatzspannung U_0.

Frequenzkompensation

Der Leerlauf-Spannungsverstärkungsfaktor V_0 bzw. das Leerlauf-Spannungsverstärkungsmaß $G_0 = 20 \lg V_0$ dB mit zunehmender Frequenz ab **(Bild 1)**. Gleichzeitig erfährt die Ausgangsspannung mit zunehmender Frequenz eine zusätzliche Phasenverschiebung φ_z, z. B. infolge der Sperrschichtkapazitäten.

Da die Operationsverstärker oft mit Gegenkopplung (180° Phasenverschiebung) betrieben werden, wird mit dieser zusätzlichen Phasenverschiebung von −180° aus einer Gegenkopplung eine Mitkopplung. Bei einem Verstärkungsfaktor $V_0 > 1$ sind dann die Schwingungsbedingungen (Abschnitt 2.10.1) erfüllt.

Operationsverstärker ohne Frequenzkompensation neigen zu hochfrequenten Schwingungen.

Die Frequenzkompensation erfolgt *extern* (außerhalb) oder *intern* (innerhalb) durch ein RC-Glied. Kenngrößen für frequenzkompensierte Operationsverstärker sind die *Grenzfrequenz* f_c, bei welcher das Verstärkungsmaß um 3 dB abgefallen ist, und die *Durchtrittsfrequenz (Transitfrequenz)* f_D, bei der das Leerlauf-Spannungsverstärkungsmaß $G_0 = 0$ dB beträgt. Dies entspricht einem Verstärkungsfaktor von Eins.

Nullpunktabgleich (Offset-Kompensation)

Die *Eingangs-Offset-Spannung* (Input-Offset-Voltage, input = Eingang, to offset = abweichen, voltage = Spannung) ist die notwendige Gleichspannung am Differenzeingang, damit die Ausgangsspannung im nicht ausgesteuerten Betrieb null ist. Auch wenn am Eingang keine Spannung anliegt, kann, z.B. durch Temperatureinfluss, Alterung oder unsymmetrische Herstellung der Transistoren, am Ausgang eine Spannung entstehen, die Nullpunktabweichung (Ausgangs-Offset-Spannung).

Zur *Offset-Kompensation* kann man dem Eingangssignal eine zusätzliche, einstellbare Gleichspannung, die Eingangs-Offset-Spannung, überlagern. Besonders hochwertige Operationsverstärker, z. B. in Reglern, haben zusätzliche Anschlüsse für einen Trimmerwiderstand (Balance) zur Offset-Kompensation. Die Operationsverstärker sind meistens *selbstabgleichend*.

Operationsverstärker müssen bei 0 V Eingangsspannung auf 0 V Ausgangsspannung abgeglichen sein.

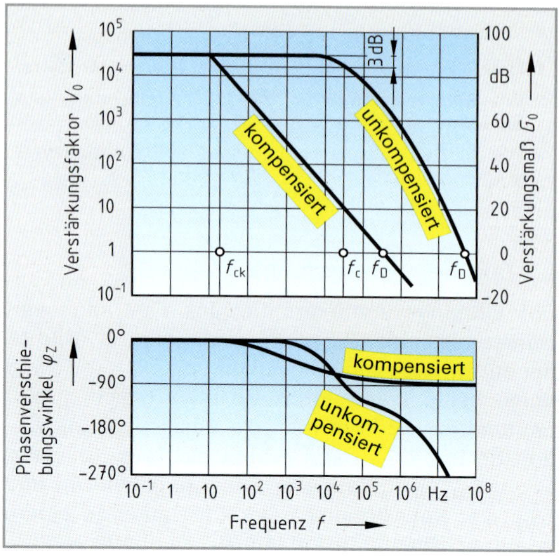

Bild 1: Frequenzkennlinien

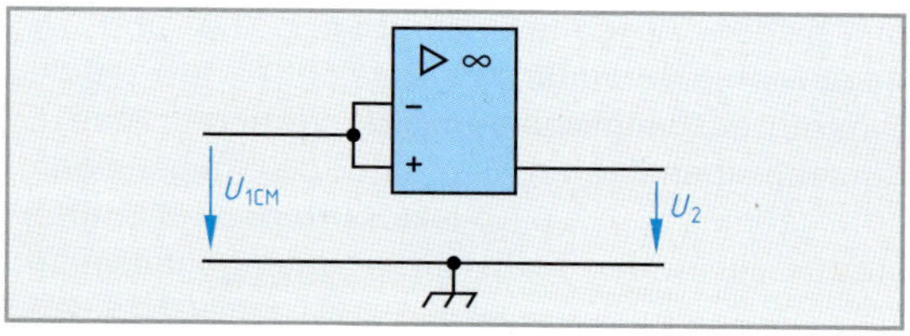

Bild 2: Gleichtaktansteuerung

$$V_{CM} = \frac{U_2}{U_{1CM}} \qquad G_{CM} = 20 \lg \frac{U_2}{U_{1CM}} \text{ dB}$$

U_2	Ausgangsspannung
U_{1CM}	Eingangsspannung bei Gleichtaktansteuerung
V_{CM}	Gleichtakt-Verstärkungsfaktor
G_{CM}	Gleichtakt-Verstärkungsmaß (bisher v_{CM})

Gleichtaktverstärkung und Gleichtaktunterdrückung

Schließt man an beide Differenzeingänge des Operationsverstärkers eine gleich große Spannung U_{1CM} (CM von Common-Mode = Gleichtakt) an, so sollte die Ausgangsspannung stets 0 V sein. Durch Unsymmetrie im Operationsverstärker entsteht jedoch am Ausgang mit zunehmender Gleichtaktspannung U_{1CM} an beiden Eingängen eine ungewollte Ausgangsspannung U_2 **(Bild 2)**.

Hochwertige Operationsverstärker haben eine große Gleichtaktunterdrückung.

2.9.5.4 Grundschaltungen

Die Operationsverstärker werden oft mit Wirkwiderständen und auch mit Kondensatoren beschaltet. Meist darf der Operationsverstärker als ein *idealer Verstärker* mit unendlich großem Spannungsverstärkungsfaktor V_0, unendlich großem Eingangsinnenwiderstand Z_{ie} und sehr kleinem Ausgangsinnenwiderstand Z_{ia} betrachtet werden.

Der besseren Übersichtlichkeit wegen werden im Schaltplan gewöhnlich die Anschlüsse für die Stromversorgung und die Anschlüsse für eine eventuelle Offset-Kompensation und Frequenzkompensation nicht dargestellt.

Invertierender Verstärker (Umkehrverstärker)

Mit der Schaltung als *Umkehrverstärker* wird eine Spannung U_e im Vorzeichen umgekehrt und im Betrag vergrößert oder verkleinert. Man erreicht dies durch *Gegenkopplung*. Hierzu beschaltet man den Operationsverstärker mit einem Gegenkopplungswiderstand R_K und einem Eingangswiderstand R_e **(Bild 1)**. Zur Kompensation der Spannungsverschiebung infolge des sehr kleinen Eingangsruhestromes I_1 kann man zwischen dem nicht invertierenden Eingang und Masse den Widerstand R_Q schalten. Meist kann man R_Q weglassen und den nicht invertierenden Eingang direkt mit Masse verbinden.

Die am Differenzeingang anliegende Spannung U_1 ist im Vergleich zur Ausgangsspannung U_a sehr klein, da die Verstärkung sehr groß ist. Der Eingangsruhestrom I_1 ist ebenfalls sehr klein und meist vernachlässigbar. Der Stromsummenpunkt S liegt damit fast auf dem gemeinsamen Bezugspotenzial (Masse) der Eingangsspannung und der Ausgangsspannung **(Bild 2)**. Mit $I_1 \approx 0$ wird die Summe der auf den Summenpunkt S zufließenden Ströme $I_K + I_e = 0$ bzw. $I_K = -I_e$. Der Eingangsstrom I_e fließt daher als „eingeprägter" Strom über R_K zum Verstärkerausgang. Damit wird die Ausgangsspannung $U_a = -I_e \cdot R_K$.

Wegen $U_1 \approx 0$ hängt der Eingangsstrom I_e nur von U_e und R_e ab und beträgt $I_e = U_e/R_e$. Mit $I_e = -I_K$ erhält man für die Ausgangsspannung $U_a = -(R_K/R_e) \cdot U_e$. Der Verstärkungsfaktor des beschalteten Operationsverstärkers ist somit gleich dem Widerstandsverhältnis R_K/R_e. Das Minuszeichen in der Formel drückt die Vorzeichenumkehr aus.

Die Ausgangsspannung ist entgegengesetzt gepolt zur Eingangsspannung.

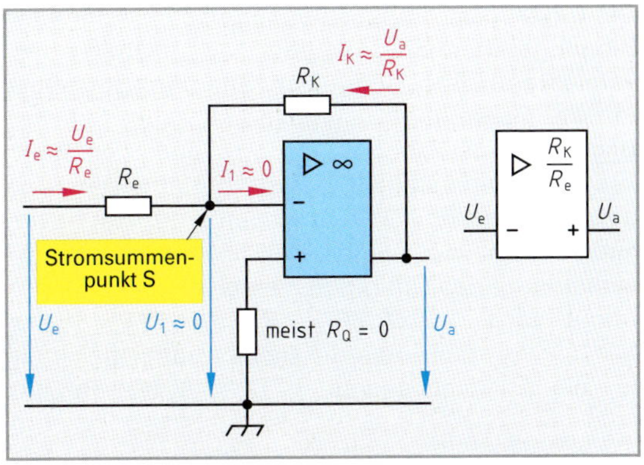

Bild 1: Schaltung und Symbol des invertierendern Verstärkers

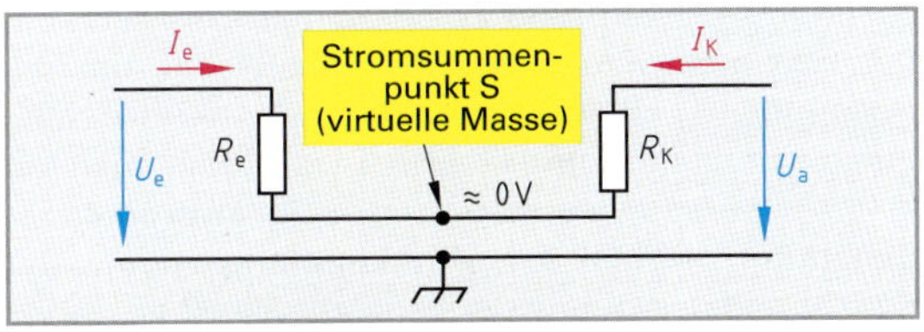

Bild 2: Ersatzschaltung zur Berechnung der Ausgangsspannung

$$U_a = -\frac{R_K}{R_e} \cdot U_e \qquad V_u = \frac{U_a}{U_e} \qquad V_u = -\frac{R_K}{R_e}$$

U_a Ausgangsspannung
R_K Rückkopplungswiderstand
R_e Eingangswiderstand
U_e Eingangsspannung
V_u Spannungsverstärkungsfaktor

Beispiel 1: Dimensionieren eines invertierenden Verstärkers

Eine Messsignalspannung U_e beträgt ±2,5 V und soll auf ±10 V verstärkt werden. Der Lastwiderstand für die Signalquelle soll größer oder gleich 10 kΩ sein. Bestimmen Sie die Beschaltungswiderstände.

Lösung:

Der verlangte Verstärkungsfaktor beträgt $\frac{R_K}{R_e} = \frac{10\,V}{2{,}5\,V} = 4$.

Den Eingangswiderstand R_e wählt man zu 10 kΩ.
$R_K = 4 \cdot R_e =$ **40 kΩ**

Invertierende Verstärker belasten Signalquellen mit dem Eingangswiderstand R_e. Sie sind deshalb für hochohmige Quellen ungeeignet.

Nicht invertierender Verstärker

Beim nicht invertierenden Verstärker haben Eingangsspannung und Ausgangsspannung gleiches Vorzeichen. Die Eingangsspannung U_e wird an den nicht invertierenden Eingang angeschlossen **(Bild 1, folgende Seite)**.

Der Eingangsstrom I_e ist wegen des hochohmigen Eingangsinnenwiderstandes des Operationsverstärkers sehr klein. Der Spannungserzeuger mit der Spannung U_e wird daher kaum belastet. Die Ausgangsspannung U_a wird über den Rückkopplungswiderstand R_K zurückgeführt. Der rückgekoppelte Strom I_K fließt wegen $I_1 \approx 0$ fast unverändert über R_Q. Wegen der hohen Spannungsverstärkung des Operationsverstärkers ist $U_1 \approx 0$ V. Damit wird $I_K = U_a/(R_Q + R_K)$ und $I_Q = U_e/R_Q$. Mit $I_K = I_Q$ erhält man die Bestimmungsgleichung für die Ausgangsspannung $U_a = U_e(1 + R_K/R_Q)$.

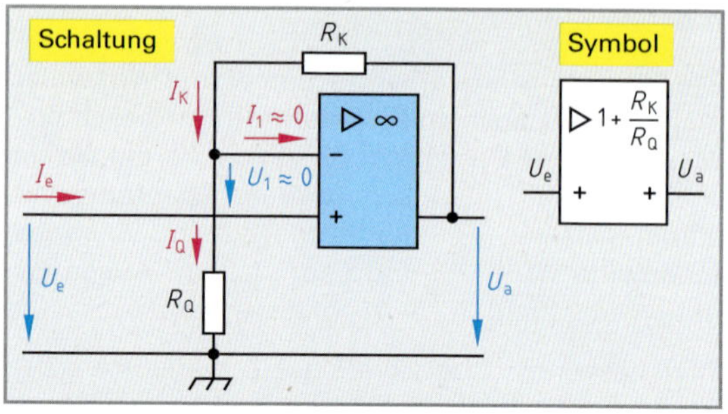

Bild 1: Nicht invertierender Verstärker

Impedanzwandler

Bei einem Impedanzwandler (Spannungsfolger) soll die Ausgangsspannung U_a gleich der Eingangsspannung U_e sein **(Bild 2)**. Der Eingangswiderstand der Gesamtschaltung soll sehr groß sein, um die Spannung U_e nicht zu belasten und der Ausgangsinnenwiderstand soll klein sein. Dies erreicht man mit einem Operationsverstärker in nicht invertierender Schaltung, wobei der Rückkopplungswiderstand $R_K = 0$ und der Querwiderstand entfällt ($R_Q = \infty$).

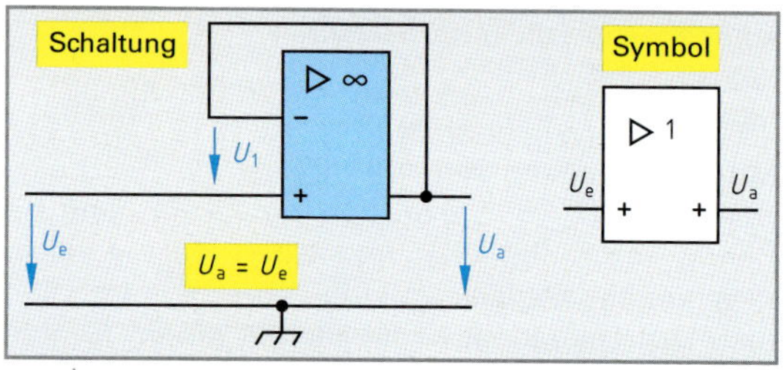

Bild 2: Impedanzwandler

Summierverstärker

Bei der Schaltung als Summierverstärker dient der Operationsverstärker zur Addition und Verstärkung mehrerer Spannungen. Er wird über Eingangswiderstände angesteuert **(Bild 3)**.

Mit der Näherung $U_1 \approx 0$ und $I_1 \approx 0$ gilt

$$I_{e1} = \frac{U_{e1}}{R_{e1}}; \quad I_{e2} = \frac{U_{e2}}{R_{e2}}; \quad I_{e3} = \frac{U_{e3}}{R_{e3}}; \quad I_K = \frac{U_a}{R_K}$$

$$-I_K = I_{e1} + I_{e2} + I_{e3}$$

Die einzelnen Eingangsspannungen können je nach Wahl der Eingangswiderstände verschieden hoch verstärkt werden.

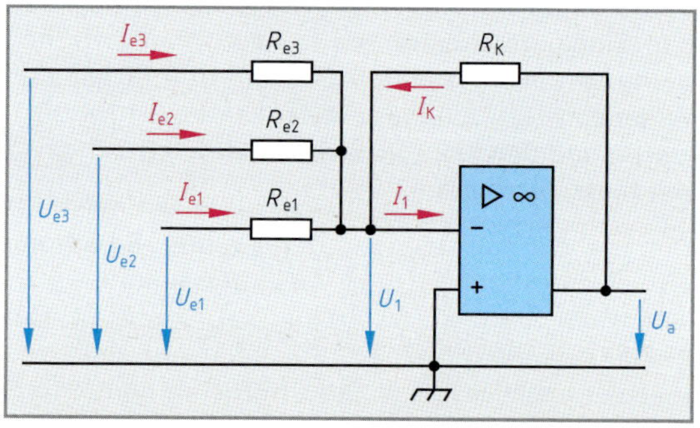

Bild 3: Summierverstärker für drei Spannungen

Beispiel 1: Summierverstärker

Bestimmen Sie die Beschaltungswiderstände R_{e1} und R_{e2} für die Addition zweier Messspannungen $U_{e1} = 1$ V und $U_{e2} = 0{,}1$ V. Die Messspannung U_{e2} ist gegenüber U_{e1} fünffach stärker zu berücksichtigen. Die Ausgangsspannung soll -6 V und der Gegenkopplungswiderstand 10 kΩ betragen.

Lösung:

Damit U_{e2} fünffach stärker berücksichtigt wird, muss R_{e2} ein Fünftel von R_{e1} sein.

$$-U_a = \frac{R_K}{R_{e1}} \cdot U_{e1} + \frac{R_K}{R_{e2}} \cdot U_{e2}$$

$$-6\text{ V} = \frac{10\text{ k}\Omega}{R_{e1}} \cdot 1\text{ V} + \frac{10\text{ k}\Omega}{R_{e1}/5} \cdot 0{,}1\text{ V} = \frac{10\text{ k}\Omega}{R_{e1}} \cdot 1{,}5\text{ V}$$

$$\Rightarrow R_{e1} = \mathbf{2{,}5\ k\Omega} \quad \Rightarrow \quad R_{e2} = \frac{1}{5} \cdot R_{e1} = \mathbf{500\ \Omega}$$

Beim nicht invertierenden Verstärker:

$$U_a = \left(1 + \frac{R_K}{R_Q}\right) \cdot U_e \qquad V_u = 1 + \frac{R_K}{R_Q}$$

Beim Summierverstärker:

$$U_a = -\frac{R_K}{R_{e1}} \cdot U_{e1} - \frac{R_K}{R_{e2}} \cdot U_{e2} - \ldots$$

U_a	Ausgangsspannung
R_K	Rückkopplungswiderstand
R_Q	Eingangsquerwiderstand
U_e	Eingangsspannung
V_u	Spannungsverstärkungsfaktor
R_{e1}, R_{e2}, ...	Eingangswiderstände
U_{e1}, U_{e2}, ...	Eingangsspannungen

Subtrahierverstärker, Differenzverstärker

Der Subtrahierverstärker kann eine Ausgangsspannung bilden, die verhältnisgleich zur Differenz zweier Eingangsspannungen ist **(Bild 1)**. Meist verwendet man aber den Differenzverstärker mit $R_{e1} = R_{e2}$ und $R_Q = R_K$ zur Verstärkung und gleichzeitiger Potenzialtrennung einer Messsignalspannung U_d, wenn diese z.B. eine nicht potenzialfreie Brückenquerspannung einer DMS-Brücke ist.

Zur Subtraktion von Spannungen wird meist nicht der Subtrahierverstärker eingesetzt, sondern der Summierverstärker. Die zu subtrahierende Spannung wird hierfür umgepolt und addiert.

In Instrumentenverstärkern (INV) werden Eingänge des Differenzverstärkers mit nicht invertierenden OPs beschaltet.

Differenzierer

Bei der Schaltung als Differenzierer **(Tabelle 1)** entsteht am Ausgang nur dann eine Spannung, wenn sich die Eingangsspannung ändert. Der Differenzierer hat als Eingangswiderstand einen Kondensator C_e. Über diesen Kondensator fließt nur bei sich ändernder Eingangsspannung U_e ein Strom. Der Rückkopplungswiderstand ist wie beim Invertierer ein Wirkwiderstand R_K. Schaltet man auf den Eingang des Differenzierers eine Rechteckspannung, dann entsteht bei jedem Spannungswechsel ein Nadelimpuls am Ausgang (Tabelle 1). Für eine geradlinig ansteigende Eingangsspannung ist die Ausgangsspannung konstant. Bei sinusförmiger Eingangsspannung ist die Ausgangsspannung ebenfalls sinusförmig, aber in der Phase um 90° verschoben.

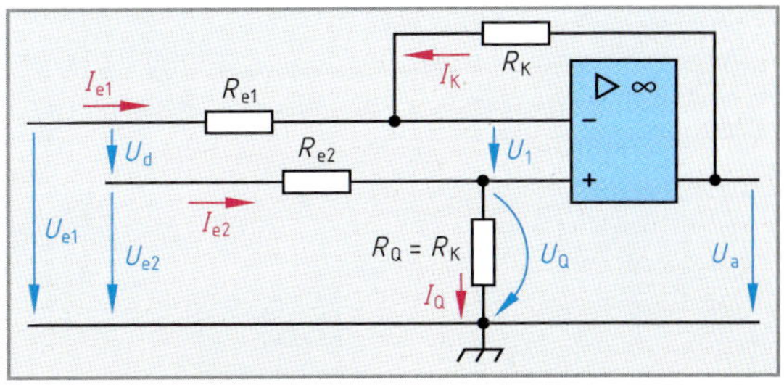

Bild 1: Subtrahierverstärker

Für $V_{u1} \ll V_0$ und $V_{u2} \ll V_0$:

$$U_a = V_{u2} \cdot U_{e2} - V_{u1} \cdot U_{e1}$$

$$V_{u2} = \frac{1 + \frac{R_K}{R_{e1}}}{1 + \frac{R_{e2}}{R_Q}} \qquad V_{u1} = \frac{R_K}{R_{e1}}$$

Bei $R_{e1} = R_{e2} = R_e$ (Differenzverstärker):

$$U_a = \frac{R_K}{R_e} \cdot U_d \qquad V_{u1} = V_{u2} = \frac{R_K}{R_{e1}}$$

U_a	Ausgangsspannung
V_{u1}, V_{u2}	Spannungsverstärkungsfaktoren
U_d	Differenzeingangsspannung
U_{e1}	Eingangsspannung am invertierenden Eingang
U_{e2}	Eingangsspannung am nicht invertierenden Eingang
R_K, R_{e1}, R_{e2}, R_Q	Beschaltungswiderstände

Tabelle 1: Differenzierer

Schaltung	Symbol	Übertragungsverhalten	Verstärkungsfaktor
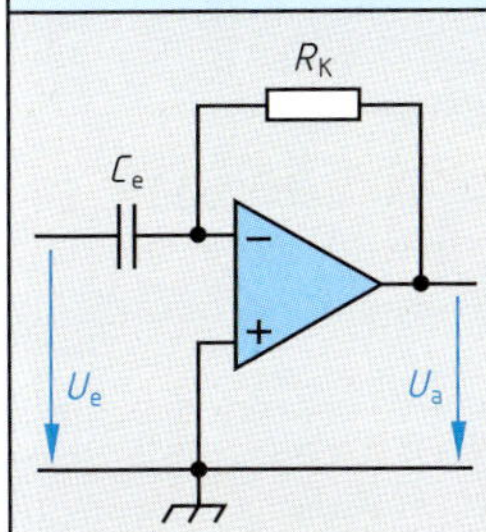 für Wechselspannung: $\frac{\hat{u}_a}{\hat{u}_e} = \omega R_K C_e$	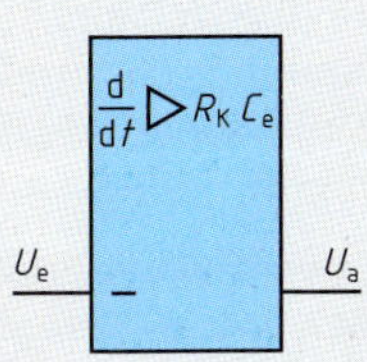	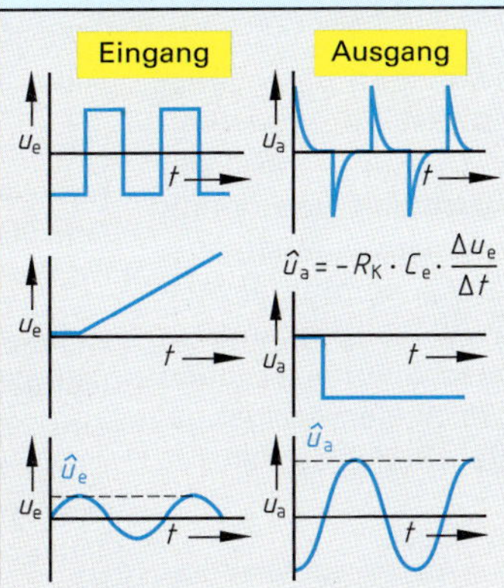	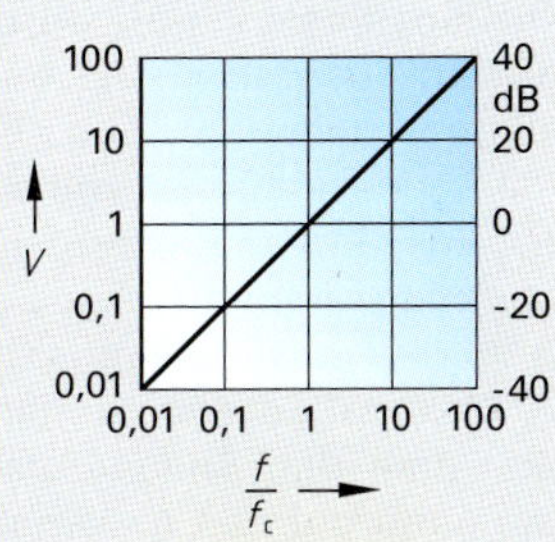 $f_c = \frac{1}{2\pi R_K C_e}$

Tabelle 1: Integrierer

Schaltung	Symbol	Übertragungsverhalten	Verstärkungsfaktor
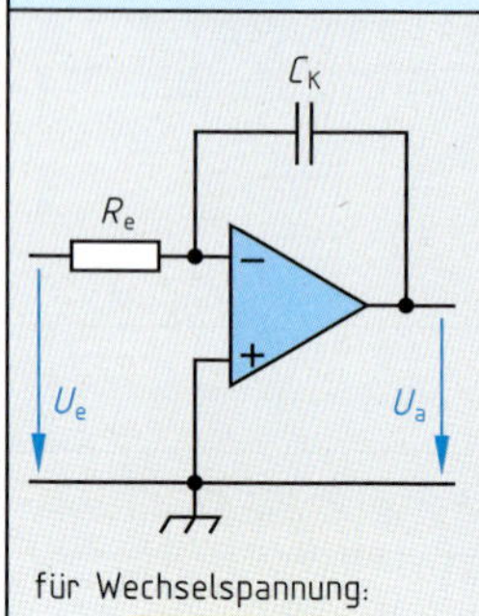 für Wechselspannung: $\frac{\hat{u}_a}{\hat{u}_e} = \frac{1}{\omega C_K R_e}$	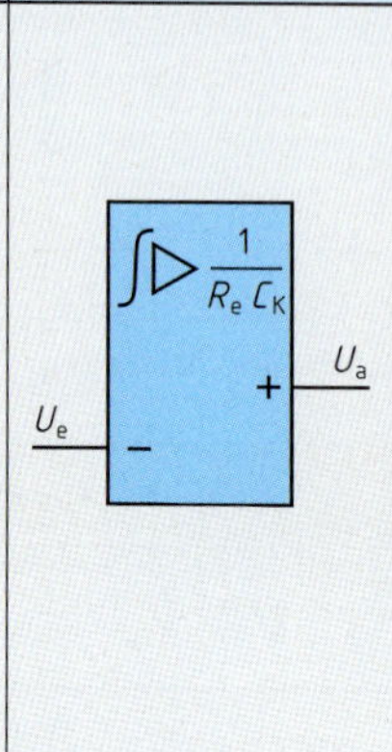	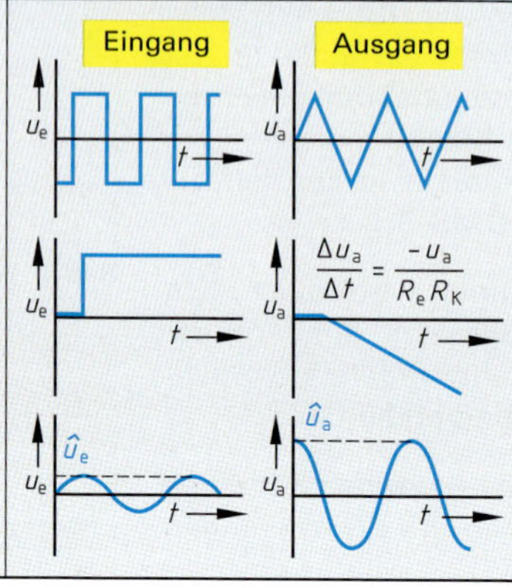	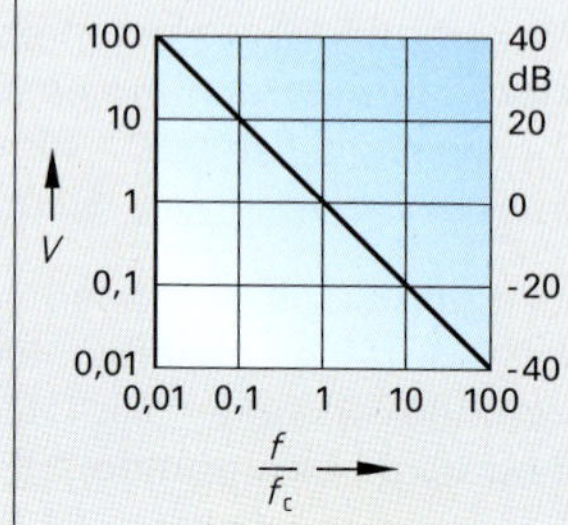 $f_c = \frac{1}{2\pi R_e C_K}$

Die Amplitude der Ausgangsspannung ist für Frequenzen $f > f_c = 1/(2\pi R_K C_e)$ verstärkt und für Frequenzen $f < f_c$ abgeschwächt. Der Differenzierer wirkt deshalb wie ein Hochpass.

Integrierer

Der Integrierer hat als Eingangswiderstand einen Wirkwiderstand R_e und zur Rückkopplung einen Kondensator C_K **(Tabelle 1)**. Der über R_e fließende Strom I_e fließt über den Summenpunkt in den Kondensator und lädt diesen auf die Ausgangsspannung U_a auf. Die Ausgangsspannung U_a ist verhältnisgleich der am Eingang anstehenden Spannung U_e multipliziert mit der Zeit (Spannungszeitfläche). Bei rechteckförmiger Eingangsspannung erhält man eine dreieckförmige Ausgangsspannung (Tabelle 1). Für sinusförmige Eingangsspannung ist die Ausgangsspannung auch sinusförmig, in der Phase aber um -90° verschoben und in der Amplitude für Frequenzen $f > f_c = 1/(2\pi R_e C_K)$ abgeschwächt und für Frequenzen $f < f_c$ verstärkt. Der Integrierer wirkt deshalb wie ein Tiefpass.

Komparator

Mit dem Komparator[1] vergleicht man eine unbekannte Spannung U_x mit einer vorgewählten Referenzspannung[2] U_{ref}. Für $U_x > U_{ref}$ wird der Operationsverstärker voll ausgesteuert und nimmt am Ausgang die maximale negative Ausgangsspannung an **(Bild 1)**. Für $U_x < U_{ref}$ nimmt der Ausgang die maximale positive Ausgangsspannung an. Mit zwei gegeneinander geschalteten Z-Dioden kann man den Spannungsbereich der Ausgangsspannung auf den gewünschten Pegel begrenzen.

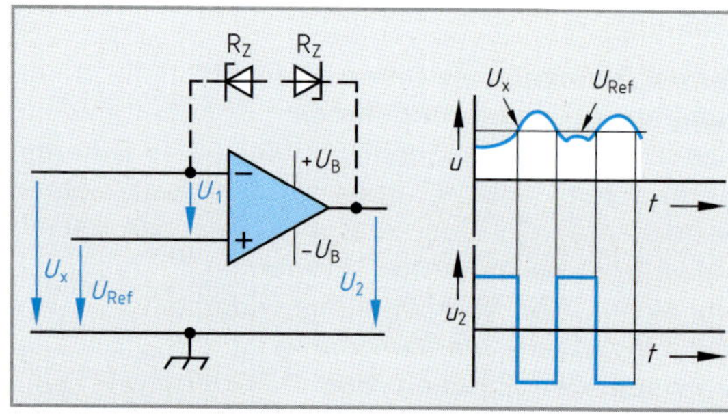

Bild 1: Komparator

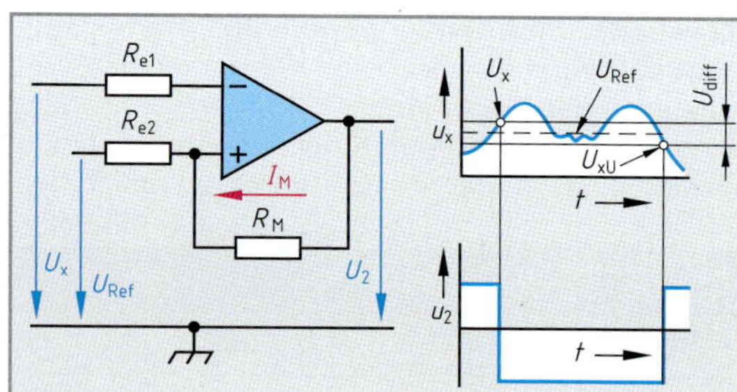

Bild 2: Komparator mit Schaltdifferenz

Die Spannung U_x muss um die sehr kleine Eingangsspannung U_1 größer bzw. kleiner als U_{ref} sein. Die Spannung U_1 liegt im Bereich von 1 µV oder weniger.

Bei manchen Anwendungen, z. B. in der Regelungstechnik bei Zweipunktreglern, soll der Komparator eine deutliche Schaltdifferenz U_{diff} aufweisen. Diese Schaltdifferenz U_{diff} erreicht man mit einem Mitkopplungswiderstand R_M **(Bild 2)**. Je kleiner der Mitkopplungswiderstand gewählt wird, umso größer wird die Schaltdifferenz.

---
[1] lat. comparare = vergleichen;

[2] frz. référence = Bericht, Auskunft; hier: Referenzspannung = Bezugsspannung

Strom-Spannungs-Umsetzer (I/U-Umsetzer)

Mit dem *Strom-Spannungs-Umsetzer* **(Bild 1)** wird ein Gleichstrom I_e fast fehlerfrei in eine verhältnisgleiche Signalspannung U_a umgesetzt. Man benötigt Strom-Spannungs-Umsetzer in der Messtechnik und bei der Signalübertragung, wenn die Stromquelle nur kleine Stromstärken liefert.

Der Spannungsfall U_1 am Eingang des Operationsverstärkers ist wegen des hohen Spannungsverstärkungsfaktors (z. B. $V_0 = 10^6$) gegenüber der Spannung U_a vernachlässigbar klein. Da der Operationsverstärker einen sehr hohen Eingangsinnenwiderstand hat (z. B. $10^9\,\Omega$), kann der Strom I_1 gegenüber dem umzusetzenden Strom I_e unberücksichtigt bleiben. Bei einem Strom $I_e = -1\,\mu A$ erhält man eine Signalspannung $U_a = 1\,V$, wenn der Widerstand $R_K = 1\,M\Omega$ beträgt.

Die Ausgangsspannung des Strom-Spannungs-Umsetzers ist dem Eingangsstrom verhältnisgleich.

Spannungs-Strom-Umsetzer (U/I-Umsetzer)

Beim *Spannungs-Strom-Umsetzer* **(Bild 2)** ist der Ausgangsstrom I_a verhältnisgleich der Eingangsspannung U_e.

Der Ausgangsstrom ist unabhängig vom Lastwiderstand R_L, er ist „eingeprägt". Der Lastwiderstand darf jedoch nur so groß sein, dass die zulässige Ausgangsspannung des Verstärkers nicht überschritten wird.

Beispiel 1: Lastwiderstand bei U/I-Umsetzer

Berechnen Sie den maximalen Lastwiderstand für einen Spannungs-Strom-Umsetzer mit $R_S = 10\,\Omega$. $U_e = -10\,mV$ und $U_{amax} = 10\,V$.

Lösung:

$$I_a \approx -\frac{U_e}{R_S} = -\frac{-10\,mV}{10\,\Omega} = 1\,mA$$

$$R_{Lmax} = \frac{U_{amax}}{I_a} - R_S = \frac{10\,V}{1\,mA} - 10\,\Omega = \mathbf{9{,}99\,k\Omega}$$

Der Ausgangsstrom des Spannungs-Strom-Umsetzers ist lastunabhängig und der Eingangsspannung verhältnisgleich.

Spannungs-Strom-Umsetzer verwendet man z. B. zur Signalübertragung von Sensorsignalen über größere Entfernungen, da bei eingeprägten Strömen sich verändernde Leiterwiderstände und Kontaktwiderstände keinen verfälschenden Einfluss auf die Signale haben. Mit einem Strom-Spannungs-Umsetzer wird dann beim Signalempfänger aus dem Stromsignal wieder ein Spannungssignal erzeugt.

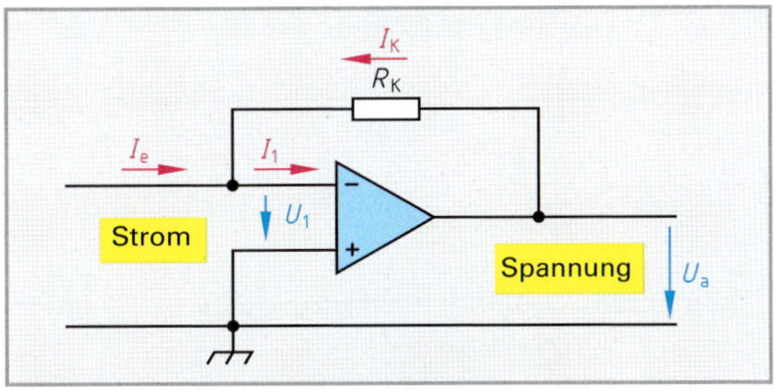

Bild 1: Strom-Spannungs-Umsetzer

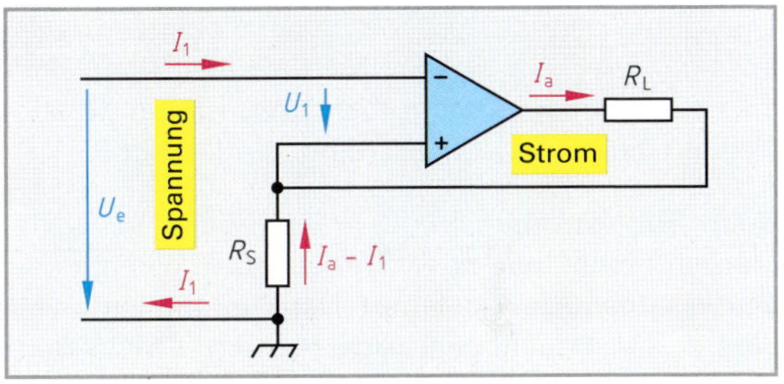

Bild 2: Spannungs-Strom-Umsetzer

Beim Strom-Spannungs-Umsetzer:

$I_1 \approx 0 \;\Rightarrow\; I_K \approx -I_e$

$U_1 \approx 0 \;\Rightarrow\; U_a \approx R_K \cdot I_K$

$$U_a \approx -R_K \cdot I_e$$

Beim Spannungs-Strom-Umsetzer:

$U_1 \approx 0$ und $I_1 \approx 0$

$\Rightarrow\; U_e \approx -R_S \cdot I_a$

$$I_a \approx -\frac{U_e}{R_S}$$

U_a	Ausgangsspannung
R_K	Rückkopplungswiderstand
I_e	Eingangsstrom
I_a	Ausgangsstrom
U_e	Eingangsspannung
R_S	strombestimmender Widerstand

Wiederholung und Vertiefung

1. **Weshalb benötigt man bei Operationsverstärkern eine externe oder eine interne Frequenzkompensation?**
2. **Welche Eigenschaften hat der ideale Operationsverstärker bezüglich der Spannungsverstärkung und des Eingangswiderstandes?**
3. **Wie kann man beim invertierenden Verstärker die Verstärkung verändern?**
4. **Zeichnen Sie die Schaltung eines Summierverstärkers für die Addition von zwei Spannungen.**
5. **Welche Eigenschaften hat der Spannungsfolger?**
6. **Nennen Sie ein Beispiel für die Anwendung eines Spannungs-Strom-Umsetzers.**

2.9.6 Treiberverstärker

Treiberverstärker *(Treiber)* haben ursprünglich die Aufgabe, die zum Ansteuern einer Verstärkerendstufe erforderliche Steuerleistung zur Verfügung zu stellen.

Treiber sind Verstärkerschaltungen, welche eine Steuerleistung abgeben.

Anstelle einer Endstufe wird von Treibern oft eine Last direkt angesteuert, z.B. eine Siebensegmentanzeige oder ein Relais. Man spricht dann von einem Siebensegmenttreiber bzw. einem Relaistreiber **(Bild 1)**. Derartige Treiber sind meist IC.

Beim Relaistreiber Bild 1 wird über ein UND-Element eine aus zwei Transistoren bestehende *Darlingtonstufe* angesteuert. Der Eingang kann von einem TTL-Bauelement oder einem CMOS-Bauelement angesteuert werden. Darlingtonstufen sind in Treibern häufig enthalten, da die Verstärkung durch einen einzelnen Transistor bei Belastung oft nicht ausreicht. Derartige Treiber werden auch als Darlingtontreiber bezeichnet.

Treiber enthalten oft Darlingtonstufen und können von CMOS-Elementen oder TTL-Elementen angesteuert werden.

Beim LED-Treiber **Bild 2** enthält der IC außer der Darlingtonstufe Widerstände und Dioden. Der Lastwiderstand liegt im Kollektorzweig oder im Emitterzweig. Der Emitterstrom kann eine LED direkt ansteuern. Treiber-IC können bis zu acht derartige Schaltungen enthalten, z.B. für eine Sieben-Segment-Anzeige mit Dezimalpunkt **(Bild 3)**.

Treiberverstärker sind auch in Leistungsoperationsverstärkern enthalten. Beim IC-Verstärker **Bild 4** sind ein Vorverstärker, ein Treiber, eine Endstufe und mehrere Schutzschaltungen vorhanden. Der Ausgangsstrom beträgt bis 3 A und das Leerlaufverstärkungsmaß bis 90 dB.

Wiederholung und Vertiefung

1. **Welche Aufgaben haben Treiberverstärker?**
2. **In welcher Bauform liegen Treiber meist vor?**
3. **Was versteht man unter einem Darlingtontreiber?**
4. **Warum enthalten Treiber oft Darlingtonstufen?**
5. **Wo liegt bei einem LED-Treiber der Lastwiderstand?**
6. **Welche Baugruppen können in einem Leistungsoperationsverstärker vorhanden sein?**

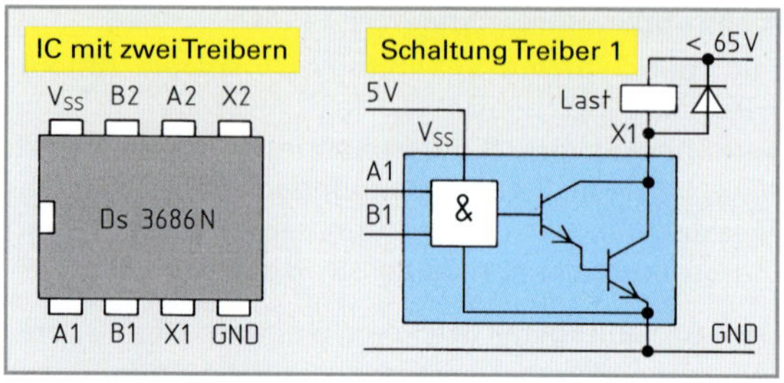

Bild 1: Relaistreiber

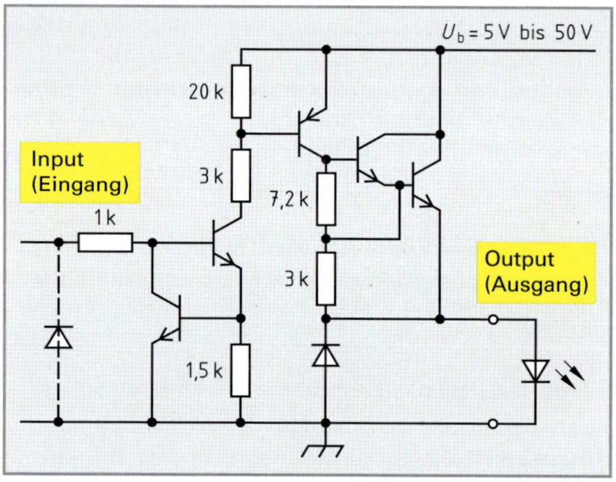

Bild 2: LED-Treiber zur Anpassung an hochohmige Ausgänge

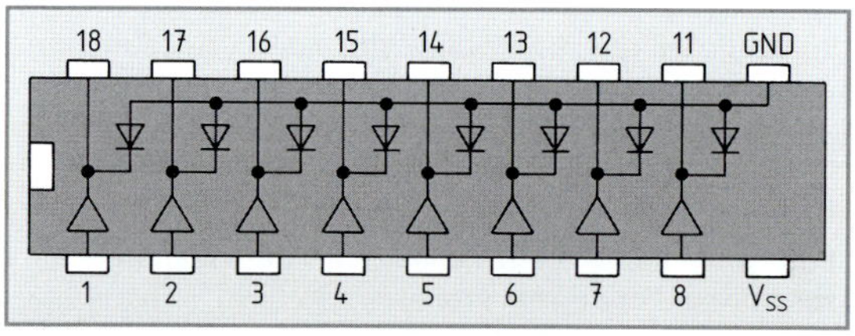

Bild 3: Darlingtontreiber-IC UDN 2981 A

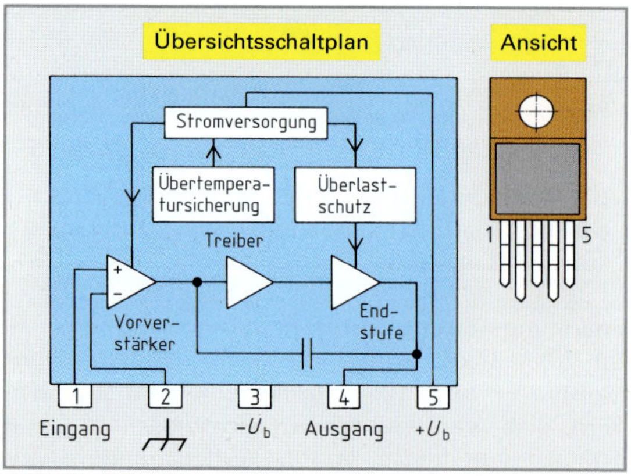

Bild 4: Leistungsoperationsverstärker

2.10 Generatoren und Kippschaltungen

2.10.1 Sinusgeneratoren

Ein Sinusgenerator (Oszillator, von lat. oscillare = schwingen) besteht grundsätzlich aus einem Verstärker, einer Mitkopplung, einem frequenzbestimmenden Glied und einer Amplitudenbegrenzung (**Bild 1**).

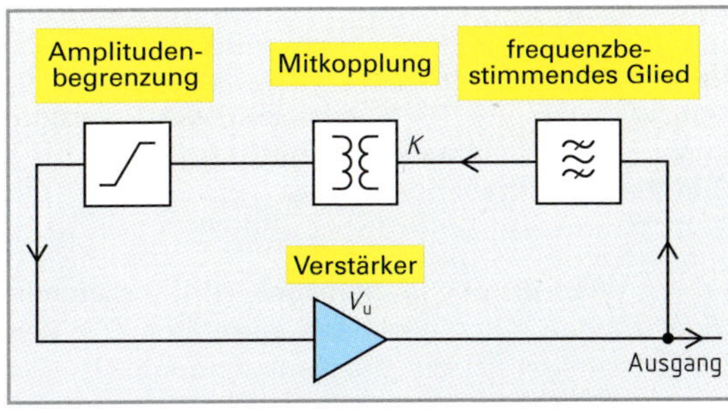

Bild 1: Übersichtsschaltplan eines Sinusgenerators

Schwingungsbedingungen

In der Schaltung **Bild 2** wird ein Teil der Ausgangsspannung über den Schwingkreis auf den Eingang zurück gekoppelt (Rückkopplung). Dadurch kann eine Schwingung entstehen, wenn die rückgekoppelte Spannung die gleiche Phasenlage hat wie die Eingangsspannung des Verstärkers (Mitkopplung). Die rückgekoppelte Spannung vergrößert so die wirksame Eingangswechselspannung, die verstärkt wiederum eine größere Ausgangswechselspannung und somit wird eine größere rückgekoppelte Spannung erzeugt.

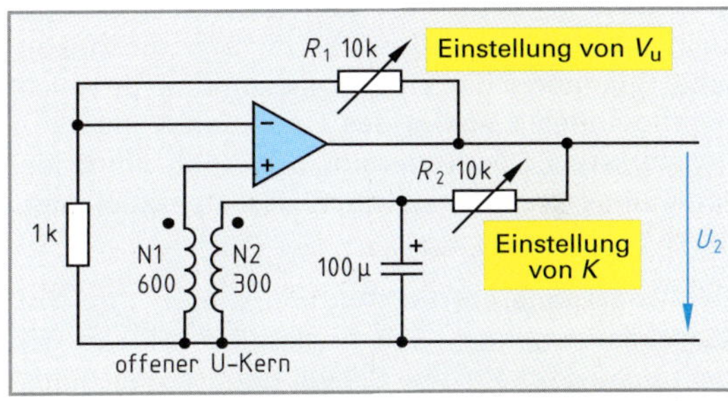

Bild 2: Versuchsschaltung für einen LC-Generator

Phasenbedingung:
Zur Schwingungserzeugung muss ein Teil der Ausgangsspannung phasenrichtig wieder auf den Eingang zurückgeführt werden.

Bei akustischen Verstärkeranlagen machen sich Rückkopplungen zwischen Mikrofon und Lautsprechern durch Pfeifen oft störend bemerkbar.

Zur Aufhebung der Eigenverluste der Schaltung muss eine genügend starke Mitkopplung vorhanden sein, damit Schwingungen einsetzen und auch aufrecht erhalten bleiben. Die rückgekoppelte Spannung muss mindestens so groß sein wie die Spannung, welche diese Rückkopplungsspannung hervorgerufen hat. Der Kopplungsfaktor K gibt an, welcher Teil der Ausgangsspannung auf den Eingang rückgekoppelt wird. Je größer der Spannungsverstärkungsfaktor V_u ist, umso kleiner kann der Kopplungsfaktor sein. Das Produkt $K \cdot V_u$ nennt man Ringverstärkung.

Amplitudenbedingung:
Eine Schwingung setzt ein, wenn die Ringverstärkung größer als 1 ist. Im eingeschwungenen Zustand stellt sich eine Amplitude ein, bei der die Ringverstärkung gleich 1 ist.

Damit ein sicherer Schwingungseinsatz erreicht wird, wählt man K stets etwas größer als $1/V_u$. Ist K kleiner als $1/V_u$, so klingt eine vorhandene Schwingung aus (gedämpfte Schwingung).

Schwingungsbedingungen:

Phasenbedingung:	Amplitudenbedingung:
$\varphi_K = 0°$	$K \cdot V_u \geq 1$

K Kopplungsfaktor
V_u Spannungsverstärkungsfaktor
φ_K Phasenverschiebungswinkel zwischen rückgekoppelter Spannung und Eingangsspannung

Beim LC-Generator:

$$f_0 = \frac{1}{2 \cdot \pi \cdot \sqrt{L \cdot C}}$$

Beim Wien-Brückengenerator Bild 1, folgende Seite:

$$f_0 = \frac{1}{2 \cdot \pi \cdot R \cdot C} \qquad U_{B2} = \frac{U_B}{3} \qquad V_u \geq 3$$

f_0 Oszillatorfrequenz, Schwingfrequenz
R Widerstand
L Induktivität
C Kapazität
U_{B2} Ausgangswechselspannung der Wien-Brücke
U_B Wechselspannung an der Wien-Brücke
V_u Spannungsverstärkungsfaktor

Grundschaltungen von Sinusgeneratoren

Als frequenzbestimmende Glieder können Schwingkreise, Quarze oder RC-Glieder eingesetzt werden. Entsprechend unterscheidet man LC-Generatoren (Bild 2, vorhergehende Seite), RC-Generatoren **(Bild 1)** und Quarzgeneratoren **(Bild 2)**.

Beim **Wien-Brückengenerator**[1] mit gleichen Widerständen R und gleichen Kapazitäten C in den Brückenzweigen ist die Brückenspannung U_{B2} mit der Ausgangsspannung $U_2 = U_B$ in Phase, wenn $X_C = R$ ist (**Bild 1**). Dies ist nur bei der Frequenz $f_o = 1/(2 \cdot \pi \cdot R \cdot C)$ der Fall. Dann unterstützt die vom Ausgang des Operationsverstärkers rückgekoppelte Spannung die Eingangsspannung am nicht invertierenden Eingang des Operationsverstärkers am stärksten. Der Generator schwingt, wenn der Spannungsverstärkungsfaktor des Operationsverstärkers größer als 3 ist.

Bei **Quarzgeneratoren** wird anstelle des frequenzbestimmenden Schwingkreises oder in den Mitkopplungszweig ein Schwingquarz geschaltet. Dieser schwingt entsprechend seiner Masse und Federsteifigkeit mechanisch mit einer sehr konstanten Eigenfrequenz und einer besonders hohen Güte. Quarze können sowohl einen Reihenschwingkreis wie auch einen Parallelschwingkreis ersetzen (**Bild 2**).

Quarzgeneratoren schwingen mit einer sehr konstanten Frequenz.

Für kleinere Genauigkeit werden anstelle von Quarzen auch piezoelektrische Resonatoren oder Oberflächenwellenresonatoren verwendet.

Beim Quarzgenerator Bild 2 ist die Mitkopplung am größten, wenn der Scheinwiderstand des Schwingquarzes am kleinsten ist. Dies ist bei seiner Reihenresonanz der Fall. Quarzgeneratoren werden z. B. in Uhren, Computern, Sendern, Eichgeneratoren und als Zeitbasis in Messgeräten verwendet.

Spannungsgesteuerte Oszillatoren VCO

Bei spannungsgesteuerten Oszillatoren (VCO, von Voltage Controlled Oscillator = spannungsgesteuerter Oszillator) wird die Frequenz des Oszillators durch eine veränderbare Spannung eingestellt. Für Oszillatoren mit sinusförmiger Ausgangsspannung werden als Grundschaltung oft LC-Oszillatoren in Colpitts[2]-, Hartley[3]- oder Meißner[4]-Schaltung verwendet, deren LC-Schwingkreis mit Kapazitätsdioden abgestimmt wird **(Bild 3)**.

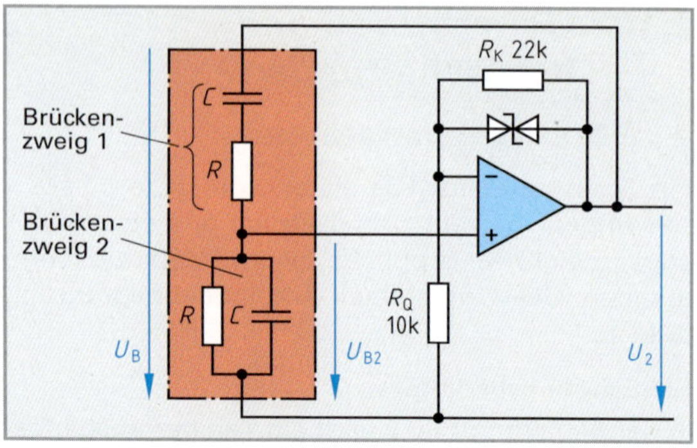

Bild 1: Wien-Brückengenerator

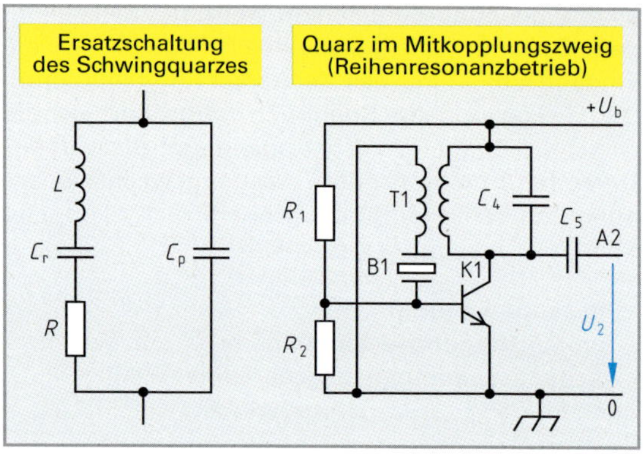

Bild 2: Quarz-Ersatzschaltung und Quarzgenerator

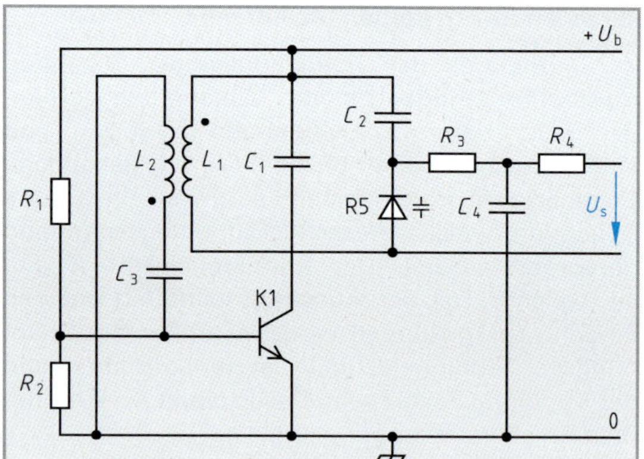

Bild 3: Meißner-Oszillator als VCO

Ein VCO ist ein Oszillator, dessen Frequenz durch eine Steuerspannung veränderbar ist.

[1] Wien Max, deutscher Physiker, 1866-1938;
[2] Colpitts Edwin Henry, amerik. Physiker, 1872-1949;
[3] Hartley Ralph V. L., amerik. Physiker, 1888-1970;
[4] Meißner Alexander, deutscher Physiker, 1883-1958

Einfacher spannungsgesteuerter Oszillator

Die Schwingungserzeugung wird mit einem aktiven Bauelement, z. B. einem Transistor, und einem LC-Schwingkreis als frequenzbestimmendem Glied vorgenommen. Bild 3, vorhergehende Seite, zeigt einen solchen Oszillator in Meißner-Schaltung. Parallel zur Schwingkreiskapazität ist eine Kapazitätsdiode geschaltet, deren Kapazität durch eine Steuerspannung U_s von z. B. 2 V bis 10 V verändert werden kann. Dadurch ändert sich die Resonanzfrequenz des Schwingkreises und damit die Oszillatorfrequenz des VCO.

Das Ändern der Sperrspannung einer Kapazitätsdiode im Schwingkreis eines Oszillators ändert dessen Oszillatorfrequenz.

2.10.2 Sägezahngenerator

Beim Sägezahngenerator steigen die Ausgangsspannung und der Ausgangsstrom linear mit der Zeit und fallen nach Erreichen eines Höchstwertes schnell wieder auf den Anfangswert zurück.

Bei Sägezahngeneratoren steigt die Ausgangsspannung langsam linear an und fällt danach wieder steil ab.

Die Grundschaltung besteht aus einem Kondensator, der über einen Widerstand aufgeladen und anschließend über einen Schalter entladen wird.

In Schaltung **Bild 1** dienen K1 mit R_4 und dem Basisspannungsteiler aus R_1, R_2 und R_3 als Kon-stantstromquelle für C_1, wodurch u_C linear ansteigt. Nach Erreichen des gewünschten Höchstwertes wird ein elektronischer Schalter S1 leitend und entlädt C_1. Ist u_C = 0 V, so sperrt der Schalter wieder und C_1 wird erneut aufgeladen. Mit R_2 wird die Stromstärke I_C und damit die Frequenz verändert.

Sägezahngeneratoren werden z. B. in Oszilloskopen sowie in digitalen Messgeräten verwendet.

Wiederholung und Vertiefung

1. **Wie lauten die Schwingungsbedingungen eines Oszillators?**
2. **Mit welcher Frequenz schwingt ein Wien-Brückengenerator, in dessen Brückenzweig die Widerstände je 12 kV und die Kondensatoren je 22 mF haben? *Lösung*: *f* = 0,6 Hz**
3. **Welchen Vorteil haben Quarzgeneratoren?**
4. **Was versteht man unter einem VCO?**
5. **Auf welche Weise kann mithilfe einer Kapazitätsdiode die Oszillatorfrequenz geändert werden.**

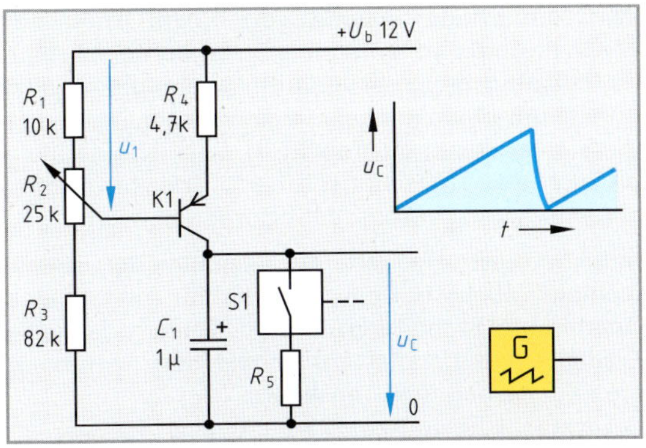

Bild 1: Generator für linearisierte Sägezahnspannung

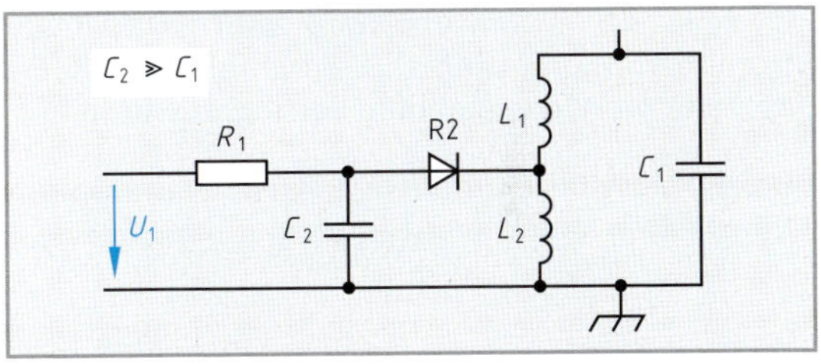

Bild 2: Schwingkreisumschaltung durch eine Diode

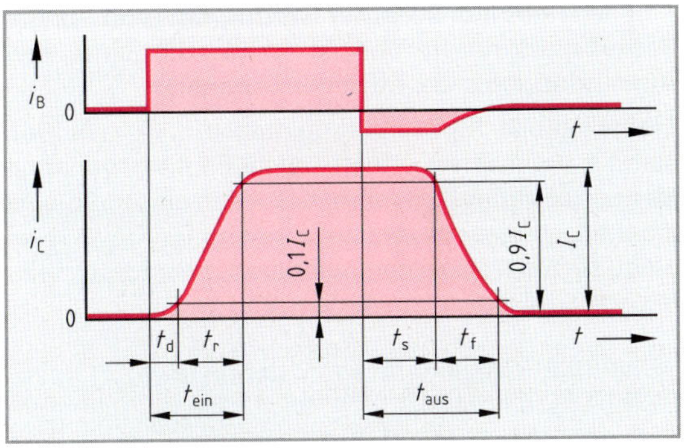

Bild 3: Schaltzeiten von Transistoren

2.10.3 Elektronische Schalter

Mit *elektronischen Schaltern* kann ein Laststromkreis kontaktlos geschaltet werden.

Diode als Schalter. Bei der Schwingkreisumschaltung **Bild 2** ist bei negativer Spannung U_1 die Diode R2 gesperrt und im Schwingkreis sind L_1 und L_2 wirksam. Wird U_1 positiv, so wird R2 leitend und L_2 über R_2 und C_2 kurzgeschlossen und damit die Schwingkreisfrequenz größer.

Transistor als Schalter. Der Kollektorstrom i_C ist gegenüber dem Basisstrom i_B verzögert und verformt. Die Einschaltzeit t_{ein} ist die Summe von Verzögerungszeit t_d und Erstübergangsdauer t_r **(Bild 3)**, die Ausschaltzeit t_{aus} ist die Summe von Speicherzeit t_s und Letztübergangsdauer t_f.

Wird ein Wirkwiderstand von einem Transistor geschaltet, so darf die Widerstandsgerade oberhalb der Leistungshyperbel verlaufen, wenn die Arbeitspunkte unterhalb der Leistungshyperbel liegen und die Schaltzeit kurz ist (**Tabelle 1**). Deshalb übersteuert man den Transistor mit dem Zwei- bis Fünffachen des Basisstromes, der erforderlich wäre.

Induktive Last verzögert bei Einschalten den Stromanstieg (Tabelle 1). Beim Ausschalten entsteht eine Spannungsüberhöhung. Ein RC-Glied oder eine Freilaufdiode parallel zur Induktivität verhindert eine Zerstörung des Transistors.

Kapazitive Last hat beim Einschalten eine Stromüberhöhung zur Folge (Tabelle 1). Beim Ausschalten sinkt der Strom dagegen sehr schnell ab. Stromüberhöhung kann z. B. durch einen in Reihe geschalteten Wirkwiderstand verringert werden.

Beim Ausschalten induktiver Lasten und beim Einschalten kapazitiver Lasten kann der Schalttransistor zerstört werden.

2.10.4 Bistabile Kippschaltung

Kippschaltungen schalten sprunghaft von einem Betriebszustand in den anderen. Sie sind also Anwendungen elektronischer Schalter.

Eine bistabile Kippschaltung (lat. bi... = zwei; lat. stabilis = beständig, fest), auch Flipflop genannt, kann am Eingang S (von to set = setzen) in die eine stabile Lage gesetzt und am Eingang R (von to reset = neu setzen, rücksetzen) wieder in die andere stabile Lage zurückgesetzt werden (**Bild 1**).

Bistabile Kippschaltungen haben zwei stabile Betriebszustände.

Statische Eingänge sprechen auf Signalzustände an (Zustandssteuerung), dynamische Eingänge dagegen auf Signaländerungen (Flankensteuerung). Wird ein Flipflop durch L-Pegel oder durch eine fallende Flanke gesteuert, so wird diese Invertierung durch einen Kreis am Schaltzeichen gekennzeichnet (**Bild 1**).

Über statische Eingänge wird eine Zustandssteuerung wirksam, über dynamische Eingänge eine Flankensteuerung.

Weitere Flipfloparten siehe Abschnitt 3.2.1. Bistabile Kippschaltungen werden z. B. als Signalspeicher und in Zählschaltungen verwendet.

2.10.5 Zeitgeberbaustein NE555

Die integrierte Schaltung NE555 (TDB555, **Bild 1, folgende Seite**) ist ein Zeitgeberbaustein, mit dem

Tabelle 1: Schaltverhalten eines Transistors

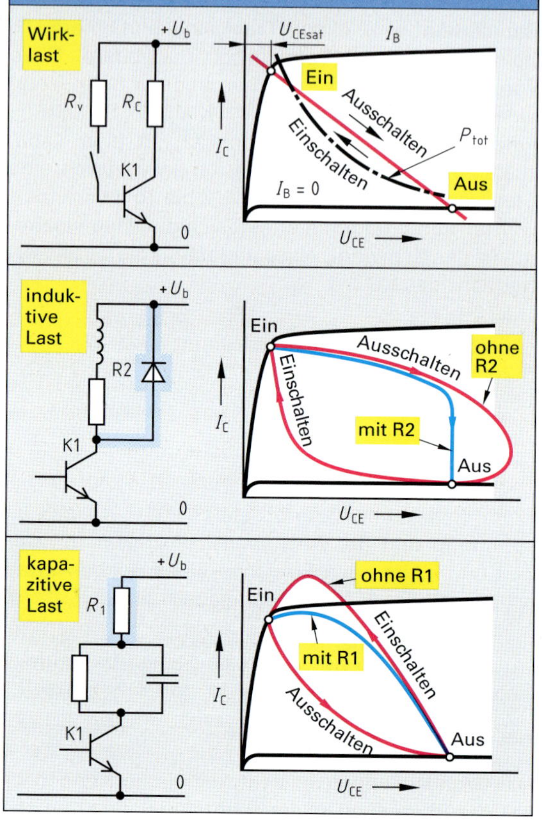

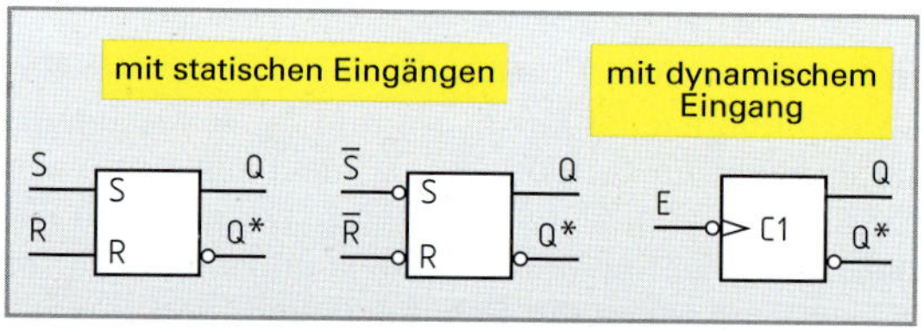

Bild 1: Schaltzeichen bistabiler Kippschaltungen

verschiedene Zeitgeberschaltungen (Timer) aufgebaut werden können.

Der IC NE555 ist eine Grundschaltung zum Aufbau von Zeitgeberschaltungen (Timer).

Der IC NE555 besteht aus einem RS-Flipflop K1, das über zwei Komparatoren (Vergleicher) K2 und K3 angesteuert wird (Bild 1, folgende Seite). Mithilfe des Spannungsteilers aus drei gleich großen Widerständen R werden aus der Betriebsspannung die Referenzspannungen (Bezugsspannungen) für die beiden Komparatoren erzeugt. Ist U_b = 12 V, so liegen am Komparator K2 $U_{ref2} \approx$ 8 V am invertierenden Eingang und am Komparator K3 $U_{ref3} \approx$ 4 V.

Wird am nicht invertierenden Eingang von K2 (Anschluss 6) die Schwellenspannung $U_{s2} > 8$ V, so entsteht am Ausgang von K2 ein positiver Impuls, welcher das Flipflop kippt und am Ausgang Q1* H-Pegel anliegt **(Tabelle 1)**. Dadurch entsteht über den invertierenden Verstärker T1 an dessen Ausgang L-Pegel.

Sobald am invertierenden Eingang von K3 (Anschluss 2) die Schwellenspannung $U_{s3} < 4$ V wird, gibt die Ausgangsspannung des Komparators K3 H-Pegel auf den Setzeingang S des Flipflops. Dadurch kippt das Flipflop und an Q1* entsteht L-Pegel, d. h. am Ausgang Q des Verstärkers T1 ist H-Pegel.

Über den dominierenden Rücksetzeingang R (Anschluss 4) kann die Schaltung jederzeit vorrangig vor allen anderen Eingangssignalen zurück gesetzt werden.

Vom Flipflop K1 gesteuert, kann der Transistor mit offenem Kollektor (Anschluss 7) als Schalter verwendet werden **(Bild 1)**.

Die Zeitgeberschaltung NE555 ist TTL-kompatibel und kann durch Beschaltung verwendet werden als monostabile Kippschaltung, als astabile Kippschaltung, für Zeitverzögerungen, als Signalgeber und als Impulsformer. Es sind Impulsdauern von ms bis Stunden möglich.

Für kleine Ausgangsströme kann statt dem NE555 die CMOS-Version LMC555 verwendet werden.

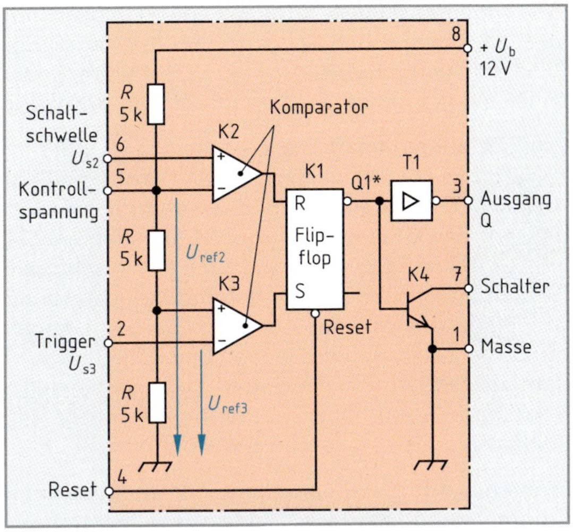

Bild 1: Übersichtsschaltplan des NE555

Tabelle 1: Arbeitstabelle des NE555

Reset	Trigger U_{s3}	Schwelle U_{s2}	S	R	Q1*	Ausgang Q	Schalter
L	beliebig				H	L	ein
H	$< U_b/3$	beliebig	H	beliebig	L	H	aus
H	$> U_b/3$	$> 2/3\ U_b$	L	H	H	L	ein
H	$> U_b/3$	$< 2/3\ U_b$	L	L	q_{1n}*	q_n	unverändert

2.10.6 Monostabile Kippschaltung

Die monostabile Kippschaltung (Monoflop, griech. monos = einzeln, allein) hat nur einen stabilen Zustand.

Monostabile Kippschaltungen kippen durch An-steuerung in einen unstabilen Betriebszustand und nach einer Umschaltzeit wieder selbstständig in ihren stabilen Zustand zurück.

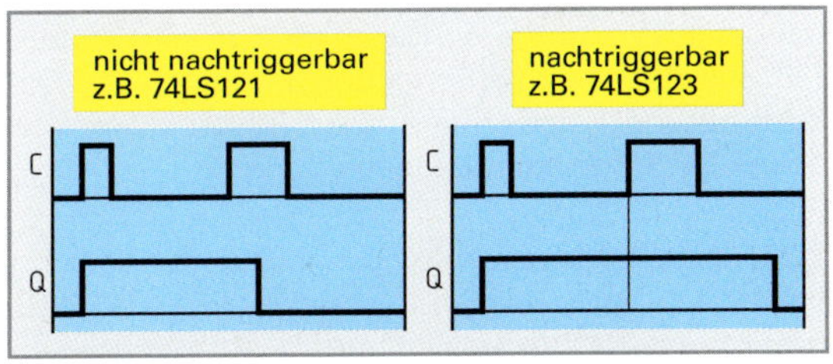

Bild 2: Triggerung monostabiler Kippschaltungen

Bei *nachtriggerbaren* Monoflops **(Bild 2)** kann die Impulsdauer (Verweildauer) des Ausgangssignals an Q durch einen weiteren Triggerimpuls am Eingang C verlängert werden. Bei *nicht nachtriggerbaren* monostabilen Kippschaltungen hängt die Impulsdauer nur vom Zeitglied ab. Weitere Eingangsimpulse beeinflussen die Umschaltzeit nicht mehr.

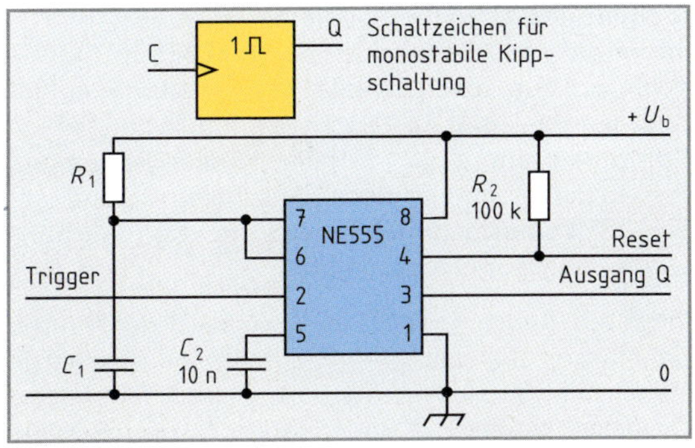

Bild 3: Monostabile Kippschaltung mit NE555

Monostabile Kippschaltungen werden z. B. mit den ICs 74LS121, 74LS123 oder NE555 (TDB555) oder in CMOS-Technik mit LMC555, aufgebaut. Die monostabile Kippschaltung **Bild 3** mit NE555 wird über den Triggeranschluss 2 mit L-Pegel gesteuert. Im stabilen Zustand hat der Ausgang Q L-Pegel, der Schalttransistor K4 (Bild 1, vorhergehende Seite) ist leitend und somit der Kondensator C_1 entladen.

Fällt die Triggerspannung U_T unter $^1/_3$ U_b **(Bild 1)**, so wird das Flipflop gesetzt, an Q1* liegt L und am Ausgang Q liegt H. Der Schalttransistor K4 wird gesperrt und C1 kann sich über R1 aufladen bis $U_{C1} = {^2/_3}\, U_b$. Diese Spannung liegt auch am Anschluss 6 (Schaltschwelle) und setzt über den Komparator K2 das Flipflop zurück, der Ausgang Q erhält L-Pegel, der Schalttransistor wird leitend und entlädt schnell den Kondensator C_1. In dieser Lage verharrt die Schaltung bis ein neuer Triggerimpuls anliegt. Die Zeitkonstante $C_1 \cdot R_1$ bestimmt die Impulsdauer t_i.

Während der instabilen Lage der monostabilen Kippschaltung kann durch einen negativen Impuls auf den Reseteingang (Anschluss 4) C_1 wieder entladen und somit der Ausgangsimpuls nachgetriggert werden.

Monostabile Kippschaltungen werden als Impulsgeber, Impulsformer und Zeitschalter verwendet.

t_i Impulsdauer R_1 Widerstand C_1 Kondensator	Für Schaltung Bild 3, vorhergehende Seite: $t_1 = 1{,}1 \cdot R_1 \cdot C_1$

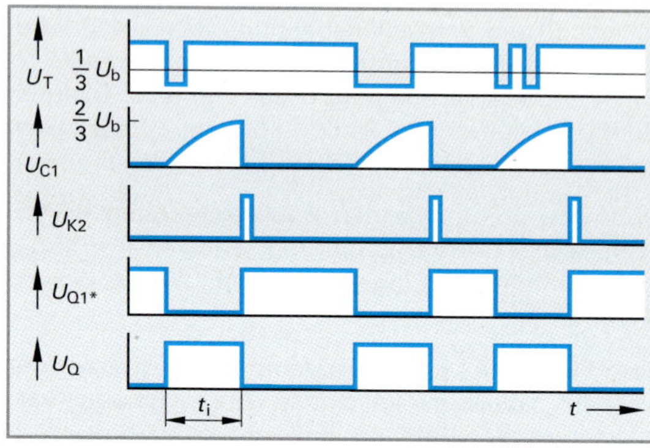

Bild 1: Impulsdiagramme der monostabilen Kippschaltung Bild 3, vorhergehende Seite

2.10.7 Astabile Kippschaltung (Rechteckgenerator)

Eine astabile Kippschaltung (griech. a... = nicht, un...; z. B. astabil = nicht stabil) kann Rechteckspannungen bis zu mehreren MHz erzeugen. Sie besteht z. B. aus einem IC. Die Schaltung hat keinen stabilen Zustand und kippt ohne äußere Ansteuerung von einem Betriebszustand in den anderen.

Die astabile Kippschaltung schaltet periodisch zwischen zwei Betriebszuständen um und erzeugt eine Rechteckspannung.

Mithilfe des Zeitgeberbauelements NE555 (Bild 1, vorhergehende Seite) oder des LMC555 in CMOS-Technik kann eine astabile Kippschaltung aufgebaut werden **(Bild 2)**. Durch Verbinden der beiden Komparatoreingänge Schaltschwelle (threshold, Anschluss 6) und Trigger (Anschluss 2) entsteht eine Selbstauslösung, die von der Kondensatorspannung U_{C1} gesteuert wird.

Liegt am Ausgang Q H-Pegel, so wird der interne Schalttransistor mit offenem Kollektor (discharge switch, Anschluss 7) gesperrt und der Kondensator C_1 lädt sich über die Widerstände R_1 und R_2 nach einer e-Funktion auf **(Bild 3)**.

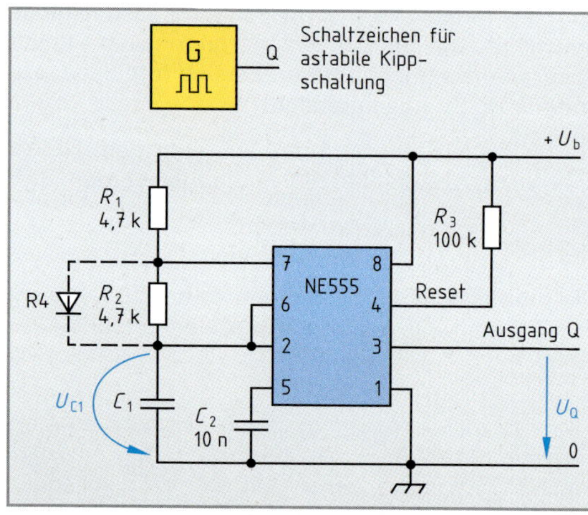

Bild 2: Astabile Kippschaltung mit NE555

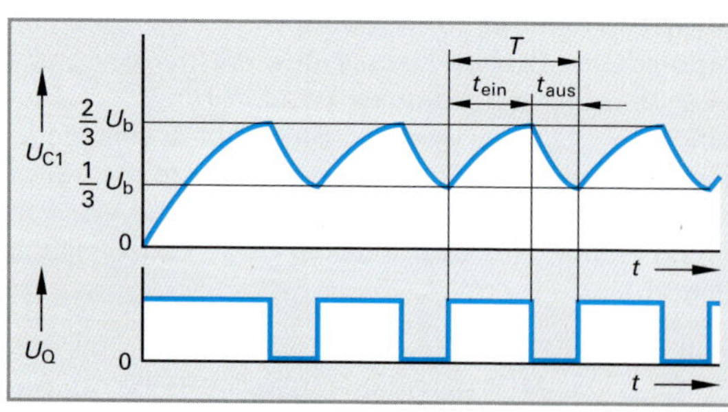

Bild 3: Impulsdiagramme der astabilen Kippschaltung Bild 2

Erreicht $U_{C1} = {}^2/_3\ U_b$, so schaltet der Komparatorausgang von K2 (Bild 1, Seite 224) auf H, setzt das Flipflop zurück (Q1* = H) und den Schaltungsausgang Q auf L. Dadurch wird der Schalttransistor K4 leitend und C_1 entlädt sich über R_2 und K4. Sobald $U_{C1} = {}^1/_3\ U_b$ erreicht, schaltet der Ausgang des Komparators K3 auf H und setzt das Flipflop. Q1* nimmt L an und der Schaltungsausgang Q hat wieder H-Pegel. K4 wird gesperrt und C_1 lädt sich wieder auf.

Die Einschaltzeit t_{ein} von K4 bestimmt die Impulsdauer $t_i = t_{ein} \approx 0{,}69 \cdot (R_1 + R_2) \cdot C_1$, die Ausschaltzeit t_{aus} dagegen die Pausendauer $t_p = t_{aus} \approx 0{,}69 \cdot R_2 \cdot C_1$. Wird parallel zu R_2 eine Diode R_4 geschaltet (Bild 2, vorhergehende Seite), so wird C_1 über R_1 und die leitende Diode geladen und über R_2 entladen. Sind $R_1 = R_2$, so ist $t_i = t_p$.

Für astabile Kippschaltung Bild 2, vorhergehende Seite:

$$f = \frac{1}{T} = \frac{1}{t_i + t_p} \qquad t_p \approx 0{,}69 \cdot R_2 \cdot C_1$$

Ohne Diode R4: $t_i \approx 0{,}69 \cdot (R_2 \cdot C_1)$

$$f \approx \frac{1{,}443}{(R_1 + 2 \cdot R_2) \cdot C_1}$$

Mit Diode R4: $t_i \approx 0{,}69 \cdot R_1 \cdot C_1$

$$f \approx \frac{1{,}443}{(R_1 + R_2) \cdot C_1}$$

t_i	Impulsdauer;	t_p	Pausendauer
T	Periodendauer;	R_1, R_2	Widerstände
C_1	Kondensator;	f	Frequenz

2.10.8 Schwellwertschalter

Schwellwertschalter (Schmitt-Trigger[1], **Bild 1**) erzeugen Spannungsimpulse, deren Impulsdauer von der Eingangsspannung abhängig ist. Der Schwellwertschalter Bild 1 benötigt zur Ansteuerung positive und negative Eingangsspannungen.

Ist U_2 in der Sättigungslage U_{b1}, z. B. + 15 V, so spricht die Schaltung nur auf eine negative Eingangsspannung U_1 an. U_2 wird dann negativ und R_M koppelt diese negative Spannung auf den Eingang zurück. Die Schaltung bleibt jetzt auch ohne U_1 in diesem Zustand. Durch eine positive Eingangsspannung kippt die Schaltung wieder in den anderen Zustand zurück. Je nach Ausführung des Schwellwertschalters bleibt eine Schaltdifferenz ΔU_1 bestehen.

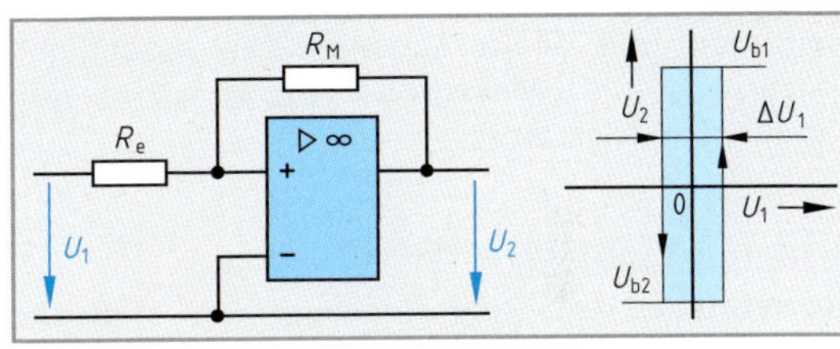

Bild 1: Nicht invertierender Schwellwertschalter

Bei Schaltung Bild 1:

$$\Delta U_1 \approx \frac{R_e}{R_M}(U_{b1} - U_{b2})$$

ΔU_1	Schaltdifferenz
R_e	Eingangswiderstand
R_M	Rückkopplungswiderstand
U_{b1}	positive Betriebsspannung
U_{b2}	Betrag der negativen Betriebsspannung

> Schwellwertschalter setzen auch langsam sich ändernde Eingangsspannungen in Rechteckimpulse um.

Der Temperaturschalter **Bild 2** zeigt einen Schwellwertschalter, der von einer Brückenschaltung angesteuert wird. R_1, R_2 und R_3 legen den Nullpunkt und damit die Solltemperatur fest. R_4 und B_1 bilden einen temperaturabhängigen Spannungsteiler. Steigt die Temperatur, so steigt U_{B1}. Wird $u_1 > 0$ V, so wird u_2 positiv und steigt durch die Mitkopplung über R_5 und R_6 sofort bis etwa $+U_b$ an (**Bild 3**). Dies bewirkt ein Durchsteuern des Transistors K2, das Relais K1 zieht an und sein Kontakt öffnet. Sinkt die Temperatur wieder, so sinkt u_{B1}. Infolge der Mitkopplung wird u_2 jedoch erst dann auf $-U_b$ kippen, wenn u_{B1} um die Schaltdifferenz ΔU_1 kleiner als die Einschaltspannung geworden ist (**Bild 3**). C_1 verhindert ein Kippen durch Störimpulse und kurzzeitige Temperaturschwankungen.

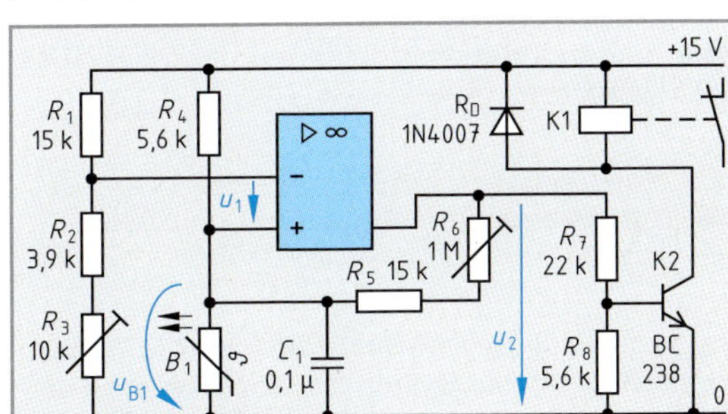

Bild 2: Temperaturschalter

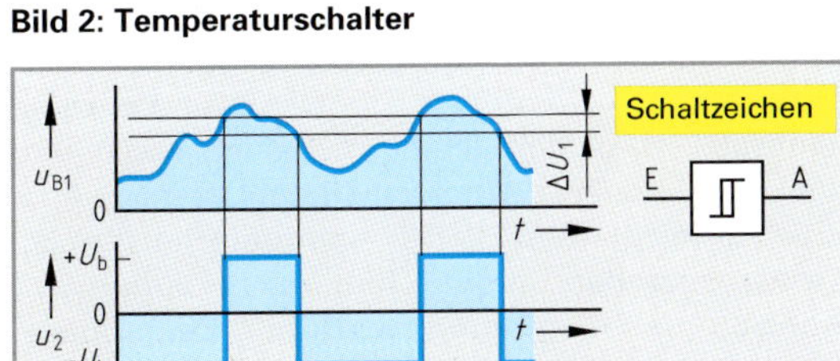

Bild 3: Schaltspannungen am Temperaturschalter Bild 2

[1] Otto Herbert Schmitt, amerik. Wissenschaftler, 1913 bis 1998

2.11 Messgeräte

Elektrische Messgrößen können mit den menschlichen Sinnesorganen *nicht direkt* erfasst werden. Ihre Messung erfolgt deshalb indirekt durch Umsetzung in eine andere physikalische Größe oder in eine Impulszahl. Zur Umsetzung und zur Anzeige des Messwertes dienen *Messgeräte*. Man unterscheidet Messgeräte mit *analoger Anzeige* und solche mit *digitaler Anzeige*. Zu den Messgeräten mit analoger Anzeige gehören die Zeigermessgeräte und das Oszilloskop.

Unter einem Messgerät versteht man ein Messinstrument mit allem Zubehör. Die eigentliche Umsetzung der Messgröße in eine Anzeige geschieht im Messwerk.

2.11.1 Zeigermesswerke

Die Vorteile von Zeigermessgeräten sind die schnelle Ablesbarkeit der Zeigerstellung und die Erkennung der Änderungsgeschwindigkeit des Messwerts.

Zeigermesswerke arbeiten meist mit elektromagnetischer Umsetzung der Messgröße in eine Kraft. Durch den Stromfluss in einer Spule entsteht ein *Antriebsmoment* M_A, das auf einen drehbar gelagerten Zeiger wirkt **(Bild 1)**. Die Drehung des Zeigers spannt einen mechanischen Energiespeicher, z. B. eine Feder. Dadurch entsteht ein *Rückstellmoment* M_R, das mit zunehmendem Zeigerausschlag größer wird. Sind beide Momente gleich groß, so kommt die Zeigerbewegung zum Stillstand und der Messwert kann auf der Skala abgelesen werden.

Zeigermesswerke vergleichen das von der Messgröße erzeugte Moment mit dem Moment einer Feder.

Ein Nachteil dieses Messprinzips ist die *Schwingungsfähigkeit* des Systems, die durch die Feder verursacht wird. Damit der Zeiger beim plötzlichen Einschalten oder Abschalten der Messgröße nicht um seinen Ausschlag pendelt, benötigt das Zeigermesswerk eine *Dämpfung*. Die Dämpfung wird so bemessen, dass der Zeiger möglichst rasch und ohne wesentliches Überschwingen seinen Ausschlag erreicht **(Bild 2)**. Der aperiodische (griech. a = verneinender Vorsatz, hier: nicht periodisch) Grenzfall der Dämpfung wird bei Zeigermesswerken vermieden, da sich hierbei der Zeiger zu langsam einstellen würde.

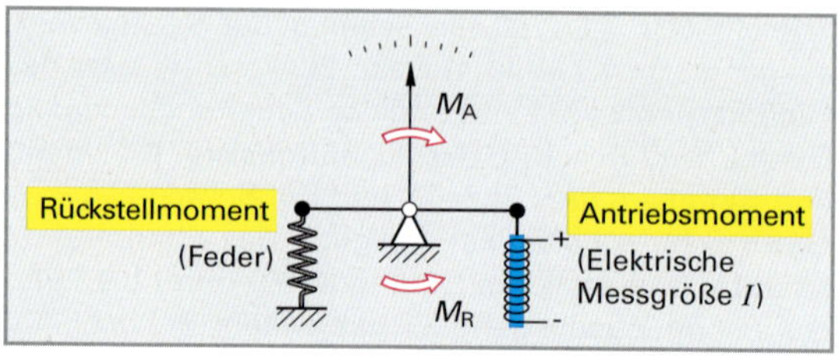

Bild 1: Prinzip eines Messwerks

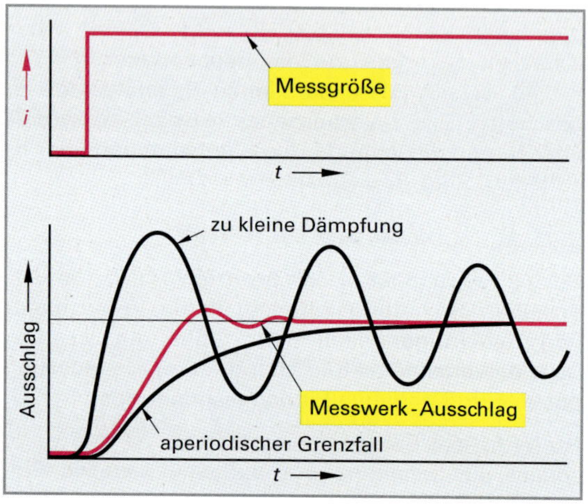

Bild 2: Dämpfung von Messwerken

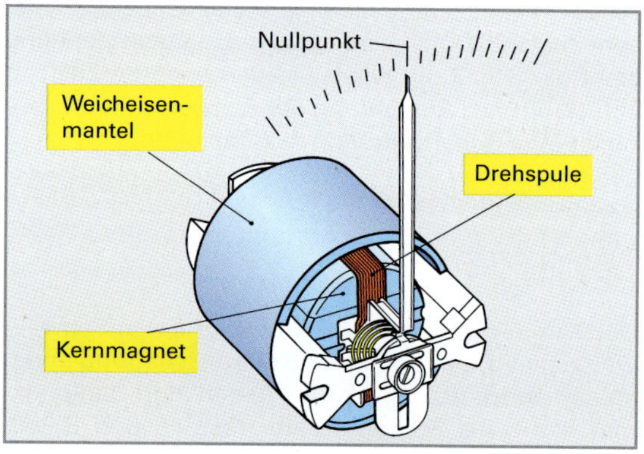

Bild 3: Drehspulmesswerk mit Kernmagnet

Beim Drehspulmesswerk liegt eine drehbar angeordnete Spule im Feld eines Dauermagneten.

In *Betriebsmessgeräten*, z. B. Vielfachmessgeräten, werden Drehspulmesswerke mit Kernmagnet verwendet, weil damit eine besonders gedrängte Bauform möglich ist **(Bild 3)**.

Bei Drehspulmesswerken ist der Ausschlag proportional der Stromstärke, die Richtung des Ausschlags ist abhängig von der Stromrichtung.

2.11.2 Digitalmultimeter

Digitale Vielfachmessgeräte *(Digitalmultimeter)* setzen die analoge Messgröße in eine digitale Anzeige um **(Bild 1)**. Dadurch wird eine größere Auflösung und ein leichteres Ablesen bei konstanten Größen erreicht, wenn diese mit hoher Genauigkeit erfasst werden sollen. Daneben ist oft eine Speicherung des Messwerts möglich. Sofern eine entsprechende Schnittstelle vorhanden ist, können Drucker oder Rechner angeschlossen werden.

Zentrale Baugruppe eines Digitalmultimeters ist ein Analog-Digital-Umsetzer **(Bild 2)**. AD-Umsetzer benötigen zur Ansteuerung grundsätzlich eine Spannung. Für die Messung von Strömen und Widerständen sind deshalb Messwertumformer erforderlich. Als Messwertumformer für die Strommessung dienen z. B. Präzisionswiderstände, die vom Messstrom durchflossen werden. Für die Widerstandsmessung ist eine Konstantstromquelle vorhanden, die an dem Messwiderstand einen Spannungsfall erzeugt. Für Kapazitätsmessungen ist ein Oszillator eingebaut.

Bei der Spannungsmessung wird die Messspannung zunächst einem umschaltbaren Spannungsteiler zugeführt **(Bild 3)**. Zwischen Spannungsteiler und AD-Umsetzer liegt ein Vorverstärker. Durch diese Eingangsschaltung wird erreicht, dass der Eingangswiderstand in allen Messbereichen gleich groß ist.

Digitalmultimeter haben bei Spannungsmessung einen gleich bleibend hohen Eingangswiderstand.

Meist werden zwei Messungen je Sekunde durchgeführt und der Messwert zwischengespeichert. Dadurch wird ein Flackern der letzten Ziffer vermieden. Andererseits sind Schwankungen oder Änderungen der Messspannung dadurch schlecht sichtbar zu machen. Da für manche Messungen der analoge Verlauf einer Spannungsänderung wichtig sein kann, gibt es digitale Multimeter mit der zusätzlichen Funktion einer analogen Anzeige. Diese erscheint im Anzeigefeld z.B. als schwarzer Balken (BARGRAPH, von bar = Streifen). Für diese analoge Anzeige werden z.B. 25 Messungen je Sekunde durchgeführt, sodass für den Betrachter eine kontinuierliche Messung vorzuliegen scheint.

Bei einer vierstelligen Anzeige reicht der Ziffernumfang oft nur bis 1999 oder 3999, d.h. die erste Ziffer geht nicht bis 9. Man bezeichnet dies als „$3\frac{1}{2}$ -stellige" Anzeige. Bei Überschreiten des Ziffernumfangs wird der Messbereich meist automatisch umgeschaltet. Die Umschaltung kann auch manuell geschehen (RANGE = Bereich).

Ein Messwertspeicher kann den zuletzt gemessenen Wert (HOLD = halten) oder den Maximalwert einer Messung (MAX) speichern.

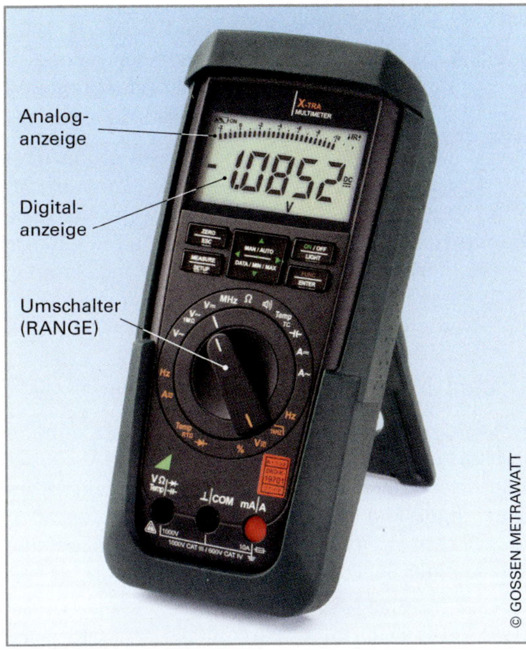

Bild 1: Digitalmultimeter mit automatischer Messbereichsumschaltung

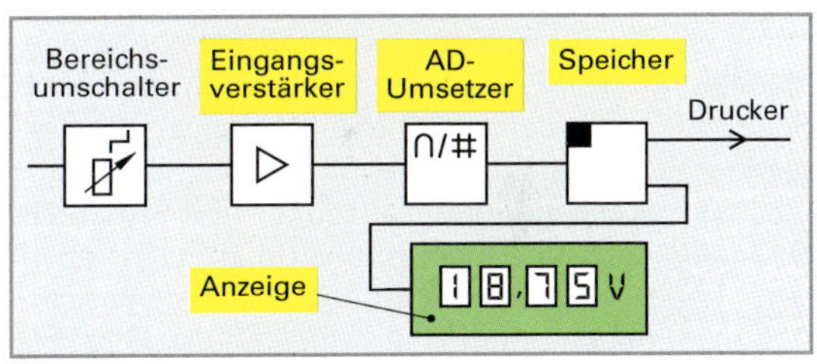

Bild 2: Prinzipschaltung eines Digitalmultimeters

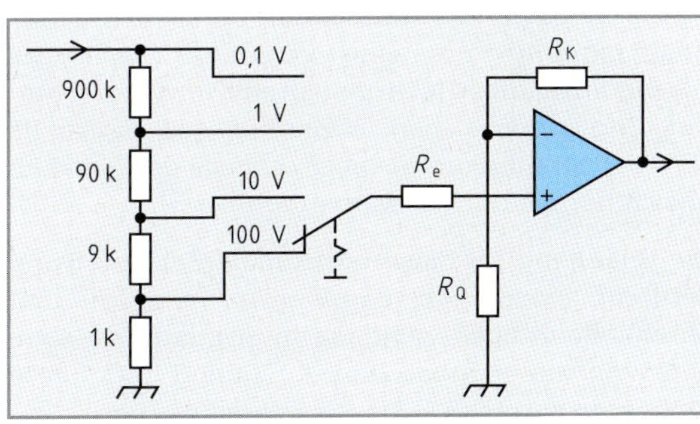

Bild 3: Eingangsschaltung bei Spannungsmessung

2.11.3 Oszilloskop

Oszilloskope (lat. oscillare = schwingen, scope = Gesichtsfeld) dienen zur grafischen Darstellung und Messung von zeitabhängigen Größen.

Man unterscheidet analoge Oszilloskope und digitale Speicheroszilloskope. Sie haben unterschiedliche Eigenschaften. Kombinierte Oszilloskope (Handelsname Combiscope) enthalten beide Geräte in einem Gehäuse. Auf diese Weise können die jeweiligen Vorteile der beiden Systeme ausgenützt werden.

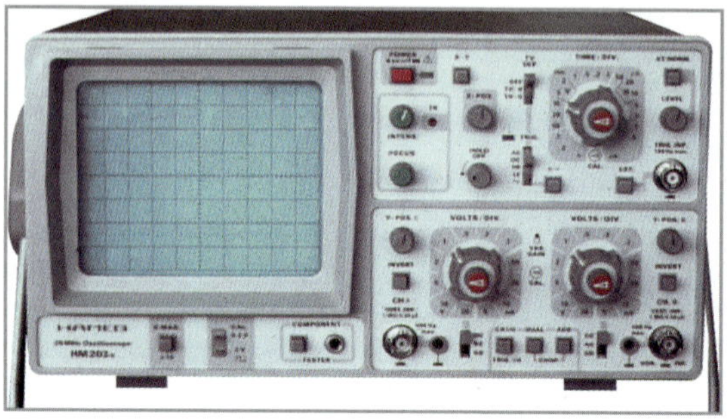

Bild 1: Oszilloskop

2.11.3.1 Analog-Oszilloskop

Bei analogen Oszilloskopen wird die Signalspannung ohne vorherige Umsetzung und zeitliche Verzögerung direkt auf dem Bildschirm einer Oszilloskopröhre abgebildet **(Bild 1)**. Man bezeichnet dies auch als *Echtzeitabbildung*. Nur analoge Oszilloskope sind zu einer Echtzeitabbildung in der Lage.

Die Oszilloskopröhre bildet das Linienbild der Signalspannung direkt.

Das Linienbild entsteht beim Analog-Oszilloskop durch eine periodisch wiederholte Ablenkung (Zeitablenkung) des Elektronenstrahls in waagrechter Richtung und gleichzeitige Ablenkung in senkrechter Richtung durch die Signalspannung. Eine positive Signalspannung erzeugt eine senkrechte Ablenkung des Elektronenstrahls nach oben, eine negative Signalspannung eine senkrechte Ablenkung nach unten.

Für die Zeitablenkung benötigt man eine gleichmäßig ansteigende und schnell abfallende Sägezahnspannung, um eine konstante Ablenkgeschwindigkeit des Elektronenstrahls in waagrechter Richtung zu erreichen. Während des Rücklaufs wird der Strahlstrom gesperrt, sodass der Rücklauf unsichtbar bleibt *(Rücklaufverdunklung)*.

Die Spannung für diese horizontale Zeitablenkung wird in einem *Ablenkgenerator* erzeugt und anschließend noch verstärkt. In Sonderfällen kann eine von außen über den X-Eingang zugeführte Spannung zur Ablenkung verwendet werden.

Triggerung

Die Zeitablenkung muss immer beim gleichen Augenblickswert der Signalspannung beginnen, damit sich auf dem Bildschirm des Oszilloskops ein stehendes Bild ergibt. Dies wird durch *Triggerung* des Ablenkgenerators bewirkt **(Bild 2)**. Darunter versteht man die Auslösung der Zeitablenkung durch einen Impuls. Der Impuls wird von einer monostabilen Kippschaltung erzeugt, sobald die Signalspannung einen bestimmten Wert erreicht hat. Diese Auslösespannung (Triggerniveau, Level) ist einstellbar. Der Ablenkgenerator schwingt nach Auslösung nur eine Periode lang, d.h. der Elektronenstrahl läuft einmal über den Bildschirm und wieder zurück. Anschließend bleibt er in Ruhe, bis er durch den nächsten Triggerimpuls wieder ausgelöst wird.

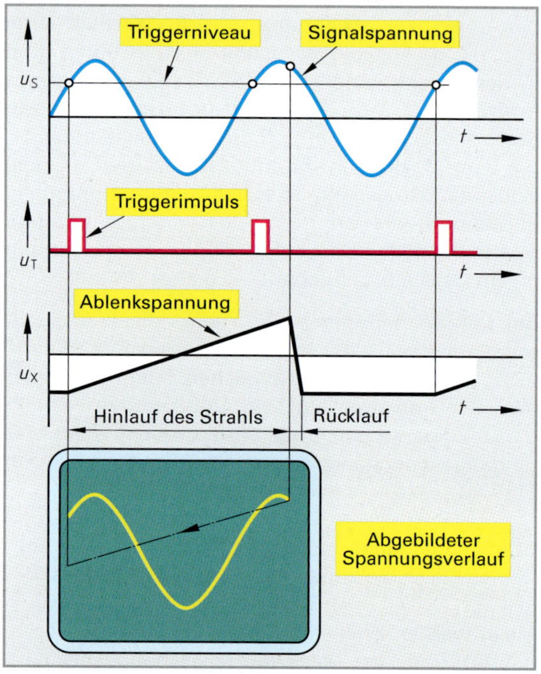

Bild 2: Getriggerte Zeitablenkung eines Oszilloskops

Die Triggerung kann intern (im Gerät) oder extern (durch eine von außen zugeführte Spannung) erfolgen.

Arbeiten mit dem Oszilloskop

Oszilloskope haben auf der Frontplatte meist eine einheitliche, aus dem Englischen abgeleitete Beschriftung. Sofern ein Oszilloskop keinen getrennten Netzschalter POWER on/off hat, ist dieser meist mit dem Helligkeitseinsteller INTENSITY verbunden **(Bild 1)**. Ohne anliegende Signalspannung arbeitet der Ablenkgenerator meist freischwingend, sodass auf dem Bildschirm ein waagrechter Strich geschrieben wird. Bei manchen Oszilloskopen muss jedoch der Trigger-Wahlschalter auf FREE RUN (freier Lauf) oder AT (AUTOMATIC) stehen, um den Strahl ohne Signal einstellen zu können.

Die Schärfeeinstellung wird mit dem Steller FOCUS vorgenommen.

Über die Eingangsbuchse und den Eingangsschalter des Y-Verstärkers (AC/DC/GD) kann die Messspannung direkt an den Verstärkereingang angelegt werden. Ein Gleichspannungsanteil wird in Stellung DC durch eine Verschiebung der Nulllinie angezeigt. Will man den Gleichspannungsanteil unterdrücken, wird auf AC umgeschaltet. In diesem Fall liegt ein Kondensator vor dem Verstärkereingang. Bei Schalterstellung GD (GROUND) ist der Verstärkereingang mit Masse verbunden. In dieser Stellung lässt sich die Nulllinie mit dem Steller Y-POS eingestellen.

Nach Anlegen der Signalspannung ist die Schreibhöhe mit dem Steller VOLTS/DIV oder Y-AMPLITUDE änderbar. Mit X-POS lässt sich der Strahl waagrecht, mit Y-POS senkrecht verschieben.

Mit dem Triggerwahlschalter wird die Triggerung durch die angelegte Signalspannung oder z. B. durch die Netzspannung (LINE) gewählt. Hat die Signalspannung eine sehr hohe Frequenz, z. B. über 10 MHz, bzw. eine niedrige Frequenz, z. B. unter 1 kHz, so kann die Triggersicherheit durch Vorschalten eines Hochpasses (Schalter HF, von High Frequency) bzw. eines Tiefpasses (LF, von Low Frequency) verbessert werden.

Das Triggerniveau kann stufenlos verändert (LEVEL) und auf Anstieg oder Abfall der Signalspannung eingestellt werden (+/– SLOPE, slope = Gefälle).

Soll die Triggerung mit einer Fremdspannung geschehen, muss diese an den Triggereingang (TRIG INP.) angeschlossen und auf Extern (EXT) umgeschaltet werden. Statt der internen Ablenkspannung kann auch eine Fremdspannung zur Strahlablenkung in X-Richtung verwendet werden (XY-Betrieb).

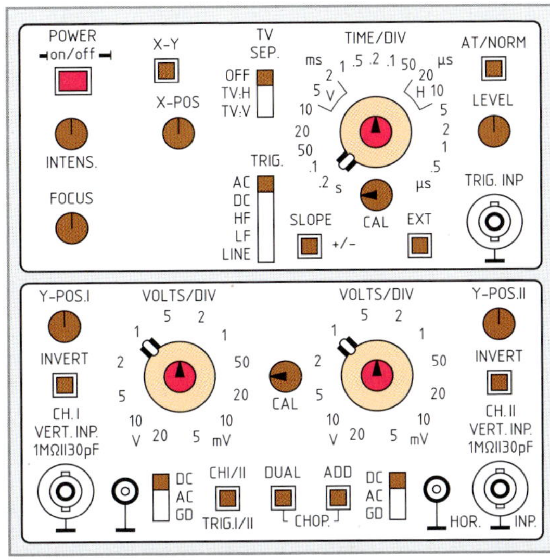

Bild 1: Frontplatte eines Oszilloskops mit zwei Kanälen

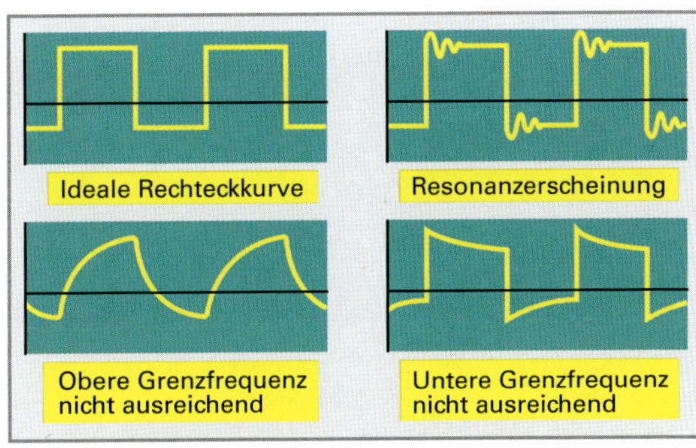

Bild 2: Oszillogramme von Rechteckspannungen an einem Verstärkerausgang

Messen mit dem Oszilloskop

Die **Darstellung der Form** von Wechselspannungen und Impulsen ist die wichtigste Anwendung des Oszilloskops. Aus Veränderungen der Sinusform lassen sich z. B. Rückschlüsse auf die nicht linearen Verzerrungen in einem Verstärker ziehen. Die Veränderungen von Rechteckimpulsen geben Auskunft über die Bandbreite eines Verstärkers oder weisen auf Resonanzerscheinungen z. B. Überschwingen im Verstärker hin **(Bild 2)**.

Bei der Reparatur von elektronischen Geräten wird mit Oszilloskopen die Funktion von Baugruppen untersucht. In den Schaltplänen dieser Geräte werden vom Hersteller zu diesem Zweck oft die vorgeschriebenen Oszillogramme an zahlreichen Messpunkten angegeben.

Zur **Spannungsmessung** wird meist die X-Ablenkung abgeschaltet oder die X-Verstärkung verkleinert. An der Strichhöhe lässt sich z. B. die Größe einer Gleichspannung ermitteln.

Bei den meisten Oszilloskopen ist am Einstellknopf für die Y-Verstärkung der Ablenkkoeffizient angegeben. Er gilt allerdings nur, wenn der Feineinsteller in einer bestimmten Stellung steht (CAL, calibriert).

$$\hat{\underset{\vee}{u}} = l \cdot A_y$$

$\hat{\underset{\vee}{u}}$ Messspannung (Spitze-Talspannung, engl. u_{pp}, von peak to peak) in V
l Strichlänge in Teileinheiten
A_y Ablenkkoeffizient in V je Teileinheit (VOLTS/DIV)

Beispiel 1: Spitze-Talspannung bestimmen

Eine Sinusspannung erzeugt eine Strichlänge von 4 Teileinheiten. Der Ablenkkoeffizient beträgt 10 V je Teileinheit. Wie groß ist die Spitze-Talspannung?

Lösung:

$$\hat{\underset{\vee}{u}} = l \cdot A_y = 4 \text{ Einheiten} \cdot \frac{10\text{ V}}{\text{Einheit}} = \mathbf{40\ V}$$

Bei Messungen mit dem Oszilloskop müssen die jeweiligen Feineinsteller auf CAL stehen.

Zur Frequenzbestimmung zählt man die Teileinheiten einer Periode des Spannungsverlaufs und erhält damit die Periodendauer. Ihr Kehrwert ist die Frequenz.

Beispiel 2: Frequenz berechnen

Bei einer Spannung umfasst eine Periode 8 Teileinheiten auf dem Bildschirm. Der Zeitmaßstab beträgt 5 µs/DIV. Wie groß ist die Frequenz der Spannung?

Lösung:

Periodendauer T = Teileinheiten · Zeitmaßstab

$$= 8 \text{ Einheiten} \cdot \frac{5\ \mu\text{s}}{\text{Einheit}} = 40\ \mu\text{s}$$

$$\Rightarrow \text{Frequenz } f = \frac{1}{T} = \frac{1}{40\ \mu\text{s}} = \mathbf{25\ kHz}$$

Eine **Strombestimmung** erfolgt durch Messen der Spannung an einem Messwiderstand mit z. B. 1 Ω und anschließende Berechnung mit dem Ohm'schen Gesetz.

Beispiel 3: Strom messen

Am Messwiderstand R_m = 1 Ω wird die Spannung U = 2,5 V gemessen. Wie groß ist der Strom I?

Lösung:

$$I = \frac{U}{R} = \frac{2{,}5\text{ V}}{1\ \Omega} = \mathbf{2{,}5\ A}$$

Für die Messung des **Phasenverschiebungswinkels** verwendet man die Eingänge Y1 und Y2 eines Zweikanaloszilloskops. Aus dem Verhältnis des Linienabstandes, z. B. a = 1 (≙ Δt) zur Periodendauer, z. B. x = 8 x (≙ T) wird der Phasenverschiebungswinkel $\varphi = \frac{1}{8} \cdot 360° = \mathbf{45°}$ berechnet.

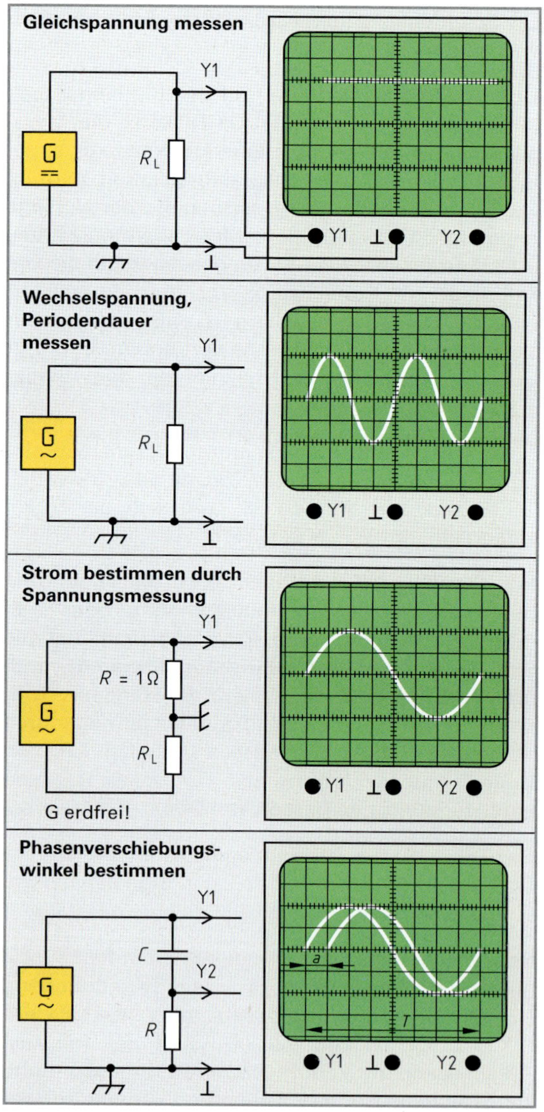

Bild 1: Messen mit dem Oszilloskop

2.11.3.2 Digitales Speicheroszilloskop DSO

Digitale Speicheroszilloskope wandeln die analoge Messspannung mit einem AD-Umsetzer in ein digitales Signal um. Das Digitalsignal wird mit einem DSP (Digitaler Signalprozessor) bearbeitet und anschließend gespeichert. Die Ausgabe des Messsignals erfolgt über

- LC-Displays oder TFT-Displays **(Bild 1)**.

Signalverarbeitung im Y-Kanal

Die Eingangsschaltung eines DSO besteht aus einem stufig schaltbaren Eingangsteiler (Eingangsabschwächer) und dem Eingangsverstärker **(Bild 2)**. Diesem folgt ein Tiefpass zur Unterdrückung hochfrequenter Signalanteile. Dadurch wird eine Signalverfälschung bei der DA-Umsetzung vermieden. Mit einem Feinabschwächer kann die Signalspannung genau eingestellt werden. Es folgt ein schneller AD-Umsetzer (ADU), der eine große Abtastrate hat. Die Abtastrate wird in Megasamples je Sekunde (MSa/s) oder Gigasamples (GSa/s) angegeben. Es werden Parallelumsetzer (Flash-Umsetzer) mit z. B. 8 Bit Auflösung verwendet. Das digitalisierte Signal wird dann in einem DSP bearbeitet. So sind z. B. das Quantisierrauschen oder höherfrequente Störschwingungen entfernbar. Anschließend wird das Signal in einem schnellen Speicher (RAM) gespeichert. Ein Speicher kann z. B. für eine Samplezeit 2k-Bildpunkte, d. h. 2000 Amplitudenwerte zur Ausgabe speichern. Diese Bildpunkte können beliebig wiederholt ausgegeben werden. Für Vergleiche enthalten die DSO Referenzspeicher, die zusätzlich Signalzüge speichern können. Durch das Zwischenspeichern können auch sehr langsame Vorgänge als Kurve sichtbar gemacht werden. Ebenso können sehr schnelle, einmalige Vorgänge „verlangsamt" für das Auge sichtbar gemacht werden.

Es gibt DSO mit einem, zwei, vier und acht Y-Kanälen.

Bei TFT-Schirmen wird das digitale Speichersignal einem Display-Speicher zugeführt, im LCD-Treiber aufbereitet und auf dem TFT-Schirm ausgegeben.

Steuereinheit

Ein Quarzgenerator erzeugt die Taktsignale, aus denen die Zeitbasis die AD-Umsetzzeiten ableitet. Ein Timing-Controller steuert Start und Stopp der Samplezeiten des ADU und die Verwaltung der Daten im Datenspeicher.

> ⓘ Vorteile digitaler Speicheroszilloskope:
> - Signalausgabe beliebig oft wiederholbar,
> - Darstellung sehr langsamer Signale und
> - einmaliger, schneller Signale.

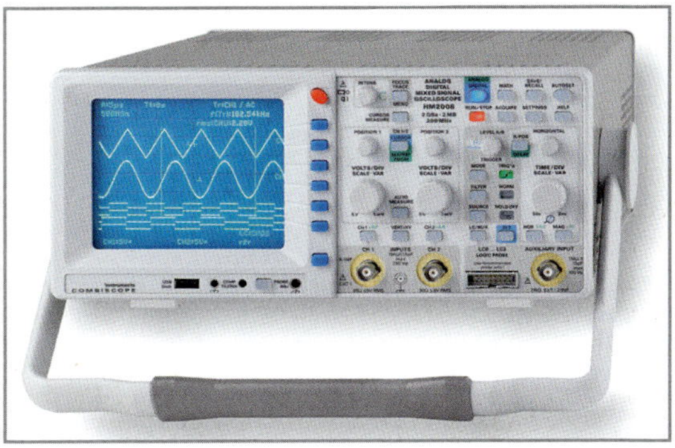

Bild 1: **2-Kanal-DSO**

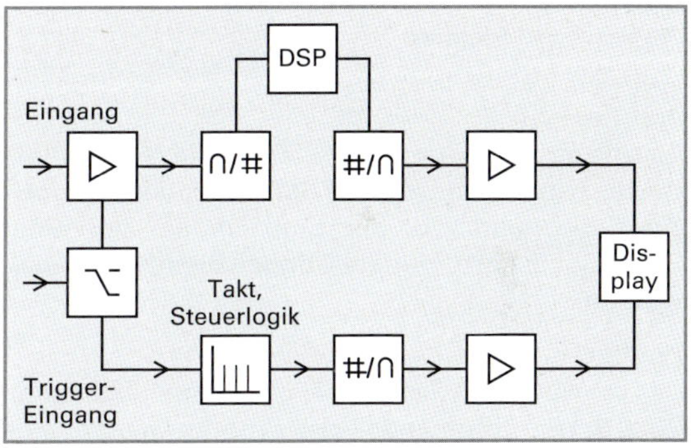

Bild 2: **Übersichtsschaltplan eines DSO**

Bandbreite

Die höchst zu messende Frequenz (Bandbreite) eines digitalen Speicheroszilloskops wird durch die Abtastrate des ADU bestimmt. Ein sinusförmiges Signal muss mindestens viermal innerhalb einer Periode abgetastet werden, damit Phase, Frequenz und Amplitude vollständig rekonstruierbar sind.

Beispiel 1: Frequenz berechnen

Die Abtastrate eines DSO beträgt 200 MSa/s. Wie groß ist die höchste messbare Frequenz?

Lösung:

$$f = \frac{200\ \text{MSa/s}}{4} = \mathbf{50\ MHz}$$

Äquivalenzzeitabtastung (Unterabtastung)

Periodische Signale mit Messfrequenzen im GHz-Bereich können mithilfe von Unterabtastung (Subsampling, Abschnitt 4.8.2.2) dargestellt werden. Das Signalbild entsteht durch Abtasten z. B. jeder 3. Schwingung (**Bild 1**). In der Sample-and-Hold-Schaltung folgt auf eine Abtastzeit von z. B. t'_A = 0,5 ns eine Haltezeit von t_H = 10 ns. Diese Zeit hat der ADU zur Signalwandlung zur Verfügung.

Das Messverfahren mit Subsampling wird als Random-Sampling bezeichnet.

Beispiel 1: Periodenzahl berechnen

Ein Signal mit der Frequenz f = 1 GHz wird mit t'_A = 0,05 ns abgetastet, die Haltezeit ist t_H = 10 ns. Wie viele Perioden des Messsignals werden für eine Bildschwingung benötigt?

Lösung:

Periodendauer $T = 1/f$ = 1 / 1 GHz = 1 ns ⇒
Samples für 1 Bildschwingung
$s = T / t'_A$ = 1 ns /0,05 ns = 20 ⇒
Messzeit $t_m = s \cdot (t_H + t'_A)$ = 20 · (10 ns + 0,05 ns) = 201 ns ≙ **201 Perioden**

Pretriggern

Beim Pretriggern (pre = vor) werden die Amplitudenwerte bereits vor dem Triggerzeitpunkt gespeichert. So kann z. B. der Signalverlauf vor einer Spannungsspitze, die als Trigger dient, betrachtet werden.

Programmierung

Der Ablauf von Messvorgängen kann über einen PC z. B. mit Kommandos der Programmiersprache SCPI (Standard commands for programmable instruments = Standardkommandos für programmierbare Messgeräte) gesteuert werden.

FFT-Betriebsart

Aus den Amplitudenwerten einer Samplezeit wird durch FFT (Fast Fourier Transformation = Schnelle Fourier-Transformation) das Frequenzspektrum berechnet und auf dem Bildschirm ausgegeben.

2.11.3.3 Scopemeter

Scopemeter (Produkt der Firma Fluke) sind tragbare Geräte für den mobilen Einsatz (**Bild 2**). Die Geräte sind eine Kombination von digitalem Speicheroszilloskop, Digitalmultimeter und Datenlogger (Datenaufzeichnungsgerät).

Für Untersuchungen in Netzen der Energietechnik können z. B. auch Leistungen oder Oberschwingungen gemessen werden.

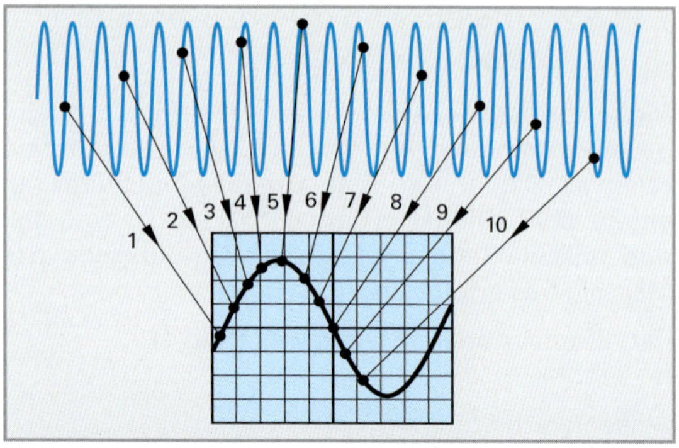

Bild 1: Bildaufbau bei Unterabtastung

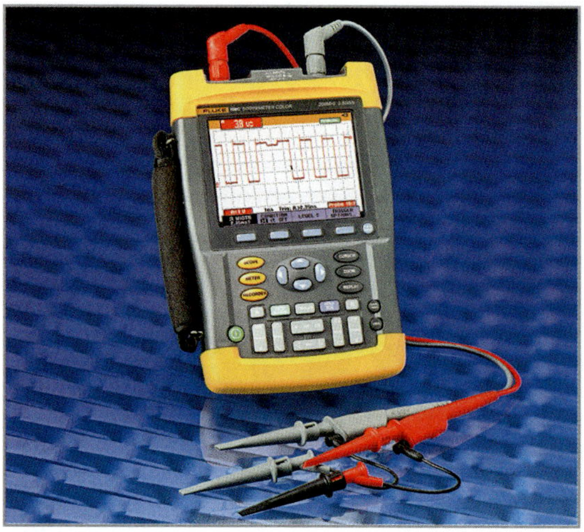

Bild 2: Scopemeter Fluke 190

Scopemeter sind tragbare Geräte für den mobilen Einsatz.

Die Auswertung aufgezeichneter Daten kann z. B. mit der Firmware auf einem Laptop erfolgen.

Es werden die Schnittstellen RS-232, IEEE-448, USB und Ethernet angeboten.

Wiederholung und Vertiefung

1. **Was versteht man unter Triggerung?**
2. **Warum hat die Zeitablenkspannung eines Oszilloskops Sägezahnform?**
3. **Was ist bei Messungen mit dem Oszilloskop hinsichtlich der Feineinsteller zu beachten?**
4. **Wie arbeitet ein digitales Speicheroszilloskop grundsätzlich?**
5. **Nennen Sie die Vorteile eines digitalen Speicheroszilloskops.**

2.11.3.4 Logikanalysatoren

Logikanalysatoren sind besondere digitale Speicheroszilloskope für Untersuchungen an digitalen Schaltungen und Mikrocomputersystemen **(Bild 1)**. Sie dienen zur Suche nach logischen Fehlern und nach Zeitfehlern.

Die zu messenden Signale sind meist nicht periodisch. Es sind vielmehr Datenfolgen, die sich immer wieder neu zusammensetzen und deshalb als Einmalvorgänge betrachtet werden können. Diese Einmalvorgänge müssen erfasst, gespeichert und auf dem Bildschirm dargestellt werden. Zur Fehlersuche ist es oft notwendig, parallele Signalabläufe miteinander zu vergleichen. Deshalb sind mehrere Kanäle notwendig.

Ein herkömmliches digitales Speicheroszilloskop (DSO) ist wegen seiner geringen Kanalzahl dafür nicht geeignet. Logikanalysatoren haben meist 8 bis 64 Kanäle. Dagegen ist die exakte Darstellung einer Signalform, wie sie das herkömmliche Oszilloskop bietet, nicht erforderlich. Abgebildet werden nur die Zustände 0 und 1.

Logikanalysatoren können viele Einzelvorgänge parallel erfassen, speichern und darstellen.

Die Wiedergabe auf dem Bildschirm kann als Zeitablaufdiagramm geschehen (Timing). Außerdem ist es möglich, die Daten binär, hexadezimal oder als ASCII-Zeichen darzustellen (Listing).

Man unterscheidet beim Logikanalysator die Baugruppen Datenerfassung, Datenspeicher und Datenausgabe **(Bild 2)**.

Die Eingangsschaltung nach **Bild 3** enthält einen Komparator, der das ankommende Signal mit einer einstellbaren Schwellwertspannung U_S vergleicht und in Rechteckimpulse umsetzt. Meist ist diese Schwellwertspannung für die Spannungswerte der einzelnen Halbleitertechnologien einstellbar. Die Eingangsschaltung wirkt dadurch wie ein Impulsformer **(Bild 4)**.

Die Impulse werden anschließend in einen Datenspeicher eingelesen. Dieser besteht aus einem Arbeitsspeicher und einem Referenzspeicher.

Der Arbeitsspeicher hat für jeden Kanal ein Register, meist mit einer Speichertiefe von 4 Kbit je Kanal. Für bestimmte Messaufgaben ist ein Vergleich zweier aufeinander folgender Messzyklen notwendig. Dazu kann der erste Messzyklus in den Referenzspeicher übernommen werden.

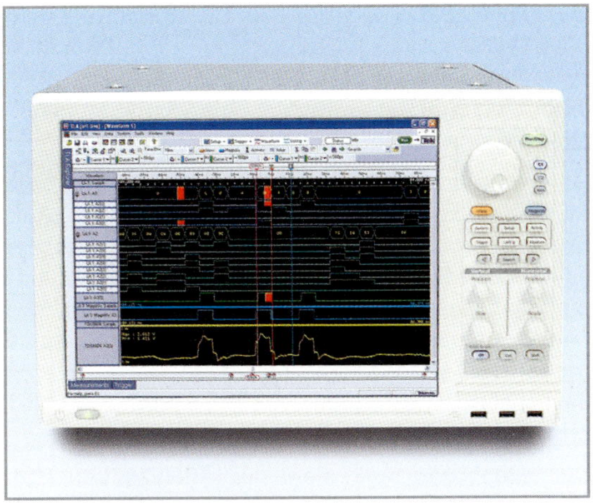

Bild 1: Logikanalysator (Tektronix)

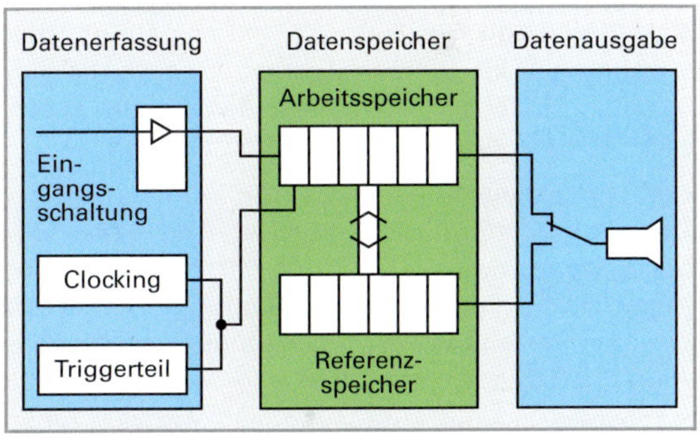

Bild 2: Übersichtsschaltplan eines Logikanalysators

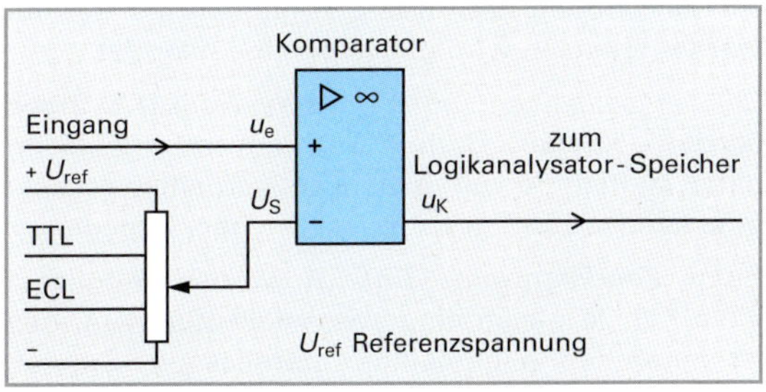

Bild 3: Eingangsschaltung eines Logikanalysators

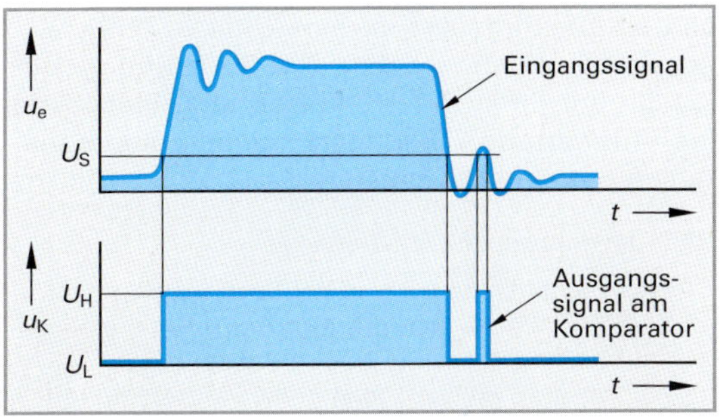

Bild 4: Impulsformung durch Komparator im Eingang

Der *Clocking-Teil* erzeugt das Taktsignal, mit dem die ankommenden Informationen in den Speicherteil eingelesen werden. Das Taktsignal kann auch extern erzeugt werden. Man unterscheidet asynchronen und synchronen Takt.

Der *asynchrone Takt* dient zur Feststellung von Schaltungsfehlern, Zeitverschiebungen und Auffindung von Störsignalen **(Bild 1)**. Dazu muss der asynchrone Takt eine wesentlich höhere Frequenz als das Messsignal haben. Der Messfehler soll dabei nur eine Abtastrate betragen. Für Systeme mit einer Taktfrequenz von z.B. 10 MHz ist eine asynchrone Taktfrequenz von mindestens 100 MHz erforderlich.

Der *synchrone Takt* dient zur Analyse von Programmabläufen. Dabei wird der Systemtakt des Mikroprozessorsystems mitbenutzt **(Bild 2)**.

Moderne Logikanalysatoren haben außer den erwähnten Taktsystemen *Testqualifizierer,* die den knappen Speicherplatz nur mit den für die geforderte Analyse erforderlichen Daten belegen.

Zum Heraussuchen definierter Signalzüge dient die *Triggereinrichtung.* Ein Triggerwort ist dabei z.B. die logische UND-Verknüpfung verschiedener Eingangskanäle. Verzögerungsbedingungen erlauben eine definierte Zahl von Eintaktungen nach Erkennung des Triggerwortes **(Bild 3)**.

Bei der *sequenziellen* Triggerung ist es erforderlich, dass $n-1$ aufeinander folgende Triggerworte bis zur Auffindung des n-ten Triggerwortes gezählt werden. Danach wird die Aufnahme beendet.

Bei der *selektiven Aufnahmesteuerung* (z.B. trace control) können gezielt Programmsegmente in einer Aufnahme aufgezeichnet werden, was eine effektive Nutzung des Arbeitsspeichers bedeutet.

Beim *Zeitdiagramm (Timing)* werden möglichst viele Kanäle gleichzeitig dargestellt **(Bild 4)**. Dabei ist neben dem allgemeinen Überblick eine Darstellung mit Amplitudenerhöhung, Dehnung der Signale und Cursoreinblendung möglich. Damit können einzelne Impulse im betrachteten Zeitbereich genau untersucht werden. Die Beschriftung aller Kanäle mit ihren Bezeichnungen erleichtert dabei die Auswertung, besonders wenn hohe Kanalzahlen zu Verwechslungen führen könnten (Bild 4).

Wiederholung und Vertiefung

1. **Was versteht man unter einem Logikanalysator?**
2. **Welche Aufgabe hat die Eingangsschaltung eines Logikanalysators?**
3. **Welche Darstellungsarten auf dem Bildschirm unterscheidet man bei einem Logikanalysator?**

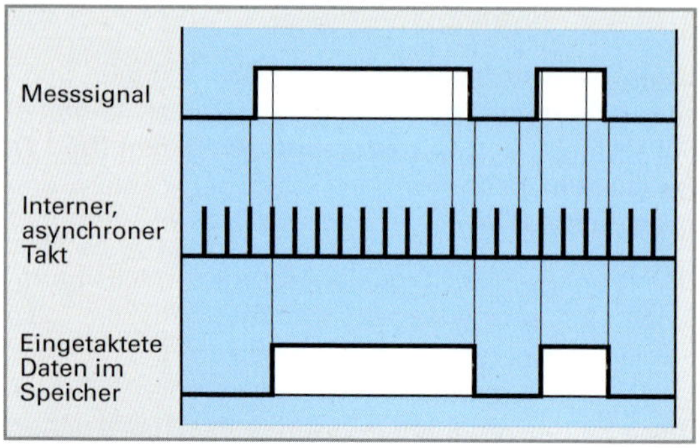

Bild 1: Asynchroner Takt

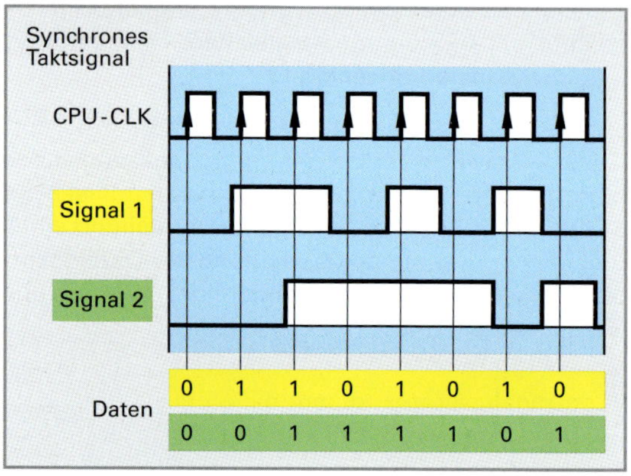

Bild 2: Synchroner Takt

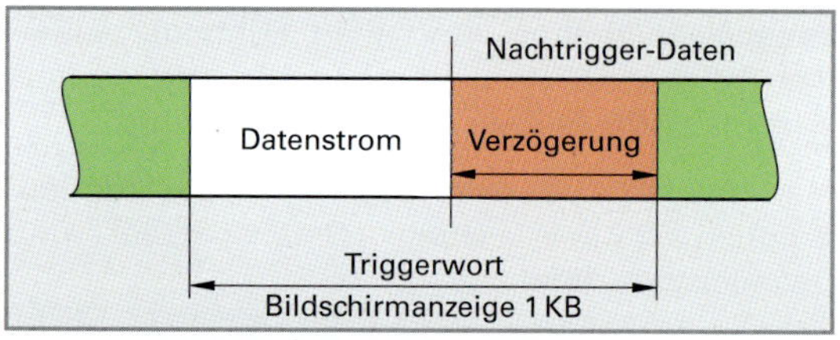

Bild 3: Triggerablauf im Logikanalysator

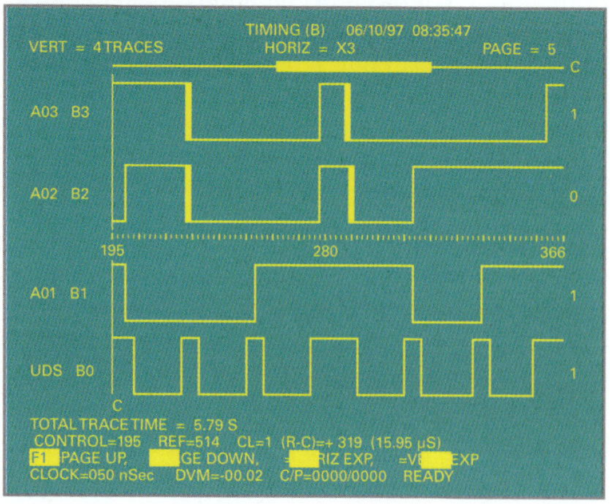

Bild 4: Timing-Darstellung

2.11.4 PC-Messtechnik

Datenerfassungssystem

Für die Erfassung, Auswertung und Speicherung von Messgrößen verwendet man Systeme zur Datenerfassung (DAQ von data acquisition = Datenerfassung). Ein Datenerfassungssystem besteht aus Sensoren, Baugruppen zur Signalkonditionierung und Datenerfassung (konditionieren bedeutet an die erforderlichen Bedingungen anpassen) sowie den Einheiten zur Auswertung, Anzeige und Speicherung der Daten (**Bild 1**).

Die Sensoren setzen die Messgrößen, z. B. Temperatur, Druck und Geschwindigkeit, in elektrische Signale um.

Die Ausgangssignale der Sensoren müssen zur nachfolgenden Verarbeitung konditioniert und kalibriert werden.

So ist z. B. ein Spannungsverstärker (Signalkonditionierbaugruppe) notwendig, der die Ausgangsspannung eines Thermoelements (Sensor) verstärkt, um das Signal auf den Eingangsspannungsbereich der nachfolgenden Datenerfassungskarte anzupassen (Bild 1). Das Signal muss kalibiriert, d. h. einer physikalischen Einheit zugeordnet werden. Gegebenenfalls müssen nichtlineare Zusammenhänge z. B. über eine Look-Up-Tabelle linearisiert werden.

Zur Erfassung der Messgrößen verwendet man Datenerfassungseinheiten, die intern über den PCI-Bus als Einsteckkarte oder extern z. B. über die USB-Schnittstelle mit einem PC verbunden sind (Bild 1).

Die Auswertung, Anzeige und Speicherung der Daten erfolgt mit einer Messsoftware. Diese

Bild 2: Crashtest mit Datenerfassung

besteht aus Treibern (Systemprogrammen) und einem Anwenderprogramm. Die Treiber werden vom Hersteller der Messhardware mitgeliefert und müssen im PC installiert werden. Die Treiber kommunizieren mit der Messhardware und greifen auf die erfassten Daten zu.

Das Anwenderprogramm mit einer grafischen Nutzeroberfläche ist z. B. mit LabVIEW erstellt und beinhaltet virtuelle Bedienelemente zu Steuerung des Datenerfassungssystems (siehe folgende Seite).

Die Auswahl der Messhardware ist abhängig von den Signaleigenschaften. Zur Erfassung und Auswertung von Signalen mit hoher Dynamik (Signaländerungsgeschwindigkeit), z. B. bei einem Crashtest (**Bild 2**) setzt man echtzeitfähige Erfassungssysteme (realtime systems) ein mit einer Signalverarbeitungsgeschwindigkeit im Mikrosekundenbereich.

Diese Erfassungseinheiten sind oft modular als Einschubsystem aufgebaut (Bild 1). Man bezeichnet diese Erfassungssysteme als embedded systems (= eingebettetes System).

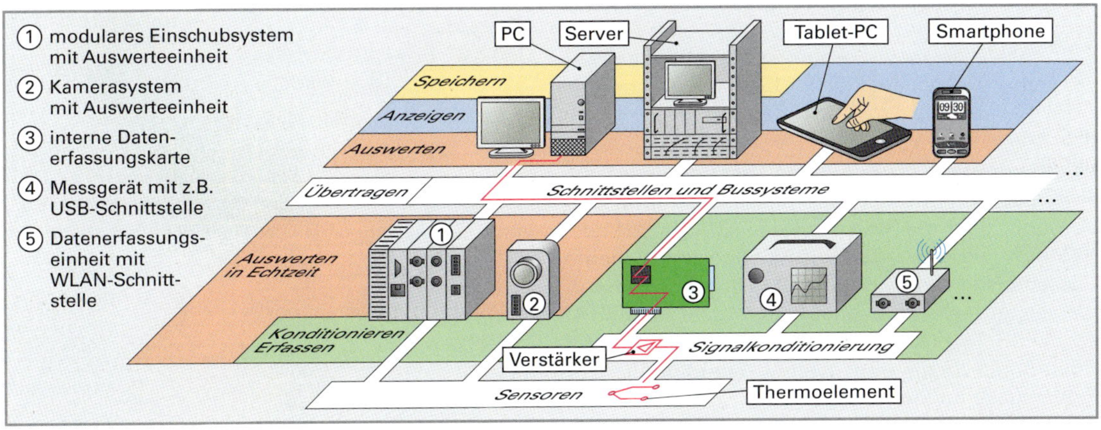

Bild 1: Baugruppen eines Datenerfassungssystems

Messsoftware mit LabVIEW

LabVIEW ist eine Programmierumgebung, für die Erstellung von Mess- und Prüfsoftware (LabVIEW von Laboratory Virtual Instrument Engineering Workbench[1] = Entwicklungsumgebung für virtuelle Instrumente). Die erstellten Programme werden als *virtuelle Instrumente VI* bezeichnet. Das Erscheinungsbild ähnelt oft dem eines Messinstruments, z. B. dem eines Oszilloskops.

In LabVIEW wird die Messsoftware grafisch in Blockdiagrammen erstellt, die eine Ähnlichkeit mit den Blockschaltbildern aus der Messtechnik haben.

Aufbau eines VI

Ein VI besteht aus einer grafischen Benutzeroberfläche, dem *Frontpanel* und dem *Blockdiagramm*, das die Funktion des VI festlegt **(Bild 1)**.

Frontpanel enthalten wie ein Messgerät z. B. Taster, LED, Drehknöpfe und Displays. Es wird zwischen Bedienelementen und Anzeigeelementen unterschieden **(Bild 2)**.

Das Blockdiagrammfenster enthält alle Anschlüsse der Frontpanelelemente. Die Anschlüsse werden durch Verbindungslinien mit weiteren Symbolen verbunden. Diese Symbole werden als Knoten bezeichnet **(Bild 3)**.

Knoten sind Symbole für

- mathematische Operationen, z. B. * und +,
- Programmstrukturen, z. B. While-Schleifen und Verzweigungen und
- Unterprogramme, die als Sub-VI bezeichnet werden.

Mithilfe dieser Knoten werden die Daten verarbeitet und die Ergebnisse im Frontpanel angezeigt.

Virtuelle Instrumente bestehen aus dem Fenster Frontpanel und dem Fenster Blockdiagramm.

Programmierumgebung

Um Programme zu entwerfen, benötigt man die *Paletten*, die entweder automatisch geöffnet werden oder über die Menüleistenfunktion `Fenster` geöffnet werden können. Paletten sind kleine Zusatzfenster, um z. B. eine LED für ein VI auszuwählen und zu bearbeiten. Die Symbolleiste **(Bild 4)** enthält Schaltflächen zur Programmausführung, Positionierhilfen und Debug-Funktionen zur Fehlersuche im Programm.

[1] Programmierumgebung der Firma National Instruments

ⓘ VI = virtuelles Instrument

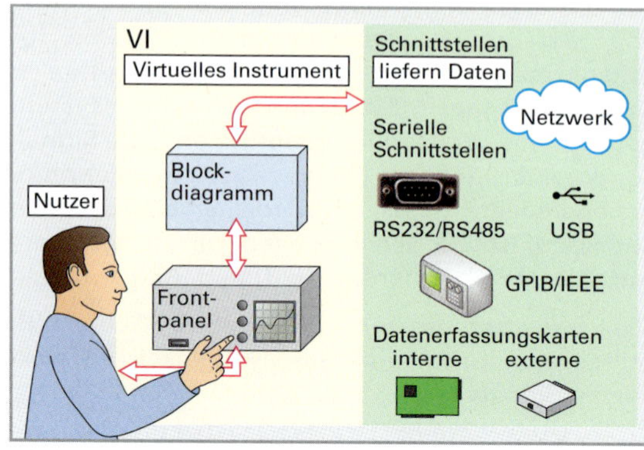

Bild 1: Prinzipieller Aufbau eines VI

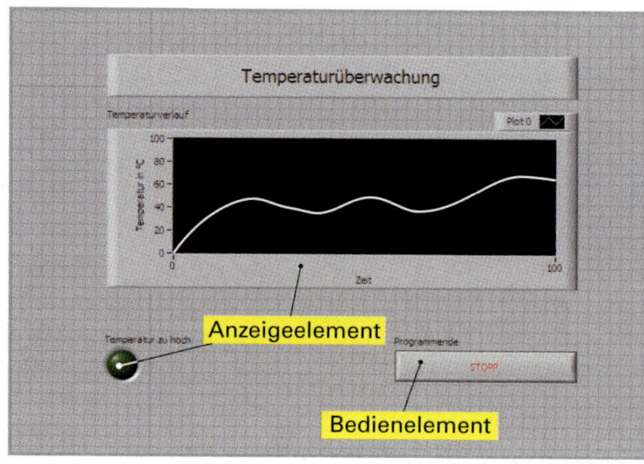

Bild 2: Frontpanelfenster eines VI

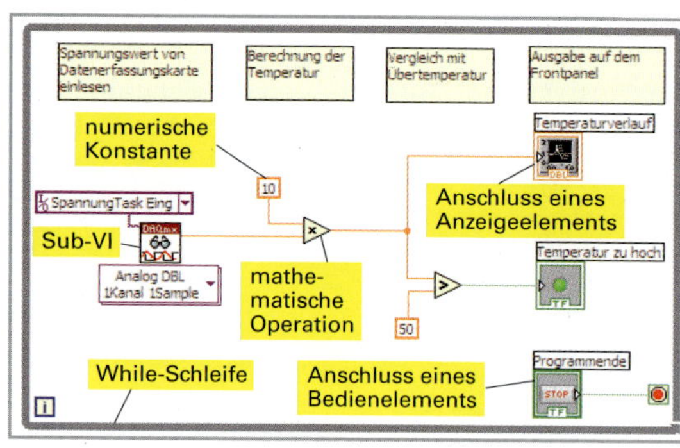

Bild 3: Blockdiagrammfenster eines VI

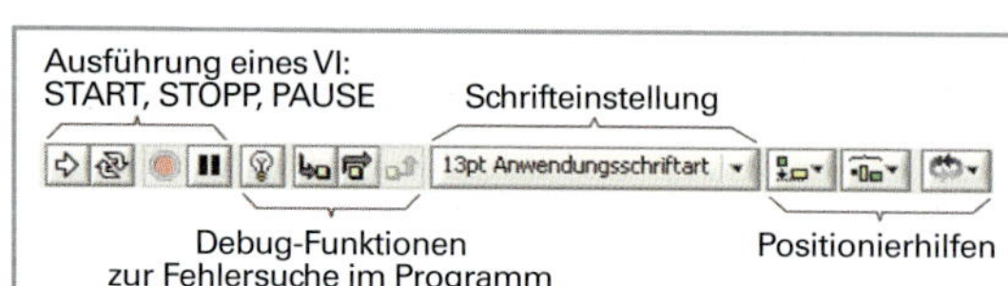

Bild 4: Symbolleiste des Blockdiagrammfensters

Entwurf eines VI

Für eine Temperaturüberwachung soll ein VI entworfen werden **(Bild 1)**.

Die Bedienelemente und Anzeigenelemente werden aus dem Fenster `Elementepalette` **Bild 2** ausgewählt und auf dem Frontpanel positioniert. Die Elementepaletten sind nur im Fenster `Frontpanel` verfügbar. Die Elemente sind auf verschiedenen Unterpaletten verteilt. Mit einem Mausklick auf eine Schaltfläche der obersten Ebene, z. B. Graph-Anzeige, öffnet sich eine weitere Palette mit drei Elementen. Ein Mausklick auf die Schaltfläche `Alle Elemente` öffnet eine Palettensammlung mit allen in LabVIEW verfügbaren Elementen.

Übung 1: Zeichnen Sie das Frontpanel zur Temperaturüberwachung. Ein Signalverlaufs-Diagramm soll die Temperatur anzeigen und eine LED soll Temperaturen über 50 °C anzeigen.

Lösung: Öffnen Sie ein neues VI. Ist die Elementpalette nicht sichtbar, öffnen Sie die Palette im Fenster Frontpanel über die Menüfunktion Fenster, Elementepalette anzeigen. Wählen Sie eine LED durch einen Mausklick aus. Positionieren Sie die LED auf dem Frontpanel. Wählen und positionieren Sie ein Signalverlaufs-Diagramm, Bild 2, vorhergehende Seite.

Die Eigenschaften der Elemente, z. B. Farbe und Größe, können mit einem Werkzeug aus dem Fenster Werkzeugpalette geändert werden. Je nach ausgewähltem Werkzeug ändert sich das Symbol und die Funktion des Mauszeigers **(Tabelle 1)**. Die Werkzeugpalette ist im Fenster `Frontpanel` und im Fenster `Blockdiagamm` vefügbar.

Übung 2: Ändern Sie die Farben der LED. LED AUS = dunkelrot, LED EIN = rot.

Lösung: Ist die Werkzeugpalette nicht sichtbar, öffnen Sie die Palette im Fenster Frontpanel, über die Menüfunktion `Fenster, Werkzeugpalette`. Mit dem Button Bedienwerkzeug lässt sich der Betriebszustand der LED umschalten. Mit dem Farbwerkzeug legt man die Farbe für den Betriebszustand AUS und EIN fest.

Aus dem Fenster `Funktionspalette` **(Bild 3)** werden die benötigten Knoten, z. B. Kleiner oder gleich? ausgewählt und im Blockdiagrammfenster platziert. Die Funktionenpalette ist nur im Fenster Blockdiagramm verfügbar. Die Knoten sind wie die Elemente des Fronpanels in Unterpaletten verteilt. Ein Mausklick auf die Schaltfläche `Alle Funktionen` in der obersten Ebene öffnet eine Palettensammlung mit allen in LabVIEW verfügbaren Knoten.

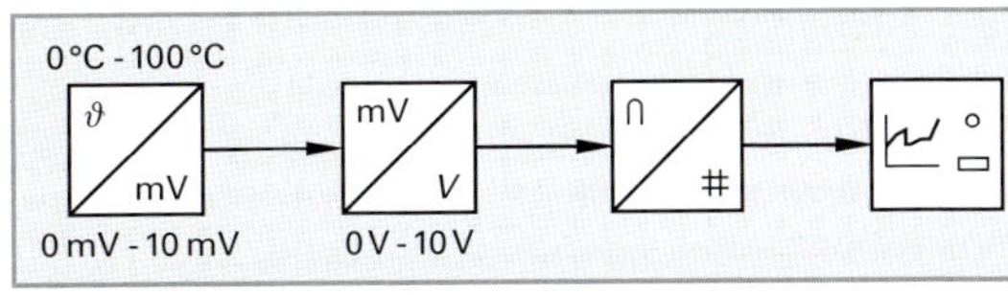

Bild 1: Technologieschema einer Temperaturüberwachung

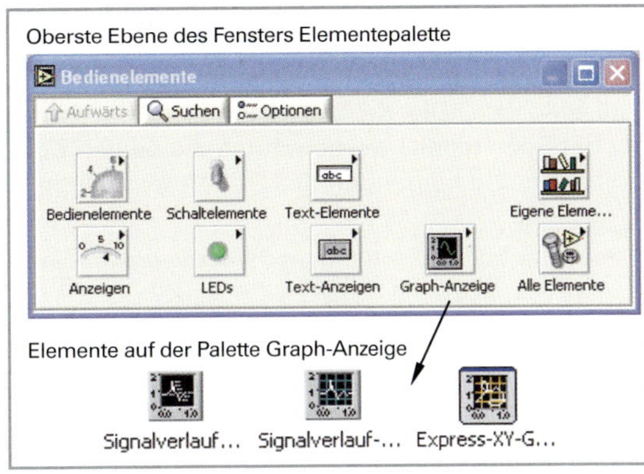

Bild 2: Fenster Elementepalette, Elemente der Palette Graph-Anzeige

Tabelle 1: Wichtige Werkzeuge der Werkzeugpalette

	Positionierwerkzeug Auswählen, positionieren und ändern der Größe von Elementen und Funktionen.
	Bedienwerkzeug Ändert den Wert eines Bedienelements im Frontpanel und einer Konstante im Blockdiagramm.
	Beschriftungswerkzeug Erstellen und bearbeiten aller Beschriftungen und sonstigen Texte im Frontpanel und Blockdiagramm.
	Verbindungswerkzeug Verbinden der Anschlüsse und Knoten im Blockdiagramm.
	Farbewerkzeug Stellt die Vordergrundfarbe und Hintergrundfarbe eines Elements ein.
	Automatische Werkzeugwahl LabVIEW nimmt eine automatische Werkzeugauswahl vor.

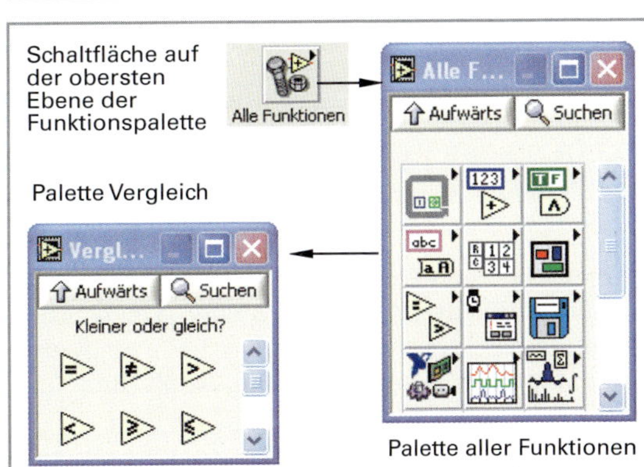

Bild 3: Funktionenpaletten

Der Datenaustausch zwischen einem VI und der Hardware zur Datenerfassung wird mit speziellen Sub-VIs gesteuert. Viele Hersteller bieten zu ihrer Messhardware Sub-VIs an **(Bild 1)**. Diese erscheinen im Windows-Explorer als Datei und können mit der Maus in das Blockdiagramm gezogen werden.

Das im **Bild 2** dargestellte Sub-VI liest einen Spannungswert vom Kanal 1 einer Messkarte ein. Die Messkarte ist an die parallele Schnittstelle LPT1 angeschlossen. Die Kanalnummer und die Nummer der Schnittstelle werden durch die beiden Konstanten an den Eingängen des Sub-VI festgelegt.

Übung 1: Positionieren Sie im Blockdiagramm ein Sub-VI zur Erfassung der Spannung des Temperatursensors. Fügen Sie in das Blockdiagramm die notwendigen Konstanten für das Sub-VI ein.

Lösung: **Bild 2**. Die Messgröße wird hier über den analogen Eingangskanal 1 der Datenerfassungskarte eingelesen.

Um den eingelesenen Spannungswert an die Anzeige anzupassen, ist eine Multiplikation notwendig **(Bild 3)**.

Übung 2: Das Verlaufs-Diagramm im Frontpanel soll die Temperatur in °Celsius anzeigen. Berechnen Sie den Faktor, mit dem der eingelesene Spannungswert multipliziert werden muss.

Lösung: Bei 100 °C liefert der Sensor eine Spannung von 10 V. Das Sub-VI zur Erfassung der Messdaten liefert bei 10V den Zahlenwert 10. → Eingelesener Wert · **10** = Temperaturwert

Der Vergleichsknoten Größer? **(Bild 3)** liefert wahr (true), wenn der obere Eingangswert den Wert der angeschlossenen Konstanten übersteigt, sonst unwahr (false). Der Ausgang des Größer?-Knotens eignet sich z. B., um eine LED auf dem Frontpanel anzusteuern.

Übung 3: Fügen Sie aus der Funktionenpalette die Knoten Multiplikation und Größer? und die notwendigen Konstanten in das Blockdiagramm ein.

Lösung: **Bild 3**

Durch Ziehen von Linien mit der Maus lassen sich die Anschlüsse und Knoten verbinden. Unzulässige Verbindungen werden als gestrichelte schwarze Linien mit einem roten Kreuz dargestellt **(Bild 4)**.

Ein Ausgang darf nicht mit einem anderen Ausgang verbunden werden.

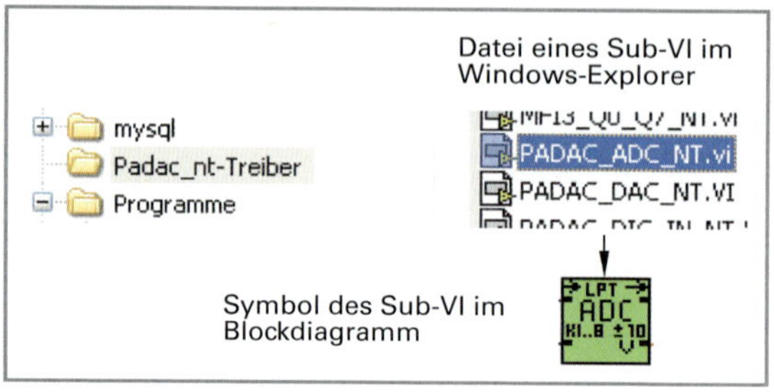

Bild 1: Auswählen und Einfügen eines Sub-VI

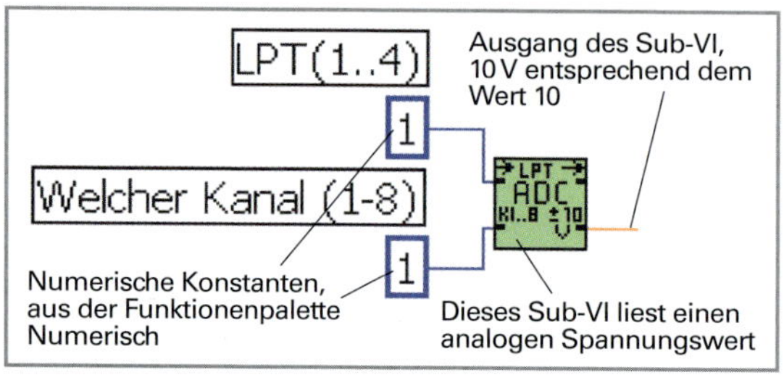

Bild 2: Sub-VI zur Datenerfassung

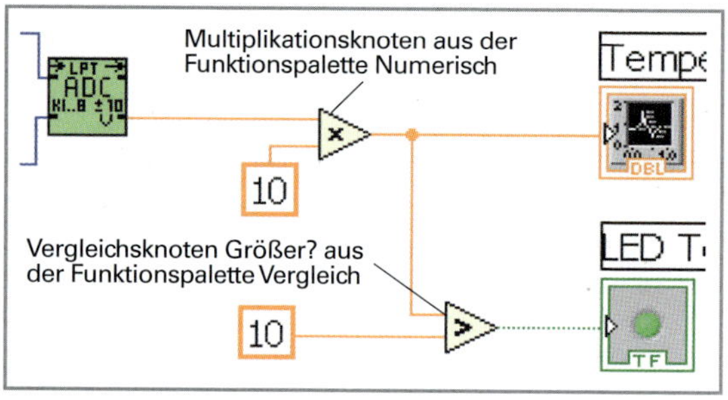

Bild 3: Knotenarten Multiplikationen und Vergleich

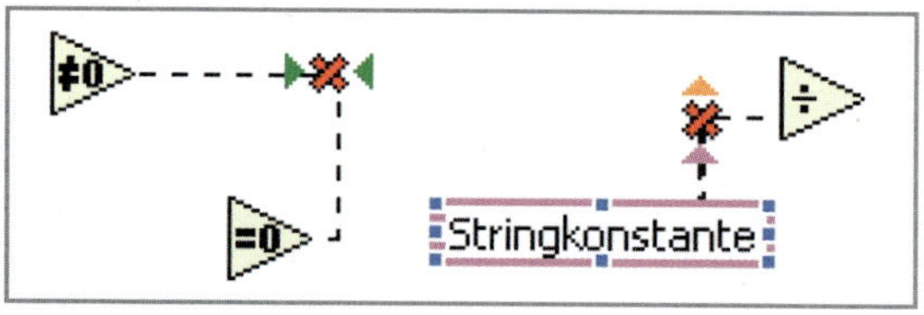

Bild 4: Unzulässige Verbindungen

Übung 4: Verbinden Sie im Blockdiagramm alle Anschlüsse und Knoten. Führen Sie das VI aus.

Lösung: **Bild 3**. Die Symbolleiste des Fensters `Frontpanel` enthält Schaltflächen, um das VI auszuführen.

Wiederholung und Vertiefung

1. **Welche Baugruppen gehören zu einem Messwerterfassungssystem?**
2. **Weshalb werden Eingangssignale konditioniert?**
3. **Aus welchen Programmteilen besteht ein VI?**
4. **Was versteht man unter Knoten im Blockdiagramm?**

2.11.5 Simulationssysteme anwenden

Elektronische Schaltungen können mit einem PC entwickelt und in ihrer Funktionalität virtuell erprobt werden **(Bild 1)**. Mit einem Schaltplaneditor wird der Schaltplan und die Stückliste erstellt. Anschließend wird die Schaltung mit einem Simulationsprogramm überprüft. Ist die Funktion der Schaltung sichergestellt und dokumentiert, wird mit einem Layoutprogramm die Leiterplatte entworfen und die Layoutdateien und der Bestückungsplan zur Herstellung der Leiterplatte erzeugt.

Zur PC-gestützten Schaltungsentwicklung werden Schaltplaneditor, Simulationsprogramm und Layoutprogramm verwendet.

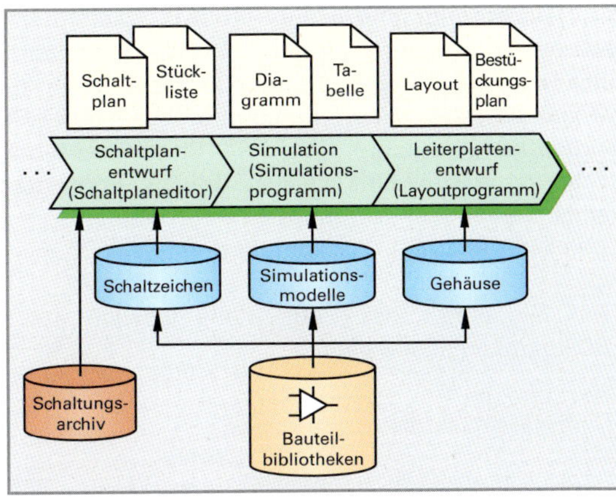

Bild 1: Schaltungsentwicklung mit dem PC

Oberfläche eines Simulationsprogramms

In den meisten Simulations- und Layoutprogrammen ist ein Schaltplaneditor enthalten. Der Schaltplan kann z. B. mit dem Simulationsprogramm Multisim[1] entworfen werden **(Bild 2)**. Nach dem Programmstart öffnet sich in der Mitte ein leeres Arbeitsfeld, für das Zeichnen des Schaltplanes. Am Fensterrand befinden sich einige Leisten mit Schaltflächen, die innerhalb des Programmfensters frei verschiebbar sind.

Mit der *Standardleiste* können Dateien erzeugt, geöffnet, gespeichert und gedruckt werden. Außerdem lassen sich Arbeitsschritte rückgängig machen und Schaltplanbereiche kopieren und ausschneiden.

Mit den *Simulationsleisten* werden z. B. die Simulation gestartet und beendet, die Analyseart ausgewählt und konfiguriert und die Bauteilbibliotheken verwaltet.

Mit der *Zoomleiste* können Schaltplanausschnitte vergrößert, verkleinert und der Arbeitsbereich auf den gesamten Bildschirm dargestellt werden.

Mit der *Bauelementeleiste* werden die Schaltzeichen aus Bauteilbibliotheken ausgewählt und auf dem Arbeitsfeld positioniert.

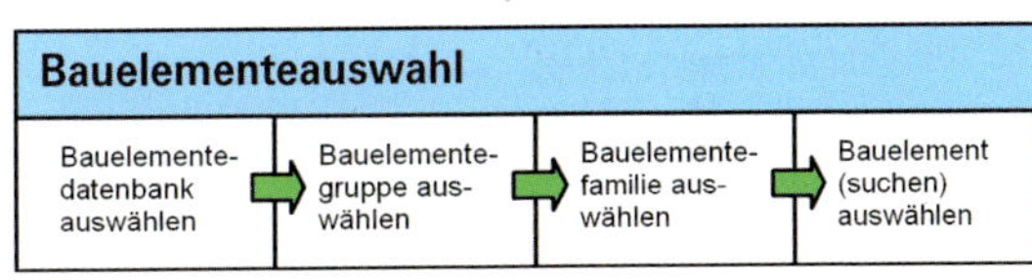

Bild 3: Auswahl der Bauelemente

[1] Multisim, Simulationsprogramm der Firma National Instruments

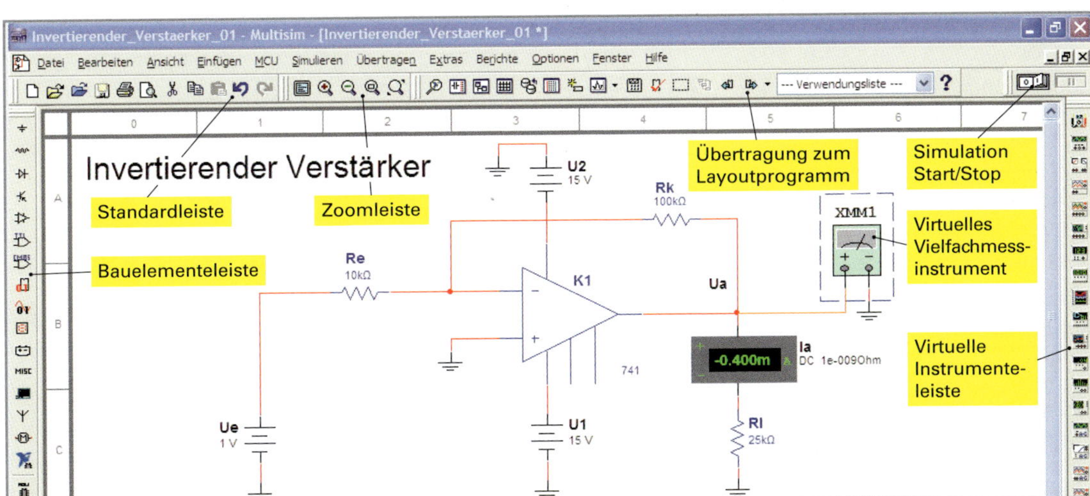

Bild 2: Fenster Schaltplaneditor

Die Baualemente sind in Bibliotheken zusammengefasst, die in einer Baumstruktur gegliedert sind. Nachdem die Datenbank, die Gruppe und die Familie des benötigten Bauelements ausgewählt wurde, kann in einer Liste die Bauelementebezeichnung ausgewählt werden **(Bild 3, vorhergehende Seite)**. Bei umfangreichen Bauelementelisten kann über ein Eingabefeld gefiltert werden.

Die Elemente eines Schaltplans werden aus Bibliotheken ausgewählt.

Schaltplanentwurf

Beispiel 1: Schaltplan für RC-Schaltung

Erstellen Sie einen Schaltplan für eine RC-Schaltung mit $R_1 = 1\,\text{k}\Omega$ und $C_1 = 1\,\mu\text{F}$, die an eine Gleichspannungsquelle $U = 12$ V angeschlossen ist.

Lösung:
Auswählen, Positionieren und Verbinden der benötigten Bauelemente am Bildschirm (Bild 2). Bauelementwert ändern mit Doppelklick auf das entsprechende Bauelement, Registerkarte Wert auswählen und Zahlenwert eintragen.

Klickt man im Programmfenster von Multisim auf ein Element der Bauelementeleiste, öffnet sich das Fenster `Bauelement wählen` **(Bild 1)**. Nach Auswahl und Bestätigung mit OK wird das Schaltzeichen auf der Arbeitsfläche positioniert **(Bild 2)**. Mit der Tastenkombination [STR]+[R] kann das Bauteil um 90° gedreht werden. In der Grundeinstellung von Multisim werden die Schaltzeichen nach ANSI (amerikanische Norm) dargestellt.

Jede Schaltung benötigt als Bezugspunkt eine Masse, die im Schaltplan durch das Erdezeichen (GROUND) gekennzeichnet ist.

Die Anschlüsse der Bauelemente werden durch Klicken und Ziehen verbunden (Bild 2). Jede Verbindung bekommt von Multisim einen Netznamen. Mit einem Doppelklick auf ein Bauelement lassen sich die Elementeigenschaften ändern, z. B. die Bezeichnung, der Wert oder die Toleranz.

Enthält der Schaltplan mindestens eine Spannungsquelle und eine Masse, kann die Schaltung simuliert werden. Multisim bietet mehrere Simulationsarten (**Bild 3**). So kann das Programm z. B. durch Hinzufügen von virtuellen Instrumenten als virtuelles Labor benutzt werden. Schaltungsanalysen können mit dem Element Graphanzeige/Analyseliste aus der Simulationsleiste ausgewählt werden.

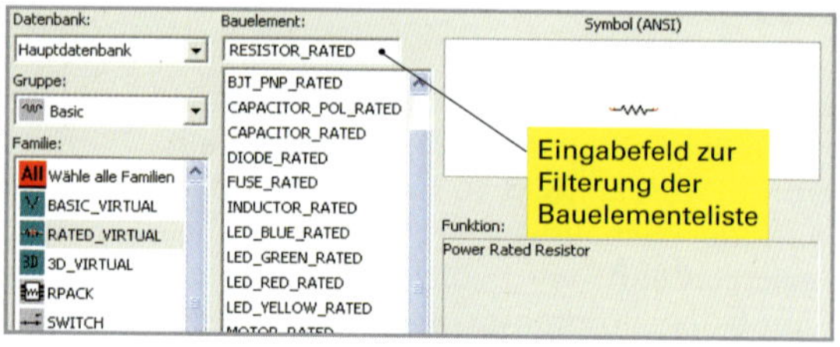

Bild 1: Fenster Bauelement wählen

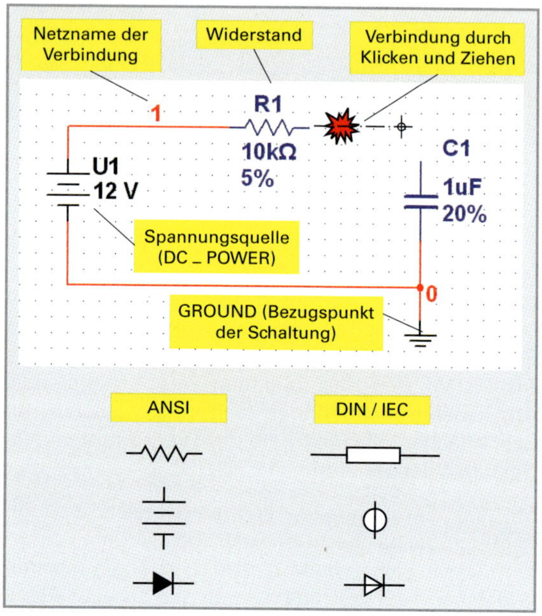

Bild 2: RC-Schaltung im Gleichstromkreis

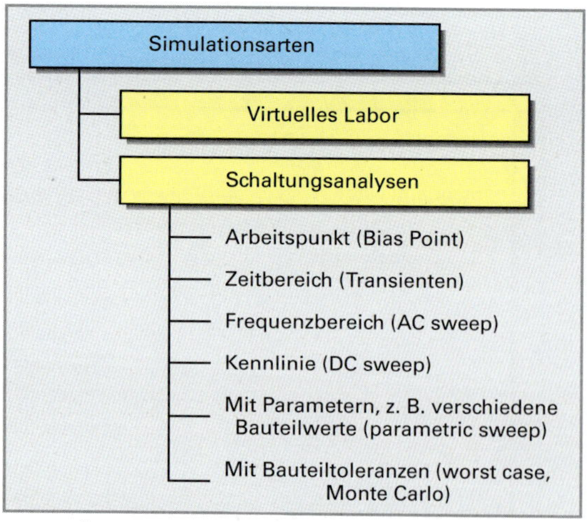

Bild 3: Übersicht der Simulationsarten von Multisim

Virtuelles Labor

Beispiel 1: Schaltung simulieren

Simulieren Sie die RC-Schaltung im Gleichstromkreis (Beispiel 1, vorhergehende Seite) im virtuellen Labor mit einem Digitalmultimeter.

Lösung: **Bild 1**

Mit einem Digitalmultimeter können während der Simulation Spannungswerte, Stromwerte und Widerstandswerte auf dem Bildschirm angezeigt werden. Dazu wählt man ein Gerät aus der virtuellen Instrumentenleiste aus und positioniert es im Schaltplan (Bild 1). Die Anschlüsse werden wie bei einem Bauelement mit den Messpunkten im Schaltplan verbunden. Weitere Informationen über die Bedeutung der Geräteanschlüsse erhält man durch die Frontplatte, die mittels Doppelklick auf das Gerätesymbol in einem Fenster erscheint. Die Bedienung erfolgt wie bei einem realen Messgerät.

Die Simulation wird im Programmfenster über das Schaltersymbol gestartet und der Messwert auf der Frontplatte angezeigt (Bild 1).

Beispiel 2: Simulationsparameter wählen

Welche Simulationsparameter sind zu wählen, wenn der vollständige Ladevorgang der Schaltung aus Bild 2 der vorhergehenden Seite dargestellt werden soll?

Lösung:

$\tau = R \cdot C = 10\ \text{k}\Omega \cdot 1\ \mu\text{F} = 10\ \text{ms}$, Ladvorgang $\approx 5 \rightarrow$

Startzeit = 0 ms, Stoppzeit = 50 ms

Transientenanalyse

Mit der Transientenanalyse (engl. transient = vorübergehend) kann eine Schaltung in einem Zeitbereich untersucht werden. Man wählt aus der Menüfunktion Simulieren, Analysieren und anschließend `Transienten...` aus. Es öffnet sich ein Fenster mit den Registern Analyseparameter, Ausgabe, Analyseoptionen und Zusammenfassung **(Bild 2)**. Im Register Analyseparameter wird die Anfangs- und Endzeit der Simulation eingetragen. Einstellungen zur Anzahl der Messpunkte können vom Programm automatisch vorgenommen werden.

Im Register Ausgabe wählt man die Messgröße und den Messpunkt im Schaltplan, der als Netzname in Klammern angegeben ist. Die Messgrößen werden als Variablen bezeichnet und nach der Simulation in einem Diagramm ausgegeben **(Bild 3)**.

Bevor die Analyse gestartet werden kann, müssen die Analyseparameter und die Ausgabesignale (Variablen) eingetragen werden.

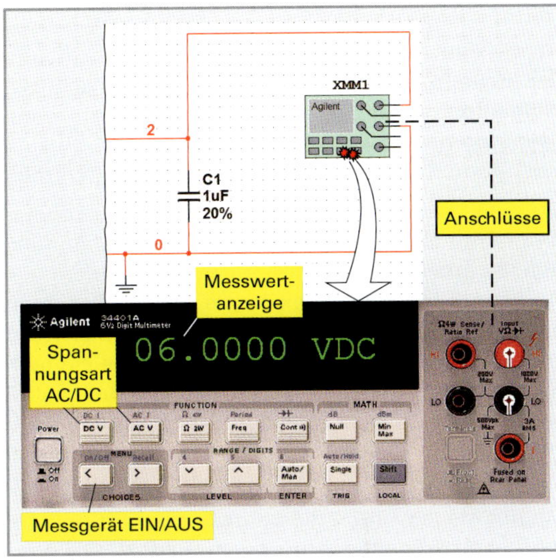

Bild 1: Simulation mit einem virtuellen Instrument

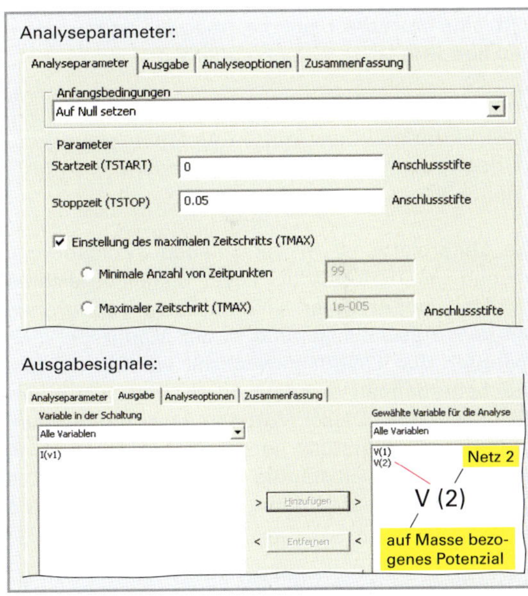

Bild 2: Einstellung der Simulationszeiten und Auswahl der Ausgabevariablen

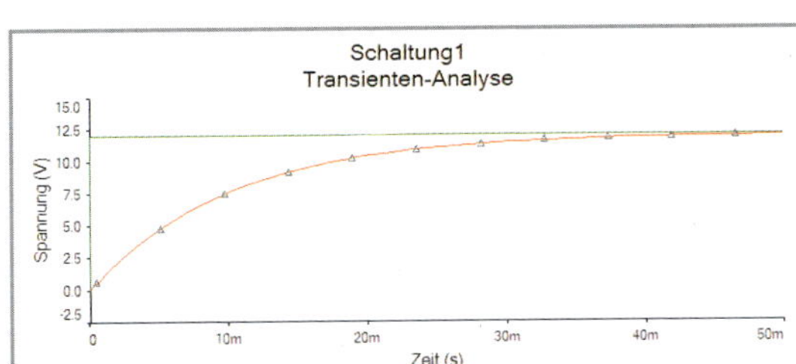

Bild 3: Ausgabefenster der Transientenanalyse

Leiterplattenentwurf

Ist die Funktion der Schaltung sichergestellt und der Schaltplan mit allen benötigten Anschlusselementen versehen, können die Daten in ein Layoutprogramm übertragen werden. In diesem Programm wird die Leiterplatte (Platine) entworfen.

Die Übertragung, z. B. von Multisim in das Layoutprogramm Ultiboard, wird in der Menüleistenfunktion `Transfer` gestartet **(Bild 1)**. Nachdem die zu übertragenden Bauelemente und Netznamen aus einer Liste ausgewählt wurden, öffnet sich ein Fenster mit dem Layoutprogramm. Die Bauelemente aus dem Schaltplan erscheinen als Bauteilumrisse mit den Kupferflächen für die Bauteilanschlüsse. Die Verbindungen werden als dünne Linien zwischen den Bauteilanschlüssen dargestellt.

Mit der Maus werden die Bauteile markiert und auf die Leiterplattenfläche gezogen **(Bild 2)**. Die Verbindungen ziehen sich dabei wie ein Gummiband auseinander oder zusammen. Zur Positionierung hilft eine 3D-Vorschau, die über die Menüzeilenfunktion `Ansicht` eingeblendet wird.

> Bei der Bauteilpositionierung ist auf kurze Verbindungslinien mit möglichst wenigen Überkreuzungen und einem ausreichenden Bauteileabstand zu achten.

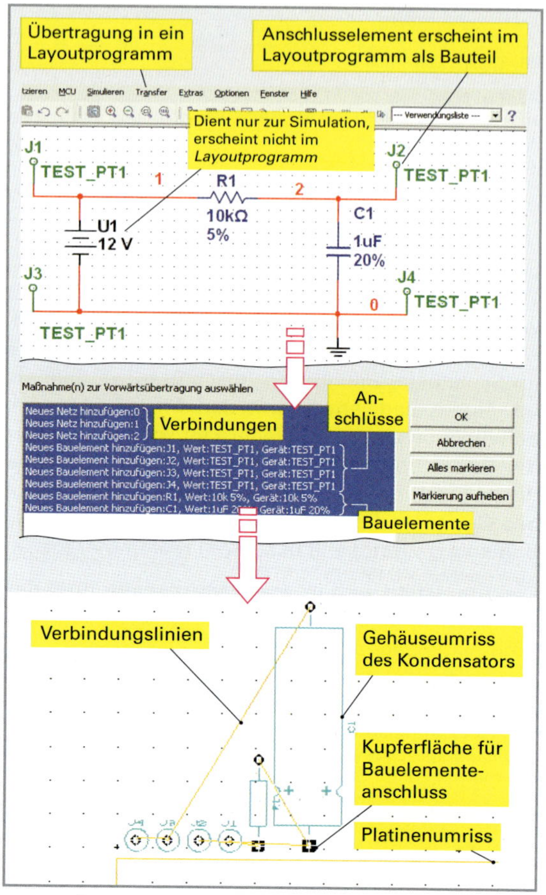

Bild 1: Übertragung der Daten in ein Layoutprogramm

Die Leiterplatte ist in verschiedene Zeichnungsebenen unterteilt, die als Layer (Lage) bezeichnet werden. Jedem Layer ist eine Farbe zugeordnet. Mit dem Auswahllistenfeld in der Menüzeile kann zwischen den Layern gewechselt werden (Bild 2). Die Leiterbahnen werden durch Linien mit der Maus gezogen. Dieser Vorgang kann durch einen Autorouter unterstützt werden (Autorouter von automatisch = selbständig, route = Strecke). Die Leiterbahnen werden dann vom PC berechnet und gezeichnet.

> Der Autorouter kann nur bedingt eingesetzt werden, da bei der Leiterbahnberechnung die elektrischen Bauteileigenschaften, z. B. Schwingungsneigung, nicht berücksichtigt werden.

Sind alle Leiterbahnen gezeichnet, können aus dem Programm alle Daten zur Herstellung der Platine erzeugt werden.

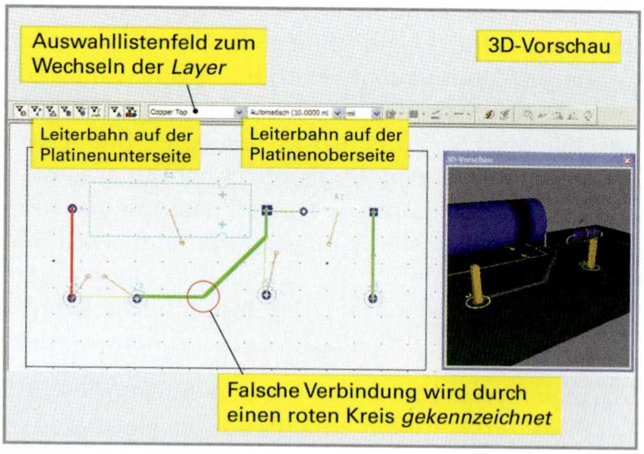

Bild 2: Positionierern von Bauteilen und Zeichnen der Leiterbahnen

Wiederholung und Vertiefung

1. **Wie kann ein PC zur Schaltungsentwicklung eingesetzt werden?**
2. **Beschreiben Sie den Schaltplanentwurf mit dem PC.**
3. **Welche Simulationsarten stehen zur Verfügung?**
4. **Welche Simulationsart ist sinnvoll, wenn eine Schaltung mit verschiedenen Bauteilwerten simuliert werden soll?**

2.12 Schutzmaßnahmen

2.12.1 Sicherheitsbestimmungen

Zur Verhütung von Unfällen durch elektrischen Strom und zum Schutz der Menschen, Tiere und Sachen wurden vom VDE *(Verband der Elektrotechnik Elektronik Informationstechnik)* Sicherheitsbestimmungen erlassen.

VDE-Bestimmungen dienen dem Schutz von Menschen, Tieren und Sachen und müssen eingehalten werden.

Außerdem müssen die *Unfallverhütungsvorschriften* des Verbandes der gewerblichen Berufsgenossenschaften (VBG), das *Gerätesicherheitsgesetz* und die *Technischen Anschlussbedingungen* (TAB) des Verteilungsnetzbetreibers (VNB) beachtet werden.

Vom VDE geprüfte und überwachte Betriebsmittel und Geräte tragen ein VDE-Prüfzeichen **(Tabelle 1)**. Amtlich geprüfte technische Arbeitsmittel, z. B. Leuchten und Werkzeuge, (Gerätesicherheitsgesetz), dürfen das GS-Sicherheitszeichen (**G**eprüfte **S**icherheit) in Verbindung mit dem Zeichen der Prüfstelle tragen (Tabelle 1).

Die wichtigsten Sicherheitsbestimmungen für elektrische Betriebsmittel und Anlagen mit Bemessungswechselspannungen bis 1000 V mit höchstens 500 Hz sowie Bemessungsgleichspannungen bis 1500 V sind in DIN VDE 0100 und in DIN VDE 0105 festgelegt.

Grundbegriffe

Neutralleiter (N) sind mit einem Neutralpunkt elektrisch verbunden und in der Lage zur Verteilung elektrischer Energie beizutragen.

Außenleiter (L1, L2, L3) sind Leiter, die Erzeuger mit Verbrauchsmitteln verbinden, aber nicht vom Mittelpunkt oder Sternpunkt ausgehen **(Bild 1)**.

Schutzleiter (PE, von Protection Earth = Schutzerde) verbinden Körper, die im Fehlerfall unter Spannung stehen können, mit dem Neutralleiter bzw. Erder, zum Zweck der Sicherheit. *PEN-Leiter* sind Neutralleiter mit gleichzeitiger Schutzleiterfunktion.

Handbereich ist der vom Menschen mit der Hand erreichbare Bereich **(Bild 2)**.

Erder sind Leiter, die in das Erdreich oder ein anderes leitfähiges Material eingebettet sind, das in leitfähigem Kontakt mit der Erde steht.

Potenzialausgleich ist die Beseitigung von Potenzialunterschieden durch die leitende Verbindung, z. B. zwischen Schutzleitern und leitfähigen Rohren.

Tabelle 1: VDE-Prüfzeichen (Auswahl)

Zeichen	Benennung und Verwendung
DVE	VDE-Zeichen für Installationsmaterial und Geräte
GS	GS-Sicherheitszeichen mit Angabe der Prüfstelle des VDE für technische Arbeitsmittel
◁VDE▷ ◁VDE▷◁HAR▷	VDE-Kabelzeichen und VDE-Harmonisierungskennzeichen für Kabel und isolierte Leitungen
Schwarz-Rot Schwarz-Rot-Gelb	VDE-Kennfaden und VDE-Harmonisierungskennfaden für Kabel und isolierte Leitungen

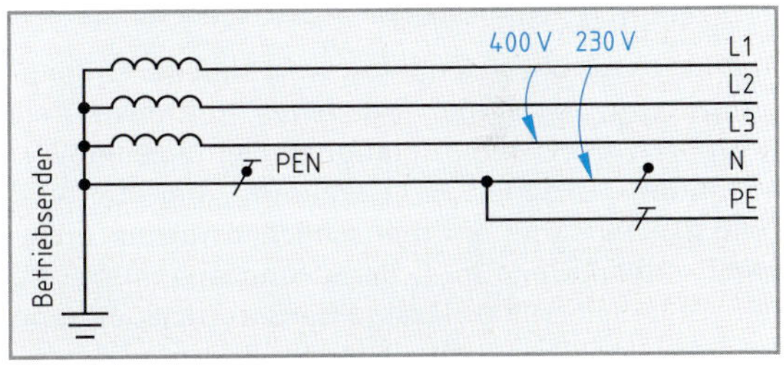

Bild 1: Leiter und Netzspannungen

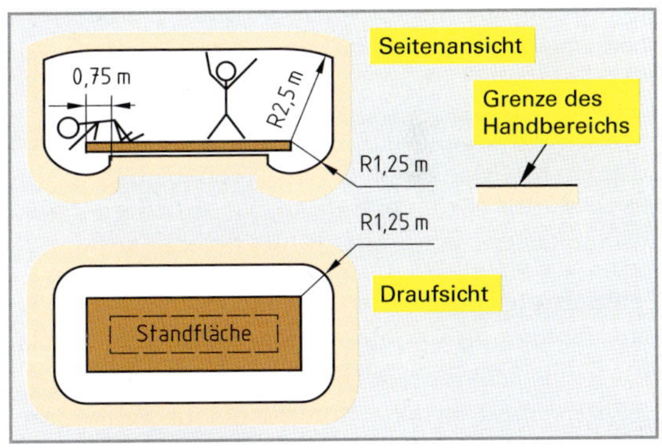

Bild 2: Handbereich

Aktive Teile sind alle Leiter und leitfähigen Teile, die im fehlerfreien Betrieb unter Spannung stehen können. Dazu zählt auch der Neutralleiter, jedoch nicht der PEN-Leiter.

Direktes Berühren liegt vor, wenn bei ungestörtem Betrieb zwei gegeneinander Spannung führende Leiter berührt werden oder ein Leiter des Energieversorgungsnetzes mit Erde verbunden ist **(Bild 1, folgende Seite)**. Die durch den Körper fließende Stromstärke hängt von der Spannung, dem Körperwiderstand R_K, den Übergangswiderständen $R_{Ü1}$ und $R_{Ü2}$ und vom Widerstand R zwischen Standort und Erdungspunkt des Neutralleiters ab.

Innerhalb des Handbereichs darf ein direktes Berühren spannungsführender Teile nicht möglich sein.

Bei Bemessungsspannungen über 25 V Wechselspannung (AC) oder 60 V Gleichspannung (DC) muss ein Schutz gegen direktes Berühren vorhanden sein (Basisschutz). Bei Geräten mit Elektromotor ist auch bei Spannungen unter AC 25 V bzw. DC 60 V ein Basisschutz gegen direktes Berühren erforderlich.

Schutz gegen direktes Berühren ist auch durch Abdeckungen und Umhüllungen möglich.

Zum Schutz gegen direktes Berühren müssen spannungsführende Teile, z. B. Leiter, vollständig isoliert sein (Basisisolierung).

Indirektes Berühren liegt vor, wenn ein sonst spannungsfreier, leitfähiger Teil eines Betriebsmittels (Körpers), der durch Isolationsfehler eine Fehlerspannung U_F gegen Erde annimmt, berührt wird **(Bild 2)**. Die dabei am menschlichen Körper anliegende Spannung wird Berührungsspannung U_B genannt, die höchstzulässige Berührungsspannung dagegen U_L (L von limit = Grenze, Grenzwert).

Bei Kinderspielzeug beträgt die höchstzulässige Berührungsspannung AC 25 V oder DC 60 V. In medizinisch genutzen Räumen kann U_L noch niedriger sein.

Die höchstzulässige Berührungsspannung U_L ist für Menschen 50 V Wechselspannung oder 120 V Gleichspannung, für Nutztiere 25 V Wechselspannung oder 60 V Gleichspannung.

Fehlerarten, durch die ein indirektes Berühren einer Spannung auftreten kann, sind Körperschluss, Kurzschluss, Leiterschluss und Erdschluss **(Bild 3)**.

Körperschluss ist eine durch Isolationsfehler verursachte leitende Verbindung zwischen einem Körper, z. B. Gehäuse, und einem betriebsmäßig unter Spannung stehenden Leiter oder Teil. *Kurzschluss* ist eine durch einen Fehler entstandene leitende Verbindung zwischen betriebsmäßig gegeneinander unter Spannung stehenden Leitern. Liegt im Fehlerstromkreis ein Nutzwiderstand, so besteht ein *Leiterschluss*. *Erdschluss* ist eine durch einen Fehler entstandene leitende Verbindung eines Außenleiters oder isolierten Neutralleiters mit Erde.

In elektrischen Starkstromanlagen sind die Anforderungen an den Basisschutz gegen *direktes Berühren*, z. B. Basisisolierung, und bei *indirektem Berühren* die Anforderungen an den Fehlerschutz, z. B. Schutztrennung, anzuwenden.

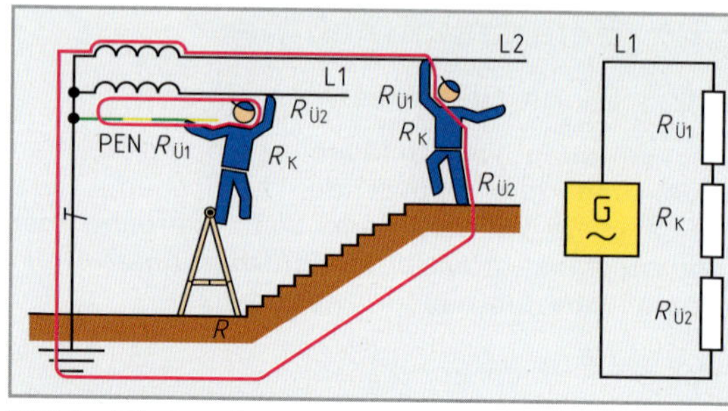

Bild 1: Direktes Berühren

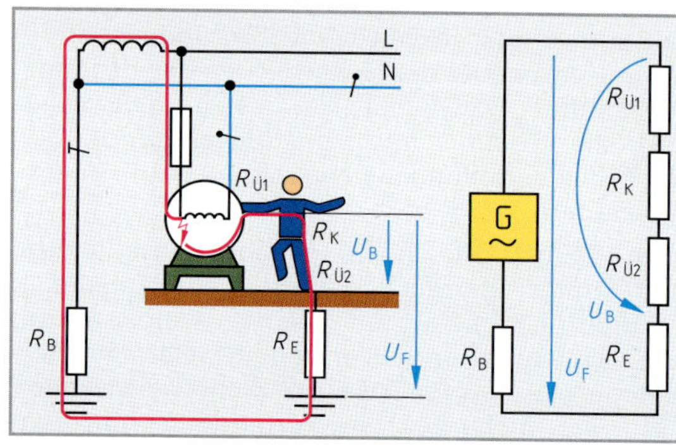

Bild 2: Indirektes Berühren

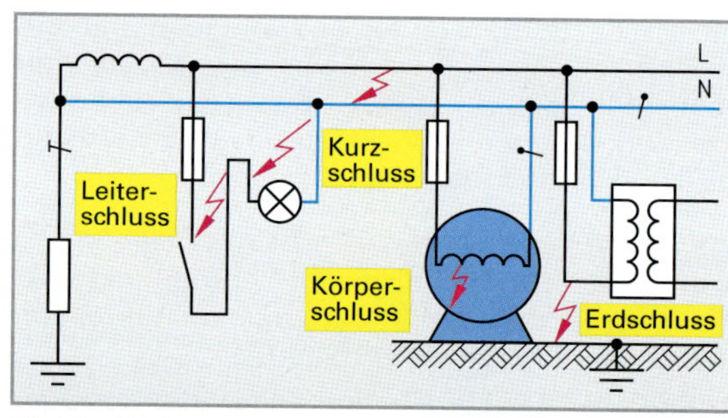

Bild 3: Fehlerarten

Tabelle 1: Geräteschutzklassen			
Schutzklasse	I	II	III
Schutzmaßnahme	mit Schutzleiter	Schutzisolierung[1]	Schutzkleinspannung
Kennzeichen	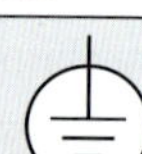	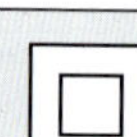	
Beispiele	Elektromotoren, Schaltschränke	Haushaltsgeräte, Heimwerkermaschinen	Handleuchten, elektrisches Spielzeug

[1] Doppelte oder verstärkte Isolierung

2.12.2 Überstrom-Schutzeinrichtungen

Unzulässig starke Ströme gefährden elektrische Anlagen und können Brände verursachen. Deshalb baut man eine Überstrom-Schutzeinrichtung in den Stromkreis ein.

Schmelzsicherungen enthalten einen *Schmelzleiter*. Er besteht aus Silber oder aus Kupfer. Der *Schmelzeinsatz* besteht aus einem isolierenden Gehäuse, z. B. aus Glas oder Porzellan, in welches der Schmelzleiter eingebaut ist. Der Schmelzeinsatz ist nach dem Ansprechen auszuwechseln. Das Auswechseln von Schmelzeinsätzen gegen solche von zu starkem Bemessungsstrom ist verboten.

> Schmelzsicherungen dürfen nicht geflickt oder überbrückt werden.

Geräteschutzsicherungen (Feinsicherungen) werden mit Bemessungsströmen von 1 mA bis 10 A zum Schutz von elektronischen Geräten gebraucht. Der Bemessungsstrom ist jeweils auf der Kontaktkappe angegeben. Bei den *flinken* Schmelzeinsätzen (Kennzeichen F) und bei den *superflinken* (FF) schmilzt der Schmelzleiter beim gleichen Strom in kürzerer Zeit durch als bei den *trägen* Schmelzeinsätzen (Kennzeichen T) oder *superträgen* (TT). Schmelzeinsätze mit hoher Schaltleistung haben ein undurchsichtiges Gehäuse, z. B. aus Glas mit Sandfüllung oder aus Porzellan. Sie können dort verwendet werden, wo der Kurzschlussstrom sehr stark ist, z. B. bei Netzteilen. Schmelzeinsätze mit niedriger Schaltleistung haben ein durchsichtiges Gehäuse. Der Spannungsfall bei Feinsicherungen kann über 10 V betragen.

Schmelzeinsätze der Energietechnik werden mit Bemessungsströmen von 2 A bis 850 A verwendet.

Bei der Schmelzsicherung mit Passschraube ist der Fußkontakt des Schmelzeinsatzes in einer so genannten Passschraube mit dem Netz verbunden. Der Kopfkontakt steckt in einer Schraubkappe und ist mit dem Verbraucher verbunden. Die Passschrauben besitzen verschieden große Innendurchmesser für die entsprechenden Fußkontakte. Die irrtümliche Verwendung von Schmelzeinsätzen mit zu starkem Bemessungsstrom ist dadurch ausgeschlossen.

> Das Auswechseln einer Passschraube gegen eine solche für zu starken Bemessungsstrom ist verboten.

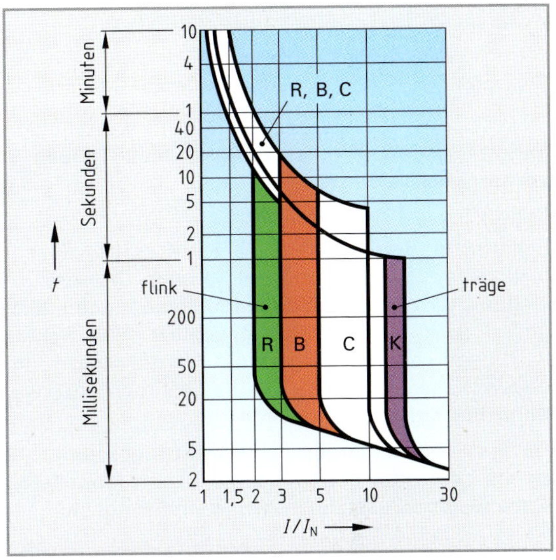

Bild 1: Auslösekennlinien von LS-Schaltern der Typen R, B, C und K

Leitungsschutzschalter (LS-Schalter) erfüllen dieselben Aufgaben wie Schmelzsicherungen. Beim Einschalten wird eine Feder gespannt, die beim Auslösevorgang freigegeben wird und den Schalter betätigt. Der Schutzschalter enthält einen thermischen Auslöser, der bei geringer Dauerüberlast verzögert auslöst, und einen magnetischen Auslöser, der bei Kurzschluss unverzögert auslöst.

LS-Schalter Typ B werden für den Leitungsschutz, LS-Schalter Typ C für den Schutz von Geräten eingesetzt **(Bild 1)**.

Thermische Auslöser arbeiten meist mit einem Bimetallstreifen, der sich bei Erwärmung durchbiegt und bei Überstrom auslöst. Magnetische Auslöser bestehen aus einer Spule mit beweglichem Eisenkern, der bei starkem Überstrom angezogen wird.

> LS-Schalter Typ B lösen beim 3- bis 5-fachen Bemessungsstrom aus, LS-Schalter Typ C beim 5- bis 10-fachen Bemessungsstrom.

Elektronische Schutzschalter haben mehrere Kanäle (Ausgäng) zur selektiven Absicherung von Gleichstromkreisen, meist 24 Volt. Sie schützen Stromkreise gegen Überstrom und Kurzschluss wesentlich genauer als klassische Leitungsschutzschalter. An jedem Kanal kann der Auslösestrom individuell eingestellt werden. Das Einschalten von Verbrauchern mit hohen kapazitiven Lasten erfolgt zuverlässig.

2.12.3 Schutzarten elektrischer Betriebsmittel

Schutzklassen

Elektrische und elektronische Geräte werden den Schutzklassen I, II oder III zugeordnet **(Tabelle 1, vorhergehende Seite)**.

Schutzarten

Elektrische Betriebsmittel, z. B. Motoren, Transformatoren, Schalter, müssen je nach Ort der Aufstellung und je nach Verwendung unterschiedlich gegen zufälliges Berühren geschützt sein. Schutz wird gegen das Eindringen von Fremdkörpern und gegen Wasser durch die Kennbuchstaben und zwei Kennziffern gekennzeichnet .

Die erste Kennziffer gibt den Berührungsschutz, die zweite Kennziffer den Wasserschutz an **(Tabelle 1)**. Auch weitere Zusatzbuchstaben sind möglich.

Beispiel 1: Schutzarten

Was bedeutet die Kennzeichnung IP 32?

Lösung:

IP	3	2
Internationale Schutzart	Schutz gegen Eindringen von Fremdkörpern > 2,5 mm ∅	Schutz gegen Tropfwasser 15° gegen die Senkrechte

Wird in Beschreibungen nur die Kennziffer eines Schutzgrades angegeben, so wird die andere Kennziffer durch X ersetzt, z. B. IP X3.

IP-Schutzarten können auf den Betriebsmitteln auch durch Bildzeichen angegeben werden **(Tabelle 2)**.

Tabelle 1: IP-Schutzarten (Auszug)

Kennziffer	Berührungsschutz, Fremdkörperschutz		Wasserschutz	
0	ohne		ohne	
1	gegen Fremdkörper	> 50 mm ∅	gegen Wasser	senkrechtes Tropfwasser
2	gegen Fremdkörper	> 12 mm ∅	gegen Wasser	schräges Tropfwasser (bis 15° gegen die Senkrechte)
3	gegen Fremdkörper	> 2,5 mm ∅	gegen Wasser	Sprühwasser
4	gegen Fremdkörper	> 1 mm ∅	gegen Wasser	Spritzwasser
5	staubgeschützt		gegen Wasser	Strahlwasser

IP (von International Protection = internationale Schutzart)

Tabelle 2: Bildzeichen für Schutzarten

Bildzeichen	Schutzart	entspricht
	tropfwassergeschützt	IP 31
	regengeschützt	IP 33
	spritzwassergeschützt	IP 54
	strahlwassergeschützt	IP 55
	Schutz beim Eintauchen (wasserdicht)	IP 67

ⓘ Spartransformatoren, Spannungsteiler und Vorwiderstände sind zur Erzeugung der Sicherheitskleinspannung nicht zulässig.

2.12.4 Systemunabhängige Schutzmaßnahmen

Diese Schutzmaßnahmen haben keinen Schutzleiter und verhindern das Entstehen einer zu hohen Berührungsspannung.

Systemunabhängige Schutzmaßnahmen verhindern ohne Schutzleiter das Entstehen einer zu hohen Berührungsspannung.

Sicherheitskleinspannung SELV

Bei der Schutzmaßnahme SELV (von Safety Extra Low Voltage = Sicherheitskleinspannung) werden die Verbraucher über einen besonderen Erzeuger mit einer Bemessungswechselspannung unter 50 V (meist 12 V oder 42 V) oder mit einer Bemessungsgleichspannung unter 120 V versorgt. Zugelassene Erzeuger sind Sicherheitstransformatoren, galvanische Elemente, Motorgeneratoren und elektronische Geräte mit Spannungsbegrenzung **(Bild 1, folgende Seite)**.

Transportable Sicherheitstransformatoren für SELV müssen zur Schutzklasse II gehören. Leitungen und Installationsmaterial müssen für mindestens 250 V isoliert sein. Diese Spannung gilt nicht für Spielzeuge und Fernmeldeanlagen. Geräte für SELV (Geräteschutzklasse III) dürfen keine Anschlüsse für Schutzleiter haben und ihre Stecker dürfen nicht in Netzsteckdosen passen.

Anwendungsbeispiele sind z. B. Spielzeuge, Geräte zur Körperpflege und Sicherheitsbeleuchtung.

Kleinspannungen PELV

Bei PELV (von Protective Extra Low Voltage = Schutzkleinspannung) dürfen der Stromkreis und Körper der Betriebsmittel mit Erde oder Schutzleiter leitend verbunden sein, wenn zusätzlich Schutz gegen direktes Berühren getroffen wird (sichere Trennung vom Versorgungsnetz).

Bei PELV darf der Stromkreis geerdet sein, wenn auch bei Spannungen unter AC 25 V oder DC 60 V Schutz gegen direktes Berühren gewährleistet ist.

Kleinspannung FELV

Bei FELV (von Functional Extra Low Voltage = Funktionskleinspannung) besteht keine sichere Trennung gegen das Versorgungsnetz. Deshalb sind auch auf der Kleinspannungsseite die Schutzmaßnahmen des Versorgungsnetzes von z.B. 230 V anzuwenden. Die Stecker von Stromkreisen mit PELV oder FELV dürfen nicht in Netzsteckdosen passen. Außerdem dürfen die Steckvorrichtungen für PELV oder von FELV und für Sicherheitskleinspannung SELV nicht zusammenpassen. FELV bedeutet Funktionskleinspannung, z. B. für Steuerspannung, ohne sichere elektrische Trennung.

Schutz durch Betriebmittel der Schutzklasse II (Schutz durch doppelte oder verstärkte Isolierung)

Geräte der Schutzklasse II werden gegen unzulässig hohe Berührungsspannung durch eine zusätzliche Isolierung geschützt **(Bild 2)**. Diese kann z.B. als Schutzumhüllung oder Schutz-Zwischenisolierung ausgeführt sein, zusätzlich zur Basisisolierung.

Geräte der Schutzklasse II dürfen nicht mit dem Schutzleiter verbunden werden.

Deshalb sind industriell gefertigte Geräte, z.B. Elektrorasierer, Rundfunk- und Fernsehgeräte, nur über zweiadrige Leitungen und Stecker ohne Schutzkontakt angeschlossen.

Wird ein Kabel mit Schutzleiter verwendet, ist er auf eine isoliert angebrachte Klemme im Gerät anzuschließen.

Schutztrennung

Bei Schutztrennung wird der Stromkreis durch einen *Trenntransformator* vom Netz getrennt. Die Schutztrennung ist jedoch nur wirksam, wenn auf der Ausgangsseite kein Erdschluss auftritt.

Trenntransformatoren müssen schutzisoliert sein. Der Ausgangsstromkreis darf weder mit Erde noch mit anderen Stromkreisen verbunden werden **(Bild 3)**. Er soll von anderen Stromkreisen getrennt verlegt werden. Die Spannung eines Stromkreises mit Schutztrennung darf 500 V nicht überschreiten. Als bewegliche Leitungen sind Gummischlauchleitungen H07RN-F bzw. A07RN-F zu verwenden.

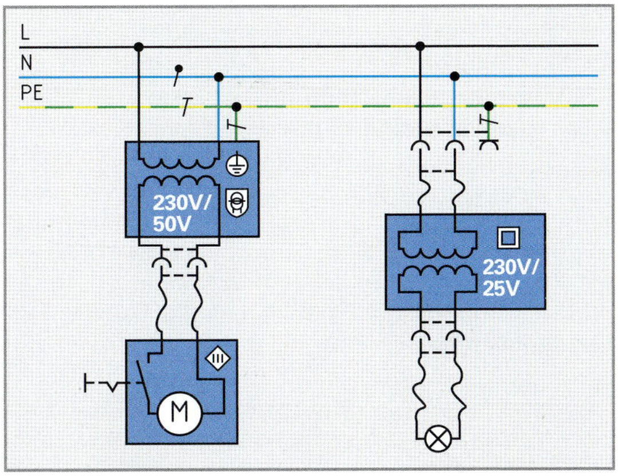

Bild 1: Beispiele für die Erzeugung von Sicherheitskleinspannung SELV

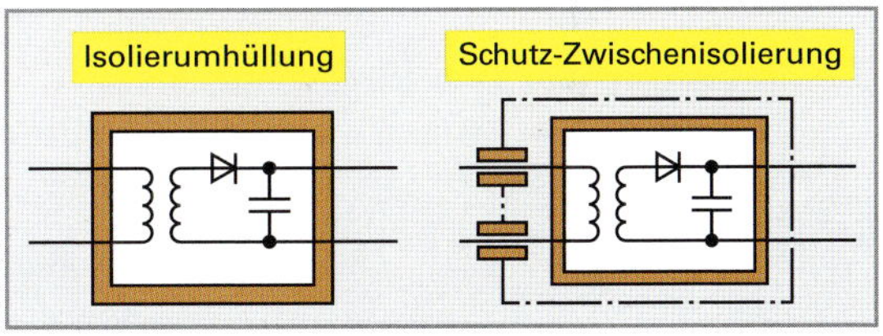

Bild 2: Beispiele für Schutzklasse II

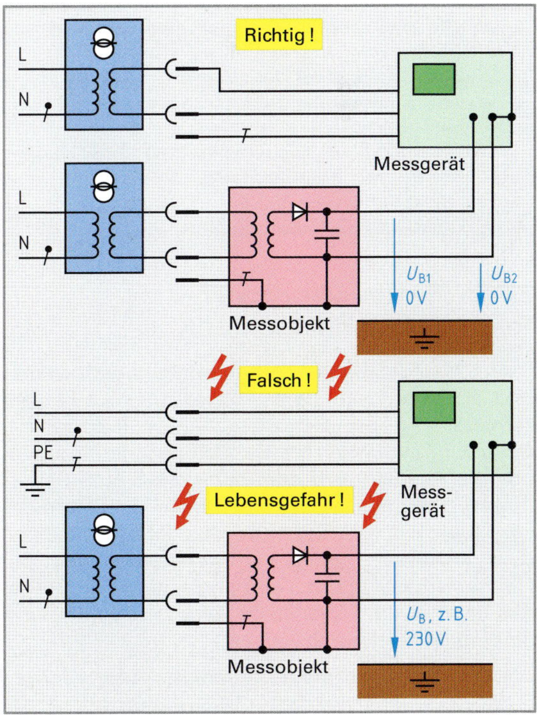

Bild 3: Richtige und falsche Anwendung von Schutztrennung

Im Stromkreis mit Schutztrennung dürfen leitfähige Teile von Betriebsmitteln nicht mit Erde, Schutzleitern und leitfähigen Teilen anderer Stromkreise verbunden werden.

Ist Schutztrennung *vorgeschrieben*, so darf an einen Trenntransformator nur *ein* Verbraucher angeschlossen werden. In den anderen Fällen müssen die Körper der Verbraucher durch einen isolierten und nicht geerdeten Potenzialausgleichsleiter verbunden werden.

An einen Trenntransformator darf meist nur ein Verbraucher angeschlossen werden.

Schutztrennung wird z. B. bei der Fehlersuche in elektronischen Geräten mit Netzanschluss angewendet. Jedes Gerät muss an einen eigenen Trenntransformator angeschlossen sein und darf nicht geerdet werden (Bild 3, vorhergehende Seite).

Systemunabhängige Schutzmaßnahmen sind Sicherheitskleinspannung SELV, Kleinspannungen PELV und FELV, Geräte der Schutzklasse II und Schutztrennung.

Wiederholung und Vertiefung

1. **Welche Maßnahmen sind vor dem Arbeiten an Starkstromanlagen unter 1000 V erforderlich?**
2. **Welche Maße hat der Handbereich?**
3. **Welche Aufgabe hat Schutz gegen direktes Berühren?**
4. **Welches sind die höchstzulässigen Berührungsspannungen für Menschen und Tiere?**
5. **Erklären Sie die verschiedenen Fehlerarten.**
6. **Was bedeutet die Schutzart IP 54?**

2.12.5 Systemabhängige Schutzmaßnahmen

Diese Schutzmaßnahmen haben einen Schutzleiter und schalten nach dem Auftreten eines Fehlers selbstständig durch vorgeschaltete *Überstrom-Schutzeinrichtungen*, z. B. Schmelzsicherungen, oder *Fehlerstrom-Schutzeinrichtungen*, ab (= Schutz durch automatische Abschaltung der Stromversorgung). Sie verhindern so das *Bestehenbleiben* einer unzulässig hohen Berührungsspannung. Bei Isolationsüberwachungseinrichtungen erfolgt dagegen beim ersten Fehler keine *Abschaltung*, sondern eine *Meldung* des Fehlers.

Als Schutzleiter wird eine grüngelbe Ader oder ein grüngelber, isolierter Leiter verwendet. Alle leitfähigen Körper der Betriebsmittel, z. B. Gehäuse, müssen an einen Schutzleiter angeschlossen werden.

Tabelle 1: Verteilungssysteme (Netzformen)

TN-S-System	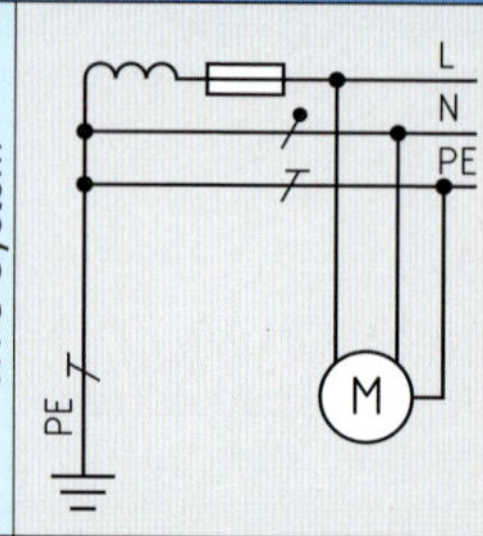	Neutralleiter und Schutzleiter sind getrennt geführt, im Erzeuger aber verbunden und geerdet. Fehlerstrom fließt durch PE. Schutz durch Überstrom-Schutzeinrichtungen, Fehlerstrom-Schutzeinrichtungen oder beides.
TN-C-System	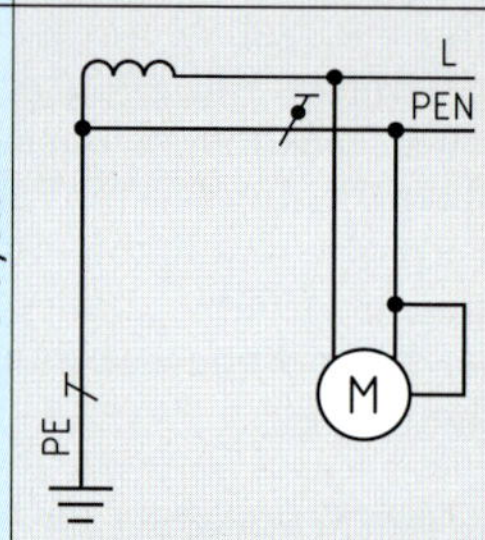	PEN-Leiter übernimmt Neutralleiterfunktion und Schutzleiterfunktion. Fehlerstrom fließt durch PEN-Leiter. Schutz durch Überstrom-Schutzeinrichtungen, auch zusammen mit Fehlerstrom-Schutzeinrichtungen.
TT-System	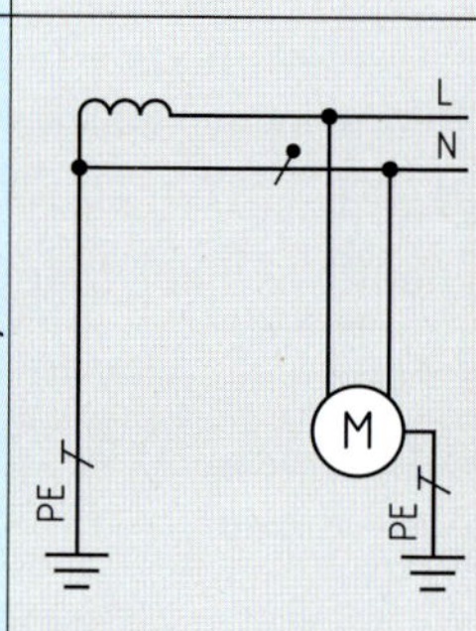	Sternpunkt des Erzeugers geerdet und mit Neutralleiter verbunden, Körper der Betriebsmittel über PE mit Erder verbunden. Fehlerstrom fließt durch die Erdungsanlage. Schutz meist durch Überstrom-Schutzeinrichtungen und/oder Fehlerstrom-Schutzeinrichtungen.
IT-System	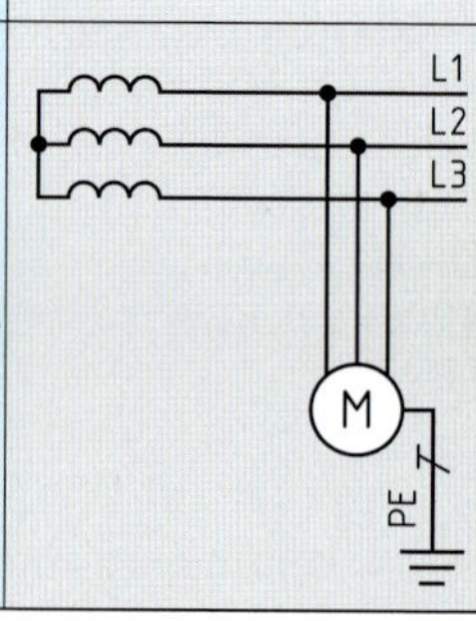	Sternpunkt des Erzeugers ist nicht geerdet. Körper der Betriebsmittel sind bei Bedarf geerdet. Erster Fehler muss nicht zur Abschaltung führen. Schutz durch Isolationsüberwachung, Überstrom-Schutzeinrichtungen, Fehlerstrom-Schutzeinrichtungen.

1. Buchstabe (Erdung des Erzeugers):
   - T Erzeuger direkt geerdet (T von franz. Terre = Erde).
   - I Erzeuger gegen Erde isoliert oder über große Impedanz mit Erde verbunden (I von Isoliert).
2. Buchstabe (Schutzerdung der Betriebsmittel):
   - T Körper direkt geerdet.
   - N Körper direkt mit Betriebserdung verbunden (N von Neutral).
3. Buchstabe (Verbindung Neutralleiter-Schutzleiter):
   - S N und PE getrennt verlegt (S von Separated = getrennt).
   - C N und PE als PEN vereint (C von Combined = vereint, verbunden).

In jedem Gebäude muss ein Schutzpotenzialausgleich stattfinden.

Die grüngelbe Ader von Leitungen sowie grüngelbe Leiter dürfen nur als Schutzleiter (PE), als PEN-Leiter oder als Potenzialausgleichsleiter verwendet werden.

Alle Schutzmaßnahmen mit Schutzleiter sind vom Errichter der Anlage vor Inbetriebnahme durch Besichtigen, Erproben und Messen zu prüfen. Darüber ist ein Protokoll anzufertigen.

Verteilungssysteme

Die anzuwendende Schutzmaßnahme hängt von der Erdverbindung des Niederspannungsnetzes ab **(Tabelle 1, vorhergehende Seite)**.

Schutzmaßnahmen im TN-System

Im TN-System müssen alle Körper von Geräten der Schutzklasse I mit dem geerdeten Punkt des speisenden Verteilungssystems durch den Schutzleiter bzw. PEN-Leiter verbunden werden.

Beim TN-C-System übernimmt der PEN-Leiter die Funktion des Schutzleiters und des Neutralleiters **(Bild 1)**. Der Schutz erfolgt hier durch Überstrom-Schutzeinrichtungen oder Fehlerstrom-Schutzeinrichtungen. Der PEN-Leiter darf für sich alleine nicht schaltbar sein.

Im TN-S-System wird der Verbraucher mit Neutralleiter und Schutzleiter angeschlossen (Bild 1). Zulässige Schutzeinrichtungen sind Überstrom-Schutzeinrichtungen, z. B. Schmelzsicherungen, Leitungsschutzschalter und Fehlerstrom-Schutzeinrichtungen.

In TN-Systemen führt ein vollständiger Körperschluss zum Kurzschluss und die vorgeschaltete Schutzeinrichtung muss die Anlage innerhalb der festgelegten Zeit abschalten.

Diese Abschaltzeit muss in Wechselstromkreisen für U_0 = 230 V mit Steckdosen oder mit ortsveränderlichen Betriebsmitteln der Schutzklasse I innerhalb 0,4 s liegen, in allen anderen Stromkreisen mit U_0 = 230 V innerhalb 5 s.

Dazu müssen die Schutzeinrichtungen und die Leiterquerschnitte so gewählt werden, dass der Abschaltstrom I_a, der die Schutzeinrichtung in der festgelegten Zeit auslöst, kleiner ist als der durch die Bemessungsspannung U_0 im Scheinwiderstand (Impedanz) Z_S der Fehlerschleife mögliche Strom **(Bild 2)**. Den Abschaltstrom kann man der Auslösekennlinie der Überstrom-Schutzeinrichtung, z. B. der Auslösekennlinie des Leitungsschutzschalters oder der Strom-Zeit-Kennlinie der Leitungsschutzsicherung **(Bild 3)** entnehmen. Dazu ermittelt man mit der höchstzulässigsten Abschaltzeit t_a aus der Worst-Case-Auslösekennlinie (von worst case = schlechtester Fall) den größtmöglichen Abschaltstrom I_a. Dieser muss dann kleiner sein als der Kurzschlussstrom I_k.

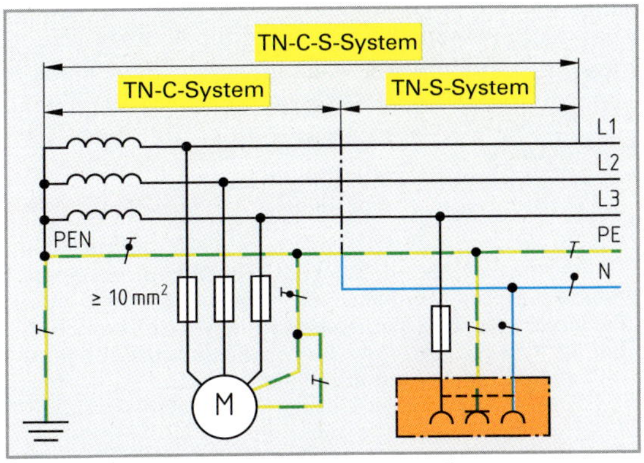

Bild 1: Schutz in TN-Systemen durch Überstrom-Schutzeinrichtungen

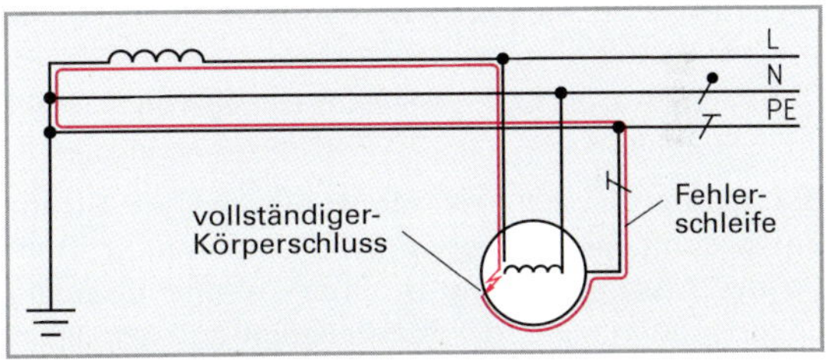

Bild 2: Fehlerschleife

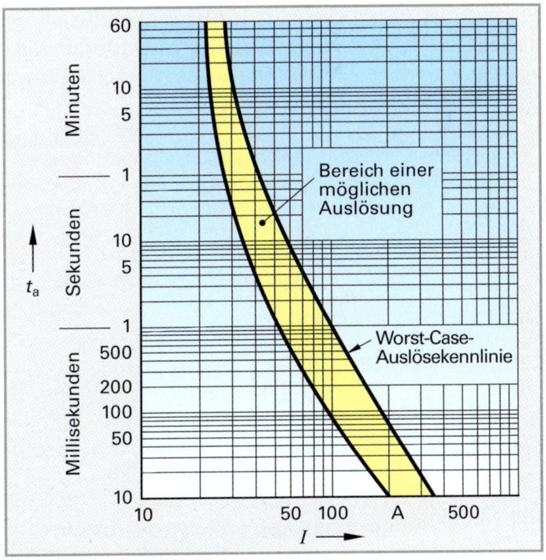

Bild 3: Strom-Zeit-Kennlinie einer Leitungsschutzsicherung gL/gG 16A

Ein automatisches Abschalten eines Stromkreises ist gewährleistet, solange der Kurzschlussstrom in der Fehlerschleife größer ist als der Abschaltstrom der Überstrom-Schutzeinrichtung.

Beispiel 1: Abschaltstrom überprüfen

Ein Steckdosenstromkreis mit $U_0 = 230$ V ist mit einer Überstrom-Schutzeinrichtung gL16A (Bild 3, vorhergehende Seite) abgesichert. Die Impedanz der Fehlerschleife bei Körperschluss eines Verbrauchers beträgt 1,56 Ω. Überprüfen Sie, ob die Schutzmaßnahme im Fehlerfall rechtzeitig abschaltet.

Lösung:

Für einen Steckdosenstromkreis mit $U_0 = 230$ V gilt als höchstzulässige Abschaltzeit: $t_a = 0{,}4$ s. In Bild 3, vorhergehende Seite, für $t_a = 0{,}4$ s abgelesen: $I_a \leq 115$ A.

$$I_k = \frac{U_0}{Z_S} = \frac{230\ \text{V}}{1{,}56\ \Omega} = \mathbf{147{,}4\ A}$$

$I_a \leq 115\ \text{A} \leq I_k = 147{,}4\ \text{A} \Rightarrow$ **Schutz ist gegeben.**

Bei einem Kurzschluss fließt ein großer Strom durch den Leiter und erwärmt diesen sehr schnell. Da die Wärmeableitung in einer Leitung über die Leiterisolation und die Mantelisolation sehr klein ist, muss der Stromkreis schnell abgeschaltet werden. Diese höchstzulässige Erwärmungszeit bei Kurzschluss hängt von einem Materialkoeffizienten des Leiterwerkstoffes ab **(Tabelle 1)**. Dadurch wird verhindert, dass die höchstzulässige Temperatur der Leiterisolation überschritten wird.

Beispiel 2: Abschaltzeit berechnen

In einem Wechselstromkreis mit $U_0 = 230$ V und einer Zuleitung NYM $3 \times 4\ \text{mm}^2$ beträgt die Schleifenimpedanz $Z_s = 0{,}48\ \Omega$. Welche Abschaltzeit darf die Überstrom-Schutzeinrichtung höchstens haben?

Lösung:

NYM hat PVC als Isolation.
$\Rightarrow$ nach Tabelle 1 ist $k = 115\,(\sqrt{\text{s}} \cdot \text{A/mm}^2)$

$$I_k = \frac{U_0}{Z_0} = \frac{230\ \text{V}}{0{,}48\ \Omega} = 479{,}2\ \text{A}$$

$$t_a < t_w = \left(k \cdot \frac{A}{I_k}\right)^2 = \left(115\ \frac{\sqrt{\text{s}} \cdot \text{A}}{\text{mm}^2} \cdot \frac{4\ \text{mm}^2}{479{,}2\ \text{A}}\right)^2 = \mathbf{0{,}92\ s}$$

Bei Verwendung einer Fehlerstrom-Schutzeinrichtung ist der Abschaltstrom I_a der Bemessungsfehlerstrom (Bemessungsdifferenzstrom) $I_{\Delta n}$. Zur Überprüfung, ob die Fehlerstrom-Schutzeinrichtung innerhalb der höchstzulässigen Abschaltzeit den Stromkreis unterbricht, muss $I_{\Delta n} \leq I_k$ sein, d. h. $I_{\Delta n} \leq U_0/Z_S$ sein. Bei Personenschutz mit $I_{\Delta n} \leq 30$ mA kann somit die Impedanz der Fehlerschleife größer sein als bei Verwendung von Überstrom-Schutzeinrichtungen.

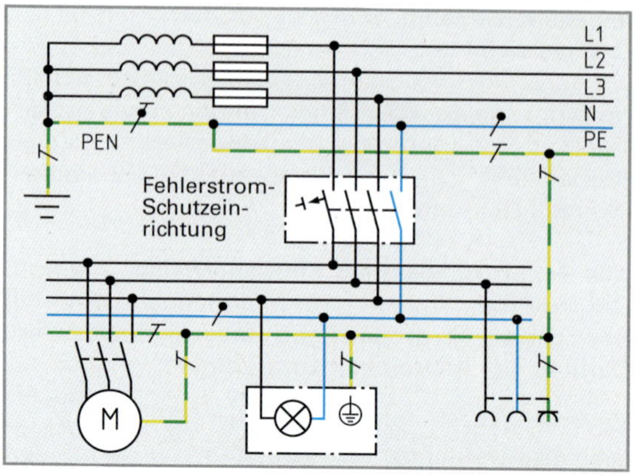

Bild 1: TN-System mit Fehlerstrom-Schutzeinrichtung

$$I_k = \frac{U_0}{Z_S} \qquad I_a \leq I_k \qquad I_a \leq \frac{U_0}{Z_S}$$

I_k zu erwartender Kurzschlussstrom
U_0 Bemessungswechselspannung gegen Erde
Z_S Impedanz der Fehlerschleife
I_a Abschaltstrom

Tabelle 1: Materialkoeffizienten nach DIN VDE 0100 Teil 540

Leiterisolierung	Materialkoeffizient k in $\sqrt{\text{s}} \cdot \text{A/mm}^2$ bei	
	Cu	Al
Gummi	141	93
PVC	115	76
PE-X (Duroplast)	143	134
Silikon-Kautschuk	132	87

$$t_w = \left(\frac{k \cdot A}{I_k}\right)^2$$

t_w zulässige Erwärmungszeit bei Kurzschluss
k Materialkoeffizient (Tabelle 1)
A Leiterquerschnitt
I_k Kurzschlussstrom

Die Abschaltzeit der Überstrom-Schutzeinrichtung muss kleiner sein als die höchstzulässige Erwärmungszeit der Leitung.

Als Fehlerstrom-Schutzeinrichtung nach **Bild 1** dient meist ein *Fehlerstrom-Schutzschalter*

(FI-Schutzschalter). Er wird zwischen das Netz und den Verbraucher angeschlossen. Die Körper der Betriebsmittel müssen mit dem Schutzleiter PE verbunden werden (Bild 1, vorhergehende Seite). Im Rahmen der internationalen Vereinheitlichung der Normen wird eine Fehlerstrom-Schutzeinrichtung als RCD (von Residual Current protective Device = Reststrom-Schutzgerät) bezeichnet. *FI-Schutzschalter (RCD)* werden nach ihren Merkmalen für die verschiedenen Einsatzbereiche klassifiziert **(Bild 1)**. Im Ringkern B1 eines RCD entsteht ein Magnetfeld, wenn die Summe der Ströme in L1, L2 und L3 ungleich Null ist **(Bild 2)**. Dadurch löst der RCD beim Erreichen des Bemessungsfehlerstromes aus. Über den zusätzlichen Ringkern B2 werden glatte Gleichfehlerströme zur Abschaltung erfasst. Die Auslösezeiten von RCD sind abhängig von der Größe des Fehlerstromes. Mit der Prüftaste S2 kann die Auslösefunktion überprüft werden. Bei Neuinstallationen müssen in Deutschland bei Bemessungsströmen bis 20 A alle Steckdosenstromkreise mit einem FI-Schutzschalter für 30 mA Bemessungsdifferenzstrom versehen sein (siehe Tabellenbuch Inform.-, Geräte-, System- und Automatisierungstechnik). RCD gibt es für Bemessungsdifferenzströme von 10 mA bis 1A.

Die DIN VDE 0100-410 fordert RCDs für alle Steckdosen in Innenräumen.

Schutzmaßnahmen im TT-System

Im TT-System müssen alle Körper von Betriebsmitteln *geerdet* werden **(Bild 3)**. Sind mehrere Körper durch eine gemeinsame Schutzeinrichtung geschützt oder gleichzeitig berührbar, so sind diese Körper alle durch Schutzleiter an einen *gemeinsamen Erder* anzuschließen. Damit die geforderte Abschaltzeit eingehalten wird, müssen Erdungswiderstand und Abschaltstrom klein sein.

Schutzmaßnahmen im IT-System

Im IT-System darf kein aktiver Leiter direkt geerdet sein. Alle Körper müssen mit dem Schutzleiter verbunden werden **(Bild 4)**. Tritt nur ein Fehler (Körperschluss oder Erdschluss) auf, so muss der Fehlerstrom so klein sein, dass die höchstzulässige Berührungsspannung nicht überschritten wird. Ein zusätzlicher örtlicher Potenzialausgleich kann erforderlich sein.

Durch eine Isolations-Überwachungseinrichtung muss ein erster Fehler ein optisches oder ein akustisches Signal auslösen oder eine automatische Abschaltung herbeiführen. Tritt ein zweiter Fehler auf, so muss die Anlage automatisch abgeschaltet werden. IT-Systeme mit ihren Schutzmaßnahmen finden z. B. in Operationsräumen Anwendung.

Fehlerstrom-Schutzeinrichtungen mit der Funktion: Abschaltung im Fehlerfall

- RCD: Fehlerstrom-Schutzeinrichtung allgemein
- RCCB, Typ A: Fehlerstrom-Schutzeinrichtung für Wechsel- und pulsierende Gleichfehlerströme
- RCCB, Typ B: Fehlerstrom-Schutzeinrichtung wie Typ A, aber auch für glatte Gleichfehlerströme

Bild 1: Typen von Fehlerstrom-Schutzeinrichtungen

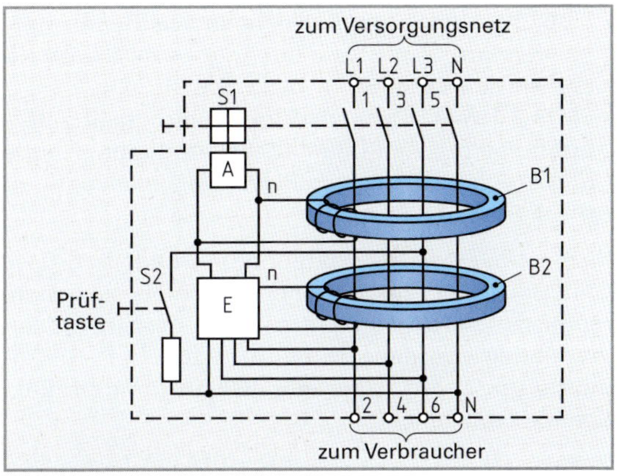

Bild 2: FI-Schutzschalter RCD

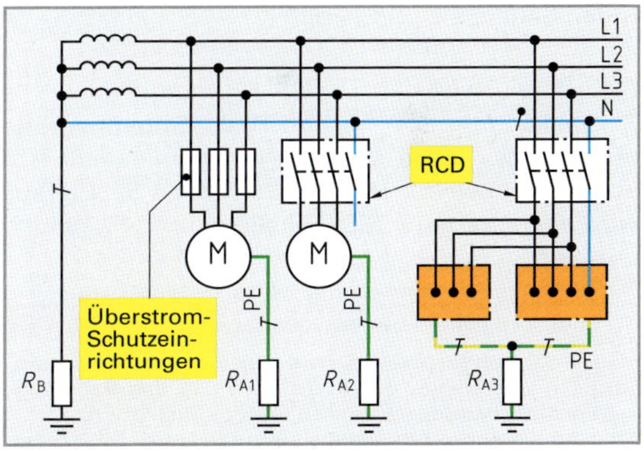

Bild 3: Schutzmaßnahmen im TT-System

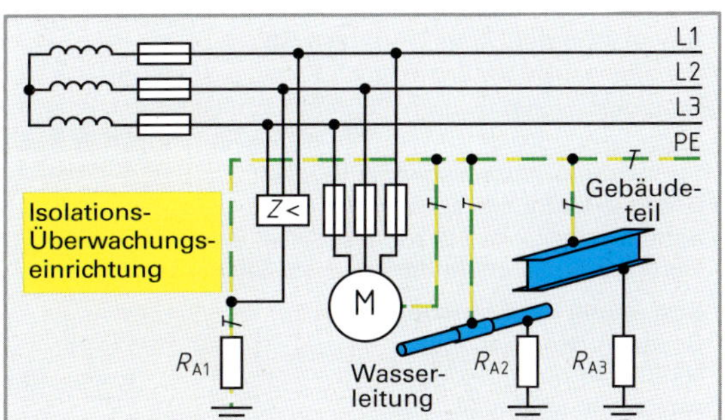

Bild 4: Schutzmaßnahme im IT-System

2.12.6 Funktionale Sicherheit

Funktionale Sicherheit einer Maschine sorgt für den Schutz des Bedieners vor Verletzungen. Sie hängt von der fehlerfreien Funktion ihrer Steuerungs- und Schutzeinrichtungen ab. Im Unterschied dazu sorgt die elektrische Sicherheit gemäß EN 60 204 (VDE 0113) für den Schutz vor elektrischem Schlag.

Die Bewertung funktionaler Sicherheit wird in zwei Normen mit je unterschiedlichen Begriffen geregelt:

- EN 62061 beschreibt, wie für beliebige Steuerungsarchitekturen ein Safety Integrity Level SIL ermittelt werden kann (SIL 1, SIL 2, SIL 3)
- EN ISO 13849 beschreibt fünf Steuerungsarchitekturen entsprechend den alten Kategorien 1 bis 4 und ordnet diesen einen Performance Level PL zu (PL a, PL b, ... , PL e).

Risikominderung. Risikominderung bedeutet, dass Gefährdungen, die von einer Maschine ausgehen, möglichst durch inhärent sichere Konstruktionen vermieden werden. Nach erfolgreicher Risikominderung wird trotz der Gefährdungen kein Schaden entstehen.

Verbleibende Gefährdungen müssen erkannt, bewertet und mit technischen Schutzmaßnahmen beherrscht werden.

Risikobewertung. Für beide Normen dienen die Risikoelemente S, F, W und P als Eingangsgröße (**Tabelle 1**). Diese werden unterschiedlich fein abgestuft bewertet (**Tabelle 2**, **Tabelle 3**). Hieraus wird ein geforderter SIL (**Tabelle 4**) bzw. PL (**Bild 1**) ermittelt.

Beispiel 1: Fahrerloses Transportsystem

Der Gefahrenbereich des Transportsystems muss sensorisch überwacht, vor Kollision muss das Fahrzeug stillgesetzt werden. Bewerten Sie das Risiko. Ermitteln Sie den geforderten Safety Integrity Level SIL sowie den geforderten Performance Level PL.

Lösung:

Bewertung der Steuerung nach SIL:

Schadensausmaß: Bruch eines Beins, permanent S = 2
Häufigkeit: Aufenthalt im Gefahrenbereich täglich F = 5
Eintrittswahrscheinlichkeit: Verletzung ist möglich W = 3
Vermeidung: Ausweichen ist möglich P = 3
Summe der Punkte K = F + W + P K = 11
Schnittpunkt Zeile Schadensausmaß S mit Spalte K
Geforderter Safety Integrity Level: SIL = 2

Bewertung der Steuerung nach PL:

Schaden dauerhaft – S2
Häufigkeit regelmäßig – F2
Ausweichen möglich – P1

Geforderter Performance Level: PL d

Tabelle 1: Risikoelemente

S	Schadensausmaß (Wie schwer ist die Verletzung?)
F	Frequenz und Dauer der Aussetzung (Wie oft wird der Gefahrenbereich betreten?)
W	Eintrittswahrscheinlichkeit eines Schadens (Kommt es innerhalb des Gefahrenbereichs zu einer Verletzung)
P	Möglichkeit zur Vermeidung der Gefährdung (Kann man dem bewegten Teil ausweichen?)

Tabelle 2: Bewertung der Elemente für PL

S1: reversibel	S2: dauerhafte Schäden, Tod
F1: selten	F2: häufig, regelmäßig, langzeitig
P1: hoch	P2: gering, Ausweichen kaum möglich

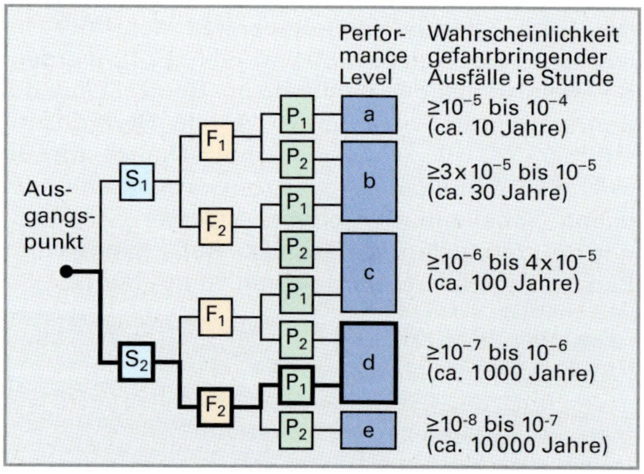

Bild 1: Bestimmung des erforderlichen PL (Riskograph)

Tabelle 3: Gewichtung der Elemente F, W, P für SIL

F: Betreten erfolgt	W: Verletzung ist	P: Ausweichen ist	Gewicht
stündlich, täglich	häufig	unmöglich	5
mind. alle 14 Tage	wahrscheinlich		4
mind. jährlich	möglich	möglich	3
seltener	selten		2
	vernachlässigbar	wahrscheinlich	1

Tabelle 4: Ermittlung des geforderten SIL

S: Schadensausmaß	Gewicht	Klasse: K = F + W + P				
		3-4	5-7	8-10	11-13	14-15
Tod, Verlust von Auge oder Arm	4	SIL 2	SIL 2	SIL 2	SIL 3	SIL 4
Permanent, Verlust von Fingern	3			SIL 1	**SIL 2**	SIL 3
Reversibel, medizin. Behandlung	2				SIL 1	SIL 2
SIL von Safety Integrity Level						

2.12.7 Prüfung von Schutzmaßnahmen

Vor der ersten Inbetriebnahme und nach jeder Änderung, Erweiterung und Instandsetzung sind elektrische Anlagen und Betriebsmittel durch eine Elektrofachkraft nachweisbar auf ihren ordnungsgemäßen Zustand und ihre Wirksamkeit hin zu prüfen (Erstprüfung). Durch die Erstprüfung sollen Konstruktions-, Material- und Fertigungsfehler vermieden werden. Prüfschwerpunkte nach Reparaturen sind nicht nur die reparierten Schadensstellen, sondern auch die Bereiche mit besonderer Abnutzungsgefahr, sowie der Nachweis der Gerätefunktion **(Bild 1)**. Außerdem müssen in bestimmten Zeitabständen Wiederholungsprüfungen durchgeführt werden **(Tabelle 1)**.

Die Prüfung der Schutzmaßnahmen erfolgt durch
- **Besichtigen**, z. B. auf äußere erkennbare Schäden und unzuverlässige Verbindungen,
- **Erproben**, z. B. der NOT-AUS-Einrichtungen, der RCD durch Betätigen der Prüftaste,
- **Messen**, z. B. der Isolationswiderstände **(Tabelle 2)**, der Schleifenwiderstände und der Erdungswiderstände. Hierfür gibt es besondere Mess- und Prüfgeräte. Die Isolationsmessung wird mit Gleichspannung durchgeführt.

Übergabebericht und Prüfprotokoll

Das Ergebnis der Prüfung durch Besichtigung, die Funktionsfähigkeit und die bei den Messungen erreichten Werte sind in einem Übergabebericht oder Prüfprotokoll festzuhalten.

Die Überprüfung der Schutzmaßnahmen nach DIN VDE 0701/0702 erfolgt durch Besichtigen, Erproben und Messen.

Tabelle 1: Prüfung elektrischer Anlagen

Prüfzeitpunkt, Prüffrist	Zu prüfende Einrichtungen
Erstprüfung	Elektrische Anlagen und Betriebsmittel allgemein auf ordnungsgemäßen Zustand.
Mindestens alle 4 Jahre	Elektrische Anlagen und ortsfeste elektrische Betriebsmittel auf ordnungsgemäßen Zustand.
Mindestens alle 6 Monate	Nicht ortsfeste elektrische Betriebsmittel, Anschluss- und Verlängerungsleitungen mit ihren Steckvorrichtungen auf ordnungsgemäßen Zustand sowie RCD in stationären Anlagen und Isolationswächter durch Betätigung der Prüftaste.
Mindestens einmal im Monat	RCD stationärer Anlagen auf ihre Wirksamkeit durch Betätigung der Prüftaste.
An jedem Arbeitstag	RCD nichtstationärer Anlagen durch Betätigung der Prüftaste.
Vor jeder Benutzung	Spannungsprüfer, isolierte Werkzeuge und isolierende Schutzeinrichtungen auf augenfällige Mängel und einwandfreie Funktion.

Tabelle 2: Isolationswiderstände

Anlage bzw. Betriebsmittel	Isolationswiderstand
Neuanlagen bis 1000 V in trockenen Räumen (Erstprüfung)	$\geq 1\ M\Omega$
Neuanlagen bis 1000 V in nassen Räumen und in Anlagen im Freien	$\geq 0{,}5\ M\Omega$
Betriebsmittel Schutzklasse I	$\geq 1000\ \Omega/V$
Betriebsmittel Schutzklasse II	$\geq 2\ M\Omega$
Betriebsmittel Schutzklasse III (Leiter gegen Erde gemessen)	$\geq 250\ k\Omega$

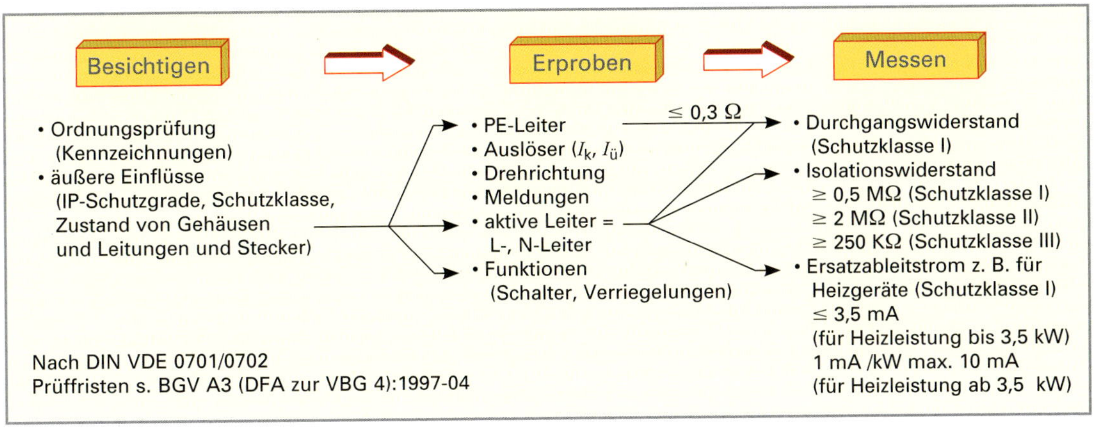

Bild 1: Prüfung elektrischer Betriebsmittel nach Reparaturen

2.12.8 Wiederholungsprüfungen an elektrischen Geräten

Die Wiederholungsprüfung aller gewerblich genutzter Elektrogeräte und Elektroanlagen ist Pflicht. Die Prüfungen werden auf Grundlage der Unfallverhütungsvorschrift BGV A3 der Berufsgenossenschaften durchgeführt. Sie sind in bestimmten Zeitabständen zu wiederholen **(Tabelle 1)**. Die Prüfung der Geräte schützt auch vor der Haftung bei Unfällen, verursacht durch defekte Elektrogeräte und damit vor wirtschaftlichen Schäden.

Ziel der Wiederholungsprüfung:

Mit der Wiederholungsprüfung werden eventuelle Abnutzungen oder Beschädigungen rechtzeitig erkannt, sofern sie sicherheitstechnisch relevant sind. Die Wiederholungsprüfung soll den sicherheitstechnisch einwandfreien Zustand eines gebrauchten Gerätes in einer Dokumentation belegen, damit es weiterhin benutzt werden kann **(Bild 1)**.

Die Wiederholungsprüfung besteht aus

- der Sichtprüfung,
- dem Messen und
- der Funktionskontrolle.

> Die Wiederholungsprüfung prüft den Schutz gegen direktes und indirektes Berühren in festgelegten Zeitabständen.

Grundsätzlich sind alle elektrisch betriebenen Geräte, die nicht fest am Netz, sondern mittels Stecker an einer Steckdose angeschlossen sind **(Tabelle 2)** nach DIN VDE 0702 Teil 1 zu prüfen.

Tabelle 1: Wiederholungsprüfung ortsveränderlicher elektrischer Geräte

Merkmal	Erklärung
Geräte	Ortsveränderliche elektrische Betriebsmittel, Geräteanschlussleitungen mit Steckvorrichtungen, Verlängerungs- und Anschlussleitungen, bewegliche Leitungen mit Steckern und Festanschluss.
Prüffristen	Richtwert 6 Monate, auf Baustellen 3 Monate. Ist die Fehlerhäufigkeit < 2 % kann die Frist verlängert werden, beträgt aber z. B. in Büros mindestens 2 Jahre.
Art der Prüfung	Auf ordnungsgemäßen Zustand
Prüfer	Elektrofachkraft, bei Verwendung geeigneter Prüfgeräte auch elektrotechnisch unterwiesene Personen.

Tabelle 2: Beispiele für wiederholend zu prüfende Geräte

✓	Elektrische Laborgeräte,
✓	Elektromotorgeräte,
✓	Elektro-Wärmegeräte,
✓	Elektrowerkzeuge,
✓	Kleinsttransformatoren,
✓	Leuchten,
✓	Mess-, Steuer- und Regelgeräte,
✓	Geräte der Unterhaltungselektronik,
✓	Geräte der Informationstechnik,
✓	Verlängerungsleitungen,
✓	Geräteanschlussleitungen

Sichtkontrolle:	Sichtprüfung durchgeführt	keine oder in Ordnung	fehlerhaft
Schäden am Gehäuse:	X	X	
Äußere Mängel der Anschlussleitung und Stecker:	X	X	
Anzeichen von Überlastung und unsachgemäßem Gebrauch:	X	X	
Unzulässige Eingriffe und Änderungen:	X	X	

	Sichtprüfung durchgeführt	keine oder in Ordnung	fehlerhaft
Ordnungsgemäßer Zustand der Abdeckung:	X	X	
Sicherheitsbeeinträchtigende Verschmutzung und Korrosion:	X	X	
Kühlöffnungen frei:	X	X	
Lesbarkeit von sicherheitsrelevanten Beschriftungen:		X	

Messwerte:		Einh.	Sollwerte	in Ordnung	nicht erforderlich
Isolationswiderstand	380	MΩ	≥ 1 MΩ	X	
Schutzleiterwiderstand	0,2	Ω	≤ 0,3 Ω	X	
Ersatzableitstrom	2,8	mA	≤ 3,5 mA	X	

Die Sicherheit des Gerätes wurde nach DIN VDE 0701/0702 geprüft: X

Die Sicherheit nach DIN VDE 0701/0702 ist gegeben: X

Prüfgerätebezeichnung/ Gerätenummer: Mikrocontroller – Einschub A1

Bild 1: Auszug aus einer Gerätedokumentation

3 Digitaltechnik

3.1 Einführung in die Digitaltechnik

Digitale Werte werden in binärer[1] Form durch die zwei Binärzeichen 0 und 1 dargestellt. Anstelle von Binärzeichen spricht man von Bit[2], Mehrzahl Bits.

> Binärzeichen haben zwei unterscheidbare Werte, z. B. 0 und 1.

3.1.1 Dualcode

In digitalen Geräten werden Zahlen und andere Zeichen durch binäre Verschlüsselungen (Codes) dargestellt, z. B. durch den Dualcode. Mit den Binärzeichen kann man durch Aneinanderreihen mehrerer Bits das duale[3] Zahlensystem aufbauen. Jedem 1-Zeichen einer so gebildeten Dualzahl wird je nach seiner Stelle ein Stellenwert (Gewicht) zugeordnet **(Tabelle 1)**.

Der Stellenwert ist für die von rechts erste Dualziffer $2^0 = 1$, für die zweite Dualziffer $2^1 = 2$, für die dritte Dualziffer $2^2 = 4$, usw. Die Stellenbewertung verdoppelt sich also immer mit der folgenden Stelle. Den Binärzeichen 0 ist stets der Wert null zugeordnet.

Beispiel 1: Umrechnung einer Dualzahl

Welcher Dezimalzahl entspricht die Dualzahl 1001?

Lösung:

	1	0	0	1	≙ 8 + 0 + 0 + 1 = **9**
Stellenwert:	2^3	2^2	2^1	2^0	
	8	4	2	1	

Zur Verschlüsselung der ersten 16 Zahlen in Tabelle 1 sind vier Stellen, d.h. vier Bits nötig. Mit fünf Binärstellen lassen sich gerade doppelt soviel Zahlen, nämlich $2^5 = 32$, verschlüsseln. Hat man n Bits, so kann man damit 2^n Zahlen darstellen.

Für die Bildung gebrochener Zahlen bewertet man die Dualziffern rechts vom Komma mit Potenzen von 2, deren Hochzahlen negativ sind.

Beispiel 2: Wertberechnung einer Dualzahl

Welchen Wert hat die Dualzahl 110,101?

Lösung:

1	1	0,	1	0	1	
2^2	2^1	2^0	2^{-1}	2^{-2}	2^{-3}	
4	2	1	$\frac{1}{2}$	$\frac{1}{4}$	$\frac{1}{8}$	⇒ 6,625

Tabelle 1: Dualzahlen

Dez. zahl	Dualzahl	Dez. zahl	Dualzahl
00	0 0 0 0	08	1 0 0 0
01	0 0 0 1	09	1 0 0 1
02	0 0 1 0	10	1 0 1 0
03	0 0 1 1	11	1 0 1 1
04	0 1 0 0	12	1 1 0 0
05	0 1 0 1	13	1 1 0 1
06	0 1 1 0	14	1 1 1 0
07	0 1 1 1	15	1 1 1 1
Stellenwert	8 4 2 1		8 4 2 1

$0 + 0 = 0$ $1 + 0 = 1$ $1 + 1 = 10$

Rechnen mit Dualzahlen

Das Rechnen im dualen Zahlensystem ist dem Rechnen im Dezimalsystem ähnlich.

Addition und Subtraktion. Dualzahlen werden wie Dezimalzahlen stellenweise addiert. Bei 1 + 1 entsteht 0 und ein Übertrag 1 in die nächst höhere Stelle, so wie im Dezimalzahlensystem 9 + 1 die Ziffer 0 ergibt und einen Übertrag in die nächste Stelle liefert.

Beispiel 3: Addition zweier Dualzahlen

Berechnen Sie 14 + 6 mit Dualzahlen.

Lösung:

dezimal:		dual:
14		1 1 1 0
+ 06		+ 0 1 1 0
1	Übertrag	1 1 1
20		**1 0 1 0 0** ≙ 20

Für die Anzahl der Bits einer codierten Angabe verwenden wir die Einheit bit. Den Dezimalzahlen 0 bis 15 entsprechen also Dualzahlen mit einer Länge von 4 bit. Eine zusammenhängende Folge von 8 bit bezeichnet man als Byte (B) oder auch als Oktett.

Umrechnung:

8 bit = 1 Byte = 1 B
1 Kilobyte = 1 KB = 2^{10} B = 1024 B
1 Megabyte = 1 MB = 2^{10} KB = 2^{20} B = 1048576 B
1 Gigabyte = 1 GB = 2^{30} B
1 Terabyte = 1 TB = 2^{40} B
1 Petabyte = 1 PB = 2^{50} B

Vorsätze für Größen der Computertechnik siehe Tabellenbuch Informations- und Systemtechnik.

[1] lat. bini = je zwei; [2] Kunstwort von binary digit = Binärzeichen; [3] lat. duo = zwei

3.1.2 Binäre Elemente

Die binären Elemente sind die Grundschaltungen der Digitaltechnik. Man unterscheidet UND-Elemente, ODER-Elemente und NICHT-Elemente (Inverter). Sie sind meist als IC ausgeführt **(Bild 1)**.

Oft wird dem Signal mit dem Wert 1 die Spannung mit dem Pegel H (von high = hoch) zugeordnet. Damit ist die Spannung dieses Signals positiv gegenüber der Spannung des anderen Signals. Entsprechend wird dem Signal mit dem Wert 0 die Spannung mit dem Pegel L (von low = niedrig) zugeordnet. Die Spannung dieses Signals ist negativ gegenüber der Spannung des anderen Signals. Diese Art der Zuordnung der Pegel zum Wert des Signals nennt man *positive Logik*. Wenn nichts anderes vermerkt wird, verwenden wir im Folgenden die positive Logik.

UND-Element (AND-Element)

Bei der Transistorschaltung **Bild 2** schalten beide Transistoren K1 und K2 nur durch, wenn die beiden Eingänge E1 und E2 die Signale e_1 und e_2 mit dem Wert 1 (z. B. +5 V) haben. Damit liegt dann etwa die Betriebsspannung $+U_b$, d. h. ein Signal x mit dem Wert 1, am Ausgang X **(Bild 3)**.

Liegt nur an einem Eingang ein Signal mit dem Wert 1, so bleibt am Ausgang X das Signal mit dem Wert 0 (z. B. 0 V), weil ein Transistor sperrt. Wenn an beiden Eingängen Signale mit dem Wert 0 anliegen, sperren beide Transistoren und am Ausgang liegt ein Signal mit dem Wert 0. Den Unterschied der Spannungen zwischen den Werten 0 und 1 bezeichnet man als *Spannungshub*.

Am Ausgang eines UND-Elementes erscheint nur dann ein Signal mit dem Wert 1, wenn alle Eingänge Signale mit dem Wert 1 führen.

ODER-Element (OR-Element)

Legt man bei der Transistorschaltung **Bild 4** an den Eingang E1 ein Signal mit dem Wert 1, so liegt am Ausgang X ebenfalls ein Signal mit dem Wert 1 **(Bild 1, folgende Seite)**. Wiederholt man dasselbe mit dem Eingang E2, so liegt am Ausgang X ebenfalls ein Signal mit dem Wert 1. Dieselbe Wirkung haben gleichzeitige Signale mit dem Wert 1 an beiden Eingängen. Es muss also mindestens ein Eingang ein Signal mit dem Wert 1 haben, damit am Ausgang X ein Signal mit dem Wert 1 anliegt.

Das im Schaltzeichen eingetragene Symbol $\geqslant 1$ kann durch 1 ersetzt werden, wenn dadurch keine Unklarheit entsteht.

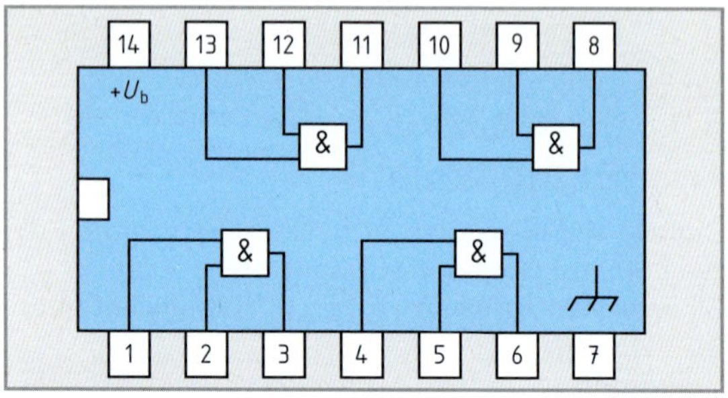

Bild 1: IC 7408 mit 4 UND-Elementen

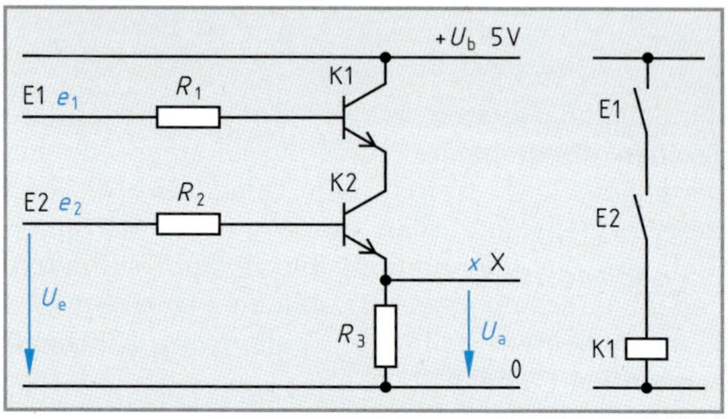

Bild 2: Prinzip eines UND-Elementes

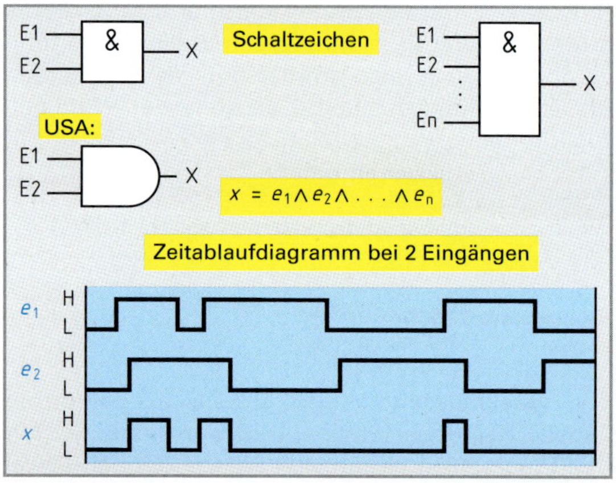

Bild 3: Schaltzeichen und Zeitablaufdiagramm eines UND-Elementes

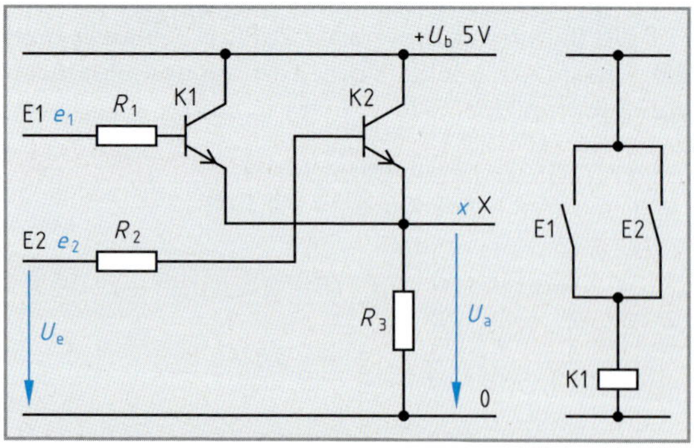

Bild 4: Prinzip eines ODER-Elementes

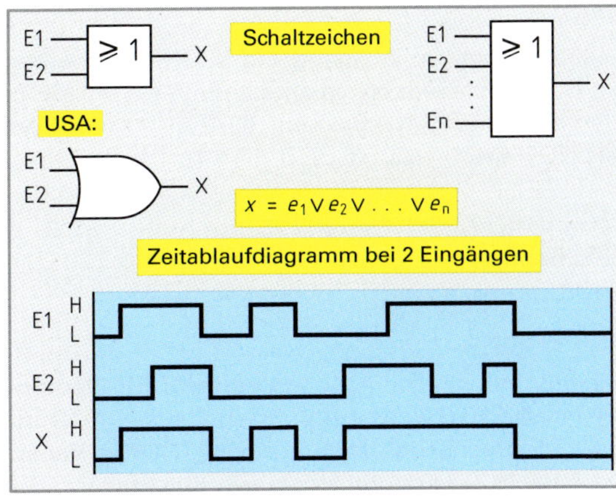

Bild 1: Schaltzeichen und Zeitablaufdiagramm eines ODER-Elementes

Bei einer ODER-Schaltung erscheint am Ausgang ein Signal mit dem Wert 1, wenn mindestens ein Eingang ein Signal mit dem Wert 1 führt.

NICHT-Element (Inverter)

NICHT-Elemente sind Transistorschalter **(Bild 2)**. Liegt am Eingang ein Signal mit dem Wert 1, z. B. 5 V, so leitet der Transistor. Am Ausgang liegt dann ein Signal mit dem Wert 0, weil der Widerstand der Kollektor-Emitter-Strecke fast null ist. Liegt dagegen am Eingang ein Signal mit dem Wert 0, so fließt kein Basisstrom und der Transistor sperrt. Am Ausgang liegen dann 5 V an. Das Ausgangssignal hat den Wert 1.

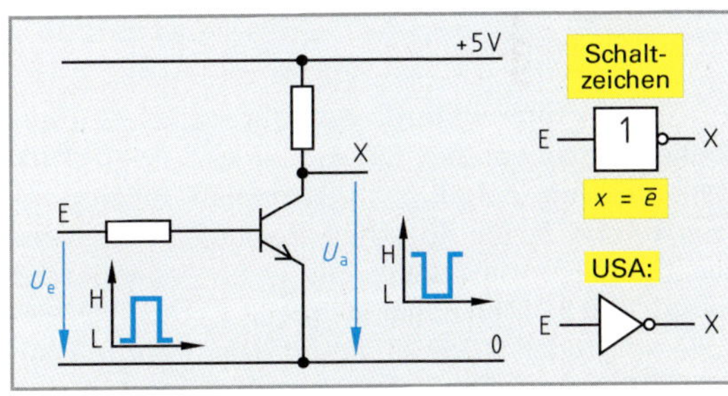

Bild 2: Prinzip und Schaltung eines NICHT-Elementes

Am Ausgang einer NICHT-Schaltung erscheint ein Signal mit dem Wert 1, wenn am Eingang ein Signal mit dem Wert 0 anliegt.

Positive Logik und negative Logik

Das UND-Element Bild 2, vorhergehende Seite, arbeitet nur dann als UND-Element, wenn dem Wert 1 die positive Spannung, dem Wert 0 die Spannung 0 V entspricht (H-AND-Schaltung).

Positive Logiksysteme haben für das Signal mit dem Wert 1 eine stärkere positive Spannung als für das Signal mit dem Wert 0.

Positive Logik			Negative Logik		
e_2	e_1	x	e_2	e_1	x
0	0	0	1	1	1
0	1	0	1	0	1
1	0	0	0	1	1
1	1	1	0	0	0

Bild 3: Vergleich der Logikarten einer UND-Verknüpfung

Ordnet man dagegen beim UND-Element Bild 2, vorhergehende Seite, dem H-Pegel ein Signal mit dem Wert 0 zu und dem L-Pegel ein Signal mit dem Wert 1, so liegt ein ODER-Element (L-OR-Schaltung) vor **(Bild 3)**.

Die Höhe der Spannung für ein bestimmtes Signal, z. B. das Signal mit dem Wert 1, gemessen ab der Spannung für das andere Signal, bezeichnet man als *Spannungspegel* **(Tabelle 1)**.

Binäre Schaltungen ohne Angabe der Spannungszuordnung sind positive Logiksysteme.

Tabelle 1: Spannungspegel binärer Schaltungen (Auswahl)

Bezeichnung	Signal Wert 0 Eingang U_{IL}	Signal Wert 1 Eingang U_{IH}	Signal Wert 0 Ausgang U_{OL}	Signal Wert 1 Ausgang U_{OH}
TTL 5 V	0 V bis 0,8 V	2 V bis 5,5 V	0 V bis 0,4 V	2,4 V bis 5,0 V
Low Voltage TTL 3,3 V	0 V bis 0,8 V	2 V bis 3,6 V	0 V bis 0,4 V	2,4 V bis 3,6 V
CMOS 5 V	0 V bis 1,5 V	3,5 V bis 5,5 V	0 V bis 0,5 V	4,44 V bis 5,0 V
CMOS 2,5 V	0 V bis 0,7 V	1,7 V bis 2,7 V	0 V bis 0,2 V	2,3 V bis 2,7 V
CMOS 1,8 V	0 V bis 0,7 V	1,17 V bis 1,9 V	0 V bis 0,45 V	1,2 V bis 1,9 V
RS-232	–12 V bis –3 V	+3 V bis +12 V	I Input, O Output, L low, H high	

NAND-Element

Schließt man am Ausgang eines UND-Elementes ein NICHT-Element an, so entsteht ein UND-NICHT-Element, das NAND-Element (NAND = Kunstwort aus NOT AND = NICHT UND, **Bild 1**).

Das UND-NICHT-Element nennt man NAND-Element.

NOR-Element

Schließt man an den Ausgang eines ODER-Elementes ein NICHT-Element an, so entsteht ein ODER-NICHT-Element, das NOR-Element (NOR = Kunstwort aus NOT OR = NICHT ODER, **Bild 2**).

Das ODER-NICHT-Element nennt man NOR-Element.

Antivalenz-Schaltung

Schließt man vor ein ODER-Element zwei UND-Elemente mit den Eingangssignalen $\bar{e}_1$ und e_2 bzw. e_1 und $\bar{e}_2$ an, so erhält man die Antivalenz-Schaltung (von lat. antivalens = entgegengesetzt wertig, **Bild 3**). Man nennt sie meist *Exklusiv-ODER-Schaltung* oder *XOR-Schaltung*. Das Kennzeichen = 1 im Schaltzeichen drückt aus, dass am Ausgang X nur dann ein Signal mit dem Wert 1 erscheint, wenn genau eine der Eingangsvariablen ein Signal mit dem Wert 1 hat.

Am Ausgang einer Antivalenz-Schaltung liegt nur dann ein Signal mit dem Wert 1, wenn nur an einem einzigen Eingang ein Signal mit dem Wert 1 anliegt.

Äquivalenz-Schaltung

Die Äquivalenz-Schaltung (von lat. aequivalens = gleichwertig) geht aus der Exklusiv-ODER-Schaltung hervor, wenn man diese invertiert. Deshalb wird die Äquivalenz-Schaltung auch als *Exklusiv-NOR-Schaltung* oder *XNOR-Schaltung* bezeichnet. Sie kann z. B. durch eine Schaltung nach **Bild 4** verwirklicht werden. Meist werden aber IC verwendet, die z. B. vier XNOR-Schaltungen enthalten. Das Kennzeichen = im Schaltzeichen deutet an, dass nur bei Gleichheit der Eingangssignale am Ausgang ein Signal mit dem Wert 1 entsteht.

ⓘ Schaltzeichen für binäre Elemente sind der DIN EN 60617-12 zu entnehen, für die USA dem ANSI-/IEE-Standard 91 bzw. IEC 617-12.

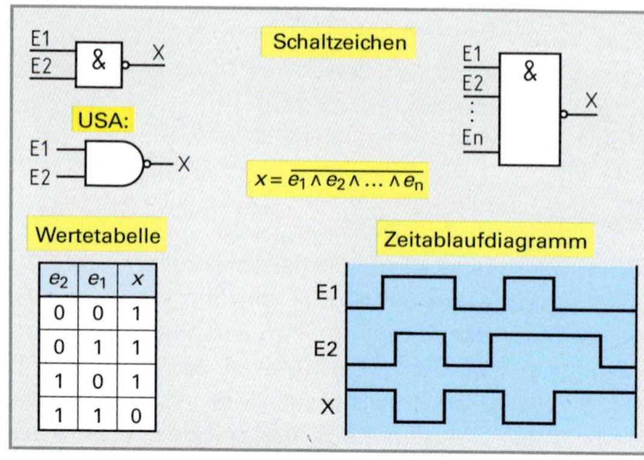

Bild 1: Schaltzeichen und Funktionsweise des NAND-Elementes

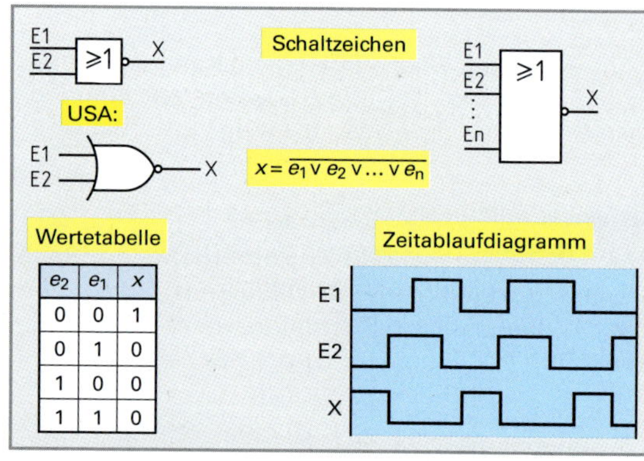

Bild 2: Schaltzeichen und Funktionsweise des NOR-Elementes

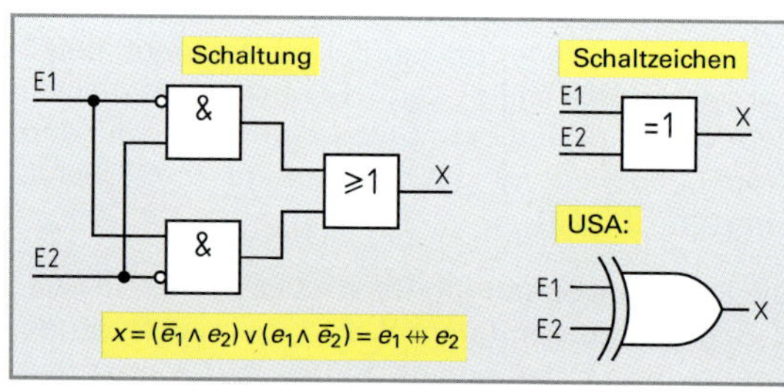

Bild 3: Exklusiv-ODER-Schaltung (XOR)

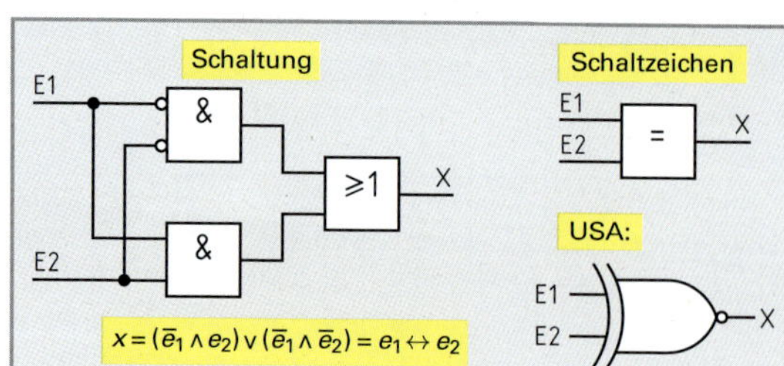

Bild 4: Exklusiv-NOR-Schaltung (XNOR)

3.1.3 Grundlagen der Schaltalgebra

Regeln für die UND-Verknüpfung

Ist ein Relais über zwei in Reihe geschaltete Schließer a und b angeschlossen, so zieht das Relais an, wenn die Kontakte a *und* b geschlossen sind **(Tabelle 1)**. In der Schaltalgebra lautet die Schreibweise $x_{K1} = a \wedge b$ ($\wedge$ sprich: und). Das Zeichen $\wedge$ (auch · gebräuchlich) wird innerhalb der Rechnung manchmal weggelassen, wenn Verwechslungen ausgeschlossen sind. Da die Signale *a* und *b* nur die Werte 1 oder 0 annehmen können, ergeben sich für den Schaltzustand des Relais K1 verschiedene Werte (Tabelle 1). Aus der Wertetabelle folgen die Rechenregeln für die Zahlenwerte der UND-Verknüpfung.

Für die Verknüpfung der Eingangssignale mit dem Ausgangssignal gilt beim UND-Element mit zwei Eingängen $x = e_1 \wedge e_2$. Man nennt diese Gleichung die *Schaltfunktion* des UND-Elementes.

Regeln für die ODER-Verknüpfung

Die Parallelschaltung von Schließern stellt eine ODER-Verknüpfung dar (Tabelle 1). Das Relais K1 zieht an, wenn die Kontakte a *oder* b geschlossen sind. Dies ergibt in der Schaltalgebra die Schreibweise $x_{K1} = a \vee b$ ($\vee$ sprich: oder, $\vee$ von lat. vel = oder). Aus der Wertetabelle erhält man die Rechenregeln für die Zahlenwerte der ODER-Verknüpfung (Tabelle 1). Anstelle von $\vee$ wird auch + verwendet.

Regeln für die Invertierung

Die Invertierung wird auch als NICHT-Verknüpfung, UMKEHR-Verknüpfung oder Negation bezeichnet. Sie entspricht bei einer Relaisschaltung einem Relais K1, das über einen Öffner $\bar{a}$ gesteuert wird (Tabelle 1). In der Schaltalgebra schreibt man dafür $x_{K1} = \bar{a}$ ($\bar{a}$ sprich: a nicht). Die Invertierung kehrt also 0 an $\bar{a}$ in 1 an K1 um und umgekehrt.

Tabelle 1: Grundverknüpfungen

Relaisschaltung	Kontaktlose Schaltung	Schaltfunktion	Wertetabelle	Rechenregeln
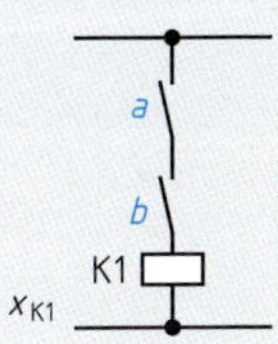 UND-Verknüpfung	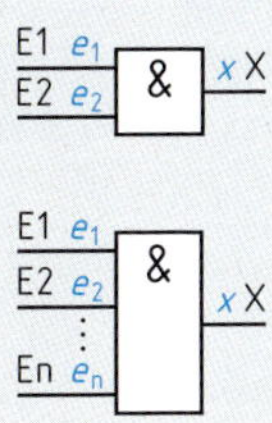	Relaisschaltung: $x_{K1} = a \wedge b$ Kontaktlose Schaltung: $x = e_1 \wedge e_2$ $x = e_1 \wedge e_2 \wedge \dots \wedge e_n$ alternativ: $x = e_1 \cdot e_2$ $x = e_1 \cdot e_2 \cdot \dots \cdot e_n$	*b* / *a* / x_{K1} e_2 / e_1 / x 0 / 0 / 0 0 / 1 / 0 1 / 0 / 0 1 / 1 / 1	$0 \wedge 0 = 0$ $0 \wedge 1 = 0$ $1 \wedge 0 = 0$ $1 \wedge 1 = 1$
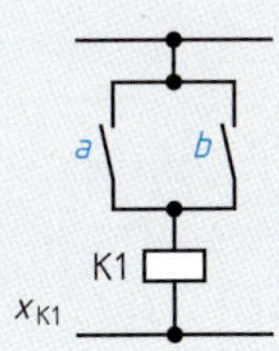 ODER-Verknüpfung	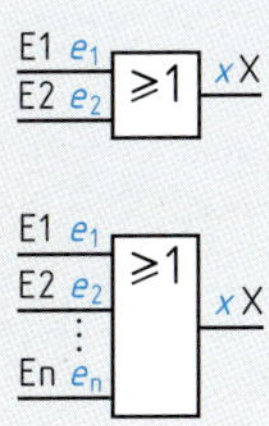	Relaisschaltung: $x_{K1} = a \vee b$ Kontaktlose Schaltung: $x = e_1 \vee e_2$ $x = e_1 \vee e_2 \vee \dots \vee e_n$ alternativ: $x = e_1 + e_2$ $x = e_1 + e_2 + \dots + e_n$	*b* / *a* / x_{K1} e_2 / e_1 / x 0 / 0 / 0 0 / 1 / 1 1 / 0 / 1 1 / 1 / 1	$0 \vee 0 = 0$ $0 \vee 1 = 1$ $1 \vee 0 = 1$ $1 \vee 1 = 1$
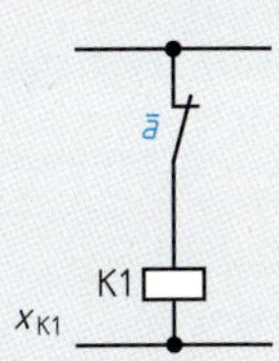 Invertierung	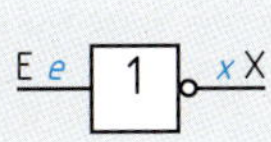	Relaisschaltung: $x_{K1} = \bar{a}$ Kontaktlose Schaltung: $x = \bar{e}$	*a* / x_{K1} e / x 0 / 1 1 / 0	$\bar{0} = 1$ $\bar{1} = 0$

Schaltfunktion und Logik-Funktionsschaltplan

Die Verknüpfungen von Relaisschaltungen stellt man im Stromlaufplan dar. Bei kontaktlosen Schaltungen tritt an die Stelle des Stromlaufplanes der *Logik-Funktionsschaltplan* (lat. functio = Verrichtung, **Bild 1**).

Aus einer bestehenden Schaltfunktion kann man auch den Logik-Funktionsschaltplan entwickeln. Dazu ersetzt man die angegebenen Verknüpfungen durch entsprechende binäre Elemente. Es ist dabei zweckmäßig, die Schaltfunktion schrittweise von innen nach außen aufzulösen.

Beispiel 1: Funktionsschaltplan entwickeln

Entwickeln Sie für die Schaltfunktion $x = [(a \vee b) \wedge c] \wedge \bar{d}$ den Logik-Funktionsschaltplan.

Lösung:
$a \vee b$ entspricht einem ODER-Element mit den Eingangsvariablen a und b. $a \vee b$ ist mit c durch ein UND-Element verknüpft. Dieses ist durch ein UND-Element mit $\bar{d}$ verknüpft **(Bild 1, unten)**.

Rechenregeln für binäre Größen

Die veränderlichen Größen (*Variablen*, von franz. variable = veränderlich) können als Signale an den Eingängen oder Ausgängen nur zwei Werte annehmen, nämlich 0 oder 1. Die Rechenregeln gibt man in Form von Gleichungen an, wobei die Variablen z.B. mit a, b, c bezeichnet werden.

Rechenregeln für *eine* Veränderliche enthalten die Verknüpfungen einer Veränderlichen mit einer Konstanten 0 oder 1 **(Tabelle 1)** sowie die Gesetze für die Verknüpfungen der Veränderlichen mit sich selbst bzw. deren Invertierung. Durch Anwendung der Rechenregeln erhält man Lösungen, die Vereinfachungen der entsprechenden Schaltung zulassen. So ist bei $1 \wedge a = a$ der dauernd geschlossene Kontakt mit dem Wert 1 überflüssig (redundant, von lat. redundantia = Überfluss), da nur die Variable a den Schaltzustand beeinflusst. Der Kontakt mit dem Wert 1 kann also weggelassen werden. Bei $1 \vee a = 1$ kann a entfallen, da bei einer Parallelschaltung der ständig geschlossene Kontakt mit dem Wert 1 den Einfluss der Veränderlichen a überflüssig macht.

Rechengesetze der Schaltalgebra sind das Kommutativgesetz (Vertauschungsgesetz), Assoziativgesetz (Verbindungsgesetz), die Distributivgesetze (Verteilungsgesetze) und die de Morgan'schen Gesetze (Umkehrgesetze, de Morgan, engl. Mathematiker, 1806 bis 1871, **Tabelle 2**). Mithilfe dieser Gesetze ist es möglich, Vereinfachungen und Umformungen von Schaltfunktionen vorzunehmen. Verzichtet man auf Klammern, dann hat UND Priorität vor ODER.

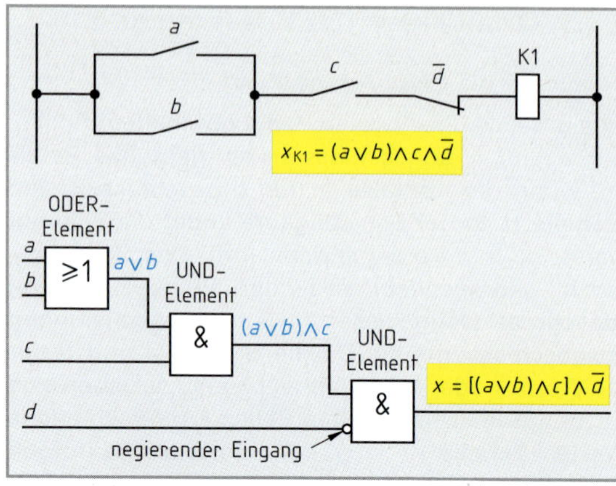

Bild 1: Relaisschaltung und Logik-Funktionsschaltplan mit Schaltfunktion

Tabelle 1: Rechenregeln für eine Veränderliche

$0 \wedge a = 0$ $1 \wedge a = a$ $a \wedge a = a$ $a \wedge a \wedge \ldots \wedge a = a$	$0 \vee a = a$ $1 \vee a = 1$ $a \vee a = a$ $a \vee a \vee \ldots \vee a = a$
$a \wedge \bar{a} = 0$	$a \vee \bar{a} = 1$
$\bar{\bar{a}} = a$	

Tabelle 2: Rechengesetze

Name	Beispiel
Kommutativgesetze	$a \wedge b = b \wedge a$ $a \vee b = b \vee a$
Assoziativgesetze	$a \wedge b \wedge c = (a \wedge b) \wedge c$ $= a \wedge (b \wedge c)$ $= (a \wedge c) \wedge b$ $a \vee b \vee c = (a \vee b) \vee c$ $= a \vee (b \vee c)$ $= (a \vee c) \vee b$
1. Distributivgesetz 2. Distributivgesetz	$(a \wedge b) \vee (a \wedge c) = a \wedge (b \vee c)$ $(a \vee b) \wedge (a \vee c) = a \vee (b \wedge c)$
de Morgan'sche Gesetze	$\overline{a \wedge b} = \bar{a} \vee \bar{b}$ $\overline{a \vee b} = \bar{a} \wedge \bar{b}$

Wiederholung und Vertiefung

1. **Welche Aufgabe hat die Schaltalgebra?**
2. **Welche Werte können die Variablen der Schaltalgebra annehmen?**
3. **Wie lautet die Schaltfunktion für ein ODER-Element mit 4 Eingängen?**
4. **Wodurch ist die Invertierung gekennzeichnet?**
5. **Wie lauten die de Morgan'schen Gesetze?**
6. **Vereinfachen Sie die Schaltfunktion $y = (a \wedge \bar{b} \wedge c) \vee \bar{a}$.**
   Lösung: $y = \bar{a} \vee \bar{b}c$

3.1.4 Analyse und Synthese von Schaltungen

Bei der *Analyse* untersucht man eine bestehende Schaltung. Dabei ermittelt man die Schaltfunktion mithilfe der Schaltalgebra aus den Schaltungsunterlagen, z. B. dem Stromlaufplan.

Bei der *Synthese* wird eine Schaltung mithilfe der Bedingungen für die Schaltung ermittelt. Manchmal ist es möglich, aus diesen Bedingungen sofort die Schaltfunktion aufzustellen. Meist wird man aber zunächst eine *Wertetabelle* erstellen.

Aufstellen der Wertetabelle

Die Wertetabelle besteht aus den Spalten für die Eingangsvariablen und der Spalte für die Ausgangsvariable. Letztere wird ganz rechts angeordnet, die Eingangsvariablen in aufsteigender Reihenfolge links daneben. Bei z. B. zwei Eingangsvariablen e_1 und e_2 und der Ausgangsvariablen x besteht die Wertetabelle aus $2^2 = 4$ Zeilen, da vier Kombinationsmöglichkeiten der Werte 0 und 1 vorgegeben sind **(Bild 1)**. In der Kopfzeile der Wertetabelle können anstelle der Eingangsvariablen und der Ausgangsvariablen auch die entsprechenden Eingänge E1 und E2 und der Ausgang X eingetragen sein.

Eine Wertetabelle für drei Eingangsvariablen besteht aus $2^3 = 8$ Zeilen **(Bild 2)**. Die Zeilennummer entspricht der Dezimalzahl, welche der als Dualzahl betrachteten Eingangsvariablen entspricht. Dazu müssen die Zahlenwerte 0 und 1 der Eingangsvariablen in der betreffenden Spalte von oben nach unten wie folgt eingetragen werden:

- Spalteneintrag für E1: 0, 1, 0, 1, 0, 1, ...
- Spalteneintrag für E2: 00, 11, 00, 11, ...
- Spalteneintrag für E3: 0000, 1111, 0000, 1111, ...
- Spalteneintrag für E4: 0000 0000, 1111 1111, ...

Die vollständige Wertetabelle einer Schaltfunktion mit n Eingangsvariablen besteht aus 2^n Zeilen.

Beispiel 1: Wertetabelle erstellen

Eine Signallampe wird von vier Schaltern geschaltet. Sie soll bei folgenden Schalterzuständen leuchten: Schalter S2 und S4 nicht betätigt und Schalter S1 und S3 betätigt, oder Schalter S2 und S3 betätigt und S1 und S4 nicht betätigt, oder Schalter S3 nicht betätigt und S1, S2 und S4 betätigt. Stellen Sie die vollständige Wertetabelle für die Signallampe P1 auf.

Lösung: **Bild 3**

e_2	e_1	x
0	0	0
0	1	1
1	0	1
1	1	0

Bild 1: Wertetabelle (Signale)

E3	E2	E1	X	Zeile
0	0	0	1	0
0	0	1	0	1
0	1	0	0	2
0	1	1	1	3
1	0	0	1	4
1	0	1	0	5
1	1	0	1	6
1	1	1	0	7

Bild 2: Wertetabelle für drei Eingangsvariablen

S4	S3	S2	S1	P1
0	0	0	0	0
0	0	0	1	0
0	0	1	0	0
0	0	1	1	0
0	1	0	0	0
0	1	0	1	1
0	1	1	0	1
0	1	1	1	0
1	0	0	0	0
1	0	0	1	0
1	0	1	0	0
1	0	1	1	1
1	1	0	0	0
1	1	0	1	0
1	1	1	0	0
1	1	1	1	0

Bild 3: Wertetabelle für Beispiel 1

Aus der Wertetabelle kann man die Schaltfunktion entnehmen. Dafür gibt es die Darstellungsmöglichkeiten *ODER-Normalform* sowie *UND-Normalform*.

ODER-Normalform

Die ODER-Normalform (DNF, disjunktive Normalform, lat. disjunctus = getrennt) entnimmt man der Wertetabelle, indem man die Zeilen der Ausgangsvariablen vom Wert 1 heraussucht und jeweils die Eingangsvariablen bei 1 nicht invertiert und bei 0 invertiert hinschreibt und über UND verknüpft. Alle derartigen Terme werden dann über ODER verknüpft. Die ODER-Normalform findet vor allem bei der Programmierung von PLDs (programmierbare Logikelemente) Anwendung. Die ODER-Normalform für p_1 aus dem Beispiel 1 lautet: $\boldsymbol{p_1 = (\bar{s}_4 \wedge s_3 \wedge \bar{s}_2 \wedge s_1) \vee (\bar{s}_4 \wedge s_3 \wedge s_2 \wedge \bar{s}_1) \vee (s_4 \wedge \bar{s}_3 \wedge s_2 \wedge s_1)}$.

UND-Normalform

Man kann aus der Wertetabelle die Schaltfunktion auch entnehmen, wenn man die Zeilen mit der Ausgangsvariablen vom Wert 0 heraussucht. Geht man dann wie bei der ODER-Normalform vor, so erhält man die Schaltfunktion für die invertierte Ausgangsvariable. Invertiert man die gesamte Schaltfunktion, so entsteht die Schaltfunktion der nicht invertierten Ausgangsvariablen. Wendet man dabei auf die Eingangsvariablen die de Morgan'schen Gesetze an, so sind jetzt die Eingangsvariablen über $\vee$ verknüpft und die entstehenden Terme über $\wedge$. Die UND-Normalform (KNF, konjunktive Normalform, lat. konjunctus = verbunden) wendet man an, wenn in der Wertetabelle die Ausgangsvariable meist den Wert 1 hat.

3.1.5 Binäre Elemente mit besonderen Ausgängen

Für binäre Elemente gibt es verschiedene Ausgangsschaltungen. Nachfolgend werden solche für NAND-Elemente der TTL-Technik (Transistor-Transistor-Logik) beschrieben.

Normalausgang

Beim Normalausgang ist der Kollektorwiderstand der Endstufe in der Schaltung des NAND-Elements integriert **(Bild 1)**. An den Ausgang können die Eingänge mehrerer binärer Elemente angeschlossen werden, wenn die Leistung des NAND-Elements (Fan Out) genügend groß ist. Die Ausgänge von NAND-Elementen mit Normalausgang dürfen nicht parallel geschaltet werden. Würde das nämlich nach **Bild 2** geschehen, so könnte der Verbindungspunkt einen Kurzschluss hervorrufen, sobald die Ausgänge der NAND-Elemente verschiedene Pegel annehmen.

Ausgänge binärer Elemente mit Normalausgang dürfen wegen Kurzschlussgefahr nicht parallel geschaltet werden.

Ausgang mit offenem Kollektor

Bei binären Elementen mit offenem Kollektor *(Open Collector)* ist kein Kollektorwiderstand integriert. Die Schaltkreisausgänge müssen mit einem externen Kollektorwiderstand verbunden werden **(Bild 3)**. Ein Kurzschluss tritt jetzt nicht auf, weil bei einem L-Pegel der gemeinsame Kollektorwiderstand die Stromstärke begrenzt. Durch den Verbindungspunkt der Ausgänge entsteht eine UND-Verknüpfung, weil nur dann am Ausgang H-Pegel liegt, wenn alle Ausgänge H-Pegel führen. Man bezeichnet das als *Wired AND* (verdrahtetes UND). Mit offenem Kollektorausgang können Lasten, z. B. Relais, mit höherer Spannung als der H-Pegel geschaltet werden.

Ausgänge von Schaltungen mit offenem Kollektor dürfen parallel geschaltet werden.

Tristate-Ausgang

Beim Tristate-Ausgang (Drei-Zustände-Ausgang) mit dem besonderen Eingang CS (von Chip Select = Element anwählen) arbeitet das NAND-Element **Bild 4** nur, solange an CS ein H-Pegel liegt. Mit L-Pegel an CS sperren die Transistoren K2, K3 und K4, sodass der Ausgang hochohmig und potenzialfrei ist.

Ein Tristate-Ausgang kann H-Pegel oder L-Pegel annehmen oder potenzialfrei sein.

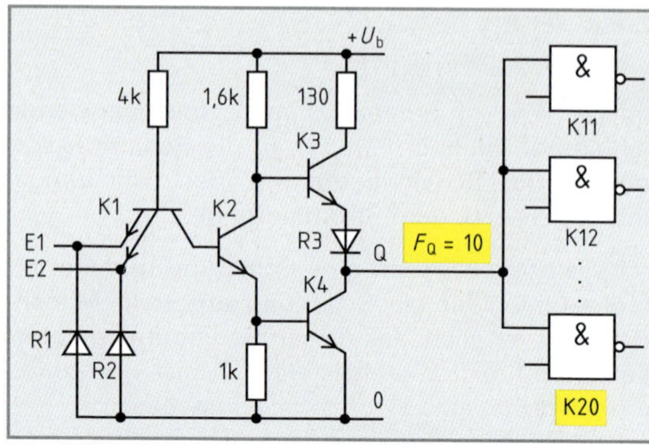

Bild 1: Ansteuerung von NAND-Elementen durch NAND-Element mit Normalausgang

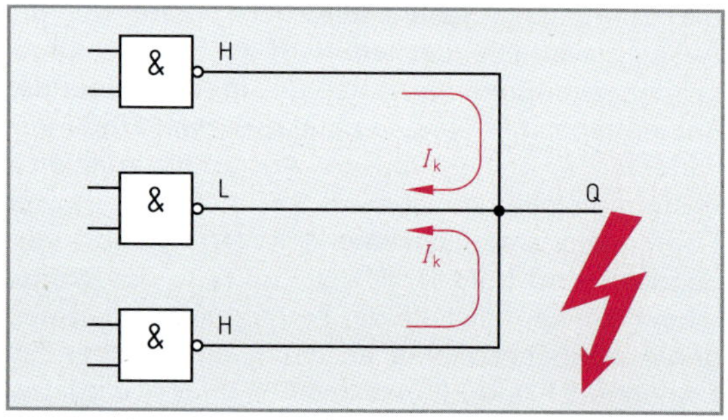

Bild 2: Kurzschluss durch Parallelschalten der Ausgänge

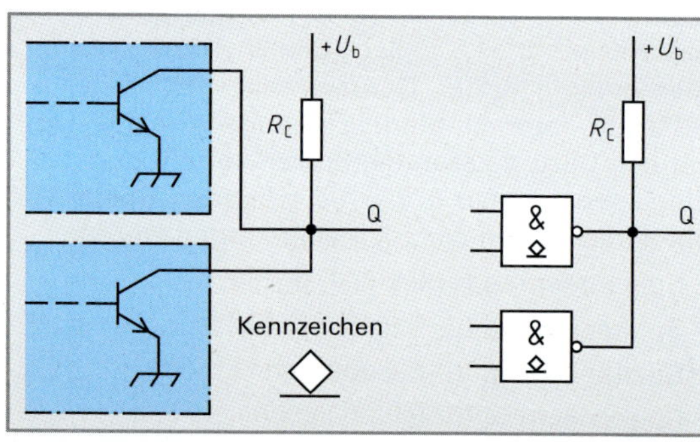

Bild 3: NAND-Elemente mit Open-Collector-Ausgängen

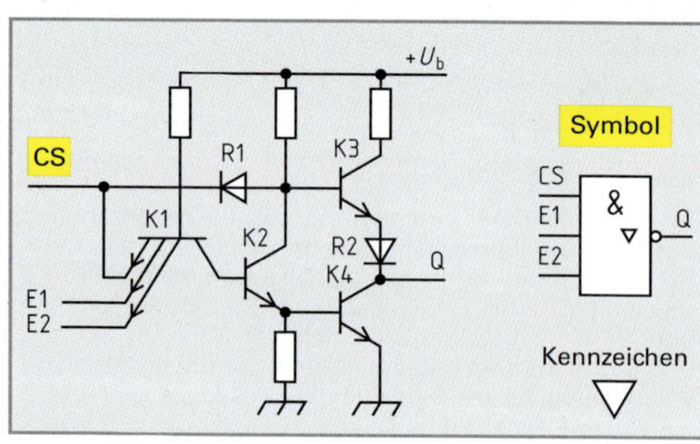

Bild 4: NAND-Element mit Tristate-Ausgang

3.1.6 Digitale Schaltkreise

Binäre Elemente gehören unabhängig vom Hersteller und von Einzelheiten ihrer Schaltung zu bestimmten Gruppen, die man Schaltkreisfamilien nennt. Man unterscheidet dabei *bipolare* Schaltkreise **(Tabelle 1)** und *unipolare* Schaltkreise **(Tabelle 2)**. Bei den bipolaren Schaltkreisen fließt der Strom wie bei bipolaren Transistoren durch PN-Übergänge, sodass größere Verluste als bei den unipolaren Schaltkreisen auftreten. Bei denen fließt der Strom wie bei den unipolaren Transistoren nur durch einen N-Kanal oder durch einen P-Kanal.

Der kapazitive Anteil des Eingangswiderstandes ist wie bei den unipolaren Transistoren auch bei den unipolaren Schaltkreisen größer als bei den bipolaren. Dadurch treten bei den unipolaren Schaltkreisen größere Verzögerungszeiten als bei den entsprechenden bipolaren Schaltkreisen auf.

In unipolaren Schaltkreisen treten größere Verzögerungszeiten und bis 100 kHz kleinere Verluste als in bipolaren Schaltkreisen auf.

Wegen der Verzögerungszeiten t_{sHL} (Änderung von H nach L) und t_{sLH} (Änderung von L nach H) tritt bei der Ansteuerung eines binären Elementes zwischen dem Eingangssignal und dem Ausgangssignal ein meist kleiner Zeitunterschied auf, den man *Signallaufzeit* t_s (Laufzeit, Verzögerungszeit) nennt. Wird z. B. ein NICHT-Element am Eingang I (von Input = Eingang) nach **Bild 1** angesteuert, so erscheint am Ausgang Q (Q anstelle von eigentlich O für Output = Ausgang) das invertierte Signal verzögert. Das entsprechende Verhalten haben alle binären Elemente. Jedoch sind die Signallaufzeiten je nach Schaltkreisfamilie verschieden (siehe Seite 267).

Bei binären Elementen treten Signallaufzeiten auf.

Im Zeitablaufdiagramm werden die Signallaufzeiten meist nicht dargestellt. Durch eine Reihenschaltung von gleichen binären Elementen kann eine Laufzeitkette gebildet werden, wenn ein Signal absichtlich verzögert werden soll.

Schaltungen aus binären Elementen werden meist mit Elementen derselben Schaltkreisfamilie aufgebaut. Wenn aber binäre Elemente verschiedener Schaltkreisfamilien hinsichtlich ihrer Spannungen übereinstimmen, können sie zusammen verwendet werden. Derartig spannungskompatibel und pinkompatibel (von franz. compatible = übereinstimmend) sind z. B. TTL und HCTMOS.

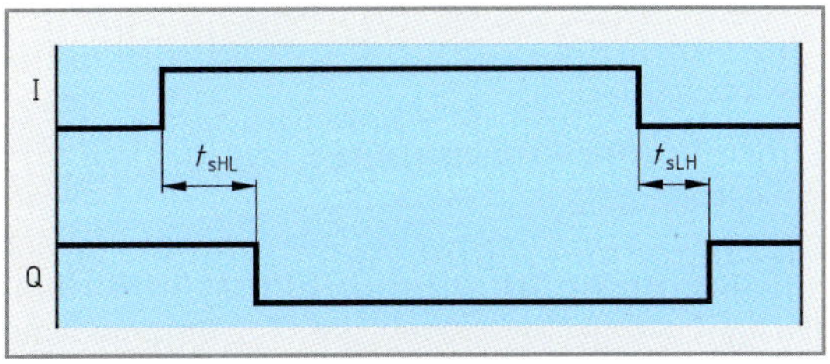

Bild 1: Signallaufzeit t_s eines NICHT-Elementes

Tabelle 1: Bipolare digitale Schaltkreise

Kurzzeichen	Erläuterung
TTL	Standard-TTL (Transistor-Transistor-Logik)
H-TTL	High-Speed-TTL (Hochgeschwindigkeits-TTL)
L-TTL	Low-Power-TTL (Niedrigleistungs-TTL)
AS-TTL	Advanced-Schottky-TTL (fortgeschrittene Schottky-TTL)
LS-TTL	Low-Power-Schottky-TTL
ALS-TTL	Advanced-Low-Power-Schottky-TTL
ECL	Emitter-Coupled-Logic (emittergekoppelte Logik)
I^2L	Integrated-Injection-Logic (integrierte Einspritzlogik)
LVTTL	Low Voltage TTL

Tabelle 2: Unipolare digitale Schaltkreise

Kurzzeichen	Erläuterung
NMOS	N-Channel-Metal-Oxid-Semiconductor (N-Kanal-Metall-Oxid-Halbleiter)
PMOS	P-Channel-Metal-Oxid-Semiconductor (P-Kanal-Metall-Oxid-Halbleiter)
CMOS	Complementary-Symmetrical-MOS (komplementär-symmetrisches MOS)
HCMOS	High-Speed-CMOS (Hochgeschwindigkeits-CMOS)
HCTMOS	HCMOS-TTL-kompatibel
LVCMOS	Low Voltage CMOS
AHCTMOS	Advanced HCMOS-TTL-kompatibel

Wiederholung und Vertiefung

1. **In welchem Fall verwendet man binäre Elemente mit offenem Kollektor?**
2. **Was versteht man bei binären Elementen unter Wired AND?**
3. **Welche Zustände kann ein Tristate-Ausgang annehmen?**
4. **Welche unterschiedlichen Eigenschaften bestehen zwischen bipolaren und unipolaren binären Elementen?**

3.1.7 Daten von binären Elementen

Kennlinien

In der Eingangskennlinie **Bild 1 oben** ist die Eingangsspannung u_e in Abhängigkeit von der Zeit eingetragen. Diese Eingangsspannung hängt von der vorhergehenden Schaltung ab und hat meist abgeflachte Flanken. Die eigentliche Eingangskennlinie des binären Elements besteht aus dem unteren Bereich für den L-Pegel und dem oberen für den H-Pegel (Bild 1 oben). Innerhalb dieser Bereiche arbeitet das jeweilige binäre Element definiert. Wird innerhalb des unteren Bereiches angesteuert, erkennt das binäre Element die Ansteuerung mit L-Pegel. Soll der H-Pegel erkannt werden, muss innerhalb des oberen Bereiches angesteuert werden. In dem Bereich dazwischen soll keine Ansteuerung erfolgen, weil das binäre Element die Zuordnung nicht treffen kann.

Die Ansteuerung binärer Elemente muss innerhalb der Bereiche für L-Pegel oder H-Pegel erfolgen.

Das Entsprechende gilt für die Ausgangskennlinie **Bild 1 unten**. Erfolgt bei einem Inverter die Ansteuerung nach Bild 1 oben, so stellt sich die zu u_e invertierte Ausgangsspannung u_a am Ausgang Q ein. Ihr Verlauf hängt von den Einzelheiten der Schaltung des binären Elements und von der Betriebstemperatur ab.

Vergleicht man die Zeitpunkte der Werte in der Mitte zwischen dem H-Bereich und dem L-Bereich (etwa 1,5 V), so erkennt man die Signallaufzeiten t_{sHL} für die Ansteuerung mit H-Pegel (Übergang von H nach L) und die Signallaufzeit t_{sLH} für die Ansteuerung mit L-Pegel (Übergang von L nach H). Sind beide Werte verschieden, so ist der Mittelwert der beiden Werte die Signallaufzeit t_s.

Man kann die L-Bereiche und H-Bereiche von Bild 1 in ein **Bild 2** zusammenlegen. Bei invertierenden Elementen erfolgt dann der Übergang vom H-Pegel des Ausgangs in den L-Pegel von links oben nach rechts unten, bei nicht invertierenden von rechts oben nach links unten.

Kennlinien von Schaltkreisfamilien werden meist mit den H-Bereichen und L-Bereichen in einem Bild angegeben.

Aus der Kennlinie **Bild 3** mit den Störabständen S_H und S_L ist erkennbar, dass es sich um ein invertierendes Element der TTL-Schaltkreisfamilie handelt.

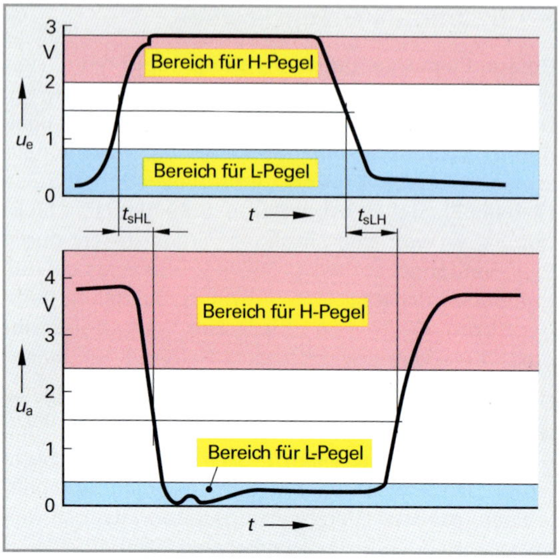

Bild 1: Kennlinien eines Inverters

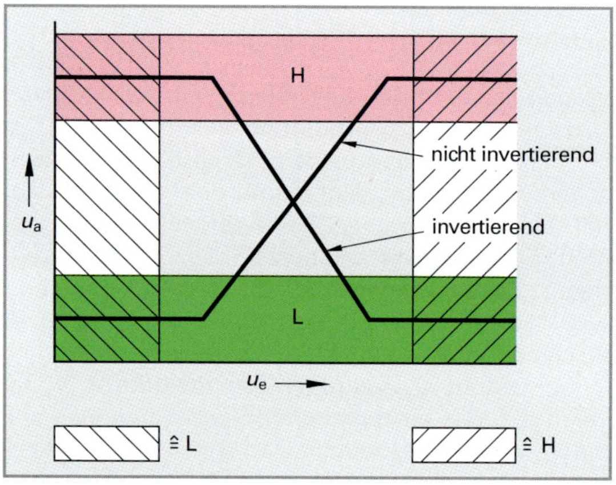

Bild 2: Pegelangaben

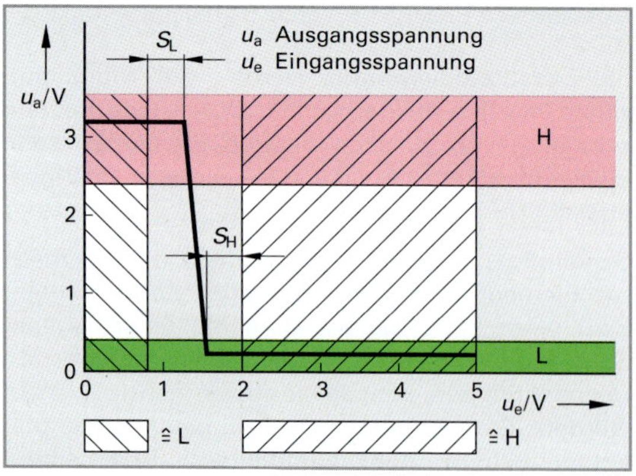

Bild 3: Signalpegel mit Störabstand

Tabelle 1: Spannungen, Stromstärken, Leistungen und Laufzeiten von binären Elementen

Schaltkreisfamilie	U_e in V		I_e in µA		U_b in V (typisch)	t_S in ns (je Element)	P_v in mW (je Element)	U_a in V		P_{amax} in mW	$P_v \cdot t_S$ in pJ
	H_{min}	L_{max}	H	L				H_{min}	L_{max}		
Standard-TTL	2	0,8	40	−1600	5	10	10	2,4	0,4	12	100
Schottky-TTL	2	0,8	20	−360	5	3	19	2,7	0,5	12	57
ECL	−1	−1,4	350	0,5	−5,5	5	50	−0,8	−1,8	25	250
CMOS	von *U* abhängig		10	200	3 bis 15	50	von Schaltfrequenz abh.	von *U* abhängig		0,1	0,5
High-Speed-CMOS	3,15	1,35	40		5	7	von Schaltfrequenz abh.	4,4	0,1	125	3500

H High-Pegel (H Level), L Low-Pegel (L Level), I_e Eingangsstrom (Input Current), P_v Verlustleistung (Power Loss), P_{amax} maximale Ausgangsleistung (Power Output), t_s Signallaufzeit (Signal Transit Time), U_e Eingangs-Signalspannung (Input Signal Voltage), U_a Ausgangsspannung (Output Voltage), U_b Betriebsspannung (Supply Voltage).

Störabstand

Störspannungen können ungewollt die Eingänge der binären Elemente ansteuern, z. B. beim Übergang der Ausgangsspannung eines Elementes vom H-Pegel zum L-Pegel. Um diese Störung zu verhindern, liegt zwischen dem Grenzwert des Signalpegels U_e und der Schaltschwelle (Beginn des Umschaltvorganges) der Ausgangsspannung ein Sicherheitsabstand, den man entsprechend dem zu erreichenden Pegel L oder H Störabstand S_L oder S_H nennt (Bild 3, vorhergehende Seite).

Signalpegel

Die Schaltkreise arbeiten mit positiver Logik, die mehr positiven (höheren) Spannungen stellen also den Wert 1 dar, die mehr zum Negativen gehenden den Wert 0. Die Betriebsspannung der Schaltkreise derselben Schaltkreisfamilie ist gleich, z. B. ist bei der TTL-Familie $U_b = 5$ V **(Tabelle 1)**.

Schaltkreise derselben Schaltkreisfamilie können mit gleicher Betriebsspannung oder gleichem Betriebsstrom betrieben werden.

Lastfaktoren

Anstelle einer Eingangsleistung wird in Datenblättern meist der *Eingangslastfaktor FAN-In* F_I (fan in = Eingangsfächer) angegeben. Dieser gibt an, um wie viele Male der Eingangsstrom I höher ist als bei einem einfachen binären Element mit $F_I = 1$.

Der in Datenblättern ebenfalls angegebene *Ausgangslastfaktor Fan Out* F_Q gibt an, wie viele binäre Elemente mit $F_I = 1$ an einen Ausgang angeschlossen werden können **(Bild 2)**. Werden binäre Elemente mit größerem Fan In angeschlossen, so ist die höchstzulässige Anzahl entsprechend geringer (Siehe Mathematik für Elektroniker).

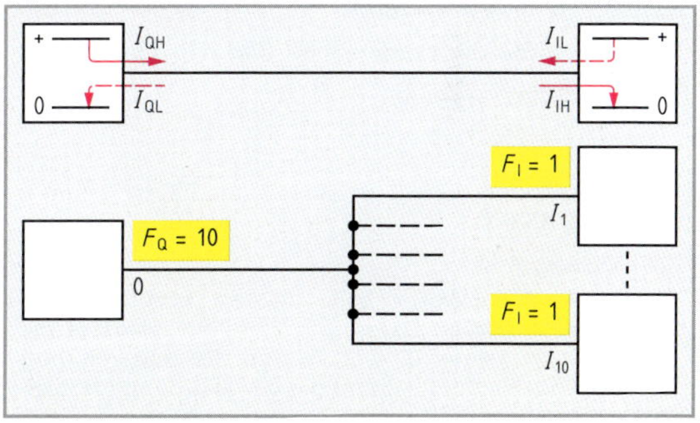

Bild 1: Belastung binärer Elemente

$$n_I = \frac{F_Q}{F_I} \qquad F_Q = \frac{I_Q}{I_I}$$

n Zahl der Eingänge mit $F_I = 1$
F Lastfaktor
I Strom eines Einganges mit $F_I = 1$
Indizes: Q Ausgang, I Eingang

Beispiel 1: Lastfaktor bestimmen

Für eine NAND-Schaltung ist angegeben Fan Out $F_Q = 30$. Wie viele binären Elemente mit Fan In $F_I = 5$ können höchstens an die NAND-Schaltung angeschlossen werden?

Lösung:

Anzahl $n_I = \frac{F_Q}{F_I} = \frac{30}{5} = \mathbf{6}$

Wiederholung und Vertiefung

1. **Welche Größen können aus der $u_e(t)$-Kennlinie von binären Elementen entnommen werden?**
2. **Welche Größen können aus der $u_a(u_e)$-Kennlinie von binären Elementen entnommen werden?**
3. **Wie erkennt man aus den Kennlinien $u_e(t)$, $u_a(t)$, ob ein invertierendes Element beschrieben ist?**

3.1.8 Karnaugh-Diagramm

Das Karnaugh-Diagramm (Karnaugh[1]-Veitch[2]-Diagramm, KV-Diagramm) enthält in gedrängter Form die Informationen der Wertetabelle **(Bild 1)**. Jedes Feld enthält die Informationen der Zeile mit derselben Nummer der Wertetabelle.

Jeder Zeile der Wertetabelle entspricht ein Feld im KV-Diagramm.

Das KV-Diagramm hat bei n Eingangsvariablen 2^n Felder (Bild 1). In die Felder wird eine 1 eingetragen, wenn die Ausgangsvariable der entsprechenden Zeile der Wertetabelle den Wert 1 hat. Die anderen Felder erhalten den Wert 0.

Beispiel 1: KV-Diagramm erstellen

Übertragen Sie die Wertetabelle **Bild 2** in ein KV-Diagramm.

Lösung:

Lösungsweg 1:

Die Felder 0, 1, 3, 5, 6, 7 erhalten 1, die Felder 2 und 4 erhalten 0 **(Bild 3)**.

Lösungsweg 2:

Für die Zeile 0 der Wertetabelle, die den Term $(\bar{a} \wedge \bar{b} \wedge \bar{c})$ liefert, sucht man im Diagramm das Feld, welches die $\bar{a}$-Markierung (Felder 0, 4, 2, 6) und die $\bar{b}$-Markierung (verbleibende Felder 0, 4) und die $\bar{c}$-Markierung (verbleibendes Feld 0) enthält.

Entsprechend verfährt man mit den restlichen Zeilen der Wertetabelle (Bild 3).

Die Streifen für die Variablen a, b, c und d können im KV-Diagramm auch anders liegen. Die Anordnungen in Bild 1 und Bild 3 haben aber den Vorteil, dass man sich wegen des symmetrischen Aufbaus der KV-Diagramme die Feldnummerierung merken kann.

Beispiel 2: KV-Diagramm erstellen

Wandeln Sie die vollständige Wertetabelle **Bild 4** in ein KV-Diagramm um (vergleiche Beispiel 1, Seite 263).

Lösung: **Bild 1, folgende Seite.**

Die Minimierung (Verkleinerung) einer Schaltfunktion kann direkt dem KV-Diagramm entnommen werden. Dazu fasst man benachbarte Felder, die jeweils den Wert 1 haben, zu möglichst großen Blöcken zusammen. Die Zusammenfassung muss immer so erfolgen, dass ein Block 2, 4 oder 8 Felder enthält, die ein Rechteck oder ein Quadrat bilden **(Bild 2, folgende Seite)**. Benachbarte Felder sind auch Felder der letzten und ersten Zeile und der letzten und ersten Spalte. Die einzelnen Felder dürfen auch in mehreren Zusammenfassungen vorkommen (Bild 2, folgende Seite).

[1] Karnaugh, Maurice, am. Physiker [2] Veitch, Edurard, am. Mathematiker

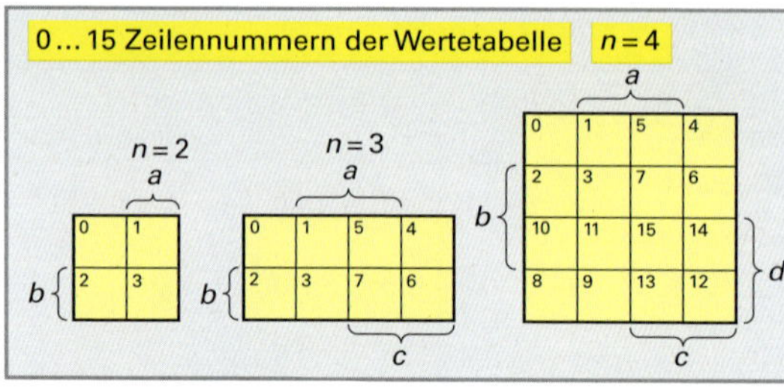

Bild 1: KV-Diagramme mit *n* Variablen

c	*b*	*a*	*x*	Zeile
0	0	0	1	0
0	0	1	1	1
0	1	0	0	2
0	1	1	1	3
1	0	0	0	4
1	0	1	1	5
1	1	0	1	6
1	1	1	1	7

Bild 2: Wertetabelle zu Beispiel 1

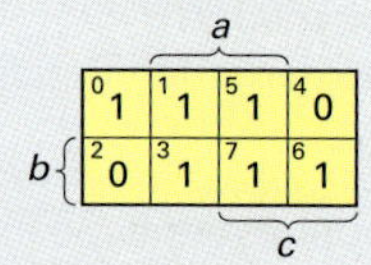

Bild 3: KV-Diagramm für Beispiel 1

d	*c*	*b*	*a*	x_{P1}	Zeile
0	0	0	0	0	0
0	0	0	1	0	1
0	0	1	0	0	2
0	0	1	1	1	3
0	1	0	0	0	4
0	1	0	1	0	5
0	1	1	0	0	6
0	1	1	1	0	7
1	0	0	0	0	8
1	0	0	1	0	9
1	0	1	0	1	10
1	0	1	1	1	11
1	1	0	0	0	12
1	1	0	1	0	13
1	1	1	0	1	14
1	1	1	1	0	15

Bild 4: Wertetabelle zu Beispiel 2

Jede Zusammenfassung im Karnaugh-Diagramm soll möglichst viele Felder enthalten. Die Zahl der Zusammenfassungen soll möglichst klein sein.

Jede Zusammenfassung (Block) bildet einen Term der gesuchten Schaltfunktion. Die Variablen, die innerhalb des Blocks ihren Zahlenwert nicht ändern, werden miteinander durch die UND-Funktion verknüpft. Die sich ergebenden Terme der Blöcke verknüpft man durch die ODER-Funktion. Diese schaltalgebraische Gleichung ist die reduzierte Schaltfunktion. Man nennt sie auch *ODER-Normalform*.

Die Zusammenfassung der Felder mit dem Wert 1 im KV-Diagramm liefert die Terme der reduzierten Schaltfunktion der Ausgangsvariablen. Für Kombinationen von Eingangsvariable, die nicht auftreten, wird in die entsprechenden Felder des KV-Diagramms ein X geschrieben. Dadurch vereinfacht sich das Zusammenfassen der Felder (Abschnitt 3.2.6.3).

Beispiel 1: Schaltfunktionen bestimmen

Entnehmen Sie dem KV-Diagramm Bild 1 die vereinfachte Schaltfunktion für x_{P1}.

Lösung:

Im KV-Diagramm bildet man zwei Blöcke. Block 1 liefert den Term $(a \wedge b \wedge \overline{c})$ und Block 2 den Term $(\overline{a} \wedge b \wedge d)$. Damit wird $\mathbf{x_{P1} = (a \wedge b \wedge \overline{c}) \vee (\overline{a} \wedge b \wedge d)}$

Überwiegen im KV-Diagramm die Felder mit dem Wert 1, so ist es zweckmäßig, die *UND-Normalform* zu ermitteln. Dazu bildet man die Blöcke aus den Feldern mit dem Wert 0 und verfährt entsprechend wie bei der ODER-Normalform. Man erhält dann die Schaltfunktion für die invertierte Ausgangsvariable.

Beispiel 2: Schaltfunktion miminieren

Bestimmen Sie mithilfe der UND-Normalform die vereinfachte Schaltfunktion für x_{P1} des KV-Diagramms **Bild 3** zur Ausführung in NOR-Technik.

Lösung:

Im KV-Diagramm Bild 3 bildet man zwei Rechteckblöcke.
Block 1 liefert den Term $(\overline{a} \wedge \overline{c} \wedge d)$, Block 2 $(b \wedge c \wedge d)$.
Damit wird

$$\overline{x}_{P1} = (\overline{a} \wedge \overline{c} \wedge d) \vee (b \wedge c \wedge d)$$

$$\mathbf{x_{P1}} = \overline{(\overline{a} \wedge \overline{c} \wedge d) \vee (b \wedge c \wedge d)} = \mathbf{(a \vee c \vee \overline{d}) \wedge (\overline{b} \vee \overline{c} \vee \overline{d})}$$

Ausführung in NOR-Technik:

$$\mathbf{x_{P1}} = \overline{\overline{(a \vee c \vee \overline{d}) \wedge (\overline{b} \vee \overline{c} \vee \overline{d})}} = \overline{\overline{\mathbf{(a \vee c \vee \overline{d})}} \vee \overline{\mathbf{(\overline{b} \vee \overline{c} \vee \overline{d})}}}$$

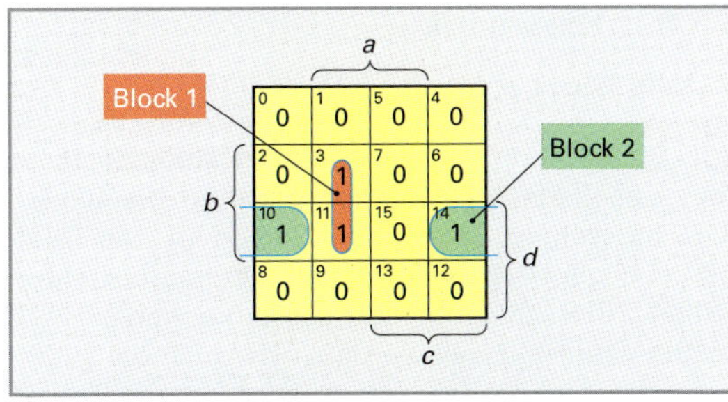

Bild 1: KV-Diagramm zu Beispiel 2, vorhergehende Seite, und zu Beispiel 1

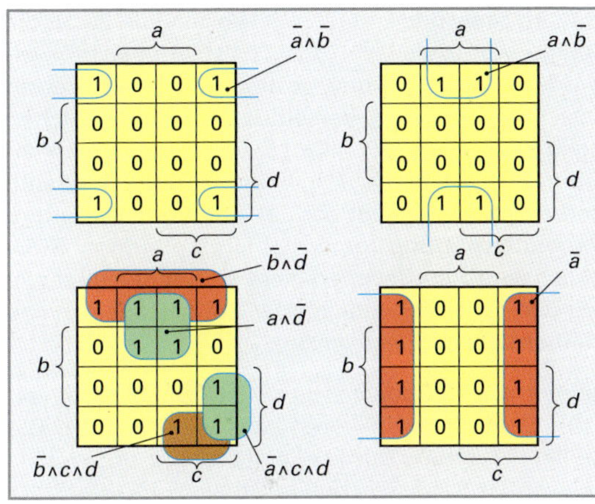

Bild 2: Benachbarte Felder bei KV-Diagrammen für vier Variable (Beispiele)

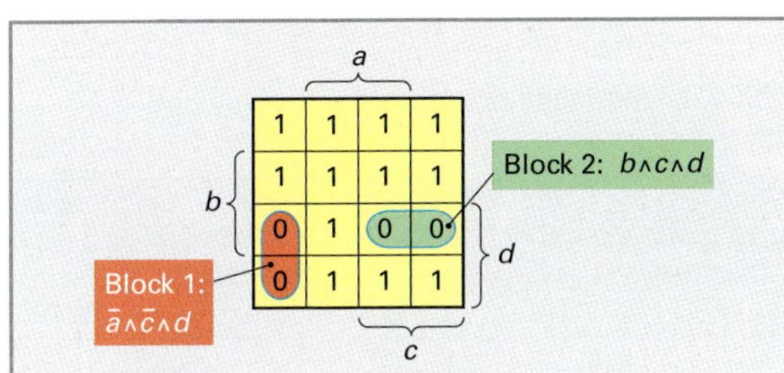

Bild 3: KV-Diagramm zu Beispiel 2

Wiederholung und Vertiefung

1. **Welchen Vorteil hat eine Wertetabelle?**
2. **Woraus besteht eine Wertetabelle?**
3. **Welchen Inhalt hat ein KV-Diagramm?**
4. **Wie viele Felder hat ein KV-Diagramm bei *n* Eingangsvariablen?**
5. **Wie minimiert man eine Schaltfunktion mithilfe des KV-Diagramms?**
6. **In welchem Fall wendet man die UND-Normalform an?**
7. **In welchem Fall wendet man die ODER-Normalform an?**

3.1.9 Binärcodes

3.1.9.1 BCD-Codes

BCD-Codes (von Binary Coded Decimal = binär codiertes Zehnersystem) ermöglichen die direkte Verschlüsselung von Dezimalzahlen in das Dualzahlensystem **(Tabelle 1)**. Die Verschlüsselung erfolgt Ziffer für Ziffer. Mit 4 Bits können $2^4 = 16$ Zeichen verschlüsselt werden, also auch die 10 Ziffern von 0 bis 9. Zur Verschlüsselung der Zahlen von 0 bis 999 999 benötigt man bei einem BCD-Code entsprechend den 6 Dezimalstellen Worte von mindestens $6 \cdot 4$ bit = 24 bit. Bei einer Verschlüsselung im Dualcode können mit Worten von 20 bit die Zahlen von 0 bis $2^{20} - 1 = 1\,048\,575$ verschlüsselt werden. Häufig werden Dezimalziffern mit Worten von mehr als 4 bit verschlüsselt. Einen solchen Code nennt man *redundant* (weitschweifig, von lat. redundans = Überfluss habend). Eine redundante Codierung ermöglicht bei der Datenerfassung und Datenübertragung eine Fehlererkennung. BCD-Codes sind zum Rechnen nicht so gut geeignet wie der Dualcode. Es gelten immer Sonderregeln (siehe Mathematik für Elektroniker).

Beim **1-aus-10-Code** werden die Dezimalziffern von 0 bis 9 mit Worten von 10 bit verschlüsselt. Die Stellenbewertung für die erste Stelle von rechts gelesen ist 0, für die zweite Stelle 1, für die dritte Stelle 2, usw.

Beispiel 1: Dezimalzahl im 1-aus-10-Code

Drücken Sie die Zahl 809 im 1-aus-10-Code aus.

Lösung:

809 ≙ **0100000000 0000000001 1000000000**

Diese Codierung ermöglicht eine Fehlerüberprüfung. Es müssen für eine dreistellige Dezimalzahl stets drei 1-Bits entstehen. Wird beim Lesen oder bei der Signalübertragung ein Bit verfälscht, so ist dieser Fehler leicht zu bemerken. Nachteilig bei diesem Code ist die große Anzahl der Binärzeichen, die nötig ist, um eine Dezimalzahl zu verschlüsseln.

Im **8-4-2-1-Code** sind die Ziffern 0 bis 9 als Dualzahlen verschlüsselt. Es werden für eine Dezimalstelle Worte von der Breite 4 bit benötigt. Diese Codierung ist geeignet, um Dezimalzahlen von Hand in Binärzahlen umzuschreiben.

Beispiel 2: Dezimalzahl im 8-4-2-1-Code

Drücken Sie die Zahl 809 im 8-4-2-1-Code aus.

Lösung:

809 = **1000 0000 1001**

Beim Addieren dieser Binärzahlen gelten Sonderregeln. Erfolgt in der Dezimalzahl ein Zehnerübertrag, so muss in der Binärzahl als Korrektur 0110 hinzuaddiert werden (siehe Mathematik für Elektroniker).

Zum Rechnen ist diese Verschlüsselung ungünstig, da bei einer Addition immer entschieden werden muss, ob im Dezimalsystem ein Übertrag erfolgt.

Bei **einschrittigen BCD-Codes** ändert sich von einer Ziffer zu einer benachbarten Ziffer die Codierung nur in einer Stelle. Diese Codierung hat keine Stellenbewertung und wird bei optischen Codelesern verwendet.

Tabelle 1: Beispiele von BCD-Codes

Dezimalziffer	1-aus-10-Code	8-4-2-1-Code	einschrittiger BCD-Code	Aiken-Code	Biquinär-Code	2-aus-5-Code
0	0 0 0 0 0 0 0 0 0 1	0 0 0 0	0 0 0 1	0 0 0 0	0 0 0 0 1 0 1	1 1 0 0 0
1	0 0 0 0 0 0 0 0 1 0	0 0 0 1	0 0 1 1	0 0 0 1	0 0 0 1 0 0 1	0 0 0 1 1
2	0 0 0 0 0 0 0 1 0 0	0 0 1 0	0 0 1 0	0 0 1 0	0 0 1 0 0 0 1	0 0 1 0 1
3	0 0 0 0 0 0 1 0 0 0	0 0 1 1	0 1 1 0	0 0 1 1	0 1 0 0 0 0 1	0 0 1 1 0
4	0 0 0 0 0 1 0 0 0 0	0 1 0 0	0 1 0 0	0 1 0 0	1 0 0 0 0 0 1	0 1 0 0 1
5	0 0 0 0 1 0 0 0 0 0	0 1 0 1	1 1 0 0	1 0 1 1	0 0 0 0 1 1 0	0 1 0 1 0
6	0 0 0 1 0 0 0 0 0 0	0 1 1 0	1 1 1 0	1 1 0 0	0 0 0 1 0 1 0	0 1 1 0 0
7	0 0 1 0 0 0 0 0 0 0	0 1 1 1	1 0 1 0	1 1 0 1	0 0 1 0 0 1 0	1 0 0 0 1
8	0 1 0 0 0 0 0 0 0 0	1 0 0 0	1 0 1 1	1 1 1 0	0 1 0 0 0 1 0	1 0 0 1 0
9	1 0 0 0 0 0 0 0 0 0	1 0 0 1	1 0 0 1	1 1 1 1	1 0 0 0 0 1 0	1 0 1 0 0
Stellenwerte	9 8 7 6 5 4 3 2 1 0	8 4 2 1	keine	2 4 2 1	4 3 2 1 0 5 0	7 4 2 1 0 für die Ziffern 1 bis 9
Anwendungen	Tastenfelder, Anzeigen	Standard-Code	Winkel-Codierer	Uhren	Rechenbrett (Abakus)	Postleitzahlen

Beim **Aiken-Code** (benannt nach dem amerikanischen Erfinder Aiken) werden die Zahlen 5 bis 9 durch Invertieren der Zahlen 4 bis 1 erzeugt. Es gelten komplizierte Rechenregeln.

Der **biquinäre**[1] **Code** setzt sich aus dem fünfstelligen (quinären) Teil mit der Stellenbewertung 4-3-2-1-0 und einem zweistelligen Teil mit der Bewertung 5-0 zusammen. Dieser Code ist redundant (weitschweifig). Mit Worten von der Breite 7 bit könnten 128 Zeichen verschlüsselt werden. Im Falle einer fehlerhaften Datenübertragung ist die Wahrscheinlichkeit groß, dass eine nicht zulässige Bitkombination entsteht. Der Code eignet sich gut zur Fehlerüberprüfung und daher zur Fernübertragung von Zahlen, da sowohl im zweistelligen als auch im fünfstelligen Teil nur ein Bit den Wert 1 haben darf.

Beim **2-aus-5-Code** hat ein Codewort immer zwei Bits mit dem Wert 1. Dieser Code ermöglicht daher eine Prüfung auf Fehler.

Redundante Codes ermöglichen eine Fehlererkennung.

3.1.9.2 Gray-Code

Der Gray-Code[2] ist ein einschrittiger Code. Von einer Ziffer zur nächsten ändert sich nur in einer Binärstelle ein Wert. Deswegen wird der Gray-Code sehr oft bei Codelinealen und Codescheiben verwendet **(Bild 1)**. Stehen die Fotodioden zum Ablesen des Codes zwischen zwei Ziffern, so wird entweder die niedrigere oder die höhere Ziffer gelesen, jedoch kein völlig falscher Wert, da nur ein Bit unsicher sein kann.

3.1.9.3 Strichcodes (Barcodes)

Strichcodes sind Binärcodes zur Darstellung von Zeichen für eine maschinelle Erkennung. Jedes Zeichen besteht aus einer Gruppe von Balken (engl. bars) und Zwischenräumen **(Bild 2)**. Die Zeichen schließen ohne Trennung aneinander. Endet ein Zeichen mit einer Lücke, so beginnt das Folgezeichen mit einem Balken und umgekehrt.

Die Information wird durch die Strichbreite und bei vielen Codes auch durch die Lückenbreite dargestellt. Die schmalste Strichbreite oder Lückenbreite heißt *Modul*.

Die bekanntesten Strichcodes sind der EAN-Code (Europäische Artikel Nummerierung) und der Linearcode für Postleitzahlen. Daneben gibt es eine Vielzahl weiterer Strichcodes **(Tabelle 1)**.

[1] biquinär = Kunstwort aus lat. bis = 2 und lat. quinque = 5

[2] benannt nach Frank Gray, amerik. Physiker, 1887 bis 1969

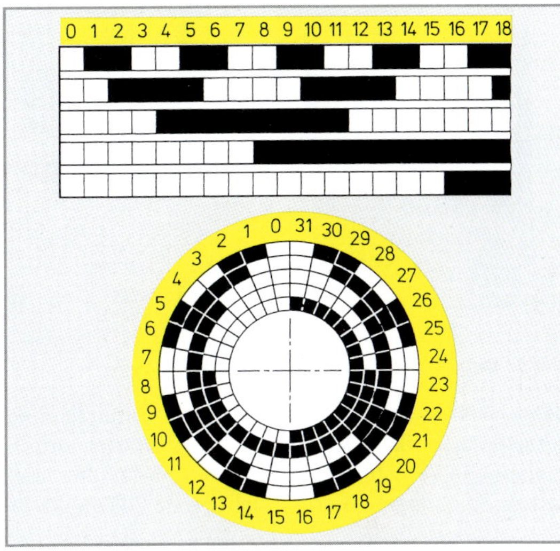

Bild 1: Codelineal und Codescheibe mit Gray-Code

9 783808 532591

Bild 2: EAN-Codierung

Tabelle 1: Barcodes

Benennung	Zeichenvorrat	Module je Zeichen (Z) Anzahl der Strichbreiten SB Anzahl der Lückenbreiten LB
Linearcode (Post)	Ziffern 0 … 9	Z = 4 3 aus 5 plus 1 Startbalken
EAN-Code	Ziffern 0 … 9 5 Hilfszeichen	Z = 7 SB = 4 LB = 4
Code 2/5 Interleaved (Überlappend)	Ziffern 0 … 9 Start, Stopp	Z = 3 SB = 2 LB = 2
Codabar	Ziffern 0 … 9 6 Sonderzeichen	Z = 4 SB = 2 LB = 2
Code 39	Ziffern 0 … 9 26 Alphazeich. 7 Sonderzeich.	Z = 5 SB = 2 LB = 2
Code 128	ASCII-Zeichensatz (128)	Z = 3 SB = 4 LB = 4
Code 2/5	Ziffern 0 … 9 Start, Stopp	Z = 5 SB = 2

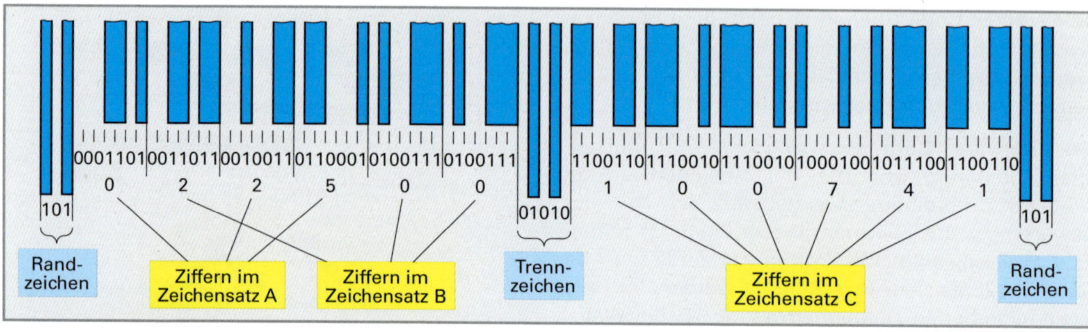

Bild 1: Decodierung eines EAN-Codes

Beim **EAN-Code** wird jede Ziffer mit 7 Binärzeichen verschlüsselt **(Bild 1)**. Dabei werden drei unterschiedliche Verschlüsselungen verwendet: Zeichensatz A, Zeichensatz B und Zeichensatz C **(Tabelle 1)**.

Der Zeichensatz A hat rechts immer eine Eins, d.h. einen Strich, und besitzt ungerade Parität (Quersumme der Bits mit Wert 1 ist ungeradzahlig). Der Zeichensatz B hat auch rechts immer eine 1, besitzt aber eine gerade Parität. Der Zeichensatz C hat stets links eine 1 und eine gerade Parität.

Die linken 6 Ziffern von Bild 1 werden für deutsche Artikel in der Zeichensatzfolge ABAABB verschlüsselt. Die rechten 6 Ziffern werden stets mit dem Zeichensatz C verschlüsselt. Außer den Nutzzeichen für die Verschlüsselung der Artikelnummer gibt es noch zwei Randzeichen 101 und ein Trennzeichen 01010.

Tabelle 1: Zeichensatz des EAN-Codes

Zeichen	Zeichensatz A	Zeichensatz B	Zeichensatz C
0	0001101	0100111	1110010
1	0011001	0110011	1100110
2	0010011	0011011	1101100
3	0111101	0100001	1000010
4	0100011	0011101	1011100
5	0110001	0111001	1001110
6	0101111	0000101	1010000
7	0111011	0010001	1000100
8	0110111	0001001	1001000
9	0001011	0010111	1110100

Strichcode für die Postleitzahlen

Zur automatischen Postverteilung wird die Postleitzahl am unteren Rand eines Briefes **(Bild 2)** durch fluoreszierende Striche aufgedruckt. Sie erscheinen unter UV-Strahlung hell. Jede Ziffer beginnt, von rechts nach links gelesen, mit einem Balken. Es folgen stets drei weitere Balken und zwei große Lücken. Bewertet man die Lücken mit 1 und die Balken mit 0, so erhält man eine Zeichenverschlüsselung im 2-aus-5-Code (von rechts gelesen) mit den Wertigkeiten 7,4,2,1,0. Neben der Postleitzahl wird als erste Ziffer (von rechts) eine Prüfziffer übertragen. Diese ergibt sich aus einer Modulo-10-Berechnung. Hierzu bildet man die Quersumme der Postleitzahl und dividiert diese durch 10. Die Prüfziffer erhält man als Ergänzung des Teilerrestes auf 10.

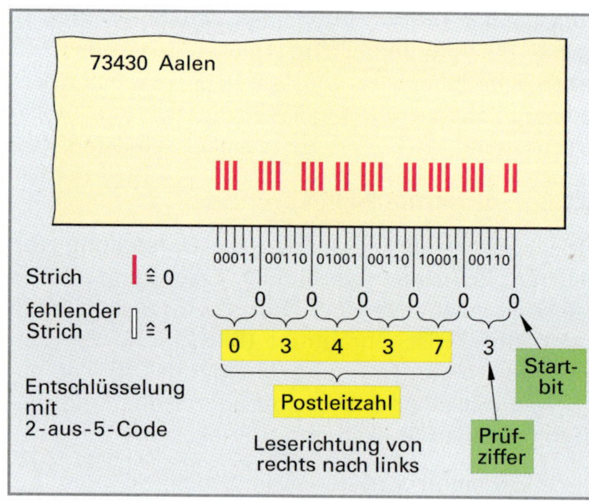

Bild 2: Brief mit codierter Postleitzahl

Beispiel 1: Prüfziffer einer Postleitzahl

Ermitteln Sie die Prüfziffer zur Postleitzahl 73430.

Lösung:

Quersumme: $s = 7 + 3 + 4 + 3 + 0 = 17 \Rightarrow s/10 = 1$ Rest 7

Prüfziffer: $10 - 7 = \mathbf{3}$

Wiederholung und Vertiefung

1. **Welche Codes ermöglichen die direkte Verschlüsselung von Dezimalzahlen?**
2. **Wie viele Bits benötigt man mindestens für die Verschlüsselung der Dezimalzahl 124 a) im Dualcode b) in einem BCD-Code?**
3. **Mit wie vielen Bits wird beim EAN-Code eine Ziffer verschlüsselt?**

Mehrzeilige Barcodes

Die mehrzeiligen Barcodes, z. B. auf Flugtickets, bestehen aus mehreren Zeilen mit Strichen und Strichlücken. Das Start/Stopp-Zeichen ist aber gemeinsam **(Bild 1)**. Mit dem PDF 417-Code (PDF von Portable Data File = transportierbare Daten) können alle alphanumerischen Zeichen dargestellt werden.

Bild 1: Mehrzeiliger Barcode (Code PDF 417)

3.1.9.4 Flächencodes

Die Flächencodes (2D-Codes) sind meist auf quadratischen Flächen dargestellt **(Bild 2)**. Man findet sie z.B. als Briefmarken und auf Versicherungsscheinen. Der Code *Data Matrix* verschlüsselt auf einer sehr kleinen Fläche 2334 ASCII-Zeichen. Zur Orientierung beim Lesen erhält er am linken und unteren Rand einen Balken. Es können mehrere Codeelemente direkt aneinander gefügt werden. Der *Maxi-Code* hat eine quadratische Form, eine runde Mittelpunkt-Markierung und sechseckige Datenzellen.

Der *QR*-Code (von Quick Response Code = schnelle Antwort-Code) ist ein quadratischer Flächencode und besteht aus 21 x 21 bis 177 x 177 kleinen schwarzen und weißen quadratischen Symbolelementen (Bild 2). In den Ecken links und oben gibt es zur Positionsbestimmung quadratische Orientierungsmarken und unten rechts, etwas kleiner, eine Markierung zur Ausrichtung. Die Verwendung des *QR*-Codes ist lizenz- und kostenfrei. Das Codierungsverfahren ist offengelegt. Es ermöglicht auch eine Fehlerkorrektur, so dass leicht beschädigte Codierungen noch sicher gelesen werden können.

Bild 2: 2D-Codes

2D-Codes ermöglichen die Darstellung von sehr viel mehr Daten auf gleicher Fläche als Strichcodes.

3.1.9.5 Codeleser

Das Lesen der Codes erfolgt mit Lesestift, Laserscanner oder mit einer Videokamera als Matrixkamera oder als Zeilenkamera.

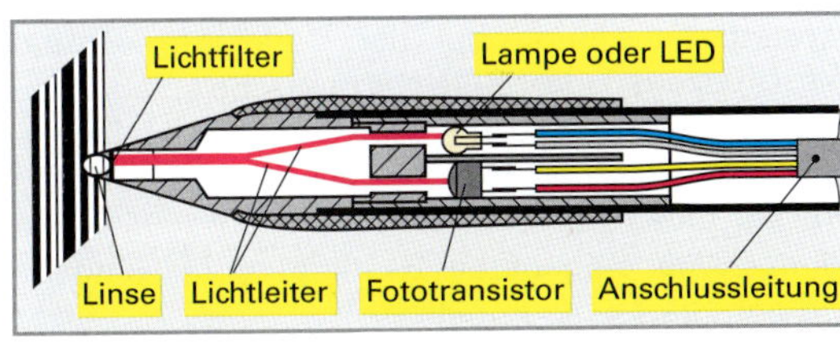

Bild 3: Lesestift

Lesestift. Die Lesestifte **(Bild 3)** haben eine rot leuchtende (Wellenlänge 660 nm) oder eine infrarot strahlende Lichtquelle (Wellenlänge 900 nm). Die Lesefläche wird beim Überstreichen des Codemusters diffus beleuchtet. Das reflektierte Licht gelangt über eine Linse auf den Fototransistor und es entsteht ein Impulszug, der dem Strich-Lücken-Muster der Codierung entspricht.

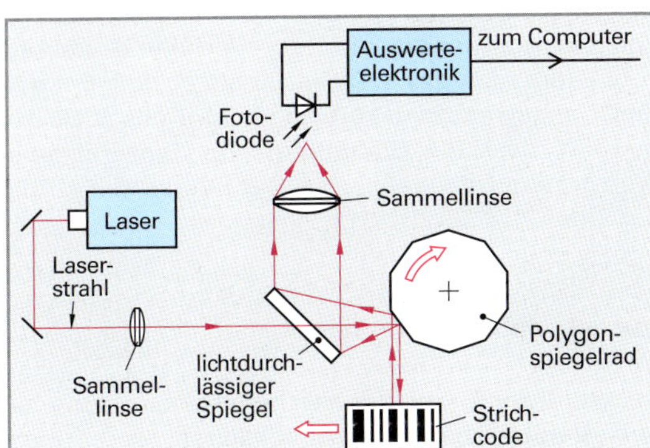

Bild 4: Prinzip des Laserscanners

Scanner. Der feine Lichtstrahl eines He-Ne-Lasers wird über einen rotierenden Polygonspiegel (Vieleckspiegel) abgelenkt und auf das Strichcodemuster projiziert **(Bild 4)**. Dabei läuft der Laserstrahl über das Strichcodemuster hinweg. Das reflektierte Licht wird ebenfalls über den Polygonspiegel reflektiert und einer Fotodiode mit Verstärker zugeführt (Bild 3). Beim Mehrstrahlscanner sitzen die einzelnen Spiegelfacetten nicht achsparallel, sondern verschränkt auf dem Polygonspiegelrad, und so erzeugt jeder Spiegel eine andere Linie auf dem Leseobjekt.

3.1.9.6 Darstellung von alphanumerischen Zeichen

Mit Computern können nicht nur Zahlen verarbeitet und gespeichert werden, sondern auch Texte und Zeichenketten. Mit jeweils 8 bit = 1 Byte wird ein alphanumerisches Zeichen verschlüsselt. Es können somit $2^8 = 256$ verschiedene Zeichen verschlüsselt (codiert) werden. Der übliche Code ist der ASCII-Code (von American Standard Code for Information Interchange = amerikanischer Standardcode für den Informationsaustausch).

Der ASCII-Code ist genormt und enthält 128 Zeichen **(Tabelle 1)**. Mit 128 Zeichen können alle Großbuchstaben, Kleinbuchstaben, Ziffern und viele Sonderzeichen sowie Anweisungen bzw. Steuersignale dargestellt werden. Die Binärdarstellung z. B. der Ziffer 7 ist 011 0111. Die Codierung der Ziffern entspricht für die Bits 1 bis 4 dem 8-4-2-1-Code.

Die Steuerzeichen **(Tabelle 2)** dienen vor allem der Formatbeschreibung bei der Datenaufzeichnung mit Druckern oder Bildschirmen. Beispielsweise bewirkt das Zeichen LF (von Line Feed = Zeilenvorschub) mit der Bitfolge 000 1010 bei einem Drucker einen Papiervorschub um eine Zeile und bei der Dateneingabe die Beendigung der Eingabe und den Start einer Funktion.

Da für 128 Zeichen nur 7 bit zur Codierung erforderlich sind, aber meist 8 bit bei Datenspeichern und Übertragungskanälen zur Verfügung stehen, verwendet man das 8. Bit meist als *Prüfbit.* Bei der meist angewandten Prüftechnik wird das 8. Bit so gewählt, dass die Quersumme der Bits mit dem Wert 1 geradzahlig ist. Die 8-Bit-Verschlüsselung der Ziffer 7 ist somit 1011 0111.

Der ASCII-Code ist ein 7-Bit-Code zur Verschlüsselung alphanumerischer Zeichen.

Neben diesem Standardzeichensatz gibt es weitere Verschlüsselungsmöglichkeiten, z. B. auch mit 8 bit für 256 Zeichen oder auch mit 16 Bits (Unicode, siehe Tabellenbuch Informations- und Systemtechnik). Dieser erweiterte Zeichensatz enthält dann z. B. auch Grafiksymbole und die Sonderzeichen der wichtigsten Weltsprachen.

Wiederholung und Vertiefung

1. **Mit welchem Code werden alphanumerische Zeichen verschlüsselt?**
2. **Wie viele Zeichen kann man mit 7 Bits verschlüsseln?**
3. **Welche Funktion hat das Steuerzeichen LF?**
4. **Wofür verwendet man das achte Bit meist?**

Tabelle 1: 7-Bit-Code (ASCII-Code)

<table>
<tr><td colspan="4" rowspan="3">Bit Nr. von rechts</td><td>7</td><td>0</td><td>0</td><td>0</td><td>0</td><td>1</td><td>1</td><td>1</td><td>1</td></tr>
<tr><td>6</td><td>0</td><td>0</td><td>1</td><td>1</td><td>0</td><td>0</td><td>1</td><td>1</td></tr>
<tr><td>5</td><td>0</td><td>1</td><td>0</td><td>1</td><td>0</td><td>1</td><td>0</td><td>1</td></tr>
<tr><td>4</td><td>3</td><td>2</td><td>1</td><td></td><td colspan="2">Steuerzeichen</td><td colspan="6">Ziffern, Buchstaben, Sonderzeichen</td></tr>
<tr><td>0</td><td>0</td><td>0</td><td>0</td><td></td><td>NUL</td><td>DLE</td><td>SP</td><td>0</td><td>@</td><td>P</td><td>'</td><td>p</td></tr>
<tr><td>0</td><td>0</td><td>0</td><td>1</td><td></td><td>SOH</td><td>DC1</td><td>!</td><td>1</td><td>A</td><td>Q</td><td>a</td><td>q</td></tr>
<tr><td>0</td><td>0</td><td>1</td><td>0</td><td></td><td>STX</td><td>DC2</td><td>"</td><td>2</td><td>B</td><td>R</td><td>b</td><td>r</td></tr>
<tr><td>0</td><td>0</td><td>1</td><td>1</td><td></td><td>ETX</td><td>DC3</td><td>#</td><td>3</td><td>C</td><td>S</td><td>c</td><td>s</td></tr>
<tr><td>0</td><td>1</td><td>0</td><td>0</td><td></td><td>EOT</td><td>DC4</td><td>$</td><td>4</td><td>D</td><td>T</td><td>d</td><td>t</td></tr>
<tr><td>0</td><td>1</td><td>0</td><td>1</td><td></td><td>ENQ</td><td>NAK</td><td>%</td><td>5</td><td>E</td><td>U</td><td>e</td><td>u</td></tr>
<tr><td>0</td><td>1</td><td>1</td><td>0</td><td></td><td>ACK</td><td>SYN</td><td>&</td><td>6</td><td>F</td><td>V</td><td>f</td><td>v</td></tr>
<tr><td>0</td><td>1</td><td>1</td><td>1</td><td></td><td>BEL</td><td>ETB</td><td>'</td><td>7</td><td>G</td><td>W</td><td>g</td><td>w</td></tr>
<tr><td>1</td><td>0</td><td>0</td><td>0</td><td></td><td>BS</td><td>CAN</td><td>(</td><td>8</td><td>H</td><td>X</td><td>h</td><td>x</td></tr>
<tr><td>1</td><td>0</td><td>0</td><td>1</td><td></td><td>HT</td><td>EM</td><td>)</td><td>9</td><td>I</td><td>Y</td><td>i</td><td>y</td></tr>
<tr><td>1</td><td>0</td><td>1</td><td>0</td><td></td><td>LF</td><td>SUB</td><td>*</td><td>:</td><td>J</td><td>Z</td><td>j</td><td>z</td></tr>
<tr><td>1</td><td>0</td><td>1</td><td>1</td><td></td><td>VT</td><td>ESC</td><td>+</td><td>;</td><td>K</td><td>[</td><td>k</td><td>{</td></tr>
<tr><td>1</td><td>1</td><td>0</td><td>0</td><td></td><td>FF</td><td>FS</td><td>,</td><td><</td><td>L</td><td>\</td><td>l</td><td>|</td></tr>
<tr><td>1</td><td>1</td><td>0</td><td>1</td><td></td><td>CR</td><td>GS</td><td>–</td><td>=</td><td>M</td><td>]</td><td>m</td><td>}</td></tr>
<tr><td>1</td><td>1</td><td>1</td><td>0</td><td></td><td>SO</td><td>RS</td><td>.</td><td>></td><td>N</td><td>^</td><td>n</td><td>~</td></tr>
<tr><td>1</td><td>1</td><td>1</td><td>1</td><td></td><td>SI</td><td>US</td><td>/</td><td>?</td><td>O</td><td>_</td><td>o</td><td>DEL</td></tr>
</table>

Tabelle 2: Bedeutung der Steuerzeichen (Auswahl)

Zeichen	Bedeutung
NUL	Null, setzt Empfänger auf Null
SOH	Start of heading, Kopfanfang
STX	Start of text, Start des Textes
ETX	End of text, Ende des Textes
EOT	End of transmission, Ende der Übertragung
ENQ	Enquiry, Aufruf zur Antwort
ACK	Acknowledge, Antwort
BEL	Bell, Klingel, akustisches Signal
BS	Backspace, um ein Zeichen zurück
LF	Linefeed, Zeilenvorschub
CR	Carriage return, Wagenrücklauf
ESC	Escape, Umschaltung
DEL	Delete, Löschen
DC	Device Control (1 ... 4), Geräteansteuerung

3.1.10 Anwendung Codeumsetzer

In der kombinatorischen Digitaltechnik folgt einer Änderung der Eingangsvariablen unmittelbar die Änderung der Ausgangsvariablen. Bei der Entwicklung der Schaltung werden die Schaltfunktionen erstellt und mithilfe der Schaltalgebra bzw. des KV-Diagramms minimiert. Die Realisierung der Schaltung ist dann mit den gewählten binären Elementen, z. B. NAND-Elementen, möglich.

Ein Codeumsetzer hat die Aufgabe, einen vorhandenen Code in einen anderen umzusetzen. Häufig kommen bei den Codes Vierergruppen von Binärzeichen vor. Diese bezeichnet man als *Tetraden* (Vierergruppe, von griech. tetra = vier).

Bei einem Codeumsetzer wird durch Ansteuerung des Eingangscodes ein zugeordneter Ausgangscode erzeugt.

Beispiel 1: Sieben-Segment-Codierer

Eine Sieben-Segment-Anzeige soll zur Zifferndarstellung von im 8-4-2-1-Code vorliegenden Dezimalziffern 0 bis 9 verwendet werden **(Bild 1)**.

a) Wie lautet die Schaltfunktion x für den Leuchtbalken a?

b) Übertragen Sie die Schaltfunktion in ein KV-Diagramm und tragen Sie in die Felder der nicht verwendeten Tetraden (Pseudotetraden) den Buchstaben X ein.

c) Minimieren Sie die Schaltfunktion x für den Leuchtbalken a unter Verwendung der Pseudotetraden. (Hinweis: Für X kann 1 gesetzt werden, damit sich möglichst große Blöcke bilden lassen.)

d) Entwerfen Sie eine Schaltung nur mit NAND-Elementen. (Die invertierten Signale stehen zur Verfügung.)

Lösung:

a) $\boldsymbol{x = (\bar{e}_1 \wedge \bar{e}_2 \wedge \bar{e}_3 \wedge \bar{e}_4) \vee (\bar{e}_1 \wedge e_2 \wedge \bar{e}_3 \wedge \bar{e}_4)}$
$\boldsymbol{\vee (e_1 \wedge e_2 \wedge \bar{e}_3 \wedge \bar{e}_4) \vee (e_1 \wedge \bar{e}_2 \wedge e_3 \wedge \bar{e}_4)}$
$\boldsymbol{\vee (\bar{e}_1 \wedge e_2 \wedge e_3 \wedge \bar{e}_4) \vee (e_1 \wedge e_2 \wedge e_3 \wedge \bar{e}_4)}$
$\boldsymbol{\vee (\bar{e}_1 \wedge \bar{e}_2 \wedge \bar{e}_3 \wedge e_4) \vee (e_1 \wedge \bar{e}_2 \wedge \bar{e}_3 \wedge e_4)}$

b) **Bild 2**

c) Block 1: $e_1 \wedge e_3$; Block 2: e_2
Block 3: $\bar{e}_1 \wedge \bar{e}_3$; Block 4: e_4
$\boldsymbol{x = (e_1 \wedge e_3) \vee e_2 \vee (\bar{e}_1 \wedge \bar{e}_3) \vee e_4}$

d) Anwendung des de Morgan'schen Gesetzes auf das ODER-Element, **Bild 3**

Ist ein Kästchen in einem KV-Diagramm von der nicht minimierten Schaltfunktion nicht angesprochen, so kann in dieses ein X eingetragen werden. Beim Bilden der minimierten (optimierten) Schaltfunktion können für die X dann beliebig 0 oder 1 (don't-care-Felder) gedacht werden, und zwar so, wie es für das Bilden der minimierten Schaltfunktion geschickt ist.

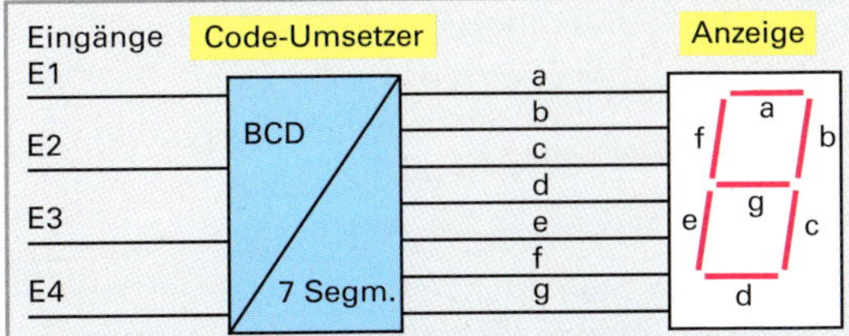

8-4-2-1-Code				7-Segment-Code							Dezimalzahl
E4	E3	E2	E1	a	b	c	d	e	f	g	
0	0	0	0	1	1	1	1	1	1	0	0
0	0	0	1	0	1	1	0	0	0	0	1
0	0	1	0	1	1	0	1	1	0	1	2
0	0	1	1	1	1	1	1	0	0	1	3
0	1	0	0	0	1	1	0	0	1	1	4
0	1	0	1	1	0	1	1	0	1	1	5
0	1	1	0	1	0	1	1	1	1	1	6
0	1	1	1	1	1	1	0	0	0	0	7
1	0	0	0	1	1	1	1	1	1	1	8
1	0	0	1	1	1	1	1	0	1	1	9

Bild 1: Codeumsetzer

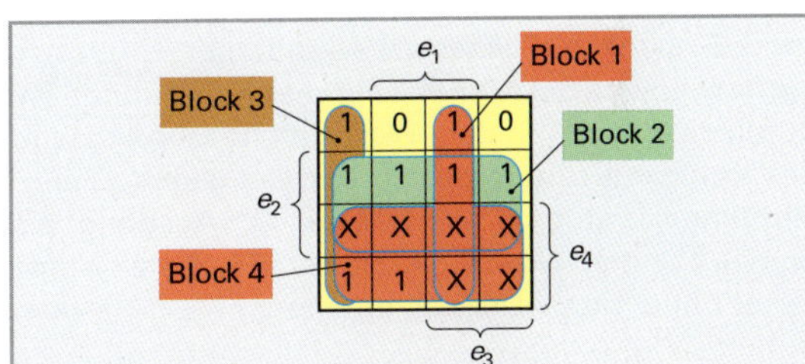

Bild 2: KV-Diagramm für Beispiel 1

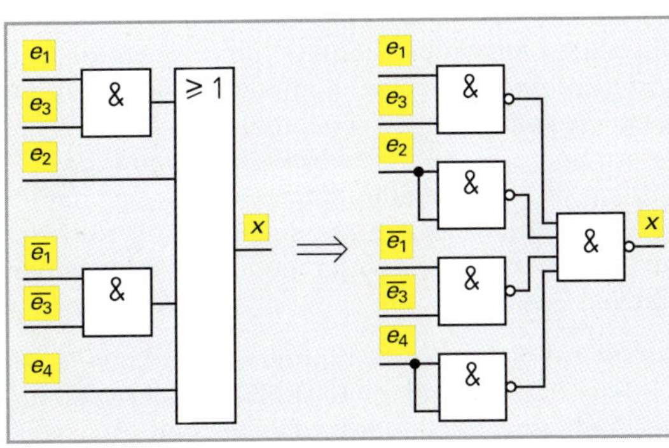

Bild 3: Schaltung für Beispiel 1

3.2 Sequenzielle Digitaltechnik (Schaltwerke)

3.2.1 Binärspeicher

Funktionsweise

Oft will man Signalzustände über die Dauer ihres Auftretens hinaus festhalten. Dazu werden für die binären Signale *Binärspeicher* (Signalspeicher) benötigt **(Bild 1)**. Die Werte der Ausgangsgrößen einer Schaltung mit Binärspeichern hängen von den Werten der Eingangsgrößen und von den Zuständen der Binärspeicher zum Zeitpunkt der Ansteuerung ab. Eine sequenzielle (von lat. sequentia = Folge) Schaltung, z. B. eine bistabile Kippschaltung, steuert zeitlich aufeinanderfolgende Abläufe.

Bistabile Kippglieder *(Flipflops)* sind Binärspeicher. Sie können den Informationsgehalt von 1bit speichern (C. Shannon, 1916-2001, stellte als Erster Informationen mit Bits dar). Ein Kippglied besitzt z. B. einen *Setzeingang* S (von to set = setzen) und einen *Rücksetzeingang* R (von to reset = rücksetzen). Durch ein Signal mit dem Wert 1 am S-Eingang kann das Kippglied gesetzt werden. Am Q-Ausgang wird dadurch ein Signal mit dem Wert 1 erzeugt. Der Ausgang Q* (sprich: Q Stern) liefert dann ein Signal mit dem Wert 0. Anstelle von Q* wird auch $\overline{Q}$ (sprich: Q nicht) verwendet. Solange das Kippglied nicht durch ein Signal mit dem Wert 1 am R-Eingang zurückgesetzt wird, bleibt es gesetzt, auch wenn das Setzsignal nicht mehr vorhanden ist. Durch ein Signal mit dem Wert 1 am R-Eingang wird das Kippglied zurückgesetzt. Der Q-Ausgang liefert ein Signal mit dem Wert 0, der Q*-Ausgang ein Signal mit dem Wert 1. Auch der Rücksetzzustand bleibt ohne Rücksetzsignal erhalten.

Ein Kippglied kann den Informationsgehalt von 1 bit speichern.

Die beiden Ausgänge Q und Q* des Kippglieds sind *komplementär* (von lat. complementum = Ergänzung, beachte jedoch nachfolgende Seite). Sie liefern Spannungspegel, welche zueinander gegensätzlich sind. Kippglieder unterscheiden sich hauptsächlich durch die Art der Ansteuerung und der Auslösung des Kippvorganges von dem einen stabilen Zustand in den anderen stabilen Zustand.

Erfolgt das Setzen eines Kippglieds mit Low-Pegel, wird der Setzeingang mit $\overline{S}$ (sprich: S nicht) gekennzeichnet. Entsprechendes gilt für den Rücksetzeingang mit Kennzeichnung $\overline{R}$.

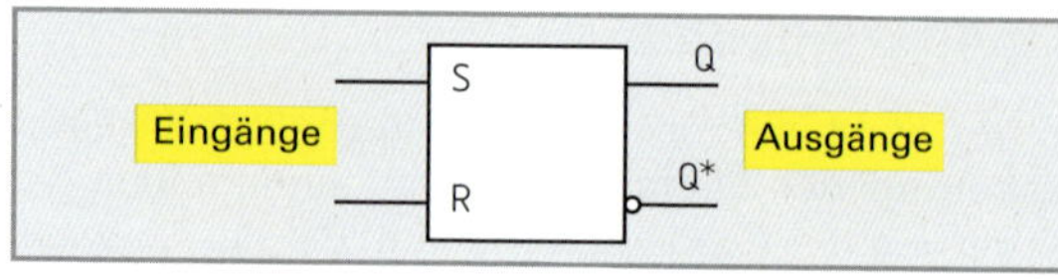

Bild 1: Schaltzeichen eines Binärspeichers

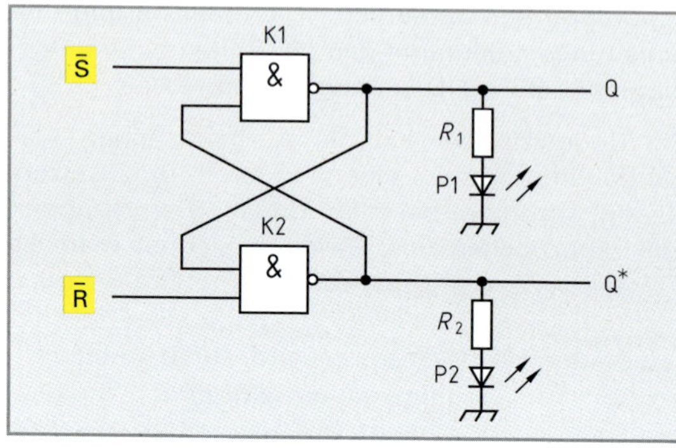

Bild 2: Realisierung des $\overline{RS}$-Kippglieds mit NAND-Elementen

Verschiedene Eingangspegel an $\overline{S}$ und $\overline{R}$

Versuch: Bauen Sie die Schaltung nach **Bild 2** auf. Legen Sie an den $\overline{S}$-Eingang H-Pegel und an den $\overline{R}$-Eingang L-Pegel. Beobachten Sie die Pegel der Ausgänge Q und Q* mittels der LED.

Ergebnis: Das Signal am Ausgang Q besitzt L-Pegel, das Signal am Ausgang Q* dagegen H-Pegel.

Liegt am $\overline{R}$-Eingang des NAND-Elementes K2 L-Pegel, dann besitzt der Ausgang Q* auf jeden Fall H-Pegel, ganz gleich, ob das zweite Eingangssignal von K2, also das Ausgangssignal von K1, L-Pegel oder H-Pegel besitzt. Somit liegen an beiden Eingängen von K1 zwei Signale mit H-Pegel. Deshalb erscheint am Ausgang Q ein Signal mit L-Pegel.

Liegt am $\overline{S}$-Eingang des NAND-Elementes K1 L-Pegel, dann besitzt der Ausgang Q einen H-Pegel. Liegt am $\overline{R}$-Eingang nun H-Pegel, dann liegen an K2 zwei Signale mit H-Pegel. Am Ausgang Q* erscheint folglich ein Signal mit L-Pegel.

Bei der Schaltung Bild 2 handelt es sich um ein $\overline{RS}$-Kippglied ($\overline{RS}$ sprich: R nicht, S nicht), die mit zwei NAND-Elementen aufgebaut ist. Das Setzen dieses Kippglieds erfolgt mit einem L-Pegel am $\overline{S}$-Eingang bei einem H-Pegel am $\overline{R}$-Eingang. Am Q-Ausgang entsteht dann ein H-Pegel und am Q*-Ausgang ein L-Pegel. Das Rücksetzen dieser Schaltung erfolgt mit einem L-Pegel am $\overline{R}$-Eingang bei einem H-Pegel am $\overline{S}$-Eingang. Am Q-Ausgang erscheint dann L-Pegel und am Q*-Ausgang H-Pegel.

Das $\overline{RS}$-Kippglied besitzt einen Setzeingang, einen Rücksetzeingang und zwei Ausgänge, deren Spannungspegel zueinander komplementär sind.

Gleiche Eingangspegel an $\overline{S}$ und $\overline{R}$

Werden an die beiden Eingänge $\overline{R}$ und $\overline{S}$ der Schaltung Bild 2, vorhergehende Seite, H-Pegel gelegt, so besitzt das NAND-Element K1 über die Verbindung mit dem Ausgang Q* noch eine weitere Eingangsgröße, z. B. mit L-Pegel. Am Ausgang Q bleibt dann der H-Pegel erhalten. Die zwei H-Pegel am Eingang von K2 liefern an dessen Ausgang erneut den L-Pegel. Bei H-Pegeln an den Eingängen $\overline{R}$ und $\overline{S}$ ändern sich die vorhandenen Spannungspegel der Ausgänge Q und Q* nicht.

Liegen sowohl am $\overline{R}$-Eingang als auch am $\overline{S}$-Eingang der NAND-Elemente L-Pegel, dann erscheint an den Ausgängen Q und Q* je ein Signal mit H-Pegel. Die Ausgänge Q und Q* haben also keine komplementären Pegel. Man spricht deshalb von einem *irregulären Zustand*. Wird nun an die Eingänge $\overline{R}$ und $\overline{S}$ jeweils ein H-Pegel gelegt, so erhält man an den Ausgängen Q und Q* zwar komplementäre Pegel, jedoch kann an Q entweder H-Pegel oder L-Pegel erscheinen. Das hängt von den Signallaufzeiten der beiden NAND-Elemente ab. Diesen Zustand bezeichnet man als *nicht definiert*.

Beim $\overline{RS}$-Kippglied kann bei gleichartiger Ansteuerung mit L-Pegel ein irregulärer Zustand auftreten.

Die Ergebnisse der oben gemachten Versuche lassen sich in einer *Arbeitstabelle* zusammenfassen **(Bild 1)**. Der Zeitpunkt t_n ist der Zeitpunkt, zu dem die Eingangsspannungspegel an die Eingänge $\overline{R}$ und $\overline{S}$ des Signalspeichers gelegt werden. Der Zeitpunkt t_{n+1} ist der Zeitpunkt nach dieser Ansteuerung. Mit $\overline{q_n}$ wird der Zustand des Kippglieds zum Zeitpunkt t_n beschrieben. Der zum Zeitpunkt t_n zu q_n komplementäre Zustand des Kippglieds ist der Zustand $\overline{q_n}$.

Die Aussagen der Arbeitstabelle nach Bild 1 können mittels eines Zeitablaufdiagrammes grafisch dargestellt werden **(Bild 2)**. In einem Zeitablaufdiagramm werden die Signallaufzeiten von binären Elementen nicht berücksichtigt. Verzögerungszeiten von Verzögerungselementen hingegen sind zu berücksichtigen. Der Binärwert 0, also in der meist verwendeten positiven Logik der L-Pegel, ist die Grundlinie des Signalzuges. Der Binärwert 1, also der H-Pegel, wird von der Grundlinie aus nach oben aufgetragen.

Zeitpunkt t_n		Zeitpunkt t_{n+1}		
$\overline{R}$	$\overline{S}$	Q	Q*	
L	H	L	H	
H	L	H	L	
H	H	q_n	$\overline{q}_n$	
L	L	H	H	irregulär
L → H	L → H	H oder L	L oder H	nicht definiert

Bild 1: Arbeitstabelle des $\overline{RS}$-Kippglieds

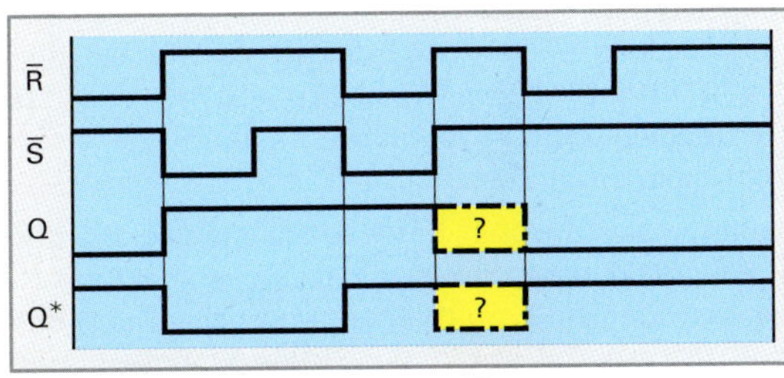

Bild 2: Zeitablaufdiagramm des $\overline{RS}$-Kippglieds

Die Funktionsweise eines Kippglieds kann anhand einer Arbeitstabelle oder eines Zeitablaufdiagrammes dargestellt werden.

Anstelle der Arbeitstabelle mit den Pegeln L und H kann auch eine Wertetabelle mit den Werten 0 und 1 aufgestellt werden.

Wiederholung und Vertiefung

1. **Zu welchem Zweck werden Kippglieder verwendet?**
2. **Wodurch kann ein Kippglied realisiert werden?**
3. **Welcher Zusammenhang besteht zwischen den Spannungspegeln an den Ausgängen Q und Q* eines Kippglieds?**
4. **Erklären Sie den irregulären Zustand eines $\overline{RS}$-Kippglieds.**
5. **Wann spricht man bei einem $\overline{RS}$-Kippglied von einem nicht definierten Zustand?**
6. **Mit welchen Möglichkeiten lässt sich die Funktionsweise eines Kippglieds übersichtlich darstellen?**

3.2.2 Asynchrone Kippglieder (Flipflops)

Asynchrone Kippglieder sind Kippglieder, welche *ohne* Taktsignal arbeiten. Ein solches Kippglied kann zu jeder Zeit durch Eingangssignale eingestellt werden.

Asynchrone Kippglieder besitzen keinen Takteingang.

Das $\overline{RS}$-Kippglied ist ein asynchrones Kippglied **(Tabelle 1)**. Man bezeichnet es auch als *Grundkippglied*, weil die kreuzweise rückgekoppelten Elemente in fast jedem bistabilen Kippsglied enthalten sind. Ersetzt man die beiden NAND-Elemente durch NOR-Elemente, dann erhält man das asynchrone RS-Grundkippglied (Tabelle 1). Besitzen beide Eingangssignale den Wert 1, dann besitzen die Ausgangssignale an den Ausgängen Q und Q* den Wert 0. Das RS-Kippglied besitzt ebenso wie das $\overline{RS}$-Kippglied einen irregulären Zustand und einen nicht definierten Zustand.

Weitere asynchrone Kippglieder sind z. B. das SL-Kippglied (von to set = setzen, latch = Klinke), das EL-Kippglied (von to erase = radieren) und das $\overline{RS}$-Kippglied (Tabelle 1). Bei diesen Kippgliedtypen handelt es sich um Abarten des RS-Kippglieds bzw. des $\overline{RS}$-Kippglieds. Irreguläre Zustände und nicht definierte Zustände gibt es bei diesen Kippgliedern nicht. Diese Kippglieder finden insbesondere Anwendung als programmierte Funktionen in Programmen von speicherprogrammierbaren Steuerungen (SPS, Abschnitt 5.2.4).

Werden beim SL-Kippglied die Eingänge S und L mit Signalen des Wertes 1 angesteuert, dann entsteht am Q-Ausgang ein Signal mit dem Wert 1 und am Q*-Ausgang ein Signal mit dem Wert 0. Setzen hat Vorrang. Bei allen anderen Kombinationen der Eingangsspannungspegel verhält sich das SL-Kippglied wie das RS-Kippglied. Man bezeichnet es auch als RS-Kippglied mit *dominierendem* S-Eingang (von lat. dominari = herrschen).

Bei einer Ansteuerung des EL-Kippglieds mit Eingangssignalen des Wertes 1 liefert der Q-Ausgang ein Signal mit dem Wert 0 und der Q*-Ausgang ein Signal mit dem Wert 1. Bei allen anderen Kombinationen der Eingangsspannungspegel verhält sich das EL-Kippglied wie das RS-Kippglied. Es wird auch als RS-Kippglied mit dominierendem R-Eingang bezeichnet.

Beim $\overline{RS}$-Kippglied erfolgt das Setzen durch ein Signal mit dem Wert 0 am $\overline{S}$-Eingang. Das Rücksetzen des Kippglieds geschieht mittels eines Signals mit dem Wert 1 am R-Eingang. Auch bei diesem Kippglied dominiert das Rücksetzen.

Tabelle 1: Asynchrone Kippglieder

Schaltzeichen, Realisierung | Wertetabelle

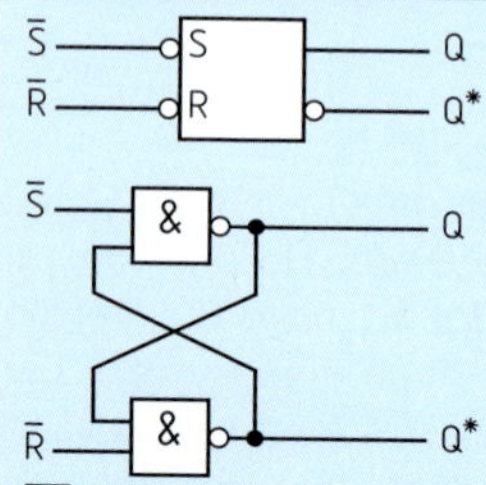

$\overline{RS}$-Kippglied

$\overline{S}$	$\overline{R}$	Q	Q*
0	0	1	1
0	1	1	0
1	0	0	1
1	1	q_n	$\overline{q}_n$
0→1	0→1	1 oder 0	0 oder 1

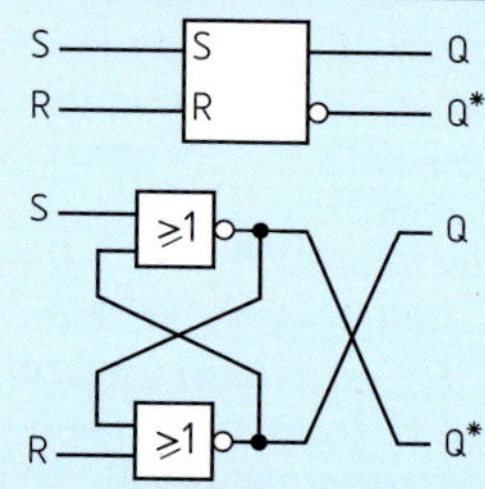

RS-Kippglied

S	R	Q	Q*
0	0	q_n	$\overline{q}_n$
0	1	0	1
1	0	1	0
1	1	0	0
1→0	1→0	0 oder 1	1 oder 0

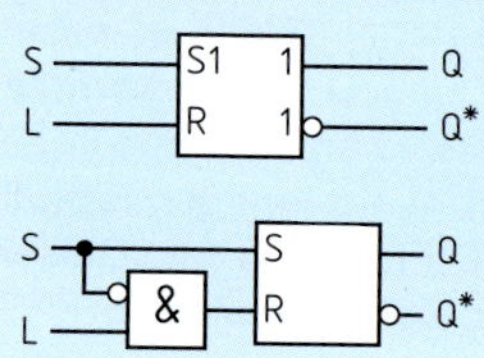

SL-Kippglied, RS-Kippglied mit dominierendem S-Eingang

S	L	Q
0	0	q_n
0	1	0
1	0	1
1	1	1

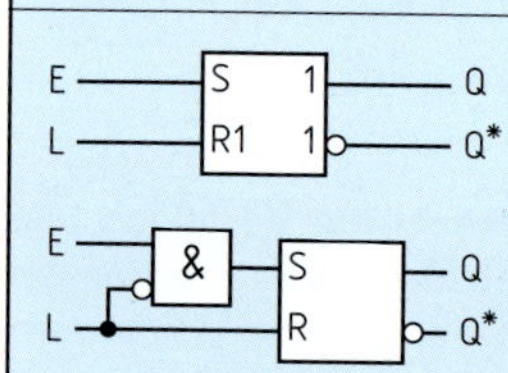

EL-Kippglied, RS-Kippglied mit dominierendem R-Eingang

E	L	Q
0	0	q_n
0	1	0
1	0	1
1	1	0

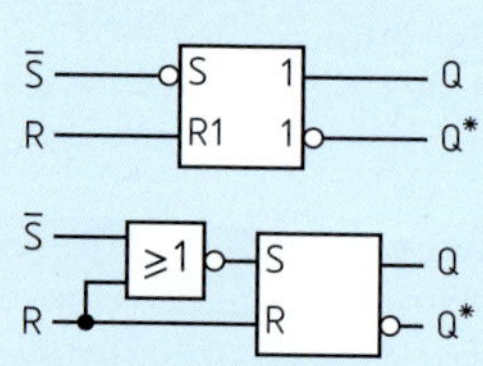

R$\overline{S}$-Kippglied mit dominierendem R-Eingang

$\overline{S}$	R	Q
0	0	1
0	1	0
1	0	q_n
1	1	0

Die Zustände eines Kippglieds können grafisch mittels eines *Zustandsdiagrammes* (Zustandsgraph) dargestellt werden **(Bild 1)**. Dieses enthält die Angaben der Wertetabelle des Kippglieds. Die Kreise, auch Knoten genannt, bedeuten hierbei die Zustände. Die Pfeile kennzeichnen die Übergänge von einem Zustand in den anderen. An die Pfeile (Transition) sind die Bedingungen für einen Zustandswechsel geschrieben. Das RS-Kippglied wechselt z. B. vom Zustand *Signal mit Wert 0 am Ausgang Q* (Q = 0) in den Zustand *Signal mit Wert 1 am Ausgang Q* (Q = 1) durch ein Signal mit Wert 1 am Eingang S und ein Signal mit Wert 0 am Eingang R (Bild 1).

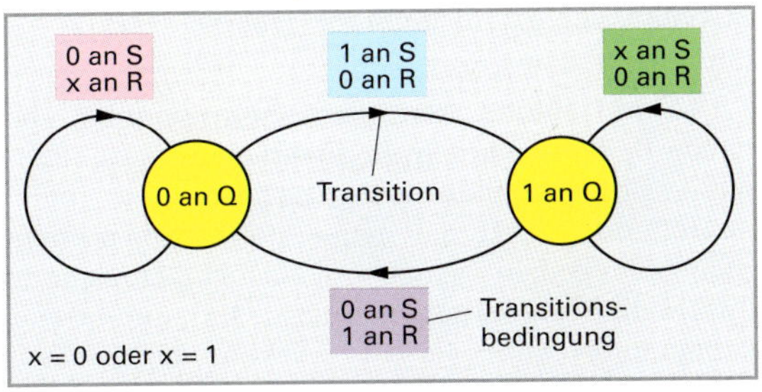

Bild 1: Zustandsdiagramm für RS-Kippglied mit Transitionsbedingungen

In einem Zustandsdiagramm für ein Kippglied ist dessen Wertetabelle grafisch abgebildet.

Das $\overline{RS}$-Kippglied ist häufiger zu finden als das RS-Kippglied. Aus technologischen Gründen wird bei der integrierten Schaltungstechnik meistens das NAND-Element als Grundbauelement verwendet. Im TTL-Bauelement 74118 sind sechs $\overline{RS}$-Kippglieder enthalten **(Bild 2)**. Hier sind die $\overline{R}$-Eingänge aller sechs Kippglieder intern zusammengeschaltet und nur auf einen Anschluss herausgeführt. Alle sechs Kippglieder werden deshalb durch ein Rücksetzsignal am $\overline{R}$-Eingang gleichzeitig zurückgesetzt. Dagegen kann jedes der sechs Kippglieder einzeln über den jeweiligen Setzeingang S gesetzt werden.

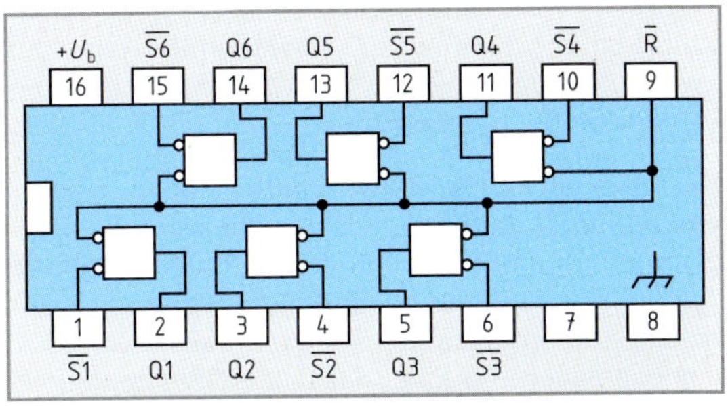

Bild 2: TTL-Bauelement 74118, bestehend aus sechs $\overline{RS}$-Kippgliedern

3.2.3 Synchrone Kippglieder (Flipflops)

Kippglieder, die mittels eines *Taktes* gesteuert werden, nennt man synchrone Kippglieder. Ein taktgesteuertes Kippglied besitzt außer dem Setzeingang und dem Rücksetzeingang noch den *Takteingang*, den man auch *Clockeingang* (von clock = Uhr, Takt) nennt.

Einflankengesteuerte JK-Kippglieder

Die Wirkungsweise der Taktsteuerung des einflankengesteuerten JK-Kippglieds ist anhand von Zeitablaufdiagrammen dargestellt **(Bild 3)**. Das Setzen bzw. das Rücksetzen des Kippglieds erfolgt beim Eintreffen der ansteigenden oder der abfallenden Taktflanke. Von einer *ansteigenden (positiven) Flanke* spricht man, wenn das Taktsignal von L-Pegel auf H-Pegel übergeht. Bei einer *abfallenden (negativen) Flanke* wechselt das Taktsignal von H-Pegel auf L-Pegel. Taktflankengesteuerte Kippglieder sind gegen Störimpulse der Eingangssignale geschützt, sofern diese nicht gleichzeitig mit der Taktflanke eintreffen.

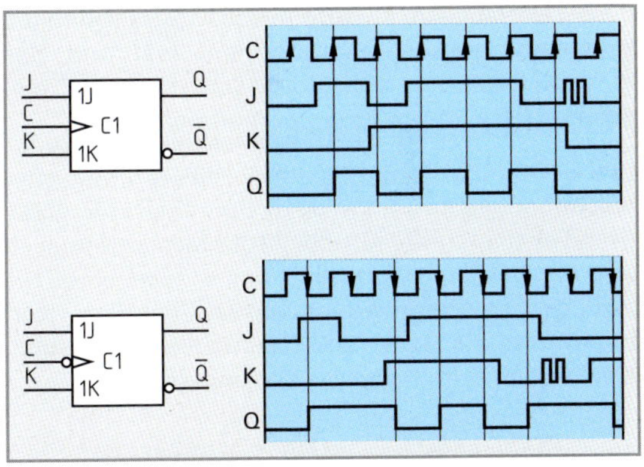

Bild 3: Schaltzeichen und Zeitablaufdiagramm des einflankengesteuerten JK-Kippglieds, oben mit positiver Flanke, unten mit negativer Flanke

Beim einflankengesteuerten JK-Kippglied unterscheidet man Ansteuerungen mit negativer Flanke und Ansteuerungen mit positiver Flanke.

Das JK-Kippglied besitzt keinen irregulären Zustand **(Bild 1, folgende Seite)**. Liegen an den Eingängen J und K H-Pegel, dann kippt das Kippglied am Ausgang Q in seinen komplementären Zustand, d. h. es toggelt (to toggle = umschalten) **(Bild 2, folgende Seite)**.

Zweiflankengesteuerte JK-Kippglieder (JK-Master-Slave-Kippglied)

Es kommt häufig vor, dass Informationen von einem Speicherelement zu einem anderen zu übergeben sind, wobei das erste Speicherelement beim eintreffenden Takt die neue Information aufnehmen, beim selben Takt aber die bisher gespeicherte Information weitergeben muss. Um nun hierbei keinen Informationsverlust zu bekommen, benötigt man zweistufige Speicherelemente **(Bild 3)**. Das erste Speicherelement wird als *Master*-Kippglied (von master = Meister), das zweite als *Slave*-Kippglied (von slave = Sklave) bezeichnet. Beide Kippglieder zusammen bezeichnet man als *zweiflankengesteuertes JK-Kippglied* oder als *JK-Master-Slave-Kippglied*.

Das zweiflankengesteuerte JK-Kippglied besteht aus zwei z. B. mit der positiven Taktflanke gesteuerten JK-Kippgliedern (Bild 1). Mit der positiven Taktflanke wird die an den Eingängen J und K anliegende Information in das Master-Kippglied eingespeichert. Wegen des NICHT-Elementes K2 tritt am Eingang C des Slave-Kippglieds eine negative Flanke auf, sodass dieses vorerst weder gesetzt noch zurückgesetzt wird. Mit der folgenden negativen Taktflanke an K1 wird in das Master-Kippglied keine Information übernommen, während das Slave-Kippglied nun die im Master-Kippglied eingespeicherte Information übernehmen kann.

Das Setzen bzw. das Rücksetzen dieses JK-Master-Slave-Kippglieds erfolgt beim Eintreffen der negativen Taktflanke **(Bild 4)**, obwohl das Master-Kippglied von der positiven Taktflanke angesteuert wird. Die Verzögerung (Retardierung, von lat. retardare = verzögern) um die Dauer des Taktimpulses wird durch das Zeichen ¬ im Schaltzeichen angegeben.

Asynchrone Eingänge bei JK-Kippgliedern

Viele JK-Kippglieder besitzen neben den Eingängen J, K und C noch Eingänge zum Setzen bzw. zum Rücksetzen. Wegen der Eingänge $\overline{R}$ und $\overline{S}$ kann ein solches Kippglied auch als asynchrones $\overline{RS}$-Kippglied verwendet werden. Das Setzen oder Rücksetzen über die Eingänge $\overline{S}$ und $\overline{R}$ erfolgt unabhängig von den Spannungspegeln an den Eingängen J, K und C und vorrangig vor diesen. Soll ein solches Kippglied als JK-Kippglied zum Einsatz kommen, dann müssen die Eingänge $\overline{R}$ und $\overline{S}$ an H-Pegel gelegt werden. Bei Kippgliedern mit mehreren Eingängen J und K sind die nicht verwendeten J-Eingänge und K-Eingänge ebenfalls an H-Pegel zu legen.

t_n			t_{n+1}	
C	J	K	Q	$\overline{Q}$
L, H	beliebig		q_n	$\overline{q}_n$
↑	L	L	q_n	$\overline{q}_n$
↑	L	H	L	H
↑	H	L	H	L
↑	H	H	$\overline{q}_n$	q_n

Bild 1: Arbeitstabelle des einflankengesteuerten JK-Kippglieds

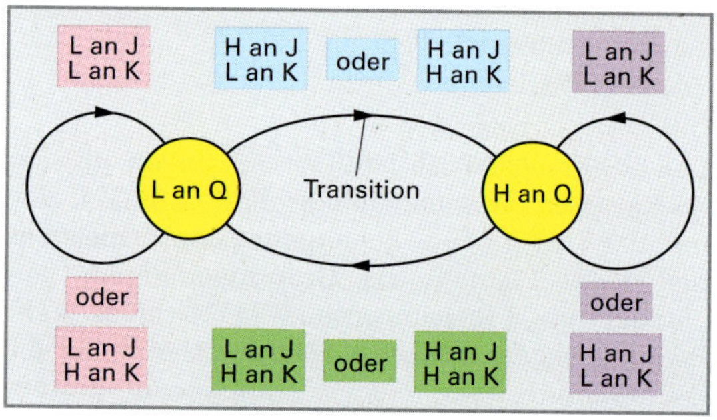

Bild 2: Zustandsdiagramm für JK-Kippglied mit Transitionsbedingungen

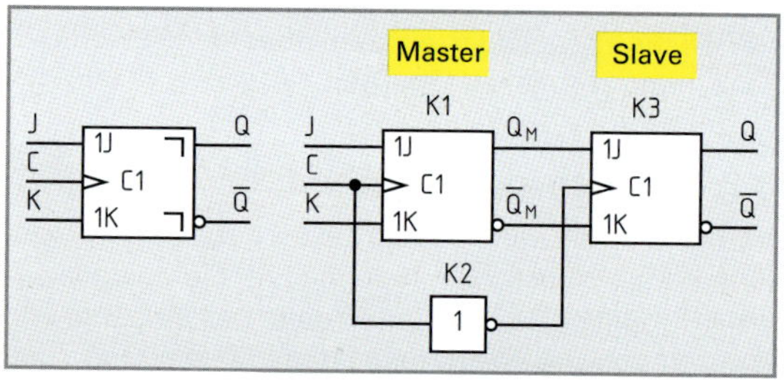

Bild 3: Zweiflankengesteuertes JK-Kippglied

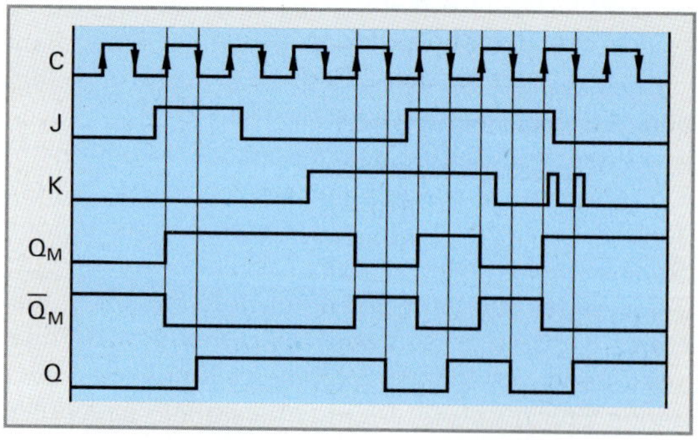

Bild 4: Zeitablaufdiagramm des zweiflankengesteuerten JK-Kippglieds

Sonstige synchrone Kippglieder

Weitere synchrone Kippglieder sind z. B. das D-Kippglied (von delay = Verzögerung) und das T-Kippglied (von toggle = kippen), die beide durch beschaltete JK-Kippglieder verwirklicht werden können **(Tabelle 1)**.

Das D-Kippglied ist als JK-Kippglied mit einem NICHT-Element am K-Eingang realisiert **(Bild 1)**. Das T-Kippglied ist ein JK-Kippglied, wobei die Eingänge J und K miteinander verbunden sind **(Bild 2)**. Das D-Kippglied ist im Gegensatz zum T-Kippglied als Chip erhältlich.

Das D-Kippglied und das T-Kippglied sind beschaltete JK-Kippglieder.

Tabelle 1: Sonstige synchrone Kippglieder

Schaltzeichen	Arbeitstabelle			
	c_n	d_n	q_{n+1}	$\bar{q}_{n+1}$
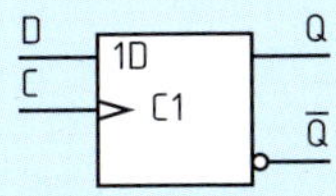 D-Kippglied	↓ ↓	L H	L H	H L
	c_n	t_n	q_{n+1}	$\bar{q}_{n+1}$
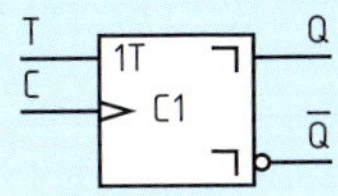 T-Kippglied	↓ ↓	L H	q_n $\bar{q}_n$	$\bar{q}_n$ q_n

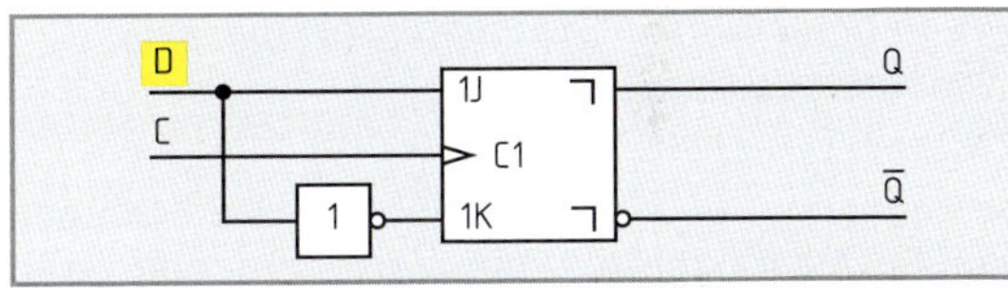

Bild 1: D-Kippglied, entstanden aus JK-Kippglied

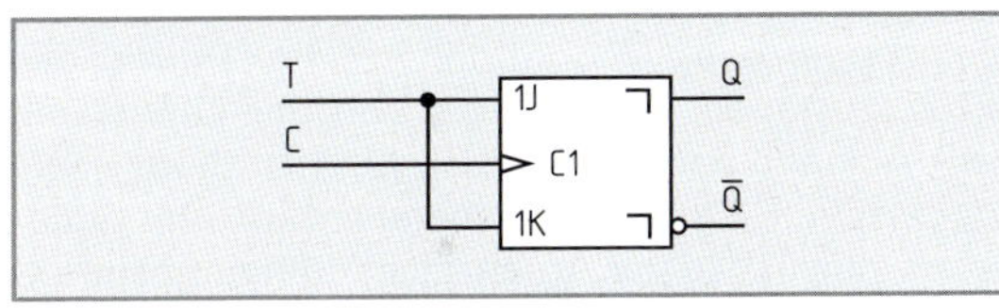

Bild 2: T-Kippglied, entstanden aus JK-Kippglied

Betriebsdaten von Kippgliedern

Die Betriebsdaten der unterschiedlichen Kippgliedertypen findet man in Datenblättern **(Tabelle 2)**. Oft werden dabei maximale und minimale Grenzwerte angegeben. Neben der Bemessungsbetriebsspannung wird z. B. sowohl die minimale (kleinstmögliche) als auch die maximale (größtmögliche) Betriebsspannung angegeben. Bei Unterschreitung bzw. Überschreitung dieser Grenzwerte garantiert der Hersteller keine einwandfreie Funktion des Kippglieds mehr.

Die *Leistungsaufnahme* P_{zu} kann aus der Bemessungsbetriebsspannung und der Stromaufnahme berechnet werden. Die *Eingangsspannung* U_e gibt diejenige Spannung an, die ein Eingangssignal besitzen darf, damit ein H-Pegel oder ein L-Pegel noch sicher erkannt wird. In der Spalte *Schaltverzögerungszeit* t_s gibt der erste Wert die Zeit für den Wechsel der Ausgangsspannung von H nach L an, der zweite Wert die Zeit für einen Wechsel der Ausgangsspannung von L nach H, gemessen vom Zeitpunkt der Taktwirkung. Die *Arbeitsfrequenz f* gibt die maximale Frequenz an, bei der die Schaltung noch zuverlässig arbeitet. Als *Ausgangsspannung* U_a werden der Mindestwert für den H-Pegel und der Höchstwert für den L-Pegel angegeben.

Wiederholung und Vertiefung

1. **Welche Aussagen können bezüglich der Arbeitstabellen von zweiflankengesteuerten JK-Kippgliedern und einflankengesteuerten JK-Kippgliedern gemacht werden?**
2. **Nennen sie die beiden Arten der zweiflankengesteuerten JK-Kippglieder.**
3. **Welche Aufgabe haben die Eingänge $\bar{R}$ und $\bar{S}$ an einem JK-Kippglied?**
4. **Durch welche Beschaltung entsteht aus einem JK-Kippglied ein D-Kippglied?**
5. **Wie entsteht aus einem JK-Kippglied ein T-Kippglied?**
6. **Erklären Sie die Kurzbezeichnung JK-FF, pfl.**

Tabelle 2: Betriebsdaten von Kippgliedern (Beispiel)

Familie	Art	Betriebsspannung U_b in V			I_A in mA	P_{zu} in mW	Eingangsspannung U_e in V		t_s in ns	f in MHz	Ausgangsspannung U_a in V		Temperaturbereich in °C
		min	N	max			min H	max L			min H	max L	
Standard-TTL	JK-FF pfl	4,75	5	5,25	14	70	2	0,8	20/3	125	2,4/3,4	0,5/0,2	0 bis 75

I_A Stromaufnahme, P_{zu} Leistungsaufnahme, t_s Schaltverzögerungszeit, f Arbeitsfrequenz, pfl mit positiver Taktflanke gesteuert, tu taktunabhängiger Eingang, min minimal, max maximal, N Bemessungs(spannung)

3.2.4 Monoflops und Verzögerungselemente

Das **Monoflop** (monostabiles Kippglied) besitzt einen *stabilen* Ruhezustand und einen *labilen* (instabilen) Arbeitszustand. Das Monoflop **Bild 1** befindet sich im Ruhezustand, wenn sein Q-Ausgang ein Signal mit dem Wert 0 liefert. Wird das Monoflop durch eine negative Flanke in seinen Arbeitszustand gebracht, so herrscht am Q-Ausgang zunächst H-Pegel, dann kippt das Monoflop nach Ablauf einer schaltungstechnisch bestimmten Zeit von allein wieder in seinen stabilen Zustand zurück (Bild 1). Monoflops können bis zum Zurückkippen in die Ruhestellung 1 bit je nach Monofloptyp etwa 12 ns bis einige Minuten speichern.

Monoflops werden als *Signalspeicher* oder als *Signalformer* eingesetzt.

Als Signalformer wird das Monoflop zum Erzeugen von Rechtecksignalen, zum Verzögern oder zum Verkürzen von Signalen und in manchen Fällen auch als Frequenzteiler eingesetzt. Beim *nicht nachtriggerbaren* Monoflop ist die Dauer des Arbeitszustandes unabhängig von der Länge und dem Abstand der Setzimpulse (Bild 1). Beim *nachtriggerbaren* Monoflop dagegen wird mit jeder Setzimpulsflanke der Arbeitszustand neu gestartet.

Mit **Verzögerungselementen** kann eine Einschaltverzögerung oder eine Abschaltverzögerung oder beides erreicht werden **(Tabelle 1)**. Verzögerungselemente werden z. B. zur Impulsverkürzung, Impulsverzögerung und Impulsverlängerung verwendet. Im Schaltzeichen können t_1, t_2 und t auch durch die tatsächlichen Verzögerungszeiten ersetzt werden.

Verzögerungselemente können mit Monoflops und digitalen Verknüpfungselementen aufgebaut werden **(Bild 2)**. Beim Eintreffen eines H-Pegels am S-Eingang des Monoflops erscheint am X-Ausgang des ODER-Elementes ebenfalls ein H-Pegel. Mit der abfallenden Flanke des Setzimpulses kippt das Monoflop in seinen labilen Arbeitszustand. Am X-Ausgang des ODER-Elementes bleibt der H-Pegel noch so lange erhalten, bis das Monoflop wieder seinen stabilen Ruhezustand eingenommen hat.

Daneben können Verzögerungselemente auch durch mit RC-Zeitgliedern beschaltete Monoflops verwirklicht werden. Durch geeignete Dimensionierung der RC-Zeitglieder, z. B. $R = 2\ \Omega$ bis $R = 40\ k\Omega$ und $C = 10\ pF$ bis $C = 100\ \mu F$, lassen sich große Bereiche bei den Verzögerungszeiten erreichen.

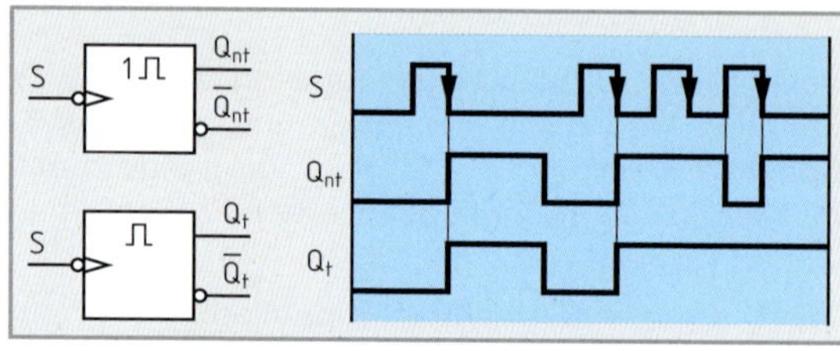

Bild 1: Schaltzeichen und Zeitablaufdiagramm für nicht nachtriggerbares (Q_{nt}) und nachtriggerbares (Q_t) Monoflop

Tabelle 1: Verzögerungselemente

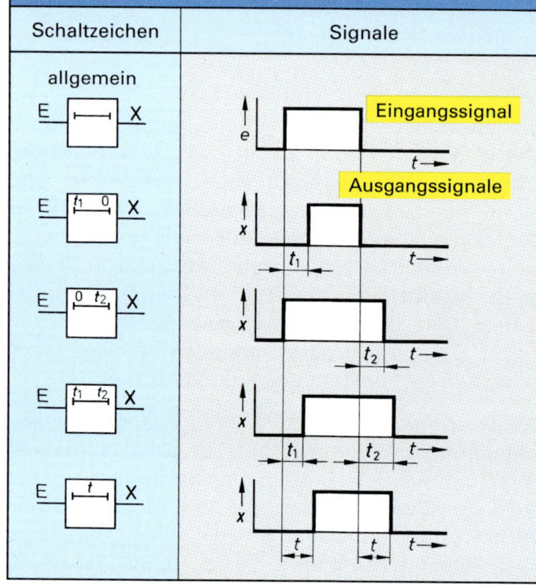

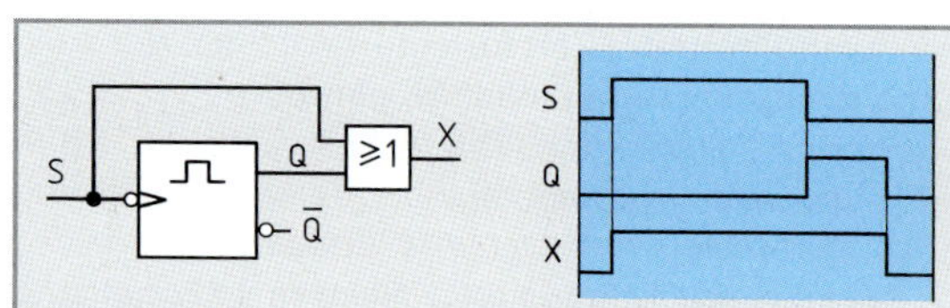

Bild 2: Realisierung eines Verzögerungselementes mit einem Monoflop

Wiederholung und Vertiefung

1. **Welche Eigenschaften hat ein Monoflop?**
2. **Mit welchen Elementen kann eine Einschaltverzögerung oder eine Abschaltverzögerung erreicht werden?**
3. **Wodurch können Verzögerungselemente realisiert werden?**
4. **Wozu verwendet man Verzögerungselemente?**

3.2.5 Asynchrone Zähler

Asynchrone Zähler ohne Signalrückführung

Das Zählimpulssignal steuert in asynchronen Zählschaltungen nur *ein* Kippglied. Die übrigen in der Schaltung enthaltenen synchronen Kippglieder werden dann über ihre C-Eingänge von den Ausgangssignalen der anderen synchronen Kippglieder angesteuert **(Bild 1)**. Ein Schaltschritt eines beliebigen Kippglieds der Schaltung kann erst dann stattfinden, wenn der Schaltschritt des steuernden Kippglieds abgeschlossen ist. Die Schaltzeit der ganzen Schaltung entspricht der Summe der Schaltzeiten der nacheinander schaltenden Kippglieder.

Bei den asynchronen Zählern wird das erste Kippglied vom Zählimpulssignal am Eingang C angesteuert und die folgenden Kippglieder werden an ihren C-Eingängen von den Ausgangssignalen der anderen Kippglieder angesteuert.

Die Schaltung asynchroner Zähler findet man durch logische Überlegung oder durch Änderung bekannter Zählschaltungen.

Die Anzahl der für einen asynchronen Zähler erforderlichen synchronen Kippglieder erhält man aus der Anzahl der Schaltzustände. Ein Kippglied besitzt $2^1 = 2$ Zustände, zwei Kippglieder besitzen $2^2 = 4$ Zustände, drei Kippglieder besitzen $2^3 = 8$ Zustände. Besonders häufig sind Zähler mit 4 Kippgliedern. Diese Zähltetrade hat $2^4 = 16$ Zustände, kann also von 0 bis 15 zählen.

Beispiel 1: Dualzähler entwickeln

Es ist ein asynchroner Dualzähler für 0 bis 7 aus zweiflankengesteuerten JK-Kippgliedern nach Bild 1 zu entwickeln.

Lösung:

1. Schritt: Benötigte Anzahl Kippglieder ist drei, da der Zähler acht Schaltzustände besitzt.
2. Schritt: Aufstellung des Zeitablaufdiagrammes **Bild 2**.
3. Schritt: Umsetzen der Erkenntnisse aus dem Zeitablaufdiagramm in die Schaltung **Bild 3**.

Das Zeitablaufdiagramm zeigt den Verlauf des Zählimpulssignals c sowie der Ausgangssignale q_1, q_2, q_3 der drei Kippglieder, welche die Schaltzustände 0 bis 7 darstellen. Die niedrigstwertige Stelle besitzt das Signal q_1, die höchstwertige Stelle das Signal q_3. Aus dem Zeitablaufdiagramm ist zu erkennen, dass das Signal q_1 immer dann von 0 nach 1 oder von 1 nach 0 wechselt, wenn das Zählimpulssignal c eine negative Flanke (1-0-Übergang) besitzt. Deshalb

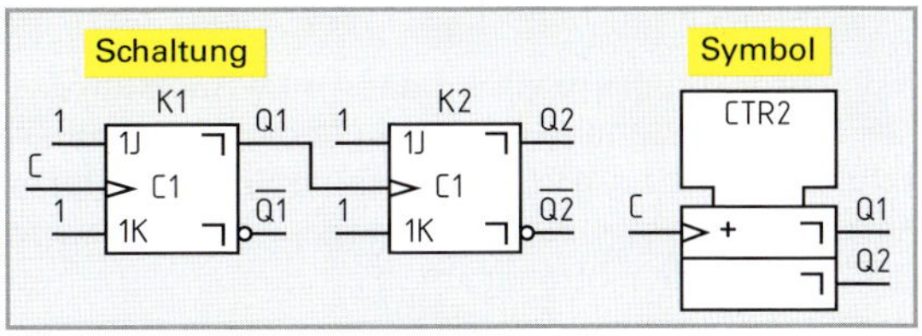

Bild 1: Asynchroner Dualzähler

$$z_Z = 2^n \qquad z_S = 2^{n-1}$$

- z_Z größtmögliche Anzahl Zählerschaltzustände
- n Anzahl der Kippglieder
- z_S größtmöglicher Zählerstand

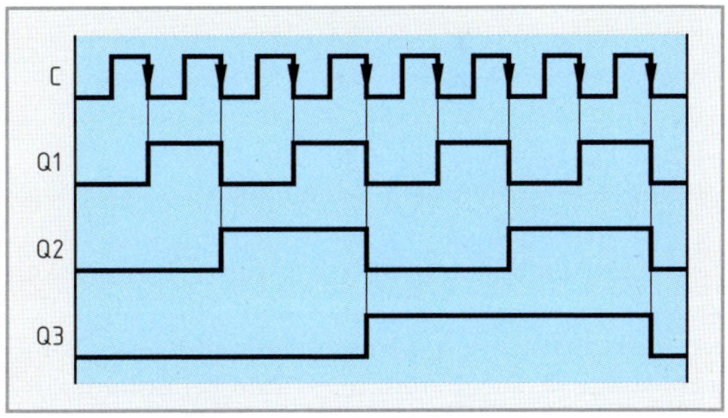

Bild 2: Zeitablaufdiagramm des asynchronen Dualzählers von 0 bis 7

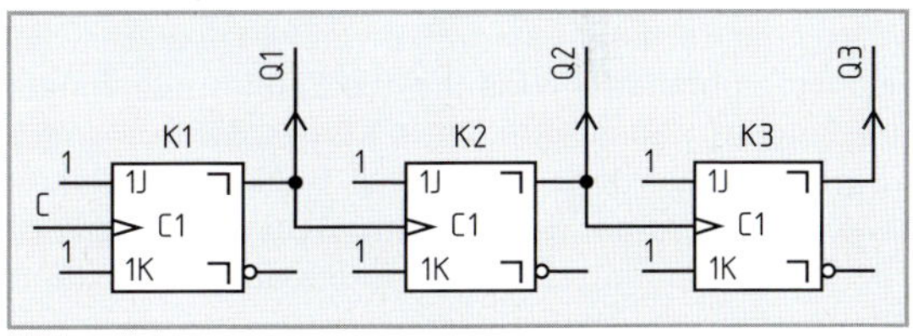

Bild 3: Asynchroner Dualzähler für 0 bis 7

liegt das Zählimpulssignal am Eingang C des Kippglieds K1. Immer wenn q_2 kippen muss, besitzt q_1 eine negative Flanke. Das Signal q_1 kann deshalb als Takteingangssignal für das Kippglied K2 verwendet werden. Entsprechend kann q_2 als Takteingangssignal für das Kippglied K3 verwendet werden.

Zur Bestimmung der Signale für die J-Eingänge und die K-Eingänge der Kippglieder gilt die folgende Überlegung: Ein JK-Kippglied kippt genau dann mit jedem Taktimpuls in seine andere Lage, wenn an den Eingängen J und K je ein H-Pegel liegt. Wegen der Beschaltung der Takteingänge der Kippglieder K1 bis K3 reicht es bei dieser Schaltung aus, an die Eingänge J und K aller Kippglieder einen H-Pegel zu legen, also Signale mit dem Wert 1.

Asynchrone Zähler mit Signalrückführung

Asynchrone Zähler besitzen dann eine Rückführung der Ausgangsignale der Kippglieder der Zählerschaltung zu den Eingängen mancher dieser Kippglieder, wenn der größtmögliche Zählerstand des Zählers nie eintreten soll. Fertigungstoleranzen der Bauteile können sich negativ auf die Funktion des Zählers auswirken.

Beispiel 1: Dezimalzähler entwerfen

Es ist ein asynchroner Vorwärtszähler von 0 bis 9, bestehend aus zweiflankengesteuerten JK-Kippgliedern mit zusätzlichen Eingängen $\bar{S}$ und $\bar{R}$ zum Setzen und Rücksetzen, zu entwickeln. Nach dem Zählerstand 9 soll der Zähler auf den Zählerstand 0 springen **(Bild 1)**.

Lösung: **Bild 2.**

Eine Rückführung der Ausgangssignale der Kippglieder an einen Kippglied-Eingang zur Beeinflussung des Zählerstandes ist nicht erforderlich, wenn der Zähler auf seinen größtmöglichen Zählerstand zählen soll.

Für einen Zähler, der von 0 bis 9 zählt, werden vier Kippglieder benötigt. Nur am ersten Kippglied K1 (niedrigstwertige Zählerstelle) wirkt das Zählimpulssignal. Die Eingänge C der Kippglieder K2 bis K4 werden über den Ausgang Q des jeweils davor liegenden Kippglieds angesteuert. An den Eingängen J und K liegen jeweils Signale mit dem Wert 1. Ist der Zählerstand 9 erreicht, muss mit der nächsten abfallenden Flanke des Zählimpulssignals am Eingang C des Kippglieds K1 der Zählerstand 0 eingestellt werden. Weil das Rücksetzen eines JK-Kippglieds über den Eingang $\bar{R}$ unabhängig vom Signal am Eingang C erfolgt, muss der Zählerstand 10 abgefangen werden.

Durch Verwenden von JK-Kippgliedern mit einem zusätzlichen Setzeingang und einem zusätzlichen Rücksetzeingang können beliebige asynchrone Zähler aufgebaut werden.

Beispiel 2: Rückwärtszähler entwerfen

Es ist ein asynchroner Rückwärtszähler von 9 bis 0, bestehend aus zweiflankengesteuerten JK-Kippgliedern mit zusätzlichen Eingängen $\bar{S}$ und $\bar{R}$ zum Setzen und Rücksetzen, zu entwickeln. Nach dem Zählerstand 0 soll der Zähler auf den Zählerstand 9 springen.

Lösung: **Bild 3.**

Asynchrone Rückwärtszähler erhält man, wenn die Eingänge C des zweiten Kippglieds (K2) und der weiteren Kippglieder mit dem Signal am Ausgang $\bar{Q}$

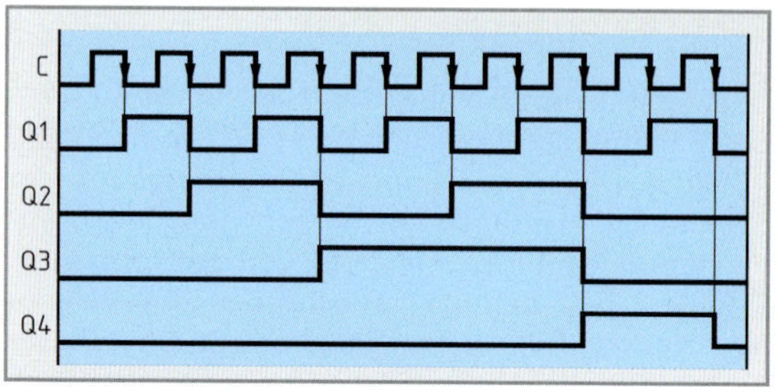

Bild 1: Zeitablaufdiagramm des asynchronen Dualzählers von 0 bis 9

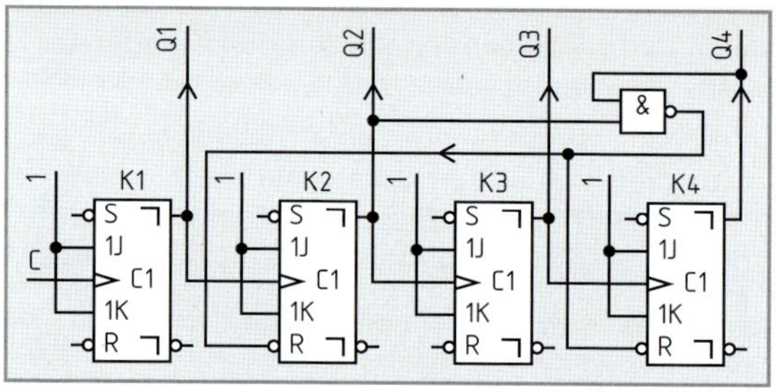

Bild 2: Asynchroner Dualzähler von 0 bis 9

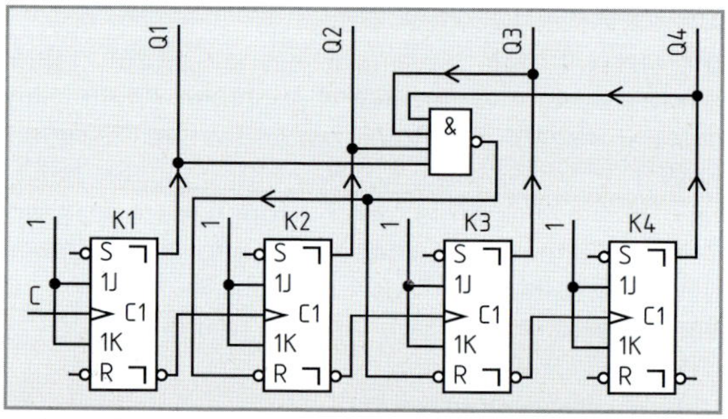

Bild 3: Asynchroner Rückwärtszähler von 9 bis 0

des jeweils davor liegenden Kippglieds angesteuert werden. Ist der Zählerstand 0 erreicht, muss mit der nächsten abfallenden Flanke des Zählimpulssignals am Eingang C des Kippglieds K1 der Zählerstand 9 eingestellt werden. Beim Rückwärtszähler mit vier Kippgliedern folgt auf den Zählerstand 0 der Zählerstand 15. Über die Eingänge $\bar{R}$ der Kippglieder K2 und K3 muss der Zählerstand 9 eingestellt werden.

Wiederholung und Vertiefung

1. **Wie viele Kippglieder werden bei asynchronen Zählern vom Zählimpulssignal angesteuert?**
2. **Wodurch unterscheiden sich asynchrone Vorwärtszähler und asynchrone Rückwärtszähler hinsichtlich ihrer Ansteuerung?**
3. **Welche Eigenschaften müssen JK-Kippglieder in asynchronen Zählerschaltungen besitzen, um beliebige Zähler realisieren zu können?**

3.2.6 Synchrone Zähler

Bei der synchronen Betriebsweise synchroner Kippglieder werden die Takteingänge aller in einer sequenziellen Schaltung enthaltenen Kippglieder gleichzeitig von einem Taktsignal angesteuert **(Bild 1)**. Die Schaltzeit des ganzen Netzwerkes entspricht dadurch der Schaltzeit eines einzelnen Kippglieds.

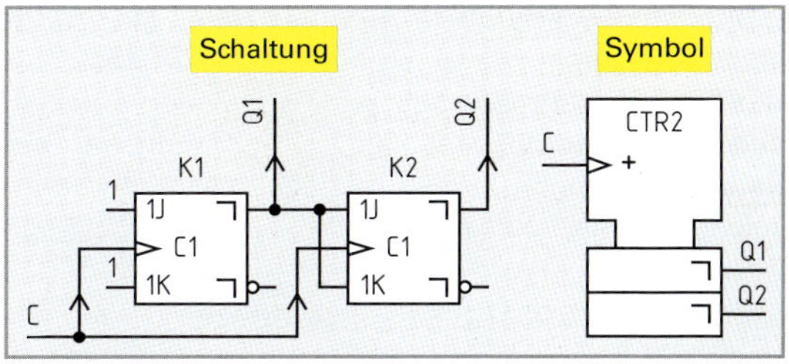

Bild 1: Dualzähler für 0 bis 3

3.2.6.1 Wertetabelle und Zeitablaufdiagramm

Die Wertetabelle des Dualzählers für 0 bis 3 hat vier Zeilen, weil die Schaltung vier Zustände (0, 1, 2, 3) besitzt **(Bild 2)**. Die Wertetabelle wird unterteilt in zwei Bereiche. Diese Bereiche beschreiben den Zustand der Schaltung zum Zeitpunkt t_n und zum Zeitpunkt t_{n+1}, also in den Zeitpunkten vor und nach dem Taktimpuls. Jeder nicht invertierte Kippgliedausgang erhält in jedem Bereich eine Spalte. q_{1n} ist der Wert am Ausgang Q1 zum Zeitpunkt t_n, q_{1n+1} ist der Wert am Ausgang Q1 zum Zeitpunkt t_{n+1}. Mit q_1 wird der Wert der niedrigstwertigen Stelle beschrieben. Zum Zeitpunkt t_n haben die Kippgliedausgänge Q1 und Q2 z.B. die Werte 0. Nach dem nun folgenden Taktimpuls besitzt der Ausgang Q1 den Wert 1, der Ausgang Q2 weiterhin den Wert 0. Diese Werte entsprechen für den nächsten Takt dem Zeitpunkt t_n, sie werden deshalb in diesen Zeitbereich übertragen. Aus der Wertetabelle können das Zeitablaufdiagramm und die KV-Diagramme entnommen werden **(Bild 3)**.

Zeitpunkt t_n		Zeitpunkt t_{n+1}	
q_{2n}	q_{1n}	q_{2n+1}	q_{1n+1}
0	0	0	1
0	1	1	0
1	0	1	1
1	1	0	0

Bild 2: Wertetabelle für Dualzähler für 0 bis 3

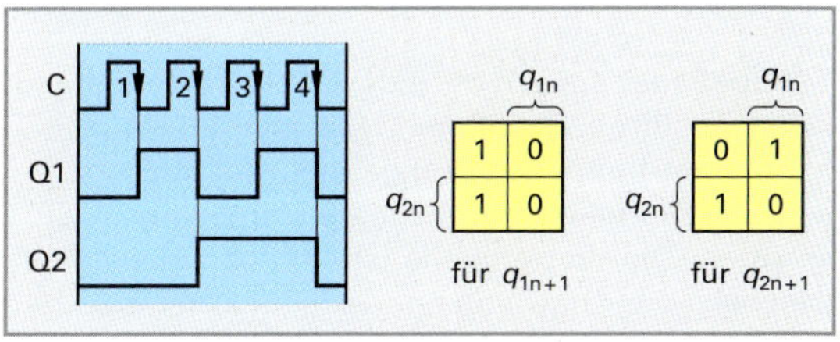

Bild 3: Zeitablaufdiagramm und KV-Diagramme für Bild 2

> Die Wertetabelle einer sequenziellen Schaltung hat so viele Zeilen, wie Schaltzustände vorhanden sind und zweimal so viele Spalten wie Kippglieder.

Das Zustandsdiagramm des Dualzählers für 0 bis 3 zeigt die vier Zählerzustände **(Bild 4)**. Bedingung für den Übergang von einem Zählerzustand in den anderen ist, dass eine negative Taktflanke auftritt.

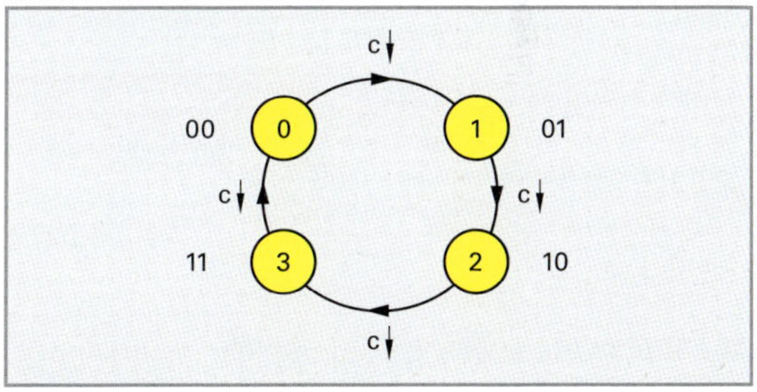

Bild 4: Zustandsdiagramm für einen Dualzähler von 0 bis 3

3.2.6.2 Schaltfunktionen aus der Wertetabelle

Die Schaltfunktionen zum Entwurf eines asynchronen Zählers bestehen aus so vielen schaltalgebraischen Gleichungen, wie Kippglieder vorhanden sind. Anhand der Wertetabelle stellt man deshalb für jedes Kippglied der Schaltung ein KV-Diagramm auf, und zwar für die Zeitpunkte t_{n+1}. Mit jedem KV-Diagramm kann dann eine schaltalgebraische Gleichung aufgestellt werden. Die Ausgangsvariablen der Gleichungen sind die Signale zu den Zeitpunkten t_{n+1}, sie stehen also links vom Gleichheitszeichen. Die Signale zu den Zeitpunkten t_n sind die Variablen rechts vom Gleichheitszeichen.

Beispiel 1: Schaltfunktionen ermitteln

Es sind die Schaltfunktionen zur Wertetabelle nach Bild 2 mithilfe von KV-Diagrammen aufzustellen.

Lösung:

Zuerst werden die KV-Diagramme erstellt (Bild 3). Beim KV-Diagramm für q_{2n+1} ist keine Vereinfachung möglich, wohl aber beim KV-Diagramm für q_{1n+1}.

$\mathbf{q_{1n+1} = \bar{q}_{1n}}$; $\mathbf{q_{2n+1} = (\bar{q}_{2n} \wedge q_{1n}) \vee (q_{2n} \wedge \bar{q}_{1n})}$

Enthält eine Wertetabelle weniger Zeilen als grundsätzlich möglich wären, so können in die Kästchen des KV-Diagrammes, welche diesen Zeilen entsprechen, beliebige Werte 0 oder 1 eingetragen werden. Es ist zweckmäßig, diese Kästchen mit X zu kennzeichnen (don't-care-Felder).

$$z \leq 2^n$$

z Zählerschaltzustand
n Anzahl der Kippglieder

3.2.6.3 Zähler mit T-Kippgliedern

Die Anzahl der Kippglieder in einer Zählerschaltung bestimmt den größtmöglichen Zählerschaltzustand des Zählers und die Anzahl von Spalten für die Zeitpunkte n und $n+1$ der Wertetabelle.

Beispiel 1: Zählbereich feststellen

In einer Zählerschaltung befinden sich drei T-Kippglieder. a) Wie groß ist der Zählbereich z? b) Bis zu welcher Zahl kann von 0 an beginnend höchstens gezählt werden?

Lösung:

a) $z = 2^n = 2^3 = \mathbf{8}$

b) **Zählbereich von 0 bis 7**

Zeitpunkt n			Zeitpunkt $n+1$			Zeitpunkt n		
q_3	q_2	q_1	q_3	q_2	q_1	t_3	t_2	t_1
0	0	0	0	0	1	0	0	1
0	0	1	0	1	0	0	1	1
0	1	0	0	1	1	0	0	1
0	1	1	1	0	0	1	1	1
1	0	0	1	0	1	0	0	1
1	0	1	1	1	0	0	1	1
1	1	0	1	1	1	0	0	1
1	1	1	0	0	0	1	1	1

Bild 1: Wertetabelle eines Dualzählers 0 bis 7

T-Kippglieder ändern bei jedem Takt ihren Zustand, wenn an ihren Eingängen, realisiert durch miteinander verbundene J-Eingänge und K-Eingänge von JK-Kippgliedern, Signale mit dem Wert 1 anliegen. Die Wertetabelle ist einfach aufzustellen, weil bei jeder Änderung der Ausgangszustände zwischen den Zeitpunkten n und $n+1$ für die Zustände der Signale t an den Kippgliedeingängen T in die Wertetabelle der Wert 1 einzutragen ist.

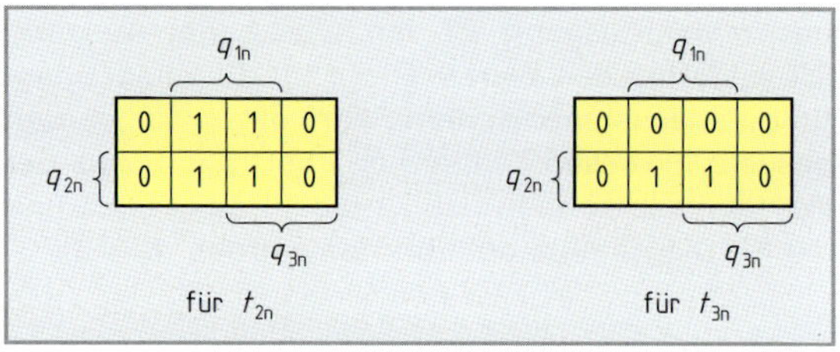

Bild 2: KV-Diagramme zu Wertetabelle Bild 1

Beispiel 2: Wertetabelle aufstellen

Stellen Sie vom Beispiel 1 die Wertetabelle eines Zählers auf, der fortlaufend von 0 bis 7 zählt.

Lösung:

Bild 1

Aus der Wertetabelle ist unmittelbar zu erkennen, dass am T-Eingang des Kippglieds für die unterste Stellenwertigkeit ständig ein Signal mit dem Wert 1 liegen muss. Für die T-Eingänge der folgenden Kippglieder erhält man die Schaltfunktionen aus den KV-Diagrammen für t_{2n} und t_{3n}, die aus der Wertetabelle hervorgehen.

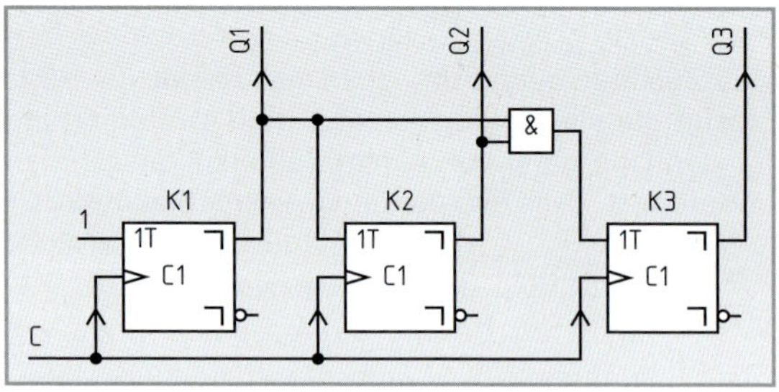

Bild 3: Synchroner Dualzähler von 0 bis 7

Beispiel 3: Zählerschaltung ermitteln

Ermitteln Sie anhand der Wertetabelle Bild 1 die KV-Diagramme, die Schaltfunktionen und die Schaltung.

Lösung:

Aus der Wertetabelle Bild 1 ist ersichtlich $t_{1n} = 1$. Aus den KV-Diagrammen **Bild 2** erhält man die Schaltfunktionen $\mathbf{t_{2n} = q_{1n}}$ und $\mathbf{t_{3n} = q_1 \wedge q_{2n}}$.
Daraus folgt **Bild 3**.

Der größtmögliche Zählerschaltzustand eines Zählers wird durch die Anzahl der Kippglieder des Zählers festgelegt.

Zähler von 0 bis 9 mittels T-Kippgliedern

Aus den Zuständen der Signale q_1, q_2, ... zum Zeitpunkt n folgen die Eingangssignale t_1, t_2, ... in jeder Spalte.

Beispiel 1: Wertetabelle erstellen

Unter Verwendung von T-Kippgliedern ist ein synchroner Dualzähler zu entwerfen, der von 0 bis 9 zählt und dann wieder bei 0 mit Zählen beginnt. Stellen Sie die Wertetabelle auf.

Lösung:

1. Schritt: Ermittlung der erforderlichen Anzahl von T-Kippglieder. Der Zähler besitzt 10 Schaltzustände. Es werden 4 Flipflops benötigt, da $2^4 = 16$ aber $2^3 = 8$ ist.

2. Schritt: Entwurf der Wertetabelle für den synchronen Vorwärtszähler von 0 bis 9 **(Bild 1)**.

Zeitpunkt n				Zeitpunkt $n+1$				Zeitpunkt n			
q_4	q_3	q_2	q_1	q_4	q_3	q_2	q_1	t_4	t_3	t_2	t_1
0	0	0	0	0	0	0	1	0	0	0	1
0	0	0	1	0	0	1	0	0	0	1	1
0	0	1	0	0	0	1	1	0	0	0	1
0	0	1	1	0	1	0	0	0	1	1	1
0	1	0	0	0	1	0	1	0	0	0	1
0	1	0	1	0	1	1	0	0	0	1	1
0	1	1	0	0	1	1	1	0	0	0	1
0	1	1	1	1	0	0	0	1	1	1	1
1	0	0	0	1	0	0	1	0	0	0	1
1	0	0	1	0	0	0	0	1	0	0	1
1	0	1	0	X	X	X	X	X	X	X	X
	⋮				⋮				⋮		
1	1	1	1	X	X	X	X	X	X	X	X

Bild 1: Wertetabelle des Dualzählers 0 bis 9

Nach dem 10. Zählerstand (Dezimalzahl 9 bzw. Dualzahl 1001) beginnt der Zähler wieder beim Zählerstand 0 zu zählen. Es werden also sechs mögliche Zählerstellungen nicht verwendet. In den sechs Feldern der KV-Diagramme wird dies durch Eintragung von X (später beliebig mit 0 oder 1 auszuwerten) angedeutet.

Für das T-Kippglied, dessen Q-Ausgangssignal die niedrigste Stellenwertigkeit des Zählers darstellt, muss kein KV-Diagramm erstellt werden. Anhand der Wertetabelle erkennt man, dass t_1 immer ein Signal mit dem Wert 1 ist. Zur Emittlung der Schaltfunktionen der restlichen T-Kippglieder ist jedoch das Erstellen der KV-Diagramme hilfreich.

Beispiel 2: Schaltfunktion erstellen

Für den Zähler aus Beispiel 1 sind die KV-Diagramme zu erstellen. Die Schaltfunktionen des Zählers mit T-Kippgliedern sind daraus abzuleiten.

Lösung: **Bild 2**

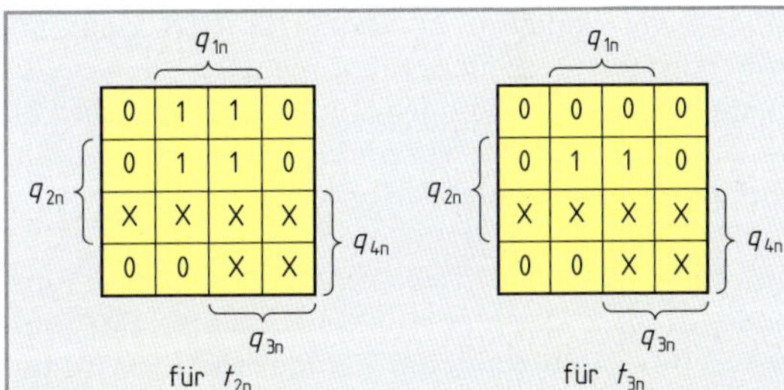

Schaltfunktionen:

$t_{1n} = 1$
$t_{2n} = q_{1n} \wedge \bar{q}_{4n}$
$t_{3n} = q_{1n} \wedge q_{2n}$
$t_{4n} = (q_{1n} \wedge q_{4n}) \vee (q_{1n} \wedge q_{2n} \wedge q_{3n})$

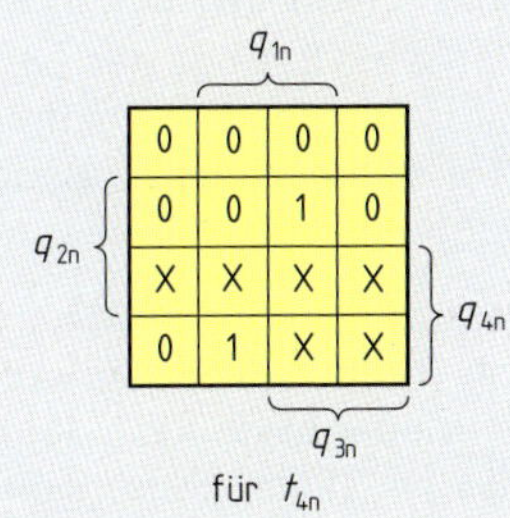

Bild 2: KV-Diagramme für Dualzähler 0 bis 9 (Index n bedeutet Zeitpunkt *n*)

Beispiel 3: Zählerschaltung entwerfen

Anhand der Schaltfunktionen von Beispiel 2 ist die Zählerschaltung zu entwerfen.

Lösung: **Bild 3**

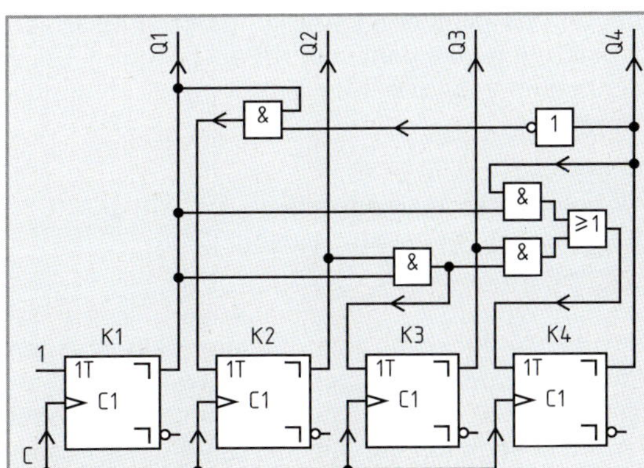

Bild 3: Synchroner Dualzähler von 0 bis 9

Bei Verwendung von T-Kippgliedern kann unmittelbar anhand der Schaltfunktionen die Zählerschaltung entwickelt werden.

Wiederholung und Vertiefung

1. **Wie groß ist beim synchronen Zähler die Schaltzeit im Vergleich zur Schaltzeit eines einzelnen Kippglieds?**
2. **Für welche Zeitpunkte sind die Zustände der Ausgänge eines Zählers in der Wertetabelle enthalten?**
3. **Welche Bedeutung hat ein X in einer Wertetabelle oder in einem KV-Diagramm?**
4. **Auf welche Weise erhält man die Schaltfunktionen für einen synchronen Zähler mit T-Kippgliedern?**

3.2.7 Zähldekaden

Die meisten als IC erhältlichen Zähler zählen im dualen Zahlensystem z. B. von 0 bis 9 oder 0 bis 15. Das Schaltzeichen **(Bild 1)** eines solchen Zählers enthält einen *Steuerblock* und vier sich daran anschließende Blöcke, von denen jeder ein Kippglied darstellt. Die zu zählenden Impulse werden auf den Eingang C gegeben. Der Eingang R dient mit dem Pegel H zum Rücksetzen des Zählers auf den Wert 0. Zum Zählen muss der Eingang R den L-Pegel haben. An den Ausgängen Q1 bis Q4 kann der Zählerstand entsprechend der dort anliegenden Spannungspegel ermittelt werden. Der Ausgang Q1 gehört der niedrigstwertigen Zählstufe an, der Ausgang Q4 der höchstwertigen.

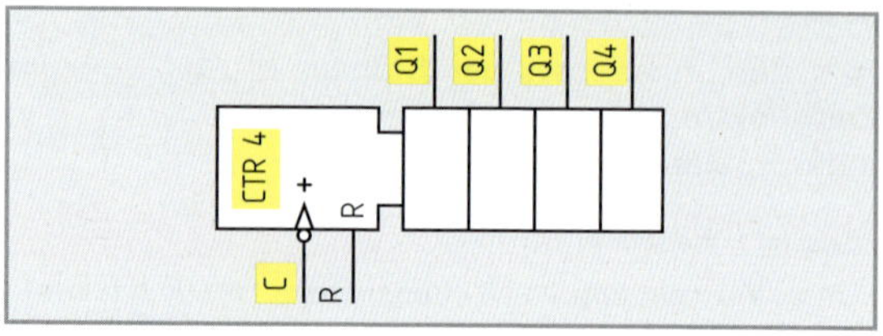

Bild 1: Dezimalzähler in Vorwärtsrichtung von 0 bis 15

Ein Zähler, der von 0 bis 9 zählen kann, wird *Zähldekade* genannt. Er kann mit CTR oder CT (von counter = Zähler) oder mit DIV 10 (von to divide = teilen) gekennzeichnet werden **(Bild 2)**. Für einen Zähler, der vorwärts von 0 bis 99 zählt, sind zwei Zähldekaden erforderlich, nämlich eine für die Einerstelle (K1) und eine für die Zehnerstelle (K3). Man spricht auch von einem BCD-Zähler (von Binary Coded Decimal = binär codierte Dezimalstelle). Der Zählerstand der Zähldekade K1 wird bei jeder negativen Taktflanke an ihrem Eingang C um 1 erhöht. Beträgt der Zählerstand 9, dann springt mit dem nächsten Taktimpuls der Zählerstand von K1 auf 0, und der Eingang C des Zählers K3 erhält wegen des UND-Elementes K2 einen Impuls.

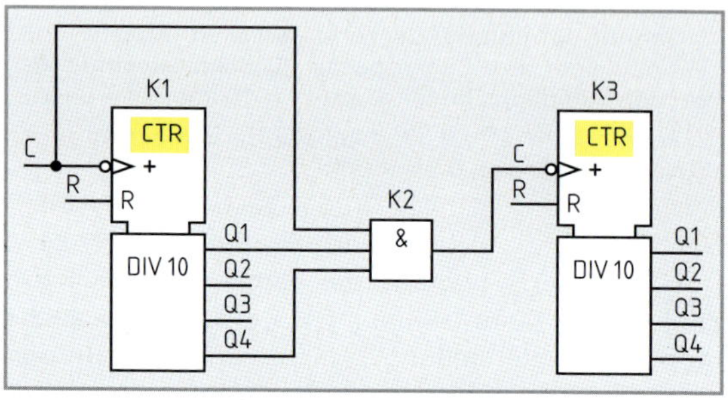

Bild 2: Dezimalzähler in Vorwärtsrichtung von 0 bis 99

Dadurch erhöht sich bei K3 der Zählerstand z. B. von 0 auf 1. Mit den weiteren Zählimpulsen zählt K1 wieder bis 9, nach dem folgenden Impuls besitzt K3 den Zählerstand 2 und K1 den Zählerstand 0. Die Bildung des Übertrages erfolgt durch das UND-Element K2. Seine Eingangssignale sind das Zählimpulssignal sowie die Signale der Ausgänge Q1 und Q4 des Zählers K1. Die Eingangssignale von K2 besitzen genau dann alle H-Pegel, wenn K1 den Zählerstand 9 besitzt und ein neuer Zählimpuls kommt.

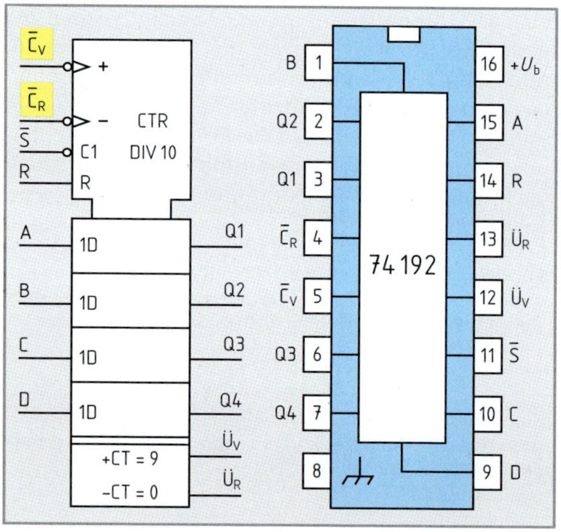

Bild 3: Schaltzeichen und Ansicht einer Zähldekade mit Übertragsbildner und Zählervoreinstellung

> Dezimalzähler werden meist aus integrierten Schaltungen aufgebaut, wobei jeder IC eine Zähldekade darstellt.

Es gibt Zähldekaden als IC, die selber einen *Übertragsbildner* besitzen und wahlweise als Vorwärtszähler oder als Rückwärtszähler verwendet werden können **(Bild 3)**. Solche Zähldekaden besitzen oft zwei Takteingänge zum Zählen der Impulse, nämlich den Eingang $\bar{C}_V$ zum *Vorwärtszählen* und den Eingang $\bar{C}_R$ zum *Rückwärtszählen*. Beim IC in Bild 3 wird mit der negativen Flanke getaktet. Mit den Eingängen A, B, C und D kann durch eine entsprechende Kombination von L-Pegeln und H-Pegeln ein beliebiger Zählerstand eingestellt (programmiert) werden. Die Werte dieser Eingangssignale werden jedoch erst bei Eintreffen eines L-Pegels am $\bar{S}$-Eingang in den Zähler übernommen und erscheinen dann an den Zählerausgängen Q1, Q2, Q3 und Q4.

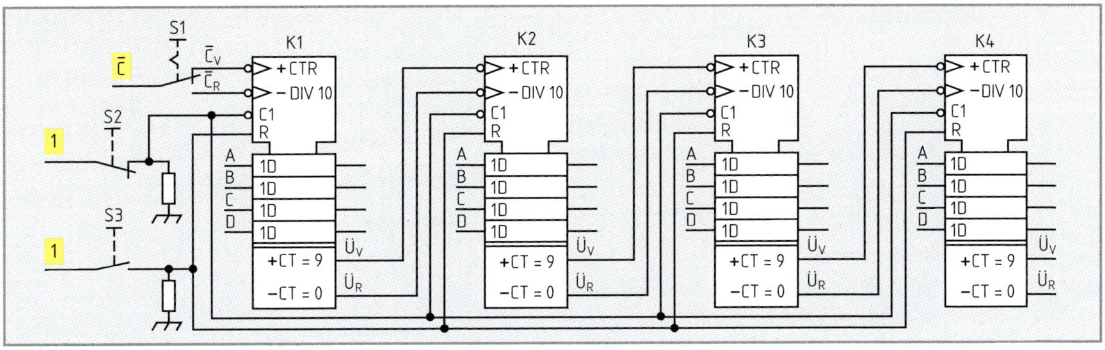

Bild 1: **Dezimalzähler im Zahlenbereich von 0 bis 9999**

Wird der Zähler als Vorwärtszähler betrieben, dann zählt der Zähler von dem über die Eingänge A bis D voreingestellten Zählerstand an aufwärts. Wird der Zähler dagegen als Rückwärtszähler betrieben, so erfolgt ein Zählen von dem voreingestellten Zählerstand an abwärts bis 0. Die Ausgänge des Übertragsbildners sind im Schaltzeichen an dessen Ausgangsblock angebracht. Die Signale an den Ausgängen $Ü_V$ bzw. $Ü_R$ sind nur dann 1, wenn der Zählerstand 9 bzw. 0 erreicht ist und der diesem Zählerstand folgende Zählimpuls eingetroffen ist. Mit der negativen Flanke dieses Zählimpulses nimmt dann das Signal des Ausganges $Ü_V$ bzw. $Ü_R$ wieder den Wert 0 an. Die Anschlüsse für die Betriebsspannung U_b sowie für die Masse sind im Schaltzeichen nicht eingetragen.

Für einen Zähler, der im Zahlenbereich von 0 bis 9999 wahlweise vorwärts oder rückwärts zählen kann, sind vier Zähldekaden erforderlich **(Bild 1)**.

Für die Einerstelle ist die Zähldekade K1, für die Tausenderstelle die Zähldekade K4 zuständig. Für Vorwärtszählbetrieb ist der Übertragsausgang $Ü_V$ einer Zähldekade mit dem Eingang $\bar{C}_V(+)$ der Zähldekade für die nächsthöhere Zählstelle zu verbinden, also z.B. der Eingang $\bar{C}_V$ von K2 mit dem Ausgang $Ü_V$ von K1. Der Ausgang $Ü_V$ von K4 bleibt unbeschaltet. Für den Rückwärtszählbetrieb gilt das Gleiche für die Eingänge $\bar{C}_R(-)$ und die Ausgänge $Ü_R$. Zur Voreinstellung des Zählers müssen an die Eingänge A bis D der Zähldekaden entsprechende H-Pegel oder L-Pegel gelegt werden.

Dezimalzähler bestehen meist aus Zähldekaden mit Übertragsbildnern. Sie können je nach Schaltung als Vorwärtszähler, Rückwärtszähler oder Vorwärts-Rückwärtszähler ausgeführt sein.

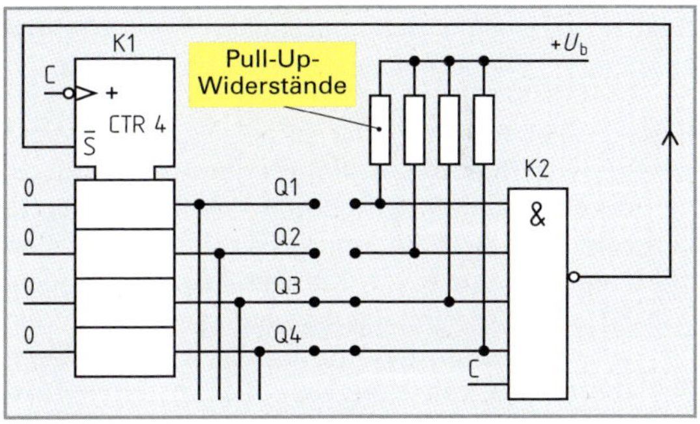

Bild 2: **Programmierbarer Zähler von 0 bis 12**

Außer IC, die von 0 bis 9 zählen können, gibt es auch solche, die von 0 bis 15 zählen. Mit letzteren ist der Aufbau von Zählschaltungen für das *Hexadezimalsystem* möglich. Ferner gibt es Zählschaltungen, die in einem IC-Zähler mehr als 4 Bits enthalten, z.B. 7-Bit-Zähler, 12-Bit-Zähler und 14-Bit-Zähler.

Ein Binärzähler von 0 bis 15 kann mit einer Zusatzschaltung, bestehend aus einem NAND-Element und vier Pull-Up-Widerständen (von to pull up = heraufziehen), als programmierbarer Zähler eingesetzt werden **(Bild 2)**. Ein Zähler von 0 bis 12 wird durch Einbringen von Brücken bei Q3 und Q4 verwirklicht. Nur beim Zählerstand 12 liegt an $\bar{S}$ von K1 ein L-Pegel, sodass K1 mit der darauffolgenden negativen Taktflanke zurückgesetzt wird, indem die L-Pegel der Eingänge auf die Ausgänge gelegt werden.

Wiederholung und Vertiefung

1. **Beschreiben Sie das Schaltzeichen einer Zähldekade.**
2. **Wie werden Dezimalzähler meist aufgebaut?**
3. **Wozu dienen die Eingänge $\bar{C}_V$ und $\bar{C}_R$ einer Zähldekade?**
4. **Was versteht man unter einem programmierbaren Zähler?**

3.2.8 Schieberegister

Prinzip

Für Schieberegister werden zweiflankengesteuerte JK-Kippglieder verwendet, weil dann mit dem gleichen Takt am Eingang des Masters ein Binärsignal aufgenommen und am Ausgang des Slaves das vorher gespeicherte Binärsignal abgegeben werden kann.

Das synchrone Schieberegister kann als Spezialfall des sychronen Zählers aufgefasst werden. Beim synchronen Schieberegister werden alle Kippglieder vom gemeinsamen Taktsignal angesteuert. Man unterscheidet zwischen *seriellen* Schieberegistern **(Bild 1)**, *parallelen* Schieberegistern und *rückgekoppelten* Schieberegistern (Ringzähler, **Bild 2**).

Beim Schieberegister mit serieller Dateneingabe wird die Information an den Eingang J und invertiert durch K4 an den Eingang K des Kippglieds K1 gebracht (Bild 1). Die Ausgangssignale von K1 sind die Eingangssignale von K2. Die Ausgangssignale von K2 sind die Eingangssignale von K3. Wegen der seriellen Informationseingabe werden beim Schieberegister mit drei Kippgliedern drei Taktimpulse benötigt, bis die gesamte Information voll in das Register aufgenommen ist. Die Information wird taktweise von links nach rechts in das Register geschoben.

Das erste Bit des vorher an K1 seriell angelegten Codewortes wird mit dem vierten Taktimpuls bei K3 aus dem Register hinausgeschoben, das zweite Bit mit dem fünften Taktimpuls, das dritte mit dem sechsten Taktimpuls. Diese Art des Auslesens der Information wird als Prinzip des *seriellen Auslesens* bezeichnet. Natürlich kann auch der gesamte Inhalt des Schieberegisters an den Ausgängen der Kippglieder K1 und K3 gleichzeitig abgenommen werden. Man spricht dann von einem *parallelen Auslesen*. Das Verhalten des Schieberegisters ist auch an einem Zeitablaufdiagramm erkennbar **(Bild 3)**.

Schieberegister dienen zur Zwischenspeicherung, zur Serien-Parallelwandlung und zur Parallel-Serienwandlung binärer Codeworte.

Beim rückgekoppelten Schieberegister *(Ringzähler)* nach Bild 2 wird die Eingangsinformation des ersten Kippglieds K1 nicht von außen zugeführt, sondern die Eingangssignale von K1 sind die Ausgangssignale von K3.

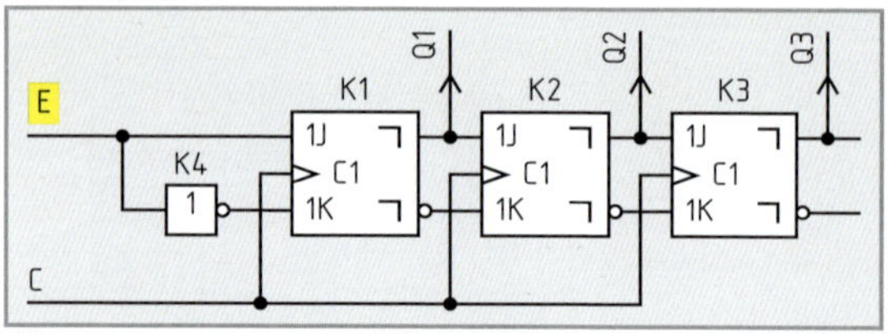

Bild 1: Dreistufiges Schieberegister

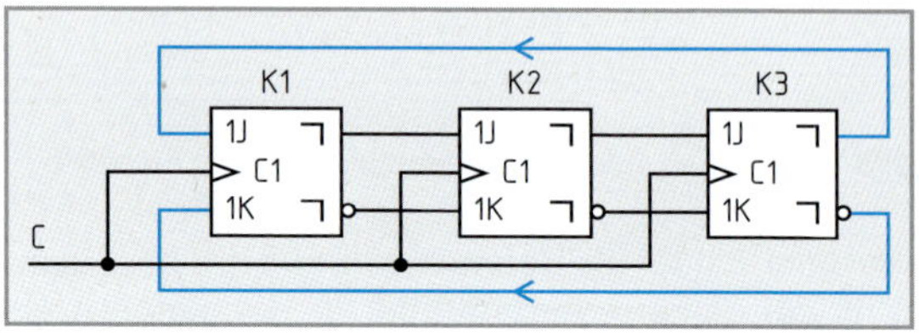

Bild 2: Dreistufiges rückgekoppeltes Schieberegister

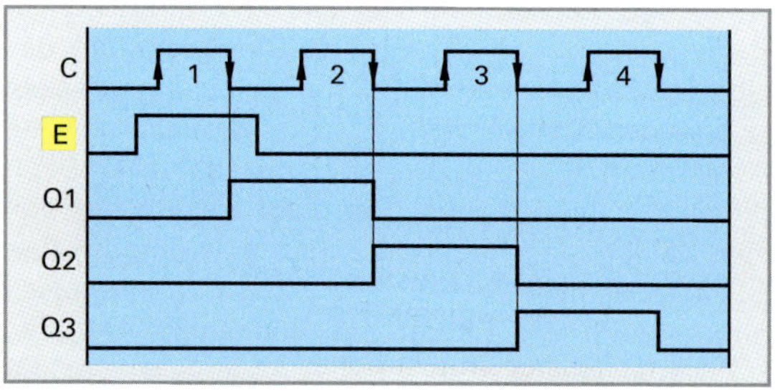

Bild 3: Zeitablaufdiagramm für Codewort 100 beim dreistufigen Schieberegister

Rückgekoppelte Schieberegister verwendet man, um die gespeicherten Informationen fortlaufend zu wiederholen.

Das vereinfachte Schaltzeichen eines vierstufigen Schieberegisters ist ähnlich wie bei einem vierstufigen Zähler aufgebaut **(Bild 1, folgende Seite)**.

Das Einlesen der Information in ein Schieberegister kann auch parallel erfolgen, sodass alle Bits eines Codewortes gleichzeitig abgespeichert werden. Dazu ist es erforderlich, dass die Kippglieder des Schieberegisters Setzeingänge und Rücksetzeingänge haben. Außerdem ist eine Beschaltung mit einem kombinatorischen Netzwerk erforderlich (Bild 1, folgende Seite).

Es gibt Schieberegister, die wahlweise mit seriellem oder parallelem Einlesen und seriellem oder parallelem Auslesen arbeiten können. Dadurch ist auch ein Übergang von seriellem in parallelen Betrieb und umgekehrt möglich.

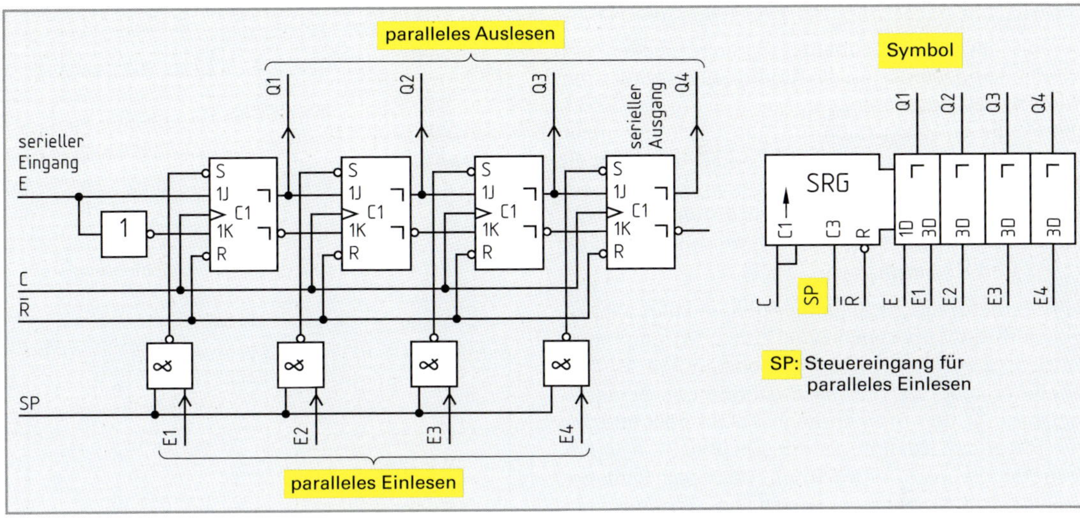

Bild 1: 4-Bit-Universalschieberegister für wahlweise seriellen oder parallelen Betrieb

Schieberegister als IC

Die meisten Schieberegister sind in TTL-Technik oder in CMOS-Technik hergestellt. Es gibt IC, die ein Schieberegister darstellen, aber auch solche, die zwei Schieberegister enthalten. Es gibt z. B. folgende Schieberegisterarten:

- Schieberegister mit serieller Dateneingabe und serieller Datenausgabe;
- Schieberegister mit serieller Dateneingabe und serieller oder paralleler Datenausgabe;
- Schieberegister mit serieller oder paralleler Dateneingabe und serieller Datenausgabe.

Schieberegister, die alle diese Eigenschaften gemeinsam besitzen, nennt man *Universalschieberegister*.

Bei *Universalschieberegistern* besteht oft die Möglichkeit, die Information wahlweise entweder von links nach rechts oder von rechts nach links zu schieben **(Bild 2)**. Bei diesem Schieberegister handelt es sich um ein universelles 8-Bit-Schieberegister. Die 8 Bits besagen, dass das Schieberegister aus acht Speichern (Kippgliedern) aufgebaut ist. Dieses Schieberegister nennt man auch *8-Stage-Register* (von stage = Stufe). Es besitzt einen Eingang für die Betriebsspannung U_b, für den Masseanschluss dient der IC-Anschluss 12. Die Eingänge E1 bis E8 dienen zur parallelen Dateneingabe, Q1 bis Q8 sind die entsprechenden parallelen Datenausgänge. Mit S_{er} ist der serielle Dateneingang für rechtsseitiges Schieben, mit S_{el} der serielle Dateneingang für linksseitiges Schieben gekennzeichnet. Mit den beiden Eingängen $\bar{S}_r$ und $\bar{S}_l$ kann über entsprechende Pegel die Betriebsart des Schieberegisters eingestellt werden **(Tabelle 1)**. Neben einem Rücksetzeingang $\bar{R}$ gibt es noch den Takteingang C.

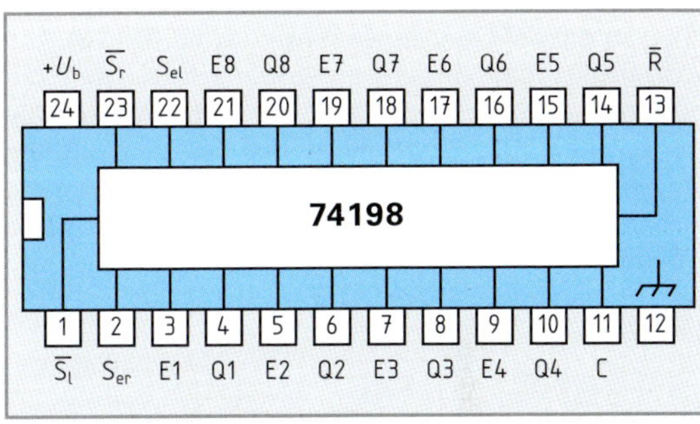

Bild 2: Universalschieberegister für Linksschieben und Rechtsschieben

Tabelle 1: Wirkung der Eingänge $\bar{S}_r$, $\bar{S}_l$

$\bar{S}_r$	$\bar{S}_l$	Betriebsweise
L	L	Takteingang C wird gesperrt
L	H	Schieben nach rechts
H	L	Schieben nach links
H	H	parallele Dateneingabe

Universalschieberegister können Daten wahlweise seriell oder parallel einlesen und/oder ausgeben.

Entwurf eines synchronen Schieberegisters

Es soll ein rückgekoppeltes Schieberegister mit zweiflankengesteuerten JK-Kippgliedern entworfen werden, das die sechs Zustände *a* bis *f* nach **Bild 1** enthält. Es soll sich dabei um ein Schieberegister mit Eigenstart handeln, d. h. nach dem ersten Taktimpuls stellt sich einer der Zustände *a* bis *f* ein und mit den weiteren Taktimpulsen werden diese Zustände dann in ständiger Wiederholung durch K1, K2 und K3 geschoben.

Beim Entwurf dieses Schieberegisters kann ähnlich wie beim Entwurf synchroner Zähler vorgegangen werden. Zunächst wird die vollständige Wertetabelle erstellt, welche die Zustände des Schieberegisters für den momentanen Taktimpuls und für den folgenden Taktimpuls enthält **(Bild 2)**. Aus der Wertetabelle ist zu entnehmen, dass das Schieberegister drei Kippglieder besitzt. Im Gegensatz zu den synchronen Zählschaltungen müssen hier nur die Eingangssignale *j* und *k* für das Kippglied K1 ermittelt werden. Es wird also nur die Spalte für q_{1n+1} in ein KV-Diagramm eingetragen **(Bild 3)**. Die Ausgangssignale des ersten Kippglieds (K1) sind die Eingangssignale des zweiten, die Ausgangssignale des zweiten Kippglieds sind die Eingangssignale des dritten Kippglieds. Anhand des KV-Diagramms wird die schaltalgebraische Gleichung für das erste Kippglied erstellt, welche folgende Form bzgl. q_{1n} und $\overline{q}_{1n}$ besitzen muss.

$$q_{1n+1} = ((q_{2n} \wedge q_{3n}) \vee (\overline{q}_{2n} \wedge \overline{q}_{3n})) \wedge q_{1n} \vee ((\overline{q}_{2n} \vee q_{3n}) \wedge \overline{q}_{1n})$$

Daraus können ermittelt werden

$\overline{k}_{1n} = (q_{2n} \wedge q_{3n}) \vee (\overline{q}_{2n} \wedge \overline{q}_{3n})$,

also $k_{1n} = q_{2n} \nleftrightarrow q_{3n}$ und $j_{1n} = \overline{q}_{2n} \vee q_{3n}$.

Entsprechend sind 1J und 1K von K1 anzuschließen **(Bild 4)**.

3.2.9 Zähler mit Codeumsetzer

Beim Entwurf von Zählschaltungen, die in einem speziellen Code zählen, z. B. im 1-aus-10-Code, wird neben der Realisierung durch Flipflopschaltungen auch die Realisierung durch Codeumsetzer angewendet. Es ist meist weniger aufwändig, an eine handelsübliche Zähldekade einen Codeumsetzer anzuschließen, an dessen Ausgängen in diesem Code gezählt wird **(Bild 5)**.

Ein Codeumsetzer ist ein kombinatorisches Netzwerk. Sein Entwurf erfolgt in vier Schritten:

- Aufstellen der Wertetabelle,
- Entwerfen der KV-Diagramme,
- Ermitteln der Schaltfunktionen,
- Erstellen der kombinatorischen Schaltung.

Zustand	K3	K2	K1
a	0	0	1
b	0	1	1
c	1	1	0
d	1	0	1
e	0	1	0
f	1	0	0

Bild 1: Zustände des rückgekoppelten Schieberegisters

Zustand	q_{3n}	q_{2n}	q_{1n}	q_{3n+1}	q_{2n+1}	q_{1n+1}
–	0	0	0	0	0	1
a	0	0	1	0	1	1
b	0	1	1	1	1	0
c	1	1	0	1	0	1
d	1	0	1	0	1	0
e	0	1	0	1	0	0
f	1	0	0	0	0	1
–	1	1	1	0	0	1

Bild 2: Wertetabelle des zu entwerfenden Schieberegisters

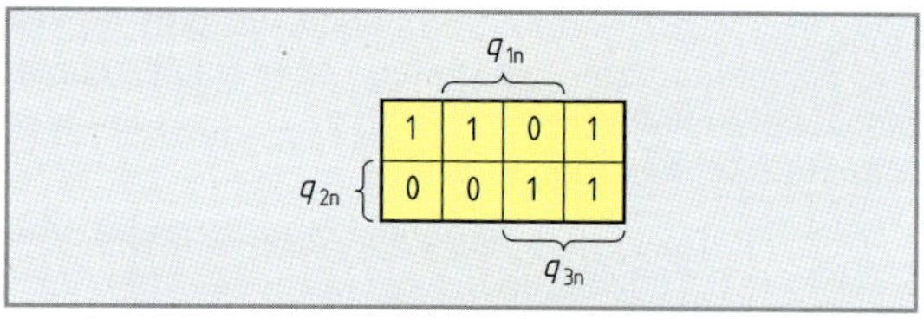

Bild 3: KV-Diagramm für Kippglied K1 des Schieberegisters

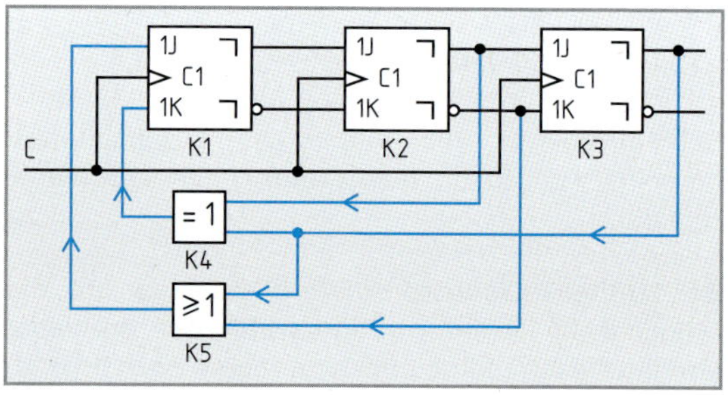

Bild 4: Schaltung des rückgekoppelten dreistufigen Schieberegisters

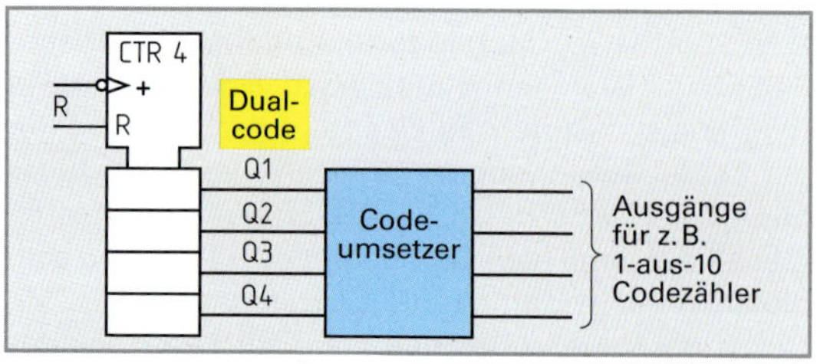

Bild 5: Prinzipschaltplan zur Decodierung

3.2.10 Frequenzteiler

Mit Zählerschaltungen können auch Frequenzteiler verwirklicht werden. Sofern der Zähler aus genügend vielen Kippgliedern besteht, ist eine Zahl von Eingangsimpulsen am Schaltungsausgang in jedem ganzzahligen Teilerverhältnis darstellbar. Entsprechend der Größe des Teilers (Divisor) spricht man z.B. beim Teilen durch 3 von einem *Modulo-3-Teiler.* Das Teilerverhältnis bestimmt die notwendige Anzahl der Kippglieder.

Frequenzteilerschaltungen sind meist asynchrone Zählerschaltungen.

Beispiel 1: Synchronen Frequenzteiler entwerfen

Es ist eine Teilerschaltung mittels einflankengesteuerter JK-Kippglieder zu entwerfen, die im Verhältnis 4:1 ihre Eingangsimpulse teilt **(Bild 1)**. a) Erstellen Sie die Wertetabelle. b) Erstellen Sie die KV-Diagramme. c) Ermitteln Sie die Eingangsfunktionen für die Eingänge J und K. d) Skizzieren Sie die Teilerschaltung.

Lösung:

a) **Bild 2**

b) **Bild 3**

c) $q_{1n+1} = (0 \wedge q_{1n}) \vee (1 \wedge \bar{q}_{1n})$

$k_{1n} = \bar{0} = 1;\ j_{1n} = 1$

$q_{2n+1} = (\bar{q}_{1n} \wedge q_{2n}) \vee (q_{1n} \wedge \bar{q}_{2n})$

$k_{2n} = q_{1n};\ j_{2n} = q_{1n}$

d) **Bild 4**

Der zu entwerfende Modulo-4-Frequenzteiler benötigt zwei Kippglieder, da 2^2 das gewünschte Teilerverhältnis ist. Die Frequenz des Signals q_2 ist $\frac{1}{4}$ der Frequenz der Taktimpulsfolge c. Wertetabelle Bild 2 enthält entsprechend dem Teilerverhältnis die vier Zustände.

Anhand der beiden KV-Diagramme Bild 3, die aus der Wertetabelle Bild 1 folgen, erhält man die beiden Funktionen des Teilers gemäß Darstellung nach q_{1n} und $\bar{q}_{1n}$ und daraus die Eingangsfunktionen der beiden JK-Kippglieder der Teilerschaltung. Beschaltet man die Eingänge J und K der Kippglieder entsprechend dieser Eingangsfunktionen, so erhält man die Frequenzteilerschaltung Bild 4.

Wiederholung und Vertiefung

1. **Welche Schaltungen eignen sich als Frequenzteilerschaltungen?**
2. **Durch welche Zahl teilt ein Modulo-12-Teiler?**
3. **Nennen Sie vier Anwendungsbeispiele von Teilerschaltungen.**

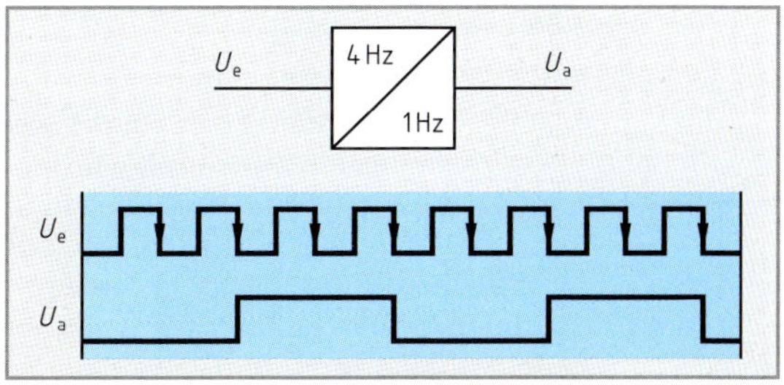

Bild 1: Frequenzteilung mit Modulo-4-Teiler

$$f_a = \frac{f_e}{k_f}$$

$$k_f \leq 2^n$$

$$n \geq \mathrm{lb}\, k_f$$

$$n \geq \frac{\lg k_f}{\lg 2}$$

f_a Ausgangsfrequenz
f_e Eingangsfrequenz
k_f Teilerverhältnis
n Anzahl Kippglieder
lb Zweierlogarithmus
lg Zehnerlogarithmus

q_{2n}	q_{1n}	q_{2n+1}	q_{1n+1}
0	0	0	1
0	1	1	0
1	0	1	1
1	1	0	0

Bild 2: Wertetabelle für Modulo-4-Frequenzteiler

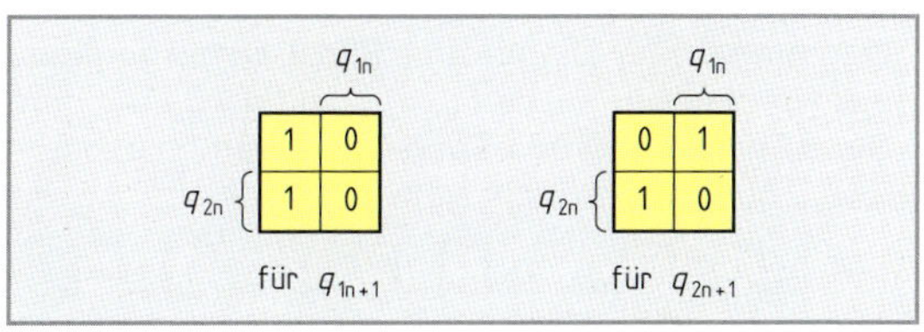

Bild 3: KV-Diagramme für Modulo-4-Frequenzteiler

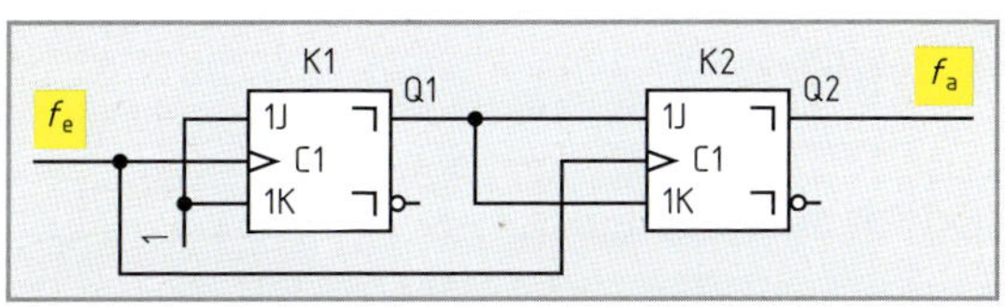

Bild 4: Synchroner Modulo-4-Frequenzteiler

Bei Frequenzteilern wird die erforderliche Anzahl Kippglieder durch das Teilerverhältnis festgelegt.

3.2.11 Projektaufgabe Signalanlage

Aufgabenstellung und Vorüberlegungen

Für die Signalanlage (Ampelanlage) nach **Bild 1** soll eine Schaltung zur Ansteuerung entwickelt werden. Im Ruhezustand erscheint für die Kraftfahrzeuge Grün $k_{gn} = 1$ und die Fußgänger müssen bei Rot warten $f_{rt} = 1$. Wird einer der Taster S betätigt, wird ein Binärzähler gestartet, der die Lampen gemäß dem Zeitablaufdiagramm **Bild 2** steuert. Hat der Binärzähler einen Signalzyklus durchlaufen, verbleibt er wieder im Ruhezustand, bis einer der Taster S erneut betätigt wird.

- **Wie läuft der Signalzyklus ab?**

  Die Periodendauer des Taktsignals beträgt 2 s (Bild 2). Nach dem Betätigen von S bleibt der Ruhezustand noch 10 s lang erhalten, bevor für 2 s das Signal Gelb für die Kraftfahrzeuge leuchtet ($k_{ge} = 1$). Nach 12 s beginnt die Rotphase für die Kraftfahrzeuge. Dabei haben die Fußgänger zunächst noch 2 s lang Rot. Danach leuchtet für die Fußgänger die grüne Lampe ($f_{gn} = 1$) für 8 s und anschließend die rote Lampe ($f_{rt} = 1$) für 6 s, d. h. die Fußgänger haben insgesamt 14 s Zeit, den Zebrastreifen zu überqueren. Nach der nächsten Gelbphase mit einer Dauer von 2 s tritt wieder der Ruhezustand ein. Die Gesamtdauer des Signalzyklus beträgt 30 s (Bild 2).

Bild 1: Signalanlage

Entwicklung der Schaltung

- **Mit welcher Logikschaltung steuert der Zähler die Lampen?**

  Die Ampelsignale müssen von einer Steuerlogik aus den Ausgangssignalen q_1 bis q_4 eines Binärzählers erzeugt werden. Die Funktionsgleichungen für die Ampelsignale folgen aus Bild 2 unter Verwendung der KV-Diagramme **Bild 3**. Dabei genügen vier KV-Diagramme, da $f_{gn} = \overline{f}_{rt}$ ist und f_{gn} mit dem Gesetz nach de Morgan berechnet werden kann.

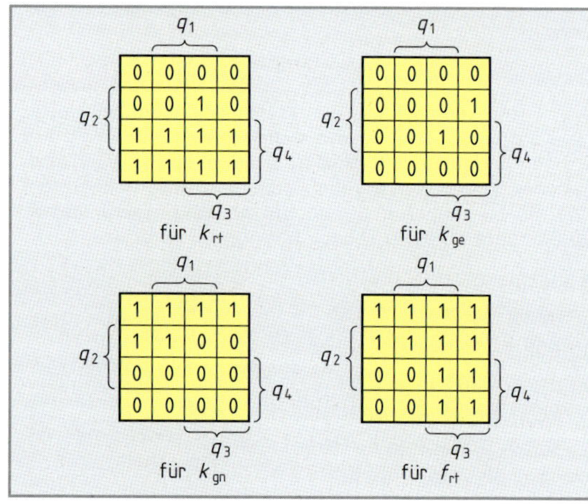

Bild 3: KV-Diagramme

$$k_{rt} = q_4 \vee (q_1 \wedge q_2 \wedge q_3)$$

$$k_{ge} = (q_1 \wedge q_2 \wedge q_3 \wedge q_4) \vee (\overline{q}_1 \wedge q_2 \wedge q_3 \wedge \overline{q}_4)$$

$$k_{gn} = (\overline{q}_2 \wedge \overline{q}_4) \vee (\overline{q}_3 \wedge \overline{q}_4)$$

$$f_{rt} = q_3 \vee \overline{q}_4$$

$$f_{gn} = \overline{f}_{rt} = \overline{q_3 \vee \overline{q}_4} = \overline{q}_3 \wedge q_4$$

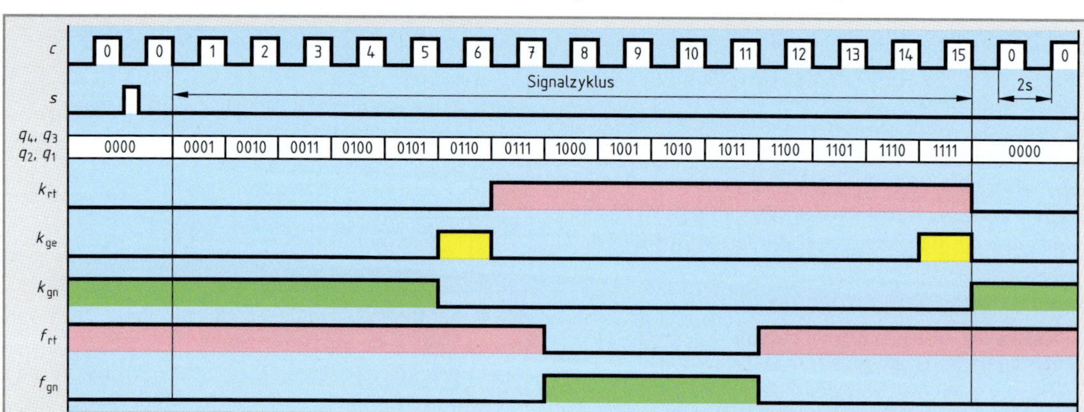

Bild 2: Zeitablaufdiagramm

Die aus den Funktionsgleichungen entwickelte Steuerschaltung enthält Invertierer, UND-Elemente und ODER-Elemente und verarbeitet die Ausgangssignale des Zählers **(Bild 1)**. Je nach Art der Verwirklichung der Logikschaltung, z. B. SPS-Steuerung, ist es auch möglich, f_{gn} mit der Funktion $f_{gn} = \overline{f}_{rt}$ zu erzeugen.

- **Wie wird der Binärzähler gestartet und gestoppt?**
  Dazu verwendet man eine Torschaltung (UND-Verknüpfung, **Bild 2**). Hat das Freigabesignal den Wert 1, so wird der Zähler von den Taktimpulsen angesteuert. Hat das Freigabesignal den Wert 0, sperrt die UND-Verknüpfung.

- **Wie wird das Freigabesignal gesetzt und zurückgesetzt?**
  Die mit Flipflops gespeicherten Signalzustände *start* und *stopp* steuern den Signalzyklus **(Bild 3)**. Da eine Dauerbetätigung von einem der Taster S vorliegen kann, wird über ein Monoflop nur die positive Flanke des Tastvorganges erfasst. Das Monoflop erzeugt einen Impuls definierter Länge, mit welchem das Signal *start* gesetzt wird und das Signal *stopp* gelöscht wird. Das Signal *stopp* wird am Zyklusende mit der Rückflanke des Signals q_3 des Binärzählers gesetzt und löscht dabei das Signal *start*.

- **Wie wird der verbotene Zustand beim RS-Flipflop verhindert?**
  Beim RS-Flipflop ist der Zustand $s = r = 1$ nicht zulässig. Dieser Fall wäre möglich, wenn der Impuls i am Ausgang des Monoflops (Bild 4) und das Signal *stopp* direkt mit den Eingängen des RS-Flipflops verbunden wären. Deshalb muss bei gleichzeitigem Auftreten der Signale i und *stopp* entweder dem Setzen oder dem Rücksetzen des Flipflops Priorität (= Vorrang) gegeben werden. Die Wertetabelle in **Bild 4** enthält Setzpriorität. Aus ihr erhält man die Gleichungen $s = \overline{i}$ und $r = i \wedge stopp$ und daraus die zugehörige Schaltung (Bild 3).

Aufbau der Schaltung für die Signalanlage

- **Wie wird die Schaltung der Signalanlage aufgebaut?**
  Für die Steuerschaltung Bild 4, ist die Steuerlogik für die Signallampen dem Bild 1 zu entnehmen. Um die Schaltung für die Signalanlage mit Schaltkreisen in TTL-Technik oder CMOS-Technik herzustellen, würde man sehr viele Bauelemente benötigen. Um Platz, Zeit und somit Kosten zu sparen, wird die Schaltung in der Praxis entweder in ein oder mehrere programmierbare logische Schaltkreise PLD (Bauelemente GAL, EPLD oder FPGA) eingebrannt oder als reine Softwarelösung mit einem Mikrocontroller oder einer SPS verwirklicht.

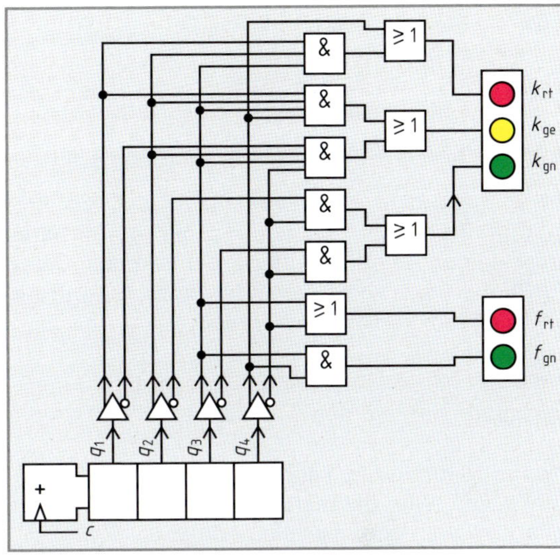

Bild 1: Steuerlogik für die Ampelsignale

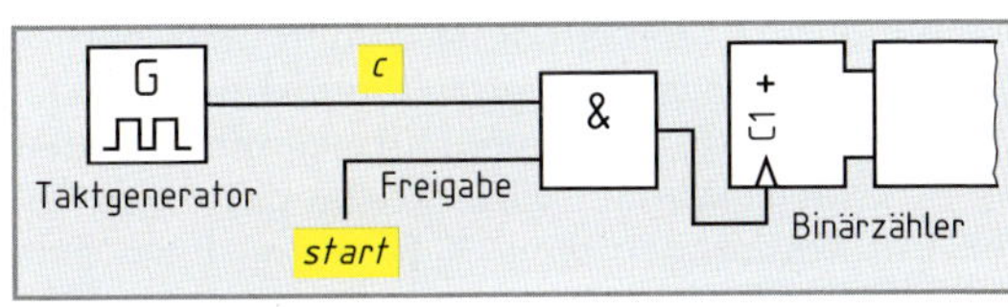

Bild 2: Torschaltung

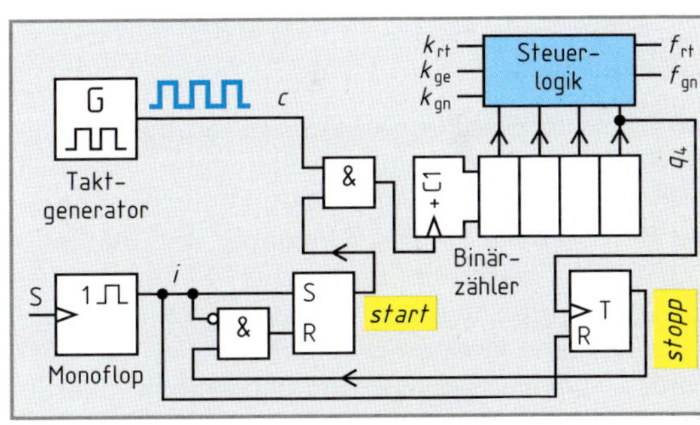

Bild 3: Steuerschaltung der Signalanlage

i	*stopp*	s	r
0	0	0	0
0	1	0	1
1	0	1	0
1	1	1	0

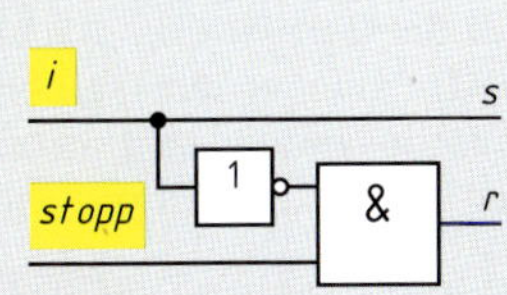

Bild 4: Erzeugen des Setzvorranges

Bei der Softwarelösung mit einer SPS wird auf die Erzeugung der Setzpriorität verzichtet. Der verbotene Zustand bei dem RS-Flipflop kann nämlich bei einem Programm nie eintreten, da die Signale bei einem Programm sequenziell (nacheinander) abgearbeitet werden und somit mehrere Signale nie gleichzeitig auftreten können.

3.3 Anwendungen der Digitaltechnik

3.3.1 Programmierbare Logikelemente

3.3.1.1 Aufbau und Programmierung

Programmierbare Logikelemente (PLD, von Programmable Logic Device = programmierbares Logikelement) sind integrierte Schaltkreise, deren Funktionen erst vom Anwender durch Eingriffe in die Hardware verwirklicht werden.

PLD können durch Trennen von Verbindungen programmiert werden.

Die Programmierung kann durch Zerstören („Brennen") von wie Schmelzsicherungen wirkenden, leitenden Verbindungsstellen erfolgen.

Die Darstellung einer Verbindung, deren Unterbrechung *programmierbar* ist, erfolgt mit einem X **(Bild 1)**. Eine *programmierte* Unterbrechung kann z. B. durch einen gestrichelten Kreis gekennzeichnet werden. Meist werden diese Kreise nicht gezeichnet. Die Kreuzungen ohne X bedeuten dann eine programmierte Unterbrechung. Zunächst werden PLD mit „brennbaren" Verbindungen beschrieben. Bei ihnen bedeutet ein X, dass die Verbindung bestehen bleibt.

Programmierbare Logikelemente enthalten eine große Anzahl von binären Elementen. Deshalb wird eine platzsparende Darstellungsart angewendet **(Tabelle 1)**. Die Eingänge der Elemente 1 bis *n* werden als senkrechte *Eingangslinien* (Spalten) gezeichnet und zu jedem Schaltzeichen führt nur eine waagerechte Linie (Zeile), die auch *Produktlinie* heißt **(Bild 2)**. Ein PLD enthält mehrere UND-Elemente, deshalb bezeichnet man diesen PLD-Teil als UND-Feld.

Für die Verbindung der Eingänge des PLD mit dem UND-Feld werden Treiber (Leistungsverstärker) mit invertierendem und nicht invertierendem Ausgang fest mit je zwei Eingangslinien verbunden (Bild 2).

Beispiel 1: Ausgangssignale ermitteln

Welche Signale treten an den Ausgängen des UND-Feldes von Bild 2 auf, wenn E1 und E2 mit H-Pegel angesteuert werden?

Lösung:

$p_1 = e_1 \wedge \bar{e}_1 \wedge e_2 \wedge \bar{e}_2 = 0$

$p_2 = 1$, da alle Eingänge über die Pull-Up-Widerstände an $+U_b$ (≙ Pegel H) liegen (Tabelle 1).

$p_3 = e_1 \wedge e_2$

$p_4 = \bar{e}_2$

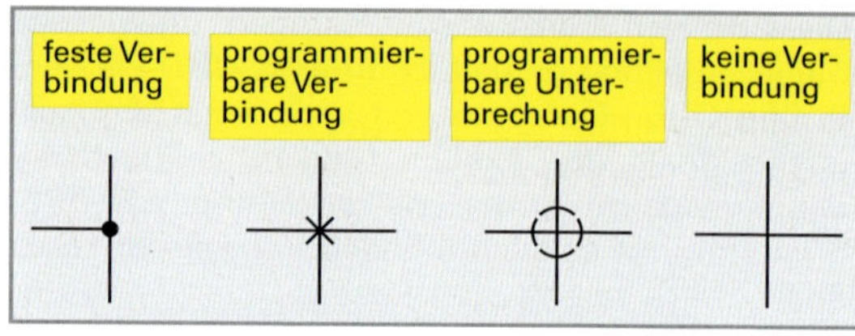

Bild 1: Verbindungsarten in PLD-Schaltplänen

Tabelle 1: Schaltfunktionen in PLD

Funktion	Schaltplan-Darstellung	PLD-Darstellung
UND	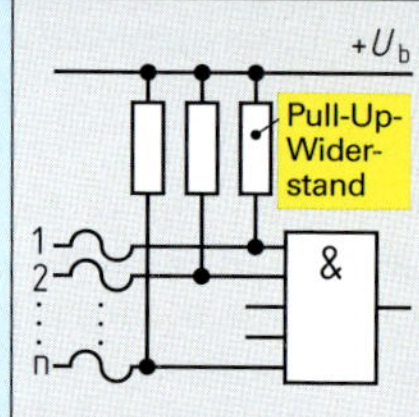	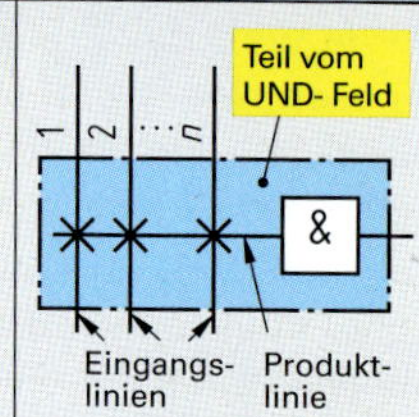
ODER	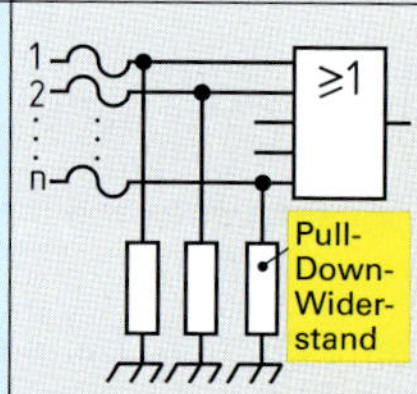	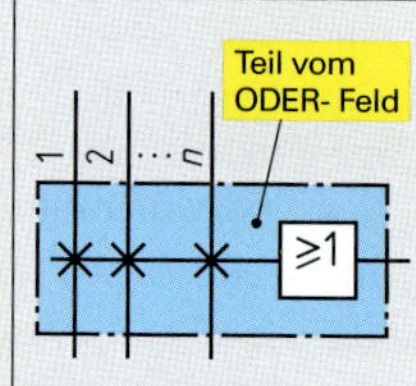
Invertierer mit Antivalenz (Exklusiv-ODER)	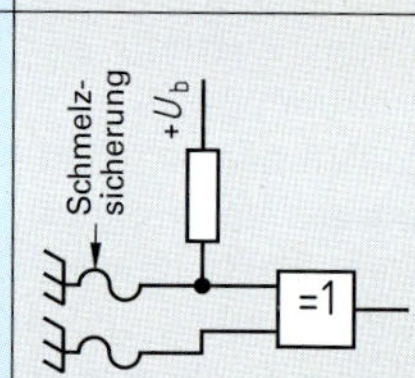	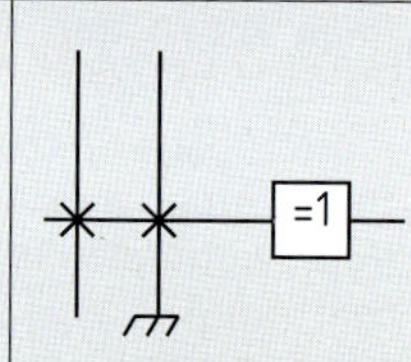

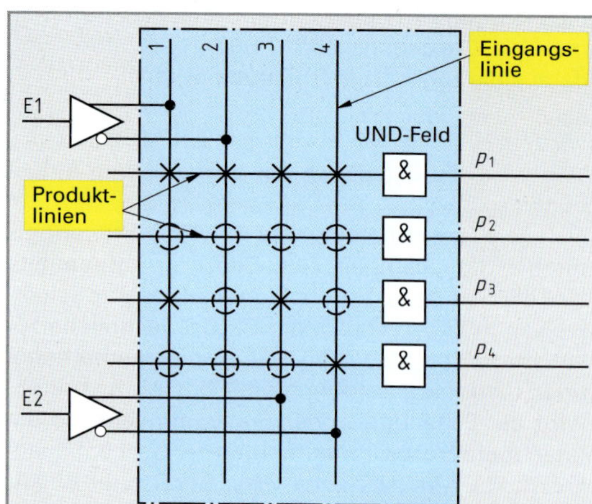

Bild 2: Beispiel für ein programmiertes UND-Feld

Die an den Ausgängen der UND-Elemente anstehenden Verknüpfungen von Variablen werden *Produktterme* genannt und meist mit dem Buchstaben p bezeichnet.

Beispiel 1: Funktion programmieren

Welche Funktionen wurden in **Bild 1** für die Produktterme p_5 und p_6 programmiert?

Lösung:

$\boldsymbol{p_5 = \bar{e}_3 \wedge \bar{e}_4}$ und $\boldsymbol{p_6 = e_3}$

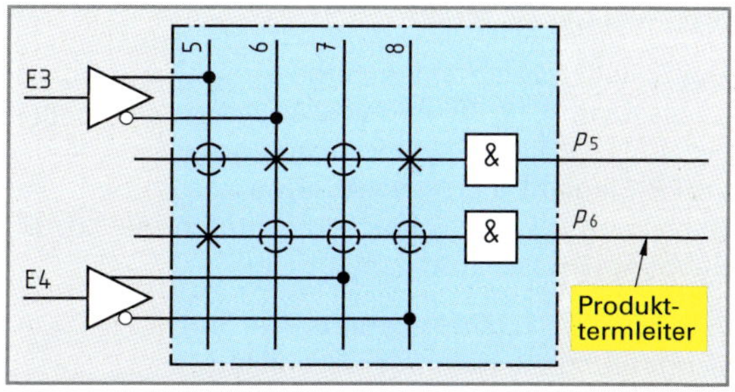

Bild 1: Programmiertes UND-Feld

3.3.1.2 PAL-Schaltkreise

PAL-Schaltkreise (von Programmable Array Logic = programmierbare Feld Logik) bestehen aus einem programmierbaren UND-Feld und damit fest verbundenen ODER-Elementen **(Bild 2)**. Durch Zusammenfassen der Ausgänge der Produktterme des UND-Feldes durch ODER-Elemente erhält man Schaltkreise, mit denen eine Vielzahl von Funktionen herstellbar wird.

Die Grundstruktur der PAL-Bauelemente ist eine UND-ODER-Schaltung.

Deshalb muss die Funktion, die der PAL-Schaltkreis erfüllen soll, auch in dieser Form vorliegen oder durch Umformen nach den Regeln der Schaltalgebra in diese Form gebracht werden.

Nach Schaltung Bild 2 erhält man für den unprogrammierten Zustand des Bauelementes:

$$y_Q = (e_1 \wedge \bar{e}_1 \wedge e_2 \wedge \bar{e}_2) \vee (e_1 \wedge \bar{e}_1 \wedge e_2 \wedge \bar{e}_2) = 0$$

Zum Programmieren müssen die Funktionen in UND-ODER-Form vorliegen.

Beispiel 2: PAL beschalten

Die Funktion $y_Q = (\bar{e}_1 \wedge \bar{e}_2) \vee (e_1 \wedge e_2)$ soll mit einem PAL-Schaltkreis verwirklicht werden. a) Formen Sie die Gleichung so um, dass eine vollständige UND-ODER-Form entsteht. b) Geben Sie eine zweckmäßige Beschaltung an.

Lösung:

a) $y_Q = (\bar{e}_1 \wedge \bar{e}_2) \vee (e_1 \wedge e_2)$
$= (\bar{e}_1 \wedge e_1) \vee (\bar{e}_2 \wedge e_1) \vee (\bar{e}_1 \wedge e_2) \vee (\bar{e}_2 \wedge e_2)$
$= 0 \vee (\bar{e}_1 \wedge e_2) \vee (\bar{e}_1 \wedge e_2) \vee 0 = \boldsymbol{(\bar{e}_1 \wedge e_2) \vee (e_1 \wedge \bar{e}_2)}$

b) **Bild 3**

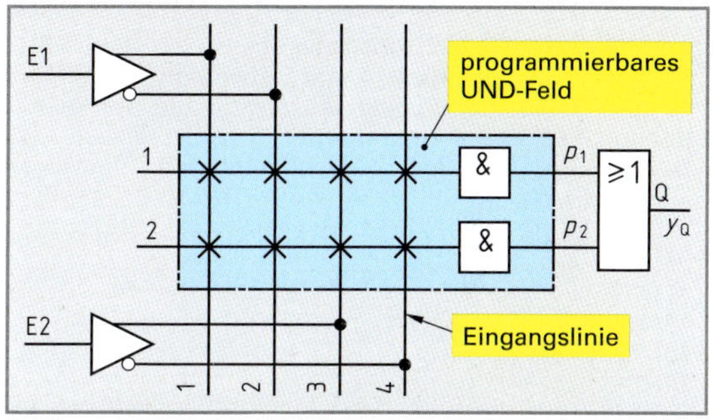

Bild 2: Prinzip des PAL-Schaltkreises (Ausschnitt)

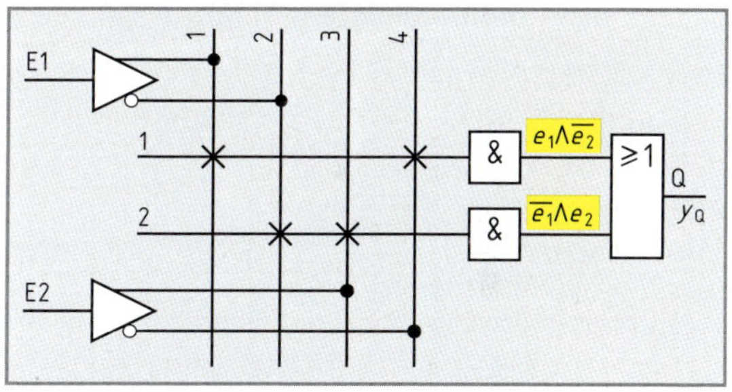

Bild 3: PAL-Schaltkreis für Exklusiv-ODER

Zur Verwirklichung von komplizierten Schaltfunktionen fasst man eine größere Anzahl Produktterme mit einem ODER-Element zusammen. Die Kennzeichnung (X) der programmierbaren Unterbrechung bzw. Verbindung wird in den Datenblättern meist weggelassen **(Bild 4)**. Die Kreuze werden dann nur bei der Programmierung eingetragen.

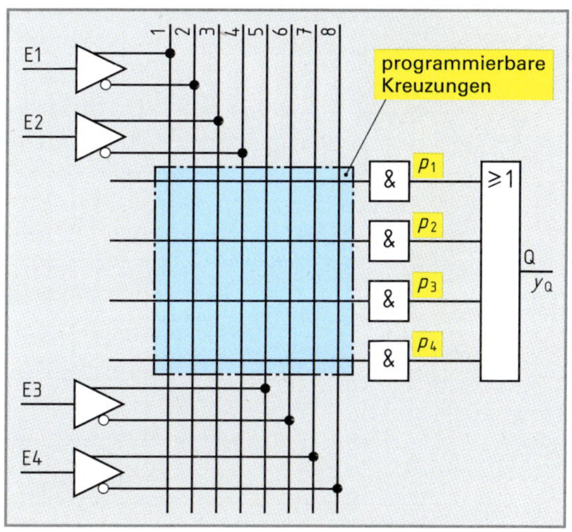

Bild 4: Datenblattauszug einer PAL-Struktur

PAL-Schaltkreis 14H4

Der Schaltkreis hat 14 Eingänge (Anschlüsse 1 bis 9, 11 bis 13 und 18, 19) und vier Ausgänge (Anschlüsse 14 bis 17, **Bild 1**). Jeder Ausgang fasst mit einem ODER-Element vier Produktterme zusammen. Der Buchstabe H kennzeichnet Ausgänge ohne NICHT-Element **(Tabelle 1, folgende Seite)**.

Der 1-Bit-Volladdierer benutzt nur drei von 12 Eingängen und die Hälfte der Ausgänge.

Beispiel 1: 1-Bit-Volladdierer entwickeln

Entwickeln Sie einen 1-Bit-Volladdierer mit dem PAL 14H4, der die Eingänge 3, 4 und 5 sowie die Ausgänge 16 und 17 benutzt. Verwenden Sie für die Summenbildung die Gleichung $f_i = (a_i \wedge \overline{b}_i \wedge \overline{c}_i) \vee (\overline{a}_i \wedge b_i \wedge \overline{c}_i) \vee (\overline{a}_i \wedge \overline{b}_i \wedge c_i) \vee (a_i \wedge b_i \wedge c_i)$ und für den Übertrag $c_{i+1} = (a_i \wedge b_i) \vee (a_i \wedge c_i) \vee (b_i \wedge c_i)$.

Lösung: **Bild 2**

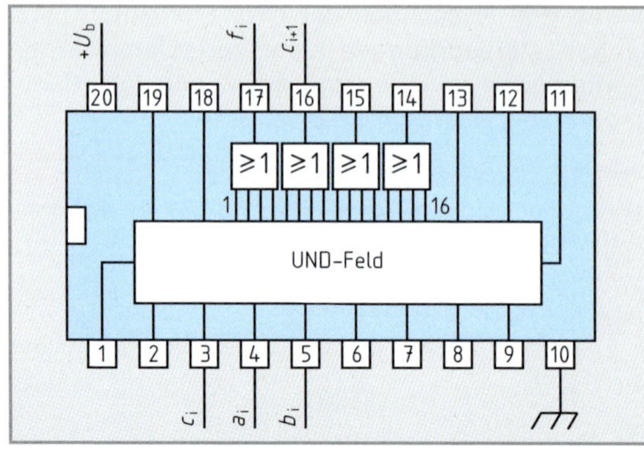

Bild 1: Vereinfachte Darstellung des PAL 14H4

Programmiervorgang

Programmiert werden die PAL-Schaltkreise mit einem PAL-Programmiergerät, das oft auch EPROM-Schaltkreise programmieren kann. Nach dem Eingeben der Typbezeichnung am Programmiergerät stellt dieses die notwendige Brennspannung, z. B. 10,5 V, für den gewählten PAL-Typ zur Verfügung. Außerdem verbindet es die Anschlüsse des PAL-Schaltkreises zum Programmieren so mit dem Programmiergerät, dass jede einzelne „brennbare Schmelzsicherung" programmiert werden kann. Meist wird anschließend noch vom Programmiergerät eine Überprüfung der hergestellten Funktionen auf Fehlerfreiheit durchgeführt.

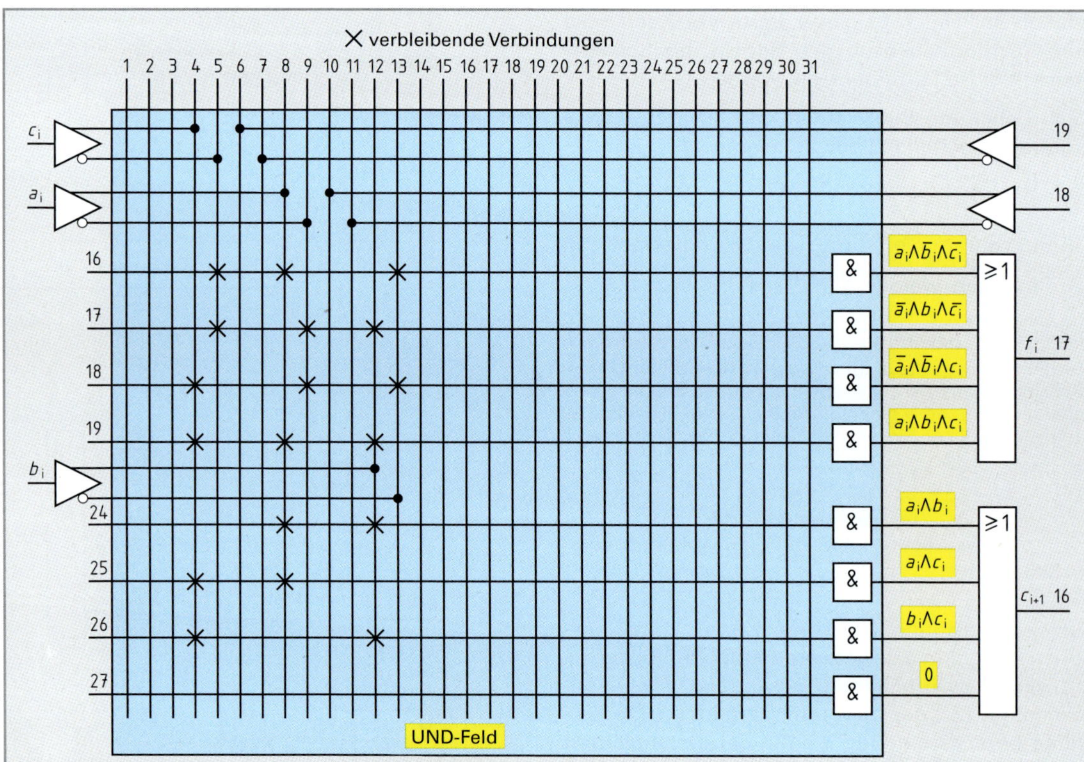

Bild 2: Programmierter Teil des PAL 14H4 von Bild 1

Erweiterungen der UND-ODER-Grundstruktur

Es gibt auch PAL, die zusätzlich D-Flipflop sowie Tristate-Ausgänge enthalten.

Durch Anfügen eines programmierbaren Exklusiv-ODER-Elementes an einen Produktterm kann auch NAND-Verhalten programmiert werden **(Bild 1)**. Bei nicht erfolgter Unterbrechung erhält man UND-Produktterme, andernfalls NAND-Produktterme. Dadurch entstehen wahlweise invertierte oder nicht invertierte Signale. Die Invertierung kann auch mit einer von einem Produktterm angesteuerten Tristateschaltung erfolgen **(Bild 2)**.

Für sequenzielle Schaltungen verwendet man die D-Flipflops des PAL. Meist ist der Eingang D mit dem Ausgang eines ODER-Elementes verbunden **(Bild 3)**. Das Taktsignal kann z.B. durch entsprechende Programmierung mit dem PLD-Eingang E1 verbunden werden.

Kennzeichnung von PAL-Schaltkreisen

Die Bezeichnung von PAL-Bauelementen enthält Angaben über die Art der Eingangsbeschaltung, die Zahl der Eingänge, die Zahl der Ausgänge und die Art der Ausgangsbeschaltung (Tabelle 1).

Nach der Typenbezeichnung des Herstellers, z.B. PAL oder GAL (von Generic Array Logic = frei auswählbare Feldlogik), wird die Eingangsbeschaltung beschrieben. Ein R bedeutet, dass die Eingänge zur Zwischenspeicherung von Daten Flipflops enthalten. Ein N kann auch entfallen.

Die folgende Zahl, z.B. 16, gibt die Zahl der maximal möglichen Eingänge an. In dieser Zahl sind die Ausgänge mit enthalten, die auch als Eingänge programmiert werden können. Mit dem folgenden Buchstaben, z.B. L für Low-aktiv, wird die Ausgangsbeschaltung gekennzeichnet. Die folgende Zahl, z.B. 8, gibt die Zahl der maximal möglichen Ausgänge an.

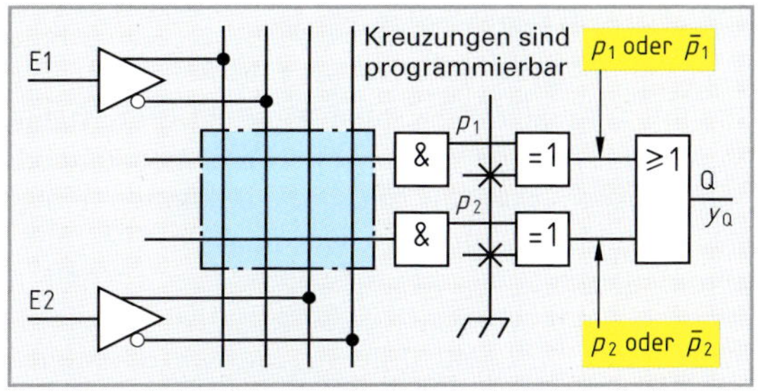

Bild 1: PAL für NAND-Produktterme

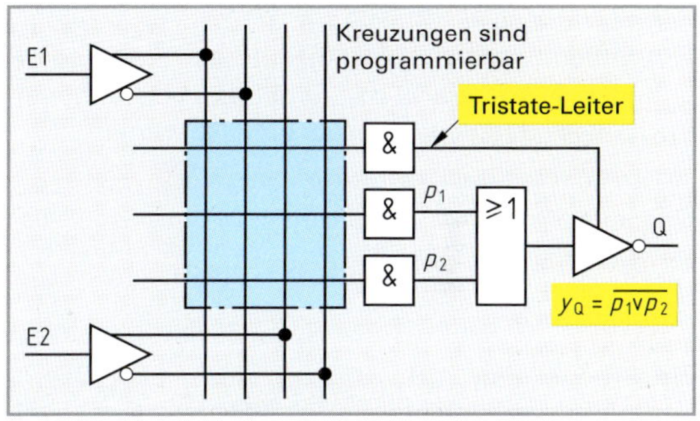

Bild 2: PAL mit invertiertem Tristateausgang

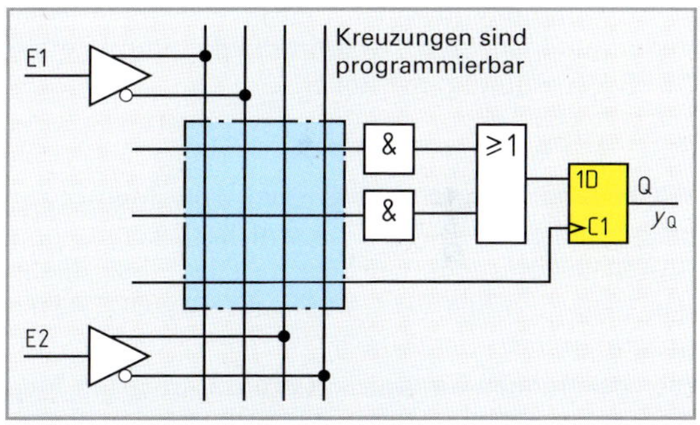

Bild 3: PAL mit D-Flipflop-Ausgang

Tabelle 1: PAL-Bezeichnungen (Auswahl)

Feld	Bezeichnung	Bedeutung, Übersetzung
1	PAL	Typenbezeichnung
2	N R	No, kein Eingangsregister Register, Eingangsregister
3	16	Zahl der möglichen Eingänge
4	L H R V	Low, Ausgang L-aktiv High, Ausgang H-aktiv Register, Ausgangsregister Variabler Ausgang, meist auch programmierbar
5	8	Zahl der möglichen Ausgänge
Beispiel: PAL N 16 L 8		

Wiederholung und Vertiefung

1. **Welche Verbindungsarten enthalten programmierbare Logikelemente?**
2. **Wie können Verbindungen programmiert werden?**
3. **Entnehmen Sie Bild 1 die Gleichung für den Produktterm $\bar{p}_1$.**
4. **Warum wird eine matrixförmige Darstellung für das UND-Feld verwendet?**
5. **Was versteht man bei einem PAL unter einem Produktterm?**
6. **Welche Grundstruktur wird bei PAL-Schaltkreisen verwendet?**
7. **In welcher schaltalgebraischen Form müssen die Funktionen zum Programmieren vorliegen?**
8. **Wie werden PAL-Schaltkreise gekennzeichnet?**

3.3.1.3 Schaltkreise mit zwei programmierbaren Feldern

Mit FPLA-Schaltkreisen (von Field-Programmable Logic Array = feldprogrammierbare Logikanordnung) lassen sich die meisten Funktionen einfacher, d. h. ohne Umformen der logischen Gleichungen, verwirklichen. FPLA-Schaltkreise enthalten ein programmierbares UND-Feld und ein programmierbares ODER-Feld **(Bild 1)**. Jeder Produktterm des UND-Feldes kann durch die programmierbaren Verbindungen mit allen Eingängen eines ODER-Terms durch die Gleichung $y = p_1 \vee p_2 \vee p_3 \vee p_4$ verbunden werden. Die Anzahl der Eingänge E und der Ausgänge Q ist durch die vorhandenen Anschlüsse des Schaltkreises eingeschränkt.

Beispiel 1: FPLA-Schaltkreis programmieren

Programmieren Sie mit einem FPLA-Schaltkreis die Funktionen a) $y_1 = e_1 \wedge e_2$, b) $y_2 = (e_1 \wedge e_2) \vee (e_3 \wedge e_4)$ und c) $y_3 = (e_1 \wedge e_2) \vee (e_3 \wedge e_4) \vee (\bar{e}_3 \wedge \bar{e}_4) \vee \bar{e}_1$

Lösung: **Bild 2**

Ein Produktleiter, z. B. p_1, kann allein eine ODER-Verknüpfung verwenden. Es können aber auch zwei Produktleiter gemeinsam, z. B. p_2 und p_3, eine ODER-Verknüpfung teilen. Es lassen sich aber auch Verknüpfungen aller UND-Produktleiter mit einer ODER-Verknüpfung herstellen.

3.3.1.4 PAL-Schaltkreis als PROM

PROM (von Programmable Read Only Memory = programmierbarer Nur-Lesespeicher) können als PAL-Schaltkreise verwirklicht werden, bei denen das UND-Feld fest verdrahtet und das ODER-Feld programmierbar ist **(Bild 3)**.

Die Gleichungen für die nicht programmierten Ausgänge des ODER-Feldes lauten einheitlich:

$y_1 = (\bar{e}_1 \wedge \bar{e}_2) \vee (e_1 \wedge \bar{e}_2) \vee (\bar{e}_1 \wedge e_2) \vee (e_1 \wedge e_2)$

$y_2 = (\bar{e}_1 \wedge \bar{e}_2) \vee (e_1 \wedge \bar{e}_2) \vee (\bar{e}_1 \wedge e_2) \vee (e_1 \wedge e_2)$

Da alle Kombinationen der Eingangsvariablen e_1 und e_2 vorhanden sind, liegt eine vollständige ODER-Normalform vor. Zu programmierende Funktionen müssen in dieser Form vorliegen, z. B. durch eine entsprechende Wertetabelle.

Beispiel 2: Funktionen realisieren

Die Funktionen $y_1 = e_1 \vee e_2$ und $y_2 = e_1 \wedge e_2$ sollen als PROM verwirklicht werden.

a) Stellen Sie die Wertetabellen auf und bilden Sie die vollständige ODER-Normalformen.

b) Geben Sie den PAL-Schaltkreis an.

Lösung:

a) $y_2 = e_1 \wedge e_2 = \bar{e}_1 \vee \bar{e}_2$; Wertetabelle **Bild 4**

$y_1 = 0 \vee 0 \vee 0 \vee (e_1 \wedge e_2) = \mathbf{e_1 \wedge e_2}$

$y_2 = 0 \vee (e_1 \wedge \bar{e}_2) \vee (\bar{e}_1 \wedge e_2) \vee (e_1 \wedge e_2) = \mathbf{e_1 \vee e_2}$

b) **PROM, Bild 3**

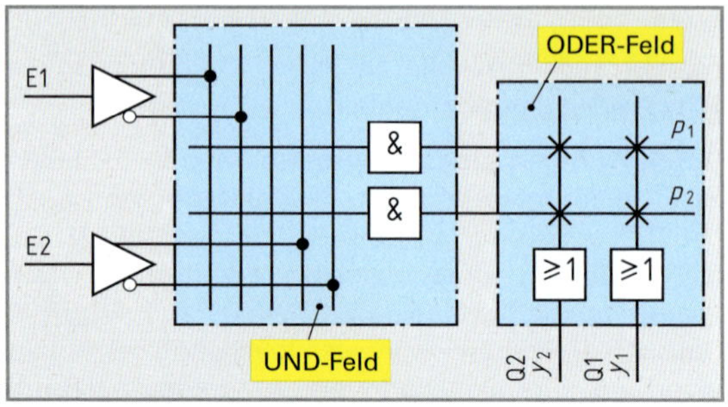

Bild 1: Prinzip eines FPLA-Schaltkreises

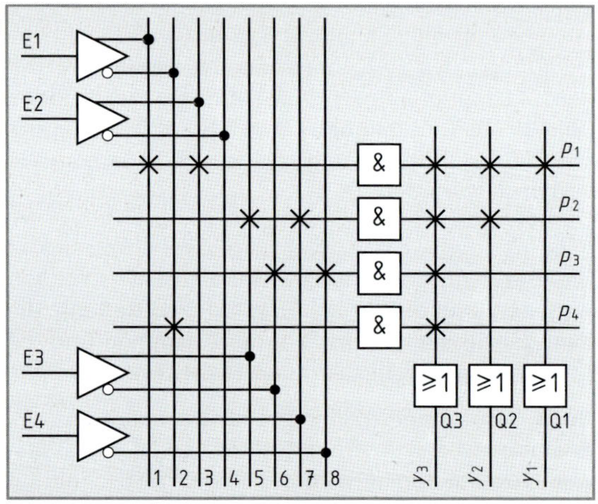

Bild 2: Ausschnitt aus einem FPLA-Schaltkreis

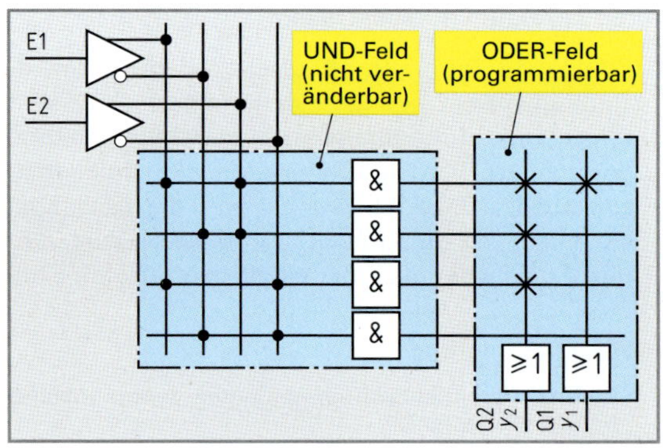

Bild 3: Programmierter PROM

e_2	e_1	y_1
0	0	0
0	1	1
1	0	1
1	1	1

e_2	e_1	y_2
0	0	0
0	1	0
1	0	0
1	1	1

Bild 4: Wertetabellen zu Beispiel 2

3.3.1.5 EPLD-Logikschaltkreis EP 310

Der EP 310 ist ein EPLD (von Erasable PLD = löschbarer PLD-Schaltkreis) in einem 20-poligen DIL-Gehäuse (DIL von Dual-In-Line = zwei in Reihe) mit Quarzglasfenster. Die verwendeten EPROM-Zellen sind mit UV-Strahlung löschbar. Deshalb sind EPLD wiederholt programmierbar.

Der EP 310 hat 10 Eingänge und acht Ausgänge **(Bild 1)**. Die Ausgänge sind durch entsprechende Programmierung auch als Eingänge verwendbar. Das Bauelement besteht aus acht gleichartigen *Makrozellen* **(Bild 2)**. Eine Makrozelle besteht aus einem PLA-Block (Programmable Logic Array = programmierbares Logikfeld), einem EA-Block (Eingang-Ausgang) und einem tristategesteuerten Ausgangspuffer.

Ein PLA-Block besteht aus 36 Eingangslinien, 9 Produktlinien und dem ODER-Element mit 8 Eingängen (Bild 2). Jeder EA-Block ist jeweils mit allen acht Eingängen Pin 2 bis Pin 9 und acht Anschlüssen Pin 12 bis Pin 19, die als Ausgänge oder durch Programmierung auch als Eingänge verwendbar sind, verbunden.

Eine Besonderheit ist die Eingangslinie 1 auf Pin 1. Sie wird für den Takt direkt auf sämtliche EA-Blöcke des Bausteins geführt, die invertierte Eingangslinie 0 ist wie üblich verwendbar. Mit der Produktlinie OE (Output Enable = Ausgang hochohmig schalten) kann der Ausgang der Makrozelle in den Tristate-

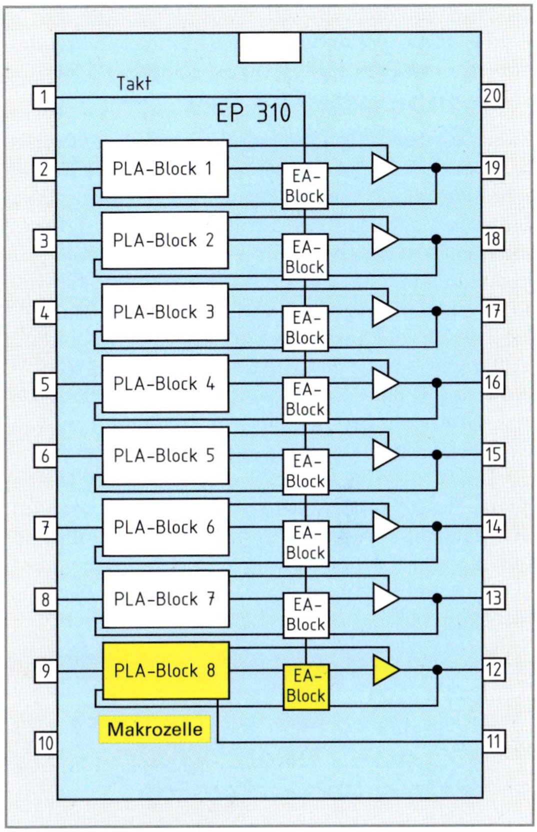

Bild 1: Aufbau des EP 310

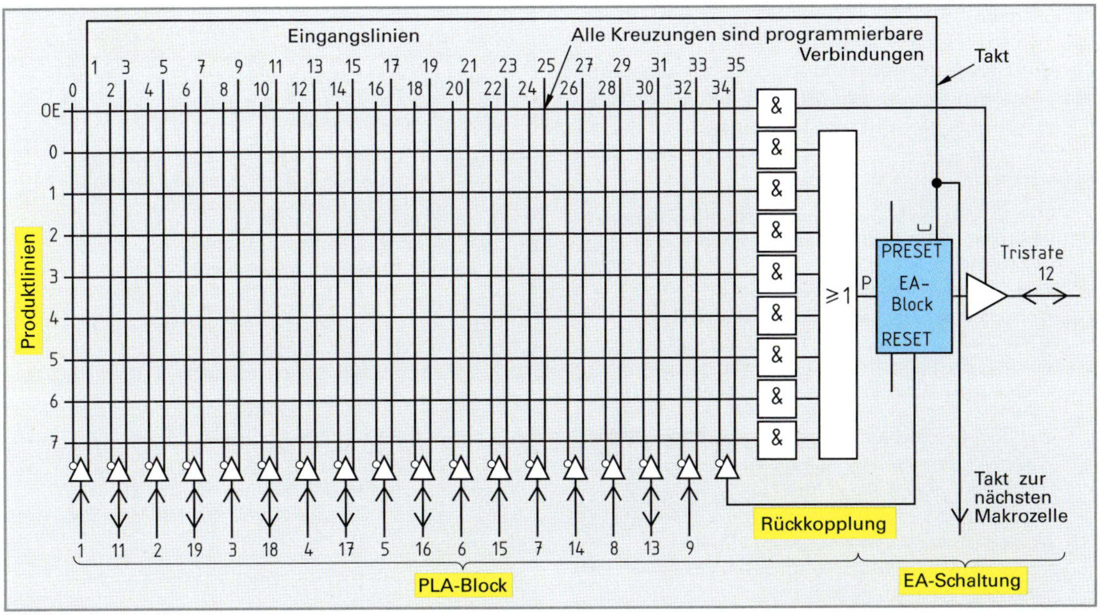

Bild 2: Eine Makrozelle des EP 310 (Ausschnitt von Bild 1)

Zustand versetzt werden, sodass z.B. der Pin 12 (Bild 2, vorhergehende Seite) als Eingang verwendbar ist. Zusätzlich sind je ein Setzeingang (PRESET) und Rücksetzeingang (RESET) vorhanden.

Diese beiden Flipflopanschlüsse sind taktunabhängig. Durch den EA-Block **Bild 1** ist der Schaltkreis vielseitig. Der EA-Block besteht aus einem D-Flipflop und den programmierbaren Transistorschaltergruppen für die Ausgangswahl SA (Schalter Ausgang) und die Rückkopplungsanwahl SR (Schalter Rückkopplung, **Tabelle 1**). Mit SA1 wird der Produktterm der Makrozelle direkt und mit SA2 invertiert auf den Ausgang geschaltet (Bild 1). Wird das D-Flipflop verwendet, dienen dazu SA3 und SA4. Mit SR1 in der Rückkopplungsanwahl wird die Produktsumme der jeweiligen Makrozelle direkt mit dem PLA-Block verbunden. Der Q-Ausgang des D-Flipflops wird mit SR2 zurückgeführt. SR3 schaltet den Ausgang als Eingang, wobei der Ausgangspuffer hochohmig geschaltet sein muss. Mit SA4 und SR3 wird der Ausgang $\overline{Q}$ des Flipflops zurückgeführt.

Beispiel 1: EA-Block einstellen

Stellen Sie die Schalter im EA-Block so ein, dass a) der Ausgang P des PLA-Blocks über das D-Flipflop nicht invertierend mit dem EA-Anschluss verbunden wird und b) das Signal an P zur weiteren Verwendung in einer anderen Makrozelle zurückgekoppelt wird.

Lösung:

a) **SA3 schließen** und

b) **SR1 schließen. Alle anderen Transistorschalter bleiben offen.**

Für die Schaltungsentwicklung und für die Steuerung des Programmiergeräts der EPLD wird eine firmenspezifische Software benötigt.

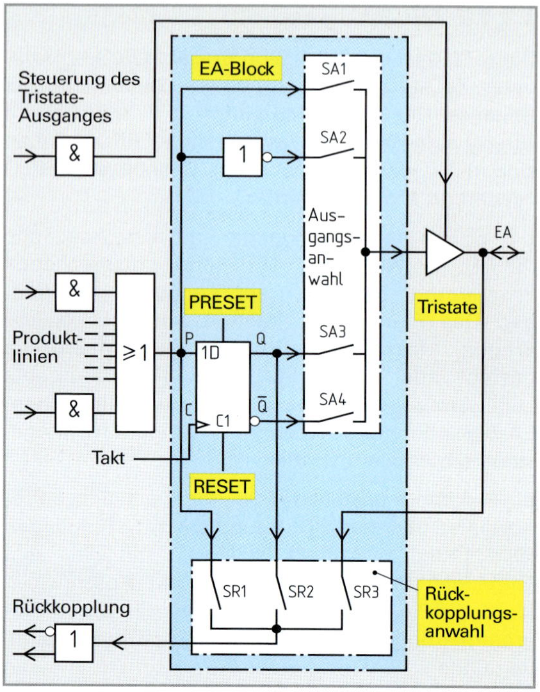

Bild 1: Struktur des EA-Blocks

Wiederholung und Vertiefung

1. Welche Vorteile bieten Schaltkreise mit programmierbarem UND-Feld und programmierbarem ODER-Feld?
2. Was bedeutet Produktleiterteilung?
3. Welches Feld wird beim PROM-Schaltkreis programmiert?
4. Welche Gleichungsform müssen die Eingangsvariablen für die PROM-Programmierung haben?
5. Wodurch unterscheiden sich PAL, FPLA und PROM?
6. Welche Eigenschaften hat eine Makrozelle?
7. Wozu dient der EA-Block im EPLD-Schaltkreis?
8. Aus welchen Baugruppen besteht ein PLA-Block?
9. Wozu dient der Anschluss OE im PLA-Block?
10. Nennen Sie die vier Arten, einen EA-Anschluss mit einer Makrozelle zu verbinden.
11. Wozu dienen die SR-Schalter?

Tabelle 1: Bedeutung der Schaltergruppen SA und SR im EA-Block

Schaltergruppen	Wirkung
SA1	Der PLA-Blockausgang P wird direkt nicht invertierend mit dem Anschluss EA verbunden.
SA2	Der PLA-Blockausgang P wird direkt, aber invertierend mit dem Anschluss EA verbunden.
SA3	Zwischen den Anschluss EA und dem PLA-Blockausgang wird ein D-Flipflop mit nicht invertierendem Ausgang Q geschaltet.
SA4	Zwischen den Anschluss EA und den PLA-Blockausgang wird ein D-Flipflop mit invertierendem Ausgang Q geschaltet.
SR1	Der PLA-Blockausgang P wird direkt auf die Produktlinien aller Makrozellen zurückgeführt.
SR2	Der PLA-Blockausgang wird über ein D-Flipflop auf die Produktlinien aller Makrozellen zurückgeführt.
SR3	Der Blockausgang EA wird als Eingang verwendet und direkt auf die Produktlinien aller Makrozellen geführt.

3.3.1.6 ISP-Bauelemente

ISP-Bauelemente (ISP von In System Programmable = Im System programmierbar) enthalten Schaltnetze und Schaltwerke, die direkt in der eingesetzten Schaltung konfiguriert werden. Die Funktionen eines Bauelements werden als Quelltext mit dem PC erstellt (Bild 1, S. 305) und anschließend in eine "Brenn"-Datei (JEDEC-File) übersetzt. In dieser Datei sind alle notwendigen Verbindungen festgelegt, die im Bauelement programmiert werden müssen. Zur Programmierung muss der PC an die Programmierschnittstelle des ISP-Bauelements angeschlossen sein.

ISP-Bauelemente können direkt in der Schaltung mit dem PC programmiert werden.

Die Übungsleiterplatte in **Bild 1** enthält eine Schaltung mit einem ISP-Bauelement ①. Hiermit können Logik-Schaltungen in das programmierbare Bauelement geladen und dort getestet werden.

Zur Ansteuerung der Logikeingänge werden Taster und Schalter ② verwendet (Bild 1). Mit der 2x7-Segmentanzeige ③ und der LEDs ④ können die logischen Zustände an den Ausgängen ⑤ angezeigt werden. Die Ausgänge mit offenem Kollektor ⑥ dienen zur Ansteuerung größerer Lasten, z.B. Schrittmotoren oder Magnetventile. Die Leiterplatte wird mit 5 V versorgt. Ein Taktgenerator ⑦ kann zur Steuerung sequenzieller Logikschaltungen benutzt werden.

Um das Logikprogramm in das ISP-Bauelement in Bild 1 zu laden, wird ein PC mit entsprechender Übertragungssoftware benötigt, der über die Programmierschnittstelle mit der Schaltung verbunden wird.

Manchmal muss zur Schnittstellenanpassung zwischen PC und Schaltung ein ISP-Programmer (Programmer = Programmiergerät) geschaltet werden. Der Programmer kann in der Schaltung selbst, im Anschlussgehäuse des Verbindungskabels oder in einem Adapter enthalten sein, der zwischen PC und Schaltung angeschlossen wird.

Das zu programmierende Bauelement in **Bild 2** hat 32 IO-Anschlüsse (IO von Input = Eingang, Output = Ausgang) und 2000 programmierbare Elemente auf verschiedene Programmierfelder verteilt. Deshalb wird auf Programmierwerkzeuge zurückgegriffen, die eine überschaubare Programmerstellung in akzeptabler Zeit ermöglichen.

Bild 1: Leiterplatte mit ISP-Bauelement

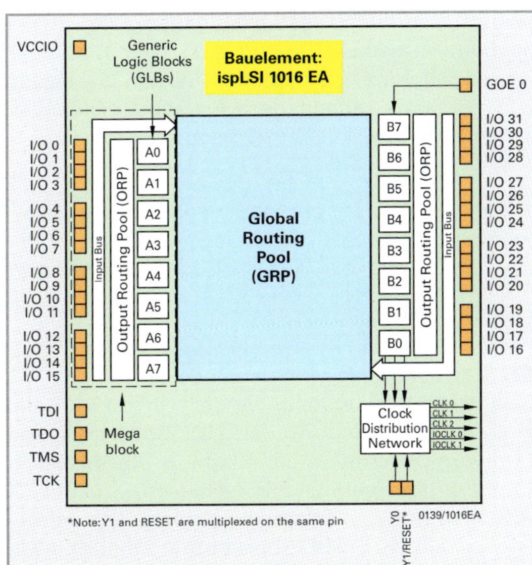

Bild 2: Funktionsblöcke eines ISP-Bauelements

Programmieren eines ISP-Bauelements

Oft bieten Hersteller zu ihren programmierbaren Bauelementen die entsprechende Programmiersoftware an. Mit der Entwicklungsumgebung *ispLEVER* kann man ISP-Bauelemente der Firma Lattice-Semiconductors programmieren. Im Fenster *Project Navigator* **(Bild 1)** werden die Programmierprojekte verwaltet, Programmierwerkzeuge aufgerufen, Vorgänge zur Programmierung gestartet und Dateien und Berichte erstellt **(Tabelle 1)**.

In einer Entwicklungsumgebung für programmierbare Bauelemente werden Projekte verwaltet, Werkzeuge aufgerufen, Vorgänge gestartet und Dateien und Berichte erstellt.

Beispiel 1: Projekt und Modul anlegen

Legen Sie in der Entwicklungsumgebung ispLEVER ein Projekt mit der Bezeichnung *Schaltung1* an. Wählen Sie das Bauelement ispLSI1016EA aus und legen Sie ein neues ABEL-HDL Modul mit der Bezeichnung Logik1 an.

Lösung:

Bild 1 und **Bild 2**

Mit der Menüfunktion File→New Project... lässt sich ein neues Projekt anlegen (Bild 2). Es öffnet sich das Fenster Project Wizard zur Eingabe der Projektdaten. In der ersten Eingabemaske wählt man die Projektbezeichnung, den Projektpfad und die Programmiersprache aus. Mit der Schaltfläche Weiter> gelangt man zur nächsten Eingabemaske, in der die Bauelementbezeichnung aus einer Bibliothek ausgewählt wird, z. B. ispLSI1016EA. In der letzten Eingabemaske können dem Projekt Quelldateien aus anderen Projekten hinzugefügt werden.

Ein Projekt besteht mindestens aus dem Projektnamen, der Bauelementbezeichnung und einer Quelldatei, die den Quelltext des Programms enthält.

Mit der Menüfunktion Source→New... kann eine neue Quelldatei erstellt werden. In diese Datei wird das Logikprogramm als HDL-Code (HDL von Hardware-Description-Language = Hardwarebeschreibungssprache), z. B. *ABEL-HDL* (ABEL = Advanced Boolean Equation Language), geschrieben. Erstellt wird das Programm in einem Editor, der sich nach dem Anlegen der Quelldatei automatisch öffnet.

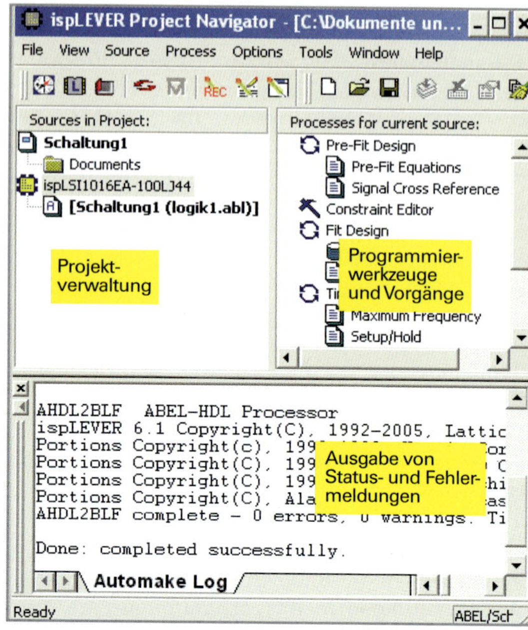

Bild 1: Programmfenster ispLever Projekt Navigator

Tabelle 1: Symbole des Fensters Project Navigator

Symbol	Erklärung
	Aufrufen eines Programmierwerkzeuges, z. B. Anpassung auf ausgewähltes Bauelement
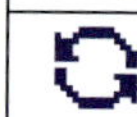	Vorgänge zur Programmierung starten, z. B. Logik minimieren oder Logik übersetzen
	Berichterzeugung, z. B. Bericht des Übersetzungsvorgangs
	Dateierzeugung, JEDEC-Datei
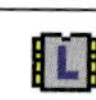	Aufruf des Übertragungsprogramms ispVM System

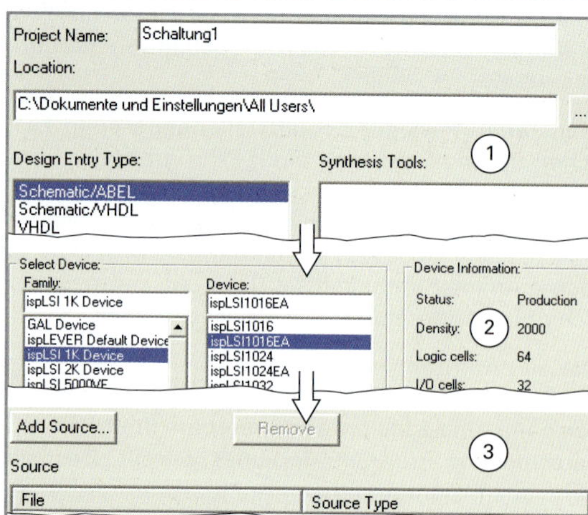

Bild 2: Anlegen eines Projekts

Quelltext erstellen in ABEL-HDL

Beispiel 1: Quelltext in ABEL-HDL erstellen

Erstellen Sie für das Bauelement ispLSI 1016EA den Quelltext in ABEL-HDL für folgende Schaltfunktion:

$A1 = \overline{E1 \wedge E2} \vee (E1 \wedge \overline{E2})$

Die Ein- und Ausgänge sollen an folgende Anschlüsse gelegt werden: E1 an Pin 1, E2 an Pin 2 und A1 an Pin 3.

Lösung: **Bild 1**

Der in Bild 1 dargestellte Quelltext eines in ABEL-HDL (Advanced Boolean Equation Language) geschriebenen Programms besteht aus den vier Abschnitten Programmkopf, Deklaration, Schaltlogik und Programmende.

Der Programmkopf enthält die Bezeichnung und eine Überschrift des Moduls. Im Deklarationsabschnitt werden alle Signalbezeichnungen festgelegt und den Eingängen und Ausgängen die Bauteilanschlüsse zugeordnet. Mit dem Schlüsselbegriff ISTYPE wird die Art der Ausgänge konfiguriert, COM bedeutet ein Anschluss ohne Flipflop. Im darauf folgenden Abschnitt wird die Schaltlogik und somit die Funktion des Bauelements festgelegt. Die Schaltlogik kann durch Funktionsgleichungen, Wahrheitstabellen **(Bild 2)** und Zustandsdiagramme beschrieben werden. Der letzte Abschnitt Programmende schließt mit END das Modul ab.

Die Schaltlogik kann durch Funktionsgleichungen, Wahrheitstabellen und Zustandsdiagramme beschrieben werden.

Programm übersetzen

Mit dem Vorgang Fit Design **(Bild 3)** im Fenster *Projekt Navigator* werden der Quelltext überprüft, die Schaltfunktionen berechnet und optimiert sowie die Anschlussbelegungen überprüft. Am Ende des Vorgangs werden ein Bericht und die JEDEC-Datei erzeugt. Diese Datei enthält die zu programmierenden Verbindungen, die auch als Fuse (fuse = Sicherung) bezeichnet werden. Eine 0 bedeutet: Verbindung bleibt intakt, eine 1 bedeutet: Verbindung wird unterbrochen.

ISP-Bauelement programmieren

Mit der JEDEC-Datei kann das Bauelement „gebrannt" werden. Dazu muss die Schaltung am PC angeschlossen sein. Zur Übertragung wird das Programm *ispVM System* verwendet, das im Projekt Navigator (Bild 1, vorhergehende Seite) aufgerufen wird.

```
//Programmkopf
MODULE Schaltung1
TITLE 'Logikprogramm'

// Deklarationen
DECLARATIONS
        //Eingänge
        E1, E2  PIN 2,3;
        //Ausgang, COM = Ausgang ohne Flip-Flop
        A1      PIN 4 ISTYPE 'COM';

//Schaltlogik als Funktionsgleichung
EQUATIONS
        A1 = !(E1 & E2) # (E1 & !E2);

//Programmende
END
```

! ≙ NICHT
& ≙ UND
# ≙ ODER

Bild 1: Logikprogramm in ABEL-HDL

```
//Schaltlogik als Wahrheitstabelle
TRUTH_TABLE     ([E2,E1]->[A1])
                 [0,0]  ->[1];
                 [0,1]  ->[1];
                 [1,0]  ->[1];
                 [1,1]  ->[0];
```

Bild 2: Schaltlogik als Wahrheitstabelle

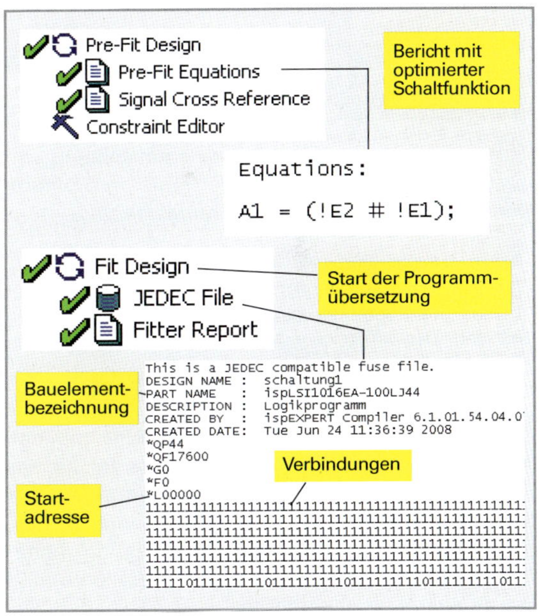

Bild 3: Übersetzungsvorgang

Wiederholung und Vertiefung

1. Welche Bedeutung hat die Abkürzung ISP?
2. Welche Komponenten sind zur Programmierung der ISP-Bauelemente notwendig?
3. Nennen Sie die wesentlichen Bereiche eines Abel-HDL-Programms.
4. Welche Bedeutung hat das JEDEC-File?
5. Wie werden programmierbare Verbindungen dargestellt?

3.3.2 Fehler erkennen

Bei der Übertragung von binären Signalen können die Signalwerte verfälscht werden. Zur Fehlererkennung wird z. B. an jede Zeile eines BCD-Codes ein weiteres Bit angefügt **(Bild 1)**. Dabei wird der Wert dieses *Paritätsbits* z. B. so gewählt, dass die Anzahl der Einsen (Z. d. 1) ungerade ist (ungerade Parität). Das Paritätsbit P für eine ungerade Anzahl der Einsen erhält man durch eine Schaltung mit Exklusiv-NOR-Elementen (Äquivalenz-Elementen). Nach der Übertragung wird erneut die Parität gebildet. Ist die Anzahl der Einsen nach der Übertragung gerade, liegt ein Fehler vor. Entsprechend gibt es eine Prüfung mit gerader Parität.

Eine Fehlererkennung kann auch dadurch erreicht werden, dass ein Paritätsbit für jede Spalte eines Datenblocks aus z. B. 4 Zeilen gebildet und mitübertragen wird **(Bild 2)**. Die Zeile mit den Paritätsbits wird als Blockprüfzeichen BPZ bezeichnet. Das Paritätsbit für eine gerade Anzahl Einsen erhält man durch eine Schaltung mit Exklusiv-ODER-Elementen (Bild 1).

Fehler können erkannt werden, wenn ein Code eine Redundanz ≥ 1 bit enthält.

Verwendet man die zeilenweise Paritätsbildung und das Blockprüfzeichen, so kann der Fehlerort bestimmt werden (*Blocksicherung* oder *Kreuzsicherung*).

Beispiel 1: Paritätsbits und Blockprüfzeichen

Die Zahl 1989 soll als BCD-Code mit einer ungeraden Parität übertragen werden. Welche Paritätsbits und welches Blockprüfzeichen sind erforderlich?

Lösung: **Bild 3**

Zuerst wird für jede Zeile das Paritätsbit gebildet. Anschließend wird für jede Spalte das Bit für das Blockprüfzeichen gebildet. Nach Übertragung der fünf Datenwörter wird im Empfänger eine Paritätsprüfung durchgeführt. Ist die Übertragung fehlerfrei, so ist die Zahl der Einsen in den Zeilen und in den Spalten überall ungerade.

Beispiel 2: Bitfehler erkennen

Bei einer fehlerhaften Datenübertragung der Zahl 1989 wurde statt 1000 die Dualzahl 1010 übertragen. Wie kann das fehlerhafte Bit erkannt werden?

Lösung: **Bild 4**

Markiert man nun die entsprechende Zeile und die entsprechende Spalte, so erhält man im Schnittpunkt der beiden das fehlerhaft übertragene Bit.

Dezimalzahl	D	C	B	A	Paritätsbit	Z. d. 1
0	0	0	0	0	1	1
1	0	0	0	1	0	1
2	0	0	1	0	0	1
3	0	0	1	1	1	3
4	0	1	0	0	0	1
5	0	1	0	1	1	3
6	0	1	1	0	1	3
7	0	1	1	1	0	3
8	1	0	0	0	0	1
9	1	0	0	1	1	3

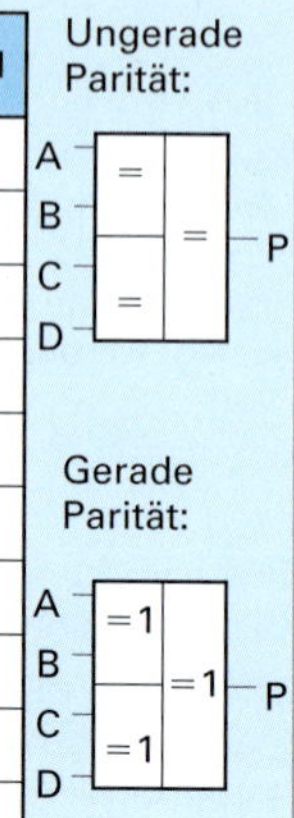

Bild 1: BCD-Code mit Paritätsbit und Schaltung

Dezimalzahl	D	C	B	A
1	0	0	0	1
9	1	0	0	1
8	1	0	0	0
9	1	0	0	1
BPZ	1	0	0	1
Z. d. 1	4	0	0	4

fehlerfrei

Dezimalzahl	D	C	B	A
1	0	1	0	1
9	1	0	0	1
8	1	0	0	0
9	1	0	0	1
BPZ	1	0	0	1
Z. d. 1	4	R1	0	4

Fehler ↑

Bild 2: Datenblöcke mit Blockprüfzeichen BPZ

Dezimalzahl	D	C	B	A	Paritätsbit	Zahl d. 1
1	0	0	0	1	0	1
9	1	0	0	1	1	3
8	1	0	0	0	0	1
9	1	0	0	1	1	3
BPZ	0	1	1	0	1	
Z. d. 1	3	1	1	3	3	

Bild 3: Blocksicherung mit fehlerfreier Datenübertragung

Dezimalzahl	D	C	B	A	Paritätsbit	Zahl d. 1
1	0	0	0	1	0	1
9	1	0	0	1	1	3
?	1	0	1	0	0	2
9	1	0	0	1	1	3
BPZ	0	1	1	0	1	
Z. d. 1	3	1	R1	3	3	

Bild 4: Blocksicherung mit fehlerhafter Datenübertragung

3.4 DA-Umsetzer und AD-Umsetzer

Will man mit einer digitalen Steuerung, z. B. mittels Computer, Maschinen oder Anlagen steuern oder regeln, z. B. zur Drehzahlregelung, müssen entsprechend den im Computer errechneten Zahlenwerten analoge Steuergrößen, meist Spannungen, erzeugt werden. Die Bausteine zur Umsetzung von Zahlen in proportionale Spannungen heißen *Digital-Analog-Umsetzer (DA-Umsetzer*, **Bild 1**).

Beim Messen physikalischer Größen erhält man über entsprechende Sensoren die Messgröße meist in analoger Form als Stromstärke oder als Spannung. Zur Messdatenanzeige, Messdatenübertragung, Messdatenspeicherung und Messdatenverarbeitung sind dagegen die Messgrößen oft in eine digitale Form umzusetzen. Die hierfür verwendeten Baugruppen heißen *Analog-Digital-Umsetzer (AD-Umsetzer*, Bild 1).

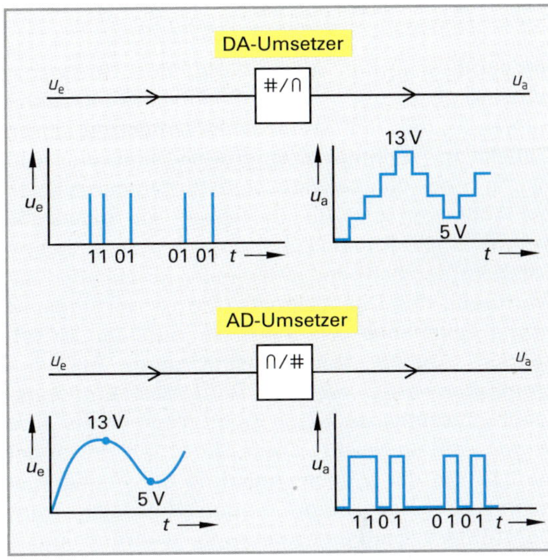

Bild 1: Schaltzeichen für DA-Umsetzer und AD-Umsetzer

3.4.1 Digital-Analog-Umsetzer

Zur Sollwerteinstellung analoger Regelkreise durch Computer oder digitale Messanlagen ist eine Umsetzung der Digitalsignale in die entsprechenden Analogsignale notwendig. Dies erfolgt mit einem DA-Umsetzer (Digital-Analog-Umsetzer). Er setzt die digitale Größe in eine analoge elektrische Größe, z. B. Spannung oder Stromstärke, um.

DA-Umsetzer bestehen aus einem Operationsverstärker, welcher als Summierer Teilströme addiert **(Bild 2)**. Die Teilströme entsprechen den Wertigkeiten der Binärstellen. Die Eingangswiderstände des Operationsverstärkers stehen dann im Verhältnis 1:2:4:8. Die in Bild 1 dargestellten Schalter werden als elektronische Schalter ausgeführt, der gesamte DA-Umsetzer selbst als IC.

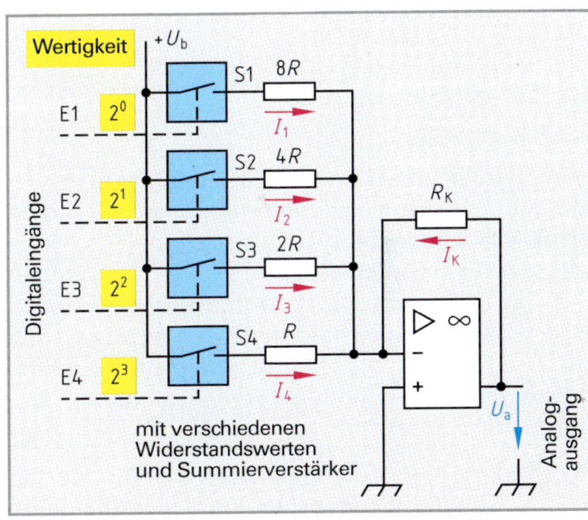

Bild 2: DA-Umsetzer mit gewichteten Teilströmen

> Zur DA-Umsetzung addiert man Teilströme entsprechend der Stellenwertigkeit des Digitalsignals.

Beispiel 1: Berechnen der Ausgangsspannung am DA-Umsetzer

Ein DA-Umsetzer mit Teilströmen nach Bild 2 hat die Widerstände $8R = 100\,k\Omega$, $4R = 50\,k\Omega$, $2R = 25\,k\Omega$ und $R = 12{,}5\,k\Omega$. $U_b = 10\,V$ und $R_K = 1\,k\Omega$. An E3 wird H-Signal gelegt, entsprechend der Dualzahl 0100 = 4. Wie groß ist die Ausgangsspannung U_a?

Lösung:

H-Signal an E3 ⇒ S3 geschlossen ⇒ es fließt $I_3 \approx -I_K$

$$I_3 = \frac{U_b}{2R} = \frac{10\,V}{25\,k\Omega} = 0{,}4\,mA$$

$$U_a = I_K \cdot R_K = -0{,}4\,mA \cdot 1\,k\Omega = \mathbf{-0{,}4\,V}$$

Wiederholung und Vertiefung

1. **Wofür benötigt man AD-Umsetzer und DA-Umsetzer?**
2. **Welche Aufgabe hat der Operationsverstärker beim DA-Umsetzer?**
3. **In welchem Verhältnis stehen die Eingangswiderstände beim DA-Umsetzer?**

3.4.2 Analog-Digital-Umsetzer

Abhängig von der Anwendung, der Umsetzgeschwindigkeit und der Auflösung (Stellenzahl) verwendet man unterschiedliche Umsetzverfahren **(Tabelle 1)**. Wichtige Kenngrößen sind die Auflösung und die Umsetzungszeit (Umsetzzyklus). Die Auflösung gibt die Stufenzahl an, in welche das maximale Analogsignal unterteilt wird, ausgedrückt in der Zahl der Binärstellen (Bits) bzw. der Wortbreite des Digitalsignals. Die Umsetzungszeit ist die Zeitspanne zwischen zwei aufeinander folgenden Analog-Digital-Umsetzungen. Bei den *Momentanwert-Umsetzern* wird das Eingangsspannungssignal zu festen Zeitpunkten erfasst und in eine Zahl umgesetzt. Diese Umsetzer verwendet man z.B. in der Videotechnik und der Regelungstechnik. Bei den *integrierenden Umsetzern* wird die mittlere Eingangsspannung während eines Umsetzintervalls in einen Zahlenwert umgesetzt. Diese Verfahren nützt man z. B. bei Digital-Multimetern. Bei vielen AD-Umsetzern benötigt man intern einen DA-Umsetzer.

Tabelle 1: Analog-Digital-Umsetzer

Art	Verfahren, Kenngrößen
Momentanwert-Umsetzer 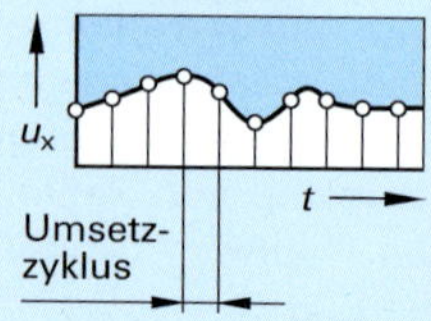	**Parallelumsetzer** Auflösung: 6 bit bis 12 bit Umsetzzyklus: 2 ns bis 200 ns
	Sukzessive-Approximations-Umsetzer Auflösung: 8 bit bis 18 bit Umsetzzyklus: 0,5 µs bis 100 µs
	Stufenumsetzer mit Zähler Auflösung: 6 bit bis 12 bit Umsetzzyklus: je nach Programm ≥ 50 ns
Integrierender Umsetzer 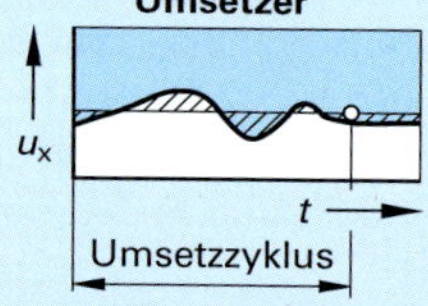	**Dual-Slope-Umsetzer** Auflösung: 12 bit bis 20 bit bzw. dez. $3\frac{1}{2}$ bis $5\frac{1}{2}$ Stellen Umsetzzyklus: 10 ms bis 1 s
	Spannungs-Frequenz-Umsetzer Auflösung: etwa 8 bit Umsetzzyklus: 10 ms bis 1 s

3.4.2.1 Momentanwert-AD-Umsetzer

Parallelumsetzer

Beim Parallelumsetzer wird die angelegte Messspannung U_x (Analogsignal) mit genau bekannten Vergleichsspannungen U_v verglichen. Für einen 8-Bit-AD-Umsetzer sind 255 Vergleichsspannungen und 255 Komparatoren (Vergleicher) erforderlich **(Bild 1)**. Die Vergleichsspannungen erzeugt man mit einem Spannungsteiler, welcher an eine stabilisierte Referenzspannung (Bezugsspannung) U_{ref} angeschlossen wird.

Die Komparatoren erhalten über den invertierenden Eingang die jeweilige Vergleichsspannung und über den nicht invertierenden Eingang die zu messende Spannung U_x. Entsprechend der Größe der Spannung U_x liefern alle Komparatoren eine positive Ausgangsspannung, falls $U_x < U_v$ ist, und alle anderen Komparatoren eine negative Ausgangsspannung. Mit den Flipflops wird das Ausgangssignal der Komparatoren im Takt des Umsetzers aufgefangen und zwischengespeichert.

In einer nachfolgenden Codierschaltung wird zunächst derjenige Komparator ermittelt, bei dem die Vergleichsspannung erstmalig größer als die Messspannung ist. Dies ermittelt man durch eine UND-Verknüpfung einer jeden Komparatorschaltung mit der jeweils nächsten Komparatorschaltung. Mit weiteren Codierstufen erhält man dann

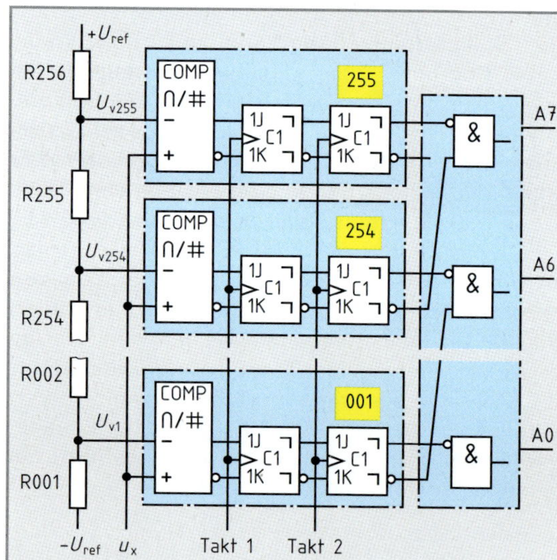

Bild 1: AD-Umsetzer nach dem Komparatorverfahren

das 8-Bit-Ausgangssignal an den Ausgängen A0 bis A7.

Parallelumsetzer ermöglichen Umsetzfrequenzen von über 100 MHz. Derartige Umsetzer benötigt man z. B. zur Digitalisierung von Videosignalen für die digitale Speicherung von Fernsehbildern. Diese Umsetzer gibt es als IC. Man bezeichnet solche Umsetzer auch als *Flash-Umsetzer* (von flash = Blitz).

Sukzessive-Approximations-Umsetzer

Der Sukzessive-Approximations-Umsetzer **(Bild 1)** ist ein Stufenumsetzer mit einem SAR (von Successive Approximation Register = Register für schrittweise Annäherung). In immer kleiner werdenden Stufen wird durch das SAR und einen DA-Umsetzer die Vergleichsspannung U_V schrittweise der analogen Eingangsspannung U_X angenähert **(Bild 2)**.

Die Vergleichsspannungen erhält man durch stufenweises Überbrücken von Teilwiderständen einer Widerstandskette, die über eine Konstantstromquelle gespeist wird **(Bild 3)**. Dies geschieht selbsttätig über eine elektronische Steuerschaltung.

Mit der Stufe höchster Wertigkeit wird begonnen (Bild 2). Danach werden nacheinander die Stufen niedriger Wertigkeit zugeschaltet. Dies erfolgt ähnlich wie bei einer Waage, wenn man mit kleiner werdenden Gewichtssteinen das Gleichgewicht herstellt. Überwiegt die Vergleichsspannung ($U > U_X$), so schaltet man die zuletzt hinzugekommene Stufe wieder ab und dafür die Stufe der nächstniedrigeren Wertigkeit ein. Auf diese Weise entsteht eine Vergleichsgröße, die der Eingangsspannung bis auf einen kleinen Rest entspricht (Bild 3). Der Rest ist durch die begrenzte Stufenteilung bedingt. Die Schalterstellungen der elektronischen Schalter S1 bis S8 werden im SAR gespeichert und danach angezeigt.

Sukzessive-Approximations-Umsetzer sind die am meisten verwendeten Umsetzer in der Industrieelektronik.

Es gibt diese Umsetzer auch mit Schieberegister für eine serielle Ausgabe der umgesetzten Analogwerte. In diesem Fall wird das Taktsignal für das Schieberegister und ein Start-Stopp-Signal vom Datenempfänger extern erzeugt. Man erreicht so auch eine Synchronisation der AD-Umsetzung zum weiteren Signalverarbeitungsprozess.

Sukzessive-Approximations-Umsetzer gibt es auch mit einer BCD-Verschlüsselung, z. B. im 8-4-2-1-Code.

Das SAR ist meist in I²L-Technik (von Integrated-Injection-Logic = zusammengefasste Einspritz-Logik) realisiert. Die Widerstandskette wird aus SiCr-Dünnfilmwiderständen hergestellt und mittels Laser auf besonders hohe Genauigkeit getrimmt. Zur Stromversorgung der Widerstandskette verwendet man eine temperaturkompensierte Stromquelle.

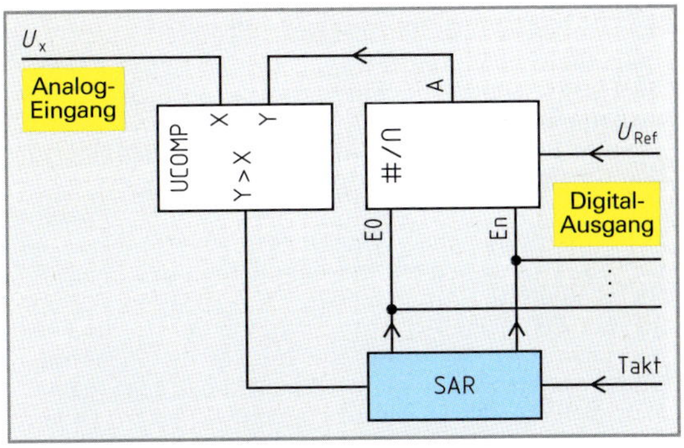

Bild 1: Sukzessive-Approximations-Umsetzer (SAR)

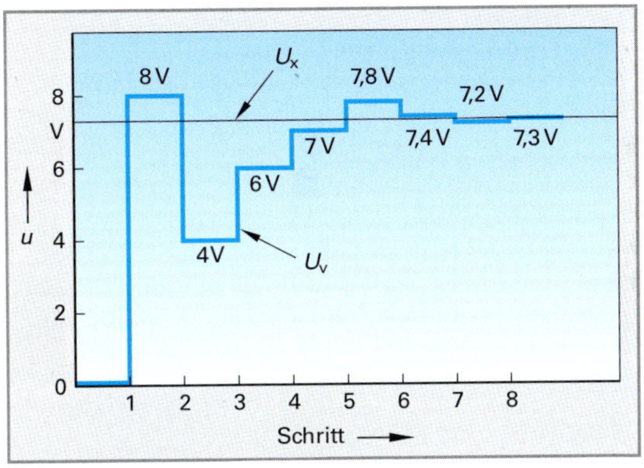

Bild 2: Approximationsvorgang

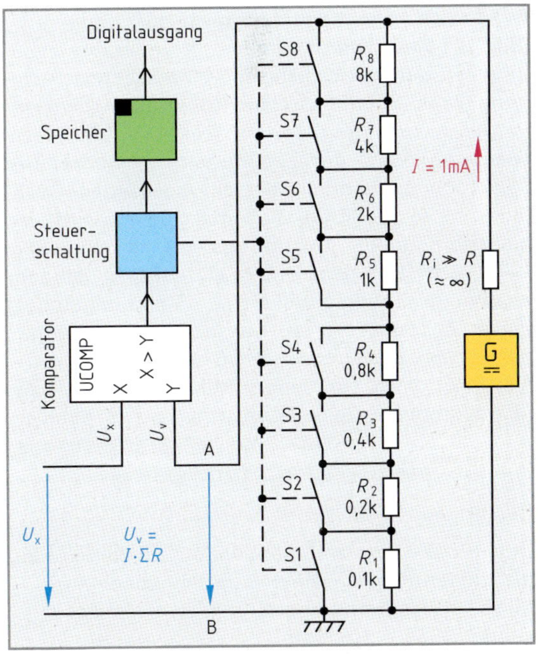

Bild 3: Schaltungsprinzip des Sukzessive-Approximations-Umsetzers für zwei Dezimalstellen

Beispiel 1: Umsetzungsvorgang beim SAR

Die Gleichspannung $U_x = 7{,}3\,V$ soll mit einem Sukzessive-Approximations-Umsetzer nach Bild 3, vorhergehende Seite, in ein Ausgangssignal im Dualcode umgesetzt werden. Erklären Sie den zeitlichen Ablauf für den Umsetzvorgang.

Lösung:

Zunächst sind alle Widerstände überbrückt. Der Umsetzvorgang beginnt mit dem Öffnen des Schalters S8 (**Tabelle 1**). An R8 fällt $U_v = 8\,k\Omega \cdot 1\,mA = 8\,V$ ab. Bei geöffnetem S8 ist U_v größer als U_x und bei geschlossenem S8 kleiner als U_x. Für die zugehörige Stufenwertigkeit 8 wird die Binärziffer 0 ausgegeben. Nun schließt man R8 wieder kurz und öffnet S7. Es entsteht an R7 die Vergleichsspannung $U_v = 4\,V$. Jetzt ist die Vergleichsspannung kleiner als die Messspannung. S7 bleibt geöffnet. Für die Stufenwertigkeit 4 wird die Binärziffer 1 ausgegeben. S6 wird geöffnet. Die Vergleichsspannung erhöht sich dadurch um 2 V auf 6 V. Sie ist aber immer noch kleiner als die Messspannung. S6 bleibt geöffnet und die Binärziffer 1 wird für die Stufenwertigkeit 2 ausgegeben. Das Verfahren wird fortgesetzt bis zur kleinsten Stufenwertigkeit.

Tabelle 1: Abgleich eines Stufenumsetzers

Stufenwertigkeit	Schaltzustand	$U_v > U_x$	Binärwerte
8	S8 öffnet	ja	0
	S8 schließt	nein	
4	S7 öffnet	nein	1
	S7 offen		
2	S6 öffnet	nein	1
	S6 offen		
1	S5 öffnet	nein	1
	S5 offen		
0,8	S4 öffnet	ja	0
	S4 schließt	nein	
0,4	S3 öffnet	ja	0
	S3 schließt	nein	
0,2	S2 öffnet	nein	1
	S2 offen		
0,1	S1 öffnet	nein	1
	S1 offen	$U_v = U_x = 7{,}3\,V$	

Sukzessive-Approximations-Umsetzer sind Momentanwert-Umsetzer und setzen eine Spannung schrittweise in kurzer Zeit in einen digitalen Wert um.

AD-Umsetzer mit Zähler

Beim AD-Umsetzer mit Zähler erzeugt man durch schnelles Hochzählen und DA-Umsetzung stufenweise sich erhöhende Vergleichsspannungen U_v (**Bild 1**). Diese werden einem Komparator zugeführt, an dem gleichzeitig die zu messende Spannung liegt. Sobald die am Komparator liegende Vergleichsspannung so groß ist wie die Messspannung, wird der Zählvorgang gestoppt. Der Zählerstand entspricht der zu messenden Spannung im Zeitpunkt des Zählerstopps. Es wird also ein momentaner Spannungswert in eine Zahl umgesetzt. Der exakte Umsetzzeitpunkt ist aber spannungsabhängig. Bei kleinen Spannungen liegt dieser Zeitpunkt früher, bei großen Spannungen später. Der Zähler kann als IC realisiert sein oder als Programm für einen Mikrocontroller bzw. Mikrocomputer. Der AD-Umsetzer ist z. B. ein IC.

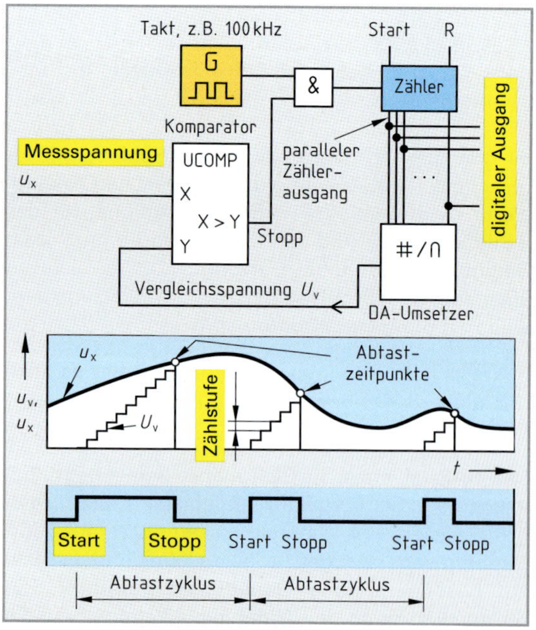

Bild 1: AD-Umsetzer mit Zähler

3.4.2.2 Integrierende AD-Umsetzer

Dual-Slope-Umsetzer

Dual-Slope-Umsetzer[1] verwenden zur Umsetzung die beiden Flanken einer Sägezahnspannung. Die Messwertbestimmung erfolgt in zwei Umsetzungsstufen.

[1] lat. duo = zwei; engl. slope = Neigung, Flanke

Die abfallende Flanke eines Startimpulses löst den Umsetzzyklus aus **(Bild 1)**.

Dual-Slope-Umsetzer laden durch die Messspannung einen Kondensator in einer konstanten Ladezeit auf und zählen die Entladezeit aus.

Der Kondensator eines Integrierers wird durch die Messspannung u_x während einer konstanten Integrationszeit aufgeladen **(Bild 2)**. Die erreichte Kondensatorendspannung u_i ist proportional zu dem Mittelwert der Messspannung u_x. Nach Ablauf der Integrationszeit wird der Kondensator über eine konstante Vergleichsspannung u_v entladen. Die Entladezeit ist umso länger, je höher der Kondensator aufgeladen war. Die Entladezeit wird über eine Impulszählung als Digitalwert erfasst. Dieser Digitalwert entspricht der mittleren Messspannung.

Die Konstanz der Beschaltungselemente des Integrierers (Integrierwiderstand und Integrierkapazität) beeinflussen zwar die Linearität des Integrierers, nicht aber die Genauigkeit des Umsetzers. Der Integrierer gleicht nämlich in der abfallenden Flanke den Fehler aus der ansteigenden Flanke aus. Ebenso gleichen sich Messfehler bei der Zeitmessung aus, da der Zeitzähler sowohl die Aufladezeit als auch die Entladezeit bestimmt.

Spannungs-Frequenz-Umsetzer

Beim Spannungs-Frequenz-Umsetzer wird der analoge Messwert U_x in eine verhältnisgleiche Impulsfrequenz umgesetzt **(Bild 3)**. Diese Impulse werden dann während einer genau festgelegten, konstanten Zeit gezählt. Die Summe aller während der Messzeit *T (Integrationszeit)* gezählten Impulse ist ein direktes Maß für den Messwert.

Meist ist bei derartigen AD-Umsetzern die Integrationszeit einstellbar, z. B. 0,01 s, 0,1 s und 1 s. Mit der Integrationszeit steigt die Zahl der Impulse und damit die Auflösung (Feinheit der Unterteilung). Gleichzeitig sinkt aber die Zahl der Umsetzungen je Zeiteinheit.

Wiederholung und Vertiefung

1. **Welche beiden Gruppen unterscheidet man bei AD-Umsetzern?**
2. **Welche Größen kennzeichnen die AD-Umsetzer?**
3. **Für welche Anwendungen benötigt man hohe Umsetzfrequenzen bei AD-Umsetzern?**
4. **Bei welchen AD-Umsetzern werden Störspannungen, die dem Messsignal überlagert sind, unterdrückt?**
5. **Erklären Sie das Prinzip des Sukzessive-Approximations-Umsetzers.**

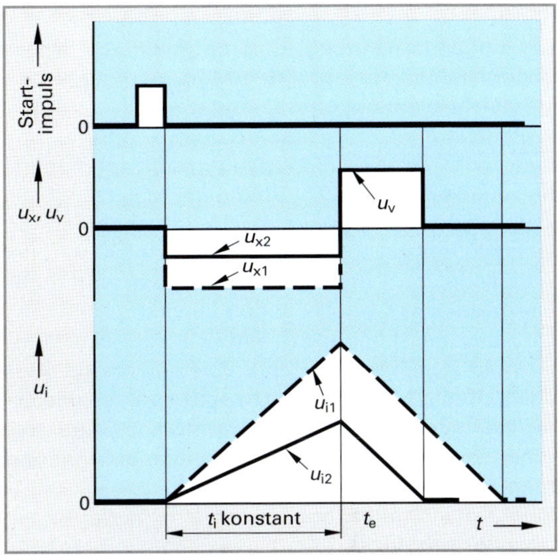

Bild 1: Zeitlicher Verlauf der Spannungen beim Dual-Slope-Umsetzer

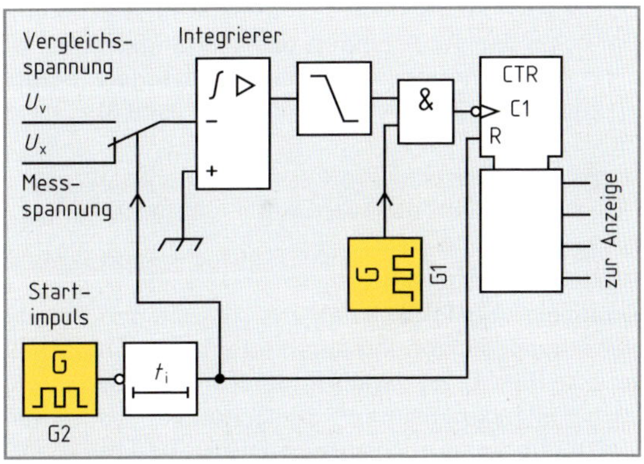

Bild 2: Dual-Slope-Umsetzer

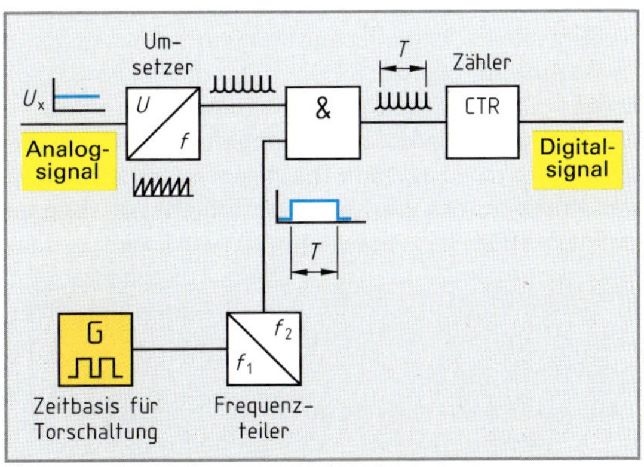

Bild 3: Übersichtsschaltplan eines AD-Umsetzers (Spannungs-Frequenz-Umsetzverfahren)

1-Bit-AD-Umsetzer/Delta-Modulations-Umsetzer

Die Eingangsspannung u_e wird mit einem Tiefpass begrenzt und verstärkt **(Bild 1)**. Der Komparator K1 vergleicht die Eingangsspannung u_e mit der Rückführspannung u_r. Die bipolare Ausgangsspannung u_a erzeugt der als D-Kippglied geschaltete Operationsverstärker K2. Die Spannung u_r erzeugt ein Tiefpass durch Integration von u_a. Am Komparatorausgang entsteht eine bipolare Bitfolge mit der Auflösung von 1 Bit. Der Abtastvorgang wird durch das Taktsignal f_c am D-Flipflop bewirkt.

Die Ausgangsspannung u_a nimmt nur zwei Zustände an **(Bild 2)**. Es entsteht eine Pulsdauermodulation (PDM). Delta-Modulations-Umsetzer wirken wie getastete Regelkreise, welche die Differenz (Delta) zwischen Eingangsspannung und Ausgangsspannung möglichst klein halten.

Beim Delta-Modulations-Umsetzer wird die Abtastfrequenz sehr viel größer als die höchste Signalfrequenz gewählt, z.B. 2 MHz für Signalfrequenzen von 20 kHz, entsprechend einer 100-fachen Überabtastung (Oversampling). Die hohe Abtastfrequenz bewirkt ein kleines Quantisierungsrauschen. Bei schnellen Änderungen des Eingangssignals u_e kann die Spannung u_r nur zeitlich verzögert folgen, so kommt zu Quantisierungsfehlern **(Bild 3)**.

1-Bit-AD-Umsetzer verringern das Quantisierungsrauschen durch eine sehr hohe Überabtastung.

Sigma-Delta-Umsetzer

Quantisierungsfehler kann man vermeiden, indem der Eingangsspannung einen Integrator vorgeschaltet wird **(Bild 4)**. Der zweite Integrator in der Schaltung wird gleich dimensioniert. Die Schaltung des Sigma-Delta-Umsetzers (Summen-Differenz-Umsetzer, Bild 4) ähnelt dem Delta-Modulations-Umsetzer. Die Eingangsspannung u_e wird tiefpassgefiltert einer Addierstufe K1 zugeführt. Der Tiefpass (Integrator) erzeugt einen Amplitudenmittelwert. Am Ausgang des Komparators K2 erhält man das PDM-Signal. Dieses Signal steuert über einen elektronischen Schalter den invertierenden Eingang von K1 mit der Spannung $u_r = \pm U_{ref}$ an. Die Ausgangsspannung u_a des Komparators wird mit einem digitalen Tiefpass gefiltert **(Bild 5)**. Anschließend wird der serielle Datenstrom in 20-bit-breite Datenworte gewandelt. In einem Codeumsetzer, dem Dezimierungsfilter, wird die Bitrate verringert. Es werden z. B. 16-Bit-Datenworte ausgegeben.

1-Bit-AD-Umsetzer werden in der Messtechnik für die Auswertung von Sensorsignalen mit z. B. einer Auflösung von 20 Bits und bei der Verarbeitung der NF-Signale in der BD-/DVD-/CD-Technik verwendet.

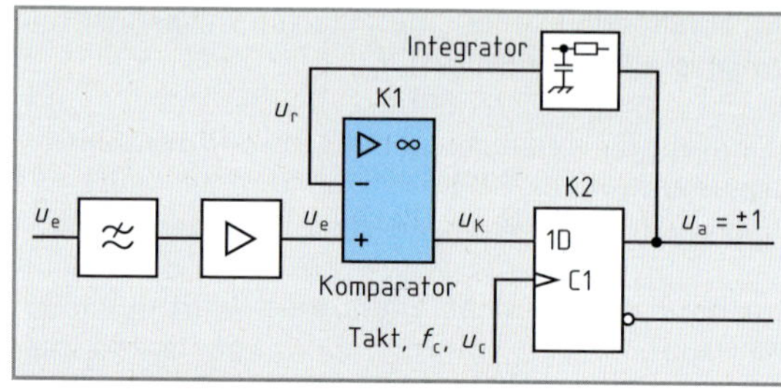

Bild 1: Delta-Modulations-Umsetzer

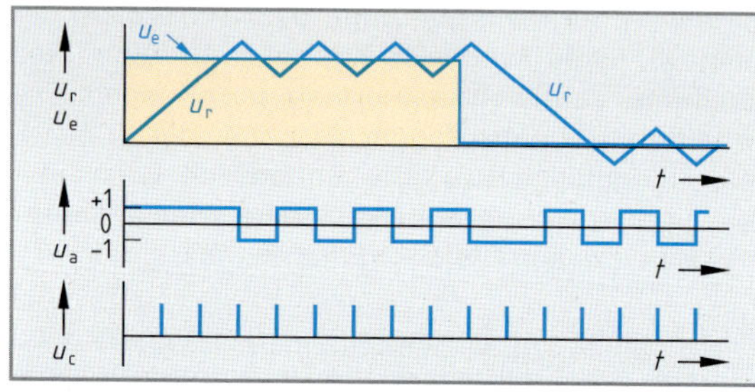

Bild 2: Spannungsverläufe beim Delta-Modulations-umsetzer für konstante Eingangsspannung

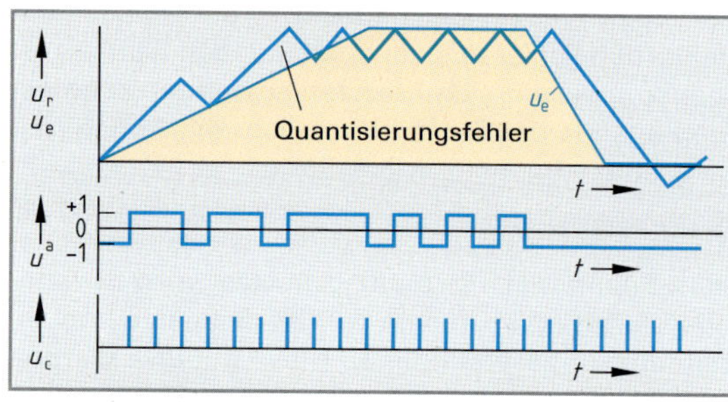

Bild 3: Quantisierungsfehler beim Delta-Modulations-Umsetzer

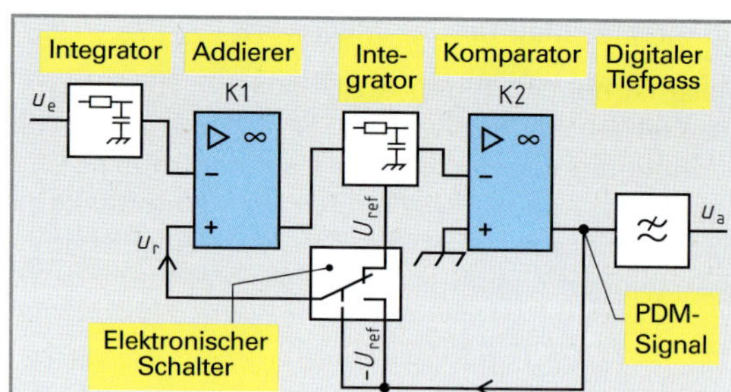

Bild 4: Baugruppen eines Sigma-Delta-Umsetzers

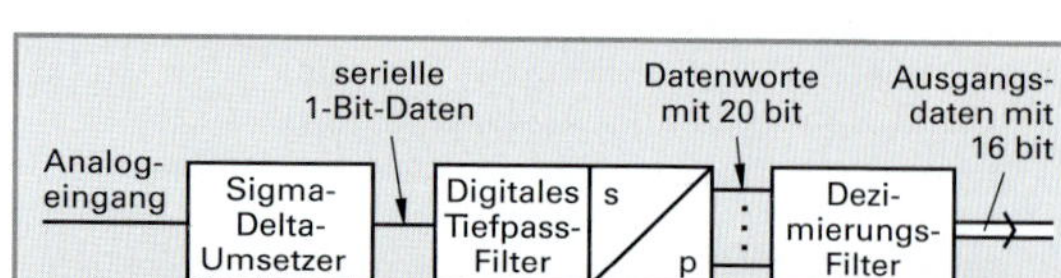

Bild 5: Datenreduktion und Filterung

4 Datentechnik

Die am meisten verbreiteten Computer sind die Personalcomputer (PC). Diese Bezeichnung deutet an, dass solch ein Computer einer Person zugeordnet ist, z. B. am Arbeitsplatz.

4.1 PC-System

4.1.1 Bestandteile eines PC-Systems

Ein PC-System besteht meist aus dem PC mit Festplattenlaufwerk, DVD/CD-Laufwerk sowie der Tastatur, der Maus, einem Drucker und dem Monitor **(Bild 1)**. Der PC mit den Laufwerken kann ein vom Monitor getrennt aufgestellter Tower (Turm, Bild 1) oder ein Desktop (von desk = Tisch und top = oben) mit darauf stehendem Monitor sein. Notebook-PC sind tragbare (mobile) PC.

Im PC befindet sich als zentrale Komponente eine *Hauptplatine* (Motherboard, Mainboard, von board = Brett, mother = Mutter, Main = Haupt, **Bild 2**). Auf ihr befinden sich z. B.

- der Mikroprozessor (CPU, Central Processing Unit = zentrale Verarbeitungseinheit), mit Ankopplung zu schnellem PCI-E-Bus (Peripheral Component Interconnect Express) und Zugriff auf den chipexternen Arbeitsspeicher (DDR3-RAMs, Double Data Rate Random Access Memory) und Anbindung an den Chipsatz,
- der Arbeitsspeicher,
- der Chipsatz, z. B. Z75, mit Schnittstellen PCI-E-Bus, SATA/eSATA (für Laufwerke), Video (HDMI, DVI-D, VGA), Audio, USB, LAN, PS/2 sowie
- mehrere Steckplätze (Slots, slot = Schlitz) zur Aufnahme zusätzlicher Karten (Boards), z. B. für einen weiteren Netzwerkanschluss.

Alle Geräte, die an den PC angeschlossen sind, nennt man *Peripheriegeräte* (von griech. Peripherie = Umgebung) oder kurz Peripherie (Bild 1). Peripheriegeräte sind z. B. der Monitor, ein Drucker, die Tastatur und die Laufwerke, auch wenn letztere im selben Gehäuse sind wie die Hauptplatine **(Bild 1, folgende Seite)**. Der Anschluss der Peripheriegeräte erfolgt über Schnittstellen (Interfaces).

Wegen der Grafikfähigkeit der in PCs verwendeten Mikroprozessoren (integrierte Grafikcontroller) können Bildschirmgeräte über den schnellen PCI-E-Bus und eine entsprechende Grafikkarte mit diesen kommunizieren.

Der Mikroprozessor (Abschnitt 4.3.3) ist beim PC Kern der Hauptplatine. Er ist das „Gehirn" des PC. Der Zentralspeicher (Abschnitt 4.6) des PC besteht aus

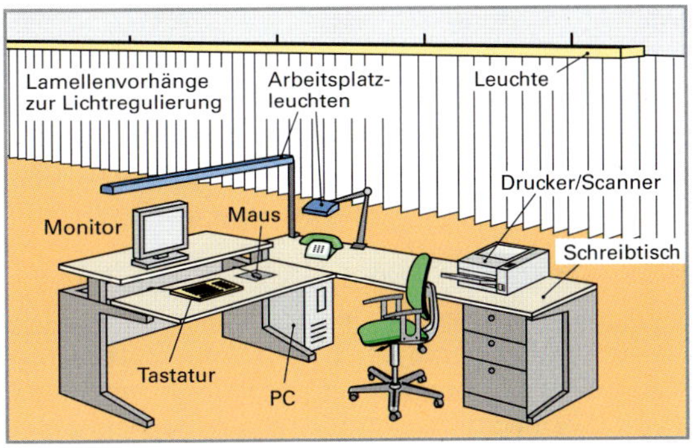

Bild 1: PC-Arbeitsplatz

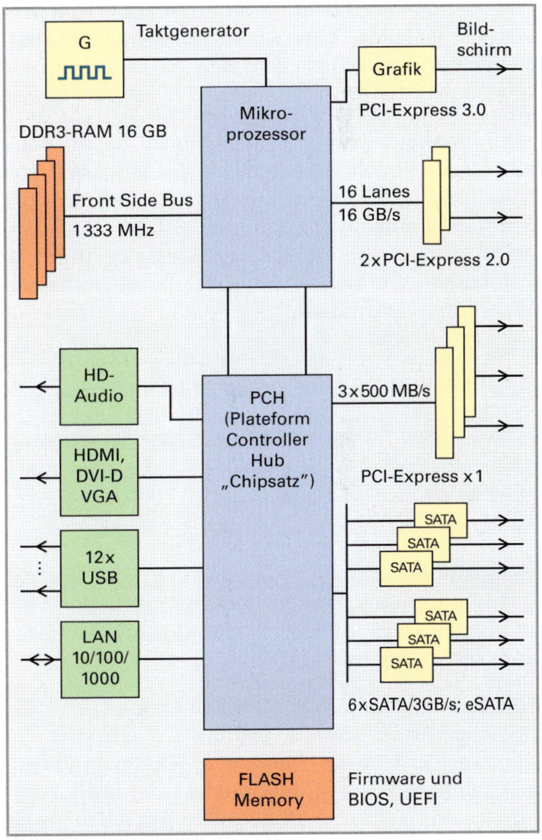

Bild 2: Baugruppen eines Motherboardes

- Lesespeichern ROM (von Read Only Memory = Nur-Lese-Speicher), meist werden stattdessen Flash-EEPROM (Electrically Erasable Programmable ROM = elektrisch programmierbarer ROM, Flash Memory = Blitzspeicher) verwendet, und
- Schreib-Lese-Speichern RAM (von Random Access Memory = Speicher mit wahlfreiem Zugriff).

Die Anwendungssoftware wird zur Abarbeitung im PC vom peripheren Speicher, z. B. dem Festplattenspeicher, abschnittsweise in den RAM (Arbeitsspeicher) geladen.

4.1.2 Externe Schnittstellen am PC

Die Schnittstellen im PC zum Anbinden der Peripheriegeräte bestehen jeweils aus einem Hardwareteil (Baugruppe) und einem Softwareteil (Softwaretreiber). Bei den meist seriellen Schnittstellen an PCs werden die Daten seriell, also nacheinander, bitweise übertragen, z. B. über zwei Leiter. Die Anschlussstellen der Schnittstellen zur Anbindung PC-externer Peripheriegeräte befinden sich am PC auf der Hinterseite und/oder Vorderseite, bei Notebook-PCs auch seitlich **(Bild 2)**.

Von wesentlicher Bedeutung bei PCs sind die seriellen Schnittstellen USB (Universal Serial Bus), eSATA und Firewire (Feuerdraht, Firmenname). Die Schnittstelle USB dient zum Anschluss an Drucker, Scanner, Laufwerke, Kameras, Sticks (Speicher, WLAN), aber auch Maus und Tastatur **(Bild 3)**. Camcorder werden z. B. über die Schnittstelle Firewire angeschlossen.

In Verbindung mit der Schnittstelle USB gibt es Schnittstellenkonverter zu Schnittstellen wie z. B. RS232, RS422, RS485. Reicht die Zahl der USB-Schnittstellen eines PC wegen vieler anzuschließender Geräte nicht aus, kann eine Vervielfachung über Anschluss von USB-Hubs, die ihrerseits mehrere USB-Schnittstellen besitzen, erfolgen.

Insbesondere mobile Notebook-PCs besitzen zur Datenübertragung zusätzlich die Schnittstellen IrDA (Infrared Data), Bluetooth und WLAN (wireless LAN, WiFi, wireless fidelity).

Ferner besitzen PCs Schnittstellen für SD-Speicherkarten (Smart Digital Cards), z. B. in Kameras, und CF-Speicherkarten (Compact Flash), z. B. eingesetzt in professionellen digitalen Fotoapparaten (Bild 2). Diese Schnittstellen sind PC-intern z. B. über SATA oder USB geführt.

Weitere wichtige Schnittstellen an PCs sind

- die seriellen Monitorschnittstellen **(Bild 4, Auswahl)**,
- die Anschlüsse für Kopfhörer, Lautsprecher, Mikrophon über Steckkontakte **(Bild 2)** sowie
- der Netzwerkanschluss (LAN-Anschluss) über RJ-45-Stecker **(Bild 1, folgende Seite)**.

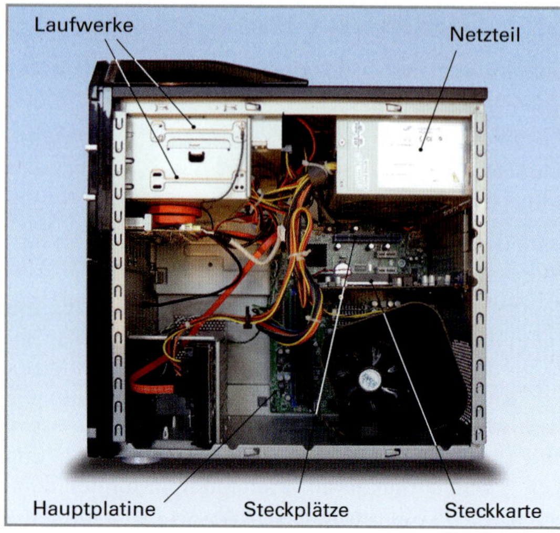

Bild 1: Geöffneter Tower eines PC

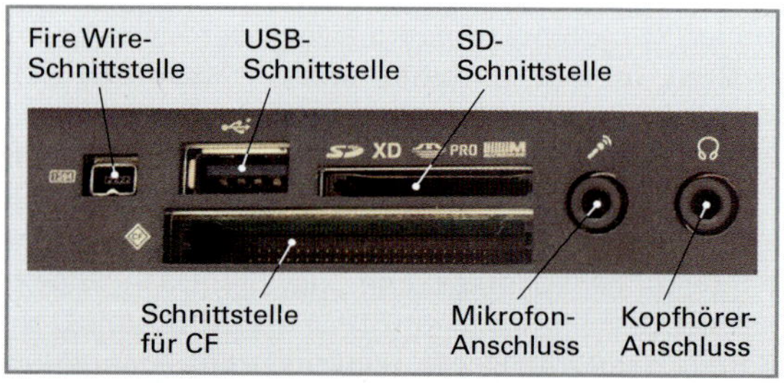

Bild 2: Schnittstellen am PC (Beispiele)

Bild 3: USB-Anschlüsse für Maus und Tastatur

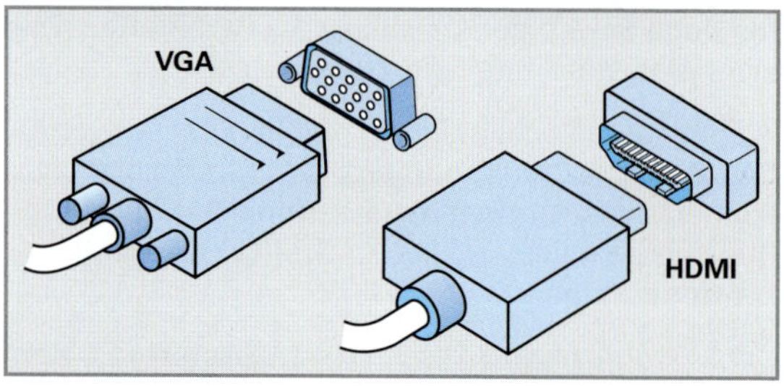

Bild 4: Monitoranschlüsse mit Steckverbinder VGA, HDMI

Die Anschlüsse vom PC zu den Peripheriegeräten erfordern passende Anschlusskabel.

Der PC verfügt über freie Steckplätze (Slots), an welche weitere Peripheriegeräte über Steckkarten angeschlossen werden können. Die Steckkarten enthalten die entsprechenden Anschlüsse.

Wenn man an einen Steckplatz eine Steckkarte einsteckt, so erkennt das Betriebssystem des PC (Abschnitt 4.5) meist ihr Vorhandensein. Sind die Steckkarten vom Typ „Plug and Play" (Einstecken und Spielen), so erfolgt die Installation der Software zum Betrieb dieser Karte selbstständig.

Das Video-Interface (Grafikkarte) ist die Schnittstelle zwischen dem PC und dem Monitor. Die CPU gibt ihre Daten parallel an das Video-Interface. Hier erfolgt die Umsetzung in Signale, die für den Monitor geeignet sind **(Bild 2)**.

Auf dem Bildschirm des Monitors werden die Bilder, z. B. die Zeichen des Zeichengenerators, dauernd wiederholt. Deshalb bezeichnet man den Speicher für die Bilder als Bildwiederholspeicher. Aus ihm liest der Videocontroller, z. B. 100-mal in der Sekunde oder noch öfter, die Bilder aus. Entsprechend hoch ist die Bildwechselfrequenz mit z. B. 100 Hz.

4.1.3 Tastatur des PC

Der Tastatur-Encoder (= Codierer) enthält in einem Mikrocontroller Taktsteuerung, Zähler, ROM und Verstärker (Ausgangstreiber). Durch den Tastatur-Encoder werden je nach Betätigung der Tasten die entsprechenden Signale nach ASCII oder Unicode seriell ausgegeben. Dadurch genügen für die Verbindung mit dem PC drei Leiter, nämlich ein Datenleiter, ein Masseleiter und ein Leiter für die Stromversorgung des Tastatur-Encoders.

Die Alphatasten (Tasten für Buchstaben und Ziffern) haben z.T. Zeichen für drei Ebenen, z. B. q, Q und @ **(Bild 3)**. Das Umschalten in die 2. Ebene erfolgt durch Betätigen der Shift-Taste, das Umschalten in die dritte Ebene erfolgt über die Taste Alt Gr.

4.1.4 Inbetriebnahme eines PC

Die Inbetriebnahme eines PC ist in der Regel einfach. Nach Anschluss von Monitor, Maus, Tastatur und Drucker kann der PC am 230-V-Netz eingeschaltet werden. Es wird nun automatisch das Betriebssystem, meist Windows, welches bereits vorinstalliert ist, fertig installiert. Der Benutzer muss hierbei nur in geringem Umfang interaktiv einem Benutzerdialog folgen.

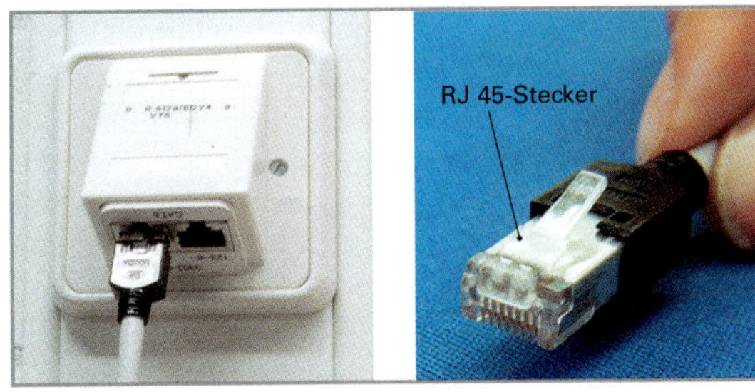

Bild 1: Kommunikationssteckdose

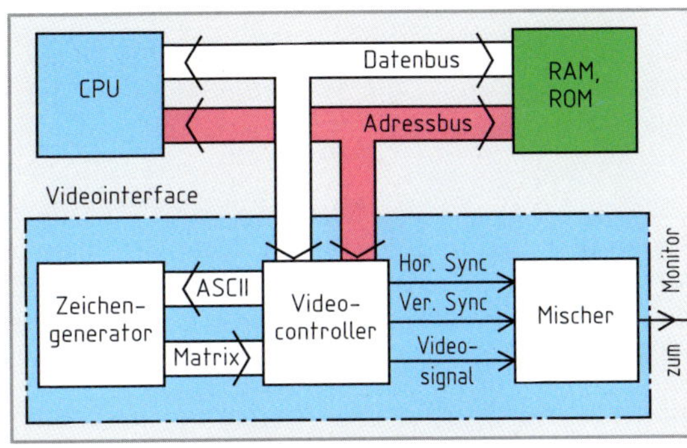

Bild 2: Zeichenerzeugung beim PC

Bild 3: Einstellung der 2. und 3. Tastaturebene der alphanumerischen Tasten

Auf manchen Tasten der PC-Tastatur sind drei Zeichen hinterlegt.

Wiederholung und Vertiefung

1. **Nennen Sie die Bestandteile des einfachsten PC-Systems.**
2. **Erklären Sie den Begriff CPU.**
3. **Welche Speicherarten kommen beim Arbeitsspeicher vor?**
4. **Was versteht man unter Schnittstellen?**
5. **Welche Arten von Bussen kommen zur Verbindung mit den Peripheriegeräten vor?**
6. **Welche Tasten betätigt man, um das Zeichen @ auf den Bildschirm zu bringen?**

4.1.5 PCI-Express-Schnittstelle

PCI-Express ist eine duplexfähige Punkt-zu-Punkt-Verbindung. Die Datenübertragung erfolgt über Lanes, die aus einem Leitungspaar (CML pair) für das Senden und einem zweiten Leitungspaar für das Empfangen bestehen **(Bild 1)**. Jedes Leitungspaar arbeitet mit differenzieller Datenübertragung und kann bei PCIe 2.1 Datenpakete mit bis zu 500 MB/s übertragen bei PCIe 3.0 bis 985 MB/s. Die Daten werden im 8B/10B-Code übertragen bei PCIe 3.0 wird der Code 128b/130b verwendet.

Ein Lane kann beim PCIe 2.1 Standard Datenpakete in jeder Richtung mit bis zu 500 MB/s übertragen.

Einzelne Lanes werden über Switches mit dem Systembus verbunden **(Bild 2)**. Die Umsetzung der Daten vom und zum Systembus erfolgt mit Parallel-Seriellumsetzern für das Senden und Seriell-Parallelumsetzern für das Empfangen.

Je nach erforderlicher Übertragungsrate werden mehrere Lanes zusammengeschaltet: von PCIe x1 mit einer Lane, über x2, x4 bis hin zu 16 Lanes für die Grafikschnittstelle PCIe x16PEG **(Tabelle 1)**.

Die Anzahl der Lanes in PCIe-Verbindungen erhöht sich von 1 jeweils um den Faktor zwei bis auf 32.

Der Steckplatz ist mechanisch durch eine Nase in zwei Bereiche unterteilt **(Bild 3)**. Im linken Bereich befinden sich 22 Steckkontakte für die Stromversorgung, die Taktung und für Testzwecke. Rechts von der Nase befinden sich je nach Anzahl der Lanes 14 bis 142 Steckkontakte, die der Datenübertragung dienen.

PCI-Express, kurz PCIe oder PCIE
Lane = Gasse, Weg, Kanal.
CML von Current Mode Logic = stromgesteuerte differenzielle Datenübertragung.
8B/10B-Code mit Gleichspannungsausgleich und Taktrückgewinnung aus dem Datensignal.
Switch = Schalter, verbindet z. B. den Systembus mit den PCIe-Peripheriegeräten.
PEG von PCIe for Graphics

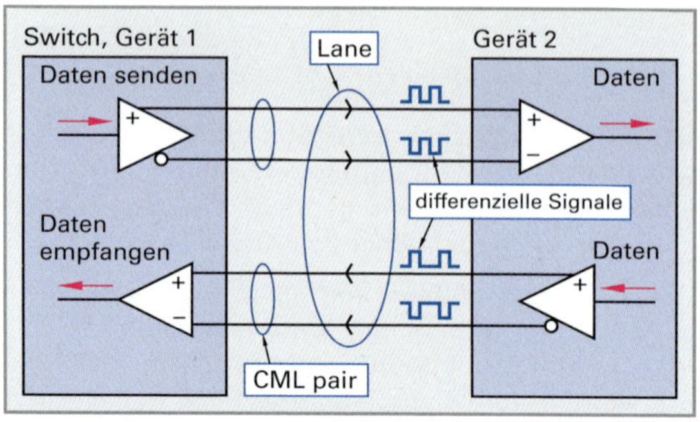

Bild 1: Datenübertragung mit Lane

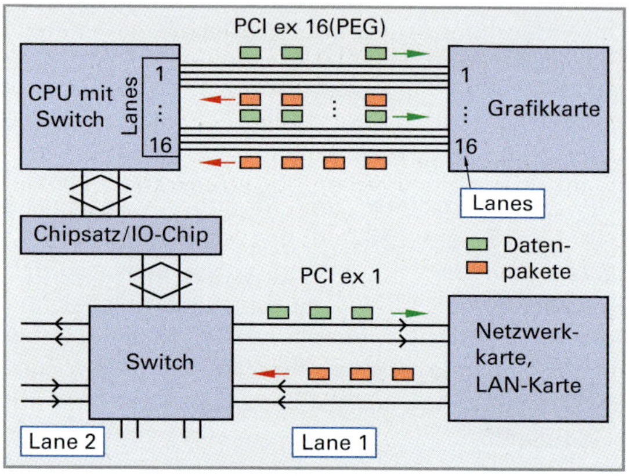

Bild 2: PCIe-Anwendungen im PC

Tabelle 1: Maximale Datenraten bei PCIe-Standards je Richtung

	PCIe 1.0	PCIe 2.1	PCIe 3.0	PCIe 4.0
Taktfrequenz	1,25 GHz	2,5 GHz	4 GHz	8 GHz
x1	250 MB/s	500 MB/s	1 GB/s	1970 GB/s
x2	500 MB/s	1 GB/s	2 GB/s	3938 GB/s
x4	1 GB/s	2 GB/s	4 GB/s	7877 GB/s
x8	2 GB/s	4 GB/s	8 GB/s	15754 GB/s
x16	4 GB/s	8 GB/s	16 GB/s	31508 GB/s
x32[1]	8 GB/s	16 GB/s	32 GB/s	63015 GB/s

PCIe 4.0 in der Einführungsphase [1] für Server

Ein PCIe-Steckplatz kann die daran angeschlossene Karte mit Strom versorgen. Bis zu 25 Watt sind üblich. Für PEG-Grafikkarten werden 75 W zur Verfügung gestellt. Für höhere Leistungen benötigt man Zusatzstecker auf dem Motherboard.

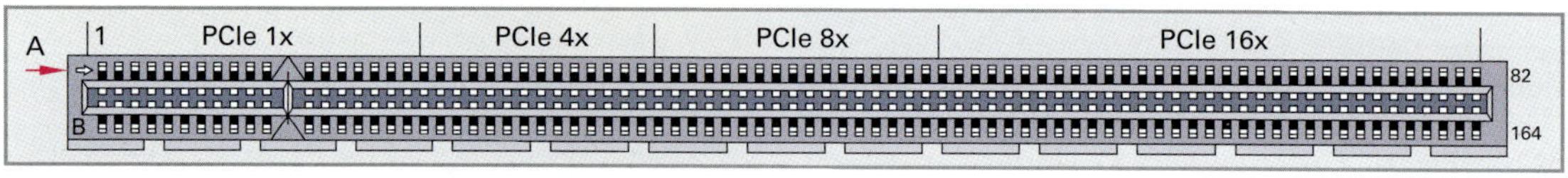

Bild 3: Aufbau der modularenPCIe-Steckverbindung

4.2 Merkmale und Arten von Computeranlagen

4.2.1 Leistungsfähigkeit

Besondere Merkmale für die Leistungsfähigkeit und die Einsatzgebiete der Computer sind die

- Architektur der CPU,
- Taktfrequenz und Wortbreite der CPU,
- Anzahl der CPU,
- Größe des Arbeitsspeichers,
- Speicherkapazität insgesamt,
- Schnittstellen zu Peripheriegeräten sowie die
- Eigenschaften des Betriebssystems.

In den Prozessoren (CPU) der Computer werden die Befehle in den Schritten Befehl aus Befehlsspeicher auslesen (holen), Befehl in Maschinencode übersetzen (decodieren), Befehl ausführen und Ergebnis in einen Speicher schreiben ausgeführt (**Bild 1**). Zum schnellen Abwickeln der Befehlsabarbeitung arbeiten die Prozessoren mit einem Pipelineverfahren. Dabei werden von mehreren Befehlen die genannten Schritte zeitversetzt abgearbeitet (**Bild 2**).

Mittels Pipeline wird in einem Mikroprozessor der Befehlsdurchsatz wesentlich erhöht.

Ferner besitzen CPUs mehrere Kerne (Cores) zum gleichzeitigen Bearbeiten mehrerer Programme, z. B. vier Kerne für mindestens vier Programme (siehe Abschnitt 4.3.3).

Je größer Taktfrequenz und Wortbreite der CPU sind, desto schneller werden die Programmanweisungen ausgeführt. In diesem Zusammenhang wird häufig von *MIPS* (von Millions Instructions Per Second = Millionen Anweisungen je Sekunde) und von *MFLOPS* (von Millions of Floatingpoint operations Per Second = Millionen Gleitkomma-Anweisungen je Sekunde) gesprochen. Die Mindestgröße des Arbeitsspeichers hängt von den Anwenderprogrammen ab. Die Anzahl und Arten der Schnittstellen zu Peripheriegeräten begrenzen ebenfalls den Einsatzbereich der Computer. Ferner wird der Einsatzbereich ganz wesentlich durch die Eigenschaften des Betriebssystems der Computer geprägt **(Bild 3)**.

4.2.2 Arten von Computern

Großrechner **(Bild 4**, Host-Rechner, von host = Gastwirt, Mainframe-Rechner, von main frame = Hauptrahmen) sind Computeranlagen, die zwischen 80 MIPS und 350 MIPS verarbeiten, mehrere CPU besitzen und weit über 100 Bildschirm-

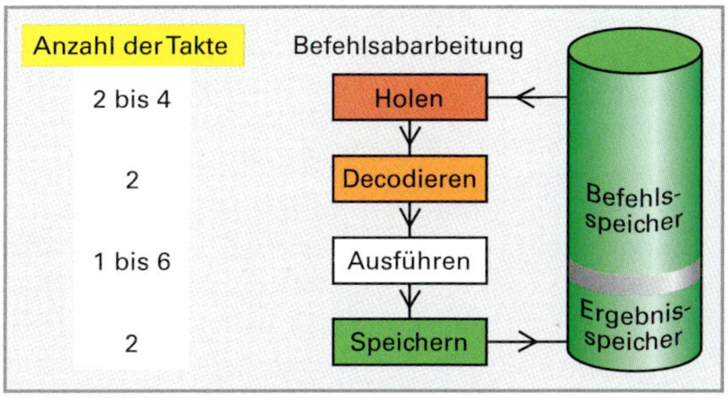

Bild 1: Beispiel einer Befehlsabarbeitung

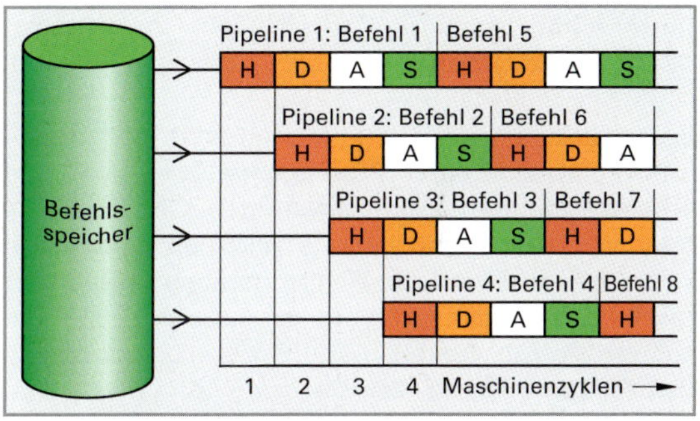

Bild 2: Befehlsabarbeitung mit Pipelinestruktur H Holen, D Decodieren, A Ausführen, S Speichern

- Großrechenanlagen (Mainframes)
- Workstations, PC
- Hand-Held-PC, Tablet-Pads
- Numerische Steuerungen NC
- Speicherprogrammierbare Steuerungen SPS
- Kleinsteuerungen

Bild 3: Computer für unterschiedliche Einsatzgebiete

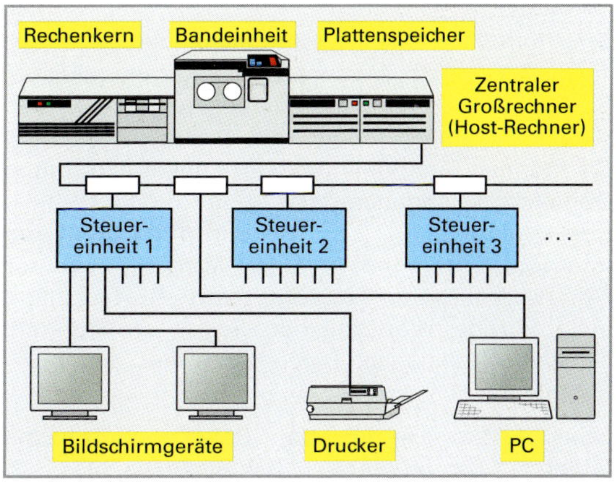

Bild 4: Großrechenanlage

arbeitsplätze (Benutzerstationen) bedienen können. Derartige Computer sind *skalierbar*, d.h. sie können durch Einbau von weiteren CPU noch leistungsfähiger gemacht werden. Das Betriebssystem eines Großrechners muss daher einen *Time-Sharing-Betrieb* (von time-sharing = Zeitteilung) ermöglichen. Hierbei wird jeder Benutzerstation (Userstation, von user = Nutzer) zyklisch für sehr kurze Zeit eine CPU zugeteilt. Auf diese Weise wird ein *quasiparalleler* (scheinbar paralleler) Rechenbetrieb je CPU ermöglicht.

Bei quasiparallelem Rechenbetrieb wird immer nur einen Rechenprozess (Task) zu einem Zeitpunkt bearbeitet.

Workstations sind sehr leistungsfähige Einzelarbeitsplatz-Computer (PC, Personal Computer) und arbeiten mit den Betriebssystemen UNIX, LINUX oder Windows. Workstations zeichnen sich durch sehr hoch auflösende Bildschirmgeräte und eine sehr rasche Grafikdatenverarbeitung aus. Als Leistungskenngröße zum Erstellen von Grafiken dient oft die verarbeitbare Anzahl von Vektoren (Zeiger auf Grafikelemente) je Sekunde. Auch Workstations sind skalierbar.

Laptop-PC (von lap = Schoß, top = Oberteil), *Notebook-PC* (von notebook = Notizbuch) und *Tablet-PC* sind tragbare PC mit vergleichbarer Leistungsfähigkeit wie die üblichen PC. Sie besitzen einen LCD-Bildschirm (Flüssigkristallbildschirm), eine am Gehäuse angebrachte Tastatur und enthalten ein Festplattenlaufwerk und meist ein DVD-/CD-Laufwerk.

Tablet-PC besitzen Touch-Bildschirme (berührungsempfindliche Bildschirme) mit einer Steckverbindung zur Tastatur. Der eigentliche Computer befindet sich im Bildschirmteil.

Smartphones **(Bild 1)** ermöglichen außer dem Telefonieren insbesondere E-Mail-Kommunikation, Surfen im Internet, Fotografieren, Aufzeichnen von Videos, Kalendermanagment, Adressverwaltung. Sie können um viele andere Funktionen durch Downloads sogenannter Apps (von application = Anwendung, Softwareprogramme) von Internet-Marktplätzen erweitert werden, z. B. für Geräuschmessung, Anzeige von Börsendaten, elektronische Wörterbücher, Textverarbeitungen, Tabellenkalkulationen, Barcode-Scanner und Kurzmitteilungen.

Smartphones besitzen zum Datenaustausch mit anderen Computergeräten Schnittstellen wie z. B. USB, WLAN, Bluetooth. Eingehende Nachrichten

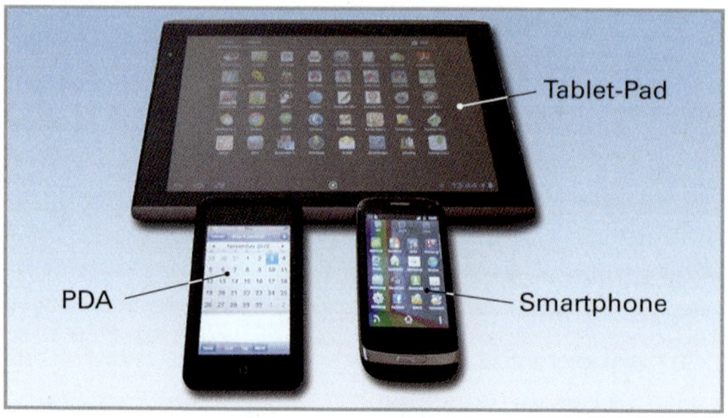

Bild 1: Tablet-Pad, PDA, Smartphone

Bild 2: Computer-Platine mit Steckplätzen

über E-Mails, Whatsapp oder SMS werden dem Benutzer am Smartphone direkt mitgeteilt. Die Bildschirmgröße beträgt z. B. 4,7". Bekannte Smartphones sind iPhone, Windows-Phone, oder Android-Geräte.

Smartphones mit Bildschirmen von 6" oder 7" werden als *Phablets* bezeichnet. *Tablet-Pads* (Pad = Block, Bild 1) besitzen aufgrund ebenfalls möglicher Downloads von Apps meist gleiche Funktionalität mit Bildschirmen von z. B. 12,9"

Neben diesen Computerarten gibt es noch Computer für definierte Aufgaben. Darunter fallen

- Prozessrechenanlagen,
- numerische Steuerungen (NC, Numerical Control),
- speicherprogrammierbare Steuerungen (SPS) sowie
- Kleincomputer für z.B. Waschmaschinen, Waagen.

Kleincomputer sind meist *Einplatinencomputer* bzw. *Einchipcomputer*. Die sonstigen Computer sind überwiegend *Mehrplatinencomputer* (Kartensysteme). Die einzelnen Elektronikplatinen tauschen über einen Bus Daten aus. Solche Computer können mit zusätzlichen Platinen, z. B. Speichern oder weiteren CPU, aufgerüstet werden **(Bild 2)**.

4.2.3 Client-Server-Systeme

Es ist meist nicht möglich, sämtliche in einem Betrieb anfallenden Daten über einen zentralen Computer zu erfassen und zu verarbeiten. Deshalb ist die datentechnische Verbindung (Vernetzung) der meisten Computer eines Betriebes notwendig **(Bild 1)**. Man spricht hierbei von *Client-Server-Systemen* (client = Kunde, server = Dienstleister). Der Programmanwender arbeitet am Client-Computer. Die Server-Computer, z. B. leistungsfähige PC, stellen zentrale Dienste wie Speicherung von Daten und/oder Abarbeitung von Anwendungsprogrammen zur Verfügung. Man unterscheidet verschiedene Arten der Kommunikation von Clients mit dem Server.

Client-Server-Systeme sind Computer, die über ein IT-Netzwerk vernetzt sind.

Stellt ein Server-Computer zentral Daten bereit, dann braucht er einen besonders großen Festplattenspeicher **(Bild 2)**. Die Client-Computer, auch Front-End-Computer genannt, suchen sich beim Server-Computer die gewünschten Daten und kopieren sie z. B. auf ihre eigene Festplatte zur weiteren Verarbeitung. Berechnete Daten, die für andere Client-Computer von Bedeutung sind, werden wiederum auf dem Server-Computer, z. B. über eine Share-Speicherorganisation, gespeichert (share = teilen).

Stellt ein Server-Computer Programmausführungsdienste zur Verfügung, so wird er vom Client-Computer beauftragt **(Bild 3)**. Der Server-Computer ist in diesem Fall sowohl mit großem Festplattenspeicher als auch mit meist mehreren Mikroprozessoren (CPU) ausgestattet. Der Server-Computer liefert an den Client-Computer nur Berechnungsergebnisse.

Zentrale Gerätedienste, z. B. zum Ausdrucken von Dateien, können über Server-Computer angeboten werden **(Bild 4)**. Hierbei stellt der Server-Computer die erforderliche Rechenleistung zur Verfügung. Eine weitere Anwendung ist das Herstellen der Verbindung zu einem Modem, z. B. für Faxbetrieb.

Mit der Browser-Software (von to browse = auflisten), z. B. MS-Internet-Explorer oder Firefox, des Client-Computers können die Daten des Server-Computers bei geeigneter Darstellung vom Client-Computer verarbeitet werden, ohne dass dieser eine für seine Anwendung zugeschnittene Software benötigt. An den Client-Computer werden die Daten z. B. in den Formaten HTML (Hypertext Markup Language) und XML (extensible Markup Language) übertragen.

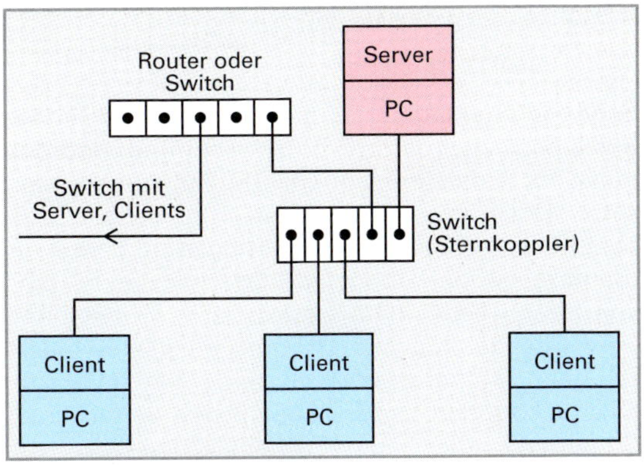

Bild 1: Client-Server-System

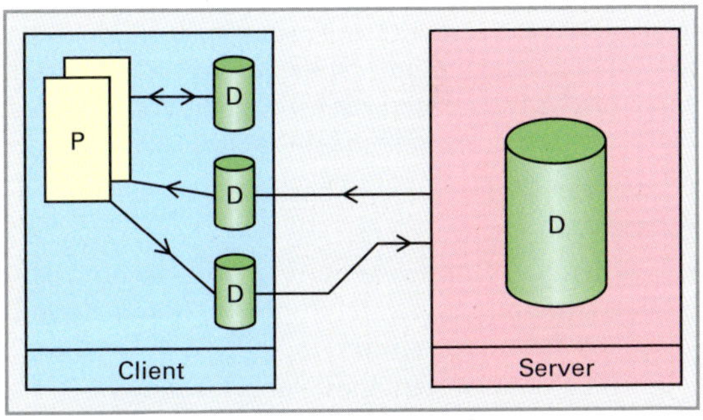

Bild 2: Server-Computer mit Datenbereitstellungsdiensten (P Programm; D Daten)

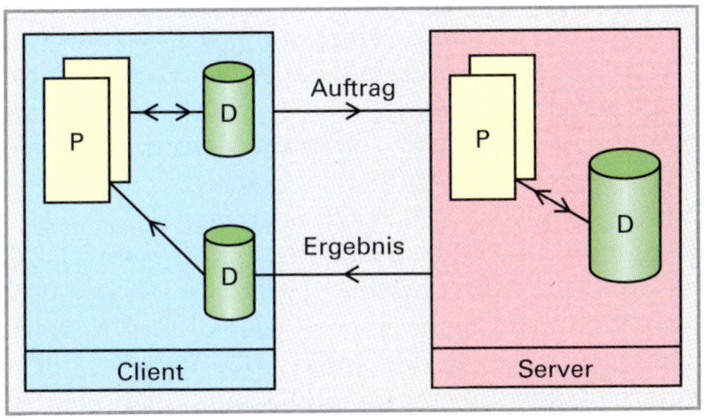

Bild 3: Server-Computer mit Programmausführungsdiensten (P Programm; D Daten)

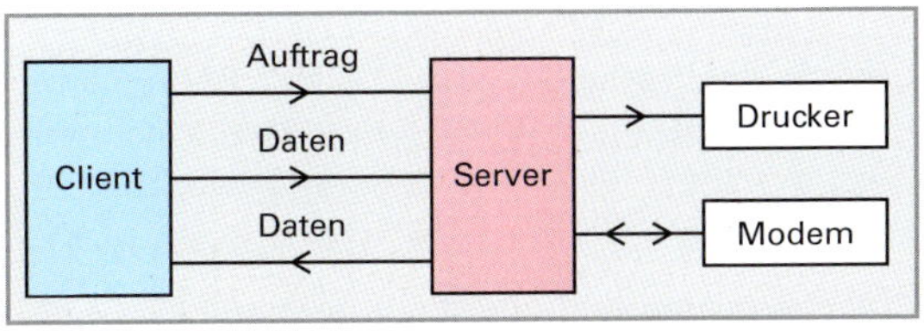

Bild 4: Server-Computer für Gerätedienste

4.2.4 Aufgabenbereiche von Computern

Großrechenanlagen sind heute Client-Server-Systeme. Sie werden in Großbetrieben und Behörden meist für verwaltungsorientierte Aufgaben eingesetzt **(Bild 1)**. Aus Datenschutzgründen sind z. B. bei Banken als Client-Geräte (Endgeräte) Terminals (Benutzerstationen) ohne USB-Schnittstelle und ohne von außen bedienbare Laufwerke in Verwendung (Thin-Clients). Manche Großrechenanlagen besitzen auch mehrere Server-Systeme. Ebenfalls zum Einsatz kommen Großrechenanlagen beim Cloud-Computing. Hier kann Rechenleistung z. B. von Providern über Internet-Technologie mit speziellem Sicherheitsschutz von Firmen und Privatpersonen bezogen bzw. gekauft werden.

Workstations bzw. PC mit sehr leistungsfähiger Grafikhardware finden insbesondere bei zeitintensiven Rechenprozessen zur Erzeugung von Grafiken bei technischen Aufgabenstellungen Anwendung.

PC werden ferner in Fabrikbereichen eingesetzt bei Aufgaben zur

- statistischen Prozesssteuerung (Auswertung von Messergebnissen bei gefertigten Teilen mit eventuellem Prozesseingriff),
- Betriebs- und Maschinendatenerfassung, z. B. für Stückzahlauswertungen, Ermittlung von Produktionsverläufen und Maschinennutzungsgraden oder zur
- Fertigungszellensteuerung.

Mittels *Numerischer Steuerungen* (NC, Numerical Control) sind die Verfahrwege der Achsen von Werkzeugmaschinen, Messmaschinen und Handhabungseinrichtungen programmierbar. Numerische Steuerungen enthalten mehrere Programmmodule **(Bild 2)**. Vielfach enthalten die NC für solche Programmmodule eine eigene CPU (Steckkarte). NC müssen mit *Echtzeitbetriebssystemen* ausgestattet sein, weil auf Ereignisse des Produktionsprozesses sofort reagiert werden muss. NC besitzen meist einen PC als Steckkarte und können somit z. B. hinsichtlich Bildaufbau oder externer Datenkommunikation mit üblicher PC-Software betrieben werden. Die Programmierung der Maschinenabläufe erfolgt mit spezifischen Programmiersprachen.

Durch das Vernetzen von PC, NC, Servercomputern kann in Betrieben z. B. von Mitarbeitern der Arbeitsvorbereitung auf Produktionsdaten zugegriffen werden.

Speicherprogrammierbare Steuerungen (SPS) dienen hauptsächlich zur Steuerung mit logischen

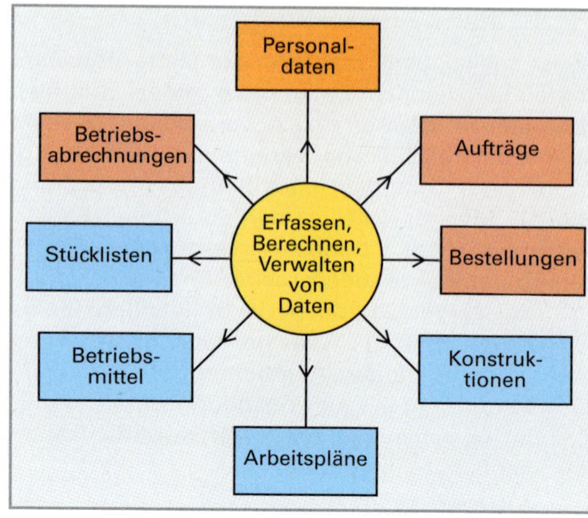

Bild 1: Typische Aufgabengebiete von Großrechenanlagen und Client-Server-Systemen

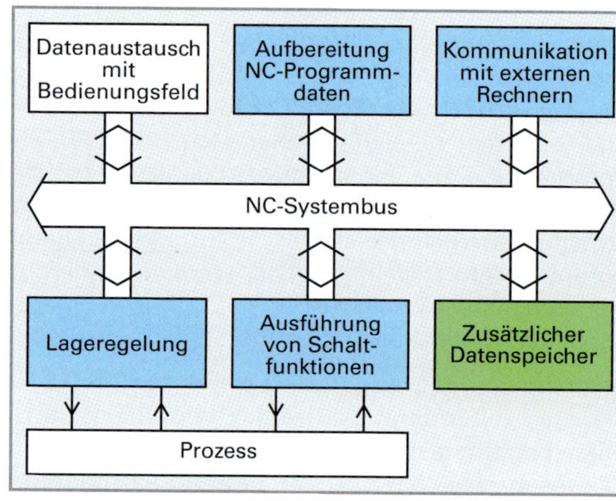

Bild 2: Struktur einer numerischen Steuerung in Modulform

Schaltfunktionen. Dies sind bei Werkzeugmaschinen z. B. die Bedingungen für das Auslösen der Bewegungen von Spanneinrichtungen. Weitere Einsatzgebiete von SPS sind Beförderungsanlagen, also Aufzüge, Kiesfördereinrichtungen oder Einrichtungen zum Einlagern und Auslagern von Teilen. Für die Programmierung von SPS verwendet man SPS-Programmiersprachen.

Kleincomputer sind für spezielle Aufgaben, z. B. für eine Waschmaschinensteuerung, vorgesehen. Bei ihnen kann der Anwender im Prinzip nur Parameter (Hilfsvariable) variieren. Eine Programmierung des Computers für eine völlig andere Aufgabe ist durch den Anwender nicht möglich.

Je mehr ein Computer auf eine Aufgabe zugeschnitten ist, desto unflexibler ist er in der Anwendung.

4.3 Mikrocomputer

4.3.1 Aufbau eines Mikrocomputers

Als Mikrocomputer bezeichnet man Computer, die mit

- Mikroprozessoren (CPU),
- Arbeitsspeichern (RAM-Elementen),
- Festwertspeichern (EPROM-Elementen) sowie
- Elementen zum Datenaustausch mit Peripheriegeräten

aufgebaut sind.

Sind alle Elemente eines Mikrocomputers auf einer einzigen Platine untergebracht, so bezeichnet man derartige Computer als *Einplatinencomputer*.

Mikrocomputer größerer Leistung bestehen aus mehreren Platinen (Steckkarten, Boards, von board = Brett, **Bild 1**). Jeder Steckkarte sind dabei eigene Aufgaben zugeordnet. Meist enthält ein Mikrocomputer sogar mehrere Steckkarten mit jeweils einem eigenen Mikroprozessor, Arbeitsspeicher und Festwertspeicher **(Bild 2)**. Die Steckkarten eines solchen Computers tauschen über einen parallelen Bus hardwaremäßig über eine Busplatine Daten miteinander aus. Solche Computer bezeichnet man auch als Mikrocomputer-Kartensysteme.

Die Art und Anzahl seiner Steckkarten prägt die Leistungsfähigkeit einers Microcomputers.

Je nach Einsatzgebiet des Mikrocomputers gibt es unterschiedliche Mikrocomputerkarten, so z. B. für

- den Anschluss an Videogeräte,
- spezielle Regelungsaufgaben,
- den Anschluss an serielle Bussysteme zur Vernetzung mit anderen Mikrocomputern,
- die Ansteuerung von Arbeitsmaschinenachsen oder für
- den Anschluss von elektrischen Geräten, z. B. Kopier-/Scanner-/Telefaxgeräten.

Der Aufwand für das Installieren einer Steckkarte in einem Mikrocomputer ist vom verwendeten Betriebssystem abhängig. Im einfachsten Fall erfolgt das Inbetriebnehmen der Steckkarte automatisch nach dem Stecken der Karte und dem Einschalten des Computers. Dies wird als Plug-and-Play (Stecken und Spielen) bezeichnet. Alternativ muss oft ein zur Steckkarte passender Softwaretreiber installiert werden.

Ebenso wie Personalcomputer (PC) sind auch numerische Steuerungen (NC) und speicherprogrammierbare Steuerungen (SPS) Mikrocomputer. Sie besitzen einen Bus, über den die unterschiedlichen Platinen zum Datenaustausch miteinander verknüpft sind. Ein bekannter Bus in Mikrocomputern ist der PCI-Bus (von Peripherial Component Interconnect = Peripherie-Verbindungs-Bestandteil).

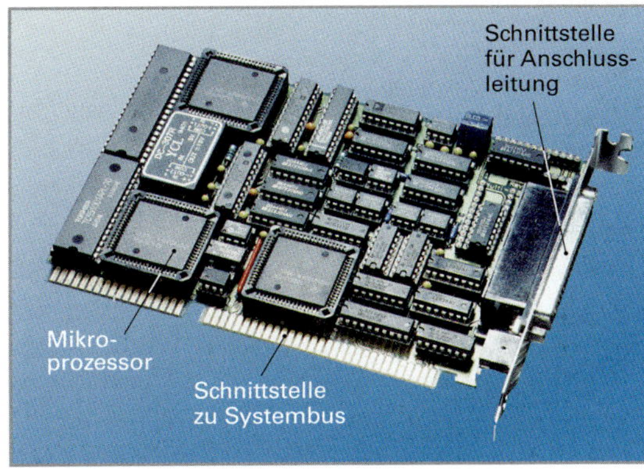

Bild 1: Steckkarte eines Mikrocomputers

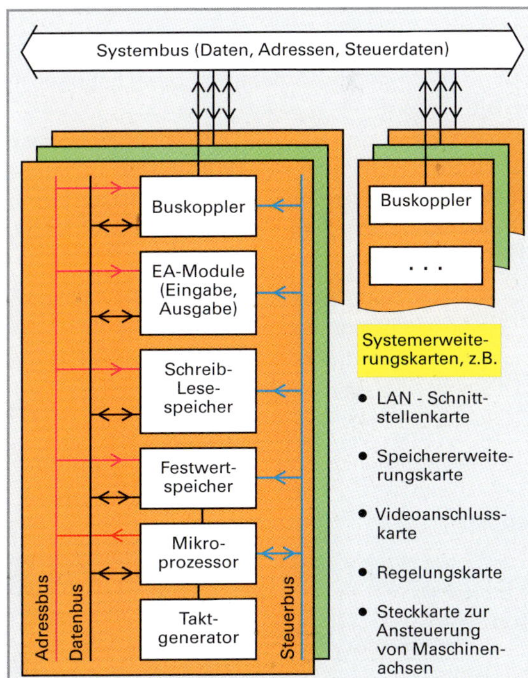

Bild 2: Mikrocomputer als Kartensystem

Mikrocomputerkarten sind auf einen bestimmten Mikrocomputertyp zugeschnitten.

4.3.2 Wirkungsweise von Mikroprozessoren

Struktur von Mikroprozessoren

Mikroprozessoren sind die intelligenten Teile eines Mikrocomputers. Sie verarbeiten die Befehle. Der Chip eines Mikroprozessors enthält

- das Rechenwerk mit Arithmetisch Logischer Einheit ALU (von Arithmetic Logic Unit = Arithmetisch Logische Einheit),
- mehrere Register,
- eine Ablaufsteuerung zur Befehlsverarbeitung,
- eine Bussteuereinheit für den internen Datenbus,
- eine Unterbrechungssteuerung,
- einen Schreib-Lesespeicher mit sehr schnellem Zugriff,
- eine Floating Point Unit (FPU, Gleitpunkteinheit) zum Ausführen mathematischer Berechnungen in Gleitpunktarithmetik sowie
- einen Grafik-Controller (GPU, Graphic Processing Unit) zur Bearbeitung von Grafikdaten.

Die ALU verarbeitet je nach Mikroprozessor Worte mit der Breite von 8 bit, 16 bit, 32 bit oder 64 bit. In ihr werden die

- arithmetischen Operationen Addition, Subtraktion, Multiplikation und Division sowie die
- logischen Operationen UND, ODER und Exklusiv-ODER

ausgeführt. Die Operanden (zu verarbeitende Daten) für diese Operationen holt sich die ALU aus den Arbeitsregistern und/oder aus dem Arbeitsspeicher. Die meisten Mikroprozessoren besitzen einen Teil ihres Arbeitsspeichers im Chip (On-Chip-RAM, Cache-Speicher, cache = Lager).

Die *Arbeitsregister* eines Mikroprozessors sind je nach Hersteller verschieden. Es gibt Mikroprozessoren, bei denen jedem Arbeitsregister eine spezielle Aufgabe, z. B. das Zwischenspeichern des Multiplikators für eine Multiplikation, zugeordnet ist. Daneben gibt es jedoch auch Mikroprozessoren, deren Arbeitsregister weitgehend unabhängig von den auszuführenden Aufgaben sind.

Arbeitsregister dienen zum Speichern der Operanden für arithmetische und logische Operationen sowie zum Speichern der Rücksprungadressen bei Unterprogrammaufrufen.

Im *Statusregister* (Flagregister, von flag = Flagge) des Mikroprozessors wird dessen Status (Zustand) nach der Ausführung eines Befehls gespeichert. Im Programm können über entsprechende Befehle diese Zustände abgefragt werden.

Die Ablaufsteuerung (Steuerwerk) im Mikroprozessor organisiert den Ablauf der Befehlsausführung. Im Befehlszeigerregister wird die Adresse des nächsten nachzuladenden Befehls geführt.

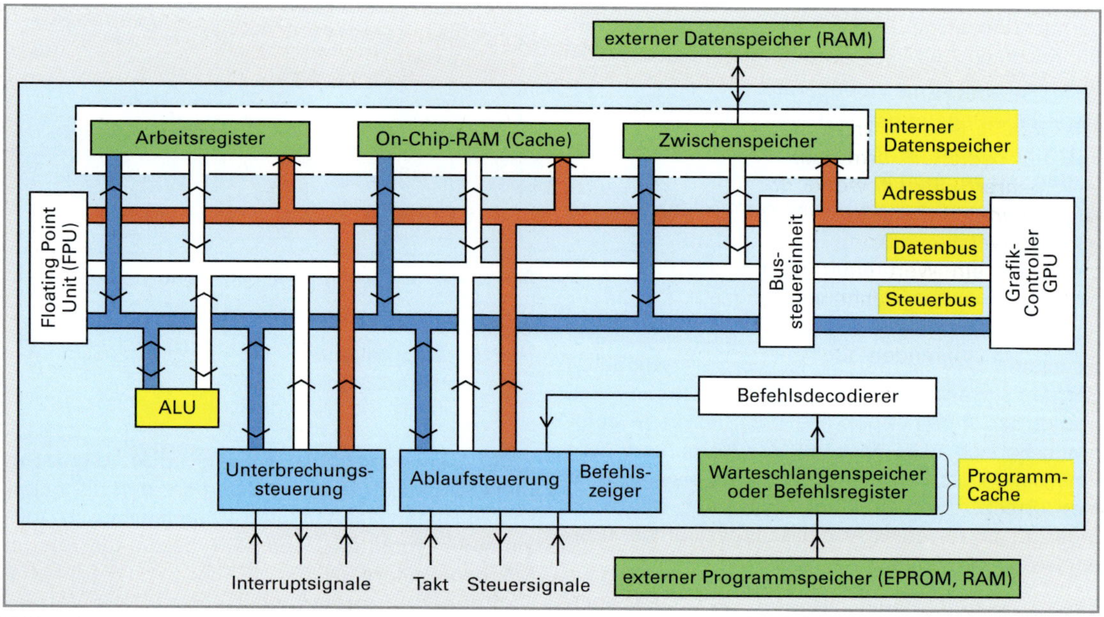

Bild 1: Struktur eines Mikroprozessors

Zur Sicherstellung der Datentransporte von und zu den einzelnen Elementen im Mikroprozessor existiert eine *Bussteuereinheit*.

Die *Unterbrechungssteuerung* des Mikroprozessors bearbeitet die anliegenden Interruptsignale (von interrupt = Unterbrechung). Diese spielen insbesondere bei Meldungen eine Rolle, die z. B. von peripheren Geräten an den Mikroprozessor gesendet werden. Über die Interruptsignale werden dann entspechende Interruptprogramme gestartet.

Anschlüsse von Mikroprozessoren

Hinsichtlich der Pinbelegung (Anschlussbelegung) unterscheiden sich die Mikroprozessortypen voneinander. Allerdings besitzen alle Mikroprozessoren eine Anzahl von gleichen Anschlüssen. Die Anschlussbezeichnungen sind nicht genormt, meist aber sehr ähnlich **(Tabelle 1)**. Negierte Anschlüsse sind aktiv bei L-Signal.

Grundsätzlich kann man bei Mikroprozessoren vier Arten von Anschlüssen unterscheiden:

- Anschlüsse zur Adressierung,
- Anschlüsse zum Datenaustausch,
- Anschlüsse zur Synchronisation (in Gleichlauf bringen) mit anderen Bauelementen beim Datenaustausch und
- Anschlüsse zur Spannungsversorgung.

Die Zahl der Anschlüsse ist bei den Mikroprozessoren sehr verschieden. Sie liegt zwischen 40 und etwa 900. Je größer die Breite eines zu verarbeitenden Wortes im Mikroprozessor ist, desto mehr Anschlüsse werden benötigt.

Befehlsausführung

Die Befehle eines Mikroprozessorprogramms sind in binär codierter Form gespeichert. Sie bestehen aus mehreren Bytes, wobei das erste Byte immer den *Operationscode* enthält. Der Operationscode gibt an, welche Funktion der Befehl bewirken soll, z.B. dass ein Wert einer Speicherzelle mit dem einer anderen verglichen werden soll. Die nachfolgenden Bytes des Befehls enthalten eine Adresse und einen Operanden oder mehrere Adressen, z.B. von Speicherzelle 1 und Speicherzelle 2, auf welche die Operation ausgeführt werden soll.

Ein Befehl wird in den Schritten

- Befehl aus Speicher holen,
- Befehl decodieren (entschlüsseln),
- Befehl ausführen und
- bei Bedarf Ergebnis abspeichern

bearbeitet. Jede Befehlsbearbeitung (Befehlszyklus) besteht aus Maschinenzyklen (Buszyklen, **Bild 1**), jeder Maschinenzyklus aus mehreren Takten (Taktzyklen). Die Taktfrequenz ist diejenige Frequenz, mit welcher der Mikroprozessor intern arbeitet, z.B. 3600 MHz. Typische Maschinenzyklen sind Operationscode einlesen, vom Speicher lesen, auf Speicher schreiben, vom Eingang lesen, nach Ausgang schreiben.

Tabelle 1: Wichtige Anschlussbezeichnungen

Anschluss	Herkunft	Bedeutung
GND	ground = Erde	Masseanschluss
CLK	clock = Takt	Takteingang
V_{CC}	voltage = Spannung	Betriebsspannung
A	address = Adresse	Adressanschlüsse
D	data = Daten	Datenanschlüsse
RESET	to reset = zurücksetzen	Mikroprozessor in Ausgangszustand zurücksetzen.
HOLD	to hold = halten	Mikroprozessor wird zum Anhalten aufgefordert.
HLDA	hold acknowledge = Halt bestätigen	Empfangsbestätigung des HOLD-Signals
READY	ready = bereit	Bereitmeldung externer Baugruppen
$\overline{\text{WAIT}}$	to wait = warten	Mikroprozessor im Wartezyklus
INT	interrupt = Unterbrechung	anliegendes Interruptsignal
$\overline{\text{INTA}}$	interrupt acknowledge = Unterbrechung bestätigen	Bestätigung des erhaltenen Interrupts
$\overline{\text{RD}}$	to read = lesen	Daten aus Eingabeeinheit lesen.
$\overline{\text{WR}}$	to write = schreiben	Daten auf Ausgabeeinheit schreiben.

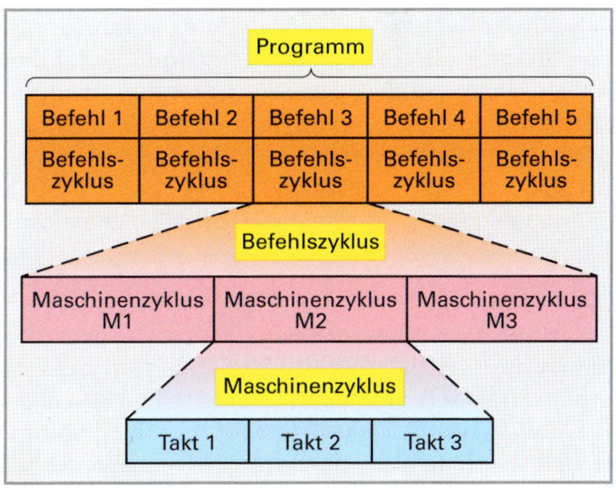

Bild 1: Befehlszyklus und Maschinenzyklus

4.3.3 Mikroprozessorfamilie x86

Entwicklung der Mikroprozessoren

Der Mikroprozessor 8085 ist ein Vorgänger der Mikroprozessorfamilie x86 **(Tabelle 1)**. Entsprechend wurden, ausgehend vom Befehlssatz des Mikroprozessors 8085, die Befehlssätze erweitert. Deshalb kann in Assemblersprache älterer Mikroprozessoren geschriebene Software meist ohne große Änderungen auch auf den neueren Mikroprozessoren der gleichen Mikroprozessorfamilie verarbeitet werden.

Die Zahl der Anschlüsse und Gehäuseformen ist sehr verschieden **(Bild 1)**.

Die Mikroprozessoren der Familie x86 sind aufwärtskompatibel.

Mikroprozessor 8086

Der Mikroprozessor 8086 von Fa. Intel kann Daten mit einer Breite von 16 bit parallel verarbeiten, diese einlesen und auch ausgeben. Der Mikroprozessor ist in einem Dual-In-Line-Gehäuse mit nur 40 Anschlüssen untergebracht. Viele Anschlüsse werden mehrfach genützt. So werden die Anschlüsse AD0 bis AD15 im Zeitmultiplexverfahren gemeinsam, aber zeitlich verschieden, für den Datenbus und den unteren Adressbusteil benutzt. Die restlichen Adressleiter A16 bis A19 teilen die Anschlüsse wieder im Zeitmultiplexverfahren mit den Steuerleitern S3 bis S6. Zuerst werden auf den Anschlüssen die 20 Adressbits gesendet, dann die Daten mit einer Breite von 16 bit und die Informationen auf den Steuerleitern S3 bis S6. Durch die 20 Adressleiter lassen sich direkt $2^{20} = 1\,048\,576$ Speicherplätze zu je 8 bit, also 1 MB, im Arbeitsspeicher adressieren.

Der Arbeitsspeicher ist in 16 Segmente von 64 KB aufgeteilt. Eine höhere Rechenleistung wurde mit dem Coprozessor 8087 erreicht. Der Coprozessor arbeitet mit 80-Bit-Registern und enthält einen eigenen Befehlssatz für das Rechnen mit Gleitkommazahlen. Deshalb wird er *Arithmetikprozessor* oder *Floating-Point-Unit* (FPU) genannt. Er ist in heutigen Mikroprozessoren ebenso integriert wie die Grafikcontroller (GPU).

Registerstrukturen der Mikroprozessoren x86

Die Mikroprozessoren 8086 und 80286 besitzen vier Datenregister mit der Breite von 16 bit. Dies sind die Register AX, BX, CX, DX **(Bild 1, folgende Seite)**. Sie führen arithmetische, logische und Eingabe- und Ausgabeoperationen aus. Jedes dieser Register ist in zwei 8-Bit-Register teilbar. So besteht z. B. das Akkumulatorregister AX aus den Teilen AH und AL (H von high und L von low).

Tabelle 1: Mikroprozessortypen

Typ	Taktfrequenz	Datenbusbreite	MIPS	Adressbusbreite	Pins
8085	12 MHz	8 bit	$< 0{,}1$	16 bit	40
8086	10 MHz	16 bit	$\leq 0{,}5$	20 bit	40
80386	40 MHz	32 bit	≤ 8	32 bit	132
80486	100 MHz	32 bit	≤ 25	32 bit	168
Pentium	3,6 GHz	64 bit	≤ 420	32 bit	478
Core i7	3,3 GHz	64 bit	≤ 600	32 bit	462

Bild 1: Anschlüsse eines Mikroprozessors

Dadurch sind die Mikroprozessoren in der Lage, 8-Bit-Operationen, wie z.B. Befehle des Mikroprozessors 8085, und 16-Bit-Operationen auszuführen.

Das AX-Register dient meist als Akkumulator. Viele Operationen können nur über dieses Register ausgeführt werden. Das BX-Register enthält oft den Basis-Adresszähler, z.B. zur Bildung von Speicheradressen. Das CX-Register wird als Zählregister verwendet. Das DX-Register enthält bei einigen EA-Operationen die entsprechende EA-Kanaladresse. Außerdem wird es für Multiplikationen und Divisionen benötigt.

Als *Zeigerregister* werden die Register SP (Stack Pointer) und BP (Base Pointer) bezeichnet. Mit SP und BP wird meist der Stapelzeiger (Stack Pointer) realisiert. Die *Indexregister* SI (Source Index, Quellregister) und DI (Destination Index, Zielregister) sind für die indirekte Adressierung erforderlich.

Jedes Segmentregister legt einen 64-KB-Speicherbereich (64 KiB) fest. Die *Segmentregister* enthalten die 16 höherwertigen Bits bei der 20-Bit-Adressbildung. Im Register CS (Code Segment) steht die Adresse des aktuellen Programmcode-Segmentes. In DS (Data Segment) steht die Adresse des aktuellen Datensegmentes. Das SS-Register (Stack Segment) enthält die Adresse des aktuellen Stacksegmentes und arbeitet mit den Registern SP und BP zusammen. Das ES-Register (Extra Segment) wird z. B. bei Operationen mit Strings verwendet und arbeitet mit dem Zielregister DI (EDI) zusammen.

Das Register IP (Instruction Pointer) enthält die Adresse des nächsten auszuführenden Befehls relativ zum Inhalt des CS-Registers. Im Register PSU (Program Status Unit) sind die Zustände des Mikroprozessors nach den einzelnen Befehlsausführungen enthalten.

Bei den Mikroprozessoren 80386, 80486 und Pentium wurden die Datenregister und die Kontrollregister auf eine Breite von 32 bit erweitert (**Bild 1**). Dies wird bei den Registernamen durch ein E (von extended = erweitert) gekennzeichnet. So hat der Akkumulator die Bezeichnung EAX, wenn er mit einer Breite von 32 bit verwendet wird. Sollen Daten mit einer Breite von 16 bit bearbeitet werden, wird AX benutzt. Ebenfalls kann mit den Teilregistern AH und AL mit einer Breite von 8 bit gearbeitet werden.

Bei den neueren Mikroprozessor-Generationen, z. B. aus der Core-i-Familie ist die Registerstruktur beibehalten, allerdings meist erweitert auf eine Breite von 64 bit. Zusätzliche Register unterstützen insbesondere Multimedia-Anwendungen.

Durch Beibehalten der Registerstruktur in Mikroprozessoren der Familie x86 sind die Programme für die älteren Mikroprozessoren meist auch mit den neueren Mikroprozessoren abarbeitbar.

Arbeitsweise der Core-i-Mikroprozessoren

Zur schnellen Programm- und Befehlsabarbeitung sind heute Mikroprozessoren mit mehreren Kernen (Cores) ausgestattet **(Bild 2)**. Damit ist paralleles

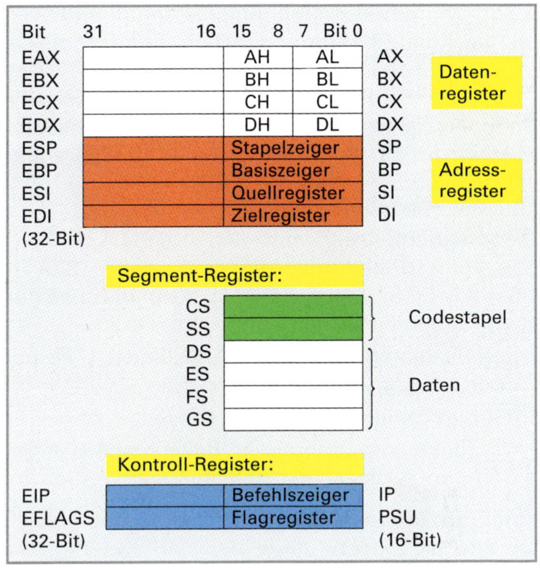

Bild 1: Registersätze der Mikroprozessoren x86

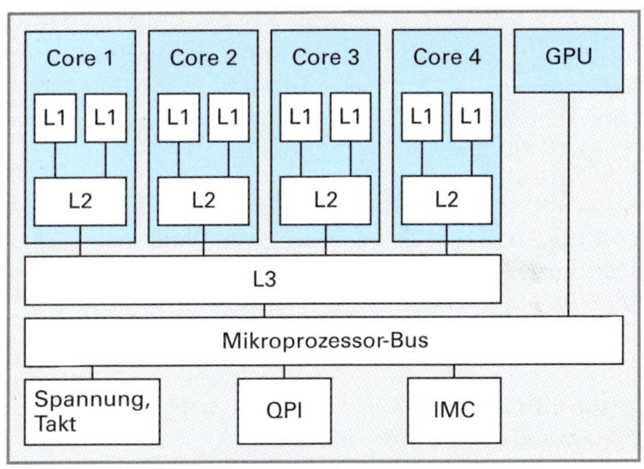

Bild 2: Core-Struktur mit Cache-Speichern L1, L2, L3

Bearbeiten von unterschiedlichen Programmen möglich. Das Bearbeiten der Befehle und Daten erfolgt über einander nachgeschaltete On-Chip-Cache-Speicher der Level L1, L2 und L3. Ferner erfolgt die Befehlsbearbeitung in jedem Kern mittels eines Pipelineverfahrens in mehreren Stufen. Damit wird das parallele Arbeiten an mehreren Befehlen unterstützt. Während z.B. ein Befehl aus dem Befehlsspeicher gelesen wird, wird ein bereits eingelesener Befehl decodiert, ein bereits decodierter Befehl wird ausgeführt. Ein Mikroprozessor mit Kernstruktur besitzt mehrere ALUs.

Mittels integrierter Grafischer Prozesseinheit (GPU, Graphic Processing Unit) werden die Multimedia-Grafik-Befehle bearbeitet. Der Modul Quick-Path-Interconnect (QPI) sorgt für Kommunikation zwischen Mikroprozessoren untereinander und/oder für die Kommunikation zwischen Mikroprozessor und Chipsatz auf dem Motherboard. Der Speichercontroller IMC (Interconnect Memory Controller) ist ein Chip, der den Datenfluss zwischen Mikroprozessor und Arbeitsspeicher (RAM) regelt.

Funktionseinheiten

Die integrierte Gleitkommaeinheit (FPU, von Floating Point Unit) besitzt eigene Register **(Bild 1)**. Über das Steuerregister der FPU kann diese eingestellt werden hinsichtlich

- des Reagierens auf Ergebniszustände, z. B. bei Überlauf, ungültiger Operation,
- der Berechnungsgenauigkeit sowie
- des Rundungsverfahrens, z. B. nach oben, unten oder dem nächsten ganzzahligen Wert.

Zum raschen Verwalten der acht Datenregister der FPU sind jedem dieser Register zwei Tag-Bits (Eigenschaftsbits, tag = Etikett) zugeordnet. Diese zeigen an, ob die Register leer, gültig geladen, ungültig geladen oder mit Nullen geladen sind. Standardmäßig besitzt die Mantisse eine Breite von 64 bit. Dies ist jedoch veränderbar. In der FPU können verschiedene Datentypen verarbeitet werden **(Tabelle 1)**.

Aufgrund der hohen Taktfrequenzen und der damit verbundenen großen elektrischen Leistungen der Mikroprozessoren sind Maßnahmen zur Kühlung dieser vorzusehen.

Cores, Pipelines, Cachespeicher und integrierte GPU, FPU sorgen für rasche Befehlsausführungen.

Betriebsarten

Der Protected Mode ist die meist angewendete Betriebsart. In ihr sind alle Befehle des Mikroprozessors verfügbar. Ferner erlaubt dieser Modus im Prinzip das gleichzeitige Bearbeiten mehrerer Programme (Rechenprozesse, Tasks, task = Aufgabe → *Multitaskingbetrieb*).

Im Real-Address-Mode des Prozessors können Programme der alten Mikroprozessoren 8086, 8088 oder 80186 ablaufen.

Der Systemmanagement Mode dient für Abläufe höchster Priorität, z. B. bei Spannungseinbrüchen. Selbst Interrupts werden dann nicht mehr ausgeführt. Die aktuellen Registerinhalte werden zum Unterbrechungszeitpunkt gespeichert. Aktiviert wird diese Betriebsart durch ein externes Signal.

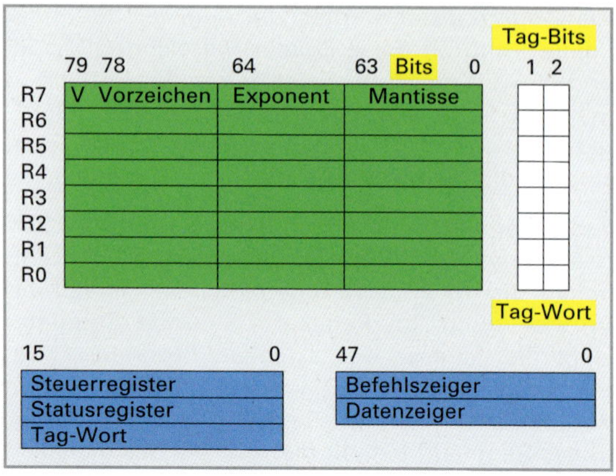

Bild 1: Registersatz der FPU

Tabelle 1: Datentypen einer FPU

Datentyp	Wertebereich	Anzahl Bits
Wort-Integer	−32 768 ... 32 767	15, 1 Vorzeichen
Kurz-Integer	10^{9}	32
Lang-Integer	10^{18}	64
Einfache Genauigkeit	$10^{\pm 38}$	1 Vorzeichen 8 Exponent 23 Mantisse
Doppelte Genauigkeit	$10^{\pm 308}$	1 Vorzeichen 10 Exponent 53 Mantisse
Erweiterte Genauigkeit	$10^{\pm 4932}$	1 Vorzeichen 15 Exponent 64 Mantisse

4.3.4 Weitere Mikroprozessoren

Neben den x86-Prozessoren der Firma Intel werden auch Prozessoren der Firmen AMD und Cyrix verwendet. AMD liefert den AMD Athlon mit z. B. Taktfrequenzen von 1,4 GHz bis 3,3 GHz, einem Prozessorbustakt von 400 MHz und einer Datenbusbreite von 64 Bits. Die Programmierbefehle der Prozessoren sind z. T. verschieden. Für die Bearbeitung von Grafik verwenden Intel-Prozessoren MMX-Befehle, AMD-Prozessoren 3D-Now-Befehle.

Wiederholung und Vertiefung

1. **Wie nennt man das Verfahren für die gemeinsame, zeitlich nacheinander folgende Nutzung von Anschlüssen?**
2. **Nennen Sie die Aufgaben einer FPU.**
3. **Nennen Sie die Datenregister der 80x86-Familie. Wozu dienen die Segmentregister?**
4. **Erklären Sie die Aufgabe des Befehlsregisters.**
5. **Wodurch ist die Aufwärtskompabilität der Mikroprozessoren der Familie 80x86 sichergestellt?**

4.3.5 Speicherverwaltungen

4.3.5.1 Adressierungsarten

Zum Schreiben und Lesen von Informationen in Speicher bzw. aus Speichern müssen in Verbindung mit den entsprechenden Befehlen, z. B. Transportbefehlen, Vergleichsbefehlen, Additionsbefehlen, die Speicher oder Register *adressiert*, d. h. angesprochen werden.

Unmittelbare Adressierung bedeutet, dass ein im Befehl stehender Zahlenwert (Operand) unmittelbar mit z. B. einem Registerinhalt verarbeitet wird **(Bild 1)**. Der Zahlenwert ist also unmittelbar im Befehl adressiert.

Direkte Adressierung liegt vor, wenn ein im Befehl stehender Zahlenwert die Adresse darstellt, unter welcher ein Operand steht (Operandenadresse), der z. B. mit einem Registerinhalt zu verarbeiten ist **(Bild 2)**. Das Verarbeiten zweier Registerinhalte wird ebenfalls als direkte Adressierung bezeichnet. Bei Mikroprozessoren der Familie x86 ist zu beachten, dass die im Befehl stehende Adresse mit der im Datensegmentregister DS stehenden Adresse vom Mikroprozessor selbst verarbeitet wird und die so berechnete Adresse dann auf den Operanden zeigt.

Indirekte Adressierung bedeutet, dass der Inhalt einer im Befehl genannten Speicherzelle oder eines genannten Registers die Adresse darstellt, unter welcher ein Operand zu finden ist, der z. B. mit dem anderen Registerinhalt zu verarbeiten ist **(Bild 3)**. Der Inhalt des Datensegmentregisters ist dabei noch zu berücksichtigen.

Indizierte Adressierung liegt vor, wenn zur Adressenbildung eines Operanden eine Adresse im Befehl zum Inhalt eines Indexregisters addiert wird **(Bild 4)**. Bei Mikroprozessoren der Familie x86 wird dann noch der Inhalt des Registers SI (Source Index Register) oder DI (Destination Index Register) mit dem Inhalt des Datensegmentregisters bzw. Extrasegmentregisters verarbeitet, um die endgültige Adresse des Operanden zu erhalten.

Indizierte Adressierung mit Displacement (von displacement = Verschiebung) bedeutet, dass ein im Befehl stehender Zahlenwert (Displacement), der Inhalt eines Indexregisters und die im Befehl stehende Adresse addiert und dieses Ergebnis je nach Mikroprozessortyp die Operandenadresse ist oder dann noch mit dem Datensegmentregister bzw. Extrasegmentregister verarbeitet werden muss (Bild 4).

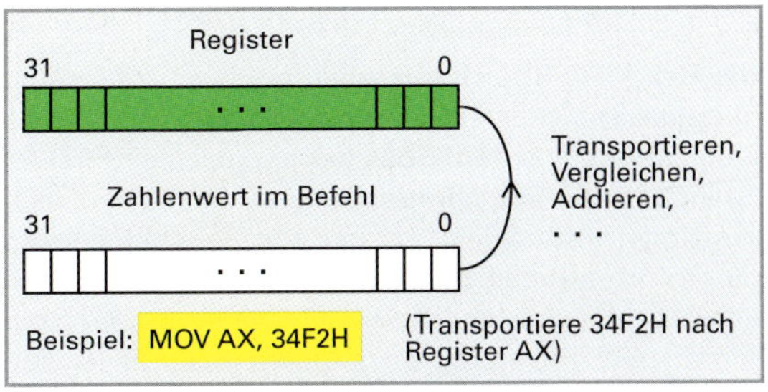

Bild 1: Unmittelbare Adressierung

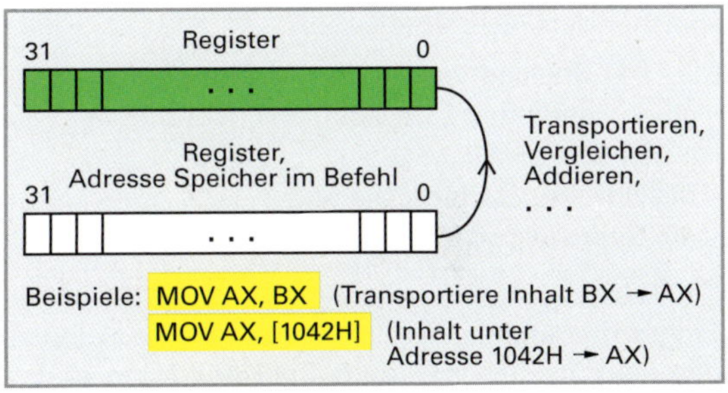

Bild 2: Direkte Adressierung

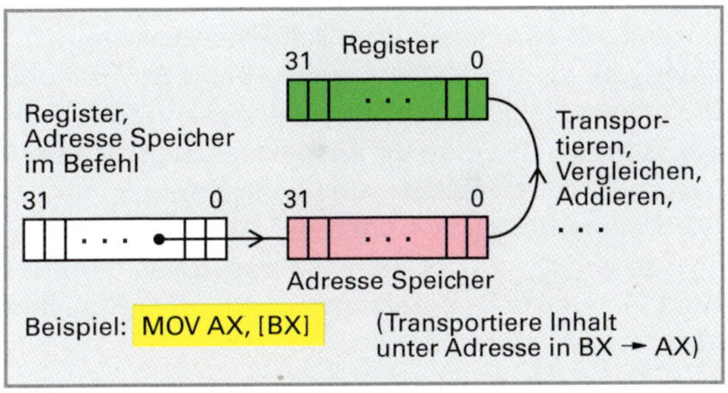

Bild 3: Indirekte Adressierung

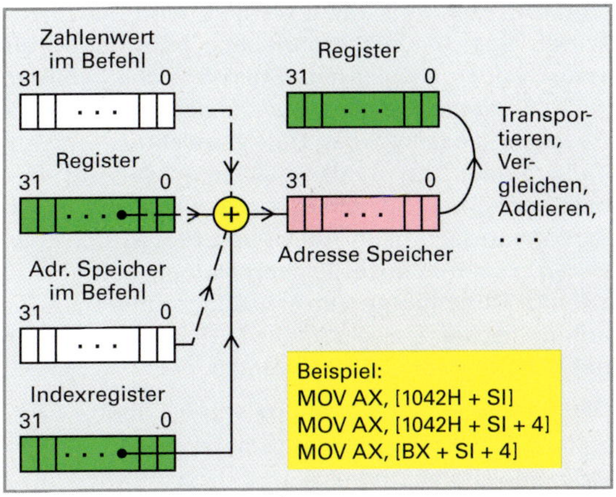

Bild 4: Indizierte Adressierungen

4.3.5.2 FIFO-Speicherverwaltung

Bei der FIFO-Speicherverwaltung wird die zuerst in einen Speicher eingeschriebene Information als erste wieder aus dem Speicher ausgelesen (First In, First Out). Die Speicherverwaltung nach dem FIFO-Prinzip wird für Speicher zur Zwischenspeicherung von Informationen in Verbindung mit einer Datenübertragung zwischen zwei IT-Geräten oder zwischen zwei Programmen angewendet. Die Größe des zu wählenden Speicherbereiches hängt von der Schreibgeschwindigkeit bzw. der Lesegeschwindigkeit von Sender und Empfänger ab. Der Zwischenspeicher darf nicht überlaufen.

Die FIFO-Speicherverwaltung verfügt über
- einen Lesezeiger (Stackpointer),
- einen Schreibzeiger,
- die Speicherstartadresse und
- die Speicherendadresse **(Bild 1)**.

Als *Lesezeiger* wird eine Speicherzelle oder eine Programmvariable bezeichnet, in der die Adresse des als nächstes aus dem Speicher zu lesenden Datenwortes steht. Als *Schreibzeiger* wird entsprechend eine Speicherzelle oder eine Programmvariable bezeichnet, in der die Adresse für das als nächstes in den Speicher zu schreibende Datenwort steht. Da der Speicherbereich begrenzt ist und diejenigen Speicherzellen wieder beschrieben werden können, die bereits ausgelesen worden sind, bewegen sich Lesezeiger und Schreibzeiger ständig wie in einem Ring zwischen der Adresse des Speicheranfangs und der Adresse des Speicherendes **(Bild 2)**. Deshalb bezeichnet man FIFO-Speicher auch als *Ringspeicher*.

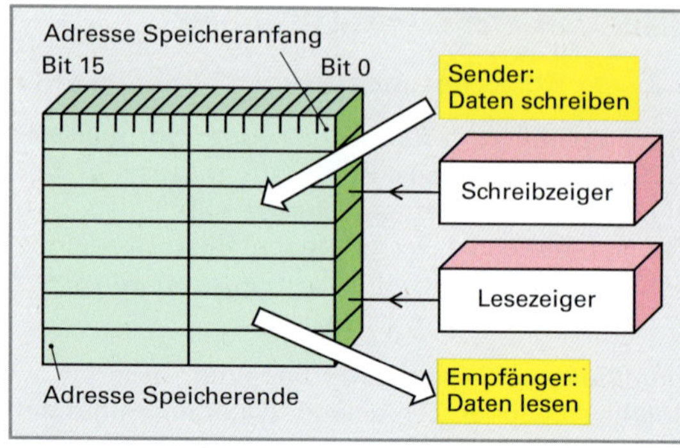

Bild 1: FIFO-Speicher

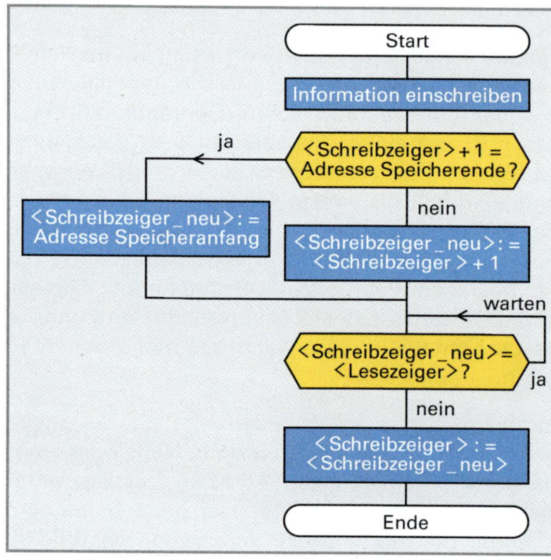

Bild 2: Schreibvorgang beim FIFO-Speicher

4.3.5.3 Stack-Speicherverwaltung

Bei Speichern, die nach dem Stack-Verfahren (stack = Stapel) verwaltet werden, wird die zuletzt in den Speicher eingeschriebene Information als erste wieder ausgelesen. Stack-Speicher werden auch als *Stapelspeicher*, *Kellerspeicher* oder *LIFO-Speicher* (Last In, First Out) bezeichnet. Anwendung findet die Stack-Speicherverwaltung insbesondere bei Speichern, in welche die Rücksprungadressen beim Aufruf von Prozeduren bzw. Unterprogrammen gespeichert werden. Ferner wird sie zum Durchführen von Vorrangermittlungen bei arithmetischen Berechnungen, z. B. Berechnungen mit Klammertechnik, angewendet.

Die Stack-Speicherverwaltung verfügt über
- einen Schreib-Lesezeiger (Stackpointer),
- die Speicherstartadresse und
- die Speicherendadresse **(Bild 3)**.

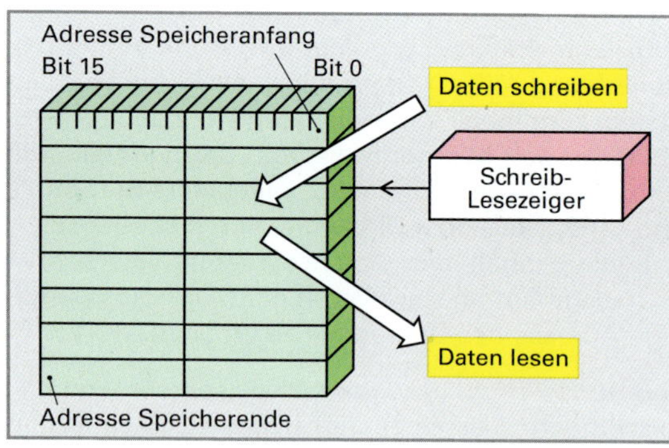

Bild 3: Stack-Speicher

Bei FIFO-Speichern wird die zuerst eingeschriebene Information auch zuerst ausgelesen, bei LIFO-Speichern dagegen die zuletzt eingeschriebene Information zuerst wieder ausgelesen.

4.3.5.4 Virtuelle Speicherverwaltung

Derjenige Speicherbereich, den ein Mikroprozessor direkt adressieren kann, wird *physikalischer Speicher* genannt **(Bild 1)**. Direkt adressieren bedeutet, dass z. B. bei einem Mikroprozessor mit einem Adressbus der Breite 32 bit unmittelbar 2^{32} Speicherzellen zu je 1 Byte, also 2^{32} B = $2^2 \cdot 2^{30}$ B = 4 GB (4 GiB), adressiert werden können. Man spricht hierbei auch von *realer Adressierung*.

Die Bytes eines physikalischen Speichers sind über den Adressbus direkt ansprechbar.

Soll nun mit einem Mikroprozessor ein größerer Speicherbereich bearbeitet werden können, z. B. 64 TB (TiB), so ist dies mithilfe einer *virtuellen Speicherverwaltung* (von lat. virtuus = Geist) möglich. Die virtuelle Speicherverwaltung sorgt für ein Zusammenwirken von Arbeitsspeicher und Festplattenspeicher des Computers **(Bild 2)**.

Bei der virtuellen Speicherverwaltung wird der gesamt zu bearbeitende Speicher eines Computers in Datenblöcke fester Größe eingeteilt und diese Datenblöcke werden entsprechend ihrer Bearbeitungsreihenfolge in den Arbeitsspeicher des Computers übertragen (Bild 2). Der Arbeitsspeicher ist der physikalische bzw. reale Speicher. Der insgesamt zu bearbeitende Speicher, also der Festplattenspeicher, ist der *virtuelle Speicher*. Die Datenblöcke fester Größe, z. B. 4 KB (KiB), werden *Seiten* genannt. Das seitenweise Nachladen in den Arbeitsspeicher wird *Paging-Verfahren* (von page = Seite) genannt. Nachgeladen werden wegen einer möglichst kurzen Rechenzeit immer mehrere Seiten auf einmal.

Ein virtueller Speicher ist in Datenblöcke fester Größe eingeteilt.

Die Realisierung einer virtuellen Speicherverwaltung erfolgt mittels einer Seitentabelle **(Bild 3)**. Die Größe der Seitentabelle richtet sich nach der Anzahl der Seiten des virtuellen Speichers. Sie enthält die Zuordnung von Seitennummer im virtuellen Speicher zu Seitennummer im physikalischen Arbeitsspeicher. Ferner sind in der Seitentabelle die im Arbeitsspeicher verfügbaren Seiten gekennzeichnet sowie die während der Programmabarbeitung geänderte Seiten. Die geänderten Seiten werden in den virtuellen Speicher zurückkopiert.

Binäre Vorsätze basieren auf dem Faktor $2^{10} = 1024$

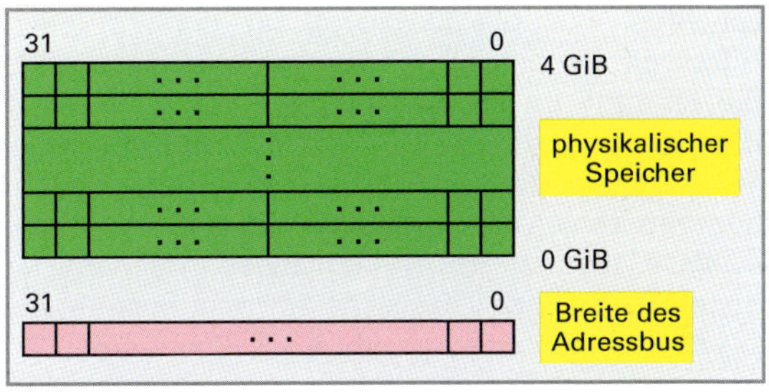

Bild 1: Adressierung des physikalischen Speichers

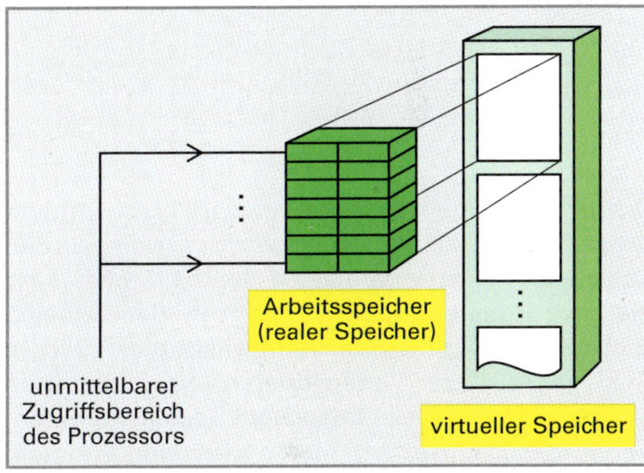

Bild 2: Virtuelle Speicherverwaltung

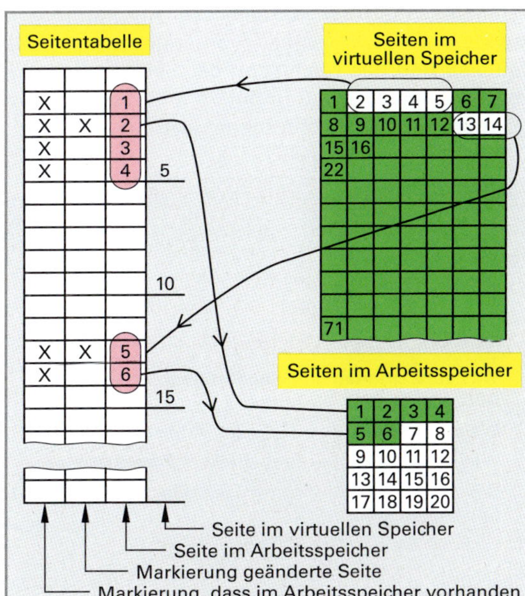

Bild 3: Prinzip der Arbeitsweise mit Seiten

Bei der Verwirklichung der virtuellen Speicherverwaltung ist zwischen den virtuellen Adressen des virtuellen Speichers und den physikalischen Adressen des physikalischen Speichers zu unterscheiden. Für die Umwandlung der virtuellen Adressen in die physikalischen Adressen sind die Einträge in der Seitentabelle von Bedeutung **(Bild 1)**. Die virtuelle Adresse setzt sich aus zwei Teilen zusammen. Der eine Teil enthält die Seitennummer im virtuellen Speicher, der andere Teil die Adresse des angesprochenen Bytes innerhalb der Seite. Auch die physikalische Adresse besteht aus zwei Teilen. Der eine Teil gibt die Seitennummer im physikalischen Speicher an, der andere die Adresse des angesprochenen Bytes innerhalb der Seite.

Eine virtuelle Adresse enthält die beiden Informationen Nummer der Seite und Nummer des Bytes innerhalb der Seite.

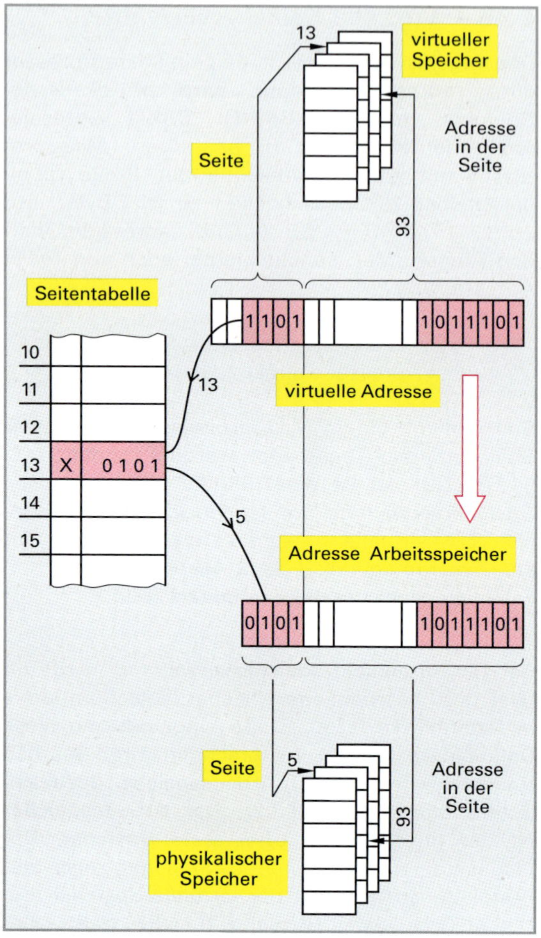

Bild 1: Umwandlung der virtuellen Adresse in eine physikalische Arbeitsspeicheradresse

Die virtuelle Speicherverwaltung ist insbesondere für den Multitasking-Betrieb wichtig. Hier werden entsprechend dem gerade zu bearbeitenden Task die zugeordneten Speicherseiten in den Arbeitsspeicher bzw. Cache-Speicher transportiert **(Bild 2)**. Die einem Task zugeordneten Speicherseiten werden oft auch als logisches Speichersegment bezeichnet. Der Vorgang hierzu wird dann *Segmentierung* genannt. Je größer Arbeitsspeicher bzw. Cache-Speicher sind, desto weniger häufig müssen Seiten nachgeladen werden. Der Programmierer merkt von diesen Nachladevorgängen wenig. Das Einteilen und das Nachladen der Seiten wird vom Betriebssystem des Computers oder sogar vom Mikroprozessor selbst durchgeführt.

Ein Programmierer muss auf das Vorhanden -sein einer virtuellen Speicherverwaltung keine Rücksicht nehmen.

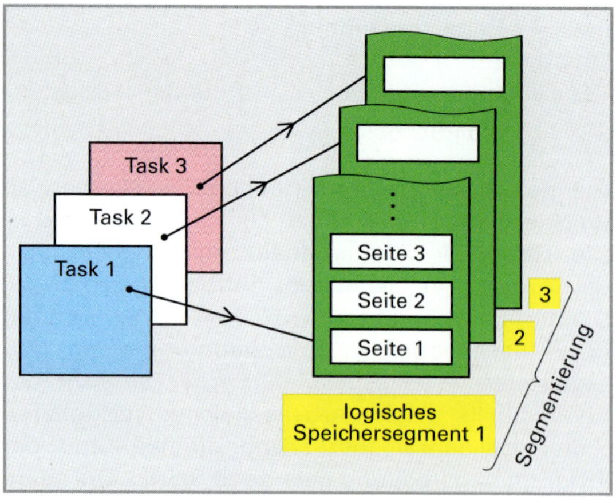

Bild 2: Virtuelle Speicherverwaltung beim Multitasking-Betrieb

Wiederholung und Vertiefung

1. **Was versteht man unter unmittelbarer Adressierung?**
2. **Erklären Sie den Begriff direkte Adressierung.**
3. **Was versteht man unter indirekter Adressierung?**
4. **Welche Aufgabe besitzt der Lesezeiger bei der FIFO-Speicherverwaltung?**
5. **Erklären Sie den Begriff Schreibzeiger.**
6. **Erklären Sie den Unterschied zwischen einer FIFO-Speicherverwaltung und einer Stack-Speicherverwaltung.**

4.3.6 EA-Elemente

Periphere Geräte werden oft über Steckkarten an den Mikrocomputer angeschlossen **(Bild 1)**. Jede Steckkarte wird über eine Adresse oder einen Adressbereich angesprochen. Über weitere Steuerleiter steuert der Mikroprozessor den Datenverkehr.

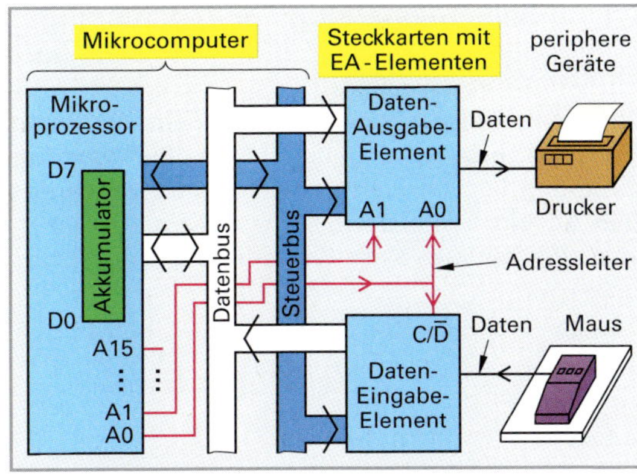

Bild 1: Mikrocomputer mit EA-Elementen

Parallele EA-Elemente

EA-Steckkarten verwenden meist programmierbare Elemente, die den Mikrocomputer-Datenbus mit den EA-Kanälen verbinden. Die Datenflussrichtung ist meist einstellbar. Jede Baugruppe erhält eine Adresse, z.B. 1110 0000 ≙ E0H oder E0h. Das Bitmuster der Adresse wird, ganz oder teilweise, dazu verwendet, ein Signal $cs = 0$ (von chip select = Bauelementauswahl) zu erzeugen **(Bild 2)**. Für die Erzeugung des Signals $\overline{cs}$ von Bild 2 gilt $cs = \overline{a}_2 \wedge \overline{a}_3 \wedge \overline{a}_4 \wedge a_5 \wedge a_6 \wedge a_7$. Damit ist das EA-Element aktiviert.

> EA-Elemente müssen vor der Eingabe oder Ausgabe von Daten vom Mikroprozessor angewählt werden.

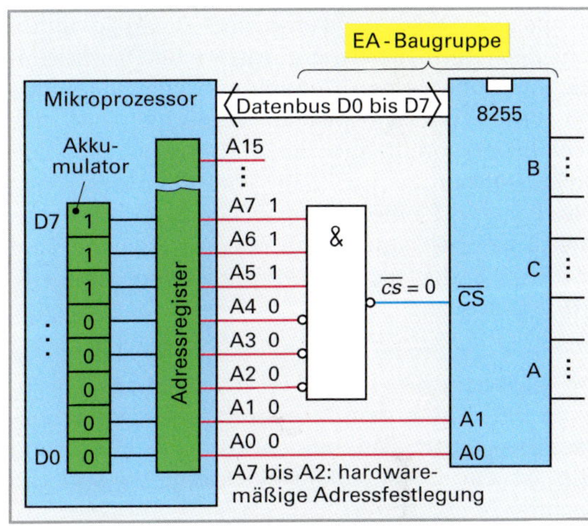

Bild 2: Adressierung eines EA-Elementes

Das EA-Element 8255 hat drei Kanäle A, B und C mit einer Breite von je 8 bit, die in verschiedenen Betriebsarten arbeiten können. Die Einstellung einer gewünschten Betriebsart, z. B. Datenausgabe oder Dateneingabe, wird durch Programmierung vorgenommen.

Serielle EA-Elemente

Eingabeeinheiten werden meist über eine serielle Schnittstelle mit dem Datenbus des Computers verbunden. Die serielle Schnittstelle enthält ein EA-Element, das in seinem Empfangsteil die am Anschluss E1 seriell ankommenden Datenbits taktweise in Datenworte mit einer Breite von 8 bit umsetzt. Die Datenumsetzung wird mit einem Serien-Parallel-Umsetzer (SPU) vorgenommen **(Bild 3)**.

Da SPU und PSU parallel am Datenbus angeschlossen sind, kann der Mikrocomputer immer nur ein Datenwort senden oder empfangen. Die Adressierung des Bauelements erfolgt durch Auscodieren eines Signalmusters auf den Adressleitern A7 bis A1. Dies wird, wie beim EA-Element 8255 auch zur Steuerung des Signales an $\overline{CS}$ verwendet. Die Schreib-Lese-Steuerung wird mit dem Signal an $\overline{WR}$ durchgeführt. Mit einem Signal 0 auf dem Adressleiter A0 wird das EA-Element am Anschluss $C/\overline{D}$ (von Control/Data = Steuerung/Daten) für den Datentransport eingestellt. Nun können die im SPU umgewandelten Eingangsdaten über den Datenbus eingelesen werden.

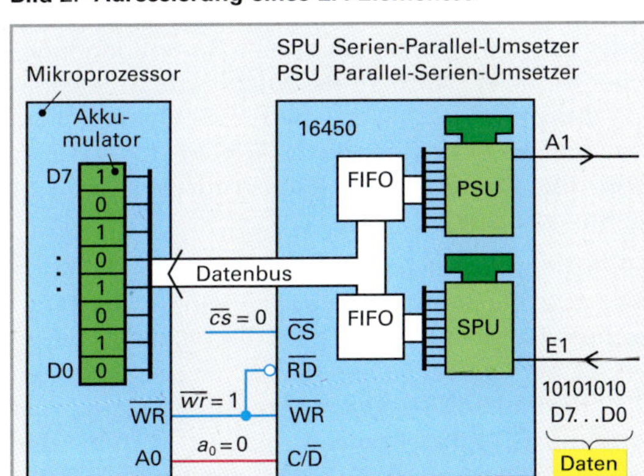

Bild 3: Datentransport mit dem EA-Element 16450

Wiederholung und Vertiefung

1. **Welche EA-Elemente verbinden Mikrocomputer und periphere Geräte miteinander?**
2. **Wie wird die Adresse eines EA-Elementes festgelegt?**
3. **Wie viele Datenbits kann ein Zeichen enthalten?**

4.3.7 Mikrocontroller

4.3.7.1 Allgemeines

Mikrocontroller (von mikro = sehr klein, controller = Steuergerät) sind Bauelemente, die man zur Steuerung von Geräten und Systemen verwendet (**Bild 1**). Ein Mikrocontroller vereint alle wesentlichen Bestandteile eines Computers in einem Chip.

Ein Mikrocontroller ist ein Einchip-Mikrocomputer.

Aufbau

Die meisten Mikrocontroller sind nach Harvard-Architektur aufgebaut (Bild2). Bei dieser Rechnerarchitektur sind Programme und Daten in unterschiedlichen Speichern untergebracht. Das Steuerwerk ist über einen separaten Befehlsdatenbus mit dem Programmspeicher verbunden und das Rechenwerk greift über einen Datenbus auf den Datenspeicher zu. An den Datenbus sind auch alle weiteren Elemente angeschlossen, z.B. Timer, Interrupteinheit und Ports. Mikrocontroller sind nach der Breite des Datenbuses kategorisiert, z.B. 8-Bit-Controller.

Während das Steuerwerk über den Befehlsdatenbus mit Anweisungen versorgt wird, lassen sich gleichzeitig Daten über den Datenbus lesen oder schreiben. Dies spart Zeit bei der Befehlsabarbeitung und ist ein Geschwindigkeitsvorteil zu anderen Rechner-Architekturen.

Befehlssatz

Jeder Controller verfügt über eine Sammlung möglicher Befehle, die man als Befehlssatz bezeichnet und die im Datenbuch des Bauelementeherstellers beschrieben sind (**Tabelle 1**). Ein Mikrocontroller führt die Befehle aus dem Programmspeicher schrittweise aus.

Mikrocontroller älterer Bauart, z. B. die Baureihe mit 8051-Architektur, haben einen umfangreichen Befehlssatz mit zum Teil sehr komplexen Einzelbefehlen. Dies führte zu dem Namen CISC-Rechner (CISC von complex instruction set computing). CISC-Rechner haben wegen des umfangreichen Befehlsatzes ein aufwändiges Steuerwerk, das zu Mehrkosten und einer erhöhten Stromaufnahme führt. Moderne Controller haben einen schlanken Befehlssatz und werden als RISC-Rechner bezeichnet (RISC von reduced instruction set computing). Typische Vertreter sind die AVR-Familie der Fa. Atmel (Abschnitt 4.3.7.3) und die PIC-Controller der Fa. Mikrochip (Abschnitt 4.4.5.2).

ⓘ **Minimalausstattung eines Mikrocontrollers:**
- Mikroprozessor (CPU) mit Steuerwerk (Control-unit) und Rechenwerk (ALU)
- Programmspeicher, z. B. Flash-EEPROM (Abschnitt 4.6.2)
- Datenspeicher, z. B. SRAM (Abschnitt 4.6.1)
- Schnittstellen zum Anschluss von Eingabeeinheiten, z. B. Tastern und Ausgabeeinheiten, z. B. LCD-Modulen

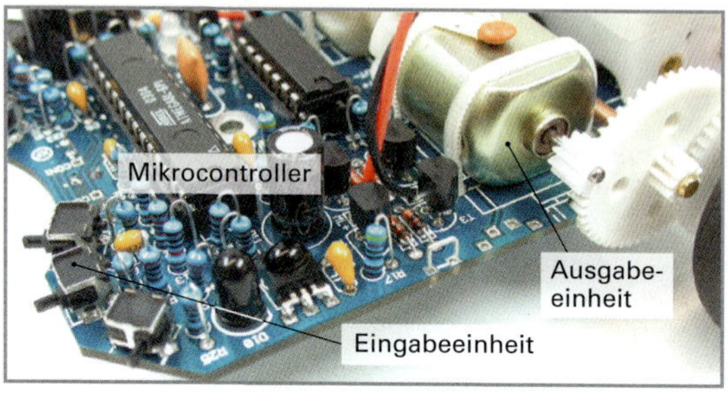

Bild 1: Roboter gesteuert mit Mikrocontroller

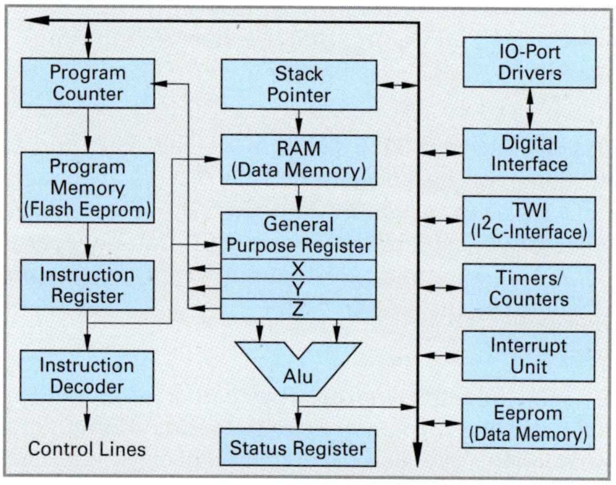

Bild 2: Mikrocontroller in Harvard-Architektur

Tabelle 1: Befehlsliste eines Mikrocontrollers (Auszug)

Mnemonics	Operanden	Beschreibung	Beispiel
MOV	Rd, Rr	Kopiere Register Rr nach Register Rd	MOV r31, r30
LDI	Rd, K	Lade Register Rd mit einer Konstanten K	LDI r16, 250
OUT	P, Rr	Lade Steuer oder IO-Register P mit Register Rr	OUT DDRB, r16
ADD	Rd, Rr	Addiere Register Rd mit Register Rr und schreibe das Ergebnis in Rd	ADD r16, r17
AND		Bitweise UND mit Register Rd und Register Rd	AND r19,r27
RJMP	k	Sprung zur Programmzeile Programmzähler+k+1	loop: ... RJMP loop
Aufbau einer Befehlszeile: Operation LDI	Ziel r16,	Quelle 255	

Ports

Zur Verbindung externer Bauelemente und Baugruppen verfügen Mikrocontroller über verschiedene Schnittstellen. Für Taster und Leuchtdioden verwendet man IO-Ports (IO von input output = Eingang Ausgang, port = Anschlusspunkt). IO-Ports bilden eine Einheit aus mehreren Anschlüssen. Jeder einzelne Anschluss ist konfigurierbar als digitaler Ein- oder Ausgang.

> IO-Ports bilden Einheiten aus mehreren Anschlüssen, die man mit Befehlen im Programm als Ein- oder Ausgang konfigurieren kann.

Der Mikrocontroller in **Bild 1** enthält drei IO-Ports: Port B, Port C und Port D mit je acht Anschlüssen, z. B. Port B: PB0, PB1,...,PB7. Die Portanschlüsse sind mit weiteren Funktionseinheiten des Mikrocontrollers verbunden. So reduziert sich beispielsweise am Port B die Anzahl der Anschlüsse bei externer Takterzeugung, weil PB6 (XTAL1) und PB7 (XTAL2) mit den Anschlüssen des Quazes belegt sind.

Ein offener Porteingang muss mit einem Widerstand auf einen definierten Signalpegel geführt werden. Meist verfügen Mikrocontroller interne Pullup-Widerstände, die mit dem Anschluss fest verbunden sind oder durch einen Befehl im Programm zugeschaltet werden können **(Bild 2)**.

Timer

Zur zeitlichen Steuerung von Abläufen verwendet man Timereinheiten. Diese Einheiten bestehen im Kern aus Dualzählern und können für unterschiedliche Betriebsarten programmiert werden.

Mit Timern lassen sich:

- Exakte Verzögerungszeiten (delay times) erzielen, Impulszeiten messen,
- Impulse zählen und
- Impulse erzeugen, z. B. für ein PWM-Signal.

Bei Timerüberlauf wird das Timer-Overflow-Flag gesetzt. Dieses Flag kann zur weiteren Verarbeitung im Programm abgefragt werden.

Beispiel 1: Startwertberechnung für Zählerüberlauf

Ein Mikrocontroller verfügt über einen 16-Bit-Timer. Dieser soll zur Erzeugung eines Impulses von t_i = 1 ms verwendet werden. Berechnen Sie den Startwert Z_{start} des Timers, so dass der Timer nach 1 ms überläuft. Der Timer zählt mit der Taktfrequenz f = 4 MHz.

Lösung:

$T = 1/f = 1/\ 4\text{MHz} = 0{,}25\mu s$

$Z_{max} = 2^n\text{-}1 = 2^{16}\text{-}1 = 65535$

$Z_{start} = Z_{max} - (t_i / T) + 1 = 65535 - (1\text{ ms} / 0{,}25\ \mu s)$

Z_{start} = **61536**

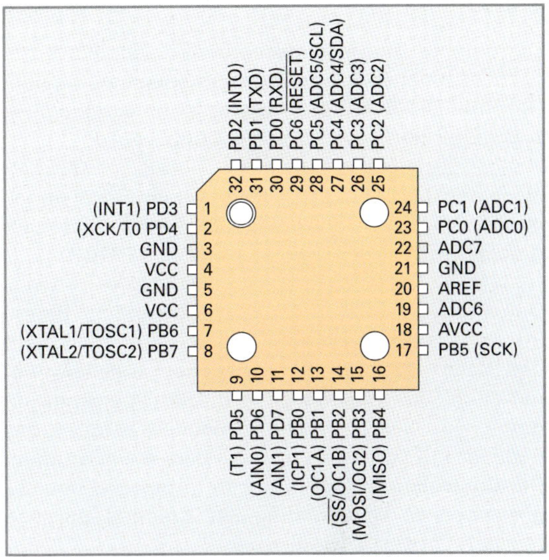

Bild 1: Anschlussbelegung eines Mikrocontrollers

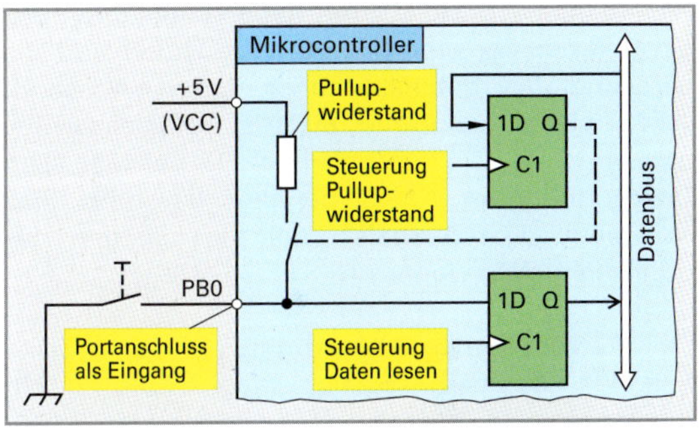

Bild 2: Porteingang mit internem Pullupwiderstand

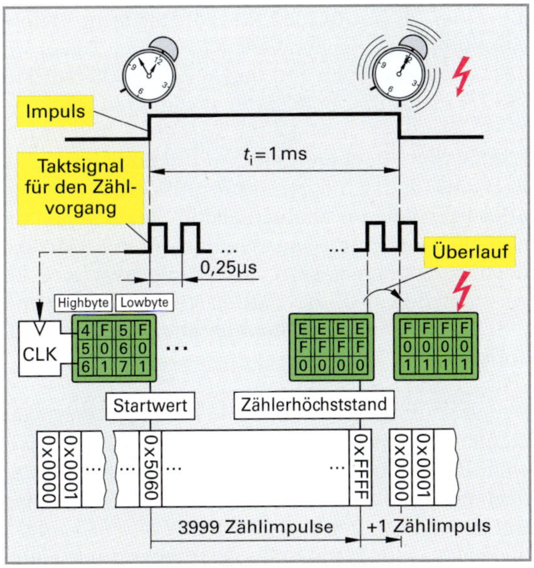

Bild 3: Timer mit Startwert und Overflow

Arbeitsweise

Die Befehle sind in binär codierten Befehlsworten als Maschinencode im Programmspeicher abgelegt **(Bild 1a)**. Die Befehlswortbreite ist unterschiedlich, z. B. 16 bit bei allen 8-Bit-AVR-Controllern.

Nach dem Systemstart, z. B. durch ein Resetsignal, ist der Programmzähler (PC, program counter) auf den Zählerstand 0x0000 zurückgesetzt **(Bild 1b)**.

Der PC adressiert den auszuführenden Befehl im Programmspeicher. Dieser Befehl wird in das Befehlsregister (IR, instruction register) eingetragen. Als Nächstes wird die Operation im Befehlsdecoder (Instruction Decoder) erkannt, das Register r16 adressiert und die Zahl 4 eingetragen. Der Controller verfügt in unserem Beispiel über 32 gleichwertige Universalregister (general purpose register).

Das Rechenwerk (ALU, arithmethic logic unit) nutzt diese Arbeitsregister, um die Operanden und die berechneten Ergebnisse zu speichern (Abschnitt 4.3.2). Im Mikrocontroller 8051 ist dafür ein AKKU und ein B-Register vorgesehen. Da bei fast allen Operationen der AKKU beteiligt ist, führt dies zu einem „Flaschenhals", der die Leistung des Controllers 8051 begrenzt.

Der PC wird auf 0x0001 erhöht und der nächste Befehl in das Befehlsregister geladen **(Bild 1c)**. Mit der gleichen Verfahrensweise wie im ersten Befehl wird nun die Zahl 5 in r17 eingetragen und anschließend der PC auf 0x0002 erhöht. Der dritte Befehl veranlasst das Rechenwerk die beiden Zahlen in den Arbeitsregistern r16 und r17 zu addieren und die Zahl 9 als Ergebnis in r16 einzutragen **(Bild 1d)**.

Nach der Rechenoperation aktualisiert das Rechenwerk das Statusregister SREG (Bild 1d). Die Speicherzellen im Statusregister bezeichnet man als Flags (= Flagge). Flags werden durch Ereignisse der Operationen gesetzt oder zurückgesetzt. Z. B. wird das Z-Flag (Z von zero = Null) gesetzt, wenn das Ergebnis einer Rechenoperation die Zahl Null ergibt.

Die Ausführung der Befehle erfolgt meist im Pipelining-Verfahren (Abschnitt 4.2.1). Dabei wird während der Ausführung eines Befehls bereits der nächste Befehl aus dem Programmspeicher in das Befehlsregister geladen. So ist es möglich, dass die Befehle zur kompletten Abarbeitung nur einen Taktzyklus benötigen.

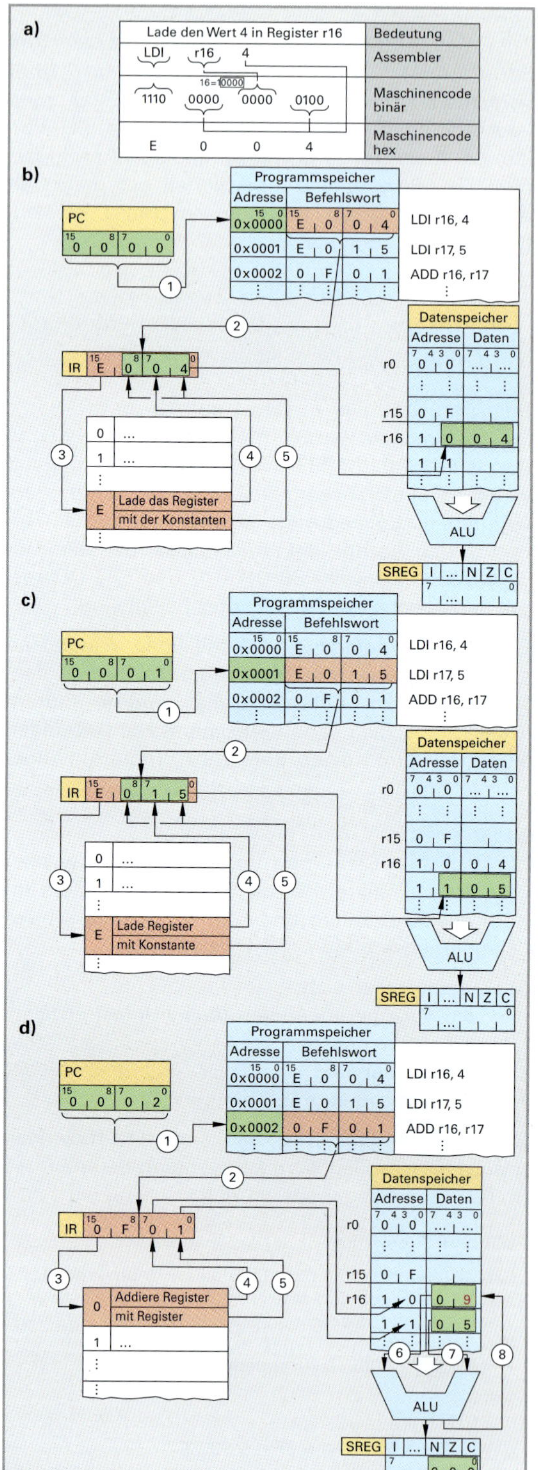

Bild 1: Arbeitsweise eines Mikrocontrollers

4.3.7.2 Mikrocontroller mit 8051-Architektur

Nach dem Mikrocontroller 8051 ist eine ganze Mikrocontrollerfamilie benannt. Halbleiterhersteller wie die Firma Atmel nutzen die 8051-Architektur als Kern (Core) und ergänzen weitere Baugruppen und Speichererweiterungen und bilden daraus einen eigenen 8051-Derivat (lat. derivare, ableiten, Abkömmling), z. B. den AT89C5131 mit den Baugruppen **(Bild 1)**.

Im C51-Core (Bild 1) sind die CPU, ein RAM mit 256 Bytes, eine serielle Schnittstelle mit RxD und TxD, die Timer T0 und T1 und die externen Interrupts INT0 und INT1 enthalten. Als weitere Baugruppen verfügt der Mikrocontroller EA-Einheiten (Ports), die teilweise doppelt belegt sind (alternate functions). Zusätzlich sind ein Timer 2, eine Timer- und Watchdogsteuerung PCA (Programmable Counter Array) und eine Schnittstelle SPI (Serial Peripheral Interface), zum Anschluss serieller Peripherie vorhanden.

Der AT89C5131 verfügt über Anschlüsse für den I²C-Bus, einen Tastaturanschluss KIN (Keypad Input Lines), die USB-Schnittstelle (Bild 1). Für Daten und Programme werden ein Flash-Speicher mit 32 KB, ein EEPROM mit 4 KB und ein ERAM (Expanded RAM) mit 1 KB bereitgestellt.

Portanschlüsse des AT89C5131

Die fünf unabhängigen EA-Einheiten des AT89C5131 werden mit P0 bis P4 bezeichnet **(Tabelle 1)**. Die Ports P0 bis P3 haben je 8 bidirektionale EA-Leiter (Portpins). Die EA-Leiter von P0 werden mit P0.0 bis P0.7 bezeichnet.

Tabelle 1: Portanschlüsse AT89C5131

Signal Name	Type	Description	Alternate Function
P0[7:0]	I/O	**Port 0:** P0 is an 8-bit open-drain bidirectional I/O port. Port 0 pins that have 1s written to them float and can be used as high impedance inputs. To avoid any parasitic current consumption, Floating P0 inputs must be pulled to V_{DD} or V_{SS}.	AD[7:0]
P1[7:0]	I/O	**Port 1:** P1 is an 8-bit bidirectional I/O port with internal pull-ups.	KIN[7:0] T2 T2EX ECI CEX[4:0]
P2[7:0]	I/O	**Port 2:** P2 is an 8-bit bidirectional I/O port with internal pull-ups.	A[15:8]
P3[7:0]	I/O	**Port 3:** P3 is an 8-bit bidirectional I/O port with internal pull-ups.	LED[3:0] RxD TxD INT0 INT1 T0 T1 WR RD
P4[1:0]	I/O	**Port 4:** P4 is an 2-bit open port.	SCL SDA

Dies wird als Byte mit P0[7:0] gekennzeichnet. Die Schreibweise zeigt die Wertigkeit der Bits, d. h. P0.0 enthält das niederwertigste Bit, P0.7 das höchstwertige Bit. Die Portanschlüsse sind meist mit weiteren Funktionen belegt (Alternate Function, Tabelle 1). P0 hat Open Drain-Anschlüsse, da es zusätzlich als Datenbus oder untere Hälfte des Adressbusses verwendbar ist. P1 bis P3 sind intern mit Pull-up-Widerständen versehen. P4 dient zur Steuerung des I2C-Busses.

Die gleichzeitige Verwendung alles Baugruppen ist nicht möglich, da Anschlüsse mehrfach belegt sind.

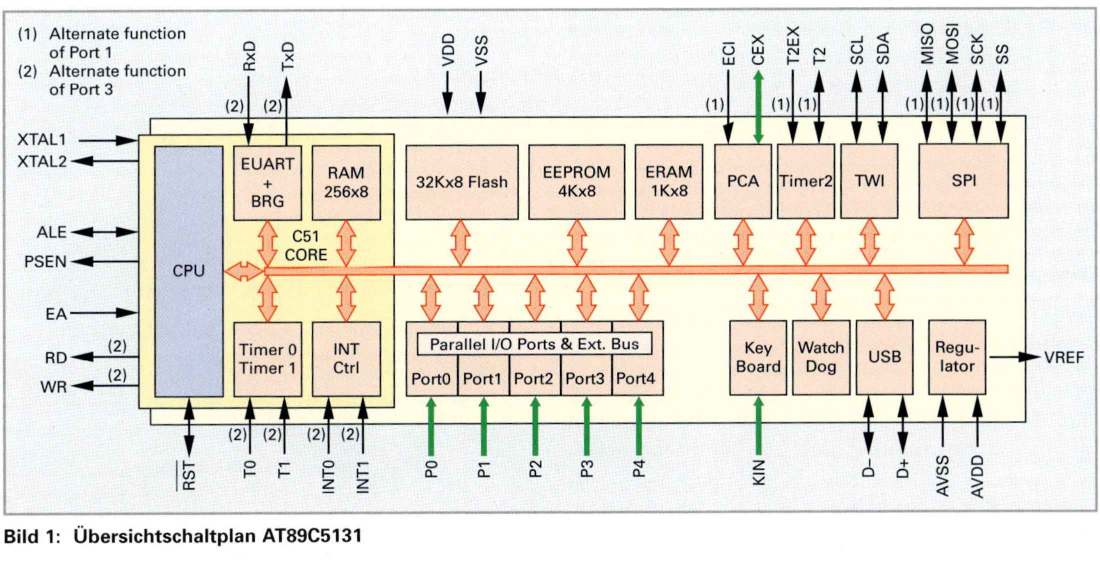

Bild 1: Übersichtschaltplan AT89C5131

4.3.7.3 AVR-Mikrocontroller

Die 8-Bit-AVR-Controllerfamilie **(Bild 1)** besteht aus den drei Serien AT90, ATtiny und ATmega (Bild 1). Die Basis bildet ein Hardware-Kern in RISC-Technologie (RISC von Reduced Instruction Set Computing = Verarbeitung eines reduzierten Befehlssatzes). Der Befehlssatz besteht aus wenigen, zeitoptimierten Befehlen, die meist in einem Taktzyklus verarbeitet werden können.

Die wesentlichen Unterschiede zwischen den AVR-Controllern sind die Größe, die Speicherkapazitäten, die Taktfrequenz und zusätzliche interne Komponenten, z. B. ein AD-Umsetzer.

Die 32-Bit-AVR-Serie verfügt z. B. über Komponenten und Befehlserweiterungen für die digitale Signalverarbeitung sowie ein Bussystem und Schnittstellen für externe Speicherkarten.

Hardwarestruktur

In einem internen Flash-EEPROM **(Bild 2)** wird das Programm des Mikrocontrollers gespeichert. Die Programmierung erfolgt direkt in der eingesetzten Schaltung über die SPI-Schnittstelle (SPI von Serial Peripheral Interface = serielle Schnittstelle für Peripheriekomponenten).

Daten, die während der Laufzeit entstehen, z. B. die logischen Zustände der Ports, werden in einem SRAM (SRAM = Static RAM, Kapitel 4.6.1) gespeichert. Einige AVR-Controller enthalten außerdem ein EEPROM als nichtflüchtigen Datenspeicher, um Daten über die Laufzeit hinaus zu sichern.

Die Mikrocontroller besitzen 32 Arbeitsregister mit einer Datenbreite von 8 bit. Diese Register sind den ersten 32 Speicheradressen des SRAM zugeordnet. Die ALU kann direkt auf diese Register zugreifen und so arithmetische und logische Operationen schnell und ohne zusätzlichen Akkumulator durchführen.

Wie andere Controller auch, enthalten die AVR-Serien zusätzliche Komponenten, z. B. Interrupteinheit, serielle Schnittstellen, EA-Einheiten (Ports) und verschiedene Zeitgeber und Zähler. Alle zusätzlichen Komponenten sind mit dem Datenbus verbunden.

Programmiersysteme für die AVR-Familie

Die Programme für AVR-Controller werden z. B. mit der Entwicklungsumgebung AVR-Studio in Assembler oder in C entworfen und simuliert. Das STK 200, das STK 500 und das MyAVR-Board **(Bild 3)** sind Beispiele für Testplatinen, um Programme im Mikrocontroller zu erproben. Die Controller lassen sich direkt, z. B. über USB-Schnittstelle programmieren. Taster und LEDs ermöglichen eine einfache Überprüfung der Ports.

Bild 1: AVR-Mikrocontroller

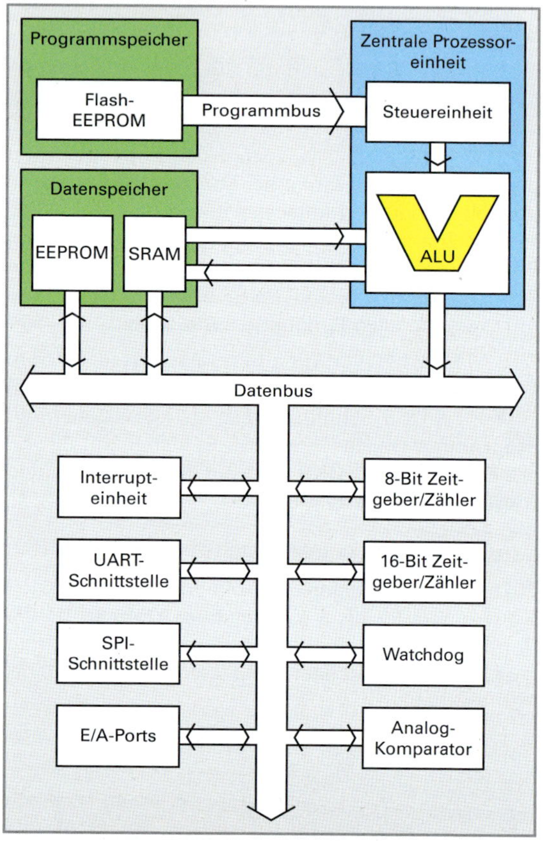

Bild 2: Hardwarestruktur der AVR-Serien

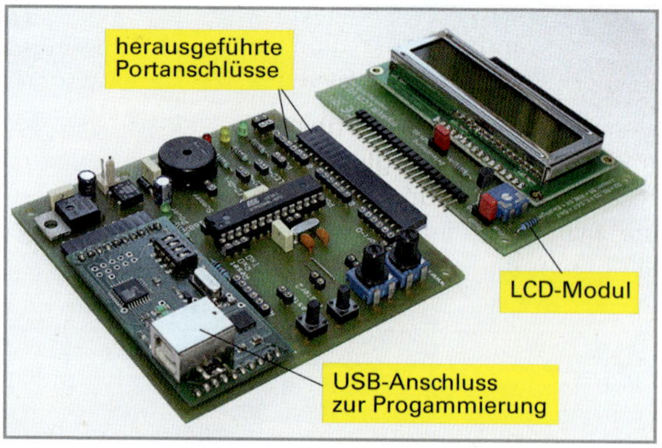

Bild 3: MyAVR-Testplatine mit USB-Anschluss

4.4 Systementwicklung

4.4.1 Systemanalyse, Aufgabenanalyse

Bearbeitung eines Projektes

Für das Umsetzen von Projekten, z. B. IT-Projekten, Entwicklungsprojekten, ist sicherzustellen, dass die
- Aufgabenstellung genau beschrieben und mit dem Auftraggeber abgestimmt ist,
- relevante Randbedingungen vor der Umsetzung bekannt sind,
- Aufwände und der Terminplan der Realisierung bekannt sind,
- zu entwickelnde Software der Aufgabenstellung entspricht, und dass die
- Dokumentation bei Projektende aktuell vorliegt.

Deshalb ist für Projekte, die Entwicklungsaufwände von mehreren Wochen erfordern, zu Projektbeginn eine Projektplanung durchzuführen **(Bild 1)**. Mit der Projektorganisation werden die am Projekt beteiligten Personen festgelegt **(Bild 2)**. Ferner sind deren Aufgaben und Zuständigkeiten zu definieren. Für einen effizienten Projektverlauf ist festzulegen, zu wie viel Prozent ihrer Arbeitszeit die beteiligten Personen dem Projekt zur Verfügung stehen.

Der Projektleiter muss die Projektarbeit planen, koordinieren und steuern. Die Projektentscheider, meist Mitglieder der Unternehmensleitung, müssen das Projekt im Sinne des Unternehmens verantworten, insbesondere die anfallenden Kosten.

Als wesentliche Aufgabe zum Realisieren von Projekten ist die Projektstrukturierung in Form von Arbeitspaketen (Projektstrukturplan) zu nennen **(Bild 3)**. Dies muss sehr sorgfältig erfolgen. Anhand der Arbeitspakete ist der Projektumfang erkennbar, d. h. die
- Zeitaufwände für Untersuchungen und Entwicklungen,
- Kosten für Investitionen hinsichtlich Hardware und Software sowie die
- Zeitaufwände für die Einführung und Schulung des zu entwickelnden Systems im Unternehmen

sind zu erarbeiten. Als Grobstruktur kann hierbei oft zunächst eine Untergliederung nach Systemkonzeption, Realisierung, Beschaffung, Inbetriebnahme, Schulung, Einführung und Projektmanagement angenommen werden (Bild 3).

Umfangreiche Projekte erfordern eine gründliche Strukturierung in Arbeitspakete, um frühzeitig Kosten und Aufwände zu erkennen.

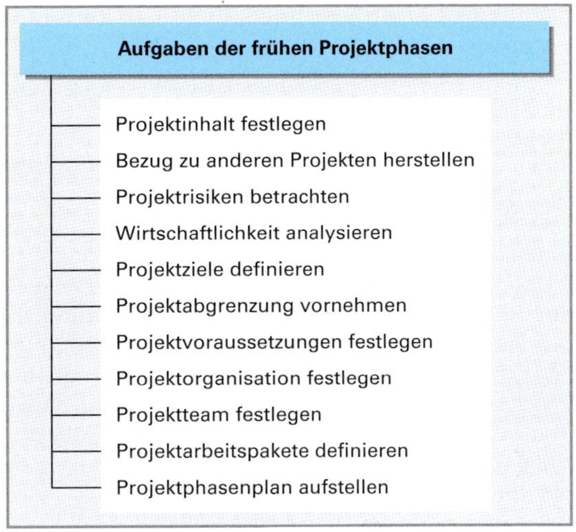

Bild 1: Inhalt der Projektplanung

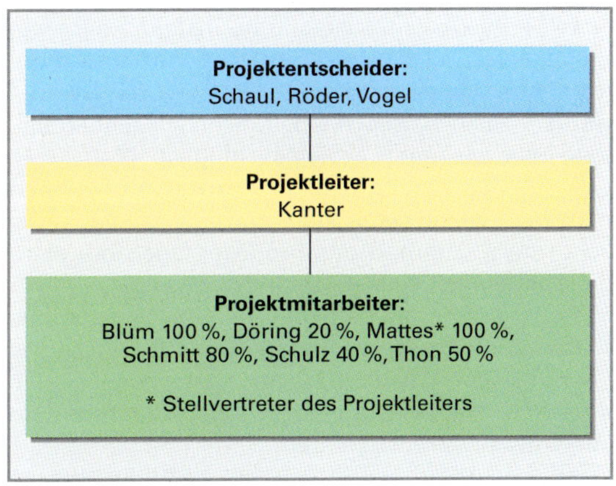

Bild 2: Projektorganisation

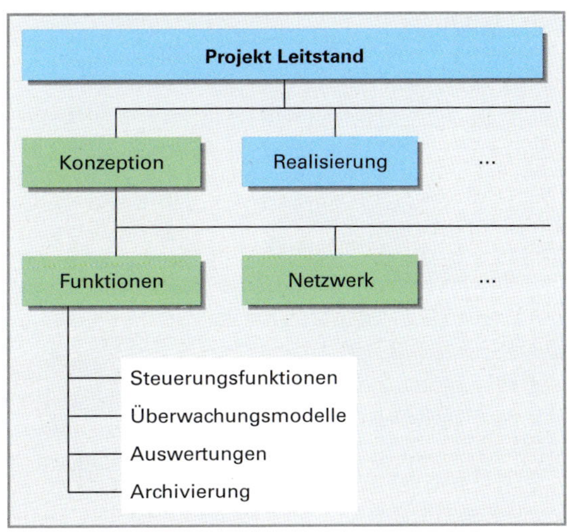

Bild 3: Hierarchiebaum Arbeitspakete (Projektstrukturplan)

Ein Projekt ist in etwa fünf Phasen zu gliedern. Entsprechend ist ein Phasenplan mit etwa fünf Phasenabschlussterminen (Meilensteinterminen) zu erstellen **(Tabelle 1)**. Zu diesen Meilensteinterminen sind die Projektentscheider vom Projektleiter über den Verlauf des Projektes zu informieren. Die jeweils nächste Projektphase ist dann von den Entscheidern freizugeben. Bereits beim Erstellen des Phasenplanes sind die Meilensteintermine festzulegen. Ferner sind die Aufwände aller am Projekt beteiligten Personen und benötigten Investitionen je Phase darzulegen. Im Phasenplan ist zu vermerken, ab welchem Zeitpunkt es im Projekt kein Zurück mehr geben soll (Point of no Return). Dadurch soll klar gemacht werden, welche Aufwände bei einem vorzeitigen Projektabbruch maximal „in den Sand gesetzt würden".

Kosten-Nutzenbetrachtung

Je feiner die Arbeitspakete in der frühen Phase der Projektarbeit nach dem Top-Down-Verfahren (von top = oben, down = unten) strukturiert und bewertet werden, desto besser ist eine Kosten-Nutzenbetrachtung des gesamten Projektes möglich **(Tabelle 2)**. Auf der Kostenseite sind neben den Aufwänden für Personal, Investitionen und Dienstleistungen von extern während des Projektes auch die ständig anfallenden Kosten nach Projektende, z. B. für Systemwartung, aufzuzeigen. Bei den Investitionskosten sind die anerkannten Abschreibungsregeln über die Jahre verteilt zu notieren. Heute schon bekannte Neuinvestitionen in der Zukunft sind ebenfalls zu berücksichtigen.

Tabelle 2: Kosten-Nutzenbetrachtung

Merkmal	2017	2018	2019
Kosten			
• einmalig	150.000 €	100.000 €	50.000 €
• laufend	50.000 €	50.000 €	50.000 €
Kosteneinsparung			
• einmalig	20.000 €	300.000 €	–
• laufend	–	200.000 €	200.000 €
Kostenvermeidung			
• einmalig	300.000 €	200.000 €	–
• laufend	40.000 €	40.000 €	40.000 €

Beim Ermitteln des Nutzens sind einmalige Einsparungseffekte und ständig wirksame Einsparungseffekte zu ermitteln und zu bewerten, z. B. Wartungskosten ausgemusterter Altgeräte. Unter dem Begriff Kostenvermeidung sind Kosten zu verstehen, die durch die Umsetzung des Projektes nicht entstehen, z. B. eine dadurch vermeidbare Personalzusatzeinstellung. Entsprechend ist der Begriff Investitionsvermeidung zu verstehen. Durch die Projektumsetzung kann auf eine unabhängig vom Projekt zu tätigende Investition verzichtet werden, z. B. der Kauf eines weiteren Plotters.

Eine Kosten-Nutzen-Betrachtung ist zwingend notwendig, um die Wirtschaftlichkeit einer Projektrealisierung beurteilen zu können.

Tabelle 1: Phasenplan für ein IT-Projekt „Entwicklung eines Leitstandes"

Phase	Konzeption	Pilotbetrieb Bereich A	Produktiver Betrieb Bereich A	Produktiver Betrieb weitere Bereiche	System-abnahme
Ergebnis	Funktions-konzept, IT-Konzept (System, Netzwerk)	Definierte Pilotfunktionen sind einsatzfähig.	Definierte Funktionen sind produktiv verfügbar.	Definierte Funktionen sind produktiv verfügbar.	Auftraggeber erhält Dokumentation und gibt sein OK.
Arbeitsaufwand	60 PT je 500 €	80 PT je 500 €	30 PT je 500 €	30 PT je 500 €	10 PT je 500 €
Invest	–	40 000 €	–	120 000 €	2 000 €
Kosten	30 000 €	80 000 €	15 000 €	135 000 €	7 000 €
Kosten kumuliert (Gesamtkosten)	30 000 €	120 000 €	135 000 €	270 000 €	277 000 €
Meilenstein-termine	4. 7. 2017	20. 12. 2017 ↑	14. 2. 2018	23. 4. 2018	17. 7. 2018
PT Personentage			Point of no Return		

Konzeption von IT-Systemen

Die Konzeption eines IT-Systems erfolgt in mehreren Phasen (Phasenmodell, **Bild 1**). Zunächst muss mit dem Auftraggeber ein Lastenheft erstellt werden. Im Lastenheft ist die zu lösende Aufgabe zu beschreiben. Ferner sind wesentliche Randbedingungen wie zu verwendende Computerhardware oder zu berücksichtigende Datenschnittstellen zu bereits eingesetzten Softwareprodukten zu beschreiben. Es ist zu prüfen, ob die Aufgabenstellung durch am IT-Markt erhältliche Softwareprodukte grundsätzlich abgedeckt werden kann. Das Lastenheft muss zur Festlegung der genannten Arbeitspakete vorliegen.

Das Lastenheft enthält die Beschreibung der Aufgabenstellung aus der Sicht des Auftraggebers.

Nach dem Erstellen des Lastenheftes muss die Aufgabenstellung nach dem Top-Down-Verfahren verfeinert werden. Es ist das Pflichtenheft, oft auch Spezifikation genannt, zu erstellen **(Bild 2)**. Eingabemasken und resultierende Ausgabebilder am Bildschirm oder Drucker sind zu entwerfen und mit dem Auftraggeber abzustimmen. Das Pflichtenheft sollte eine grobe Benutzungsanleitung enthalten. Es muss z. B. festgelegt werden, welche Eingabefelder vom Benutzer in welchen Fällen zwingend auszufüllen sind. Zu berücksichtigende Datenschnittstellen zu anderen Softwareprodukten sowie erforderliche Netzwerkstrukturen sind zu erarbeiten. Ferner sind die den zu realisierenden Softwarefunktionen zuzuordnenden Daten zu nennen.

Das Pflichtenheft ist die Fortschreibung des Lastenheftes aus Sicht des Auftragnehmers und ist die Ausgangsbasis für die Programmerstellung.

Das Pflichtenheft muss des Weiteren die Beschreibung des Software-Entwicklungssystems, des Software-Testsystems sowie des Schulungssystems umfassen **(Bild 3)**. Bei Bedarf sind hierzu Investitionen zu tätigen bzw. Abschreibungen im zu erarbeitenden Angebot zu berücksichtigen. Die genannten Systeme müssen unbedingt getrennt sein, damit Tests und Schulungen unabhängig von Entwicklungsarbeiten durchgeführt werden können. Häufig werden nämlich in späten Entwicklungsphasen, in denen bereits Anwender im Testbetrieb arbeiten bzw. geschult werden, noch Computerabstürze erzeugt bzw. Dateien zerstört. Neben der Hardware, z. B. Server, ist auch die Software zu trennen, z. B. durch Einrichten eigener Datenbanken.

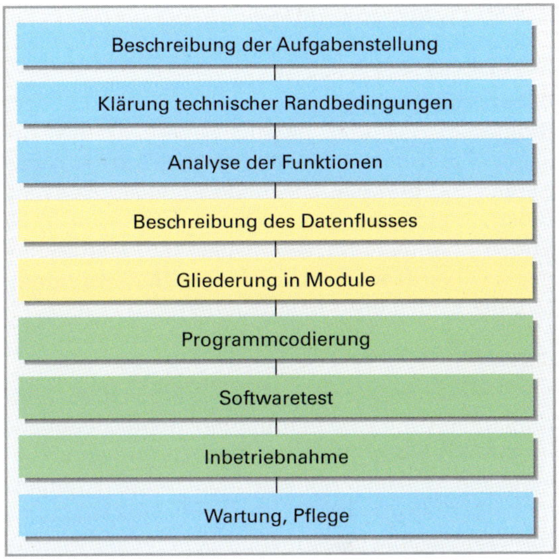

Bild 1: Phasen der Software-Systementwicklung

Bild 2: Bestandteile eines Pflichtenheftes (Beispiel)

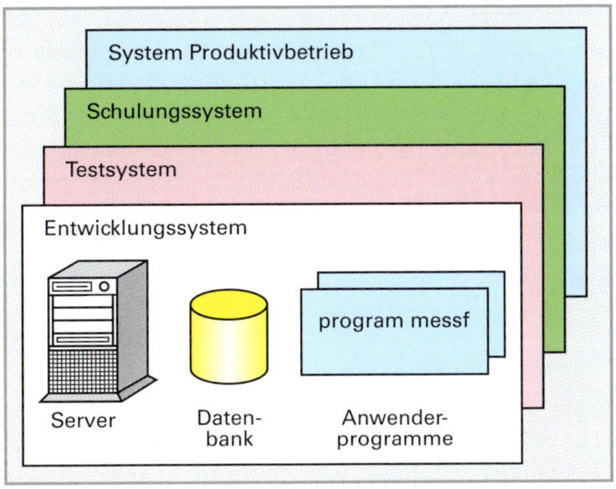

Bild 3: IT-Systeme in den Softwareentstehungsphasen

4.4.2 Programmentwicklung

Modularisierung

Bevor mit dem eigentlichen Programmieren, der Programmcodierung, begonnen wird, ist das gesamte Programm in Module zu gliedern (strukturieren) und grafisch, z. B. mittels Funktionsplänen, Blockschaltplänen, Programmablaufplänen oder Struktogrammen (Nassi-Shneiderman-Diagramme) darzustellen **(Tabelle 1)**. Umfangreiche Programm-Module sind ebenso zu strukturieren.

Programmcodierung

Erst bei der Programmcodierung arbeitet der Programmierer mit einer Programmiersprache. Jedes Programm-Modul muss mit einem Kommentarkopf versehen sein. Im Kommentarkopf müssen mindestens die Aufgabe des Moduls und sein Dateiname zum Archivieren beschrieben sein. Hilfreich sind ferner Angaben hinsichtlich Eingangsdaten und Ausgangsdaten des Programm-Moduls.

Bei der Programmcodierung müssen die Namen von Konstanten und Variablen (Programmparameter) verständlich gewählt werden. Dadurch wird die Lesbarkeit eines Programmes wesentlich erhöht. Außerdem sind an geeigneten Programmstellen, z. B. bei Sprungverzweigungen, verständliche Programmkommentare einzubringen.

Kommentare in einem Programm verbessern dessen Lesbarkeit.

Testen der Software

Nach dem Erstellen eines Programmes ist dieses zunächst meist mit Fehlern behaftet. Die am einfachsten zu findenden Fehler sind die *Syntaxfehler* in der Programmiersprache. Diese werden weitgehend vom Programmiersystem angezeigt. Fehler, die in Wiederholungsfällen regelmäßig auftreten, sind mittels Überlegung oder mittels Debugger (to debug = entwanzen, Softwaretool zum Fehlerfinden) ebenfalls relativ leicht zu finden. Am schwierigsten sind diejenigen Fehler zu finden, die sehr selten auftreten (sporadische Fehler). Sobald ein Programm erstellt und prinzipiell lauffähig ist, muss es in festgelegten Freigabephasen eingesetzt werden **(Bild 1)**. Hierzu ist ein Inbetriebnahmeplan erforderlich.

Wartung und Pflege

Wartungsarbeiten an einem Programm entstehen z. B. wegen zu optimierender Benutzeroberflächen. Deshalb ist auf gute Strukturierung, Lesbarkeit und Dokumentation der Programme zu achten.

Tabelle 1: Sinnbilder für grafische Darstellungen

Sinnbild	Bedeutung
Programmablaufplan (PAP)	
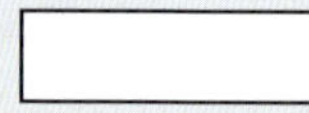	Operation allgemein, auch Eingabe, Ausgabe
	Verzweigung, Entscheidung
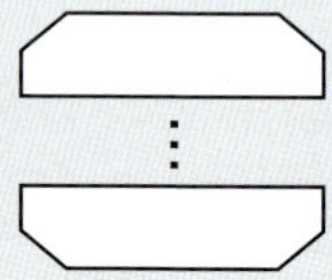	Schleifenbegrenzung
	Ablauflinie
	Übergangsstelle
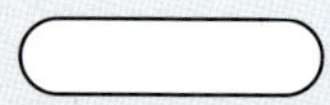	Grenzstelle, z. B. Start, Ende
Struktogramm (STG)	
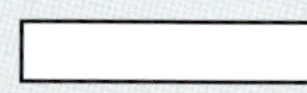	Funktionsblock
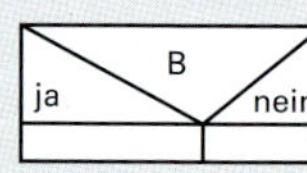	Verzweigungsblock mit Bedingung B
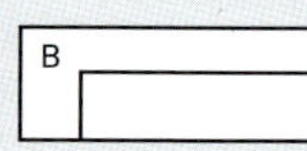	Wiederholungsblock mit Anfangsbedingung B
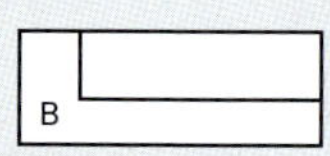	Wiederholungsblock mit Endebedingung B
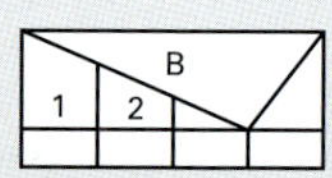	Mehrfacher Verzweigungsblock mit Bedingung B

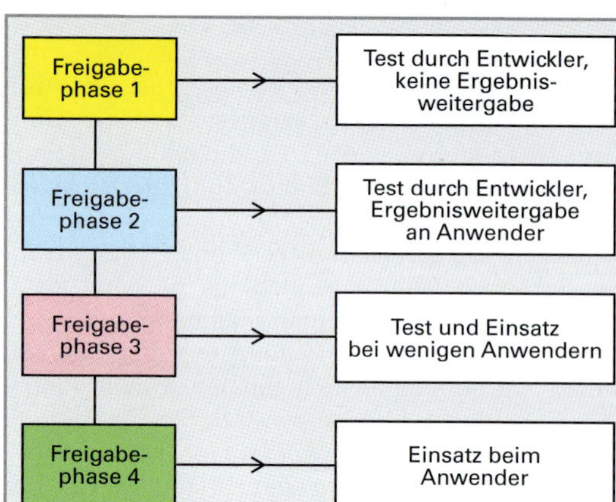

Bild 1: Freigabephasen der Softwareentwicklung

4.4.3 CPU-Programmierung mit Hochsprachen

Meist werden Mikroprozessoren und Mikrocontroller (CPUs) mit Hochsprachen, z. B. C, programmiert. Die Nachteile einer Programmierung in Hochsprache gegenüber der Programmierung in Assemblersprache, nämlich

- größerer Programm-Speicherplatzbedarf und
- langsamere Programmabarbeitung,

wirken sich bei den heutigen Mikroprozessoren bzw. Mikrocontrollern nicht mehr so stark aus, wie bei den früheren Mikroprozessoren und Mikrocontrollern. Dies liegt vor allem

- im größeren Adressierungsbereich,
- in der besseren Systemarchitektur (Pipelines),
- in der größeren Daten-Wortbreite und
- in „mächtigen" Befehlen, z. B. für Gleitkommaarithmetik, Grafik.

Mikroprozessoren und Mikrocontroller werden meist in einer Hochsprache programmiert.

Der Einsatz einer Hochsprache bietet gegenüber der Assemblerprogrammierung folgende Vorteile:

- zeitlich schnellere Quellprogrammerstellung,
- leichtere Lesbarkeit der Quellprogramme und
- leichtere Umsetzung der Quellprogramme auf einen anderen Mikroprozessortyp bzw. Mikrocontrollertyp.

Das Übertragen von Programmen auf einen anderen Mikroprozessor oder Mikrocontroller nennt man *Portieren* (von lat. portare = tragen, übertragen), **(Bild 1)**. Das Portieren von Software auf eine andere CPU erspart bei Anwenden einer Hochsprache viel Entwicklungsarbeit.

Eine Hochsprache bietet sich vor allem dort an, wo es bezüglich der Programmabarbeitung *nicht* auf extrem kurze Rechenzeiten ankommt, z. B. bei der Entwicklung von Editoren und Compilern. Trotz der leistungsfähigen Mikroprozessoren bzw. Mikrocontroller kann eine Assemblerprogrammierung für sehr rechenzeitkritische (schnell zu bearbeitende) Programmteile, z. B. schnelle Regelungen, unumgänglich sein **(Tabelle 1)**. Dies gilt oft auch für Programme zum Datenaustausch mit Peripheriegeräten oder für Programme zur Interruptverarbeitung in Betriebssystemen.

Rechenzeitkritische Abläufe sind nicht immer für eine Programmierung in Hochsprache geeignet.

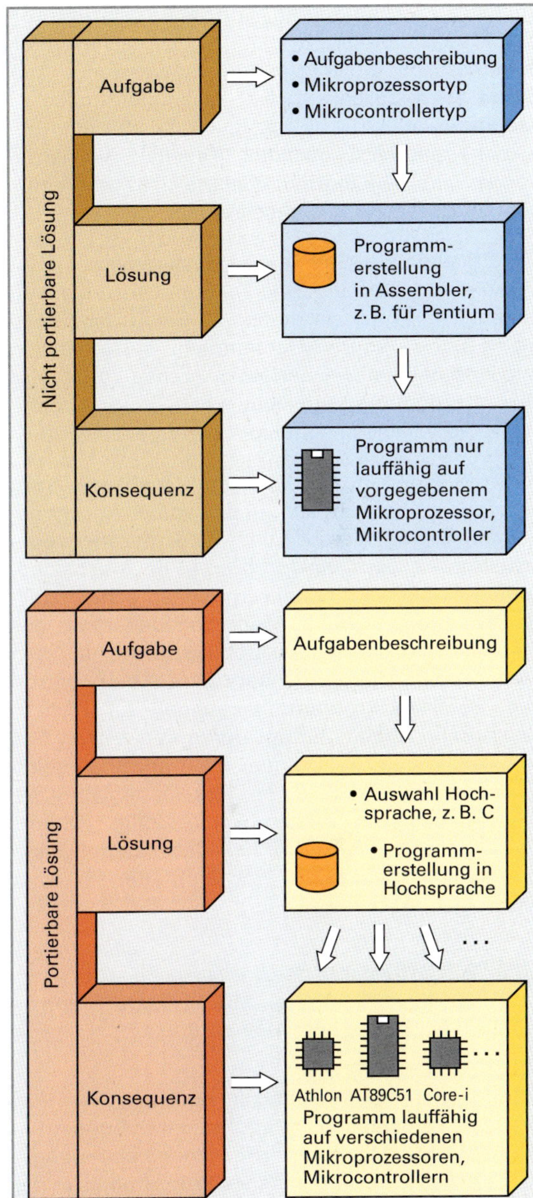

Bild 1: Ablauf der Programmierung in Assemblersprache und in Hochsprache

Tabelle 1: Vergleich von C mit Assembler

Kriterium	C (Hochsprache)
Speicherplatz	2 mal mehr als Assembler
Rechenzeit	1,5 mal länger als Assembler

Für das Programmieren von Mikroprozessoren und Mikrocontrollern in einer Hochsprache finden hauptsächlich C, C++ und C# Anwendung. Aufgrund der Möglichkeit, in C assemblerähnlich zu programmieren, ist C bezüglich Rechenzeit und Speicherplatz dazu geeignet (Tabelle 1, vorhergehende Seite). Die Betriebssysteme UNIX und Linux sind überwiegend in C geschrieben.

Das Erstellen von Software in Hochsprache erfolgt in mehreren Schritten **(Bild 1)**. Zuerst wird die Aufgabenstellung mittels grafischer Entwurfshilfsmittel, z. B. als Programmablaufplan, *systematisiert* und anschließend in der Hochsprache *formuliert*. Dieses Programm wird über einen *Editor* in einer Computeranlage eingegeben und abgespeichert.

Aus diesem abgespeicherten Quellprogramm erzeugt ein Compiler, der auf den später zu verwendenden Mikroprozessor bzw. Mikrocontroller zugeschnitten ist, ein *Objektprogramm* im Maschinencode. Das Binden einzelner in Hochsprache erstellter Programmbausteine sowie gegebenenfalls das Einbinden von in der Assemblersprache des entsprechenden Mikroprozessors bzw. Mikrocontrollers erstellten Programmbausteinen für rechenzeitkritische Abläufe erfolgt durch den *Linker*. Das Adressieren der einzelnen Programmbausteine (Locaten) und das Erzeugen des für ein EPROM-Programmiergerät verständlichen Codes (Objektkonvertierung), meist im hexadezimalen Format von Intel, ist wie beim Programmieren in einer Assemblersprache notwendig.

Das Programmieren in Hochsprache erfordert einen Editor, Compiler, Linker, Locater und Objektkonverter (Tools, Werkzeuge).

Eine Programmentwicklung in Hochsprache erfordert eine Fehlersuche (symbolisches Debuggen) in Hochsprache. Mit einem *Hochsprachendebugger* können die Anweisungen eines Programmes in der Hochsprache schrittweise ausgeführt bzw. nachvollzogen werden (Single-Step-Betrieb, Setzen von Breakpoints, Trace-Betrieb). Hochsprachendebugger lassen sich während des Debuggens in Hochsprache meist auch zum Debuggen auf Assemblerebene umschalten, sodass der vom Compiler erzeugte Code nachvollzogen werden kann.

Zur anschaulichen Programmeingabe in einen Computer gibt es für Hochsprachen wie C *Struktogrammeditoren*. Im Gegensatz zu herkömmlichen Editoren, die zur formatfreien Eingabe von ASCII-

Bild 1: Schritte beim Erstellen von Software in Hochsprache

Zeichen dienen, wird dem Programmierer entsprechend der zu programmierenden Anweisung das Struktogrammsymbol am Bildschirm vorgelegt, welches vom Programmierer „ausgefüllt" werden muss.

Das Programmieren einer if-Anweisung wird über ein if-Kommando derart eingeleitet, dass am Bildschirm das Struktogrammsymbol für die einfache Alternative (Verzweigungsblock) vorgelegt wird. Außerdem erscheinen die Sprachworte `if`, `then` und `else`, die nicht mehr explizit (getrennt, ausdrücklich) programmiert werden müssen **(Bild 1)**. Diese Art des Editierens verbessert die Lesbarkeit des Programms und trägt bereits während der Programmeingabe zur Programmdokumentation bei. In gleicher Weise erfolgt das Programmieren von switch-Anweisungen **(Bild 2)**, while-Anweisungen, for-Anweisungen oder do-while-Anweisungen **(Bild 3)**.

Ein Struktogrammeditor verkürzt die Programmeingabe und führt zu einer übersichtlichen Programmdarstellung am Bildschirm.

Der Entwurf von Programmen für Mikroprozessoren und Mikrocontroller mittels einer Hochsprache erfolgt an einem PC. Im PC müssen die entsprechenden Compiler, Linker, Locater, Objektkonverter, Debugger und Emulatoren als Software hierfür installiert sein. Zum Erzeugen von „gebrannten" EPROM ist zusätzlich ein EPROM-Programmiergerät erforderlich, das am PC anzuschließen ist.

Wiederholung und Vertiefung

1. **Nennen Sie Nachteile der Programmierung in einer Hochsprache.**
2. **Warum kann man 32-Bit-Prozessoren besser zur Programmierung in einer Hochsprache verwenden als 8-Bit-Prozessoren?**
3. **Wie nennt man das Übertragen von Programmen von einem Mikroprozessor auf einen anderen?**
4. **Unter welcher Bedingung kann das Programmieren eines Mikroprozessors in einer Hochsprache zu Schwierigkeiten führen?**
5. **Welchen Vorteil bietet die Programmiersprache C bei der Programmierung von Mikroprozessoren und Mikrocontrollern gegenüber Assembler?**
6. **Zählen Sie die Arbeitsschritte beim Programmieren von Mikroprozessoren und Mikrocontrollern mit der Programmiersprache C auf.**
7. **Welches Programm in der Computeranlage dient zum anschaulichen Programmieren von Mikroprozessoren in einer Hochsprache?**
8. **Wozu dient ein Hochsprachendebugger?**

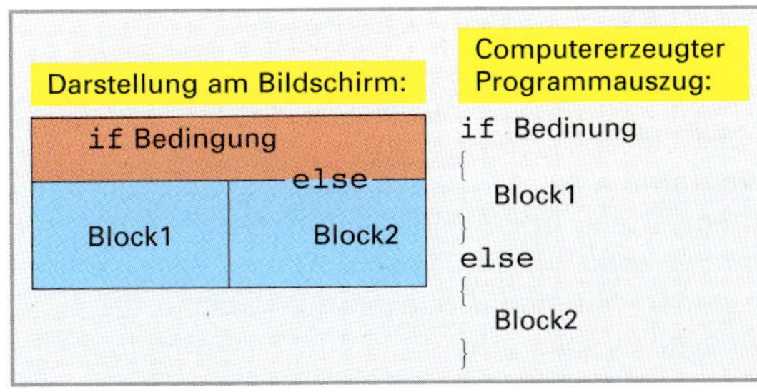

Bild 1: Programmierung der Anweisung if mit Struktogrammeditor

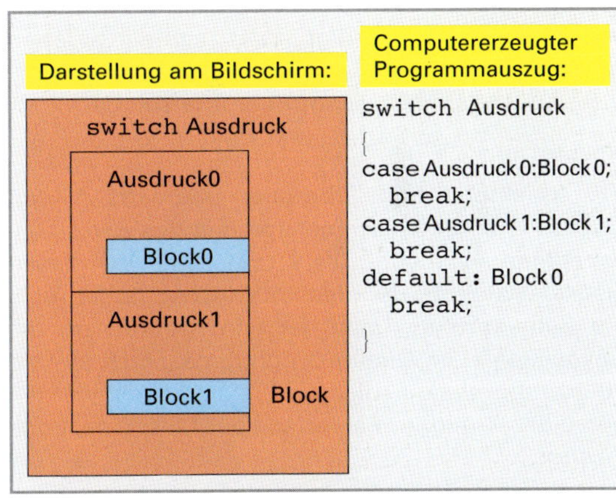

Bild 2: Programmierung der Anweisung switch mit Struktogrammeditor

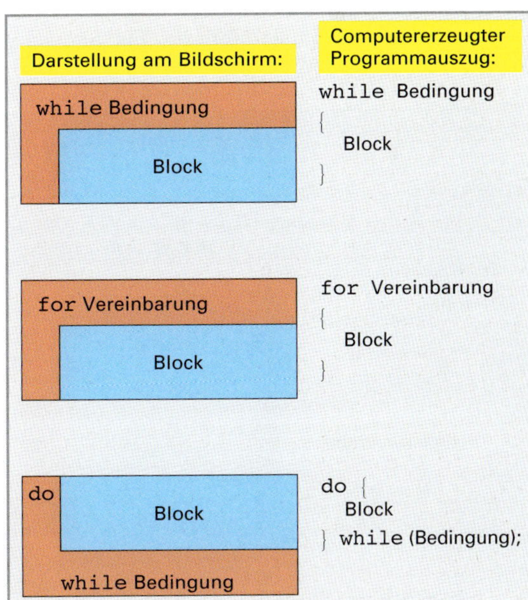

Bild 3: Programmierung der Anweisungen while, for, do-while

4.4.4 Programmierung von Mikrocontrollern

Editieren

Programme für Mikrocontroller werden mit einer integrierten Entwicklungsumgebung kurz *IDE* erstellt **(Bild 1)**. Die Programmerstellung erfolgt in einer höheren Programmiersprache, z. B. C (Abschnitt 4.9), oder in einer Assemblersprache (von to assemble = zusammenbauen). In beiden Fällen wird das Quellprogramm (Quellcode, Quelltext) mit einem *Editor* ① eingegeben und als Datei abgespeichert ② **(Bild 1)**.

Jeder Controller verfügt über seinen eigenen Assemblerbefehlssatz und ist daher in der Regel nicht auf andere Mikrocontroller übertragbar.

Übersetzen

Ein Assembler bzw. Compiler übersetzt ③ den Quellcode in die Maschinensprache des zuvor ausgewählten Mikrocontrollers und speichert diesen als Hex-Datei ab. Bei diesem Vorgang findet auch die Syntaxprüfung statt, es wird geprüft ob die Anweisungen im Quelltext richtig geschrieben und vollständig sind. Fehler und Warnungen werden gemeldet ④ und im Fehlerfall kein Maschinencode erzeugt.

Testen

Um herauszufinden, ob das Programm in unterschiedlichen Situationen fehlerfrei arbeitet, setzt man Simulatoren ⑤ und Emulatoren ein. Ein Simulator bildet ein Modell des Mikrocontrollers im PC nach.

> Eine **IDE** (von integrated development environment = integrierte Entwicklungsumgebung) enthält alle Werkzeuge zur Programmentwicklung.
>
> IDEs sind z. B. **AVR-Studio** für AVR-Controller, **MPLAB** für PIC-Controller und **µVision** z. B. für ARM und C51 Controller.

Ein Emulator bildet ein Modell des Mikrocontrollers in der eingesetzten Schaltung nach, so dass das Mikrocontrollerprogramm in der realen Funktionsumgebung getestet werden kann. Die Auswirkungen des Programms werden von den Modellen nachgebildet und angezeigt ⑥.

Den Fehlfunktionen kommt man auf die Spur, indem man die Anweisungen aus dem Quellcode in Einzelschritten ⑦ ausführt. Mit Breakpoints (= Unterbrechungspunkte), lässt sich der Programmablauf an bestimmten Stellen anhalten und so z. B. Registerinhalte in Ruhe anschauen und überprüfen. Softwareentwickler bezeichnen einen Programmfehler als Bug (= Wanze) und die Fehlerbeseitigung als Debugging (= Entwanzung).

Übertragen

Wird das Quellprogramm als fehlerfrei befunden, kann das Maschinenprogramm in den Programmspeicher des Mikrocontrollers übertragen ⑧ werden. Dazu muss der Mikrocontroller über eine geeignete Programmierschnittstelle mit dem PC verbunden sein. Die Übertragung erfolgt meist ebenfalls aus der IDE heraus.

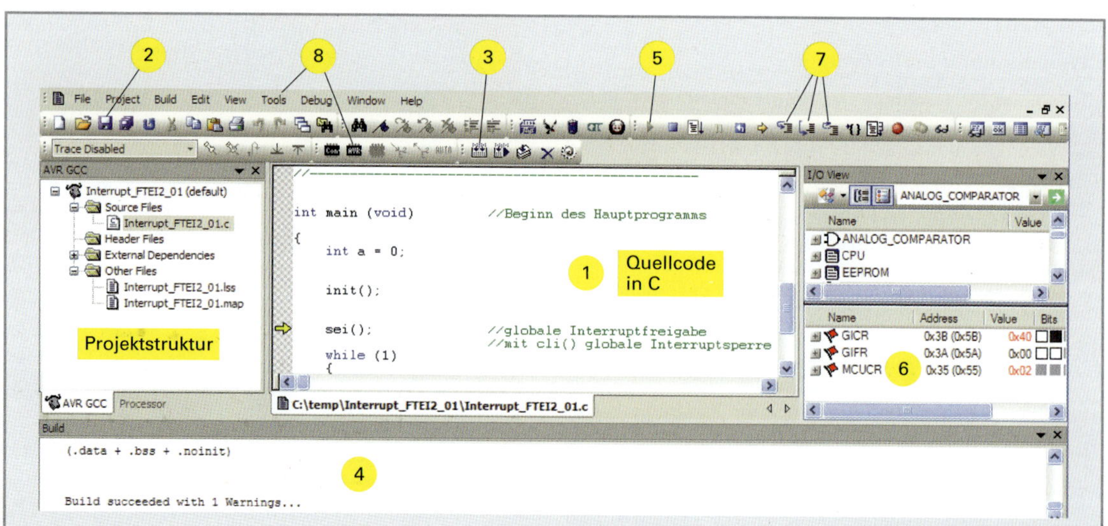

Bild 1: Oberfläche einer IDE

4.4.4.1 Programmierung mit Assemblersprache

Es soll ein Programm entwickelt werden, mit dem eine LED P über den Taster S1 eingeschaltet und über den Taster S2 wieder ausgeschaltet werden kann **(Bild 1)**.

Schritt 1: Beschreibung des Programmablaufs

Den Ablauf beschreibt man mit einem PAP **(Bild 2)** (Programmablaufplan) oder einem Struktogramm. Zu Beginn werden die IO-Ports konfiguriert und der Ausgang mit dem Zustand „LED ausschalten" initialisiert. Nun prüft man mit zwei Verzweigungen die Zustände der beiden Taster S1 und S2 und schaltet die LED entsprechend der Tasterzustände ein oder aus. Dieser Vorgang wird in einer Endlosschleife immer wieder ausgeführt (zyklische Ausführung). Ein Programmende wird nicht erreicht.

Schritt 2: Quellprogramm erstellen

Zunächst wird der Programmablauf aus Schritt 1 auf die Bitebene übertragen. In dieser Ebene wird festgelegt, welche Registerbits in welcher Reihenfolge geschrieben und gelesen werden müssen **(Bild 3)**. Die notwendigen Informationen zu den Registern entnimmt man dem Datenbuch des Herstellers.

Die Vorgänge auf der Bitebene werden mithilfe der Assemblerbefehle des Mikrocontrollers im Quellprogramm abgebildet (Bild 4). Zur besseren Lesbarkeit fügt der Programmierer Kommentarzeilen ein, die mit den Zeichen ; oder // anfangen.

Mit den Bitbefehlen `SBI` und `CBI` können die IO-Portregister bitweise beschrieben werden. Die Bitmuster sind bis zum nächsten Schreibbefehl in den Registern gespeichert **(Bild 4)**.

Die Zustandsprüfung von Taster S1 erfolgt über den Bitbefehl `SBIS PINC,0` (Bild 4). Dieser Befehl bewirkt, dass die darauf folgende Anweisung übersprungen wird, wenn das Bit 0 im Porteingangsregister PINC den Zustand 1 hat. Ist dieses Bit 0, dann wird die LED mit `SBI PORTB,0` eingeschaltet. Dieser Befehl führt einen Sprung zum Label marke1 aus. Bei der Zustandsüberprüfung von S2 wird ähnlich verfahren. Am Ende sorgt der `RJMP loop` einen Rücksprung zur Marke `loop` und damit zu einer zyklischen Prüfung von S1 und S2.

Schritt 3: Übersetzten der Quelldatei

Im nächsten Schritt wird die Quelldatei mit einem Assembler in Maschinensprache übersetzt (assembliert). Der Vorgang wird mit einem Mausklick oder im Menü Build gestartet (Abschnitt 4.4.4). Ein fehlerfrei assembliertes Programm erzeugt im Statusfenster die Meldung „Build succeeded..."

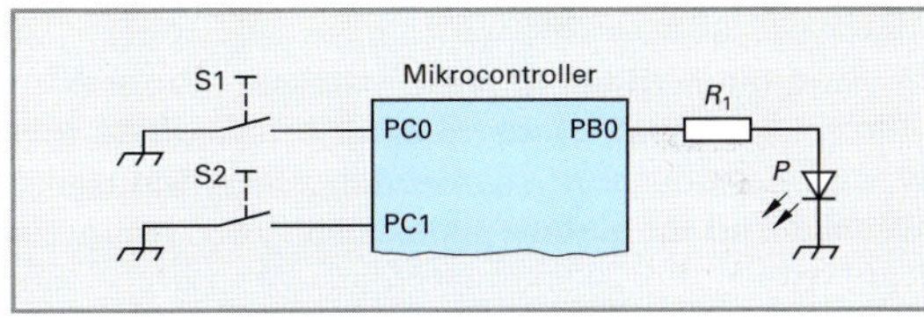

Bild 1: Schaltung mit Mikrocontroller

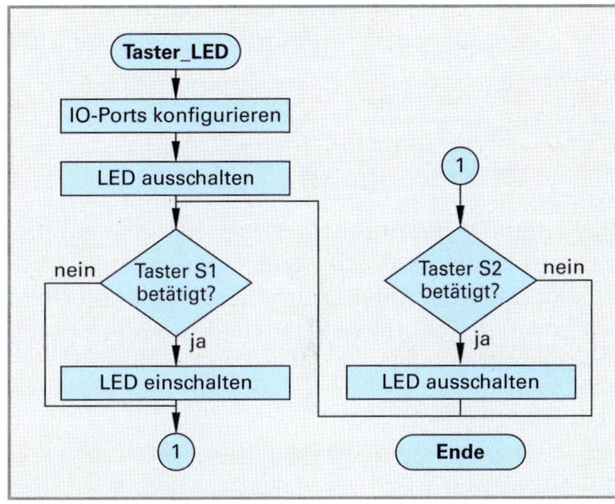

Bild 2: Programmablaufplan

Vorgang im Programm	Bit 7							Bit 0	Registerbezeichnung
Konfiguration der IO-Ports									
1. Bit 0 an Port B als Ausgang	1	1	1	1	1	1	1	1	DDRB
2. Bit 0 an Bit 1 am Port C als Eingang konfigurieren	0	0	0	0	0	0	0	0	DDRC
3. Interne Pullup-Widerstände am Port C aktivieren	1	1	1	1	1	1	1	1	PORTC
Initialisierung									
4. LED ausschalten	0	0	0	0	0	0	0	0	PORTB
Programmschleife									
5. Prüfung des Zustands von S1 an PC0								?	PINC
6. S1 betätigt (PC0=0), dann LED einschalten	1	1	1	1	1	1	1	1	PORTB
7. Prüfung des Zustands von S2 an PC1							?		PINC
8. S2 betätigt (PC1=0), dann LED ausschalten	0	0	0	0	0	0	0	0	PORTB

Bild 3: Bitebene eines Programmablaufplans

```
.INCLUDE "m8def.inc"
    SBI DDRB,0    //Ausgang für LED
    CBI DDRC,0    //Eingang für S1
    CBI DDRC,1    //Eingang für S2
    CBI PORTB,0   //LED aus
    SBI PORTC,0   //interne Pullup-
    SBI PORTC,1   //widerstände aktivieren
loop:
    SBIS PINC,0   //S1 betätigt?
    SBI PORTB,0   //LED ein
    SBIS PINC,1   //S1 betätigt?
    CBI PORTB,0   //LED aus
    RJMP loop     //Endlosschleife
```

Bild 4: Quellprogramm

Schritt 4: Softwaretest

Im Simulator **(Bild 1)** lässt sich das Programm testen. Die Auswirkungen der Schaltzustände von S1 und S2 überprüft man durch einen Mausklick auf Bit 0 und Bit 1 im Register PINC.

Schritt 5: Übertragung

Der Mikrocontroller ist mit einem Programmer an den PC anzuschließen. Die Übertragung des Maschinenprogramms erfolgt meist aus der IDE heraus.

4.4.4.2 Programmierung von Mikrocontrollern in C

Die meisten Programme für Mikrocontroller werden in der Hochsprache C, C++ oder C# (Abschnitt 4.9.3) erstellt. Der Ablauf der Programmerstellung erfolgt in denselben Schritten wie bei der Programmierung in Assembler.

Programmaufbau

Ein in C geschriebenes Quellprogramm **(Bild 2)** enthält

① Einen Programmkopf mit allgemeinen Informationen zum Programm,

② Header-Dateien die Registerdefinitionen und Bibliotheken mit Unterprogrammen (Funktionen) einbinden,

③ Vereinbarungen für frei wählbare Bezeichnungen im Programm,

④ Funktionsprototypen, zum Bekanntmachen ⑤ selbsterstellter Funktionen,

⑤ Das Hauptprogramm (die Hauptfunktion) und

⑥ den selbst erstellten Funktionen.

Registerdefinitionen

Die Header-Datei io.h (Bild 2), ② ordnet dem Adressraum des Datenspeichers die Registerbezeichnungen zu, z.B. erhält die Speicheradresse 0x17 die Bezeichnung DDRB.

Schnittstelle

Die Konfiguration und Initialisierung der Schnittstellen erfolgt in der Funktion init(), die zu Beginn des Hauptprogramms einmal aufgerufen wird ⑤.

Alle im Quelltext verwendeten Registerbezeichnungen sind im Vereinbarungsteil und in der Funktion init() konzentriert. Dadurch wird die Lesbarkeit erhöht und die Übertragung des Quelltextes auf andere Mikrocontroller einfacher. Notwendige Anpassungen sind nur noch an wenigen Stellen vorzunehmen.

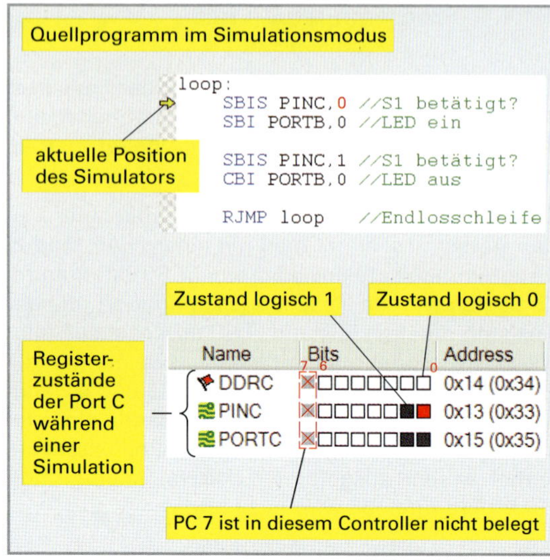

Bild 1: Quelltext zur Portabfrage im Simulator

```
/////////////////////////////////////////
//Aufgabe:  Portpinabfrage             //
//Autor:    H. Müller                  //
//Datum:    27.2.2012                  //
//Version:  1.0                        //
//                                     //
//Funktion: PD2 wird abgefragt         //
//Hardware: ATmega8, Taster an PD2     //
/////////////////////////////////////////

//Header-Dateien------------------------
#include <avr\io.h>

//Vereinbarungen------------------------
#define S1 (PIND & 0b00000100)
#define LED_ON PORTB = 1;
#define LED_OFF PORTB = 0;

//Bekannmachung der Funktionen--------
void init(void)

//Hauptprogramm-------------------------
void main(void)
{
    init();
    while(5)
        {
            if(!S1)
            {
                LED_ON;
            }
        }
}

//Funktionen----------------------------
void init(void)
{
    DDRD = 0;
    PORTD = 0x01;
}
```

Bild 2: Quelltext in C

Abfrage von Porteingängen

Porteingänge lassen sich durch die Kontrollstrukturen Schleifen und Verzweigungen im Programm überwachen **(Bild 1)**. Dabei prüft man einzelne Porteingänge über das Eingangsregister mit einer Bitmaske und der bitweisen UND-Operation. Die Bitmaske enthält an der zu prüfenden Position eine eins, alle anderen Bits sind null. Als Ergebnis bleibt nur der Zustand an der zu prüfenden Stelle im Register übrig. Dieses Ergebnis kann direkt in einer Kontrollstruktur weiterverarbeitet werden.

Alle Werte ungleich null interpretiert die Kontrollstruktur als wahr (true), der Wert null wird als falsch (false) interpretiert.

Interrupts

Das zyklische Abfragen (Polling) von Registern und Variablen nimmt Rechenzeit in Anspruch. Außerdem kann keine lückenlose Überwachung gewährleistet werden, da meist nur an einer einzigen Stelle im Programm geprüft wird. Eine Flankenauswertung, d. h. die Überwachung eines Zustandswechsels ist nur mit erhöhtem Programmieraufwand möglich. Deshalb werden diese Abfragen oft in Interrupt-Technik gelöst.

Die Interrupts lösen hardwaregesteuert durch interne Ereignisse, z. B. bei einem Timerüberlauf oder externe Ereignisse, z. B. bei einem Zustandswechsel eines externen Signals aus.

Interrupts sind Programmunterbrechungen an beliebiger Stelle.

Um ein Signal in Interrupt-Technik zu überwachen, muss die externe Interruptquelle konfiguriert und freigeschaltet werden **Bild 2**. Dabei greift man meist auf Funktionen einer Bibliothek zurück, die über eine Header-Datei eingebunden sind.

Der Interrupt löst im Beispiel Bild 2 bei einer steigenden Flanke am Portanschluss PD2 aus und unterbricht den Programmablauf. Die Interruptsteuerung des Mikrocontrollers sichert die aktuelle Programmspeicheradresse und springt zu der dafür vorgesehenen ISR (ISR von interrupt-service-routine). Nachdem die ISR vollständig abgearbeitet wurde, kann das Programm mithilfe der zuvor gesicherten Programmadresse an der Unterbrechungsstelle fortgesetzt werden.

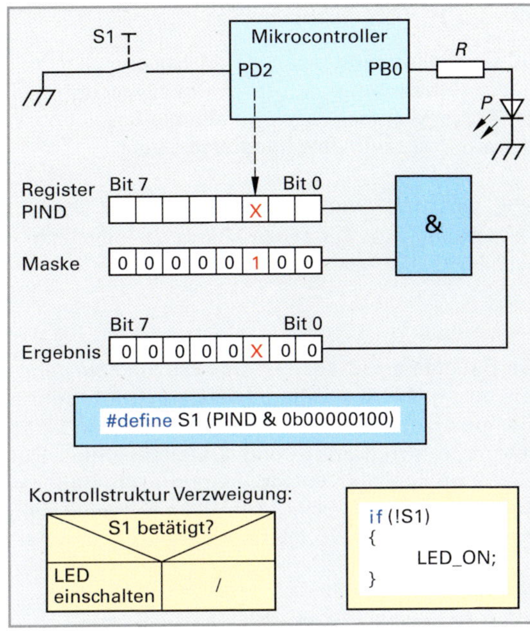

Bild 1: Abfrage eines Porteingangs

```
//Header-Dateien-----------------------------------
#include <avr\io.h>
#include <avr\interrupt.h> //Interruptbibliothek

//Vereinbarungen-----------------------------------
#define LED_ON PORTB = 1
//-------------------------------------------------

//Interrupt-Service-Routine für INT0
ISR(INT0_vect)
{
LED_ON;
}
//-------------------------------------------------

//Schnittstelle konfigurieren
void init(void)
{
    DDRB = 0xFF;          //alle Portpins als Ausgänge
    GICR = 0b01000000;    //Freigabe INT0 (an PD2)
    MCUCR = 0b00000010;   //Auslösen bei fallender Flanke
    PORTD = 0xFF;         //Pullupwiderstände ein
}
//-------------------------------------------------

//Hauptprogramm-----------------------------------
int main (void)
{
    init();
    sei();                //globale Interruptfreigabe
    while (1)
    {}
}
```

Bild 2: Quellprogramm zur Überwachung eines externen Signals in Interrupt-Technik

Wiederholung und Vertiefung

1. **Nennen Sie die Schritte der Programmentwicklung für einen Mikrocontroller.**
2. **Nennen Sie den Unterschied zwischen Simulator und Emulator.**
3. **Wie können Porteingänge überwacht werden?**
4. **Welche Aufgaben haben Interrupts?**

4.4.5 PIC-Mikrocontroller

PIC-Controller sind schnelle Mikrocontroller mit einem reduzierten Befehlssatz. Die Mikrocontroller der Firma Microchip besitzen alle die Bezeichnung PIC von Programmable Integrated Circut.

PIC ist eine Produktbezeichnung der Firma Microchip für schnelle Mikrocontroller mit kleinem Befehlssatz.

Bauelement PIC 16F887

Die Bausteine PIC 16F87x und PIC 16F88x gehören zur mittleren Leistungsklasse (mid-range). Sie besitzen Havard-Architektur, haben also getrennte Programm- und Datenspeicher. Der Programmspeicher ist als wiederbeschreibbares Flash-EEPOM ausgeführt. Dies ist am Buchstaben F in der Mitte der Produktbezeichnung erkennbar.

On-Chip- Zusatz-Einheiten

Der PIC 16F887 besitzt On-Chip Zusatz-Einheiten, die einen universellen Einsatz ermöglichen **(Bild 1)**.

Der Programmcode wird in Assembler oder C mit der integrierten Entwicklungsumgebung MPLAP von Microchip erstellt und getestet. Abschließend wird der HEX-Code an PIN 39 und 40 (RB6, RB7) in den Baustein übertragen (**Bild 2**, Erklärung der Pinbelegung im Tabellenbuch Informations-System- und Automatisierungstechnik).

Speicherbereiche

Unterschieden werden drei verschiedene Speicherarten (**Bild 1**):

- ein 8 KB-Flash-EEPROM-Programmspeicher (14 bit). In diesen können die Programmdaten mit einem ICSP-Adapter (ICSP = In-Circuit-Serial Programming) mit USB-Anschluss, z. B. dem PICkit 2 von Microchip bis zu 10 000 mal über die Portpins RB6 und RB7 eingeschrieben oder in ihm gelöscht werden (**Bild 3**).
- ein 368 B-RAM-Datenspeicher (8 bit), aufgeteilt auf 4 Speicherbänke mit SFRs (SFR = Special Function Register) und
- ein 256-B-EEPROM-Datenspeicher (8 bit), in welchen bereits beim Programmieren Daten abgespeichert werden können.

Ein-/Ausgabeports

Beim PIC 16F887 stehen 5 Ports mit insgesamt 35 I/O-Pins zur Verfügung. Die Ports A, B, C und D sind jeweils 8 bit breit, der Port E ist 4 bit breit.

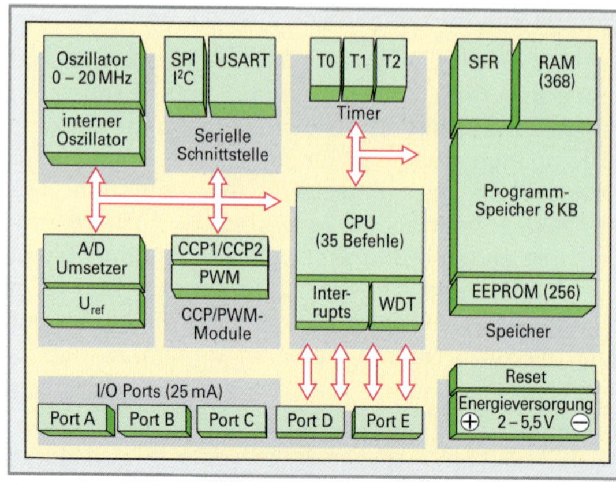

Bild 1: Aufbau des PIC 16F887

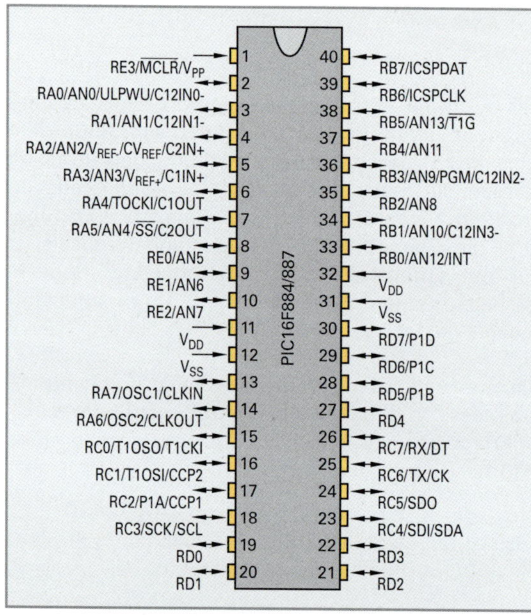

Bild 2: PIN-Belegung PIC 16F887. Quelle: Datasheet Microship

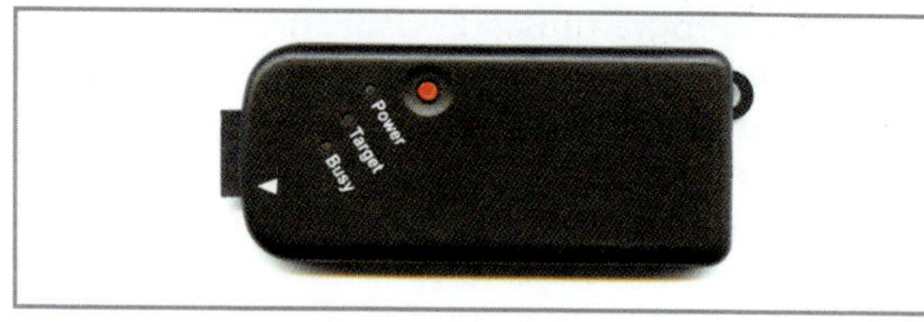

Bild 3: Programmieradapter PICkit 2

Die PIC-Controller werden in vielfältigen Gehäuseformen hergestellt und sind in den Datenblättern (www.microchip.com) genau beschrieben. Der Einsatz der jeweiligen Gehäuseform richtet sich nach Lötverfahren, Temperaturverhalten und Platzbedarf.

4.4.6 ARDUINO

ARDUINO ist ein Open Source Projekt und bezeichnet ein System bestehend aus einer einfachen Mikrocontrollerplatine (Board) und einer integrierten Entwicklungsumgebung (IDE).

Hardware

Die Platine ARDUINO-UNO **(Bild 1)** enthält Anschlüsse für digitale EA-Leitungen, serielle Schnittstelle, PWM-Ausgabe, analoge Eingänge und der Versorgungsspannung. Meist werden 8-Bit-Mikrocontroller der AVR-Serie oder 32-Bit-Controller der Firma Atmel verwendet (siehe 4.3.7.3). Die Platinen unterscheiden sich z. B. durch Programmspeichergröße, Datenspeichergröße, Art und Anzahl der Anschlüsse, Betriebsspannung und der Abmessungen **(Tabelle 1)**.

Durch aufsteckbare Zusatzplatinen (Shields = Schild) lassen sich die Boards erweitern und so für eine bestimmte Aufgabe programmieren und nutzen. Shields enthalten z. B. Anzeigen, weitere Schnittstellen, Sensoren und Aktoren. Viele Zusatzplatinen kann man bestückt oder teilbestückt kaufen. Schaltpläne, Layouts und Beispielprogramme sind meist veröffentlicht und können für eigene Projekte verwendet und verändert werden.

Zum Programmieren wird der ARDUINO direkt über eine USB-Leitung an den PC angeschlossen. Diese Schnittstelle dient außerdem zur Kommunikation und zum Datenaustausch zwischen PC und Mikrocontroller.

Software

Die Entwicklungsumgebung ARDUINO IDE kann kostenlos z. B. unter www.arduino.org heruntergeladen werden. Unterstützt werden die Betriebssysteme Windows, Linux und Mac OS. Nach Installation sind Hardware-Treiber, Bibliotheken und Beispielprogramme verfügbar.

Nach dem Programmstart von ARDUINO IDE öffnet sich das Fenster **(Bild 2)**. Im Menü *Werkzeuge* (Tools) kann über den Eintrag *Platine:* (Board) das ARDUINO-Board ausgewählt werden, z. B. Arduino-Uno. Über den Eintrag *Port:* lässt sich die Schnittstelle für das Board einstellen, z. B. COM6.

Die Schaltflächen unterhalb der Menüzeile dienen zum Erstellen, Öffnen, Speichern, Compilieren und Hochladen der Programme (Sketche) **(Tabelle 2)**.

Andere Programmierumgebungen bieten ebenfalls Schnittstellen zu ARDUINO, z. B. Atmel-Studio.

Informationen und Software zu ARDUINO unter: www.arduino.org, www.arduino.cc, www.fritzingorg

Bild 1: ARDUINO-UNO

Tabelle 1: Auswahl ARDUINO-Boards

ARDUINO	Controller	Flash KiB	SRAM KiB	digital IO	Schnittstellen
Uno	ATmega328 (8bit)	32	2	14	USB, SPI, ICSP, I2C
Mega	ATmega1280 (8bit)	128	8	54	USB, SPI, ICSP, I2C, UART
DUE	AT91SAM3X8E (32bit)	512	96	54	USB, CAN, ICSP, 2 TWI, 4 UART, 2 DAC

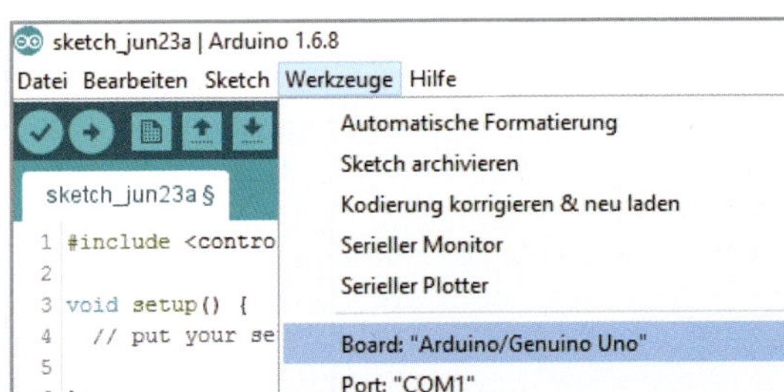

Bild 2: ARDUINO-IDE

Tabelle 2: ARDUINO Schaltflächen

	Verifizieren	Syntaxüberprüfung
	Hochladen	Übersetztes Programm in Mikrocontroller laden
	Neu	Anlegen eines neuen Sketches (XXXX.ino)
	Öffnen	Öffnet Auswahlfenster mit verfügbaren Sketches aus dem Arbeitsverzeichnis.
	Speichern	Speichert den Sketch.
	Serieller Monitor	Öffnet Fenster zur seriellen Datenübertragung

Programmieren

Programmiert wird in der ARDUINO IDE mit einer vereinfachten Variante von C. Ein Programm nennt man Sketch (Skizze, Entwurf, Zeichnung).

Die Grundstruktur besteht aus zwei Funktionen, die in jedem Sketch enthalten sind **(Bild 1)**. *setup()* wird zum Programmstart einmal ausgeführt und dient zur Konfiguration der Hardware, z. B. Konfiguration der digitalen Anschlüsse. *loop()* wird zyklisch aufgerufen und enthält den Programmteil, der endlos wiederholt wird, z. B. um Eingänge auszulesen. Die Hauptfunktion *main()* und die bereits eingebundene Bibliotheken werden in dieser Programmiersprache nicht dargestellt.

Wie in anderen Programmiersprachen enthalten die Programme Variablen, Konstanten, Operatoren, Kontrollstrukturen und weitere Funktionen.

Einige Funktionen sind ohne zusätzliches Einbinden einer Bibliothek einsetzbar, z. B. für die digitalen Anschlüsse.

Mit *pinMode (pin, mode)* kann einer der digitalen Anschlüsse als Ein- oder Ausgang konfiguriert werden. Parameter *pin* enthält die Nummer des Anschlusses, *mode* die Datenrichtung als Konstante: *INPUT, OUTPUT* oder *INPUT_PULLUP* (Eingang mit internem Pullup-Widerstand).

Mit *digitalWrite(pin, value)* wird ein digitaler Ausgang beschrieben. Parameter *pin* enthält die Anschlussnummer, *value* den geforderten Ausgangszustand als Konstante: *HIGH* oder *LOW.*

Um einen digitalen Anschluss zu lesen, verwendet man die Funktion *digitalRead(pin).* Diese Funktion liefert den Zustand des Anschluss *pin.* Rückgabewert ist HIGH oder LOW.

Übung 1: LED ein- und ausschalten

Eine LED ist am Anschluss D5 eines ARDUINO-UNO angeschlossen und soll mit einer Frequenz von 1 Hz blinken.

Ergebnis: **Bild 1**

In setup() muss der Anschluss mit der Funktion pinMode() als Ausgang konfiguriert werden. In *loop()* wird mit der Funktion *digitalWrite()* der Ausgang auf HIGH und auf LOW gesetzt. Mit *delay()* wird der Programmablauf zweimal um 500 ms verzögert.

Nachdem das Programm geschrieben wurde, kann mit der Schaltfläche „verifizieren" die Syntax geprüft und das Programm compiliert werden. Im unteren Bereich des Fensters (Bild 1) werden die Fehlermeldungen ausgegeben.

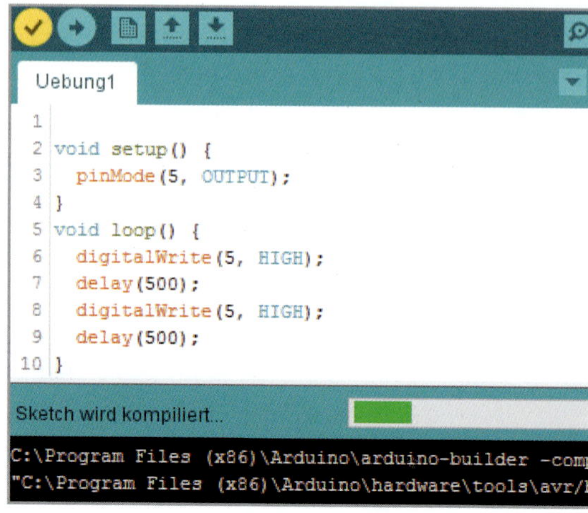

Bild 1: Programmbeispiel für digitalen Ausgang

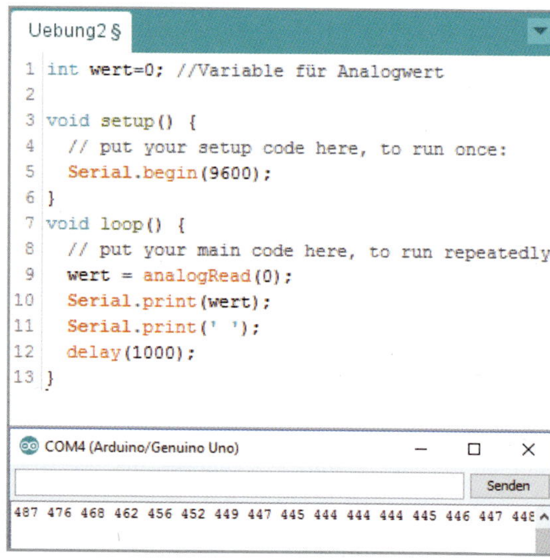

Bild 2: Programmbeispiel für seriellen Monitor

Serial Monitor

Um Werte ohne zusätzliche Anzeige sichtbar zu machen, verwendet man den seriellen Monitor **(Bild 2)**, der mit der „Lupe" (Schaltfläche oben rechts) aus der IDE aufgerufen wird. Mit der Funktion Serial. begin() lässt sich die Übertragungsgeschwindigkeit der seriellen Schnittstelle einstellen, z. B. *Serialbegin(9600)* für 9600 Baud. Die Daten können dann z. B. mit *Serial.print()* zum PC übertragen und im Serial Monitor angezeigt werden.

4.5 Betriebssystem

Ein Betriebssystem (Operating System) ist eine Software, die zusammen mit der PC-Hardware die Grundlage zum Betrieb bildet. Jeder PC benötigt ein Betriebssystem **(Tabelle 1)**.

4.5.1 Aufgaben eines Betriebssystems

Ein Betriebssystem ist eine Software, die den gesamten Computer, dessen Komponenten und auch die verwendete Software kontrolliert und steuert. Betriebssysteme erledigen eine Vielzahl von Aufgaben **(Bild 1)**.

Dateiverwaltung

Programme und Daten müssen dauerhaft gespeichert werden, da die Inhalte des Arbeitsspeichers beim Ausschalten verlorengehen. Deshalb werden Daten in Form von Dateien auf Datenträgern gespeichert. Die Dateiverwaltung wird mit Ordnern in einem Dateisystem vom Betriebssystem, z. B. in einem hierarchischen System, zur Verfügung gestellt.

Speicherverwaltung

Obwohl Computer über einen großen Arbeitsspeicher verfügen, finden dennoch nicht alle Programme und Daten auf einmal Platz im Arbeitsspeicher. Die Speicherverwaltung sorgt dafür, dass die jeweils benötigten Speicherinhalte zur Verfügung stehen.

Prozessverwaltung

Die Betriebsmittel (Ressourcen) des Computersystems müssen zwischen den verschiedenen laufenden Programmen und Systemaufgaben verteilt werden. Zu diesem Zweck werden die einzelnen Aufgaben als Prozesse ausgeführt, die vom Betriebssystem verwaltet werden.

Steuerung und Abstraktion der Hardware

Computersysteme sind modular aufgebaut. Jede Aufgabe kann durch verschiedene Geräte unterschiedlicher Hersteller erledigt werden. Betriebssysteme lösen dieses Problem durch den Einsatz von Gerätetreibern. Diese enthalten die Steuerlogik für bestimmte Hardwarekomponenten.

Eingabe- und Ausgabesteuerung

Computerprogramme sind auf die Eingabe von Daten angewiesen. Die Benutzer erwarten im Gegenzug die Ausgabe von Ergebnissen. Betriebssysteme steuern die Zusammenarbeit der verschiedenen Eingabe- und Ausgabekanäle wie Tastatur und Bildschirm.

ⓘ Betriebssysteme sind das Software-Bindeglied zwischen der Hardware und dem Anwender.

Tabelle 1: Betriebssysteme (Auswahl)

Name	Bedeutung, Übersetzung
Windows CE	Betriebssystem für Geräte (IoT)
Windows	Betriebssystem für 32 bit und 64 bit
UNIX	Betriebssystem für den Bereich Mikrocomputer, Workstation
LINUX	Betriebssystem für den PC-Bereich und Vernetzung
Mac OS X	Betriebssystem für Macintosh-PC. X steht für Version 10. Basiert auf UNIX.

Bild 1: Aufgaben eines Betriebssystems

Tabelle 2: Einteilung von Betriebssystemen

Arten	Beispiele
Anzahl gleichzeitig laufender Programme oder Prozesse	Einzelprogrammbetrieb (singletasking) Mehrprogrammbetrieb (multitasking)
Anzahl gleichzeitig arbeitender Benutzer	Einzelbenutzerbetrieb (singleuser mode) Mehrbenutzerbetrieb (multiuser mode)
Anzahl verwalteter Prozessoren	Ein-Prozessor-Betriebssystem (single processing mode) Mehr-Prozessor-Betriebssystem (multiprocessing mode)

Einteilung der Betriebssysteme

Betriebssysteme werden nach der Anzahl gleichzeitig laufender Programme, der Anzahl gleichzeitig arbeitenden Nutzer oder nach der Anzahl der verwalteten Prozessoren unterschieden **(Tabelle 2)**.

Die meisten PC-Systeme werden mit einem bereits installierten Betriebssystem ausgeliefert, z. B. Windows, Linux oder Mac OS X.

Installiert heißt, das Betriebssystem befindet sich bereits auf der Festplatte des PC-Systems und ist an dessen Hardware angepasst.

4.5.2 BIOS und UEFI

Da es PCs von vielen Herstellern mit unterschiedlichen Komponenten und unterschiedlicher Leistung gibt, kann das Betriebssystem des Computers nicht direkt auf die Computer-Hardware zugreifen. Damit aber die unterschiedlichsten Rechner von einem Betriebssystem verwaltet werden können, besitzt jeder Computer eine grundlegende Software-Ebene, das BIOS (von Basic-Input-Output-System = Basis-Eingabe-Ausgabe-System). Das BIOS wird vom Motherboard-Hersteller angepasst und ist meist in einem EEPROM auf der Hauptplatine gespeichert und auf den Chipsatz, die seriellen und parallelen Schnittstellen, sowie auf die Laufwerks-Controller abgestimmt **(Bild 1)**.

Bei jedem Anschalten des PC wird das BIOS-Programm gestartet. Zuerst wird ein Selbsttest (POST von **P**ower **O**n **S**elf **T**est) durchgeführt. Der Selbsttest überprüft nacheinander den Hauptspeicher, die CPU, die Festplatte und andere Systemkomponenten.

Beim Selbsttest werden die Baugruppen des Mikrocomputersystems auf Funktion getestet.

Tritt ein Fehler auf, wird eine POST-Meldung ausgegeben, z. B. Signaltöne aus dem Lautsprecher. Die POST-Meldungen sind je nach BIOS-Hersteller unterschiedlich. Betätigt man während des Startvorgangs z. B. die F2-Taste, gelangt man in das BIOS-Menü `System Setup`. Im Menüpunkt `Main` (Haupt) kann der Anwender z. B. die Prozessor-Geschwindigkeit oder die Speicherkapazität nachschauen **(Bild 2)**. Als nächstes sucht das BIOS nach eingebauten Steckkarten und testet diese. Findet das BIOS keinen Fehler, werden im nächsten Schritt die Ressourcen (resource = Mittel) ermittelt und, wenn nötig, den vorhandenen Steckkarten zugeteilt.

Übung 1: Bootreihenfolge prüfen

Überprüfen Sie, welche Boot-Reihenfolge an ihrem PC eingestellt ist.

Ergebnis: Beim PC-Start die auf dem Bildschirm gezeigte Taste betätigen, z. B. F2-Taste oder Entf-Taste. Mit Pfeil-Taste → Boot-Menü wählen **(Bild 3)**.

In diesem BIOS ist die Bootreihenfolge: CD/DVD, Hard Disk Drive, Ethernet.

Im nächsten Schritt greift das BIOS auf die ersten Sektoren der Festplatte zu und lädt die Startdateien des Betriebssystems in den Hauptspeicher und startet diese. Die Startdateien laden nun die eigentlichen Betriebssystemdateien von der Festplatte in den Hauptspeicher.

- BIOS und UEFI bilden eine standardisierte Schnittstelle zwischen Betriebssystem und Hardware.
- BIOS und UEFI sind gerätebezogene Firmware.

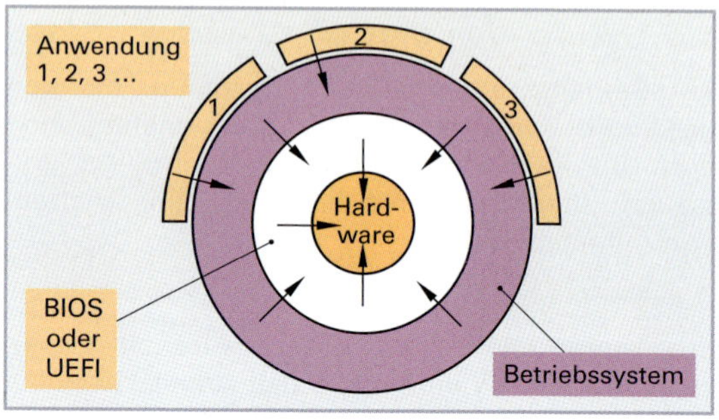

Bild 1: Zusammenwirken von BIOS und Betriebssystem

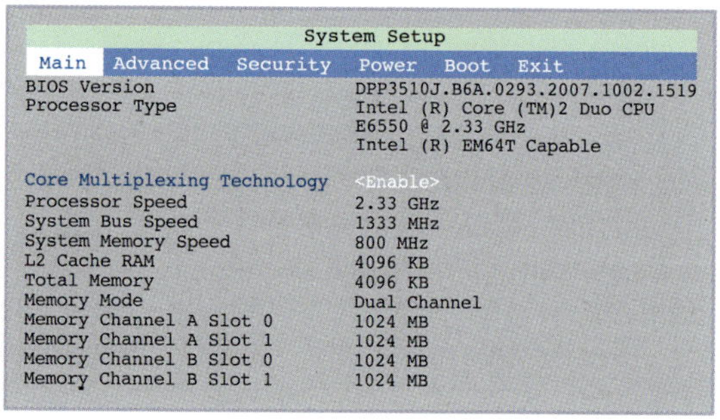

Bild 2: Ausschnitt aus dem Menü System Setup mit gewähltem Main-Menü

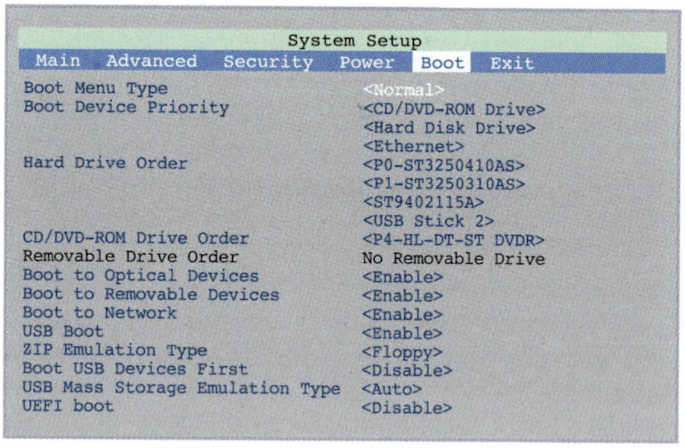

Bild 3: Ausschnitt aus dem Boot-Menü

UEFI

UEFI (von Unified Extensible Firmware Interface = vereinheitlichte erweiterbare Firmware-Schnittstelle) ist der BIOS-Nachfolger für 64-Bit-Systeme. UEFI erlaubt die Auswahl von installierten Betriebssystemen und kann von Festplatten mit Kapazitäten > 2 TB booten und diese partitionieren.

4.5.3 Befehlszeilenkommandos

Befehlszeilenprogramm cmd.exe

In die Suchzeile des Startmenüs gibt man `cmd` oder Eingabeaufforderung ein. In der Ergebnisliste startet man durch Anklicken von z. B. `cmd` das Fenster Eingabeaufforderung **(Bild 1)**. Das Fenster zeigt ein schwarzes Textfeld mit z. B. der Laufwerksangabe `H:\`, dem Prompt > und dem blinkenden Cursor _.

Die Eigenschaften des Fensters können durch Klicken auf `C:\..` in der Titelleiste geändert werden.

Übung 1: Hintergrundfarbe ändern

Stellen Sie die Hintergrundfarbe auf gelbbraun und die Schriftfarbe schwarz ein.

Ergebnis: Auf `C:\..` klicken, im Fenster Eigenschaften anklicken, dann Reiter Farben anwählen und Fenstertext und Fensterhintergrund einstellen.

Verzeichnisse (Ordner)

Durch Eingabe von H: wechselt man zum Laufwerk H **(Tabelle 1)**. Kommandos werden durch Betätigen der Eingabe-Taste ausgeführt und sind case insensitive. Mit dem Kommando `dir` wird z. B. das Verzeichnis des Laufwerks H aufgelistet. Verzeichnisse sind durch Winkelklammern gekennzeichnet **(Bild 2)**.

Übung 2: Baumstruktur anlegen

Legen Sie auf dem Wechseldatenträger H: die Baumstruktur wie in **Bild 3** an.

Ergebnis: Mit dem Kommando `md Baum` wird das Verzeichnis Baum angelegt. Mit `cd Baum` wird der Ordner aufgerufen. In diesen Ordner werden mit `md Ast1` und `md Ast2` die Ordner `Ast1` und `Ast2` angelegt. Mit `cd Ast2` wird der Ordner `Ast2` aufgerufen. In ihm legt man mit `md Blätter` das Verzeichnis Blätter an. Die Dateien `Blatt1.doc` und `Blatt2.doc` wurden mit dem Kommando `copy` von der Festplatte E: hierher kopiert.

Mit dem Kommando `del` kann man Dateien löschen. Das Kommando `format` formatiert einen Datenträger. Mit `cls` löscht man den Fensterinhalt.

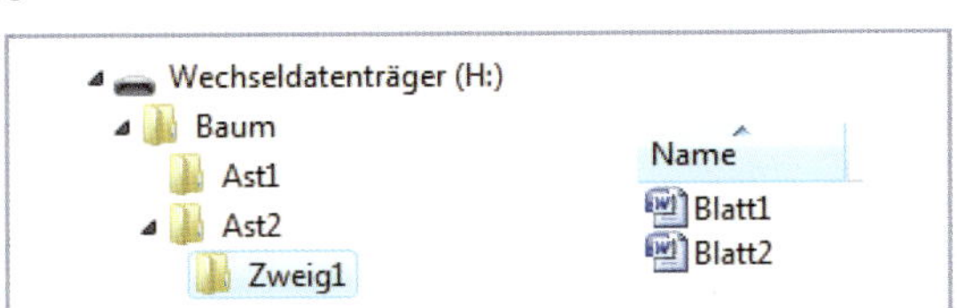

Bild 3: Baumstruktur im Laufwerk H

- Befehlszeilenprogramme und Kommandos findet man im Ordner C:\Windows\System32.
- case insensitive = unabhängig von der Groß- und Kleinschreibung.
- cmd von command = Befehl, Kommando.

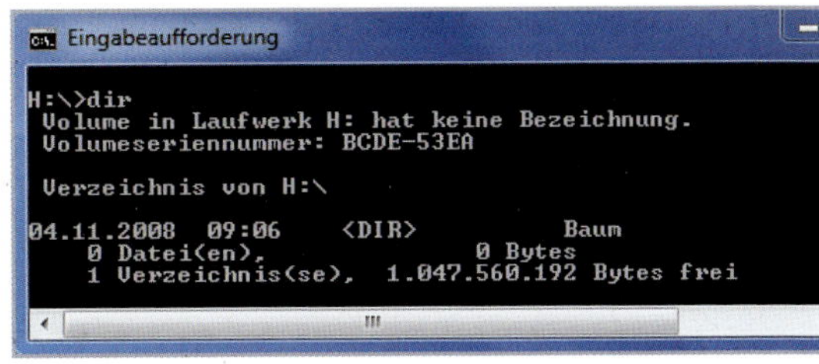

Bild 1: Fenster Eingabeaufforderung

Tabelle 1: Befehlszeilenkommandos	
Kommando	Bedeutung, Auswirkung
H:	Wechselt zum Laufwerk H.
cd <Baum>	Change directory. Wechselt zum Verzeichnis Baum.
cls	Clear screen. Löscht den Bildschirm.
copy	Kopiert Dateien.
del	Delete. Löscht die angegebenen Dateien.
dir	Directory. Listet den Inhalt eines Verzeichnisses auf.
format	Formatiert einen Datenträger.
md	Make directory. Erstellt ein Verzeichnis.
sys	System. Kopiert die Systemdateien auf einen Datenträger.

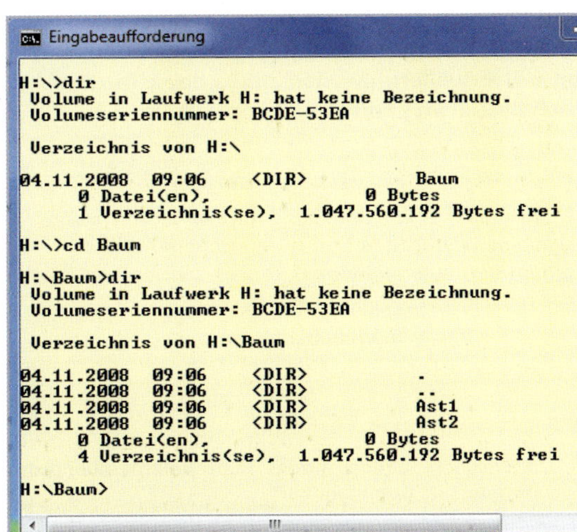

Bild 2: Farbeinstellungen im Fenster Eingabeaufforderung

Stapelprogramme

Ein Stapelprogramm (batch-file) ist eine unformatierte Textdatei, die Befehlszeilenkommandos enthält und ausführbare Dateien (mit der Dateierweiterung .exe) aufrufen kann. Einer Stapeldatei wird beim Speichern die Dateierweiterung `.bat` (von batch = Stapel) angefügt. Der Aufruf einer Stapeldatei erfolgt z. B. durch Anklicken einer Datei im Explorer (**Bild 1**).

> Stapelprogramme ersparen mehrfaches Eingeben oft benötigter Kommandofolgen über die Tastatur.

Stapelprogramme erstellen

Stapelprogramme schreibt man z. B. mit dem MS-Editor. Nach Eingabe von `Editor` in die Suchzeile des Startmenüs klickt man in der Ergebnisliste die Zeile `Editor` an.

Übung 1: Stapeldatei zum formatieren

Erstellen Sie eine Stapeldatei mit dem Namen Stick2.bat zum Formatieren eines USB-Sticks im Laufwerk L mit dem Dateisystem FAT32 und formatieren sie den Stick.

Ergebnis: **Bild 2** und **Bild 3**

Nach `Rem` (von Remark = Bemerkung) kann ein Kommentar angefügt werden. Mit dem Kommando `Pause` wird der Ablauf der Stapeldatei unterbrochen. Mit `Format` wird hier im Laufwerk L ein USB2-Stick mit dem Dateisystem FAT32 formatiert.

Mit dem Kommando `copy *.doc*` werden Dateien mit der Erweiterung `.doc` und `.docx` in das Verzeichnis Ziel im Laufwerk G kopiert.

Übung 2: Dateien kopieren

Erstellen Sie eine Stapeldatei, mit der Word-Dateien von einem USB-Stick in das Verzeichnis Ziel auf einem Computerlaufwerk G kopiert werden und führen sie diese aus.

Ergebnis: **Bild 4** und **Bild 5**

Wiederholung und Vertiefung

1. **In welchem Ordner findet man Befehlszeilenprogramme und Kommandos?**
2. **Wozu werden Stapelprogramme verwendet?**
3. **Welche Aufgaben erfüllt das BIOS?**
4. **Nennen Sie fünf Befehlszeilenkommandos.**

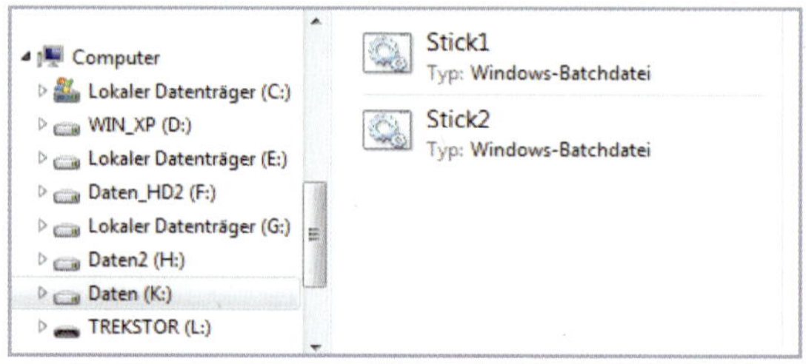

Bild 1: Starten einer Stapeldatei

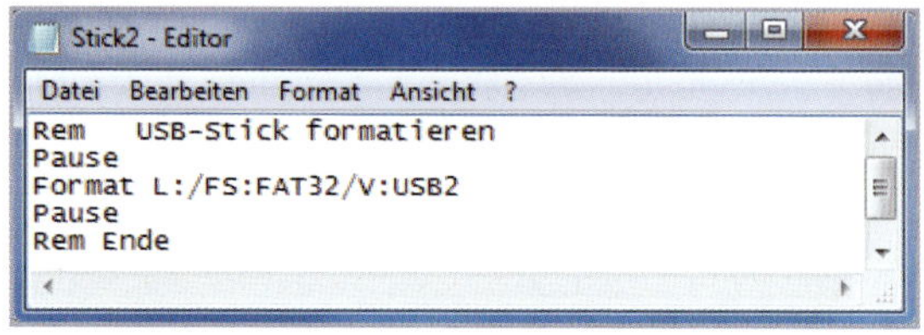

Bild 2: Text der Stapeldatei Stick2.bat

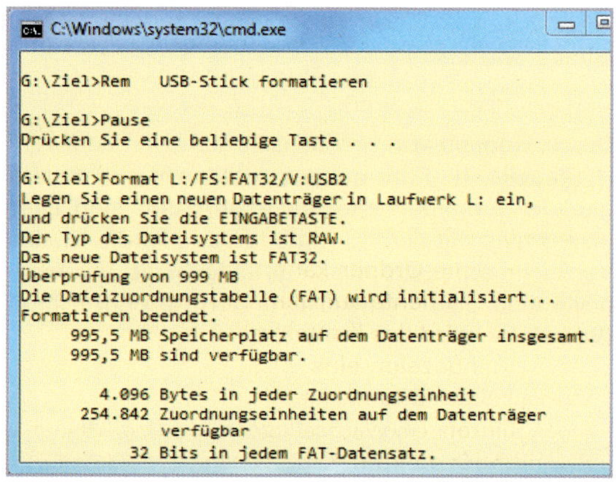

Bild 3: Ausführen der Stapeldatei Stick2.bat

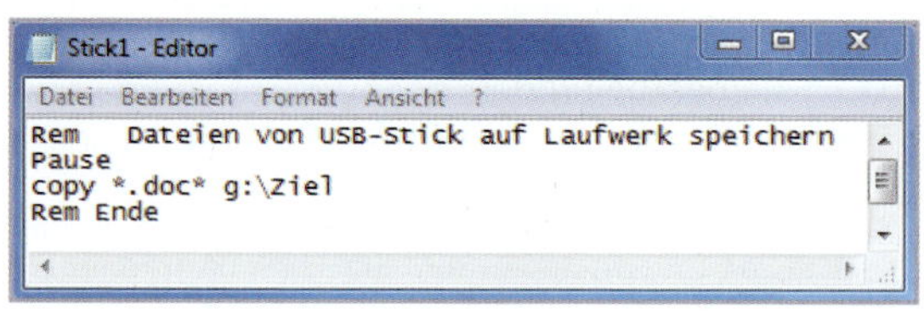

Bild 4: Text der Stapeldatei Stick1

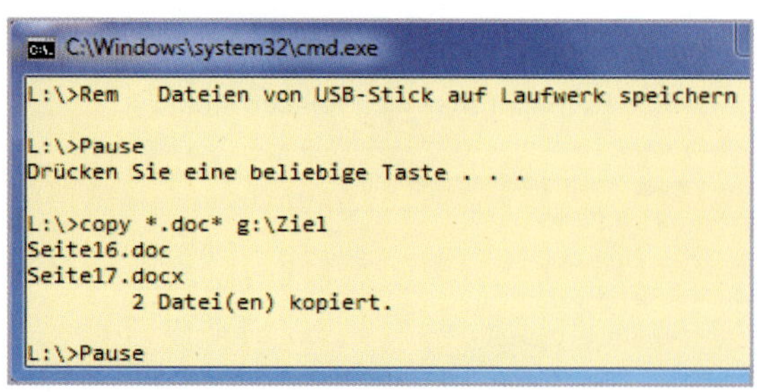

Bild 5: Ausführen der Stapeldatei Stick1

4.5.4 Windows anwenden

Arbeitsfläche (Desktop)

Startmenü und Taskleiste. Auf der Arbeitsfläche von Windows ist meist am unteren Bildrand die Taskleiste mit der Fensterschaltfläche zu sehen **(Bild 1)**.

Ein Klick mit der linken Maustaste auf die Schaltfläche schaltet auf das neue Startmenü. Es zeigt Apps, eine Liste der meist verwendeten Programme sowie Schaltflächen für `Explorer`, `Einstellungen`, `Ein/Aus` und `Alle Apps` an.

Die Taskleiste füllt man mit Schaltflächen zum Starten häufig verwendeter Programme. Die gewünschten Programme zieht man dazu mit der Maus in die Taskleiste. Ein Klick mit der linken Maustaste auf das Icon startet das Programm.

Dokumente

Über den Explorer gelangt man zu dem Ordner Bibliotheken.

> Der Ordner Bibliotheken enthält standardmäßig Unterordner für Bilder, Dokumente, Eigene Aufnahmen, Gespeicherte Bilder, Musik und Videos.

Im Dokumente-Ordner kann man die zuletzt bearbeiteten Dokumente aufrufen. Klickt man die rechte Maustaste, wird das Kontextmenü geöffnet.
Dieses Menü zeigt eine Liste der Bearbeitungsmöglichkeiten **(Bild 2)**. Man kann z. B. Dateien öffnen, kopieren oder umbenennen. Im Menüpunkt `Eigenschaften` sind z. B. Speicherort und Dateigröße angegeben.

> Kontextmenüs erleichtern und beschleunigen die Dateibearbeitung.

Fenstersteuerung

Die Titelleisten der meisten Fenster enthalten drei Schaltflächen **(Bild 3)**:

× Schließen des Fensters und Anwendung beenden,

☐ Vergrößert ein Fenster auf Bildschirmgröße oder verkleinert auf eine gewünschte Größe

_ Fenster wird zum Symbol in der Taskleiste.

Windows beenden

Nach Klicken auf die Schaltfläche `Ein/Aus` und Wahl von `Herunterfahren` wird der Computer heruntergefahren und ausgeschaltet **(Bild 4)**. Hier kann auch `Neustart` oder `Energie sparen` (standby) gewählt werden.

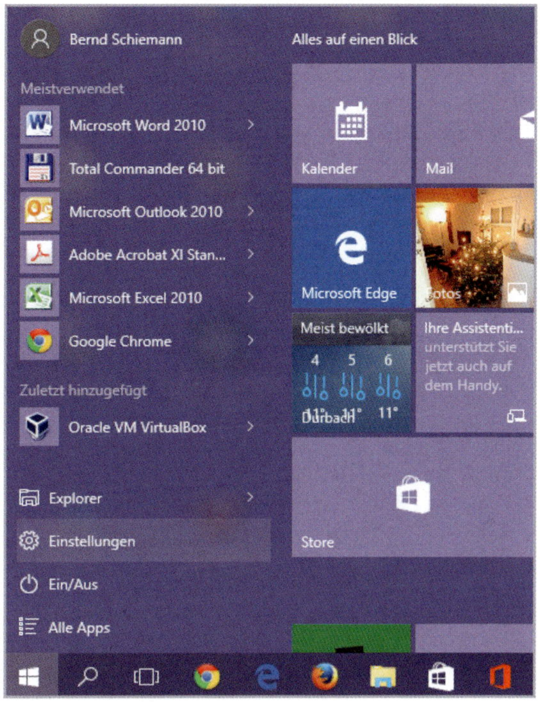

Bild 1: Bildschirmausschnitt des Desktops

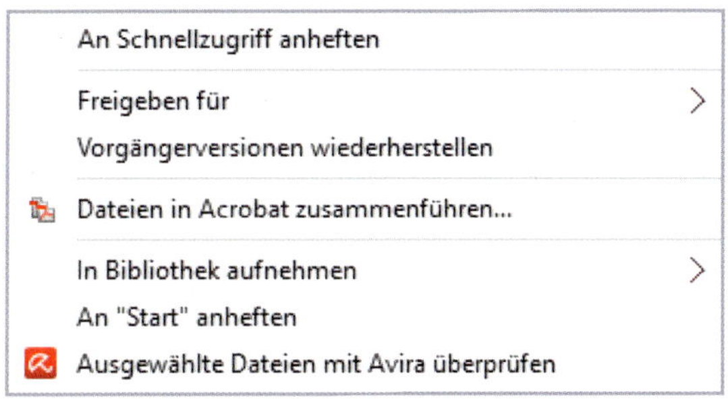

Bild 2: Kontextmenü des Ordners Dokumente

Bild 3: Fensterschaltflächen

Bild 4: Windows beenden

Installation von Anwendersoftware

Ein Programm von CD oder DVD installieren

Bei Druckern und Scannern werden meist CD oder DVD für die Installation und mit zusätzlichen Dienstprogrammen des Herstellers ausgeliefert.

Startet die Installation nicht automatisch, durchsucht man das Verzeichnis des Datenträgers und klickt die Installationsdatei an, die in der Regel Setup.exe oder Install.exe heißt.

Ein Programm aus dem Internet installieren

Übung 1: Office-Software installieren

a) Suchen Sie das Office-Paket im Internet.
b) Starten Sie die Installation von LibreOffice.

Ergebnis: a) **Bild 1**,
b) **Bild 2** und **Bild 3**.

Im Internetbrowser sucht man den Link, der zu einem Anbieter des gesuchten Programms führt **(Bild 1)**. Auf der Homepage des Anbieters wählt man die gewünschte Version aus **(Bild 2)**. Zu beachten ist, welches Betriebssystem man verwendet, z. B. Windows oder Linux und ob eine 32-Bit-Version oder 64-Bit-Version in Frage kommt.

Nach Anklicken des grünen Buttons beginnt der Download. Den Download-Fortschritt zeigt ein Anzeigefenster unten auf der Browser-Seite. Der Download der Programmdatei erfolgt in das Verzeichnis Download. Nach Ende des Downloads klickt man auf den Button in der Fortschrittsanzeige und startet die Installation direkt. Ein Installationsassistent führt durch die Einstellmöglichkeiten. So werden nacheinander z. B. Icon auf dem Desktop erstellen und die Installationsart eingestellt **(Bild 3)**. Nach dem letzten Schritt kann das Programm sofort ausgeführt werden.

Deinstallieren

Software wird mit Deinstallationsprogrammen von der Festplatte entfernt. Bei Apps Kontextmenü öffnen und `Deinstallieren` anklicken, oder vom Startmenü aus die Icons `Einstellungen⇒Programme` eintippen. Im Fenster `Programme hinzufügen oder entfernen` wird das zu entfernende Programm markiert und `Deinstallieren` angeklickt **(Bild 4)**.

Programme aus dem Internet zuerst speichern, auf Viren prüfen und dann erst installieren.

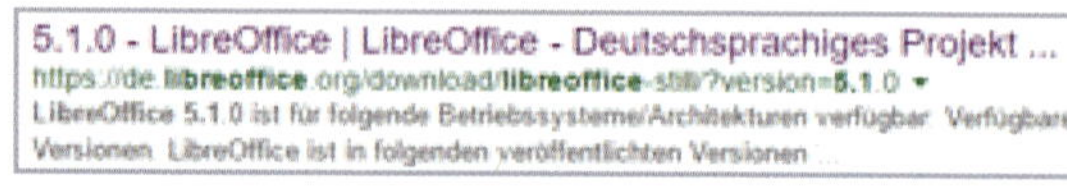

Bild 1: Programm LibreOffice suchen

Bild 2: Download-Version wählen

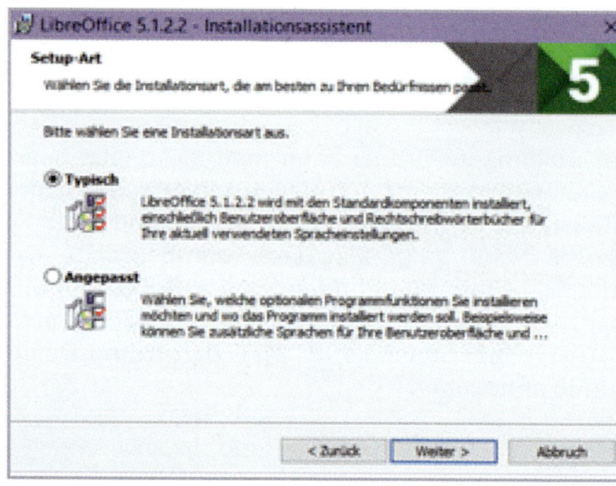

Bild 3: Installationsart wählen

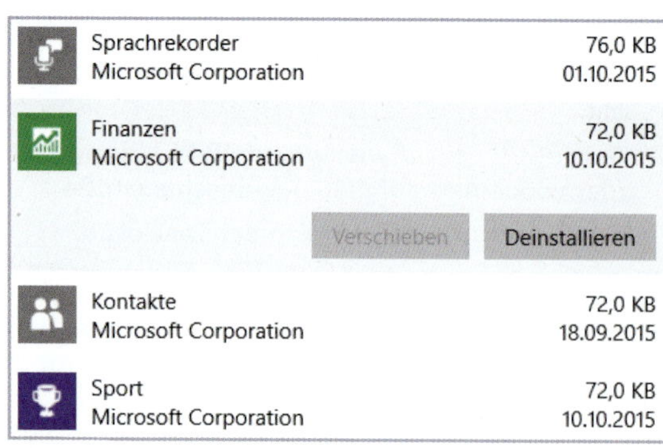

Bild 4: Software deinstallieren

Dateiverwaltung

Windows-Explorer

Dateien (files) werden mit dem Programm Explorer (von to explore = erforschen) verwaltet. Zum Explorer (Nicht mit dem Internet-Explorer verwechseln!) gelangt man durch Anklicken des Buttons `Start` mit der linken Maustaste und Anklicken der Zeile `Explorer`. Nach Doppelklick auf die Zeile `Desktop` öffnet sich das Fenster **(Bild 1)**.

In der linken Hälfte sind in einer *Baumstruktur Ordner* zu sehen. Ein Ordner wird auch *Verzeichnis* genannt. Einen Ordner wählt man durch Anklicken des entsprechenden Icons aus. In der rechten Hälfte des Fensters sieht man die *Objekte* des Ordners. Dies sind z. B. die auf dem Desktop abgelegten Programmverknüpfungen.

Nach Klick auf die Zeile Computer (Bild 1, unten links), wird eine Liste aller Laufwerke des Computers angezeigt.

Übung 1: Ordner öffnen

Öffnen Sie im Ordner den USB-Stick Laufwerk.

Ergebnis: Doppelklick auf den Ordner Trekstor im Ordner Computer, **Bild 2**.

Klickt man mit der rechten Maustaste auf das Laufwerkssymbol L:, kann man z. B. im Kontextmenü die Eigenschaften sehen. Nach Anwahl der Zeile `Tools` kann für das Laufwerk z. B. eine Fehlerüberprüfung vorgenommen werden **(Bild 3)**.

Dateien suchen

Auf den Festplatten von PCs sind meist Tausende von Dateien vorhanden. Oft sucht man eine ganz bestimmte Datei, von der man z. B. nur noch den Namen weiß, aber nicht den Ordner, in dem sie gespeichert ist.

Übung 2: Dateien suchen

Suchen Sie alle Dateien, die mit 136 beginnen.

Ergebnis: **Bild 4**

Für die Dateisuche schreibt man in das Suchfenster 136. Anschließend werden alle Dateien, die 136 enthalten angezeigt.

ⓘ Mit dem Windows-Explorer wird die Dateiverwaltung durchgeführt.

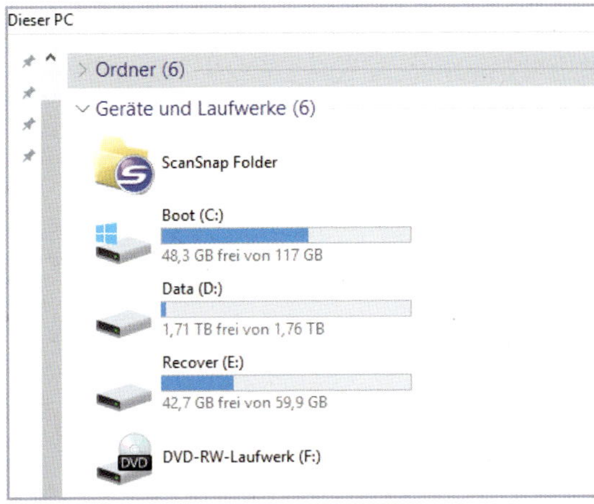

Bild 1: Desktop-Fenster im Explorer

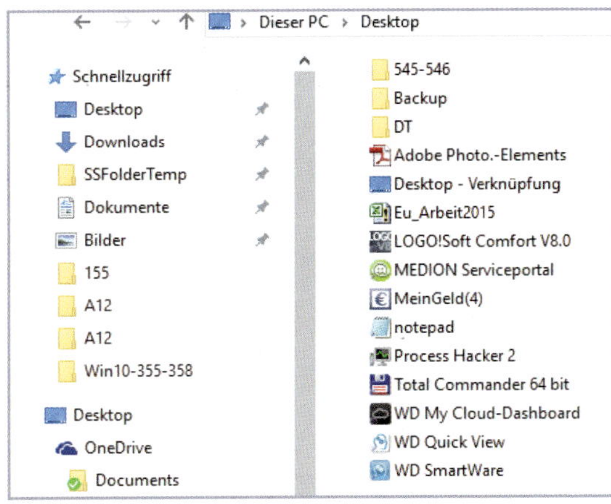

Bild 2: Fenster Computer im Window-Explorer

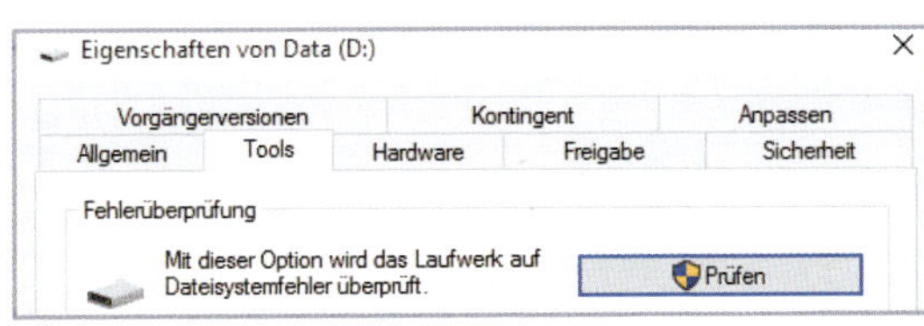

Bild 3: Fehlerüberprüfung für Laufwerk L:

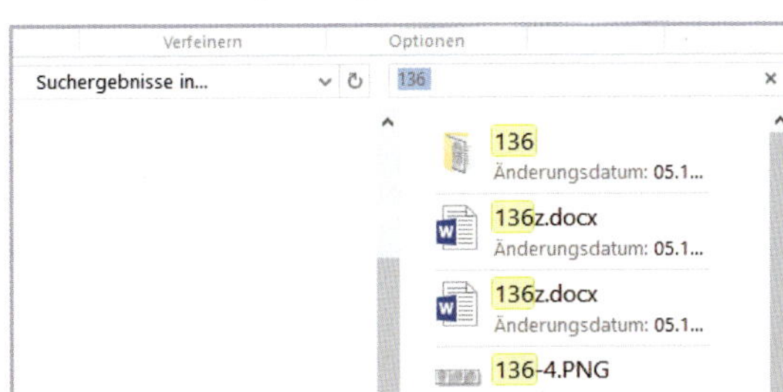

Bild 4: Suchen nach Dateien mit der Ziffernfolge 136

Konfigurieren von Windows

Betriebssysteme können an die persönlichen Anforderungen eines Benutzers durch Einstellen von Systemsteuerungselementen angepasst (konfiguriert) werden.

> Einstellungen am Betriebssystem werden Konfigurationen genannt.

Zu finden sind alle Systemsteuerungselemente im Ordner der Systemsteuerung.

System und Sicherheit

In diesem Fenster kann man z. B. die Einstellungen von Firewall, Virenschutz prüfen oder die Benutzerkontensteuerung anpassen **(Bild 1)**.

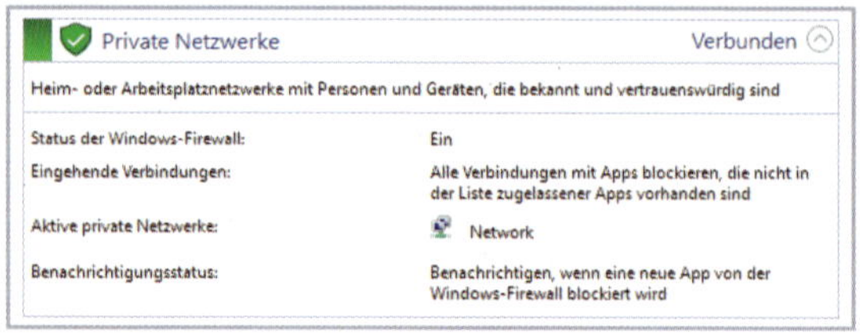

Bild 1: Private Netzwerke-Fenster

Benutzerkontensteuerung anpassen

Die Benutzerkontensteuerung ist das Dialogfeld, das anzeigt, wenn Windows die Erlaubnis einholt, eine Aktion durchzuführen. Klickt man im Fenster `Systemsteuerung` unter `Sicherheit und Wartung` die Zeile `Einstellungen der Benutzerkontensteuerung ändern` an, öffnet sich das Fenster `Einstellungen für Benutzerkontensteuerung` **(Bild 2)**. Durch Ziehen des Reglers mit der Maus stellt man die gewünschte Benachrichtigungsebene, z. B. Standard ein. Die Einstellung wird durch Klick auf `OK` bestätigt.

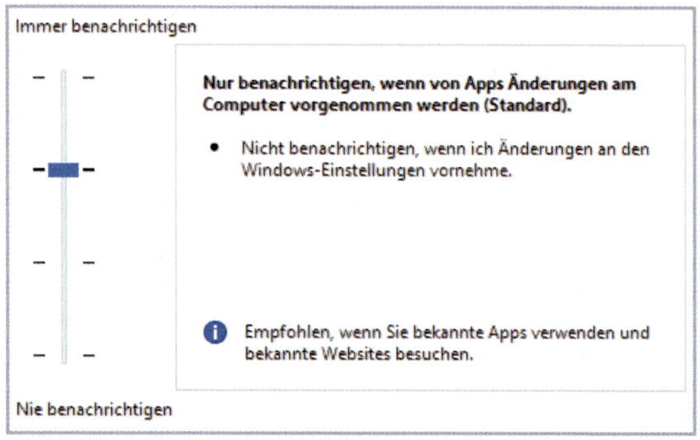

Bild 2: Fenster Benutzerkontensteuerung

Die Maus anpassen

Das Systemsteuerungselement Maus erlaubt die Anpassung von Mauseinstellungen, z. B der Doppelklickgeschwindigkeit oder der Radeinstellungen.

> **Übung 1: Radeinstellungen ändern**
>
> Ein Schritt des Mausrades soll das Bild um drei Zeilen weiterbewegen.
>
> *Ergebnis:* **Bild 3**

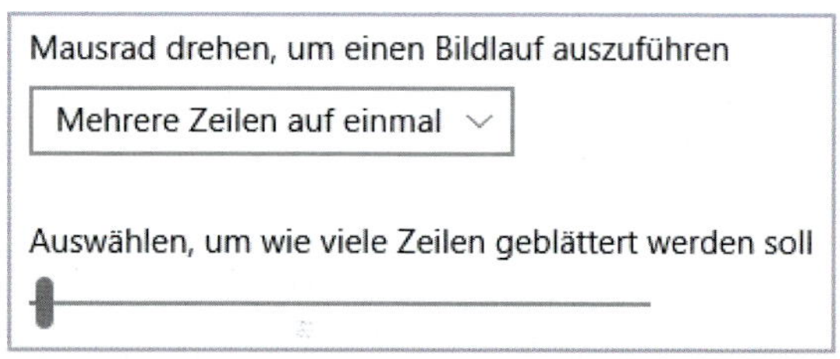

Bild 3: Fenster Eigenschaften von Maus

Updates steuern

Im Fenster `Einstellungen` Updates eingeben. Dann `Installierte Updates` anklicken **(Bild 4)**. Ist `Updates automatisch installieren` eingestellt, zeigt das Fenster die verfügbaren Updates an. Am besten installiert man wichtige Updates sofort. Bei optionalen Updates schaut man nach, ob das Update notwendig ist. Oft betrifft es Programmteile, die man gar nicht installiert hat.

Bild 4: Fensterausschnitt Windows Update

4.5.5 Linux anwenden

Linux ist ein Betriebssystem für PC und Server-Computer. Seinen Namen erhielt Linux in Anlehnung an seinen Erfinder Linus Torvald und an das Betriebssystem UNIX. Linux besitzt preemptives Multitasking, ist multiuserfähig und verfügt über die Unterstützung eines virtuellen Arbeitsspeichers.

Installation von Linux

Für die Installation von Linux mit einer grafischen Benutzeroberfläche und entsprechender Anwendersoftware sollte mindestens 3 GB Festplattenspeicher frei sein und der Hauptspeicher eine Größe von 512 MB aufweisen.

Linux ist eine freie Software und kann aus dem Internet herunter geladen werden (Download).

Dafür stehen eine Reihe von Distributionen zur Verfügung, z. B. openSUSE, Debian oder ubuntu. Eine Linux-Distribution beinhaltet neben dem Betriebssystem-Kern, dem *Kernel*, noch verschiedene Software.

Einplatinen-Computer, z. B. Raspberry Pi, verwenden eine SD-Karte mit Linux.

Verschiedene Linux-Versionen stehen z. B. über die Internetadresse http://software.opensuse.org zur Verfügung **(Bild 1)**. Nach Auswahl der gewünschten Computer-Architektur, d. h. 32 Bit oder 64 Bit, kann Linux als ISO-Datei herunter geladen werden. Eine ISO-Datei ist ein Abbild einer gesamten Daten-DVD. Beim Brennen der ISO-Datei auf DVD muss angegeben werden, dass es sich um eine solche Datei handelt. Unter Windows 10 wird zum Brennen doppelt auf die ISO-Datei geklickt und der Windows-Brenner erscheint **(Bild 2)**.

Die gebrannte DVD wird in den Computer eingelegt und nach dem Start der Menüpunkt `Installation` gewählt. Nach Auswahl der Sprache startet eine Systemüberprüfung. Als Installationsmodus wird `Neuinstallation` gewählt. Uhr und Zeitzone werden bestätigt und die grafische Benutzeroberfläche ausgesucht, z. B. KDE-Desktop. Ein Vorschlag für die Partitionierung der Festplatte wird angezeigt und kann übernommen werden. Nach Anlegen eines Benutzers werden sämtliche Installationseinstellungen nochmals zusammengefasst und durch Anklicken von `Installieren` übernommen. Der Installationsvorgang beginnt.

Festplatten und Partitionen

In der Partitionstabelle einer Festplatte können vier primäre Partitionen eingetragen werden. Ist es nötig, mehr als vier Partitionen einzurichten, so wird die vierte Partition als erweiterte Partition angelegt. In dieser Partition werden weitere logische Partitionen erstellt **(Bild 3)**.

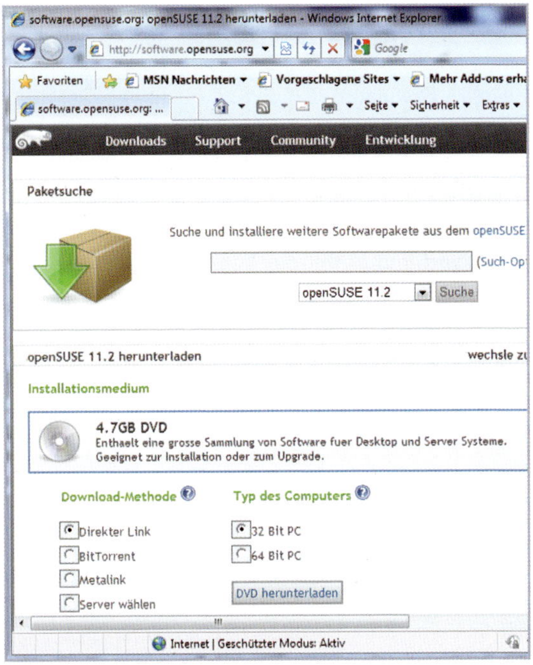

Bild 1: Linux herunterladen

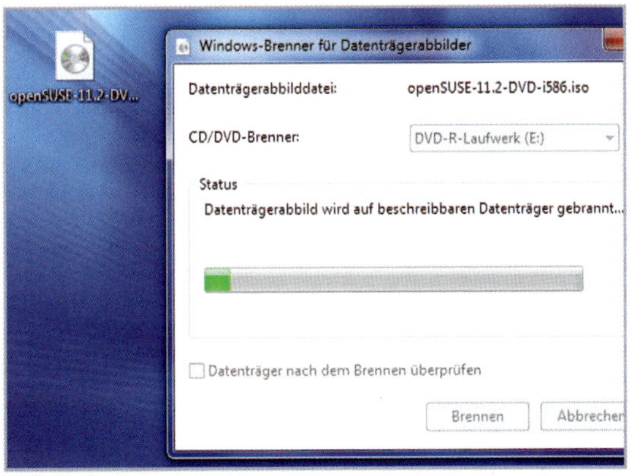

Bild 2: ISO-Datei brennen

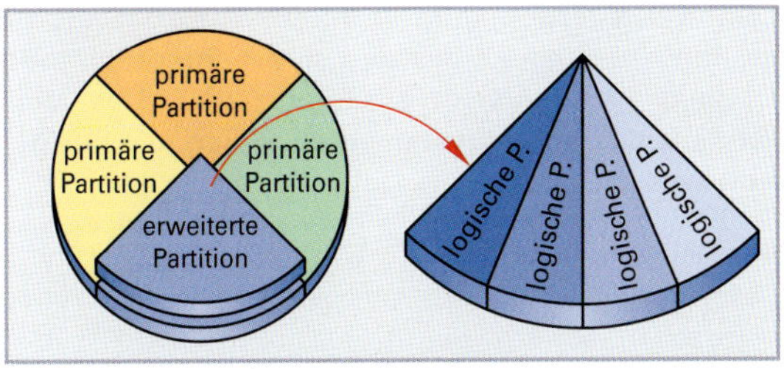

Bild 3: Partitionen einer Festplatte

Unter Linux hat eine Festplatte z. B. die Kennzeichnung hda1 **(Tabelle 1)**. Die ersten zwei Buchstaben bezeichnen den Festplattentyp. Z. B. bezeichnet hd eine SATA-Festplatte, sd eine SAS-Festplatte. Der dritte Buchstabe gibt an, um welche Festplatte es sich handelt, z. B. erste oder zweite Festplatte. Nach dieser Buchstabenkombination folgt eine Ziffer, welche die Partition kennzeichnet. Die Ziffern 1 bis 4 kennzeichnen eine primäre Partition. Die erste logische Partition wird immer mit der Ziffer 5 angegeben, auch wenn es weniger als vier primäre Partitionen gibt.

Beispiel 1: Festplattenkennzeichnung

Erklären Sie die Bezeichnung hdb6.

Lösung:

Es ist die zweite EIDE-Festplatte mit der zweiten logischen Partition.

Für das Betriebssystem Linux werden in der Regel zwei Partitionen benötigt. Dies sind die Root-Partition (root = Wurzel) und Swap-Partition (to swap = tauschen). Ist neben Linux noch ein weiteres Betriebssystem auf dem Computer installiert, wird zusätzlich eine Boot-Partition nötig.

Die Partitionen werden nicht über Laufwerksbuchstaben angesprochen, sondern über Verzeichnisse im root-Verzeichnis. Die Partitionsbezeichnung entspricht dem Verzeichnisnamen.

Verzeichnisse

Linux besteht aus einer Vielzahl von Dateien, die hierarchisch angeordnet sind.

Das oberste Verzeichnis ist das root-Verzeichnis, auch Basisordner genannt **(Bild 1)**. Ein / (Slash) kennzeichnet dieses Verzeichnis. Das Wurzelverzeichnis beinhaltet zahlreiche Verzeichnisse, die für das Betriebssystems notwendig sind **(Tabelle 2)**. So enthält das Verzeichnis home alle Homeverzeichnisse der Nutzer. Die Nutzer können darin ihre Daten ablegen.

In Linux werden alle Geräte, z. B. Laufwerke für CD-ROM, Festplatte in die Verzeichnisstruktur eingebunden. Die Schnittstellen zu den Geräten sind entsprechende Dateien im Verzeichnis Geräte, dev. Das Verzeichnis dev enthält viele leere Dateien, die nur gefüllt werden, sofern die betreffende Hardware mit Treiber installiert wurde.

Linux bindet alle Geräte als Dateien in den Verzeichnisbaum ein gemäß der UNIX-Philosophie „Alles ist eine Datei“.

Man nennt dies mounten (to mount = einbinden). Dabei wird als Mountpoint der Ort im Verzeichnisbaum bezeichnet, an dem das Gerät eingehängt wird.

Tabelle 1: Bezeichnungen von Festplatten

Typ	Fest-platte	Partition	Beschreibung
hd	a	1	Erste SATA-Festplatte, erste primäre Partition.
sd	b	3	Zweite SAS-Festplatte, dritte primäre Partition.
hd	b	5	Zweite SATA-Festplatte, erste logische Partition.

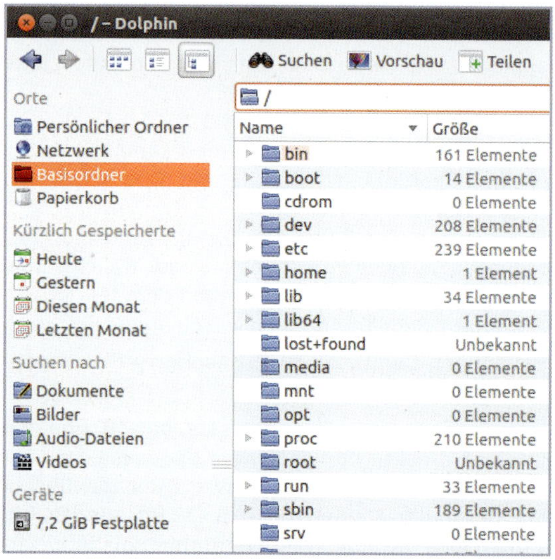

Bild 1: Verzeichnisstruktur

Tabelle 2: Verzeichnisse bei Linux

Name	Erklärung
bin	Enthält die wichtigsten Kommandos für jeden Nutzer.
boot	Enthält statische Dateien des Bootmanagers.
dev	Enthält die Gerätedateien zur Ansteuerung der Hardware.
etc	Enthält die Konfigurationsdateien.
home	Enthält die Homeverzeichnisse der Benutzer.
lib	Enthält die beim Systemstart benötigten Dateien.
mnt	Mountpoint für temporäre Partitionen, z. B. USB-Stick.
opt	Enthält zusätzliche Software.
root	Homeverzeichnis des Administrators.
sbin	Enthält wichtige Systemprogramme.
tmp	Enthält temporäre Dateien.
usr	Enthält weitere Systemverzeichnisse.
var	Enthält variable Daten.

4.6 Speicher

4.6.1 RAM

RAM (von Random Access Memory = Speicher mit wahlfreiem Zugriff) sind flüchtige Speicher, d. h. sie verlieren die gespeicherte Information, wenn die Betriebsspannung abgeschaltet wird.

Die Speichermatrix eines RAM besteht aus Speicherelementen, die über einen Spaltendecoder und einen Zeilendecoder angesprochen werden **(Bild 1)**. Die Ausgangsleiter des Spaltendecoders nennt man Bitleiter, die des Zeilendecoders nennt man Wortleiter. Bei der Anwahl des Speichers ist sowohl beim Zeilendecoder als auch beim Spaltendecoder genau ein Ausgangsleiter aktiv, sodass die Speicherzelle im Kreuzungspunkt der beiden Leiter ausgewählt ist. Bei *bitorganisierten* Speichern wird bei jedem Zyklus ein Bit eingeschrieben oder ausgelesen, bei *wortorganisierten* Speichern immer ein Datenwort. Dieses kann je nach Speicher verschieden breit sein, z. B. 8 bit, 16 bit oder 32 bit.

Bei RAMs unterscheidet man statische RAMs (SRAMs) und dynamische RAMs (DRAMs).

Statischer RAM

Ein statischer RAM besteht aus Flipflop-Speicherelementen **(Bild 2)**. Statische RAMs sind ungefähr zehnmal schneller als dynamische, benötigen aber viermal soviel Platz. Sie werden z.B. für die Cache-Speicher (schnelle Zwischenspeicher von Prozessoren) eingesetzt. Man unterscheidet den L1-Cache (first level cache), den L2-Cache (Second Level Cache) und den L3-Cache (third level cache). Diese befinden sich meist im Prozessor. Der L3-Cache wird von Multicore-Prozessoren zur Beschleunigung des Datenaustausches zwischen den Kernen verwendet. Caches haben unterschiedliche Speicherkapazitäten **(Tabelle 1)**.

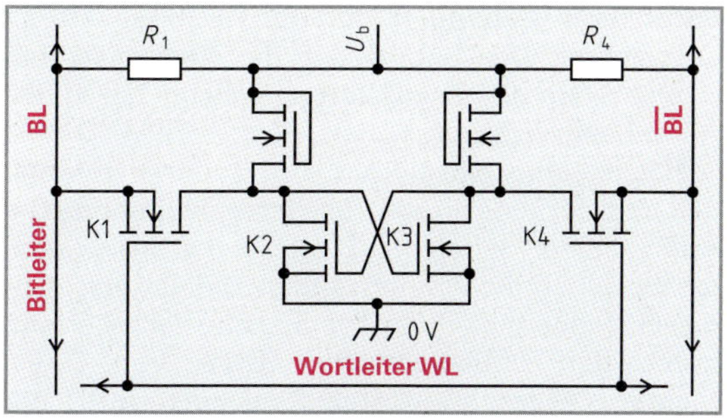

Bild 2: Speicherelement eines statischen RAM

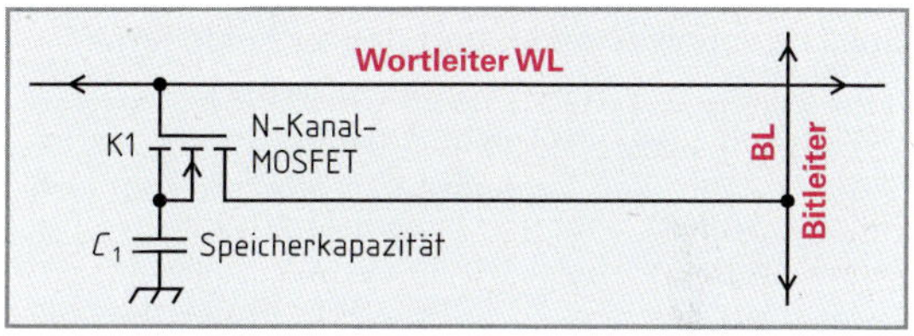

Bild 3: Speicherelement eines dynamischen RAM

Tabelle 1: Typische Cache-Speichergrößen

CPU	L1-Cache	L2-Cache	L3-Cache
Intel Multicore	4 KB	64 KB	2 MB
AMD Phenom	bis	bis	bis
IBM Power 7	256 KB	512 KB	32 MB

Dynamischer RAM

Die Speicherelemente eines dynamischen RAM bestehen jeweils aus einem Transistor und einer Kapazität **(Bild 3)**. Die Informationen werden in

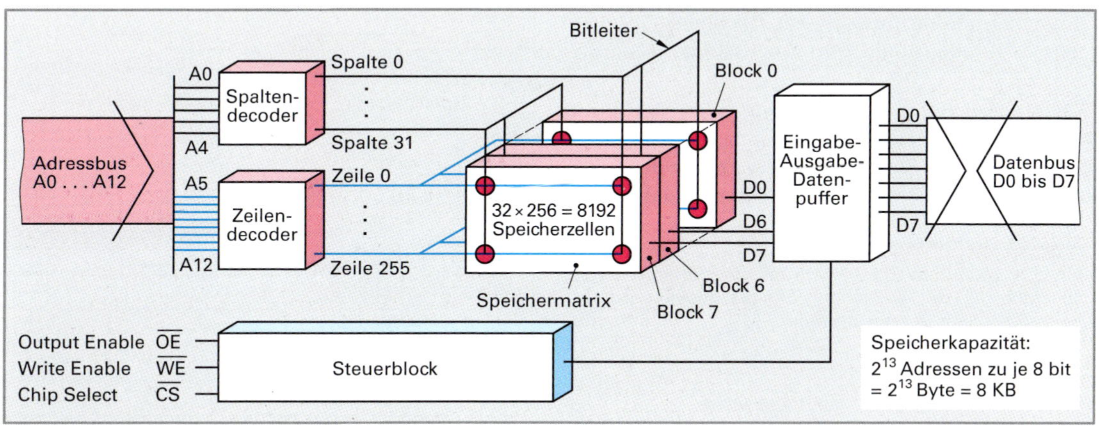

Bild 1: Organisation eines Halbleiterspeichers

Form von Ladungen in den Kondensatoren gespeichert. Der Zugriff auf die Kondensatoren erfolgt über die Transistoren, welche durch die Adressleiter WL und BL aktiviert werden. Da die Kondensatoren eines RAM ihre Ladung in wenigen Millisekunden verlieren, ist eine periodische Auffrischung (Refresh) z. B. alle 3 ms des gesamten Speicherinhaltes notwendig. Die Organisation dieser Wiederaufladung der Speicherzellen erfolgt durch den DMA-Controller (DMA von Direct Memory Access = direkter Speicherzugriff), der von einem Zeitgeberbauelement (Timer) gesteuert wird mit der Aufforderung, den gesamten RAM-Speicherinhalt zu lesen und neu zu speichern.

Während dem Refresh des RAM-Speicherinhaltes kann kein Lesevorgang oder Schreibvorgang erfolgen.

Bei DRAMs werden verschiedene Speicherarten unterschieden **(Tabelle 1)**. Sie werden vor allem als Bildspeicher auf Grafikkarten und als Arbeitsspeicher für Computer eingesetzt.

Speichermodule

Speichermodule sind lange schmale Steckkarten, auf welchen mehrere Speicherbauelemente zusammengefasst sind **(Bild 1)**. Ein Speichermodul wird meist als DIMM (von Dual In-Line Memory Modul = zweireihiges Speichermodul) bezeichnet, da die gegenüberliegenden elektrischen Kontakte eines Kontaktstiftes nicht miteinander verbunden sind. Speichermodule unterscheiden sich vor allem in ihrer Bitrate und weisen unterschiedlich viele Kontakte auf **(Tabelle 2)**. Die Speicherkapazität eines Moduls beträgt z. B. 256 MB, 512 MB, 2 GB, 16 GB oder 32 GB.

Speichermodule müssen zur Rechnerhauptplatine (Mainboard) und zum Prozessor passen.

Die effektive Bitrate r_b **(Tabelle 3)** beim Speichern hängt von der Speichertaktfrequenz f_t, der Bitbreite n_b, dem Prefetch-Faktor p (Tabelle 1), und der Zahl z der gleichzeitig getakteten Speichermodule ab.

Beispiel 1: Effektive Bitrate berechnen

Ein DDR3-800-Chip (p = 8) wird mit einer Frequenz von 100 MHz getaktet. Berechnen Sie die effektive Bitrate beim Speichern je Speichermodul (z = 1). Die Bitbreite beträgt 64 bit.

Lösung:

r_b = 100 MHz · 64 bit · 8 · 1 = 51 200 Mbit/s

= 51,2 Gbit/s = (51,2:8) GB/s = **6,4 GB/s**

Tabelle 1: Arten der DRAMs

Art	Erklärung	Erklärung
SDRAM	Synchronuns DRAM	Lesen und Schreiben erfolgt synchronisiert mit dem Takt der CPU.
DDT-RAM	Double Data Rate RAM = RAM mit doppelter Datenrate, p = 2.	Lesen und Schreiben erfolgt bei steigender und fallender Flanke des Speichertaktes.
DDR2-RAM	Leseanforderung: 4 Datenbits werden pro Pin ausgelesen (p = 4).	Das Verfahren nennt man Vierfach-Prefetch. Prefetch = Abrufen auf Vorrat.
DDR3- und DDR4-RAM	Leseanforderung: 8 Datenbits werden pro Pin ausgelesen (p = 8).	Im Dual-Channel vertaktet man zwei Speichermodule gleichzeitig (z = 2).

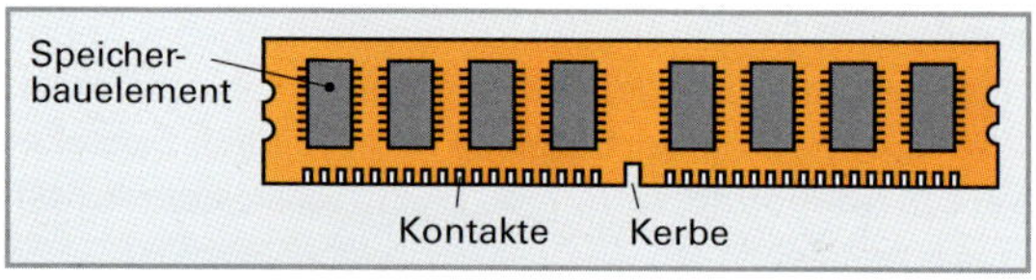

Bild 1: DDR2-RAM-Speichermodul

Tabelle 2: Kenngrößen von Speichermodulen

Art	Speichertakt in MHz	Zahl der Pins	Datenpakete je CPU-Takt	effektiver Speicherbustakt in MHz
SDRAM	166	168	1	166
DDR-RAM	bis 200	184	2	333
DDR2-RAM	bis 266	240	2/4	533/1064
DDR3-RAM	bis 266	240	8	2133
DDR4-RAM	bis 400	288	8	3200

$$r_b = f_T \cdot n_b \cdot p \cdot z$$

r_b effektive Bitrate;
f_T Speichertakt;
n_b Bitbreite pro Speichertakt
p Prefetch-Faktor
z Zahl der Speichermodule

Tabelle 3: Effektive Bitraten für z = 1

Chip	Modul	f_T	n_b	r_b je Modul
DDR-400	PC-3200	200 MHz	64	3,2 GB/s
DDR2-1066	PC2-8500	266 MHz	64	8,5 GB/s
DDR3-2133	PC3-17000	266 MHz	64	17 GB/s
DDR4-3200	PC4-25600	400 MHz	64	25,6 GB/s

4.6.2 ROM

Der **ROM** (von Read Only Memory = Nur-Lese-Speicher) ist ein Festwertspeicher, d. h. nichtflüchtiger Speicher, weil er die gespeicherte Information behält, wenn die Betriebsspannung abgeschaltet wird. Beim ROM besteht ein Speicherelement aus einer Diode, die einen Wortleiter mit einem Bitleiter verbindet **(Bild 1)**.

Beispiel 1: Datenwort ausgeben

Welches Datenwort gibt der ROM (Bild 1) aus, wenn der Wortleiter WL1 adressiert wird?

Lösung:

1011

Die Programmierung des ROM erfolgt bei der Fertigung durch den Hersteller und kann vom Anwender nicht mehr verändert werden.

Der **PROM** (von Programmable ROM = programmierbarer ROM) besitzt einmal programmierbare Speicherelemente **(Bild 2)**. Beim Programmieren werden NiCr-Sicherungselemente (fusible link) herausgebrannt. Datenblätter von programmierbaren Bauelementen mit Sicherungselementen stellen die Sicherungselemente in der amerikanischen Norm dar (Bild 2). Ein fehlerhaft programmierter PROM ist unbrauchbar.

Der **EPROM** (von Erasable PROM = löschbarer PROM) ist ein vom Anwender mehrfach programmierbarer Speicher-IC. Das Programmieren (Brennen) erfolgt in einem Brenngerät mit einer Software, das Löschen erfolgt mit UV-Strahlung an das Quarzglasfenster des Bauelements und dauert bis zu 20 Minuten. Ein Speicherelement besteht aus einem Transistor mit schwebendem Gate (floating gate, **Bild 3**). Das Gate wird beim Programmieren negativ geladen und sperrt den Transistor.

Der **EEPROM** (von Electrically EPROM) unterscheidet sich vom EPROM dadurch, dass der Speicherinhalt durch Anlegen einer Spannung wortweise gelöscht wird. Der Löschvorgang verhält sich wie ein Schreibvorgang und dauert genauso lange. Zum Programmieren und Löschen kann der EEPROM in der Anwenderschaltung verbleiben.

Der **Flash-EPROM** (von flash = Blitz) wird programmiert wie ein EPROM. Jedoch kann auch der ganze Speicher-IC durch einen kurzen Spannungsimpuls in der Anwenderschaltung gelöscht werden. Der Löschvorgang dauert etwa 1 s **(Tabelle 1)**.

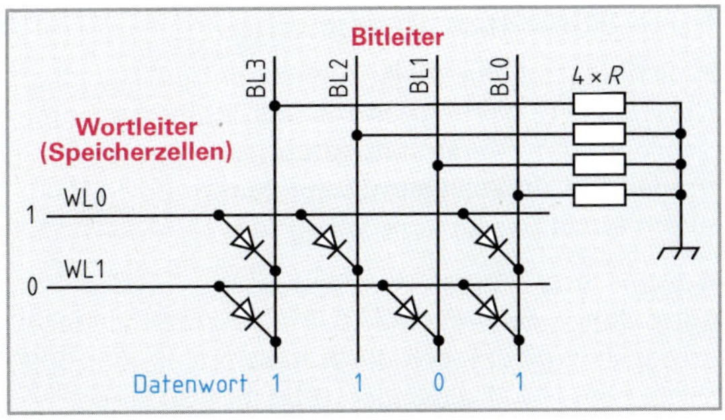

Bild 1: Prinzipieller Aufbau eines ROM

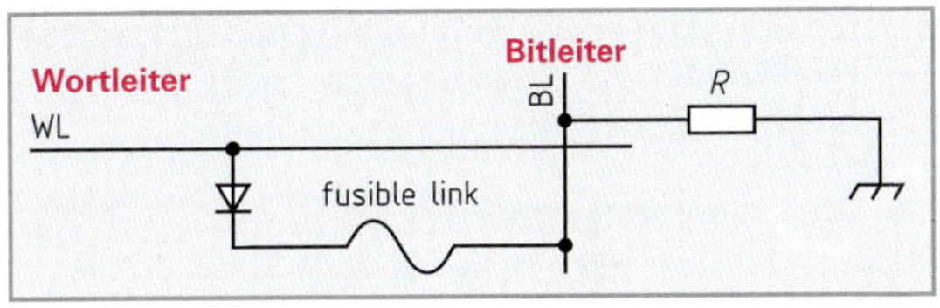

Bild 2: Speicherelement eines PROM

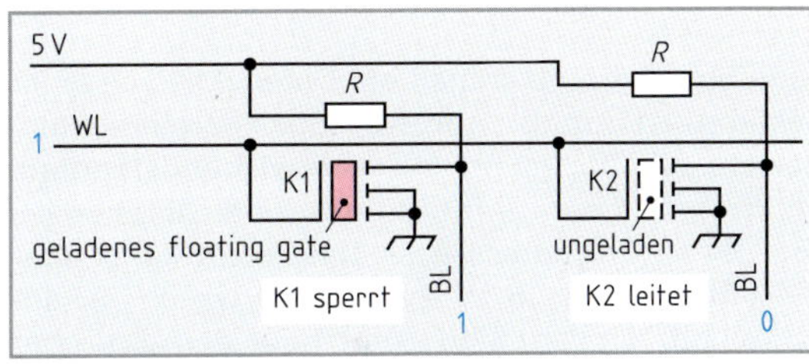

Bild 3: Speicherelemente des EPROM

Tabelle 1: Vergleich von EPROM-Kenngrößen

Art	EPROM	EEPROM	Flash-EPROM
relative Speicherelementgröße	1	3	1,25
Programmieren			
Ort	im Brenngerät	in der Schaltung	in der Schaltung
Spannung in V	12,5	5	12
Auflösung	1 Byte	1 Byte	1 Byte
Zeit in µs	< 100	5 000	< 10
Löschen			
Ort	im UV-Löschgerät	in der Schaltung	in der Schaltung
Spannung in V	12,5	5	12
Auflösung	IC	1 Byte	verschieden
Zeit in s	1 200	0,005	≈ 1

4.6.3 Speicheradressierung

Speicher bestehen meist aus mehreren Speicher-ICs, welche hochintegrierte Schaltungen zur Aufbewahrung von Daten enthalten. Die Speicher-ICs werden mit Adressleitern, Datenleitern und Steuerleitern eines Bussystems verbunden.

Werden von einem Adressbus die unteren 11 Adressleiter, also A0 bis A10, mit einem Speicher-IC verbunden, lassen sich die Adressen 000 0000 0000 bis 111 1111 1111 einstellen **(Bild 1)**. Das sind 2^{11} = 2 048 unterschiedliche Adressen. Der Adressdecoder im Speicherbauelement aktiviert entsprechend der an den Adresseingängen anliegenden Adressen die zugehörige Speicherzelle. Jede Speicherzelle enthält acht 1-Bit-Speicherelemente.

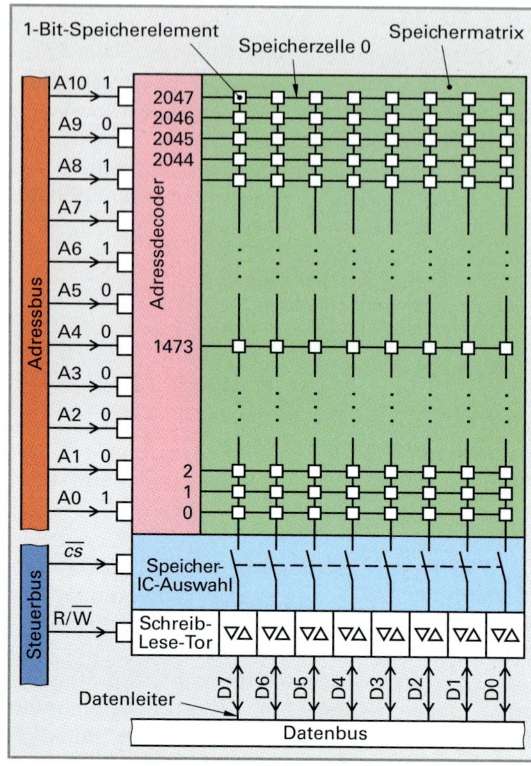

Bild 1: Wortorganisierter Speicher-IC

$$z_A = 2^n$$

$$M = m \cdot 2^n$$

$$n = \text{lb}\, z_A = \frac{\lg z_A}{\lg 2}$$

n Anzahl der Adressleiter; z_A Anzahl der Adressen
m Anzahl der Datenleiter; *M* Speicherkapazität

Beispiel 1: Speicherzelle ermitteln

Bestimmen Sie die in Bild 1 adressierte Speicherzelle.

Lösung:

$10\,1110\,0001 = 2^{10} + 2^8 + 2^7 + 2^6 + 2^0 = \mathbf{1473}$

Jede Speicherzelle enthält ein Datenwort aus einer bestimmten Anzahl von 1-Bit-Speicherelementen. Besteht ein Datenwort aus 8 Speicherelementen, enthält es die Information von 8 bit = 1 B (B = Byte). Ein adressiertes Datenwort kann über den Steuerleiter R/W (von read/write = lesen/schreiben) mit dem Signalwert 1 aus dem Speicher gelesen werden und mit dem Signalwert 0 in den Speicher geschrieben werden.

Beim Lesen liest der Prozessor aus dem Speicher und beim Schreiben schreibt der Prozessor in den Speicher.

Das Steuersignal $\overline{cs}$ legt mit dem Signalwert 0 das Speicher-IC an den Datenbus an. Das Feld, welches alle 1-Bit-Speicherelemente enthält, nennt man Speichermatrix. Die Speicherkapazität *M* des Bauelementes ist das Produkt aus Anzahl der einstellbaren Adressen und der Datenwortbreite.

Beispiel 2: Speicherkapazität berechnen

Berechnen Sie die Speicherkapazität *M* des Bauelementes in Bild 1.

Lösung:

$M = 2^{11} \cdot 8\text{ bit} = 2^1 \cdot 2^{10} \cdot 1\text{ B} = \mathbf{2\ KB}$

Bei Speicher-IC wird die Speicherkapazität oft in der Einheit Kbit angegeben. Das Bauelement hat also die Speicherkapazität 2 KB = 2 · K · 8 bit = 16 Kbit. Da Speicheradressen als Binärwerte lange Ziffernfolgen besitzen, werden sie oft als Hexadezimalwert angegeben. Dabei werden von der niederstwertigen Binärstelle beginnend immer 4 Bits der Speicheradresse in eine Hexadezimalziffer umgewandelt.

Ein einzelner Speicher-IC reicht meist für den ganzen Arbeitsspeicher eines Gerätes nicht aus. Deshalb wird der Speicher auf mehrere Speicher-IC

Beispiel 3: Hexadezimaladresse bestimmen

Geben Sie die Adresse der in Bild 1 aktivierten Speicherzeile als Hexadezimaladresse an.

Lösung: $10\,1110\,0001 = \underbrace{0010}_{2}\ \underbrace{1110}_{E}\ \underbrace{0001}_{1} = \mathbf{2E1h}$

verteilt **(Bild 1)**. Hat ein Adressbus 14 Adressleiter, A0 bis A13, verfügen aber die Speicher-IC nur über 11 Adressleitereingänge, A0 bis A10, so werden Signale $\overline{cs}$ (cs von chip select = Bauelementauswahl) aus den Signalen der drei oberen Adressleiter A11, A12 und A13 erzeugt.

Die Adressleiter A11, A12 und A13 wählen immer genau ein Speicher-IC mit einem Signal $\overline{cs}$ aus.

Der obere Speicher-IC aus Bild 1 deckt die untersten 2 KB des gesamten adressierbaren Speichers ab, da das Signal $\overline{cs}$ aus $a_{11} = a_{12} = a_{13} = 0$ erzeugt wird.

Beispiel 1: Speicherkapazitäten berechnen

Wie groß ist die Speicherkapazität, die mit den 14 Adressleitern adressierbar ist?

Lösung:

$M = 2^{14}$ B = 16384 B = **16 KB**

Da ein einzelnes Speicher-IC die Speicherkapazität von 2 KB besitzt, benötigt man 8 Speicher-IC, um den gesamten adressierbaren Speicher auszunutzen.

Beispiel 2: Hexadezimaladressen ermitteln

Welche Hexadezimaladressen umfasst der oberste Speicherbereich für $a_{11} = a_{12} = a_{13} = 1$?

Lösung: 11 1000 0000 0000 bis 11 1111 1111 1111

3 8 0 0   3 F F F

= **3800h bis 3FFFh** (Bild 1)

4.6.4 Datenzugriff

Das Schreib-Lese-Tor eines Speicher-IC verbindet dessen Speichermatrix mit den Datenleitern des Datenbusses **(Bild 2)**. Die Signalverbindung erfolgt beim Lesen und beim Schreiben stets über Tristate-Treiber (von griech. tri = drei und state = Zustand). Liegt am Steuereingang eines Tristate-Treibers der Signalwert 0, so ist der Ausgang hochohmig **(Tabelle 1)**. Liegt am Steuereingang jedoch der Signalwert 1, so führt der Ausgang das Eingangssignal mit dem Wert 0 oder 1.

Über die Signale *en* (von to enable = ermöglichen) der Tristate-Treiber wird immer nur ein Speicher-IC mit dem Datenbus verbunden, alle anderen sind hochohmig eingestellt (Bild 2). Dadurch wird vermieden, dass zwei Speicher-IC gleichzeitig unterschiedliche Signalwerte, d. h. gleichzeitig 0 und 1, an einen Datenleiter legen (Kurzschluss).

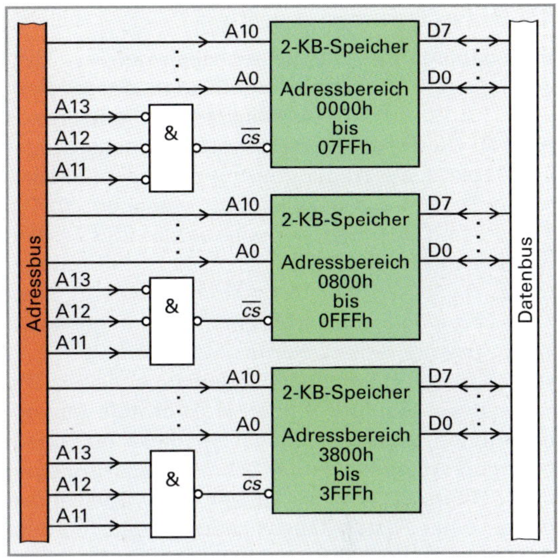

Bild 1: Speicher-Verteilung auf drei Speicher-ICs

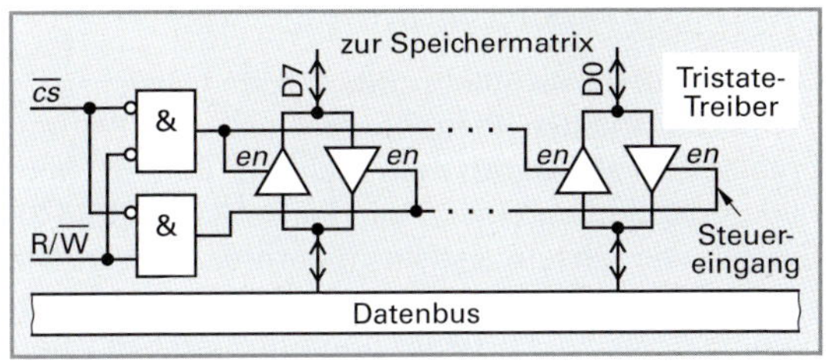

Bild 2: Schreib-Lese-Steuerung

Tabelle 1: Tristate-Treiber

Signale	Wertetabelle		
	en	*e*	*a*
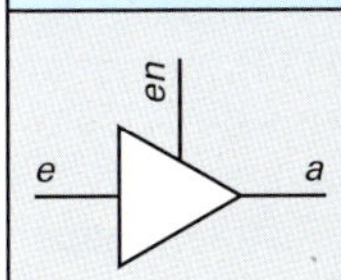	0	0	} hochohmig
	0	1	
	1	0	0
	1	1	1

Der Ausgang eines Tristate-Elementes kann die Zustände 0, 1 oder hochohmig annehmen.

Die Geschwindigkeit, mit der Daten gelesen oder geschrieben werden, nennt man Bitrate oder Übertragungsrate. Sie hängt von der Taktfrequenz und der Datenwortbreite ab. Die Bitrate wird z. B. in kbit/s oder Mbit/s angegeben, die Übertragungsrate in B/s oder kB/s. Im Gegensatz zur Einheit der Speicherkapazität ist bei der Einheit der Bitrate k = 10^3 (kilo) und M = 10^6 (Mega).

4.6.5 Festplattenspeicher

Ein Festplattenspeicher besteht aus einem in einem staubdichten Gehäuse befindlichen Festplattenlaufwerk. Es enthält 2 bis 8 hochfein polierte Platten **(Bild 1)**. Die Platten bestehen aus Aluminium oder Glaskeramik als Träger, der mit einer magnetisierbaren Schicht aus Eisenkeramik versehen ist. Die Platten sind übereinander angeordnet und werden von einem Motor angetrieben **(Bild 2)**. Sie rotieren mit z. B. 10 000/min. Der Aktuator (von to actuate = antreiben), der von einem Motor gesteuert wird, bewegt einen Kamm von Schreib-/Leseköpfen in den rotierenden Plattenstapel hinein. Die Schreib-/Leseköpfe erzeugen kreisförmige Magnetisierungen (Spuren) und tasten diese ab. Dabei betragen die Abstände der Schreib-/Leseköpfe von den Platten 0,25 µm bis 0,65 µm. Die Speicherkapazität eines Festplattenspeichers beträgt mehrere Gigabyte, z. B. 8000 GB = 8 TB.

Festplattenspeicher sind schnelle Peripheriespeicher mit hohen Speicherkapazitäten.

Die Schreib-/Leseköpfe in Bild 2 tasten gleichzeitig 6 Spuren auf den Plattenoberseiten und Plattenunterseiten ab. Denkt man sich die Platten weg, bilden die Spuren einen Zylinder im Raum **(Bild 3)**. Ein Zylinder besteht also aus mehreren Spuren. Die Plattenflächen werden in Sektoren (Kreissegmente) eingeteilt. Da bei Festplatten mit großen Speicherkapazitäten ein einzelner Sektor nicht mehr adressierbar ist, werden mehrere Sektoren zu einem Cluster (Haufen) zusammengefasst.

Ein Cluster ist die kleinste adressierbare Einheit der Festplatte.

Ist eine Datei noch so klein, z. B. 512 B, belegt sie einen ganzen Cluster, z. B. 8 KB. Um die Clustergröße zu verkleinern und den Festplattenspeicher somit effektiver zu nutzen, wird der Festplattenspeicher mit dem Betriebssystem des Rechners partitioniert (unterteilt). Dabei verwaltet das Betriebssystem softwaremäßig mehrere Laufwerke (logische Laufwerke), obwohl hardwaremäßig nur ein physikalisches Festplattenlaufwerk vorhanden ist.

Das SATA-Festplattenlaufwerk besitzt einen Anschluss für das Rechnernetzteil und einen Anschluss an eine Schnittstelle für die Datenübertragung (Bild 1). Man unterscheidet Festplattenlaufwerke mit SATA-Anschluss und SAS-Anschluss. Der Datenaustausch erfolgt seriell über ein 7-adriges Kabel **(Bild 4)**. Für externe Festplatten werden die Schnittstellen eSATA (extern SATA) oder USB verwendet.

- **SATA** von Serial Advanced Technology Attachment.
- **SAS** Serial Attached SCSI.
- **SCSI** von Small Computer System Interface.

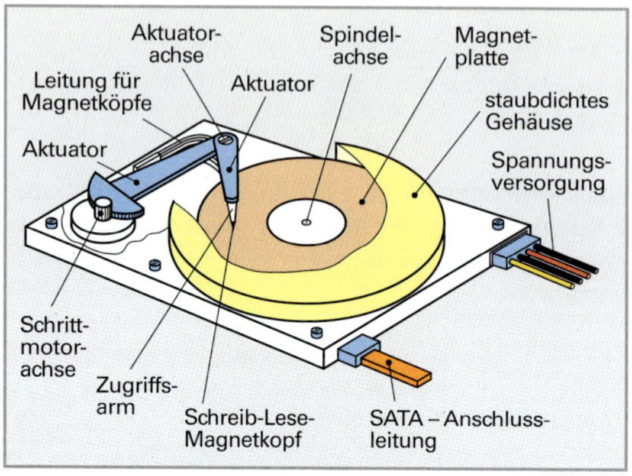

Bild 1: SATA-Festplattenlaufwerk

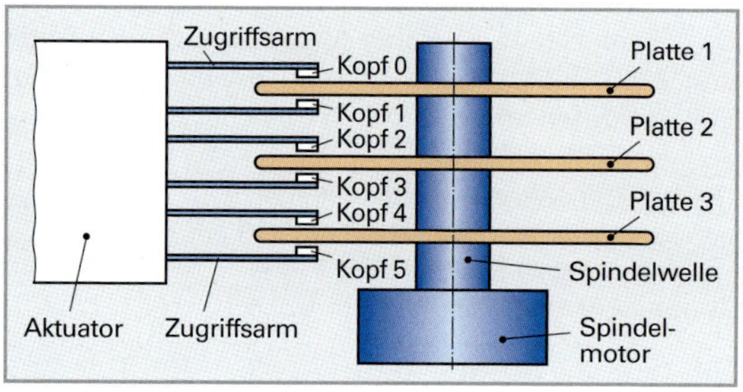

Bild 2: Zugriff auf Platten im Laufwerk

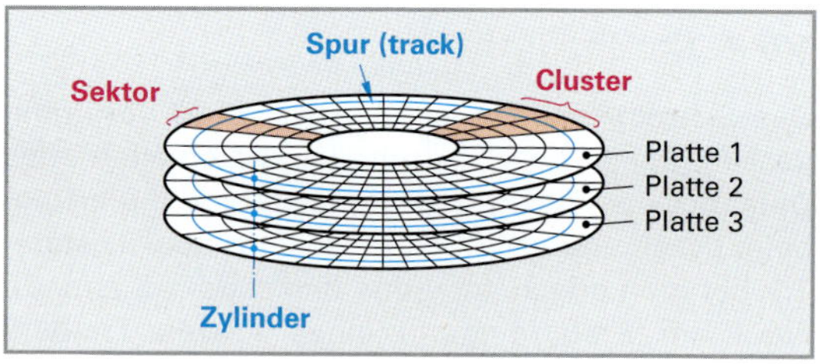

Bild 3: Einteilung des Festplattenspeichers

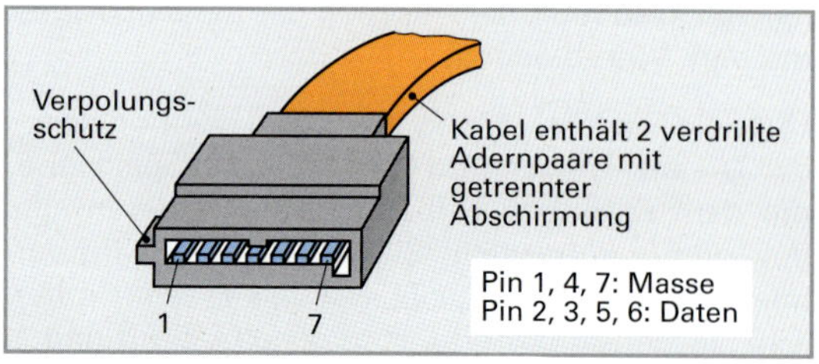

Bild 4: SATA-Stecker mit Kabel

Die Zugriffszeit auf die Daten einer Festplatte ist die Zeitspanne vom Lesebefehl bis zur Datenankunft im Rechner. Sie beträgt nur wenige Millisekunden, z. B. 6 ms. Die Höhe der Bitrate von Festplattenspeichern hängt von der Laufwerksart, von der Anzahl der Verbindungsleiter zum Computer und von der Steuereinheit (Controller) auf der Computerplatine ab **(Tabelle 1)**.

SAS-Festplatten haben üblicherweise zwei SAS-Anschlüsse, die zur Leistungssteigerung gebündelt, d. h. am selben Hostadapter (Rechnersystem-Schnittstelle) angeschlossen werden können, sodass z. B. bei SAS3 die Bitrate 2400 MB/s beträgt. Schließt man zwei Hostadapter an einer SAS-Festplatte an, spricht man vom Dual-Porting-Betrieb. Es können so zwei unabhängige Systeme auf dieselbe Festplatte zugreifen. An einem SAS-Hostadapter lassen sich SAS- und SATA-Laufwerke parallel betreiben. Mit dem Einsatz von Expandern lässt sich eine Speicherdomäne mit theoretisch bis zu 16384 Festplatten aufbauen **(Bild 1)**.

Um die Geschwindigkeit der Datenübertragung weiter zu erhöhen und um Datensicherheit zu erzielen, werden z. B. bei Computern (Servern) für Datenbanken mehrere Festplatten nach speziellen Verfahren verwaltet. Diese Verfahren nennt man RAID (von Redundant Array of Independend Disks = überflüssige Anordnung von unabhängigen Laufwerken).

Beim RAID Level 0 (Level = Stufe) werden logisch zusammenhängende Daten auf physikalisch getrennte Laufwerke in Blöcken verteilt **(Bild 2)**. Dieses Verfahren nennt man Data Striping (Datenzerlegung). Man erreicht dadurch hohe Bitraten, jedoch gehen bei Ausfall nur eines Laufwerkes alle Daten verloren. Beim RAID Level 1 werden Daten immer gleichzeitig auf z. B. zwei Laufwerke gespeichert **(Bild 3)**. Man nennt diesen Vorgang Data Mirroring (Datenspiegelung). Die Bitrate wird dadurch nicht erhöht, jedoch gehen bei Ausfall eines Laufwerkes keine Daten verloren. Meist werden die RAID Level 0 und 1 kombiniert. Man spricht vom RAID Level 1/0 oder 10.

Beim RAID Level 1/0 sind mindestens vier Speicherlaufwerke notwendig.

Bei weiteren RAID-Verfahren bis RAID Level 6 werden fehlerkorrigierende Codes oder Prüfsummen erzeugt, die z. B. auf einem eigenen Laufwerk gespeichert werden. Manche RAID-Verfahren sind sehr aufwändig und kommen erst bei der Verwaltung ab 20 Laufwerken zum Einsatz.

Tabelle 1: Eigenschaften von Festplattenspeichern

Plattenart	Bezeichnungen der Laufwerke	Pin-anzahl	Bitrate in MB/s
SATA eSATA	Serial ATA 1	7	150
	Serial ATA 2	7/15/22	300
	Serial ATA 6a	7/15/22	600
Serial Attached SCSI	SAS1	7 je Kanal	300
	SAS2		600
	SAS3		1200

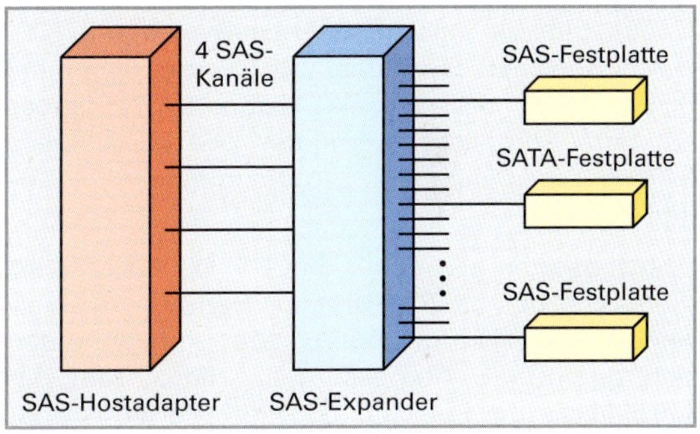

Bild 1: SAS-Speicherdomäne

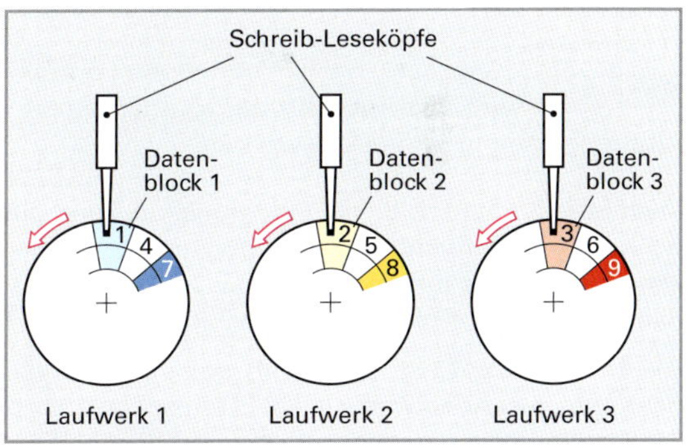

Bild 2: RAID Level 0

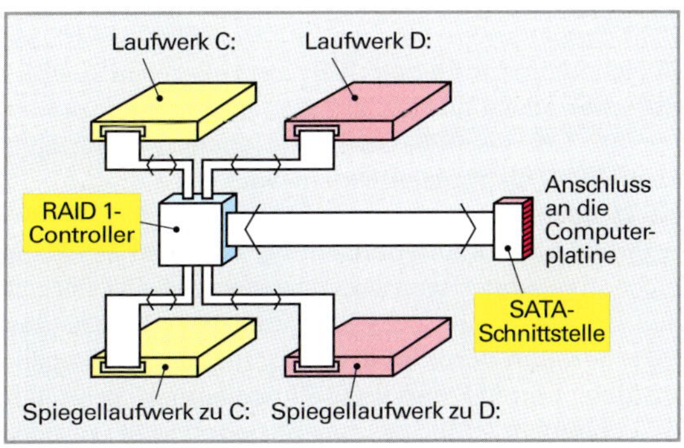

Bild 3: RAID Level 1

4.6.6 Halbleiterlaufwerke

Halbleiterlaufwerke speichern Daten elektrisch in Flash-EPROM-Speicherzellen (Abschnitt 4.6.2). Da sie keine beweglichen Teile haben, sind sie robust, lautlos und benötigen wenig Leistung, z.B. 1,5 W im Schreib-/Lesebetrieb und 0,15 W im Standby-Betrieb.

Solid-State-Disks (SSD) sind Halbleiterlaufwerke für große Datenmengen. Sie lösen Festplattenspeicher künftig ab. Im Computer sind sie auf einer Speichersteckkarte mit PCIe-3.0-Busanschluss verfügbar **(Bild 1)**. Mit Bitraten bis 550 MB/s haben sie Speicherkapazitäten bis 512 GB. Darüber hinaus gibt es externe SSD-Laufwerke mit kleineren Speicherkapazitäten. Sie werden über die Schnittstellen USB-3.0, SATA oder SATA-Express mit dem Computer verbunden. Die Schnittstelle SATA-Express vereinigt die Schnittstellen SATA und PCIe 3.0.

Speicherkarten gibt es für den PC, Digitalkameras, Videorecorder, MP3-Spieler, Handys in verschiedenen Ausführungen. Sie unterscheiden sich durch ihre Abmessungen, die Anzahl der Anschlüsse, die Speicherkapazität und die Art der Datenübertragung. Die am meisten verwendete Speicherkarte ist die SD-Card **(Tabelle 1 und Bild 2)**.

Eine SDHC-Speicherkarte kann an einen Laptop mit einfachem SD-Anschluss nur über einen Kartenleser angeschlossen werden.

In einigen Geräten, z. B. mit Videofunktion, kann die SD-Karte nur verwendet werden, wenn sie mit diesen Geräten neu formatiert wird. SD-Karten haben Schreibgeschwindigkeiten von 9 MB/s bis 30 MB/s.

Die Mini-SD-Karte ist etwa halb so groß wie die SD-Karte. Als Adapter für den PC-Anschluss wird SD-Kartengehäuse verwendet, in welches die Mini-SD-Karte hineingesteckt wird.

USB-Speicher-Sticks enthalten Flash-EPROM-Speicherchips und einen USB-Controller (Bild 2). USB-Speicher-Sticks gibt es für die Speicherkapazitäten von 32 MB bis 128 GB. Sie dienen wie portable Festplatten als mobiler Datenträger mit Bitraten von 6,8 MB/s beim Lesen und 2,4 MB/s beim Schreiben. während der Datenübertragung darf der Speicher nicht abgezogen werden, damit kein Datenverlust eintritt. Bevor der USB-Stick aus der Buchse des PC's gezogen wird, ist er am Betriebssystem abzumelden. Mithilfe der BIOS-Einstellungen kann ein PC von einem USB-Speicher-Stick gebootet werden. Da die Speicher manchmal in der USB-Buchse eines fremden PCs vergessen werden, sind die Daten auf dem Speicher-Stick zu schützen. Dazu können die Daten mit einem Programm, z. B. KeePass, verschlüsselt werden oder man benutzt Speicher-Sticks mit Passwortschutz. Das Passwort wird über eine Zahlentastatur eingegeben **(Bild 2)**.

SSD, Solid State Disk = Halbleiterlaufwerk
PCIe 3.0, Peripheral Component Interconnect Express 3.0 = schnelle Computerschnittstelle auf dem Mainboard.
USB 3.0, Universal Serial Bus 3.0 = externe Computerschnittstelle

Bild 1: SSD-Einsteckkarte für PCIe

Tabelle 1: SD-Speicherkarten

Typ	Bezeichnung	Speicherkapazität
SD	Secure Digital Memory Card	8 MB bis 8 GB
SDHC	SD High Capacity	16 MB bis 32 GB
SDXC	SD eXtended Capacity	64 GB und mehr

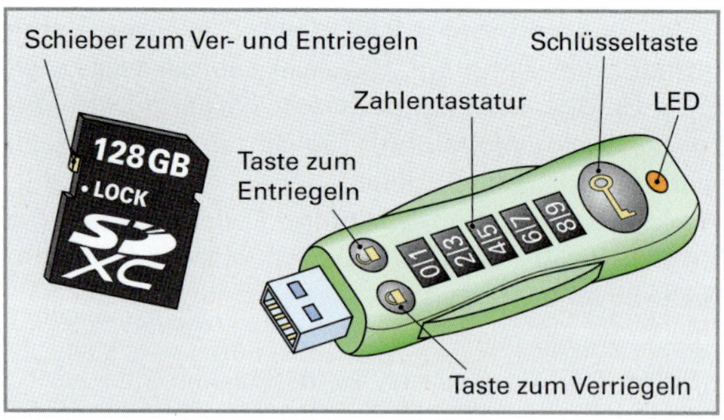

Bild 2: SD-Karte und USB-Speicher-Stick

4.6.7 Optische Speicher

Bei optischen Speichern besteht der Datenträger aus einer dünnen Scheibe (Disc, **Tabelle 1**). Ihr Außendurchmesser beträgt 12 cm und sie ist 1,2 mm dick. In der Mitte befindet sich ein Loch mit 15 mm Durchmesser. Unter der lichtdurchlässigen Oberfläche liegt eine lichtreflektierende Schicht, z. B. aus Aluminium. Diese enthält die gespeicherte Information in Form von Vertiefungen, den Pits (von pit = Grube), und Erhebungen, den Lands (von land = Land), welche in einer Spirale angeordnet sind. Diese werden beim Lesen von einem Laserstrahl von innen nach außen abgetastet. Der Übergang von Pit nach Land oder umgekehrt enthält den Signalwert 1 **(Bild 1)**. Die Größe von Pits und Lands sowie der Abstand der Spuren hängen von der Art des optischen Speichers ab **(Bild 2)**.

Je dichter die gespeicherte Information gepackt ist, desto größer ist die Speicherkapazität

Eine Audio-CD mit 74 min Spieldauer besitzt eine Kapazität von 650 MB. Sie wird mit einfacher Geschwindigkeit abgespielt. Die Übertragungsrate beträgt somit $650 \cdot 2^{20}$ Byte/(74 min) $\approx 9 \cdot 106$ MB/min = 150 kB/s. Ein Datenlaufwerk mit 52-facher Geschwindigkeit liest also mit einer Bitrate von $52 \cdot 150$ kB/s = 7,8 MB/s. Tatsächlich wird diese Übertragungsrate nur auf den äußeren Spuren der CD erreicht, da dort die Daten am schnellsten gelesen werden und die Laufwerkshersteller nur die maximal erreichbare Übertragungsrate angeben. Ein Laufwerk mit 52-facher Geschwindigkeit rotiert mit mehr als 10 000/min. Dabei entsteht einerseits eine erhebliche Geräuschentwicklung und andererseits verlangsamt sich die Zugriffszeit auf die Daten, da die CD bei jedem Zugriff erst auf volle Geschwindigkeit gebracht werden muss. Das ist vor allem dann störend, wenn ein Programm laufend in kurzen Abständen auf eine CD zugreift. Deshalb arbeiten CD-ROM-Laufwerke mit höheren Geschwindigkeiten, z. B. 80-facher, mit der Multibeam-Technik (Mehrstrahltechnik, **Bild 3**).

Mit der Multibeamtechnik haben CD-ROM-Laufwerke höhere Übertragungsraten und sind leiser.

Der Laserstrahl wird an einem Beugungsgitter in mehrere einzelne Strahlen aufgefächert, z. B. in 5 oder in 7. Diese Strahlen lesen gleichzeitig mehrere Spuren der CD. Die von der CD reflektierten Strahlen werden von einem Spiegel umgelenkt und gelangen über eine Linse zum Empfänger.

Tabelle 1: Arten von optischen Speichern

Name	Erklärung
CD-ROM	Compact Disc-Read Only Memory = kompakte Scheibe-Nurlesespeicher.
CD-R	R von Recordable = bespielbar, d. h. einmal vom Anwender beschreibbar.
CD-RW	RW von Read = Lesen und Write = Schreiben; CD kann mehrfach beschrieben werden.
DVD	Digitale Versatile Disc = digitale vielseitig verwendbare Scheibe; Nurlesespeicher.
DVD-R	Einmal beschreibbare DVD.
DVD-RAM	RAM von Random Access Memory; mehrfach beschreibbare DVD.
BD	BD von Blue Ray- Disc; Blu von Blue = blaue und Ray = Strahl (Blauer Laserstrahl)
BD-R	Einmal beschreibbare BD
BD-RE	RE von Rewritable = wiederbeschreibbar; mehrfach beschreibbare BD

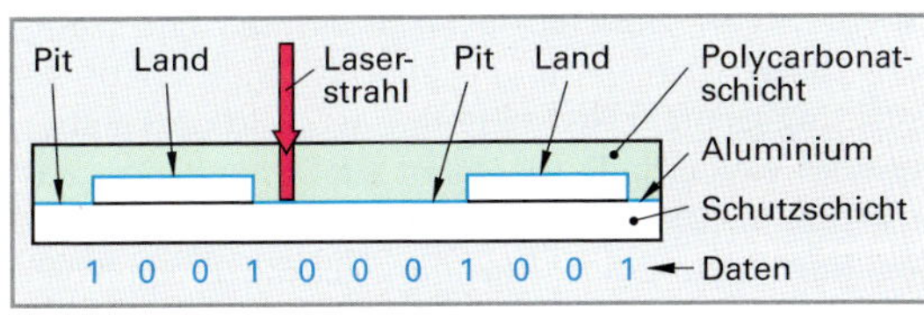

Bild 1: Aufbau einer CD-ROM

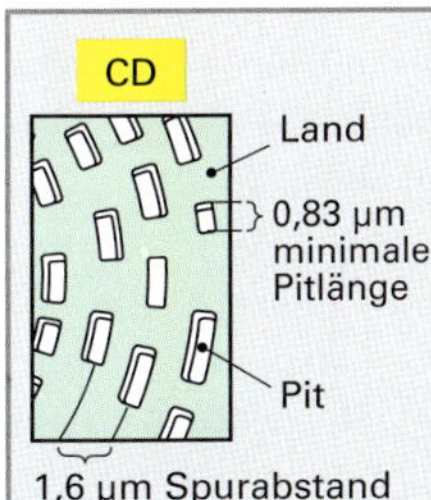

Abmessungen bei DVD und BD		
Disk-Art	DVD	BD
Spur Abstand	0,74 µm	0,32 µm
minimale Pitlänge	0,4 µm	0,15 µm

Bild 2: Datenspuren bei DVD und BD

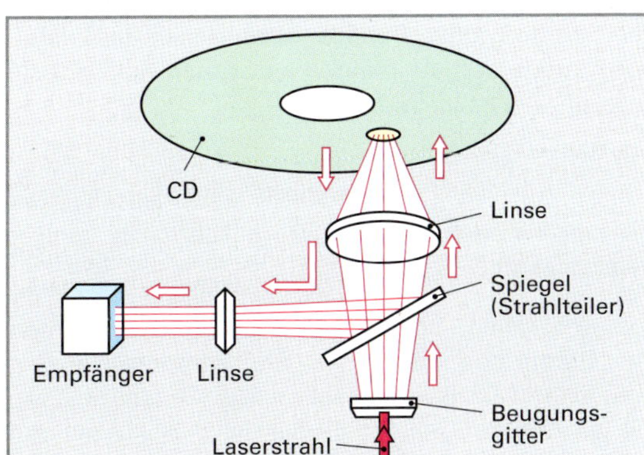

Bild 3: Abtastung mit Mehrstrahltechnik

Während die CD mit einem Infrarotlaser mit einer Wellenlänge von 780 nm gelesen wird, arbeitet die DVD mit ein oder zwei Lasern für rotes Licht der Wellenlänge 650 nm und die BD mit einem blau-violetten Laser mit der Wellenlänge 405 nm. Die Speicherkapazität der DVD hängt davon ab, ob die Daten einseitig oder beidseitig lesbar sind und ob von einer Seite aus zwei Ebenen gelesen werden können **(Bild 1)**. Eine BD wird nur einseitig gelesen, kann aber mehrere Informationsschichten enthalten. Um die untere von zwei Schichten abzutasten, liest der Laser durch die obere Schicht hindurch. Er fokussiert auf die untere Ebene, d. h. die Daten der oberen Schicht bleiben unscharf und werden nicht erkannt. Von einer BD lassen sich Videos im Vollbildmodus mit einer Auflösung von 1920 × 1080 Bildpunkten abspielen.

Eine BD mit zwei Datenschichten speichert 50 GB.

CD-R, DVD-R und BD-R sind einmal beschreibbare Disks. Man nennt sie auch Rohlinge. Auf der Reflexionsschicht aus Metall, z. B. Gold und Silber, befindet sich eine Farbschicht als Datenträger, z. B. aus Cyanin. Die Farbkombination ergibt die Farbe des Rohlings. Beim Brennen schmilzt die Farbschicht an bestimmten Stellen **(Bild 2)**. Dort verliert sie ihre Lichtdurchlässigkeit und der Laserstrahl wird beim späteren Lesen dort nicht mehr reflektiert. Der Wechsel von reflektierenden und nicht reflektierenden Stellen entspricht der Folge von Lands und Pits einer gepressten Disk.

CD-RW, DVD-RAM oder BD-RE sind wieder beschreibbare Disks. Bei ihnen besteht die eigentliche Aufzeichnungsschicht aus vier Lagen **(Bild 3)**. Unter der metallischen Reflexionsschicht liegt zwischen zwei dielektrischen Schichten die Farbschicht. Sie besteht aus einer gitterförmig aufgebauten lichtdurchlässigen Metalllegierung. Beim Brennen erhitzt der Laser Stellen bis knapp über den Schmelzpunkt. Dabei verändert sich der kristalline Materialaufbau in einen amorphen (von griech. amorph = gestaltlos, **Bild 4**).

Programmieren und Löschen einer CD-RW, einer DVD-RAM oder BD-RE geschieht durch Änderung des Kristallgitteraufbaus in einer Farbschicht.

Die amorphen Stellen absorbieren beim Lesen der Daten das Laserlicht. Sie entsprechen den Pits einer CD. Beim Löschen der Daten müssen die amorphen Stellen wieder in den kristallinen Aufbau zurückversetzt werden. Diesen Vorgang nennt man Rekristallisieren. Dazu werden die amorphen Stellen vom Laser mit geringerer Energie bestrahlt, sodass eine Temperatur knapp unter dem Schmelzpunkt der Metalllegierung entsteht.

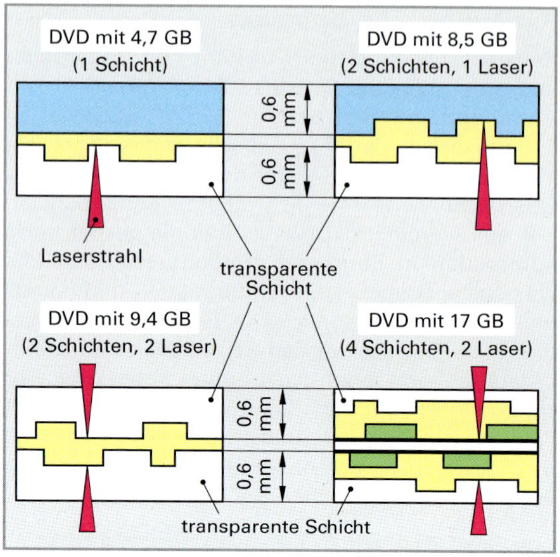

Bild 1: Arten von DVDs

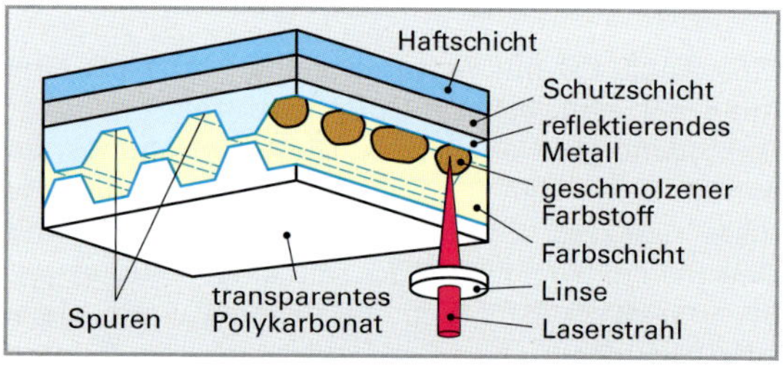

Bild 2: Beschreiben von DVD-R, CD-R und BD-R

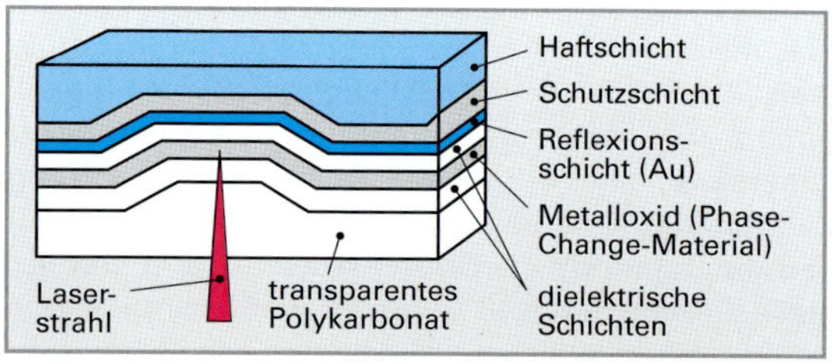

Bild 3: Aufbau einer wieder beschreibbaren Disk

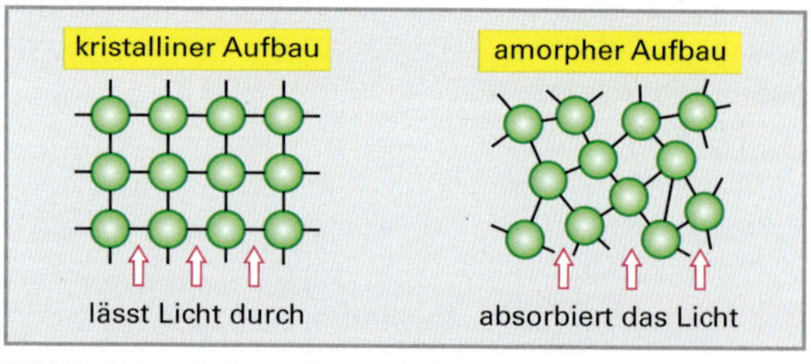

Bild 4: Kristallgitter einer wiederbeschreibbaren Disk

Man unterscheidet bei der DVD-RAM die DVD-RW und DVD+RW. Die Unterschiede dieser DVDs liegen in der speziellen Art der Datenaufzeichnung. Geräte zum Beschreiben eines Rohlings nennt man Brenner. Man unterscheidet CD-RW-Brenner, DVD-Brenner und BD-Brenner.

BD-Brenner beschreiben alle Arten von Rohlingen.

Die verschiedenen Brenner werden wie ein Festplattenlaufwerk in den PC eingebaut.

Beim Brennen von CDs werden zwei Methoden unterschieden **(Bild 1)**. Man kann entweder ein Image (Abbild) einer ganzen CD oder einzelner Dateien vor dem Brennvorgang auf der Festplatte abspeichern oder man kann direkt von der Quell-CD auf die Ziel-CD schreiben. Diese Methode nennt man On-the-fly (im Flug). Bevor die Daten auf den Rohling gebrannt werden, werden sie im Datenpuffer (Buffer) des Brenners zwischengespeichert. Brenner mit der Technologie Burn-Proof (Brenntest) stoppen den Brennvorgang kurz, wenn der Datenpuffer leer ist. Damit wird verhindert, dass bei leerem Datenpuffer nur noch Daten mit dem Wert null auf den Rohling geschrieben werden, wodurch dieser unbrauchbar wird.

Brenner und Rohlinge gibt es für verschiedene Schreibgeschwindigkeiten. Die Bezeichnung 40 × 24 × 48 eines Brenners heißt, 40-faches Brennen, 24-faches Wiederbeschreiben und 48-faches Lesen. Dies sind die Geschwindigkeitsmaximalwerte des Brenners. Für DVDs sind die Geschwindigkeiten geringer als für CDs. Ein Rohling enthält z. B. die Bezeichnung 1 ×–52 ×, d. h. er kann mit einfacher Geschwindigkeit, z. B. in 80 min, bis zu 52-facher Geschwindigkeit, z. B. in 1,6 min, programmiert werden. Die tatsächlichen Geschwindigkeiten werden vom Anwender im Brennprogramm eingestellt.

Brennprogramme unterscheiden verschiedene Schreibformate **(Bild 2)**. Im Schreibformat Joliet werden Daten auf CD gebrannt. Dies kann in einem Brennvorgang (Session = Sitzung) erfolgen oder in mehreren, zeitlich getrennten (Multisession). Im Schreibformat UDF (von Universal Disc Format = allgemeines Diskformat) kann z. B. eine CD-RW vom Betriebssystem aus wie eine Festplatte verwaltet werden

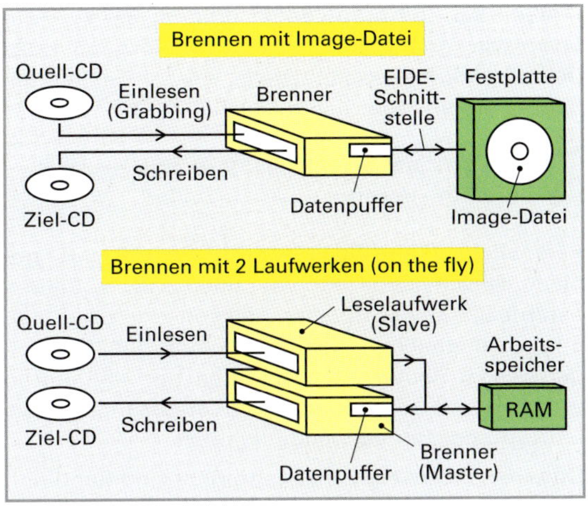

Bild 1: Methoden beim Brennen von CDs

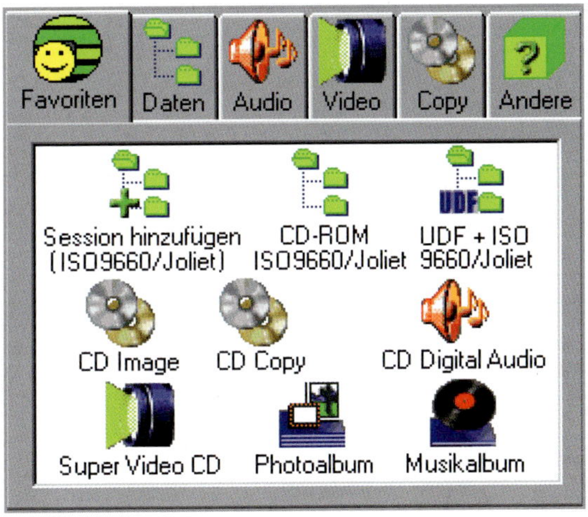

Bild 2: Auswahlmenü eines Brennprogramms

4.6.8 Speicher für Backup

Unter einem Daten-Backup (von to backup = ergänzen, sichern) versteht man einerseits das Archivieren von Daten in bestimmten Zeitabständen, z. B. täglich, und andererseits die Datensicherung beim Ausfall eines Computers im laufenden Betrieb. Neben RAID-Systemen (Abschnitt 4.6.5) werden unterschiedliche Speichermedien eingesetzt.

Optische Speicher wie DVD oder BD eignen sich aufgrund ihrer geringen Speicherkapazität von bis zu 50 GB nicht für sehr große Datenmengen als Backup-Speicher **(Tabelle 1, folgende Seite)**.

Externe Festplatten haben dagegen deutlich höhere Speicherkapazitäten. Sie gibt es in den

Größen 3,5 Zoll und 2,5 Zoll **(Bild 1)**. Bei 2,5-Zoll-Festplatten erfolgt die Spannungsversorgung meist über die Anschlussschnittstelle. 3,5-Zoll-Festplatten benötigen ein zusätzliches Netzteil.

Externe Festplatten sind schnelle Speicher mit wahlfreiem Zugriff.

Persönliche Cloud-Speicher (My Cloud), z. B. mit einer Speicherkapazität von 8000 MB, enthalten externe 3,5-Zoll-Festplatten, die von einem eigenen Server verwaltet werden. Sie werden über USB an den WLAN-Router angeschlossen und können so von zu Hause oder unterwegs über das Internet als Backup-Speicher verwendet werden.

Streamer (von to stream = strömen) sind Bandlaufwerke zum Beschreiben und Lesen von Magnetbändern (Tapes). Diese bestehen aus mit magnetischem Material beschichtetem Polyesterband und sind meist 4 mm oder 8 mm breit. Bänder mit großen Längen, z. B. 230 m, haben eine größere Speicherkapazität. Meist werden die Daten in schrägen Spuren oder serpentinenförmig linear aufgezeichnet **(Bild 2)**.

Streamer sind große Datenspeicher, können aber nicht wahlfrei auf die Daten zugreifen.

Die gespeicherten Daten der Magnetbänder werden von den Streamern immer in vollem Umfang nacheinander (sequenziell) gelesen. Dabei werden verschiedene, nicht kompatible Technologien unterschieden, z. B. DAT (Digital Audio Tape), DLT (Digital Linear Tape), LTO (Linear Tape Open), SLR (Scabale Linear Recording), NTP (New Tape Product), ADR (Advanced Digital Recording), AIT (Advanced Intelligent Tape), VXA (Tabelle 1).

Autoloader (Selbstlader) oder Libraries (Bibliotheken) sind Geräte, die in Magazinen mehrere Bänder enthalten und oft mit mehreren Streamern arbeiten. Ein SLR-Library speichert z. B. 4 TB vollautomatisch.

Wiederholung und Vertiefung

1. **Welche Arten von RAM-Speichern werden unterschieden?**
2. **Wie groß ist die Speicherkapazität *M* eines EPROM mit 13 Adressleitern und 8 Datenleitern? *Lösung:* 8 KB**
3. **Welche Zustände kann ein Tristate-Element am Ausgang annehmen?**
4. **Erklären Sie den Begriff Cluster und Zylinder bei einer Festplatte.**
5. **Erklären Sie den Programmiervorgang bei der CD-R.**
6. **Welchen Vorteil haben Brenner mit Burn-Proof-Technologie?**
7. **Welche Backup-Speicher werden unterschieden?**

Tabelle 1: Speicher für Backup

Art	Kapazität in GB	Bitrate in MB/s	Schnittstellen, Erklärungen
optische Speicher			
DVD	4,7 bis 9,4	bis zu 20,8	EIDE, SCSI, USB
BD	25 bis 50	bis zu 4,5	HDMI, SATA, EIDE
externe Festplatten			
2,5-Zoll	160 bis 3000	bis zu 80	USB, Firewire
3,5-Zoll	500 bis 6000	bis zu 140	USB, Firewire, eSATA
Bandspeicher (Streamer)			
DLT und SDLT	35 bis 320	5 bis 36	Bandbreite ½″ SDLT = Super DLT
SLR	4 bis 140	1 bis 30	Bei SLR-Streamern ist der Bandverschleiß extrem gering.
DAT	bis 72 000	0,5 bis 4,8	SCSI
LTO	bis zu 400	15 bis 80	SCSI, Fibre Channel

Bild 1: Externe 2,5-Zoll-Festplatte

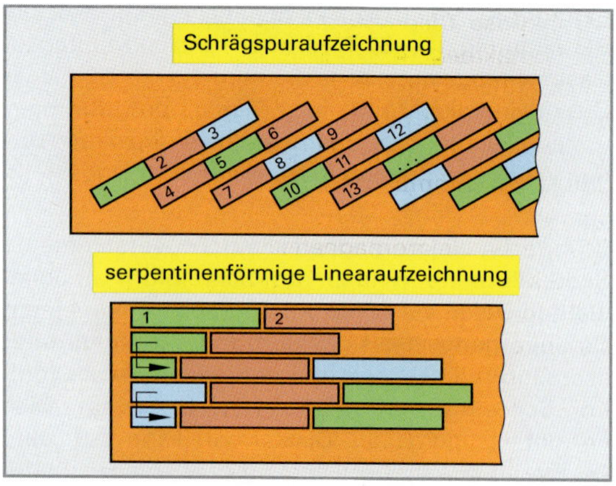

Bild 2: Aufzeichnungen bei Streamern

4.6.9 Chipkarten

Arten der Chipkarten

Chipkarten sind Karten aus laminiertem (geschichtetem) Kunststoff, die einen IC enthalten und über eine Schnittstelle Datenverbindung mit einem Gerät aufnehmen können, das einen Microcomputer enthält **(Bild 1)**. Chipkarten werden auch z. B. als IC-Karte, Smart Card oder Electronic Card bezeichnet.

Kontaktbehaftete Chipkarten bestehen aus dem Kartenkörper, dem Chipmodul und den äußeren Kontakten. Die Abmessungen sind genormt. Das Chipmodul besteht aus dem *Chip*, den Anschlussdrähten (Bonddrähten, von bond = Verbindungsband), den Kontaktflächen, Distanzscheiben (Abstandsscheiben) und der Vergussmasse **(Bild 2)**. Die Kontaktflächen 1 bis 8 haben festgelegte Funktionen **(Tabelle 1)**.

Weil in den Normen für die Kontakte 4 und 8 keine Funktion festgelegt ist, haben viele Chipkarten nur sechs Kontaktflächen. Über die vergoldeten Kontaktflächen erfolgt die Verbindung zu den Lesegeräten.

Für Mobiltelefone des GSM-Systems (Global System für Mobile Communication = weltweites System für mobile Kommunikation) gibt es eine kleine Chipkarte, die einen Ausschnitt aus der großen Chipkarte von Bild 1 darstellt **(Bild 3)**. Diese Karte wird als Plug-In-SIM (von Subscriber Identity Module = Teilnehmer-Identitäts-Modul) bezeichnet.

Chipkarten sind weitgehend genormt, sodass sie international angewendet werden können.

Kontaktlose Chipkarten haben die Abmessungen der kontaktbehafteten Chipkarten. Im Inneren der Karte befindet sich ein *Transponder* (Sender-Empfänger). Dieser besteht aus einem Chip und einer Spule **(Bild 1, folgende Seite)**. Die kontaktlose Chipkarte kommuniziert mit dem Lesegerät bzw. Schreib-/Leseberät über Entfernungen bis z. B. 0,1 m mittels elektromagnetischer Wellen von z. B. 13,56 MHz. Dabei werden sowohl Signale in beiden Richtungen drahtlos mit z. B. 100 kbit/s übertragen als auch elektrische Energie zur Stromversorgung des Chips vom Schreib-Lesegerät zur Chipkarte. Kontaktlose Chipkarten sind besonders dann zweckmäßig, wenn das Einführen in ein Lesegerät vermieden werden soll, z. B. bei Zugängen zu speziellen Bereichen.

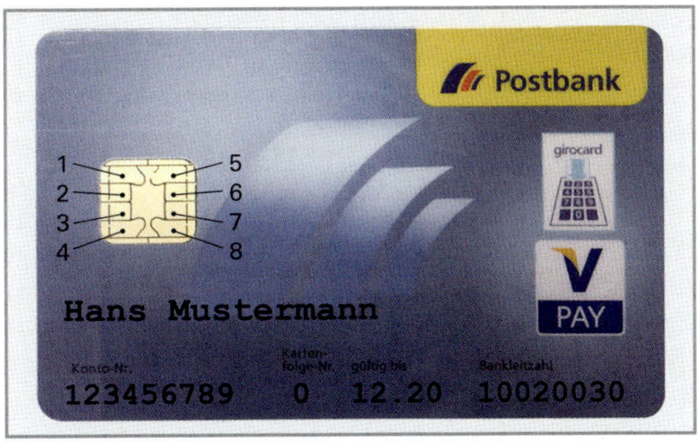

Bild 1: Beispiel einer Chipkarte

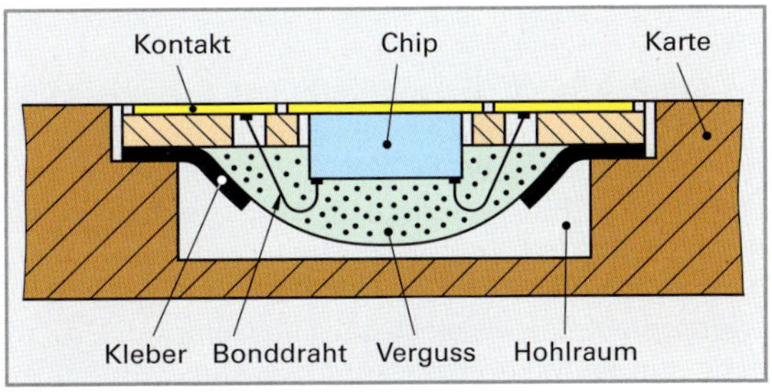

Bild 2: Bestandteile einer Chipkarte

Tabelle 1: Kontakte von Chipkarten

Kontakt	Name	Funktion
1	VCC	Betriebsspannung
2	RST	Reset (Rücksetzen)
3	CLK	Clock (Takt)
4	–	nicht definiert
5	GND	Ground (Masse)
6	VPP	Programmierspannung
7	I/O	Input/Output (Eingang/Ausgang)
8	–	nicht definiert

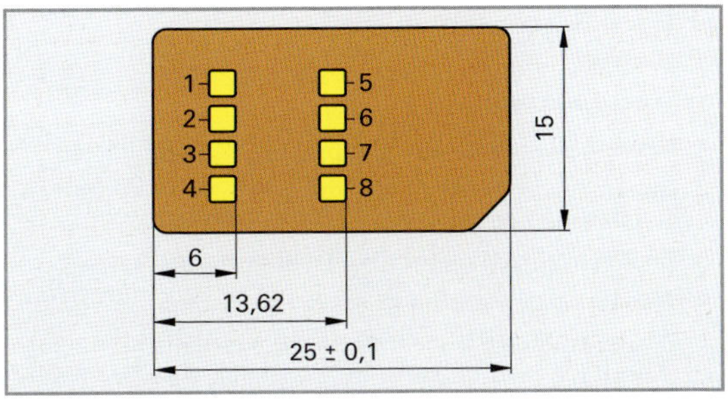

Bild 3: Abmessungen der Plug-In-SIM

Karten mit kombinierten Schnittstellen sind eine Kombination von kontaktbehafteten und kontaktlosen Chipkarten **(Bild 2)**. Bei der *Hybridkarte* sind je ein Chip für beide Kartenarten vorhanden, bei der *Dual-Interface-Karte* ist nur ein Chip vorhanden.

Bei Chipkarten sind oft zusätzliche Datenspeicher vorhanden, z.B. Magnetstreifen (Magnetpisten). Eine geringe Verbreitung haben dagegen Chipkarten mit Display, Tastatur und Sensoren **(Bild 3)**. Bei diesen muss eine vom Lesegerät oder Schreib-/Lesegerät unabhängige Stromversorgung vorhanden sein. Deshalb wird eine extrem flache Batterie oder ein Fotoelement (Solarzelle) in die Karte eingebracht.

Chips der Chipkarten

Als Chips werden je nach Kartenart *Speicherchips* oder *Mikroprozessorchips* verwendet. Bei den Speicherchips kommen alle Arten von Speichern vor, z.B. ROM, EEPROM und RAM. Außerdem sind eine Adresslogik und eine Sicherheitslogik vorhanden **(Bild 4)**. Sind höhere Vielseitigkeit und Sicherheit erforderlich, z.B. als elektronische Geldbörse, dann benutzt man Mikroprozessorchips. Diese enthalten zusätzlich einen Mikroprozessor (CPU). Im ROM ist dann das Betriebssystem abgelegt und der RAM dient als Arbeitsspeicher (Bild 4). Das EEPROM mit z.B. 1024 B dient zum längerfristigen Abspeichern von Daten.

Anwendung der Chipkarten

Chipkarten mit Speicherchip sind z.B. Prepaidkarten, elektronische Eintrittskarten bzw. Schlüssel ohne Buchung und die deutschen Krankenversichertenkarten. *Chipkarten mit Mikroprozessorchip* sind z.B. Prepaidkarten, SIM-Karten für das mobile Telefon, elektronische Eintrittskarten bzw. Schlüssel mit Buchung, Tankkarten, Karten für Verpflegungsautomaten und die elektronische Geldbörse. Chip-Karten mit Funktechnik, z.B. NFC (Near Field Communication), können kontaktlos verwendet werden. Bei Kreditkarten ist somit kontaktloses Bezahlen möglich.

Wiederholung und Vertiefung

1. **Nennen Sie die beiden Hauptarten der Chipkarten.**
2. **Geben Sie mögliche Anwendungen dieser Hauptarten aus Ihrer Umgebung an.**
3. **Welchen Vorteil bietet eine Dual-Interface-Karte?**
4. **Welche Speicherarten kommen in Chipkarten vor?**
5. **Wie beurteilen Sie die Dauerhaftigkeit der Datenspeicherung einer Chipkarte im Vergleich zu einer Karte nur mit Magnetspeicherung?**

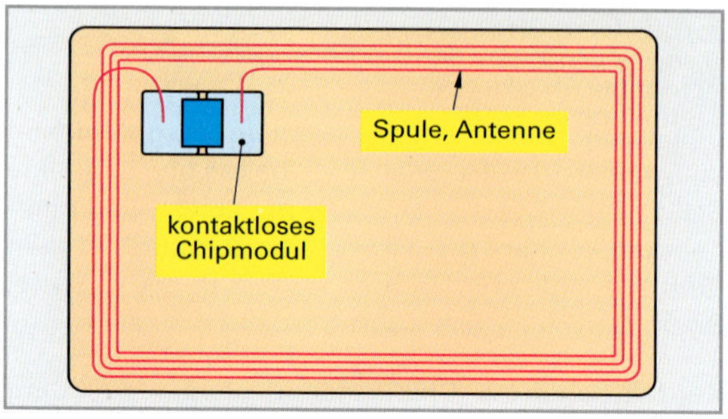

Bild 1: Kontaktlose Chipkarte

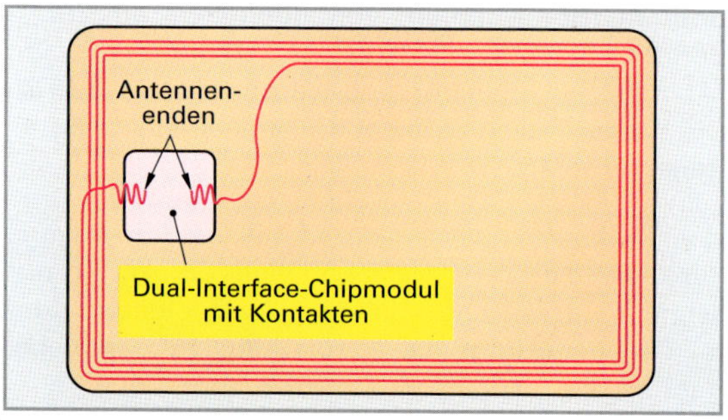

Bild 2: Dual-Interface-Karte

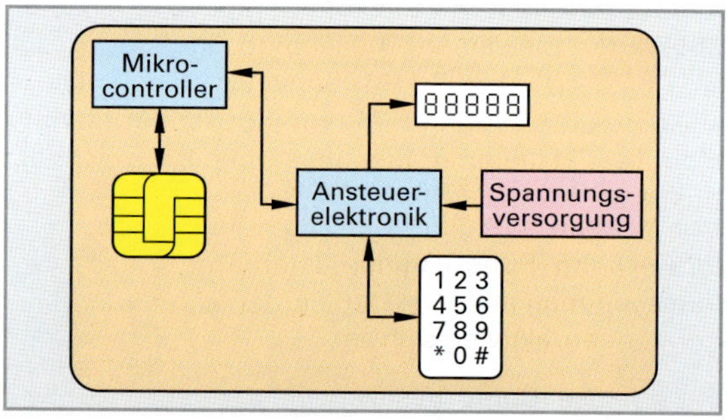

Bild 3: Chipkarte mit Display und Tastatur

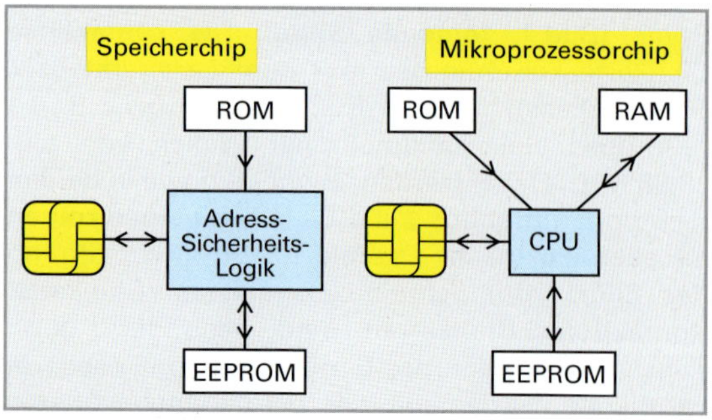

Bild 4: Blockschaltpläne von Chipkarten

4.6.10 RFID-Transponder

Ein RFID-Transponder (RFID von Radio Frequency Identification, transponder von transmit = übertragen und respond = antworten, abfragbarer Datenträger) besteht aus einer Antenne, einem analogen Schaltkreis zum Empfangen und Senden sowie einem digitalen Schaltkreis und einem Speicher **(Bild 1)**. Die Maße der Transponder liegen im Bereich von wenigen Millimetern bis zu einigen Zentimetern. Die gespeicherten Daten werden über Funk gelesen. Jeder Transponder benötigt im Betrieb zusätzlich ein stationäres Gerät zum Lesen und ggf. Schreiben. Anwendungsgebiete von Transpondern sind Produktkennzeichnungen im Einzelhandel, in automatisierten Transportanlagen, ferner Werkzeugkennzeichnungen, Tierkennzeichnungen oder Chipkarten für Zugangskontrollen.

RFID ist eine Methode, um kontaktlos Daten lesen und speichern zu können. Das System wurde ursprünglich entwickelt, um die Identifikation von Objekten über maschinenlesbare Strichcodes zu ersetzen. Die Entfernung zum Schreiben und Lesen schwankt aufgrund der Ausführung des Transponders, der benutzten Frequenz, der Sendestärke und den Umwelteinflüssen zwischen wenigen Zentimetern und bis zu 30 Metern.

Man unterscheidet Transponder mit eigener Energieversorgung und ohne eigene Energieversorgung. Kleine batterielose Funkchips erhalten ihre Versorgungsspannung aus den Funksignalen der Basisstationen (Lesestationen). Die gespeicherten Daten können nur gelesen werden. Batteriebetriebene Transponder können sowohl gelesen als auch beschrieben werden. Sie befinden sich normalerweise im Ruhezustand, d. h., sie senden keine Informationen aus. Wird z. B. ein Aktivierungssignal empfangen, aktiviert sich der Sender im Transponder.

Batterielose Chips besitzen ein geringes Gewicht und eine kleine Reichweite. Sie benötigen eine leistungsstarke Leseeinheit wegen der zu induzierenden Spannung. Sie werden zum Speichern von Identifikationsnummern angewendet, z. B. zum Identifizieren von Patienten und Verwalten deren Daten **(Bild 2)**. Bei den einfachsten nur lesbaren Transpondern wird die Identifikationsnummer bei deren Herstellung eingebracht. Batteriebetriebene Transponder besitzen Speicher bis zu 1 MByte. Ihre Sendereichweite ist groß, ihre Lebensdauer begrenzt.

Drei Frequenzbänder finden Anwendung. Niedrige Frequenzen im Bereich 30 kHz bis 500 kHz, mittlere Frequenzen von 10 MHz bis 15 MHz, meist wird hier mit 13,56 MHz gearbeitet, und hohe Frequenzen von 850 MHz bis 950 MHz oder 2,4 GHz bis 2,5 GHz.

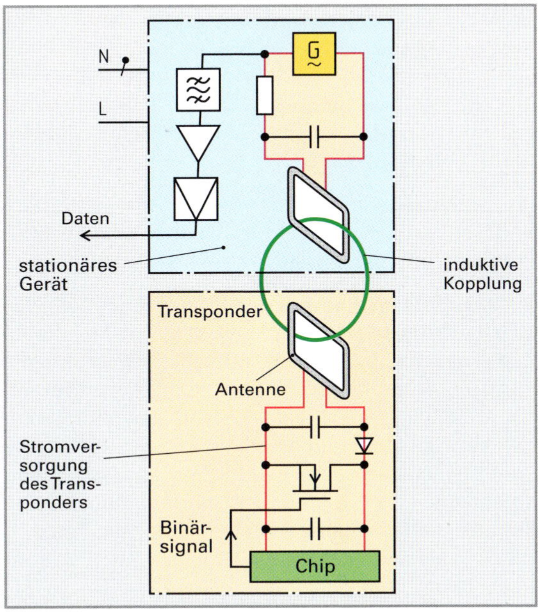

Bild 1: Schaltungen von stationärem Gerät und Transponder

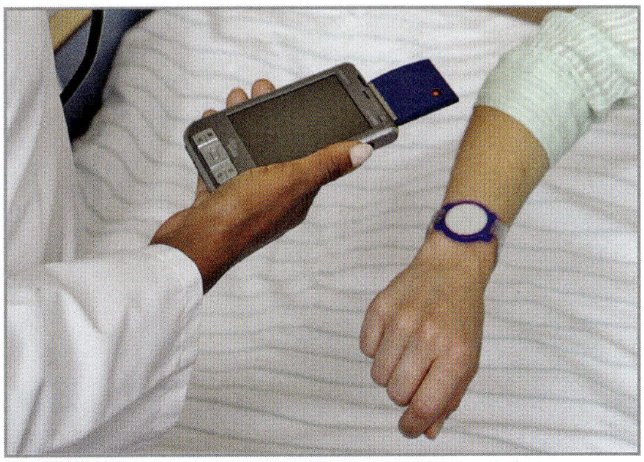

Bild 2: Anwendung RFID bei Patienten

Systeme niedriger Frequenzen besitzen Reichweiten bis 1 cm. Sie sind günstig in der Anschaffung und eignen sich dadurch z. B. für Zugangskontrollen und Lagerverwaltungen. Meist wird mit 125 kHz gearbeitet. Die Reichweiten bei Systemen mittlerer Frequenzen liegen bis 1 m. Systeme hoher Frequenzen werden eingesetzt z. B. im Bereich der automatisierten Mautsysteme. Die Reichweiten betragen 1 m bis 30 m.

RFID-Transponder werden eingesetzt zur Identifikation von Produkten, Betriebsmitteln, Personen und Tieren in Verbindung mit z. B. Verwaltungsdaten, Transporteinrichtungen oder Zugangskontrollanlagen.

4.7 Dateneingabe und Datenausgabe

4.7.1 Eingabegeräte

4.7.1.1 Tastaturen

Die Dateneingabe in Form von Buchstaben, Ziffern und Sonderzeichen erfolgt meist über eine Tastatur (Keyboard = Tastenbrett).

In der obersten Reihe einer PC-Tastatur befinden sich Funktionstasten (Softkeys), deren Funktionen auch wechseln können **(Bild 1)**. Die aktuelle Funktion wird häufig am unteren Bildschirmrand angezeigt. In deutlichem Abstand darunter befinden sich die alphanumerischen Tasten zur Eingabe von Buchstaben, Ziffern und Sonderzeichen entsprechend einer Schreibmaschinentastatur. Dabei sind die Tasten mehrfach belegt. Über die Taste ↑ (Shift-Taste) wird auf die 2. Ebene u. a. auf die Großbuchstaben umgeschaltet und über die Taste AltGr (von Alternative Grave = anderes Grab) auf die 3. Ebene, z. B. für die eckige Klammer **(Bild 2)**. Die 4. Ebene erreicht man z. B. mit der Taste Strg (Steuerung). Rechts neben den alphanumerischen Tasten sind die Cursortasten zum Bewegen des Cursors (Markierer) sowie Tasten für das Einfügen von Buchstaben und weitere Bildschirmoperationen. Ganz rechts gibt es sodann einen numerischen Tastenblock für die Eingabe von Zahlen und zum Rechnen mit den Grundrechenarten.

Mit einer Taste können durch Umschalten mehrere Zeichen erzeugt werden.

Die Tasten selbst sind entweder Tasten mit einem Tastenkopf und deutlichem Tastenhub oder es sind flache Folientasten mit nur geringem oder keinem Tastenhub. Letztere bieten guten Schutz vor Verschmutzung und Wasser und werden daher im Bereich von Werkstätten und Fabrikhallen verwendet – obgleich diese Tasten weniger gut zu betätigen sind.

Die Funktionsweise der Tasten beruht meist auf einer mechanischen Kontaktgabe mit einer Lebensdauer von etwa 10 Mio. Betätigungen oder auf einer kapazitiven Kontaktgabe, wobei die Kapazität eines Kondensators bei Betätigung geändert wird. Die Lebensdauer beträgt etwa 50 Mio. Betätigungen **(Bild 3)**. Bei den Folientastaturen befindet sich unter der Tastfläche meist Leitgummi, der auf Druck leitend wird und die darunter liegenden Kontaktelektroden kurzschließt.

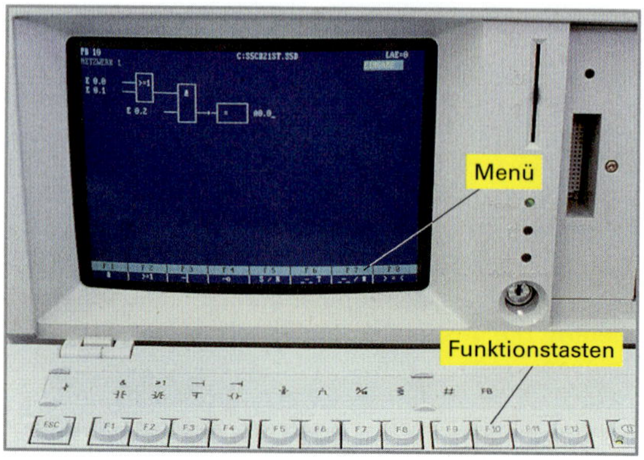

Bild 1: Funktionstasten mit Menü am Bildschirm

Bild 2: Dreifach belegte Tasten (Auswahl)

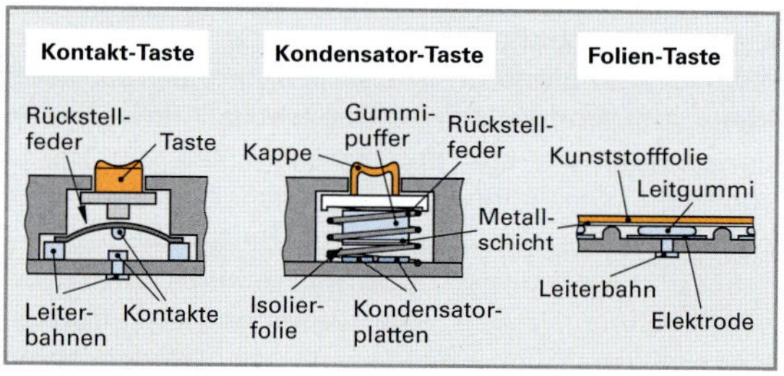

Bild 3: Tastenarten

4.7.1.2 Dateneingabe am Bildschirm

Mithilfe eines Cursors und einer Cursorsteuereinrichtung kann man Daten und Befehle eingeben. Der Cursor zeigt dem Bediener an, an welcher Stelle auf dem Bildschirm eine Dateneingabe erwartet wird. Den Cursor kann man auch auf ein Menüfeld zur Auswahl einer Funktion setzen. Mit dem Cursor können auch Symbole, welche am Bildschirmrand eingeblendet sind, aufgenommen und auf der Bildschirmebene an anderer Stelle platziert werden.

Jedem Punkt auf dem Bildschirm ist eine Speicherzelle im Bildschirmspeicher zugeordnet. Mithilfe eines Cursorsteuergeräts wird dieser Speicher adressiert. Als Cursorsteuergeräte verwendet man Tasten, Maus, Trackerball, Joystick oder den Touch-Screen (Berührungsbildschirm).

Die Cursortastatur besteht aus einem Tastenfeld mit vier Tasten für die Cursorbewegungen entsprechend den aufgedruckten Pfeilrichtungen.

Die Maus (mouse) ist ein inkrementeller zweiachsiger Wertgeber, der bei Bewegung einem Bildschirmmarkierer (Cursor) zweiachsig, d. h. in x-Richtung und y-Richtung bewegen kann. Dabei werden die von der Maus ausgelösten Bewegungsinkremente am Bildschirm in sinnfälliger Weise ausgeführt.

Die meist übliche Maus ist eine optische Maus, im Unterschied zu früheren mechanischen Maus, welche die Bewegungsinkremente über eine Rollkugel und ein Schlitzrad erzeugte. Die optische Maus ermittelt ihre Relativbewegung zur (fast beliebigen) Unterlage mit Hilfe eines Kamerasensors durch Bildverarbeitung **(Bild 1)**. Dieser Sensor nimmt ständig Bilder auf mit einer Bildwiederholrate von mehr als 1500 Bilder/s. Die Bildgröße beträgt etwa 30 x 30 Pixel.

Bild 1: Optische Maus

Bei der optischen Maus wird die Relativbewegung der Maus zur Unterlage durch Bildverarbeitung ermittelt.

Die Datenübertragung zum Computer und vom Computer zur Maus geschieht über eine USB-Schnittstelle oder drahtlos durch Funk, z. B. mit 3 Bytes **(Bild 2)**. Die Zahlenwerte für Δx und Δy der Relativbewegung entsprechen den aufgesammelten Inkrementen während der vorhergehenden Datenübertragungsphase.

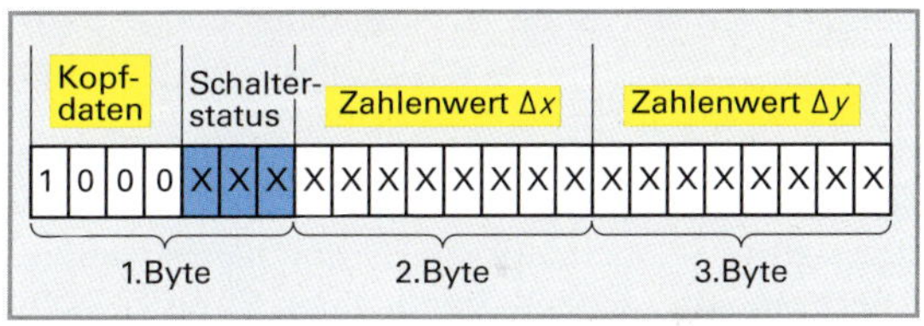

Bild 2: Übertragungsformat für Daten der Maus

Der **6D-Steuerknopf** (Space-Mouse = Raum-Maus) **(Bild 3)** reagiert auf drei Kräfte und drei Momente und zwar auf Kräfte in den Hauptrichtungen *x*, *y*, *z*, eines kartesischen Achsenkreuzes und auf die Momente um diese Achsen. Es ist damit möglich, mit einer Hand zugleich ein bis sechs Signale mit Vorzeichen auszulösen. Verwendet wird dieser Steuerknopf zur Bildschirmsteuerung bei der 3D-Darstellung (dreidimensionale Darstellung) in CAD-Anwendungen zur Bewegungssteuerung von Robotern **(Bild 4)**, vor allem aber zur Programmierung von räumlichen Szenarien (virtueller Welten).

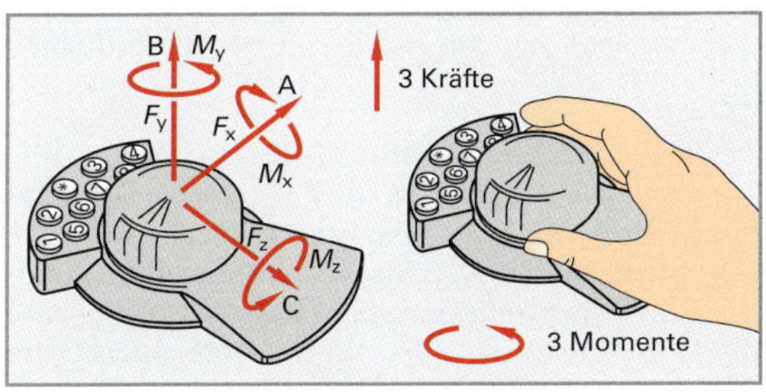

Bild 3: 6D-Steuerknopf (Space-Mouse)

Gegenstände können durch Drücken des Steuerknopfes in x-Richtung und z-Richtung auf dem Bildschirm nach rechts und links bzw. unten und oben verschoben werden. Ein Kraftmoment auf den Steuerknopf bewirkt eine Drehung des Gegenstandes. Dabei sind Drehbewegungen gleichzeitig um drei Achsen möglich (Nickbewegung, Gierbewegung und Rollbewegung).

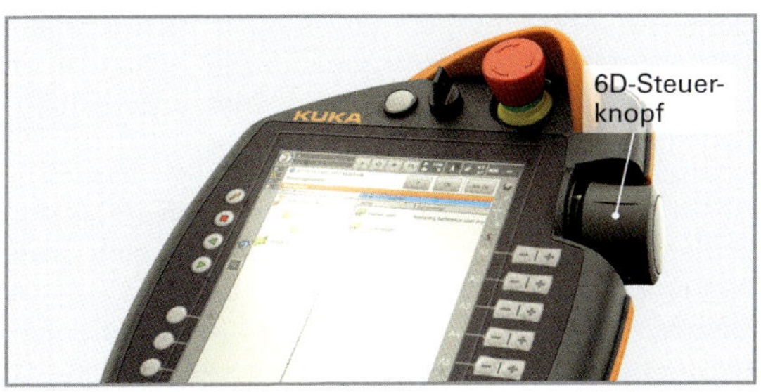

Bild 4: Programmier-Hand-Gerät (PHG) eines Roboters mit 6D-Steuerknopf

Der Steuerknopf ist über Stege elastisch befestigt. Die Kräfte und Momente auf die Stege werden z. B. mit Dehnungsmessstreifen erfasst und mithilfe eines Mikroprozessors in Signale für die Kraftkomponenten F_x, F_y, F_z und Momentkomponenten M_x, M_y, M_z zerlegt (Bild 4, vorhergehende Seite).

Mit der Space-Mouse können Bildschirmobjekte in bis zu 6 Bewegungskomponenten gleichzeitig gesteuert werden.

Touch Screen

Touch Screens (Berührungs-Bildschirme) ermöglichen eine Daten- und Signaleingabe durch Berührung der Bildschirmoberfläche mit dem Finger. Der angeschlossene Computer wertet die Berührpunkte entsprechend deren Bildschirm-Koordinaten *x* bzw. *y* aus. Durch die Bildschirmberührung werden virtuelle (scheinbare) Tasten betätigt **(Bild 1)**.

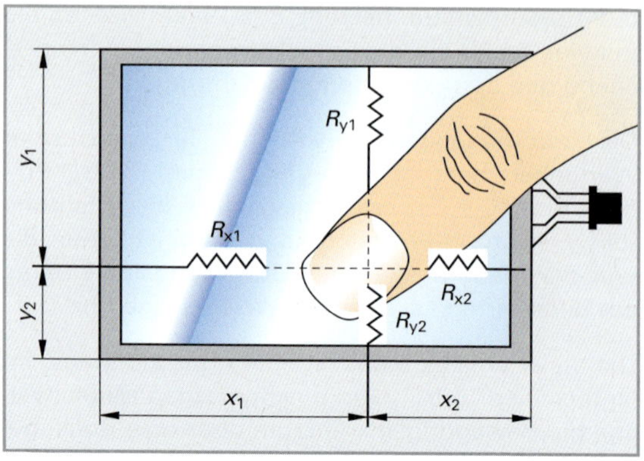

Bild 1: Die Widerstandsaufteilung bei Berührung

Beim **Touch Screen mit Widerstandsschicht** befindet sich auf der Bildschirmoberfläche eine transparente Widerstandsbeschichtung und darüber, durch Isolierpunkte getrennt, eine wiederum transparente Schicht mit leitfähigem Kunststoff (Bild 1). Bei Berührung gibt die leitfähige Kunststoffschicht Kontakt zur Widerstandsschicht auf der Bildschirmoberfläche und schließt damit einen Stromkreis für die *x*-Werte und einen Stromkreis für die *y*-Werte (Bild 1). Anhand der Widerstände in diesen beiden Stromkreisen können die Berührpunktkoordinaten bestimmt werden.

Der **Touch Screen mit Ultraschallabtastung** sendet Körperschall-Ultraschallwellen in einem Deckglas des Bildschirms. Das Deckglas reduziert die Bildschirmhelligkeit bzw. Bildschirmtransparenz um bis zu 10 %. Durch Reflektoren am Bildschirmrand wird die Ultraschallwelle über die gesamte Bildschirmfläche geführt. Bei Berührung wird die Ultraschallwelle gedämpft und die Schallsensoren in den vier Bildschirmecken empfangen je nach *x*-Koordinate, *y*-Koordinate des Berührpunktes die Schallwellen mit reduzierter Schallleistung mit unterschiedlichen Schalllaufzeiten.

Beim **Projiziert-kapazitiven Touchscreen** (PCT, von Projected Capacitive Touch) befinden sich zwei isolierte Schichten mit leitfähigen Streifen auf der Displayrückseite. Die eine Schicht dient als Sensor, die andere ist die Berührschicht. Am Kreuzungspunkt der Streifen ändert sich die Kapazität und es kommt ein stärkeres Wechselstromsignal am seitlichen Empfängerstreifen an. Die Empfindlichkeit ist so groß, dass die Wirkung auf der Displayrückseite erfasst werden kann, also durch das Display projiziert wird. Es können mehreren Berührungen (Multi-Touch) erkannt werden und so ist eine Eingabe durch Gestik möglich. Anwendungen sind besonders Smartphones und Tablet-Computer.

Bild 2: Digitalisiertablett mit Griffel

4.7.1.3 Digitalisierer (Digitizer)

Digitalisierer ermöglichen die punktweise Erfassung von Zeichnungen und auch von Befehlen, wenn auf dem Digitalisiertablett eine Menütafel aufgelegt ist. Zur Festlegung einer Position wird ein beweglicher Markierer, der als Griffel **(Bild 2)** oder als Messlupe mit Fadenkreuz ausgeführt ist, auf dem Digitalisiertisch an die gewünschte Stelle gebracht. Die Dateneingabe erfolgt durch Druck auf den Griffel oder bei der Fadenkreuzlupe auf Knopfdruck. Die Positionserfassung auf dem Digitalisiertablett erfolgt beim Stift z. B. über eine kapazitive Kopplung und bei der Messlupe über eine induktive Kopplung.

4.7.1.4 Scanner

Scanner (Abtaster, von to scan = abtasten) tasten Textvorlagen und Bildvorlagen optisch ab. Ein CCD-Zeilensensor (CCD von Charge Coupled Device = ladungsgekoppelter Schaltkreis) fährt die beleuchtete Vorlage wie bei einem Kopiergerät ab **(Bild 1)**. Der CCD-Zeilensensor erfasst die Vorlage, aufgespalten nach den Farben Rot, Grün und Blau (RGB) mit z. B. jeweils 16-bit-Farbtiefe (in $2^{16} = 65\,536$ Farbnuancen). Hierfür wird der CCD-Zeilensensor entweder nacheinander mit rotem, grünem oder blauem Licht beleuchtet und die Vorlage dreimal abgetastet oder die Vorlage wird mit weißem Licht beleuchtet und die Farben werden durch ein Dreifarbenfilter in die RGB-Farbanteile aufgespalten. Diese werden, ähnlich wie bei der Farbvideokamera, mit einem Dreifarben-CCD-Zeilensensor in RGB-Signale umgewandelt. Bei einem weiteren Verfahren erfolgt die Farbtrennung über ein Stab-Prisma, das die drei Farbanteile auf drei CCD-Zeilen ablenkt.

Die optische Auflösung eines Scanners beträgt z. B. 1800×3600 dpi. Beim Abscannen von Bildvorlagen führt dies zu sehr großen Datenmengen, z. B. bei einer Fläche von 6,45 cm^2 = 1 inch^2 zu $1800 \times 3600 = 6\,480\,000$ Bildpunkten (Pixel) mit jeweils 48 bit bzw. 6 Byte, also 37 MB.

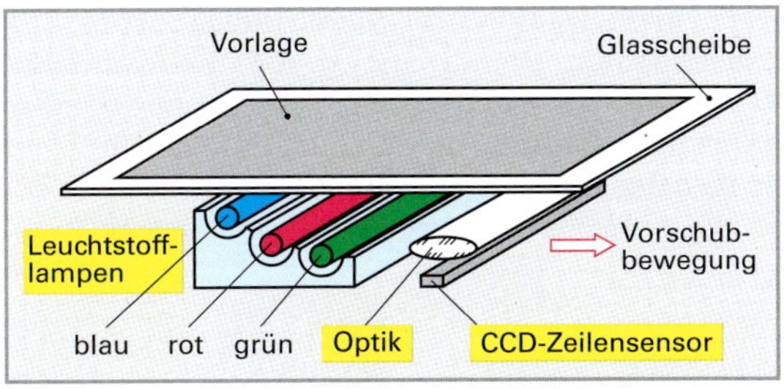

Bild 1: Prinzip des Flachbett-Farbscanners

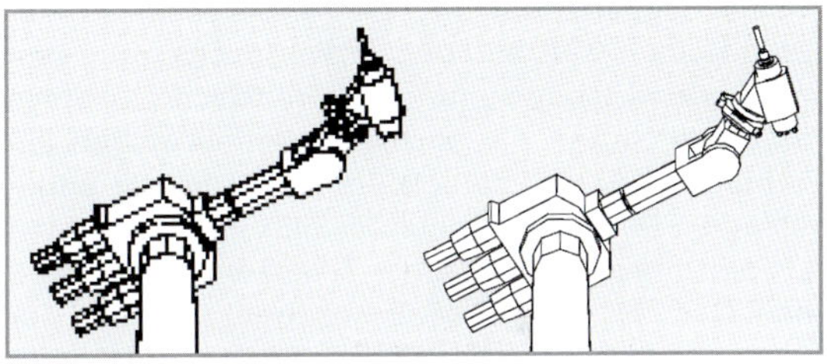
Bild 2: Zeichnung mit Matrix-Drucker erzeugt links 75 dpi, rechts 300 dpi

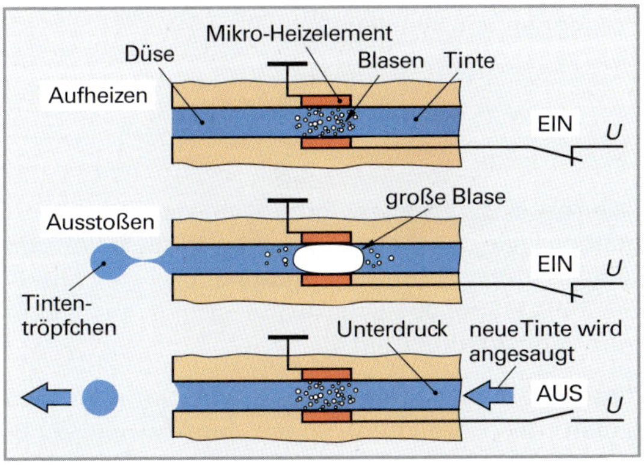

Bild 3: Bubble-Jet-Technik

4.7.2 Ausgabegeräte

4.7.2.1 Drucker

Die Ausgabe von Textdaten und Grafikdaten auf Papier, Folien und Etiketten erfolgt mit Druckern. Es gibt Nadeldrucker, Tintenstrahldrucker, Laserdrucker, Thermotransferdrucker, Thermosublimationsdrucker und Phasen-Wechsel-Drucker (Phase-Change-Printer). Die Farbdrucker arbeiten mit den Grundfarben Cyan (Grün + Blau), Magenta (Rot + Blau) und Gelb sowie für hochwertige Drucke zusätzlich Schwarz. Dementsprechend unterscheidet man zwischen Dreifarbendruck und Vierfarbendruck. Zur Darstellung von Farbnuancen müssen die Grundfarben mit Punkten unterschiedlicher Farbsättigung oder unterschiedlicher Häufigkeit innerhalb einer Farbzelle, z. B. bei einer 6×6 Matrix mit 36 Punkten, gedruckt werden. Die Zahl der Punkte je Zeilenlänge bestimmt die Qualität des Druckes **(Bild 2)**. Angegeben wird dies in der Einheit dpi (von dots per inch = Punkte je Inch).

Tintenstrahldrucker

Beim *Tintenstrahldrucker* sind haarfeine Tintenkanäle in einer Reihe oder in zwei Reihen angeordnet, ähnlich den Nadeln beim Nadeldrucker. Die Tinte wird über einen austauschbaren Behälter bereitgestellt und den Tintenkanälen über einen zentralen Kanal zugeführt. Das Ausstoßen des Tintentröpfchens erfolgt entweder thermisch **(Bild 3)** durch lokale Verdampfung der Tinte und anschließende Kondensation (Bubble-Jet-Technik = Blasen-Düsen-Technik) oder mithilfe piezokeramischer Röhrchen **(Bild 1, folgende Seite)**. Diese Röhrchen verändern bei Anlegen einer Spannung ihre Querschnitte. Dies wird hier genutzt, um ein Tintentröpfchen zu erzeugen. Durch einen Spannungsimpuls am Piezoröhrchen wird der Druck im Druckkanal impulsartig stark erhöht und ein Tröpfchen wird aus der Düse ausgestoßen und auf das Papier geschossen.

Die Tintenstrahldrucker sind preisgünstig. Die Druckqualität ist abhängig vom verwendeten Papier. Mit speziell beschichtetem (teurem) Papier erhält man Drucke in Fotoqualität. Da die Tinte in das Papier eindringt sind die Drucke auch als fälschungssichere Dokumente verwendbar.

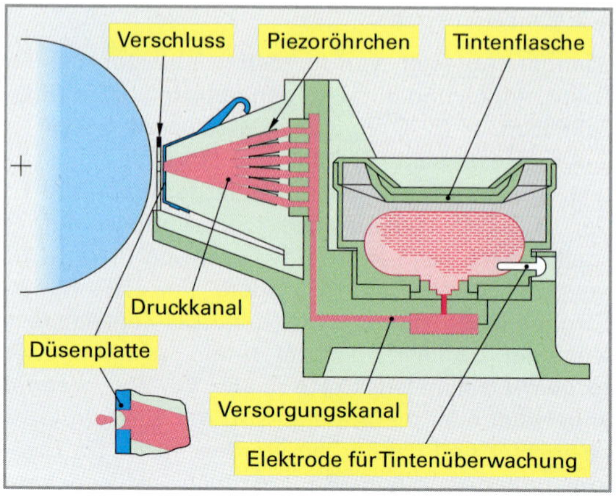

Bild 1: Aufbau des Tintendruckkopfes mit Piezokeramik

Nadeldrucker und Prägedrucker

Beim *Nadeldrucker* **(Bild 2)** werden mit z.B. 9 Nadeln in einer Reihe oder bis zu 48 Nadeln in mehreren Reihen während der Vorwärtsbewegung und der Rückwärtsbewegung des Nadelschreibkopfes in Zeilenrichtung die einzelnen Nadeln gegen ein Farbband und das zu beschreibende Papier angeschlagen. Das gewünschte Zeichen setzt sich dabei aus einzelnen Punkten einer Zeichenmatrix zusammen. Der Zeichengenerator bestimmt während der Vorwärtsbewegung des Schreibkopfes in Zeilenrichtung, welche der Nadeln betätigt werden müssen. Eine Weiterentwicklung der Nadeldrucker sind *Prägedrucker*, z. B. für Blindenschrift oder für Prägungen auf Metallen **(Bild 3)**.

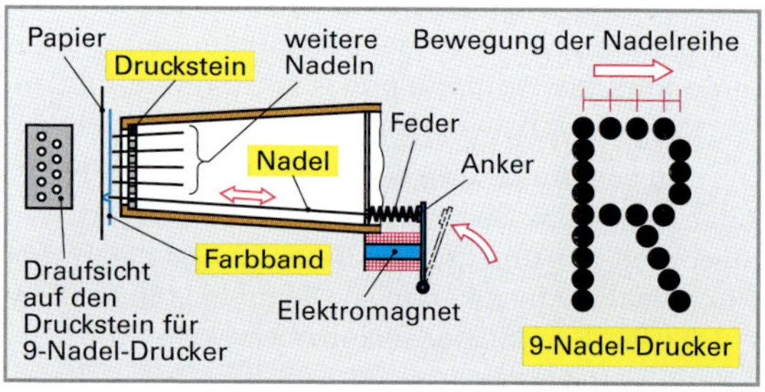

Bild 2: Prinzip und Schriftbild eines Nadeldruckers (stark vergrößert)

Bild 3: Metallprägedruck

Laserdrucker

Laserdrucker arbeiten bezüglich des Druckvorganges wie Kopiermaschinen (Xerografie von griech. xero = trocken, graphein = zeichnen). Die Belichtung der Druckwalze erfolgt mit einem Infrarotlaserstrahl **(Bild 4)**.

Innerhalb eines Ablenkzyklus wird in mehreren Linien die Fotoleitertrommel punktweise, z. B. mit 10 Punkten je Millimeter, belichtet. Dies führt zu einer Darstellung mit einem Raster von $10 \times 10 = 100$ Punkten je Quadratmillimeter. Für den xerografischen Druckvorgang wird die sich drehende Fotoleitertrommel durch eine, mittels Hochspannung erzeugte Entladung positiv elektrostatisch aufgeladen. Die Fotoleitertrommel ist mit dem Halbleiter Selen beschichtet und im Dunkeln nicht leitend, in den durch den Laserstrahl belichteten Bereichen jedoch leitend. Dort verliert sie die Ladung. Es entsteht entsprechend der Belichtung ein „Ladungsbild" als Negativ. Positiv geladenes, feinstes Farbpulver (Toner) wird aufgestreut, bleibt in den belichteten (nicht geladenen) Bereichen haften und wird auf das Papier durch Umdruck aufgebracht. Bei Farblaserdruckern wird dieser Vorgang für jede der drei bzw. vier Grundfarben durchgeführt.

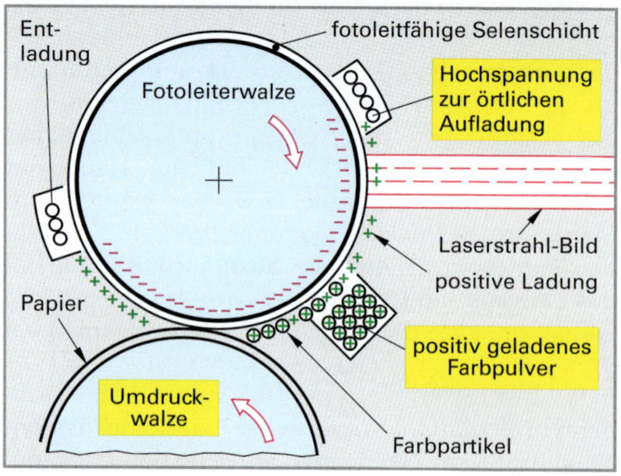

Bild 4: Aufbau eines Laserdruckers

4.7.2.2 3D-Drucker

Durch schichtweises oder linienhaftes Materialisieren können Körper fester Form, z. B. Werkstücke, hergestellt werden. Man nennt die Verfahren hierzu additive Fertigungsverfahren. Ein Teil dieser Verfahren ist dem Digitaldruck ähnlich. Umgangssprachlich werden die Geräte insgesamt oft 3D-Drucker genannt.

Im eigentlichen 3D-Druckverfahren (auch 3D-Printing, 3DP) werden Bauteile durch Flüssigkeitsauftrag mittels eines Druckkopfes erstellt. Der Druckkopf **(Bild 1)** entspricht dabei in Funktion und Aufbau weitgehend den tintenverdruckenden Piezo-Druckköpfen der 2D-Druckverfahren.

Im 3D-Bauprozess bewegt sich der Druckkopf meist horizontal und relativ zu einer schichtweise absenkbaren Bauplattform. Auf die Bauplattform trägt der Druckkopf entsprechend der Schichtgeometrie des Bauteils, zielgenau feinste Tröpfchen eines flüssigen Materials auf. Danach wird die Bauplattform um eine Schichtstärke abgesenkt und der Vorgang wiederholt sich bis das Teil fertig gestellt ist.

Das Drucken erfolgt mit mehreren Druckköpfen, die in einer Zeile angeordnet sind zeilenweise oder mit einem Rasterdruckkopf (Druckkopf-Array) in flächigen Partien.

Pulverbasierter 3D-Druck

Beim pulverbettbasierten 3D-Drucken **(Bild 2)** werden auf der absenkbaren Bauplattform Schichten aus losem Pulver aufgetragen, die jeweils selektiv durch Kleber vom Druckkopf zu einer Bauteilkontur verklebt werden und ggf. in einem Folgeprozess gesintert werden. So können Teile aus sehr unterschiedlichen Werkstoffen hergestellt werden, z. B. aus Polymeren, Metallen, Keramiken.

3D-Direktdruck

Im Direktdruckverfahren **(Bild 3)** trägt der Druckkopf das zunächst flüssige Baumaterial, meist ein Polymer, direkt und selektiv auf der absenkbaren Bauplattform auf. Das Baumaterial verbindet sich nach dem Auftreffen mit der obersten Schicht des vorhergehenden Prozesses und wird anschließend thermisch oder durch Fotopolymerisation mit UV-Strahlung verfestigt.

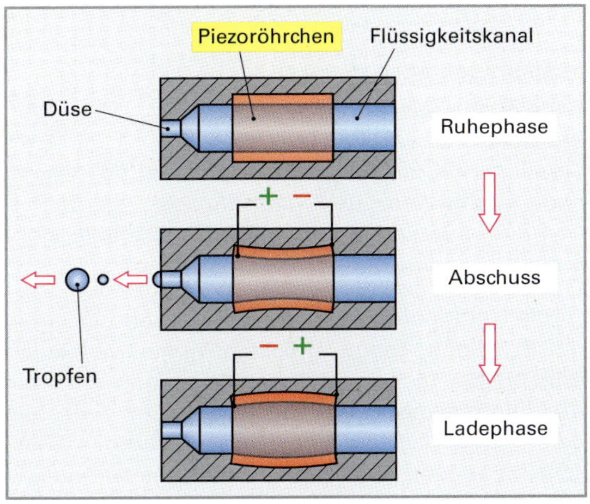

Bild 1: Druckkopf mit Piezoröhrchen

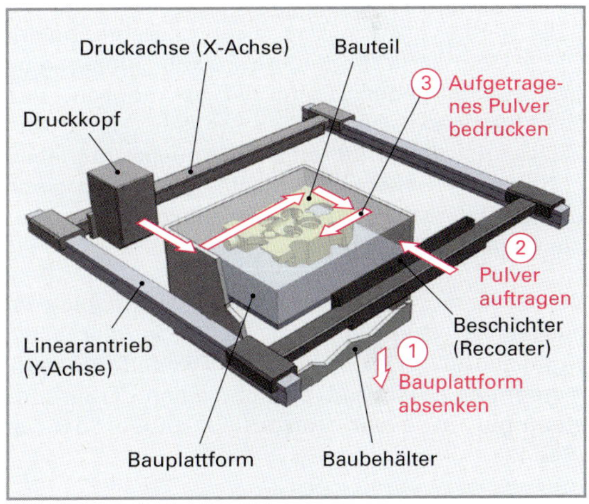

Bild 2: 3D-Pulverdruckverfahren

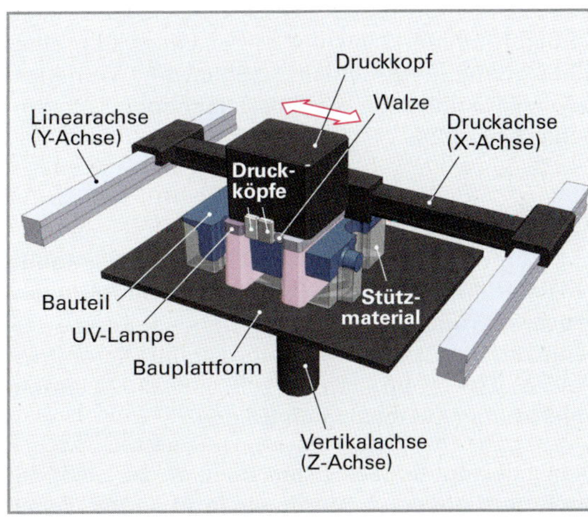

Bild 3: 3D-Direktdruckverfahren

4.7.2.3 Displays und Beamer

TFT-Flüssigkristall-Display

Bildschirme erzeugen mit TFT-LCDs (Thin Film Transistor Liquid Crystal Displays = Dünn-Film Transistor-Flüssigkristall-Anzeigen) farbig leuchtende Bildflächen. Bei Smartphones und Tablet-Computern verwendet man OLEDs (Organic Light Emitting Diode = organische LED).

Die TFT-LCDs bestehen aus sehr dünnen Schichten mit flüssigen, langgestreckten Kristallmolekülen **(Bild 1)**. Bei nicht angelegter Spannung sind die Kristallmoleküle wendeltreppenförmig zwischen der Frontglasscheibe und der rückwärtigen Glasscheibe angeordnet. Dadurch wird das einfallende polarisierte Licht im Flüssigkristall um 90° gedreht. Bei angelegter Spannung werden die Kristallmoleküle ausgerichtet und bewirken keine Drehung des polarisierten Lichtes. Das nicht gedrehte polarisierte Licht kann die hintere Polarisationsscheibe nicht durchdringen. Damit ist es möglich, den Lichtdurchgang elektrisch zu schalten. Hinter den Flüssigkristallen wird eine Lichtquelle betrieben und über Farbfilter werden rote, grüne und blaue Lichtpunkte erzeugt. Diese sind gleichmäßig über die Displayfläche verteilt.

Die Schaltmöglichkeit wird beim TFT-Display so ausgenützt, dass für jeden Bildpunkt eine Flüssigkristallzelle (TN-Zelle von Twisted Nematik = gedrehte Stäbchen) durch einen Transistor steuerbar in einem Rasterfeld angeordnet ist **(Bild 2)**.

OLEDs bestehen aus mehreren Schichten: Indium-Zinn-Oxid-Schicht (ITO), eine Löcherleitungsschicht (Hole Transport Layer, HTL) einer organischen Farbstoff-Emitter-Schicht (Emitter Layer, EL), einer Elektronenleitungsschicht (Electron Transport Layer, ETL) und einer metallisch leitenden Katoden-Schicht (Bild 2).

Beamer

Man unterscheidet nach Art der Bilderzeugung zwischen DLP-Beamern (DLP, von Digital Light Processor) und LCD-Beamern. Der DLP-Beamer erzeugt das Bild über ein DMD (von Digital Micromirror Device). Das ist ein Chip mit z. B. 1280x1024 einzeln ablenkbaren Mikrospiegeln **(Bild 3)**.

Damit gelangt je nach Schaltstellung das Licht auf die Projektionswand oder in einen Absorber. Durch pulsweises schnelles Ansteuern kann auch die vom Auge wahrgenommene mittlere Helligkeit beeinflusst werden und so entstehen schattierte Bilder. Über ein Farbrad wird im Wechsel Rot Grün Blau projiziert. Damit bekommt man Farbbilder.

Beim LCD-Beamer befindet sich im Projektionsstrahl eine Flüssigkeitskristallscheibe, ähnlich wie bei den TFT-LCD-Displays zur punktweisen Steuerung des Projektionslichts.

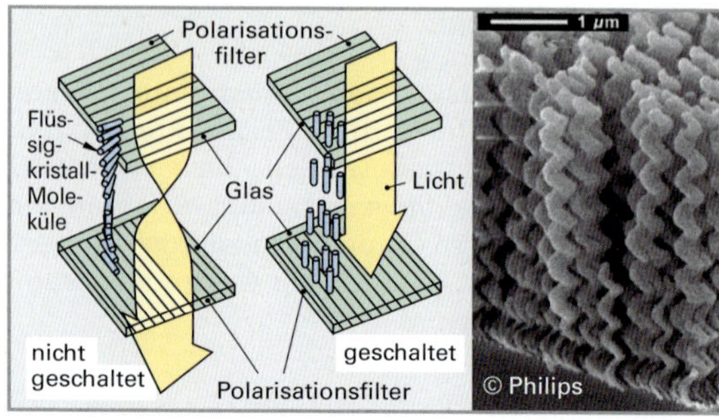

Bild 1: Lichtdurchgang bei nicht geschaltetem und geschaltetem Bildpunkt

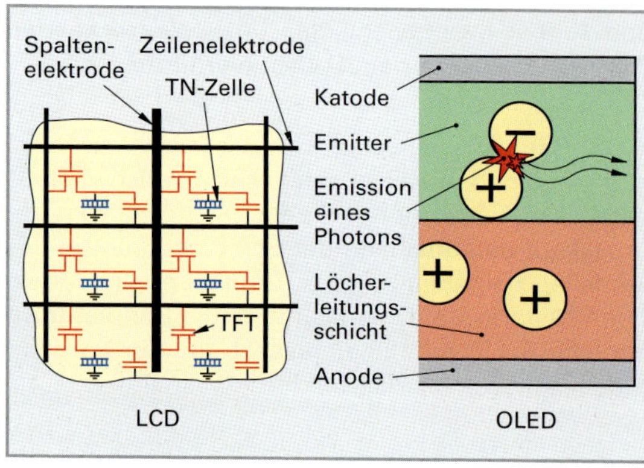

Bild 2: LCD und OLED

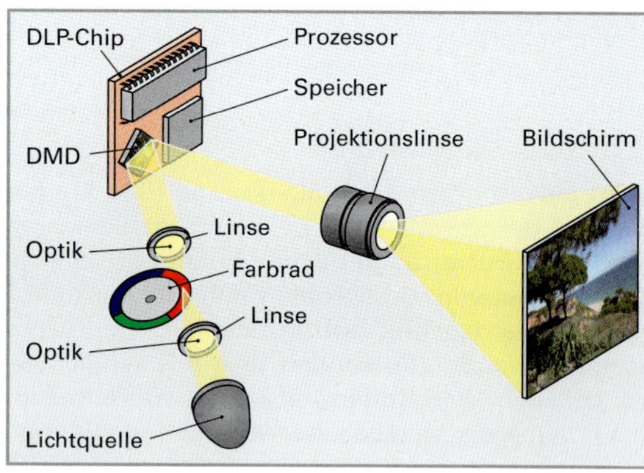

Bild 3: DLP-Beamer

4.7.2.4 Interaktives Whiteboard

Das interaktive Whiteboard (weiße Tafel) ist eine Tafel, auf der man in üblicher Weise schreiben und malen kann. Die Schreibbewegungen werden aber auch über einen Computer erkannt und zugleich über einen Beamer auf das Whiteboard projiziert **(Bild 1)**. So hat der Nutzer den Eindruck, dass er tatsächlich Schrift- und Malfarbe auf das Whiteboard bringt. Darüber hinaus können Beamer-Funktionen, wie z. B. PowerPoint-Präsentationen, ausgeführt werden.

Es sind verschiedene Systeme am Markt:

1. Zweifolien-Whiteboard mit druckempfindlichen (resistiv[1]-sensorischen) Punkten. Die Tafel kann mit beliebigen Stiften, aber auch mit den Fingern beschrieben werden und verfügt viele Steuerungsoptionen, z. B. durch eine Zweifinger-Drehbewegung kann ein gezeichnetes oder projiziertes Bild gedreht werden. Über den Computer kann das Geschriebene in vielfältigster Form weiterverarbeitet werden, z. B. durch Schrifterkennung, Formelerkennung und Formelausführung. So können Texte eingegeben, Rechnungen ausgeführt und Ergebnisse in Diagrammen erzeugt werden.
2. Whiteboard mit induktiver Empfängerspule. Hier sind spezielle Schreibwerkzeuge erforderlich. In diese sind dann auch Computersteuerfunktionen, wie z. B. die „rechte Maustaste" integriert. Die zugehörige Whiteboard-Software ermöglicht ähnliche oder gleiche Funktionen wie beim Zweifolien-Whiteboard.
3. Schreibdetektor an einer Tafelecke oder an der Tafelseite **(Bild 2)**. Dieser Detektor nimmt z. B. durch eine Ultraschallmessung fortlaufend die Position des Schreibstiftes an der Tafel auf und der angeschlossene Computer projiziert das Geschriebene. Steuersignale, wie z. B. „rechte Maustaste" werden vom Schreibstift durch Infrarotsignale an den Schreibdetektor übertragen. Die zugehörige Betriebssoftware ermöglicht all die üblichen Funktionen, wie z. B. Text- und Formelidentifizierung. Von Vorteil ist bei dieser Technik, dass beliebige Tafeln verwendet werden können. An die Tafel werden keine besonderen Anforderungen gestellt.

[1] resistiv = auf (Ohm'schen) Widerstand beruhend, von lat. resistere = widerstehen

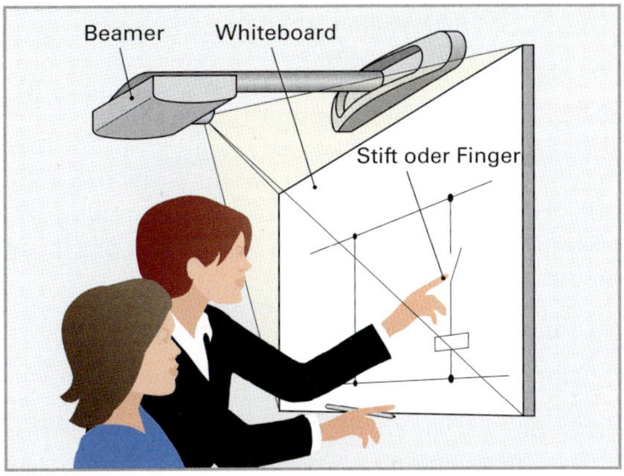

Bild 1: Interaktives Whiteboard mit Beamer und integrierter Note-Book-Funktionalität

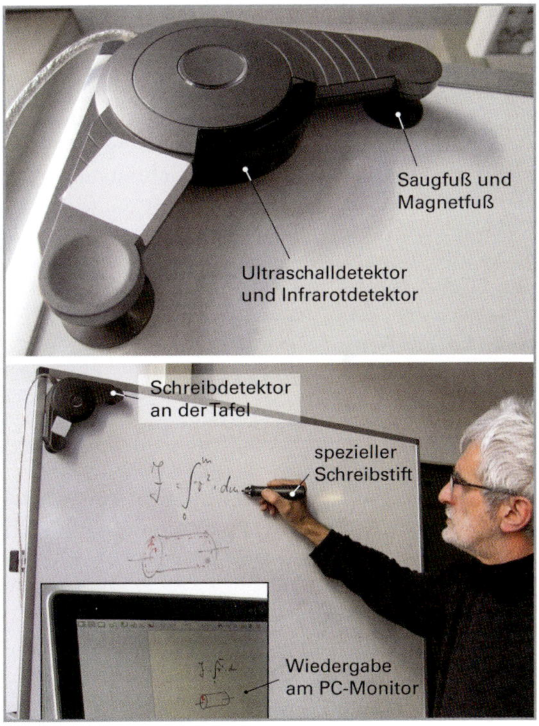

Bild 2: Passives Whiteboard mit Schreibdetektor, seitlich an der Tafel

Typische Whiteboard-Funktionen:

- Alle Note-Book-Funktionen,
- Multi-User-Betrieb, z. B. 2 Personen gleichzeitig,
- Schreibwerkzeugerkennung, z. B. Finger, Farbstift, Schwamm,
- Gestenerkennung, z. B. Drehen, Zoomen, Wegschnippen,
- Maustasten am Stift oder am Board.

4.7.3 Schnittstellen für periphere Geräte

4.7.3.1 Aufgaben und Art der Schnittstellen

Der Anschluss peripherer Geräte an einen PC erfolgt über drahtgebundene und über drahtlose Schnittstellen.

Man unterscheidet:

- Schnittstellen für allgemeine Anwendungen,
- Schnittstellen für Video/Audio-Geräte, Monitore,
- Schnittstellen für PC-Erweiterungen und externe Speicher,
- Schnittstellen bei Industrie-PCs zur Integration in Automatisierungssystemen.

Allgemeine Anwendungen

Die Schnittstellen für allgemeine Anwendungen sind drahtgebunden oder drahtlos **(Tabelle 1)**. Die meist üblichen drahtgebundenen Schnittstellen für allgemeine Anwendungen sind: Ethernet, USB und FireWire. Bei den drahtlosen Schnittstellen sind es WLAN für das weitere Umfeld, Bluetooth für den PC-Nahbereich und Infrared Data Association (IrDA) für die kabellose Übertragung in unmittelbarer Gerätenähe.

Video/Audio-Geräte, Monitore

Speziell zum Anschluss von Video/Audio-Geräten und von Monitoren gibt es die DVI-Schnittstelle (Digital Visual Interface), die HDMI-Schnittstelle (High Definition Multimedia Interface) und den DisplayPort **(Tabelle 2)**.

PC-Erweiterung und externe Speicher

Peripheral Component Interconnect (PCI) und PCI-Express (PCIe) sind Schnittstellen zur Verbindung von Peripheriegeräten mit dem Chipsatz eines Prozessors. SATA (Serial Advanced Technology Attachment) ist eine Schnittstelle für den Datenaustausch zwischen Prozessor und (interner) Festplatte. External SATA (eSATA) zum Anschluss von externen Laufwerken.

PC-Integration in Automatisierungssysteme

Industrie-PCs (I-PCs) besitzen ergänzend die seriellen Schnittstellen RS232 bzw. V.24 und RS485 (MPI-Bus) sowie weitere, z. B. GiGE-Ethernet für Kamerasysteme.

Tabelle 1: PC-Schnittstellen für allgemeine Anwendungen

Drahtgebundene Schnittstellen	
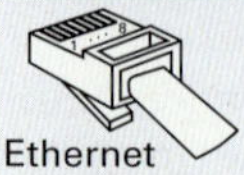 Ethernet	**Ethernet-LAN** Bitraten: 100 Mbit/s, 1 Gbit/s, 10 Gbit/s, PoE mit Stromversorgung Betrieb von z. B.: Drucker, Scanner, Fax
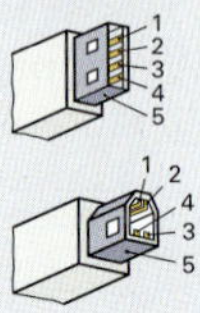 USB 2, USB 3	**Universeller Serieller Bus (USB)** **USB 2:** Bitraten: 1,5 Mbit/s, 12 Mbit/s, 480 Mbit/s **USB 3:** Bitraten > 500 Mbit/s. Verwendung für z. B.: • Tastaturen, Mäuse, • Drucker, Scanner, Datenspeicher, • Elektronikgeräte aller Art.
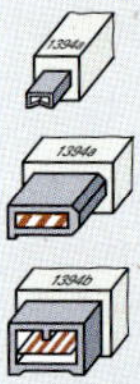 4-polig, 6-polig, 9-polig	**Firewire Bussystem** (IEEE 1394) Bitraten: 400 Mbit/s bis 3,2 Gbit/s mit LWL. Kein Host-Computer erforderlich. Maximal 63 Geräte pro Bussegment und max. 1023 Bussegmente. Verwendung für: Alle PC-Peripheriegeräte, z. B. Drucker, Scanner, FireWire-USB-Konvertierung ist oft problematisch.
Drahtlose Schnittstellen	
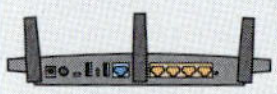 W-LAN, WI-Fi	Lokales Funknetz (IEEE-802.11) mit WLAN-Router. Funktionalität wie Ethernet-LAN. Das Wi-Fi-Zertifikat (Wireless Fidelity) garantiert die Einhaltung der Norm.
Bluetooth	Universelles Funk-Piconetz (IEEE-802.15.1) Datenraten bis etwa 2,1 Mbit/s. Shared medium, d. h. bei mehreren Teilnehmern reduzierte Datenrate. Reichweite bei 100 mW Sendeleistung bis 100 m, bei 2,5 mW bis 10 m.
Infrared Data Association IrDA	Punkt-zu-Punkt Datenübertragung mit Infrarotemstrahlung (850 nm bis 900 nm) im Nahbereich bis 1 m. Anwendung bei Laptops, Mobiltelefonen oder PDAs. Für PC gibt es USB-IrDA-Konverter.

Tabelle 2: Schnittstellen für Audio, Video, Monitore

 VGA	**Video Graphics Array** (VGA) und Super-VGA (SVGA) sind 15-polige Schnittstellen für analoge Graphik-Bildschirme und Beamer.
 DVI	**Digital Visual Interface (DVI).** Die 8 Datenbits eines RGB-Signals werden seriell übertragen, im Dual-Link (6 Adernpaare) mit bis zu 7,44 Gbit/s. Es gibt PIN-Belegungsvarianten: DVI-A (analog), DVI-D (digital), DVI-I (analog und digital).
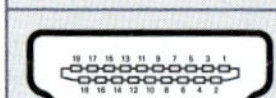 HDMI	**High Definition Multimedia Interface (HDMI)** Schnittstelle für die digitale Bild- und Ton-Übertragung.
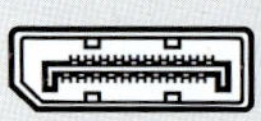 DisplayPort	**DisplayPort.** Datenrate bis zu 3,24 GByte/s (vier Lanes). Auflösung bis 5120x2880 Pixel bei 60 fps (frames per second = Bilder/s) und 8 bit Farbtiefe. Adapter für DVI und HDMI.

4.7.3.2 USB-Schnittstelle

Mit USB-Schnittstellen (USB von Universal Serial Bus) sind PCs und Notebooks und alle üblichen Peripheriegeräte ausgestattet **(Bild 1)**. Zur Erweiterung der Anschlussstellen gibt es USB-Ports bzw. USB-Hubs mit z. B. 3 bis 10 zusätzlichen Stecksockeln. USB ist ein Bus zur bidirektionalen Datenübertragung. Die Datenübertragung wird über den angeschlossenen PC als Host aufgebaut und verwaltet.

USB 2.0: Die Übertragungsraten sind bei USB 2.0:

- 1,5 Mbit/s (Low Speed) z. B. für Tastaturen, Mäuse, Blutzuckermessgeräte,
- 12 Mbit/s (Full Speed) z. B. für Drucker, Scanner,
- 480 Mbit/s (High Speed), z. B. für externe Laufwerke.

USB 3.0: Mit USB 3.0 erreicht man Datenraten über 5 Gbit/s, z. B. bei USB-Sticks als Flash-Laufwerke.

Stromversorgung peripherer Geräte: Ein Low Powered Port liefert 4,4 V bis 5,5 V bis 100 mA, ein High Powered Port 4,75 V bis 5,5 V bis 500 mA und ein USB 3.0-Port 4,45 V bis 5,5 V bis 900 mA. Beim Einstecken eines Peripheriegeräts dürfen allerdings nicht mehr als 100 mA fließen. Nach der Identifikation des Geräts kann vom Host eine erhöhte Leistung zugelassen werden. Die USB-Schnittstelle dient häufig auch als Ladekabel für Kleingeräte.

4.7.3.3 Firewire (IEEE 1394)

FireWire (Feuerdraht) ist ein Datennetz in Baumstruktur. Das Netz beginnt mit einem Teilnehmer, z. B. Drucker als Anfangsknoten (= Leaf Node). Es folgen weitere Netzteilnehmer (Nodes = Knoten), evtl. Verzweigungen (Branch Nodes = Zweig-Knoten, **Bild 2**). Dabei können bis zu 16 Kettenglieder (Hops) in Art einer Gänseblümchenkette (Daisy Chain) nacheinander kommen. Die Nodes können bei laufendem Betrieb angeschlossen werden (hot plug) und werden automatisch erkannt.

Die Hops bestehen aus geschirmten Aderpaaren (STP, Shilded Twisted Pair) für Übertragungslängen von 4,5 m oder es sind Glasfaserleitungen für Distanzen bis 72 m. Die Datenraten sind: 100 Mbit/s (S100), 200 Mbit/s (S200), 400 Mbit/s (S400), 800 Mbit/s (S800), 1,6 Gbit/s (S1600), 3,2 Gbit/s (S3200) und zwar bidirektional.

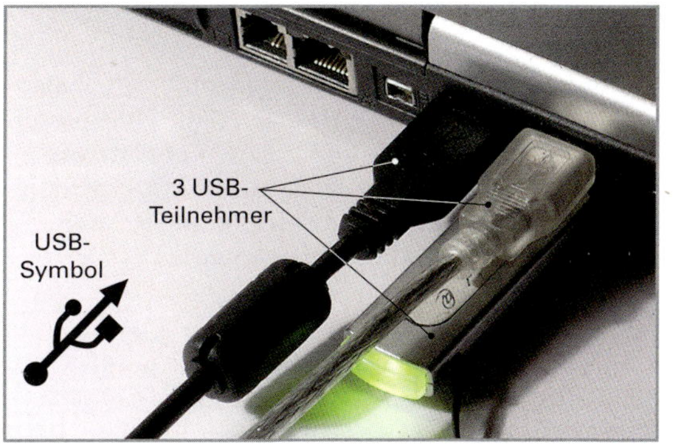

Bild 1: Drei USB-Steckplätze an einem Notebook

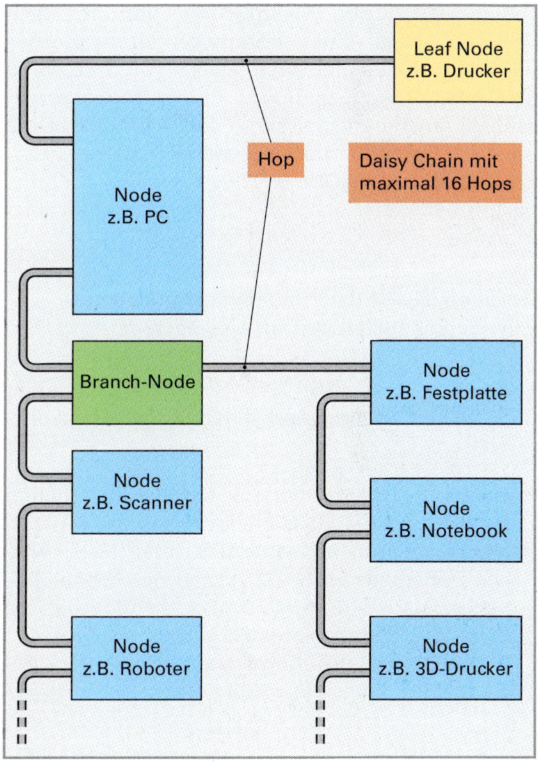

Bild 2: FireWire-Datennetz

FireWire benötigt zum Netzbetrieb keinen Hostcomputer. Jeder Node ist so ausgestattet, dass er die Netzsteuerung wahrnehmen kann. Kommt ein neuer Node hinzu wird die Netzsteuerung automatisch neu geregelt. Die Adressierung erfolgt mit einem 64-Bit-Steuerwort (10 Bits für die Netzwerkverwaltung, 6 Bits für die Steuerung der Netzknoten und 48 Bits zur Adressierung der Geräte mit Angaben zu den Geräteeigenschaften, wie z. B. Speicher, Register).

4.7.3.4 Serielle Schnittstellen

Im industriellen Umfeld findet man oft datentechnisch sehr heterogene Systeme mit unterschiedlichen Feldbussen, mit Ethernet-Netzwerken unterschiedlicher Standards und mit verschiedenen seriellen Zweipunktverbindungen, z. B. zu NC-Steuerungen und zu Messsystemen.

Bei vielen Anlagen, Maschinen und Geräten hat man das Problem, dass diese eine wesentlich längere Nutzungszeit aufweisen als PCs, z. B. 20 Jahre und mehr. Als Steuerungen werden Industrie-PCs (I-PC), SPS und Maschinensteuerungen, z. B. NC-Steuerungen eingesetzt. Diese haben im Unterschied zu den PCs im Home- und im Office-Bereich neben einer höherwertigeren mechanischen Schnittstellenausführung, z. B. RJ 45 in IP65-Ausführung (staubdicht und strahlwassergeschützt), auch serielle Schnittstellen COM1, COM2 mit einer Datenübertragung nach RS 232 bzw. ITU-Empfehlung V.24 (DIN 66020), sowie als MPI-Bus nach RS 485 oder nach RS 422 mit symmetrischen Signalen.

Verfügen diese Steuerungen nicht über solche seriellen Schnittstellen, so gibt es einerseits

- Adapter, z. B. RS 232 - USB 2.0 mit einer Steckeranpassung und einer Signalanpassung, oder
- Gateways (Umsetzer zu unterschiedlichen Datennetzen), z. B. Gateway: Ethernet-RS 232. Meist üblich sind Mini-SPS oder IPCs, welche einerseits z. B. 2 × Ethernet-Anschlüsse haben und andererseits 2 × konfigurierbare COM-Schnittstellen mit RS 232/RS 422/RS 485 (umschaltbar), ggf. hinzu 1 x USB 3.0, 3 x USB 2.0 und 1 x DisplayPort **(Bild 1)**.

V.24-Schnittstelle (RS 232)

Als Steckverbindung dient ein 25-poliger oder meist ein 9-poliger Stecker. Belegt und genutzt sind meist nur acht Stifte mindestens aber drei Stifte (TxD, RxD, GND) **(Bild 2)**.

Geräte, die durch die V.24-Schnittstelle verbunden werden, heißen in der Norm Datenendeinrichtungen (DEE). Die Leitung mit den Steckern heißt Datenübertragungseinrichtung (DÜE) (Bild 2).

Da die Steckerbelegung bezüglich der Signale an beiden Geräten gleich ist, müssen sich die Leitungen kreuzen. Über den Ausgang 2 senden z. B. beide Geräte. Der Signalname ist jeweils D1. Bei der Übertragung wechseln nur die Leitungen (Bild 2).

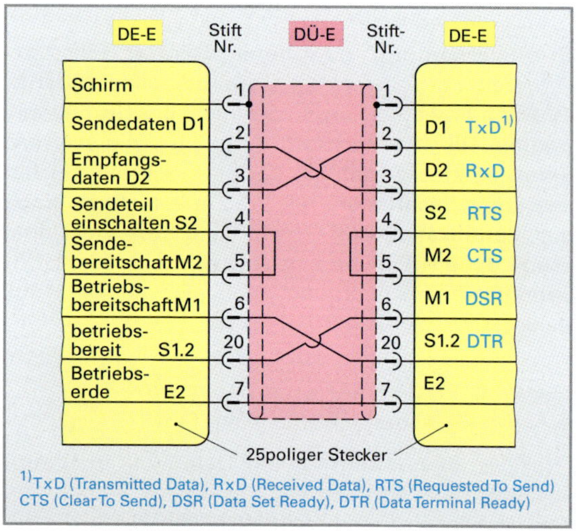

Bild 2: Schnittstellenleitungen

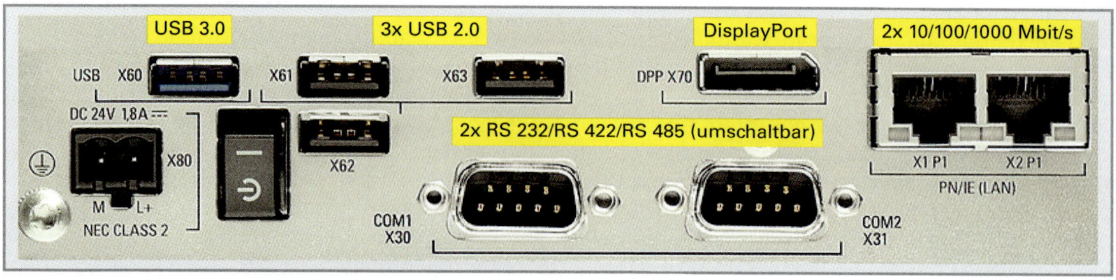

Bild 1: IPC-Backplane mit Schnittstellen (Beispiel)

Sendedaten werden über D1 (TD, von Transmitted Data = Sendedaten) übertragen, wenn auf S1.2, S1, M1 und M2 der EIN-Zustand herrscht. Empfangsdaten (RC, von Received Data = Empfangsdaten) werden über D2 aufgenommen. Für Datensignale gilt der Pegel +3 V bis +15 V für 0-Signal und der Pegel −3 V bis −15 V für 1-Signal. Bei den Melde- und Steuersignalen bedeutet der Pegel +3 V bis +15 V EIN und der Pegel −3 V bis −15 V AUS. Die V.24-Schnittstelle ermöglicht die Datenübertragung bis 30 m Leitungslänge.

Datendarstellung. Die Datenübertragung erfolgt bei zeichenweiser Übertragung mit dem 7-Bit-Code. Ein Zeichen besteht dabei aus einem Startbit, 7 oder 9 Datenbits, einem Paritybit für eine geradzahlige oder ungeradzahlige Quersumme und wahlweise aus ein oder zwei Stoppbits **(Bild 1)**.

Die Übertragungsgeschwindigkeit ist meist auf die Bitraten 110, 150, 300, 600, 1200, 2400, 4800, 9600 und 19200 bit/s einstellbar. Die Übertragungsgeschwindigkeit wird bei der V.24-Schnittstelle auch oft in der Einheit *Baud*[1] (Bd) angegeben (bei einschrittigem Code 1 Bd ≙ 1 bit/s, 1 kBd ≙ 1 kbit/s).

Ablauf des Datenaustausches. Ein sehr häufig angewendetes Verfahren für eine zeichenweise Übertragung ist die LSV-2-Prozedur (LSV = langsame störsichere Verbindung). Der Datenaustausch erfolgt durch ein Software-Handshake in drei Phasen **(Bild 2)**. Er beginnt mit der *Aufforderungsphase*, es folgt die *Datenübermittlungsphase* und er endet mit der *Abschlussphase*.

Die sendewillige Station sendet das ASCII-Zeichen ENQ (von enquiry = Nachfrage). Die Gegenstation quittiert mit DLE 0 (von Data Link Escape = Datenverbindung flüchtig). Kommt dieses Quittungssignal nicht oder gestört an, dann wird nach Ablauf einer Wartezeit erneut ENQ gesendet. Ist die Empfangsstation nicht in der Lage, Daten zu empfangen, sendet sie NAK (von negative acknowledge = negative Annahme). Die sendewillige Station beendet dann den Übertragungsversuch mit EOT (von End of Transmission = Ende der Übertragung). War die Empfangsstation bereit, Daten zu empfangen, so leitet die Sendestation mit STX (von Start of text = Beginn des Textes) die Übertragungsphase ein.

Das Ende des Textes wird mit ETX der Empfangsstation übermittelt. Danach erfolgt die Übertragung eines Blockprüfzeichens (BCC, von Block Check Character = Blockprüfzeichen). Dies wird beim Sender und Empfänger auf gleiche Weise errechnet, z.B. durch Längsparität über alle Bits einer Stelle **(Bild 3)**. Stimmt das übertragene Blockprüfzeichen mit dem errechneten Zeichen überein, dann quittiert der Empfänger mit DLE 1.

Danach zeigt die Sendestation die Abschlussphase mit dem Zeichen EOT an. Im Falle einer fehlerhaften Übertragung sendet der Empfänger das Zeichen NAK.

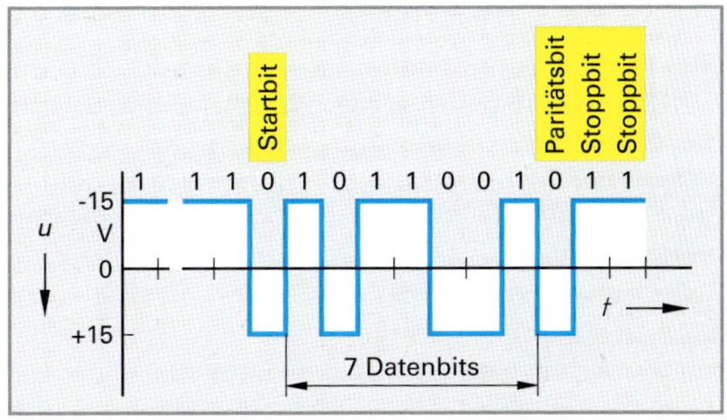

Bild 1: Übertragungssignal für das Zeichen M

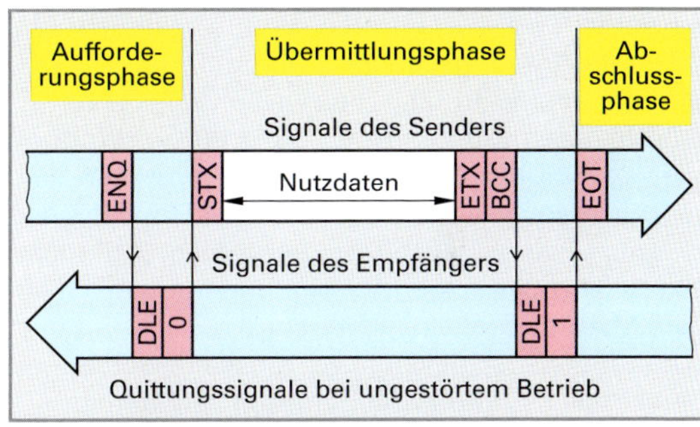

Bild 2: Ablauf des Datenaustausches bei ungestörtem Betrieb

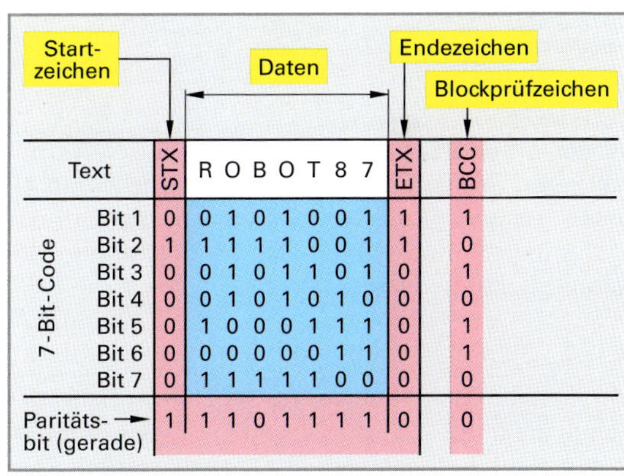

Bild 3: Übertragung des Textes „Robot 87" mit Paritätsbit und Blockprüfung

[1] benannt nach Jean M. E. Baudot, franz. Ingenieur 1845 bis 1903

Serielle Schnittstelle RS 485 (MPI)

Die RS-485-Schnittstelle ist aufgebaut wie die RS-232-Schnittstelle nur mit dem Unterschied, dass die Signalübertragung für jedes Signal *symmetrisch über 2 Adern erfolgt.* Symmetrisch bedeutet, dass jedes Signal auch in negierter Form erzeugt wird und dass so zu jeder positiven Impulsflanke auch eine negative Impulsflanke erzeugt wird **(Bild 1)**. Beim Empfänger wird die Spannungsdifferenz zwischen den beiden Signalen ($U_A - U_B$) ausgewertet.

Mit der RS-485-Schnittstelle erreicht man wesentlich *höhere* Bitraten und wesentlich *längere* Übertragungsstrecken als mit der RS-232-Schnittstelle **(Bild 2)**. Die Verbindung wird als 2-Draht-Verbindung oder 3-Draht-Verbindung oder als 4-Draht-Verbindung mit verdrillten und geschirmten Adern ausgeführt (STP, Shielded Twisted Pair = geschirmt verdrilltes Aderpaar, **Bild 3**). Um bei langen Verbindungen unterschiedliche Massepotentiale nicht über die elektronischen Schaltungen ausgleichen zu müssen, werden oft Optokoppler zur Potenzialtrennung verwendet.

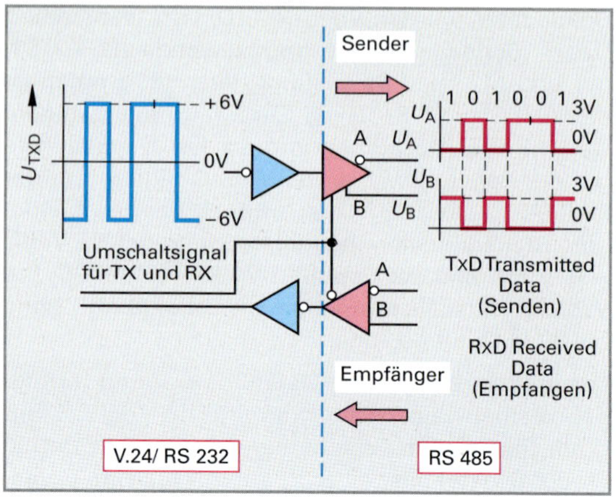

Bild 1: Schnittstellenumsetzung von und zu RS 485

> Die RS-485-Schnittstelle arbeitet mit symmetrischen Signalen.

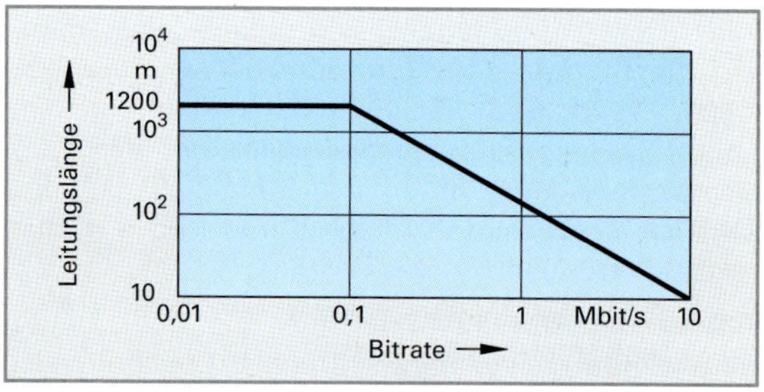

Bild 2: Leitungslänge und Bitrate

Mit der RS-485-Schnittstelle können Netzwerke mit mehreren Teilnehmern aufgebaut werden **(Bild 4)**. Diese Technik wird angewandt im Bereich der Steuerungstechnik unter der Bezeichnung MPI (Mehr-Punkt-Interface).

Serielle Schnittstelle RS 422

Die serielle Schnittstelle RS 422 entspricht der Schnittstelle RS 232, nur, dass die Signale symmetrisch, d. h. auch negiert übertragen werden (wie bei RS 485) mit dem Vorteil höherer Bitraten und längerer Übertragungsstrecken.

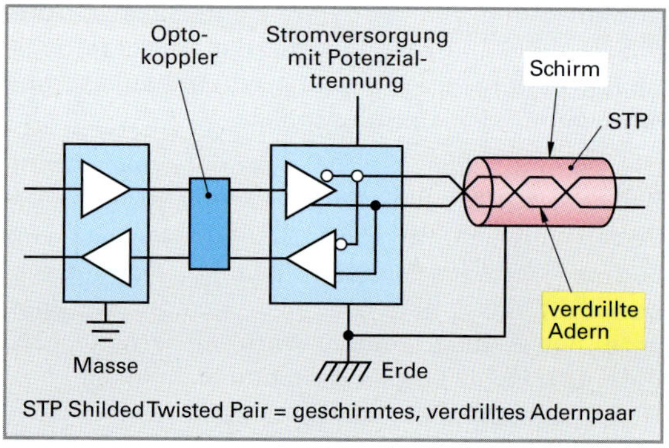

Bild 3: Schnittstellenumsetzer

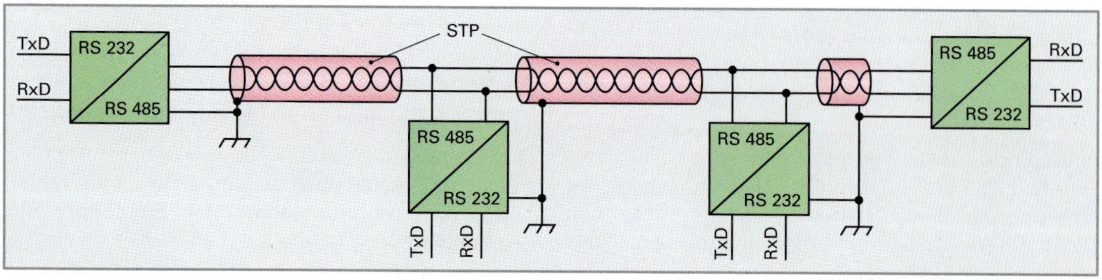

Bild 4: Mehrpunkt-Interface (MPI)

4.8 Datenübertragung

4.8.1 Verhalten von Leitungen bei hoher Frequenz

Stromstärke und Spannung

Für die Übertragung hochfrequenter Spannungen werden Koaxialleitungen oder mehradrige Leitungen verwendet **(Bild 1)**. Wegen deren elektrischen Feldern (E-Feld) und magnetischen Feldern (B-Feld) wirkt in jedem Leitungsstück zwischen den Leitern zusätzlich zum Leiterwiderstand eine Kapazität und eine Induktivität. Aus dem Ersatzschaltplan des Leitungsstücks ist erkennbar, dass ein Tiefpass vorliegt **(Bild 2)**. Die Leitung selbst lässt sich als eine Kettenschaltung (Hintereinanderschaltung) von derartigen Leitungsstücken darstellen.

Bei hoher Frequenz stellt jede Leitung einen Tiefpass dar.

Die Induktivität und die Kapazität können vernachlässigt werden, wenn die Frequenz niedrig und die Leitung (im Vergleich zur Wellenlänge) kurz sind. Bei Frequenzen über 10 kHz können bei kurzen Leitungen die Wirkwiderstände gegenüber den Blindwiderständen vernachlässigt werden. Eine kurze Leitung für hohe Frequenzen besteht also aus Induktivitäten und Kapazitäten **(Bild 3)**.

Eine Schaltung nach Bild 3 und damit jede Leitung verlängert die Laufzeit eines elektrischen Signals. Die Ausbreitungsgeschwindigkeit v elektrischer Signale beträgt hier 60 % bis 85 % der Lichtgeschwindigkeit c_0. Das Verhältnis v/c_0 ist der Verkürzungsfaktor k.

Im günstigsten Fall schwingt die Spannung an jedem Punkt der Leitung zeitlich nacheinander periodisch mit gleich bleibendem Maximalwert. Dieser Fall tritt ein, wenn am Ende der Leitung ein richtig bemessener Widerstand angeschlossen ist. Man bezeichnet diese Art der Signalübertragung als *fortschreitende Welle*. Ist am Ende der Leitung kein Widerstand, so treten dort Reflexionen auf. Die *rücklaufende Welle* überlagert sich der hinlaufenden Welle. Dadurch entsteht längs der Leitung eine *stehende Welle* **(Bild 4)**. Entlang der Leitung sind dann Stellen größter Spannung *(Spannungsbäuche)* und Stellen kleinster Spannung zwischen den Leitern *(Spannungsknoten)*. Entsprechendes gilt für die Stromstärke. Die Signalübertragung wird durch Reflexionen nachteilig beeinflusst, weil die Signalspannung geschwächt wird.

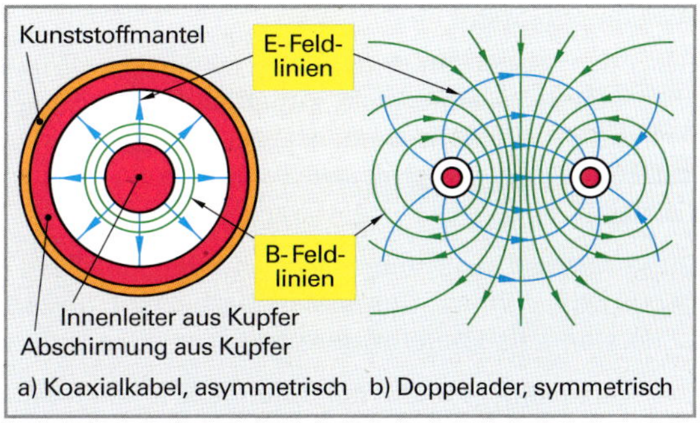

Bild 1: Leitungen für Frequenzen über 10 MHz

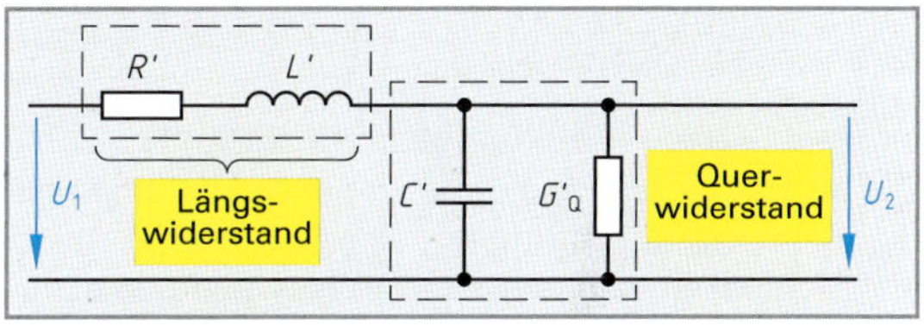

Bild 2: Ersatzschaltung eines kurzen Leitungsstückes

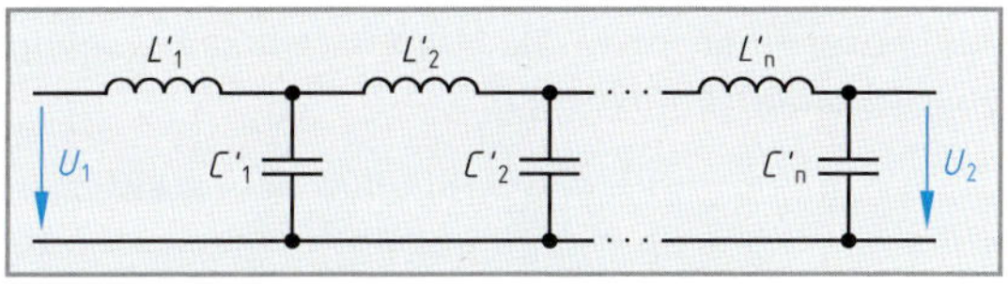

Bild 3: Ersatzschaltung einer kurzen Leitung bei hoher Frequenz

v Ausbreitungsgeschwindigkeit	$$v = \frac{1}{\sqrt{L' \cdot C'}}$$
c_0 Lichtgeschwindigkeit	
L' Leitungsinduktivität je Länge	
C' Leitungskapazität je Länge	$$k = \frac{v}{c_0} = \frac{1}{\sqrt{\varepsilon_r}}$$
k Verkürzungsfaktor	
ε_r Permittivitätszahl	

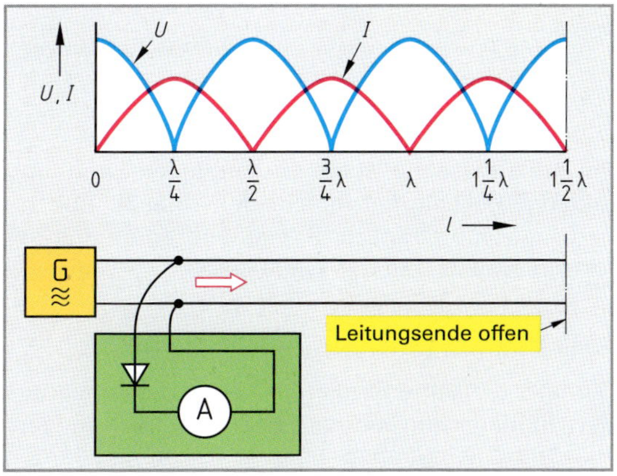

Bild 4: Nachweis der stehenden Welle bei einer offenen Hochfrequenzleitung

Wellenwiderstand

Bei hochfrequenten Signalen können die Wirkwiderstände in einer nicht zu langen Leitung vernachlässigt werden. Dann ist die Energie in der Induktivität gleich groß wie die Energie in der Kapazität, also $\frac{1}{2} \cdot L \cdot i^2 = \frac{1}{2} \cdot C \cdot u^2$.

Diese Formel kann man nach u/i auflösen. Dabei hat u/i die Einheit Ohm. Man bezeichnet diesen Widerstand als *Wellenwiderstand* Z_w.

Die Wellenwiderstände der Leitungen für die hochfrequente Signalübertragung betragen etwa 50 Ω bis 150 Ω (Tabellenbuch Informationstechnik und Systemtechnik).

$$Z_w = \sqrt{\frac{L'}{C'}}$$

Z_w Wellenwiderstand
L' Leitungsinduktivität je Länge (Induktivitätsbelag)
C' Leitungskapazität je Länge (Kapazitätsbelag)

Widerstandsanpassung und Fehlanpassung

Zur Signalübertragung ohne stehende Wellen muss die Hochfrequenzleitung mit einem Wirkwiderstand abgeschlossen sein, der so groß ist wie der Wellenwiderstand. Den Leitungsabschluss mit einem Wirkwiderstand in der Größe des Wellenwiderstandes bezeichnet man als *Widerstandsanpassung* oder *Leistungsanpassung*.

Widerstandsanpassung ermöglicht eine reflexionsfreie Signalübertragung.

Bei längeren Leitungen nimmt die Signalspannung längs der Leitung ab, weil die Wirkwiderstände wegen der Stromverdrängung und der dielektrischen Verluste eine Dämpfung (Abnahme) des Signals bewirken **(Bild 1)**. Wenn eine Hochfrequenzleitung nicht mit Widerstandsanpassung betrieben wird, so treten Reflexionen auf (Bild 1). Je nach Größe und Art des Lastwiderstandes können diese Reflexionen größer oder kleiner sein. Man spricht bei dieser Art des Leitungsabschlusses von *Fehlanpassung*.

Fehlanpassung liegt vor, wenn eine Hochfrequenzleitung nicht mit Widerstandsanpassung betrieben wird.

Bei Fehlanpassung ist die Amplitude der Spannung entlang der Leitung verschieden **(Bild 2)**. Bei der Fehlanpassung trägt zur Signalübertragung nur der fortschreitende Teil der Welle bei.

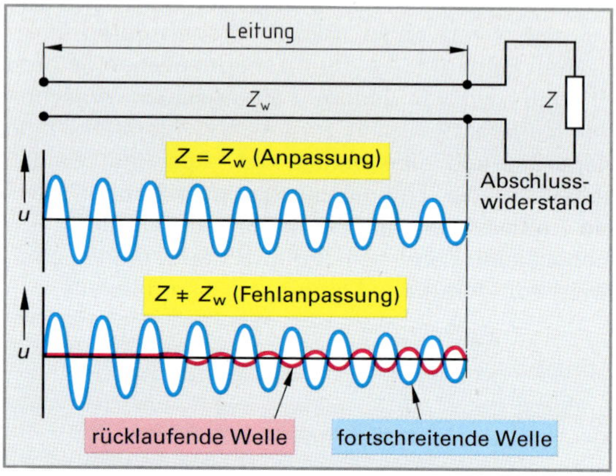

Bild 1: Augenblickswerte der Signalspannung bei Anpassung und bei Fehlanpassung

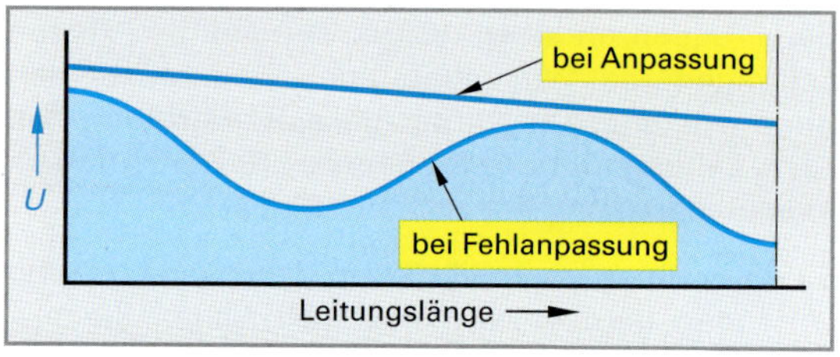

Bild 2: Effektivwerte der Signalspannung bei Anpassung und bei Fehlanpassung

Folgen für nicht sinusförmige Signale

Signale, die keine Sinusform haben, bestehen aus der Überlagerung zahlreicher Sinusschwingungen. Die Teilschwingungen höherer Ordnung werden durch die Leitung stärker als die Grundschwingung gedämpft, weil bei höheren Frequenzen die Stromverdrängung und die dielektrischen Verluste größer sind und weil die Hochfrequenzleitung wie ein Tiefpass wirkt. Dadurch nimmt z. B. bei Rechtecksignalen die Flankensteilheit ab. Am Ausgang einer genügend langen Hochfrequenzleitung erscheint so nur ein Signal, das aus der Grundschwingung und wenigen Oberwellen besteht.

Wiederholung und Vertiefung

1. **Warum enthält eine Hochfrequenzleitung Kapazitäten und Induktivitäten?**
2. **Wie groß ist die Ausbreitungsgeschwindigkeit eines Signals in einer elektrischen Leitung?**
3. **Für ein HF-Kabel sind angegeben: Wellenwiderstand 75 Ω und Kapazitätsbelag 67 pF/m. Wie groß ist der Induktivitätsbelag (Leitungsinduktivität je Länge)?**
   Lösung: $L' = 0{,}38\ \mu H/m$
4. **Wodurch erzielt man eine Widerstandsanpassung?**
5. **Warum erhalten Rechtecksignale bei Übertragung mit Leitungen abgeflachte Flanken?**

4.8.2 Modulation und Demodulation

Bei der Modulation (von lat. modulatio = Rhythmus) wird ein Träger mit höherer Frequenz, z. B. eine Spannung, im Rhythmus einer Signalspannung geändert.

4.8.2.1 Analoge Modulation

Amplitudenmodulation (AM)

Die *Amplitude* einer Trägerspannung wird bei der Amplitudenmodulation mit dem Augenblickswert der Signalspannung geändert.

Amplitudenmodulation durch Multiplikation. Bei AM durch Multiplikation werden die Trägerspannung und die Signalspannung an einen *analogen Multiplizierer* gelegt **(Bild 1)**. Dabei werden die Augenblickswerte der beiden Spannungen miteinander multipliziert, sodass ein neuer Verlauf der Produktspannung entsteht **(Bild 2)**. Der Multiplizierer wird auch *Produktmodulator* genannt.

Aus den Beziehungen für die Winkelfunktionen (Tabellenbuch Informationstechnik und Systemtechnik) folgt

$$\sin \omega_T \cdot \sin \omega_s = \frac{1}{2} [\cos (\omega_T - \omega_s) - \cos (\omega_T + \omega_s)]$$

mit ω_T Kreisfrequenz der Trägerspannung und ω_s Kreisfrequenz der Signalspannung. Das bedeutet aber, dass durch Multiplikation der Trägerfrequenz mit der Signalfrequenz eine Summenfrequenz $f_T + f_s$ von Trägerfrequenz Signalfrequenz und eine Differenzfrequenz $f_T - f_s$ dieser zweier Frequenzen auftritt **(Bild 3)**. Summenfrequenz und Differenzfrequenz liegen symmetrisch zur Trägerfrequenz.

Bei der AM durch Multiplikation treten die Summenfrequenz und die Differenzfrequenz von Trägerfrequenz und Signalfrequenz auf.

Bei der Amplitudenmodulation nach Bild 2 tritt am Ausgang des Multiplizierers keine Trägerfrequenz auf. Man spricht von *Modulation mit unterdrücktem Träger*. Enthält dagegen die Signalspannung einen Gleichanteil, so ändert sich der Verlauf der modulierten Spannung nach **Bild 4**. Außerdem tritt jetzt am Ausgang des Multiplizierers zusätzlich die Trägerfrequenz auf (**Bild 3**, f_r-Linie).

Je nach Art der Modulation tritt am Ausgang des Modulators zusätzlich die Trägerfrequenz auf oder nicht auf.

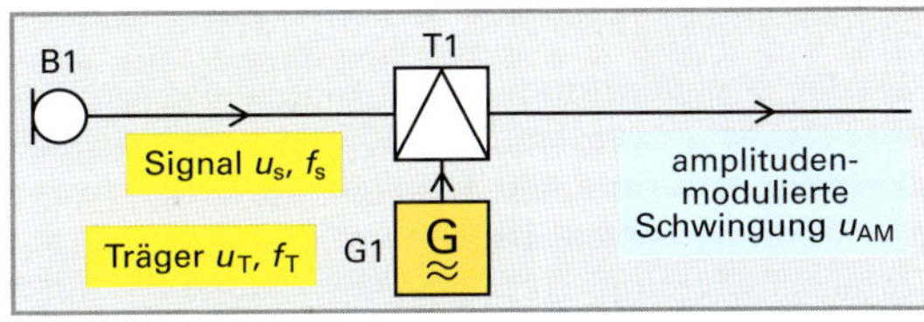

Bild 1: Schaltung zur Modulation mit Multiplizierer

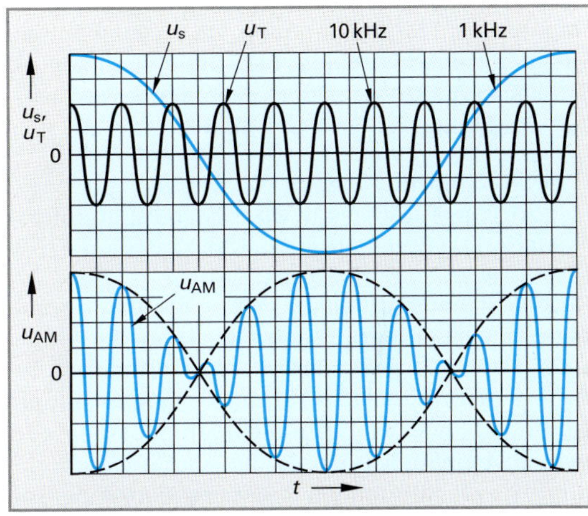

Bild 2: Spannungen bei Amplitudenmodulation mit unterdrücktem Träger (Beispiel)

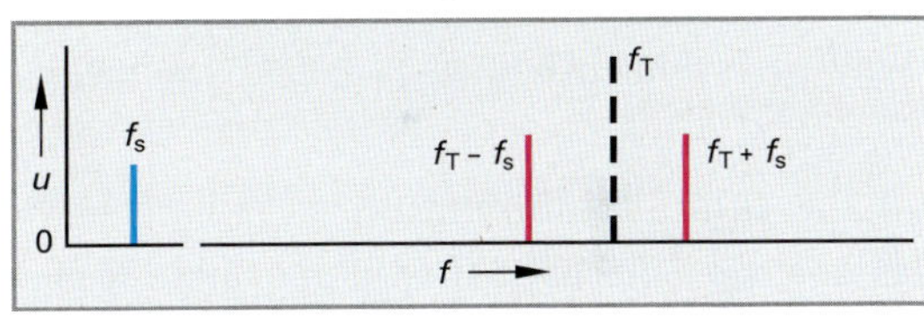

Bild 3: Frequenzen bei Amplitudenmodulation

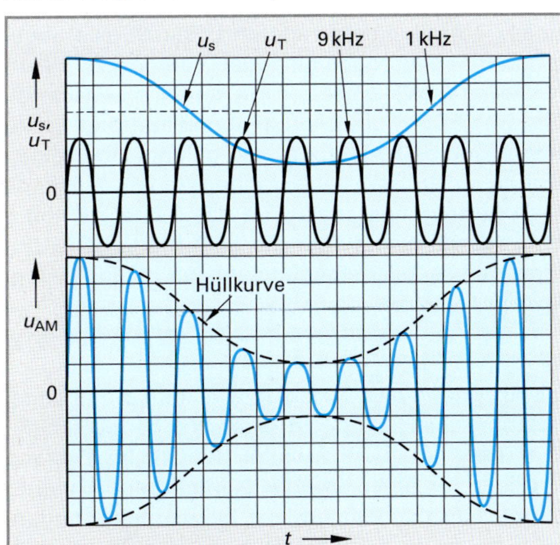

Bild 4: Spannungen bei Amplitudenmodulation mit Träger (Beispiel)

Frequenzmodulation

Bei der Frequenzmodulation wird die *Frequenz* einer Trägerspannung im Rhythmus der Signalspannung u_S moduliert. Dabei verändert man die Frequenz eines Oszillators proportional zur Signalschwingung, z. B. durch Ansteuern einer Kapazitätsdiode des Oszillator-Schwingkreises durch die Signalspannung **(Bild 1)**. Je größer die Frequenz der Signalspannung ist, umso häufiger erfolgt die Frequenzänderung, und je stärker die Signalspannung ist, umso stärker ist der Frequenzhub (Änderung der Frequenz, **Bild 2**).

> Bei Frequenzmodulation wird die Frequenz eines Schwingkreises mit der Signalspannung geändert, z. B. mittels einer Kapazitätsdiode.

Für die Signalübertragung mittels Frequenzmodulation ist eine größere Bandbreite als bei der Amplitudenmodulation erforderlich. Von Vorteil ist bei der Frequenzmodulation, dass sie gegen äußere Störungen, z. B. eingestreute Fremdspannungen, weniger empfindlich ist als die Amplitudenmodulation, da die Information in der Frequenzänderung enthalten ist.

> Bei Frequenzmodulation ist die Signalübertragung weniger störanfällig als bei Amplitudenmodulation.

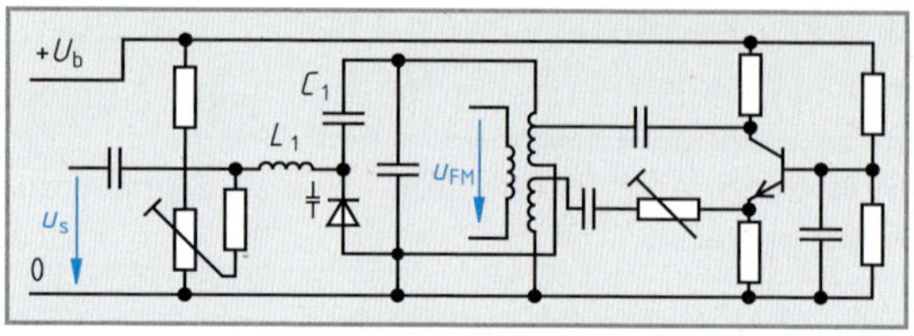

Bild 1: Schaltung zur Frequenzmodulation

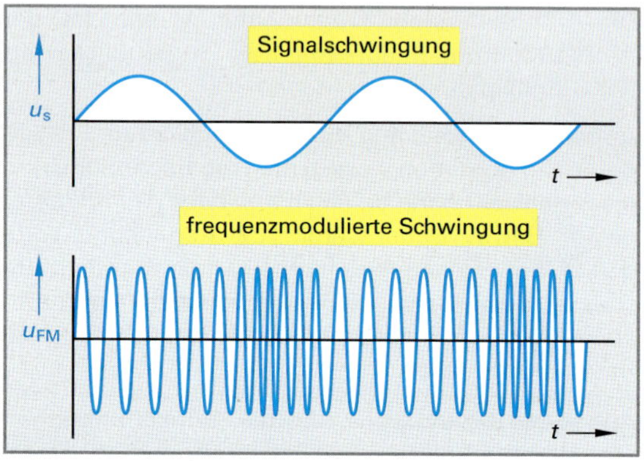

Bild 2: Frequenzmodulierte Spannungen

4.8.2.2 Digitale Modulation

Das analoge Sprachsignal wird verstärkt, in eine unipolare Spannung umgesetzt und durch ein Filter (Tiefpass) in der Bandbreite begrenzt und einem Abtastelement zugeführt **(Bild 3)**. Die abgetasteten Signalproben gelangen von dort zu einem ADS-Modul (AD-Umsetzer mit seriellem Ausgang). Die im ADS-Modul entstehende Bitfolge wird einem Codierer zugeführt und gelangt über einen Modulator auf den Übertragungskanal. Am Ende des Übertragungskanals wird das Signal demoduliert, decodiert und über ein SDA-Modul (DA-Umsetzer mit seriellem Eingang) wieder in ein Analogsignal umgesetzt.

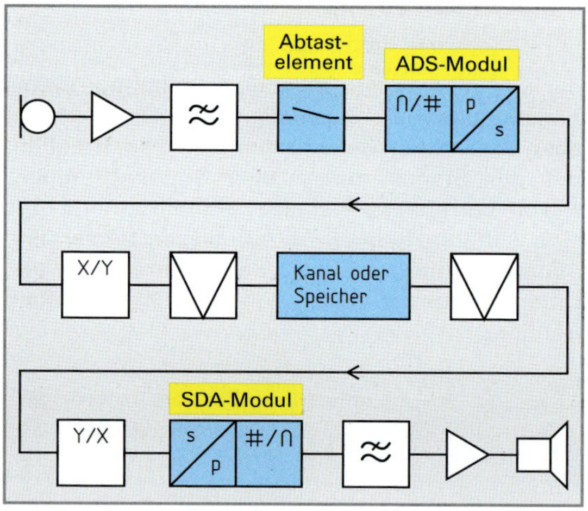

Bild 3: Funktionseinheiten einer digitalen Übertragung

Abtastung der Analogsignale

Die Abtastung der Analogsignale kann durch einen elektronischen Schalter erfolgen, der periodisch mit dem Tastgrad $g \ll 1$ schaltet **(Bild 4)**. Im Zustand EIN liegt der *Samplemodus* (sample mode, von to sample = Probe nehmen) vor, bei dem ein Kondensator C_H auf den Augenblickswert der Signalspannung aufgeladen wird. Im Zustand AUS liegt der Holdmodus (hold mode, to hold = halten) vor,

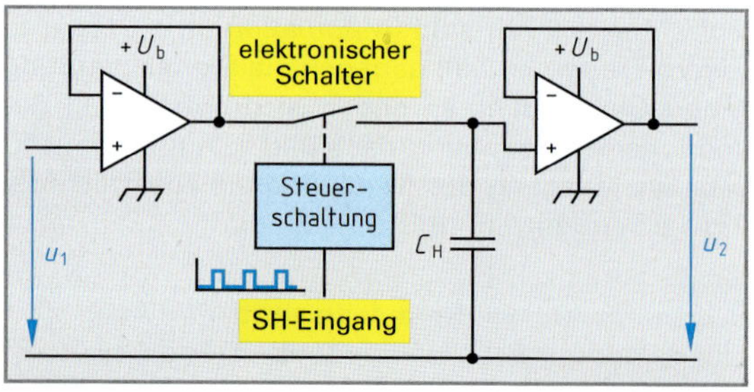

Bild 4: Abtasten mit der Sample-and-Hold-Schaltung

in dem der Kondensator die zuvor abgetastete Signalspannung hält und an einen Verstärker mit hochohmigem Eingang abgibt. Man bezeichnet die Schaltung nach Bild 3, vorhergehende Seite, als *Sample-and-Hold-Schaltung.* Diese Schaltung ist ein IC oder Bestandteil eines IC, z. B. eines AD-Umsetzers mit *Samplingfunktion* (Abtastfunktion).

Die Abtastfrequenz muss mehr als das Doppelte der Frequenz der höchsten zu übertragenden Teilschwingung des Signals betragen *(Abtasttheorem von Shannon*[1]). Nur dann kann aus den Signalproben die ursprüngliche Signalspannung genügend genau zurückgewonnen werden. Der Holdmodus muss mindestens so lange dauern, bis die Signalprobe am Ausgang verarbeitet ist **(Bild 1)**.

Ist die Abtastfrequenz kleiner als das Doppelte der Frequenz der höchsten Teilschwingung, so kann das Signal nicht zurückgewonnen werden, weil eine tiefere Frequenz (Aliasfrequenz) entsteht, da nicht mehr alle Nulldurchgänge des Signals erfasst werden. Man bezeichnet das als *Aliaseffekt* (von lat. alius = ein anderer) oder Aliasing.

Bei Unterabtastung von z. B. Sprache oder Musik (Subsampling) entsteht eine nicht korrigierbare Signalverfälschung.

Die Signalverfälschung wird vermieden, wenn durch einen trennscharfen Tiefpass (Antialiasfilter) das Signalband beschnitten wird oder wenn bei einem einfachen RC-Tiefpass die Abtastfrequenz über die Mindest-Abtastfrequenz erhöht wird. Letzteres bezeichnet man als *Oversampling.*

Quantisierung und Codierung

Aus dem Puls (Impulsfolge) von Bild 1 lässt sich das abgetastete Signal durch ein Integrierglied (Tiefpass) wieder gewinnen. Der Puls ist also durch das Signal moduliert. Diese Modulation bezeichnet man als *Pulsamplitudenmodulation* (PAM).

Bei der Pulsamplitudenmodulation wird durch das Signal ein Puls moduliert.

Meist werden die Signale der PAM durch Zahlen und damit durch Bitmuster ersetzt. Dazu müssen zunächst die wertkontinuierlichen PAM-Signale (Signale, bei denen alle Werte bis zum Höchstwert vorkommen können) in Amplitudenstufen eingeordnet werden. Dieser Vorgang wird als Quantisierung bezeichnet. Die Quantisierung ermöglicht die

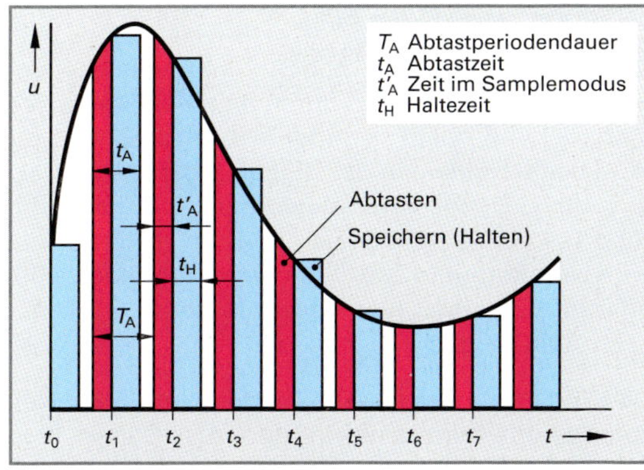

Bild 1: Abtasten und Halten

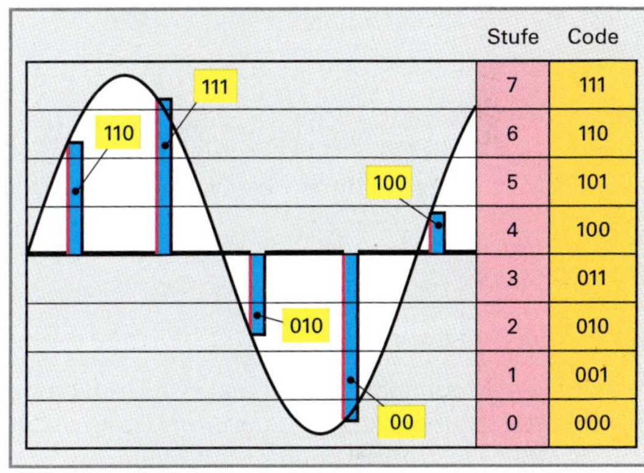

Bild 2: Lineare Quantisierung bei einer 3-Bit-Umsetzung von PAM-Signalen

Bildung von wertdiskreten Signalen (Signale mit nur bestimmten Werten).

Die Quantisierung wird mit einem AD-Umsetzer vorgenommen. Bei der linearen Quantisierung sind die Amplitudenstufen gleich hoch. Bei einem 3-Bit-Umsetzer sind dann $2^3 = 8$ gleich hohe Amplitudenstufen vorhanden **(Bild 2)**. Die lineare Quantisierung wird z. B. in der Messtechnik angewendet. Dabei werden AD-Umsetzer mit bis 16 Binärausgängen (16-Bit-Umsetzer) verwendet, sodass $2^{16} = 65\,536$ Amplitudenstufen per Quantisierung möglich sind. Nicht lineare Quantisierung wird z. B. bei Sprachverarbeitung eingesetzt.

Mit der Quantisierung erfolgt im AD-Umsetzer die binäre Codierung. Die im AD-Umsetzer mit seriellem Ausgang erzeugte Bitfolge enthält die Signalinformation binär codiert. Es liegt eine Pulscodemodulation (PCM) vor.

Bei der Pulscodemodulation ist das Signal ein Binärsignal, welches seriell ausgegeben wird.

[1] *Claude Elwood Shannon*, amerik. Wissenschaftler, 1916 bis 2001

Leitungscodierung der Signale

Die PCM-Binärsignale haben einen Gleichspannungsanteil. Dieser wird durch einen Leitungscode entfernt. Außerdem verhindern Leitungscodes für PCM lange Nullfolgen des Signals, so dass der Takt aus dem Signal zurückgewonnen werden kann **(Bild 1)**. PCM-Binärsignale sind im NRZ-Format (von Non-Return to Zero = Nichtrückkehr nach Null) oder im RZ-Format (von Return to Zero = Rückkehr nach Null) möglich.

Die Codierung für die Übertragung mit Wechselspannung erfolgt z. B. in den AMI-Codes (von Alternative Mark Inversion code = Wechselmarken-Umkehrcode). Der AMI-Code wird z. B. von der Telekom im ISDN verwendet.

Binärsignale werden meist so codiert, dass die Übertragung mit Wechselspannung erfolgt und der Takt aus dem Signal gewonnen werden kann.

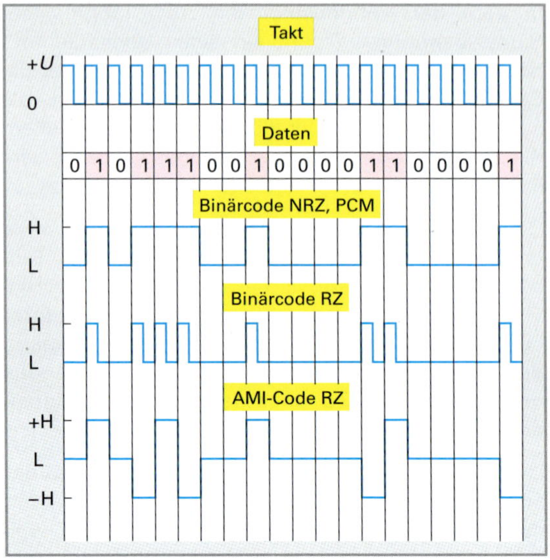

Bild 1: Beispiele für die Leitungscodierung

Modulation binärer Signale

Anstelle von Modulation wird meist von Umtastung gesprochen. Bei der *Amplitudenumtastung* (ASK von Amplitude Shift Keying = Verschlüsselung durch Amplitudenänderung) wird vom Modulator eine hochfrequente Trägerspannung getastet, sodass eine niedrige Amplitude den einen Wert bedeutet, z. B. 0, und eine hohe Amplitude den anderen Wert **(Bild 2)**. Die Bandbreite vergrößert sich dadurch wie bei AM.

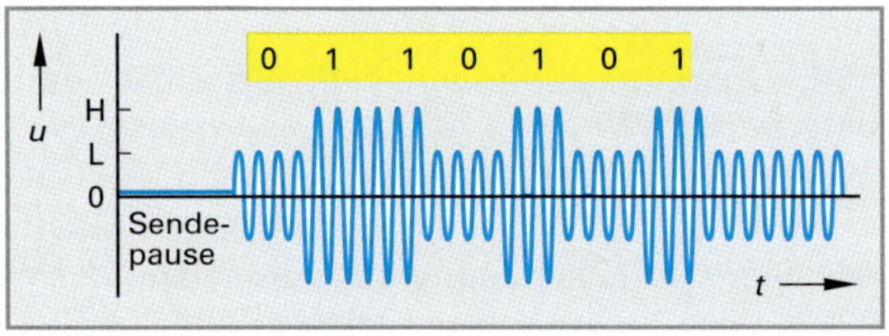

Bild 2: Amplitudenumtastung

Ein Ausbleiben der Trägerspannung bedeutet, dass die Übertragung unterbrochen ist. Bei der Signalübertragung über Glasfasern (LWL = Lichtwellenleiter) wird ASK auch *Intensitätsmodulation* genannt.

Bei der *Frequenzumtastung* (*FSK* von Frequency Shift Keying = Verschlüsselung durch Frequenzveränderung) wird beim Binärsignal 1 eine Wechselspannung höherer Frequenz und beim Binärsignal 0 eine Wechselspannung mit niedrigerer Frequenz gesendet **(Bild 3)**. Bei der *Phasenumtastung* (*PSK* von Phase Shift Keying = Verschlüsselung durch Phasenänderung) wird die zu übertragende Information in den Phasenwechsel einer hochfrequenten Trägerspannung gelegt. Beim PSK mit Bezugsphase bezieht sich der Phasenwechsel auf die nicht modulierte Trägerspannung **(Bild 3)**. Beim Differenz-PSK bezieht sich der Phasenwechsel auf den dem Wechsel vorhergehenden Zustand.

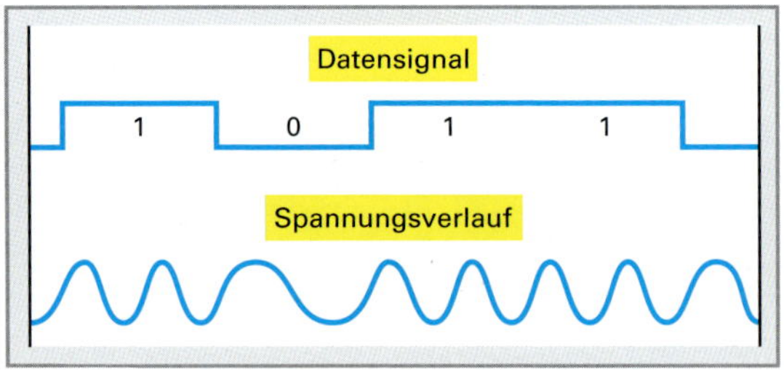

Bild 3: Prinzip der Frequenzumtastung (FSK)

Bei der *Zweiphasenumtastung (2-PSK)* entspricht dem Binärsignal mit dem Wert 1 eine nicht phasenverschobene Spannung und dem Binärsignal mit dem Wert 0 eine um 180° phasenverschobene Spannung (Bild 2). Die Modulation kann bei der Zweiphasenumtastung mit Bezugsphase durch einen Multiplizierer-IC oder durch einen Ringmodulator nach Bild 2 erfolgen.

Bei der Zweiphasenumtastung mit Bezugsphase muss die Bezugsphase beim Sender und Empfänger ständig gleichartig vorliegen, weil sonst unbeabsichtigte Phasensprünge und damit Datenfehler auftreten.

Bei der *Vierphasenumtastung* (4-PSK) treten vier Phasenverschiebungen auf, z. B. mit den Winkeln 45°, 135°, 225° und 315° **(Bild 2)**. Jeder Winkel entspricht dann einem bestimmten Wort der Länge 2 bit, welches man *Dibit* nennt. Bei der Achtphasenumtastung (8-PSK) treten acht Phasenverschiebungen auf. Jedem Winkel entspricht dann ein bestimmtes Wort der Länge 3 bit *(Tribit)*.

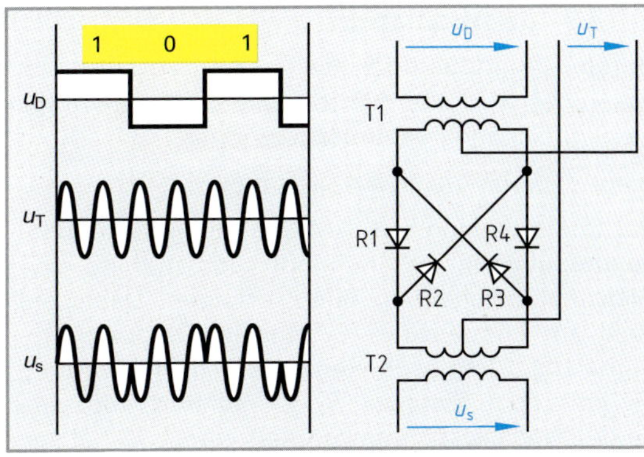

Bild 1: Zweiphasenumtastung mit Bezugsphase

Bei 4-PSK und 8-PSK wird mit jedem Phasenwechsel ein Binärwort der Länge 2 bit bzw. 3 bit übertragen.

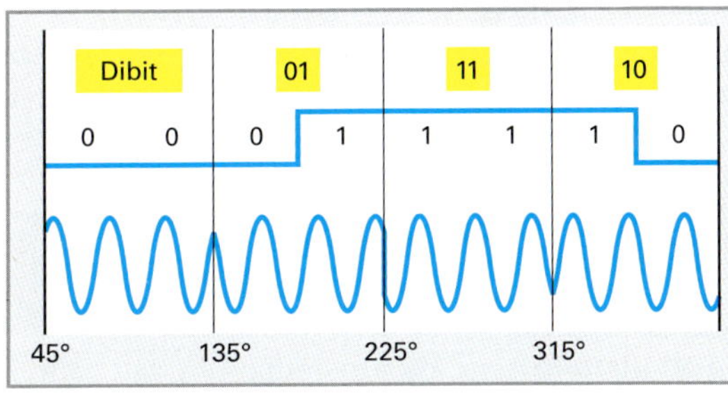

Bild 2: Vierphasenumtastung (4-PSK) mit Bezugsphase

Es gibt auch Modulationsarten, bei denen durch jeden Wechsel (Schritt) Binärworte der Länge 4 bit, 5 bit oder 6 bit übertragen werden (Tabellenbuch Informationstechnik und Systemtechnik).

Die Modulationsarten dienen der optimalen Bandbreitennutzung des Übertragungskanals.

Weitere Arten der Pulsmodulation

Bei der *Pulsweitenmodulation PWM* (auch Pulsbreitenmodulation PBM oder Pulsdauermodulation PDM) ist der Träger ein Puls mit gleich bleibender Pulsfrequenz **(Bild 3)**. Das Signal moduliert die Dauer (Weite) der einzelnen Impulse. Die Pulsweitenmodulation wird zur Drehzahlsteuerung von Servomotoren und zur Spannungssteuerung der Schaltnetzteile verwendet.

Bei der *Pulsfrequenzmodulation* PFM ist die Zahl der Impulse je Zeit ein Maß für die nach der Quantisierung zu übertragende Zahl. Die Pulsfrequenzmodulation kann durch eine analoge Frequenzmodulation mit nachgeschaltetem Impulsformer verwirklicht werden **(Bild 1, folgende Seite)**. Diese Art der Modulation wird vor allem in der Fernmesstechnik angewendet.

Bei der Pulsphasenmodulation PPM wird die Phasenlage der Impulse eines Trägerpulses gegenüber dem nicht modulierten Trägerpuls geändert.

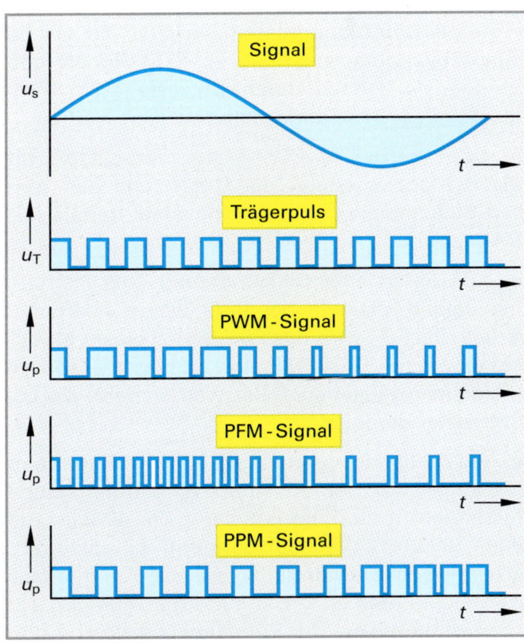

Bild 3: Modulationsarten PWM, PFM und PPM

4.8.2.3 Demodulation

Durch Demodulation (De- von Vorsilbe lat. de- = ent-) wird aus den modulierten Spannungen die Signalspannung zurückgewonnen.

Demodulieren von AM-Spannungen

Die Demodulation von AM-Spannungen (amplitudenmodulierten Spannungen) kann mithilfe einer Gleichrichterschaltung **Bild 2** erfolgen. Dabei entsteht am Kondensator C_1 eine im Rhythmus der Signalspannung schwingende Mischspannung, die mit dem Tiefpass R_2 C_2 gefiltert wird und deren Wechselspannungsanteil durch C_3 ausgekoppelt wird. Dieses Verfahren heißt *Hüllkurvengleichrichtung* siehe Tabellenbuch Informations-, Systemtechnik.

Demodulieren von FM-Spannungen

Die Demodulation von FM-Spannungen (frequenzmodulierten Spannungen) kann wie bei der AM-Demodulation erfolgen, wenn ein Modulationswandler verwendet wird **(Bild 3)**. Dieser besteht im Prinzip aus einem frequenzabhängigem Widerstand, z. B. einem Schwingkreis.

Zur Demodulation von FM-Spannungen wandelt man diese in eine AM-Spannung um, die dann demoduliert wird.

Demodulieren digitaler Signale

Bei PAM-Signalen und bei PWM-Signalen genügt ein Tiefpass zur Demodulation, da in den Pulsen die Grundschwingung enthalten ist. PFM-Signale und PPM-Signale können durch Umsetzung in PAM-Signale mit einem Tiefpass demoduliert werden.

Bei PCM wird das PCM-Signal impulsgeformt **(Bild 4)**. Danach erfolgt die Umsetzung des seriellen Binärsignals in ein Analogsignal mittels des SDA-Moduls.

Bei ASK liefert eine Gleichrichtung und Glättung Binärsignale, die wie bei PCM weiter bearbeitet werden. Bei FSK wird das FSK-Signal einem Modulationswandler (Diskriminator) zugeführt, sodass Binärsignale entstehen. Diese werden dann wie bei PCM weiter demoduliert.

Bei der Zweiphasenumtastung 2-PSK erfolgt beim Empfänger die Demodulation z. B. durch einen Multiplizierer bzw. Ringmodulator. Dieser wird mit einer Rechteck-Wechselspannung angesteuert, deren Frequenz so groß ist wie die Taktfrequenz des Senders **(Bild 5)**. Dabei muss der Multiplizierer bzw. Ringmodulator des Empfängers synchron zum Ringmodulator des Senders angesteuert werden.

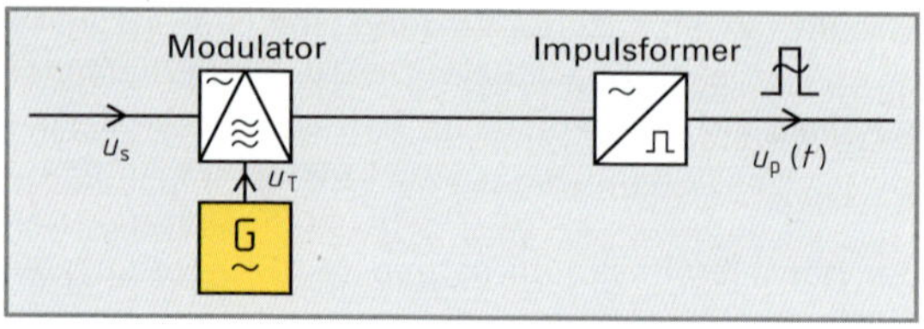

Bild 1: Übersichtsschaltplan für Pulsfrequenzmodulation

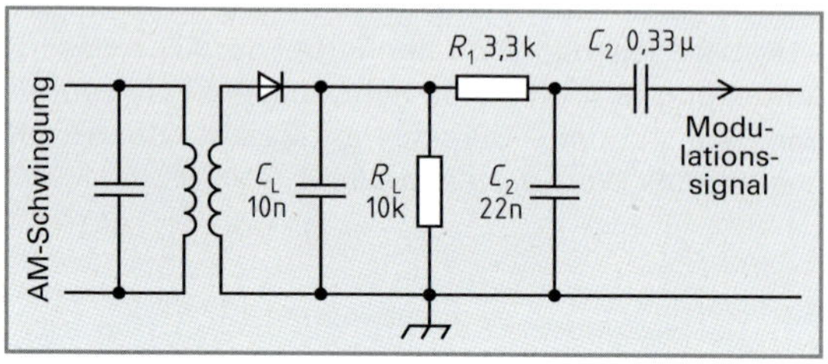

Bild 2: Schaltung zur Hüllkurvengleichrichtung

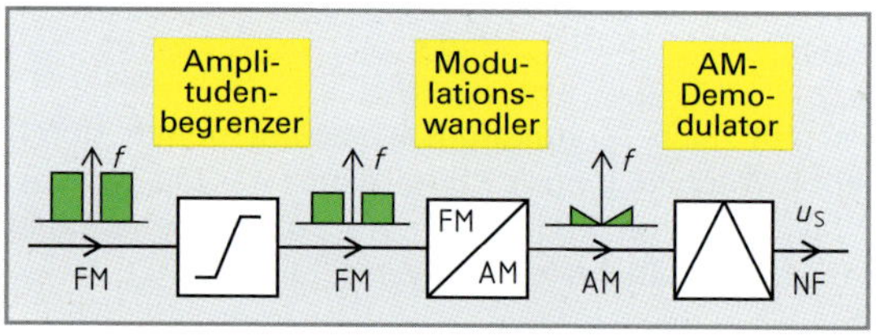

Bild 3: Prinzip der FM-Demodulation

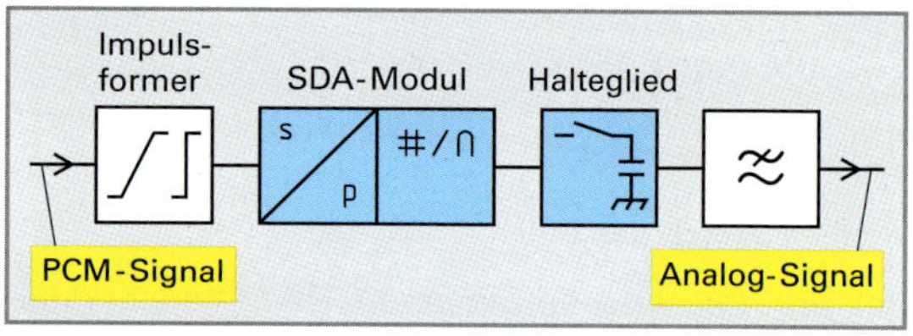

Bild 4: Demodulation bei PCM

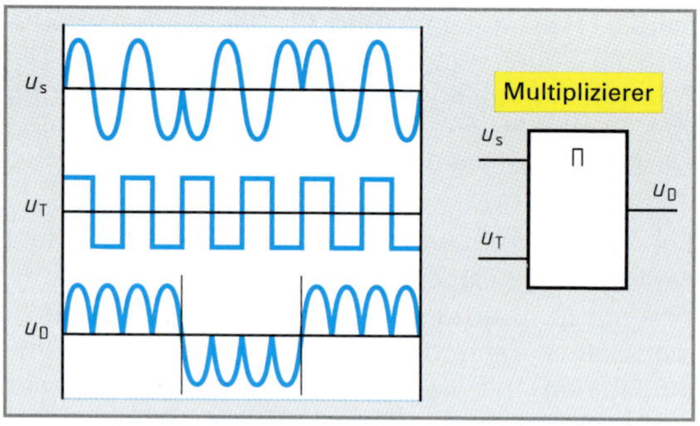

Bild 5: Demodulation bei 2-PSK

Wiederholung und Vertiefung

1. **Nennen Sie zwei Verfahren zur Demodulation von AM-Spannungen.**
2. **Auf welche Weise demoduliert man PCM-Signale?**

4.8.3 Multiplexverfahren

Bei den Multiplexverfahren (von lat. multiplex = vielfach) werden die Signale verschiedener Sender voneinander getrennt und gleichzeitig oder scheinbar gleichzeitig über dieselbe Übertragungsstrecke zu den Empfängern gesendet **(Bild 1)**. Die elektronische Schaltung dazu auf der Senderseite heißt *Multiplexer*, auf der Empfängerseite *Demultiplexer*.

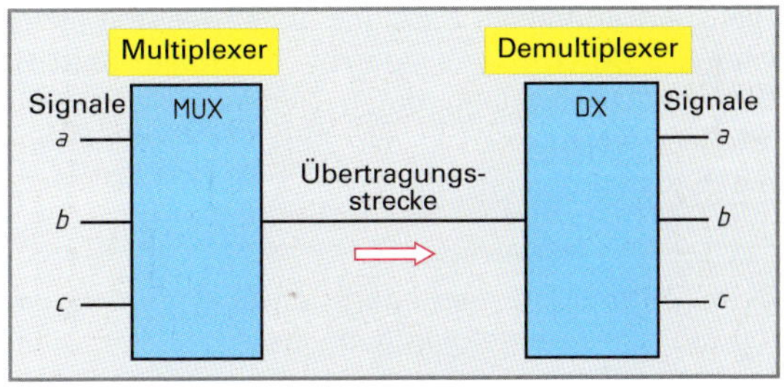

Bild 1: Prinzip der Multiplexverfahren

4.8.3.1 Zeitmultiplexverfahren

Beim Zeitmultiplexverfahren TDM (von Time Division Multiplex = Zeitteilungs-Multiplex) tastet der Multiplexer die Eingangssignale der von den Sendern herrührenden Kanäle nacheinander ab und führt sie einer Übertragungsstrecke zu **(Bild 2)**. Dabei folgen auf der Übertragungsstrecke die Informationen der verschiedenen Kanäle nacheinander. Der Demultiplexer sortiert die Datenpakete wieder auseinander, und zwar im selben Takt, mit dem der Multiplexer arbeitet.

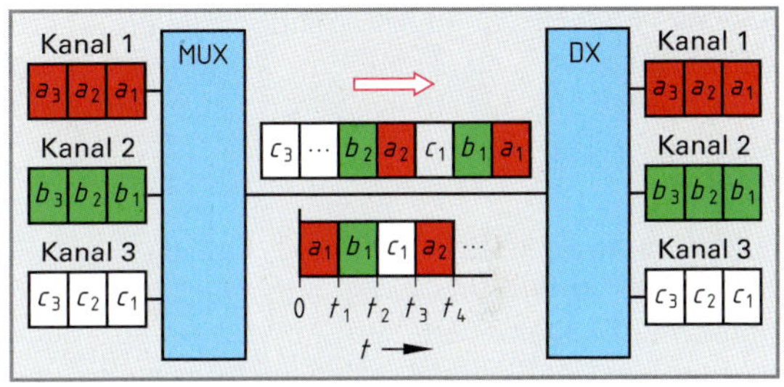

Bild 2: Zeitmultiplex mit binären Signalen

> Beim Zeitmultiplexverfahren muss der Demultiplexer im selben Takt wie der Multiplexer arbeiten.

Dieser synchrone Betrieb erfordert synchrone Taktsignale für den Multiplexer und den Demultiplexer. Die Taktsignale werden entweder über eine zusätzliche Leitung übertragen oder aus den Datensignalen gewonnen.

Zeitmultiplexverfahren von binären Signalen

Beim Multiplexer **Bild 3** werden die Bitfolgen der Dateneingänge D0 bis D3 über die Adresseingänge A0 und A1 im Takt nacheinander ausgewählt und als Bitfolge an den Ausgang gelegt. Entsprechend werden vom Demultiplexer **Bild 4** die seriell eintreffenden Bitfolgen über die Adresseingänge A0 und A1 auseinander sortiert und an die Datenausgänge D0 bis D3 gelegt.

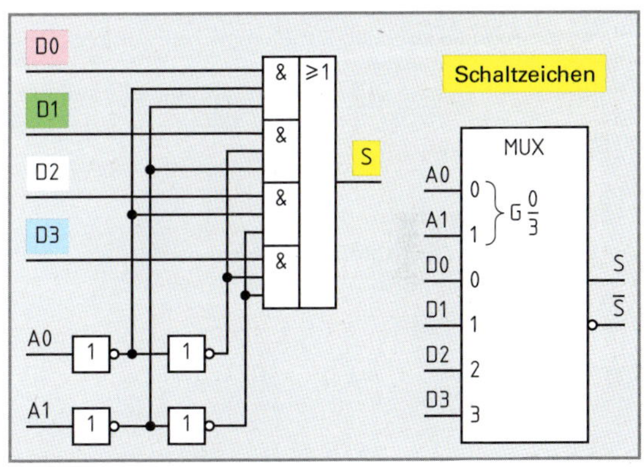

Bild 3: 1-aus-4-Multiplexer

Bei der *synchronen Arbeitsweise* müssen die Eingangssignale frequenzsynchron und phasensynchron sein. Der Multiplexer muss die Bitfolgen der einzelnen Kanäle in jeder Bitzeit (Zeit für 1 bit) einmal abtasten. Dadurch liegen die Bits auf der Übertragungsstrecke enger beieinander als die Bits der Eingangskanäle.

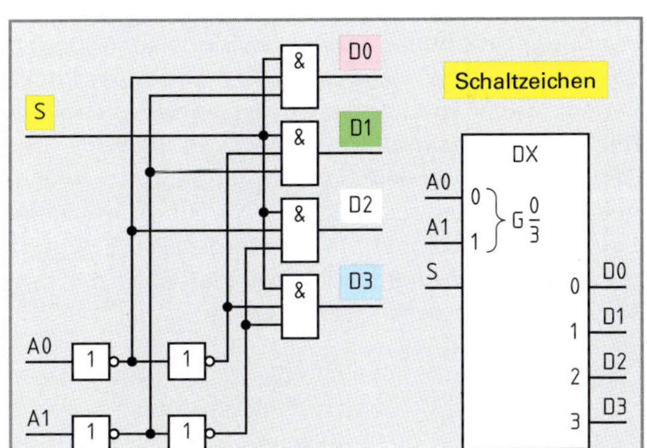

Bild 4: 1-auf-4-Demultiplexer

> Die Übertragungsstrecke zwischen Multiplexer und Demultiplexer muss für eine hohe Bitrate geeignet sein.

Die Übertragung der Bitfolgen der einzelnen Kanäle kann z. B. durch Bitverschachtelung erfolgen **(Bild 1)**. Soll die Übertragung durch Byteverschachtelung erfolgen, so müssen in den Kanälen Speicher für die Bytes vorhanden sein.

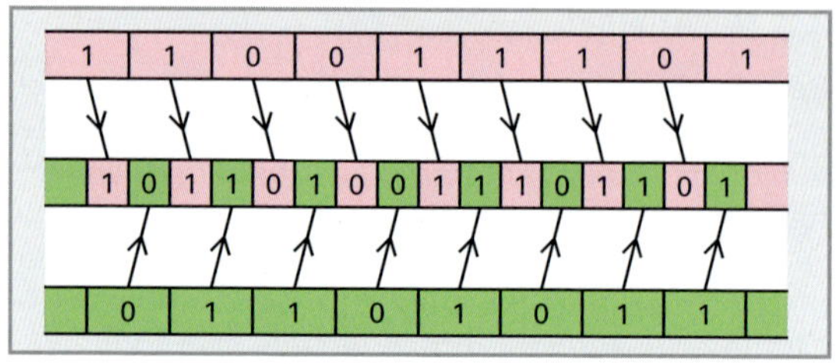

Bild 1: Bitverschachtelung beim Zeitmultiplexverfahren von binären Signalen

Zeitmultiplexverfahren von analogen Signalen

Beim Zeitmultiplexverfahren von analogen Signalen müssen in regelmäßigen Abständen von allen Eingangssignalen Amplitudenproben entnommen werden **(Bild 2)**. Dabei muss die Abtastfrequenz (Samplingrate) mehr als doppelt so groß sein wie die höchste zu übertragende Signalfrequenz (Abtasttheorem von Shannon). Außerdem muss die Abtastzeit t_{An} für einen Kanal so kurz sein, dass auch die übrigen Kanäle abgetastet werden können **(Bild 3)**.

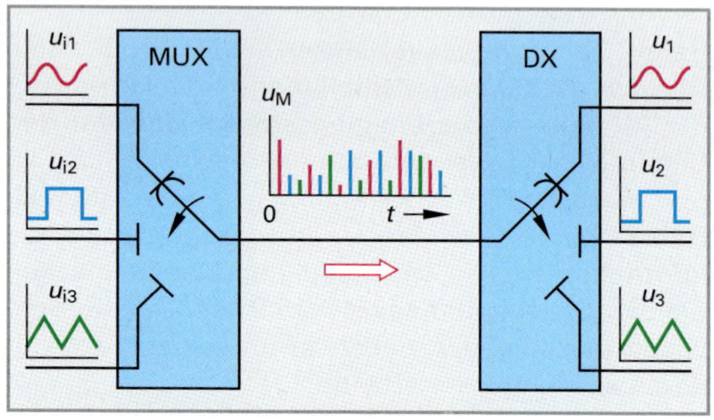

Bild 2: Zeitmultiplex mit analogen Signalen

Die Abtastfrequenz (Abtastrate) hat die Einheit Hertz (Hz), ihre Einheit ist aber nicht weltweit genormt. Deshalb wird die Abtastfrequenz auch in Samples je Sekunde bzw. auch Samples per second oder Sps angegeben.

$$T_A = \frac{1}{f_A} \qquad f_A > 2 \cdot f_s \qquad t_{An} \leq \frac{T_A}{n}$$

f_A	Abtastfrequenz, Abtastrate
f_s	höchste zu übertragende Frequenz des Signals
T_A	Abtastperiodendauer
t_{An}, (t'_A)	größtzulässige Abtastzeit bei n Signalen
n	Anzahl der übertragbaren Signale

Beispiel 1: Abtastrate und Abtastzeit berechnen

Es sollen Signale von acht Kanälen im Zeitmultiplexverfahren übertragen werden. Die höchste zu übertragende Frequenz der Signale soll $f_s = 4$ kHz betragen. Es soll mit Zweifach-Oversampling gearbeitet werden.

a) Welche Abtastrate ist erforderlich?

b) Es soll mit Zweifach-Oversampling gearbeitet werden.

c) Wie groß darf die Abtastzeit höchstens sein?

Lösung:

a) $f_A = 2 \cdot f_s = 2 \cdot 4\ \text{kHz} = 8\ \text{kHz} = \mathbf{8\ kSps}$

b) $f_A = 2 \cdot f_s = 2 \cdot 2 \cdot f_s = 2 \cdot 2 \cdot 4\ \text{kHz} = 16\ \text{kHz} = \mathbf{16\ kSps}$

c) $t_{An} = \frac{T_A}{n} = \frac{1}{f_A \cdot n} = \frac{1}{16\ \text{kSps} \cdot 8} = \mathbf{7{,}8\ \mu s}$

Der Multiplexer **(Bild 3)** sendet auf die Übertragungsstrecke die Amplitudenproben der Signalspannungen seiner Eingänge. Auf der Übertragungsstrecke liegen dann ineinander geschachtelte Signale mit PAM (Pulsamplitudenmodulation) vor. Der Demultiplexer sortiert die Amplitudenproben wieder auseinander. Um daraus die ursprünglichen Signale zu gewinnen, müssen die PAM-Signale demoduliert werden, z. B. über Tiefpässe mit entsprechender Grenzfrequenz.

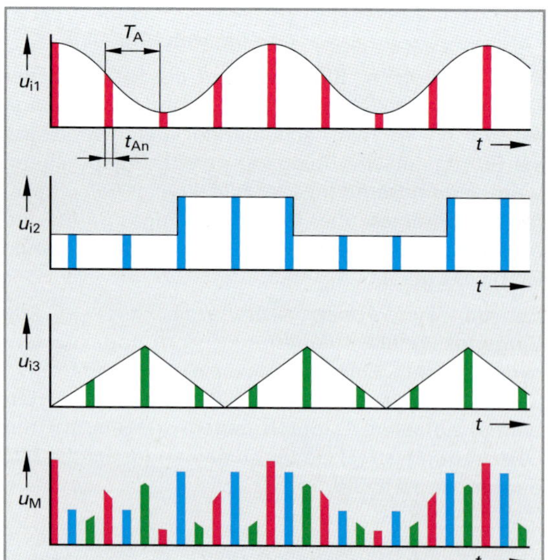

Bild 3: Verschachtelung der PAM-Signale beim Zeitmultiplexverfahren

Beim Zeitmultiplexverfahren von analogen Signalen werden diese mit PAM moduliert, ineinander geschachtelt, auseinander sortiert und demoduliert.

4.8.3.2 Weitere Multiplexverfahren

Frequenzmultiplexverfahren

Beim Frequenzmultiplexverfahren FDM (von Frequency Division Multiplex = Frequenzteilungs-Multiplex) erfolgt die Übertragung der Signale der einzelnen Kanäle zur gleichen Zeit, aber in verschiedenen Frequenzbereichen **(Bild 1)**. Das erreicht man im Multiplexer durch Amplitudenmodulation der ursprünglichen Signale mittels verschiedener Trägerfrequenzen. Dabei wird das untere Seitenband durch einen Tiefpass ausgefiltert (Einseitenbandverfahren). Beim Demultiplexer erfolgt die Auftrennung der Signale durch Demodulation mittels der verschiedenen Trägerfrequenzen.

Beim Frequenzmultiplexverfahren werden alle Signale gleichzeitig übertragen, dazu ist eine große Bandbreite nötig.

Das Frequenzmultiplexverfahren wird auch als Trägerfrequenztechnik bezeichnet. Diese Technik wird z. B. noch in der Rundfunkübertragung und in der Messtechnik angewendet.

Raummultiplexverfahren

Beim Raummultiplexverfahren SDM (von Space Division Multiplex = Raumaufteilungs-Multiplex) werden den Signalen zwischen zwei räumlichen Punkten A und B mehrere räumlich getrennte Kanäle zur Verfügung gestellt **(Bild 2)**. Die Menge der Raummultiplexkanäle wird als *Bündel* bezeichnet. SDM wird z. B. beim Mobilfunk und bei Gigabit-Ethernet angewendet.

Wellenlängenmultiplex

Wellenlängenmultiplex nennt man bei optischen Übertragungen das Frequenzmultiplex. Beim Wellenlängenmultiplex WDM (Wavelength Division Multiplex = Wellenlängenteilungs-Multiplex) wird jedem Kanal ein eigener optischer Träger einer bestimmten Wellenlänge zugewiesen. WDM wird bei der breitbandigen Übertragung über Glasfaserleitungen angewendet.

Codemultiplex

Beim Codemultiplex CDM (von Code Division Multiplex = Codeteilungs-Multiplex) werden die Datenbits „gespreizt", d. h. mit einer bipolaren Spreizfolge multipliziert **(Bild 3)**. Dadurch entstehen Lücken im gespreizten Signal. In diesen können weitere Signale untergebracht werden. Anwendung beim Mobilfunk.

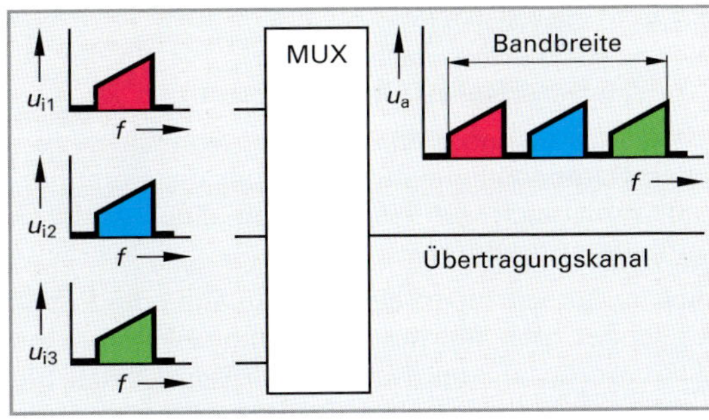

Bild 1: Prinzip des FDM

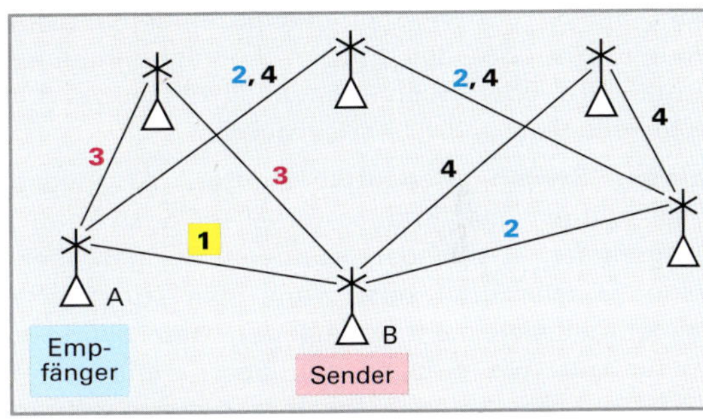

Bild 2: Anwendung von SDM

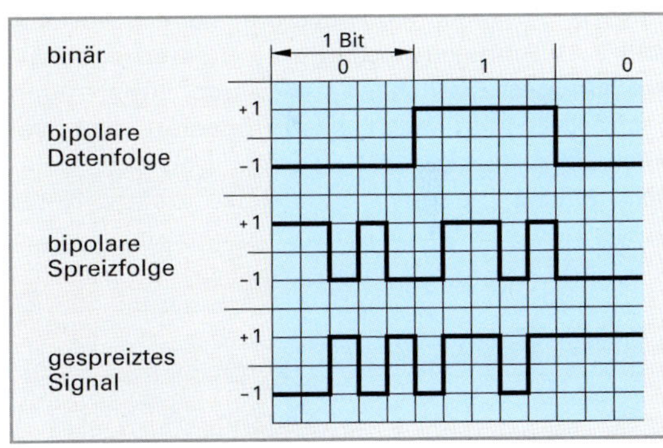

Bild 3: Spreizung für CDM

Wiederholung und Vertiefung

1. **Welche Aufgabe haben Multiplexverfahren?**
2. **Erklären Sie die Wirkungsweise des Zeitmultiplexverfahrens.**
3. **Was versteht man unter Bitverschachtelung?**
4. **Wie groß muss die Abtastfrequenz beim Zeitmultiplexverfahren für analoge Signale gewählt werden?**
5. **Beschreiben Sie die Wirkungsweise des TDM.**
6. **Nennen Sie die Bedingungen für die synchrone Arbeitsweise beim TDM.**
7. **Warum muss beim TDM die Übertragungsstrecke für eine hohe Bitrate geeignet sein?**
8. **Geben Sie zwei weitere Arten des Multiplexens an.**
9. **Warum wurde die analoge Trägerfrequenztechnik durch digitale Verfahren ersetzt?**

4.8.4 Datennetze

4.8.4.1 Begriffe zu Datennetzen

Datennetze dienen dem Austausch von Daten zwischen Datenendeinrichtungen. Über ein Datennetz kann man auch auf die Funktion eines anderen Computers zugreifen.

LAN. Im Bereich innerhalb einer Anlage oder Fabrik bezeichnet man die Kommunikationssysteme mit LAN (von Local Area Network = lokales Netz). Sie sind je nach Größe einer Anlage oder Fabrik in verschiedene Hierarchiestufen **(Bild 1)** eingeteilt. Der Datenverkehr zwischen den einzelnen Fabriken einer Firma oder den großen Abteilungen einer Firma wird über Hochgeschwindigkeitsnetze mit Lichtwellenleitern (LWL) abgewickelt.

Bridge, Switch, Repeater, Router. Artgleiche LANs werden über Bridges (Brücken) oder Router (Wegefinder) aneinander gekoppelt. Bridges übertragen Nachrichten nur, wenn der adressierte Teilnehmer sich nicht im eigenen Netz befindet. Router sind wie Bridges. Sie übernehmen aber zusätzlich die Aufgabe, in einem vermaschten Netz den günstigsten Übertragungsweg auszusuchen. Switches sind Schalter, die Computer über Leitungsverbindungen zusammenschalten. Bridges, Switches und Router übertragen Nachrichten nur, wenn diese ungestört, also frei von Übertragungsfehlern sind. Dadurch belasten defekte Stationen oder Netze andere Netze nicht. LANs, die sich in ihren Protokollen unterscheiden, tauschen über Gateway-Computer (von Gateway = Torweg) Nachrichten aus.

Protokoll. Die Beschreibung der Art, wie die Datenübertragung in Kommunikationssystemen erfolgt, heißt Protokoll. Kommunikationsprotokolle haben nach ISO (von International Standardization Organization = internationale Standardisierungsorganisation) eine Einteilung in 7 Teilbereiche. Jeder Teilbereich wird als Schicht (von layer) bezeichnet. Protokolle, die offen sind, d. h. für jedermann einsehbar, und die somit auch gemeinsam benutzbar sind für eigene Entwicklungen, werden in Form des ISO-OSI-7-Schichtenmodells **(Tabelle 1)** beschrieben (OSI von Open System Interconnection = offene Systemverbindung).

Tabelle 1: OSI-7-Schichtenmodell nach ISO

Schicht-Nr.	Benennung deutsch	Benennung englisch
1	Bitübertragungsschicht	Physical layer
2	Sicherungsschicht	Data link layer
3	Vermittlungsschicht	Network layer
4	Transportschicht	Transport layer
5	Kommunikations-steuerungsschicht	Session layer
6	Darstellungsschicht	Presentation layer
7	Verarbeitungsschicht	Application layer

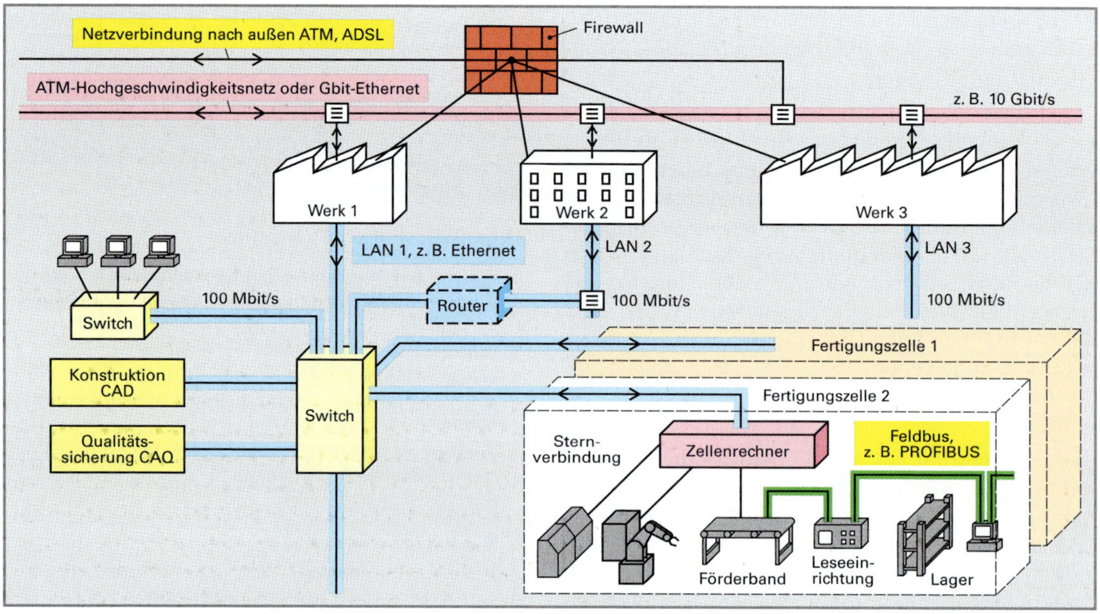

Bild 1: Datennetze in Unternehmen

4.8.4.2 Netztopologie und Netzzugriffsverfahren

Die Anordnung der Netzverbindungen und Netzverzweigungen nennt man *Netztopologie* (Topologie = Lehre von der Lage und Anordnung). Die wichtigsten Netztopologien sind die Busstruktur und die Sternstruktur.

Busstruktur und Sternstruktur

Der Bus ist eine *Datensammelleitung*, die gemeinsam von allen Teilnehmern benutzt wird **(Bild 1)**. Die Datenübertragung erfolgt direkt vom sendenden Teilnehmer zum Empfänger. Während dieser Datenübertragung können die anderen Teilnehmer keine Daten austauschen. Die Busleitung wird entweder zu allen Teilnehmern durchgeschleift oder bei Verwendung von Sternkopplern (Hub, hub = Radnabe) sternförmig sowohl zu den Teilnehmern als auch zu weiteren Sternkopplern verlegt **(Bild 2)**. Aktive Sternkoppler enthalten Repeater (to repeat = wiederholen). Repeater empfangen das Datensignal und senden es regeneriert (erneuert) an die angeschlossenen Teilnehmer. Passive Hubs teilen die ankommende Signalleistung auf die angeschlossenen Teilnehmer auf.

Mit einem Switch (to switch = schalten) wird ähnlich wie bei der Telefonvermittlung die Datenleitung zum jeweiligen Empfänger durchgeschaltet. Über einen Switch können daher gleichzeitig mehrere Teilnehmer Daten austauschen. Am Switch sind die Teilnehmer sowohl mit einer Sendeleitung als auch einer Empfangsleitung angeschlossen.

Netzzugriff

Der Netzzugriff, d. h. der Zugang zur gemeinsamen Datenleitung, muss nach vereinbarten Regeln (Protokoll) erfolgen, damit es im Datenverkehr keine Kollisionen (Störungen) gibt. Die wichtigsten Verfahren sind das Tokenverfahren und CSMA/CD. Beim Tokenverfahren gibt es im Netz ein Sendefreizeichen (eine Bitfolge), nämlich den Token. Dieser wird von Station zu Station weitergereicht und wer den Token hat, darf senden. CSMA/CD ist von Carrier Sense Multiple Access with Collision Detection abgeleitet und heißt übersetzt: ein Verfahren mit Abfrage des Signalträgers bei mehrfachem Zugriff mit Kollisionserkennung.

Greifen mehrere Teilnehmer gleichzeitig auf das Netz zu, dann führt dies zu einer Kollision. Diese Kollision wird von jeder Station bewertet. Jede Station stoppt das Senden und beginnt mit einem erneuten Sendeversuch nach Ablauf einer von einem Zufallsgenerator bestimmten Zeit.

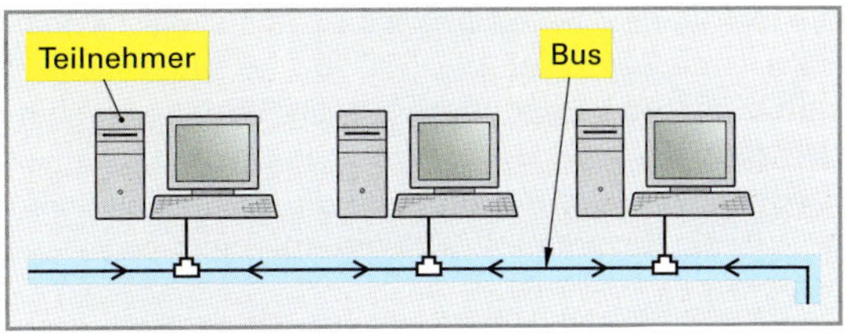

Bild 1: Busstruktur

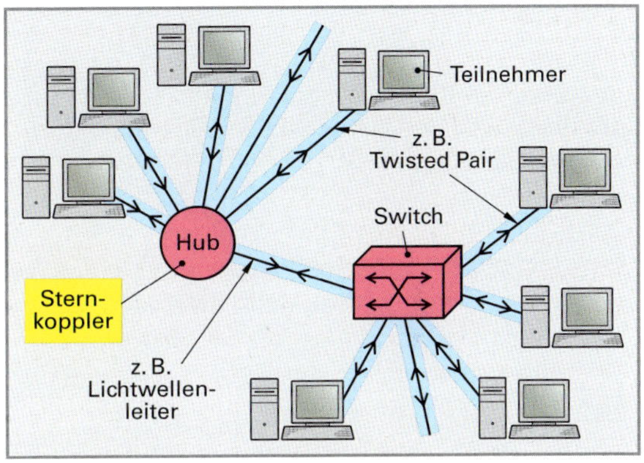

Bild 2: Sternstruktur mit Hub und mit Switch

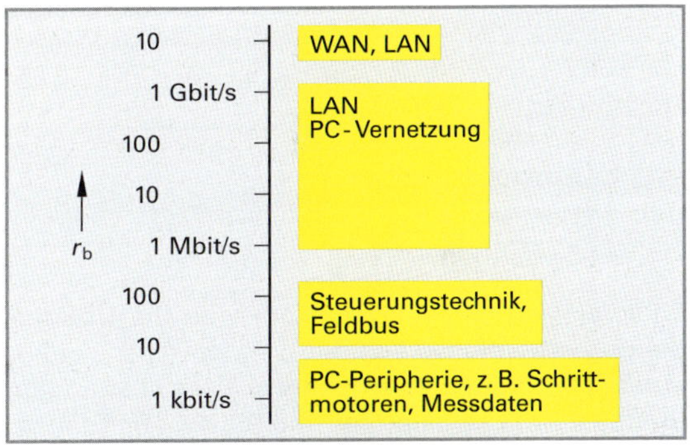

Bild 3: Übertragungsgeschwindigkeiten für verschiedene Anwendungen

4.8.4.3 Übertragungsgeschwindigkeiten

Die Bitrate (Übertragungsgeschwindigkeit, Übertragungsrate) für Digitalsignale wird in bit/s, kbit/s, Mbit/s und Gbit/s angegeben. Bei diesen Angaben handelt es sich um die *Bruttobitrate*, d. h. einschließlich der vorangestellten Kopfdaten (Header), der Prüfzeichen und der Abschlussbits. Die Übertragungsrate der Nutzdaten *(Nutzbitrate, Nettobitrate)* liegt oft 10 % bis 30 % niedriger als die Bruttobitrate.

Die notwendige Bitrate beträgt einige kbit/s für die Übertragung und Darstellung von alphanumerischen Zeichen, etwa 10 Mbit/s für die Übertragung von Konstruktionsgrafik und 100 Mbit/s für die Datenübertragung bewegter Bilder **(Bild 3)**.

Die maximale Bitrate eines Datenkanals heißt *Kanalkapazität*. Je größer die Bandbreite eines Datenkanals ist, um so geringer sind die Signalverzerrungen **(Bild 1)**, bzw. desto kürzer können die Bitzeit (Zeit für die Übertragung eines Bits) und desto größer die Bitrate gewählt werden.

Die Kanalkapazität hängt auch vom Verhältnis der Leistung der Signalquelle zur Leistung der Rauschsignale ab.

Je höher die Bitrate ist, desto mehr Teilnehmer können in einem Datennetz miteinander kommunizieren.

Beispiel 1: Berechnen der Kanalkapazität

Eine Kanalbandbreite beträgt 1 MHz. Berechnen Sie die Kanalkapazität.

Lösung:

$C_{id} = 2 \cdot B = 2 \cdot 1\ \text{MHz} = \mathbf{2\ Mbit/s}$

Kanalkapazität bei einstufigen Amplituden:

$$C_{id} = 2 \cdot B$$

C_{id} Kanalkapazität in bit/s
B Bandbreite in Hz

Entsprechend den Anforderungen an die Übertragungsgeschwindigkeiten verwendet man Leitungen mit verdrillten Adernpaaren, Koaxialleitungen, Breitband-Koaxialleitungen und Glasfaserleitungen.

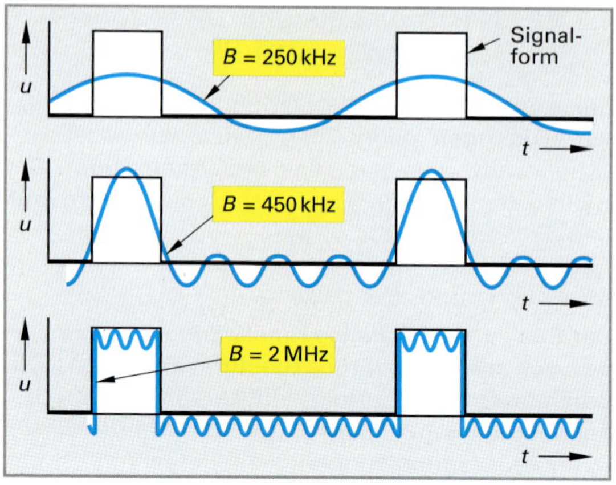

Bild 1: Die Wirkung der Kanal-Bandbreite auf ein Binärsignal

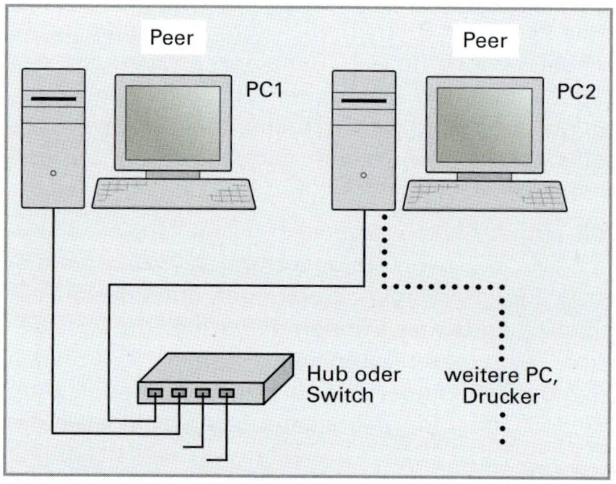

Bild 2: Peer-to-Peer-Netzwerk

4.8.4.4 Ethernet-LAN

Ethernet[1] ist das meist verwendete LAN. Die Datenübertragungsrate beträgt 10 Mbit/s, 100 Mbit/s (Fast Ethernet), 1Gbit/s (Giga Ethernet) oder auch 10 Gbit/s.

Mit Ethernet werden vor allem PC-Netzwerke gebildet sowie Kommunikationsnetzwerke mit Geräten, Maschinen und Anlagen, die PCs in ihren Steuerungen enthalten (embedded PC = eingebettete PCs). Bei den Ethernet-Netzwerken unterscheidet man zwischen Peer-to-Peer[2]-Netzwerken **(Bild 2)** und Client-Server-Netzwerken **(Bild 3)**.

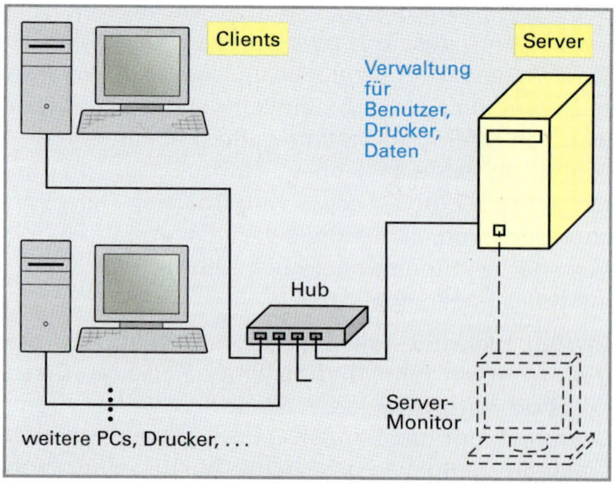

Bild 3: Client-Server-Netzwerk

[1] Ethernet, von ether = Himmel und net = Netz
[2] Peer = Ebenbürtiger, Gleichgestellter

Bei den *Peer-to-Peer-Netzen* sind alle PCs gleichrangig. Sie können sowohl Dienste, z. B. das Verwalten von Programmen und Daten zur Verfügung stellen oder auch Drucker und Scanner betreiben. Gleichzeitig können diese PCs auch Arbeitsstationen sein und man kann über IP (Internet Protocol) kommunizieren. Der Vorteil ist ein einfacher und kostengünstiger Netzaufbau mit dem üblich vorhandenen PC-Betriebssystem. Nachteilig sind die unübersichtlichere Netzkonfiguration und die für jeden PC individuell einzurichtenden Netzzugangsbedingungen. Man beschränkt die Peer-to-Peer-Lösungen meist auf ein Netz mit maximal fünf PCs.

In einem *Client-Server-Netzwerk* verwalten ein oder mehrere Server (-PCs) das Ethernet-Netzwerk und stellen den Netzwerknutzern (Clients = Kunden) alle Dienste, wie z.B. gemeinsam verwendete Programme und Dateien, zur Verfügung.

Die PCs bzw. Netzstationen sind über einen Switch, Router oder Hub an das Ethernet angeschlossen. Auf dem Motherboard des PCs befindet sich der Ethernet-Tranceiver als ein integrierter Schaltkreis. Er enthält den Transmitter-Receiver (Sender-Empfänger) und den Controller (Steuermodul).

Auf den Servern sind Server-Betriebssysteme installiert. So übernimmt z. B. ein Server die regelmäßige Datensicherung mit RAID (von Redundant Array of Independent Disks = redundante Anordnung unabhängiger Laufwerke) und den Datenschutz durch Firewalls.

Die PCs werden für eine effiziente Nutzung oft in *Cluster* (Gruppen) zusammengefasst und möglichst mit gleichen Betriebssystemen betrieben.

Cluster teilen die Datenverarbeitung in überschaubare und absicherbare Teilsysteme ein. Eine Störung innerhalb eines Clusters beeinflusst andere Cluster nur wenig. Häufige Cluster sind Workstation-Cluster unter UNIX bzw. LINUX und PC-Cluster unter Windows.

Terminal-Server und Print-Server sind mit TCP/IP-Netzwerkprotokoll ausgestattet und betreiben eine Reihe von Terminals und Drucker über unterschiedliche Schnittstellen, z. B. USB und FireWire. Diese Server gibt es auch in der Kombination Terminal-Print-Server.

Mit Terminal-Print-Servern können Ein-/Ausgabe-Geräte unterschiedlichster Art, z. B. elektronische Waagen, Klimaanlagen, Alarmsysteme, Codeleser, Messgeräte, Anzeigegeräte an ein Ethernet-Netz und über diesen Weg an das Internet angeschlossen und so über das Internet gesteuert werden.

Ethernet-Datenübertragung

Der Ethernet-Controller erzeugt bei Netzen bis 1 Gbit/s Datenpakete mit einer Länge von 1500 Bytes (Oktetten) und sendet diese mit symmetrischen Spannungspegeln **(Bild 1)**. Bei gleichzeitigem Senden durch mehrere Teilnehmer geht diese Symmetrie verloren und die Kollision wird erkannt.

Bei einer Kollision wird das fehlerhafte Datenpaket vom Controller nicht angenommen. Die zum wiederholten Senden zu bestimmenden Zufallszahlen werden im Controller berechnet. Die ankommenden Daten werden auf formale Richtigkeit geprüft.

Das Ethernet-Frame (frame = Rahmen, Block) setzt sich aus Kopfdaten (Header), Nutzdaten und Abschlussdaten (Trailer) zusammen (Bild 2).

Der *Trailer* besteht aus dem Prüfzeichenfeld FCS (von Frame Check Sequence Field). Dieses Feld enthält 4 Oktette mit Prüfzeichen, die nach dem CRC-Verfahren (von Cyclic Redundancy Check = zyklische Blockprüfung) berechnet werden. Auch beim Empfänger werden die Prüfzeichen berechnet. Stimmen gesendete und berechnete Prüfzeichen nicht überein, so wird die Nachricht verworfen, ebenso wenn die angegebenen Nachrichtenlängen nicht übereinstimmen. Der Sender wird sodann aufgefordert, die Daten wiederholt zu senden.

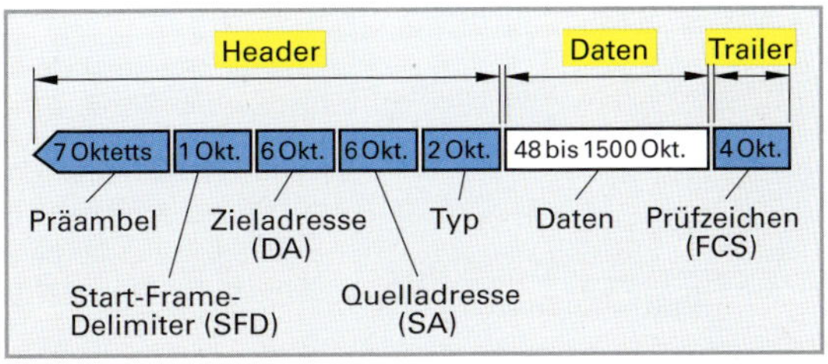

Bild 1: Ethernet-Frame

Ethernet-Verkabelung

Die Verkabelung erfolgt zwischen den Switches meist mit Lichtwellenleitern (LWL) und von den Switches zu den PCs über verdrillte Adernpaare (Twisted Pair). Dabei sind mehrere Arten üblich **(Tabelle 1)**. Die Leitungen sind nach DIN EN 50173 in die Klassen A bis F bzw. DIN 44312-5 in die Kategorien 1 bis 7 eingeteilt **(Tabelle 1, folgende Seite)**. Als Steckverbinder für Kommunikations-Endgeräte, also z. B. für PCs wie auch für ISDN- und IP-Telefone verwendet man Doppelport-Daten-Dosen **(Bild 1)**.

Die Steckerbelegung ist dabei so, dass mehrere und unterschiedliche Kommunikationsverbindungen hergestellt werden können **(Tabelle 2)**. Die Verkabelung erfolgt so, dass alle ankommenden bzw. abgehenden Leitungen zunächst zu einem Patch-Panel mit RJ-45-Buchsen führen. Von diesem Patch-Panel werden dann mit kurzen, konfektionierten Leitungen die Verbindungen zu dem Switch bzw. Router *rangiert*.

Glasfaserleitungen können besonders robust ausgeführt werden in dem man die Fasern in feine Metallröhrchen einzeln einbettet und diese Metallröhrchen wiederum mit weiteren Metallumhüllungen versieht **(Bild 2)**. So werden z. B. Glasfasern in der Erde und in rauer Betriebsumgebung verlegt.

Tabelle 2: Anschlussbelegungen für RJ-Stecker

Pin-Nr.	Farbcode	Ethernet	Name	ATM
1	Weiß-Grün	×	TX+	×
2	Grün	×	TX–	×
3	Weiß-Ocker	×	RX+	
4	Blau		n/c[1]	
5	Weiß-Blau		n/c[1]	
6	Ocker	×	RX–	
7	Weiß-Braun		n/c[1]	×
8	Braun		n/c[1]	×

[1] n/c = Nicht verwendet (not connected)

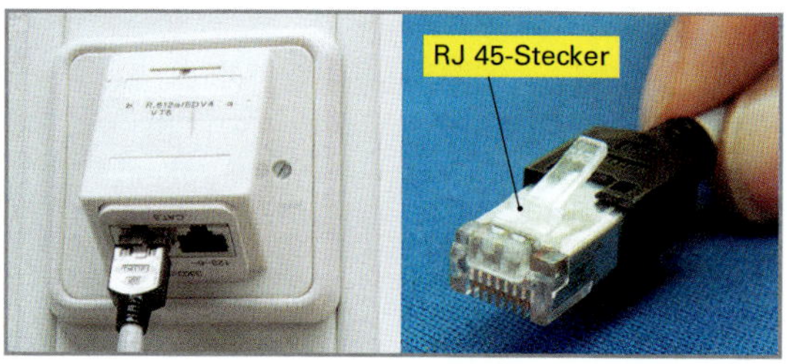

Bild 1: Doppelport-Datendose und Stecker RJ 45

Bild 2: Glasfasern in Metallröhrchen

Tabelle 1: Ethernet-Leitungen

Art	Aufbau	Bemerkungen, Kennzeichnungen
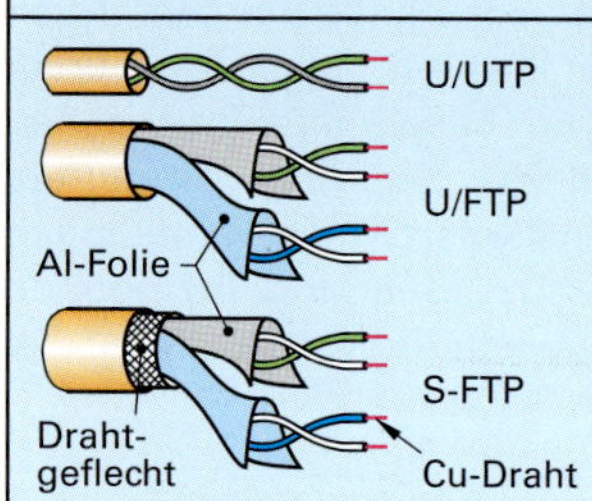 **Twisted-Pair-Leitungen**	Die Leitung besteht meist aus zwei oder mehreren verdrillten Doppeladern. Diese sind entweder ungeschirmt (U/UTP von Unshielded Twisted Pair = ungeschirmtes verdrilltes Paar), wie Telefonleitungen oder paarweise mit einer Aluminiumfolie geschirmt (U/FTP von Foiled Twisted Pair = geschirmtes verdrilltes Paar) oder paarweise geschirmt mit zusätzlichem Gesamtschirm (S-FTP von Screened FTP = geschirmte FTP).	Für Punkt-zu-Punkt-Verbindungen, z. B. vom Switch zu den Teilnehmern, für Halbduplex Datenübertragung. Bezeichnungen (Beispiele): 10 BASE-T, für 10 Mbit/s 100 BASE-T, für 100 Mbit/s 1000 BASE-T, für 1000 Mbit/s 10 GBASE-T, für 10 Gbit/s Leitungslängen: ≤ 22 m bis ≤ 100 m
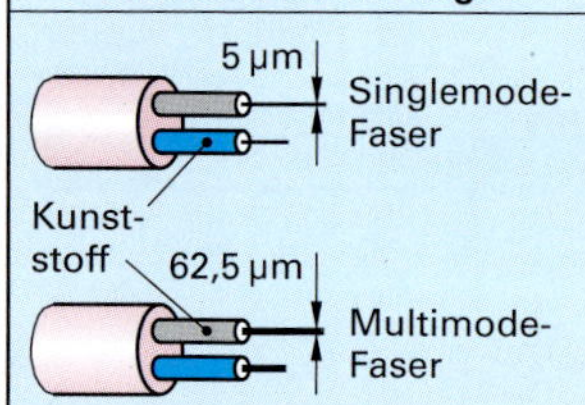 **Glasfaserleitungen (LWL)**	Es gibt Singlemode-Fasern (von single mode = einfache Erscheinungsform) und Multimode-Fasern (von multi mode = mehrfache Erscheinungsformen). Bei der dünneren Singlemode-Faser wird Infrarotstrahlung oder Licht ohne Reflexion am Fasermantel übertragen. Bei der Multimode-Faser gibt es Vielfachreflexionen.	Für Punkt-zu-Punkt-Verbindungen für Halbduplexübertragung je Faser, z. B. für Verbindungen von Switch zu Switch. Bezeichnungen (Beispiele): 100 BASE-F4, für 100 Mbit/s 1000 BASE-FX, für 1000 Mbit/s 10 GBASE-ER, für 10 Gbit/s Leitungslängen: bis 40 km

10 Gbit/s-Ethernet

Das 10-Gbit/s-Ethernet (10GBASE-xx) ist als LAN und auch für Weitverkehrsverbindungen (WAN) konzipiert. Die Datenübertragung erfolgt über Glasfaserleitungen oder Kupferleitungen **(Tabelle 2)**. Die Betriebsart ist stets Vollduplex-Betrieb. So kommt das CSMA-Zugriffsverfahren nicht zur Anwendung.

Bei Glasfaserleitungen kann das 10-Gbit/s-Ethernet den Datenstrom auch mit vorhandenen Multimode-Glasfaserleitungen übertragen. Mit einer Single-Mode-Faser z. B. 10GBASE-EW erreicht man eine Reichweite von 40 km.

Die Übertragung durch Kupferleitungen erfolgt mit vier Adernpaaren und wird aufgeteilt in vier Datenströme zu 2,5 Gbit/s **(Bild 1)**. Die vier Adernpaare werden gleichzeitig für die Übertragung in beiden Richtungen verwendet. Die Signale sind pulsamplituden-moduliert. Die Reichweiten sind leitungsabhängig und betragen bei ungeschirmten Kabeltypen (Kategorie 5 bzw. 6) 22 m bzw. 55 m und bei der geschirmten Kabeltype (Kategorie 7) 100 m. Ebenfalls 100 m erreicht man mit Kabel in WARP-Technologie (Wave Reduktion Patterns = Wellen reduzierende Muster). Bei diesen Leitungen werden Folienschirme verwendet und zwar in Stückchen von 1 cm bis 2 cm Länge aufgeteilt, ohne dass sie eine leitende Verbindung haben. Damit werden die Kapazitäten zum Erdpotenzial verringert und die Leitungsbandbreite erhöht sich.

Power over Ethernet (PoE)

Mit PoE können netzwerkfähige Geräte, z. B. Überwachungskameras und IP-Telefone ohne sonstigen Kabelanschluss betrieben werden. PoE ist in IEEE 802.3af genormt. Man unterscheidet zwischen den Verbrauchern (Powered Devices, PD) und den Stromquellen bzw. den Energieversorgungsgeräten (Power Sourcing Equipment, PSE).

Die PD-Teilnehmer werden mit 48 V und mit bis zu 0,35 A versorgt. Die Energie wird bei der 8-adrigen Ethernet-Leitung über die meist nicht belegten Pins 4, 5, 7, 8 übertragen. Sind Geräte doch an diese Adern angeschlossen, so könnten diese beschädigt werden. Damit dies nicht geschieht, erfolgt die Stromeinspeisung zunächst in stark reduzierter Weise, beginnend mit einer automatischen Widerstandstestung: Sind beim PD-Teilnehmer diese Adern mit einem 25-kOhm-Widerstand abgeschlossen, so ist er PoE-fähig und wird mit voller Leistung versorgt.

Tabelle 1: Leitungen der Kommunikationstechnik

Klasse	Kategorie	Bandbreite	Verwendung
A	1	100 kHz	für Sprachübertragung
B	2	1 MHz	für ISDN und LAN
C	3	16 MHz	für LAN
–	4	20 MHz	für LAN
D	5	100 MHz	für LAN
E	6	300 MHz	für Hochgeschwindigkeits-LAN
F	7	600 MHz	für Hochgeschwindigkeits-LAN

Tabelle 2: 10-Gbit/s-Ethernet

Kurzbezeichnung	Übertragungsmedium	Reichweite
10 GBASE-T	8-adrige Kupferleitung	22 m (U/UTP, Kat. 5) 55 m (U/UTP, Kat. 6) 100 m (U/FTP, Kat. 7)
10 GBASE-SR	Multimodefaster	65 m
10 GBASE-LR	Monomodefaser	10 km
10 GBASE-ER 10 GBASE-EW	Monomodefaser	40 km

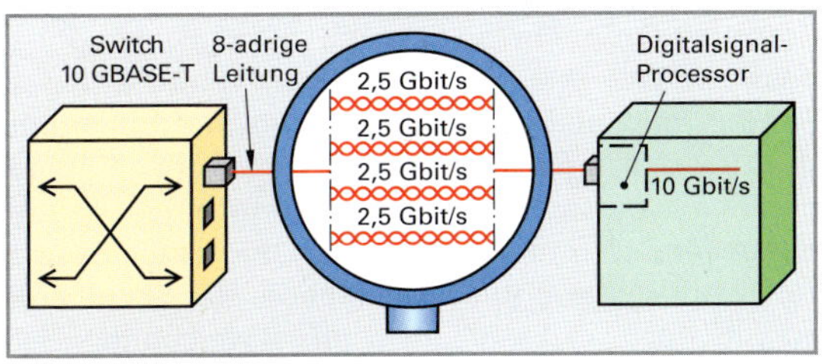

Bild 1: 10-Gbit/s-Ethernet

Wiederholung und Vertiefung

1. **Welche Übertragungsraten gibt es bei Ethernet-LANs?**
2. **Wofür benötigt man einen Switch?**
3. **Beschreiben Sie das Zugriffsverfahren bei Ethernet, wenn mehrere Teilnehmer einen gemeinsamen Netzzweig benutzen?**
4. **Worin unterscheiden sich Peer-to-Peer-Netzwerke von Client-Server-Netzwerken?**
5. **Welche Aufgaben hat ein Server in einem Client-Server-Netzwerk?**
6. **Welche Eigenschaften hat PoE und wofür nutzt man beispielsweise PoE?**

4.8.4.5 CAN-Bus

Der CAN-Bus (von Control Area Network = Steuerungs-Feldnetz), ursprünglich für die Steuerungstechnik im Kraftfahrzeug entwickelt, wird zunehmend als preisgünstiger und robuster Feldbus im industriellen Bereich eingesetzt. Beim Kraftfahrzeug werden über den CAN-Bus z. B. die Lichtsignale und die Anzeigen gesteuert.

Beim CAN-Bus sind mehrere Teilnehmer (Stationen), z. B. ein Motorsteuergerät, gleichberechtigte Steuereinheiten. Die Adressierung der Daten ist *botschaftsbezogen* (nicht stationsbezogen), d. h. jede Station empfängt alle Daten, speichert aber nur diejenigen Daten ab, die sie betreffen **(Bild 1)**. Die Daten werden über einen Identifier (Ausweis, Kennung, von to identify = ausweisen), z. B. „Motordrehzahl", von dem Motorsteuergerät als eine das Motorsteuergerät betreffende Botschaft selektiert (ausgewählt) und angenommen (Bild 1). Die Kenngrößen sind in **Tabelle 1** zusammengestellt.

Die Hamming-Distanz beträgt 6. So sind bis zu 6 Einzelfehler sicher erkennbar. Der CAN-Bus gehört damit zu den sichersten Feldbussen.

Bussteuerung

Wenn der Bus frei ist, kann jede Station senden. Beginnen mehrere Stationen gleichzeitig zu senden, dann wird zur Behebung des Buszugriffskonflikts ein „Wired-AND-Verfahren", d. h. eine physikalische Beherrschung des Busses, mit der Botschaft der höchsten Priorität durchgesetzt, ohne dass ein Zeitverlust bzw. Bitverlust eintritt. Jeder Sender mit niederwertigerer Botschaft beendet das Senden und wird zum Empfänger. Sobald der Bus frei ist, kann diese Station einen neuen Sendeversuch starten. Das CAN-Protokoll besitzt zur Sendevergabe zwei Bitzustände. Der Bitzustand ist entweder „rezessiv", d. h. zurückweichend, oder „dominant", d. h. beherrschend. Wird ein dominantes Bit gesendet, dann werden rezessive Bits, die andere Stationen senden, überschrieben.

Der CAN-Bus arbeitet botschaftsbezogen und nicht mit Adressen.

Akzeptanzprüfung

Ist der Identifier der Botschaft in der Identifierliste der Station vermerkt, so wird diese Nachricht aufgenommen. Der Datenframe besteht aus 7 Kennfeldern **(Bild 2)**. Der Start of Frame (Startzeichen) markiert den Beginn einer Botschaft und synchronisiert alle Stationen.

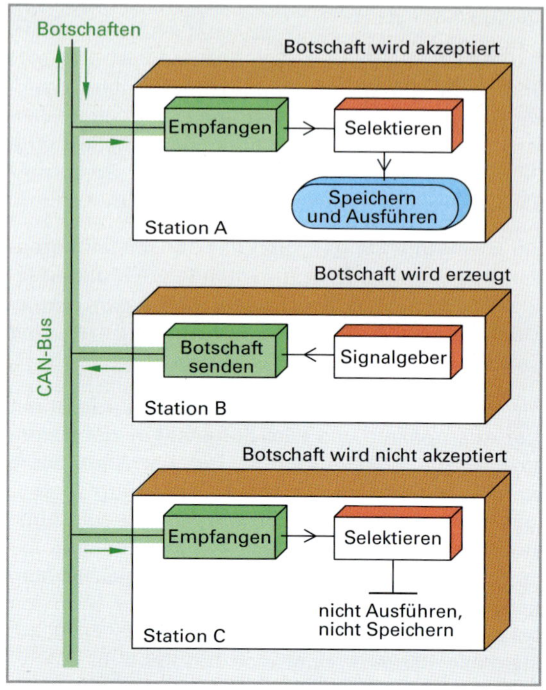

Bild 1: CAN-Bus

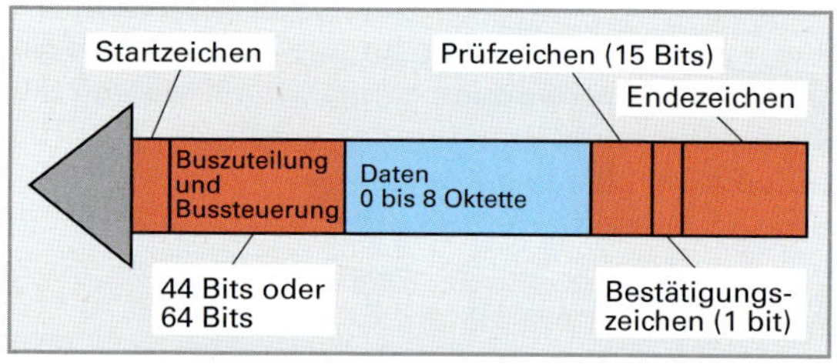

Bild 2: Nachrichtenformat

Tabelle 1: CAN-Bus

Benennung	Größe
max. Ausdehnung	40 m (bei 1 Mbit/s) 1000 m (bei 50 kbit/s)
Bitrate	1 Mbit/s (bei 40 m) 50 kbit/s (bei 1000 m)
Adressierung	botschaftsbezogen, nicht stationsbezogen, 2032 Botschaften
Buszuteilung	durch Prioritäten festgelegt, 2031 Prioritäten
Anzahl der Stationen	unbegrenzt
Übertragungssicherheit	sehr hoch, Hammingdistanz 6
Übertragungsmedium	Zweidrahtverbindung oder Lichtwellenleiter
Codierung	NRZ

Das *Arbitration Field* (Buszuteilung) besteht aus dem Identifier der Botschaft.

Während der Übertragung dieses Feldes prüft der Sender bei jedem Bit, ob er noch sendeberechtigt ist oder ob eine Botschaft höherer Priorität von einem anderen Sender gesendet wird.

Das *Control Field* (Bussteuerung) liefert eine Angabe über die Anzahl der Datenbytes. Das Data Field (Daten) enthält zwischen 0 und 8 Bytes.

Das *CRC Field* (von Cyclic Redundancy Check = zyklische Prüfung mit zusätzlichem Datenwort) liefert ein Codesicherungsbyte und das *Ack Field* (Acknowledge, Bestätigungszeichen) enthält ein Bestätigungssignal aller Empfänger, die die Botschaft fehlerfrei empfangen haben. Mit dem *End of Frame* (Endezeichen) wird das Ende der Botschaft markiert. Jede Station kann Daten senden aber auch andere Stationen zum Datensenden auffordern. Dies wird mit dem Steuerbit im *Arbitration Field* gesteuert.

Fehlersicherung

Die Sicherung gegen Übertragungsfehler erfolgt durch das CRC-Byte durch laufende Busspannungsprüfung und durch Bitstuffing (Bitstopfen). Beim Bitstuffing wird vom Sender nach fünf gleichen Bits (0-Bits oder 1-Bits) ein Bit der anderen Polarität hinzugefügt und beim Empfänger wieder weggenommen (von destuffing). Erreichen den Empfänger nacheinander mehr als fünf 0-Bits oder 1-Bits, so erkennt dieser sofort, dass ein Fehler vorliegt, z. B. ein Wackelkontakt.

Der CAN-Bus hat eine Hamming-Distanz von 6, so sind sicher 6 Einzelfehler erkennbar.

Schichtenmodell

Der CAN-Bus hat abweichend von den anderen Bussystemen ein anders strukturiertes Schichtenmodell. Dieses besteht aus der Anwendungsschicht, der Objektschicht, der Übertragungsschicht und der physikalischen Schicht **(Bild 1)**. Die Anwendungsschicht verwaltet und interpretiert die Informationen. Die Objektschicht verwaltet die Datensätze, legt Prioritäten fest, bestimmt die Akzeptanz von Botschaften und organisiert eine Sendewiederholung im Fehlerfalle. Die Transferschicht steuert den Buszugriff, sichert die Übertragung und lokalisiert Fehler. Die physikalische Schicht bestimmt die Bitdarstellung, die Bitrate und das Übertragungsmedium.

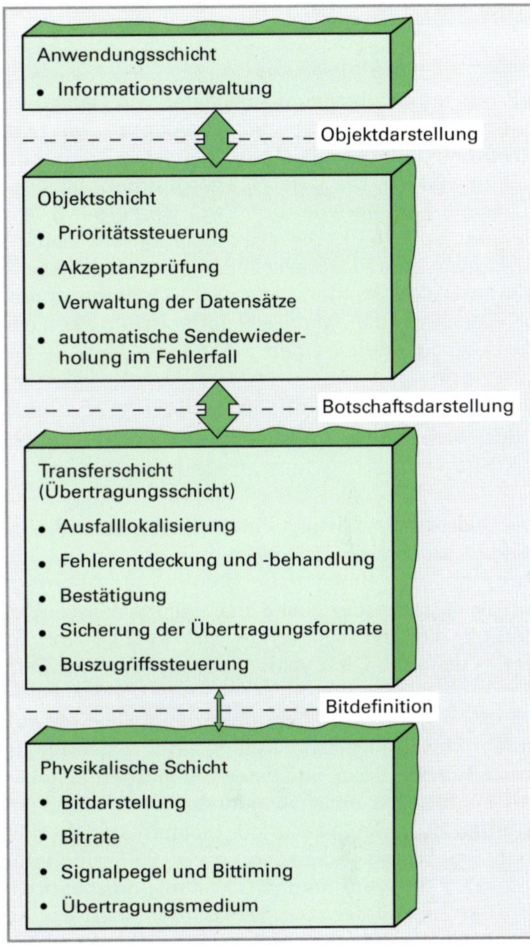

Bild 1: CAN-Schichtenmodell

Kenngrößen

Beim CAN-Bus können 2032 verschiedene Botschaftsnamen und Botschaftsprioritäten durch den Identifier definiert werden. Die Datenlänge beträgt bis zu 8 Bytes. Die Bitrate ist programmierbar und reicht bis 1 Mbit/s bei 40 m Busleitungslänge (Tabelle 1, vorhergehende Seite). Die Elektronikbausteine für den CAN-Bus gibt es als integrierte Schaltkreise und als Interfacekarten.

Die maximale Zahl der Busteilnehmer liegt je nach Art der Schnittstellenelektronik zwischen 30 und 200, ist aber prinzipiell unbegrenzt. Eine große Auswahl von CAN-Modulen, wie z. B. CAN-Module mit analogen Ein- und Ausgängen, mit binären Ein- und Ausgängen, Module mit PID-Reglern ermöglichen eine universelle und einfache Anwendung des CAN-Busses in der Automatisierungstechnik.

4.8.4.6 AS-i-Feldbus

Aktor-Sensor-Interface AS-i

AS-i ist ein Feldbus zum Anschluss von Sensoren, wie z. B. Lichtschranken und von Aktoren, wie z. B. Pneumatikzylinder über eine einfache Zweidrahtleitung **(Bild 1)**. Die Datenübertragung erfolgt über dieselbe Leitung wie die Stromversorgung der Teilnehmer (24 V). Die maximale Bitrate beträgt 167 kbit/s. Der maximale Leistungsabstand ist ca. 100 m und es können bis zu 31 Teilnehmer angeschlossen werden. Mithilfe von Repeatern kann der Abstand erweitert werden.

Das Aktor-Sensor-Interface ist eine preisgünstige Vernetzung von binären Sensoren und Aktoren.

Die Bussteuerung erfolgt durch einen Master (Meister). Er steuert die Teilnehmer, d. h. er fragt die Sensoren der Reihe nach ab bzw. er überträgt an die Aktoren der Reihe nach Signale und wiederholt dies zyklisch (*zyklisches Polling*, von to poll = wählen). Die Zykluszeit hängt von der Zahl der angeschlossenen Slaves ab und beträgt maximal 5 ms. Eine Nachrichtenübertragung besteht aus einem Masteraufruf mit 14 Bits, einer Masterpause mit 3 Bits bis 10 Bits und einer Teilnehmernachricht mit 7 Bits sowie einer Teilnehmerpause mit einem Bit **(Bild 2)**. In den 14 Bits der Masternachricht gibt es 5 Bits für die Adressierung der 31 Teilnehmer (Slaves = Sklaven) und 5 Bits für Informationen an den Teilnehmer. Der Teilnehmer überträgt an den Master 4 Datenbits, z. B. den Schaltzustand des Sensors oder auch eine Fehlermeldung.

Jeder Busteilnehmer hat bis zu vier binäre Eingänge und bis zu vier binäre Ausgänge. Eines der vier Ausgangsbits kann als weiteres Adressbit verwendet werden. Dann sind bis zu 62 Teilnehmer möglich. Die Zykluszeit verdoppelt sich auf 10 ms.

Über Kommandos kann der Master einen Teilnehmer in den Grundzustand bringen (Reset), seine Adresse löschen, eine neue Adresse eintragen sowie einen Status lesen oder löschen. Bei der Installation eines AS-i-Feldbusses muss ein Teilnehmer nach dem anderen adressiert werden. Es gibt Mastermodule, die diese Initialisierungsmaßnahme weitgehend automatisch vornehmen. Über den Master, der meist als PC-Karte oder als SPS-Modul realisiert ist, wird auch eine Nachrichtenübertragung zu übergeordneten Systemen, z. B. zu einem Ethernet-LAN möglich.

Die AS-i-Anschaltung besteht aus einem hochintegrierten Schaltkreis im Sensor bzw. Aktor.

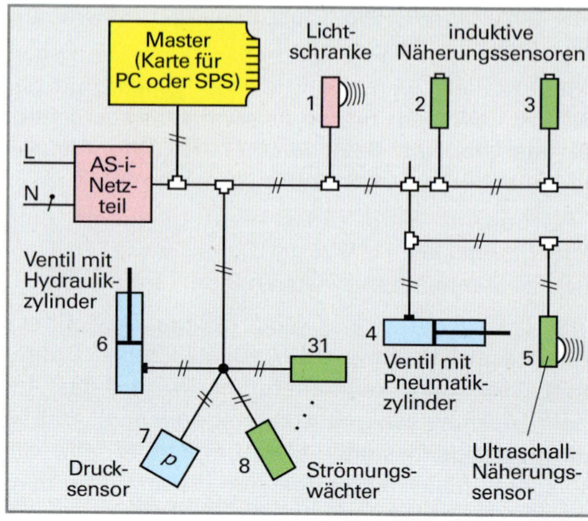

Bild 1: AS-i-Feldbus mit Sensoren und Aktoren

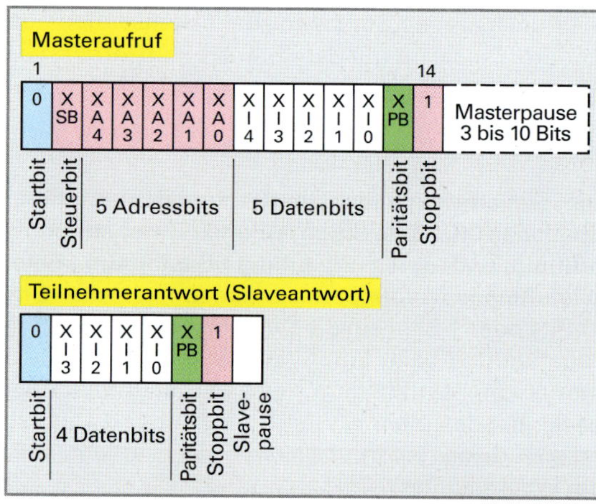

Bild 2: AS-i-Nachrichtenframe

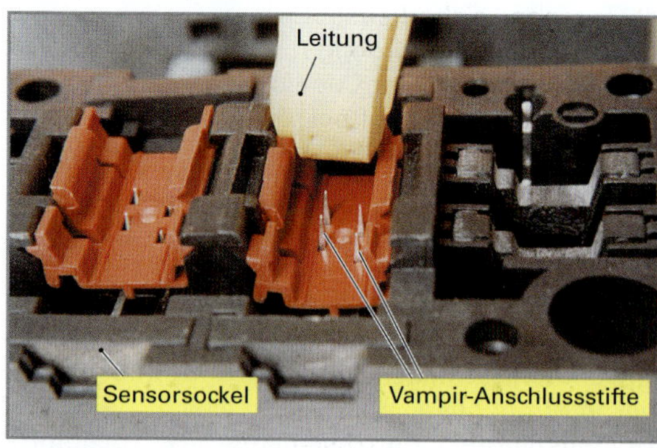

Bild 3: AS-i-Anschluss

Zur Ankopplung sonstiger Teilnehmer gibt es Anwendermodule mit IC, in die die Busleitung nur eingelegt werden muss **(Bild 3)**. Über Kontaktspitzen wird ohne Leitungsunterbrechung der Kontakt hergestellt (Vampir-Kontakte).

AS-interface safety at work

Mit AS-interface safety at work **(Bild 1)** werden zusätzlich zu den Prozesssignalen sicherheitsgerichtete Eingangs- und Ausgangssignale über den Bus übertragen. Dies ersetzt die Verdrahtung mit Sicherheitsrelais bei einem Safety Integrity Level bis SIL 3.

> Sicherheitsgerichtete Komponenten ermöglichen durch Redundanz und Selbstüberwachung das Erkennen von Fehlern und die Abschaltung gefahrbringender Bewegungen.

Hardware

Bis zu 31 sicherheitsgerichtete Eingangsmodule können je einen zweikanalig angeschlossenen NOT-AUS-Schalter (Bild 1), Türschalter oder berührungslos wirkende Schutzeinrichtung BWS erfassen. Ein Sicherheitsmonitor wertet deren Signale aus und steuert Sicherheitsausgänge an. In **Bild 2** ist zu erkennen, dass die Datenverarbeitung durch zwei unabhängige Mikrocontroller erfolgt, diese überwachen sich gegenseitig. Teilweise ist im Sicherheitsmonitor die Funktion des Busmasters integriert.

Ergänzung des AS-i-Protokolls

Pro AS-i-Slave stehen 4 Eingangsbits zur Verfügung. Für jeden der zwei Kanäle eines sicherheitsgerichteten Slaves werden zwei Bit verwendet. Der Slave nutzt eine Codefolge mit 8 aufeinander folgenden 4-Bit-Kombinationen. Bei der Inbetriebnahme lernt der Sicherheitsmonitor die Codefolgen der angeschlossenen sicherheitsgerichteten Slaves und speichert diese im Konfigurationsprotokoll. Falls Abweichungen von der Codefolge erkannt werden, wenn z. B. eine Tür geöffnet wird, wird ein sicherer Zustand hergestellt. Der Ausgabebaustein wird spätestens nach 8 Übertragungen, nach höchstens 40 ms, abgeschaltet.

Freigabekreis

Ein Sicherheitsausgang ist in der Lage, die nachgeordneten Steuerungsteile sicher abzuschalten. Er bleibt nur bei bestimmungsgemäßer Funktion aller Komponenten im Ein-Zustand. Jeder Ausgangskreis besteht aus zwei logisch zusammenhängenden Sicherheitsausgängen.

Die einem Ausgangskreis zugeordneten Komponenten und Funktionsbausteine werden als Freigabekreis bezeichnet. Zur Konfiguration eines Freigabekreises **(Bild 3)** gehören Überwachungsbausteine, deren Signale logisch UND-verknüpft werden. Wenn zugleich alle Überwachungsbausteine, der Rückführkreisbaustein und der Startbaustein aktiviert sind, wird der Ausgabebaustein aktiviert.

> ⓘ Mit der Software **asimon** wird AS-interface safety at work konfiguriert. Demo-Version: www.as-interface.net

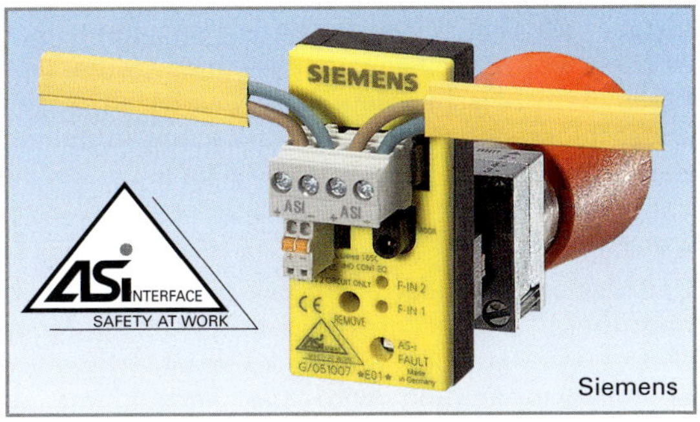

Bild 1: Sicherer Eingangs-Slave mit Not-Aus-Schalter

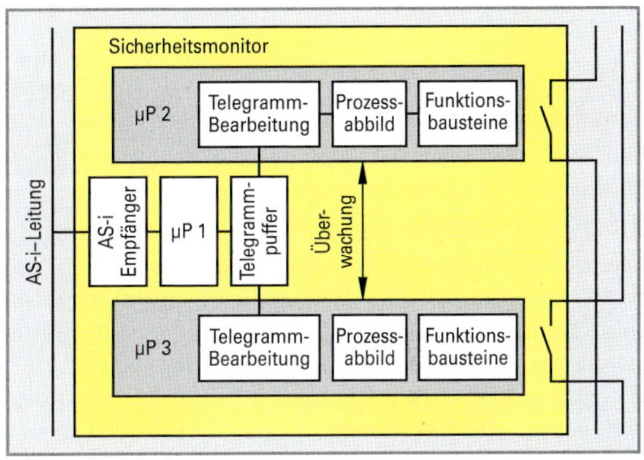

Bild 2: Struktur des Aufbaus eines Sicherheitsmonitors

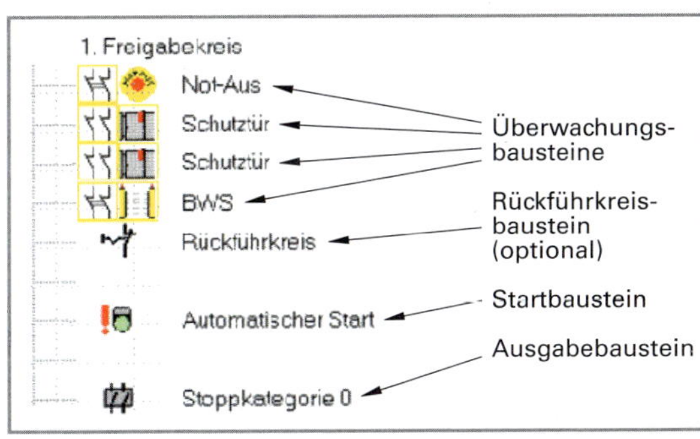

Bild 3: Konfiguration Freigabekreis in asimon

4.8.4.7 IO-Link

Funktion

IO-Link steht für Input-Output-Verknüpfung. Dabei handelt es sich um eine Punkt-zu-Punkt-Kommunikationsschnittstelle, im Unterschied zu Feldbussen wie AS-i. IO-Link ermöglicht die Übertragung von Schaltsignalen, Diagnosedaten und Parametern zwischen den als Device bezeichneten angeschlossenen Geräten und der übergeordneten Steuerung **(Bild 1)**.

Systemkomponenten

Der Master wird über einen Feldbus an die übergeordnete Steuerung angeschlossen. Jeder Master verfügt über 4 IO-Link-Kanäle. Mit einer Sensor-Aktor-Leitung wird die Verbindung zu einem IO-Link-Device hergestellt. Devices sind IO-Link-Module, Sensoren oder Aktoren, z. B. RFID-Systeme oder Verbraucherabzweige. Diese verfügen oft über umfangreiche Parameter und Diagnosefunktionen. IO-Link-Module **(Bild 2)** stellen über einen IO-Link-Kanal die Verbindung zu bis zu 8 Standard-Sensoren oder Aktoren her.

Kommunikation

Die Übertragung erfolgt über eine ungeschirmte dreiadrige Leitung **(Bild 3)**. Über die Adern L+, L- wird Energie, über C/Q werden serielle Daten übertragen. Während des Kommunikationsaufbaus stellt der Master die Übertragungsrate passend zum Device ein, überträgt Parameter und veranlasst den zyklischen Datenaustausch der Prozessdaten. Je nach Device wird eine von drei Übertragungsraten verwendet: 4,8 kbit/s, 38,4 kbit/s, 230 kbit/s. Bei 38,4 kbit/s wird für die Übertragung von 2 Byte Daten eine Zeit von 2 ms benötigt.

IO-Link stellt Punkt-zu-Punkt-Verbindungen her, deshalb ist Adressierung nicht erforderlich.

Die Belegung der Anschlüsse des IO-Link-Kanals entspricht den Vorgaben der IEC 60947-5-2 für Sensoren. Deshalb kann anstelle eines IO-Link-Device auch ein binärer Sensor oder Aktor als Standard-IO SIO angeschlossen werden. Dann wird über C/Q nur der Schaltzustand übertragen **(Bild 3)**.

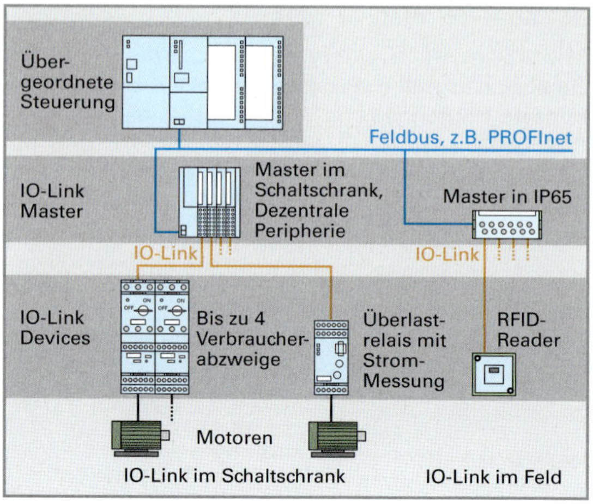

Bild 1: IO-Link Installation

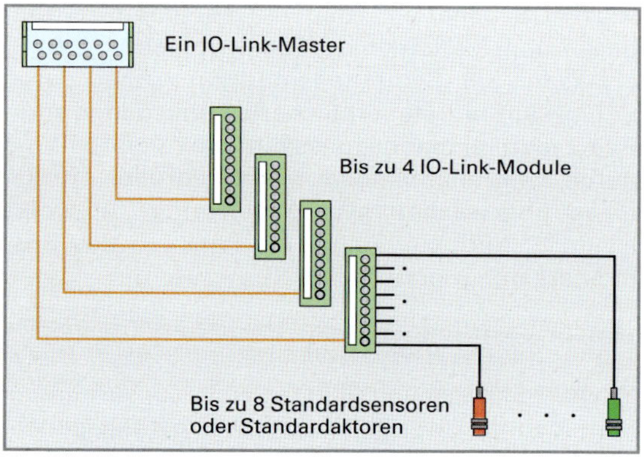

Bild 2: IO-Link-Module mit Standard-Sensoren

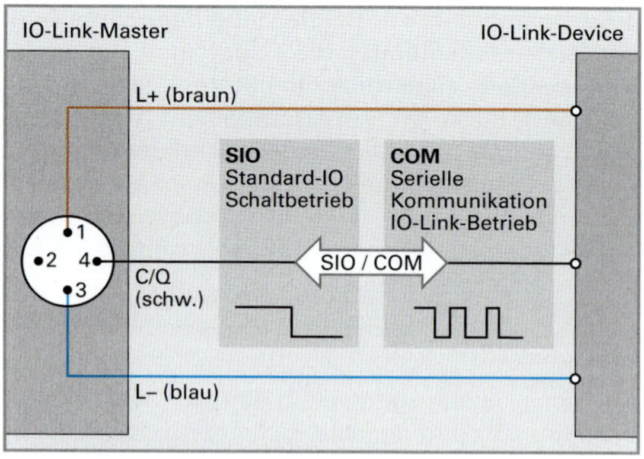

Bild 3: Kommunikation bei IO-Link über M12-Leitung

Wiederholung und Vertiefung

1. **Erläutern Sie den Unterschied zwischen Punkt-zu-Punkt-Kommunikation bei IO-Link und Bus-Kommunikation zwischen Master und Slave, z. B. mit AS-I.**
2. **Eine Gruppe von 4 Verbraucherabzweigen wird über IO-Link angeschlossen. Welche Ein- und Ausgangssignale werden übertragen?**
3. **Auf welche Weise können über ein IO-Link-Modul die Signale von 8 Standard-Sensoren übertragen werden?**

Gateways für Feldbusse

In automatisierten Anlagen werden oft verschiedene und damit untereinander inkompatible Feldbussysteme und Industrial-Ethernet-Systeme benutzt. Gateways für derartige Systeme ermöglichen, dass z. B. eine SPS oder ein Industrie-PC (IPC) Ein-/Ausgangsdaten (EA) über verschiedene Netzwerke hinweg austauschen kann **(Bild 1)**. Gateways sind insbesondere beim Umbau von großen Anlagen von Interesse, bei denen ältere Netzwerke dadurch nicht erneuert werden müssen und mit neuen Netzwerktechnologien zusammenwirken können. Weitere Beispiele sind das Koppeln von Automatisierungskomponenten, z. B. Frequenzumrichter, an ein Netzwerk oder einen übergeordneten Steuerungsrechner, ohne eine unmittelbar passende Schnittstelle zu besitzen.

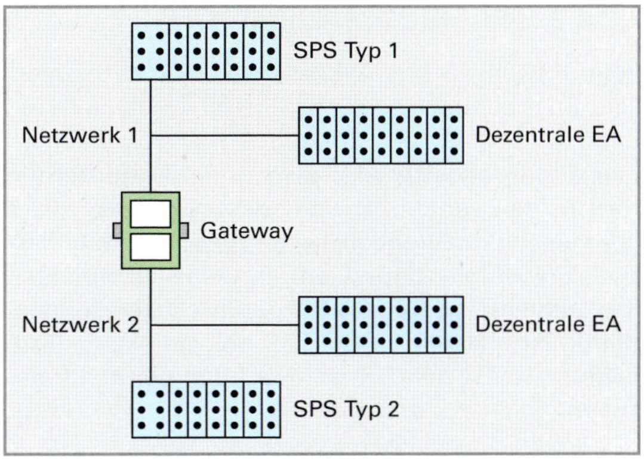

Bild 1: Kopplung von zwei Netzwerken mit Gateway

Gateways (Multi-Protokollkonverter) ermöglichen durch Protokoll-Konvertierung Daten-Kopplungen z. B. zu den Feldbussen PROFIBUS, DeviceNet, CANopen, Modbus, AS-i-Bus sowie zu den Industrial-Ethernet-Systemen PROFINET, EtherNet/IP, Modbus-TCP, EtherCAT oder Ethernet Powerlink.

Ein Gateway verbindet meist zwei Netzwerke miteinander.

Jede Netzwerkkombination erfordert ein eigenes Gateway. Auch über serielle Schnittstellen, z. B. RS232, kann kommuniziert werden. Die zu übertragenden EA-Daten erfahren wegen des Gateways eine Verzögerng von etwa 10 ms.

Die Konfiguration (Anpassung) eines Gateways erfolgt über einen PC, der an das Gateway z. B. über RS232 oder USB anzuschließen ist. Das Gateway muss als Busteilnehmer, z. B. als Master im Netzwerk 1 und als Slave im Netzwerk 2, eingestellt werden. Außerdem muss auch dem Steuerungsrechner (SPS, IPC) der Anlage das Gateway bekannt gemacht werden.

Vor der Konfiguration ist sicherzustellen, dass das Gateway die erforderlichen Treiber (Dateien) zur Datenkonvertierung (Protokollkonvertierung) besitzt, z. B. über Download vom Hersteller oder Entwicklung mittels Entwicklungstool. Am Gateway einzustellen sind, sofern kein automatisiertes Einrichten erfolgt, z. B. die Datenübertragungsraten, Paritäten, die Adressen als Busteilnehmer in zwei Netzwerken, ebenso die Puffergröße zur Datenzwischenspeicherung.

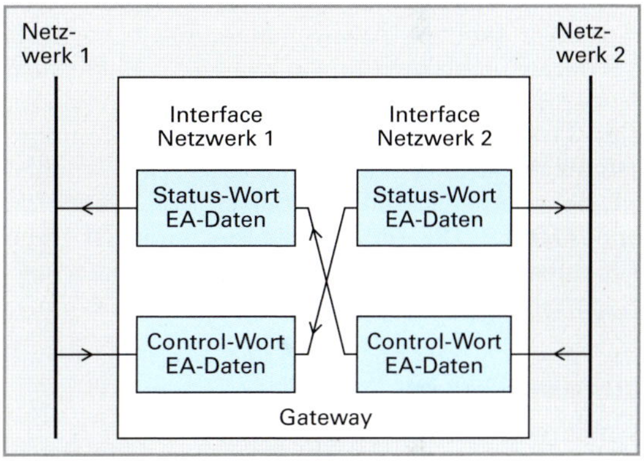

Bild 2: Datenaustausch im Gateway

Ein Gateway entkoppelt die beiden Netzwerke zeitlich und galvanisch voneinander. Die Daten werden z. B. in 512-Byte-Blöcken im Gateway zwischengespeichert, bevor sie an das andere Netzwerk weitergeleitet werden **(Bild 2)**. Zeitkritische Daten und zeitunkritische Daten werden über getrennte Speicher und/oder Kanäle übertragen. Control-Worte und Status-Worte dienen zur Synchronisation der EA-Datenübertragung sowie zu Diagnosezwecken.

Gateways sind meist für die Hutschienenmontage konzipiert mit getrennter Spannungsversorgung von 24 V. Das Gehäuse ist z. B. aus Aluminium für die Schutzart IP 20. Diagnose-LEDs zeigen den aktuellen Zustand der beiden gekoppelten Netzwerke sowie den Status des Gateways an. Anschließbar sind an ein Gateway z. B. Stecker für RJ-45, D-SUB-9, Phoenix-Plug 5.08 und/oder USB.

4.8.4.8 PROFIBUS, PROFIBUS-DP

Beim PROFIBUS (von Process Field Bus = Prozess-Feld-Bus) unterscheidet man zwischen aktiven und passiven Teilnehmern **(Bild 1)**. Ein aktiver Teilnehmer kann von sich aus, also ohne Aufforderung Nachrichten senden. Die Sendeberechtigung wird über einen umlaufenden Token *zyklisch* erteilt. Passive Teilnehmer dürfen empfangene Nachrichten nur quittieren oder auf Anforderung Daten senden. Häufig ist in einem PROFIBUS nur ein aktiver Teilnehmer, z. B. der Leitrechner, dann entfällt der Token.

Die Netzwerktopologie ist als *Linie* oder als *Baum* möglich. Damit ist eine flächendeckende Vernetzung möglich.

Das Übertragungsmedium ist eine abgeschirmte zweiadrige Leitung oder ein Lichtwellenleiter. Die maximale Zahl der aktiven Teilnehmer beträgt 32, die Bitrate liegt zwischen 9,6 kbit/s und 1500 kbit/s. Beim PROFIBUS-DP (Dezentrale Peripherie) beträgt die Bitrate bis zu 12 Mbit/s bei etwas eingeschränktem Funktionsumfang. Das Einsatzgebiet ist der schnelle Datenaustausch mit Sensoren und Aktoren. Die größte Leitungslänge ist ohne Repeater 1200 m. Mit jeweils einem Repeater verlängert sich das Bussegment um weitere 1200 m.

Das System erkennt folgende Störungen und Betriebszustände:

- mehrere Token sind im Umlauf,
- kein Token ist vorhanden,
- fehlerhafte Tokenweitergabe,
- mehrere gleiche Teilnehmeradressen,
- defekter Empfänger,
- Zuschalten und Abschalten eines Teilnehmers.

Die Betriebsarten sind:

- Tokenverwaltung,
- zyklischer Sende- und Anforderungsbetrieb,
- Teilnehmerverwaltung.

Die Nachrichten setzen sich aus UC-Zeichen zusammen, den so genannten UART-Characters (UART von Universal Asynchronous Receiver/Transmitter = Universeller asynchroner Empfänger/Übertrager, Character = Zeichen). Ein UC-Zeichen besteht aus 11 Bits **(Bild 2)**. Es gibt mehrere Frameformate, die der Nachrichtenart angepasst sind. So besteht eine Kurzquittung nur aus einem einzigen UC-Zeichen, während ein Nachrichtenpaket bis zu 261 UC-Zeichen umfassen kann **(Bild 3)**.

> ⓘ Der Token ist ein vereinbartes Zeichen bzw. eine Zeichenfolge (token = Zeichen). Er dient der Steuerung von Netzzugriffen: wer den Token hat, darf auf das Netz zugreifen. Der Token muss nach dem Zugriff weitergegeben werden.

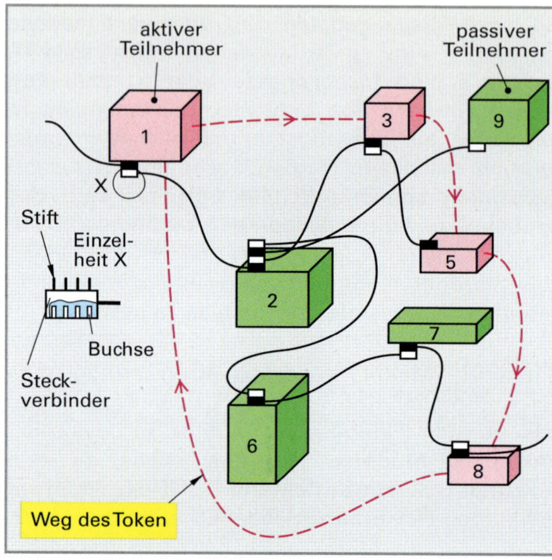

Bild 1: Struktur des PROFIBUS

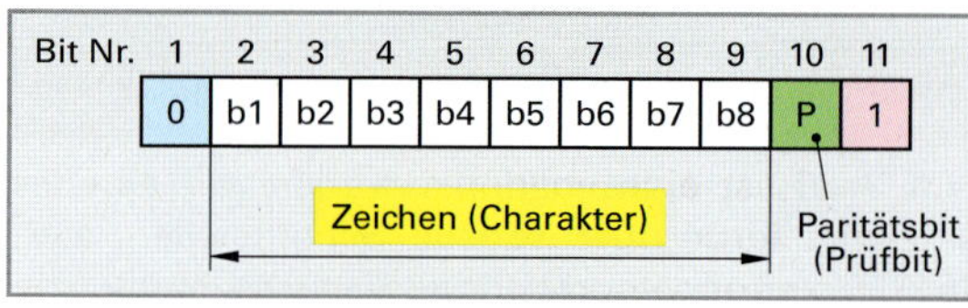

Bild 2: UC-Zeichen

Antworttelegramm

SYN | SD2 | LE | LEr | SD2 | DA | SA | FC

Daten 4 Bits bis 249 Bits | UC | FCS | ED

SD2	Startbyte 2 (Start Delimiter) ⇒ 0110 1000
LE	Datenlänge (4 Bits ... 249 Bits)
LEr	Wiederholung von LE
DA	Zieladresse (Destination Address)
SA	Quelladresse (Source Address)
FC	Kontrollbyte (Frame Control)
FCS	Prüfbyte (Frame Check Sequence)
ED	Endbyte (End Delimiter) ⇒ 0001 0110
SYN	Synchronisierzeichen (mind. 33-mal das Zeichen 0)

Kurzquittung

SC Einzelzeichen (Single Character) ⇒ 1110 0101

Bild 3: Frameformat

4.8.4.9 PROFINET

Industrial Ethernet (IE) wurde für die Automatisierungstechnik zum Verarbeiten von Eingabe-, Ausgabe-Signalen geschaffen. Es gibt verschiedene herstellerabhängige Lösungen für IE. Die Anbindung an den Bürobereich ist sichergestellt. Deshalb kann vom Büronetzwerk eines Unternehmens aus auf Geräte in der Feldebene im Produktionsbereich zugegriffen werden **(Bild 1)**. Dies ist z. B. für Service-Tätigkeiten von Interesse. Ebenso kann von einem ans IE-Netzwerk angeschlossenen Programmiergerät (PC) aus auf Feldgeräte im IE-Netzwerk zugegriffen werden. IE wird aus Sicherheitsgründen oft in Ringtechnologie ausgeführt.

Für das PROFINET wurde als Industrial-Ethernet-Lösung das klassische Ethernet mit dem TCP/IP-Protokoll (Transmission Control Protocol/Internet Protocol) um ein Industrieprotokoll erweitert **(Bild 2)**. Dieses beruht auf dem Transportdienst UDP (User Datagram Protocol). Eingabe-, Ausgabe-Daten können damit wesentlich schneller als bei Ethernet übertragen werden. Nicht zeitkritische Daten werden über TCP übertragen.

Industrial Ethernet besitzt gegenüber Ethernet einen für zeitkritische Daten effizienteren Transportdienst.

PROFINET ist eine vollduplexe IE-Lösung, an die Automatisierungsgeräte und Feldgeräte sowie über ein Koppelgerät (PROFIBUS-Manager mit PROFINET-Anschluss) die Geräte eines PROFIBUS DP angeschlossen werden können (Bild 1). Ein PROFINET-Gerät besitzt einen Anschluss für IE, zusätzlich oft auch einen Anschluss für den PROFIBUS. Es besteht aus Steckplätzen, in die Module mit Kanälen zum Einlesen und Ausgeben von Prozesssignalen gesteckt werden können. Man unterscheidet PROFINET IO und PROFINET CbA.

PROFINET IO (Input, Output) ermöglicht das Anschließen von Feldgeräten, also Baugruppen (Modulen) zum Anschluss von Sensoren und Aktoren, z.B. Motorstarter oder Frequenzumrichter, an Ethernet. Die Feldgeräte (IO-Device) sind einer Steuerung (SPS, IO-Controller) zugeordnet. Sie übertragen zyklisch ihre Nutzdaten als Prozessabbild zur Steuerung.

PROFINET CbA (Componet based Automation) findet Anwendung beim Anschluss von programmierbaren Feldgeräten und Automatisierungsgeräten. Hierbei handelt es sich um selbstständig arbeitende Einheiten von Maschinen oder Anlagen.

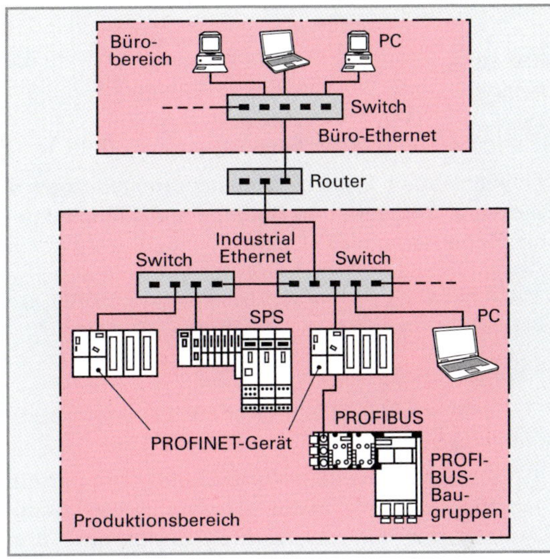

Bild 1: Beispiel für Profinet

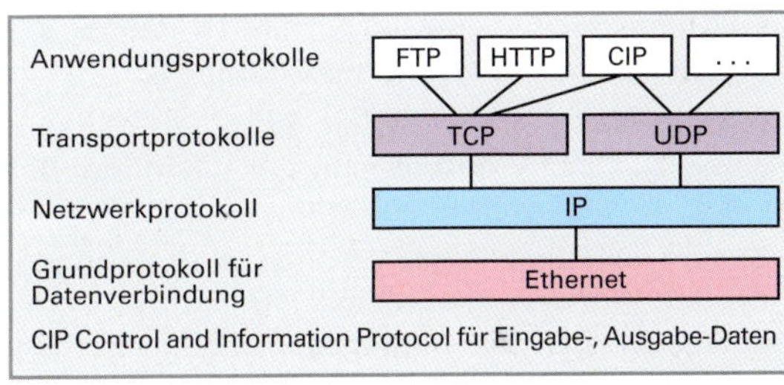

Bild 2: Übertragungsdienste bei Industrial-Ethernet

Baugruppen mit PROFINET-Schnittstellen dürfen nur in Netzwerken betrieben werden, in denen alle angeschlossenen Netzkomponenten mit SELV/PELV-Stromversorgungen oder integrierten Stromversorgungen mit gleichwertigem Schutz versorgt werden. Sollen Baugruppen mit PROFINET-Schnittstellen z. B. ans Internet angekoppelt werden, dann muss die Datenübergabestelle, z. B. der Router, diese Sicherheit gewährleisten.

Bei PROFINET ist auf Schutzmaßnahmen durch Schutzkleinspannung zu achten.

Die Projektierung einer Automatisierungsanlage erfolgt z. B. über SIMATIC/STEP 7. Dabei wird das Anwendungsprogramm erstellt und den Geräten werden z. B. Gerätename, IP-Adresse und Ethernet-Subnetz zugeordnet. Bei PROFINET IO müssen die Kommunikationsverbindungen der Geräte mit ihren MAC-Adressen (Media Access Control, Geräte-Indentifikation ab Werk) programmiert, bei PROFINET CbA hingegen können sie grafisch durch Verschaltungslinien markiert werden.

4.8.4.10 PROFIsafe

PROFIsafe integriert die Übertragung sicherheitsbezogener Daten in die Standards von PROFIBUS und PROFINET. Über dieselbe Leitung werden sichere und unsichere Daten übertragen **(Bild 1)**.

Der Buchstabe F kennzeichnet sicherheitsbezogene Hardware, Software und Daten. F steht für funktionale Sicherheit oder fail safe.

> Mit PROFIsafe erreicht die Datenübertragung eine Zuverlässigkeit gemäß SIL 3 oder PL e.

Sicherheitsmaßnahmen

PROFIsafe ermöglicht fehlersichere Kommunikation durch folgende Maßnahmen **(Tabelle 1)**:

- F-Nachrichten werden fortlaufend nummeriert. Hierfür steht ein 24-Bit-Zähler zur Verfügung. Anhand der Nummer kann der Empfänger prüfen, ob er die Telegramme vollzählig in der richtigen Reihenfolge empfangen hat. Als Empfangsbestätigung wird die Nummer der empfangenen Nachricht zurückgeschickt.
- Die Laufzeit, also die Zeit zwischen Senden einer Nachricht und Erhalt der Quittung der F-Nachrichten, wird überwacht (Watchdog).
- Sender und Empfänger erhalten eine Kennung, die im Netzwerk nur einmal vorkommt. Somit können fehlgeleitete Nachrichten erkannt werden.
- Fehlerhafte Datenbits werden mit zyklischer Blockprüfung CRC (cyclic redundancy check) erkannt.
- Der Master ruft die Slaves in fester Reihenfolge auf. Dies wird als *zyklisches Polling* bezeichnet. So wird ein Ausfall sofort erkannt.

> Fehlersichere Kommunikation stellt sicher, dass Daten innerhalb einer bestimmten Zeit unverfälscht und vollständig den richtigen Empfänger erreichen.

Anbindung an PROFIBUS mit PROFIsafe

Als zentrales Element der Anbindung ist ein F-Host, eine CPU oder ein Bus-Master mit SIL-Monitor, erforderlich. Der SIL-Monitor überwacht die Kommunikation, erkennt und zählt verfälschte Nachrichten. Bei Kommunikationsfehlern schaltet der F-Host in einen sicheren Zustand **(Bild 2)**.

Als Ein- und Ausgangssignale werden F-Devices mit direktem Anschluss an PROFIBUS angeboten, z. B. Lichtvorhänge, Laserscanner oder Motorstarter, Frequenzumrichter. Signale herkömmlicher Sensorik oder Aktorik werden über F-E/A sicher übertragen.

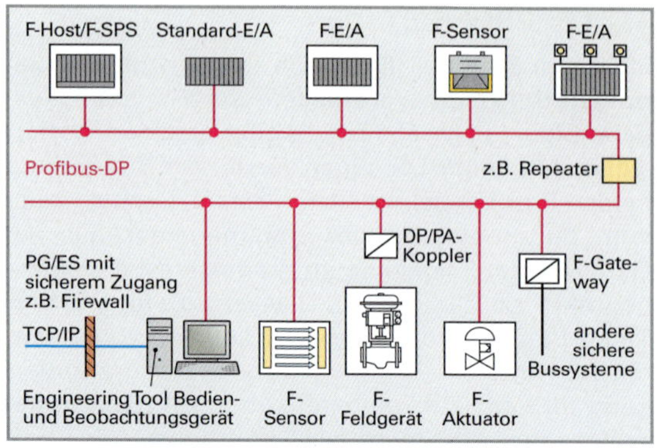

Bild 1: PROFIBUS mit PROFIsafe-Teilnehmern

Tabelle 1: Maßnahmen zur Erkennung von Kommunikationsfehlern bei PROFIsafe

Maßnahme: / Fehler:	Lfd. Nummer	Zeiterwartung, Quittung	Eindeutige Kennung	Datensicherung (CRC)
Wiederholung	×			
Verlust	×	×		
Einfügung	×	×	×	
Falsche Abfolge	×			
Verfälschung der Daten				×
Verzögerung		×		
Verwechslung Standardnachricht mit F-Nachricht		×	×	

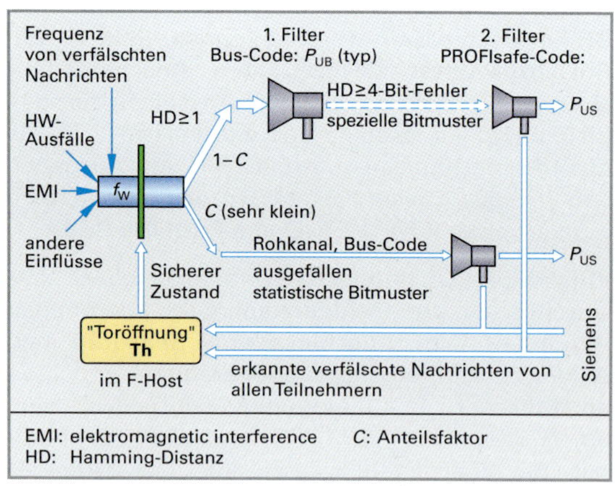

Bild 2: SIL-Monitor überwacht die funktionale Sicherheit des PROFIsafe

Wiederholung und Vertiefung

1. **Erläutern Sie die Eigenschaften von F-Kommunikation.**
2. **Welche Kommunikationsfehler werden wie erkannt?**

4.8.5 Datenübertragung im Telekommunikationsnetz

Die früheren Telekommunikationsdienste übertrugen Sprache und Daten analog und leitungsgebunden (POTS). Für jeden Dienst wurde ein eigenes Netz bereitgestellt. In den Mittelpunkt heutiger Geschäftsmodelle rückt das Bündeln der Dienste, wie z. B. Telefonieren, Internet und Fernsehen (TPS) zum Next Generation Network (NGN, **Bild 1**). So stellt z. B. die Deutsche Telekom AG bis 2018 ihr gesamtes Netz um **(Bild 2)**.

Das Ziel von NGN ist, die heutige Vielfalt von Zugangs- und Kommunikationstechnologien zu vereinheitlichen und zu verbessern.

Die Internettechnik bildet dabei den wichtigsten Integrationsfaktor, weil sie weltweit vorhanden ist und prinzipiell fast alle Dienste und Anwendungen übertragen kann. Außerdem soll die Übertragungsqualität (QoS) verbessert werden.
Die hohen Investitionskosten in die neue Technik und die Ergänzung des Angebots werden zu erhöhter Wertschöpfung führen, indem sie auch die Internetanbieter für besonders schnelle und sichere Übertragung an den Kosten beteiligt.

Beim NGN ist ein Aufbau aus mehreren unabhängigen Modulen oder Ebenen vorgesehen. Zu diesen Ebenen zählen der Zugangsbereich, der Kernnetzbereich, die Steuerungsebene und die Diensteverwaltungsebene **(Bild 3)**. Die vertikale Netzstruktur verschiedener Netzbetreiber wird in in eine Netzinfrastruktur überführt, die als Plattform für das Angebot sämtlicher Dienste genutzt werden kann.

Eine Zusammenfassung der Dienste erfordert die Steigerung der Übertragungskapazität. Während die Transportnetze (Backbone-Ebene) durch die Lichtleitertechnik genügend Bandbreite bereitstellen, bilden die Zugangsnetze (Access-Ebene) mit Kuperleitern zum Teilnehmer eine Engstelle im Übertragungskanal. Er unterliegt den folgenden physikalischen „ Grundgesetzen" der Nachrichtenübertragung, die sich im Modell eines Informationsquaders zusammenfassen lassen **(Bild 4)**:
Die Nachrichtenmenge (Bandbreite × Störabstand × Zeit) als Quader muss durch das bereitgestellte Fenster des gegebenen Übertragungskanals (Bandbreite × Störabstand) passen.

Die DSL-Technik und die Vectoring-Technik bieten die Lösungsmöglichkeiten, um den Übertragungskanal voll zu nutzen.

POTS	=	Plain old Telephone Service (gutes altes Telefonsystem)
TPS	=	Triple Play Services (Bündelung)
NGN	=	Next Generation Network
IP	=	Internet Protocol (Internet Protokoll)
QoS	=	Quality of Service (Übertragungsqualität und Vermittlungsgüte)
IAD	=	Integrated Access Device (Netzabschluss)
TDM	=	Time Division Multiplex (Zeitmultiplex-Verfahren)
DSLAM	=	DSL-Access-Multiplexer

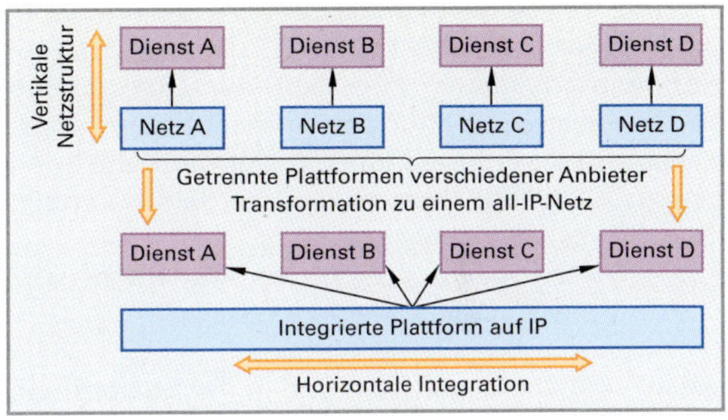

Bild 1: Horizontale Integration zum NGN

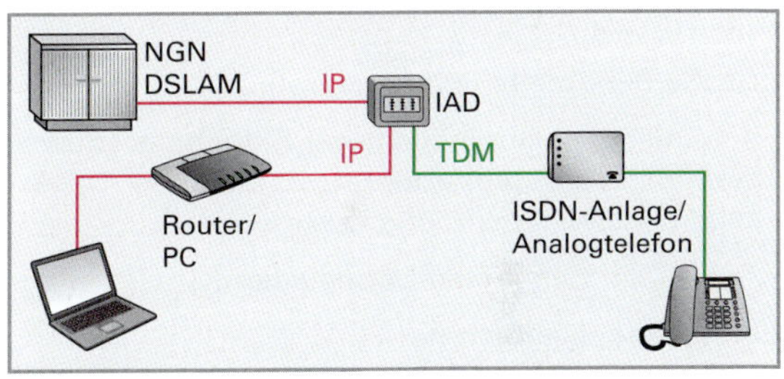

Bild 2: Neues Zugangsgesetz für das NGN

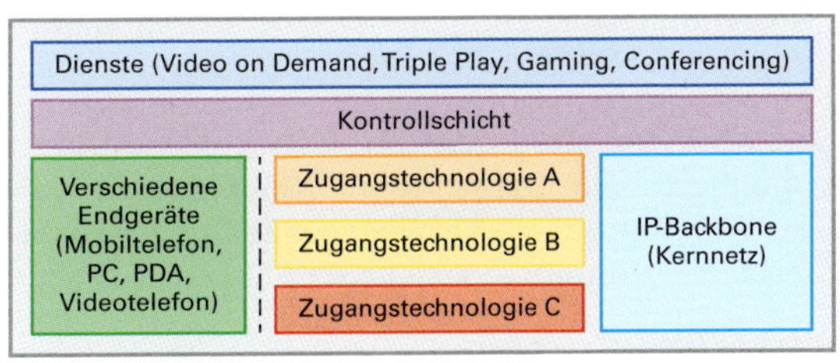

Bild 3: Struktur des NGN

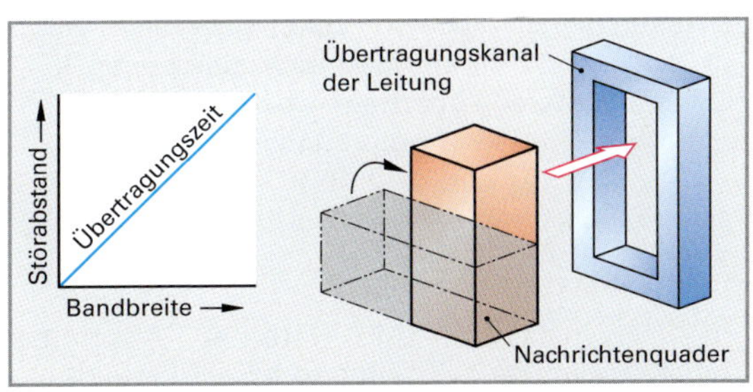

Bild 4: Informationsquader der Nachrichtentechnik

4.8.6 Digital Subscriber Line DSL

Die DSL-Protokolle der ITU (International Telecommunication Union) beschreiben technische Konzepte für breitbandige, digitale Datenübertragung über das vorhandene Kupferkabel-Anschlussnetz. Damit lassen sich Daten mit einer Bitrate von 10 bit/s je Hertz Bandbreite über die vorhandenen Leitungen übertragen. DSL benutzt die flexible Multiträger-Modulation DMT (von Discrete Multitone Technique). DMT teilt den Übertragungsbereich in einzelne Kanäle mit je 4 kHz Bandbreite ein **(Bild 1).** Jeder Kanal kann mit 10 bit bis 15 bit langen Datenworten moduliert werden. Vor der Übertragung werden gestaffelte Prüftöne in die Leitung eingespeist und die Informationsbits auf die Kanäle mit dem größten Nutz-Rauschsignal-Verhältnis verteilt.

Je kürzer die Kupferleitung zum Teilnehmer ist, desto größer ist die erzielbare Bitrate.

Die inzwischen installierten und in der Entwicklung befindlichen Systeme werden als xDSL **(Tabelle 1)** bezeichnet und sind durch folgende Merkmale charakterisiert:

- Große Bandbreite und hohe Datenraten,
- unidirektional, nur in Richtung Teilnehmer (downstream), oder bidirektional verlaufende Datenströme (downstream und upstream),
- Anzahl der benötigten Doppeladern,
- Modulationsverfahren,
- Reichweitenbeschränkung,
- Anwendungsgebiete, z. B. Internetanwendungen und Video-on-demand.

Der ADSL-Standard ADSL2+ (ITU-Norm G.992.5) ermöglicht eine Datenrate im Downstream von bis zu 50 Mbit/s bei einer Reichweite von drei Kilometern zur Vermittlungsstelle.

VDSL2 (ITU-TG 993.2) bietet Fernsehprogramme (IPTV) in bester HDTV-Qualität. Weitere Einsatzmöglichkeiten liegen auch im Bildungsbereich, denn mit der großen Bitrate lässt sich gleichzeitig eine 3D-Videokonferenz übertragen oder am Unterricht in virtuellen Klassenzimmern teilnehmen.

Das ADSL-Verfahren eignet sich besonders zur Internetnutzung.

Ein Netzabschluss IAE (Internet Anschluss Einheit) oder BAE (Breitband-An-schlusseinheit) trennt den klassischen Telefonverkehr bzw. die Teilnehmerseite vom ADSL-Signal **(Bild 2).** Der Anschluss eines oder mehrerer PCs an das DSL-Modem erfolgt über Ethernet oder WLAN.

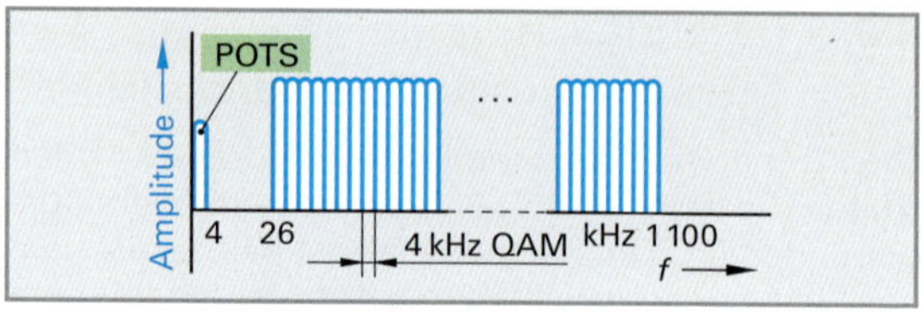

Bild 1: Kanalaufteilung beim digitalen Teilnehmeranschluss DSL

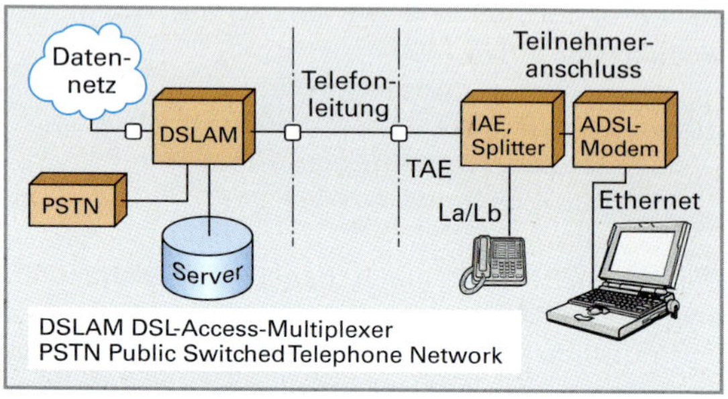

Bild 2: ADSL-Netzaufbau

Tabelle 1: DSL-Systeme

Bezeichnung	Bitrate in kbit/s	Anwendungen
Digital Subscriber Line (DSL)	160	ISDN-Anwendungen Sprache und Datenkommunikation
High Data Rate Digital Subscriber Line (HDSL)	2048	T1/E1-Dienste Zubringernetze, WANs, LAN-Zugriff, Server-Zugriff
Single Line Digital Subscriber Line (SDSL)	2048	wie bei HDSL, zusätzlich bevorzugter Zugriff für symmetrische Dienste
Asymmetric Digital Subscriber Line (ADSL)	bis 9000 vorwärts, bis 640 rückwärts	INTERNET-Zugriff, Video on Demand, Simplex-Video, LAN-Zugriff, Telefonie per Voice over IP (VoIP)
Very High Data Rate Digital Subscriber Line (VDSL)	bis 52000 vorwärts, bis 2300 rückwärts	wie bei ASDL, zusätzlich HDTV
Very High Bitrate Digital Subscriber Line (VHDSL)	bis 200000	Triple Play-Dienste = Telefon + breitbandiges Internet + IPTV (Fernsehen über das Internet)

Vectoring Technik in VDSL-Netzen

Hohe Datenübertragungsraten auf Leitungen sind durch die Dämpfung und das Übersprechen begrenzt. Bei verlegten Leitungen ist die Leitungsdämpfung nicht mehr beeinflussbar. Das Übersprechen ist vom Aufbau der Kabel und von der Signalart abhängig. Beim Übersprechen (engl. Crosstalk) beeinflussen sich die Adernpaare in einem Kabel elektrisch gegenseitig und begrenzen die maximale Übertragungsrate durch Störspannungen. Man unterscheidet das Nah- und das Fernnebensprechen: NEXT und FEXT (siehe Tabellenbuch Informations-, Geräte- und System- und Automatisierungstechnik).

Verfahren

Zuerst werden beim Vectoring die Datenströme gemessen, verschlüsselt und anschließend um inverse Signale ergänzt (ITU-Norm G.993.5). Dies erfolgt beim Downlink im DSLAM und beim Uplink in einem speziellen Router beim Teilnehmer **(Bild 1)**. Nur wenn alle Einzelleitungen eines Kabelbündels zu einem Anbieter gehören, und damit die Signale bekannt sind, können Übersprechstörungen auf allen Doppeladern aus den VDSL2-Signalen herausgerechnet und kompensiert werden **(Bild 2)**. Der Signal-Rauschabstand steigt und ermöglicht eine höhere Datenübertragungsrate.

Das Vectoringverfahren verringert den FEXT (Far End Cross Talk) auf Teilnehmeranschlussleitungen.

Regulierung

Die Bundesnetzagentur (BnetzA) reguliert den Ausbau des Festnetzes mit Vectoring zum Breitbandnetz. Das Zugangsverfahren für TK-Anbieter im Nahbereich der Teilnehmeranschlussleitung (TAL) legt fest, dass nur ein einziger Netzbetreiber oder Provider den VDSL-DSLAM im Kabelverzweiger einrichten und verwalten darf.

Vorteile des Vectoringverfahrens

- Auf den bestehenden Kupferleitungen sind hohe Datenübertragungsraten möglich.
- Die Baukosten der Vectoringnetze belaufen sich etwa auf ein Zehntel der FTTH-Netze (Fibre to the home).

Nachteile des Vectoringverfahrens

- Trotz Auflagen durch EU und BnetzA werden Wettbewerbsnachteile befürchtet.
- DSL-Router, die nicht demselben Vectoringsystem zugehören, können stören (Alien-Störung).
- Durch notwendige Umrüstungen sind auch bestehende analoge und ISDN-Anschlüsse mit DSL betroffen. Bis Ende 2018 werden die ISDN-NTBA und die DSL-Splitter in Vectoringnetzen entfallen.

Vectoring ist eine Signalaufbereitungstechnik für die Bereitstellung hoher Datenübertragungsraten auf der Teilnehmeranschlussleitung (TAL), der sogenannten letzten Meile.

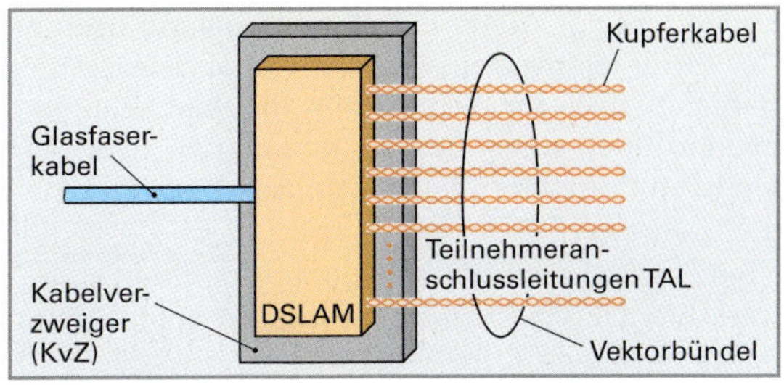

Bild 1: Prinzip der VDSL-Vectoring Technik im Downlink

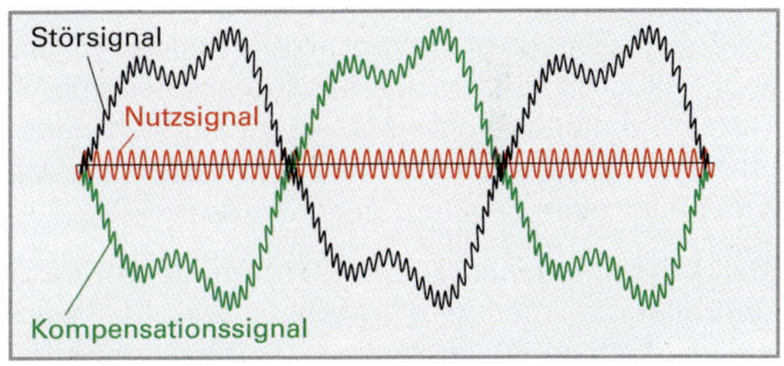

Bild 2: Kompensation von Übersprechstörungen

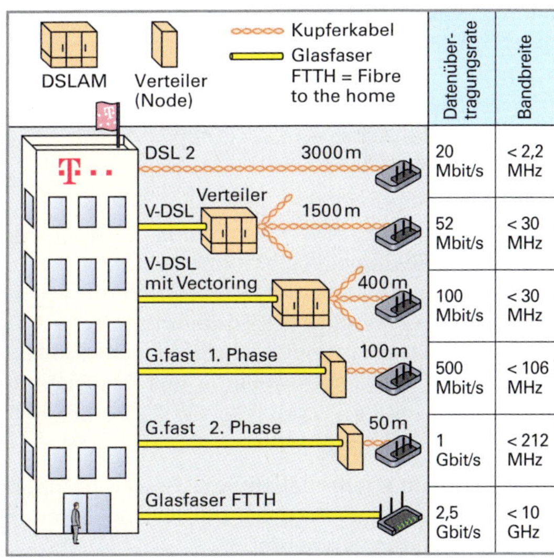

Bild 3: Entwicklungsphasen zum Breitbandnetz NGN

Nachfolgestandard Gfast

Der Nachfolgestandard zu VDSL2 ist Gfast (ITU-Norm G.9700 und G.9701). Er verwendet auch Vectoring und soll 1 Gbit/s auf kurze Entfernungen (120 m) auf herkömmlichen Telefonleitungen ermöglichen. Dadurch erspart man sich Grabungs- und Verlegungsarbeiten, wie sie für FTTH-Netze notwendig wären **(Bild 3)**.

4.8.7 Gebäudeleittechnik und Gebäudesystemtechnik

Große Gebäude, z. B. Schulzentren, haben umfangreiche haustechnische Anlagen. Für deren Überwachung, Steuerung und Regelung werden Computer eingesetzt. Bei der *Gebäudeleittechnik* befindet sich ein Leitrechner in einer Zentrale, an den über einen Bus Unterstationen (USt) mit weiteren Computern angeschlossen sind **(Bild 1)**.

Bei der Gebäudeleittechnik überwacht und steuert die Leitebene die Automatisierungsebene und diese die Prozessebene.

An die Unterstationen sind die *Sensoren* und die *Aktoren* (Stellglieder, von lat. acta = Handlung, Tat) angeschlossen (Bild 1). Als Sensoren arbeiten z. B. Taster, Schaltuhren oder Messeinrichtungen. Aktoren sind insbesondere Leistungsrelais oder Schütze zum Einschalten der Verbrauchsmittel.

Man kann alle Sensoren und Aktoren durch Mikrocontroller so „intelligent“ machen, dass sie Steuerungsaufgaben selbstständig, also ohne zentralen Computer, erfüllen können. In diesem Fall spricht man von *Gebäudesystemtechnik*. Dabei werden die Sensoren oder Aktoren als Teilnehmer bezeichnet.

Bei der Gebäudesystemtechnik arbeiten die Teilnehmer ohne zentralen Computer.

Aufbau des KNX Systems

Beim KNX-System (KNX von Konnex Association) wird als *Busleitung* eine vieradrige Leitung verwendet **(Bild 2)**, die neben der Starkstromleitung verlegt wird. Deshalb muss die Busleitung so zuverlässig wie die Starkstromleitung isoliert sein **(Bild 3)**. Nach EIBA (European Installation Bus Association) werden die Leitungstypen PYCYM 2×2×0,8 oder J-Y(ST)Y 2×2×0,8 empfohlen.

Die Bussignale können auch über Powerline übertragen werden. Dies wird bei der Nachinstallation oder in Altbauten verwendet.

Von den vier Adern werden für KNX nur die rote und die schwarze verwendet. Die anderen Adern können für Erweiterungen verwendet werden. Die rote und die schwarze Ader der Busleitung dienen zur Signalübertragung und Spannungsversorgung der Teilnehmer mit SELV (Schutzkleinspannung) von DC 20 V bis 30 V. Die Spannungsversorgungseinheit ist ein Reiheneinbaugerät (REG) und befindet sich im Stromkreisverteiler.

Die dargestellten Beispiele können mit der Demoversion von ETS5 nachvollzogen werden.
www.knx.org

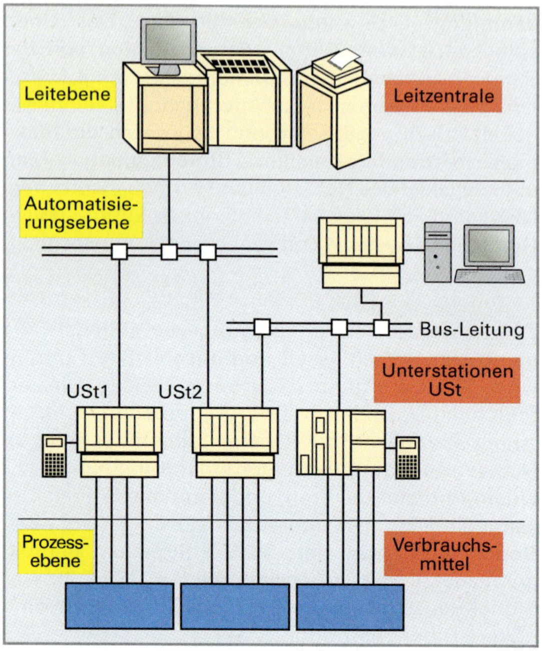

Bild 1: Gebäudeleittechnik

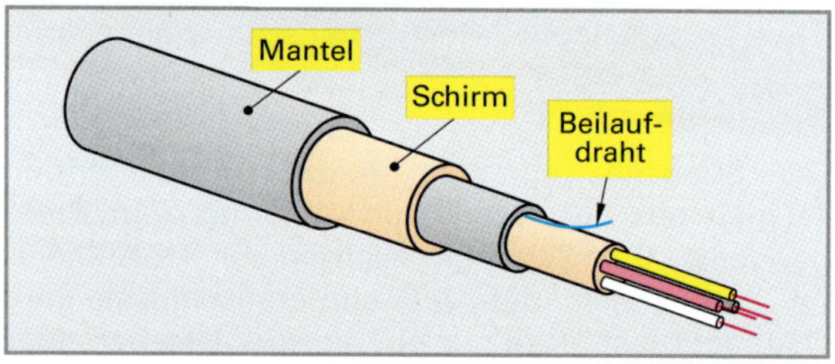

Bild 2: Busleitung J-Y(ST)Y 2 × 2 × 0,8

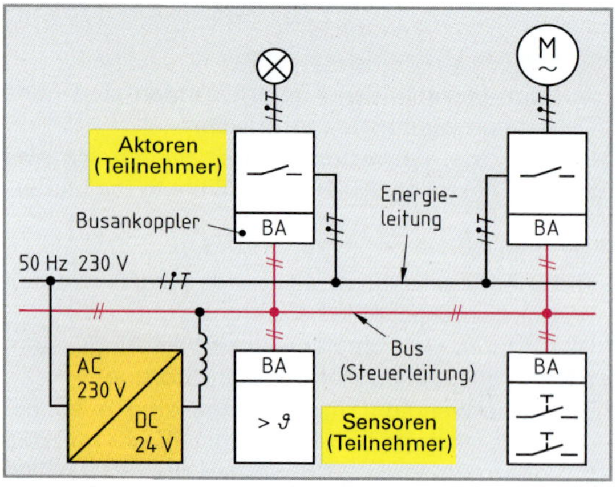

Bild 3: Prinzip der Gebäudesystemtechnik

Die Basisgeräte des KNX werden im Stromkreisverteiler auf eine genormte Tragschiene TS 35 aufgeschnappt **(Bild 1)**. Die Spannungsversorgungseinheit speist über zwei Drosselspulen und einen *Datenschienenverbinder* den KNX. Durch die Drosselspulen wird verhindert, dass die Signalspannung über die Spannungsversorgung kurzgeschlossen wird.

Die Spannungsversorgung des KNX-Systems erfolgt über die Busleitung.

Die Teilnehmer (Sensoren und Aktoren) sind über eine schwarzrote *Busklemme* und einen *Busankoppler BA* an die Busleitung angeschlossen **(Bild 2)**.

Die Aktoren sind zusätzlich an das 230-V-Netz angeschlossen **(Bild 3)**.

Busankoppler BA

Der Busankoppler besteht aus einem Übertragermodul mit Eingangsschaltung, Verpolschutz, Überwachung, Netzteil, Empfänger und Sender sowie einem Mikrocontroller mit Speicher, z. B. EEPROM. Der Busankoppler wird über die Anwenderschnittstelle (AST), z. B. eine 10-polige Steckverbindung, auf das Anwendermodul gesteckt.

Die Eingangsschaltung des BA trennt die Signalspannung der Busleitung von der Spannungsversorgung des Teilnehmers. Ein Kondensator sperrt den Gleichstrom für die Eingangswicklung und hält die Signalspannung von der Spannungsversorgung des Teilnehmers fern. Aus der SELV des KNX von DC 20 V bis 30 V erzeugt der BA zusätzlich eine stabilisierte Spannung von 5 V für den Mikrocontroller. Wenn der Teilnehmer empfängt, so gibt der Übertrager auf seiner Ausgangsseite die Signalwechselspannung ab. Sendet der Teilnehmer, so moduliert der Übertrager die Gleichspannung des KNX mit der Signalspannung.

Eine logische 0 wird als Impuls übertragen. Das Ausbleiben eines Impuls wird als logische 1 interpretiert **(Bild 4)**. Deshalb wird die logische 0 auch als dominanter, die logische 1 als rezessiver Buszustand bezeichnet.

Die Busleitung führt eine mit der Signalspannung modulierte Gleichspannung.

Bei der Programmierung wird die vom Anwender erstellte Software in einen beschreibbaren Speicher, z. B. ein EEPROM, geladen. Die Signale des Mikrocontrollers werden beim BA als Sender über einen Verstärker (Bustreiber) der Busleitung zugeführt.

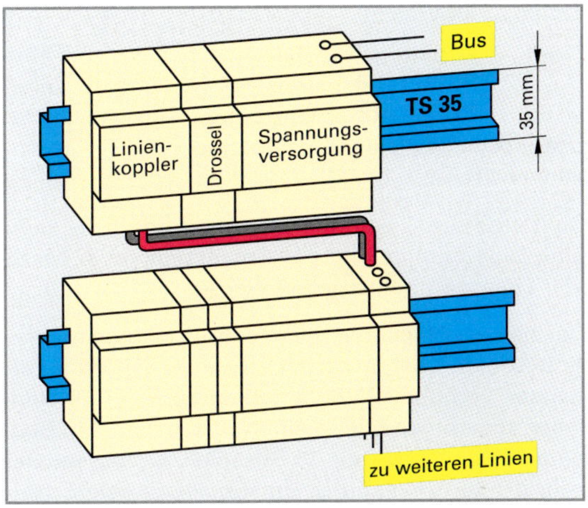

Bild 1: Basisgeräte des KNX im Stromkreisverteiler

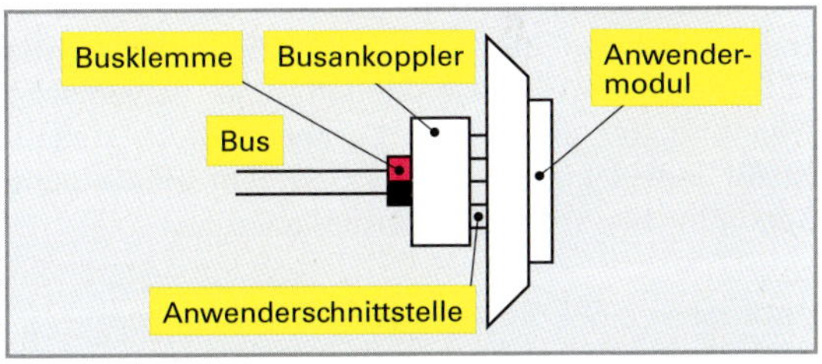

Bild 2: Aufbau eines Sensorteilnehmers mit Busankoppler

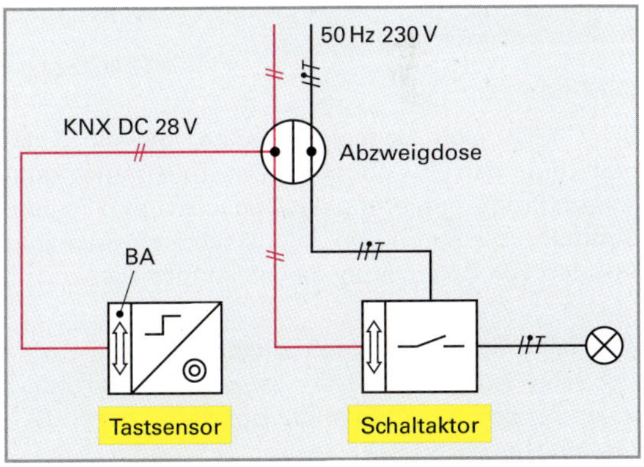

Bild 3: Anschluss von Sensoren und Aktoren beim KNX-System

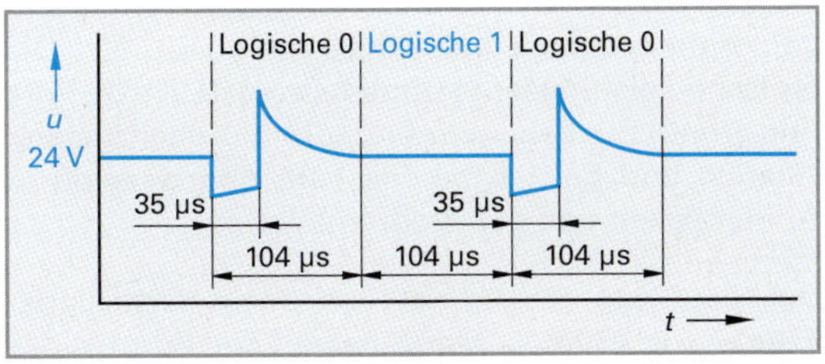

Bild 4: Spannung auf der Busleitung

Linien und Bereiche

Beim KNX beträgt die Bitrate 9,6 kbit/s. An eine Buslinie dürfen höchstens 64 Teilnehmer angeschlossen sein. Außerdem gelten hinsichtlich der Leitungslängen einer Buslinie mehrere Einschränkungen **(Tabelle 1)**.

Sind größere Leistungslängen erforderlich, kann eine Linie mithilfe eines Linienverstärkers in bis zu vier Liniensegmente geteilt werden.

Reichen 64 Teilnehmer nicht aus, so können mehrere Buslinien über je einen *Linienkoppler* (LK) miteinander verbunden werden **(Bild 1)**. Mehrere Buslinien zusammen bilden einen Busbereich. Ein Busbereich darf maximal 15 Buslinien umfassen. Bei sehr großen Anlagen ist entsprechend eine Erweiterung über bis zu 15 *Bereichskoppler* (BK) möglich.

Als Linienverstärker, Linienkoppler oder Bereichskoppler werden die gleichen Reiheneinbaugeräte REG verwendet. Diese stellen eine galvanische Trennung der Linien und Segmente her. Deshalb ist für jede Linie und jedes Segment eine eigene Spannungsversorgung erforderlich.

Aufgaben eines Linienverstärkers, Linienkopplers oder Bereichskopplers sind:

- Übertragung der Daten ermöglichen,
- galvanische Trennung herstellen.

Sensoren

Beim KNX sind Sensoren Geräte, die ein Telegramm an den Bus abgeben. Das Telegramm kann je nach Programmierung des Sensors zum Schalten, Dimmen, Ansteuern von Jalousieaktoren oder zum Abrufen von Beleuchtungseinstellungen dienen.

Im KNX-System werden nicht nur Fühler für physikalische Größen, z. B. Temperatur, als Sensoren bezeichnet, sondern auch die Befehlsgeräte, z. B. Taster.

Die Stromversorgung der Sensoren erfolgt über die Busleitung je nach Entfernung von der Stromversorgungseinheit mit DC 20 V bis DC 30 V. Die typische Leistungsaufnahme beträgt 150 mW. Rote und grüne LED dienen zur Anzeige von Schaltzustand (Status) und Betriebsbereitschaft, und zwar oft in Abhängigkeit von der Programmierung.

Der häufigste Sensor ist der *Sensortaster* oder Tastsensor **(Bild 2)**. Meist hat er die Form eines UP-Gerätes (UP **U**nter**p**utzinstallation). Er entsteht durch Aufstecken des Anwendungsmoduls AM auf den Busankoppler BA. Je nach AM gibt es Einfachsensortaster bis Vierfachsensortaster.

Ein Sensortaster besteht aus bis zu vier Elementen mit je zwei Schaltwippen, z. B. oben für EIN und unten für AUS. Beim Vierfachsensortaster sind also insgesamt acht Schaltwippen vorhanden, die einzeln programmiert werden können.

Tabelle 1: Längen in einer Buslinie

Merkmal	Länge
Gesamtlänge	< 1000 m
Abstand zwischen Spannungsversorgung und Teilnehmer	< 350 m
Abstand zweier Teilnehmer voneinander	< 700 m
Abstand zweier Spannungsversorgungen	> 200 m

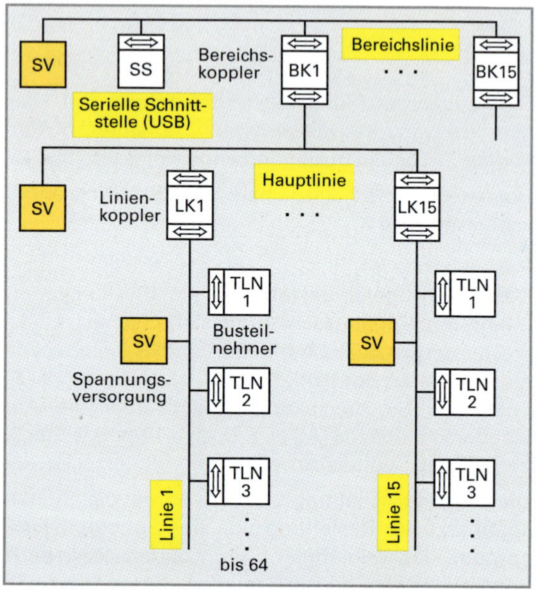

Bild 1: KNX-System mit Linienkopplern und Bereichskopplern

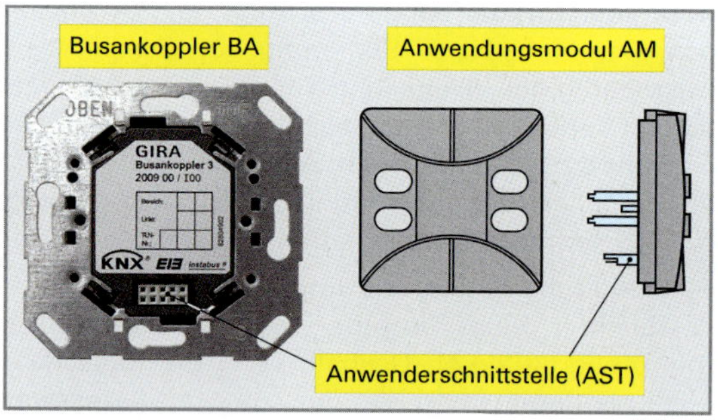

Bild 2: Sensortaster

Ein *Multifunktions-Tastsensor* hat vier Schaltwippen, die getrennt auf die Funktionen Schaltsensor, Dimmsensor, Jalousiesensor und Lichtszenensensor (Sensor für beliebig programmierbare Beleuchtungssteuerung von mehreren Leuchten) programmiert werden können.

Der *Binärsensor* setzt ein Steuersignal in Binärzeichen um. Meist wird der Binärsensor als Binäreingang bezeichnet, obwohl gerade seine Eingänge keine Binärsignale erhalten. Beim Binäreingang erfolgt die Ansteuerung mit normalen Schaltern, sodass die Signalspannung z. B. AC 230 V oder DC 24 V beträgt.

Binäreingänge werden mit bis zu 16 Kanälen angeboten, meist als Reiheneinbaugeräte **(Bild 1)**. Die Signalspannungen können z. B. für AUS 0 bis 2 V betragen und für EIN 7 bis 265 V.

Kabellose Installationen können mit Funkübertragung realisiert werden. Die Verbindung zu KNX wird über Gateways hergestellt.

Funkbus

Batteriebetriebene Sender übertragen Sensorsignale und Tastersignale an Funkempfänger und Funkaktoren.

Enocean

Die zum Senden erforderliche Energie wird mit piezoelektrischen Energiewandlern, Solarzellen oder Peltier-Elementen gewonnen. Batterien sind meist entbehrlich. Enocean ist deshalb besonders wartungsarm.

Aktoren

Aktoren werden als Reiheneinbaugerät, als Einbaugerät oder als Gerät für Aufputz-Montage angeboten. Sie empfangen über die Busleitung Telegramme und steuern die Last an. Aktoren enthalten eine Schaltung mit Mikrocontroller zur Telegrammauswertung, eine Treiberschaltung für den Leistungsteil und einen Leistungsteil mit Leistungsrelais.

> Aktoren sind für die Bemessungsleistung der Last auszuwählen.

Der *Schaltaktor* schaltet eine Last je nach Programmierung EIN und AUS, z. B. unverzögert oder verzögert. Der Schaltaktor **Bild 2** kann zwei Lasten mit AC 230 V oder AC 400 V schalten. Die Schaltleistung beträgt z. B. bei Halogenlampen oder unkompensierbaren Leuchtstoffkampen 2500 W, bei Parallelkompensation nur 1300 W.

> ⓘ REG: Reiheneinbaugerät, Montage auf Tragschiene TS35
> EB: Einbaugerät, Montage in Leuchten oder Installationskanälen
> AP: Aufputzgerät, Befestigung an der Wand oder unter der Decke

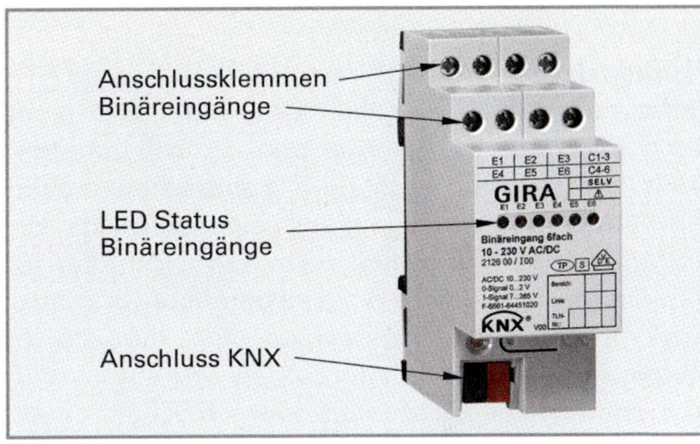

Bild 1: Binäreingang 6-fach als REG

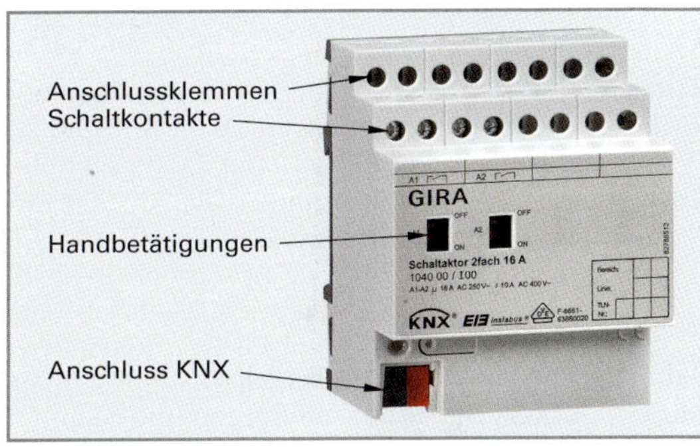

Bild 2: Schaltaktor 2-fach als REG

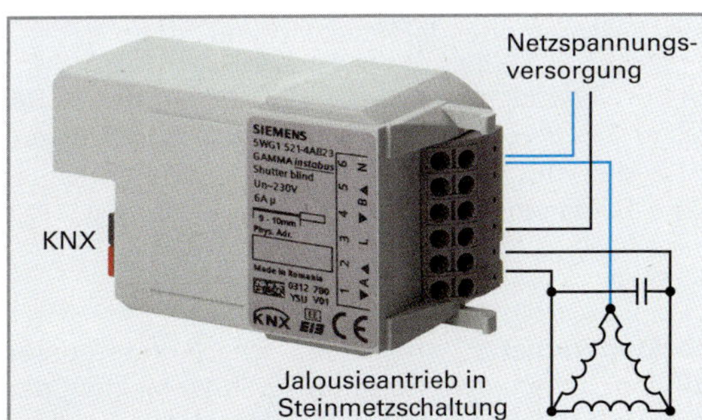

Bild 3: Jalousieaktor 2-fach als EB

Jalousie-Aktoren schalten den Antrieb einer Jalousie oder eines Rollladens. Oft wird ein Drehstrommotor in Steinmetzschaltung verwendet **(Bild 3)**. Programmierbar sind Kurzzeitbetrieb, die Lamellen der Jalousie werden verstellt, und Langzeitbetrieb, die Jalousie wird auf- oder abgefahren. Zusätzlich kann bei Sturmwarung eine Verriegelung vorgesehen werden.

Programmierung

Zur Programmierung von KNX wird die Software ETS (Engineering Tool Software) angeboten. Die aktuelle Version ist ETS 5. Die Programmierung wird in folgenden Schritten vollzogen:

Produktdaten importieren. Für jedes KNX-Gerät wird vom Hersteller eine Datei mit einer der Endungen *.knxprod oder *.vd* bereitgestellt **(Bild 1)**. Erst nach dem Importieren stehen die Geräte bei der Erstellung eines Projekts zur Verfügung. In der Datei enthalten sind die für das Gerät erforderlichen Applikationsprogramme. So kann mit einer Schaltwippe eine Jalousie im Tippbetrieb oder im Dauerbetrieb verfahren werden, ein Dimmer angesteuert oder ein Schaltkontakt betätigt werden.

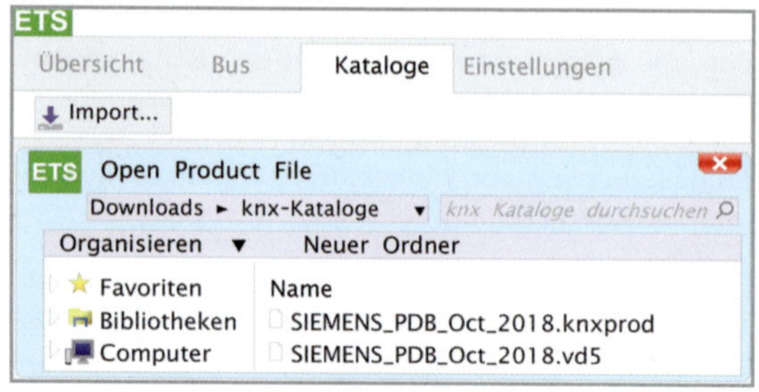

Bild 1: Produktdaten importieren

Neues Projekt erstellen. Dabei muss das Medium zur Datenübertragung ausgewählt werden **(Bild 2)**: TP (Twisted Pair); IP (Ethernet) oder PL (Powerline, Übertragung über das Stromnetz) Die Ansicht der Gruppenadressen wird ausgewählt.

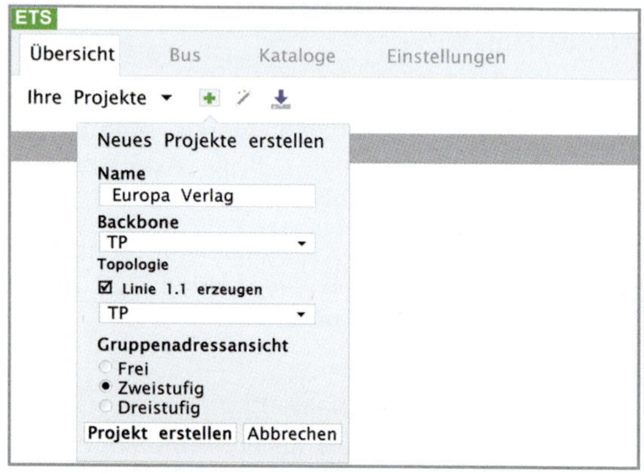

Bild 2: Neues Projekt erstellen

Gebäudestruktur des KNX-Projekts. Zuerst muss die Struktur des Gebäudes mit Etagen und Räumen beschrieben werden **(Bild 3)**. Anschließend werden den Räumen KNX-Geräte zugeordnet, z.B. Taster, Schaltaktoren oder Jalousieaktoren.

Im Büro1 werden ein Schaltaktor und ein DELTA BA Taster 2fach verwendet. Die physikalische Adresse 1.1.2 des DELTA BA Taster bedeutet: Bereich 1, Linie 1, Teilnehmer 2.

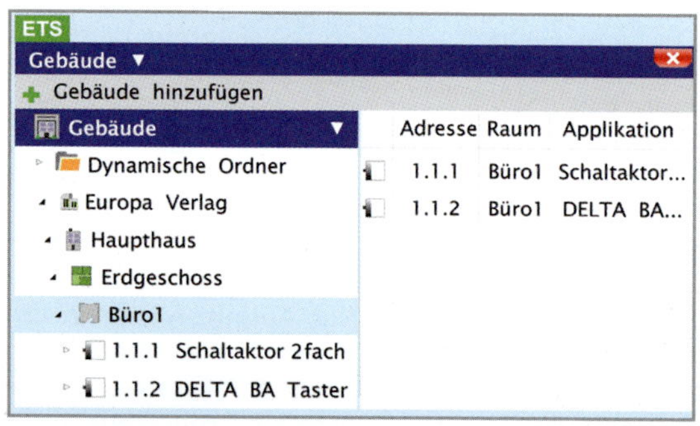

Bild 3: Gebäudestruktur mit Geräten

Geräteparameter anpassen. Im Gerätefenster können neben den Kommunikationsobjekten der Geräte die Parameter der Objektfunktionen angewählt werden **(Bild 4)**. Die Parameter bestimmen z. B. beim Schalt-/Dimmaktor das Verhalten während und nach Spannungsausfall. Beim Taster 2-fach werden den Wippen bestimmten Funktionen zugeordnet.

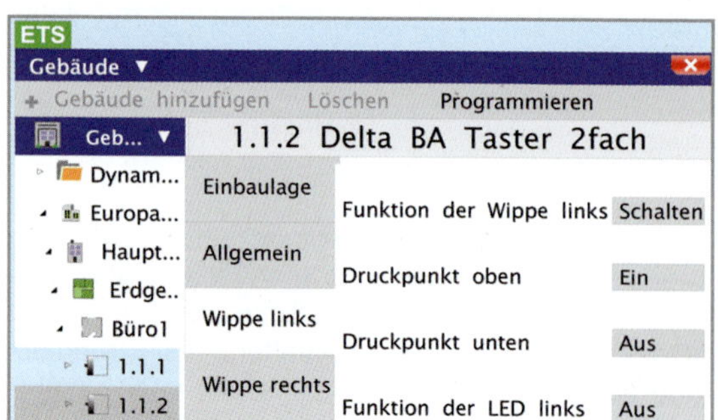

Bild 4: Geräteparameter Wippe

Logische Verbindungen festlegen.

Für jeden Aktor ist festzulegen, welche Sensoren den Aktor schalten sollen. Diese Festlegung wird als logische Verbindung bezeichnet. Die logische Verbindung ist völlig unabhängig von der physikalischen Adressierung. Hierbei werden z. B. die Taster den Schaltaktoren oder Jalousieaktoren zugeordnet. Im ersten Schritt werden Gruppenadressen gebildet (**Bild 1**). Dann werden die Kommunikationsobjekte der Geräte diesen Gruppenadressen zugeordnet. Es ist darauf zu achten, dass die Kommunikationsobjekte auf gleiche Datenbreite eingestellt sind, z. B. 1 Bit-Schalten; 4 Bit-Dimmen; 8 Bit-Wert zuweisen. Ein Sensor kann mehrere Aktoren beeinflussen. Ebenso kann ein Aktor von verschiedenen Sensoren angesteuert werden. Im **Bild 2** ist dargestellt, dass der Taster „Alles Aus" mehrere Geräte schaltet. Die Kommunikationsobjekte dieser Geräte werden aber auch von anderen Tastern beeinflusst.

Gruppenadressen stellen logische Verbindungen her und legen fest, von welchen Sensoren ein Aktor beeinflusst werden kann.

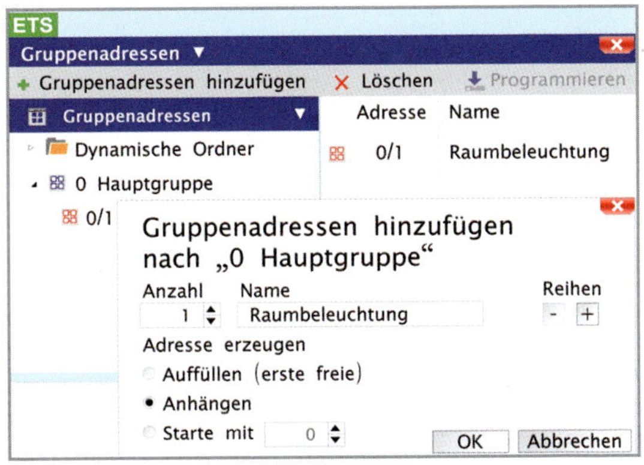

Bild 1: Gruppenadressen hinzufügen

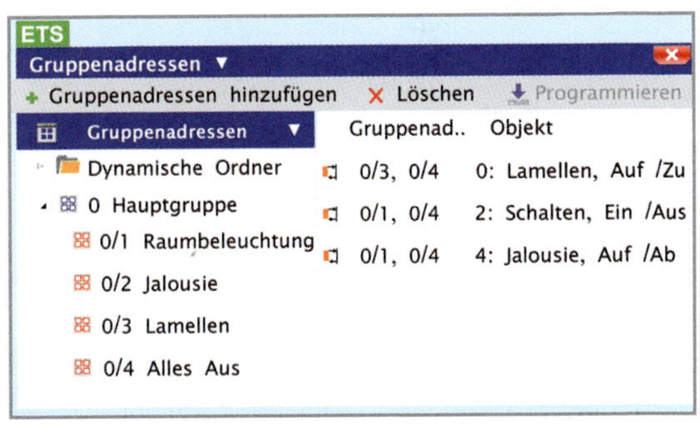

Bild 2: Anzeige der Gruppenzuordnungen

Programmierung der Busteilnehmer. Hierzu muss die Programmiertaste auf dem Busankoppler des ausgewählten Geräts betätigt werden. Die rote LED leuchtet. In ETS wird der entsprechende Teilnehmer markiert. Nun kann aus ETS die Adresse sowie das Applikationprogramm geladen werden (**Bild 3**). Nach Abschluss des Ladevorgangs wird der Status des Geräts automatisch aktualisiert. Damit erfolgt eine Rückmeldung, ob der Programmiervorgang erfolgreich abgeschlossen wurde.

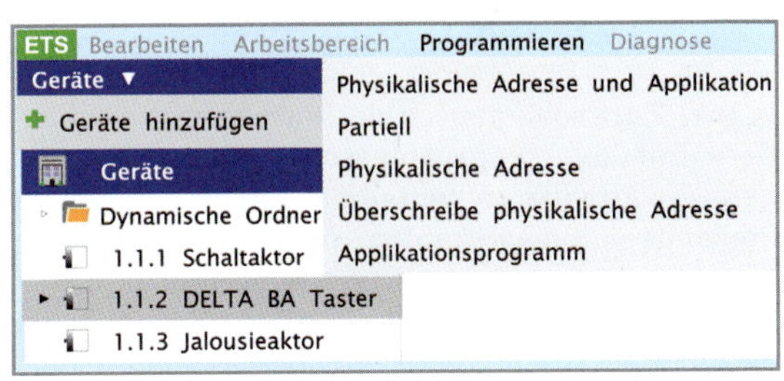

Bild 3: Download eines Busteilnehmers

Funktionstest

Der Datenverkehr auf dem Bus kann abgehört und die Bustelegramme gespeichert werden. So kann während der Inbetriebnahme überprüft werden, ob eine Tasterbetätigung Telegramme anstößt und ob die gewünschten Gruppen angesprochen werden.

Dokumentieren und Speichern

Alle während des Programmierens vorgenommenen Einstellungen werden im Projekt automatisch gespeichert. Die Dokumentation kann bereits während der Programmierung begleitend durchgeführt werden. Zur Datensicherung wird das Projekt exportiert (**Bild 4**) oder im Projektarchiv abgelegt.

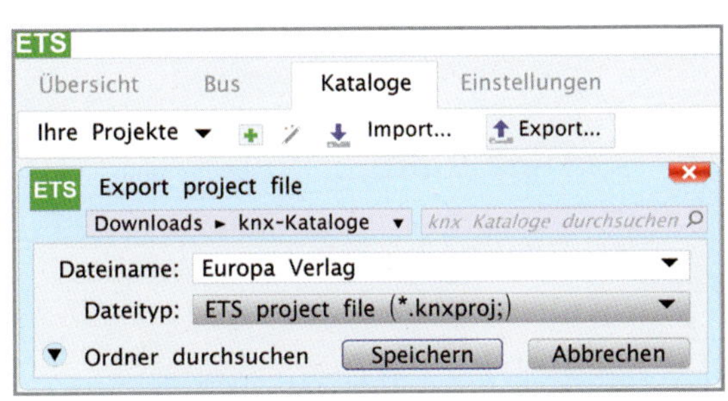

Bild 4: Datensicherung erstellen

4.8.8 Internet

4.8.8.1 Aufbau des Internet

Das Internet (von International Network) ist ein weltweiter Verbund von Computernetzwerken auf Basis der TCP/IP-Technologie **(Bild 1)**. Koordiniert wird das Internet von der amerikanischen Organisation Internet Corporation for Assigned Names and Numbers (ICANN). Sie ist eine privatrechtliche gemeinnützige Organisation nach US-amerikanischem Recht mit Sitz im Kalifornischen Ort Marina del Rey. Die ICANN regelt die Verwaltung und Koordination der Adressenbereiche der obersten Ebene (Top-Level Domains), z. B. .com, .de, .us. Weitere Aufgaben sind die Verteilung von IP-Adressen, Adressbereichen und die Entwicklung und Standardisierung von den im Internet nötigen Protokollen, Protokollparametern und Portnummern.

Das Internet ist in seiner grundsätzlichen Struktur dezentral. Der Datenverkehr wird über interkontinentale Backbone-Verbindungen (Rückgrat) abgewickelt. Sie verbinden die meist nationalen Netzwerke miteinander. In den einzelnen Ländern gibt es dann spezielle Anbieter von Internetleistungen, genannt Carrier (Träger, im Sinne von Betreibern von Telekommunikationsdiensten). Sie betreiben ein eigenes Netzwerk und ermöglichen kleineren Providern (Lieferanten von Internetdiensten) einen Anschluss an dieses Netzwerk.

Im Internet sind die einzelnen großen Netze über Backboneverbindungen miteinander verknüpft.

In **Bild 2** ist schematisch der Backbone eines Carriers mit zwei angeschlossenen Providern dargestellt. Provider A betreibt einen PoP (Point of Presence = Einwahlknoten) mit angeschlossenen Computern. Er selbst ist über eine Backboneverbindung des Carriers an das Internet gebunden. Für diesen Zweck beherbergt Provider A einen Schaltschrank des Carriers, der als Gegenstelle für die

- **ICANN** = Internet Corporation for Assigned Names and Numbers (Internet Organisation)
- **TCP** = Transmission Control Protocol (Übertragungs- und Steuerungsprotokoll)
- **IP** = Internet Protocol (Internet Protokoll)
- **Provider** = Anbieter von Internetdiensten.
- **CIX** = Commercial Internet Exchange (kommerzieller Internet-Austauschpunkt.

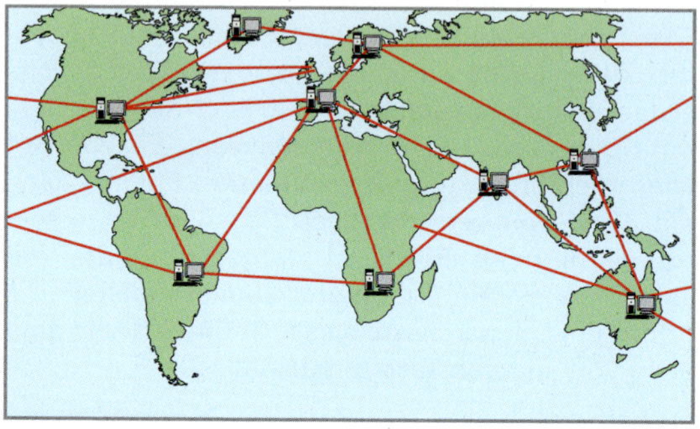

Bild 1: Weltweites Internet

Backbone-Verbindung zum Provider B dient. Auch Provider B betreibt einen PoP mit angeschlossenen Rechnern. Der Carrier unterhält hier ebenfalls einen Schaltschrank, der die Verbindungen zu A und zum Internet gewährleistet.

Der Anschluss an das weltweite Internet erfolgt über eine Verbindung zu einem CIX (von Commercial Internet Exchange = kommerzieller Internet-Austauschpunkt), der eine neutrale Austauschstelle als Übergang zu anderen autonomen Systemen (AS) darstellt. Der bedeutendste Austauschpunkt in Deutschland ist das DECIX (Deutscher Commercial Internet Exchange, http://www.de-cix.net) in Frankfurt am Main.

Das Internet besteht aus mehr als 21000 unabhängigen Netzen, den Autonomen Systemen (AS).

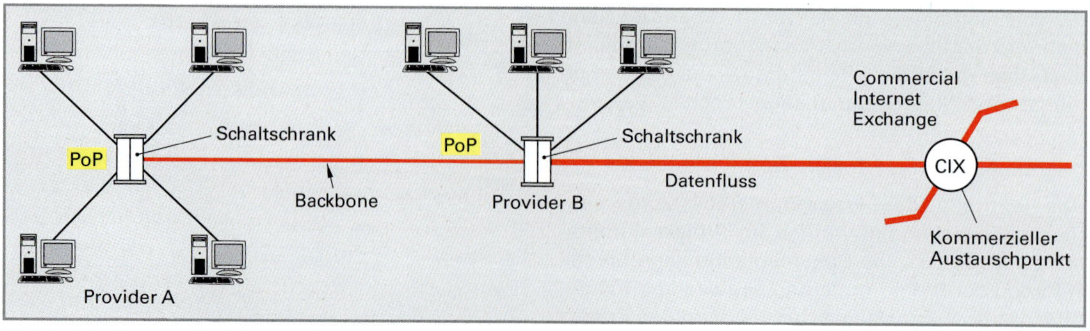

Bild 2: Prinzip eines Backbones mit zwei angebundenen Providern

4.8.8.2 Internet-Zugangsarten

Die Benutzung des Internets ist zu einem selbstverständlichen Bestandteil des Alltags geworden. Über das Internet lassen sich kostengünstig und weltweit Informationen nutzen. Dazu kommen immer mehr neue Anwendungen, die wesentlich auch das persönliche Umfeld bestimmen werden **(Bild 1)**.

Um ins Internet zu gelangen, benötigt man außer dem Computer eine Datenübertragungseinrichtung, entsprechende Software und einen Internet Service Provider (to provide = versorgen).

Ein Internet-Provider vermietet die Berechtigung zum Zugriff auf das Internet.

Schmalbandzugangstechnik

Bei einem analogen Telefonanschluss erfolgt die Verbindung über ein Modem. Es wandelt die digitalen Signale des PC in analoge Signale um, die durch Telefonleitungen übertragen werden können. Bei einem digitalen ISDN-Telefonanschluss (ISDN = Integrated Services Digital Network) wird eine ISDN-Karte (intern) oder ein ISDN-Terminaladapter (extern) benötigt. Diese Anschlussarten sind heute veraltet.

Breitbandzugangstechnik

Kabel. Eine Kabel-TV-Leitung ermöglicht einen schnellen und ständigen Internetservice. Diese Verbindungsart ist im Allgemeinen nur in Ballungsgebieten verfügbar. Dabei kann die Verbindungsgeschwindigkeit sinken, wenn viele benachbarte Teilnehmer online sind.

DSL. Eine wesentlich höhere Datenübertragungsrate lässt sich mit DSL (Digital Subscriber Line = Digitaler Teilnehmeranschluss) über die hohen Frequenzbereiche eines Telefonanschlusses erreichen (siehe Kapitel 4.8.6, Seite 416). Hierzu sind ein Splitter (Frequenzweiche) und ein DSL-Modem erforderlich **(Bild 2)**. In vielen Geräten sind Splitter bereits integriert und diese Geräte können deshalb direkt an der TAE (Telefonanschlusseinheit) angeschlossen werden.

WLAN. Für ein kabelloses Netzwerk (Wireless Local Area Network) benötigt man neben dem DSL-Splitter einen WLAN-Router, der eine Funkverbindung zum PC herstellt. **(Bild 2)**. Dadurch muss sich der Nutzer mit seinem Notebook nicht immer in unmittelbarer Nähe zur Netzwerkdose aufhalten.

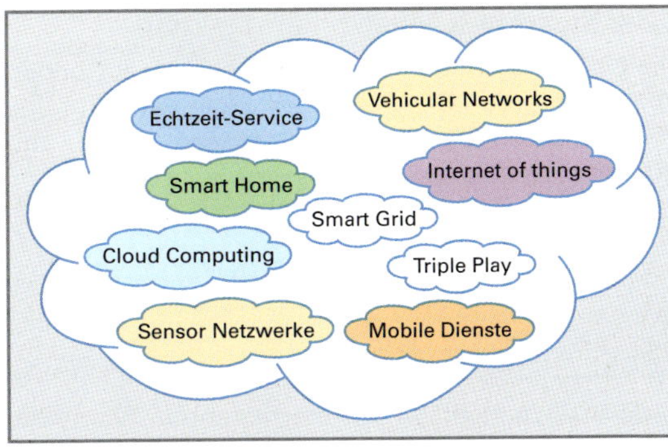

Bild 1: Neue Anwendungen im Internet

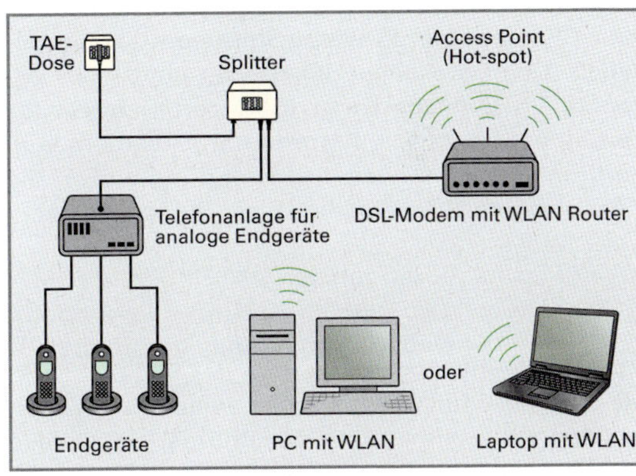

Bild 2: Internetzugang mit DSL und WLAN

UMTS. Das mobile Internet bietet viele Möglichkeiten ortsunabhängig auf Daten zuzugreifen. Über das Handynetz lassen sich mit Notebooks und PDAs durch den Mobilfunkstandard UMTS (Universale Mobile Telecommunications System) Datenübertragungsraten bis 384 kbit/s erreichen. Der Mobilfunkstandard der dritten Generation, HSPA (High Speed Packet Access), ermöglicht eine Downloadrate von bis zu 84 Mbit/s.

Glasfaseranschlüsse. Im Bereich des Festnetzes unterscheidet man die vier Ausbauarten FTTC, FTTB, FTTH und FTTD. Bei FTTC (Fibre to the curb = Faser an den Bordstein) wird die Glasfaseranbindung bis zum Verteilerkasten (DSLAM) geführt. Bei FTTB (Fibre to the building) geht der Anschluss bis ins Haus, z. B. in den Keller. Von dort aus werden die bestehenden Kupferverbindungen bis in die Haushalte genutzt. Bei FTTH (Fibre to the home) ist die direkte Anbindung einer Wohnung an das Glasfasernetz gemeint. Mit FTTD (Fibre to the desk = Glasfaser bis zum Schreibtisch) werden die Verbindungen bis zur Netzwerkdose eines Büros in Glasfasertechnik ausgeführt.

4.8.8.3 Kommunikationsprotokolle

Die Kommunikationsprotokolle des Internet bilden ähnlich wie das OSI-Referenzmodell eine Abfolge von Schichten **(Bild 1)**. Sie entstanden vor der Veröffentlichung des OSI-Referenzmodells und decken sich deshalb nicht vollständig.

Das Internet-Schichtenmodell besteht im Gegensatz zum OSI-Referenzmodell nur aus vier Schichten.

Jede Schicht stellt der darüberliegenden Ebene definierte Funktionen zur Verfügung **(Tabelle 1)**. Die beiden grundlegenden Protokolle TCP (Transport Control Protocol) und IP (Internet Protocol) haben der TCP/IP-Internet Protocol Suite den Namen gegeben. Die Protokollspezifikationen sind in so genannten RFC-Dokumenten (RFC von Request for Comment = Bitte um Kommentare) festgehalten. Aufgrund ihrer weltweiten Anwendung stellen die hier veröffentlichten Regeln Quasi-Standards dar.

TCP/IP sind Kommunikationsprotokolle, die unabhängig von der zugrunde liegenden Hardware der Netze Informationen verarbeiten.

Die Internet-Standards werden weiter entwickelt von den IAB (Internet Activities Boards = informelle Organisationen) mit Unterorganisationen wie IETF (Internet Engineering Task Force = Funktionsüberwachung) und IRTF (Internet Research Task Force = Weiterentwicklung).

Tabelle 1: Internet-Protokollschichten

Bezeichnung	Aufgaben	Daten
Anwendungsschicht	Enthält Anwendungen und Prozesse, die auf das Netzwerk zugreifen	Stream
Transportschicht	Stellt Ende-zu-Ende-Datendienste zur Verfügung	Segment
Internetschicht	Definiert den Aufbau von Datagrammen und routet Daten	Datagramm
Netzwerkschicht	Enthält Routinen für den Zugriff auf physikalische Netze	Frame

TCP/IP-Daten werden meist über ein vorhandenes Trägernetz, z. B. vom Typ Ethernet oder TokenRing, übertragen. Die Aufgabe des TCP/IP-Programmstapels ist es, die Verbindung zwischen unterschiedlichen Netzwerken zu ermöglichen.

IPv6

Durch das starke Wachstum des Internets wird das gegenwärtige Adressierungssystem des IPv4 (Internet Protocol Version 4) in naher Zukunft überlastet sein. Die jetzt schon vorhandene Form IPv6 (Internet Protocol Version 6, RFC 2460) benutzt 128-Bit-Adressen, aufgeteilt in acht Viererblöcke mit Hexadezimalnotation, getrennt durch Doppelpunkte.

`2001:0db8:85a3:08d3:1319:8a2e:0370:7344`

Dieses Format bietet 4,3 Milliarden Adressen und vereinfacht die Datenweiterleitung zwischen Teilnetzen.

<table>
<tr><th colspan="9">Internet-Protokolle</th></tr>
<tr><th colspan="2">OSI-Schicht</th><th colspan="6">Internet-Protokoll-Suite</th><th>Internet-Schicht</th></tr>
<tr><td>7</td><td>Anwendung</td><td>File Transfer</td><td>Electronic Mail</td><td>Terminal Emulation</td><td>Usenet News</td><td>Domain Name Service</td><td>World Wide Web</td><td>Art der Kommunikation</td></tr>
<tr><td>6</td><td>Darstellung</td><td rowspan="2">File Transfer Protocol (FTP) RFC 959</td><td rowspan="2">Simple Mail Transfer Protocol (SMTP) RFC 821</td><td rowspan="2">Telnet Protocol (Telnet) RFC 854</td><td rowspan="2">Usenet News Transfer Protocol (NNTP) RFC 977</td><td rowspan="2">Domain Name Service (DNS) RFC 1034</td><td rowspan="2">World Wide Web (WWW) RFC</td><td rowspan="2">Anwendung Applikation</td></tr>
<tr><td>5</td><td>Sitzung</td></tr>
<tr><td>4</td><td>Transport</td><td colspan="5">Transmission Control Protocol (TCP) RFC 793</td><td>User Datagram Protocol (UDP) RFC 768</td><td>Transport Host to Host Kommunikation</td></tr>
<tr><td>3</td><td>Netzwerk</td><td>Address Resolution Protocol (ARP) RFC 826</td><td colspan="4">Internet Protocol (IP) RFC 791</td><td>Internet Control Message Protocol RFC 792</td><td>Internet</td></tr>
<tr><td>2</td><td>Sicherung</td><td colspan="2">Ethernet</td><td>Token Ring</td><td>DQDB</td><td>FDDI</td><td>ATM</td><td>lokales Netzwerk</td></tr>
<tr><td>1</td><td>physikalische Übertragung</td><td>Twisted Pair</td><td>Lichtwellenleiter</td><td colspan="2">Coaxkabel</td><td>Funk</td><td>Laser</td><td>Netzzugriff</td></tr>
</table>

Bild 1: Wichtige Kommunikationsprotokolle im Internet

4.8.8.4 Powerline Communication

Die Powerline-Technik ist eine Alternative zu den herkömmlichen Netzwerktechniken mit Ethernetverkabelung und WLAN (Wireless Local Area Network). Sie wird oft auch als Strom-LAN oder dLAN (direct LAN) bezeichnet. Die Datenübertragung findet bei Powerline als Hochgeschwindigkeits-Ethernet-Verbindung über das Stromnetz statt **(Bild 1)**. Die Vorteile liegen in der einfachen Software-Installation (Plug&Play), der Vermeidung von Kabelneuver-legungen und in der höheren Reichweite gegenüber WLAN.

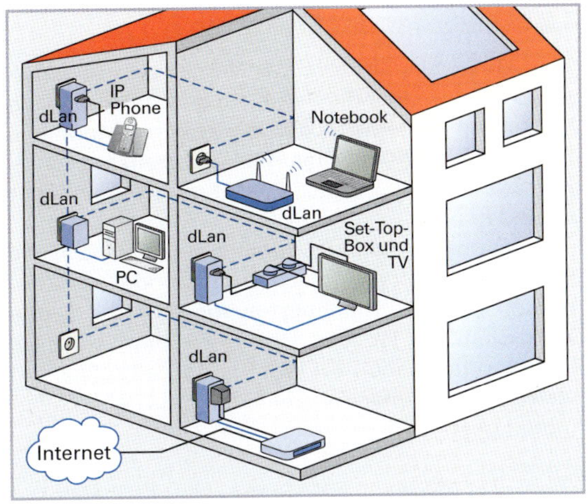

Bild 1: Inhouse-Powerline

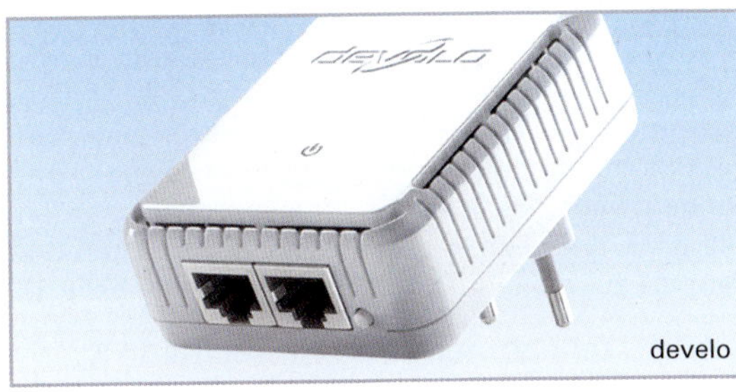

Bild 2: Netzwerkadapter

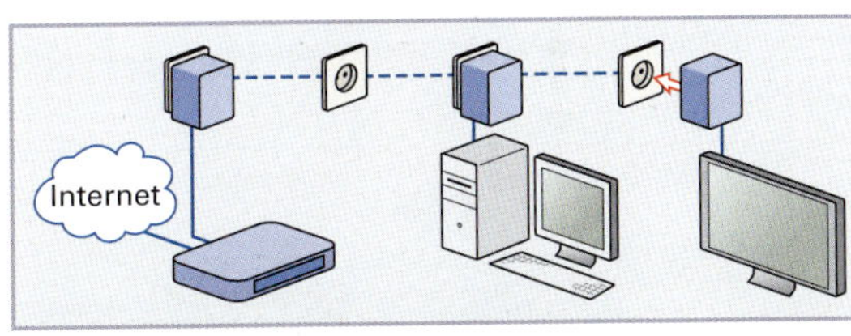

Bild 3: Powerline Mehrplatzlösung

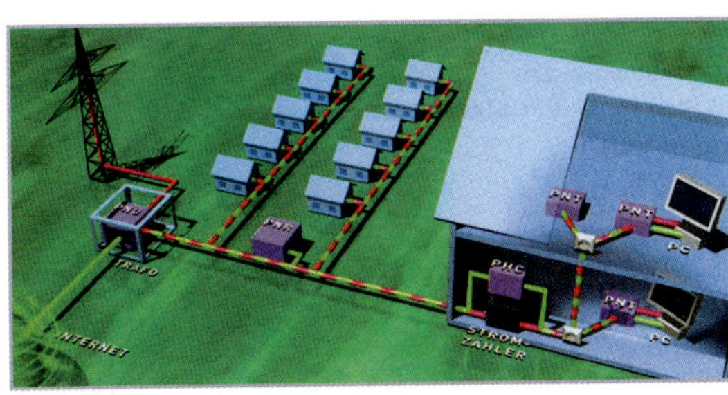

Bild 4: Powerline Hauszugang

Die Verbindung zwischen Stromnetz und PC erfolgt über einen Adapter mit Netzwerkanschluss **(Bild 2)**. Es werden mindestens zwei Adapter benötigt: Einen für die Verbindung von DSL-Modem oder Router mit der Steckdose und einen für die Verbindung zwischen PC und Stromnetz **(Bild 3)**. Mittlerweile ist es möglich, mit manchen Produkten Übertragungsgeschwindigkeiten von bis zu 200 Mbit zu erreichen. Sie nimmt jedoch mit steigender Entfernung und steigender Adapteranzahl stark ab. Maximal können 10-15 Adapter in einem Netzwerk sinnvoll betrieben werden (Bild 1).

Funktionsweise

Die vorhandene Netzspannung von 230 V wird mit Trägerfrequenzen von 4,5 MHz bis 27 MHz überlagert, die mit dem Nutzsignal im orthogonalem Frequenz-Divisions-Multiplex-Verfahren (OFDM) moduliert sind. Das Netz hat Busstruktur, d. h. alle Geräte sind an derselben Leitung angeschlossen. Es kann immer nur ein Gerät senden oder empfangen.

An ihre Grenzen kann die Übertragungstechnik bei getrennten Stromkreisen stoßen, etwa im Büro oder in benachbarten Wohnungen, ebenso beim Einsatz eines Spannungsfilters. Die Abstrahlung von Powerline kann Störungen bis in den UHF-Bereich herbeiführen. Durch die Abstrahlungen besteht die Gefahr des unbefugten Abhörens. Die Geräte sind deshalb mit Netzwerkkennworten und Verschlüsselungsverfahren ausgestattet.

Powerline zum Stromversorger

Neue Verbrauchsgewohnheiten und die dezentrale Stromerzeugung, z. B. durch Solarzellen auf Gebäudedächern, erfordert intelligente Stromnetze (smart grid). Für die Übertragung von Zähler- und Netzdaten bietet es sich an, die Stromleitungen zu nutzen, die zu jedem Haus führen. Zähler- und Netzdaten bleiben innerhalb der „Energiewelt" und müssen nicht über Schnittstellen der Telekommunikationswelt transportiert werden **(Bild 4)**. Ab 2017 sollen in Deutschland zur Beschleunigung der Energiewende nach Regierungsvorgabe intelligente Stromzähler (Smart Meter) bei den Energieverbrauchern eingeführt werden. Sie werden Energiedaten in Echtzeit, IP-basiert, sicher verschlüsselt und breitbandig zum Stromversorger transportieren.

4.8.9 Internet der Dinge (IoT)

Das IoT ist ein Konzept zur Vernetzung aller Lebensbereiche. Über die Vernetzung lassen sich viele Geräte und Systeme in den Bereichen Automative (Automobiltechnik), Consumer (Verbraucher, Energie, und Industrie) über das Internet miteinander verbinden **(Bild 1)**.

Im IoT-Konzept können intelligente elektronische Gegenstände (smart objects) miteinander kommunizieren und Informationen austauschen, z. B. die Druckerpatrone ist leer. Dieser Zustand wird als Zustandsinformation zur Weiterverarbeitung einem bestimmten Empfänger über das Internet zur Verfügung gestellt.

Ziel des Internets der Dinge ist es, Informationslücken zwischen realer Welt und virtueller Welt durch Zustandsinformationen zu schließen.

Jeder IoT-Gegenstand enthält dazu einen Mikrocomputer. Die Gegenstände sind durch eine eindeutige Internetadresse (URL) gekennzeichnet und können über das Internet angesprochen werden. Oft wird zwischen dem IoT für Verbraucher und dem IoT für die Industrie unterschieden **(Tabelle 1)**.

4.8.9.1 Teilnehmer im Verbraucher-IoT

Im Haushalt. Diese Geräte können z. B. über Internet zeitgesteuert, geschaltet werden oder Kühlgeräte informieren über ihren Zustand, z. B. bei offener Tür.

IoT von Internet of Things = Internet der Dinge
Kevin Ashton, engl. Ingenieur, geb. 1968

Tabelle 1: Internet der Dinge

Einsatzgebiete	Anwendungen
Verbraucher (consumer)	Haushaltsgeräte, Geräte der Medientechnik, Kraftfahrzeuge, medizinische Geräte, Wearables, Energieversorgung.
Industrie, Industrie 4.0	Maschinen, Fabrikautomatisierung, Produktionseinrichtungen, Sensornetzwerke.

In der Medientechnik

- Steuerung der Geräte der Unterhaltungselektronik und der Informationstechnik, z. B. PCs fernsteuern.
- Geräte der Telekommunikationstechnik, z. B. Drucken auf Multifunktionsgeräten mit Apps.

In der Kraftfahrzeugtechnik (Automotives)

Die Fahrzeuge kommunizieren miteinander (C2C, car to car) oder z. B. mit der Werkstatt.

Im Gesundheitswesen

Geräte zur medizinischen Versorgung oder Überwachung, z. B. zur Mobilitätskontrolle.

Bei Wearables (am Körper tragbares)

Körperfunktionen aufnehmen, z. B. Puls messen.

In der Energieversorgung

Energieverteilung im Haus (smart grid), Energieverbrauchsmessung (smart metering) oder Energiespeicherung.

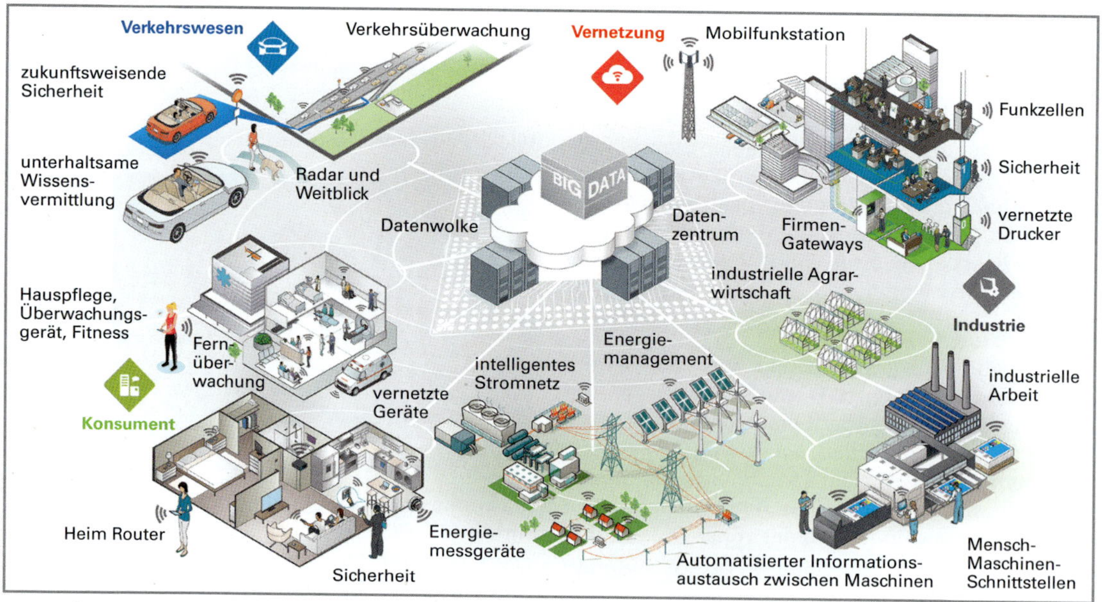

Bild 1: Übersicht Internet der Dinge

4.8.9.2 IoT in der Industrie

Im Industriebereich findet der Übergang von der M2M-Technik (Machine to Machine) zur Industrie-4.0-Technik statt (Tabelle 1, vorhergehende Seite).

Machine-to-Machine (M2M)

M2M steht für den automatisierten Informationsaustausch zwischen Endgeräten wie Maschinen, Automaten, Fahrzeugen oder Containern untereinander oder mit einer zentralen Leitstelle **(Bild 1)**. Für den Zugang werden das Internet und weitere Netze, z. B. das Mobilfunknetz ver-wendet. M2M eignet sich für die Fernüberwachung, Fernkontrolle und Fernwartung von Maschinen, und Produktionseinrichtungen.

> Die M2M-Technologie verknüpft Informationstechnik und Kommunikationstechnik.

Bei der M2M-Fertigung überwachen oft nur wenige Menschen einen Fertigungsprozess **(Bild 2)**.

Industrie 4.0

Für den Wandel in der industriellen Fabrikarbeit wurde der Begriff Industrie 4.0 geprägt. Industrie 4.0 ist die vierte Stufe der industriellen Entwicklung **(Bild 3)**.

Smart Factory

In der Smart Factory erfolgt die Produktion vernetzt, von der Planung bis zur Ergebnisdokumentation mit einem Informationsmanagementsystem auf Basis der RFID-Technik gearbeitet. So entstehende Produkte werden als Smart Products bezeichnet. Die Vernetzung soll Produktion auf Nachfrage (production on demand) ermöglichen, ohne die Vorteile der Massenproduktion aufzugeben.

Smart Products

Smart Product ist in der Fertigung die Bezeichnung für physische Produkte, die selbst Daten für ihr eigenes virtuelles Abbild zur Verfügung stellen. Der Arbeitsplan zur Fertigung und die Geschichte des Produktes werden am Produkt selbst gespeichert und abgefragt. Durch Scannen der Produktdaten erkennt die Produktionsma-schine z,B. welches CNC-Programm zu verwenden ist.

> ⓘ **CPS von Cyber-Physical System** = künstliches physikalisches System.
>
> **CPS** ist ein Verbund, der über das Internet oder das Mobilfunknetz kommuniziert.

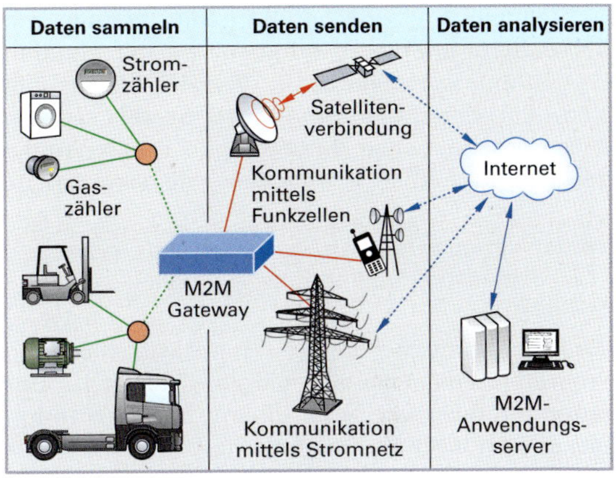

Bild 1: M2M-Automatisierung

Bild 2: M2M-Fertigung bei Siemens ©Siemens

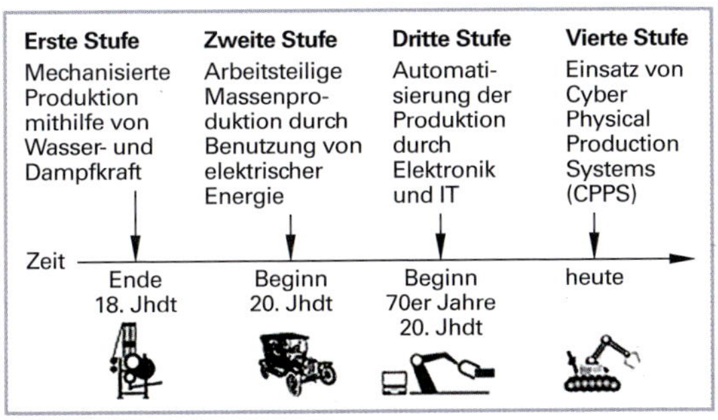

Bild 3: Industrielle Entwicklungsstufen ©Siemens

Cyber-Physical Systems CPS

CPS verbinden die physikalische Fertigungswelt mit der virtuellen Welt (Cyberspace). So entstehen in einer global vernetzten Welt z. B. Produkte mit eingebetteter Hardware und Software (Embedded systems). Diese Systeme verarbeiten die Daten aus der physikalischen Welt und stellen sie über netzbasierte Dienste zur Verfügung, die durch Aktoren wiederum direkt auf Vorgänge in der physikalischen Welt einwirken können.

Ein Teil-CPS-System ist z. B. die Navigationssoftware, die mithilfe von Mobilfunkdaten Stauinformationen aus aktuellen Verkehrsbewegungsprofilen ableitet.

4.9 Programmieren mit Programmiersprachen

4.9.1 Begriffe des Programmierens

Elektrotechnische Berechnungen und grafische Darstellungen elektrischer Vorgänge können mit Anwenderprogrammen erfolgen, die mit höheren Programmiersprachen, z. B. Visual Basic, erstellt sind. Ein derartiges Programm besteht aus in Zeilen geschriebenen *Anweisungen*, mit denen die gestellten Aufgaben schrittweise gelöst werden.

Anweisungen übersetzt ein Computer in seine Maschinensprache und führt sie aus.

Die Programmerstellung erfolgt mit verschiedenen Programmierwerkzeugen (Tools, **Tabelle 1**). Der Programmtext wird mit einem *Editor* erzeugt. Dieser Text wird als Textdatei gespeichert und als *Quelltext* bezeichnet.

Die Übersetzung eines Anwenderprogrammes kann beim Abarbeiten eines Programmes je nach Sprachversion zeilenweise mit einem *Interpreter* (Interpreterprogramm) oder vor dem Abarbeiten mit einem *Compiler* (Compilerprogramm) durchgeführt werden.

Programmiersprachen, wie z. B. Visual Basic oder C, enthalten Worte oder Abkürzungen, die aus der englischen Sprache stammen. Zum Programmieren ist deshalb ein bescheidener Wortschatz an englischen Ausdrücken unentbehrlich **(Tabelle 2)**.

Die Bedeutung der englischen Worte ist beim Programmieren ähnlich wie deren deutsche Übersetzung (Tabelle 2). Oft wird anstelle eines ausgeschriebenen englischen Wortes nur dessen Anfang verwendet.

Die Grundworte bei Programmiersprachen sind englische Ausdrücke.

Als Grundfunktionen von höheren Programmiersprachen wie Visual Basic, C++, C# oder Java sind Anweisungen zu nennen, mit denen z. B.

- Ausgaben am Bildschirm,
- Eingaben über die Tastatur,
- Wertermittlungen von Programmvariablen,
- Sprünge zu anderen Anweisungen bzw. Programmschleifen und
- mathematische Berechnungen

durchgeführt werden können.

Tabelle 1: Programmierwerkzeuge (Software)

Name	Bedeutung
Editor	Programm zur Eingabe von Text bestehend aus ASCII-Zeichen.
Interpreter	Übersetzt den Programmtext in Maschinensprache während der Programmausführung.
Compiler	Übersetzt einen Quelltext vor der Programmausführung in Maschinensprache.

Tabelle 2: Bedeutung englischer Wörter beim Programmieren (Auswahl)

Wort	Aussprache	Bedeutung
case	keis	Fallunterscheidung
do	du	führe aus
end	end	Ende
for	for	für
if .. then	if .. senn	wenn .. dann
goto	gouto	springe zu
loop	luhp	Schleife
print	print	schreiben
read	rihd	lesen
repeat	ripiht	wiederholen
return	ritörn	zurückgehen
save	seif	speichern
while	wail	solange
write	rait	schreiben

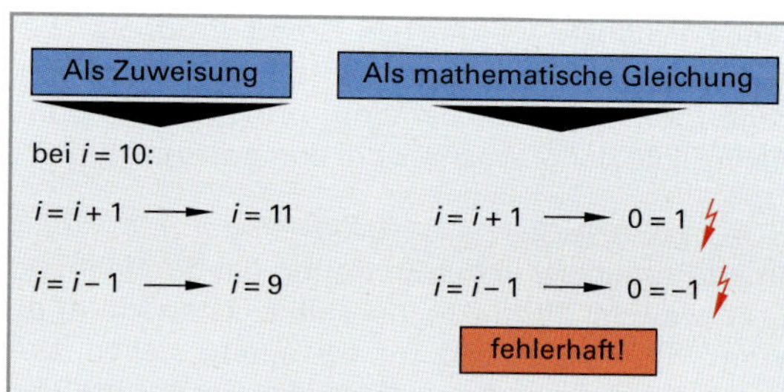

Bild 1: Gegenüberstellung von Zuweisung und mathematischer Gleichung

Von besonderer Bedeutung ist beim Programmieren das Zuweisen von Werten. In einer Programm-Zuweisung kann die gleiche Variable links und rechts vom Gleichheitszeichen stehen **(Bild 1)**. Es handelt sich hierbei nämlich um keine mathematische Gleichung, sondern um eine *Zuweisung*. Manche Programmiersprachen verwenden daher anstelle des Zeichens = die Zeichen :=.

4.9.2 Programmieren in Visual Basic

4.9.2.1 Allgemeines zu Visual Basic

Visual Basic (VB) ist eine Programmiersprache, mit der man grafische Benutzeroberflächen im Windows-Stil *Drag* and *Drop* (von to drag = ziehen, to drop = fallen lassen) interaktiv am Bildschirm ohne ausschließliches Schreiben von Programmcode programmieren (erstellen) kann **(Bild 1)**. Das „Basic" im Namen rührt von der Sprache BASIC (von Beginners All purpose Symbolic Instruction Code) her. Visual Basic hat sich aus der Programmiersprache BASIC entwickelt und enthält Anweisungen und Funktionen, mit denen die grafischen (visuellen) Windows-Oberflächenelemente, z. B. Buttons oder Optionsfelder, direkt erzeugt und bearbeitet werden können.

Die Programmiersprache Visual Basic wird auch in Microsoft-Produkten (VBA von Visual Basic for Applications, application = Anwendung) angewendet, z. B. zum Programmieren von Funktionen im Tabellenkalkulationsprogramm Excel oder im Datenbankprogramm Access. Das Visual-Basic-Programmiersystem Scripting Edition (VBScript) für das Programmieren von Internet-Seiten enthält eine Untermenge der Programmiersprache Visual Basic.

Ein Visual-Basic-Programm enthält keinen Hauptprogrammteil wie dies z. B. beim Programmieren mit der Programmiersprache C der Fall ist. Programme, die in diesen Programmiersprachen erstellt sind, beginnen mit der ersten Programmzeile und werden dann nach einem vordefinierten Weg ausgeführt. Ein Visual-Basic-Programm besteht dagegen nur aus ereignisbezogenen Prozeduren, die nach Auftreten des Ereignisses, z. B. eines Mausklickes, aktiviert werden **(Bild 2)**.

Ein Programm in Visual Basic reagiert nur auf Ereignisse.

Beim Eintreten solcher Ereignisse werden Meldungen an das Betriebssystem Windows erzeugt, die von diesem verarbeitet werden und dann Prozeduren aktivieren, die entsprechende Reaktionen auslösen **(Bild 3)**. Visual Basic wickelt genau diesen Meldungsverkehr ab. Der Programmierer muss sich um diese Meldungen und um deren Verarbeiten also nicht kümmern.

In Visual Basic müssen diejenigen Prozeduren programmiert werden, die z. B. nach Mausklicks ausgeführt werden sollen.

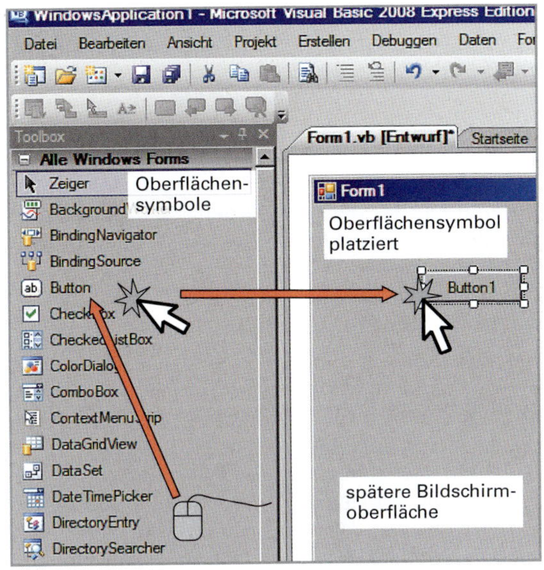

Bild 1: Grafisch interaktive Gestaltung einer Benutzeroberfläche

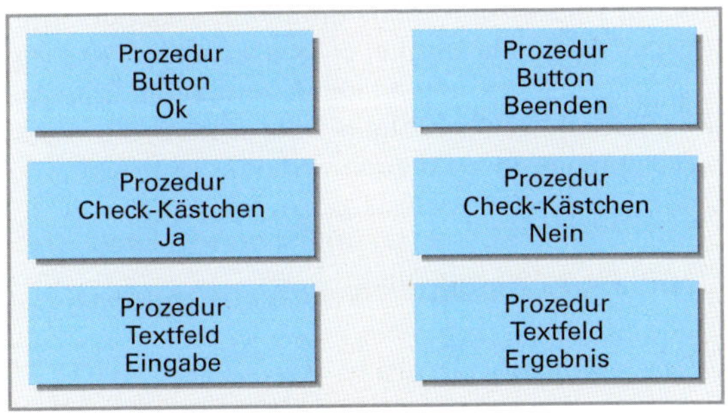

Bild 2: Ein aus Prozeduren bestehendes Programm in Visual Basic

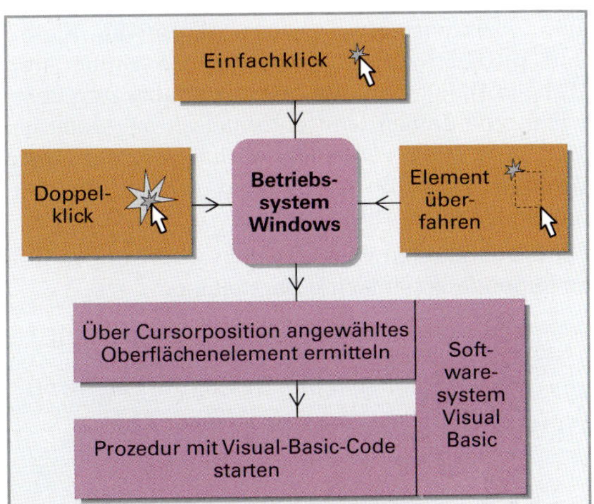

Bild 3: Beispiel des Zusammenwirkens von Windows und Visual Basic bei mausbetätigten Aktionen

Der Programmcode von Visual Basic wird bei der Eingabe interpretiert. Dadurch werden Syntax-Fehler unmittelbar am Bildschirm angezeigt. Ferner wird während der Eingabe der bis dahin eingegebene Programmcode auch kompiliert. Findet der Compiler einen Fehler, wird er im Programmcode markiert. Das Kompilieren kann nach der Fehlerbeseitigung fortgesetzt werden, ohne dass das Kompilieren wieder ganz von vorne durchgeführt werden muss.

4.9.2.2 Projekte, Formen, Module

Ein vollständiges Programm in Visual Basic wird *Projekt* genannt. Ein Projekt umfasst Formulare (Formen), Module (Standardmodule), Klassenmodule und Ressourcendateien **(Bild 1)**. Die grafischen Elemente der Benutzeroberfläche werden in den *Formularen* abgebildet. Ihre Aktionen werden in dazugehörenden Prozeduren programmiert. Die *Module* enthalten globale (prozedurübergreifende) Vereinbarungen (Deklarationen) für Konstante, Variable und auch für Prozeduren selbst. Prozeduren zum Umsetzen von nicht unmittelbar benutzergeführten Abläufen werden in *Klassenmodulen* programmiert. Ressourcendateien enthalten Bitmaps (Pixelbilder), Zeichenfolgen oder Daten, die meist nicht durch Programmcode verändert werden.

Projekte in Visual Basic enthalten insbesondere Formulare und Module.

4.9.2.3 Vereinbarungen

Variable und Datenfelder (Variable mit Indizes) sind in Visual Basic hinsichtlich ihres Datentyps über die Vereinbarungsanweisungen `dim` (von dimension = Abmessung), `private` (privat, eigen) und `public` (öffentlich, global) zu vereinbaren **(Tabelle 1)**. Für nicht deklarierte Variable zum Bearbeiten von Zahlen wird automatisch der Datentyp `VariantType` verwendet. Dabei wird eine feste Speicherplatzgröße unabhängig vom zu bearbeitenden Zahlenwert eingeplant.

Für die genannten Vereinbarungsanweisungen gibt es folgende vereinfachte Darstellung:

```
dim       Variable[([Indizes])] [as Datentyp]
          [,Variable[([Indizes])] [as Datentyp]]

private   Variable[([Indizes])] [as Datentyp]
          [,Variable[([Indizes])] [as Datentyp]]

public    Variable[([Indizes])] [as Datentyp]
          [,Variable[([Indizes])] [as Datentyp]]
```

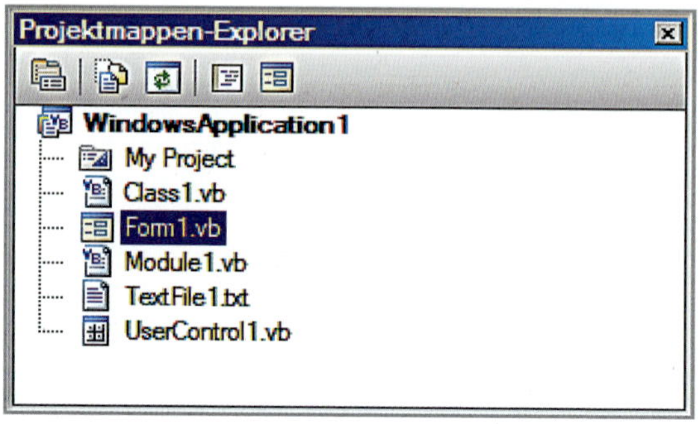

Bild 1: Umfang eines Visual-Basic-Projektes

Tabelle 1: Datentypen

Datentyp	Anzahl Bytes	Bemerkung
Byte	1	Zahlenbereich 0 bis 255.
Boolean	2	Werte wahr (true), nicht wahr (false).
Integer	2	Einfachwort für ganze Zahlen.
Long	4	Langwort für ganze Zahlen.
Single	4	Einfache Genauigkeit für reelle Zahlen.
Double	8	Doppelte Genauigkeit für reelle Zahlen.
Currency	8	Für Zahlen bis 15 Vorkommastellen, 4 Nachkommastellen, currency = Währung.
Decimal	14	Für Dezimalzahlen, bis zu 28 Nachkommastellen.
Date	8	Datum bis zum Jahr 9999.
String	>10	Für Zeichenketten.
VariantType	16 >22	Für ganze oder reelle Zahlen. Für Zeichenketten.

Die Anweisungsteile innerhalb der eckigen Klammern müssen wegen der sprachlichen Korrektheit (Sprachsyntax) nicht programmiert werden. Sie verändern jedoch die Auswirkung der Vereinbarung.

Variablen, die mit `dim` auf Modulebene deklariert wurden, stehen allen Prozeduren innerhalb des Moduls zur Verfügung. Auf Prozedurebene deklarierte Variablen stehen nur innerhalb der umgebenden Prozedur zur Verfügung. Mit `private` deklarierte Variablen stehen nur in dem Modul zur Verfügung, in dem sie deklariert wurden. Auf Variablen, die mit `public` deklariert wurden, kann von allen Prozeduren in allen Modulen und Formen aus allen Anwendungen zugegriffen werden.

4.9.2.4 Strukturierte Anweisungen

Die strukturierten Anweisungen von Visual Basic sind denen anderer Programmiersprachen sehr ähnlich. Mit diesen Anweisungen werden die ereignisbezogenen Prozeduren programmiert.

If-Then-Anweisung

Mit der If-Then-Anweisung (Wenn-Dann-Anweisung) wird der Programmablauf in Abhängigkeit von einer Bedingung in einen von zwei Programmzweigen eingesteuert **(Bild 1)**. Die If-Then-Anweisung hat die Form:

```
if Bedingung then Anweisungen
    [else Anweisungen]
[end if]
```

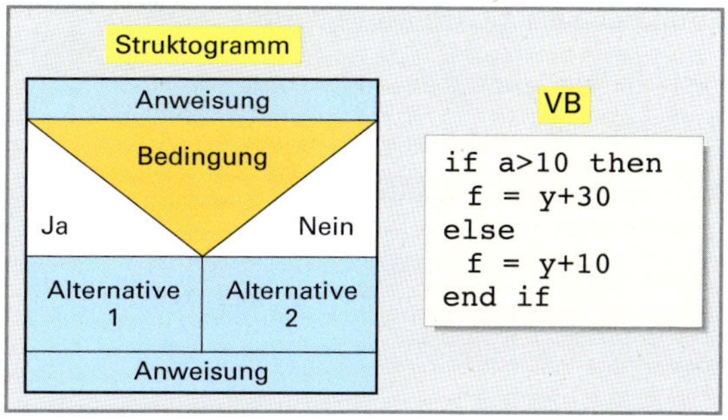

Bild 1: If-Then-Anweisung

`Else` bedeutet andernfalls. Bei *Bedingung* wird eine Programmvariable hinsichtlich eines Wertes auf =, >, >=, <, <=, oder <> geprüft. Der Anweisungsteil zwischen den eckigen Klammern ist optional, d.h. er muss nicht unbedingt programmiert werden.

For-Next-Anweisung

Mit der For-Next-Anweisung (von for = für, next = nächster) wird eine Programmschleife programmiert, die in Abhängigkeit eines Zählers entsprechend häufig durchlaufen wird **(Bild 2)**. Die For-Next-Anweisung hat die Form:

```
for Zähler = Anfang to Ende [step Schritt]
      Anweisungen
      [exit for]
      [Anweisungen]
next [Zähler]
```

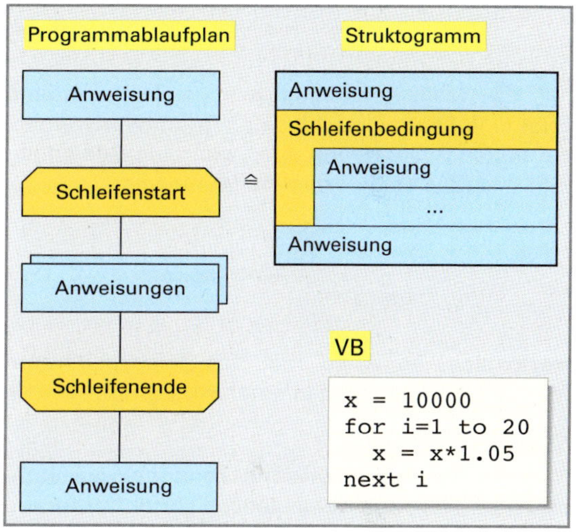

Bild 2: For-Next-Anweisung

Ist `step` (Schritt) nicht programmiert, so ist die Schrittweite eins. Soll rückwärts gezählt werden, dann ist eine negative Schrittweite zu programmieren. Mit `exit for` (von exit = Ausgang) kann der Schleifendurchlauf abgebrochen werden, z.B. im Zusammenwirken mit einer If-Then-Anweisung innerhalb der For-Next-Anweisung. Es wird dann die auf `next` folgende Anweisung außerhalb der Programmschleife ausgeführt. Hinter `next` ist die Zählervariable anzufügen, wenn mehrere For-Next-Anweisungen ineinander geschachtelt sind.

Select-Case-Anweisung

Die Select-Case-Anweisung (von to select = auswählen, case = Fall) ermöglicht in Abhängigkeit eines Variablenwertes, dies kann ein Zahlenwert oder eine Zeichenkette (Stringwert) sein, Fallunterscheidungen hinsichtlich des Programmablaufes zu programmieren **(Bild 3)**.

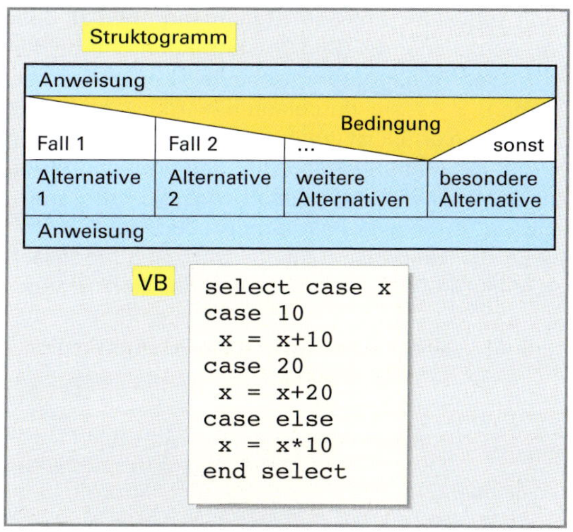

Bild 3: Select-Case-Anweisung

Form der Select-Case-Anweisung:

```
select case Variable
          case Wert(ebereich)
                 Anweisungen
          case Wert(ebereich)
                 Anweisungen
          [case else
                 Anweisungen]
end select
```

In den Case-Programmzweigen kann auf einen einzelnen Wert oder auch auf einen Wertebereich geprüft werden, z. B. `case 5 to 10`.

While-Anweisung

Mit der While-Anweisung (von while = während) kann eine Programmschleife programmiert werden, die so lange ausgeführt wird, wie eine Bedingung erfüllt ist **(Bild 1)**. Die While-Anweisung hat die Form:

```
while  Bedingung
         Anweisungen
wend
```

Wend steht für while end. Das Zeichen : trennt mehrere Anweisungen in einer Programmzeile.

Do-Loop-Anweisung

Mit der Do-Loop-Anweisung können Programmschleifen auf vier verschiedene Arten programmiert werden. Die Überprüfung der Bedingung hinsichtlich eines Durchlaufs der Programmschleife kann entweder am Schleifenanfang **(Bild 2)** oder am Schleifenende **(Bild 3)** stattfinden. In beiden Fällen kann die Programmschleife so programmiert werden, dass sie durchlaufen wird, solange die Bedingung erfüllt ist (while) oder bis die Bedingung erfüllt ist (until). Findet die Bedingungsprüfung am Schleifenende statt, dann wird die Programmschleife in jedem Fall einmal durchlaufen. Mit `exit do` kann die Schleife frühzeitig verlassen werden. Die Do-Loop-Anweisung hat die Formen:

```
   do {while | until} Bedingung
        Anweisungen
        [exit do]
        [Anweisungen]
   loop
oder
   do
        Anweisungen
        [exit do]
        [Anweisungen]
   loop {while | until} Bedingung
```

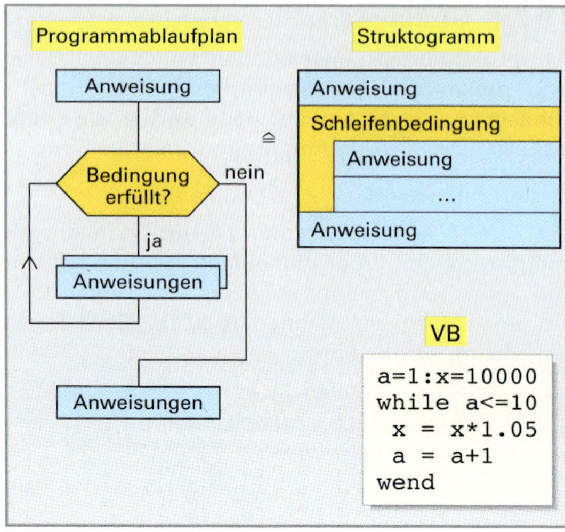

Bild 1: While-Anweisung

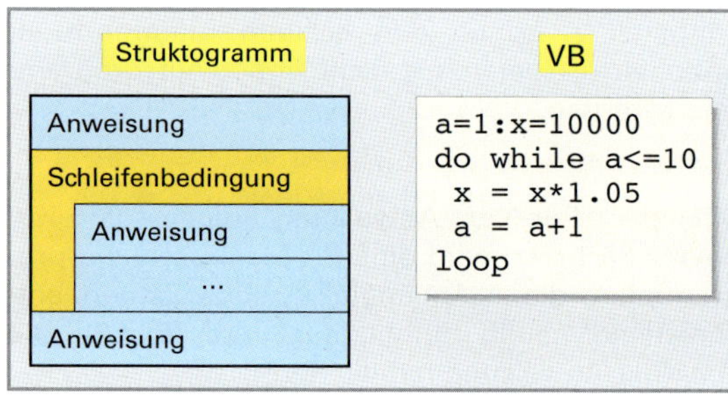

Bild 2: Do-Loop-Anweisung mit Bedingungsprüfung am Schleifenanfang

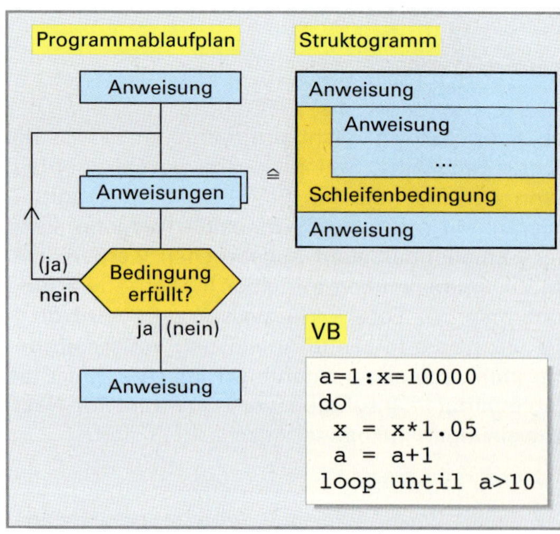

Bild 3: Do-Loop-Anweisung mit Bedingungsprüfung am Schleifenende

4.9.2.5 Textfenster, Check-Kästchen, Buttons

Arbeitsfenster

Nach dem Starten von Visual Basic erscheint am Bildschirm das Arbeitsfenster des Visual-Basic-Programmiersystems **(Bild 1)**. Zum Gestalten der Benutzeroberflächen müssen die Oberflächenelemente in der Tool-Box (toolbox = Werkzeugkasten) ausgewählt und in das Form-Fenster übertragen werden. Im Projekt-Fenster werden die Visual-Basic-Objekte der Benutzeroberfläche (Benutzeroberflächen-Elemente) verwaltet. Im Eigenschaften-Fenster können die Eigenschaften der Benutzeroberflächen-Elemente verändert werden.

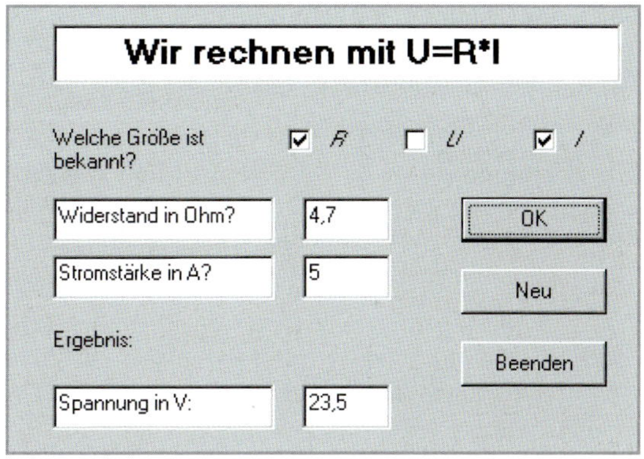

Bild 2: Bildschirmdialog zum Rechnen mit $U = R \cdot I$

Anwendung Ohm'sches Gesetz

Mit einem Programm in Visual Basic soll die Spannung, die Stromstärke oder der Widerstand anhand der Gleichung des Ohm'schen Gesetzes $U = R \cdot I$ berechnet werden. Mehrere Dialogfelder gestalten den Dialog mit dem Benutzer **(Bild 2)**.

Anhand von drei Check-Kästchen (Kontrollkästchen) kann der Benutzer die ihm bekannten zwei Größen auswählen. Entsprechend dieser Auswahl werden dann die Texte

- Widerstand in Ohm?,
- Spannung in V?,
- Stromstärke in A?

am Bildschirm eingeblendet. Der Benutzer muss die ihm bekannten Werte eingeben und die Schaltfläche OK (-Button) mittels Mausklick betätigen. Das Berechnungsergebnis wird angezeigt.

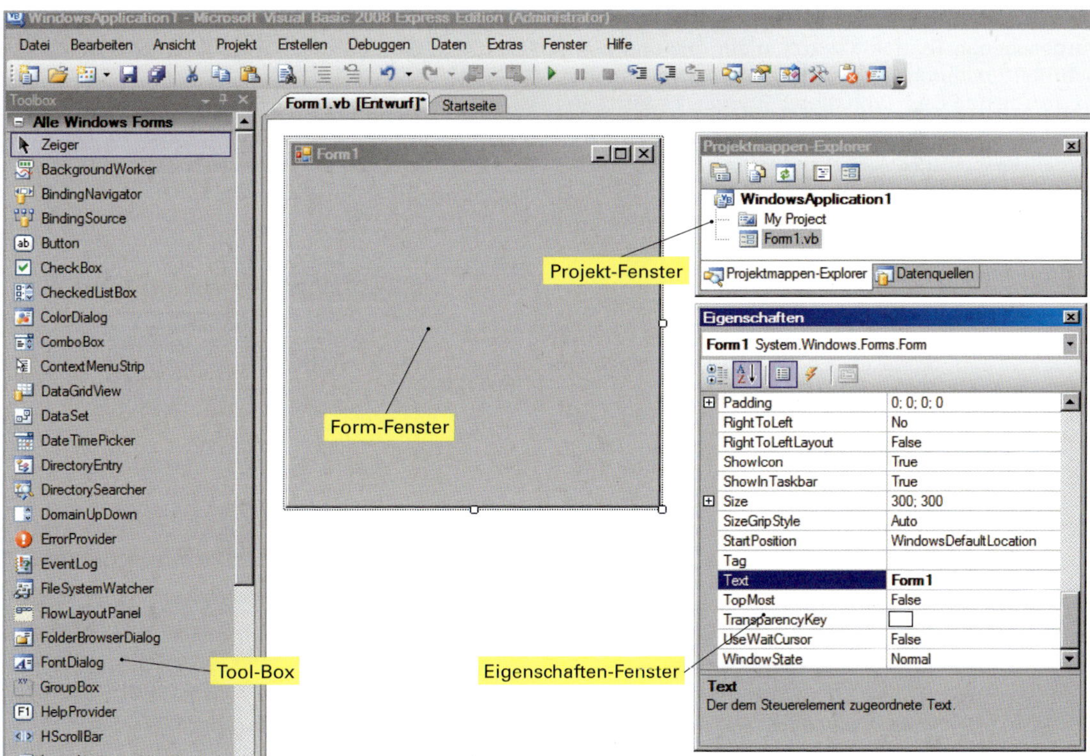

Bild 1: Arbeitsfenster von Visual Basic

Bei einer erneuten Berechnung, werden die Dialogfelder nach Betätigen des Buttons `Neu` wieder in ihren ursprünglichen Ausgangszustand gebracht.

Erstellen der Dialogmaske

Die Dialogmaske wird im Fenster von `Form1` erzeugt (Bild 1, vorhergehende Seite). In unserem Beispiel benötigen wir aus der Tool-Box **(Bild 1)**

- das Textfeld für den Text „Wir rechnen mit *U* = *R* * *I*“,
- die Bezeichnungsfelder mit den Texten „Welche Größe ist bekannt?“, „Ergebnis“,
- sechs weitere Male das Textfeld,
- dreimal das Check-Kästchen (Check Box) und
- dreimal die Befehlsschaltfläche (Button) für die Buttons `OK, Neu, Beenden.`

Diese Elemente werden in der Tool-Box angeklickt. Mit dem dann erscheinenden Fadenkreuzcursor werden anschließend im Fenster von `Form1` Rechteckflächen zur Platzierung der gewünschten Dialogfelder markiert.

Die Elemente einer Dialogmaske werden in der Tool-Box ausgewählt.

Der Text „Wir rechnen mit *U* = *R* * *I*“ wird im vorgesehenen Textfeld (Text7) in der gewünschten Schriftart dadurch erzeugt, indem er im Fenster `Eigenschaften` von `Text7` unter `Text` eingetragen wird **(Bild 2)**. Im Fenster `Eigenschaften` können unter `Font` (= Schriftart) nach Anklicken die Schriftart und die Schriftgröße eingegeben werden.

Nach Erzeugen der Rechteckflächen bzw. Quadrate für die Elemente

- Bezeichnungsfeld,
- Check-Kästchen und
- Befehlsschaltfläche

muss jeweils im Fenster `Eigenschaften` der später am Bildschirm auf dem Dialogelement zu erscheinende Text, z. B. Beenden, im Feld `Text` eingegeben werden. Im Fenster `Eigenschaften` werden für jedes Element der Tool-Box die Merkmale (Eigenschaften) wie Benennung, Schriftart, Hintergrundfarbe, Schriftfarbe verwaltet. Zum Einstellen auf kursive Schrift für den auf dem Dialogelement auszugebenden Text muss das Feld `Font` angeklickt werden. Es öffnet sich ein neues Fenster zur Auswahl der kursiven Schrift **(Bild 3)**.

Im Feld *Text* des Fensters *Eigenschaften* muss der auf einem Dialogelement, z. B. einem Button, auszugebende Text eingetragen werden.

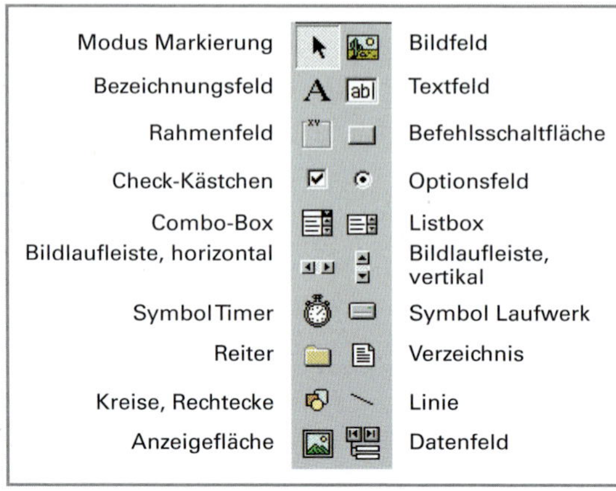

Bild 1: Tool-Box mit Dialogelementen

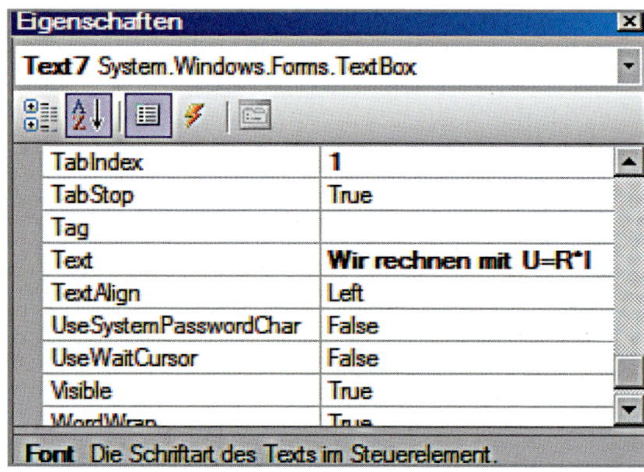

Bild 2: Fenster `Eigenschaften`

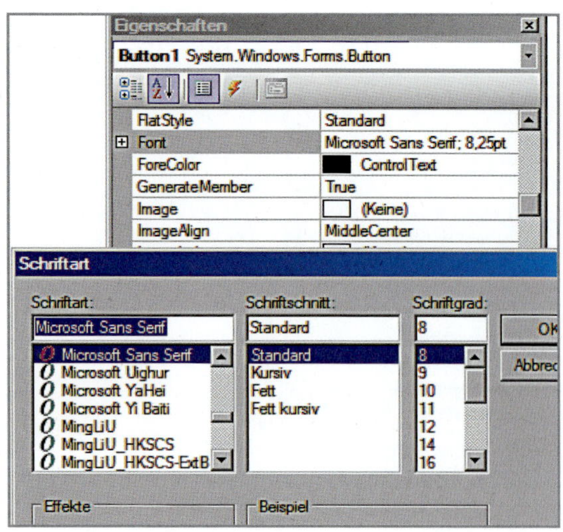

Bild 3: Einstellung der Schriftart

Programmerstellung

Das zu erstellende Programm in Visual Basic besteht aus Programmteilen, die Objekte genannt werden. Diese Objekte entsprechen den Unterprogrammen anderer höherer Programmiersprachen. Unsere Anwendung enthält die Objekte

- Form1 zum Initialisieren (Setzen auf Anfangswerte) der durch Texte bzw. Zahlen veränderbaren Dialogfelder,
- Button1 mit den Anweisungen zur Ausführung von OK,
- Button2 für Neu,
- Button3 für Beenden,
- Check1 für Markierung von *R*,
- Check2 für Markierung von *U* und
- Check3 für Markierung von *I*.

Die Ergänzung von CheckChanged() an den Objektnamen bedeutet, dass die Objekte durch Anklicken geändert werden **(Bild 1)**. Die Anwahl der Objekte zur Eingabe der Anweisungen erfolgt über das Menü Ansicht und Anklicken von Code. Innerhalb von Visual Basic werden diese Objekte in einem Modul verwaltet, das z. B. formuri.frm heißt.

Beim Programmieren ist zu beachten, dass in allen Objekten die Zustände aller Objekte auswertbar bzw. beeinflussbar sind. Im Objekt Form1 werden die sechs Textfelder Text1 bis Text6 mit Leerzeichen beschrieben **(Bild 2)**. Dadurch erscheint beim Programmstart in diesen Feldern kein Text.

Die Textausgabe an ein Textfeld erfolgt mit:

Textfeldname.Text = "Text"

Als *Textfeldname* ist hier der Name des Textfeldes zu verwenden.

In den Objekten Check1 bis Check3 werden nach Anwahl der Check-Kästchen R, U oder I die Texte

- Widerstand in Ohm?,
- Spannung in V?,
- Stromstärke in A?

in den Textfeldern erzeugt. Die Anwahl sowie die Abwahl eines Check-Kästchens, d. h. der Objektwert von z. B. Check1, kann über eine If-Then-Anweisung ermittelt werden (Bild 1, **Bild 3**). Dabei bedeutet:

Objektwert = True Check-Kästchen besitzt ✓,
Objektwert = False Check-Kästchen ist leer.

```
Private Sub Check1_CheckCanged()Handles
 Check1.CheckedChanged
Rem R
 Text="Widerstand in Ohm?"
 If Check1.Checked=True Then
    If Text1.Text="" Then
        Text1.Text=Text
        Else
        If Text3.Text="" Then
           Text3.Text=Text
           Else: Check1.Checked=False
        End If
    End If
 Else:
  If Text1.Text=Text Then Text1.Text=""
  If Text3.Text=Text Then Text3.Text=""
 End If
End Sub
```

Bild 1: Objekt Check1 **für Markierung von *R***

```
Sub Form1_Load()
Rem Initialisieren
    Text1.Text="": Text2.Text=""
    Text3.Text="": Text4.Text=""
    Text5.Text="": Text6.Text=""
End Sub
```

Bild 2: Objekt Form1 **zum Initialisieren**

```
Private Sub Check2_CheckCanged()Handles
 Check2.CheckedChanged
Rem U
 Text = "Spannung in V?"
 If Check2.Checked=True Then
    If Text1.Text="" Then
        Text1.Text=Text
        Else
        If Text3.Text="" Then
           Text3.Text=Text
           Else: Check2.Checked=False
        End If
    End If
 Else:
  If Text1.Text=Text Then Text1.Text=""
  If Text3.Text=Text Then Text3.Text=""
 End If
End Sub
```

Bild 3: Objekt Check2 **für Markierung von *U***

Ob ein Check-Kästchen durch Anklicken aktiviert oder nicht aktiviert ist, kann mittels der If-Then-Anweisung geprüft werden.

Im Objekt `Button1`, welches nach Anklicken des Buttons OK aktiviert wird, wird das gesuchte Ergebnis anhand der Formeln $U = R \cdot I$, $R = U/I$ und $I = U/R$ berechnet und zur Anzeige gebracht **(Bild 1)**. Auffallend hierbei ist, dass mit den Textfeldnamen mathematische Berechnungen durchgeführt werden können, sofern in diesen Textfeldern Zahlen stehen. Visual Basic besitzt den Datentyp VariantType, bei dem von Visual Basic selbst erkannt wird, ob in einer Variable diesen Typs ein String, Integerwert oder Realwert enthalten ist.

Variable vom Datentyp VariantType können Strings, Integerwerte oder Realwerte speichern.

Von Nachteil beim Datentyp VariantType ist, dass die Rechenzeit und der Speicherplatzbedarf nicht optimal sind. Soll diesbezüglich ein optimales Programm erstellt werden, so müssen die in Visual Basic sonst vorhandenen Datentypen Integer, Long (long integer, Wortbreite 32 bit), Single (einfache reelle Zahl), Double (doppelt genaue reelle Zahl), Currency (= Kurs, Währung, 8-Byte-Zahl mit Dezimalpunkt) oder String verwendet werden.

Das Objekt `Button2` **(Bild 2)** wird durch Betätigen des Buttons `Neu` aktiviert, das Objekt `Button3` **(Bild 3)** durch Betätigen des Buttons `Beenden`. Der Programmstart zum Testen erfolgt im Visual-Basic-Arbeitsfenster durch Anwahl von `Debugger starten` im Hauptmenü und Betätigen von `Debugger`.

```
Private Sub Button1_Click()
 Handles Button1.Click
Rem OK Berechnen
 If Check1.Checked=True And Check3.Checked=True
    Then Text6.Text=Text2.Text*Text4.Text
    Text5.Text="Spannung in V:"
End If
 If Check.2Checked=True And Check3.Checked=True
    Then Text6.Text=Text4.Text/Text2.Text
    Text5.Text="Widerstand in Ohm:"
 End If
 If Check1.Checked=True And Check2.Checked=True
    Then Text6.Text=Text4.Text/Text2.Text
    Text5.Text="Stromstärke in A:"
End If
End Sub
```

Bild 1: Objekt für Funktion OK

```
Private Sub Button2_Click()
 Handles Button2.Click
Rem Neu
    Text1.Text="": Text2.Text=""
    Text3.Text="": Text4.Text=""
    Text5.Text="": Text6.Text=""
    Check1.Checked=False
    Check2.Checked=False
    Check3.Checked=False
End Sub
```

Bild 2: Objekt für Funktion Neu

```
Private Sub Button3_Click()
 Handles Button3.Click
Rem Beenden
    End
End Sub
```

Bild 3: Objekt für Funktion Beenden

4.9.2.6 Combo-Box

Eine Combo-Box (ComboBox) ermöglicht dem Benutzer nach Anklicken des Pfeilfeldes der Combo-Box und des daraufhin sich öffnenden Auswahlfeldes von den angebotenen Auswahlmöglichkeiten eine auszuwählen. Am nachfolgenden Beispiel soll mit Combo-Boxen gearbeitet werden.

Anwendung Massenberechnung

Es sollen über einen Eingabedialog die für eine Massenberechnung nach $m = \varrho \cdot V$ notwendigen Daten erfragt werden **(Bild 4)**. In einer Combo-Box (Auswahlbox, **Bild 5**) soll der Benutzer nach Anklicken des Pfeilfeldes anhand vorgegebener Materialien auswählen können. In gleicher Weise sollen die Einheiten der Volumina auswählbar sein. Durch Betätigen der Taste OK (Button) wird dann die Berechnung ausgeführt. Mit dem Button `Neu` erfolgt eine Vorbereitung für eine erneute Berechnung. Mittels des Buttons `Beenden` wird schließlich das Programm beendet.

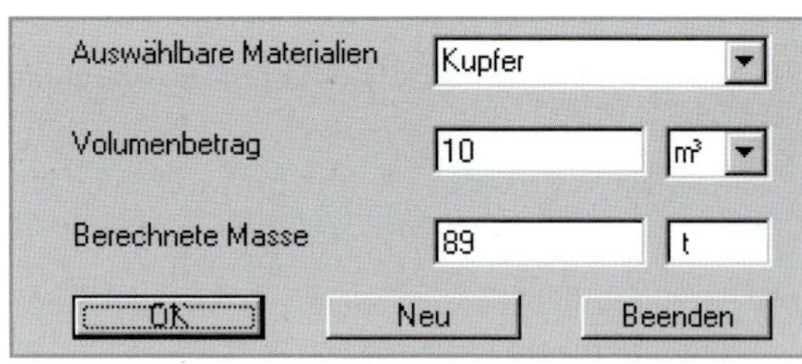

Bild 4: Bildschirmdialog zur Berechnung von Massen

Bild 5: Beispiel einer Combo-Box

Erstellen der Dialogmasken

Die Dialogmaske wird im Fenster von `Form1` erzeugt. In unserem Beispiel benötigen wir aus der Tool-Box

- die Bezeichnungsfelder mit den Texten *„Auswählbare Materialien", „Volumenbetrag", „Berechnete Masse"*,
- dreimal das Textfeld,
- zweimal die Combo-Box und
- dreimal die Befehlsschaltfläche für OK, `Neu`, `Beenden`.

Im Fenster Eigenschaften legen wir im Feld Text der Dialogelemente *Befehlsschaltflächen* die später am Bildschirm erscheinenden Texte *OK, Neu* und *Beenden* fest.

Um den Dialogelementen Combo-Box und Befehlsschaltflächen entsprechend ihrer Funktionen geeignete Benennungen zu geben, die ebenfalls zum Objektnamen werden, muss im Fenster `Eigenschaften` jeweils das Feld `Name` angeklickt und mit der gewünschten Benennung beschrieben werden. Auf diese Weise erhält die Combo-Box zur Auswahl der Materialien anstelle der von Visual Basic automatisch vorgelegten Benennung `ComboBox1`, die Benennung `material` und die Combo-Box `ComboBox2` zur Auswahl der Volumeneinheit die Benennung `einheit`.

Mit den Benennungsänderungen der Befehlsschaltflächen `Button1` bis `Button3` wird in gleicher Weise verfahren.

Die Benennung eines Dialogelementes bzw. eines Objektes erfolgt über das Feld *Name* im Fenster *Eigenschaften*.

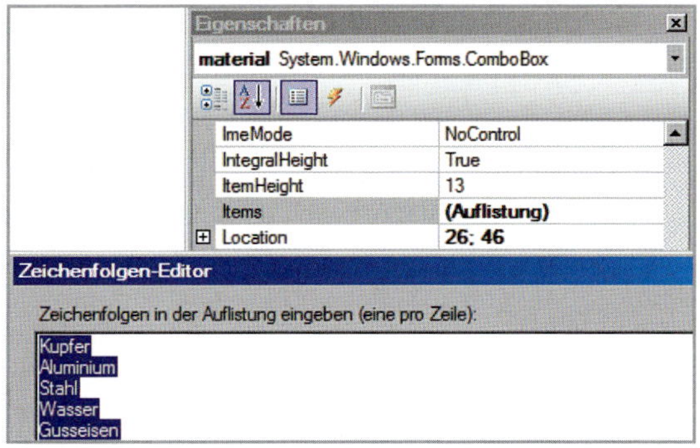

Bild 1: Gestalten einer Combo-Box mit Zeichenfolgen-Editor

Programmerstellung

Das zu erstellende Programm in Visual Basic besteht aus den Objekten

- `Form1`, in dem die Initialisierung der Dialogfelder durchgeführt wird,
- `material` zur Auswahl der Materialien,
- `einheit` zur Auswahl der Volumeneinheiten,
- `ok` zum Auslösen der Berechnung,
- `neu` zum Vorbereiten der Textfelder für eine erneute Berechnung und
- `beenden` zum Beenden des Programmlaufes.

Nach Platzieren oder Anklicken der Combo-Box im Fenster `Form1` öffnet sich deren Fenster `Eigenschaften`. Bei Combo-Box-Name ist hier der Name der Combo-Box einzutragen, also z.B. `material`. Das Gestalten der Combo-Box mit seinen Auswahlelementen Kupfer, Aluminium, Stahl, Wasser, Gusseisen erfolgt ebenfalls im Fenster `Eigenschaften`. Es ist `Items` auszuwählen, durch Doppelklick auf `(Auflistung)` öffnet sich ein Zeichenfolgeneditor **(Bild1)**. Mit diesem sind nun die Texte der Auswahlelemente als Liste zu schreiben.

```
Private Sub ok_Click()Handles ok.Click
Rem ok
 Dim dichte, masse As VariantType
 If material.Text="Kupfer"    Then dichte = 8.9
 If material.Text="Stahl"     Then dichte = 7.85
 If material.Text="Gusseisen" Then dichte = 7.25
 If material.Text="Aluminium" Then dichte = 2.7
 If material.Text="Wasser"    Then dichte = 1
 masse = Text1m1*dichte
 Text2m1 = masse
 If einheit.Text="cm³" Then Text3m1 = " g"
 If einheit.Text="dm³" Then Text3m1 = " kg"
 If einheit.Text="m³"  Then Text3m1 = " t"
End Sub
```

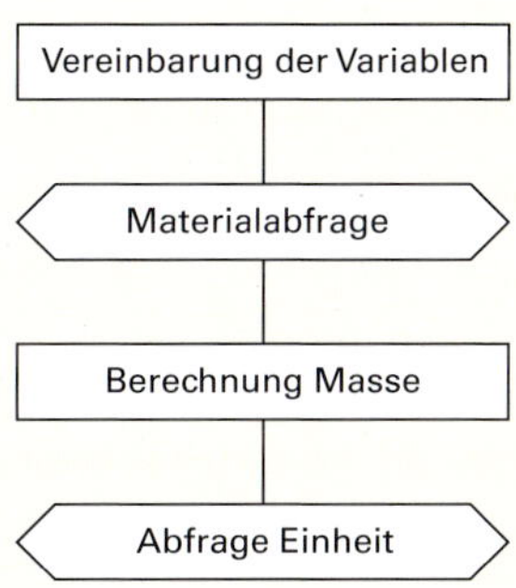

Bild 2: Objekt `ok`

Die Texte der Auswahlelemente sind dem Feld *Items* im Fenster Eigenschaften zuzuordnen.

Das vom Benutzer während des Programmablaufes ausgewählte Element der Combo-Box wird über das Feld *Text* im Fenster Eigenschaften verwaltet. Soll nun ermittelt werden, welches Element vom Benutzer ausgewählt wurde, so ist die Kenntnis folgender Anweisungen in Verbindung mit einer If-Then-Anweisung notwendig.

Combo-Box-Name. `Text` = "AuswahlText"

Mit dem Objekt `ok` erfolgt die Berechnung der Masse **(Bild 2, vorhergehende Seite)**. Im Objekt `neu` werden, wie oben erwähnt, die für eine weitere Berechnung mit neuen Werten zu versorgenden Textfelder mit Leerzeichen vorbesetzt **(Bild 1)**. Das Objekt `beenden` dient zum Beenden des Programmes **(Bild 2)**.

Wiederholung und Vertiefung

1. **Für welche Anwendungen ist der Einsatz von Visual Basic geeignet?**
2. **Wie werden die Prozeduren eines Visual-Basic-Programmes aktiviert?**
3. **Welche Aufgabe besitzt die Tool-Box?**
4. **Welche Aufgabe hat das Feld Text im Fenster Eigenschaften?**
5. **Auf welche Weise erfolgt eine Textausgabe an ein Textfeld?**

4.9.2.7 Menüleisten

Anwendung Leistungsberechnung

Mit einem Programm in Visual Basic soll die elektrische Leistung anhand der Leistungsformel $P = U \cdot I$ berechnet werden. Der Dialog mit dem Benutzer soll über eine Menüleiste geführt werden **(Bild 3)**. Je nach Anklicken von `Stromstärke` bzw. `Spannung` im Menü `Eingabe` wird nach

- Stromstärke in A oder
- Spannung in V

gefragt. Das berechnete Ergebnis soll dem Benutzer mit „Leistung in W:" angezeigt werden.

Erstellen der Dialogmaske

Neben der Menüleiste mit dem Aufbau `Eingabe`, `Berechnen`, `Ende` müssen im Fenster von `Form1` noch, zwei Textfelder zur Erfragung der Stromstärke und Spannung eingebracht werden. In diesen soll dann auch das berechnete Ergebnis angezeigt werden.

```
Private Sub neu_Click()Handles neu.Click
Rem Neu
 Text1.Text=""
 Text2.Text=""
 Text3.Text=""
End Sub
```

Bild 1: Objekt neu

```
Private Sub beenden_Click()Handles
 beenden.Click
Rem Beenden
 End
End Sub
```

Bild 2: Objekt beenden

Bild 3: Bildschirmdialog zur Berechnung von $P = U \cdot I$

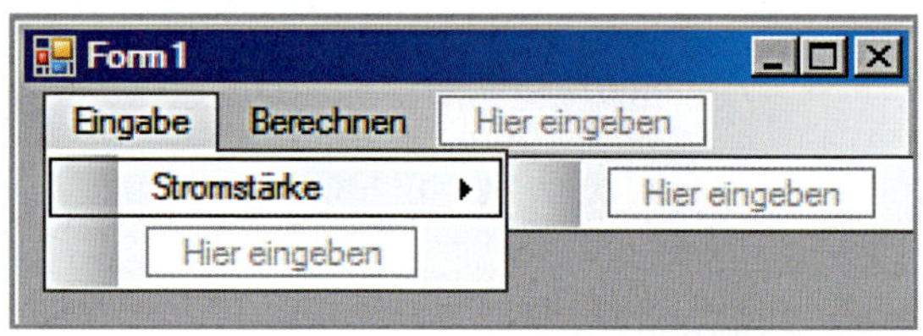

Bild 4: Editierte Auswahltexte im Menüelement MenuStrip

Im Fenster `Eigenschaften` von `Form1` wird unter `Text` das Wort *Leistungsberechnung* eingetragen, sodass beim Programmlauf dies als Überschrift in unserem Programmfenster erscheint (Bild 3).

Menüleisten werden in Visual Basic über das Element *MenuStrip* in der Tool-Box erstellt.

Für das Entwerfen der Menüleiste muss in der Tool-Box das Element `MenuStrip` angeklickt und in das Fenster `Form1` eingefügt werden **(Bild 1, folgende Seite)**. In das so dargestellte Menü werden nun die Auswahltexte eingetragen **(Bild 4)**. Durch Doppelklick auf dieses Menüelement im Fenster `Form1` wird der Editor zur weiteren Programmeingabe bzgl. dieses Objekts geöffnet. Zur Programmbearbeitung der anderen Menüelemente (Menü-Objekte) ist in gleicher Weise zu verfahren.

Die beiden Textfelder entsprechend der Aufgabenstellung werden erzeugt, indem das Dialogelement *Textfeld* in der Tool-Box angeklickt, der sich einstellende Fadenkreuzcursor in das Fenster von bewegt und ein Quadrat oder Rechteck gezeichnet wird.

Programmerstellung

Das Arbeiten mit Menüauswahlfeldern erfordert die Kenntnis folgender Anweisungen. Mit

Objektname. `Checked = True`
Objektname. `Checked = False`

wird ein binärer Merker gesetzt, der speichert, ob ein Menüauswahlfeld angewählt wurde oder ob eine derartige Anwahl wieder rückgängig gemacht wurde. Bei *Objektname* ist der Name des Objektes einzutragen, das durch die Anwahl des Menüauswahlfeldes angesprochen ist. Soll das Anwählen eines Menüauswahlfeldes verhindert werden, so muss

Objektname. `Enabled = False`

programmiert werden.

```
Private Sub mnustrom_Click().Text
Rem Eingabe Stromstärke
 Text1.Text = "Stromstärke in A?"
 Text2.Text = ""
 mnustrom.Checked = True
 mnustrom.Enabled = False
 mnuspg.Checked = False
End Sub
```

Bild 2: Objekt `mnustrom`

Mit der Anweisung

Objektname. `Enabled = True`

wird ein Anklicken dieses Auswahlfeldes wieder ermöglicht.

Mit dem Auswählen des Auswahlfeldes `Stromstärke` nach Anwahl von `Eingabe` in der Menüleiste wird beim Programmlauf das Objekt `mnustrom` aktiviert (**Bild 2**). Dadurch erscheint im Textfeld `Text1` die Bildschirmausgabe `Stromstärke in A?`.

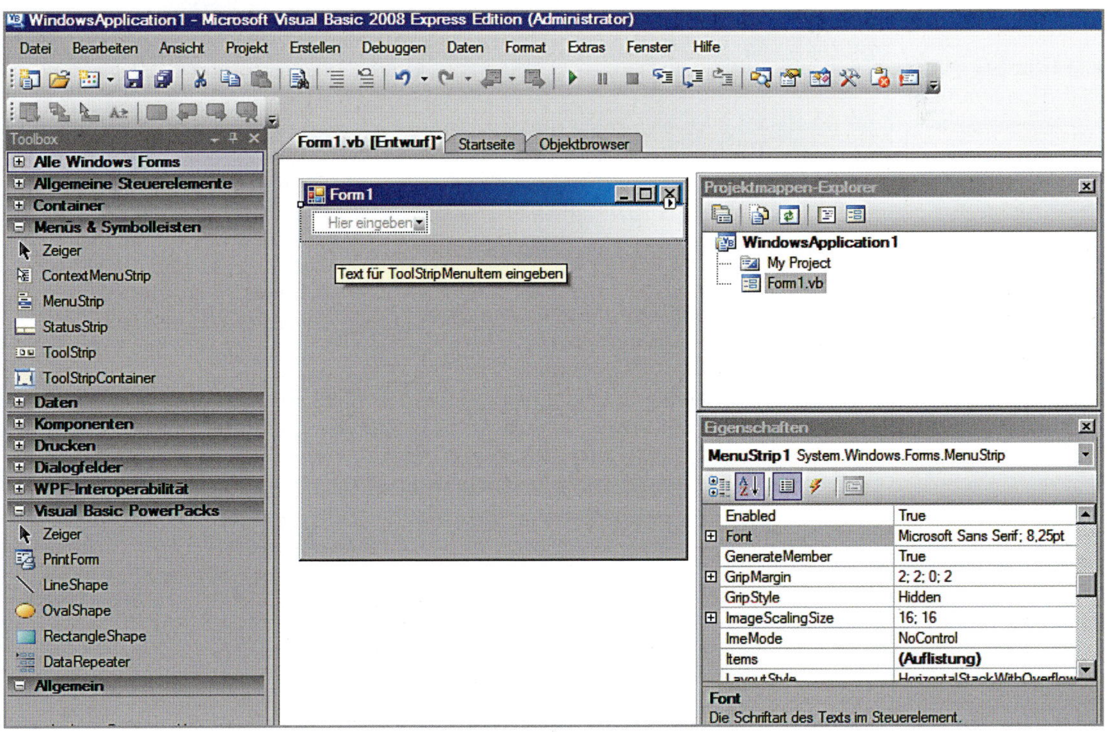

Bild 1: Benutzeroberfläche zur Menügestaltung

Im Objekt mnustrom wird der Merker für das Betätigen dieses Auswahlfeldes gesetzt. Mit mnustrom. Enabled = False wird ein erneutes Anklicken verhindert. Dies erscheint am Bildschirm durch eine verschwommene Darstellung dieses Auswahlfeldes. Ferner wird der Merker für die Auswahl Spannung zurückgesetzt. Das Objekt mnuspg ist vergleichbar aufgebaut **(Bild 1)**. Es wird aufgerufen nach Anwahl von Spannung.

Das Speichern des eingegebenen Wertes für die Stromstärke in die Variable strom bzw. für die Spannung in die Variable spg erfolgt entweder im Objekt mnueeingabe **(Bild 2)** oder im Objekt mnuberechnen **(Bild 3)**.

Mit der Anweisung If *Objektname.* Checked Then ... kann im Programm das Anwählen eines Menüauswahlfeldes geprüft werden.

Damit auf die Variablen strom und spg in den Objekten mnueingabe und mnuberechnen zugegriffen werden kann, müssen beide im Modul Modulpui.vb von Visual Basic mit dem Schlüsselwort public deklariert (vereinbart) werden **(Bild 4)**.

```
Public spg, strom
```

Bild 4: Objekt allgemein **im Modul Modulpui.bas**

```
Private Sub mnuspg_Click()
 Handles mnueingabe_Click
Rem Eingabe Spannung
 Text1.Text = "Spannung in V?"
 Text2.Text = ""
 mnuspg.Checked = True
 mnuspg.Enabled = False
 mnustrom.Checked = False
End Sub
```

Bild 1: Objekt mnuspg

```
Private Sub mnueingabe_Click()
 Handles mnueingabe_Click
Rem Menü Eingabe
 If mnuspg.Checked Then spg = Text2.Text
 If mnustrom.Checked Then strom = Text2.Text
End Sub
```

Bild 2: Objekt mnueingabe

```
Private Sub mnuberechnen_Click()
 Handles mnueingabe_Click
Rem Berechnen P=U*I
 If mnuspg.Checked Then spg = Text2.Text
 If mnustrom.Checked Then strom = Text2.Text
 Text1.Text = "Leistung in W:"
 If Text2.Text<>"" Then Text2.Text = spg*strom
 mnuberechnen.Enabled = False
End Sub
```

Bild 3: Objekt mnuberechnen

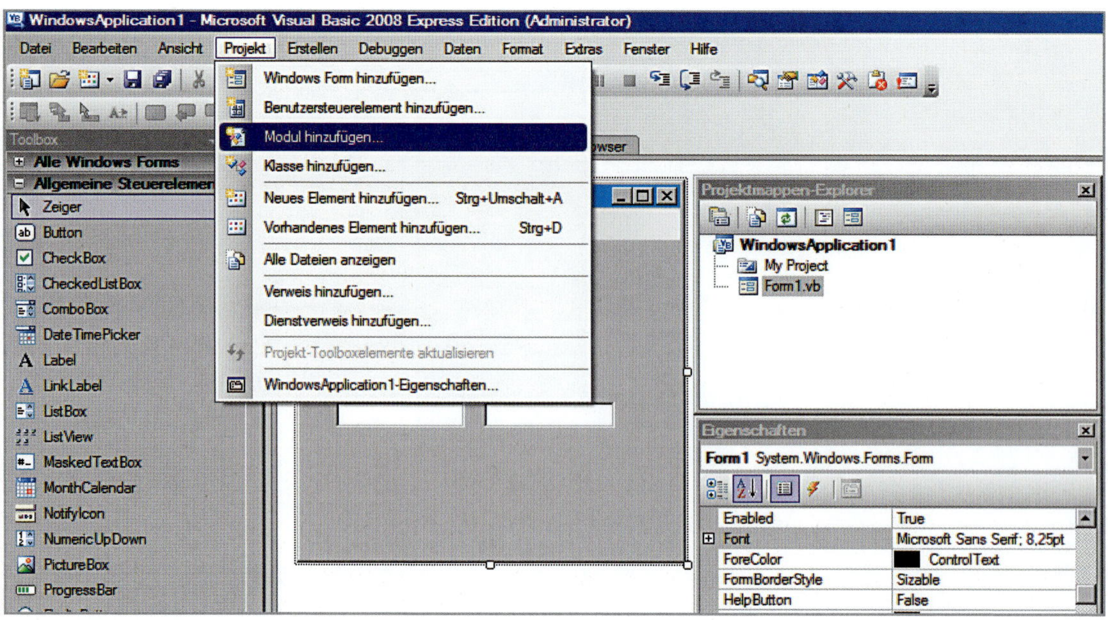

Bild 5: Menü Projekt

Ein vollständiges Programm in Visual Basic wird bekanntlich Projekt genannt. Dieses Projekt, hier `Projpui.vb`, umfasst das Modul Modpui.vb und die Form Formpui.vb. Ein Modul wird durch Anwahl von `Projekt` im Hauptmenü von Visual Basic und Anklicken von `Modul hinzufügen` **(Bild 5, vorhergehende Seite)** und der Auswahl `Modul` geöffnet.

Im Objekt `Form1` erfolgt die Vorbesetzung der beiden Textfelder mit Leerzeichen **(Bild 1)**. Das Objekt `mnuneu` wird beim Programmlauf nach Anwahl von `Neu` im Menüauswahlfeld von `Ende` aufgerufen und löscht (beschreibt) die beiden Textfelder mit Leerzeichen **(Bild 2)**. Mit dem Objekt `mnubeenden` wird das Programm zur Leistungsberechnung beendet **(Bild 3)**.

Damit das Programm ausgeführt werden kann, muss es über `Erstellen` in der Menüleiste veröffentlicht werden, d. h. ein Dateipfad ist festzulegen. Die Programmausführung erfolgt dann über einen Web-Browser, z. B. den Internet-Explorer.

```
Sub Form1_Load()
Rem initialisieren
 Text1.Text = "": Text2.Text = ""
 mnuspg.Checked = False
 mnustrom.Checked = False
End Sub
```

Bild 1: Objekt Form1

```
Private Sub mnuneu_Click()Handles mnuneu.Click
Rem Neu
 Text1.Text = "": Text2.Text = ""
 mnuspg.Checked = False
 mnuspg.Enabled = True
 mnustrom.Checked = False
 mnustrom.Enabled = True
End Sub
```

Bild 2: Objekt mnuneu

```
Private Sub mnubeenden_Click()
Handles mnubeenden.Click
 End
End Sub
```

Bild 3: Objekt mnubeenden

4.9.2.8 Operatoren und mathematische Funktionen

Bei den Operatoren wird in Visual Basic wie auch in anderen Programmiersprachen zwischen

- arithmetischen Operatoren,
- booleschen Operatoren und
- Vergleichsoperatoren

unterschieden **(Tabelle 1)**. Treffen Operatoren unterschiedlicher Art zusammen, werden zuerst die arithmetischen Operatoren, dann die Vergleichsoperatoren und anschließend die booleschen Operatoren bearbeitet. Die arithmetischen Operatoren werden in der Rangfolge Potenzieren, Negation, Multiplikation, Division, Addition, Subtraktion bearbeitet, die booleschen Operatoren in der Rangfolge NICHT, UND, ODER, Exklusiv ODER, Äquivalenz, Implikation.

Die booleschen Operatoren wirken auf ihre Operanden bitweise, wenn diese numerische Werte besitzen. Besitzen die Operanden die booleschen Werte true oder false, dann ist auch das Ergebnis gemäß der auszuführenden booleschen Funktion true oder false. Die bitweise Verarbeitung numerischer Werte mittels boolescher Operatoren ist insbesondere bei der Programmierung von Geräteschnittstellen von Bedeutung, da hier häufig gezielt Bits in einem Datenwort zu setzen oder zu löschen sind.

Tabelle 1: Operatoren

Operator	Wirkung	Beispiel	
Arithmetische Operatoren			
^	Potenzieren	a = 2^3	⇒ $a = 8$
*	Multiplizieren	a = 2*3	⇒ $a = 6$
/	Dividieren	a = 7/2	⇒ $a = 3{,}5$
\	Ganzzahldivision	a = 7\2	⇒ $a = 3$
mod	Restwertdivision, Modulofunktion	a = 7mod2	⇒ $a = 1$
+	Addieren	a = 7+2	⇒ $a = 9$
-	Subtrahieren	a = 7-2	⇒ $a = 5$
Boolesche Operatoren			
and	UND	a = 4 and 2	⇒ $a = 0$
or	ODER	a = 4 or 2	⇒ $a = 6$
xor	Exklusiv ODER	a = 12 xor 10	⇒ $a = 6$
eqv	Äquivalenz	a = 4 eqv 2	⇒ $a = -7$
imp	Implikation	a = 4 imp 2	⇒ $a = -5$
not	NICHT	a = not 4	⇒ $a = -5$
Vergleichsoperatoren			
>	größer	if a>b then ...	
<	kleiner	if a<b then ...	
>=	größer gleich	if a>=b then ...	
<=	kleiner gleich	if a<=b then ...	
<>	ungleich	if a<>b then ...	
=	gleich	if a=b then ...	

In Visual Basic sind nur ganz bestimmte mathematische Funktionen (Grundfunktionen) verfügbar **(Tabelle 1)**. Die restlichen von der Mathematik her bekannten Funktionen, z. B. die Hyperbelfunktionen, müssen durch die verfügbaren Grundfunktionen abgebildet werden. In der Onlinehilfe von Visual Basic sind die Gleichungen für viele derartige Funktionen, basierend auf diesen Grundfunktionen, nachlesbar.

> Visual Basic besitzt diejenigen mathematischen Grundfunktionen, mit denen alle anderen mathematischen Funktionen berechnet werden können.

Der Wert des Argumentes einer trigonometrischen Funktion ist im Bogenmaß anzugeben, z. B. $\pi = 3{,}141 \mathrel{\hat{=}} 180°$.

Zum Umrechnen einer Dezimalzahl in eine Oktalzahl oder in eine Sedezimalzahl (Hexadezimalzahl) stehen in Visual Basic Umrechnungsfunktionen zur Verfügung. Die Umrechnung von einer Oktalzahl bzw. Sedezimalzahl in eine Dezimalzahl erfolgt durch ein Voranstellen von `&o` bzw. `&h` vor die Zahl.

Die Funktionen `int(x)` und `fix(x)` entfernen beide die Nachkommastellen einer Zahl und geben den daraus resultierenden ganzzahligen Wert zurück.

Der Unterschied zwischen `int(x)` und `fix(x)` besteht darin, dass bei einem negativen Wert von *x* die Funktion `int` die erste negative ganze Zahl zurückgibt, die kleiner oder gleich *x* ist, während die Funktion `fix` die erste negative ganze Zahl zurückgibt, die größer oder gleich *x* ist. Bei positiven Zahlen *x* unterscheiden sich beide Funktionen nicht.

`Fix(x)` entspricht dem Ausdruck
`sgn(x) * int(abs(x))`.

Wiederholung und Vertiefung

1. **Erläutern Sie die Vorgehensweise zur Programmierung einer Menüleiste.**
2. **Wie wird die Menüauswahl über Tastenbetätigung statt über Mausklick ermöglicht?**
3. **Was versteht man unter einer Ganzzahldivision?**
4. **Welche Aufgabe besitzt die Signumfunktion?**
5. **Worin unterscheidet sich die Funktion `int(x)` von der Funktion `fix(x)`?**
6. **Aus welchem Zahlensystem stammt das Ergebnis der Anweisung `c = &h13`?**

Tabelle 1: Mathematische Funktionen

Funktion	Bedeutung	Datentyp Ergebnis	Beispiele	
Trigonometrische Funktionen				
`atn(x)`	Arkustangens	Double	`pi = 4*atn(1)`	⇒ *pi* = 3,141...
`cos(x)`	Kosinus	Double	`a = cos(1)`	⇒ *a* = 0,5403
`sin(x)`	Sinus	Double	`a = sin(1)`	⇒ *a* = 0,8415
`tan(x)`	Tangens	Double	`a = tan(1)`	⇒ *a* = 1,557
Umwandlungsfunktionen				
`oct(x)`	Oktalzahlberechnung	VariantType String	`a = oct(8)`	⇒ *a* = 10
`&ox`	Dezimalzahl aus Oktalzahl	Integer	`a = &o10`	⇒ *a* = 8
`hex(x)`	Sedezimalzahlberechnung	String	`a = hex(15)`	⇒ *a* = F
`&hx`	Dezimalzahl aus Sedezimalzahl	Integer	`a = &hf`	⇒ *a* = 15
Sonstige Funktionen				
`abs(x)`	Absolutwertbildung	wie Ausgangswert	`a = abs(-12)`	⇒ *a* = 12
`exp(x)`	Exponentialfunktion	Double	`a = exp(4)`	⇒ *a* = 54,598
`fix(x)`	Runden	wie Ausgangswert	`a = fix(-8.2)`	⇒ *a* = −8
`int(x)`	Runden		`a = int(-8.2)`	⇒ *a* = −9
`log(x)`	Natürlicher Logarithmus	Double	`a = log(54)`	⇒ *a* = 3,988
`rnd(x)`	Zufallsfunktion, random	Single	`a = rnd(5)`	⇒ z. B. *a* = 0,1345
`sgn(x)`	Signumfunktion	VariantType Integer	`a = sgn(3)` `a = sgn(-3)`	⇒ *a* = 1 ⇒ *a* = −1
`sqr(x)`	Wurzelberechnung, Square Root	Double	`a = sqr(16)`	⇒ *a* = 4

4.9.3 Programmieren in Visual C#

Visual C# (gesprochen: CI Sharp) ist eine Entwicklungsumgebung zur Erstellung von Programmen in C#. Die Schritte der Programmentwicklung für Konsolenanwendungen zeigt **Bild 1**.

Visual C#-Programme werden mit Visual Studio erstellt.

4.9.3.1 Prinzipieller Programmaufbau

C# fasst die Klassenbibliotheken unter dem Begriff Namensraum System zusammen. Die ausführliche Schreibweise ist:

```
Namensraum.Klasse.Methode
```

Am Anfang von C#-Programmen findet man die Namensraumvereinbarungen, z. B. `using System`. Statt `System.Console.WriteLine()` wird verkürzt `Console.WriteLine()` geschrieben **(Bild 2)**. Die Methode `WriteLine()` der Klasse `Console` gibt den Text von **Bild 3** aus.

Nach Erstellen des Quelltextes wird dieser compiliert. Dadurch werden automatisch viele Dateien im Ordner `HalloEins2` erzeugt **(Bild 4)**. Die Datei `Program.cs` enthält den Quelltext. Im Ordner `bin` befindet sich z. B. `HalloEins2.exe`. Führt man das Programm `HalloEin2.exe` durch Doppelklick aus, wird es sofort wieder beendet.

1. Startseite → Neues Projekt ...→ Konsolenanwendung wählen, Projektdaten eingeben →
   Name: `HalloEins2`
   Ort: `C:\C#-Programme`
   Projektmappenname: Hallo-Programme → OK.
2. Quelltext im Editorfenster schreiben.
3. Programm compilieren: Menü Erstellen → Projektmappe erstellen → ↵ oder F6.
4. Programm ausführen:
Menü Debuggen → Starten ohne Debugging Strg + F5 → Konsolenfenster zeigt die Ausgaben des Programms.

Bild 1: Schritte der Konsolenprogrammentwicklung

Bild 3: Ausgabefenster von HalloEins2

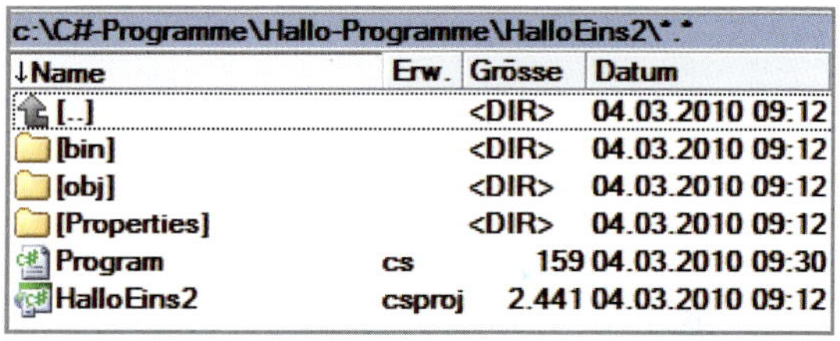

Bild 4: Dateien von HalloEins2

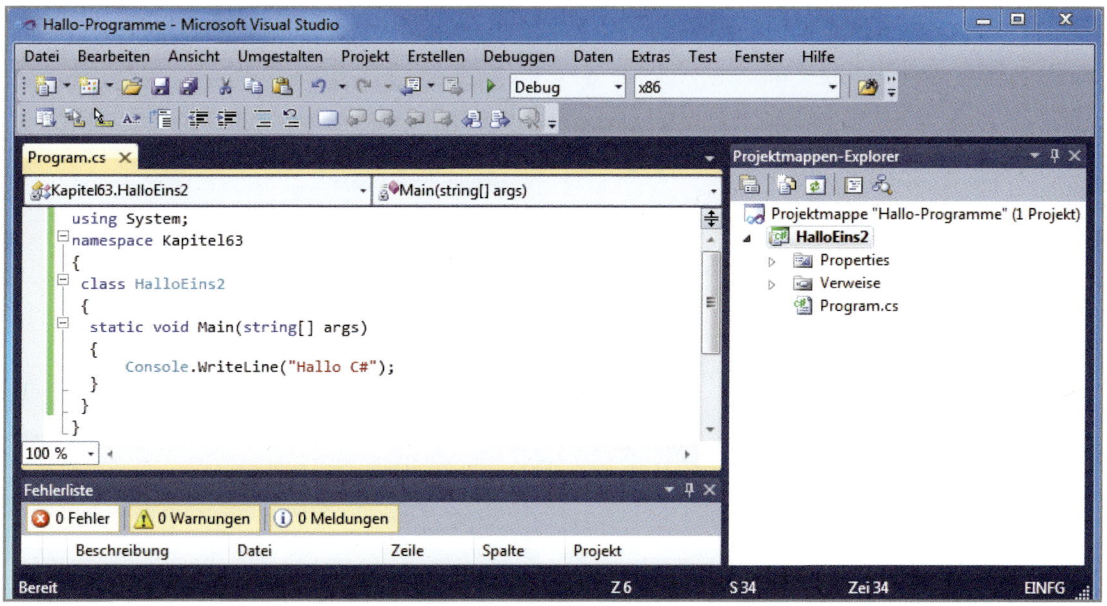

Bild 2: Entwicklungsumgebung von Visual C#

4.9.3.2 Vereinbarungen (Deklarationen)

Verwenden von Literalen

Als Literale (Basisdatentypen) werden die Datentypen `int` (integer) für ganze Zahlen, `float` (=gleiten) für reelle Zahlen und `char` (von character = Zeichen) für Zeichen und Zeichenketten verwendet. Bezeichner für Variablen bestehen aus Buchstaben und Ziffern. Das erste Zeichen muss ein Buchstabe oder Unterstrich sein.

C# ist case sensitive, d. h. es unterscheidet zwischen Groß- und Kleinschreibung.

Übung 1: Rechnen mit Integer-Zahlen

Ein Programm soll die Summe von zwei ganzen Zahlen berechnen.

Ergebnis: **Bild 1**.

Variablen werden mit Schlüsselworten vereinbart, z. B. mit `int` für ganzzahlige Werte und im Beispiel mit den Werten 10, 25 und 0 initialisiert.

In C# müssen Variablen initialisiert werden.

Die Ausgabe auf dem Bildschirm erfolgt mit der Methode `WriteLine()`.

```
Writeline(<Formatstring>,Var0,
<Format-string>,Var1)...
```

Ein Platzhalter innerhalb des Formatstrings für eine Variable besteht aus einer Nummer in geschweiften Klammern **(Bild 1)**. Diese gibt die Position der zugehörigen Variablen in der Parameterliste an. Die Nummerierung beginnt mit 0 für `Var0`. Formatstrings können an passender Stelle eingefügt werden.

Übung 2: Rechnen mit Float-Zahlen

Ein Programm soll die Fläche `A` für den Kreis mit dem Radius `r` mit einfacher Genauigkeit berechnen. Vereinbaren Sie π als Konstante.

Ergebnis: **Bild 2**.

Die Variablen werden mit dem Datentyp `float` `r = 10.0f` und `A = 0.0f` vereinbart. Bei der Initialisierung muss an den Zahlenwert ein `f` für float angefügt werden.

Der Datentyp float eignet sich nur für Berechnungen mit geringer Genauigkeit. Nur insgesamt 7 Stellen sind exakt.

ⓘ **Vereinbarungen**

- **Bezeichner** = Name einer Variablen
  ⇒ 1. Zeichen: Kleiner Buchstabe oder _
  ⇒ folgen können beliebige Zeichen
  ⇒ verboten sind , : ; und Leerzeichen
  Für Bezeichner mit mehreren Wortbestandteilen ist die „Kamelschreibweise" geeignet, z. B. diesIstEineGanzeZahl
- Beim **Initialisieren** wird ein Anfangswert z. B. 0 oder " "zugewiesen.
- **Schlüsselworte**, z. B. `int` schreibt man klein und verwendet sie nicht für Bezeichner.
- **Literale** = Zeichenfolgen, zur Darstellung der Werte von Basisdatentypen, z. B. Ganzzahlen, Gleitkommazahlen und Zeichenketten.

```
using System;
namespace Ganzzahl1
{
  class Program
  {
    static void Main(string[] args)
    {
      int iZahl1 = 10, iZahl2 = 25, iSumme = 0;
      Console.WriteLine("1. Zahl       = {0}", iZahl1);
      Console.WriteLine("2. Zahl       = {0}", iZahl2);
      iSumme = iZahl1 + iZahl2;
      Console.WriteLine("Zahl1 + Zahl2 = {0}", iSumme);
    }
  }
}
```

C:\Windows\system32\cmd.exe

```
1. Zahl        = 10
2. Zahl        = 25
Zahl1 + Zahl2  = 35
Drücken Sie eine beliebige Taste . . .
```

Bild 1: Summenberechnung und Ausgabefenster

```
using System;
namespace Kommazahl1
{
  class Program
  {
    static void Main(string[] args)
    {
      const float Pi = 3.14159f;
      float r = 10.0f, A = 0.0f;
      A= Pi * (r * r);
      Console.WriteLine("Radius = {0},Fläche = {1}",r,A);
    }
  }
}
```

C:\Windows\system32\cmd.exe

```
Radius = 10,Fläche = 314,159
Drücken Sie eine beliebige Taste . . .
```

Bild 2: Kreisflächenberechnung und Ausgabefenster

In einer Variablen, die mit dem Datentyp `char` vereinbart wurde, kann ein einzelnes Zeichen abgelegt werden **(Tabelle 1)**. Zeichen können Buchstaben oder Sonderzeichen sein. Jedes Zeichen wird durch eine Zahl repräsentiert. Die Zuordnung ist im Unicode mit 2 Bytes festgelegt. Zeichen werden durch Hochkomma gekennzeichnet **(Bild 1)**.

Übung 1: Unicode-Zuordnung

Ein Programm soll zur Dezimalzahl 64 das Unicode-Zeichen und zum Zeichen Z die Dezimalzahl ausgeben.

Ergebnis: **Bild 1**.

Die Typumwandlung in das Unicode-Zeichen wird durch `(char)ichar` und die Umwandlung in die Dezimalzahl wird durch `(int)cChar` erreicht.

Diese Art der Umwandlung wird explizite Typumwandlung (Casting) genannt. Es gilt

```
(<Datentyp>) <Bezeichnung>
```

Erweiterungen von Datentypen

Neben den Basisdatentypen gibt es weitere Datentypen. Der Datentyp `bool` kann einen von zwei Werten annehmen, true oder false. Mit dem Datentyp `long` können Ganzzahlen mit 18 Stellen und Vorzeichen oder 19 Stellen ohne Vorzeichen dargestellt werden.

Für die Gleitkommazahlen können Zahlen von 7 Stellen bis 29 Stellen mit unterschiedlicher Genauigkeit verwendet werden.

Übung 2: Mathematische Ungenauigkeiten

Führen Sie die Subtraktion 10,0 – 9,9 mit den Datentypen float, double und decimal aus.

Ergebnis: **Bild 2** und **Bild 3**.

Die Zahlen müssen z. B. beim Datentyp `float` mit 10.0f und beim Datentyp `decimal` mit 10.0m spezifiziert werden. Beim Datentyp `double` ist keine Spezifizierung nötig.

Tabelle 1: Wichtige Datentypen von C#

Typ	Bytes	Wertebereiche, Genauigkeit
bool	1	true (≙ 1), false (≙ 0)
char	2	-128 bis +127 (0 bis 255)
int, (uint)	4	-2147483648 bis +2147483647 (0 bis 4294967295)
long, (ulong)	8	-9.223.372.036.854.775.808 bis +9.223.372.036.854.775.807 (0 bis18.446.744.073.709.551.615)
float	4	Auf 7 Stellen genau
double	8	Auf 15 bis 16 Stellen genau
decimal	16	Auf 28 bis 29 Stellen genau
u von unsigned = ohne Vorzeichen		

```
using System;
namespace EinZeichen1
{
  class Program
  {
    static void Main(string[] args)
    {
      int  iChar =  64;
      char cChar = 'Z';
      Console.WriteLine(" {0} ({1})",(char)iChar,iChar);
      Console.WriteLine(" {0} ({1})",cChar,(int)cChar);
    }
  }
}
```

```
C:\Windows\system32\cmd.exe
 @ (64)
 Z (90)
Drücken Sie eine beliebige Taste . . .
```

Bild 1: Programm Unicode und Ausgabefenster

```
using System;
namespace Genauigkeit1
{
  class Program
  {
    static void Main(string[] args)
    {
      float   fZahl1=10.0f,fZahl2=9.9f,fErg= 0.0f;
      double  dZahl1=10.0,dZahl2=9.9,  dErg=0.0;
      decimal decZ1=10.0m,decZ2=9.9m, decErg=0.0m;
      fErg= fZahl1-fZahl2;
      Console.WriteLine(" {0} ", fErg);
      dErg= dZahl1-dZahl2;
      Console.WriteLine(" {0} ", dErg);
      decErg= decZ1-decZ2;
      Console.WriteLine(" {0} ", decErg);
    }
  }
}
```

Bild 2: Programm Genauigkeit

```
C:\Windows\system32\cmd.exe
 0,1000004
 0,0999999999999996
 0,1
Drücken Sie eine beliebige Taste . . .
```

Bild 3: Ausgabefenster zum Programm Genauigkeit

4.9.3.3 Methoden für die Eingabe und Ausgabe

Die Klasse `Console` stellt die Methoden für `Console` zur Verfügung **(Tabelle 1)**.

Zeichenketten (strings)

Ein String stellt einen Text als eine Reihe von Unicodezeichen dar.

Übung 1: Eingeben und zählen von Zeichen

Schreiben Sie ein Programm, das Zeichen von der Tastatur einliest, sowie die Zeichen und die Anzahl der Zeichen auf dem Bildschirm ausgibt.

Ergebnis: **Bild 1**

Für das Speichern einer Zeichenkette wird ein `String z1` vereinbart. In den `String z1` wird mit der Methode `Console.ReadLine()` der Text, d.h. eine Folge von Unicodezeichen, eingelesen. Die Ausgabe erfolgt mit der Methode `Console.WriteLine(z1)`. Die Anzahl der Zeichen wird mit dem Objekt `Length` des Strings z1 bestimmt und ausgegeben.

Zahlen verarbeiten

Von der Tastatur werden die Zahlen als Unicode-Zeichen mit `ReadLine()` eingelesen. Anschließend werden sie hier mit der Konvertierungsmethode `Convert` in den benötigten Zahlentyp umgesetzt **(Tabelle 2)**.

Übung 1: Rechnen mit Dezimalzahlen

Ein Programm soll die Mehrwertsteuer berechnen. Der Netto-Betrag wird mit der Tastatur eingegeben.

Ergebnis: **Bild 2**

Die Methode `Console.ReadLine()` speichert die Unicodezeichen im String `eingabe` **(Bild 2)**. Die Typ-Umwandlung in Dezimalzahl `netto` wird mit der Methode `Convert.ToDecimal()` vorgenommen.

Da der Mehrwertsteuersatz `prozent` vom Type `double` ist, muss er auch umgewandelt werden.

Wiederholung und Vertiefung

1. **Nennen Sie die Basisdatentypen von C#.**
2. **Welcher Datentyp repräsentiert die Unicodezeichen?**
3. **Welche Wertebereiche kann der Datentyp `decimal` darstellen?**

Tabelle 1: Methoden für Eingabe und Ausgabe

Methode	Wirkungsweise
Console.ReadLine()	Liest Unicodezeichen einer Zeile ein
Console.Write()	Schreibt Zeichen
Console.WriteLine()	Schreibt eine Zeile

Tabelle 2: Strings in Zahlen umwandeln

Methode	Wirkungsweise
Convert.ToInt32(s)	string s → Integerzahl
Convert.ToDouble(s)	string s → Gleitkommazahl
Convert.ToDecimal(s)	string s → Dezimalzahl

```
namespace Zeichenkette1
{
 class Program
 {
  static void Main(string[] args)
  {
   string z1;
   Console.WriteLine("Bitte Zeichen eingeben:");
   z1 = Console.ReadLine();
   Console.WriteLine(z1);
   Console.Write("\nEingegebene Zeichen: ");
   Console.WriteLine(z1.Length);
   Console.WriteLine();
  }
 }
}
```

```
C:\Windows\system32\cmd.exe
Bitte Zeichen eingeben:
Verlag Europa-Lehrmittel
Verlag Europa-Lehrmittel

Eingegebene Zeichen: 24

Drücken Sie eine beliebige Taste . . .
```

Bild 1: Programm Zeichenkette und Ausgabe

```
namespace Mehrwertsteuer1
{
 class Program
 {
  static void Main(string[] args)
  {
     decimal netto = 0.0m, dMWSt = 0.0m;
     double prozent = 21.0;
     string eingabe="";
     Console.WriteLine("Nettobetrag: ");
     eingabe = Console.ReadLine();
     netto = Convert.ToDecimal(eingabe);
     dMWSt = netto*Convert.ToDecimal(prozent)/100;
     Console.WriteLine("Mehrwertsteuer: {0}",dMWSt);
  }
 }
}
```

```
C:\Windows\system32\cmd.exe
Nettobetrag:
1000
Mehrwertsteuer: 210
Drücken Sie eine beliebige Taste . . .
```

Bild 2: Programm Mehrwertsteuer und Ausgabe

Formatierte Ausgabe

Numerische Ergebnisse können mit den Methoden `Write()` und `WriteLine()` formatiert ausgegeben werden. Das Format wird mittels Formatzeichenfolgen angegeben **(Tabelle 1)**.

Anwenden der Formatzeichenfolgen:

① d5 Dezimalstellen, Integer-Zahlen.
② f ⇒ Gleitkommazahl mit 2 Nachkommastellen.
③ c ⇒ Währungsformat mit 2 Nachkommastellen und €- oder $-Zeichen.
④ x, X ⇒ Hex-Zahlen. x ⇒ a…f, X ⇒ A…F.
⑤ 0-Formatierung, Zahlen mit führender Null.
⑥ Kreuz-Formatierung. Beliebige Zeichen an festgelegter Position einfügen. Gleitkommazahlen, mit z. B. 2 Nachkommastellen.
⑦ Durch das %-Zeichen wird der Wert in einen Prozentwert mit folgendem % umgerechnet.

Übung 1: Exponentialschreibweise
Geben Sie mit einem Programm die Zahlen 2000 und 123456789 in Exponentialschreibweise aus.

Ergebnis: **Bild 1**

Mit dem Formatierungszeichen e wird die Anzahl der Nachkommastellen angegeben, die auch mit Nullen aufgefüllt werden.

Übung 2: Allgemeine Formatierung
Stellen Sie die Zahlen 0,002 und 0,000003 mit allgemeiner Formatierung dar.

Ergebnis: **Bild 2**

Bei der allgemeinen Formatierung wird das Formatierungszeichen g (general = allgemein) verwendet. Der Compiler wählt die platzsparendste Darstellung.

```
using System;
namespace Formatierung1
{
  class Program
  {
    static void Main(string[] args)
    {
        int iZahl1 = 2000, iZahl2 = 123456789;
        Console.WriteLine("Zahl 1: {0:d5}", iZahl1);
        Console.WriteLine("Zahl 1: {0:e3}", iZahl1);
        Console.WriteLine("Zahl 2: {0:e10}", iZahl2);
    }
  }
}
```

```
C:\Windows\system32\cmd.exe
Zahl 1: 02000
Zahl 1: 2,000e+003
Zahl 2: 1,2345678900e+008
Drücken Sie eine beliebige Taste . . .
```

Bild 1: Formatiertes Ausgeben von Integer-Zahlen

```
using System;
namespace Formatierung2
{
  class Program
  {
    static void Main(string[] args)
    {
      double dZahl1 = 0.002, dZahl2 = 0.000003;
      Console.WriteLine("Zahl 1: {0:g}", dZahl1);
      Console.WriteLine("Zahl 2: {0:g}", dZahl2);
    }
  }
}
```

```
C:\Windows\system32\cmd.exe
Zahl 1: 0,002
Zahl 2: 3e-06
Drücken Sie eine beliebige Taste . . .
```

Bild 2: Verwenden der allgemeinen Formatierung

Tabelle 1: Standard-Formatzeichenfolgen (Auswahl)

Nr.	Datentyp	Zeichenketteninhalt	Ausgabe
①	int iZahl = 200;	("Zahl : {0:d5}", iZahl)	Zahl : 00200
②	double dZahl=12345.6789;	("Zahl : {0:f}", dZahl)	Zahl : 12345,67
③	double dBetrag =299.99;	("Betrag : {0:c}", dBetrag)	Betrag : 299,99
④	int iZahl = 26;	("Hex-Zahl : {0:x}", iZahl)	Hex-Zahl : 1a
⑤	int i = 12345; double d = 54321.12345;	("Zahl : {0:00000000}", i) ("Zahl : {0:000000.00}",d)	Zahl : 00012345 Zahl : 054321,12
⑥	int i = 12345; double d = 54321.12345;	("Zahl : {0:0##-###}", i) ("Zahl : {0:#00}",d)	Zahl : 012-345 Zahl : 54321,12
⑦	double dMWSt = 0.21	("MwSt : {0:#%}",dMwSt)	MwSt : 21%

4.9.3.4 Operatoren und Ausdrücke

In C# werden die üblichen Rechenzeichen für Addition, Subtraktion, Multiplikation und Division benutzt **(Tabelle 1)**. Die Division wird entsprechend den vereinbarten Datentypen ausgeführt. Verwenden wir den Datentyp `float`, ist das Ergebnis eine Gleitkommazahl. Sind Dividend und Divisor vom Datentyp `int`, wird eine Ganzzahldivision ausgeführt. Den Rest einer Ganzzahldivision (Modulo) erhalten wir durch Verwendung des Prozentzeichens `%`.

Divisionsergebnisse sind in Visual C# von den Datentypen abhängig.

Die Zuweisung z. B. einer arithmetischen Operation erfolgt mit dem Gleichheitszeichen **(Tabelle 2)**. Wir können in einer Zeile auch Mehrfachzuweisungen vornehmen, z. B. um allen Variablen einen definierten Anfangswert zuzuweisen. In Visual C# werden auch zusammengesetzte Zuweisungsoperatoren verwendet. Dabei wird der arithmetische Operator vor das Zuweisungszeichen gesetzt **(Tabelle 2)**.

In C# werden auch zusammengesetzte Zuweisungsoperatoren verwendet.

Bei der Verwendung arithmetischer Ausdrücke ist zu beachten, dass diese von rechts nach links abgearbeitet werden.

Beispiel 1: Zuweisungsoperator auflösen

Ersetzen Sie den zusammengesetzten Zuweisungsoperator in der Anweisung x * = z + 2.

Lösung:

x = x * (z + 2)

Für Vergleiche werden die üblichen Operatoren verwendet **(Tabelle 3)**.

Beispiel 2: Vergleichende Ausdrücke

Welchen Wert hat die Variable z in der Anweisungszeile z = (a = = b) && (c != d) für die Werte a = 3, b = 4, c = 2 und d = 5?

Lösung: **z = 0**

Da 3 ≠ 4, ist der erste Term gleich 0, da aber 2 ≠ 5, ist der zweite Ausdruck wahr. Durch die UND-Verknüpfung wird der gesamte Ausdruck rechts vom Zuweisungszeichen 0 und damit auch z = 0.

Tabelle 1: Arithmetische Operatoren

Operator	Wirkung	Beispiel	
+	Addition	a = 4 + 3	a = 7
–	Subtraktion	s = 4 – 3	s = 1
*	Multiplikation	m = 4 * 3	m = 12
/	Division[1]	d = 4.0/3.0	d = 1.33
/	Ganzzahldivision[2]	g = 7/3	g = 2
%	Rest[2], „Modulo"	r = 7%4	r = 3

[1] mit Datentyp float, double; [2] mit Datentyp int, long

Tabelle 2: Arithmetische Zuweisungsarten

Operator	Beispiel	Bedeutung
=	y = 7	y = 7
	x = y = z = 0	x = 0, y = 0 und z = 0
+=	y + = 7	y = y + 7
–=	y – = 7	y = y – 7
*=	y * = 7	y = y * 7
/=	y / = 7	y = y / 7 (Datentyp int)
/=	y / = 7.0	y = y / 7 (Datentyp float)
%=	y% = 3	y = y%3

Tabelle 3: Vergleichs- und Boole´sche Operatoren

Operator	Bedeutung	Beispiel	Erklärung
<	kleiner	a<b	a kleiner b
<=	kleiner gleich	a<=b	a kleiner b oder a gleich b
>	größer	a>b	a größer b
>=	größer gleich	a>=b	a größer b oder a gleich b
==	gleich	a == b	a gleich b
!=	ungleich	a != b	a ungleich b
&&	Boole´sches UND	a && b	a UND b
||	Boole´sches ODER	a || b	a ODER b

Wiederholung und Vertiefung

1. **Welcher Datentyp muss für Dividend und Divisor für eine Ganzzahldivision vereinbart sein?**
2. **Wie erhält man den Rest einer Ganzzahldivision?**
3. **Wie entsteht ein zusammengesetzter Zuweisungsoperator?**
4. **Welche Vergleichsoperatoren unterscheidet C#?**
5. **Nennen Sie drei logische Operatoren.**

4.9.3.5 Bedingte Anweisungen

if-else-Anweisung

Mit der if-else-Anweisung kann in Abhängigkeit von einer Bedingung zwischen zwei Programmzweigen gewählt werden **(Bild 1)**. Nach dem Schlüsselwort `if` steht in Klammern ein logischer Ausdruck. Ist der Ausdruck wahr, d.h. der Zahlenwert $\neq 0$, wird der Anweisungsteil hinter dem Ausdruck ausgeführt. Für den Zahlenwert = 0, dies entspricht dem logischen Wert falsch, wird der Anweisungsteil hinter dem Schlüsselwort `else` ausgeführt.

> Für Verzweigungsanweisungen werden in C# die Schlüsselworte `if()...` und `else...` verwendet.

Die Variablenwerte nach dem Schlüsselwort `if` werden als Wahrheitswerte (boolesche Werte) aufgefasst. Diese können auf verschiedene Art ausgewertet werden. Die Anweisungsteile `if (zahl)...` und `if (zahl !=0)...` sind gleichwertig und haben deshalb auch die gleiche Wirkung.

Übung 1: Software-Verstärker

Entwickeln Sie ein Programm mit der Funktion eines invertierenden Verstärkers **(Bild 2)**. Die Betriebsspannungen betragen $U_b = \pm$ 10V, und der Verstärkungsfaktor ist $V = 10$. Bei Übersteuerung soll eine entsprechende Meldung erfolgen.

Ergebnis: **Bild 3**

Nach der Eingabe der Eingangsspannung `Ue` in mV wird die Ausgangsspannung `Ua` berechnet. Anschließend wird mit der if-else-Anweisung geprüft, ob der Absolutwert von `Ua` kleiner als die Betriebsspannung `Ub` ist. Für `Ua` < `Ub` werden `Ue` und `Ua` ausgegeben. Nach `if` wollen wir zwei Anweisungen schreiben. Deshalb müssen diese zwischen geschweifte Klammern gesetzt werden. Für `Ua` > `Ub` werden entsprechend die beiden Anweisungen nach dem Schlüsselwort `else` ausgeführt.

Auf den Teil mit `else` kann man verzichten, wenn nur eine Bedingung zu prüfen ist. Die nächste Anweisung nach der Abfrage wird dann ausgeführt, wenn die abgefragte Bedingung nicht eintritt.

Die if-else-Anweisung kann durch wiederholte Anwendung auch zur Mehrfachverzweigung verwendet werden.

Die Absolutwertmethode `Abs ( )` wird von der Klasse `Math` zur Verfügung gestellt.

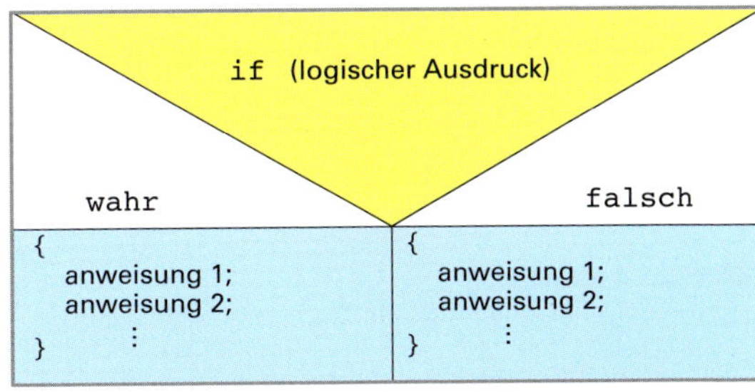

Bild 1: if-else-Anweisung als Struktogramm

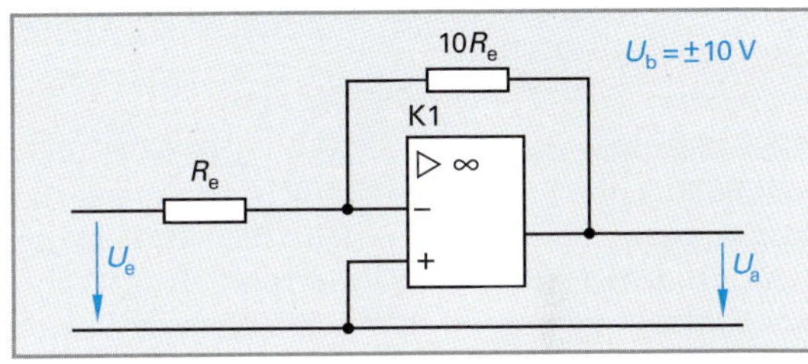

Bild 2: Invertierender Operationsverstärker (analog)

```
using System;
namespace Bedingung1
{
 class Program
 {
  static void Main(string[] args)
  {
   int V = 10, Ub = 10;
   double Ua = 0.0, Ue = 0.0;
   Console.Write("Ue in mV = ");
   Ue = Convert.ToDouble(Console.ReadLine());
   Ua = -V * (Ue / 1000.0);
   if (Math.Abs(Ua) < Ub)
    {
     Console.WriteLine("Ua        = {0} V", Ua);
    }
   else
    {
     Console.Write("OPV übersteuert, da");
     Console.WriteLine(" Ua > Ub ist!!");
    }
  }
 }
}
```

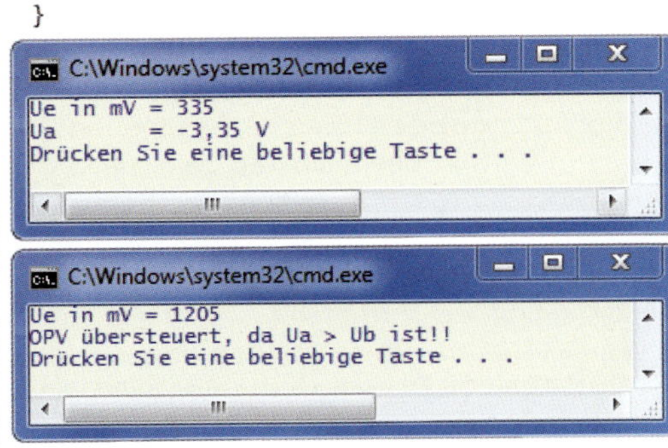

Bild 3: Invertierender Software-Verstärker (digital)

switch-Anweisung

Mit der switch-Anweisung (switch = Schalter) kann in einem Programm oder einer Funktion eine Auswahl zwischen mehreren Möglichkeiten getroffen werden **(Bild 1)**.

Übung 1: Lernprogramm

Entwickeln Sie ein Lernprogramm, mit der Bildschirmausgabe **Bild 2, unten.** Nach der Eingabe des Zeichens a oder b soll `Falsch!`, nach der Eingabe des Zeichens c soll `Richtig!` und nach der Eingabe eines anderen Zeichens soll `Eingabefehler!` ausgegeben werden.

Ergebnis: **Bild 2**

Nach Ausgabe des Auswahlmenüs **(Bild 2)** werden die Zeichen von der Tastatur zugewiesen. Die Programmverzweigung wird in der Anweisung `switch` durch `case` vorgenommen. Jede Wahlmöglichkeit beginnt mit dem Schlüsselwort `case` (= Fall). Es folgt eine Konstante vom Typ `int` oder `char`, die mit einem Doppelpunkt abgeschlossen wird.

Für die Auswahl bei switch-Anweisungen werden meist Konstanten vom Typ char verwendet.

Nach dem Doppelpunkt stehen die auszuführenden Anweisungen. Es können beliebig viele Anweisungen folgen, die nicht zwischen geschweiften Klammern zu stehen brauchen. Es wird nacheinander jeder case-Wert mit dem Wert der switch-Variablen `wahl` verglichen. Stimmt ein case-Wert mit dem Wert von `wahl` überein, so werden alle Anweisungen hinter dieser case-Anweisung bis zum Ende des switch-Blocks ausgeführt. Das gilt auch für die Anweisungen, die nach den folgenden case-Anweisungen stehen. Meist ist dies unerwünscht, deshalb wird mit der Anweisung `break` (= Unterbrechung) zum Ende der switch-Anweisung gesprungen.

Wird für `wahl` weder a noch b noch c eingegeben, wird die default-Anweisung (default = Voreinstellung, eigentlich Fehler) ausgeführt, und das Wort `Eingabefehler!` ausgegeben. Das Programm wird in der nächsten Zeile nach dem switch-Block fortgesetzt, wenn die default-Anweisung fehlt.

Wiederholung und Vertiefung

1. **Welchen logischen Wert muss die Bedingung nach if haben, damit der Zweig nach else ausgeführt wird?**
2. **Wann kann der else-Teil weggelassen werden?**
3. **Wie ist die Mehrfachverzweigung in C# aufgebaut?**

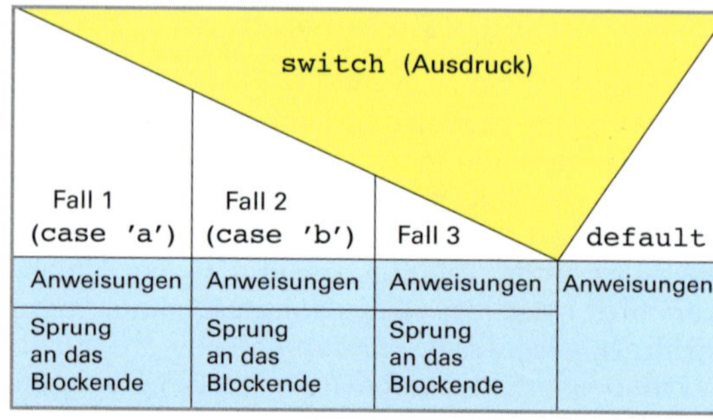

Bild 1: Struktogramm für eine switch-Anweisung

```
using System;
namespace Mehrfach1
{
  class Program
  {
    static void Main(string[] args)
    {
     int wahl=0;
     Console.WriteLine("Bedeutet C :");
     Console.WriteLine("<A> ein Betriebssystem? ");
     Console.WriteLine("<B> eine Automarke?");
     Console.Write("<C> eine Programmiersprache? ");
     wahl = Convert.ToChar(Console.ReadLine());
     switch(wahl)
     {
      case 'A' : Console.WriteLine("Falsch!");
                 break;
      case 'B' : Console.WriteLine("Falsch!");
                 break;
      case 'C' : Console.WriteLine("Richtig!");
                 break;
      default: Console.WriteLine("Eingabefehler!");
                 break;
     }
    }
  }
}
```

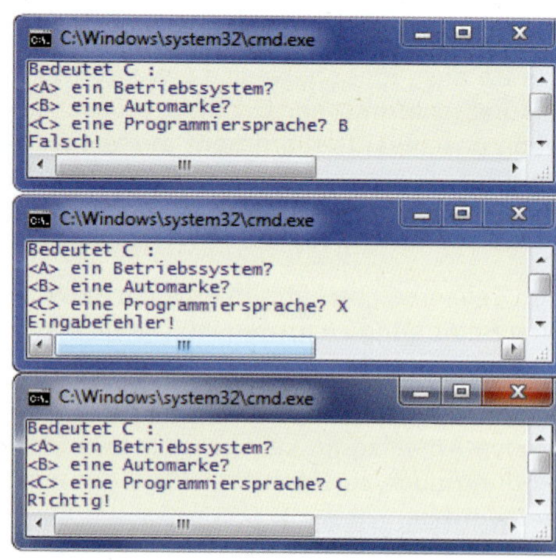

Bild 2: Auswahlprogramm mit switch-Anweisung

4.9.3.6 Inkrementoperatoren und Dekrementoperatoren

Bei den Inkrementoperatoren (von to increment = erhöhen) und Dekrementoperatoren (von to decrement = erniedrigen) gibt es jeweils zwei Schreibweisen **(Tabelle 1)**. Stehen beim Dekrementieren die beiden Pluszeichen ++ vor der Variablen i, wird der Operator als *Präfixoperator* (Präfix = Vorsilbe) bezeichnet. Stehen die Pluszeichen ++ hinter der Variablen i, werden sie als *Postfixoperator* (Postfix = Nachsilbe) bezeichnet. Beim Präfixoperator wird erst i = i + 1 gezählt und dann der logische Ausdruck bewertet. Beim Postfixoperator dagegen wird erst bewertet und dann i = i + 1 gezählt. Für das Dekrementieren werden statt der Pluszeichen Minuszeichen verwendet.

> **Iteration** = Wiederholte Anwendung desselben Prozesses auf die gewonnenen Zwischenwerte.
>
> Duden

Tabelle 1: Inkrementoperatoren und Dekrementoperatoren

Operator	Beispiel	Benennung	Bedeutung
+ +	+ +i i+ +	Präfixoperator Postfixoperator	i = i + 1 i = i + 1
– –	– –i i– –	Präfixoperator Postfixoperator	i = i – 1 i = i – 1

4.9.3.7 Iterationsanweisungen

In Abhängigkeit von einer Bedingung können mit Schleifen-Anweisungen einzelne Anweisungen oder Anweisungsblöcke (Anweisungen zwischen geschweiften Klammern) mehrmals ausgeführt werden.

for-Anweisung

Mit der for-Anweisung wird eine Schleife von einem Anfangswert mit einer bestimmten Schrittweite bis zu einem Endpunkt durchlaufen, d. h. die Anzahl der Schleifendurchgänge liegt fest **(Bild 1)**.

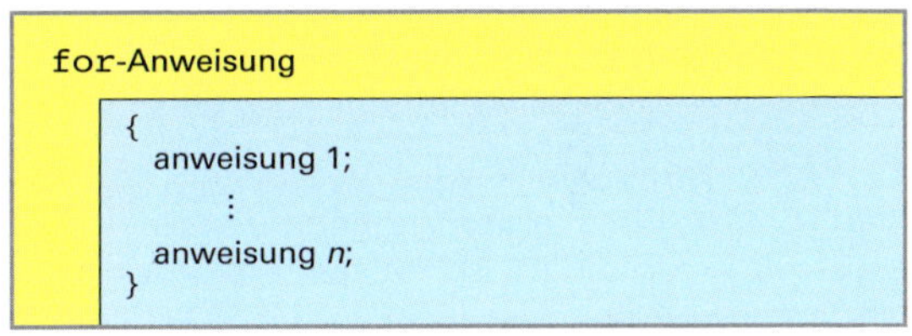

Bild 1: Struktogramm für die for-Anweisung

Übung 1: Hex-Zahlen mit A bis F

Erstellen Sie mit for-Anweisungen ein Programm, das die Hexadezimalzahlen in aufsteigender Reihenfolge von 0 bis f und in absteigender Reihenfolge von f bis 0 ausgibt.

Ergebnis: **Bild 2**

```
using System;
namespace Schleifen3
{
 class Program
 {
  static void Main(string[] args)
  {
   int i;
   Console.WriteLine("\n Hex-Zahlen Aufwärts:");
   for (i = 1; i< 16; i++)
    Console.Write(" {0:x}", i);
   Console.WriteLine("\n Hex-Zahlen Abwärts:");
   for (i = 15; i > 0; i--)
    Console.Write(" {0:x}", i);
   Console.WriteLine("\n");
  }
 }
}
```

Bild 2: Programm Ausgabe von Hex-Zahlen mit for-Schleife

Nach dem Schlüsselwort `for` steht als erstes der Anfangswert i = 1. Dann folgt der Endwert, d. h. die Abbruchbedingung, bis zu der gezählt werden soll. Der dritte Teil enthält die Inkrement-Anweisung, i++ für das Aufwährtszählen (Tabelle 1).

Die for-Anweisung und die folgende Anweisung `Console.Write ( )` bilden eine Schleife. Zum Abwärtszählen muss in der zweiten for-Schleife von Bild 2 der Anweisungsteil geändert werden.

Übung 2: Hex-Zahlen mit A bis F

Ändern Sie die Ausgabe von Beispiel 1 so, dass Großbuchstaben als Zeichen verwendet werden.

Ergebnis: Console.Write(„ {0:X}“, i);

Statt des Formatzeichens x wird in der Ausgabezeile im Ausgabestring das Formatzeichen X verwendet **(Übung 2)**.

while-Anweisung

Bei der while-Schleife wird zuerst die Wiederholbedingung geprüft. Ist sie erfüllt, wird der zur Schleifenanweisung gehörende Programmteil ausgeführt **(Bild 1)**.

```
while (Ausdruck)
    {
     anweisung 1;
        :
     anweisung n;
    }
```

Bild 1: Struktogramm für die while-Anweisung

> **Übung 1: Kondensator-Ladespannung**
>
> Schreiben Sie ein Programm zur Berechnung der Ladespannung U_C eines Kondensators in Abhängigkeit von der Zeitkonstanten τ.
>
> Das Programm soll für $\tau \geq 4$ beendet werden und den Bildschirmausdruck **Bild 2** erzeugen.
>
> *Ergebnis:* **Bild 3**

```
Ladespannung an C :
  Tau         Uc
 00,00 s     00,00 V
 00,40 s     32,97 V
 00,80 s     55,07 V
 01,20 s     69,88 V
 01,60 s     79,81 V
 02,00 s     86,47 V
 02,40 s     90,93 V
 02,80 s     93,92 V
 03,20 s     95,92 V
 03,60 s     97,27 V
 04,00 s     98,17 V
```

Bild 2: Bildschirmanzeige zum Programm Bild 3

Beim Abarbeiten der Schleife wird der Wert von `Tau` bei jedem Schleifendurchlauf erhöht.

Der Anweisungsblock wird bearbeitet, solange `Tau` < 2 ist. Wird in der Vereinbarungszeile z. B. `Tau =10` vereinbart, so ist der Ausdruck nach `while` von Anfang an nicht erfüllt. Die Schleife wird nicht ausgeführt. Fehlt die Zeile `Tau = Tau + 0.4`, wird die Schleife endlos durchlaufen.

```
using System;
namespace Schleifen1
{
 class Program
 {
  static void Main(string[] args)
  {
   int U = 100;
   double Uc = 0.0, Tau = 0.0;
   Console.WriteLine("Ladespannung an C :");
   Console.WriteLine("   Tau          Uc ");
   while (Tau <4.0)
   {
    Uc = U * (1 -Math.Exp(-Tau));
    Console.Write(" {0:0#.00} s      ", Tau);
    Console.WriteLine(" {0:0#.00} V", Uc);
    Tau = Tau + 0.4;
   }
  }
 }
}
```

Bild 3: Programm Kondensator-Ladespannung

do-while-Anweisung

Bei der do-while-Schleife wird der Anweisungsblock zuerst ausgeführt und dann geprüft, ob die Wiederholbedingung noch erfüllt ist **(Bild 4)**.

```
do  {
     anweisung 1;
        :
     anweisung n;
    }
while (Ausdruck)
```

Bild 4: Struktogramm für die do-while-Schleife

> **Übung 2: Wiederholbare Ladespannung**
>
> Ergänzen Sie das Programm zur Berechnung der Kondensator-Ladespannung Bild 3 so, dass sich das Programm für ein wählbares τ wiederholen lässt. Verwenden Sie eine do-while-Schleife zur Wiederholungsabfrage.
>
> *Ergebnis:* **Bild 5**

Es werden zwei ineinander geschachtelte Schleifen benötigt. Die do-while-Schleife ist die äußere Schleife.

Für die Wiederholungsabfrage wird die Variable `char wdh;` nach Zeile 7 eingefügt. Nach Zeile 9, werden die Zeilen 11 bis 14 von Bild 5 eingefügt, sowie die Zeilen 24 bis 27 von Bild 5 nach der alten Zeile 18.

Die do-while-Schleife fragt am Ende, ob die Berechnung wiederholt werden soll. Das Programm wird solange wiederholt, bis wdh !='n' zutrifft. Zur Wiederholung können statt j auch beliebige andere Zeichen verwendet werden.

```
11    do
12    {
13     Console.Write("Tau wählen : ");
14     Tau = Convert.ToDouble(Console.ReadLine());

24      Console.Write("Wiederholen? <j/n> ");
25      wdh = Convert.ToChar(Console.ReadLine());
26      Tau = 0.0;
27    }while(wdh != 'n');
```

Bild 5: Ergänzungszeilen für die do-while-Schleife

4.9.4 Lernen mit Moodle

Moodle (Modular Objectoriented Dynamic Learning) ist eine aus HTML-Seiten aufgebaute Lernplattform, die nach dem Client-Server-Prinzip arbeitet. Die Plattform arbeitet mit PHP und einer MySQL-Datenbank. Mit einem Internet-Browser können die HTML-Seiten von einem Moodle-Server im Internet angefordert und gelesen werden **(Bild 1)**. Die Nutzer dieser Plattform führen am PC Lernaktivitäten durch, z. B. Aufgaben lösen oder einen Test durchführen. Dabei greifen sie auf verschiedene Arbeitsmaterialien zu, z. B. auf Dateien und Verzeichnisse.

Anmeldung am Moodle-Server

Nachdem man sich einmal am Moodle-Server registriert und sein Nutzerprofil angelegt hat, kann man sich als Kursteilnehmer (Student) in einem Kurs einschreiben. Die Kurse werden von einem Kursersteller angelegt und strukturiert. Ein Kursersteller ist ein Nutzer mit besonderen Rechten. Meist wird beim Einschreiben ein Zugangsschlüssel benötigt, den der Kursersteller festlegt. Anschließend gelangt man auf die Startseite des Kurses **(Bild 2)**.

Moodlekurs im Themenformat

Die in Bild 1 dargestellte Kursseite erscheint im Themenformat. Jeder Themenabschnitt besteht aus einer Beschreibung, aus Arbeitsunterlagen und möglichen Lernaktivitäten **(Tabelle 1)**.

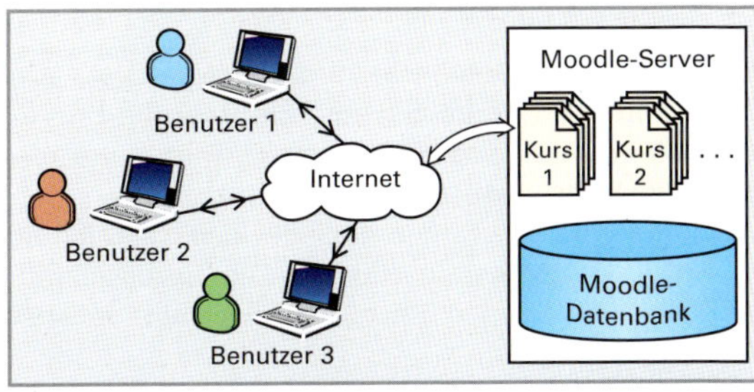

Bild 1: Lernplattform Moodle

Tabelle 1: Wesentliche Lernaktivitäten in Moodle

Forum	Kommunikation und Dateiaustausch zwischen Kursteilnehmern
Chat	Kommunikation in Echtzeit
Aufgabe	Aufgabenstellung, oft mit Abgabetermin
Test	Onlinetest, verschiedene Fragetypen sind möglich
Abstimmung	Eine Frage mit mehreren Antworten
Umfrage	Mehrere Fragen mit mehreren Antworten
Wiki[1]	Gemeinsames Erarbeiten eines Textes
Glossar	Nachschlagewerk mit Suchfunktion

[1]) WIKI von hawaianisch wiki = schnell

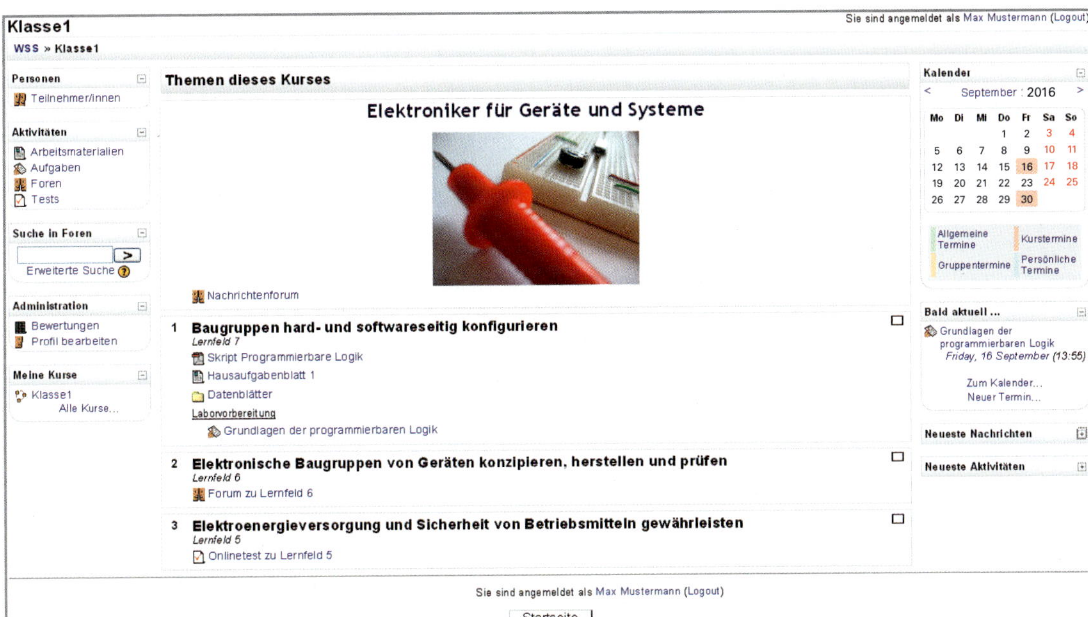

Bild 2: Startseite eines Moodle-Kurses im Themenformat

Arbeitsunterlagen

Die Dateien mit dem Arbeitsmaterial werden von den Kursleitern (Trainer) auf den Moodle-Server geladen und im Kurs bereitgestellt (Bild 1, vorhergehende Seite). Mit einem Klick auf die Arbeitsunterlage wird das Dokument oder das Verzeichnis im Browser dargestellt **(Bild 1)**. Die bereitgestellten Arbeitsunterlagen sind für alle Kursteilnehmer sichtbar.

Lernaktivitäten

Die Lernaktivitäten werden von den Kursleitern festgelegt. Außerdem kann die Sichtbarkeit auf bestimmte Gruppen von Kursteilnehmern beschränkt werden. Einige Lernaktivitäten sind nur zeitlich begrenzt ausführbar.

Die Lernaktivität Aufgabe in **Bild 2** kann nur bis zum Abgabetermin bearbeitet werden. Anschließend können die Kursteilnehmer keine Datei mehr auf den Server hochladen. Der Abgabetermin wird automatisch im Kalenderblock eingetragen. Führt man den Mauszeiger über den farblich markierten Abgabetag im Kalender, so öffnet sich ein kleines Fenster mit dem eingetragenen Termin. Mit einem Mausklick auf den Termineintrag gelangt man direkt zur Kalendertagesansicht mit detaillierten Informationen.

Arbeitsunterlagen und Lernaktivitäten werden von Kursleitern festgelegt und bereitgestellt.

Kommunikation in Moodle

In der Lernaktivität Forum können Kursteilnehmer Diskussionen führen. Abhängig von ihren Rechten im Forum, können Kursteilnehmer neue Diskussionsthemen erstellen und auf bereits erstellte Themen antworten **(Bild 3)**. Es besteht die Möglichkeit, an Beiträge Dateien anzuhängen. Durch E-Mails können Kursteilnehmer über neue Beiträge benachrichtigt werden. Voraussetzung ist, dass der Kursteilnehmer das Forum abonniert hat und im Nutzerprofil eine gültige E-Mailadresse eingegeben ist.

Mit der Lernaktivität Chat kommunizieren die Kursteilnehmer gleichzeitig. Um mit den Kursteilnehmern in Kontakt zu treten (zu chatten), muss man im Chat-Raum angemeldet sein **(Bild 4)**.

Um Nachrichten direkt an Kursteilnehmer zu schicken, kann auf den Namen oder auf das Bild des Teilnehmers geklickt werden (Bild 3 und Bild 4). Auf der sich öffnenden Seite wählt man dann die Schaltfläche `Mitteilungen senden`.

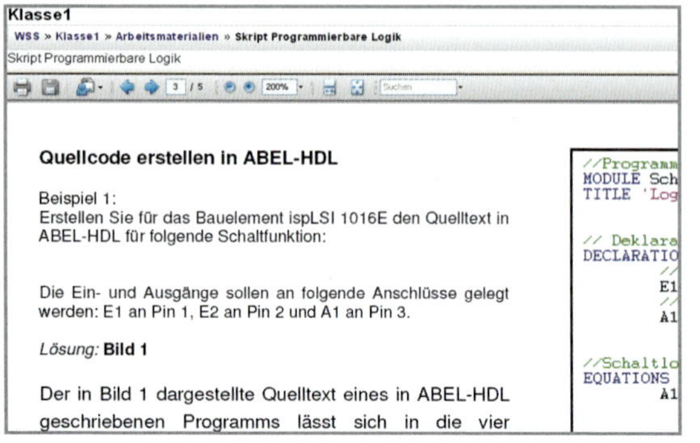

Bild 1: Arbeitsunterlage

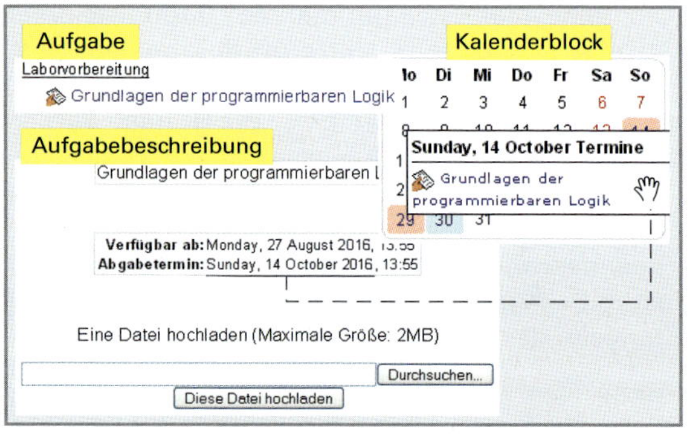

Bild 2: Aufgabe mit Abgabetermin

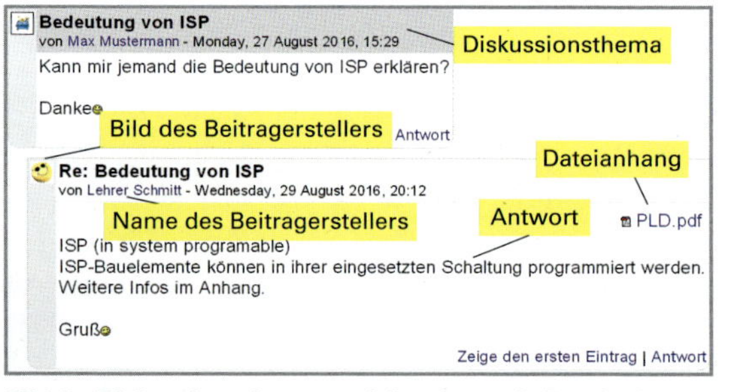

Bild 3: Diskussionsthema und Antwort mit Dateianhang

Bild 4: Chat-Raum

4.10 Datenbank, Tabellenkalkulation

4.10.1 Datenbanksystem Access

Allgemeines

Das Datenbanksystem Access verwaltet seine Dateien in Form von zueinander in Bezug stehenden Tabellen (Relationen).

> Relationale Datenbanken verwalten Dateien in voneinander abhängigen Tabellen.

Eine Tabelle besteht aus Zeilen, die jeweils einen Datensatz enthalten **(Bild 1)**. Jeder Datensatz enthält die gleichen Felder (Spalten), z. B. Nummer, Gruppe, Bauelement und Wert.

Übung 1: Datensatz wählen

Markieren Sie den Datensatz 5 in der Tabelle 1 (Bild 1).

Ergebnis: Durch Anklicken der Schaltfläche ▶ in der Datensatz-Zeile wird in der danebenstehenden Anzeige 5 eingestellt.

Oft ist es sinnvoll, nur Teile von Tabellen zu verwenden. So reicht es für eine Bestandsübersicht aus, eine neue Tabelle mit den Spalten Nummer, Bauelement und Bestand zu erzeugen, wobei die Inhalte der jeweiligen Felder gleich bleiben müssen **(Bild 2)**.

Datenbankerstellung

Es soll nun schrittweise eine Datenbank für die Verwaltung von Bauelementen der Tabelle von Bild 1 erstellt werden.

Schritt 1: Anlegen einer Tabelle

Im Startfenster von Access klickt man das Icon `Leere Datenbank` an **(Bild 3)**. Es öffnet sich das Fenster Leere Datenbank. Nach Eingabe eines Namens für die Datenbank gelangt man über die Schaltfläche `Erstellen` zum Menü Datenblatt **(Bild 4)**.

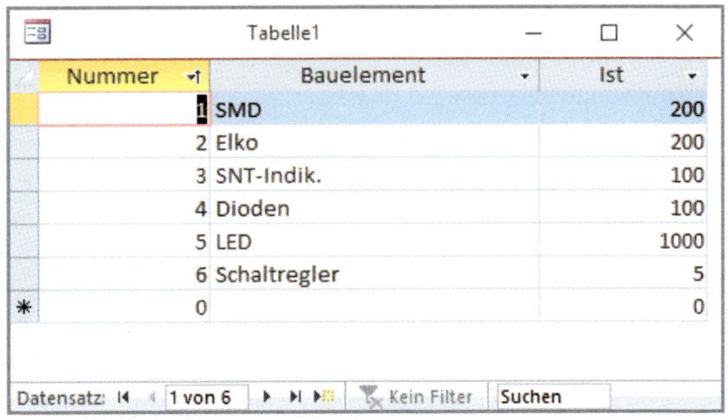

Tabelle1

Nummer	Bauelement	Ist
1	SMD	200
2	Elko	200
3	SNT-Indik.	100
4	Dioden	100
5	LED	1000
6	Schaltregler	5
0		0

Datensatz: 1 von 6 · Kein Filter · Suchen

Bild 2: Formular Bestandsübersicht

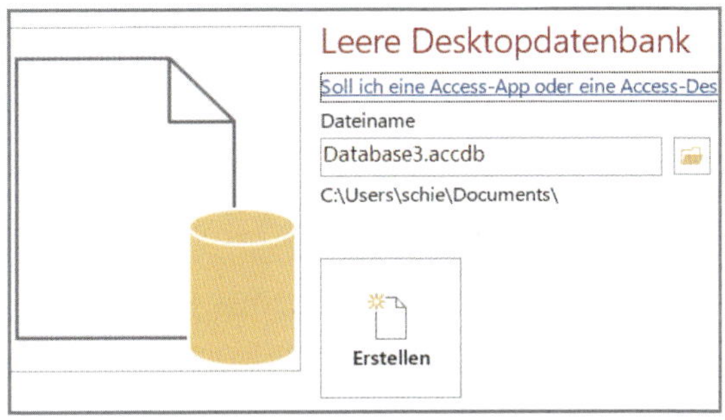

Bild 3: Datenbank einrichten

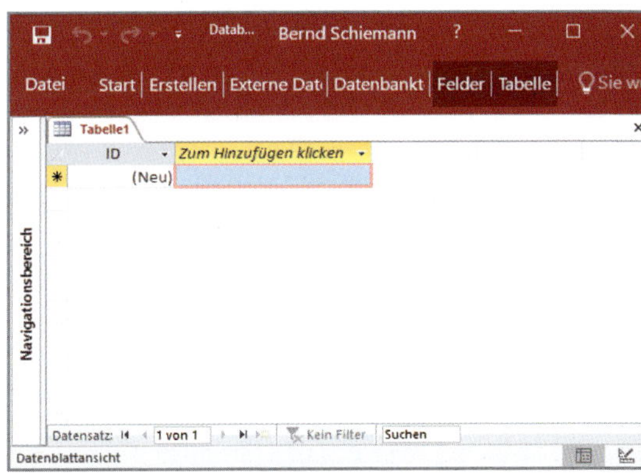

Bild 4: Fenster Datenblattansicht

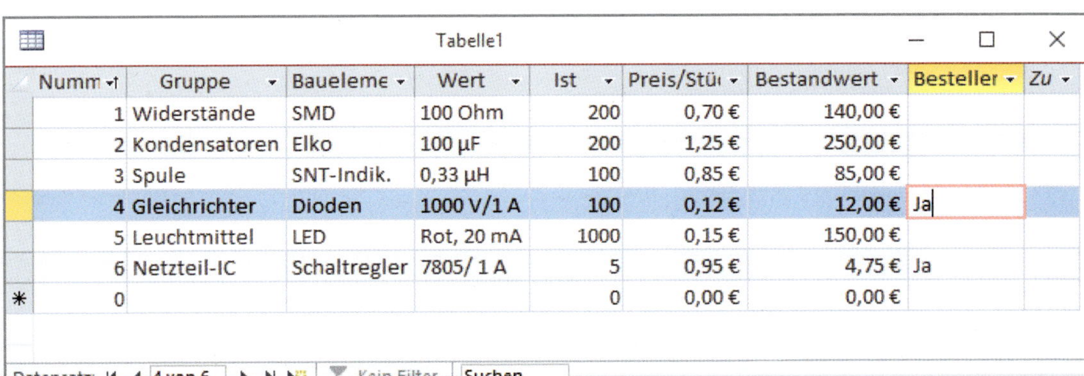

Tabelle1

Numm	Gruppe	Baueleme	Wert	Ist	Preis/Stü	Bestandwert	Besteller	Zu
1	Widerstände	SMD	100 Ohm	200	0,70 €	140,00 €		
2	Kondensatoren	Elko	100 µF	200	1,25 €	250,00 €		
3	Spule	SNT-Indik.	0,33 µH	100	0,85 €	85,00 €		
4	Gleichrichter	Dioden	1000 V/1 A	100	0,12 €	12,00 €	Ja	
5	Leuchtmittel	LED	Rot, 20 mA	1000	0,15 €	150,00 €		
6	Netzteil-IC	Schaltregler	7805/ 1 A	5	0,95 €	4,75 €	Ja	
0				0	0,00 €	0,00 €		

Datensatz: 4 von 6 · Kein Filter · Suchen

Bild 1: Datensatztabelle

In der Datenblattansicht fügt man die Felder ein und benennt sie **(Bild 1)**. Über das Kontextmenü kann die Spaltenbreite angepasst werden.

Nach dem Wechsel in die Entwurfsansicht werden der Primärschlüssel und die Felddatentypen festgelegt **(Bild 2)**.

Primärschlüssel verhindern das Entstehen von gleichen Datensätzen.

In einer Datenbank müssen die Primärschlüsselfelder jedes Datensatzes verschiedene Werte enthalten. Auf diese Weise wird verhindert, dass Datensätze doppelt eingegeben werden.

Übung 1: Primärschlüssel

Erzeugen Sie den Primärschlüssel für das Feld Nummer.

Ergebnis: **Bild 3**

Man markiert das Quadrat vor Nummer und klickt auf das Icon Primärschlüssel.

Der nächste Schritt ist die Festlegung der entsprechenden Felddatentypen.

Übung 2: Felddatentypen festlegen

Legen Sie die Felddatentypen sinnvoll fest.

Ergebnis: **Bild 4**

Für das Feld `Nummer` wird der Datentyp `Autowert` gewählt. Dadurch wird die Datensatznummer bei der Eingabe von Datensätzen automatisch um eins erhöht. Für die Felder `Gruppe`, `Bauelemente` und `Wert` wird der Datentyp `Texte` gewählt. Für die Zahlen im Feld `Bestand` wird der Datentyp `Zahl` und als Feldgröße `Long Integer` gewählt. Für die Felder `Preis/Stück` und `Bestandswert` wird der Datentyp `Währung` gewählt und die Währung € eingestellt.

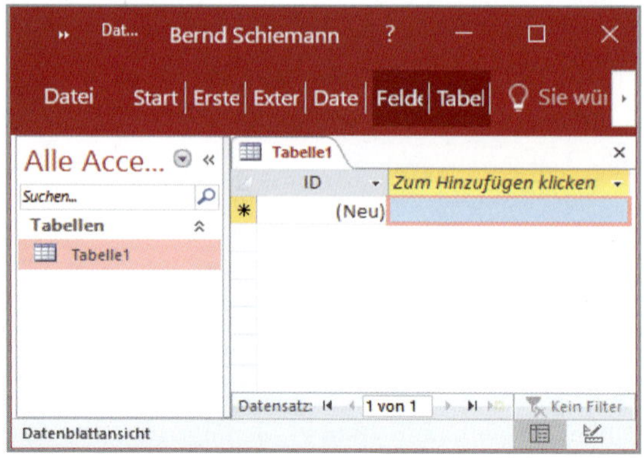

Bild 2: Ausschnitt Datenblattansicht

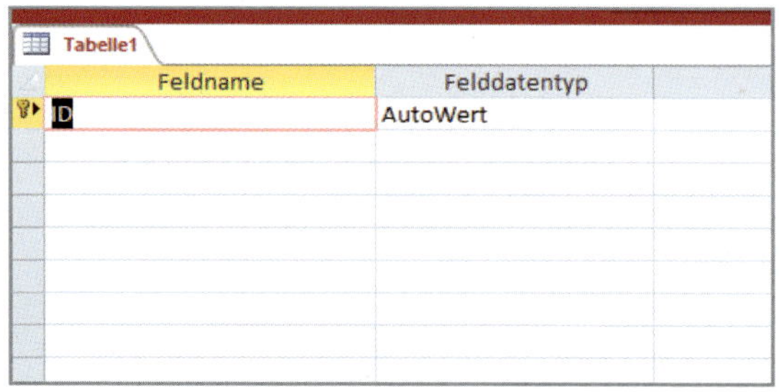

Bild 3: Primärschlüssel erzeugen

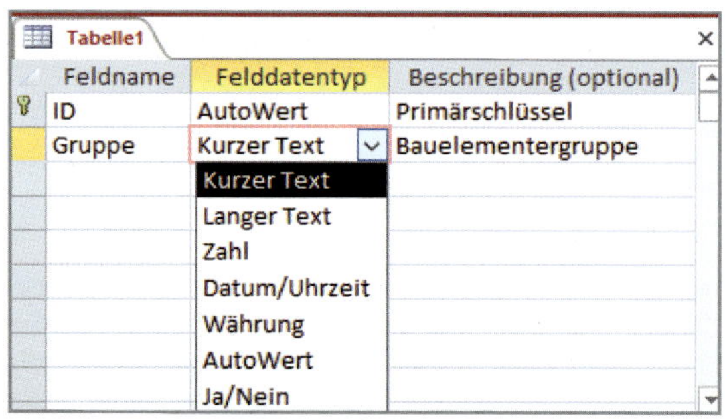

Bild 4: Festlegen der Felddatentypen

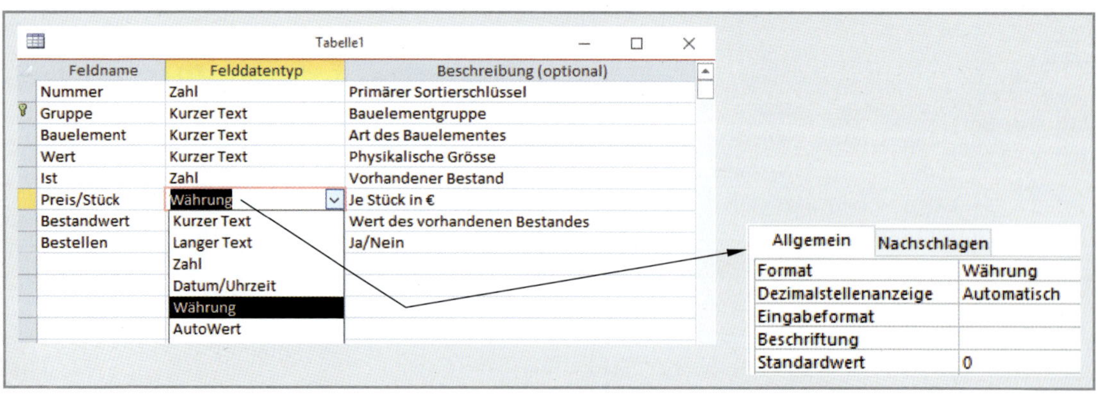

Bild 1: Datenblattansicht mit Feldnamen

Schritt 2: Datensätze in die Tabelle1 eingeben

In der geöffneten Datenbank `Bauelemente` öffnet man im Navigationsbereich des Arbeitsfensters mit einem Doppelklick die Tabelle1 zur Bearbeitung **(Bild 1)**.

In die Tabelle 1 können nun die Werte der Datensätze eingegeben werden.

Das Feld `Nummer` des ersten Datensatzes enthält bereits die Zahl *1*. In das Feld `Gruppe` wird *Festwiderstände*, in das Feld `Bauelemente` *SMD*, in das Feld `Wert` *100*, in das Feld `Bestand` *10*, in das Feld `Preis/Stück` *1,10 EUR* und in das Feld `Bestandswert` *11,00 EUR* eingetragen. Speichern und Beenden erfolgt nach Öffnen des Kontextmenüs der Tabelle1 mit der rechten Maustaste.

Schritt 3: Formularfenster erstellen

Im Menü `Erstellen` klickt man in der Menügruppe `Formulare` die Schaltfläche Formularentwurf an. Es wird das Fenster `Entwurfsansicht` geöffnet, in dem die Benutzeroberfläche, z. B. Zentrale, für die Datenbank erstellt werden kann.

Beispiel 1: Menü-Fenster erzeugen

Erstellen Sie das Formularfenster mit der Überschrift Bauelemente-Verwaltung und den vier Buttons Eingabe, Ausgabe (Berichte), Suchen und STOP **(Bild 2)**.

Lösung: **Bild 3**

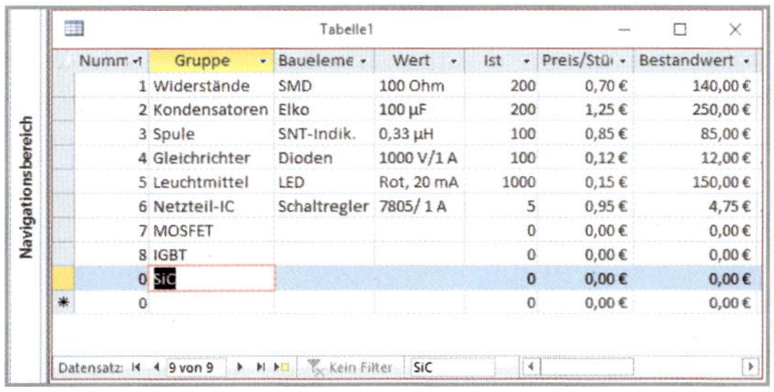

Numm	Gruppe	Baueleme	Wert	Ist	Preis/Stü	Bestandwert
1	Widerstände	SMD	100 Ohm	200	0,70 €	140,00 €
2	Kondensatoren	Elko	100 µF	200	1,25 €	250,00 €
3	Spule	SNT-Indik.	0,33 µH	100	0,85 €	85,00 €
4	Gleichrichter	Dioden	1000 V/1 A	100	0,12 €	12,00 €
5	Leuchtmittel	LED	Rot, 20 mA	1000	0,15 €	150,00 €
6	Netzteil-IC	Schaltregler	7805/ 1 A	5	0,95 €	4,75 €
7	MOSFET			0	0,00 €	0,00 €
8	IGBT			0	0,00 €	0,00 €
0	SiC			0	0,00 €	0,00 €
0				0	0,00 €	0,00 €

Bild 1: Navigationsbereich

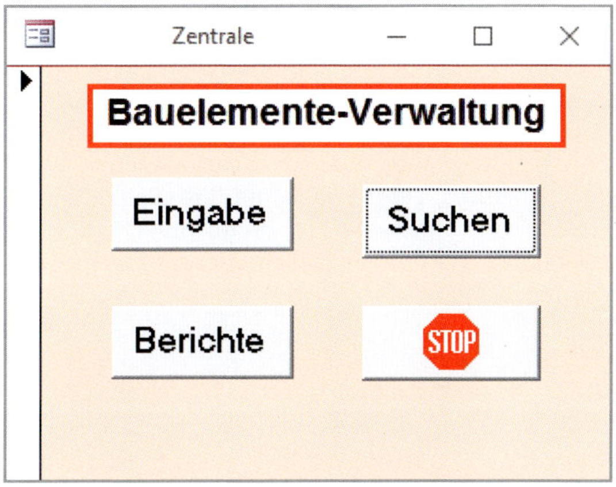

Bild 2: Ansicht des Formularfensters `Zentrale`

Im Menü `Erstellen` klickt man das Formular Zentrale an. Anschließend wechselt man zum Menü Entwurf. Mit einem Doppelklick auf das Formular Zentrale im Navigationsfenster wird die Entwurfsansicht geöffnet **(Bild 3)**.

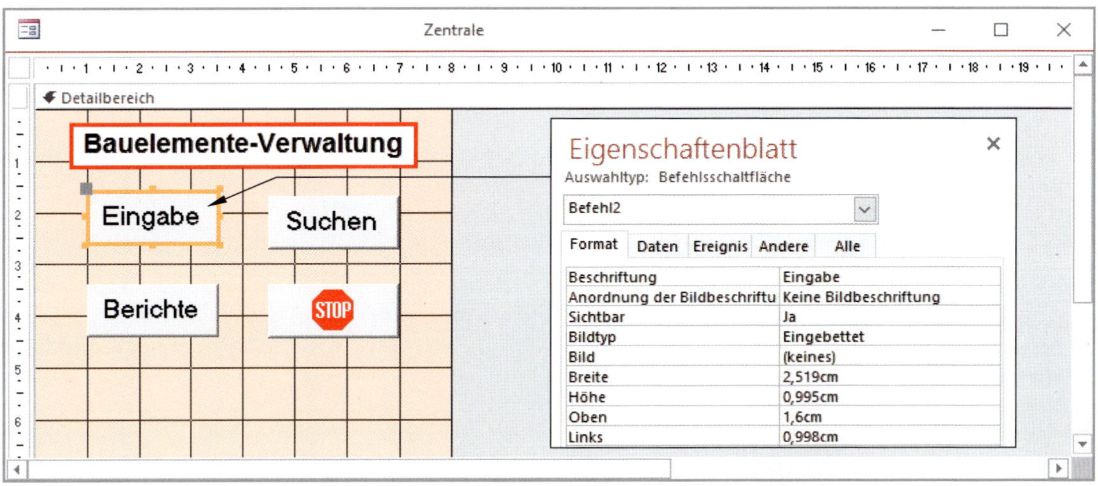

Bild 3: Ausschnitt aus dem Formularfenster `Zentrale`

Für das Erstellen der Überschrift "Bauelemente-Verwaltung" wird das Element Aa aus der Menügruppe Steuerelemente angeklickt, dann mit der Maus der Rahmen im Detailbereich gezeichnet und der Name *Bauelemente-Verwaltung* eingegeben. Typ, Größe und Farbe der Schrift, sowie Hintergrundfarbe lassen sich z. B. in der Menügruppe Schriftart einstellen.

Übung 1:
Stellen Sie die Schriftart Arial mit 14 pt und die Rahmenbreite 2 pt in Rot ein.

Ergebnis: **Bild 3, vorhergehende Seite.**

Für das Erstellen der Befehlsschaltflächen wird in der Toolbox das Befehlsschaltflächensymbol ▣ angeklickt. Mit der Maus werden dann die vier Buttons für Eingabe, Suchen, Bearbeiten und STOP erstellt. Durch Doppelklick auf die Schaltflächen können die Eigenschaften jeder Schaltfläche im jeweiligen Befehlsschaltflächenfenster eingestellt werden.

Übung 2:
Erstellen Sie das Formularfenster **Bild 1** `Eingabe` für die Eingabe vollständiger Datensätze. Das Ende der Eingabe und die Rückkehr zum Fenster `Zentrale` soll mit dem Anklicken einer Befehlsschaltfläche `Ende` möglich sein. Zusätzlich soll eine Bildlaufleiste zum Anwählen von Datensätzen sowie Schaltflächen für einen Sprung zum ersten und zum letzten Datensatz angefügt werden.

Ergebnis: **Bild 1**

Weitere Formulare erstellt man entsprechend dem Vorgehen für das Formular Zentrale (vorhergehende Seite).

Übung 3:
Erstellen Sie die Formularfenster für `Ausgabe` und `Suchen`.

Ergebnis: **Bild 2, Bild 3**

Im Fenster `Suchen` wird für die Eingabe eines Suchbegriffs ein Textfeld benötigt (Bild 3). Dazu wird in der Toolbox die Schaltfläche ab/ gewählt (Bild 4, vorhergehende Seite).

Wiederholung und Vertiefung

1. **In welcher Form verwaltet das Datenbanksystem Access seine Dateien?**
2. **Wie ist ein Datensatz aufgebaut?**
3. **Nennen Sie die drei Schritte der Datenbankentwicklung.**
4. **Warum verwendet man Primärschlüssel?**
5. **Nennen Sie sechs Felddatentypen.**

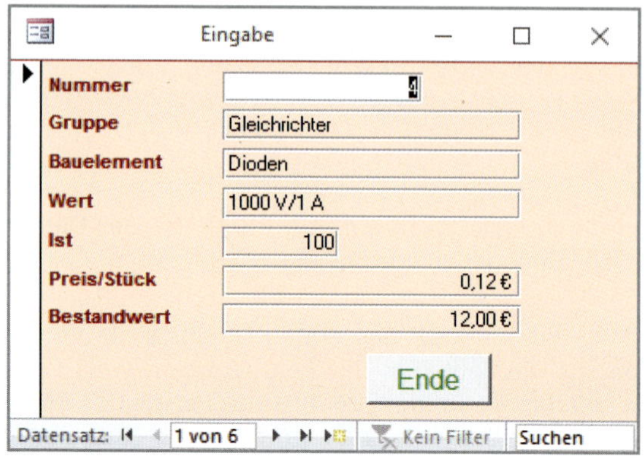

Bild 1: Formularfenster `Eingabe`

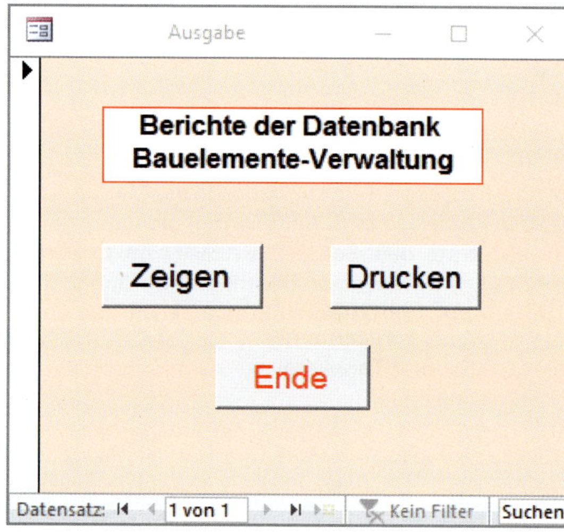

Bild 2: Formularfenster `Ausgabe`

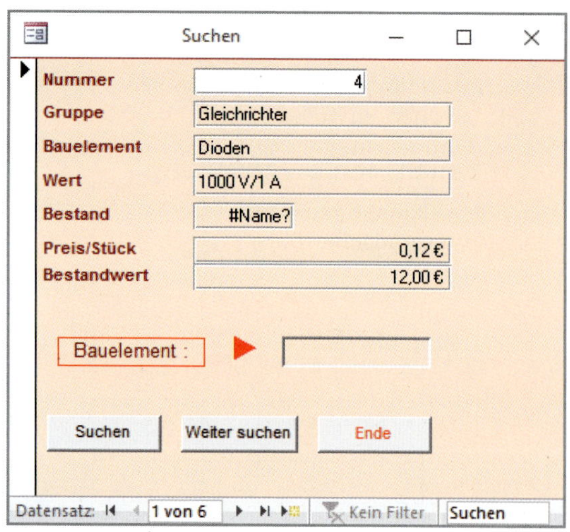

Bild 3: Formularfenster `Suchen`

4.10.2 Tabellenkalkulation

Funktionsumfang

Mit Tabellenkalkulationsprogrammen können Tabellen mit Textdaten und Zahlendaten erstellt und nach verschiedenen Kriterien ausgewertet werden **(Bild 1)**. Tabellenkalkulationen werden z. B. für Rechnungen, Umsatzstatistiken oder Verkaufsstatistiken angewendet.

Beim Erstellen einer Tabelle, in der zwischen den einzelnen Elementen der Spalten bzw. Zeilen mathematische Beziehungen bestehen sollen, müssen die mathematischen Beziehungen nur einmal festgelegt werden. Diese gelten dann und werden vom Computer immer berücksichtigt. Deshalb muss eine für Kalkulationen angelegte Tabelle nur teilweise manuell mit Daten ausgefüllt werden (Bild 1). Additionen, Subtraktionen, Multiplikationen oder Divisionen werden z. B. dann berechnet. Werden in einer bestehenden Tabelle Daten manuell überschrieben, so werden alle davon abhängigen Berechnungen wegen der dem Computer bekannten mathematischen Beziehungen selbstständig neu durchgeführt.

Tabellenkalkulationsprogramme führen einmal festgelegte Berechnungen selbsttätig für alle Elemente einer Tabelle aus.

Bestellnr.	Vorrat	Einzelpreis	Gesamtwert
187369	40	53,90 €	2.156,00 €
187370	73	64,90 €	4.737,70 €
187371	24	15,90 €	381,60 €
187372	15	24,90 €	373,50 €
187373	97	58,90 €	5.713,30 €
Menge	249	Summe	13.362,10 €

wird vom Programm berechnet

Bild 1: Tabellenkalkulation zur Berechnung des Gesamtwertes

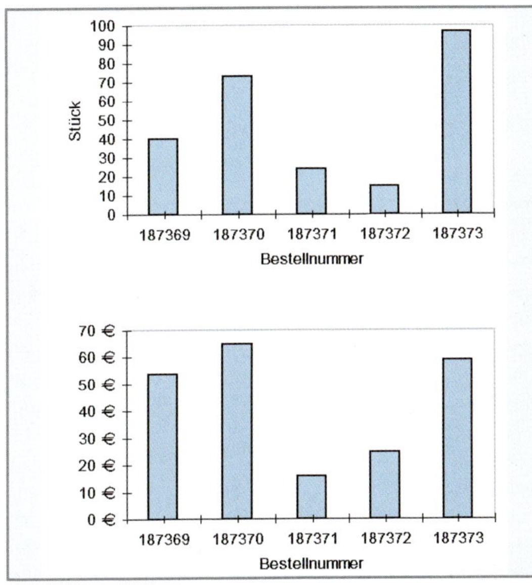

Bild 2: Säulendiagrammdarstellungen für Vorrat und Einzelpreise von Bestellpositionen

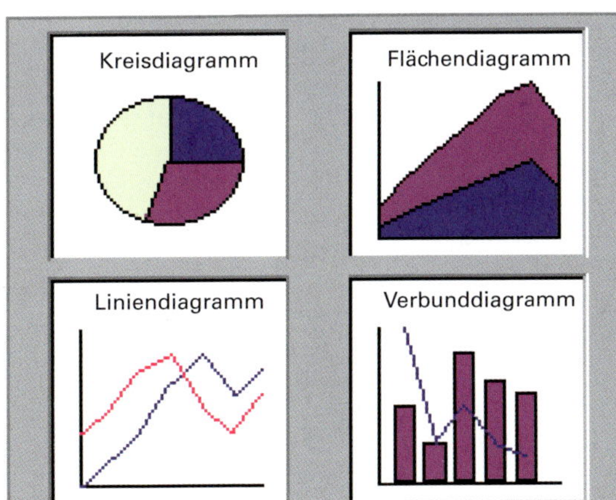

Bild 3: Diagrammtypen bei der Tabellenkalkulation

Die mathematischen Auswertungen dieser Tabellen sind mittels der gleichen Tabellenkalkulationsprogramme auch grafisch darstellbar **(Bild 2)**. Somit können Tabellenausschnitte auf eine Aufgabe zugeschnitten und anschaulich aufbereitet werden. Übliche Darstellungsformen sind Säulendiagramme, Liniendiagramme, Kreisdiagramme oder Flächendiagramme **(Bild 3)**. Nachträglich vorgenommene Änderungen in einer Tabelle werden in allen Diagrammtypen automatisch berücksichtigt.

Tabellenkalkulationsprogramme ermöglichen auch das grafische Darstellen von Auswertungen.

Das Sortieren von Daten innerhalb einer Spalte ist wie bei Datenbanken möglich, da die Tabellenkalkulationsprogramme Datenbankfunktionen enthalten. Daneben können auch Filter über die Daten einer Spalte gesetzt werden, was prinzipiell ein Ausblenden von Daten bedeutet. Auch neue, kleinere Tabellen können aus einer vorhandenen Tabelle computerunterstützt erzeugt werden.

Tabellenkalkulation mit Excel

Excel (von lat. ex = aus, lat. cella = Zelle; aus Zellen aufgebaut) arbeitet im Zusammenwirken mit dem Betriebssystem Windows und besitzt einen mausgeführten Dialog anhand von Menüs **(Bild 1)**. Mittels der einzelnen Untermenüs können Funktionen wie z. B.

- Anwählen, Abwählen und Drucken von Dateien,
- Verschieben, Kopieren von Daten innerhalb einer Datei (Tabellen),
- Verarbeiten mathematischer Formeln,
- Definieren von Zahlenformaten,
- Festlegen von Schriftarten und Schrifttypen,
- Festlegen von Rahmenarten einer Tabelle oder
- Anwählen unterschiedlicher Diagrammtypen

ausgeführt werden **(Bild 2)**.

Mittels Excel sind mehrere Tabellen miteinander verknüpfbar. Dadurch ist es möglich, Kalkulationen über mehrere Tabellen hinweg durchzuführen. Auch Daten verschiedener Diagramme sind in einem neuen Diagramm darstellbar. Wegen der Fenstertechnik kann zwischen tabellarischer Darstellung und einer Diagrammdarstellung rasch hin- und hergeschaltet werden. Überlagerungen von verschiedenen Darstellungen sind ebenfalls möglich.

Von Vorteil ist ferner, dass mittels verschiedener Passworte sowohl ganze Tabellen als auch einzelne Spalten einer Tabelle vor unerwünschten Zugriffen schützbar sind. Auch ein Nichtanzeigen von Spalten ist passwortgesteuert möglich.

In Excel kann mit mehreren Zahlenformaten gearbeitet werden. Dies ist insbesondere beim Umgang mit Tabellen, in denen Geldbeträge verarbeitet werden sollen, von Interesse **(Bild 3)**. Der Anwender muss bei der Eingabe von Geldbeträgen z. B. die Währungsangabe € nicht eingeben. Die Angabe € wird vom Programm ergänzt. Außerdem werden €-Beträge unabhängig von ihrer Eingabe immer mit zwei Stellen nach dem Dezimalkomma dargestellt.

Neben den von Excel standardmäßig angebotenen Zahlenformaten kann der Anwender eigene Formate festlegen. Excel ergänzt dann z. B. Einheiten wie kg, kWh oder fügt bei Telefonnummern und Sozialversicherungsnummern entsprechende Interpunktionszeichen ein.

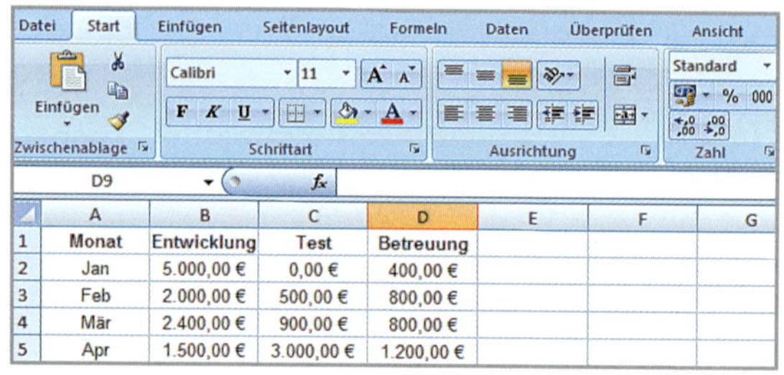

Bild 1: Ausschnitt aus Excel-Benutzungsoberfläche

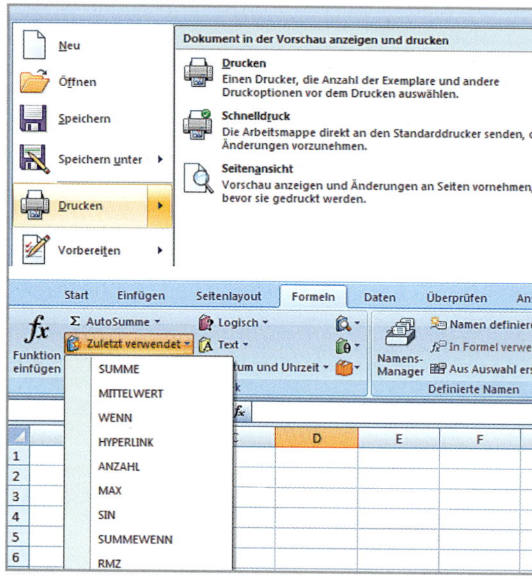

Bild 2: Untermenüs der Menüs Office und Formeln

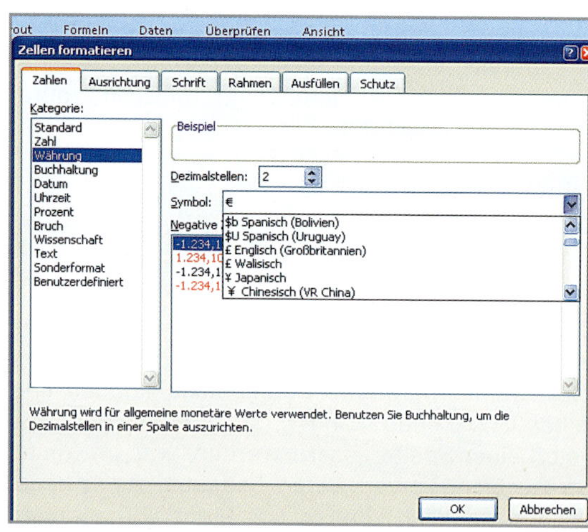

Bild 3: Auswahl von Zahlenformaten

Für das mathematische Verknüpfen der Elemente in den Spalten bzw. Zeilen ist die Schreibweise von Excel einzuhalten **(Tabelle 1)**. Zum Berechnen von Summen in Spalten oder Zeilen kann mit dem Summen-Button (button = Knopf) gearbeitet werden (Bild 2, vorhergehende Seite).

Tabelle 1: Mathematische Verknüpfungen in Excel

Verknüpfung	Formel (Beispiele)
Addition	=summe (a3:a10)
	=a3+b9
Subtraktion	=a3-c5
Multiplikation	=b5*d6
Division	=a3/b6

Übung 1: Arbeitsplatzkosten berechnen

In einem Betrieb soll ein CAD-System zur Schaltplanentwicklung eingeführt werden. Mit einer Excel-Tabelle sind die Kosten für drei Arbeitsplätze hinsichtlich PC, Software, Schulung und Arbeitsausfall zum Einarbeiten aufzuzeigen. Die Excel-Tabelle ist dabei so aufzubauen, dass in Abhängigkeit von der Anzahl der zu beschaffenden Arbeitsplätze die Gesamtkosten berechnet werden.

Ergebnis: **Bild 1**

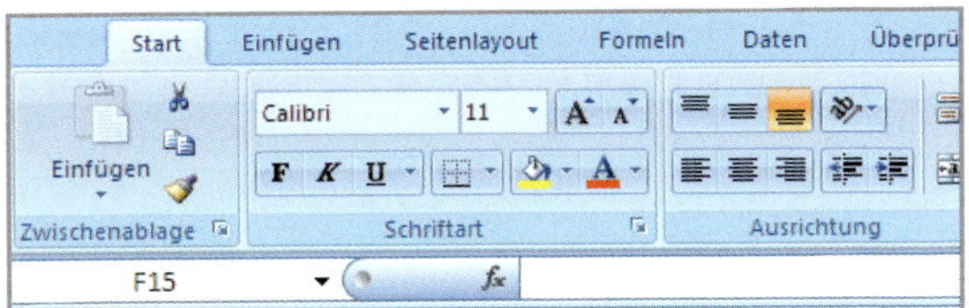

	A	B	C	D
1	**Kosten von Elektro-CAD-Arbeitsplätzen**			
2	Anzahl Arbeitsplätze	3		
3	**Position**	**Einzelkosten**	**Gesamtkosten**	
4	PC	2000,00	6000,00	
5	Software	3500,00	10500,00	
6	Schulung	500,00	1500,00	
7	Arbeitsausfall	5000,00	15000,00	
8	**Summe**	**11000,00**	**33000,00**	
9				

Bild 1: Excel-Tabelle aus Übung 1

In die Zelle A1 wird der Text „Kosten von Elektro-CAD-Arbeitsplätzen" eingetippt. Schriftart, Schriftgröße und Schriftstärke, hier Arial, 10 und fett (F), können in der Excel-Menüleiste ausgewählt werden (Bild 1). In die Zellen A3, B3, C3 werden die Spaltenbezeichnungen eingegeben. Die restlichen Begriffe sind in ihre jeweiligen Zellen einzugeben. Zum Formatieren der Zellen B4 bis B8 und C4 bis C8 für eine Zahlenwertausgabe mit zwei Nachkommastellen müssen diese Zellen mit der linken Maustaste markiert und die Menüpunkte `Format`, `Zellen` und `Zahlen` angeklickt werden. Anschließend ist in `Kategorie` das Zahlenformat entsprechend auszuwählen **(Bild 2)**.

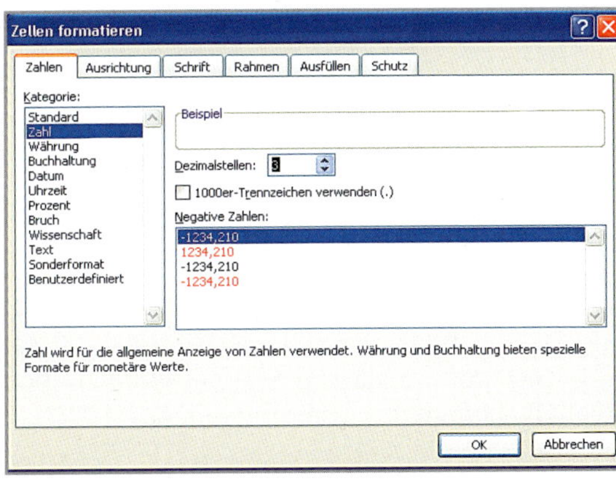

Bild 2: Formatieren von Tabellenelementen in Excel

Mit der Eingabe =b4*b2 in die Zelle C4 werden die PC-Kosten für die in B2 angegebene Anzahl von Arbeitsplätzen der Zelle C4 berechnet. Entsprechende Formeln sind in die Zellen C5 bis C7 zu hinterlegen. Die Formeln der Summenbildung in B8 und C8 werden dort hinterlegt, indem diese Zellen angeklickt werden und anschließend der Summen-Button im Menü-Reiter `Start` (Im Menü-Band) jeweils zweimal angeklickt wird.

Übung 2: Gesamtkosten berechnen

Geben Sie in die Zelle B2 die Zahl 5 ein. Beobachten Sie die Spalte Gesamtkosten.

Ergebnis: **Bild 3**

Kosten von Elektro-CAD-Arbeitsplätzen		
Anzahl Arbeitsplätze	5	
Position	**Einzelkosten**	**Gesamtkosten**
PC	2000,00	10000,00
Software	3500,00	17500,00
Schulung	500,00	2500,00
Arbeitsausfall	5000,00	25000,00
Summe	**11000,00**	**55000,00**

Bild 3: Ergebnisse der Aufgabenstellung von Übung 2

Nach Eingabe der Zahl 5 und anschließender Betätigung der Return-Taste werden die Zahlen in der Spalte Gesamtkosten automatisch berechnet.

Durch Formatieren der Zeilen für die Zahlenwerte mittels Markierung des 1000er-Trennzeichens nach Bild 2 können diese auch mit Tausenderpunkt dargestellt werden.

Erstellen von Makros in Excel

Beim Erstellen von Makroprogrammen (Makros) ist zu unterscheiden zwischen dem

- Automatisieren von Arbeitsabläufen, also „Klickabläufe" in den Excel-Oberflächen, und dem
- Programmieren von Programmzeilen in der Excel-Programmiersprache VBA (Visual Basic for Application).

Zum Automatisieren von Arbeitsabläufen ist wie folgt vorzugehen. Diejenigen Zellen, auf die das Makro angewendet werden soll, sind zu markieren. Dann sind im Menü-Reiter `Ansicht` die Menüpunkte `Makros` und `Makro Aufzeichnen` anzuwählen, der Makroname ist einzugeben. Nun sind die zu automatisierenden Arbeitsabläufe auszuführen. Anschließend ist die Makroaufzeichnung z. B. über `Ansicht`, `Makros`, `Aufzeichnung beenden` zu beenden. Soll das Makro angewendet werden, so ist es über `Ansicht`, `Makros` und Auswahl des Makros zu starten.

Übung 1: Makro aufzeichnen

Die Zahlen in der Spalte Gesamtkosten in Bild 3, vorhergehende Seite, sollen durch den Ablauf eines Makros kursiv, mit Schriftgröße 12, der Schriftart Arial und mit einem Punkt an der Tausenderstelle dargestellt werden. Nehmen Sie die Makroaufzeichnung vor.

Ergebnis: **Bild 1**

Sobald die Makroaufzeichnung aktiv ist, müssen im Menü-Reiter `Start` die Schaltflächen *K*, die Schriftgröße 12, der Menüpunkt `Zahl` und das 1000er-Trennzeichen #.##0,00 angeklickt werden. Dann ist die Makroaufzeichnung zu beenden. Das aufgezeichnete Makro kann durch Anwahl des Menüs `Ansicht`, darin der Menüpunkte `Makros`, `Makros anzeigen` und Anwahl des Makros mit seinem Namen sowie dem Anklicken von `Bearbeiten` angezeigt werden **(Bild 2)**. Sub steht für subroutine = Unterprogramm.

Arbeitsabläufe sind in Excel automatisierbar.

Zum Erstellen eines Makros in der Programmiersprache VBA muss man die Programmieranweisungen kennen **(Tabelle 1)**.

Kosten von Elektro-CAD-Arbeitsplätzen		
Anzahl Arbeitsplätze	5	
Position	**Einzelkoster**	**Gesamtkosten**
PC	2000,00	*10.000,00*
Software	3500,00	*17.500,00*
Schulung	500,00	*2.500,00*
Arbeitsausfall	5000,00	*25.000,00*
Summe	**11000,00**	***55.000,00***

Bild 1: Ergebnis der Makroaufzeichnung von Übung 1

```
Sub Schrift()
    Auswahl.Schriftart.Kursiv = Wahr
    Mit Auswahl.Schriftart
        .Name = "Arial"
        .Grösse = 12
        .Durchstreichen = Falsch
        .Hochgestellt = Falsch
        .Tiefgestellt = Falsch
        .Kontur = Falsch
        .Schatten = Falsch
        .Unterstreichen = xlKein
        .FarbIndex = xlAutomatisch
    Ende Mit
    Auswahl.Zahlenformat = "#.##0,00"
Ende Sub
```

Bild 2: Ausdruck des generierten Makros von Übung 1

Tabelle 1: Anweisungen in VBA

Anweisung	Bedeutung
EingabeDlg ("Eingabe:")	Dialogfenster mit Texteingabe
MeldungsDlg (Ausgabe)	Fenster für Textausgabe
Wert ("Textzahl")	Wandlung Text in Zahlenwert
Wenn kosten >100 Dann ... Sonst ... Ende Wenn	Wenn-Dann-Anweisung (if-then-Anweisung)
Für i = 1 Bis 10 ... Nächste i	Zählschleife von...bis (for-next-Schleife)
Weitere Anweisungen siehe Visual Basic	

Übung 2: Makro programmieren

Erstellen Sie ein Makro in VBA, welches nach den Kosten eines CAD-Arbeitsplatzes und nach der Anzahl der CAD-Arbeitsplätze fragt und dann die Kosten berechnet.

Ergebnis: **Bild 3**

```
Sub Kosten()
    kosten = Wert(EingabeDlg("Kosten eines CAD-Arbeitsplatzes "))
    Anzahl = Wert(EingabeDlg("Anzahl CAD-Arbeitsplätze"))
    MeldungsDlg (Anzahl * kosten)
Ende Sub
```

Bild 3: In VBA erstelltes Makro zu Übung 2

4.10.3 Präsentationsprogramm PowerPoint

PowerPoint ist Bestandteil des Softwarepaketes MS Office und dient zur Präsentation von Texten, Tabellen und Grafiken mittels eines an einen PC angeschlossenen Beamers (LCD-Projektor, DLP-Projektor von Liquid Crystal Display, bzw. Light Processing, **Bild 1**). Die meisten computerunterstützten Präsentationen werden heute mit diesem Softwareprodukt abgehalten. Mit PowerPoint werden Layout (Entwurfsvorlage) und Inhalt der Abbildungen, Folien genannt, für Präsentationen erstellt **(Bild 2)**.

Datei anlegen. Eine neue Datei wird nach Aufruf von PowerPoint erzeugt **(Bild 3)**. Durch Anklicken der Schaltfläche `Datei` und `Speichern unter...` kann die Datei nach Eingabe des Dateinamens in einem auszuwählenden Ordner abgespeichert werden. Der spätere Aufruf dieser Datei erfolgt durch Anklicken von Schaltfläche `Office`, `Öffnen` und entsprechender Auswahl des Ordners und der Datei.

Text eingeben. Nach Anklicken eines Textfeldes (Bild 3) kann direkt Text eingetippt werden. Texte können nur in *Textfelder* eingegeben werden. Dazu kann auch das Textfeld-Icon im Menü-Reiter `Einfügen` angeklickt und durch Anklicken im Arbeitsbereich ein Textfeld an dieser Stelle platziert werden **(Bild 3)**. Verschiedene Schriftarten, Schriftgrößen und Schrifttypen können im Menü-Reiter `Start` am oberen Bildschirmrand ausgewählt werden. Soll vorhandener Text in anderer Schriftgröße dargestellt werden, ist dieser zuvor mit gedrückter linker Maustaste zu markieren.

Grafische Elemente eingeben. Durch Anklicken von `Formen` im Menü-Reiter `Start` und danach der Icons für Linie, Pfeil, Rechteck, Kreis/Elipse **(Bild 4)** sowie erneutem Anklicken im Arbeitsbereich können diese Elemente an der angeklickten Stelle erzeugt werden. Durch Bewegen der Maus mit gedrückter linker Taste sind die Längen oder Größen dieser grafischen Elemente einstellbar und veränderbar. Durch Auswahl von Linienart und Strichart, ebenfalls am unteren Bildschirmrand, können die Linien oder Konturen der grafischen Elemente verändert werden.

Durch Anklicken von `Formen` (Bild 4) können weitere Arten von Pfeilen sowie auch Sterne, Banner, Legenden oder Elemente von Programmablaufplänen ausgewählt und im Arbeitsbereich platziert werden.

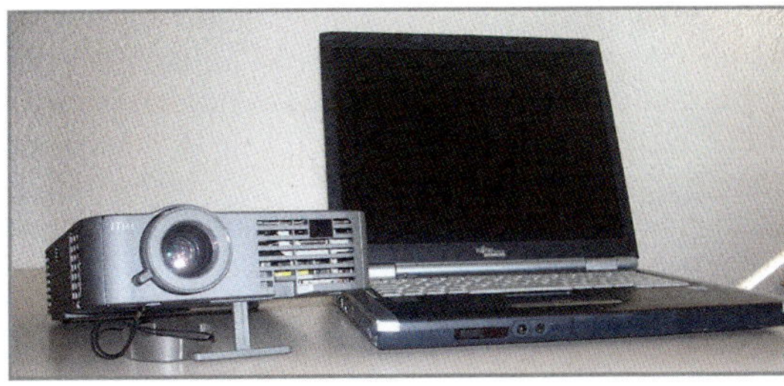

Bild 1: IT-Medien für eine Präsentation

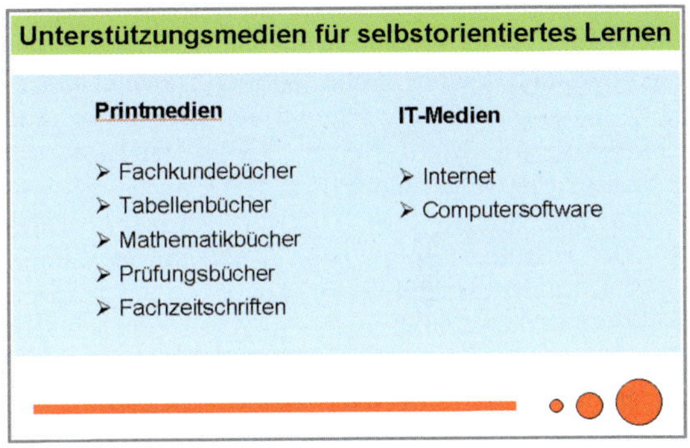

Bild 2: Beispiel einer PowerPoint-Folie

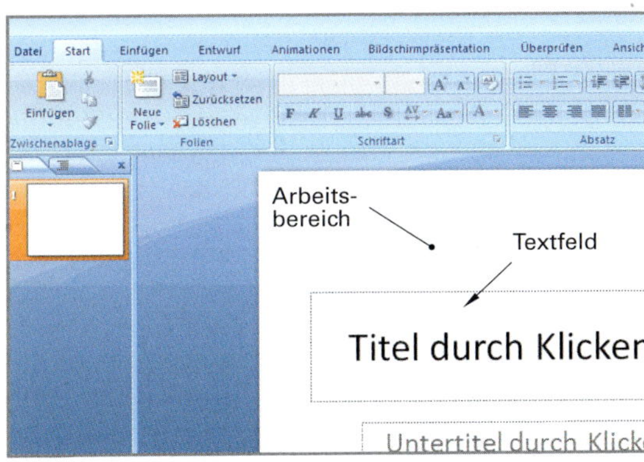

Bild 3: Benutzeroberfläche von PowerPoint

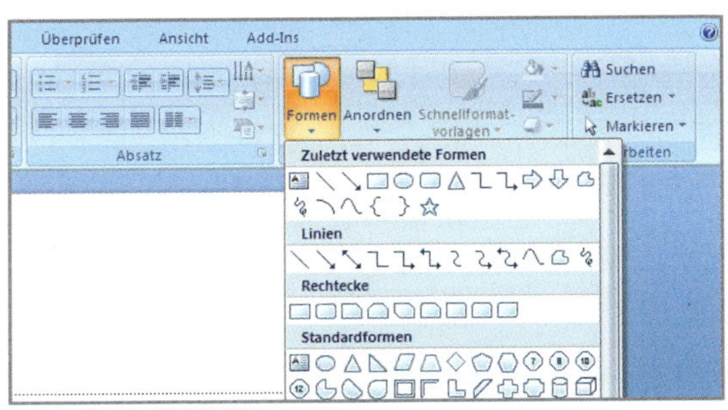

Bild 4: Auswahl von Formelementen

Soll Text in einen Kreis eingebracht werden, so müssen ein Textfeld, versehen mit dem gewünschten Text, und ein Kreis übereinander gelegt werden.

Damit der Text gelesen werden kann, darf entweder der Kreis mit keiner Farbe ausgefüllt sein (keine Füllung) oder durch Anklicken des Kreises öffnet sich am oberen Bildschirmrand ein Reiter `Zeichentools/Format`. Dort kann nun durch weitere Auswahl der Kreis in den Vordergrund oder in den Hintergrund gebracht werden.

PowerPoint wird angewendet, um Präsentationsfolien (Präsentationscharts) basierend auf Texten und einfachen Grafiken zu erstellen.

Mit Farben arbeiten. Die grafischen Elemente und die Textfelder einer Folie können farbig eingefärbt werden. Dazu werden nach Anklicken des Elements im Menü-Reiter `Zeichentools/Format` die Schaltfläche `Fülleffekt` und eine Farbe zur Auswahl am oberen Bildschirmrand angeklickt **(Bild 1)**. In gleicher Weise können Linien oder Kurvenzüge durch ihr Anklicken und durch Anklicken der Schaltfläche `Linienfarbe` mit Farben versehen werden. Schriftzeichen sind zu deren Einfärben mit dem Cursor zu markieren. Die Farbe ist durch Anklicken der Schaltfläche `Schriftfarbe` danach einzustellen.

ClipArts einfügen. Es muss zunächst im Menü-Reiter `Start` über `Layout` ein geeignetes Inhaltlayout mit Möglichkeit der ClipArt-Darstellung (Kunst-Ausschnitt) ausgewählt werden **(Bild 2)**. In diesem ist nach Anklicken des Inhaltsfeldes das ClipArt-Icon anzuklicken **(Bild 3)**, das gewünschte ClipArt auszuwählen und durch `OK` im Inhaltsfeld zu platzieren. Die ClipArt-Auswahlliste kann auch über den Menü-Reiter `Einfügen` und `ClipArt` aufgerufen werden.

Excel-Tabellen einbinden. Durch Anklicken im Menü-Reiter `Einfügen` von `Objekt` wird ein Objektfenster geöffnet **(Bild 4)**. In diesem kann bei Anwahl von `Neu erstellen` im Auswahlfeld *Excel Arbeitsblatt* ausgewählt werden. Dadurch erscheint im Arbeitsbereich von PowerPoint eine Excel-Tabelle. Wird im Objektfenster angeklickt `Aus Datei erstellen`, wird die Excel-Tabelle einer gespeicherten Excel-Datei im Arbeitsbereich angezeigt. Zu beachten ist, dass die gesamte Excel-Datei an die PowerPoint-Datei angehängt ist und über PowerPoint auch zugänglich ist. Dies ist beim Versenden der PowerPoint-Datei an andere Personen zu beachten.

Präsentation durchführen. Spätestens nach Beenden der Eingabetätigkeit ist die PowerPoint-Datei über die Schaltfläche `Datei` und `Speichern unter...` abzuspeichern. Die Bildschirmpräsentation wird gestartet mit Menü-Reiter `Bildschirmpräsentation`, `Von Beginn an` **(Bild 5)** oder durch Anklicken des Icons Leinwand in der rechten unteren Bildschirmecke. Mit jedem Mausklick wird in der Präsentation eine Folie weitergeschaltet. Es können auch Animationseffekte eingeschaltet werden, z. B. dass Textfelder nach und nach eingeblendet werden oder die Folienübergänge mit Effekten erfolgen. Dies ist über Anklicken von Menü-Reiter `Bildschirmpräsentation`, `Benutzerdefinierte Animation ...` einstellbar.

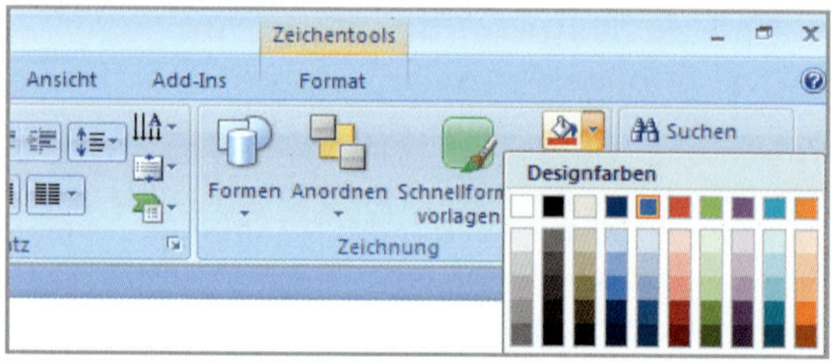

Bild 1: Auswahlfenster für Füllfarben

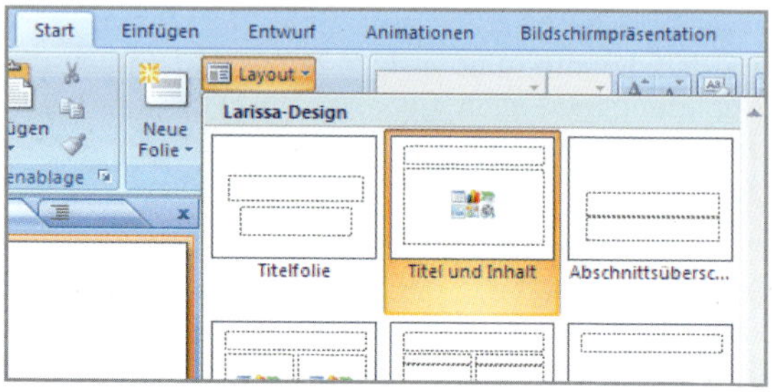

Bild 2: Auswahl eines Inhaltlayouts

Bild 3: Anwahl ClipArt-Icon

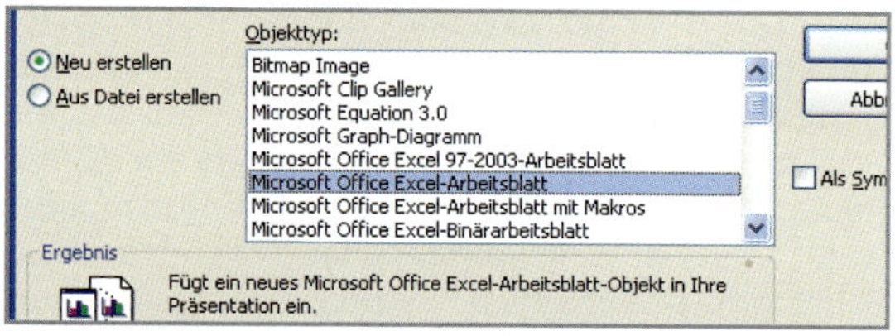

Bild 4: Objektfenster für Einbinden einer Excel-Tabelle

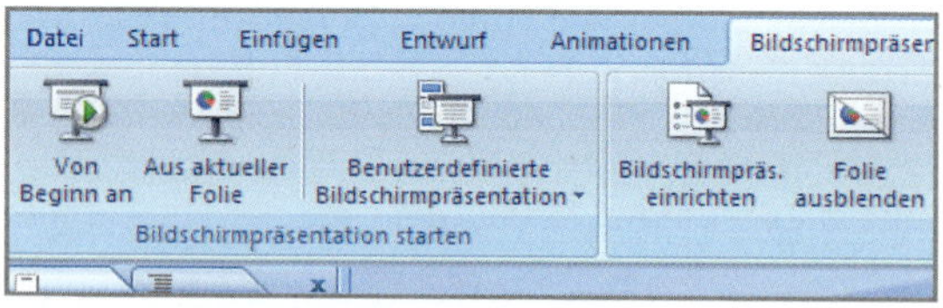

Bild 5: Starten einer Präsentation

4.11 Datensicherung und Datenschutz

4.11.1 Maßnahmen zur Datensicherung

Systeminterne Maßnahmen

Daten in Computern und Netzen können verloren gehen durch

- eine nicht einwandfrei funktionierende Spannungsversorgung,
- Umwelteinflüsse, z. B. magnetische Felder oder zu hohe Temperaturen,
- Defekte in der Computeranlage,
- Fehlbedienungen,
- virenbefallene Programme oder auch
- Schadsoftware.

Die Spannungsversorgung kann sichergestellt werden, indem eine USV-Anlage (Unterbrechungsfreie Stromversorgung, Abschnitt 6.1.9) verwendet wird. Dieser Notbetrieb muss mindestens so lange aufrechterhalten werden, bis alle das aktuelle Computerabbild beschreibenden Daten auf einem nichtflüchtigen Datenspeicher, z. B. einer Festplatte, gespeichert sind.

Zum Vermeiden von Datenverlusten aufgrund von Umwelteinflüssen müssen Computer in geeigneten Räumen aufgestellt werden. Oft sind Klimaanlagen vorzusehen. Auf ausreichende Abschirmung der Leitungen ist zu achten.

Zum Vorbeugen von Datenverlusten infolge von Defekten in einem Computer muss dieser mit einer Diagnosesoftware ausgestattet sein **(Bild. 1)**.

- Bei einem Neustart des Computers werden z. B. über alle Speicherbereiche hinweg die Quersummen der Datenworte berechnet und aufaddiert. Die Endsumme wird mit der beim letzten Ausschalten des Computers ermittelten Endsumme verglichen.
- Die beschreibbaren Speicher (RAM) werden zyklisch mit bestimmten Daten beschrieben und durch anschließendes Lesen geprüft (walking pattern method = wandernde Mustermethode).
- Die Schnittstellen zu den Peripheriegeräten werden zyklisch mit Testdaten versorgt, die bei den Peripheriegeräten bekannte Echodaten hervorrufen.
- Der interne Computerbus wird mittels Sendedaten und zugehörigen Empfangsdaten der Busteilnehmer geprüft.

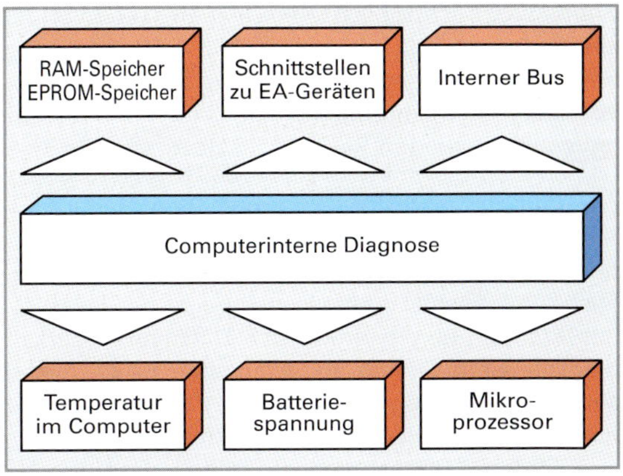

Bild 1: Online-Diagnose eines Computers

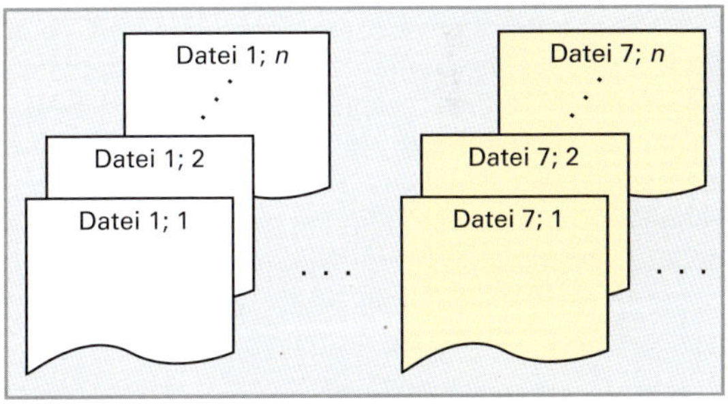

Bild 2: Dateien mit mehreren Versionen

- Mittels Sensoren wird die Temperatur des Computers ständig überprüft.
- Die für Batteriepufferung verwendeten Batterien werden zyklisch mit Belastungswiderständen auf ihren Ladungszustand geprüft.
- Die Mikroprozessoren oder Mikrocontroller eines Computers werden zusätzlich durch Überwachung der Programmlaufzeit (Watchdog-Programmen), angewendet auf Testprogramme, zyklisch geprüft.

Mittels online ablaufender Diagnoseprogramme können manche Defekte eines Computers frühzeitig erkannt werden.

Schutz gegen zu großen Datenverlust infolge von Fehlbedienung erzielt man durch mehrfache Speicherung von Dateien in einem Computer **(Bild 2)**. Beim Abspeichern einer gerade veränderten Datei wird nicht die ursprüngliche Datei überschrieben, sondern es wird eine neue Datei mit gleichem Namen angelegt, jedoch mit anderer Versionsnummer.

Weitere Schutzmöglichkeiten gegen Datenverlust sind z. B., alle 10 min die gerade in Bearbeitung befindliche Datei auf die Festplatte zu sichern oder vor dem Überschreiben einer Datei eine Sicherheitsabfrage an den Bediener abzusetzen **(Bild 1)**.

Der Einsatz von RAID-Systemen (von Redundant Array of Independent Disk = redundante Anordnung von unabhängigen Platten, statt Independent auch Inexpensive = billig) im Bereich der Festplatten von Computern erhöht die Datenverfügbarkeit deutlich. Beim häufig angewendeten RAID-Level-5 sind die Nutzdaten (Datenblöcke 1 bis 16) und die Paritätsdaten P blockbereichsweise auf mindestens vier Platten (Drives) verteilt **(Bild 2)**. Dadurch ist sichergestellt, dass bei Ausfall eines Laufwerks dessen Informationen rekonstruierbar sind. Die Datenredundanz beträgt etwa 20 %. Mehr Sicherheit bietet RAID-Level-1. Hier werden die Daten auf doppelten Laufwerken zweifach (gespiegelt) gespeichert. RAID-Level-6 arbeitet ähnlich wie RAID-Level-5, verkraftet aber einen gleichzeitigen Ausfall von bis zu zwei Festplatten. Anwendung finden diese Systeme auch beim Datenspeichern im Netzwerk (Datenserver, Network Attached Storage NAS).

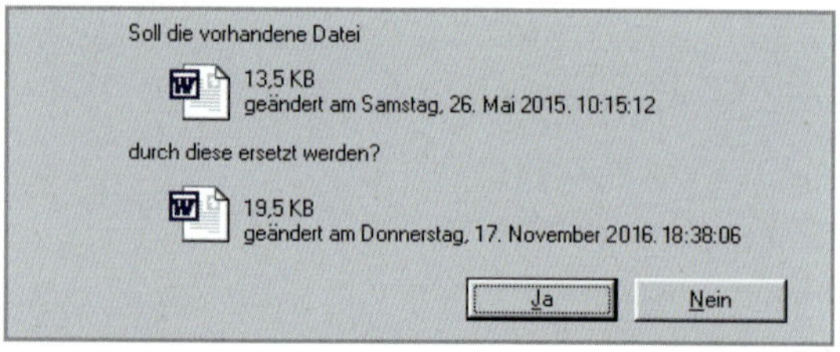

Bild 1: Sicherheitsabfrage vor dem Überschreiben

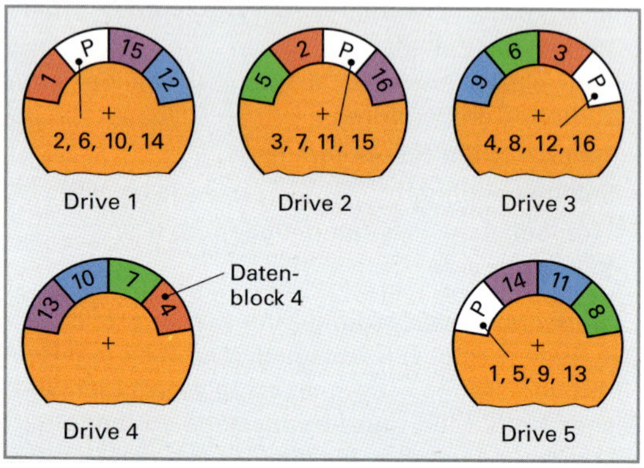

Bild 2: Verteilung der Daten bei RAID Level 5

Durchführung von Backups

Zur Vermeidung größerer finanzieller Schäden infolge verloren gegangener Daten müssen von Zeit zu Zeit Datensicherungen entweder manuell oder automatisch vom gesamten Datenbestand durchgeführt werden. Hierbei werden die Daten meist auf externen Festplattenlaufwerken, Magnetbandkassetten, DVDs oder auf einem anderen Computer gespeichert. Solche Datensicherungen bezeichnet man als *Backup* (von back up = zurücklegen).

Bei der oft verwendeten Großvater-Vater-Sohn-Methode werden von Januar bis Dezember Monatssicherungen, von Woche 1 bis Woche 5 eines Monats Wochensicherungen und von Montag bis Freitag Tagessicherungen durchgeführt. Beim Zuwachsbackup werden nur geänderte oder neu hinzugekommene Dateien gesichert.

Zum automatischen Sichern des Datenbestandes einer Firma werden z. T. Speichersysteme mit internem Handling-System (Roboterarmen) eingesetzt **(Bild 3)**. Von allen dezentralen Servern werden nachts die Daten zu einem zentralen Backup-Server übertragen. An diesem ist z. B. ein Magnetband-Kassettenspeichersystem angeschlossen, in welchem Kassetten aus einem Kassettenlager geholt und nach dem Beschreiben

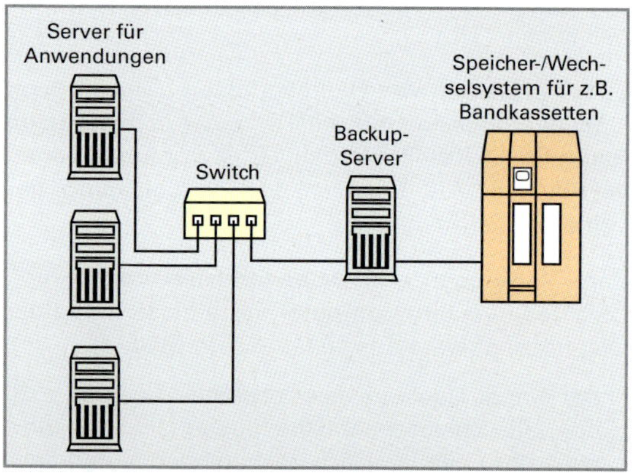

Bild 3: Automatische Datensicherung mit Speicher-/ Wechselsystem für Datenträger

zurückgelegt werden. Für die Datenträger ist sicherzustellen, dass ihre Aufbewahrung feuersicher, magnetfeldgeschützt und diebstahlsicher erfolgt.

> Wichtige Daten eines Computers können durch Einsatz eines Backup-Computers rasch und aktuell gesichert werden.

Zum Schutz vor Überschreiben von Magnetbandkassetten, auf denen gesicherte Daten gespeichert sind, können an deren Gehäusen kleine Schieber betätigt werden.

4.11.2 Maßnahmen gegen unbefugte Nutzung

Bei IT-Systemen ist es erforderlich, Daten gegen fremden Zugriff, insbesondere auch gegen Sabotage, und Programme gegen unzulässige Nutzung zu schützen.

Passworte

Die verbreitetste Methode zum Schutz vor unerlaubtem Zugriff auf einen Computer ist die Verwendung von Passworten. Jeder Benutzer einer Computeranlage besitzt ein eigenes Passwort, welches er zu Beginn seiner Sitzung dem Computer mitteilen muss. Kennt der Computer dieses Passwort, erlaubt er dem Benutzer den Zugang. Aus Sicherheitsgründen müssen Passworte

- oft mindestens 10 Zeichen lang sein,
- verschiedene, nicht aufeinander folgende Zeichen enthalten und
- in Einzelfällen täglich geändert werden.

Oft verweigert der Computer einem Benutzer sogar den Zugang, wenn drei aufeinander folgende Passworteingaben fehlerhaft waren.

Passworte sind oft an Benutzerrollen gebunden. Dies bedeutet, dass ein Benutzer aufgrund seines Passwortes nur mit ausgewählten Anwendungen (Programmen) und Daten arbeiten darf.

Dateigebundene Zugriffsrechte

Es ist möglich, auf Dateien gezielte Zugriffe für Lesen (read), Schreiben (write), Ausführen (execute) und/oder Löschen (delete) zu erlauben **(Bild 1)**. Neben diesen Zugriffsarten kann meist auch noch der zugriffsberechtigte Personenkreis ausgewählt werden. Es wird hierbei zwischen

- dem Eigner der Datei,
- einem Gruppenmitglied des Eigners,
- den übrigen Benutzern des Computers und/oder
- dem Systemmanager des Computers

unterschieden.

> Dateien lassen sich hinsichtlich verschiedener Zugriffsarten schützen.

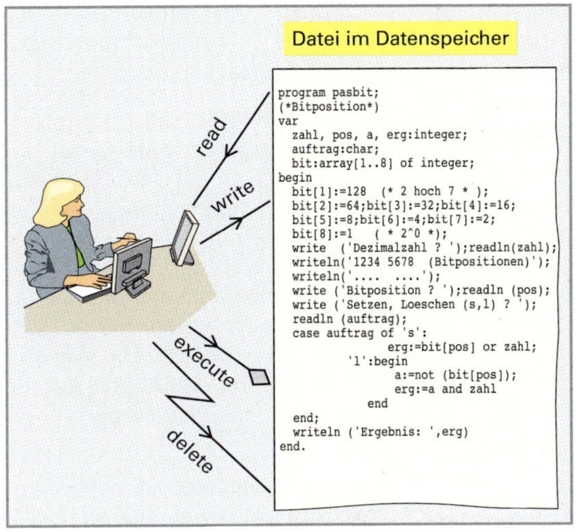

Bild 1: Zugriffsarten auf eine Datei

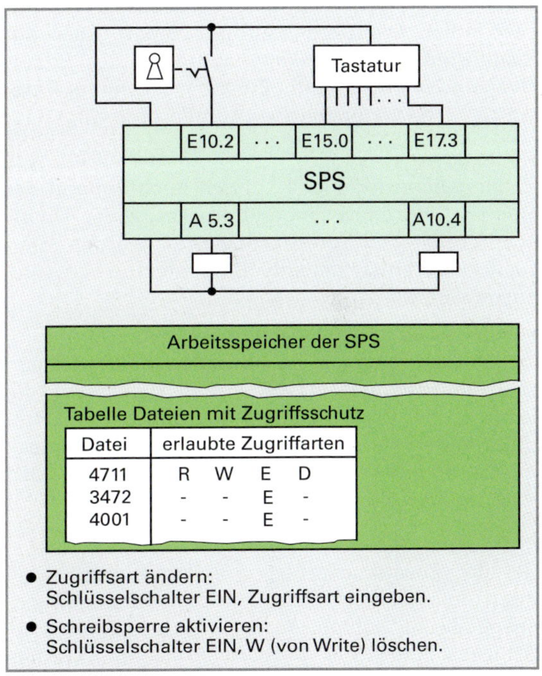

Bild 2: Zugriffsschutz auf Dateien mittels Schlüsselschalter

Schlüsselschalter

Vom Einbau eines Schlüsselschalters in einen Computer wird teilweise bei numerischen Steuerungen (NC) und bei speicherprogrammierbaren Steuerungen (SPS) Gebrauch gemacht **(Bild 2)**. Es ist somit möglich, dass der Maschinenbediener nur ausgewählte Dateien ändern darf, aber z. B. der Meister alle Dateien der Steuerung. Die nur mit einem Schlüssel einzustellenden Schalterstellungen können über ein SPS-Eingangssignal erkannt werden. Ebenso sind die Betätigungen der Tasten der Bedienfeldtastatur über SPS-Eingangssignale auswertbar. Der Zugriffsschutz auf Dateien kann nun so realisiert sein, dass im Arbeitsspeicher der SPS eine Tabelle hinterlegt ist, welche die Zuordnung der Dateien zu den Zugriffsarten Lesen (read), Schreiben (write), Ausführen (execute) und

Löschen (delete) enthält. Die Einstellung der erlaubten Zugriffsarten ist nur demjenigen möglich, der im Besitz des richtigen Schlüssels ist.

Zugriffsrechte für Organisationen oder Projekte

Oft wird gefordert, dass nur bestimmte Organisationseinheiten (Abteilungen) eines Unternehmens oder die Mitarbeiter eines speziellen Projektes auf festgelegte Dateien innerhalb eines Software-Systems Zugriff haben. Hierzu müssen über Tabellen den Dateien die Organisationseinheiten oder die Projekte sowie die diesen zugeordneten Mitarbeiter zugewiesen werden **(Bild 1)**. Die Anwendungsprogramme müssen dann den Zugriff auf die Dateien über die genannten Tabellen steuern.

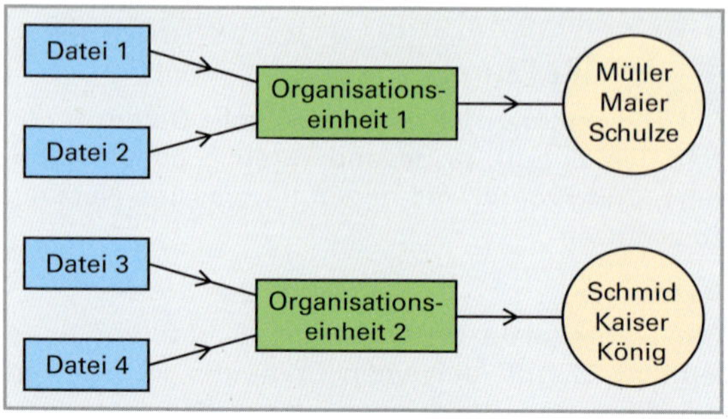

Bild 1: Steuerung von Zugriffsrechten

Smart Card

Smart Cards (Chipkarten) dienen als Software-Kopierschutz und zur Zutrittskontrolle von IT-Systemen **(Bild 2)**. Notwendige Lesegeräte sind z. B. über die USB-Schnittstelle mit dem Computer verbunden. Die Daten auf der Smart Card zur Identifizierung (Identifikationsprüfung) des Benutzers sind verschlüsselt. Zusätzlich können Passworte ausgewertet werden (Authentifizierung).

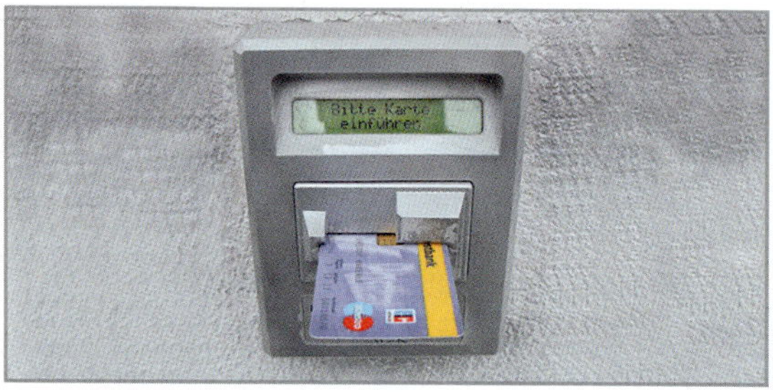

Bild 2: Zugriffskontrolle mit Smart Card

Sonstige Maßnahmen der Zugangskontrolle

Zugangsberechtigungen können auch anhand der Überprüfung eines Fingerabdruckes, einer Unterschrift oder einer Sprachprobe erteilt werden. Hierzu werden entsprechende Bitmuster erzeugt und ausgewertet.

Ferner findet mittels digitaler Bildverarbeitung die Überprüfung der Iris im Auge des zu einem IT-System Zugangssuchenden statt. Hierbei sind die Irisdaten der Zugangsberechtigten in einem Computer hinterlegt und werden beim Zugangswunsch mit denen von der am IT-System sich befindenden Kamera abgeglichen.

Verdummung von Informationen

Bei der Zusammenarbeit von Unternehmen mit ihren Zulieferanten müssen Informationen (Daten) ausgetauscht werden. Im Rahmen des Knowhow-Schutzes (Intellectual Property Protection) werden dazu in frühen Phasen der Zusammenarbeit Daten ausgetauscht, die bewusst verfälscht oder vereinfacht (verdummt) wurden. Beispiele sind falsche Maßangaben in Zeichnungen, das Weglassen von Zeichnungsangaben oder falsche Werkstoffangaben.

Dongle

Viele Lieferanten von Software für PC liefern ihre Produkte in Verbindung mit einer Hardwarebox *(Dongle,* Kopierschutzschaltung) aus **(Bild 3)**. Die Software ist meist zwar beliebig kopierbar, lauffähig ist sie jedoch nur zusammen mit dem Dongle.

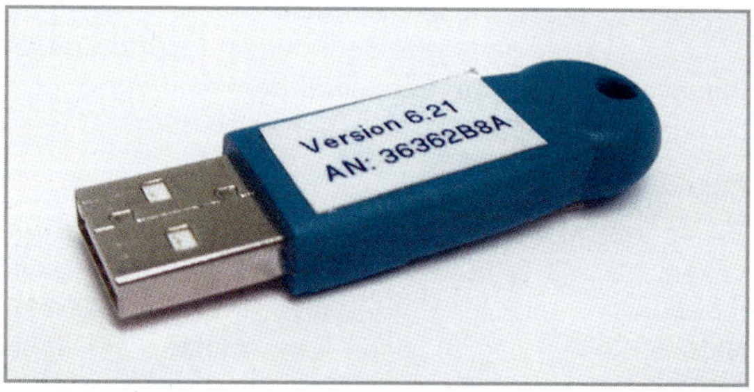

Bild 3: Dongle (Hardwarebox) als USB-Stick

Dieser muss z. B. auf die parallele Schnittstelle der Computeranlage oder an eine USB-Schnittstelle gesteckt werden. Während des Arbeitens mit der so geschützten Software wartet diese zeitweise auf ein Echosignal des Dongles. Erst nach dessen Eintreffen setzt sie ihren Ablauf weiter fort.

Die Schaltung eines Dongles kann z. B. aus einem Mikrocontroller mit integriertem RAM und EPROM sowie einem Schnittstellenbaustein bestehen. Der Zugriffsschutz beruht auf einer im Dongle als Software hinterlegten Verschlüsselung. Die zu schützende Software schickt eine Folge von Bits an den Dongle, z. B. acht Bytes, die dieser entsprechend seiner Verschlüsselungstabelle im EPROM überprüft. Wegen der bei acht Bytes möglichen $2^{8 \cdot 8} = 2^{64}$ Verschlüsselungsvarianten ist dieser Zugriffsschutz relativ sicher.

Software-Installationsschutz

Ein Schutz gegen unzulässige Nutzung kann auch dadurch verwirklicht werden, dass in einer Datei des Installationsprogramms verschlüsselt eine Seriennummer, z. B. des Computers, eingetragen wird und diese beim Installieren bzw. während der Programmnutzung geprüft wird. Häufig ist eine Nutzungslizenz auch zeitbegrenzt. Die Überprüfung erfolgt dann durch Abfrage des aktuellen Datums. Die Datumsangabe ist hierbei meist verschlüsselt.

Bei Client-Server-Anlagen müssen zur Installation der Anwendungssoftware, die hier teilweise auf dem Server und teilweise auf den Client-Computern betrieben wird, für die Client-Computer *Keys* (von key = Schlüssel) eingegeben werden. Dies sind computerspezifische Passworte, die vom Server und vom Client-Computer geprüft werden.

Firewall-Computer

Firmeninterne Netze werden durch Firewall-Computer (von firewall = Brandmauer) vom Internet getrennt **(Bild 1)**. Im Firewall-Computer wird eingetragen, wer von außen, also über das Internet, auf das firmeninterne Netz und somit auf die firmeninternen Computer zugreifen darf. Die eingehenden Daten werden dabei auf Zulässigkeit und Computerviren überprüft. Firewall-Computer arbeiten meist mit zwei Netzwerkskarten.

4.11.3 Schutz vor Computerviren

Ein Computervirus[1] ist ein Programm mit zerstörerischem Auftrag und ist in einer Datei versteckt. Diese infizierte[2] Datei steckt wiederum Programme bzw. Dateien an, indem das Virusprogramm dorthin schadensverursachende Datensätze kopiert. Meist merkt man erst nach mehrfacher Vervielfachung des Schadensprogramms, dass der Computer fehlerhaft arbeitet. Manche Computerviren bewirken, dass z. B. der Speicher eines Computers mit Daten gefüllt wird, ohne dass der Benutzer dies bemerkt.

Das Aufspüren von Computerviren ist manchmal bereits durch Prüfung der gespeicherten Quersummen (Prüfsummen) der Speicherplätze der gespeicherten Dateien möglich.

Allerdings reicht eine Prüfsummenbildung allein zur Erkennung eines Computervirus meist noch nicht aus. Das Virus kann nämlich bei Kenntnis des Prüfsummenalgorithmus die durch ihn veränderte Prüfsumme entsprechend korrigieren **(Bild 2)**.

[1] das Virus = Krankheitserreger;
[2] lat. inficere = anstecken

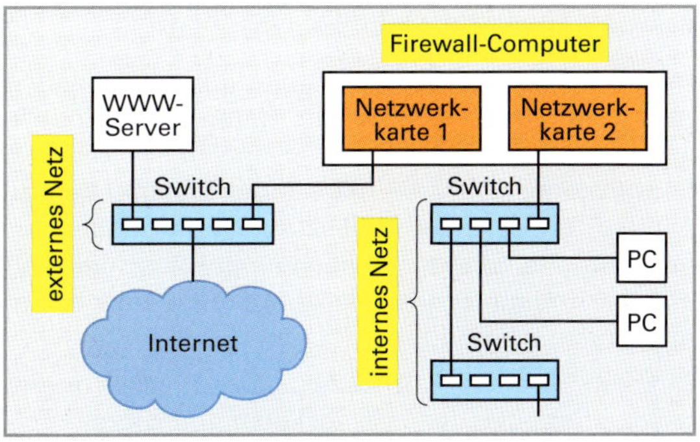

Bild 1: Firewall-Computer als Zugangsschleuse vom und ins Internet

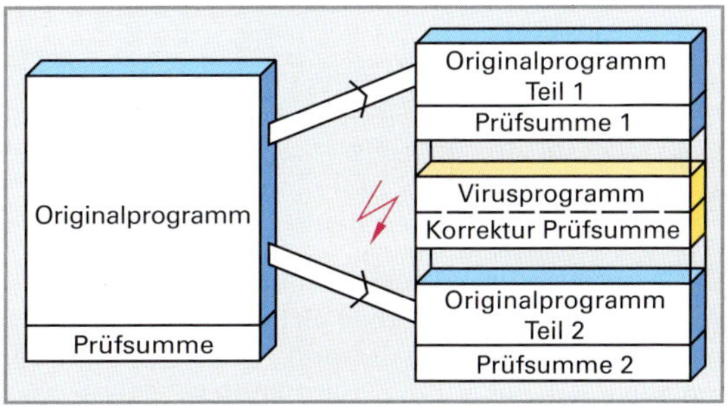

Bild 2: Virusprogramm eingepflanzt ins Originalprogramm

Mit *Antivirenprogrammen* kann man die diesen Programmen bekannten Computerviren (Codesequenzen) aufspüren und die befallenen Dateien meist auch reparieren (säubern). Da ständig neue Computerviren verbreitet werden, ist das Verwenden der aktuellsten Antiviren-Programmversion sehr empfehlenswert.

Neben Bootsektor-Viren und Dateiviren gibt es auch noch Trojaner und Würmer. Ein *Trojaner* ist ein Virusprogramm, welches in einem erworbenen Programm enthalten ist, z. B. in einem Bildschirmschoner-Programm. Ein *Wurm* ist ein Virusprogramm, welches sich über das Netzwerk oder Internet weiterkopiert, ähnlich wie ein E-Mail-Virusprogramm anhand von Adresslisten.

Wiederholung und Vertiefung

1. **Wozu werden Diagnoseprogramme verwendet?**
2. **Wie werden Dongles an Computeranlagen angeschlossen?**
3. **Nennen Sie vier Zugriffsarten auf Dateien.**
4. **Wozu dienen Passworte?**
5. **Erklären Sie die Funktionsweise von Passworten.**
6. **Erklären Sie die Wirkungsweise eines Firewall-Computers.**
7. **Was versteht man unter einem Computervirus?**

4.11.4 Gesetzlicher Datenschutz

Durch die elektronische Datenverarbeitung besteht technisch die Möglichkeit, die Daten der Bürger in einem so großen Umfang zu speichern und aus dem Datenspeicher bei passender Gelegenheit zu entnehmen, dass damit *Missbrauch* getrieben werden kann. So könnte z.B. nach einer Eheschließung ein Hochzeitspaar von aufdringlichen Verkäufern aufgesucht werden.

Deshalb wurden Gesetze und Einrichtungen geschaffen, die den Missbrauch von Daten verhindern sollen. Missbrauch liegt dabei vor, wenn zu dem Gebrauch der Daten keine gesetzliche Grundlage besteht.

Der gesetzliche Datenschutz dient nicht dem Schutz der Daten, sondern dem Schutz des Bürgers vor missbräuchlicher Verwendung der über ihn gespeicherten Daten.

Der Gebrauch der gespeicherten Daten ist erlaubt, wenn dazu eine *gesetzliche Grundlage* besteht. So haben die Finanzämter Zugang zu fast allen Daten, die über die Einkommensverhältnisse der Bürger etwas aussagen, weil zur Besteuerung gesetzliche Grundlagen vorhanden sind. Dagegen haben z.B. Schulbehörden keinen Zugang zu den Daten des Finanzamtes, weil die gesetzlichen Aufgaben der Schulbehörden das nicht erfordern.

Während öffentliche Institutionen vielfachen Zugang zu gespeicherten Daten haben, da meist gesetzliche Grundlagen dazu bestehen, ist der Zugang von privaten Institutionen zu gespeicherten Daten anderer Institutionen im Prinzip sehr eingeschränkt. So ist es z. B. einer Bank nicht möglich, die Einkommensverhältnisse eines Kunden aus der Datei des Finanzamtes zu erfahren.

Der Datenschutz ist gegenüber privaten Institutionen besonders wirksam.

Die Überwachung der Datenschutzgesetze erfolgt vor allem durch staatliche Datenschutzbeauftragte und deren Verwaltungen. Diese geben auch Informationen über den Datenschutz heraus **(Bild 1)**. Es gibt einen Bundesdatenschutzbeauftragten und in jedem Bundesland einen Landesdatenschutzbeauftragten.

Im BDSG (Bundesdatenschutzgesetz) sind Maßnahmen angeführt, die für Datenverarbeitungsanlagen von personenbezogenen Daten vorgeschrieben sind **(Tabelle 1)**.

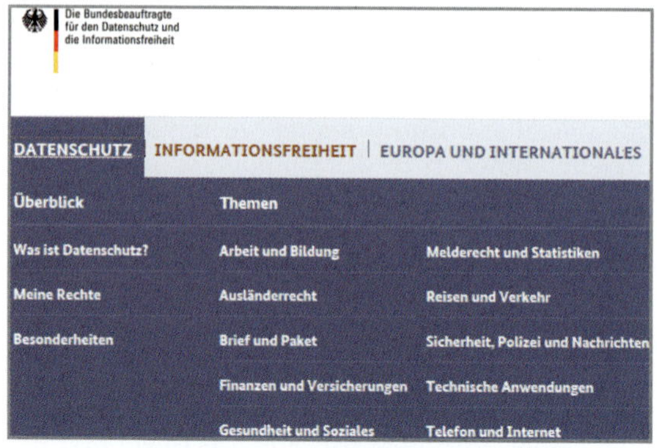

Bild 1: Auszug aus der Homepage des Bundesbeauftragten für den Datenschutz BfD

Tabelle 1: Maßnahmen zum Datenschutz

Maßnahme	Ziel
Zugangskontrolle	Kein Zugang für Unbefugte zu einem Computer.
Abgangskontrolle	Unterbinden des Entwendens von Datenträgern.
Speicherkontrolle	Kein unbefugtes Verändern von Speicherinhalten.
Benutzerkontrolle	Protokollierung der Benutzer des Computers.
Zugriffskontrolle	Kein Zugriff von Unbefugten auf Dateien und Programme.
Übermittlungskontrolle	Protokollierung der Datenweiterleitung.
Eingabekontrolle	Protokollierung, wer welche Daten wann eingegeben oder verändert hat.
Auftragskontrolle	Überprüfungsmöglichkeit im Auftrag erfolgter Datenverarbeitung gemäß Auftrag.
Transportkontrolle	Kein unbefugtes Verändern von Daten bei der Datenübermittlung oder beim Datenträgertransport.
Organisationskontrolle	Aufbau der betrieblichen oder behördlichen Organisation entsprechend den Datenschutzbestimmungen.

Wiederholung und Vertiefung

1. **In welchem Fall liegt Missbrauch von Daten vor?**
2. **Welche Aufgabe hat der gesetzliche Datenschutz?**
3. **Wer überwacht die Einhaltung der Datenschutzgesetze?**
4. **Nennen Sie die 10 für den Datenschutz vorgesehenen Kontrollen.**
5. **Nennen Sie Beispiele für personenbezogene Daten.**

5 Messen, Steuern, Regeln

5.1 Messgrößenaufnehmer (Sensoren[1])

Zum Steuern, Regeln, Leiten, Überwachen und Sichern benötigt man in Produktionsanlagen, aber auch im öffentlichen, medizinischen und privaten Bereich Messgrößenaufnehmer. So werden Produktionsprozesse, z. B. Temperaturen in Maschinen, mithilfe von Messgrößenaufnehmern überwacht. Verkehrsampeln werden über Messgrößenaufnehmer gesteuert, Herzfrequenzen er--fasst oder Herdplatten vor Überhitzung geschützt.

Bauweisen

Die Bauweisen sind sehr unterschiedlich, basieren jedoch meist auf elementaren physikalischen Effekten z. B. für Kräfte sind es Verlagerungen oder nutzen elektrische oder optische Materialeigenschaften. Ziel der Sensortechnik ist stets auch die Miniaturisierung. Waren früher Messanlagen in großen Abmessungen nötig, so werden heute selbst sehr komplexe Systeme, wie z. B. mehrachsige Beschleunigungssensoren, inkl. Auswerteelektronik als Mikrochips (MEMS, von Micro-Electro-Mechanical Systems) geliefert **(Bild 1)**.

Der strukturelle Aufbau eines Sensors ist meist gegliedert in:

- Basissensor mit Ausnutzung eines physikalischen oder chemischen Effekts,
- Auswerte- und Verstärkungselektronik sowie
- Schnittstellenelektronik **(Bild 2)**.

Bei komplexen Sensorsystemen, z. B. zur Steuerung selbstfahrender Fahrzeuge werden viele unterschiedliche Sensorsignale miteinander verknüpft um daraus abgesicherte Steuerungssignale erzeugen zu können.

Bild 1: Kapazitiver Beschleunigungssensor in MEMS-Technologie

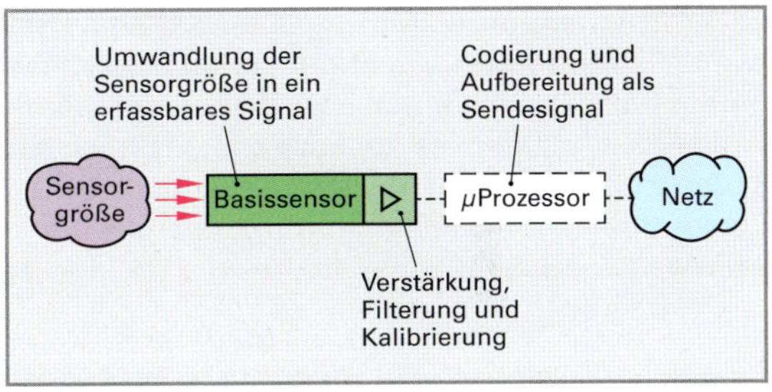

Bild 2: Aufbau eines Sensors

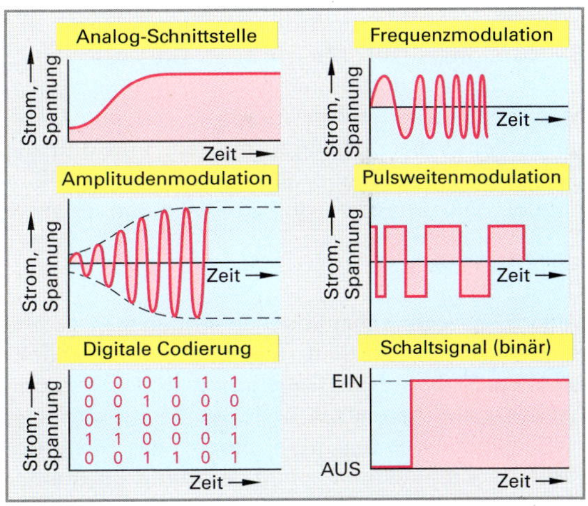

Bild 3: Einteilung nach Art der Ausgangssignale

Ausgangssginale

Abhängig von der Art der Ausgangssignale teilt man Sensoren auch in *analoge Sensoren*, in *binäre bzw. schaltende Sensoren* und in *digitale Sensoren* ein **(Bild 3)**. Einmal angeschlossen an digitale Netze sind die Sensorsignale als digitale Größen stets verfügbar zur weltweiten Übertragung, Auswertung und Speicherung (Archivierung). Die analogen Sensorsignale können die Messgröße z. B. direkt als Spannungssignal oder als Stromsignal abgeben. Die Signale können aber auch nach unterschiedlichen Verfahren amplitudenmoduliert oder frequenzmoduliert sein. Binäre Sensoren liefern binäre Schaltsignale, z. B. TTL-Signale und häufig auch zur symmetrischen Signalübertragung die zugehörigen Komplementärsignale. Die digitalen Sensorsignale sind codiert und meist auch gegen Übertragungsfehler gesichert.

[1] Der nach DIN IEC 600050-351: 2014-09 genormte Begriff *Messgrößenaufnehmer* heißt in der zugehörigen Englischversion der Norm *sensor element* und wird im Deutschen allgemein als *Sensor* benannt.

5.1.1 Analoge Sensoren

5.1.1.1 Eigenschaften

Analoge Sensoren bilden die Messgröße mehr oder weniger genau als elektrisches Signal ab. Dabei unterstellt man meist eine proportionale oder umgekehrt proportionale Abhängigkeit, z. B. bei einem Temperatursensor erwartet man ein umso größeres oder umso kleineres Ausgangssignal je höher die Temperatur ist. Nun ist vielfach bei den Sensoren diese Proportionalität nicht gegeben und häufig auch nicht erforderlich. So wird z. B. bei einem Tempomat mit Regelung auf eine konstante Fahrgeschwindigkeit nur verlangt, dass die momentane Geschwindigkeit gehalten wird. Man verlangt ein zeitstabiles Sensorsignal, das sich nur ändert auf Grund einer Messgrößenänderung. Die Eigenschaft der „Zeitstabilität" nennt man *Zeitinvarianz.*

Linearität-Nichtlinearität

Bei vielen Sensoren liegt kein streng proportionaler Zusammenhang zwischen Messgröße und Ausgangssignal vor **(Bild 1)**. Die Kennlinie ist mehr oder weniger gekrümmt. Durch *Linearisieren* erfolgt eine proportionale Zuordnung der Sensorsignale zur Messgröße. Dies geschieht meist digital mithilfe einer Zuordnungstabelle. Man liest nach der AD-Umsetzung in den Lookup-Speicher die Eingangsgröße ein und gibt die der Kurvenform zugeordneten Ausgangsgrößen an den DA-Umsetzer ab. So wird ein linearer Zusammenhang hergestellt.

Hysterese

Viele Sensoren haben bei zunehmendem Signal einen anderen Verlauf als bei einem abnehmenden Signal, z. B. Sensoren mit der Nutzung der Werkstoffmagnetisierung. Das Sensorsignal ist nicht mehr eindeutig. Man spricht von Hysterese **(Bild 2)**. Zur rechnerischen Abmilderung einer Hysterese muss bekannt sein, ob die Sensorgröße gerade zunehmend oder abnehmend ist. Man muss also die Vorgeschichte kennen.

Drift

Häufig verändern sich physikalische Effekte auf Grund von Temperaturänderungen, so verändert sich z.B. das elektrische Leitvermögen. Da sich die Temperaturen meist langsam verändern, sind auch die Einflüsse eher allmählich. Man spricht von Drift und unterscheidet die *Nullpunktdrift* **(Bild 3)** und die *Verstärkungsdrift.* Durch Drifterscheinungen werden Sensoren zeitvariant. Eine Driftkompensation erreicht man durch Nullsetzen vor Messbeginn und in messungsfreien Phasen oder zyklisch durch Messungsunterbrechungen. So muss man z. B. bei elektronischen Waagen mit dem Wiegen abwarten, bis die Anzeige sich auf null eingestellt hat. Durch das Nullsetzen wird die Sensorkennlinie um die Nullpunktdrift analog oder digital durch Addition bzw. Subtraktion verschoben.

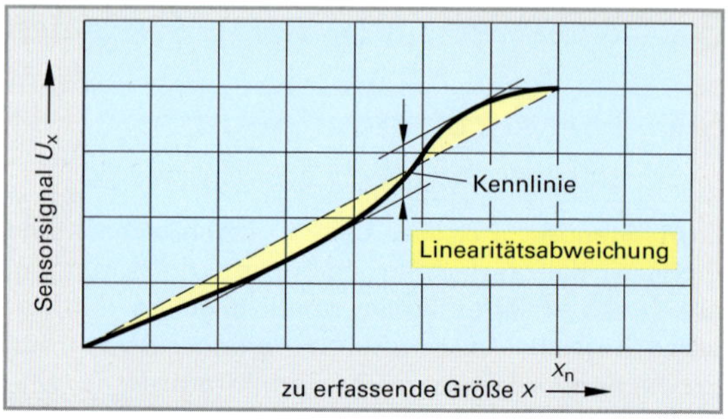

Bild 1: Linearität

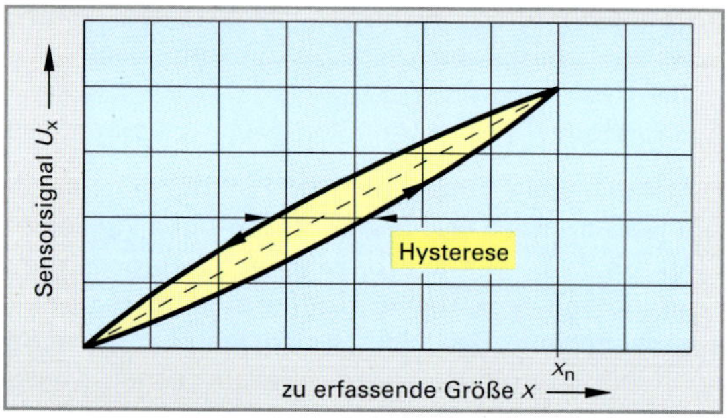

Bild 2: Hysterese

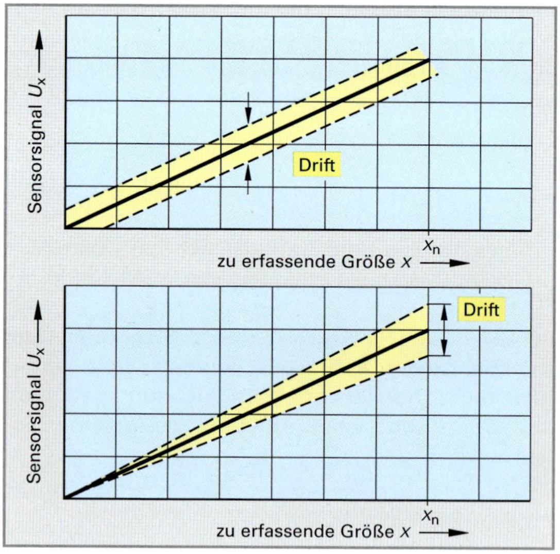

Bild 3: Drift

5.1.1.2 Sensoren für Wege, Winkel und Abstände

Potenziometer

Durch Verschieben des Schleifers bei einem Schiebepotenziometer oder durch Verdrehen bei einem Drehpotenziometer verändert sich der Potenziometerwiderstand **(Bild 1** und **Bild 2)**. Betreibt man das Potenziometer als Spannungsteiler, erhält man ein Spannungssignal U_x, das analog zur Schleiferstellung x und damit zum Weg bzw. Drehwinkel ist **(Bild 3)**. Ist das Potenziometer unbelastet oder wird es nur wenig belastet ($R_L >> R$), z. B. durch Anschluss an ein Digitalvoltmeter oder an einen Messverstärker, dann ist das abgegebene Spannungssignal proportional zum Verschiebeweg bzw. zum Drehwinkel. Bei Belastung ist der Zusammenhang zwischen Weg und Sensorsignal nichtlinear.

Die Potenziometerspannung U_x wird meist über einen Spannungsfolger abgegriffen **(Bild 4)**. Damit bleibt das Potenziometer praktisch unbelastet. Messpotenziometer haben eine Widerstandsschicht aus leitendem Kunststoff. Diese ist sehr abriebfest und ermöglicht ca. 10^8 Schleiferspiele. Die Schleifer sind Edelmetall-Mehrfingerschleifer und mit Elastomer schwingungsgedämpft. Die typische Auflösung ist besser als 0,1 % und die Linearität besser als 1 %. Die Nennwertlängen reichen bei Linearpotenziometern von 10 mm bis 2 m. Messdrehpotenziometer sind meist durchgängig drehbar mit einem Messbereich von 0° bis 360°.

Anwendung

Linearpotenziometer verwendet man z. B. als Messtaster und zur Wegmessung bei Maschinentischen. Drehpotenziometer verwendet man zur Drehwinkelmessung, z. B. zum Erfassen der Gelenkwinkel bei einem Roboter.

> Potenziometrische Sensoren dürfen nur gering belastet, also nur mit hohem Lastwiderstand, betrieben werden.

Den Nennwidertstand eines potenziometrischen Sensors wählt man meist zu 5 kΩ oder 10 kΩ und die Betriebsspannung im Bereich zwischen 1 V und 10 V. Damit liegt der Betriebsstrom im Bereich um 1 mA und die aufgenommene Leistung bei einigen mW. Diese geringe Leistung ist so klein, dass noch keine merkliche Erwärmung eintritt. Der Widerstand ist ebenfalls so klein, dass Spannungsfolger oder Messgeräte ohne Verfälschung die Sensorspannung abnehmen können.

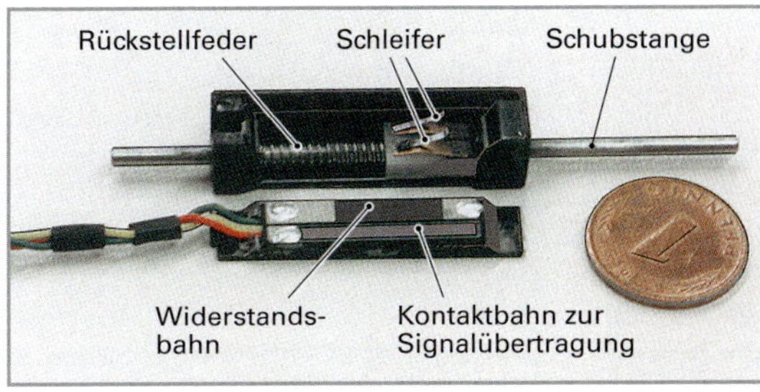

Bild 1: Schiebepotenziometer zur Wegmessung

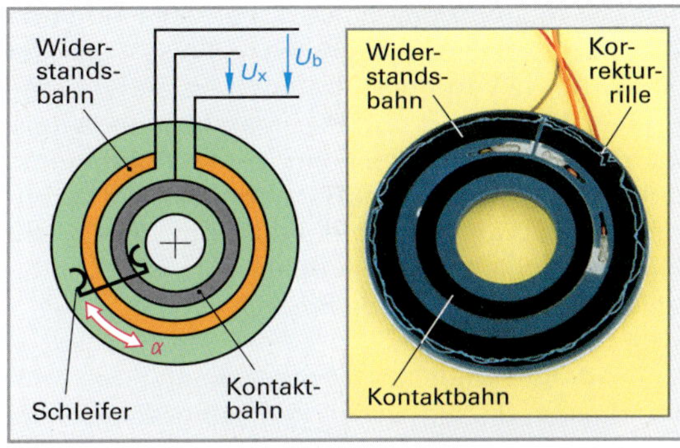

Bild 2: Drehpotenziometer zur Winkelmessung

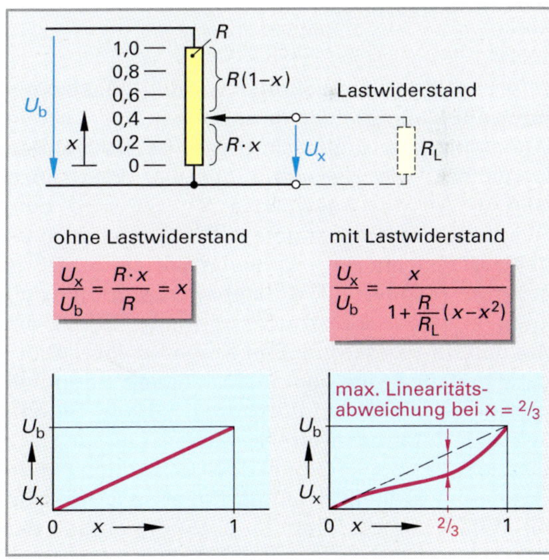

Bild 3: Potenziometer als Spannungsteiler

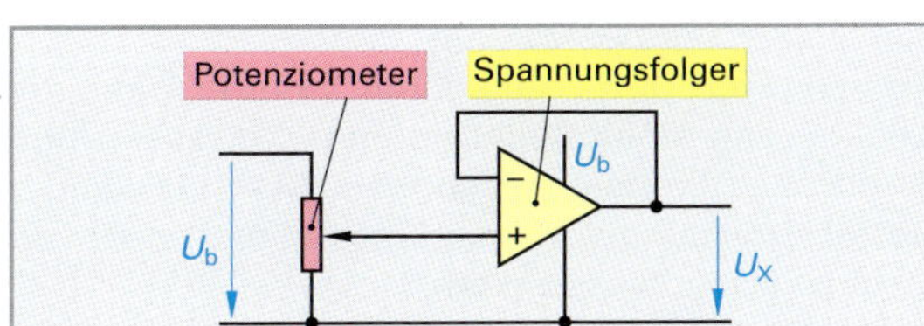

Bild 4: Potenziometer mit Spannungsfolger

Schleifringlose potenziometrische Sensoren

Schleifringlose Potenziometer haben als Widerstandselement ein Differenzialfeldplattenelement **(Bild 1)**. Feldplatten sind sehr kleine Halbleiterelemente, deren Widerstand sich mit zunehmender magnetischer Durchflutung erhöht **(Bild 2)**. Bei Wegsensoren und bei Drehwinkelsensoren verwendet man zwei Feldplatten, die über einen kleinen Dauermagneten durchflutet werden **(Bild 3)**.

Durch Annähern eines Steuermagneten erhöht sich der magnetische Fluss Φ bei der Feldplatte R1 während sich der magnetische Fluss Φ bei der Feldplatte R2 verringert. Dadurch erhält R1 einen großen Widerstand und R2 einen kleinen Widerstand (Bild 1). Entsprechend dem Widerstandsverhältnis ändert sich das Sensorsignal. Die berührungslose Widerstandsveränderung ermöglicht einen verschleißfreien Aufbau. Der Linearitätsfehler beträgt im linearen Bereich ca. 2%.

Anwendung. Feldplatten-Potenziometer verwendet man z. B. zur Schwingungsmessung, zum Erfassen der Lage bei Stellantrieben, als Stellungsgeber bei Ventilklappen und Fahrpedalen.

Hallsonden zur Wegerfassung

Aufgrund der Lorentzkraft[1] werden Elektronen durch ein Magnetfeld in ihrer Bewegungsrichtung abgelenkt. Diese Eigenschaft wird bei Hallsonden ausgenützt. Die Hallsonde hat vier Elektroden **(Bild 4)**. An die Anschlüsse S1, S2 wird eine Hilfsgleichspannung angelegt. Diese erzeugt einen Elektronenstrom im Halbleiterplättchen. Ohne äußeres Magnetfeld entstehen Äquipotenziallinien quer zur Elektronenströmung. Durch ein Magnetfeld werden die Elektronen in ihrer Bahn abgelenkt und die Äquipotenziallinien verlaufen schräg. Zwischen den Elektroden S3 und S4 entsteht eine Potenzialdifferenz, die Hallspannung U_H. Sie bildet das Sensorsignal. Die Hallsonden haben ein Längen-Breitenverhältnis von etwa 2 und sind nur etwa 1 mm bis 2 mm lang. Häufig enthält der Chip mit der Hallsonde zugleich die vollständige Verstärkerschaltung (Bild 4, unten).

Anwendung. Mit Hallsonden kann man die Annäherung eines Dauermagneten erfassen und damit auch Bauteilbewegungen. Man verwendet sie zur Erfassung von Positionspunkten, z. B. von mechanischen Nullpunkten.

[1] *Lorentz, Hendrik, A.*, niederländischer Physiker (1853 bis 1928)

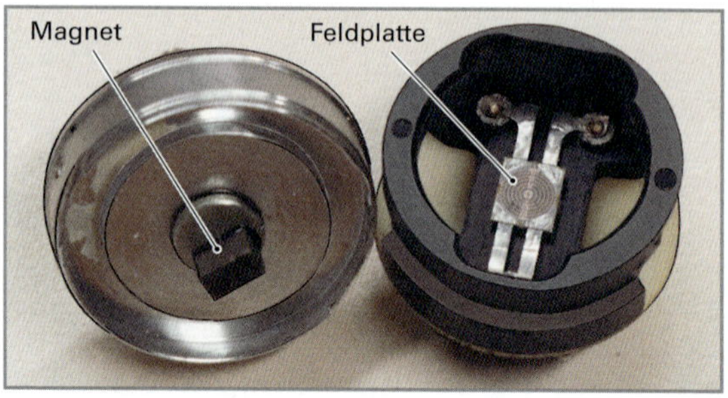

Bild 1: Feldplattenpotenziometer

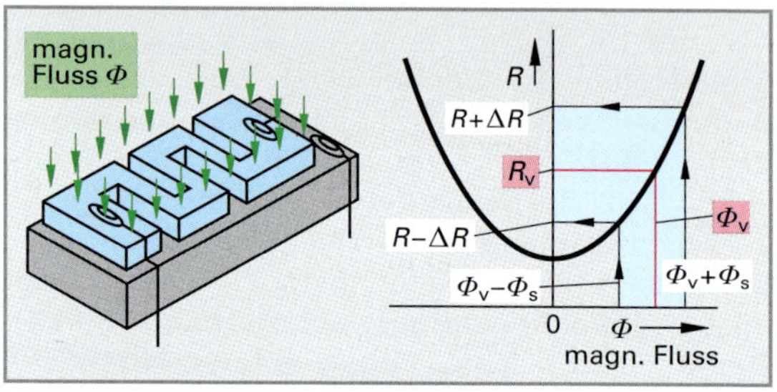

Bild 2: Widerstand bei einer Feldplatte

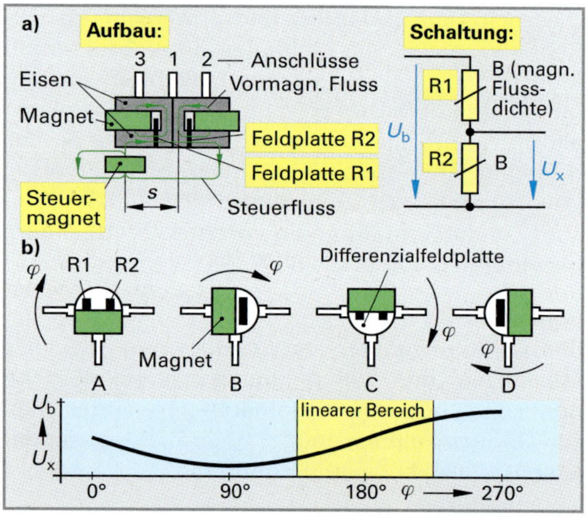

Bild 3: Feldplatten-Sensor, a) linear, b) rotatorisch

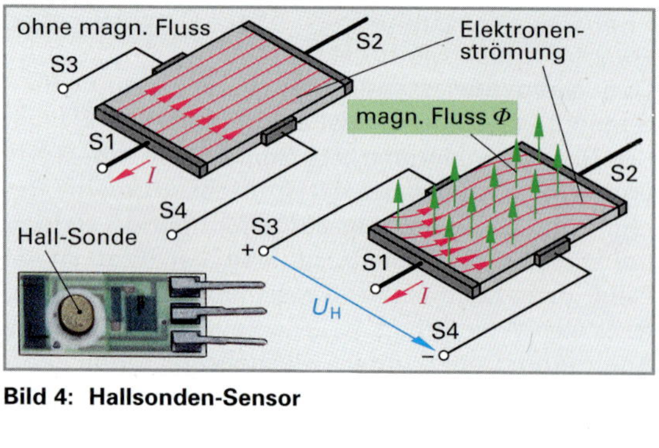

Bild 4: Hallsonden-Sensor

Induktive Wegsensoren mit Ferritkern

Induktive Wegsensoren mit verschiebbarem Ferritkern oder Eisenkern haben als Fühlerelement eine Doppelspule (Differenzialspule) **(Bild 1)**. Befindet sich der Eisenkern in der Sensormitte, sind die Wechselstromwiderstände beider Spulenteile gleich groß. Verschiebt man den Eisenkern nach links, dann erhöht sich die Induktivität der linken Spulenhälfte, und es vermindert sich die Induktivität der rechten Spulenhälfte. Entsprechend verhalten sich die Wechselstromwiderstände der beiden Spulenteile. Die Auswertung der Widerstandsänderung erfolgt mit einer Wechselstrommessbrücke, der sogenannten Trägerfrequenz-Messbrücke (Bild 1). Diese besteht aus einer Widerstandshalbbrücke zur Ergänzung der Sensorspulenwiderstände zu einer Vollbrücke, dem Wechselstromgenerator (meist 5 kHz) zur Stromspeisung der Brückenschaltung, dem Betrag- und Phasenabgleich zur Nullpunkteinstellung, einem Verstärker und einem Demodulator für eine phasenrichtige Gleichrichtung. Durch Verschieben des Eisenkerns wird die Brückenschaltung verstimmt und es entsteht eine Brückenquerspannung U_x. Um die Verschieberichtung aus der Spannung U_{xa} zu ermitteln, ist die phasenrichtige Gleichrichtung erforderlich. Hierzu wird elektronisch jede zweite Halbschwingung umgepolt **(Bild 2)**.

Die induktiven Wegsensoren gibt es mit Zugstab oder als Taster mit Federrückstellung für Weglängen von 1 mm bis etwa 1 m. Die Auflösung des Messsignals liegt bei etwa 0,1 %, d. h. mit einem Wegtaster mit 10 mm Nennweglänge können Wegverschiebungen von 10 µm noch erfasst werden. Die Linearität ist etwa 1 %, d. h. die Messunsicherheit beträgt etwa 100 µm bei 10 mm Nennweglänge.

Anwendung. Induktive Wegsensoren verwendet man als Taster zur Dickenmessung von Werkstücken, als Weggeber bei kleinen Maschinentischen, in Greifern von Robotern zum Erfassen der Greiferbewegung, zur Kontrolle von Verlängerungen bei Maschinenanlagen und zum Erfassen von Schwingungen, z. B. bei Prüfständen. Im letztgenannten Fall muss die Brückenspeisefrequenz (Trägerfrequenz) wesentlich höher sein als die zu messende Schwingfrequenz.

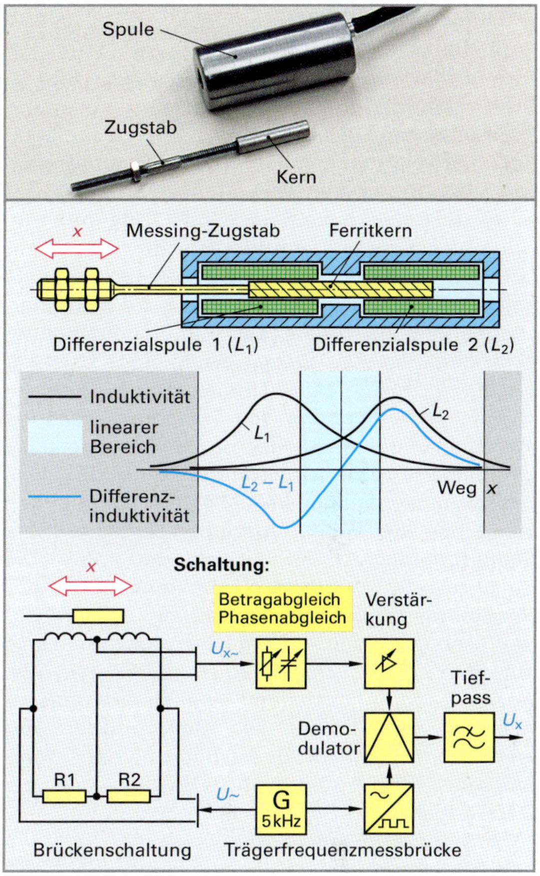

Bild 1: Induktiver Wegsensor und Auswerteschaltung

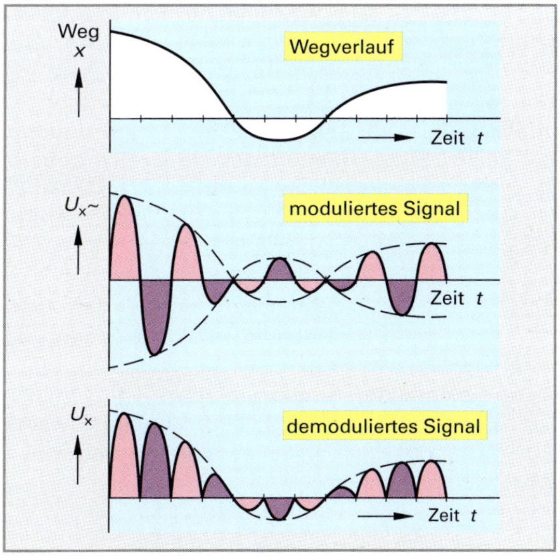

Bild 2: Demodulation durch phasenrichtige Gleichrichtung

Differenzialtransformator (LVDT[1])

Robuste und einfache Wegsensoren sind mit Differenzialtransformatoren aufgebaut **(Bild 1)**. Die Primärwicklung wird an Wechselspannung angeschlossen. Sie induziert in der zweiteiligen Sekundärwicklung gleichgroße Spannungen, wenn der im Inneren verschiebbare Kern in der Mitte ist, und unterschiedliche Spannungen, wenn der Kern außermittig ist. Bei einer sehr einfachen Auswerteschaltung werden über je eine Gleichrichterbrückenschaltung die Sekundärspannungen gleichgerichtet und gegeneinander geschaltet. Im Brückenquerzweig liegt das Anzeigegerät. Man erhält einen Aus-schlag entsprechend der Verlagerung des Trans-formatorkerns aus seiner Mittellage. Vielfach ist im Sensorgehäuse die vollständige Elektronik integriert **(Bild 2)**. Diese Sensoren werden an Betriebsgleichspannungen von, z. B. ± 15 V, angeschlossen und erzeugen eine Signalspannung U_x im Bereich von ± 10 V. Die Sensorelektronik **(Bild 3)** besteht aus der Spannungsstabilisierungsschaltung mit Verpolungsschutz, dem Trägerfrequenzgenerator mit etwa 20 kHz Trägerfrequenz und der Auswerteschaltung, bestehend aus einem phasenrichtigen Gleichrichter als Demodulator und einem Bandsperrfilter zur Ausfilterung der Trägerfrequenz. Die Demodulation erfolgt wie bei Differenzialspulen-Sensoren.

LVDT-Sensoren sind nur wenig empfindlich auf Temperaturänderungen (< 0,08 % je K). Der Temperaturbereich liegt etwa zwischen – 50 °C und + 100 °C. Die Abweichung von der Linearität liegt bei 0,2 % des Messbereichs. Die Grenzfrequenz für dynamische Messungen ist, wie bei allen Sensoren mit einer Trägerfrequenzmodulation, etwa 10 % der Trägerfrequenz. Bei 20 kHz Trägerfrequenz ist die Grenzfrequenz ca. 2 kHz. Eine Metallkapselung aus MUMETALL[2] (75 % Ni, 8 % Fe, 5 % Cu, 2 % Cr) schützt den Sensor gegen magnetische Störfelder.

Anwendung. LVDT-Sensoren verwendet man bevorzugt zur Überwachung und zur Steuerung von kleinen Weglängen (0 mm bis 200 mm), wenn kompakte Sensorelemente einschließlich Elektronik gefordert sind, beispielsweise zur Messung mechanischer Verlagerungen an Werkzeugmaschinen.

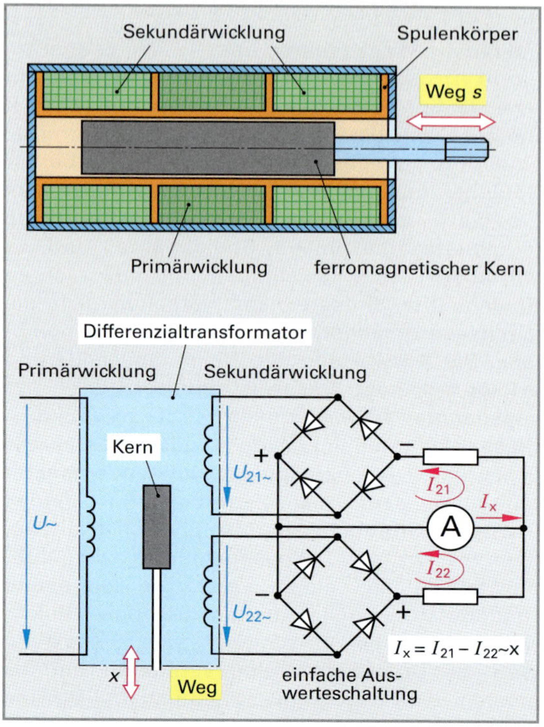

Bild 1: Differenzialtransformator (LVDT)

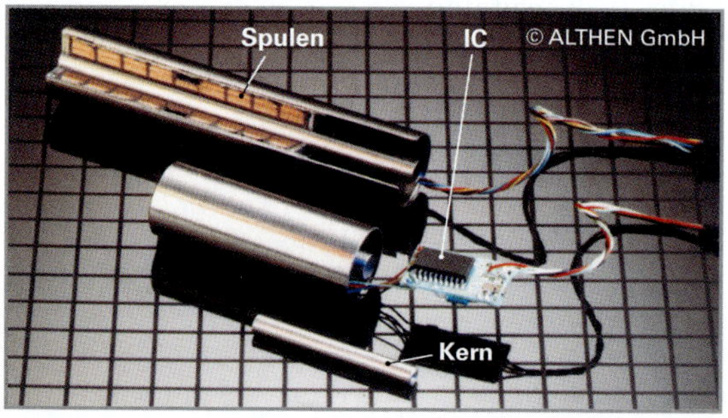

Bild 2: LVDT mit integrierter Elektronik

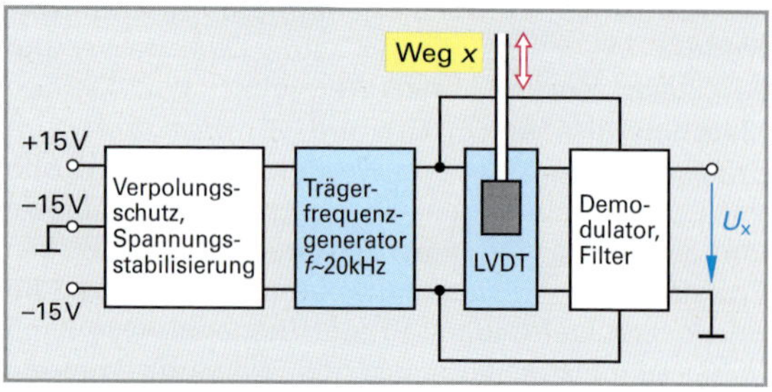

Bild 3: Auswerteschaltung für einen LVDT mit integrierter Elektronik

[1] LVDT von Linear Variable Differential Transformer = linearer veränderbarer Differenzialtransformator;

[2] Handelsname der Vakuumschmelze Hanau

Wirbelstrom-Abstandssensor

Wirbelströme entstehen in allen Metallen, wenn diese durch hochfrequente Magnetfelder durchflutet werden. Die Wirbelstrombildung ist umso stärker, je besser die Kopplung an den Magnetfelderzeuger ist. Die Kopplung wird durch Annäherung des metallischen Gegenstandes an die Spule des Sensors **(Bild 1)** verbessert. Die Spule ist Teil eines Schwingungskreises (Oszillator). Mit zunehmender Wirbelstrombildung wird zunehmend Energie übertragen und dem Oszillator entzogen. Dadurch vermindert sich seine Schwingungsamplitude **(Bild 2)**. Diese wird als Messsignal U_x ausgewertet.

Anwendung. Wirbelstrom-Wegsensoren werden bevorzugt dann verwendet, wenn man relativ kleine Abstände (bis etwa 5 mm) berührungslos messen will, und das Messobjekt metallisch ist, z. B. zur Spaltmessung in Gleitlagern.

Kapazitiver Abstandssensor

Durch Änderung des Elektrodenabstandes (Bild 2) eines Kondensators in einem Schwingungskreis wird die Eigenfrequenz des Schwingungskreises verändert. Damit die sehr kleinen Kapazitäten zwischen den Elektroden noch wirksam sind, müssen die Schwingungskreise mit hohen Frequenzen (> 1 MHz) betrieben werden. Damit Leitungskapazitäten keinen besonderen Störeinfluss mehr haben, ist die Elektronik für die Schwingungserzeugung in direkter Nähe zu den Elektroden untergebracht.

Anwendung. Diese Sensoren verwendet man z. B. beim Laserschneiden **(Bild 3)**. Hier muss der Fokuspunkt des Laserstrahls der Werkstückoberfläche nachgeführt werden.

Abstandsmessung durch optische Triangulation[1]

Zur Abstandsmessung bildet man optisch den leuchtenden Auftreffpunkt eines Laserstrahls auf einer PSD ab (Position Sensitive Diode = positionsempfindlichen Diode, **Bild 4**). Verändert sich der Abstand *s* des leuchtenden Auftreffpunkt des Laserstrahls, so verschiebt sich auch der Bildpunkt auf der Positionsdiode. Zwischen Laserlichtquelle ①, dem abgebildeten Lichtfleck auf der PSD ② und dem leuchtenden Laserauftreffpunkt am Messobjekt ③ spannt sich ein Dreieck auf, dessen drei Winkel aufgrund der Lichtflecklage auf der PSD ermittelt werden können. Diese drei Winkel ermöglichen zusammen mit dem bekannten Basisabstand *d* die Berechnung des Objektabstandes *s* nach einfachen trigonometrischen Regeln.

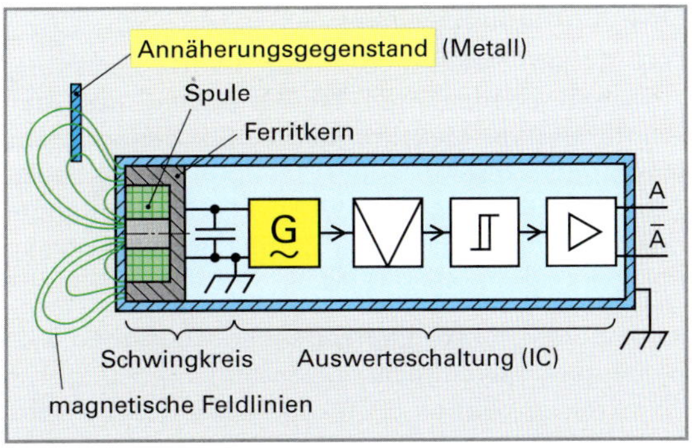

Bild 1: Wirbelstromsensor

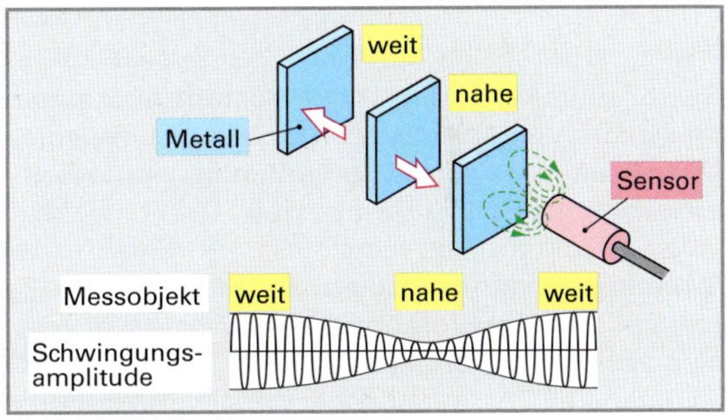

Bild 2: Signal des Schwingkreises

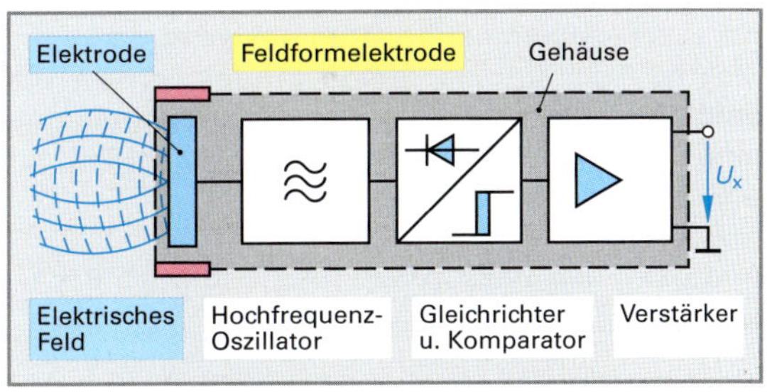

Bild 3: Kapazitiver Sensor mit Änderung der Schwingfrequenz

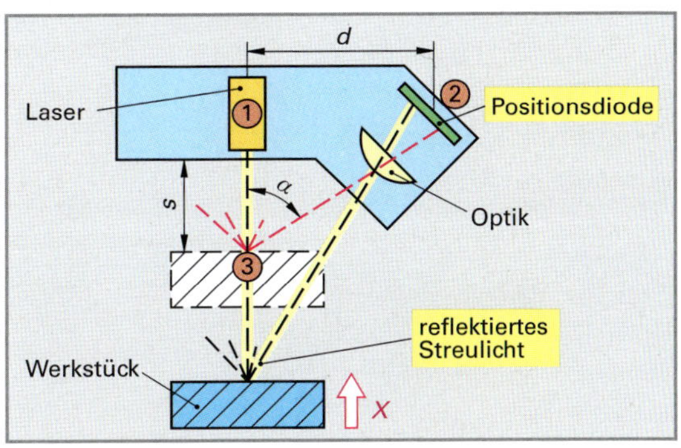

Bild 4: Triangulationssensor mit PSD

[1] von lat. triangulare = zu einem Dreieck machen

Laser-Entfernungssensor

Der Sensor basiert auf der Laufzeitmessung zwischen abgesandten Lichtimpulsen und den empfangenen Lichtimpulsen. Er besteht aus einer Pulslaserdiode zur Erzeugung von Laser-Strahlungsimpulsen, einem Fotodiodenempfänger und einer hochgenauen Zeitmesselektronik im Picosekundenbereich **(Bild 1)**.

Anwendung. Laser-Laufzeitsensoren eignen sich besonders zur einfachen Abstandsmessung von Objekten im weiten Entfernungsbereich $l > 1$ m, auch bei bewegten Objekten und zum Abscannen dreidimensionaler Strukturen **(Bild 2)**.

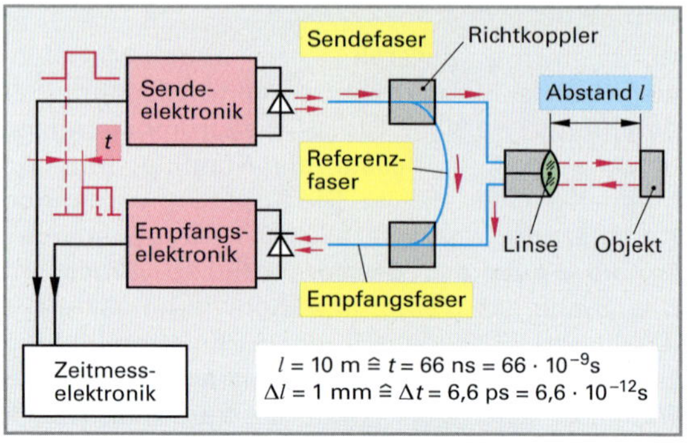

Bild 1: Aufbau des Laser-Laufzeitsensors

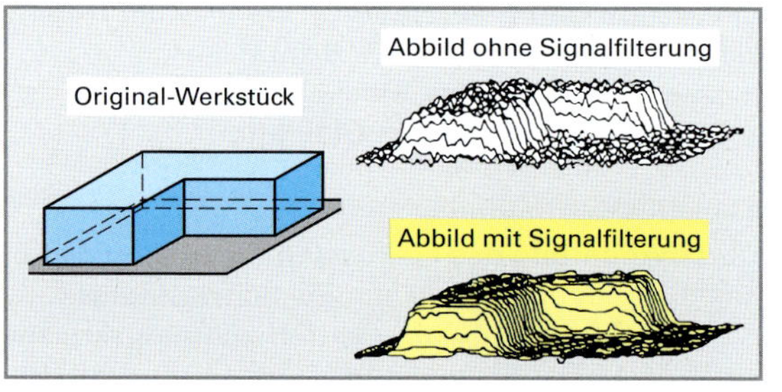

Bild 2: Erfassung räumlicher Strukturen durch zeilenweises Abtasten der Entfernung

Körperschall-Wegsensor

Der Körperschall-Wegsensor besteht aus einem Massivdraht, geschützt durch ein druckdichtes Metallrohr und einer angebauten Auswerteelektronik **(Bild 3)**. Durch den Draht werden kurze Stromimpulse geschickt. Durchläuft der Stromimpuls den verschiebbaren Magnetring, so entsteht im Metalldraht ein Kraftimpuls in radialer Richtung (Torsionsimpuls). Dieser pflanzt sich als eine Torsions-Körperschallwelle in beide Richtungen im Draht fort. Auf der Elektronikseite befindet sich ein magnetostriktiver Sensor mit dem die ankommende Torsionswelle in einen elektrischen Impuls umgewandelt wird. Die Laufzeit zwischen gesendetem Stromimpuls und empfangenem Torsionsimpuls ist das Maß für die Position des Magnetrings. Diese Sensoren gibt es für Messlängen von 150 mm bis 2500 mm mit einer Messunsicherheit von etwa 0,5 ‰.

Die Messfrequenz beträgt etwa 2000 Messungen pro Sekunde.

Anwendung. Wegmessung in rauer Umgebung, z. B. auch im Innern von Hydraulikzylindern bei Positioniersystemen.

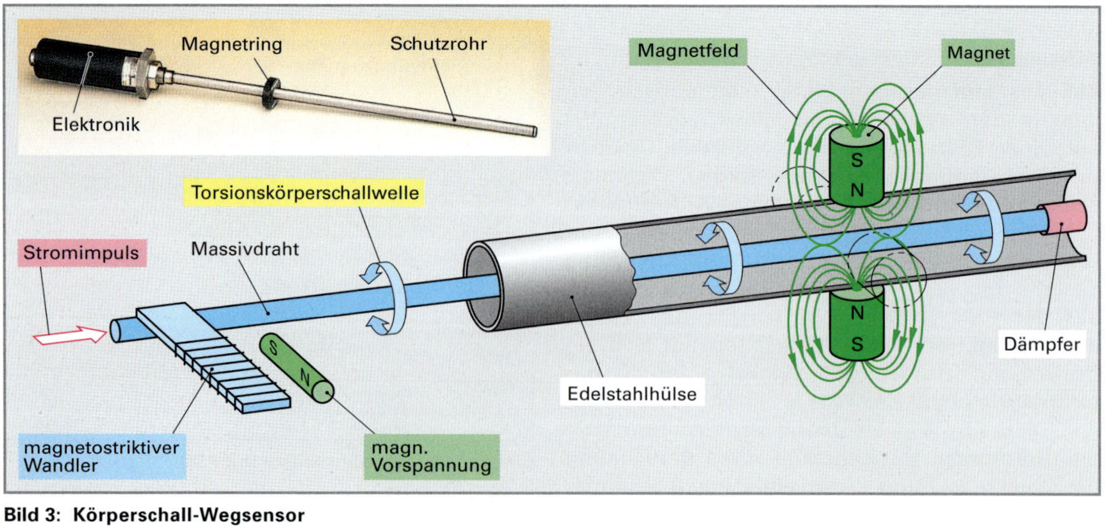

Bild 3: Körperschall-Wegsensor

5.1.1.3 Näherungsschalter

Näherungsschalter bestehen aus einem Abstandssensor (induktiv, kapazitiv, optisch, akustisch) und der Auswerteelektronik **(Tabelle 1)**. Solche Schalter werden gegenüber mechanisch betätigten Schaltern bevorzugt verwendet, da sie keinem Verschleiß unterliegen und durch die berührungslose Arbeitsweise den zu erfassenden Prozess nicht stören

Tabelle 1: Näherungsschalter

Benennung, Schaltzeichen	Aufbau, Prinzip	Erklärungen	Eigenschaften
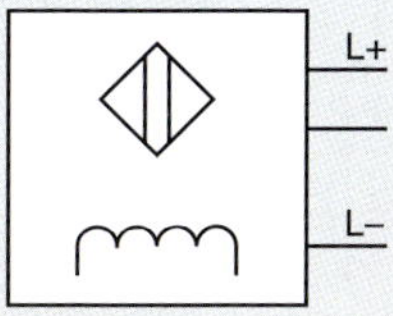 **induktiver Näherungsschalter**	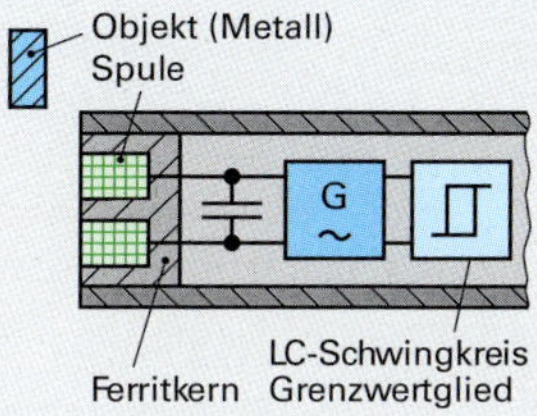	Bei Annäherung eines metallischen Objektes wird der Schwingkreis des Näherungsschalters durch *Wirbelstrombildung* im Objekt stark gedämpft.	Bemessungsschaltabstand: $s_n = 1$ mm bis 150 mm Spulendurchmesser: $d \approx 0{,}3 \times s_n$ Schaltdifferenz: $\Delta s \approx 0{,}1 \times s_n$
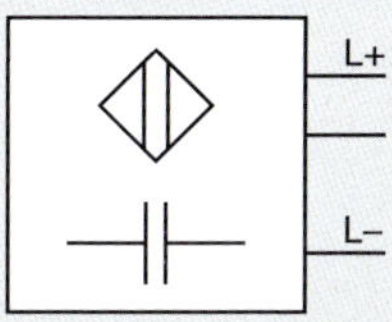 **kapazitiver Näherungsschalter**	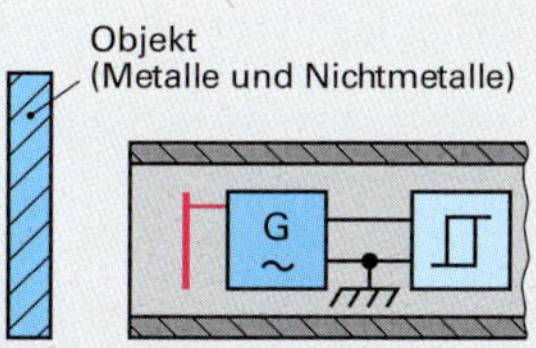	Bei Annäherung eines metallischen oder auch nicht metallischen Objektes verändert sich das *Dielektrikum* eines Kondensators und somit seine Kapazität. Bei Überschreiten eines eingestellten Kapazitätswertes schwingt der Oszillator mit.	Bemessungsschaltabstand $s_n = 20$ mm bis 40 mm Arbeitsabstand: Metalle: $s_a \approx 1 \times s_n$ Glas: $s_a \approx 0{,}5 \times s_n$ H_2O: $s_a \approx 1 \times s_n$ Öl: $s_a \approx 0{,}1 \times s_n$
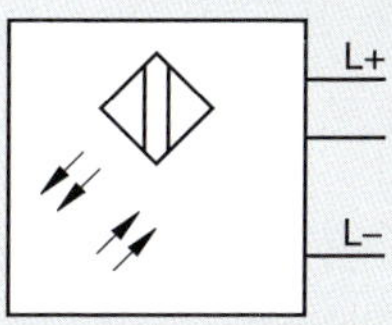 **optoelektronische Näherungsschalter**	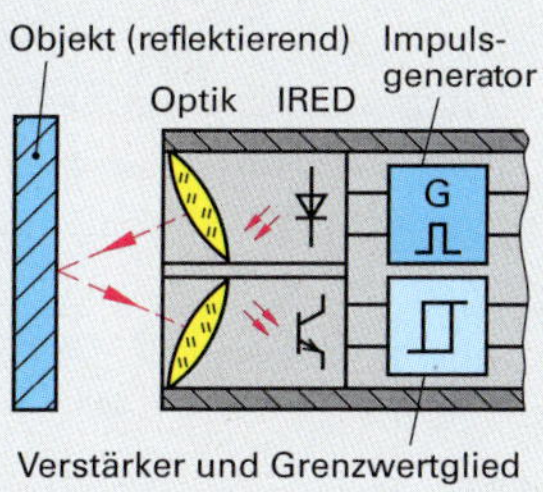	Über eine IRED (Infrarot-LED) wird pulsierende Infrarot-Strahlung abgestrahlt und bei Annäherung eines Objekts vond diesem *reflektiert*. Über einen Fototransistor wird die reflektierte Infrarotstrahlung erfasst. Infrarotstrahlung anderer Frequenz bleibt unberücksichtigt.	Bemessungsschaltabstand ohne Reflektor: $s_n \approx 100$ mm mit Reflektor: $s_n \approx 2000$ mm Schaltdifferenz: $\Delta s \approx 0{,}2 \times s_n$ Schaltdifferenz: $f \approx 5$ Hz
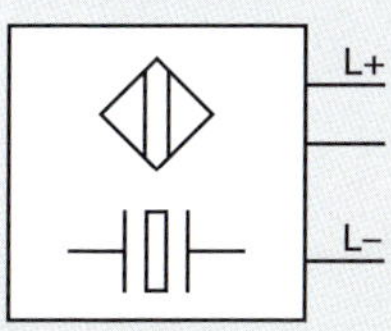 **Ultraschall-Näherungsschalter**	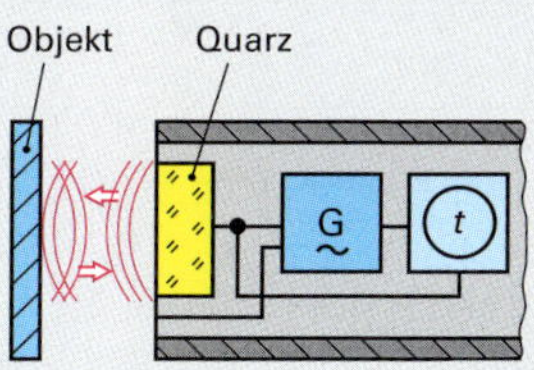	Mit einem Schwingquarz werden Ultraschallschwingungen mit etwa 200 kHz erzeugt und als Pulspakete abgestrahlt. Das *Echo* wird über denselben Quarz aufgenommen. Die Schalllaufzeit wird mit einer einstellbaren Zeit verglichen.	Bemessungsschaltabstand $s_{n\,min} \approx 50$ mm $s_{n\,min} \approx 10\,000$ mm Schaltdifferenz: $f \approx 4$ Hz bei kleinem Schaltabstand und $f \approx 2$ Hz bei großem Schaltabstand

Kenngrößen, Definition

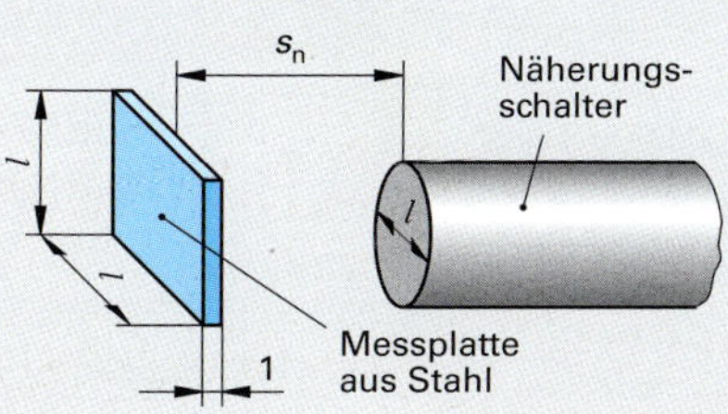

s_n	Bemessungsschaltabstand	Schaltabstand bei Annäherung mit Messplatte.
s_a	Arbeitsabstand	Schaltabstand bei Annäherung mit Gegenständen des gewählten Werkstoffs.
Δs	Schaltdifferenz (Schalthysterese)	Wegdifferenz zwischen Einschaltpunkt und Ausschaltpunkt bei Annäherung mit Messplatte.
f	Schaltdifferenz	Maximal mögliche Anzahl von Impulsfolgen je Sekunde.

5.1.1.4 Lichtschranken, Lichtvorhänge, Scan-Mikrometer

Man unterscheidet Reflexionssensoren und Lichtschranken **(Bild 1)**. Mithilfe eines Reflektors kann man bei Lichtschranken den Empfängerteil in den Sender integrieren. Der Reflektor ist ein Kunststoffteil mit vielen kleinen Prismen. Der reflektierte Strahl hat immer die gleiche Richtung wie der einfallende Strahl.

Als Lichtsender verwendet man rot oder grün strahlende LED, Infrarot-LED sowie Laser im sichtbaren Wellenbereich als auch im Infrarotbereich (Bild 1). Strahlquellen im sichtbaren Bereich haben den Vorteil, dass man die Sensoren leichter justieren kann. Die Infrarot-Strahler ermöglichen sehr große Messabstände. Die Laserstrahlquellen zeichnen sich durch einen sehr kleinen Strahldurchmesser aus. In Verbindung mit Längenmesssystemen können so mikrometergenau Längen und Dicken erfasst werden, z. B. von Fräswerkzeugen **(Bild 2)**. Hier verfährt man das Werkzeug zur Lichtschranke und speichert im Augenblick der Antastung den Werkzeugverfahrweg.

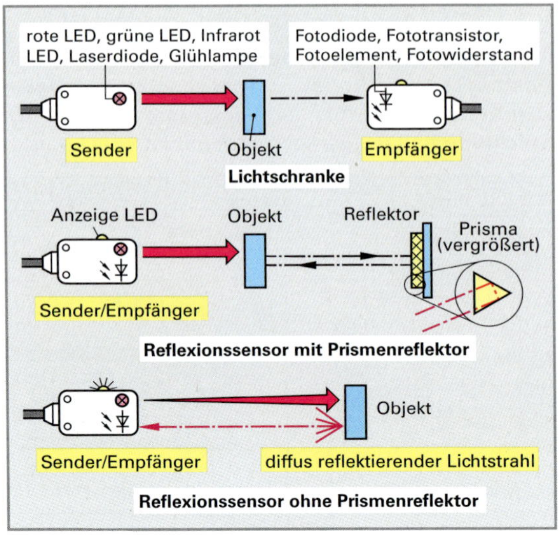

Bild 1: Lichtschranken, Bauarten

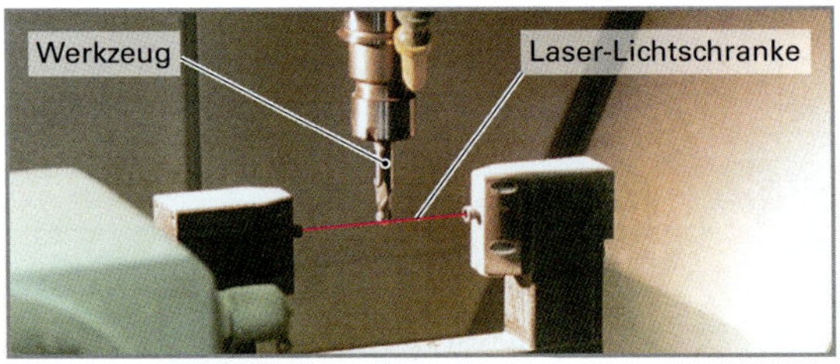

Bild 2: Präzisionslaser-Lichtschranke zur Werkzeugvermessung

Lichtvorhänge

Beim Lichtvorhang gelangt Licht über eine Kondensorlinse durch einen halbdurchlässigen Spiegel auf einen Polygon-Drehspiegel, welcher sich beständig dreht **(Bild 3)**. Vom Polygonspiegel geht ein dünner Lichtstrahl zum Parabelspiegel und zum Reflektor. Durch den Reflektor wird das Licht auf den Parabelspiegel zurückgeworfen und gelangt über den Polygonspiegel und den halbdurchlässigen Spiegel zu einem Lichtempfänger. Bei Drehung des Polygonspiegels wandert der Lichtstrahl in schneller Folge von oben nach unten und bildet einen Lichtvorhang. Wird der Lichtstrahl unterbrochen, so wird dies erkannt. Der Lichtvorhang dient dem Unfallschutz, z. B. bei Pressen, und zum berührungslosen Messen von Dicken, z. B. von Stangen.

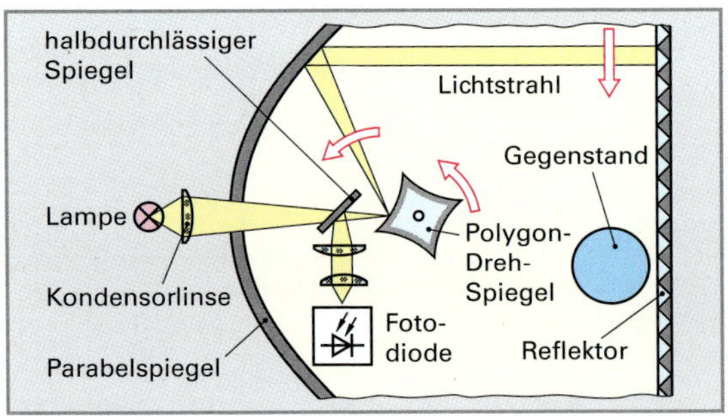

Bild 3: Lichtvorhang

Laser-Scan-Mikrometer

Beim Laser-Scan-Mikrometer wird wie beim Lichtvorhang ein dünner Laserstrahl mit einem Polygonspiegel bewegt **(Bild 4)** und es entsteht ein „Lichtvorhang". Dieser trifft auf einen Empfänger mit einer CCD-Zeile. Ist ein Objekt im Lichtvorhang, so wird die Abschattung auf der CCD-Zeile erkannt. Die Ablesegenauigkeit liegt bei etwa 2 µm. Die Zahl der Abtastungen beträgt z. B. 1200 pro Sekunde (12 Spiegelflächen bei einer Drehzahl von 100 s^{-1}).

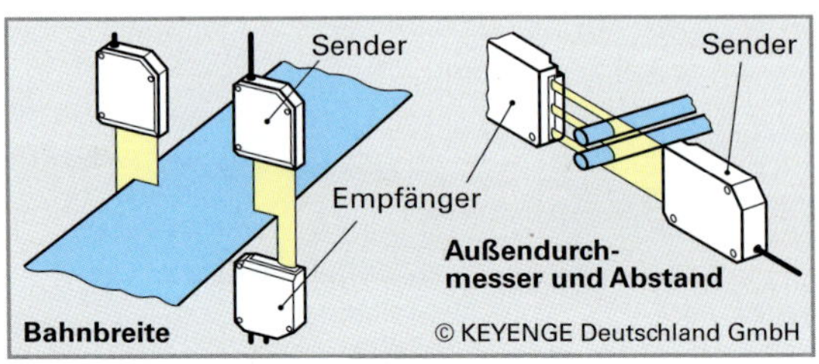

Bild 4: Laser-Scan-Mikrometer

5.1.1.5 Sensoren für Kräfte, Dehnungen und Drücke

Dehnungsmessung

Dehnungen an Maschinen und Gestellen, z. B. auch bei Waagen entstehen auf Grund von Kräften und werden mit Dehnungsmessstreifen (DMS) vorgenommen **(Bild 1)**. Die Längenänderungen (Dehnungen) sind dabei sehr gering, meist nur einige µm. Die Wirkung der DMS beruht auf der Widerstandserhöhung eines Drahtes, wenn dieser durch Dehnung verlängert und dabei gleichzeitig im Querschnitt verkleinert wird. DMS werden nur noch im Hochtemperaturbereich mit Draht ausgeführt. Sonst üblich sind Folien-DMS, hergestellt ähnlich wie gedruckte Schaltungen. Für kleine Baulängen von wenigen Millimetern sind die Leitungswege mäanderförmig[1] aufgebracht und zwar in Längsrichtung = Messrichtung sehr dünn und empfindlich in der Widerstands-Dehnungsfunktion und in den Umkehrschleifen, also in Querrichtung, breit und unempfindlich. Durch die Mäanderform erreicht man eine große wirksame Leiterlänge.

Zur gleichzeitigen Messung in mehreren Richtungen gibt es spezielle DMS **(Bild 2)**, z. B. mit Messgittern, welche unter 120° zueinander oder unter 45° zur Streifenlängsrichtung ausgerichtet sind. Als Widerstandswerkstoff verwendet man meist eine temperaturunempfindliche Metalllegierung, z. B. Konstantan (60 % Cu, 40 % Ni) oder eine Chrom-Nickel-Legierung (80 % Cr, 20 % Ni).

Es gibt auch Halbleiter-DMS (Bild 1), bestehend aus einem Siliciumstreifen, welcher aus einem Siliciumkristall herausgeschnitten ist.

Die Bemessungswiderstände der DMS sind 120 Ω, 350 Ω, 600 Ω und 1000 Ω. Die Widerstandsänderung bei Dehnung wird durch den *k-Faktor* angegeben. Er beträgt bei Konstantan und Chrom-Nickel etwa 2, bei Silicium etwa 150.

Beispiel 1: Widerstandsänderung bei Dehnung

Wie groß ist die Widerstandsänderung eines DMS von 600 Ω aus Chrom-Nickel ($k = 2$) bei einer Dehnung von 1 µm/m?

Lösung:

$$\frac{\Delta R}{R} = k \cdot \varepsilon$$

$$\Rightarrow \Delta R = R \cdot k \cdot \varepsilon = 600\,\Omega \cdot 2 \cdot 10^{-6} = \mathbf{1{,}2\,m\Omega}$$

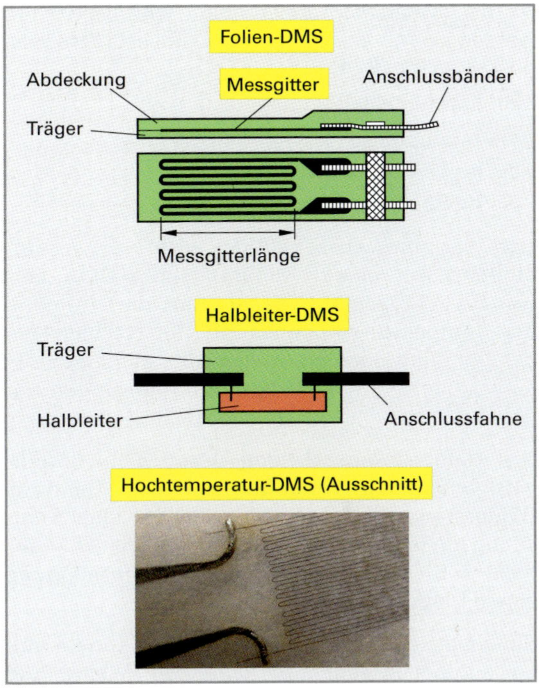

Bild 1: Sensoren zur Dehnungsmessung

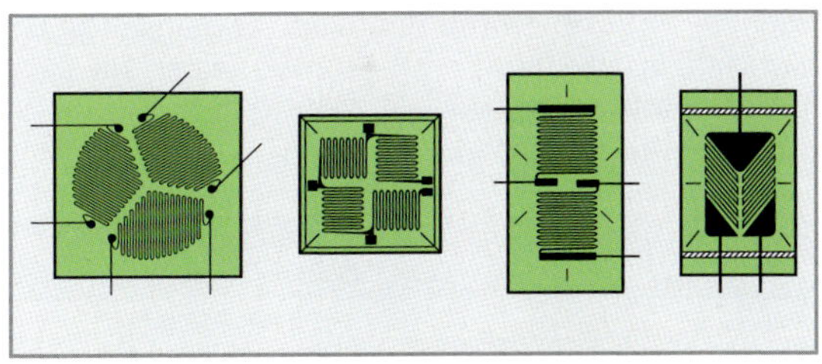

Bild 2: Ausführungsformen von Folien-DMS

$$\varepsilon = \frac{\Delta l}{l} \qquad \frac{\Delta R}{R} = k \cdot \varepsilon$$

ΔR	Widerstandsänderung
R	Bemessungswiderstand
k	Faktor
Δl	Längenänderung
l	Bemessungslänge des Dehnungsmessstreifens
ε	Dehnung

[1] Mäander (nach dem Fluss in Kleinasien) = geschlängelter Flusslauf

Da die Widerstandsänderungen sehr klein sind, werden sie mit einer Widerstandsmessbrücke ausgewertet **(Tabelle 1)**.

Man unterscheidet die

- Viertelbrückenschaltung,
- die Halbbrückenschaltung und
- die Vollbrückenschaltung.

Die Viertelbrückenschaltung wird nur in Verbindung mit einem Kompensations-DMS verwendet (Tabelle 1). Dieser hat die Aufgabe der Temperaturkompensation. Er ist nicht an der Dehnung beteiligt, macht aber Widerstandsänderungen durch Temperaturänderungen im Gleichtakt mit.

Die Halbbrückenschaltung lässt sich vorteilhaft verwenden, wenn zugleich eine Dehnung (Widerstandserhöhung um ΔR) und eine Stauchung (Widerstandsverminderung um ΔR) vorliegt, z. B. bei einer Biegemomentmessung an einem Biegestab (Tabelle 1).

Stets wird eine Vollbrückenschaltung angestrebt, bei welcher in gegenüberliegenden Zweigen die Dehnungen unterschiedliches Vorzeichen haben, d. h DMS mit Dehnungen liegen solchen mit Stauchungen gegenüber. Damit erreicht man höchste Brückenempfindlichkeit. Gleichzeitig ist die Messbrücke temperaturkompensiert, da sich alle Widerstandswerte auf Grund von Temperaturänderungen im Gleichtakt ändern.

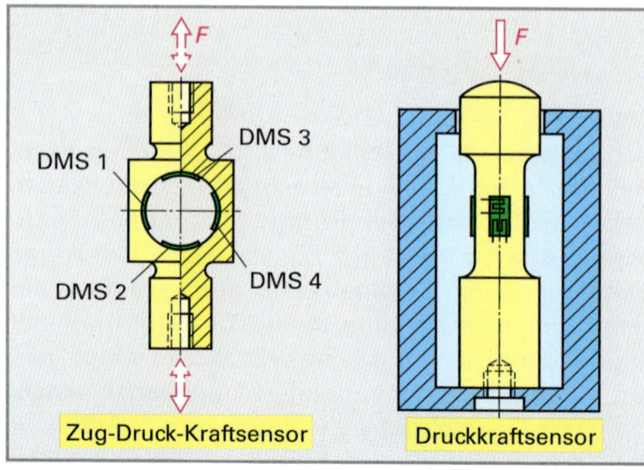

Bild 1: Kraftsensoren

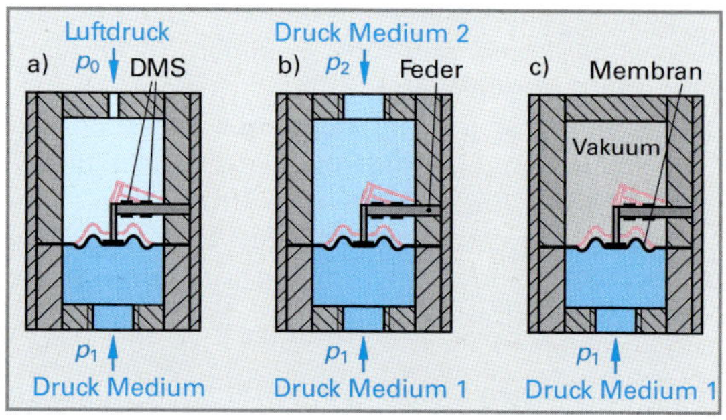

Bild 2: Drucksensoren für a) Relativdruck, b) Differenzdruck, c) Absolutdruck

Beispiele für Vollbrückenschaltungen sind Torsionssensoren (Tabelle 1), Kraftsensoren **(Bild 1)** und Drucksensoren **(Bild 2)**.

Tabelle 1: Schaltungen mit DMS

Viertelbrückenschaltung	Halbbrückenschaltung	Vollbrückenschaltung
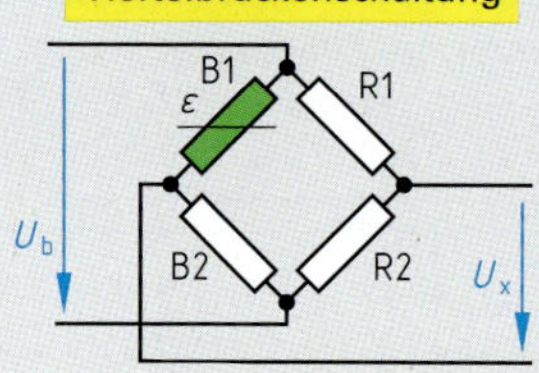	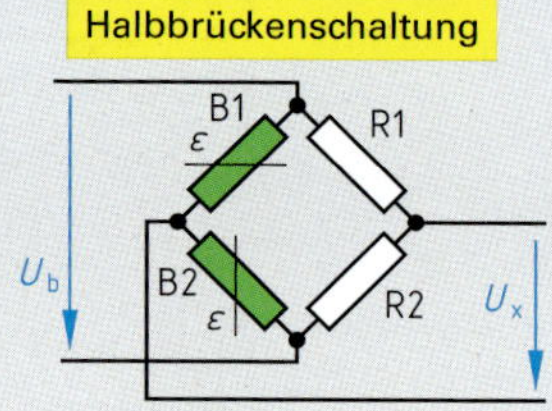	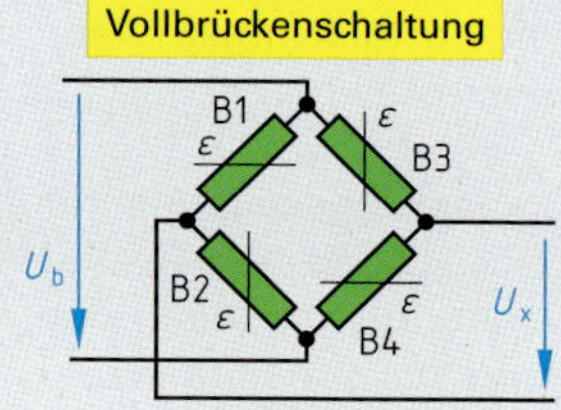
B2: Kompensations-DMS		
$U_x = \frac{1}{4} \cdot k \cdot \varepsilon \cdot U_b$	$U_x = \frac{1}{2} \cdot k \cdot \varepsilon \cdot U_b$	$U_x = k \cdot \varepsilon \cdot U_b$
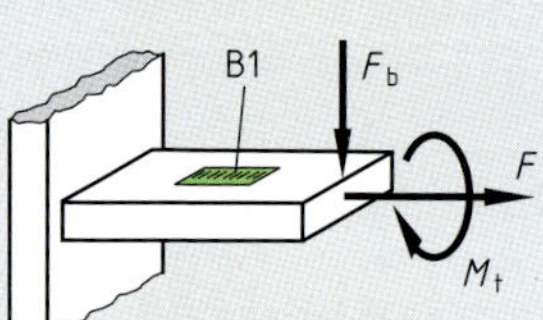	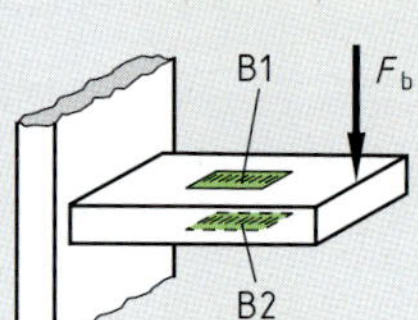	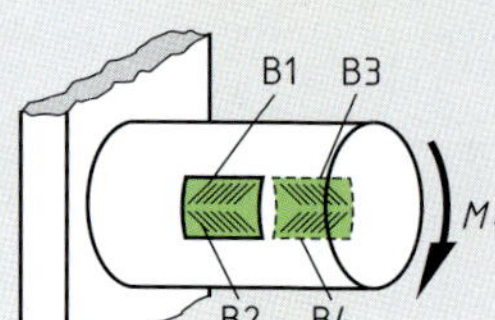
$U_x \sim F_b, F, M_t$	$U_x \sim F_b$	$U_x \sim M_t$

5.1.1.6 Beschleunigungssensoren

Piezo-Beschleunigungssensoren

Diese Sensoren haben einen Piezokristall **(Bild 1, links)** als Kraftmesselement. Durch die Beschleunigung einer kleinen Masse, sogenannte *seismische Masse*, welche auf den Piezokristall aufgeklebt ist, wird eine Beschleunigungskraft erzeugt, die zur Beschleunigung proportional ist (Kraft = Masse · Beschleunigung).

Wirbelstrom-Beschleunigungssensor

Diese Sensoren erfassen die Linearbeschleunigung zwischen einem Kuppfersteg oder Aluminiumsteg und einem konstanten Magnetfeld **(Bild 1, rechts)**. Für Drehbeschleugungen ist dies eine Kupferscheibe oder Aluminiumscheibe. Das Wirbelstromfeld im Kupfer bzw. Aluminium induziert in der Spule eine Spannung, die der Änderungsgeschwindigkeit der Wirbelströme und damit der Beschleunigung zwischen Magnet und Steg entspricht.
Anwendung finden diese Sensoren z. B. bei hochdynamischen Linearantrieben an Werkzeugmaschinen. Geschwindigkeitssignale erhält man durch Integration der Beschleunigungssignale.

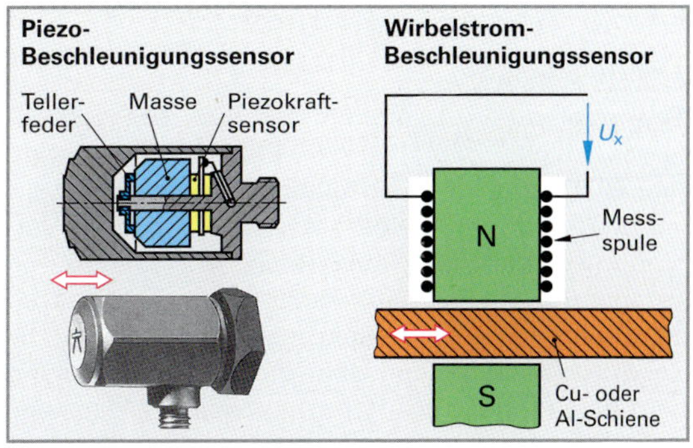

Bild 1: **Beschleunigungssensoren**

Bild 2: **MEMS-Chip**

Kapazitiver Beschleunigungssensor in MEMS-Technologie

MEMS (Micro-Electro-Mechanical Systems) sind mikromechanische Systeme, aufgebaut und hergestellt ähnlich wie integrierte Schaltkreise **(Bild 2)**. Sie enthalten u. a. mechanisch elastisch bewegliche Massen im Mikrometerbereich und bilden z. B. Linear-Beschleunigungssensoren und Drehbeschleunigungssensoren **(Bild 3)**. Die MEMS sind so strukturiert, dass bewegliche Teile als seismische Masse wirken. An diesen sitzen filigrane Stege und bilden elastische Federn. Bei Beschleunigung oder Verzögerung verlagert sich die seismische Masse. Die seismische Masse entsteht durch Ätzen der Silizium-Funktionsschicht. Sie hat eine Kammstruktur und ist etwa 20 µm dick. Der sich verändernde Abstand der seismischen Masse zur umgebenden Kammstruktur bewirkt eine signalbildende Kapazitätsänderung. Die gesamte Sensormechanik wird mit einer Siliziumkappe abgedeckt. Damit erreicht man Unabhängigkeit von atmosphärischen Einflüssen. Verwendung finden MEMS mit Anordnungen für alle Raumachsen z. B. in ESP®-Systemen (Elektronisches Stabilitäts-Programm von Bosch) für Fahrzeuge, zur Drehlagenerkennung von

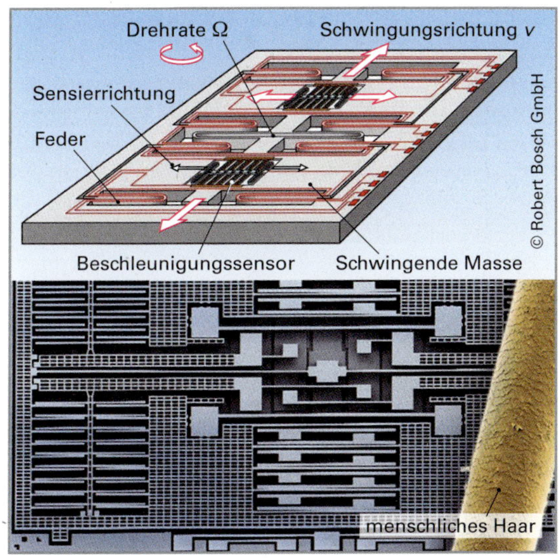

Bild 3: **MEMS-Mikrostruktur für Beschleunigungssensoren**

Smartphones und für Navigationssysteme von Flugzeugen. Es werden jährlich mehrere Milliarden MEMS als Sensoren mit Beschleunigungsfunktionen und integrierter Signalweiterverarbeitung hergestellt.

5.1.1.7 Temperatursensoren

Thermoelemente

Thermoelemente bestehen aus zwei Drähten unterschiedlicher Metalle, z. B. Eisen und Konstantan. Die Drähte sind an einem Ende miteinander verlötet **(Bild 1)**. Besteht zwischen dieser Verbindungsstelle und den freien Drahtenden ein Temperaturgefälle, dann stellt man an den freien Drahtenden eine elektrische Spannung, die *Thermospannung*, fest. Über die Thermospannung wird die Temperaturdifferenz zwischen Messstelle und Vergleichsstelle ermittelt. Für genaue Messungen kann man die Vergleichsstelle in eine Dose mit schmelzendem Eis (0 °C, Eispunktreferenz) legen. Meist wird jedoch eine Warmpunktreferenz von 50 °C, mit Widerstandsthermometer geregelt, verwendet.

Thermoelemente wandeln Wärmeenergie in elektrische Energie um.

Mantelthermoelemente sind mit einem korrosionsfesten dünnen Stahlmantel umgeben und können dadurch unter schwierigsten Umweltbedingungen eingesetzt werden **(Bild 2)**. Die Manteldurchmesser sind häufig kleiner als 0,5 mm. Zur Kontrolle der inneren Messstelle überprüft man die Mantelthermoelemente mithilfe von Röntgenaufnahmen. Da die Thermospannung sehr klein ist, wird die Temperatur über elektronische Messverstärker erfasst. Diese sind für die häufigsten Thermoelementpaare vorkalibriert und berücksichtigen in der Anzeige die geringfügige, nichtlineare Kennlinie zwischen Thermospannung und Temperatur.

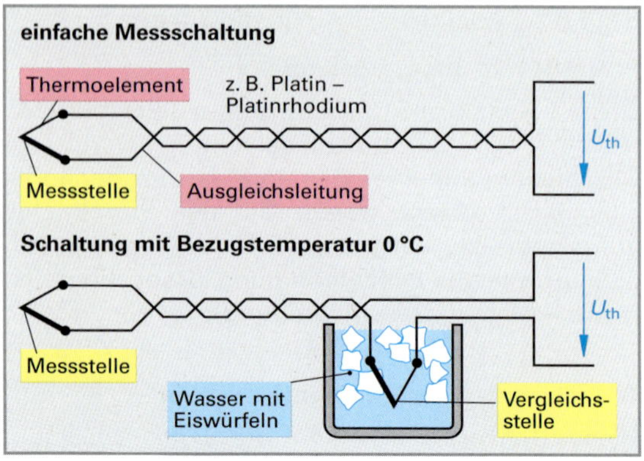

Bild 1: Thermoelement

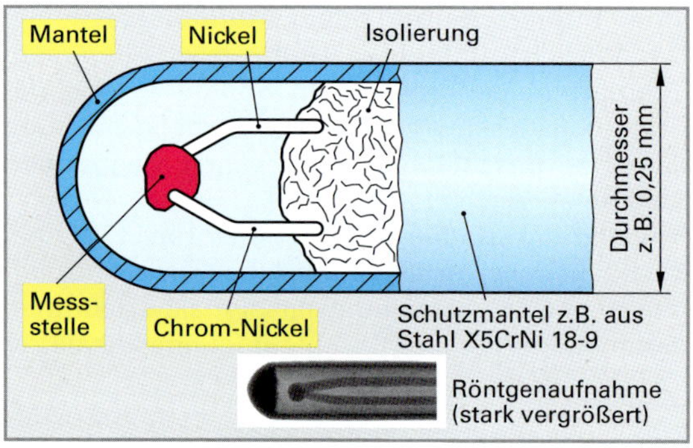

Bild 2: Mantelthermoelement

Anwendung. Thermoelemente **(Tabelle 1)** werden zur genauen Temperaturmessung z. B. in Reaktoren der chemischen Industrie, in Motorenprüfständen und an Druckgießmaschinen verwendet.

Tabelle 1: Thermoelemente

Typ/IEC-Farbcode	Werkstoff	Temperaturbereich in °C (Skala −500 … 2000)
K	Ni–CrNi	–180 bis +1300
J	Fe–CuNi	–180 bis +800
N	NiCrSi–NiSi	–270 bis +1300
R	Pt13Rh–Pt	–50 bis +1700
S	Pt10Rh–Pt	–50 bis +1750
B	Pt30Rh–Pt6Rh	0 bis +1820
T	Cu–CuNi	–250 bis +400
E	NiCr–CuNi	–40 bis +900

Strahlungspyrometer

Mit Strahlungspyrometern erfasst man berührungslos über weite Distanz (mehrere Meter) die Temperaturen, z. B. in der Schmiedeindustrie. Die Wärmestrahlung wird hierfür mit einer speziellen Linse, meist aus Silicium oder Quarz auf eine Thermokette gebündelt **(Bild 1)**. Der Temperaturmessbereich reicht bei der Siliciumlinse von 0 °C bis 900 °C, bei der Quarzlinse von 400 °C bis 1200 °C.

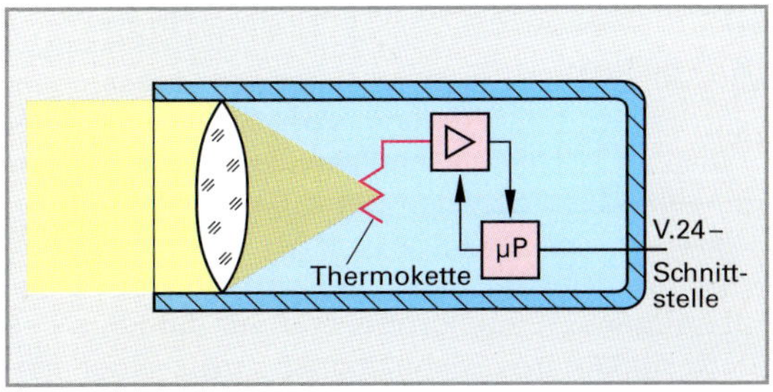

Bild 1: Strahlungspyrometer

Widerstandsthermometer

Unter dem Einfluss der Temperatur verändert sich der Widerstand der Metalle und Halbleiter. Durch Messen des Widerstandes wird die zu erfassende Temperatur bestimmt. Metallthermometer haben meist eine Messwicklung aus Platindraht oder aus Nickeldraht **(Bild 2)**. Platinwiderstandsthermometer Pt 100 haben einen Bemessungswiderstand von 100 Ω bei 0 °C und ermöglichen sehr genaue Messungen in einem Temperaturbereich zwischen – 220 °C und 1000 °C. Im Messbereich zwischen 0 °C und 200 °C ist die Messunsicherheit weniger als 1/100 K. Bei den Nickel-Metallthermometern reicht der Messbereich von – 60 °C bis + 200 °C.

Die Widerstandsmessung erfolgt meist in einer Dreileiter-Brückenschaltung **(Bild 3)**. Die Dreileiter-Brückenschaltung ist unempfindlich gegen temperaturbedingte Widerstandsänderungen in der Zuleitung, da ein Leiter im oberen Brückenzweig liegt und der andere im unteren Brückenzweig. Das Messergebnis wird durch die Gleichtaktwirkung nicht beeinflusst. Der dritte Leiter ist unkritisch, da hier kaum Strom fließt.

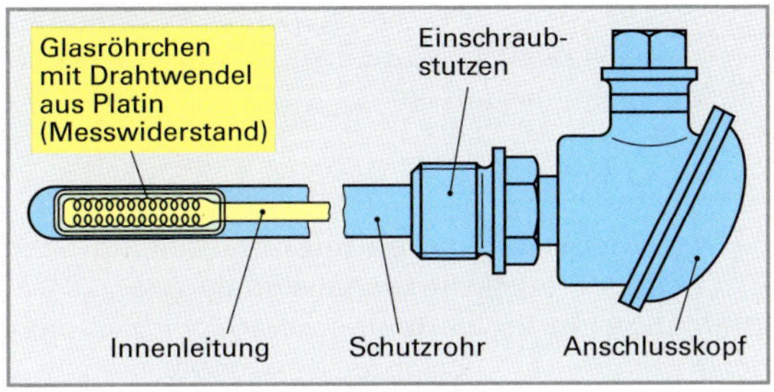

Bild 2: Metallthermometer Pt 100

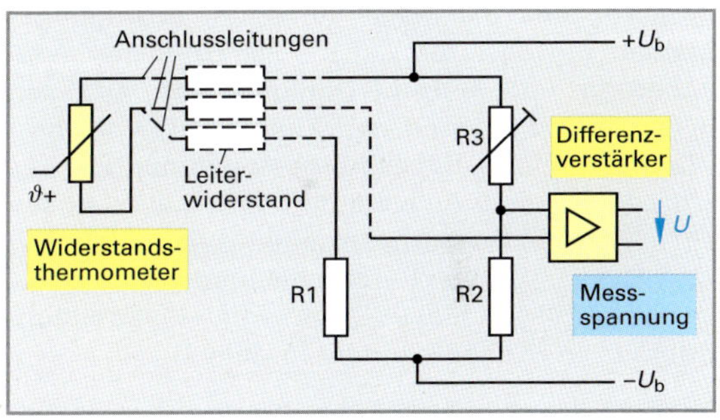

Bild 3: Dreileiter-Brückenschaltung

NTC-Sensoren

NTC-Widerstände sind Heißleiter (NTC von Negative Temperature Coeffizient). Sie bestehen aus polykristalliner Metalloxidkeramik **(Bild 4)**. Ihre starke Temperaturabhängigkeit ermöglicht eine einfache Temperaturkontrolle. Die Anwendungen sind vielfältig, z. B. Temperaturüberwachung bei Motoren.

PTC-Sensoren

PTC-Sensoren sind Kaltleiter (PTC von Positive Temperatur Coeffizient). Ihr Widerstand ändert sich bei der Schalttemperatur fast sprunghaft (Bild 4). Die Schalttemperatur liegt typenabhängig zwischen – 30 °C und 340 °C. Leistungskaltleiter verwendet man auch als Heizelemente. Bei Kälte fließt ein hoher Strom und bewirkt ein Aufheizen.

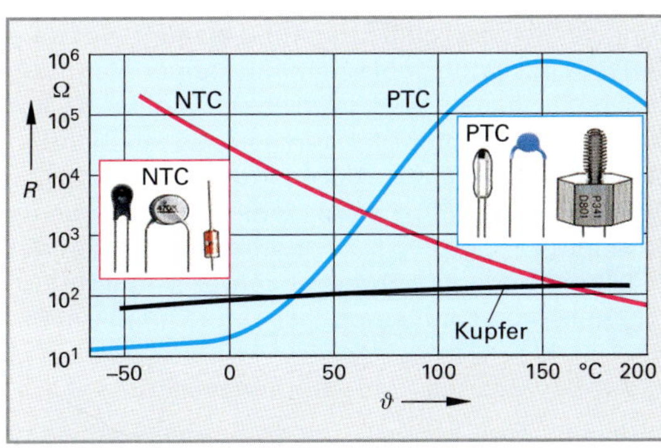

Bild 4: NTC-Sensoren und PTC-Sensoren

Ist die Schalttemperatur erreicht, dann erhöht sich ihr Widerstand sprunghaft und das Heizelement erwärmt sich nicht mehr weiter.

5.1.1.8 Sensoren der Sicherheitstechnik

Mit Sensoren kann man Personen, Maschinen, Fahrzeuge und Gebäude vor Gefahren, Missbrauch und Schäden schützen. Es sind meist sehr komplexe Sensorsysteme mit Basissensoren zur Erfassung der Zielgröße, einer nachfolgenden analogen oder digitalen Auswerteelektronik zur Filterung der Signalgröße und zur Bildung des Alarmsignals bzw. Schaltsignal, sowie einer Einheit zur Alarmierung **(Bild 1)**.

Sensoren der Sicherheitstechnik alarmieren optisch, akustisch, über Funk, Telephonie über Internet und greifen ein.

Bewegungsmelder

Bewegungsmelder nutzen Infrarotstrahlung oder Radarsignale oder Ultraschallsignale oder Laserstrahlung oder Verwerten Kamerabilder, z. T. werden auch mehrere Verfahren gebündelt.

Infrarot-Bewegungsmelder (PIR, von passive infrared) sind die meist genutzten Bewegungsmelder. Sie basieren auf der kurzzeitlichen Veränderung von Infrarotstrahlung und erfassen bewegende Personen und Tiere auf Grund ihrer Wärmestrahlung. Eine häufige Anwendung ist das Einschalten einer Beleuchtung oder das Auslösen eines Alarms. Sensorbasis ist ein zweiteiliger Pyrosensor[1], z. B. zwei Pyrokristalle oder eine pyrosensitive PVDF-Folie (PVDF von Polyvinylidenfluorid) mit zwei Sensorelementen **(Bild 2)**.

Im Pyrosensor entsteht bei Wärmeeinstrahlung ein Temperaturunterschied, der die Polarisation der Strahlung ändert und damit eine Ladungstrennung auslöst und eine Spannung erzeugt. Vor dem Sensor sind Jalousieblenden mit kleinen Sammellinsen aus visuell weißlich-trübem Kunststoff, der jedoch im Infraroten klar durchsichtig ist. Sichtbares Licht wird mehr zurückgestreut. Ein Bandpass **(Bild 3)** sorgt dafür, dass sehr niederfrequente Strahlungsänderung, z. B. durch Sonnenlicht oder sehr hochfrequente Änderungen, z. B. durch Einschalten einer Glühlampe fast ohne Einfluss sind.

Radar-Bewegungs- und Abstandssensor

Radarsensoren senden hochfrequente Radiowellen aus und empfangen die reflektierte Strahlung **(Bild 4)**. Aus der Signallaufzeit beim Impulsradar ermittelt man Abstände zu Objekten und Personen. Aus der Phasenverschiebung (Dopplereffekt[2]) ermittelt man die Reativgeschwindigkeit zwischen Objekt und Sensor. Die Frequenzbänder liegen im Bereich von 2,4 GHz bis 246 GHz.

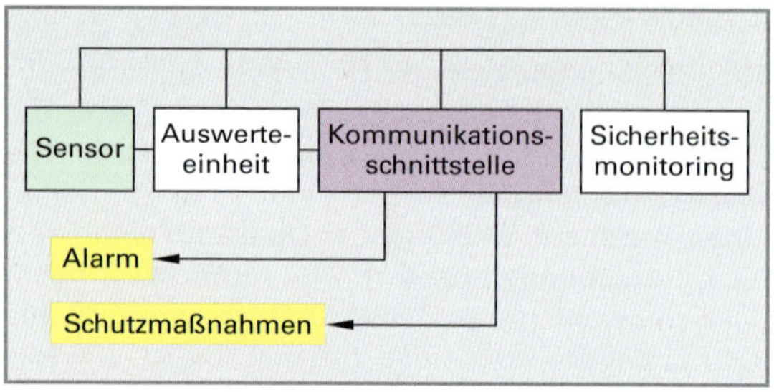

Bild 1: Aufbau von Sicherheitssensoren

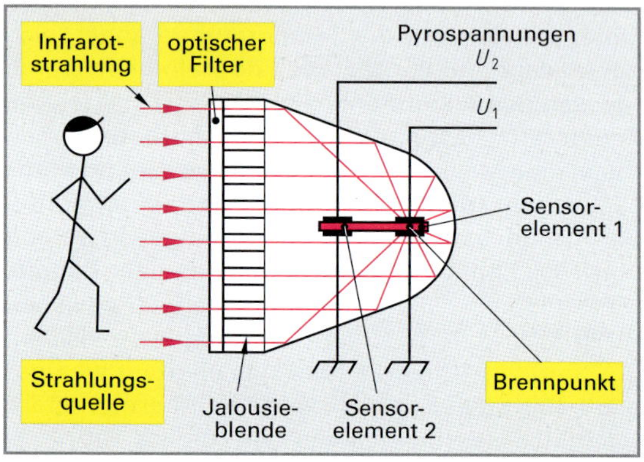

Bild 2: Bewegungsmelder

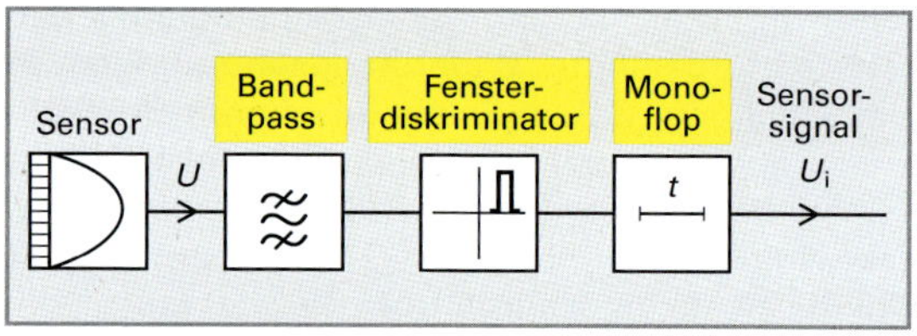

Bild 3: Signalbildung

Bild 4: 77-GHz-Radarsensor

[1] griech. pyrein = brennen

[2] *Chr. Doppler*, österr. Physiker (1803 bis 1853)

Typische Sicherheitsanwendungen mit Radar sind neben der Nutzung für Assistenzsysteme und Autopilotsysteme im Kfz-Bereich:

- Alarmanlagen (Einbruchmeldesysteme),
- Zugangskontrollen,
- Absicherung von Gefahrbereichen,
- Raumüberwachung.

Rauchmelder

Optische Rauchmelder verwendet man häufig als Brandmelder. Ausgenutzt wird die Infrarot-Streulichtstrahlung in einer mattschwarzen Streulichtkammer **(Bild 1)**. Sind Rauch-Partikel in der Kammer, so streuen diese Partikel die IR-Strahlung (Tyndall[1]-Effekt) auch in Richtung einer IR-empfindlichen Empfänger-Fotodiode.

Regensensor

Der Regensensor **(Bild 2)** nutzt die unterschiedliche Lichtreflexion von Glas zu Luft bzw. von Glas zu Wasser (Regen) aus. Bei Wasser-Luft an der Sensoroberfläche wird die schräg einfallende IR-LED-Strahlung total reflektiert und gelangt so zum Fotosensor. Sobald die Sensoroberseite mit Wasser bzw. einzelnen Regentropfen benetzt ist, wird die Totalreflexion aufgehoben und der Fotosensor erhält weniger IR-Strahlung. Die integrierte Heizung vermeidet eine Kondenswasserbildung.

Feuchtesensor – Hygrometer

Feuchtesensoren basieren z. B. auf der Anreicherung von Wasserdampf in einer porösen dünnen nichtleitenden Schicht und einer Widerstandsmessung zwischen zwei Elektroden **(Bild 3)**. Isoliert unter der feuchtesensitiven Schicht befindet sich ein Heizmäander. Dieser erhöht vor dem Messzyklus die Temperatur, sodass die sensitive Schicht sicher trocken ist. Danach nimmt die sensitive Schicht die Umgebungsfeuchte an. Der elektrische Widerstand wird als Feuchtesignal erfasst.

Alkoholsensor

Der Sensor dient zur Feststellung von Blutalkohol, insbesondere für Fahrer von Kraftfahrzeugen auf der Grundlage der Atemluft **(Bild 4)**. Die Sensorik basiert auf einer temperierten gassensitiven Halbleiterschicht aus Galliumoxid (Ga_2O_3) und vergleicht ein Testgas, das in einem Nebenstrom am Gassensorelement vorbeistreicht. Der Widerstand des Elements ist stark alkoholabhängig. Die Alkoholsensitivität (Bild 4) ist das Widerstandsverhältnis von R_a/R_e (R_a bei bei Luft mit Alkohol im Blut und R_e bei Luft ohne Alkohol).

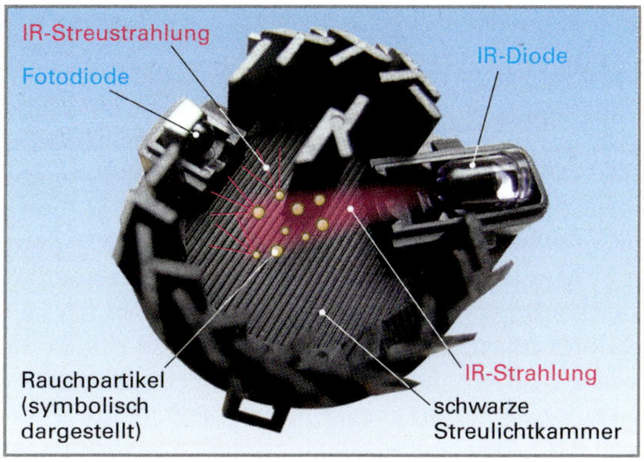

Bild 1: Rauchmelder

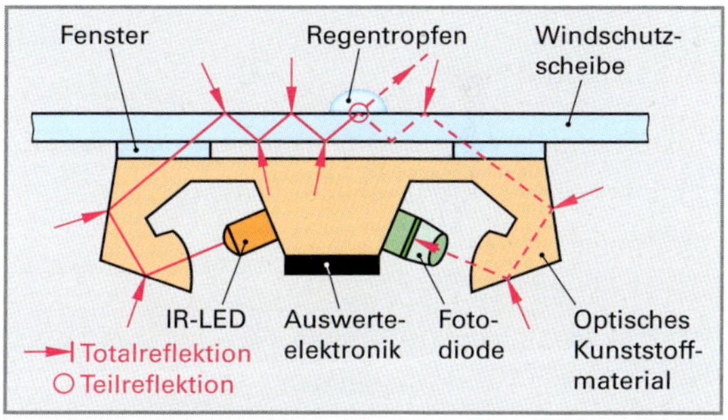

Bild 2: Regensensor

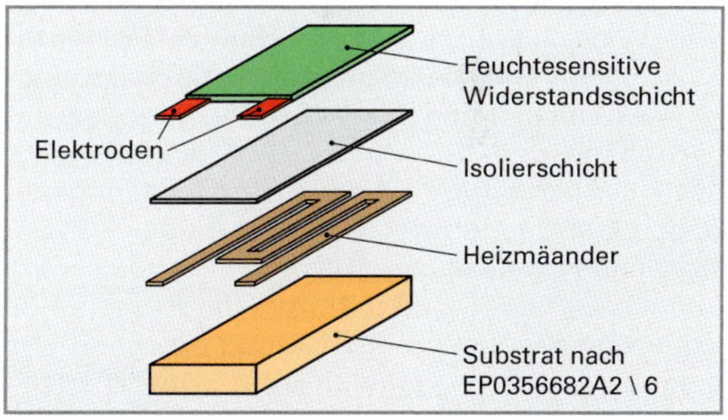

Bild 3: Feuchtesensor

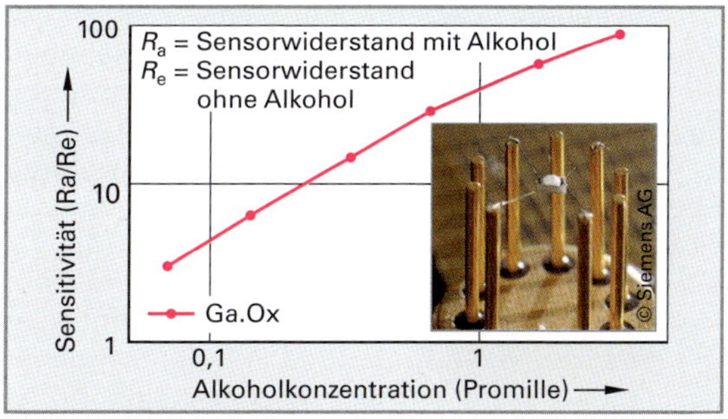

Bild 4: Alkoholsensor

[1] *John Tyndall*, irischer Physiker (1820 bis 1893)

5.1.2 Digitale Weg- und Winkelmessung

Digitale Winkelmesssysteme verwendet man bei vielen Antriebsaufgaben in der Weise, dass aus den gemessen Winkeln in Verbindung mit dem mechanischen Übertragungssystem, z. B. einer Vorschubspindel oder einer Zahnstange eine Weglänge abgeleitet wird. Andererseits bringt man digitale Maßbänder am Umfang von rotierenden Bewegungseinheiten, z. B. an Drehtischen an und misst über die Umfangslängen die Drehwinkel. So werden Weg- und Winkelmessysteme zu einer Sensorart zusammen gefasst. Abgesehen von der Lagerung des beweglichen Sensorteils ist der Systemaufbau sehr ähnlich.

Digitale Weg- und Winkelmesssysteme **(Bild 1)** werden eingeteilt in:

- Inkrementelle Weg- und Winkelmesssysteme und
- absolute Weg- und Winkelmesssysteme.

5.1.2.1 Inkrementelle Weg- und Winkelmessung

Bei der inkrementellen Weg- und Winkelmessung werden Zuwachswerte (Inkremente) eines Wegs oder Winkels erfasst und in Form elektrischer Sinus-Cosinus-Signale oder als Schrittimpulse einer Auswerteeinheit zugeführt **(Bild 2).** Bezogen auf die Teilungsperiode (≙ 360°) der Strichfolge wird auch im Abstand von 1/4 der Maßstabsteilungsperiode (≙ 90°)abgetastet. So erhält man ein Sinussignal und ein Kosinussignal bzw. die Impulsspannungen U_A und U_B **(Bild 3).** Aus der Phasenfolge kann man die Bewegungsrichtung erkennen und beim Zählen der Inkremente entsprechend addieren oder subtrahieren.

Zur absoluten Bestimmung eines Wegs oder Winkels muss der Zähler an einer vorgesehenen Weg- oder Winkelstellung, dem Referenzpunkt, auf Null gesetzt werden. Alternativ hierzu gibt es Maßstabskennzeichnungen in einer weiteren Spur, die mit abschnittsweiser Längencodierung ein absolutes Ablesen ermöglichen (Bild 3). Die absolute Längencodierung erreicht man mit abstandscodierten Längsmarken (Bild 3, oben) oder mit einem seriellen Code (Bild 3, unten), welcher abschnittsweise einem Lesefenster zugehörig ist (ähnlich den üblichen Strichcodes).

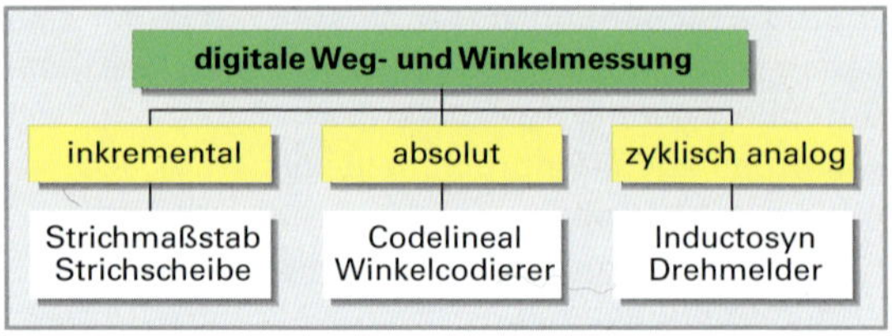

Bild 1: Einteilung der Weg- und Winkelmesssysteme

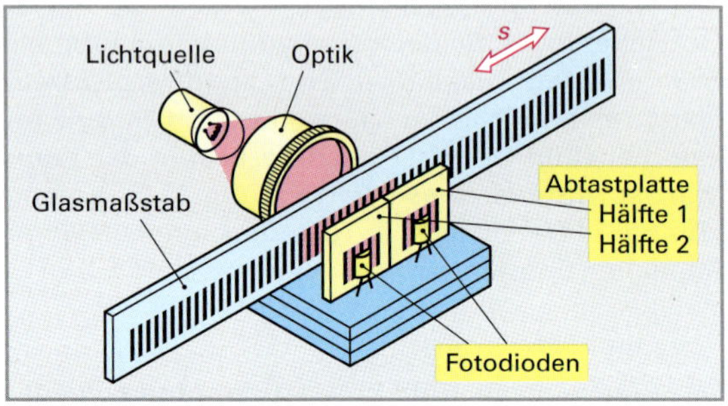

Bild 2: Durchlichtmaßstab

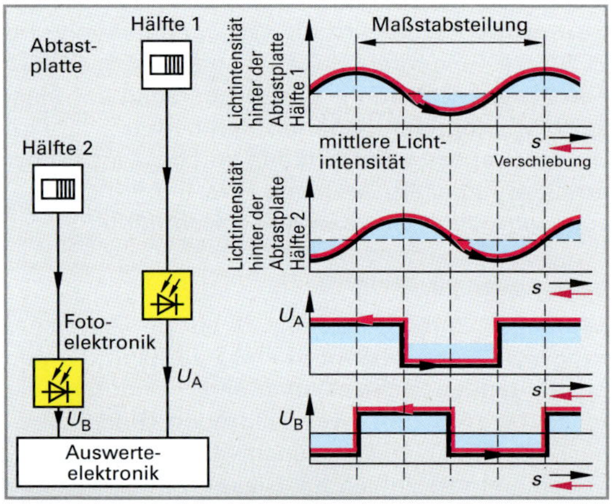

Bild 3: Prinzip der Signalbildung

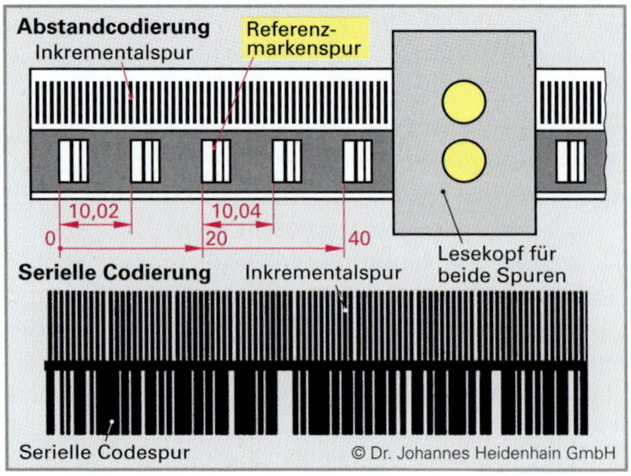

Bild 4: Längencodierung

Auflösung

Die Teilungsperiode beträgt z. B. 4 µm. Man erhält durch den 90°-Phasenversatz alle 1 µm eine Strichkante und somit eine natürliche Auflösung von 1 µm bei binärer Signalauswertung. Bei Sinus-Cosinus-Signalen wird häufig eine Interpolation vorgenommen: Es können bis zu 1000 Zwischenwerte für eine Teilungsperiode ermittelt werden. So erreicht man eine Maßstabsauflösung im Bereich von Nanometern. Dies wird gemacht, um auch bei kleinen Bewegungsgeschwindigkeiten noch brauchbare Geschwindigkeitssignale zur Geschwindigkeitsregelung ableiten zu können. Für hohe Gleichförmigkeit benötigt man bei kleinen Geschwindigkeiten einerseits eine hohe Auflösung der Geschwindigkeit (< 10 %) und gleichzeitig eine hohe Abtastrate (< 1 ms).

Beispiel 1: Geschwindigkeitssignal bei Auflösung von 1 µm

Ermitteln Sie bei einer Maßstabsauflösung von 1 µm und einer Geschwindigkeit von 1 mm/s die Zahl der Inkremente (Inkr) je Millisekunde.

Lösung:

v = 1 mm/s ⇒ v = 1000 µm/s ⇒ 1000 Inkr/s ⇒ 1 Inkr/ms

⇒ zu wenig für eine Geschwindigkeitsregelung im Millisekundentakt.

Beispiel 2: Geschwindigkeitssignal bei Auflösung von 1 nm

Ermitteln Sie bei einer Maßstabsauflösung von 1 nm und einer Geschwindigkeit von 1 mm/s die Zahl der Inkremente (Inkr) je Millisekunde und je 100 Mikrosekunden.

Lösung:

v = 1 mm/s ⇒ v = 10^6 nm/s ⇒ 10^6 Inkr/s ⇒ 10^3 Inkr/ms (1 ‰ Unsicherheit), bzw. 100 Inkr/0,1 ms (1 % Unsicherheit).

Man erhält noch gut verwertbare Geschwindigkeitssignale, selbst bei einer Nutzung im 100 Mikrosekundentakt.

Genauigkeit

Die Messunsicherheit hängt von der Präzision der Strichteilung und der Signalabtastung ab. Sie liegt bei Maßstabslängen bis 1 m bei wenigen µm. Das Maßstabs-Trägermaterial gibt es mit sehr kleinem Temperaturkoeffizient (< 10^{-6} K^{-1}), sodass die Messdaten auch bei Temperaturänderungen hoch konstant bleiben. Man verwendet aber gern Trägermaterial mit einem Temperaturkoeffizient ≈ 8 · 10^{-8} K^{-1}, welcher zu Stahl passt, sodass sich Temperaturdehnungen für Stahlwerkstücke nicht auswirken.

5.1.2.2 Codelineale und Winkelcodierer

Bei den direkt absoluten Weg- und Winkelmesssystemen wird der Weg bzw. Winkel, wie bei einem Maßstab, direkt elektronisch abgelesen. Maßstab oder Codescheibe haben mehrere, dem Code entsprechende, Spuren **(Bild 1)**. Der technische Aufwand ist höher als bei inkrementellen Systemen und so werden direkt absolut messende Systeme eher selten verwendet.

5.1.2.3 Drehmelder (Synchro)

Der Drehmelder ist aufgebaut wie ein kleiner Synchronmotor. Er hat im Stator eine Zweiphasenwicklung und im Rotor eine Einphasenwicklung **(Bild 2)**. Speist man die eine Phase des Stators mit einer Sinusspannung und die andere mit einer Kosinusspannung, so erhält man im Rotor eine Sinusspannung, transformatorisch übertragen, mit einer Phasenverschiebung a_x, welche identisch mit dem Rotordrehwinkel a_x ist. Diese Phasenverschiebung wird nun hochauflösend digital als Winkelgröße ausgewertet, z. B. 4000-fach interpoliert. Drehmelder sind sehr robuste Winkelmessgeber und werden z. B. bei Robotern und bei Maschinen in Warmbetrieben verwendet.

Bild 1: Winkelcodierer (Ausschnitt)

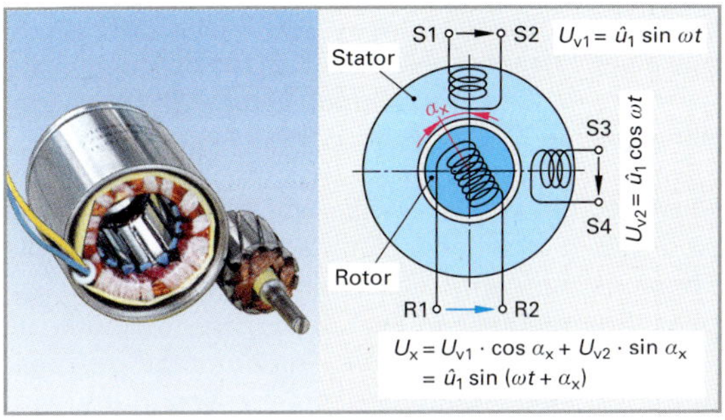

Bild 2: Drehmelder

5.1.3 Messwertgeber für elektrische Größen (Messumformer)

Zur Überwachung, Regelung und Steuerung elektrischer Netze und Anlagen müssen Spannung, Stromstärke, Wirkleistung und Blindleistung, Leistungsfaktor, Phasenverschiebungswinkel und Frequenz erfasst und oft in eine zentrale Station übertragen werden. Die Signalübertragung geschieht meist analog mit einem *eingeprägten Gleichstrom*. Die Bemessungsgröße entspricht dabei einem Strom von 20 mA. Durch die Bindung der Messgröße an ein Stromsignal entstehen keine Signalverfälschungen durch Spannungsfälle in den Übertragungsleitungen. Ferner wird das Stromsignal durch kapazitive oder induktive Spannungseinstreuungen in die Leitung nur wenig gestört. Der Messwertgeber hat einen niederohmigen Ausgang, der Messwertempfänger einen niederohmigen Eingang, da er als Strommesser arbeitet.

Messwertgeber für Wechselspannung und Wechselstrom haben in der Eingangsschaltung einen Spannungswandler bzw. Stromwandler **(Bild 1)**. Diese Messwandler dienen der Umwandlung der zu messenden Größen von z. B. AC 230 V in ein Messsignal von AC 10 V. Ferner ermöglichen Wandler eine *Potenzialtrennung* zwischen Eingang und Ausgang des Messumformers. Das Messsignal wird gleichgerichtet, verstärkt, mit einem Tiefpass geglättet und mittels Spannungs-Stromumsetzer als eingeprägtes Stromsignal übertragen.

Leistungsmesswertgeber haben für Stromstärke und Spannung je einen Wandler um eine Potenzialtrennung und Signalanpassung zu erreichen **(Bild 2)**. Das Wechselstromsignal und das Wechselspannungssignal werden in einem elektronischen Multiplizierer multipliziert. Die Ausgangsspannung des Multiplizierers entspricht der Leistung. Sie wird mit einem Tiefpass geglättet und in ein eingeprägtes Gleichstromsignal umgewandelt. Zur Blindleistungsmessung wird die Eingangsspannung mit einer Phasenschieberbrücke zusätzlich um 90° verschoben. Das Messsignal entspricht dann der Blindleistung $Q = U \cdot I \cdot \sin\varphi = U \cdot I \cdot \cos(\varphi + 90°)$.

Messwertgeber für Phasenverschiebungswinkel sind z. B. Signalgeber für Leistungsfaktoren. Die Eingangsspannung und der Eingangsstrom werden über Spannungswandler bzw. Stromwandler je einem Komparator für die *Nulldurchgänge* zugeführt. Mit dem Nulldurchgang der Spannung wird ein Flipflop gesetzt und mit dem Nulldurchgang des Stromes rückgesetzt. Das Flipflop liefert im zeitlichen Mittel eine Ausgangsspannung, welche dem Phasenverschiebungswinkel proportional ist.

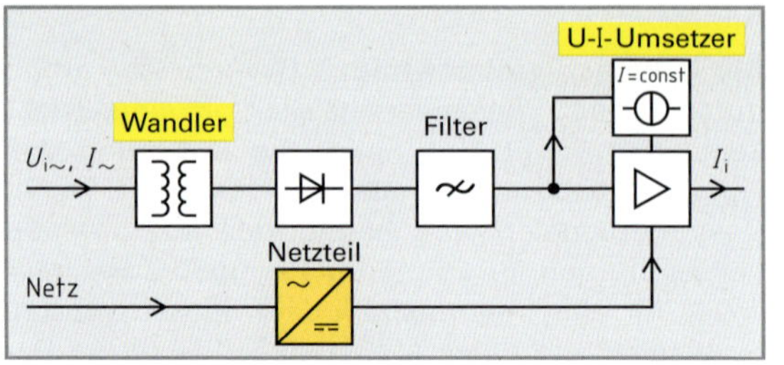

Bild 1: Messwertgeber (Prinzip) für Wechselstrom oder Wechselspannung

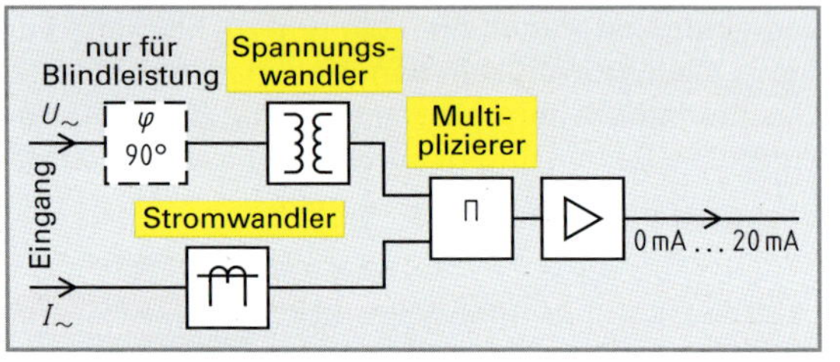

Bild 2: Messwertgeber für Wirkleistung bzw. Blindleistung

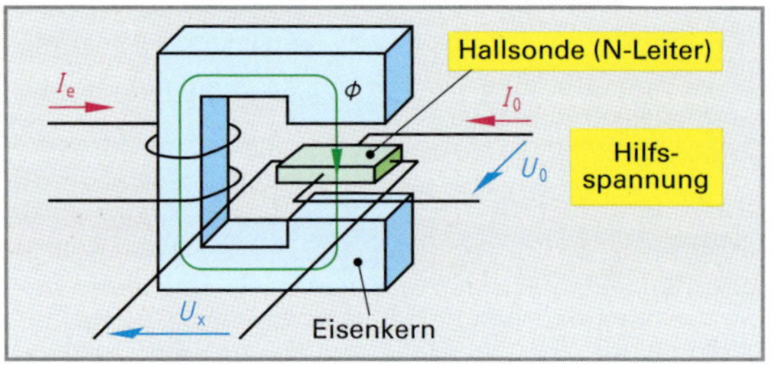

Bild 3: Gleichstrom-Messwertgeber

Gleichstrom-Messwertgeber haben zur Potenzialtrennung *Hallsonden* **(Bild 3)**. Der Gleichstrom erzeugt durch die Eingangsspule einen magnetischen Fluss Φ in der Hallsonde. Diese liefert eine Messspannung U_x, welche dem magnetischen Fluss und damit dem Gleichstrom I_e proportional ist. Die Messspannung U_x wird mit einem Verstärker in ein eingeprägtes Gleichstromsignal umgewandelt. Mit dem Gleichstrommessgeber können auch sich ändernde Gleichströme und auch Wechselströme erfasst werden.

Gleichstrom-Messwertgeber erzeugen mit einer Hallsonde eine dem Strom proportionale Gleichspannung.

5.1.4 Störungen in Messleitungen

Die Übertragung der Signale zwischen den Messwertgebern bzw. den Sensoren und den Messverstärkern, den Anzeigeeinrichtungen, z.B. einem Oszilloskop, oder der Messdatenverarbeitung, z.B. einem PC, kann so gestört sein, dass eine Messung überhaupt nicht mehr möglich ist. Ursache für Störungen in Signalleitungen sind galvanische Störbeeinflussungen, kapazitive Einstreuungen und induktive Einstreuungen.

Galvanische Störbeeinflussungen entstehen durch gemeinsame Stromwege eines Messstromkreises mit anderen Stromkreisen, z.B. anderen Messstromkreisen, Steuerstromkreisen oder Leistungsstromkreisen **(Bild 1)**. Durch den gemeinsamen Bezugsleiter verschiedener Sensoren oder anderer elektronischer Baugruppen bilden sich durch den Leitungswiderstand und durch den Übergangswiderstand in den Anschlüssen oder Steckverbindungen *Spannungsfälle*, die sich direkt dem Messsignal überlagern. Falls kein eigenes Netzteil für jeden Messstromkreis oder jede Elektronikbaugruppe vorhanden ist, fasst man besser alle Bezugsleiter (Masseleiter) *sternförmig* zu einem Bezugspunkt zusammen (Bild 1). Diese Leiter werden als Schutzpotenzialausgleichsleiter PB (von Protective Bonding) bezeichnet.

Neben der direkten Störbeeinflussung durch gemeinsame Leitungs-Wirkwiderstände verursachen induktive und kapazitive Leitungswiderstände Störungen, und zwar umso stärker, je höher die Frequenz der Signalspannungen bzw. je steiler die Impulsflanken bei Impulssignalen sind.

Beispiel 1: Spannungsstörung in Volt

Bei einer Leitung der Länge $l = 2$ m beträgt die längenbezogene Induktivität $\Delta L/\Delta l = 1\,\mu H/m$. Es wird ein Strom von $I = 500$ mA mit einer Stromanstiegszeit von $t = 1\,\mu s$ geschaltet. Welche Spannungsstörung erhält man bei gemeinsam verwendetem Bezugsleiter für das Sensorsignal und das Schaltsignal?

Lösung:

Leitungsinduktivität: $L = \frac{\Delta L}{\Delta l} \cdot l = \frac{1\,\mu H}{m} \cdot 2\,m = 2\,\mu H$

Stromänderung des Schaltsignals: $\frac{\Delta i}{\Delta t} = \frac{500\,mA}{1\,\mu s}$

induzierte Spannung: $u_i = -L \cdot \frac{\Delta i}{\Delta t} = -2\,\mu H \cdot \frac{500\,mA}{1\,\mu s}$

$= \mathbf{-1\,V}$

Galvanische Störbeeinflussungen vermeidet man durch *galvanische Entkopplung*. Dies geschieht durch Vermeiden gemeinsamer Bezugsleiter, auch

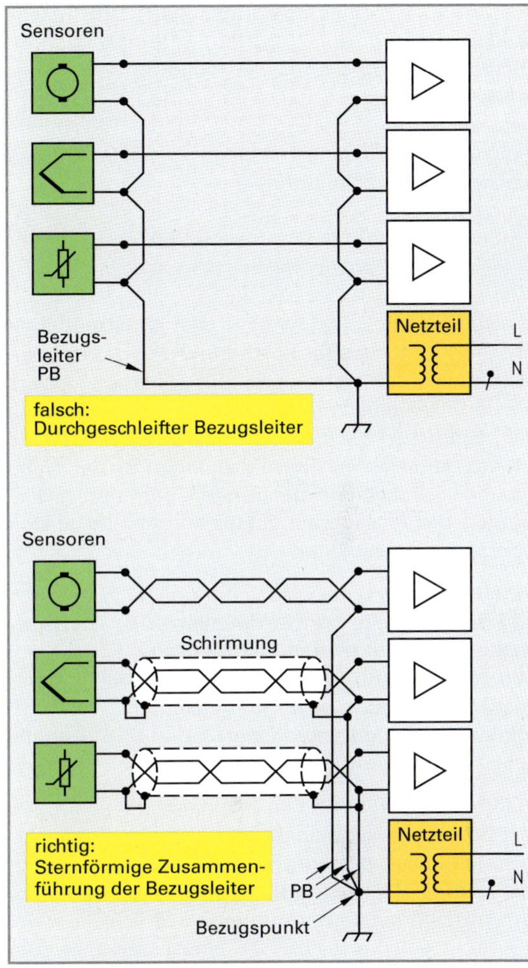

Bild 1: Falscher und richtiger Anschluss des Bezugsleiters

innerhalb eines Schaltschrankes, und durch Potenzialtrennung der Stromkreise. Eine Potenzialtrennung erfolgt elektromagnetisch durch Transformatoren für jeden Stromkreis, elektromechanisch über Relais oder optoelektronisch durch Optokoppler.

Bezugsleiter elektronischer Sensoren und Baugruppen werden sternförmig zu einem Bezugspunkt zusammengefasst.

Induktive Einstreuungen entstehen durch *induktive Kopplung* zweier Stromkreise oder durch andere *elektromagnetische Felder*. Die induktive Kopplung entsteht durch eine Leiterschleife, z.B. gebildet aus Signalleiter und Bezugsleiter **(Bild 1, folgende Seite)**. Verdrillt man beide Leiter, dann verringern sich der Flächeninhalt der Leiterschleife und damit die Wirkung eines magnetischen Störflusses **(Bild 2)**. Wegen der Verdrillung ändert sich in kurzen Längenabständen die Richtung des austretenden Störflusses. Entsprechend induziert der eintretende magnetische Störfluss in jeder Teilschleife gleiche Teilspannungen entgegengesetzter Polung, die sich gegenseitig aufheben.

Induktive Einstreuungen verhindert man durch verdrillte Messleiter.

Messleitungen sollen wegen den Einstreuungen in möglichst weitem Abstand von anderen Leitungen und nicht parallel zu diesen verlegt werden. Gemeinsame Kabelkanäle sind zu vermeiden. Sind *mehrere* Leitungen zu einer Messstelle verlegt, kann es bei Blitzeinschlägen in der Nähe zu hohen Induktionsspannungen kommen. Diese können die Messgeräte zerstören. Abhilfe leisten Überspannungsableiter.

Durch *Schirmung* der Messleitungen, der Sensoren und der magnetischen Störquellen, z. B. Thyristorsteller, vermindert man *magnetische Einstreuungen*. Magnetische Störfelder können durch magnetische Leiter aus ferromagnetischem Werkstoff (Stahlrohr, Stahldrahtgeflecht) an der Störquelle beseitigt oder reduziert werden.

Stahlblechgehäuse und das Verlegen der Leitungen in Stahlrohren oder in Kabeln mit Stahlgeflechtummantelung ermöglichen eine Abschirmung, insbesondere der Störquellen. Mit hochpermeablen Werkstoffen, z. B. Mumetall (75 % Ni, 8 % Fe, 5 % Cu, 2 % Cr), erreicht man eine besonders gute Abschirmwirkung.

Störbeeinflussungen durch Magnetfelder können auch durch *Wirbelstromschirme* in ihrer Wirkung vermindert werden. Die Abschirmung besteht z. B. aus einem Kupferdrahtgeflecht (Bild 2). Hochfrequente magnetische Felder verursachen in der Abschirmung Wirbelströme und werden dadurch für die innenliegenden Messleitungen stark gedämpft.

Kapazitive Einstreuungen entstehen durch ungewollte (parasitäre) Kapazitäten zwischen verschiedenen Stromkreisen, z. B. durch die Leitungskapazität parallel verlaufender Leitungen zweier verschiedener Stromkreise. Zur Verringerung kapazitiver Einstreuungen sind wie zur Verringerung induktiver Einstreuungen durch andere Leitungen gemeinsame Kabelkanäle zu vermeiden. Störquellen wirken umso stärker, je kürzer die Spannungsanstiegszeit in den störenden Stromkreisen ist und

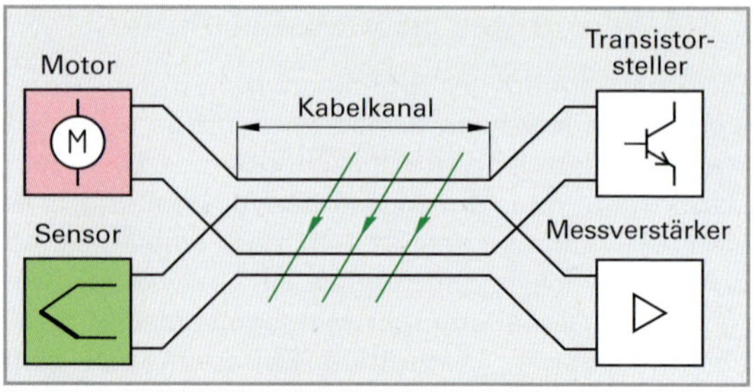

Bild 1: Induktive Einstreuung

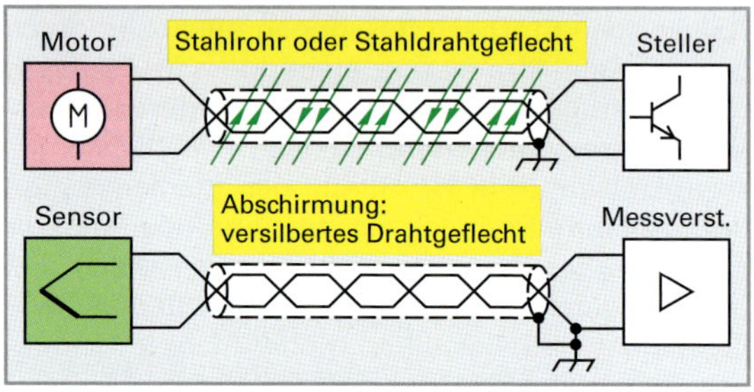

Bild 2: Schutzmaßnahmen gegen induktive Einstreuungen

je hochohmiger der gestörte Stromkreis ist. Messwertgeber mit niederohmigen Ausgangswiderständen und Messverstärker mit niederohmigen Eingangswiderständen sind daher weniger empfindlich gegenüber kapazitiven Einstreuungen als solche mit hochohmigen Widerständen. Kapazitive Einstreuung vermindert man ferner durch *Schirmung* mit Schirmen aus gut leitendem Werkstoff. Bei Messleitungen schließt man den Schirm nur auf einer Seite an den Bezugsleiter an (Bild 2).

Niederohmige Messsysteme sind weniger störempfindlich als hochohmige Messsysteme.

Eine **Verringerung der Störungen** beim elektronischen Messen mechanischer Größen erreicht man meist auch durch Filter, z. B. mit RC-Gliedern. Die Messsignale sind Gleichspannungssignale oder niederfrequente Wechselspannungen, z. B. entsprechend den mechanischen Schwingungen, während die eingestreuten Spannungen meist hochfrequent bzw. impulsförmig sind. Mit Tiefpässen erreicht man eine starke Verringerung der Einstreuung.

Wiederholung und Vertiefung

1. **Nennen Sie die wichtigsten Messwertgeber für elektrische Größen.**
2. **Wodurch entstehen galvanische Störbeeinflussungen?**
3. **Durch welche Maßnahmen verringert man induktive Einstreuungen?**

5.1.5 Bestimmungen für Messeinrichtungen

Schutz gegen gefährliche Körperströme

Zur Vermeidung von Unfällen sind bei Messungen und Prüfungen die VDE-Bestimmungen, insbesondere DIN EN 61010 (Sicherheitsbestimmungen für elektrische Mess-, Steuer-, Regel- und Laborgeräte), sowie die Bestimmungen zur Unfallverhütung nach dem Arbeitssicherheitsgesetz zu beachten.

Elektrische Messeinrichtungen bestehen aus dem Messgerät und der Schaltung, welche das Messgerät mit dem Messobjekt verbindet. Sowohl im ungestörten (ordnungsgemäßen) Betrieb wie auch im gestörten Betrieb, z. B. bei einem Isolationsfehler, dürfen alle Teile der Messeinrichtung nicht *berührungsgefährlich* sein. Nicht berührungsgefährlich sind im ungestörten Betrieb Teile mit Spannungen bis AC 25 V oder DC 60 V und im gestörten Betrieb mit Spannungen bis AC 50 V oder bis DC 120 V. Der Schutz gegen direktes Berühren ist bei Schutzkleinspannung SELV entbehrlich, wenn keine Spannung über AC 25 V oder DC 60 V auftritt.

Bei Messungen darf das direkte Berühren von berührungsgefährlichen Teilen nicht möglich sein.

Folgende berührungsgefährlichen Teile dürfen aber berührbar sein:

- Teile von Leuchten nach Entfernung der Lampen,
- vom Benutzer zu ersetzende Teile, z. B. Schmelzsicherungen, wenn ein Warnhinweis fest angebracht ist,
- Anschlüsse von Messstromkreisen, aber nur, wenn es sich nicht vermeiden lässt, dass sie berührungsgefährlich sind.

Schutz im gestörten Betrieb, z. B. bei einem Körperschluss, ist gegeben, wenn an berührbaren Teilen keine Spannung über AC 50 V oder DC 120 V länger als 5 s *bestehen* bleibt. Die höchstzulässigen Spannungswerte können bei erhöhten Anforderungen niedriger sein, z. B. in medizinisch genutzten Räumen.

Im Betrieb können kurzzeitige Spannungserhöhungen eintreten, die als *Transienten* (von lat. transiens = vorübergehend) bezeichnet werden. Das Auftreten von Transienten, die gleichzeitig berührbar sind, ist im gestörten Betrieb meist unvermeidlich **(Bild 1)**. Dabei können kurzzeitig Spannungen bis zu einigen hundert Volt berührbar sein.

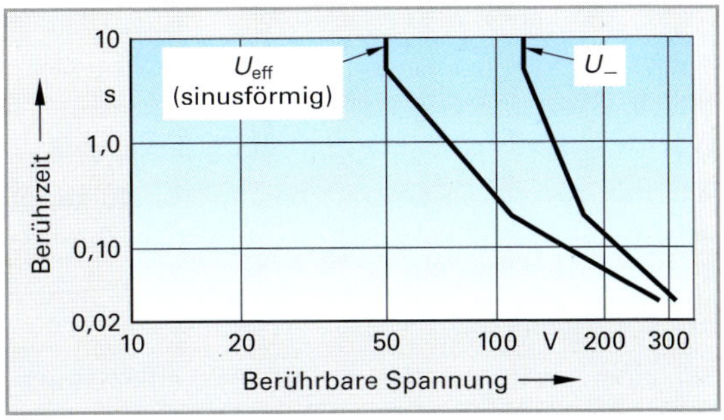

Bild 1: Transiente berührbare Spannungen im gestörten Betrieb an einem Widerstand von 50 kΩ

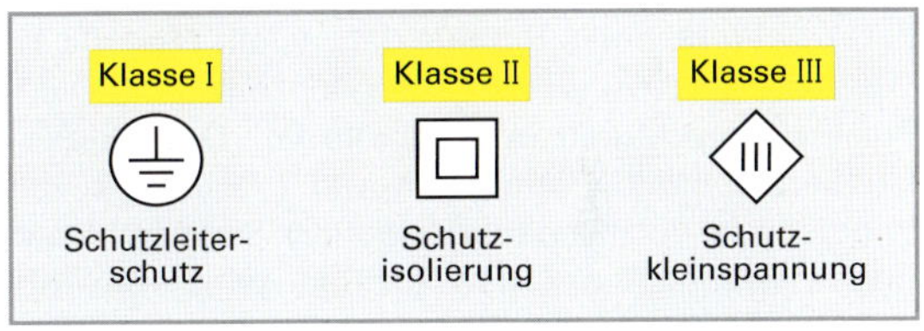

Bild 2: Kennzeichnung der Geräteschutzklassen

Der Schutz bei gestörtem Betrieb wird je nach Geräteart **(Bild 2)** durch folgende Maßnahmen erreicht:

- Bei Geräten der Schutzklasse I ist der Anschluss des Körpers, z. B. des leitfähigen Gehäuses, an einen Schutzleiter erforderlich. Dieser muss so beschaffen sein, dass bei Auftreten einer zu hohen berührbaren Spannung der Anlagenteil abgeschaltet wird.
- Bei Geräten der Schutzklasse II wird durch eine *zusätzliche* Isolierung das Berühren einer Spannung verhindert. Ein Schutzleiter darf nicht angeschlossen werden, weil dieser im gestörten Betrieb eine berührbare Spannung einbringen könnte.
- Bei Geräten der Schutzklasse III (Schutzkleinspannung) ist die Betriebsspannung so niedrig, dass ein berührungsgefährliches Geräteteil nicht auftreten kann.

Der Anschluss des Schutzleiters kann am Körper des zu schützenden Gerätes direkt oder über Spannung begrenzende Bauelemente, z. B. Z-Dioden, erfolgen (Bild 1).

Messeinrichtungen mit Netzanschluss müssen durch Schmelzsicherungen oder Leitungsschutzschalter vor zu großer Stromaufnahme bei einem Gerätefehler geschützt sein.

5.2 Steuerungstechnik

5.2.1 Steuerungsarten

Man unterscheidet die Steuerungsarten hinsichtlich der Art der Signaldarstellung (Modulation), der Art der Signalverarbeitung und der Art der Programmverwirklichung.

Art der Signaldarstellung

Bei einer *analogen Steuerung*, z. B. einer Helligkeitssteuerung für eine Glühlampe, wird analog zur gewünschten Helligkeit der Lampenstrom über einen Stellwiderstand eingestellt. Das analoge Signal wird durch die Stromstärke und damit durch die *Amplitude* eines Signals dargestellt **(Tabelle 1)**. Daneben gibt es weitere Möglichkeiten, z. B. die Pulsweitenmodulation (Tabelle 1). Das Signal ist hierbei analog dem Tastgrad (Verhältnis von Impulsdauer zu Pulsperiodendauer). Der Mittelwert dieses Signals ist umso größer, je größer die Impulsdauer und je kleiner die Pausendauer ist.

Oft verwendet man eine Signaldarstellung durch die *Phasenlage*, z. B. bei der Steuerung von Thyristoren mit Zündimpulsen. Je nach Zündwinkel (Phasenverschiebung zwischen Spannungsnulldurchgang und Zündimpuls) entsteht ein mehr oder weniger starker Strom. Auch die Signalfrequenz kann Träger eines analogen Steuersignals sein, z. B. kann man bei Synchronmotoren die Drehzahl über die Frequenz des Motorstroms steuern.

Die analogen Signale werden durch Amplitude, Pulsweite, Phasenlage oder Frequenz dargestellt.

In *binären Steuerungen* ist die Signaldarstellung binär, also zweiwertig. Die Signalverarbeitung geschieht meist durch Verknüpfungsglieder und Flipflops. Bei *digitalen Steuerungen* werden Signale codiert dargestellt, z. B. durch Zahlen. Steuerungen mit Computern sind digitale Steuerungen.

Art der Signalverarbeitung

Steuerungen teilt man nach Art der Signalverarbeitung in Verknüpfungssteuerungen (kombinatorische Steuerungen) und Ablaufsteuerungen (sequenzielle Steuerungen) ein. Die Ablaufsteuerungen können zeitabhängig oder prozessabhängig geführt sein.

Bei einer zeitabhängigen Ablaufsteuerung wird über Taktgeber, Zeitrelais, Uhrwerke oder Steuermotoren der Programmablauf, z. B. eines Rührwerkes, geführt **(Bild 1)**. Bei *prozessabhängigen Ablaufsteuerungen* erfolgen die einzelnen Steuereingriffe abhängig vom Zustand des Prozesses (Geschehens). Bei einem Rührwerk beginnt z. B. der Rührvorgang erst, wenn über einen Füllstandssensor der Steuerung gemeldet wird, dass der Kessel mit dem zu mischenden Stoff gefüllt ist. Das Rührwerk rührt so lange, bis ein weiterer Sensor die vollständige Vermischung feststellt.

Tabelle 1: Darstellung analoger Signale

Signaldarstellung	Beispiel
Amplitude	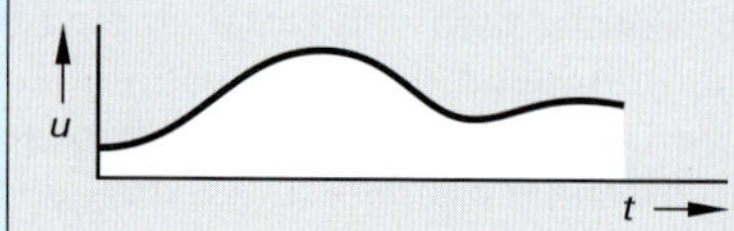
Pulsweite (Pulsbreite)	
Phasenverschiebung	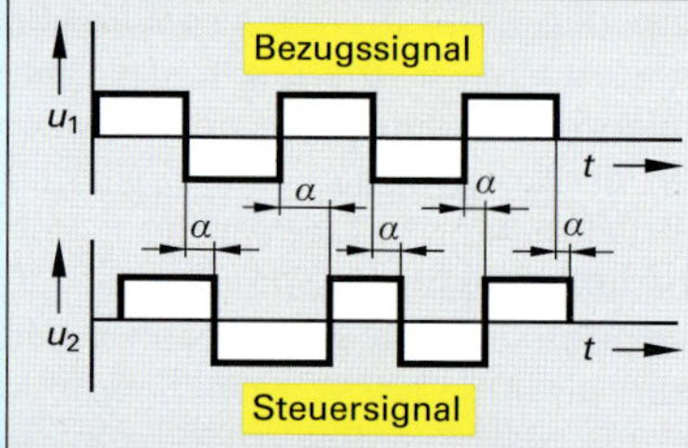
Frequenz	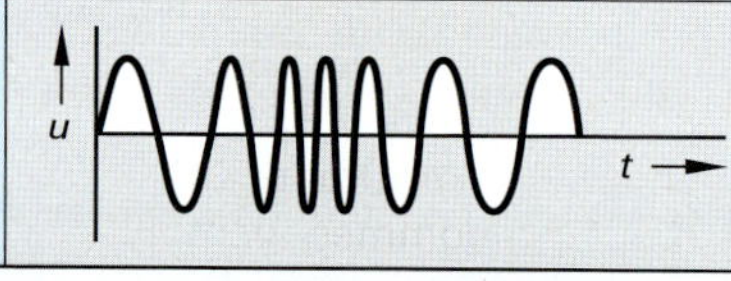

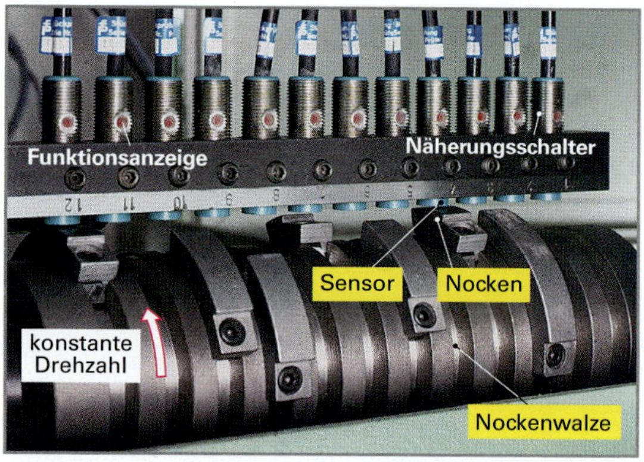

Bild 1: Programmsteuerung mit Nockenwalze

Ablaufsteuerungen sind zeitabhängig oder prozessabhängig geführt.

Art der Programmverwirklichung

Ein Steuerungsprogramm kann in einem Programmspeicher gespeichert sein oder aber durch die Art der Verdrahtung bzw. der elektrischen Verbindungswege und Bauelemente auf einer gedruckten Schaltung vorgegeben sein. Dementsprechend unterscheidet man SPS (speicherprogrammierbare Steuerungen oder PLC von Programmable Logic Controller = programmierbare binäre Steuerung) und VPS (verbindungsprogrammierte Steuerungen) **(Tabelle 1)**.

Steuerungen sind *austauschprogrammierbar*, wenn der Programmspeicher, z.B. eine CD, zum Programmwechsel ausgetauscht werden muss. SPS sind *frei programmierbar*, da für einen Wechsel des Steuerprogramms kein mechanischer Eingriff erforderlich ist. Dies gilt z.B. für alle Steuerungen mit Computern. Das Programm ist hier in einem nicht flüchtigen Speicher des Computers gespeichert.

Bei VPS gibt es solche, deren Verbindungswege fest sind, z.B. durch die Verdrahtung bei einer Relaissteuerung, und umprogrammierbare Steuerungen. Hier können Programmänderungen durch Veränderung von Drahtbrücken oder über Diodenstecker vorgenommen werden.

Man unterscheidet speicherprogrammierbare Steuerungen (SPS) und verbindungsprogrammierbare Steuerungen (VPS).

Tabelle 1: Programmverwirklichung

Art		Beispiel
Speicherprogrammierbar, SPS	austauschprogrammierbar	SPS mit EPROM als Programmspeicher
	frei programmierbar	SPS mit Festplatte als Programmspeicher
Verbindungsprogrammiert, VPS	festprogrammiert	Relaissteuerung
	umprogrammierbar, z.B. auch mit Software	Programmsteuerung mit Steckerfeld oder Gate Array (VHDL)

5.2.2 Binäre Steuerungen

Die meisten Steuerungen sind *binäre* Steuerungen. Verwirklicht werden diese Steuerungen mit Schaltkontakten, z.B. durch Relais, oder kontaktlos mit Halbleiterschaltern, digitalen Verknüpfungselementen und Kippglieder, oder auch mit speicherprogrammierbaren Steuerungen (Abschnitt 5.2.4). Kontaktlose Steuerungen haben keinen mechanischen Verschleiß, eine höhere Schaltgeschwindigkeit, kleinere Baugröße, kleineren Verdrahtungsaufwand und höhere Zuverlässigkeit. Nachteilig ist, dass die Schaltsignale oft nicht potenzialfrei sind, sondern ein gemeinsames Bezugspotenzial haben, und dass meist keine Verbraucher großer Leistung, z.B. Drehstrommotoren, direkt kontaktlos geschaltet werden können.

Aufbau und Bauelemente binärer Steuerungen

Binäre Steuerungen bestehen aus den Baugruppen Signaleingabe, Signalverarbeitung und Signalausgabe **(Bild 1)**. Die Signaleingabeeinheit enthält Bauelemente zur Pegelanpassung, z.B. Spannungsteiler, um aus einem 24-V-Signal ein 5-V-Signal zu erzeugen, Bauelemente zur Potenzialtrennung, z.B. Optokoppler, Bauelemente zur Entstörung, z.B. Tiefpassfilter, Bauelemente zur Entprellung, z.B. Monoflops, und Baulemente zur Statusanzeige (von lat. status = Zustand), z.B. LED.

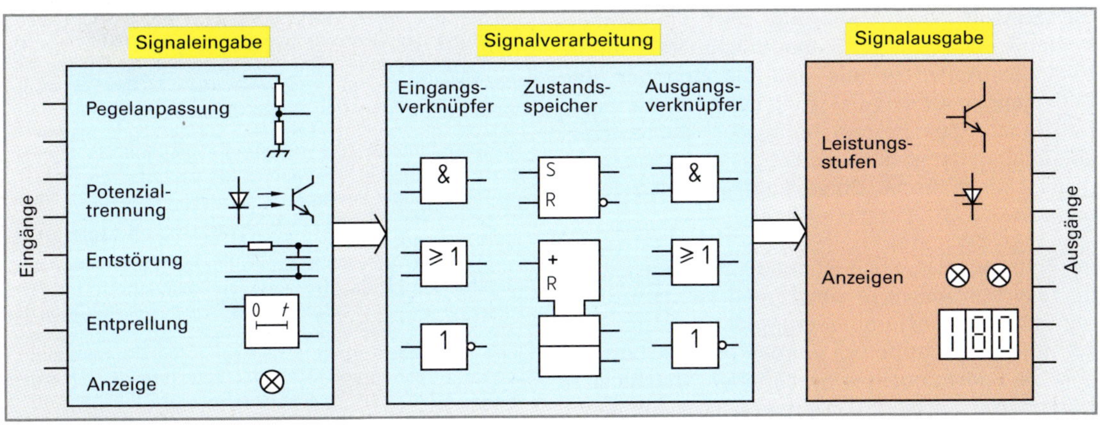

Bild 1: Aufbau einer binären Steuerung

Die *Signaleingabe* geschieht über ein Bedienfeld mit Tasten und Schaltern sowie über Signalgeber aus der zu steuernden Maschine oder Anlage. Meist verwendet man bei kontaktlosen Binärsteuerungen auch kontaktlose Signalgeber, z.B. induktive, kapazitive oder optoelektronische Näherungsschalter.

Die *Signalverarbeitung* besteht aus den Funktionseinheiten Eingangsverknüpfer, Zustandsspeicher und Ausgangsverknüpfer. In dem Eingangsverknüpfer werden mit UND-Gliedern, ODER-Gliedern und NICHT-Gliedern die Schaltbedingungen ermittelt, welche zu einem neuen Arbeitsschritt (Zustand) der zu steuernden Anlage führen. Bei einem Rührwerk darf der Rührvorgang erst beginnen, wenn Wasser eingelaufen ist und die Solltemperatur erreicht ist. Diesen Zustand merkt sich die Steuerung durch Setzen eines Flipflops. Als Zustandsspeicher (Merker) verwendet man neben Flipflops auch Zähler. In jedem Zustand ist eine bestimmte Steuerungsaufgabe auszuführen. Abhängig vom Zählerstand des Zählers oder von den Flipflop-Ausgängen werden die Ausgangssignale gebildet. Dies geschieht im Ausgangsverknüpfer.

Die *Signalausgabe* hat die Aufgabe, Stellglieder, z.B. Motoren oder Ventile, zu schalten. Hierfür enthält die Ausgabeeinheit Leistungsstufen, z.B. mit Transistoren. Zur Kontrolle der Ausgangssignale gehören zur Ausgangseinheit meist noch Leuchtmelder.

Steuerungen enthalten die Baugruppen Signaleingabe, Signalverarbeitung und Signalausgabe.

Entwurf einer Steuerung

Der Entwurf einer Steuerung setzt die genaue Kenntnis der einzelnen Steuerfunktionen in ihrem zeitlichen Ablauf voraus und die Kenntnis der Bedingungen für die Auslösung dieser Steuerungsfunktionen. Zur Beschreibung des Steuerungsablauf und der Auslösebedingungen wählt man meist eine grafische Darstellung, z.B. den Funktionsplan.

Im Funktionsplan zeichnet man für jeden Schritt im zeitlichen Ablauf je einen quadratischen Block mit fortlaufender Nummerierung der Schritte. Zwischen jedem Schrittblock werden an eine Bezugslinie die Bedingungen angeschrieben, welche zum Übergang (Transition) von einem Schritt zum nächsten führen.

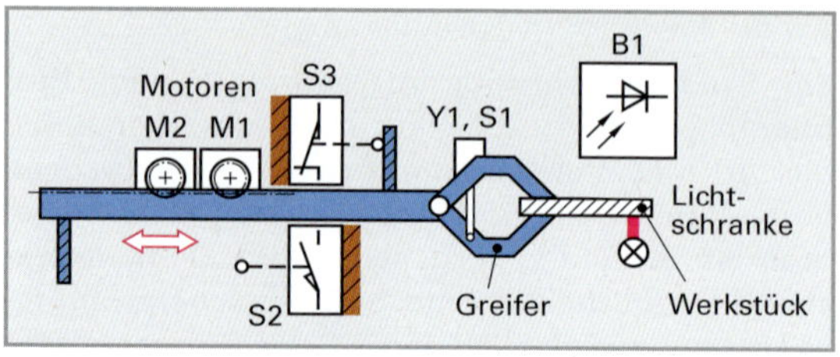

Bild 1: Zuführeinrichtung

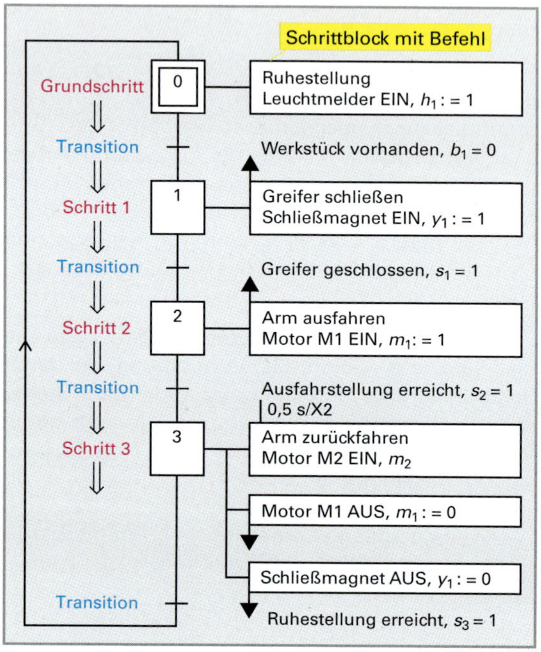

Bild 2: Funktionsplan zur Steuerung der Zuführeinrichtung

Beispiel 1: Funktionsplan erstellen

Die Zuführeinrichtung **Bild 1** soll ein Werkstück einer Presse zuführen, sobald dieses bereitgestellt ist. Das Vorhandensein eines Werkstücks wird durch die Unterbrechung der Lichtschranke B1 signalisiert ($b_1 = 0$). Ist ein Werkstück vorhanden, soll zunächst der Greifer mit dem Schließmagnet Y1 schließen ($y_1 = 1$). Das Schließen wird durch einen berührungslosen Grenztaster S1 im Greifer überwacht ($s_1 = 1$, Greifer geschlossen). Nachdem der Greifer geschlossen ist, soll der Greifer durch Einschalten des Motors M1 ausgefahren werden ($m_1 = 1$), bis der Grenztaster S2 anspricht ($s_2 = 1$). Nach Erreichen des Grenztasters S2 soll der Greifer öffnen ($y_1 = 0$) und das Werkstück freigeben. Mit einer Verzögerung von 0,5 s wird durch Einschalten des Eilgangmotors M2 ($m_2 = 1$) zurückgefahren bis zur Betätigung (Unterbrechung) des Grenztasters S3 ($s_3 = 0$). Dies ist die Ruhestellung und gleichzeitig Ausgangsstellung, bis wieder ein Werkstück zur Zuführung bereitliegt. Die Ruhestellung soll durch den Leuchtmelder H1 angezeigt werden ($h_1 = 1$). Zeichnen Sie den Funktionsplan.

Lösung: **Bild 2**

Der Funktionsplan Bild 2, vorhergehende Seite, enthält für die vier Schritte: „Ruhestellung", „Greifer schließen", „Arm ausfahren", „Arm zurückfahren" vier Blöcke mit den Nummern 0, 1, 2, 3.

Für den Schritt 1 ist diese Bedingung: „Werkstück vorhanden", $b_1 = 0$. Die Befehle, die in jedem Schritt auszuführen sind, zeichnet man eingerahmt rechts neben jeden Schrittblock. Für Schritt 1 also „Schließmagnet EIN", $y_1 = 1$. Der Schließmagnet soll aber auch noch im folgenden Schritt geschaltet sein, der Befehl also gespeichert bleiben, bis er widerrufen wird. Dies kennzeichnet man durch einen nach oben gerichteten Pfeil am linken Befehlsrand. Ist der Greifmagnet geschlossen, dann spricht der Grenztaster S1 an. Dies ist die Voraussetzung für den Übergang zu Schritt 2. Hier soll der Greifarm ausfahren, der Motor M1 also eingeschaltet werden. Dieser Befehl gilt nur während des Schrittes 2.

Mit dem Signal $s_3 = 1$ ist die Ausfahrstellung erreicht, der Greifer soll wieder öffnen. Die Befehlsspeicherung wird mit einem nach unten gerichteten Pfeil aufgehoben. Mit einer Verzögerung von 0,5 s wird nach Schrittbeginn (X2=1) der Befehl für das Zurückfahren des Greifarms mit dem Eilgangmotor M2 ausgegeben. Die Ruhestellung und gleichzeitig die Ausgangsstellung erreicht man mit dem Öffnen des Grenztasters S3 ($s_3 = 0$).

Ablaufsteuerungen stellt man mit einem Funktionsplan dar.

Vom Funktionsplan zur Steuerschaltung

In der Steuerung muss nun jeder Schritt der Ablaufkette in einem Zustandsspeicher binär gespeichert werden. Als Speicher verwendet man z. B. Flipflops oder Relais mit Selbsthaltekontakt bzw. Halbleiterschalter mit Selbsthaltung. Verwendet man Flipflops mit invertiertem Rücksetzeingang, dann werden durch die Signalunterbrechung, aber auch bei Drahtbruch, die Flipflops rückgesetzt.

Die vier Schritte 0 bis 3 der Zuführeinrichtung aus dem Beispiel werden codiert gespeichert. Die Zahl der Binärspeicher richtet sich nach dem verwendeten Code, z. B. dem Zählcode **(Bild 1)**. Mit jedem Schritt setzt man beim Zählcode ein Flipflop. Bei Zyklusende werden die Flipflops zurückgesetzt.

Für einfache Steuerungen verwendet man zur Zustandscodierung meist den Zählcode.

Vom Funktionsplan ist der Schaltplan von **(Bild 2)** zu unterscheiden. Dieser heißt nach EN 61082 *Logik-Funktionsschaltplan*. Leider ist die Bezeichnung auch in der Normung nicht einheitlich. So wird bei den speicherprogrammierbaren Steuerungen von Funktionsplan FUP gesprochen, obwohl eigentlich ein Logik-Funktionsschaltplan vorliegt.

Ausgang	Schritt			
	0	1	2	3
Q1	0	1	1	1
Q2	0	0	1	1
Q3	0	0	0	1

Bild 1: Zählcode für vier Schritte

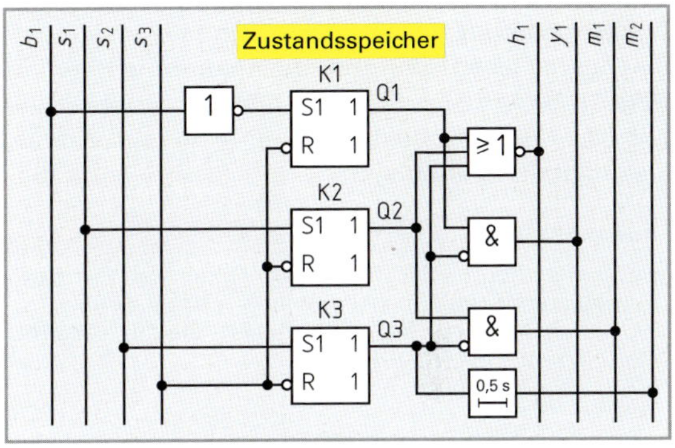

Bild 2: Logik-Funktionsschaltplan der Steuerschaltung für die Zuführeinrichtung

Beispiel 1: Entwurf Funktionsschaltplan

Entwerfen Sie den Logik-Funktionsschaltplan der Steuerschaltung für die Zuführeinrichtung vom Beispiel der vorhergehenden Seite unter Verwendung einer Zustandscodierung mit dem Zählcode.

Lösung: **Bild 2**

In der Grundstellung (Schritt 0) sind alle Flipflops rückgesetzt. Der Schritt 1 wird durch $b_1 = 0$ der Lichtschranke B1 eingeleitet. Wir können also das Flipflop K1 mit dem Signal $\bar{b}_1$ setzen. Der Schritt 2 wird mit dem Signal $s_1 = 1$ eingeleitet. Wir setzen damit das Flipflop K2. Mit dem Signal $s_2 = 1$ wird das Flipflop K3 gesetzt (Schritt 3). Die Ruhestellung wird mit dem Öffnen des Grenztasters S3 erreicht. Mit $s_3 = 0$ werden alle Flipflops rückgesetzt. Die Befehlssignale erhält man durch Verknüpfen der Flipflopausgänge.

Wiederholung und Vertiefung

1. **Wie werden analoge Signale dargestellt?**
2. **Wodurch unterscheiden sich binäre Steuerungen von digitalen Steuerungen?**
3. **Welche Arten der Programmverwirklichung gibt es bei Programmsteuerungen?**
4. **Wofür verwendet man den Funktionsplan?**
5. **Wie stellt man im Funktionsplan die Ablaufschritte dar?**

5.2.3 GRAFCET

GRAFCET ist in EN 60 848 genormt. Der Begriff kommt aus dem Französischen *GRA*phe *F*onctionnel de *C*ommande *É*tape *T*ransition. GRAFCET ist eine grafische Entwurfssprache für die funktionale Beschreibung der Ablaufvorgänge einer Steuerung. Die Ablaufvorgänge sind dabei durch Boole'sche Eingangsvariablen und Ausgangsvariablen, also Schaltsignale und durch die innere Gesetzmäßigkeit der Steuerung definiert **(Bild 1)**. GRAFCET ermöglicht auch die Erweiterung auf Nicht-Boole'sche Variablen, z. B. auf Zahlen, also digitalen Variablen.

Beispiel 1: Ablaufsteuerung für einen Lüfter

Ein Lüftermotor soll nach Erreichen der Prozess-Betriebstemperatur für die wählbare Zeitdauer von 3 s bis 20 s eingeschaltet sein. Stellen Sie die Ablaufsteuerung mit GRAFCET dar.

Lösung: **Bild 1**

Als einen GRAFCET benennt man auch den entstehenden Ablaufplan oder Teile eines Ablaufplans **(Bild 2)**. Ein GRAFCET besteht aus GRAFCET-Elementen. Die GRAFCET-Elemente werden gegliedert nach der Struktur und nach dem Wirkungsteil.

5.2.3.1 Die GRAFCET-Struktur

Zur GRAFCET-Struktur gehören:

- die Schritte, dargestellt durch Quadrate,
- die Transitionen, dargestellt durch einen Querstrich in der Wirkverbindung,
- die Wirkverbindungen, dargestellt durch eine Linie, welche die Schritte und die Transitionen verbindet (Bild 1 und Bild 2).

Zum GRAFCET-Wirkungsteil gehören:

- Die Transitionsbedingungen. Das sind logische Ausdrücke mit dem Ergebnis wahr (1 bzw. TRUE) oder nicht-wahr (0 bzw. FALSE). Dargestellt werden die Transitionsbedingungen textlich oder durch boolesche Ausdrücke (Bild 2).
- Die Aktionen. Das sind Zuweisungen oder Zuordnungen zu Ausgangsvariablen mit der Anzeige, was durch den betreffenden aktiven Schritt geschehen soll. Dargestellt werden die Aktionen textlich oder boolesche Ausdrücke in Rechtecken, angefügt an einen Schritt.

„Anmerkungen und Erläuterungen" in einem GRAFCET werden in Anführungszeichen geschrieben.

Einzelne GRAFCETs können als verbundene und globalisierte GRAFCETs zusammengefasst werden, sodass sich bei großen Steuerungen übersichtliche Pläne ergeben.

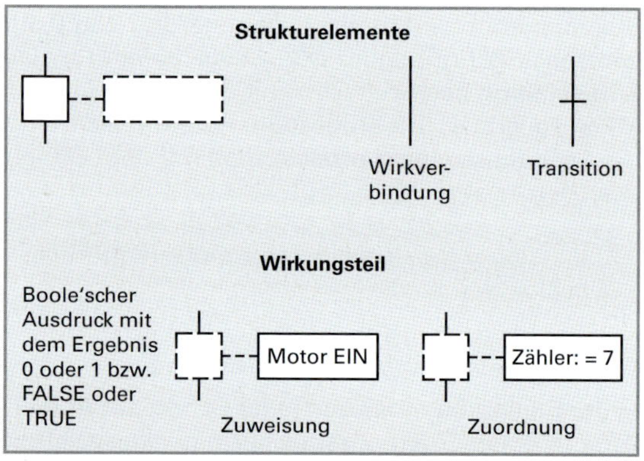

Bild 2: Strukturelemente und Wirkungsteil

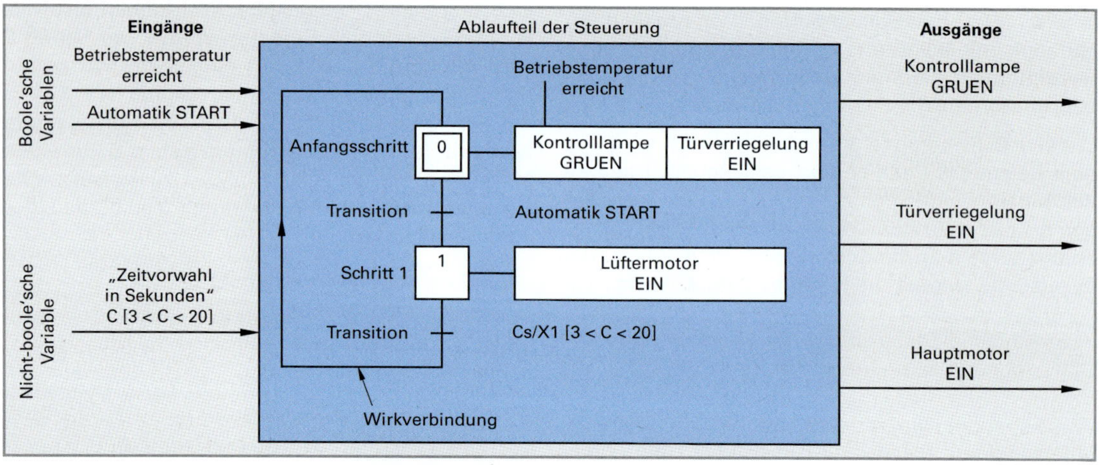

Bild 1: Darstellung einer Ablaufsteuerung (Beispiel)

5.2.3.2 Schritte

Schritte werden durch Quadrate dargestellt. Der Anfangsschritt hat einen Doppelrahmen. Schritte werden mit Nummern, z. B. 7 **(Bild 1)** gekennzeichnet. Ein Schritt ist entweder aktiv oder inaktiv. Die Schrittvariable heißt X mit angehängter Schrittnummer.

Beispiel 1: Aktiver Schritt

Für Schritt 7 ist die Schrittvariable X7. Im Falle des aktiven Schritts 7 ist X7 = 1. Beim inaktiven Schritt 7 ist X7 = 0.

Ein *einschließender Schritt* enthält auch andere Schritte, evtl. auch weitere *einschließende Schritte*. Der einschließende Schritt kann durch ein Teil-GRAFCET näher dargestellt werden. Dabei ist in der oberen Rahmenlinie der Schrittname und in der unteren Rahmenlinie die Schrittkennung angegeben **(Bild 2)**.

In den Teil-GRAFCETs werden durch Kennzeichnung mit einem Stern diejenigen Schritte markiert, welche aktiv sind.

Beispiel 2: Einschließender Schritt

Der einschließende Schritt 8 schließt mit G1 die Schritte 17, 18, 19 ein, sowie mit G2 die Schritte 21, 22, 23. Wird Schritt 8 aktiv (X8 = 1), dann werden auch die Schritte 19 und 22 aktiv, da diese mit einem Stern gekennzeichnet sind. Wird Schritt 8 deaktiviert, da die folgende Transition erfüllt ist, dann werden auch die Schritte 19 und 22 deaktiviert.

Ein *Makroschritt* enthält ein oder mehrere Teil-GRAFCETs. Sind diese Teil-GRAFCETs durchlaufen, so ist der Makroschritt durchlaufen und die ihm folgende Transition zur Weiterschaltung freigegeben.

Makroschritte ermöglichen eine übersichtliche Strukturierung von komplexen Steuerungsabläufen und geben den Entwicklern die Möglichkeit, Teilaufgaben gleichzeitig von unterschiedlichen Personen mit unterschiedlichen Systemen zu erstellen.

Beispiel 3: Makroschritt

Der Makroschritt M7 mit den Teilschritten 7.1, 7.2, 7.3 ist zur Freigabe der Transition „Abpumpen“ erfüllt, wenn der Schritt S7 aktiv ist **(Bild 3)**.

Mit Makroschritten fasst man Teilfunktionen zusammen und verbessert die Übersichtlichkeit.

ⓘ In GRAFCETs stellt man UND mit * dar und ODER mit +.

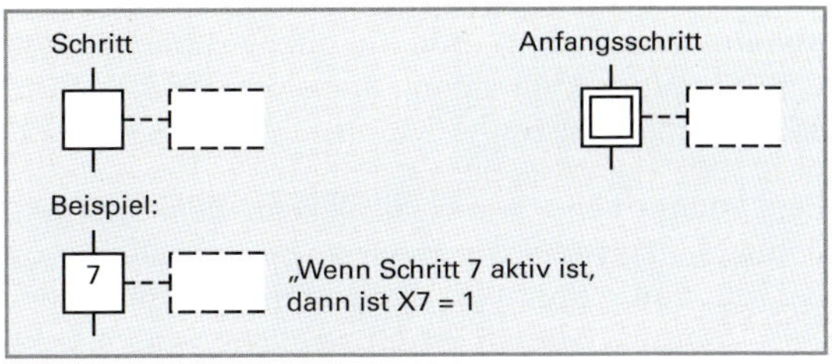

Bild 1: Der Schritt mit Beispiel

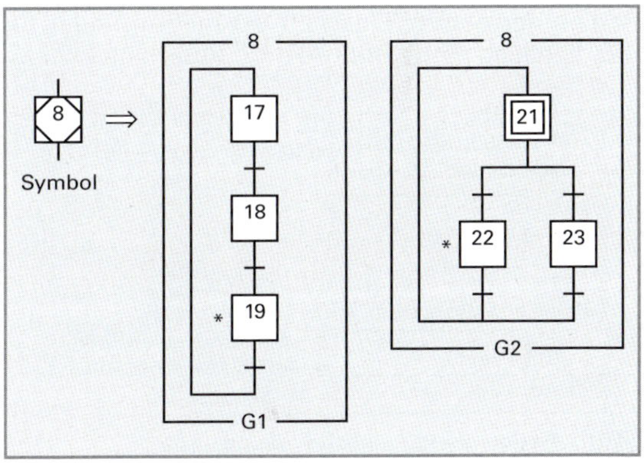

Bild 2: Einschließender Schritt

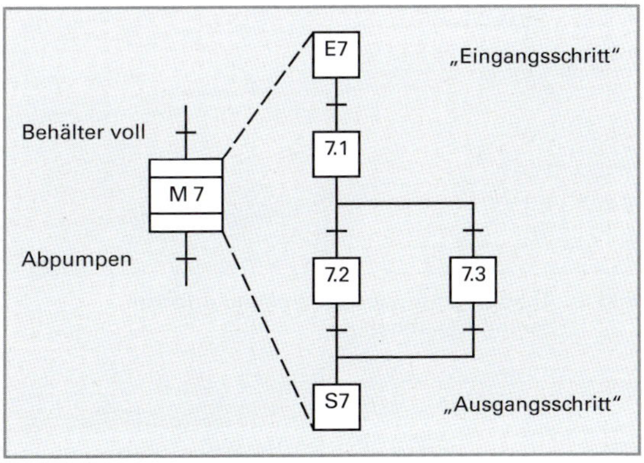

Bild 3: Makroschritt (Beispiel)

Darstellung Boole'scher Verknüpfungen: In GRAFCET stellt man UND-Verknüpfungen in Gleichungen mit * (Malzeichen) und ODER-Verknüpfungen mit + (Pluszeichen) dar. Diese Zeichen sind auch am PC verfügbar.

5.2.3.3 Aktionen

Die Aktionen werden in Rechteckrahmen **(Bild 1)** rechts neben den Schritten dargestellt. Sie sind in textlicher Form oder in boolescher Zuweisungsform eindeutig definiert und sind, soweit nicht anders angegeben, nur für den zugeordneten Schritt gültig. Man nennt diese Zuordnungsform kontinuierlich wirkende Aktion.

Eine Aktion kann durch zusätzliche Bedingungen, angebracht an einer senkrechten Eingangslinie, von Bedingungen abhängig gemacht werden. Diese Bedingungen werden durch textliche oder boolesche Ausdrücke beschrieben **(Bild 2)**. Eine solche Bedingung kann auch eine Zeitvorgabe für die Wirkungsdauer der Aktion bzw. für den zeitlichen Beginn der Aktion (Einschaltverzögerung) oder für das zeitliche Ende der Aktion (Abschaltverzögerung) sein. Ist der gesamte Schritt zeitabhängig, so können diese Zeitangaben auch in der Transitionsbedingung angegeben werden **(Bild 3)**. Dies vereinfacht den GRAFCET.

Aktionen, die über mehrere Schritte hinweg gültig sein sollen, werden durch ein Aktivierungssymbol (Pfeil nach oben am linken Rechteckrand) und eine Zuweisung dargestellt **(Bild 4)**. Die Aktivierung beginnt mit dem Aktivwerden des Schrittes. Bei der Deaktivierung zeigt der Pfeil nach unten (Bild 4). Soll die Aktivierung mit einem Ereignis zusätzlich verknüpft sein, so wird das am oberen Symbolrand beschrieben und mit einem Dreieckfähnchen markiert **(Bild 5)**.

Vereinfachend kann eine gespeicherte Aktion, welche bei Schrittauslösung erfolgen soll, auch an die Transitionsbedingung angehängt werden **(Bild 6)**.

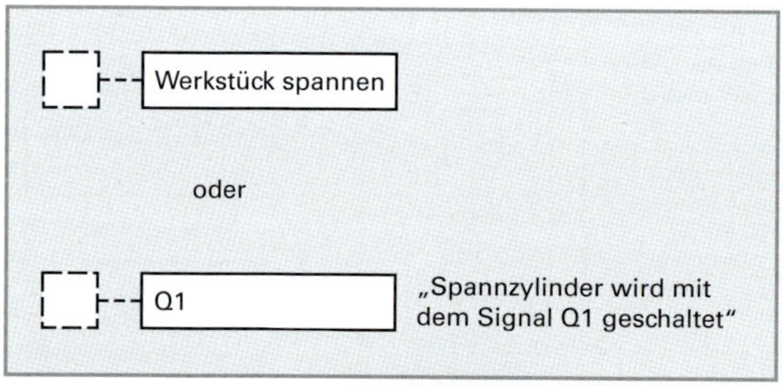

Bild 1: Aktion, kontinuierlich wirkend

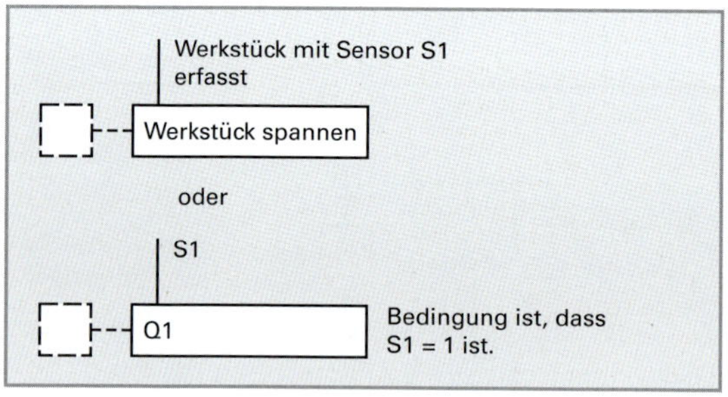

Bild 2: Aktion, kontinuierlich wirkend und von Bedingung abhängig

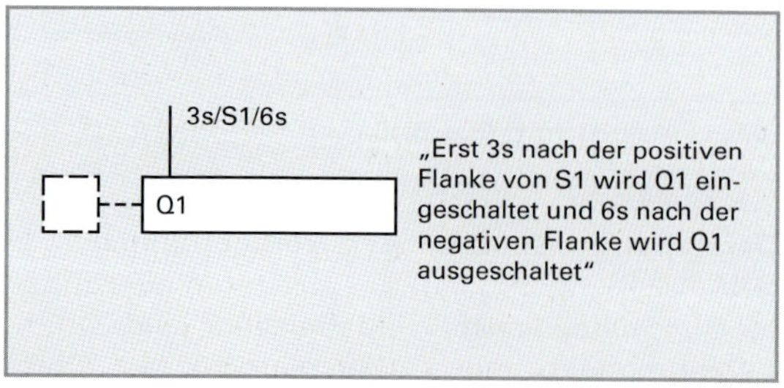

Bild 3: Zeitgesteuerte Aktion

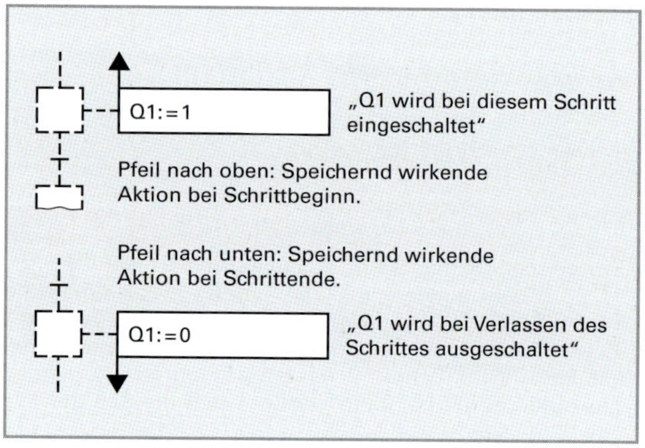

Bild 4: Gespeichert wirkende Aktion

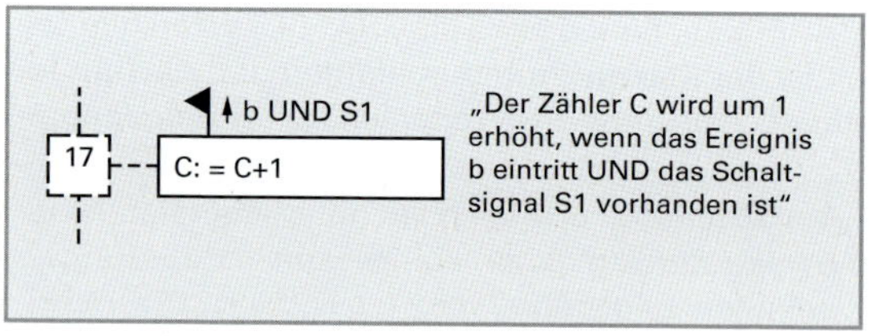

Bild 5: Aktion bei Eintritt eines Ereignisses

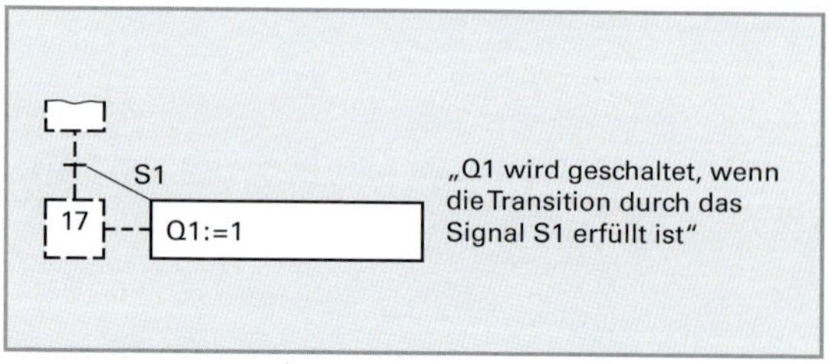

Bild 6: Vereinfachende Darstellung für eine Aktion bei Schrittauslösung

5.2.3.4 Transitionen und Ablaufstrukturen

Die *Transition*, d. h. der Übergang von einem Schritt zum nächsten, wird dargestellt durch eine Verbindungslinie mit Querstrich **(Bild 1)**. Die Wirkungsrichtung ist von oben nach unten. Ist die Transitionsbedingung erfüllt, also im Wert gleich 1, und ist die Transition freigegeben, d. h. ist der Vorgängerschritt 7 (*n*-1) aktiv, dann wird der Folgeschritt 8 (n) aktiv und der Schritt 7 (*n*-1) wird deaktiviert. Die Transition wird auf der rechten Seite der Wirkungslinie entweder textuell (a) beschrieben oder mit einem booleschen Ausdruck (b). Linksseitig kann ein Transitionsname eingetragen sein, z. B. auch eine Nummer (25).

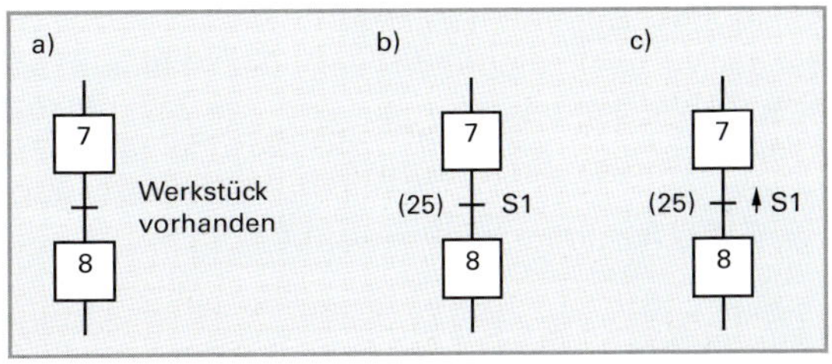

Bild 1: Transition

Die *dynamische Transitionsbedingung* berücksichtigt Signalwechsel. Bei einem Signalwechsel von 0 nach 1 wird einer Signalvariablen oder dem ganzen booleschen Ausdruck ein senkrechter Pfeil nach oben vorangestellt. Bei Auslösung durch eine fallende Signalflanke wird ein Pfeil nach unten verwendet.

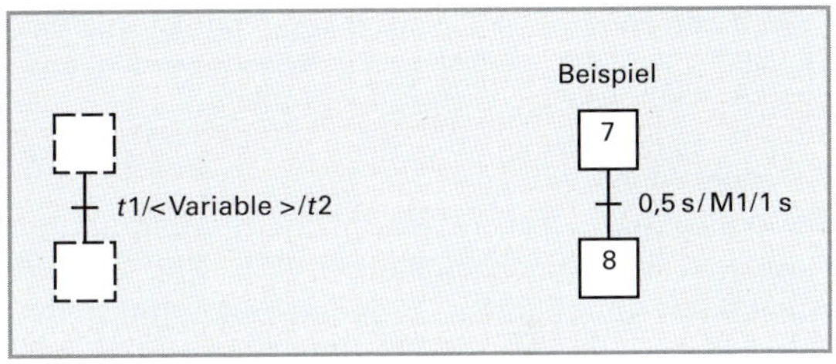

Bild 2: Zeitgesteuerte Transition

Die *zeitabhängige Transitionsbedingung* ermöglicht eine einfache Zeitsteuerung des nachfolgenden Schrittes, in dem dieser erst nach Ablauf der angegebenen Zeit t1 bei Signalwechsel von a einschaltet und nach der Zeit t2 ausschaltet.

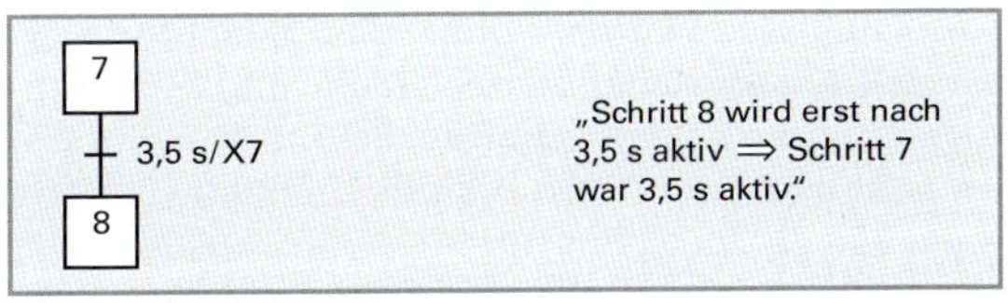

Bild 3: Abfallverzögerung

Beispiel 1: Zeitabhängige Transition

Ein Sensor mit dem Signal a **(Bild 2)** meldet durch Signalwechsel von 0 auf 1, dass ein Werkstück zum Schweißen bereit ist. Mit der Zeitangabe 0,5 s wird eine Wartezeit (t1) programmiert (bis das Gasventil M1 öffnet und bis das Werkstück gespannt ist). Nach einer Gesamtwartezeit von 1 s (t2) wird der Schweißvorgang freigegeben.

Die zeitabhängige Transition wird häufig von dem Schrittwechsel selbst abhängig gemacht, wenn z. B. ein Schritt nur für eine bestimmte Zeitdauer aktiv bleiben soll **(Bild 3)**.

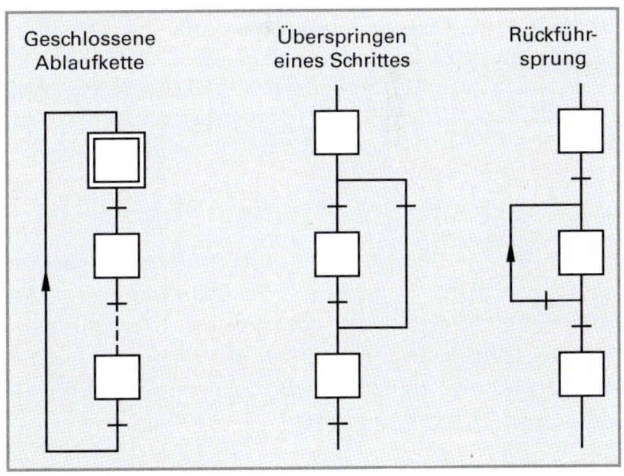

Bild 4: Ablaufketten

Beispiel 2: Abfallverzögerung

Realisierung einer Abfallverzögerung von 3,5 s im Schritt 7. Die Transitionsbedingung zwischen den Schritten 7 und 8 heißt 3,5s/X7. Wenn Schritt 7 aktiv geworden ist, wird 3,5s später Schritt 8 gesetzt (X8 = 1). So wird, da keine weiteren Bedingungen angeführt sind, nach Ablauf von 3,5 Sekunden der Schritt 8 aktiv geschaltet und der Schritt 7 deaktiviert. Somit war der Schritt 7 3,5s lang aktiv (Bild 3).

Ablaufkette

Die lineare Ablaufkette **(Bild 4)** ist in Teil-GRAFCETs die häufigste Struktur. Jedem Schritt, evtl. ausgenommen dem letzten Schritt, folgt eine Transition. Die Ablaufkette ist aktiv, wenn ein Schritt aktiv ist. Eine geschlossene Ablaufkette hat einen Anfangsschritt und stellt eine vollständige Steuerung dar. In Ablaufketten können Schritte übersprungen werden und es sind auch Rückführungen möglich.

Ablaufauswahl (Verzweigung)

Bei der Verzweigung **(Bild 1)** kann der Ablauf in der einen Ablaufkette oder in der anderen Ablaufkette oder in beiden erfolgen. Alle Ablaufketten sind freigegeben. Die erste Transition nach der Verzweigung bestimmt die Auswahl.

Beispiel 1:

Nach dem Programmstart (Bild 1) und den vorbereitenden Schritten, z. B. *Zellentüre schließen* wird abgefragt, ob das Tastersignal *Automatikbetrieb* (a) oder *Schrittbetrieb* (b) oder *Einrichtebetrieb* (e) gewählt ist. Entsprechend der gewählten Betriebsart werden nun unterschiedliche Ablaufketten durchlaufen.

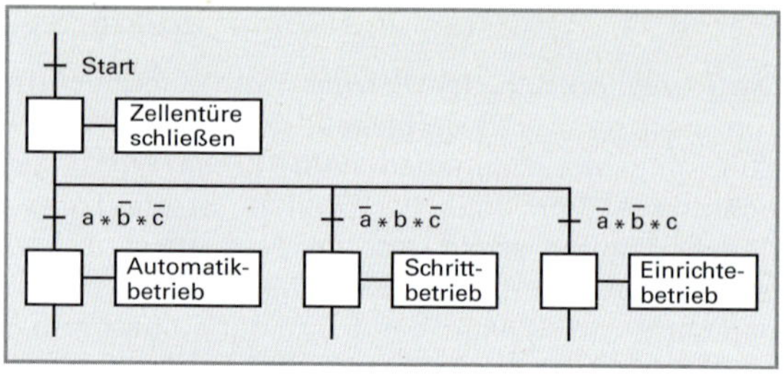

Bild 1: Verzweigung

Parallele Ablaufketten

Bei dieser Ablaufform wird mit dem waagrechten Doppelstrich (Synchronisiersymbol, **Bild 2)** jede Ablaufkette durchlaufen. In jeder Kette sind aktive Schritte.

Synchronisieren von Ablaufketten

Parallelabläufe werden über das Synchronisiersymbol (waagrechter Doppelstrich, Bild 2) zusammengeführt. Die Transition in Schritt 47 wird erst freigegeben, wenn die vorangehenden Schritte (hier: 15, 26, 33) aktiv sind.

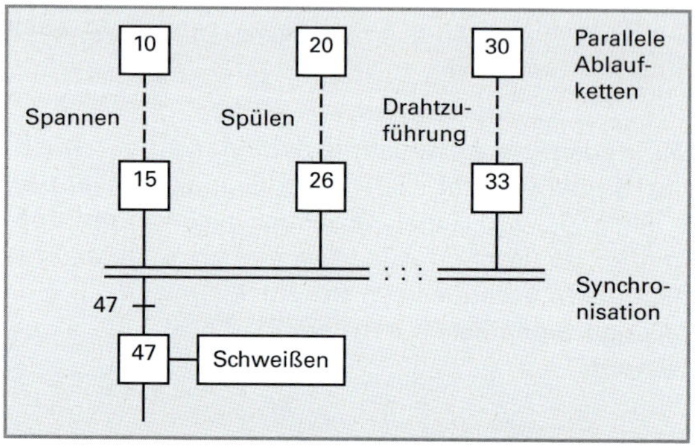

Bild 2: Parallele Ablaufkette und Synchronisation

Beispiel 2:

Vor dem Schweißen eines Bauteils muss eine Bauteilspannprozedur (Ablaufkette 10, ... 15) eine Schutzgasspülprozedur (Ablaufkette 20, ... 26) und eine Schweißdrahtzuführprozedur (Ablaufkette 30, ... 33) durchlaufen werden (Bild 2). Der Schritt 47 *Schweißen* wartet, bis alle vorangehenden Ketten beendet sind.

5.2.4 Digitale Steuerungen (Beispiele)

Mit digitalen Steuerungen kann man z. B. Maschinentische durch Vorgabe von Zahlenwerten um bestimmte Weglängen (Positionen) verschieben. Solche Steuerungen nennt man auch numerische Steuerungen (NC, von numerically controlled = numerisch gesteuert).

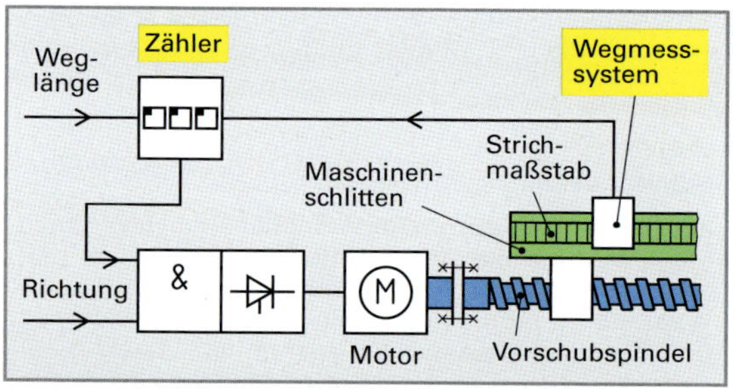

Bild 3: Numerische Steuerung mit Strichmaßstab

Positionierungssteuerung mit Strichmaßstab

Soll ein bestimmter Weg gefahren werden, so wird die betreffende Zahl der Weginkremente (von lat. incrementum = Zuwachs) in einen Zähler gesetzt und mit jedem Impuls vom Wegmesssystem **Bild 3** wird diese Zahl um 1 heruntergezählt (dekrementiert). Steht der Zähler auf null, so wird der Antrieb stillgesetzt. Es muss also ständig geprüft werden.

Dateneingabe in digitale Steuerungen

Die Eingabe der Daten für digitale Steuerungen geschieht mittels eines digitalen Datenträgers, z. B. durch einen Dekadenschalter **(Bild 4)**.

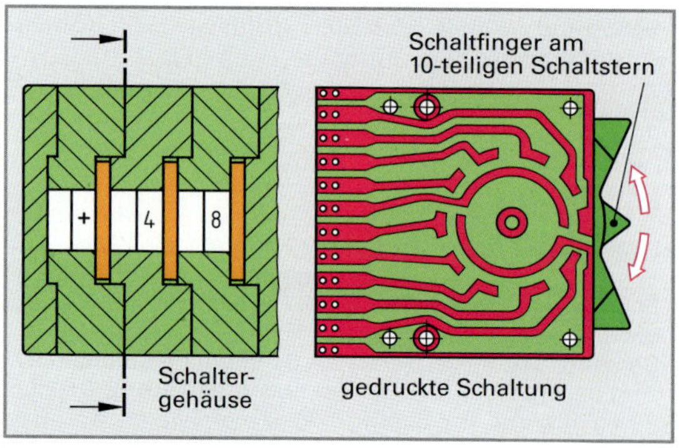

Bild 4: Dekadenschalter

5.2.5 Speicherprogrammierbare Steuerungen SPS

5.2.5.1 Aufbau und Funktionsweise

SPS (PLC) sind Mikrocomputersysteme, die mehrere Mikrocomputerplatinen oder mehrere SPS-Module besitzen **(Bild 1)**. Die Mikrocomputerplatinen oder SPS-Module können eigene Mikroprozessoren besitzen. Die Mikrocomputerplatinen oder SPS-Module kommunizieren über den Systembus (Adressbus, Datenbus, Steuerbus) der SPS miteinander. Der Systembus ist meist entweder die Rückwand-Platine des Einsteck-Rahmens (Rack) oder ist über Kontakte der sich berührenden SPS-Module realisiert.

Speicherprogrammierbare Steuerungen enthalten mehrere Baugruppen in Form von Platinen oder Modulen.

SPS besitzen insbesondere

- eine Stromversorgung,
- eine Zentralbaugruppe (CPU),
- eine Programmspeichergruppe, meist einen batteriegepufferten RAM oder EEPROM,
- Kommunikationsbaugruppen mit seriellen Schnittstellen,
- Eingangsbaugruppen mit vielen binären Eingängen, z. B. 32,
- Ausgangsbaugruppen mit vielen binären Ausgängen, z. B. 32,
- analoge Eingangsbaugruppen, Ausgangsbaugruppen,
- digitale Eingangsbaugruppen, Ausgangsbaugruppen und
- Funktionsbaugruppen für zeitkritische Prozesse, z. B. Regelungen.

Die Anzahl der Eingänge und Ausgänge ist durch Verwenden von mehreren Eingangsbaugruppen bzw. Ausgangsbaugruppen deutlich erweiterbar. Je Rack können z. B. 10 derartige Baugruppen gesteckt werden. Die Racks selber können wiederum kaskadiert, d. h. miteinander gekoppelt werden.

Die binären Eingangssignale der SPS werden über elektrische Schalter, Taster oder Sensoren gesteuert. Die binären Ausgangssignale der SPS steuern Schütze, hydraulische oder pneumatische Ventile oder Leistungshalbleiter an. Die Spannungspegel betragen für 1-Signal meist +24 V, für 0-Signal 0 V. Die Spannungstoleranzen sind den Handbüchern der SPS-Hersteller zu entnehmen.

ⓘ
- SPS Speicherprogrammierbare Steuerung
- PLC Programmable Logic Controller

Bild 1: Speicherprogrammierbare Steuerungen

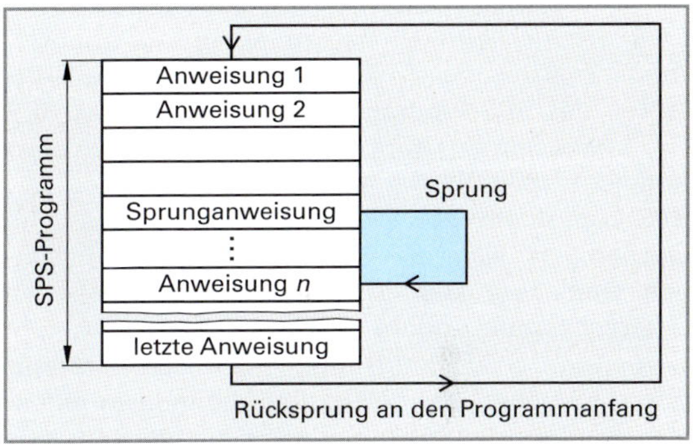

Bild 2: Zyklische Abarbeitung eines SPS-Programms

Speicherprogrammierbare Steuerungen besitzen die üblichen Programmierfunktionen wie arithmetische Operationen, Vergleichsfunktionen, Sprungfunktionen oder Zeitfunktionen. Darüber hinaus können sie aber auch ihre Eingangssignale und Ausgangssignale mit Boole'schen Funktionen verknüpfen und in Abhängigkeit dieser Ergebnisse dann Signale vom Wert 1 oder 0 ausgeben.

Im Programmspeicher ist das Steuerungsprogramm gespeichert, mit dem die zu lösende Steuerungsaufgabe realisiert ist. Dieses wird in konstanten Zeitintervallen zyklisch abgearbeitet, z. B. alle 3 ms **(Bild 2)**. Die Zeitintervalle sind programmierbar. Der aktuelle Zustand der Eingangssignale wird eingelesen und gespeichert. Dann werden die Anweisungen des Steuerungsprogrammes unter Bezugnahme auf dieses Prozessabbild abgearbeitet, die neuen Zustände der Ausgangssignale werden ausgegeben und anschließend wird für den nächsten Bearbeitungszyklus erneut der aktuelle Zustand der Eingangssignale eingelesen und für diesen Zyklus gespeichert.

Das Steuerungsprogramm der SPS wird zyklisch ausgeführt.

5.2.5.2 Projekt

Die technische Umsetzung von Automatisierungsprojekten erfolgt schrittweise **(Bild 1)**. Der Gesamtprozess ist in Teilprozesse zu gliedern. Diese sind zu beschreiben. Nach dem Festlegen der notwendigen Sicherheitsanforderungen sowie der benötigten Anzeigeelemente und Bedienungselemente sind die erforderlichen Steuergeräte zu bestimmen. Der SPS-Typ, bei manchen SPS-Herstellern CPU genannt, sowie die Anzahl und Art der Signalbaugruppen sind zu definieren, ebenso deren Adressbereiche.

Dies erfolgt beim Umsetzen eines Automatisierungsprojektes meist mithilfe eines Software-Assistenten des SPS-Programmiergerätes. Bei der SPS S7 (www.siemens.com) wird dabei ein Projekt angelegt **(Bild 2)**. Bei dieser Anlage muss der SPS-Typ durch Anklicken von CPU ausgewählt werden, da sich die SPS-Typen z. B. hinsichtlich Speicherausbau und Adressierungsbereich unterscheiden. Andere benötigte Hardwarekomponenten, z. B. Baugruppen für Stromversorgung, Eingaben oder Ausgaben, können in einem Hardware-Konfigurations-Fenster ausgewählt werden. Die Einstellparameter dieser Baugruppen, z. B. Adressen, sind dann mit entsprechenden Werten und Kommentaren zu versehen.

Vor Beginn der SPS-Programmierung muss ein Projekt mit Angaben zur Hardwarekonfiguration (Hardwareauslegung) im SPS-Programmiersystem angelegt werden.

Im Verzeichnis (Ordner) S7-Programme (Bild 2) werden im Unterverzeichnis Quellen die zu erstellenden SPS-Programme und im Unterverzeichnis Bausteine die benötigten SPS-Systemprogramme verwaltet. Ferner ist im Verzeichnis S7-Programme die *Symboltabelle* **(Bild 3)**, auch Zuordnungsliste genannt, mit ihren symbolischen Adressnamen und Datentypen **(Tabelle 1)** als Datei gespeichert. In der Symboltabelle wird der absoluten Adresse eines Eingangs oder Ausgangs ein verständlicher Name zugeordnet, z. B. Schalter EIN oder Lüfter. Dies dient im SPS-Programm der besseren Lesbarkeit.

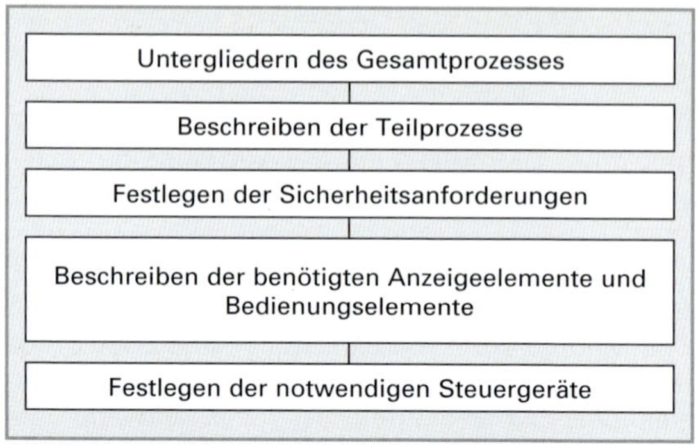

Bild 1: Planen einer Automatisierungsaufgabe

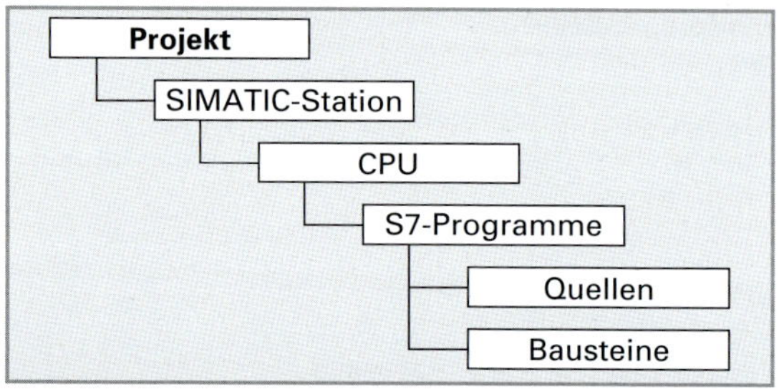

Bild 2: Struktur eines Projektes (Beispiel)

Symbol	Adresse	Datentyp	Kommentar
Schalter Ein	E 0.5	BOOL	Band einschalten
Schalter Aus	E 0.4	BOOL	Band ausschalten
Motor Band rechts	A 1.2	BOOL	Motor Rechtslauf Ein
Motor Band links	A 1.4	BOOL	Motor Linkslauf Ein
Endschalter links	E 0.6	BOOL	Endposition links erreicht
Endschalter rechts	E 2.6	BOOL	Endposition rechts erreicht
Lüfter Ein	E 2.1	BOOL	Lüfter einschalten
Lüfter Aus	E 2.2	BOOL	Lüfter ausschalten
Lüfter	A 3.4	BOOL	Lüftermotor einschalten

Bild 3: Symboltabelle (Beispiel)

Tabelle 1: SPS-Datentypen

Datentyp	Erklärung
BOOL BYTE WORD DWORD	Boolean, Reservierung ein Bit Reservierung von acht Bits Reservierung von 16 Bits Reservierung von 32 Bits
CHAR	Character, zur Speicherung alphanumerischer Zeichen
INT DINT REAL	Integer, zur Speicherung ganzer Zahlen mit 16 Bits Double Integer, zum Speichern ganzer Zahlen mit 32 Bits Zum Speichern reeller Zahlen, 32 Bits
S5TIME TIME COUNTER DATE TIME_OF_DAY	Zum Speichern von Zeiten im Format der SPS S5 Zum Speichern von Zeiten in ms, 32 Bits Zum Speichern v. Zählerwert, -zustand Zum Speichern eines Datums Zum Speichern der aktuellen Uhrzeit

Über die Projektstruktur ist sichergestellt, dass notwendige Hardwarekomponenten und erforderliche SPS-Softwaremodule eines Automatisierungsprojektes systematisch verwaltet werden.

5.2.5.3 Programmstruktur

Das SPS-Anwenderprogramm wird in einzelne Programmabschnitte eingeteilt. Diese Programmabschnitte müssen in sich abgeschlossene Programmteile sein, die Bausteine genannt werden. Man unterscheidet Organisationsbausteine (OB), Funktionsbausteine (FB), Funktionen (FC) und Datenbausteine (DB, **Bild 1**).

Die Organisationsbausteine stellen die Schnittstelle zwischen SPS-Betriebssystem und dem Anwenderprogramm dar **(Bild 2)**. Über die OB werden Programmunterbrechungen und Fehlerbehandlungen gesteuert. Von besonderer Bedeutung ist z. B. der OB 1 (herstellerabhängig!), der für das zyklische Abarbeiten des Anwenderprogrammes sorgt.

Die Funktionsbausteine enthalten im Wesentlichen das Anwenderprogramm. Sind mehrere Abläufe zu programmieren, ist es oft sinnvoll, diese in mehreren FB abzubilden. Die FB werden von den OB aufgerufen. FB können ihrerseits jedoch auch FC aufrufen.

Die FB und FC können bei ihrem Aufruf mit Parameterwerten versehen werden. Viele FB und FC werden bei den SPS vom Hersteller mitgeliefert, z. B. Codierer, Schnittstellentreiber, mathematische Funktionen, Positionierfunktionen, Not-Halt.

Datenbausteine stellen Bereiche des Anwenderspeichers (RAM) dar, in denen z. B. Istwerte, Grenzwerte oder Texte für die weitere Verarbeitung gespeichert werden. Ein FB kann auf mehrere DB zugreifen. Jedem FB ist ein Instanz-DB (zugewiesenes Objekt) zur Datenspeicherung zuordenbar. In diesem sind die Werte lokaler Variablen, die also nur innerhalb des FB verarbeitbar sind, speicherbar. Die Werte der globalen Variablen sind in den globalen DB gespeichert. Auf globale DB können alle OB, FB und FC zugreifen. Globale Variable werden durch Hochkommata " begrenzt. Lokalen Variablen wird ein # vorangestellt.

Ein SPS-Anwenderprogramm kann durch Realisierung mit Software-Bausteinen strukturiert erstellt werden.

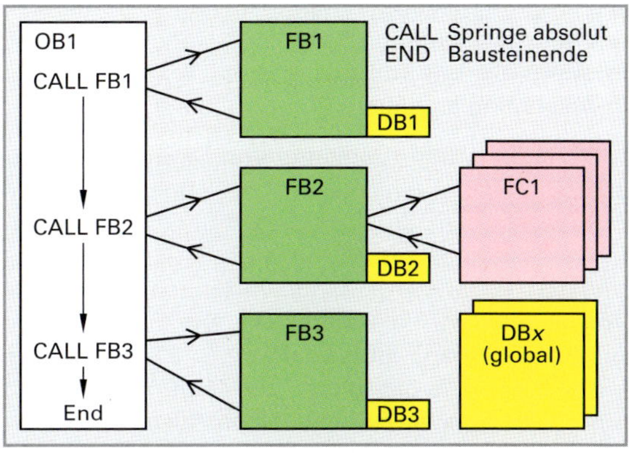

Bild 1: Strukturierung eines SPS-Anwenderprogrammes

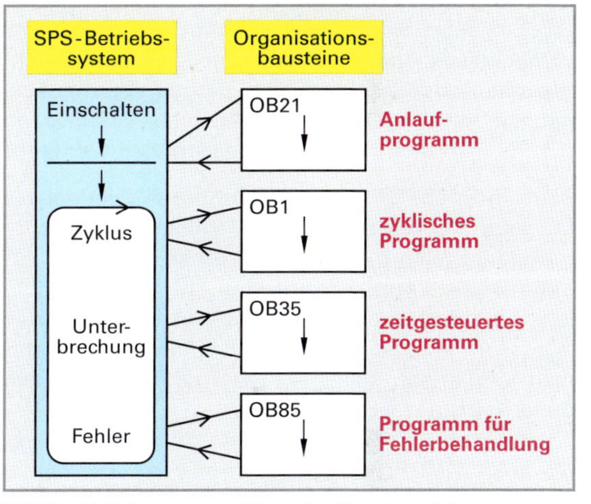

Bild 2: Aktivierung von Organisationsbausteinen

5.2.5.4 Programmiersprachen

Speicherprogrammierbare Steuerungen werden meist in der textuellen Sprache

- Anweisungsliste (AWL) sowie in den grafischen Sprachen
- Kontaktplan (KOP) und
- Funktionsplan (FUP, Funktionsbausteinsprache FBS)

programmiert **(Tabelle 1, folgende Seite)**.

Für manche Funktionen werden im FUP und im KOP gleiche oder fast gleiche grafischen Symbole verwendet **(Tabelle 2, folgende Seite)**. Daneben existieren bei vielen SPS-Herstellern noch die textuelle Sprache Strukturierter Text (SCL Structured Control Language, Abschnitt 5.2.5.12) und die grafischen Sprachen Ablaufsprache (Abschnitt 5.2.5.10) und Zustandsgraph (Abschnitt 5.2.5.14). Die Software für diese Sprachen muss bei der Beschaffung meist zusätzlich bezahlt werden.

Die Programmierung im Kontaktplan hat Ähnlichkeit mit der Erstellung von Stromlaufplänen **(Bild 1)**. Die Programmierung im Strukturierten Text SCL erfolgt in Anlehnung an höhere Programmiersprachen.

Die Eingänge und Ausgänge von SPS werden herstellerabhängig verschieden bezeichnet. Bei der in Europa am meisten verbreiteten SPS sind die Eingänge Eingangsworten mit einer Breite von 8 bit und die Ausgänge Ausgangsworten mit einer Breite von ebenfalls 8 bit zugeordnet. Die Schreibweise für einen Eingang lautet daher z. B. `E5.2`, also im Eingangswort 5 das Bit 2. Die Zählung innerhalb eines Eingangswortes oder eines Ausgangswortes erfolgt von 0 bis 7.

Durch Definition symbolischer Adressnamen (Variable) in einer Symboltabelle können in meist SPS verständliche Adressnamen anstelle dieser „durchgezählten" Bezeichnungen bei Eingängen und Ausgängen verwendet werden. Anstelle `E5.2` kann z. B. "`Lichtschranke_1`" geschrieben werden.

Beim Programmieren wird häufig auf existierende FC oder FB zurückgegriffen. Diese sind bibliotheksfähig, also mehrfach aufrufbar, wenn sie nur mit lokalen Variablen arbeiten, nicht mit globalen Variablen und auch nicht mit symbolischen Adressen. Wird solch ein FB z. B. als Regler mehrfach verwendet, so ist ihm bei jedem Aufruf ein anderer Instanz-DB zuzuweisen.

5.2.5.5 SPS-Programmerstellung

Das Erstellen von SPS-Programmen erfolgt meist über PC mit einem SPS-Programmiersystem. Dieses Programmiersystem enthält Editoren, die das Programmieren in den verschiedenen SPS-Programmiersprachen ermöglichen **(Bild 1, folgende Seite)**.

Während des Programmierens kann man zwischen KOP, FUP und AWL durch Editorwechsel hin- und herschalten.

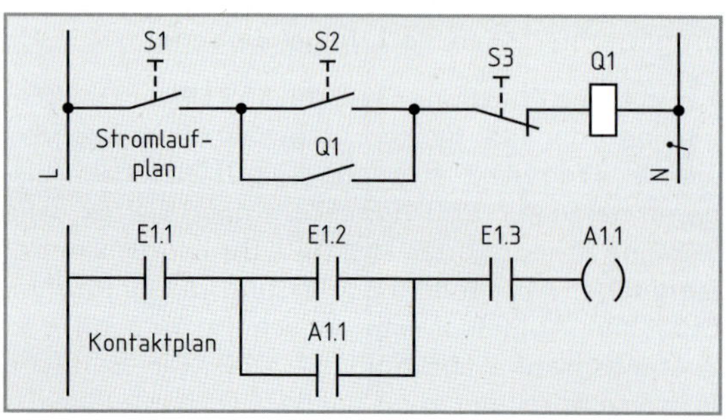

Bild 1: Ähnlichkeiten von Stromlaufplan und KOP

Tabelle 1: SPS-Grundfunktionen

Funktion	AWL	KOP	FUP
UND AND	U E2.3 U E2.5 A I2.3 A I2.5	E2.3 E2.5 —| |—| |—	E2.3, E2.5 → &
ODER OR	O E2.3 O E2.5 O I2.3 O I2.5	E2.3 | | parallel E2.5 | |	E2.3, E2.5 → >=1
NICHT NOT	UN E2.3 oder ON E2.3	E2.3 —|/|—	E2.3 (negiert)
Zuweisung	= A2.1 = Q2.1	A2.1 —( )	A2.1 [=]
E Eingang, A Ausgang, I Input, Q Output			

Durch das Verwenden von symbolischen Adressen in SPS-Programmen wird deren Lesbarkeit deutlich verbessert.

Tabelle 2: Symbole in KOP (Auswahl)

Symbol	Bedeutung
SR: S, R → Q	Speicherfunktionen Die Funktionen eines RS-Flipflops sind darstellbar mit dominierendem Setzen, Rücksetzen.
ZEIT: S, TW, R → Q, DUAL, DEZ	Zeitfunktionen Einschaltverzögerung, Ausschaltverzögerung, Impulsfunktion.
ZAEHLER: ZR, ZV, S, ZW, R → Q, DUAL, DEZ	Zählfunktionen Vorwärtszähler, Rückwärtszähler.
CMP >I: IN1, IN2 → 0	Vergleichsfunktionen Größer, kleiner, ungleich, gleich, größer gleich, kleiner gleich.
MUL_R: EN, IN1, IN2 → OUT, ENO	Multiplikationsfunktion Gleitpunktzahlen multiplizieren Weitere mathematische Funktionen sind verfügbar.

Wird in AWL programmiert, dann müssen zum Umschalten in die Darstellungen KOP oder FUP allerdings oft bestimmte Regeln eingehalten werden. Für das Programmieren in den grafischen Sprachen KOP oder FUP enthält das SPS-Programmiersystem meist eine Werkzeugleiste für die Auswahl der grafischen Symbole der SPS-Befehle **(Bild 2)**. Vom Programmiersystem wird mit dem Erstellen des SPS-Programmes dieses in den Maschinencode der SPS übersetzt.

Jede SPS besitzt ihr eigenes SPS-Programmiersystem.

Mithilfe des Programmiersystemes können die erstellten SPS-Programme auch getestet werden. Hierbei ist zu unterscheiden zwischen reinen „Trockentests", also Tests ohne angeschlossene SPS, und Tests mit angeschlossener SPS einschließlich der Prozessperipherie, also den Sensoren und Aktoren. Bei den Trockentests werden die aktiven Eingänge und Ausgänge am Bildschirm angezeigt **(Bild 3)**. Das SPS-Programm kann hier während seines Laufes jederzeit unterbrochen bzw. wieder fortgesetzt werden. Auch Haltepunkte (Breakpoints) können gesetzt werden.

Nach Abschluss dieser Tests wird das SPS-Programm in den batteriegepufferten RAM-Speicher oder EEPROM-Speicher der SPS geladen und kann über das angeschlossene SPS-Programmiersystem erneut getestet werden. Auch dabei können Haltepunkte gesetzt werden. Allerdings müssen die Auswirkungen der Prozessabläufe hierbei sorgfältig beachtet werden.

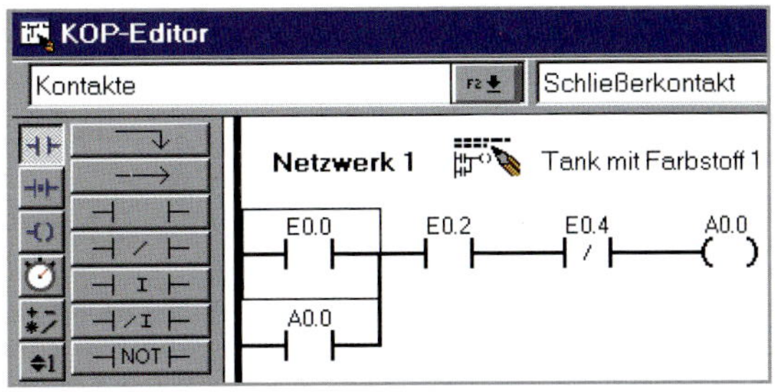

Bild 1: KOP-Editor eines SPS-Programmiersystems

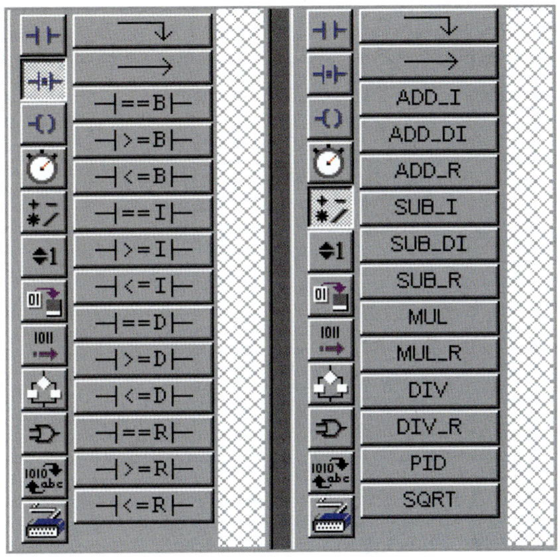

Bild 2: Werkzeugleiste zur Auswahl grafischer Symbole

Wird das SPS-Programm schließlich als fehlerfrei erachtet, so wird es oft auf eine EPROM-Speicherkarte gespeichert. Diese wird dann in den entsprechenden CPU-Steckplatz gesteckt.

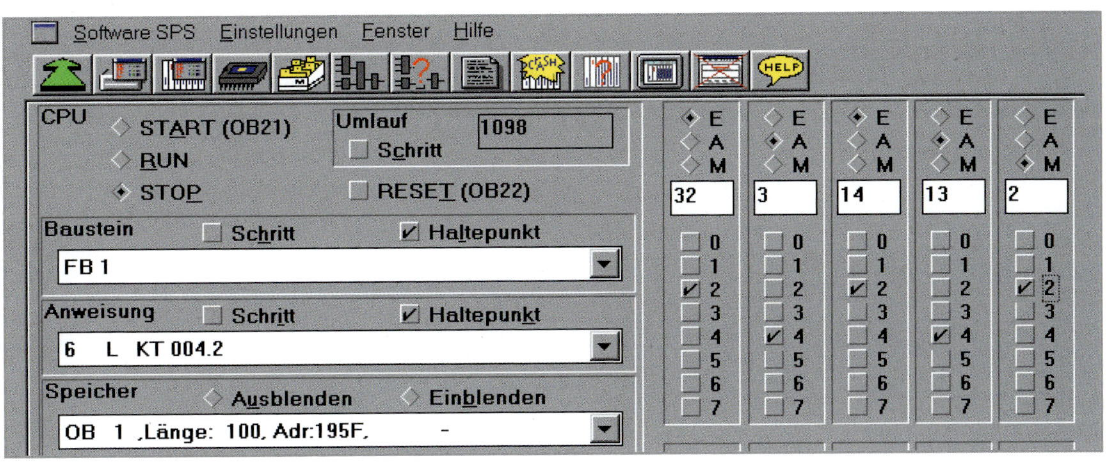

Bild 3: Bildschirmbild beim SPS-Programmtest

5.2.5.6 Ansteuerung der SPS

Beachtung der Drahtbruchsicherheit

Meist muss eine Steuerung so aufgebaut sein, dass bei einem *Drahtbruch* zwischen einem Steuerschalter für das AUS-Signal, z. B. einem AUS-Taster, und der SPS die Abschaltung der Verbraucher erfolgt. Bei einem Drahtbruch beim Steuerschalter für das EIN-Signal darf kein Einschalten erfolgen. Das gilt insbesondere für alle Werkzeugmaschinen und Fertigungseinrichtungen. Bei einer Schützsteuerung mit SPS liegt Drahtbruchsicherheit vor, wenn das SPS-*externe* (von außen gegebene) AUS-Signal durch einen Öffner und das SPS-externe EIN-Signal durch einen Schließer gegeben wird **(Bild 1)**.

Drahtbruchsicherheit ist gegeben, wenn die SPS-externen AUS-Signale durch Öffner und die SPS-externen EIN-Signale durch Schließer erteilt werden.

Werden AUS-Signale an die SPS durch Öffner erteilt, so erkennt dies die SPS durch *Ausbleiben* der Signalspannung. Deshalb muss in der AWL ein durch einen Öffner verwirklichtes Ausschalten z.B. mit `U E2.1` programmiert werden (Bild 1).

Bei der SPS-Programmerstellung muss man sich also überlegen, ob an den SPS-Eingängen Signalspannungen anliegen oder nicht. Sowohl bei betätigten Schließern als auch bei nicht betätigten Öffnern liegen Signalspannungen an den jeweiligen SPS-Eingängen an. Ein Schaltplan des Steuerstromkreises nach Bild 1 erleichtert derartige Überlegungen.

Eine SPS überprüft, ob an ihren Eingängen Signalspannungen anliegen oder nicht, unabhängig davon, ob diese Signalspannungen über Schließer oder Öffner geschaltet werden.

Erdschluss-Sicherheit

Bei einem Erdschluss der Steuerleitungen darf der Verbraucher nicht von selbst einschalten. Es kann aber davon ausgegangen werden, dass bei einem Erdschluss der Steuerstromkreis von der Überstrom-Schutzeinrichtung abgeschaltet wird. Wie bei einer Schützschaltung liegt Erdschluss-Sicherheit vor, wenn das EIN-Signal von einem Schließer gegeben wird (Bild 1).

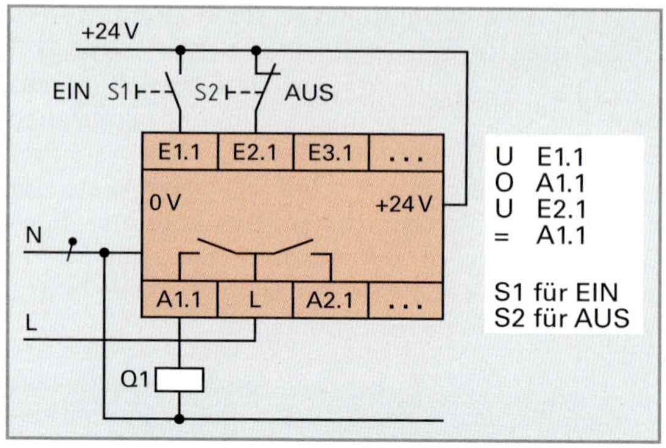

Bild 1: Verwirklichung von Drahtbruchsicherheit und Erdschluss-Sicherheit bei SPS

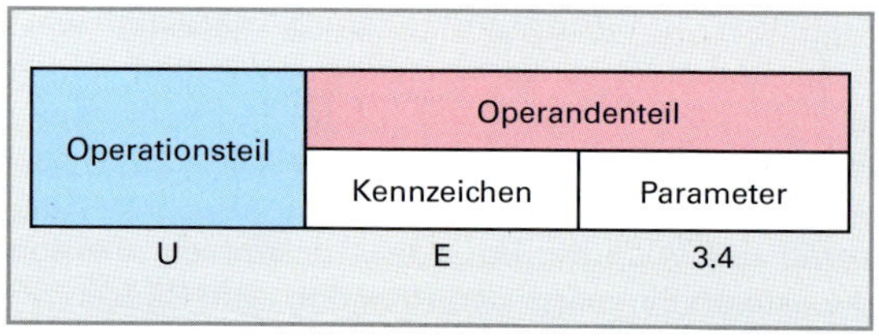

Bild 2: Aufbau einer Steueranweisung mit Beispiel U E3.4

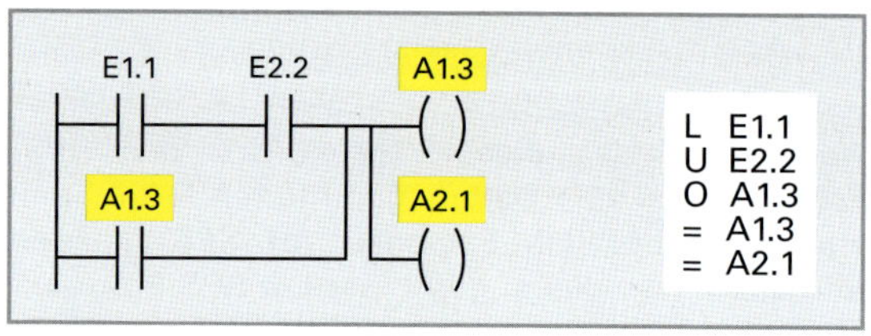

Bild 3: Mehrfache Zuweisung

5.2.5.7 Programmieren in AWL, KOP, FUP

Steueranweisung

Ein SPS-Programm besteht aus einer Folge von Steueranweisungen. Eine Steueranweisung setzt sich aus dem Operationsteil und dem Operandenteil zusammen. Der Operationsteil gibt die auszuführende Operation an, z. B. eine UND-Operation. Der Operandenteil enthält die Adresse, auf welche die Operation wirken soll, z. B. den Eingang E 3.4 **(Bild 2)**.

Programmbeginn

In einem AWL-Programm muss zu Beginn die Anweisung *UND* oder die Anweisung *ODER* stehen **(Bild 3)**. Im Anschluss daran werden dann die weiteren SPS-Anweisungen programmiert. Bei manchen SPS steht zu Beginn die Anweisung *Laden in den Akkumulator* (L, SPS-interner Speicher zur Datenbearbeitung).

Zuweisung

Verknüpfungsergebnisse können in einem SPS-Programm einem oder mehreren Operanden, z. B. SPS-Ausgängen, zugewiesen werden (Bild 3, vorhergehende Seite). Das Zeichen für eine Zuweisung ist das Gleichheitszeichen (=). Bei mehrfachen Zuweisungen an den gleichen Operanden dominiert die zuletzt gegebene Zuweisung. Die einer Zuweisung zugeordneten Anweisungen werden einschließlich der Zuweisungsanweisung als *Netzwerk* bezeichnet.

Merker

Merker sind RAM-Speicherzellen zur Speicherung von Zwischenergebnissen. Ihre Verarbeitung im Programm erfolgt in gleicher Weise wie die Verarbeitung von SPS-Ausgängen **(Bild 1)**. Merker sind 1-Bit-Speicher, die in Merkerworten zu acht Bits organisiert sind. Merker verwendet man insbesondere dann, wenn dieselbe Verknüpfung mit denselben Operanden im Programm mehrfach verwendet werden soll. Statt Merker werden oft auch Programmvariable verwendet.

Merker dienen zur Zwischenspeicherung von Ergebnissen.

Klammern

In AWL-Programmen können wie bei booleschen Verknüpfungen Klammern programmiert werden **(Bild 2)**. Die eröffnende Klammer des Klammerausdruckes steht in derselben Zeile wie die Operation. Die den Klammerausdruck schließende Klammer steht in einer eigenen Programmzeile.

RS-Speicher

In SPS-Programmen können RS-Speicher programmiert werden. Wie bei einem Kippglied unterscheidet man Setzen (S) und Rücksetzen (R). An den Setzbefehl wird der betreffende Operand angehängt, z. B. `S A3.1`. Erfolgt das Abschalten (Rücksetzen) mit einem externen Öffner, so muss beachtet werden, dass das Rücksetzen ohne Betätigen des Öffners nicht erfolgen darf. Die entsprechende Anweisung muss daher ein N enthalten **(Bild 3)**.

Werden gleichzeitig Signale für Setzen, Rücksetzen gegeben, wird beim Programm Bild 3 kurz gesetzt, sofort aber wieder rückgesetzt. Es liegt *dominierendes* (vorherrschendes) Rücksetzen vor. Wird in der AWL zuerst Rücksetzen programmiert und dann Setzen, so liegt dominierendes Setzen vor. In der Symboldarstellung für KOP und FUP zeigt die Position der 1 bzw. RS, SR die dominierende Stellung an.

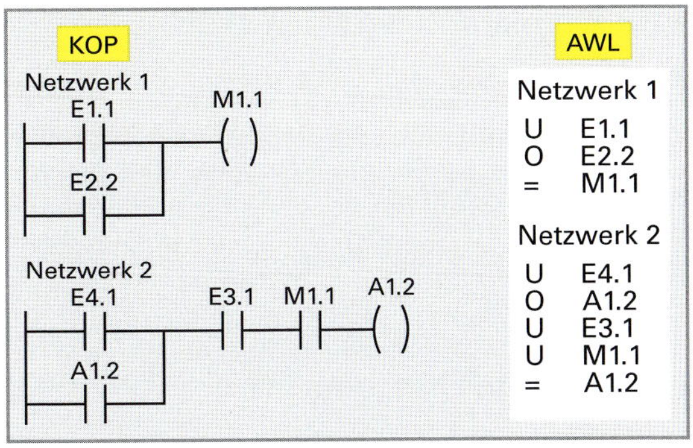

Bild 1: Anwendung eines Merkers

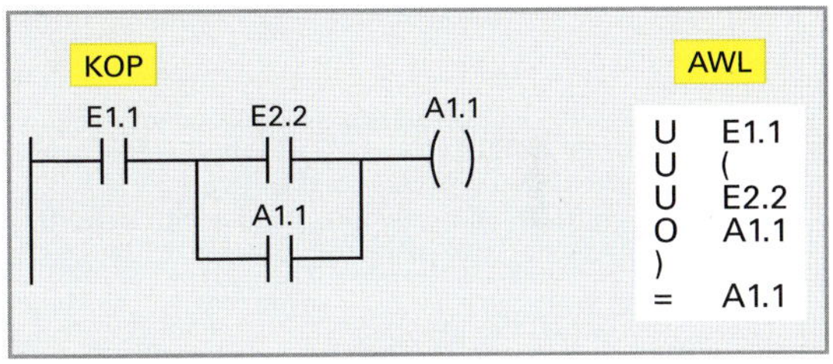

Bild 2: Anwendung von Klammern

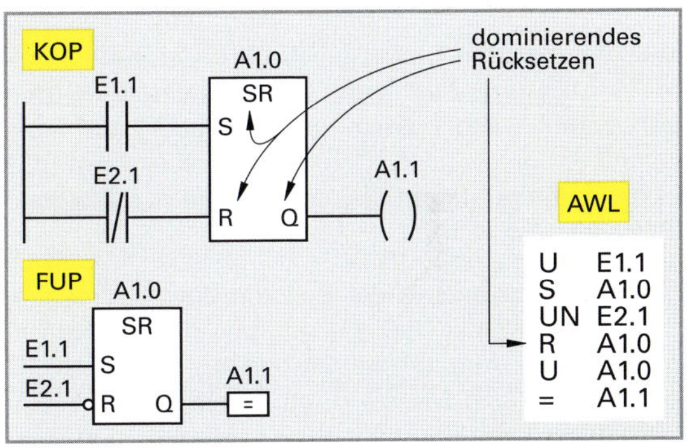

Bild 3: Speicher mit Anfangslage 0 und dominierendem Rücksetzen

Bei programmierten Speicherelementen dominiert die im AWL-Programm zuletzt programmierte Anweisung für Setzen oder Rücksetzen.

Wiederholung und Vertiefung

1. **Welche Aufgabe haben Organisationsbausteine?**
2. **Welche Programmiersprachen finden Anwendung bei SPS?**
3. **Was versteht man unter symbolischen Adressen?**
4. **Wie werden SPS-Programme getestet?**
5. **Wie wird die Drahtbruchsicherheit im Anwendungsfall SPS verwirklicht?**
6. **Welche Aufgabe haben Merker?**
7. **Wie wird dominierendes Setzen programmiert?**

5.2.5.8 Programmieren von Zeitfunktionen

Ausschaltverzögerung

Zum Programmieren einer Ausschaltverzögerung wird die Zeitstufe mit ihrer gewünschten Zeitverzögerung sowie mit der Kennung für Ausschaltverzögerung beschrieben. Das Funktionsplansymbol, für ein Zeitglied zeigt die zu programmierenden Eingangssignale bzw. Ausgangssignale **(Bild 1)**. Im Kontaktplansymbol erscheint der Ausgang Q an erster Stelle **(Tabelle 2, Seite 508)**

Zeitglieder können in AWL, KOP oder FUP programmiert werden.

Übung 1: Durch Betätigen des Tasters S1 soll das Schütz Q1 anziehen und nach Loslassen von S1 soll Q1 um 10 s verzögert abfallen **(Bild 2)**. Wie lautet das SPS-Programm als AWL und FUP?

Ergebnis: **Bild 3**

Im SPS-Programm von Bild 3 ist der Eingang S1 (E0.5) mit dem S-Eingang des Zeitgliedes verknüpft. Über den Eingang TW wird die gewünschte Verzögerungszeit von 10 s eingestellt. Durch den Befehl `SA T1` wird das Zeitglied T1 auf Ausschaltverzögerung programmiert. Der Ausgang Q1 (A 0.1) liefert so lange den Wert 1, wie das Zeitglied T1 gesetzt ist.

Beim Programmieren der Zeit mit dem Ladebefehl S5T#10S wird die Verzögerungszeit 10 s programmiert. Durch Angabe der Einheit `MS` können Millisekunden, mit `M` Minuten und mit `H` Stunden programmiert werden. Über die Ausgänge DUAL und DEZ des Zeitgliedes kann der aktuelle Zeitwert dualcodiert oder BCD-codiert mit dem Befehl `LC` (Lade codiert) abgefragt und z.B. nach Merkerwort "ZEIT" (MW 3, zwei Bytes) übertragen werden.

Einschaltverzögerung

Das Programmieren einer Einschaltverzögerung erfolgt meist weitgehend gleich wie das Programmieren einer Ausschaltverzögerung. Nur anstelle des `SA`-Befehles muss dann der `SE`-Befehl (Setzen auf Einschaltverzögerung) angewendet werden, z. B. `SE T1`. Im KOP-Symbol und FUP-Symbol steht für Einschaltverzögerung S_EVERZ. Wechselt der Signalzustand am Eingang S von 0 nach 1, wird die Zeit im Zeitglied gestartet. Wechselt der Signalzustand am Eingang S nach Ablauf der Zeit erneut von 0 nach 1, so wird die Zeit erneut gestartet.

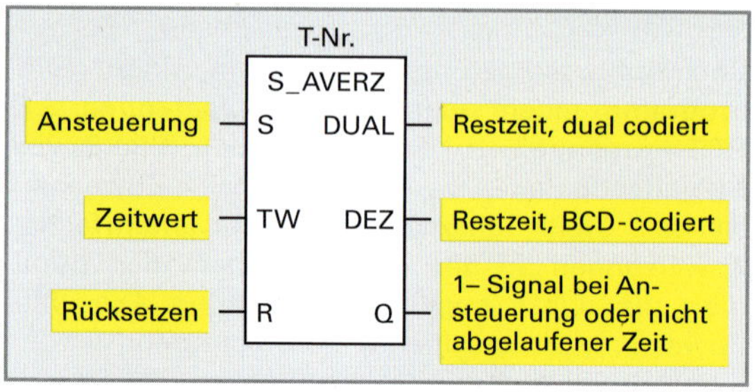

Bild 1: Symbol eines Zeitgliedes für eine Ausschaltverzögerung im FUP

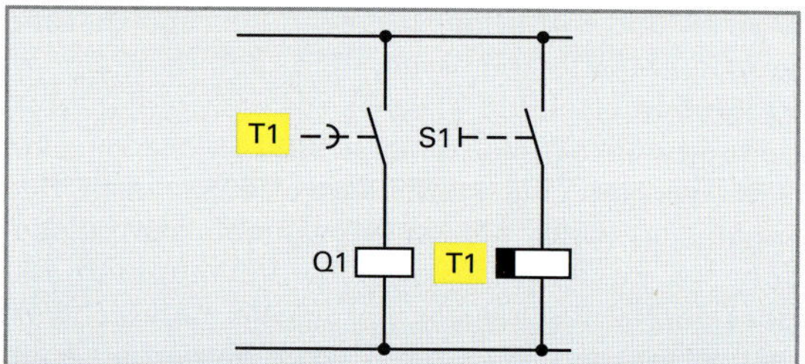

Symbol	Adresse	Datentyp	Kommentar
S1	E 0.5	BOOL	Schließer S1
Q1	A 0.1	BOOL	Schütz Q1
ZEIT	MW 3	WORD	Zeitspeicher

Bild 2: Stromlaufplan und Symboltabelle für Beispiel

```
Netzwerk 1
:U     #S1      //Signal Schließer S1
:L     S5T#10S  //Verzögerungszeit 10S
:SA    T1       //Ausschaltverzögerung
:U     T1
:=     #Q1      //Ansteuerung Q1
:LC    T1       //Zeitwert lesen
:T     #ZEIT    //Zeitwert speichern
:BE
```

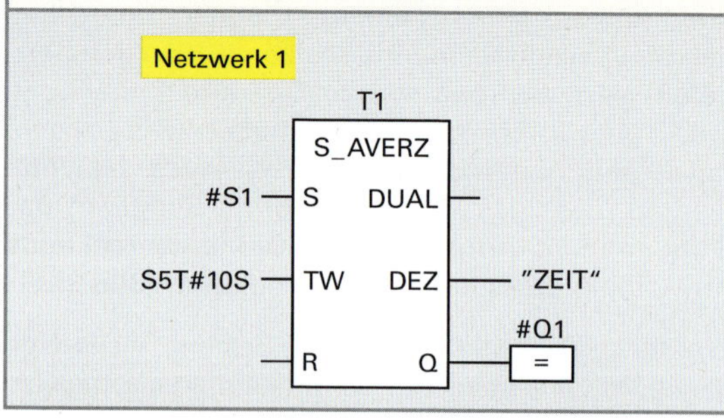

Bild 3: SPS-Programm für eine Ausschaltverzögerung als AWL und als FUP

Einschaltverzögerungen und Ausschaltverzögerungen werden fast gleich programmiert.

5.2.5.9 Zähler in SPS

Speicherprogrammierbare Steuerungen erfordern oft Zähler, z. B. zur Stückzahlzählung. Ein als IC ausgeführter Zähler benötigt mehrere Eingangssignale, z. B. Taktsignale für Vorwärtszählen oder Rückwärtszählen. Entsprechend benötigt eine SPS als Zähler ähnliche Eingangsgrößen, *Eingangsparameter* (Parameter = Hilfsgröße) genannt **(Bild 1)**.

Über zwei Eingangsparameter für das Zählimpulssignal kann der Zähler als Vorwärtszähler oder als Rückwärtszähler betrieben werden. Der Startwert des Zählers (Zählerstand bei Zählbeginn) wird durch einen Setzbefehl in den Zähler geladen.

Über die Ausgänge DUAL und DEZ kann der aktuelle Zählerstand ermittelt werden (Bild 1). Mittels z. B. `U Z1`, `UN Z1`, `O Z1` oder `ON Z1` kann der Zählerstand des Zählers Z1 auf größer null oder gleich null abgefragt werden. Der Q-Ausgang hat den Wert 1, wenn der Zählerstand größer null ist, und den Wert 0, wenn der Zählerstand gleich null ist.

Das Einstellen des Zählers für Vorwärtszählen oder Rückwärtszählen erfolgt durch Setzen eines Eingangsparameters.

Übung 1: Zähler programmieren

Es soll eine Zählerschaltung programmiert werden, die nach 10 Impulsen über Taster S1 am Eingang IMPULS (E 0.1) am Ausgang AUSGIN (A 0.1) den Wert 1 liefert **(Bild 2)**.

Ergebnis: **Bild 3**

Diese Schaltung erfordert zwei Netzwerke, eines zur Beschreibung des Zählers und eines zur Beschreibung des steuerungstechnischen Ablaufes. Der Eingang IMPULS (E 0.1) erfährt durch Betätigen des Tasters S1 die einzelnen Impulse. Mit dem Befehl `ZR "ZAEHLER"` wird der Zähler als Rückwärtszähler betrieben. Über den Eingang SETZ_ZW (E 0.0) wird durch einen Taster S0 der Zähler wegen der Zählerkonstanten C#10 auf 10 gesetzt. Ist der Zähler auf 0 heruntergezählt, so liefert sein Ausgang Q den Wert 0 und somit erscheint wegen der Anweisung `UN "ZAEHLER"` am Ausgang AUSGIN (A0.1) der Wert 1. Mit `L C#10` wird der Zählerwert BCD-codiert in den Akkumulator (Register) geladen. Mit `LC "ZAEHLER"` ist ein BCD-codiertes Auslesen des Zählerwertes möglich. *Vorwärtszähler* werden mit dem Befehl z.B. `ZV "ZAEHLER"` betrieben. Der Startwert am Eingang ZW in der KOP-Darstellung wird in den Zähler eingelesen, wenn das Signal am Eingang S von 0 nach 1 wechselt. Am Ausgang Q ist 1-Signal, solange der Zählwert ungleich null ist.

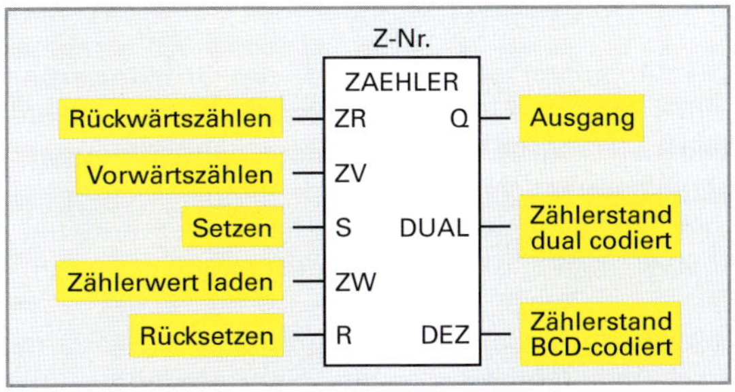

Bild 1: SPS-Symbol für einen Zähler im KOP

Symbol	Adresse	Datentyp	Kommentar
SETZ_ZW	E 0.0	BOOL	S0 Taster Setzen Zählerwert
IMPULS	E 0.1	BOOL	S1 Taster für Zählimpulse
Z_AUS	A 2.0	BOOL	1-Signal, wenn Zähler = 0
AUSGIN	A 0.1	BOOL	invertierter Zählerausgang
Z_WERT	MW 2	WORD	Zählerwert
ZAEHLER	Z 1	COUNTER	Rückwärtszähler

Bild 2: Symboltabelle zum Beispiel Zähler

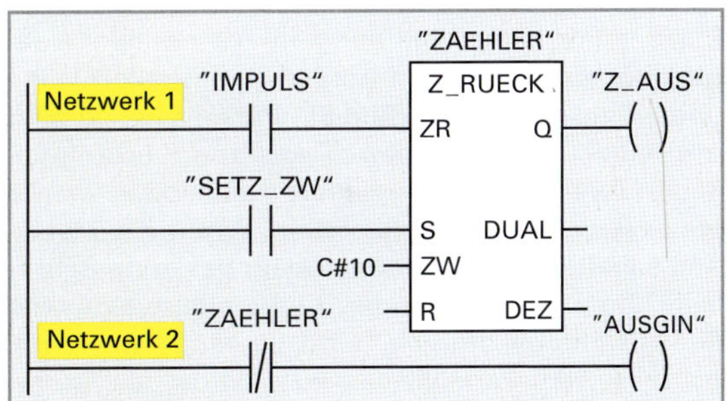


```
Netzwerk 1
L    C#10       //Zählwert 10
U    "SETZ_ZW"
S    "ZAEHLER" //Zähler mit Wert laden
U    "IMPULS"
ZR   "ZAEHLER" //Rückwärtszählen
U    "ZAEHLER"
=    "Z_AUS"

Netzwerk 2
UN   "ZAEHLER" //Zählerstand 0 abfragen
=    "AUSGIN"
```

Bild 3: KOP und AWL zum Beispiel Zähler

Vorwärtszähler und Rückwärtszähler verändern ihre Zählerwerte durch Impulse am Zählereingang ZV bzw. ZR.

5.2.5.10 Ablaufsprache

Die *Ablaufsprache* AS wird zur Strukturierung eines Programmes in Schritte bzw. Aktionen, die wie bei GRAFCET über Weiterschaltbedingungen (Transitionen) verknüpft sind, eingesetzt **(Bild 1)**. Jede Aktion und jede Transition muss entweder in AWL, KOP, FUP oder SCL geschrieben werden.

Aktionen sind SPS-Programmteile. *Transitionen* sind Bedingungen, die aus einer Variable, einer Adresse oder einem Ausdruck vom Typ BOOL bestehen. Zum nächsten Schritt bzw. zur nächsten Aktion wird weitergeschaltet, wenn die Weiterschaltbedingung wahr ist, z. B. eine Variable > 0, eine Eingangsadresse gesetzt oder eine boolesche Verknüpfung true ist (true = wahr, false = nicht wahr).

Ein SPS-Programm in Ablaufsprache ist eine grafische Darstellung von Abläufen, die meist mit Programmteilen in AWL oder SCL beschrieben sind.

Bei der Programmabbildung in AS unterscheidet man neben der linearen Ablaufkette Parallelzweige und Alternativzweige **(Bild 2)**. *Parallelzweige* sind mit einer gemeinsamen Transition verbunden. Jeder Zweig kann eine lineare Kette oder wieder eine verzweigte Kette darstellen. Wenn die Transition schaltet, wird in jedem Zweig der erste Schritt aktiv. An der Stelle, an der die Parallelzweige wieder zusammenkommen, wird so lange gewartet, bis im letzten Parallelzweig die Aktion des letzten Schrittes abgearbeitet worden ist.

Alternativzweige besitzen jeweils an ihrem Eingang eine eigene Transition. An der Verzweigungsstelle werden die Transitionen der Zweige von links nach rechts auf Weiterschalten geprüft. Bei Alternativzweigen ist immer nur ein Zweig in Bearbeitung. Sobald eine Transition schaltet, wird deren Zweig durchlaufen. Die anderen Zweige werden danach nicht durchlaufen. Man spricht auch von einer *ODER-Kette*.

Das Programmieren in Ablaufsprache erfolgt über einen Ablaufsprachen-Editor, der für einen geeigneten Benutzerdialog sorgt. Für das Programmieren der Aktionen und Transitionen wird nach der gewünschten SPS-Programmiersprache, z. B. AWL, gefragt. Ferner gibt es entsprechende Menüpunkte zum Erzeugen der Grafiksymbole für Schritt, Transition, Parallelzweig und Alternativzweig.

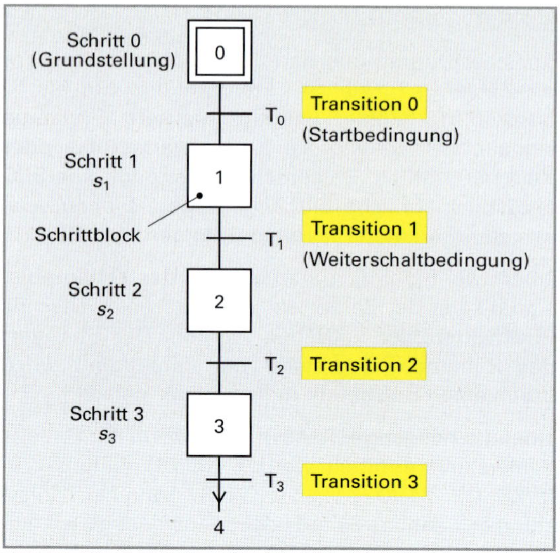

Bild 1: Ablaufsteuerung (Funktionsplan)

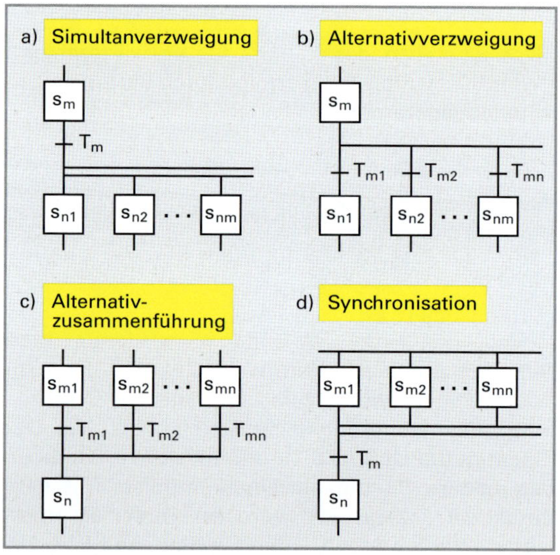

Bild 2: Strukturen bei Ablaufsteuerungen

Die grafische Darstellung einer Ablaufkette wird durch den Ablaufsprachen-Editor verwirklicht.

Es ist naheliegend, Schrittketten (Ablaufketten) in AS zu programmieren. Eine Schrittkette besteht aus mehreren Einzelschritten. Es ist immer nur ein Schritt aktiv.

Das Prinzip der Schrittkette wird bei *Ablaufsteuerungen* angewendet.

5.2.5.11 Ablaufsteuerung mit S7-Graph

Zur Vorbereitung der Programmierung einer Ablaufsteuerung als Funktionsbaustein FB in S7-GRAPH sollten die sequenziellen Abläufe (Einzelschritte) der umzusetzenden Aufgabe mittels Flussdiagramm, Funktionsplan, Weg-Schritt-Diagramm oder GRAFCET grafisch dargestellt werden. Dieser FB muss z. B. dem Organisationsbaustein OB1 bekannt gemacht werden, damit der FB als SPS-Programm wirken kann. Für jeden Einzelschritt sind die Eingänge und Ausgänge der SPS entsprechend den zugeordneten Betriebsmitteln festzulegen. Dies erfolgt über die Zuordnungstabelle (Symboltabelle), die mittels Symbol-Editor des SIMATIC-Managers (www.siemens.com) erstellt wird.

Zum Programmieren der Ablaufsteuerung in S7-Graph werden nach Anwahl von Graph als Einstellsprache im SIMATIC-Manager interaktiv je nach Bedarf die Symbole z. B. für Schritte, Transitionen, Verzweigungen, KOP/FUP-Elemente, Aktionen angeklickt und im Arbeitsfenster platziert. Die Eigenschaften der Aktionen (S Setze Operand, R Rücksetze Operand, N Nicht speichern, D verzögert, L zeitlich begrenzt) sind ebenfalls zu setzen.

Übung 1: Speisenaufzug programmieren

Es ist ein SPS-Programm als AWL zu erstellen, welches die Steuerung eines Speisenaufzuges zwischen zwei Geschossen ausführt **(Bild 1)**. Die Zuordnungen der zu verwendenden Eingänge und Ausgänge der SPS zu den Tastern S1, S2, Endschaltern B1, B2 und Schützen Q1, Q2 sind Bild 1 zu entnehmen.

Erstellen Sie a) den Funktionsplan, b) die Symboltabelle, c) die programmierte Ablaufkette in S7-Graph

***Ergebnis*:** **a) Bild 2, b) Bild 3, c) Bild 4**

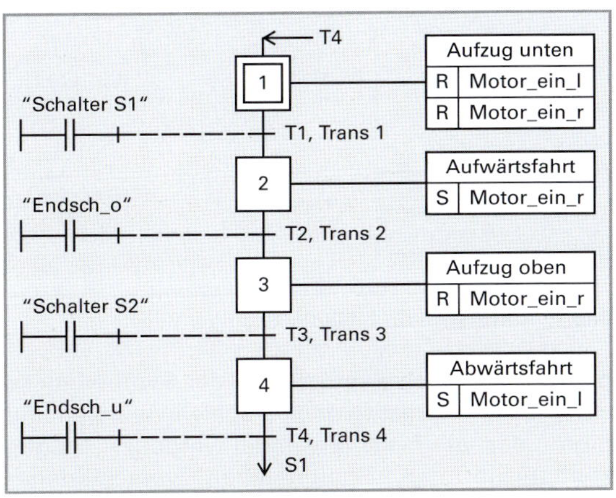

Bild 4: Programmierte Ablaufsteuerung in S7-Graph für Beispiel Speisenaufzug

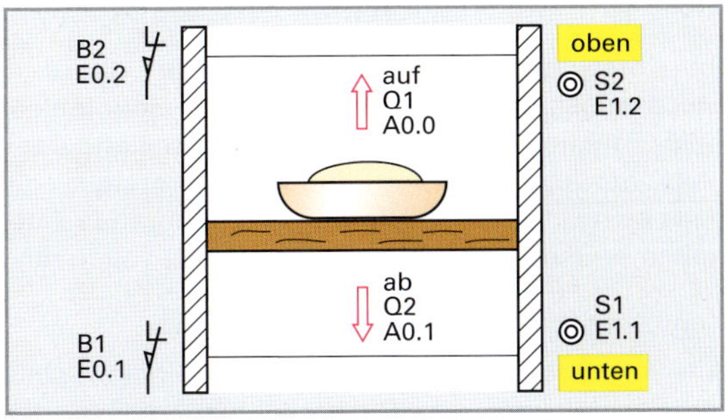

Bild 1: Speisenaufzug

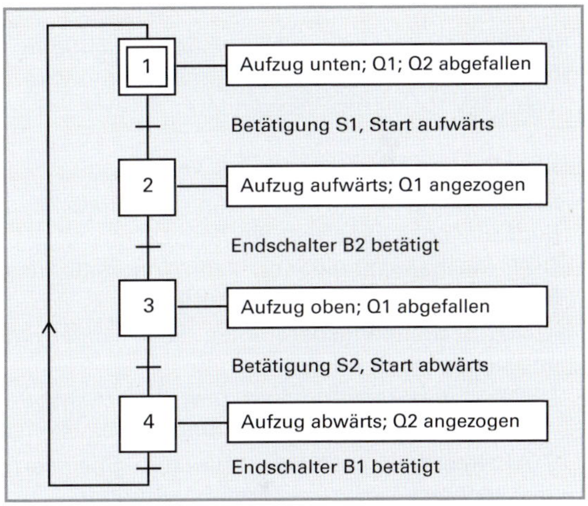

Bild 2: Funktionsplan für einen Speisenaufzug

Symbol	Adresse	Datentyp	Kommentar
Endsch_u	E0.1	BOOL	Endschalter B1
Endsch_o	E0.2	BOOL	Endschalter B2
Schalter S1	E1.1	BOOL	Schalter S1 unten
Schalter S2	E1.2	BOOL	Schalter S2 oben
Motor_ein_r	A0.0	BOOL	Motor EIN rechts/auf
Motor_ein_l	A0.1	BOOL	Motor EIN links/ab

Bild 3: Auszug aus Symboltabelle für einen Speisenaufzug

Links der Schrittsymbole sind im Beispiel (Bild 4) als Übergänge (Transitionen) zum nächsten Schritt die SPS-Eingänge, rechts der Schrittsymbole die Schrittkommentare und als Aktionen die SPS-Ausgänge abgebildet.

Der letzte Schritt muss mit Rücksprung zum ersten Schritt (Initialschritt, Grundeinstellung) programmiert werden. Die Darstellung ist ähnlich einer GRAFCET-Darstellung. Am Ende der FB-Programmierung müssen vor dem Speichern Bausteineigenschaften eingestellt werden, sodass z. B. die Ablauffähigkeit durch Standard-FC (Funktionen) unterstützt wird.

5.2.5.12 Bibliotheksfähige SPS-Bausteine

Im Maschinen- und Anlagenbau werden Steuerungsprogramme validiert, um eine fehlerfreie Funktion der Anlagen sicherzustellen. Deshalb werden Programmbibliotheken erstellt, so dass es nicht erforderlich ist, wiederkehrende Aufgaben erneut zu programmieren und zu validieren.

Kennzeichen bibliotheksfähiger Bausteine

Alle im Bausteine verwendeten Variablen sind im Bausteinkopf („Schnittstelle") zu deklarieren **(Bild 1)**. Kennzeichen einer Variable ist im Code das Präfix „#".

Im Programmcode eines bibliotheksfähigen Bausteins werden nur die lokal deklarierten Variablen oder Konstante verwendet.

Als Deklarationstypen stehen zur Verfügung

- IN: Eingangsparameter, kann innerhalb des Bausteincodes abgefragt werden
- OUT: Ausgangsparameter, kann innerhalb des Bausteincodes beschrieben werden
- INOUT: Durchgangsparameter, kann abgefragt und beschrieben werden
- TEMP: Temporäre Variable zum Zwischenspeichern innerhalb einer Bearbeitung des Bausteins
- STAT: Interne Zustandsvariable zum Speichern über mehrere Zyklen, nur im FB verfügbar

Als Bausteintyp werden Funktionen FC und Funktionsbausteine FB verwendet. Ein FC arbeitet mit den beim Aufruf angegebenen Adressen. FB benötigen einen zugeordneten Datenbaustein, den Instanz-DB **(Bild 2)**. Im Instanz-DB werden die Zustände der Variablen gespeichert (Ausnahme: TEMP werden nicht gespeichert). In der Schnittstelle des FB werden die Anfangswerte (Bild 1) deklariert, die solange gültig sind, bis die Variablen vom Programm verändert worden sind.

Aufruf eines bibliotheksfähigen Bausteins

Beim jedem Aufruf **(Bild 3)** wird ein Baustein neu parametriert. Den IN-, OUT- und INOUT-Variablen des Bausteins werden Konstante oder Adressen übergeben. Mit diesen Inhalten arbeitet der Code des Bausteins.

Ein Baustein kann mehrfach aufgerufen werden, indem bei jedem Aufruf andere Parameter übergeben werden.

Um Rückwirkungen zu vermeiden, dürfen keinesfalls innerhalb des Bausteincodes Adressen verwendet werden. Auch Symbole aus der Symboltabelle entsprechen Adressen oder Globalen Variablen und dürfen deshalb nicht verwendet werden. Hingegen können in den Schnittstellen verschiedener Bausteine dieselben Variablennamen deklariert werden, da es sich um lokale Variablen handelt.

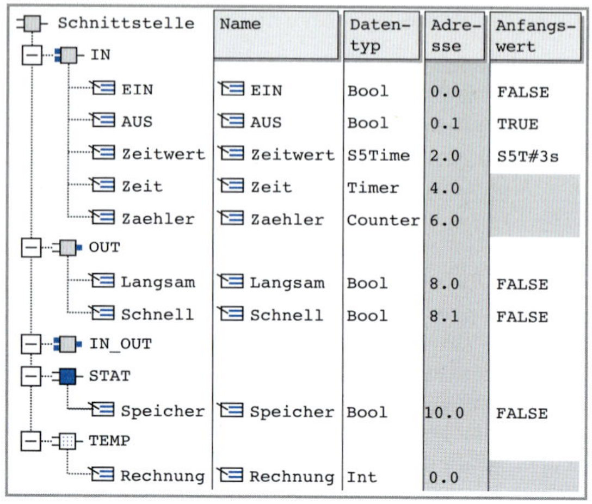

Schnittstelle	Name	Datentyp	Adresse	Anfangswert
IN				
EIN	EIN	Bool	0.0	FALSE
AUS	AUS	Bool	0.1	TRUE
Zeitwert	Zeitwert	S5Time	2.0	S5T#3s
Zeit	Zeit	Timer	4.0	
Zaehler	Zaehler	Counter	6.0	
OUT				
Langsam	Langsam	Bool	8.0	FALSE
Schnell	Schnell	Bool	8.1	FALSE
IN_OUT				
STAT				
Speicher	Speicher	Bool	10.0	FALSE
TEMP				
Rechnung	Rechnung	Int	0.0	

Bild 1: Deklaration einer Schnittstelle

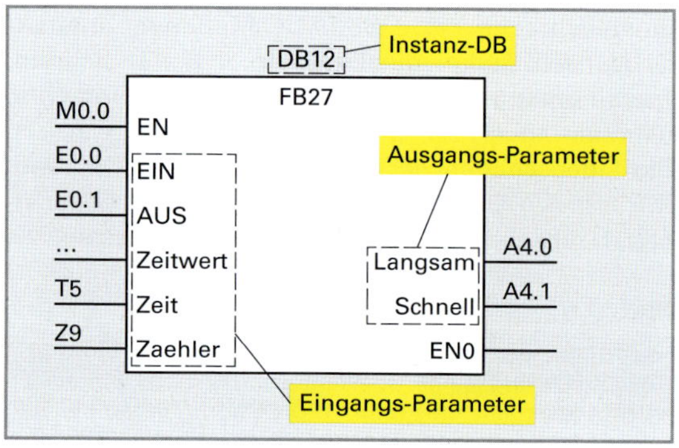

Bild 2: Aufruf eines bibliotheksfähigen FB mit Parameterübergabe

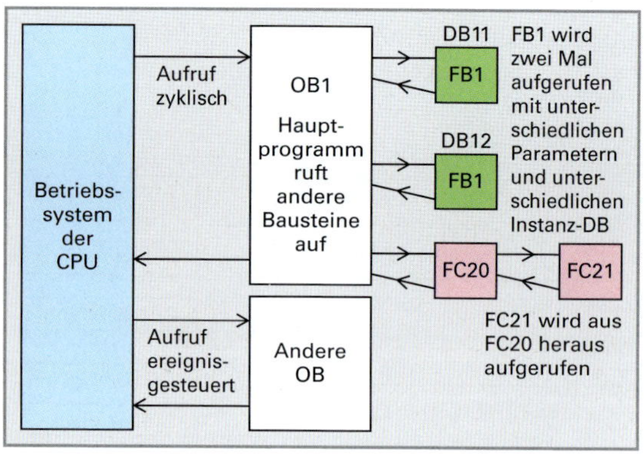

Bild 3: Aufrufstruktur bibliotheksfähiger Bausteine

5.2.5.13 Strukturierter Text

Das Programmieren mit *Strukturiertem Text* (SCL, Structured Control Language) erfolgt ähnlich wie das Programmieren in höheren Programmiersprachen **(Tabelle 1)**. Mit der Anweisung `IF-THEN-ELSE` (von if = wenn, then = dann, else = andernfalls) wird eine Bedingung programmiert und in Abhängigkeit des Ergebnisses werden dann Anweisungen ausgeführt. Mit der Anweisung `CASE` (= Fall) kann eine Fallunterscheidung programmiert werden und je nach Fallergebnis werden dann verschiedene Anweisungen ausgeführt. Mit den Anweisungen `FOR` (= für), `WHILE` (= während, solange) und `REPEAT` (= wiederholen) werden Programmschleifen programmiert.

Bei der Anweisung `WHILE` wird die Schleifenendebedingung am Schleifenanfang geprüft, bei der Anweisung `REPEAT` erfolgt diese Prüfung am Schleifenende. Mit der Anweisung `EXIT` (= Ausgang) kann aus einer Schleife herausgesprungen werden, ohne dass die Schleifenendebedingung überprüft wird.

Auch Variable können in dieser Programmiersprache vereinbart werden. Wie bei Visual Basic gibt es die Datentypen `INT` (Integer) für ganze Zahlen, `REAL` für reelle Zahlen, `BOOL` für Boole'sche Werte, `STRING` für Zeichenfolgen, `DATE` für Datum und `TIME` für Zeitdauer. Den Eingängen und Ausgängen der SPS sind verständliche Namen zuordenbar. Hinsichtlich der Operatoren werden mathematische und Boole'sche Operatoren sowie Vergleichsoperatoren unterschieden **(Tabelle 2)**.

Tabelle 2: Operatoren der Programmiersprache SCL

Operator	Beispiel	Erklärung
mathematische Operatoren		
+, –, *, / ** MOD	a:= b+3*4 a:= b**2 a:= b MOD 2	Grundrechenarten Potenzieren Modulofunktion
Boole'sche Operatoren		
AND OR XOR NOT	a:= b AND c a:= b OR c a:= b XOR c a:= NOT b	UND ODER Exklusiv-ODER Negation
Vergleichsoperatoren		
<, >	IF a > b THEN ...	kleiner, größer
<=, >=	IF a >= 5 THEN ...	kleiner gleich, größer gleich
=, <>	IF a <> b THEN ...	gleich, ungleich

SCL ermöglicht das Programmieren von SPS ähnlich wie in einer höheren Programmiesprache.

Tabelle 1: Programmiersprache SCL (Auszug)

Anweisung	Beispiel	Erklärung

IF *Bedingung* THEN
Anweisung 1;
[ElSE *Anweisung 2*;]
END_IF;
	IF temp<17 THEN
	heizen:=true;
	END_IF;
		Ist die Temperatur kleiner 17 °C, wird Ausgang heizen angesteuert.

CASE *Var* OF *Wert 1*: *Anweisung 1*; *Wert n*: *Anweisung n*; [ElSE *Anweisung*;] END_CASE;	CASE wert OF 1: ausg1:=true; ausg2:=true; 2: ausg3:=true; END_CASE;	Ist wert = 1, werden die Variablen ausg1, ausg2 gesetzt. Bei wert = 2 wird ausg3 gesetzt.

FOR *Zählervar* := *Startwert*
TO *Endwert* [BY *Schrittweite*]
DO *Anweisungen*;
END_FOR;
	FOR i:=1 TO 10 DO
	ausg[i]:=true;
	END_FOR;
		Vom Feld ausg[i] werden die ersten 10 Elemente mit dem Wert true belegt.

WHILE *Bedingung* DO
Anweisungen;
END_WHILE;
	WHILE eing1 DO
	sum:=sum+1;
	END_WHILE;
		Solange eing1 true ist, wird sum hochgezählt.

REPEAT
Anweisungen;
UNTIL *Bedingung*
END_REPEAT;
	REPEAT
	sum:=sum+1;
	UNTIL eing1:=false
	END_REPEAT;
		sum wird hochgezählt, bis eing1 false ist.

[] in Spalte Anweisung bedeutet optional, wahlweise, bei Bedarf		

5.2.5.14 Zustandsgraph

Manche SPS bieten die Möglichkeit, Abläufe mittels Zustandsgraphen (vgl. auch Abschnitt 3.2.3) zu programmieren und in dieser Form grafisch darzustellen. Diese Programmiermethode eignet sich besonders dort, wo mechanische Bewegungen und zeitliche Abläufe vorrangig sind, z. B. bei der Automatisierung von Maschinen und Anlagen.

Als Funktionseinheit FE ist die kleinste mechanische Einheit einer Anlage definiert, die zu einem Zeitpunkt nur einen Zustand annehmen kann. Die mechanischen und elektrischen Eigenschaften der FE sind im entsprechenden Zustandsgraphen ZG abgebildet. Im ZG sind die Zustände, welche die FE annehmen können, und die zugehörenden Transitionen (Übergangsbedingungen) zwischen den Zuständen beschrieben. Die Zustände werden als Kreise und die Transitionen als Pfeile mit Kreis abgebildet **(Bild 1)**. Die gegenseitige Synchronisation der Zustandsgraphen erfolgt über Variable, die gesetzt und geprüft werden.

Ein Zustandsgraph besteht aus Zuständen, Aktionen, Transitionen und Transitionsbedingungen.

Zum Programmieren der Abläufe in Zustandsgraphen gibt es ein Programmiersystem mit grafisch interaktivem Editor und einem Compiler. Zuerst werden die Zustände, dann die Transitionen eingegeben. Dies erfolgt über Cursorpositionierungen und Texteingaben. Die grafischen Verbindungen zwischen den Zuständen werden durch Mausbewegungen und Mausklicks erzeugt. Die Programmiersprache für das Programmieren der Aktionen und Transitionsbedingungen ist z. B. an AWL angelehnt **(Tabelle 1)**.

Variable sind mit ihrem Datentyp zu vereinbaren, z. B. BOOL für Datentyp Boolean. Bei den Operatoren wird unterschieden insbesondere für

- Verknüpfungen,
- Setzen, Rücksetzen,
- Laden, Transferieren,
- Vergleichen,
- Funktionsaufrufe,
- Zeitfunktionen,
- Zählerfunktionen und
- Nachrichtenoperationen.

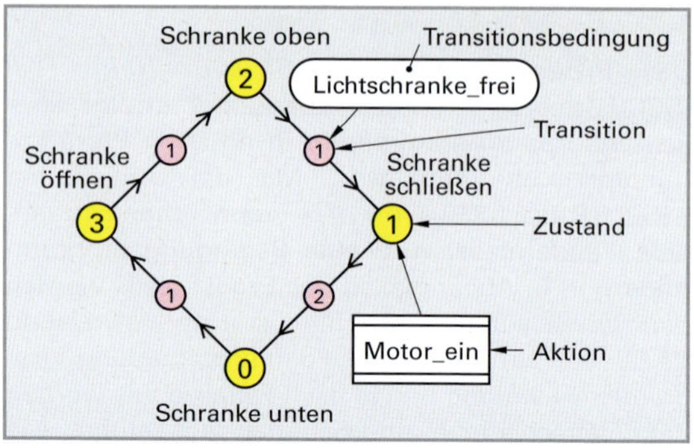

Bild 1: Zustandsgraph, Beispiel Schrankensteuerung

Tabelle 1: Operatoren (Auswahl)

Operator	Bedeutung	Beispiel
S R = N	Setzen Rücksetzen Zuweisung negierte Zuweisung	S #Ausg1 R #Ausg2 = #Motor N #Motor
U UN O ON X	UND UND NICHT ODER ODER NICHT Exklusiv ODER	U #Schalter1 UN E 5.3 O #Schalter3 ON A 6.7
L T	Laden in Akkumulator Transferieren aus Akkumulator	L #Wert T #Ergebnis
<? >? <=? >=? <>? ==?	Vergleich kleiner Vergleich größer kleiner gleich größer gleich ungleich gleich	<I >R <=D >=D <>R ==I
SI SV SE SA	Starten Timer-Impuls verlängerter Impuls Einschaltverzögerung Ausschaltverzögerung	U #Bedingung L S5T#10S SI #TIMER1
ZV ZR	Vorwärtszähler Rückwärtszähler	ZV #Zähl1 ZR #RZähl1
CALL	Funktionsaufruf	Call Rampe
//	Kommentar	// Zähler

? zu ersetzen mit I, D (Festpunktzahl 16 bit, 32 bit), R (Gleitpunktzahl 32 bit)

Bei der Darstellung von Abläufen mittels Zustandsgraphen sind die Zusammenhänge der Abläufe leichter als in einem AWL-Programm zu erkennen.

5.2.5.15 Dokumentation von SPS-Programmen

SPS-Programme müssen wegen einer möglichen Wartung gut dokumentiert sein.

Schritt 1: Beim Durchdenken der gestellten Aufgabe sollte der Programmablauf grafisch festgehalten werden. Dies kann z. B. mittels eines Ablaufplanes basierend auf *Zustandsdiagrammen* erfolgen **(Bild 1)**.

Schritt 2: Die Symboltabelle bzw. die Zuordnungsliste enthält eine Kurzbeschreibung der SPS-Eingänge, der Merker, der Zeitglieder und der Zähler, die zur Lösung einer Aufgabe notwendig sind **(Bild 2)**. Auch sie unterstützt den Programmierer bereits während seiner Programmierarbeit.

Schritt 3: Beim Schreiben der AWL sollten die einzelnen Anweisungen mit Kommentaren versehen sein **(Bild 3)**. Sie unterstützen den Programmierer

- bei der Inbetriebnahme,
- bei den Programmerweiterungen sowie
- beim Service.

Beim Programmieren in der AWL muss darauf geachtet werden, dass das SPS-Programm vom Programmiergerät auch im KOP oder im FUP dargestellt werden kann. Dazu sind z. B. bei manchen SPS nicht benötigte Eingänge oder Ausgänge bei Zeitgliedern oder Zählern mit `NOP 0` (no operation) zu programmieren. Die Programmierung sollte, wenn möglich, mit symbolischen Parametern (symbolischen Adressen) erfolgen, z. B. statt `E 0.1` also `#Endtaster_unten`.

Schritt 4: Nach Abschluss des Programmierens ist eine Querverweisliste automatisch zu erstellen **(Bild 4)**. Dieser Liste kann entnommen werden, in welchen Bausteinen, Netzwerken, Zeilen die einzelnen Eingänge, Ausgänge, Merker, Zeitglieder und Zähler im SPS-Programm vorkommen. Ferner wird angegeben, ob mit dem Operand lesend (R, read) oder schreibend (W, write) gearbeitet wird.

Wiederholung und Vertiefung

1. **Für welche Anwendungen eignet sich die Programmierung mit Zustandsgraphen?**
2. **Wie erfolgt das Programmieren der Aktionen und Transitionsbedingungen beim Programmieren mit Zustandsgraphen?**
3. **Aus welchen Elementen besteht ein Zustandsgraph?**
4. **Wozu dient die Querverweisliste?**
5. **Nennen Sie die Vorteile der grafischen Dokumentation.**
6. **Warum sollen in der AWL, sofern möglich, Anweisungen NOP 0 programmiert werden?**

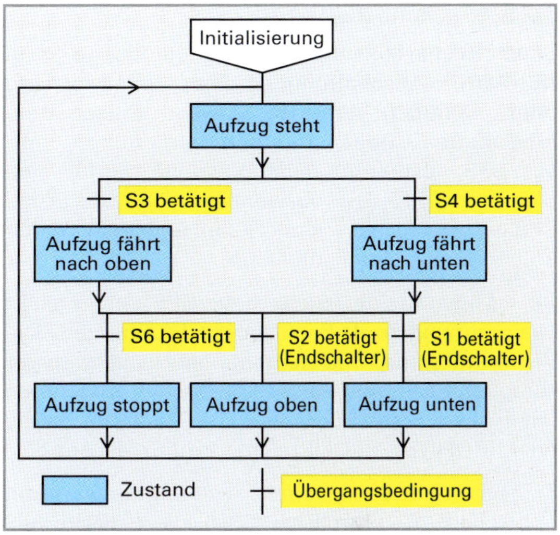

Bild 1: Ablaufplan für Beispiel Aufzug

Symbol	Adresse	Datentyp	Kommentar
S1	E 0.1	BOOL	Endtaster UNTEN (Öffner)
S2	E 0.2	BOOL	Endtaster OBEN (Öffner)
S3	E 0.3	BOOL	Taster AUF (Schließer)
S4	E 0.4	BOOL	Taster AB (Schließer)
S5	E 0.5	BOOL	NOT-AUS (Öffner)
S6	E 0.6	BOOL	Taster HALT (Öffner)
Q1	A 0.1	BOOL	Schütz AUFWÄRTS
Q2	A 0.2	BOOL	Schütz ABWÄRTS
AUS	M 0.1	BOOL	Merker AUS

Bild 2: Symboltabelle zum Beispiel Aufzug

```
Netzwerk 1        Aufzug „AUF"
1 U    (
2 U    E 0.3   //S3 „AUF" betätigt
3 O    A 0.1   //Selbsthaltung
4 )
5 U    E 0.2   //oben angekommen?
6 UN   A 0.2
7 U    M 0.1   //Merker für STOP
8 =    A 0.1   //Schütz K1 für „AUF"
```

Bild 3: Auszug aus SPS-Programm für Beispiel Aufzug

Operand	Baustein	Netzwerk	Zeile	Art	Code
Eingänge					
E 0.1	FB1	002	001	R	U E 0.1
E 0.2	FB1	001	005	R	U E 0.2
E 0.3	FB1	001	002	R	U E 0.3
Ausgänge					
A 0.1	FB1	001	003	R	O A 0.1
A 0.1	FB1	001	008	W	= A 0.1
A 0.2	FB1	001	006	R	UN A 0.2

Bild 4: Auszug aus Querverweisliste für Beispiel Aufzug

5.2.5.16 Sicherheits-SPS

Sollen Sicherheitsfunktionen einer Anlage, z. B. Not-AUS, Abschaltungen über Lichtvorhang oder Schutztür-Kontakte sowie Einschalten/Freischalten über Zweihandbedienung, mittels SPS ausgeführt werden, so ist hierfür eine Sicherheits-SPS zu verwenden. Eine derartige SPS ist mit Sicherheitsmodulen und Sicherheits-Softwarebausteinen aufgebaut.

Der Einsatz von Sicherheits-SPS ermöglicht Einsparungen bzgl. Schützen und Leitungen. Die Verdrahtung der Bauelemente ist dann weniger komplex. Sicherheits-SPS wirken meist zusammen mit Sicherheitsfeld-Bussen, z. B. Powerlink Safety oder PROFINET, PROFIBUS mit ProfiSafe-Control.

Sicherheits-SPS arbeiten mit fehlersicheren Controllern (F-Controller, F-CPU), die zyklisch ausführbare Eigendiagnosefunktionen besitzen, sowie fehlersicheren Peripheriemodulen (F-Module für Eingänge, Ausgänge und sonstige Schnittstellen). Diese Controller und Module sind wegen der Fehlersicherheit zweikanalig aufgebaut, z. B. zwei Prozessoren überwachen und testen sich gegenseitig. SPS-Sicherheitsmodule sind meist gelb gefärbt.

Eine Sicherheits-SPS ermöglicht das gleichzeitige Verarbeiten von üblichen SPS-Anwendungsprogrammen und SPS-Sicherheitsprogrammen. Im Fehlerfall kann ein sicherer Systemzustand gewährleistet werden. Sollten im Fehlerfall die vom Anwender programmierten Sicherheitsfunktionen nicht mehr ausführbar sein, schaltet die SPS z. B. entsprechende Ausgänge ab, die F-CPU geht in STOP-Zustand.

Das Programmieren von Sicherheits-SPS wird durch Anwenden TÜV-zertifizierter Sicherheits-Funktionsbausteine mittels F-Bibliothek unterstützt. Diese Bausteine werden gemäß üblicher SPS-Programierung im SPS-Sicherheitsprogramm aufgerufen. Bei der SPS S7 wird das SPS-Sicherheitsprogramm z. B. über einen OB (Organisationsbaustein) aufgerufen, der auch Funktionsbausteine des SPS-Anwendungsprogrammes für die sonstigen Automatisierungsaufgaben aufruft. Die Zeitpunkte des Aktualisierens des SPS-internen Prozessabbildes der Eingangssignale und der Ausgangssignale hinsichtlich des SPS-Anwenderprogrammes und des SPS-Sicherheitsprogrammes sind verschieden.

Die Module von Sicherheits-SPS sind aufgrund der Feherlsicherheit zweikanalig ausgelegt.

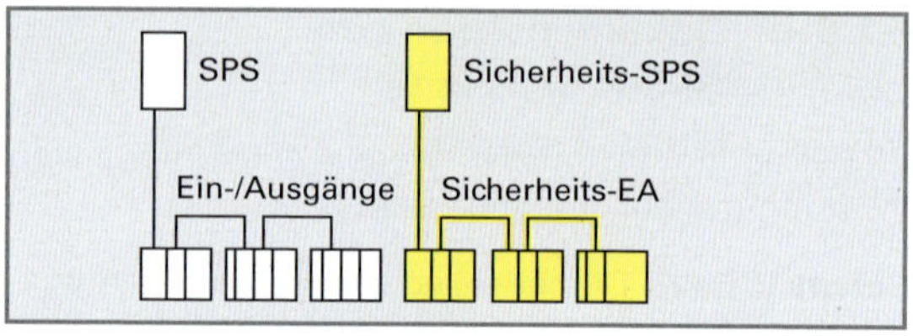

Bild 1: Trennung des allgemeinen Steuerungsbereiches vom Sicherheitsbereich

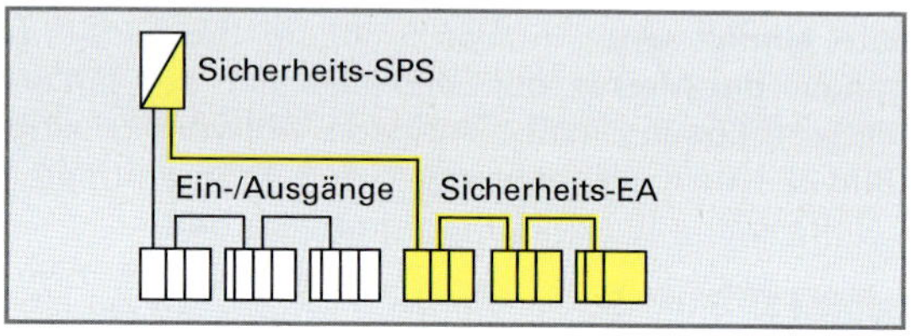

Bild 2: Versorgung der getrennten Eingangs-, Ausgangs-Einheiten und Feldbusse über *eine* Sicherheits-SPS

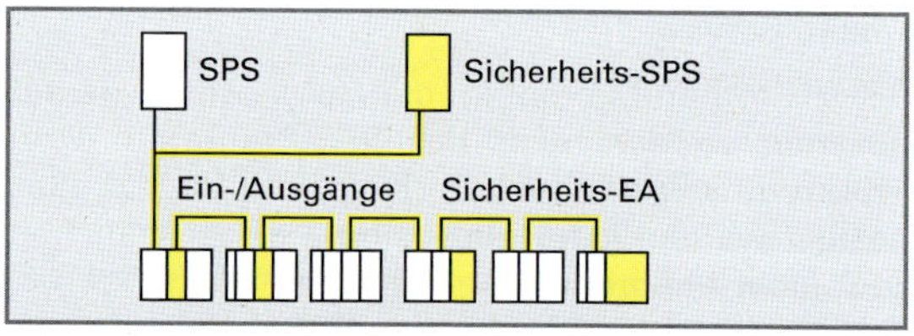

Bild 3: *Ein* Sicherheits-Feldbus für getrennte SPS und Eingangs-, Ausgangs-Einheiten

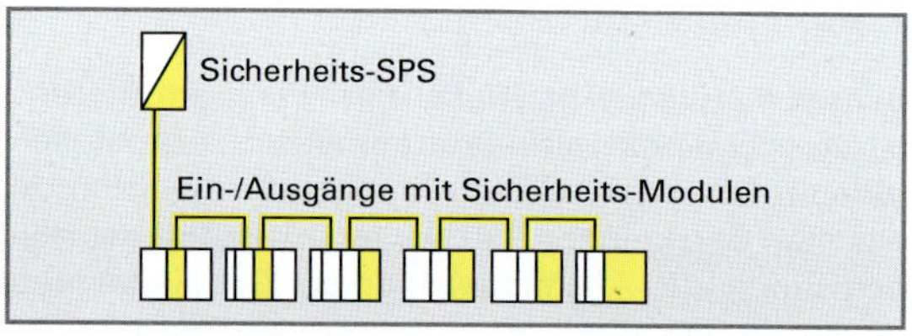

Bild 4: *Eine* Sicherheits-SPS und *ein* Sicherheits-Feldbus für getrennte Eingangs-, Ausgangs-Einheiten

Die Steuerungsinfrastruktur bzgl. allgemeinem Steuerungsbereich und Sicherheitsbereich ist verschiedenartig gestaltbar. Der allgemeine Steuerungsbereich kann vollkommen getrennt vom Sicherheitsbereich sein **(Bild 1)**. Es können getrennte Eingangs-, Ausgangs-Einheiten und Feldbusse für die Bereiche verwendet werden, gesteuert über eine Sicherheits-SPS **(Bild 2)**. Ein gemeinsamer Sicherheits-Feldbus für beide Bereiche bietet ebenfalls zwei Varianten **(Bild 3, Bild 4)**.

5.2.5.17 Mensch-Maschine Schnittstellen

Diese Schnittstellen werden oft als Man-Machine-Interface MMI oder Human Maschine Interface HMI bezeichnet. Das Bedienen und Beobachten einer Maschine erfolgt meist mit Hilfe eines Panels **(Bild 1)**. Es handelt sich um ein Touch Panel oder Geräte mit Tasten.

Programmierung

Folgende drei Schritte müssen immer durchgeführt werden:

- Festlegung der Verbindungen zur Steuerung. Es werden Busverbindungen verwendet, z. B. Profibus, ControlNet, CAN **(Bild 2)** oder Punkt-zu-Punkt-Verbindungen, z. B. USB.
- Definition der Variablen. Name, Typ, Verbindung und die zugeordnete Adresse in der Steuerung werden festgelegt **(Bild 3)**. Den Grenzwerten einzelner Variablen können Ereignisse zugeordnet werden.
- Gestaltung der Bilder mit statischen und dynamischen Objekten **(Bild 4)**. Statische Objekte sind z. B. Textfelder, feste, unveränderliche Hintergundbilder oder Firmenlogos. Dynamische Objekte werden animiert. Sie dienen zur Ein- oder Ausgabe von Daten oder als Bedientasten.

Ausnahme: NOT-HALT-Funktionen werden fest verdrahtet oder über ein sicheres Bussystem angeschlossen, z. B. AS-i Safety at Work.

Animation

Abhängig vom Zustand einer Variablen werden Gestalt, Position, Farbe oder Sichtbarkeit eines Objekts bestimmt. In Bild 4 wird z. B. abhängig vom Wert der Variablen Temp_Wasser die Höhe des orangenen Balkens festgelegt und so die Wassertemperatur angezeigt. Gestrichelte Linien zeigen die Grenzwerte Temp_max und Temp_min.

Ereignisse

Durch Betätigung einer Schaltfläche oder bei Wertänderung oder Grenzüberschreitung von Variablen werden Ereignisse ausgelöst. Beispielsweise kann in Bild 4 die Schaltfläche „Aussen" betätigt werden. Damit werden die Ereignisse ausgelöst, die in der Funktionsliste **(Bild 5)** aufgeführt sind:

- Aktivierung des Panelbilds Aussen,
- Zuweisung des Wert 2 an die Variable Bildnummer und
- Setzen der booleschen Variable QUIT.

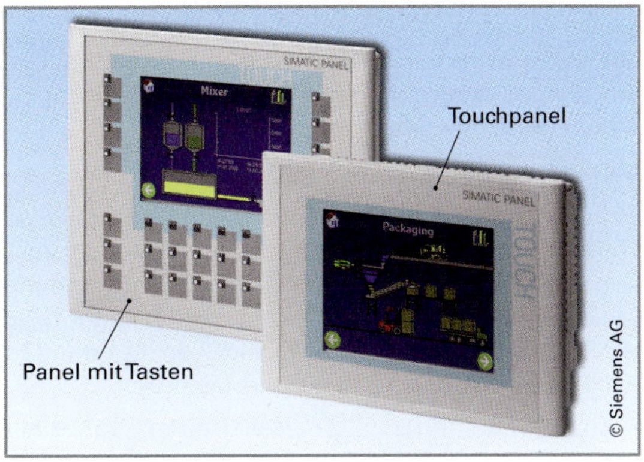

Bild 1: Panel mit Tasten und Touchpanel

Verbindungen

Name	Kommunikationstreiber	Online
HMI_C.Logix	Allen Bradley E/IP C.Logix	Ein
HMI_S7	SIMATIC S7 300/400	Ein

Bild 2: Verbindungen zu Steuerungen

Variablen

Name	Datentyp	Verbindung	Adresse
Temp_Luft	Real	HMI-S7	DB 1 DBD 0
Temp_Wasser	Real	HMI-S7	DB 1 DBD 4
Temp_max	Real	HMI-S7	DB 1 DBD 8
Temp_min	Real	HMI-S7	DB 1 DBD 12
EIN	Bool	HMI-S7	DB 1 DBD 16.0
AUS	Bool	HMI-S7	DB 1 DBD 16.1
QUIT	Bool	HMI-S7	DB 1 DBD 16.2

Bild 3: Definition von Variablen

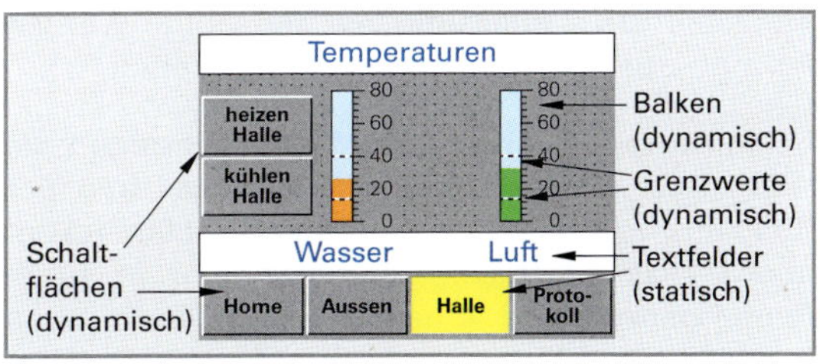

Bild 4: Panelbild mit statischen und dynamischen Objekten

Funktionsliste

1	⊟ AktiviereBild	
	Bildname	Aussen
	Objektnummer	0
2	⊟ SetzeWert	
	Variable(Ausgabe)	Bildnummer
	Wert	2
3	⊟ SetzeBit	
	Variable(Ausgabe)	QUIT
	Wert	True
4	⊟ <keineFunktion>	

Bild 5: Funktionsliste mit Ereignissen einer Schaltfläche

Weitere Programmierschritte

Oft gehören zu der Mensch-Maschine-Schnittstelle ein Meldesystem und eine Rezepturverwaltung.

Meldesystem

Meldungen von Zuständen werden in Meldeklassen **(Tabelle 1)** unterschieden. Es kann eingestellt werden, ob eine Quittierung erforderlich ist und ob die Meldung nach der Quittierung weiter angezeigt wird **(Bild 1)**. Für die Erzeugung von Meldungen wird eines von drei Verfahren verwendet.

- Analogmeldungen: Der Wert einer Variablen muss bestimmte Grenzen einhalten **(Bild 2)**. Falls z. B. Temp_Luft > Tmax, wird die Meldung Nr. 1 in **Bild 3** angezeigt.
- Meldenummern: Die Steuerung übergibt in Integervariablen Meldenummern, die mit der Anzeige einer Meldung verknüpft werden.
- Bitmeldeverfahren: Sobald ein bestimmtes Bit auf „High" wechselt, wird eine Meldung ausgelöst.

Oft ist schon an der Darstellung zu erkennen, welche Meldungen gekommen, gegangen oder quittiert sind (Bild 1). Meist ist die Quittierung mit einem Resetbefehl für die Anlagensteuerung kombiniert.

Rezeptverwaltung

Moderne Maschinen und Anlagen können unterschiedliche Produktformen und Produktgrößen erstellen. Zur Anpassung der Maschine werden Format- oder Rezeptparameter vorgegeben.

Beispielsweise werden bei Müslimischungen die Anteile der Getreideflocken, der Nüsse und der Rosinen vorgewählt. Verpackungsmaschinen können 6 oder 12 Rollen Toilettenpapier in einen Beutel packen, und je nach Beutelgröße müssen mechanische Einstellungen der Maschine vorgenommen werden.

Die Formate oder Rezepte werden parametriert und im Panel oder der Steuerung gespeichert. Besonders wichtig sind die Funktionen Rezept editieren, Rezept kopieren und Rezept wählen. Durch Wahl eines Rezeptes werden die Daten im Arbeitsbereich der Steuerung verändert. Deshalb ist hierfür eine besondere Freigabe erforderlich.

Die Wahl des Formats oder Rezepts darf nur bei Stillstand der Maschine durchgeführt werden.

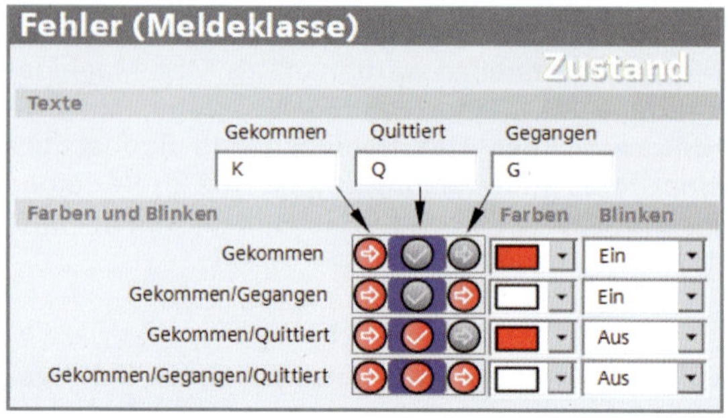

Bild 1: Meldeklasse "Fehler"

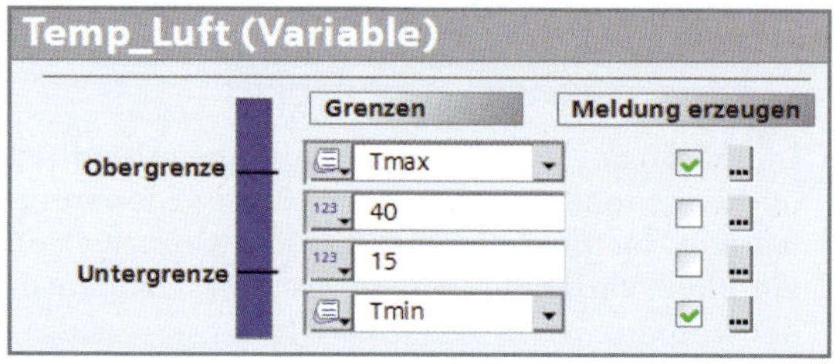

Bild 2: Grenzen einer Variable setzen

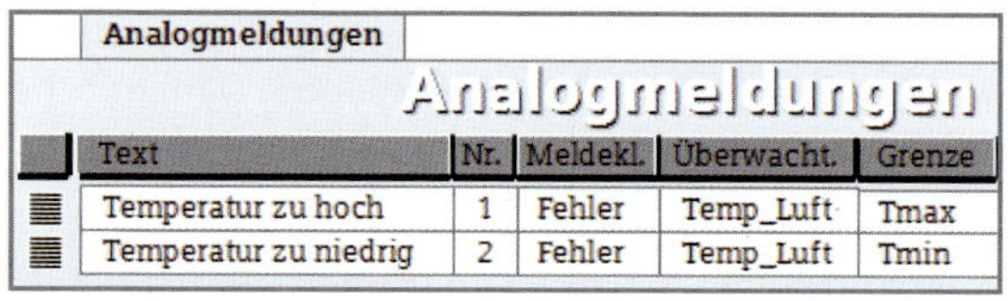

Bild 3: Analogmeldungen

Tabelle 1: Meldeklassen

Klasse	Erläuterungen	Quittierung
Fehlermeldung (Alarm)	Irregulärer Zustand der Anlage, z. B. Temperatur zu hoch	Erforderlich
Statusmeldung, Warnung	Betriebszustand der Anlage, z. B. Automatikbetrieb, Verbrauchsmaterial nachfüllen	Nicht erforderlich
System-, Diagnosemeldung	Informationen über Steuerung, nicht auf die Anlage bezogen	Nicht erforderlich

Wiederholung und Vertiefung

1. **Erläutern Sie die Schritte zur Programmierung eines HMI.**
2. **Nennen Sie Beispiele für Animationen und Ereignisse einer Schaltfläche.**
3. **Entwerfen Sie den Aufbau eines Meldesystems für eine Torsteuerung.**
4. **Nennen Sie Beispiele für die drei Meldeklassen.**
5. **Erläutern Sie die Funktion der Rezeptverwaltung.**

5.2.6 Programmierumgebung CoDeSys

CoDeSys (**Co**ntroller **De**velopment **Sys**tem) ist eine verbreitete Programmiersoftware für Steuerungen, die von der Firma 3S (Smart Software Solution) entwickelt wurde. Die Programmierumgebung kann beim Hersteller kostenfrei bezogen werden. Mit CoDeSys lassen sich Steuerungen nach dem int. Standard IEC 61131-3 programmieren, wobei sich CoDeSys sehr eng an diese Norm hält. Mit CoDeSys können alle Aufgaben wie: Programmierung, Visualisierung, Test, Inbetriebnahme und Dokumentation erledigt werden. Dabei kann die Software herstellerunabhängig programmiert werden. Die Schnittstelle zur realen Steuerung bildet das CoDeSys-Laufzeitsystem. Das Laufzeitsystem für die jeweilige Steuerung ist kostenpflichtig (Bild 1). Die folgende Beschreibung bezieht sich auf CoDeSys V2.

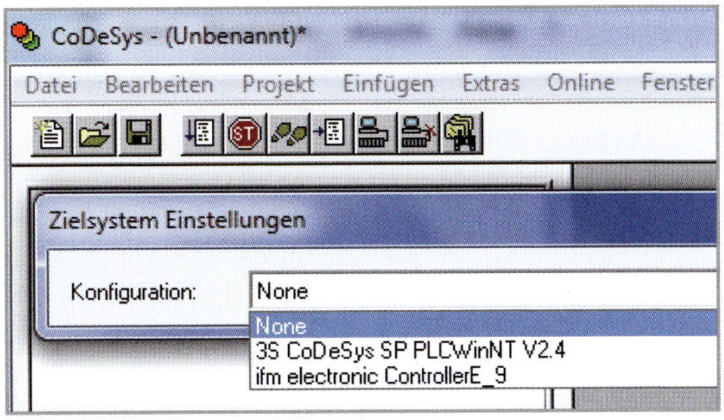

Bild 1: Auswahl der Steuerung

Projekt erstellen

Nach dem Starten von CoDeSys wird mit `Datei➔Neu` ein neues Projekt begonnen. Danach muss die Einstellung des Zielsystems ausgewählt werden **(Bild 1)**. Mit der Einstellung 3S *CoDeSys PLCWinNTV2.4* wird eine SoftSPS auf dem eigenen PC ausgewählt, mit None kann eine Simulation durchgeführt werden.

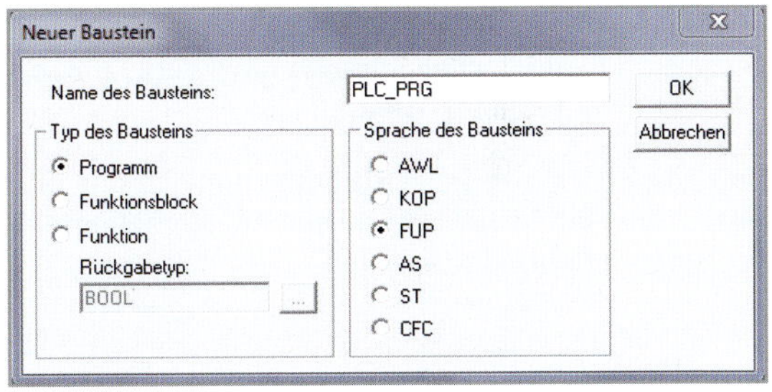

Bild 2: Auswahl des Bausteins und der Bausteinsprache

Nun wird der erste Baustein (Programm) erzeugt, der sich bei CoDeSys PLC_PRG nennt. Dieser Baustein wird zyklisch aufgerufen und ist vergleichbar mit dem OB1 bei STEP 7. Weitere Auswahlmöglichkeiten für Bausteine sind Funktionsblock und Funktion. **Bild 2** zeigt die verfügbaren Programmiersprachen. Dabei handelt es sich um die in der IEC 61131 definierten Programmiersprachen und um den freigrafischen Funktionsplaneditor CFC (**C**ontinous **F**unction **C**hart). Bei CFC werden nicht wie im gewöhnlichen FUP-Editor (Funktionsplan) Netzwerke verwendet, sondern die Elemente können frei platziert werden. Zusätzlich ist eine Abarbeitungsliste für die einzelnen Elemente erforderlich.

Programmieroberfläche

Bild 3 zeigt die Bedienoberfläche von CoDeSys. Das Objektfenster beinhaltet die angelegten Bausteine. Im Editorfenster werden die Bausteine geschrieben, wobei meist mit Variablen gearbeitet wird. Diese werden in einem eigenen Fenster deklariert. Das Meldungsfenster dient zur Ausgabe von Fehlern und Warnungen.

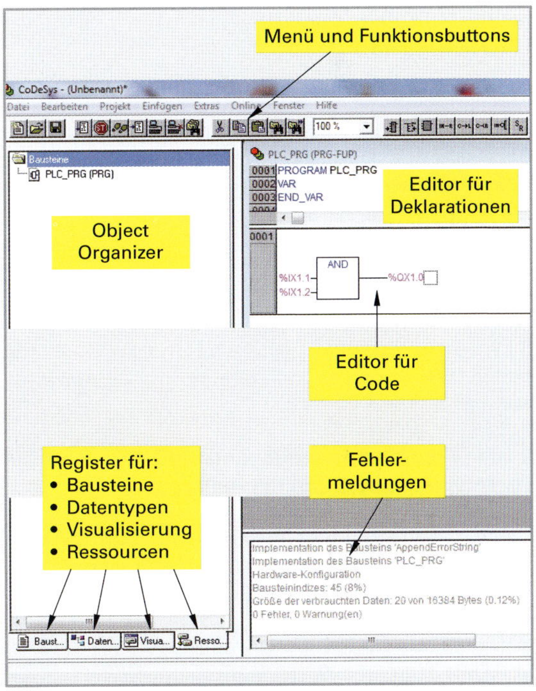

Bild 3: Programmieroberfläche

Bibliotheken für IEC-Bausteine

CoDeSys beinhaltet eine Standardbibliothek (STANDARD.LIB), welche alle Bausteine nach IEC 61131 enthält. Diese unterscheiden sich zum Teil wesentlich von den unter STEP7 bekannten Bausteinen. Die Bibliothek muss über den Bibliotheksverwalter, welcher unter Ressourcen zu finden ist, eingebunden werden. Danach kann bei der Programmierung auf die in **Bild 1** dargestellten Standard-Funktionsblöcke zugegriffen werden.

Die Standard-Funktionen sind ebenfalls nach IEC-Norm in CoDeSys integriert. Wird im Editor ein Baustein eingefügt, so erhält man über die Funktionstaste F2 eine Auswahl aller FUP-Operatoren (neu FBS Funktionsbausteinsprache). Diese sind in englischer Sprache hinterlegt, z. B. als AND, OR, GT (Greater Than).

Es können auch eigene Bibliotheken erzeugt und über den Bibliotheksverwalter in verschiedene Projekte eingebunden werden.

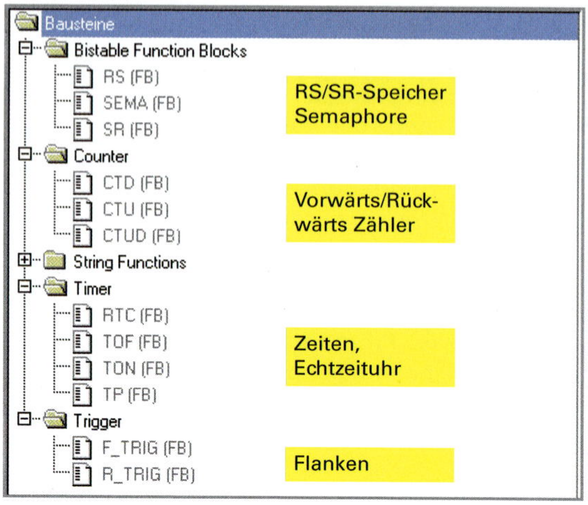

Bild 1: Standfunktionsblöcke nach IEC 61131

Adressierung und Datentypen

Die Syntax der IEC-Adressen (Adressen innerhalb des Prozessabbildes) hat folgende Struktur **(Bild 2)**: Jede Adresse beginnt mit einem Prozentzeichen %, gefolgt von dem „Bereichsvorzeichen". Mögliche Vorzeichen sind:

I für Eingänge, **Q** für Ausgänge und **M** für Merker. Der vorletzte Teil der IEC-Adresse ist der Größen-Bezeichner: **X** oder kein Vorzeichen für einzelne Bits, **B** für Bytes (8 Bit), **W** für Worte (16 Bit) und **D** für Doppelworte (32 Bit). Das letzte Zeichen bezieht sich auf die Nummer der Stelle innerhalb des Bereichs, beginnend mit 0.

Über die Registerkarte: `Ressourcen→ Steuerungskonfiguration` können die realen E/A-Adressen der Steuerung entnommen werden.

In der Programmierumgebung CoDeSys sind die Datentypen nach IEC 61131 realisiert.

Diese unterscheiden sich etwas von STEP7. **Tabelle 1** zeigt die wichtigsten Datentypen mit ihren Wertebereichen und je ein Beispiel dazu.

CoDeSys verwendet mehr Datentypen wie STEP7. In STEP7 können z. B. die Datentypen USINT, SINT, UINT, UDINT und LREAL nicht verwendet werden.

Adressierungsbeispiele

%QX7.5	Ausgangsbit 7.5
%IW215	Eingangswort 215
%QB7	Ausgangsbyte 7
%MD48	Merkerdoppelwort 48

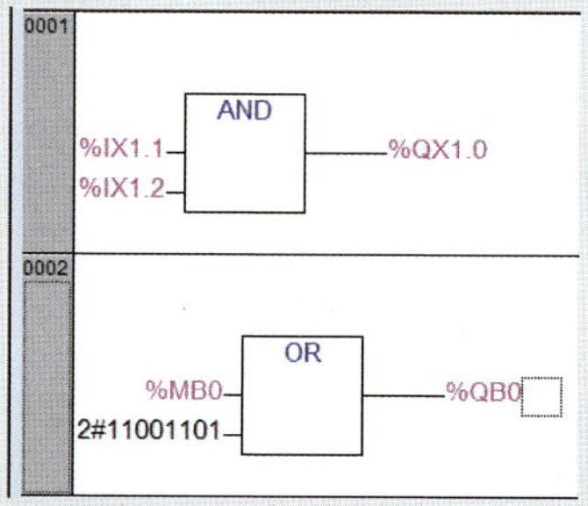

Bild 2: Adressierung

Tabelle 1: Datentypen nach IEC 61131

Typ	Wertebereich	Beispiel
BOOL	0,1	0,1
BYTE,USINT	0 - 255	123
SINT	-128 - 127	-12
INT	-32768 - 32767	2345
WORD,UINT	0 - 65535	64000
DWORD,UDINT	0 - 4294967295	1234567
DINT	-2147483648 - 2147483647	-98765
REAL	1.175.494.351E-38 -3.402.823.466E+38	-12.4
LREAL	2.22507385850720E-308 - 1.79769313486231E+308	1.4E120

Beispiel 1: Programmierung einer Torsteuerung

Eine Torsteuerung soll mit einer SPS realisiert werden **(Bild 1)**. Das Tor wird mit einem Schlüsselschalter betätigt und öffnet dann bis der obere Endlagenschalter (Öffner) aktiviert wird. Nach einer Wartezeit von 10 s schließt das Tor wieder selbsttätig. Während des Schließens wird das Tor mit einer Lichtschranke (Öffner) überwacht.

Wird diese aktiv, so wird das Tor angehalten und wieder geöffnet, im anderen Fall läuft das Tor bis zur unteren Endlage. Wird das Tor bewegt, so soll dies mit einer Warnlampe signalisiert werden. Das Programm soll in FBS in einem bibliotheksfähigen Baustein realisiert werden.

Lösung:

1. Schritt: Baustein FB10 anlegen

Auf Bausteine anklicken **(Bild 2)** und mit rechter Maustaste Objekt einfügen. Funktionsblock FB10 und als Bausteinsprache FUP/FBS auswählen.

2. Schritt: Ein- und Ausgangsvariablen anlegen

Es sollten aussagekräftige Variablennamen verwendet werden. Die Eingänge müssen zwischen VAR_INPUT und END_VAR, statische Variablen zwischen VAR und END_VAR und Ausgänge zwischen VAR_OUTPUT und END_VAR angelegt werden.

Der Datentyp für die Ein- und Ausgänge ist BOOL **(Bild 3)**. Das Anlegen statischer Variablen wird im 3. Schritt beschrieben.

3. Bausteine in FBS einfügen

In das Code Editor Fenster klicken (siehe S. 523 Bild 3) und mit rechter Maustaste ein neues Netzwerk einfügen. Im Netzwerk mit Strg+B einen neuen Baustein einfügen, F2 drücken und in der Auswahl unter: `Standard-Funktionsblöcke STANDARD.LIB` → `Bistabile Function Blocks` einen RS-Speicher auswählen. Der Speicher benötigt eine „Instanz" in der sein Zustand gespeichert werden kann. Diese wird mit einem beliebigen Namen unter den statischen Variablen angelegt.

Der Datentyp entspricht immer dem Bausteinnamen, hier also RS **(Bild 4)**. Wird z. B. eine Einschaltverzögerung benutzt, so hat die Instanz den Datentyp TON, eine steigende Flanke den Datentyp R_TRIG. Ist der Baustein fertig programmiert, so kann er mit F11 übersetzt werden. Im Meldungsfenster erscheinen eventuelle Fehlermeldungen.

4. Baustein in PLC_PRG aufrufen

PLC_PRG öffnen und ein neues Netzwerk einfügen. Einen neuen Baustein einfügen und mit F2 unter: **Definierte Funktionsblöcke** den selbst programmierten Baustein FB10 auswählen und einfügen **(Bild 5)**.

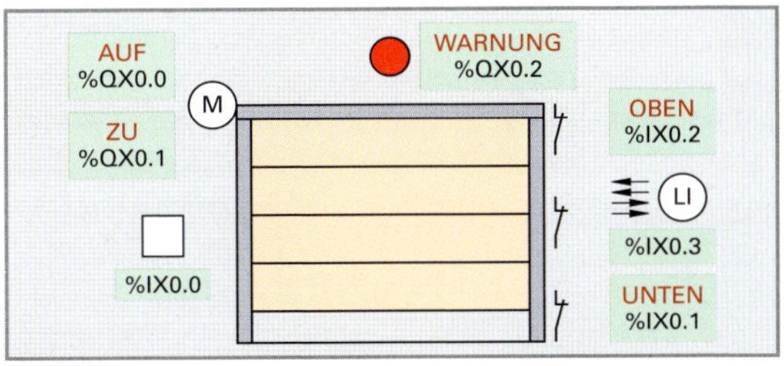

Bild 1: Technologieschema

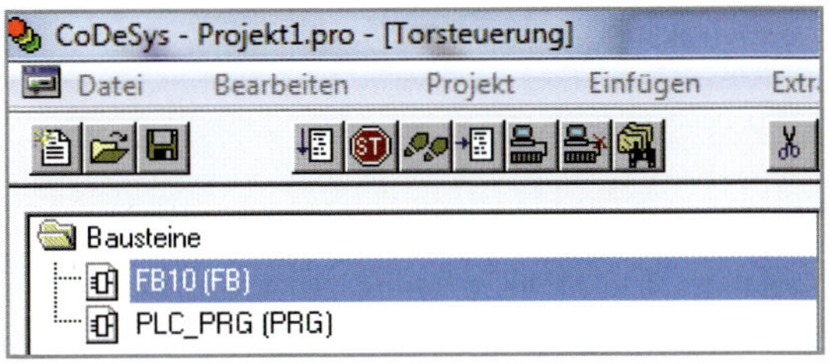

Bild 2: FB10 anlegen

```
FUNCTION_BLOCK FB10
VAR_INPUT
    tor_auf: BOOL;
    es_unten:BOOL;
    es_oben:BOOL;
    lichtschranke:BOOL;
END_VAR
VAR_OUTPUT
    mot_auf:BOOL;
    mot_zu:BOOL;
    warnlampe:BOOL;
END_VAR
```

Bild 3: Ein- und Ausgangsvariablen

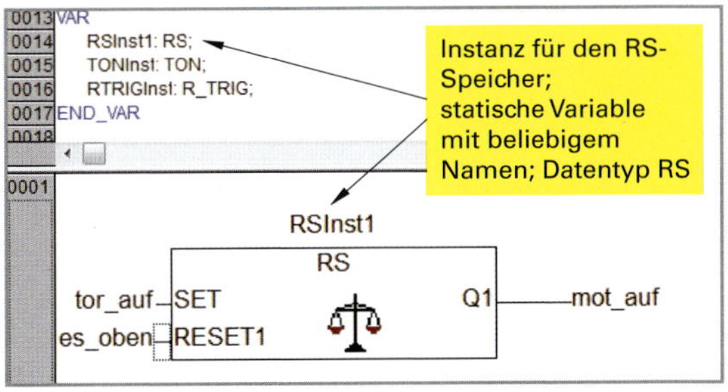

Bild 4: Anlegen einer Instanz

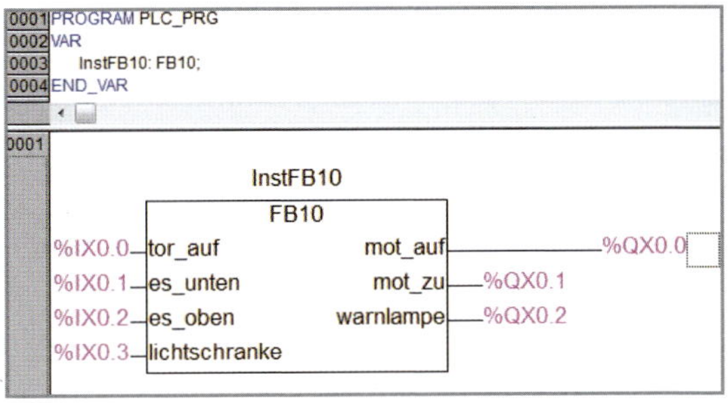

Bild 5: Aufruf eines Bausteins

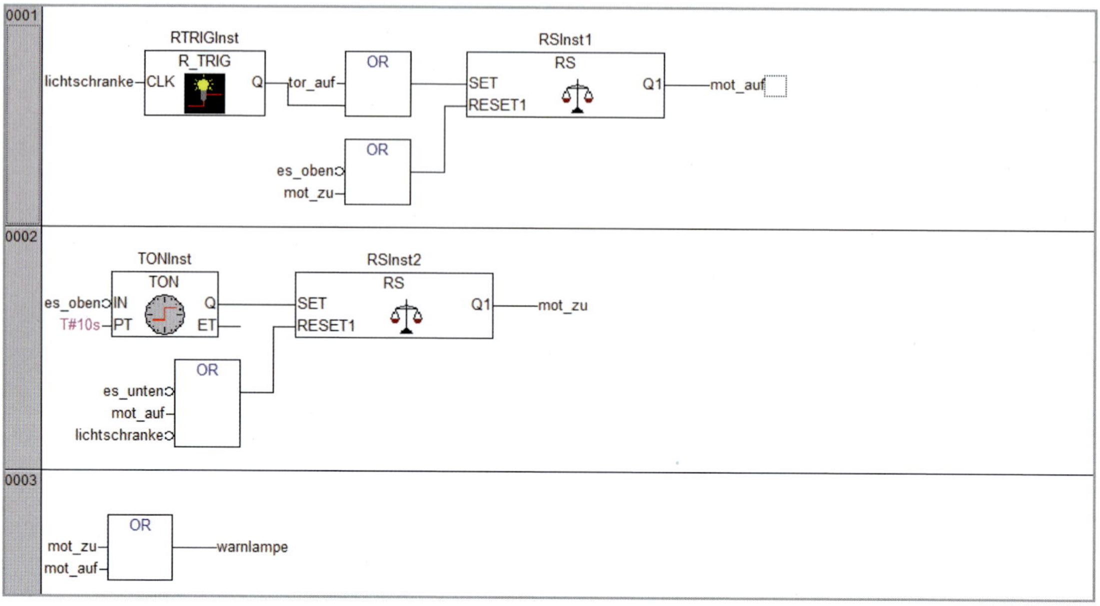

Bild 1: Funktionsplan von FB10

Der vollständige Funktionsplan der Torsteuerung ist in **Bild 1** dargestellt.

Ablaufsprache AS

Die Ablaufsprache ist Teil von CoDeSys. Dabei handelt es sich um eine grafische Programmierung, die zur Strukturierung der Software dient und den zeitlichen Ablauf des Programms beschreibt. Dies vereinfacht die Fehlersuche an komplexen Anlagen. Das Programm besteht aus Schritten mit Aktionen und aus Transitionen (z. B. Start, Bedingung1, ...). Das eigentliche Programm ist an Schritte gekoppelt und kann in FBS, KOP, AWL oder ST (Strukturierter Text) programmiert werden **(Bild 2).** Beginnend mit einem Initial-schritt wird mit **Start** der Ablauf gestartet und dann **parallel** in den Schritten 1 und 3 bzw. 2 und 4 abgearbeitet. Danach endet die Parallelverzweigung.

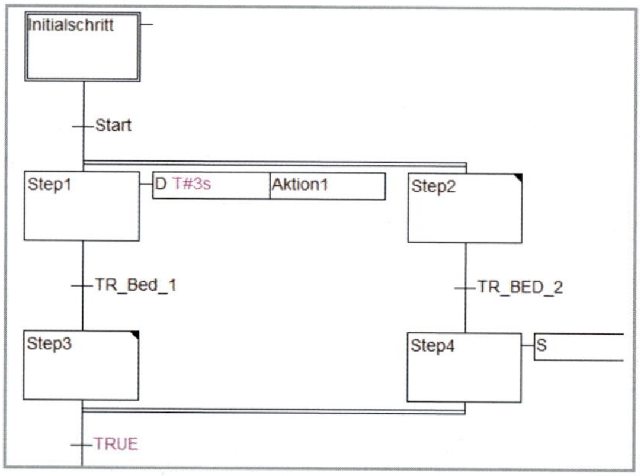

Bild 2: Ablaufsprache AS

Visualisierung

Mit der integrierten Visualisierung von CoDeSys können auf einfache Weise Variablen gesetzt bzw. angezeigt werden. Es besteht die Möglichkeit, unterschiedlichste Elemente zu definieren. Für jedes Element können Eigenschaften wie: Form, Rahmen, Text, Farbe, usw. frei parametriert werden. Jedes Element kann mit einer Variablen verknüpft werden. Außerdem werden z. B. Grafiken, Balkenanzeigen, Zeiger-instrumente, Trendanzeigen oder Scrollleisten zur Einstellung von Variablen bereitgestellt.

Eine einfache Visualisierung der Torsteuerung zeigt **Bild 3**.

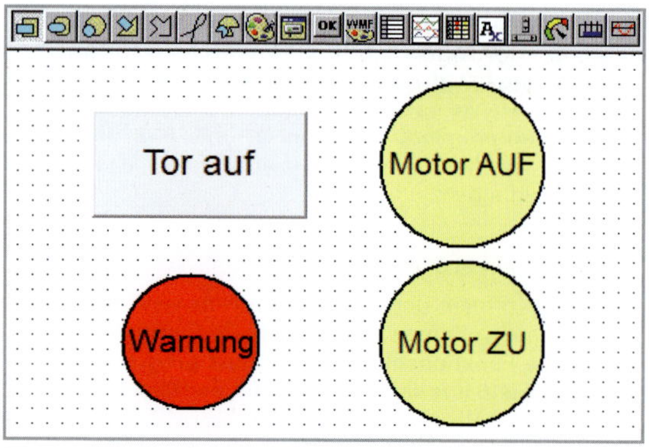

Bild 3: Visualisierung der Torsteuerung

5.2.7 Kleinsteuerung

Kleinsteuerungen (Steuerrelais), Easy und Logo!, verwendet man z. B. zum Steuern von

- Licht, Markisen, Rollläden, Tore,
- Wintergärten und Gewächshäusern.

In der Automatisierungstechnik verwendet man oft Kleinsteuerungen, die z. B. über AS-i-Busleitungen mit der Steuerzentrale verbunden sind.

Kleinsteuerungen gibt es mit verschiedenen Arten von Eingängen **(Tabelle 1)**.

Mit Kleinsteuerungen können kombinatorische und sequenzielle Schaltfunktionen so wie eine Analogwertverarbeitung realisiert werden.

Tabelle 1: Kenngrößen von Kleinsteuerungen

Kenngrößen	Anzahl, Erklärung
Schalteingänge	6 bis 24
Schaltspannungen	12 V, 24 V DC und 230 V AC
analoge Eingänge	2 bis 12, mit AD-Umsetzer
AS-i-EA	4 AS-i-Verbindungen
Ethernet-Schnittstelle	8 Geräte und SPS S7 mit Webserver vernetzbar 10/100 Mbit/s
Schaltausgänge	4 bis 12 mit Transistor oder Relais
Schaltleistungen	1 A bei 8 V bis 24 V DC, 8 A bis 20 A bei 230 V AC
Verlustleistung	2 W bis 7 W, 2 VA bis 7 VA

Programmieren einer Kleinsteuerung Logo!

Programme für das Schalten mit Kleinsteuerung (Schaltprogramme) können über ein Tastenbedienfeld an der Kleinsteuerung (Steuerung) erstellt werden **(Bild 1)**. Das Schaltprogramm wird beim Erstellen im Steuerrelais in einem EEPROM-Modul gespeichert. Die Programmausführung wird durch Anwählen des Menüpunktes Start mit der Pfeiltaste ▼ und Betätigen des Tasters yv gestartet (Bild 1).

Die Programmierung am Tastenbedienfeld ist mühsam und wird deshalb selten verwendet.

Meist verwendet man einen PC mit einer entsprechenden Programmiersoftware. Das Schaltprogramm wird am PC erstellt, gespeichert und der Programmablauf zum Testen im PC simuliert. Ist das Programm fehlerfrei, wird es zur Kleinsteuerung übertragen und im EEPROM gespeichert. Umgekehrt kann man auch ein Schaltprogramm aus dem EEPROM auslesen und im PC weiterbearbeiten. Manche Kleinsteuerungen haben kein Tastenbedienfeld mehr, sondern nur noch einen EIN-AUS-Schalter. Diese Geräte können nur noch mit dem PC programmiert werden.

Kleinsteuerungen können über Tastenbedienfelder oder mit dem PC programmiert werden.

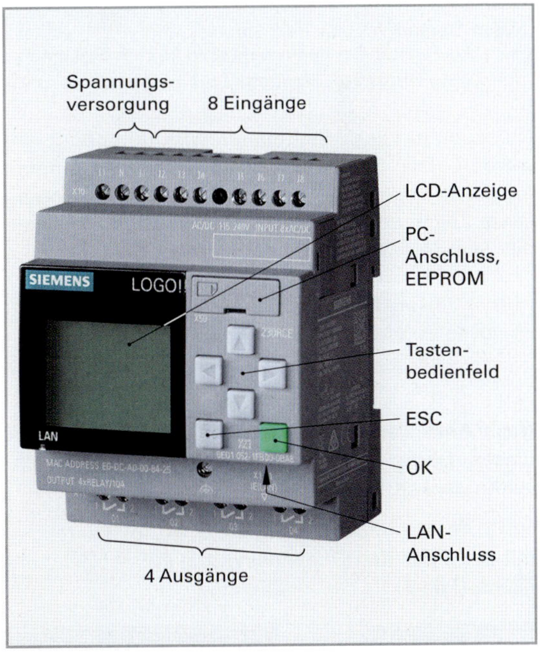

Bild 1: Kleinsteuerung Logo!

Funktionsumfang

Für das Erstellen von Schaltprogrammen verwendet man die Menüs Co Connectoren, GF Grundfunktionen und SF Sonderfunktionen **(Tabelle 2)**. Zusätzlich haben die meisten Steuerungen eine große Anzahl von Sonderfunktionen, mit denen zeitabhängige Steuerungen realisierbar sind. Komparatoren und Schwellwertschalter finden z. B. Anwendung für die Ladesteuerung der Akkumulatoren von Solaranlagen.

Tabelle 2: Funktionen in Kleinsteuerungen

Menüs	Menüauswahl
Connectoren (Co)	Anschlusselemente. Eingänge (I, Ia), Ausgänge (Q, Qa), Pegel High (hi), Pegel Low (lo).
logische Grundfunktionen (GF)	UND, ODER, NAND, NOR, XOR, NOT
Sonderfunktionen (SF)	Ansprech-, Rückfallverzögerung, Vor-, Rückwärtszähler, Zeitschaltuhr, Betriebsstundenzähler, Stromstoßrelais, Selbsthalterelais, Taktgeber.
Analogsignalverarbeitung	Schwellwertschalter, Komparator.

Anwendung der Kleinsteuerung Logo!

Eine Wechselschaltung kann z. B. durch ein mit zwei Schließern beschaltetes Kleinsteuergerät Logo! ersetzt werden. Die Kleinsteuerung Logo! wird mit zwei Schließern S1 und S2, der Lampe E1 beschaltet und an die Leiter L und N angeschlossen **(Bild 1)**.

Für die Schaltung wird eine einfache Kleinsteuerung benötigt, z. B. mit 6 Eingängen und 4 Ausgängen. Zum Auswählen startet man die Software Logo!Soft. Es erscheint das Hauptfenster **Bild 2**.

Übung 1: Wählen Sie das Gerät Logo! aus dem Menü OBAO Standard aus.

Lösung:
Nach Doppelklick auf das Gerätesymbol öffnet sich das Fenster Geräteauswahl **(Bild 2)**. Hier klickt man im Zweig OBAO auf Standard und bestätigt mit OK.

Nun kann mit der Schaltplanentwicklung begonnen werden. Die Schaltung besteht aus Eingängen, logischen Verknüpfungselementen und Ausgängen. Diese Zeichenelemente wählt man durch Anklicken der Symbole Navigationsbereich von **Bild 3**.

Übung 1: Platzieren Sie nach Anwahl **Bild 3** einen Eingang auf der Zeichenfläche.

Lösung: **Bild 3**

Nach Anklicken des Symbols Co werden die für dieses Gerät vorhandenen Verbindungsmöglichkeiten gezeigt (Bild 2).

Nach Anklicken der Schaltfläche I platziert man mit der Maus das Eingangssymbol auf der Zeichenfläche (Bild 3).

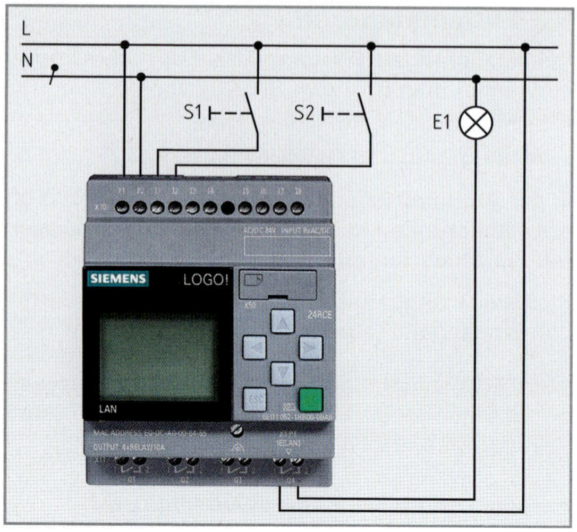

Bild 1: Schaltskizze für eine Wechselschaltung mit Kleinsteuerung Logo!Soft

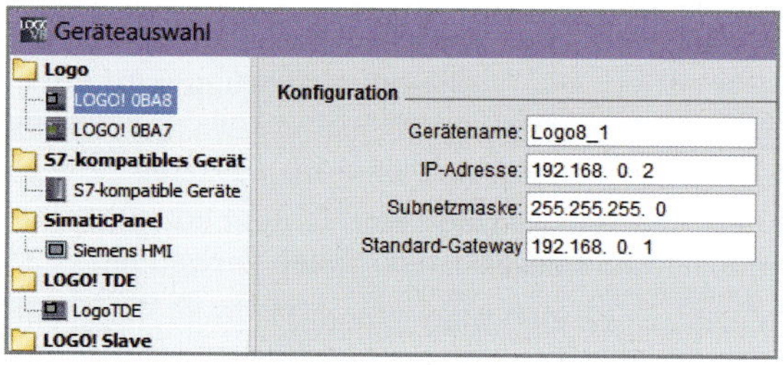

Bild 2: Ausschnitt aus dem Fenster Geräteauswahl

Betätigt man die rechte Maustaste, erscheinen die Markierungsquadrate (rote Anfasser), mit denen man das Schaltzeichen mittels „drag und drop" an die richtige Stelle setzen kann.

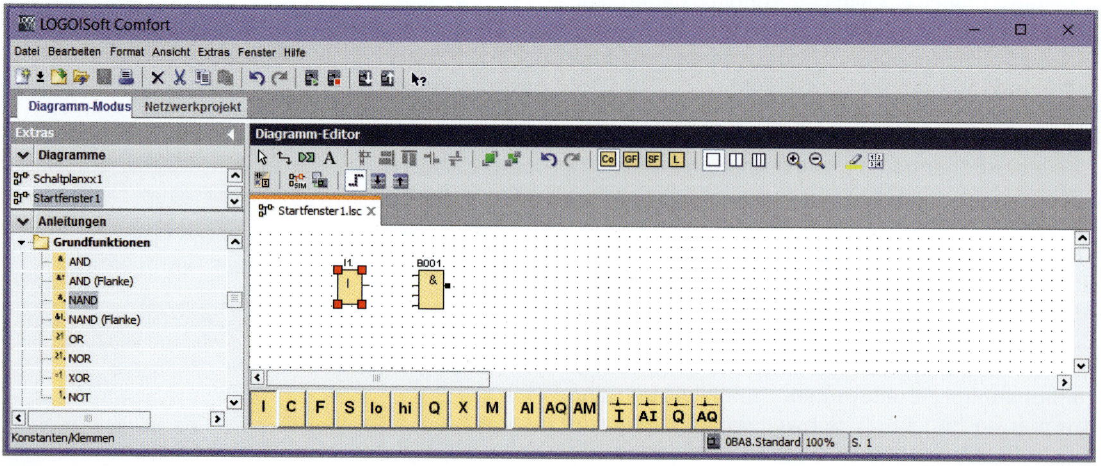

Bild 3: Hauptfenster von Logo!

Nach dem Platzieren der zwei Eingangselemente I (Input) und des Ausgangselementes Q (Output) wählt man durch Anklicken von GF die Schaltzeichen für die Verknüpfungen aus **(Bild 1)**.

Übung 1: Schaltung entwerfen
Erstellen Sie die Wechselschaltung mit Logo! für Bild 1, vorhergehende Seite.
Lösung: **Bild 1**

Zusätzlich zu den Elementen UND, ODER und NICHT benötigt man für die Beschaltung der 3. Eingänge der UND-Elemente und des ODER-Elementes zwei Elemente hi und ein Element lo.

Nach Anklicken des Symbols können die Verbindungen zwischen den Bauelementen hergestellt werden. Dazu fährt man mit dem Cursor z. B. auf den Ausgang des Eingangselementes I, drückt die linke Maustaste und zieht bei gedrückter linker Maustaste die Linie bis zum Eingang des UND-Elementes B01 (Bild 2). Nach Loslassen der Maustaste ist die Verbindung eingefügt. Um Kommentare zu ergänzen klickt man auf das Symbol A (Bild 1) und fügt z. B. die Bezeichnungen für die Anschlüsse von Schaltern und Leuchtmittel ein. Anschließend wird die Schaltung getestet.

Übung 1: Schaltung simulieren
Simulieren Sie die Wirkungsweise der Schaltung Bild 2 durch einen Testlauf.
Lösung: Zur Simulation der Schaltung klickt man auf das Symbol **(Bild 2)**. Mit der Maus kann durch Anklicken der Schaltersymbole geprüft werden, ob die Lampe bei entsprechender Schalterstellung leuchtet.

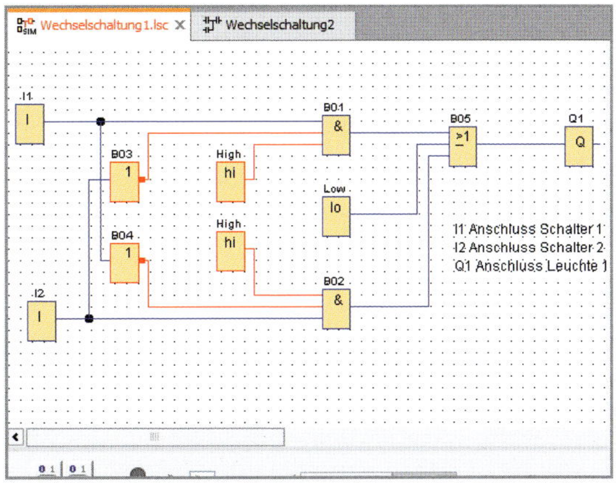

Bild 2: Simulation der Funktion des Schaltprogramms

Nach dem Testlauf überträgt man das Schaltprogramm mittels serieller Datenübertragung in das Steuerrelais. Hierzu wird die Zeile `Übertragen` des Menüpunktes `Extras` gewählt und `PC -> Logo!` angeklickt. Damit ist das Steuerrelais programmiert und als Wechselschaltung betriebsbereit.

Wiederholung und Vertiefung

1. **Wie programmiert man eine Kleinsteuerung?**
2. **Nennen Sie die Arten von Funktionsblöcken.**
3. **Welche Funktionen haben die Menüs Co, GF und SF ?**
4. **Welche Schritte sind zur Schaltprogrammerstellung notwendig?**

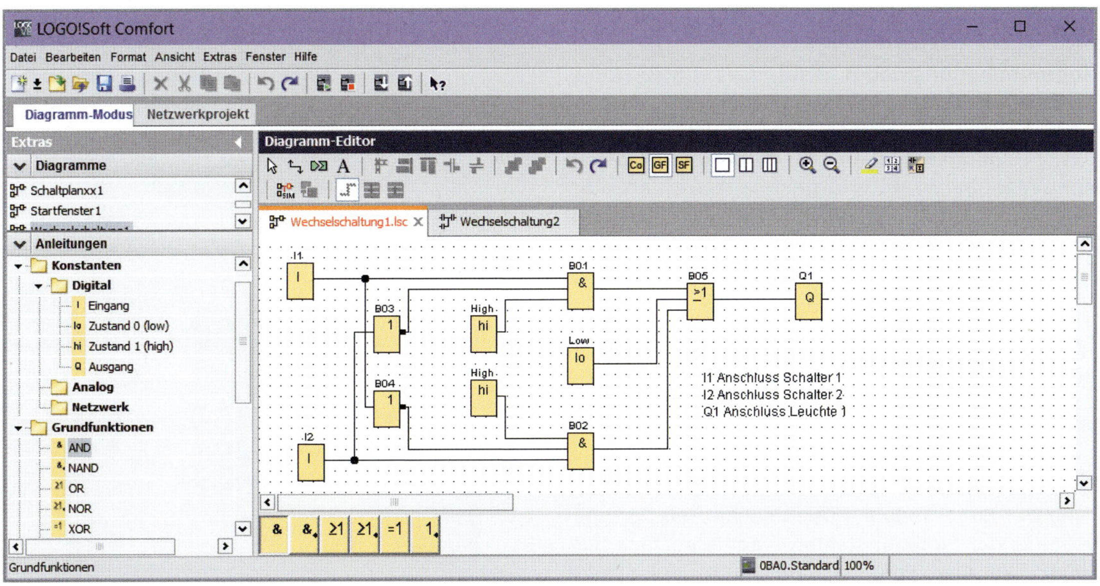

Bild 1: Grundfunktionen und Funktionsplan der Wechselschaltung mit Kleinsteuerung

Logo!-Produktfamilie

Eigenschaften der Logo!-Grundmodule. Die Grundmodule sind für die Anschlussspannungen 12 V DC, 24 V AC/DC, und 115/230 V AC/DC lieferbar. Alle Grundmodule enthalten eine Ethernet-Schnittstelle sowie einen Webserver. Dadurch können sie untereinander oder auch mit Simatic S7-Systemen kommunizieren.

Logo! Basic ist das Grundgerät mit Display und Tastenbedienfeld das manuell, vom PC oder der Logo-App aus programmierbar ist.

Logo! Pure hat aus Kostengründen kein Display und kein Tastenbedienfeld **(Bild 1)**. Das Modul kann also nur vom PC mit dem Programm Logo!soft programmiert werden.

Digitale Erweiterungsmodule ermöglichen eine Erweiterung der Schaltfunktionen um z. B. vier Eingänge und 4 oder acht Ausgänge **(Bild 2, links)**.

Analogmodule für DC gibt es für zwei Analogeingänge **(Bild 2, rechts)**. Es können z. B. Eingangsspannungen von 0 V bis 10 V, Eingangsströme von 4 mA bis 20 mA oder Pt100-Signale für Temperaturbereiche von – 50 °C bis 200 °C verarbeitet werden. Die Auflösung beträgt 10 bit, die auf Werte von 0 bis 1000 umgerechnet (normalisiert) werden.

Kommunikationsmodul CMR. Das CMR (Communication Module Radio) hat einen LTE-Zugang und ermittelt die Position per GPS **(Bild 3)**. Über das Mobilfunknetz können dezentrale Anlagen per SMS überwacht und gesteuert werden oder Alarmmeldungen veranlasst werden. Dazu sind Antennen für den GPS-Anschluss und den GSM-Anschluss notwendig.

Logo!8-Text-Display (HMI). Das Textdisplay stellt eine Schnittstelle zwischen Logomodulen und dem Maschinenbediener dar (HMI von Human-Machine Interface). Das Display wird z. B. in Fronttafeln eingebaut. Es kann sechs Zeilen Text mit bis 20 Zeichen je Linie darstellen **(Bild 4)**. Zur Steuerung der Logomodule gibt es sechs Standardtasten und vier Funktionstasten (Tactile surface buttons). Der Anschluss an das Logomodul erfolgt über einen Ethernet-Anschluss.

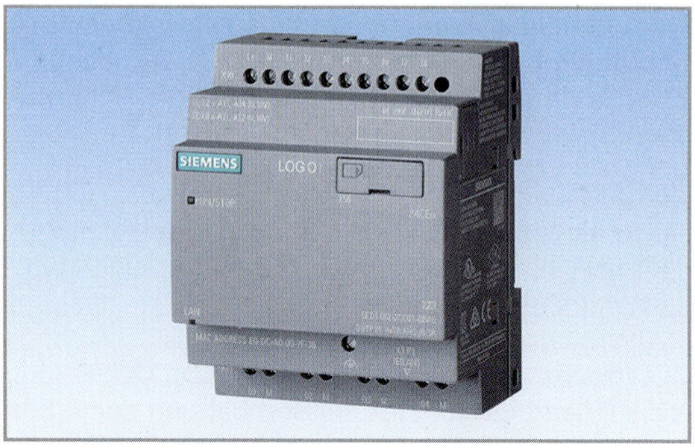

Bild 1: Logo!8 Pure

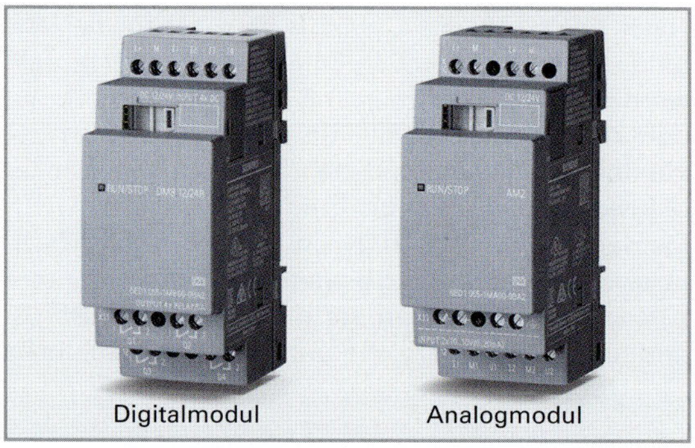

Bild 2: Erweiterungsmodule

Bild 3: CMR-Modul

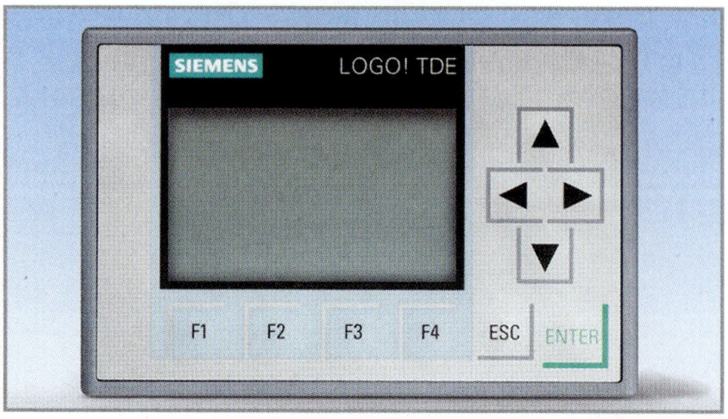

Bild 4: Logo!8-Text-Display

5.3 Fernwirktechnik

5.3.1 Fernwirken und Fernüberwachen

Als Fernwirken bezeichnet man die Überwachung physikalischer Vorgänge und jede Art einer Einwirkung auf einen Vorgang von einem entfernten Ort aus. Fernwirken wird in Sendestationen, Energiegewinnungsanlagen, Energieverteilungsanlagen, Umspanneinrichtungen, in Zugleitsystemen der Bahn sowie bei der Wasserversorgung angewendet. Zum Fernwirken gehören Fernüberwachen und Fernsteuern.

Unter Fernwirken versteht man Fernüberwachen und Fernsteuern.

Beim Fernüberwachen (Fernanzeigen) werden Signalzustände über Fernwirkkanäle vom Fernwirkobjekt zur Fernwirkzentrale übertragen **(Bild 1)**. Die Melderichtung ist also vom Fernwirkobjekt zur Fernwirkzentrale. So lassen sich Objekte fernüberwachen, z. B. kann der Wasserstand eines Staubeckens abgefragt werden **(Tabelle 1)**.

In den Fernwirkobjekten, z. B. in Stromzählern, Wärmezählern oder Gaszählern, erzeugen Sensoren die zu überwachenden Signale. Fernwirkunterstationen senden die Signale zur Auswertung an die Zentrale. Hier wirken Messkarten in PC als Empfänger.

Beim Fernsteuern werden Befehle über Fernwirkkanäle zum Fernwirkobjekt übertragen **(Tabelle 2)**. Die Befehlsrichtung ist also von der Fernwirkzentrale zum Fernwirkobjekt. So können Objekte ferngesteuert, z. B. eine Maschine, eingeschaltet oder eingestellt werden. Als Sender steuern PCs die Aktoren am entfernten Fernwirkobjekt.

Die Fernwirkverbindungen können über verschiedene Arten von Leitungen, z. B. Kupferleitungen oder Glasfaserleitungen, oder über Funkverbindungen erfolgen **(Bild 2)**. Der Pfeil an den Schaltzeichen von Fernwirkgebern und Fernwirkempfängern gibt die Wirkungsrichtung an. Bei kürzeren Entfernungen verwendet man auch Bussysteme, z. B. den PROFIBUS oder den AS-i-Bus (Abschnitt 4.8.4.6). Für das Schalten von Geräten ohne Rückmeldung genügt eine Simplexverbindung. Diese kann als Leitung oder als Funkverbindung ausgeführt sein (Bild 2). Ein Bussystem wird im Schaltzeichen durch ein liegendes E gekennzeichnet (Bild 2). Oft ist eine sofortige Rückmeldung von der gesteuerten Anlage nötig. Dann verwendet man Zweirichtungsverbindungen (Duplexverbindungen). Fernwirkzentrale und Unterzentralen verwenden ebenfalls Duplexverbindungen.

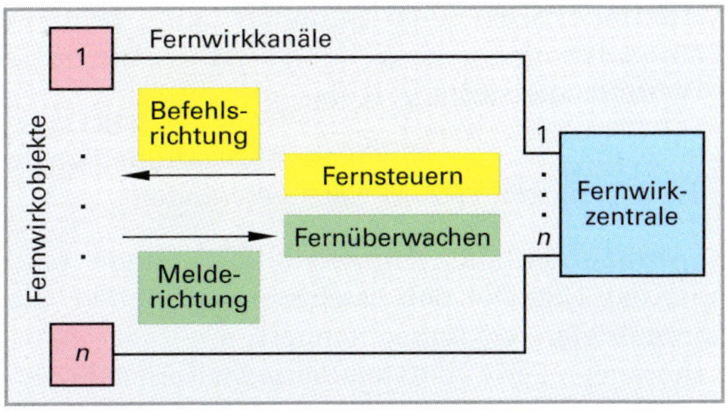

Bild 1: Prinzip der Fernwirktechnik

Tabelle 1: Fernüberwachung über Meldeeinrichtungen	
Art	Signalarten, Anwendung
Fernanzeigen	Signalzustände Ein/Aus übermitteln. Für Alarmübermittlungen bei Feuer, Maschinenstörungen, Senderausfall.
Fernmessen	Signale mit diskreten Werten übermitteln. Für Fernablesen von Zählern bzw. Messgeräten, z. B. für Wasser.

Tabelle 2: Fernsteuern über Befehlseinrichtungen	
Art	Signalarten, Anwendung
Fernschalten	Ein-, Ausschalten bei räumlicher Trennung, z. B. von Beleuchtungen oder Heizungen.
Ferneinstellen	Einstellen von Geräten mit Signalen mit diskreten Werten. Für Betriebsinformationen, Parkleitsysteme.

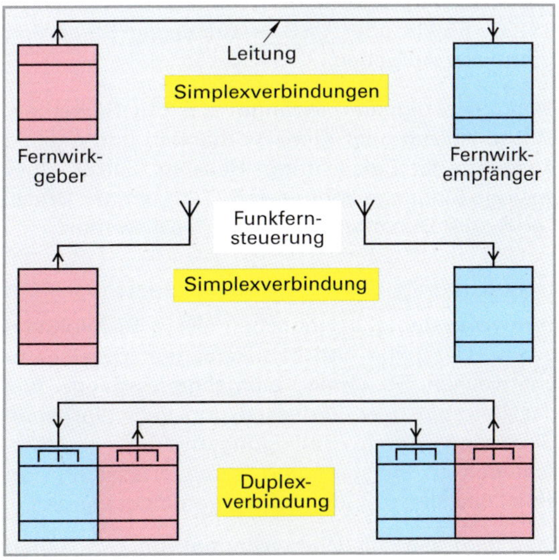

Bild 2: Datenübertragungsarten der Fernwirktechnik

Moderne Fernwirkeinrichtungen mit großem Datenaufkommen verwenden auch öffentliche Übertragungsdienste, z. B. das Internet.

Als Netze werden Telekommunikationsdienste oder das Funknetz (GSM-Netz) verwendet.

Kopfstationen und Fernwirkunterstationen sind über das Netz mit den Leitstellen verbunden. Sie konzentrieren die Datenmengen von zusammengehörenden Fernwirkunterstationen. Kopfstationen und Fernwirkunterstationen benutzen z. B. Modems für die Datenübertragung von und zu den Objekten. Für Sonderfälle sind auch drahtlose Übertragungen mit GSM-Funkmodems möglich. So kann z. B. mit einer SMS-Meldung auf dem Handy der Wartungstechniker direkt über eine gestörte Anlage informiert werden.

Kopfstationen und Fernwirkunterstationen verbinden die zu überwachenden Objekte mit dem Netz.

Die Fernwirkunterstationen fassen die Sensorsignale der einzelnen Geräte zusammen und bereiten diese Signale entsprechend der geforderten Übertragungsgeschwindigkeit mit entsprechenden Schnittstellen für die Übertragungsstrecke auf.

Fernwirkunterstationen stellen die Schnittstellen für die verwendeten Übertragungsstrecken zur Verfügung.

Es werden verschiedene Schnittstellen und Anschlussmöglichkeiten verwendet. Schnittstellen RS232, RS485 oder USB erlauben die Steuerung komplexer Aufgaben.

Meist sind digitale Eingänge, z. B. für Sicherheit, Zutritt, Aufzug oder Klima vorhanden und digitale Ausgänge für Beleuchtung, Heizung, Zutritt. Über analoge Eingänge können z. B. Temperatur, Druck, Pegel oder Durchflussmengen erfasst werden.

Fernüberwachen im Bereich Gebäudemanagement

Fernwirksysteme ermöglichen es, z. B. Wohngebäude, Geschäfte und Fabrikanlagen (Objekte) zu überwachen. So können einmalige Vorgänge, wie das Betreten oder Verlassen von verschlossenen Gebäuden durch Bewegungsmelder, Kontaktschleifen an Fenstern und Türen erfasst und an eine Leitstelle, z. B. die Polizei, gemeldet werden.

Dies wird z. B. zur Überwachung von Geschäften verwendet. Auch regelmäßig anfallende Aufgaben,

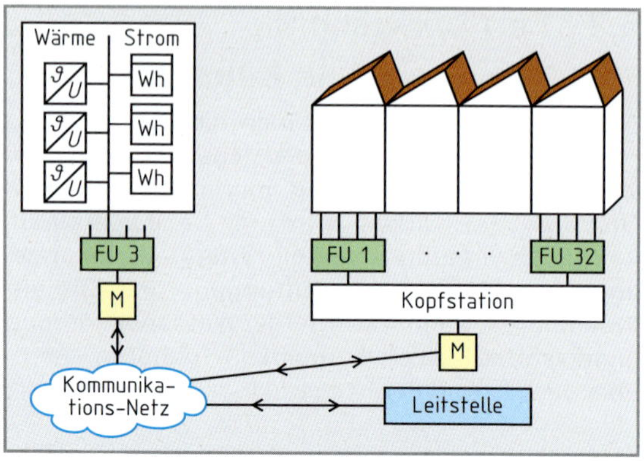

Bild 1: Prinzip der Fernüberwachung

z. B. die Überwachung oder Steuerung von Heizungsanlagen, können durch Fernabfrage erledigt werden. Im Smarthome-Bereich werden Heizung und Licht durch Apps von Smartphonen über Internet, den Haus-Router und entsprechende Aktoren an den zu steuernden Geräten eingestellt.

Leitstellen dienen zur Erfassung und Auswertung der eingehenden Meldungen **(Bild 1)**. Sie bestehen z. B. aus einem PC mit angeschlossenen Leittafeln zur Darstellung des überwachten Gebietes mit eingeblendeten Daten. Zusätzlich können die Leitstellen Aufgaben wie die Auswertung der Daten der angeschlossenen Gebäude erledigen. So können Zählerstände erfasst und entsprechend die Rechnungen für den Verbrauch von Heizenergie oder elektrischer Energie erstellt werden.

Leitstellen koordinieren die Überwachung von Objekten.

Leitstellen sind über Netze mit den Fernwirkkopfstationen und Fernwirkunterstationen (FU) verbunden.

Wiederholung und Vertiefung

1. **Was versteht man unter Fernüberwachen?**
2. **Wodurch unterscheiden sich Fernanzeigen und Fernmessen?**
3. **Welche Datenübertragungsarten werden bei der Fernwirktechnik verwendet?**
4. **Welcher Unterschied besteht zwischen Fernschalten und Ferneinstellen?**
5. **Welche Netze benutzt man beim Fernwirken?**
6. **Nennen Sie Schnittstellen, die in der Fernwirktechnik verwendet werden.**
7. **Wozu werden Kopfstationen verwendet?**
8. **Welche Aufgabe hat eine Leitstelle?**

5.3.2 Elektrizitätszähler

Induktionszähler

Aus dem gemessenen Laststrom und der Netzspannung werden Magnetfelder induziert, die eine Aluminiumscheibe in eine Drehbewegung versetzen. Ein angekoppeltes Zählwerk zeigt die elektrische Arbeit in kWh an **(Bild 1)**. Ab 2010 sind diese Zähler nach dem Energiewirtschaftsgesetz (EnWG) bei Neubauten und Modernisierungen durch elektronische Zähler zu ersetzen, die sich für Smart Grids (intelligente Stromnetze) eignen.

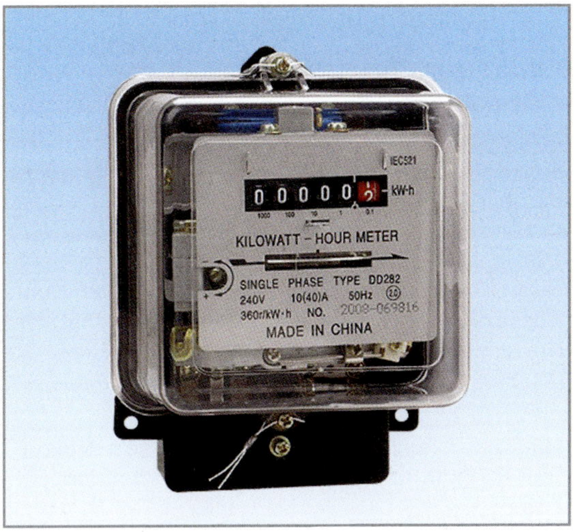

Bild 1: Induktionszähler

Elektronische Haushaltszähler (eHZ)

Elektronische Zähler gibt es als Einphasen-Wechselstromzähler und als Drehstromzähler. Der Zähleranschluss ist werkzeuglos und ohne Stromunterbrechungen durchführbar, da die Anschlüsse als Steckkontakte ausgeführt sind. Die Zähler sind für Ströme bis 60 A direkt verwendbar.

Einphasen-Wechselstromzähler gibt es z. B. als Einrichtungszähler und als Zweirichtungszähler **(Bild 2)**.

Das Leistungsschild enthält die Bereiche

① Angabe zum VNB, Zählernummer und die Impulszahl je kWh,

② Datenschnittstelle mit optischem Impulsausgang, Zählimpulse und Daten auslesbar,

③ Display, zeigt die Energiemenge an. Beim Zweirichtungszähler werden die positive (bezogene) und die negative (gelieferte) Wirkenergie getrennt angezeigt. Richtungsanzeige auf dem Display,

④ Angaben zu den Zählerdaten, auch als QR-Code,

⑤ Public Key mit 384-Hex-Stellen für die Verarbeitung mit zertifizierter Software, z. B. Rechnungsdaten, Zählerstände, Zählernummer.

⑥ Plombierung.

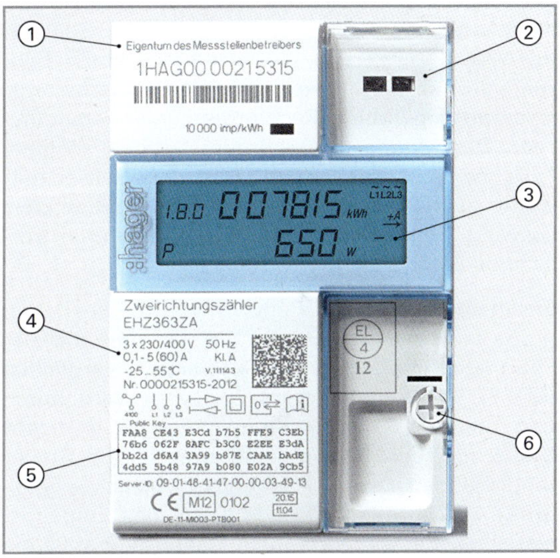

Bild 2: Elektronischer Haushaltszähler (eHZ)

> ⓘ Elektronische Zähler haben im Vergleich zum Induktionszähler zusätzliche Messfunktionen.

Der VNB kann mittels eHZ-Funkaufsatz, der auf den Zähler aufgesteckt wird, auf die Zählerdaten, z. B. die momentane oder maximale Leistung zugreifen **(Bild 3)**. Der Zähleraufsatz kann batteriebetrieben 2,5 Jahre im Frequenzbereich 868,3 MHz senden

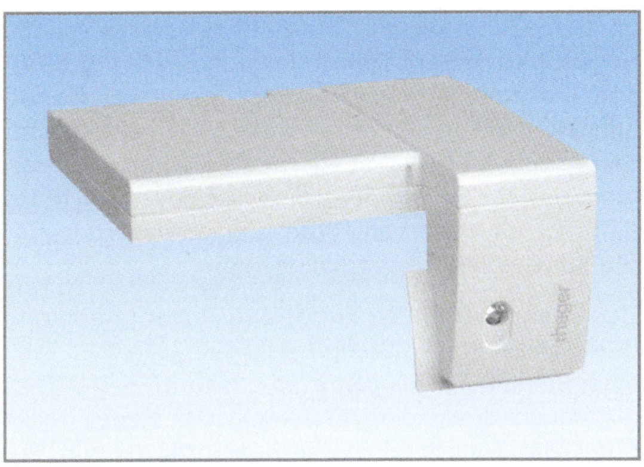

Bild 3: eHZ-Funkaufsatz

> ⓘ Elektrizitätszähler messen die elektrische Arbeit.

5.4 Regelungstechnik

5.4.1 Grundbegriffe

Bei einer Dusche ist erwünscht, dass die Wassertemperatur konstant bleibt **(Bild 1)**. Die zu regelnde Größe, die *Regelgröße*, ist also die Wassertemperatur. Ihr Wert wird sensorisch fortlaufend erfasst und abhängig von der Wassertemperatur, der *Führungsgröße*, durch Verstellen des Mischers beeinflusst. Dabei wird angestrebt, dass die erreichte Wassertemperatur, der *Istwert*, möglichst der Wunschtemperatur, dem *Sollwert*, entspricht. Die gesamte Einrichtung Bild 1 bildet einen *Regelkreis*.

Bei einer Regelung ist stets eine Kreisstruktur mit Rückführung der Regelgröße vorhanden.

Bei Störung des Regelkreises, z. B. durch Kaltwasserentnahme im Nebenraum *(Störgröße)*, entsteht wieder ein Unterschied zwischen Sollwert der Wassertemperatur (Wunschtemperatur = Führungsgröße) und Istwert der Wassertemperatur (Wassertemperatur = Regelgröße), die *Regeldifferenz*. Der Mischer muss erneut betätigt werden. Falls dies zu hastig erfolgt, wird das Wasser entweder zu heiß oder zu kalt, d. h. der Regelkreis schwingt. Vermeiden kann man dies durch vorsichtige Betätigung des Mischers.

In einem technischen Regelkreis wird die Regelgröße x mit einem Sensor erfasst und mit der Führungsgröße w durch Subtraktion verglichen **(Bild 2)**. Die Regeldifferenz $e = w - r$ wird durch den Regler in die Reglerausgangsgröße m zur Steuerung der Regelstrecke durch den Steller umgewandelt. Dessen Ausgangsgröße ist die Stellgröße y. Die Stellgröße y ist auch das Eingangssignal der Regelstrecke. Ihr Ausgangssignal ist die Regelgröße x.

Im Beharrungszustand eines Regelkreises ist die Regeldifferenz sehr klein oder null. Treten Störungen auf oder ändert sich die Führungsgröße, so entstehen Regeldifferenzen, die über die veränderten Stellgrößen y ausgeregelt werden. Zur Vermeidung des Schwingens eines Regelkreises muss dafür gesorgt werden, dass die Veränderung der Stellgröße nicht zu schnell erfolgt.

Der vereinfachte Wirkungsplan einer Regelung **(Bild 3)** fasst Steller, Stellglied und Strecke (Bild 2) zu einer Einheit, der *Regelstrecke*, zusammen. Der *Regler* steuert direkt die Verstellung der Regelstrecke durch das Stellsignal m. Die Regelgröße x wird zur Rückführungsgröße r und somit gilt: $e = w - x$.

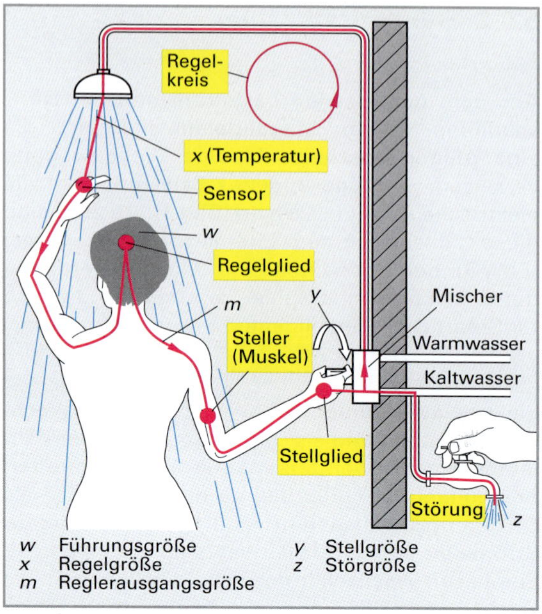

Bild 1: Manuelle Regelung der Wassertemperatur

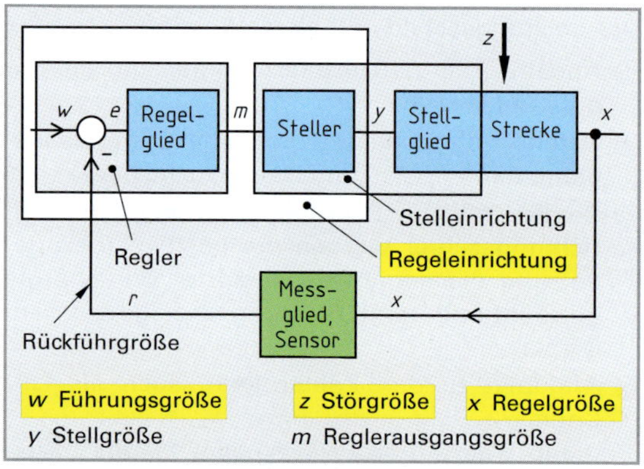

Bild 2: Regelkreis mit Regler, Steller, Strecke und Messglied (DIN 60050-351[1])

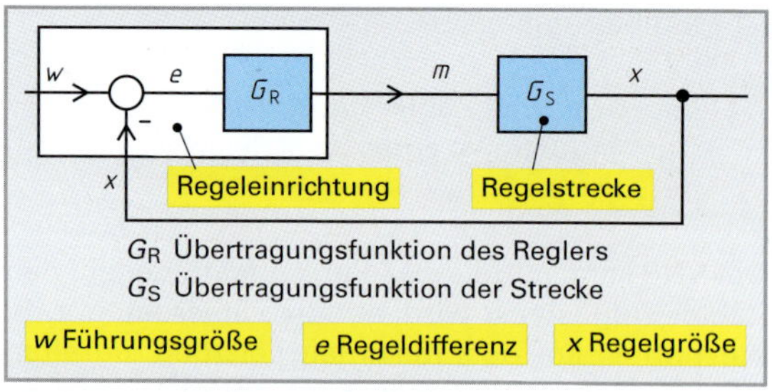

Bild 3: Vereinfachter Wirkungsplan einer Regelung

[1] Die bisherige Norm DIN 19 226 ist ersetzt durch DIN IEC 60050-351 „Internationales Elektrotechnisches Wörterbuch". Die Änderungen betreffen vor allem Formelzeichen u. a.: v = Ausgangsgröße, u = Eingangsgröße, m = Reglerausgangsgröße, T_i = Nachstellzeit, T_d = Vorhaltzeit, G = Übertragungsfunktion (Frequenzgang).

5.4.2 Regelungsarten

Handregelungen sind Regelungen, bei denen mindestens eine Aufgabe eines Regelkreisgliedes vom Menschen übernommen wird.

Selbsttätige Regelungen sind Regelungen, die ohne Einflussnahme des Menschen ablaufen. Ausgenommen davon ist die Vorgabe von Führungsgrößen.

Die selbsttätigen Regelungen unterteilt man weiter in *Festwertregelungen* und *Folgeregelungen*.

Kennzeichen der Festwertregelung ist dabei, dass die Führungsgröße konstant ist ($w = \text{const}$), bei der Folgeregelung dagegen ist sie zeitabhängig ($w = f(t)$).

Bei der Abstandsregelung eines Laserschneidwerkzeuges handelt es sich um eine *Festwertregelung* **(Bild 1)**. Dabei bewirkt die Regelung die Einhaltung eines konstanten Abstandes des Laserschneidkopfes zum Werkstück (Bild 1). Damit dieser Sollabstand konstant und damit der Brennpunkt des Laserstrahles stets auf der Werkstückoberfläche bleibt, wird der Sollabstand fortlaufend mit einem kapazitiven Sensor gemessen und über die hydraulische Verstelleinheit nachgeregelt, sobald der Istwert vom Sollwert abweicht.

Bei der Lageregelung (Positionsregelung) des Maschinenschlittens einer Drehmaschine handelt es sich um eine Folgeregelung **(Bild 2)**. Das Werkzeug, z. B. der Drehstahl, muss der Lageführungsgröße x_{soll} schnell und genau folgen. Im Lageregler **(Bild 3)** wird fortlaufend die Regeldifferenz $\Delta x = x_{soll} - x_{ist}$ berechnet und das Stellsignal, d. h. das Geschwindigkeitssignal v_x, an den Vorschubantrieb der x-Achse ausgegeben.

Beispiel 1: Berechnen der Lagerregeldifferenz

Berechnen Sie für den Maschinenschlitten (Bild 2) die Lageregeldifferenz Δx bei $K_{vx} = 50\ (\text{mm/s})/\text{mm}$ für a) $v_x = 50$ mm/s und b) $v_x = 5$ mm/s.

Lösung:

a) $\Delta x = \dfrac{50\ \frac{\text{mm}}{\text{s}}}{50\ \frac{\text{mm}}{\text{s}} \cdot \frac{1}{\text{mm}}} = 1\ \text{mm}$

b) $\Delta x = \dfrac{v_x}{K_{vx}} = \dfrac{5\ \frac{\text{mm}}{\text{s}}}{50\ \frac{\text{mm}}{\text{s}} \cdot \frac{1}{\text{mm}}} = 0{,}1\ \text{mm}$

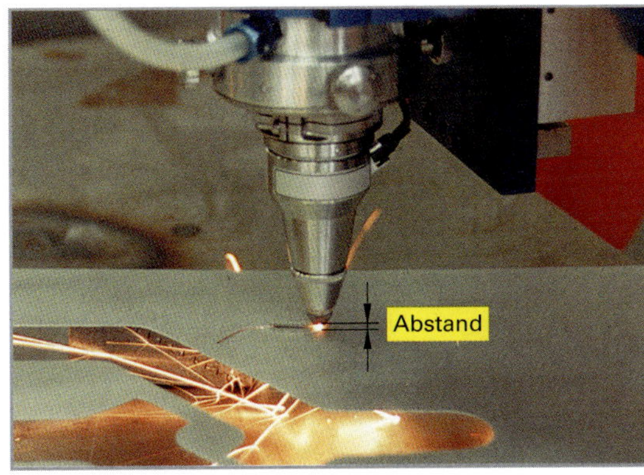

Bild 1: Abstandsregelung für ein Laserschneidwerkzeug

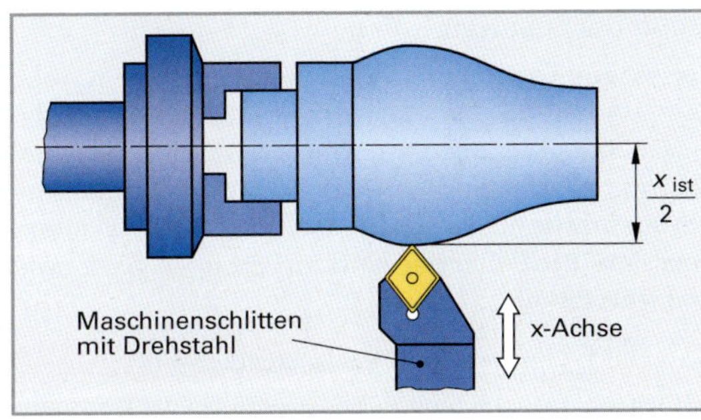

Bild 2: Folgeregelung für die x-Achse bei der Drehbearbeitung

$$K_{vx} = \frac{v_x}{\Delta x}$$

K_{vx} Geschwindigkeitsverstärkung
v_x Geschwindigkeit in x-Richtung
Δx Lageregeldifferenz

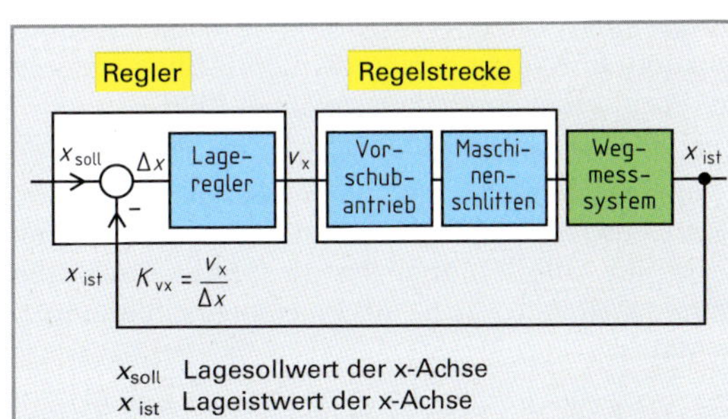

Bild 3: Lageregelung eines Maschinenschlittens in der x-Achse

Je größer K_{vx} gewählt wird, desto kürzer ist der Abstand zwischen Lagesollwert und Lageistwert. Ist die Geschwindigkeitsverstärkung zu hoch, so überschreitet der Maschinentisch bei vorgewählter Geschwindigkeit den Sollpunkt, die Regeldifferenz kehrt sich um und der Maschinentisch fährt in Gegenrichtung über den Sollpunkt hinaus. Die Lageregelung schwingt, der Regelkreis ist *instabil*.

5.4.3 Regelkreisglieder

Regelkreisglieder werden gekennzeichnet durch

- die Sprungantwort (Reaktion auf eine Sprungfunktion am Eingang),
- die Reaktion auf ein sinusförmiges Eingangssignal und
- das Bode-Diagramm[1] (Amplitudenverhältnis in doppeltlogarithmischer Darstellung und Phasenverschiebung in logarithmischer Frequenzabhängigkeit).

Proportionalglied ohne Verzögerung (P-Glied)

P-Glieder erzeugen ein Ausgangssignal u, das proportional zum Eingangssignal v ist **(Bild 1)**. In der Gleichung für v in Abhängigkeit von u ist K_p der Proportionalbeiwert.

Bei einem Tachogenerator berechnet man K_p aus dem Verhältnis der Tachospannung zur Drehzahl, wobei die Tachospannung U_T auf eine Bezugsspannung U_0 und die Drehzahl n_1 auf eine Bezugsdrehzahl n_0 bezogen wird **(Bild 2)**. Weitere Beispiele für P-Glieder sind die meisten Sensoren und Verstärker.

Beispiel 1: Ermitteln des Proportionalbeiwerts

Bei einem Tachogenerator (Bild 2) wird bei der Drehzahl $n_1 = 1000\ {}^1/_{\text{min}}$ die Tachospannung $U_T = 12\,\text{V}$ gemessen. Die Bezugsspannung beträgt 10 V, die Bezugsdrehzahl $1000\ {}^1/_{\text{min}}$.
Berechnen Sie den Proportionalbeiwert K_p.

Lösung:

$$\frac{U_T}{U_0} = K_p \cdot \frac{n_1}{n_0}$$

$$\Rightarrow K_p = \frac{U_T}{U_0} \cdot \frac{n_0}{n_1} = \frac{12\,\text{V}}{10\,\text{V}} \cdot \frac{1000\ {}^1/_{\text{min}}}{1000\ {}^1/_{\text{min}}} = \mathbf{1{,}2}$$

P-Glieder antworten auf ein sprungförmiges Eingangssignal verzögerungsfrei mit einer Sprungfunktion. Im Wirkungsplan werden P-Glieder durch die Sprungfunktion gekennzeichnet (Bild 1).

Auf ein sinusförmiges Eingangssignal antworten P-Glieder ebenfalls mit einem frequenzunabhängigen Ausgangssignal **(Bild 3)**. Das Ausgangssignal v ist für alle Frequenzen in Phase mit dem Eingangssignal u, d. h. die Phasenverschiebung φ ist stets 0°.

Das *Bode-Diagramm* des P-Gliedes in **Bild 4** zeigt das Verhältnis von Ausgangsamplitude zu Eingangsamplitude $\hat{v}/\hat{u}$ in Abhängigkeit von der Frequenz in doppelt logarithmischer Darstellung sowie den Phasenwinkel φ in einfach logarithmischer Darstellung $|F| = v/u$ ist der Betrag der Übertragungsfunktion. Bei P-Gliedern ist $|G| = K_p$ und $\varphi = 0°$.

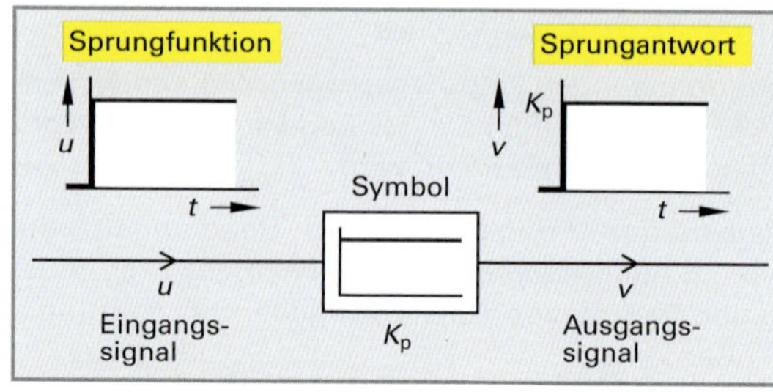

Bild 1: Sprungantwort und Symbol des P-Gliedes

Beim P-Glied:

$$v = K_p \cdot u$$

u Eingangssignal; K_p Proportionalbeiwert
v Ausgangssignal

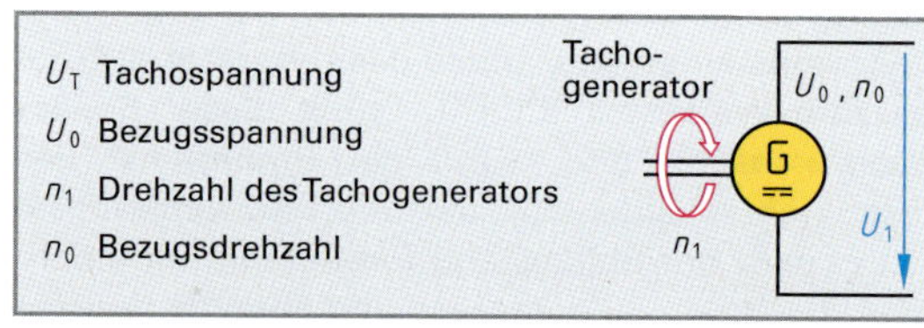

Bild 2: Tachogenerator

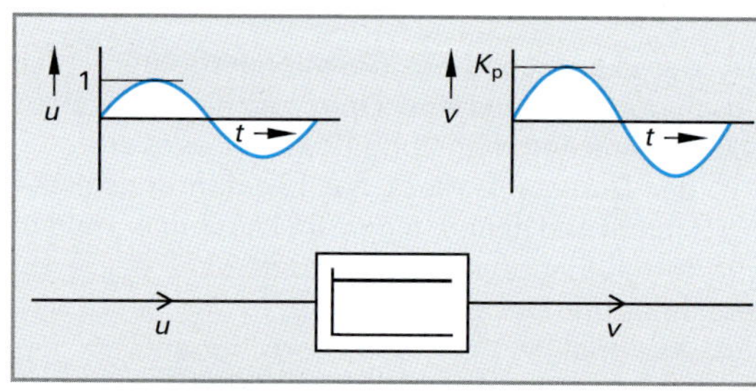

Bild 3: Verhalten des P-Gliedes bei sinusförmigem Eingangssignal

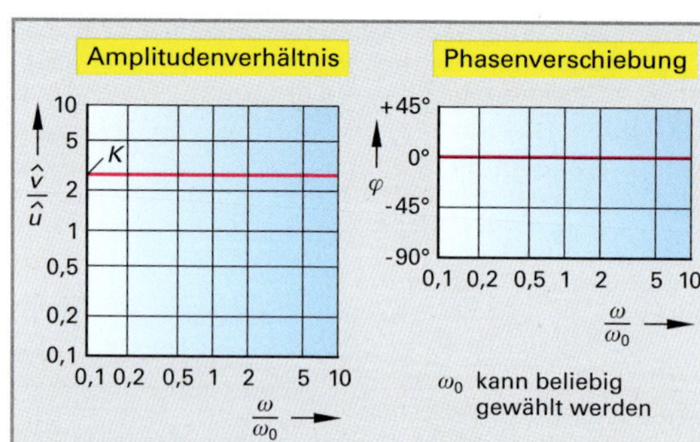

Bild 4: Bode-Diagramm für ein P-Glied

[1] Bode, amerik. Wissenschaftler, führte 1945 diese Darstellungsweise ein.

Proportionalglied mit Verzögerung 1. Ordnung ($P\text{-}T_1$-Glied)

P-T_1-Glieder erzeugen ein Ausgangssignal, das erst nach einiger Zeit, nämlich mit Verzögerung, dem Eingangssignal proportional ist **(Bild 1)**. Kennzeichnend für ein P-T_1-Glied sind der Proportionalbeiwert (Verstärkungsfaktor) K_p und *eine* Verzögerungszeitkonstante T. Die Sprungantwort v auf ein sprungförmiges Eingangssignal u ist eine Exponentialfunktion, nämlich $v = K_p[1 - e^{-t/T}]$. Die e-Funktion $e^{-t/T}$ ist nach der Zeit $t \approx 3T$ nahezu abgeklungen. Die Ausgangsgröße ist dann K_p-mal größer als die Eingangsgröße.

Beispiele für P-T_1-Glieder sind alle Geräte, bei denen durch die Eingangsgröße ein Energiespeicher aufgeladen wird, z. B. der Kondensator bei einem RC-Tiefpass oder die kinetische Energie der Schwungmasse bei einem Gleichstrommotor **(Bild 2)**.

Auf ein sinusförmiges Eingangssignal antwortet das P-T_1-Glied ebenfalls mit einem sinusförmigen Ausgangssignal **(Bild 3)**. Bei hohen Frequenzen wird die Ausgangsamplitude sehr klein (Bild 3), da die Ladung und Entladung des Energiespeichers dem schnellen Wechsel nicht folgen kann.

P-T_1-Glieder glätten schnell wechselnde Signale.

Man nennt P-T_1-Glieder deshalb auch Tiefpassfilter 1. Ordnung, da sie tiefe Frequenzen passieren lassen, hohe Frequenzen dagegen unterdrücken **(Bild 4)**. Bei hohen Frequenzen ist $\omega/\omega_0 > 1$, d. h. $\omega = 2\pi f > \omega_0 = 2\pi f_0$, bei tiefen Frequenzen ist $\omega/\omega_0 < 1$, d. h. $\omega = 2\pi f < \omega_0 = 2\pi f_0$. Mit der Kreisfrequenz $\omega_0 = 2\pi f_0 = 1/T$ wird das P-T_1-Glied gekennzeichnet. Da das P-T_1-Glied Eingangssignale zeitlich verzögert, entsteht eine Phasenverschiebung vom Ausgangssignal gegenüber dem Eingangssignal (Bild 4). Der Phasenverschiebungswinkel reicht von $\varphi = 0°$ bei der Frequenz $\omega = 0$ bis $\varphi = -90°$ bei der Frequenz $\omega \to \infty$. Für $\omega = 2\pi f_0 = \omega_0$ ist die Phasenverschiebung $\varphi = -45°$ (Bild 4).

P-T_1-Glieder erzeugen eine Phasenverschiebung zwischen Eingangssignal und Ausgangssignal.

Sprungantwort:	$v = K_p \cdot [1 - e^{-t/T}]$
v Ausgangsgröße; K_p Proportionalbeiwert;	t Zeit; T Verzögerungszeitkonstante

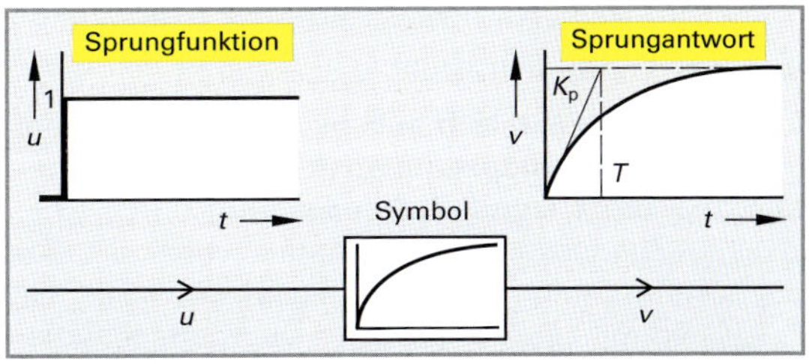

Bild 1: Sprungantwort und Symbol des P-T_1-Gliedes

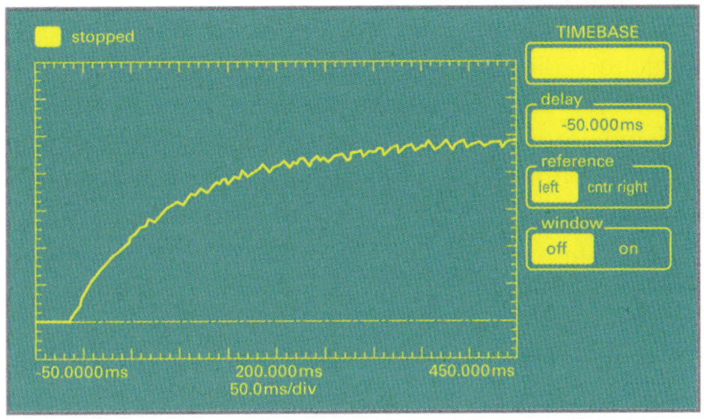

Bild 2: Drehzahlverlauf eines Gleichstrommotors bei einem Spannungssprung

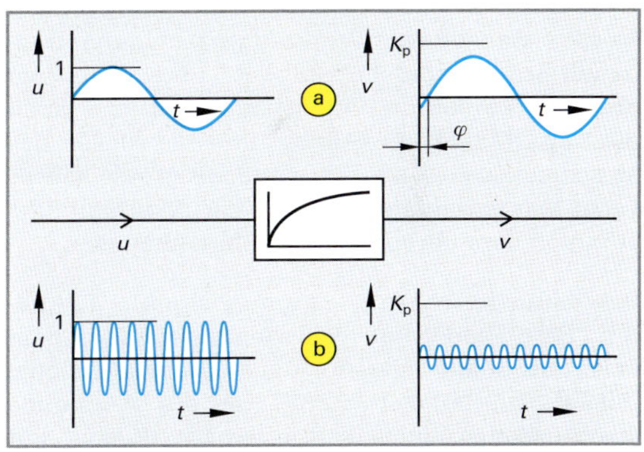

Bild 3: Verhalten des P-T_1-Gliedes bei sinusförmigem Eingangssignal

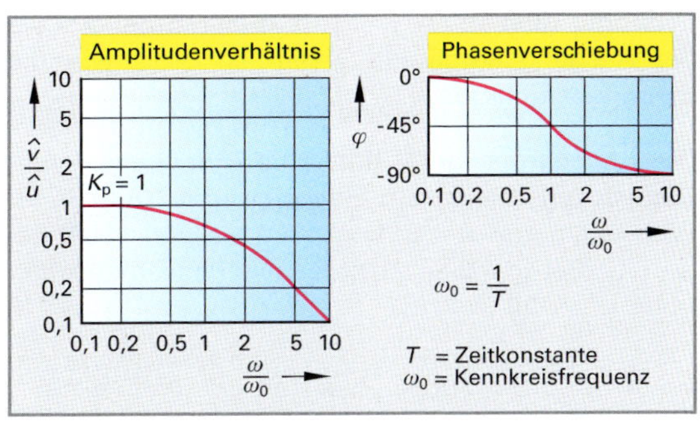

Bild 4: Bode-Diagramm des P-T_1-Gliedes

Proportionalglied mit Verzögerung 2. Ordnung (P-T_2-Glied) und Schwingungsglied

Ein *P-T_2-Glied* setzt sich aus *zwei* in Reihe geschalteten P-T_1-Gliedern zusammen **(Bild 1)**. Das verzögerte Signal des ersten P-T_1-Gliedes wird durch einen zweiten Energiespeicher nochmals verzögert. Auf ein sprungförmiges Eingangssignal antwortet das P-T_2-Glied mit einer *S-förmigen* Übergangsfunktion als Sprungantwort (Bild 1). Das Ausgangssignal beginnt mit einer waagrechten Tangente.

Ein *Schwingungsglied* hat ebenfalls zwei Energiespeicher, die wechselweise aufgeladen und entladen werden. Da meist dabei auch Energie in Wärme umgesetzt wird, verläuft das Ausgangssignal als gedämpfte Schwingung **(Bild 2)**. Kennzeichen des Schwingungsgliedes ist die Kennkreisfrequenz $\omega_0 = 2\pi f_0$ und der Dämpfungsgrad ϑ **(Bild 3)**. Bei $\vartheta = 0$ liegt eine ungedämpfte Schwingung vor. Bei Werten zwischen $\vartheta = 0$ und $\vartheta = 1$ ist der Schwingungsverlauf gedämpft. Für $\vartheta > 1$ hat das Schwingungsglied die Eigenschaften des P-T_2-Gliedes.

Schwingungsglieder sind z. B. Feder-Masse-Dämpfer-Systeme. Dabei ist der eine Energiespeicher die Feder und der andere Energiespeicher die bewegte Masse. Bei einem Werkzeugmaschinenantrieb haben z. B. Vorschubspindel und Lagerung ungewollt federnde Eigenschaften. Dabei stellt die träge Masse der Spindel und die Masse des Maschinentisches die schwingende Masse dieses Feder-Masse-Dämpfer-Systems dar. Die Dämpfung erfolgt in der Führung des Maschinenbettes.

Bei sinusförmigem Eingangssignal reagieren P-T_2-Glied und Schwingungsglied ebenfalls mit einem sinusförmigen Ausgangssignal **(Bild 4)**. Bei $\omega \ll \omega_0 = 2\pi f_0$ ist die Amplitude des Ausgangssignals K-fach erhöht (Bild 4). Für $\omega \gg \omega_0 = 2\pi f_0$ wird die Ausgangsamplitude sehr klein, da $v \sim 1/\omega^2$ (Bild 4). Bei $\omega = \omega_0 = 2\pi f_0$ ist die Ausgangsamplitude stark vom Dämpfungsgrad ϑ abhängig **(Bild 5)**. Da $v = K/(2\vartheta)$ ist, ist bei $\vartheta = 0{,}5$ die Ausgangsamplitude K-mal so groß wie die Eingangsamplitude.

Das Ausgangssignal hat eine Phasenverschiebung φ gegenüber dem Eingangssignal (Bild 5). Ihr Wert reicht von $\varphi = 0°$ bei $\omega = 0$ bis $\varphi = -180°$ bei $\omega \to \infty$. Bei $\omega = \omega_0 = 2\pi f_0$ ist die Phasenverschiebung $\varphi = -90°$.

Schwingungsglieder besitzen zwei Energiespeicher.

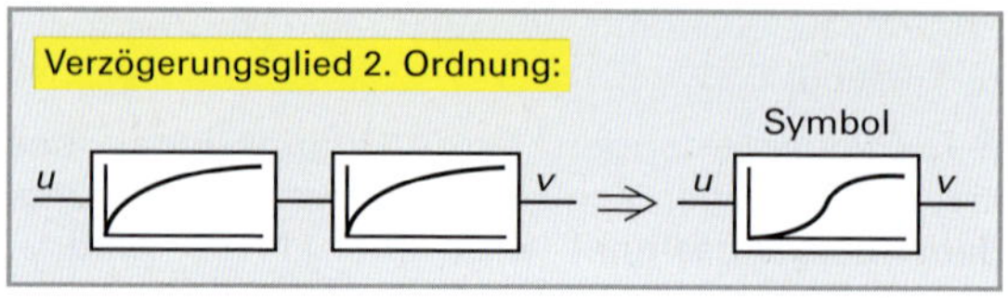

Bild 1: P-T_2-Glied

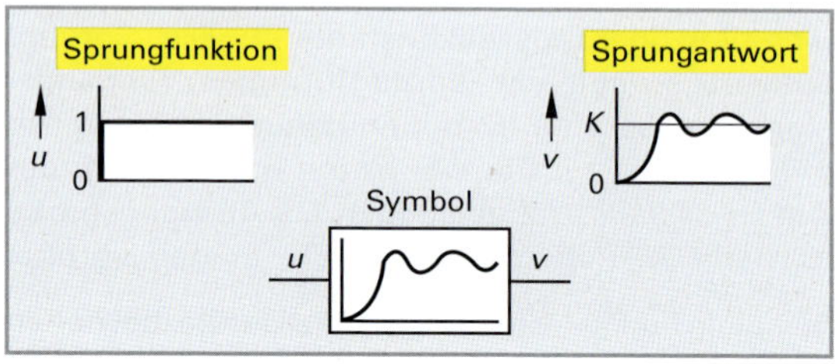

Bild 2: Schwingungsglied

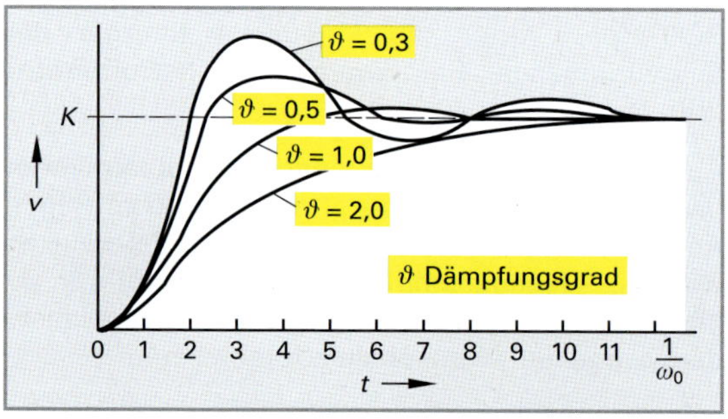

Bild 3: Sprungantworten des Schwingungsgliedes

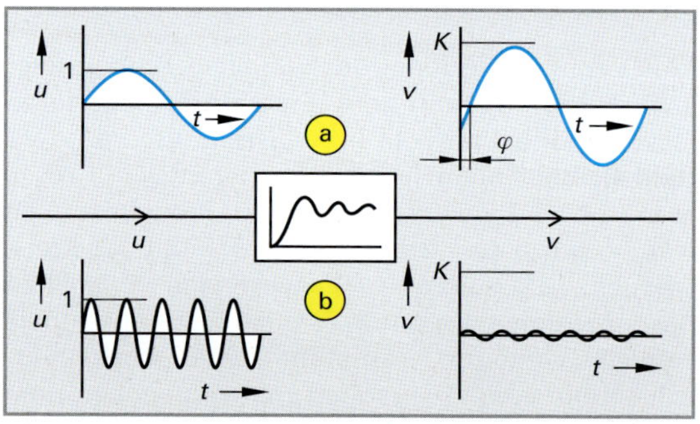

Bild 4: Verhalten von P-T_2-Glied und Schwingungsglied bei sinusförmigem Eingangssignal

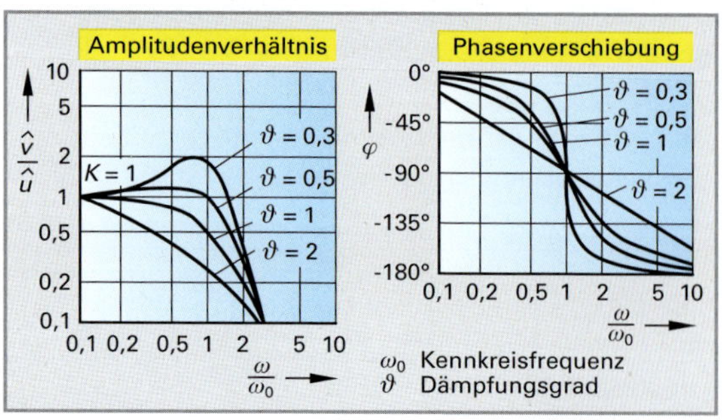

Bild 5: Bode-Diagramm des Schwingungsgliedes

Proportionalglied mit Verzögerung höherer Ordnung

In Regelstrecken wirken oft viele Verzögerungsglieder nacheinander. Summarisch beschreiben kann man dieses Streckenverhalten oftmals durch die Sprungantwort mit den Kenngrößen *Verzugszeit* T_e und *Ausgleichszeit* T_b **(Bild 1)**. Die Verzugszeit hat eine gewisse Verwandtschaft mit einer Totzeit $T_e \approx T_t$ (siehe folgende Seite). In der Ausgleichszeit T_b bildet sich vor allem das dominierende P-T_1-Glied ab, d. h. dasjenige mit der größten Zeitkonstante in der Regelstrecke.

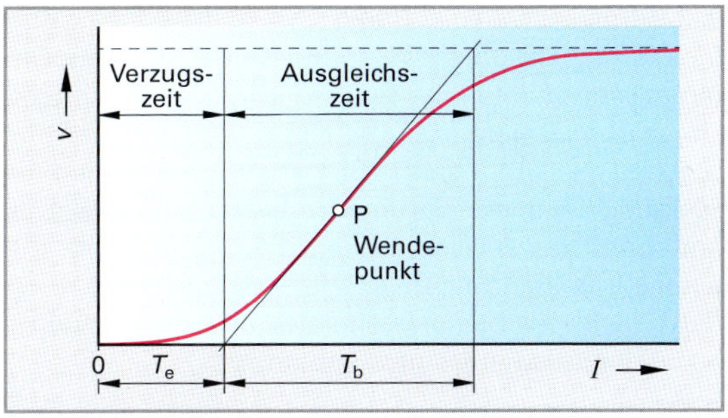

Bild 1: Sprungantwort mit Verzugszeit und Ausgleichszeit

Integralglied (I-Glied)

I-Glieder erzeugen ein Ausgangssignal, das dem Integral des Eingangssignales entspricht **(Bild 2)**. Darunter versteht man die laufende Aufsummierung des Eingangssignales. Die Integrierzeitkonstante T_I gibt dabei die Zeit an, die vergeht, bis die Ausgangsgröße den Wert 1 hat, wenn die Eingangsgröße mit dem Wert 1 vorgegeben ist (Bild 1). Der Kehrwert der Integrierzeitkonstante T_I heißt Integrationsbeiwert K_I. Es gilt $K_I = 1/T_I$.

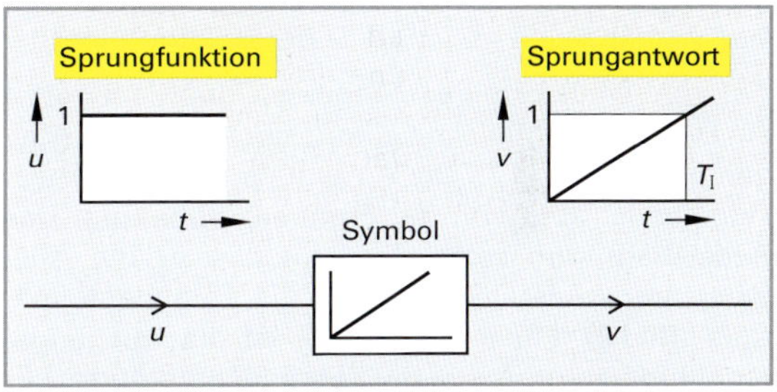

Bild 2: Sprungantwort und Symbol des I-Gliedes

Ein Operationsverstärker mit Kondensator im Rückkopplungszweig ist ein Integrierglied. Die Ausgangsspannung ist proportional zu dem Integral der Eingangsspannung.

Ebenso ist ein Spindelantrieb ein Integralglied. Dabei ist die Eingangsgröße die Spindeldrehzahl, die Ausgangsgröße der Weg des Maschinentisches.

Auf ein sinusförmiges Eingangssignal antworten I-Glieder ebenfalls sinusförmig **(Bild 3)**. Bei kleinen Signalfrequenzen ⓐ, also bei $\omega \ll \omega_0 = 1/T_I$, ist das Ausgangssignal sehr viel größer, bei großen Signalfrequenzen ⓑ, also bei $\omega \gg \omega_0 = 1/T_I$, dagegen sehr viel kleiner als das Eingangssignal (Bild 3). Das Bode-Diagramm zeigt auch, dass bei $\omega = \omega_0$ Ausgangsamplitude und Eingangsamplitude gleich sind **(Bild 4)**. Die Phasenverschiebung ist beim I-Glied stets $\varphi = -90°$, d. h. das Ausgangssignal eilt dem Eingangssignal nach.

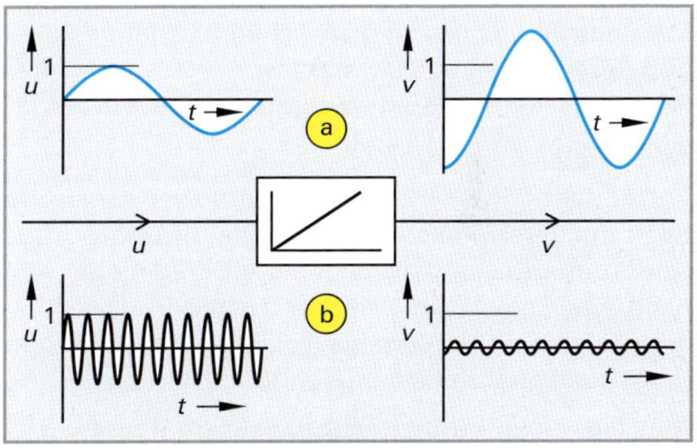

Bild 3: Verhalten des I-Gliedes bei sinusförmigem Eingangssignal

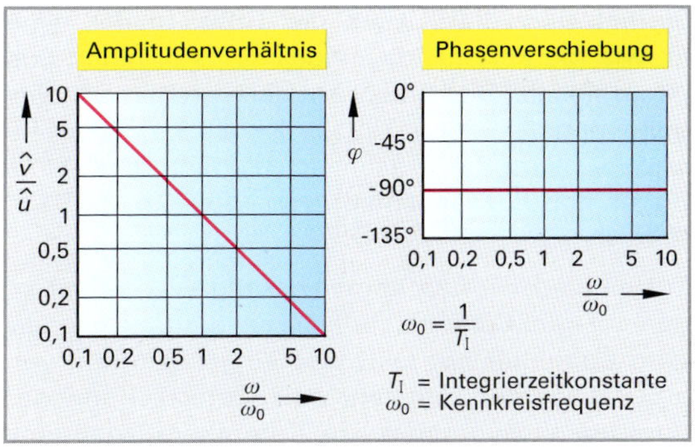

Bild 4: Bode-Diagramm des I-Gliedes

Sprungantwort:

$$v = \frac{1}{T_I} \cdot t = K_I \cdot t$$

v	Ausgangsgröße
T_I	Integrierzeitkonstante
K_I	Integrierbeiwert
t	Zeit

Differenzierglied (D-Glied)

Ein D-Glied erzeugt ein Ausgangssignal, das dem Differenzialquotienten des Eingangssignales entspricht. Unter dem Differenzialquotienten versteht man die Steilheit des Graphen des Eingangssignales, also die Steigung. Auf ein sprungförmiges Eingangssignal antwortet das D-Glied nur an der Sprungstelle mit einem impulsförmigen Ausgangssignal **(Bild 1)**. Ist der Graph des Eingangssignales linear ansteigend, so ist das Ausgangssignal konstant.

D-Glieder kommen z. B. bei Operationsverstärkern zum Differenzieren des Sensorsignales vor. Ist dies z. B. ein Signal für den Weg x, so liefert das D-Glied das zugehörige Geschwindigkeitssignal $v_x = dx/dt$. Das Verhältnis dx/dt ist der Differenzialquotient.

Auf ein sinusförmiges Eingangssignal antwortet ein D-Glied ebenfalls mit einem sinusförmigen Ausgangssignal (Bild 1). Die Amplitude des Ausgangssignales ist aber von der Frequenz abhängig. Das Bode-Diagramm zeigt, dass für $\omega < \omega_0$ die Ausgangsamplitude kleiner ist als die Eingangsamplitude **(Bild 2)**. Für $\omega = \omega_0 = 1/T_D$ ist die Ausgangsamplitude so groß wie die Eingangsamplitude. Für $\omega > \omega_0$ dagegen ist die Ausgangsamplitude größer als die Eingangsamplitude (Bild 2).

Die Phasenverschiebung zwischen Ausgangssignal und Eingangssignal ist stets $\varphi = +90°$, d. h. das Ausgangssignal eilt dem Eingangssignal voraus.

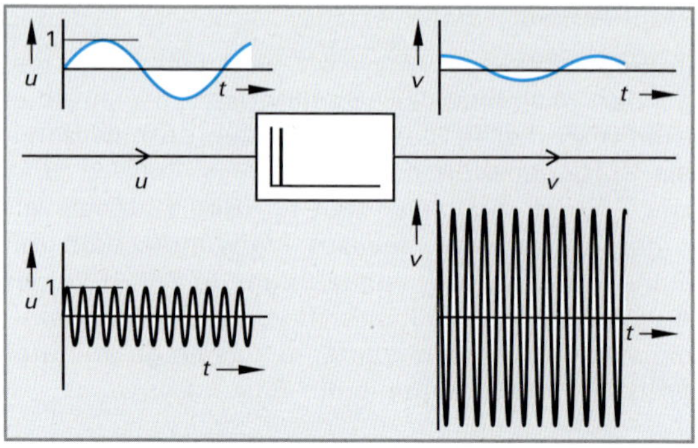

Bild 1: Verhalten des D-Gliedes auf sinusförmige Eingangssignale

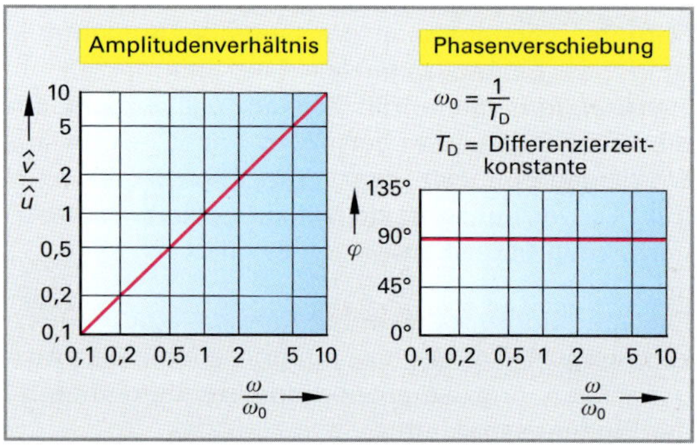

Bild 2: Bode-Diagramm des D-Gliedes

Totzeitglied

Totzeitglieder haben bei sprungförmiger Änderung des Eingangssignals ebenfalls eine sprungförmige Änderung des Ausgangssignals zur Folge, aber erst nach einer gewissen Zeit, der Totzeit T_t. Das Ausgangssignal ist also um die Totzeit gegenüber dem Eingangssignal zeitlich verschoben **(Bild 3)**.

Auf ein sinusförmiges Eingangssignal antwortet ein Totzeitglied ebenfalls mit einem sinusförmigen Ausgangssignal, das gegenüber dem Eingangssignal phasenverschoben ist. Die Phasenverschiebung beträgt $\varphi = -360°$, wenn die Totzeit gleich groß ist wie die Periodendauer des sinusförmigen Eingangssignals. Dies entspricht gerade einer Schwingungsperiode. Für $\omega = \omega_0 = 2\pi f_0 = 1/T_t$, also für $\omega/\omega_0 = 1$ wird die Phasenverschiebung $\varphi = -1$ (im Bogenmaß!). Dies entspricht $-360°/2\pi = -57{,}3°$ **(Bild 4)**.

Totzeitglieder treten immer bei Signalverarbeitungen mit dem Computer auf. Da die Eingangssignale vom Computer nur taktweise eingelesen und verarbeitet werden, entsteht eine Verschiebung des Verarbeitungsvorganges am Computerausgang um eine oder mehrere Taktzeiten.

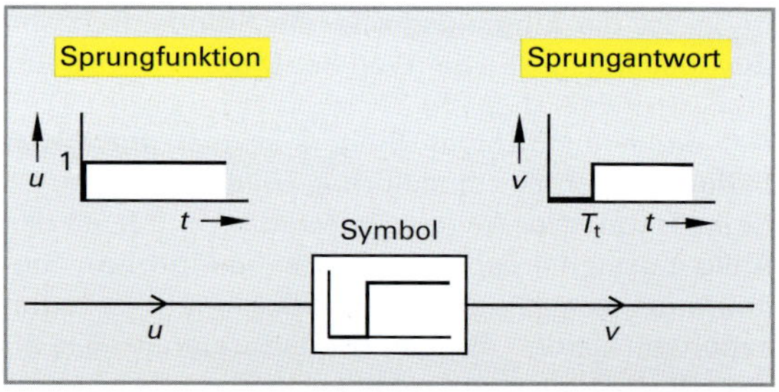

Bild 3: Sprungantwort und Symbol des Totzeitgliedes

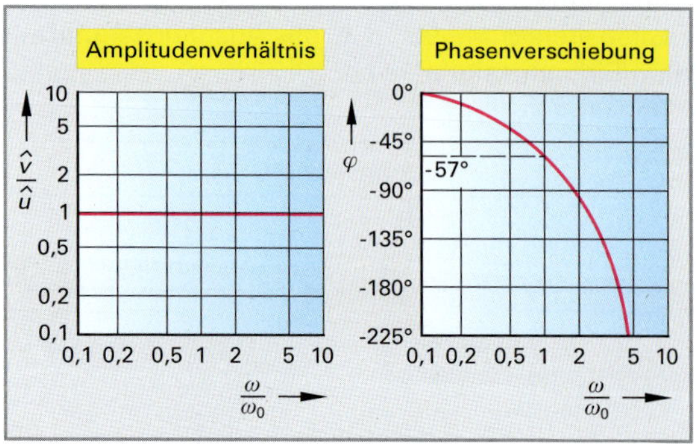

Bild 4: Bode-Diagramm des Totzeitgliedes

Wiederholung und Vertiefung

1. Wodurch ist eine Regelung gekennzeichnet?
2. Wie ist die Regeldifferenz festgelegt?
3. Welche Funktion hat die Stellgröße am Eingang einer Regelstrecke?
4. Woraus besteht ein Regelkreis?
5. Wie teilt man selbsttätige Regelungen ein?
6. Was ist das Kennzeichen einer Folgeregelung?
7. Wodurch werden Regelkreisglieder gekennzeichnet?
8. Welche Folge hat ein P-Glied in einem Regelkreis?
9. Wie werden P-Glieder im Wirkungsplan gekennzeichnet?
10. Welche Inhalte hat ein Bode-Diagramm?
11. Welche Eigenschaft haben P-T_1-Glieder?
12. Wie wirkt ein I-Glied?

5.4.4 Regler

Schaltende Regler verändern die Stellgröße unstetig durch Schalten in zwei oder mehreren Stufen. Sie bestehen aus Schaltkontakten oder elektronischen Kippschaltungen.

Analoge Regler verändern das Stellglied stetig. Sie bestehen meist aus Operationsverstärkern.

Digitale Regler verändern die Stellgröße in sehr feinen Stufen, sodass die Stufung in der Regelgröße nicht mehr merkbar ist. Sie bestehen meist aus Mikrocontrollerschaltungen.

Schaltende Regler

Zweipunktregler haben zwei eindeutige Schaltstellungen **(Bild 1)**. Man verwendet sie z. B. in Temperaturregelkreisen. Bei einem Bimetallregler bilden Sensor, Vergleichsstelle und Schaltglied eine Einheit **(Bild 2)**. Steigt die Temperatur über den Sollwert, so biegt sich die von der Heizung (Isttemperatur) erwärmte Bimetallfeder und schaltet die Heizung ab. Unterschreitet die Temperatur den unteren Grenzwert, so schaltet die Bimetallfeder die Heizung wieder ein. Damit beim Einschalten und Ausschalten keine Funkenbildung durch schwache Kontaktbildung bzw. Kontaktunterbrechung möglich wird, wird über einen Dauermagneten eine schlagartige Verbindung oder Unterbrechung hergestellt. Durch diesen Dauermagneten entsteht eine Schaltdifferenz zwischen Ausschalttemperatur und Einschalttemperatur **(Bild 3)**.

Je größer die Schaltdifferenz ist, desto größer ist die Schwankung der Regelgröße um den Sollwert.

Dreipunktregler haben drei eindeutige Schaltstellungen **(Bild 4)**. Sie werden ebenfalls oft bei

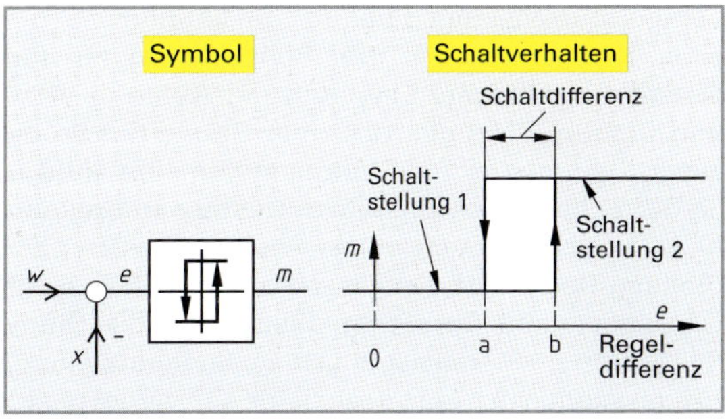

Bild 1: Zweipunktregler

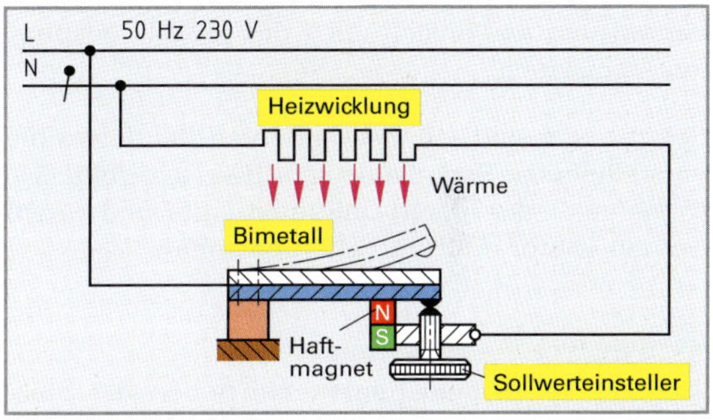

Bild 2: Bimetallregler

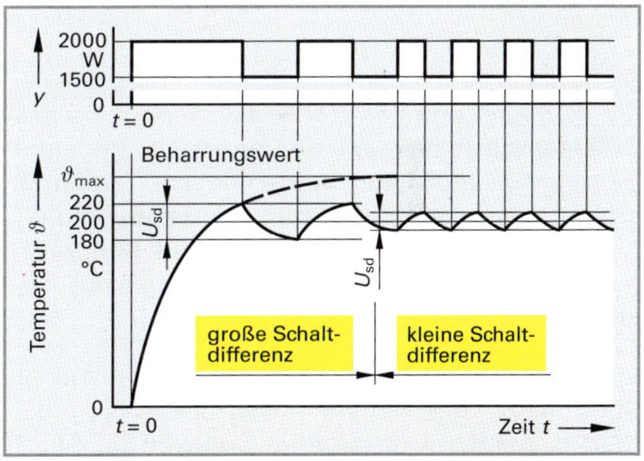

Bild 3: Temperaturregelung mit Zweipunktregler

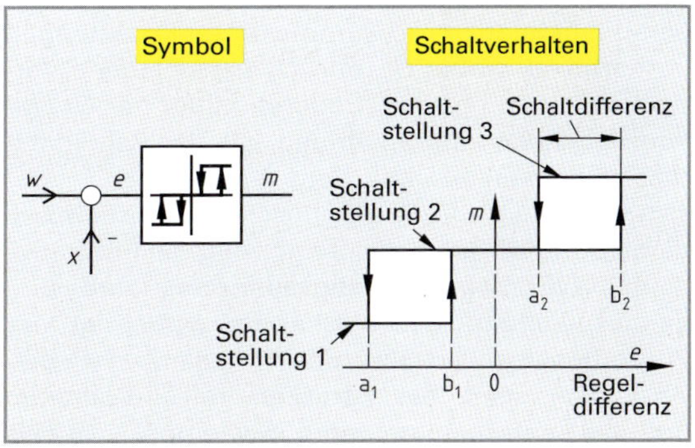

Bild 4: Dreipunktregler

Temperaturregelungen benutzt. So können z. B. bei einer Klimaanlage die drei Schaltstellungen den Funktionen Heizung EIN, Heizung/Kühlung AUS und Kühlung EIN zugeordnet sein. Bei der Schaltung eines Kleinmotors mit Dreipunktverhalten **(Bild 1)** ist der Schalter das Stellglied. Steht er in Stellung M, so ist der Motor stromlos. Wird der Schalter auf Stellung Rechtslauf gestellt, so wird der Transistor Q1 angesteuert. Der Strom fließt über die Diode R4, Motor und Transistor Q1. In Schalterstellung L (Linkslauf) wird der Transistor Q2 angesteuert und der Strom fließt über die Diode R3, Motor und Transistor Q2. Die Dioden R5 und R6 dienen zur Begrenzung des Reststromes des jeweils gesperrten Transistors.

Schrittregler sind schaltende Regler, bei denen die Verstellung der Stellglieder schrittweise erfolgt. Sie können z. B. aus einem Dreipunktregler und einem Getriebemotor mit I-Verhalten bestehen.

Analoge Regler

Analoge Regler sind Regler, bei denen die Stellgröße innerhalb des Stellbereiches jeden Wert annehmen kann. Man bezeichnet sie auch als *stetige Regler*.

Die wichtigsten analogen Regler sind der *P-Regler*, der *PI-Regler* und der *PID-Regler*. *P-Regler* haben die Eigenschaft, dass jeder Änderung der Regelgröße eine entsprechende Änderung der Stellgröße proportional zugeordnet ist. In der Darstellung des P-Reglers im Regelkreis **Bild 2** wird als Kennzeichnung am Symbol der Proportionalbeiwert K_{PR} angeschrieben.

Ein einfacher elektronischer P-Regler ist ein als Summierer geschalteter Operationsverstärker **(Bild 3)**. An R_{e2} liegt die dem Sollwert der Regelgröße entsprechende Spannung U_w, an R_{e1} die dem Istwert entsprechende Spannung U_x. Die Ausgangsspannung ist der Summe dieser Spannungen porportional, wobei U_w und U_x verschiedene Vorzeichen haben müssen. Dadurch bildet der Operationsverstärker eine Spannung, die der Regeldifferenz *e* entspricht. Mit den Widerständen lässt sich der Regler für die gewünschten Erfordernisse bemessen. Die Reglergleichung zeigt die Proportionalität zwischen Ausgangsspannung und Eingangsspannung. Das Verhältnis R_K/R_e ist der Proportionalbeiwert K_{PR} des P-Reglers. P-Regler verwendet man bei Strecken mit *I*-Verhalten und bei einfachen robusten Systemen, z. B. als Heizkörpertemperaturregler.

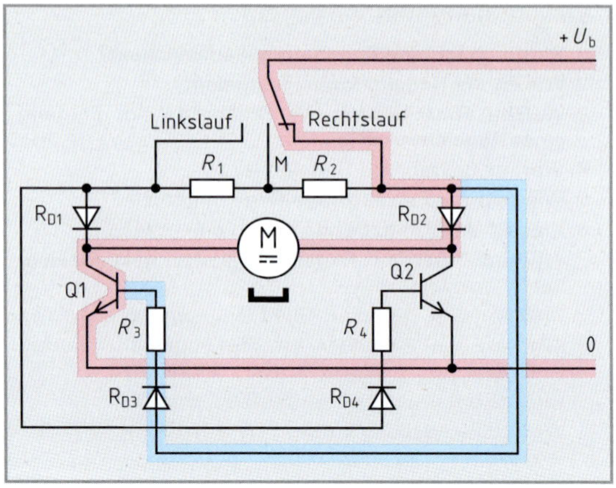

Bild 1: Schaltung mit Dreipunktverhalten für einen Kleinmotor

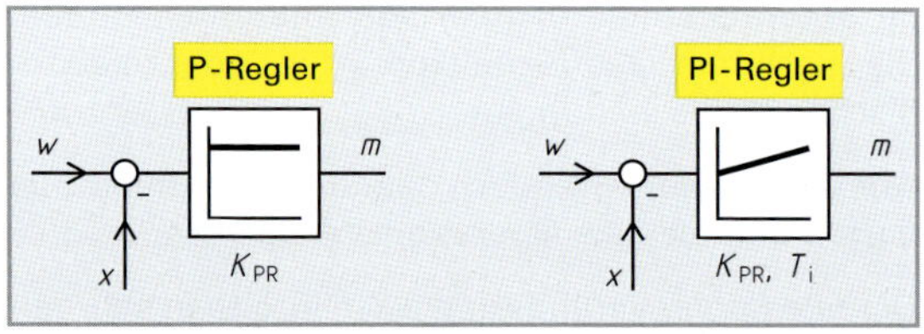

Bild 2: P-Regler und PI-Regler

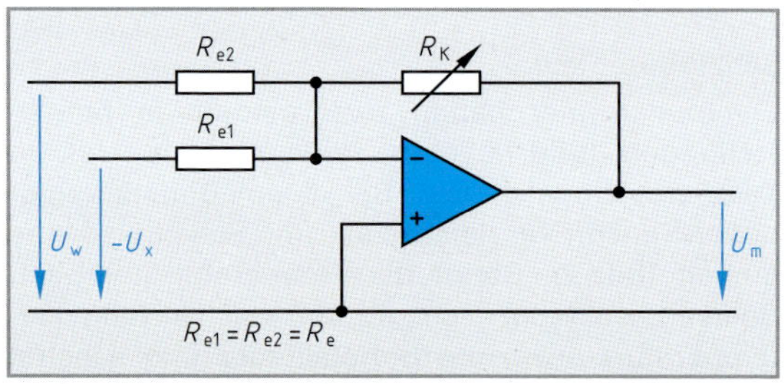

Bild 3: Elektronischer P-Regler

Reglergleichung beim P-Regler:

$$U_m = -K_{PR} \cdot U_e$$

$$U_e = U_w - U_x \qquad K_{PR} = R_K/R_e$$

U_m Ausgangsspannung
U_e Regeldifferenzspannung
U_w Sollwertspannung
U_x Istwertspannung
K_{PR} Proportionalbeiwert
R_K Rückkopplungswiderstand
R_e Eingangswiderstand

PI-Regler haben eine Stellgröße aus zwei Anteilen. Ein Anteil der Sprungantwort ist proportional zur Regeldifferenz (P-Anteil), der andere (I-Anteil) ist zur Regeldifferenz und zur Zeit proportional. Die Kurzform des Reglers zeigt Bild 2, vorhergehende Seite.

Ein elektronischer PI-Regler **(Bild 1)** besteht aus der Kombination von P-Regler und I-Regler. PI-Regler werden häufig für Drehzahlregelkreise angewendet, weil sie wegen des I-Anteils die Regeldifferenz vollständig ausregeln. PI-Regler verwendet man bei Folgereglerkreisen mit Strecken ohne I-Anteil, z.B. zur Drehzahlregelung.

Der universellste Regler ist der *PID-Regler* **(Bild 2)**. Das Stellsignal wird aus der Regeldifferenz durch proportionale Verstärkung (P-Anteil), Integration der Regeldifferenz (I-Anteil) und Differenziation der Regeldifferenz (D-Anteil) gebildet. Dabei liefert der P-Anteil bei Auftreten einer Regeldifferenz sofort ein Stellsignal. Durch den I-Anteil wird das Stellsignal so lange verändert, bis keine Regeldifferenz mehr vorhanden ist. Der D-Anteil tritt nur in Aktion, wenn sich die Regeldifferenz ändert. Bei konstanter Regeldifferenz reagiert der D-Anteil nicht. PID-Regler verwendet man zur genauen Regelung in Festwertregelkreisen.

PID-Regler werden z. B. aus Operationsverstärkern gebildet **(Bild 3)**. Dabei bildet der Eingangs-Operationsverstärker die Regeldifferenz, die drei parallelen Operationsverstärker bilden den P-Anteil, I-Anteil und D-Anteil und der nachgeschaltete Operationsverstärker summiert die drei Teilsignale (Bild 3).

Nachteilig ist beim PID-Regler, dass für eine optimale Reglereinstellung drei Parameter einzustellen sind, nämlich K_{PR}, T_i und T_d. Dies ist manuell sehr mühsam, wenn man bedenkt, dass z. B. zur Erprobung eines jeden Parameters mit 10 verschiedenen Werten insgesamt $10 \times 10 \times 10 = 1000$ Erprobungen nötig sind.

Wiederholung und Vertiefung

1. Woran erkennt man schaltende Regler?
2. Wodurch sind analoge Regler gekennzeichnet?
3. Welche besondere Eigenschaft haben digitale Regler?
4. Woran erkennt man einen Zweipunktregler?
5. Wie arbeitet ein Bimetallregler?
6. Wodurch entsteht eine Schaltdifferenz bei einem Bimetallregler?
7. Welche Eigenschaft hat ein Dreipunktregler?
8. Was versteht man unter einem Schrittregler?
9. Welches sind die wichtigsten analogen Regler?
10. Wie arbeitet ein PID-Regler?

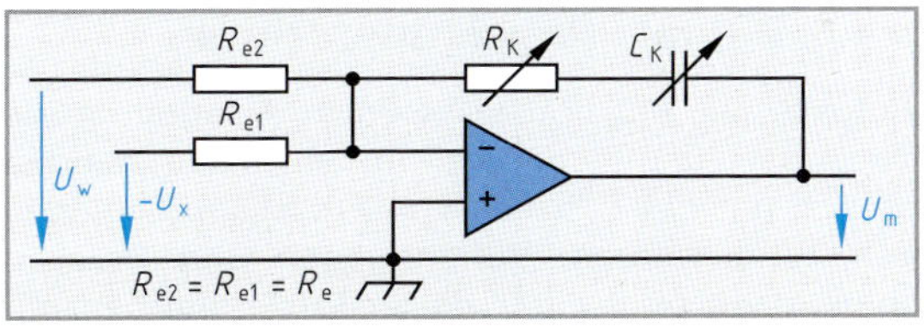

Bild 1: Elektronischer PI-Regler

Reglergleichung beim PI-Regler:

$K_{PR} = R_K/R_e$

$T_i = R_K\,C_K$

$$U_m = -K_{PR}\left(U_e + \frac{1}{T_{i\,i}}\int U_e\,dt\right)$$

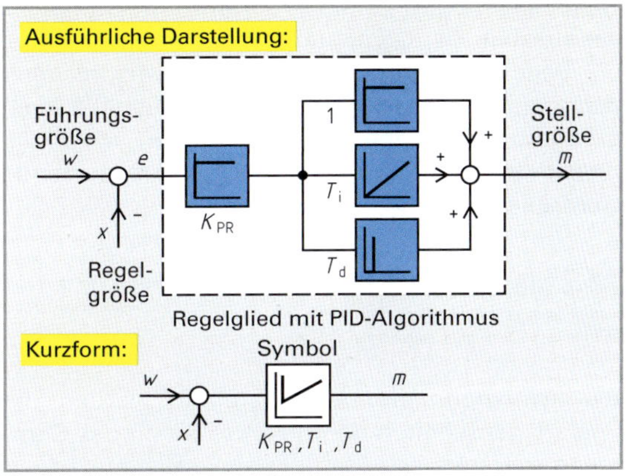

Bild 2: PID-Regler

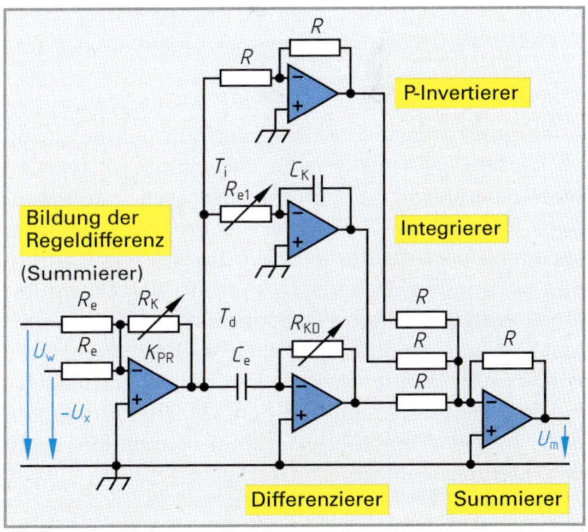

Bild 3: PID-Regler mit Operationsverstärkern

Reglergleichung beim PID-Regler:

$$U_m = K_{PR}\left(U_e + \frac{1}{T_i}\int U_e\,dt + T_d\frac{dU_e}{dt}\right)$$

$K_{PR} = \frac{R_K}{R_e}$; $T_i = C_K \cdot R_{el}$; $T_d = C_e \cdot R_{KD}$; $U_e = U_w - U_x$

5.4.5 Digitale Regelungstechnik

Aufgabe der Mikroprozessoren in Anlagen ist die Steuerung und Regelung. Im einzelnen handelt es sich um das Erfassen von Prozessgrößen, z. B. von Temperaturen, Verfahrwegen und Drücken sowie dem Vergleichen dieser Prozessgrößen mit Grenzwerten, dem Errechnen von Führungsgrößen und dem Errechnen von Stellsignalen.

Die Stellsignale, z. B. die Motorspannungen, wirken auf den Prozess und verändern wieder die Prozessgrößen. Somit gibt es geschlossene Wirkungswege. Der *Regler* ist als *Programm* im Computer verwirklicht. Der Computer hat dabei die Aufgabe, die Regeldifferenzen zu bilden und entsprechend den programmierten Reglereigenschaften die Stellgrößen zu berechnen. Ferner werden meist die Regeldifferenzen überwacht, um Gefahrenzustände zu erkennen.

Zur digitalen Regelung verwendet man Mikroprozessoren oder SPS.

Bei *selbstoptimierenden Systemen* werden die Reglereigenschaften dem Prozess durch das Computerprogramm selbsttätig angepasst.

5.4.5.1 Digitalisierung und Signalabtastung

Analoge Prozessgrößen müssen zur Verarbeitung im Computer in diskrete Stufen aufgeteilt werden (*Wertdiskretisierung*, von lat. discretus = abgesondert) **(Bild 1)**. Aus der Zahl der Positionierschritte lässt sich die erforderliche Wortbreite des Computers bestimmen. Dabei setzt man für den Computer eine Wegschrittlänge (rechnerische Positioniergenauigkeit) an, die erheblich kleiner ist als die wirkliche Positioniergenauigkeit der Maschine. Das erfolgt, weil sonst bei kleinen Geschwindigkeiten eine große Abtastperiodendauer mit den dann auftretenden Fehlern erforderlich wäre.

Der Computer kann nicht kontinuierlich die Prozesssignale verarbeiten, sondern wegen des Programmablaufs nur zu bestimmten Zeitpunkten, z. B. alle 10 ms. Man spricht von *Zeitdiskretisierung*.

Die digitale Regelung arbeitet mit wertdiskreten und zeitdiskreten Größen.

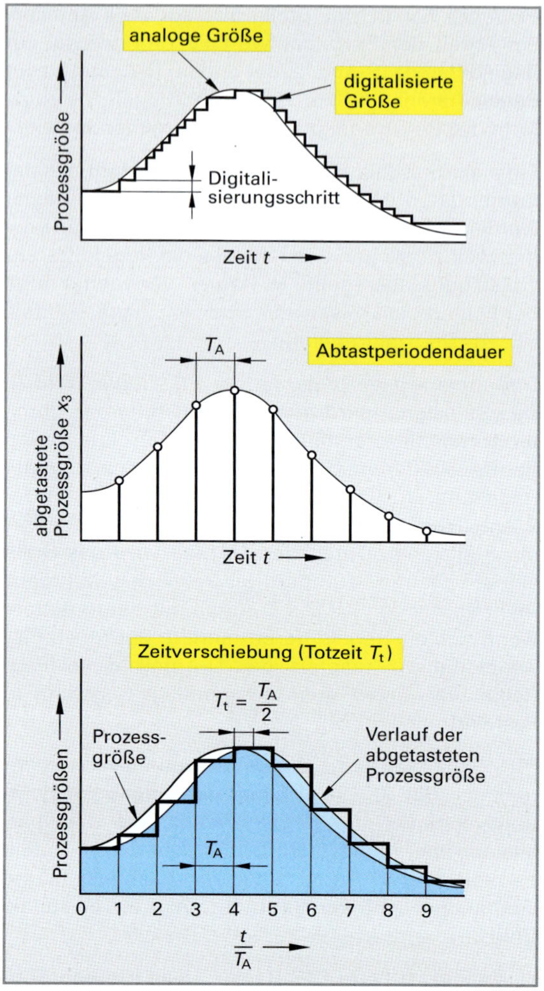

Bild 1: Digitalisierung und Abtastung eines analogen Prozesssignals

Beispiel 1: Winkelschnitte und Wertbreite

Der Arbeitsraum eines Roboters hat einen Durchmesser von 2 m. a) Mit wie vielen Winkelschritten muss die Drehwinkelerfassung in der Grundachse erfolgen, wenn eine Wegschrittlänge von 0,1 mm auch noch am Rand des Arbeitsraumes erreicht werden soll? b) Wie viele Bits muss der AD-Umsetzer haben und mit welcher Wortbreite müssen die Führungsgrößen für die Achsbewegungen im Computer berechnet werden?

Lösung:

Umfang des Arbeitsraumes:

$U = \pi \cdot D = \pi \cdot 2\,\text{m} = 6\,283{,}2\,\text{mm}$

a) Anzahl der Winkelschritte z zu 0,1 mm:

$z = 6\,283{,}2\,\text{mm}/0{,}1\,\text{mm} = \mathbf{62\,832}$

b) Wortbreite b:

$z = 2^b \Rightarrow b = \text{lb}\,62\,832 \leqq 16 \Rightarrow$ **16 bit**

Das zeitkontinuierliche und wertkontinuierliche Prozesssignal wird über AD-Umsetzer, Abtaster und Halteglied digitalisiert. Die Abtastung (Übernahme in den Computer) dieser digitalisierten Werte erfolgt in bestimmten Zeitabständen T_A (Zeitdiskretisierung) **(Bild 1)**.

Das zeitdiskretisierte und wertdiskretisierte Signal entspricht umso genauer dem zeit- und wertkontinuierlichen Signal, je höher die Abtastfrequenz ist und je größer die Stellenzahl des AD-Umsetzers ist.

Die Abtastfrequenz f_A wird durch die Rechengeschwindigkeit des Computers, die Regelalgorithmen und die sonstigen Rechenaufgaben sowie durch die Anzahl der vom Computer bedienten Regelkreise bestimmt.

Die Abtastfrequenz muss möglichst groß gewählt werden.

Die Abtastung bewirkt zusammen mit der Zwischenspeicherung eine *Zeitverschiebung (Totzeit)* des ursprünglichen Signals, entsprechend der halben Abtastzeit (Bild 1, vorhergehende Seite). Die Zeitverschiebung wirkt wie eine Phasenverschiebung und beeinflusst einen Regelkreis bezüglich seines Schwingungsverhaltens ähnlich ungünstig wie z. B. Verzögerungsglieder. Die Phasenverschiebung infolge der Zwischenspeicherung nimmt mit zunehmender Frequenz des Prozesssignals stark zu.

Die Zeitdiskretisierung führt stets zu einer zusätzlichen Phasenverschiebung im Regelkreis und verschlechtert die Stabilität der Regelung.

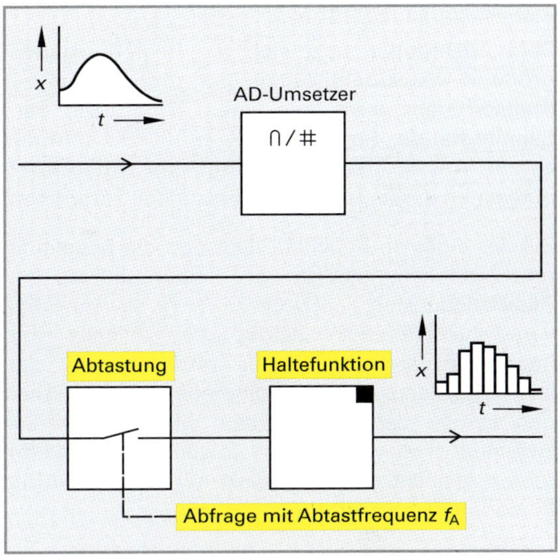

Bild 1: Wirkungsplan für Prozesssignale, welche über einen Rechner verarbeitet werden

$T_A = \frac{1}{f_A}$	$T_p = \frac{1}{f}$
$T_t = \frac{T_A}{2}$	$\frac{\varphi}{360°} = -\frac{T_t}{T_p}$

T_A Abtastzeit (Periodendauer der Abtastung)
f_A Abtastfrequenz
T_p Periodendauer des Prozesssignals
f Frequenz des Prozesssignals
T_t Totzeit
φ Phasenverschiebungswinkel
Das Minuszeichen drückt die nacheilende Phasenverschiebung aus.

Beispiel 1: Totzeit und Phasenverschiebungswinkel

Ein Prozesssignal, das mit $f = 20$ Hz schwingt, wird mit $f_A = 100$ Hz abgetastet. a) Wie groß ist die Totzeit T_t? b) Welchen Phasenverschiebungswinkel φ hat die abgetastete Prozessgröße gegenüber dem ursprünglichen Prozesssignal?

Lösung:

a) Totzeit:

$$T_t = \frac{T_A}{2} = \frac{1}{2} \cdot \frac{1}{f_A} = \frac{1}{2 \cdot 100\,\text{Hz}} = \mathbf{0{,}005\,s}$$

b) Phasenverschiebungswinkel der Prozessgröße:

$$T_p = \frac{1}{f} \quad \text{und} \quad \frac{\varphi}{360°} = -\frac{T_t}{T_p}$$

$$\Rightarrow \varphi = -360° \cdot \frac{T_t}{T_p} = -360° \cdot T_t \cdot f =$$

$$= -360° \cdot 0{,}005\,\text{s} \cdot 20\,\text{Hz} = \mathbf{-36°}$$

5.4.5.2 Regelalgorithmus

Entsprechend dem PID-Regler in der analogen Regelungstechnik verwendet man in der digitalen Regelungstechnik meist auch den *PID-Algorithmus*[1] zur Berechnung der Reglerausgangsgröße. Ein Algorithmus ist eine vollständig festgelegte Folge von Anweisungen, nach der Eingabedaten verarbeitet und Ausgabedaten erzeugt werden.

Bei den PID-Regelalgorithmen unterscheidet man zwischen dem *Stellungsalgorithmus* und dem *Geschwindigkeitsalgorithmus*.

[1] Algorithmus = Rechenvorgang, der nach einem Schema abläuft, von arab. al-chwarismi, dem Beinamen eines persischen Mathematikers

PID-Stellungsalgorithmus

Beim PID-Regler setzt sich die Reglerausgangsgröße m aus einem Anteil, der proportional zur Regeldifferenz e ist, aus einem Anteil, der dem Zeitintegral der Regeldifferenz entspricht, und aus einem Anteil, der dem zeitlichen Differenzialquotienten der Regeldifferenz entspricht, zusammen.

Bei der digitalen Regelung liegt nun die Regeldifferenz nicht kontinuierlich vor, sondern nur zu den Abtastzeitpunkten T_A, $2T_A$, $3T_A$, …, nT_A, als eine Folge von Zahlenwerten e_1, e_2, e_3, …, e_n. Anstelle einer Integration der Regeldifferenz werden bei der digitalen Regelung die Regeldifferenzen aufsummiert und anstelle der Differenziation wird die Differenz zwischen zwei aufeinander folgenden Regeldifferenzen gebildet. Zum Zeitpunkt nT_A erhält man die Reglerausgangsgröße m_n.

Bei der digitalen Regelung wird die Integration durch eine Summation ersetzt.

Der PID-Stellungsalgorithmus setzt sich aus einem P-Anteil, einem I-Anteil und einem D-Anteil zusammen.

Reglerausgangsgröße zum Zeitpunkt nT:

P-Anteil:
$$m_{Pn} = K_p \cdot e_n$$

I-Anteil:
$$m_{In} = K_p \cdot \frac{T_A}{T_i} \sum_{i=0}^{n} e_i$$

D-Anteil:
$$m_{Dn} = K_p \cdot \frac{T_d}{T_A} \cdot (e_n - e_{n-1})$$

Beispiel 1: Sprungantwort für PID-Regler

Stellen Sie die Sprungantwort für einen digitalen PID-Regler mit $K_p = 0{,}2$, $T_d = 3T_A$ und $T_i = 4T_A$ als Diagramm für die ersten 11 Abtastintervalle dar.

Lösung: **Bild 1**

Man ermittelt zunächst die Werte für den P-Anteil, den I-Anteil sowie den D-Anteil und addiert alle drei Werte.

Beim PID-Stellungsalgorithmus wird die Reglerausgangsgröße der Regelung digital berechnet.

Gleichung des PID-Reglers:

$$m = K_p \left[e + \frac{1}{T_i} \int e \, dt + T_d \cdot \frac{de}{dt} \right]$$

Gleichung des PID-Stellungsalgorithmus:

$$m_n = K_p \left[e_n + \frac{T_A}{T_i} (e_1 + e_2 + \ldots + e_n) + \frac{T_d}{T_A} (e_n - e_{n-1}) \right]$$

$$m_n = K_p \left[e_n + \frac{T_A}{T_i} \sum_{i=0}^{n} e_i + \frac{T_d}{T_A} (e_n - e_{n-1}) \right]$$

m	Reglerausgangsgröße
e	Regeldifferenz
K_p	Proportionalbeiwert
m_n	Stellgröße zum Zeitpunkt nT
e_n	Regeldifferenz zum Zeitpunkt nT_A
i	Zählvariable
T_i	Nachstellzeit
T_d	Vorhaltzeit
T_A	Abtastzeit

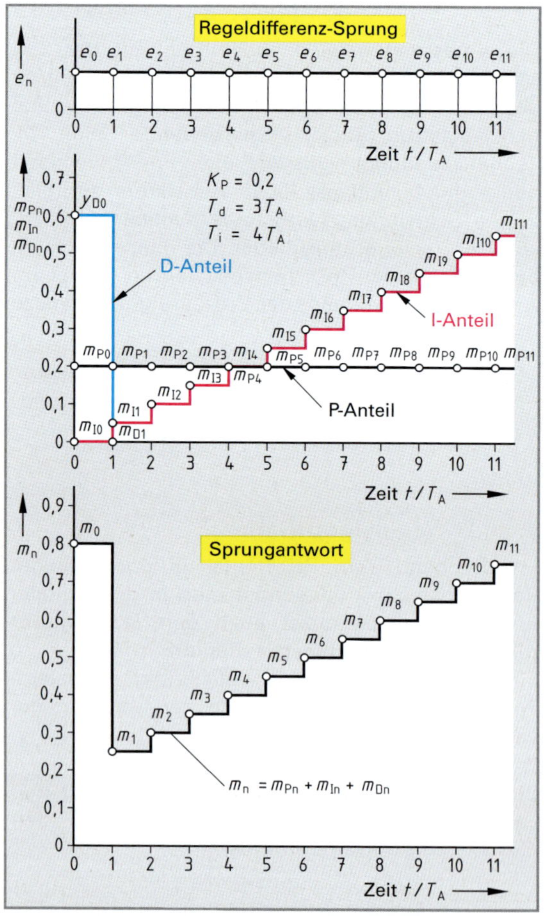

Bild 1: Sprungantwort des digitalen Reglers

PID-Geschwindigkeitsalgorithmus

Anstelle der ständigen Berechnung der Stellgröße wird bei der digitalen Regelung oft nur der Zuwachs Δm_n ermittelt und dieser dem Wert der in einem Speicher abgelegten Reglerausgangsgröße hinzuaddiert. Man bezeichnet dies als Geschwindigkeitsalgorithmus.

Gleichung des PID-Geschwindigkeitsalgorithmus:

$$\Delta m_n = K_p \left[e_n + \frac{T_A}{T_i} \sum_{i=0}^{n} e_i + \frac{T_d}{T_A} (e_n - e_{n-1}) \right]$$

$$- K_p \left[e_{n-1} + \frac{T_A}{T_i} \sum_{i=0}^{n-1} e_1 + \frac{T_d}{T_A} (e_{n-1} - e_{n-2}) \right]$$

Beim PID-Geschwindigkeitsalgorithmus werden die Zuwachswerte der Reglerausgangsgröße digital berechnet.

$$\Delta m_n = m_n - m_{n-1}$$

$$\Delta m_n = K_p \left[e_n - e_{n-1} + \frac{T_A}{T_i} \cdot e_n + \frac{T_d}{T_A} (e_n - 2e_{n-1} + e_{n-2}) \right]$$

Δm_n	Zuwachswert der Reglerausgangsgröße zum Zeitpunkt n · T_A		
e_n	Regeldifferenz zum Zeitpunkt n · T_A		
T_A	Abtastzeit	T_i	Nachstellzeit
K_p	Proportionalbeiwert	T_d	Vorhaltzeit

Beispiel 1: Programm in C für PID-Regler

Es soll ein Programm in C für einen PID-Regler nach dem Geschwindigkeitsalgorithmus mit den Parametern $K_p = 0{,}2$, $T_i = 4T_A$, $T_d = 3T_A$ und $T_A = 1$ s erstellt werden.

a) Zeichnen Sie den Programmablaufplan.

b) Entwickeln Sie daraus das C-Programm.

Lösung:

a) **Bild 1**

b) **Bild 2**

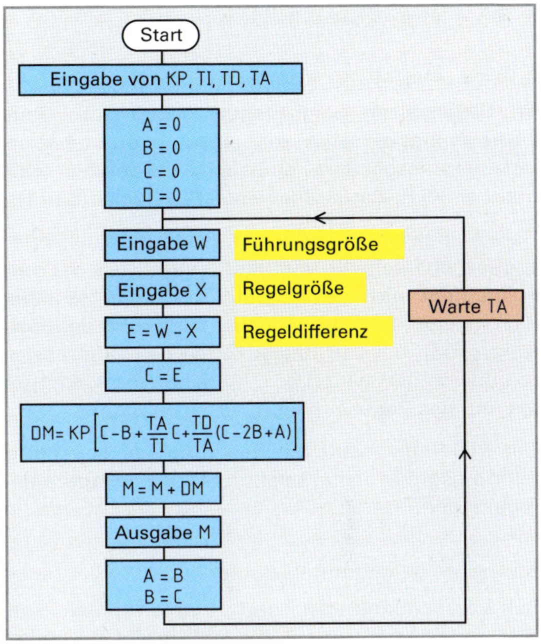

Bild 1: Programmablaufplan

```
// Programm: PID_Regler1.cpp
// Aufgabe: PID-Regler mit dem
// Geschwindigkeitsalgorithmus
#include <iostream>
using namespace std;

int main()
 {float KP,T ,T ,TA;
  float A,B,C,D,DM,E,W,X,M;
  A=B=C=D=DY=E=W=X=Y=0;

  cout <<"\nKP = ";cin >> KP;
  cout <<"TI = ";  cin >> TI;
  cout <<"TD = ";  cin >> TD;
  cout <<"TA = ";  cin >> TA;
  for(;;)
   {cout <<"\nW = "; cin >> W;
    cout <<"X = ";   cin >> X;
    E = W - X;
    C = E;
    DM = KP*(C-B+(TA/TI)*C+TD/TA*(C-2*B+A));
    M = M + DM;
    cout<<"\nW ="<<W<<"  X = "<<X<<"  Y = "<<M;
    A = B; // vorvorhergehende Regeldifferenz
    B = C; // vorhergehende Regeldifferenz
   }
 }
```

Bild 2: C-Programm zu Bild 1

Wiederholung und Vertiefung

1. **Erklären Sie den Begriff Wertdiskretisierung.**
2. **Warum arbeitet die digitale Regelung mit zeitdiskreten Größen?**
3. **Welche Folge in Bezug auf eine Phasenverschiebung bewirkt ein Abtasthalteglied?**
4. **Weshalb muss die Abtastfrequenz möglichst hoch gewählt werden?**
5. **Welche Beziehung besteht zwischen der Totzeit und der Abtastzeit bei einem Abtasthalteglied?**
6. **Worin unterscheidet sich bei einer digitalen Regelung der PID-Geschwindigkeitsalgorithmus vom PID-Stellungsalgorithmus?**
7. **Auf welche Weise wird bei der digitalen Regelung eine Integration vorgenommen?**

5.4.6 Regelkreise (Beispiele)

5.4.6.1 Regelung von P-Strecken

In Regelkreisen, die Regelstrecken mit dem Übertragungsverhalten von einem oder mehreren Verzögerungsgliedern enthalten, verwendet man meist einen PI-Regler oder einen PID-Regler **(Bild 1)**.

Der PI-Regler wird eingesetzt, wenn die Führungsgröße sehr schnell verändert wird. Dies ist bei Folgeregelkreisen der Fall. Ein PID-Regler ist dafür nicht geeignet, da bei schneller Änderung der Führungsgröße der PID-Regler durch das Differenzieren übersteuert wird. Der D-Anteil bleibt wirkungslos und das Regelverhalten wird nicht linear.

Der PID-Regler wird bei Regelung auf konstante Führungsgröße eingesetzt, z. B. bei Temperaturregelungen.

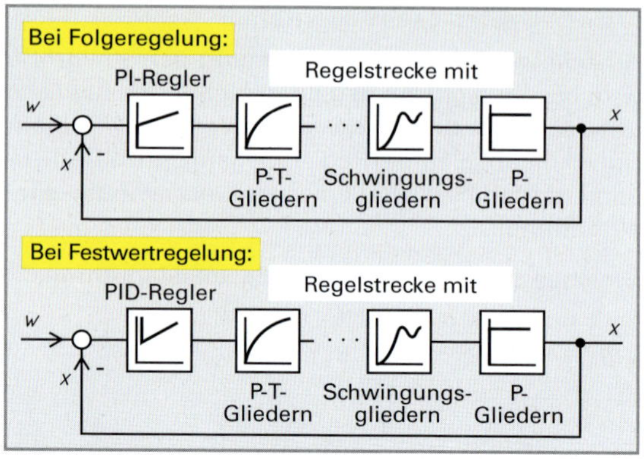

Bild 1: Regelung von P-Strecken

Drehzahlregelung mit PI-Regler

Bei Vorschubantrieben und Hauptantrieben von Werkzeugmaschinen soll die Istdrehzahl n_{ist} möglichst der Solldrehzahl n_{soll}, die von der numerischen Steuerung vorgegeben ist, folgen **(Bild 2)**. Der Regelkreis besteht aus einem elektronischen PI-Regler, einem elektronischen Antriebsverstärker, einem Motor mit der Zeitkonstanten T_m und einem Tachogenerator (Tacho). Der Antriebsverstärker und der Tachogenerator arbeiten näherungsweise verzögerungsfrei, d. h. beide sind P-Glieder (Bild 2). Der Motor kann angenähert als P-T_1-Glied dargestellt werden. Bei Änderung der Solldrehzahl um Δn_{soll} wird durch den Regler ein Stellsignal

$$\Delta U_{mP} \sim K_{PR}\,(n_{soll} - n_{ist})$$

erzeugt und an den Antriebsverstärker übertragen. In dem Maße, wie sich n_{ist} auf das neue n_{soll} zubewegt, wird ΔU_{mP} kleiner. Der I-Anteil des Reglers erzeugt ein Stellsignal ΔU_{mI}, das proportional zum zeitlichen Integral über $(n_{soll} - n_{ist})$ ist. Dies bedeutet, dass ΔU_{mI} wächst, solange eine Differenz $n_{soll} - n_{ist}$ vorhanden ist. Dies bedeutet aber auch, dass der PI-Regler durch den I-Anteil auf Dauer keine Regeldifferenz zulässt.

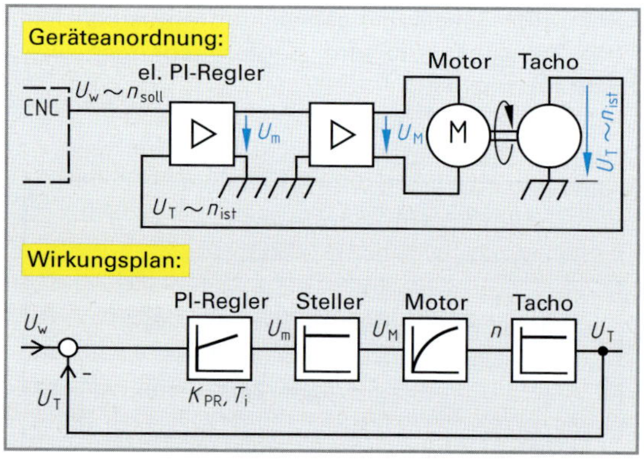

Bild 2: Geräteanordnung und Wirkungsplan einer Drehzahlregelung

> Bei einer PI-Regelung oder PID-Regelung gibt es keine bleibende Regeldifferenz.

Schwierig ist es, beim Einstellen des PI-Reglers die optimalen Werte K_{PR} und die Nachstellzeit T_i zu finden. Zu große Werte von K_{PR} und zu kleine Werte für die Nachstellzeit T_i führen zu starken Schwingungen **(Bild 3)**.

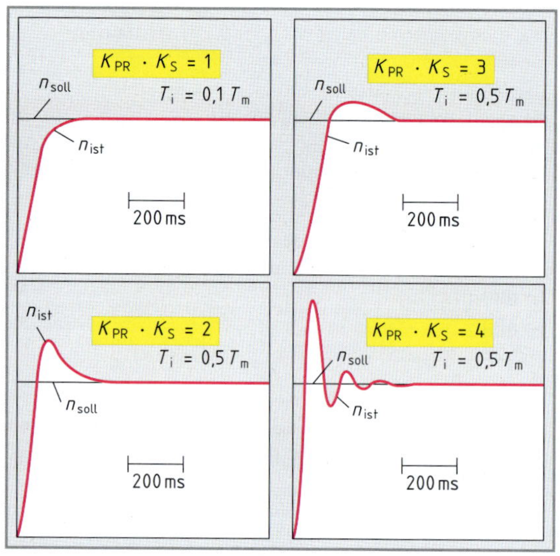

Bild 3: Einschwingvorgänge bei verschiedenen Reglereinstellungen (T_m = 100 ms)

5.4.6.2 Regelung von I-Strecken

Bei der Regelung von Regelstrecken, die ein I-Glied enthalten, verwendet man bei Folgeregelkreisen meist P-Regler **(Bild 1)**. Bei Festwertregelungen werden PD-Regler eingesetzt.

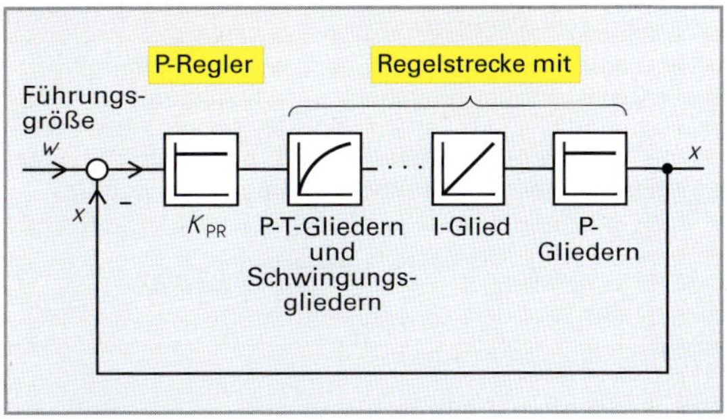

Bild 1: Folgeregelung einer I-Strecke

Lageregelung mit P-Regler

Bei einer Werkzeugmaschine kann die Position des Maschinenschlittens mit einem analogen Wegsensor erfasst und mit einem Operationsverstärker geregelt werden **(Bild 2)**. Die Sollwertvorgabe erfolgt auch analog über einen AD-Umsetzer durch einen Computer oder von Hand über ein Sollwertpotenziometer (Bild 2). Wenn eine Lageregeldifferenz $\Delta x = x_{soll} - x_{ist}$ vorliegt, so wird sie verstärkt und bewirkt eine Drehbewegung des Motors im Sinne einer Verkleinerung der Lageregeldifferenz Δx. Die Vorschubgeschwindigkeit v ist proportional zur Lageregeldifferenz Δx. Sie ist umso größer, je größer der Proportionalbeiwert K_{PR} des Reglers, der Verstärkungsfaktor V_A des Leistungsverstärkers, die Motordrehzahl n_0 bei Nennspannung und die Spindelsteigung s_{Sp} sind. Diese Teilverstärkungen werden, da sie sich gleichartig auf das Regelverhalten auswirken, zu der Geschwindigkeitsverstärkung K_v zusammengefasst. Die Geschwindigkeitsverstärkung ist das Verhältnis der Vorschubgeschwindigkeit v zur Lageregeldifferenz Δx, d.h. $K_v = v/\Delta x$.

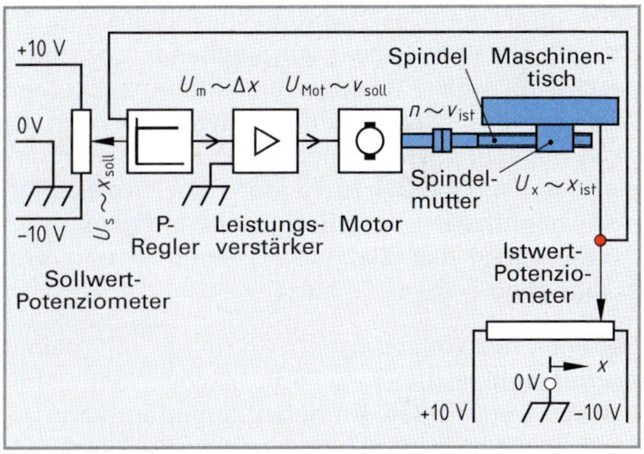

Bild 2: Geräteanordnung einer analogen Lageregelung für einen Werkzeugmaschinenschlitten

Mithilfe der Zusammenfassung der Teilverstärkungen lässt sich ein vereinfachter Blockschaltplan zeichnen, der nur noch drei Glieder enthält **(Bild 3)**. Das erste Glied ist ein Proportionalglied mit der Geschwindigkeitsverstärkung K_v. Das zweite Glied kennzeichnet das dynamische Verhalten des Vorschubantriebes. Es ist ein Verzögerungsglied 1. Ordnung, wenn ein elektrischer Antriebsmotor mit der Antriebszeitkonstanten T_A verwendet wird. Das dritte Glied ist ein Integralglied und kennzeichnet den Zusammenhang zwischen Vorschubgeschwindigkeit v und Weg x. Praktisch ausgeführt wird die Umsetzung der Geschwindigkeit in den Weg durch die Drehung der Spindel in der Spindelmutter, die mit dem Maschinentisch verbunden ist (Bild 2).

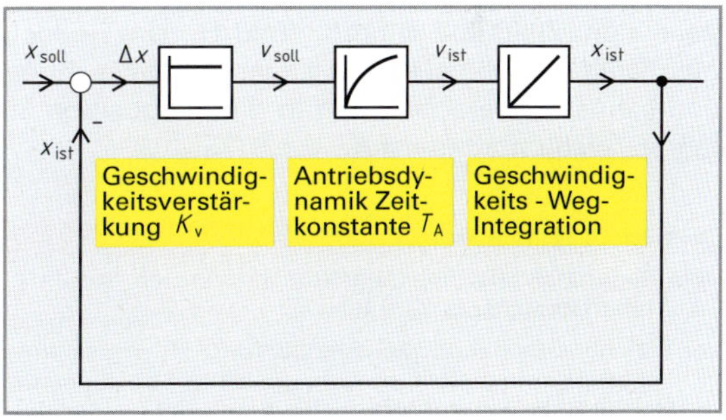

Bild 3: Blockschaltplan der analogen Lageregelung für einen Werkzeugmaschinenschlitten

Beispiel 1: Geschwindigkeitsverstärkung

Eine Lageregeldifferenz $\Delta x = 1$ mm bewirkt eine Vorschubgeschwindigkeit von $v = 600$ mm/min. Wie groß ist die Geschwindigkeitsverstärkung K_v?

Lösung:

$$K_v = \frac{v}{\Delta x} = \frac{600\ \text{mm/min}}{1\ \text{mm}} = 600\ \frac{1}{\text{min}} = \mathbf{10\ \frac{1}{s}}$$

Bei Lageregelung mit P-Regler:

$$K_v = \frac{v}{\Delta x}$$

K_v Geschwindigkeitsverstärkung
v Vorschubgeschwindigkeit
Δx Lageregeldifferenz

Beispiel 1: Lagedifferenz berechnen

Der Lagesollwert w wird von seinem Anfangswert $x_1 = 2\,\text{mm}$ auf den Zielpunkt $x_2 = 12\,\text{mm}$ mit gleicher Geschwindigkeit im Verlauf von $\Delta t = 1\,\text{s}$ verändert. Wie groß ist die Lageregeldifferenz Δx, während der Maschinenschlitten verfährt, wenn $K_v = 10\frac{1}{s}$ beträgt?

Lösung:

$$\Delta x = \frac{v}{K_v} = \frac{(x_2 - x_1)/\Delta t}{K_v} = \frac{10\,\text{mm/s}}{10\frac{1}{s}} = \mathbf{1\,mm}$$

Der Maschinenschlitten läuft also dem Sollwert in 1 mm Abstand nach. Dies ist der Weg, den der Maschinenschlitten zum Abbremsen benötigt.

Je größer die Geschwindigkeitsverstärkung K_v ist, desto kleiner ist bei vorgegebener Vorschubgeschwindigkeit v die Lageregeldifferenz Δx. Man kann jedoch die Geschwindigkeitsverstärkung K_v nicht beliebig groß machen, da die Schwungmassen des Antriebs bei zu kleiner Regelabweichung und gegebener Vorschubgeschwindigkeit den Antrieb über das Ziel hinausschießen und erst schwingend einpendeln lassen.

Bei sehr reaktionsschnellen Antrieben mit kleiner Antriebszeitkonstante T_A, d. h. kleinen Schwungmassen und großen Antriebsmomenten, kann K_v groß gewählt werden. Man bemisst die Geschwindigkeitsverstärkung K_v daher nach der Antriebszeitkonstanten T_A **(Bild 1)**.

Für $K_v = 0{,}25/T_A$ erhält man kein Überschwingen über den Zielpunkt hinaus (Bild 1). Um jedoch möglichst schnell bei kleiner Lageregelabweichung und kleinem Überschwingen in die Zielposition zu fahren, wählt man meist $K_v \approx 0{,}8/T_A$.

Beispiel 2: Lagerregelkreis

Ein Lageregelkreis für einen Vorschubantrieb hat eine Antriebszeitkonstante $T_A = 80\,\text{ms}$.

a) Welche Geschwindigkeitsverstärkung K_v muss am Lageregler eingestellt werden, um schnell bei kleinem Überschwingen und kleiner Regelabweichung in die Zielposition einzufahren?

b) Wie groß ist die Überschwingweite $x_ü$, wenn mit einer Geschwindigkeit $v = 120\,\text{mm/min}$ verfahren wird?

Lösung:

a) $K_v \approx \frac{0{,}8}{T_A} = \frac{0{,}8}{0{,}08\,\text{s}} = \mathbf{10\,\frac{1}{s}}$

b) Aus **Bild 2** entnimmt man für $K_v \cdot T_A = 0{,}8$ den Wert:

$$\frac{x_ü}{(v \cdot T_A)} = 0{,}41$$

$$\Rightarrow x_ü = 0{,}41 \cdot v \cdot T_A = 0{,}41 \cdot \frac{120\,\text{mm}}{\text{min}} \cdot 80\,\text{ms} = \mathbf{66\,\mu m}$$

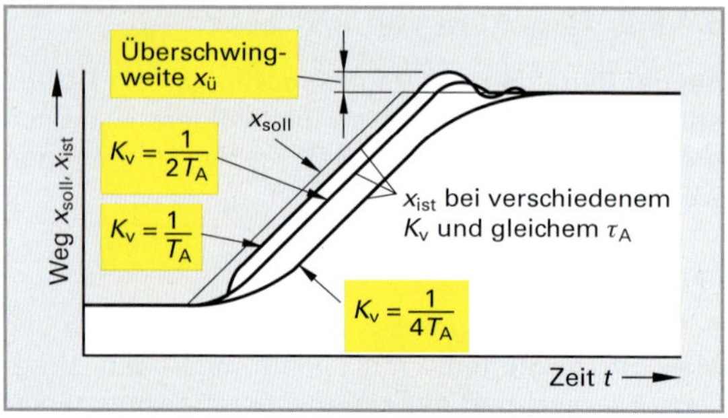

Bild 1: Überschwingen in Abhängigkeit von der Geschwindigkeitsverstärkung

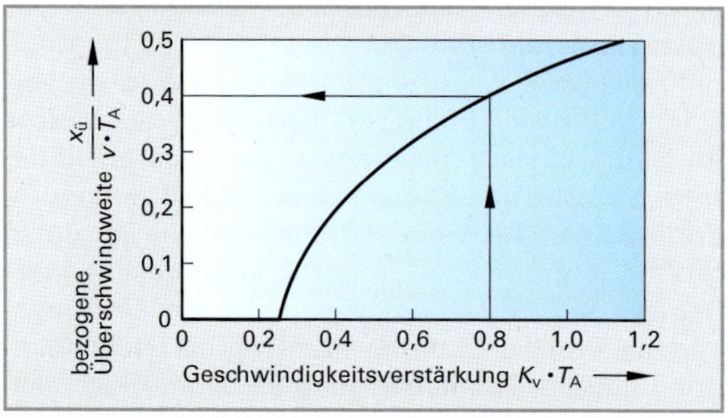

Bild 2: Einfluss der Geschwindigkeitsverstärkung

Messung der Geschwindigkeitsverstärkung

Zur Ermittlung der Geschwindigkeitsverstärkung trennt man den Lageregelkreis auf, indem man z. B. die Kupplung zwischen Antriebsmotor und Vorschubspindel löst. Dann verschiebt man den Maschinenschlitten um einen kleinen Weg. Jetzt stimmen Lagesollwert und Lageistwert nicht mehr überein. Der Motor beginnt zu drehen, um die Lageregelabweichung auszugleichen. Da der Motor aber abgekoppelt ist, erfolgt keine Lageregelung. Die Motordrehzahl, die einer bestimmten Vorschubgeschwindigkeit entspricht, bleibt konstant und kann gut gemessen werden.

Wiederholung und Vertiefung

1. **In welchen Regelkreisen verwendet man einen PI-Regler oder PID-Regler?**
2. **Welchen Regler verwendet man bei Folgeregelkreisen?**
3. **In welchen Fällen wird ein PID-Regler eingesetzt?**
4. **Welche Eigenschaft haben PI-Regelung und PID-Regelung gemeinsam?**
5. **Welche Schwierigkeiten ergeben sich beim Einstellen eines PI-Reglers?**
6. **Welcher Regler wird bei Regelung von I-Strecken meist verwendet?**
7. **Wie berechnet man die Geschwindigkeitsverstärkung bei Lageregelung mit P-Regler?**
8. **Beschreiben Sie die Messung der Geschwindigkeitsverstärkung.**

5.4.6.3 Einstellen eines Reglers

Eine gute Regelung wird erst durch die richtige Einstellung des Reglers erreicht. Man stellt die Regler meist so ein, dass sich die Regelgröße bei Sollwertsprüngen schnell auf den neuen Sollwert einstellt. Dabei sollte die Regelgröße nur wenig und nur kurzzeitig über den Sollwert hinausschwingen **(Bild 1)**. Die *Anregelzeit* t_{an} ist die Zeit t, bis zum ersten Mal die Führungsgröße erreicht wird (Bild 1). Die *Ausregelzeit* t_{aus} ist die Zeit, die vergeht, bis der Einschwingvorgang auf $\pm\Delta x$, meist $\pm 10\%$ abgeklungen ist. Man versucht, die Regelparameter Proportionalbeiwert K_{PR}, Nachstellzeit T_i und Vorhaltzeit T_d optimal einzustellen. Zu große Werte von K_{PR} und zu klein gewählte Werte für T_i führen stets zu starken Schwingungen oder zu Dauerschwingungen, d.h. der Regelkreis wird instabil.

Ein Regelkreis ist meist optimal eingestellt, wenn die Regelfläche einen kleinsten Wert annimmt (Bild 1).

Selbstoptimierende Regler enthalten einen Mikrocomputer, der z. B. die Regelfläche berechnet und die Regelparameter so lange verändert, bis die Regelfläche den Minimalwert hat. Zur Berechnung der Regelparameter werden die Regelkreise z. B. mit dem PC simuliert und optimiert.

Bestimmung der Einstellwerte der Regler

Regelstrecken mit P-T_1-Gliedern und Totzeitgliedern.
Man stellt beim Verfahren nach Ziegler und Nichols[1] zunächst den Regler als P-Regler ein **(Bild 2)** und verändert K_{PR} so lange, bis bei K_{PRkrit} der Regelkreis schwingt. Dann misst man die Periodendauer T_p dieser Schwingung. Günstige Einstellwerte zeigt **Tabelle 1**.

Regelstrecken mit I-Glied und P-T_1-Glied.
Als Regler wählt man einen P-Regler **(Bild 3)** und stellt das Produkt aller Verstärkungen im Regelkreis auf die Kreisverstärkung $K_0 = T_1/T_I$ ein. Anschließend variiert man K_{PR}, bis der Regelkreis ein günstiges Verhalten zeigt.

Überprüfen des Regelsinnes

Ein Regelkreis arbeitet nur dann richtig, wenn an der Vergleichsstelle im Regler die Regelgröße von der Führungsgröße subtrahiert und nicht addiert wird **(Bild 4)**. Wenn dies nicht der Fall ist, muss der Sensor umgepolt werden.

[1] Ziegler und Nichols, amerik. Wissenschaftler

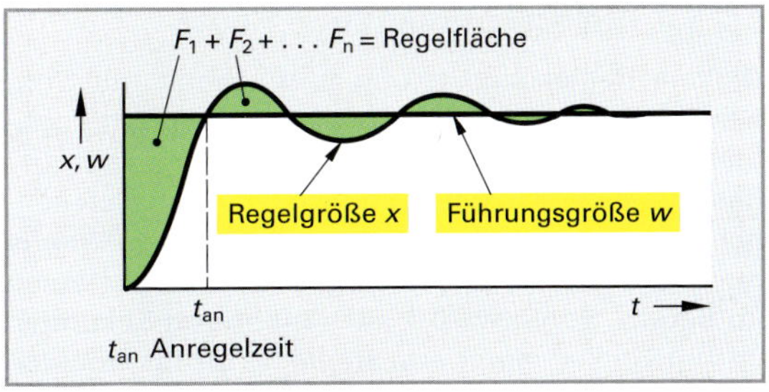

Bild 1: Einschwingvorgang bei einem Führungsgrößensprung

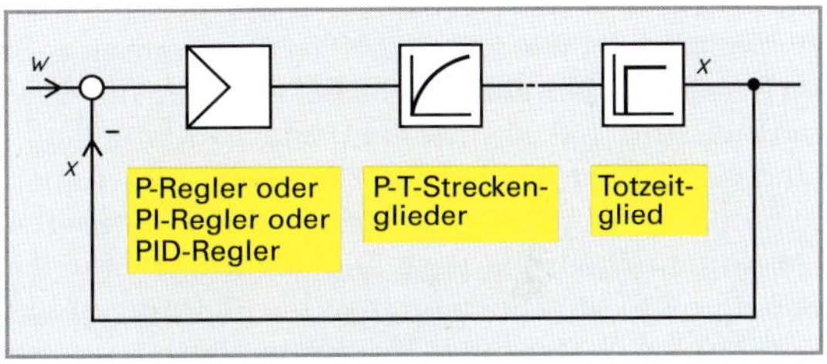

Bild 2: Regelung von P-T_1-Strecken

Tabelle 1: Reglereinstellung nach Ziegler und Nichols

Reglertyp	Reglerparameter
P-Regler	$K_{PR} = 0{,}5\ K_{PRkrit}$
PI-Regler	$K_{PR} = 0{,}45\ K_{PRkrit}$, $T_i = 0{,}85\ T_p$
PID-Regler	$K_{PR} = 0{,}6\ K_{PRkrit}$, $T_i = 0{,}5\ T_p$, $T_d = 0{,}12\ T_p$

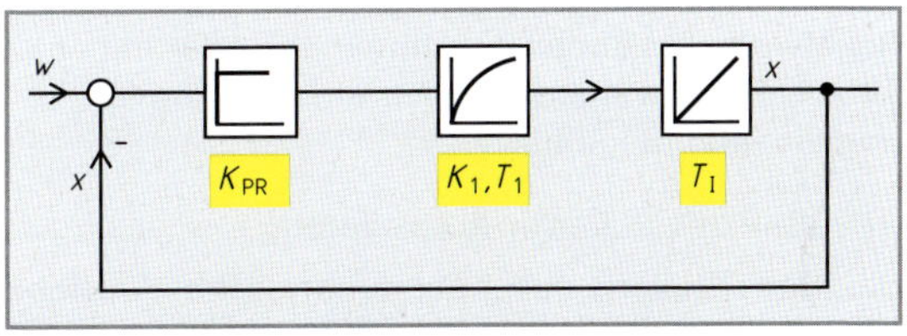

Bild 3: Reglereinstellung bei einer I-Strecke

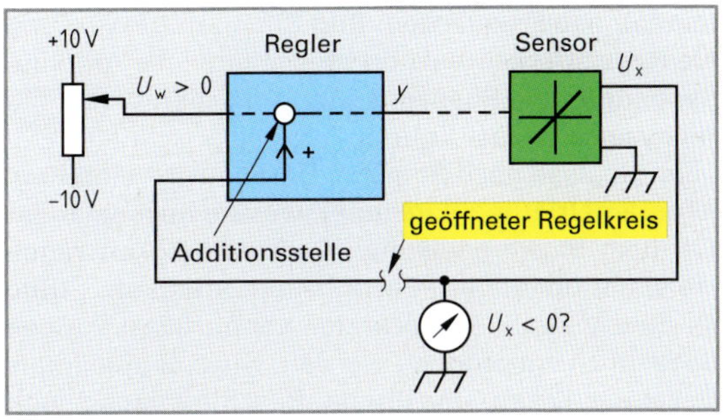

Bild 4: Überprüfen des Regelsinns

5.4.6.4 Selbstoptimierende Regler

Digitale Regler sind häufig hinreichend mit Software ausgestattet, sodass sie selbsttätig eine optimale Parametrierung (Werteeinstellung) auf der Basis eines PID-Regelalgorithmus vornehmen können. Man unterscheidet dabei die *Kompaktregler* für Regelstrecken mit relativ großen Zeitkonstanten im Bereich von etwa 0,1 s bis mehreren Sekunden und in Steller *integrierte Regler* z. B. für hochdynamische Vorschubantriebe mit Verzugszeiten im Bereich von Millisekunden.

Kompaktregler SIPART

Kompaktregler, wie z. B. SIPART-DRxx werden z. B. im Bereich verfahrenstechnischer Anlagen der Chemieindustrie, bei Kraftwerken und in Kläranlagen eingesetzt **(Bild 1)**. Solche Kompaktregler haben auf der Frontseite sowohl Balkenanzeigen (Analoganzeigen) als auch Digitalanzeigen für die Regelgröße *x*, den Sollwert bzw. die Führungsgröße *w*. Es gibt Taster und Meldeleuchten u. a. zur manuellen Reglereinstellung, zur manuellen Prozessführung, zur Wahl von Betriebsarten und für Grenzwerte. Der Regler kann über einen PC fernbedient und fernkonfiguriert werden **(Bild 2)**. Die Reglerselbstanpassung (AdAP-Funktion) wird über das Frontpanel gestartet und erfolgt durch selbsttätige Analyse der Regelstrecke und der Berechnung der Reglerparameter auf Grund einer Analyse der Sprungantwort der Regelstrecke. Ermittelt werden dabei die Streckenverstärkung, die Verzögerungs-Zeitkonstanten und die Strecken-Totzeit. Die Adaption erfolgt wahlweise für ein Regelverhalten ohne Überschwingen oder mit etwa 10 % Überschwingen, ähnlich einer optimalen, betragslinearen Regelfläche.

Selbsteinstellende Antriebsregelung

Bei den Stellern für hochdynamische Antriebe erfolgt die Ermittlung der Regelstreckeneigenschaften an Hand einer Frequenzanalyse, indem die Regelstrecke selbsttätig durch ein Rauschsignal (enthält alle Frequenzen, **Bild 3**) angeregt wird und die Regelstreckenreaktion hinsichtlich des Amplitudenganges und Phasenganges analysiert wird (FFT-Analyse, von Fast Fourier-Analyse = schnelle Frequenzanalyse nach Fourier). Daraus wird eine Reglerparametrierung berechnet, welche nacheinander für den Stromregelkreis (Geschwindigkeitsregelkreis) ein optimales Führungsverhalten liefert **(Bild 4)**. Eine Vielzahl ergänzender Kenngrößen können dabei noch vorgegeben werden, wie z. B. maximale Geschwindigkeit, maximale Beschleunigung und maximaler Ruck.

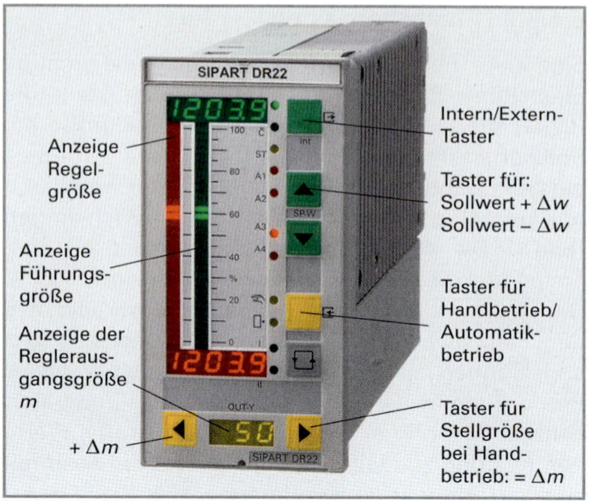

Bild 1: **Kompaktregler**

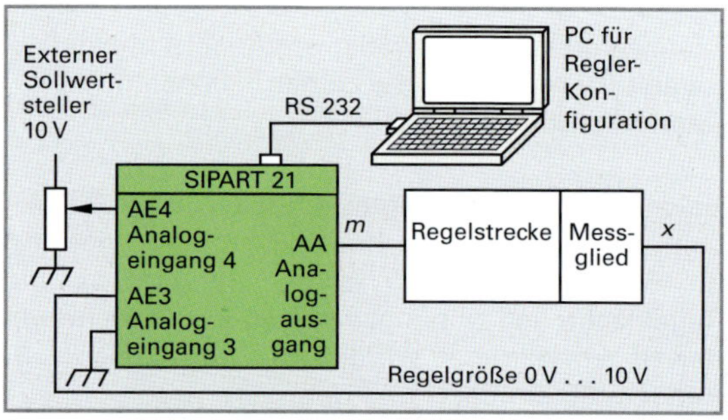

Bild 2: **Kompaktregler im Regelkreis**

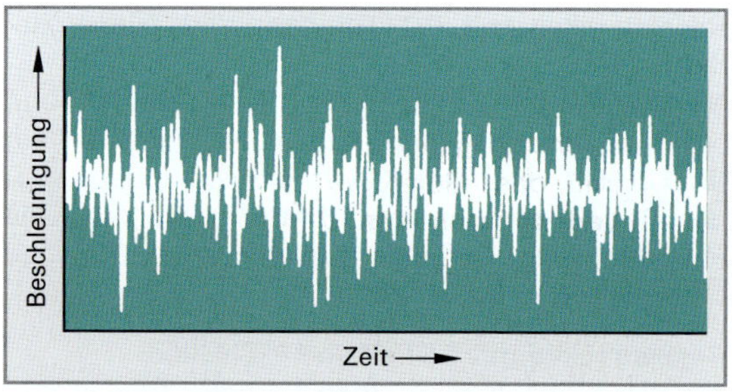

Bild 3: **Rauschsignal zur Antriebsbeschleunigung**

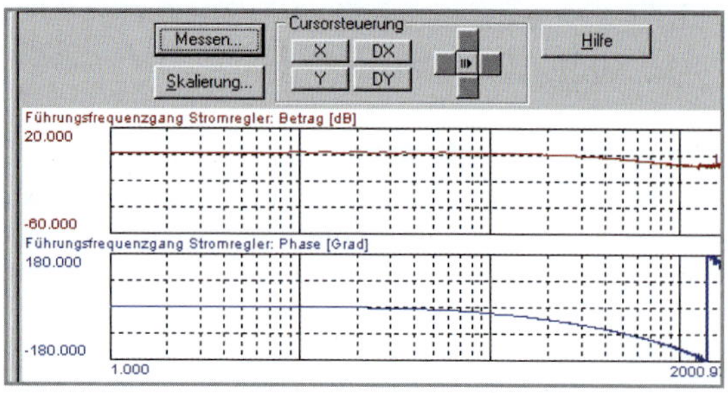

Bild 4: **Führungsfrequenzgang der Stromregelung**

6 Leistungselektronik

6.1 Stromversorgung

6.1.1 Geräte mit elektrischer Energie versorgen

Erfordert das Gerät nur Wechselspannung, erfolgt die Speisung direkt oder über einen Transformator aus dem Netz **(Bild 1)**. Benötigt das Gerät dagegen Gleichspannung, so erfolgt die Stromversorgung über einen Gleichrichter, z. B. mit vorgeschaltetem Transformator oder über ein Schaltnetzteil.

Der Batteriebetrieb ist einfach, wenn das Gerät nur niedrige Gleichspannung erfordert. Bei hoher Gleichspannung ist ein Gleichspannungswandler erforderlich. Benötigt das batteriebetriebene Gerät Wechselspannung, so erfolgt die Stromversorgung über einen Wechselrichter.

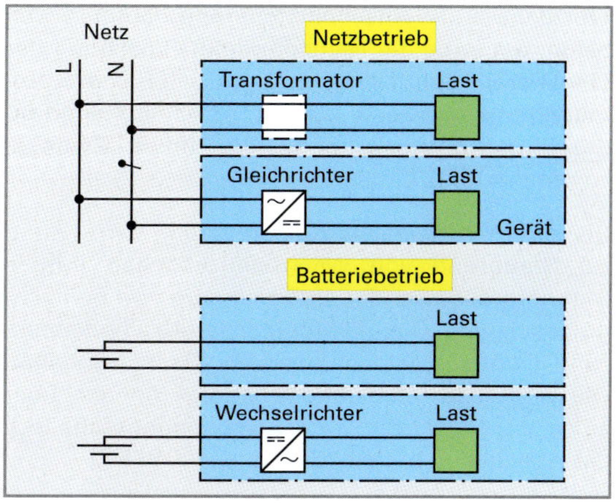

Bild 1: Netzbetrieb und Batteriebetrieb elektronischer Geräte

6.1.2 Leistungsgrenzen am öffentlichen Netz

Wenn durch die Stromversorgung des Gerätes die Sinusform der Netzspannung nicht beeinflusst wird, so ist die höchstzulässige Leistung des Gerätes meist nur durch die Überstrom-Schutzeinrichtung begrenzt. Ausnahmen hiervon bestehen z. B. bei Schweißgeräten oder nicht kompensierten Entladungslampen.

Häufig wird jedoch bei elektronischen Geräten die Kurvenform des Netzstromes erheblich beeinflusst. Werden Geräte über einen Gleichrichter mit Glättungskondensator gespeist, z. B. Energiesparlampen, so nimmt das Gerät wegen des impulsförmigen Ladestromes des Glättungskondensators einen Puls-Wechselstrom auf **(Bild 2)**. Am selben Netz erfolgen diese Stromimpulse zu gleichen Zeitpunkten, sodass sehr hohe Pulslasten auftreten **(Bild 3)**. Wegen des Innenwiderstandes des Netzes entstehen dadurch Spannungsfälle, welche die Netzspannung ungünstig beeinflussen. Deshalb sind von den VNB Leistungsgrenzen vorgeschrieben (siehe Tabelle 1, Seite 555).

> Alle Geräte mit Stromversorgung über einen Gleichrichter mit Glättungskondensator nehmen einen Puls-Wechselstrom auf.

Die Stromversorgung von Geräten kann auch durch Beeinflussung der Kurvenform des Netzstromes erfolgen. Dafür gibt es verschiedene Möglichkeiten **(Tabelle 1, folgende Seite)**.

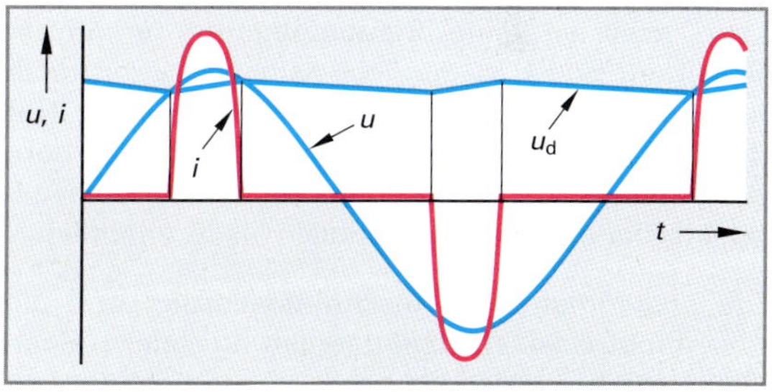

Bild 2: Netzstrom (idealisiert) bei einem Gerät mit Gleichrichter und Glättungskondensator

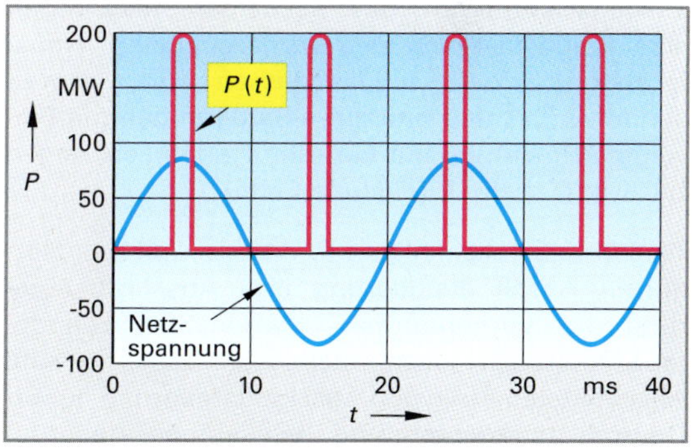

Bild 3: Pulslast in einem 60-kV-Netz während einer populären Fernsehsendung

Bei der *Anschnittsteuerung* (Phasenanschnittsteuerung) muss das Netz wie bei einer Induktivität induktive Blindleistung liefern. Außerdem treten Oberschwingungen auf. Bei der *Abschnittsteuerung* (Phasenabschnittsteuerung) muss das Netz wie bei einem Kondensator kapazitive Blindleistung liefern. Dadurch kann eine meist ohnehin vorhandene induktive Netzbelastung wenigstens zum Teil ausgeglichen (kompensiert) werden.

Trotzdem ist die Anschnittsteuerung häufiger, weil bei ihr am Ende der Halbperiode die Löschung der Thyristoren von selbst erfolgt (natürliche Kommutierung), während bei der Abschnittsteuerung der Strom abgeschaltet werden muss (Zwangskommutierung).

Die *symmetrische Anschnittsteuerung* wird häufig zur Steuerung von Wechselstromlasten mittels Dimmern angewendet, insbesondere von Beleuchtungsanlagen. Die *symmetrische Abschnittsteuerung* dient denselben Zwecken. Das Einschalten während jeder Halbperiode erfolgt bei ihr über einen *Nullpunktschalter* (Nullspannungsschalter), das Abschalten mittels IGBT oder MOSFET.

Nullpunktschalter beruhen darauf, dass bei Spannungen über etwa 30 V der elektronische Schalter, z. B. ein Thyristor, den Stromkreis nicht schließen kann, weil er keine Steuerspannung erhält. In Schaltung **Bild 1** ist der Transistor nur dann nicht leitend, wenn an ihm U_{BE} kleiner als 0,7 V ist. Nur dann ist das Gate von Q1 nicht mit Masse verbunden, sodass Q1 angesteuert werden kann. Nullpunktschalter sind handelsüblich als IC erhältlich.

Die *unsymmetrische* Anschnittsteuerung und die unsymmetrische Abschnittsteuerung liefern einen Gleichstrom, sodass sie zur Steuerung von Gleichstromlasten verwendet werden. Von Nachteil ist dabei in dieser Einweggleichrichtung (Einpuls-Einwegschaltung E1), dass bei beiden Steuerungen eine Magnetisierung des vorgeschalteten Transformators erfolgt, sodass dessen Wirkungsgrad abnimmt. Deshalb sind diese Steuerungen mit Einweggleichrichtung nur bei sehr kleinen Leistungen zulässig **(Tabelle 1, folgende Seite)**.

Wegen ihrer nachteiligen Wirkungen auf das Netz dürfen Anschnittsteuerung und Abschnittsteuerung nur vorgenommen werden, wenn andere Steuerungen nicht ausreichen. Zulässig sind Anschnittsteuerung und Abschnittsteuerung nur für Drehzahlsteuerungen und Beleuchtungssteuerungen, nicht aber für Steuerungen von Heizgeräten.

Die Anschnittsteuerung und die Abschnittsteuerung dürfen nur bei Drehzahlsteuerungen und bei Beleuchtungssteuerungen angewendet werden.

Der nachteilige Einfluss auf den Leistungsfaktor $\cos \varphi$ kann durch Leistungsfaktor-Korrekturschaltungen *(PFC-Schaltungen)* unwirksam gemacht werden (Abschnitt 6.1.8).

Tabelle 1: Elektronische Ansteuerungen von Geräten

Name	Netzspannung und Netzstrom
Symmetrische Anschnittsteuerung	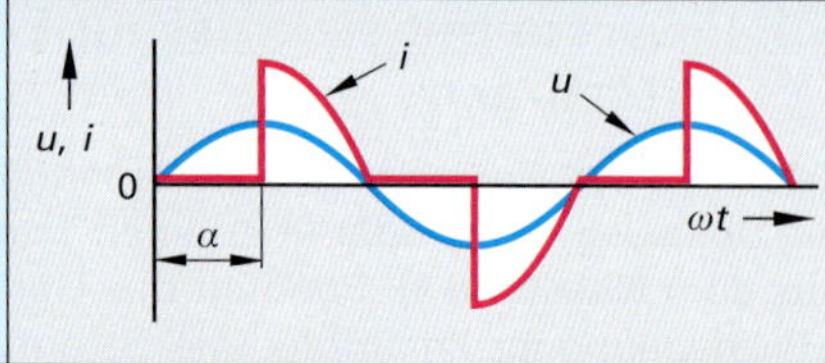
Symmetrische Abschnittsteuerung	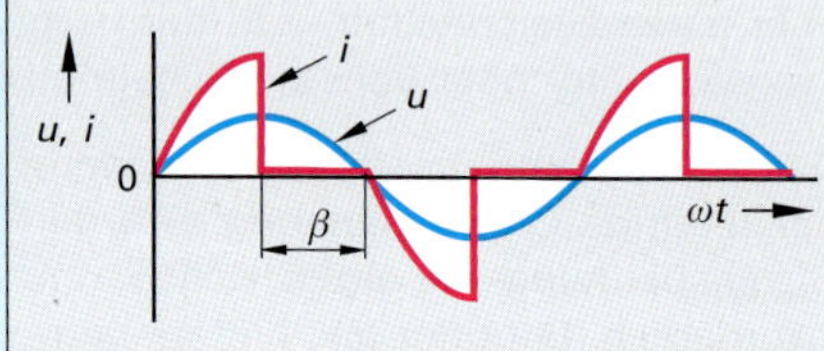
Unsymmetrische Anschnittsteuerung	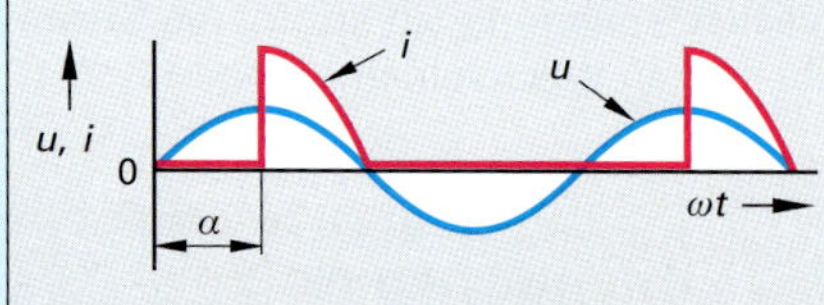
Symmetrische Sektorsteuerung	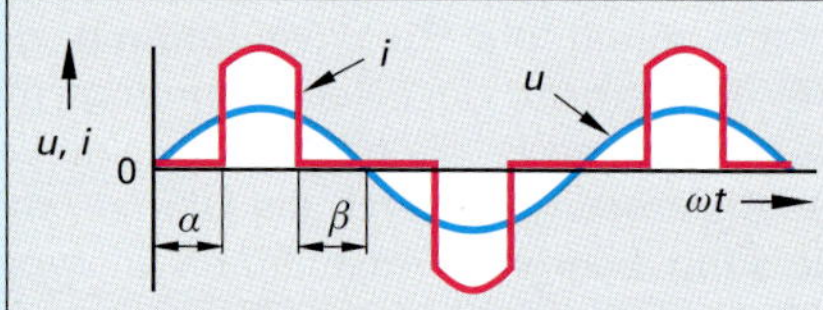
Symmetrische Schwingungspaketsteuerung	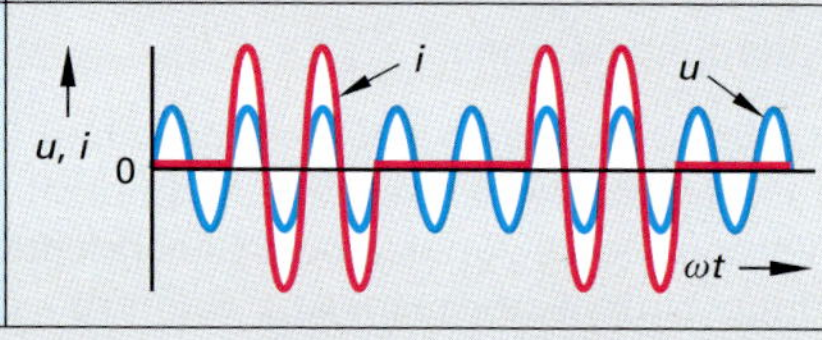

i Netzstrom, *t* Zeit, *u* Netzspannung, *α* Steuerwinkel für Einschalten, *β* Steuerwinkel für Abschalten, *φ* Phasenverschiebungswinkel, *ω* Kreisfrequenz

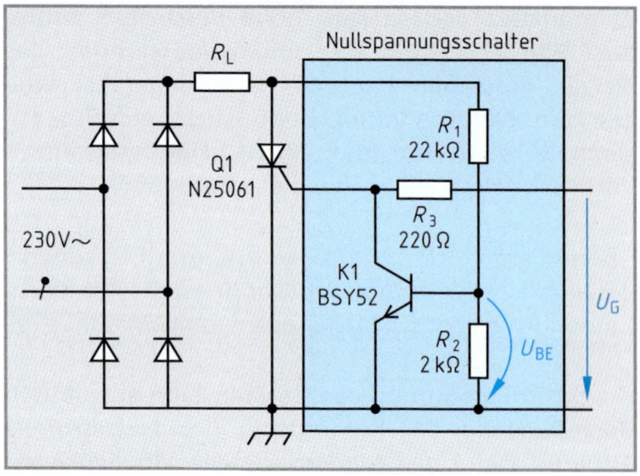

Bild 1: Steuerung mit Nullpunktschalter

Tabelle 1: Grenzwerte der Anschlussleistung am öffentlichen Netz nach TAB

Symmetrische Anschnittsteuerung oder Abschnittsteuerung, Gleichrichtung			
Steuereinrichtung	Maximale Anschlussleistung je Verbrauchseinheit bei		
	AC 230 V	AC 400 V	3 AC 400 V
Steller für Glühlampen	1,7 kW	3,4 kW	5,1 kW
Steller für Motoren oder Entladungslampen mit induktivem Vorschaltgerät	3,4 kVA	6,8 kVA	10,2 kVA
Röntgengeräte, Tomographen und ähnliche medizinischen Geräte	1,7 kVA	–	5,0 kVA
Kopiergerät	4,0 kVA	–	7,0 kVA
Symmetrische Anschnittsteuerung, Sektorsteuerung bzw. Abschnittsteuerung	bei Wärmegeräten 200 W, bei Netzteilen 75 W		
Symmetrische Anschnittsteuerung, Sektorsteuerung bzw. Abschnittsteuerung nur während des Einschaltvorganges	bis zur zulässigen Bemessungsleistung		
Unsymmetrische Gleichrichtung (Einweg-schaltung)	bei Wärmegeräten 100 W, bei Netzteilen 75 W		
Gleichrichtung in Netzteilen zur Stromversorgung elektronischer Geräte $\geq$ 75 W	Keine Begrenzung in TAB, da nach EN 61000 ab 75 W der Aufnahmestrom oberschwingungsarm, also sinusförmig, sein muss.		
Schwingungspaketsteuerung (Vielperiodensteuerung)			
Schalthäufigkeit	Maximale Anschlussleistung je Verbrauchseinheit bei		
	AC 230 V	AC 400 V	3 AC 400 V
$\geq$ 1000/min	0,4 kW	1,0 kW	2,0 kW
$<$ 0,76/min	4,0 kW	10,0 kW	20,0 kW

AC 230 V: Anschluss an einen Außenleiter und an den Neutralleiter.
AC 400 V: Anschluss an zwei Außenleiter.
3AC 400 V: Anschluss an drei Außenleiter und evtl. Neutralleiter, Belastung auf die Außenleiter gleichmäßig verteilt.
Die angegebenen Leistungen dürfen nur mit Genehmigung des VNB (Verteilungsnetzbetreibers) überschritten werden.

Die *Sektorsteuerung* ist eine Kombination von Anschnittsteuerung und Abschnittsteuerung. Bei ihr tritt keine Blindleistung auf, sodass die Netzspannung nur durch die Oberschwingungen beeinflusst wird.

Die *Schwingungspaketsteuerung* (Vielperiodensteuerung) ruft weder Blindleistung noch Oberschwingungen hervor. Es treten jedoch Belastungsstöße auf, die zu Schwankungen der Netzspannung führen und damit zum Flackern von Lampen (Flickerwirkung, von to flicker = flackern). Das Einschalten der Schwingungspakete erfolgt über einen Nullpunktschalter, das Abschalten erfolgt nach Wegfall der Steuerspannung von selbst am Ende der Halbperiode. Diese Steuerung wird z. B. bei Heizungen und bei Ladegeräten angewendet. Bei diesen Lasten sind die stromlosen Pausen, die teilweise mehrere Sekunden dauern, ohne Bedeutung.

Alle elektronischen Steuerungen beeinflussen die Netzspannung ungünstig, sodass die Höchstleistungen begrenzt sind **(Tabelle 1)**.

Die größten Leistungen sind in der Vielperiodensteuerung mit durchschnittlich weniger als 0,76 Schaltungen (EIN oder AUS) je Minute möglich. Bei Schalthäufigkeiten zwischen 1000/min und 0,76/min nimmt die zulässige Leistung zu (Tabellenbuch Informations- und Systemtechnik).

Wiederholung und Vertiefung

1. **Durch welche Baugruppe wird bei batteriegespeisten Geräten eine höhere Spannung als die Batteriespannung ermöglicht?**
2. **Warum nehmen Audioverstärker einen Puls-Wechselstrom auf?**
3. **Welche Nachteile bringt die Anschnittsteuerung für das Netz?**
4. **Welche Art der Blindleistungsaufnahme tritt bei der Abschnittsteuerung auf?**
5. **Für welche Zwecke wird die symmetrische Anschnittsteuerung angewendet?**
6. **Worauf beruhen Nullpunktschalter (Nullspannungsschalter)?**
7. **Nennen Sie die Vorteile und die Nachteile der Schwingungspaketsteuerung (Vielperiodensteuerung).**

6.1.3 Gesteuerte Gleichrichter und Gleichstromsteller

Gesteuerte Gleichrichter ermöglichen die Stromversorgung von Gleichstromverbrauchern aus einem Wechselstromnetz. Gleichstromsteller liefern eine veränderbare Spannung aus einem Gleichstromnetz.

Schaltungen von gesteuerten Gleichrichtern

Die Art der Schaltung wird durch Kennbuchstaben und Kennzahlen beschrieben **(Tabelle 1)**. Es gibt noch weitere Kennbuchstaben (Tabellenbuch Elektrotechnik).

Gesteuerte Gleichrichter wenden mithilfe von Thyristoren den Phasenanschnitt an. Grundsätzlich können alle Gleichrichterschaltungen mit Thyristoren ausgeführt werden. Besonders verbreitet als steuerbare Gleichrichter sind aber die *halbgesteuerten Brückenschaltungen* **(Tabelle 2)**. Die Brückenschaltungen können aus einzelnen Bauelementen aufgebaut werden oder aus *Modulen* (Baugruppen), die in einem Gehäuse z. B. aus zwei Dioden oder aus zwei Thyristoren bestehen. Derartige Module können auch aus einer Diode und einem Thyristor bestehen.

Für das Anschnittverfahren erfordert jeder Thyristor im richtigen Zeitpunkt einen Spannungsimpuls am Gate. Diese Impulse können durch Beschaltung der Thyristoren mit je einer Zündschaltung erzeugt werden. Die Schaltung wird etwas einfacher, wenn eine Brückenschaltung aus Dioden verwendet wird **(Bild 1)**, in deren Diagonale der Thyristor mit der Last liegt. Dann ist nur eine Zündschaltung erforderlich.

Schutz der Thyristoren

Um eine Überhitzung der Thyristoren zu vermeiden, müssen verzögerungsarme Überstrom-Schutzeinrichtungen verwendet werden.

> Thyristoren erfordern flinke oder superflinke Schmelzsicherungen oder entsprechende Schutzschalter.

Die Überstrom-Schutzeinrichtungen können vor die Schaltung der Thyristoren als *Strangsicherungen* oder in die Schaltung als *Zweigsicherung* gelegt werden **(Bild 2)**.

Gegen **Spannungsüberlastung** (Überspannungsspitzen) sind Thyristoren besonders empfindlich.

Tabelle 1: Benennung von Stromrichterschaltungen

	Kennbuchstabe, Kennzahlen	Bedeutung
Grundschaltungen	E	Einwegschaltung
	M	Mittelpunktschaltung
	B	Brückenschaltung
	P = 1, 2, 3, 6	Pulszahl
Ergänzungen	C	Vollgesteuerte Schaltung
	F	Freilaufzweig
	H	Halbgesteuerte Schaltung
	K	Katodenseitig

Tabelle 2: Wichtige steuerbare Gleichrichterschaltungen

Kurzzeichen	Schaltplan
B2HKF oder B2HF oder B2H	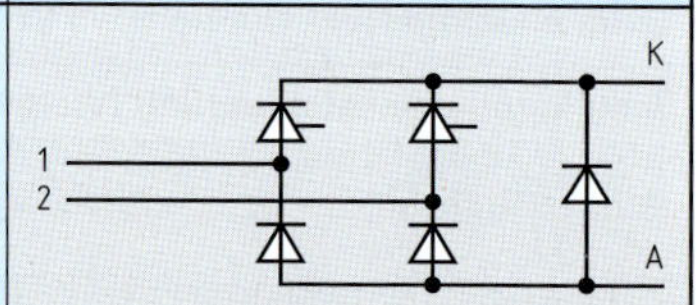
B6HK oder B6H	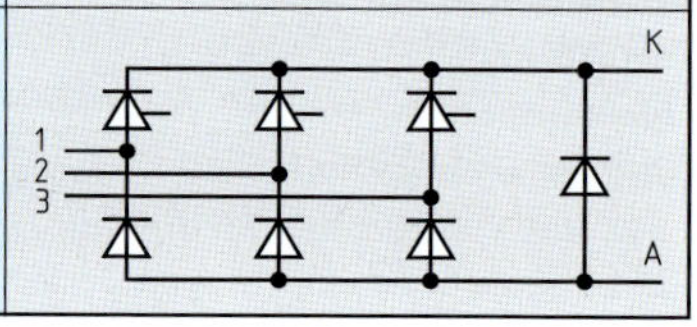

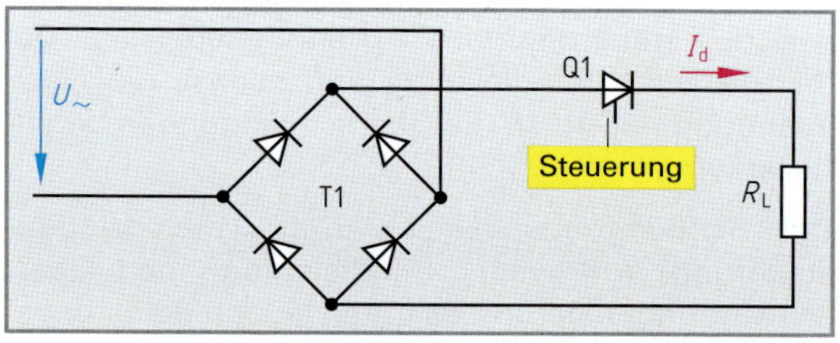

Bild 1: Steuerbarer Gleichrichter mit nur einem Thyristor

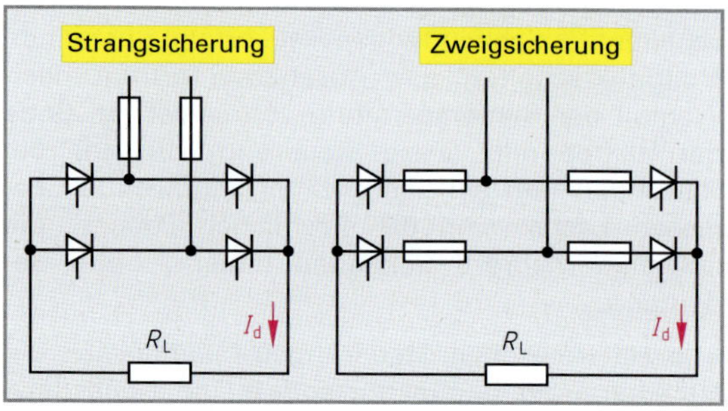

Bild 2: Überstromschutz von Thyristoren

Überspannungsspitzen entstehen aus verschiedenen Gründen, z. B. bei Schaltvorgängen und erfordern besondere Schutzmaßnahmen **(Tabelle 1)**.

Zum Schutz gegen Überspannungen werden bei elektronischen Steuerungen Varistoren (spannungsabhängige Widerstände), Suppressordioden, Gasableiter oder Reihenschaltungen aus Kondensatoren und Wirkwiderständen verwendet **(Bild 1)**. Die *RC*-Glieder werden auch Snubber (von to snub = abstumpfen) genannt und werden zur Begrenzung der Spannungssteilheit du/dt verwendet. Die *RC-Beschaltung* kann parallel zur Eingangsseite oder zur Ausgangsseite des Transformators (Transformatorbedämpfung), parallel zum Thyristor (Zellenbedämpfung) oder parallel zur Last (Lastbedämpfung) vorgenommen werden (Tabelle 1). Die erforderlichen Größen der Kapazität und des Widerstandes sind je nach Bedämpfungsart, Spannung und Stromstärke verschieden.

Elektronischen Steuerungen mit Thyristoren sind gegen Überspannung zu schützen.

Gegen *zu große Stromanstiegsgeschwindigkeit* (zu großer di/dt-Wert) sind große Thyristoren empfindlich, insbesondere beim Schalten von Lasten ohne Induktivität oder von Kondensatoren. Man verlangsamt die Stromanstiegsgeschwindigkeit durch *Thyristor-Schutzdrosseln* (Sättigungs-Drosselspulen). Das können Ringkerne sein, durch die der Anschlussleiter gezogen wird **(Bild 2)**.

Die Drosselspulen sind besonders wirksam, wenn sie von Wechselstrom durchflossen werden **(Bild 3)**. Bei diesem *bipolaren* Betrieb wird die Stromanstiegsgeschwindigkeit stark verkleinert. Beim *unipolaren* Betrieb (Bild 3) fließt der Strom in gleicher Richtung durch die Drosselspule, sodass diese weniger wirksam ist. Bei Wechselstromstellern wendet man den bipolaren Betrieb an, bei Gleichrichterschaltungen den unipolaren Betrieb.

Wiederholung und Vertiefung

1. **Welche Schaltungen kommen häufig als gesteuerte Gleichrichter vor?**
2. **Erklären Sie die Stromrichterbezeichnung B6HK.**
3. **Wie werden Thyristoren gegen Stromüberlastung geschützt?**
4. **Wie schützt man Thyristoren gegen Spannungsüberlastung?**
5. **Welche Aufgabe haben Thyristor-Schutzdrosseln?**
6. **Nennen Sie die beiden Betriebsarten von Thyristor-Schutzdrosseln.**

Tabelle 1: Überspannungsschutz bei Thyristoren

Ort der Beschaltung (siehe Bild 1)	Schutz gegeben bei Anschnitt-steuerung	sonstigem Schalten der Last	Schalten des Trans-formators	Spannungs-spitzen aus dem Netz
Transformator, Eingangsseite ①	nein	nein	ja	bedingt
Transformator, Ausgangsseite ②	nein	nein	ja	ja
am Thyristor ③	gegen alle Überspannungsarten			
an der Last ④	ja	ja	nein	nein

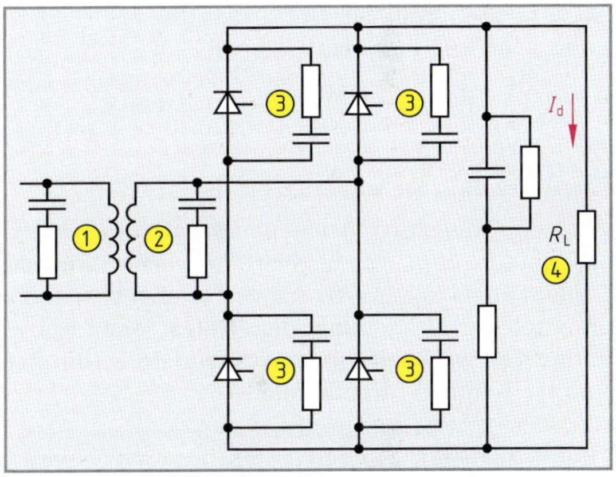

Bild 1: RC-Beschaltungen gegen Überspannung

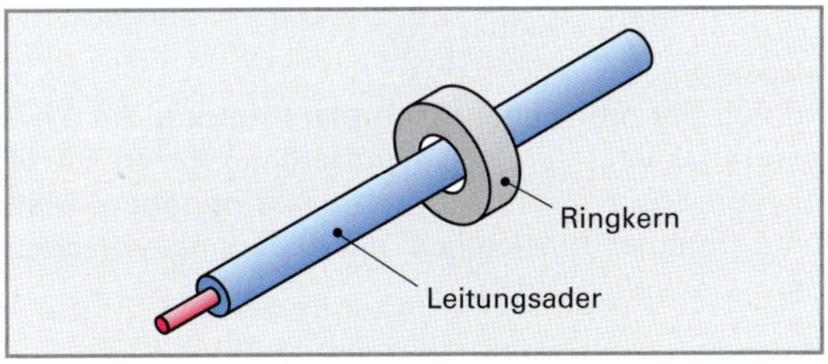

Bild 2: Ringkern zur Verringerung von di/dt

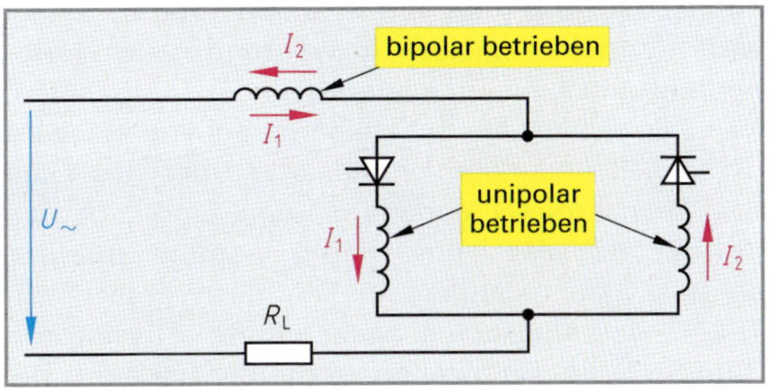

Bild 3: Schaltung von Thyristor-Schutzdrosseln

Spannungshöhe bei Anschnittsteuerung

Die ideelle Gleichspannung ist die Ausgangsspannung eines Gleichrichters ohne Spannungsfall an den Bauelementen. Die mittlere ideelle Gleichspannung ohne Zündwinkel U_{di} (Steuerwinkel für Einschalten) hängt von der Eingangsspannung U_1 und der Pulszahl ab. Die mittlere ideelle Gleichspannung mit Zündwinkel $U_{di\alpha}$ ist bei einem kleinen Zündwinkel größer als bei einem großen Zündwinkel.

Bei Pulszahlen 1 oder 2:	Bei Pulszahlen > 2:
$U_{di\alpha} = \frac{U_{di}}{2} \cdot (1 + \cos\alpha)$	$U_{di\alpha} = U_{di} \cdot \cos\alpha$

$U_{di\alpha}$ mittlere ideelle Gleichspannung mit Zündwinkel
U_{di} mittlere ideelle Gleichspannung ohne Zündwinkel
α Zündwinkel

Beispiel 1: Ausgangsspannung bestimmen

Bei einer Wechselspannung von 230 V erfolgt in Schaltung B2 mit Widerstandslast eine Anschnittsteuerung mit einem Zündwinkel von 90°. Wie groß ist die Ausgangsspannung?

Lösung:

Nach Tabelle 1, Seite 190, ist $U_{di}/U_1 = 0{,}9$

$\Rightarrow U_{di} = 0{,}9 \cdot U_1 = 0{,}9 \cdot 230\,\text{V} = 207\,\text{V}$

$$U_{di\alpha} = \frac{U_{di}}{2}(1 + \cos\alpha) = \frac{207\,\text{V}}{2}(1 + 0) = \mathbf{103{,}5\,V}$$

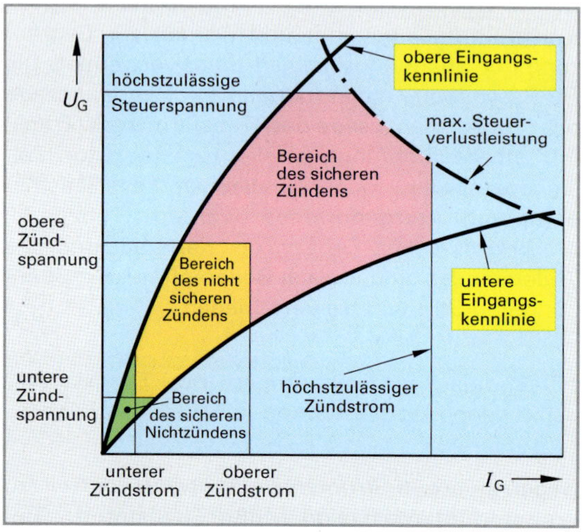

Bild 1: Zünddiagramm eines Thyristors

Zündspannung für steuerbare Gleichrichter

Wird ein Thyristor mit einem Signal angesteuert, das gerade dem Mindestwert des erforderlichen Steuersignals entspricht, so wird zunächst nur die unmittelbare Umgebung des Gates leitend. Der übrige Teil wird erst mit zunehmendem Strom der Anoden-Katoden-Strecke leitend.

Zum schnellen Zünden eines Thyristors wird das Gate mit Stromimpulsen angesteuert, deren Höhe weit über dem höchstzulässigen Gleichstromwert des Steuerstromes liegt.

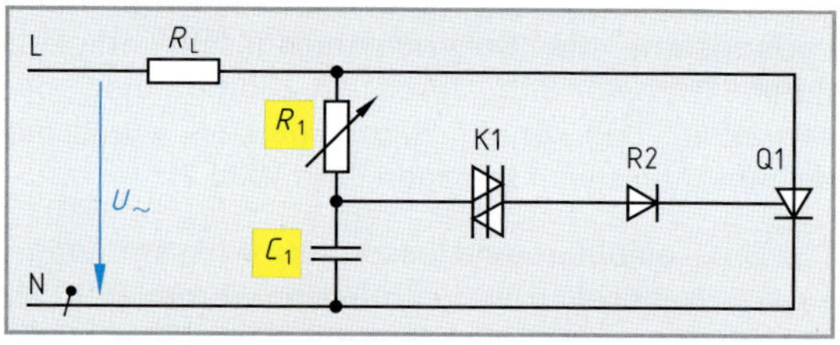

Bild 2: Zündkreis mit RC-Schaltung und Diac bei Einpulsbetrieb

Infolge der merklichen Exemplarstreuung der Thyristoren kann man die erforderliche Stromstärke für den Steuerstrom I_G nicht exakt angeben. Man unterscheidet hinsichtlich des Zündens verschiedene *Bereiche* **(Bild 1)**.

Die Erzeugung der Impulse für die Zündung kann mittels eines RC-Gliedes und eines Triggerelements, z. B. des Diac K1, erfolgen **(Bild 2)**. Dabei wird der Kondensator C_1 während jeder Halbperiode über einen Widerstand R_1 aufgeladen. Nach Erreichen der Schaltspannung von K1 wird C_1 schnell und damit impulsartig über das Gate des Thyristors Q1 entladen. Beim Einpulsbetrieb bewirkt R2, dass nur richtig gepolte Impulse an das Gate gelangen. In Dimmern ersetzt ein Triac zwei antiparallel geschaltete Thyristoren (**Bild 3**). Beide Halbwellen werden verwendet. Die Betriebsart wird als Zweipulsbetrieb bezeichnet.

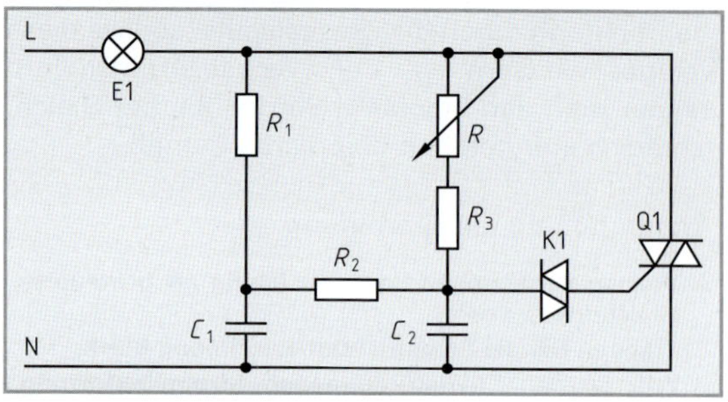

Bild 3: Dimmerschaltung mit Triac

Die RC-Glieder dienen zur Verminderung der Hysterese und zur Phasenverschiebung für den Zündvorgang. Meist werden zur Ansteuerung ICs verwendet, z. B. der TCA 785.

Bild 1 zeigt den Blockschaltplan eines Ansteuer-IC. Der Ansteuer-IC enthält eine *Synchronisierstufe*, die aus der Sinusspannung des Netzes Rechteckimpulse macht **(Bild 1)**. Weiter ist ein Sägezahngenerator (*Rampengenerator*) vorhanden, der entsprechende Impulse liefert und von der Synchronisierstufe angesteuert wird. Ein *Spannungskomparator* vergleicht eine in der Höhe verschiebbare Spannung mit den Augenblickswerten der Sägezahnspannung. Sobald die Sägezahnspannung die Verschiebespannung erreicht hat, wird in jeder Halbperiode eine Kippstufe gesetzt. An den Anschlüssen 14 und 15 stehen die Steuersignale für die Thyristoren zur Verfügung.

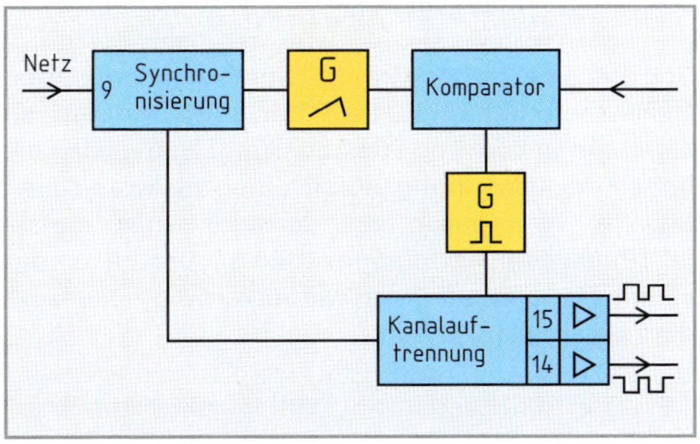

Bild 1: Blockschaltplan eines Ansteuer-IC

Wiederholung und Vertiefung

1. **Warum sind zum Ansteuern der Thyristoren Impulse nötig, die stärker sind als der höchstzulässige Gleichstromwert?**
2. **Wie hängen Zündstrom und Zündspannung von der Sperrschichttemperatur des Thyristors ab?**
3. **Beschreiben Sie den grundsätzlichen Vorgang beim Zünden eines Thyristors.**
4. **Nennen Sie drei Triggerschalter für Thyristoren.**
5. **Welche Stufen sind in einem Ansteuer-IC für Thyristoren enthalten?**
6. **Wie kann bei Ansteuerung durch einen IC die Impulsbreite beeinflusst werden?**
7. **Wie viele Ansteuer-IC sind erforderlich für eine**
   a) Zweipuls-Brückenschaltung,
   b) Sechspuls-Brückenschaltung?

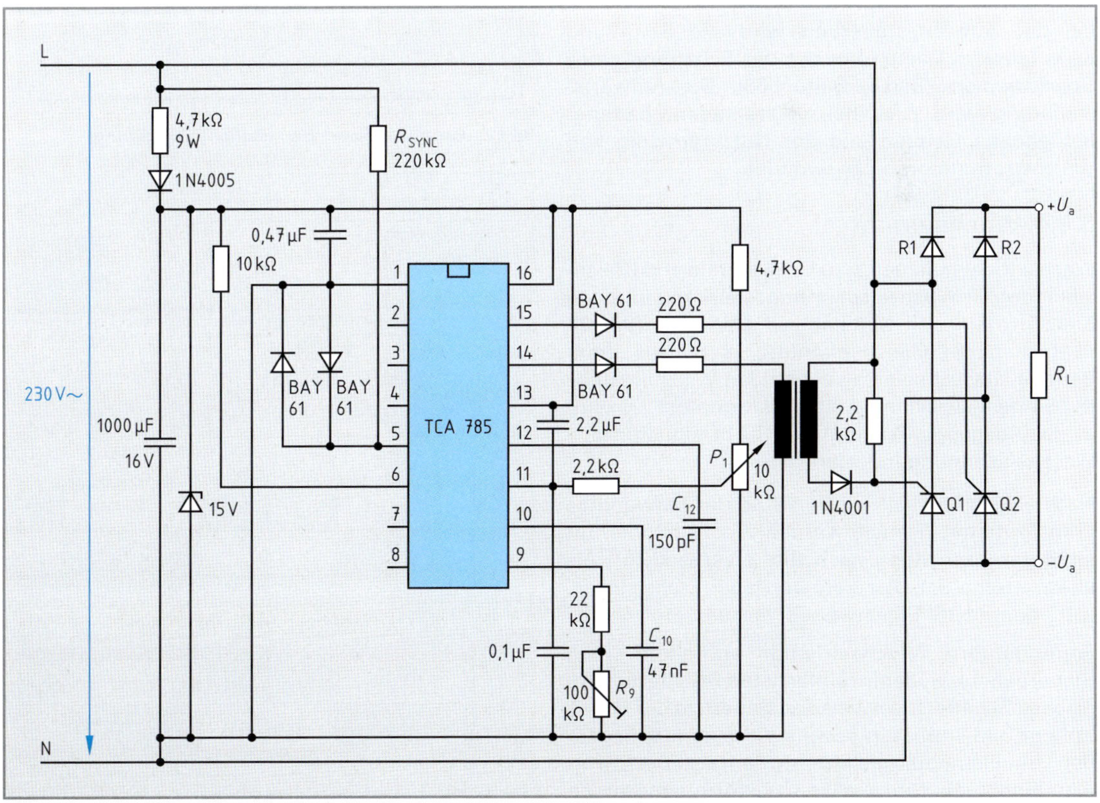

Bild 2: Halbgesteuerte Brückenschaltung mit Zweipulsansteuerung

Gleichstromsteller zur Abwärtssteuerung

Soll aus einer hohen Gleichspannung eine niedrige Gleichspannung verlustarm erzeugt werden, so spricht man von Abwärtssteuerung. Dabei wird die hohe Gleichspannung durch einen elektronischen Schalter in Impulse veränderbarer Breite getaktet (*Pulsweitenmodulation*) **(Bild 1)**. Der Laststrom stellt sich dann auf einen Mittelwert ein, insbesondere bei induktiver Last.

Bei der Pulsweitenmodulation wird die Impulsdauer verändert, während Pulsfrequenz und Spannungshöchstwert gleich bleiben können.

Die Schaltung wird meist mit einem IGBT oder MOSFET verwirklicht (Bild 1). Die Abwärtssteuerung wird z. B. für die Drehzahleinstellung von batteriegespeisten Antrieben verwendet. Die Ansteuerung des Halbleiters erfolgt durch einen Steuergenerator, der die Impulse zum Zünden liefert. Als Steuergenerator verwendet man ähnliche Schaltungen wie bei den Steuergeneratoren für Spannungswandler.

Gleichstromsteller zur Aufwärtssteuerung

Bei der Aufwärtssteuerung wird die Spannung heraufgesetzt. Das erfolgt mit der Schaltung eines *Sperrwandlers* (Bild 1, Seite 563). Die Aufwärtssteuerung wird z. B. bei Solaranlagen, batteriebetriebenen Geräten und der Nutzbremsung von Gleichstrommotoren angewendet.

6.1.4 Wechselrichter

Wechselrichter dienen zum Umwandeln von Gleichspannung in Wechselspannung. Sie können einen Transformator mit Mittelabgriff enthalten **(Bild 2)**. Legt man die Gleichspannung, z. B. aus einer Batterie, abwechselnd an die beiden Wicklungsteile der Eingangswicklung des Transformators, so wird in der Ausgangswicklung eine nicht sinusförmige Wechselspannung induziert.

Nachteilig bei Schaltung Bild 2 ist der aufwendige Transformator. Deshalb werden Wechselrichter oft als Brückenschaltung nach **Bild 3** verwirklicht. Als elektronische Schalter können dabei Transistoren, IGBT oder MOSFET verwendet werden.

Fremdgeführte Wechselrichter enthalten einen Steuergenerator, der im einfachsten Fall die elektronischen Schalter blockweise ansteuert. In der Schaltung in Bild 3 müssen jeweils die diagonal liegenden Bauelemente gleichzeitig angesteuert werden. Einen näherungsweise sinusförmigen Verlauf erhält man mit der Pulsweitenmodulation.

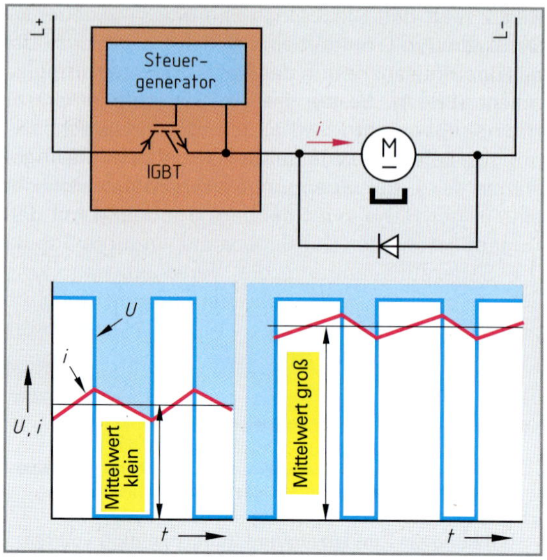

Bild 1: Gleichstromsteller zur Abwärtssteuerung

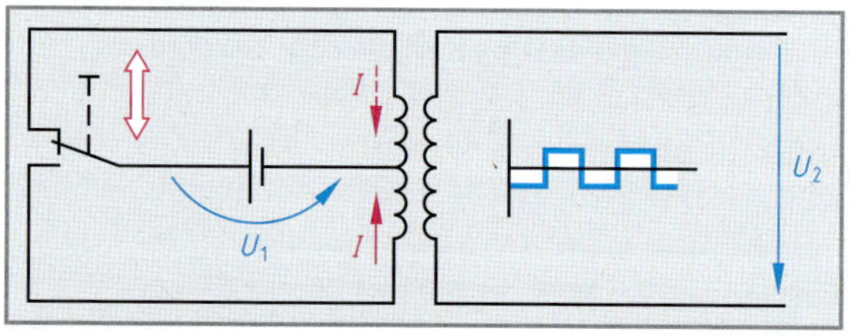

Bild 2: Grundsätzliche Wechselrichterschaltung

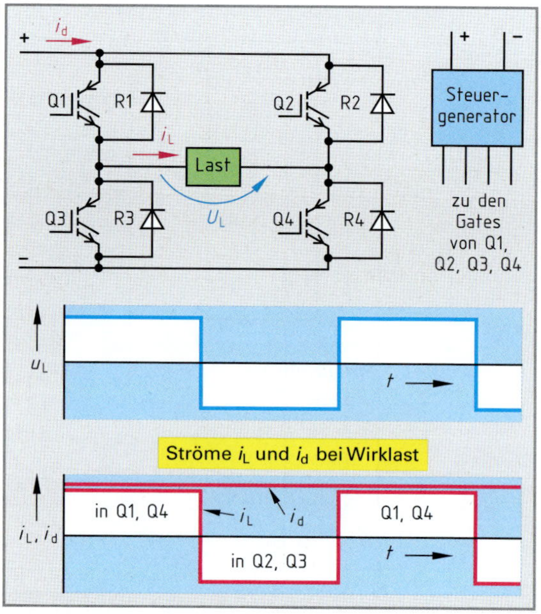

Bild 3: Brückenschaltung als Wechselrichter mit Blockströmen

Werden Q1 und Q4 angesteuert, so liegt eine positive Spannung an der Last, werden Q2 und Q3 angesteuert, so ist die Spannung negativ (Bild 3, vorhergehende Seite). Wenn der Lastwiderstand ein Wirkwiderstand ist, so hat der Laststrom im Wechselrichter denselben Verlauf wie die Spannung.

Ist dagegen am Wechselrichterausgang eine Last mit induktivem Anteil, z. B. ein Motor, angeschlossen, so tritt bei jedem Umschalten wegen der Induktion ein negativer Strom, also ein Strom in entgegengesetzter Richtung, auf **(Bild 1)**. Damit dieser an das Gleichstromnetz abgegeben werden kann, sind *Rückstromdioden* gegenparallel zu den schaltenden Bauelementen angeschlossen.

Netzgeführte Wechselrichter arbeiten mit Thyristoren bei hohen Spannungen, z. B. zur Hochspannungs-Gleichstromübertragung (HGÜ).

Die Zündimpulse für die Thyristoren werden dem Wechselspannungsnetz entnommen. Grundsätzlich lassen sich alle Gleichrichterschaltungen als netzgeführte Wechselrichter verwenden, wenn anstelle der Gleichrichterdioden Thyristoren benutzt werden. Für die Dreipuls-Mittelpunktschaltung braucht man drei Thyristoren, für die Sechspuls-Brückenschaltung sechs Thyristoren **(Bild 2)**.

Der Minuspol der Gleichspannung muss an die Katoden angeschlossen sein, damit Gleichstrom fließen kann. Werden nun die Thyristoren im richtigen Takt des Netzes gezündet, so fließt der Gleichstrom jeweils zu einem Wicklungsstrang des Transformators und induziert in der zugehörigen Ausgangswicklung eine Spannung, die höher ist als die Netzspannung.

Bei netzgeführten Wechselrichtern fließt der Gleichstrom jeweils im Takt des Netzes zu einem von den Thyristoren freigegebenen Wicklungsstrang, sodass Energie ans Netz abgegeben wird.

Bei den Drehstromschaltungen macht das Löschen der vorher gezündeten Thyristoren keine Schwierigkeit. Zwar bleibt nach dem Zünden des Thyristors Q1 der vorher gezündete Thyristor Q3 noch leitend, weil er noch nicht gelöscht wurde. Dadurch ist der Transformator zunächst kurzgeschlossen. Es fließt nun ein Kurzschlussstrom, und zwar immer gegen den Strom I_n des vorher gezündeten Thyristors (Bild 2). Dadurch wird dieser rasch gelöscht. Die Löschung wird durch die Richtung der Dreieckspannung des Transformators erzwungen.

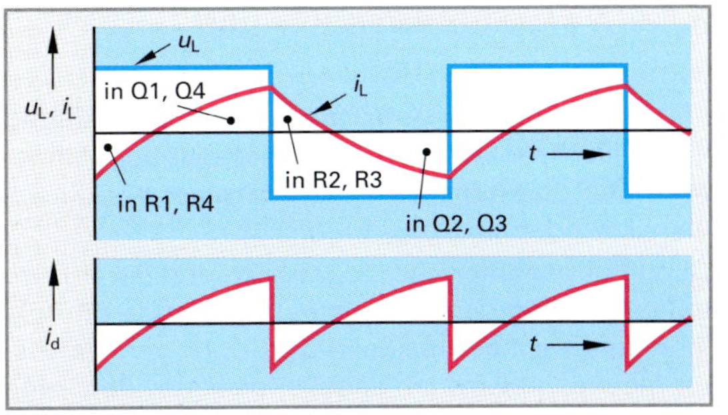

Bild 1: Spannung und Ströme bei induktivem Lastanteil des Wechselrichters Bild 3, vorhergehende Seite.

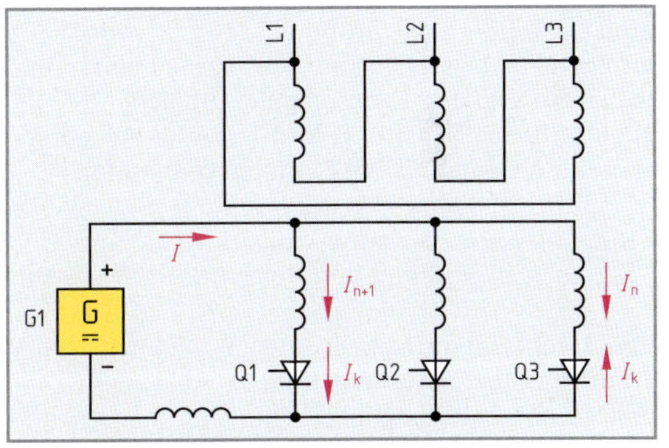

Bild 2: Schaltung M3 eines netzgeführten Wechselrichters

In entsprechender Weise erfolgt die Löschung der gezündeten Thyristoren auch in den anderen Schaltungen der netzgeführten Wechselrichter im Augenblick der *Kommutierung* (Übergang des Stromes auf einen anderen Stromrichterzweig).

Bei netzgeführten Wechselrichtern erfolgt das Löschen der gezündeten Thyristoren durch die Netzspannung.

Wiederholung und Vertiefung

1. **Was versteht man unter Pulsweitenmodulation bei einem Gleichstromsteller zur Abwärtssteuerung?**
2. **Welche zusätzlichen Bauelemente sind für Löschschaltungen üblicher Thyristoren erforderlich?**
3. **Nennen Sie je ein Anwendungsbeispiel für Gleichstromsteller zur Abwärtssteuerung und zur Aufwärtssteuerung.**
4. **Erklären Sie den Begriff Wechselrichter.**
5. **Wodurch erfolgt die Zündung der Thyristoren beim fremdgeführten Wechselrichter?**
6. **Welche Aufgabe hat ein Kommutierungskondensator?**

6.1.5 Durchflusswandler und Sperrwandler

Elektronische Spannungswandler zur Umwandlung von Gleichspannung in eine Gleichspannung anderer Höhe kommen als *Durchflusswandler* (Flusswandler) oder als *Sperrwandler* vor.

Durchflusswandler übertragen während der Stromaufnahme aus dem Gleichspannungsnetz Energie in die angeschlossene Last **(Bild 1)**. Ist der Transistor leitend, so wird ein Ladekondensator über eine Drosselspule aufgeladen. Je nach Tastgrad ist die Kondensatorspannung verschieden. Sperrt der Transistor, so wird in der Drosselspule eine Spannung induziert, welche den Laststrom mit aufrecht erhält. Die Energielieferung an den Lastwiderstand erfolgt also teilweise aus dem Kondensator und teilweise aus der Drosselspule (Speicherdrosselspule). In der Schaltung Bild 1 ist die Ausgangsspannung kleiner als die Eingangsspannung.

Durchflusswandler ohne Transformator sind nur für die Abwärtssteuerung geeignet.

Eine Trennung vom Netz ist möglich, wenn man einen Transformator verwendet **(Bild 2)**. Außerdem kann dann durch ein geeignetes Übersetzungsverhältnis des Transformators die Ausgangsspannung größer als die Eingangsspannung sein. Die Diode R1 von Bild 2 bewirkt die Entmagnetisierung des Transformatorkernes bei Sperrbeginn von Q1. Ihre Wirkungsweise ist dieselbe wie bei einer Freilaufdiode.

Der Durchflusswandler mit Transformator kann für die Abwärtssteuerung und für die Aufwärtssteuerung verwendet werden.

Gegentaktwandler bestehen aus zwei Durchflusswandlern, die im Gegentakt auf einen gemeinsamen Transformator arbeiten. Außerdem wird eine gemeinsame Drosselspule verwendet **(Bild 3)**. Beim Gegentaktwandler muss dafür gesorgt sein, dass jeweils ein Transistor sperrt, während der andere leitet. Ist in Schaltung Bild 3 der Transistor Q1 leitend, so fließt auf der Ausgangseite der Laststrom über R1 und L_1. Wenn Q1 sperrt und Q2 leitet, fließt der Laststrom über R2 und L_1.

Es gibt weitere Schaltungsarten von Durchflusswandlern. Durchflusswandler kommen z. B. in Schaltnetzteilen vor. Die Ansteuerung erfolgt mit RC-Generatoren, meist in Form von IC. Es gibt auch vollständige Schaltungen in Form von IC, die nur noch durch Induktivitäten und Kapazitäten zu beschalten sind.

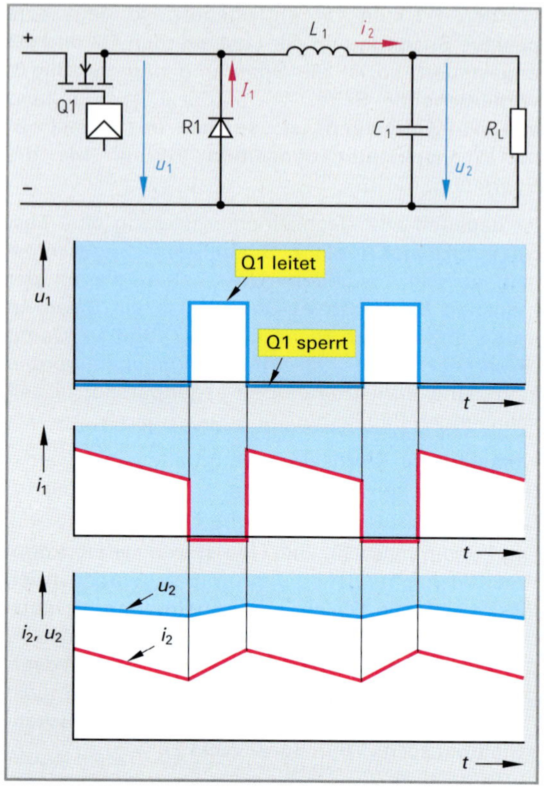

Bild 1: Prinzip eines Speicherdrosselwandlers (Durchflusswandler zur Abwärtssteuerung)

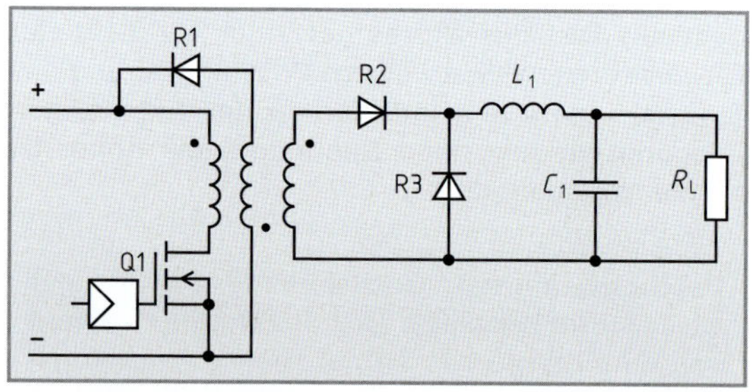

Bild 2: Durchflusswandler mit Transformator (Eintakt-Spannungswandler)

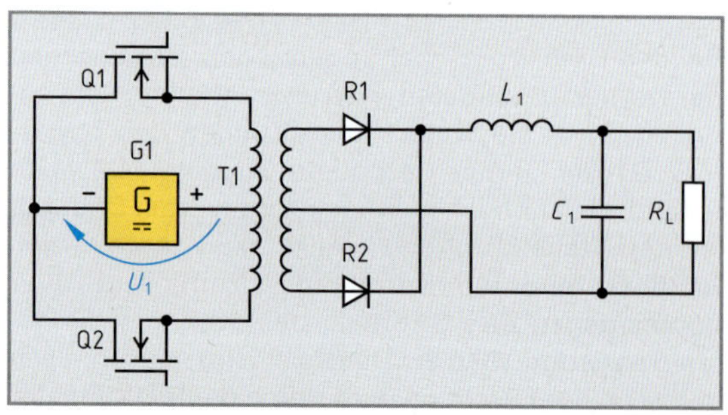

Bild 3: Gegentaktwandler

Sperrwandler übertragen dann Energie in die angeschlossenen Verbraucher, wenn der Transistor sperrt. Ist in Schaltung **Bild 1** der Transistor Q1 leitend, so wird die Drosselspule L_1 magnetisiert. Wird nun Q1 sperrend, so wird in L_1 eine hohe Spannung induziert, die in Reihe zur Netzspannung geschaltet ist. Dadurch wird über R1 der Ladekondensator C_1 geladen. Während Q1 sperrt, wird der Verbraucher vom Netz versorgt und gleichzeitig der Ladekondensator C_1 geladen. Während Q1 leitet, sperrt R1. Der Verbraucher wird von C_1 versorgt. Da die induzierte Spannung zur Netzspannung addiert wird, ist der Sperrwandler für die Aufwärtssteuerung geeignet.

Sperrwandler sind auch ohne Transformator für die Aufwärtssteuerung geeignet.

Bei einer anderen Anordnung von Schalter, Drosselspule und Diode kann die Polung der Ausgangsspannung entgegengesetzt wie in Bild 1 sein **(Bild 2)**. Man spricht bei dieser Schaltung auch von einem *invertierenden Wandler*. Ist in Schaltung Bild 2 der Transistor leitend, so fließt ein Strom über L_1 nach 0. Wird Q1 sperrend, so entsteht in L_1 eine Induktionsspannung, welche einen Strom i_2 hervorruft, der über C_1 und R1 fließt. Dadurch wird C_1 in der angegebenen Polung geladen.

Soll eine Trennung vom Netz erfolgen, so verwendet man einen Transformator **(Bild 3)**. Dieser wirkt zugleich als Induktivität. Wenn der Transistor sperrend wird, entsteht in der Ausgangswicklung des Transformators eine Spannung, die über R1 den Ladekondensator C_1 auflädt.

Sperrwandler mit Transformator sind für die Aufwärtssteuerung und die Abwärtssteuerung geeignet.

Die Ansteuerung der Sperrwandler erfolgt wie bei den Durchflusswandlern. Auch hier gibt es IC, welche nur noch mit Induktivitäten, Kondensatoren und Widerständen beschaltet werden müssen. Derartige Schaltungen findet man in Schaltnetzteilen.

Wiederholung und Vertiefung

1. **Erklären Sie den Unterschied zwischen einem Durchflusswandler und einem Sperrwandler.**
2. **Für welche Art der Spannungssteuerung sind Durchflusswandler ohne Transformatoren geeignet?**
3. **Wie sind Gegentaktwandler aufgebaut?**
4. **Für welche Art der Spannungssteuerung sind Sperrwandler ohne Transformator geeignet?**
5. **Wodurch erfolgt die Ansteuerung der Durchflusswandler und der Sperrwandler?**
6. **Wozu eignen sich Sperrwandler ohne Transformator?**

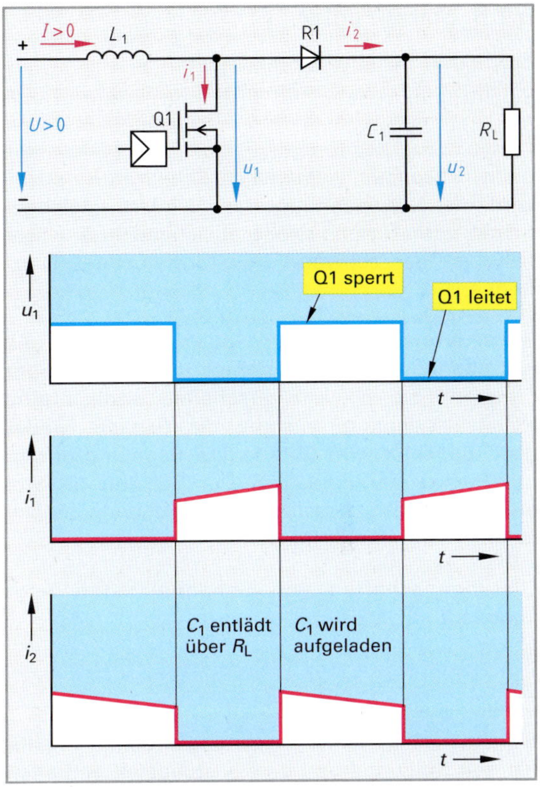

Bild 1: Sperrwandler für Aufwärtssteuerung ohne Netztrennung

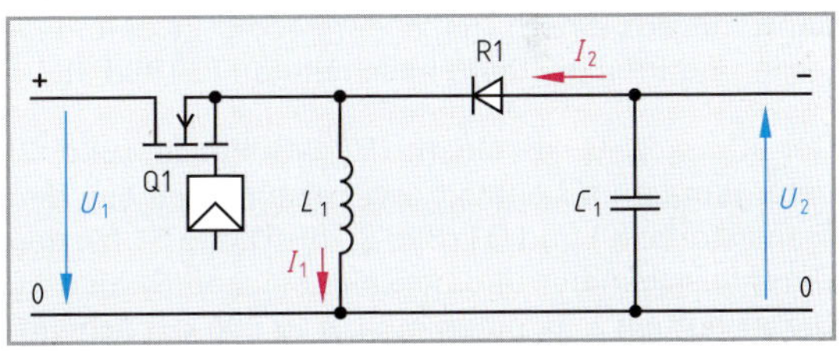

Bild 2: Invertierender Sperrwandler

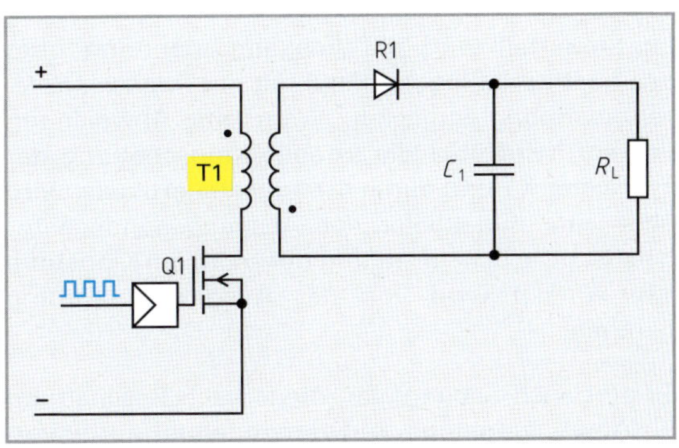

Bild 3: Sperrwandler mit Netztrennung

6.1.6 Schaltregler

Prinzip der Schaltspannungsregler

Schaltregler regeln die Ausgangsspannung von Schaltnetzteilen.

Beim *sekundär getakteten Schaltreglernetzteil* wird die Netzspannung transformiert, gleichgerichtet, zerhackt und wieder gleichgerichtet. Nachteilig ist der schwere Transformator mit Netzfrequenz.

Beim *primär getakteten Schaltregler* wird die Netzspannung gleichgerichtet und mit hoher Frequenz bis 500 kHz geschaltet, sodass eine Wechselspannung entsteht, die danach wieder gleichgerichtet wird **(Bild 1)**. Die Regelung erfolgt mit Pulsweitenmodulation. Der Schalter arbeitet also immer mit derselben Schaltfrequenz, jedoch ist der Tastgrad verschieden.

Die Eigenschaften von Schaltnetzteilen zeigt **Tabelle 1**.

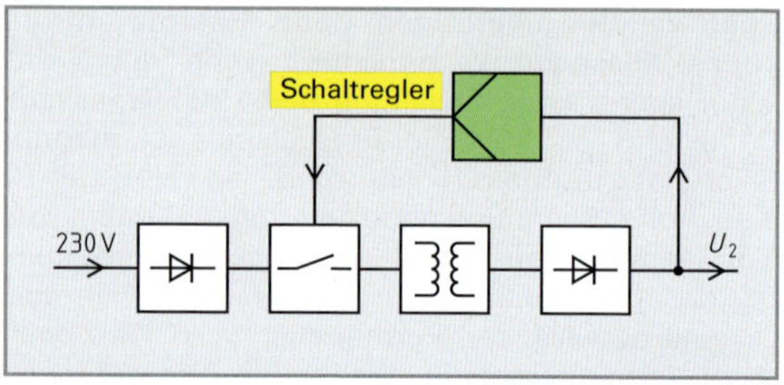

Bild 1: Schaltnetzteil mit primär getaktetem Schaltregler

Tabelle 1: Eigenschaften der Schaltnetzteile

Vorteile	Nachteile
• leicht • kleineres Volumen • Verwendung kleinerer Transformatoren und Siebmittel durch hohe Schaltfrequenzen • Wirkungsgrade bis $\eta > 90$ % • großer Regelbereich durch Pulsweitenmodulation • PFC[1] bis Wirkfaktor $\cos \varphi = 1$ [1] PFC von Power factor correction	• Maßnahmen gegen Störemission notwendig • magnetische Schirmung durch Gehäuse notwendig • oft große Anzahl von Bauelementen • höhere Ausfallrate • schlechtes Regelverhalten bei schnellen Lastwechseln oder kleiner Last • Schwingneigung bei zu kleiner Last

Schaltungen mit Schaltreglern

Schaltnetzteile kleinerer Leistung arbeiten mit IC, die den Steuerteil und den Leistungsteil enthalten **(Bild 2)**. Derartige Schaltregler-IC können auch in Schaltnetzteilen ohne Transformator arbeiten, z. B. bei der *Abwärtsregelung*. Die Schaltung besteht dann nur aus einem mit Widerständen, Kondensatoren und Induktivitäten beschalteten IC **(Bild 3)**.

Der IC ist z. B. in einem TO-3-Gehäuse (Bild 2) untergebracht. Er enthält den Leistungsteil aus den Transistoren K1 und Q1 (Bild 2), die Diode R1 für den Durchflusswandler und den eigentlichen Steuerteil. Dieser enthält z. B. einen mit bis zu 500 kHz schwingenden Oszillator, eine Kippschaltung, einen Vergleicher und den Referenzspannungserzeuger.

Im Steuerteil wird die Ausgangsspannung über den Feedback-Eingang Pin 3 mit der *internen Referenzspannung* verglichen. Wenn eine Abweichung vorliegt, wird über die astabile Kippschaltung der Transistor K1 und damit Q1 angesteuert. Jetzt wird über eine Induktivität der Ausgangskondensator geladen. Die Schaltfrequenz der astabilen Kippstufe, z.B. 50 kHz wird von der Ausgangsspannung geregelt.

Es gibt auch Schaltregler, die je nach Beschaltung für Abwärtsregelung, Aufwärtsregelung und invertierende Regelung geeignet sind.

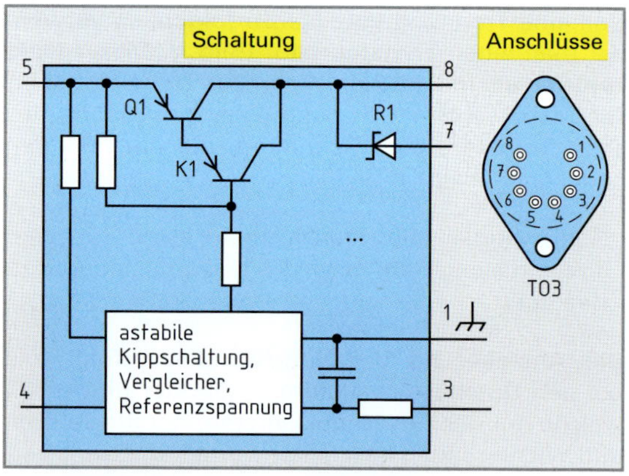

Bild 2: Vereinfachte Innenschaltung eines Schaltregler-IC für Abwärtsregelung

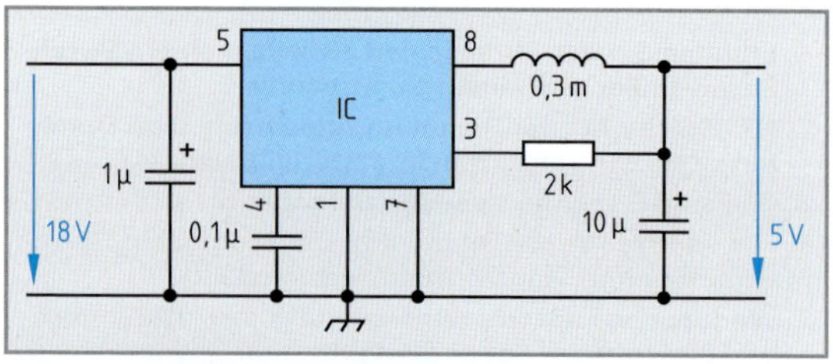

Bild 3: Stabilisierungsschaltung bei einem DC/DC-Wandler für Abwärtsregelung

Universalschaltregler MC 34036A

Für die Spannungswandlung verwendet man z. B. monolithische Schaltregler in Dual-in-Line-Gehäusen **(Bild 1)**. Der Schaltregler MC 34063A kann z. B. Eingangsspannungen von 3 V bis 40 V bei Ausgangsströmen bis 1,5 A verarbeiten. Der Schaltkreis enthält eine temperaturkompensierte Referenzspannung von 1,25 V **(Bild 2)**. Ein Komparator vergleicht die Referenzspannung mit der Ausgangsspannung der Schaltung. Das Komparatorsignal und das sägezahnförmige Ausgangssignal des Oszillators steuern über ein UND-Glied die Anzahl der Setzimpulse des Kippgliedes und damit den Energiefluss der Induktivität L. Mit dem Kondensator C_T = 1 nF ergibt sich eine Oszillatorfrequenz von f = 33 kHz.
Die Ausgangsspannungen für den Universalregler können mit der folgenden Formel berechnet werden.

$$U_{aus} = (1 + \frac{R_2}{R_1}) \cdot U_{Ref}$$

R_2, R_1 Beschaltungswiderstände
U_{aus} Ausgangsspannung
U_{Ref} Referenzspannung 1,25 V

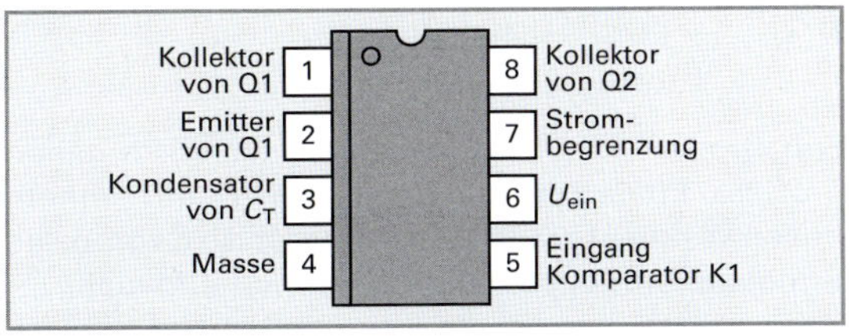

Bild 1: Anschlüsse des Universalreglers MC34063A

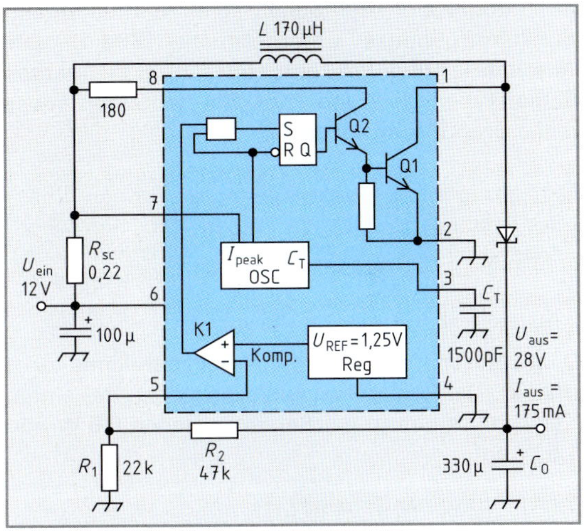

Bild 2: MC34063A als Aufwärtswandler

Eigenschaften bei der Aufwärtsregelung mit dem MC 34036A

Eine Änderung der Eingangsspannung U_{ein} zwischen 8 V und 16 V wird auf 30 mV reduziert. Bei einer Laständerung kann sich die Ausgangsspannung U_{aus} = 28 V um 10 mV ändern. Die Ausgangsspannung hat eine Welligkeit (Output Ripple) von U_{pp} = 400 mV. Der Wirkungsgrad der Schaltung für U_{ein} = 12 V und I_{aus} = 175 mA beträgt η = 87,7 %.

Beispiel 1: Ausgangsspannung des Aufwärtsreglers berechnen

Berechnen Sie die Ausgangsspannung des Reglers von Bild 2.

Lösung:

$$U_{aus} = (1 + \frac{R_2}{R_1}) \cdot U_{Ref}$$

$$U_{aus} = (1 + \frac{47\ k\Omega}{2{,}2\ k\Omega}) \cdot 1{,}25\ V = \mathbf{27{,}95\ V}$$

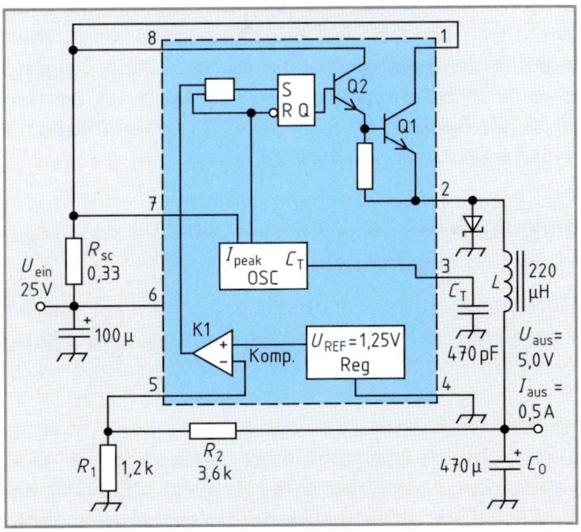

Bild 3: MC34063A als Abwärtswandler

Eigenschaften bei der Abwärtsregelung mit dem MC 34036A

Eine Änderung der Eingangsspannung U_{ein} zwischen 15 V und 25 V wird auf 12 mV reduziert. Bei einer Laständerung kann sich die Ausgangsspannung U_{aus} = 5 V um 3,0 mV ändern. Die Ausgangsspannung hat eine Welligkeit (Output Ripple) von U_{pp} = 120 mV. Der Wirkungsgrad der Schaltung für U_{ein} = 12 V und I_{aus} = 175 mA beträgt η = 83,7 %.

Beispiel 2: Ausgangsspannung des Aufwärtsreglers berechnen

Berechnen Sie die Ausgangsspannung des Reglers von Bild 3.

Lösung:

$$U_{aus} = (1 + \frac{R_2}{R_1}) \cdot U_{Ref}$$

$$U_{aus} = (1 + \frac{3{,}6\ k\Omega}{1{,}2\ k\Omega}) \cdot 1{,}25\ V = \mathbf{5\ V}$$

6.1.7 Schaltregler für Festspannungen

Schaltregler für Festspannungen vereinen einen großen Eingangsspannungsbereich mit einem hohen Wirkungsgrad. Dadurch lassen sich kompakte Stromversorgungen ohne Kühlkörper aufbauen.

Aufbau

Die Baugruppen der Schaltregler sind in einem Kunststoffgehäuse untergebracht **(Bild 1)**. Die Anschlüsse sind Pin-kompatibel zu den linearen Regler-Typen 78xx und 79xx. Sie benötigen etwas mehr Grundfläche als diese.

Schaltregler für Festspannungen können lineare Spannungsregler der Typen 78xx und 79xx ersetzen.

Arbeitsbereich (Derating-Kurve)

Die Grenzen des sicheren Arbeitsbereiches zeigt **(Bild 2)**. Die Regler sind kurzschlussfest. Bei einem Kurzschluss nimmt der Regler zwischen 0,5 W und 1,5 W auf.

Beschaltung der Schaltregler

Eine äußere Beschaltung mit zwei induktivitätsarmen Kondensatoren ergibt die vollständige Schaltung **(Bild 3)**. Als Kondensatoren wählt man z. B. Tantal-Elektrolytkondensatoren. Am Eingang sind 10 µF/50 V ausreichend. Am Ausgang werden für 3,3-V-Regler und 5-V-Regler 22 µF benötigt, für höhere Spannungen 10 µF/ 25 V.

Die Polarität der Ausgangsspannung wird durch entsprechende Anschlüsse der Versorgungsspannung gewählt **(Bild 3)**.

Durch Zusammenschalten zweier gleicher Regler kann eine symmetrische Spannungsversorgung von z. B. ± 12 V verwirklicht werden.

Schaltfrequenzen

Die Schaltfrequenzen sind lastabhängig und schwanken zwischen 280 kHz und 450 kHz bei Volllast. Die Brummspannung hat dabei einen Spitze-Talwert von 25 mV. Ist diese zu hoch, wird ein Siebglied am Pin 3 eingefügt. Oft ist auch ein Eingangsfilter zur Verringerung der Störstrahlung erforderlich.

Typenbezeichnungen

In der Typenbezeichnung bedeuten die 2 Ziffern nach dem Unterstrich den Spannungsbereich, gefolgt vom Ausgangsstrom in Ampere **(Tabelle 1)**.

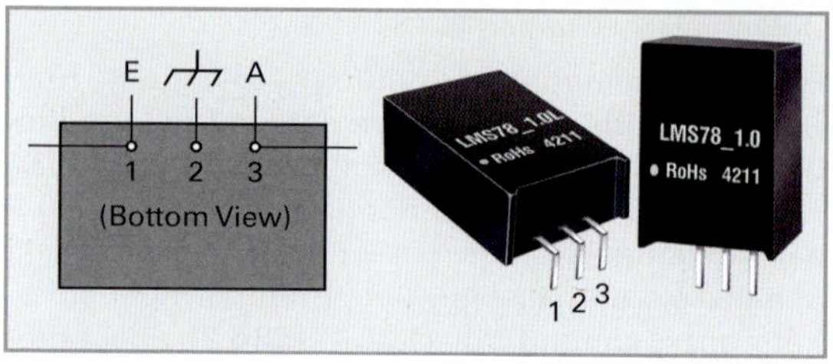

Bild 1: Festspannungsschaltregler IC

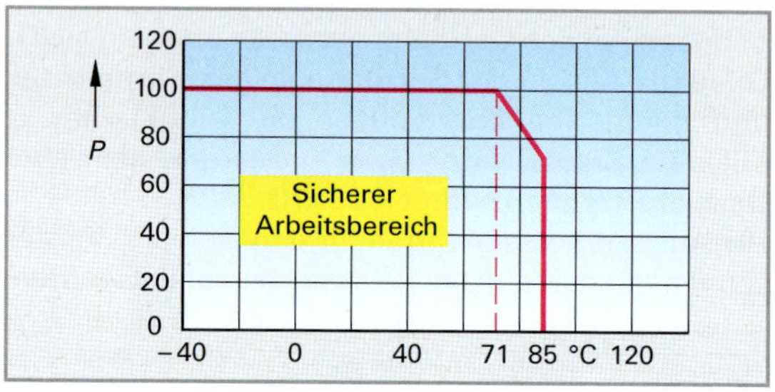

Bild 2: Arbeitsbereich eines Schaltreglers

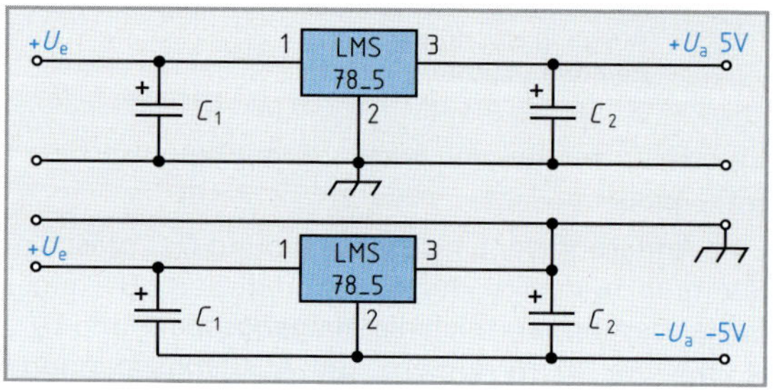

Bild 3: Beschaltete Schaltregler

Tabelle 1: Schaltregler für Festspannungen

Typ LMS	U_e in V	U_a in V	I_a in A	η in %
78_03-0.5	4,7…28 4,75…25	3,3 -3,3	0,5 -0,4	90…80 73…78
78_05-0.5	6,5…32 6,0…27	5 -5	0,5 -0,4	93…84 78…83
78_6.5-1.0	6,5…32 7,0…27	5 -5	1,0 -0,6	93…83 85…87
78_12-1.0	16…32 7,0…20	12 -12	1,0 -0,3	96…94 89…91
78_15-0.5	18…32 7,0…17	15 -15	0,5 -0,3	96…93 84…89

Wird ein Schaltregler für negative Ausgangsspannungen verwendet, verringern sich der Ausgangsstrom und der Wirkungsgrad.

6.1.8 SSV-Systeme

SSV-Systeme (Sicherheits-Stromversorgungssysteme) halten die Energieversorgung wichtiger Anlagen bei Netzausfall aufrecht.

SSV-Systeme mit Umschaltzeit

Bei allen SSV-Systemen ist ein Energiespeicher erforderlich, dessen Energie den Betrieb für mehrere Stunden ermöglicht. Meist wird eine Batterie aus Bleiakkumulatoren oder aus Nickel-Cadmium-Akkumulatoren verwendet **(Bild 1)**. Außerdem ist eine Umschalteinrichtung erforderlich, welche vom Netzbetrieb in den Batteriebetrieb umschaltet.

In den meisten Fällen darf das Umschalten zwischen 0,5 s und 15 s dauern. Die *Ersatzstromversorgung* einer Heizungsanlage darf eine Umschaltzeit von mehr als 15 s haben. Dagegen darf die Umschaltzeit bei einer *Schnellbereitschaftsanlage*, z. B. für eine Operationsleuchte, höchstens 0,5 s betragen.

Die Umschaltzeit von SSV-Systemen hat je nach Anforderung verschiedene Grenzwerte.

Bei der Anlage Bild 1 wird die Netzspannung von einem Unterspannungsrelais K1 und die Akkumulatorspannung von einem Unterspannungsrelais K2 überwacht. Diese Relais steuern die Leistungsschütze Q3, Q4 und Q5 an. Eine kleine Last E1 bewirkt eine ständige Entladung des Akkumulators. Sinkt dessen Spannung dadurch um etwa 0,4 V je Zelle ab, so wird der Gleichrichter zum Nachladen eingeschaltet. Dadurch behält der Akkumulator seine volle Kapazität und der Memory-Effekt wird vermieden, der bei ununterbrochener Nachladung eintreten würde. Fällt das Netz aus, so wird die Last vom Netz getrennt und über den Wechselrichter aus der Batterie gespeist. Das Schalten der Schütze und das Hochlaufen des Wechselrichters dauert dabei einige Zeit.

SSV-Systeme mit Umschaltzeit brauchen mindestens einige Halbperioden bis zur vollen Betriebsbereitschaft.

Beim Laden der Akkumulatoren der SSV-Systeme treten unerwünschte Oberschwingungen auf, da ein Ladestrom nur fließt, wenn die Ausgangsspannung der Gleichrichterschaltung größer ist als die Spannung des Akkumulators. Deshalb wird dem Akkumulator meist eine Drosselspule vorgeschaltet, welche die Stromimpulse gleichmäßiger macht.

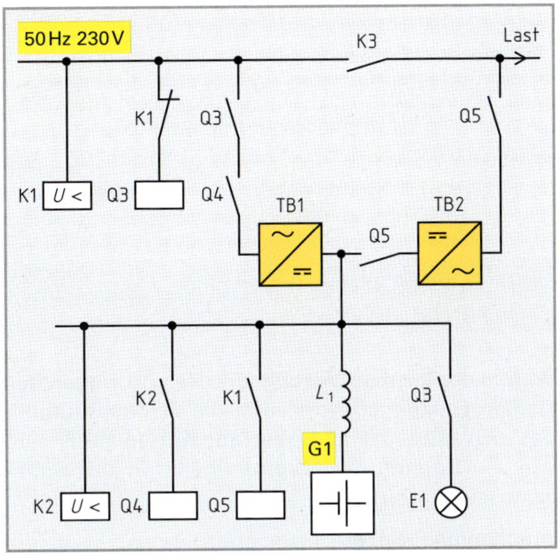

Bild 1: Prinzip eines SSV-Systems mit Umschaltzeit

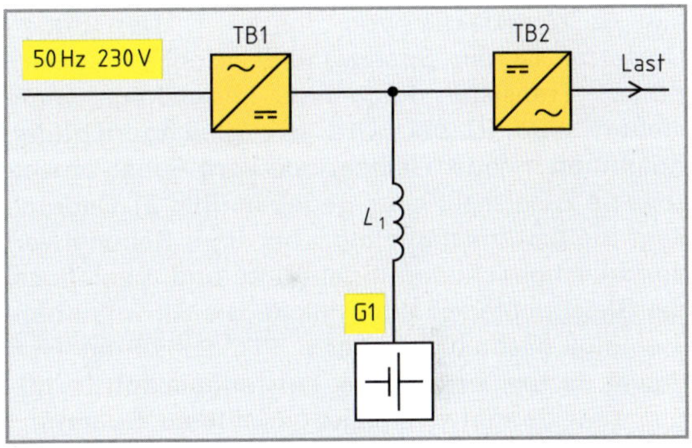

Bild 2: Prinzip einer USV-Anlage

USV-Systeme

USV-Systeme (Systeme für die unterbrechungsfreie Stromversorgung) findet man in Computeranlagen, weil hier schon ein kurzzeitiger Spannungsausfall zu Datenverlusten führt. Auch bei USV-Systemen wird eine Akkumulatorenbatterie als Energiespeicher verwendet. Im einfachsten Fall ist an der Batterie ein ständig arbeitender Wechselrichter angeschlossen, der die Last speist, z. B. eine Computeranlage **(Bild 2)**.

Bei einfachen USV-Systemen wird eine Akkumulatorbatterie ständig geladen und speist über einen Wechselrichter die Last.

Nachteilig bei einem derartigen USV-System ist der kleine Wirkungsgrad und der wegen der Drosselspule kleine Leistungsfaktor.

Beispiel 1: Systemwirkungsgrad berechnen

Bei einem USV-System sind die Wirkungsgrade des Gleichrichtertransformators 0,95, des Gleichrichters 0,9, des Akkumulators 0,85 und des Wechselrichters 0,9. Wie groß ist der Wirkungsgrad des Systems?

Lösung:

$\eta = \eta_1 \cdot \eta_2 \cdot \eta_3 \cdot \eta_4 = 0{,}95 \cdot 0{,}9 \cdot 0{,}85 \cdot 0{,}9 = \mathbf{0{,}65}$

USV-Systeme haben meist einen kleinen Wirkungsgrad.

Wegen des kleinen Wirkungsgrades und wegen des kleinen Leistungsfaktors kann die Stromaufnahme des USV-Systems mehr als doppelt so groß sein wie die Summe der Stromaufnahmen der angeschlossenen Geräte.

Durch einen *Boost-Umsetzer* (to boost = in die Höhe treiben) kann für ein USV-System eine Stromaufnahme nach **Bild 1** erreicht werden und damit ein Leistungsfaktor von $\cos\varphi = 1$. Der Boost-Umsetzer ist ein Sperrwandler (Hochsetzsteller), dessen Transistor durch eine Impulsfolge angesteuert wird. Dabei wird der gleichgerichteten Spannung in jeder Halbperiode vom Boost-Umsetzer eine Zusatzspannung gegeben **(Bild 2)**. Dadurch liegt die Gesamtspannung über dem Scheitelwert der gleichgerichteten Spannung und beeinflusst die Gleichrichterschaltung nicht. Die Stromaufnahme folgt deshalb bei dieser PFC-Schaltung (von Power Factor Correction = Leistungsfaktor-Korrektur) dem Verlauf der gleichgerichteten Spannung **(Bild 3)**.

Durch einen Boost-Umsetzer kann bei USV-Anlagen eine Stromaufnahme mit Sinuswechselstrom mit großem Leistungsfaktor erreicht werden.

Die Steuerung des Boost-Umsetzers erfolgt durch einen IC für PWM (Pulsweitenmodulation), der von der Gesamtspannung, dem Gleichrichterstrom und der Gleichrichterspannung angesteuert wird.

Ein größerer Wirkungsgrad kann mit einer Schaltung mit ferroresonantem Transformator *(Resonanztransformator)* erreicht werden. Allgemein kann Ferroresonanz (von lat. ferrum = Eisen) auftreten, wenn eine Schaltung aus einem Kondensator und aus einer Spule mit Eisenkern besteht **(Bild 4)**. Kondensator und Spule bilden einen Parallelschwingkreis, bei dem wegen des Eisenkerns die Induktivität veränderlich ist.

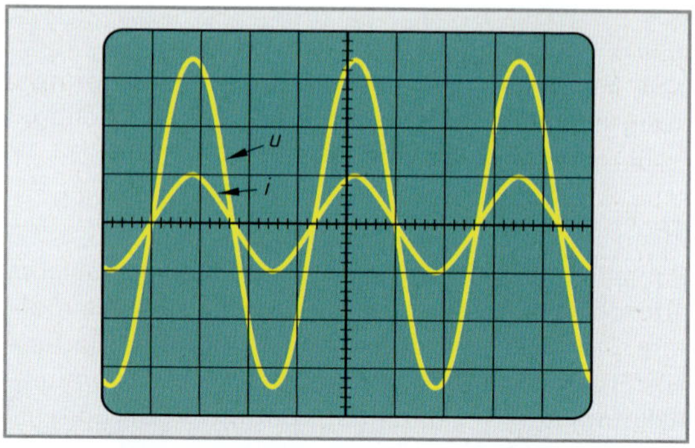

Bild 1: Spannung und Stromaufnahme eines USV-Systems mit Boost-Umsetzer

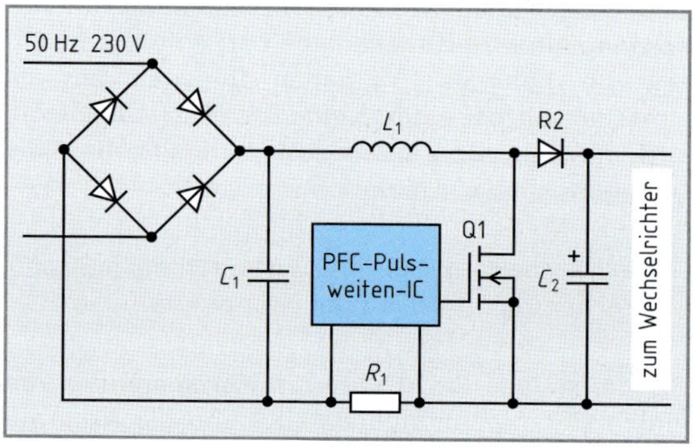

Bild 2: Schaltung des Boost-Umsetzers

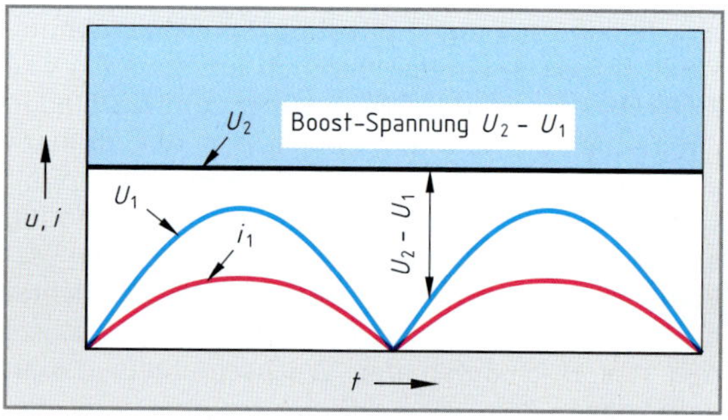

Bild 3: Spannungen und Ströme bei PFC-Korrektur

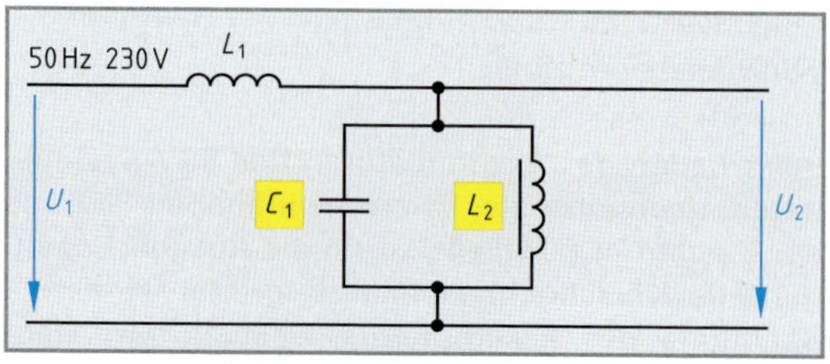

Bild 4: Schaltung eines magnetischen Spannungs-Konstanthalters

Beim magnetischen Spannungs-Konstanthalter sperrt der Parallelschwingkreis bei der richtigen Eingangsspannung. Wenn aber die Eingangsspannung zu groß wird, dann gerät der Eisenkern der Spule des Parallelschwingkreises in die magnetische Sättigung. Dadurch nimmt die Induktivität der Spule ab und der Schwingkreis wird verstimmt. Infolgedessen steigt seine Stromaufnahme, sodass in der vorgeschalteten Drosselspule ein größerer Spannungsfall auftritt und dadurch die Ausgangsspannung stabilisiert wird.

Beim magnetischen Spannungs-Konstanthalter wird als Vorwiderstand eine Drosselspule verwendet und als spannungsveränderlicher Widerstand eine Parallelschaltung aus Kondensator und Drosselspule mit Eisenkern.

Magnetische Spannungs-Konstanthalter können durch verschiedene Schaltungen verwirklicht werden. Eine dieser Möglichkeiten ist der Resonanztransformator **Bild 1**. Er besteht aus einem Eisenkern mit zwei Eingangswicklungen für den Netzanschluss und den Anschluss des Wechselrichters. Auf der Ausgangsseite ist eine Wicklung für den Anschluss des Gleichrichters vorhanden sowie die Ausgangswicklung für die Computeranlage. An diese ist über eine Zusatzwicklung ein Kondensator angeschlossen. Bei zu großer Eingangsspannung gerät der Eisenkern in die Sättigung. Dadurch sinkt die Kopplung zwischen Eingangswicklung und Ausgangswicklung, sodass die Spannungszunahme der Eingangswicklung ausgeglichen wird. Bei Absinken der Netzspannung nimmt die magnetische Sättigung ab und damit die Kopplung zu. Dadurch wird das Absinken der Eingangsspannung ausgeglichen.

Ein Resonanztransformator gleicht Überspannungen und Unterspannungen des Netzes aus.

Wenn die Netzspannung ganz ausfällt, schwingt der aus dem Kondensator und der Ausgangswicklung bestehende Schwingkreis wegen der im Kondensator und im Eisenkern gespeicherten Energie weiter und kann die Computeranlage etwa 10 ms bis 20 ms lang mit Spannung versorgen. Diese Zeit genügt für das Einschalten eines Wechselrichters und das Abschalten der Netzwicklung durch einen Mikrocontroller **(Bild 2)**. Bei Rückkehr der Netzspannung wird vom Mikrocontroller der Wechselrichter wieder abgeschaltet. Bei aufgeladenem Akkumulator arbeitet nur noch der Resonanztransformator.

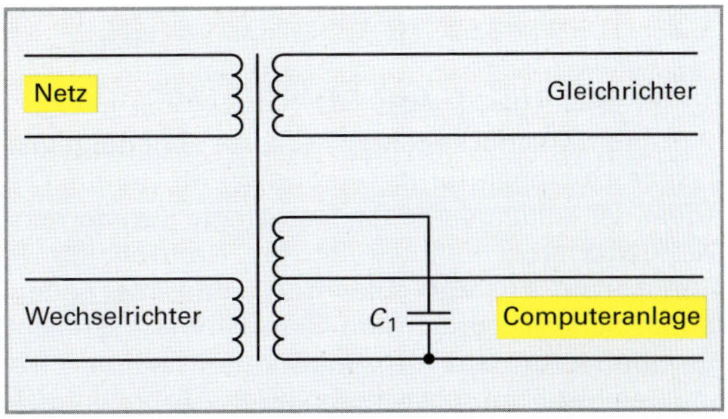

Bild 1: Schaltung des Resonanztransformators

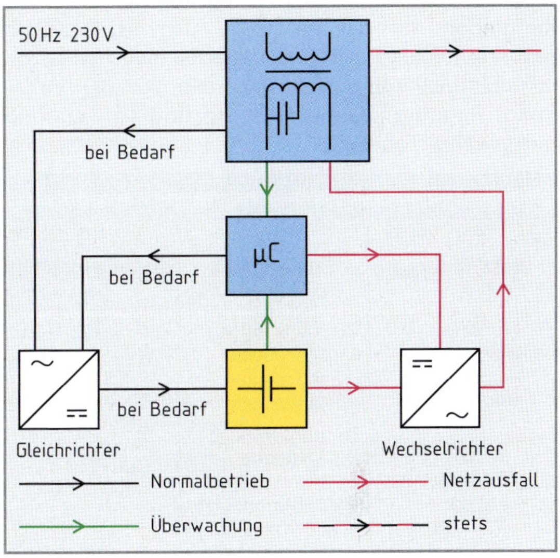

Bild 2: USV-System mit Resonanztransformator

Bei einer USV-Anlage mit Resonanztransformator arbeiten Akkumulator und Wechselrichter nur bei Ausfall der Netzspannung.

Wiederholung und Vertiefung

1. **Nennen Sie die üblichen Stromquellen für SSV-Systeme.**
2. **Was versteht man unter einem USV-System?**
3. **Warum werden bei USV-Systemen PFC-Schaltungen eingesetzt?**
4. **Beschreiben Sie den Aufbau eines magnetischen Spannungs-Konstanthalters.**
5. **Welche Vorteile bietet ein USV-System mit ferroresonantem Transformator gegenüber anderen USV-Systemen.**

6.2 Bemessung von Leitungen

6.2.1 Leitungen der Energietechnik

Man unterscheidet Leitungen für feste Verlegung und flexible Leitungen für ortsveränderliche Geräte. Die Adern der Leitungen haben festgelegte Kennfarben. Die Leiterfarbe Hellblau ist für Neutralleiter N vorgesehen. Für Außenleiter werden die Leiterfarben Schwarz, Braun und Grau verwendet. Nicht harmonisierte Starkstromleitungen haben ein anderes Bezeichnungsschema (Siehe Tabellenbuch Informations-, Geräte- und Systemtechnik).

Harmonisierte Installationsleitungen (**Tabelle 1**) garantieren einheitliche Prüfbedingungen und sind durch die Prägung ◁VDE▷ ◁HAR▷ oder durch einen Kennfaden mit der Farbfolge Schwarz-Rot-Gelb gekennzeichnet. Der VDE-Kennfaden ist schwarz-rot. Installationsleitungen werden nach Art der Verlegung, Raumart, Beanspruchung und Anwendung ausgewählt (**Tabelle 2**).

(!) Die grün-gelb gekennzeichnete Ader darf nur als Schutzleiter PE und als PEN-Leiter (Nulleiter) verwendet werden.

Mehrdrähtige und feindrähtige Leitungen werden mit Adernendhülsen versehen und danach erst an eine Schraubverbindung angeschlossen. Die Leiterenden dürfen nicht verlötet sein.

Elektrische Leitungen dürfen bei normalem Betrieb und Fehlerfall kein Feuer verursachen. Sind bei besonderem Brandrisiko die Leitungen nicht vollständig in Beton oder Putz eingebettet oder anderweitig vor Feuer geschützt, so müssen sie schwer entflammbare Eigenschaften nach DIN EN 50 265-2 aufweisen.

In Anlagen mit hohem Risiko der Flammenausbreitung sind Leitungen mit verbessertem Verhalten im Brandfall oder halogenfreie Leitungen zu verwenden, z. B. NHMH, H07Z-U, H047ZZ-F.

Tabelle 1: Bezeichnungsschema für harmonisierte Installationsleitungen

H Bestimmung	07 Bemessungs spannung U_0/U	R Isolierwerkstoff	N Mantelwerkstoff	F Aufbau	2 X 1,5 Aderzahl/Schutzleiter/Querschnitt
H Harmonisierte Bestimmung A Anerkannter nationaler Typ	01 100 V/100 V 03 300 V/300 V 05 300 V/500 V 07 450 V/750 V U_0 größtmögliche Spannung gegen Erde U größtmögliche Spannung gegen anderen Leiter	V PVC S Silikon-Kautschuk R Naturkautschuk und/oder Styrol-Butadien-Kautschuk	V PVC N Polychloropren-Kautschuk R Naturkautschuk und/oder Styrol-Butadien-Kautschuk J Glasfaser-geflecht T Textilgeflecht	U eindrähtig R mehrdrähtig F feindrähtig bei flexiblen Leitungen H feinstdrähtig bei flexiblen Leitungen K feindrähtig bei Leitungen für feste Verlegung	Zahl Aderzahl X ohne Schutzleiter G mit Schutzleiter Zahl Bemessungsquerschnitt des Leiters

Tabelle 2: Wichtige Installationsleitungen

Art, Kurzzeichen	Aufbau	Anwendung
Aderleitungen (Verdrahtungsleitungen) H07V-U H07V-R H07V-K	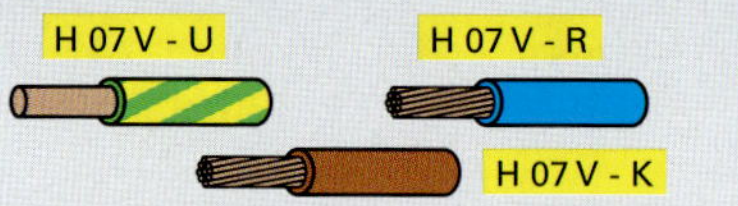	Werden in Rohren sowie in und an Leuchten verlegt. Weitere Verwendung zur inneren Verdrahtung von Geräten. Bemessungsspannungen: 450 V gegen Erde, 750 V Außenleiterspannung.
Mantelleitung NYM (Normen-Kunststoff-Mantelleitung)	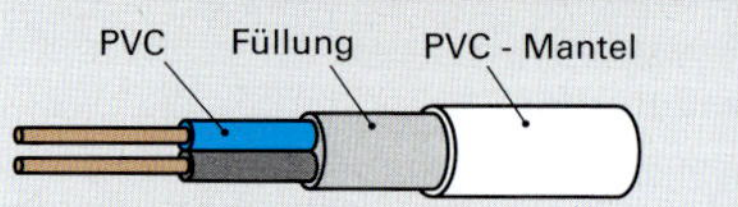	Zum Verlegen in allen Räumen über, auf, in und unter Putz sowie in Leitungskanälen und in Installationsrohren. Auch im Freien, allerdings nicht ungeschützt im Erdboden.
Stegleitung NYIF (Normen-Kunststoff-Imputz-Flachleitung	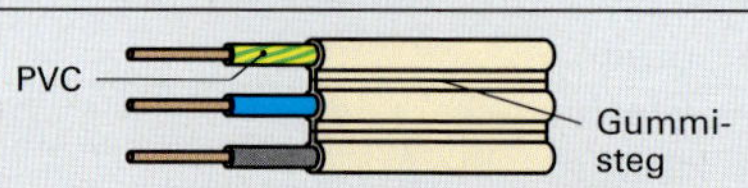	Nur für Inputzverlegung oder Unterputzverlegung in trockenen Räumen. Darf nicht auf Metall, auf Holz, in Holzhäusern und in Hohlräumen verlegt werden.
Gummischlauchleitung H07RN-F		Bei geringer mechanischer Beanspruchung. Bemessungsspannungen: 450 V gegen Erde, 750 V Außenleiterspannung. Als flexible Anschlussleitung sowie zur festen Verlegung in Möbeln, Stellwänden und Hohlräumen von Fertigbauteilen.

6.2.2 Allgemeine Grundsätze

Elektrische Leitungen müssen so bemessen sein, dass sie

- eine ausreichende mechanische Festigkeit haben,
- durch den elektrischen Strom nicht unzulässig warm werden,
- keinen zu großen Spannungsfall hervorrufen und
- einen so kleinen Leitungswiderstand haben, dass bei einem Kurzschluss am Leitungsende die vorgeschaltete Überstrom-Schutzeinrichtung die Leitung sicher abschaltet.

Deshalb müssen elektrische Leitungen bemessen werden nach

- Mindestquerschnitt der Leiter,
- Strombelastbarkeit der Leiter,
- Spannungsfall der Leitung und
- größtzulässige Leitungslänge zur Abschaltung bei Kurzschluss.

Im Einzelfall ist immer der größte Querschnitt der vier Bemessungsverfahren zu verwenden. Je nach Art der Leitung sind verschiedene Bemessungsverfahren maßgebend **(Tabelle 1)**.

6.2.3 Mindestquerschnitte

Die Mindestquerschnitte müssen so groß sein, dass die mechanische Belastung im Betrieb ausgehalten wird **(Tabelle 2)**. Dies gilt vor allem für flexible Leitungen, und beim Verlegen der Leitungen, z. B. beim Einziehen in Rohre.

6.2.4 Strombelastbarkeit

Leitungen sind nach dem Mindestquerschnitt zu bemessen, wenn die Leitungslänge und die Stromstärke klein sind.

Bei den üblichen Stromstärken sind die Leiterquerschnitte nach der Strombelastbarkeit aus Tabellen zu ermitteln. Die vor die Leitung zu setzende Überstrom-Schutzeinrichtung darf keinen größeren Bemessungsstrom (Nennstrom) I_N haben als die Strombelastbarkeit I_Z der Leiter beträgt. Der Betriebsstrom I_B darf höchstens so groß sein wie der Bemessungsstrom der Überstrom-Schutzeinrichtung.

Meist sind die Leiterquerschnitte einer Leitung nach der Strombelastbarkeit zu ermitteln.

Tabelle 1: Ermittlung der Leiterquerschnitte

Bedingung	Bemessungsgrundlage
Bemessungsstrom klein, Leitung nicht sehr lang	Mindestquerschnitt
Bemessungsstrom beliebig, Leitung mit normaler Länge	Strombelastbarkeit der Leiter
lange Leitung, Bemessungsstrom beliebig	Spannungsfall
sehr lange Leitung, Bemessungsstrom beliebig	Spannungsfall und Prüfung auf Abschaltung bei Kurzschluss

Tabelle 2: Mindestquerschnitte für Kupfer

Querschnitt in mm²	Leitungsart, Bemessungsstrom
0,1	flexibel, $\leq$ 2 m, Handgeräte $\leq$ 1 A
0,5	flexibel, $\leq$ 2 m, Geräte bis 2,5 A, in Schaltanlagen bis 2,5 A
0,75	flexibel, bis 10 A, in Schaltanlagen $>$ 2,5 A bis 16 A
1,0	flexibel, bis 10 A, in Schaltanlagen $>$ 16 A
1,5	feste geschützte Verlegung
10,0	Starkstromfreileitung

Bemessungsstromregel:

$$I_B \leq I_N \leq I_Z \qquad I_Z \geq I_N \geq I_B$$

I_B Betriebsstrom des Stromkreises
I_N Bemessungsstrom der Überstrom-Schutzeinrichtung
I_Z Strombelastbarkeit von Leitung oder Kabel

Beispiel 1: Überstrom-Schutzeinrichtung auswählen

In einer Anlage beträgt der zu erwartende Betriebsstrom I_B = 22 A. Es wird eine Überstrom Schutzeinrichtung mit I_N = 20 A vorgesehen und eine Leitung mit einem Bemessungsstrom von I_Z = 24 A. Ist die Auswahl fachgerecht?

Lösung:
$I_Z \geq I_N \geq I_B \Rightarrow$ 24 A $\geq$ 20 A $\leq$ 22 A $\Rightarrow$ falsch
Die Auswahl ist nicht fachgerecht.

Die Strombelastbarkeit der Leiter von Leitungen hängt von der zulässigen Erwärmung ab. Diese ist abhängig vom Leiterquerschnitt, von der Verlegeart, von der Leitungsisolierung und von der Umgebungstemperatur. Die Angabe der Strombelastbarkeit erfolgt in Tabellen für Umgebungstemperaturen von 30 °C oder von 25 °C.

In Deutschland kann von einer Umgebungstemperatur von 25 °C ausgegangen werden. Wenn in einer Tabelle die Werte für 30 °C angegeben sind, darf für die Temperatur von 25 °C die Strombelastbarkeit erhöht werden **(Tabelle 1)**.

Beispiel 1: Strombelastung berechnen

In einer Tabelle ist die Strombelastbarkeit bei 30 °C zu 32 A angegeben. Wie groß ist die Belastbarkeit einer mit Gummi isolierten Leitung bei 25 °C?

Lösung:

aus Tabelle 1: Faktor $F = 1{,}08$

$I = F \cdot I_{30} = 1{,}08 \cdot 32\ \text{A} = \mathbf{34{,}6\ A}$

$$I = F \cdot I_{30}$$

I Strombelastbarkeit
F Umrechnungsfaktor (Tabelle 1)
I_{30} Strombelastbarkeit bei 30°C

Tabelle 1: Umrechnungsfaktoren für andere Umgebungstemperaturen

Isolation	Faktor bei Umgebungstemperatur 25 °C	30 °C	35 °C	40 °C	45 °C	50 °C
Gummi	1,08	1	0,91	0,82	0,71	0,58
PVC	1,06	1	0,94	0,87	0,79	0,71

Strombelastbarkeit fest verlegter Leitungen

Bei fest verlegten Leitungen der Energietechnik unterscheidet die Norm acht Verlegearten nach ihrem Vermögen zur Wärmeabgabe **(Tabelle 2)**. Meist erfolgt die Verlegung nach den Klassen A2, B2 und C mit der entsprechenden Belastbarkeit **(Tabelle 3)**.

Beispiel 2: Verlegeart bestimmen

In einem Labor wird eine zweiadrige Mantelleitung NYM in einem Installationskanal auf Putz an der Wand verlegt. Welche Gruppe der Verlegeart liegt vor?

Lösung:

nach Tabelle 2: **Gruppe B2**

Beispiel 3: Leiterquerschnitt und Bemessungsstrom

Die an die Leitung von Beispiel 2 angeschlossenen Verbrauchsmittel haben insgesamt einen Bemessungsstrom von 20 A mit einem kurzzeitigen Stromstoß beim Einschalten von 60 A.

a) Welcher Leiterquerschnitt A ist erforderlich?
b) Wie groß ist der Bemessungsstrom I_N der vorzuschaltenden Sicherung?

Lösung:

a) nach Tabelle 3: $\mathbf{A = 2{,}5\ mm^2}$
b) $\mathbf{I_N = 20\ A}$

Tabelle 3: Strombelastbarkeit von fest verlegten Leitungen bei $\varphi_U = 30$ °C

Kupferquerschnitt in mm²	belastete Adern	Belastbarkeit in A bei Verlegungsart A2	B2	C
1,5	2	15,5	16,5	19,5
	3	13	15	17,5
2,5	2	18,5	23	27
	3	17,5	20	24
4	2	25	30	36
	3	23	27	32
6	2	32	38	46
	3	29	34	41
10	2	43	52	63
	3	39	46	57

Tabelle 2: Häufige Verlegearten

Gruppe, Ansicht	Erklärung
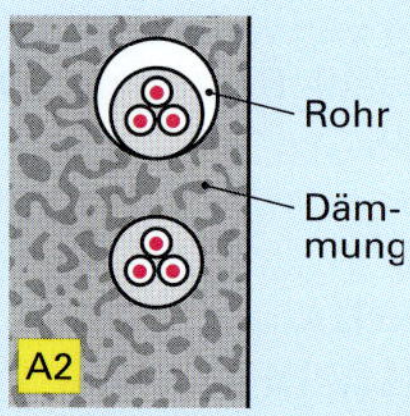	Mehradrige Leitungen, verlegt in einer wärmegedämmten Wand mit dem spezifischen Wärmeleitwiderstand für die Wandinnenseite von: $R_K \leq 0{,}1\ \frac{K \cdot m}{W}$ Sehr schlechte Wärmeabfuhr.
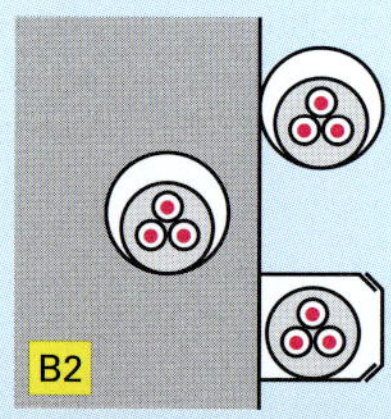	Mehradrige Leitungen, z. B. Mantelleitung, verlegt auf oder in der Wand bzw. Decke oder unter Putz in Elektroinstallationsrohren oder Elektroinstallationskanälen. Mäßige Wärmeabfuhr.
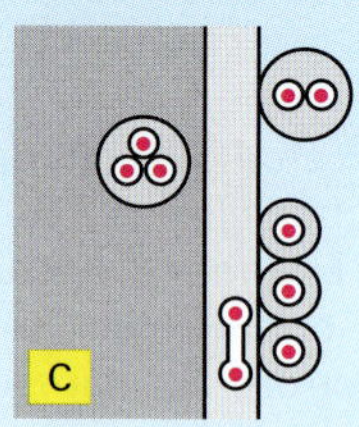	Verlegung auf der Wand, der Decke oder auf dem Fußboden auf, in oder unter Putz, auch im offenen Kanal und belüfteten geschlossenen Elektroinstallationskanal. Stegleitungen sind nur im oder unter Putz zu verlegen. Gute Wärmeabfuhr.

Weitere Strombelastbarkeiten und weitere Verlegearten siehe Tabellenbuch Informations- und Systemtechnik oder Tabellenbuch Elektrotechnik.

Strombelastbarkeit von flexiblen Leitungen

Bei flexiblen (bewegbaren) Leitungen muss unterschieden werden, ob es sich um Leitungen der Energietechnik handelt oder um Leitungen der Informationstechnik.

Flexible Leitungen der Energietechnik, z. B. Gummischlauchleitungen, können fest verlegt sein, z. B. in Wohnwagen, oder lose, z. B. beim Anschluss von Elektrogeräten. Bei fester Verlegung dieser Leitungen gelten die Werte von Tabelle 3, vorhergehende Seite. Bei loser Verlegung ist die Strombelastbarkeit vom Leiterquerschnitt und der Umgebungstemperatur abhängig **(Tabelle 1)**. Weicht die Umgebungstemperatur von 30 °C ab, so erfolgt die Umrechnung nach Tabelle 1, vorhergehende Seite.

Beispiel 1: Leiterquerschnitt bestimmen

Eine Leitung H05VV-F (mittlere Kunststoff-Schlauchleitung mit PVC-Isolierung) soll einen Bemessungsstrom von 19 A führen. Welcher Querschnitt A ist erforderlich bei einer Umgebungstemperatur von a) 30 °C, b) 25 °C?

Lösung:

a) nach Tabelle 1 ist $\boldsymbol{A}$ **= 2,5 mm²**

b) nach Tabelle 1, vorhergehende Seite, ist $F = 1{,}06$
nach Tabelle 1 ist bei $A = 1{,}5\ \text{mm}^2$ $I_{30} = 18\ \text{A}$
$I_Z = F \cdot I_{30} = 1{,}06 \cdot 18\ \text{A} = 19{,}08\ \text{A}$
Zu verlegen sind $\boldsymbol{A}$ **= 1,5 mm²**.

Flexible Leitungen der Energietechnik, die lose verlegt sind, sind besser gekühlt als fest verlegte Leitungen und können daher höher belastet werden.

Kupferlitzenleitungen der Informationstechnik werden je nach Verlegung in praxisübliche Gruppen eingeteilt, die anders sind als die genormten Gruppen der fest verlegten Leitungen der Energietechnik **(Tabelle 2)**. Die Strombelastbarkeit dieser Kupferlitzenleitungen hängt vom Querschnitt, der Gruppe und der Umgebungstemperatur ab **(Tabelle 3)**.

Beispiel 2: Strombelastung ermitteln

In einem Messgerät ist ein Kupferlitzenleiter von 0,25 mm² einzeln verlegt.

a) Zu welcher Gruppe gehört der Leiter?

b) Mit welcher Stromstärke I_Z darf er bei 25 °C höchstens belastet werden?

Lösung:

a) nach Tabelle 2: **Gruppe 1**

b) nach Tabelle 3: I_Z **= 7,5 A**

Bei von 25 °C abweichenden Temperaturen der Umgebungstemperatur kann die Strombelastbarkeit bei der abweichenden Temperatur mit **Tabelle 4** berechnet werden.

Tabelle 1: Strombelastbarkeit flexibler Leitungen der Energietechnik mit zwei oder drei belasteten Adern bei Umgebungstemperatur ϑ_U = 30 °C

A in mm²	0,75	1	1,5	2,5	4	6	10
I_Z in A	12	15	18	26	34	44	61

A Leiterquerschnitt I_Z Strombelastbarkeit
ϑ_U Umgebungstemperatur

Tabelle 2: Gruppen von Kupferlitzenleitern der Informationstechnik

Gruppe	Erklärung
1	Einzeln frei in Luft verlegte ein- bis dreiadrige Leitung, wenn sie mit Zwischenraum von mindestens Außendurchmesser der Leitung verlegt wird.
2	2 bis 4 Schaltlitzen, verseilt oder gebündelt, wenn sämtliche Leiter gleichzeitig belastet sind.
3	5 bis 10 Schaltlitzen, verseilt oder gebündelt, wenn sämtliche Leiter gleichzeitig belastet sind.

Tabelle 3: Strombelastbarkeit von Kupferlitzenleitern bei Umgebungstemperaturen bis 25 °C

Querschnitt in mm²	Gruppe 1 I_Z in A	Gruppe 2 I_Z in A	Gruppe 3 I_Z in A
0,14	5,0	3,5	2,2
0,25	7,5	5,2	3,3
0,34	8,5	5,8	3,7
0,5	11,5	7,8	5,1
0,75	15,0	10,0	6,7
1,0	17,0	11,5	7,6
1,5	23,0	16,0	10,0

Tabelle 4: Umrechnungsfaktor für Umgebungstemperaturen > 25 °C für Kupferlitzenleitungen

Temperatur in °C	30	35	40	45	50	60	65
Faktor	0,94	0,88	0,82	0,75	0,67	0,47	0,33

Bei Kupferlitzenleitern der Informationstechnik ist die Strombelastbarkeit bei einzelner Verlegung der Kupferlitzen hoch.

6.2.5 Spannungsfall

Der Spannungsfall ΔU darf vom Zähler bis zum Verbrauchsmittel höchstens 3 % der Bemessungsspannung des Netzes betragen und bei Anlagen bis 100 kVA vom Hausanschluss bis zum Zähler 0,5 %. Mit dem Spannungsfall ΔU nach VDE ist die Spannungsdifferenz $U_1 - U_2$ zwischen Zähler und Verbrauchmittel gemeint, auch bei Phasenverschiebung **(Bild 1)**.

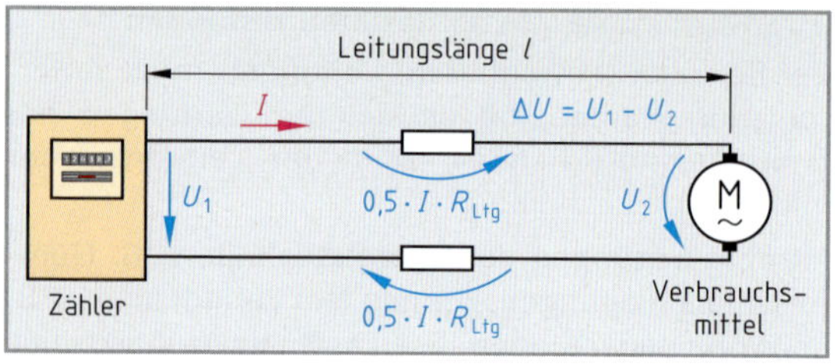

Bild 1: Spannungsfall ΔU

Durch Einhalten der Spannungsfallgrenze wird bei langen Zuleitungen die erforderliche Spannung an den Verbrauchsmitteln und sicheres Abschalten bei einem Kurzschluss erreicht.

Bei AC und 3AC beträgt der Spannungsfall ΔU näherungsweise das ($\cos \varphi$)-Fache der Spannung an der Leitung **(Bild 2)**. Ist das Verbrauchsmittel eine reine Wirklast gilt: $\Delta U = I \cdot R_{Ltg}$.

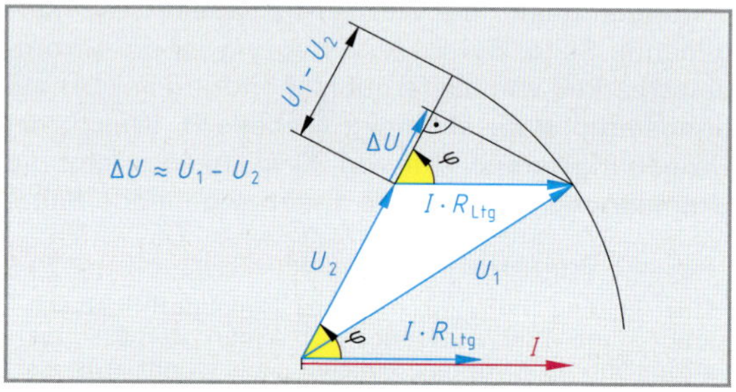

Bild 2: Zeigerbild mit genähertem ΔU

Beispiel 1: Leiterquerschnitt bei induktiver Last

Ein Einphasen-Wechselstrommotor mit einem auf 16 A eingestellten Motorstarter ist über eine Mantelleitung NYM der Länge 130 m an das 230-V-Netz anzuschließen. Welcher Leiterquerschnitt der dreiadrigen Leitung ist bei einem $\cos \varphi = 0{,}8$ erforderlich?

Lösung:

$\Delta u = 3\,\% \Rightarrow \Delta U = \Delta u \cdot U/100\,\%$

$= 3\,\% \cdot 230\text{ V}/100\,\% = 6{,}9\text{ V}$

$$\Delta U = \frac{2 \cdot I \cdot l \cdot \cos \varphi}{\gamma \cdot A}$$

$$\Rightarrow A = \frac{2 \cdot I \cdot l \cdot \cos}{\gamma_{cu} \cdot \Delta U} = \frac{2 \cdot 16\text{ A} \cdot 130\text{ m} \cdot 0{,}8}{56\text{ Sm/mm}^2 \cdot 6{,}9\text{ V}}$$

$= 8{,}6\text{ mm}^2 \approx 10\text{ mm}^2$

Zu verlegen sind Leiter mit **10 mm²**.

Die Berechnung des Spannungsfalls oder des Leiterquerschnitts mithilfe des Spannungsfalls ergibt nur einen ungefähren Wert, da die Leitfähigkeit des Leitermaterials von der Temperatur ϑ des Leiters abhängig ist, die wiederum von der Strombelastung und der Umgebungstemperatur abhängt, also nur grob abgeschätzt werden kann. Bei schwach belasteten Leitungen kann mit $\gamma_{cu} = 56\text{ Sm/mm}^2$ gerechnet werden (Beispiel 1). Bei durchschnittlich belasteten Leitungen kann mit $\vartheta = 50\,°\text{C}$ und damit $\gamma = 50\text{ Sm/mm}^2$ gerechnet werden. Mit den Werten vom Beispiel ist dann der Leiterquerschnitt $A = 9{,}6\text{ mm}^2 \approx 10\text{ mm}^2$, in diesem Fall also unverändert. Beim *Worst-Case* (schlimmster Fall) einer dauernd sehr stark belasteten Leitung müsste mit der höchstzulässigen Betriebstemperatur ϑ (bei PVC-Isolierung $\vartheta = 70\,°\text{C}$) und $\gamma = 47\text{ Sm/mm}^2$ gerechnet werden.

Bei allen Stromarten:

$$\Delta U = U_1 - U_2 \qquad \Delta u = \frac{\Delta U \cdot 100\,\%}{U}$$

Bei DC:

$$\Delta U = \frac{2 \cdot I \cdot l}{\gamma \cdot A}$$

Näherung bei AC:

$$\Delta U = \frac{2 \cdot I \cdot l \cdot \cos \varphi}{\gamma \cdot A}$$

Näherung bei 3AC (Drehstrom):

$$\Delta U = \frac{\sqrt{3} \cdot I \cdot l \cdot \cos \varphi}{\gamma \cdot A}$$

ΔU	(absoluter) Spannungsfall
Δu	auf Bemessungsspannung bezogener (relativer) Spannungsfall
U_1	Spannung am Leitungsanfang
U_2	Spannung am Leitungsende
U	Bemessungsspannung der Last oder des Netzes
I	Leiterstrom
l	Leitungslänge
A	Leiterquerschnitt
γ	Leitfähigkeit (bei Cu: 56 Sm/(mm²) für 20°C)
$\cos \varphi$	Leistungsfaktor

Beispiel 2: Spannung an der Leitung berechnen

Wie groß ist im Beispiel 1 die an der Leitung anliegende Spannung $U_{Ltg} = I \cdot R_{Ltg}$?

Lösung:

Bild 2: $\cos \varphi = \dfrac{\Delta U}{I \cdot R_{Ltg}} = \dfrac{\Delta U}{U_{Ltg}} \Rightarrow U_{Ltg} = \dfrac{\Delta U}{\cos \varphi}$

$$= \frac{6{,}9\text{ V}}{0{,}8} = \mathbf{8{,}6\text{ V}}$$

6.2.6 Überlastschutz und Kurzschlussschutz

Elektrische Leitungen werden durch Überstrom-Schutzeinrichtungen gegen eine zu große Stromstärke durch Abschalten der Leitung geschützt, und zwar bei Überlastung und bei Kurzschluss **(Tabelle 1)**. Entsprechend unterscheidet man den Überlastschutz und den Kurzschlussschutz.

Überlastschutz und Kurzschlussschutz wird durch Überstrom-Schutzeinrichtungen erfüllt.

Leitungsschutzschalter (Bild 1, oben) schützen elektrische Leitungen bei Kurzschluss mit einem elektromagnetischen Auslöser und bei Überlast mit einem Bimetallauslöser.

Motorschutzschalter (Bild 1, Mitte), auch **Leistungsschalter** genannt, schützen elektrische Geräte, z. B. Motoren, vor Überlast. Da sie ein hohes Abschaltvermögen besitzen, gewährleisten sie in der Regel auch den Kurzschlussschutz und müssen deshalb am Anfang der Leitung angebracht werden. Sie werden mit thermomagnetischer Auslösung hergestellt. Der Auslösestrom für den Überlastschutz ist einstellbar.

Überlastrelais (Bild 1, unten) schützen Motoren bei Überlast. Da Überlastrelais keinen Kurzschlussschutz gewährleisten, muss sich am Leitungsanfang eine Schmelzsicherung befinden. Das Überlastrelais wird unmittelbar vor dem Motor angebracht.

Überstrom-Schutzeinrichtungen sind immer dann erforderlich, wenn im Zuge der Leitung zum Verbraucher hin die Strombelastbarkeit der Leitung verringert wird, z. B. durch Verringerung des Leiterquerschnitts **(Bild 2)**. Im Fehlerfall löst nur die Schutzeinrichtung aus, die sich unmittelbar vor der Fehlerstelle befindet. Diese Netzschutzfunktion nennt man Selektivität.

Tabelle 1: Überstrom-Schutzeinrichtungen (Auswahl)

Art	Bemessungsströme I_N	Einh.
Geräteschutz-sicherungen	32, 40, 50, 63, 80, 100, 125, 160, 200, 250, 315, 400	mA
Schmelz-sicherungen	2, 4, 6, 10, 16, 20, 25, 35, 50, 63, 80	A
Leitungs-schutzschalter	½, 1, 2, 3, 4, 6, 10, 13, 16, 20, 25, 32, 40, 50, 63, 80, 100, 125	A

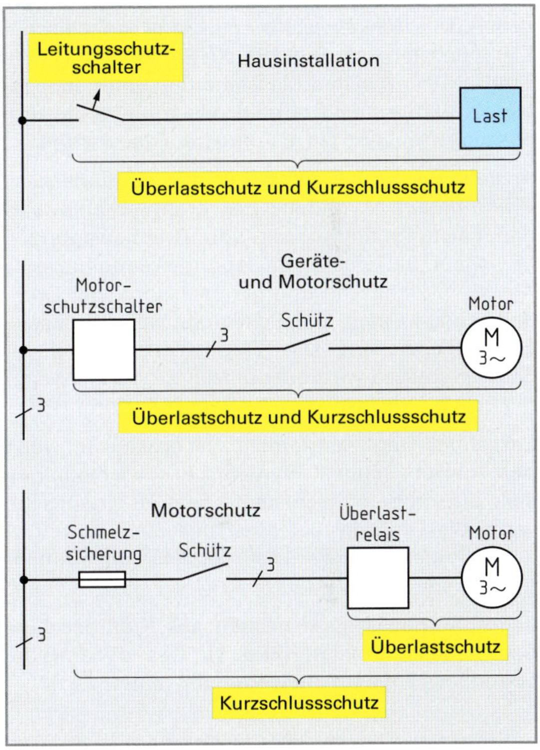

Bild 1: Anordnung der Überstrom-Schutzeinrichtungen für den Überlastschutz und den Kurzschlussschutz

Der Bemessungsstrom einer Sicherung muss mindestens das 1,6-fache des Bemessungsstroms der folgenden Sicherung betragen.

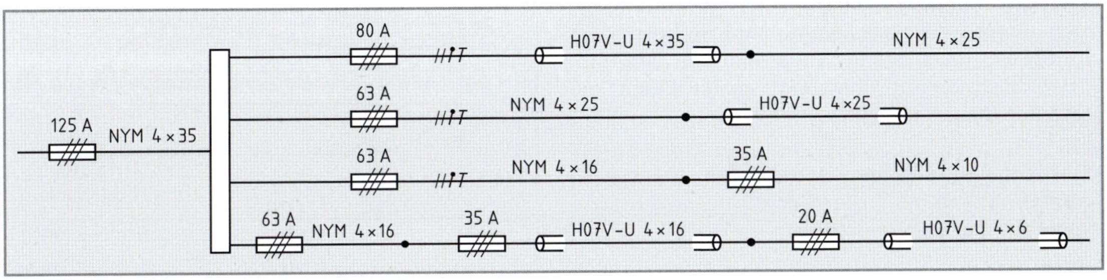

Bild 2: Setzen von Überlast-Schutzeinrichtungen

6.3 Elektrische Antriebssysteme auswählen und integrieren

6.3.1 Drehbewegungen

Elektrische Antriebe erzeugen meist Drehbewegungen. Die Formeln für Leistung, Arbeit und Energie werden bei Drehbewegungen anders definiert als bei linearen Bewegungen **(Tabelle 1)**.

Der *Drehwinkel* φ (griechischer Kleinbuchstabe phi) wird stets in der Größe Radiant [rad][1] angegeben. Die *Winkelgeschwindigkeit* ω (griechischer Kleinbuchstabe omega) hat die Einheit 1/s. Da die Drehzahl der meisten Maschinen in 1/min angegeben wird, muss die Drehzahl n in 1/min in die Umdrehungsfrequenz f in 1/s umgerechnet werden.

Anstelle der Kraft F tritt bei Drehbewegungen das *Kraftmoment M*. Mithilfe des Kraftmoments werden Leistung und Arbeit von Drehbewegungen berechnet. Bei linearen Bewegungen kann bewegte *Masse m* kinetische Energie speichern. Bei Drehbewegungen kann die Schwungmasse kinetische Energie speichern. Das *Trägheitsmoment J* der Schwungmasse wird quadratisch größer, je weiter die Schwungmasse vom Drehpunkt entfernt ist.

Ein kleines Trägheitsmoment J ist erwünscht, wenn der Antrieb schnell (dynamisch) beschleunigen soll. Ein großes Trägheitsmoment ist erwünscht, wenn die Drehzahl der Maschine auch bei plötzlichen Änderungen der Last möglichst unverändert bleiben soll.

Jedes Antriebssystem besteht aus Kraftmaschine und Arbeitsmaschine **(Bild 1)**. Das dynamische Grundgesetz für Drehbewegungen lautet:

Dynamisches Grundgesetz

$$M_K - M_L = J \cdot \alpha$$

Die Beschleunigung α der Schwungmasse J entspricht der Differenz aus Kraftmoment M_K und Lastmoment M_L.

Eine Maschine beschleunigt dann, wenn das Kraftmoment größer als das Lastmoment ist. Besonders wichtig ist, dass das Kraftmoment bei Drehzahl 0 das Lastmoment übersteigt, sonst bleibt die Maschine stehen **(Bild 2)**.

Der Arbeitspunkt mit Betriebsdrehzahl stellt sich im Schnittpunkt der Kennlinien von Kraftmoment und Lastmoment ein.

Tabelle 1: Kenngrößen der Bewegung

Lineare Bewegung	Drehbewegung
Weg: s $[s] = \text{m}$	Drehwinkel: φ $[\varphi] = \text{rad}$
Geschwindigkeit: $v = \frac{\Delta s}{\Delta t}$ $[v] = \frac{\text{m}}{\text{s}}$	Winkelgeschwindigkeit: $\omega = \frac{\Delta\varphi}{\Delta t} = 2 \cdot \pi \cdot f$; $\omega = \frac{2 \cdot \pi \cdot n}{60\ \text{s/min}}$ $[\omega] = \frac{1}{\text{s}}$
Beschleunigung: $a = \frac{\Delta v}{\Delta t}$ $[a] = \frac{\text{m}}{\text{s}^2}$	Winkelbeschleunigung: $\alpha = \frac{\Delta\omega}{\Delta t}$ $[\alpha] = \frac{1}{\text{s}^2}$
Masse: m $[m] = \text{kg}$	Trägheitsmoment: J $[J] = \text{kgm}^2$
Kraft: $F = m \cdot a$ $[F] = \text{N} = \text{kg} \cdot \frac{\text{m}}{\text{s}^2}$	Kraftmoment: $M = J \cdot \alpha$ $[M] = \text{Nm} = \text{kgm}^2 \cdot \frac{1}{\text{s}^2}$
Leistung: $P = F \cdot v$ $[P] = \text{W}$	Leistung: $P = M \cdot \omega$ $[P] = \text{W}$
Arbeit: $W = F \cdot s$ $[W] = \text{N} \cdot \text{m}$	Arbeit: $W = M \cdot \varphi$ $[W] = \text{Nm}$
Kinetische Energie: $W = m \cdot \frac{v^2}{2}$ $[W] = \text{Nm} = \text{kg} \cdot \frac{\text{m}^2}{\text{s}^2}$	Kinetische Energie: $W = J \cdot \frac{\omega^2}{2}$ $[W] = \text{Nm} = \text{kgm}^2 \cdot \frac{1}{\text{s}^2}$

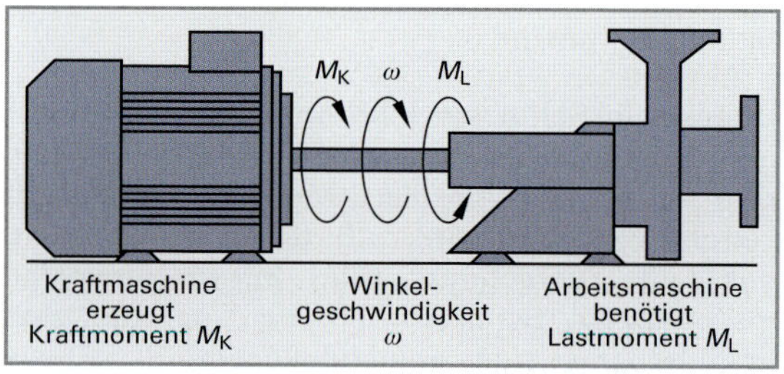

Bild 1: Antriebssystem

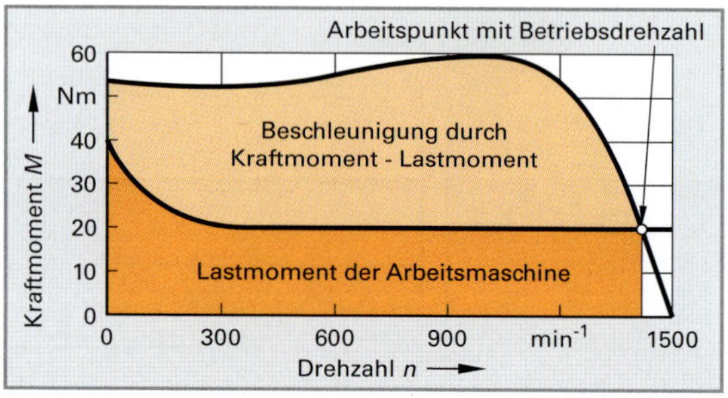

Bild 2: Arbeitspunkt eines Antriebssystems

[1] π = 3,14 rad = 180°; 1 rad = 180/π = 57,29°

6.3.2 Kennlinien von Arbeitsmaschinen

Zur Auswahl eines geeigneten Elektromotors muss nicht nur Bemessungsleistung und Bemessungsdrehzahl, sondern auch die Kennlinie der Last berücksichtigt werden.

Quadratischer Lastmomentverlauf

Bei Gebläsen, Pumpen und Verdichtern steigt das Lastmoment quadratisch mit der Drehzahl **(Bild 1)**. Auch bei Fahrzeugen steigt der Luftwiderstand quadratisch mit der Geschwindigkeit des Fahrzeugs.

Konstanter Lastmomentverlauf

Wenn das Lastmoment der Arbeitsmaschine bei steigender Drehzahl gleich bleibt, ist die Leistung der Maschine proportional zur Drehzahl. Beispiele sind:

- Dreh- und Fräsmaschinen bei konstanter Schnittkraft,
- Förderbänder, Walzwerke,
- Hebezeuge, Krane.

Arbeitsmaschinen mit konstantem Lastmomentverlauf lässt man, wenn möglich, im Leerlauf anlaufen. Ist ein Anlauf nur unter Volllast möglich, muss das Anlaufmoment der Kraftmaschine wesentlich höher sein als das Bemessungsmoment der Arbeitsmaschine **(Bild 2)**.

Losbrechmoment

Beim Anlauf vieler Maschinen müssen besondere Widerstände überwunden werden (Bild 1). Ursache dafür ist oft die Lagerreibung der Maschine: Mischreibung bei Gleitlagern oder kaltes, zähes Schmiermittel bei Wälzlagern. Bei Umformmaschinen, z. B. in Walzwerken, ist das Losbrechmoment besonders hoch, denn der Beginn der Verformung ist sehr kraftaufwändig.

6.3.3 Kennwerte von Elektromotoren

Leistungsschild

Die wichtigsten Kennwerte von Elektromotoren sind auf deren Leistungsschild angegeben **(Bild 3)**. Dazu gehören die Angabe des Herstellers, die Maschinenart sowie die Bemessungswerte von Strom, Spannung, mechanischer Leistung, Drehzahl, Leistungsfaktor, Wirkungsgrad und Effizienzklasse.

> Die Angabe der Bemessungsleistung eines Motors bezieht sich auf die mechanisch an der Welle verfügbare Leistung.

Auf herkömmlichen Leistungsschildern wurden die Kennwerte eines Betriebspunktes eingetragen **(Bild 4)**, oft mit Schlagzahlen. In der neuen Form (Bild 3) werden mehrere Betriebspunkte mit unterschiedlichen Spannungen und Drehzahlen dokumentiert. Zum Beschriften werden Laserdrucker verwendet.

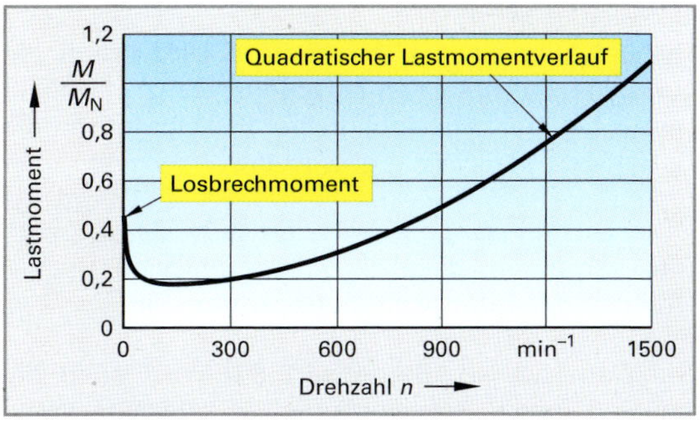

Bild 1: Quadratischer Lastmomentverlauf eines Gebläses

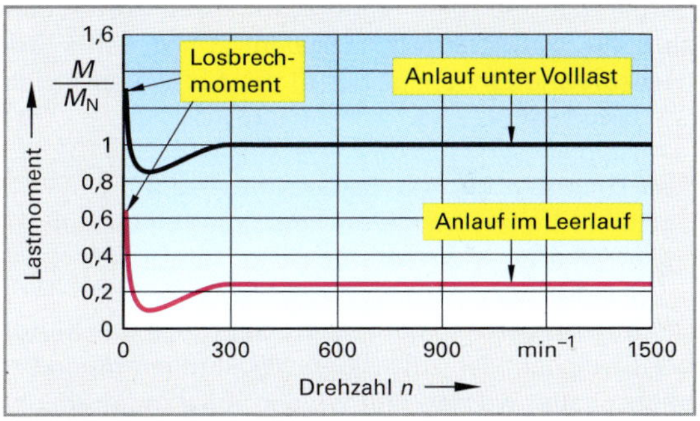

Bild 2: Konstanter Lastmomentverlauf eines Förderbands

SIEMENS — Made in Germany — TH.Cl.2 155 (F) — CE

3~Mot. 1LE10010EA422AA4 — F no UD 1203/14208300011

IEC/EN 60034 — FS 90L — IM 63 — IP 55 — WT 16 kg

V	Hz	kW	A	PF	RPM	EFF-CL	ETA %
230 Δ	50	2.2	7.8	0.85	2890	IE2	83.2
400 Y	50	2.2	4.50	0.85	2890	IE2	83.2
460 Y	60	2.55	4.35	0.86	3485	IE2	85.5

IE2 — Ⓗ

Bild 3: Leistungsschild eines Elektromotors

Motorenwerke	
DASM 160L 4P B3 128	
3~ Mot.	Nr. 2018/123456
Δ 460 V	28,8 A
17,3 kW	cos φ 0,82
1760 /min	60 Hz
IP 55	IE3 91,9%
Th. Cl.2 155 (F)	73 kg
VDE 0530 / IEC 60034	

Bild 4: Leistungsschild Elektromotor, herkömmliche Form

Wiederholung und Vertiefung

1. **Erläutern Sie, wie aus den Kennlinien von Lastmoment und Kraftmoment der Arbeitspunkt ermittelt wird.**
2. **Vergleichen Sie die Leistungsschilder (Bild 3 und 4). Erstellen Sie eine Tabelle, in der Sie die Bedeutung der einzelnen Angaben der Leistungsschilder darlegen.**

Betriebsarten

Die Leistung eines Elektromotors wird durch die zulässige Wicklungstemperatur begrenzt. Deshalb muss bei der Auswahl eines Elektromotors die Betriebsart berücksichtigt werden.

Die Leistungsangabe wird für jede Betriebsart so bemessen, dass die höchstzulässige Wicklungstemperatur nicht überschritten wird.

Bei Dauerbetrieb (Betriebsart S1) wird auch bei beliebig langer Betriebsdauer die zulässige Wicklungstemperatur nicht überschritten **(Bild 1)**. Förderbänder, Pumpen, Ventilatoren und Verdichter sind für Dauerbetrieb ausgelegt. Wird keine Betriebsart angegeben, ist der Motor für Dauerbetrieb S1 bemessen.

Im Dauerbetrieb mit Bemessungsleistung stellt sich als Beharrungstemperatur die höchstzulässige Wicklungstemperatur ein.

Bei Kurzzeitbetrieb (Betriebsart S2) muss der Motor bei Erreichen der zulässigen Wicklungstemperatur abgeschaltet werden und wieder vollständig abkühlen. Deshalb wird die höchstzulässige Einschaltdauer ED auf dem Leistungsschild angegeben. Die Motorleistung ist im Kurzzeitbetrieb höher als im Dauerbetrieb (Bild 1). Auf dem Leistungsschild wird die höchstzulässige Einschaltdauer ED vermerkt. Viele Haushaltsgeräte sind für Betriebsart S2 ausgelegt.

Im periodischen Aussetzbetrieb (S3, S4, S5) sind Betriebsdauer und Pausen kurz **(Bild 2)**. Der Motor kühlt nicht vollständig ab. Die Spieldauer (Zeit eines Vorgangs von Arbeit und Pause) beträgt, wenn nicht anders angegeben, 10 Minuten. Die Einschaltdauer ED wird in Prozent der Spieldauer angegeben.

Die Spieldauer ist der längste Zeitraum, nach dem sich das Spiel aus Arbeit und Pause wiederholen darf.

Betriebsart S3 liegt vor, wenn der Anlaufstrom des Motors gering ist, S4, wenn der Anlaufstrom zur Erwärmung erheblich beiträgt. Bei S5 erwärmt auch der Bremsstrom den Motor. Auf dem Leistungsschild wird die Einschaltdauer und die Spieldauer angegeben. Periodischer Aussetzbetrieb ist eine häufige Betriebsart für Servoachsen. Hauptspindelantriebe werden oft im ununterbrochenen Betrieb mit Aussetzbelastung S6 betrieben **(Bild 3)**.

Schutzarten

Elektrische Maschinen müssen je nach Aufstellungsort gegen Berührung, Verschmutzung und Wasser geschützt werden. Deshalb wird auf dem Leistungsschild stets die IP-Schutzart angegeben (siehe Abschnitt 2.12.2).

Betriebsarten: Siehe Tabellenbuch für Informations-, Geräte-, System-, und Automatisierungstechnik

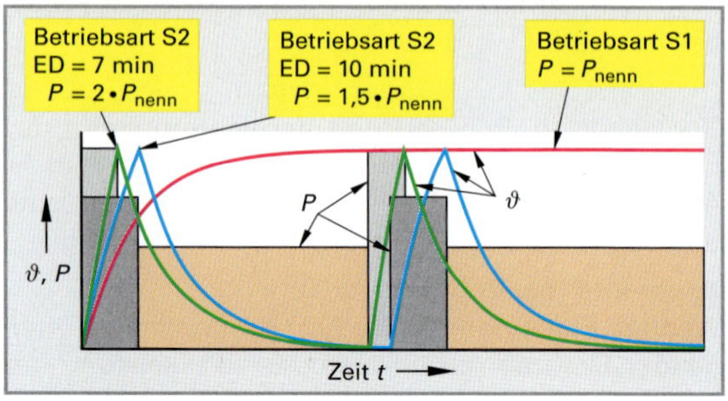

Bild 1: Betriebsarten S1 und S2

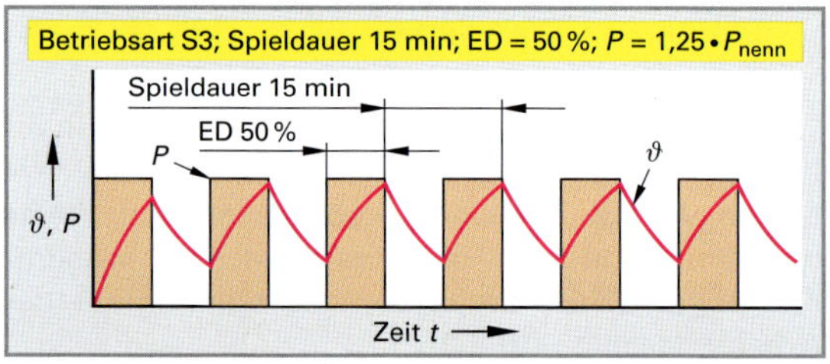

Bild 2: Betriebsart S3

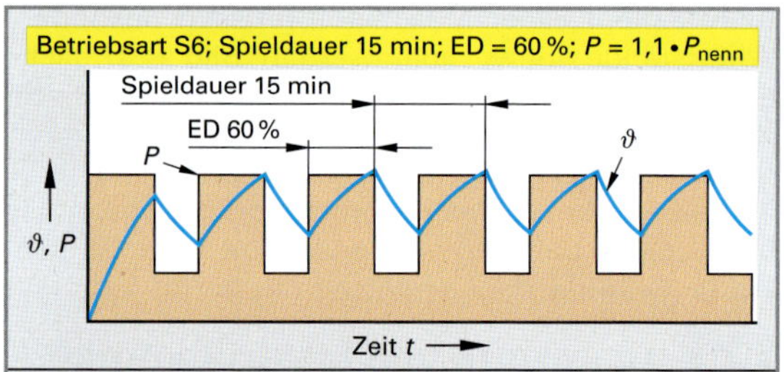

P Leistungsaufnahme, *ϑ* Temperatur

Bild 3: Betriebsart S6

Thermische Klassen

Die Alterung der Isolierstoffe hängt von der Temperatur ab. Deshalb sind nach IEC 60085 Thermische Klassen festgelegt und Temperaturen zugeordnet. Es handelt sich dabei um Maximaltemperaturen. Die Temperaturbeständigkeit des Isoliersystems muss dieser Temperatur entsprechen.

Fausformel: Die Erhöhung der Wicklungstemperatur um 10 K halbiert die Lebensdauer.

Häufig verwendete Isolierstoffe sind

- mehrschichtige Polyesterfolie: TH.Cl. 155 (F),
- Silikon, Polyamidpolymer: TH.Cl. 180 (H).

6.3.4 Drehfeldmaschinen

Erzeugung des Drehfelds

Durch Drehen eines Magneten entsteht ein *magnetisches Drehfeld* **(Bild 1)**. Dieses nimmt einen im Magnetfeld befindlichen Magneten mit.

Drei um 120° versetzte Spulen erzeugen ein Drehfeld, wenn Dreiphasenwechselstrom durch sie fließt. Bei der technischen Ausführung liegen die Spulen verteilt über den Umfang des Ständerblechpakets, meist in Nuten **(Bild 2)**. Die Magnetpole bilden sich, sobald der Strom fließt.

Ein magnetisches Drehfeld entsteht auch, wenn durch zwei gegeneinander versetzte Wicklungsstränge zwei um 90° versetzte gleichstarke Wechselströme fließen. In der Praxis ist die Phasenverschiebung der zwei Ströme geringer als 90°, auch sind die Ströme meist ungleich stark. Dann entsteht ein Drehfeld, das in seiner Stärke schwankt. Man spricht von einem *elliptischen Drehfeld.*

Ein magnetisches Drehfeld entsteht, wenn in 2 oder 3 Wicklungssträngen Ströme fließen, die gegeneinander eine Phasenverschiebung haben.

Polzahl und Drehfelddrehzahl

Im Drehfeld bilden sich je nach Anordnung der Wicklungen die Magnetpole paarweise aus (Bild 1). Die Polzahl wird durch die Ausführung der Wicklung festgelegt. Da die Magnetpole stets nur paarweise vorkommen können, wird für Berechnungen meist anstelle der Polzahl die Polpaarzahl p verwendet.

Durch Erhöhung der Polpaarzahl wird die Drehgeschwindigkeit der Magnetpole verlangsamt. Ändert sich die Phasenlage der Wechselströme um 90°, so bewegen sich die Magnetpole eines zweipoligen Drehfelds um 90°. Die Magnetpole eines vierpoligen Drehfelds bewegen sich nur um 45° (Bild 1). Die Magnetpole eines sechspoligen Magnetfelds bewegen sich sogar nur um 30°. Die Drehzahl des Drehfelds hängt von der Netzfrequenz und der Polpaarzahl ab **(Tabelle 1)**.

Die Drehfelddrehzahl wird durch Netzfrequenz und Polpaarzahl festgelegt.

Beispiel 1: Drehfelddrehzahl berechnen

Wie groß ist die Drehzahl n in 1/min eines 8-poligen Drehfelds bei $f = 20$ Hz?

Lösung:

$$p = \frac{8}{2} = 4,\quad f = 20\,\text{Hz} \Rightarrow n_s = \frac{20\,\text{Hz}}{4} = 5\,\frac{1}{\text{s}} = \mathbf{300\ 1/min}$$

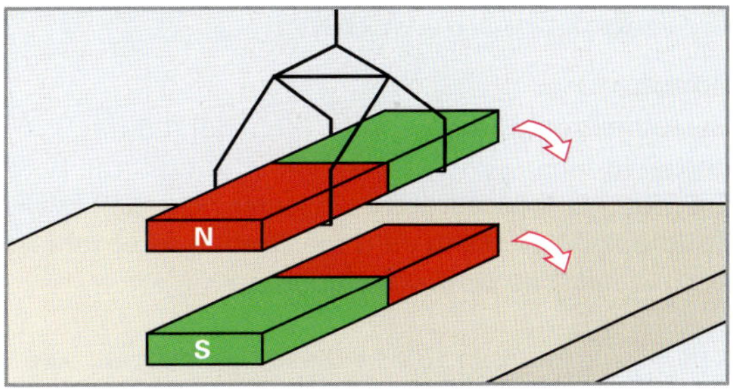

Bild 1: **Mitnahme eines Stabmagneten durch ein magnetisches Drehfeld**

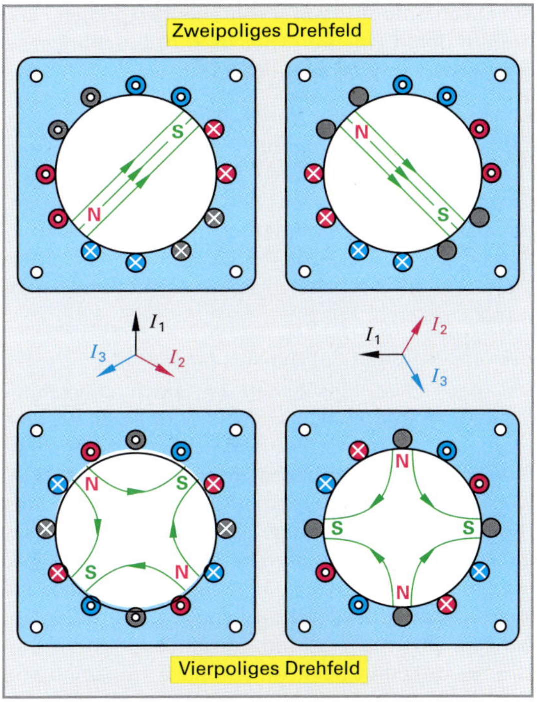

Bild 2: **Entstehung eines Drehfeldes durch Dreiphasenwechselstrom in einem Motorständer mit 12 Nuten**

n_s Drehfelddrehzahl (Umdrehungsfrequenz)
f Frequenz der Wechselströme
p Polpaarzahl (halbe Polzahl)

$$n_s = \frac{f}{p}$$

Tabelle 1: Drehfelddrehzahlen

Polzahl	Polpaarzahl p	$f = 50$ Hz	$f = 60$ Hz
2	1	3000 1/min	3600 1/min
4	2	1500 1/min	1800 1/min
6	3	1000 1/min	1200 1/min

6.3.5 Synchronmotoren

Prinzip

Bei Synchronmotoren dreht sich der Läufer synchron (griech. synchronos: gleichzeitig) mit dem Drehfeld. Die Läuferdrehzahl entspricht der Drehfelddrehzahl. Deshalb wird die Drehfelddrehzahl n_S auch *synchrone Drehzahl* genannt.

Synchronmotoren haben dieselbe Drehzahl wie ihr Drehfeld.

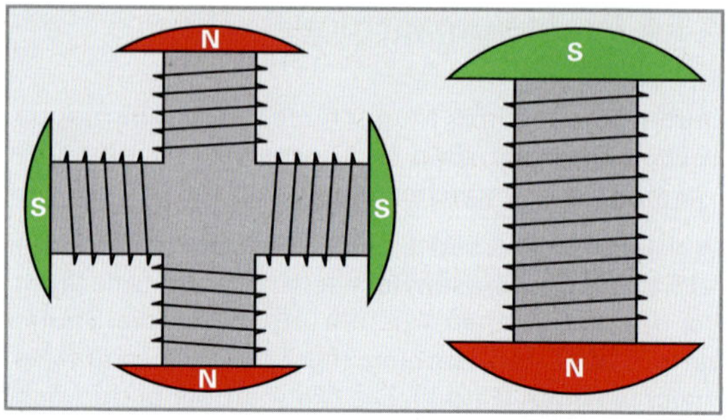

Bild 1: Elektrisch erregter Läufer mit Schenkelpolen für 4 Pole und 2 Pole

Das Magnetfeld des Läufers wird bei kleinen Synchronmotoren von Permanentmagneten, bei großen durch eine von Gleichstrom durchflossene Erregerwicklung erzeugt **(Bild 1)**.

Anwendungsbereiche von Synchronmotoren

Sehr große Motoren bis zu 50 MW werden als Synchronmotoren ausgeführt. Das Prinzip des Synchronmotors wird auch bei kleinen Leistungen, bei elektronisch kommutierten Motoren, Synchron-Servomotoren, Synchron-Reluktanzmotoren, Schrittmotoren und geschalteten Reluktanzmotoren angewandt.

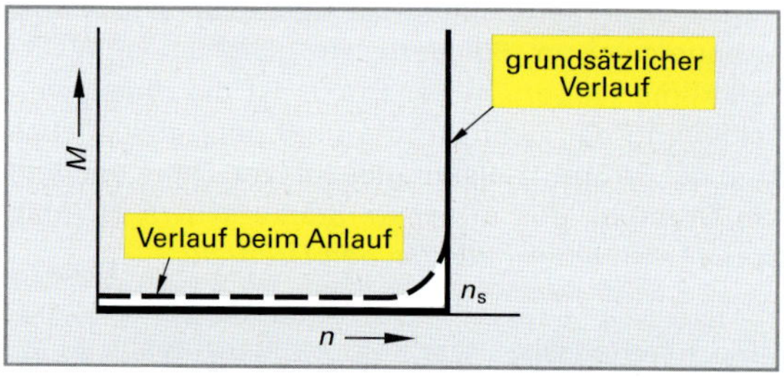

Bild 2: $M(n)$-Kennlinie eines kleinen Synchronmotors

Betriebsverhalten der Synchronmotoren

Das nach dem Einschalten bei noch stillstehendem Läufer auftretende Kraftmoment heißt *Anzugsmoment*. Es ist bei netzbetriebenen (nicht geregelten) Synchronmotoren grundsätzlich sehr klein **(Bild 2)**, weil der Läufer der schnellen Umdrehung des Drehfelds nicht sofort folgen kann. Das gilt vor allem für große Synchronmotoren. Diese haben deshalb als Anlaufhilfe meist einen Anlaufkäfig, sodass sie wie Käfigläufermotoren (Abschnitt 6.3.8) anlaufen. Bei den kleinen Synchronmotoren bewirken Wirbelströme im Läufer beim Anlauf ein Anzugsmoment, weil diese nach der Lenz'schen Regel die Ursache, nämlich das Vorbeieilen der Magnetpole des Ständerdrehfelds, zu hemmen suchen.

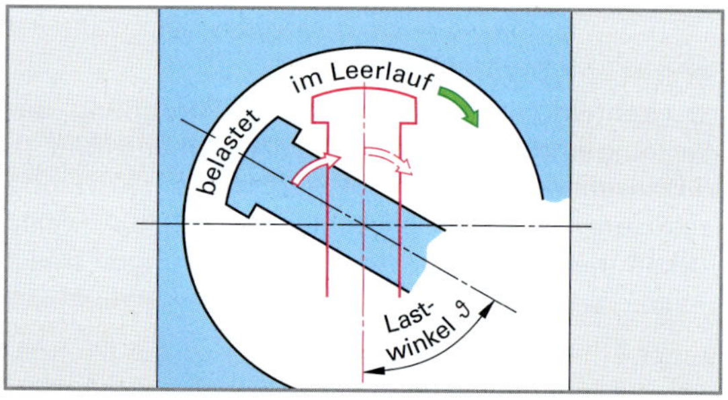

Bild 3: Lastwinkel beim Synchronmotor

Nach dem Hochlaufen auf die Drehfelddrehzahl bleibt die Umdrehungsfrequenz des Synchronmotors konstant, und zwar unabhängig von der Belastung. Jedoch tritt bei Belastung ein *Lastwinkel* (Polradwinkel) zwischen der Leerlaufstellung des Läufers und der Laststellung auf **(Bild 3)**. Das vom Motor entwickelte Kraftmoment ist bei einem Lastwinkel von 90° am größten **(Bild 4)**. Dann steht der Läufer in der Mitte zwischen einem Nordpol und einem Südpol des Ständerdrehfelds. Das größte Kraftmoment eines Drehfeldmotors nennt man *Kippmoment*. Beim Synchronmotor ändert sich das Kippmoment linear mit der Betriebsspannung.

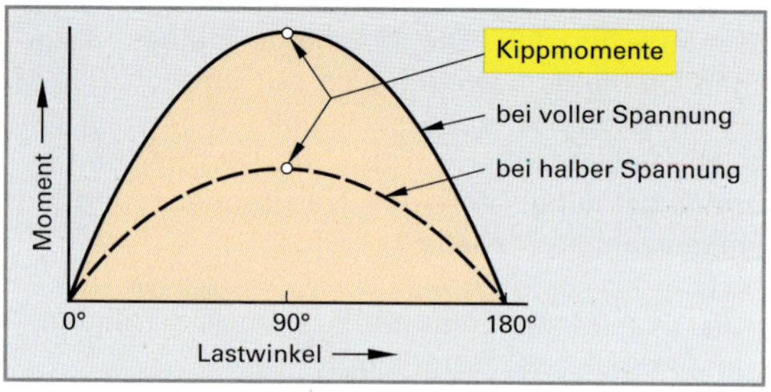

Bild 4: Kraftmoment-Lastwinkel-Kennlinie eines Synchronmotors

Synchronmotoren haben eine lastunabhängige Drehzahl, ein kleines Anzugsmoment und ein Kippmoment, das linear von der Betriebsspannung abhängt.

6.3.6 Reluktanzmotoren

Der Läufer des Reluktanzmotors folgt synchron dem Magnetfeld des Ständers, auch ohne dass im Läufer ein Magnetfeld erzeugt wird. Deshalb gehören Reluktanzmotoren zu den Synchronmotoren.

Im **Bild 1** befindet sich in einem magnetischen Kreis ein drehbar gelagerter Eisenkörper. Der Eisenkörper dreht sich in die Lage, in der der magnetische Widerstand des Kreises, die *Reluktanz* (lat. reluctans: widerstrebend, bekämpfend), minimal ist. Dieses Prinzip wird im Reluktanzmotor genutzt.

Die Reluktanz eines Eisenblechs ist gering. Die Reluktanz ist besonders groß in Luft, Luft wirkt als Flusssperre. Die Rotorbleche sind deshalb so gestaltet, dass sie für den magnetischen Fluss so unsymmetrisch wie möglich sind **(Bild 2)**. Flusssperren und Flusswege wechseln sich regelmäßig ab.

Drehmomentbildung

Die magnetische Feldenergie wirkt der Ursache ihrer Entstehung entgegen. Falls sich der Ständerfluss durch das Eisen des Läufers schließen kann **(Bild 3, links)**, ist die magnetische Feldenergie minimal, es wird kein Kraftmoment gebildet. Dies entspricht der Situation, wenn ein Magnet Eisen festhält. Muss sich der Ständerfluss durch die Luftspalten der Flusssperren schließen **(Bild 3, rechts)**, ist die Energie des Magnetfelds deutlich größer und ein Drehmoment dreht den Läufer in den energieärmeren Zustand. Das Drehfeld des Ständers bewegt sich immer weiter, der Läufer folgt mit einem Lastwinkel, der vom Kraftmoment abhängt.

Synchron-Reluktanzmotoren

Diese Motoren haben einen sehr hohen Wirkungsgrad entsprechend IE4. Insbesondere im Teillastbereich ist der Wirkungsgrad wesentlich besser als bei Asynchronmotoren gleicher Leistung. Der Läufer hat wegen der Flusssperren ein geringeres Trägheitsmoment als bei vergleichbaren Asynchronmotoren und reagiert deshalb dynamischer. Nachteil ist, dass ein Anlauf am normalen 50 Hz-Netz meist nicht möglich ist. Deshalb muss der Anlauf am passenden Frequenzumrichter erfolgen.

Synchron-Reluktanzmotoren sind dann energieeffizienter und kostengünstiger als Asynchronmotoren, wenn Drehzahlregelung erforderlich ist.

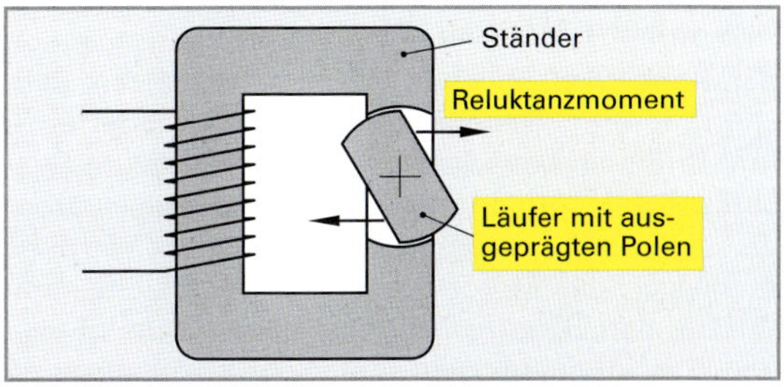

Bild 1: Bildung des Reluktanzmoments

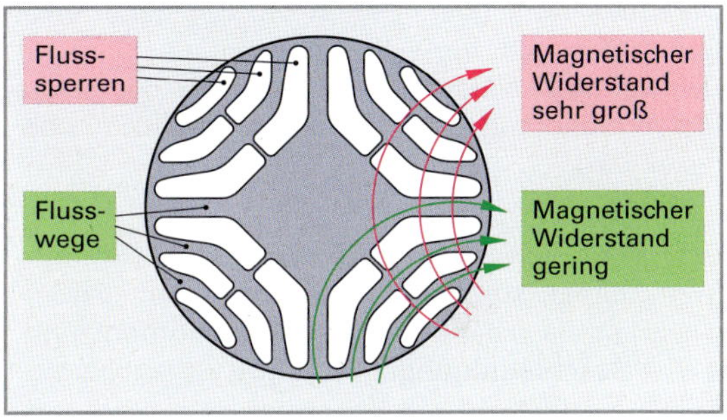

Bild 2: Blechschnitt Läufer vierpoliger Synchron-Reluktanzmotor

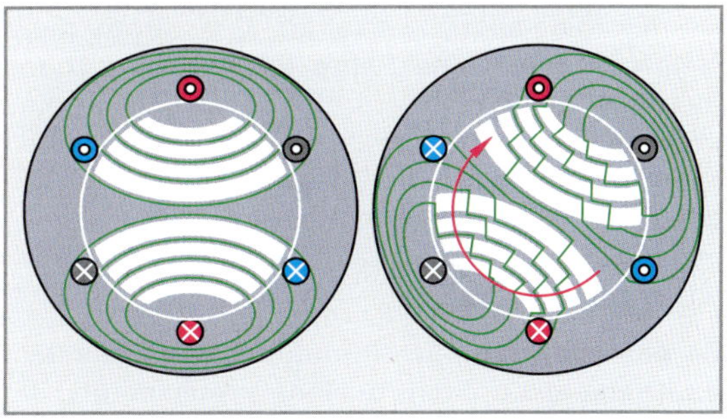

Bild 3: Kraftmomentbildung zweipoliger Synchron-Reluktanzmotor

Praktische Anwendungen sind vor allem Pumpen und Lüfter mit Drehzahlregelung. Diese Antriebe arbeiten meist im Dauerbetrieb. Auch bei Ersatz eines Asynchronmotors ist die Armortisationszeit kurz.

Wiederholung und Vertiefung

1. **Wie wird die Drehfelddrehzahl bestimmt?**
2. **Weshalb drehen Synchronmotoren mit Drehfelddrehzahl?**
3. **Wie entsteht ein Lastwinkel?**
4. **Weshalb können Synchronmotoren am Netz nicht anlaufen?**
5. **Welche besondere Gestalt hat der Blechschnitt eines Synchron-Reluktanzmotors?**
6. **Erläutern Sie Vorteile und Grenzen des Synchron-Reluktanzmotors.**

6.3.7 Schrittmotoren

Schrittmotoren gleichen permanenterregten Synchronmotoren. Der Ständer ist mit zwei oder auch fünf Strängen bewickelt. Im Unterschied zum Synchronmotor werden die Spulen mit Gleichstrom versorgt. Mit jedem Umpolen eines Strangs dreht sich der Motor um einen gleichbleibenden Winkel, den *Schrittwinkel*. Bei einer raschen Folge von Umpolungen geht die Schrittbewegung in eine kontinuierliche (lat. continuus: fortlaufend) Drehbewegung über. Der Strom hat dabei einen impulsförmigen Verlauf. Die Drehbewegung des Schrittmotors entspricht winkelgenau dem angelegten Statorfeld, solange der Motor nicht überlastet wird.

Der Schrittmotor arbeitet ohne Schrittfehler, solange das Kraftmoment größer ist als die Summe aus Lastmoment und Beschleunigungsmoment.

Jeder der Schrittmotoren kann eine *unipolare* oder *bipolare* Wicklung haben. Die unipolare Wicklung ist mit Mittelabgriff versehen. Der Strom fließt stets nur durch eine Hälfte der Wicklung, ohne die Richtung zu ändern. Dies ermöglicht eine sehr einfache Ansteuerschaltung. Bei bipolaren Schrittmotoren wird die Wicklung dagegen in beiden Richtungen stromdurchflossen. Deshalb ist für jeden Strang eine separate H-Brücke erforderlich (siehe Abschnitt 6.4.2.3).

Bei den Zweistrang-Schrittmotoren **(Bild 1)** entsteht das Drehfeld durch eine geeignete Ansteuerung der Wicklungsstränge **(Bild 2)**. Beim *Vollschrittbetrieb* werden stets beide Stränge angesteuert. Der Läufer bewegt sich um den vollen Schrittwinkel weiter. Im *Halbschrittbetrieb* wird zwischen den Vollschritten abwechselnd ein Strang ganz stromlos. Der Läufer bewegt sich um den halben Schrittwinkel weiter, kann jedoch nur ein reduziertes Moment aufbringen.

Bei den Zweistrang-Schrittmotoren ist die Drehrichtung von der Reihenfolge der Ansteuerimpulse abhängig.

Beispiel 1: Schrittwinkel berechnen

Wie groß ist der Schrittwinkel beim Zweistrang-Schrittmotor **Bild 1** im Halbschrittbetrieb?

Lösung:

$m = 2,\ p = 2,\ \Rightarrow\ \alpha = \dfrac{360°}{2 \cdot m \cdot 2 \cdot p} = \dfrac{360°}{2 \cdot 2 \cdot 2 \cdot 1} = \mathbf{45°}$

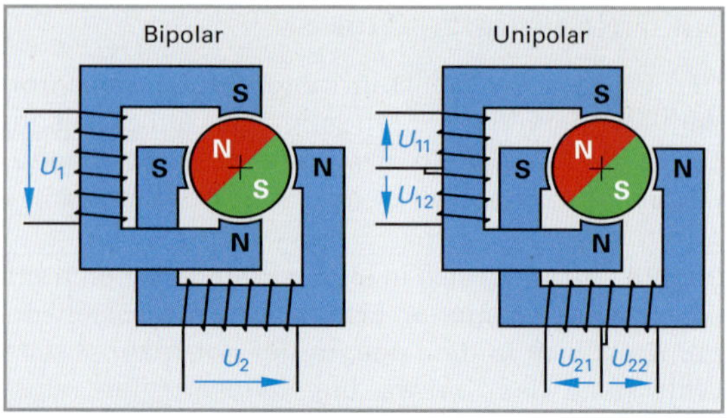

Bild 1: Zweistrang-Schrittmotor

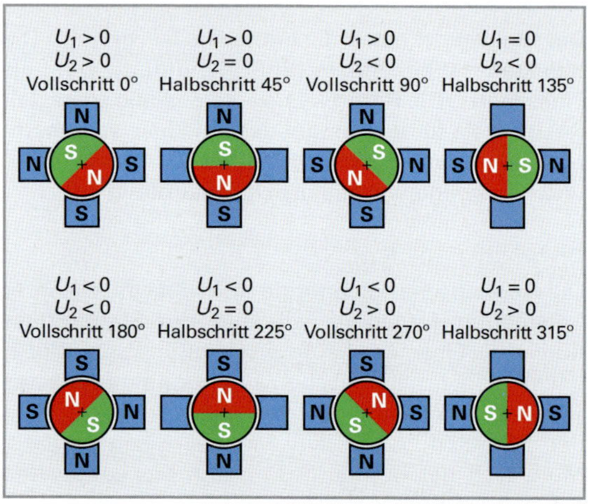

Bild 2: Ansteuerung eines bipolaren Zweistrang-Schrittmotors in Vollschrittbetrieb und Halbschrittbetrieb

Beim Vollschrittbetrieb:

$$\alpha = \frac{360°}{m \cdot 2 \cdot p}$$

$$n = \frac{f_{sch}}{m \cdot 2 \cdot p}$$

Beim Halbschrittbetrieb:

$$\alpha = \frac{360°}{2 \cdot m \cdot 2 \cdot p}$$

$$n = \frac{f_{sch}}{2 \cdot m \cdot 2 \cdot p}$$

α Schrittwinkel
p Polpaarzahl
m Strangzahl (Phasenzahl)
n Umdrehungsfrequenz (Drehzahl)
f_{sch} Schrittfrequenz

Der Schrittwinkel der Schrittmotoren hängt von der Polzahl und von der Strangzahl (Phasenzahl) ab.

Die Umdrehungsfrequenz eines Schrittmotors hängt von der Betriebsart, vom Schrittwinkel und der *Schrittfrequenz* der Ansteuerimpulse ab. Die Schrittfrequenz ist die Frequenz, mit der sich die Ansteuerung ändert, nicht die Frequenz des einzelnen Impulses im Wicklungsstrang.

Beispiel 1: Umdrehungsfrequenz im Halbschrittbetrieb

Ein Zweistrang-Schrittmotor hat 20 Pole (p = 10) und wird mit einer Schrittfrequenz von f_{sch} = 1000 Hz angesteuert. Wie groß ist die Umdrehungsfrequenz n im Halbschrittbetrieb?

Lösung:

$$n = \frac{f_{sch}}{2 \cdot m \cdot 2 \cdot p} = \frac{1000\ \text{Hz}}{2 \cdot 2 \cdot 2 \cdot 10} = 12{,}5\ \frac{1}{\text{s}} = \mathbf{750\ \frac{1}{min}}$$

Treiber-IC.
In einem typischen Treiber-IC **(Bild 1)** befindet sich für jeden Strang eine H-Brücke mit eigener Ansteuerlogik. Mit Hilfe der integrierten Logik kann der Strangstrom I_Q beeinflusst werden, so dass die Betriebsarten Vollschritt, Halbschritt, Viertelschritt und Minischritt möglich sind **(Tabelle 1)**.
Im Viertelschrittbetrieb **(Bild 2)** wird der Strangstrom in zwei Stufen erhöht, so dass der Rotor eine weitere Zwischenposition annehmen kann. Im Minischrittbetrieb wird der Strangstrom in drei Stufen erhöht, pro Strang und Polpaar macht der Rotor 12 Schritte.
An den Sense - Widerständen mit 1 Ω fällt eine dem Strangstrom proportionale Spannung ab, dadurch wird eine Stromregelung im IC ermöglicht. Bei „Inhibit = Low“ wird das IC in Standby-Betrieb geschaltet und die Leistungsaufnahme deutlich reduziert.

Betriebsverhalten. Ohne Ständerstrom tritt wegen der magnetischen Kräfte ein *Rastmoment* auf. Mit steigender Ansteuerfrequenz nimmt der Scheinwiderstand der Ständerwicklung zu, die Stromaufnahme verringert sich. Die *Start-Stopp-Frequenz* ist die größte Frequenz, bei welcher der Motor im Leerlauf ohne Schrittfehler anläuft und stoppt. Das Kraftmoment bei Bemessungsstrom erreicht bei einer bestimmten Frequenz sein Maximum, man spricht auch hier von einem Kippmoment.
Der Schrittmotor dreht sich bei jedem Ansteuerimpuls genau um den Schrittwinkel weiter, jedoch kann ein Lastwinkel auftreten, ähnlich wie bei Synchronmotoren. Der Lastwinkel kann fast so groß sein wie der Schrittwinkel. Es tritt keine Addition der Lastwinkel ein. Deshalb weicht die Position des Schrittmotors am Ende der Ansteuerung um nicht mehr als einen Schrittwinkel vom Sollwert ab.

Anwendungen. Schrittmotoren werden verwendet, wenn keine Positionsrückmeldung erforderlich ist, z. B. bei Druckern, Kurvenschreibern und Zähleinrichtungen.

ⓘ Schrittmotoranimation: www.de.nanotec.com

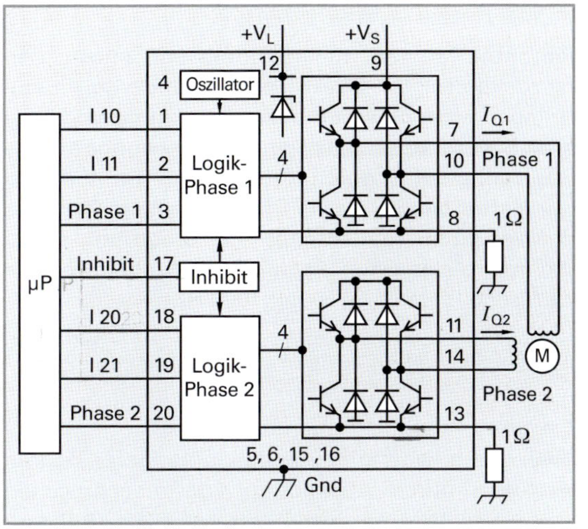

Bild 1: Blockschaltbild des IC TCA 3727, Treiber für bipolare zweiphasige Schrittmotoren

Tabelle 1: TCA 3727 (Ansteuerung von Phase 1)

Phase 1	I 11	I 10	I_{Q1}	Motorzustand
0	0	0	$- I_{MAX}$	Beschleunigung
0	0	1	$- 2/3\ I_{MAX}$	Bemessungsdrehzahl
0	1	0	$- 1/3\ I_{MAX}$	Haltemoment (Stillstand)
0	1	1	0	Stromlos
1	0	0	I_{MAX}	Beschleunigung
1	0	1	$2/3\ I_{MAX}$	Bemessungsdrehzahl
1	1	0	$1/3\ I_{MAX}$	Haltemoment (Stillstand)
1	1	1	0	Stromlos

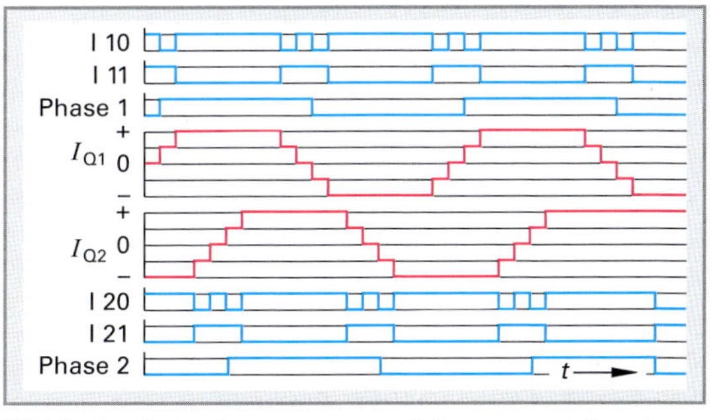

Bild 2: Logische Ansteuerung und Ausgangsströme im Viertelschrittbetrieb

Wiederholung und Vertiefung

1. **Erläutern Sie die Unterschiede zwischen unipolaren und bipolaren Schrittmotoren.**
2. **Erläutern Sie Voll-, Halb- und Viertelschrittbetrieb.**
3. **Was ist beim Übergang in den kontinuierlichen Betrieb zu beachten, wenn keine Schrittfehler entstehen sollen?**

6.3.8 Piezo-Antriebe

Piezomotoren sind Kleinmotoren und nutzen den piezoelektrischen Effekt (Formveränderung beim Anlegen einer Spannung) zur Erzeugung von linearen Bewegungen oder von Drehbewegungen. Die Bewegung wird durch Gleitreibung im Wechsel mit Haftreibung zwischen feststehendem Teil und beweglichem Teil erzeugt. Piezomotoren arbeiten mit elektrischen Feldern mit Frequenzen im Ultraschallbereich, z. B. mit 100 kHz.

Piezomotoren arbeiten ohne magnetische Felder

Linearantriebe mit stehenden Wellen

Zwei durch Federkraft vorgespannte Piezo-Aktoren bewegen durch Ausbildung von mechanischen stehenden Wellen einen Stab mit Pads (Polster), die an den Aktoren befestigt sind **(Bild 1a)**. Die Pads verhindern auch größeren Abrieb.

Eigenschaften:

v = 50 mm/s bis 100 mm/s, bei Kräften bis 40 N, U_b bis 48 V.

Linearantrieb mit Piezo-Legs, Schreitmotor

Mehrere gekoppelte Piezo-Legs (Beine) bewegen durch Zusammenziehen, Biegen, Dehnen und Biegen einen Stab **(Bild 1b)**. Der Antrieb ähnelt der Schreitbewegung einer Raupe (Inchworm-Motor).

Eigenschaften:

v_{max} = 15 mm/s, Haltekraft 12 N, U_b = 0 V bis 42 V. Anwendungen bei Spiegelpositionierungen.

Rotatorischer Antrieb mit Wanderwellenmotor

Im Stator werden durch geeignete Anregung mit zwei gleichartigen, räumlich versetzt angeschlossenen Spannungen Schwingungen erzeugt. Diese überlagern sich und erzeugen eine Verformung des Stators, die sich „bewegende Welle". Durch Reibung wird die Wellenbewegung auf die Keramikscheibe übertragen **(Bild 2)**.

Eigenschaften:

Kraftmoment bis 2 Nm, n_{max} bis 100 1/min. Anwendung: Kamerafokus-Einstellung.

Rotatorischer Antrieb mit Piezo-Legs

Es sind z. B. vier Piezo-Legs (Motorelemente) um 90° versetzt angeordnet. Diese treiben eine Keramikscheibe an, welche die Drehbewegung erzeugt **(Bild 3)**.

Eigenschaften:

n_{max} bis 13,5 1/min, Auflösung < 0,1 µrad, Haltemoment > 90 mNm, U_b = 0 V bis 42 V

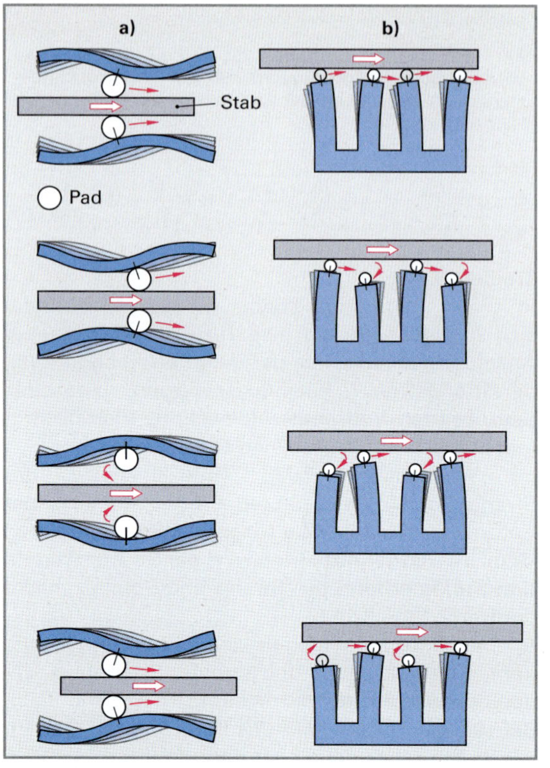

Bild 1: Piezo-Linearantrieb
a) mit stehenden Wellen b) mit Piezo-Legs

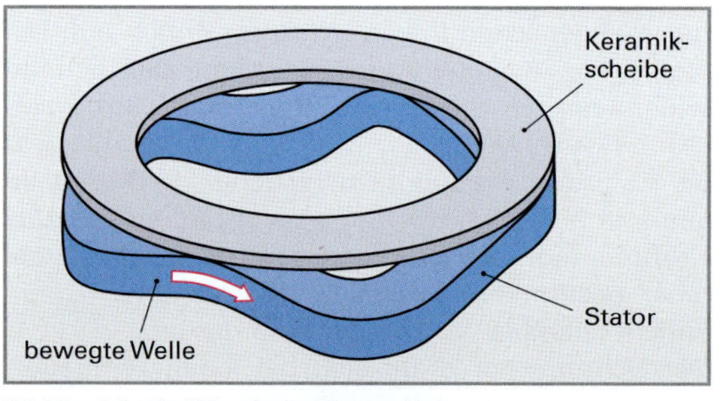

Bild 2: Prinzip Wanderwellenantrieb

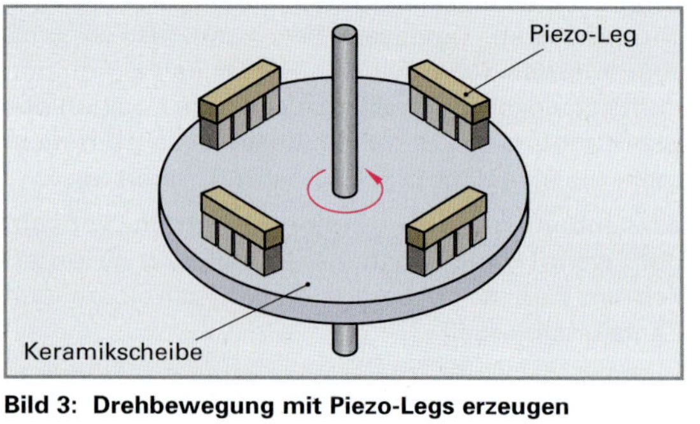

Bild 3: Drehbewegung mit Piezo-Legs erzeugen

www.faulhaber.de, www.piezomotor.com

6.3.9 Asynchronmotor (Induktionsmotor)

Aufbau des Asynchronmotors

Der Asynchronmotor besteht aus zwei Teilen, dem Ständer, auch Stator, und dem Läufer, auch Rotor. Der Ständer besteht aus einem Eisenblechpaket. In dessen Nuten werden drei Wicklungen eingelegt und an das Klemmbrett angeschlossen **(Bild 1)**. Das Blechpaket des Läufers wird auf die Motorwelle aufgeschrumpft. Die Nuten sind mit Aluminium **(Bild 2)** oder Kupfer ausgegossen. Auf beiden Stirnseiten werden durch Kurzschlussringe Verbindungen hergestellt. Hierfür werden die Bezeichnungen Käfigläufer oder Kurzschlussläufer verwendet.

Wirkungsweise des Asynchronmotors

Die Ständerwicklung erzeugt ein rotierendes Magnetfeld, das Drehfeld. Hierdurch wird der Läuferkäfig magnetisch durchflutet. Solange Läufer und Drehfeld unterschiedlich schnell drehen, ändert sich der magnetische Fluss periodisch, und in den Stäben des Läuferkäfigs werden wie in der Wicklung eines Transformators Spannungen induziert. Diese Spannungen bewirken Stromfluss in den Stäben. Der Stromkreis schließt sich über die Kurzschlussringe.

Der Asynchronmotor wird als Induktionsmotor bezeichnet, weil die elektrische Leistung berührungslos durch Induktion vom Ständer auf den Läufer übertragen wird.

Schlupf

Man bezeichnet den Unterschied zwischen Drehfelddrehzahl und Läuferdrehzahl als *Schlupfdrehzahl* Δn. Der *Schlupf* wird meist in Prozent der Drehfelddrehzahl als auf die Nenndrehzahl bezogener Schlupf s angegeben **(Tabelle 1)**. Bei fester Netzfrequenz nimmt die Frequenz des Läuferstroms f_L proportional mit dem Schlupf zu. Deshalb läßt sich das Verhalten von Ständerstrom, Läuferstrom und Kraftmoment am einfachsten in Abhängigkeit vom Schlupf beschreiben. Bei variabler Netzfrequenz ist es dagegen erforderlich, direkt mit f_L zu rechnen.

Wiederholung und Vertiefung

1. **Vergleichen Sie Synchron- und Asynchronmotor. Benennen Sie Gemeinsamkeiten und Unterschiede in Aufbau und Funktionsweise.**
2. **Erläutern Sie die Drehmomentbildung beim Asynchronmotor.**
3. **Begründen Sie, weshalb bei Schlupfdrehzahl 0 kein Drehmoment gebildet wird.**
4. **Vergleichen Sie für Aluminium und Kupfer Stoffwerte und Eigenschaften als Läuferkäfig.**

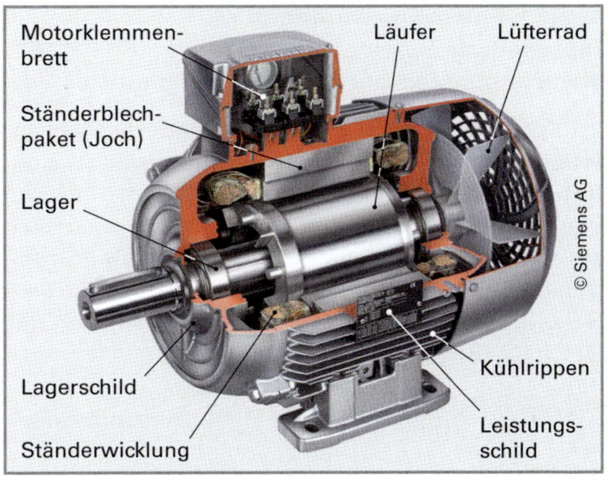

Bild 1: Asynchronmotor

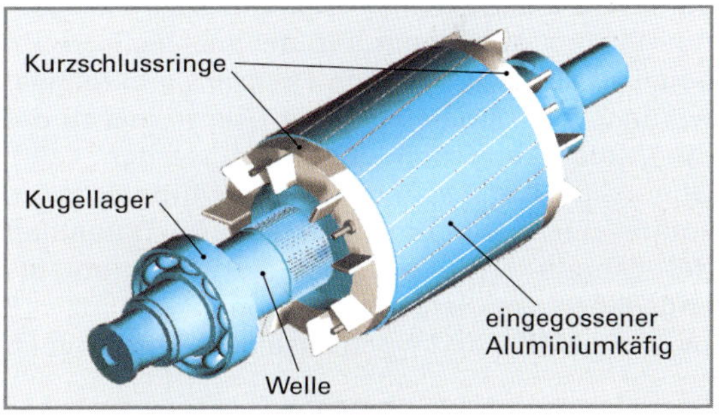

Bild 2: Käfigläufer (Kurzschlussläufer)

$$\Delta n = n_s - n_L \qquad s = \frac{n_s - n_L}{n_s}$$

$$n_s = \frac{f}{p} \qquad n = \frac{f}{p}(1-s) \qquad f_L = f \cdot s$$

Δn Schlupf, als Drehzahlunterschied (Schlupfdrehzahl)
n_s Drehfelddrehzahl
n_L Läuferdrehzahl
s Schlupf, auf die Drehfelddrehzahl bezogen
f_L Frequenz des Läuferstroms
f Netzfrequenz
p Polpaarzahl

Tabelle 1: Beispiele für Schlupfdrehzahl und Schlupf

Drehfelddrehzahl	Läuferdrehzahl	Schlupfdrehzahl	Schlupf
3000 min^{-1}	2900 min^{-1}	100 min^{-1}	3,33 %
1500 min^{-1}	1420 min^{-1}	80 min^{-1}	5,33 %
1000 min^{-1}	960 min^{-1}	40 min^{-1}	4 %

Kennlinie des Asynchronmotors

Die Drehzahl-Drehmoment-Kennlinie **(Bild 1)** des Asynchronmotors hat fünf charakteristische Punkte.

Im *Synchronpunkt* sind Rotordrehzahl *n* und Drehfelddrehzahl n_S gleich. Die magnetische Durchflutung des Läuferkäfigs ist konstant. In den Läuferstäben wird keine Spannung induziert, so dass kein Strom fließt und kein Drehmoment gebildet wird. Selbst im Leerlauf, ohne äußere Belastung, dreht der Motor langsamer als das Drehfeld **(Bild 2)**.

> Der Asynchronmotor dreht stehts langsamer als das Drehfeld, er arbeitet asynchron.

Die Drehzahl des *Bemessungsbetriebspunkts* ist auf dem Leistungsschild des Motors eingetragen. Das Drehmoment kann aus der mechanisch abgegebenen Leistung *P* und Drehzahl *n* berechnet werden. Der *Kipppunkt* ist die Grenze, bis zu der der Motor kurzfristig überlastet werden kann. Übersteigt das Lastmoment das Kippmoment, kommt der Motor zum Stillstand. Im Datenblatt des Motors wird der Wert des Kippmoments angegeben. Der Schlupf im Kipppunkt ist meist 5 bis 6 mal größer als im Bemessungsbetriebspunkt.

Das *Sattelmoment* bestimmt, gegen welches Lastmoment der Motor anlaufen kann **(Bild 3)**. Die Drehmomentklasse KL gibt an, gegen wieviel Zehntel des Bemessungsmoments der Motor anlaufen kann. Das Sattelmoment übersteigt diesen Wert um mindestens 30 %. Das *Anlaufmoment* gibt das Drehmoment bei Drehzahl 0 an. Drehmomentsklasse KL und Anlaufmoment werden im Datenblatt des Motors angegeben.

Die Stromstärke des Läuferstroms hängt nach dem Ohm'schen Gesetz von der Höhe der induzierten Spannung und dem Läuferwiderstand ab. Der Läuferwiderstand besteht aus dem Wirkwiderstand R_L und dem Blindwiderstand X_L der Spule. Der Wirkwiderstand bleibt nahezu konstant, der Blindwiderstand ist proportional zur Frequenz des Läuferstroms f_L (Bild 2). Deshalb ist der Läuferstrom I bei großem Schlupf ziemlich konstant, bei geringem Schlupf annähernd proportional zu f_L .

Die Drehzahl-Stromkennlinie **(Bild 4)** zeigt, das der Strom mit sinkender Drehzahl immer weiter ansteigt. Hierzu kommt der Magnetisierungstrom.

> ⓘ Motordatenblätter:
> www.siemens.de/simotics

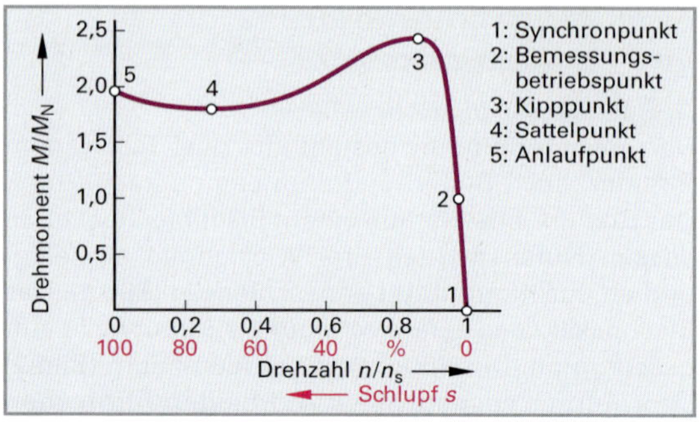

Bild 1: ***M-n*-Kennlinie Asynchronmotor**

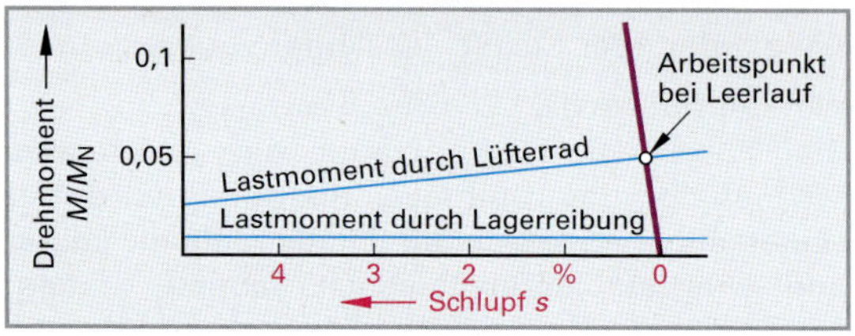

Bild 2: Arbeitspunkt im Leerlauf

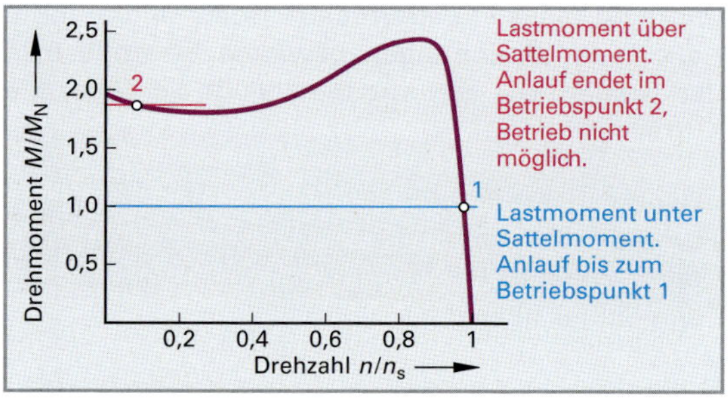

Bild 3: Sattelmoment

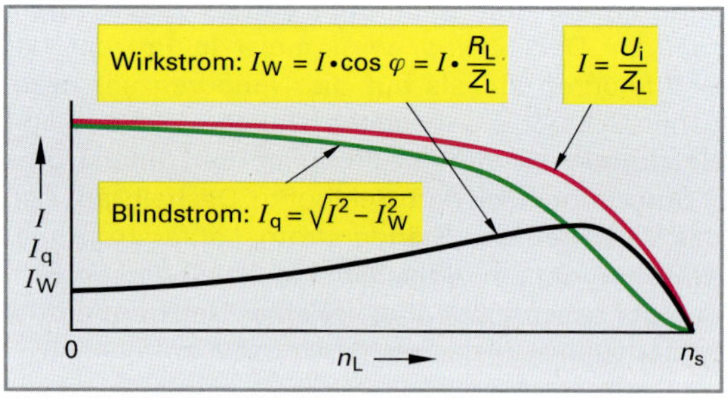

Bild 4: Läuferstrom mit Wirkanteil und Blindanteil

Wiederholung und Vertiefung

1. **Entnehmen Sie aus einem Datenblatt die Kennwerte eines Asynchronmotors. Ermitteln Sie die fünf charakteristischen Punkte und skizzieren Sie die Drehmoment-Drehzahl-Kennlinie.**
2. **Weshalb dreht auch ein leer laufender Asynchronmotor langsamer als das Drehfeld?**
3. **Erläutern Sie die Angabe Drehmomentklasse KL 16.**

Stromverdrängungsläufer

Durch Erhöhung des Läuferwiderstands eines Asynchronmotors wird der Anlaufstrom vermindert. Zugleich wird das Anzugsmoment erhöht. Andererseits wird der Wirkungsgrad im Bemessungsbetrieb verschlechtert. Deshalb werden Läuferkäfige realisiert, deren Leiterwiderstand im Bemessungsbetrieb gering, beim Anlauf jedoch höher ist **(Bild 1)**. Man spricht von *Stromverdrängungsläufern,* weil mit steigender Läuferfrequenz der Stromfluss zum Luftspalt hin gedrängt wird. Der wirksame Leiterquerschnitt wird vermindert und deshalb der Leiterwiderstand erhöht. Diese Wirkung tritt insbesondere bei doppelten Läuferkäfigen *(Doppelstabläufer)* und bei schmalen, hohen Läuferkäfigen *(Hochstabläufer)* auf **(Bild 2)**.

Bei Motoren mit Stromverdrängungsläufer ist das Anzugsmoment höher, der Anlaufstrom niedriger als bei Motoren mit Rundstabläufer.

Schleifringläufermotor

Der Ständer des *Schleifringläufermotors* hat den gleichen Aufbau wie der eines Kurzschlussläufermotors. Der Läufer ist mit im Stern geschalteten Wicklungen versehen. Die Anschlüsse der Läuferwicklungen werden über drei Schleifringe M, L, K nach außen geführt. An die Schleifringe ist ein Anlasser mit zumeist drei Widerständen angeschlossen **(Bild 3)**. Die Widerstände können in mehreren Stufen verändert werden. Eine Erhöhung des Anlasserwiderstands **(Bild 4)** bewirkt die

- Verminderung des Läuferstroms und damit des Motorstroms,
- Erhöhung des Kippschlupf (Schlupf, bei dem Kippmoment erreicht wird),
- Erhöhung des Anzugsmoments maximal bis zur Höhe des Kippmoments und die
- Verminderung der Betriebsdrehzahl.

Schleifringläufermotoren verwendet man, wenn große Anzugsmomente benötigt werden. Beispiele sind: Schwerlastkrane, Mühlen in der Zementindustrie. Da der Widerstand des Läuferkreises überwiegend außerhalb des Motors liegt, ist die Erwärmung während eines Schweranlaufs geringer als beim Motor mit Stromverdrängungsläufer.

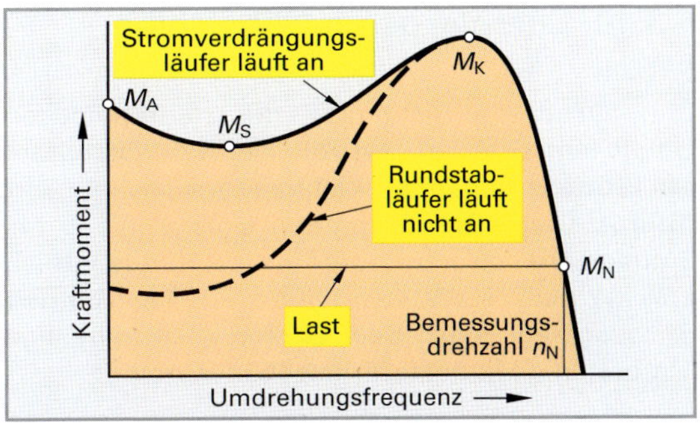

Bild 1: Kraftmoment-Drehzahlkennlinien

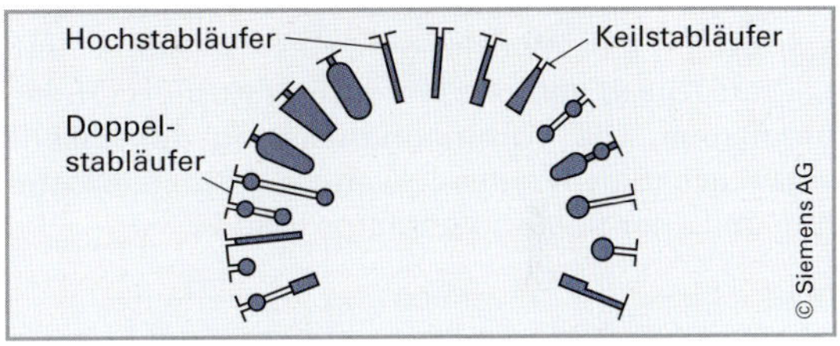

Bild 2: Stromverdrängungsläufer, verschiedene Stabformen

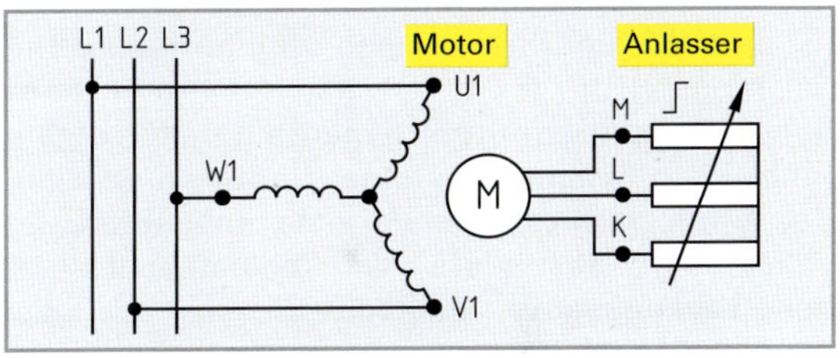

Bild 3: Schaltung des Schleifringläufermotors mit Anlasser ohne Darstellung des Schutzleiters

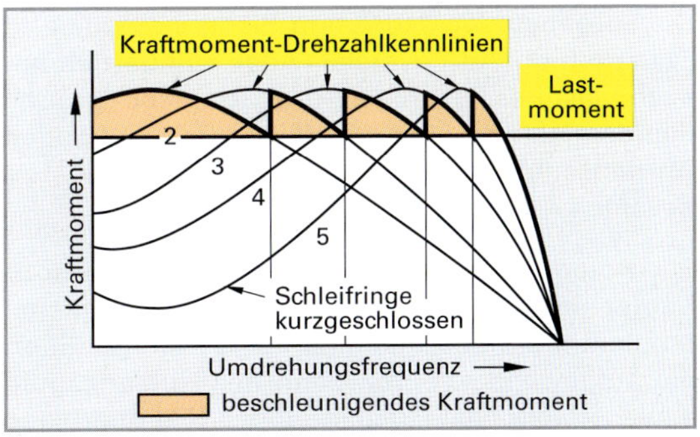

Bild 4: Kraftmoment-Drehzahlkennlinien eines Schleifringläufermotors mit verschiedenen Anlasswiderständen

Wiederholung und Vertiefung

1. **Erläutern Sie, weshalb beim Anlauf ein hoher Widerstand der Käfigstäbe, im Bemessungsbetrieb aber ein geringer Widerstand erwünscht ist.**
2. **Informieren Sie sich über den Begriff „Skin-Effekt".**
3. **Erläutern Sie den Zusammenhang zwischen Skin-Effekt und Stromverdrängung.**
4. **Wie lässt sich die Kraftmoment-Drehzahl-Kennlinie durch Änderung des Läuferwiderstands beeinflussen?**
5. **Erläutern Sie die Vorteile des Schleifringläufermotors.**

6.3.10 Energiesparende Antriebe

Effizienzniveau

Die Ökodesign-Richtlinie der Europäischen Union legt Grenzen fest, die der Wirkungsgrad, oft Effizienz genannt, nicht unterschreiten darf **(Bild 1)**. Diese Grenzen gelten speziell für 2- bis 6-polige Drehstrommotoren im Leistungsbereich 0,75 kW bis 375 kW, wenn diese für Dauerbetrieb S1 ausgelegt sind. Seit 2017 ist für derartige Motoren die Mindesteffizienz IE3 festgelegt.

Ursachen der Verluste

Im Betrieb eines Elektromotors entsteht Stromwärme in den Wicklungen des Ständers und Läufers. Diese Verluste werden als Kupferverluste bezeichnet. Die Ummagnetisierung des Eisens verursacht Eisenverluste. Weitere Verluste entstehen im Lager und im Ventilator **(Bild 2)**.

Maßnahmen zur Verminderung der Verluste

Asynchronmotoren können in vielen Details verbessert werden **(Bild 3)**. Die Kosten für den höheren Material- und Fertigungsaufwand für IE2 oder IE3 amortisieren sich oft innerhalb weniger Monate. Um IE4 zu erreichen, werden meist Synchronmotoren mit permanentmagneterregtem Rotor oder Synchron-Reluktanzmotoren verwendet. Dann entfallen die Verluste im Läuferkäfig vollständig. Besonders im Teillastbetrieb ist der Wirkungsgrad deutlich besser als bei Asynchronmotoren.

Nutzungsgrad

Die Vorgaben der Ökodesign-Richtlinie gelten im Dauerbetrieb. Im Reversier- oder Tippbetrieb hat auch das Beschleunigen und Bremsen großen Einfluss auf die Energiebilanz. Bei derartigen Antriebsaufgaben ist der Nutzungsgrad zu beachten.

Ein Rotor mit Läuferkäfig aus Aluminium statt Kupfer hat ein wesentlich geringeres Trägheitsmoment. Zum Beschleunigen wird weniger Energie aufgewendet. Somit kann der Nutzungsgrad eines Motors mit IE2 gegenüber IE3 überlegen sein, trotz des niedrigeren Wirkungsgrads im Bemessungsbetrieb.

$$\eta = \frac{P_{ab}}{P_{zu}} \qquad \zeta = \frac{W_{ab}}{W_{zu}}$$

η (griech. eta) Wirkungsgrad
ζ (griech. zeta) Nutzungsgrad
P Leistung $[P]$ = W; W Arbeit, Energie $[W]$ = J; kWh

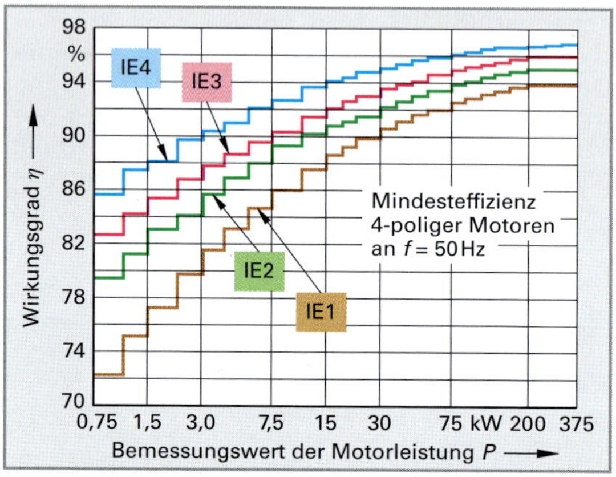

Bild 1: Mindesteffizienz

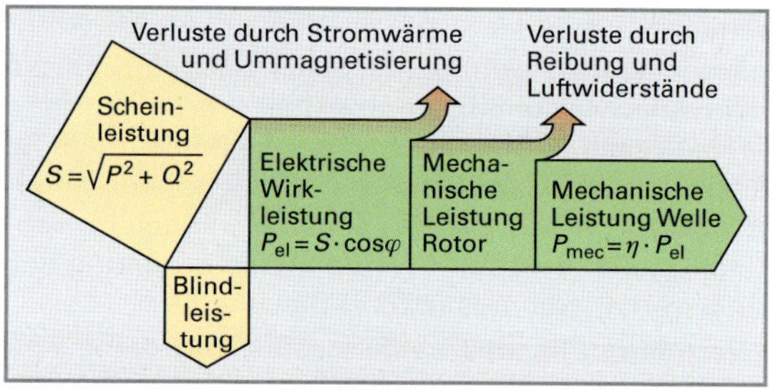

Bild 2: Leistungsfluss Asynchronmotor

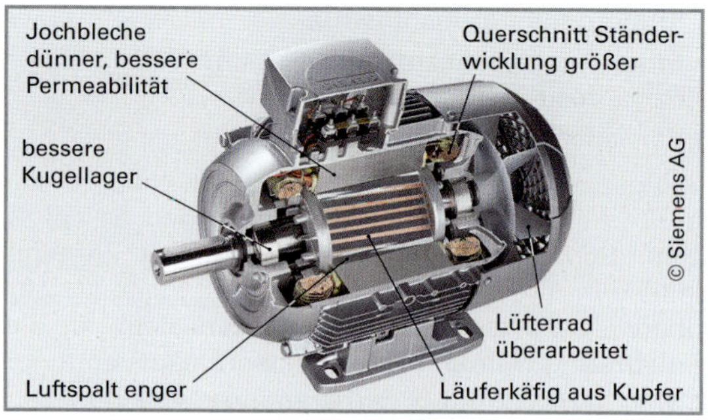

Bild 3: Verbesserungen am Asynchronmotor zur Erhöhung des Wirkungsgrads

Wiederholung und Vertiefung

1. **Begründen Sie, weshalb mit steigender Motorleistung auch der Wirkungsgrad zunimmt (Bild 1).**
2. **Welche Verlustursachen werden durch die in Bild 3 dargestellten Massnahmen vermindert?**
3. **Begründen Sie, weshalb besonders im Teillastbereich der Wirkungsgrad eines Synchronmotors gegenüber einem Asynchronmotor überlegen ist.**
4. **Erläutern Sie den Unterschied zwischen Nutzungsgrad und Wirkungsgrad.**

6.3.11 Stromwendermotoren

Motoren mit Stromwender werden für den Betrieb mit Gleichstrom oder Wechselstrom gebaut. Statt Stromwender sind die Begriffe Kommutator und Kollektor gebräuchlich. Oft wird der Begriff Kommutatormotor verwendet.

Kollektor:
von lat. collectus: zusammengefügt

Kommutator:
von lat. commutare: vertauschen

Aufbau

Ein konventioneller Gleichstrommotor **(Bild 1)** setzt sich aus 3 Baugruppen zusammen. Der *Ständer* besteht aus einem massiven Gehäuse aus Stahlblech, Permanentmagneten für die Bildung des Erregerfelds und zwei Flanschen. Oft wird das Erregerfeld mit Feld- oder Erregerwicklungen anstelle von Permanentmagneten erzeugt. Der *Anker* besteht aus einer Stahlwelle mit Eisenkern. In die Nuten wird die Ankerwicklung eingelegt. Die Wicklungsstränge sind mit den Lamellen des Kollektors verbunden. Die Stromzuführung erfolgt über *Bürsten*, auch Kohlen genannt. Diese bestehen aus Graphit und Metall. Die Bürsten schleifen während der Drehung auf dem Kollektor.

Kleine Gleichstrommotoren werden oft mit Glockenanker **(Bild 2)** konstruiert. Dabei befinden sich die Permanentmagneten für die Bildung des Erregerfelds im Zentrum des Motors. Der Anker ist eisenlos, die Ankerwicklung in Kunstharz getränkt, so dass eine selbsttragende Glockenform entsteht.

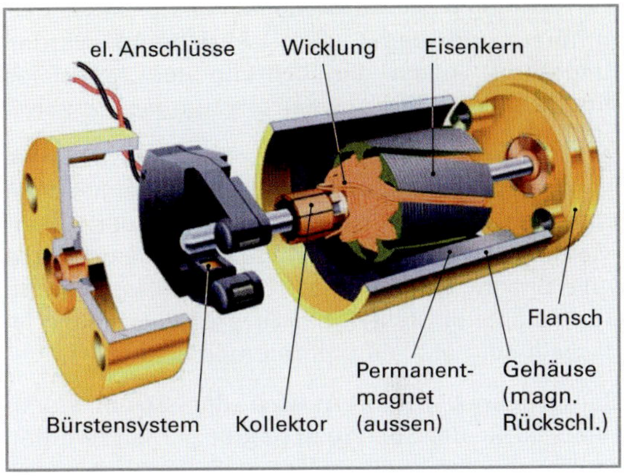

Bild 1: Konventioneller Gleichstrommotor

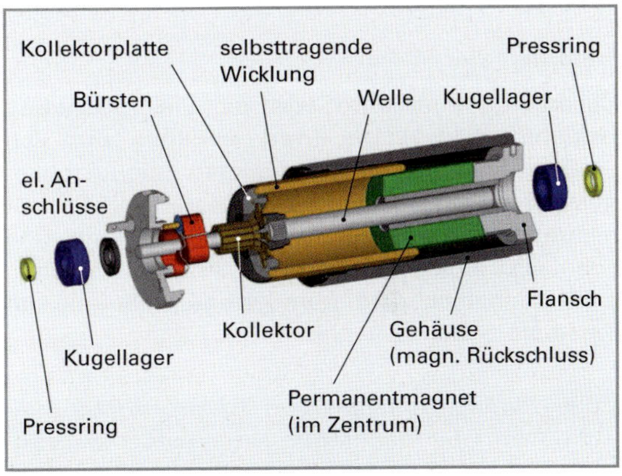

Bild 2: Gleichstrommotor mit Glockenanker

Wirkungsweise

Im Ständer der Stromwendermotoren wird durch den Erregerstrom oder durch Dauermagnete das magnetische Ständerfeld erzeugt.

Übung 1: Lagern Sie den Anker einer zweipoligen Stromwendermaschine nach **Bild 3**. Führen Sie dem Stromwender Strom zu. Prüfen Sie mit einer Magnetnadel die Polung.

Ergebnis: Der stromdurchflossene zweipolige Anker hat einen Nordpol und einen Südpol.

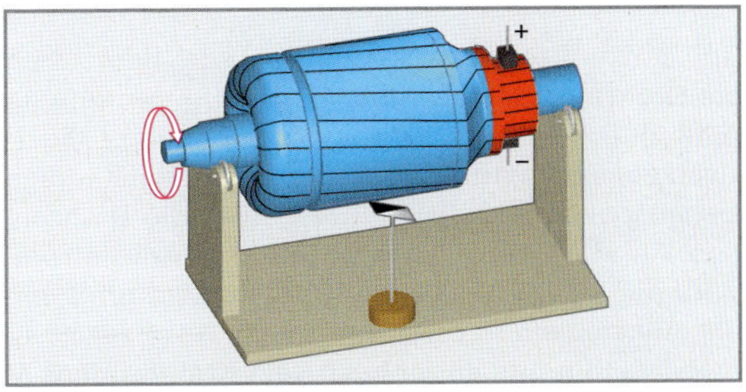

Bild 3: Nachweis des Läuferfelds

Dreht man den stromdurchflossenen Anker vom Versuch von Hand weiter, bleibt die Lage der Magnetpole unverändert. Der Anker eines Stromwendermotors wirkt auch bei Drehung wie ein Elektromagnet mit feststehenden Polen. Zwar ändert sich bei Drehung die Lage der Ankerspulen, doch wird durch den Stromwender der Strom so umgepolt, dass die Lage der Ankerpole unverändert bleibt. Durch das Zusammenwirken von Erregerfeld des Ständers und Ankerfeld des Läufers tritt eine Kraft auf, die den Anker dreht.

Bei Stromwendermotoren tritt ein Kraftmoment auf, wenn ein Erregerfeld vorhanden ist und in der Ankerwicklung Strom fließt.

Kraftmoment und Anzugsstrom

Das Kraftmoment von Gleichstrommotoren hängt von der Stärke des Erregerfelds, von der Höhe des Ankerstroms und von den Abmessungen der Maschine ab.

Die Richtung des Kraftmoments von Stromwendermotoren und damit die Drehrichtung werden umgekehrt, indem die Richtung des Ankerfelds durch Umpolen des Ankerstroms umgekehrt wird.

Im Stillstand des Motors ist die Stromstärke im Anker groß, weil nur die am Anker anliegende Spannung und der kleine Widerstand der Ankerwicklung maßgeblich sind. Bei Anschluss an die volle Spannung würde sich eine unzulässig große Stromstärke einstellen. Ein direktes Einschalten ist deshalb nur bei Kleinmotoren möglich.

Bei größeren Motoren wird der Strom durch Herabsetzen der Spannung begrenzt. Meist werden Stromrichter mit einstellbarer Strombegrenzung verwendet, um den Anlaufstrom im zulässigen Bereich zu halten.

Fremderregter Motor

Der fremderregte Motor wird mit Gleichspannung betrieben **(Bild 1)**. Die Erregerwicklung wird von einer separaten, von der Ankerspannung unabhängigen Stromquelle versorgt. Motoren mit Permanentmagneten anstelle der Erregerwicklung sind ebenfalls fremderregte Motoren. Aufgrund der linearen Kennlinien sind fremderregte Motoren gut regelbare Gleichstromantriebe.

Das Betriebsverhalten von Elektronikmotoren und von permanentmagneterregten Servomotoren entspricht weitgehend dem Betriebsverhalten fremderregter Motoren.

Bei konstanter Ankerspannung vermindert sich die Drehzahl bei steigender Belastung geringfügig **(Bild 2)**. Die Ursache ist aus der Schaltung (Bild 1) zu erkennen: Im Anker wird eine drehzahlabhängige Gegenspannung induziert. Je größer die Drehzahl des Ankers, desto geringer ist der Ankerstrom. Wird die induzierte Spannung U_i ebenso groß wie die Ankerspannung U_A, kann kein Ankerstrom I_A mehr fließen und somit auch kein Kraftmoment M gebildet werden.

Bei Leerlaufdrehzahl n_0 kann kein Ankerstrom fließen und auch kein Kraftmoment gebildet werden.

$$U_A = U_i + I_A \cdot R_A$$

$$U_i = C_U \cdot \Phi_E \cdot n$$

$$M = \frac{C_U}{2\pi} \cdot \Phi_E \cdot I_A$$

$$U_i \sim I_E \cdot n$$

U_A	Ankerspannung;	U_i	Induzierte Spannung
I_A	Ankerstrom;	C_U	Spannungskonstante
R_A	Ankerwiderstand;	Φ_E	Erregerfluss
n	Ankerdrehzahl;	I_E	Erregerstrom
M	Drehmoment		

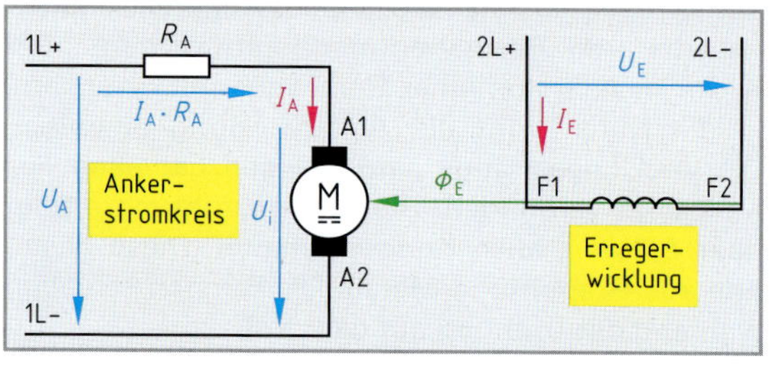

Bild 1: Schaltung des fremderregten Motors

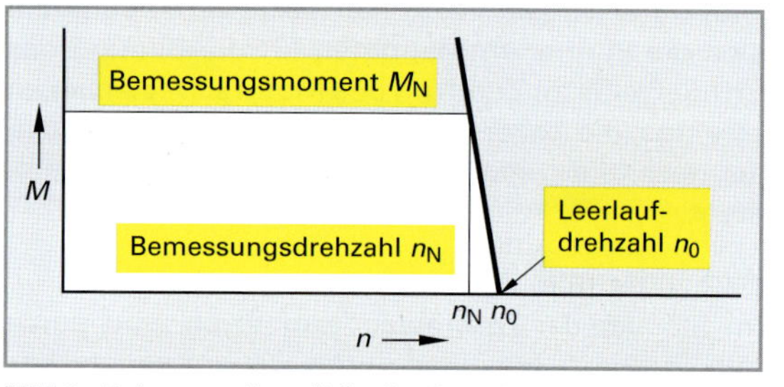

Bild 2: Belastungskennlinie des fremderregten Motors

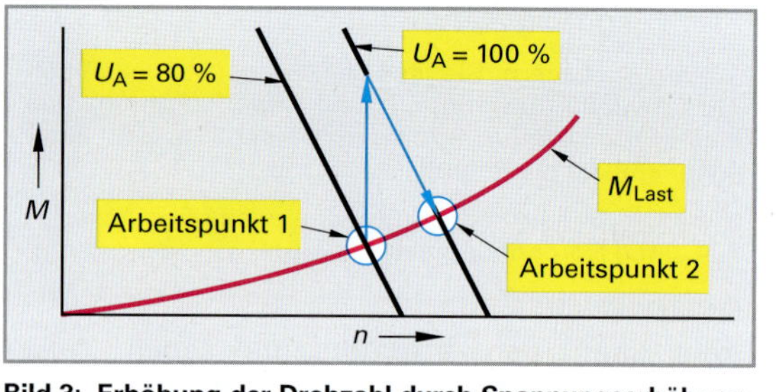

Bild 3: Erhöhung der Drehzahl durch Spannungserhöhung

Wird bei einem Gleichstrommotor die Ankerspannung erhöht, so nimmt der Anker zunächst einen stärkeren Strom auf. Dadurch entwickelt sich ein größeres Kraftmoment. Der Motor beschleunigt. Damit steigt die induzierte Spannung, Ankerstrom und Kraftmoment werden vermindert. Der Motor wird so lange beschleunigt, bis Kraftmoment und Lastmoment wieder gleich sind **(Bild 3)**.

Die Drehzahl des fremderregten Motors hängt von der Höhe der Ankerspannung ab.

Bei Motoren mit Erregerwicklung ist es möglich, die Drehzahl über die Bemessungsdrehzahl hinaus anzuheben. Hierzu wird der Erregerstrom vermindert. Man spricht dabei von *Feldschwächung* **(Bild 1)**. Da die induzierte Spannung dem Erregerfluss proportional ist, wird eine geringere Spannung induziert und die *Leerlaufdrehzahl* n_0 erhöht. Allerdings geht im Feldschwächbetrieb die Drehzahl des Ankers bei Belastung stärker zurück. Feldschwächung ist bei permantmagneterregten Motoren nicht möglich.

Die Drehzahl des fremderregten Motors wird durch Feldschwächung erhöht.

Nebenschlussmotor

Der Nebenschlussmotor unterscheidet sich vom fremderregten Motor dadurch, dass keine separate Spannungsversorgung für die Erregerwicklung verwendet wird **(Bild 2)**. Im Leerlauf und bei Belastung verhält sich der Nebenschlussmotor wie ein fremderregter Motor.

Reihenschlussmotor

Beim Reihenschlussmotor oder Hauptschlussmotor sind Ankerwicklung und Erregerwicklung in Reihe geschaltet **(Bild 3)**. Deshalb ist bei großem Ankerstrom auch der Erregerstrom groß.

Reihenschlussmotoren haben von allen Motoren das größte Anzugsmoment.

Bei zunehmender Drehzahl sinkt mit dem Ankerstrom auch der Erregerstrom. Dadurch wird das Feld immer weiter geschwächt. Ohne Last kann die Ankerdrehzahl bis zur Selbstzerstörung des Motors steigen **(Bild 4)**.

Reihenschlussmotoren gehen im Leerlauf durch. ⚡

Der Reihenschlussmotor kann auch mit Wechselstrom arbeiten, wenn der Ständer nicht massiv gefertigt, sondern geblecht ist. Kleine Wechselstrom-Reihenschlussmotoren nennt man auch *Universalmotoren*. Sie werden in großen Stückzahlen für Haushaltsgeräte und Elektrowerkzeuge verwendet.

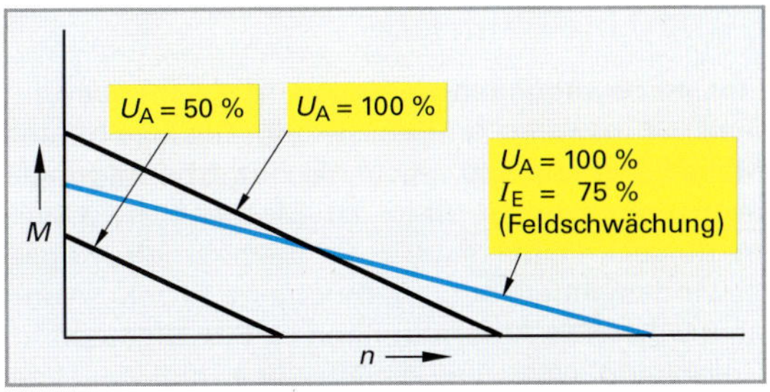

Bild 1: Kennlinien des fremderregten Motors mit und ohne Feldschwächung

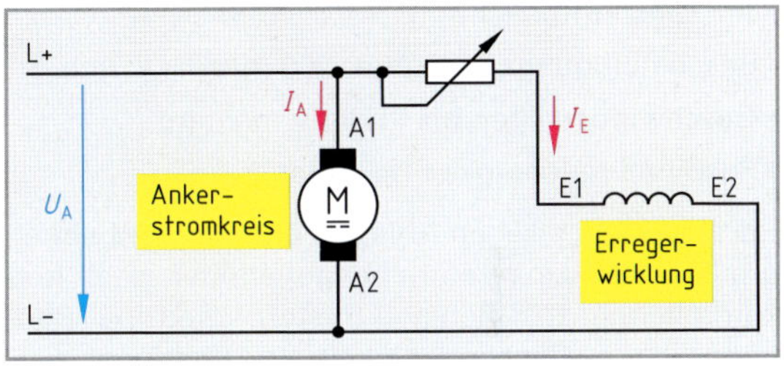

Bild 2: Schaltung des Nebenschlussmotors

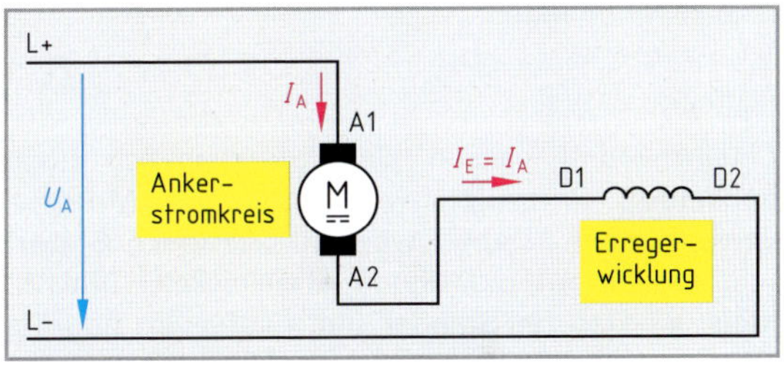

Bild 3: Schaltung des Reihenschlussmotors

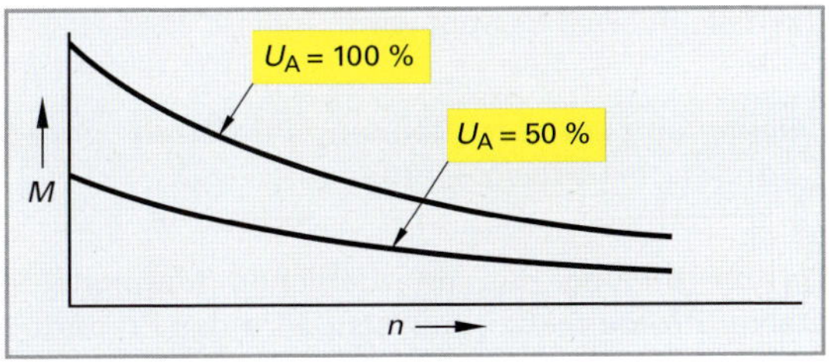

Bild 4: Kennlinie des Reihenschlussmotors

Wiederholung und Vertiefung

1. **Beschreiben Sie den Aufbau eines Stromwendermotors.**
2. **Unter welchen Bedingungen tritt beim Stromwendermotor ein Kraftmoment auf?**
3. **Wodurch wird eine Drehrichtungsumkehr eines Stromwendermotors erreicht?**
4. **Wie kann die Drehzahl eines Stromwendermotors angepasst werden?**
5. **Was ist unter Feldschwächung zu verstehen?**
6. **Welche besonderen Eigenschaften haben Reihenschlussmotoren?**

6.3.12 Linearantriebe

Lineare Bewegungen werden im Maschinenbau zumeist durch ein Antriebssystem bestehend aus Motor, Getriebe und mechanischen Übertragungselementen erzeugt **(Bild 1)**. Mechanische Übertragungselemente sind z. B. Riementrieb, Kugelgewindespindel oder Zahnstange-Ritzel. Wenn aber sehr hohe Anforderungen an Beschleunigung, Geschwindigkeit und Spielfreiheit mit der herkömmlichen Technik nicht erfüllt werden können, werden Linearantriebe mit Linearmotoren verwirklicht. Dies ermöglicht

- Beschleunigungen bis über 200 m/s^2,
- Geschwindigkeiten bis über 20 m/s und
- Positioniergenauigkeit bis unter 1 µm.

Bei fördertechnischen Anlagen und Magnetbahnen ermöglichen Linearantriebe gegenüber dem herkömmlichen Rad-Schiene-System niedrige Bauhöhe, hohe Geschwindigkeit und ruhigen, verschleißfreien Lauf. Besonders laufruhig sind Magnetschwebebahnen.

Aufbau

Linearmotoren lassen sich grundsätzlich nach denselben Prinzipien wie rotierende Motoren verwirklichen. Dabei werden Ständer (Stator) und Läufer auf die Ebene abgewickelt **(Bild 2)**. Meist werden für Ständer und Läufer die Begriffe *Primärteil* und *Sekundärteil* verwendet. Dabei kann der Konstrukteur wählen, ob das Primärteil oder das Sekundärteil bewegt wird.

Beim Linearmotor können Primärteil oder Sekundärteil bewegt werden.

Da zur Bildung des erforderlichen Magnetfelds starke Ströme fließen müssen, wird das Primärteil oft wassergekühlt. Wird das Primärteil bewegt, müssen Energiezuführung und Kühlmittelzuführung über eine Energiekette erfolgen. Dadurch wird der mögliche Verfahrweg stark begrenzt. Falls das Sekundärteil bewegt wird, ist der Verfahrweg im Prinzip unbegrenzt. Bei Werkzeugmaschinen wird meist der Primärteil bewegt. Da der Primärteil kürzer als der Sekundärteil ist, spricht man vom *Kurzstator.*

Bei fördertechnischen Anlagen und Magnetbahnen dagegen stellt der Primärteil die Fahrbahn dar (*Langstator*). Darauf wird ein kurzer Sekundärteil bewegt.

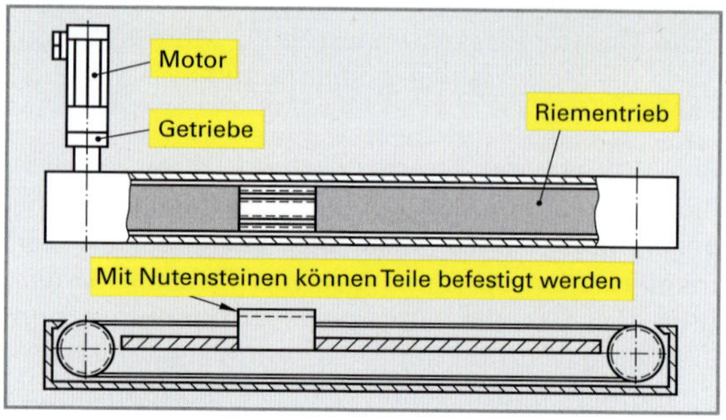

Bild 1: Linearachse mit mechanischen Übertragungselementen

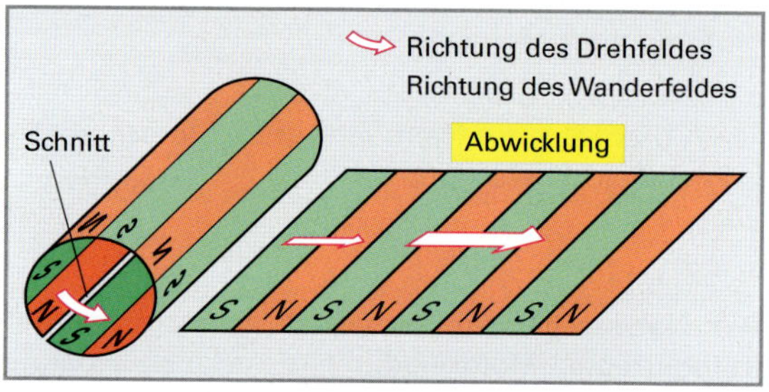

Bild 2: Entstehung des Wechselstromlinearmotors durch Abwicklung der Ständerwicklungen

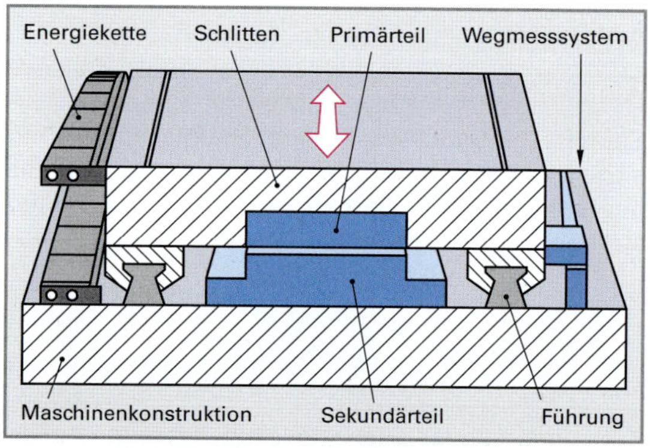

Bild 3: Prinzipieller Aufbau eines Linearantriebs mit Linearmotor in einer Werkzeugmaschine

Beim rotierenden Motor heben sich die Kräfte zwischen Ständer und Läufer über dem Umfang auf. Dies ist beim Linearmotor nicht der Fall. Das bewegte Teil wird auf Linearführungen montiert. Diese müssen die Kräfte zwischen Primärteil und Sekundärteil aufnehmen. Linearmotoren in der Automatisierungstechnik werden häufig als Bausatzmotoren geliefert. Der Motorenhersteller liefert Primärteil, Sekundärteil sowie die elektrische Ausrüstung. Der Einbau der Teile des Linearmotors ist Aufgabe des Maschinenherstellers. Dieser muss auch geeignete Führungen, Energieketten und Wegmesssysteme auswählen und einbauen **(Bild 3)**.

Wirkungsweise

Die in der Automatisierungstechnik wichtigsten Linearmotoren werden mit Drehstrom gespeist. Sie treten an die Stelle herkömmlicher Antriebssysteme mit Servomotoren. Das Primärteil des Motors trägt eine Dreiphasenwicklung wie der Ständer eines Drehstrommotors **(Bild 1)**. Die Dreiphasenwicklung im Primärteil erzeugt ein magnetisches *Wanderfeld.* Dabei wandern Nord- und Südpole in eine Richtung.

Linearmotoren können als Synchronmotor oder als Asynchronmotor arbeiten.

Synchroner Linearmotor

Der Sekundärteil eines synchronen Linearmotors ist mit Magneten belegt. Diese folgen der Bewegung des Wanderfelds synchron (Bild 1). Die Steuerung des Wanderfelds entspricht der eines permanenterregten Servomotors. Vorschubkraft und Geschwindigkeit des Linearmotors kann über Höhe und Frequenz des Erregerstroms bestimmt werden.

Im Maschinenbau werden überwiegend synchrone Linearmotoren verwendet.

Zum Erzielen eines hohen Wirkungsgrads wird der Luftspalt zwischen Primär- und Sekundärteil auf etwa 1 mm eingestellt. Da das Sekundärteil ein starkes Magnetfeld entwickelt, muss Abstand von ferromagnetischen Verschmutzungen, besonders Spänen, eingehalten werden. Auch elektromagnetisch empfindliche Bauteile dürfen nicht in der Nähe montiert werden. Die Motoren sind meist gekapselt **(Bild 2)**.

Asynchroner Linearmotor

Das Sekundärteil eines asynchronen Linearmotors besteht im einfachsten Fall aus einem massiven Leiter, z. B. aus Aluminium. Statt dessen wird oft ein dem Käfigläufer ähnliches Kurzschlussgitter verwendet. In diesem Leiter werden Wirbelströme induziert. Durch das Wandern des Feldes wirken Kräfte auf die bewegten Ladungsträger im Sekundärteil, so dass sich das Sekundärteil wie der Läufer eines Asynchronmotors in Richtung des Magnetfelds bewegt. Für die Funktion ist wie beim Asynchronmotor ein Schlupf erforderlich. Im Bemessungsbetrieb kann der Schlupf den Wert 50 % übersteigen, weil die magnetische Kopplung zwischen Primärteil und Sekundärteil geringer ist als bei Asynchronmotoren. Der Wirkungsgrad ist geringer als beim synchronen Linearmotor, da auch die zur Magnetisierung erforderliche Energie auf das Sekundärteil übertragen werden muss.

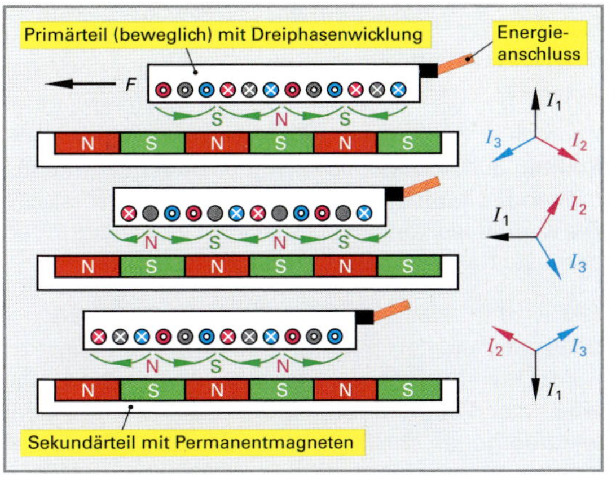

Bild 1: Synchroner Linearmotor mit bewegtem Primärteil

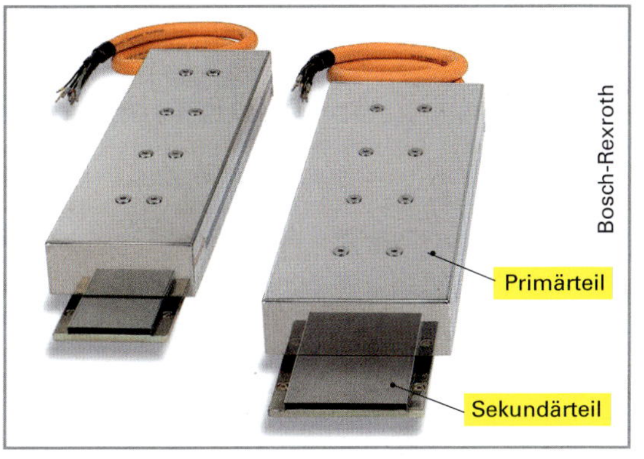

Bild 2: Synchrone Linearmotoren mit Vorschubkräften von 1,7 kN und 2,4 kN

Bei asynchronen Linearmotoren kann die Vorschubkraft durch Erhöhung des elektrischen Widerstands im Sekundärteil beeinflusst werden. Deshalb können mehrere Sekundärteile unabhängig voneinander auf einem Primärteil (Langstator) verfahren.

Für fördertechnische Anlagen und Magnetbahnen werden überwiegend asynchrone Linearmotoren verwendet.

Wiederholung und Vertiefung

1. **Beschreiben Sie, wie Linearbewegungen mit rotierenden Motoren erzeugt werden können.**
2. **Beschreiben Sie den Aufbau eines Linearantriebs mit Linearmotor in einer Werkzeugmaschine.**
3. **Welche Aufgaben erfüllen Primärteil und Sekundärteil eines Linearmotors?**
4. **Erläutern Sie, wie ein Wanderfeld erzeugt wird.**
5. **Vergleichen Sie Vor- und Nachteile des synchronen Linearmotors mit dem asynchronen Linearmotor.**

6.3.13 Motoren in vier Quadranten betreiben

Kennlinien von Motoren werden meist als $M(n)$-Kennlinien dargestellt und zwar nur für einen Quadranten des Achsenkreuzes mit positivem M (rechtsdrehendes Moment) und positivem n (Rechtslauf). Die Kennlinien können auch in allen vier Quadranten dargestellt werden **(Bild 1, Bild 2)**.

Asynchronmotor in vier Quadranten betreiben

Wird ein Asynchronmotor am Netz betrieben, ist meist nur Gegenstrombremsung möglich. Dabei wird das Drehfeld umgepolt. Das Kraftmoment wirkt entgegen der Drehrichtung, sodass der Motor bremst. Dabei wird die kinetische Energie in Wärme umgewandelt, der Motor wird stark erhitzt. Der Motor muss bei Drehzahl 0 abgeschaltet werden, sonst läuft er in Gegenrichtung hoch.

Wenn die Drehzahl des Motors die synchrone Drehzahl übersteigt, wirkt der Motor als Generator und bremst. Dies wird bei Frequenzumrichterbetrieb ausgenutzt. Die kinetische Energie der Last wird in elektrische Energie umgewandelt und kann ins Netz rückgespeist werden. Beim Bremsen wird die Frequenz stetig vermindert, so dass die synchrone Drehzahl unter die Motordrehzahl sinkt und der Motor generatorisch bremst (Bild 1).

Gleichstrommotor in vier Quadranten betreiben

Ein fremderregter Gleichstrommotor arbeitet in Gegenstrombremsbetrieb, wenn die Ankerspannung umgepolt wird. Um zu vermeiden, dass der Ankerstrom unzulässig hoch wird, muss die Ankerspannung stark reduziert werden.

Überschreitet die Motordrehzahl die Leerlaufdrehzahl des Gleichstrommotors, arbeitet der Motor als Generator. Die Leerlaufdrehzahl ist proportional zur Ankerspannung. Wenn während des Motorbetriebs die Ankerspannung stark vermindert wird, ergibt sich eine Leerlaufdrehzahl, die geringer als die Läuferdrehzahl ist. Dann arbeitet der Motor im 2. Quadranten oder 4. Quadranten und bremst generatorisch (Bild 2).

Beispiel 1: Vierquadrantenbetrieb

Ein Seilzug **(Bild 3)** mit einer fremderregten Gleichstrommaschine soll eine Last zuerst heben, dann während des Verfahrens auf gleicher Höhe halten und zuletzt auf dem Lagerplatz wieder absenken. In welchen Quadranten wird der Motor betrieben?

Lösung:

Beim Heben sind Drehzahl und Kraftmoment positiv. Der Motor arbeitet im 1. Quadranten **(Bild 4)**. Beim Halten ist das Kraftmoment positiv, die Drehzahl jedoch 0. Der Motor arbeitet an der Grenze zwischen 1. und 2. Quadranten. Beim Senken muss das Seil gebremst werden, da die Last durch Ihr Gewicht nach unten zieht. Deshalb wird der Antrieb generatorisch gebremst. Der Motor arbeitet im 2. Quadranten.

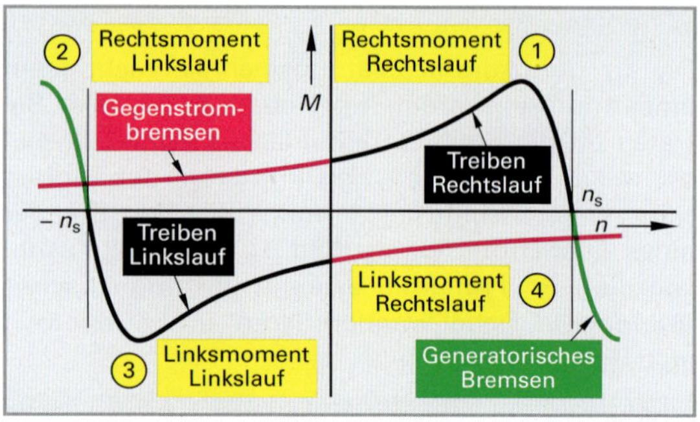

Bild 1: Kennlinie eines Asynchronmotors in vier Quadranten

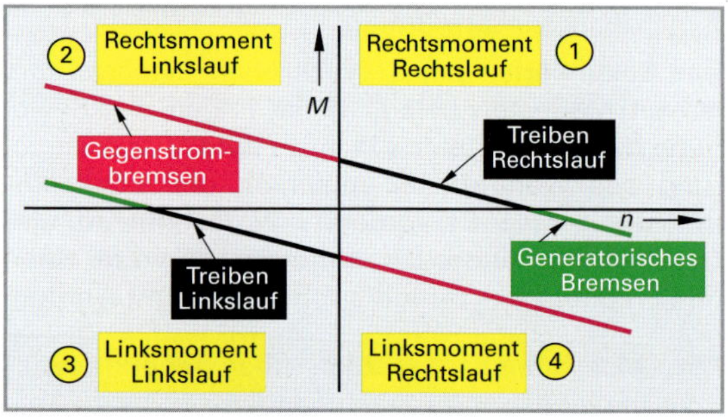

Bild 2: Kennlinie eines fremderregten Gleichstrommotors in vier Quadranten

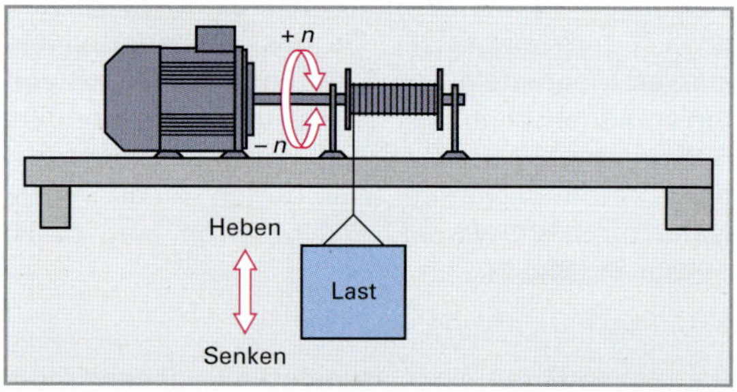

Bild 3: Hebezug (Seilzug)

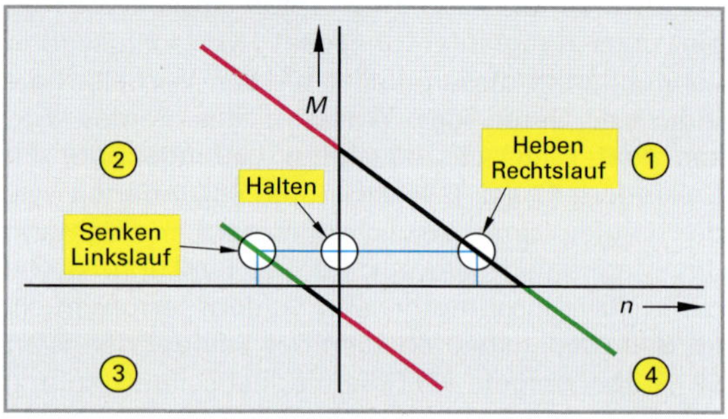

Bild 4: Verschiedene Betriebszustände eines Hebezugs

6.4 Steuerung und Regelung elektrischer Antriebe

6.4.1 Maschinensicherheit

Maschinen müssen durch konstruktive Maßnahmen, technische Schutzeinrichtungen und deren Überwachung so gestaltet werden, dass Gefahren für Menschen und Anlagenteile so gering wie möglich sind **(Tabelle 1)**. Nur selten werden Maschinen *inhärent* sicher, d. h., ohne jede Klemm-, Quetsch- oder Gefahrstelle konstruiert. Meist sind technische Schutzmaßnahmen erforderlich. Dazu gehören NOT-AUS-Geräte **(Bild 1)**, NOT-HALT-Geräte und überwachte Schutztüren **(Bild 2)**.

NOT-HALT-Geräte und NOT-AUS-Geräte müssen zwangsöffnend sein.

Zwangsöffnung bedeutet: Schaltglieder mit Öffnerfunktion werden vom Betätigungsstößel mechanisch formschlüssig und zuverlässig geöffnet.

NOT-AUS führt zur Abschaltung der Energieeinspeisung, NOT-HALT führt zum Stillsetzen der Antriebselemente einer Maschine.

Im einfachsten Fall genügt als NOT-AUS-Einrichtung ein Hauptschalter. Bei Maschinen oder Anlagen größerer Ausdehnung muss an jedem Bedienstand ein NOT-HALT-Gerät vorhanden sein. Die Kontakte der NOT-HALT-Geräte werden ebenso wie Schutztürkontakte an Sicherheitsschaltgeräte angeschlossen. Deren Freigabekontakte schalten z. B. die Motorschütze. Da durch zusätzliche Elementeim Stromkreis die Betriebssicherheit nicht vermindert werden darf, verfügen Sicherheitsschaltgeräte über eine Selbstüberwachung. Der Innenaufbau besteht aus mindestens drei Relais, die sich gegenseitig überwachen **(Bild 3)**. Zwischen zwei Freigaben muss jedes der Relais sowohl anziehen als auch abfallen, damit der Freigabekreis erneut geschlossen wird **(Bild 4)**. Folglich bleibt bei Defekt eines Relaiskontakts der Freigabekreis geöffnet.

Das Rücksetzen der NOT-HALT-Einrichtung darf keinen Wiederanlauf einleiten.

Die Freigabekontakte schließen noch nicht beim Entriegeln des NOT-HALT-Gerätes, sondern erst durch Reset. Zum Wiederanlauf muss ein EIN-Taster oder START-Taster betätigt werden.

Tabelle 1: Drei Stufen der Risikominderung	
Stufe 1	Inhärent sichere Konstruktion
Stufe 2	Technische Schutzmaßnahmen
Stufe 3	Benutzerinformation hinsichtlich des Restrisikos

Bild 1: NOT-AUS-Schaltgeräte

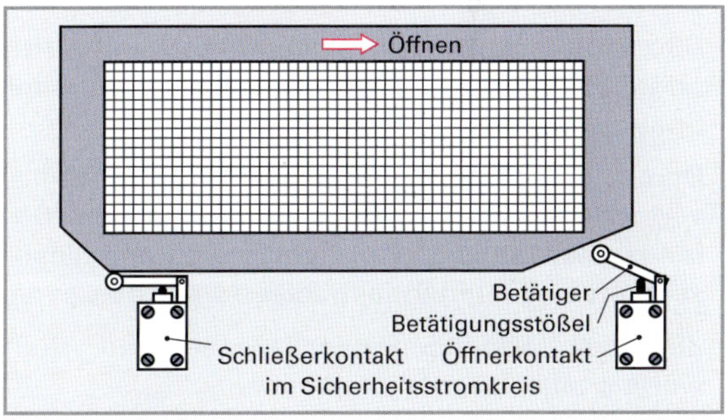

Bild 2: Schutztür mit redundanter Überwachung durch Grenztaster

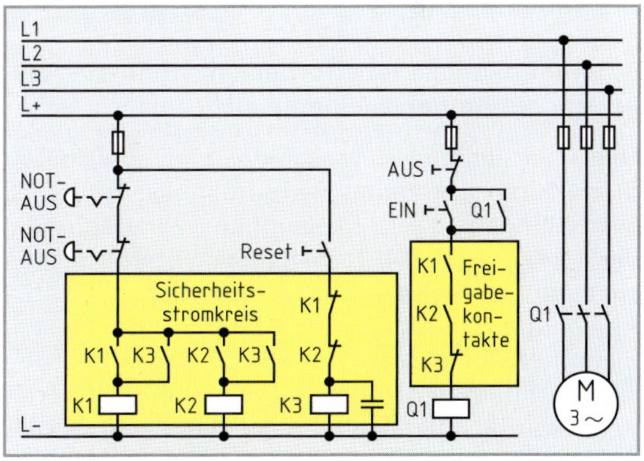

Bild 3: Sicherheitsstromkreis: Dreischützschaltung mit Fehlererkennung

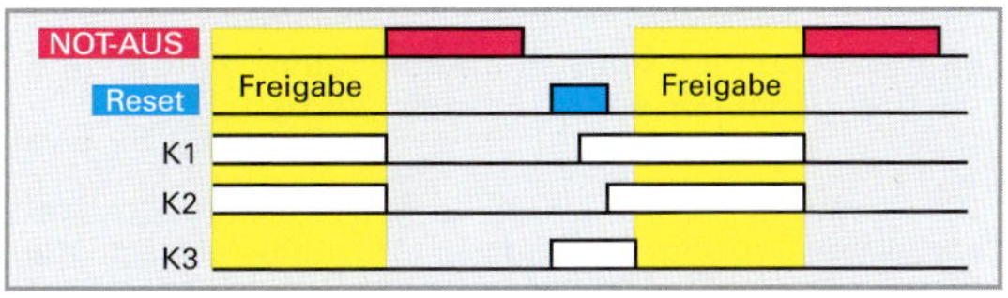

Bild 4: Zeitablaufdiagramm des Sicherheitsstromkreises

Sicherheitsfunktionen geregelter Antriebe

Die Steuerungen geregelter Antriebe verfügen über *integrierte Sicherheitsfunktionen*. Diese ermöglichen:

- sicheres Stillsetzen des Antriebes,
- sichere Ansteuerung und Überwachung von Haltebremsen,
- sichere Überwachung der Bewegung des Antriebes.

Sicheres Stillsetzen des Antriebes kann entsprechend einer der drei *Stopp-Kategorien* **(Tabelle 1)** erfolgen. Bei Stopp-Kategorie 0 lässt sich die Energiezufuhr auf verschiedene Weise unterbrechen **(Bild 1)**.

- Durch Abschalten des Netzschütz wird der Zwischenkreis des Umrichters entladen.
- Das Motorschütz trennt den Motor vom Umrichter. Es muss fähig sein, Gleichströme hoher Spannung zu schalten.
- Durch eine Impulssperre wird die Energieversorgung der Optokoppler unterbrochen. Damit können die Leistungstransistoren des Wechselrichters nicht mehr angesteuert werden.
- Zusätzlich können Reglerfreigabe und Sollwertsignal auf 0 gesetzt werden.

NOT-HALT muss entsprechend Stopp-Kategorie 0 oder 1 funktionieren.

Stopp-Kategorie 1 ist erforderlich, wenn ein Austrudeln der Antriebselemente nicht zulässig ist.

Falls bei laufender Maschine und geöffneten Schutztüren gearbeitet werden muss, um z. B. Einstellungen oder Messungen vorzunehmen, darf kein NOT-HALT erfolgen. Statt dessen sind andere Maßnahmen erforderlich, z. B. die Anwendung der in DIN EN 61800-5-2 definierten Sicherheitsfunktionen **(Tabelle 2)**. Dabei werden antriebsintern Position, Geschwindigkeit oder Bremsrampe überwacht. Falls dabei ein Fehler erkannt wird, muss die Steuerung mit einer Stopp-Funktion reagieren.

Tabelle 1: Stopp-Kategorien

0	Ungesteuertes Stillsetzen durch sofortiges Unterbrechen der Energiezufuhr zu den Maschinenantriebselementen.
1	Gesteuertes Stillsetzen. Die Energiezufuhr zu den Maschinenantriebselementen wird beibehalten, um das Stillsetzen zu erzielen. Die Energiezufuhr wird erst dann unterbrochen, wenn der Stillstand erreicht ist.
2	Gesteuertes Stillsetzen. Die Energiezufuhr zu den Maschinenantriebselementen wird beibehalten.

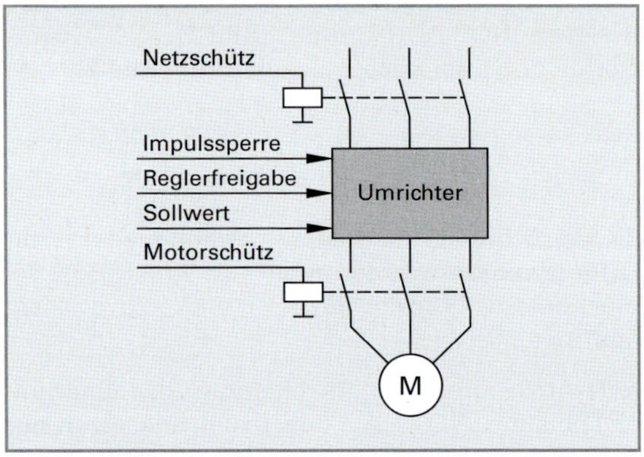

Bild 1: Realisierung der Stopp-Kategorie 0, Safe Torque off

Tabelle 2: Sicherheitsfunktionen nach DIN EN 61800-5-2

STO	Safe Torque Off entspricht Stopp-Kat. 0
SS1	Safe Stop 1 entspricht Stopp-Kat. 1
SS2	Safe Stop 2 entspricht Stopp - Kat. 2
SOS	Safe Operating Stop. Der Motor steht still und widersteht äußeren Kräften.
SAR	Safe Acceleration Range. Die Beschleunigung des Motors wird innerhalb spezifizierter Grenzwerte gehalten.
SLS	Safely Limited Speed. Das Überschreiten eines Geschwindigkeitsgrenzwerts wird verhindert.
SBC	Safe Brake Control. Sichere Ansteuerung einer externen Bremse.

Beispiel 1: Sicher angesteuerte Haltebremse SBC

Eine Haltebremse soll sicher angesteuert werden und die Bremsfunktion soll überwacht werden.

Lösung:
Die Haltebremse ist stromlos geschlossen. Die Ansteuerung erfolgt redundant. Deshalb erfolgt die Bremsung auch bei Drahtbruch oder Isolationsfehler.

Zur Überwachung der Bremsfunktion wird der Verschleißzustand auf folgende Weise überprüft:

In regelmäßigen Abständen wird durch den Motor ein Prüfmoment gegen die geschlossene Bremse aufgebaut. Der Antrieb darf sich dabei nicht bewegen.

6.4.2 Drehzahlsteuerung

6.4.2.1 Universalmotor

Universalmotoren werden oft bei handgeführten Maschinen eingesetzt, z. B. Handbohrmaschinen. Die Drehzahl ist steuerbar durch Veränderung der Anschlussspannung. Dies ist durch eine *Phasenanschnittsteuerung* möglich. Die Hersteller von Schaltgeräten bieten für Motorsteuerung geeignete Dimmer an. Diese sind mit dem Buchstaben „M" gekennzeichnet.

Meist verwendet man einen Triac, der aus einem IC, z. B. U2010B, angesteuert wird **(Bild 1)**.

Die Phasenwinkelsteuerung des IC beeinhaltet einen Sägezahngenerator. Bei jedem Nulldurchgang der Wechselspannung (Pin 15) wird synchronisiert und neu gestartet. Sobald die Sägezahnspannung (Pin 3) die Höhe der angelegten Steuerspannung (Pin 4) übersteigt, wird ein Zündimpuls (Pin 16) an das Gate des Triac Q1 gelegt.

Bei induktiven Lasten ist Beginn und Ende des Stromfluss verzögert. Das Zünden und Löschen des Triac muss überwacht werden.

In **Bild 2** ist der Zeitverlauf von Stromfluss und Spannung eines Motors bei Phasenanschnitt dargestellt. Deutlich ist der gegenüber der Spannung verzögerte Stromfluss zu erkennen. Deshalb ist im IC eine Stromflussüberwachung vorgesehen

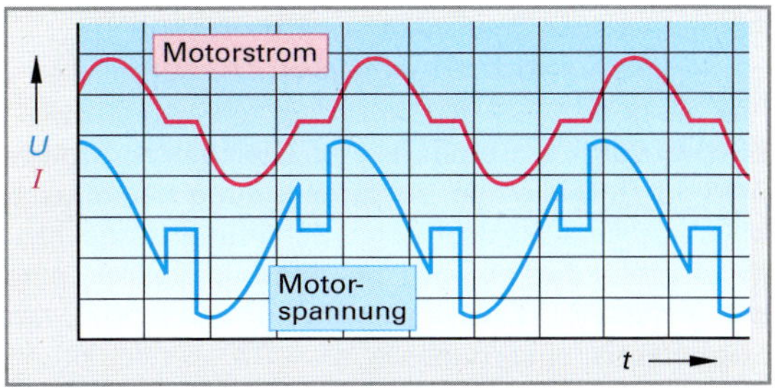

Bild 2: Zeitverlauf Motorstrom und Motorspannung

(R6 zwischen Pin 1 und Pin 2). Falls der Triac nicht zündet oder wieder erlischt, wird automatisch nachgetriggert. Falls andererseits nach dem Nulldurchgang der Stromfluss noch nicht beendet ist, wird das Triggersignal unterdrückt und erst später getriggert.

Bei Schwankungen der Netzspannung sowie bei Laständerungen wird die Spannung des Sollwertgebers verändert, der Phasenwinkel angepasst, so dass die Drehzahl des Motors weitgehend konstant bleibt.

Der IC ermöglicht den Schutz des Motors gegen Überlastung. Dazu fließt an Pin 6 über R11 ein Strom, der dem Laststrom des Motors entspricht. Überschreitet die Spannung an R6 einen Grenzwert, kann entweder der Strom durch Erhöhung des Steuerwinkels begrenzt werden oder der Steuerwinkel wird auf Maximum gebracht, und der Motor bremst ab.

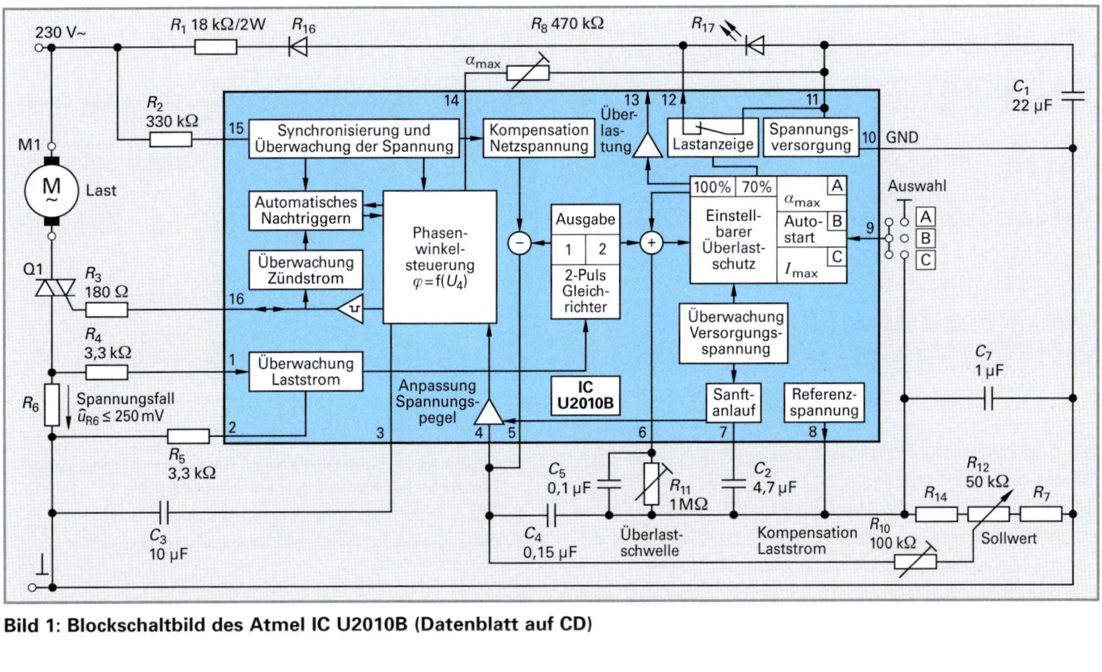

Bild 1: Blockschaltbild des Atmel IC U2010B (Datenblatt auf CD)

6.4.2.2 Drehzahlsteuerung beim fremderregten Gleichstrommotor

Die Drehzahl des fremderregten Gleichstrommotors wird durch Stellen der Ankerspannung beeinflusst. Meist ist eine elektronische Schaltung eingesetzt. Im einfachsten Fall wird im Ankerstromkreis eine halbgesteuerte Brückenschaltung verwendet, im Erregerkreis eine ungesteuerte Brückenschaltung **(Bild 1)**. Diese Schaltung ist nur für eine Drehrichtung des Motors und nur für den Motorbetrieb geeignet.

Halbgesteuerte Brückenschaltungen sind nur für den Einquadrantenbetrieb geeignet.

Ein *Umkehrstromrichter* **(Bild 2)** ermöglicht den Betrieb in beiden Drehrichtungen sowie den Wechselrichterbetrieb.

Eine vollgesteuerte Brückenschaltung stellt einen *Zweirichtungs-Stromrichter* dar, der z. B. den Betrieb im 1. und 2. Quadranten zum Heben einer Last im Motorbetrieb und Senken im Generatorbetrieb erlaubt. Werden zwei vollgesteuerte Brückenschaltungen verwendet, liegt ein Umkehrstromrichter vor, der den Betrieb in allen vier Quadranten zulässt.

Ein Umkehrstromrichter ist ein Stromrichter für alle vier Quadranten.

Der Übergang vom Gleichrichterbetrieb zum Wechselrichterbetrieb erfolgt durch Verstellung des Zündwinkels. Beim Zündwinkel von 0° bis 90° liegt Gleichrichterbetrieb vor, von 90° bis 180° Wechselrichterbetrieb **(Bild 3)**. Im Wechselrichterbetrieb werden die Thyristoren so angesteuert, dass eine Energierücklieferung vom als Generator arbeitenden Motor ins Netz möglich ist.

Je nach Zündwinkel eines Umkehrstromrichters liegt Gleichrichterbetrieb oder Wechselrichterbetrieb vor.

Bei den Zweipuls-Brückenschaltungen wird nur alle 10 ms ein Thyristor gezündet, bei den Sechspuls-Brückenschaltungen alle 3,33 ms. So lange kann es dauern, bis sich ein Steuersignal im Lastkreis auswirkt. Eine kürzere Reaktionszeit kann mit abschaltbaren Leistungshalbleitern (z. B. IGBT) erreicht werden.

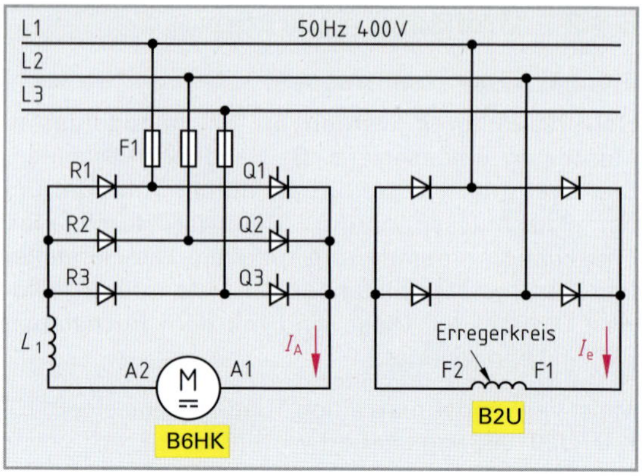

Bild 1: Leistungsteil einer Drehzahlsteuerung für einen fremderregten Motor

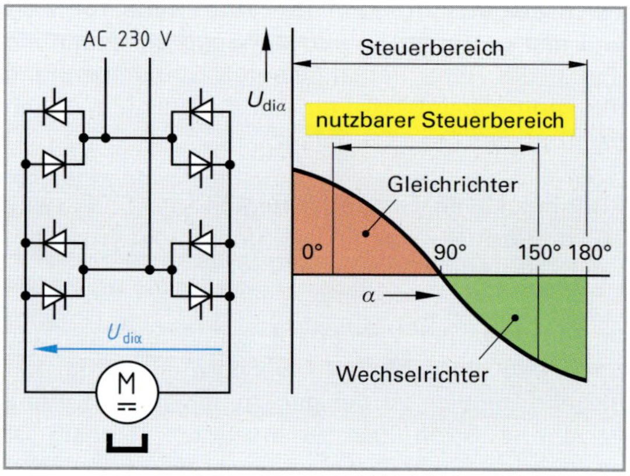

Bild 2: Umkehrstromrichter (B2C)/(B2C) für alle vier Quadranten

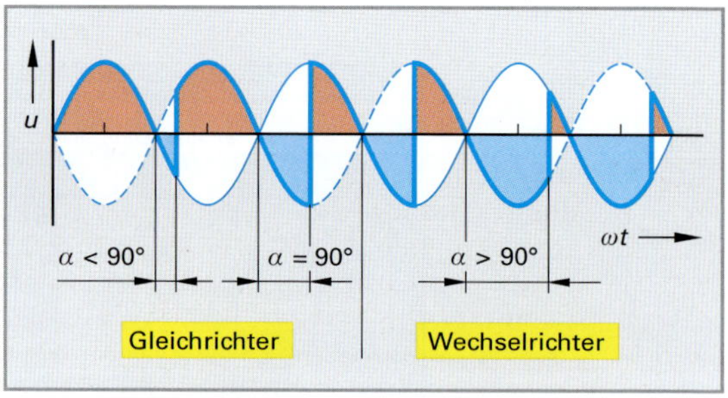

Bild 3: Gleichrichterbetrieb und Wechselrichterbetrieb beim Zweirichtungs-Stromrichter (B2C)

Wiederholung und Vertiefung

1. **Beschreiben Sie das Prinzip der Drehzahlsteuerung von fremderregten Gleichstrommotoren.**
2. **Wie ist ein Umkehrstromrichter aufgebaut?**
3. **Was versteht man unter einem Zweirichtungs-Stromrichter?**
4. **Wodurch erreicht man bei einem Umkehrstromrichter den Wechselrichterbetrieb?**

6.4.2.3 Gleichstromsteller mit H-Brücke

Aufbau der H-Brücke

Die H-Brücke **(Bild 1)** wird als Schaltung für Gleichstromsteller verwendet. Die Schaltung besteht stets aus 4 Halbleiterschaltern. Je nach Stromstärke werden Transistoren, DMOS oder IGBT eingesetzt. Die gegenparallel zu den Transistoren geschalteten Dioden werden *Freilaufdioden* genannt. H-Brücken werden heute überwiegend als IC ausgeliefert. Wie im Blockschaltbild **(Bild 2)** beispielhaft zu sehen ist, sind die Eingänge mit Schmitt-Triggern mit Hysterese versehen. Damit wird die Ansteuerung unempfindlicher gegen Störfelder. Der Halbleiterschutz überwacht die Erwärmung der Leistungshalbleiter und die Höhe der Versorgungsspannung. Er blockiert gegebenenfalls die Ansteuerung. Es wird sichergestellt, dass niemals Q1 und Q2 bzw. Q3 und Q4 gleichzeitig angesteuert werden. Damit ist ein Kurzschluss ausgeschlossen.

Bei Rechtslauf (Bild 1) werden während der Impulszeit Q1 und Q4 angesteuert. In der Pause sorgt die Induktivität des Motors sowie die im Motor induzierte Spannung dafür, dass I_1 weiter fließt. Jedoch schließt sich der Stromkreis über R2 und R3. Der Kondensator C1 dient als Puffer für diese Ladung. Bei Linkslauf werden die anderen Transistoren und Dioden verwendet.

Die H-Brücke ermöglicht Vierquadrantenbetrieb.

Betrieb der H-Brücke

Je nach Ansteuerung der Eingänge IN1, IN2 ergibt sich die Spannung an den Ausgängen **(Tabelle 1)**. Die Höhe der Ausgangsspannung entspricht der Versorgungsspannung L+ reduziert um den Spannungsfall der Transistoren.

Werden die Steuereingänge getaktet, kann durch Variation des Tastgrads die effektive Höhe der Ausgangsspannung eingestellt werden **(Bild 3)**. Dies wird als *Pulsweitenmodulation (PWM)* bezeichnet. Die Motordrehzahl verändert sich entsprechend. Die Taktfrequenz beträgt mindestens 4 kHz, die Drehzahlschwankungen sind gering. **Bild 4** zeigt die Verwendung eines IC als Gleichstromsteller.

Tabelle 1: Steuersignale des IC TLE4203 mit H-Brücke

IN1	IN2	OUT1	OUT2	Motorstatus
L	L	L+	L+	Bremsen
L	H	L+	L–	Rechtslauf
H	L	L–	L+	Linkslauf
H	H	L–	L–	Bremsen

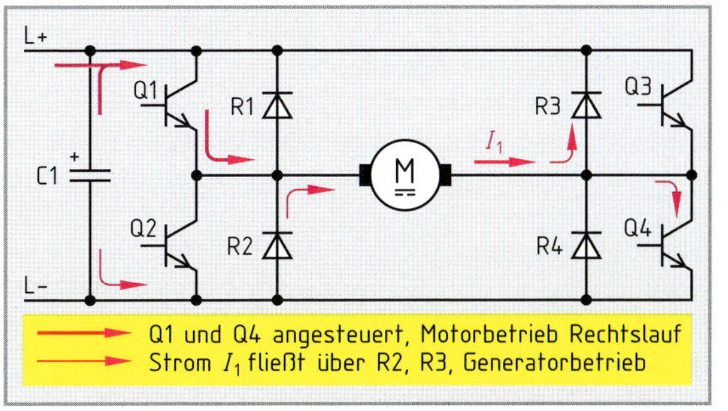

Bild 1: H-Brücke für Vierquadrantenbetrieb

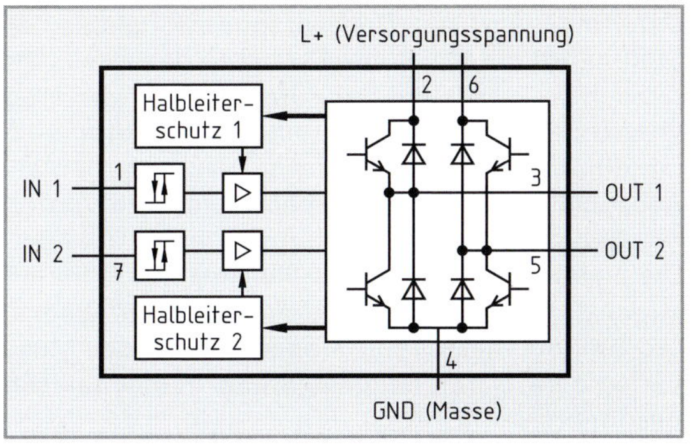

Bild 2: Blockschaltbild eines IC TLE4203 mit H-Brücke

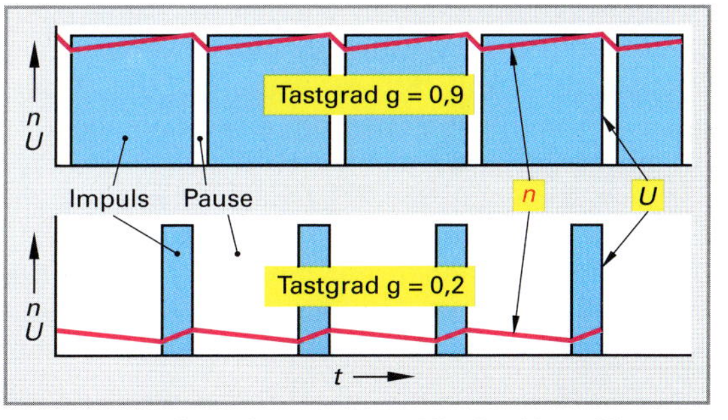

Bild 3: Verlauf von Spannung und Drehzahl am Motor bei Pulsweitenmodulation

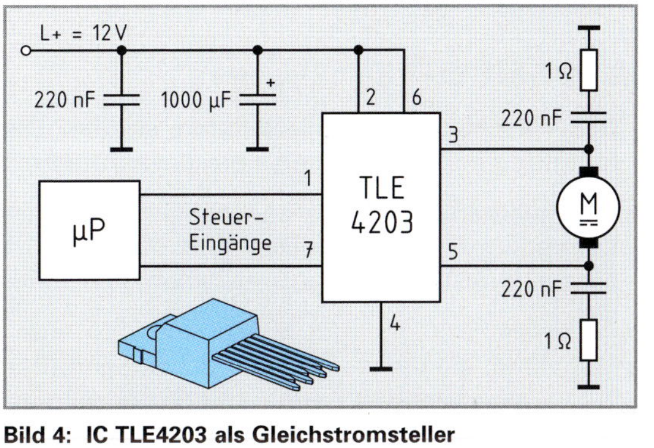

Bild 4: IC TLE4203 als Gleichstromsteller

6.4.3 Elektronisch kommutierte Motoren

6.4.3.1 Überblick, Vergleich und Kommutatormotor

Gleichspannungsantriebe werden nur noch in wenigen Fällen mit Kommutatormotoren gebaut. Meist werden elektronisch kommutierte Motoren verwendet.

Aufbau

EC-Motoren sind im Grunde Synchronmotoren. Der Rotor wird mit Dauermagneten belegt, der Stator wird mit meist drei Strängen bewickelt. Oft werden zur Erfassung der Rotorlage Hallsensoren verwendet **(Bild 1)**. Motoren, deren Rotor sich um den innenliegenden Stator dreht, werden als Aussenläufermotor **(Bild 2)** bezeichnet. Sie werden bei Gebläsen und Modellflugzeugen verwendet. Die Fliehkräfte pressen die Permanentmagneten gegen das Läufergehäuse, die sogenannte Glocke. Die Ständerwicklungen stehen fest in der Mitte des Motors. Damit ist diese Bauform mechanisch besonders stabil.

Kommutierung

Bei Kommutatormotoren werden im Laufe einer Umdrehung die Windungen der Ankerwicklung nacheinander mit Strom versorgt. Der Übergang der Kohlebürsten von einer Lamelle des Kommutators zur nächsten wird als Kommutierung bezeichnet. Bei EC-Motoren werden im Laufe einer Umdrehung die Wicklungen des Stators nacheinander mit Strom versorgt. Die Umschaltung der Wicklungen erfolgt elektronisch und wird ebenfalls als Kommutierung bezeichnet.

EC-Motoren benötigen keine Kohlebürsten und werden deshalb auch BLDC genannt.

EC-Motoren haben große Vorteile:

- Der Verschleiß der Kohlebürsten entfällt. Die Motoren sind langlebig und nahezu wartungsfrei.
- Die Reibkräfte und Übergangsspannungen am Kommutator entfallen. Der Wirkungsgrad ist besser ($\eta > 0{,}9$), höhere Drehzahlen sind möglich.
- Magneten wiegen weniger als Wicklungen. Das Trägheitsmoment ist gering, der Motor reagiert dynamischer.

ⓘ **EC** von **E**lectronically **C**ommutated
engl. für elektronisch kommutiert
BLDC von **B**rush **L**ess **D**irect **C**urrent Drive
engl. für Bürstenloser Gleichstrommotor

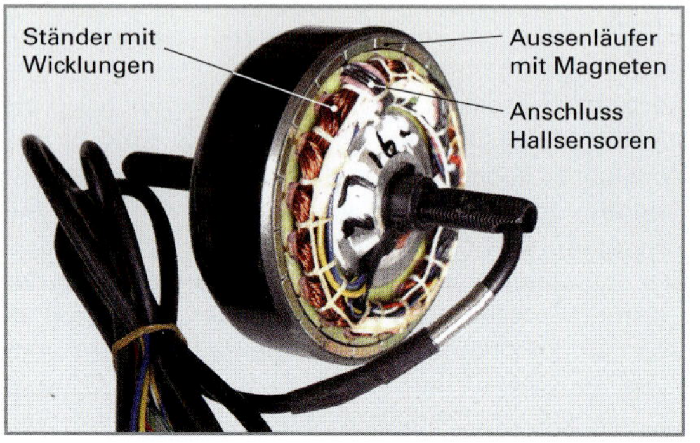

Bild 1: Elektronisch kommutierter Motor mit drei Hallsensoren für E-Bike

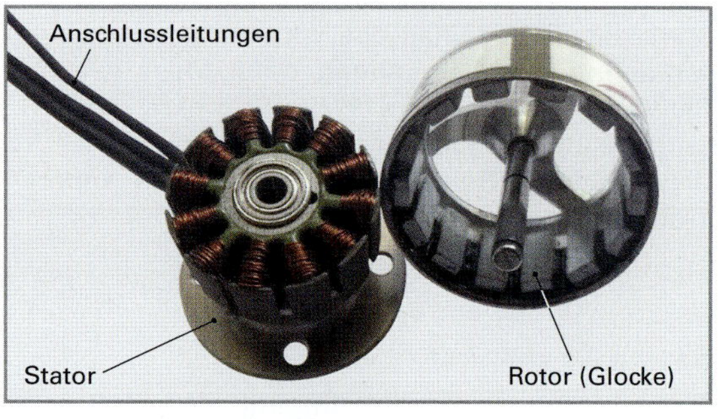

Bild 2: EC-Motor ohne Sensoren, Propellerantrieb Modellflugzeug

- Ständer- und Läufermagnetfeld drehen synchron. Deshalb kann die Drehzahl ohne Sensor erfasst werden.

Ansteuerung

EC-Motoren haben meist drei im Stern geschaltete Stränge, die von einem Wechselrichter angesteuert werden. Dessen Schaltung entspricht dem Wechselrichter eines Frequenzumrichters. Das Betriebsverhalten des Motors wird wesentlich von der Ansteuerung des Wechselrichters bestimmt.

Wiederholung und Vertiefung

1. **Erläutern Sie den Begriff Kommutierung.**
2. **Nennen Sie vier Vorteile eines EC-Motors.**
3. **Begründen Sie, weshalb ein EC-Motor, wie in Bild 2 gezeigt, 3 Anschlussleitungen benötigt, ein Kommutatormotor dagegen nur 2 Anschlussleitungen.**

6.4.3.2 Steuerung des BLCD mit Hallsensoren

Ein BLDC benötigt eine elektronische Ansteuerung mit dreiphasigem Wechselrichter und Drehwinkelerfassung **(Bild 1)**. Der Wechselrichter legt jeweils zwei der drei Wicklungen des Motors an Spannung. Der Drehwinkel des Rotors bestimmt, durch welche Wicklungen Strom fließen muss, damit der Motor in der gewünschten Richtung dreht.

Drehwinkelerfassung

Der Drehwinkel wird am einfachsten mit Hallsensoren erfasst. Entweder werden die Leistungsmagneten abgetastet oder ein Steuermagnet, der auf der Motorwelle befestigt ist **(Bild 2)**. Drei um 120° versetzte Hallsensoren geben für je eine halbe Umdrehung ein High-Signal aus. Sechs Positionen des Rotors können unterschieden werden.

Motorsteuerung

Eine Motor Control Unit bildet aus den Signalen der Hallsensoren die Ansteuerung des Wechselrichters. Die Spannung der Stränge wird blockförmig geschaltet. Für 120° liegt positive, für 120° negative Spannung an. Diese Blöcke werden von je 60° spannungsfreien Zuständen getrennt **(Bild 3)**. Es ergeben sich 6 mögliche Zustände (Zeiger) für den magnetischen Fluss im Motor **(Bild 4)**. Dies Verfahren wird als *Blockkommutierung* bezeichnet.

Die Umschaltung von einem Flusszeiger zum nächsten wird als *Kommutierung* bezeichnet.

Das Kraftmoment bei Blockkommutierung hängt von der Rotorlage ab. Maximales Moment wird gebildet, wenn die Flußvektoren von Stator und Rotor senkrecht zueinander stehen. Die Abweichung von der Senkrechten beträgt bis zu 30°, das Drehmoment ist deshalb ungleichmäßig.

Anlauf

Die Lage der Rotormagneten ist auch im Stillstand bekannt. Deshalb kann der Motor unter Last sofort anlaufen.

Wiederholung und Vertiefung

1. **In Bild 4 werden die 6 Flusszeiger dargestellt. Welche FET werden im Wechselrichter jeweils angesteuert?**
2. **Wozu wird die Information über die Rotorlage benötigt?**
3. **Auf welche Weise können mit 3 Hallsensoren sechs Positionen des Rotors unterschieden werden?**

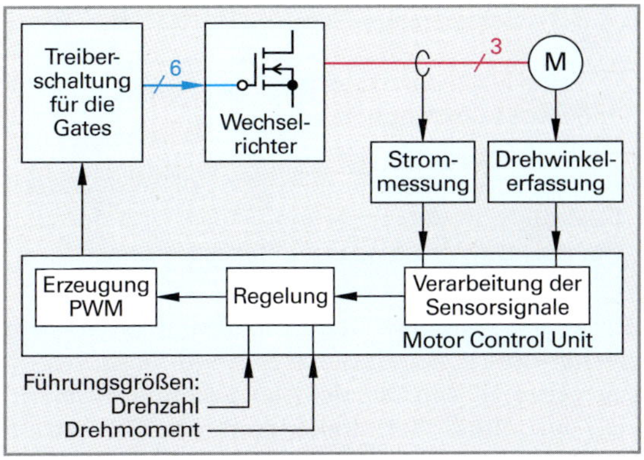

Bild 1: Strukturbild Motorregelung

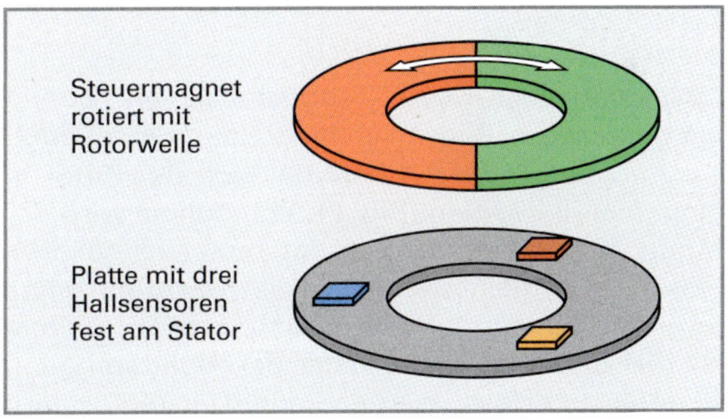

Bild 2: Steuerung der Kommutierung mit Hallsensoren

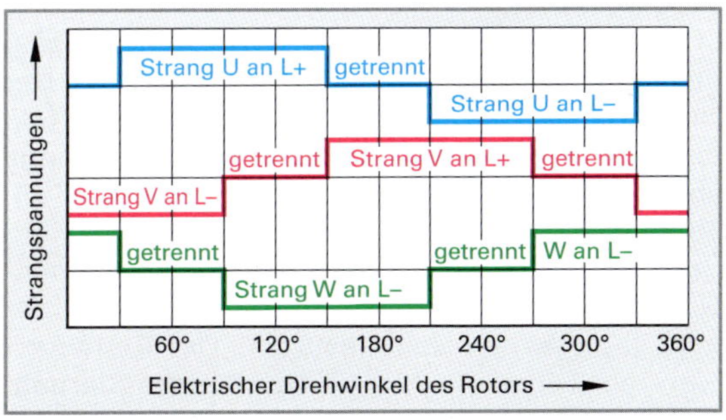

Bild 3: Blockkommutierung Spannungsverlauf

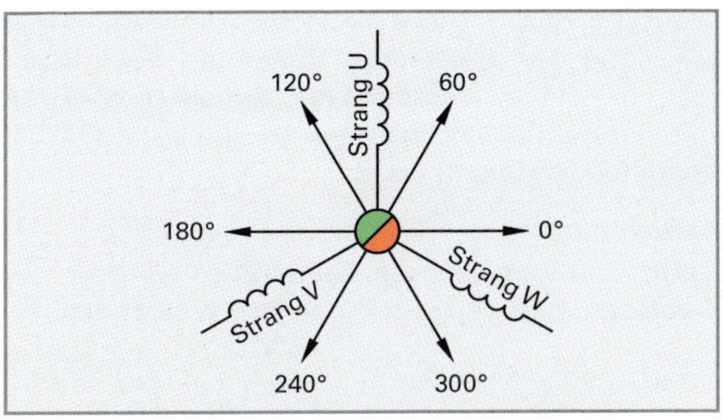

Bild 4: Zeiger des magnetischen Fluss im Stator

6.4.3.3 Sensorlose Steuerung des BLDC

Die Erfassung der Rotorlage des BLDC ist auch ohne Sensoren möglich.

Bei sensorloser Steuerung wird die induzierte Spannung in den Strängen erfasst und daraus der Kommutierungszeitpunkt berechnet.

Zu jedem Zeitpunkt liegt ein Strang an L+, ein zweiter an L−. Durch diese Stränge fließt Strom. Der dritte Strang ist nicht an Spannung gelegt, also stromlos. Bei drehendem Motor wird in jedem Strang eine Spannung induziert, die BEMF. Mit Komparatoren **(Bild 1)** wird der Nulldurchgang der BEMF des dritten Strangs erfasst.

Anlaufverfahren

Meist läuft der Motor zeitgesteuert an. Zuerst werden die drei Phasen an feste Spannung gelegt. Nach kurzer Wartezeit befindet sich der Rotor in einer festen Position **(Bild 2)**. Von nun an wird der Motor wie ein Schrittmotor mit immer schnelleren Impulsen angesteuert, bis die Drehzahl etwa 5 % der Bemessungsdrehzahl erreicht. Dann ist die BEMF so groß, dass der Nulldurchgang zuverlässig erfasst werden kann. Der Motor wird in den Dauerbetrieb umgeschaltet.

Dauerbetrieb

Im Dauerbetrieb erfolgt die Kommutierung nach dem Nulldurchgang der BEMF **(Bild 3)**. Der Nulldurchgang ergibt sich, wenn das Magnetfeld des Rotors senkrecht zur Wicklung des Strangs steht. Zeitgleich mit jeder Kommutierung wird ein Timer gestartet, um die Zeit bis zum Nulldurchgang der nächsten Phase zu messen. Nach dem Nulldurchgang wird ein weiterer Timer mit der nun gemessenen Zeit gestartet. Der Zeitablauf dient als Trigger für die nächste Kommutierung. Zwischen Nulldurchgang und Kommutierung dreht der Rotor um den elektrischen Winkel 30°.

Während des Betriebs kann die Drehzahl durch die Höhe der angelegten Spannung beeinflusst werden. Hierzu werden die Schalttransistoren mit symmetrischer Pulsweitenmodulation (PWM) angesteuert **(Bild 4)**.

Anwendungen

BLDC mit sensorloser Steuerung werden bei Gebläsen, Pumpen und Propellern verwendet.

Sensorlose Steuerung ist nur bei geringem Anlaufmoment gut geeignet.

ⓘ **BEMF** von engl. **B**ack **E**lektro **M**otive **F**orce = Induzierte Spannung.

Elektrischer Winkel: Drehwinkel des Rotors, multipliziert mit Polpaarzahl.

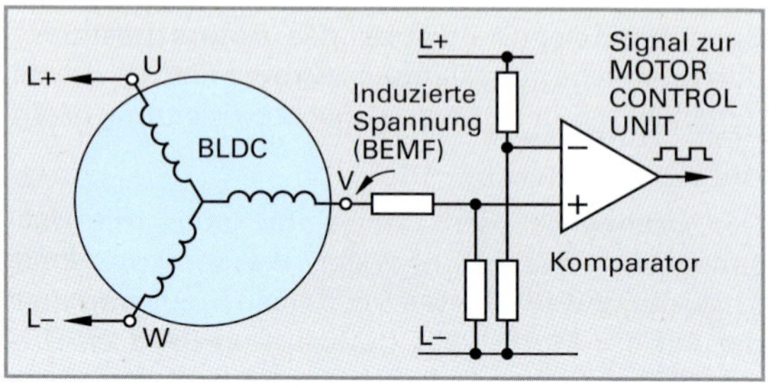

Bild 1: Erfassung des Nulldurchgangs der induzierten Spannung (BEMF) im Strang V

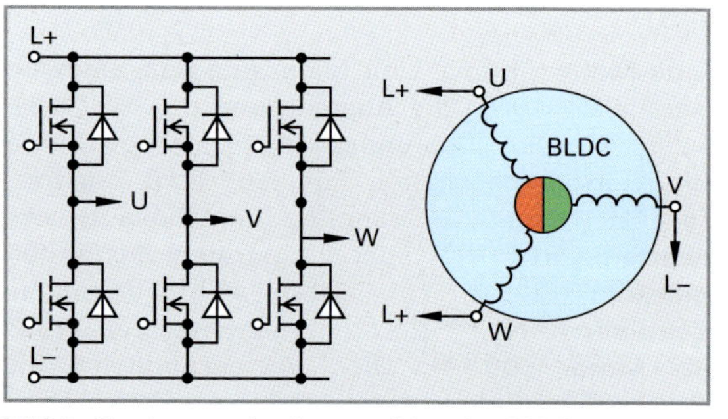

Bild 2: Festlegung der Startposition des BLDC

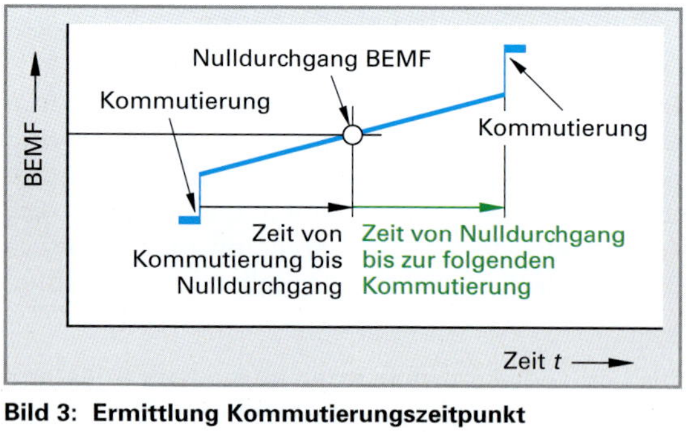

Bild 3: Ermittlung Kommutierungszeitpunkt

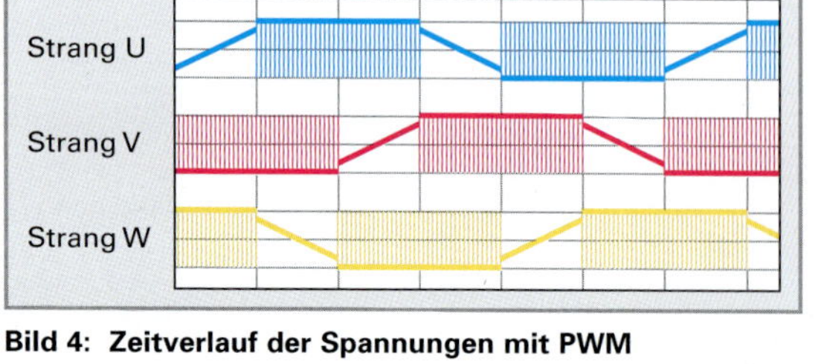

Bild 4: Zeitverlauf der Spannungen mit PWM

6.4.3.4 Vektorregelung eines BLDC

Regelaufgabe

Aufgabe der Vektorregelung ist die genaue Stromregelung einer Drehfeldmaschine. Der Wirkanteil des Stroms I_q bildet das Drehmoment (q = quadrature axis), der Blindanteil I_d (d = direct axis) das Erregerfeld. Beide werden unabhängig voneinander geregelt.

Hierzu werden die Ströme I_u, I_v, I_w gemessen. Die Rotorlage θ wird durch Messung oder Rechnung möglichst genau bestimmt. Die Schwierigkeit besteht darin, dass die Messwerte des Stroms Sinusgrößen, die Sollwerte dagegen Gleichgrößen sind. Deshalb sind mathematische Umrechnungen erforderlich. Die Struktur der Vektorregelung ist in **Bild 1** dargestellt.

Die genaue Kenntnis der Rotorlage ist Voraussetzung für die Vektorregelung.

Verarbeitung der Messwerte

Die drei Phasenströme I_u, I_v, I_w werden in zwei senkrecht stehende Ströme I_α; $I_ß$ umgewandelt **(Tabelle 1)**. Die Ströme I_α; $I_ß$ sind die Komponenten des Stromzeigers, der denselben magnetischen Fluss hervorruft wie die Ströme I_u, I_v, I_w.

Die Ströme I_α; $I_ß$ werden in ein rotierendes Koordinatensystem umgerechnet. Dieses ist am Rotor befestigt **(Bild 2)**. Dadurch ergeben sich zwei scheinbar stillstehende Stromzeiger I_d und I_q.

Mit zwei PI-Reglern für I_d und I_q werden die Spannungen U_d und U_q berechnet. Diese werden in einen rotierenden Spannungsvektor U_S mit $U_{S\alpha}$; $U_{Sß}$ umgerechnet. Der Spannungsvektor steuert den Wechselrichter an **(Bild 3)**, mit PWM werden die Schaltsignale generiert.

Pulsweitenmodulierte Ansteuerung des Wechselrichters bei Vektorregelung wird als Sinuskommutierung bezeichnet.

Vorteile

Mit Sinuskommutierung werden die Oberschwingungen der Strangströme vermindert und damit Verluste und Geräusche des Motors. Die Versorgungsspannung wird besser ausgenutzt und damit die Leistungsfähigkeit des Motors erhöht.

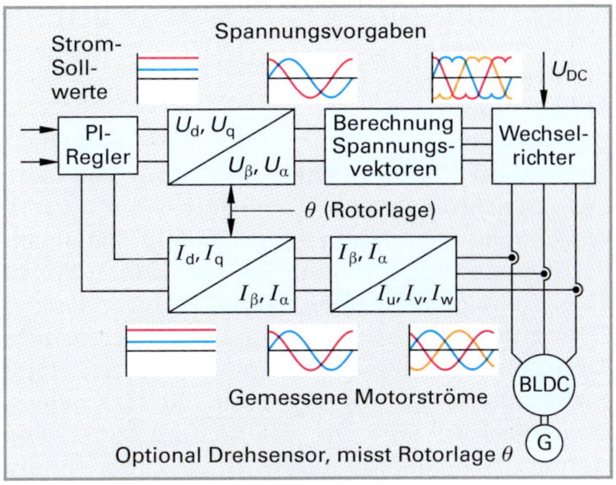

Bild 1: Strukturbild Vektorregelung

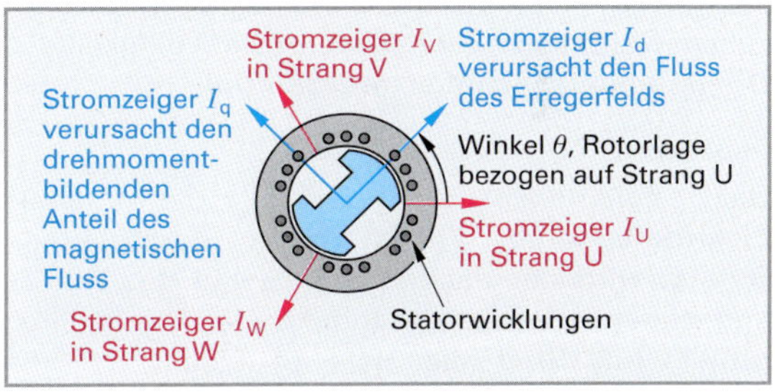

Bild 2: Umrechnung der drei sinusförmigen Strangströme in zwei mit dem Rotor drehende Stromzeiger

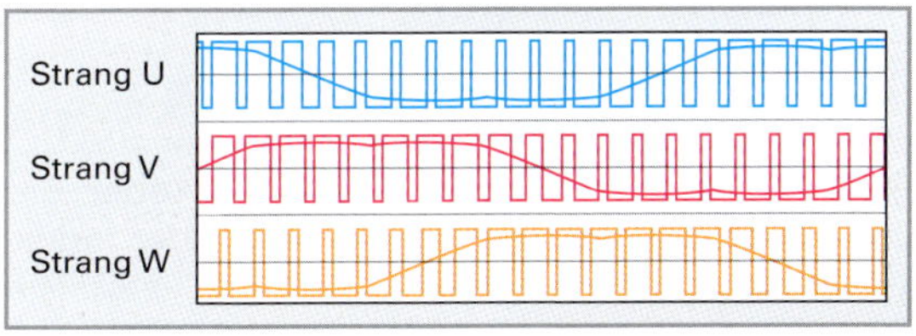

Bild 3: Spannungsvektoren und Schaltsignale mit PWM des Wechselrichters bei Vektorregelung

Tabelle 1: Umrechnung der Vektorregelung	
Umrechnung 3 Phasen in 2 Phasen	$I_\alpha(t) = \frac{2}{3}\left(I_u(t) + \frac{1}{2} I_v(t) - \frac{1}{2} I_w(t)\right)$ $I_ß(t) = \frac{2}{3}\left(I_u(t) + \frac{\sqrt{3}}{2} I_v(t) - \frac{\sqrt{3}}{2} I_w(t)\right)$
Strom in Rotorkoordinaten	$I_d = I_\alpha \cdot \cos\theta + I_ß \cdot \sin\theta$ $I_q = I_ß \cdot \cos\theta - I_\alpha \cdot \sin\theta$
rotierender Spannungsvektor	$U_{S\alpha} = U_d \cdot \cos\theta - U_q \cdot \sin\theta$ $U_{Sß} = U_d \cdot \sin\theta + U_q \cdot \cos\theta$

Wiederholung und Vertiefung

1. **Weshalb werden die Motorströme der drei Phasen in zwei stillstehende Stromzeiger I_d u. I_q umgerechnet?**
2. **Vergleichen Sie PWM bei Blockkommutierung (Bild 3, vorherige Seite) mit PWM bei Sinuskommutierung (Bild 3).**

6.4.3.5 Geschalteter Reluktanzmotor (SRM)

Aufbau

Der geschaltete Reluktanzmotor (engl. Switched Reluctance Motor, SRM) ist eine Variante des Synchronmotors. Der Rotor hat weder Wicklungen noch Magnete, er besteht aus einem Paket gestanzter Bleche mit ausgeprägten Polen. Zweisträngige SRM **(Bild 1)** mit 4 Statorpolen und 2 Rotorpolen (4/2-Konfiguration) haben gestufte Rotorpole. Die Anlaufrichtung aus dem Stillstand wird durch die Stufe eindeutig festgelegt. Dreisträngige SRM in 6/4-Konfiguration sind symmetrisch aufgebaut **(Bild 2)**. Die Drehrichtung wird durch die Reihenfolge der Ansteuerung festgelegt. Ausführungen mit höheren Strangzahlen werden verwendet, wenn die Welligkeit des Drehmoments minimiert werden soll.

Funktion

Das Funktionsprinzip ähnelt dem eines Elektromagneten. Fließt Strom durch einen Strang, wird der nächstliegende Pol des Rotors angezogen, so dass die Induktivität L möglichst groß wird. Sind die Pole in Flucht, ist die Induktivität maximal **(Bild 3)**. Rechtzeitig vorher wird der nächste Strang bestromt, und die Bewegung setzt sich fort.

Antriebssystem

Die Steuerung des SRM gleicht der eines BLDC. Die Rotorlage kann mit Hallsensoren oder Encoder erfasst werden, durch Messung der Induktivität ist auch sensorlose Steuerung möglich. Das Drehmoment des SRM hängt nur von der Stromstärke, nicht von der Stromrichtung ab. Deshalb werden die Stränge mit einer asymmetrischen Brückenschaltung **(Bild 4)** geschaltet.

Bewertung

Der Motor ist einfach aufgebaut, mechanisch robust und preisgünstig zu fertigen. Das Anzugsmoment bei Bemessungsstrom ist sehr hoch. Hohe und höchste Drehzahlen sind möglich. Nachteilig ist das bei kleinen Polzahlen stark wellige Drehmoment. Deshalb läuft ein SRM bei langsamen Drehzahlen ungleichmäßig, bei hohen Drehzahlen ist der Motor laut. Der Motor wird bei kundenspezifischen Massenprodukten verwendet, z. B. Staubsauger, Händetrockner, Festplatten.

Der Reluktanzmotor ist der einfachste, preisgünstigste und robusteste Elektromotor.

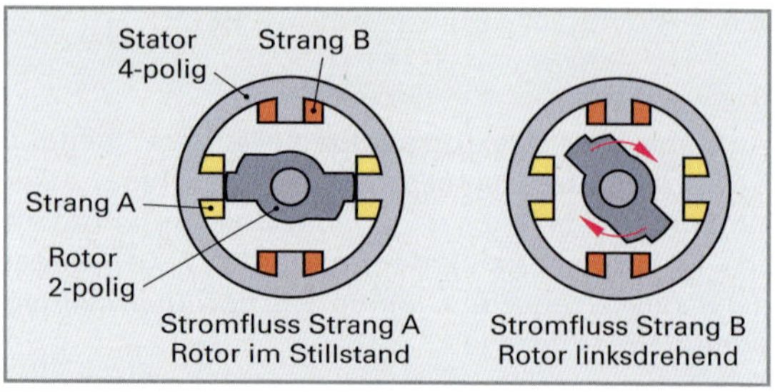

Bild 1: Reluktanzmotor zweisträngig, 4/2-Konfiguration

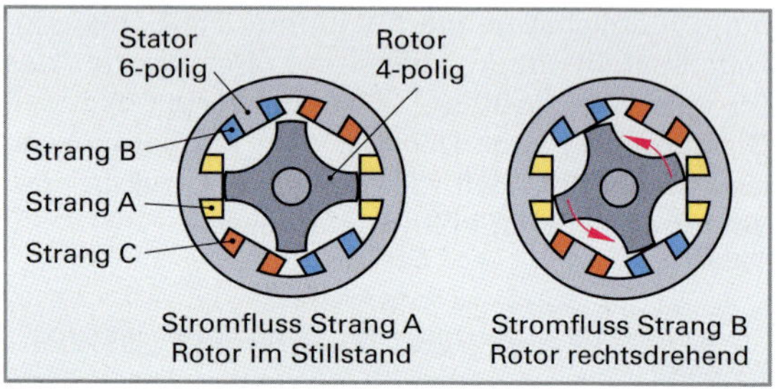

Bild 2: Reluktanzmotor dreisträngig, 6/4-Konfiguration

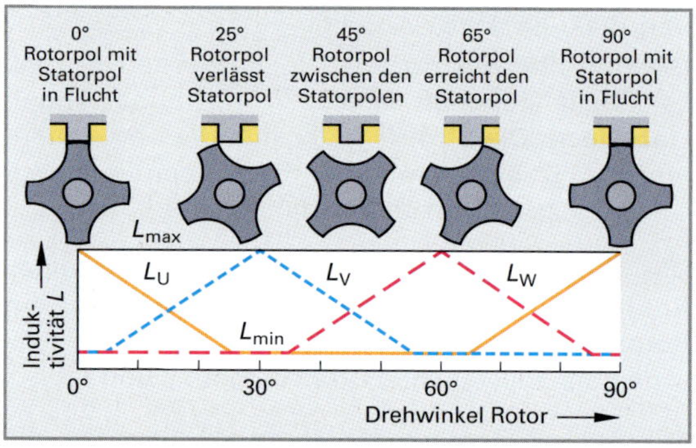

Bild 3: Induktivität in Abhängigkeit vom Drehwinkel bei dreisträngigem Reluktanzmotor

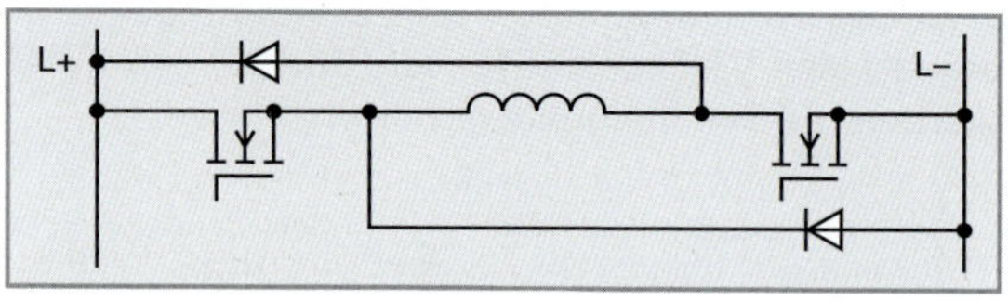

Bild 4: Asymmetrische Brückenschaltung eines Strangs

Wiederholung und Vertiefung

1. **Wie wird beim SRM das Drehmoment gebildet? Wie wird die Drehrichtung festgelegt?**
2. **Erläutern Sie die Funktion der gestuften Rotorpole.**
3. **Stellen Sie Vor- und Nachteile des SRM gegenüber BLDC zusammen.**
4. **Vergleichen Sie Aufbau und Funktion der Asymmetrischen Brückenschaltung mit der H-Brücke.**

6.4.4 Asynchronmotoren steuern

6.4.4.1 Motorschutzgeräte

Die Überlastung eines Motors innerhalb einer Anlage und der damit verbundene Produktionsausfall verursachen Kosten, welche die Investitionen für einen zuverlässigen Überlast- und Motorschutz um ein Vielfaches übersteigen.

Der Vorteil der elektronischen Überlastrelais **(Bild 1)** gegenüber dem konventionellen thermischen Schutz liegt in deren größerem Einstell- und Temperaturbereich sowie der Genauigkeit **(Tabelle 1)**. Zu den Vorteilen der Elektronik gehören außerdem eine von äußeren Temperatureinflüssen unabhängige Auslösekennlinie, ein geringer Eigenenergieverbrauch und eine Phasenausfallempfindlichkeit. Bei Phasenausfall wird der Antrieb innerhalb von 3 s abgeschaltet und so unnötiger 2-Phasenlauf vermieden **(Bild 2)**.

Elektronische Überlastrelais schützen den Motor bei Überlast, Phasenschieflast oder Phasenausfall.

Das Überlastrelais arbeitet mit eingebauten Stromwandlern und einer anwenderspezifischen integrierten Schaltung (ASIC), die stetig den Motorstrom erfasst. Die Energieversorgung der Elektronik erfolgt über die Sekundärwicklung. Von dort aus wird auch der Motorstrom zum ASIC geleitet, in dem die Auslösekennlinie hinterlegt ist.

Elektronische Überlastrelais müssen keine Wärme für die Ausbiegung von Bimetallen erzeugen. Eine spezielle Beschichtung macht die Leiterplatte resistent gegen Feuchtigkeit und aggressive Umgebungsbedingungen. Der Verzicht auf Stromwärme für den Betrieb hat energetisch positive Folgen. So verbraucht das Gerät lediglich ca. 50 mW, was etwa dem Betrieb einer LED entspricht. Auch beim Schaltschrankbau profitiert man von der geringen Verlustleistung, denn die abzuführende Abwärme verringert sich drastisch.

Tabelle 1: Kenndaten elektronischer Überlastrelais (Beispiel 3RB10 Siemens)

Merkmal	Eigenschaft	Bemerkung
Auslöseklasse	Klasse 10, 20, 30	je nach Ausführung
Strombereich	0,1 bis 100 A	in vier Baugrößen
Phasenunsymmetrieerkennung	ja	bei Phasenausfall Auslösung < 3 s
Hilfsschalter	1 S + 1 Ö	für SPS geeignet
Hand-/Automatik-Reset	ja	umschaltbar
Testfunktion	ja	betätigt Öffner und Schließer
Sichere Trennung von Stromkreisen	ja	nach DIN VDE 0105 Teil 101
Eigenenergieverbrauch	50 mW	sehr gering
Frequenzbereich	50/60 Hz	Netzbetrieb
Temperaturbereich	< 70 °C	ohne Temperaturkompensation

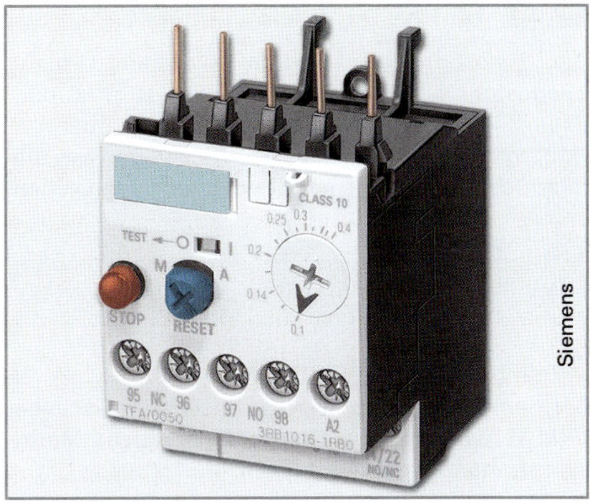

Bild 1: Elektronisches Überlastrelais

Die Relais verfügen über einen weiten Stromeinstellbereich, sodass Motorströme flexibel eingestellt werden. Das bedeutet für die Instand- und Lagerhaltung eine deutliche Variantenreduzierung.

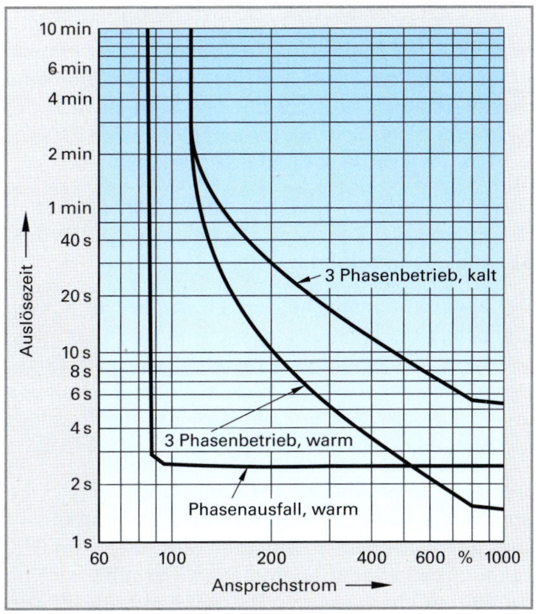

Bild 2: Auslösekennlinien

6.4.4.2 Motorschutz auswählen

Alle Elektromotoren sind in gewissem Umfang überlastbar. Ist aber die Überlastung zu groß oder dauert sie zu lang, werden die Motoren überhitzt. Dadurch wird die Isolation der Wicklungen beschädigt. Deshalb ist stets ein Motorschutz vorzusehen.

Elektromotoren müssen gegen Überlastung und gegen Kurzschluss geschützt werden.

Leistungsschalter (Motorschutzschalter)

Für den Motorschutz werden oft Leistungsschalter **(Bild 1)** verwendet, die deshalb auch Motorschutzschalter genannt werden.

Leistungsschalter verfügen über zwei getrennte Auslösemechanismen:
- Überlastungsschutz durch thermische Auslösung und
- Kurzschlussschutz durch elektromagnetische Auslösung.

Überlast oder Ausfall einer Phase lassen den Motorstrom über den eingestellten Bemessungswert hinaus ansteigen. Der Strom heizt im Inneren des Gerätes über Heizelemente Bimetallstreifen **(Bild 2)** auf. Diese betätigen durch ihr Auslenken den Auslösemechanismus, der Auslöser reagiert zeitlich verzögert. Die Bimetalle modellieren die Erwärmung des Motors, da die Motortemperatur nicht direkt gemessen wird. Deshalb muss je nach Anlaufverhalten und Einsatz des Motors eine geeignete *Auslöseklasse* gewählt werden, z. B. im Normalbetrieb Class 10, für den Ex-Bereich Class 5, bei Schweranlauf Class 20 oder Class 30.

Die Auslöseklasse gibt an, nach welcher Zeit in Sekunden bei 7,2-fachem des eingestellten Stroms die Auslösung erfolgt.

Der elektromagnetische Schnellauslöser ist auf ein Vielfaches des Bemessungsstroms des Leistungsschalters fest eingestellt, meist $12 \cdot I_N$ oder $13 \cdot I_N$. Der thermische Auslöser kann in einem Bereich von etwa $0{,}7 \cdot I_N$ bis $1 \cdot I_N$ auf den Bemessungsstrom des Motors eingestellt werden **(Bild 3)**.

Die Leistungsschalter verfügen über eine *Freiauslösung*, auch bei blockiertem Schaltknebel wirken die Auslösemechanismen auf die Kontakte. Leistungsschalter können meist Kurzschlussströme bis 100 kA abschalten. In diesem Fall erübrigt sich der Einsatz zusätzlicher Schmelzsicherungen.

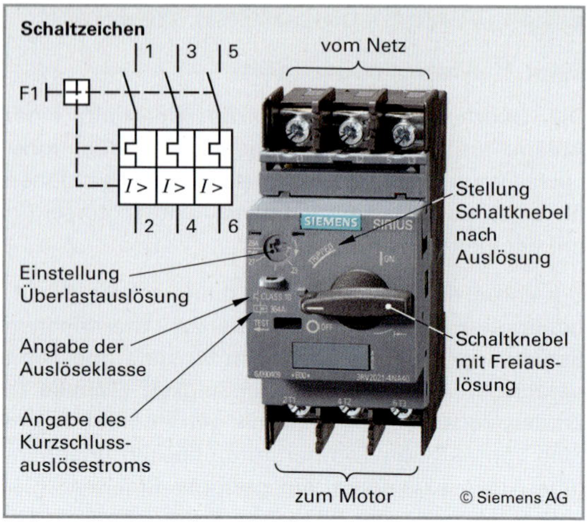

Bild 1: Leistungsschalter (Motorschutzschalter)

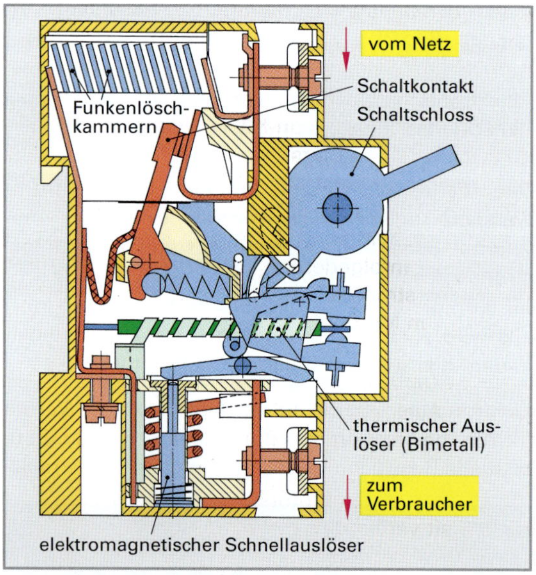

Bild 2: Aufbau des Motorschutzschalters

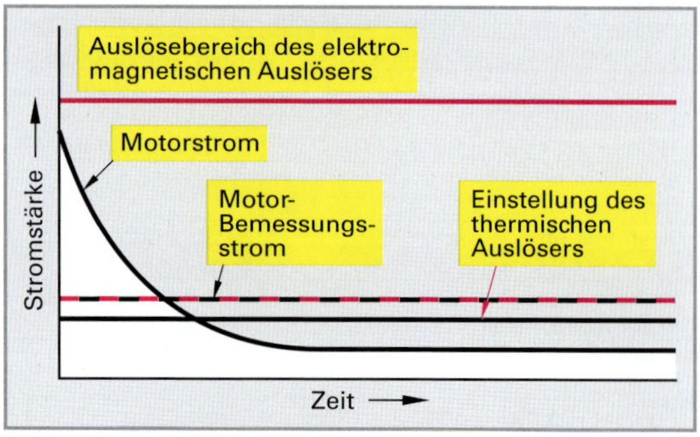

Bild 3: Schutz des Motors durch die Auslöser des Motorschutzschalters

Thermisches Überlastrelais

Das thermisches Überlastrelais **(Bild 1)** arbeitet wie der thermische Auslöser des Motorschutzschalters. Bei Überlastung wird ein Öffnerkontakt betätigt, der im Steuerstromkreis in Reihe mit der Schützspule geschaltet ist **(Bild 2)**. Dadurch schaltet Q1 den Motor ab. Nach dem Auslösen ist das Relais gegen Wiedereinschalten gesperrt. Es muss ein manueller Reset erfolgen, falls nicht die Wiedereinschaltsperre auf „A" eingestellt ist. Der Kurzschlussschutz des Motors wird durch vorgeschaltete Schmelzsicherungen oder LS-Schalter realisiert. Wird ein Sanftanlaufgerät verwendet, sollte ein thermisches Überlastrelais verwendet werden, sodass bei Überlast der Motor sanft gebremst wird.

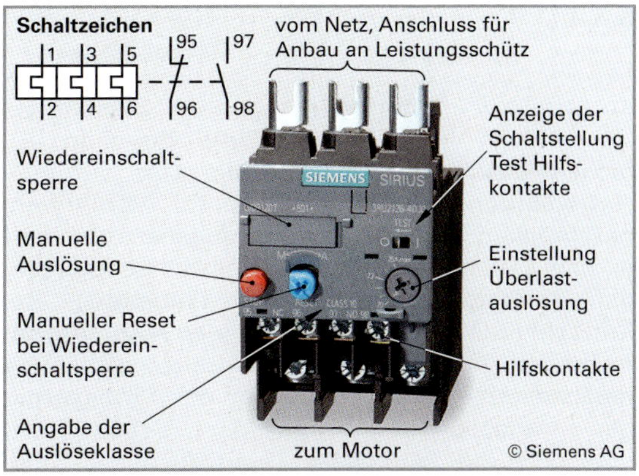

Bild 1: Thermisches Überlastrelais (Motorschutzrelais)

Motorvollschutz mit Kaltleitern

Beim Motorvollschutz mit Kaltleitern wird die *Wicklungstemperatur* des Motors überwacht, nicht seine Stromaufnahme. In Schaltung **Bild 3** wird durch Betätigen von S3 ein Auslösegerät F3 mit Relais K2 in Betrieb genommen. Dadurch schließt K2 und bereitet den Steuerstromkreis von Q1 vor. In Reihe mit der Erregerwicklung von K2 liegen Kaltleiterwiderstände als Temperatursensoren (Temperaturfühler) B1. Diese sind direkt in die Wickelköpfe der Wicklung des Motors eingebunden. Wenn die Motorwicklung zu heiß wird, nimmt der Widerstand von B1 stark zu. Infolgedessen fällt K2 ab. Dadurch wird der Steuerstromkreis von Q1 unterbrochen. Q1 schaltet den Motor ab.

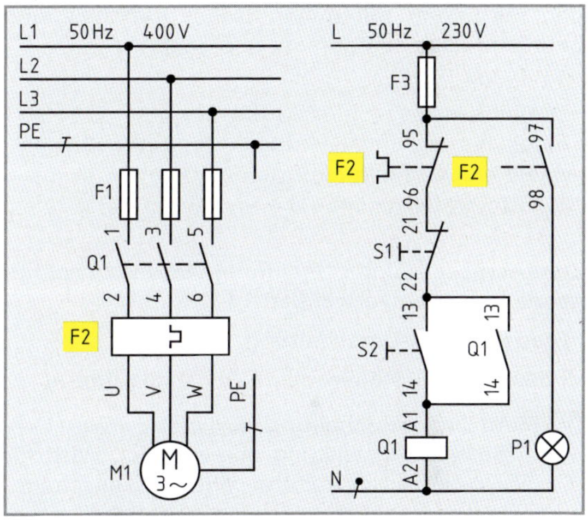

Bild 2: Motorsteuerung durch Schütz mit thermischem Überlastrelais

Durch Kaltleiterwiderstände in Verbindung mit einem Auslösegerät kann die Wicklungstemperatur von Motoren direkt überwacht werden.

Mit dieser Art des Motorschutzes ist eine größere Sicherheit verbunden. Bei Motoren mit Leistungen über 30 kW erwärmt sich bei blockiertem Läufer die Ständerwicklung langsamer als der Läuferkäfig. Deshalb wird auch die Stromaufnahme überwacht, um den Motor vollständig zu schützen. Dieser Motorvollschutz wird vor allem bei großen Motoren angewendet.

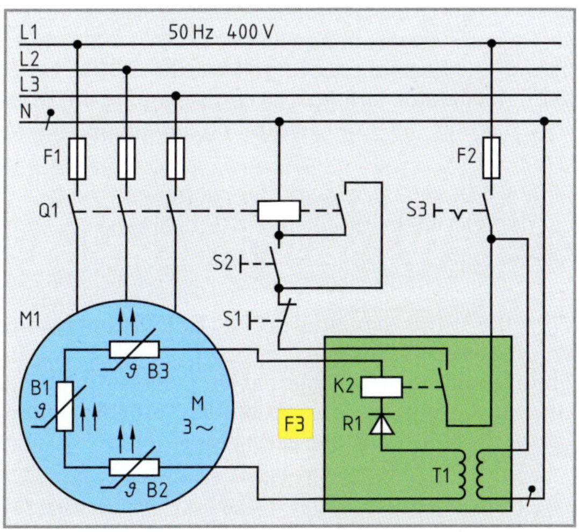

Bild 3: Schaltung eines Motorvollschutzes mit Kaltleitern

Wiederholung und Vertiefung

1. **Beschreiben Sie die Funktionsweise der zwei Auslösemechanismen eines Motorschutzschalters.**
2. **Worin unterscheiden sich Motorschutzschalter und thermisches Überlastrelais?**
3. **Welche Vorteile und Nachteile hat der Motorvollschutz mit Kaltleitern gegenüber einem thermischen Überlastrelais?**
4. **Welche Aufgabe hat die Wiedereinschaltsperre?**

6.4.4.3 Anlassen von Kurzschlussläufermotoren (Ständeranlassverfahren)

Kurzschlussläufermotoren haben zu Beginn des Hochlaufens hohe Anlaufströme bis zum 10-fachen des Bemessungsstroms. Um störende Netzspannungsschwankungen zu vermeiden, beschränken die VNB (Verteilungsnetzbetreiber) in den TAB (Technische Anschlussbedingungen) den zulässigen Anzugsstrom **(Tabelle 1)**. Bei Kurzschlussläufermotoren kann der Anzugsstrom nur durch Verminderung der Anschlussspannung herabgesetzt werden. Dabei ist der Strangstrom der Strangspannung proportional. Kraftmoment und Leistung sind dem Quadrat der Strangspannung proportional. Deshalb sind die Anlassverfahren vor allem bei unbelastetem Anlauf und für Lasten mit quadratischer Kennlinie und geringem Losbrechmoment geeignet.

Drehstrom-Kurzschlussläufermotoren bis zu einer Bemessungsleistung von 4 kW werden direkt eingeschaltet. Für den Anlauf von größeren Motoren setzt man die Spannung herab.

Zum Herabsetzen der Spannung werden meist folgende Verfahren verwendet:

- Stern-Dreieck-Umschaltung,
- Phasenschnittsteuerung im Sanftanlaufgerät.

Die Stern-Dreieck-Schaltung wird bis zu etwa 11 kW Motor-Bemessungsleistung angewendet. Wird für die Stern-Dreieck-Schaltung ein Nockenschalter angewendet, so gehen vom Netz zum Schalter vier Adern (einschließlich PE), vom Schalter zum Motor aber sieben Adern **(Bild 1)**.

Beim Stern-Dreieck-Anlauf wird der Motor zuerst in Sternschaltung eingeschaltet. Am 400-V-Netz beträgt die Strangspannung 400 V/√3 = 230 V. Nach dem Hochlaufen erfolgt die Umschaltung in Dreieckschaltung, die Strangspannung beträgt nun 400 V.

Ein Motor mit den Spannungsangaben △ 400 V; Y 690 V ist für den Stern-Dreieck-Anlauf am 400-V-Netz geeignet.

Wie die Strangspannung ist der Strangstrom in Dreieckschaltung um Faktor √3 größer als in Sternschaltung. In symmetrischer Dreieckschaltung ist der Strom in der Zuleitung nochmal um Faktor √3 größer als der Strangstrom.

Bei Stern-Dreieck-Anlauf werden Anlaufstrom und Anzugmoment um den Faktor 3 reduziert.

Tabelle 1: Anschluss von Motoren am öffentlichen Niederspannungsnetz nach TAB

Motorenart	Bedingung
Einphasen-Wechselstrommotoren (gelegentlich anlaufend)	Scheinleistung ≤ 1,7 kVA
Drehstrommotoren (gelegentlich anlaufend)	Anzugstrom ≤ 60 A Scheinleistung ≤ 5,2 kVA

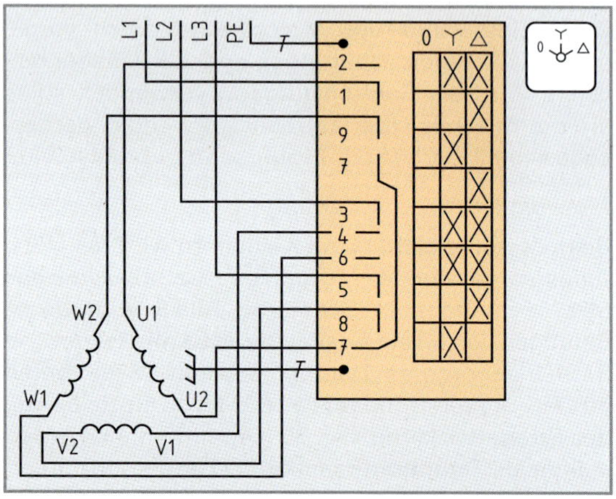

Bild 1: Stern-Dreieck-Schalter als Nockenschalter

Der Motorschutz erfolgt durch thermische Überlastrelais, die in Reihe zu den Strängen geschaltet werden. Der zulässige Strangstrom entspricht 58 % des Bemessungsstroms in Dreieckschaltung. Der Motor darf in Sternschaltung nur mit 58 % der Bemessungsleistung belastet werden, wenn nicht in Dreieckschaltung umgeschaltet wird.

Beispiel 1: Anzugströme und Anzugmomente bei verschiedenen Anlassarten

Ein Dreiphasen-Käfigläufermotor hat laut Datenblatt folgende Bemessungswerte:

U_N = 400 V △; I_N = 27,5 A; $I_{Anz} = 6{,}5\,I_N$; M_{Anz} = 100 Nm

Berechnen Sie den Anzugstrom und Anzugmoment
a) beim direkten Einschalten,
b) beim Stern-Dreieckanlauf,
c) mit Sanftanlaufgerät, Spannung wird auf 40 % reduziert.

Lösung:

a) I_{Anz} = 6,5 · 27,5 A = **178,75 A**; M_{Anz} = **100 Nm**

b) In Sternschaltung wird die Strangspannung um √3 reduziert. Durch die Umschaltung des Ständers wird der Strom ebenso wie das Kraftmoment quadratisch reduziert.

$U_{Strang} = U_N / \sqrt{3}$ = 400 V / √3 = 230 V

I_z = 6,5 · 27,5 A / 3 = **59,6 A**; M_{Anz} = 100 Nm / 3 = **33,3 Nm**

c) Das Sanftanlaufgerät reduziert den Strom proportional zur Spannung, das Kraftmoment jedoch quadratisch.

I_{Anz} = 6,5 · 27,5 A · 0,4 = **71,5 A**; M_{Anz} = 100 Nm · $0{,}4^2$ = **16 Nm**

Elektronische Sanftanlaufgeräte (Sanftstarter) werden für Bemessungsleistungen bis zu 1,2 MW bei 400 V gebaut. Sie bestehen aus einem Leistungsteil und einem Steuerteil **(Bild 1)**. Der Leistungsteil arbeitet als Drehstromsteller. Entweder in zwei Phasen oder in allen drei Phasen werden gegenparallel angeordnete Thyristoren zum Anschneiden des Motorstroms und Stromwandler zur Erfassung des Motorstroms angeordnet. Der Steuerteil enthält einen Mikrocomputer und eine Steuereinheit zur Erzeugung der Zündimpulse.

Durch den Phasenanschnitt vermindert sich der Effektivwert der Spannung. Die Stromstärke vermindert sich proportional, das Kraftmoment quadratisch zum Effektivwert der Spannung.

Für Bemessungsleistungen bis etwa 10 kW bei 400 V kann das Sanftanlaufgerät mit einem Motorschutzschalter in einem Gerät kombiniert sein. Dann spricht man auch von einem *elektronischen Motorstarter*. Bei größeren Geräten sind Schützkontakte als Bypass integriert. Nach Ende des Anlaufs werden die Thyristoren überbrückt. Damit wird die Verlustleistung minimiert und die Halbleiter werden geschont.

Durch ein Bypassschütz parallel zum Drehstromsteller wird im Dauerbetrieb die Verlustleistung minimiert.

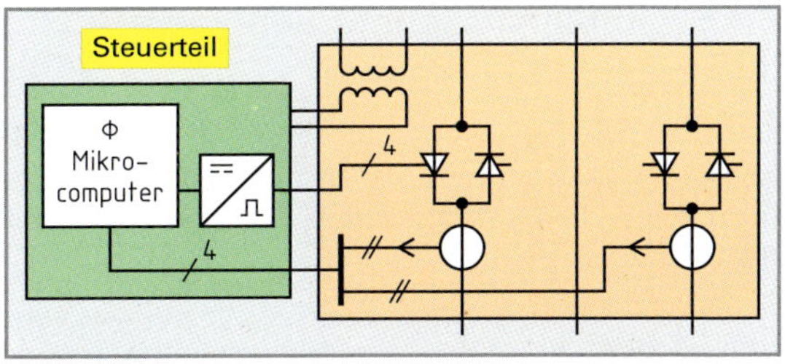

Bild 1: Prinzipieller Aufbau eines Sanftanlaufgeräts

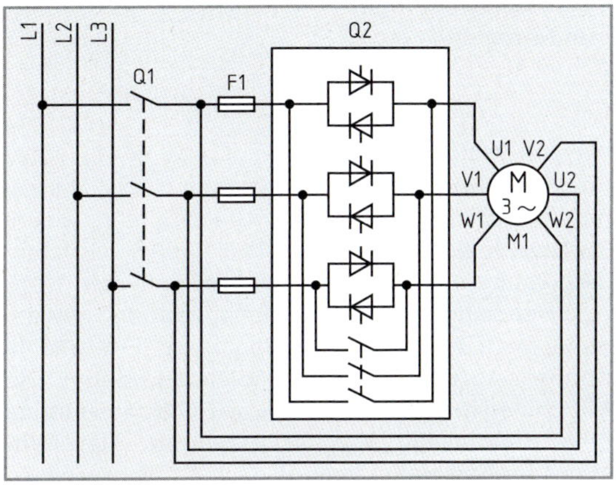

Bild 2: Sanftanlaufgerät mit Bypass in Wurzel-3-Schaltung

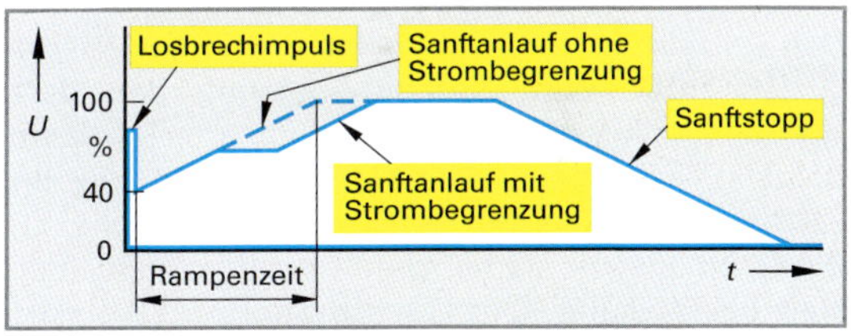

Bild 3: Spannungsverlauf beim Anlassen mit Sanftanlaufgerät

Zur Verminderung der Baugröße können Sanftanlaufgeräte bei in Dreieck geschalteten Motoren auch in der *Wurzel-3-Schaltung* eingesetzt werden **(Bild 2)**. Da bei Dreieckschaltung der Strangstrom um $\sqrt{3}$ kleiner ist als der Leiterstrom, kann das Sanftanlaufgerät entsprechend kleiner dimensioniert werden.

Beim Sanftanlauf wird durch Anschnittsteuerung die Motorspannung von zunächst 40 % der Bemessungsspannung auf 100 % erhöht **(Bild 3)**. Sobald das Anzugsmoment das Losbrechmoment überschreitet, läuft der Motor langsam an und erreicht erst allmählich seine volle Drehzahl. Die *Rampenzeit* bestimmt die Anstiegsgeschwindigkeit der Spannungsrampe. Sie kann je nach Gerät zwischen 0 s und 360 s eingestellt werden.

Erreicht der Motorstrom während des Anlaufs die Stromgrenze, wird die Rampenspannung nicht weiter erhöht. Erst nach Verminderung der Stromstärke wird die Spannung weiter angehoben.

Zum Überwinden des Losbrechmoments kann kurzzeitig eine höhere Spannung (*Losbrechimpuls*) verwendet werden (Bild 3). Beim Abschalten des Motors wird während einer unabhängig einstellbaren Rampenzeit die Motorspannung vermindert. Dieser *Sanftstopp* dient zur Schonung der angetriebenen Maschine.

Wiederholung und Vertiefung

1. **Warum sind nach TAB Anzugsstrom und Bemessungsleistung eines Kurzschlussläufermotors begrenzt?**
2. **Welche Spannungsangabe muss ein Drehstrommotor für den Stern-Dreieck-Anlauf am 440V-Netz tragen?**
3. **Geben Sie die Vorteile und Nachteile der Stern-Dreieckschaltung gegenüber dem Einsatz eines Sanftanlaufgeräts an.**
4. **Erläutern Sie die Unterschiede zwischen Wurzel-3-Schaltung und der Standardschaltung eines Sanftanlaufgeräts.**
5. **Welche Funktion hat der Bypass im Sanftanlaufgerät?**
6. **Was versteht man unter Rampenzeit und Strombegrenzung eines Sanftanlaufgeräts?**

6.4.5 Drehzahl mit Frequenzumrichter FU steuern

Die Drehzahl von Drehfeldmotoren ist frequenzabhängig. Bei Synchronmotoren und Asynchronmotoren kann die Drehzahl durch Frequenzumrichter (FU) gesteuert werden **(Bild 1)**.

FU richten eine Wechselspannung mit Netzfrequenz z. B. 400 V 50 Hz in eine dreiphasige Wechselspannung mit einstellbarer Frequenz und Amplitude um.

6.4.5.1 Frequenzumrichter mit Zwischenkreis

Frequenzumrichter mit Zwischenkreis bestehen im Prinzip aus einem Gleichrichter, einem Zwischenkreis und einem Maschinenstromrichter **(Bild 2)**. Im Netzstromrichter wird aus der Netzwechselspannung eine Gleichspannung gewonnen. Der Zwischenkreis speichert Energie in Kondensatoren und stellt Blindleistung bereit. Der Maschinenstromrichter bildet aus Gleichspannung eine dreiphasige Wechselspannung. Der Wirkungsgrad eines FU liegt je nach Größe zwischen 95 % und 97 %.

Netzstromrichter (Eingangsgleichrichter)

Der Netzstromrichter ist meist ein ungesteuerter Gleichrichter. Wird Netzrückspeisung gefordert, werden zwei unabhängige vollgesteuerte Thyristorbrücken verwendet **(Bild 3)**. Dabei arbeiten die Thyristoren Q1 bis Q6 als Gleichrichterbrücke, Q7 bis Q12 dagegen als netzgeführter Wechselrichter. Netzrückspeisung sorgt für Erhöhung des elektrischen Wirkungsgrades. Dadurch wird die Erwärmung von Schaltschränken und Schalträumen vermindert und die Einhaltung der vorgeschriebenen Umgebungstemperaturen vereinfacht.

Spannungszwischenkreis

Der *Spannungszwischenkreis* besteht insbesondere aus Kondensatoren großer Kapazität und Spulen. Er hat folgende Aufgaben:

- Energiespeicherung,
- Glättung der Gleichspannung und
- Widerstandsbremsung

Die Kondensatoren halten die Zwischenkreisspannung weitgehend konstant. Bei generatorischem Bremsen kann Energie aufgenommen werden, dadurch steigt die Zwischenkreisspannung an. Wegen der großen Kapazität der Kondensatoren kann noch einige Minuten nach Abschalten des FU Spannung an den Kondensatoren anliegen. Die Spulen glätten

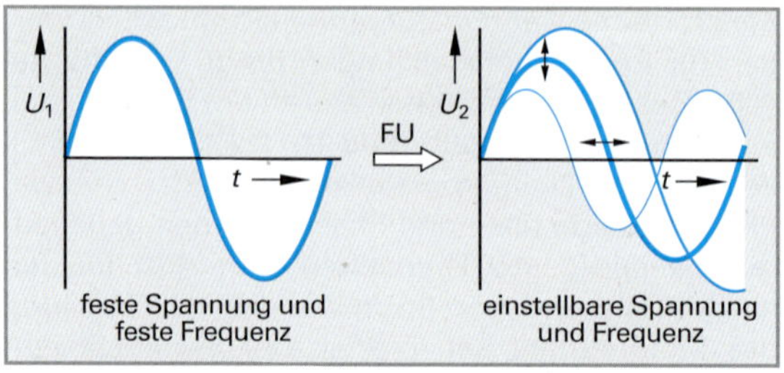

Bild 1: Funktionsweise eines Frequenzumrichters

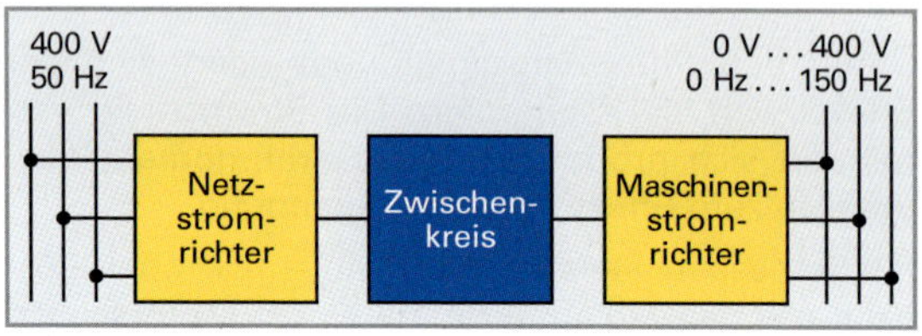

Bild 2: Umrichter mit Zwischenkreis

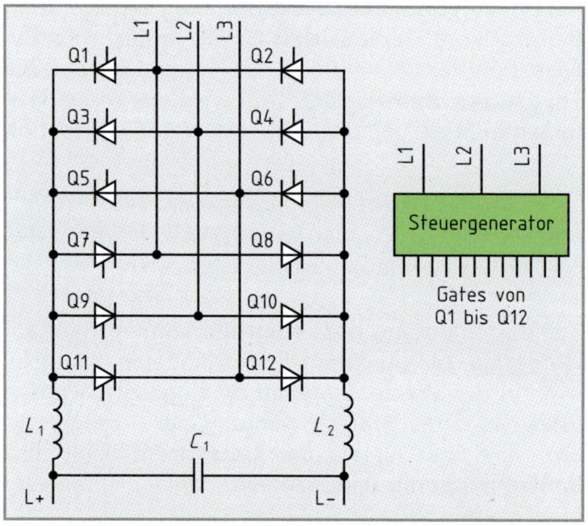

Bild 3: Netzstromrichter mit Energierückspeisung

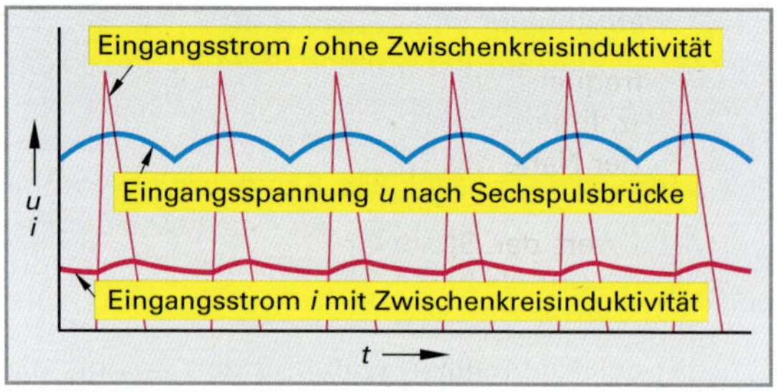

Bild 4: Eingangsstrom Netzstromrichter mit und ohne Zwischenkreisinduktivität

den Eingangsstrom des Netzstromrichters **(Bild 4)**. Geeignete Zwischenkreisspulen reduzieren den Effektivwert des Eingangsstroms um bis zu 40 %. Frequenzumrichter mit Spannungszwischenkreis werden als U-Umrichter bezeichnet.

Im Vierquadrantenbetrieb arbeitet der Motor zeitweise als Generator. Die generatorisch erzeugte elektrische Energie muss im Zwischenkreis aufgenommen werden, falls keine Netzrückspeisung vorgesehen ist **(Bild 1)**. Dabei wird zunächst der Zwischenkreiskondensator C_1 aufgeladen. Wird die höchstzulässige Zwischenkreisspannung erreicht, muss die elektrische Energie in Wärme umgewandelt werden. Dafür dient IGBT Q4. Dieser wird als Chopper (engl. to chop: zerhacken) bezeichnet. Der Chopper schließt den Zwischenkreis über den Bremswiderstand R_4 kurz, bis die Zwischenkreisspannung wieder auf ihren Sollwert abgesunken ist.

Maschinenstromrichter

Beim U-Umrichter (Bild 1) ist wegen C_1 nicht dauernd eine Verbindung zwischen Motor und Netz vorhanden. Deshalb kann das Netz nicht immer die Blindleistung liefern. Es muss gewährleistet sein, dass nach Abschaltung der IGBTs des Wechselrichters der Stromfluss der Motorwicklungen erhalten bleibt. Deshalb werden Freilaufdioden gegenparallel zu den IGBTs geschaltet.

Freilaufdioden schützen die IGBTs vor Zerstörung duch induktive Überspannungen.

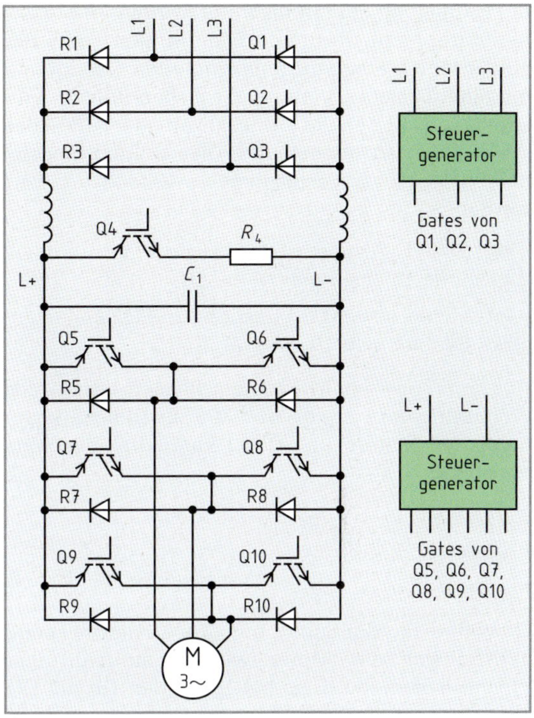

Bild 1: U-Umrichter für Vierquadrantenbetrieb ohne Energierückspeisung mit Chopper

6.4.5.2 Pulsweitenmodulation (PWM)

Im Wechselrichter werden aus der Zwischenkreisgleichspannung drei Wechselspannungen mit variabler Frequenz und Amplitude hergestellt. Wird bei einem U-Umrichter innerhalb jeder Halbperiode die Amplitude der Spannungsimpulse konstant gehalten, jedoch die Weite der Impulse den Anforderungen angepasst **(Bild 2)**, so spricht man von *Pulsweitenmodulation (PWM)* oder *Pulsbreitenmodulation.*

Die Pulsfrequenz bleibt bei der PWM meist gleich, z. B. 4 kHz. Innerhalb jeder Halbperiode sind die Impulse in der Nähe des Nulldurchgangs schmäler als in der Mitte des Impulspakets (Bild 2). Dadurch ist der Mittelwert der Spannung besser an die Sinusform angepasst als bei gleich breiten Impulsen.

Bei PWM wird eine sinusförmige Spannung durch Spannungsimpulse variabler Breite nachgebildet.

Trotz konstanter Pulsfrequenz ist mit PWM die Frequenzsteuerung möglich. Zu diesem Zweck ändert man in jeder Halbperiode die Zahl der Rechteckimpulse.

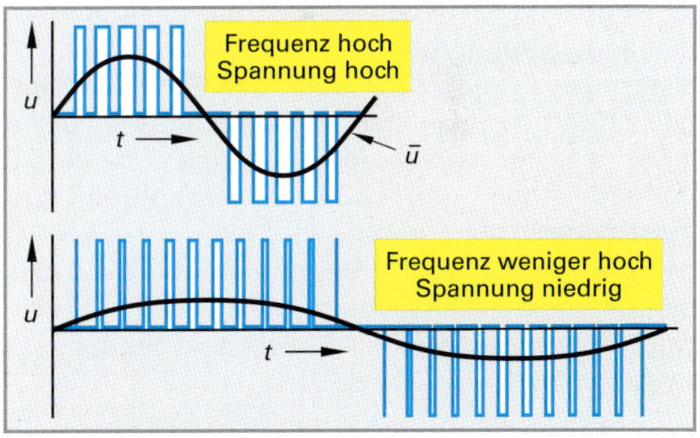

Bild 2: Pulsweitenmodulation (PWM) mit konstanter Zwischenkreisspannung

Ebenso kann die Amplitude der Grundschwingung verändert werden (Bild 2). Je schmaler die Breite der einzelnen Impulse gewählt wird, desto geringer ist die Amplitude der Grundschwingung.

Beispiel 1: Frequenz der Grundschwingung berechnen

Die Pulsfrequenz beträgt f_p = 4 kHz. In einer Periode der Ausgangsspannung liegen n = 50 Rechteckimpulse. Berechnen Sie die Frequenz f der Grundschwingung.

Lösung:

$f = f_p / n$ = 4000 Hz / 50 = **80 Hz**

Zur Festlegung der Impulsbreite werden im Steuergenerator sinusförmige Spannungen mit der gewünschten Frequenz und Amplitude erzeugt und mit einer Dreieckspannung verglichen **(Bild 1)**. Entsprechend werden die Transistoren oder IGBTs des Wechselrichters angesteuert. Dies soll am Beispiel der Phase 1 des Wechselrichters **(Bild 2)** erläutert werden.

- Ist $u_1 > u_D$, so wird Q1 angesteuert und Q2 gesperrt. Deshalb gilt: $U_{10} \approx U_{ZK}$
- Ist $u_1 < u_D$, so wird Q1 gesperrt und Q2 angesteuert. Deshalb gilt: $U_{10} \approx 0$ V

Aus dem Zusammenwirken der Phasen 1 und 2 des Wechselrichters ergibt sich die Außenleiterspannung des Motors u_{12}. Diese kann drei Zustände annehmen:

- $u_{10} > u_{20}$: $u_{12} = +U_{ZK}$
- $u_{10} = u_{20}$: $u_{12} = 0$
- $u_{10} < u_{20}$: $u_{12} = -U_{ZK}$

Obwohl diese Spannung nur drei Zustände kennt, verhält sich der Motor wie an sinusförmiger Wechselspannung. Dies hat folgenden Grund: Die Frequenz der Dreieckspannung (Taktfrequenz) ist wesentlich höher als die gewünschte Ausgangsfrequenz. Die Motorspulen haben eine hohe Induktivität, so dass sich der Motorstrom nicht sprunghaft ändern kann. Auf den Motor wirkt deshalb vor allem die Grundschwingung der Spannungsimpulse (Bild 1). Je höher die Taktfrequenz, desto leiser arbeitet der Motor. Allerdings steigt die Verlustleistung der IGBT bei Erhöhung der Taktfrequenz. Bei niedrigen Taktfrequenzen ist die elektromagnetische Verträglichkeit (EMV) des Motors besser, benachbarte elektronische Geräte werden weniger gestört. Üblich sind Frequenzen zwischen 2 kHz und 20 kHz.

Auch wenn die Amplitude der Grundschwingung gering ist, wirkt auf die Isolation der Wicklung die volle Zwischenkreisspannung.

Am FU dürfen nur Motoren betrieben werden, deren Isolationsfestigkeit der Zwischenkreisspannung des FU entspricht.

Die Form des Motorstroms hängt von der Aussteuerung des Umrichters ab. Bei kleiner Aussteuerung (schmale Impulse) ist der Motorstrom fast sinusförmig. Mit zunehmender Aussteuerung nehmen die Oberschwingungen zu **(Bild 3)**. Deshalb ist am Ausgang des Umrichters oft ein Filter (Tiefpass) angeordnet.

ⓘ **FU** Frequenzumrichter, im engl.
FI Frequency Inverter.

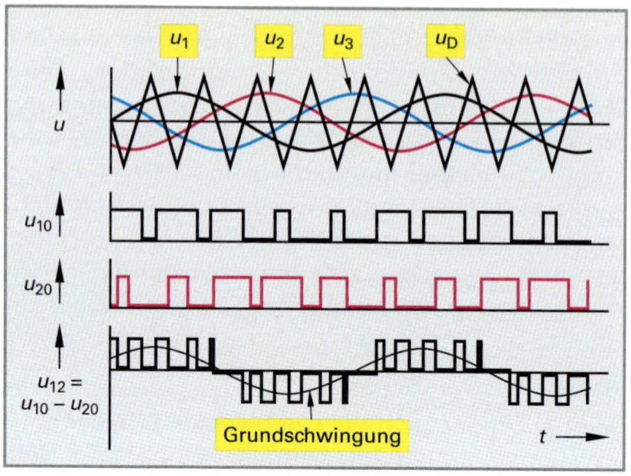

Bild 1: Ermittlung der Impulsweiten bei Pulsweitenmodulation (PWM)

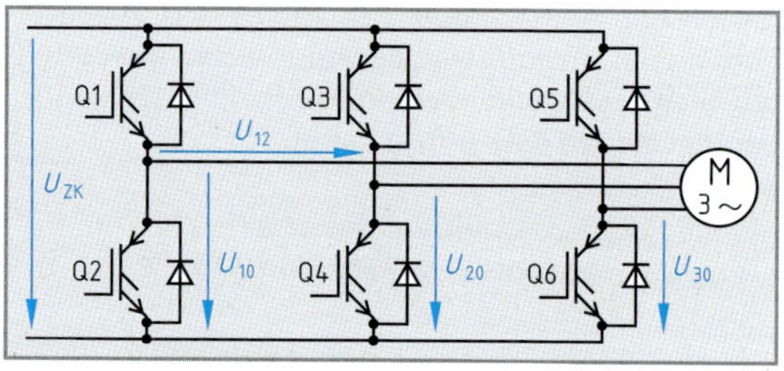

Bild 2: Wechselrichter

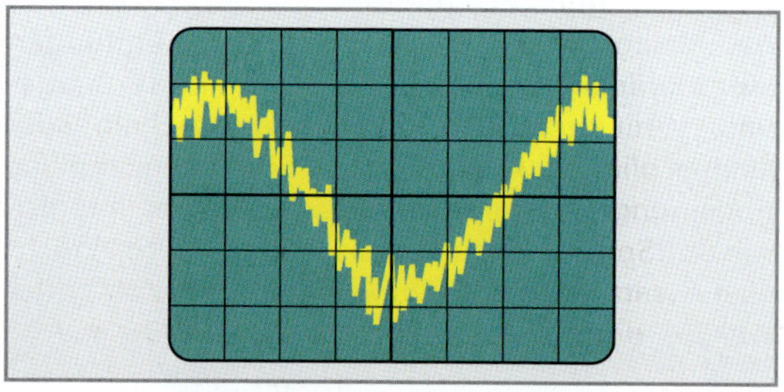

Bild 3: Oszillogramm des Motorstroms beim PWM-Umrichter mit halber Aussteuerung

Wiederholung und Vertiefung

1. **Beschreiben Sie den prinzipiellen Aufbau eines Umrichters mit Spannungszwischenkreis.**
2. **Nennen Sie die Bestandteile eines Spannungszwischenkreises.**
3. **Erläutern Sie die Aufgaben eines Spannungszwischenkreises**
4. **Erläutern Sie Aufbau und Arbeitsweise eines dreiphasigen Wechselrichters.**
4. **Erläutern Sie die Arbeitsweise der Pulsweitenmodulation.**
6. **Nennen Sie je zwei Vorteile und Nachteile hoher Taktfrequenzen des Wechselrichters.**

6.4.5.3 Zusammenhang zwischen Spannung und Frequenz

Der Motor am Frequenzumrichters (FU) soll in einem weiten Frequenzbereich sein Bemessungsmoment abgeben.

Hierzu muss der Fluss Φ im Luftspalt zwischen Ständer und Läufer konstant bleiben. Deshalb wird der Magnetisierungsstrom I_μ in den Motorsträngen konstant gehalten. Bei Frequenz f_2 oberhalb etwa 15 Hz muss die Ausgangsspannung U_2 des FU in gleichem Maß steigen wie die Frequenz.

Magnetisierungsstrom I_μ konstant:

$I_\mu \approx U_2/Z_{Str}$ $\qquad Z_{Str} = \sqrt{R_{Str}^2 + (2\pi \cdot f_2 \cdot L_{Str})^2}$

f_2 klein: $Z_{Str} \approx R_{Str}$ $\qquad \Rightarrow U_2 \approx$ konstant

f_2 groß: $Z_{Str} \approx 2\pi \cdot f_2 \cdot L_{Str}$ $\qquad \Rightarrow \boxed{U_2 \sim f_2}$

U_2	Ausgangspannung des FU
f_2	Ausgangsfrequenz des FU
I_μ	Magnetisierungsstrom durch einen Motorstrang
U_{Str}	Spannung an einem Motorstrang
L_{Str}	Induktivität eines Motorstrangs
R_{Str}	Wirkwiderstand eines Motorstrangs

Die Leistungsfähigkeit des Motors wird voll ausgenutzt, wenn U_2 im gleichen Maß steigt wie f_2.

Der Zusammenhang zwischen U_2 und f_2 ist in **Bild 1** dargestellt. Die Spannung wird so lange proportional zur Frequenz angehoben, bis der Bemessungswert erreicht ist (*Spannungsstellbereich*) und bleibt dann konstant (*Feldstellbereich*). Die Frequenz, ab der die Spannung U_2 konstant bleibt, wird Eckfrequenz genannt.

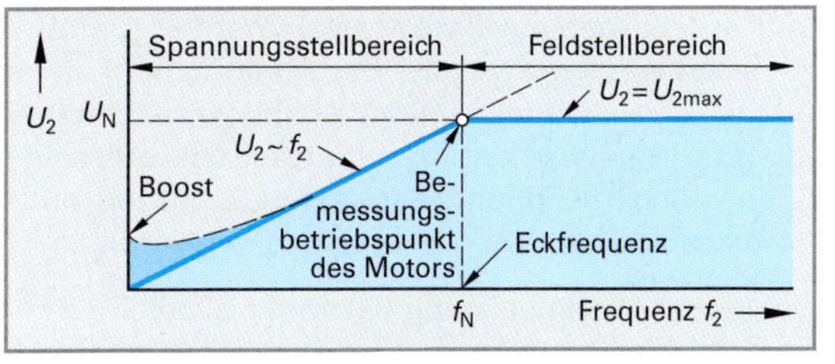

Bild 1: Zusammenhang zwischen Frequenz f_2 und Spannung U_2 am Ausgang des FU (Motor im Y)

Die Spannung U_2 wird begrenzt durch den Bemessungswert der Spannung U_N, die der FU liefern kann, sowie durch die Isolationsfestigkeit des Motors.

Bei niedrigen Frequenzen fällt ein Großteil der Motorspannung am Wirkwiderstand der Motorstränge ab. Um den Magnetisierungsstrom und damit den Fluss Φ konstant zu halten, wird die Kennlinie bei niedrigen Frequenzen durch den Boost (engl: to boost = verstärken, erhöhen) angehoben. Sollen Motoren unter Last anlaufen, kann eine zusätzliche Spannungsanhebung parametriert werden, um das Anlaufmoment zu erhöhen.

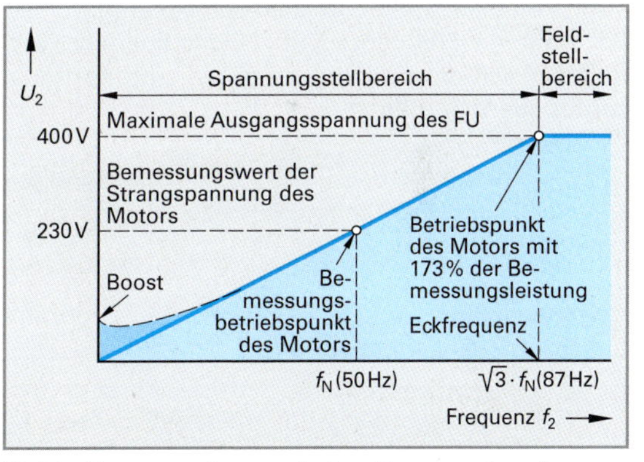

Bild 2: Zusammenhang zwischen Frequenz f_2 und Spannung U_2 bei 87-Hz-Kennlinie (Motor im Δ)

87-Hz-Kennlinie

Meist werden die Werte für Eckfrequenz und die zulässige Strangspannung dem Leistungsschild des Motors entnommen. Wird jedoch ein FU gewählt, dessen Ausgangsspannung die Strangspannung übersteigt, kann der Spannungsstellbereich über 50 Hz hinaus erweitert werden (**Bild 2**). Dadurch kann der Motor eine höhere Leistung abgeben. Die Leistung des FU muss ebenfalls entsprechend größer gewählt werden. Falls nämlich die Stromgrenze des FU erreicht wird, wird die Ausgangsfrequenz f_2 auf einen Wert unterhalb der Sollfrequenz begrenzt.

Von Vorteil ist die geringere Baugröße des schnell laufenden Motors.

87-Hz-Kennlinie

Ausgangsspannung FU:	400 V
Strangspannung Motor:	230 V
Eckfrequenz:	87 Hz
Leistungserhöhung Motor	$\sqrt{3}$ = 173 %

Zu beachten sind die erforderliche Isolationsfestigkeit der Wicklungen und die Kühlung des Motors.

Nachteilig sind der höhere Verschleiß der Lager und die höheren Eisenverluste, die durch das häufige Ummagnetisieren bei hoher Frequenz entstehen.

6.4.5.4 Kurzschlussläufermotoren am Frequenzumrichter betreiben

Die Drehzahl-Kraftmoment-Kennlinie eines Kurzschlussläufermotors ist abhängig von der Ausgangsfrequenz f_2 des FU **(Bild 1)**. Im Spannungsstellbereich ($f_2 \leq f_N$) werden die Kennlinien horizontal verschoben. Der magnetische Fluss Φ, der zugehörige Motorstrom I, das Kippmoment M_K, und das Kraftmoment M_{S1}, mit dem die Maschine dauerhaft belastet werden kann, bleiben konstant.

Im Feldstellbereich ($f_2 > f_N$) nimmt der magnetische Fluss Φ umgekehrt proportional zur Frequenz f_2 ab. Das Kippmoment M_K nimmt quadratisch ab. Das im Dauerbetrieb nutzbare Kraftmoment M_{S1} nimmt zunächst weniger stark ab. Der Motorschlupf steigt an, der Betriebspunkt auf der Kennlinie rückt näher an das Kippmoment. Ist hierbei die zulässige Grenze erreicht, nimmt das im Dauerbetrieb nutzbare Kraftmoment M_{S1} ebenfalls quadratisch ab.

Die mechanische Leistung des Motors steigt bis zur Bemessungsfrequenz f_N linear an. Oberhalb der Bemessungsfrequenz bleibt die Motorleistung zunächst konstant, Motorspannung und Motorstrom bleiben auf Höhe des Bemessungswertes. Bei höheren Frequenzen im Feldstellbereich vermindert sich die Leistung umgekehrt proportional zur Frequenz f_2 **(Bild 2)**.

Ein Motor am Frequenzumrichter soll überwiegend in der Nähe seiner Bemessungsdrehzahl betrieben werden.

Gegebenenfalls kann ein Getriebe zur Drehzahlanpassung verwendet werden.

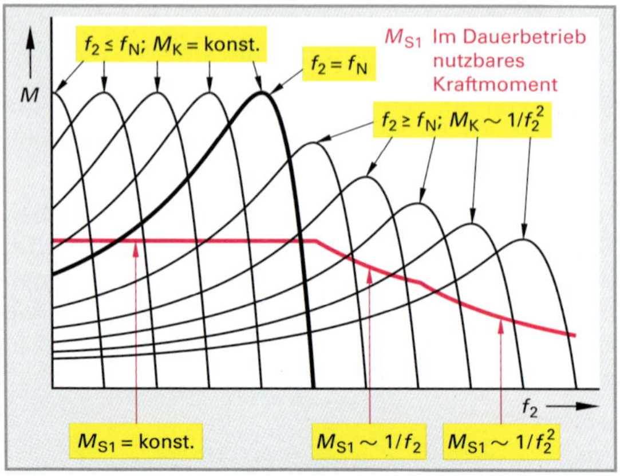

Bild 1: Drehzahl-Kraftmoment-Kennlinien bei verschiedenen Umrichterfrequenzen

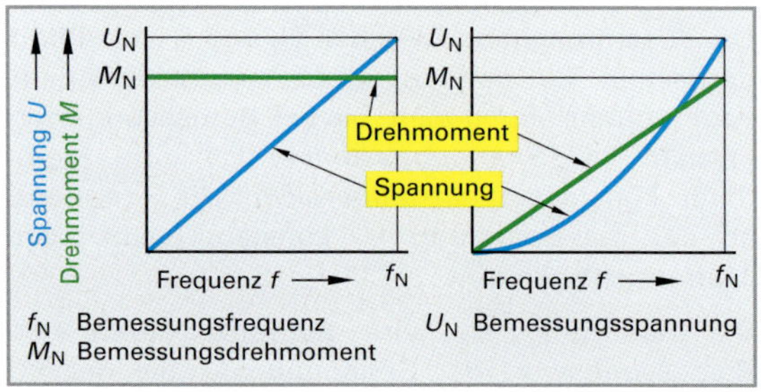

Bild 3: Lineare und quadratische U/f-Kennlinie (ohne Boost)

Oft wird zwischen linearer und quadratischer Kennlinie unterschieden **(Bild 3)**. Bei quadratischer Kennlinie wird das Kraftmoment des Motors bei niedrigen Frequenzen abgesenkt. Dadurch wird die Erwärmung des FU vermindert und eine höhere Nennleistung ermöglicht. Diese Funktion wird bei Lüfter- und Pumpenantrieben verwendet.

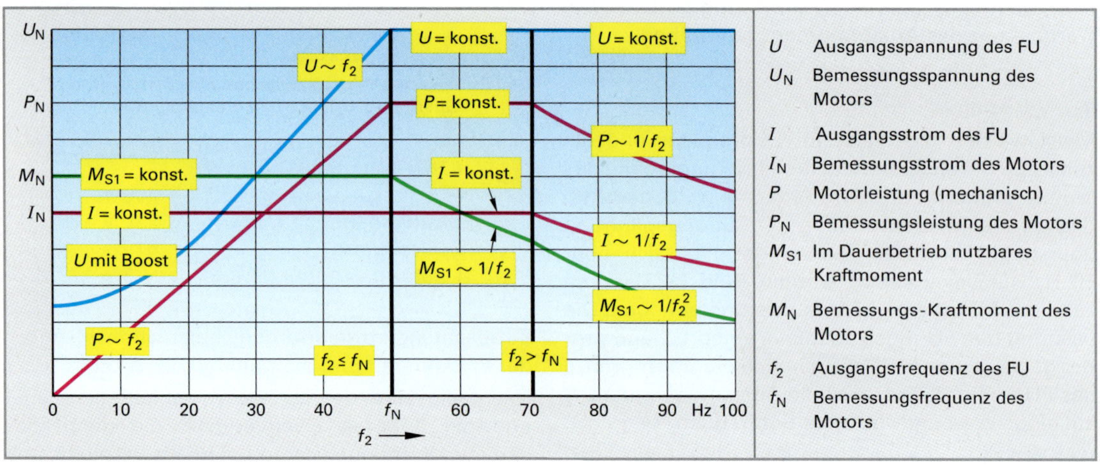

Bild 2: Spannung, Strom, Drehmoment und Leistung eines Asynchronmotors bei verschiedenen Umrichterfrequenzen

6.4.5.5 Frequenzumrichter auswählen

Frequenzumrichter (FU) unterscheiden sich im Wesentlichen im Funktionsumfang, in der Bemessungsleistung und in der Spannungsversorgung.

Funktionsumfang

Alle FU beherrschen die *Spannungs-Frequenz-Kennlinie* (*U/f*-Kennlinie) mit Boost. Die Motorfrequenz ist bei der *U/f*-Kennlinie um die Schlupffrequenz kleiner als die Sollfrequenz. Wird bei konstanter Sollfrequenz die Last erhöht, verringert sich die Motorfrequenz, die Drehzahl sinkt.

Bei *Schlupfkompensation* **(Bild 1)** wird der Motorstrom gemessen, weil im unteren Bereich der Motorkennlinie Strom und Schlupf annähernd proportional sind. Steigt der Strom, wird die Umrichterfrequenz entsprechend erhöht, um die Motordrehzahl lastunabhängig möglichst konstant zu halten. Ohne Schlupfkompensation sinkt die Drehzahl nach einem Lastsprung **(Bild 2)**.

Beispiel 1: Ausgangsfrequenz des FU berechnen

Ein Asynchronmotor mit der Bemessungsdrehzahl $n_n = 1430$ 1/min soll mit der Drehzahl $n = 900$ 1/min drehen. Berechnen Sie die schlupfkompensierte Ausgangsfrequenz des FU:

a) f_{2H} bei Bemessungsmoment, $M = M_N$

b) f_{2L} bei Leerlauf, $M = 0{,}2 \cdot M_N$

Lösung:
Zuerst muss die Schlupfdrehzahl Δn bei Bemessungsmoment ermittelt werden. Diese geht aus dem Leistungsschild hervor. Bei Leerlauf verringert sich der Schlupf annähernd in gleichem Maß wie das Kraftmoment des Motors. Die Schlupfdrehzahl muss zu der Läuferdrehzahl addiert werden und in die zugehörige Frequenz umgerechnet werden.

a) $\Delta n = n_s - n_N = 1500/\text{min} - 1430/\text{min} = \mathbf{70/min}$

$$f_{2H} = f_N \cdot \frac{n + \Delta n}{n_s} = 50\,\text{Hz} \cdot \frac{900/\text{min} + 70/\text{min}}{1500/\text{min}} = \mathbf{32{,}333\,Hz}$$

b) $\Delta n = 0{,}2 \cdot (n_s - n_N) = 0{,}2 \cdot (1500/\text{min} - 1430/\text{min}) = \mathbf{14/min}$

$$f_{2H} = f_N \cdot \frac{n + \Delta n}{n_s} = 50\,\text{Hz} \cdot \frac{900/\text{min} + 14/\text{min}}{1500/\text{min}} = \mathbf{30{,}467\,Hz}$$

Feldorientierte Regelung (Vektorregelung) ermöglicht genaue Kraftmomentregelung des Motors auch im Stillstand, schnelle Reaktion auf Laststöße und sehr genaues Einhalten der Motordrehzahl. Echte Drehzahlregelung ist bei Geräten mit Eingang für Tachogenerator oder Inkrementalgeber möglich. Mit Zusatzkarten können manche Geräte auch Lageregelungen und Gleichlauffunktionen realisieren.

Netzspannung, Bemessungsspannung des Motors und Bemessungsspannung des FU sollen übereinstimmen.

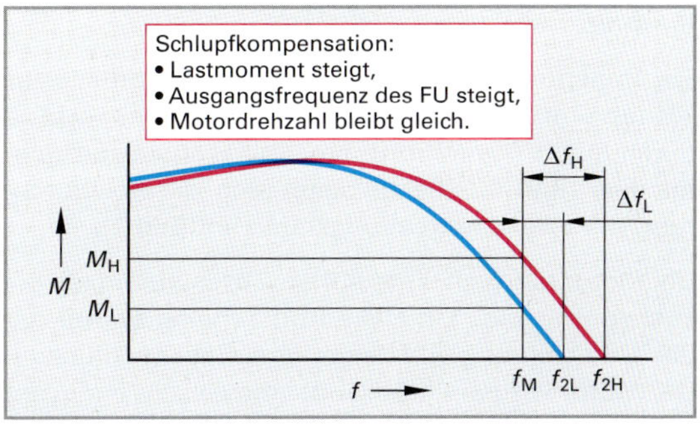

Bild 1: Lastsprung mit Schlupfkompensation

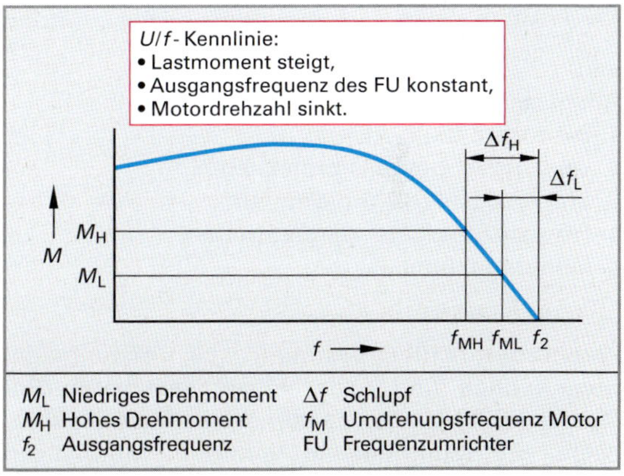

Bild 2: Lastsprung ohne Schlupfkompensation

Bemessungsleistung

Der für einen FU angegebene Leistungswert bezieht sich auf die Bemessungsleistung des Motors (mechanische Leistung). Dies gilt aber nur bei vom Hersteller empfohlenen Gerätekombinationen. Die eigentliche Belastungsgrenze des FU wird durch den zulässigen Strom des Wechselrichters bestimmt. Deshalb darf der Bemessungsstrom des Motors nicht größer sein als der des FU. Asynchronmotoren am FU sind nur in geringem Maße überlastbar, da der Ausgangsstrom des FU den Bemessungsstrom nur für wenige Sekunden überschreiten darf. Falls der Motor nicht in Betriebsart S1, sondern in Betriebsart S2 oder S3 verwendet wird, muss ein FU mit höherer Bemessungsleistung gewählt werden.

Spannungsversorgung

Frequenzumrichter werden mit 3-phasigem Netzanschluss angeboten. Für kleine Leistungen ist auch 1-phasiger Netzanschluss möglich.

6.4.5.6 Positionieraufgabe

Ein Transportband soll einer Maschine Produkte zur Weiterverarbeitung zuführen. Der Antrieb erfolgt durch einen Asynchronmotor mit Frequenzumrichter (FU) **(Bild 1)**. Hierzu bietet sich die Positionierung mit zwei Geschwindigkeiten an **(Bild 2)**.

Der Motor fährt mit einer hohen Geschwindigkeit bis kurz vor das Ziel. Ein Näherungsschalter veranlasst die Umschaltung auf langsame Geschwindigkeit. Der Motor wird auf eine langsame Geschwindigkeit abgebremst. Ein weiterer Näherungsschalter veranlasst den Halt des Motors. (Bild 2). Während der Positionierung wird das Ausgangsbit „Antrieb läuft" gesetzt.

Arbeitsschritte der Projektaufgabe:
1. Betriebsmittel festlegen,
2. Leistungsstromkreis projektieren,
3. Steuerstromkreis projektieren,
4. Frequenzumrichter parametrieren,
5. Inbetriebnahme.

1. Betriebsmittel festlegen

Frequenzumrichter bestehen aus Leistungsteil, Steuereinheit und meist einem steckbaren Bedienfeld (Bild 1). Der Leistungsteil muss entsprechend der Motorleistung und dem Motorstrom ausgewählt werden, der Steuerteil muss die Kommunikationsschnittstellen sowie die Steuer- und Regelaufgaben unterstützen. Als netzseitige Leistungskomponenten werden Netzfilter zur Ableitung hochfrequenter Oberschwingungen, Netzdrosseln zur Verstetigung des Stromfluss sowie entweder Schmelzsicherungen oder Leistungsschalter benötigt.

2. Leistungsstromkreis projektieren

Der Leistungsstromkreis (**Bild 3**) muss bis zum FU einphasig oder dreiphasig ausgelegt werden. Zwischen FU und Motor ist kein Überstromschutz erforderlich, denn der FU verfügt über eine interne Strombegrenzung. Die Motorzuleitung ist stets eine abgeschirmte Leitung.

3. Steuerstromkreise

Für die Positionierung erforderliche Signale sind
- schnelle Geschwindigkeit,
- langsame Geschwindigkeit.

Das Fehlen eines Steuersignals wirkt als Halt.
Die Ansteuerung erfolgt mithilfe einer SPS oder einer Kleinsteuerung (**Bild 4**).

4. Parametrierung

Die Parametrierung erfolgt mithilfe einer Software, z.B. STARTER, oder am Bedienfeld.

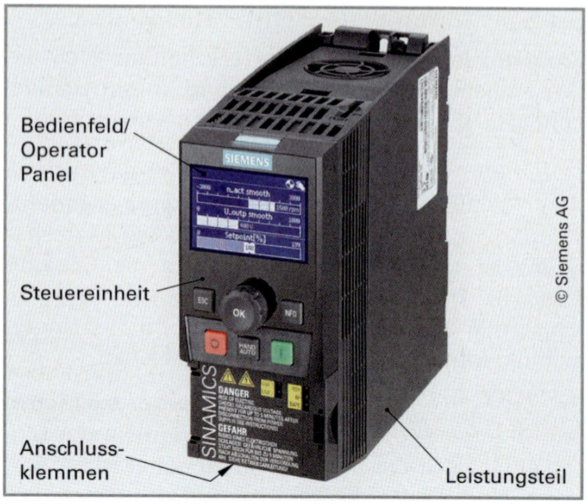

Bild 1: Frequenzumrichter Sinamics G120

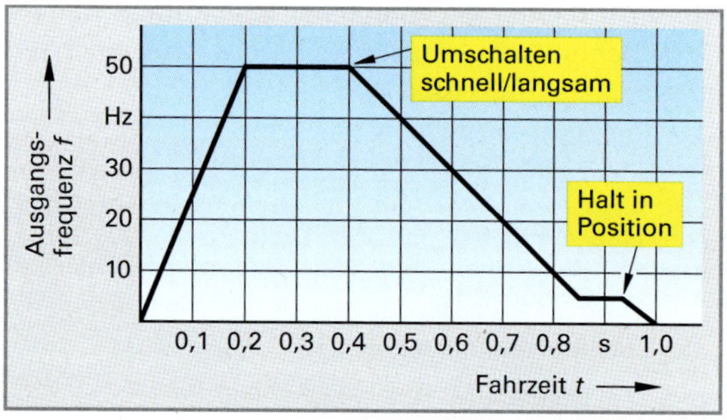

Bild 2: Verfahrprofil bei Positionierung mit zwei Geschwindigkeiten

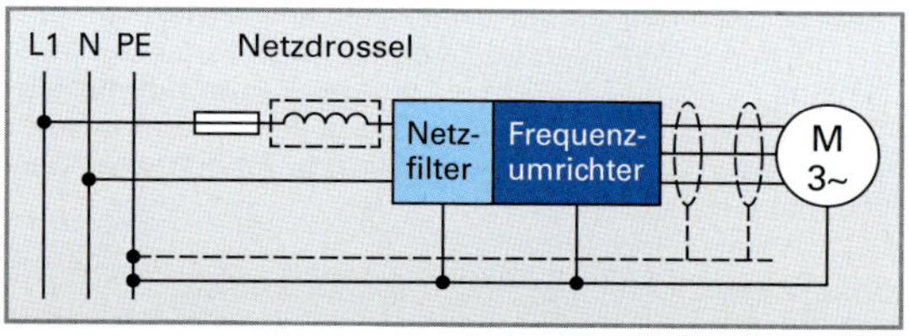

Bild 3: Überblick Leistungsstromkreis

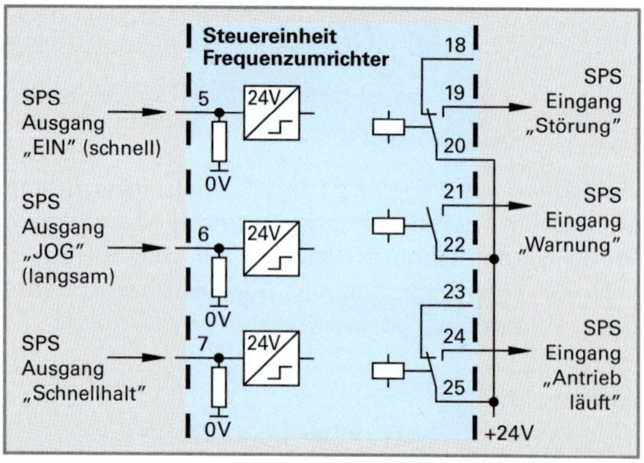

Bild 4: Steuerklemmen Frequenzumrichter Sinamics G120E

Zuerst wird der FU auf Werkseinstellungen zurückgesetzt. Zur Anpassung des FU an den Motor erfolgt eine Schnellinbetriebnahme. Dabei werden die Motorparameter **(Bild 1)**, allgemeine Sollwerte und die Befehlsquelle festgelegt **(Tabelle 1)**. Zum Abschluss der Schnellinbetriebnahme berechnet der FU eine Vielzahl interner Parameter.

Nach der Schnellinbetriebnahme können weitere Einstellungen parametriert werden. Für die Positionieraufgabe müssen die Funktionen der Digitaleingänge und die Funktion des Digitalausgangs festgelegt werden. Die hohe Drehzahl entspricht der minimalen Motorfrequenz (P1080). Die langsame Drehzahl kann mithilfe der JOG-Frequenz (P1058) festgelegt werden.

Beispiel 1: Berechnung der Rücklaufzeit

Berechnen Sie die Rücklaufzeit aus den Parametern von Tabelle 1.

Lösung:

$$\text{Rücklaufzeit} = \left(\frac{\text{P1058}}{\text{P1082}}\right) \cdot \text{P1060} = \frac{5\ \text{Hz}}{50\ \text{Hz}} \cdot 1\ \text{s} = 100\ \text{ms}$$

Die Reihenfolge der Parametrierung eines Frequenzumrichters ist stets
- rücksetzen auf Werkseinstellung,
- Schnellinbetriebnahme,
- anwendungsspezifische Parameter festlegen.

5. Inbetriebnahme

Vor dem Zuschalten der Spannung muss eine Überprüfung der elektrischen Ausrüstung gemäß EN 60204 -1 durchgeführt werden.

Die Inbetriebnahme darf erst nach der Parametrierung des Frequenzumrichters erfolgen.

Die Bewegungsfunktionen des FU werden zunächst einzeln ohne Steuerungsprogramm getestet. Ebenso werden die Grenztaster und Näherungsschalter einzeln überprüft. Das Steuerungsprogramm wird vor dem Anschließen des FU getestet. Erst nach der Inbetriebnahme aller Einzelkomponenten wird die übergeordnete Steuerung an den FU angeschlossen.

Sicherheitshinweise:
Die Klemmen des Frequenzumrichters können auch nach Abschalten gefährliche Spannungen führen. Bei fehlerhafter Parametrierung kann der angeschlossene Motor unerwartete gefährliche Bewegungen ausführen.

ⓘ Parametrieren heißt:
Kennwerte festlegen und speichern.

Tabelle 1: Auszug Parameterliste Sinamics G120E

Nr.	Funktion	Einstellwert
P0010	1: Schnellinbetriebnahme 30: Werkseinstellung	1
P970	Rücksetzen Werkseinstllg.	1
Parametergruppe Motor		
P0304	Bemessungsspannung in V	230
P0305	Bemessungsstromstrom in A	19,7
P0307	Bemessungsleistung in kW	5,5
P0308	Leistungsfaktor	0,81
P0309	Wirkungsgrad in %	95,75
P0310	Bemessungsfrequenz in Hz	50
P0311	Bemessungsdrehzahl in min^{-1}	1455
Parametergruppe Sollwerte		
P1080	Minimale Motorfrequenz in Hz	40
P1082	Maximale Motorfrequenz in Hz	50
P1120	Hochlaufzeit in s	1
P1121	Rücklaufzeit in s	1
P1135	Rücklaufzeit Schnellhalt Aus3	0,2
P3900	Ende Schnellinbetriebnahme	1
P0003	Zugriffsberechtigung	(erweitert) 2
Parametergruppe Befehle		
P0700	Befehlsquelle Klemmleiste	2
P0701	Funktion Digitaleingang 0	ON / OFF1 1
P0702	Funktion Digitaleingang 1	JOG rechts 10
P0703	Funktion Digitaleingang 2	Schnellhalt 4
P0732	Funktion Digitalausgang 1	Antrieb läuft 2.2
Parametergruppe Sollwerte JOG		
P1058	Jogfrequenz rechts in Hz	5
P1060	Hochlaufzeit in s	1
P1061	Rücklaufzeit in s	1

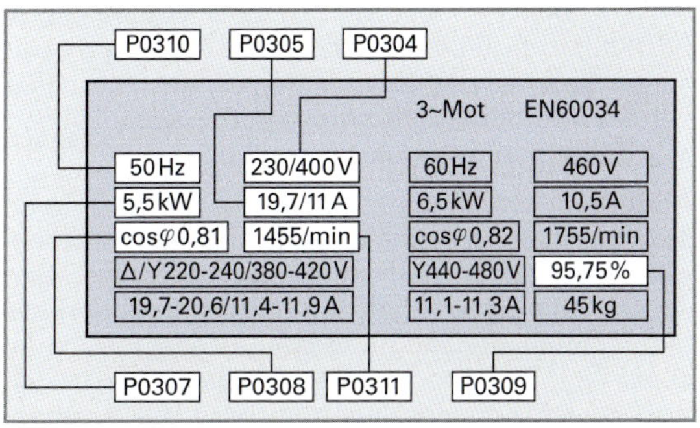

Bild 1: Motorparameter aus Leistungsschild entnehmen

6.4.5.7 Frequenzumrichter anschließen

Frequenzumrichter (FU) werden zumeist in die Steuerung einer Maschine integriert. Dabei gibt es mehrere Möglichkeiten **(Bild 1)**. FU haben stets eine digitale und meist eine analoge Schnittstelle. Eine Feldbusschnittstelle ist oft optional möglich.

Digitale Eingänge

Die Funktionen der Digitaleingänge sind wählbar. Oft genügt es, den FU mit nur einer Frequenz zu betreiben. Diese wird im Parametersatz als „Minimale Motorfrequenz" hinterlegt. Nach Ansteuern des Eingangs *Start* wird solange diese Frequenz vorgegeben, bis der Eingang *Stopp* betätigt wird. Durch *Reversieren* wird die Drehrichtung umgekehrt.

Solange der digitale Eingang *JOG* (engl. to jog: antippen) angesteuert wird, wird die JOG-Frequenz ausgegeben. An diesen Eingang wird oft ein Taster angeschlossen, um Tippbetrieb zu ermöglichen.

Im Parametersatz können mehrere Festfrequenzen vorgegeben werden. Die Steuerung kann die gewünschte Frequenz über ein Bitmuster an den Digitaleingängen anwählen. Je nach Fabrikat sind 4, 8 oder 16 verschiedene Festfrequenzen möglich.

Durch Ansteuern der Eingänge *Frequenz auf – ab* wird ein *Motorpotenziometer* (MOP) nachgebildet. Das MOP verändert die Ausgangsfrequenz gleichmäßig, während der Eingang angesteuert wird.

Analogeingang

Als Analogeingang sind 0 V bis 10 V oder –10 V bis +10 V üblich. Dieser Wert wird in einen Frequenzsollwert umgerechnet **(Bild 2)**. Im Parametersatz werden obere und untere Grenzwerte für die Ausgangsfrequenz festgelegt. Damit kann die Motordrehzahl innerhalb der Grenzwerte beliebig vorgegeben werden.

Feldbusschnittstelle

Ausgedehnte Anlagen verfügen oft über eine Vielzahl von Frequenzumrichtern. Zur Verminderung des Verdrahtungsaufwands und zur Erhöhung der Flexibilität können die FU über Feldbus, z. B. PROFIBUS gesteuert werden. Das Steuerwort tritt an die Stelle der Digitaleingänge. Alle oben beschriebenen Funktionen sind anwählbar. Der Hauptsollwert gibt die Ausgangsfrequenz vor **(Bild 3)**.

Außerdem können so von zentraler Stelle die meisten Parameter beobachtet und geändert werden, ohne dass vor Ort eingegriffen werden muss. Zum Ändern oder Beobachten einzelner Parameter muss die Parameterkennung und die gewünschte Aktion sowie ggf. der neue Parameterwert übertragen werden. Im Antworttelegramm wird die durchgeführte Aktion bestätigt oder aber eine Fehlermeldung übertragen. Der Hauptistwert ist meist die momentane Ausgangsfrequenz f_2. Das Statuswort gibt Informationen über den aktuellen Betriebszustand des FU.

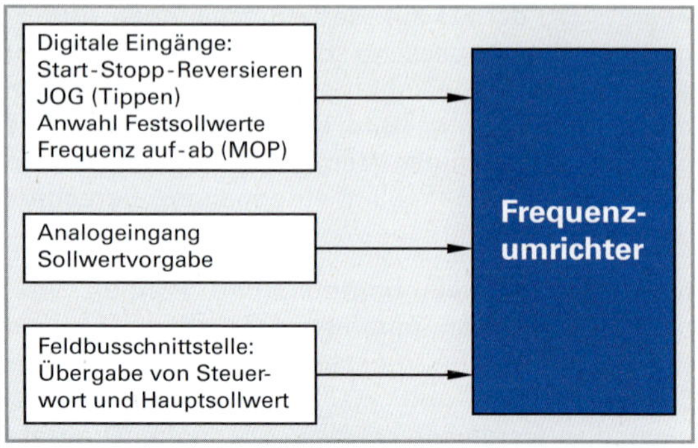

Bild 1: Sollwertschnittstellen eines Frequenzumrichters

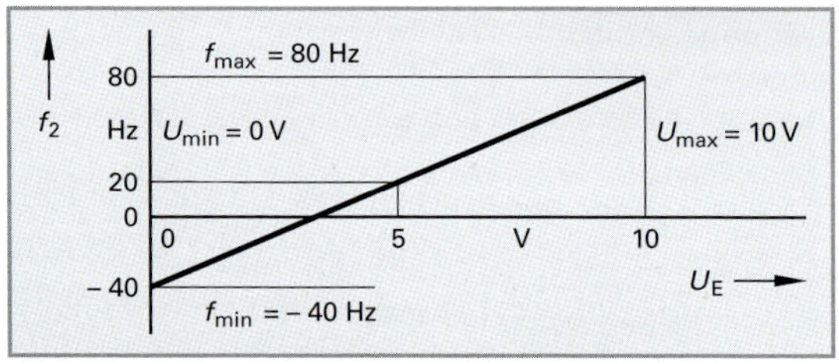

Bild 2: Skalierung des Analogeingangswertes

$$f_2 = f_{min} + (U_E - U_{min}) \cdot \frac{f_{max} - f_{min}}{U_{max} - U_{min}}$$

U_E	Analogeingangsspannung
U_{min}	Grenzwert niedrigste Eingangsspannung
U_{max}	Grenzwert höchste Eingangsspannung
f_2	Ausgangsfrequenz
f_{min}	Grenzwert unterste Ausgangsfrequenz
f_{max}	Grenzwert oberste Ausgangsfrequenz

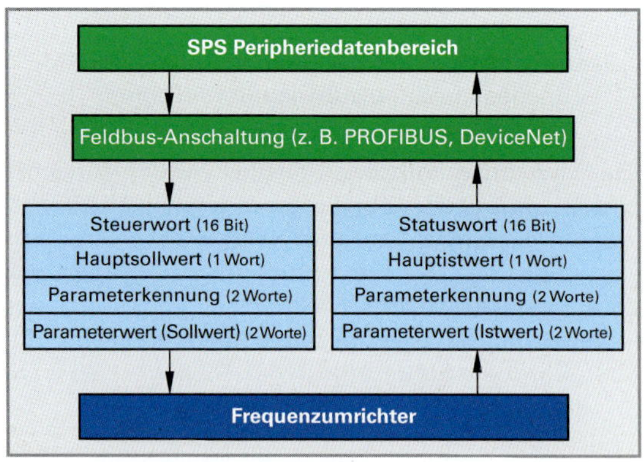

Bild 3: Kommunikation SPS mit Frequenzumrichter

6.4.6 Servomotoren

6.4.6.1 Anforderungen an Servomotoren

Servomotoren (lat. servus: Diener, Sklave) waren früher Motoren für Hilfszwecke. Bei Werkzeugmaschinen werden Servomotoren für Vorschubantriebe und zur Positionierung verwendet. Heute werden Servomotoren auch in Robotern, Bearbeitungs-, Abfüll-, Verpackungs- und Handhabungsmaschinen eingesetzt.

Charakteristisch für Servomotoren sind

- großes Kraftmoment an der Motorwelle (bis über 130 Nm),
- kurzzeitige Überlastbarkeit bis zum Vierfachen des Bemessungsmoments,
- großer Drehzahlstellbereich von 1:10000,
- guter Rundlauf auch bei kleinsten Drehzahlen,
- kleines Trägheitsmoment,
- integrierter Drehwinkelgeber (Motorlagegeber),
- Integration in Antriebssysteme mit zugehöriger Leistungselektronik und Software, um koordinierte Bewegungen zu ermöglichen.

Servomotoren werden bei allen Maschinen verwendet, die hohe Anforderungen an die Positioniergenauigkeit, die Dynamik oder den Gleichlauf mehrerer Achsen stellen.

Ausführungen

Servomotoren werden vorwiegend in folgenden Ausführungen gebaut

- permanentmagneterregte Synchronmotoren im Bereich kleiner und mittlerer Leistungen **(Bild 1)** mit Bemessungsmomenten von 0,6 Nm bis über 600 Nm,
- Asynchronservomotoren im oberen Leistungsbereich bis 500 kW **(Bild 2)**,
- Gleichspannungs-Elektronikmotoren für sehr kleine Leistungen.

Drehstrommotoren als Servomotoren

Die Ständer der Servomotoren werden wie bei anderen Drehstrommotoren ausgeführt. Oft werden Bohrungen für Kühlluft oder Kühlwasser vorgesehen. Damit wird die Wärmeabfuhr verbessert (Bild 2). Bei Synchronservomotoren wird der Läufer mit Dauermagneten belegt. Damit fließt im Läufer kein Strom, Verlustwärme entsteht nur im Ständer und kann dort leicht abgeführt werden. Um möglichst geringes Trägheitsmoment zu erzielen, werden Seltenerd-Magnetwerkstoffe (SE-Magnete) mit hoher Remanenzflussdichte und hoher Koerzitivfeldstärke verwendet. Zusätzlich werden die Läuferbleche mit Ausstanzungen hergestellt **(Bild 3)**.

Bild 1: Synchronservomotoren mit Permanenterregung

Bild 2: Asynchronservomotor mit Wasserkühlung

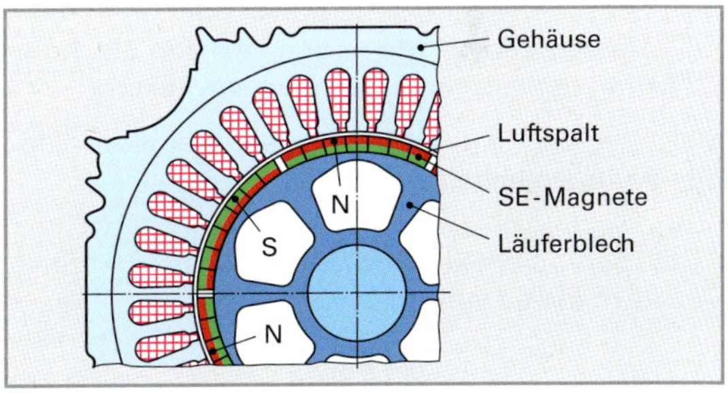

Bild 3: Drehstromservomotor mit Seltenerdmagneten

Der Läufer des permanenterregten Synchron-Servomotors soll ein möglichst geringes Trägheitsmoment haben, deshalb wird der Läufer schlank und leicht ausgeführt und mit Seltenerd-Magneten belegt.

Kennlinien eines Synchronservomotors

Das Betriebsverhalten wird durch die Bemessungsdrehzahl und die Bemessungsleistung nur ungenau beschrieben. Deshalb stellen die Hersteller von Servosystemen Projektierungsunterlagen mit Drehzahl-Kraftmoment-Kennlinien zur Verfügung **(Bild 1)**. Das verfügbare Kraftmoment des Servomotors hängt entscheidend von der Betriebsart ab.

Das Kraftmoment wird außer durch den Spitzenstrom des Motors auch durch den Spitzenstrom des Servoumrichters begrenzt. Um das Kraftmoment auszunutzen, hat bei vielen Herstellern der Servoumrichter einen höheren Bemessungsstrom als der Motor. Durch Zwangsbelüftung oder Wasserkühlung kann das zulässige Kraftmoment des Motors in Betriebsart S1 beträchtlich erhöht werden.

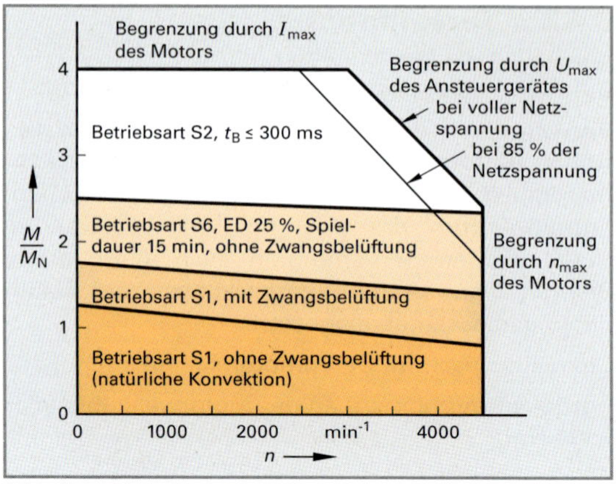

Bild 1: Arbeitsbereiche und $M(n)$-Kennlinien eines Synchronservomotors

6.4.6.2 Servomotoren im Antriebssystem

Servomotoren sind Bestandteile eines mechatronischen Systems **(Bild 2)**. Zu diesem System gehören

- die mechanische Anwendung mit Arbeitsmaschine und Getriebe, oft mit Lagegeber,
- der Servomotor mit Drehwinkelgeber,
- der Servoumrichter mit Leistungselektronik, Strom- und Drehzahlregler (manche Servoumrichter haben einen integrierten Lageregler),
- die übergeordnete Steuerung, die für die Koordination der einzelnen Servoachsen sorgt.

Meist ist der Lageregler in der übergeordneten Steuerung enthalten.

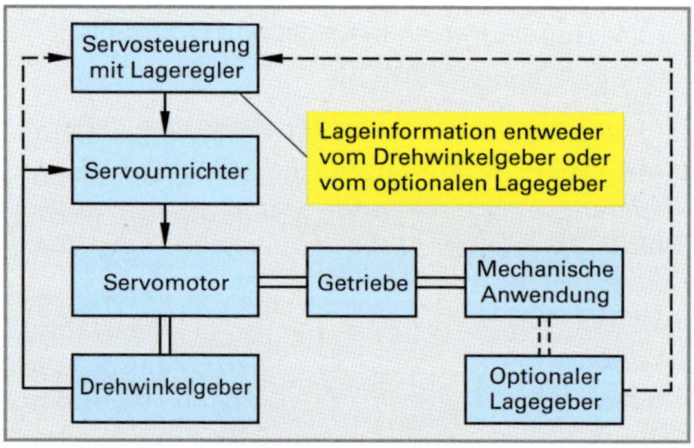

Bild 2: Antriebssystem mit Servomotor

Um Servomotoren wirkungsvoll einzusetzen, muss man das ganze System betrachten.

Leistungselektronik für Drehstrom-Servomotoren

Drehstrom-Servomotoren werden durch Spannungszwischenkreis-Umrichter (U-Umrichter) mit Pulsweitenmodulation (PWM) angesteuert (Siehe Abschnitt 6.4.5). Bei modularen Systemen versorgt eine Stromversorgungseinheit den Zwischenkreis mit mehreren angeschlossenen Servoumrichtern **(Bild 3)**. Oft kann die Zwischenkreiskapazität durch Anschluss externer Kondensatoren erhöht werden. Die Ausnutzung des Gleichrichters kann durch Zwischenkreisinduktivitäten erhöht werden. Bei modularen Systemen kann die rückgespeiste Bremsenergie eines Motors durch einen anderen Motor genutzt werden. Dadurch wird die Stromversorgungseinheit effizienter ausgenutzt als bei Einzelachssystemen.

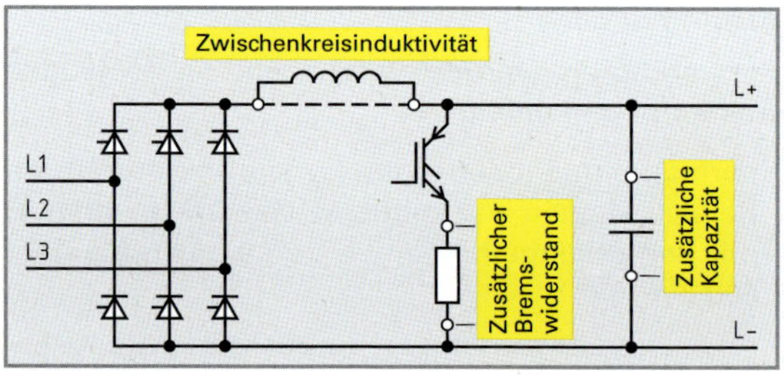

Bild 3: Stromversorgungseinheit für modulares Servosystem

Der Wechselrichter des Servoumrichters entspricht dem eines Frequenzumrichters und ist stets für 4-Quadrantenbetrieb ausgelegt.

Bei größeren Systemen wird ein fremdgeführter Wechselrichter als Netzstromrichter verwendet, um Energie ins Netz zurückzuspeisen. Alternativ kann ein externer Bremswiderstand verwendet werden.

6.4.6.3 Messsysteme auswählen

Synchronservomotoren benötigen einen fest mit der Motorwelle verbundenen Drehwinkelgeber **(Bild 1)**. Das Kraftmoment des Motors ist maximal, wenn die Magnetfelder von Läufer und Ständer senkrecht zueinander stehen. Mit der Lageinformation des Drehwinkelgebers wird der Wechselrichter so angesteuert, dass die richtigen Ständerspulen bestromt werden.

Deshalb werden als Drehwinkelgeber oft Absolutwertgeber oder Resolver **(Bild 2)** verwendet. Bei diesen Gebertypen ist schon beim Einschalten die Lage der Läufermagneten bekannt. Inkrementalgeber **(Bild 3)** benötigen zusätzlich Positionssensoren, z. B. Hallsensoren, um beim Anlauf die Lage der Läufermagneten zu erfassen.

Resolver

Ein Resolver besteht aus einer Läuferspule, die mit Wechselspannung hoher Frequenz versorgt wird, und aus zwei senkrecht zueinander angeordneten Ständerspulen. Je nach Lage der Läuferspule wird eine Wechselspannung unterschiedlicher Amplitude und Phasenlage in den Ständerspulen induziert. Damit kann der Drehwinkel α der Läuferspule errechnet werden.

Optoelektronische Inkrementalgeber

Auf dem Rand einer runden oder linealförmigen Metall- oder Glasscheibe (Codierscheibe) sind lichtdurchlässige Schlitze (auch Inkremente genannt) geätzt. Eine Lichtquelle durchleuchtet nacheinander Abtastplatte und Codierscheibe. Das Licht wird von Fototransistoren erfasst und in Spannungssignale umgesetzt. Die Abtastplatten sind versetzt angeordnet, so dass um je 90° versetzte Signale ausgegeben werden.

Inkrementalgeber haben die Ausgänge A, B und Z.

- A: Pro Inkrement ein Rechteckimpuls.
- B: Wie A, jedoch gegen A um 90° versetzt.
- Z: Ein Impuls pro Umdrehung.

Die versetzten Signale der Ausgänge A und B ermöglichen die Erfassung der Drehrichtung.

Absolutwertgeber

Absolutwertgeber werden gleich wie Inkrementalgeber abgetastet. Sie haben mehrere Spuren nebeneinander angeordnet.

Singleturn-Absolutwertgeber lösen eine Umdrehung in eine bestimmte Anzahl von Schritten auf. (Beispiel: 12 Spuren entsprechen 4096 Schritten.)

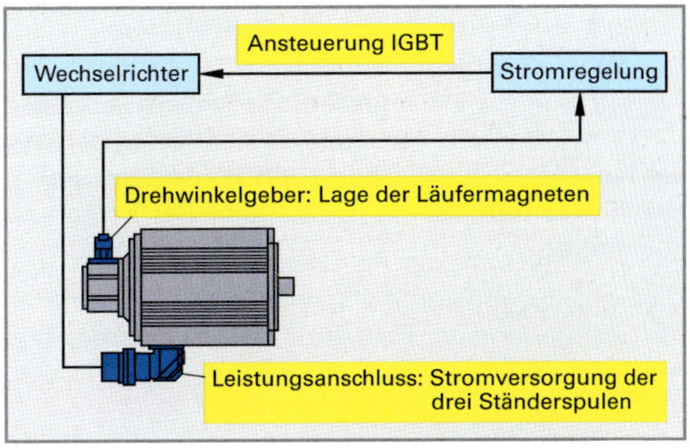

Bild 1: Synchronservomotor mit Drehwinkelgeber

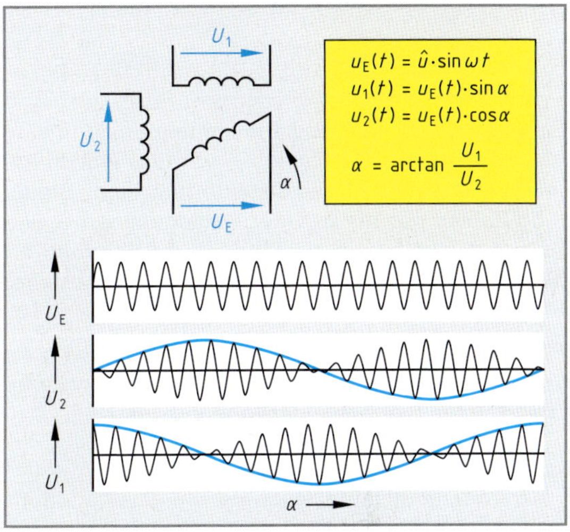

Bild 2: Funktionsprinzip eines Resolvers

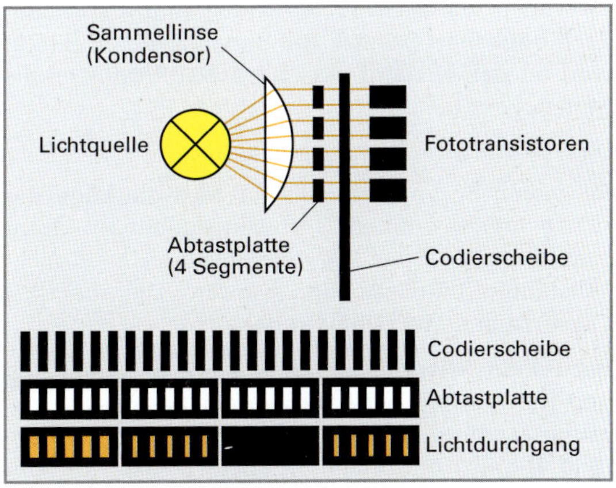

Bild 3: Funktionsprinzip eines optoelektronischen Inkrementalgebers

Nach 360° wiederholt sich die Position wieder. *Multiturn-Absolutwertgeber* erfassen zusätzlich die Anzahl der Umdrehungen. Hierzu werden über Getriebe verbundene Codierscheiben abgetastet.

6.4.6.4 Achsmechanik einstellen

Der Drehwinkelgeber kann auch die Position der angetriebenen Last erfassen. Bei vielen Servosystemen werden die Kenngrößen der Achsmechanik als Parameter eingegeben **(Bild 1)**. Andere Servosysteme fordern die direkte Eingabe der Vorschubkonstante.

Die Vorschubkonstante gibt an, wie viele Inkremente der Lagegeber einer Einheit der Achse entsprechen.

Beispiel 1: Vorschubkonstante berechnen

Berechnen Sie die Vorschubkonstante der Achsmechanik in **Bild 1**.

Lösung:

$$k = z \cdot \frac{n_2}{n_1} \cdot \frac{1}{P} = 4096 \cdot \frac{5}{2} \cdot \frac{1}{10\ \text{mm}} = \mathbf{1024\ \frac{1}{mm}}$$

Ein Bandantrieb **(Bild 2)** kann kontinuierlich in eine Richtung drehen. Der Lageistwert muss jedoch begrenzt werden, weil das Datenformat einer Steuerung Zahlen nur bis zu einer vorgegebenen Größe zulässt. Deshalb wird ein Modulowert parametriert **(Bild 3)**. Der Modulowert gibt an, nach welcher Strecke der Lage-Istwert wieder auf 0 zu setzen ist.

Bei vielen Servosystemen kann der Modulowert als Parameter eingegeben werden. Andere Systeme erwarten die Eingabe einer Modulokonstante.

Die Modulokonstante gibt an, nach wie vielen Inkrementen des Lagegebers die Position der Achse auf 0 gesetzt wird.

Bei vielen Achsen wird der Kreisumfang von 360° als Modulowert gesetzt. Bei Bandantrieben (Bild 2) wird oft der Abstand zwischen zwei Produkten als Modulowert gesetzt.

Direkte und indirekte Lageerfassung

Bei vielen Servoanwendungen wird die Lage der Achse indirekt mit dem Drehwinkelgeber am Motor bestimmt. Das Spiel der Achsmechanik kann nicht vollständig berücksichtigt werden. Die *indirekte Lageerfassung* ist relativ ungenau.

Bei hohen Ansprüchen an Positioniergenauigkeit und Konturtreue bei Bearbeitung mit einer Werkzeugmaschine wird ein weiteres Messsystem **(Bild 4)** als optionaler Geber direkt an der Vorschubachse angebracht. Man spricht dabei von *direkter Lageerfassung.*

Direkte Lageerfassung ohne mechanische Übersetzung ermöglicht höchste Positioniergenauigkeit.

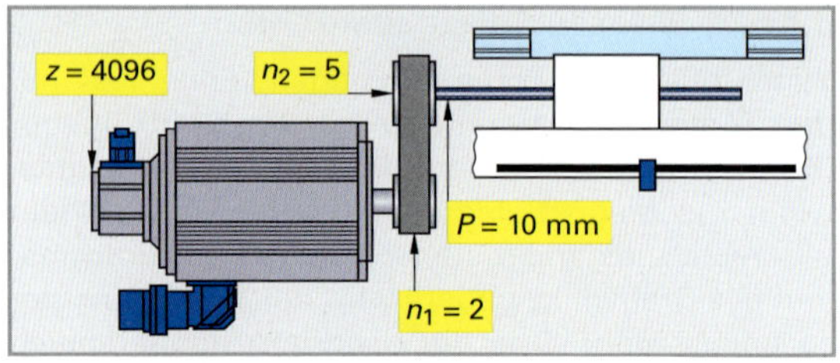

Bild 1: Kenngrößen der Achsmechanik einer Linearachse

$$k = z \cdot \frac{n_2}{n_1} \cdot \frac{1}{P}$$

k	Vorschubkonstante der Achsmechanik
z	Auflösung des Motorgebers
n_1	Getriebe Eingangsumdrehungen
n_2	Getriebe Ausgangsumdrehungen
P	Spindelsteigung

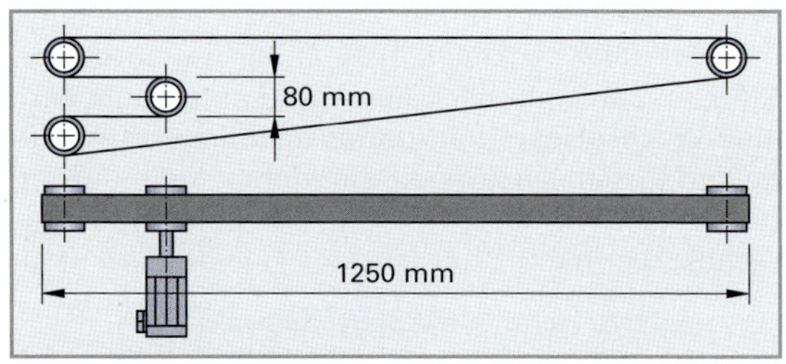

Bild 2: Servomotor mit Bandantrieb (mit Modulo)

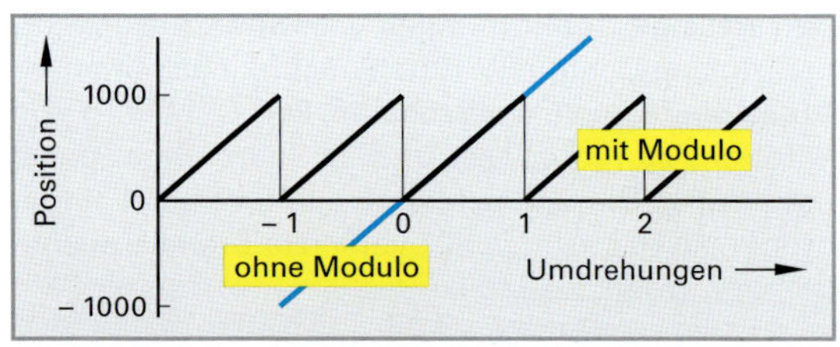

Bild 3: Position der Servoachse aus Bild 2 mit Modulo 1000 mm und ohne Modulo

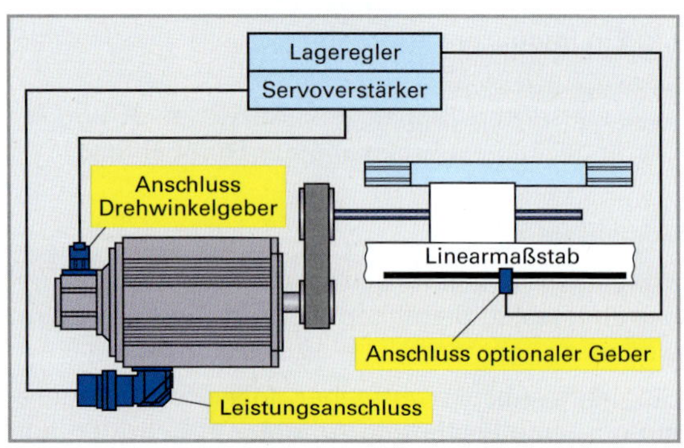

Bild 4: Drehwinkelgeber und optionaler Geber

6.4.6.5 Maßbezug herstellen

Zu Beginn der Inbetriebnahme einer Achse ist deren Position innerhalb der Maschine unbekannt. Deshalb muss vor Beginn des eigentlichen Betriebs der Maßbezug zum Maschinennullpunkt hergestellt werden.

Position setzen

Vor Beginn des Automatikbetriebs können die Achsen einzeln auf die Referenzpositionen geschoben oder getippt werden. Diese Positionen sind deutlich gekennzeichnet. Anschließend wird der aktuellen Position der Lageistwert 0 zugewiesen.

Dieses Verfahren ist sinnvoll, wenn die Ansprüche an die Positioniergenauigkeit nicht zu hoch sind.

Referenzpunktfahrt

In einer vom Programm festgelegten Reihenfolge führen die Achsen eine Referenzpunktfahrt durch. Dabei gibt es folgende Verfahren:

- Referenzpunkt ist die Flanke des Referenzschalters **(Bild 1)**. Der Motor sucht mit mittlerer Geschwindigkeit den Referenzschalter. Dann kehrt der Motor um und fährt mit langsamer Geschwindigkeit vom Referenzschalter weg. Bei fallender Flanke des Referenzschalters wird der Referenzpunkt gesetzt.
- Referenzpunkt ist die Referenzmarke des Lagegebers **(Bild 2)**. Der Motor fährt mit mittlerer Geschwindigkeit zum Referenzschalter. Der auf die steigende Flanke folgende Impuls am Ausgang Z des Lagegebers (Nullmarke) setzt den Referenzpunkt der Achse. Dabei wird eine viel bessere Genauigkeit erzielt.

Die Impulse am Ausgang Z des Lagegebers dienen dazu, den Referenzpunkt der Achse mit höchster Genauigkeit zu setzen.

Servosysteme mit hochauflösenden Gebern verzichten oft auf die Rückfahrbewegung.

6.4.6.6 Achsen positionieren

Nach Herstellung des Maßbezugs kann die Achse positioniert werden **(Bild 3)**. Es werden folgende Positionierarten unterschieden:

- Absolute Positionierung: Die Zielposition der Achse wird unmittelbar vorgegeben.
- Relative Positionierung: Die Distanz zur Zielposition wird vorgegeben, die Zielposition wird errechnet.

Zur Positionierung der Achse sind außer der Zielposition gültige Werte für Positioniergeschwindigkeit und Positionierbeschleunigung erforderlich **(Bild 4)**. Der Achsrechner berechnet damit das

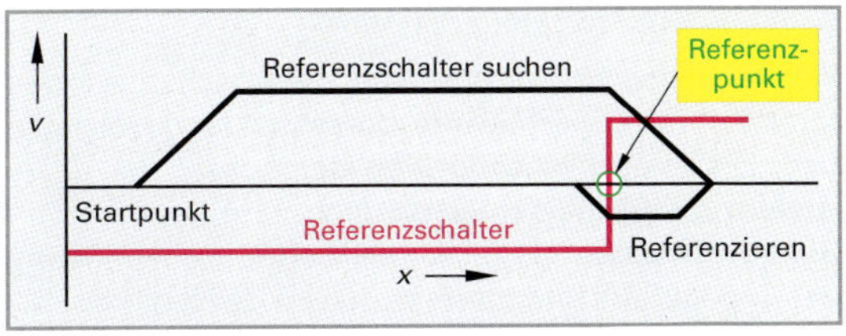

Bild 1: Referenzpunktfahrt mit Referenzschalter

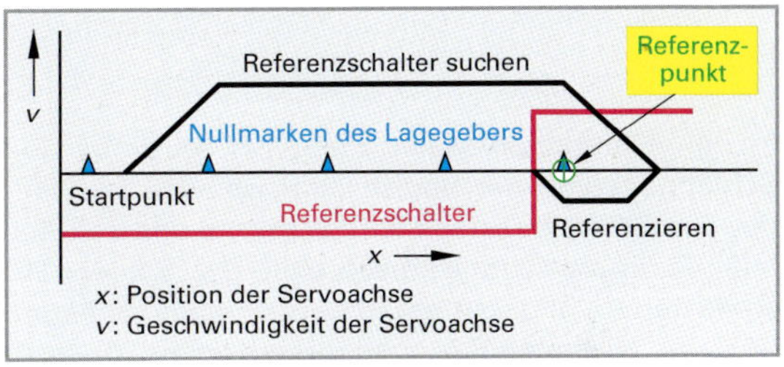

Bild 2: Referenzpunktfahrt mit Nullmarke

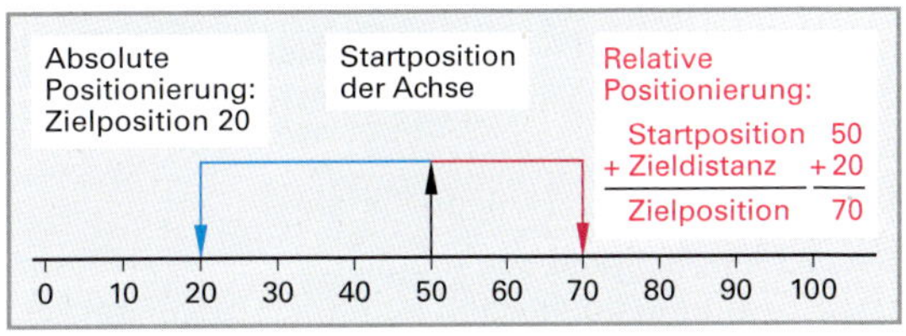

Bild 3: Absolute und relative Positionierung

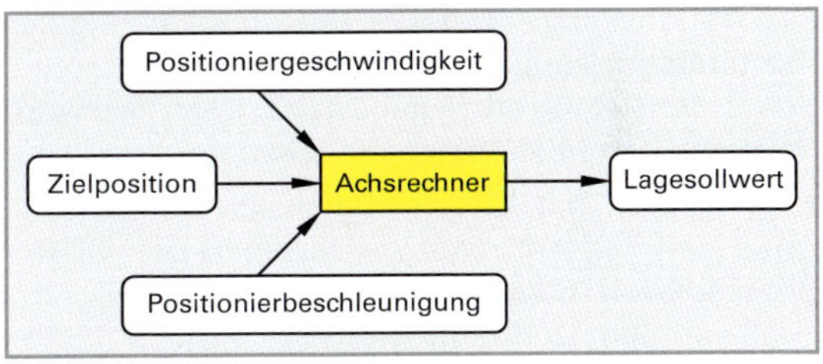

Bild 4: Bildung des Lagesollwerts

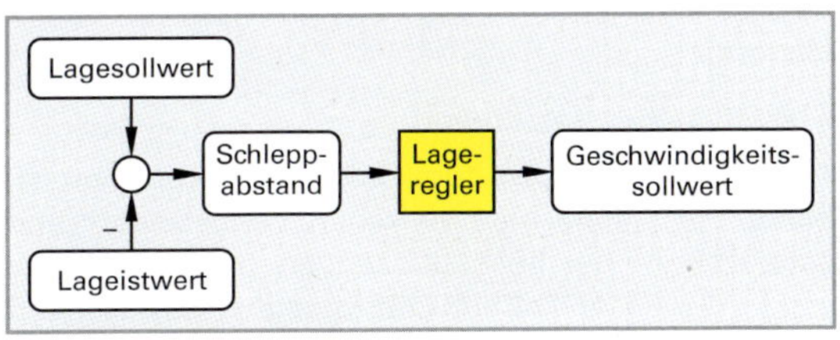

Bild 5: Lageregelung

Verfahrprofil der Achse und gibt entsprechende Lagesollwerte an die Lageregelung der Achse.

Der Achsrechner entspricht dem Sollwertgeber des Lageregelkreises **(Bild 5)**. Die Regeldifferenz des Lageregelkreises wird als *Schleppabstand* bezeichnet. Der Lageregler bildet als Ausgang den Geschwindigkeitssollwert der Servoachse.

Schleppabstand (Schleppfehler)

Während des Verfahrens einer Servoachse werden fortwährend Lagesollwerte berechnet und vorgegeben. Die tatsächliche Position der Achse, der Lageistwert, unterscheidet sich jedoch vom Lagesollwert **(Bild 1)**. Ursache hierfür ist die begrenzte Auflösung des Lagegebers und das P-Verhalten des Lagereglers.

> Der Unterschied zwischen Lageistwert und Lagesollwert einer Servoachse heißt *Schleppabstand.*

In den Unterlagen vieler Hersteller wird für den Schleppabstand der Begriff *Schleppfehler* verwendet. Der Schleppabstand wird während des Betriebs laufend überwacht. Überschreitet der Schleppabstand den zuvor parametrierten *maximalen Schleppabstand,* wird eine Störmeldung ausgelöst, die zum Stopp der Maschine führen kann **(Bild 2)**.

> Der Schleppabstand ist kein Fehler, sondern für die Funktion der Lageregelung erforderlich!

Verminderung des Schleppabstands

Der Schleppabstand soll möglichst gering sein, um enge Fertigungstoleranzen einhalten zu können.

Der Schleppabstand wird vermindert durch

- hochauflösende Lagegeber. Die P-Verstärkung des Lagereglers kann höher gewählt werden, ohne dass der Regelkreis instabil wird. Der Geschwindigkeits-Istwert kann genauer bestimmt werden.
- Regelkreise mit Geschwindigkeitsvorsteuerung. Aus den Lagesollwerten wird ein Geschwindigkeitssollwert berechnet. Dieser wird als Zusatzsollwert dem Drehzahlregler zugeführt.

Moderne Servosysteme kombinieren beide Maßnahmen und arbeiten mit sehr geringem Schleppabstand.

Abschluss der Positionierung

Auch wenn die Achse zum Stillstand gekommen ist, bleibt ein Unterschied zwischen Lagesollwert und Lage-Istwert. Bei hochauflösenden Gebern können schon geringste äußere Einflüsse den Lage-Istwert verändern. Deshalb wird ein Statusbit „Achse in Position" gebildet **(Bild 3)**. Dabei muss sich der Lage-Istwert in einem Positionierfenster um die Zielposition herum befinden. Zugleich muss die Geschwindigkeit der Achse innerhalb eines Stillstandsfensters liegen. Wenn beide Bedingungen erfüllt sind, wird das Statusbit „Achse in Position" gesetzt. Sowohl Positionierfenster als auch Stillstandsfenster sind achsspezifisch parametrierbar.

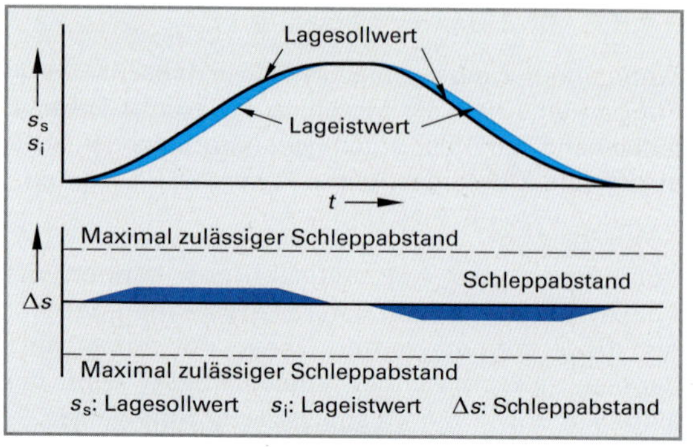

Bild 1: Bildung des Schleppabstands

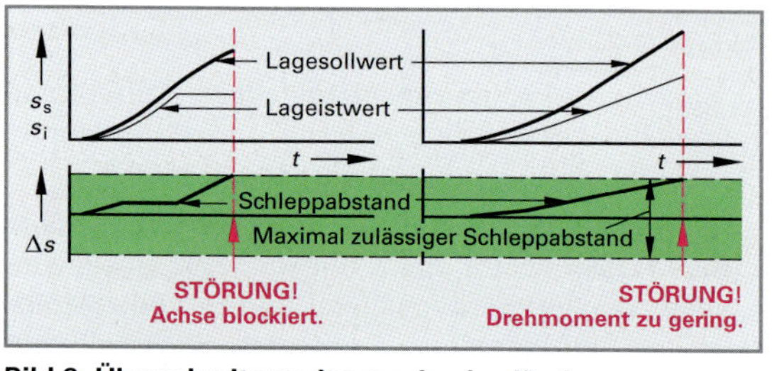

Bild 2: Überschreitung des maximal zulässigen Schleppabstands

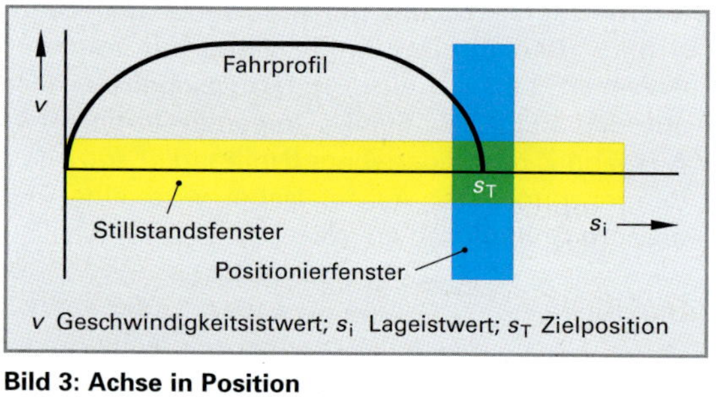

Bild 3: Achse in Position

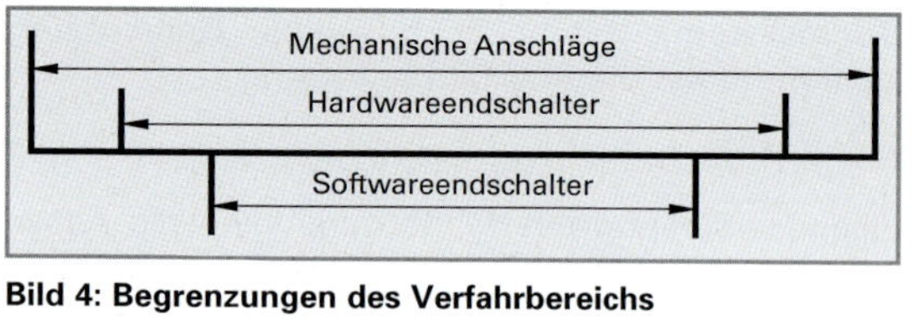

Bild 4: Begrenzungen des Verfahrbereichs

Begrenzung des Verfahrbereichs

Bei Achsen ohne Modulo muss der Verfahrbereich begrenzt werden **(Bild 4)**. Als äußerste Begrenzung dienen mechanische Anschläge. *Hardware-Endschalter* sind Grenztaster oder induktive Näherungsschalter, die mit Eingängen des Servoverstärkers verbunden werden. Bei Betätigung wird die Achse sofort stillgesetzt. *Software-Endschalter* werden im Programm festgelegt.

6.4.6.7 Synchronisieren mehrerer Achsen

Früher war es üblich, viele verschiedene Bewegungen von einer Hauptwelle (Königswelle) abzuleiten. Die Verwendung synchronisierter Achsen ermöglicht es, diese mechanisch oft aufwendigen Lösungen durch Einzelachsen zu ersetzen. Dabei sind Servoachsen wegen ihrer Dynamik besonders geeignet. Durch Synchronisation wird eine Folgeachse (Slave) einer Leitachse (Master) zugeordnet. Die Folgeachse folgt ohne weitere Verfahrbefehle jeder Bewegung der Leitachse, als ob eine mechanische Verbindung vorhanden wäre. Die Lageregelung beobachtet die Lageistwerte der Leitachse und sendet den synchronisierten Achsen entsprechende Lagesollwerte.

Elektronisches Getriebe (Gearing)

Im Servoprogramm wird ein Übersetzungsverhältnis bestimmt. Die Folgeachse erhält Lagesollwerte entsprechend den Lageistwerten der Leitachse. Im **Bild 1** wird Folgeachse M2 mit Übersetzungsverhältnis 1:1 auf die Leitachse M1 synchronisiert **(Tabelle 1)**. Somit bewegen sich beide Achsen stets gleich schnell und schieben das Produkt gleichmäßig vor. Folgeachse M3 wird mit Übersetzungsverhaltnis 2:1 synchronisiert. Deshalb bewegt sich M3 stets doppelt so schnell wie M1. Damit werden die abgeschnittenen Produkte auseinander gezogen.

Elektronische Kurvenscheibe (PCAM, Cam)

Im Servoprogramm wird eine Positionstabelle gespeichert. Für jeden Stützpunkt der Leitachse wird für die Folgeachsen eine Position hinterlegt. Die Folgeachse erhält bei jeder Position der Leitachse einen Lagesollwert. Damit können auch schwierige ineinandergreifende Bewegungsabläufe realisiert werden.

Beispiel 1: Fliegende Schere

(Servoachsen siehe Tabelle 1, Achspositionen siehe **Tabelle 2**).

Während Leitachse M1 das Produkt gleichmäßig vorschiebt, beginnt die Horizontalachse der „Fliegenden Schere", Achse M4, zu beschleunigen. Sobald M4 gleich schnell verfährt wie das Produkt, beginnt die Vertikalbewegung der Schere, Achse M5, das Produkt zu zerteilen. Nach Abschluss des Zerteilens fährt M5 wieder aufwärts, während M4 weiter vorwärts fährt. Erst wenn M5 ganz oben ist, darf M4 wieder rückwärts fahren. Dabei ist die Achse rückwärts wesentlich schneller als vorwärts. So werden aus der kontinuierlichen Bewegung von M1 zwei Reversierbewegungen abgeleitet.

Gearing = Getriebe
PCAM von Position lock cam = Kurvenscheibe
cam = Nocken, Mitnehmer

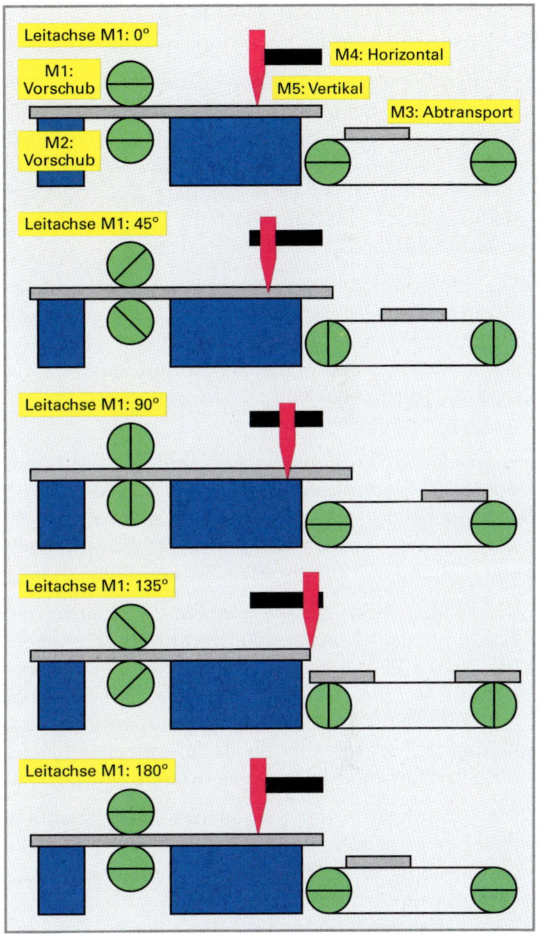

Bild 1: Servoanwendung „Fliegende Schere"

Tabelle 1: Liste der Servoachsen in Bild 1

Achse	Anwendung
M1	Leitachse
M2	Folgeachse El. Getriebe: Verhältnis 1:1
M3	Folgeachse El. Getriebe: Verhältnis 2:1
M4	Folgeachse El. Kurvenscheibe
M5	Folgeachse El. Kurvenscheibe

Tabelle 2: Auszug Kurvenscheiben Folgeachsen

M1	0	30	45	75	105	135	145	170	180
M4	0	30	70	150	230	260	230	30	0
M1	0	30	40	80	90	95	115	120	180
M5	0	0	0,1	0,9	1	0,9	0,1	0	0

Skalierung und Verschiebung der Kurvenscheibe

Bei mechanischen Kurvenscheiben müssen zur Formatanpassung manuelle Eingriffe erfolgen. Elektronische Kurvenscheiben ermöglichen Anpassungen durch Änderung weniger Parameter.

Zwei Skalierungswege sind möglich **(Bild 1)**.

- Die Position der Leitachse wird mit einem Skalierungsfaktor multipliziert. Aus Kurve A ergibt sich Kurve B – die Leitachse muss 180° statt zuvor 360° drehen, damit die Folgeachse einen kompletten Zyklus fährt. Bei der fliegenden Schere kann dadurch die Anzahl der Schnitte vergrößert werden, um kürzere Stücke abzutrennen.
- Die Position der Folgeachse wird mit einem Skalierungsfaktor multipliziert. Aus Kurve A ergibt sich Kurve C – die Folgeachse fährt einen Hub von 4 mm statt 1 mm. Bei der fliegenden Schere kann dadurch der Scherweg vergrößert werden, um dickere Produkte zu trennen.

Mechanische Kurvenscheiben können auf der Hauptwelle gedreht werden, damit die Bewegung der Folgeachse früher oder später stattfindet. Bei elektronischen Kurvenscheiben kann eine Phasenverschiebung stattfinden **(Bild 2)**.

- Die Sollposition der Folgeachse wird um den Phasenverschiebungswinkel verändert abgelesen. Bei Kurve A startet die Bewegung bei 60°, bei Kurve B erst bei 120° der Leitachse. Somit wurde die Leitachsposition um 60° verschoben. Bei der fliegenden Schere können damit einzelne Stücke mit abweichender Länge geschnitten werden.
- Die Startposition der Folgeachse kann ebenfalls beliebig verschoben werden. Kurve A startet bei 0mm und bewegt sich dann um den Kurvenscheibenhub von 1 mm, Kurve C dagegen startet bei 1 mm. Bei der fliegenden Schere kann damit auf Dickenschwankungen reagiert werden.

6.4.6.8 Elektronisches Nockenschaltwerk

Bei kontinuierlich laufenden Maschinen werden bei bestimmten Positionen der Leitachse weitere Funktionen betätigt, z. B. pneumatisch betätigte Schieber, Prüflampen. Dazu werden elektronische Nockenschaltwerke verwendet **(Bild 3)**.

Die Position der Leitachse wird beobachtet. Bei Passieren der Einschaltschwelle s_{ein} wird ein Steuerbit zugeschaltet, bei Passieren der Ausschaltschwelle s_{aus} wird das Steuerbit wieder abgeschaltet. Dies Steuerbit kann in logischen Verknüpfungen ausgewertet werden.

Pneumatische Aktoren haben eine Totzeit oder Verzögerungszeit, die durch Ventilschaltzeit und Druckaufbau hervorgerufen wird. Zum Ausgleich kann eine Vorhaltezeit (Bild 3) parametriert werden. In der Steuerung wird aus Achsposition und Achsgeschwindigkeit eine rechnerisch verzögerte Achsposition gebildet. Das Nockenbit mit Vorhaltezeit wird von der verzögerten Achsposition abgeleitet.

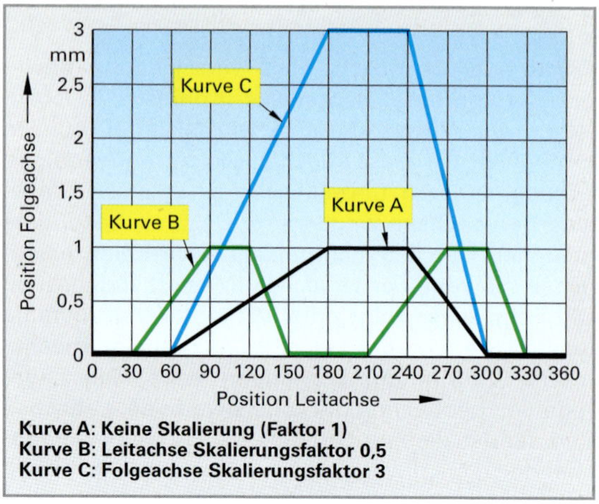

Bild 1: Skalierung einer Kurvenscheibe

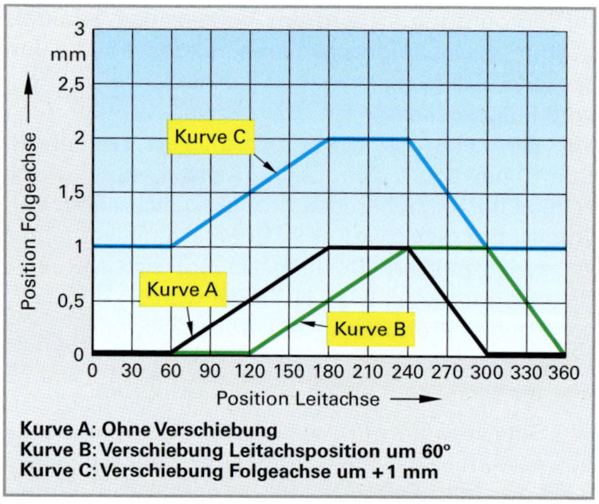

Bild 2: Verschiebung einer Kurvenscheibe

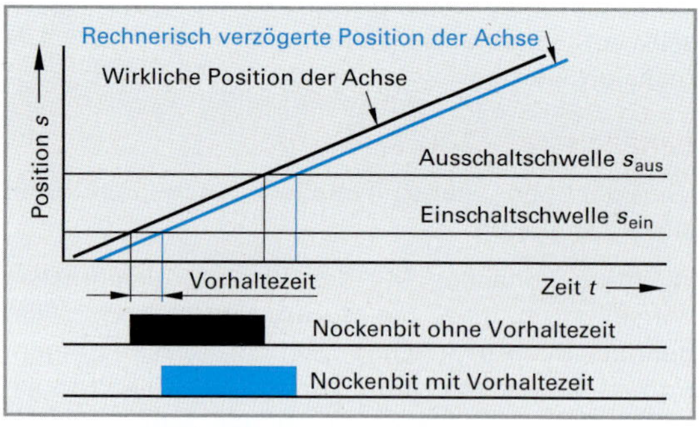

Bild 3: Nockenschaltwerk mit Vorhaltezeit

6.5 Handhabungssysteme

6.5.1 Einteilung

Handhabungsgeräte verwendet man zur erleichterten oder automatisierten Handhabung von Werkstücken und Produkten. Sie sehen sich äußerlich häufig ähnlich, unterscheiden sich aber bezüglich der Steuerung, Programmierung und Anwendung **(Bild 1)**.

Manipulatoren sind Bewegungsgeräte, welche *von Hand* gesteuert werden, z. B. ein Handhabungsgerät zum Handhaben schwerer Schmiedewerkstücke an Schmiedepressen. Mithilfe handgesteuerter Hydraulikventile werden Greifer und Arme unter Sichtkontrolle durch Hydraulikzylinder bewegt. Bei fernbedienten Manipulatoren, den Teleoperatoren **(Bild 2)**, wird der Bewegungsvorgang über Monitore (Bildschirmgeräte) kontrolliert. Teleoperatoren verwendet man z. B. in radioaktiven Räumen, unter Wasser oder bei Weltraumexperimenten. Mit Mikromanipulatoren können Arbeiten an kleinsten Bauelementen ausgeführt werden. Die Bewegungen werden über Mikroskope kontrolliert.

Festprogrammierte Handhabungsautomaten verwendet man für immer *gleich bleibende* Bewegungsvorgänge, z. B. zum Beschicken einer Presse oder zur Montage von Serienfabrikaten. Die Geräte sind meist mit pneumatisch betriebenen Hub- und Drehzylindern aufgebaut, wobei die einzelnen Teilbewegungen durch Grenztaster und Ventile in den Endlagen begrenzt werden. Geräte dieser Art bezeichnet man auch als Pick-and-Place-Geräte (von to pick = aufnehmen, to place = setzen, legen, stellen).

Roboter[1] sind universell einsetzbare Bewegungsautomaten mit mehreren Achsen **(Bild 3)**. Die Bewegungen sind hinsichtlich der Bewegungsfolge und Bewegungsbahn *frei programmierbar*. Ein mechanischer Eingriff, z. B. ein Verstellen von Endtastern, ist nicht notwendig. Die Bewegungsbahn und die Bewegungsfolge kann auch über Sensoren gesteuert werden.

Es gibt Roboter mit Punktsteuerung (Point To Point, PTP) und Roboter mit Bahnsteuerung (Controlled Path, CP). Die *Punktsteuerung* ermöglicht das Positionieren des Roboterwerkzeugs oder der Roboterhand in den programmierten Punkten des Roboterarbeitsraums. Der Bewegungsvorgang von einem Punkt zum anderen ist dabei nicht exakt vorherbestimmbar. Bei der *Bahnsteuerung* erfolgt die Bewegung zwischen zwei programmierten Punkten auf einer durch Lageregelung kontrollierten Bahn.

[1] tschechisch robota = schwere Arbeit

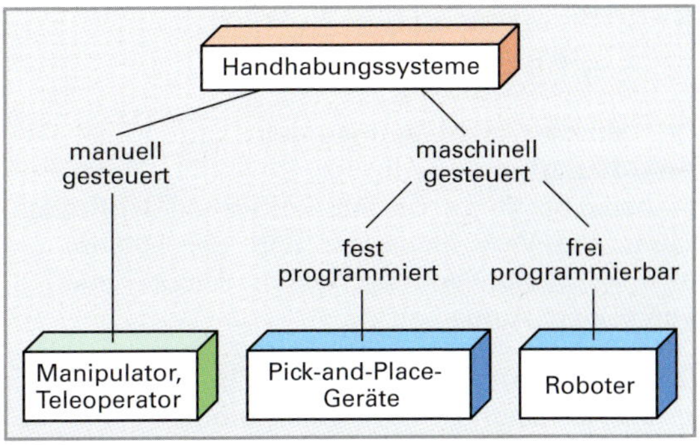

Bild 1: Einteilung der Handhabungssysteme

Bild 2: Teleoperator zum Beseitigen von radioaktiven Trümmern

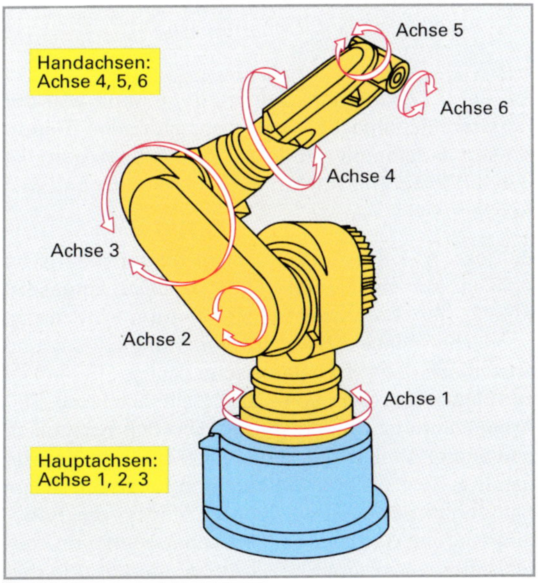

Bild 3: Industrieroboter mit 6 Achsen

6.5.2 Kinematischer Aufbau eines Roboters

Der kinematische[1] Aufbau wird durch die Art, Anordnung und Zahl der Bewegungseinheiten (Achsen) bestimmt. Die äußere Gestalt, der Arbeitsraum, die Verwendbarkeit und der steuerungstechnische Aufwand bei einem Roboter hängen von seinem Aufbau ab.

Die Bewegungseinheiten sind Drehgelenke *(rotatorische Achsen, R-Achsen)* oder geradlinige Führungen *(translatorische Achsen, T-Achsen)*. Um verschiedene Punkte im Raum zu erreichen, sind drei Achsen erforderlich. Diese Achsen nennt man *Hauptachsen*. Sie bilden den Roboterarm (Bild 3, vorhergehende Seite). Zur Einstellung eines Greifers oder Werkzeugs unter beliebiger räumlicher Richtung (Orientierung) sind weitere drei Achsen erforderlich. Diese nennt man *Handachsen*. Handachsen sind stets rotatorische Achsen.

Zur Einstellung des Robotors auf eine Position im Roboterarbeitsraum sind also sechs Achsen, entsprechend den sechs Freiheitsgraden der Bewegung eines Körpers im Raum erforderlich **(Bild 1)**. Dabei braucht man drei Freiheitsgrade für die Position, z.B. mit den Koordinaten *x, y, z*, und drei Freiheitsgrade für die Orientierung mit den Drehwinkeln D für die Rollbewegung, E für die Nickbewegung und P für die Gierbewegung (Bild 1).

Die Einteilung der Roboter geschieht nach der Art der Kinematik der Hauptachsen.

Bei der *TTT-Kinematik* folgen, beginnend von der Roboteraufstellfläche, drei translatorische Hauptachsen aufeinander **(Bild 2)**. Der Arbeitsraum ist quaderförmig mit Kantenlängen entsprechend den Achsen *x, y, z*.

Bei der *RTT-Kinematik* sind zwei translatorische Achsen auf einer rotatorischen Achse aufgesetzt (Bild 2). Ein Drehturm (1. Achse) trägt eine translatorische Achse (2. Achse) zur Höheneinstellung und diese eine translatorische Achse (3. Achse) zur Einstellung der Weite in radialer Richtung. Der Arbeitsraum ist zylinderförmig. Um den Roboter in gewohnter Weise mit den rechtwinkligen Koordinaten *x, y, z* programmieren und in diesen Achsrichtungen bewegen zu können, sind in der Robotersteuerung fortlaufend Umrechnungen von kartesischen Koordinaten[2] in Zylinderkoordinaten (Maschinenkoordinaten) notwendig. Dies nennt man

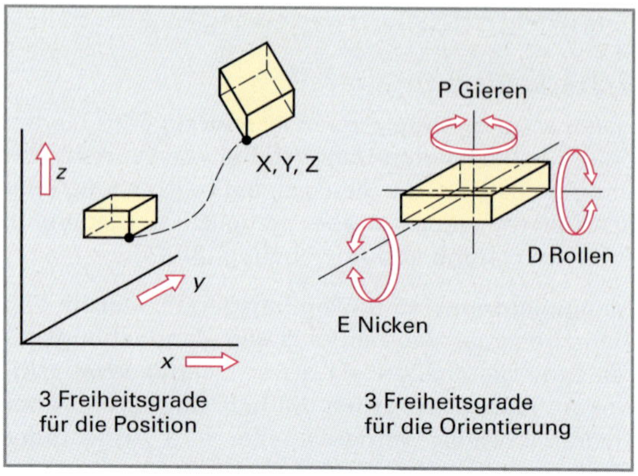

Bild 1: Sechs Freiheitsgrade der Bewegung

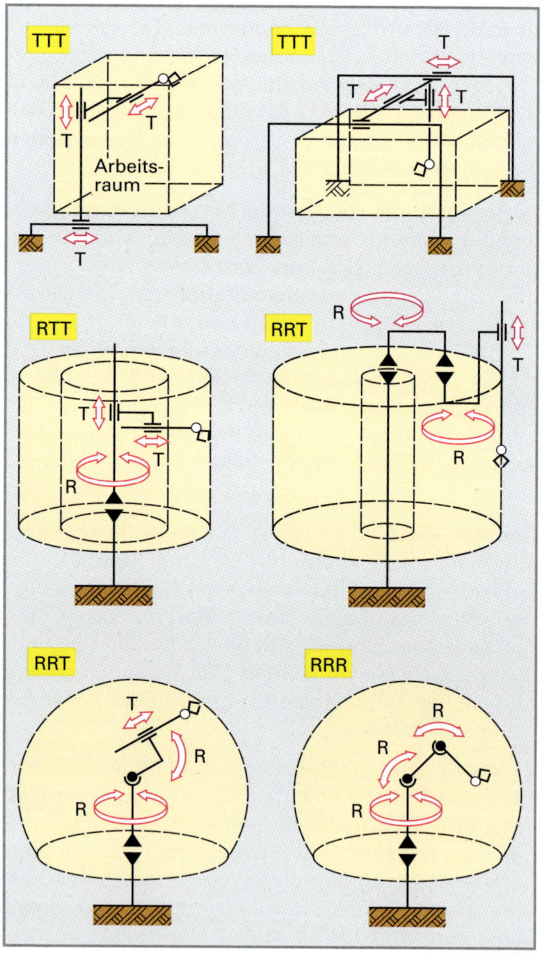

Bild 2: Kinematischer Aufbau von Robotern

[1] Kinematik = Lehre von der Bewegung
[2] rechtwinklige Koordinaten, benannt nach dem franz. Philosophen Descartes (1596 bis 1650)

Koordinatentransformation. Die Steuerung muss eine Koordinatentransformation etwa alle 20 ms für alle Roboterachsen ausführen.

Roboter mit *RRT-Kinematik* haben z.B. eine Drehachse als 1. Achse, eine Schwenkachse als 2. Achse und eine translatorische Achse als 3. Achse (Bild 2, vorhergehende Seite). Der Arbeitsraum hat die Form einer Halbkugel. Auch diese Kinematik erfordert eine Koordinatentransformation.

Eine häufige Achsenanordnung, insbesondere für Roboter zur Montage, ist die *RRT-Kinematik mit waagrechtem Arm*. Aufbauend auf zwei rotatorischen Achsen für einen in waagrechter Richtung beweglichen Arm folgt eine translatorische Achse für eine senkrechte Hubbewegung (Bild 1, vorhergehende Seite). Der Arbeitsraum ist zylinderförmig. Um den Roboter in gewohnter Weise mit rechtwinkligen Koordinaten *x*, *y*, *z* (kartesische Koordinaten) programmieren und in diesen Achsen bewegen zu können, ist fortlaufend eine Koordinatentransformation auszuführen.

Bei der *RRR-Kinematik* werden alle Bewegungen über Drehgelenke ausgeführt (Bild 2, vorhergehende Seite). Diese Gelenkroboter haben im Vergleich zum Arbeitsraum den geringsten Platzbedarf und brauchen für schnelle Bewegungen die geringsten Beschleunigungskräfte. Die Koordinatentransformation ist hier besonders rechenintensiv.

6.5.3 Programmieren von Robotern

Zur Programmierung von Bewegungsbahnen müssen neben Positionspunkten auch Werkzeugorientierungen bestimmt werden. Werkzeugorientierungen, z.B. die Orientierung eines Schweißbrenners beim Bahnschweißen gekrümmter Fahrwerksteile, können meist nicht aus Werkstückzeichnungen abgeleitet werden. Es ist daher nur in einfachen Anwendungen möglich, die Positionen des Roboterwerkzeugs oder der Roboterhand numerisch zu programmieren **(Bild 1)**.

Play-back-Programmierung[1]. Bei einfachen Geräten, z.B. Robotern für Lackierungsaufgaben, wird die Bewegung direkt manuell bestimmt, indem man die Roboterhand in der vorgesehenen Bahn und Orientierung von Hand führt. Die Steuerung speichert während der Führung mit Hand, etwa alle 20 ms, die Positionswerte der einzelnen Roboterachsen. Im nachfolgenden Programmablauf wird die von Hand geführte Bahn wiederholt.

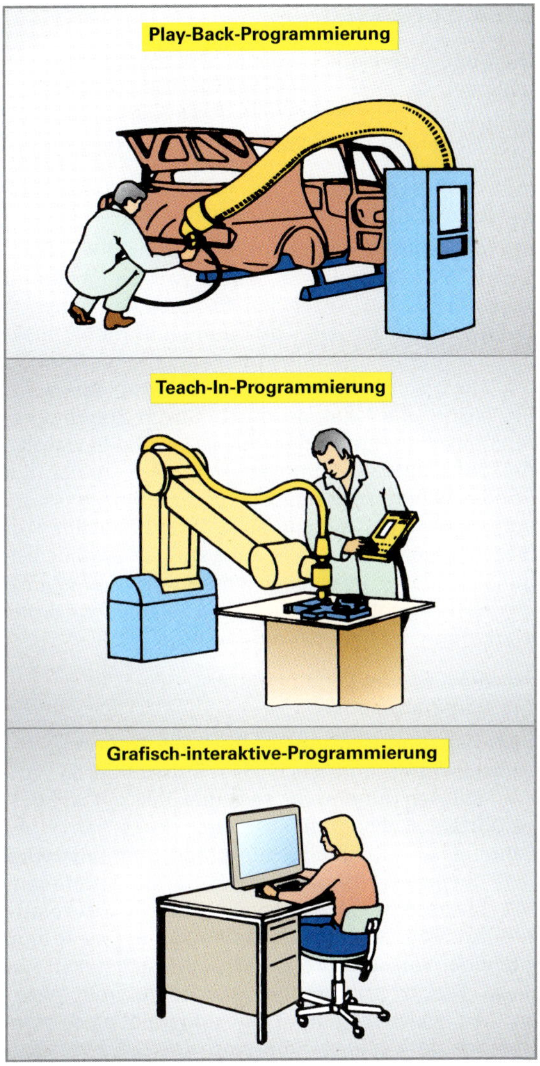

Bild 1: Roboter-Programmierverfahren

Teach-In-Programmierung[2]. Bei der Teach-In-Programmierung wird der Roboter durch den Bediener mithilfe der Bedientasten oder des Steuerknüppels des Programmierhandgeräts zu den Handhabungspositionen bzw. Bearbeitungspunkten bewegt und diese werden dabei abgespeichert.

Grafisch-interaktive-Programmierung. Bei der grafisch-interaktiven Programmierung visualisiert man mit einem speziellen CAD-System die Bewegungsaufgaben des Roboters und leitet daraus das Programm ab.

[1] to play back = zurückspielen;
[2] to teach in = einlernen

6.5.4 Sensorführung von Robotern

Die Robotersensorik trägt zum Erhöhen der Sicherheit, der Qualitätssicherung, der Leistungssteigerung, zum Ausgleichen von Positionierungsungenauigkeiten und zum Vereinfachen der Programmerstellung bei.

Entgraten mit Leistungssensor

Beim Entgraten verändern sich Gratstärke, Gratbreite, Werkstoffhärte und Werkzeugzustand sehr häufig. Ein Anzeichen für „schwer gehende Bearbeitung" ist z. B. die aufgenommene elektrische Antriebsleistung. Im Falle der verwendeten elektrisch angetriebenen Schleifscheibe wird die elektrische Leistung durch Strom-Spannungs-Multiplikation (Leistungssensor) ermittelt **(Bild 1)**. Bei zunehmender Entgratarbeit wird dabei die Roboterbahngeschwindigkeit so reduziert, dass die aufgenommene Leistung etwa konstant bleibt. Auf diese Weise können Teile mit geringer Gratausprägung schneller bearbeitet werden als Werkstücke mit starker Gratausprägung und zugleich wird das Werkzeug vor Überlastung geschützt.

Ausgleichen von Lagetoleranzen mit Näherungssensor

Das Palettieren (Stapeln von Werkstücken auf einer Palette) und auch das Entpalettieren von Werkstücken führt man sehr flexibel mit sensorgeführtem Suchen durch. Durch Einlernen einer Fahrstrecke mit Anfangspunkt und Endpunkt wird eine Suchstrecke im Roboterprogramm definiert. Mit Eintreffen eines Sensorsignals wird relativ zur momentanen Position eine neue Bewegung, z. B. eine Werkstückgreifbewegung, ausgeführt. Auf diese Weise gelingt eine Aufnahme von Werkstücken, welche in einer Linie aufgereiht sind, ohne dass deren Position innerhalb der Linie im Programm fixiert ist **(Bild 2)**.

Bestimmen der Werkstücklage durch Bildverarbeitung

Eine besondere Schwierigkeit bereitet häufig das geordnete Zuführen von Werkstücken. Das auf hellem Untergrund liegende Werkstück wird durch eine Videokamera aufgenommen und als Binärbild (Schwarz-Weiß-Bild) im Computer gespeichert. Der Computer ermittelt die Konturlinien **(Bild 3)**, den Flächenschwerpunkt S und er bestimmt durch den *Polarcheck* die für das Werkstück charakteristische Winkelfolge für die Schnittpunkte eines Kreises um den Flächenschwerpunkt mit den Umrisslinien. Aus diesen Messdaten ergibt sich eindeutig die Werkstücklage, sodass der Roboter zielgerichtet zugreifen kann.

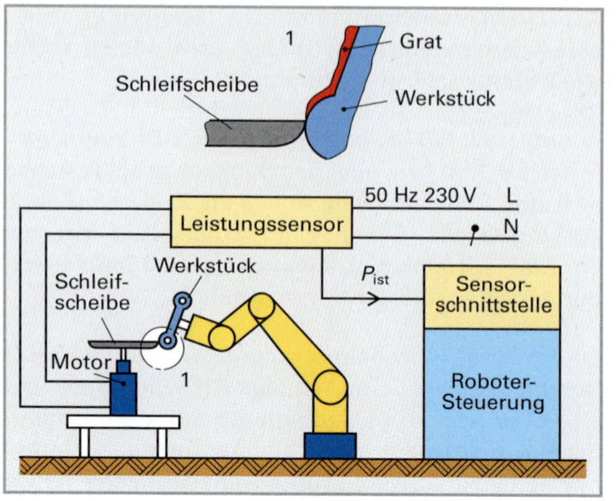

Bild 1: Geschwindigkeitsanpassung mit Leistungssensor beim Entgraten

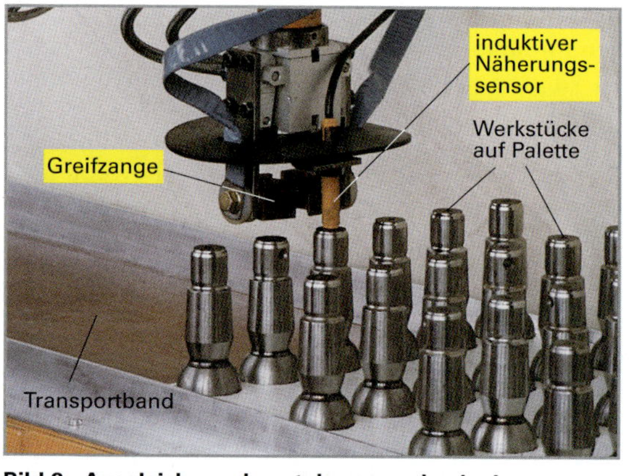

Bild 2: Ausgleich von Lagetoleranzen durch eine Suchbewegung mit induktivem Sensor

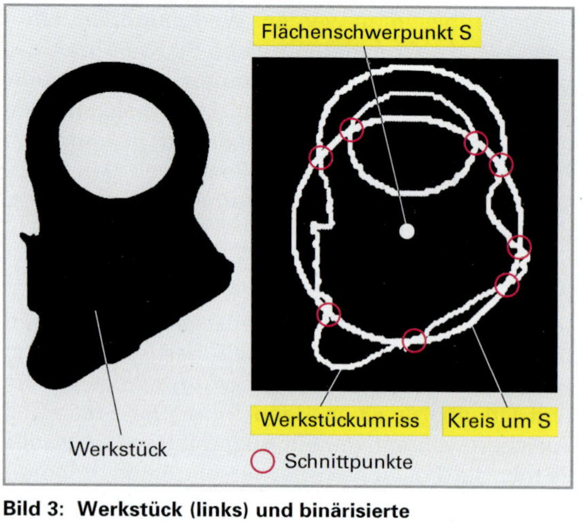

Bild 3: Werkstück (links) und binärisierte Videoaufnahme mit Umriss

6.6 Digitale Bildverarbeitung

Mithilfe einer Bildverarbeitungsanlage können Bilder einer Szene, z. B. einer Werkstückhandhabung, erfasst und mit dem zugehörigen Rechner verarbeitet werden. Die digitale Bildverarbeitung ermöglicht z. B. das automatische Erkennen von Mustern. Da die Bildinformation im Rechner digital vorliegt, können durch Anwenden von Rechenoperationen die Bilder ähnlich wie mit optischen Filtern verändert werden.

Bei der *Binärbildverarbeitung* wird das aufgenommene Bild in Schwarzweißpunkte zerlegt. Man erhält ein Bild entsprechend einem Scherenschnitt. Bei der *Grauwertbildverarbeitung* werden Bilder mit ihren Grauwertschattierungen und bei der *Farbbildverarbeitung* auch die Farben mitverarbeitet. Ziel der Bildverarbeitung ist es, durch mathematische Operationen bestimmte Merkmale eines Bildes bzw. einer Szene hervorzuheben oder die Bildinformation auf wenige Daten zu reduzieren.

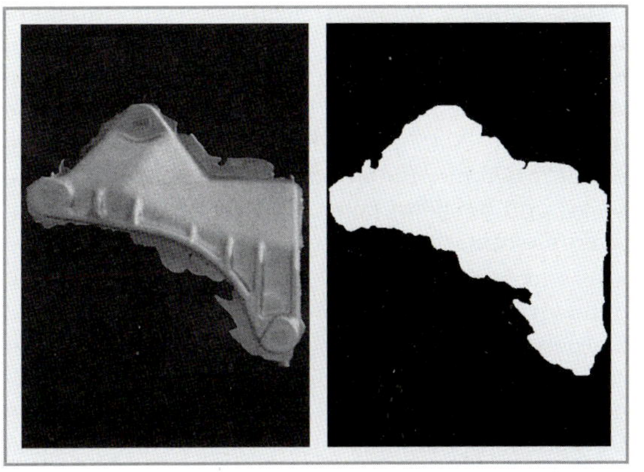

Bild 2: Grauwertbild mit 256 Graustufen und Binärbild

Aufbau und Funktionsweise einer Bildverarbeitungskarte für PC

Mit der Bildverarbeitungskarte wird das Videosignal einer Kamera mit einem schnellen AD-Umsetzer, z. B. mit 100 MHz bei einer Auflösung von meist 8 bit, digitalisiert **(Bild 1)**. Diese Auflösung führt zu einer Grauwertstufung mit 256 Stufen **(Bild 2)**. Die Bilder bestehen z. B. aus 512 ×α512 = 262 144 Bildpunkten. Das digitalisierte Videosignal wird mittels einer Input-Look-Up-Tabelle (von to look up = nachsehen) einer ersten Bildverarbeitungsoperation unterzogen **(Bild 3)**.

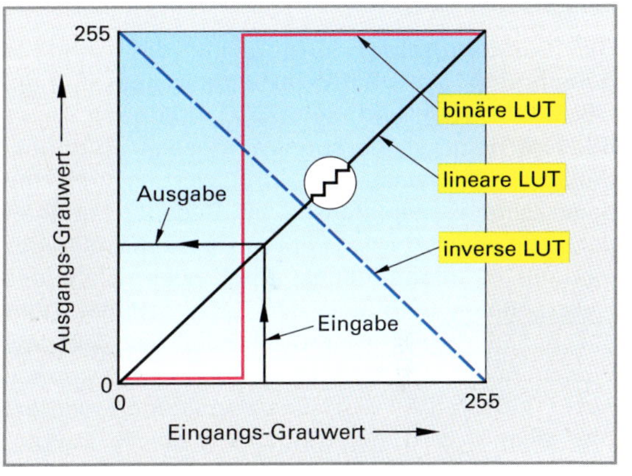

Bild 3: Funktionszusammenhang bei linearer, inverser und binärer Look-Up-Tabelle

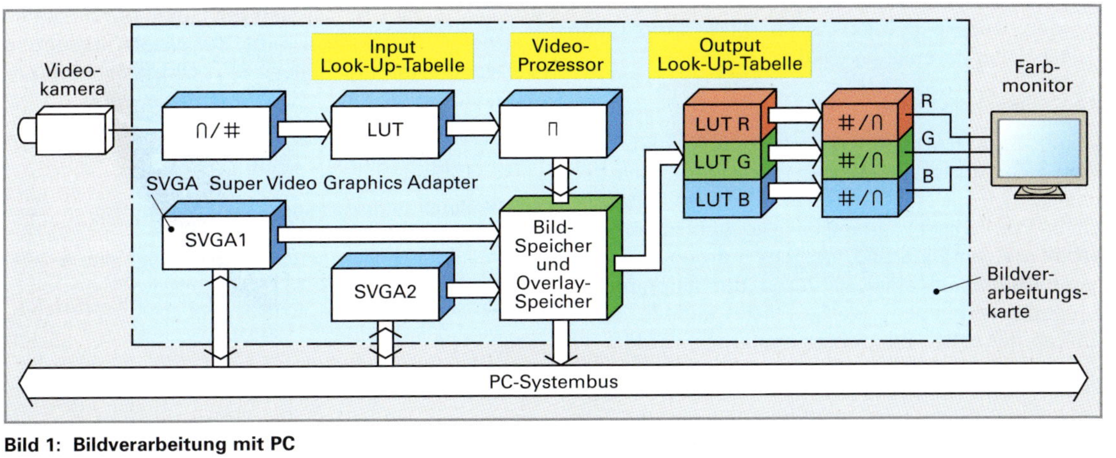

Bild 1: Bildverarbeitung mit PC

Dabei können, je nach gespeicherten Tabellenwerten, unterschiedliche Kennlinien zwischen Eingangsgrauwerten und Ausgangsgrauwerten realisiert werden. Bei linearer Kennlinie erhält man eine natürliche Wiedergabe. Bei einer Sprungkennlinie erhält man ein Binärbild (Bild 2, vorhergehende Seite) und bei einer fallenden Kennlinie eine Negativdarstellung.

Mit anderen Kennlinien können bestimmte Eingangsgrauwertbereiche besonders hervorgehoben werden und erscheinen dadurch im Zielbild heller oder sie können unterdrückt werden und erscheinen im Zielbild schwarz. So kann man mit der Look-Up-Tabelle Bilder hinsichtlich ihres Kontrastes und hinsichtlich ihrer Gesamthelligkeit verändern.

Mit der Look-Up-Tabelle können Grauwertbilder in Binärbilder, Negativbilder und in Bilder mit anderem Kontrast und anderer Gesamthelligkeit umgewandelt werden.

Der *Videoprozessor* ermöglicht die schnelle Berechnung von Bildverarbeitungsoperationen, z.B. Bildfilterung und logische Operationen. Diese Bildverarbeitungsoperationen müssen Bildpunkt (Pixel) für Bildpunkt ausgeführt werden und sind daher sehr rechenintensiv. Im Bildspeicher werden die Grauwerte der Bildpunkte des Quellbildes (aktuell aufgenommenes Bild), des Zielbildes (verarbeitetes Bild) und der Referenzbilder (Vergleichsbilder) gespeichert. Mithilfe des Overlay-Speichers (von to overlay = überlagern) können Texte und Grafiken den Bildern überlagert werden. Das Zielbild wird am Ausgang über die Output-Look-Up-Tabellen in drei Bilder für die Farben Rot, Grün, Blau zerlegt und mit drei DA-Umsetzern in RGB-Signale umgesetzt (Bild 1, vorhergehende Seite). Damit können Grauwertbereiche, die Fehlern bei Werkstücken entsprechen, z.B. rot dargestellt werden, andere Bereiche grün. Man spricht von Falschfarbendarstellung **(Bild 1)**.

Binärbildverarbeitung

Durch *Subtraktion* mit einem Referenzbild kann man z.B. Gussgrate erfassen. Von dem Binärbild des Werkstücks mit Gussgrat wird das Binärbild eines Werkstücks ohne Gussgrat subtrahiert. So erhält man ein Binärbild, welches nur den Gussgrat zeigt **(Bild 2)**. In einer weiteren Rechenoperation kann die verbliebene weiße Fläche einfach durch Zählen der hellen Bildpunkte bestimmt werden.

Mit der Bildsubtraktion stellt man die Unterschiede zu einem Referenzbild dar.

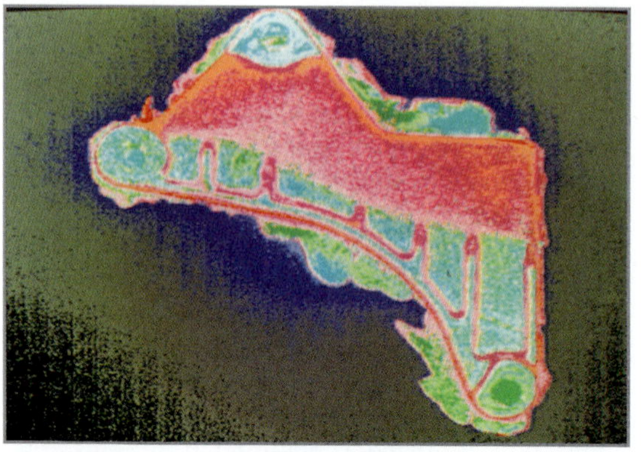

Bild 1: Werkstück in Falschfarbendarstellung

Bild 2: Bildsubtraktion und Erzeugen von Umrisslinien

Zur Ermittlung von *Umrisslinien* setzt man bei jedem Hell-Dunkel-Übergang einen hellen Punkt. Die Länge der Umrisslinien wird dann durch Zählen der hellen Punkte bestimmt. Zur Mustererkennung verwendet man oft Fläche und Umrisslänge eines Werkstückbildes.

Wiederholung und Vertiefung

1. **Wodurch unterscheiden sich Manipulatoren von Robotern?**
2. **Wie viele Freiheitsgrade der Bewegung gibt es und wie viele Achsen haben Roboter meistens?**
3. **Skizzieren Sie den Aufbau und den Arbeitsraum eines Roboters mit RTT-Kinematik.**
4. **Welche Programmierverfahren gibt es bei der Roboterprogrammierung?**
5. **Wozu dient die Look-Up-Tabelle bei der Bildverarbeitung?**

7 Umwelttechnik

Die Arbeit der Menschen und ihr Verhalten in der Freizeit beeinflussen die natürliche Umwelt, und zwar oft im günstigen Sinne, z.B. bei der Anlage von Kläranlagen, oft aber auch ungünstig, z.B. beim Hervorrufen von Abgasen beim Autofahren.

Die Umwelt wird vom Menschen sowohl günstig als auch ungünstig beeinflusst.

Ungünstige Beeinflussungen können zu Schädigungen des Menschen führen. Deshalb besteht ein allgemeines Interesse, diese Beeinflussungen möglichst zu begrenzen. Die natürlichen Lebensgrundlagen werden im Grundgesetz Art. 20a als Staatsziel geschützt.

7.1 Umweltrecht

Das Umweltrecht umfasst über 1000 Gesetze und Verordnungen. Bei Verstößen gegen das Umweltrecht werden von der Exekutive (Verwaltung) des Staates strafende Maßnahmen eingeleitet. Das Umweltstrafrecht wird bei Vergehen gegen das Umweltrecht angewendet **(Bild 1)**. Die strafbaren Handlungen des Umweltrechts sind im Strafgesetzbuch StGB aufgeführt **(Bild 2)**. Insbesondere sind strafbar Verunreinigungen von Wasser (Gewässern), Luft und Boden und alle Handlungen, die dazu führen können, z.B. unerlaubtes Verbrennen von Isolierstoffen.

Ordnungswidrigkeiten aus dem Bereich des Umweltschutzes sind in vielen Einzelgesetzen zum Umweltschutz aufgeführt, z.B. im Kreislaufwirtschafts- und Abfallgesetz KrW-AbfG. Ordnungswidrigkeiten werden mit Geldbußen geahndet, die auch juristischen Personen (Gesellschaften, Firmen, Behörden) auferlegt werden können.

7.2 Umwelthaftung

Die Umwelthaftung ist Bestandteil des Zivilrechts. Sie ist Grundlage, um dem Geschädigten für eingetretene Schädigungen Ausgleich zu verschaffen, also Schadenersatz durch den Schädiger zu erwirken. Die gesetzliche Grundlage ist das Bürgerliche Gesetzbuch BGB **(Bild 3)**. Daneben gelten weitergehende Bestimmungen des Umwelthaftungsgesetzes (UmweltHG, **Bild 4**).

ⓘ **StGB Strafgesetzbuch**
BGB Bürgerliches Gesetzbuch

Achtundzwanzigster Abschnitt. Straftaten gegen die Umwelt

§ 324. Gewässerverunreinigung.

(1) Wer unbefugt ein Gewässer verunreinigt oder sonst dessen Eigenschaften nachteilig verändert, wird mit Freiheitsstrafe bis zu **fünf Jahren** oder mit Geldstrafe bestraft.

(2) Der Versuch ist strafbar.

Bild 1: Strafandrohung des StGB für Gewässerverunreinigung, § 324

§ 325a. Verursachen von Lärm, Erschütterungen und nicht ionisierenden Strahlen.

(1) Wer beim Betrieb einer Anlage, insbesondere einer Betriebsstätte oder Maschine, unter Verletzung verwaltungsrechtlicher Pflichten Lärm verursacht, der geeignet ist, außerhalb des zur Anlage gehörenden Bereichs die Gesundheit eines anderen zu schädigen, wird mit Freiheitsstrafe bis zu **drei Jahren** oder mit Geldstrafe bestraft.

(2) Wer beim Betrieb einer Anlage, insbesondere einer Betriebsstätte oder Maschine, unter Verletzung verwaltungsrechtlicher Pflichten, die dem Schutz vor Lärm, Erschütterungen oder nicht ionisierenden Strahlen dienen, die Gesundheit eines anderen, ihm nicht gehörende Tiere oder fremde Sachen von bedeutendem Wert gefährdet, wird mit Freiheitsstrafe bis zu **fünf Jahren** oder mit Geldstrafe bestraft.

Bild 2: Auszug aus dem StGB, § 325a

Fünfundzwanzigster Titel. Unerlaubte Handlungen

§ 823. [Schadensersatzpflicht]

(1) Wer vorsätzlich oder fahrlässig das Leben, den Körper, die Gesundheit, die Freiheit, das Eigentum oder ein sonstiges Recht eines anderen widerrechtlich verletzt, ist dem anderen zum Ersatze des daraus entstehenden Schadens verpflichtet.

(2) Die gleiche Verpflichtung trifft denjenigen, welcher gegen ein den Schutz eines anderen bezweckendes Gesetz verstößt. Ist nach dem Inhalte des Gesetzes ein Verstoß gegen dieses auch ohne Verschulden möglich, so tritt die Ersatzpflicht nur im Falle des Verschuldens ein.

Bild 3: Schadensersatzpflicht, § 823 des BGB

§ 1. Anlagenhaftung bei Umwelteinwirkungen.

Wird durch eine Umwelteinwirkung, die von einer im Anhang 1 genannten Anlage ausgeht, jemand getötet, sein Körper oder seine Gesundheit verletzt oder eine Sache beschädigt, so ist der Inhaber der Anlage verpflichtet, dem Geschädigten den daraus entstehenden Schaden zu ersetzen.

Bild 4: § 1 des Umwelthaftungsgesetzes

7.3 Belastung durch elektrotechnische Produkte

Umweltbelastungen durch elektrotechnische Produkte entstehen z.B. bei Bränden und vor allem nach Ende der Benutzung, wenn aus den Produkten Abfall wird **(Bild 1)**.

Elektrotechnische Produkte führen nach Ende ihrer Nutzung zu Belastungen, weil sie zu entsorgen sind.

Bei der Produktion oder bei der Reparatur von elektrischen Betriebsmitteln fallen ebenfalls Abfälle an, die zu entsorgen sind. Am Arbeitsplatz dürfen bestimmte Höchstwerte von Schadstoffen nicht überschritten werden **(Tabelle 1)**.

Vor allem folgende Bestandteile elektrischer Geräte wirken belastend:

Asbest, früher als hitzebeständiger Isolierstoff verwendet, kommt in Deutschland nur noch bei Altgeräten vor, z. B. in Speicherheizungen. Asbeststaub ist Krebs erregend. Die Entsorgung von Asbest setzt einen Sachkundenachweis voraus.

Chlorierte Öle (Askarele, Polychlorierte Biphenyle PCB) wurden früher als unbrennbares Öl, z. B. in Öltransformatoren und Kondensatoren, eingesetzt. Sie sind Krebs erregend. Die Entsorgung muss durch Spezialbetriebe erfolgen.

Polyvinylchlorid PVC ist als Isolierstoff von Leitungen fast unentbehrlich und sehr verbreitet. Es enthält Weichmacher, die Schwermetalle enthalten. Beim Verbrennen entwickelt PVC Salzsäure und unter ungünstigen Verhältnissen Dioxine, die z. T. sehr giftig sind.

Quecksilber war früher als Füllung von Gasentladungslampen unentbehrlich und kommt heute noch in manchen Batterien vor, z. B. in Knopfzellen. Quecksilberdämpfe sind giftig (Nervengift).

Leuchtstoffe sind für Leuchtstofflampen, Energiesparlampen und Bildröhren unentbehrlich. In eine Wunde gebracht, verhindern sie die Heilung.

Leitungen und Kabel sind wegen der PVC-Isolierung ein belastender Abfall. Das früher übliche Abbrennen der Isolierung vor der Verwertung als Altmetall ist streng verboten.

Blei schädigt das Nervensystem und beeinträchtigt die Blutbildung. Daher ist die Verwendung im Elektronikbereich nur in Ausnahmefällen erlaubt.

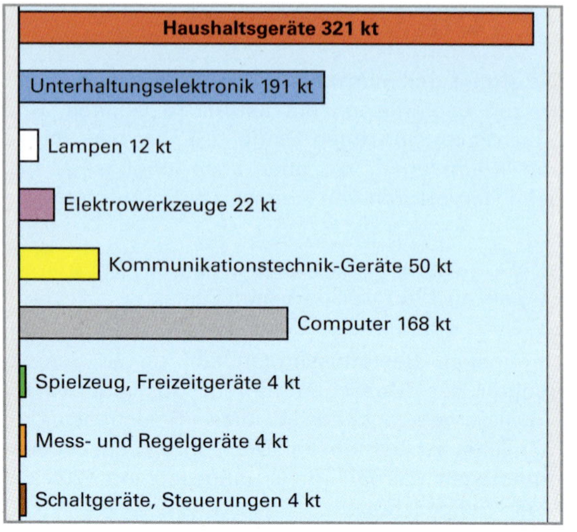

Bild 1: Jährlicher deutscher Anfall von Alt-Betriebsmitteln in Kilotonnen (kt)

Tabelle 1: Arbeitsplatzgrenzwerte (AGW-Werte von Schadstoffen)

Name	AGW-Wert	
	mg/m³	ml/m³
Aceton (Propanon, C_3H_6O)	1200	500
Ammoniak (NH_3)	35	46
Asbest-Fasern	2	–
Chlorwasserstoff (HCl)	7	4,3
Kupferstaub	1	–
Quecksilber (Hg)	0,1	0,01
Schwefelsäure (H_2SO_4)	1	–
Trichlorethen (Tri, C_2HCl_3)	260	44

Elektronikschrott ist die Gesamtheit aller Abfälle aus Elektronikgeräten. Er besteht z. B. aus Kondensatoren, Platinen und Leitungen.

Akkumulatoren enthalten entweder Blei und Schwefelsäure oder Nickel, Cadmium und Kalilauge. Alle diese Stoffe können als Gift wirken. Die Entsorgung erfolgt über ein spezielles Sammelsystem. Hierüber können auch Lithium-Ionen-Akkumulatoren entsorgt werden.

Wiederholung und Vertiefung

1. **Nennen Sie strafbare Handlungen gegen das Umweltrecht.**
2. **Welche Folge können Ordnungswidrigkeiten haben?**
3. **Welche Aufgabe hat die Umwelthaftung?**
4. **Geben Sie Beispiele an, die bei elektrotechnischen Erzeugnissen zur Umweltbelastung führen.**

7.4 Umgang mit Abfall

7.4.1 Begriffe der Abfallwirtschaft

Nach dem Kreislaufwirtschafts- und Abfallgesetz KrW-AbfG sind Abfälle alle beweglichen Sachen, derer sich ihr Besitzer entledigt, entledigen will oder entledigen muss und die im Anhang des KrW-AbfG aufgeführt sind **(Tabelle 1)**.

Die Prinzipien der Kreislaufwirtschaft bezüglich der Abfälle sind nach **Bild 1**

- Vermeiden vor Verwerten,
- Verwerten vor Beseitigen,
- zuletzt Beseitigen.

Die *Abfallentsorgung* erfolgt in mehreren Stufen **(Bild 2)**. Abfall zur Verwertung kann durch stoffliche Verwertung (Recyceln, von to recycle = in den Kreis zurückführen) oder durch energetische Verwertung (Verbrennung zur Energiegewinnung) verwertet werden. Abfall zur Beseitigung wird durch Ablagern in einer *Deponie* oder durch *thermische Behandlung* (Verbrennen) beseitigt.

Es gibt Abfälle, die keiner Überwachung bedürfen, z. B. leere Getränkeflaschen. Andere Abfälle sind *„überwachungsbedürftig"* durch eine Behörde, meist durch das Abfallwirtschaftsamt. Dazu gehören die meisten Abfälle zur Beseitigung, z. B. Reste von Ölfarben. Schließlich gibt es *„besonders überwachungsbedürftige"* Abfälle zur Beseitigung, z. B. explosive Lösemittel.

Je nach Entstehung des Abfalls unterscheidet man *Gewerbeabfall,* z. B. aus Handwerksbetrieben, *Siedlungsabfall,* z. B. aus Haushalten.

Verpackungen haben einen großen Anteil am Gewerbeabfall und am Siedlungsabfall **(Tabelle 1, folgende Seite)**. Der Verpackungsabfall muss vom Vertreiber und vom Hersteller der verpackten Produkte zurückgenommen werden. Verpackungsabfall wird z. B. vom DSD (Duales System Deutschland) im gelben Sack oder in der gelben Tonne eingesammelt. Gewerbebetriebe dürfen selbst entsorgen lassen.

7.4.2 Träger der Entsorgung

Die Entsorgung der Abfälle erfolgt je nach Art durch *öffentlich-rechtliche* Entsorgungsträger, z. B. den Landkreis, oder durch *private* zertifizierte (geprüfte) Entsorgungsbetriebe.

Restmüll und hausmüllähnlicher Gewerbemüll muss dem öffentlich-rechtlichen Entsorgungsträger überlassen werden, der dafür beträchtliche Gebühren erhebt, z. B. für einen Vierpersonenhaushalt.

Tabelle 1: Abfallgruppen entsprechend EWC

EWC-Nr.	Entstehung der Abfälle
1	Gewinnung und Bearbeitung von Mineralien
2	Herstellung und Verarbeitung von Nahrungsmitteln
3	Holzverarbeitung und Herstellung von Zellstoff
4	Leder- und Textilindustrie
5	Ölraffination, Erdgas, Kohlepyrolyse
6	anorganische chemische Prozesse
7	organische chemische Prozesse
8	Herstellung und Anwendung von Überzügen und Farben
9	fotografische Industrie
10	thermische Prozesse (anorganische Abfälle)
11	Metallbearbeitung (anorganische Abfälle)
12	mechanische Formgebung und Oberflächenbehandlung
13	Ölabfälle (außer 5 und 12)
14	organische Stoffe als Lösemittel (außer 7 und 8)
15	Verpackung, Filtermaterial, Schutzkleidung
16	nicht anderswo aufgeführte Prozesse
17	Bau und Abbruch (mit Straßenbau)
18	Medizin und Tiermedizin
19	Abfallbehandlung und Wasserversorgung
20	gesammelte Siedlungsabfälle und ähnliche gewerbliche Abfälle einschließlich getrennte Fraktionen

EWC von European Waste Catalogue = Europäischer Abfallkatalog

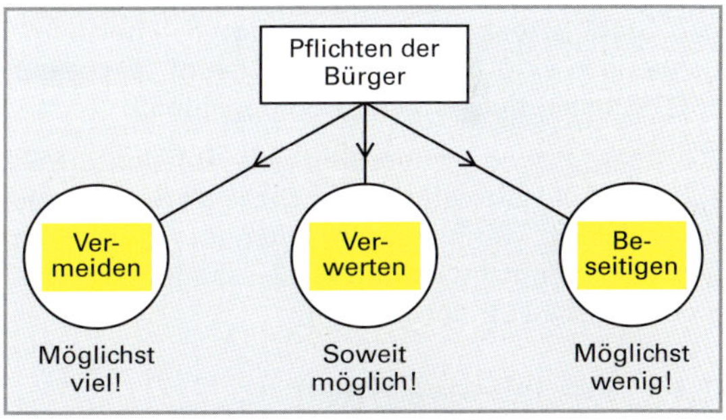

Bild 1: Prinzip der Kreislaufwirtschaft

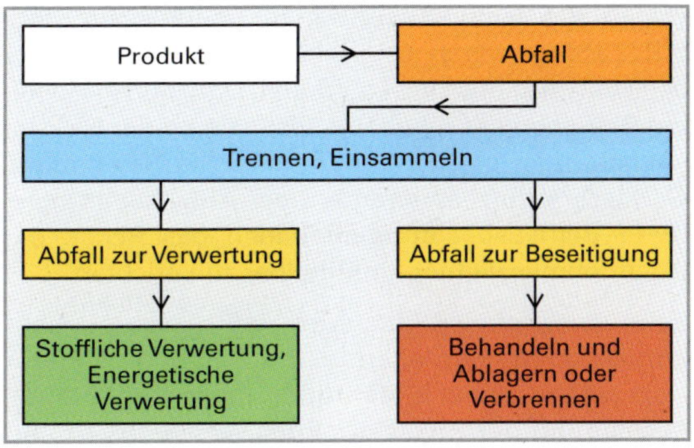

Bild 2: Abfallentsorgung in Stufen

200 €/Jahr **(Bild 1)**. Ausgenommen davon sind meist Abfälle zur Verwertung, wenn diese *eigenverwertet* werden, z. B. durch Kompostierung von biologischen Abfällen, sowie Verpackungsabfälle, die vom DSD eingesammelt werden.

Gewerbemüll ist grundsätzlich in eigener Verantwortung vom Gewerbetreibenden über einen zertifizierten Entsorgungsbetrieb zu entsorgen. Bei Abfällen zur Beseitigung kann der öffentlich-rechtliche Entsorgungsträger eine Überlassung verlangen. Auch andere Abfälle kann dieser wie ein Entsorgungsbetrieb annehmen. Die Kosten betragen je nach Abfallart bis zu 1000 € je 1000 kg und führen zu Wettbewerbsnachteilen gegenüber dem Ausland.

Das *Recyceln* von Abfällen setzt eine Trennung der Abfallstoffe nach Fraktionen (Teilen) voraus, z. B. Glas (getrennt nach Farbe), Papier, Kupfer, Stahl, Öl, Kunststoffe (getrennt nach Art). Das ist am ehesten durch getrenntes Sammeln möglich.

Im Betrieb anfallende Abfälle müssen nach Fraktionen getrennt gesammelt werden.

Es gibt Abfälle, die sehr gut recycelbar sind, z. B. Glas. Andere Abfälle sind zwar gut recycelbar, führen aber wegen unvermeidlicher Verunreinigungen zu schlechterer Qualität, z. B. bei Papier und auch bei Stahl (Downcyceln, von down = herunter). Schließlich sind manche Abfälle kaum recycelbar, z. B. Kunststoffe aus dem Siedlungsabfall.

Die *energetische Verwertung* von Abfällen erfolgt z. B. in Müll-Heizkraftwerken. Diese Verwertung ist nur zulässig, wenn die entstehende Wärme wirtschaftlich genutzt wird und keine schädlichen Emissionen in die Luft entweichen.

7.4.3 Betriebsbeauftragte

Sind in einem Betrieb Anlagen vorhanden, die wegen des Umweltschutzes zu überwachen sind, z. B. Lackieranlagen, so sind Betriebsbeauftragte für den Umweltschutz zu bestimmen. Das kann in kleineren Betrieben der Inhaber selbst sein. In der Elektroindustrie gibt es z.B. Immissionsschutzbeauftragte, Gewässerschutzbeauftragte und Abfallbeauftragte. Diese Betriebsbeauftragten haben das Recht, der Unternehmensleitung unmittelbar zu berichten.

Beim *Immissionsschutz* wird dafür gesorgt, dass Immissionen (einfallende Emissionen anderer Anlagen) zu keiner Gefährdung führen, z. B. durch Beseitigung der Emission. Entsprechendes gilt für die anderen Schutzaufgaben.

Tabelle 1: Verpackungen

Verpackungsart	Beispiele	Anwendung
Transportverpackung	Fässer, Kanister, Kisten, Säcke, geschäumte Schalen, Paletten, Schrumpffolien, Kartonagen	Zum Schutz vor Beschädigung der Ware auf dem Weg vom Hersteller zum Vertreiber.
Verkaufsverpackung	Becher, Beutel, Dosen, Eimer, Flaschen, Fässer, Kanister, Kisten, Säcke, Schalen, Schachteln, Tragetaschen, Kartonagen	Für den Transport der Ware zum Endverbraucher nach Hause.
Umverpackung	Folien, Kartonagen	Zusätzliche Verpackung um die Verkaufsverpackungen.

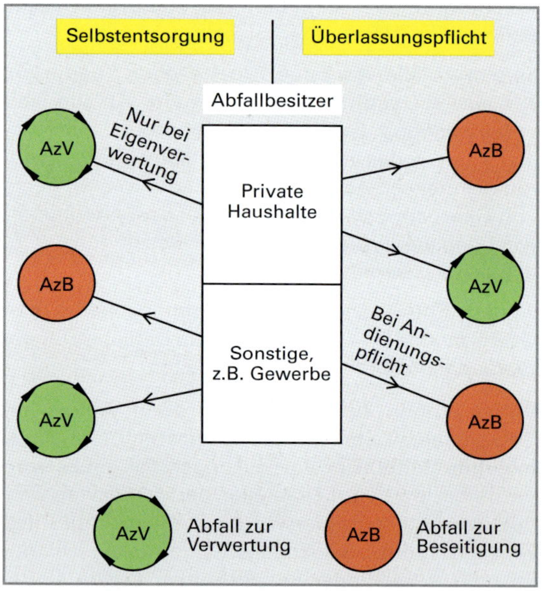

Bild 1: Abfallentsorgung nach dem KrW-AbfG

Wiederholung und Vertiefung

1. **Was versteht man unter Abfall?**
2. **Nennen Sie die Prinzipien der Kreislaufwirtschaft.**
3. **Welche Möglichkeiten gibt es zur Abfallverwertung?**
4. **Nennen Sie recycelbare Abfälle Ihres Betriebes.**
5. **Geben Sie Ihren öffentlich-rechtlichen Entsorgungsträger an.**
6. **Warum müssen im Betrieb anfallende Abfälle nach Fraktionen getrennt gesammelt werden?**
7. **Welche Aufgaben hat der Immissionsschutzbeauftragte eines Betriebes?**

7.5 Elektromagnetische Verträglichkeit EMV

7.5.1 Bedeutung der EMV

Elektronische Bauelemente können durch elektrostatisch oder durch elektromagnetisch hervorgerufene Spannungen zerstört werden. Deshalb ist die Betriebssicherheit elektronischer Geräte zum Schutz der Menschen gesetzlich geregelt.

Das deutsche EMV-Gesetz beruht auf der EMV-Richtlinie der Europäischen Union (EU). Es verlangt, dass elektrische Geräte so beschaffen sein müssen, dass

- die Geräte eine angemessene Festigkeit gegen elektrische Störungen aufweisen und
- die Erzeugung elektromagnetischer Störungen durch die Geräte stark begrenzt wird.

Die wirtschaftliche Bedeutung der EMV-Maßnahmen nimmt laufend zu. Gegenwärtig werden allein in Deutschland im Jahr jährlich mehr als eine Milliarde € für EMV-Maßnahmen aufgewendet.

Nach den Richtlinien der EU müssen elektrische Geräte mit dem *CE-Kennzeichen* (Konformitätskennzeichen) von demjenigen versehen sein, der sie in den Verkehr bringt (Hersteller oder Händler). Dadurch wird dokumentiert, dass das Gerät den europäischen Normen entspricht, also auch der EMV-Richtlinie der EU.

7.5.2 Störungen durch elektrische Felder

Geht man über einen isolierenden Bodenbelag, z. B. einen Teppichboden aus synthetischen Fasern, so tritt eine Aufladung des Körpers infolge Ladungstrennung auf **(Bild 1)**. Diese elektrostatische Aufladung kann zu Spannungen von einigen 10 000 V führen (ESD = Electro Statical Discharge). Eine Aufladung tritt auch beim sonstigen Umgang mit isolierenden Stoffen auf. Kommt ein ungeschütztes elektronisches Gerät oder ein Bestandteil davon mit den elektrostatischen Spannungen in Berührung, so kann das zu erheblichen Störungen der Funktionsfähigkeit, z.B. zur Verfälschung von Daten, aber auch zur Zerstörung von empfindlichen Baugruppen führen.

> Software und Hardware von elektronischen Geräten können durch elektrostatische Aufladungen zerstört werden.

Der Schutz gegen elektrostatische Spannungen erfolgt durch Ableitung der Ladungen, z. B. durch

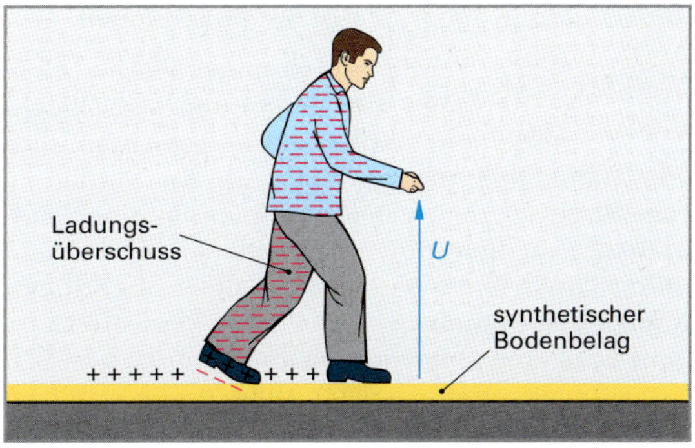

Bild 1: Aufladung eines Menschen beim Laufen über einen synthetischen Bodenbelag

Tabelle 1: Elektrostatische Spannungen

Ursache	Spannung in kV	Maßnahmen zur Aufhebung
Verdampfen von Lötflussmitteln	80	Lot erden; leitfähiges Flussmittel
Kleidung aus synthetischen Fasern, Schuhe mit Gummisohle	30	Baumwolle, Leder
Fußboden aus Holz, Keramik, Kunststoff, synthetischen Fasern	10	leitfähiger Belag, antistatische Sprays
Werkzeug mit isolierendem Griff, eloxierte Werkzeuge	10	Metallwerkzeuge
Arbeitstisch mit Belag	5	leitfähige Farbe
Papier, z.B. Fotokopien	5	Vermeidung am Arbeitsplatz

Tabelle 2: Zerstörspannung

Halbleitertyp	Zerstörspannung in V
Bipolare Transistoren	380 bis 7 000
Thyristoren	700 bis 2 500
Operationsverstärker (bipolar)	190 bis 2 500
Junction-FET	140 bis 1 600
EPROM	100 bis 500
Isoliergate-FET	100 bis 200
Operationsverstärker (FET)	100 bis 200

leitende oder schwach leitende Gehäuse und Anschluss an einen geerdeten Leiter, z.B. den PE. Der Einfluss von elektrostatischen Spannungsquellen kann durch geeignete Maßnahmen verringert werden **(Tabelle 1)**.

Halbleiterbauelemente werden bereits von Spannungen zerstört, die weit unter den möglichen Höchstwerten der elektrostatischen Spannungen liegen **(Tabelle 2)**.

Auswirkungen elektrostatischer Entladungen

Elektrostatische Entladungen bewirken in elektronischen Bauteilen die Zerstörung von leitenden Verbindungen, isolierenden Schichten und von Halbleiterstrukturen **(Bild 1)**. Im Verhältnis zur Masse verhält sich die Energie einer statischen Entladung in einem Halbleiter wie ein Blitzschlag in einen Baum. Dies kann zu sofortigem Ausfall der Bauelemente führen. Empfindliche Bauelemente werden deshalb mit integrierten ESD-Schutzschaltungen versehen **(Bild 2)**. Sie schützen aber nur bis zu einer bestimmten Spannung und dienen hauptsächlich zur Ableitung von Aufladungen, die z.B. beim Gleiten durch die Verpackung aus dem Stangenmagazin entstehen.

Zerstörte Schutzdioden wirken wie Widerstände und lassen bei Weiterbestehen der logischen Funktion die Stromaufnahme der IC bis auf das 500-fache steigern, z. B. von 2 μA auf 1 mA bei CMOS-Logik. Wurden viele Bauelemente beschädigt, kann es im Betrieb zur zeitweisen Überlastung der Stromversorgung kommen, was mit einem Absinken der Versorgungsspannung verbunden ist. Dadurch arbeiten solche Systeme plötzlich unzuverlässig, ohne dass der Fehler leicht zu lokalisieren ist. Eine weitere Gefahr entsteht durch Ladungsverschiebungen. Ursache ist hier die elektronische Aufladung durch Influenz (Beeinflussung).

Mittel zur ESD-Vermeidung

Bereits eine ausreichend hohe Luftfeuchtigkeit kann statische Aufladung stark vermindern. Gefährlich sind schnelle Temperaturveränderungen z. B. durch Lüften im Winter. So sinkt die relative Luftfeuchtigkeit von 80 % bei – 10 °C auf 7 % bei + 25 °C.

Es muss also dafür gesorgt werden, dass zerstörende Entladungen nicht entstehen können. Unfälle durch erschreckende Entladungen müssen vermieden werden. Dies wird erreicht, indem alle Beteiligten durch elektrisch ableitfähige Systeme miteinander verbunden werden. Sie haben dann dasselbe elektrische Potenzial.

Maßnahmen gegen statische Aufladungen und elektrische Felder sind in der DIN EN 61340-5-1 beschrieben.

Elektrostatisch geschützte Arbeitsplätze (EPA) umfassen die Raumausstattung, die Personenausstattung, die Verpackungen, die Werkzeuge und die Messgeräte.

ESD, Electrostatic Sensitive Devices
= elektrostatisch empfindliche Bauteile.

EPA, Electrostatic Protected Area
= Arbeitsplatz zur Handhabung elektrostatisch empfindlicher Bauelemente.

ERP, Earth Reference Plane
= Erdpotenzialbezugsflächen.

EBP, Earth Bonding Point = Ein gemeinsamer Anschlusspunkt, um ESDs auf ein gemeinsames Potential zu bringen.

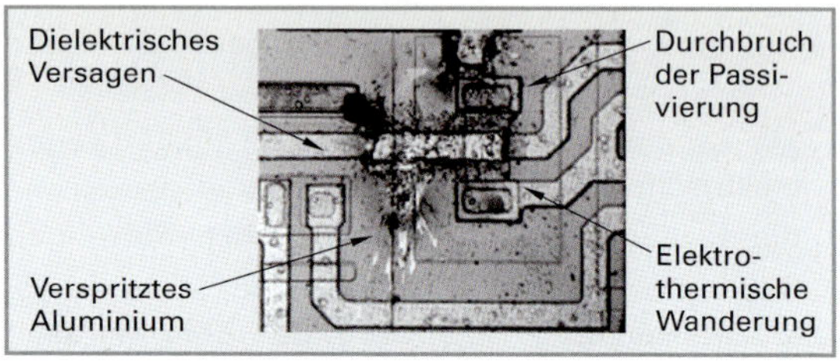

Bild 1: Zerstörung von IC-Strukturen in ESDs

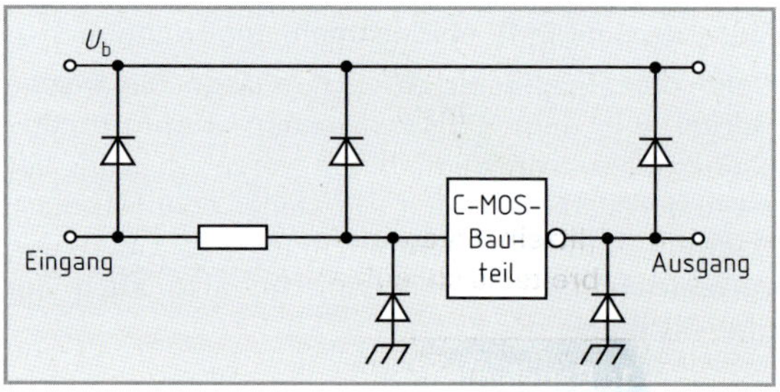

Bild 2: CMOS-Schutzbeschaltung

Bild 3: Warnzeichen elektrostatisch gefährdeter Bauteile

Kennzeichnung und Abgrenzung

Alle dauerhaften ESD-Schutzzonen (EPAs) müssen festgelegte Grenzen haben. Die Kennzeichnung erfolgt durch Warnmarkierungsbänder auf den Bodenbelägen. Eine zusätzliche Kennzeichnung erfolgt durch Warnschilder (**Bild 3**).

Handgelenk-Erdungsband

Ein Handgelenk-Erdungsband ist die Hauptschutzmaßnahme für den ESD-Schutz und die sicherste Methode, Personenaufladungen gegen einen EPA-Erdungsanschlusspunkt abzuleiten.

Auch Spannungsimpulse, die kürzer als die Signallaufzeit sind, können zu Störungen führen, wenn ihre Energie genügend groß ist. Diese Energie wird durch die *dynamische* Störfestigkeit angegeben.

Das Übertragen von Überspannungen aus dem Netz in die elektronische Anlage wird durch *Überspannungsableiter* (Tabellenbuch Informationstechnik und Systemtechnik) zwischen den Netzleitern und einem geerdeten Leiter vermieden **(Bild 1)**. Dabei haben Metalloxidvaristoren (spannungsabhängige Widerstände, **Tabelle 1**) eine Ansprechzeit von 0,1 µs. Bei Z-Dioden ist die Ansprechzeit kleiner als 10 ns. Noch kürzer ist die Ansprechzeit von in Vorwärtsrichtung geschalteten Suppressordioden (Unterdrückungsdioden) mit etwa 10 ps. Gegen Blitzeinwirkung werden meist handelsübliche Ableiter verwendet, die aus einer Kombination von Gasableitern (Bauelement mit einer Funkenstrecke als Grobschutz) Suppressordioden und Varistoren als Feinschutz bestehen.

Überspannungen werden durch Überspannungsableiter, die vor die zu schützenden elektronischen Anlagen installiert werden, zur Erde abgeleitet.

Bei einem Blitzeinschlag in das elektrische Versorgungsnetz breitet sich ein energiereicher Impuls, genannt *Stoßspannungswelle*, im Netz aus. Deren Energie ist zu groß, als dass sie von einem empfindlichen Bauelement, z. B. einer Z-Diode, abgeleitet werden könnte.

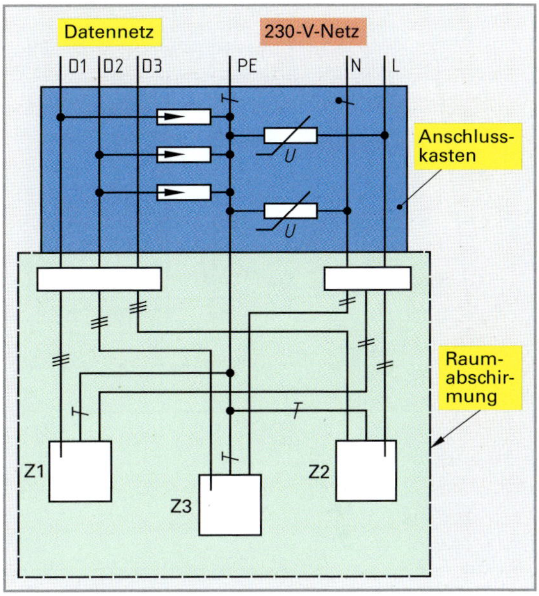

Bild 1: Überspannungsschutz einer Datenverarbeitungsanlage

Tabelle 1: Bauelemente für den Überspannungsschutz			
Art	Ansicht	Kennlinie	Erklärung
Gasableiter	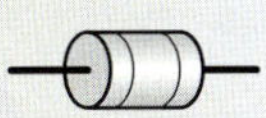	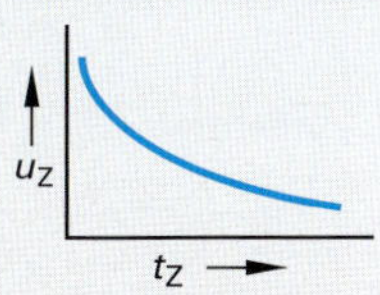 u_Z, t_Z	Zwei Plattenelektroden sind in einem mit Edelgas gefüllten Keramikrohr oder Glasrohr. Bei genügend hoher Spannung erfolgt Zündung. Ansprechspannung von 70 V bis einige hundert Volt. Meist Selbstlöschung. 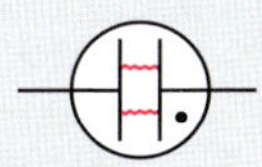
Suppressordiode Silicium-Überspannungsableiter	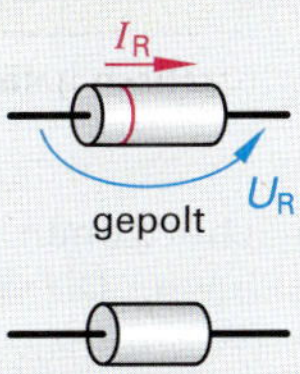 gepolt, ungepolt	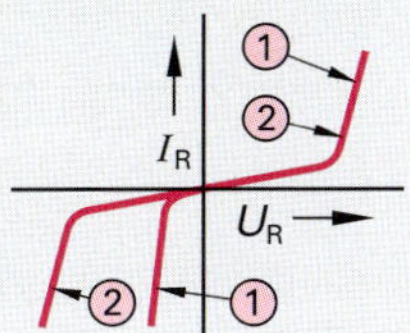 1: gepolt 2: ungepolt	Die Suppressordiode (lat. suppressor = Unterdrücker) verhält sich wie eine Z-Diode, kann aber mit einem höheren Strom belastet werden (je nach Typ bis 100 A). Die ungepolte Suppressordiode besteht im Prinzip aus zwei gegeneinander geschalteten gepolten Suppressordioden. Ansprechspannung bis 3 kV. Der Silicium-Überspannungsbegrenzer hat einen PNP-Aufbau.
Varistor, VDR	siehe Abschnitt 1.2.8.5		Varistoren sind robust, werden aber nicht so schnell leitend wie Gasableiter, BOD oder Suppressordioden.
 Gasableiter, Gleitableiter	 Suppressordiode, gepolt	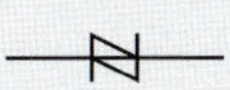 Suppressordiode, ungepolt	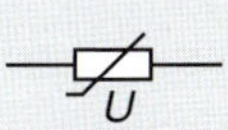 Varistor

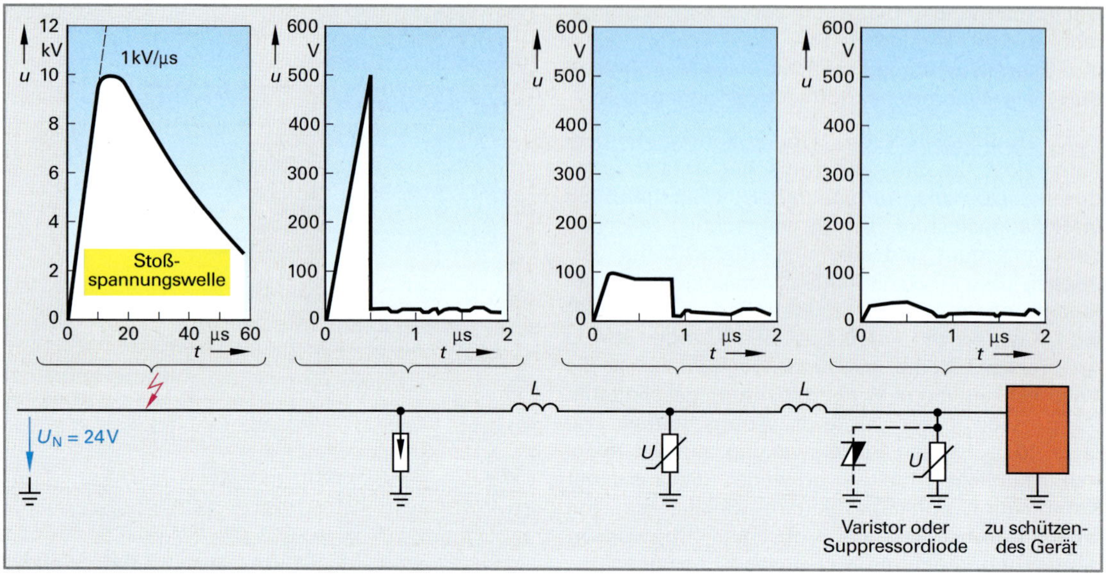

Bild 1: Abbau der Überspannung eines Blitzeinschlages

Deshalb wird die Stoßspannungswelle erst einem robusten Gasableiter zugeführt, der aber etwas verzögert zündet, sodass einige hundert Volt übrig bleiben **(Bild 1)**. Eine nachgeschaltete Induktivität macht die Flanken der verbleibenden Spannung flacher und ein VDR-Widerstand baut, allerdings verzögert, die Spannung weiter ab. Nach einer weiteren Induktivität setzt schließlich z. B. eine Suppressordiode die Spannung auf wenige Volt herab **(Bild 2)**.

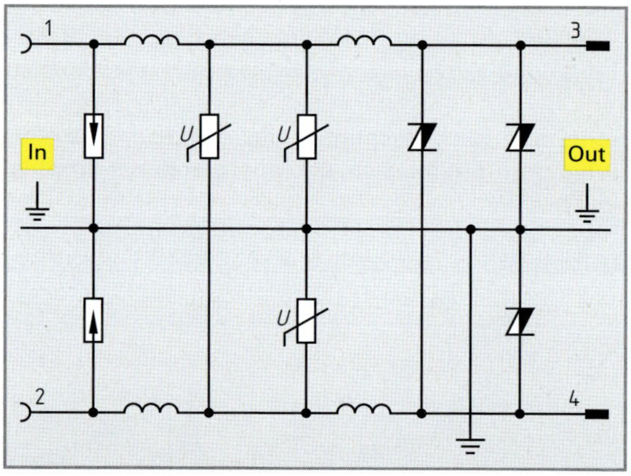

Bild 2: Steckbare Überspannungs-Schutzkaskade

7.5.3 Störungen durch elektromagnetische Felder

Elektromagnetische Schwingungen treten entweder beabsichtigt auf, z. B. in Schaltnetzteilen, oder aber unerwünscht, z. B. beim Zünden von Thyristoren. Diese Schwingungen haben immer einen hochfrequenten Anteil. Auch beim Schalten von niederfrequenten Spannungen oder von Gleichspannung treten diese hochfrequenten Schwingungen auf, weil jede steile Flanke das Auftreten von Oberschwingungen bedeutet. Die hochfrequenten Schwingungen gelangen von der Störquelle zur Störsenke, z. B. zu einem Computer **(Bild 3)**.

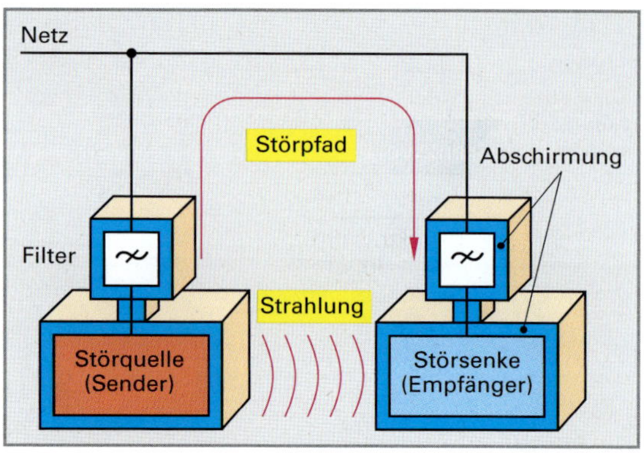

Bild 3: Ausbreitung von Störungen

Elektromagnetische Störquellen sind sowohl die Erzeuger von hochfrequenten Spannungen als auch elektrische Schaltgeräte.

Die Ausbreitung der Störungen über Leitungen wird durch Filter am Anfang und am Ende der Übertragungsleitung verhindert. Die Ausbreitung durch Strahlung kann durch eine leitende Schirmung von Gehäusen, Schnittstellen und Leitungen verhindert werden **(Bild 1)**.

Zur Sicherstellung der Funkübertragung, z. B. für die Rundfunk- und Fernsehtechnik, dürfen die Störspannungen (Funkstörspannungen) bestimmte Werte nicht überschreiten. Die Störspannung wird mit einem Funkstörmessempfänger gemessen. Bei breitbandigen Störquellen (Störspannungen mit einem breiten Frequenzbereich) unterscheidet man die Störgrade G (Grobstörgrad, z. B. für Fabrikgelände), N (Normalstörgrad, z. B. für Wohngebiete) und K (Kleinstörgrad) für besonders hohe Anforderungen **(Bild 2)**.

Für *Knackstörungen* gelten wegen des unterschiedlichen Störeindrucks höhere zulässige Werte als bei Dauerstörungen. Betriebsmittel, die interhalb von 5 s höchstens eine Knackstörung hervorrufen, gelten als nach dem Störgrad N entstört.

Geräte, die den Normen für die EMV entsprechen, können nach Prüfung durch das VDE-Zertifizierungsinstitut mit dem VDE-Funkschutzzeichen **Bild 3** gekennzeichnet werden.

Alle Geräte, die das CE-Kennzeichen tragen, halten die vorgeschriebenen Grenzwerte ein oder unterschreiten diese (Bild 3).

Nach dem EMV-Gesetz muss auch die physiologische Wirkung (Wirkung auf Lebewesen) von elektrischen Anlagen unschädlich sein. Deshalb sind Grenzwerte der elektrischen und der magnetischen Feldstärke der elektromagnetischen Felder einzuhalten **(Tabelle 1)**. Außerhalb von Anlagen oder Anlageteilen dürfen diese nicht überschritten werden. Bei Sendeanlagen müssen notfalls Abstände zu den Menschen eingehalten werden.

Tabelle 1: Grenzwerte hochfrequenter Felder

Frequenz f in MHz	Effektivwert der Feldstärke	
	elektr. Feldstärke in V/m	magn. Feldstärke in A/m
0,1 bis 1	87	$0{,}23/\sqrt{f}$
1 bis 10	$87/\sqrt{f}$	$0{,}23/\sqrt{f}$
10 bis 400	27,5	0,073
400 bis 2 000	$1{,}375 \cdot \sqrt{f}$	$0{,}0037 \cdot \sqrt{f}$

f in MHz als Zahlenwert ohne Einheit einzusetzen.

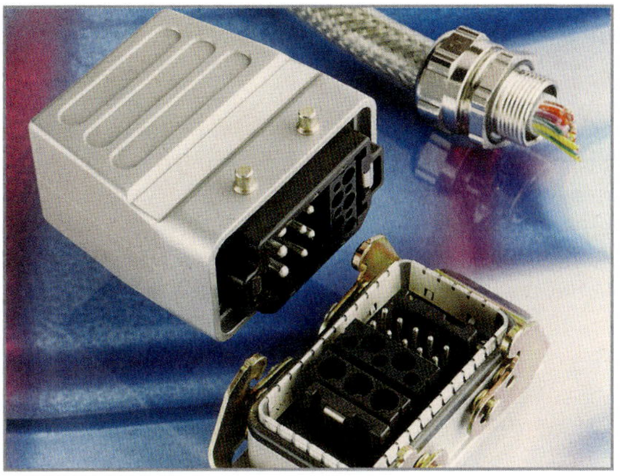

Bild 1: Metallschirmung von Leitungen

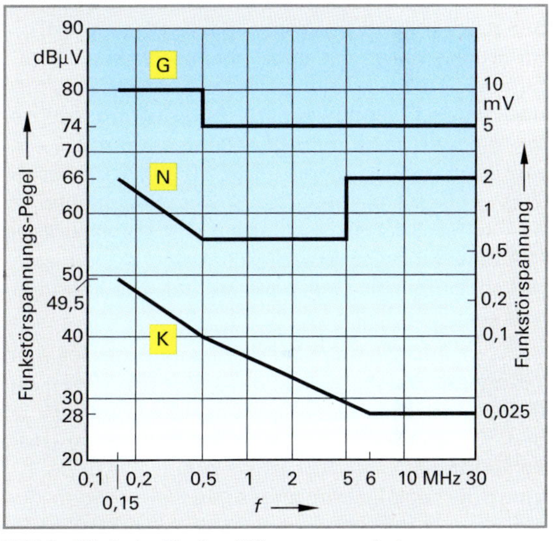

Bild 2: Höchstzulässige Störspannung bei Breitbandstörern

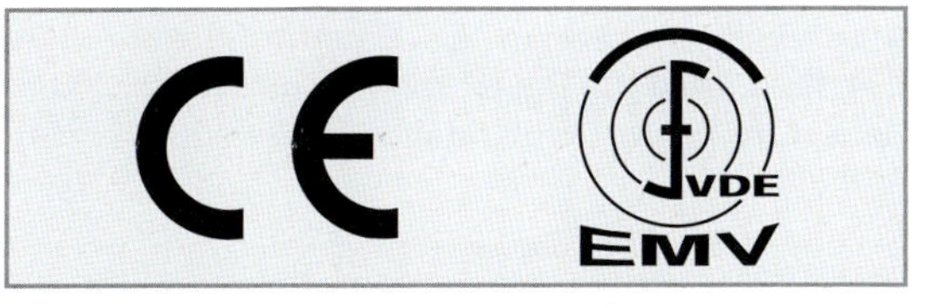

Bild 3: Gerätekennzeichnung mit Konformitätskennzeichen und Funkschutzzeichen

Bei Hochfrequenzerzeugern für besondere Anwendungen, z. B. Schaltnetzteilen, Mikrowellenherden, treten oft große hochfrequente Leistungen auf. Man hat für derartige Geräte bestimmte Frequenzen reserviert **(Tabelle 1, folgende Seite)**. Auf diesen Frequenzen dürfen sie ohne Entstörung betrieben werden, wenn der Betrieb von der Zulassungsstelle genehmigt wurde.

Hochfrequenzerzeuger mit großer Leistung müssen besondere Arbeitsfrequenzen haben.

Durch *Entstörung* werden Störspannungen an der Störquelle oder an der Störsenke so weit herabgesetzt, dass sie nicht mehr stören. Schaltet man einen Kondensator zwischen die Netzleiter, so schließt er die zwischen den Netzleitern befindliche *symmetrische* Störspannung *(Gegentaktstörspannung)* kurz.

Kondensatoren parallel zur Störquelle verringern die symmetrische Störspannung.

Die meisten Störquellen haben aber von ihrem Gehäuse zur Erde eine Verbindung, z.B. über den Schutzleiter **(Bild 1)**. Wegen der Isolierung ist die Störquelle meist mit dem Gehäuse kapazitiv verbunden. Deshalb kann zwischen den Netzleitern und der Erde ebenfalls eine Störspannung auftreten, die man *asymmetrische* Störspannung *(Gleichtaktstörspannung)* nennt (Bild 1). Diese ist besonders groß, wenn die Gehäuse der Störquellen an den Schutzleiter angeschlossen sind. Die zwischen Netzleiter und Gehäuse geschalteten Kondensatoren schließen die unsymmetrischen Störspannungen kurz.

Bei den *Entstörkondensatoren* unterscheidet man Y-Kondensatoren, X-Kondensatoren und XY-Kondensatoren **(Bild 2)**. Y-Kondensatoren werden an den Gerätekörper angeschlossen und müssen daher eine erhöhte Sicherheit haben. X-Kondensatoren dürfen nur dort angeschlossen werden, wo ein Versagen nicht zu einem Unfall führen kann. XY-Kondensatoren sind Kombinationen von X-Kondensatoren und Y-Kondensatoren.

Meist verwendet man zur Entstörung komplette Netzfilter **(Bild 3)**. Diese können außer den Kondensatoren auch Widerstände und Induktivitäten enthalten.

Netzfilter werden am Netzanschluss der Störquelle und am Netzanschluss der Störsenke eingebaut.

Wiederholung und Vertiefung

1. Erklären Sie die Bedeutung von EMV.
2. Auf welche Arten können durch Blitzschläge entstehende Überspannungen in das Netz gelangen?
3. Wie verhindert man das Eindringen von elektromagnetischen Störungen in das Netz?
4. Nennen Sie drei Störgrade der Funkentstörung.

Tabelle 1: Arbeitsfrequenzen (Auswahl)

Arbeitsfrequenz in MHz	Zulässige Abweichung in %	Zulässige Abweichung in MHz
13,56	±0,05	±0,0068
27,12	±0,6	±0,163
40,68	±0,05	±0,02
433,92	±0,2	±0,868
2450,00	±2,04	±50

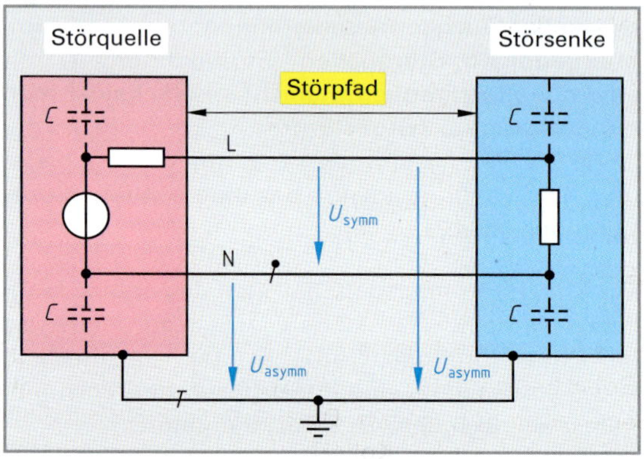

Bild 1: Symmetrische und asymmetrische Störspannungen

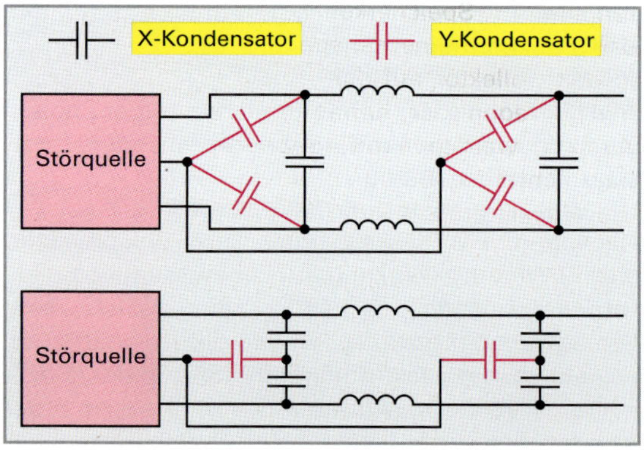

Bild 2: Entstörschaltungen mit XY-Kondensatoren

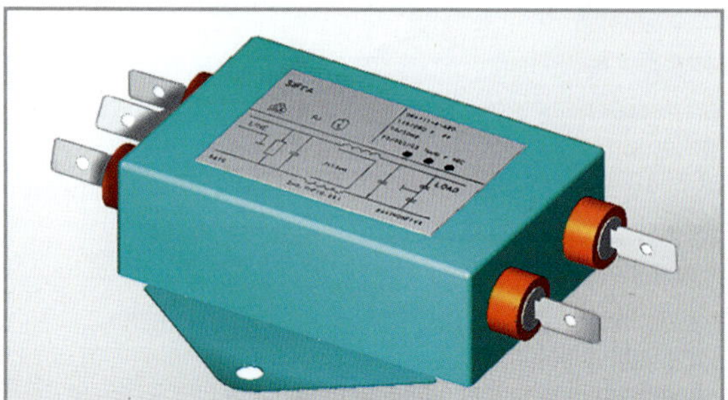

Bild 3: Netzfilter

7.6 Alternative Energieversorgung

7.6.1 Solartechnik

Die Energie, die die Sonne jährlich auf die Erde strahlt, beträgt 1540000000000 GWh. Das ist rund 20000-mal so viel, wie der Gesamtverbrauch der Menschheit beträgt. Diese Energie kann indirekt oder direkt genutzt werden **(Tabelle 1)**. Da z. B. durch die Sonneneinstrahlung Wasser verdunstet und damit den Wasserkreislauf bewirkt, ist die Wasserkraft eine Folgeenergie der Sonneneinstrahlung.

Die Strahlungsleistung der Sonne auf der Erdoberfläche ist abhängig vom Tag-Nacht-Rhythmus, den Witterungsbedingungen und dem Einstrahlungswinkel. Bei der direkten Nutzung der Sonnenenergie muss diese sofort umgewandelt und genutzt oder gespeichert werden.

Tabelle 1: Sonnenenergienutzung

Art	Ursache	Beispiele
Indirekte Nutzung	Thermik Verdunstung Fotosynthese	Windkraftanlage Wasserkraftwerk Biogasanlage
Direkte Nutzung	Wärmeeinstrahlung Fotoeffekt	Sonnenkollektor, Sonnenofen, Solarturm. Fotovoltaikanlage

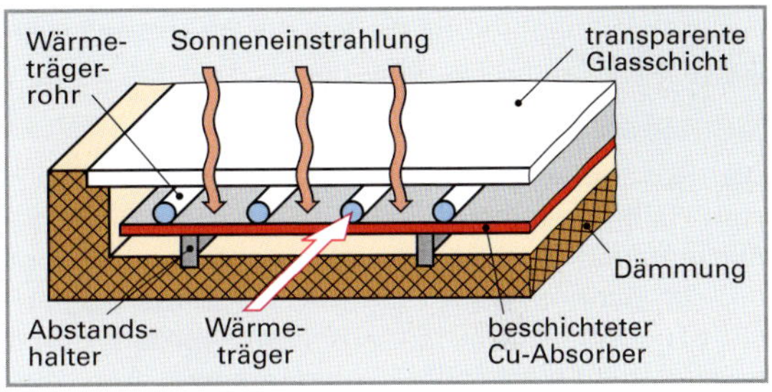

Bild 1: Flachkollektor

7.6.1.1 Solarthermie

Solarthermische Anlagen wandeln die Sonnenenergie in Wärme um. Dazu muss die Strahlungswärme mit einem Kollektor (Sammler) absorbiert (entzogen) werden **(Bild 1)**. Man unterscheidet verschiedene Kollektorarten, z.B. Flachkollektor, Röhrenkollektor, Speicherkollektor. Die Sonnenstrahlen dringen durch eine transparente Spezialglasschicht in den Kollektor auf den Absorber. Dieser besteht meist wegen der hohen Wärmeleitfähigkeit aus Kupfer, welches mit Schwarz-Chrom selektiv beschichtet ist. Durch selektive Beschichtung wird die Rückstrahlung der aufgenommenen Wärme reduziert. Der Wärmeträger, z.B. frostschutzmittelhaltiges Wasser oder auch Luft, strömt am Absorber vorbei und transportiert die Wärme ab. Im Sommer kann sich der Wärmeträger bis auf 90 °C aufheizen.

Eine elektronische Regelung lässt den Wärmeträger in einem Kreislauf zirkulieren **(Bild 2)**. Über einen Wärmetauscher wird das Brauchwasser in einem Warmwasserspeicher erwärmt. Die Solarsteuerung schaltet die Umwälzpumpe ab, wenn der eingestellte Maximalwert der Brauchwassertemperatur erreicht ist oder wenn die Kollektortemperatur unter die Brauchwassertemperatur sinkt. Eine Schwerkraftbremse (Rückschlagventil) verhindert, dass nachts bei abgeschalteter Umwälzpumpe der Wärmeträgerkreislauf umgekehrt zirkuliert. Mit der Erwärmung steigt je nach Art der solarthermischen Anlage der Druck z. B. auf 2 bar bis 5 bar, wodurch sich die Temperatur des Wärmeträgers erhöht. Bei Ausfall der Umwälzpumpe kann im Kollektor eine Temperatur von 180 °C entstehen.

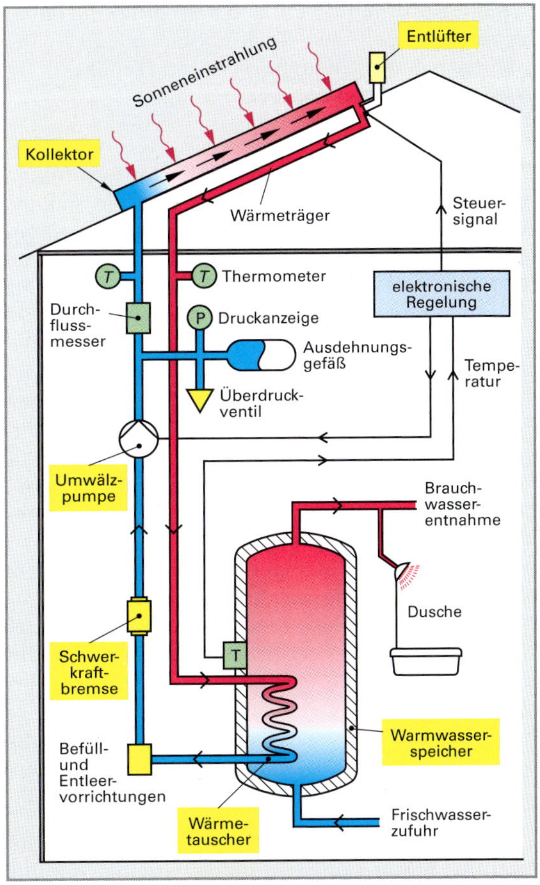

Bild 2: Solarthermische Brauchwasserheizung

7.6.1.2 Fotovoltaik

Solarzelle

Solarzellen arbeiten mit dem inneren fotoelektrischen Effekt **(Bild 1)**. Lichtwellen dringen durch Fenster in das Halbleitermaterial. In dem Übergang zwischen der N-dotierten und P-dotierten Schicht setzt die Lichtenergie gebundene Elektronen frei, welche in die P-Schicht wandern. Zurück bleibt positiver Elektronenmangel, sodass zwischen den beiden Schichten eine Spannung auftritt. Über den äußeren Widerstand R_L fließen die Elektronen wieder in die P-Schicht zurück.

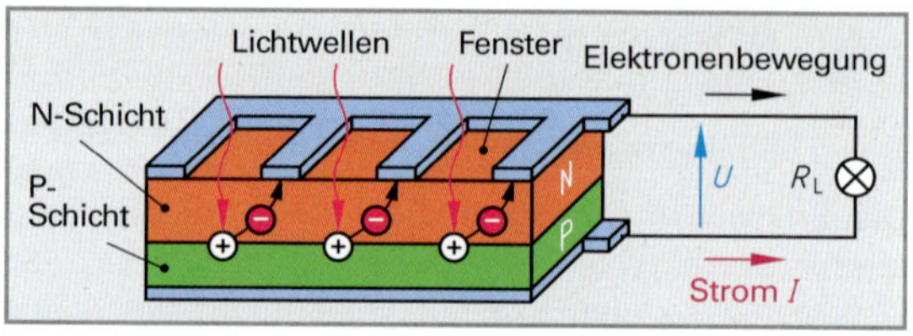

Bild 1: Wirkungsweise einer Solarzelle

Solarmodul

Die Spannung einer einzelnen Solarzelle hängt vom Halbleitermaterial ab, z. B. 0,5 V bis 0,6 V bei Silicium, während der maximal erreichbare Strom mit der Lichtintensität zunimmt. Um höhere Spannungen und Ströme zu erhalten, werden durch paralleles und serielles Zusammenschalten einzelner Solarzellen Solarmodule hergestellt. Ein 53-Watt-Solarmodul ist z. B. 0,5 m² groß und liefert bis zu 3,1 A bei 17 V. Solarmodule unterscheidet man nach dem Fertigungsverfahren **(Tabelle 1)**. Ihr Wirkungsgrad sinkt bei Erwärmung.

Tabelle 1: Solarmodule

Art	Werkstoff	Wirkungsgrad
einkristalline Module	Si	ca. 15 %
polykristalline Module	Si	ca. 23 %
amorphe Module	Si	ca. 8 %
Module aus Verbindungshalbleitern	GaAs, CdTe, CulnSe	bis 22 %

Fotovoltaische Anlagen

Der Einsatzort und die Verbraucherart bestimmen das Anlagenkonzept einer fotovoltaischen Anlage. Ist das Stromnetz nicht verfügbar, z. B. in einem Gartenhaus, arbeitet die Anlage im Inselbetrieb **(Bild 2)**. Da die Gartenhausbeleuchtung erst nachts benötigt wird, muss die aus dem Sonnenlicht erzeugte Energie mithilfe von Solarakkus gespeichert werden. Ein Laderegler schaltet den Ladestrom ab, wenn die Akkus voll geladen sind. Eine im Solarmodul integrierte Schutzdiode verhindert das Entladen des Akkus über das Solarmodul.

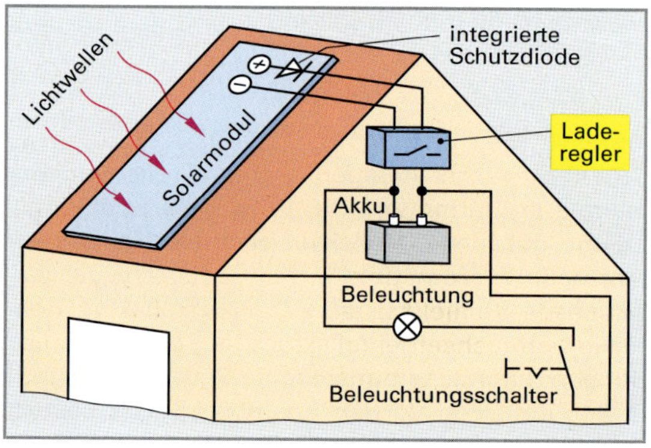

Bild 2: Fotovoltaische Anlage im Inselbetrieb

Eine fotovoltaische Anlage im Netzbetrieb benötigt mehrere Solarmodule **(Bild 3)**. Eine Sonnennachführung erhöht den mittleren Wirkungsgrad der Anlage. Eine Blitzschutzeinrichtung in Form eines Überspannungsableiters schützt den elektronischen Teil der Anlage. In einem Wechselrichter wird der erzeugte Gleichstrom zu Wechselstrom umgeformt. Da sich die Tarife für eine ins Netz eingespeiste Kilowattstunde für eine aus dem Netz entnommene Kilowattstunde und für eine erzeugte, selbstverbrauchte Kilowattstunde unterscheiden, benötigt man zwei oder drei getrennte Zähler (Bild 3).

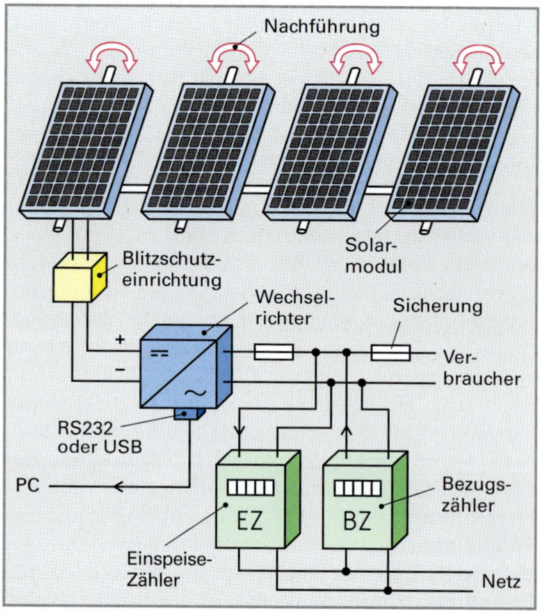

Bild 3: Fotovoltaische Anlage im Netzbetrieb

Bei Anlagen, bei welchen der selbstgenutzte, erzeugte Strom höher vergütet wird als der ins Netz eingespeiste, muss die durch die Solarmodule gewonnene elektrische Arbeit mit dem dritten Zähler direkt hinter dem Wechselrichter ermittelt werden. Die Differenz der gemessenen erzeugten Arbeit und der gemessenen eingespeisten Arbeit ergibt die selbst verbrauchte Arbeit. Sie dient als Rechnungsgrundlage für die Vergütung.

Montage der Solarmodule

Damit die Solarmodule möglichst ihren maximalen Wirkungsgrad erreichen, sollten mit einer Neigung von etwa 30° nach Süden ausgerichtet werden. Die Montage auf dem Dach erfolgt in einem Abstand von ca. 10 cm, damit die Module hinterlüftet sind. Mit zunehmnder Modulerwärmung sinkt der Wirkungsgrad.

Die Module sollen nicht durch hohe Bäume verschmutzt oder abgeschattet werden.

Verschaltung der Solarmodule

Bei einer *Parallelschaltung* der Solarmodule wird jedes einzelne Modul an einen speziellen Wechselrichter angeschlossen **(Bild 1)**. Sind auf einem Dach z. B. 20 einzelne 35-Volt-Module installiert, die bei Sonneneinstrahlung jeweils 175 W Leistung erzeugen, so fließt in jeder Leitung ein Strom von 5 A. Der Wechselrichter wird dann mit insgesamt 100 A versorgt. Er nimmt dann eine Leistung von 3500 W auf. Der Vorteil der Parallelschaltung liegt darin, dass keine gefährlichen Berührspannungen entstehen und dass bei Teilabschattung eines Moduls die anderen Module nicht beeinflusst werden.

Beispiel 1: Gesamtleistung berechnen

Bei Parallelschaltung der 20 Module ist ein Modul teilabgeschaltet und erzeugt noch 95 W. Berechnen Sie die Gesamtleistung.

Lösung:
$P_{ges} = 19 \cdot 175\ \text{W} + 95\ \text{W} = \mathbf{3420\ W}$ (Bild 1).

Nachteil der Parallelschaltung sind der große Verdrahtungsaufwand und die damit verbundenen Arbeitskosten.

Bei einer *Reihenschaltung* der Solarmodule wird der Minuspol eines Moduls mit dem Pluspol des nächsten Moduls verbunden (**Bild 2**). Der Verdrahtungsaufwand ist bei der Reihenschaltung zwar erheblich geringer, jedoch entsteht bei 20 35-Volt-Modulen eine lebensgefährliche Gleichspannung von 700 V auf dem Dach. Diese wird mit

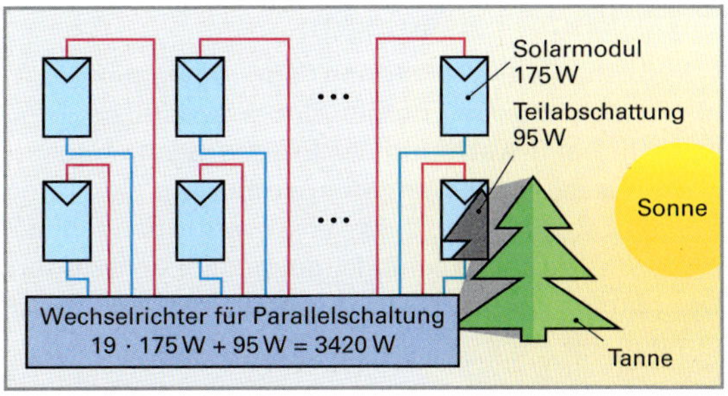

Bild 1: Solarmodule in Parallelschaltung bei Teilabschattung

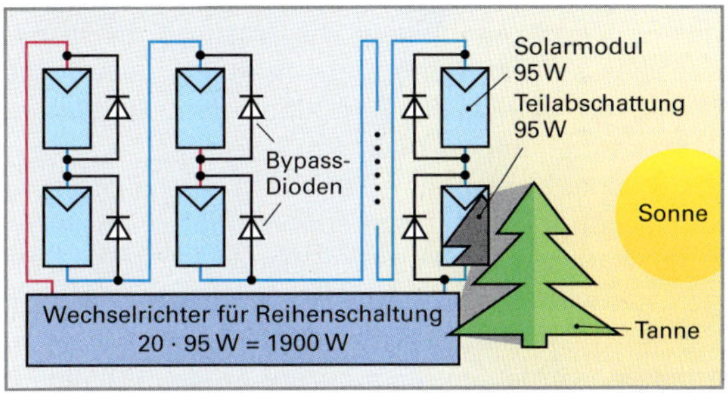

Bild 2: Solarmodule in Reihenschaltung bei Teilabschattung

einem Leiter durch das Haus bis zum Wechselrichter geführt, welcher meist im Keller untergebracht ist. Die hohe Spannung ist vor allem bei Löscharbeiten im Brandfall eine Gefahr für die Feuerwehr, selbst in der Nacht, wenn diese das brennende Haus mit Scheinwerfern beleuchtet. Ein weiterer Nachteil besteht bei Teilabschattung eines einzigen Moduls, weil in der Reihenschaltung der gleiche Strom durch alle Module fließt. Jedes Solarmodul verfügt zwar über eine Bypassdiode, die das Modul bei Ausfall oder völliger Abschattung überbrückt, jedoch nicht bei Teilabschattung.

Beispiel 2: Gesamtleistung berechnen

Bei Reihenschaltung der 20 Module ist ein Modul teils abgeschaltet und erzeugt noch 95 W. Berechnen Sie die Gesamtleistung.

Lösung:
$P_{ges} = 20 \cdot 95\ \text{W} = \mathbf{1900\ W}$ (Bild 2).

Häufig wird bei der Installation eine Kombination aus Reihenschaltung und Parallelschaltung gewählt, z. B. 4 Stränge mit je 5 Modulen.

Speichern der erzeugten Energie

Durch Speichern der von den Solarmodulen erzeugten Energie, z. B. in Li-Ionen Akkus, steht diese nachts für den Eigenverbrauch zur Verfügung.

7.6.2 Windkraftanlagen

Windkraftanlagen erzeugen aus bewegten Luftmassen elektrische Energie. Der erforderliche Wind entsteht bei Erwärmung der Erdoberfläche und der Luftmassen durch Sonneneinstrahlung. Der Wind ist dabei so gerichtet, dass Temperaturunterschiede und Luftdruckunterschiede ausgeglichen werden. Das Energiepotenzial der gesamten Luftbewegungen auf der Erde umfasst etwa 3000 TW.

Da die Windgeschwindigkeiten regional sehr unterschiedlich sind und zeitlichen Schwankungen unterliegen, eignen sich nicht alle Standorte gleich gut für Windkraftanlagen. Die Nutzung der Windenergie ist erst dann wirtschaftlich, wenn die Windgeschwindigkeit 10 m über dem Boden im Jahresmittel mindestens 4 m/s beträgt, was der Windstärke 2 entspricht **(Tabelle 1)**. Die Leistung je durchströmtem Quadratmeter beträgt dann 40 W. Windkraftanlagen sind für Leistungen von wenigen Kilowatt, z. B. 20 kW, bis einigen Megawatt, z. B. 4 MW, bemessen. Um die Leistung weiter zu erhöhen, werden häufig mehrere Anlagen zu einem Windpark bzw. einer Windfarm zusammengefasst **(Bild 1)**. Dabei beträgt der Abstand zwischen den einzelnen Anlagen das 10fache bis 40fache der Rotordurchmesser.

Aufbau von Windkraftanlagen

Eine große Windkraftanlage E-66 hat z. B. bei einer Windgeschwindigkeit von 13 m/s eine Bemessungsleistung von 1,5 MW. Der Rotor besteht aus drei aerodynamisch geformten Rotorblättern. Er wird über einen Drehkranz der Windrichtung meist elektromechanisch nachgeführt.

> Rotoren mit Propellerform müssen dem Wind nachgeführt werden.

Neben Windkraftanlagen mit propellerförmigem Rotor gibt es auch solche mit vertikal gelagertem Rotor. Zu diesen gehören der Darrieus-Rotor oder der Savonius-Rotor **(Bild 2)**. Diese Konstruktionen müssen der Windrichtung nicht nachgeführt werden, haben aber einen viel kleineren Wirkungsgrad. Der Darrieus-Helix-Rotor **(Bild 3)** wird vorzugsweise auf Flachdächern in Städten montiert. Er läuft bereits bei kleinen Windgeschwindigkeiten mit beliebiger Windrichtung an. Die Vorteile gegenüber der Propellerform sind, dass keine Schlagschatten entstehen, die Windlast auf dem Rotor geringer ist, sich kaum Vibrationen auf Gebäude übertragen, die Geräuschemission kaum hörbar ist und von ihm weniger Gefahr auf fliegende Tiere ausgeht.

Tabelle 1: Windstärken (Auszug)

Windstärke	Bezeichnung	Geschwindigkeit in m/s	Energiegehalt in W/m^2
0	Windstille	0 bis 0,2	0 bis 0,005
2	leichte Brise	1,6 bis 3,3	2,5 bis 20
4	mäßige Brise	5,5 bis 7,9	100 bis 300
6	starker Wind	10,8 bis 13,8	760 bis 1580
8	stürmischer Wind	17,2 bis 20,7	3050 bis 5350
12	Orkan	über 32,7	über 21000

Bild 1: Windenergiekonverter

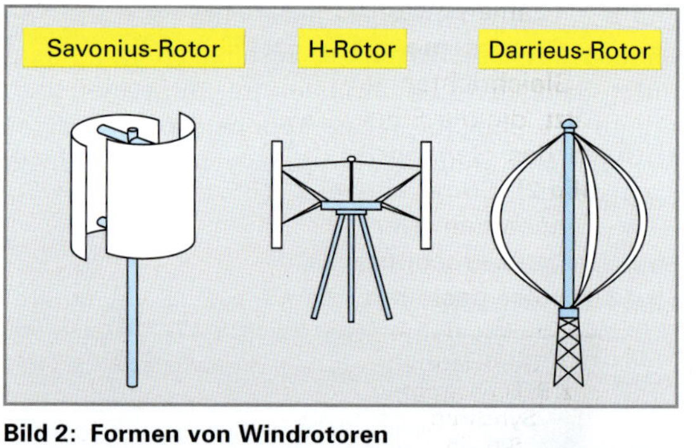

Bild 2: Formen von Windrotoren

Bild 3: Darrieus-Helix-Rotor

Regelung

Ist die Windstärke für eine Windkraftanlage zu groß, muss der Druck auf die Rotorblätter vermindert werden. Dies geschieht, indem die Rotorblätter aus dem Wind gedreht werden. Man unterscheidet dabei die Pitch-Regelung und die Stall-Regelung **(Tabelle 1)**. Bei der Pitch-Regelung (von pitch = Steigung, Stufe) werden die Anstellwinkel der Rotorblätter zum Wind stufenlos verstellt. Die Stall-Regelung (von to stall = abwürgen, absterben lassen) arbeitet mit einem Bremseffekt durch Luftverwirbelungen beim Strömungsabriss der Luft am Rotorblatt.

Stromeinspeisung

Die Rotoren von Windkraftanlagen drehen abhängig von der Windstärke und dem Rotordurchmesser etwa zwischen 10/min und 100/min. Da die beste Energieausnutzung des Generators aber bei etwa 300/min liegt, wird oft zwischen Rotor und Generator ein Getriebe geschaltet **(Bild 1)**. Zur Anpassung an das Netz müsste ein zweipoliger Generator mit 3000/min drehen, deshalb verwendet man in Windkraftanlagen meist Generatoren mit höheren Polzahlen.

Um bei unterschiedlichen Windstärken wechselnde Rotordrehzahlen zu ermöglichen, werden anstelle eines Getriebes meist Umrichter, bestehend aus einem Gleichrichter und einem Wechselrichter, eingesetzt, die die Frequenzen und Spannungsamplituden des Generators und des Netzes entkoppeln **(Bild 2)**. Somit können diese unterschiedliche Werte annehmen. Der Wechselrichter wird dabei von einem Mikrocontroller über pulsweitenmodulierte Impulse gesteuert (Bild 2).

Tabelle 1: Merkmale von Windkraftanlagen (Auszug)

Merkmal	Ausführungen
Lage der Rotorachse	horizontal oder vertikal
Anzahl der Rotorblätter	meist 3, aber auch 2 oder 4
Art der Leistungsregelung	Pitch-Regelung oder Stall-Regelung
Art der Windnachführung	passiv mit Steuerfahne, aktiv elektromechanisch oder aktiv hydraulisch
Rotordrehzahl	konstant, gestuft oder variabel
Art des Generators	asynchron oder synchron
Netzankopplung	direkte Ankopplung oder über ein Getriebe
Generator-Netz-Kopplung	direkte Ankopplung oder über einen Umrichter
Art des Generators	asynchron oder synchron

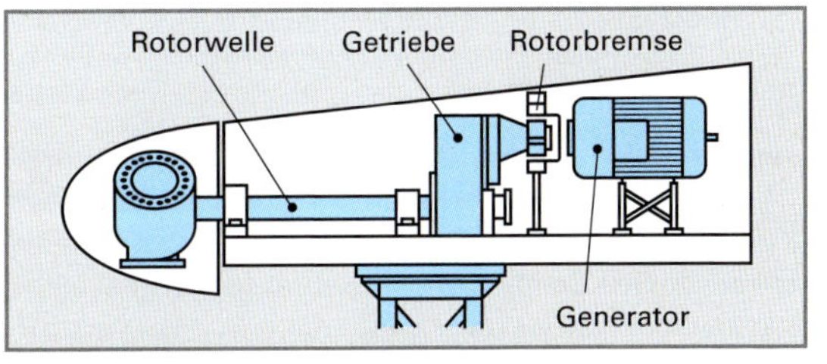

Bild 1: Windenergiekonverter mit Getriebe

Umweltschutz

Windkraftanlagen arbeiten schadstofffrei, bilden jedoch einen Eingriff in die Natur, da sie das Landschaftsbild verändern und Geräuschemission erzeugen. Sie sind nach den Landesbauverordnungen der einzelnen Bundesländer genehmigungspflichtig.

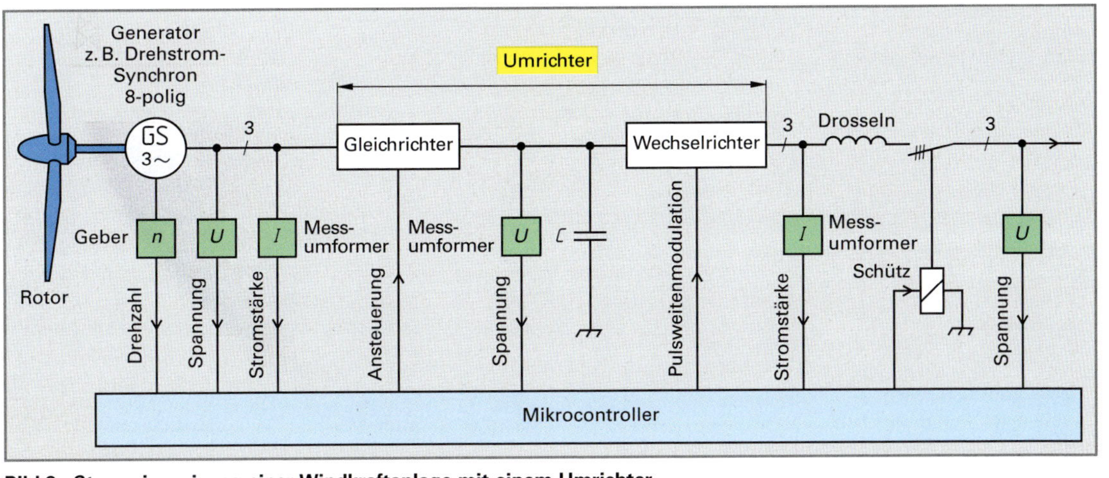

Bild 2: Stromeinspeisung einer Windkraftanlage mit einem Umrichter

7.6.3 Brennstoffzellen

Während bei Wärmekrafterzeugern, wie einem Blockheizkraftwerk oder einem Verbrennungsmotor, die elektrische Energie erst über Umwandlungsstufen erzeugt wird, kommt es bei der Brennstoffzelle durch chemische Reaktionen zur direkten Gewinnung elektrischer Energie **(Bild 1)**.

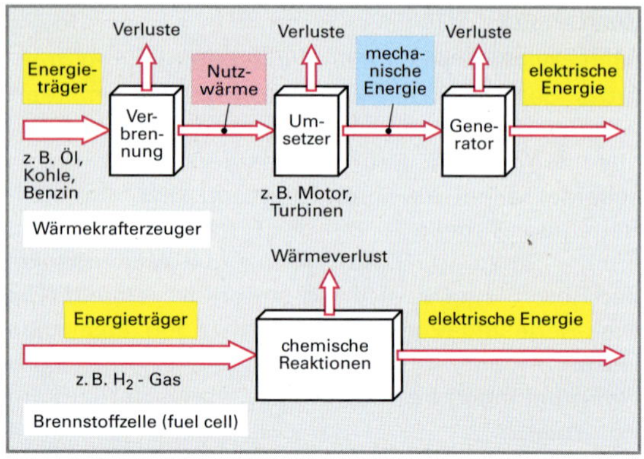

Bild 1: Gewinnung elektrischer Energie

Funktionsweise

Das Brennstoffelement besteht aus einer Anode, welcher der Brennstoff zugeführt wird, einer Katode, in welcher eine Oxidationsreaktion abläuft, und einem Elektrolyten **(Bild 2)**. Der Elektrolyt muss eine gute Ionenleitfähigkeit besitzen. Die in der Katode chemisch freigesetzten Elektronen fließen somit über einen äußeren Leiter durch den Verbraucher zur Anode. Mehrere Brennstoffelemente bilden zusammen eine Brennstoffzelle. Um die Betriebstemperatur bei den chemischen Reaktionen gering zu halten, enthalten die Anoden und Katoden einiger Brennstoffzellen ein Katalysatormaterial, z. B. Platin.

Der Elektrolyt ist das wichtigste Unterscheidungsmerkmal der verschiedenen Brennstoffzellentypen **(Tabelle 1)**. Von ihm hängt es ab, welche Reaktionen in der Brennstoffzelle ablaufen und welche Temperatur dabei entsteht. Je nach Brennstoffzellentyp kann die Temperatur zwischen 50 °C und 1000 °C betragen. Die Richtung der Ionenbewegung im Elektrolyten hängt davon ab, welche Ionen im entsprechenden Brennstoffzellentyp chemisch erzeugt werden.

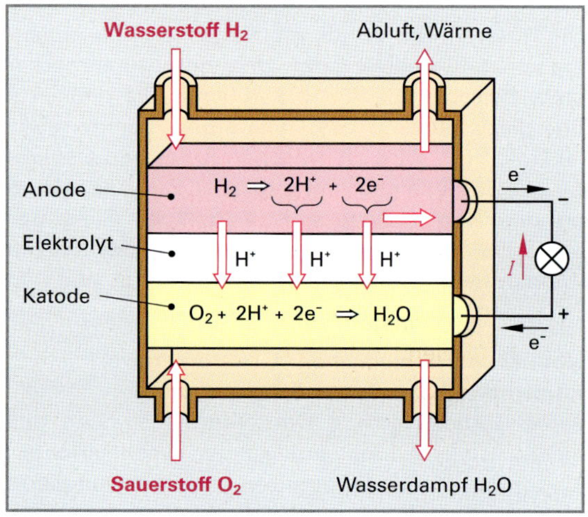

Bild 2: Funktionsweise eines Brennstoffelementes

Tabelle 1: Arten von Brennstoffzellen

Typ	Kurzzeichen	Elektrolyt	Wirkungsgrad o. Reformer	Betriebstemperatur	Anodengase	Leistung	Anwendung
Alkaline Brennstoffzelle	AFC (Alkaline Fuel Cell)	Kalilauge	35 % bis 70 %	70 °C bis 100 °C	Wasserstoff	10 W bis 100 kW	Raumfahrt, U-Boot.
Membran-Brennstoffzelle	PEMFC (Protonen Exchange Membran Fuel Cell)	Polymermembran	35 % bis 65 %	50 °C bis 120 °C	Wasserstoff, Methanol, Methangas	10 W bis 250 kW	Stromversorgung und Heizung in Häusern, Blockheizkraftwerke, Kraftfahrzeuge.
Phosphorsäure-Brennstoffzelle	PAFC (Phosphoric Acid Fuel Cell)	Phosphorsäure	40 % bis 80 %	160 °C bis 210 °C	Wasserstoff	50 kW bis 11 MW	Kleinkraftwerke, Blockheizkraftwerke, z. B. für Schwimmbäder.
Schmelzcarbonat-Brennstoffzelle	MCFC (Molten Carbonate Fuel Cell)	Alkalicarbonatschmelzen	45 % bis 65 %	600 °C bis 700 °C	Wasserstoff, Methangas, Kohlegas	250 kW bis 2 MW	Kleinkraftwerke, Blockheizkraftwerke.
Festoxid-Brennstoffzelle	SOFC (Solid Oxid Fuel Cell)	keramischer Festelektrolyt	45 % bis 65 %	800 °C bis 1000 °C	Wasserstoff, Methangas, Kohlegas	1 kW bis 100 kW	Kleinkraftwerke, Blockheizkraftwerke, Elektrolokomotiven.

Wasserstoffionen H^+ wandern von der Anode zur Katode. Sauerstoffionen O^{2-} wandern von der Katode zur Anode.

Die Anode bildet den Minuspol und die Katode den Pluspol des Brennstoffelements.

Um höhere Spannungen bei einer Brennstoffzelle zu erhalten, werden mehrere Brennstoffelemente hintereinander geschaltet. Durch Erhöhen der Reaktionsoberfläche wird die Reaktionsgeschwindigkeit erhöht und der elektrische Innenwiderstand verringert **(Bild 1)**. Bei Schmelzcarbonat-Brennstoffzellen sind bis zu 300 Elemente aus Nickelanode, Schmelzelektrolyt und Nickelkatode übereinander geschichtet.

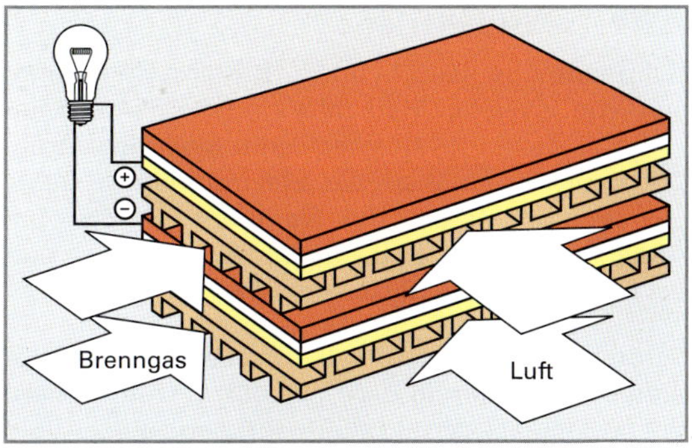

Bild 1: Aufbau der Brennstoffzelle

Anwendung

Die Brennstoffzellen erzeugen neben der elektrischen Energie viel Wärme. Wird diese Wärme zum Heizen, z. B. von Warmwasser, mitbenutzt, steigt der Wirkungsgrad der Brennstoffzelle. Dies ist jedoch nur beim dezentralen Einsatz in Blockheizkraftwerken oder in einzelnen Wohnhäusern möglich. Zum Einsatz kommen dabei meist die Phosphorsäure-Brennstoffzellen oder die Membranbrennstoffzellen.

Der eigentliche Brennstoff, der Wasserstoff, wird durch Reformieren aus Erdgas gewonnen **(Bild 2)**. Dabei wird dem Erdgas, z. B. Methan CH_4, Wasserdampf zugeführt. Unter Erhitzung wird im Reformer mit Wasserstoff angereichertes Gas erzeugt.

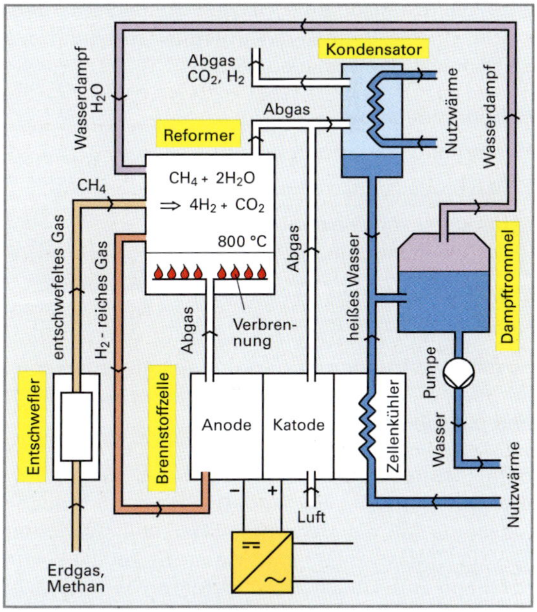

Bild 2: Erdgasreformierung und Nutzwärmeerzeugung

Für die mobile Anwendung in Kraftfahrzeugen ist die Brennstoffzelle noch in der Erprobungsphase. Dabei wird wegen ihrer niedrigen Betriebstemperatur und hohen Leistungsdichte die Membranbrennstoffzelle verwendet. Bei ihr kann Luft als Oxidant der Katode zugeführt werden. Testfahrzeuge im Pkw-Bereich besitzen z. B. eine Leistung von 70 kW und eine Höchstgeschwindigkeit von 145 km/h. Die Reichweite mit einer Tankfüllung liegt bei 450 km. Das Betanken mit Wasserstoff an Tankstellen ist sehr aufwändig, deshalb werden die Fahrzeuge mit flüssigem Methanol betankt. Im Fahrzeug wird dann durch einen chemischen Prozess der Wasserstoff erzeugt. Im Entwicklungsstadium befindet sich die Direktmethanol-Brennstoffzelle DMFC. Bei ihr entfällt die Reformierung von Methanol zu Wasserstoffgas.

Tabelle 1: Emissionsvergleich bei Stromerzeugern

Energieerzeuger	CO_2 in g/kWh	NO_x in mg/m³	CO in mg/m³	SO_2 in mg/m³	Ruß in mg/m³
Brennstoffzelle SOFC	460	nicht messbar	nicht messbar	–	–
Dieselmotor mit Kat	760	250	280	270	80
Gasturbine (1 MW)	810	150	100	< 10	–

Umweltfreundlichkeit

Die Brennstoffzelle ist ein sehr emissionsarmer Energieerzeuger. Sie gibt Wasserdampf und Kohlenstoffdioxid ab **(Tabelle 1)**. Die Konzentration an giftigen Stickoxiden und Kohlenstoffmonoxid ist nicht messbar. Ätzende Schwefeloxide und gesundheitsschädlicher Ruß entfallen.

7.6.4 Hybridantriebe

Hybridantriebe (lat. hybridia Bastard, Mischling; hier von zweierlei Herkunft) sind Kombinationen von Verbrennungsmotoren und Elektromotoren. Die Energie beziehen die Elektromotoren dabei aus Akkumulatoren. Hybridantriebe werden bei Arbeitsmaschinen, z. B. für Erdbewegungen, und bei Fahrzeugen wie Busse oder Pkw eingesetzt.

Verbrennungsmotoren, z. B. Dieselmotoren, Ottomotoren, arbeiten je nach aktuellem Kraftmoment mit verschiedenen Wirkungsgraden. Besonders viel Energieverluste entstehen durch Bremsen mit nachfolgendem Beschleunigen. Beim Hybridantrieb wird die Bremsenergie nutzbar gemacht, indem mit dieser die Batterie zur Energieversorgung des Elektromotors aufgeladen wird.

Hybridantriebe bestehen aus

- Verbrennungsmotor mit Getriebe,
- NiMH- oder Lithium-Ionen-Akkumulator,
- Umrichter mit Gleichrichterteil und Wechselrichterteil,
- mindestens einer elektrischen Maschine,
- mehreren Kupplungen.

Je nach Anordnung der Komponenten unterscheidet man die Grundformen serieller Hybrid **(Bild 1)** und paralleler Hybrid **(Bild 2)**.

Beim seriellen Hybrid lädt die vom Verbrennungsmotor M1 angetriebene elektrische Maschine M2 als Generator über den Umrichter T1 die Batterie G1 auf. Nach Stillsetzen von M1 kann mit Gleichstrom gefahren werden. G1 speist dabei über T1 den Motor M3, der über ein Differenzial ohne Schaltgetriebe die Räder antreibt. Die Leistung des Verbrennungsmotors gelangt seriell zu M2 und M3. Beim Bremsen wirkt M3 als Generator.

Beim parallelen Hybrid (Bild 2) arbeitet M1 ständig auf das Getriebe T2 und parallel dazu bei Bedarf auch M2 als Antriebsmotor. Die elektrische Maschine M2 kann wahlweise als Generator oder als Motor arbeiten.

Bei Hybridantrieben verwendet man Synchronmaschinen für drei oder mehr Phasen mit Erregung durch Parmanentmagnete, elektronisch kommutierte Gleichstrommaschinen genannt.

Sie sind z. B. als Außenläufermaschinen ausgeführt. Die Permanentmagnete drehen sich, die

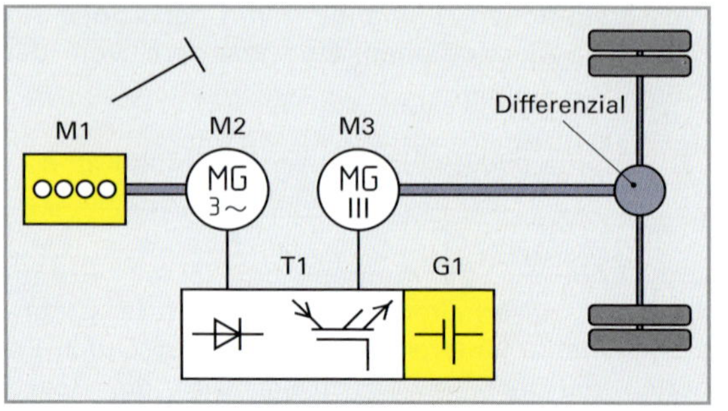

Bild 1: Prinzip des seriellen Hybrids

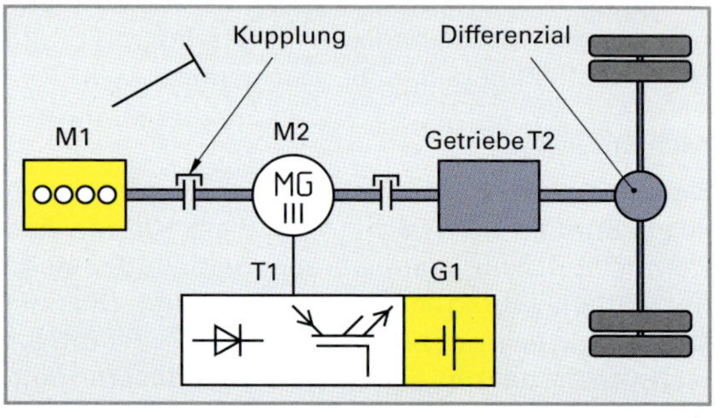

Bild 2: Prinzip des parallelen Hybrids

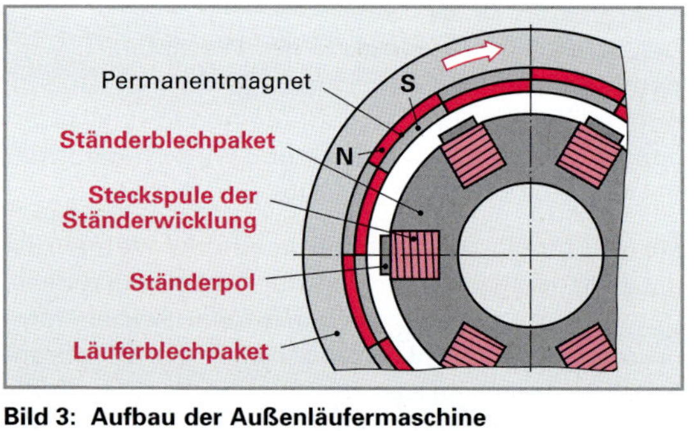

Bild 3: Aufbau der Außenläufermaschine

Wicklung steht fest **(Bild 3)**. Im Generatorbetrieb wird Wechselspannung erzeugt, die zum Laden der Batterie gleichgerichtet werden muss. Beim Motorbetrieb muss dem Ständer der Maschine zum Erzeugen des Drehfeldes mehrphasiger Strom zugeführt werden. Ein Regelgerät passt anhand von Sensorsignalen die Frequenz des Ständerstromes ständig an die Drehzahl des Läufers an. Bei Hybridantrieben mit Außenläufermaschinen sind diese auch direkt im Fahrzeuggetriebe eingebaut.

Bei Hybridantrieben arbeitet eine elektrische Maschine zeitweise als Generator oder als Motor

7.6.5 Elektromobilität

Elektrisch betriebene Fahrzeuge, die ohne direkte Netzeinspeisung fahren, wie z. B. die elektrifizierte Eisenbahn, Straßenbahn oder Oberleitungsbusse, gibt es insbesondere im Umfeld von Staplerfahrzeugen schon lange. Die Anwendung im Straßenverkehr bei Pkw oder Nutzkraftfahrzeugen scheiterte bisher am Fehlen leistungsstarker Batterien mit geringem Gewicht, kleiner Bauform und zeitlich langdauernder Funktionsfähigkeit.

Elektromobile Fahrzeuge erfordern prinzipiell

- eine Batterie zur Energieversorgung des Elektromotors oder der Elektromotoren für den Antrieb, z. B. eine Lithium-Ionen-Hochvoltbatterie,
- einen Anschluss zum Laden der Batterie,
- ein Ladekabel,
- einen Elektromotor oder mehrere Elektromotoren für den Antrieb, meist permanentmagneterregte Synchronmaschinen,
- einen Umrichter zum Erzeugen der Gleichspannung zum Laden der Batterie während der Bremsvorgänge (Rekuperation, aus dem Bremsvorgang gewonnene Energie, von lat. recuperare = wiedergewinnen),
- einen Umrichter zum Erzeugen der Wechselspannung für den Motorbetrieb während des Fahrens.

Die Synchronmaschine wirkt beim Bremsen als Generator und beim normalen Fahren als Motor. Die Elektromotoren in den Fahrzeugen erfordern wie die Verbrennungsmotoren ebenfalls Getriebe zum Erbringen der geforderten Kraftmomente.

Ein breitflächiger Einsatz von Elektrofahrzeugen erfordert ein breit verteiltes Netz von Ladestationen. Neben privaten Ladestationen zuhause werden auch öffentliche Ladestationen benötigt. Man unterscheidet vier Lademodes. Lademode 1 am AC-Netz wirkt mit maximalem Ladestrom I_L 16 A/11 kW **(Bild 1)**, Lademode 2 am AC-Netz mit maximalem Ladestrom 32 A/22 kW **(Bild 2)**, Lademode 3 über eine fest installierte Versorgungsstation mit maximalem Ladestrom 63 A/43,5 kW **(Bild 3)** sowie Lademode 4 für DC-Schnellladen über eine fest installierte Ladestation mit bis zu 400 A/250 kW **(Bild 4)**.

AC-Laden bedeutet eine Ladezeit von meist mehreren Stunden, DC-Schnellladen dauert ca. 15 Minuten. Ein Laden über eine 230-V-Steckdose erfordert ein besonderes Ladekabel mit geeignetem Fahrzeugstecker.

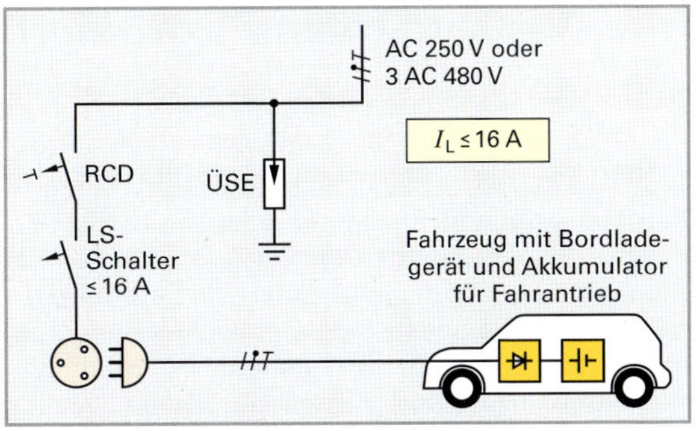

Bild 1: Betriebsmittel für Ladebetriebsart 1 (ÜSE Überspannungsschutzeinrichtung)

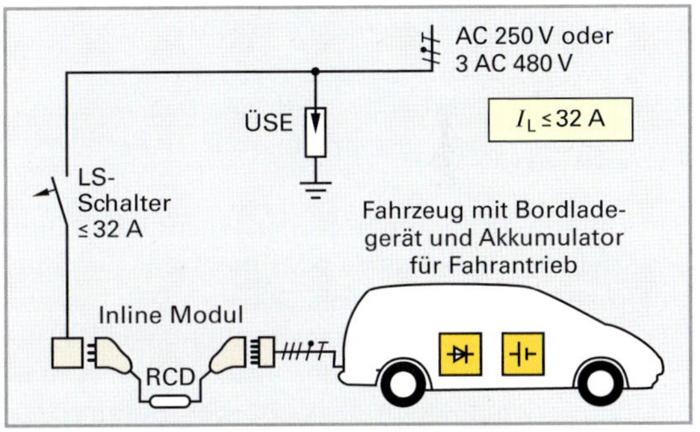

Bild 2: Betriebsmittel für Ladebetriebsart 2

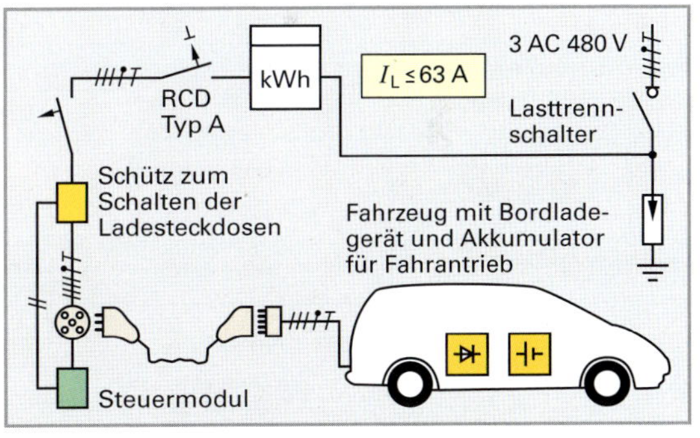

Bild 3: Betriebsmittel für Ladebetriebsart 3

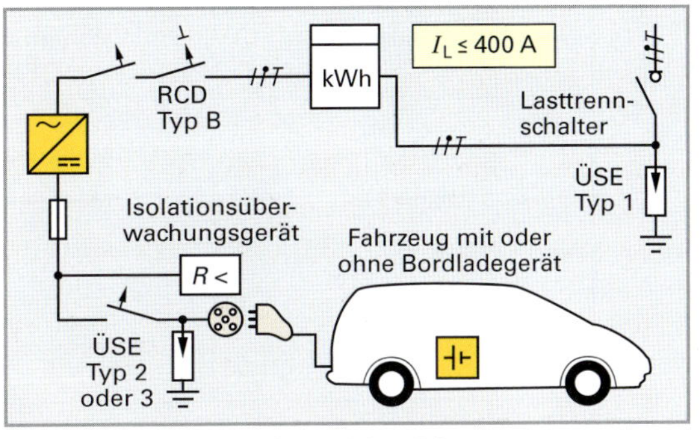

Bild 4: Betriebsmittel für Ladebetriebsart 4

8 Wirtschaftliche Vorgänge

8.1 Betrieb und Umfeld

Betrieb und Unternehmen

Betriebe erzeugen Sachgüter oder sie stellen für Kunden Dienstleistungen zur Verfügung. In den Betrieben müssen vom Einkauf über die Fertigung bis zum Vertrieb eine Vielzahl von Entscheidungen getroffen werden. Dazu sind genaue Informationen aus betrieblichen und außerbetrieblichen Quellen zu beschaffen, zu verarbeiten und weiterzugeben **(Bild 1)**. Betriebswirtschaftliche Kenntnisse ermöglichen die schnelle Anpassung an die jeweilige Marktsituation und ein wirtschaftliches Arbeiten.

Die Aufgaben in einem Betrieb sind Beschaffung, Produktion (Leistungserstellung) und Absatz.

Ein Unternehmen umfasst den rechtlichen und finanziellen Rahmen eines oder mehrerer Betriebe. Unternehmen streben nach Gewinn. Der Gewinn ist die Entlohnung für die Bereitstellung von Kapital und für die Übernahme des Risikos. Der Unternehmensgewinn ergibt sich aus der Summe der Erlöse abzüglich der Summe der Aufwendungen und Steuern.

Tabelle 1: Wirtschaftspolitische Ordnungsmaßnahmen

Abkürzung	Gesetze u. Verordnungen	Fundstelle
GG	Grundgesetz	Art 109, Abs. 2
StWG	Stabilitätsgesetz	§ 1 StWG
AFG	Arbeitsförderungsgesetz	§ 1 AFG
GWB	Gesetz gegen Wettbewerbsbeschränkungen	§ 1 ff GWB
GO	Gewerbeordnung	§ 1 ff GO
UWG	Gesetz gegen unlauteren Wettbewerb	§ 1 ff UWG
EUV	Vertrag der Europäischen Union	§ 8a EUV

Gewinn ist der Erlös abzüglich der Aufwendungen.

Die privatwirtschaftlichen Unternehmen tragen am besten dann zur allgemeinen Bedarfsdeckung bei, wenn sie einen möglichst hohen Gewinn erzielen können. Das Gewinnstreben wird durch einen freien Wettbewerb auf den Märkten begrenzt. Staatliche und europäische Regelungen vermeiden die den Markt beherrschende Stellung eines Monopol-Unternehmens **(Tabelle 1)**.

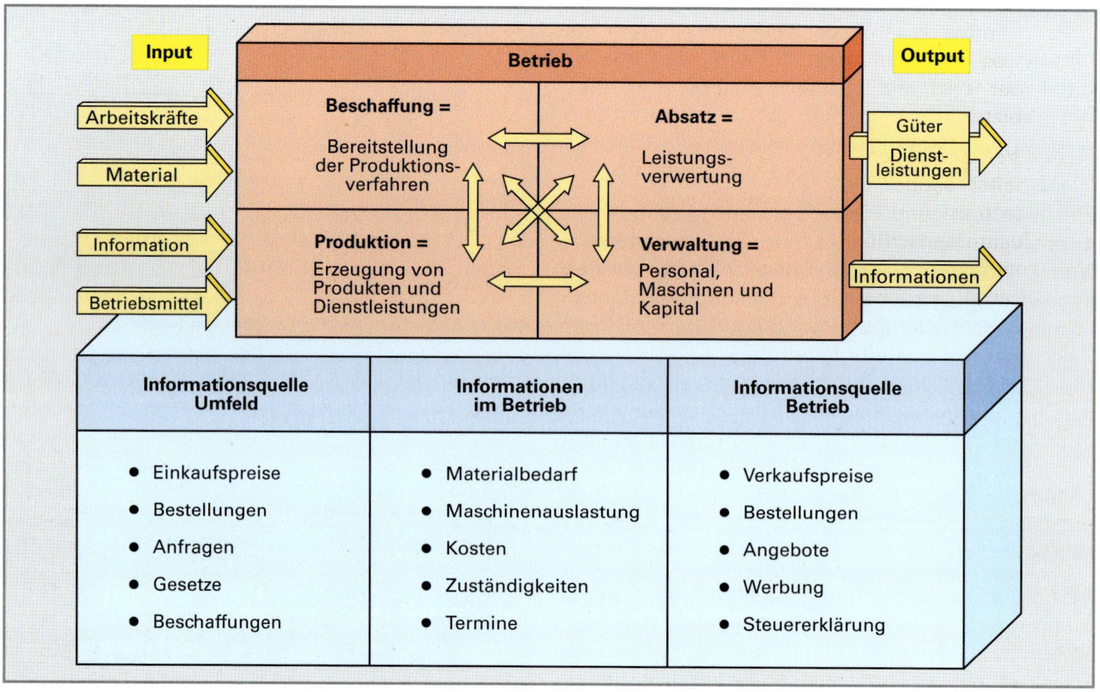

Bild 1: Der Betrieb und seine Informationssysteme

Marktwirtschaft und Staat

Der Staat schafft die Voraussetzungen für die Erhaltung des Leistungswettbewerbes der Unternehmen durch die Festlegung von verlässlichen Rahmenbedingungen. Im *Grundgesetz* (GG, Art. 109, Abs.2) sind Bund und Länder aufgefordert, den Erfordernissen des gesamtwirtschaftlichen Gleichgewichts Rechnung zu tragen. Dies ist auch in weiteren Gesetzen und Verordnungen festgeschrieben (Tabelle 1, vorhergehende Seite).

Kennzeichen einer Marktwirtschaft sind

- Vertragsfreiheit,
- Gewerbefreiheit,
- freie Wahl des Arbeitsplatzes und das
- Privateigentum an den Produktionsmitteln.

Das *Gesetz zur Förderung der Stabilität und des Wachstums in der Wirtschaft* (StWG) beschreibt die vier Zielsetzungen der Wirtschaftspolitik **(Bild 1)**.

Interessenvertretungen

Die wirtschaftspolitischen Entscheidungen eines Staates werden durch Interessenvertretungen beeinflusst. Die *Industrie- und Handelskammern* (IHK) sind der Zusammenschluss der Gewerbetreibenden von Industrie und Handel aller Wirtschaftszweige eines Gebietes.

In den Handwerkskammern (HwK) werden die Interessen des Handwerkes als Berufsstand vertreten. Mitglieder sind alle selbstständigen Handwerker des Gebietes.

Zu den *Verbänden* gehören Unternehmen derselben Wirtschaftsbranche, wie z.B. Zentralverband der Elektrotechnik- und Elektronikindustrie (ZVEI) aber auch Zusammenschlüsse mit gleichen wirtschaftlichen Interessen, wie z.B. der Bundesverband der Deutschen Arbeitgeber (BDA). Die Verbände bemühen sich, ihre Belange in der Öffentlichkeit und bei Tarifverhandlungen durchzusetzen.

Die *Gewerkschaften* sind ein freiwilliger Zusammenschluss von Arbeitnehmern. Ihr Ziel ist es, die tariflichen und sozialen Interessen ihrer Mitglieder zu vertreten.

Zu den *Berufsvereinigungen* gehören z.B. die Handwerksinnungen oder die Vereinigung der Deutschen Ingenieure (VDI). Berufsvereinigungen fördern die beruflichen Belange ihrer Mitarbeiter.

Interessenvertretungen haben einen wesentlichen Einfluss auf Gesellschaft und Politik.

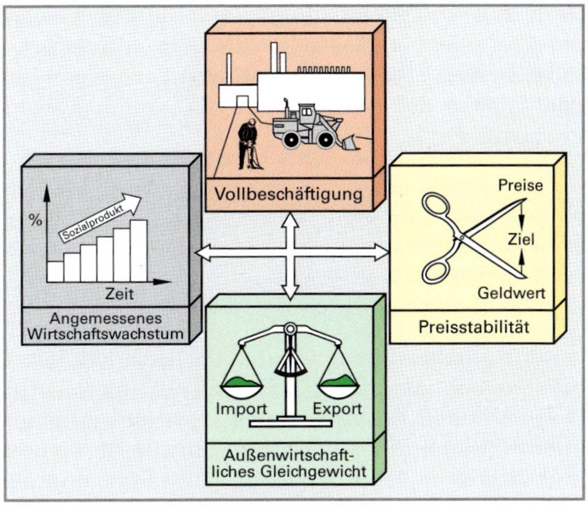

Bild 1: Wirtschaftspolitische Ziele

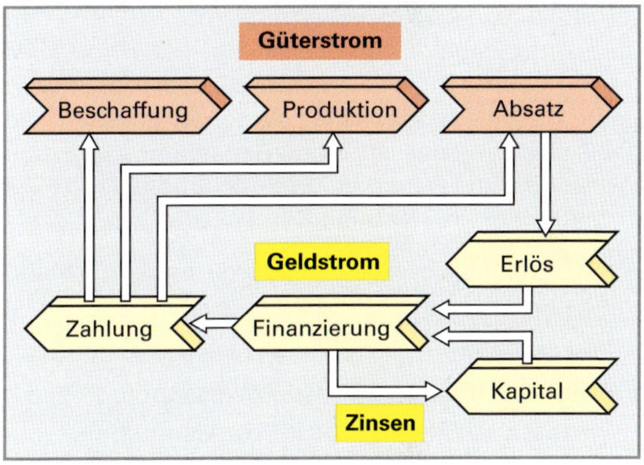

Bild 2: Wertströme im Unternehmen

8.2 Geschäftsprozesse

Wertschöpfungsprozesse

In den Betrieben erfolgt bei der Leistungserstellung in Produktion oder Dienstleistung eine Verknüpfung von Wirtschaftsgütern, die in der Regel auf den Beschaffungsmärkten gegen Geld erworben werden müssen. Das für den Erwerb erforderliche Geld stammt aus den Verkaufserlösen der fertigen Leistungen, aber auch aus Einlagen des Unternehmers oder aus Fremdkapital. Vom Beschaffungsmarkt hin bis zum Absatzmarkt entsteht so ein Güterstrom. Vom Absatzmarkt hin bis zum Beschaffungsmarkt fließt in umgekehrter Richtung über das Unternehmen ein Geldstrom **(Bild 2)**.

Die in den Produktionsprozess einbezogenen Dienstleistungen und die auf dem Beschaffungsmarkt eingekauften Wirtschaftsgüter werden verbraucht (Wertverbrauch).

Durch die Produkterstellung in den Betrieben steigt der Wert der eingesetzten Produkte *(Wertschöpfungsprozess)*. Dieser *Mehrwert* zeigt sich dann bei den Erlösen auf dem Absatzmarkt durch höhere Preise **(Bild 1)**.

Wertschöpfung bedeutet die Schaffung von Mehrwert.

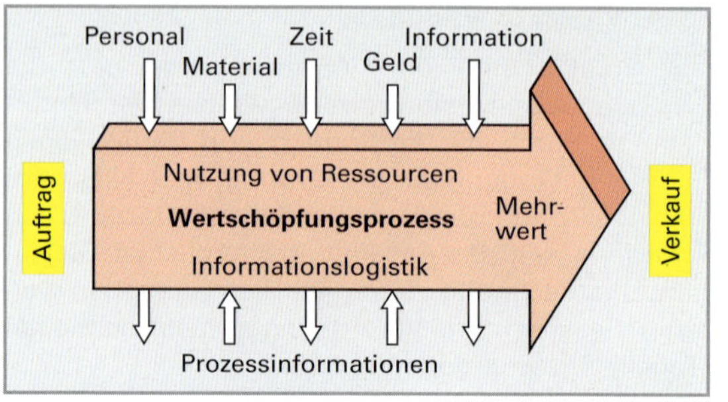

Bild 1: Wertschöpfungsprozess

Ablauf von Geschäftsprozessen

In den Betrieben werden immer umfassender Informationstechnologien (IT-Techniken) eingesetzt. Dies verändert die Arbeitswelt und führt zu einer Informatisierung der Wirtschaft. Zur Beschreibung und Steuerung betrieblicher Vorgänge mittels Informationstechnologie werden Organisationskonzepte wie *Business Process Reengineering* (BPR), *Geschäftsprozessorganisation* (GPO) und die *kontinuierliche Verbesserung von Prozessen* (KVP) eingesetzt. Als Geschäftsprozesse (GP) werden dabei alle betrieblichen Aktionen gesehen, die der Zielsetzung des Unternehmens dienen und eine Wertschöpfung bewirken. Ein wichtiges Ziel ist die Zufriedenheit des Kunden.

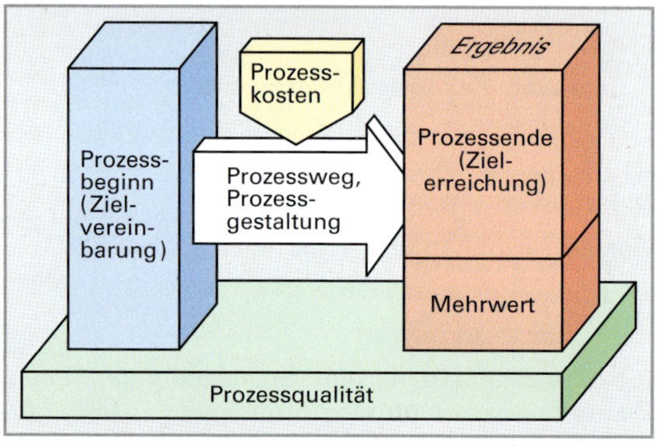

Bild 2: Prozessmerkmale

Alle Geschäftsprozesse sind durch folgende Merkmale gekennzeichnet **(Bild 2)**:

- Prozessbeginn,
- Prozessgestaltung,
- Prozessausführung,
- Prozessende,
- Prozessqualität,
- Prozessergebnis.

Der Prozessbeginn und das Prozessende werden eindeutig festgelegt (Zielvorgabe durch den Auftraggeber). Die Prozessgestaltung besteht aus der Festlegung einer Folge von Tätigkeiten (Teilprozessen) für ein Produkt oder eine Dienstleistung.

Kunden und Lieferanten sind in den Prozessablauf eingebunden **(Bild 3)**. Der Verbrauch von Ressourcen (Material, Kapital, menschliche Arbeitskraft) bei der Prozessausführung führt zu Kosten durch den Geschäftsprozess. Die Qualität eines Geschäftsprozesses wird während der Leistungserstellung ständig kontrolliert und unterliegt einem ständigen Verbesserungsprozess (KVP). Das Ergebnis eines Geschäftsprozesses besteht in dem erzielten Wertzuwachs und ist als Gewinn in Geld messbar.

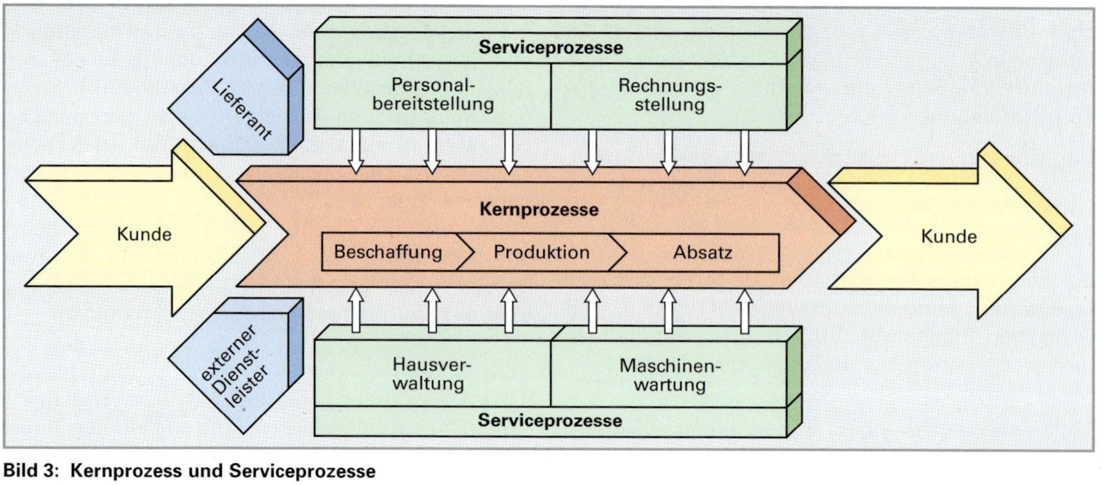

Bild 3: Kernprozess und Serviceprozesse

Trägt ein Geschäftsprozess unmittelbar zur Wertschöpfung bei, wie z. B. die Installation einer elektrischen Anlage, so nennt man ihn *Kernprozess*. Tätigkeiten, wie z. B. die Wartung von Maschinen und die Personalbereitstellung heißen *Unterstützungsprozesse* oder *Serviceprozesse*, da sie nur indirekt zur Wertschöpfung beitragen (Bild 3, vorhergehende Seite).

Ein Kernprozess dient der direkten Wertschöpfung.

Wird eine betriebliche Leistung erstellt, wie z. B. der Zusammenbau eines Computers, so besteht dieser Geschäftsprozess immer aus zwei Komponenten, dem *Materialprozess*, d. h. dem eigentlichen Zusammenbau, und einem *Informationsprozess*, der Beginn, Ende und Ergebnis des Materialprozesses beschreibt und weitermeldet **(Bild 1)**.

Geschäftsprozesse bestehen immer aus den Teilen Materialprozess und Informationsprozess.

Geschäftsprozesse und betriebliche Organisation

Bei der Organisation von Geschäftsprozessen wird versucht, von den herkömmlichen starren vertikalen Organisationsstrukturen wegzukommen **(Bild 2)**. Um flexible kundenorientierte Geschäftsprozesse durchführen zu können, werden Arbeitsgruppen eingerichtet, die für eine ganzheitliche Bearbeitung eines Arbeitsauftrages zuständig sind **(Bild 3)**. So bearbeitet und verantwortet z. B. ein Team im Idealfall einen Geschäftsprozess von der Auftragsannahme bis zur Übergabe an den Kunden. Dies führt zu besonderen Anforderungen an die Mitarbeiter eines Betriebes **(Bild 4)**. Diese Schlüsselqualifikationen befähigen die Mitarbeiter, auf Änderungen von Prozessen und Prozesseinflussgrößen schnell reagieren zu können.

Alle Betriebsangehörigen müssen kundenorientiert denken und handeln.

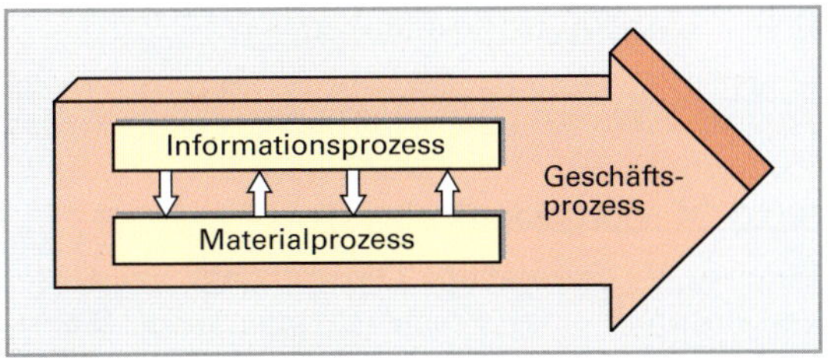

Bild 1: Geschäftsprozesskomponenten

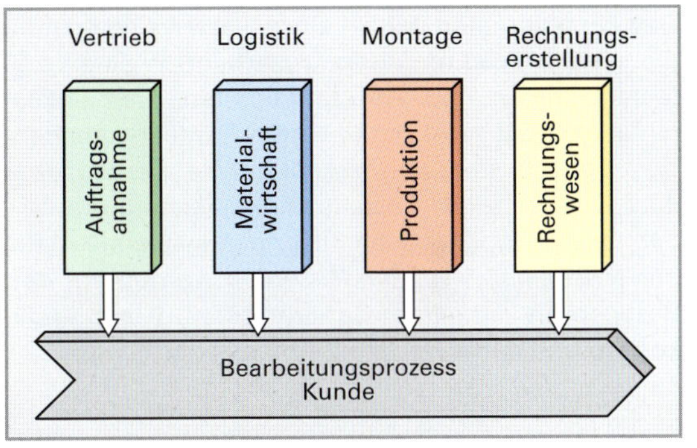

Bild 2: Starre Organisationsstruktur

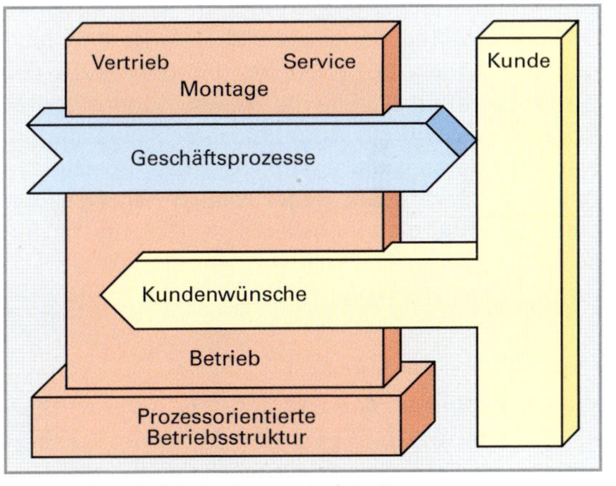

Bild 3: Ganzheitliche Prozessbearbeitung

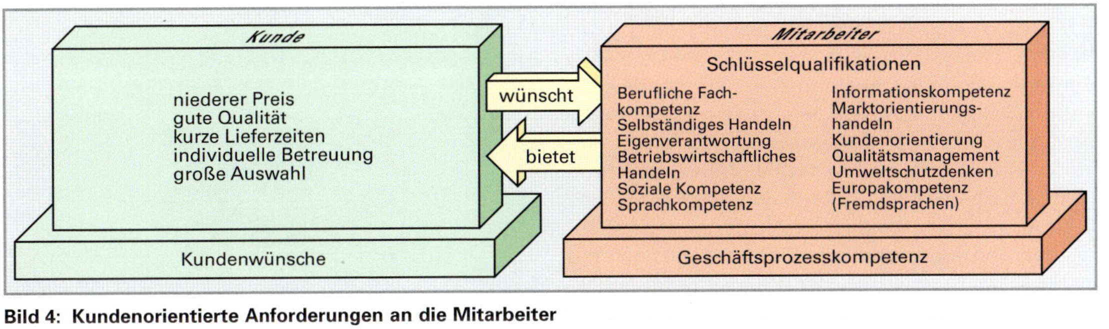

Bild 4: Kundenorientierte Anforderungen an die Mitarbeiter

8.3 Verkaufsprozesse

Verkaufsprozesse bestehen aus folgenden Teilprozessen.

8.3.1 Verkaufskalkulation

Durch die Kalkulation (Berechnung) wird der Verkaufspreis eines Produktes oder einer Dienstleistung ermittelt. Bei der *Kalkulation von Fertigungsaufträgen* setzt sich der Verkaufspreis aus den Einzelkosten, den Gemeinkosten und dem Gewinn zusammen **(Bild 1)**. Einzelkosten sind Kosten, die einem Produkt direkt zurechenbar sind, z. B. Materialkosten und Fertigungskosten. Gemeinkosten sind meist nicht direkt einem Produkt zurechenbar, wie z. B. Verwaltungskosten. Sie werden über Zuschlagssätze der Kostenstellungsrechnung ermittelt (siehe Tabellenbuch Informationstechnik). Bei der *Kalkulation von Handelswaren* werden auf den Bezugspreis anteilige Gemeinkosten (Handlungskosten) und der erwartete Gewinn zugeschlagen.

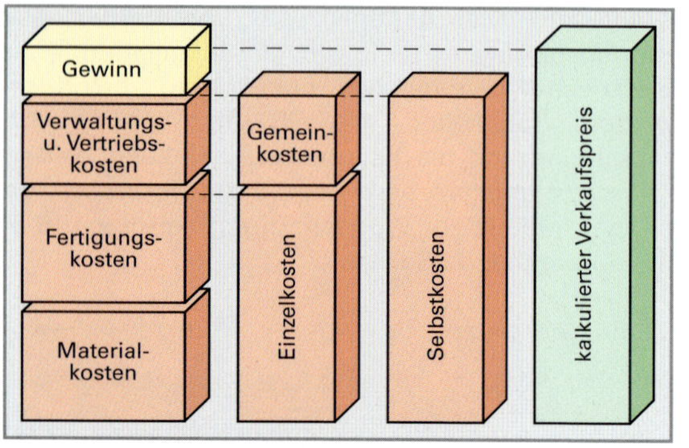

Bild 1: Kalkulierter Netto-Verkaufspreis

8.3.2 Erstellung eines Angebots

Durch ein Angebot erklärt ein Unternehmen einem Kunden, verbindliche Leistungen zu bestimmten Bedingungen zu liefern. Angebote sind an keine Formvorschriften gebunden. Mündliche und telefonische Angebote gelten nur für die Dauer des Gesprächs **(Bild 2)**. Ein mit Telefax übermitteltes Angebot gilt wie ein Angebot unter Anwesenden, wenn es keine Geltungsfrist enthält. Schriftliche Angebote sind in der Regel zeitlich begrenzt und enthalten Freizeichnungsklauseln **(Tabelle 1)**. Ein schriftliches Angebot sollte enthalten:

- die Beschreibung des Produktes oder der Dienstleistung,
- die Angabe der Mengen,
- die Einzelpreise, den Gesamtpreis, die MwSt,
- die Lieferungsbedingungen (Kosten für Verpackung, Transport und die Lieferzeit),
- die Zahlungsbedingungen (Art und Fristen) und
- die Preisabzüge (Skonto, Rabatt).

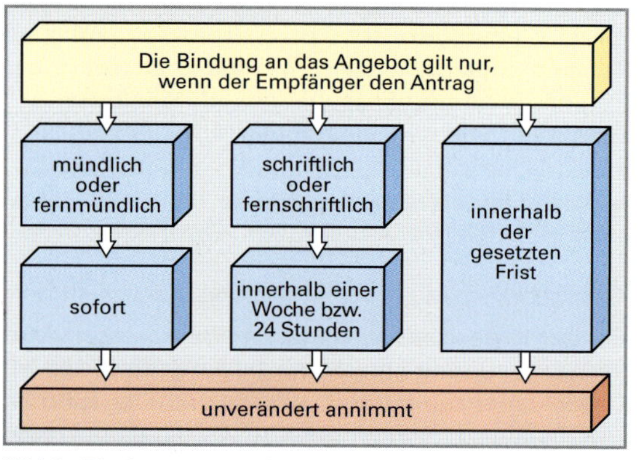

Bild 2: Bindung an das Angebot

Tabelle 1: Freizeichnungsklauseln bei Angeboten

Freizeichnungsklausel	verbindlich	unverbindlich
Lieferzeit frei bleibend	Preis, Menge	Lieferzeit
Preise frei bleibend	Lieferzeit, Menge	Preis
solange Vorrat reicht	Preis, Lieferzeit	Menge
frei bleibend	nichts	alles
ohne Gewähr	nichts	alles
ohne Obligo	nichts	alles
lat. obligo = Verbindlichkeit, Verpflichtung		

8.3.3 Verträge

Verträge kommen durch übereinstimmende Willenserklärungen von zwei oder mehreren Personen zustande. Die zuerst abgegebene Willenserklärung heißt Antrag, die zustimmende Willenserklärung heißt Annahme **(Bild 3)**. Durch den Abschluss eines Vertrages werden beide Vertragspartner verpflichtet, den Vertrag zu erfüllen. Wichtige Vertragsarten sind z. B. der Kaufvertrag, der Werkvertrag (Servicevertrag), der Mietvertrag und der Leasingvertrag.

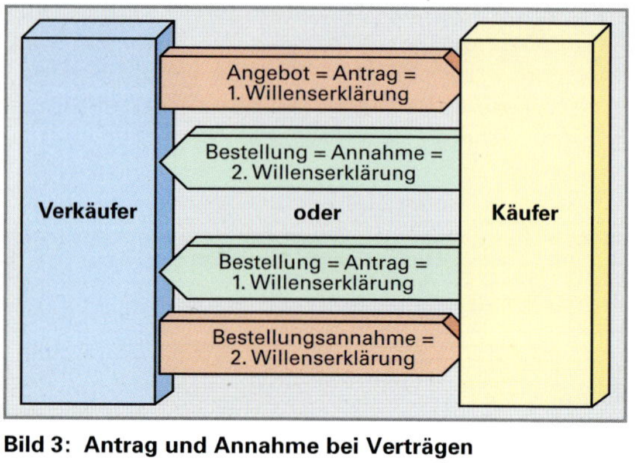

Bild 3: Antrag und Annahme bei Verträgen

Kaufvertrag

Ein Kaufvertrag dient dem Austausch von Gütern und Leistungen zwischen Verkäufer und Käufer und ist ein verpflichtendes Rechtsgeschäft **(Bild 1)**. Der Verkaufsprozess wird oft durch eine Bestellung eingeleitet. Zum Abschluss eines Kaufvertrages mit dem Lieferanten ist dann eine Bestellungsannahme erforderlich. Ein Kaufvertrag enthält in der Regel die auf den Kunden angepassten Abmachungen des Angebotes.

Servicevertrag

Oft sind an den Verkauf eines Produktes auch Serviceverträge gekoppelt. Serviceverträge unterliegen keinen Formvorschriften, die Schriftform wird empfohlen. Der Inhalt eines Servicevertrages sollte umfassen:

- die Vertragsdauer, Kündigungsfristen,
- die Möglichkeiten der außerordentlichen Kündigung,
- die Kosten (auch zusätzliche kostenpflichtige Serviceleistungen wie z. B. Fahrtkosten),
- die Serviceart (24-Stunden-Service, Bring-in-Service, Service auf Abruf, Vor-Ort-Service, Stellung von Ersatzgeräten),
- die Garantiefristen nach Störungsbehebung (Ersatzteilgarantie) und
- die Wartungszeitpunkte (monatlich, nachts).

Leasingvertrag und Mietvertrag

Bei einem Leasingvertrag (to lease = vermieten) benötigt der Leasingnehmer kein Eigenkapital oder nur einen Teil des Kaufpreises. Der Leasingvertrag ist ein Mietvertrag besonderer Art und mit einer objektbezogenen Fremdfinanzierung gleichzusetzen. Beim Leasing steht der Finanzaspekt im Vordergrund, während dies beim Mietvertrag der Nutzungseffekt ist. Im Unterschied zum Mietvertrag trägt der Leasingnehmer die Sachgefahr für das Objekt, d. h. er wird auch für den unverschuldeten Untergang der Sache zur Rechenschaft gezogen.

Bei Datenverarbeitungsanlagen und Telefonanlagen ist das *direkte Leasing* üblich. Hier ist der Lieferant der Anlagen selbst der Leasinggeber. Beim *indirekten Leasing* übernehmen Finanzierungsunternehmen die Anlagen, um sie dann zu vermieten **(Bild 2)**. Üblicherweise beträgt die Vertragsdauer bei Maschinen 40 % der betriebsgewöhnlichen Nutzungsdauer. Die Leasingrate ist so bemessen, dass in dem jeweiligen Zeitraum das vom Leasinggeber eingesetzte Kapital getilgt und verzinst wird.

Leasing bindet kein Kapital und erhöht die Verfügbarkeit eines Unternehmens über Geldmittel (Liquidität).

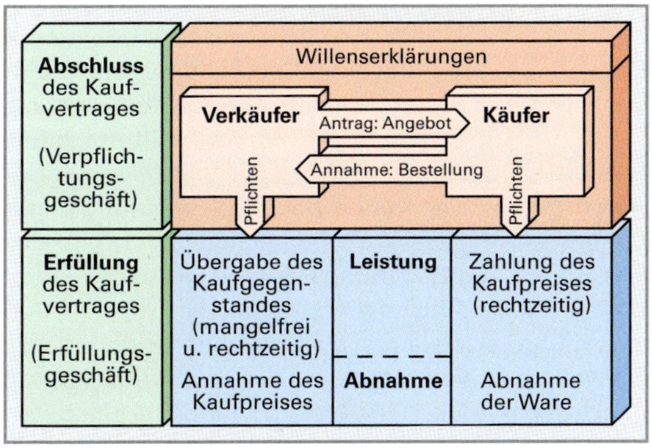

Bild 1: Der Kaufvertrag als verpflichtendes Rechtsgeschäft

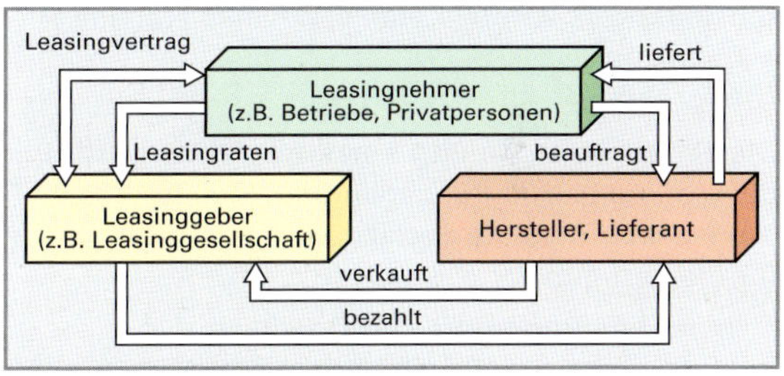

Bild 2: Indirektes Leasing

Allgemeine Geschäftsbedingungen AGB

Bei Vertragsabschlüssen werden, um Zeit und Kosten zu sparen, häufig vorgedruckte Formulare verwendet. Sie enthalten zur Vereinfachung von Vertragsprozessen die Lieferungs- und Zahlungsbedingungen sowie Regelungen zur Gewährleistung. Das AGB-Gesetz schützt im Sinne des Verbraucherschutzes den Käufer vor überraschenden Vertragsbedingungen und bringt dem Verkäufer neben Vertragsklarheit gleichartige Vertragsbedingungen **(Tabelle 1)**.

Tabelle 1: AGB-Vorschriften

Regelung	Erläuterung
Überraschende Klauseln (§3)	Überraschende Klauseln, mit denen der Käufer nicht rechnen kann, sind unwirksam.
Vorrang von persönlichen Absprachen (§4)	Persönliche Absprachen haben Vorrang vor den AGB-Bedingungen, Schriftform ist zum Beweis empfehlenswert.
Rechtsfolgen bei unwirksamen AGB-Vorschriften (§6)	Sind einzelne Teile der AGB unwirksam, da sie gegen geltendes Recht verstoßen, so bleibt der Vertrag trotzdem wirksam.

Übliche AGB-Bestimmungen werden von den Berufsverbänden und der IHK zur Verfügung gestellt.

8.3.4 Rechnungsstellung

Durch die Ausstellung einer Rechnung werden beim Lieferant und beim Kunden Wertschöpfungsprozesse dokumentiert. Die Finanzabteilung eines Betriebes erstellt hierzu Belege für die Kontrolle der Forderungen. Der Kunde benötigt Rechnungen für die Verwaltung seiner Verbindlichkeiten und für das Finanzamt. Die Rechnungsstellung ist heute durch Datenverarbeitung meist automatisiert und in den Informationskreislauf eines Betriebes eingebunden. So können z. B. Monteure vor Ort mittels Laptop auch Rechnungen erstellen und Rechnungsdaten über Datenfernübertragung an die Zentrale übermitteln. Eine Rechnung muss für den abgewickelten Geschäftsprozess wichtige Daten enthalten **(Tabelle 1)**.

Tabelle 1: Bestandteile einer Rechnung

Inhalt	Erklärung
Empfänger *	Empfänger der Rechnung, da mit Lieferungsempfänger oft nicht identisch. Kundennummer.
Absender *	Vollständige Anschrift mit Angabe eines persönlichen Ansprechpartners.
Rechnungsdatum Steueridentnummer *	Zur Kontrolle der Zahlungsfristen.
Rechnungsnummer *	Ermöglicht die irrtumsfreie Zuordnung der Vertragspartner.
gelieferte Leistung *	Genaue Angabe aller in Rechnung gestellten Leistungen durch Bezeichnung, Menge, Einzelpreis und Artikelnummern. Kosten für Verpackung und Transport.
Rechnungsbetrag *	Summe der Einzelkosten, einschließlich der Währungsangabe. Bei Nettopreisen sind keine Preisabzüge erlaubt.
Mehrwertsteuer *	Angabe mit Prozentsatz und Geldwert.
Zahlungsart	Gewünschte Zahlungsart, z. B. mit Überweisung, Scheck oder in bar.
Kontoverbindung	Kontonummer mit Bank und Bankleitzahl (IBAN und BIC).
Zahlungsfristen	Wiederholung der im Kaufvertrag oder in den AGB festgelegten Bedingungen, z. B. Skonto als Preisvergünstigung bei Zahlung innerhalb einer Frist.

* Mindestnotwendige Angaben nach § 14 Umsatzsteuergesetz

8.4 Beschaffungsprozesse

Die Produktionsplanung eines Betriebes bestimmt die Materialbeschaffungsplanung. Ziel der Beschaffungsplanung ist die Bereitstellung der Materialien für die Fertigung

- in der benötigten Art und Qualität,
- in der erforderlichen Menge,
- zum gewünschten Zeitpunkt,
- am richtigen Ort und
- zu minimalen Kosten.

Der Materialbedarf wird in der Regel von Betriebsabteilungen festgestellt, die eine große Nähe zur Produktion aufweisen. Zusätzlich bedarf es der Abstimmung mit der Finanzplanung des Betriebes. Je nach Beschaffungsobjekt gliedert sich der Beschaffungsprozess in die Teilprozesse Bestellmengenplanung, Bedarfsermittlung, Lieferantenauswahl und Bestellabwicklung.

Bestellmengenplanung

Die Bestellmenge soll z. B. so geplant werden, dass möglichst wenig Kapital in der Lagerhaltung gebunden wird. Optimal ist die Bestellmenge, bei der die Summe aus Beschaffungskosten und Lagerkosten auf eine Mengeneinheit bezogen am geringsten ist **(Bild 1)**.

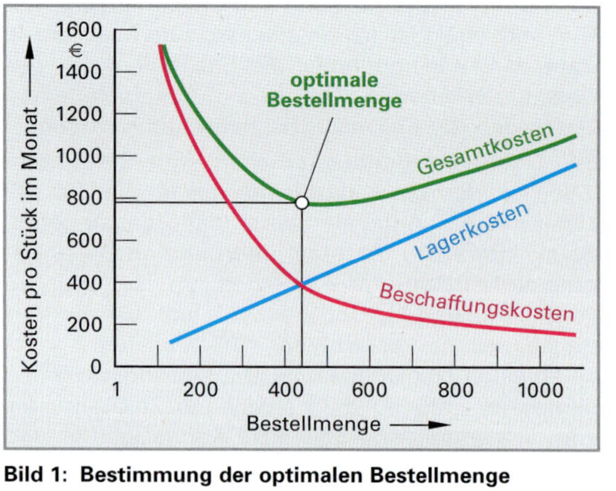

Bild 1: Bestimmung der optimalen Bestellmenge

> Bestellmengen sollen so geplant werden, dass die Kosten klein sind.

Anfrage

Durch eine Anfrage wird festgestellt, ob und zu welchen Preisen und Bedingungen Produkte und Dienstleistungen vom Lieferanten bezogen werden können. Anfragen sind formfrei, also z. B. schriftlich, mündlich oder über das Internet möglich. Der Anfragende wird durch die Anfrage rechtlich nicht verpflichtet, daher ist es sinnvoll, gleichzeitig an mehrere Lieferanten Anfragen zu richten, um die günstigsten Lieferanten zu ermitteln.

Bestellung

Die Durchführung einer geplanten Beschaffungsmaßnahme wird durch den Bestellvorgang eingeleitet. Die Bestellung (Auftrag) ist die Willenserklärung des Käufers, eine bestimmte Ware zu vereinbarten Bedingungen zu kaufen. Wie der Anbieter an sein Angebot, so ist der Besteller an seine Bestellung gebunden. Die Bestellung ist formfrei. Mündliche oder telefonische Bestellungen sollten schriftlich wiederholt werden, da die Gefahr des Irrtums besteht und Beweismittel wünschenswert sind. Bei einer Bestellung ohne vorheriges Angebot sollte eine Auftragsbestätigung erfolgen.

Überwachung des Beschaffungsprozesses

Bei der Vertragserfüllung eines Beschaffungsvorganges können Störungen auftreten. Dies sind z. B. der Lieferungsverzug, der Sachmangel und der Zahlungsverzug **(Tabelle 1)**.

Die *Terminkontrolle* erfolgt bei kleineren Betrieben durch einen Terminkalender oder durch Führung eines Bestellbuches. Bei der Terminüberwachung durch IT können die gespeicherten Liefertermine jederzeit sofort abgerufen werden. Wird nicht rechtzeitig geliefert, muss der Lieferant unter Umständen durch eine *Mahnung* in Verzug gesetzt werden **(Tabelle 2)**. Die Rechte des Käufers bei Lieferungsverzug sind das Verlangen auf

- Erfüllung der Verträge,
- Erfüllung und Schadensersatz nach angemessener Nachfrist,
- Rücktritt vom Vertrag und auf
- Schadensersatz wegen Nichterfüllung.

Bei der Übernahme der Ware ist eine sachliche *Eingangskontrolle* durchzuführen. Beim zweiseitigen Handelskauf, d. h. beide Vertragspartner haben den Kauf für geschäftliche Zwecke als Kaufleute abgeschlossen, muss unverzüglich geprüft und unverzüglich nach der Entdeckung eines Mangels gerügt werden. Insbesondere sind sofort zu prüfen die

- Angabe von Absender und Empfänger,
- Anzahl der Stücke durch Zählen und Vergleich mit den Begleitpapieren,
- Verpackung auf Unversehrtheit und die
- Ware selbst, falls sie unverpackt ist.

Die *Gewährleistungspflicht* beträgt gesetzlich zwei Jahre vom Zeitpunkt der Lieferung an. Sie kann aber auch vertraglich verlängert werden (Garantie).

Tabelle 1: Störungen bei der Vertragserfüllung

Bezeichnung	Art der Störung
Sachmangel	Der Verkäufer liefert mangelhaft.
Lieferungsverzug	Der Verkäufer liefert nicht rechtzeitig.
Zahlungsverzug	Der Käufer zahlt den vereinbarten Kaufpreis nicht oder nicht rechtzeitig.

Tabelle 2: Voraussetzungen für den Lieferungsverzug

Fälligkeit	Art der Ware	
	Serienware (Gattungskauf)	Einzelstück (Stückkauf)
Kalendermäßig bestimmt, z. B. Lieferung in der 28. Woche	Ohne Verschulden, ohne Mahnung.	Verschulden, ohne Mahnung.
Nicht kalendermäßig bestimmt, z. B. Lieferung ab August	Ohne Verschulden, mit Mahnung.	Verschulden, mit Mahnung.

Der Händler muss bei Beanstandungen in den ersten sechs Monaten nachweisen, dass die gelieferte Sache mängelfrei war.

Produkthaftung

Das *Gesetz über die Haftung für fehlerhafte Produkte* (ProHaftG) regelt die Haftung für Schäden, die durch Fehler eines Produktes oder einer Produktbeschreibung, z. B. einer Betriebsanleitung, an Personen oder Sachen, nicht am Produkt selbst, verursacht werden. Neben dem Hersteller haften alle, die das Produkt in den Verkehr bringen, also z. B. auch der Importeur gegenüber seinen Kunden.

Die Produkthaftung kann nicht durch Vertrag ausgeschlossen werden.

Wiederholung und Vertiefung

1. **Welche Unterschiede bestehen zwischen Betrieb und Unternehmen?**
2. **Nennen Sie die Kennzeichen einer Marktwirtschaft.**
3. **Welche Merkmale kennzeichnen einen Geschäftsprozess?**
4. **Erläutern Sie an einem Beispiel den Zusammenhang zwischen Kernprozess und Serviceprozess.**
5. **Welche Angaben sollten in einem schriftlichen Angebot enthalten sein?**
6. **Weshalb wird ein Kaufvertrag als verpflichtendes Rechtsgeschäft bezeichnet?**
7. **Wie funktioniert Leasing?**
8. **Nennen Sie wichtige Bestandteile einer Rechnung.**
9. **Welche Rechte hat ein Käufer bei Lieferungsverzug?**
10. **Welche Schadensfälle regelt die Produkthaftung?**

8.5 Kundenberatung und Service

Kunden fühlen sich beim Erwerb von elektronischen Produkten oft verunsichert. Die Gerätefunktionen werden immer umfangreicher. Die Zeit bis zur Einführung von verbesserten Nachfolgegeräten, die Innovationsrate, wird immer kürzer. Die Handhabung und Einstellung wird zudem vielfältiger. Betriebsanleitungen sind oft nicht verständlich abgefasst. Die Anpassung an vorhandene Geräte ist nicht ohne weiteres möglich oder erfordert Spezialkenntnisse. Hilfe erwartet der Kunde vom Verkäufer oder Servicetechniker. Betriebe müssen sich deshalb immer stärker an den Bedürfnissen und Wünschen des Kunden orientieren.

Kundenorientierung ist ein wichtiger Grundsatz in einem modernen Betrieb.

8.5.1 Umgang mit Kunden

Für den richtigen Umgang mit Kunden muss ein Mitarbeiter einige wichtige Voraussetzungen mitbringen. Diese Voraussetzungen bezeichnet man auch als *Schlüsselkompetenzen* **(Tabelle 1)**.

Darüber hinaus erwartet ein Kunde z. B. Zuverlässigkeit und Termintreue, sowohl bei der Lieferung als auch bei der Reparatur eines Geräts.

Kundenorientierte Sprache

Man kann von einem Kunden nicht immer erwarten, dass er Symbole versteht oder technische Zeichnungen lesen kann. Deshalb ist auch beim Verkauf oder bei der Wartung von technischen Geräten das wichtigste Verständigungsmittel mit den Kunden die Sprache.

Zunächst sollte man sich bei einem Gespräch mit einem Kunden schon zu Beginn einen Eindruck darüber verschaffen, mit welchem Kundentyp man es zu tun hat **(Tabelle 2)**.

Insbesondere gilt es, den Kenntnisstand des Kunden in Erfahrung zu bringen. Mit einem sachverständigen Kunden oder einem solchen, der sich dafür hält, muss der Mitarbeiter anders umgehen als mit einem technischen Laien.

In jedem Fall sollte beim Gespräch beachtet werden:

- kein Redeschwall,
- kurze, einfache Sätze,
- höflicher Ton,
- lieber weniger, aber dafür zugkräftige Argumente,
- aktive Satzkonstruktionen („Wir machen das ...“ statt „... es wird ... gemacht“),
- Abstand halten (1 m bis 2 m),
- Augenkontakt aufnehmen und
- Verzicht auf unnötige Fremdwörter.

Tabelle 1: Schlüsselkompetenzen für den Umgang mit Kunden

Kompetenzart	Bedeutung
Fachkompetenz	Das notwendige technische Wissen besitzen, Normen und Vorschriften beachten, Probleme erkennen.
Methodenkompetenz	Fähigkeit, einem Kunden schwierige technische Sachverhalte auf einfache Weise verständlich zu machen, den richtigen Lösungsweg für ein Problem zu finden.
Kommunikative Kompetenz	Fähigkeit, mit anderen Menschen in Kontakt zu kommen, freundlich mit ihnen umzugehen, Geduld beim Zuhören zu haben, den richtigen Ton zu finden.
Handlungskompetenz	Fähigkeit zu entscheiden und richtig zu handeln. Der Kunde muss das Gefühl bekommen, dass sein Problem angepackt und gelöst wird.

Tabelle 2: Kundentypen (Beispiele)

Typ	Verhalten des Mitarbeiters
Sachverständiger Kunde: Verwendet Fachausdrücke, hat klare Vorstellungen, stellt fachkundige Fragen.	Sachliche, knappe präzise Information ohne eigene Wertung, Behandlung als Fachmann, Hinweise auf technische Besonderheiten, ist wahrscheinlich vor allem an Neuheiten interessiert.
Misstrauischer Kunde: Verhält sich abwartend und wortkarg, hat offenbar mit einem Gerät schlechte Erfahrungen gemacht, stellt kritische Fragen.	Dem Kunden Zeit lassen, Verständnis zeigen, Vertrauen aufbauen, Einwände des Kunden respektieren und positiv beantworten („Ich stimme ihnen zu, aber...“), das Gerät von ihm selbst ausprobieren lassen, Hinweise auf Garantie geben.
Unsicherer Kunde: Zeigt ratlosen Gesichtsausdruck, ist unerfahren, wirkt unentschlossen.	Durch geschickte Fragen die Kundenwünsche feststellen, keine fachliche Überlegenheit zeigen, Geräte anschaulich vorführen, Empfehlungen entsprechend begründen.

Gesprächsführung

Ein wichtiges Mittel der Gesprächsführung ist die Frage. Auch im privaten Bereich beginnen viele Gespräche mit einer Frage oder werden durch Fragen in Gang gehalten. Dies ist beim Umgang mit Kunden nicht anders.

Durch geschickte Fragen kann man z. B.

- ein Gespräch eröffnen,
- Informationen erhalten,
- Interesse zeigen,
- dem Gespräch eine gewünschte Richtung geben und
- Absprachen und Ergebnisse kontrollieren.

Dazu bedarf es allerdings einer gewissen Fragetechnik. Fragetechniken wendet man im privaten Bereich oft unbewusst an. Jeder hat schon einmal erlebt, dass man mit Fragen einen Gesprächspartner z. B. aushorchen oder auch reizen und provozieren kann. Für den Umgang mit Kunden sollten Fragetechniken am besten eingeübt und dann kontrolliert angewendet werden. Man kann die Einübung zusammen mit einem Freund oder einer Freundin in einem Rollenspiel durchführen.

Fragetechniken lassen sich am besten in einem Rollenspiel einüben.

Fragearten

Die häufigsten Fragearten sind die geschlossene und die offene Frage **(Tabelle 1)**.

Will man ein Gespräch beginnen oder aufrechterhalten, sollte man keine geschlossene Frage stellen. Geschlossene Fragen lassen sich nämlich meist mit ja oder nein beantworten **(Tabelle 2)**. Damit ist manchmal ein Gespräch zu Ende, ehe es richtig begonnen hat. Geschlossene Fragen eignen sich aber zur Kontrolle, z. B. ob der Kunde alles richtig verstanden hat, zur Bestätigung einer Abmachung oder um ein Gespräch bewusst zum Abschluss zu bringen.

Zu viele geschlossene Fragen erzeugen beim Kunden das Gefühl eines Verhörs und bewirken Ablehnung.

Offene Fragen lassen dem Kunden dagegen die Möglichkeit zum Nachdenken und zum eigenen Formulieren. Antwortet der Kunde wider Erwarten doch nur sehr knapp mit einem Wort, kann man eine zweite W-Frage nachschieben, die er meist nicht so kurz beantworten kann. Alternativfragen spielen bei der Gesprächsführung keine große Rolle, bieten sich aber z. B. bei Terminvereinbarungen an.

Tabelle 1: Fragearten

Art	Merkmal
Geschlossene Frage	Entscheidungsfrage, Antwort kurz, meist „ja" bzw. „nein".
Offene Frage	W-Frage, beginnt mit einem Fragewort (z. B. wann, warum, wie, wo, welche), bewirkt meist längere Antwort.
Alternativfrage	Enthält meist das Wort „oder", lässt mehrere Entscheidungen zu.
Suggestivfrage	Versucht, dem Gesprächspartner die Antwort in den Mund zu legen.
Rhetorische Frage	Scheinfrage, auf die keine Antwort erwartet wird, häufig bei Reden.

Tabelle 2: Fragebeispiele

Geschlossene Fragen	Offene Fragen
Haben Sie sich über das Gerät schon informiert?	Was wissen Sie denn schon über dieses Gerät?
Kann ich Ihnen weiterhelfen?	Wie kann ich Ihnen helfen?
Haben Sie es sehr eilig?	Wie eilig ist die Sache?
Soll ich Sie in der Angelegenheit zurückrufen?	Wann darf ich Sie in der Sache anrufen?
Haben Sie sich schon entschieden?	Welche Entscheidung haben Sie getroffen?
Sollen wir uns noch einmal melden?	Wann sollen wir uns noch einmal melden?
Geht es auch morgen?	Wann passt es Ihnen denn?

Gegenfragen sind keine eigene Frageart. Sie können bei der Gesprächsführung aber sehr nützlich sein, um z. B. Zeit zu gewinnen oder um eine Gesprächswende herbeizuführen. Da sie als unhöflich gelten, sind sie sparsam einzusetzen. Vor allem sind Warum-Fragen als Gegenfrage zu vermeiden, da sie den Gesprächspartner in die Verteidigung drängen.

Gegenfragen können nützlich sein, gelten aber als unhöflich.

Suggestivfragen (suggerieren = seelisch beeinflussen) sind mit großer Vorsicht anzuwenden, da man damit dem Gesprächspartner die Antwort unterzuschieben versucht. Bemerkt er dies und stellt zum Beispiel eine Gegenfrage, kommt man bei Unerfahrenheit schnell in Verlegenheit.

8.5.2 Kundenservice

Die Erzeugnisse der verschiedenen Hersteller gleichen sich immer mehr aneinander an. Auch in der Qualität werden die Unterschiede immer geringer. Der Service spielt deshalb im Wettbewerb oft eine entscheidende Rolle.

Unter Service verstand man früher im Wesentlichen die Tätigkeiten der Reparaturwerkstatt. Heute betrachtet man die Serviceleistung als ein Produkt eines Betriebes, an das die gleichen hohen Anforderungen gestellt werden müssen wie an die Produkte einer Fertigung.

Eine Serviceleistung wird heute als Produkt eines Betriebs bezeichnet, das besonders wichtig ist.

Ein Serviceprodukt ist meist eine nicht materielle Leistung. Bei der Servicequalität zählen im Unterschied zur Produktqualität Werte wie Schnelligkeit, Termintreue oder fachliche Kompetenz.

Der Kundenservice beginnt bereits mit dem Vorhandensein von Kundenparkplätzen. Er setzt sich fort über den freundlichen Empfang des Kunden, die kompetente Beratung und Bereitstellung des Produkts, die Inbetriebnahme und die ggf. problemlose Instandsetzung bis hin zur Entsorgung des Produkts.

Unter Kundenservice versteht man die ganzheitliche Betreuung eines Kunden, angefangen vom ersten Kontakt beim Kauf eines Produkts über dessen Wartung bis zur späteren Entsorgung des Produkts.

Der Kunde erwartet, dass er eine ganzheitliche Betreuung ohne großen Zeitaufwand zu einem angemessenen Preis erhält.

Bei vielen Firmen der Elektro- und Elektronikbranche ist der Servicebereich zu einem wichtigen Umsatzbestandteil geworden. Dabei verfolgen die Firmen drei Ziele:

- Kundenzufriedenheit,
- Mitarbeiterzufriedenheit und
- Gewinnerzielung.

Einerseits ist eine möglichst große Kundenzufriedenheit erforderlich. Andererseits können sowohl Kundenzufriedenheit als auch Gewinn nur durch eine große Einsatzbereitschaft der Mitarbeiter erreicht werden. Überforderung der Mitarbeiter kann wiederum zu deren Unzufriedenheit führen. Die drei Ziele widersprechen sich also teilweise und müssen aufeinander abgestimmt werden **(Bild 1)**.

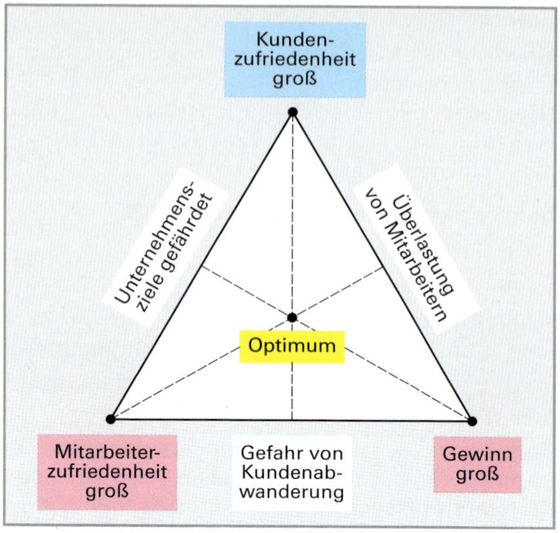

Bild 1: Zusammenhang zwischen Kundenzufriedenheit, Mitarbeiterzufriedenheit und Gewinn

Tabelle 1: Zusätzliche Maßnahmen zur Kundenbindung

Direkte Maßnahmen	Indirekte Maßnahmen
Messebeteiligung, Tag der offenen Tür, Hausmessen, Beratung, Kundenbesuche, Schulungen für Kunden.	Werbung in den Medien, Homepage, Kundenpost, Vereinsbonus.

8.5.3 Kundenbindung

Man könnte annehmen, dass sich die Kundenbindung, d.h. die Treue eines Kunden zu einer Firma, bei entsprechender Kundenzufriedenheit von selbst ergibt. Dies ist aber nicht unbedingt der Fall. Oft liegt ein großer Zeitabstand zwischen Kaufentscheidungen oder Inanspruchnahme von Serviceleistungen. Auch Kunden sind vergesslich oder lassen sich durch die Werbung der Konkurrenz beeinflussen. Untersuchungen haben ergeben, dass selbst bei sehr guter Kundenzufriedenheit etwa 25% der Kunden abwandern, bei immerhin noch guter Zufriedenheit sogar bis 50%.

Eine Firma muss den Kunden immer wieder aufs Neue von ihrer besonderen Leistungsfähigkeit überzeugen.

Dies kann zusätzlich zu den Serviceleistungen durch Werbung, durch Kundenkontakte und durch weitere Aktivitäten geschehen **(Tabelle 1)**.

8.5.4 Beschwerdemanagement (Reklamationen)

Auch bei einer gut geführten Firma lassen sich *Reklamationen* nicht vermeiden. Diese treten vor allem beim Kauf eines Gerätes auf. Die Bearbeitung von Reklamationen wird auch als *Beschwerdemanagement* bezeichnet. Aus dieser Bezeichnung wird die Bedeutung ersichtlich, die man Kundenbeschwerden beimessen muss.

Ursachen für Reklamationen können sein

- Transportschäden,
- Fabrikationsfehler,
- Bedienungsfehler,
- falsche Behandlung eines Geräts,
- falsche Beratung und
- falsche Kaufentscheidung.

Aus den möglichen Abhilfen muss man die für den Kunden und die Firma günstigste Lösung aussuchen **(Tabelle 1)**. Für Geräte mit Mängeln, die der Kunde nicht zu vertreten hat, gelten die Vorschriften des Bürgerlichen Gesetzbuches BGB **(Tabelle 2)**. Wichtig ist, dass die Beschwerde möglichst schnell und zur Zufriedenheit des Kunden erledigt wird. Wer bereits bei der Lieferung eines Gerätes Mängel feststellt und dann noch schlecht behandelt wird, ist als Kunde meist auf Dauer verloren.

Bei der Bearbeitung von Beschwerden muss die Erhaltung der Kundenzufriedenheit an erster Stelle stehen.

Reklamationen werden am besten schriftlich in Form eines Protokolls aufgenommen. Der Mitarbeiter sollte dabei aufmerksam zuhören und Verständnis zeigen. Im Protokoll werden die Beanstandungen dokumentiert.

Ein Vorteil der schriftlichen Aufnahme liegt auch darin, dass man während des Schreibens überlegen kann und keine voreilige Stellungnahme abgibt. Außerdem erkennt der Kunde an der schriftlichen Aufnahme, dass seine Beschwerden ernst genommen werden. Oft ergeben sich Beschwerden auch aus falschen Erwartungen des Kunden. Dies sollte durch Fragen festgestellt werden.

Das Problem des Kunden sollte durch gezielte Fragen geklärt werden.

Tabelle 1: Abhilfe bei Reklamationen

Begriff	Bedeutung
Nachbesserung	Beseitigung des Mangels in der eigenen Werkstatt oder durch den Hersteller.
Umtausch	Kunde erhält den gleichen oder einen gleichwertigen Artikel.
Preisnachlass	Kunde will fehlerhaftes Gerät behalten und bezahlt reduzierten Preis.
Wandlung	Rückgängigmachen eines Kaufs, Kunde erhält Gutschein oder Geld zurück. Achtung: Beim Gutschein bleibt Umsatz erhalten.

Tabelle 2: Rechtliche Grundlagen bei Mängeln (Auszug aus dem BGB)

BGB § 459 Sachmängel	Der Verkäufer einer Sache haftet dafür, dass sie ... nicht mit Fehlern behaftet ist, die den Wert oder die Tauglichkeit zu dem gewöhnlichen oder nach dem Vertrag vorausgesetzten Gebrauch aufheben oder mindern. Der Verkäufer haftet auch dafür, dass die Sache ... die zugesicherten Eigenschaften hat.
BGB § 462 Wandlung, Minderung	Wegen eines Mangels, den der Verkäufer ... zu vertreten hat, kann der Käufer Rückgängigmachung (Wandlung) oder Herabsetzung des Kaufpreises (Minderung) verlangen.
BGB § 633 Gewährleistung bei Werkvertrag (Beispiel: Reparatur, Antennenbau)	Der Unternehmer verpflichtet sich, das Werk so herzustellen, dass es die zugesicherten Eigenschaften hat und nicht mit Fehlern behaftet ist ... Ist das Werk nicht von dieser Beschaffenheit, so kann der Besteller die Beseitigung des Mangels verlangen.
BGB § 634 Wandlung, Minderung bei Werkvertrag	Abs. 4: Auf die Wandlung und die Minderung finden die für den Kauf geltenden Vorschriften entsprechende Anwendung.

Aber auch bei Serviceleistungen oder bei Werkverträgen kann es zu Beschwerden kommen. In diesem Fall handelt es sich meist um

- Nichteinhaltung von Terminen,
- mangelndes Qualitätsbewusstsein der Mitarbeiter,
- mangelhaft ausgeführte Arbeit,
- Planungsfehler,
- fehlende Teilleistung oder auch
- missverständliche Rechnungsstellung.

8.5.5 Konformitätserklärung

Die Kennzeichnung mit CE (von Communauté Européenne = europäische Gemeinschaft) ist Pflicht des Herstellers oder Vertreibers bei Erzeugnissen, für die EG-Richtlinien der EU bestehen **(Tabelle 1)**. Durch die CE-Kennzeichnung erklärt der Hersteller oder Vertreiber, dass für das Erzeugnis alle EG-Richtlinien und damit die in Frage kommenden Gesetze und Normen eingehalten sind.

Die CE-Kennzeichnung soll in ganz Europa zum gleichen Sicherheitsstandard führen.

Die Berechtigung zur Anbringung des CE-Zeichens setzt eine *Konformitätsbewertung* voraus. Die Konformitätsbewertung kann meist durch den Hersteller selbst erfolgen oder durch eine zur *Zertifizierung* berechtigte *notifizierte* (von der Behörde benannte) Stelle **(Bild 1)**.

Bei Erzeugnissen mit besonderem Gefährdungspotenzial muss der Hersteller die Zertifizierung durch eine notifizierte Stelle veranlassen.

Schritte der Konformitätsbewertung durch die Hersteller oder durch eine notifizierte Stelle:

- einschlägige EG-Richtlinien ermitteln und Sicherheitsanforderungen daraus feststellen,
- harmonisierte (für EU vereinheitlichte) Normen ermitteln,
- grundlegende technische und organisatorische Anforderungen erfüllen,
- Lösungen dokumentieren und Gefährdungsanalyse durchführen,
- Einhalten der Schutzziele überprüfen und Prüfprotokoll erstellen,
- Betriebsanleitung in der Benutzersprache erstellen,
- EG-Konformitätserklärung ausstellen **(Bild 2)**,
- CE-Kennzeichen mit Mindestgröße 5 mm anbringen und
- Bereithaltung der Dokumentation zur staatlichen Überprüfung.

Von besonderer Bedeutung für die Dokumentation ist die Erstellung einer Betriebsanleitung (siehe Tabellenbuch Informationstechnik und Systemtechnik). Diese hat vier Bereiche abzudecken, und zwar

- Maßnahmen zur Sicherheit,
- Maßnahmen vor dem Betrieb,
- Maßnahmen während des Betriebs und
- Maßnahmen nach dem Betrieb.

Tabelle 1: Erzeugnisse mit CE-Kennzeichnungspflicht CE

Bezeichnung	Deutsche Grundlage
elektromagnetische Verträglichkeit EMV	EMV-Gesetz
elektrische Betriebsmittel	1. Verordnung zum GSG
Spielzeuge	GSG-Spielzeugverordnung
Maschinen	9. Verordnung zum GSG
Telekommunikations-endeinrichtungen	Telekommunikations-gesetz
GSG Geräteschutzgesetz	

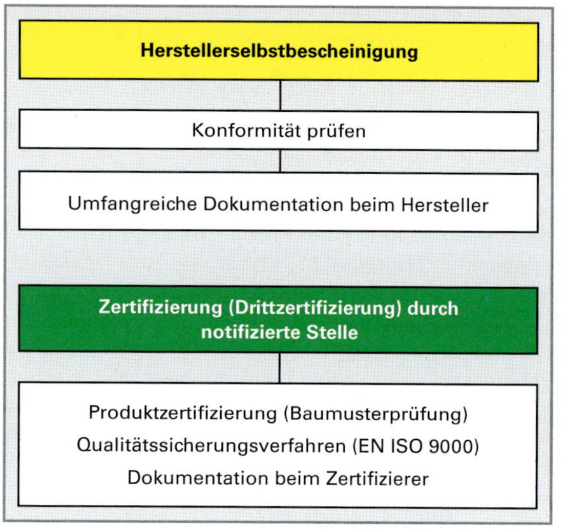

Bild 1: Möglichkeiten der Konformitätsbewegung

EG-Konformitätserklärung

Dokument-Nr./Monat, Jahr .... / ....
Hersteller: ....
Anschrift: ....
Produktbezeichnung: ....

Das bezeichnete Produkt stimmt mit den Vorschriften folgender Europäischer Richtlinien überein:
Nummer: ....
Text: ....

Weitere Angaben über Einhaltung dieser Richtlinie enthält Anhang
Anbringung der CE-Kennzeichnung: ....
Aussteller: ....

Ort, Datum: ....
Rechtsverbindliche Unterschrift: ....

Bild 2: Beispiel der Konformitätserklärung

8.5.6 Qualitätsmanagement

Als Qualitätsmanagementsystem (QM-System) bezeichnet man die notwendige Organisation mit ihren Verfahren und Abläufen zum Umsetzen eines Qualitätsmanagements (QM). Das QM umfasst alle aufeinander abgestimmten Tätigkeiten zum Leiten und Lenken einer Unternehmensorganisation mit allen ihren Organisationsbereichen zur Verbesserung von Produkten, Prozessen oder Leistungen (**Bild 1**). Durch das Arbeiten nach den Vorgaben eines QM-Systems soll den Kunden nachgewiesen werden, dass ständige Anstrengungen zum Erreichen bester Produktqualität, z. B. nach DIN ISO 9000, 9001, 9004, 19011 unternommen werden.

Die Vorgaben und Ergebnisse des QM-Systems sind in verschiedenen Dokumentationen festgehalten **(Bild 2)**. Wesentlich ist die Existenz eines QM-Handbuches, in welchem die organisatorischen Zuständigkeiten und Vorgaben hinsichtlich der Gestaltung der Ablaufprozesse des Unternehmens beschrieben sind. Das QM-Handbuch enthält Vorgaben z. B. zur Lenkung von Dokumenten und Daten **(Bild 3)**, zu Produktkennzeichnungen, zu Prüfabläufen, zum Umgang mit fehlerhaften Produkten, zur Beschaffung, Lagerung, Verpackung und Konservierung sowie zu Schulungen.

Der Nachweis für das Leben eines QM-Systems erfolgt durch unternehmensinterne und unternehmensexterne Audits (lat audire = zuhören, anhören). Ein externes Audit wird als Zertifizierung bezeichnet und muss bezahlt werden. Mehrere Auditoren prüfen dabei mehrere Tage Unternehmensunterlagen bzgl. der Prozessabläufe in verschiedenen Unternehmensbereichen. Auditiert werden hauptsächlich Abteilungsleiter. Externe Audits müssen mindestens alle drei Jahre stattfinden. Jährliche Zwischenaudits sind möglich.

Am Ende eines Audits werden die untersuchten Merkmale in einem Bericht hinsichtlich der Bewertungspunkte oder Erfüllungsgrade festgehalten und ein Zertifikat wird ausgestellt.

Vielfach auditieren Unternehmen auch ihre Zulieferanten. Geprüft werden wie im eigenen Unternehmen z. B. die Lenkung von Unterlagen bzgl. Spezifikationen, Produktsicherheit, Entwicklungsplänen, Entwicklungsfreigaben, Produktionssteuerung, Produktionsüberwachung, Prüfablaufsteuerung, Prüfablaufüberwachung. Die Art der Aufbewahrung von Dokumenten und Daten sowie das Wiederfinden dieser werden ebenfalls geprüft.

Bild 1: Qualitätsmanagement

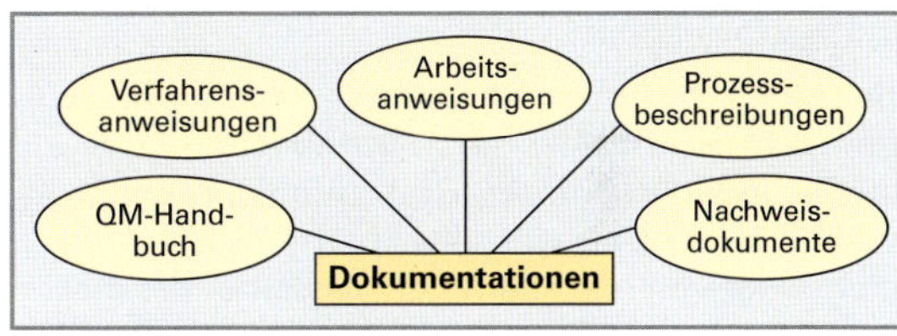

Bild 2: Wichtige QM-Dokumentationen

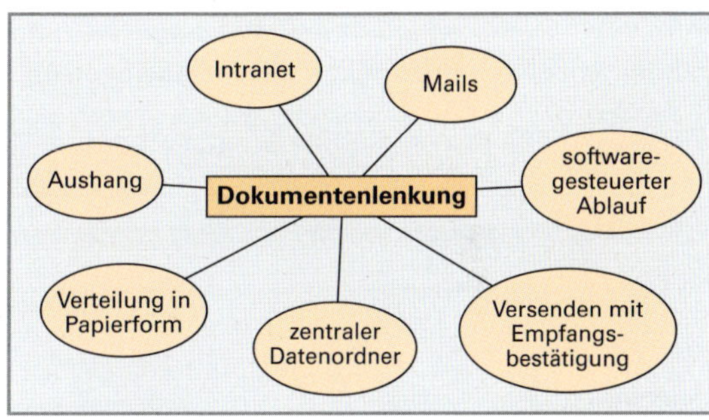

Bild 3: Möglichkeiten der Lenkung von Dokumenten

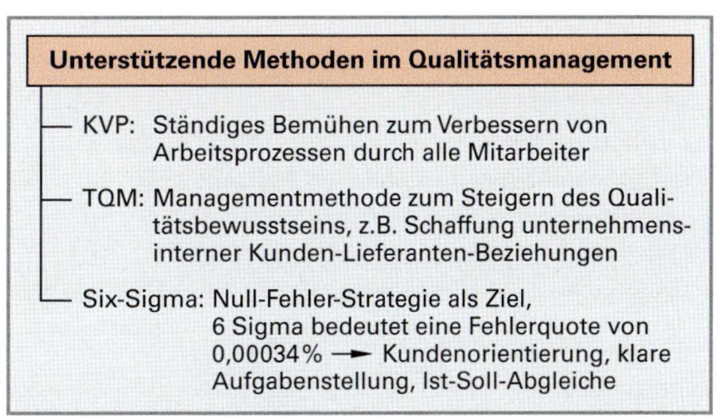

Bild 4: Wichtige Methoden des Qualitätsmanagements

Unterstützende Methoden zum Umsetzen des QM sind z. B. KVP (Kontinuierlicher Verbesserungsprozess), TQM (Total Quality Management), Six Sigma (**Bild 4**).

9 Projektaufgabe

Arbeiten im betrieblichen Umfeld

In den Fachabteilungen der Industrie- und Handwerksbetriebe führen Facharbeiter betriebliche Aufträge selbständig und eigenverantwortlich durch, dabei sind die organisatorischen und technischen Gegebenheiten zu berücksichtigen. Der Ablauf eines Auftrags lässt sich in vier Phasen gliedern **(Bild 1)**: Informationsphase, Planungsphase, Durchführungsphase und Kontrollphase.

Während dieser Phasen erstellt der Facharbeiter auftragsbezogene Unterlagen **(Bild 2)**, z. B. ein Pflichtenheft, Stücklisten, ein Kostenvoranschlag und Prüfprotokolle.

Die Absolventen an der Abschlussprüfung führen Arbeitsaufträge im betrieblichen Umfeld durch. Zwei Varianten sind möglich: ein vom Ausbildungsbetrieb gestellter betrieblicher Auftrag oder eine von der Kammer gestellte praktische Aufgabe. In beiden Fällen fertigt der Prüfling eine auftragsbezogene Dokumentation an, die als Grundlage für das Fachgespräch mit dem Prüfungsausschuss dienen kann. Bei dieser Prüfung soll der Absolvent Prozesskompetenz nachweisen.

Auf der Buch-DVD finden Sie Dokumentvorlagen zur Dokumentation eines betrieblichen Auftrags.

Betrieblicher Auftrag

Den Auftrag führt der Absolvent im Ausbildungsbetrieb aus. Die angefertigte Dokumentation reicht der Prüfling bei der zuständigen Kammer ein. Anschließend findet ein Fachgespräch mit dem Prüfungsausschuss statt. Dabei werden alle vier Auftragsphasen bewertet.

Praktische Aufgabe

Die praktische Aufgabe ist ein von der Kammer bereitgestellter Arbeitsauftrag. Dieser wird im Ausbildungsbetrieb vorbereitet. Die Durchführung muss in einer bestimmten Zeit unter Beobachtung des Prüfungsausschusses stattfinden. Grundlage der Bewertung sind die in der Vorbereitung und Durchführung erstellten Unterlagen, ein Fachgespräch sowie Beobachtungen während der Durchführung.

Beispiel eines Arbeitsauftrags:

Nachfolgend wird ein betrieblicher Auftrag beschrieben. Auf der Buch-DVD finden Sie weitere Dokumente zu diesem Auftrag.

Prozesskompetenz ist die Handlungskompetenz in einem betrieblichen Umfeld.

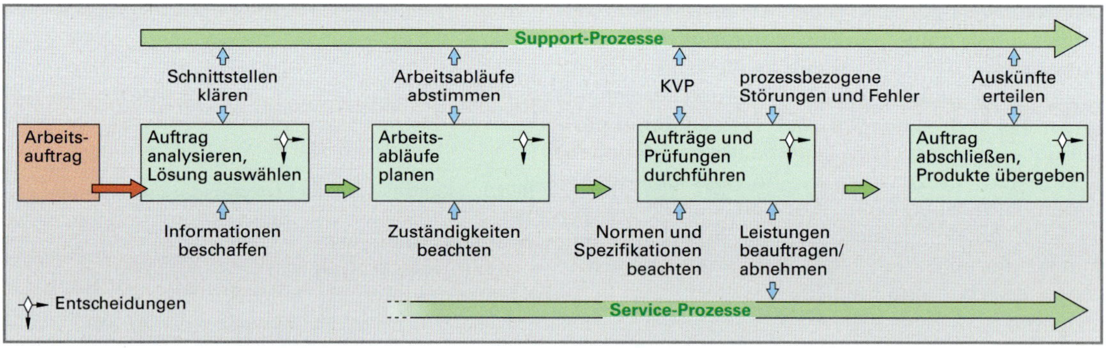

Bild 1: Ablauf eines betrieblichen Auftrags

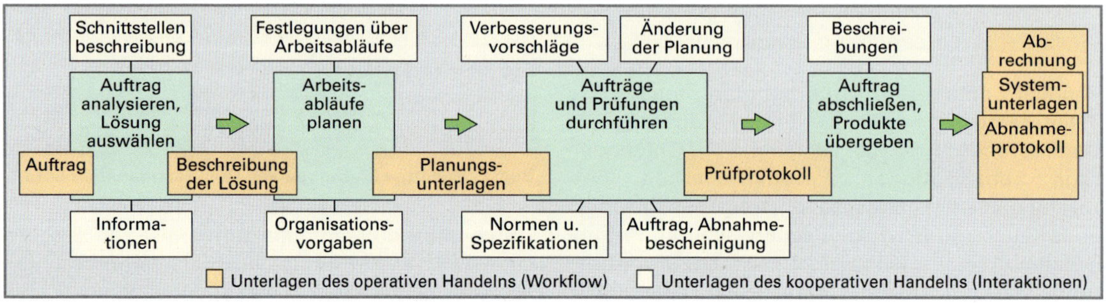

Bild 2: Unterlagen zu einem betrieblichen Auftrag

Auftragsbeschreibung

In einem Labor mit 5 Prüfständen zur Erprobung von Benzinmotoren **(Bild 1)** ist die Raumtemperatur zu überwachen. Die Temperatur soll an einem bestimmten Ort im Raum erfasst werden. Die erfasste Temperatur soll an die ca. 10 m entfernte Überwachungskabine übertragen und dort auch angezeigt werden.

Zur Temperaturerfassung und zur Signalübertragung liegt bereits eine Schaltungsskizze **(Bild 2)** vor, die gegebenenfalls zu ergänzen ist. Zur Energieversorgung stehen 30 V aus einem Gleichspannungsnetzteil bereit.

Die Empfangseinheit mit Anzeige muss neu entworfen werden. Als Anzeige wird vom Auftraggeber ein zweizeiliges 16 × 2 LCD-Modul vorgeschlagen, damit später weitere Informationen angezeigt werden können.

Das ganze System soll zunächst als Prototyp aufgebaut und getestet werden.

Informationsphase

Als erstes wird der vorliegende Schaltungsentwurf (Blid 2) analysiert, der aus vier Teilschaltungen besteht. (1) Eine temperaturabhängige Brückenschaltung mit einem Pt100-Widerstand setzt die Temperatur in einen Spannungswert um. (2) Ein Instrumentenverstärker bestehend aus den Operationsverstärkern K1, K2 und K3 verstärkt die Brückenspannung U_{AB} ohne diese dabei zu belasten. (3) Mit dem Summierverstärker lässt sich ein Offsetabgleich durchführen. Der nachfolgende Schaltungsteil (4) mit dem IC XR4151 dient zur Spannungs-Frequenz-Umsetzung. Die Funktionsbeschreibung des IC XR4151 entnimmt man am besten aus dem Datenblatt des Herstellers.

1. Was wird in der Informationsphase erwartet?

Der Prüfling
- ✓ analysiert Arbeitsaufträge,
- ✓ beschafft sich die nötigen Informationen aus Informationsquellen,
- ✓ klärt technische und organisatorische Schnittstellen und
- ✓ beurteilt und wählt Lösungsvarianten.

Bild 1: Motorenprüfstand

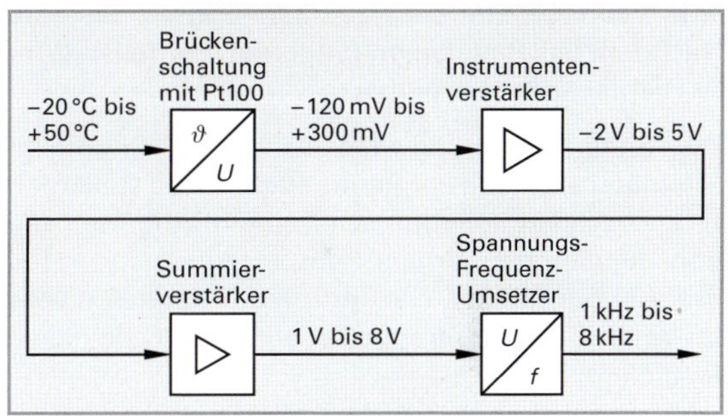

Bild 3: Blockschaltbild zur Schaltungsskizze

Zur besseren Übersicht erstellt man ein Blockschaltbild mit den vier Schaltungsteilen und deren Schnittstellen **(Bild 3)**.

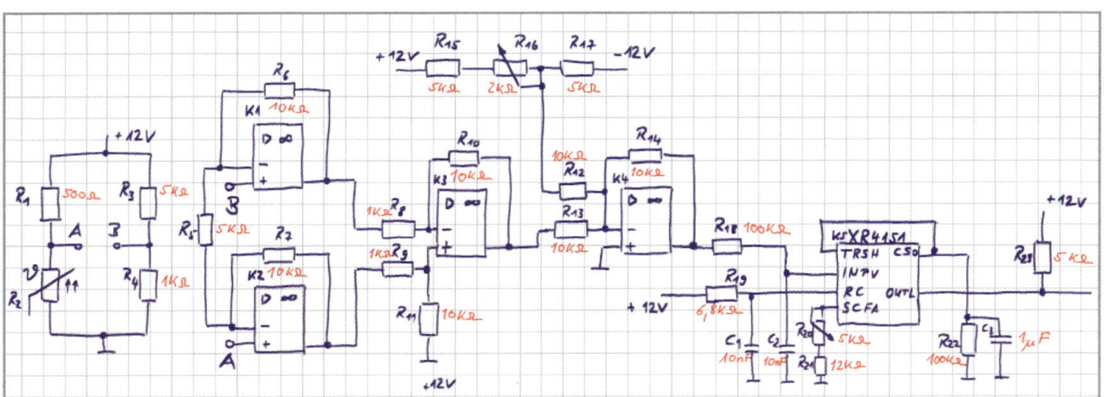

Bild 2: Schaltungsskizze zur Temperaturerfassung und Übertragung

Elektronische Schaltungen erstellt man meist PC-gestützt (Abschnitt 2.11.5). Die Vorteile dieser Vorgehensweise sind z. B. die Simulationsmöglichkeiten, die Konsistenz(prüfung) zwischen Schaltplan und Layout und die automatische Erzeugung von Dateien zur Leiterplattenherstellung. Die Schaltungsskizze und die Ergänzungen zeichnet man mit einem Schaltplaneditor nach.

Aus der 30 V Versorgung kann man mit zwei linearen Festspannungsreglern die Spannungen ± 12 V erzeugen **(Bild 1)**. Die günstigere Schaltung mit zwei Z-Dioden ist für diese Anwendung ungeeignet, weil die Spannung über einen größeren Strombereich konstant gehalten werden muss.

Das Bauelement zur Spannungs-Frequenz-Umsetzung R4151 ist in der Bauelementebibliothek nicht vorhanden und wird deshalb neu angelegt **(Bild 2)**. Als erstes wird die Gehäuseform aus einer Liste ausgewählt und dem Bauelement zugewiesen. Die Gehäuseform ist für das spätere Layout wichtig. Anschließend kann aus einer Vorlage ein Schaltsymbol editiert werden. Nachdem das Bauelement angelegt wurde ist es im Schaltplaneditor verfügbar.

Die erste Erprobung der Schaltung findet im Simulator statt. Mit der Parameteranalyse stellt man beispielsweise Spannungsverläufe in Abhängigkeit von der Temperatur am Temperatursensor Pt100 grafisch dar **(Bild 3)**. Der Temperaturbereich wurde im Vorfeld vom Auftraggeber auf – 20 °C bis 50 °C festgelegt.

Die Empfangseinheit muss den Temperaturwert aus der Frequenz des übertragenen Rechtecksignals gewinnen und auf einer Anzeige ausgeben. Für diese Aufgabe soll ein Mikrocontroller eingesetzt werden. Ein Timer wird als Zähler betrieben, der durch das Rechtecksignal getriggert wird **(Bild 4)**. Aus dem Zählerstand und der Zählfrequenz des Timers berechnet das Programm die Temperatur. Für die Ansteuerung des LCD-Moduls werden Funktionen aus bereits vorhandenen Bibliotheken eingesetzt.

Sicherheit

Das Netzteil zur Versorgung des Systems ist nach VDE geprüft und mit einem gültigen Prüfsiegel versehen. Deshalb sind keine weiteren VDE-Prüfungen notwendig.

Die Sicherheitsvorschriften für die entsprechenden Werkzeuge sind zu beachten.

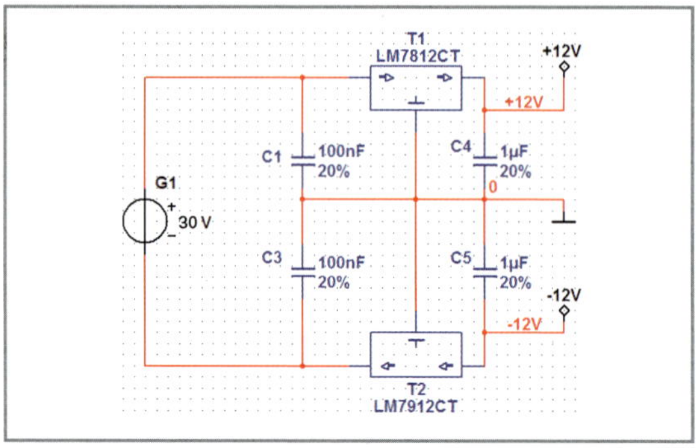

Bild 1: Erzeugung der Symmetrischen Spannung

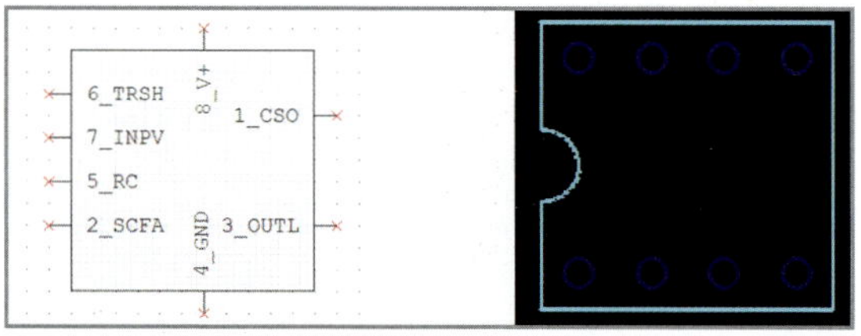

Bild 2: neu angelegtes Bauelement

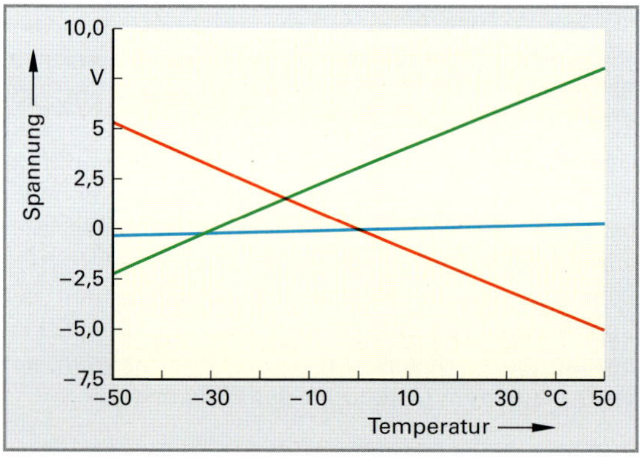

Bild 3: Parameteranalyse der Schaltung

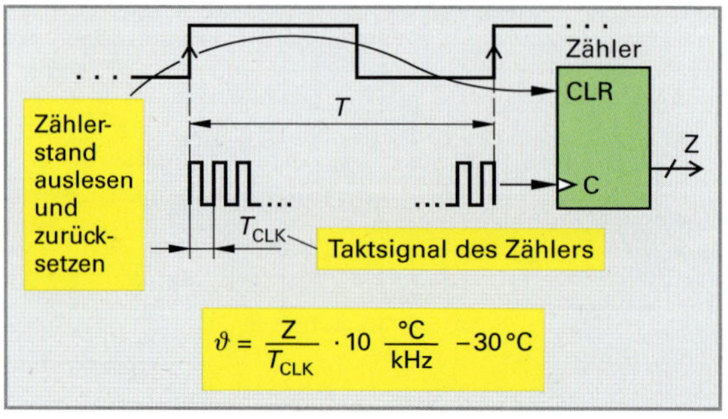

Bild 4: Rückgewinnung des Temperaturwerts

Planungsphase

Für die Kostenkalkulation, die Bestellung der Bauelemente und die spätere Rechnungserstellung wird aus dem Schaltplaneditor die Stückliste erzeugt **(Bild 1)** und mit Daten über Lieferanten und Artikelnummern manuell ergänzt. Bauelemente, die nicht auf Lager sind, werden bestellt.

Arbeitszeitplanung

Der Auftrag wird in Arbeitsschritte gegliedert und in einem Arbeitszeitplan festgehalten **(Bild 2)**. Jedem Arbeitsschritt teilt man eine Bearbeitungszeit zu. Die Zeitplanung berücksichtigt auch die Verfügbarkeit der benötigten Resourcen. So sind besondere Maschinen, z. B. eine Maschine zum Platinenfräsen, rechtzeitig zu reservieren. Zeitliche Absprachen in der Abteilung dokumentiert man ebenfalls in diesem Plan. Wichtig ist auch die Einhaltung von Wartezeiten, z. B. bei Klebevorgängen.

Ein Gantt-Diagramm stellt die Reihenfolge und die Dauer der Arbeitsschritte als Balken dar **(Bild 3)**. Mit Tabellenkalkulationsprogrammen, z. B. MS-EXCEL, werden Diagramme für einfache Arbeitsaufträge erstellen. Zur Planung komplexerer Aufträge, die über einen längeren Zeitraum andauern und dabei mehrer Mitarbeiter arbeitsteilig mitwirken, setzt man Software für Projektmanagement ein, z. B. MS-Project.

Kostenplanung

Aus der Materialliste ermittelt man den Preis der Fertigungs-Materialkosten. Hinzu kommt der Fertigungslohn, der aus der Arbeitszeit im Arbeitszeitplan berechnet wird.

② Was wird in der Planungsphase erwartet?

Der Prüfling

- ✓ gliedert den Arbeitsauftrag in Teilaufgaben,
- ✓ plant den zeitlichen Ablauf des Auftragsunter Berücksichtigung der organisatorischen Schnittstellen und
- ✓ erstellt Planungsunterlagen, z. B. Arbeitszeitplan, Materialliste, Werkzeugliste, Kostenvoranschlag, Prüfprotokolle und Inbetriebnahmeprotokoll

Projekt:	Temperaturerfassung	**Datum:**	20.02.20XX
Bearbeiter:	Herr Hirsch		

Bezeich.	Typ	Wert	Toleranz	Hersteller
C1	Capacitor	100 nF	20 %	Alphadevice
C2	Capacitor	10 µF	10 %	Alphadevice
C3	Capacitor	100 nF	20 %	Alphadevice
C4	Capacitor	1 µF	20 %	Alphadevice
C5	Capacitor	1 µF	20 %	Alphadevice
C6	Cap_Electrolit	10 µF	5 %	Alphadevice
C7	Capacitor	100 nF	10 %	Alphadevice

Bild 1: Materialliste

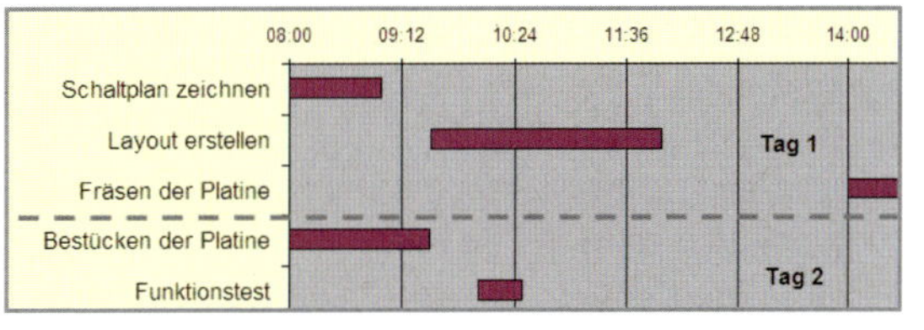

Bild 3: Balkendiagramm mit Tabellenkalkulation

Die Gemeinkosten, z. B. für Verbrausmaterial und Werkzeugabnutzung werden als prozentuale Zuschläge aus den Fertigungs-Materialkosten ermittelt. Weitere Informationen finden Sie im Tabellenbuch Informations-, System- und Automatisierungstechnik.

Arbeitszeitplan

Projekt:	Temperaturerfassung	**Datum:**	20.02.20XX	**Bearbeiter:**	Herr Hirsch

Planungsschritt	Datum	Start	Ende	Dauer	Bemerkungen	Ressourcen	Absprachen
Schaltplan zeichnen	21.02.20XX	08:00	09:00	01:00	IC XR4151 neu anlegen	PC-Arbeitsplatz	
Layout erstellen	21.02.20XX	09:30	12:00	02:30	2 lagig Europaformat	PC-Arbeitsplatz	
Fräsen der Platine	21.02.20XX	14:00	16:00	02:00		Platinfräsmaschine	am 21.2.20XX reservieren
Bestücken der Platine	22.02.20XX	08:00	09:30	01:30			
Funktionstest	22.02.20XX	10:00	10:30	00:30	siehe Funktionsprotokoll	Messplatz	Information Herr Müller
Programmerstellung	22.02.20XX	11:30	13:00	01:30			
Softwaretest	23.02.20XX	13:00	13:30	00:30		Messplatz	Information Herr Müller
Inbetriebnahme	24.02.20XX	13:30	14:00	00:30			
Dokumentation	25.02.20XX	14:00	15:00	01:00			
Übergabe/Einweisung	26.02.20XX	15:00	17:00	02:00			

Bild 2: Arbeitszeitplan

Durchführungsphase

Die qualifizierte Durchführung des geplanten Arbeitsauftrages wird über eine Dokumentation abgewickelt.

Durchführung der geplanten Arbeitsschritte

Nach der Materialbestellung müssen die Platinen hergestellt und bestückt werden. Abweichungen von der Planung, sowie die Material- und Arbeitskosten sind zu dokumentieren.

Dokumentation

Beschrieben werden hier typischerweise die Art des betrieblichen Auftrages, die Kundenwünsche, die planerische Abwicklung, die Kalkulation (Budgetierung), die Nutzung materieller und personeller Ressourcen, Maßnahmen der Qualitätsplanung, die Durchführung der einzelnen Arbeitsschritte, Maßnahmen zur Anpassung an abweichende Arbeitsabläufe, sowie Ergebnisse einer abschließenden Qualitätskontrolle. Der formale Rahmen einer Dokumentation ist in **Tabelle 1** dargestellt.

Prüfprotokoll

Die Funktions- und Sicherheitsprüfungen werden in einem Prüfprotokoll dokumentiert. Das Prüfprotokoll enthält alle Prüfschritte die für die Inbetriebnahme notwendig sind. Der Kopf enthält die Projektbezeichnung, das Datum und den Namen des Bearbeiters **(Bild 1)**. Die Messungen sind mit zugelassenen Messgeräten durchzuführen. Diese haben eine gültige Prüfplakette und sind ebenfalls im Protokoll festzuhalten. Das Protokoll ist in einzelne Prüfschritte gegliedert. Es beginnt im ausgeschalteten Zustand mit einer Sichtprüfung. Dabei werden die Komponenten auf optische Auffälligkeiten untersucht, z. B. beschädigte Leitungen oder Risse.

Anschließend ist die Spannungsversorgung der Schaltung zu überprüfen. Das gemessene Potenzial hält man im Protokoll fest. Zur Überprüfung sind die Grenzwerte auf dem Prüfprotokoll mit angegeben. Arbeitet die Spannungsversorgung korrekt, können im ausgeschalteten Zustand die ICs in die vorgesehenen Sockel gedrückt werden.

Zur Kalibrierung der Schaltung ist im Prüfprotokoll eine Tabelle vorgesehen **(Bild 2)**. In dieser Tabelle trägt man die Istwerte ein und berechnet anschließend die Abweichungen, die man ebenfalls in der Tabelle festhält. Der Temperatursensor Pt100 wird mit einem Potenziometer nachgebildet.

③ Was wird in der Durchführungsphase erwartet?

Der Prüfling
- ✓ führt die geplanten Arbeitsschritte unter Einhaltung der bestehenden Normen und Vorschriften durch und dokumentiert diese,
- ✓ führt Funktions- und Sicherheitsprüfungen durch und dokumentiert diese,
- ✓ führt im Fehlerfall eine systematische Fehlersuche durch.

Tabelle 1: Inhalte einer Dokumentation

1	Deckblatt (Titel des Auftrags, Daten des Bearbeiters, Daten des Betriebes)
2	Inhaltsverzeichnis (mit Seitenangaben)
3	Auftragsplanung
4	Auftragsdurchführung
5	Kontrolle / Zusammenfassung der Ergebnisse
6	Anlage (Planungsunterlagen, Mess- und Prüfprotokolle, Stücklisten, Schaltpläne, etc.)

Prüfprotokoll

Projekt: Temperaturerfassung **Datum:** 21.02.20XX

Bearbeiter: Herr Hirsch

Bei den Messungen wurden folgende Messgeräte verwendet:

	Bezeichnung	Prüfnummer
Gerät 1:	______	______
Gerät 2:	______	______

Prüfschritt

1. Sichtprüfung ☐ i. O. ☐ n. i. O. Bemerkung
2. Spannungsversorgung:
   Verbinden Sie die 24 V Spannungsversorgung mit dem Anschluss X1. Schalten Sie die Versorgungsspannung ein.
   Messen Sie das Potenzial an MP1 ______ V
   + 11,7 V bis + 12,3 V

Bild 1: Prüfungsprotokoll

Brücke U_{AB}/V	U_{MP3}/V soll v=16,13	ist	Abw. max 1 %	U_{MP4}/V soll	ist	Abw. max 1 %	f_{MP5}/V soll	ist	Abw. max 1 %
– 0,13	– 2,10			1,00			1,00		
– 0,09	– 1,39			1,71			1,71		
– 0,04	– 0,68			2,42			2,42		
– 0,00	– 0,03			3,13			3,13		
0,05	0,74			3,84			3,84		
0,09	0,45			4,55			4,55		
0,13	2,16			5,26			5,26		
0,18	2,87			5,97			5,97		
0,22	3,58			6,68			6,68		
0,27	4,29			7,39			7,39		
0,31	5,00			8,10			8,10		

Bild 2: Tabelle zur Kalibrierung der Schaltung

Die Platine zur Temperaturerfassung wird mit der Mikrocontrollerschaltung verbunden. Vorher wurde das getestete Programm in den Programmspeicher des Controllers geladen. Bei verschiedenen simulierten Temperaturen wird die Anzeige auf dem LCD-Modul abgelesen und in einer Tabelle im Prüfprotokoll festgehalten (**Bild 1**). Im Anschluss erfolgt die Berechnung der Abweichungen.

Systematische Fehlersuche

Sollte im Prüfablauf ein Fehler gefunden werden, so sollte möglichst systematisch nach der Ursache gesucht werden.

Zunächst müssen alle Dokumente, welche zum Funktionsverständnis nötig sind (Schaltpläne, Stücklisten, Betriebsanleitungen, etc.), bereitgelegt werden.

In einem zweiten Schritt werden alle beteiligten Komponenten schrittweise verfolgt. Mithilfe des Schaltplanes kann der Signalfluss Schritt für Schritt an unterschiedlichen Messpunkten untersucht werden.

Gefundene Fehler dokumentiert man am besten in einer Fehlerliste. Ein Beispiel zur Fehlerdokumentation ist in **Tabelle 1** dargestellt.

Häufige Fehler sind:

- kalte Lötstellen zwischen Bauteil und Leiterbahn **(Bild 2)**,
- gebrochene Lötstellen **(Bild 3)**,
- Riss in Leiterbahn,
- Wackelkontakt an den Anschlüssen,
- falsches Bauteil verwendet,
- defektes Bauteil **(Bild 4)**.

Bei maschinell bestückten Platinen mit SMD-Bauteilen ist eine optische Fehlersuche aufgrund der winzigen Bauteile nur mit Kamerasystem möglich.

Bild 4: defekter Kondensator

Brücke	Anzeigen in °C		
U_{AB}/V	soll	ist	Abw. max 1 %
– 0,13	– 20,97	- 20,89	- 0,4 %
– 0,09	– 13,87	- 13,69	
– 0,04	– 6,77		
0,00	0,32		
0,05	7,42		
0,09	14,52		
0,13	21,61		
0,18	28,71		
0,22	35,81		
0,27	42,90		
0,31	50,00		

Bild 1: Tabelle zur Überprüfung der Anzeige

Nr.	Datum	Fehler	Ursache	behoben durch	Maßnahme
1					
2					
3					
...					

Tabelle 1: Fehlerdokumentation

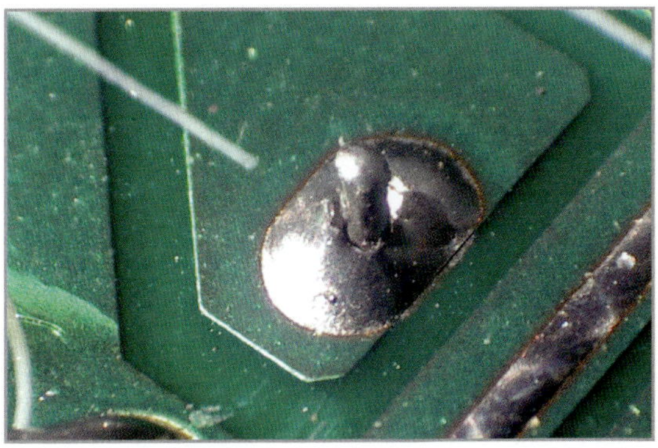

Bild 2: kalte Lötstelle

Bild 3: gebrochene Lötstellen

Kontrollphase

Die abschließende Kontrollphase beinhaltet im Wesentlichen die Abnahme und Abrechnung der erbrachten Leistungen. Hier findet auch die Übergabe an den Kunden statt.

Abnahmeprotokoll

Ein Abnahmeprotokoll hält die Übergabe an den Kunden fest. Es beinhaltet die Daten des Auftraggebers und des Auftragnehmers, sowie die Auftragsdaten nach Lasten- und Pflichtenheft.

Ferner werden im Abnahmeprotokoll noch ausstehende Teilleistungen und Mängel festgehalten, wobei auch festgehalten werden sollte bis wann und durch wen die Mängel behoben bzw. die fehlenden Leistungen noch erbracht werden.

In der Regel enthält das Abnahmeprotokoll eine Schlussformel. Diese besagt, dass alle Beteiligten übereinstimmend feststellen, dass alle Leistungen, ausgenommen der noch nicht erledigten Teilleistungen und Mängel, nach Test auf Funktionsfähigkeit, Inaugenscheinnahme und Überprüfung während der Abnahme als funktionsfähig und fehlerfrei, vollständig erfüllt sind.

Ein Muster für ein Abnahmeprotokoll finden Sie auf der Buch-DVD.

Übergabe an den Kunden

Der Kunde ist in unserem Beispiel-Projekt der Labortechniker, der die Messeinrichtung am Prüfstand einsetzen soll. Tipps zur richtigen Gesprächsführung finden Sie in Kapitel 8.5. Positive und negative Aspekte der Gesprächsführung sind auch in **Bild 1** dargestellt.

Fachgespräch

Im Rahmen der Abschlussprüfung muss der Auszubildende, der den betrieblichen Auftrag dokumentiert hat, ein Fachgespräch führen.

Das Fachgespräch wird auf der Grundlage der praxisbezogenen Unterlagen des bearbeiteten betrieblichen Auftrages geführt und soll maximal 30 Minuten dauern. Unter Berücksichtigung der Dokumentationsunterlagen sollen durch das Fachgespräch die berufsrelevanten Qualifikationen im Bezug zur Auftragsdurchführung bewertet werden.

Typische Bewertungskriterien für das Fachgespräch sind in **Bild 2** dargestellt.

ⓘ **Was wird in der Kontrollphase erwartet?**
Der Prüfling
- ✓ fertigt Abnahmeprotokolle an,
- ✓ erteilt die Freigabe eines Produktes und übergibt es dem Kunden,
- ✓ erteilt Fachauskünfte auch unter Verwendung englischer Fachausdrücke,
- ✓ bewertet und dokumentiert Arbeitsergebnisse und Leistungen,
- ✓ rechnet Leistungen ab,
- ✓ erstellt Unterlagen mit Geräte- und Systemdaten.

Positive Gesprächsführung 	**„Bremsen" in der Gesprächsführung** 
• Kunde mit seinem Namen ansprechen • einfache Sätze bilden • Kundenbedürfnisse ansprechen • Fragen stellen • Sprache des Kunden verwenden • Gemeinsamkeiten hervorheben	• nicht genau zuhören • Vorwürfe machen • geringschätzend oder arrogant auftreten • im Befehlston reden • unverständliche Fachsprache

Bild 1: Kundengespräch richtig führen

Vorgehen	Mögliche Bewertungskriterien:
Vorstellung des betrieblichen Auftrags im Rahmen des Fachgesprächs	• Aufbau und Gliederung des Vortrags • zielgruppengerechte Darstellung und Verwendung von Fachbegriffen • sinnvoller Einsatz der Präsentationsmedien
Eigentliches Fachgespräch	• zielgruppengerechte Beantwortung der Fragen • kompetentes Aufzeigen fachlicher Hintergründe • Kenntnisse der betrieblichen Prozesse bei Beschaffung, Herstellung und Produktkontrolle • Argumentation und Flexibilität • verständliche Ausdrucksweise

Bild 2: Bewertungskriterien Fachgespräch

10.1 Größen und Einheiten

Größe	SI-Einheit (sonstige Einh.)	Einheitenzeichen, Einheitengleichung
Länge, Fläche, Volumen, Winkel		
Länge	Meter (Seemeile) (Zoll, Inch)	m 1 sm = 1 852 m 1″ = 25,4 mm
Fläche	Quadratmeter	m^2
Volumen	Kubikmeter (Liter)	m^3 $1\,l = 1\,dm^3 = 1/1000\,m^3$
Winkel (ebener)	Radiant, RAD (Grad, DEG)	rad 1° = ω/180 rad
Raumwinkel	Steradiant	sr
Zeit, Frequenz, Geschwindigkeit, Beschleunigung		
Zeit	Sekunde (Minute) (Stunde) (Tag) (Jahr)	s 1 min = 60 s 1 h = 60 min = 3 600 s 1 d = 24 h 1 a = 8760 h
Frequenz	Hertz	1 Hz = 1/s
Drehzahl, Umdrehungsfrequenz	je Sekunde (je Minute)	1/s = 60/min
Kreisfrequenz	je Sekunde	1/s
Abtastfrequenz	Samples p. sec.	1 Sps
Abtastrate	(Proben je Sek.)	
Geschwindigkeit	Meter je Sek. (Knoten)	m/s 1 kn = 1 sm/h = 0,5144 m/s 1 km/h = $\frac{1}{3,6}$ m/s
Winkelgeschwindigkeit	Radiant je Sekunde	rad/s
Beschleunigung	–	m/s^2
Ruck	–	m/s^3
Mechanik		
Masse	Kilogramm (Karat) (Tonne)	kg 1 Kt = 0,0002 kg 1 t = 1 000 kg
Dichte	–	kg/m^3, kg/dm^3
Trägheitsmoment	–	$kg \cdot m^2$
Kraft	Newton	$1\,N = 1\,kg \cdot m/s^2$
Impuls	Newtonsek.	$1\,Ns = 1\,kg \cdot m/s$
Druck	Pascal (Bar)	$1\,Pa = 1\,N/m^2$ 1 bar = 0,1 MPa
Arbeit, Energie	Joule (Elektronvolt)	1 J = 1 Nm = 1 Ws 1 eV = 0,1602 aJ
Leistung	Watt	1 W = 1 J/s = 1 Nm/s
Elektrizität		
elektr. Ladung elektr. Fluss	Coulomb	$1\,C = 1\,A \cdot 1\,s$ = 1 As
Flächenladungsdichte, elektr. Flussdichte	Coulomb je Quadratmeter	C/m^2
Raumladungsdichte	Coulomb je Kubikmeter	C/m^3

Größe	SI-Einheit (sonstige Einh.)	Einheitenzeichen, Einheitengleichung
elektr. Spannung, elektr. Potenzial	Volt	1 V = 1 J/C
elektr. Feldstärke	Volt je Meter	1 V/m = 1 N/C
elektr. Kapazität	Farad	1 F = 1 As/V = 1 C/V
elektr. Strombelag	Ampere je Meter	A/m
Permittivität, Dielelektrizitätskonstante	Farad je Meter	1 F/m = 1 C/(Vm)
elektr. Stromstärke	Ampere	1 A = 1 C/s
elektr. Stromdichte	–	A/m^2
elektr. Widerstand, Wirkwiderstand, Blindwiderstand, Scheinwiderstand	Ohm	1 Ω = 1 V/A
elektr. Wirkleitwert, Blindleitwert, Scheinleitwert	Siemens	1 S = 1/Ω
spezifischer elektr. Widerstand	Ohmmeter	1 Ωm = 100 Ωcm $1\,\Omega mm^2/m = 1\,\mu\Omega m$
elektrische Leitfähigkeit	Siemens je Meter	S/m $1\,Sm/mm^2 = 1\,MS/m$
Leistung	Watt	$1\,W = 1\,V \cdot 1\,A$
Blindleistung	(Var)	$1\,var = 1\,V \cdot 1\,A$
Scheinleistung	Voltampere	$1\,VA = 1\,V \cdot 1\,A$
Induktivität	Henry	1 H = 1 Vs/A
Arbeit, Energie	Joule (Wattstunde) (Elektronvolt)	1 J = 1 Ws 1 Wh = 3,6 kNm 1 eV = 0,1602 aJ
Magnetismus		
elektrische Durchflutung, magn. Spannung	Ampere	A
magn. Feldstärke, Magnetisierung	Ampere je Meter	A/m
magn. Fluss	Weber	$1\,Wb = 1\,T \cdot 1\,m^2$
magn. Flussdichte, magn. Polarisation	Tesla	$1\,T = 1\,Wb/m^2$ $= 1\,Vs/m^2$
Induktivität	Henry	1 H = 1 Vs/A
Permeabilität	Henry je Meter	1 H/m = 1 Vs/(Am)
magn. Widerstand	–	1/H = A/Vs
magn. Leitwert	Henry	H
elektromagnetisches Moment	–	$A \cdot m^2$
Elektromagnetische Strahlung (außer Licht)		
Strahlungsenergie	Joule	1 J = 1 Nm = 1 Ws
Strahlungsleistung	Watt	1 W = 1 J/s
Strahlstärke	Watt/Sterad.	W/sr
Strahldichte	–	$W/(sr \cdot m^2)$
spezifische Ausstrahlung, Bestrahlungsstärke	–	W/m^2

Größe	SI-Einheit (sonstige Einh.)	Einheitenzeichen, Einheitengleichung
Licht, Optik		
Lichtstärke	Candela	cd
Leuchtdichte	Candela je m^2	cd/m^2
Lichtstrom	Lumen	lm
Lichtausbeute	Lumen je Watt	lm/W
Lichtmenge	Lumensekunde (Lumenstunde)	lm s 1 lm h = 3 600 lm s
spezifische Lichtausstrahlung	Lumen je Quadratmeter	lm/m^2
Beleuchtungsstärke	Lux	lx = lm/m^2
Belichtung	Luxsekunde	lx s
Brechwert von Linsen	– (Dioptrie)	1/m dpt = 1/m
Wärme		
Celsius-Temperatur	Grad Celsius	°C
thermodynamische Temperatur	Kelvin	K
Temperatur-differenz	Kelvin	K
Temperatur-leitfähigkeit	–	m^2/s
Wärme, innere Energie	Joule	1 J = 1 Ws
Wärmestrom	Watt	1 W = 1 J/s
Wärmewiderstand (von Bauelementen)	Kelvin je Watt	K/W
Wärmeleitfähigkeit	–	W/(K · m)
Wärmeübergangs-koeffizient	–	$W/(K \cdot m^2)$
Wärmekapazität, Entropie	Joule je Kelvin	J/K
spezifische Wärmekapazität	–	J/(kg · K)
Chemie, Molekularphysik		
Stoffmenge	Mol	mol
Stoffmengen-konzentration	–	mol/m^3
stoffmengenbe-zogenes Volumen (molares Volumen)	–	m^3/mol
Molalität	–	mol/kg
molare Masse	–	kg/mol
molare Wärmekapazität	–	J/(mol · K)
Diffusions-koeffizient	–	m^2/s

Größe	SI-Einheit (sonstige Einh.)	Einheitenzeichen, Einheitengleichung
Kernreaktionen, ionisierende Strahlung		
Aktivität einer radioaktiven Substanz	Becquerel	1 Bq = 1/s
Energiedosis	Gray	1 Gy = 1 J/kg
Energiedosisrate	Gray je Sekunde	Gy/s
Äquivalentdosis	Sievert	1 Sv = 1 J/kg
Äquivalentdosis-rate	Sievert je Stunde	Sv/h
Ionendosis	Coulomb je Kilogramm	C/kg
Ionendosisrate	Ampere je Kilogramm	1 A/kg = 1 C/(kg · s)
Akustik		
Schalldruck	Pascal	1 Pa = 1 N/m^2
Schallschnelle	Meter je Sekunde	m/s
Schallge-schwindigkeit (Ausbreitungs-geschwindigkeit)	Meter je Sekunde	m/s
Schallfluss	–	1 m^3/s = 1 m^2 · 1 m/s
Schallintensität	–	W/m^2
spezifische Schallimpedanz	–	Pa · s/m
akustische Impedanz	–	$Pa \cdot s/m^3$
mechanische Impedanz	–	N · s/m
äquivalente Ab-sorptionsfläche	Quadratmeter	m^2
Sonstige Bereiche		
Entfernung in der Astronomie	(astronomische Einheit) Parsec Warp	1 AE = 149,6 Gm 1 pc = 30,857 Pm 1 Warp = 1,2 AE
Masse in der Atomphysik	(atomare Masseneinheit)	1 u = $1{,}66 \cdot 10^{-27}$ kg
längenbezogene Masse von textilen Fasern und Garnen	Tex	1 tex = 1 g/km
Fläche von Grundstücken	Ar Hektar	1 a = 100 m^2 1 ha = 100 a 1 km^2 = 100 ha

10.2 Mathematische Begriffe und Basiseinheiten

Mathematische Begriffe

Begriffe	**Erklärung**	**Beispiele**	
		Basisgröße	Formelzeichen
Basisgröße	Man unterscheidet Basisgrößen und Basiseinheiten. Sie sind im SI-Einheitensystem festgelegt.	Länge Masse	l m
		Basiseinheit	Einheitzeichen
Basiseinheit		Meter Kilogramm	m kg
Gleichungen	Gleichungen beschreiben die Abhängigkeit mathematischer oder physikalischer Größen voneinander.	$16 + 9 = 100 - 75$ $3 \cdot 4 = 36 : 3$ $x + 15 = 25$	
Einheiten-gleichungen	Einheitengleichungen stellen Beziehungen zwischen Einheiten dar.	$1\ \text{kg} = 1\ \text{kg} \cdot \frac{1000\ \text{g}}{1\ \text{kg}} = 1000\ \text{g}$	
Konstanten	Konstanten sind gleich bleibende Zahlenwerte oder Größen bei Berechnungen.	$\pi = 3{,}141592$ … (Kreiszahl) $e = 2{,}71828$ … (Euler'sche Zahl)	
Koeffizienten	Koeffizienten sind Größen, die den Einfluss einer Stoffeigenschaft auf einen physikalischen Vorgang kennzeichnen.	$\alpha = 0{,}0039$ 1/K (Temperaturbeiwert für Kupfer)	
Formelzeichen	Formelzeichen sind aus Buchstaben gebildete Zeichen für Größen. Sie ersetzen Wörter und dienen zum Rechnen mit Formeln.	P für Leistung F für Kraft v für Geschwindigkeit	
Formeln	Technische oder physikalische Gleichungen mit Formelzeichen bezeichnet man als Formeln.	$P = F \cdot v$ (Leistung = Kraft · Geschwindigkeit)	

SI-Basiseinheiten (von Système International d' Unités)

Meter (Einheitenzeichen m)	Der Meter ist die Länge der Strecke, die Licht im Vakuum während der Dauer von (1/299792458) Sekunden durchläuft.
Kilogramm (Einheitenzeichen kg)	Das Kilogramm ist die Einheit der Masse; es ist gleich der Masse des internationalen Kilogrammprototyps.
Sekunde (Einheitenzeichen s)	Die Sekunde ist das 9192631770-Fache der Periodendauer der dem Übergang zwischen den beiden Hyperfeinstrukturniveaus des Grundzustandes von Atomen des Nuklids ^{133}Cs entsprechenden Strahlung.
Ampere (Einheitenzeichen A)	Das Ampere ist die Stärke eines konstanten elektrischen Stromes, der durch zwei parallele, geradlinige, unendlich lange und im Vakuum im Abstand von 1 Meter voneinander angeordnete Leiter von vernachlässigbar kleinem, kreisförmigem Querschnitt fließend, zwischen diesen Leitern je 1 Meter Leiterlänge die Kraft $2 \cdot 10^{-7}$ Newton hervorrufen würde.
Kelvin (Einheitenzeichen K)	Das Kelvin, die Einheit der thermodynamischen Temperatur, ist der 273,16te Teil der thermodynamischen Temperatur des Tripelpunktes des Wassers. [Der Tripelpunkt ist der einzige Zustand, bei dem alle drei Aggregatzustände (fest, flüssig, gasförmig) miteinander im Gleichgewicht stehen. Er liegt bei 1013,25 hPa mit 273,16 K um 0,01 K über dem Eispunkt des Wassers (273,15 K)].
Mol (Einheitenzeichen mol)	Das Mol ist die Stoffmenge eines Systems, das aus ebenso viel Einzelteilen besteht, wie Atome in 0,012 Kilogramm des Kohlenstoffnuklids ^{12}C enthalten sind. Bei Benutzung des Mols müssen die Einzelteilchen spezifiziert sein und können Atome, Moleküle, Ionen, Elektronen sowie andere Teilchen oder Gruppen solcher Teilchen genau angegebener Zusammensetzung sein.
Candela (Einheitenzeichen cd)	Die Candela ist die Lichtstärke in einer bestimmten Richtung einer Strahlenquelle, die monochromatische Strahlung der Frequenz $540 \cdot 10^{12}$ Hertz aussendet und deren Strahlstärke in dieser Richtung (1/683) Watt durch Steradiant beträgt.

10.3 Vorsätze, Größen und Einheiten der IT-Technik – Prefixes, Quantities and Units of IT-Technology

Vorsätze für physikalische Größen im SI-System					
Vorsatzzeichen	**Vorsatz**	**Bedeutung**	**Vorsatzzeichen**	**Vorsatz**	**Bedeutung**
y	Yokto	10^{-24}	da	Deka	10^{+1}
z	Zepto	10^{-21}	h	Hekto	10^{+2}
a	Atto	10^{-18}	k	Kilo	10^{+3}
f	Femto	10^{-15}	M	Mega	10^{+6}
p	Piko	10^{-12}	G	Giga	10^{+9}
n	Nano	10^{-9}	T	Tera	10^{+12}
µ	Mikro	10^{-6}	P	Peta	10^{+15}
m	Milli	10^{-3}	E	Exa	10^{+18}
c	Zenti	10^{-2}	Z	Zelta	10^{+21}
d	Dezi	10^{-1}	Y	Yotta	10^{+24}

Vorsätze für Größen der Computertechnik (nach IEC 60027-2)						
Faktor (binär)	**IEC-Name**	**Vorsatz-zeichen**	**Ursprung**	**SI-Herkunft**	**Vorsatzzeichen**	**Faktor (dezimal)**
2^{10}	kibi	Ki	kilobinary	Kilo	k	$(10^3)^1$
2^{20}	mebi	Mi	megabinary	Mega	M	$(10^3)^2$
2^{30}	gibi	Gi	gigabinary	Giga	G	$(10^3)^3$
2^{40}	tebi	Ti	terabinary	Tera	T	$(10^3)^4$
2^{50}	pebi	Pi	petabinary	Peta	P	$(10^3)^5$
2^{60}	exbi	Ei	exabinary	Exa	E	$(10^3)^6$
2^{70}	zebi	Zi	zettabinary	Zetta	Z	$(10^3)^7$
2^{80}	yobi	Yi	yottabinary	Yotta	Y	$(10^3)^8$

Größe und Einheiten der Informationstechnik			
Größe	**Einheit**	**Einheits-zeichen**	**Bemerkungen**
Informationsgehalt	1 Shannon = 1 Bit	Sh, bit	Kleinste Informationsmenge. Ein Bit hat den Wert 0 oder 1.
	Dibit Tribit Quadbit (Nibble) Byte Oktett Wort		Informationsmenge 2 Bits mit 2^2 Zuständen (lat. di = 2). Informationsmenge 3 Bits mit 2^3 Zuständen (lat. tri = 3). Informationsmenge 4 Bits mit 2^4 Zuständen (lat. quattro = 4). 8 bit = 1 B. Bytes weisen meist eine Stellenwertigkeit von 2^7 bis 2^0 auf. Ein Oktett umfasst 8 bit, ohne Stellenwertigkeit (lat. octus = 8). Wortlänge = Anzahl der Bits, die der Maschinenzyklus verarbeitet.
Bitrate	Bit je Sekunde	bits/s	Auch als Übertragungsrate bezeichnet.
Digitrate	Digit je Sekunde	digits/s	Ziffer oder Ziffernschritt. Keine genormte Definition.
Symbolrate (Schritt-geschwindigkeit)	Symbole/s	Bd	Es wird 1 Symbol pro Sekunde übertragen. Wobei 1 Symbol je nach Codierung unterschiedlich viele Bits enthalten kann.
Befehls-geschwindigkeit	Befehle je Sekunde	MIPS MFLOPS	Millions instructions per second = Millionen Befehle pro Sekunde. Millions Floatingpoint-Operations per second = Millionen Gleitkommaoperationen je Sekunde
Länge	Inch, Zoll	"	1 inch oder 1" haben die Länge von 25,4 mm.
Zeichendichte	Zeichen je Zoll	cpi	Character per Inch = Zeichen je Zoll.
Spurendichte	Spuren je Zoll	tpi	Track per Inch
Aufzeichnungsdichte	Bit je Zoll	bpi	Bit per inch
Punktdichte	Punkte je Zoll	dpi	Dots per Inch
Bildpunkt	Pixel, Dot	–	Pixel von Picture Element, Dot = Bildpunkt.

10.4 Wichtige Normen

Nummer	Inhalt, gekürzter Titel
Mathematik, Physik	
DIN 323	Normzahlen, Normzahlreihen
DIN 1301	Einheitennamen, Einheitenzeichen
DIN 1302	Allgemeine mathematische Zeichen und Begriffe
DIN 1304	Formelzeichen
DIN 1313	Größen
DIN 1315	Winkel, Begriffe, Einheiten
DIN 1333	Zahlenangaben
DIN 5473	Logik u. Mengenlehre; Zeichen, Begriffe
DIN 5483	Zeitabhängige Größen, Benennungen
DIN 5493	Logarithmische Größen und Einheiten
DIN 40200	Nennwert, Grenzwert u. ä.; Begriffe
DIN 41110-1	Wechselstromgrößen
DIN 66000	Zeichen und Symbole der Schaltalgebra
DIN IEC 60559	Binäre Gleitpunktarithmetik
EN ISO 80000	Größen und Einheiten
Messen, Steuern, Regeln	
DIN 1345	Thermodynamik, Grundbegriffe
DIN 16160	Thermometer, Begriffe
DIN 44030	Leittechnik, Lichtschranken, Lichttaster
DIN EN 60584	Thermoelemente – Thermospannungen
DIN EN 60751	Platin-Widerstandsthermometer
DIN EN 60848	GRAFCET, Spezifikationssprache
DIN EN 61131	Speicherprogrammierbare Steuerungen
DIN EN 61158-1	Industrielle Kommunikationsnetze – Feldbusse – Überblick
DIN IEC 60050-351	Internationales Elektronisches Wörterbuch – Teil 351: Leittechnik
IEC 60381-1	Analoge Stromsignale für Regelanlagen
VDE 0660-208	Näherungsschalter
VDI/VDE 2635	Dehnungsmessstreifen Kenngrößen
Antriebssysteme	
DIN 42021	Schrittmotoren
DIN EN 50347	Drehstromasynchronmotoren
DIN EN 60072	Maße und Leistungsreihen für drehende elektrische Maschinen
VDE 0160-102	Drehzahlveränderbare el. Antriebe
VDE 0470-1	Schutzart durch Gehäuse **(IP-Code)**
VDE 530-1	Drehende elektrische Maschinen – Bemessung und Betriebsverhalten
VDE 0530-7	Klassifizierung Bauarten, Aufstellungsarten, Klemmkasten-Lage **(IM-Code)**
VDE 0530-301	Wirkungsgrad von netzgespeisten Drehstrommotoren **(IE-Code)**
DIN EN 62262	Schutzarten durch Gehäuse gegen mechan. Beanspruchung **(IK-Code)**

Nummer	Inhalt, gekürzter Titel
Technische Dokumentation	
DIN 461	Grafische Darstellung in Koordinatensystemen
DIN 1338	Formelschreibweise und Formelsatz
DIN 1421	Gliederung u. Benummerung in Texten
DIN 5008	Schreib- und Gestaltungsregeln
DIN 43751	Digitale Messgeräte
DIN EN 50011	Anschlussbezeichungen Hilfsschütze
DIN EN 50013	Anschlussbezeichungen Befehlsgeräte
DIN EN 60027	Formelzeichen für die Elektrotechnik
DIN EN 60062	Kennzeichnung von Widerständen und Kondensatoren
DIN EN 60617	Grafische Symbole für Schaltpläne
VDE 0040-1	Dokumente der Elektrotechnik – Regeln
DIN EN 81346-1	Strukturierungsprinzipien, Referenzkennzeichung – Allgemeine Regeln
DIN EN 81346-2	Klassifizierung von Objekten, Kennbuchstaben von Klassen
ISO 1219	Fluidtechnik – Grafische Symbole
Bauelemente	
DIN EN 60115	Festwiderstände
DIN EN 60384	Festkondensatoren
DIN EN 60393	Potenziometer
DIN EN 60738	Thermistoren
DIN EN 60747-2	Halbleiterbauelemente – Gleichrichterdiode
DIN EN 60747-6	Halbleiterbauelemente – Tyristoren, Triacs, GTO-Thyristoren
DIN EN 60747-15	Halbleiterbauelemente – Isolierte Leistungshalbleiter
DIN EN 61051	Varistoren
DIN EN 61605	Festinduktivitäten Kennzeichnungscodes
DIN EN 61921	Leistungskondensatoren
Elektrische Geräte, Maschinen und Anlagen	
DIN 18015	Elektrische Anlagen in Wohngebäuden
DIN EN 62428	Komponenten in Drehstromsystemen
DIN EN 62504	Allgemeinbeleuchtung – LED – Begriffe
DIN EN ISO 13849	Sicherheit von Maschinen – Sicherheitsbezogene Teile von Steuerungen
VDE 0100	Errichten von Niederspannungsanlagen
VDE 0175-1	CENELEC – Normsopannungen
VDE 0197	Kennzeichnung von Anschlüssen elektrischer Betriebsmittel
VDE 0113-1	Sicherheit von Maschinen – Elektrische Ausrüstung von Maschinen
VDE 0701/0702	Prüfung elektrischer Geräte – Anforderungen für elektrische Sicherheit

Nummer	Inhalt, gekürzter Titel
Informationstechnik	
DIN 66030	Darstellung von Einheitennamen
DIN EN 17071	Elektronisches Typenschild
DIN EN 50600-1	Einrichtungen und Infrastrukturen von Rechenzentren
DIN EN ISO 27040	IT-Sicherheitsverfahren – Speichersicherheit
DIN ISO 6937	Zeichensätze für die Textkommunikation
IEEE 802.3	IEEE Standard for Ethernet
VDE V 0800-2	Informationstechnik Potenzialausgleich und Erdung (Zusatzfestlegungen)
VDI/VDE 2182	Informationssicherheit in der industriellen Automatisierung
Elektrische Systemtechnik für Heim und Gebäude (ESHG), Gebäudeautometion (GA)	
DIN EN 13321-1	ESHG: Produkt- und Systemanforderungen
DIN EN 13321-2	ESHG: KNX-net / IP-Kommunikation
DIN EN 15232-1	Energieeffizienz von Gebäuden – Einfluss von GA und Gebäudemanagement
VDE 0829-1	ESHG – Aufbau der Norm
VDE 0829-4-3	ESHG: Kommunikation über IP
VDE 0829-5-3	ESHG: Signalübertragung über Funk
VDE 0849-1	ESHG und GA: Allgemeine Anforderungen
VDE 0849-2	ESHG und GA: Umgebungsbedingungen
VDE 0849-3	ESHG und GA: Elektrische Sicherheit
VDE 0849-4-1	ESHG und GA: Funktionale Sicherheit
Sicherheit von Maschinen	
DIN EN 349	Mindestabstände zu Vermeidung des Quetschens
DIN EN 547	Körpermaße des Menschen
DIN EN 614	Ergonomische Gestaltungsgrundsätze
DIN EN 1037	Vermeidung von unerwartetem Anlauf
DIN EN 61496-1	Berührungslos wirkende Schutzeinrichtungen
DIN EN ISO 12100	Allgemeine Gestaltungsleitsätze – Risikobeurteilung und Risikominderung
DIN EN ISO 13849-1	Sicherheitsbezogene Teile von Steuerungen – Gestaltungsleitsätze
DIN EN ISO 13850	Not-Halt-Funktion – Gestaltungsleitsätze
DIN EN ISO 14119	Verriegelungseinrichtungen in Verbind. mit trennenden Schutzeinrichtungen

Nummer	Inhalt, gekürzter Titel
Kommunikationssysteme	
DIN EN 50173	Anwendungsneutrale Kommunikationskabelanlagen
DIN EN 50174	Installation von Kommunikationsverkabelung
DIN EN 50529	EMV-Norm für Übertragungsnetze
DIN EN 50672	Umweltgerechte Gestaltung Computer
DIN EN 61747	Flüssigkristall-Anzeige-Bauelemente LCD
DIN EN 61988	Plasmabildschirme
DIN EN 62341	Anzeigen mit organischen Leuchtdioden
DIN EN 62680	Schnittstellen des universellen seriellen Bus (USB) für Daten und Energie
VDE 0819-100	Kommunikationskabel
Elektromagnetische Verträglichkeit (EMV)	
VDE 0160-103	Drehzahlveränderbare elektrische Antriebe: EMV-Anforderungen
VDE 0838-2	EMV – Grenzwerte für Oberschwingungsströme
VDE 0838-3	EMV – Grenzwerte für Spannungsänderungen, Spannungsschwankungen
VDE 0839-6-1	EMV – Störfestigkeit für Wohnbereich, Geschäfts- und Gewerbebereiche
VDE 0839-6-2	EMV – Störfestigkeit für Industriebereiche
VDE 0843-20-1	Elektrische Mess-, Steuer-, Regel- und Laborgeräte – EMV-Anforderungen
VDE 0875-11	Funkstörungen – Grenzwerte und Messverfahren
VDE 0876-16-1-3	Verfahren zur Messung der hochfrequenten Störaussendung (Funkstörungen) und Störfestigkeit
Schaltschränke und Installation	
DIN 3168	Schaltschrankkühlgeräte
DIN 46228	Aderendhülsen
DIN EN 60423	Elektroinstallationsrohrsysteme
DIN EN 60715	Genormte Tragschinen
VDE 040-4	Beschriftung von Kabeln/Leitungen und Adern
VDE 0292	Typkurzzeichen von isolierten Leitungen
VDE 0293	Aderkennzeichnung Starkstromkabel
VDE 0604-2-3	Verdrahtungskanäle
VDE 0604-201	Kabelbinder
VDE 0619	Kabelverschraubungen
VDE 0636-1	Niederspannungssicherungen
VDE 0660-600-1	Niederspannungs-Schaltgerätekombinationen

10.5 Bildquellenverzeichnis

Die meisten Bilder entstammen dem Arbeitsumfeld der Autoren. Ergänzend hierzu haben die nachfolgend aufgeführten Unternehmen und Institutionen die bildliche Ausgestaltung unterstützt. Dabei sind für diese alle Rechte vorbehalten. Kein Teil darf ohne vorhergehende schriftliche Genehmigung weitergegeben, in einem Datensystem gespeichert oder in irgendeiner Form, weder elektronisch noch mechanisch, durch Fotokopie, Aufnahme noch durch andere Art übertragen werden.

Die Anschriften weiterer Firmen, die uns Bildern unterstützt haben, sind im Verzeichnis „Firmen, Dienststellen und Bildungseinrichtungen aufgeführt.

Die Autoren danken für diese Unterstützung recht herzlich.

ADAC	80686 München	www.adac.de	237-2
ALTHEN GmbH	65779 Kelkheim	www.althen.de	478-2
Arduino	Italien	www.arduino.cc	349-1
ATMEL	San José Kalifornien	www.atmel.com	335-1, 336-1,3
Bosch-Rexroth	72160 Horb	www.boschrexroth.com	593-2
Otto Bubbers	Bruchsal	obubbers@yahoo.de	303-1
Develo	52068 Aachen	www.devolo.de	427-2
Doepke Schaltgeräte GmbH	26506 Norden	www.doepke.de	253-2
Dr.Johannes Heidenhain GmbH	3301 Traunreut	www.heidenhain.de	490-4, 491-?
Faulhaber	71101 Schönaich	www.faulhaber.com	584-1
Technische Universität Ilmenau	98693 Ilmenau	www.tu-ilmenau.de	584-2
Fluke Deutschland GmbH	79286 Glottertal	www.fluke.com	155-2, 234-2
Freescale-NXP	Austin USA	www.freescale.com	428-1
Gira	42477 Radevormwald	www.gira.de	420-2, 421-1,3
Hager Vertriebsgesellschaft mbH&Co KG	66440 Blieskastel	www.hager.de	533-2
Intel GmbH Deutschland	85622 Feldkirchen	www.intel.de	324-1
KUKA GmbH	86165 Augsburg	www.kuka.com	374-4
Gossen-Metrawatt GmbH	90449 Nürnberg	www.gossenmetrawatt.com	17-2, 229-1
Microchip	85737 Ismaning	www.microchip.com	348-2,3
Panasonic	65203 Wiesbaden	www.panasonic.com/de	114-1
Philips	Amsterdam, Niederlande	www.philips.de	382-1, 404-2, 405-2
Piezomotor	Uppsala, Schweden	www.piezomotor.com	584-3
Recom GmbH	63128 Dietzenbach	www.recom-power.eu	566-1
Robert Bosch GmbH	70839 Gerlingen	www.bosch.de	473-1, 485-2,3
Rohde & Schwarz	81671 München	www.rohde-schwarz.com/de	230-1, 233-1
Siemens AG	80333 München	www.siemens.com	100-2, 386-1,408-3, 409-1, 410-1,2,3, 429-2,3, 489-4, 505-1, 521-1, 527-1, 530-1,2,3, 552-1, 577-3, 585-1, 588-3, 595-1, 605-1, 606-1, 616-1,
Tektronix	50739 Köln	http://de.tek.com/	235-1
Texas Instruments	85356 Freising	www.ti.com/de	382-3
Transcend	22335 Hamburg	www.transcend.de	368-1
TRW	78315 Radolfzell	http://www.trw.com	488-4
Ullstein	10117 Berlin	www.ullsteinbild.de	11-1
WIMA	68219 Mannheim	www.wima.de	67-3

10.6 Verzeichnis der Firmen, Dienststellen und Bildungseinrichtungen

Die nachfolgend aufgeführten Firmen und Dienststellen haben die Bearbeiter durch Beratung, durch Zurverfügungstellen von Druckschriften, Fotos und Retuschen sowohl bei der Textbearbeitung als auch bei der bildlichen Ausgestaltung des Buches unterstützt. Es wird ihnen hierfür herzlich gedankt.

ABB
63755 Alzenau
www.abb.de

ADAC e.V.
80686 München
www.adac.de

Agilent Technologies
71034 Böblingen
www.agilent.de

Agentur für erneuerbare Energien
10117 Berlin
www.unendlich-viel-energie.de

Althen GmbH Mess- und Sensortechnik
65779 Kelkheim
www.althen.de

Apple Inc.
Kalifornien
www.apple.com

Avira GmbH
88069 Tettnang
www.avira.com

Balluf GmbH
73765 Neuhausen
www.balluff.de

BASF AG
67056 Ludwigshafen
www.basf.com

Black Box Deutschland GmbH
85716 Unterschleißheim
www.black-box.de

Beuth Verlag GmbH
10787 Berlin
www.beuth.de

BMBF Bundesministerium für Bildung und Forschung
11055 Berlin
www.bmbf.de

Bosch Rexroth AG
97816 Lohr am Main
boschrexroth.com/de

Bundesanstalt für Arbeitsschutz
44149 Dortmund
www.baua.de

Bundesnetzagentur (BNetzA)
53113 Bonn
www.bnetza.de

Carl Zeiss AG
73447 Oberkochen
www.zeiss.com

Cherry Mikroschalter GmbH
91275 Auerbach
www.cherry.de

Dehn + Söhne GmbH & Co. KG
90489 Nürnberg
www.dehn.de

Deutsche Philips GmbH
20095 Hamburg
www.philips.de

Deutsche Telekom Medien GmbH
60329 Frankfurt
www.t-online.de

develo AG
52068 Aachen
www.develo.de

DIN, Deutsches Institut für Normung e. V.
10787 Berlin
www.din.de

DR.JOHANNES HEIDENHAIN GmbH
83301 Traunreut
www.heidenhain.de

Eaton Power Quality GmbH
77855 Achern
www.eaton.com

Elmo Europe SAS
40549 Düsseldorf
www.elmo.de

Fluke Deutschland GmbH
34123 Kassel
www.fluke.de

Fraunhofer Gesellschaft
80686 München
www.fraunhofer.de

Fujitsu Technology Solutions GmbH
80807 München
www.fujitsu.com

Gossen-Metrawatt, GMC-I Messtechnik GmbH
90449 Nürnberg
www.gossenmetrawatt.com

HP Inc.
71034 Böblingen
www.hp.com

Hirschmann, Belden Electronics GmbH
72654 Neckartenzlingen
www.hirschmann.com

Hottinger Baldwin Messtechnik
64293 Darmstadt
www.hbm.com

IBM Deutschland Informationssysteme
70511 Stuttgart
www.ibm.de

iMatix Corp.
13-15 rue des Ateliers
1080 Bruxelles, Belge
www.irpa.net/

Intel Deutschland GmbH
85622 Feldkirchen
www.intel.de

IRPA Internationale Strahlenschutzvereinigung
www.irpa.net

Kistler Instrumente AG
CH 8408 Wintherthut
www.kistler.com

Max Planck, Gesellschaft zur Förderung der Wissenschaft e. V.
80539 München
www.mpg.de

Microsoft Deutschland GmbH
85716 Unterschleißheim
www.microsoft.de

Mercedes-AMG GmbH
71563 Affalterbach
www.mercedes-amg.com

Mitsubishi Electric Europe GmbH
40880 Ratingen
www.mitsubishi.de/

National Instruments Germany GmbH
80399 München
www.ni.com

NEC Electronics (Europe) GmbH
40472 Düsseldorf
www.nec.com/de/

Panasonic Deutschland GmbH
22525 Hamburg
www.panasonic.de

PEARL Agency
Allgemeine Vermittlungsgesellschaft mbH
79426 Buggingen
www.pearl.com

Robert Bosch GmbH
70839 Gerlingen-Schillerhöhe
www.bosch.com

Rohde&Schwarz GmbH
81671 München
rohde-schwarz.com

RS Components GmbH
64546 Mörfelden-Walldorf
www.rs-components.de

Siemens AG
80333 München
www.siemens.com

SORCUS GmbH
62126 Heidelberg
www.sorcus.com

Spectra Computersysteme GmbH
70771 Leinfelden-Echterdingen
www.spectra.de

SSK Strahlenschutzkomission
53048 Bonn
www.ssk.de

Sun Microsystems, Inc.
Palo Alto
www.sun.com

Texas Instruments Deutschland GmbH
85350 Freising
www.ti.com

Terratec Electronic GmbH
41334 Nettetal
www.terratec.net

Toshiba Electronics Europe GmbH
40549 Düsseldorf
www.toshiba.de

TÜV Rheinland Holding AG
51105 Köln
www.tuv.com

Umweltbundesamt
06813 Dessau-Roßlau
www.umweltbundesamt.de

Vacuumschmelze
63412 Hanau
www.vacuumschmelze.de

VDE, Verband der Elektrotechnik, Elektronik, Informationstechnik e. V.
60596 Frankfurt am Main
www.vde.de

VDI, Verein Deutscher Ingenieure e.V.
40468 Düsseldorf
www.vdi.de

Vicor Europe
85748 Garching
www.vicorpower.com

Wichmann WorkX AG
85649 Hofolding
www.memorix.net

Yahoo! Deutschland
www.yahoo.de

ZF Friedrichshafen AG
Löwentalerstr. 20
www.zf.com

ZVEH Zentralverband der elektro- und informationstechnischen Handwerke
60487 Frankfurt am Main
www.zveh.de

ZVEI Zentralverband Elektrotechnik- und Elektroindustrie e.V.
60528 Frankfurt am Main
www.zvei.de

10.7 Softwareverzeichnis

Im Buch werden Programme und Software-Pakete folgender Firmen verwendet.

EAGLE
CadSoft Computer GmbH, 84568 Pleiskirchen
www.cadsoft.de

ETS
KNX Association
B 1831 Brüssel
www.knx.org/de

Java Development Kit, My SQL
ORACLE Deutschland GmbH
Riesstr. 25, 80992 München
www.oracle.com

Labview Multisim Connectivity Toolkit
National Instruments Germany GmbH
Gaughoferstraße 706, 80339 München
www.ni.com/labview/d

Meybohms HTML-Editor (Freeware)
www.meybohm.de

Microsoft Betriebssysteme Server 2008, Win 7, Win 8.1, Win 10
Microsoft GmbH, 85716 Unterschleißheim
www.microsoft.com/germany/office

Microsoft Office 2016
Microsoft GmbH, 85716 Unterschleißheim
www.microsoft.com/germany/office

Microsoft Visual Basic und Visual C++, Visual C#
Microsoft GmbH, 85716 Unterschleißheim
www.microsoft.com/germany/office

Mindjet LLC.
MindManager
www.mindjet.de

My SQL
Oracle Corporation
Redwood Shores, USA
www.mysql.com

Novell Netware
Novell GmbH, 40549 Düsseldorf
www.novell.de

Partition Magic
PowerQuest Corp.
www.powerquest.com

PHP
www.php.net

PSpice Schematic Student
Cadence PCB Systems Division,
Portland OR 97223
www.iee.et.tu-dresden.de

LOGO! Soft Comfort
Siemens AG
80333 München
www.automation.siemens.com

Scitor Project Scheduler
Scitor, 65232 Traunstein
www.scitor.com

Zone Alarm
CheckPoint Software Technologies LTD,
Redwood City, Ca 94065
www.zonealarm.de

10.8 Literaturverzeichnis

Automatisierungstechnik
D. Schmid, Essingen
Verlag Europa-Lehrmittel

Digitale Filter
W. Hess
B. G. Teubner, Stuttgart

Digitale Modulationsverfahren mit Sinusträgern
H. Weidenfeller u. a.
Springer-Verlag, Berlin

Digitale Übertragungstechnik
R Gerdsen
B. G. Teubner, Stuttgart

Eclipse, Anwendungen und Plug-Ins mit Java entwickeln
Shavour, et alteri
Addison-Wesley

Formeln für Elektroniker und IT
B. Grimm u. a.
Verlag Europa-Lehrmittel Haan-Gruiten

Halbleiterschaltungstechnik
Tietze-Schenk-Gamm
Springer Verlag

Handbuch Elektromagnetische Verträglichkeit
E. Habiger u. a.
VDE-Verlag GmbH, Berlin, Offenbach

Informations- und Kommunikationstechnik
Dehler, et alteri
Verlag Europa-Lehrmittel

Lehrbuch Grundlagen der Informatik
Helmut Balzert
Spektrum-Verlag

Lehrbuch der Software-Technik
Helmut Balzert
Spektrum-Verlag

Lexikon der Datenverarbeitung
Löbel-Müller-Schmid
Siemens AG, Berlin, München

Lexikon der Informatik und Datenverarbeitung
H.-J. Schneider
Oldenbourg Verlag, München

Mathematiker für Elektroniker
G. Buchholz u. a.
Verlag Europa-Lehrmittel, Haan-Gruiten

Messtechnik in der Nachrichtentechnik
U. Freyer
Carl Hanser Verlag, München

Objektorientierung in 7 Tagen
Heide Balzert
Spektrum-Verlag

Professionelle Stromversorgung
U. Freyer
Franzis-Verlag GmbH, München

IT-Tabellenbuch
B. Grimm u. a.
Verlag Europa-Lehrmittel, Haan-Gruiten

Tabellenbuch Informations-, Geräte-, System- und Automatisierungstechnik
Burgmaier u. a.
Verlag Europa-Lehrmittel, Haan-Gruiten

Taschenbuch Elektrotechnik
E. Philippow u. a.
Carl Hanser Verlag, München

Visual C# Kochbuch
Doberenz, Gewinnus
Hanser-Verlag

10.9 CD-Inhalt

1. Projektaufgabe – Lösungsvorschläge und Unterlagen

2. **Linkliste für Demo-Programme**

   ETS steht für **E**ngineering **T**ool **S**oftware, ein herstellerunabhängiges Installationswerkzeug für die Planung und Konfiguration intelligenter Haus- und Gebäudesystemtechnik mit dem KNX System. Die ETS ist eine Software, die auf Windows©-basierten Computern läuft.

   https://www.knx.org/knx-de/downloads/index.php

   Die **ASIMON** PC-Software dient der Konfiguration des AS-Interfacesicherheitsmonitors. Über die Online-Funktion der Software kann Vor-Ort der aktuelle Zustand der projektierten Logikbausteine ausgelesen und in der vollgrafischen Diagnosesicht beobachtet werden. Bei Inbetriebnahme und Fahlersuche leistet diese Funktion wertvolle Dienste.

   http://www.euchner.de/download/Software/tabid/97/language/en-US/Default.aspx

   WinFACT ist eine modular aufgebaute Software mit Werkzeugen zur Analyse, Synthese und Simulation konventioneller Regelungssysteme sowie mit Komponenten zur Behandlung von Fuzzy-Systemen und neuronalen Netzen.

   http://www.kahlert.com/web/download.php#demos

   http://www.kahlert.com/web/download/wf8demo.exe

   Multisim ist eine in Ausbildung und Lehre etablierte, von der Industrie genutzte SPICE-Simulationsumgebung von der Fa. National Instruments.

   http://www.ni.com/multisim

   PapDesigner ist ein Werkzeug zum Erstellen von Programmablaufplänen nach DIN 66001. Mit der Freeware erstellt man verknüpfte Diagramme für Software-Entwicklung im Unterricht an Schulen und Hochschulen. Fertige Ablaufpläne lassen sich als Projektdatei speichern, in Vollbildansicht präsentieren und ausdrucken.

   http://friedrich-folkmann.de/papdesigner/Download.html

   Das **Atmel Studio** ist eine Entwicklungsumgebung (IDE) für die Programmierung der AVR-/ARM-Mikrocontroller von Atmel. Sie besteht aus einer Projektverwaltung, einem Editor, einem Debugger und Werkzeugen zum Beschreiben der Mikrocontroller.

   http://atmel.com/microsite/atmel_studio6/

3. Datenblätter
   Widerstandsreihen
   Log. Diodenkennlinie
   Grundwerte Tabelle PT100

4. Bilder und Tabellen des Fachbuchs für Verwendung im Schulbereich

Sachwortverzeichnis, Keyword index (abweichende brit. Schreibweise in Klammern)